铁路工程地质实例

（西南及相邻地区分册）

中国中铁二院工程集团有限责任公司　主编

中　国　铁　道　出　版　社

2011年·北京

内容简介

本书收录了中铁二院自成立以来，历年所承担的以铁路为主的工程建设项目中，具有一定代表性的工程地质实例和科研成果、技术总结、技术方法等共167篇。全书共分八章，内容包括西南地区区域工程地质条件综述，主要铁路的工程地质概况，工程地质选线，路基工程，隧道工程，桥梁与涵洞工程，公路、城市交通工程及建筑地基，科研成果、技术总结与技术方法等。本书大部分实例由该项工作的参加者自行撰写；部分实例系根据中铁二院保存的技术档案、科研成果报告或技术总结报告整理、编录而成。

图书在版编目(CIP)数据

铁路工程地质实例．西南及相邻地区分册/中国中铁二院工程集团有限责任公司主编．—北京：中国铁道出版社，2011.6

ISBN 978-7-113-12803-6

Ⅰ.①铁…　Ⅱ.①中…　Ⅲ.①铁路工程-工程地质-西南地区　Ⅳ.①U212.22

中国版本图书馆CIP数据核字(2011)第056318号

书　　名：**铁路工程地质实例(西南及相邻地区分册)**

作　　者：中国中铁二院工程集团有限责任公司

责任编辑：傅希刚　　**电话**：路(021)73142，市(010)51873142　　**电子信箱**：fxg711@163.com

封面设计：冯龙彬

责任校对：孙　玖

责任印制：郭向伟

出版发行：中国铁道出版社（100054，北京市西城区右安门西街8号）

网　　址：http://www.tdpress.com

印　　刷：中煤涿州制图印刷厂北京分厂

版　　次：2011年6月第1版　　2011年6月第1次印刷

开　　本：787 mm×1 092 mm　1/16　印张：72.25　插页：1　字数：1831千

书　　号：ISBN 978-7-113-12803-6

定　　价：260.00元

编辑委员会名单

前　言

中国中铁二院工程集团有限责任公司（原铁道部第二勘测设计院，以下简称中铁二院）是国内工程地质工作起步较早的单位之一。中铁二院成立于1952年，翌年即设立工程地质路基科，开展了为铁路工程设计和地质灾害整治服务的工程地质工作。改革开放以前，中铁二院的任务以西南地区铁路建设的勘察设计为主，也承担了其他地区部分铁路的勘察设计。自20世纪80年代起，中铁二院逐渐打破地域和行业界限，快速进入市场。随着综合实力的不断增强，依托几十年铁路建设积蓄、培育的技术优势，中铁二院的业务范围已由单一的铁路工程建设领域拓展到地铁、轻轨、公路、岩土工程、市政工程等多种工程建设领域。

在中铁二院半个多世纪的发展历程中，作为工程设计基础性专业的工程地质专业，从无到有、从小到大，时至今日，已发展成为一支技术底蕴深厚，集地质、钻探、物探、遥感、试验、原位测试、工程检测和岩土工程为一体的专业化队伍。这支队伍数十年筚路蓝缕、殚精竭虑，积几代人的努力，累计完成600余条、总长60 000多千米铁路干、支线的工程地质勘察设计，为我国铁路建设事业作出了贡献。

西南地区地形艰险，地质复杂，铁路建设工程艰巨，影响和控制线路方案和工程的不良地质、特殊岩土类型多、分布广、规模大。中铁二院工程地质专业通过长期的磨炼，特别是在分别获得国家科技进步特等奖和一等奖、有“地质博物馆”和“地质灾害展览馆”之称的成昆铁路、南昆铁路的建设实践中，不断研究、探索，积累了丰富的经验。但是，由于工程地质工作是对客观自然环境的认识过程，受时代背景、客观条件以及当时的技术水平和认识能力所限，工作中难免不遭受挫折乃至失误。为总结这些经验教训，以期达到温故知新、承先启后的目的，在中铁二院漆宝瑞董事长、朱颖总经理的大力支持和亲自安排下，组织具有丰富实践经验的专业技术人员编写了《铁路工程地质实例（西南及相邻地区分册）》一书。

本书收录了中铁二院自成立以来，历年所承担的以铁路为主的工程建设项目中，具有一定代表性的工程地质实例和科研成果、技术总结、技术方法等共167篇（第三章至第八章）。全书共分八章：第一章西南地区区域工程地质条件综述；第二章主要铁路的工程地质概况；第三章工程地质选线；第四章路基工程；第五章隧道工程；第六章桥梁与涵洞工程；第七章公路、城市交通工程及建筑地基；第八章科研成果、技术总结与技术方法。本书大部分实例由该项工作的参加者自行撰写；部分实例系根据中铁二院保存的技术档案、科研成果报告或技术总结报告整理、编录而成。

中铁二院高度重视本书的编写工作，成立了以集团公司董事长漆宝瑞为主任和以集团公司总经理朱颖、总工程师许佑顶等为副主任的编辑委员会，负责全书编写的指导、评审。本书编写的组织、协调工作由中铁二院地勘岩土工程公司负责，地勘岩土工程公司领导亲自安排并具体参与了本书的策划工作。同时，成立了以唐民德任组长和由罗成模、张亨纲、涂正林、严璧玉、郑永泉等长期从事工程地质工作、具有较丰富实践经验的同志组成的编审小组，负责本书稿件的编纂、审改工作。编审小组具体分工如下：第一章由张亨纲高级工程师负责审改；第二章由罗成模高级工程师负责审改；第三章、第四章、第八章由唐民德教授级高级工程师负责审改，并分别由张亨纲、严璧玉协助；第五章由涂正林高级工程师负责审改；第六章由严璧玉高级工程师负责审改；第七章由郑永泉高级工程师负责审改，并由罗成模协助。全书的统稿工作由唐民德负责。各实例的编撰者，均署名于实例文稿前。肖红玉、严妙珍、周晓英、舒晓宁等同志参加了本书图件、文字的绘制、打印工作。曾经参加本书所列实例工点、科研、总结实际工作的同志和本书引用的参考文献、资料众多，本书未一一列出，敬请谅解，并在此深表谢忱！

由于本书收录的实例年代跨度较大，故岩土定名、涉及的计量单位、图例符号等，基本按当时的标准要求书写，未再进行统一。

编　者

2010 年 12 月

目　录

第一章　西南地区区域工程地质条件综述

卿三惠

一、自然地理

我国西南地区包括云南省、贵州省、四川省、重庆市、西藏自治区及广西壮族自治区。6个省(市、自治区)的总面积为257.06万km^2,其中山区占75.1%,丘陵为20.24%,平原和盆地及大谷地只占4.66%。

(一)气候特征

西南地区地势上分属三个台阶,从西部高山至东部平原,相对高差8000 m以上,导致这大片地区的气候条件具有立体性特征。

1. 年日照时数

西藏达3000~4000小时,怒江为1600~2000小时,金沙江及昆明西北一带为2400小时;成都地区为1000~1200小时,广西多为1600~1800小时,其他地区多为2000~2200小时。

2. 年平均气温

西藏地区以4℃~8℃为多,藏南大峡谷多在10℃~26℃之间变化,云南地区多为12℃~22℃,成都平原为16℃~18℃,贵州地区多为16℃~18℃,广西地区多为22℃左右。

3. 年降雨量

西藏地区察隅年降雨量可达1000 mm,林芝地区约为700 mm,拉萨为400 mm,日喀则为300 mm,定日为200 mm左右,藏北高原只有50~200 mm;云南省滇西南和元江—红河谷地,年平均降雨量在2000 mm以上,滇中及滇北地区只有500~600 mm;贵州省年降雨量一般为1500 mm;四川省川西高原北部阿坝、若尔盖及理塘一带只有600~900 mm,而大部分地区在1000 mm左右,金沙江、安宁河谷可达800~1200 mm;重庆市年降雨量为1000~1200 mm;广西壮族自治区年平均降雨量为1100~2800 mm,且东部多于西部。

西南地区地形东低西高,气候条件受地形地势制约,降雨量具东多西少趋势。但是,由于云贵高原南部及广西南部有来自南部的暖湿气流,故滇南、桂南一带雨量较多。西藏高原受喜马拉雅山脉阻挡,暖湿气流主要沿雅鲁藏布江近南北向的大峡谷北上,在峡谷及周围由南往北,雨量由5000~6000 mm,逐渐减少为1000 mm;进入东西向雅鲁藏布江,以及藏北高原雨量只有200~400 mm,有的只有50 mm。南海暖湿气流北上受滇西、藏东南横断山脉及川西高山阻挡,折向东北及东部,在滇西、川西山区降雨量可达1200~1600 mm,而成都平原只有1000 mm左右。

(二)水系分布

西南地区主要水系为长江流域上游、珠江流域上游、西南国际诸河及藏北羌塘内陆河流域。云南省中甸和昭通一带、贵州省北部、四川省、重庆市主要属于长江水系，广西地区主要属于珠江水系，桂南有小河流直接流入北部湾。

1. 长江流域上游

长江发源于青藏高原上的唐古拉山主峰各拉丹东，干流流经青海、西藏、云南、四川、贵州、重庆等11个省(市、自治区)，向东注入东海。

长江从源头到湖北的宜昌为上游，流经青藏高原、横断山脉、巫山山脉等，水流湍急，峡谷众多，落差很大，具有丰富的水力资源。流域上游包括的河流主要有金沙江、雅砻江、安宁河、大渡河、岷江、沱江、嘉陵江、涪江、渠江、青衣江、赤水河、乌江等，涉及青藏高原、四川省、云南省、贵州省的部分地区及重庆市的大部分地区。

2. 珠江流域中上游

珠江流域位于我国南部，跨越滇、黔、桂等6省(市、自治区)，向南注入南海。

珠江水系最大干流是西江，此外还有北江、东江及珠江三角洲网河。西江上游是红水河。南盘江和北盘江两支流会合于贵州蔗香(双江口)，由蔗香至广西象州县三江口段称为红水河，全长659 km。三江口至桂平段称为黔江，干流长122 km。黔江在桂平县与郁江汇合后称为浔江，干流长172 km。浔江至梧州与桂江汇合，才成为西江。自双江口至梧州，广西境内的红水河—黔江—浔江干流长953 km。

3. 西南国际诸河

西南国际诸河，包括雅鲁藏布江和藏南的察隅曲、西巴露曲、明曲等河流，以及藏西的森格藏布、喀儿河、朗钦藏布等。由云南出国境的河流主要有澜沧江、怒江、元江、龙川江等国际诸河。此外，还有滇西南一些河流。

雅鲁藏布江为西藏第一大江，发源于喜马拉雅山西部山区，基本沿喜马拉雅山北麓和冈底斯山之间谷地由西向东径流，于林芝东北的德母下游大拐弯后，改由北向南流，形成大峡谷。雅鲁藏布江干流长2 057 km，由西藏出境经印度、孟加拉国，注入孟加拉湾。

澜沧江发源于青海唐古拉山北麓，流经西藏入云南，自西双版纳进入缅甸、老挝后称湄公河。

怒江发源于西藏唐古拉山南麓，经云南流入缅甸后称萨尔温江。

元江发源于云南省境内哀牢山，入越南后称红河，注入北部湾。

4. 湖　泊

西藏高原的湖泊大多与冰川发育有密切关系，不少湖泊的上游常有冰川延伸到湖畔，湖泊水量的变化受冰川消融规律支配显著。西藏自治区是我国湖泊最多的地区，全区约有大小湖泊1 500多个，其中面积最大的纳木错湖面积达1 920 km^2。

云、贵、川的湖泊与地质构造断陷作用密切相关，主要有断陷成因和岩溶成因两种类型的湖泊。断陷型湖泊以滇东的滇池、杞麓湖、抚仙湖、星云湖、异龙湖及滇西的洱海、四川的邛海、川滇边界的泸沽湖等为代表，岩溶型湖泊以云南的个旧湖、贵州威宁的草海、四川的马湖等为代表。云贵高原的湖泊大多为淡水湖，为重要的城市供水及农业生产灌溉水源的调蓄场所。

(三)地势地貌

西南地区地势西高东低，山川秀丽，景象万千，山地、高原、丘陵、盆地均有分布，主要包括西藏高原、云贵高原、川西山地高原、四川盆地、渝东山地及广西盆地等。从西到东的地貌可划分为三个台阶：

1. 西藏高原为第一台阶，高程以4 000 ~ 5 000 m为主。高原上有喜马拉雅山、冈底斯山、喀喇昆仑山、昆仑山、唐古拉山、念青唐古拉山等山脉，其中喜马拉雅山脉的珠穆朗玛峰 8 844.43 m。在昆仑山脉、唐古拉山脉和冈底斯山脉、念青唐古拉山脉之间，是一片广阔的高原。冈底斯山脉和喜马拉雅山脉之间为雅鲁藏布江流域的东西向干流。

2. 云贵高原、四川盆地周边及重庆地区属于第二台阶，高程以 1 000 ~ 2 000 m 为主。高原西部周边高山也在 4 000 ~ 5 000 m 高程以上，主要有玉龙雪山（5 596 m）、哈巴雪山（5 396 m）、梅里雪山（6 740 m）、碧罗雪山（4 553 m）、老君山（4 247 m）、点苍山（4 122 m）、高黎贡山（4 900 m）、白马雪山等。云贵高原自西向东高程降低，昆明一带高原盆地高程为 1 900 ~ 2 000 m，至贵阳一带盆地高程降为 900 ~ 1 000 m。四川西部山地高原有 4 500 m 高程以上的万年雪山，大雪山主峰贡嘎山高程为 7 590 m，川西北岷山的最高峰雪宝顶的高程为 5 588 m。四川盆地四周有龙门山、邛崃山、大相岭、大巴山、大雪山、大凉山、沙鲁里山、雀儿山、华蓥山、龙泉山及云贵高原上的大娄山，高程在 1 000 ~ 3 000 m，多为中山地貌。

3. 广西盆地主要属于第三台阶，高程以 1 000 m 以下为主。盆地四周山地环绕，桂西及桂南有大明山、都阳山、高楼岭、十万大山、六万大山、勾漏山、大容山及罗阳山，桂北、桂东北有苗儿山、海洋山、九万大山和大瑶山，其中苗儿山和元宝山主峰高达 2 000 m 以上，其余多在 1 500 m以下。广西盆地中郁江流域高程在 200 ~ 50 m，桂中平原等高程也在 200 m 以下。

二、区域地层岩性

西南地区处于欧亚板块的东南缘，与太平洋板块和印度板块相接，各地区地质环境差异较大，发展历史各不相同，区域地质各具特点。全区沉积类型多样，地层出露齐全，新生界、中生界、古生界、元古界、太古界的地层均有出露，其间多期岩浆活动强烈，岩浆岩分布广泛，规模巨大，既有岩浆侵入，又有岩浆喷发，演化历史漫长。变质作用类型齐全，变质程度各异，成矿条件优越，矿产资源丰富，是全国乃至全球具有重要地质特色的地区之一，也是全面研究地壳构造演化的重要地区之一。

西南地区岩浆活动主要经历四堡期（川西北、滇西、龙门山—攀西、扬子区南缘）、加里东期（滇藏）、华力西期（藏北、藏东、三江地区较为强烈）、印支期（滇藏地区）、燕山期、喜马拉雅期。燕山期是最重要的岩浆活动期，西南广大地区均有分布。喜马拉雅期岩浆活动在滇藏地区表现尤为突出。西南地区各时代地层特征简要介绍如下：

（一）太 古 界

主要分布于昆仑山、喀喇昆仑山、阿尔金山及帕米尔高原西部，为一套变质岩系，主要为石英岩、片岩、片麻岩、角闪岩夹大理岩及混合岩等。

（二）下元古界

主要分布于昆仑山、阿尔金山、喜马拉雅山和龙门山一带，主要为块状结晶石灰岩、石英岩、片麻岩、大理岩、板岩、千枚岩、硅质石灰岩夹燧石结核、变质石英砂岩、粉砂岩夹灰岩、白云岩及中—基性火山岩等，构成青藏高原的基底岩系。

（三）上元古界震旦系

主要分布于喜马拉雅山、大巴山、滇中、川西等地，岩性主要为变质的砂岩、石英岩、石英砂岩、长石砂岩、白云岩、白云质灰岩、大理岩、硅质岩、千枚岩、板岩、片岩、页岩、玄武岩，局部夹砂岩、页岩、砾岩等。

（四）下古生界寒武系

主要分布于昆仑山、喜马拉雅山、龙门山、北大巴山、川西、滇西、滇东、滇东南、黔北等地，岩性主要为一套变质的片岩、千枚岩、板岩、页岩、片麻岩、长石石英砂岩、石英变粒岩、灰岩、白云岩夹大理岩、钙质砂岩、钙质石英砂岩、粉砂岩及凝灰岩、流纹岩、火山岩等。

（五）下古生界奥陶系

主要分布于西昆仑山北缘、喜马拉雅山及扬子陆块西南边缘的北大巴山、川西、川东、滇西、滇东南、贵州等地，岩性为绿泥石千枚岩、板岩、页岩、细粒石英砂岩、粉砂质泥岩、泥灰岩、灰岩、白云岩等。

（六）下古生界志留系

主要分布于北喜马拉雅山、北大巴山、川西、川东、滇西、滇东、滇东北、黔北等地，岩性主要为层状石灰岩、白云质灰岩、大理岩、砂岩、粉砂岩、板岩、片岩、千枚岩、凝灰岩、安山岩等。

（七）上古生界泥盆系

主要分布于藏南、川西、川北、滇西、滇东等地，岩性主要为硅质岩、灰岩、白云质灰岩、白云岩、泥灰岩、板岩、千枚岩、砂岩、砂质页岩等。

（八）上古生界石炭系

主要分布于聂拉木、保山、川西、滇东南、贵州等地，岩性主要为灰岩、硅质岩、白云质灰岩夹板岩、页岩、砂岩等。

（九）上古生界二叠系

主要分布于聂拉木、保山、川西、滇东南、贵州一带，岩性主要为灰岩、砾岩、砂岩、页岩夹煤层等。

（十）中生界三叠系

广泛分布于拉萨、怒江、川西、川南、滇东南、黔西南、广西等地，为金沙江和澜沧江分水岭山脉的主要地层，岩性主要为泥岩、页岩、砂岩夹煤层、灰岩、白云质灰岩、白云岩及泥质灰岩夹页岩、粉砂岩、砂岩、凝灰岩夹页岩。在三江地区的石钟山组夹有煤线，红坡组含石膏。

（十一）中生界侏罗系

主要分布于岗巴、斑戈—洛隆、羌塘、四川盆地、滇中一带，岩性多为紫红色砂岩、粉砂岩、泥岩、粉砂岩夹泥岩及煤层、泥灰岩、砾岩等。

（十二）中生界白垩系

主要分布于岗巴、斑戈—洛隆、羌塘、四川盆地、滇中等地，岩性多为砂岩、砾岩、粉砂岩、泥岩、页岩、泥灰岩、石灰岩等,局部夹石膏。

(十三)新生界第三系

主要分布于岗巴、可可西里、滇西、滇东、川、黔、广西等地,以红色碎屑沉积为主,岩性有砾岩、砂岩、泥岩夹褐煤、砂质页岩、粉砂岩、砂岩及钙质(角)砾岩、泥灰岩等,局部夹有油页岩及石膏。

(十四)新生界第四系

各地广泛分布,主要为残积、坡积、崩积、冲积、洪积、湖积、冰碛等不同成因的各类土层,厚度变化较大。

三、区域地质构造、新构造运动及地震

(一)大地构造分区

西南地区位于印度板块与欧亚板块相互碰撞接触带及其附近,地处印尼—滇缅弧形构造与川滇南北构造带复合部位。由于印度板块向欧亚板块的强烈俯冲、抬掀,致使青藏高原急剧抬升的同时,岩石圈物质向东及南东方向侧向挤出,由此而驱动该地区地壳物质以断块形变位移方式向东及南东强烈楔入,导致板块边界断裂发生强烈的水平剪切错动,形成错综复杂的地质构造格局。

西南地区地质构造复杂,活动带与稳定区并存,表现形式多样。主要断裂的分布与中国大地构造格局一致,往往构成主要构造单元的边界。根据各地质时代间存在的不整合接触、岩浆侵入关系,本区可划分为四堡期、晋宁期、燕山期、喜马拉雅期四个构造期。

根据西南及邻区地史演化过程中沉积组合、岩浆活动、变质作用和构造运动等时空发育的总体特征,西南地区大地构造可划分为喜马拉雅褶皱系、冈底斯—念青唐古拉褶皱系、青藏—滇西褶皱系和扬子地台四个地质构造区(见图 1—3—1),各区与相邻区之间均以深、大断裂带为界。

1. 喜马拉雅褶皱系构造区

根据本区地层、构造、岩浆活动等方面的地史发展特点,大致以错那—洛扎—定日—吉隆一线断裂带为界,划分为北部的北喜马拉雅褶皱带,南部的高喜马拉雅断褶带。

北喜马拉雅地区出露最老地层为前奥陶系,为本区的结晶基底,厚达 4 430 m,不整合于具准地台性质的下石炭统或下二叠统之下。缺失上二叠统。到三叠纪成为地槽型深水复理石沉积,厚度较大,尤其上三叠统厚达 1 400 ~ 9 570 m,并不整合于石炭—二叠系或中、下三叠统之上。侏罗—白垩系仍为深水复理石沉积。在雅鲁藏布江一带,大部分缺失下侏罗统,主要出露上侏罗与下白垩统。第三系为海相层。始新世中晚期由于喜马拉雅运动使海水向西南退却。

高部的高喜马拉雅带由于喜马拉雅运动的强烈活动,使本区以断块性质急剧上升,南北方向上所产生的强大挤压力,造成高喜马拉雅大规模的推覆构造。

本区的岩浆活动主要为喜马拉雅期酸性侵入岩,局部有加里东期酸性岩侵入。基性—超基性岩主要分布在雅鲁藏布江断裂带上,时代为燕山期至喜马拉雅期。

2. 冈底斯—念青唐古拉褶皱系构造区

在念青唐古拉山及高黎贡山一带出露前寒武系或奥陶系结晶基底。古生代地层为浅海相

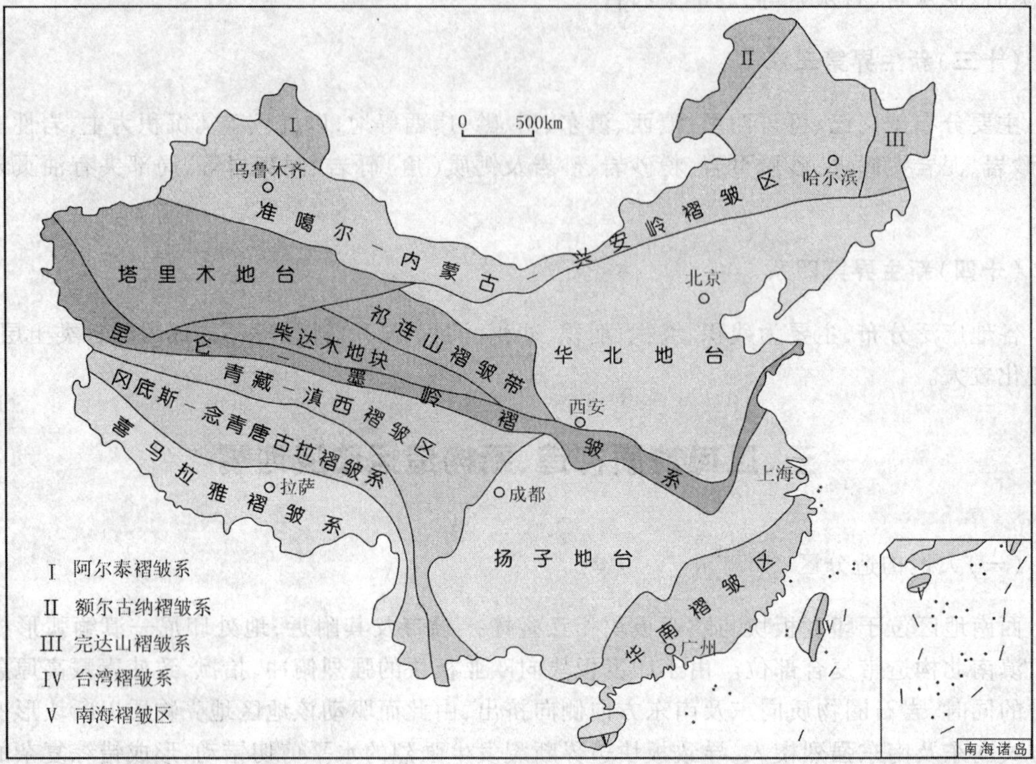

图 1—3—1 中国大地构造分区略图

碳酸盐岩地台型沉积。早、中奥陶世以后，东部抬升，西部下降，造成中奥陶统至下泥盆统缺失，上古生代大幅度沉降。中石炭统以冰碛含砾板岩为特征。中生界三叠系、侏罗系仅局部发育，大部分地区缺失上三叠统和下侏罗统。下白垩统由海陆交互相含煤层、碎屑岩及火山岩组成，上统局部过渡到陆相。下第三系局部见古新世—始新世的海相层，第三系陆相层见于山间断陷盆地中。

本区构造线主要为近东西向，断块发育。南缘出现燕山至喜马拉雅期中酸性侵入岩带。喜马拉雅期表现出运动由强减弱的特点，出现近南北向拉张断裂与老的断裂复合。

本区以当雄断裂为界，划分为西部的冈底斯断褶带和东部的拉萨—波密断褶带。

3. 青藏—滇西褶皱系构造区

本区以班公湖—丁青—怒江断裂为界，以南为冈底斯—念青唐古拉构造区。本区西段称喀喇昆仑—羌塘断褶带，东南段称唐古拉—三江断褶带。三江断褶带出露最老地层为前奥陶系，缺失上奥陶统—下泥盆统，上泥盆统与较老地层呈不整合接触。上石炭统出现火山岩，上二叠统晚期至上三叠统晚期为海陆交互相沉积。侏罗系以陆相为主，夹海相层。白垩系及第三系为陆相。在西北部缺失中、下三叠统及上、下侏罗统。在东部八宿一带早第三纪火山岩发育。本区自二叠纪以后地壳活动频繁。构造线主要为北西至南北向，走向断裂发育，南部褶皱紧密。燕山—喜马拉雅期中酸性侵入岩呈带状分布。沿主要断裂带，古生代变质岩系有较多的出露。三江断褶带主要构造形成于印支期。

4. 扬子地台区

本区北以山阳—桐城断裂与秦岭褶皱系相邻，西以龙门山—红河断裂带与青藏—滇西褶皱系分界，东侧以绍兴—江山断裂与华南褶皱系相接。该地台主要形成于晋宁运动时期，震旦系—中三叠统是典型盖层沉积，下三叠统—第三系为陆相红色沉积。第四系分布广泛，成因类型多，厚度变化大，尤以成都平原冲积物最为发育。除地台边缘有元古代、古生代和中生代的中酸性、镁铁质和超镁铁质岩类侵入外，地台内部还有过碱性岩类侵入。

（二）新构造运动

西南地区是我国大陆现今地壳构造运动最为强烈的地区，以活动断裂规模大、分布密集、地震活动频繁、震级大、地震破裂带长、位移量大为主要特征。区域内活动断裂及深大断裂十分发育，断裂带走向多呈北西—北北西弧形、北东向和近南北向断裂，主要分布于西藏、川西、云南的山前地带和山间盆地旁侧并沿一些大江大河展布；地质构造活动强烈，特别是活动性断裂的强烈活动，造成西南地区显著的构造地貌形态，高山深谷较普遍；第四纪断层形迹和地震断层规模较大，地震活动强烈，与活动性断裂密切相关的第四纪岩浆活动在青藏南部和滇西均有发现。断裂新活动具有普遍性和活动强度的不均匀性、继承性和新生性，在时间上有间歇性的特点。

1. 新构造断裂分布

如图 1—3—2 所示，西南及邻区可划分为喜马拉雅强烈挤压弧形断裂系及青藏—川滇弧形断裂系两大构造系统，主要由 17 条深大断裂带组成（表 1—3—1），其中新构造活动最强烈的断裂带有 7 条：

（1）可可西里—金沙江—红河断裂带；

（2）澜沧江断裂带；

（3）班公湖—东巧—怒江断裂带；

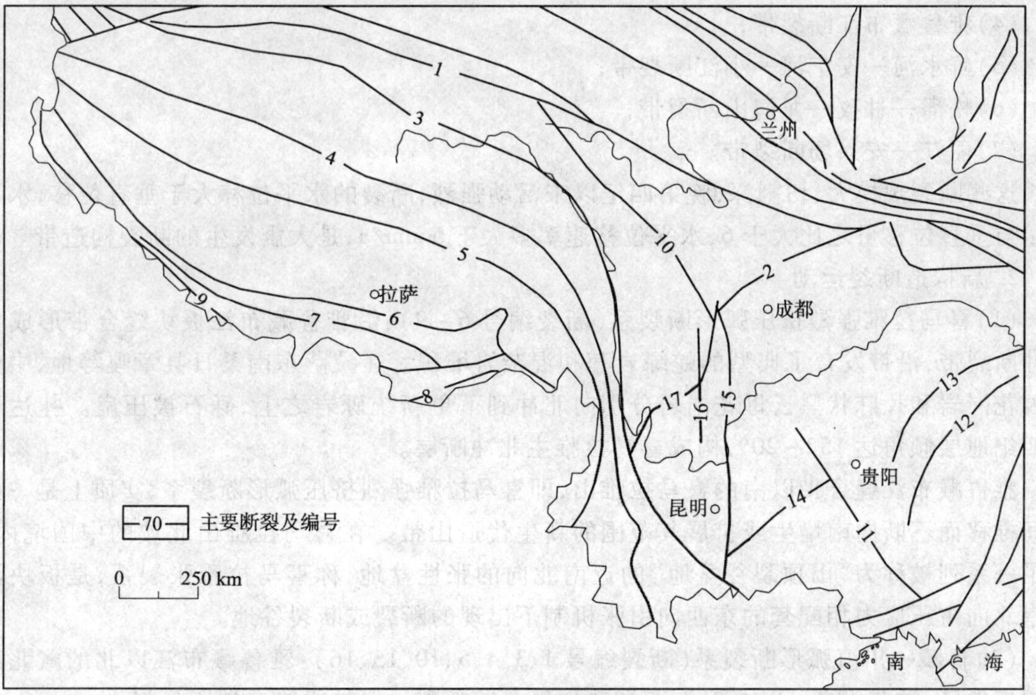

图 1—3—2 西南地区主要断裂略图

表1—3—1　西南地区主要断裂简表

体　系	断裂名称	走　向	性　质	活动时代	水平活动速率(mm/a)	最大震级
古亚洲	1. 东昆仑—秦岭	NWW	压性			
	*2. 松潘—甘孜—龙门山	NE	压扭性	Q	4	6.2
特提斯—喜马拉雅	*3. 可可西里—金沙江—红河	NW—NWW	压扭性	Q_4	10~11	7.6
	*4. 澜沧江	SN—NW	压扭性	N~Q	0.5	
	*5. 班公湖—东巧—怒江	SN—NW	压扭性	N~Q_4	10~15	7.3
	*6. 雅鲁藏布江	NWW	压性	N~Q_4	5	7
	7. 洛扎—错那	NWW	压性			
	8. 喜马拉雅	NEE	压性			
	9. 西瓦里克	NW	压性			
	*10. 鲜水河(道孚—康定)	NW	压性			
	11. 马山—紫云—水城	NW	压性			
扬子地台南缘	12. 三江—溆浦	NE	压性			
	13. 慈利—凯里	NE	压性			
	14. 弥勒—师宗	NE	压性			
	*15. 小江	SN	压扭性	Q_4	2.5~11.3	7.75
	*16. 安宁河断裂	SN	压性	Q_2~Q_4	0.5	7.5
	17. 丽江—安心场	NE—NNE	压性			7.0

注:带*为强烈活动断裂。

(4)雅鲁藏布江断裂带;

(5)鲜水河—安宁河—小江断裂带;

(6)松潘—甘孜—龙门山断裂带;

(7)丽江—安兴场断裂带。

这些断裂规模大、切割深,晚第四纪以来活动强烈,断裂的水平位移大于垂直位移,水平位移量与垂直位移量之比大于6,水平位移速率多大于5 mm/a,是大震发生的断裂构造带。

2. 新构造断裂运动

(1)喜马拉雅强烈挤压弧形断裂系(断裂编号6~9):沿雅鲁藏布江板块缝合带形成主幔逆冲断裂带,沿带发育了典型的蛇绿岩套和混杂岩堆积。在拉萨东南桑日县章嘎等地,中生代角闪花岗岩和片麻状黑云母花岗岩分别向北冲到下更新统砾岩之上,砾石被压扁。扎达地区第四纪地层倾角达15°~20°,构成喜马拉雅主北冲断层。

雅鲁藏布江缝合带以南的喜马拉雅山,即喜马拉雅强烈挤压弧形断裂系,实质上是一条随时间推移而不断向南增生或扩展其范围的新生代造山带。在喜马拉雅山北坡的中国境内,发育了一系列被称为"山顶裂谷盆地"的近南北向的张性盆地,称喜马拉雅张裂系,是板块汇聚与南北向主压应力相配套的东西向引张机制下出现的断裂或断裂谷地。

(2)青藏—川滇弧形断裂系(断裂编号1、3、4、5、10、15、16):雅鲁藏布江以北的藏北和青藏川滇地区,被燕山期、印支期、海西期和加里东期断裂构造带或缝合带所分割。

东昆仑—秦岭断裂带(断裂编号1):西与阿尔金断裂为界,东与西秦岭断裂连接,呈东西走向,约长900余千米。该断裂对其南北两侧早古生代地质演化和沉积环境及泥盆纪之前的中—酸性岩浆起到控制作用,是中国南北亚板块的分界线。中更新世以来,该断裂西大滩段垂直运动速率减小,而水平位错突然增大,垭口地区西大滩断层沿断层左旋错移30 km,其水平位移量高达42.8 mm/a。昆仑山垭口断层全新世时,其左旋位移速率达30~50 mm/a。

可可西里—金沙江—红河断裂带(断裂编号3):西段沿可可西里南侧,中段沿金沙江河谷,南段自云南剑川—大理—红河并出境。整条断裂带由南往北转向西,活动由老变新。这是一条加里东期开始活动、海西期出现拉张、印支期发生向西俯冲、燕山期趋于停止的俯冲带。喜马拉雅运动尤其在新构造时期,于早更新世晚期使金沙江—红河断裂带由挤压俯冲型转变为具有右旋错动的走滑断裂。新构造时期,该断裂继续右旋—逆走滑运动,南段的红河断裂带具典型的蠕滑性质。在南涧以北的红河断裂,剑川—大理、弥渡段为中更新世时起开始形成的典型拉张区,称红河走滑断裂尾端拉张区。在拉张区段里红河断裂为右旋—正走滑运动性质。大理—洱源段,全新世垂直速率可达9 mm/a。在整条断裂带的西段,可可西里南,于新构造时期大量喷出第四纪碱性玄武岩。

澜沧江断裂(断裂编号4):以北北西走向展布于沿澜沧江中下游方向。在昌都西北,呈东西向展布。该断裂最后强烈活动和动力变质时间在印支期和海西晚期。断裂上覆沉积物为距今3万年的上更新统,没有错断痕迹,说明澜沧江断裂及其岩桥区逆断层仅有早、中更新世时段的活动痕迹及表现,之后断裂活动不明显。

班公湖—东巧—怒江断裂带(断裂编号5):该断裂带的挤压推覆构造形成于中侏罗世(燕山期)。自中侏罗世以来一直强烈活动,是南部藏北地块和北部羌塘地块的分界断裂带。该断裂带在滇西地区现代怒江河谷和道街盆地是新构造时期怒江断裂带发生差异升降运动形成的断陷谷地和断陷盆地,形成时代在中更新世初。盆地内只发育中更新世及其以后的沉积,并且在上更新统中见到走向近于南北的小断层,属正断层性质。根据上新世末夷平面解体高度、河谷阶地高度,怒江断裂在滇西地区的垂直位移量,上新世末以来为1 750 m,中更新世以来为200 m,晚更新世以来为100 m,全新世以来为15 m。

鲜水河—安宁河—小江断裂(断裂编号10、15、16):起始于青海玉树,朝南东方向经四川甘孜、炉霍、康定、磨西转向南,往石棉、冕宁、西昌到云南巧家、东川以南方向展布。中、南段最早形成于晋宁期,断裂全面贯通于印支构造变动期,它是藏北川滇断裂系统东侧的现代活动边界。新构造时期,鲜水河断裂具左旋逆平移运动性质,促使水系左旋错移。中段安宁河断裂形成以张性断陷带为主,沿安宁河东岸发育了一条串珠状断陷盆地带,第四纪沉降幅度一般为150~260 m,在西昌的第四纪断陷幅度达1 500 m。该断裂带自西昌至巧家为则木河断裂,上升速率为2.1 mm/a;南段小江断裂南北走向,自东川往南分东、西两支,均具左旋逆平移性质。西支断裂于阳宗海—核桃村段,自中更新世晚期以来左旋水平位移量达100余米。

松潘—甘孜—龙门山断裂(断裂编号2):青藏高原东界中段,被鲜水河断裂及东昆仑断裂所夹持的松潘—甘孜褶皱带向东滑移,形成新生代龙门山逆冲—推覆断裂带,并且自西向东由汶川—茂汶逆断裂、映秀—北川逆断裂、灌县—安县逆断裂和龙门山山前隐伏逆断裂4条北东—北北东走向的逆冲—推覆构造组成。逆冲—推覆构造带中含有一系列逆冲叠置岩片及飞来峰构造。龙门山断裂逆冲—推覆的主要时代为中新世。

综上所述,展布于青藏—川滇弧形断裂系(断裂编号1、3、4、5、10、15、16)是几条时代由南向北依次变老的缝合带,分割着不同古地理环境和不同时期的构造变形区,并记录了自古生代开始不断向北漂移的几条狭长陆块会聚的地质历史。因此,青藏高原是“多次碰撞、多次拼合”的地质体。

3. 区域地应力场特征

新构造运动的动力源是地应力(主要是构造应力),新构造运动使地应力释放和积累,又使地应力的大小、方位、状态发生变化。由于青藏高原的长期持续上升(目前每年隆升2~20 mm),造成长江、怒江、澜沧江、雅鲁藏布江等河流的强烈下切,形成高陡岸坡及高地应力,并局部改变了区域地应力场,使西南地区的地应力场变得特别复杂。

(1)云南丽江地区(丽江盆地)位于喜马拉雅弧形构造的转折部位,川滇南北断裂带(龙门山—锦屏山—玉龙雪山)的西南部,丽江地区的构造断裂以南北向为主,由西向东有澜沧江断裂、金沙江断裂等。在金沙江断裂以东发育有走向北东40°的丽江—小金河断裂和走向北西40°的另一条断裂,正好构成大型X形共轭断裂网络,还有小规模的二、三级断裂,如玉龙雪山东麓断裂,把丽江地区划分为大大小小的断块,大小断裂方向不同,强度不同,地应力十分复杂。

(2)岷江上游地处青藏高原东边缘的川北高原上,由于喜马拉雅断块(地块)向NE方向移动和楔入作用,使该地区复合断裂发育,地应力场也很复杂。该区域的主要断裂构造是NNE向的岷江上游—龙门山断裂褶皱带,近东西向的西秦岭褶皱带,岷山近南北向的复背斜隆起带。岷山隆起带东、西两侧都是南北向的断裂带。西秦岭褶皱带影响到甘肃南部,龙门山断裂褶皱带延伸至陕西境内,这个带由3条北东向展布的断裂组成。

(3)川滇南北构造断裂带(龙门山—锦屏山—玉龙雪山)的地应力主压应力轴向呈南南东方向。沿该断裂带北纬30°以南,四川的构造应力场比云南更为复杂,主要表现在断裂的东、西两侧地应力的方向明显不同。沿该断裂北纬30°以北,又以鲜水河断裂带为界,以东、以西的地应力方向表现出明显的转折。

(三)地　震

我国西南地区强震较多,绝大多数属于构造地震。地震活动是最新构造运动的表现,具有明显的地区性和成带性特点。

根据历史地震资料统计,西南地区历史上发生Ms≥6级地震189次,其中6~6.9级地震161次、7~7.9级地震21次、Ms≥8级地震7次(最大震级为西藏察隅地震8.5级)。各省区强震分布见表1—3—2。从表1—3—2可以看出,强震的发震频度各地有较大的差别。西藏、云南、川西现今断裂构造活动强烈,因而强震发生频度较高。

表1—3—2　西南地区强震分布统计

强震分级	地区				合计(次)
	四　川	云　南	贵　州	西　藏	
6.0~6.9	33	71	0	57	161
7.0~7.9	9	7	0	5	21
≥8.0	1	1	0	5	7
合计(次)	43	79	0	67	189

在漫长的地质历史中,西南地区形成13条主要地震带,其活动概况如下:

1. 雅鲁藏布江地震带

位于雅鲁藏布江及其以南地区。自1911年到1973年,发生Ms≥4.75级地震48次,6级以上地震平均8年左右就发生一次。在1918年以前是一个地震活跃期,1919~1974年为地震相对平静期(间隔55年)1975年后进入新的地震活跃期。

2. 察隅—墨脱地震带

位于喜马拉雅山脉东端,雅鲁藏布江大拐弯的南迦巴瓦楔体地区。1929~1973年发生Ms≥4.75级地震112次,最高达8.5级(1950年8月15日发生的西藏察隅地震),6级地震平均4年多发生一次。该地震带1900年前是地震活跃期,1950年以来一直处于地震活跃期内。两个地震活跃期间的平均间隔为50年。

3. 滇西南地震带

位于红河断裂以西、怒江断裂以东的横断山脉地区。1458年到1973年6月记录到Ms≥4.75级以上地震53次,大部分是1920年以后发生的。

4. 腾冲地震带

位于怒江断裂以西的横断山脉及盆地。自1512年到1973年6月记录到Ms≥4.75级以上地震59次(含境外)。1939~1944年为地震期,1944~1975年间的31年为地震平静期,1976年5月龙陵、潞西7.3级和7.4级两次强震又开始了新的地震活跃期。

5. 鲜水河地震带

在川西高原沿鲜水河断裂展布,西起炉霍以西,东到康定,走向北西。1725年到1973年记录到Ms≥5级以上地震39次。1725~1811年和1893年到现今为两个地震活跃期,活跃期内最大地震震级为7.5级和7.9级。两个活跃期间的地震平静间隔为82年。

6. 安宁河地震带

北起石棉,经冕宁、西昌,南到元谋,呈南北向沿安宁河展布。自公元前116年到公元1973年记载了Ms≥4.75级以上地震18次。地震活跃周期约100年左右。自1850年西昌7.5级地震到1913年冕宁6级地震,其间地震平静期间隔为63年。

7. 小江地震带

北起巧家,南经东川、嵩明、寻甸、宜良、开远到个旧,沿小江断裂展布。自1500年以来记录到Ms≥4.75级以上地震36次。自1600年以来经历了三个地震活跃期:第一活跃期为1701~1733年,最大震级为7.5级;第二活跃期为1833年,最大震级为8级;第三活跃期为1927年至现在,已70余年。期间1621~1706年、1734~1832年和1834~1926年为地震平静期,地震平静期间隔分别为85年、98年和92年,平均间隔约90年。

8. 马边—昭通地震带

位于四川马边、云南永善、大关一带。自1900年后记录了Ms≥4.75级以上地震42次。南段昭通地区于1974年5月发生7.1级大关地震。

9. 曲江地震带

包括玉溪、通海、峨山、曲江、石屏、建水等地区。自1446年到1973年记录到Ms≥4.75级以上地震49次。1515~1610年、1721~1857年和1887年到现今为三个地震活跃期,1611~1720年和1816~1886年为两个地震平静期,间隔分别为109年和70年,平均间隔约90年。

10. 中甸—大理地震带

包括中甸、丽江、鹤庆、剑川、洱源、大理、弥渡、巍山、南涧地区。自公元886年到1973年记录到Ms≥4.75级以上地震64次。1470~1522年、1603~1751年及1839年到现今三个地震活跃期,地震平静期平均间隔约80年。

11. 可可西里地震带

1738年发生玉树6.5级地震,1870年4月11日发生巴塘7.5级地震。1915~1973记录到 Ms≥4.75 级以上地震 91 次。1870 年前和 1915 年至今是两个地震活跃期，地震平静期间隔为 45 年。

12. 托索湖地震带

自 1930 ~ 1973 年 6 月记录到 Ms≥5 级以上地震 24 次。此地震带于 1737 年发生 7.5 级地震，产生长达 180 km 的地震断层；2001 年 11 月 14 日于库赛湖发生 8.1 级地震，形成大于 350 km 的地震断层。两次大震时间间隔为 64 年。

13. 松潘地震带

包括松潘、平武、叠溪一线及其龙门山地区。1500 ~ 2008 年记录到 Ms≥4.75 级以上地震 41 次。1597 ~ 1748 年及 1879 年到现今为两个地震活跃期，地震平静期为 1489 ~ 1596 年和 1749 ~ 1878 年，分别间隔 107 年和 129 年，平均间隔约 120 年。

四、区域水文地质

(一)地下水类型

按地下水的赋存状态和含水岩层结构、构造的不同，西南和邻近地区的地下水分为四种类型，即松散沉积孔隙水、基岩裂隙孔隙水、碳酸盐岩类岩溶裂隙溶洞水和西藏高原多年冻土孔隙裂隙水。这些地下水类型的形成和分布受气候、水文、地形地貌、地层岩性、地质构造的控制。西南各省(市、自治区)地质条件不同，因此各地区的水文地质特征也不同。

1. 松散沉积孔隙水

这类地下水主要分布于第四系山前堆积平原、河谷阶地、内陆盆地冲洪积平原等砂砾石层的孔隙中。如长江流域的成都平原、安宁河谷平原，其松散沉积孔隙水较丰富；其他河谷平原及山间盆地也有零星分布。成都平原砂砾石层是最主要的含水层，一般厚 10 ~ 20 m，局部厚 40 m，水位埋深 1 ~ 6 m，单井出水量可达 1 200 ~ 2 400 m^3/d。安宁河谷平原砂砾石层厚 10 ~ 70 m，水位埋深 0.5 ~ 7 m，单井出水量可达 100 ~ 1 000 m^3/d。此外，云南大理、师宗等盆地，西藏雅鲁藏布江谷地的拉萨、察隅等地，四川龙门山、峨眉山的山前冲积扇及岷江、嘉陵江的河漫滩、I 级阶地等，孔隙水都比较丰富。

2. 基岩裂隙孔隙水

西南地区经历了多期强烈的地质构造运动，使岩层中的节理裂隙、褶皱、断层等较为发育，为含水岩组接受大气降水的补给和储存创造了良好的条件。这类地下水主要分布于碎屑沉积岩、岩浆岩、变质岩建造的工程地质岩组的构造裂隙中。除碎屑岩(如砂岩)中有孔隙水外，其余皆为裂隙水。按含水岩组类型及水动力学特征，可分为三种类型，即岩浆岩裂隙水、变质岩裂隙水、碎屑岩孔隙裂隙水。根据有关文献资料测算，在长江上游的云南、贵州、四川及重庆市的有关地区，不同时代的基岩裂隙水较丰富，这些基岩裂隙水在褶皱轴部及断裂带边侧，富水性较好，单井涌水量可达 100 ~ 1 000 m^3/d，有的是承压自流。深部裂隙水有不少具有高矿化度，或具有较高的温度。

3. 岩溶裂隙溶洞水

这类地下水主要分布于坚硬层状的碳酸盐岩岩组、碳酸盐岩夹碎屑岩组及坚硬层状的碎屑岩夹碳酸盐岩岩组中。如云贵高原、金沙江石鼓—宜宾、乌江流域、重庆及川南地区、广西盆地等地的岩溶水大多赋存于上、下古生代碳酸盐岩中，且多以暗河管道型岩溶洞穴水为主。各地所处的水文地质单元或地层结构、构造不同，暗河或泉水的流量一般为 0.5 ~ 1 m^3/s 不等，汛期达 5 ~ 10 m^3/s，大的暗河汛期流量可高达 100 ~ 300 m^3/s。

4. 多年冻土孔隙裂隙水

这类地下水主要分布于滇西、川西、西藏高原高程 4 000 m 以上的高寒地区，冰雪融化是主要的补给来源，补给丰沛，径流条件好。水化学类型以重碳酸盐为主，但藏北高原各湖区水质较差，构成众多盐湖。

（二）地下水化学类型

西南地区地下水类型一般以 HCO_3^-—Ca^{2+}、HCO_3^-—$Ca^{2+}\cdot Mg^{2+}$ 型为主，酸性—弱碱性，软—微硬水，低矿化度，一般无侵蚀性，局部地区地下水类型为 HCO_3^-—$Na^+\cdot Ca^{2+}$、$HCO_3^-\cdot Cl^-$—Ca^{2+} 型，具溶出性侵蚀；煤系地层地下水以 $HCO_3^-\cdot SO_4^{2-}$—Ca^{2+}、SO_4^{2-}—$Na^+\cdot Ca^{2+}\cdot Mg^{2+}$ 型为主，具弱—中等酸性侵蚀；个别地区硫酸根离子含量较高，具有硫酸盐侵蚀。

玄武岩地区地下水类型有 HCO_3^-—$Na^+\cdot Ca^{2+}$ 型、$HCO_3^-\cdot Cl^-$—$Ca^{2+}\cdot Mg^{2+}$ 型和 HCO_3^-—Ca^{2+} 型等，一般具有弱酸性和弱—中等溶出性侵蚀。

岩溶水的水化学类型主要为 HCO_3^-—Ca^{2+} 和 HCO_3^-—$Ca^{2+}\cdot Mg^{2+}$ 型，矿化度较低，一般小于 0.5 ~ 1 g/L，对混凝土无侵蚀性，仅局部有溶出性或分解性侵蚀。

五、区域不良地质及特殊岩土

西南地区广泛发育崩塌、滑坡、泥石流、岩溶与地面塌陷、有害气体、采空区、高地应力及高地震等不良地质和软土、膨胀土（岩）、红黏土、盐岩等特殊岩土。铁路、公路工程建设中常发生各种工程病害与地质灾害，对工程的建设投资及施工、运营安全影响较大，也给工程地质工作带来了大量的疑难课题。现就西南铁路建设中遇到的几种典型不良地质和特殊岩土问题简介如下：

（一）不良地质

1. 崩塌、滑坡、泥石流

(1) 崩塌、滑坡、泥石流的特点：崩塌常发生在高陡山麓斜坡或河谷陡岸地带，尤其是新构造运动剧烈、深大张开卸荷裂隙较多的地段，是斜坡上的剪应力超过岩土体的软弱结构面强度而崩落的结果。在地层岩性上，它多发生在软硬交互的砂页岩、中厚层及块状砂砾岩、石灰岩、片理发育的硅质片岩、片麻岩、混合岩及岩浆岩地段；在地质构造上，多发生在褶曲轴部、断层带、断层挤压破碎带、断层交汇带、节理密集带及不整合接触带；其动力来源多是地表水冲刷、潜蚀、淘空山坡下部支撑力减小，或岩土体中软弱结构面抗剪强度降低，或人为的边坡开挖、采空、爆破、地震等因素有关。

滑坡形成的内在因素主要受地层岩性和地质构造控制。西南地区的滑坡多分布在各种黏性土、软质岩（泥岩、页岩、千枚岩等）、软硬相间地层、构造破碎带或软弱结构面（断层面、节理面、岩层面、片理面、不整合面及断层泥、糜棱岩等）发育及降雨量多等地带。软质岩遇水易软化，抗剪强度降低，促使滑坡形成。

滑坡形成的外在因素主要为河流冲刷、水库浪蚀、人工开挖边坡、坡体上加载、地下采空、地下水的浸湿、潜蚀和溶滤、地表水冲蚀和灌入、地震、爆破等。它们改变了斜坡的外形和应力状态，增大了下滑力或减小斜坡支撑力，从而引起滑坡。

泥石流是山区的一种特殊洪流，它是在山区一些较陡峻的流域内，由于植被覆盖率低，坡面及沟槽内聚积有较丰富的松散物质，在强大的暴雨、急剧的融雪融冰或水库的溃决作用下，松散堆积物质失稳与汇流水体形成水和泥砂、石块的混相流，具有较大的密度，速度快，惯性大，具有强大的动力。

(2)崩塌与滑坡的分布及其对铁路的危害：

①崩塌、滑坡的分布：西南地区几乎各条铁路线上都有不同程度的崩塌、滑坡地质灾害，主要分布在20世纪50～60年代及以前修建的昆河(米轨)、宝成、成昆、成渝、川黔、贵昆、湘黔、黔桂、襄渝等线。这些山区铁路沿线地形地质条件复杂，受当时勘察设计与施工技术水平的限制，一些线路走在河谷阶地、高陡岸坡或山麓斜坡上，采用了许多高路堤和高边坡路堑，同时支挡防护措施有限，导致崩塌、落石、滑坡的发生。例如，20世纪50年代初开始宝成铁路勘测时，人们对古滑坡认识不清，把部分车站设在古滑坡体上，开挖后引起古滑坡复活、新滑坡产生，给施工运营造成很多困难和灾害。

西南地区主要铁路干线经过的规模较大的自然滑坡统计如表1—5—1所列。

表1—5—1　西南地区几条山区铁路自然滑坡统计

线　别	线路长度(km)	滑坡个数	线　别	线路长度(km)	滑坡个数
成昆线	1 085	183	黔桂线	607	32
宝成线	669	102	昆河线	469	24
川黔线	463	91	贵昆线	631	21
湘黔线	953	80	成渝线	504	21
襄渝线	850	46	南昆线	890	20

②崩塌、滑坡对铁路的危害：

a. 破坏线路和路基设施。缓慢位移的滑坡常造成线路路基、挡土墙变形及侧沟破坏。滑坡一旦突然形成，则路基被掩埋，或摧毁线路设备，悬空轨排，中断行车，严重威胁人民生命安全和造成财产损失。

b. 危害车站。贵昆线的大海哨、南昆线的八渡、达万线的万县、内昆线的田梁子等车站，施工中均因发生滑坡而导致设计的重大变更。还有不少山区或峡谷中的车站受到崩塌、落石的威胁、危害。

c. 破坏桥梁、隧道和明洞。成昆线的会仙4号桥、玉田3线桥、耳足桥、铁西双线桥、湘黔线普舍安桥等的墩台基础均受到滑坡威胁，不得不采用改线、回填或抗滑工程来保证桥梁的安全；贵昆线的二道岩、成昆线的白石岩2号、襄渝线的旗杆沟(赵家塘滑坡处)等隧道，均因滑坡而发生错断和位移而侵入隧道净空，严重地威胁行车安全。

d. 造成行车事故与旅客伤亡。崩塌、落石灾害是山区铁路常见病害之一，这种病害在施工期间即有发生，运营期间是维修和行车人员最感棘手之事。据成都局的不完全统计，成昆线就有危岩与崩塌、落石约500处。造成行车事故的有：1974～1979年成昆线分别在弯高滑坡段、K812崩塌处，造成货物列车颠覆、中断行车；1981年宝成线军师庙车站，在高200 m山坡上落石，砸中停在车站上的旅客快车，砸死1人、伤21人。

(3)泥石流的分布及其对铁路的危害：西南铁路沿线的泥石流主要分布在成昆线、东川支线、宝成线、襄渝等线上。泥石流类型大多以泥石流型、水石流型为主。泥石流灾害以其暴发突然、动力极大而导致铁路破坏成灾的后果严重,影响面广,除造成的直接经济损失巨大外,间接经济损失和社会影响也很大。

泥石流在运动过程中具有极大动力,所向难阻,能在对铁路建筑物的短暂作用过程中冲毁沿途中的各种建筑物,或将携带的大量泥沙、石块堆积在途中,淤埋铁路建筑物,直接或间接对铁路运输安全造成严重灾害或威胁。1981 年 7 月 9 日爆发于大渡河支流利子依达沟的特大泥石流,造成成昆铁路桥毁车翻震惊国内外的铁路大灾难。

2. 岩　　溶

我国南方是碳酸盐岩的主要分布区,尤以西南地区较为集中。仅就滇、黔、桂三省(区)而言,碳酸盐岩出露的面积即占三省(区)总面积的 1/2 左右。境内气候湿润,雨水充沛,故岩溶极为发育,其类型之多,堪称世界之冠。各种岩溶地貌齐全,主要有岩溶盆地、谷地、洼地、漏斗、落水洞、峡谷、峰林、峰丛、峰林平原、岩溶干谷等。

岩溶是西南铁路建设中的主要工程地质问题之一。岩溶对铁路工程的影响和危害主要表现在以下方面:一是岩溶地面塌陷威胁建筑物安全;二是隐伏岩溶洞穴及其充填物对建筑物基础稳定性的影响;三是岩溶涌水突泥对地下工程造成危害;四是岩溶洼地积水浸泡或淹没路基和其他地面工程。

(1)岩溶地面塌陷:按其成因可分人为塌陷和自然塌陷两大类。岩溶地面塌陷在空间上具有隐蔽性,在时间上具有突发性。

西南铁路沿线是岩溶地面塌陷的重灾区,川黔、贵昆、盘西、黔桂、南昆、内昆、水柏等铁路线上都有不同程度的岩溶塌陷问题。例如,1976 年 7 月 7 日,贵昆线 K606 + 475 路基,大雨后形成直径 8 m 的岩溶塌陷坑,造成中断行车 62 小时 40 分钟;1979 年 9 月 1 日及 1985 年 7 月 6 日,贵昆线分别在 K534 + 076 及格以头村附近先后发生路基岩溶塌陷,导致货物列车脱轨、颠覆;贵昆线六枝站 11 ~ 12 道先后 5 次发生塌陷,高峰车站曾发生 16 次塌陷,乌速龙车站发生 6 次塌陷等。

(2)岩溶洞穴及其堆积物影响建筑物基础稳定:岩溶洞穴及其堆积物对工程的危害主要表现,一是建筑物基础悬空;二是洞穴顶板过薄,不能承受荷载而发生突然坍塌,引起建筑物破坏;三是岩溶洞穴中的堆积物往往为强度低、稳定性差的松软土或碎块石土等,开挖易坍塌,不能直接作建筑物基础。西南岩溶地区铁路建设中,岩溶洞穴及其堆积物对工程的危害几乎遍及各线的路基、桥梁、隧道、房屋建筑等工程,技术处理难度较大。通常情况下,在岩溶洞穴发育地区的桥梁和房建工程大多采用较长的桩基础;路基工程常采用夯填、网格板垫层、支顶、嵌补、跨越、注浆加固等措施处理。

(3)岩溶隧道涌水突泥:隧道涌水突泥是岩溶地区常见的地质灾害。西南地区长大的岩溶隧道多发生过突发性的涌水突泥灾害。如成昆线沙马拉达隧道,襄渝线中梁山、大巴山隧道,川黔线的凉风垭、娄山关隧道,贵昆线的梅花山、梅子关、倮纳隧道,盘西线的胜境关隧道,南昆线新桥、砂锅寨 2 号隧道,株六复线大竹林、花苗隧道,水柏线何家寨、红梁子、新寨 2 号隧道,渝怀线圆梁山、武隆、歌乐山隧道,遂渝线荆竹岭、桐子林隧道等,施工中都曾发生过严重的涌水突泥灾害,给工程造成经济损失,甚至发生人员伤亡事故。隧道施工发生涌水突泥也常造成地表水或地下水渗漏,造成不利的环境影响。例如,襄渝线中梁山隧道,施工期间多次涌水突泥,导致地表地下水严重渗漏,井泉干枯,造成当地农田灌溉、居民用水困难,且引起地面多处塌陷。近年修建的渝怀线歌乐山、圆梁山隧道,采取“排堵结合,限量排放,以堵为主”的治水原则,有效地控制了地表地下水的严重渗漏,推动了长大岩溶隧道堵排水技术的发展。

(4)岩溶地表水:岩溶地表水对工程的危害,主要表现在岩溶洼地、谷地中的积水问题。由于排水不畅,洪水时冲刷、淹没桥涵及路基,或洼地积水、冒水浸泡路堤,引起路堤下沉或坍塌等。例如,贵昆线平坝两所屯—羊昌河一带,1960 年铁路建成后,雨季岩溶洼地大量积水、冒水,铁路路基及大量农田被淹没,造成严重损失,直至株六复线建设时,才彻底根治了岩溶水害;南昆线砂锅寨 2 号隧道出口段,因洞外洼地积水倒灌及洞内岩溶涌水,造成隧道及洞外路基淹没,后修建高程低于隧道的泄水洞,将出口段洼地积水和洞内岩溶水引排至隧道进口以外,方解决该段水害问题。

3. 有害气体

西南地区及其邻近各省、区,均有古生界至新生界煤系地层及含油气地层分布。西南铁路建设中已有多座隧道发生过煤层瓦斯或天然气瓦斯事故。例如,20 世纪 50 年代末修建的贵昆线岩脚寨隧道,所通过的二叠系乐平组煤系地层中夹有多层高瓦斯煤层,1959 年施工过程中曾发生 6 次瓦斯爆炸和燃烧,造成伤亡 99 人的特大事故;达成线炮台山隧道,施工通过侏罗系不含煤的砂岩夹泥岩地层时,由于深埋于地下 3 000 m 以下的天然气瓦斯沿岩层中构造裂隙渗透上逸,在隧道内聚集,引起严重的瓦斯爆炸,造成多人伤亡事故;南昆线家竹箐隧道,通过二叠系煤层地层,属于高瓦斯、有煤与瓦斯突出危险的隧道,施工中穿煤 25 层,累计穿煤总长 252.28 m,煤层最大瓦斯涌出量达 633.6 m^3/h、最大瓦斯含量达 20.17 m^3/t、最大瓦斯压力达 1.58 MPa。在该隧道的设计与施工中,认真总结了其他隧道瓦斯地质灾害的经验教训,采取了强有力的瓦斯防治措施,保证了隧道施工安全。

4. 采 空 区

西南地区地下矿藏资源丰富,铁路通过矿区时,常会遇到大面积采空区。就煤矿而言,大面积采空区是井、巷形成后分块按次序的开采煤层。地下煤层经大面积采空后,煤层上部地层失去支撑,平衡条件被破坏,随之产生崩落、破裂、弯曲等变形,发展到地表,使地面下沉,随着煤层采空区的不断扩大,发展成为移动盆地。大面积采空区均为大型煤矿企业,做过煤田地质勘察、规划设计,有开采情况、观测记录等图表资料。这样,线路绕避或通过时进行整治处理,依据资料就更充分一些。由于这类采空区影响范围广、深度大,处理难度极大,故铁路选线时,以尽量绕避为宜。

云、贵、川三省的一些地区,个体或小规模采煤现象普遍,常遇到小煤窑采空区引发的地表塌陷或开裂灾害问题。在西南铁路建设中,近年修建的南昆、内昆、水柏、遂渝等线都不同程度地遇到了此类问题。如内昆线二道桥双线大桥因人工在桥墩下乱挖采煤巷道,引起桥梁严重下沉倾斜事故;水柏线夹沟车站施工中发生小煤窑采空塌陷,引起路堤滑坡。小煤窑采空一般都为无序开采,更无文献记载和图表资料。工程地质勘察中难以完全查清,即使用较大的物探、钻探工作量也难以查明采空范围和深度。铁路线路方案选择时亦应尽量绕避,万不得已时,应从小煤窑采空最窄处通过,并采取回填加固或地表钻孔注(压)浆等措施处理,同时,设置铁路保安煤柱,禁止在限定范围内开采,确保铁路运营安全。

5. 高地应力

高地应力对地下隧道及地下工程的危害主要有两方面:一是硬岩发生岩爆,即高地应力区岩体中聚积的弹性变形能在开挖过程中突然释放使岩石爆裂弹射岩块的现象;二是软岩大变形,即地下洞室围岩在高地应力作用下发生显著的塑性变形和位移的现象。围岩强度比不同,岩爆与位移的程度也不同。

西南铁路建设中,曾多次遇到过高地应力条件下的软岩隧道的大变形和硬岩隧道的岩爆问题。例如，南昆铁路家竹箐隧道(4 990 m)，通过二叠系煤系地层软岩中部埋深最大的长 390 m 地段，实测洞内最大水平地应力 $\sigma_{max}=16.09$ MPa，而煤系地层的综合抗压强度 $R_c=1.7$ MPa，$R_c/\sigma_{max}=1.7/16.09=0.105$，属极高地应力水平，因而在隧道施工中发生了严重的挤压变形，拱顶最大下沉 240 cm，侧壁内移 160 cm，底板上鼓 80 ~ 100 cm，造成支撑钢架严重挠曲变形，喷层开裂，并与钢架脱离等病害。成昆铁路关村坝隧道(6 187 m)，穿过震旦系厚层石灰岩地层，石质坚硬、完整，层理接近水平，最大埋深 1 650 m。1965 年施工中多次发生岩爆(一般在爆破后 2 ~ 3 小时内发生，大多出现在导坑顶部和扩大的拐角处)，爆落弹出最大岩块达 $(0.5\times0.4\times0.1)\ m^3$，造成多次人身中伤事故，威胁施工安全。

6. 岩　　堆

西南山区山峰高耸，岭谷相对高差大，谷深坡陡河流坡降大，水流湍急，下切和向源侵蚀剧烈，区内新构造运动十分活跃，地震频繁，山地气候变化大，昼夜温差悬殊，物理风化作用显著，因此岩堆分布广泛。岩堆组成物质和结构复杂一般根据组成物质的大小可划分为碎屑、碎石、块石、大块石岩堆。成昆、南昆、内昆、宝成、川黔、贵昆、湘黔等铁路沿线岩堆发育。岩堆的形成具多期次性，不同期次的堆积面常形成岩堆体上坍塌、工程滑坡、古滑坡复活等病害的软弱结构面，特别是当岩堆体内的地下水下渗至这些软弱面或岩堆体底部倾斜的基床面时，岩堆体极易沿这些软弱而变形、开裂，甚至产生大规模滑动。由于岩堆体所含块碎石极不均一，密实度也相差悬殊，故不均匀沉降明显，一般不宜直接作天然地基的持力层。

7. 地震地质灾害

西南地区西藏、云南、四川西部受板块运动影响大，地震活动频繁，地震灾害严重。据不完全统计，新中国成立 60 年来就发生 7 级以上地震 11 次(表 1—5—2)。

表 1—5—2　新中国成立以来西南地区 7 级以上地震灾害统计

序号	地　震	发震时间	震级	地震烈度	受灾面积 (km^2)	死　亡 (人)	伤　残 (人)	倒塌房屋 (间)	经济损失 (亿元)
1	四川康定	1950.04.14	7.5	Ⅸ	5 000	84	224	636	
2	西藏察隅	1950.08.15	8.5	Ⅺ					
3	西藏当雄	1951.11.18	8	Ⅹ					
4	云南通海	1970.01.25	7.7	Ⅹ	1 777	15 621	26 783	338 456	3.0
5	四川炉霍	1973.02.06	7.9	Ⅹ	6 000	2 199	2 743	47 100	
6	云南永善—大关	1974.05.11	7.1	Ⅸ	2 300	1 641	1 600	66 000	0.9
7	云南龙陵	1976.05.29	7.6	Ⅸ		73	279	48 700	1.4
8	四川松潘—平武	1976.08.16	7.2	Ⅷ	5 000	38	34	5 000	
9	云南澜昌—耿马	1988.11.06	7.6	Ⅸ	91 732	748	7 751	2 242 800	20.4
10	云南丽江	1996.02.03	7.0	Ⅸ	43 200	309	17 211	350 000	30.5
11	四川汶川	2008.05.12	8.0	Ⅺ	130 000	死亡 69 277 失踪 17 923	374 643	5 461 900	8 451

2008 年 5 月 12 日 14 时 28 分，四川汶川发生 8 级大地震。这是新中国成立以来影响最大的一次地震。“5.12”大地震是一次震级高、破坏性强、持续时间长、地面振动响应强烈(地面动峰值加速度最高达 1.5*g* ~ 2.0*g*)的地震，触发了大量的崩滑地质灾害，其数量之多、规模之大、类型之复杂、损失之惨重举世罕见。据估算，地震触发的滑坡、崩塌、碎屑流等总计达 5 万

余处，其中对震后人员安全和临时安置构成直接威胁的灾害隐患就达12 000余处；规模大于1 000万m^3的巨大型滑坡达100余处，其中规模最大的安县大光包—黄洞子沟滑坡是目前有记载的世界上最大的地震触发的巨型滑坡，其体积估算达7.45亿m^3，形成的滑坡堆石坝高达690 m。大量的次生地质灾害使山河变色、家园被毁、交通中断、救济受阻，造成大量人员伤亡。相关统计结果表明，汶川大地震触发次生地质灾害造成的人员伤亡约占地震总伤亡人数的三分之一，其数量远远超过过去20年我国一般地质灾害导致人员伤亡的总和，其中致100人以上人员死亡的重大崩滑灾害就达20余处，如北川老县城王家岩滑坡直接掩埋1 600余人；位于北川新县城的景家山崩塌也将北川中学新区掩埋，造成约700余人遇难。

（二）特殊岩土

1. 膨胀土（岩）与红黏土

膨胀土（岩）与红黏土的共同特点是岩、土体中含有大量的亲水性黏土矿物（蒙脱石、伊利石、高岭石），在湿度变化影响下产生明显的胀缩变形，但红黏土收缩性更为突出。

（1）膨胀土与红黏土的胀缩性：膨胀土与红黏土对工程产生危害的主要原因是土中含水量变化引起的胀缩性，在降雨量较大地区，常给工程构筑物带来损害。例如，南昆铁路经过膨胀土地段长约160 km，根据成因可划分为三类：泥岩风化残积型（Ⅰ类）、碳酸盐岩风化残积型（Ⅱ类）和河流冲积型（Ⅲ类）。Ⅰ类膨胀土母岩以第三系泥岩为主，主要分布于广西和滇东一些盆地及其边缘，此类膨胀土全线分布总长约110 km；Ⅱ类膨胀土指贵州、广西、云南广布的红黏土，具膨胀性者，全线分布总长约30 km；Ⅲ类膨胀土主要分布于广西境内田阳至百色段右江河谷Ⅱ、Ⅲ级阶地上，分布长度约20 km。以上三类膨胀土多属弱膨胀土，仅少数可划分为中等膨胀土。南昆铁路膨胀土（岩）与红黏土形成的路基病害主要表现在路堑边坡、路堤和路基基床变形。特别是广西境内分布于思林至百色段的膨胀土（岩），变形十分严重。据1995、1996两年对路基病害的调查统计，其中有两段膨胀土（岩）路基集中地段长16.7 km，两年雨季中就发生路基病害34处，累计总长8.9 km，占全段路基长度的53.3%，其中路堤病害9处3.1 km，路堑病害25处5.8 km。路基病害发生的直接诱发因素是水，膨胀土（岩）边坡的变形，往往要持续2～3个雨季才趋稳定，有的延续时间甚至更长。南昆铁路膨胀土（岩）病害是严重的，边坡率放缓到1:4还不能自稳，曾造成多处挡墙倾倒、抗滑桩歪斜、基床鼓胀、侧沟破坏、路堤坍滑等诸多病害。

（2）红黏土中的地裂：碳酸盐岩风化残积型红黏土，常在干旱、失水条件下强烈收缩而引起地面开裂，其分布地区较广，较为典型的有广西的武宣、贵港、隆安等地。例如，南昆铁路K61～K62经由隆安县境内龙床村附近的桉树林一带发生地裂13处，其中裂缝长40～70 m，宽10～100 cm，最大深度大于6 m。龙床村48幢房屋，有31幢房屋均有不同程度的开裂变形，占全村总幢数的65%。产生长大地裂的原因是由于红黏土具有弱胀强缩的特性，在长期持续干旱气候及桉树林大量吸水的影响下发生剧烈收缩而导致长大地裂现象，对工程的危害较大。

（3）膨胀岩的胀缩性：膨胀岩对铁路工程的危害主要表现为隧道衬砌开裂，道床鼓胀或沉陷，边坡剥落、滑动。如南昆铁路全线通过膨胀岩地段长约70 km，主要分布于广西境内右江沿岸及百色盆地一带，以思林至百色段最为集中。由下第三系那读组、百岗组、伏平组和建都岭组泥岩、砂质泥岩及泥质粉砂岩组成，自由膨胀率平均值达80%以上，蒙脱石一般含量10%～32%，泥岩的阳离子交换量28～38 mmol（NH_4^+）/100 g干土，具有膨胀性、碎裂性和低强度性三大工程地质特性。那读组和百岗组属于中—强膨胀岩，伏平组和建都岭组为弱—中膨胀岩。

2. 软　　土

西南地区铁路建设遇到的软土大多分布于江、河沿岸、内陆湖、塘、盆地和多雨的山间洼地等地区，大多呈透镜状或鸡窝状分布，厚度变化较大，大多为 3 ~ 20 m 左右。但在云南一些山间洼地或断陷盆地中的软土厚度较大，如南昆铁路云南境内永丰营车站软土厚为 80 m 以上，大丽线经过大理、丽江盆地的软土厚为 50 ~ 100 m，玉蒙线经过通海盆地的软土厚 50 ~ 160 m。此外，西南地区软土的成因较为复杂，湖泊相、沼泽相、河漫滩、谷地相沉积都有分布，主要以湖泊相、谷地相沉积为主，典型的如云南滇池、洱海、杞麓湖、抚仙湖、星云湖、异龙湖、贵州六盘水地区的洪积扇及煤系地层分布区的山间洼地的谷地相沉积等，各种成因软土的物理力学性质差异较大，尤其是西南地区泥炭土的性质与国内其他地区泥炭土的性质差异显著。如南昆铁路七甸泥炭土，其天然含水量高达 573%，天然孔隙比高达 10.92、有机质含量高达 66.2%、压缩系数高达 9.96 MPa^{-1}、固结排水剪强度为 $c = 2.5 \sim 6$ kPa、$\varphi = 20° \sim 24°$，实属国内其他地区所罕见。

内昆、株六、水柏、六盘水枢纽等铁路的建设中，在软岩地层（如炭质页岩、泥质页岩、泥岩、砂质泥岩、泥灰岩等）地区的山麓斜坡、斜坡台地地带，发现一种特殊罕见的"坡残积、坡洪积型软黏土"，暂定名为"坡麓相斜坡软土"，简称"斜坡软土"。斜坡软土的成因是在特定的软岩地层及气候湿润多雨、降雨量丰富、地下水发育且排水不畅的环境条件下，由于松散堆积物下伏软岩的阻水作用，导致沉积于山麓斜坡地带的堆积层或母岩强风化带被长期浸润或饱水软化而形成的产物。其主要工程地质特征如下：

（1）斜坡软土常埋藏于地表硬壳层之下，非经钻探或开挖揭露难以发现，具有不连续、不均匀、透镜状或鸡窝状分布、底部横坡较陡、厚度变化悬殊等特点。一般地表硬壳层厚 0.5 ~ 2 m，下卧软土层厚度 1 ~ 10 m，最厚可达 15 ~ 30 m 不等。

（2）斜坡软土的颜色主要有黑色、灰色、灰黑色、灰白色、棕黄色等。其物质成分以坡洪积、坡残积成因的黏土、砂黏土夹碎石角砾为主，也有仍保持母岩结构的基岩强风化物，钻探取出岩芯风干后可见微层理特征，当颜色为灰黑色时，与炭质页岩强风化带区分困难，非采取干钻，岩芯鉴定极易误判。

（3）斜坡软土的物理力学性质除天然含水量不大于液限外，其余指标一般都接近或达到常规软土判别标准。统计内昆线老李段及六盘水枢纽 221 组斜坡软土土工试验资料，天然含水量 $w = 23\% \sim 94\%$，液限 $w_L = 41\% \sim 164\%$，天然孔隙比 $e = 0.9 \sim 1.8$，压缩系数 $a = 0.5 \sim 2.0$ MPa^{-1}，不排水抗剪强度 $c_u = 5 \sim 28$ kPa，内摩擦角 $\varphi = 3° \sim 19°$，静力触探比贯入阻力 $P_s = 200 \sim 750$ kPa，渗透系数 $k < 10^{-7}$ cm/s，有机质含量 4% ~ 10%。

（4）斜坡软土的工程特性与一般软土相似，同样具有天然含水量高（但一般不大于液限）、孔隙比大、高压缩性、低强度性、流变性、触变性等特点。斜坡软土与一般软土的工程特性差异主要在于除具有一般软土特性外，部分还兼有一定膨胀性。

3. 含盐地层

含盐地层所含盐类主要由 K、Na、Ca、Mg 的氧化物、硫酸盐、硼酸盐及 K、Na 的硝酸盐矿物组成。西南地区含盐地层的主要形成时代为三叠纪（如四川盆地）、白垩纪（如云南、四川）。

含盐地层的盐类有三大工程地质问题，即易溶性、膨胀性、腐蚀性，常给工程造成危害。

（1）易溶性：在石膏—硬石膏盐类分布的地区，几乎都发育岩溶化现象。由于它们具有较高的可溶性（溶解度为 2.0 ~ 2.1 g/s），所以在建筑物基底可能存在岩溶化洞穴、孔穴。成昆铁路的百家岭隧道，由于三叠系嘉陵江组地层中的石膏、硬石膏岩的溶蚀，造成隧道基础的不均匀沉陷。

(2)膨胀性:硫酸盐类经过脱水作用后形成的硬石膏($CaSO_4$)、无水芒硝(Na_2SO_4)、钙芒硝($CaSO_4 \cdot Na_2SO_4$)等,在自然及工程条件、地下水的作用下,具有吸水结晶膨胀性,从而导致岩体的变形和工程破坏。铁二院测得的钙芒硝($CaSO_4 \cdot Na_2SO_4$)膨胀岩的最大膨胀力为1.35 MPa,最大膨胀量为135.8%。

(3)腐蚀性:腐蚀问题是硫酸盐类盐岩的固有特性,硫酸盐对混凝土的腐蚀使混凝土结构破坏,质地疏松。

成昆线百家岭隧道通过三叠系嘉陵江组含石膏地层,造成隧底鼓隆,边墙、水沟开裂、剥落;成昆线黑井前后约50 km范围,通过下白垩系落苴美组下杂色岩段含盐地层,该段法拉、黑井等多座隧道衬砌均遭严重腐蚀;贵州境内水柏铁路的银山隧道,穿过三叠系关岭组下部含石膏的石灰岩地层,导致隧道施工完成后,中部约1 600 m的混凝土衬砌发生严重腐蚀,施工单位误将含石膏的隧道弃渣用作其他桥梁、路基工程的混凝土骨料,也引起了腐蚀问题,教训十分深刻。

(本章由张亨纲、唐民德根据卿三惠所著《西南铁路工程地质》一文编录,编录中对文字有所增删、修改)

第二章　主要铁路的工程地质概况

成渝铁路是中华人民共和国成立后建成的第一条铁路干线。自1952年该铁路建成通车以来，中铁二院在50余年的历程中，勘察、设计铁路干线、支线、专用线及地方线累计达600余条，总长60 000 km，工作地域以西南地区为主，也涵盖国内其他省区。现选择地质条件较为复杂，且具一定代表性的主要铁路干线16条，将其工程地质概况介绍于后（见图2—0—1）。

一、成渝铁路工程地质概况

罗成模

（一）概　　况

1. 工程建设历史

成渝铁路早在1936年，在国民政府成立的成渝铁路工程局管辖下，开工修筑，时修时辍，直至1949年新中国成立前夕，仅完成建筑安装工程的14%，且施工质量低，隐患多。定测是新中国成立前完成的，全长530 km，新中国成立后经复测比较，改线多处，缩短线路25 km，线路全长约505 km。参加设计的单位有11家，分散作业，边设计、边施工，缺乏总体性。全线于1950年开工，先后抽调军工30000人，动员民工100000人参加修筑，于1952年6月13日铺轨至成都，同年7月1日全线通车。

之后，成渝铁路于1975年进行了电气化技术改造。电化技改主要包括以下内容：

（1）线路改线21段，计长20.67 km；

（2）线路改坡50段，计长45.94 km；

（3）路基改线、改坡作相应填、挖；

（4）桥梁加固41座，改建3座，新建4座，涵渠改建143座，新建34座；

（5）隧道新建、改建共44座，计长7 346.34 m；

（6）改建、扩建车站56个；

（7）新建站房6 183 m^2，货物仓库7 422 m^2，零担仓库830 m^2，扳道房73个。

成渝铁路经电气化技术改造后，线路全长504.871 km，技术标准有所提高。

2. 线路地理位置及气象特征

（1）地理位置：成渝铁路起自成都，经简阳、资阳、资中、内江、隆昌、荣昌、永川、江津等市县达重庆。该铁路东接长江航运，南连綦江铁路，北与宝成铁路相连，是西南铁路网中的重要区段，连接着成都和重庆两大城市，具有政治、经济、国防上的重大意义，见图2—0—1。

（2）气象特征：铁路所经地区潮湿多雨，夏季炎热，冬季有雾，极少冻冰。一般年降雨量1 000～1 500 mm，降雨多集中于7、8、9月。东部气温较高，日气温最高达42 ℃左右，西部相对

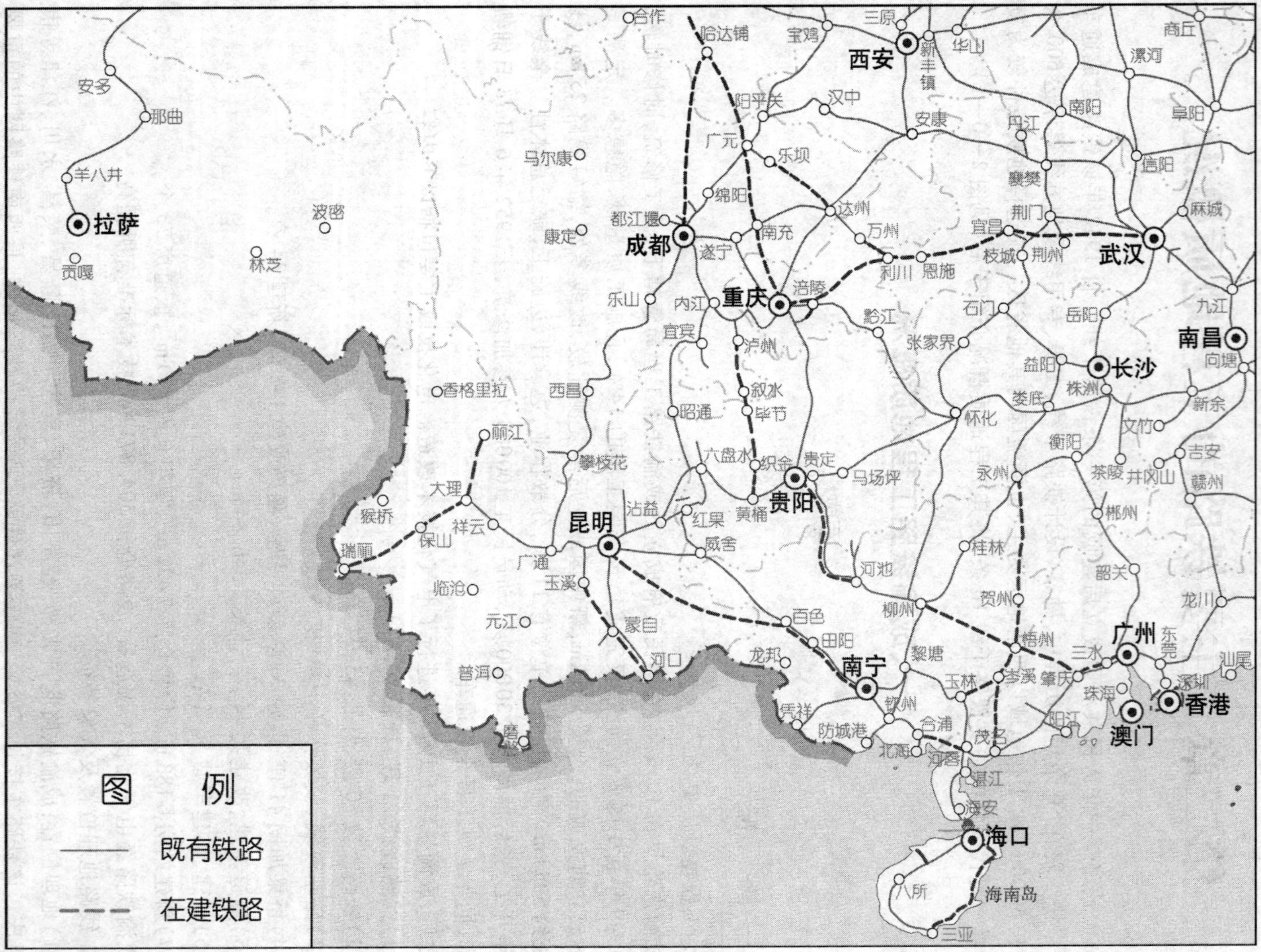

图 2—0—1　西南及其邻区铁路示意图

较低,最低气温低至 -6℃左右,沿线有的地区冬季多雾,以江津、重庆地区为最,江津 1962 年 12 月大雾竟高达 14 天,雾天多发生在每年 10~12 月。

3. 线路主要技术标准

成渝铁路经电气化技术改造后的技术标准如下:

(1)正线数目:单线;

(2)限制坡度:10‰;

(3)牵引种类:电力机车(韶山型);

(4)最小曲线半径:一般 300 m,尽量采用 350 m,最小 286 m;

(5)到发线有效长度:750 m;

(6)闭塞方式:继电半自动闭塞;

(7)输送能力:近期 $1\,000 \times 10^4$ t,远期 $1\,300 \times 10^4$ t;

(8)机车交路:成都、重庆设电力机车机务本段,内江设电力机车折返段。

(二)工程地质概况

1. 地形地貌

成渝铁路走行于四川盆地之中,盆地地势西北高、东南低,盆地中主要河流均系长江水系,且流向由西北向东南。

铁路自成都向东至柏树坳,长约 30 km,位于成都平原上,地形平坦,呈平原地貌;

柏树坳至五凤溪,穿龙泉山脉,相对高差 100 余米,呈低山山岳地貌;

五凤溪至榫木镇,线路沿沱江向东南方向行进,呈低丘、低山山岳地貌及河谷地貌;

榫木镇至重庆,铁路横贯川东褶皱低中山区,高程 200~600 m,主要呈中低山山岳地貌,其中朱杨溪至重庆,线路紧傍长江左岸,还呈现河谷景观。

2. 地层岩性

成渝铁路沿线所遇地层主要为第四系、白垩系、侏罗系及三叠系。现由新到老分述如下:

(1)第四系(Q):第四系地层主要包括近代堆积层、江北砾石层和雅安砾石层。

近代堆积层(Q_4):主要为砂砾石土、砂卵石土夹黏性土冲积层,分布于平原、沱江、长江两岸高出江面 3 m 以下的阶地、河漫滩;其次为分布在丘陵、低山、中低山坡麓的碎、块石角砾土坡积层和分布在缓坡上的砂黏土残积层。近代堆积层一般厚度不大,个别最厚者也不超过 30 m。

江北砾石层(Q_3):上部为灰黑、灰黄或浅黄色砂黏土、黏砂土,中部为浅黄色黏砂土、粉砂土夹卵石、砾石,下部为砂砾石土或砂卵石土,砾石、卵石成分多为石英岩、砂岩、燧石,局部具有钙质胶结或矽质胶结,呈二元结构。分布于沱江、长江两岸阶地上,一般高出江面 3~20 m,厚度 2~26 m。

雅安砾石层(Q_2):川西上部为姜黄、橙黄色黏土、砂黏土,含铁锰结核和钙质结核,即"成都黏土",川东上部为砂黏土含少量钙质结核;下部为棕黄色黏性土壤夹砂砾石、卵石之混合层,砾石、卵石直径一般小于 20 cm,成分为石英岩、砂岩、火成岩及变质岩,紧密,局部呈半胶结状态,砾石层中偶夹杂砂透镜体。上部为"成都黏土"者,分布于成都至洪安乡一带,厚度一般为 4~6 m,最厚不到 20 m,其余主要分布在沱江、长江沿岸阶地上,一般高出江面 20~90 m,厚度最大者约 40 m,雅安砾石层与下伏地层呈不整合接触。

(2)白垩系(K):该地层主要由砖红、棕红色厚层、块状长石石英砂岩与同色泥岩、砂质泥岩互层组成，交错层理发育，其中部以砂岩为主，夹薄层泥岩、透镜状砾岩、钙质团块状硬砂岩；其底部为一层钙质胶结的底砾岩，砾石成分以石灰岩为主，次为石英岩、燧石等，浑圆度差，假整合于下伏侏罗系重庆统地层之上。白垩系地层分布于养马河以北和龙泉山以西一带。

(3)侏罗系(J)：侏罗系重庆统(J_3)、自流井统(J_2)和香溪统(J_1)地层是铁路沿线出露最多的地层，其出露与褶皱构造关系较密切。

重庆统从上到下由蓬莱镇组、遂宁组、上沙溪庙组和下沙溪庙组的地层组成。

蓬莱镇组(J_3^4)：为棕红、紫红色泥岩、砂质泥岩、页岩与青灰、紫灰、浅灰色长石石英砂岩或棕红、紫红色泥钙质粉砂岩互层，多分布于较高之向斜岭上。

遂宁组(J_3^3)：上部为紫色石英粉砂岩、棕红色泥岩、砂质泥岩夹页岩，其底部为灰紫、砖红色长石石英砂岩，多分布于各宽平之向斜轴部附近。

上沙溪庙组(J_3^2)：上部为紫红、棕红色泥岩夹黄绿、灰紫色厚层粉细砂岩，中部为砖红色泥岩夹棕红、紫红色长石砂岩，下部为紫红色泥岩与紫灰、黄褐色厚层长石石英细砂岩互层，多分布于向斜两翼。

下沙溪庙组(J_3^1)：顶部为黄绿色页岩，中部为紫红、棕黄色泥岩、砂岩互层，底部为黄褐色中粗粒长石砂岩，多分布于各背斜翼部。

自流井组(J_2)：顶部为黄绿、灰绿、灰黑色页岩、砂质页岩、石英砂岩夹石灰岩或白云质灰岩以及紫红色泥岩、砂质泥岩夹石英砂岩，中部为黄绿、灰黑色页岩夹石英粉砂岩及石灰岩，底部为紫红色泥岩夹黄色页岩及石英细砂岩，多分布于背斜翼部。

香溪组(J_1)：上部为灰黄、灰白、黄褐色厚层中细粒长石石英砂岩、粉砂岩，中部为灰黄、灰绿色页岩、灰黑色炭质页岩与中薄层石英细粉砂岩互层，夹薄煤层，下部为灰白色厚层中细粒石英砂岩及灰、黑灰色页岩、砂质页岩，石英砂岩夹薄煤层或透镜状底砾岩，多分布于背斜翼部。

(4)三叠系(T)：三叠系沿线主要出露嘉陵江组(T_1j)和飞仙关组(T_1f)地层。

嘉陵江组(T_1j)：顶部为深灰色厚层角砾石灰岩、灰黑色薄层钙质页岩，中、下部为薄层一厚层白云质石灰岩，下部含泥质或显蠕虫状结构，分布于背斜轴部。

飞仙关组(T_1f)：上部为紫红色钙质页岩夹少许泥灰岩，灰色碎屑状、鲕状石灰岩及厚层石灰岩，中、下部为紫色薄层钙质页岩夹泥质石灰岩，亦分布在背斜轴部。

(5)二叠系(P)：本系地层中仅长兴组灰岩及乐平组煤系地层局部出露于中梁山背斜轴部，且距线路较远。

3. 地质构造

四川盆地是一典型盆地构造，四周由高程1 500 m以上的高山环绕。成渝铁路经过地区为盆地中部，高程约200～600 m。就大地构造单元而言，铁路处于扬子陆台四川台向斜，从地质构造上可分为成都平原区、龙泉褶皱山系、威远穹窿剥蚀低缓丘陵区和川东褶皱低中山系。

成都平原区：成都平原是由岷江、沱江从盆地西北缘的高山携带来的大量物质所构成的冲洪积扇。第四系地层发育，砂卵石层甚厚，白垩系岩层仅零星出露，构造平缓。

龙泉褶皱山系：龙泉山褶皱带出现六条近似平行的构造线，其中龙泉山大背斜轴向为N20°～30°E，轴长130 km，宽12～15 km，为不对称的箱形背斜，顶部和南东翼较平缓，北西翼陡峻；其次如五风溪背斜、周家场向斜等，一般是背斜窄陡、向斜宽平，岩层产状变化较大，倾角自3°～45°不等；岩性主要为侏罗系、白垩系地层，砂岩质坚，但构造节理、风化节理发育，岩层较为破碎。

威远穹窿剥蚀低缓丘陵区：该区仅出现一些宽平的穹窿，主要为威远穹窿和一些短小的褶皱，岩层近于水平，或以小角度倾斜，倾角一般小于7°。

川东褶皱低中山系：川东褶皱带在内江至重庆间，主要由两个褶皱群（华蓥山弧形褶皱群和永川帚状褶皱群）和三个断裂（隆昌断裂、永川断裂、中梁山—石场断裂）所组成。这些褶皱的组成紧密，且呈狭长不对称隔挡式形态，一般是向斜宽而背斜窄，背斜轴部平缓，两翼陡峻，呈箱形；断层多出现于褶皱之轴部及倾没端，且多为走向逆断层。构造线之走向大致是北东—南西方向。

两个褶皱群：华蓥山弧形褶皱群处于川东褶皱带最西边，且是本地区最大的褶皱。这一褶皱自达县向南分成四个背斜，其中与铁路关系密切的主要是中梁山背斜。中梁山背斜与铁路相交，该背斜轴向近南北，东翼陡峻，西翼稍缓，略显向东倒转，由于受几次断裂所切割、错动，背斜轴部的局部地段，出露了二叠系乐平统煤系地层，但以二叠系嘉陵江灰岩分布最广；背斜两翼却出露侏罗系香溪统和重庆统下沙溪庙组地层。发育于中梁山背斜轴部的中梁山断层是走向逆断层。在中梁山背斜南端断层密集。另外三个背斜对铁路影响不大，其中两个背斜跨越嘉陵江之后，一个向南，伸至长江北岸油溪附近；另一个向西南，呈帚状分支，穿插于永川一带。永川帚状褶皱群同样是向斜宽而背斜窄，背斜轴部平缓，两翼陡峻。

三个断裂：永川断层位于永川帚状褶皱群之东山背斜南端东南翼，全长8.2 km，最大断距431 m，为走向逆断层，其南端断层产状有所变化，与岩层走向斜交，节理发育，岩层较破碎。隆昌逆断层位于石燕桥螺观山背斜之南端，走向亦大致与背斜轴线一致，即北东—南西，倾向南东，倾角40°～45°，铁路于CK267～CK270之间与其相交。中梁山断层位于中梁山背斜轴部，该断层是走向逆断层，在中梁山南端断层密集，如猫儿峡南岸伴生的断层达6条之多，且见断层相互切割，这些断层以东倾者居多，并多为走向逆断层，在出现乐平煤系地段，断裂落差高达500 m以上，对铁路影响较大。

4. 水文地质条件

（1）地下水的类型：与成渝铁路密切相关的地下水主要有壤中水和基岩裂隙水两种类型。

壤中水：主要埋藏于成都平原的冲洪积层和长江、沱江及其支流等河漫滩、低级阶地的砂砾石、砂卵石层中，地下水位3～10 m，涌水量0.2～15 L/s不等。其次在沟谷洼地的冲洪积层中、雅安砾石层中以及丘陵斜坡前缘的残积、坡积层中也积聚有少量的壤中水。

基岩裂隙水：区域内地表径流条件较好，丘坡多为黏土质岩层所覆盖，不利于表水下渗，基岩多为黏土质岩与砂岩互层，黏土质岩为隔水层，砂岩为弱含水层，层间一般无水力联系，因此沿线基岩裂隙水的埋藏深度和水量都不大。

（2）地下水的化学类型：长江、沱江江水和第四系（Q_4）砂砾、卵石层孔隙潜水属HCO_3^-—Ca^{2+}型或HCO_3^-—$Ca^{2+}\cdot Mg^{2+}$型水，无侵蚀性。

第四系（Q_2+Q_3）江北砾石层和雅安砾石层中的孔隙潜水多属HCO_3^-—Ca^{2+}型水，无侵蚀性；个别属$HCO_3^-\cdot SO_4^{2-}$—Na^+型或$HCO_3^-\cdot SO_4^{2-}$—$Na^+\cdot Ca^{2+}\cdot Mg^{2+}$型水，具硫酸盐侵蚀。

第四系（Q_4）坡积、残积层中的地下水多属HCO_3^-—Ca^{2+}型水，无侵蚀性。

白垩系（K）地层地下水不发育，水质为HCO_3^-—Ca^{2+}型水，无侵蚀性。

侏罗系重庆统（$J_3^4+J_3^3$）地层的基岩裂隙水，水质一般属HCO_3^-—Ca^{2+}型水，个别属HCO_3^-—$Ca^{2+}\cdot Mg^{2+}$型水，无侵蚀性。仅柏树坳隧道出口段、DK30+907、DK30+991、DK31+007等段附近岩层的裂隙水，水质属$HCO_3^-\cdot SO_4^{2-}$—Ca^{2+}型水，具有硫酸盐侵蚀。

侏罗系重庆统(J_3^2)地层的基岩裂隙水,水质一般属 HCO_3^-—Ca^{2+} 型水及 HCO_3^-—$Ca^{2+}\cdot Mg^{2+}$ 型水,无侵蚀性。

侏罗系自流井统(J_2)和香溪统(J_1)地层的基岩裂隙水大都不具侵蚀性,仅位于香溪统地层的金家崖隧道的个别地段,出露的地下水具有硫酸盐侵蚀。

(三)主要工程地质问题

1. 不良地质及特殊岩土

成渝铁路沿线地形地质条件较为简单,没有严重、复杂的不良地质问题,但由于铁路沿线年降雨量大,水田多,黏土质岩层分布广泛及其黏土质岩层特有的性质,加上铁路较长地段为沿河线路,河流对岸坡的冲刷,依然导致沿线一些不良地质现象的发生。

滑坡:分黏性土中的滑坡和堆积层中的滑坡。黏性土中的滑坡,主要出现在龙泉山以西地段,如龙潭寺至洪安乡,多处由"成都黏土"构成的路堑边坡发生坍滑,又如侯家坪车站成端等,以"成都黏土"作填料形成的路堤也发生坍滑,其主要原因是由于分布于该段线路的"成都黏土"的性质所造成。堆积层中的滑坡或堆积层沿基底岩层的滑坡,主要出现在沿河及沟谷的斜坡地段,如兰家湾、茨坝车站渝端、金刚沱车站渝端、小南海车站渝端等,其主要原因是上方表水处理不善,坡脚又受江水浸泡所致。以泥岩、页岩及砂岩碎块作混合填料所形成的路堤,由于粒径不均,软硬不一,风化各异,难以夯实,再加上基底横向为斜坡,也易发生路堤坍滑,如长沙埂车站渝端路堤等。基岩顺层滑坡只出现在线路个别地段,如双石桥车站右侧挖方边坡,鸡公山 DK44 + 805 ~ DK44 + 831 线路右侧边坡,柏林至茨坝间 DK364 + 700 附近线路左侧边坡等。其原因是这些地段基岩为页岩,或泥岩与泥质砂岩,或砂岩形成的互层,岩层倾向线路,坡顶为水田所浸泡。

崩塌和剥落:崩塌和剥落主要发生在泥岩或泥质页岩等黏土质岩和与砂岩互层构成的路堑边坡上,原因是由于沿线降雨量和蒸发量都大,昼夜温差也大,而泥岩或泥质页岩等黏土质岩抗风化能力差,易风化剥落,使其上的砂岩悬突,从而形成崩塌或局部危岩落石,如朱杨溪车站成端左侧边坡、天台山隧道进口右侧边坡、石场至小南海间路基边坡等。

泥石流:沿线泥石流灾害较少,仅 1 处,在 DK40 + 441. 17 涵洞所处自然沟槽,由于沟谷纵坡较陡,且沟壁两侧堆积层较厚,在 1974 年雨季,一次暴雨与沟壁堆积层形成泥石流,堵塞涵洞,并导致泥石流淹没道床,泡软路基,引起列车颠覆的重大事故。

河岸冲刷:沿线河岸冲刷主要发生在路基沿河地段,金水河沿岸路基受金水河洪水冲刷,如红花塘车站,DK44 + 240 ~ DK44 + 340 左侧路堤坡脚等;长江沿岸路基河侧受长江洪水冲刷,如平等车站货场外侧岸边等。由于黏土质岩层遇水易软化崩解,置于其上的桥基,亦产生了基底黏土质岩层被河水冲刷掏空的病害,如球溪河大桥主流处墩基等。

人为空洞:因人为空洞(采空区)引起的地表碟形塌陷偶有发生,如内江东站就发生过因早年打过盐井,后因盐卤枯竭引起的地面塌陷。

特殊岩土:成渝铁路的特殊岩土只有"成都黏土"。"成都黏土"的主要矿物成分为蒙脱石和伊利石,具有明显的、不均匀的膨胀性和收缩性,属膨胀土,一经扰动易产生滑坡,主要分布于成都至洪安乡一带。

2. 重大地质工点简述

由于成渝铁路沿线所处地质条件相对较简单,且铁路的工程也相对较为简单,故基本无重大地质工点。

二、宝成铁路工程地质概况

李维克

(一)工程概况

1. 工程建设史

宝成铁路是连接我国西南地区和西北地区的主要铁路干线,担负着我国西南地区各省、市、自治区与我国北部、中部及东部地区大量的客流运输、物资运输业务。宝成铁路北接陇海铁路,从阳平关东连阳安铁路,南接成渝、成昆及达成铁路,成为西南地区向北、向东以及向南出海的重要通道。

宝成铁路全线长 668.2 km,共设桥涵 1 999 座,累计总长 27.79 km,约占线路总长的 4.2%;设隧道 304 座,累计总长 84.43 km,约占线路总长的 12.64%;路基地段长,约占线路总长的 80%;全线设站场 76 处。

宝成铁路的勘测设计工作,略阳以北由原西北设计分局承担,以南由原西南设计分局承担,南段长 455 km;1952 年 7 月动工修建,1956 年 7 月接轨通车,1958 年元旦正式交付运营。

为提高运能,1975 年完成了阳平关至成都段电气化技术改造工程,同时完成了罗妙真至二郎庙间会龙场越岭段 20‰坡度的改线工程。1981 年雨季,因川、陕地区特大洪水灾害,全线受到严重破坏,又进行了病害整治和技术改造,对水害以及不良地质危害严重的段、点,进行了相应的改线绕避或整治改造,使线路的技术标准和工程的安全性得到了进一步提高。虽然采取上述各项工程措施,使宝成铁路运营条件、牵引质量和客货输送能力等都有了很大提高,但随着改革开放和国民经济的快速发展,宝成铁路客、货运量迅猛增长,宝成铁路固有的单线、陡坡度和小曲线半径等低技术标准状况已远远不能满足日益增长的客货运输需要,增建二线势在必行,特别是阳平关至成都段更是迫在眉睫。

通过全面的方案比选和勘察设计,1992 年 12 月 28 日宝成铁路阳平关至青白江段增建第二线正式开工,至 1999 年 12 月 29 日全段(369.747 km)建成并投入正式运营,工程建设历时 7 年。随后,于 2003 年底,又完成了宝成铁路青白江至成都段增建二线(成都铁路枢纽建设范围,长 28.2 km),并投入使用。

2. 铁路地理位置及气象特征

(1)地理位置:宝成铁路跨陕西、甘肃和四川三省,北起陕西省宝鸡市,向南途经凤县、略阳等到达甘肃省宁强县阳平关站(增建二线的起点),再向南经宁强县燕子砭镇、广元市大滩镇、朝天区、广元、江油、绵阳、德阳、广汉等市县至成都。增建二线阳平关至成都,是宝成铁路极其重要的咽喉区段,见图 2—0—1。

(2)气象特征:宝成铁路陕西、甘肃境内属大陆性气候,气温 40 ℃ ~ −25 ℃,年平均降水量 700 ~ 1 000 mm,最大风力 7 级,秦岭及嘉陵江沿岸冬季多雾。四川境内属盆地气候,年平均气温 18 ℃以上,年平均降水量 750 ~ 1 400 mm,6 ~ 9 月为雨季,占全年的 50% ~ 75%;年平均相对湿度 66% ~ 83%,年蒸发量 901.5 ~ 1 242 mm;年日照时数 976.6 ~ 2 200 小时。以广元为界,北部冬季较寒冷,1 月份平均气温 −2 ℃ ~ 7 ℃;南部夏季较炎热,7 月份平均气温 22 ℃ ~ 26 ℃。广元极端最低气温 −8.2 ℃,最大积雪深 2 cm,极端最高气温 38.9 ℃。

3. 主要技术标准

铁路等级：Ⅰ级铁路；

正线数目：单线（宝鸡至阳平关），双线（阳平关至成都）；

限制坡度：既有线维持现状，增建第二线为双机13‰；

最小曲线半径：既有线维持现状，增建第二线为400 m；

牵引种类：电力；

到发线有效长度：850 m；

机车类型：阳平关至广元为SS_4，广元至成都为SS_3；

闭塞类型：自动闭塞。

（二）工程地质概况

1. 地形地貌

（1）山岳区：秦岭山岳区自古以来为川、陕的交通屏障，南北宽达200余千米，山高谷深，峰峦叠嶂，峭壁林立，沟谷纵横。秦岭为长江和黄河两大水系的分水岭，高出渭河1 000余米；会龙场附近的剑门山为嘉陵江与涪江水系的分水岭，处于四川盆地边缘，地形、地势稍缓于秦岭。

（2）宽谷区：秦岭至双石铺为嘉陵江宽谷区，部分地段河谷宽达500～1 000 m，河道曲折，形成断续的河谷平原，两侧山岭高出河面200～400 m，自然山坡30°～50°，河曲间的山脊多形成高出150 m左右的台地。白石镇以南，河谷更加宽坦，高出河床20 m的黄土台地更为突出。

（3）峡谷区：双石铺至广元多为嘉陵江峡谷，如灵官峡、聂家湾、琵琶崖、灵岩寺、窄狭子、八庙沟、清风峡、明月峡等处均为峭壁、陡崖、峡谷，谷宽30～50 m，河流深切，两岸尽显悬崖绝壁，危岩丛生，水流湍急，地形地质条件复杂，不但线路选线不易，设站更为困难。

（4）丘陵及平原区：广元—会龙场地形呈丘陵起伏，过会龙场隧道后，进入四川盆地的冲积平原，地形平坦开阔，稍有起伏。

2. 地层岩性

沿线地层从太古界至新生界出露较全，秦岭山岳区以太古界、元古界花岗岩及片麻岩系为主，常夹云母片岩及角闪片岩，并穿插伟晶岩脉等。嘉陵江沿岸从第四系至寒武系地层均有出露，岩性复杂，主要为石灰岩、砾岩、砂岩、泥岩、页岩、片岩、片麻岩、板岩、千枚岩等。成都平原以侏罗系及三叠系地层为主，岩性多为砂岩、泥岩和页岩等。第四系松散堆积层分布广泛，渭河河谷多为漫滩阶地，以冲积黏砂土、砂黏土、黄土为主。秦岭及嘉陵江沿岸分布有坡、残积砂黏土夹碎石角砾，河谷中以冲、洪积砂、砾石、卵石、漂石土为主。成都平原上部以冲、洪积砂黏土为主，下部夹砂卵砾石层。

（1）第四系（Q）：其成因类型主要有冲洪积、坡残积、滑坡堆积等，分布于沿线斜坡、谷坡、河谷及成都平原等地带，岩性主要为黏性土、黄土质土、砂、卵砾石土或碎块石土等，厚度变化大。

（2）上第三系（N）：红黏土夹砂砾或砾石层、红色砾岩等，分布在虞关一带。

（3）白垩系（K）：为暗红色砾岩，块状，间夹红黏土层；灰色砾岩夹泥灰岩或红土层，主要分布在凤州、双石铺等地段。

（4）侏罗系（J）：广元组灰黄色砂岩、杂色页岩，千佛岩组砾岩夹厚层砂岩、泥质页岩，须家河组砾岩、红砂岩及灰绿色页岩等，主要分布在冉家河、广元、成都盆地等地。

(5)三叠系(T):嘉陵江组浅灰色石灰岩,飞仙关组灰、黄、棕黄色页岩等,主要分布于观音坝一带。

(6)二叠系(P):乐平组灰岩夹燧石灰岩、黑色页岩,阳新组灰、深灰色石灰岩等,主要分布于观音坝、冉家河、谈家庄等地带。

(7)石炭系(C):灰色、灰白色厚层块状石灰岩,镇姿组板岩、千枚岩、片岩夹石灰岩,略阳组深灰色石灰岩及燧石灰岩,草凉驿组石英砾岩、石英岩及石英质砂岩等,分布于虞关至白水江、油房沟、军师庙、巨亭、灭火沟等地带。

(8)泥盆系(D):西汉水组泥质、灰质板岩夹薄层石灰岩,古道岭组薄层及厚层石灰岩夹页岩、砂岩等,主要分布于桃园至聂家湾、虞关等地带。

(9)志留系(S):白龙江组黑色、黄绿色片岩、千枚岩,新滩组黄绿色页岩及较纯的石灰岩等,主要分布于朝天至观音坝一带。

(10)奥陶系(O):页岩、砾岩、砂岩等,分布于凤州、七里坪等地。

(11)寒武系(Є):为变质砾岩、片岩、片麻岩、千枚岩等,分布于油房沟至凤州、军师庙一带。

(12)震旦系(Z):为灯影灰岩等,分布于秦岭山岳区、军师庙一带。

(13)太古界(Ar):为肉红色黑云母或角闪石花岗岩、花岗片麻岩、片岩片麻状闪长岩及角闪片岩等,主要分布于秦岭山岳区。

(14)岩浆岩、酸性火成岩侵入体、基性火成岩侵入体、捕虏体等,零星出露于略阳至阳平关段。

3. 地质构造、地震

(1)地质构造:秦岭是我国著名地槽区之一,自古至今造山运动强烈,新构造运动活跃,构造形迹复杂,各种性质的褶皱、断裂极为发育,并互相穿插、切割、交会,构造节理发育,常见小断层、褶曲和岩脉穿插,风化层厚,基岩变质程度深。

沿线于聂家湾、谈家庄至虞关、略阳、军师庙至观音坝等地带发育有10余条断层,线路多与其大角度斜交通过。

(2)地震:依据1990年《中国地震烈度区划图》,增建二线工程除青白江—成都段地震基本烈度为Ⅶ度外,余均划分为Ⅵ度。2008年四川汶川"5.12"大地震后,据国家质量监督检验检疫总局和国家标准化管理委员会批准发布的《四川、甘肃、陕西部分地区地震动峰值加速度区划图》(GB18306—2001图A2)和《四川、甘肃、陕西部分地区地震动反应谱特征周期区划图》(GB18306—2001图B2),阳平关—成都地震动峰值加速度修改为0.10g~0.15g,地震动反应谱特征周期修改为0.4~0.45s。

由于铁路邻近龙门山断裂带受"5.12"大地震的影响,宝成铁路沿线亦遭受很大的破坏。

4. 水文地质条件

(1)地下水类型

①第四系孔隙潜水:河谷中阶地、漫滩冲洪积层之砂、卵石层中含有较丰富的孔隙潜水;低山丘陵坡麓、河谷岸坡及山间洼地分布的坡残积、崩积之砂黏土、块碎石土中含少量孔隙潜水,局部含水较多,多在缓坡或坡脚地带以股流或湿地形式排出;成都平原地表覆盖较厚的冲洪积卵砾石土中,含有较丰富的孔隙潜水。

②基岩裂隙水:主要分布于砂岩、页岩、板岩、片岩、千枚岩、片麻岩、花岗岩等碎屑岩、变质岩和岩浆岩岩体中,含水量较小;部分褶皱、断层和节理裂隙发育,岩石破碎地段,基岩裂隙水

较发育，含水量较大。

③岩溶水：沿线可溶岩分布广泛，岩溶和岩溶水发育，多见于三叠系、二叠系、石炭系、泥盆系等灰岩中，呈岩溶裂隙水或岩溶管道水出露地表。

(2)水　　质

沿线地下水多属重碳酸钙和重碳酸钙镁型水，对混凝土、钢筋等基本无侵蚀性。

(三)主要工程地质问题

1. 不良地质及特殊岩土

宝成铁路山岳区约占80%，地形相对高差很大，起伏剧烈，山坡陡峭，沟深流急，地质条件复杂，地层出露齐全，岩性纷杂，秦岭地槽造山运动强烈，构造形迹复杂，节理裂隙、卸荷裂隙发育，岩体破碎，坡体稳定性差，为各种不良地质发育创造了有利条件，以滑坡、崩塌为主的斜坡重力地质作用尤为突出，为新中国成立初期新建铁路干线中地质灾害比较严重的线路之一。宝成铁路的不良地质具有类型多、分布普遍、规模大、危害严重、治理困难等特点。其主要不良地质有滑坡、崩塌、坍方、错落、危岩落石、河岸冲刷、顺层、岩溶、风化剥落等。秦岭至略阳段线路为绕避不良地质，曾14次跨越嘉陵江。

据1955年底统计，全年总计发生地质病害达445处，其中大型坍方70余处，滑坡40余处，宝略段出现了上官铺、谈家庄、白水江等多处大型崩塌、滑坡；略阳至广元段，1955年雨季，一夜曾发生坍方等病害就达53处。截至1957年，据不完全统计，山坡边坡重力地质作用病害共2 136处，其中大型滑坡76处，崩塌、坍方337处，危岩落石34处，以西坡、谈家庄、高家坪、黄龙沟、白水江、马蹄湾、瞥口、横现河、云峻山、王家沱、青白石、杜家坝、成家坝、任家沟、大滩、熊家河、冉家河等17处崩塌、滑坡最为严重。

增建二线的不良地质仍以滑坡、危岩落石、河岸冲刷三大类为主，规模大、数量多、危害较严重，且整治较困难。其次是岩溶、泥石流、岩堆、边坡溜坍等。

滑坡：据调查，全段有滑坡35处，其中土质滑坡19处，岩质滑坡16处，规模大于$20\times10^4\ m^3$的有17处，最大的熊家河滑坡规模达$500\times10^4\ m^3$。沿线滑坡较集中分布在阳平关至二郎庙地段，增建二线绕避31处，整治4处，施工中新产生3处。

危岩落石：全段危岩落石共有29大段，总长达41.26 km，是严重威胁铁路行车安全的重大病害之一。主要分布在阳平关至二郎庙间陡峭河谷岸坡地段，其中阳平关至广元有10段，长21.28 km，占该段线路总长的28.4%；沙溪坝至雁门坝有8段，长14.29 km，占该段线路长度的32.5%。增建二线绕避16段，整治了13段，长达12.57 km。

河岸冲刷：嘉陵江、清江沿岸河岸冲刷强烈，造成岸坡路堤开裂坍塌或护坡挡墙基础被淘空而垮塌，也是造成河岸滑坡复活的诱发因素。既有线河岸冲刷共26段，长10.6 km，嘉陵江沿线仅1990年汛期发生河岸冲刷而影响铁路运营的就有30处，影响线路长达1.8 km。

泥石流：沿线仅发育有少量中、小型泥石流。

岩溶涌水：沿线仅有个别隧道有岩溶涌水发生。

特殊岩土：沿线山丘低洼谷地及平原地区，表部零星分布有薄层松软土，成都附近分布有少量弱膨胀土，对工程影响微弱。

2. 重大地质工点简述

(1)D_2K392 +890 ~ +990堆积层滑坡处理：该滑坡位于沙溪坝至上寺区间，为中低山河谷地貌。增建二线沿清江河左岸以路堑通过其滑坡下部，路堑中心挖高2 ~7 m，边坡高4 ~12 m。

由于施工挡墙基础时边坡不断坍塌失稳，且基坑难以成形，危险性不断增大，故采取了增加7根抗滑桩并加桩间挡墙的工程措施。但1997年雨季后，此处两根桩在路肩上1m处仍被剪断，桩间挡墙外挤、开裂，最大位移30 cm；1998年8月，当地特大暴雨灾害又使滑体中部表土大量流失，冲毁了D_2K392+953处一孔2.5 m涵洞及已铺轨路基，右侧抗滑桩及桩间墙又有少量位移，至2000年变形加剧。通过调查和补勘综合分析，该处存在一处古滑坡，其平面形态呈圈椅状，两侧及后缘地势较陡，地表横坡约20°，具有良好的汇水条件。因路堑工程在坡脚处开挖临空失稳、暴雨以及河水淘蚀等综合因素，诱发其复活，且发展加剧；在2001年宝成线病害专项整治工作中，于D_2K392+893～+977右侧8m处又增设了一排抗滑桩，并修复破损的挡墙、天沟等工程。经此次彻底整治和长期观测结果看，该滑坡已趋稳定，线路运营安全畅通。

增建二线较大的路基地质工点还有D_1K438风化软质页岩滑坡等，均进行了成功处理。

（2）新明月峡隧道进口大跨段断层破碎带处理：朝天至观音坝之间，既有线明月峡隧道进口段山体，1976年就发生过山体位移及坍塌，在距进口端约130 m的山坡顶部，发现一组纵向贯通裂缝，局部深达6 m，宽达45 cm。既有线曾做过山体减载及明洞外墙回填处理。

新明月峡隧道从既有线右侧山坡下穿过，进口段为双线喇叭口，随后逐渐分开成两座单线隧道，左侧紧临嘉陵江。隧道区为低山峡谷地貌，洞顶地形起伏较大，自然横坡30°～45°，地形较陡。隧道进口段主要地层为第四系全新统崩塌堆积的块石土、断层角砾岩和三叠系下统页岩夹薄层灰岩等，且靠近背斜构造核部，并通过金家河逆断层，该断层具有压扭特性。受其影响，岩体柔皱剧烈，节理发育，岩层十分破碎，且破碎带较宽，同时该段易受大气降雨影响，地下水较丰富，雨季隧道内地下水最大出水量达15～20 m^3/h，致使进口段围岩被软化，山体稳定性很差。

新明月峡隧道进口大跨段开挖断面较大，局部跨度宽达16 m，造成本来稳定性就很差的山体变形加剧，表现为洞内施工曾有两处发生了坍方，导致坍方顶部山体变形下沉，牵动上部山体滑移，引起地表开裂，新的地表裂缝宽10～50 cm，裂缝垂直错高0.5～2 m，并向洞身方向延伸；山体下沉产生过大侧压力，造成已衬砌拱圈靠山侧开裂，引起衬砌侵限，靠山侧水平侵限最大25 cm，同时隧道顶部地表原有的裂缝也在继续下错发展。

若施工扰动过大，极易加剧现有裂缝变形发展，并形成新的裂缝，从而产生坍方和山体崩塌，危及左侧既有线安全。

针对上述情况，地面加大了整治范围，增加了50根预应力锚索加固，共计2 072 m。洞内处理措施是在大跨段山体锚索施加预应力后山体已稳定的基础上开展，主要是沿120 m大跨范围，采用拱部和边墙全断面注浆后，再分段调整类型换拱并加强衬砌，同时改进口段明洞为锚杆式钢筋破墙式棚洞，棚洞内墙兼作重力式挡墙，挡墙上部作锚杆护墙。通过上述措施，成功地处理了进口大跨段通过断层破碎带。

增建二线重大隧道地质工点还有新飞仙关隧道巨厚古崩积体处理、陈家岩隧道地下岩溶水处理、魏家坡隧道出口与黄坡里隧道进口之间危岩落石及泥石流处理等，均进行了成功处理。

（四）结　　语

既有宝成铁路是新中国成立初期修建的地形、地质条件非常复杂的山区铁路干线之一，由于受各种因素和条件的限制，特别是工程地质工作处于起步阶段，其重要性尚未被人们所认识，致使宝成铁路部分地段的早期勘测设计因无地质资料而返工，或因遗漏重大不良地质造成施工非常被动。施工中大量不良地质病害工点的暴露，引起各级领导和广大科技人员的极大关注。之后，在苏联专家的帮助下，在地质部、水利部等兄弟单位的协助下，在各级领导的关心支持下，通过全体工程地质人员和勘探人员的共同努力，地质队伍不断扩大，设备得以补充，业务素质和技术水平不断提高，为推动工程地质专业的发展发挥了巨大作用。

宝成铁路的工程地质工作，经历了从无到有、从小到大、从简单到复杂、从单一到多层次的不断发展壮大和完善的过程，并积累了丰富的实践经验，为今后的工程地质工作奠定了坚实的基础，开创了工程地质工作的新局面。

宝成铁路增建二线的工程地质工作，无论是工程地质人员的业务素质和技术水平，或是勘察手段的完善以及工程地质勘察的质量等，都有了很大的提高。

三、黔桂铁路工程地质概况

王茂靖

（一）概　　况

1. 工程建设历史

既有黔桂铁路柳州（含）至贵阳（含）为单线铁路，其中柳州至都匀段建于新中国成立前，都匀至贵阳段于新中国成立后修建贯通，正线全长 607.801 km。由于修建历史久远和铁路技术标准低，新中国成立后先后于 1965 ~ 1979 年、1983 ~ 1988 年进行了两次大规模技术改造，但是随着国家经济建设的快速发展，经过改造后的既有黔桂铁路运输能力仍远不能满足运力的需要，因此，对该线进行扩能改造十分必要。

根据铁道部规划安排，铁二院于 2002 年起对黔桂铁路改造工程陆续开展了方案竞选投标。获标后，历经多次方案研究、优化修改，报部同意，最终确定为黔桂铁路扩能改造工程。扩能改造后正线长度 481.887 km，利用部分既有铁路，对既有铁路进行大面积提速改造，新建正线建筑长度 450.8 km（不含贵阳枢纽）。本线是连接黔、桂两省（区）的重要交通纽带，也是我国铁路网"八纵八横"主通道中包柳通道的重要组成部分，承担着西南与华南及沿海港口的客货交流任务，对促进西南地区经济发展起着重要作用。

黔桂线扩能改造工程于 2005 年 2 月全面开工建设，于 2008 年年底开通运营。

2. 铁路地理位置及气象特征

（1）地理位置：黔桂铁路位于广西壮族自治区和贵州省境内，南起广西壮族自治区最大工业城市柳州，向北经广西的宜州、河池、南丹三县市，由麻尾进入贵州省，经独山、都匀、贵定、龙里四县（市）到达贵州省省会贵阳市，见图 2—0—1。

（2）气象特征：沿线气候属于亚热带湿润季风气候，但从柳州至贵阳，随着地势的增高以及远离海洋，从亚热带湿热气候逐渐过渡为亚热带温热湿润气候以及亚热带湿润季风气候。各地直接承受印度洋及太平洋水汽补充。

广西境内温暖湿润，雨量充沛，夏长而炎热，冬短偶有奇寒，降雨量充沛但分布不均，有明显的干湿两季之分。多年平均气温 16.9 ℃ ~ 20.6 ℃，极端最高气温 35.7 ℃ ~ 39.9 ℃，多年平均降雨量 1 316.9 ~ 1 497.7 mm，多年平均相对湿度 76.0% ~ 83.0% 。

贵州境内由于冬季受北部寒潮影响较弱，夏季受东南海洋季风影响显著，具有温和湿润的气候特征。多年平均气温 14.8 ℃ ~ 16.1 ℃，极端最高气温 34.4 ℃ ~ 39.5 ℃，极端最低气温 −9.5 ℃ ~ −6.9 ℃，多年平均降雨量 1 094.2 ~ 1 478.8 mm，多年平均相对湿度 76.9% ~ 82% 。

3. 线路主要技术标准

(1)铁路等级:Ⅰ级;

(2)正线数目:单线,预留复线条件;

(3)限制坡度:6‰,双机坡13‰;

(4)最小曲线半径:140 km/h 路段,一般地段1 600 m,困难地段1 200 m;120 km/h 路段,一般地段1 200 m,困难地段800 m;

(5)牵引种类:电力;

(6)到发线有效长度:850 m;

(7)牵引质量:3 500 t;

(8)闭塞类型:继电半自动。

(二)工程地质概况

1. 地形及地貌

黔桂铁路所经地区地势西北高、东南低,地形起伏较大。线路出柳州站溯柳江支流龙江走行于桂北低山丘陵区,经宜州至金城江,后沿凤凰山山脉东翼向北,经独山于栋青树越长江水系与珠江水系的分水岭至都匀,出都匀后线路再折向西,辗转于贵州高原丘陵山地间,经贵定、龙里至贵阳。线路经过了广西盆地、贵州高原斜坡地带、贵州高原三个地貌单元。

(1)广西盆地:柳州—金城江段地处广西盆地的北部,地形相对平缓,地势西北高、东南低。盆地内部多为丘陵、谷地,高程约90~200 m,山峰高出地面可达100~200 m。线路走行于龙江河谷,河谷呈"U"形,两岸发育基座阶地。段内岩溶发育,主要地貌类型有河谷阶地、缓丘浅谷、低山丘陵、岩溶谷地、峰林与溶丘、孤峰平原、溶丘洼地、峰林谷地等。

(2)贵州高原斜坡带:金城江—都匀段线路辗转于凤凰山山脉间,并穿越近东西向展布而反复弯曲转折的苗岭,是广西盆地到贵州高原前的斜坡地带,高程由近200 m很快上升到1 000 m以上。珠江水系的河流柳江、龙江、红水河均发源于苗岭。地面切割强烈,地形起伏大,地势北高南低,呈现出山高谷深的谷地及中低山、低中山峡谷、沟谷等地貌景观,且岩溶发育,又呈现出峰林与溶丘、峰林谷地、溶丘洼地、垅岗槽谷等岩溶地貌景观。

(3)贵州高原:都匀—贵阳段为贵州高原上的丘陵山地,地势相对平缓,平均高程在1 200 m左右,高差在200 m以内,山脉常呈北北东和北东东向分布,长江水系的清水江、乌江发源于该区。河流为典型的峡谷河流,水流湍急,岸壁陡峭,多发育有瀑布、暗礁和险滩,岩溶发育,主要的地貌有脊状、台状低中山、垅状低山、残丘坡地、溶丘洼地、峰林谷地、垅岗槽谷等。

2. 地层岩性

沿线大面积出露沉积岩,局部分布岩浆岩,地表不同程度覆盖第四系成因的松散土层。地层岩性由新到老分述于下:

(1)第四系(Q):主要为人工填筑土及冲洪积、坡洪积、湖沼积、崩坡积、滑坡堆积、残坡积成因的黏土、粉质黏土、碎块石土、透镜状软土、松软土等,厚度0~10 m不等,广泛分布于既有铁路路堤、沿线斜坡、河谷、阶地、沟槽、水塘田地等地段。

(2)三叠系(T):主要为中三叠统的钙质页岩夹厚层钙质粉砂岩及薄层泥质灰岩,分布于昌明镇至沿山镇间的贵定向斜核部。下三叠统的页岩及薄层致密灰岩及泥质灰岩或泥质灰岩夹页岩、薄层灰岩,局部夹石膏,分布于昌明镇至沿山镇间的贵定向斜核部。

(3)二叠系(P):主要为硅质灰岩夹页岩、硅质岩互层夹煤、灰岩、燧石灰岩、铁铝岩、灰岩夹有机质页岩、石英砂岩夹页岩、炭质页岩及煤层等，分布于都匀、昌明、沿山镇、三岔、大石一带。

(4)石炭系(C)：主要为灰岩夹白云质灰岩、白云岩、灰岩、灰岩夹硅质条带、白云岩夹燧石灰岩、灰岩夹结核状泥质灰岩、泥质白云岩、石英砂岩夹页岩、泥质灰岩、泥灰岩夹炭质页岩、页岩及炭质页岩互层局部含煤、泥质灰岩夹泥灰岩，局部夹炭质页岩及细粒石英砂岩等，主要分布于流山、大石、六甲、麻尾、南丹、筹洞、坡朝、洛东、洛西、昌明、沿山、谭村、怀竹、叶茂一带

(5)泥盆系(D)：主要为灰岩、白云岩、白云岩夹泥质白云岩或泥质灰岩、泥灰岩、硅质岩、砂岩、页岩、炭质泥页岩、泥岩、砾岩等。局部含赤铁矿或被硅化、绢云母化，分布于独山、沿山、龙里、怀竹、巴牙、洛西、叶茂、全村、坡朝、南丹、车河、独山、摆梭、麻芝铺、洛西、怀远、谭村、纳朝等地段。

(6)志留系(S)：仅见中志留统翁项组(S_2w)，上部灰绿及黄绿色页岩夹灰岩及粉砂质灰岩，下部深灰色粉砂质灰岩，间夹钙质粉砂岩及砂质页岩，分布于斗篷山地区。

(7)奥陶系(O)：仅见下奥陶统地层，主要为钙质粉砂岩及粉砂质灰岩夹页岩；灰岩、白云岩间夹角砾状白云岩，含泥质白云岩及细粒白云岩夹白云质页岩，局部产砷矿—雄黄及汞，间夹泥质白云岩，分布于邦水至摆梭、银洞坡隧道一带。

(8)寒武系(Є)：仅出露上寒武统炉山组($Є_3l$)浅灰、浅灰带微红色中厚层白云岩夹暗色白云岩，分布于邦水一带。

(9)侵入岩($\gamma\pi_5^3$)：花岗岩出露地段狭小，仅在南丹附近出露燕山晚期花岗斑岩($\gamma\pi_5^3$)侵入体，灰白、浅灰绿色，块状构造。侵入体附近常伴生多种有色金属矿产，自明清至今，均在大量开采，大山隧道一带有出露。

3. 地质构造和地震

(1)地质构造：沿线通过大地构造单元主要为扬子准地台之上扬子台褶带及华南褶皱系之桂西凹陷、桂林河池凹陷，构造复杂，褶皱、断裂发育。

褶皱：对线路影响较大的褶皱分别是南丹河池背斜、独山背斜、都匀向斜、黄丝背斜、贵定向斜及摆朗背斜。

断层：与黔桂铁路改建工程密切相关的断层构造线共160条，其中广西盆地40条，贵州高原斜坡区105条，贵州高原15条。规模较大并具有代表性断层有横江逆断层、环江张扭性断层、坡老正断层、丹池大断裂、交力逆断层、都匀逆断层。断层主要呈北西、北东向延伸，断层破碎带及其影响带对线路通过的工程存在不同程度的影响。沿线规模最大的断裂构造为丹池大断裂。丹池断裂是一深大断裂，推测其在晚元古代四堡期业已存在，于加里东至燕山期均有活动。该断裂带走向N5°~50°W，全长300 km以上，具逆断层性质，断裂带宽度数米至数百米，沿断裂带地层揉褶、压碎、硅化明显，发育构造透镜体、压碎岩。线路选择六甲方案后，丹池大断裂对工程的影响已大大降低。

(2)地震动参数：据《中国地震动参数区划图》(GB18306—2001)，全线地震动峰值加速度小于等于0.05g，各类工程可不考虑地震设防。

4. 水文地质特征

(1)地下水类型

沿线地下水主要为松散覆盖层孔隙潜水、岩溶水和基岩孔隙裂隙水三大类。由于沿线碳酸盐岩分布极为广泛，岩溶水最为发育，对工程影响最大。

①孔隙潜水：主要分布于沿线河谷、溪流河床及两岸冲洪积层中，含水层物质多为砂卵砾石层，一般厚1~10 m，水量丰富，动态变化较大。丘间洼地及丘坡上土层中孔隙潜水水量相

对较小,主要由大气降水补给,随季节变动,与地表水呈相互补排关系。

②岩溶水:沿线二叠系、石炭系、泥盆系、奥陶系、寒武系灰岩、白云质灰岩、白云岩等可溶岩广泛分布,岩溶及岩溶水极为发育。岩溶水主要接受大气降水补给,旱季多向深部地下水补给,雨季直接排泄于地形低凹的河谷与溪沟中。岩溶水特征和表现形式与岩性、构造部位、地貌单元等密切相关。广西盆地岩溶化强烈,地表河流纵横交错,岩溶地下水多以溶隙、裂隙水为主,局部存在岩溶管道暗河水;金城江至都匀段属于贵州高原斜坡带,岩溶强烈发育,地下暗河发育,主要为管道水,次为岩溶溶隙、裂隙水;云贵高原岩溶水主要以溶隙、裂隙水为主,次为岩溶管道水。

③基岩裂隙水:主要分布于沿线的碎屑岩中,局部地段在构造发育的裂隙部位储存基岩裂隙水,水量较丰。另外,可溶岩、花岗岩的上部也存在一定量的基岩裂隙水。主要由大气降水补给,常排泄于当地沟谷中。

(2)水　质

经对线路附近的泉、钻孔、沟、河、塘、井等处取水样进行分析,水质以 HCO_3^-—Ca^{2+} 型及 HCO_3^-—$Ca^{2+}\cdot Mg^{2+}$ 型为主,占总体取样数的80%以上,绝大多数水样对混凝土无侵蚀性,特别是碳酸盐岩岩溶水,一般无侵蚀性。但以下四种情况例外:南丹金属矿区地下水一般具酸性侵蚀;沿线含煤地层地下水一般具强硫酸型酸性侵蚀,含炭质页岩的地下水可能具有侵蚀性;距上游不远有污染源的地下水有的也存在侵蚀性;含石膏地段的地下水有侵蚀性。

(三)主要工程地质问题

1. 不良地质及特殊岩土

线路附近不良地质主要有岩溶、危岩落石及崩塌、岩堆、滑坡及坍滑、人为坑洞等。其中岩溶最为严重,其次为危岩落石。

(1)岩溶:广西、贵州是我国碳酸盐岩及岩溶的主要分布地区,区内碳酸盐岩地层广布,岩溶极为发育。全线可溶岩段长298 km,约占线路长度的66%,大部分地段岩溶发育。沿线岩溶发育有以下特点:一是二叠系、石炭系地层岩溶特别发育,泥盆系地层岩溶发育一般,奥陶系、寒武系地层岩溶相对不发育;二是向斜构造岩溶发育,尤以核部地带为甚,如贵定向斜,而背斜轴部岩溶则往往沿拉张裂隙或断裂发育,因此沿宽缓背斜轴部常形成峰林谷地、峰丛峰林洼地,地下暗河管道系统发育,如独山箱状背斜南段;三是断层两盘一定范围内岩溶发育,特别是张性和张扭性断裂带岩层破碎,导水性好,地下水易于富集,故常沿张性、张扭性断层带发育暗河和岩溶泉,如环江断层。沿线岩溶对工程的危害主要表现为岩溶水害、桥基岩溶、岩溶地面塌陷、岩溶隧道突(涌)水、突泥等。

改建线位有4处存在岩溶水害问题,已采取渗水路堤或采用桥通过。勘探中在10余座桥的墩台基底均不同程度地发现溶洞、溶蚀裂隙、溶孔及溶蚀破碎等,基础受岩溶影响比较大,已采用桩基穿过溶洞置于较完整基岩上。黔桂线路基大部分通过可溶岩地层,长度约为216.85 km,其中路堑长度约为21.54 km,路堤长度约为194.31 km。通过地面岩溶调查及地球物理勘探,路堤需进行岩溶注浆整治地段约160 km,其中覆盖型岩溶地段约40段,总长约72.5 km,整治中已采取"探灌"结合原则,进一步查清岩溶走向及分布,进行了整治;对岩溶路堑,已结合施工开挖实际情况,或回填或注浆加固。受岩溶及岩溶水影响极大的隧道有10余座,如北涯隧道、拉之洞隧道、六甲隧道、虎形隧道、拉幕隧道、内平2号隧道、拉干隧道等。在考虑保持原有地下水径流通道或条件,维持环境水的既有平衡,避免因地下水径流条件的改变而引起环境地质问题和工程地质问题发生的原则下,分别对岩溶隧道突水、突泥进行了处理。

(2)危岩落石及崩塌:危岩落石或者伴生的崩塌主要发生在石灰岩、石英砂岩夹硅质岩等硬质岩层中。据统计,全线危岩落石有94段,总长约18.3 km,其中对铁路工程影响比较大的危岩落石地段有20余段。对于危岩落石,已采取清除、加强支护、嵌补、拦挡或接长明洞等措施。

(3)岩堆:岩堆分布于陡崖下的斜坡及坡脚,多由灰岩质、砂岩质块石和粉质黏土组成,块石直径可达数米。沿线岩堆共26段,总长约2.4 km,其中对铁路工程影响比较大的岩堆有5处。对于岩堆,已采取加强隧道出口边、仰坡支护或加强挡护及排水等措施。

(4)滑坡和坍滑:主要为堆积层滑坡,以土质为主,部分含有基岩风化的碎块石;其次为岩层滑坡,炭质页岩地段(尤其是顺层地段)路堑边坡易发生坍滑和滑坡,有的规模较大,体积达数万立方米。全线滑坡和坍滑共20处,总长约2.2 km,其中对铁路工程影响比较大的滑坡及坍滑地段有DK217+217~+305隧道出口处岩堆体滑坡、DK247+620~DK247+720滑坡、DK404+085~DK404+165滑坡、DK396+082~DK396+130坍滑体、DK486+600~+870滑坡、DK502+800~DK503+000滑坡等。对这些滑坡都已进行了工程处理。

(5)人为坑洞:经线路优化比选,大山矿区的矿洞已基本避开,仅在DK245+461处有采矿坑道,坑口高程为720 m,巷道规格为2 m×1.8 m,方位为255°,与线路交角约70°,主井横穿铁路下方(高差约109 m)。实地测量未发现其他巷道,由此评价矿洞对铁路工程影响很小。沿线另有三处煤层采空区,具体位置是DK400+300~+380、DK414+900~DK415+000、DK507+900~DK508+000,亦采取了相应的工程措施。

(6)有害气体:隧道通过含煤地层或炭质页岩地层,存在局部瓦斯聚集问题。具有产生瓦斯等有害气体条件的隧道共有25座。多数隧道(如那马1号隧道)埋深为100~200 m,处于瓦斯风化带内,瓦斯含量一般不高。其他穿越P_2w、P_1l、D_3l等含煤地层的隧道由于埋深不大,一般煤层不厚,瓦斯压力和含量也不大。为防止瓦斯灾害,在施工中已采取超前勘探、及时监测、加强通风等措施。

(7)软土、松软土:经勘探发现,软土、松软土共129段,总长约33.5 km。大多数软土厚度在3m以内,采取了换填措施。个别深埋软土(埋深大于3 m),采取了复合地基措施加固处理,如河阳站软土工点。对铁路工程影响比较大的软土地段有DK187+610~DK187+805、DK226+990~DK228+939、DK237+340~DK239+036、DK420+600~DK421+900等四段。

(8)膨胀土及红黏土:经普查发现,膨胀土及红黏土共27段,总长约45 km。膨胀土段土层厚度2~10 m,局部大于10 m,自由膨胀率为40%~60%,属于弱膨胀土。红黏土段土层厚度2~15 m,红黏土呈棕红、褐黄等色,具有表面收缩、上硬下软、裂隙发育和显著的胀缩性,液限平均值58%,天然含水量37%,液性指数平均值0.29,自由膨胀率为9%~35%,红黏土力学指标普遍较高,其中内聚力平均值为43 kPa,内摩擦角小于10°,压缩模量平均7.19 MPa。红黏土的主要特性是失水易发生开裂,边坡易沿基岩接触带产生溜坍、滑坡。对铁路工程影响比较大的膨胀土及红黏土地段有K14+100~K16+500、DK498+650~DK499+790、DK500+350~DK501+000、YDK519+350~520+000等处。

(9)人工弃土:对线路有影响的人工弃土有四段,分别分布于DK207+275~DK207+330、DK207+365~DK207+420及DK215+516~DK215+600、DK215+746~DK215+957,已做了相应的工程处理。

2. 重大地质工点简述

(1)银洞坡隧道:该隧道长8 515 m,最大埋深680 m,相对高差250~450 m,位于苗岭山脉的腹部区,地势北西高、南东低,山高坡陡,峡谷深切,多险峻的悬崖峭壁,属于低中山峰丛山地地貌。

隧道进出口地表为薄层残坡积土所覆盖，洞身通过奥陶系下统大湾组粉砂岩夹页岩、粉砂质灰岩，红花园组灰岩夹白云岩，桐梓组白云岩夹页岩，寒武系上统炉山组白云岩及断层角砾岩等。

隧道处于黄丝背斜中段，该背斜西翼宽、东翼窄，轴部宽缓，并发育一个不规则三角形状展布的次级褶皱——邦水穹窿。隧道区发育两条张扭性正断层 F_5 和 F_4，其破碎带宽度分别为 20～80 m 和 20～60 m。

隧道主要工程地质问题为岩溶及断层破碎带。推测隧道洞身可能存在溶洞、暗河管道等岩溶形态，且隧道处于岩溶水水平循环带内。经综合计算预计，隧道平常期涌水量为 83 000 m^3/d，雨洪期最大涌水量为 125 000 m^3/d，可能产生突水、突泥。此外，隧道通过 F_4 断层，破碎带宽度 20～60 m，成分以断层角砾为主，局部后期有重新胶结，断层带内饱水，可能产生较大的突水、突泥等地质灾害。

该隧道地质条件复杂，施工中已采取了加强超前地质预报等保证施工安全的措施。

类似的重大隧道地质工点还有六甲隧道、大山隧道、定水坝隧道等。

(2)里亩大桥：桥梁中心里程为 DK398 + 121.15，孔跨式样为 2 × 24 m + 11 × 32 m + 1 × 24 m，全长为 445 m，最大桥高 80.5 m。桥两侧自然横坡 20°～50°，多陡崖，地形起伏大，大桥中部跨越峡谷，两端跨斜坡谷，沟谷纵坡缓，沟中常年有流水。地表呈侵蚀、溶蚀中低山地貌。

桥址除缓坡及沟心中有薄层崩积块石土、冲洪积、坡残积粉质黏土覆盖外，其余基岩裸露。基岩为下石炭统白云质灰岩、灰岩夹泥质灰岩、泥岩，节理裂隙发育，在 1、2 号墩位附近 N15° E/90°、S—N/90°的两组节理，形成贯通性好的卸荷裂隙。2 号墩左侧 5.3 m 的裂隙为宽张型，缝宽 0.05～0.5 m；右侧 4 m 的裂隙为微张—张开型。两条裂隙近于平行，在地表延伸超过 40 m，裂隙贯通 20 m 高的陡崖并延入地下。两条裂隙对 1、2 号桥墩基础的稳定性影响较大。

该桥主要工程地质问题是：段内灰岩、白云质灰岩表面溶沟、溶槽较发育，虽地表未见溶洞，1、2 号墩钻探仅遇到一小溶洞，但仍估计岩溶对桥墩基础有一定影响；其次为危岩落石，桥址范围内山高坡陡，多陡崖，岩体受节理裂隙切割，危岩落石较普遍且严重，多处对桥存在威胁，贵阳端桥台尤为严重；2 号墩附近的两条近于平行的卸荷裂隙（节理）对基础的稳定性影响不容忽视。

为避免溶洞、卸荷裂隙对桥墩台基础的影响，已采取加深墩台基础，留足安全襟边，采用桩基础置于完整基岩内等措施，并对危岩做了支撑、嵌补、清除或防护。

重大桥梁地质工点还有下玉祥特大桥、大山特大桥等。

四、川黔铁路工程地质概况

罗成模

(一)概　　况

1. 工程建设历史

川黔铁路新中国成立前为重庆大渡口钢厂专用线，全长仅 66 km。1956 年以后，川黔铁路勘测设计由铁二院负责完成。铁二院经几年的精心勘测设计，至 1958 年完成全线施工图并交付实施。川黔铁路北起重庆，与成渝铁路共轨至小南海出岔，经白沙沱展线跨长江至珞璜，向南达贵阳，建筑里程自重庆枢纽珞璜站外南端至贵阳北站外南端，正线全长410.82 km，继贵阳北站伸至南站，与黔桂、滇黔铁路接轨，运营全长463 km。1965 年全线建成通车。1986 年川黔铁路电气化扩能改造开工，1991 年全线电气化改造完成并予开通。

受重庆市发展计划改革委员会委托，按照中铁二院集团〔2007〕167 号通知精神，从 2007 年 6 月起，中铁二院集团开展了渝黔（原川黔）铁路重庆至贵阳线扩能改造工程的预可行性研究。通过招标竞标，按照铁道部发展计划司计长函〔2008〕139 号文的精神，中铁二院集团从 2008 年 8 月起，开展了新建重庆至贵阳铁路的初测及可研工作，工作内容包括重庆枢纽相关工程、新重庆站至贵阳北站、贵阳枢纽相关工程。

既有川黔铁路及新建重庆至贵阳铁路位于重庆市西南部和贵州省北部地区，线路纵跨两省（市），为连接西北、川渝和泛珠三角的干线铁路。川黔铁路是我国西南地区重要的铁路干线，是重庆市连接贵州省的铁路主干线，是重庆市重要的出海通道，也是包头至柳州通道和四川、西北至华南便捷通道的重要组成部分，在我国西部路网格局中具有极其重要的作用。

2. 铁路地理位置及气象特征

（1）地理位置：既有川黔铁路北起重庆（原客站），与成渝铁路共轨至小南海出岔，经白沙沱展线跨长江至珞璜，经五岔、綦江、赶水、蒙渡、桐梓、遵义、南北镇、阁老坝、息烽、久长、扎佐、大关冲达贵阳。新建重庆至贵阳双线铁路自重庆新客站向南，经小岚垭、綦江、遵义、息烽至贵阳新客站，全长（重庆新客站至贵阳新客站）347.73 km，见图 2—0—1。

（2）气象特征：沿线属亚热带潮湿季风区，温暖湿润，雨量充沛，降雨多集中在 5 ~ 9 月，降水量可达全年的 60%，且常出现暴雨。沿线主要城镇气象要素如表 2—4—1。

表 2—4—1　沿线台、站主要气象要素

气象要素 / 城镇	气温（℃）			降雨量（mm）			湿度		风速（m/s）		
	多年平均	多年极端最高	多年极端最低	多年平均	最大日降雨量/日期	最长连续降雨（d/mm）	多年平均绝对湿度（mbar）	多年平均相对湿度（%）	多年平均	多年最大	多年极大
重　庆	18.5	44	-2.5	1 081.1	101.8/1977.6.18	18/205.4	17.8	79	1.3	30	/
綦　江	18.7	/	/	1 048.3	/	/	17.4	77.4	1.5	12	12
桐　梓	14.8	37.5	-6.6	1 049.0	118.5/1953.7.11	18/121.8	14.3	79	1.7	>20	/
遵　义	15.3	38.7	6.5	1 094.0	141.3/1962.10.3	27/79.0	15.1	81	1.1	18	19.3
息　烽	14.5	36.0	-6.9	1 107.4	113.5/1970.8.21	21/102.2	14.2	82	2.3	/	/
贵　阳	18.9	37.5	-7.8	1 162.5	113.9/1954.5.2	13/196.2	14.4	77	2.2	14	23.5

3. 铁路主要技术标准

既有铁路主要技术标准：

铁路等级：Ⅰ级；

正线数目：单线；

限制坡度：重　庆—赶水北，6‰；

赶水北—南宫山，加力坡22‰；

南宫山—贵阳南，加力坡20‰；

最小曲线半径：250 m；

牵引种类：电力；

机车类型：SS_3（重庆—赶水北为SS_1）；

到发线有效长：750 m（重庆—赶水北 850 m）；

闭塞类型：继电半自动（重庆西—赶水北计轴自动闭塞）。

（二）工程地质概况

1. 地形地貌

新建重庆至贵阳铁路从重庆新客站引出后，在小白沙沱跨越长江，往西南经过綦江、赶水、桐梓、遵义、息峰、贵阳。沿线主要通过三大地貌单元：

（1）川南低山丘陵区：珞璜至赶水，山势受构造线控制，大致呈近南北走向，高程190～500 m，相对高差小于300 m。线路溯綦江而上，綦江水面开阔，坡降平缓。由于差异风化作用，坡面常显凹凸不平。

（2）黔北中山区：线路溯松坎河而上，自赶水至凉风垭，进入川东南低山丘陵至云贵高原的过渡地带——黔北中山区。区内群山挺拔，峰峦叠嶂，自东北向西南，沿山脉走向山势增高，高程350～1 200 m，相对高差200～800 m，主要山脉为大娄山。高山垭口有酒店垭、青杠垭、凉风垭。松坎河谷水流湍急，由南向北汇入綦江。

（3）云贵高原区：凉风垭至贵阳为溶蚀、剥蚀低山、宽谷及浅盆地构成的高原，山顶高程1 000～1 400 m，地面相对高差300～400 m。桐梓、汇塘河两个盆地地势开阔，谷地平缓。区内分水岭娄山关山脉位于其间，山势陡峻。溱溪河、仁江河谷开阔，水流平缓，阶地发育。乌江河谷强烈下切，滩多水急。高原上岩溶强烈发育，形成溶丘洼地、峰丛谷地等岩溶地貌景观。

2. 地层岩性

沿线地层除泥盆系、白垩系外，自第四系至震旦系地层均有出露，尤其以古生界、中生界地层出露最广。拉通方案沿线路附近出露地层由新至老概述如下：

（1）第四系（Q）：第四系松散地层分布于沿线基岩之上，主要为残积、坡积、冲积、洪积、崩坡积砂卵石、粉质黏土、碎块石土等，厚度一般为5～15 m。

（2）上白垩统（K_2）：为砾岩、砂砾岩、石英砂岩夹泥岩，仅分布于K297前，约长0.8 km。

（3）侏 罗 系

上统蓬莱镇组（J_3p）：泥岩、细砂岩互层，仅分布于K37前，约长4.5 km。

中统遂宁组（J_2sn）：泥岩、粉砂岩互层，下部含石膏，分布于K32～K39段，约长2.5 km。

中统沙溪庙组（J_2s）：泥岩、砂质泥岩、长石石英砂岩，分布于K28～K75.6段，约长52.2 km。

中下统自流井群（$J_{1\text{-}2}zl$）：泥岩、砂岩，夹灰岩，底含煤，分布于K0～K77.5段，约长18.3 km；分布于K96.2～K221段，约长7.8 km。

（4）三 叠 系

上统须家河组（T_3xj）：石英砂岩，偶夹页岩、炭质页岩、薄煤，分布于K77.5～K117.8段，约长7.3 km。

中统狮子山组(T_2sh)、松子坎组(T_2s)、雷口波组(T_2l):灰岩、白云岩,夹泥云岩、泥灰岩、泥页岩,分布于 K78.8 ~ K319.8 段,约长 58.8 km,其中松子坎组(T_2s)含石膏。

下统嘉陵江组(T_1j):灰岩、白云岩,含石膏,分布于 K82.8 前,约长 3.8 km。

下统茅草铺组(T_1m):灰岩、白云岩,分布于 K93.8 ~ K315 段,约长 40.1 km。

下统夜郎组(T_1y):1、3、5 段为泥、页岩,2、4 段为灰岩,分布于 K92 ~ K313 段,约长 35.9 km。

(5)二 叠 系

上统长兴、大隆组(P_2c+d):灰岩,顶硅质岩、泥岩,分布于 K77.5 ~ K117.8 段,约长 8.0 km。

上统龙潭组(P_2l):泥岩、粉砂岩、硅质岩,夹灰岩、煤、铁,分布于 K77.5 ~ K117.8 段,约长 1.6 km。

下统茅口组(P_1m)、栖霞组(P_1q):灰岩,夹含燧石灰岩,分布于 K91 ~ K298 段,约长 10.5 km。

下统梁山组(P_1l):泥岩、炭质泥岩,夹铁矿、薄煤,分布于 K84 ~ K297.6 段,约长 3.2 km。

(6)石 炭 系

下统大塘组(C_1d):白云岩,底铁铝岩、泥岩,分布于 K284.2 ~ K262.2 段,约长 0.6 km。

(7)志 留 系

下统韩家店组(S_1h):页岩、泥岩,夹钙质砂岩、灰岩,分布于 K84.2 ~ K133 段,约长 2.2 km。

下统石牛栏组(S_1sh):灰岩,夹泥灰岩、钙质页岩、钙质砂岩,分布于 K84.6 ~ K158.6 段,约长 2.3 km。

下统龙马溪组(S_1l):页岩、泥质灰岩,下炭质页岩、页岩,分布于 K84.8 ~ K192.2 段,约长 3.6 km。

(8)奥 陶 系

中上统(O_{2+3}):灰岩、泥灰岩、炭质页岩,分布于 K85 ~ K194.6 段,约长 3.2 km。

下统桐梓、红花园组(O_1t+h):白云岩、灰岩,夹页岩,分布于 K153.8 ~ K164.6 段,约长 3.6 km。

下统湄潭组(O_1m):砂岩、页岩,夹灰岩,分布于 K85.2 ~ K194.4 段,约长 5.6 km。

(9)寒 武 系

中上统娄山关群($Є_{2\text{-}3}ls$):白云岩、泥质白云岩,分布于 K85.8 ~ K307.6 段,约长 38.6 km。

下统清虚洞组($Є_1q$):灰岩、白云岩,夹泥岩,分布于 K286 前,约长 0.2 km。

下统金顶山组($Є_1j$)、明心寺组($Є_1m$)、牛蹄塘组($Є_1n$):泥岩、炭质泥岩,夹粉砂岩、磷块岩,分布于 K285.6 ~ K288 段,约长 2.2 km。

如前述,沿拉通方案线路附近,主要出露三叠系、侏罗系、寒武系地层。

3. 地质构造及地震动参数

(1)地质构造:线路通过地区构造十分复杂,北段为四川盆地,南段为黔中隆起,中段为交接复合部位。本区处于川黔南北向构造带及北东向构造带交接复合部位。主要构造体系有南北向构造、北东向构造、北北东向构造体系。

重庆至赶水段、遵义至乌江段位于北北东向构造体系内,两段褶皱特点各异,其中重庆至赶水段为向斜舒缓、背斜紧密且相互平行的梳状褶曲,断裂不发育。遵义至乌江段构造分布集中，线状褶曲狭窄、紧密，轴面倾向北西或倒转，平行褶曲的走向断裂发育。属于本构造体系的褶皱和断裂有观音峡背斜、金银峡向斜、南温泉—铁厂沟背斜、太公山向斜、东溪镇背斜、南北镇向斜、周水桥向斜、马石岩背斜及李家寨断裂等。线路多平行构造线，顺层现象较普遍，铁路工程应控制路堑挖方边坡高度。但娄山关一带系南北向构造体系，分布有鼎山城向斜及陈家湾断裂。

赶水至遵义、息烽至贵阳段主要位于北东向构造体系内，受黔中隆起影响，断裂、褶曲比较发育，地质构造极为复杂。线路多斜穿构造线，主要褶皱有酒店垭背斜、松坎向斜、乐坪背斜、高桥向斜、东山背斜等，穿越的主要断裂有沙坝断裂、沙嘴断裂、浇洒房断裂、黄石窝断裂、排军断裂、袁家寨断裂、烂田湾断裂、娄山关断裂、安江断裂、北马洞断裂、马家桥断裂、马场断裂等。但扎佐以南属南北向构造体系，分布有三元村断裂；都拉营至黔灵山一带分布有阳关背斜和黔灵山断裂。

(2)地震动参数：该线地震动参数值分区比较简单，数值较低，一般不需要特别设防。地震动峰值加速度，重庆—綦江段为 0.05g，綦江—贵阳段为小于 0.05g。地震动反应谱特征周期，重庆—贵阳均为 0.35 s。

4. 水文地质条件

(1)地下水类型

①孔隙水：因第四系松散层分布不多，松散层孔隙水分布较少。

②基岩裂隙水：重庆至赶水段主要分布碎屑岩，且以基本不含地下水的泥、页岩居多，基岩裂隙水不发育。

③岩溶水：赶水至贵阳段碳酸岩分布普遍，加之构造复杂，断裂、褶曲均比较发育，为岩溶的发育创造了十分有利的条件。该段岩溶比较发育，岩溶水比较丰富。岩溶水主要以暗河和岩溶泉的形式出露，暗河主要分布在娄山关、遵义、阁老坝、养龙司、息烽一带，一般在雨后 15～24 小时出现涨水现象，雨季流量可为旱季的 100 倍以上。岩溶泉主要分布在九龙塘、都拉营一带，以位于季节变动带的落水洞泉和溶洞泉为主，旱季仅有微量水流，雨季流量剧增，常涌出地表造成水患；其次为较多的岩溶裂隙泉和悬挂泉，水量较小，且多为间隙泉。

(2)水质类型

通过对前期既有线所取 752 组水样试验结果进行统计，水质类型以 HCO_3^-—Ca^{2+}·Mg^{2+} 和 HCO_3^-—Ca^{2+} 型为主，多数地下水无侵蚀性，但仍有约 200 组存在不同类型的侵蚀性，特别是煤系地层中的基岩裂隙水存在硫酸盐侵蚀。此外，遂宁组、嘉陵江组地层中含有石膏夹层，赋存其中的地下水可能存在硫酸盐侵蚀性。

(三)主要工程地质问题

1. 不良地质及特殊岩土

(1)不良地质

既有线电化改造时，发现沿线主要存在岩溶、滑坡、危岩落石、风化剥落、坍塌、河岸冲刷等不良地质现象。除以上不良地质外，新建重庆至贵阳铁路尚存在人为坑洞(采空区)、有害气体、顺层等不良地质现象，目前设计的铁路隧道长、埋深大，可能还存在高地应力、高地温等不良地质现象。

岩溶：自 K79 以后，可溶岩普遍出露，约占线路长度的 88%。沿线路分布的可溶岩地区中，凉风垭、娄山关、遵义、阁老坝、息烽、高坝、都拉营等地段岩溶强烈发育，约占可溶岩分布区的30%。其他地段主要分布在桐梓、李家湾、小寨坝、阳朗、新箩村、贵阳北等地，岩溶中等发育至弱发育。岩溶对铁路工程造成灾害的主要有溶洞、暗河、岩溶塌陷、岩溶水等。据记录，既有线虾子河隧道中，为跨越暗河，洞内增设了一座长27.7 m的桥梁。既有线主要塌陷区有四处：遵义车站附近，存在宽约200 m的带状塌陷，北东方向，目前仍在活动；小寨坝附近，1982年春，塌陷形成2 m的圆形坑；息烽站附近，右侧存在6个塌陷坑，左侧也存在1个塌陷坑；都拉营附近，1982年6月，塌陷形成2 m的圆形坑。既有线娄山关隧道，曾因隧道内溶洞涌水中断行车，经查，有3个溶洞涌水量较大，后增设1个泄水洞排水。既有线路基外溶洞涌水已危害路基的主要工点有三处：李家湾附近，溶洞涌水加排水不畅浸泡路堤，造成片石外鼓、下错，路肩拉裂；阳朗附近和新箩村附近，溶洞涌水加排水不畅浸泡路堤，造成路堤缓慢下沉。既有线可能危害路基的主要工点有五处：小寨坝附近竖井，汛期涌水淹没农田；息烽附近，1973年5月23日溶洞涌水，地面积水达4 m，淹没农田和厂房；乌江附近，溶洞涌水冲毁房屋；新箩村附近，漏斗涌水淹没农田；阳朗线路右侧，消水洞汛期涌水淹没农田。

滑坡：岩质滑坡主要分布在灰岩、砂岩等硬质岩夹泥、页岩等软质岩地段。顺层滑坡占多数；少量滑坡为岩体破碎、裂隙发育，因河流冲刷或施工开挖切断坡脚所形成。既有线岩质滑坡主要工点有15处：镇紫街附近2处；石门坎附近1处；松坎附近3处；楚米舖附近1处；李家湾附近2处；乌江附近3处；阳朗附近1处；扎佐附近1处；蓬莱附近1处等。既有线土质滑坡工点主要有7处：东昇坝附近1处；九龙塘附近1处；新场附近1处；松坎附近1处；扎佐附近1处；都拉营附近1处；贵阳北附近1处等。

危岩落石：基岩破碎带附近的陡坡地段，易产生危岩落石。既有线落石段主要有7处：镇紫街附近1处；蒙渡附近2处；太白附近2处；董家坪附近1处；贵阳北附近1处等。

风化剥落：泥岩、页岩、泥灰岩等高边坡挖方地段，易风化剥落堵塞侧沟等。既有线主要风化剥落段有12段：广兴、綦江、三江、两河口、赶水、木竹河、太白、九龙塘、小寨坝、阳朗、都拉营、大寨等地段。

坍塌：既有线路堤、堑坡等均有坍塌发生。路堤坍塌典型工点1处，位于蓬莱附近。堑坡坍塌工点主要有5处，分布在两河口、木竹河、董家坪、阳郎、都拉营附近。

河岸冲刷：洪水期岸坡受到洪水冲刷，导致岸坡变形、路基不稳。既有线河岸冲刷工点主要有6段：广兴附近1段；镇紫街附近1段；乌江附近1段；汇塘河附近1段；松坝附近1段；董公寺附近1段等。

人为坑洞（矿洞采空区）：本区矿产资源丰富，部分地层含煤、铁、汞等多种矿藏，部分矿藏已具有久远的开采历史。如息烽幅资料称，据史料记载，早在唐建中三年已在开采汞矿。新建铁路通过綦江东北汞矿、松藻煤矿等，均有可能跨越矿洞采空区，宜尽可能绕避。

有害气体：全线普遍分布的三叠系、侏罗系地层中有部分含煤，有的正在开采，即使是没有开采价值的，也会有有害气体产生，主要分布于K19～K311间，共6段，约长35.1 km。隧道通过含煤地层时，需采取措施。

顺层：因线路多沿构造线方向行进，从头至尾，顺层地段分布普遍，经初步统计，长约66.6 km。顺层在路堑地段易造成顺层滑坡，在隧道地段易造成偏压。

高地应力、高地温：桐梓隧道最大埋深约900 m，因埋深较大，具有形成高地应力、高地温的客观条件，地应力较高硬质岩可能产生岩爆，软质岩可能产生大变形，具体地应力值应通过今后的勘探确定。根据搜集的气象资料，该区多年平均气温约15 ℃，若按正常地温梯度3 ℃/100 m计算，隧道最大埋深处温度可达42 ℃。设计施工中应采取降温措施。

(2)特殊岩土

膨胀岩：本区部分地层中含有石膏，为强膨胀岩。除膨胀造成工程危害外，附近地下水常具有强侵蚀性。含石膏地层主要有：三叠统松子坎组，分布于 K271.4～K319.8 段，约长 9.6 km；下三叠统嘉陵江组，分布于 K82.8 附近，约长 3.8 km；中侏罗统遂宁组，分布于 K32～K39 段，约长 2.0 km 等。

膨胀土：主要为石灰岩风化残积的红黏土及部分泥页岩的风化土，褐黄色、黄色间夹灰白、灰绿、灰黑等杂色，黏性强，干时坚硬，遇水软化膨胀，主要分布在高坝、扎佐、大关冲、蓬莱、都拉营等地段。

松软土、软土：沿线缓坡、低洼地区等基本开垦为农田，因种植往往在表层，形成松软土、软土等，厚度一般不超过 2 m。部分大型洼地、槽谷中央存在较厚的软土、松软土。

(四)沿线工程地质条件评价

珞璜至赶水段：线路位于川南低山丘陵地貌区，出露基岩主要为紫红色泥岩、页岩夹砂岩地层，岩质软弱，易风化剥落，部分顺层地段，可能存在危岩落石、滑坡等不良地质，但地形起伏不大，岩性单一，无断裂构造，地下水甚微。除部分含石膏地层中的地下水有侵蚀性外，大部分地下水无侵蚀性。本段工程地质条件较好。

赶水至凉风垭段：线路走行于四川盆地上升至云贵高原的斜坡过渡地带——黔北中山区，区内山势陡峭，沟谷深切，通过地层岩性繁杂，地质构造复杂，既有软质的砂岩、泥岩、页岩，又有硬质的灰岩、白云岩，由于差异风化及节理裂隙切割，在陡坡地段易形成危岩落石。此外，段内石门坎、九龙塘有上二叠统、上三叠统煤系地层分布，可能存在煤矿采空区及瓦斯气体等危害。段内可溶岩地段除局部岩溶发育外，其余地段岩溶不甚发育，基岩地下水主要赋存于构造裂隙和溶蚀破碎带中，局部较为发育，大部分无侵蚀性。本段工程地质条件一般。

凉风垭至贵阳段：线路位于云贵高原，地貌以溶蚀、剥蚀低山、宽谷及浅盆地为主，相对高差不大，段内岩性以可溶岩为主，间夹砂岩、泥岩、页岩及含煤地层，受多次构造运动作用，段内构造发育、岩体破碎，可溶岩中岩溶极为发育，暗河、漏斗、落水洞、溶蚀洼地星罗棋布，大型岩溶槽谷中岩溶塌陷时有发生，岩溶地下水极为发育，因此，段内岩溶对本段工程造成极大危害。此外，间夹于可溶岩中的砂岩、泥岩、页岩及煤系地层，岩体也较为破碎，段内有较多滑坡、崩塌、危岩落石分布，煤系地层中分布有煤窑采空区，局部煤层中还富集瓦斯等有害气体，这些不良地质对铁路工程有较大影响。综上所述，本段工程地质条件极差。

五、贵昆铁路工程地质概况

崔健宏

(一)概　　况

1. 工程建设历史

既有贵昆铁路东起贵阳南站，西至昆明西站，全长 642.6 km。贵昆铁路贵阳至树舍段，原属黔滇线东段；树舍至昆明段，原属内昆线南段。

新中国成立以前，黔滇线曾多次勘察，主要方案是自贵阳经清镇、平坝、安顺、普定、岩脚镇、水城、天生桥至宣威,然后大致循内昆线走向经曲靖至昆明。而内昆线是自宜宾、经盐津、昭通、威宁、宣威、曲靖至昆明。其中沾昆段于1910年开始勘测,1938年12月开工,1941年4月按米轨标准修通了昆明至曲靖段,新中国成立前已通车至沾益。

新中国成立后,黔滇、内昆两线均由铁二院负责进行勘测设计。1964年铁道部决定黔滇、内昆两线在树舍接轨,合称贵昆线。同年,铁二院相继完成了贵阳至六枝段、六枝至树舍段、树舍至昆明段的勘测设计。

既有贵昆铁路于1958年8月开始动工修建,并同时改建昆明至沾益的米轨铁路,中途因缩短基本建设战线而停工,至1964年8月,中央成立西南铁路建设总指挥部,组织西南铁路大会战才全面复工,于1966年建成通车。1990年完成了全线电气化改造。

贵昆铁路增建第二线由贵阳至六盘水、六盘水至沾益、沾益至昆明三段组成。

贵昆铁路贵阳至六盘水段,既有正线全长246.77 km,增建第二线马场至滥坝建筑长度181.63 km。增建第二线于1998年年底开工,于2001年建成通车。该段系株洲至六盘水铁路娄底至六盘水段增建第二线的一部分,由铁道部第二、四勘测设计院共同完成勘测设计,其中铁二院承担大龙至六盘水段。

贵昆铁路六盘水至沾益段、沾益至昆明段增建第二线的勘测设计均由铁二院完成。

贵昆铁路六盘水至沾益段,既有正线全长224.23 km,增建第二线于2006年11月开工,预计2012年完工。

贵昆铁路沾益至昆明段,既有正线全长171.60 km,增建第二线于2004年4月开工,于2007年4月建成通车。

贵昆铁路是国家"八纵八横"铁路网东西向主干线——沪昆铁路的重要组成部分。

2. 铁路地理位置及气象特征

(1)地理位置

贵昆铁路东起贵州省贵阳市,西至云南省昆明市。

贵阳至六盘水段位于贵州省中西部,东起贵阳,向西经马场、平坝、安顺、化处、六枝、滥坝至六盘水,该段增建二线由马场至滥坝。

六盘水至昆明段位于贵州省西部、云南省东北部,增建二线由既有贵昆铁路滥坝车站引出,穿梅花山,跨天生桥,经宣威、沾益、曲靖、马龙、杨林,终到昆明,见图2—0—1。

(2)气象特征

六枝以东,全年受海洋暖湿气流影响,冬无严寒,夏无酷暑。冬季潮湿阴冷且多雾,夏日长,春秋短。降雨多集中于5~8月,雨量充沛。冬季多偏北风,夏季多偏南风。年平均气温13.9 ℃~16.4 ℃,极端最低气温-10.7 ℃~-7.6 ℃,极端最高气温34.1 ℃~39.7 ℃;年平均降雨量1 081.3~1 361.4 mm,年最大降雨量1 380~1 523 mm;年平均风速1.7~2.4 m/s,最大风速为20.0 m/s。

六枝以西,由于地势较高,四季划分不明显,山间常年云雾弥漫,气候变化无常,阴雨天多。全年冬季干旱寒冷,夏季潮湿温凉,5~10月为雨季,雨量充沛,常年多东北风和东南风。年平均气温11.5 ℃~12.8 ℃,极端最低气温-12.5 ℃~-7.7 ℃,极端最高气温32.9 ℃~37.5 ℃;年平均降雨量1 200~1 500 mm,年最大降雨量1 437~2 100.5 mm;年平均风速1.5~4.8 m/s,最大风速为25.5 m/s。

滥坝—扒挪块段属亚热带湿润季风气候,地形起伏大,气候垂直变化明显,夏无酷暑,气候温暖湿润,雨量充沛,冬季寒冷而干燥。年平均气温12.3 ℃~14.7 ℃,极端最低气温-14.9 ℃~

-9.2 ℃,极端最高气温 31.6 ℃ ~ 33.9 ℃;年平均降雨量 982.4 ~ 1 208.8 mm,年最大降雨量 1 303.8 ~ 1 529.9 mm;年平均风速 2.5 ~ 3.5 m/s,最大风速为 23.7 m/s。

扒挪块—昆明段属暖温带高原季风气候,冬温夏凉,年温差小,日温差大,区内地势、地貌复杂多样,垂直差异明显,降雨时空分布不均,因而冬春干旱,夏季洪涝。年平均气温 14.0 ℃ ~ 15.3 ℃,极端最低气温 -15.8 ℃ ~ -7.8 ℃,极端最高气温 31.5 ℃ ~ 34.0 ℃;年平均降雨量 995.6 ~ 1 038.3 mm,7 月平均降雨量 199.0 ~ 236.9 mm;最大风速 19.0 ~ 40.0 m/s。

贵昆铁路跨越的主要河流有北盘江上游可渡河(暗河)、南盘江及其支流白石江、牛栏江支流马龙河等。

3. 线路主要技术标准

铁路等级:Ⅰ级;

正线数目:双线;

限制坡度:6‰,双机 13‰;

最小曲线半径:400 m,既有线个别困难地段保留 300 m;

牵引种类:电力;

到发线有效长度:850 m;

牵引质量:4 000 t;

闭塞类型:继电半自动,根据运量增长适时实施自动闭塞。

(二)工程地质概况

1. 地形及地貌

贵阳至六盘水段,东西向横贯贵州高原,地势东低西高。线路辗转于高原的崇山峻岭中,地势多变,具不同地貌特征。六盘水至昆明段,线路穿过乌蒙山区,横贯于我国第二地形梯度带的云贵高原中部,地面高程 1 400 ~ 2 560 m。

贵阳至新窑段属云贵高原中低山丘陵区,大部为丘陵,局部为中低山,地形起伏较小,绝对高程 1 100 ~ 1 300 m,相对高差 30 ~ 200 m,区中多拔地而起的残丘,具岩溶地貌,坡面洼地多为旱地、水田,人口稠密。

新窑至滥坝段,进入云贵高原乌蒙山区,地形连绵起伏,地势险要,地面由东向西急剧上升,绝对高程 1 000 ~ 2 000 m,相对高差 200 ~ 600 m,局部达 1 000 m,地形复杂。

滥坝至六盘水段主要为岩溶低丘区,局部为低中山,其中滥坝、水城至六盘水为低丘盆地,农业发达,交通方便。

六盘水至德坞(马嘎)段为高原丘陵、盆地,多辟为农田;德坞至马嘎段为山谷区,过梅花山车站,穿越梅花山主脉至扒挪块,进入山岳地带,区内重峦叠嶂,峡谷深切。

扒挪块至凤凰山段属高原低中山地貌。由扒挪块经天生桥,跨可渡河(暗河)穿平顶山至水路上,为山岳地带,水路上至凤凰山,进入河源地区,沿河而上,地势起伏较大。

凤凰山至昆明段位于云贵高原滇东高原盆地和丘陵区。其中凤凰山—小鸡街、沾益—曲靖、四营—杨林、昆明东站—昆明站分属宣威盆地、曲靖盆地、杨林盆地、昆明盆地,为高原湖积平原地貌,高程 1 860 ~ 2 000 m,相对高差 5 ~ 50 m,地势平坦开阔,地表水系发育,多辟为水田;其余地段属高原低山及高原丘陵地貌,高程 1 930 ~ 2 385 m,相对高差 50 ~ 200 m,地形起伏较大,残丘与沟槽相间分布,植被不发育,基岩裸露。小鸡街—黑老湾、小哨—金马村为峰丛谷地广布的岩溶地貌。

2. 地层岩性

贵阳至六盘水段主要为上古生界及中生界地层，尤以三叠系地层大面积分布，其次为第四系各种成因的堆积层。六盘水至昆明段上覆第四系各种成因的堆积层，下伏第三系、三叠系、二叠系、石炭系、泥盆系、志留系及寒武系地层。

(1)第四系(Q)：全新统主要为坡积、残积、洪积、冲积等地层，大多为粉质黏土、砂土、卵石土、碎块石土等，间夹少量碎石、角砾，淤泥、淤泥质土、泥炭质土、膨胀土、软土及松软土，一般厚2～6 m。除卵石土分布于河谷地段外，其他广泛分布于沿线盆地、沟槽、斜坡地带。

上更新统冲积层为黏土(膨胀土)、卵石土夹泥炭或黏土与卵石土互层，厚度10～40 m，分布于易隆开发区、望高楼等地段。

下更新统湖积层为粉质黏土，厚0～30 m，分布于曲靖盆地内沾益—曲靖间。

(2)第三系(N、E)

上第三系(N)：上第三系在凤凰山—宣威一带为弱—中等膨胀土，局部零星分布强膨胀土；在松林—曲靖一带为弱—中等膨胀土，局部零星分布强膨胀土，黏性强，微具胶结作用，土质不均，夹砂岩及数层褐煤、泥炭；在小新街、火烧坝一带为弱—中等膨胀土，夹圆砾土及褐煤层，黏性较强，可见微层理，成岩作用差，局部夹细砂、淤泥质黏土、泥炭质土，厚度大；在金马村—昆明一带为黏土、粉质黏土及膨胀土，局部夹粉细砂团块、圆砾土及褐煤，厚度大。

下第三系(E)：下第三系在龙津沟—小鸡街段丘陵地带为泥岩；在沾益车站附近为泥质白云岩夹砂岩，偶夹煤层；在官庄隧道附近丘陵地带为泥岩夹砂岩，岩质软，节理裂隙发育，易风化剥落。

(3)侏罗系(J)：主要由紫红色砂岩、页岩、泥岩组成，质软易风化，多分布于贵阳一带槽谷中。

(4)三叠系(T)：沿线广泛出露，大面积分布，由灰、紫红色灰岩、泥灰岩、砂岩、页岩组成。

上统主要为砂岩、页岩、泥岩夹砂岩、泥灰岩；中统上部为灰岩、白云岩夹泥质灰岩，下部为页岩夹砂岩、泥灰岩，据区域地质资料，关岭组含有石膏，主要分布于梅花山龙场一带；下统主要为灰岩、砂岩、白云岩、页岩夹泥灰岩；永宁镇组4段亦含有石膏，在梅花山—宣威段广泛出露。

(5)二叠系(P)：由深灰色灰岩、砂岩、页岩夹煤层组成。上统为硅质岩夹页岩、砂岩、泥岩、页岩夹煤层、灰岩，主要分布于蜈蚣岭、扒挪块、乐丰、且午、徐屯一带；底部为峨眉山组玄武岩，主要分布于天生桥至三联隧道、且午隧道、歌乐隧道及官庄隧道—杨林车站一带。

下统主要为灰岩，底部为石英砂岩夹页岩及煤层，分布于化处、梅子关、六盘水、梅花山、普家山、松韶关、天生坝、大山哨、浑水塘及张家坡隧道一带。

(6)石炭系(C)：主要为灰岩、白云岩、砂岩夹页岩及煤层。上统为灰岩，中统为灰岩夹白云岩；下统为灰岩、白云岩，底部为砂岩夹页岩及煤层；大塘组上司段含石膏，分布于梅子关、滥坝、六盘水、梅花山、炎方—黑老湾及浑水塘—金马村等地段。

(7)泥盆系(D)：上统为白云岩夹泥质白云岩、灰岩夹页岩，主要分布于炎方—沾益、易隆县小中山、小哨—金马村；中统为石英砂岩夹泥岩、页岩，上双河组为石英砂岩、泥岩互层，零星分布于里腊—沾益及秧田冲—金马村一带；下统为砂岩、泥岩互层，泥岩夹砂岩、灰岩，砂岩、页岩互层等，分布于沾益、曲靖—面店一带、鸡头村及易隆县小中山附近。

(8)志留系(S)：上统玉龙寺组为页岩夹泥质灰岩，分布于面店—大海哨一带及照福铺—皮家山隧道洞身左侧山坡；妙高组为灰岩、泥质灰岩与页岩、泥质页岩互层，关底组为页岩、泥岩夹砂岩、灰岩，广泛分布于鸡头村—皮家山隧道一带，根据区域地质资料，该地层局部夹 1.2 m 厚石膏层；中统为页岩、砂岩夹泥灰岩，仅于官庄附近小范围出露。

(9)寒武系(∈)：中统在皮家山隧道一带为页岩、粉砂岩夹泥质白云岩；在黑坡村—昆明东站一带为泥质砂岩夹灰岩、泥灰岩或夹页岩；下统在皮家山隧道洞身地段出露较宽，为泥质白云岩、砂岩、页岩，在昆明东附近为灰岩；沧浪铺组在皮家山隧道洞身地段为页岩夹砂岩，在昆明东附近为砂岩夹页岩，本组地层局部夹厚 0.3 ~ 1.5 m 石膏层；筇竹寺组为页岩夹砂岩，分布于皮家山隧道附近。

3. 地质构造、新构造运动及地震参数

(1)地质构造：贵阳至六盘水段，沿线经过的构造体系多，地质构造较为复杂，各种构造体系在历次的构造运动中互相切割、归并、穿插，形成了今日的构造骨架。六盘水至昆明段，大地构造单元上位于滇桂台向斜之黔西穹窿与滇东褶皱带及其复合部位。其各段地质构造情况如下：

川黔经向构造带：贵阳至新平坝位于本带中，主要由贵阳槽形向斜及平坝复式褶皱控制全区。贵阳至石板哨位于对称的贵阳向斜中，向斜两翼岩层倾角较陡；石板哨至新平坝，由于受 NE 向构造体系的影响，构造线呈 NNE 向，褶皱平缓舒展，岩层倾角大多为 10° ~ 20°；线路横穿 8 条逆断层，大多被覆土所掩，对工程基本无影响。

黔西山字形构造带：新平坝至六盘水位于本带中，新平坝至化处位于山字形构造前弧东翼外缘，构造线为 NE 向，褶皱、断裂中等发育，短轴背斜、向斜相间排列，向斜开阔，背斜狭窄，两翼岩层较为舒展平缓，典型的有羊昌河向斜、白旗堡背斜、普定向斜等；线路大角度穿过的断层有 13 条，天龙至幺铺线路平行于一条逆断层，断层破碎带宽度数米至数十米，断层大多处于低洼槽谷处，被覆土所掩，对工程影响较小。化处至六盘水位于山字形构造前弧西翼外侧，构造线为 NW 向，褶皱、断裂发育，形成一系列被断层切割的 NW 向的向斜谷、背斜山，沿线有大煤山背斜、六枝向斜、堕脚背斜、滥坝向斜、水城背斜及分布于各褶曲中的数十条次级断层，有的褶曲横向断裂发育，岩层节理发育，岩体破碎，有的断层破碎带宽 50 ~ 60 m，对铁路工程影响较大。

六盘水至树舍构造线以北西向为主，主要有水城枢纽断层、威水背斜、上石桥枢纽断层、锅厂逆断层、小海子逆断层、阳关寨枢纽断层、树舍向斜。

树舍至荷马岭为南北向构造，主要有高松树逆断层、平顶山背斜。

荷马岭以南直至小新街构造线大多为北东或北北东向，属华夏及新华夏构造体系，主要构造形迹有田坝向斜、明德逆断层、陡山坡逆断层、雪麻箐断层、长坡向斜、炎方逆断层、九洞桥至龙潭坡断层、大明槽正断层及车乌—照福铺断褶带，该断褶带主要发育有大瓦仓断层、四旗田—法戛大断层、照福铺复向斜、普家屯—哈螃沟大断层、百石凹断层、大沙地—黄泥沟大断层等。

小新街至杨林为经向构造体系的小江断裂带，以寻甸—功山大断层、杨林—阳宗海西缘断层为主干断裂，同时发育有分支断层。沾益山字形构造体系主要有史家坡—下软桥断层；云南山字形前弧东翼的北东向构造带主要有下营断裂。其中寻甸—功山大断层属小江断裂的东支，是一条规模巨大、长期活动、性质复杂的断层，总的显示以压性为主兼具扭性的特点，沿断裂线普遍存在破碎带、角砾岩，一般宽达数百米；杨林—阳宗海西缘断层为小江断裂的西支，在线路附近隐伏于杨林盆地第四系地层之下。

(2)新构造运动：测区新构造运动分区分属川滇菱形断块差异掀斜隆起区和滇黔桂稳定

隆起区。区内的新构造运动,尤以川滇菱形断块差异掀斜隆起区最为突出,表现为强烈的垂直差异运动和断块的侧向滑移,及以近南北向断裂左旋位移和北西向右旋位移为代表的断裂活动。本区新构造运动具有继承性和新生性,时间上具有阶段性,空间上具有差异性、掀斜性。

区域主要活动断裂最醒目的是构成川滇菱形块体东边界的川滇南北向断裂带的小江断裂带,晚第四纪以来活动强烈,是大震多发的活动断裂构造带。该断裂北起巧家盆地,南止于建水南,走向近南北,全长 370 km,可分北、中、南三段。线路附近为小江断裂带中段,由东、西两支断裂构成,所夹持断裂带宽达 10 ~ 20 km。东支为寻甸—功山大断层,西支为杨林—阳宗海西缘断层,全新世晚期以来水平滑动速率分别为 2.9 ~ 5.8 mm/a 和 4.1 ~ 8.3 mm/a,1833 年嵩明 8 级地震即发生在杨林—阳宗海西缘断层上。

(3)地震参数:根据国家标准《中国地震烈度区划图(1990 版)》(1/400 万),贵阳至六盘水段的地震基本烈度为Ⅵ度。根据中国地震局地壳应力研究所《贵昆线沾益至昆明段工程场地地震安全性评价报告》(工程报告 2003D011)、中国地震局《对贵昆线沾益至昆明段工程场地地震安全性评价报告的批复》(中震安评〔2003〕26 号)及国家地震局《中国地震动参数区划图》(GB18306—2001 图 A1、B1,1/400 万),六盘水至昆明段的地震动峰值加速度划分如下:

K223 + 300 ~ DK355 + 500, 0.05*g*;

DK355 + 500 ~ DK426 + 500, 0.10*g*;

DK426 + 500 ~ DK491 + 500, 0.15*g*;

DK491 + 500 ~ DK513 + 000, 0.20*g*;

DK513 + 000 ~ DK537 + 000, 0.30*g*;

DK537 + 000 ~ DK591 + 000, 0.40*g*;

DK591 + 000 ~ K621 + 000, 0.30*g*;

K621 + 000 ~ K636 + 106.49, 0.20*g*。

4. 水文地质条件

(1)地下水类型

①第四系孔隙水:孔隙水赋存于第四系松散土层的孔隙中,以河流阶地、山(丘)间槽谷、冲洪积、坡洪积层为主要含水层。南盘江沿岸的冲积砂卵石层、盆地中卵砾石层,上第三系的细砂、圆砾土含水较丰富。

②基岩裂隙水:含水岩组主要为砂岩、玄武岩等。其富水程度受岩性、风化程度等制约。构造裂隙水主要分布于断层破碎带中。沿线断层比较发育,断层破碎带中含丰富裂隙水,如水路上一带沿断层破碎带多有泉点出露;皮家山隧道一带,各小型水库地下水露头也多沿断层破碎带分布,局部还具承压性。

③岩溶水:受岩溶发育程度的控制,水量差异大。沿线有多处岩溶泉出露,以上升泉为多数,其流量一般为 0.05 ~ 3 L/s,最大流量为 16.8 ~ 25 L/s。岩溶裂隙、管道(暗河)水主要分布于岩溶发育地段,特别是可溶岩与非可溶岩接触带,岩溶管道水更为发育,如六盘水—且午、炎方—沾益、尹堡村、皮家山和杨林一带。处于岩溶水平径流带中的隧道受岩溶水影响更为严重,如乌蒙山 1 号隧道威水背斜核部、乌蒙山 2 号隧道中部、天生坝隧道等,其余地段线路高程多处于岩溶垂直渗流带中。

(2)地下水化学性质

沿线地表水及地下水多为 HCO_3^-—Ca^{2+}、HCO_3^-—$Ca^{2+}\cdot Mg^{2+}$ 型,水质一般对混凝土无侵蚀

性。但在煤系地层中，水质为 SO_4^{2-}—Ca^{2+} 型、$SO_4^{2-}\cdot HCO_3^-$—Ca^{2+} 型、SO_4^{2-}—Na^+ 型等，对混凝土具有弱硫酸盐侵蚀，中等溶出性侵蚀。二叠系峨眉山玄武岩组地层的沟水、地下水水质为 HCO_3^-—$Ca^{2+}\cdot Na^+$ 型、$HCO_3^-\cdot Cl^-$—$Ca^{2+}\cdot Na^+$ 型，对混凝土具有弱溶出型侵蚀性（少数对混凝土具弱酸性侵蚀）。

含石膏地层中的地下水一般对混凝土具硫酸盐侵蚀和酸性侵蚀。

上第三系黏土夹褐煤分布地段，地表水及地下水属 $HCO_3^-\cdot Cl^-$—Ca^{2+} 型、$HCO_3^-\cdot Cl^-$—$Na^+\cdot Ca^{2+}$ 型及 $HCO_3^-\cdot Cl^-$—$Na^+\cdot Ca^{2+}\cdot Mg^{2+}$ 型，对混凝土具弱硫酸型酸性侵蚀及弱—中等溶出性侵蚀。

城镇附近的地下水因受污染较严重，局部属 HCO_3^-—$Ca^{2+}\cdot Na^+$ 型及 $HCO_3^-\cdot SO_4^{2-}$—$Ca^{2+}\cdot Na^+$ 型，对混凝土具弱酸性侵蚀及弱溶出性侵蚀。

（三）主要工程地质问题

1. 不良地质及特殊岩土

沿线不良地质类型多，数量及规模较大，危害严重，整治困难，主要有岩溶、危岩落石、滑坡、顺层、岩堆、煤层瓦斯及煤窑采空区、泥石流、坍塌、错落、活动断层、砂土液化等。特殊岩土有人工弃土、软土、膨胀土（岩）红黏土、石膏等。

(1)岩　　溶

贵阳至六盘水段：岩溶大多中等发育，部分地段属强烈发育。贵阳至新窑，大片分布三叠系灰岩，地貌呈溶蚀残丘，岩溶发育较浅，多见小溶洞、落水洞、竖井、漏斗、溶蚀洼地；新窑至滥坝，大部为石炭系、二叠系灰岩，岩溶最为发育，常见落水洞、漏斗呈串珠状分布，与暗河相通，本段 57 km 范围内，对线路有影响的主要暗河就有 4 条。

六盘水至昆明段：岩溶主要分布在六盘水枢纽、梅花山、葡萄箐、乌村、观音河、扒挪块、皮家山、甘海子、八家村水库至金马村等地段，总长约 155.51 km，占该段线路长度的 37.67%，岩溶中等—强烈发育，地表漏斗、洼地、落水洞星罗棋布，地表时有塌陷发生。

六盘水隧道、乌蒙山 1 号隧道、乌蒙山 2 号隧道、扒挪块隧道、曹家沟隧道、司马地隧道、老房子隧道、孔家隧道、且午隧道、歌乐隧道、天生坝隧道、皮家山隧道、张家坡隧道及内昆疏解线新梅花山隧道、盘西疏解线盘西隧道等均通过可溶岩地层，岩溶中等—强烈发育。

据隧道开挖揭示，皮家山隧道斜井施工曾发生突泥、突水 2 次，分别达 500 m^3 和 1 000 m^3。正洞也发生坍塌，坍塌体将衬砌台车向外推移了 10 m。张家坡隧道洞身Ⅳ级围岩段曾发生多次坍塌，并形成地表塌陷。

预测司马地隧道顶部岩溶漏斗、洼地发育，产生突泥的可能性较大；乌蒙山 1 号、乌蒙山 2 号、天生坝、皮家山等隧道位于岩溶水平径流带内，隧道施工产生大量突水、突泥的可能性极大。

(2)危岩落石及崩塌

贵阳至六盘水段：新窑至滥坝间 57 km 范围内，危岩落石分布有 27 段，长达 15.5 km，占该段线路总长的 27.21%；滥坝至六盘水 23 km 范围内共 13 段，长达 1.77 km。崩塌主要有新窑、骂支崩塌体和梅子关崩塌体。

六盘水至昆明段：危岩落石主要分布在六盘水枢纽、乌蒙山 2 号隧道进口、背开柱车站、孔家隧道出口、炎方 2 号隧道出口等地段，落石以灰岩、玄武岩等硬质岩为主。DK312 + 350 ~ + 750 左侧 0 ~ 230 m、DK356 + 290 ~ DK356 + 370 右侧 136 ~ 195 m 等地段分布有小型坍塌体，但距线路较远,其影响较小。沿既有线危岩落石段设有大量拦石墙、钢轨拦石网等。

(3)滑坡和错落

贵阳至六盘水段:既有线通过滑坡12处,累计通过长度达2717 m,其中7处分布在茨冲至滥坝间。增建二线设计中大多绕避,但仍有几处无法绕避,已采用设抗滑桩、桩板墙及在滑坡前沿填土反压等工程处理。

六盘水至昆明段:有滑坡43处,其中大部分已绕避或整治,对增建第二线有影响的有7处。六盘水枢纽有发嘎坡1号、2号滑坡,正线地段有观音河大桥滑坡、丁家村滑坡、木嘎滑坡、面店滑坡、大海哨4号滑坡及前进滑坡群。针对这些滑坡,均已采取了相应的工程措施。

丁家村错落:位于线路DK300+440左侧斜坡上,长约100 m,宽约40~80 m,厚度约10~40 m,目前处于稳定状态。新建铁路位于该错落体的前缘,线路以挖方通过,该错落体对工程影响较大,应先加固错落体后再施工,以保证斜坡的稳定。

(4)顺　　层

贵阳至六盘水段:顺层集中分布在贵阳枢纽、乌速龙、大用车站、那玉一带。

六盘水至昆明段:顺层有111段,长约31.0 km,主要分布于六盘水枢纽客线、货线、水路上、且午—凤凰山、炎方—黑老湾、湛家屯—大海哨及尹堡村—小新街等地段,其余地段仅零星存在。顺层对工程影响比较大,应尽量优化线路,以隧道或以浅挖或填方通过,对必须通过顺层的路堑地段边坡,宜采取先锚固后开挖或抗滑加固处理。

(5)岩　　堆

既有线新窑至二道岩共有岩堆6处,累计长800 m;茨冲一带2处,累计长452 m,大部分以路堤通过。梅花山—天生桥段观音河两岸、天生桥等地,地形陡峻,在缓坡地段亦有岩堆分布,厚2~15m。增建二线通过岩堆地段时,以小填小挖通过,并设置有挡护工程。

(6)泥 石 流

观音河泥石流:其形成区有储量丰富的煤矸石、滑坡堆积等松散固体物质,体积约达190×10^4 m^3,为泥石流的形成提供了物质条件,雨季时可能爆发较大规模的泥石流,对观音河大桥造成威胁,已采取了相应的工程措施。

宣威车站泥石流:发育于宣威车站DK378+100之沟槽中,泥石流规模较小,但由于位于车站内,沟床平缓,且铁路以挖方通过,整治工程较困难。

(7)煤系地层及瓦斯

贵阳至六盘水段:二叠系龙潭组、梁山组煤系地层,含煤达30余层,可采煤7层。既有线有8座隧道通过煤层,主要分布在化处至茨冲间,施工中曾不同程度遇到瓦斯,给施工带来困难。二线与既有线平行,也有8座隧道通过煤层,但隧道穿过煤层地段不长,大多为薄层的劣质煤,埋藏浅,且基本处于瓦斯风化带内。

六盘水至昆明段:二叠系上统宣威群含多层煤,下统梁山组煤层厚2~10 m,穿越含煤地层的乌蒙山1号、三联、且午、天生坝等隧道以及穿越石炭系大塘组旧司段页岩、炭质页岩夹泥灰岩、泥质灰岩及煤线的隧道,都存在瓦斯问题。

据深孔钻探测试,乌蒙山1号隧道穿越的各煤层指标均在突出范围中,存在煤与瓦斯突出的可能性,为一般突出;各煤层均有煤尘爆炸危险性,各煤层有自燃发火倾向,煤的自燃倾向性等级为Ⅱ级。三联隧道穿越的C_2、C_3煤层有一般突出危险,其余各煤层为无突出危险;各煤层均有煤尘爆炸危险性,煤的自燃倾向性等级为Ⅲ级。且午隧道穿越的C_4煤层有一般突出危险,其余煤层均无突出危险;各煤层均有煤尘爆炸危险性,各煤层有自燃发火倾向,煤的自燃倾向性等级为Ⅱ级。

(8)采 空 区

乌蒙山1号隧道采空区主要位于线路右侧约125 m以外(箐林煤矿),其余煤矿距线路较远,影响较小。三联隧道地表零星分布一些采煤矿井,为当地老乡自采自用之矿井,深度一般不超过50 m,施工到本段时应加强观测,发现异常情况应及时处理。且午隧道地表亦见大小不等的煤洞十几处,多为水平推进,沿岩层走向开挖,乱挖乱采,目前已废弃,洞口多坍塌,推测有采空区,对隧道工程有一定影响。

(9)地 震 区

活动断层:小江断裂带是我国有名的南北地震带之一。据有关资料,小江断裂带地震活动强烈,并有强度大、频度高及成带分布的特征,充分显示了断裂带具有强烈的现今活动性。线路横跨小江断裂带东支的寻甸—功山大断层和西支的杨林—阳宗海西缘断层。活动断层对该段线路有较大影响。

砂土液化:DK478 + 812 ~ + 972、DK567 + 910 ~ DK568 + 274、YK634 + 150 ~ YK636 + 336.16等段,分布有可液化砂土,且地震动峰值加速度大于0.1g,均有可能发生砂土液化,应结合工程采用相应的抗震设防加固措施。

(10)软　　土

贵阳至六盘水段:软土共有26段,每段长数十米至百余米,累计长5 626 m,分布在新窑、滥坝至六盘水间,主要为湖沼相,厚1 ~ 15 m,局部大于20 m,由淤泥、淤泥质黏土、软黏土、泥炭土等组成。

六盘水至昆明段:广泛分布有软土及松软土,总长约101.57 km。软土主要分布于六盘水枢纽、凤凰山—龙津沟、炎方—黑老湾、黑老湾—松林、沾益—曲靖的沟槽及低洼地带以及小新街—杨林盆地、昆明盆地的边缘,多呈透镜体状分布,一般厚2 ~ 8 m,最厚可达20 m以上,具有天然含水量高、天然孔隙比大、压缩性高、力学性质差的特点。松软土主要分布于凤凰山车站、龙津沟车站、松林车站、曲靖盆地沾益地区等地段,一般厚2 ~ 8 m,局部厚达10 m。

(11)膨 胀 土

贵阳至六盘水段:通过膨胀土7段,累计长2 426 m,零星分布于马场至化处间及滥坝附近,均为三叠系灰岩或寒武系白云岩上覆的坡残积土层,属弱膨胀土。路堑已采用设矮挡墙、换填基床、边坡铺种草皮或设置骨架护坡等工程措施进行处理。

六盘水至昆明段:通过膨胀土地段,总长约114.45 km。其中二叠系峨眉山玄武岩组及下第三系泥岩分布地段的地表坡残积层、基岩全风化带,多具弱—中等膨胀性,局部具强膨胀性;第四系坡残积层、湖积层、昆明盆地边缘及局部沟槽和洼地中的黏性土,具弱—中等膨胀性;宣威附近分布的第四系上更新统冲积层黏土,为弱—中等膨胀土,局部具强膨胀性;凤凰山—宣威、松林—沾益、曲靖附近、小新街附近、杨林—八家村、金马村—昆明东等段分布的上第三系地层,多呈黏性土状,局部具半成岩作用,一般具弱—中等膨胀性,局部具强膨胀性;六盘水枢纽等地段,碳酸盐岩地表的坡残积层为红黏土,土质不均,局部为膨胀土,一般厚0 ~ 8 m,局部厚度大于20 m。

(12)人工弃、填土

在邻近既有铁路的部分地段分布有人工弃土(渣),主要为既有隧道、路堑施工开挖之弃渣。六盘水枢纽、天生桥、背开柱、且午车站、小鸡街车站、曲靖—大海哨、鸡头村—尹堡村等地段尤为严重,厚2 ~ 8 m、5 ~ 25 m不等。

(13)石　膏

据区域地质资料，三叠系永宁镇组4段、关岭组、石炭系大塘组上司段、志留系关底组、寒武系沧浪铺组等地层含有石膏，深孔钻探也有所揭示。含石膏地层中的地下水一般对混凝土具硫酸盐侵蚀，相关工程应防护。

2. 重大地质工点简述

(1)二道岩车站落石工点：该工点位于K197+260～+600右侧，长340 m，堑顶上方地面自然横坡30°～50°，基岩为裸露灰岩，落石高度20～90 m，落石直径一般为0.3～0.5 m，最大为1 m。1988年和1991年两次将轨枕、接触网、变压器等打坏，增建二线从既有线右侧通过，落石直接威胁行车安全。已设置布鲁克柔性被动防护网拦截落石。

(2)天生桥特大桥：天生桥特大桥是全线最高的高桥，横跨峡谷，跨越之垭口与两侧高山高程相差430 m左右，为明显地堑构造之地形。桥长673.5 m，最大跨度128 m，桥高约110 m。桥渡区地形稍陡，地面高程1 700～1 840 m，相对高差100余米。该桥存在的主要工程地质问题是岩溶、断层破碎带、岩堆。

桥址区岩溶强烈发育，地表见溶沟、溶槽、漏斗、溶蚀洼地等岩溶形态。据钻探揭示，发育有大量的充填溶洞及空溶洞，最大的充填溶洞高15.3 m，最大的空溶洞高10.5 m，并广泛发育有岩溶化灰岩、溶塌角砾岩，岩溶发育深度大于45.8 m，推测其下可能有成串的溶洞，并可能与地下暗河相通，对桥梁工程有一定影响。

桥址区发育有天生桥1号断层、1号支断层、2号断层和3号断层，破碎带宽分别为12 m、32 m、165 m、100 m，断层破碎带对桥梁工程影响巨大。

特大桥DK292+945～DK293+025处发育一处长约440 m，纵向宽90～220 m，厚2～10 m的岩堆，目前岩堆体稳定，未见异常。

本线重大桥梁地质工点还有曲靖2号特大桥、小屯村特大桥、杨林特大桥、秧田冲特大桥等。

(3)乌蒙山2号隧道：乌蒙山2号隧道是本段最长的隧道，位于梅花山至扒挪块双绕取直地段，全长12 266 m。最大埋深约400 m。其中出口段513 m为4线大跨，在隧道内设扒挪块车站。

隧道位于云贵高原东部，属高原中低山地貌，地形起伏较大，相对高差约400 m。

隧道主要穿越三叠系地层，其地层中含有石膏、炭质页岩和煤层。

主要构造形迹有阳关寨枢纽断层、赵家沟逆断层、水井湾逆断层、树舍平移断层、树舍向斜、高松树逆断层和小田坝2号逆断层、银坪平移断层等。除银坪平移断层与隧道小角度相交外，其余构造线均与隧道大角度相交。构造线附近，断层破碎带(角砾岩带)较宽，节理裂隙发育，岩体破碎。

地下水有基岩裂隙水、构造裂隙水和岩溶(暗河)水，以后两者水量较为丰富。预计隧道一般涌水量为$10.3\times10^4\ m^3/d$，雨季最大涌水量为$22.9\times10^4\ m^3/d$。据勘察中取水样化验，含石膏地层及含煤地层中地下水一般对混凝土多具硫酸盐侵蚀及酸性侵蚀。

主要工程地质问题是岩溶、断层破碎带、突水、突泥、危岩落石、岩堆、煤层瓦斯、石膏及水质具侵蚀性等。

本线重大隧道地质工点还有大竹林隧道、乌蒙山1号隧道、三联隧道、且午隧道、天生坝隧道、皮家山隧道、张家坡隧道等。

六、成昆铁路工程地质概况

罗成模

(一)概　　况

成昆铁路是我国西南山区建设的一条重要铁路干线。成昆铁路北接宝成铁路、成渝铁路，南接贵昆铁路、南昆铁路，西连广大铁路，同时也是我国路网通道的重要组成部分。

成昆铁路纵贯四川、云南两省，沿线矿产丰富、农业发展，有大量的森林和水力资源，聚居着彝、苗、藏、壮等十几个少数民族。成昆铁路的建成，对促进西南地区工农业发展，改善交通状况，增强民族团结，巩固国防都具有十分重要的意义。

成昆铁路地形险峻、地质复杂，工程十分艰巨。地形起伏多、高差大，全线有2/3通过山岭河谷区，共有4次越岭、7处展线，地质复杂，有“地质博物馆”之称誉，全线有427座隧道、991座桥梁，桥、隧总长占线路总长的40%，并设有122个车站，其中有数个车站在隧道内。

1985年，铁二院勘测设计的成昆铁路和编著的《在复杂地质、险峻山区修建成昆铁路新技术》获国家科技进步特等奖。之后，令世人瞩目的“成昆铁路牙雕”永远存放在纽约联合国总部，象征着人类征服自然的杰作。

1. 工程建设历史

成昆铁路自1952年至1956年进行方案论证，1956年3月正式确定了大的走向起，至1970年7月建成通车。勘测设计大体上经历了两个阶段：第一阶段是1964年前，编制了设计意见书，对线路走向、限坡、加力坡及牵引种类提出了原则性意见，确定了主要技术标准和主要线路方案，进行了部分地段施工设计和重点施工，从而为开展大会战打下了基础。第二阶段是大会战期间，最后审定了主要技术标准，开展了补充初测和定测，决定了重大技术方案，编制了施工设计文件并全面施工直至建成，施工队伍从1964年陆续进场直至高峰期，会战人员多达30万人。通过施工队伍和铁二院工程技术人员几年的艰苦奋战，成昆铁路终于在1970年7月1日全线建成通车。

成昆铁路从1993年3月开始进行电气化改造，于2000年9月全线电气化开通。

2. 铁路地理位置及气象特征

(1)地理位置：成昆铁路纵贯四川、云南两省，自成都起，经彭山、眉山、夹江、峨眉、峨边、甘洛、普雄、喜德、泸沽、西昌、德昌、米易、金江、元谋、广通、禄丰等县(市)抵达昆明，建筑里程长1083.32 km，运营里程长1100 km，见图2—0—1。

(2)气象特征：成昆铁路位于东经104°～102°、北纬30°40′～25°，线路近南北走向，所经地区地形变化较大，气候水平差异与垂直差异都较为显著。

川西平原气候温和湿润，年平均气温16 ℃～17.5 ℃，年平均降水量1000～1600 mm，相对湿度80%左右，风力不大，多阴雨天。

凉山地区地势高亢，气候冬寒夏凉，且多雨雾霜雪，年平均气温4 ℃～15 ℃，昼夜温差可达15 ℃，年平均降水量800～1100 mm，沙马拉达分水岭地带气温最低可达－11 ℃，为全线最冷的地段。

泸沽至元谋，年平均气温16 ℃～24 ℃，年平均降水量600～1100 mm，安宁河、金沙江、龙川江等河谷地带干湿季明显，年降水量90%集中在6～10月，且多暴雨，旱季气候炎热。金沙江一带最高气温可达45 ℃，为全线最热地段；元谋附近最干燥，年蒸发量可达年降水量的5倍；西昌一带多风，风力也最大，可达9级。

元谋至昆明，滇中高原气候温和爽朗，年平均气温15 ℃～17 ℃，气温变化较小，相对湿度65%左右，干湿季明显，年平均降水量800 mm，降水的85%集中于5～10月，冬季多西北风，春夏多东南风，最大风力8级左右。

3. 线路主要技术标准

(1)线路等级：Ⅰ级干线；

(2)正线数目：单线（广通至昆明预留复线）；

(3)限制坡度：全线6‰（其中，沙湾至代湾13‰，乌斯河至红峰16‰，红峰至泸沽13‰，红江至勤丰营12‰）；

(4)最小曲线半径：一般地段600 m，困难地段400 m，沙湾至共和保留300 m、350 m；

(5)牵引种类：电力；

(6)机车类型：SS_{3B}；

(7)到发线有效长度：850 m；

(8)闭塞类型：继电半自动。

（二）工程地质概况

1. 地形地貌

(1)成都—沙湾段：该段线路长约173 km，地形平坦，高程500余米，多呈现岷江冲积平原及低缓丘陵景观。

(2)沙湾—泸沽段：该段线路长约332 km，属山岭河谷区，重峦叠嶂，山高坡陡，川大流急。部分地段为深切峡谷区，地形地势十分陡峭狭窄，相对高差达500～1 000 m，谷坡一般都在30°以上，局部地段呈悬崖峭壁。

(3)泸沽—德昌段：该段线路长约106 km，属河流宽谷阶地区，地形略为平缓，地势稍开阔。

(4)德昌—广通段：该段线路长约329 km，亦属山岭河谷区，重峦叠嶂，山高坡陡，川大流急。部分地段为深切峡谷区，地形地势十分陡峭狭窄，相对高差达500～1 000 m，谷坡一般都在30°以上，局部地段呈悬崖峭壁。

(5)广通—昆明段：该段线路长约143 km，属滇中高原丘陵区，地形略为平缓，地势稍开阔。

2. 地层岩性

沿线出露地层以喜德为界，南北两段差异甚大。成都至喜德段，地层出露较齐全，自元古界至新生界，仅缺失石炭系；而喜德至昆明段，三叠、石炭、泥盆、志留四个系地层均缺，奥陶系地层所见亦少。侵入岩主要分布在喜德至元谋间，北段金汤寺附近偶有出露。

(1)第四系(Q)

全新统(Q_4)冲洪积层以黏性土及砂、砾、卵、漂石土为主，厚度一般为5～30 m，主要分布在沿线河谷、平原；崩积层多为山坡岩体坍塌、崩落而形成巨厚的岩堆，厚度一般10～30 m，普遍见于大渡河、牛日河、安宁河下游及金沙江、龙川江等峡谷地段；坡积、残积层多为碎石土，厚度变化较大，厚者可达10 m以上，广泛分布于沿线开阔河谷的平缓斜坡、山间盆地与丘陵低山地区；现代湖泊堆积为含有大量有机质的淤泥质黏土和泥炭，见于昆明附近滇池沿岸。

上更新统(Q_3)成因类型有冲积、洪积和冰水堆积，冲积层为含金砾石层，主要分布在金江至江头村间的金沙江沿岸，洪积层为块石碎石土，洪积扇沿安宁河、金沙江、龙川江均有发育，冰水堆积为微具胶结的砂砾卵石夹黏砂土或砂黏土，主要分布在安宁河谷的Ⅱ级阶地。

中更新统（Q_2）冰水堆积上部为成都黏土，下部为雅安砾石层，分布在成都至峨眉间低缓的丘陵地带，组成Ⅱ、Ⅲ级阶地。冲积层为一套河、湖相沉积的粉砂质土，称龙街层，分布在金江至龙川江下游海螺一带。

下更新统（Q_1）坡积、洪积层为碎石土，厚8～16 m，分布在金江至元谋之间，常伏于龙街层之下；冲积、洪积层称元谋组，为暗红、灰黄色粉砂质黏土与粉细砂互层，局部夹中粗砂透镜体，主要分布于元谋盆地及其南面麻柳一带。

（2）新第三系昔格达组（N）：为一套成岩作用较差的粉砂岩、黏土页岩，底部有大于5 m厚的底砾层，主要分布于安宁河、雅砻江、金沙江沿岸，牛日河谷的普雄、甘洛等断陷盆地也有零星分布。

（3）白垩系（K）：主要为红色砂岩、泥岩、砂质泥岩、页岩等，主要分布在沙马拉达一带和下坝至广通间，成都附近及峨眉盆地边缘偶有出露。沙马拉达一带，砂质泥岩夹有鸡窝状石膏；下坝至广通间，砂岩与泥岩，含有少量石膏，砂质泥岩夹有薄层石膏、岩盐、芒硝及钙芒硝等。

（4）侏罗系（J）：为紫红色砂岩页岩泥岩层，岩性软弱，易风化剥落，沿线分布较为广泛，甘洛至喜德、泸沽至西昌、迤资至马店河、广通至昆明均有出露。中、上侏罗系地层在广通附近的灰色砂岩中，常见散粒状黄铜矿、黄铁矿晶体。下侏罗系地层仅见于白果乡至越西河之间和一平浪附近，为灰至灰黑色炭质页岩砂岩夹煤层，页岩含黄铁矿晶体。

（5）三叠系（T）：中三叠系出露于百家岭一带，为灰岩、泥灰岩夹少量石膏层；下三叠系出露在新滩坝及峨边附近，为紫红、灰褐色砂岩页岩及泥灰岩，钙质胶结，岩性坚硬，不易风化。

（6）二叠系（P）：

上统为砂岩页岩层，见于沙湾附近，峨眉山玄武岩在沙湾、新基古、昆明附近及永郎至米易间均有出露。峨眉山玄武岩可分三层，上部为暗绿色斑状玄武岩，中部为微晶玄武岩，下部为暗绿色杏仁状玄武岩。

下统为白云岩及白云质灰岩，岩石致密坚硬，抗压强度在100 MPa以上，主要出露于大桥湾、峨边、乌斯河、新基古及安宁附近。

（7）泥盆—志留系（D—S）：见于新基古、白石岩附近，为浅灰、深灰色中厚层灰岩、白云质灰岩夹砂岩页岩等，灰岩局部发育岩溶现象。

（8）奥陶系（O）：主要为灰色中厚层白云岩，从上而下由白云岩渐变为中厚层粉细砂岩、页岩夹白云岩，见于白石岩及拉鲊附近。

（9）寒武系（∈）：为中厚层灰岩、白云质灰岩、泥质灰岩间夹石英粉砂岩，其底部常有一层磷矿层，主要分布在峨边至乌斯河一带，甘洛、白石岩、拉鲊附近也有出露。

（10）震旦系（Z）：为中厚层白云质灰岩及硅质白云岩、凝灰质粉细砂岩及片岩、板岩、千枚岩等，分布于峨边至乃托、永郎至三堆子及勤丰营一带。

（11）下元古界（P_{t1}）：为千枚岩、片岩、板岩、钙质白云岩间夹火山岩、火山碎屑岩、云英片岩、含钙板岩、千枚岩、结晶灰岩、片麻岩及绢云母绿泥石片岩等，广泛分布于峨边至金口河、苏雄至凉红、喜德至冕山、德昌至永郎、拉鲊至龙街、泽润里至牧羊村等地。

（12）侵入岩：印支期侵入岩有黑云母花岗岩、石英斑岩及花岗闪长岩。黑云母花岗岩分布在乌斯河附近的大渡河两岸及金汤寺附近，石英斑岩主要分布在牛日河与大渡河汇合处，花岗闪长岩主要出露于泸沽附近安宁河西岸。

晋宁期侵入岩主要为花岗岩,分布在冕山至泸沽、永郎至马店河及龙川江海螺一带。

3. 地质构造、新构造运动及地震烈度

(1)地质构造:全线就大地构造部位而言,穿越了成都坳陷区、峨眉山隆断区、凉山坳褶带、安宁河隆起带、三台山隆起带、滇中坳褶区、昆明永善坳褶区等次级地质构造单元。

成都坳陷区:为继承燕山运动所形成的断褶沉降带,西界龙门山地槽,东接龙泉山褶断带,沉降带自第四纪以来,在长期的沉陷过程中接受了大量的冲积物,成为一个堆积巨厚的断陷平原。

峨眉山隆断区:线路通过其南缘的沙湾、百家岭一带,为一系列北东向的褶皱、断裂相间排列组成。断裂具逆冲性质,断层两盘岩层常有倒转现象,北东向断裂普遍切割南北向构造而与北西向构造互相穿插。峨边附近主要受南北向延伸的峨眉—金阳大断裂的影响,该断裂挤压强烈,断裂带多成碎裂岩、糜棱岩,宽度 10 余米至数十米,断裂面倾西,倾角 60°左右;峨边以北,断裂逐渐转向北东;北西向构造以压性兼扭性为主。金口河至乌斯河为北西、北东向断裂相互切割而成的断块。

凉山坳褶区:该段线路所经地区,北西向构造最为显著。乌斯河至普雄主要受汉源—甘洛大断裂和石棉—普雄大断裂的影响。汉源—甘洛大断裂从汉源附近经埃岱向南东延伸,在埃岱附近与线路略成斜交,断裂大体呈北西走向,倾向时为北东、时为南西,破碎带宽 10 余米至数十米,有由北东向南西推复现象,断裂两盘次级构造发育,次级断裂常与主干断裂呈"入"字形相交。石棉—普雄大断裂北起石棉附近,南达昭觉,白沙河至乃托间线路处于该断裂破碎带中。普雄至喜德一带,褶皱舒缓开阔,主要构造为米市向斜,断裂以小型为主,该向斜轴部宽缓,主要由白垩系地层组成,两翼岩层全为侏罗系砂岩页岩,东翼受石棉—普雄大断裂切割,有较多的次级构造。

安宁河隆起带、三台山隆起带、滇中坳褶区:喜德至米易一带受南北向发育的安宁河大断裂所制约,该大断裂北起石棉,向南经冕宁、西昌、德昌、会理直达云南易门,南北延伸数百公里,具有规模巨大、活动频繁、作用强烈、有多期岩浆侵入的特点。泸沽至西昌,安宁河大断裂带以东 10 余千米范围内发育有多条与主断裂平行的高角度压性断裂,造成岩层极度破碎。西昌至德昌,安宁河两岸构造形迹相对减弱,岩层完整性较前段稍好。德昌以南,安宁河大断裂远离线路,直至大德青龙寺一带才又与线路相交,但强度有所减弱,断裂带宽 10 余米至数十米,两盘次级构造不发育。米易至广通受南北伸延的元谋—绿汁江大断裂的影响,该大断裂北起牦牛山一带,向南沿雅砻江、金沙江经元谋、一平浪交于并止于红河大断裂;该大断裂由 3 ~ 5 条南北向断裂所组成,断裂带宽达数百米至数千米,各段走向略有变化,总体呈南北向波状延伸数百千米,断裂面主要向东陡倾乃至直立,局部向西倾;断裂多期挤压活动明显,沿断裂各处可见多组擦痕,前期沿断裂侵入的岩体有再次被切割现象,靠近断裂带的迤资至迤布苦、渔洗至海螺、小月旧至大马太等数段,不良物理地质现象极为多见。

昆明永善坳褶区:仍受川滇经向构造体系的控制,青龙寺至昆明间线路位于其西南边缘,并与普渡河大断裂相交。普渡河大断裂北起金沙江边,沿普渡河上游向南延伸长 100 余千米,形成由数条断裂组成断裂带。由于各断裂时分时合,使断裂带宽窄不一,线路附近断裂带宽 10 余米,具逆冲性质,一般向东倾,两侧岩层破碎,普遍具有平行的劈理;在断裂带的东侧,常有以垂直运动为主的张性断裂发生,造成一些小型的断陷盆地。

(2)新构造运动:沿线新构造运动活跃而强烈,主要表现在以下几个方面:新生代地层的变动，如甘洛、普雄断陷盆地及安宁河谷的昔格达组地层有的发生倾斜，并有褶曲、断裂现象；较老的第四系地层，如成都黏土、雅安砾石层、龙街层、元谋组等，也可见到岩层倾斜和褶曲、断裂现象；牛日河、安宁河、金沙江等均有河道改移现象；沿线所经大渡河、牛日河、安宁河、金沙江、龙川江等河谷，均可见到Ⅲ、Ⅳ级阶地，有的甚至出现Ⅴ级、Ⅵ级阶地现象；牛日河、越西河、孙水河等河畔、昆明安宁附近都有温泉出露的温泉广布现象；地震活动频繁现象等。

(3)地震烈度：线路所经西昌、鱼鲊两地为强震震中区，其余地段主要是受附近强震的影响。总的看来，沿线多属地震活动频繁而较强烈的地区。根据沿线地震活动情况，结合区域地质构造和挽近期活动断裂的特点，全线各段地震基本烈度及当时中央地震办公室审查意见表2—6—1。

表2—6—1　成昆铁路各地段地震基本烈度划分表

序　号	地　名	设计采用：基本烈度	设计采用：铁路长度(km)	1970年中央地震办公室审查意见
	成　都			
1		6	314	
	甘　洛			
2		7	163	
	喜　德			
3		7	11	提高为8度
	冕　山			
4		8	9	
	新铁村			
5		9	77	
	黄联关			
6		8	9	
	黄水塘			
7		7	160	
	金　江			
8		8	7	
	马店河			
		9	3	降低为8度
	迤　资			
9		9	25	
	花棚子			
		9	9	降低为8度
	鱼　洞			
10		8	31	降低为7度
	江头村			
		8	16	
	黄瓜园			
11		7	11	提高为8度
	元　谋			
12		6	13	提高为8度
	尹　地			
		6	204	
	安　宁			
13		7	18	
	碧鸡关			
14		7	5	提高为8度
	昆　明			

4. 水文地质条件

(1)地下水类型

①孔隙水：埋藏于第四系地层中，与铁路关系较密切的含水层主要为冲洪积、残积和坡积层含水层。

②基岩裂隙水：主要分布于分水岭地带以及山腹和阶地后缘地带，构造裂隙水则因地质构造复杂而常富集于断裂构造和褶曲构造的适合之处。

③岩溶水：沿线岩溶水不发育，仅见于牛日河流域的资勒沟、埃岱、白沙河、越西河及孙水河流域的喜德等地，以沿断裂带涌出的温泉或为暗河水及岩溶裂隙水的形式出现。

(2)水　质

沿线地下水大多为重碳酸钙镁型水,对混凝土不具侵蚀。具有侵蚀性的基岩裂隙水来自下白垩系和中三叠系的部分含盐地层,主要为硫酸盐型侵蚀,SO_4^{2-} 离子含量一般为 800 ~ 6 000 mg/L,个别地段可达 60 000 mg/L。隧道施工后洞内地下水的 SO_4^{2-} 离子含量还会有所增加。此外,个别隧道中地下水具碱性侵蚀及溶出性侵蚀。

(三)主要工程地质问题

1. 不良地质及特殊岩土

滑坡:滑坡是成昆线相当发育的不良物理地质现象和工程地质病害。全线各类滑坡约有 183 处。滑坡的分布是很集中的。成都黏土地段(长 66 km),地势平坦,地形起伏在 10 ~ 30 m 范围内,线路填挖不大,全段较长路堑中心挖高超过 6 m 的(最高 18 m 左右)只有 8 处,就有 7 处出现了滑坡。红层地区共有滑坡 120 处,占滑坡总数的 65.5%,为全线滑坡最多的地段。昔格达层和龙街层分布地段,共有滑坡 35 处,占滑坡总数的 19.1%,也是滑坡比较发育的地段。成都黏土、红层、昔格达层、龙街层等四套地层分布地段中共有 162 处滑坡,占全线滑坡总数的 88%。全线 183 处滑坡中,属于不良物理地质现象的有 106 处,占滑坡总数的 58%,属于工程地质病害的有 77 处,占滑坡总数的 42%。尽管选线时已绕避了大量的滑坡和滑坡群,但由于设计和施工的原因,工程建设活动中仍然出现了一些滑坡病害。

泥石流:成昆铁路所经过的主要河流的支沟,有泥石流活动的有 200 余条,铁路通过泥石流地区累计总长度约 150 km,主要分布在孙水河、安宁河沿岸的新铁村至西昌、金沙江沿岸的迤资至大湾子以及龙川江沿岸的石膏菁至黑井等三段线路中。历史上泥石流曾有过堵江断河和冲毁房舍、良田、堤坝等灾害,甚至造成人畜伤亡、桥梁毁坏、机车及车辆被冲毁的事故。较为典型的泥石流灾害如成昆线西昌卫星基地专用线泥石流灾害、成昆线利子依达泥石流灾害。全线约 70% 的泥石流沟位于大断裂带附近,并且多发生在近代活动较强的断裂带的上升盘,人为造成山坡水土流失而形成泥石流的因素也不可忽视。沿线泥石流以稀性泥石流为主,容重 1.2 ~ 1.8 t/m^3,固体物质含量占 15% ~ 50%,呈紊流状态,阵性不明显,直进性强。泥石流的类型,按所处地貌位置不同而分为峡谷段泥石流和宽谷段泥石流。

危岩落石、崩塌、岩堆:沿线危岩落石 486 处、崩塌 100 处、岩堆 207 处,分布在沙湾—尼日、尼日—凉红、玉田—白果、枣子林—牛坪子、金江—江头村、凤仪村—羊臼河、小村—巴格勒、安乐村—儿子湾等地段,分布总长度达 289 km,其中 37% 的危岩落石、54% 的崩塌、73% 的岩堆地段线路是避离的,而绝大多数崩塌体、岩堆体在选线时就考虑避离的。通过危岩落石地段的桥或路基也多采取了清、挡、拦、补、护等措施,隧道洞口通过危岩落石地段时大多接长了明洞。

岩溶:沿线岩溶问题不突出,在长约 110 km 的碳酸盐类岩层分布地段,仅沙湾至百家岭间及埃岱、阿寨、喜德、安宁等地附近有较多的小型岩溶发育。线路附近遇到的多为干溶洞,洞底常有黏土及碎石块石堆积。沿线岩溶所引起的问题有二:一为溶洞给隧道、路基工程等带来不良影响,二为岩溶水对隧道施工造成困难。

水库坍岸:代湾至峨边间铁路长 32 km,位于大渡河龚嘴水库岸边,路肩一般高出水库最高水位 5 ~ 8 m,峨边车站一带仅高出 0.35 ~ 1 m。龚嘴水库属山区峡谷河道型,水面狭窄,风浪较小,故风浪对库岸的破坏作用不大,坍岸问题主要是水库水位的升降对土质岸坡浸泡而引起的变形。库区各类土质岸坡的稳定坡度,据蓄水后 79 个断面观测资料分析,可按土体浸水稳定考虑，其参考值为：黏性土 18°～27°；黏性土夹卵石碎石 21°～30°；砂夹卵石碎石 15°～24°；较密实的卵石土、碎石土 27°～36°；弱胶结的卵石土、碎石土 45°～50°；人工弃土、弃石 24°～33°。

瓦斯：瓦斯曾出现于白垩系砂岩、泥岩、页岩地层中的沙马拉达隧道，当时晕倒洞内施工人员。这一教训说明，处于平缓褶皱构造的非煤系地层，有可能通过张性裂隙与下伏含煤地层发生联系。

地热：沿线施工中地温较高的隧道有埃岱 1 号、白石岩 1 号、温泉 1 号、温泉 2 号及莲地等隧道。埃岱 1 号及温泉 1 号、2 号靠近温泉，虽然洞身较短、埋藏不深，施工时洞内温度高达 35 ℃左右；莲地隧道和白石岩 1 号隧道均处于构造作用强烈的大断裂带，施工时洞内温度高达 35 ℃～40 ℃。

岩爆：沿线隧道施工中发生过岩爆的有关村坝、莲地、窄板沟 2 号等隧道，其中关村坝隧道岩爆较为突出。

成都黏土：成都黏土及下伏雅安砾石层，广泛分布在成都至峨眉一带，黏土层厚度大的主要分布在成都至青龙场之间，厚约 5～10 m，最厚达 16 m。成都黏土主要由伊利石、蒙脱石组成，另有少量石英、高岭石等，属蒙脱石、伊利石黏土。土体的胀缩性及干湿强度，变化十分显著，其稳定性能相对较差，主要不良地质为滑坡。滑坡有塑性滑坡、顺层滑坡和切层块状滑坡等三种类型。

红色地层：白垩系和上、中侏罗统地层，因其具有深浅不同的红颜色，故称红色地层，简称红层。成昆铁路通过红层地段共 338 km，红层主要分布在成都至沙湾、凉山及西昌一带以及滇中高原。凉山及西昌一带，由于燕山运动前后两幕强烈程度不同，白垩系和侏罗系地层褶皱不完全一致，侏罗系强烈，白垩系较舒缓。白果至铁西一带，受普雄大断裂的影响，地层倒转，侏罗系地层处于上震旦统地层之上。泸沽至西昌间，红层受安宁河大断裂带继承性活动的影响，挤压得十分破碎。滇中高原下坝至碧鸡关，红层除儿子湾、棠海等数小段小断裂较多、岩层略显破碎外，其余地段断层较少，构造形态主要表现为平缓褶曲。红层中的含盐地层，除岩性柔软而外，层内褶曲十分复杂，常常独具特征。水文地质特征上，红层是一套相对不透水层或弱透水层，地下水主要为构造裂隙水。红层中地下水多属低矿化度 HCO_3^-—$Ca^{2+}\cdot Mg^{2+}$ 型水，无侵蚀性，但白垩系含盐地层中地下水以 SO_4^{2-}—$Ca^{2+}\cdot Na^+$ 型水为主，具有硫酸盐侵蚀。沿线红层主要不良地质现象为滑坡、错落、崩坍、落石和泥石流。滑坡共有 70 余处；错落现象以龙川江的羊臼河至里井一带凹岸岸坡最发育；崩坍、落石发育在牛日河谷的尔赛河附近、韩都路沟、龙川江的羊臼河至倚壁河以及安乐村至洛神河等四段中；泥石流沟有 50 余条，主要分布在泥波至喜德、泸沽至西昌及石膏菁至黑井一带，其中泸沽至西昌、石膏菁至黑井地段分布最为集中。

含盐地层：成昆铁路沿线分布有含氯盐、石膏、芒硝等易溶盐类的地层（以下简称含盐地层）。西昌以北含盐地层主要分布在百家岭隧道和沙马拉达隧道，西昌以南主要分布在石膏菁至岳家村间长约 50 km 的范围内。氯盐多以混合胶结状态存在于含盐含砾泥质粉砂岩中，氯盐的溶解度大，潮解能力也很强。石膏为中溶盐，一般溶解度为 0.2%～0.3%，只有在受冲刷的淡水中溶解较快；硬石膏硬度大于 2，具油脂或玻璃光泽，抗风化能力较强。芒硝易潮解，最易溶解，溶解度在 32 ℃时最大，芒硝是地下水中硫酸根离子的主要来源。含盐地层除具红层的工程地质问题外，含盐地层所含盐类在水的作用下，形成离子溶液，对混凝土有侵蚀作用，而且当这些离子重结晶为次生盐类时，要发生体积膨胀，引起混凝土的机械破坏，强度降低。

昔格达组地层:该地层为河湖相静水沉积,呈半成岩状态,其下部为卵石、砾石层或砂砾层,中部为粉砂岩夹页岩,上部以黏土质页岩为主,夹少量中层粉砂岩,页岩具微层理,薄中层或板状,手摸有滑感,渗水性弱,受水浸泡易软化而强度显著降低。沿线昔格达组地层主要分布在牛日河、安宁河、雅砻江、金沙江等河谷的断陷盆地、断裂谷及侵蚀洼地中,呈南北向带状断续分布,各地出露高程不尽相同。沿线在昔格达组地层中发生的滑坡达15处,主要分布在安宁河中下游两岸及雅砻江下游两岸Ⅱ、Ⅲ级阶地上。昔格达组地层节理发育地段,人工开挖边坡过高过陡,易产生坍塌和掉块;若以隧道通过该地层,则易发生坍顶。

龙街层:龙街层为第四纪中更新世静水条件下形成的湖相沉积。龙街层自上而下,颗粒由粗变细,粉砂粒递减,黏土粒递增,颜色由浅逐渐变深,呈逐渐过渡状态,上层为粉砂质砂黏土,中层为粉砂质黏土,下层为淤泥质黏土。成昆铁路三堆子至海螺间长约100 km范围内,沿金沙江及龙川江两岸,自河底至Ⅲ级阶地上断续分布着龙街层。龙街层呈弱胶结,常沿层面剥落,遇水易崩解,龙街层作路堤填料易发生潜蚀。龙街层中的滑坡多属古滑坡。

2. 重大地质工点简述

成昆铁路的重大地质工点主要有成都至青龙场间的成都黏土滑坡、甘洛1号滑坡、甘洛2号滑坡、乃托车站滑坡、铁西滑坡、别拉乌滑坡、尔赛河车站滑坡、沙北滑坡、阿底滑坡、林场滑坡、桐子林陈占河滑坡等滑坡工点,有沙湾至尼日大渡河牛日河沿岸、尼日至凉红牛日河沿岸、金江至江头村金沙江沿岸,尤其是金沙江右岸西拉姆至红格拉、凤仪村至羊臼河龙川江沿岸等地段的危岩落石工点,有成昆北段峡谷区的泥石流、利子依达泥石流等泥石流工点,还有百家岭、关村坝、利子依达、沙马拉达、莲地等隧道工点。

(四)结 束 语

成昆铁路是我国西南山区建设的一条重要干线,沿线地形险峻,地质复杂,工程浩大,是我国铁路建设史上的重大成就,是令世人瞩目的人类征服自然的杰出创举。

成昆铁路胜利建成通车并经历了多年运营的考验,这一重大成就,给铁路建设者留下了宝贵的精神财富和物质财富,尤其是给铁路地质工作者积累了十分宝贵的经验。其主要经验体会如下:

任何复杂的地质条件都有其分布和发展的规律性,总是可以认识的。对于复杂的工程地质问题,要善于进行由面到点、由表及里、由此及彼的调查测绘,从错综复杂地质现象中分析研究,找出其内在的联系和客观规律,认识事物本质,做出正确的判断,在查明问题的基础上再因地制宜研究处理办法;对不良地质现象,要依其规模、性质和危害程度,或采取绕避,或进行治理,做到绕有比较,治有措施。

加强区域地质调查,抓住区域地质特征,慎重推荐线路方案,是铁路工程地质工作的核心。铁路工程地质条件寓于所经地区自然地质环境之中,地形、地质条件与工程地质特征都受区域构造作用的制约,因此,必须在搞清线路通过地区区域地质情况的基础上,才能深刻认识和理解沿线的工程地质特征,掌握不良地质现象的分布和发展规律,预见各个地段可能发生的工程地质问题,从而对沿线工程地质条件做出准确的判断,为选定最好的方案和解决有关工程地质问题提供可靠依据。

沿河线路要做好两岸地质工作。无论河谷的成因如何,两岸地质条件都不会完全相同,同一河岸各个地段的地质条件也有差异,只有做好两岸的地质工作,才能做到“坏中求好,好中查坏”,保证线路从工程地质条件较好的部位通过,并减少隐患。

展线地段,对可能展线的各个方案,都要收集足够的地质资料,尽量避免只从地形方面选定展线位置然后再做地质工作的情况发生。

地质人员参加施工很有必要,可以及时纠正勘察过程认识不清的问题或错误,以便修改、变更设计,同时还可加深对地质自然规律的认识,充实和发展工程地质理论,积累地质工作经验。

为解决某些疑难工程地质问题,提前组织一定力量进行专题研究,对提高勘察、设计和施工质量大有益处。

要进一步加强水文地质工作。实践证明,地下水的存在与活动,直接影响岩土的物理力学性质,促进不良地质现象的发生和发展,水质和水量与工程建筑物的稳定性关系密切,突然的大量涌水会造成严重地质灾害等等,都足以证明水文地质工作的重要性。

全面地总结成昆铁路工程地质工作的经验教训,对提高铁路地质工作者的业务水平也起到了十分重要的作用。

成昆铁路通过几十年的运营,为祖国的国民经济发展,加强民族团结,加强国防建设,促进西南地区工农业发展等都起到了不可磨灭的作用。

七、襄渝铁路工程地质概况

张雄文

(一)概　　况

襄渝铁路位处我国中、西部地区的接合部,地理位置优越,是我国“八纵八横”铁路主骨架之包柳通道的重要组成部分,也是“沪汉蓉”通道的重要组成部分,东起湖北省襄樊市,经六里坪、十堰市到达陕西省安康后折向南,经陕西省紫阳县翻越大巴山进入四川,终点到达重庆市。

1. 工程建设历史

既有襄渝铁路新建段起自汉丹铁路莫家营车站,终至重庆中梁山隧道南口,全长828 km。于1969年开工,1973年10月接轨通车,1975年正式运营。1979年至1998年完成全段电气化改造,2002年完成襄樊至达州段扩能工程,2004年完成琅琊至长胜沟段提速改造。

襄渝铁路安康至重庆段增建二线工程于2005年8月开工建设。

增建二线建设规模分段为:

安康至梁家坝段新建及改建线路长度249.616 km,其中新建双线3.724 km,新建及改建桥梁161座,计35.09 km;隧道共116座,计160 km。桥、隧长度占线路长度的78.2%。

梁家坝至重庆段新建及改建长度287.678 km,其中梁家坝至磨心坡新建及改建单线长度145.366 km,新建双线长度59.127 km,联络线及其他改建线24.408 km,襄渝铁路增建二线引入重庆枢纽新建线路长度58.777 km,新建及改建桥梁215座,计52.35 km;隧道共88座,计55 km。桥、隧长度占线路长度的38%。

增建二线建设工程已于2010年开通。

2. 铁路地理位置及气象特征

(1)地理位置

襄渝铁路增建二线安康至重庆段跨陕西、四川两省和重庆直辖市,铁路北起安康市,向南途经紫阳、万源、宣汉、达州、渠县、广安、华蓥等市县，终点至重庆市，见图2—0—1。

(2)气象特征

全线均属亚热带温暖湿润气候区。

安康至三汇镇的北段(陕西境内)，全年气候温和多雨，四季分明，温差较大，湿度较低；年平均气温15 ℃～15.6 ℃，极端最高气温41.7 ℃，极端最低气温 -9.7 ℃；年平均降雨量800～1 100 mm，年平均蒸发量为1 450～1 617 mm；最大冻土深度5～26 cm。

安康至三汇镇的南段(四川境内)，气候具有"冬暖、春旱、夏热、秋雨"的特点，年平均气温14.7 ℃～17.8 ℃，极端最高气温39.2 ℃，极端最低气温 -9.4 ℃；年平均降雨量1 203 mm，5～9月为雨季，占全年降雨量的70%～90%，年平均蒸发量为1 486 mm；冻结深度为0。

三汇镇至重庆段，属亚热带温暖湿润气候区，雨量充沛，春早夏长，秋雨连绵，冬暖多雾；年平均气温17 ℃～18 ℃，极端最高气温42.3 ℃，极端最低气温 -4.7 ℃；年平均降雨量大于1 100～1 200 mm，雨量多集中在6～8月，常有雷雨，年平均蒸发量为1 100～1 190 mm，略少于降雨量；年平均相对湿度80%，年平均雾日数40余天，最多达148天；冻结深度为0。

3. 线路主要技术标准

(1)线路等级：Ⅰ级；

(2)正线数目：双线(达州至三汇镇三线)；

(3)限制坡度：6‰，双机13‰(紫阳至花楼坝)；

(4)路段旅客列车设计行车速度：既有线(基本维持现状)100～120 km/h，增建第二线安康至达州段140 km/h，达州至三汇镇160 km/h，三汇镇至重庆160 km/h及以上；

(5)最小曲线半径：既有线(基本维持现状)一般地段700 m、个别地段500 m，增建第二线安康至达州段平面最小曲线半径不小于1 600 m，达州至三汇镇最小曲线半径1 600 m，三汇镇至重庆平面最小曲线半径不小于2 800 m；

(6)牵引种类：电力；

(7)到发线有效长度：850 m，双机地段880 m；

(8)机车类型：客机SS_9，货机SS_4；

(9)闭塞类型：自动闭塞。

(二)工程地质概况

1. 地形及地貌

沿线经过盆地、低山、中低山、中山、低山丘陵和丘陵等地貌单元。

安康至月河段线路位于安康盆地，地势开阔，盆地内沟谷发育。

月河至紫阳段线路进入南秦岭低山区，山脉走向为NW—SE向，高程500～800 m，相对高差200～350 m，沟谷深切，谷坡多在40°～50°之间，陡者可达60°～70°，沿汉江阶地零星分布。

紫阳至毛坝关段线路进入中低山区，沿汉江支流——任河逆流而上，岸坡陡峻，沟谷幽深，山势嶙峋，多呈尖棱状山峰和刀刃状山脊，地形起伏较大，高程500～1 500 m，相对高差500～800 m，两岸自然坡度较陡，一般在40°以上，甚至形成间断峡谷地形。

毛坝关至官渡段线路顺任河左岸及其支流朱溪河进入大巴山中山区，高程1 000～1 700 m，相对高差500～900 m。大巴山是汉江与嘉陵江两大水系的分水岭，山脉走向为NW—SE向，山势雄伟，峰峦叠嶂，沟谷深切呈网状分布，谷坡陡峻，甚至形成悬崖峭壁。

官渡至毛坝段为低山河谷区，高程500～800 m，相对高差200～300 m。线路顺后河而下，跨河 30 余次。官渡附近 Ⅰ、Ⅱ 级阶地普遍发育，后河下游地形逐渐开阔。

毛坝至三汇镇段为低山丘陵区，高程 300 ~ 500 m，相对高差一般不足 100 m，谷地宽而浅，以岗岭、丘陵为主。达州以后线路横穿 NE—SW 走向的铁山、华蓥山后，到达三汇镇。多为单面山或馒头状山丘，沟谷发育，阶地分布较广，谷坡较平缓，高程 300 ~ 800 m，相对高差 100 ~ 400 m。

三汇镇至磨心坡段为丘陵区，多为剥蚀残丘与槽谷、洼地相间，高程 150 ~ 300 m，相对高差 50 ~ 150 m。沿线的渠江一般为宽谷，自然山坡坡度较平缓，阶地沿江断续分布，铁路沿山丘坡麓及丘间槽谷行进。

重庆枢纽地处低山区，大多为 NE 向山岭，地面高程 500 m 以上，自然坡度 30° ~ 50°，局部岩溶地貌（如洼地、溶槽、漏斗）较发育。

2. 地层岩性

沿线地层出露较完整，除泥盆、石炭、白垩、第三系缺失外，从元古界的震旦系到新生界的第四系均有出露。

第四系（Q）：地层广泛分布于沿线各地貌单元，成因类型有冲积层、冲洪积层、坡洪积层、坡崩积层、坡积层、坡残积层、滑坡（错落）堆积层等，土质类型有粉质黏土、黏土、细砂、中粗砾砂、圆砾土、卵石土、碎石土、块石土等。

侏罗系（J）：为泥岩、砂岩夹页岩地层。

三叠系（T）：为砂、泥岩夹页岩及煤层、煤线地层，中统灰岩、白云岩、岩溶角砾岩及钙质页岩、炭质页岩夹薄层灰岩等地层。

二叠系（P）：为灰岩、泥质粉砂岩、细砂岩等。

志留系（S）：为生物灰岩、泥质灰岩夹钙质页岩、细粉砂岩、绢云母片岩、千枚岩、炭质板岩、炭质千枚岩等。

奥陶系（O）：为龟裂纹灰岩、页岩、硅质白云岩、泥质条带灰岩等。

寒武系（Є）：为灰岩、泥灰岩、绢云母片岩与炭质板岩、千枚岩、灰岩、页岩夹砂岩、角砾状灰岩及少量炭质页岩夹硅质岩、硅质板岩及劣质煤透镜体。

震旦系（Z）：为硅质白云岩、灰岩、粉砂岩夹黄绿色页岩、凝灰岩、凝灰质含砾砂岩及页岩等。

岩浆岩：主要岩性为闪长岩、辉绿岩、辉长岩。

另外，在断层破碎带、影响带及褶曲轴部地带，尚有断层角砾岩、糜棱岩、压碎岩等岩性。

3. 地质构造及地震

（1）地质构造：线路经过南秦岭加里东褶皱带和扬子准地台两大构造单元。以大巴山大断裂为界，北为南秦岭褶皱带，南为扬子准地台区。

南秦岭褶皱带（安康至麻柳）：段内褶皱发育，排列紧密，多呈线状分布，以复式褶皱形式出现。主要为紫阳复式背斜，其次为位于高滩附近与线路大角度相交的高滩—兵房街复式向斜褶皱区。紫阳复式背斜包括凤凰山—牛山复背斜、焕古滩—流水店复向斜、紫阳—佐龙复背斜、高滩—兵房街复式向斜等三个复式背、向斜。该段线路与构造线大角度斜交或正交。对线路影响比较大的断裂有吉河坝平移断层、岚河口—水田坝断裂、蒿坪河断层、红椿坝—瓦房店—岚皋大断裂、小河口—太极渡断层、大川市—铁佛乡断层、鲁家坪—庙子坝—五个包断层等。其中吉河坝平移断层，断层破碎带宽 50 ~ 80 m；蒿坪河断层，线路附近破碎带宽 30 ~ 100 m；小河口—太极渡断层，断层带宽约 100 m；鲁家坪—庙子坝—五个包断层，其破碎带宽 8 ~ 20 m，断层影响带宽约 400 m。

扬子准地台区大巴山褶皱带(麻柳至万源):本段褶皱构造由大巴山褶皱带、大巴山复式背斜、荆竹坝—小米溪断层以南褶皱带组成。其中大巴山褶皱带是一个较窄的深坳陷带,大巴山复式背斜由田坝向斜、星子山向斜、紫黄背斜、黄草梁向斜和九拱坪—沿河乡背斜构成,荆竹坝—小米溪断层以南褶皱带多为短轴背斜、向斜,呈雁行排列。线路与褶皱构造轴线大角度相交。对线路影响比较大的断裂有大巴山断裂带、星子山—黄溪河断裂、代黄沟—大竹河断层、后寨沟—庙梁上断层、荆竹坝—小米溪断层、搂子庙—碾子坪—小洋县隐蔽断裂等。其中大巴山断裂带,断裂带宽一般为 0.5 ~ 1 km 左右,岩层破碎,同时有许多小型羽状断层;星子山—黄溪河断裂,断裂带宽 0.5 ~ 1 km,带内断层泉发育,地貌上形成断层崖;代黄沟—大竹河断层,破碎带宽 100 ~ 200 m;后寨沟—庙梁上断层,断距 150 m 左右;荆竹坝—小米溪断层,破碎带宽 100 余米。

扬子准地台区川东断褶带(万源至重庆):万源至蒲家,构造线为 NW 向,铁路横穿双河口背斜、下春坪断裂等。蒲家至磨心坡,构造线近 SN 向展布,宽缓的向斜和紧密的背斜相间平行分布。一般背斜两翼不对称,倾角变化较大,形态为梳状或箱状,沿背斜轴部多见小断裂;向斜较为开阔,为典型的隔挡式构造。磨心坡至重庆,铁路沿华蓥山帚状褶皱束的华蓥山背斜、华蓥山断裂相伴南行,局部横穿华蓥山背斜。华蓥山断裂是四川东部的区域性断裂。本区断裂多为压性断裂。

(2)地震:沿线历史有地震记录的是安康,曾发生过 5.0 级地震,与 N60°W 发育的晚近活动性安康断裂有一定关系。

根据中华人民共和国国家标准《中国地震动峰值加速度区划图》(GB 18306—2001,1/400 万),本线安康至重庆地震动峰值加速度分区如下:

安康至南溪沟,0.1g;

南溪沟至重庆,小于等于 0.05g。

4. 水文地质条件

(1)地下水类型

第四系堆积层孔隙潜水:分布于河谷地带的Ⅰ级阶地及河漫滩的冲积层和山坡坡麓堆积层中,冲积层地下水较丰富,受河水补给。Ⅱ级以上堆积阶地及高出河床的基座阶地中地下水较贫乏,坡、残积层中地下水较少。

基岩裂隙水:基岩裂隙水分为构造裂隙水和风化裂隙水。构造裂隙水主要受区域构造控制,本线褶皱、断裂十分发育,有利于地下水的贮存和运移,构造裂隙水较发育;风化裂隙水分布普遍,各种岩层风化带厚薄不一,变幅较大,地下水贮存和补给条件比较差,水量较贫乏。一般泉流量为 0.02 ~ 0.50 L/s。

岩溶水:主要分布于毛坝关至官渡、川东华蓥山一带等可溶岩地层中,以岩溶裂隙水及岩溶溶洞、暗河水为主。地表多见垂直岩溶形态,在侵蚀基准面附近可见岩溶水平通道。由于岩溶发育不均,导致地下水分布不均,地下水量随岩溶发育程度、补给条件、构造条件和埋深而变化。岩溶水水量较大,如既有大巴山隧道最大涌水量达 $20 \times 10^4\ m^3/d$。

(2)水化学特征

全线地下水、地表水水质类型一般为 HCO_3^-—$Ca^{2+} \cdot Mg^{2+}$ 和 HCO_3^-—Ca^{2+} 型,绝大多数都无侵蚀性。据水质分析资料统计,仅有部分地段水样具有侵蚀性,水质类型为 $HCO_3^- \cdot SO_4^{2-} \cdot Cl^-$—$Ca^{2+} \cdot Mg^{2+}$、$SO_4^{2-}$—$Ca^{2+} \cdot Mg^{2+}$、$SO_4^{2-} \cdot HCO_3^-$—$Ca^{2+} \cdot Mg^{2+}$、$HCO_3^- \cdot Cl^-$—$Ca^{2+} \cdot Mg^{2+}$、$SO_4^{2-} \cdot HCO_3^-$—$Ca^{2+} \cdot Na^+$ 型等,其中含膏盐类地层的地下水具弱—中等溶出型侵蚀,个别为强侵蚀,含炭质岩

地层及煤系地层中的地下水具硫酸盐弱—中等侵蚀,局部地段有碱性侵蚀。

(三)主要工程地质问题

1. 不良地质及特殊岩土

(1)不良地质

滑坡:区内滑坡主要为分布于汉江、任河、后河岸坡及其支沟的堆积层滑坡和破碎岩体滑坡。全线有月河滑坡、赵家塘滑坡、石庙沟1号滑坡、西坡隧道进口滑坡、小湾子滑坡等近50处,大部分滑坡线路已作绕避,对于绕避有困难的滑坡也进行了整治。其中赵家塘滑坡为最大的古滑坡,该滑坡位于襄渝铁路石庙沟车站进站端,为一深层牵引式多序次基岩切层滑坡,滑坡体积约为 $340\times10^4\ m^3$;共设了4排63根锚固桩进行加固处理,整治后滑坡整体处于稳定状态。既有襄渝铁路从其中部以路基半填半挖通过,增建二线则以新月河隧道(长3 805 m)从滑坡体中后部的下方通过。

岩堆:岩堆主要分布于沿线陡坡地段的山坡平缓处,厚5~30 m,其中后缘山体较稳定,没有多的物质补给,加之植被良好的岩堆,目前基本都处于稳定状态。对线路尚有影响的有白岩寨岩堆、向阳车站岩堆、狮子寨隧道岩堆等近20处,均已采取了相应的工程措施,使线路顺利通过。

危岩落石:沿线危岩落石分布在高滩车站、梁家坡隧道进口、新大巴山隧道进口等处,共20余段,对隧道进出口、路基及桥梁构成威胁。对这些地段的危岩落石,分别采取了清除、支挡、锚固、拦截等工程措施。

泥石流:主要有冉家沟泥石流、房沟水石流、大河沟泥石流、杨家沟泥石流、青龙湾泥石流等。其中房沟水石流对工程危害最大,根据有关规范,该沟属中等严重水石流。目前已对该水石流沟进行了整治。

顺层:沿线岩层倾向线路的顺层地段,集中分布于万源至磨心坡段,为侏罗系“红层”的紫红色泥岩夹粉砂岩、砂岩,多以泥岩为主,当岩层走向与线路轴向夹角小于45°或岩层向线路的倾角大于10°时,边坡开挖可能产生顺层滑动。施工中已采取了相应的工程措施。

放射性地区及有害气体地段:据既有线竣工及勘察资料,沿线可能存在放射性含量超标的隧道有西坡隧道、新白岩寨隧道、新小米溪隧道、牛坡隧道、炼石滩隧道、瓦房店隧道、新毛坝关隧道、新朱溪河隧道等。

据调查测绘,隧道通过煤系地层情况如下:梁家坡隧道、水对溪隧道、新毛坝关隧道、新朱溪河隧道、宝石山隧道、新大巴山隧道等,通过寒武系的煤层,推断其尚处于煤层瓦斯风化带内,瓦斯含量、压力不大,煤层瓦斯在隧道开挖时涌出量较小,但也不排除局部地段存在瓦斯聚集的可能;烟磴坡隧道、郑家坪隧道、新红卫隧道、水井湾隧道、新矿山隧道、新李子溪隧道等,通过侏罗系的煤层,连续性较差,属鸡窝状,根据有关规范和瓦斯参数,属低瓦斯隧道;宝石山隧道、牛角坪隧道、新大巴山隧道等,均穿过二叠系乐平组和栖霞组及梁山组煤系地层,二叠系煤层瓦斯含量多较高,对隧道施工具有一定影响,已在设计施工中予以高度重视。如新大巴山隧道穿过二叠系煤系地层,煤层煤质好,瓦斯含量高,故属高瓦斯隧道。铁山隧道、马鞍山隧道、老作坊1号隧道、新大昌等隧道通过须家河组含煤地层,须家河组1、3、5段含煤层瓦斯,虽属低瓦斯,但不排除隧道局部积聚瓦斯的可能。

据调查测绘,在距线路约40 km的毛坝镇附近,有深层天然气开采。根据对毛坝1号、2号天然气井的含气层深度调查,产气地层均在地表2 500 m以下,而隧道最大埋深仅为350 m,且附近既有线隧道竣工图上未发现有天然气的记录,调查访问当地居民,也无使用天然气的历史,因此天然气对邻近隧道施工基本上无影响。为防止意外,隧道施工时仍加强了通风与监测。

人为坑洞:煤窑采空区主要分布于高滩至曹家坝及达州至三汇镇段。线路对测区内的大规模采空区进行了绕避。对线路有影响的采空区情况如下:大坝煤矿采空区对水对溪隧道进口端有影响,偏岩子煤矿采空区对新大巴山隧道有影响,同兴煤矿和石冠寺煤矿的采空区对新红卫隧道有一定的影响,炭仓湾煤矿采空区对新矿山隧道有一定的影响等。此外,新李子溪隧道、铁山隧道、马鞍山隧道、新大昌隧道等也不同程度受到煤矿采空区的影响。铁路通过采空区,均采取了相应的工程措施。

水库坍岸:汉江瀛湖水库对月河至紫阳段线路有一定的影响,段内易发生坍岸的地段主要有大米溪出站段路基(DZK364 + 840 ~ DZK365 + 640)和紫阳车站站场(DZK368 + 160 ~ DZK369 + 210)。渡市水库对覃家坝车站出站至铁山隧道进口段路基有一定的影响。

河岸冲刷:DK604 + 400 ~ + 550、DK610 + 300 ~ + 400、DK619 + 800 ~ + 960 等地段,线路紧靠州河,存在河岸冲刷问题。

岩溶:沿线可溶岩主要为三叠系、二叠系、志留系、寒武系地层,高滩至毛坝关段岩溶弱至中等发育,毛坝关至万源、华蓥山一带岩溶较发育。

既有线梨树坪隧道、官渡隧道等均发育有溶洞,老鱼泉隧道底部发育有暗河,岩溶对既有线隧道的主要危害是施工期间曾发生程度不一的涌水、突泥,并曾揭露出规模较大的岩溶洞穴。

岩溶对既有线路基影响较小,运营中基本上未出现岩溶引发病害。

增建二线在宝石山隧道的断层带及灰岩与页岩砂岩的接触带上发育有岩溶泉;在新大巴山隧道及新大巴山隧道出口至万源段发育有小溶洞、岩溶泉及竖井、漏斗等;在铁山隧道及马鞍山隧道,虽地表溶蚀不严重,但地下可溶岩和非可溶岩接触带岩溶发育;在三汇坝附近,线路位于大型岩溶槽谷附近,地表溶沟、溶槽、溶洞发育,落水洞与溶洞多相伴生成,溶洞多沿岩层走向发育,该岩溶槽谷对线路有一定的影响。

(2)特殊岩土

膨胀土:安康至月河大桥段地表广布第四系中—上更新统(Q_{2-3}^{al+pl})黏土。该黏土为膨胀土,自由膨胀率为40%~95%,阳离子交换量26~48 mmol/100 g,蒙脱石含量26%~41%,普遍具中等膨胀性,局部为强膨胀性及弱膨胀性,其土层黏着力强,透水性差,膨胀性大,易干裂,遇水易崩解产生滑移,路堑边坡稳定性极差。既有线两侧局部存在土体滑移现象,经过整治,目前大部分已稳定。

人工弃土:系既有铁路修建时路堑、隧道挖方和线路附近煤矿、铁矿等的弃渣,堆放于既有铁路的路堑端口及隧道进、出口两侧沟槽及斜坡上,洪水季节其前缘易受冲刷,稳定性极差,增建二线从其上通过,容易引起边坡坍塌失稳,应作工程处理。

软土、松软土:软土主要分布在蒲家至磨心坡段,沉积类型为谷地相沉积,由丘间沟槽黏性土在地表水、地下水浸泡下而逐渐形成。据静探揭示,一般表层软土呈层状分布,厚1~8 m,深部软土呈透镜状分布,厚0~2 m,局部地段埋深可达5~10 m;松软土呈透镜状分布于软土中,厚0~2 m,最大埋深5.1 m,为黄褐色软塑状黏性土。

2. 重大地质工点简述

(1)新月河隧道:隧道全长3 805 m,隧道穿越的地层有滑坡堆积块碎石土、断层糜棱岩、志留系下统绢云母片岩、绢云母石英片岩夹炭质片岩及炭质板岩、寒武—奥陶系绢云母片岩、千枚岩、炭质片岩、下震旦系绢云母片岩、片理化凝灰岩以及侵入辉长岩、辉长玢岩等。

隧道区地质构造复杂,区域性大构造为吉河—王家坝平移断层,隧道进口穿一性质不明断层、洞身穿月河平移断层、出口段穿赵家塘断层、刘家沟断层等,隧址岩层柔皱严重,岩体破碎—极破碎,节理、裂隙发育。

地下水主要有第四系孔隙水、基岩裂隙水,水量随季节变化大,用降水入渗法估算,隧道涌水量为 17 180 m^3/d。经水样分析,地下水多无侵蚀性,但隧道进口段穿大贵坪组、洞河群地层为含炭质地层,具硫酸盐弱侵蚀性。

不良地质为滑坡。隧道进口段横穿新月河隧道进口滑坡。该滑坡为一处古滑坡,其主轴长约 194 m,宽 80 ~ 100 m,滑体物质主要由破碎岩体组成。该滑坡虽目前整体处于稳定状态,但对隧道工程影响极大;隧道出口段从赵家塘滑坡之下穿过,赵家塘滑坡为巨型深层基岩滑坡,既有线施工时曾多次产生开裂并形成次级滑坡,其前缘邻近汉江边,经整治已稳定,滑体最厚处达 47. 2m,该段隧道埋深约 69. 7 m,该段隧道顶板基岩厚仅 12 m,岩体破碎、风化严重,对隧道工程影响极大。

(2)新大巴山隧道:道全长 10 655 m,为全线最长隧道。大巴山为嘉陵江与汉江两大水系的分水岭,区内群峰屹立,山势雄伟,峡谷纵横,多悬崖峭壁。测区相对高差一般约 600 ~ 1 100 m,分水岭一带高程为 1 500 ~ 1 800 m。

隧道穿过震旦系、寒武系、奥陶系、二叠系、三叠系等地层,岩性复杂,主要有页岩、砂岩、泥岩、灰岩、白云岩、含砾砂岩等。

洞身地质构造复杂,向斜、背斜交替出现,且穿过三条区域性大断层,小褶皱、次生断层亦很发育。由于褶皱和断层的影响,围岩节理较发育,岩体破碎,稳定性较差。

隧道地下水发育,洞身段以岩溶水为主,断层裂隙水次之,地下水多属 HCO_3^-—Ca^{2+} 及 HCO_3^-—$Ca^{2+}\cdot Mg^{2+}$ 型水,对混凝土无侵蚀性。但通过煤层和石膏地层、含碳质页岩或硫磺地层的地下水对混凝土具有侵蚀性。

隧道范围可溶岩分布较广,岩溶发育,洞身溶洞、溶穴等分布较多,且浅层岩溶与深层岩溶的联系密切,洞身开挖涌水突泥病害严重。隧道出口段偏岩子一带,通过二叠系、寒武系含煤层或含炭质页岩地层,瓦斯含量较高。

该隧道存在的主要工程地质问题是地质构造复杂,岩体破碎,围岩稳定性差,岩溶发育易涌水突泥,部分地下水具侵蚀性,瓦斯含量较高等。

增建二线的重大地质工点还有月河右线大桥、西坡隧道、涛沟右线特大桥、新白岩寨隧道、瓦房店隧道、水对溪隧道、宝石山隧道、新毛坝关隧道、牛角坪特大桥、新铁山隧道、华蓥山双线隧道、金竹林右线特大桥等。

八、达成铁路工程地质概况

吴俊猛

(一)概　　况

1. 工程建设历史

达成铁路于 1992 年 6 月开工兴建,1997 年 11 月建成通车,新建正线长度为 348. 527 km,达州至成都北站既有运营长度为 396. 472 km。达成铁路不仅是我国规划铁路快速客运网"四纵四横"客运通道之一的"沪汉蓉"客运通道的重要组成部分,同时还是我国铁路骨干网的重要组成部分，担负着川西地区与东北、华北、华中、华东、华南等地大部分旅客运输任务，兼顾货运。

为适应西部大开发和全面建设小康社会的战略需要，彻底改善既有达成铁路能力小、速度低的现状，尽快为四川物资、人员的快速集散提供一条大能力通道，达成铁路于2005年起就开始进行扩能改造。达成铁路扩能改造工程，正线全长为463.847 km，投资116亿元，总工期为3年半。扩能改造后，达州至成都运营长度为368.468 km。

扩能改造工程分为以下三部分：

(1)三汇镇至遂宁增建第二线并改建既有线，旅客列车速度目标160 km/h，正线长度188.651 km，桥隧长度占线路长度的综合比例为35.5%；

(2)遂宁至石板滩新建双线，运行客车为主，兼顾轻快货物列车和集装箱列车，旅客列车速度目标200 km/h，正线长度119.621 km，桥隧长度占线路长度的46.2%；遂宁至城厢既有线现状电化，运行货物列车为主，正线长132.155 km；

(3)引入成都枢纽包括石板滩至龙潭寺增建第二线、新建成渝疏解线、改建北环线、延长成都北联络线等工程，正线长度23.420 km。

2. 铁路地理位置及气象特征

(1)地理位置：达成铁路位于四川盆地的川中腹地，东起襄渝铁路达州站，于襄渝铁路三汇镇车站南端出岔，向西经营山、蓬安、南充、蓬溪、遂宁、大英、金堂等市县，经成渝铁路龙潭寺站引入成都枢纽至成都，见图2—0—1。

(2)气象特征：沿线位于亚热带气候区，气候温和、湿润，年平均气温17.4 ℃，最高气温42 ℃，最低气温-5 ℃，最大冻结深度0.2 m；年平均降水量950~1175 mm，年最大降水量1400~1600 mm，年最小降水量750~900 mm，每年6~9月为雨季，集中全年降水量的70%~75%；年平均蒸发量850~1050 mm，冬季蒸发量大于降水量；年平均相对湿度76%~85%；常年多北风、西北风，年平均风速1.5 m/s，极大风速24 m/s。

3. 线路主要技术标准

(1)既有线主要技术标准

既有线为Ⅰ级单线铁路，限坡6‰，最小曲线半径400 m，内燃牵引，最快旅行速度客车为76 km/h、货车为33 km/h，通过能力22.5对/d。

(2)扩能改造工程主要技术标准

①铁路等级：Ⅰ级；

②正线数目：成都至遂宁段三线，遂宁至三汇镇段双线；

③限制坡度：6‰；

④路段旅客列车设计行车速度：成都至遂宁段新建双线200 km/h，既有线维持现状；遂宁至三汇镇段160 km/h；

⑤最小曲线半径：成都至遂宁段新建双线一般地段3500 m、困难地段2800 m，遂宁至三汇镇段一般地段2000 m、困难地段1600 m；

⑥牵引种类：电力；

⑦到发线有效长度：850 m；

⑧机车类型：客机SS_9，货机SS_4；

⑨闭塞类型：自动闭塞；

⑩牵引质量：4000 t；

⑪建筑限界：遂宁至成都段按双层集装箱设计。

（二）工程地质概况

1. 地形及地貌

达成铁路横贯四川盆地，穿越川中丘陵、川西低山、成都平原三大地貌单元，横跨长江水系的沱江、涪江、嘉陵江和渠江。

川中丘陵区：本区呈北西—南东向排列的三条脊状山梁从东至西分别是渠江、嘉陵江、涪江、沱江的分水岭，其间低丘、宽缓槽谷相间，地面高程一般300～500 m，相对高差20～50 m，沿铁路漏米垭、万山寺、冯店一带为丘陵制高点。三汇镇至淮口约290 km的线路经由本区。本区嘉陵江及其主要支流渠江、涪江由北向南迂回曲折，汇入长江。河流形成的河谷地貌平坦开阔，河漫滩及堆积成因的Ⅰ级阶地较发育，其中涪江两岸的Ⅰ级阶地高出平常河水位约10 m左右，宽度达4～6 km，有"遂宁坝子"之称，是遂宁良田和民居密集之处。Ⅱ级至Ⅳ级阶地一般为侵蚀堆积阶地，Ⅱ级阶地相对保存较完整，Ⅲ、Ⅳ级阶地切割破坏剧烈，局部呈残存小丘状分布。

川西低山区：为沱江截断的龙泉山构造侵蚀低山区，将川中丘陵区与成都平原分隔开，地面高程400～800 m，相对高差200～600 m。其中沱江峡谷段，两岸岸坡陡峻，阶地发育不完整，与嘉陵江及涪江河段有明显差别。淮口至石板滩间约30 km新线段及淮口至金堂间约20 km既有线段通过本区。

成都平原区：地面高程450～515 m，相对高差5～10 m，地形平坦开阔，河网沟渠纵横，村镇密布，土地肥沃，物产丰富。金堂至城厢间约12 km既有线段经由本区。

2. 地层岩性

本段出露的地层以中生界红色泥岩、砂岩为主，其次是各类成因的第四系堆积层。

（1）第四系（Q）

全新统（Q_4）：人工填筑土以粉质黏土为主，局部为碎、块石土，石质成分为泥岩及砂岩，主要分布于既有铁路路堤段。冲积、洪积层河床地段，上部为黏性土，下部多为卵砾石或碎石角砾土，局部夹砂透镜体，丘间槽谷、低洼地带多为软塑—流塑状黏性土，厚2～24 m，分布于沿线河谷、漫滩、阶地及槽谷中。崩积层系厚层砂岩崩落堆积而成，主要由块碎石土、黏性土含角砾组成，厚度一般2～6 m，主要分布于渠江沿河地段及沱江峡谷区。坡积、残积层大多为黏性土含碎石角砾，厚0.5～8 m，多见于丘坡、谷地之上。

上更新统（Q_3）：冲积层上部为黏性土，下部为砂卵石土，厚2～5 m，分布于嘉陵江、涪江Ⅲ级阶地上。冰水—流水堆积层上部为粉质黏土，厚2～6 m，下部为卵石土，厚2～10 m，分布于金堂至城厢一带。局部为粉质黏土，即"成都黏土"，具弱—中等膨胀性，厚2～5 m，分布于淮口清溪河一带。

中更新统（Q_2）：冲积层主要为粉质黏土、黏土、圆砾土及中细砂，厚2～12 m，黏性土一般具弱—中等膨胀性，分布于云顶隧道出口—石板滩间的浅丘地带。

（2）白垩系（K）

夹关组（$K_{1\text{-}2}j$）：上部为泥岩、砂质泥岩夹粉细砂岩，中部为砂岩，下部为中细粉砂岩夹硬质薄层状砂岩和砾岩透镜体，分布于金堂—城厢以及云顶隧道出口—石板滩间。

七曲寺组（K_1q）：厚层砂岩与泥岩、粉砂岩呈不等厚互层，分布于高板—沱江、金堂—城厢间。

白龙组(K_1b):由砂岩夹泥岩、粉砂岩组成,分布于隆盛—高板间。

苍溪组(K_1c):由厚层砂岩与泥岩、粉砂岩呈不等厚互层夹砾岩组成,分布于积金—隆盛间。

(3)侏罗系(J)

蓬莱镇组(J_3p):为河湖相沉积的泥岩夹砂岩或砂、泥岩不等厚互层。上段为厚层砂岩与泥岩及粉砂质泥岩组成的不等厚互层,砂岩约占30%~40%,岩质较坚硬,泥岩含钙质,易风化剥落;下段为厚层砂岩与泥岩、粉砂岩、钙质泥岩组成的不等厚互层,或泥岩夹砂岩。据区域地质资料及深孔钻探揭示,该组地层含石膏薄层或细脉,层数随深度加深而增加,分布于大英—积金、淮口—金堂以及淮口—云顶隧道出口及万山寺一带。

遂宁组(J_3s):为浅水湖泊相或河湖交替相沉积的泥岩、粉砂质泥岩夹粉砂岩。泥岩呈薄至中层状,岩质较软,易风化,含石膏薄层及针状石膏细脉;砂岩为中薄层状,泥、钙质胶结,分布于营山—大英间及漏米垭一带山梁。

上沙溪庙组(J_2s):为泥岩夹中厚层砂岩。泥岩夹钙质结核,零星见石膏薄层;砂岩单层厚4~6 m,尖灭、分支现象普遍,常呈透镜状产出,三汇镇—营山间广泛分布。

3. 地质构造及地震参数

(1)地质构造

本段线路自东向西,穿越川中褶皱带、龙泉山断褶带及成都断陷盆地三个地质构造单元。

川中褶皱带:由一系列平缓、舒展的背向斜组成,如营山背斜、红花铺向斜、南充背斜、金宝场西山向斜、蓬莱镇背斜、中和场向斜,轴向大致为EW或NW向,岩层产状平缓,倾角一般为1°~6°,未见断层迹象,三汇镇—淮口段线路经过该褶皱带。

龙泉山断褶带:由一系列NNE向压扭性断层和背斜组成,主要有龙泉山箱形背斜及红花塘逆断层、大梁子逆断层、易家湾逆断层,淮口—石板滩及淮口—金堂段线路经过该断褶带。红花塘断层和大梁子断层近于平行,相距约200 m,分别穿过既有铁路炮台山隧道以及天台寺隧道。红花塘断层在区域上是龙泉山东坡的主要断层之一,全长约35 km,断层上盘为苍溪组厚层砂岩与棕红色泥岩、粉砂岩互层夹砾岩,下盘为七曲寺组厚层砂岩与砖红色泥岩、粉砂岩互层,断层走向约N25°E,倾向NW,断层面倾角上陡下缓,倾角约87°~50°,破碎带宽30~40 m,岩体破碎,属压扭性逆冲断层,该断层于D_1K294+683~+714穿过天台寺隧道。大梁子断层发育于龙泉山背斜东翼,全长约7 km,断层总体走向N20°E,倾向NW,倾角43°~60°,为一逆断层,上盘为苍溪组及蓬莱镇组地层,下盘为苍溪组地层,断层破碎带宽约50 m,岩体破碎呈碎石角砾状,可见挤压擦痕及滑动磨光面,该断层于D_1K295+052~+137穿过天台寺隧道洞身。易家湾断层长约6 km,南端延伸至既有铁路沱江特大桥,断层走向约N25°E,倾向SE,倾角约40°~62°,断层破碎带宽约50 m,属压扭性逆冲断层。龙泉山箱形背斜,核部为蓬莱镇组泥岩、砂岩,轴部岩层近水平,东翼岩层受断层影响,转折端急剧变陡,局部有倒转现象。

成都断陷盆地:地形平坦开阔,为第四系上更新统冰水—流水堆积层所覆盖,未见断裂构造,金堂—城厢既有线段经由该断陷盆地。

(2)地震动参数

根据《中国地震动参数区划图》(GB18306—2001,1/400万),沿线地震动峰值加速度除土溪大英(DK16~DK208)段<0.05g(小于Ⅵ度)外,其余地段均为0.05g(Ⅵ度)。

沿线地震动反应谱周期为:

三汇镇至淮口(襄渝铁路DK629~K291),0.35 s;

淮口至金堂(K291 ~ K310),0.45 s;

金堂至城厢(K310 ~ K322),0.40 s;

淮口至石板滩(K291 ~ DK310),0.45 s;

DK310 ~ DK320,0.40 s。

4. 水文地质条件

(1)地下水类型:分布在丘间槽谷的黏性土层中的孔隙水,由于储水性及透水性差,含水量较小,一般不具承压性,天然泉水露头少见,主要由大气降水补给。沿线江河嘉陵江、渠江及涪江等的Ⅰ级阶地、河漫滩及河床中的卵砾石层为良好的含水层,地下水量丰富,随季节变化而相互补给。在金堂—城厢间的冰水流水堆积的砂卵石土层亦为良好的含水层,地下水量丰富,渗透系数 $k = 5 \sim 20\,m/d$,有一定的供水意义。三汇镇—淮口,线路位于红色丘陵区,岩层中赋存有基岩裂隙水,但因岩层产状近于水平,且砂泥岩相间,受地形、岩性的控制,岩层裂隙中地下水赋存条件很差,地下水量甚微,一般单井流量在 0.01 ~ 0.2 L/s 之间,主要由大气降水及地表河流补给;淮口—金堂及淮口—云顶隧道出口,线路位于沱江峡谷中区及低山区,地表泄水快,岩性多为泥岩质,地下水赋存条件差,基岩裂隙水水量也很小,但在背斜的转折端、倾伏端、断层破碎带,地下水较发育,出水量大于 0.5 L/s。

(2)地下水化学性质:沿线第四系土层及浅层岩石中的地下水,其化学类型多属于 HCO_3^-—Ca^{2+} 型、HCO_3^-—$Ca^{2+}\cdot Mg^{2+}$ 型、HCO_3^-—$Ca^{2+}\cdot Na^+$ 型,一般为低矿、弱酸至弱碱性淡水,pH 值为 6.7 ~ 7.8,大部分对混凝土无侵蚀性。

根据区域地质资料及钻探资料,上沙溪庙组地层中零星见石膏薄层、遂宁组及蓬莱镇组地层中均含石膏薄层或细脉,石膏受地下水淋滤作用,使地下水硫酸根离子增高,对混凝土具弱硫酸盐侵蚀性或弱硫酸型酸性侵蚀,且有随深度加大腐蚀性增强的趋势。其中在云顶隧道深孔钻探中所取地下水,SO_4^{2-} 含量达到 2 153.57 mg/L,对混凝土具硫酸盐强腐蚀。上述地层地下水的侵蚀性,同样对其他长大深埋隧道衬砌、深基坑、深挖路堑挡护工程有一定影响,但其段落分布具不确定性及无规律性,需要在施工阶段及时加强地下水的取样、分析工作。

(三)主要工程地质问题

1. 不良地质及特殊岩土

沿线的不良地质以泥岩的风化剥落为主,局部有滑坡、泥石流、危岩落石、岩堆、河岸坍塌发生。沿线的特殊岩土主要包括软土、松软土和膨胀土。

(1)不良地质

泥岩的风化剥落:沿线的岩石以泥岩为主,厚层砂岩出露较少,泥岩质软,遇水易软化崩解,风化剥落严重,剥落物呈碎屑状,路堑边坡应防护。沿线隧道以穿越泥岩的短隧为主,泥岩多呈水平状,出露后易风化,易造成拱顶的坍塌及基底的软化,隧道施工开挖后需加强拱顶的支护及基底的结构处理并及时衬砌封闭。

滑坡:对工程有影响的滑坡主要有四处,分别位于 ZDK4 + 570 ~ + 730、新万山寺隧道进口、沙田沟隧道进口及沱江双线大桥东端,规模均不大,目前处于稳定或基本稳定状态,需尽量减小施工时的扰动或采取必要的挡护措施。在既有铁路施工前,位于沱江峡谷中淮口—金堂段的段家湾滑坡,滑体宽约 500 m,长 180 ~ 270 m,线路采取绕避措施,对线路无影响。在既有铁路施工中,相继发生有马桑梁、金堂、会龙、悦来场中小型工程滑坡,经整治后至今已稳定。其余在土溪、岩峰、利溪、吉祥、永兴、隆盛等处发育一些小规模土质浅层滑坡,对线路无影响。

泥石流：主要发生于沱江峡谷区，淮口—金堂段共有4条泥石流沟，规模较小，多因沟床陡、暴雨强度大、上游有一定的松散物质而形成泥石流。既有线路均在沟口设桥通过，目前安然无恙。

危岩落石及岩堆：沿线局部地段山侧的厚层砂岩陡壁，由于构造节理卸荷裂隙较发育，易产生危岩落石，同时在陡壁下方的坡脚处多有不同程度的岩堆发育，厚度一般较小，需进行清理、加固。对工程影响较大的危岩落石，如ZDK4 + 140 ~ 280 右侧 50 ~ 80 m 的砂岩陡壁，卸荷裂隙发育，陡壁坡面多有危岩落石分布，下方线路以明洞通过。

有害气体：在龙泉山背斜段，既有炮台山隧道曾在施工中发生过天然气瓦斯爆炸，瓦斯涌出量 1 ~ 3 m^3/min，系深部须家河煤系地层的气体沿基岩裂隙上逸到上部圈闭构造所致。天台寺隧道及云顶隧道与既有铁路炮台山隧道处于相同的地层、构造单元，有利于天然气在蓬莱镇组砂岩孔隙、裂隙中富集。据调查，在测区内有既有天然气井2个：川宝622号井由西南石油局0465项目部施工，已于2002年2月28日封闭，井口设有标志，井深1 618 m，距隧道右线中心线DK298 +311 仅25 m；三皇1号井(金荣桥井)于2000年1月21日完井，井深1 492 m，距隧道左线中心线DK298 +712 约356 m，设有井口装置，未进行开采，据访，出气时火苗高达6 m。因此，可以推测天台寺隧道及云顶隧道通过地段，基岩裂隙中有天然气聚集，施工时可能会有天然气涌出，虽然天然气的富集范围存在不确定性，但设计和施工已按瓦斯隧道设防。三汇镇—淮口，线路穿越川中平缓构造含油气区，地下天然气有可能沿基岩孔隙、裂隙上逸。沿线隧道、桥梁深基坑在施工过程中是否会出现天然气聚集、涌出，存在不确定性，因此，沿线隧道及桥梁深基坑施工时，需进行有害气体的监测并加强通风，避免意外事件发生。

(2)特殊岩土

软土、松软土：沿线沟槽内或沟口平坦开阔地带，发育有软土、松软土，主要为坡、洪积成因的软黏土，灰褐色及红褐色，大多呈软塑状，局部为流塑状，层厚0.5 ~ 16 m，部分地段呈多层分布。全线软土、松软土发育地段417段，共计79.9 km，约占线路总长的25.9%，其中路基地段软土、松软土长度为52.2 km，约占线路总长的16.9%。

膨胀岩土：沿线路堑边坡以泥岩为主，易风化剥落。泥岩属易崩解的岩石，试验资料表明，其自由膨胀率 F_s 除极少数样品略大于30%外，大部分都小于30%，基本上不属于膨胀岩。部分沟槽坡残积及坡洪积黏性土具弱膨胀性，但线路多以路堤或桥梁方式通过，影响程度较小。淮口—石板滩段 Q_3^{fgl+al}、Q_2^{al} 成因之黏性土，其自由膨胀率 F_s 多为40% ~ 81%，属弱—中等膨胀土。

2. 重大地质工点简述

(1)隧　道

云顶隧道：隧道设计长度7 858 m，最大埋深325 m。隧道区属低山地貌。隧道穿越舒缓的龙泉山箱形背斜。隧道区的主要地质问题是地下水的侵蚀性和天然气涌出的危险性。洞身位于蓬莱镇组砂、泥岩中，地层中有石膏薄层发育，深孔钻探有揭示，所取地下水样具硫酸盐中等腐蚀；虽然未见断裂构造，但是该隧道与既有铁路炮台山隧道处于相同的地层及构造单元，洞身为深层天然气释放后的浅层富集地带，隧道施工时可能出现天然气涌出现象。

天台寺隧道：隧道设计长度3 006 m，最大埋深306 m。隧道区属低山地貌，隧道穿越龙泉山脉。隧道区主要的地质问题是洞身穿越七曲寺组、白龙组、苍溪组及蓬莱镇组砂、泥岩，该地层中有石膏薄层和细脉发育，地下水对混凝土具硫酸盐中等侵蚀性；隧道进口段以大角度穿过红花塘断层和大梁子断层，断层破碎带宽分别为30 m、50 m，对隧道围岩稳定性有一定的影响；

该隧道与既有铁路炮台山隧道相邻，由勘察及调查了解的资料可知，洞身为深层天然气上逸后的浅层富集地带，隧道施工时可能会出现天然气涌出现象。

增建二线重大隧道地质工点还有新漏米垭隧道、新万山寺隧道等。

(2)桥　梁

新涪江特大桥：桥高 23 m，全长 5 589.8 m。桥梁横跨涪江河床、Ⅰ级阶地及河漫滩，地形平坦开阔。桥址范围上覆土层主要为第四系冲洪积成因的淤泥质黏土、黏土、粉质黏土、粉细砂及卵石土，覆土厚 5～23 m；下伏基岩为遂宁组泥岩夹砂岩，岩层近水平状，产状变化小，未见断层形迹。局部地下水具弱硫酸盐侵蚀性。

增建二线重大桥梁地质工点还有新嘉陵江特大桥、沱江大桥等。

九、南昆铁路工程地质概况

唐民德

(一)概　况

南昆铁路东起广西壮族自治区首府南宁，向西经隆安、平果、田东、田阳、田林和百色，于八渡附近跨南盘江进入贵州省境，再经册亨、安龙、兴义而至威舍，其后分别向北、向西而行：向北，溯黄泥河而上，抵贵州盘县红果接盘西铁路；向西，跨黄泥河后，进入云南省境，经罗平、师宗、陆良、石林、宜良而达云南省会昆明。全线途经三省(区)19 县(市)，总长 899.68 km，见图 2—0—1。

南昆铁路是我国 20 世纪 90 年代在西南复杂地质艰险山区继成昆铁路之后，依靠科技进步修建的又一条Ⅰ级电气化大能力铁路干线。南昆铁路的建成，使大西南的资源优势与华南沿海的地区优势结合起来，构成了大西南出海的最短捷径，对推动西南地区改革开放，发展对外贸易，加快沿线革命老区、少数民族地区社会进步和经济发展，增进民族团结，具有十分重要的意义。

南昆铁路地形艰险，地质复杂，工程艰巨，修建难度很大。为克服众多的技术难题，铁道部将本线纳入部“八五”科技攻关计划，组织联合攻关。通过广大科技人员和建设者的努力，共完成科研试验项目 39 项，新技术推广项目 36 项。铁二院作为总体勘察设计单位，主持完成了 24 项科研试验项目。1999 年，由铁二院编著完成之《复杂地质艰险山区修建大能力南昆铁路干线成套技术》获铁道部科技进步特等奖；2002 年，该项目获国家科技进步一等奖。

全线工程概况：路基总长 632 km，土石方 $10107.4\times10^4\ m^3$；涵洞 2 632 座，61 963 横长米；桥梁 463 座，总长 72.0 km；隧道 263 座，总长 195.4 km；车站 95 个(含缓开站 27 个)；征地 52 094 亩。

1. 工程建设历史

南昆铁路 1958 年即开始全线勘测。1960 年初，完成南宁至百色段施工设计，并由柳州铁路局进行了零星施工。同年 7 月，因“困难时期”国家计划调整而停顿。1974 年，南昆铁路再次列入国家计划。铁二院于 1975 年、1982 年先后完成方案研究报告及其修改报告，1984 年 12 月完成初步设计，1987 年 3 月完成顶效方案初步设计。1989 年～1990 年间再次对全线主要技术标准、设计能力进行论证后，于 1990 年 12 月完成全线补充初步设计、引入南宁和昆明枢纽初步设计、全线电气化工程初步设计。与此同时，全线定测、技术设计和施工图设计交叉进行,并分段提交施工。1995 年 6 月完成全线站前施工图,翌年 8 月完成全线站后施工图。

1990 年 12 月,南宁至那厘段率先开工。继之,威昆、那百、威红、百威各段先后于 1991 年 12 月、1992 年 9 月、1993 年 4 月、1993 年 10 月开工。1994 年 5 月至 1996 年 8 月,南那、那百和昆明至罗平段相继完成铺架,并随即开办工程运输和货运。1997 年 3 月 18 日,南昆铁路在贵州八渡车站实现全线接轨贯通。

2. 气象特征

南昆铁路大致位于东经 108°14′~102°44′、北纬 22°47′~25°43′之间,所经地区属亚热带季风湿润气候,但因地理位置不同,地势起伏较大,线路所经地气候条件各有差异。

右江河谷气温高,雨量足,年平均温度 20 ℃ ~22 ℃,年平均降雨量在 1 100 mm 以上,集中于 5~9 月。

南盘江河谷斜坡地区,干湿季节分明,极端高温出现于 5 月前后,达 38 ℃ ~41.9 ℃,年平均降雨量达 1 021 mm 以上,集中于 6~8 月。

兴义一带地处高原,年平均温度 15 ℃ ~16.6 ℃,年平均降雨量约 1 400 mm,雨季 4~10 月,且雨量占全年 82%~91%。

黄泥河中、上游一带地势高峻,年平均温度 15 ℃ ~17 ℃,最高 36.7 ℃,最低 -7.9 ℃;11 月至翌年 3 月为霜冻期,最大冻结深度 0.3 m;年平均降雨量 1 200~1 300 mm,集中于 6~9 月。

云南境内以亚热带高原季风气候为主,气候温和,干湿季节分明,年平均气温 13.8 ℃ ~16.3 ℃,年平均降雨量 842~1 743.90 mm,5~10 月为雨季。

3. 线路主要技术标准

铁路等级:Ⅰ级;

正线数目:单线;

限制坡度:南宁至百色上、下行 6‰,百色至陆良及威舍至红果上行 6‰、下行 13‰,陆良至昆明上行 6‰、加力坡 13‰、下行 13‰;

最小曲线半径:南宁至百色 600 m,其余 400 m;

牵引种类、机车类型和牵引定数:电力、SS_7 型和 3 900 t;

到发线有效长度:850 m(预留 1 050 m 条件);

闭塞类型:继电半自动;

机车交路:南宁、昆明至威舍折返,威舍至红果折返。

(二)地貌与地质

1. 地貌特征

南昆铁路地势由西北向东南倾斜。线路高程由 78 m 的南宁上升至 1 892 m 的昆明和 1 725 m 的红果,自东向西跨越了我国不同高程的两级阶梯,它们分属广西盆地和云贵高原。二者之间是地貌上的斜坡过渡带,亦称黔桂山地。全线起讫点高差分别达 1 814 m 和 1 647 m,最高点在云南境内白土山隧道(高程 2 088 m),高出南宁 2 010 m。为适应地形变化,沿线线路纵坡有 8 次大的起伏,上、下行拔起高度总和达 5 254 m,高差之悬殊,为世界铁路所罕见。

线路南宁至百色段,属广西盆地。线路走行于盆地内邕江、右江宽谷的Ⅱ、Ⅲ级阶地上。宽谷以冲积平原—残丘溶原为主要景观。

百色以后,线路溯乐里河进入黔桂山地,由低山丘陵过渡为低中山地。米花岭为线路在广西所经最高峰,高程 1 270 m。米花岭以后进入南盘江流域,地形起伏剧烈,高程 500~1 200 m,

相对高差500～700 m。南盘江河谷下切强烈，江中多急流险滩，多属峡谷河段。高原边缘碳酸盐岩类分布区，峰丛洼地发育得十分典型。

线路自安龙起，已登上云贵高原。在贵州境内，除安龙至兴义段为较开阔的溶丘谷地外，兴义至红果，多属中山或中山河谷区，高程1 300～2 000 m，相对高差200～700 m。近红果的家竹箐主峰为该段最高峰，也是南、北盘江的分水岭，高程2 222 m。沿线岩溶地貌亦以峰丛洼地为主，河谷则多岩溶峡谷，如清水河，黄泥河。

云南境内，自东向西分布有罗平、师宗、召跨、宜良、阳宗海和昆明6处盆地。前3处为溶蚀盆地，后3处则为断陷盆地。盆地以召跨最高，高程达1 980 m，其余盆地高程则依次向东、向西递降。各盆地之间，以低中山地为主，高程1 700～2 200 m，切割深度向西减弱。其中陆良至路南一带由碳酸盐岩组成的高原夷平面，已发育为广袤的残丘溶原或石林、石芽原野。

2. 地质构造及地震裂度

(1)地质构造

南昆铁路跨越华南褶皱系和扬子准地台两大一级构造单元中的右江褶皱带和上杨子台褶带两个次一级构造单元，二者分界在黔桂界河—南盘江一带。

南宁至八渡属右江褶皱带。南宁及其附近存在一系列东西向线状褶皱，受后期构造运动影响，方向常有变动。规模较大的向斜常形成盆地，如南宁、杨美镇两盆地。杨美镇后，线路先后进入右江及其支流乐里河谷。两河谷受北西向的“右江系”构造控制。这一构造由一系列断裂和复式褶皱组成。主要断裂均沿河谷分布，是谓“右江断裂带”，对铁路工程影响颇大。

线路所经云、贵地区属上杨子台褶带。贵州境内主要构造为黔南东西向构造和黔西南旋卷构造。前者大体沿南盘江展布，为一系列发育于三叠系中的紧密复式褶皱和压性断裂。后者旋卷中心在威舍附近，与线路相关者，在兴义至威舍间为兴义弧形褶断带，其构造线呈北西至北北西向，与线路大致平行；在威舍至红果段为盘县弧形褶断带，盘关向斜和盘县断层为其主体构造，方向自南向北由北西转为北东，线路与之多次斜交。

云南境内威舍至石林间属北东向弧形构造带，发育一系列北东向断裂和褶皱。断裂多属压扭性，且多为弥勒—师宗、弥勒—富源和路南—曲靖等大断裂所派生；褶皱以召跨的杨梅山和茂舍祖的牛头山两复背斜为主。石林至昆明段为南北向构造带，以断裂为主，又多属深大断裂，包括小江、嵩明—华宁和普渡河等断裂，沿线宜良、阳宗海、昆明等断陷盆地皆由之形成，断裂所经处多为强震频发区。

(2)地震烈度

南昆铁路全线地震基本烈度执行《中国地震烈度区划图(1977)》，具体划分见表2—9—1。

表2—9—1　南昆铁路地震基本烈度划分表

运营里程及位置	地震基本烈度	长度(km)	占全线(%)
南宁枢纽	Ⅵ	15.2	1.69
湘桂铁路K802+000～K85+523(平果右江大桥东)	Ⅵ	95.4	10.6
K85+523(平果右江大桥东)～K97+499(那厘站东)	Ⅶ	12.0	1.33
K97+499(那厘站东)～K209+533(百色站西)	Ⅵ	112.0	12.45
K209+533(百色站西)～K227+775(那蒙隧道进口前)	Ⅵ	18.2	2.02
K227+775(那蒙隧道进口前)～K495+929(威舍站西)	＜Ⅵ	268.2	29.81

续上表

运营里程及位置	地震基本烈度	长度(km)	占全线(%)
K495+929(威舍站西)~K547+920(江所田站西)	<Ⅵ	52.0	5.78
K547+920(江所田站西)~K554+790(芦沟站东)	Ⅵ	6.9	0.77
K554+790(芦沟站东)~K696+290(路南站西)	Ⅶ	141.5	15.73
K696+290(路南站西)~K704+921(班猫箐站东)	Ⅷ	8.6	0.96
K704+921(班猫箐站东)~K769+634(七甸站西)	Ⅸ	64.7	7.19
K769+634(七甸站西)~K781+361(广南卫站西)	Ⅷ	11.7	1.30
K781+361(广南卫站西)~K784+139(昆明南站东)	Ⅶ	2.8	0.31
K0+819(威舍站西咽喉)~K43+028(威箐站北)	<Ⅵ	42.2	4.69
K43+028(威箐站北)~盘西铁路 K90+500	Ⅵ	28.0	3.11
昆明枢纽	Ⅶ	20.3	2.26

3. 地层岩性

沿线除未见奥陶系、白垩系外,其余各时代地层皆有分布。现由老到新分述于下:

震旦系(Z):分布于宜良盆地及盆地以西的汤池河。下统为澄江组砂岩,上统上部为灯影组灰岩,向下为粉砂岩、页岩。

寒武系(€):主要分布于宜良盆地东西两侧。沿线仅见其下统,以黑色页岩、粉砂岩为主,上部为中厚层灰岩、白云岩。

志留系(S):仅出露于师宗至陆良的天生桥一带及石林至宜良间。下统沿线未见,中统除上部为灰岩外,其余为页岩、粉砂岩、泥质白云岩、泥灰岩,上统为黑色页岩夹粉砂岩。

泥盆系(D):分布于南宁至平果、陆良至石林、宜良至七甸间以及昆明附近。下统和中统下部属碎屑岩相,为砂岩、粉砂岩、页岩及泥灰岩,中统上部及上统以碳酸盐岩为主,包括灰岩、白云岩、角砾状白云岩等,夹硅质岩、页岩。

石炭系(C):分布于南宁至平果间、黄泥河上游、陆良、石林、阳宗海及七甸以后近昆明一带。下统下部为细、粉砂岩,页岩夹泥灰岩及煤,下统上部及中、上统为厚层块状灰岩、白云岩、白云质灰岩,岩溶发育强烈。

二叠系(P):下二叠统底部分布于家竹箐分水岭东南侧的干塘子及石林、阳宗海一带,为泥岩、炭质页岩及石英砂岩夹灰岩及煤,或铝土岩、铝土页岩、黑色页岩、泥灰岩夹煤。下二叠统栖霞、茅口组,广西境内分布于南宁至平果间局部地点,贵州境内集中出露于威舍以北黄泥河上游,云南境内则集中出露于石林、路南及阳宗海一带,为厚层、块状灰岩及白云岩,岩溶特别发育,石林一带形成独特的石林景观。上二叠统在广西南宁、平果一带为硅质岩夹泥页岩及铝土岩;南盘江斜坡上的板其一带为吴家坪—长兴组厚层、块状灰岩;威舍至红果上统地层不易划分,统称煤系地层,为砂岩、泥页岩夹煤层,上部偶夹灰岩,底部含菱铁矿透镜体;云南师宗一带上二叠统为龙潭组煤系地层。上二叠统峨眉山玄武岩集中出露于威舍以北的黄泥河上游及家竹箐一带,为一套基性火山喷发岩,底部夹薄层砂岩及煤线。

三叠系(T):沿线分布最广。以分布于册亨至安龙一带呈东西向的相变带为界,分属杨子与华南两大地层区,由于沉积环境不同,相变带南、北两侧岩相迥异。相变带以南,以发育广海盆相及河流相碎屑岩为主,下统主要由碳酸盐岩及黏土岩组成,中、上统以碎屑岩为主;相变带以北,以发育并保存较为完好的地台型沉积物为特征,下统下部由碎屑岩、灰岩组成,上部以碳酸盐岩为主，中统亦以碳酸盐岩为主，上统主要由碎屑岩组成，自下而上由海相向陆相过渡。

侏罗系(J)：仅在宜良至昆明间的七甸车站附近出露。属其中统上禄丰群，由紫红色泥岩、粉砂岩、石英砂岩、砂砾岩及泥灰岩组成。

下第三系(E)：分布于南宁、百色盆地及其间右江沿岸，云南境内路南一带亦有出露，为紫红色或杂色泥岩、粉细砂岩、砂岩及砂砾岩、砾岩、局部夹褐煤。广西境内下第三系的始新—渐新统各组地层中的泥岩、砂质泥岩、泥质粉砂岩属膨胀岩。

上第三系(N)：主要分布于广西境内的南宁盆地、右江下游沿岸和云南境内的阳宗海盆地、昆明盆地内，为钙质、砂质泥岩、砂岩及砂砾岩互层或夹层，夹褐煤层。

第四系(Q)：冲、洪积层分布于沿线大小河谷，组成漫滩、阶地及平原，一般下部为砂砾、卵石层，上部为黏性土及砂层。邕江、右江高阶地属更新世沉积，砂、砾石层局部半胶结。坡、残积层广泛分布于山地、丘陵、斜坡、谷地，为黏性土及碎、块石组成，碎屑岩地区厚度较大。广西盆地及云南高原面上分布有较广的碳酸盐岩残积红土，具弱膨胀性。崩积、滑坡堆积层多见于河谷斜坡，由巨大岩块和碎、块石组成，部分黏性土含量较大，厚度大者可达 30 ~ 50 m，如南盘江的八渡及喜旧溪河的小得江至康牛一带。

4. 水文地质特征

(1)地下水类型

沿线地下水可分为孔隙水、基岩裂隙水和岩溶水三类。

孔隙水：具供水意义的孔隙水分布于沿线河谷阶地中。邕江、右江和云南境内的南盘江Ⅰ、Ⅱ级阶地，含水层与江水相通，随季节转移而互为补给，故水量颇丰。其他成因松散堆积层和高阶地，贮水微弱。

基岩裂隙水：依地貌、岩性和构造条件之不同而有差异。广西境内，第三系碎屑岩组成的向斜盆地，地下水常具承压性，水量则取决于含水砂岩的厚度变化。三叠系碎屑岩组成的丘陵、山地，一般含水不丰，据 10 座中长以上隧道统计，平均单位涌水量仅 $1.03\ m^3/(d \cdot m)$。但少数山体宽厚、砂岩集中、构造条件有利的山地，也有较丰的地下水。二叠系煤系地层常较破碎，部分玄武岩节理发育，裂隙水有局部集聚条件，地下水相对较丰。其他年代碎屑岩出露不广，地下水补给、赋存条件较差，水量一般不丰。

岩溶水：按岩溶水的补给、径流条件，可分为补给型和径流型。补给型分布于云、贵岩溶化中低山地，如南盘江、清水河、黄泥河等山区峡谷沿岸及师宗、罗平盆地边缘一带，降水通过极发育的地表岩溶，迅速转入地下，再以泉或暗河形式在山脚或河谷中排泄。其特点是水平径流带埋藏深，径路短，坡降陡。施工中，隧道的较大涌水多属此类岩溶水。径流型岩溶水分布于溶原、溶蚀盆中，由于长期稳定，水平岩溶十分发育，岩溶水补给范围广，埋藏浅，径路长，坡降缓，流量稳定。广西盆地、云南高原夷平面上分布的岩溶水属此。

(2)地下水化学特征

第四系松散堆积层地下水多属低矿化度淡水，酸性至弱碱性，极软至微硬水，一般无侵蚀性，以 $HCO_3^-—Ca^{2+}$ 型和 $HCO_3^-—Ca^{2+} \cdot Mg^{2+}$ 型水为主。

各时代碎屑岩地下水一般属软至弱硬水，弱酸至弱碱性，低矿化度淡水，无侵蚀性，但少数具弱溶出性侵蚀或氯离子偏高，个别地点煤系地层地下水具硫酸盐弱侵蚀性，水质类型亦以 $HCO_3^-—Ca^{2+}$ 型和 $HCO_3^-—Ca^{2+} \cdot Mg^{2+}$ 型为主。

岩溶水一般属 $HCO_3^-—Ca^{2+}$ 型和 $HCO_3^-—Ca^{2+} \cdot Mg^{2+}$ 型水，软至硬水，无侵蚀性。少数地段有 $HCO_3^- \cdot SO_4^{2-}—Ca^{2+} \cdot Mg^{2+}$ 型水，具弱酸性侵蚀。

玄武岩地下水一般有弱酸性、弱至中等溶出性侵蚀，有 HCO_3^-—Na^+·Ca^{2+}型、HCO_3^-·Cl^-—Ca^{2+}·Mg^{2+}等型。

（三）主要工程地质问题

1. 岩　溶

全线通过碳酸盐地段总长 387.6 km，占线路总长的 43%。岩溶主要发育于二叠系栖霞组、茅口组、三叠系永宁组、个旧组及碳系马平组，岩性为石灰岩及白云岩；泥盆系、寒武系和震旦系地层中，亦有岩溶分布。

岩溶对工程的影响包括两类问题：一是隐伏岩溶影响建筑物基础稳定；二是岩溶涌水或地表积水、冒水对工程带来威胁。

施工中，可溶岩地段桥梁发生较大设计变更者 30 余座，多因基底存在隐伏岩溶而引起。

岩溶涌水隧道主要分布于岩溶中低山地。这些地方线路走行较高，常位于深度较大的垂直渗流带中，施工中往往有季节性岩溶"过路水"涌入隧道。少数隧道或因接近岩溶水排泄带，或因埋深大而处于水平径流带中，致揭露暗河而发生较大涌水。峡谷中的傍山岩溶隧道，选线时即已有意抬高线位，尽量外移，使隧道位于远高于岩溶水排泄带的"安全带"中，故施工中基本无水或少水。少数通过断层和不同岩性接触带的隧道，曾揭露规模较大的溶洞。施工中，全线发生较大岩溶涌水或遭遇较大溶洞的隧道近 30 座。

全线可溶岩地段路基总长约 300 km，岩溶地面塌陷是其主要威胁，施工中即先后发生过塌陷 50 余处。通过专门性勘察，对具有塌陷条件的 123 km 路基地段进行贯通性勘探，查明各类隐伏岩溶 2 800 余处（段）。考虑岩溶塌陷形成、发生的时效性，择其最危险、威胁最严重的地段进行了加固整治。

由于地下排泄通道堵塞或不畅，导致积水或冒水淹没路基之事，施工中亦有发生，多出现于线路通过较大溶蚀洼地之处。

2. 膨胀岩、土

广西右江沿岸及百色盆地中，下第三系那读组、百岗组、伏平组和建都岭组所含泥岩属膨胀岩。各组泥岩蒙脱石含量平均值 25%，最高达 32%；阳离子交换量平均值为 28 mmol（NH_4^+）/100 g 土，最高达 38 mmol（NH_4^+）/100 g 土；自由膨胀率平均值达 80% 以上。根据上述三项指标，参照当时有关标准对膨胀岩进行了分级划分，那谈组、百岗组多属中至强膨胀岩，伏平组和建都岭组多为弱至中等膨胀岩。除上述地层外，本线其他地段，部分上第三系和三叠系中、上统泥岩及其风化层亦具有一定膨胀性或属弱膨胀岩。全线膨胀岩累计总长约 70 km。

本线膨胀土可划为以下三种类型：

泥岩风化残积型：母岩以第三系和三叠系泥岩为主，分布于广西和滇东部分盆地，全线分布总长约 110 km。

碳酸盐岩风化残积型：即为广布于广西、云南的红黏土中之具膨胀性者，全线分布总长约 30 km。

河流冲积型：主要是指分布于右江河谷Ⅱ、Ⅲ级阶地上的"阶地土"（或称"网纹土"），但该层只是部分可划为膨胀土。

以上三类膨胀土以弱膨胀土为主。

膨胀岩、土发生的病害主要反映于路基工程。病害类型以边坡（路堑边坡和以其作填料的路堤边坡）滑坡、基床翻浆冒泥和边坡、基床的鼓胀隆起等为主。

3. 滑　坡

滑坡是本线主要不良地质问题之一。勘察期间，沿线共发现各类自然滑坡90余处，多数业已绕避，但仍有20余处大、中型滑坡与线路关系密切，设计时采取了整治措施。这20余处滑坡以堆积层滑坡为主，多属已趋稳定的古滑坡，但少数滑坡由于施工对环境的改变，后期又重新复活，导致较大的追加工程，规模巨大的八渡车站古滑坡的复活，即是典型一例。

由于工程活动而诱发的工程滑坡，在本线施工中，发生最为频繁。据1996年底统计，当时全线业已发生工程滑坡210多处，其中软质岩滑坡105处，膨胀岩、土滑坡78处，二者占工程滑坡总数的87%。软质岩工程滑坡的发生，除系施工诱发外，还与断裂构造的影响直接相关。百色至板桃段施工中，工程滑坡频发的内在条件，即在于沿该段乐里河谷发育有区域的潞城—塘兴大断裂。就岩性而言，软质岩工程滑坡又多发生于中三叠统砂、页(泥)岩中，二叠系煤系地层也是工程滑坡的多发地层。膨胀岩、土工程滑坡则多发生于膨胀岩、土集中分布的那厘至百色段和师宗附近的长坡岭一带。

4. 煤层瓦斯

南昆铁路的主要煤系地层是二叠系上统龙潭组(在贵州，本组与大隆组、长兴组合称大隆、长兴、龙潭组)和上第三系小龙潭组；下二叠统梁山组、峨眉山玄武岩上部和上三叠统火把冲组亦含煤，但层薄、质劣。龙潭组含煤丰富，煤层多，厚度大，变质程度高，多属贫煤或无烟煤，具工业价值，是云、贵两省的主要可采煤；小龙潭组含褐煤，厚度大，埋藏浅，多为工业化露天开采，是云南主要的燃料用煤。线路所经煤系地层分布地段，除小龙潭组因埋藏浅是以路基或桥涵通过外，其他几组多以隧道通过。因此，煤层瓦斯直接威胁隧道施工、运营安全。

全线通过煤系地层的隧道共7座。除家竹箐和天生桥两座隧道外，其余五座隧道均系通过火把冲组，瓦斯含量不高，涌出量有限，只需加强通风和防止瓦斯局部集聚，即可保证隧道施工安全。

家竹箐和天生桥两座隧道通过龙潭组煤系地层，均属高瓦斯隧道。尤其是家竹箐隧道，其瓦斯含量、涌出量之高，瓦斯压力之大，穿煤层数之多，迄今仍数全国铁路之冠。该隧道也是铁二院首次引入瓦斯地质理论，借鉴煤田地质勘探方法，开展煤层瓦斯勘察的第一座隧道。通过勘察和对比分析及计算，确定了隧道穿越主要煤层15层及其在隧道的分布位置，各煤层瓦斯含量最高者达14.17 m^3/t，瓦斯涌出量最高达5.77 m^3/min，瓦斯压力最高达1.34 MPa，且有三层主要煤层具煤与瓦斯突出的潜在威胁。此外，对各煤层特征、顶底板特征、揭煤标志以及煤的自燃倾向、煤尘爆炸性等，均作了分析、交待和评价。天生桥隧道，通过瓦斯地质工作，亦对穿煤层数、煤层空间分布、主要瓦斯参数以及突出危险性等，作出了交待和分析评价。

5. 软　土

全线分布软土30余处，除永丰营、七甸两处外，均属山间沟谷或洼地型沉积，以淤泥、淤泥质土及软黏土为主，分布零星分散，范围、厚度有限。

永丰营车站软土工点勘察时钻孔偏少、过浅，未曾揭露软土。施工中，车站填方发生下沉、坍滑，填方左侧100余米范围内，地面波状起伏。经综合勘察补勘，查明车站内断续分布几处锅状深洼地，沉积有深达50 m以上、物理力学性质很差的湖相淤泥质黏土。经测年鉴定，其下部已属晚更新世早期产物。后采用适当移线避开最深软土，并充分利用已实施工程，结合地基加固的方案，成功地处理了软土引发的病害。

七甸车站软土属以泥炭为主的湖相沉积软土，具有天然含水量大、孔隙比大、有机质含量高、压缩性高、强度低的特点，最大厚度28 m。经测定，亦属晚更新世沉积。工点范围内，软土断续分布，总长 1 535 m。分段采用振动沉管碎石桩、粉体搅拌桩及袋装砂井加固处理，为缩短工期，还采用了超载预压措施。

6. 高烈度地震

南昆铁路 20 世纪 70 年代立项后，即开展勘察设计，故全线地震烈度划分一直以《中国地震烈度区划图(1977)》为基本依据，同时还结合了沿线地质构造、工程类型和规模以及既有的少数地区地震复核资料。据此，全线地震基本烈度七度及七度以上地段长 261.60 km，主要分布于云南境内，其中石林至昆明段受南北向构造控制，以通过宜良盆地的小江断裂带为中心，东至石林，西至昆明附近之广南卫站，地震基本烈度八、九度的地段长达 85 km。小江断裂晚近期以来，继承性活动强烈，沿该断裂带是云南历史上强震频发之地。由于采取抗震设防措施，铁路建设投资大大提高。

7. 其　他

除上述几类主要工程地质问题外，给南昆铁路建设带来危害的尚有危岩落石、崩塌、错落、岩堆、泥石流与河床淤积、水库坍岸、小煤窑采空区等诸多不良地质。

十、广大铁路工程地质概况

喻洪平

(一)概　况

1. 工程建设历史

广大铁路前身是“滇缅铁路”的一段，早在孙中山先生的《建国方略》中就已有规划。该线 1935 年开始勘察设计，1939 年动工，至 1942 年日本侵占仰光后停建，历时 3 年。当时按限坡 30‰的米轨铁路建设，实际建成的路段为昆明经安宁至一平浪段，而后在建设成昆铁路时将其拆除。

新中国成立后，自 1958 年开始，铁二院对广大铁路的勘测设计就从未间断。1991 年，云南省为实施重心向云南西部转移战略，特委托铁二院勘测设计。同年，铁道部和云南省联合对广大铁路初步设计进行审查后，重点工程“红岩坡隧道”开工；1992 年 7 月由云南省出资，铁道部补助部分资金，经国家计委批准后，全线才正式开工。1993 年 7 月，广通至楚雄段(38 km)建成。1994 年至 1996 年，因国家宏观经济调控和税制改革，铁路建设资金出现严重短缺，铁路工程处于半停工状态。1996 年铁道部、云南省签订协议组建了合资公司，股本金铁道部占 45%、云南省占 55%，依靠贷款加快了铁路建设步伐。1999 年 5 月 1 日，为迎接昆明世博会开幕，广大铁路开通运营，建设历时 7 年。

2. 铁路地理位置及气象特征

(1)地理位置：广通至大理铁路位于云南省中西部，东起广通，经楚雄、南华、祥云，西至大理市，见图 2—0—1。

(2)气象特征：沿线气候属亚热带高原季风温湿型气候，冬无严寒，夏无酷暑，雨、旱季分明。每年 6～10 月为雨季，雨季降雨占年雨量的 80% 以上，11 月至次年 5 月为旱季，气候垂直分带明显。历年平均相对湿度 64%～86%。春季为风季。大理地区春、冬季多风，风次多，风级高，素有“风城”之称。沿线城市气象要素详见表 2—10—1。

表 2—10—1 沿线气象要素表

地区	历年平均降雨量(mm)	历年平均蒸发量(mm)	历年平均相对湿度(%)	历年平均气温(℃)				历年气温最高极值(℃)/时间	历年气温最低极值(℃)/时间	风向及最大风速(m/s)	历年日照时数(h)
				年平均	最高月	最低月	温差				
楚雄	815.9	2020.8	71	15.6	22.3	9.9	12.4	33.4/1958.4.25	-4.8/1953.1.27	20 SW SWW	2426
南华	837.5	1933.7	74	14.8	21.9	8.9	13.0	33.3/1969.5.20	-8.4/1974.1.1	19 SWW	2430
祥云	815.5	2369.6	86	14.7	20.8	9.6	11.2	31.5/1979.5.31	-6.0/1977.1.2	17 SW	2622.9
大理	1052.3	2482.2	64	15.3	20.8	11.3	9.5	31.7/1969.5.20	-1.6/1964.12.28	20 SW SWW	2478.3

3. 线路主要技术标准

(1)铁路等级:Ⅱ级;

(2)正线数目:单线;

(3)限制坡度:12‰,加力坡23‰(广通—楚雄西12‰,楚雄西—大理23‰);

(4)最小曲线半径:350 m;

(5)牵引种类:内燃;

(6)到发线有效长度:广通至楚雄西段为850 m;楚雄西至大理东段为450 m,预留850 m;

(7)机车类型:DF_{4B};

(8)闭塞类型:继电半自动。

(二)工程地质概况

1. 地形及地貌

线路位于云贵高原的西部,主要通过构造侵蚀、剥蚀的中、低山区和楚雄、云南驿、祥云、洱海等断陷盆地及其间的残丘缓坡。沿线山脉多呈北西或北北西向展布,地势总体西高东低。

(1)山间盆地地区:地形平坦开阔,地面高程一般1780~2015 m,相对高差10~20 m,多垦为良田,村镇密集,其中有广通、楚雄、南华、云南驿、祥云、洱海等盆地。

(2)低中山宽谷缓坡区:低丘、宽缓槽谷相间,地形起伏较小,自然坡度一般15°~25°,地面高程一般1765~2080 m,相对高差40~150 m,植被不良,冲沟发育,主要分布于龙川江沿岸、波罗江沿岸河流阶地及宽缓斜坡地带。

(3)构造剥蚀低中山区:地形起伏较大,自然坡度一般25°~35°,地面高程1860~2530 m,相对高差50~400 m,植被发育,局部坡面冲沟发育,主要包括楚雄至南华、沙桥至沐滂间的山地。

(4)构造溶蚀侵蚀中山区:地形起伏较大,自然坡度一般30°~50°,地面高程2030~2730 m,相对高差200~700 m,植被发育,有小型岩溶洼地、漏斗、落水洞等岩溶形态,为元江与澜沧江水系分水岭的九顶山越岭段,分布于祥云至上锦场间。

2. 地层岩性

沿线主要分布有奥陶系、泥盆系、石炭系、二叠系、三叠系、侏罗系、白垩系、第三系、第四系地层以及燕山期与海力西期的岩浆岩侵入体。地层从新至老简述如下：

(1)第四系(Q)

人工填筑土(Q_4^{ml})：以粉质黏土为主，部分为碎块石土，主要分布于沿线公路及既有铁路路堤段。

冲洪积层(Q_4^{al+pl})：一般上部为软土、松软土、黏性土，下部多为砂层、卵砾石或碎石角砾土，一般厚2～20 m，主要分布于沿线河谷、盆地中。

坡洪积层(Q_4^{dl+pl})：一般上部为黏性土，下部多为卵砾石或碎石角砾土，局部夹砂透镜体，部分沟槽、低洼地带为软土、松软土，一般厚2～10 m，主要分布于沿线槽谷中。

湖沼相沉积(Q_4^{l+h})：多属软黏土、淤泥质黏土、淤泥及泥炭，一般厚2～8 m，局部大于20 m，局部夹卵砾石及细、中、粗砂透镜体，主要分布于云南驿、祥云及大理盆地内。

滑坡堆积层(Q_4^{del})：主要为粉质黏土、碎块石土组成，其主要成分为泥岩、砂岩。

崩坡积层(Q_4^{dl+col})：主要为粉质黏土、碎块石土，石质为砂岩、泥岩、白云岩、灰岩等，一般厚2～8 m，其中大哨嘴2号隧道进口段岩堆厚达25 m，主要分布于楚雄至云南驿间陡坡脚。

坡残积层(Q_4^{dl+el})：主要为粉质黏土、黏土，其中夹少量碎石角砾，其主要成分为泥岩及砂岩，厚0～2 m，局部地段厚为2～6 m，广泛分布于沿线斜坡地带。

更新统松毛坡组(Qps)：多为半胶结黏土岩、粉砂岩、细砂岩和砂砾岩夹褐煤层，水理性差，灰白色黏土具膨胀性，易风化剥落，厚10～20 m，主要分布在云南驿、祥云湖相沉积及冲积(Q_4^{l+al})之下以及大理东一带。

(2)上第三系(N)：为黏土岩(泥岩)、粉砂岩、砾砂岩，局部夹褐煤，半胶结，微具成岩作用，岩性软，水理性差，灰白色泥岩膨胀率最大达65%，棕黄、灰绿色泥岩膨胀率25%～39%，主要分布在白龙盘—龙泉寺、吕合—高峰哨、庙山隧道进口—罗嘴子杨家村一带。

(3)白垩系(K)

江底河组(K_2j)：为泥岩、砂质泥岩夹粉砂岩，泥岩夹细粒长石石英砂岩、泥灰岩等，局部含盐及石膏，溶孔发育，主要分布于滇中。滇西为虎头寺组(K_2h)：为灰白色中粗粒石英砂岩及紫红色粉砂岩。

马头山组(K_2m)：为灰质、砂质泥岩、灰质粉砂岩、泥质粉砂岩及含砾砂岩、石英砂岩夹泥岩、砂砾岩、砾岩。滇西为南新组(K_2n)：为石英砂岩及砂砾岩夹泥岩和粉砂岩。

普昌河组(K_1p)：为砂岩与泥岩互层、泥岩、灰质泥岩与粉砂岩互层，夹灰质细砂岩。楚雄一带相变为杂色泥岩夹泥灰岩及粉砂岩。灰质、砂质泥岩夹石英砂岩、粉砂岩及泥岩。滇西为景新统(K_1j^2)：为粉砂质泥岩及石英砂岩互层。

高峰寺组(K_1g)：为砂岩夹泥岩、粉砂岩、砂岩、砂岩夹砂砾岩透镜体。滇西为景新统(K_1j^1)：为粉砂质泥岩及砂岩互层。

(4)侏罗系(J)

妥甸组(J_3t)：为泥岩、灰质泥岩夹多层泥灰岩、泥岩夹粉细砂岩及泥灰岩透镜体。

蛇店组(J_3sh)：为泥岩、泥质粉砂岩夹浅灰紫色细粒石英砂岩、灰质粉砂岩，顶部夹黄灰色泥灰岩透镜体。

张家河组(J_2z)：为泥岩夹泥灰岩，砂岩及泥质粉砂岩、砂岩与泥岩不等厚互层、砂岩夹泥岩，偶见砾岩透镜体。

冯家河组(J_1f)：为泥岩夹粉砂岩、细粒石英砂岩，泥岩、砂质泥岩夹砂岩、粉砂岩、泥岩及砾岩透镜体。

(5)三叠系(T)

白土田组(T_3ba):为砂岩与泥岩互层,含多层煤。

罗家大山组(T_3l):为砂岩、粉砂岩夹页岩及数层煤,泥岩、细砂岩和泥岩互层,玄武质晶屑、岩屑层凝灰岩、火山角砾凝灰岩及灰质粉砂岩。

云南驿组(T_3y):为粉砂岩页岩夹炭质页岩,生物碎屑灰岩、泥灰岩夹绢云母板岩、粉砂岩,页岩夹泥质粉砂岩。

(6)二叠系(P)

玄武岩组($P_\beta 1$):为玄武岩,底部有数十米凝灰岩、凝灰质砂岩,夹3~4层角砾状灰岩小透镜体及硅质岩。

石灰岩(P_1):为厚层状灰岩,节理发育,岩溶较发育。

(7)石炭系(C)

中上统(C_{2+3}):为灰岩、生物碎屑灰岩,底部为含白云质灰岩及硅质岩,节理较发育。

下统(C_1):为灰岩、硅质团块灰岩及硅质岩,夹含锰磷灰岩,节理较发育,岩溶发育。

(8)泥盆系(D)

中上统(D_{2+3}):为硅质岩及上部含锰鲕状灰岩,节理发育。

莲花曲组(D_1l):为泥灰岩,页岩夹角砾状灰岩,含磷,底部为含硅质小结核灰岩,泥灰岩,岩溶不发育,节理发育。

青山组(D_1q):为灰岩,受断层及岩浆岩侵入影响,较破碎,岩溶较发育。

康廊组(D_1k):为白云质灰岩、白云岩,岩性硬脆,节理发育,具中等溶蚀现象。

(9)奥陶系(O):仅出露下奥陶统向阳组(O_1x),线路通过1、4段。4段为钙质砂岩,含砾砂岩,底部夹页岩,节理发育。1段为砂岩夹少量泥质粉砂岩,节理发育。

(10)燕山期岩浆侵入体:为正长斑岩($\xi\pi$),呈岩株形式沿断层破碎带侵入;花岗斑岩($\xi\pi_5^3$);煌斑岩(χ^5),以岩脉或岩株形式沿断裂破碎带或层间裂隙侵入。

(11)华力西期岩浆侵入体:为辉长岩脉(ν),呈岩墙形式侵入硅质岩中。

3. 地质构造、新构造运动和地震

(1)地质构造:线路主要位于川滇经向构造体系的西缘和藏滇歹字形构造体系中,二者以洱海深大断裂带相隔。

广通至上锦场位于川滇经向构造体系的西缘,其中广通至楚雄以穹窿及碗状向斜为主,并有近南北向短轴褶曲、倾伏背斜等;楚雄至沙桥以北北西向长轴褶皱和部分倾伏背斜为主,轴线普遍有扭曲现象;沙桥至祥云,构造线主要呈南北向,局部有转为北东和北西向的现象,褶皱多倒转,断裂常扭曲;祥云至上锦场,褶皱多扭曲,断裂极发育。

上锦场至大理位于藏滇歹字形构造体系中,主要构造线呈北西向分布。

区域发育的活动断裂主要有北西向的洱海(红河)深大断裂、龙王庙断裂、楚雄—南华断裂、鱼泡江断裂及近南北向的程海—宾川断裂,它们规模大、切割深、活动强烈,是大地震发生的断裂构造带,对区内沉积建造、岩浆活动和变质作用起着控制性作用。

(2)新构造运动:该区域属青藏高原断块区,新构造运动十分强烈,表现为强烈的垂直差异运动和块体的侧向滑移,及以北西向断裂右旋位移和近南北向断裂、北东向断裂左旋位移为代表的断裂活动。

本区域新构造运动基本特征:本区随青藏高原始新世中晚期以来发生抬升,尤其上新世末至第四纪快速隆升，出现多层地貌结构，主要发育三级夷平面，表明本区具大面积、整体性间歇抬升；区内断裂和断块活动，在喜山早期分异升降的基础上，新构造时期，尤其第四纪以来，一些断裂仍沿袭和迁就了先前的断裂活动，不同程度地继承了先有的构造格局和活动方式，表明断裂、断块活动的继承性；早更新世晚期或中更新世初，青藏高原由于印度板块不断向北推挤，导致向南东挤出和侧向滑移，作为块体的北西向边界断裂具明显的右旋走滑特征，又显示出断裂、断块活动的新生性；区内被一些大断裂切割和围限成的不等块体，在总体隆升背景上各块体的降升幅度有较大差异，并显示出由西北向南、向东南降低的趋势，表明断块活动具差异性和掀斜特征；新构造运动十分强烈还体现在晚第四纪以来沿北西向的洱海深大断裂带及近南北向的程海—宾川断裂带地震活动频繁，且强烈。

(3)地震：根据《中国地震动参数区划图》(GB 18306—2001，1/400 万)，沿线地震动峰值加速度和地震动反应谱特征周期区划如下：

区　段	地震动峰值加速度	地震动反应谱特征周期
广通—腰站街	0.10g	0.45 s
腰站街—新哨	0.15g	0.45 s
新哨—前所	0.20g	0.45 s
前所—大理	0.20g	0.40 s

4. 水文地质条件

(1)地下水类型

全线地下水可划分为孔隙水、基岩裂隙水和岩溶水三类。

孔隙水：主要为黏性土中上层滞水和第四系冲积层中的地下水，前者水量较小，后者颇丰。前者多分布于冲沟槽谷，后者多分布于河流漫滩及两岸阶地。

基岩裂隙水：多分布于各种碎屑岩及火成岩的节理和断层破碎带中。泥岩含水较微弱，砂岩含水较丰，特别是断裂带附近岩体因挤压破碎，地下水水量更丰富，如高丰寺组、马头山组、向阳组1、4段砂岩。向斜构造盆地(如广通)中，地下水常具有承压性。

岩溶水：主要分布于祥云至上锦场段二叠系下统至泥盆系下统的白云岩、灰岩中，岩溶水主要通过岩溶管道赋存于暗河及大型溶洞中，水量较丰富，分布不均匀，受岩溶发育形态及程度控制。地表常见泉流量0.5～10 L/s。

(2)地下水化学特征

沿线水质类型主要为HCO_3^-—Ca^{2+}、HCO_3^-—$Ca^{2+}\cdot Na^+$、HCO_3^-—$Ca^{2+}\cdot Mg^{2+}$型水及少量$HCO_3^-\cdot SO_4^{2-}$—$Ca^{2+}\cdot Mg^{2+}$、$HCO_3^-\cdot Cl^-$—Ca^{2+}、$HCO_3^-\cdot Cl^-$—Na^+型水。大部分地表水及地下水对混凝土无侵蚀性，少数地下水对混凝土具弱—中等侵蚀性。

白垩系上统江底河组地层含盐及石膏，三叠系上统白土田组及三叠系上统罗家大山组上段地层含煤，其地下水对混凝土普遍具弱硫酸型酸型侵蚀。

(三)主要工程地质问题

1. 不良地质及特殊岩土

(1)不良地质

沿线主要的不良地质问题有(软质岩)风化剥落、砂土液化、滑坡、错落、崩塌、顺层、岩堆、岩溶、泥石流、煤层、瓦斯、放射性等。

泥岩风化剥落：主要分布在广通至沐滂、南荡天至石龙一带的红层泥岩夹砂岩地段，泥岩质软，遇水易软化崩解，风化剥落严重，剥落物呈碎屑状。

砂土液化：沿线地震动峰值加速度为 0.1g ~ 0.2g，而沿线断陷盆地、江河阶地的冲洪积及湖积层中粉、细砂层又分布较广泛，多与软土、松软土共存，交替重叠，层厚一般 0 ~ 3 m，埋深一般 2 ~ 8 m。该砂土多为液化土，液化等级轻微—严重，已结合软土、松软土进行处理。

滑坡：主要分布于楚雄至普棚段，该段属滇中红层地段。沿线滑坡部分属中小型浅层土体滑坡，滑坡体一般厚 2 ~ 8 m，部分属中小型岩质切层滑坡，滑坡体一般厚 5 ~ 15 m。在选线结合优化方案时多数已绕避，仅 DK41 + 990 ~ DK42 + 065 段的堆积古滑坡和 DK207 + 737 ~ + 780 段的表土滑坡，绕避较困难，已作抗滑桩或挡墙处理。

错落、崩塌：多发生在山坡陡于 40°以上且第四系坡残积土较厚的地段，基本上为表土沿基岩接触面错落或崩塌，规模不大，对线路影响较小。

岩堆：主要分布于楚雄至云南驿之间。该段属滇中红层，陡坡下部部分地段发育有岩堆，规模一般较小，大多对线路影响不大，较大的岩堆仅 1 处，位于 D_1K186 + 948 ~ D_1K187 + 136，长 188 m，厚约 25 m，由白云质灰岩、大块石和碎石组成，目前处于稳定状态。线路以填方在岩堆坡脚通过。

顺层：线路与岩层走向小角度相交的地段，路基堑坡存在顺层问题，有潜在的基岩滑坡发生的危险性存在，多分布于沿线红层砂泥岩地段，沿线共 37 段顺层，长 5.37 km，对工程影响较大。施工中已采取了相应的工程措施。

岩溶：祥云至上锦场段分布有灰岩、白云质灰岩，地表岩溶发育，形态主要为溶沟、溶槽、石芽、溶蚀裂隙，以及小型溶蚀洼地、落水洞等。据调绘及勘探资料，该段地层中，特别是可溶岩与侵入岩接触带附近，也发育有岩溶裂隙或较大岩溶洞穴，直径最大者，超过 25 m，多充填有粉细砂及黏性土。岩溶对铁路工程有一定的影响，隧道采取了防止涌水、突泥的措施，桥涵及路基工程也对岩溶影响采取了相应措施。

泥石流：分布在沙桥至普棚隧道进口段。该段共有 4 条小型泥石流沟，沟心纵坡 10° ~ 20°，岩性为泥岩夹砂岩，受构造影响严重，岩体破碎，全强风化层厚，边坡易坍塌，坍塌体成为泥石流的物质来源，且补给路径均较短，直接威胁铁路桥梁，故采取了加大孔跨、孔径措施。

煤层、瓦斯：线路通过祥云县海子冲至罗溪厂煤矿片区，该片区有 57 个小煤窑，含煤地层属三叠系上统白土田组及罗家大山组，共 5 层，平均煤层厚度 1.2 ~ 2.0 m，大尖山 1 号隧道通过该含煤段，虽该煤段属低瓦斯地段，隧道施工还是加强了通风、监测。该段地下水具有侵蚀性，也采取了抗侵蚀措施。

放射性：祥云至大理间的九顶山中山区岩浆岩活动剧烈，变质作用较普遍，存在放射性问题，已对隧道洞身相关岩石进行了放射性测试。

(2)特殊岩土

沿线主要的特殊岩土为软土、松软土、膨胀(岩)土等。

软土、松软土：沿线主要分布于楚雄、南华、祥云及凤仪、大理断陷盆地内，在河谷阶地及山间洼地亦有分布，厚度多在 2 ~ 8 m，底部埋深一般 5 ~ 10 m，局部如大理段湖相盆地软土、松软土厚度及埋深均大于 20 m。软土主要为有机质土、泥炭质土、淤泥质黏土、淤泥质粉质黏土，少量为软黏性土。软土、松软土具有压缩性高、孔隙比大、天然含水量高、力学性质差的特点。据统计，全线软土、松软土共计 38 段，累计长度 32.47 km，占线路总长度的 19.5%，已结合工程进行了处理。

膨胀岩(土):主要分布在白石盘至高峰哨、庙山至罗嘴子及杨家村的上第三系及第四系更新统松毛坡组地层分布地段,岩土稍具膨胀性或达到膨胀岩(土)指标,该地层为灰白、淡黄等色半成岩之泥岩、砂岩夹褐煤层。据取样试验,泥岩风化层的自由膨胀率较大,但不均匀,一般自由膨胀率达20%~50%,灰白色泥岩膨胀率最大达65%。

2. 重大地质工点简述

(1)DK41+960~DK42+070 大村古滑坡:该滑坡地形呈圈椅状,宽约190 m,主轴长约100 m,主轴方向N30°E,基本与线路正交,滑体由砂黏土及碎石土组成,厚2~6 m,超覆于洪积层淤泥质黏土上,周围有地下水渗出,下伏基岩为白垩系下统泥岩夹砂岩,线路以路基半填半挖通过滑体前缘,采用了8根抗滑桩进行加固,保证了路基顺利通过。

(2)DK208+805~DK210+500 段软土:地表砂黏土厚1~5 m,下有1~3 m软塑状砂黏土,再往下为软土(淤泥质黏土),软塑状,局部为流塑状并含腐殖物或夹粉细砂,厚2~6 m。该软土层承载力 $\sigma_0=60$ kPa,孔隙比1.3,天然快剪 $c_u=20$ kPa,$\varphi_u=7°$,固结快剪 $\varphi_{cu}=18°$,填方最大高度10 m,软土处理采用塑料排水板加固,其上铺设0.5 m厚砂砾垫层,垫层内铺一层土工布,虽采取了上述措施,路堤仍然不稳定,后又在路堤左、右侧设置4~8 m的反压护道,路堤才达到稳定。

(3)红岩坡隧道(DK187+800~DK192+102):红岩坡隧道是广大线最长且高程最高的越岭隧道,全长4 302 m。隧道位于构造侵蚀、剥蚀中山陡坡深谷区,穿越元江与澜沧江分水岭的九顶山,山顶高程3 117 m,洞身最大埋深523 m。隧道通过地区地形切割强烈,沟谷呈深切的"V"字形。隧道位于南北向构造带之间的楔形地带,东侧以宾川大断裂为界,西侧以洱海深大断裂为界。受两侧大断裂控制,区内褶皱和断裂发育,加之燕山晚期大规模的岩浆侵入,导致构造更趋复杂。隧道地处向阳大背斜和存德村背斜的复合部位,有7条断层穿过洞身,断层破碎带一般宽10~70 m,其中 F_5 和 F_3 为区域性断裂。洞身岩性多为泥盆系白云质灰岩、奥陶系砂岩夹页岩、燕山期煌斑岩、正长岩及花岗斑岩侵入体等,受构造影响,岩体完整性差。隧道地下水发育,地下水主要赋存在白云质灰岩、砂岩及断层破碎带中,断层破碎带、可溶岩地段以及可溶岩与非可溶岩接触带易发生突水突泥。该隧道主要地质问题是洞身受其褶皱和断层影响,岩体完整性差,断层破碎带地段围岩类别低和地下水发育等。隧道已顺利建成运营。

十一、内昆铁路工程地质概况

张亨纲

(一)概　　况

1. 沿线自然特征

(1)线路地理位置:内昆铁路新建段北起云南省水富县,向南经盐津县、天星场(大关)、彝良县、昭通市、威宁县至贵昆铁路上的梅花山站接轨,正线全长366.577 km,见图2—0—1。

(2)气象及水文:

①气象:沿线属亚热带季风湿润气候,随地理位置不同,线路各段气候条件有所差异。

水富至大关位于河谷地带,气温高,具有冬暖夏热、冬干夏湿的特点。雨量充沛,冬季多雾，少霜雪，年平均气温17 ℃～22 ℃，7、8月最热，平均气温达31 ℃～32 ℃，1月最冷，平均气温为10 ℃。多年平均降雨量为1 030～1 226.6 mm，雨季集中在6～9月。

大关至昭通为四川盆地至云贵高原的过渡地带，气候垂直分带明显，变化较大，时冷时热，忽晴忽雨，冬寒夏凉，多雨霜雪，一般高程1 300～2 000 m，冬、春季几乎都被大雾笼罩，12月至次年3月为降雪期。年平均气温11 ℃～17 ℃，最高气温40.5 ℃，最低气温－13.3 ℃；多年平均降雨量738.2～772.2 mm，雨季集中在6～9月。

昭通至梅花山属云贵高原气候带，四季分明，冬季寒冷多雾，夏季凉爽多风，日照时间长；年平均气温10 ℃～13 ℃，年平均降雨量738.2～960.6 mm，雨季集中在5～10月。

②水文：沿线河流以威宁—辅城一线为分水岭。以北为长江水系，较大河流有金沙江及其支流横江，以及横江支流洛泽河、大关河（洒鱼河）。线路自天星场（大关）至昭通越岭段所经主要河流为龙潭河及盘河，其分水岭位于老君山、中梁子、凉风台一带，该两条河流分别汇入洛泽河、大关河。分水岭以南为珠江水系，仅见一些季节性冲沟或溪流。

内昆铁路沿横江线路长约200 km，横江全长307 km，流域面积4 980 km^2，流域地势西南高、东北低，高程3 000～260 m，平均比降7.9‰，干流除横江镇一带稍开阔外，河道均穿行于高山峡谷之间，迂回曲折，险滩相连，河床及两岸多乱石，属山区型河流。

横江历史上曾发生三次特大洪灾，实测最大洪峰流量 Q_{max} = 7 140 m^3/s，多年平均流量286 m^3/s，最大月平均流量1 290 m^3/s，最小月平均流量58 m^3/s。据调查，1931年历史特大洪水时，河道堵塞严重，其中以鲢鱼洞和黄荆坝为甚，盐津县城老街被淹，普洱渡镇被冲，鲢鱼洞坍方堵塞河道；1992年7月盐津县城因黄葛槽河道堵塞而几乎全城被淹。据记载，直到20世纪50年代，横江可通航至盐津县，后公路拓宽，大量石方弃于横江而断航多年。

2. 历年勘测、设计、施工简况

自1905年云南省经清政府批准成立“滇蜀铁路公司”并开始策划修建滇（昆明）叙（宜宾）铁路至现在，经历了一个世纪的漫长岁月。

民国初年，滇叙铁路又改称“叙昆铁路”，并进行过踏勘。抗战期间，“叙昆铁路”再次提上议事日程，不但进行了简单的勘测工作，而且宜宾和昆明两端的米轨铁路相继开工修建。后来建成的沾益至昆明米轨铁路即是当年叙昆铁路的一段，宜宾段仅施工少许路基后随即停工。

新中国成立以来，半个世纪里内昆铁路的工作一直没有间断。本线1956年开工修建，北段内江至安边140 km于1960年建成通车，1962年因故全线停工。南段梅花山经树舍至昆明段368 km于1965年建成后成为贵昆线的西段。中段因建云南天然气化工厂将铁路自安边向南延过金沙江至水富站。自1962年停工后，内昆线的调查、研究、论证、比较从未间断，但直至1986年完成《复工可行性研究》后，内昆线的勘测、设计才又开始逐步深入。1989～1992年昭通、宜宾、六盘水、毕节四城市和铁二院共同集资，对内昆线全线进行航测摄影及控测制图；1994年根据铁道部的计划安排，铁二院重新编制了《补充可行性研究报告》，1996年2月铁二院再度编制完成《可行性研究报告》报部，经部审查后下达了初测和初步设计任务。全部初测工作于1996年12月完成，初步设计于1997年2月完成，1998年4月至1999年5月完成定测、技术设计、施工图，至2001年9月建成通车。

3. 线路主要技术标准

线路等级：Ⅰ级；

线路数目：单线；

限制坡度：上行6‰、加力坡13‰，下行12‰、加力坡23.5‰；

最小曲线半径:400 m;

到发线有效长度:850 m,双机地段 880 m;

牵引种类:电力;

闭塞类型:继电半自动。

(二)地质特征

1. 地形地貌

内昆铁路新建段自四川盆地边缘水富(地面高程 300 m)出站,跨横江向南溯横江及其支流洛泽河自由行进,至天星场(地面高程 701 m)后紧坡而上,逐渐爬升至高原面上的昭通(地面高程 2 083 m),通过昭通坝子东缘进入云贵高原溶蚀峰丛洼地谷地区,直至梅花山站。

水富至滩头段为低山丘陵河谷区。河谷呈"U"形,零星发育Ⅰ级阶地,部分山包呈浑圆状,多见基岩裸露,地面高程 300 ~ 800 m,相对高差 50 ~ 200 m,自然坡度 20° ~ 40°。

滩头至盐津段为侵蚀低山峡谷区。河谷呈"V"形,岸坡陡峻,多为荒山,阶地不发育,地面高程 600 ~ 1 000 m,相对高差 100 ~ 300 m,自然坡度 25° ~ 45°。

盐津至天星场段为强侵蚀中、低山峡谷区。河谷狭窄深切,岸坡陡立,局部地段谷深 150 m,河床宽仅 20 m,地形起伏大,地面高程 600 ~ 1 500 m,相对高差 100 ~ 500 m,自然坡度 25° ~ 50°。

天星场至彝良段为强侵蚀中山峡谷区。山脊与沟谷相间,山脉与区域构造一致,山势险要,谷坡多峭壁、悬崖,地面高程 700 ~ 1 500 m,相对高差 300 ~ 600 m,自然坡度 30° ~ 80°。

彝良至昭通北段为强侵蚀高、中山峡谷区。线路迂回于乌蒙山麓,山峦连绵起伏,地势由北向南急剧抬升,山势巍峨,最大山岭高程 3 151.9 m(凉风台),一般地面高程 1 500 ~ 2 500 m,相对高差 500 ~ 1 000 m,局部地段岩溶地貌发育,自然坡度 30° ~ 70°。

昭通北至仙水段为高原丘陵盆地区,地面高程 2 000 ~ 2 200 m,相对高差 50 ~ 200 m,自然坡度 15° ~ 30°,其中昭通坝子为断陷盆地,地势平坦开阔,为主要农业区。

仙水至梅花山段为高原侵蚀、溶蚀峰丛洼地谷地区,地形平缓开阔,宽谷与垅岗相间,岩溶地貌发育,地面高程 2 100 ~ 2 350 m,相对高差 50 ~ 150 m,自然坡度 20° ~ 40°。局部地段为低山谷地区,地形较陡,相对高差 100 ~ 300 m,自然坡度 25° ~ 60°。

2. 地层岩性

沿线地层从古生界至新生界均有出露,其中二叠系、三叠系分布最广,以碎屑岩、碳酸盐岩为主;第四系各成因类型的松散堆积物分布广泛,以冲、洪积、坡残积、崩、坡积为主,局部分布湖积、冰水沉积等,厚度变化大。

(1)第四系(Q):冲洪积层以黏性土、卵砾石土为主,灰、灰黄色,松散至中密,一般厚 5 ~ 20 m,多分布于河谷、溪沟一带。

坡残积层以黏性土为主,局部山坡发育淤泥质黏土,灰黄、深灰色,一般厚 0 ~ 2 m,局部厚 2 ~ 20 m 或更厚,多分布于丘陵、洼地缓坡地带,部分可溶岩的坡残积层具弱膨胀性。

崩坡积层以块石土、黏性土为主,褐灰、褐黄色,松散至中密,块石含量占 70% ~ 80%,一般块径 1.5 ~ 3.0 m,个别大者达 10 余米,一般厚 5 ~ 30 m,局部厚达 60 余米,多分布于河谷两岸或峡谷斜坡地带。

(2)上第三系(N):黏性土为主,棕黄色一般厚大于 20 m,含数层褐煤,底部有一层砾石,分布于昭通盆地。

(3)白垩系(K):仅见嘉定群(Kj),为一套河流碎屑岩,紫红色,中—细粒岩屑石英砂岩夹粉砂岩，局部为砾岩，分布于彝良—上雄块向斜核部附近。

(4)侏罗系(J)：主要出露上统蓬莱镇组(J_3p)、中统遂宁组(J_2sn)、沙溪庙组(J_2s^2、J_2s^1)、下统自流井组(J_1z)、香溪群组(J_1x)。岩性为泥岩夹砂岩或泥岩、砂岩不等厚互层，中厚—厚层状，紫红、紫灰色，砂岩为粉细粒结构；香溪群组其中含薄煤层或煤线。

分布于横江镇、柏树溪至滩头、普渡河一带。

(5)三叠系(T)：上统须家河组(T_3x)，砂岩夹页岩及薄煤层、煤线，浅灰、深灰色，砂岩厚层状，中细粒结构；页岩、煤层质软、破碎。

中统关岭组(T_2g)，上部为灰、深灰色灰岩、白云岩，下部为紫红色、灰绿色砂岩、页岩夹白云岩，底部有一层“绿豆岩”。

下统永宁镇组(T_1y)，灰岩、砂岩夹页岩，深灰、紫红色，上部灰岩中夹较多泥质条带。

下统飞仙关组(T_1f)，砂岩夹泥岩、页岩及灰岩，紫红色、灰绿色。

主要分布于普渡河、青山一带。

(6)二叠系(P)：上统宣威组(P_2x)，砂岩、页岩夹薄煤层，灰绿、黄绿色，中厚层状，局部夹薄煤层或煤线。

峨眉山玄武岩组($P_2\beta$)，玄武岩，灰绿、黑绿色，致密块状，具杏仁状、气孔状、斑状构造，局部夹凝灰岩、火山角砾岩、火山集块岩，柱状节理发育。

下统茅口组(P_1m)，灰岩，灰、深灰色，厚—巨厚层状，致密质坚，含少量生物碎屑角砾及燧石结核。

栖霞组(P_1g)，灰岩夹白云岩，灰、深灰色，厚—巨厚层状，质坚，含燧石层。

梁山组(P_1l)，砂岩、页岩夹薄煤层及煤线，灰、灰黑色，薄至中厚层状，质软，煤层局部呈“鸡窝状”。

主要分布于青山、仙水、朱嘎、下街至李子沟一带。

(7)石炭系(C)：上统马平群(C_3mp)，灰岩夹白云质灰岩，浅灰色，中厚层状。

中统黄龙群(C_2hn)，灰岩夹白云岩，鲕状灰岩，灰白、浅灰色，中厚层状。

下统摆佐组(C_1b)，灰岩夹白云岩，白云质灰岩，灰、深灰色，底部夹黄绿色页岩。

大塘阶上司段(C_1ds)，灰岩、白云岩夹燧石灰岩及页岩，浅灰、深灰色，薄层至中厚层状。

大塘阶旧司段(C_1dj)，上部为灰岩，泥灰岩与页岩互层，灰、深灰色，薄—中厚层状，局部夹煤线；下部炭质页岩夹泥灰岩及煤层，深灰、灰黑色，薄层状。

岩关阶(C_1y)，灰岩夹白云岩，浅灰、深灰色，中厚层状。

主要分布于凉水井、李子沟、仙水至金钟一带。

(8)泥盆系(D)：上统(D_3)，白云岩、灰岩夹白云质灰岩，灰白、浅灰色，致密块状。

中统包括曲靖组(D_2g)、红崖坡组(D_2h)、缩头山组(D_2s)、箐门组(D_2gm)。岩性以砂岩夹页岩为主，局部夹白云岩；曲靖组以灰岩为主夹砂岩、页岩，中厚层状，浅灰、灰黄、灰绿等色。

下统坡脚组(D_1p)，泥质灰岩、页岩夹砂岩，灰、灰黑色，中厚层状。

下统翠峰山组(D_1c)砂岩夹页岩，浅灰色，薄至中厚层状。

主要分布于青山、天星场至龙潭一带。

(9)志留系(S)：主要出露上统莱地湾组(S_3c)、中统大路寨组(S_2d)、嘶风崖组(S_2s)、下统黄葛溪组(S_1h)、龙马溪组(S_1l)。岩性以砂岩、灰岩为主，夹页岩或砂岩、灰岩互层，紫红、灰绿色和深灰、灰黑色，薄至中厚层状。分布于天星场至青山、沙沙坡一带。

(10)奥陶系(O)：以页岩、砂岩夹灰岩为主，薄至中厚层状，深灰、灰绿、紫灰等色。主要分布于黄桷槽、沙沙坡一带。

(11)寒武系(∈):中上统娄山关群($∈_{2-3}l$),灰岩夹砂岩,浅灰、深灰色,中厚层状;中统高台组($∈_2g$),砂岩、白云岩,紫红、浅灰色。上部以砂岩为主,下部以灰岩为主。主要分布于黄桷槽附近。

3. 地质构造

线路所处一级大地构造单元属杨子准地台,次级构造单元为四川台坳和上杨子—滇东—黔西台褶皱带。

(1)四川台坳:水富至普渡河段位于川中坳陷南缘,由一系列走向近 SEE 的宽缓褶皱组成,呈雁式斜列的“多”字形构造,断层不发育。主要褶皱有新滩背斜、石城山向斜、黄桷堡背斜、老鹰嘴向斜、黄连坡背斜和普渡河向斜等。线路与构造线呈大角度相交。

(2)上杨子—滇东—黔西台褶皱带:

①普渡河至天星场段位于滇黔褶断区娄山坳陷褶断束中,以一系列北东或近东西向的紧密褶皱为主,背斜两翼不对称,多具北翼陡南翼缓的特点,线路与其中的贾村背斜、罗场向斜、米堆子背斜、大田坝向斜呈大角度相交,与沙沙坡背斜、黄荆坝—吉利浦背斜核部近于平行。

断层主要有杉木滩正断层(断层产状 N88°W/76°SW)、米滩子逆断层(断层产状 N85°W/80°SW)、黄荆坝 1 号正断层(断层产状 SN/85°W)。

断层破碎带宽 40 ~ 100 m,线路与断层呈大角度相交。

②天星场至仙水段褶皱紧密,断裂发育,南北向、北东向构造形迹相互穿插、复合、错断。

南北向构造主要有枯江坪背斜、双河逆断层、团山逆断层、大关口断层、龙翻身逆掩断层、老煤洞逆冲断层、黑土河逆断层等,断层破碎带宽 70 ~ 300 m。线路与构造线多以大角度相交。

北东向构造主要由一系列近于平行的褶皱和逆断层组成,一般向斜宽缓、背斜紧密,断层倾角较陡。代表性构造有彝良—上雄块向斜、五寨向斜、箐门背斜、新寨断层、盘河逆断层、石头寨逆断层等,断层破碎带宽 50 ~ 300 m。

③仙水至梅花山段以北东向、北西向和弧形构造为主,局部发育南北向构造,构造形迹复杂,具多期性,相互穿插、切割。褶皱两翼对称、平缓开阔,局部被断裂错断。

北东向构造主要有天星洞向斜、李子沟背斜、哈拉河向斜、老院子逆断层、清水塘正断层、岩底下断层等,断层破碎带宽 20 ~ 100 m。

北西向构造有孔家山—野窝坪逆断层、冷家坡平移断层、老官寨逆断层等,断层破碎带宽 30 ~ 100 m。

弧形构造主要为威水背斜,轴线向北凸呈弧形延伸,两翼地层倾角平缓,一般为 10° ~ 20°。

4. 地　震

根据《中国地震烈度区划图》(1990 年)及国家地震局地壳应力研究所对内昆线地震安全性评价,沿线地震基本烈度划分如下:

水　富—盐　津　Ⅶ度;

盐　津—小关溪　Ⅷ度;

小关溪—迤　那　Ⅶ度;

迤　那—梅花山　Ⅵ度。

5. 水文地质

(1)地下水类型:沿线地下水有第四系孔隙水、基岩裂隙水和岩溶水三种类型。

①第四系孔隙水:低山丘陵坡麓带、山间沟谷及低洼地带、河谷岸坡等分布有较厚的坡残

积堆积层，崩洪积的黏性土、块碎石土中含少量孔隙水，局部含水较多。卵砾石为主组成的Ⅰ级阶地，河漫滩含较丰富的孔隙潜水。"昭通坝子"厚逾百米的第三系黏土夹砂砾石层中含微承压孔隙水，其上覆第四系砂、砾石层中含较多的孔隙潜水。

②基岩裂隙水：主要分布在砂岩、页岩、泥岩为主的碎屑岩类组成的地层中，泥、页岩地层相对隔水，地下水不发育。以砂岩为主地区含少量基岩裂隙水。一般泉点流量0.1～1.0 L/s，个别达6.0 L/s。玄武岩地区，地下水较丰富，尤其断层带附近，地下水露头较多，一般泉点流量0.5～5.0 L/s，最大达10.0 L/s。

③岩溶水：沿线碳酸盐岩分布广泛，岩溶发育，各种岩溶形态为地下水的贮存、运移、排泄提供了良好条件。

普渡河—天星场段，河谷强烈下切，岩溶及岩溶水不发育。

天星场—仙水越岭段，可溶岩主要为二叠系、石炭系、泥盆系厚层块状灰岩、白云岩、白云质灰岩，岩溶发育，属强富水岩组，最大流量263 L/s。

仙水以南属云贵高原地貌，可溶岩以石炭系厚层灰岩、白云岩夹白云质灰岩为主，沟谷多为"U"形宽谷，峰丛、洼地、漏斗、落水洞等岩溶形态发育，岩溶水丰富，地下水位浅，地表泉水点出露多，一般流量3～25 L/s。局部侵蚀基准面较低，垂直岩溶形态发育，补给范围大、坡降小，地下水埋藏深，地表泉点较少。

(2)地下水化学类型：沿线地下水一般为HCO_3^-—Ca^{2+}、HCO_3^-—$Ca^{2+}\cdot Mg^{2+}$型，为低矿化度水，酸性—弱碱性，对混凝土无侵蚀性。花土坡—仙水段水质类型较复杂，其中$HCO_3^-\cdot Cl^-$—Ca^{2+}、$HCO_3^-\cdot SO_4^{2-}$—$Ca^{2+}\cdot Mg^{2+}$型水多具弱—中等溶出性侵蚀，SO_4^{2-}—$Ca^{2+}\cdot Mg^{2+}$、SO_4^{2-}—Ca^{2+}型多具酸性侵蚀。

(三)不良地质、特殊岩土

沿线不良地质、特殊岩土极为发育，分布广泛、种类繁多、规模巨大、危害严重。主要有滑坡、错落、岩堆、危岩落石、崩塌、泥石流、岩溶、人为坑洞、煤层瓦斯、高地应力、岩爆、河岸冲刷、顺层、地震、软土、膨胀土等，老锅厂—李子沟段的"斜坡软土"更是被有关专家喻为前所未闻、极为罕见的特殊土。

1. 不良地质

(1)滑坡及错落

滑坡：沿线所见滑坡规模之大、分布之广、危害之重，为一般山区铁路所少有，如两碗堆积层滑坡、马山旦大型滑坡群、手扒岩巨型滑坡等滑坡体积达$3\,000\times10^4$～$8\,000\times10^4$ m^3，甚至更大。头寨沟高位、高速气垫式滑坡沿沟"飞行"距离达3～4 km，沿途无坚不摧，沟口堆积物形似小山，掩埋村庄，堵断河流，给人类生产、生活和自然环境造成巨大灾害。线路为避免其危害和影响，对大型、特大型滑坡以及地质条件复杂、稳定性差、治理困难的滑坡、滑坡群地段都采取绕避的方针，对绕避有困难的中小型、边界条件清楚、治理难度不大的滑坡，在查清地质条件的基础上，采取一次根治不留后患的原则。沿线通过自然滑坡17处，工程滑坡25处。自然滑坡多产生于砂页岩互层的河谷或山区峡谷斜坡地段，主要为堆积层滑坡和基岩滑坡。一般滑坡主轴长100～1 200 m，宽100～500 m，滑体厚10～70 m，滑坡体积20×10^4～$2\,400\times10^4$ m^3。在玄武岩受构造影响强烈的地区，滑坡分布密集，且规模较大，线路多已避开。灰岩地区滑坡数量较少。内昆线的河流沟谷由于强烈下切，岸坡高、陡，斜坡稳定性差，大量的坡、崩积物堆积于缓坡或陡坡坡脚，在各种地质营力作用下，极易沿下伏基岩面或堆积层中的软弱面形成大规模的堆积层滑坡。当软、硬岩层相间且倾向开挖临空面时，一旦软质岩被水软化，力学强度降低，易产生顺层滑坡，如滩头滑坡、二坪子滑坡、大田口滑坡等。断层破碎带附近也常见滑坡发育，如闸上滑坡、花土坡滑坡等。工程滑坡多发生于岩堆体上的路堑边坡、软质岩高边坡、有长大不利结构面的玄武岩不稳定斜坡（边坡）、软土地区边坡、斜坡软土边坡，或有较丰富地下水岩堆体的斜坡上的填方地段等。坐落于巨型岩堆体上的大关车站，施工中曾先后发生9处工程滑坡。老锅厂—李子沟斜坡软土地段，施工中也诱发多处斜坡拉裂、变形、错移、滑动等。软、硬岩相间的顺层地段，当挖方暴露软弱夹层时，极易产生顺层滑坡。玄武岩中当发育倾向线路的不利结构面时，则深挖路堑可能产生规模较大的突发性高位、高速、崩塌型滑坡，如田家湾滑坡，危害性很大。

错落：沿线错落不发育，仅见2处，轴向长100～300 m，宽80～250 m，厚2～22 m，均发育于志留系灰岩、砂岩夹页岩中，整体稳定性较好。

(2)岩　　堆

沿线岩堆极为发育，数量之多、规模之大、结构之复杂，为山区铁路所罕见。据不完全统计，全线岩堆达93处。一般岩堆轴向长50～1 000 m，宽100～2 000 m，厚5～60 m，岩堆体积$10\times10^4\ m^3\sim4\,000\times10^4\ m^3$。岩堆的形成具多期性，钻孔揭示岩堆体内发育有剥蚀面、软弱夹层等结构面。岩堆组成物质复杂。根据组成物质成分的不同，岩堆可分为碎屑类岩堆和碳酸盐岩类岩堆。一般岩堆块石含量占70%～80%，块径一般为0.5～3.0 m，大者达10余米，分布极不均匀，局部物质成分以黏性土为主，夹碎块石。碳酸盐岩类岩堆局部呈现半胶结状态。岩堆在内昆线得以集中发育，主要是由于该地区在第四纪新构造运动活跃，地壳大面积抬升，河流强烈下切，自然山坡或河谷岸坡形成巨大、高陡的临空面，在各种内、外地质营力长期作用下，坡体失稳，产生大规模崩塌于斜坡或坡脚堆积而成。沿线多数大型、巨型岩堆基本处于稳定或比较稳定的状态。部分岩堆由于土体松散、基底横坡较陡、地下水发育或岩堆体内存在软弱结构面等而稳定性较差，易产生边坡坍塌、斜坡变形、工程滑坡等地质病害。

(3)危岩落石

沿线危岩落石计46段，累计长度9.22 km，主要分布于河谷、峡谷、陡坡、峭壁、悬崖地带。其成因有两种：

其一，为巨厚层砂岩或灰岩、白云岩形成陡崖，高50～300 m，沿河谷延伸数十米至千米，岩体构造节理、卸荷裂隙、风化裂隙十分发育，多组节理，特别是共轭"X"形节理将岩体切割成1.0～4.0 m的块体，极易失稳而坠落。

其二，在巨厚层砂岩和薄层页岩组成不等厚互层的陡坡地段，由于差异风化，页岩质软易风化剥落形成"凹腔"而使砂岩悬空，致使大量砂岩在失去下部支托、裂隙肢解和重力作用下而崩落。三龙滩危岩落石地段分上、中、下三层，高出路基面50～350 m，长900余米，单层砂岩厚8～20 m，岩体张性节理、裂隙发育、岩体破碎，每年雨季危岩落石崩落不断。2000年8月22日在$D_1K205+900$附近发生多处危岩落石，总量达1 000余立方米，其中最大落石8.9 m×7.1 m×4.7 m、体积达297 m^3，对工程威胁很大，整治十分困难。

(4)岩　　溶

线路通过可溶岩地段长126.99 km，主要分布于昭通以南长88.89 km，昭通以北长38.1 km。根据岩溶发育强度，可划分为岩溶微弱发育区、弱发育区、中等发育区和强烈发育区。岩溶微弱发育区主要由碎屑岩夹可溶岩组成，可溶岩地层薄、泥质含量高，出露面积小，岩溶发育很弱，仅沿可溶岩层面偶见溶孔、溶隙，地下水以少量岩溶裂隙水为主；岩溶弱发育区以泥质灰岩、灰岩夹砂岩、页岩为主,岩性较复杂,灰岩中泥质含量较高,岩溶发育弱,地表岩溶形态多见沿层面发育的溶孔、溶隙、石芽、溶槽等,地下水多沿可溶岩与非可溶岩接触带运动,流量不大;岩溶中等发育区一般可溶岩层厚度较大,分布较广,地表溶蚀严重,漏斗、洼地、落水洞发育,岩溶水较发育,一般泉水流量为2~10 L/s;岩溶强烈发育区由厚层灰岩、白云岩等组成,地表出露面积大,岩溶十分发育,地貌多见孤峰、峰丛、落水洞、溶蚀洼地、漏斗、竖井、溶沟、溶槽等。地下水以暗河为主,如幸福洞暗河流量达256 L/s,三尖石暗河流量达263 L/s,岩溶形态发育密度达10~22个/km,局部地段高达115个/km。富含岩溶水,一般泉水流量44~100 L/s。

(5)泥 石 流

沿线较大的泥石流沟有15条,主要分布于横江、洛泽河两岸,一般泥石流沟不长,补给区不远,范围不大,沟口常形成小型泥石流扇。沟床纵坡较陡(15°~30°),多呈"V"形,沟岸自然斜坡30°~60°,植被不发育,松散堆积物质较丰富,汇水面积0.1~1.5 km^2,暴发频率高。自20世纪80年代以来,平均3~5年暴发一次,每次泥石流堆积物质500~1 500 m^3。内昆铁路泥石流具有流程短、突发性强、流速大、危害严重等特点。

(6)顺 层

岩层倾向线路的顺层地段计36段,累计长20.57 km。一般岩层走向与线路夹角0°~40°,岩层真倾角15°~35°,岩性多为砂、页岩互层或灰岩、白云岩夹泥灰岩,层间软质岩层或软弱结构面一旦被切断暴露后,极易产生顺层滑坡,且多见于砂页岩地层。

(7)人为坑洞及煤层瓦斯

人为坑洞:沿线分布人为坑洞共计21段,在其段内星罗棋布,多系乡镇企业、个体村民无组织、无规划开采的小煤窑、铅锌矿等。一般坑道洞径0.8~1.5 m,以木棒、树枝作简易支撑,巷道长50~150 m,个别长达300余米,洞口多已坍塌堵塞,巷道埋深10~20 m。最深达70余米。采空区多系民间自发开采,时间久远,现又多已废弃,洞口被掩埋,给地勘工作造成很大困难。对规模较大、比较集中的采掘地段,线路均已绕避;对规模较小或绕避困难地段,在基本查明采空区地质条件的基础上,采取工程措施整治。

煤层瓦斯:沿线通过煤系地层地段总长42.35 km,主要有第三系、三叠系须家河组、二叠系宣威组、梁山组、石炭系大扩阶旧司段。第三系煤层分布于昭通盆地,含数层褐煤,煤层厚30~100 m,具开采价值。煤层埋藏浅,煤层差,变质程度低,瓦斯压力及瓦斯含量小。线路沿盆地边缘以小填小挖通过。三叠系须家河组的一、三、五段含煤1~3层,煤层厚0.1~0.45 m,呈透镜体状分布,煤质较差,瓦斯含量低,含较多煤矸石,不具工业开采价值。二叠系宣威组含煤14层,其中可采煤5层,煤层厚0.37~1.4 m,最厚达2.5 m,属高变质无烟煤,质好易燃,一般瓦斯风化带厚150 m,瓦斯压力梯度4.6×10^{-3} MPa/m,坚固性系数大于1.5,放散初速度小于10,一般不具瓦斯突出性。二叠系梁山组含煤2~7层,局部可采煤2~3层,煤层厚0.15~1.0 m,层位不稳定,呈透镜体状产出,为无烟煤,无工业开采价值。石炭系大扩阶旧司段含煤7层,单层煤厚0.2~1.7 m,局部厚达3.0 m,属无烟煤,煤质较好,发热量1.58×10^4~3.56×10^4 J/g,有机质含量91.1%~97.3%,是较好的工业用煤和民用燃料。该煤层属高变质、高瓦斯煤层,历史上各矿区均有瓦斯爆炸、自燃和人员窒息事故发生。瓦斯风化带厚度50 m,瓦斯压力梯度0.005~0.01 MPa/m,瓦斯突出危险等级为一般—严重,具煤尘爆炸性。

(8)地震及地应力

地震:沿线地震活动与新构造运动及活动性断裂密切相关。测区位于青藏高原地震区东侧,川滇地震带的东南边缘地带,近百年来地震就比较活跃。在近场区内,自1844年至1969

年,共记录5级地震21次,6级地震2次,7级地震1次。

地震安全性评价:水富—盐津、豆沙关—天星场位于上限为7.5级的永善—大关潜在地震区内,天星场—昭通、花土坡—老锅厂处于震级上限为6.5级的昭通潜在地震区内。

高地应力:经测试,测区内存在NE—SW、SN、EW、NW—SE向四期构造应力场,其中NE—SW向和NW—SE向表现突出,为主导应力场,NE—SW向为主压应力。本区在燕山运动时期经受了NW—SE向挤压,形成NE向展布的褶皱和断裂构造,到第三纪始新世末期或其后,水平应力分量增大,出现了NW—SE向挤压的构造变形期,以垂直方向的断块运动为主导地位。到挽近时期,主导应力方向转为NW—SE向,形成NW—SE向挤压构造变形期,并延续到现代。构造应力场和地应力测量采用微构造分析法和深孔水压致裂法,结果显示该地区深埋隧道存在较大地应力。

岩爆预测:岩爆一般发生在地应力高、岩体完整、岩质性脆坚硬、地下水不发育等岩体内。由于目前尚无岩爆判据的统一指标,内昆铁路在综合既有地质资料的基础上,结合本区特点,提出如表2—11—1所示岩爆预测判据。

表2—11—1　岩爆预测判据

σ_e/R_b	<0.3	0.3~0.7	0.7~0.9	>0.9
岩爆等级	不发生	弱	中等	强

注:σ_e表示切向应力;R_b表示岩石极限抗压强度。

隧道围岩变形:当隧道围岩岩质软弱、节理裂隙发育、岩体破碎、埋深大、地应力高时,围岩易失稳,产生大的塑性变形,称谓“围岩大变形”。鉴于当时无成熟的判定指标,故内昆铁路对深埋软质岩的长隧道的围岩大变形预测是采用工程地质比拟法,与南昆线家竹箐隧道围岩大变形类比,近似进行评价的。

(9)河岸冲刷

沿线河岸冲刷14段,计490 m。部分临河堆积体因前缘受冲刷坍塌、剪出。在横江上游拟建的张窝水电站,因蓄水干流回水长约15.9 km,路肩高程仅高出水库水面3.0 m,使原来洪水位高程以上的部分岸坡处于长期浸泡之中,软质岩或松散岩堆体易引发坍岸。

2. 特殊岩土

(1)软　土

内昆线通过软土32段,累计总长31.93 km。软土按其成因分为以下两种类型:

第一种类型为常见的湖沼相、山间谷地相和溶蚀洼地相静水沉积软土,分布于陶家海子、威宁一带。软土一般厚约10 m,局部厚达20 m,多呈透镜体状,槽谷、洼地中部较厚,向边缘变薄尖灭,具含水量高、孔隙比大、压缩性高、力学强度低等特点。软土一般呈黄褐色、灰黑色,软塑—流塑状,天然密度$\rho=1.3\sim1.7\ g/cm^3$,天然含水量$w=40\%\sim130\%$,孔隙比$e=1.1\sim2.88$,塑性指数$I_p=21\sim51$,液性指数$I_L=0.9\sim2.88$,有机质含量1%~19.3%,天然快剪强度$c=5.5\sim15.7\ kPa$,$\varphi=2°\sim8°$,固结快剪强度$c_{固}=11\sim22\ kPa$,$\varphi_{固}=8°\sim15°$,压缩系数$a_{1\sim2}=0.8\sim3.0\ MPa^{-1}$。

第二种类型为罕见的坡残积(含炭质页岩全风化层)、坡洪积相斜坡型软土,主要分布于高原低山侵蚀、剥蚀、溶蚀洼地区和台地斜坡区的老锅厂至李子沟段,自然斜坡10°~30°,地面最大高程2 340 m,相对高差100~200 m,冲沟、溶沟、溶槽发育,地表覆盖坡洪积之黏性土夹碎块石,呈黄褐、深灰、灰黑色硬塑至软塑状,部分呈流塑状,一般厚2~20 m,局部厚40余米

(炭质页岩全风化层长期浸水而成)。下伏基岩为石炭系下统大圹阶旧司段炭质页岩夹砂岩、泥灰岩、灰岩及薄煤层,岩石节理发育,岩体破碎,风化严重,一般全风化带厚5~10 m,部分地段超过40 m。

斜坡软土的基本物理力学特征:天然含水量小于或接近液限,有机质含量一般4%~10%,最高达21%~31%,孔隙比一般 $e=1.0\sim1.5$,最大3.092,天然快剪 $c=10\sim20$ kPa,最高31.20 kPa,静力触探 $P_s=500\sim700$ kPa,局部地段仅200~400 kPa。

(2)膨 胀 土

内昆线通过膨胀土13段,累计总长17.30 km,主要分布于昭通坝子及老锅厂至李子沟段斜坡台地上。

昭通坝子第三系(N)膨胀土:膨胀土以黏土为主,厚1.0~20.0 m,呈灰黄、褐黄色,坚硬—硬塑,自由膨胀率40%~70%,蒙脱石含量10%~21%,阳离子交换量130~290 mmol/kg,为弱至中等膨胀土。

老锅厂至李子沟段斜坡台地膨胀土:膨胀土以黏性土夹碎块石角砾及少量块石为主,呈黄褐、灰白色,厚1~8 m,硬塑—软塑,部分呈流塑状,自由膨胀率40%~73%,蒙脱石含量21.20%,阳离子交换量270~470 mmol/kg,属弱—中等膨胀土。

(四)结 束 语

内昆铁路是西南山区铁路建设中继贵昆、成昆、襄渝、南昆等线之后又一条地形地貌、地层岩性、地质构造、水文地质条件特别复杂,不良地质、特殊岩土十分发育,桥隧密集、工程非常艰巨的铁路干线。

内昆铁路从勘测设计到建成通车历时6年,辉煌的勘设和筑路业绩已载入史册,又一条国民经济大动脉为祖国的经济腾飞和美好明天发挥着重要作用。

十二、达万铁路工程地质概况

满小谦

(一)概　　况

1. 工程建设历史

达万铁路是全国路网规划西南东通道的重要组成部分,是出川入海的新通道,也是三峡水利枢纽建设的规划工程。达万铁路西起襄渝铁路达县站,经梁平,东至万县市龙宝区,正线长156.34 km,大中桥44座计8 510 m,隧道总计41座计32 640 m,土石方 $1\,966.8\times10^4\ m^3$,用地10 840.3亩。

铁二院于1993年3月陆续进行资料搜集、现场调查、征求地方意见,于1993年8月完成达万线可行性研究报告的编制,于1995年至1997年完成了达万铁路的勘测设计。

达万铁路于1996年开工,至1998年完工,1999年正式通车运营。

2. 地理位置、气象及水文特征

(1)地理位置

达万铁路地处四川省、重庆市东部。达万铁路西起襄渝铁路达县站,跨洲河,越观音山,溯明月江、任市河东行，经达县市、停子铺、大风、任市、文化，再越明月山至万县市境内的梁平，经石板梁上至关龙桥站，以长隧越铁峰山之塘垭口，经分水、三正、李家河，沿沙河(竹溪河)右岸下至万县，见图2—0—1。

(2)气象及水文特征

全线属亚热带温暖湿润季风气候区，具有气候温和、降雨充沛、雨热同期、四季分明的特点。多年平均气温16.6 ℃～18.1 ℃，最高气温42.3 ℃，7月最高，最低气温-6.6 ℃，1月最低。年平均降雨量1 185～1 301 mm，年最大降雨量1 990 mm，最大日降雨量250 mm，降雨多集中在5～9月，约为年降雨量的70%。相对湿度80%。风向受大巴山影响，多为东北风，平均风力1.6～2.1级，最大为8级，山区风力较丘陵区大。

达万铁路跨越的河流主要有洲河、明月江、沙河(竹溪河)等，均属长江水系。洲河乃渠江支流，是本线跨越最大河流；其次为明月江，系沿线主要河流，源于梁平西北的宽谷丘陵，沿北西向流至达县汇入洲河；沙河(竹溪河)是万县近郊一条小溪，河道短，纵坡陡，雨季水量丰沛而浑浊，由西向东直接流入长江。

3. 线路主要技术标准

(1)线路等级：Ⅰ级；

(2)正线数目：单线；

(3)限制坡度：12‰；

(4)最小曲线半径：400 m；

(5)牵引种类：内燃，预留电化；

(6)到发线有效长度：550 m，预留850 m；

(7)机车类型：DF_{4B}；

(8)闭塞类型：继电半自动。

(二)工程地质概况

1. 地形及地貌

线路位于四川盆地东北部边缘低山丘陵区。地形地貌受地质构造控制，一系列北北东—北东向的带状背斜低山和长条形的开阔向斜谷地组成平行谷岭，横亘于达县—万县间。由西向东有铜锣山、明月山、假角山、铁峰山等低山，山岭高程700～1 000 m。低山之间的丘陵区，高程为300～500 m，起伏小，多山间盆地。万县高程120～250 m，为全线最低地区。

达县—梁平段：达县地段以中、高丘为主，相对高差30～100 m。线路穿越铜锣山后，基本沿明月江行进，并多次跨河。明月江横切山脉地段形成峡谷区，其余以低丘为主。

梁平—万县段：梁平—三正，线路沿铁峰山东西两侧山麓高丘通过，多顺层陡坡，铁峰山高程1 100 m，为全线最高点，线路穿塘垭口以分水隧道通过；三正—万县西，线路沿沙河(竹溪河)右岸剥蚀陡坡行进，坡顶砂岩形成陡崖，多横向切割沟谷；万县西—万县段为高丘，山顶平缓。

2. 地层岩性

全线出露的地层以三叠系中统雷口坡组为最老，大面积出露侏罗系中统上沙溪庙组地层，仅达县、万县出露有侏罗系上统地层。山间盆地第四系松散堆积层较厚，表层以冲、洪积为主，下部多为湖泊相沉积物。丘陵斜坡坡残积覆盖较薄，陡崖下方多为崩塌堆积的碎块石土。各组岩性及分布简述如下：

第四系全新统(Q_4):沿线沟槽低洼地带分布有砂黏土、黏砂土,厚0~3 m;沿线河床、漫滩有厚度不大的卵石土、砂类土;峡谷区及三正—万县段的剥蚀陡坡及沟谷中,多为块碎石土、砂黏土之崩塌堆积物,最厚可达30 m。

第四系上更新统(Q_3):为湖泊相沉积的黏土、淤泥质黏土、砂层,厚度10~35 m,分布于任市、文化、梁平一带山间盆地中。

侏罗系上统(J_3):为泥岩、砂岩,见于凤凰山顶部及较高的山顶。

侏罗系中统(J_2):为泥岩、粉砂岩、砂岩、页岩等,广泛分布于沿线向斜地带。

侏罗系中下统($J_{2\text{-}1}$):为页岩、砂岩、粉砂岩夹灰岩等。

侏罗系下统(J_1):为砂岩、粉砂岩夹泥岩、页岩、炭质页岩,底部夹数层透镜状薄煤或煤线。

三叠系上统(T_3):为砂岩、页岩、炭质页岩、薄煤层等,煤层厚度小于1.0 m。

三叠系中统(T_2):为泥质灰岩,钙质页岩、页岩,底部为灰岩。

3. 地质构造及地震

(1)地质构造

褶皱:全线位于新华夏系一级构造四川沉降带之东褶皱带的东北缘,为一系列高陡窄背斜及宽阔平缓向斜组成。构造线总体走向由NNE转为NEE,控制着川东山川地势的形态。达县—梁平段,由西向东依次为达县向斜、铜锣峡背斜、亭子铺向斜、七里峡背斜、麻柳向斜、明月峡背斜、任市向斜、假角山背斜、梁平向斜等。褶皱构造的轴向为N10°~50°E。该段线路基本上横穿褶皱构造,对工程较为有利。梁平—万县段,有铁峰山背斜、万县向斜,轴向为N50°~70°E和N30°~60°E。该段线路多沿翼部进行,对工程影响较大。本区褶皱构造,背斜多挤压强烈,东南翼地层陡,邻近轴部地层倒转,伴生有断裂构造,地貌上组成条状低山;向斜开阔平缓,挤压轻微,地貌上多为低缓丘陵区。

断层:测区内虽有一系列褶皱构造,但断裂少,规模不大。断层主要出现于背斜轴部及陡倾的东南翼一侧,其生成及规模与褶皱密切相关,以平行轴线的逆断层为主,断层倾角陡,破碎带宽10~20 m,线路大多横穿通过。有一条逆断层对工程影响较大,该断层走向N60°E,影响带宽80~90 m,岩层挤压严重,呈压碎岩。线路与之相交于DK110+535并以隧道通过。

节理:背斜区岩体受挤压破坏严重,节理较发育—发育,以走向NW倾NE、走向NE倾SE的两组X形陡倾角节理为主;向斜区节理裂隙主要见于砂岩中,属不发育至较发育,岩体受其切割成块状、巨块状,以NW走向的张性节理和NE走向的压性节理为主,剪切节理不甚发育。

(2)地　震

区内未发生过5级以上破坏性地震。根据《中国地震烈度区划图(1990)》(1∶400万),达县、万县一带地震基本烈度为Ⅵ度,其余线段小于Ⅵ度。

4. 水文地质条件

(1)地下水类型

孔隙潜水:赋存于河流漫滩、阶地及山间盆地的冲积砂、卵石层中,储量一般。

裂隙水:赋存在砂岩、泥岩地层节理裂隙及孔隙中,向斜区以泥岩夹砂岩为主,泉水流量较小;背斜两翼新田沟组、须家河组地层,地下水含量较丰,泉水流量一般0.02~1.25 L/s。

岩溶水:主要分布于碳酸盐类地层中,自流井组的灰岩夹页岩、雷口波组灰岩,岩溶水较发育,泉水流量一般为0.2~12.4 L/s,个别流量大的可达15~20 L/s。

(2)水　质

沿线地下水水质一般为HCO_3^-—Ca^{2+}型,对混凝土无侵蚀性。新田沟组砂岩裂隙水多属

$HCO_3^-—Ca^{2+}·K^+$型或$HCO_3^-—Ca^{2+}·K^+·Na^+$型，具溶出性弱侵蚀；须家河、珍珠冲组地层，邻近含煤地段，其地下水多具酸性或溶出性侵蚀。

（三）主要工程地质问题

1. 不良地质与特殊岩土

（1）不良地质

沿线不良地质主要为顺层、危岩落石、岩堆、滑坡、瓦斯、天然气及煤层采空区等，其次为岩溶、河岸冲刷。

顺层：全线顺层地段长约25 km，主要分布于线路沿背斜翼部行进部位。对线路影响较大的顺层有两大段：一段沿假角山背斜西北翼（DK74＋800～DK76＋400），另一段沿铁峰山背斜西北翼（DK88＋270～DK101＋900）。此两大段顺层，线路与岩层走向夹角较小，岩层倾角一般为20°～45°，岩性以泥岩夹砂岩或砂泥岩不等厚互层为主，段内路基大部分以挖方通过，开挖路堑边坡切断了下部岩脚，岩层易沿泥岩与砂岩的软弱接触面产生顺层滑动。

危岩落石、岩堆：全线危岩落石、岩堆地段长约10 km，主要分布于三正至万县西间。沙河（竹溪河）右岸较长地段，有高达数十米由厚层块状砂岩形成的陡崖，由于受其两组节理切割（一组平行于岸坡，产状为N60°～80°E/67°～90°NW，另一组产状为N15°～30°W/68°～90°NE），易形成危岩落石。岩堆（崩塌堆积）多与危岩落石相伴而生，主要见于DK129＋700～DK134＋300段，长约5 km范围内，有24处岩堆分布于陡崖下的斜坡上，厚2～22 m不等，对线路（尤其是隧道进出口）有较大的影响。

滑坡：与达万铁路有关的滑坡有犀牛湾滑坡、油房院子滑坡、万县太白岩古崩滑体等6处自然滑坡和因站坪及路基填方工程引起的万县西站工程滑坡。其中位于万县市区下方的万县太白岩古崩滑体，其崩滑体巨大，范围宽广，近年来局部有复活现象，但整体是稳定的。对上述滑坡均已进行了整治。

瓦斯、天然气：全线雷音铺、丁子岩、分水等7座隧道横穿侏罗系珍珠冲组或三叠系须家河组的含煤地层，但这些含煤地层地段大多处于煤层瓦斯风化带内，瓦斯压力小，瓦斯含量不高，故前述铁路隧道属低瓦斯隧道，在隧道施工中依然加强了瓦斯监测。雷音铺隧道右侧有3口钻入嘉陵江组及石炭系地层的油气井，隧道横穿的背斜具有天然气运移、储存的条件，也加强了天然气的监测。

采空区：采空区主要见于丁子岩隧道进出口段。采煤巷道底部距路基面仅8.55～21.2 m，铁路隧道施工已采取了相应措施。此外，葫芦潭2号隧道在$D_1K48+660$前后，也存在早期民间煤窑煤层采空区和坑道的影响。

岩溶：全线出露灰岩的地段主要见于七里峡和明月峡两处背斜核部的雷口坡组地层中，灰岩岩溶较发育。如明月江峡谷段，溶蚀灰岩中，有长达百米的溶洞，且见多处地下水溢出，田家坡隧道受其影响。此外，分水隧道穿过自流井组灰岩，亦存在岩溶、暗河问题。

河岸冲刷：沿线河流、溪谷多属山间溪流型，蜿蜒曲折，纵坡陡，下切、侧蚀严重。沿河谷行进的线路，填方坡脚易遭洪水冲刷。

（2）特殊岩土

沿线特殊岩土主要为软土、膨胀土。

软土：全线软土主要分布于亭子、麻柳、开江、文化一带的洼地及山间盆地，共计35处。软土分布区的路基、桥涵基础设计已采取了相应措施。

膨胀土：分布于开江、文化和梁平盆地的第四系更新统湖泊相沉积的黏土和淤泥质黏土层中，有一层灰白、灰黄色含团块的黏土，厚3～12 m不等，该层土自由膨胀率为41%～59.25%，有弱膨胀性，且存在小型坍滑现象。

2. 重大地质工点简述

(1)洲河大桥：桥址位于达县市骨粉厂附近，河宽约200 m，上游河段弯曲，下游河段顺直，通常水流平缓，属四级航道。桥址河床部分，冲积砂卵石厚0～2 m，两岸山坡稳定，地层为上沙溪庙组不等厚的泥岩、砂岩互层，达县端以泥岩为主，万县端为砂岩，桥址地质条件较好。

(2)雷音铺隧道：隧道全长3 430 m，最大埋深约340 m，横穿北北东向背斜构造形成的观音山，隧道进出口两端通过下沙溪庙组地层，岩性以泥岩、砂岩为主；洞身通过下沙溪庙组—珍珠冲组地层；洞底紧邻须家河含煤地层。含煤地层埋藏于隧道设计高程以下最近点为72 m，顶部可采煤层距隧底仅98 m，该煤层瓦斯含量4.45 m^3/t，瓦斯压力0.7～0.8 MPa。预测该隧道瓦斯涌出量达4.0 m^3/min，属瓦斯隧道。另隧道右侧有3口钻入嘉陵江组及石炭系地层的油气井，隧道通过的背斜构造轴部具有瓦斯、天然气运移、储存条件，故预计隧道施工有瓦斯聚集或天然气涌出的可能，且具突发性和随机性。隧道两次大角度穿NW向逆断层，破碎带宽10～15 m，亦两次横穿自流井组灰岩，存在着断层裂隙水及岩溶管道水涌入隧道的可能，预测隧道涌水量为3 711 m^3/d，地下水具溶出性弱侵蚀。

(3)分水隧道：隧道全长4 550 m，埋深约360 m，穿越铁峰山背斜西北翼，岩层走向NE，倾向NW，倾角10°～22°。隧道通过下沙溪庙组—须家河组地层，以砂岩、页岩、泥岩为主，夹灰岩和少许炭质页岩、薄层煤及煤线。珍珠冲组底部及须家河组为含煤地层，分布于隧道出口端，长约2 750 m，隧道共穿过6层薄煤。须家河组上部的K_3煤层是主要煤层，厚0.07～0.72 m，瓦斯压力0.96 MPa，瓦斯含量4.95 m^3/t，煤层瓦斯涌出衰减快，无煤层突出危险。隧道穿煤总长度约7.0 m，属瓦斯隧道。隧道穿过自流井组上段灰岩夹页岩，可能遇溶洞及岩溶突水，预计隧道涌水量为4 851 m^3/d，且水质具有溶出性侵蚀。出口还存在危岩落石危害。

(4)菜地沟特大桥：桥址位于沙河右岸，横跨深切沟谷菜地沟。桥址地处万县向斜西北翼，岩层产状平缓，万县端基岩裸露，达县端崩坡积层厚2～20 m，以砂黏土夹块石为主，下伏基岩面呈平台或浅沟槽状。基岩均为沙溪庙组泥岩、砂岩不等厚互层，其泥岩饱和抗压强度低，遇水易软化。达县端墩台右侧砂岩陡崖还存在落石隐患。崩坡积层中孔隙水较发育，水质无侵蚀性。

十三、渝怀铁路工程地质概况

王 科

(一)概　　况

1. 工程建设历史

渝怀铁路于1995年1月完成《新建铁路重庆至怀化可行性研究报告》，1997年2月完成《新建铁路重庆至怀化补充可行性研究报告》，1999年3月完成《新建铁路重庆至怀化审查后修改可行性研究报告》，1999年9月完成初步设计工作。由于本线线路长，地形、地质条件极为复杂，为了保证工期，因此在初步设计文件尚未审查前，即先期开展了方案较为稳定地段的定测工作,投入大量的人力、物力会战,并于2000年初陆续开展站前技术设计工作。

2000年3月,由铁道部工程设计鉴定中心主持,对渝怀线初步设计文件进行了预审查,并下达了"预审意见";铁二院根据"预审意见",立即安排了尚未开展定测地段的定测工作,于2000年6月完成了全线定测工作,于2000年8月完成了渝怀线的站前专业技术设计工作。2001年3月,由铁道部工程设计鉴定中心主持,对渝怀线技术设计文件(站前部分)进行了预审查,并下达了"预审意见"。

2001年渝怀铁路全线开工,2006年1月15日渝怀铁路全线开通货物列车,11月1日正式开通重庆至秀山站的旅客列车,而后全线通车运营。

渝怀铁路全长624.523 km,全线共设车站66个(其中现开站54个,缓开和预留站12个)。

2. 地理位置及气象特征

(1)地理位置:渝怀铁路西起重庆市,经长寿后跨越长江至涪陵,再沿乌江两岸逆流而上经武隆至彭水,自彭水以后经过黔江并翻越乌江与沅江的分水岭再经酉阳、秀山后进入贵州省铜仁市后沿沅江支流锦江两岸而行,进入湖南省怀化市麻阳县,线路终止于沅麻盆地的怀化市。线路经过重庆、贵州和湖南两省一市,主要的大站有重庆、长寿、涪陵、武隆、彭水、黔江、酉阳、秀山、松桃、铜仁、怀化,见图2—0—1。

(2)气象特征:沿线属亚热带湿润季风气候。重庆辖区各地温暖湿润,雨量充沛,具有春早夏长、秋雨连绵、冬暖多雾之特点,无霜期达11个月。湘西、黔东境内气候温和湿润,多阴雨,冬无严寒、夏无酷暑,四季不甚分明。最冷月为1~2月,最热月为7~8月,多年平均降雨量1 073~1 424 mm,5~8月降雨量约为全年降雨量的40%(见表2—13—1)。

表2—13—1 渝怀线沿线主要城镇气象资料一览表

地 名	年平均气温(℃)	极端最低气温(℃)	极端最高气温(℃)	年平均降雨量(mm)	日最大降雨量(mm)	年平均风速(m/s)	最大风速(m/s)(风向)
重 庆	17.8	-1.8	42.2	1 151.5	195.3	1.5	16.3(WSW)
江 北	17.5	-2.6	40.2	1 159.3	229.6	2.0	18.7(WSW)
长 寿	17.6	-2.3	40.2	1 124.2	196.3	2.1	19.0(NNW)
涪 陵	18.2	-2.7	42.2	1 073.5	113.1	3.0	17.0(W)
武 隆	17.4	-3.5	41.7	1 082.2	119.6	4.6	18.0(NW)
彭 水	17.6	-3.3	44.1	1 235.2	212.7	2.5	18.0(NNW)
黔 江	15.4	-5.8	38.6	1 213.0	124.1	3.0	18.0(NE)
酉 阳	14.9	-8.4	38.1	1 390.0	194.9	0.8	10.0(ESE NNW)
秀 山	16.5	-8.5	39.6	1 334.6	155.5	1.6	15.0(NNE)
松 桃	16.3	-12	39.3	1 378.3	127.3	1.2	14.0(W)
铜 仁	17.0	-9.2	42.5	1 238.7	161.6	0.9	14.5(NW)
麻 阳	17.2	-10.5	41.5	1 350.0	185.7	1.7	26.0(ENE)
怀 化	16.4	-10.7	39.6	1 423.9		2.0	20.7(NE)

3. 线路主要技术标准

线路等级:Ⅰ级;

正线数目:单线,预留二线条件;

限制坡度:团结村至保家楼长258.56 km,坡度为6‰;保家楼至铜仁长172.59 km,坡度为

13‰,铜仁至同田湾长 81.379 km,坡度为 6‰;同田湾至怀化长 10.46 km,坡度为 13‰;

最小曲线半径:一般地段 1 200 m,困难地段 800 m,线路平面预留采用摆式列车进一步提速的条件;

牵引种类:电力,牵引定数 4 000 t;

到发线有效长度:850 m,双机牵引地段为 880 m;

机车类型:客机 SS_9,货机 SS_{3B};

闭塞类型:继电半自动。

(二)工程地质概况

1. 地形及地貌

渝怀铁路沿线地形起伏大,穿越了丘陵区、低山区、中山区,尤其在涪陵至酉阳之间地形极为困难,或山高坡陡、峡谷深切、悬崖峭壁,或山岭连绵、峰峦叠嶂、沟深壑险。

重庆至涪陵:线路穿歌乐山山脉后跨嘉陵江,沿长江左岸至长寿后跨长江,再沿长江右岸而下至涪陵,长约 130 km。该段属低山丘陵河谷区,地形上主要呈现狭长条形山脉与丘陵相间的"平行岭谷"景观。构成"岭"者有歌乐山、铁山坪、明月山、黄草山,其高程在 500 ~ 900 m 之间。它们自北西向南东平行延伸,形似层层屏障,其间分布着高程 200 ~ 300 m 的相对宽缓的丘陵,状似山间"谷"地。

涪陵至彭水:乌江峡谷区。线路沿乌江逆流而上至彭水,长约 110 km。该段线路位于乌江峡谷段,地形陡峻,峡谷连绵,在软质岩地区相间分布有宽谷段,线路桥隧相连。山脉高程 500 ~ 800 m,相对高差 200 ~ 500 m,自然横坡较陡,约 30° ~ 50°,局部为峭壁。

彭水至泔溪:武陵山谷地区。该段为全线的越岭地段,线路沿乌江支流郁江两岸上至郁山镇,翻沙坝隧道后沿阿蓬江至濯水,翻乌江和沅水分水岭圆梁山后沿麻旺河至龙潭,线路长约 160 km。该段以北北东向山脉与纵向河谷相间,兼有小型山间盆地的地貌。背斜多具轴部成山,翼部多数为谷的特点。碳酸盐岩分布区,近河地段常形成陡峭的峡谷,局部地段悬崖峭壁连绵数十千米,蔚为壮观,远离峡谷地段保留了夷平面地形,起伏较小,岩溶发育;碎屑岩地区,以侵蚀作用为主,侏罗系红层区,显示为巨大的单斜山坡;志留系碎屑岩山区,多呈鳍脊状低中山或中山,溪沟纵横交错。线路通过地段山脉高程一般为 1 000 ~ 1 700 m,相对高差 200 ~ 1 000 m,自然横坡 30° ~ 50°。

泔溪至沙坝:溶蚀丘陵、溶蚀槽谷区。线路长约 78 km,主要沿麻旺河、龙潭河、梅江、普觉河等大型岩溶槽谷中发育的地表河流行进,属较为典型的岩溶地貌区,发育有大型岩溶槽谷、漏斗、洼地、暗河等。岩溶槽谷一般长数 10 km,底宽约 1 km,底部平缓,大多被垦为水田。地面高程 200 ~ 500 m,相对高差 50 ~ 150 m,自然横坡相对较缓,约为 5° ~ 20°。

沙坝至铜仁:低山河谷区。线路沿小江河河谷地带顺流而下,线路全长 35 km。该段地貌属碎屑岩剥蚀地貌区,横向沟谷发育,沟床纵坡较陡,沟床狭窄,沟口多分布有冲、洪积扇。山脉大体沿构造线呈北北东向延伸,支脉多与构造线垂直或斜交,高程 400 ~ 1 000 m,相对高差 100 ~ 400 m,自然横坡 5° ~ 20°,局部陡峭。

铜仁至锦和:低山河谷区。线路顺锦江而下,全长 45 km。锦江河谷属典型的"U"形河谷,河面较宽,两侧岸坡坡度较陡。山脉绝对高程 400 ~ 800 m,相对高差 200 ~ 400 m,山峦重叠,坡面荒芜,耕地稀少。

锦和至怀化:沅麻红色盆地丘陵谷地区。线路长度 50 km,地面高程 200 ~ 500 m,相对高差

50 ~ 150 m，丘坡、沟槽相间，降雨充沛，植被发育。

2. 地层岩性

沿线地层除石炭系外，从第四系至元古界均有出露，主要以碎屑岩和可溶岩为主，局部地段可见浅变质岩分布。

(1)第 四 系

全新统(Q_4)：冲积层为砂黏土、砂土、卵石土等，厚 2 ~ 20 m，分布于河床、漫滩、一级阶地上；残积、坡积、崩积层、滑坡堆积层为砂黏土、碎石、块石土等，厚 2 ~ 20 m，主要分布于陡坡脚处。

上更新统(Q_3)：河流冲积层，具二元结构，表层为黏性土，底部为卵石土，分布于长江江心岛、河流高阶地。

(2)白垩系：主要出露上统(K_2)地层，为泥岩、砂岩夹砾岩，分布于核桃园至冯家坝、锦和至铜田湾区间内。

(3)侏 罗 系

上统遂宁组(J_3s)：为泥岩夹粉、细砂岩，分布于蔺市至龙桥一带。

中统上沙溪庙组(J_2s)、下沙溪庙组(J_2xs)：为泥岩夹粉砂岩，分布于鱼嘴至涪陵及武隆车站。

中统新田沟组(J_2x)：上部以砂质泥岩为主，夹粉砂岩，中部以页岩为主，夹粉砂岩，下部为泥岩，分布于鱼嘴至涪陵、冯家坝车站前后。

中下统自流井组($J_{1-2}z$)：上部灰岩与泥岩不等厚互层，中部以泥岩为主，夹 3 ~ 4 层石英砂岩或细砂岩透镜体，下部为页岩与灰岩不等厚互层，底部以一层介壳灰岩为标志层，分布于鱼嘴至涪陵、冯家坝车站前后。

中下统自流井群：梁高山组($J_{1-2}l$)为石英砂岩、粉砂岩夹页岩；大安寨组、马鞍山组、东岳庙组($J_{1-2}dn+m+d$)上部为页岩、泥岩夹灰岩，中部为泥岩夹粉砂岩、灰岩，下部为页岩夹灰岩、砂岩；珍珠冲组、綦江组($J_{1-2}q+z$)上部为泥岩、页岩夹砂岩，下部为石英砂岩、粉砂岩夹页岩，分布于武隆车站及附近老盘河至斑竹林隧道一带。

下统珍珠冲组(J_1z)：以泥岩为主，夹 3 ~ 4 层细粒长石砂岩，分布于鱼嘴至涪陵。

(4)三 叠 系

上统须家河组(T_3xj)：为砂岩夹页岩、煤层及煤线，分布于鱼嘴至武隆。

中统雷口坡组(T_2l)、巴东组(T_2b)：为灰岩、泥质泥岩、页岩夹砂岩、白云岩，分布于鱼嘴至龙潭。

下统嘉陵江组(T_1j)：为灰岩、白云岩夹盐溶角砾岩，分布于鱼嘴至龙潭。

下统飞仙关组(T_1f)、大冶组(T_1d)：顶、底部以页岩、泥岩为主，中部以灰岩为主，分布于鱼嘴至龙潭。

(5)二 叠 系

上统长兴组(P_2c)、吴家坪组(P_2w)、龙潭组(P_2l)：灰岩，底部为铝土岩、页岩夹煤层，分布于白涛至龙池。

下统茅口组(P_1m)、栖霞组(P_1q)、梁山组(P_1l)：灰岩，底部为炭质页岩夹煤线，分布于白涛至龙池。

(6)泥 盆 系

主要出露上统水车坪组(D_3s)地层，中上统为泥质灰岩，偶夹页岩，下部为页岩、钙质页岩及泥质胶结的粉砂岩，底部标志层为数米细至中粒石英砂岩，分布于园梁山一带。

(7)志 留 系

中统韩家店组(S_2h):为页岩、粉砂岩夹泥岩、灰岩,分布于白涛至梅江。

下统罗惹坪组(S_1lr)、小河坝组(S_1x)、龙马溪组群(S_1ln):为页岩、粉砂岩夹炭质页岩、灰岩,分布于白涛至梅江。

(8)奥 陶 系

中上统五峰组(O_2w)、临湘组(O_3l)、宝塔组(O_2b)、十字铺组(O_2s):顶部为炭质页岩、页岩,中下部以灰岩为主,夹泥质灰岩,分布于羊角至梅江。

下统大湾组(O_1d)、湄潭组(O_1m):为页岩、粉砂岩夹灰岩,湄潭组分布于大嘴、落雁山隧道,大湾组分布于武隆至梅江。

下统红花园组(O_1h)、分乡组(O_1f)、铜梓组(O_1t)、南津关组(O_1n):为灰岩、白云岩夹页岩,分布于武隆至梅江。

(9)寒 武 系

上统毛田组($∈_3m$)、后坝组($∈_3h$)、耿家店组($∈_3g$)、追屯组($∈_3z$)、比条组($∈_3b$)、车夫组($∈_3c$)、华严寺组($∈_3h$):为灰岩、白云岩,分布于彭水至锦和。

中上统($∈_{2+3}$)、类山关群($∈_{2+3}ls$):为白云岩、灰岩,分布于秀山至铜仁。

中统平井组($∈_2p$)、高台组($∈_2g$)、花桥组($∈_2h$)、敖溪组($∈_2a$):为白云岩、石灰岩,芷江幅敖溪组下部为薄层灰岩夹炭质页岩,分布于彭水至锦和。

中统杨柳岗组($∈_2y$):为碳质页岩、硅质板状页岩夹泥质灰岩,分布于锦和至怀化。

下统清虚洞组($∈_1q$):为灰岩夹少量页岩,分布于梅江至锦和。

下统杷榔组($∈_1p$)、明心寺组($∈_1m$)、金顶山组($∈_1j$):以页岩为主,夹灰岩,分布于梅江至锦和。

下统牛蹄塘组($∈_1n$):以碳质页岩为主,夹少量灰岩及硅质岩,分布于梅江至锦和。

(10)震 旦 系

上统灯影组(Z_bdn):为硅质、炭质、砂质页岩,芷江幅为硅质岩夹板岩、薄层白云岩,分布于松桃至锦和。

上统陡山沱组(Z_bd):上部为黑色炭质页岩,中部为白云岩夹炭质页岩,下部为板岩、白云岩,分布于马岩至锦和。

下统南沱组(Z_an):为冰碛砾岩夹砂岩、黏土岩,分布于梅江至铜仁。

下统江口组(Z_aj):以板岩为主,夹变余砂岩、页岩,分布于梅江至铜仁。

(11)元 古 界

主要出露板溪群(P_tbn、P_tbnw)地层,为砾岩、板岩、泥灰岩、凝灰岩、石英砂岩、砂岩等,分布于梅江至锦和一带。

3. 地质构造及地震

(1)地质构造:渝怀铁路就大地构造而言,属扬子陆块中的上扬子地块和江南地块。鱼嘴至涪陵属上扬子地块四川台坳之川东陷褶带,涪陵至秀山属川东南陷褶带,秀山至怀化属梵净山坳陷褶断带。构造线多为 NE 向,部分为 NW 向。

川东陷褶带(重庆至涪陵):段区内由一系列的 NE—NNE 向近于平行的狭长不对称褶皱组成,呈雁行式排列,主要构造有观音峡背斜、铜锣峡背斜、明月峡背斜、黄草峡背斜、剑山坡断层。

川东南陷褶带(涪陵至秀山):段内主要而显著的构造线是大致呈 NNE 向的褶皱及伴生断裂,这些褶皱平行交替排列。主要的褶皱构造有梓里场背斜、土地垭向斜、弹子山背斜、金子山向斜、桐麻湾背斜、白马向斜、羊角背斜、普子向斜、郁山背斜、桑拓坪向斜、箐箕滩背斜、濯河坝向斜、咸丰背斜、毛坝向斜、桐麻岭背斜。断裂构造有老场断层、火石垭断层、箐箕滩逆断层、鹰家坝逆断层、马喇湖正断层、毛坝向斜横张断裂组。

梵净山坳陷褶带(秀山至怀化):段内褶皱平缓,断层极为发育。共发育断层39条,区域性大断层就有17条。该段断裂大多NNE—NE向,普觉至铜仁约44 km为梵净山穹窿构造南东翼,断裂走向有所改变。主要的褶皱构造有木桶盖向斜、下坝背斜、下溪复背斜。断裂构造有大沧沟溪逆断层、花垣石耶正平错断层、木杉溪断层等。

(2)地震基本烈度:根据《中国地震烈度区划图(1990)》(1:400万),线路所经地区的地震基本烈度小于或等于Ⅵ度,起点至DK342+750为Ⅵ度地震区,DK342+750至终点为小于Ⅵ度区。

4. 水文地质条件

(1)地下水类型

第四系孔隙水:主要分布于河流两岸的河漫滩、阶地、沟口洪积扇上的砂、卵石层和岩溶槽谷、地形低洼处、山麓地带的松散碎、块石类土层中。砂、卵石层中孔隙水含量丰富。

基岩孔隙、裂隙水:主要分布于碎屑岩类的砂岩和变质岩类的变余砂岩及其他构造裂隙发育的岩层中,地表泉点流量一般为0.1~10 L/s,水量较小。

岩溶水:沿线可溶岩地层岩溶发育,岩溶水丰富,涪陵至龙潭尤为突出,岩溶水以管道水为主,管道化程度较高,岩溶裂隙水次之;岩溶水的埋藏深度较大,背斜区一般大于200 m,向斜区在50~200 m间;岩溶槽谷地区一般小于50 m。

(2)地下水化学类型:沿线地下水水质主要为$HCO_3^-—Ca^{2+}$、$HCO_3^-\cdot SO_4^{2-}—Ca^{2+}\cdot Mg^{2+}$、$HCO_3^-—Ca^{2+}\cdot Mg^{2+}$、$HCO_3^-\cdot SO_4^{2-}—Ca^{2+}$、$HCO_3^-—Ca^{2+}\cdot K^+\cdot Na^+$型,对混凝土无侵蚀性。

志留系地层中地下水水质为$HCO_3^-—Ca^{2+}\cdot K^+\cdot Na^+$、$HCO_3^-\cdot SO_4^{2-}—Ca^{2+}\cdot K^+\cdot Na^+$型,对混凝土具弱—中等溶出性侵蚀。

震旦系上统(Z_b)地层,岩性为板岩、硅质岩等浅变质岩。寒武系下统牛蹄塘组(Є_1n),岩性以炭质页岩为主夹砂岩,含硫铁矿透镜体;寒武系下统杷榔组(Є_1p),岩性为页岩夹砂岩,地下水水质属$SO_4^{2-}—Mg^{2+}\cdot Ca^{2+}$型、$Cl^-—Na^+$型,具中—强硫酸型酸性侵蚀。

三叠系盐溶角砾岩和含石膏地层、三叠、二叠系煤系地层等地下水水质属$SO_4^{2-}—Mg^{2+}\cdot Ca^{2+}$型、$Cl^-—Na^+$型,具中—强硫酸盐侵蚀。

(三)主要工程地质问题

1. 不良地质及特殊岩土

滑坡:沿线共有大小滑坡31处,按滑坡产生的原因可分为堆积层滑坡、软质岩基岩滑坡、顺层滑坡。大型滑坡均已绕避,线路通过的均为中、小型滑坡和表土坍塌。对线路影响较大的滑坡有下姜家湾滑坡、黄泥堆滑坡、武隆纸厂滑坡、大嘴隧道出口滑坡、核桃园古滑坡、朱瓦桥顺层滑坡、对门坡古滑坡等。线路通过的滑坡均采取了相应的工程措施。在施工过程中,局部地段由于岩层风化厚度较大,地下水发育,开挖后堑坡发生坍滑,造成工程滑坡,具有代表性的如DK615工程滑坡。

岩堆:沿线通过岩堆共16处,主要分布于乌江峡谷、越岭地段、锦江峡谷的陡岩脚或软、硬质岩的接触带附近。沿线岩堆大多处于稳定状态。对于线路影响较大的岩堆有黄桷树岩堆、山泉沟岩堆、石字坝岩堆、尖坡岭岩堆等。线路通过的岩堆均采取了相应的工程措施。

泥石流:沿线共有4个泥石流沟,对线路影响较大的有2条,分别为清水溪泥石流沟和黄草场泥石流沟。清水溪泥石流沟,线路于泥石流沉积区以土坎三线桥通过,对线路有一定的影响;黄草场泥石流沟,线路于泥石通过区与沉积区的过渡带以黄草场2号三线桥通过,对线路有一定的影响。

危岩、落石:全线地形陡峻,危岩落石分布广泛,共13段,长3 087 m,主要分布于乌江峡谷、越岭地段、锦江峡谷的陡岩坡面或软硬岩接触带附近。沿线的危岩落石多发育于以下几种地层组合中:侏罗系沙溪庙组厚层砂岩和下伏软质岩接触组合;二叠系栖霞组和志留系地层接触组合;奥陶系中、上统和软质岩为主的大湾组接触组合,大湾组内部的瘤状灰岩和页岩接触组合。危岩落石严重地段基本上都以隧道绕避,仅在一些隧道进出口、峡谷桥、陡坡路基地段尚有小型危岩落石,已采取清除、支顶、嵌补、防护等措施进行整治。

岩溶:全线可溶岩地层分布广泛,主要集中在涪陵至锦和段。可溶岩地段长315.3 km,占全线总长的54%,其中隧道114.508 km/59座,路基123.337 km,其余为桥梁。地表岩溶形态多为溶蚀洼地、漏斗、落水洞。受新构造运动间歇性上升的影响,岩溶发育具明显的成层性,线路高程300~500 m间的地段属乌江期,岩溶形态以山间溶蚀槽谷、洼地、暗河为主,岩溶发育程度较高,暗河和水平溶洞多处于水平循环带中,给施工带来很大的困难。沿线较大的岩溶工点有:白沙坨1号隧道、枳城隧道、武隆隧道、狮子洞溶洞、狗耳泉暗河、普觉车站岩溶等。施工开挖后,又揭露了大量的岩溶,主要是大型的空溶洞、充填溶洞、暗河等。具代表性的岩溶现象有:武隆隧道的1号、2号暗河及溶洞和物探揭示的3号、4号暗河,板桃隧道的溶洞,干溪沟隧道的溶洞,冯家坝至甘家坝区间的路基岩溶,旗号岭隧道的岩溶水,小浩车站的溶洞等。岩溶给铁路工程带来的主要危害是:造成隧道突水、突泥;因岩溶地面塌陷而危害路基等地面工程;桥梁基础失稳等。武隆隧道的岩溶突水、突泥就是典型的一例。

顺层:全线顺层地段较长,累计线路长度43.638 km。局部地段因切层边坡高度太大,路基整治工程数量巨大,处理困难,进行了局部线路优化,长大的顺层地段均绕避;无法避免的顺层路堑采用了顺层清方、抗滑桩、锚索桩、锚索、大锚杆等加固措施。

采空区:沿线采空区主要为煤矿采空区和铁矿采空区,对线路影响较大的地段均已查明,主要包括DK146+435~DK167+330、DK234+270~+470段的煤矿采空区,DK199+170~DK200+000段的铁矿采空区和青平二道河水萤石矿、羊头铺萤石、重晶石矿的萤石矿采空区。

瓦斯、浅层天然气:全线共有17座瓦斯隧道,主要通过三叠系须家河组、二叠系吴家坪组、梁山组含煤段三个煤系地层,煤层厚度不大,相变较快,仅吴家坪组相对稳定,瓦斯含量不大,涌出量较小,但不排出有煤尘爆炸危险。在隧道施工中还发现志留系底部与奥陶系顶部的黑色页岩和碳质页岩含少量的瓦斯,主要出现在黄草隧道进口段、鱼塘湾隧道出口段、圆梁山隧道出口段和武隆隧道进口段。浅层天然气主要赋存于二叠系栖霞组下部的沥青质页岩中,并伴有少量的石油。其特点仍然是压力较小,涌出量不大,贮量较小,衰减较快。主要出现在白沙坨4号隧道、圆梁山隧道。

水库坍岸:线路沿长江河谷、乌江峡谷的部分地段,位于三峡库区内,三峡回水后存在水库坍岸现象,对线路有影响的共有4段,累计线路长度1417m。水库坍岸预测采用了两段法,在乌江常水位与三峡水库常年洪水位之间选用水下稳定角,在三峡水库常年洪水位之上选用岸坡稳定角。

软土:沿线共通过软土地段130段,累计线路长度12.03 km,一般分布在河流漫滩、阶地和沟口的冲积层或洪积扇中,软质岩地区的沟槽、坡麓地带、山间低洼处,可溶岩地区的岩溶洼地、槽谷中。呈透镜状产出,分布范围有限,厚度不大,软塑—流塑状,天然含水量在液限附近,孔隙一般大于1，属中—高压缩性土，c、φ 值较低。对线路通过地段的软土，均采取了相应的处理措施。

膨胀土：沿线通过膨胀土地段13处，累计线路长度49.46 km，分布于蔺市车站、冯家坝—甘家坝、龙潭—铜仁等地，主要为可溶岩地层的残积红黏土，部分为泥灰岩、泥质灰岩的坡、残积层。其特征为：半干硬—可塑，自由膨胀率 F_s 为40%～70%，蒙脱石含量 M 为14.19%～23.55%，阳离子交换量CEC为17.29～33.47 mmol/100 g土，属弱—中膨胀土。主要工点有蔺市车站膨胀土工点。

2. 重大地质工点简述

（1）蔺市车站软土路改桥工点：该工点距长江约400 m，线路斜跨沟槽，DK113＋598～＋742段位于沟槽内，沟槽内覆土较厚，土层分布有透镜状软土。据钻孔及静探揭示，软土以软砂黏土为主，软土多呈软塑，局部呈流塑状；一般厚2～4 m，最大厚度7 m。软土成因主要是由于沟槽内地势低洼，排水不畅，土体长期浸水呈饱和状态所致。该软土段采用桥通过。

（2）黄草隧道：该隧道的主要问题是，进口段施工至DK218＋215.5～＋545段，隧道进入黑色页岩夹碳质页岩地层中，隧道埋深增加较快，由270 m迅速增加到450 m。施工开挖后，喷射混凝土开裂、变形，拱顶和洞壁掉块严重，其中尤以左侧（靠河侧）较为严重，且块径较大，掉块后开挖轮廓呈不规则的矩形状。据调查，放炮后掌子面岩体有异常响声发出的现象，且这种现象随隧道埋深的增加呈现出逐渐加剧的趋势，出口与进口有类似现象。产生病害的原因主要是该隧道埋深较大，进口段埋深已达到450 m，岩体微裂隙发育，岩体自重应力本身就较大，地层又受偏压，导致岩体变形。

（3）鱼塘湾隧道：该隧道的主要问题是隧道进口段受断层影响，岩层破碎，隧道开挖后极易坍塌，围岩压力大，易引起支护和衬砌开裂变形。局部地段含劣质煤，有瓦斯溢出，未通风情况下瓦斯最高浓度为4.52%。隧道进口段及进口段路堑发生坍塌变形。隧道进口段支护和衬砌开裂变形产生的原因是进口段围岩受偏压，进口段又位于郁山正断层破碎带中，组成围岩的断层角砾岩易被地下水软化，岩石强度急剧下降所致。位于断层破碎带中的进口段路堑右侧边坡发生坍滑，对隧道进口段开裂变形也有牵引作用。

渝怀铁路的重大地质工点还有板桃隧道、武隆隧道、彭水隧道、沙坝隧道、圆梁山隧道、DK615工程滑坡等。

十四、遂渝铁路工程地质概况

李　东

（一）概　　况

1. 工程建设历史

遂渝铁路1998年3月～10月完成预可研工作，2000年1月～2002年4月完成可研工作，2002年4月～9月完成定测及初步设计，2002年10月～2003年1月完成补定测及施工图设计。2003年2月25日开工建设一线工程，同期建设车站和重点桥梁及其相邻工点的第二线工程。

2005年5月，该线在太和镇—合川—北碚北（石子山）长48.5 km的三站两区间，顺利进行了提速200 km/h综合试验。试验内容包括地面线桥设备动力作用、200 km/h动车组、120 km/h

货物列车和 120 km/h、25 t 双层集装箱列车等。

2006 年 12 月，在桐子林隧道出口—蒋家桥大桥正线全长 13.157 km 范围内，建成了拥有自主知识产权的中国首段无砟轨道铁路，并于 2007 年 1 月 3 日 ~12 日进行了 200 km/h 实车综合试验。

2006 年 1 月 15 日，遂宁至北碚北（石子山）正线工程开通运营；2007 年 4 月 18 日，包括无砟轨道试验段在内的引入重庆枢纽相关工程开通运营；2007 年 7 月 7 日，遂渝铁路全线开通，采用动车组运营。

2. 铁路地理位置及气象特征

（1）地理位置：遂渝铁路位于四川盆地中部—东南部，在既有达成铁路遂宁站接轨，经遂宁、三星、玉溪、潼南、太和、渭沱、合川至北碚站与襄渝铁路相接，长 120.181 km；利用既有铁路经回龙坝、团结村至江北站、重庆站。线路二跨涪江、二跨嘉陵江，见图 2—0—1。

（2）气象特征：全线地处四川盆地，属亚热带湿润季风气候区，温暖湿润，雨量充沛，具有"春早宜人气温多变、夏长燠热干旱频繁、秋凉短促夜雨连绵、冬迟多雾日照罕见"的特点。多年平均气温 17.5 ℃ ~18.5 ℃，极端最高气温 42.2 ℃（重庆，1953 年 8 月 19 日），最低气温 -3.8 ℃（潼南，1963 年 1 月 5 日）。年平均降雨量约 1 100 mm，多集中在 6 ~8 月的雨季，占全年降水量的 50% ~70%，并常有雷阵暴雨，最大日降雨量 247.1 mm。年平均蒸发量约 1 000 ~1 200 mm，每隔几年会出现春旱或伏旱。年平均相对湿度 78% ~90%。常年多北风、东北风、西北风，瞬时最大风速 27 m/s。冰雹发生率为 1 ~6 次/a。

3. 线路主要技术标准

（1）铁路等级：Ⅰ级；

（2）正线数目：单线，预留双线条件；

（3）限制坡度：6‰；

（4）最小曲线半径：2 000 m；

（5）牵引种类：电力；

（6）到发线有效长度：850 m；

（7）机车类型：货机 SS_3，客机 SS_7；

（8）闭塞类型：自动站间闭塞。

（二）工程地质概况

1. 地形及地貌

全线位于四川盆地中部—东南部，所经地貌类型主要有侵蚀堆积、剥蚀、构造剥蚀、构造侵蚀、构造溶蚀等形成的河谷阶地、丘陵、低山三种，宏观上呈现为连绵丘陵与平行岭谷两大地貌景观。

合川以北大面积分布侏罗系紫红色砂岩、泥岩，为四川盆地典型的红色丘陵景观。连绵丘陵具西高东低、北高南低、随涪江渐次缓降的规律，地面高程 195 ~380 m，相对高差 20 ~100 m。由于地处上升弱、褶皱轻微宽缓的川中台褶带，地貌形态主要受岩性及风化剥蚀营力影响，地形切割细碎，属剥蚀成因类型。

合川以南属川东台褶带范围，狭长条形低山山脉与丘陵槽谷沿区域构造线方向交替排列组成平行岭谷景观，显示由盆地边缘向复杂山区过渡的趋势。其中走向 NNE、高程 500 ~700 m、相对高差 100 ~400 m 的云雾山（九峰山）、缙云山、中梁山脉高亘成"岭"，平行延伸，形成东西之间的层层屏障，其间分布高程为300 m左右的相对宽阔的丘陵则如山间“谷”地。本区地貌的发育明显受构造和岩性控制，一般背斜成山，向斜为丘陵谷地地形。蜿蜒曲折穿越丘陵和低山的嘉陵江、涪江等大小江河两岸，零星分布有河漫滩与河谷阶地。

2. 地层岩性

沿线出露地层以中生界侏罗系上统遂宁组、中统上沙溪庙组为主，约占全线总长度的80%，三叠系仅见于云雾山、缙云山、中梁山等低山背斜部位，上古生界二叠系隐伏于背斜轴部，白垩系、第三系缺失，第四系松散堆积物分布较广，以河谷阶地、缓丘槽谷等低洼地带较为集中且厚度较大。

(1)第四系(Q)：包括全新统(Q_4)各种成因堆积物及更新统($Q_{1\text{-}3}^{al}$)冲积层，物质组成主要为粉质黏土、卵石土、块石土及黏土、淤泥等，厚度一般2~12 m，局部厚度达30 m。

(2)侏罗系(J)：包括上统遂宁组(J_3s)，中统上沙溪庙组(J_2s)、下沙溪庙组(J_2xs)、新田沟组(J_2x)泥岩、砂岩等，下中统自流井组($J_{1\text{-}2}z$)泥岩夹灰岩、泥质灰岩、页岩、石英砂岩等，下统珍珠冲组(J_1z)泥岩夹砂岩等。其中J_3s、J_2s分布于全线广大地区，J_2xs、J_2x、$J_{1\text{-}2}z$、J_1z则仅出露于低山背斜两翼。

(3)三叠系(T)：包括上统须家河组(T_3xj)砂岩夹页岩、炭质页岩及薄煤层，中统雷口坡组(T_2l)角砾状白云岩、灰质白云岩夹盐溶角砾岩，下统嘉陵江组(T_1j)灰岩、泥质灰岩夹白云岩、盐溶角砾岩等，深部含有石膏，飞仙关组(T_1f)泥岩、灰岩、泥灰岩及页岩、粉砂岩，分布于云雾山(九峰山)、缙云山、中梁山低山背斜核部。

(4)二叠系(P)：嘉陵江岸边出露有上统长兴组(P_2c)灰岩，含硅质，夹燧石结核，见于沥鼻峡背斜轴部及盐井溪附近。

3. 地质构造、新构造运动及地震动参数

(1)区域构造体系特征：全线位于扬子准地台四川中台坳(即新华夏系第三沉降带四川沉降带)，跨川东高褶带和川中平缓低褶带，构造形迹主要为华蓥山帚状褶皱束(川东南弧形构造带)和龙女寺半环状构造(川东旋卷构造带)。沿线区域构造主要有沥鼻峡背斜、温塘峡背斜、观音峡背斜、龙女寺背斜、中心镇背斜、大石桥背斜、璧山向斜、北碚向斜、龙凤场向斜、鼓楼向斜、合川向斜。断裂主要有华蓥山大断裂。

(2)新构造运动：沿线新构造运动表现为大面积间歇性抬升，形成有夷平面、河流堆积及相应的溶洞层。在相对抬升时期，河谷下切呈“V”形，岩溶区形成垂直岩溶形态，坚硬岩石区形成峡谷、深切沟谷。沿涪江、嘉陵江两岸普遍发育五级河谷阶地，多为基座阶地、侵蚀阶地，表明挽近时期曾有五次上升和五次间歇停滞。

(3)区域构造应力场分析：自加里东运动以来的各次运动中，喜山运动是本区唯一的褶皱运动。喜山期早期，先是南北向水平挤压成生东西向构造，后是东西向水平挤压应力使华蓥山大断裂复活并发生顺时针扭动，形成帚状褶皱束及半环状构造。华蓥山大断裂为隐伏活动性深大断裂，成生早，规模大，具多期活动性，控制了东西两侧地史演化、构造成生和发展。华蓥山大断裂以东为川东台褶带，是喜山期由SEE向NWW推挤于华蓥山大断裂受阻而渐次隆起、褶皱的地带，构造形迹为一系列NE—NNE向近于平行的狭长不对称褶皱，其中背斜成山挤压紧密，两翼陡峻但不对称，轴线扭摆弯曲；向斜成谷相对舒缓且向北翘起、向南散开，具“隔挡式”褶皱特点，断裂多发育于背斜轴部和倾伏端，且多为高角度走向逆冲断层(由SEE向NWW挤压逆冲)。与线路关系密切的沥鼻峡背斜、温塘峡背斜、观音峡背斜及其间的壁山(干坝子)向斜、北碚向斜以及盐井溪断层、沥鼻峡断层等，均属于华蓥山帚状褶皱束的南延部分。

华蓥山大断裂以西为川中台褶带，因基底差异运动微弱，整体较稳定，仅盖层部分因周边水平应力压扭牵引而形成轻微褶皱，两翼岩层产状均平坦舒缓，岩层倾角一般小于5°，断裂不发育。

(4)地震动参数：据中国地震局《中国地震动参数区划图》(GB18306—2001，图A1、B1，1/400万)，遂宁至太和镇(K76之前)段地震动峰值加速度小于0.05g，太和镇(K76之后)至北碚北段地震动峰值加速度为0.05g，全线地震动反应谱特征周期为0.35 s。

4. 水文地质条件

沿线江河、水库、堰塘分布较多，水量均受大气降水补给。嘉陵江及其支流涪江、临渡河、梁滩河等大小江河为常年地表水流，河水面为当地侵蚀基准面。

(1)地下水类型

孔隙水：主要分布于涪江、嘉陵江两岸河漫滩、河流阶地砂卵石及丘间宽谷低洼处松散堆积层中，为孔隙潜水，受大气降水及河水等地表水流渗透补给，其中Ⅰ级阶地砂卵石层厚3~10 m，分布稳定，透水性强，为良好的含水层。

基岩裂隙水：主要为红层丘陵区基岩裂隙水与须家河组碎屑岩裂隙水。红层丘陵区基岩裂隙水埋藏于侏罗系遂宁组、沙溪庙组、自流井组砂岩、泥岩风化带裂隙中，地下水水位、水量、水温明显受季节变化影响，雨季水位升高，流量增大，旱季则相反。须家河组碎屑岩裂隙水主要分布于沥鼻峡、温塘峡、观音峡背斜两翼，地下水沿背斜周边分布。T_3xj地层上覆于T_1j石灰岩之上，其间有相对隔水的页岩夹煤层存在，一般彼此无水力联系，但北温泉、西温泉、青木关等地因背斜部位岩层张性裂隙沟通而发生水力联系，故这些温泉含水层虽然处于T_1j灰岩中，而泉点却出露在T_3xj地层中。

岩溶水：主要分布于沥鼻峡(云雾山)背斜、温塘峡(缙云山)背斜核部及翼部的P_2c、T_1f、T_1j、T_2l的灰岩、白云质灰岩、白云岩、角砾状灰岩、泥质灰岩夹钙质页岩等碳酸盐岩中。呈条带状分布的岩溶水，发育于背斜隆起区轴线及核心地带，沿构造线方向纵向径流，于深切河谷、低位槽洼、槽沟、槽坡及与非碳酸盐岩(相对隔水层)接触带等部位以泉、暗河形式排泄，流量一般1~30 L/s，最大达60~85 L/s，水量随季节变化明显。该地区岩溶含水岩组，主要发育于背斜倾伏端或背斜轴部，被T_3xj地层所覆盖，其岩溶水属浅—深埋藏型岩溶水，北温泉、西温泉等出露的温泉即是深埋藏型岩溶水的例证。

(2)地下水化学特征

经取样分析，沿线地表水、地下水水质类型多为HCO_3^-—Ca^{2+}型，余为HCO_3^-—$Ca^{2+}\cdot Na^+$型、$HCO_3^-\cdot SO_4^{2-}$—Ca^{2+}型等，一般为低矿化度淡水、软水、弱酸性—弱碱性水，对混凝土无侵蚀性，仅松林堡隧道、荆竹岭隧道、西山坪隧道水样具弱—中等溶出型侵蚀与弱—强硫酸盐侵蚀。

(三)主要工程地质问题

1. 不良地质与特殊岩土

(1)滑　坡

庙子湾隧道进口滑坡：位于K71+825~+950段，滑体呈扇形状，主轴方向N25°W，长约250 m，宽约200~250 m，后缘见基岩出露。滑体物质成分为硬塑状粉质黏土，厚4~16 m。据调查访问，该滑坡是1983年7月的一场特大暴雨后产生的，此后滑坡趋于稳定，并在滑体上建有10多间民房。

2003年3月，庙子湾隧道进口端施工开挖路堑，附近村民发现房屋墙体出现开裂，另施工单位在K71+975左25 m处修建蓄水池时，在土层中发现多条裂缝，宽5~10 cm，随后停工移地重建。导致该滑坡复活的主要原因是施工单位在滑体内开挖路堑,诱发滑坡体失稳产生滑动。施工时已进行了整治。

合川高阳滑坡:该滑坡位于 K100 +250 ~ +400 右侧山坡中部不连续台地,滑坡长 120 m,宽 60 m,滑体厚 2 ~ 8 m,以粉质黏土夹碎块石为主。该滑坡于 1992 年曾出现过变形,1994 年雨季后又出现了明显的裂缝,当地居民房屋有多处开裂。据钻孔验证,在 5 ~ 7 m 深地段有一层软塑状粉质黏土且含水,下伏基岩为泥岩,泥岩遇水后表层软化,加之岩土界面倾角又较大,致使土体在自重作用下产生蠕动变形,由于房屋基础多置于滑体土层中,导致房屋变形开裂。施工时已进行了整治。

石花庙隧道进口段路堑堑坡坍滑:地表为第四系硬塑—软塑状黏土,厚 6 ~ 12 m,下伏 J_2s 泥岩夹砂岩,进口路堑开挖后形成临空面,两侧堑坡发生坍滑,长 70 m,裂隙宽 10 ~ 40 cm,深达 50 ~ 110 cm,错台 10 ~ 80 cm。施工中已采取工程措施进行处理。

西山坪隧道进口滑坡:位于 K117 +265 ~ K117 +370 段,系人工弃填土所产生。据钻探揭示,其沟槽内的土层为软塑状的粉质黏土,厚 2 ~ 8 m,加之其下伏基岩为页岩,为相对的隔水层,土体中的水下渗到基岩接触面处,形成软弱面,在其上部人工弃渣(块石土,厚 5 ~ 35 m)的重力作用下,引起土体坍滑。该滑坡体长 390 m,宽 60 ~ 80 m,滑体深 8 ~ 35 m,滑体主轴方向为 284°,为人工新近堆积土层滑坡,对进口有一定影响。本滑坡施工时已进行整治。

桐子林隧道进口段滑坡:桐子林隧道进口段洞身,K124 +470 ~ +880,发育有醪糟坪滑坡。该滑坡为一滑坡群,由 4 个滑坡组成。该滑坡群总体上位于波状起伏的中缓斜坡上,为堆积体土层滑坡,其滑坡轴向长 600 m,宽 300 m,主轴方向大致为 N40°W,滑体主要为块石土及粉质黏土(含粉土),厚度一般为 10 ~ 20 m,上部最厚达 37 ~ 41 m,中、下部最薄处为 3.6 ~ 6.0 m,与基岩接触面间连续夹有 1 ~ 2 m 的粉质黏土,构成不均匀的滑带土。本滑坡施工时已进行整治。

(2)错落:全线仅龙家沟隧道出口 K103 +220 ~ +360 段发育有错落体一处,长约 120 m,宽约 200 m,厚 5 ~ 30 m,主要由块石土、粉质黏土组成。错落体顺山脊分布,前缘凸起反翘,后缘形成陡坎,陡坎高 10 ~ 20 m,陡坎之下形成平台。据钻探揭示,该段错落体底部高程为 224.7 ~ 228.0 m,错落体底部有一软弱层,为软塑—硬塑状粉质黏土,下伏基岩面平缓。而隧道出口段路肩面高程为 230.534 ~ 232.716 m,即该段隧道洞身及出口位于错落体中,该错落体变形缓慢,已加强监测。

(3)岩堆:由于砂岩、泥岩差异风化明显,泥岩易风化剥落形成空腔(岩腔),其上部相对悬凸的砂岩因节理切割形成不稳定岩块,在重力及雨水作用下崩落于陡崖之下的泥岩缓坡上,形成岩堆;或在厚层砂岩陡崖之下,由于风化等作用,本身具有卸荷张节理的上部岩体,在重力作用下,沿卸荷张节理崩塌、坠落形成岩堆。全线共 6 处岩堆,因规模较小,施工中均以清除或采取工程措施进行处理。

(4)危岩落石:沿线侏罗系中统上沙溪庙组厚层状砂岩出露地段较多,分布地段地形较陡。局部陡坎、陡崖处存在危岩落石,一般对工程影响小,施工时均以清除或嵌补等工程措施进行处理。

(5)岩溶:全线通过可溶岩地段长约 4.0 km,主要分布在沥鼻峡背斜核部,铁路主要以桥梁、隧道工程穿越 P_2c、T_1f、T_1j、T_2l 灰岩、盐溶角砾岩、白云岩等可溶岩地层。嘉陵江为本区侵蚀基准面,推测桥、隧工程处于岩溶水的垂直渗流带—水平循环带内。隧道穿过可溶岩地区,尤其是在嘉陵江组 2 段(T_1j^2)、4 段(T_1j^4)以及雷口坡组(T_2l)地层中,遇岩溶、发生突水突泥等地质灾害的可能性较大。荆竹林隧道是沿线岩溶发育的代表性工点,该隧道施工开挖揭示出的溶洞均已采取相应工程措施进行处理。

(6)人为坑洞:本线穿越含煤地层的松林堡、荆竹岭、西山坪等三座隧道都存在采空区及老煤窑巷道积水等问题,对隧道施工、运营均有一定危害。隧道工程已加强监测并采取措施防止采空区及老煤窑巷道积水对隧道施工的不利影响。

(7)有害气体

煤层瓦斯:沥鼻峡背斜、温塘峡背斜东西两翼及观音峡背斜西翼均分布有 T_3xj 含煤地层。穿越含煤地层的松林堡、荆竹岭、西山坪等三座隧道都存在瓦斯问题。隧道区矿井及小煤窑分布较多,多属低瓦斯矿井,瓦斯涌出不严重。虽本线隧道洞身处于瓦斯风化带的深度范围,但隧道工程仍采取加强瓦斯监测和预防措施,以确保施工安全。

天然气:线路经过地区为川中天然气气田区,深层天然气蕴藏量大,主气源为地表下 2 700 ~ 3 000 m 的二叠系龙潭组(P_2l)地层,且正在开采。天然气可能沿地层裂隙泄出地表,或沿气井壁等处泄漏,具有不可预见性和无规律性的特点,在隧道及深基坑开挖时有可能逸出。另在测区地下,埋设有天然气输气管道。施工中已采取加强监测等措施。

(8)软土、松软土:沿线广泛分布软土及软塑状黏性土("松软土"),总长约 13.8 km。其中,厚度大于或等于 3 m 的(松)软土路基共 105 段,每段长 20 ~ 400 m 不等,总长约 11.0 km。多分布在丘间槽谷、堰塘、水田之浅层和表层,为全新统冲洪积、坡洪积流塑—软塑状淤泥、淤泥质黏土、软黏性土等。据静力触探揭示,软土、松软土呈透镜状或软硬互层状(夹层状)分布,单层厚 0.5 ~ 3 m,总厚可达 6 ~ 12 m。软土、松软土对工程影响较大,已按工点检算后进行处理。

(9)膨胀性岩土

膨胀岩:测区泥岩自然陡坎较多,不具明显的膨胀岩地貌特征。经对遂宁—双朝门段代表性泥岩取样试验,12 组样品中,自由膨胀率大于 30% 者仅 1 组($F_s = 32\%$),其饱和吸水率小于 10%($w_{sa} = 4.50\%$),故可按非膨胀岩考虑。但泥岩仍具一定膨胀性,遇水易软化、崩解,因此泥岩边坡仍根据具体工程情况加强防排水措施,或进行支挡防护。

膨胀土:沿线山丘基岩裸露,槽谷则分布有厚 2 ~ 18 m 的坡洪积黏性土,其母岩主要是具一定膨胀性的泥岩、泥质砂岩,其中的蒙脱石等矿物组分因淋滤、搬运富集于土体中,使黏性土也具有大小不一的、非均质的膨胀性。据 197 组土样试验统计,自由膨胀率 $F_s = 7\% \sim 60\%$,其中 F_s 大于等于 40% 者只有 18 组,约占 9.1%,且多分布于桥涵地基中,对工程影响不大,可按非膨胀土考虑。

(10)人工弃填土:分布于既有公路、铁路填方地段,以碎块石土为主,厚 2 ~ 20 m 不等,已结合工程加固或挖除。

(11)石膏:据区域地质资料,区内的侏罗系上统遂宁组(J_3s)、中统上沙溪庙组(J_2s)泥岩夹砂岩中,局部间夹灰白色石膏条带。在测区范围内,虽当地居民介绍未开采过石膏,但钻探和隧道施工中曾发现石膏,厚度约 40 ~ 50 m。据蓼叶湾大桥 K108 + 323 ~ + 333 钻探揭示,嘉陵江组石膏呈白色,致密颗粒状、纤维状集合体,含不均匀的黑色泥质成分,并与其组成黑白相间的细层纹,石膏含量较多,约占 70% ~ 80%,泥质占 20% ~ 30%,钻探揭示其石膏地层真厚度为 10 m,视厚度达 40 m 以上。该层为软层,具强烈侵蚀性,对工程危害极大。另据隧道施工资料,K110 + 827 ~ + 857 段地层含石膏量较大,属石膏地层。

(12)盐溶角砾岩:据区域地质资料及勘探、施工揭示,区内三叠系下统嘉陵江组 2 段(T_1j^2)、4 段(T_1j^4)地层以及中统雷口坡组(T_2l)地层中有盐溶角砾岩分布。据荆竹岭隧道

K110+753～+882段开挖揭示，盐溶角砾岩呈灰色、深灰色、灰黑色，角砾状结构，块状构造，钙泥质及炭质胶结，少量为泥质胶结，角砾成分主要为灰岩质，角砾直径3～100 mm，角砾形状为不规则半圆形、三角形、椭圆形，角砾含量约为30%～40%，溶蚀发育，溶孔呈蜂窝状，溶孔约占35%，其直径1～8 mm，溶孔大量充填黏土，少量无充填。另据歌乐山隧道资料，盐溶角砾岩成分：方解石60%～98%，黄铁矿3%～31%，石膏5%～10%，有机质2%～3%。蓼叶湾大桥、荆竹岭隧道等工点施工过程中，均揭示了石膏、盐溶角砾岩等膏盐地层，其工程性质极差，且对工程危害极大，均采取了专门的工程措施进行整治。

2. 重大地质工点简述

(1)薛家坝涪江特大桥：全长1 039.06 m。该桥跨越涪江，桥渡区属剥蚀丘陵河谷阶地地貌，地面高程250～330 m，相对高差80 m。河谷呈U字形，两岸均发育有高级阶地，为Ⅱ级基座阶地，高程300～330 m。右岸为堆积岸，居民点较多。左岸为侵蚀岸，岸坡中上部有巨厚层砂岩陡崖，高约20 m，下部为坡崩积块石土岩堆(厚2～5 m)。桥渡区河漫滩上覆第四系全新统冲洪积(Q_4^{al+pl})卵石土、粉质黏土、软粉质黏土，不良地质主要为左岸陡崖下的坡崩积块石土岩堆。

(2)穿井坝涪江特大桥：全长1 026.30 m。该桥跨越涪江，桥渡区为U形宽谷，涪江左岸为宽阔平缓的Ⅰ级阶地和河漫滩堆积岸，右岸(重庆端)为河流侵蚀岸，基岩岸坡陡峻。桥址上覆第四系全新统冲积(Q_4^{al})粉质黏土、松软土、软粉质黏土、卵石土与坡残积(Q_4^{dl+el})粉质黏土，厚2～22 m；下伏基岩为侏罗系中统沙溪庙组(J_2s)泥岩夹砂岩，桥址区未见不良地质。

(3)草街嘉陵江特大桥：全长810.55 m，桥高60 m，为高墩、大跨特大桥。该桥跨越嘉陵江，桥渡区河谷呈U字形，河床宽缓，中部淤积形成江心洲。河床覆盖第四系全新统冲积(Q_4^{al})卵石土，厚6～12 m。河谷两岸基岩裸露，岸坡稳定。桥址基岩为侏罗系中统下沙溪庙组(J_2xs)泥岩夹砂岩、砂岩，新田沟组(J_2x)泥岩夹砂岩、砂岩，下中统自流井组($J_{1-2}z$)泥岩夹砂岩及灰岩。该桥处于壁山向斜北部扬起端南东翼和温塘峡背斜北西翼，岩层节理较发育—发育。

(4)朝阳嘉陵江大桥：全长358.3 m，桥高80 m，为长跨、高墩大桥。该桥跨越嘉陵江，桥址位于侵蚀切割低山峡谷陡坡地貌区(观音峡)，河流深切，两岸地形陡峻，基岩裸露，岸坡稳定。河床覆盖第四系全新统冲积(Q_4^{al})卵石土及细砂，厚6～12 m。基岩为三叠系上统须家河组(T_3xj)第一段页岩夹薄煤层和第二段砂岩。该桥地处观音峡背斜北西翼，岩层节理较发育—发育。

(5)松林堡隧道：全长1 320 m。隧道穿越沥鼻峡背斜低山，穿越的地层为侏罗系中统新田沟组(J_2x)泥岩夹砂岩，下中统自流井组($J_{1-2}z$)泥岩夹砂页岩及泥质灰岩，下统珍珠冲组(J_1z)泥岩夹砂岩及页岩，三叠系上统须家河组(T_3xj)砂岩、页岩夹煤层，中统雷口坡组(T_2l)白云质灰岩夹盐溶角砾岩等。隧道位于沥鼻峡背斜NW翼，属单斜构造，受华蓥山隐伏大断裂影响严重，岩体破碎—较破碎，次生小断层、揉皱小褶曲、节理裂隙多见，围岩自稳性较差。主要工程地质问题为隧道穿煤矿采空区和地层含煤层瓦斯等。

(6)荆竹林隧道：全长4 366 m。隧道穿越沥鼻峡背斜低山，穿越地层有侏罗系中统下沙溪庙组(J_2xs)与新田沟组(J_2x)泥岩夹砂岩，下中统自流井组($J_{1-2}z$)泥岩夹砂岩、灰岩，下统珍珠冲组(J_1z)泥岩夹砂岩，三叠系上统须家河组(T_3xj)砂岩、页岩夹煤层，中统雷口坡组(T_2l)白云质灰岩夹盐溶角砾岩，下统嘉陵江组(T_1j)灰岩、盐溶角砾岩夹石膏，飞仙关组(T_1f)泥岩夹砂岩、灰岩，二叠系上统长兴组(P_2c)灰岩等。隧道洞身发育有沥鼻峡背斜、沥鼻峡断层等构造，受其影响，岩体较破碎，节理(尤其是背斜核部纵张节理)发育。主要工程地质问题为岩溶

（暗河与溶洞群）发育，地层含煤层瓦斯，盐溶角砾岩、石膏工程性质极差及地下水具侵蚀性等。

（7）西山坪隧道：全长2 930 m。隧道穿越温塘峡背斜低山，穿越地层有侏罗系中统下沙溪庙组（J_2xs）泥岩夹砂岩、中统新田沟组（J_2x）泥岩夹砂岩，下中统自流井组（$J_{1-2}z$）泥岩夹砂页岩及泥质灰岩，下统珍珠冲组（J_1z）泥岩夹砂岩及页岩，三叠系上统须家河组（T_3xj）砂岩及页岩夹煤层（煤线）等。本隧道穿越温塘峡背斜轴部，背斜走向为北东向，核部为须家河组，两翼不对称。洞身岩体较完整，节理较发育，未见大的断裂构造。由于隧道右侧为嘉陵江深切峡谷（温塘峡），左侧为渝合高速公路西山坪隧道（双洞），加之上部泥页岩对表水阻隔、下部采煤空洞对地下水的疏干作用，本隧道围岩富水程度为弱—中等。隧道的主要工程地质问题是地层含煤层瓦斯，隧道穿煤窑采空区及地下水具侵蚀性等。

十五、大丽铁路工程地质概况

杨　英

（一）概　　况

大丽铁路是滇藏铁路的南段。

铁路穿越云贵高原西部与横断山脉交接地区，地形地质复杂，工程十分艰巨。线路正线长164.39 km，其中桥梁76座，长22.653 km，占线路长度的13.78%；隧道47座，长78.595 km，占线路长度的47.81%；桥隧总长101.248 km，占线路长度的61.6%。

2004年1月铁二院完成了《大理至丽江线可行性研究报告》，同年完成了全线定测、初步设计、补定测、施工图设计。大理至丽江铁路2004年11月开工建设，2010年通车。

1. 铁路地理位置及气候特征

（1）地理位置：大理至丽江铁路位于云南省西北部，南起广大铁路大理东站，向北沿洱海东岸经上关、西邑、鹤庆至丽江，见图2—0—1。

（2）气象特征：线路主要经过大理市、洱源县、鹤庆县及丽江县，为中亚热带湿润区，属于冬干夏湿的高原季风气候。由于特殊的地理环境，悬殊的地貌差异，因而构成独特的"一山分四季，十里不同天"的立体气候。沿线降雨时间大部分集中在5～10月，尤以7～8月最为集中，每年10月下旬至次年5月为干风季节。大理地区（包括洱源县、鹤庆县）风速一般为8～9级，最大可达11～12级；丽江地区（丽江县）降雨量随纬度递增而递减，在同一地区山顶雨量多，河谷雨量少，山的迎风面雨量多，背风面雨量少，历年最长连续降雨33天（1998年8月4日～9月5日）。此外，地形对风的影响显著，风向多与河谷走向一致，历年最大积雪深度32 mm，无冻土层，历年平均霜冻期71.5天。

2. 线路主要技术标准

（1）铁路等级：Ⅰ级；

（2）正线数目：单线；

（3）限制坡度：12‰；

（4）路段旅客列车设计行车速度与最小曲线半径：v_{max} = 120 km/h，最小曲线半径1 200 m，特殊困难地段800 m；

(5)牵引种类:电力;

(6)机车类型:DF4D;

(7)牵引质量:1 450 t;

(8)到发线有效长度:650 m,预留 850 m;

(9)闭塞类型:继电半自动闭塞。

(二)工程地质概况

1. 地形地貌

大丽铁路位于云贵高原边缘与横断山脉交接的大理、丽江地区,地势东高西低、北高南低,山脉和水系多呈南北向展布。线路跨越河流属澜沧江、金沙江水系,主要有波罗江、漾弓江等。测区属溶蚀剥蚀构造中山、低中山地貌。区内高程 1 800 ~ 2 786 m,相对高差一般 470 ~ 700 m,最大达 986 m,最高处为笔架山西侧山脉,高程 2 786 m,最低处为梅子涧东侧沟谷,高程约 1 800 m。

大理东站至大理北段:行进于洱海南端大理盆地边缘地带,为湖泊、河流相沉积地貌,地形平坦、开阔,多被垦为耕地。

大理北至上村段:位于洱海东岸边,线路距洱海边最近约 250 m,最远约 2 000 m,为溶蚀、剥蚀构造低中山地貌,高程 1 960 ~ 2 430 m,相对高差 300 ~ 450 m,地形起伏大,横坡较陡。山坡及槽谷相间分布,槽谷内多垦为耕地,坡面多为荒地,植被不发育,杂草丛生。

上村至梅子涧段:剥蚀构造中山地貌,位于金沙江和澜沧江分水岭一带,高程 1 800 ~ 2 500 m,相对高差 500 ~ 650 m,地形起伏大,自然横坡 15° ~ 35°,局部较为平缓。

梅子涧至松桂 2 号隧道出口段:溶蚀、剥蚀构造中山地貌,局部为山前古洪积堆积地貌,地形陡峻,西高东低,高程 2 100 ~ 2 786 m,相对高差 500 ~ 650 m,地形起伏较大,横向冲沟发育,坡面植被较发育,多为荒地,少部被垦为旱地。

松桂 2 号隧道出口至关坡隧道出口段:线路行进于鹤庆盆地东侧边缘的坡麓地带,高程 2 200 ~ 2 500 m,相对高差 50 ~ 200 m,地形起伏较小,多垦为耕地。

关坡隧道出口至丽江:线路行进于丽江盆地东侧边缘地带,为湖泊相沉积地貌,高程 2 370 ~ 2 390 m,地形平坦开阔,地表多垦为耕地。

2. 地层岩性

沿线地层分布较为齐全,沉积类型繁多,上至新生界第四系松散层,下至古生界奥陶系沉积岩。其间岩浆活动剧烈,岩浆岩规模巨大。沉积岩、早期岩浆岩因受高温高压动力变质作用普遍,有不同程度的变质。

(1)第四系(Q):全新统主要包括人工填筑土(Q_4^{ml}),分布于既有铁路路堤、公路等地段;冲洪积(Q_4^{al+pl})、坡洪积(Q_4^{dl+pl})、崩堆积($Q_4^{col+del}$)、滑坡堆积(Q_4^{del})、错落堆积(Q_4^{sl})、坡残积(Q_4^{dl+el})等地层以砂层、卵石土、角砾土、碎块石土、块石土及黏性土为主,局部夹淤泥质土、软黏土,主要分布于沿线盆地边缘、山丘缓坡、斜坡表层及山间沟谷等地段;泥石流堆积(Q_4^{sef})以碎石土为主,分布于长育村、双廊镇、梅子涧及三家村一带;湖相沉积(Q_4^{l})主要为泥炭质土、泥炭、淤泥质土、淤泥、黏性土、砂类土、圆砾土等,局部为有机质土、软黏土等,洱海盆地内与第四系冲洪积层交互沉积,主要分布于洱海盆地及边缘、鹤庆盆地、丽江盆地一带。上更新统洪积(Q_3^{pl})为黏土、碎石土,局部为块石土,分布于芹河至北松坪一带。下更新统蛇山组(Q_1s)以粉质黏土、圆砾土为主,分布于 DK138 + 900 ~ DK139 + 857、DK144 + 870 ~ DK148 + 416、DK149 + 474 ~ DK151 + 527 坡麓地带。

(2)下第三系(E):下第三系始新统丽江组3段(E_2l^3)(鹤庆幅为E),为灰色、灰紫色白云质、灰质角砾岩,厚层状,钙质胶结,主要分布于鹤庆盆地、丽江盆地东侧。

(3)白垩系(K):主要为砂岩夹泥岩、砾岩,分布于大理东至大理北一带及地石曲大桥至大理站。

(4)三叠系(T):主要为泥岩、页岩夹砂岩及煤线,灰岩、白云质灰岩夹页岩、砂岩,白云岩、白云质灰岩、灰岩,泥质灰岩、灰岩夹薄层砂岩、页岩等,依次分布于松桂、鹤庆盆地南东侧、新窝至羊俊、丽江盆地东侧边缘坡面、笔架山至松桂、鹤庆至丽江盆地南侧一带、笔架山隧道至松桂、鹤庆至丽江盆地边缘山坡一带等地段。

(5)二叠系(P):包括上统的长兴组(P_2ch)、黑泥哨组(P_2h)灰岩、砂页岩夹灰岩,玄武岩组的玄武岩夹片状、薄层状凝灰岩,玄武岩夹灰岩透镜体,玄武岩等,以及下统(P_1)的灰岩夹角砾状灰岩,依次分布于关坡隧道一带,禾洛山隧道至笔架山隧道、大磨坪隧道—大磨坪大桥一带,上村隧道至大磨坪隧道、双廊至上村、白鹤山隧道至双廊、海印隧道一带,以及塔山隧道至白鹤山隧道一带。

(6)石炭系(C):包括中上统(C_{2+3})灰岩、白云质灰岩夹泥质灰岩,分布于塔山隧道至白鹤山隧道一带,以及下统(C_1)灰岩夹薄层硅质岩,分布于白鹤山隧道。

(7)泥盆系(D):包括中上统(D_{2+3})硅质岩,分布于长育村特大桥至白鹤山隧道,以及下统莲花曲组(D_1l)、青山组(D_1q)、康廊组(D_1k)的泥灰岩夹灰岩、薄层页岩,灰岩夹角砾状灰岩,白云质灰岩、白云岩等,依次分布于莲花曲隧道至长育村特大桥、石房子隧道、塔山至文笔村一带,以及铁门把隧道一带。

(8)奥陶系(O):主要为下奥陶统向阳组的页岩、泥质砂岩夹泥岩,砂质页岩夹石英砂岩、泥质粉砂岩,石英砂岩以及长石石英砂岩夹泥质粉砂岩等,分布于海东镇车站以及石房子隧道至海东镇车站一带。

(9)断层角砾(Fbr):以石英砂岩、长石石英砂岩、灰岩质为主,局部为岩块及断层泥,分布于各断层破碎带。

(10)岩浆岩:北衙隧道、西邑站至金井坝大桥一带出露的燕山期石英正长斑岩($\xi\pi_5^3$)侵入体。地表一般为全风化或强风化,风化带厚度不详,深部为弱风化。侵入体中常伴生多种有色金属矿产,自清朝以来先后曾多次在北衙一带开采,初测期间曾停采,定测期间又发现在开采。

此外,测区尚发育有煌斑岩脉(x)、辉长岩脉(υ)、辉绿岩脉(η)、辉绿辉长岩脉(ηυ)。

3. 地质构造、新构造运动及地震

(1)地质构造

该段线路位于青藏、滇缅、印尼巨型"歹"字形构造体系与三江经向构造体系复合部位,NNW向构造和SN向构造为主体构造骨架。一系列SN向、NNW向构造线渐成撒开状态,鹤庆—丽江局部地区尚有纬向构造体系的复合、干扰,但区域构造轮廓仍较清晰,自成体系。测区构造复杂,褶皱、断裂发育,致使岩体节理发育、破碎。

褶皱:全线褶皱构造主要有凤仪向斜、向阳背斜、北衙向斜、宝窝向斜、板箐向斜等,对线路有一定的影响。

断裂:与线路相关的断层共41条。规模较大的区域性断裂构造主要有以下四条:

洱海深大断裂:是测区最大的断裂,为逆断层,走向NW,倾向NE,倾角约70°,长约80 km,断裂对两侧地质条件起着控制性作用,东部的全部古生界地层在西部均未出露,断裂两侧中生界地层也有一定差异。该断裂是形成时代早、活动时间长的一条大断裂。

马鞍山断层：线路附近走向大致 N45°E，倾向 NW，倾角 70°，为压扭性断层，破碎带宽 200～500 m，由断层角砾岩、压碎岩及透镜体组成，对隧道工程影响大。

军营—福田断裂：为逆断层，破碎带宽 100～200 m，断裂两侧发育有次级的 NNW 及 NE 向小断层，鹤庆幅内延长约 30 km，两端被第四系土层所覆盖。两次与线路相交，对线路影响较大。

关坡 1 号断层：线路附近走向约 N15°E，据物探资料，倾向线路，倾角约 60°，测段出露长约 3 km，断层破碎带宽 80～160 m，对隧道工程有一定影响。

(2)新构造运动

区域新构造运动十分强烈，且具明显的继承性。线路地处青藏高原东南缘，位于古特提斯构造域的中东段，即青藏高原断块区—川滇菱形块体内，也是川滇菱形块体和滇缅块体的结合部位，主要受到印度板块向北的推挤和青藏高原南南东向挤出的叠加作用。块体表现为强烈的抬升和南东向的滑移。

(3)地　震

本区属“歹”字形构造体系、东西向构造体系和南北向构造体系复合地带，地应力场复杂，地震活动频繁。下关经大理、洱源、剑川至丽江强震带，是我国南北地震带的南段，也是滇西北强震分布区之一。据记载，自 1474 年至 1964 年，大理（邓川）、鹤庆、剑川、洱源、丽江、永胜等地共发生强震 25 次，震中烈度六至十度，震级最高者为 1515 年 6 月 17 日发生于永胜的 7.5 级大地震。1925 年 3 月 16 日大理发生 7 级地震，使点苍山山顶开裂下陷数米；1950～1960 年代剑川等地数次地震，造成巨大山体滑坡，阻塞水渠涵道，破坏道路等。最近一次为 1996 年 2 月 3 日发生在丽江县境内（北纬 27°18′，东经 100°13′）的 7 级地震，为主震—余震型地震，主震震源深度达 10 km，波及大理、丽江等地州县，受灾人口逾百万。

线路经过地区历史上曾遭受的地震影响在Ⅷ度以上，丽江至秋水 2 号特大桥（DK83＋886）以北地区曾遭受的最大烈度达到Ⅸ度，线路南段所处地区的最大烈度也曾达到Ⅸ度。

根据《中国地震动峰值加速度区划图》（GB18306—2001 图 A1，1/400 万），沿线地震动峰值加速度区划除 DK88＋500～DK165＋925 为 0.30g 外，其余地段均为 0.20g。

4. 水文地质条件

(1)地下水类型

孔隙水：主要分布于洱海、鹤庆、丽江断陷盆地、河谷及低洼沟槽第四系松散层中，直接接受大气降水及河水的补给，并向较低洼处排泄。

基岩裂隙水：测区碎屑岩类及岩浆岩分布较广，岩层受区域地质作用影响，裂隙较发育，可储存一定量的地下水，主要接受大气降水补给，向低洼沟槽处排泄。断裂带裂隙水主要沿断裂带分布，线路所经地段规模大者为马鞍山断层、军营—福田断裂，前者附近见泉点出露，后者附近未见泉点出露，地下水埋藏较深。

岩溶水：沿线碳酸盐岩类主要分布地段，岩溶水发育，其特征和表现形式与地层岩性、构造部位、地貌单元及岩溶所处部位等密切相关。

(2)水化学特征

经对线路附近的钻孔水、沟、河、塘、井等取水样 65 组（其中地表水 21 组，地下水 44 组）进行水质简分析，同时利用初测 77 组水质分析资料，综合分析得出：HCO_3^-—Ca^{2+} 型 28 组，HCO_3^-—$Ca^{2+}\cdot Mg^{2+}$ 型 24 组，HCO_3^-—$Ca^{2+}\cdot Na^+$ 型16 组，HCO_3^-—$Ca^{2+}\cdot Na^+\cdot Mg^{2+}$ 型 14 组，其他类型 44 组。绝大多数水样对混凝土无侵蚀性，少量具侵蚀性。有侵蚀性的水大多分布于大理东至鹤庆的玄武岩、泥岩、砂岩及煤系地层地段，或上游与玄武岩地层有关的地段。

（三）主要工程地质问题

1. 不良地质及特殊岩土

（1）不良地质

岩溶：沿线碳酸盐岩类主要分布于向阳—双廊、笔架山—鹤庆一带，分布范围较广，岩性主要为灰岩、白云质灰岩、白云岩、角砾状灰岩、泥质灰岩，岩溶危害的主要形式为暗河、溶洞、地面塌陷等。经调查，可溶岩地段主要有 31 段，长约 53.22 km，约占线路总长的 31.6%。岩溶强烈发育的有 DK9 + 016 ~ DK10 + 332、DK41 + 145 ~ DK43 + 877、DK87 + 117 ~ DK95 + 200、DK153 + 200 ~ DK153 + 700 等段。

滑坡、坍滑：沿线碎屑岩类及岩浆岩分布地段受构造影响，岩体破碎，完整性差，表层风化带较厚，受雨水冲刷强烈，易发生坍滑。坍滑分布范围广，有 27 处，多分布于斜坡表层，但一般规模较小，均为土质，易处理，对线路影响较小。全线共有滑坡 21 处，大多线路已绕避。与线路有关的滑坡共有 9 处，其中梅子涧古滑坡、北衙古滑坡、春水滑坡规模巨大，控制了线路方案的选择。

地震区：本线地震动峰值加速度均大于或等于 0.20g，砂土液化较严重。据本次勘探资料，砂土液化段主要分布于大理东至大理北（K197 + 290 ~ DK9 + 016）、联络线、丽江南至丽江（DK155 + 750 ~ DK160 + 600）等地段，共计 12 段，总长约 12.6 km，占线路总长的 7.5%，其余地段零星分布。

（2）特殊岩土

软土：全线软土有 18 段，总长 22.24 km，约占线路总长的 13.2%。其中联络线软土长 3.29 km，既有线长 1.413 km，主要分布于大理、洱海、鹤庆、丽江盆地内，局部山间沟谷亦有零星分布。

膨胀土：沿线膨胀土共 12 段，总长约 26.43 km，约占线路总长的 15.7%，主要分布于下河村—青花坪、鹤庆、关坡一带。

2. 重大地质工点简述

（1）青花坪隧道：该隧道全长 3 550 m，最大埋深 185 m。地处剥蚀构造中山区，地形起伏较大，横向冲沟发育。洞口斜坡和洞身平缓地带分布第四系滑坡堆积层、坡残积层，主要为块石土、角砾土、碎石土、黏土，厚度变化较大，一般厚 10 ~ 50 m，最大厚度大于 60 m。下伏基岩为二叠系玄武岩夹凝灰岩，节理裂隙发育，凝灰岩质软，遇水易软化，未见大的构造形迹。地下水主要为孔隙水及基岩裂隙水，推测隧道最大涌水量 19 500 m^3/d。

主要工程地质问题是，进口段为强膨胀土（最大自由膨胀率达 124%），梅子涧 1 号、2 号古滑坡对洞口有一定的影响。

全线玄武岩隧道共 7 座，总长达 12 994 m，其中禾洛山隧道、青花坪隧道、笔架山 1 号隧道为长度大于 3 km 的重点隧道。地层岩性为二叠系玄武岩组（1 段、2 段、3 段、4 段、5 段、6 段）玄武岩夹凝灰岩，各段结构有所差异，一般节理发育，节理充填情况不同，岩体多表现为碎裂结构或镶嵌结构，局部岩体较完整或完整；凝灰岩质软，遇水易软化。凝灰岩对周围围岩具浸润软化作用，造成凝灰岩周围的玄武岩局部为全风化或强风化，岩体破碎、裂隙发育，降低隧道围岩的稳定性。通过两年多的施工开挖揭示，对该类围岩结构特征有了深入的认识，总结了玄武岩与凝灰岩 12 种组合情况下的支护参数，施工中取得了较好效果。青花坪隧道已于 2007 年 12 月贯通。

（2）北衙隧道：该隧道全长 8 435 m，为全线最长隧道，最大埋深 280 m。地处溶蚀、剥蚀构造中山地貌区，进口端地处中山峡谷区。隧道缓坡地段分布有第四系滑坡堆积、坡崩积、错落堆积、泥石流堆积、坡残积等成因的黏土、角砾土、碎石土、块石土以及上更新统洪积的碎石土、块石土，下伏三叠系中统北衙组的白云质灰岩夹白云岩、灰岩、泥质灰岩夹灰岩、砂岩及页岩，部分为燕山期侵入的正长斑岩、煌斑岩和华力西期侵入的辉绿岩。隧道地处松桂褶皱区，褶皱、断裂构造发育，岩体破碎，节理发育。测区主要区域性构造形迹为马鞍山断层(南端为杨家院断层)及北衙向斜。

隧道区除区域性断裂杨家院断层以外，对隧道有影响的7条断层大致可分为两组：一组为杨家院断层形成时期伴生其两侧的次级羽状断层，多为压扭性断层，包括寸家院断层、塔山1号和2号断层。另一组断层多沿N60°~70°E方向发育，与杨家院断层呈较大角度相交，并将杨家院断层错断。如田坡2号断层最为明显，其余的大洼坡头断层、白石箐断层、田坡1号断层等因地表多被第四系所覆盖，断层形迹时隐时现。测区地下水发育，主要为第四系孔隙水、岩溶水及断层水，沿断层带出露多个泉点。通过水文地质降水入渗法及地下水动力学法计算，推测隧道最大涌水量100 000 m^3/d。施工中2号横洞丽江端DK76+128线路右侧为集中涌水点，雨季最大瞬时涌水量约2 000 m^3/h，危害性大，已在线路右侧设泄水洞与2号横洞相接排泄岩溶水。全隧已于2007年8月贯通。

(3)松桂2号隧道：该隧道全长2 337 m，最大埋深330 m。隧道进口端发育一条近东西向深沟，无基岩出露，为格局古错落堆积体所覆盖，出口端基岩出露较好。隧道区上覆第四系全新统坡洪积圆砾土、古错落堆积体块石土、碎石土、坡残积黏土；下伏基岩为下第三系灰质角砾岩；三叠系上统松桂组页岩、砂岩夹泥岩及煤线；中统北衙组白云质灰岩，泥质灰岩夹砂岩、页岩及断层角砾。推测隧道进口端线路与军营—福田断层呈46°角相交，断层在线路附近地表被错落体块石土所覆盖，该断层破碎带宽100~200 m，对隧道影响较大。隧道地下水主要为进口端错落体块石土中的孔隙潜水及断层破碎带中的裂隙水，水量较丰富；洞身穿过的白云质灰岩、灰岩及泥质灰岩夹砂岩亦含有较丰富的岩溶水。水质属HCO_3^-—Ca^{2+}、$HCO_3^-\cdot SO_4^{2-}$—$Ca^{2+}\cdot Na^+$型，对混凝土无侵蚀性。

主要工程地质问题是进口段有格局古错落、围岩受断层影响严重、有岩溶与岩溶涌水等。格局古错落位于隧道进口端，为全线最大的错落，规模大，错落体厚30~170 m，物质成分为块石土，局部夹碎石土。据钻探揭示，错落体物质明显覆盖于前缘沟槽圆砾土上。该错落体目前处于稳定状态，但隧道进口穿过错落体地段，围岩稳定性极差，设计采取了较强的预加固措施，施工中又采用了短进尺、弱爆破，才安全顺利通过该段。该隧受区域军营—福田断层影响，是围岩受新构造运动影响较其他地区严重的代表，值得今后铁路建设借鉴。全隧已于2008年4月贯通。

十六、武广客运专线韶关至花都工程地质概况

何　平

(一)概　　况

1. 工程建设历史

武广客运专线是我国2020年前铁路中长期发展规划中北京经武汉、广州至深圳客运专线中的一段，与既有京广铁路构成京广铁路大通道，是我国铁路网中的重要繁忙干线铁路。

根据铁道部的规划安排，铁二院从2003年起对武汉至广州客运专线进行了多次方案研

究、优化修改，后经方案竞选投标，铁二院承担了新韶关站（不含）至花都站（不含）段的勘察设计。该段客运专线，正线建筑长度 159.24 km，其中桥梁 77 座，共 70.44 km；隧道 44 座，共 51.86 km。设计速度目标值为 350 km/h。

2. 铁路地理位置及气象特征

（1）地理位置：武汉至广州客运专线（以下简称武广客运专线）位于我国中南部地区，北起湖北省省会武汉市，途经湖南省省会长沙市，南抵广东省省会广州市，连接咸宁、岳阳、株洲、衡阳、郴州、韶关、清远等中等城市，全长约 874.4 km。

韶关至花都段北起粤北重镇韶关市，南止于广州市花都区。线路由设于韶关市西侧赤水的新韶关车站引出，沿北江右岸南下，经白土、白沙、樟市，穿全段最长的牛岭隧道（7 588 m）至沙口，在洲垈附近设新沙口车站，出站后经官田、仙桥至英德，在大岭设英德站后继续沿北江右岸南行，穿高岭隧道（5 558 m），跨连江，经黎溪、高田，于白庙跨北江至左岸后在白家塱设新清远站，之后线路经银盏，穿大窝山隧道，经狮岭后沿广花高速公路东侧跨京广铁路高架引入设计终点新花都站，线路长度 159.24 km。

（2）气象特征：线路经过地区属热带、亚热带季风气候类型，降雨时空分配不均，汛期（4 月 ~9 月）占全年雨量的 70% ~ 90%，且暴雨强度很大。雨量不仅在季节上分配不均，而且在不同地区、不同年季变化也大，10 年间平均年降水量变化范围为 1 280 ~ 2 231 mm，局部范围的雨量变化幅度更大。四季的主要特点是：春季阴雨，雨日较多；夏季高温湿热，水汽含量大，暴雨集中；秋季常有雷雨和台风雨；冬季低温，雨量稀少，北部则有短期严寒霜冻。

沿线主要县市全年气象资料详见“沿线主要气象资料汇总表”（见表 2—16—1）。

表 2—16—1　沿线主要气象资料汇总表

县市名称			韶　关	英　德	清　远	花　都
平均气压（mb）			1 006.6	1 008.6	1 011.4	1 012.6
气温（℃）	年 平 均		14.8	20.9	21.7	21.9
	极端最高		40.4	40.12	38.7	38.7
	极端最低		−5.3	−3.6	−0.6	0.4
	最大月平均		28.7	28.9	30.6	30.6
	最小月平均		10.1	11.1	9.2	9.7
湿度	绝对（mbar）	年平均	19.6	20.6	21.5	21.9
		最　大	36.9	39.2	406.	39.4
		最　小	1.3	2.1	2.3	1.2
	相对（%）	年平均	77	78	77	78
		最　小	11	11	13	7
降水量（mm）	年 平 均		1 636.1	1 877.8	2 191	1 780.2
	年 最 大		2 295.7	3 450.5	3 089.6	2 753.1
	月 最 大		521.4	1 101.3	1 128.2	679.1
	日 最 大		234.8	253.4	640.6	269.5
年平均降水日数			160	163.3	171	157.2

续上表

县市名称		韶 关	英 德	清 远	花 都
蒸发量(mm)	年 平 均	1 613.5	1 666.7	1 675.2	1 742
	年 最 大	1 800.2	2 207.2	1 890	1 964.8
风(m/s)	年平均风速	1.9	1.7		2.6
	最大风速及其风向	13.7S	14.7NNE	17.3WNW	17SW
雪	年平均降雪日数	2	0.7	0	0
年平均日照时数		1 617.2	1 657.1	1 662.4	1 861.6
年平均雾天日数		11	11.3	6	3.9
年平均雷暴日数		75	84.4	90	87.6
雨季月份		3 ~ 8 月	4 ~ 9 月	4 ~ 9 月	4 ~ 9 月
雨季降雨日数		103	102	110	78.1
雨季年平均降水量(mm)		1 302.1	1 512.1	1 755.6	1 397.3
旱季月份		9 ~ 2 月	10 ~ 3 月	10 ~ 3 月	11 ~ 2 月
旱季降水日数		57	63	63	20.4
旱季年平均降水量(mm)		393.1	463.8	446.5	182.1

3. 线路主要技术标准

铁路等级:客运专线;

正线数目:双线;

最小曲线半径:一般地段 9 000 m,困难地段 7 000 m;

正线线间距:5 m;

最大坡度:一般地段 12‰,局部地段不超过 20‰;

到发线有效长度:650 m;

牵引种类:电力;

列车运行方式:自动控制;

行车指挥方式:综合调度集中。

(二)工程地质概况

1. 地形及地貌

武广客运专线韶关至花都段,线路经过低山河谷区、低山丘陵区、珠江三角洲平原区三大地貌单元。

樟市附近及沙口至英德段长约 50 km,主要为低山河谷区。线路主要走行于北江Ⅰ、Ⅱ、Ⅲ级阶地上,地面高程 30 ~ 350 m,相对高差 20 ~ 200 m,地势相对平坦,偶见孤峰、峰林点缀,地表多为耕地。

韶关至沙口、英德至狮岭长约 100 km,主要为低山丘陵区,线路在飞来峡附近跨北江,连江口及飞来峡附近为北江峡谷地貌,地面高程 10 ~ 400 m,相对高差 20 ~ 200 m,地势陡峻,V 形谷发育,地面横坡一般大于 30°,植被茂盛。

新清远站附近及狮岭至花都为珠江三角洲平原区北端，地势北高南低，开阔平坦，偶见残丘点缀其中，地面高程 1 ~ 70 m，相对高差 0 ~ 50 m。该段城镇星罗棋布，开发区比比皆是，已基本城市化，交通便捷。

2. 地层岩性

沿线平原、阶地、丘间谷地中，大面积分布有第四系冲积、冲洪积、坡洪积、坡残积松散堆积层；下伏基岩主要为白垩系、侏罗系砂砾岩、砂岩、泥岩、页岩夹炭质页岩、砂质页岩及煤层；石炭系灰岩、砂页岩，局部含煤铁；泥盆系砂页岩、灰岩；燕山期花岗岩、花岗闪长岩及前寒武系片岩、板岩、变质砂岩等。

(1)第四系(Q_4)：主要为人工填筑土、冲洪积、坡洪积、崩坡积、滑坡堆积、残坡积粉质黏土、黏土、碎块石土、透镜状软土、松软土等，其厚度 0 ~ 30 m 不等，广泛分布于沿线北江阶地、斜坡、沟槽、水塘田地等地段。

(2)白垩系(K)：主要出露上统南雄群(K_2n)地层，为黄褐色、棕褐色泥岩、页岩，薄层状，泥质结构，岩质软，遇水易软化、崩解，地表基本为全、强风化层，岩芯呈坚硬土柱状，分布于新沙口站附近。

(3)侏罗系(J)：主要出露下统(J_1b)地层，为青灰色，薄—中厚层砂砾岩、砂岩、页岩夹煤层，页岩为砂质页岩、炭质页岩，灰黑色，分布于飞来峡南岸茶层隧道附近。

(4)石炭系(C)

中上统(C_{2+3})：灰色、浅灰色灰岩、白云岩，局部为生物碎屑灰岩夹白云质灰岩，岩溶发育，分布于起点至东风林场间。

下统(C_1)：主要为灰岩，页岩，砂岩，砂页岩夹灰岩及煤层，灰岩夹炭质灰岩、泥质灰岩，灰岩夹泥灰岩等，分布于起点(韶关南)附近、东风林场至英德间、新沙口站及狮岭镇附近。

(5)泥盆系(D)

上统(D_3)：灰岩夹页岩，砂质页岩，砂岩夹炭质页岩和灰岩、泥质灰岩等，分布于炉溪河大桥、狮岭镇、大燕河附近及猴岩隧道至英德间。

中统(D_2)：细砂岩，粉砂岩，灰岩，泥岩夹泥质页岩，砂砾岩，砂岩、页岩、灰岩等，分布于飞来峡两岸、新沙口站至高岭隧道间。

中下统($D_{1\text{-}2}$)：石英砂岩夹粉砂岩、页岩，局部夹硫铁矿，砂砾岩或含砾砂岩，石英砂岩夹页岩，砂岩与板岩或片岩互层等，分布于牛岭隧道、高岭隧道及浪伞脑隧道附近。

(6)下古生界(Pzl)：石英岩、砂岩、板岩、片岩、页岩等，分布于高岭隧道中部。

(7)前寒武系(An ∈)：变质砂岩夹石英片岩、云母片岩、细砂岩、粉砂岩、千枚岩及少量泥质、炭质页岩，偶见薄层砂砾岩及灰岩透镜体，分布于高洲铺至浪伞脑隧道进口间。

(8)岩浆岩

花岗岩(γ_5^2)：主要分布于黄秋山隧道附近及连江口至狮岭间。

花岗岩、花岗闪长岩(γ_5^1)：主要分布于高岭隧道至狮子脑隧道间。

3. 地质构造和地震

(1)地质构造：韶关—英德段位于湘粤坳褶束中的粤北坳褶束与粤中坳褶束中的连龙坳褶束的接壤处，构造发育，以华夏系构造为主体，主要有南水断层、欧冲山断层、黄思脑逆断层、黄思脑背斜、猴岩断层。其中南水断层对南水特大桥基础影响较大，欧冲山断层对 DK1999 + 400 附近的路基有一定的影响，黄思脑逆断层对 DK2017 + 073 附近的路基有一定的影响，黄思脑背斜对牛岭隧道有一定的影响，猴岩断层对猴岩特大桥、猴岩隧道、两厢山隧道及附近的路基有一定的影响。

英德—狮岭段位于华南华夏系构造带与南岭纬向构造带的交接部位，以频繁和大规模的燕山期岩浆活动为特征，主要构造有梨洞逆冲断层、陆家湾断裂、太平尾推测逆断层、分水坳断裂带、高田断裂带、横石断层、飞来峡弧形断裂、龙塘墟断层、银盏坳断层、福源水断层。其中梨洞逆冲断层对 DK2073 +459 附近的路基有一定的影响，陆家湾断裂对沙草田 1 号隧道有一定的影响，太平尾推测逆断层、分水坳断带对坪岭隧道有一定的影响，分水坳 2 号断层对坑尾大桥有一定的影响，分水坳 3 号、4 号断层对黎竹坪隧道有一定的影响，高田断裂带对下黄塘中桥有一定的影响，横石断层对黄屋牌大桥有一定的影响，飞来峡弧形断裂对北庙北江特大桥、白家塱 2 号大桥有一定的影响，龙塘墟断层对茶屋大桥有一定的影响，银盏坳断层对银盏特大桥有一定的影响，福源水断层对大窝山隧道有一定的影响。

狮岭—花都段线路通过以华夏系复式向斜为基底的广花盆地，线路穿过花县复向斜北西翼，构造形迹隐伏，其中狮岭断层对花都特大桥有一定的影响。

(2)地震动参数：根据国家地震局广州地震大队编制的《广东地震目录》记载，沿线及毗邻地区历史上遭受地震袭击最大烈度均在六度以下，未发生过破坏性地震。

根据中华人民共和国国家标准《中国地震动峰值加速度区划图》(GB18306—2001，1/400万)，韶关至花都段地震动峰值加速度为 0.05g，地震动反应谱特征周期为 0.35s。

4. 水文地质特征

(1)地下水类型

第四系孔隙水：主要分布于沿线河流阶地及河流漫滩的冲积层中，以及珠江三角洲平原区和山坡坡麓的松散堆积层中。

基岩裂隙水：基岩赋存一定的基岩裂隙水，水量一般为弱至中等。本线褶皱、断层较发育，在向斜核部、断层破碎带、侵入岩与沉积岩的接触带附近等部位，节理裂隙发育，地下水一般较发育，局部具承压性质，可见较大的泉水出露。花岗岩、片岩、砂泥岩地段属弱含水层，变质砂岩、石英砂岩地段属中等含水层。银盏隧道右侧约 1.7 km 有银盏温泉，该温泉发育于银盏断层带内，地热异常，呈椭圆状，沿北东 60°方向分布，面积约 $75 \times 150\ m^2$，与区域构造线基本一致，温泉地面高程约 22 ~ 36 m，水头高出地面 0.83 ~ 1.08 m，天然流量 0.30 L/s，水温约 54 ℃ ~ 62 ℃。此温泉已开发利用。

岩溶水：岩溶水主要分布于韶关至英德、大燕河特大桥、花都附近等地段的泥盆系、石炭系可溶岩地层中，以岩溶裂隙水、溶洞、暗河水为主。岩溶水一般埋藏较深，多具承压性，以岩溶泉和暗河形式排泄。其水量随岩溶发育程度、补给条件、构造条件、埋深而变化。

(2)水化学特征

可溶岩地段：水质类型主要为 HCO_3^-—Ca^{2+}·Na^+、HCO_3^-—Ca^{2+} 型，次为 HCO_3^-·Cl^-—Ca^{2+}·Na^+、HCO_3^-·SO_4^{2-}—Ca^{2+}·Na^+ 型，南水特大桥、眼镜塘至石塘河特大桥、猴岩特大桥至军田大桥间地下水及地表水对混凝土无侵蚀性，其余段地下水及地表水对混凝土具弱—中等溶出型侵蚀及弱—中等硫酸型酸性侵蚀。

花岗岩地段：水质类型主要为 HCO_3^-·Cl^-—Na^+·Ca^{2+}、HCO_3^-—Na^+·Ca^{2+}、HCO_3^-·Cl^-—Na^+ 型，次为 HCO_3^-—Ca^{2+}·Na^+ 型，地下水对混凝土基本具弱—中等溶出型侵蚀及弱—中等硫酸型酸性侵蚀。

前寒武系变质砂岩、云母片岩地段：水质类型主要为 HCO_3^-·Cl^-—Na^+·Ca^{2+}、HCO_3^-—Ca^{2+}·Na^+ 型，地下水及地表水对混凝土具中等溶出型侵蚀及弱—中等硫酸型酸性侵蚀、弱—中等

HCO_3^- 侵蚀。

砂岩、页岩、泥岩地段：水质类型主要为 $HCO_3^- \cdot Cl^-$—$Na^+ \cdot Ca^{2+}$、HCO_3^-—$Ca^{2+} \cdot Na^+$ 型，次为 $HCO_3^- \cdot SO_4^{2-}$—$Na^+ \cdot Ca^{2+}$ 型，地下水及地表水对混凝土基本具弱—中等溶出型侵蚀及弱硫酸型酸性侵蚀。含煤及硫铁矿地段，基岩裂隙水一般具硫酸盐侵蚀。

（三）主要工程地质问题

1. 不良地质及特殊岩土

（1）不良地质

风化剥落、坍塌：本段丘陵谷地分布的砂岩、泥页岩、片岩及花岗岩风化严重的地段，因其岩质软硬不均，差异风化严重，节理裂隙发育，软岩遇水易软化崩解，基岩在地下水及地表水的浸润、冲刷作用下，易发生风化剥落、坍塌。

滑坡：滑坡主要分布于高岭隧道出口至狮子脑隧道进口花岗岩全风化层较厚的地段，规模一般不大。沿线对线路有影响的滑坡主要有 DK2060 + 810 ~ + 890 段右 25 m 处的两个滑坡，两个滑坡紧邻，目前均处于极限平衡状态，对布惊坪大桥广州端桥台有较大影响。

崩塌：本段线路所经花岗岩、石英砂岩夹页岩、灰岩分布的山区，基岩裸露，山高坡陡，易形成崩塌，全线的崩塌主要分布于牛岭隧道出口附近及猴岩至山麻冲隧道之间，规模一般较小，对线路影响也较小。

危岩落石：全线的危岩落石亦主要分布于牛岭隧道出口附近及猴岩至山麻冲隧道之间，规模一般也较小，对线路影响也较小。

岩堆：对线路影响较大的岩堆主要分布于 DK2017 + 100 ~ + 180 段牛岭隧道进口缓坡处。据钻孔揭示，岩堆由碎石土、块石土组成，碎石土厚 5 ~ 15 m，块石土厚 10 ~ 20 m，由于范围和厚度较大，对隧道进口段有较大影响。

岩溶及岩溶地面塌陷：全线碳酸盐岩段分布总长约 64.84 km，占线路总长的 40.71%，其中路基段碳酸盐岩分布长 23.44 km，主要分布于韶关至新英德车站、狮岭至花都间。韶关至黄秋山隧道间以裸露型岩溶为主，其余地段以覆盖型岩溶为主。主要岩溶形态有溶洞、溶隙、溶蚀破碎带等。沿线泥盆系上统天子岭组、石炭系中上统壶天群、下统石磴子组灰岩岩溶较发育，其次为石炭系下统岩关阶孟公坳组灰岩。此外，岩溶的发育程度还与构造有直接的关系，断层附近岩溶较发育。

根据测绘、勘探资料，北江及其支流为当地溶蚀基准面，线路位于溶蚀基准面之上，基本处于岩溶季节交替带——垂直循环带中。沿线河流阶地，下伏灰岩一般埋深较大（5 ~ 20 m），主要岩溶形态有溶洞、溶隙、溶蚀破碎带等，规模不等，此类覆盖型岩溶对路基及桥梁基础影响较大。本次钻探过程中分别在樟市特大桥、眼镜塘特大桥、石塘河特大桥、英红特大桥、猴岩特大桥、廊步特大桥等 14 处出现了岩溶地面塌陷，塌陷一般发生在钻孔施钻过程中。塌陷主要是由于 2004 年下半年粤北地区长时间罕见的干旱，出现区域性地下水位下降，再加上钻探时的振动，引起了地面的塌陷。

据测绘调查，区域内英德玻纤厂、马口矿区及既有京广线多次发生岩溶地面塌陷。另据《广州铁路局广州分局管内铁路沿线岩溶地面塌陷调查报告》，京广线韶关至广州段岩溶地区易塌陷段占可溶岩段长的 4.18% ~ 15.87%，极易塌陷段占可溶岩段长的 29.1% ~ 30.64%。岩溶地面塌陷已引起了各方面的高度重视。本次勘察采用了地面调绘、物探初察、钻探验证的综合勘察方法，对沿线岩溶分布段落（19 段）、岩溶发育程度及对工程的影响作出了评价。

人为坑洞:本段的人为坑洞主要是煤窑采空区。对线路有影响的煤层采空区主要分布于DK1995+300~DK1995+520段,该段线路左右共分布有3个煤窑,最远的距线路约155 m,最近的距线路约20 m。该段以东风林场1号隧道通过。

此外,沙口至英德及新清远站附近的侏罗系下统、泥盆系中统东岗岭组、中下统桂头群上亚群地层均产硫铁矿,现开采的铁矿主要为分布于上述地层的坡积、坡残积、坡洪积层中,通过淋滤而形成的褐铁矿,多为露天开采,对线路影响较小。

放射性地层:沿线广泛分布有燕山1期、3期花岗闪长岩、花岗岩。其岩体时代较新,且为酸性岩浆岩,是华南地区铀矿床赋存的主要地质体。本次勘察对沿线的花岗岩进行了取样分析。通过本次取样分析及调研核工业系统在该地区大量的放射性测量资料,推测黄秋山、连江、黎竹坪、坪岭、大窝山等隧道通过区域的伽玛照射剂量率较高,属于放射场晕变化较大的地区,容易引起放射性元素U局部富集,高岭隧道伽玛照射剂量率为中偏低的正常场晕。

总体来说,沿线花岗岩段对公众辐射的剂量率,对施工人员在施工过程中接受到的剂量估算以及铁路建成后对行人公众的剂量估算,都在可接受水平之下,对施工及运营(包括通信、信号、列车及设备等)无大的影响。但考虑到放射性元素会在局部形成富集而造成放射性危害的影响,施工中仍要加强监测,做好放射性防护工作(如加强通风、坚持湿式作业、做好个人防护等)。

有害气体:东风林场1号隧道及黄秋山隧道出口段穿过石炭系下统测水段含煤系地层;茶屋隧道穿过侏罗系下统砂砾岩、砂岩与灰黑色页岩夹炭质页岩、砂质页岩及煤层,但煤质均较差,煤层较薄。隧道最大埋深分别为42 m、110 m,瓦斯压力和含量均较低。

水库坍岸:连江口至浪伞脑隧道进口段,线路位于飞来峡水库回水淹没区。库区地层为花岗岩及变质砂岩夹片岩、千枚岩等,残积层及基岩全风化层较厚,遇水易软化,库水对线路边坡的长期浸泡、库水的雍升、冲刷,易形成边坡坍塌或引发滑坡等不良地质。

顺层:全线存在顺层的地段集中分布于DK2068+110~DK2069+343左侧挖方边坡段及DK2074+460~DK2078+022的隧道进出口路堑段,岩性为变质砂岩夹片岩,岩层走向与线路走向夹角一般为25°~44°,倾向线路,倾角27°~42°;这些地段变质砂岩夹片岩节理发育,岩体被切割成碎块状,整体性差,将给路堑边坡带来危害。此外,新清远站左侧挖方边坡亦为顺层,岩性为砂岩夹页岩,岩层走向与线路走向夹角为25°~50°,倾角16°~32°。

(2)特殊岩土

软土:全线软土段总长约34.44 km,占线路总长的21.63%,其中路基段软土及松软土长8.99 km。软土在北江及支流的河流阶地、狮岭至花都间的珠江三角洲平原分布较广,呈多层状及透镜状分布,主要为淤泥质土、软黏性土等。此外,沿线低山丘陵谷地中的宽缓沟槽、洼地中也分布有透镜状软黏性土,但范围较小,厚度多小于5 m。沿线软土按时代、成因分为第四系全新统冲积、冲洪积层、坡洪积层、上更新统冲积层、中更新统冲积层软土。全新统冲积层、冲洪积层软土在大燕河河流阶地表层大面积分布,厚6~18 m;在樟市、眼镜塘、猴岩至高岭隧道进口段、狮岭至花都段及白沙溪河、石塘河河流阶地的地表及黏性土层中呈透镜状分布;软土层厚0~10 m,底板最大埋深达17.9 m,软土以淤泥质粉质黏土及软黏性土为主,流塑一软塑状。全新统坡洪积的软土多分布于沿线的宽缓沟槽、洼地表层中,以软黏性土为主,软塑—流塑,厚度多小于5 m。上更新统冲积的软土分布于三王石大桥附近及新沙口站至猴岩特大桥间北江Ⅱ级阶地内,以软黏性土为主,呈软塑—流塑状,软土层厚0~8 m,底板最大埋深14 m。中更新统冲积的软土分布于新沙口站至猴岩特大桥间北江Ⅲ级阶地内,以软黏性土为主,呈软塑—流塑状，厚 0 ~ 10 m，底板最大埋深 16 m。

松软土：主要分布于北江Ⅰ、Ⅱ级阶地及支流谷地，厚度一般 0 ~ 16 m，呈透镜状分布。此外，沿线丘陵谷地中也有呈透镜状分布的松软土，但范围较小，厚度多小于 3 m。沿线松软土按时代、成因分为第四系全新统冲积、冲洪积、坡洪积层松软土、上更新统冲积层松软土和中更新统冲积层松软土。全新统冲积、冲洪积层松软土分布于樟市、眼镜塘、猴岩至高岭隧道进口段及白沙溪河、官田河、石塘河河流阶地地表、黏性土层与基岩接触面附近，厚 0 ~ 16 m 不等，底板最大埋深 24 m，以软塑状黏性土为主。全新统坡洪积松软土分布于沿线的宽缓沟槽、洼地表层，以软塑状黏性土为主，厚度多小于 5 m。上更新统冲积层的松软土分布于三王石大桥附近及新沙口站至猴岩特大桥之间的北江Ⅱ级阶地地表，以软塑状黏性土为主，成层性差，局部微含圆砾，往往呈透镜状产出。中更新统冲积层的松软土分布于新沙口站至猴岩特大桥间的北江Ⅲ级阶地内，以软塑状黏性土为主，分布于软土层之下，其成层性差，层厚 0 ~ 4 m，底板最大埋深 20.5 m。

红黏土：零星分布于韶关至白沙溪间的灰岩段地表及红桥隧道进口段，呈褐黄、棕红色，厚 0 ~ 16 m 不等，硬塑状为主。

膨胀土：主要分布于观音山隧道至乌泥角 2 号隧道间、欧冲山隧道及沙口车站附近，为第四系全新统坡残积层、上更新统及中更新统冲积黏性土，自由膨胀率为 35% ~ 66%，具弱—中等膨胀性。沿线膨胀土共 4 段，总长约 1.42 km，约占线路总长的 0.9%。

人工弃土：集中分布于东坑林场隧道进出口段附近，系附近陶瓷厂之弃土，厚 5 ~ 20 m，松散堆积，在暴雨的作用下，易形成坍塌或坡面泥石流，对东坑林场隧道进出口影响较大。

2. 重大地质工点简述

黄秋山隧道：隧道长 4 237 m，最大埋深约 256 m。该隧道穿一花岗岩山脉，为低山丘陵地貌，地势起伏较大。隧道进口段覆盖层较薄，花岗岩全强风化层较厚；隧道出口附近覆盖层相对较厚，为第四系全新统坡残积层，下伏基岩为页岩夹砂岩；隧道洞身局部浅埋，洞身岩性单一，主要为石炭系下统大塘阶测水段页岩夹砂岩与花岗岩，岩层风化不均匀，花岗岩全强风化带厚度 8 ~ 40 m，花岗岩全强风化层遇水易软化。隧址构造简单，无区域性断裂，地下水以基岩裂隙水为主，地下水不发育，预测隧道最大涌水量为 14 100 m^3/d，地表水及地下水对混凝土具中等溶出型侵蚀及中等硫酸型酸性侵蚀。除隧道出口段夹薄煤层外，其余段未见不良地质及特殊岩土。进出口及浅埋段工程地质条件较差，其余地段工程地质条件较好。

牛岭隧道：隧道长 7 582 m，最大埋深约 510 m。隧址区属低山深丘地貌，地形起伏较大。隧道覆盖层为第四系坡残积粉质黏土，下伏基岩为泥盆系中下统桂头群厚—巨厚层石英砂岩、含砾砂岩夹页岩及花岗岩。隧道进口段于 DK2017 + 100 ~ + 180 穿一处岩堆体，该堆积体主要为碎、块石土，厚 10 ~ 25 m，呈松散—中密状。进口段右侧坡脚存在河水冲刷问题。隧道洞身及出口段基岩裸露，岩体较完整，但出口段存在少量危岩落石。隧道穿黄思脑背斜，黄思脑断层于 DK2017 + 073 处与线路成 30°夹角相交，受此影响，进口段岩体较破碎。地下水主要为基岩裂隙水，赋存于背斜两翼及石英砂岩与花岗岩的接触带附近。根据深孔钻探资料，DK2017 + 973 及 DK2022 + 770 附近石英砂岩层中存在承压水，水头高出隧道底板 106.15 m。预计隧道最大涌水量为 29 000 m^3/d。预测隧道在埋深超过 420 m 段，围岩可能产生弱—中等岩爆。

高岭隧道：隧道长 5 557 m，最大埋深 550 m。隧道区属低山丘陵地貌，地形起伏较大。隧道上覆第四系粉质黏土，下伏泥盆系中统东岗岭组中厚—厚层状灰岩夹页岩，桂头群厚—巨厚层石英砂岩、砂岩夹页岩，下古生界中厚—厚层状石英岩、砂岩夹板岩、片岩、页岩，燕山一期花岗岩、花岗闪长岩等。进、出口段覆盖层较厚，花岗岩、花岗闪长岩全风化层厚 8～20 m，强风化层厚 2～15 m，花岗岩全风化层、片岩、页岩遇水易软化。其余地段大部分基岩裸露。隧址范围构造较复杂，花岗岩、花岗闪长岩侵入体与下古生界地层接触带附近，岩体较破碎。东岗岭组灰岩与桂头群石英砂岩的接触带附近，岩溶较发育，地下水亦较发育，预测隧道最大涌水量 18 000 m^3/d。地下水对混凝土具中等溶出型侵蚀及中等硫酸性侵蚀。预测隧道在埋深超过 420m 段，围岩可能产生弱—中等岩爆。根据深孔地温测试结果推算，隧道内最高地温为 33.31 ℃。

本段重大地质工点还有山天尾隧道、白庙北江特大桥、大燕河特大桥、花都特大桥等。

本章结束语

西南地区地域辽阔，山川秀丽，资源极其丰富。西南地区地势上分属三个台阶，西部高山到东南部平原，相对高差达 8 000 m 以上，其间山地、高原、丘陵、盆地、平原均有分布，山岭、河湖此起彼伏，致使西南地区地貌特别丰富多彩，同时也造成西南地区交通严重阻隔，行路十分不便。

新中国成立前，四川境内仅有綦江至猫儿沱长 60 余千米的准轨铁路（属丙级标准），云南省也只有 3 条窄轨铁路（昆明分别至碧色寨、沾益和石嘴），共计长 470 km。除此之外，西南地区通往邻近地区的铁路寥寥无几，交通运输十分困难，整个地区基本处于封闭状态，严重制约了西南地区的经济发展和社会进步。

中华人民共和国成立后，国家把西南地区铁路建设列为重点，开辟了铁路建设蓬勃发展的新纪元，铁路勘测设计逐步走向专业化的道路。铁二院及其前身承担起了西南地区铁路勘测设计的重任。

20 世纪 50 年代，铁二院在西南地区相继完成了成渝铁路、黎湛铁路、宝成铁路略阳至成都段、内昆铁路内江至宜宾段、黔桂铁路都匀至贵阳段的勘测设计，并在其他地区完成了鹰厦铁路、外福铁路的勘测设计。这些铁路的相继建成，尤其是西南地区铁路的相继建成，初步打破了西南地区的封闭状态，对国民经济发展、国防战略需要起到了重要作用。其中，宝成铁路的建成，使“天府之国”有了第一条出川大道，改变了“蜀道之难，难于上青天”的状况。通过这些铁路项目的实践，铁二院在铁路勘测设计专业化的道路上大大向前迈进了一步，铁路工程地质专业得以发展壮大，铁路工程地质工作水平有所提高。

川黔、贵昆、成昆、湘黔、襄渝等铁路的建成通车，形成了西南地区铁路的主要骨架，使西南地区铁路交通有了很大改观。这些铁路的建成，充分体现了铁二院的实力，在地形极其困难、地质极其复杂的西南山区勘测设计铁路成为铁二院的长项。铁二院勘测设计的成昆铁路，以它工程之浩大、地形之艰险、地质之复杂，成为中国铁路建设史上的壮举，也成为人类征服自然的杰作。它的建成，给铁二院广大勘测设计人员，尤其是铁路工程地质人员积累了极其宝贵的经验，铁路工程地质工作水平有了很大提高。

改革开放以来，南昆、达成、广大、内昆、达万、水柏、渝怀、遂渝等多条干线铁路又相继承建成，多条铁路电气化工程以及增建二线工程也相继完成，西南地区铁路交通才上了一个台阶，有了出海通道，也有了进藏铁路东段，铁路瓶颈有所打开。这些铁路所经地区的地形、地质条件和不良地质、特殊岩土的复杂程度与成昆铁路相比不相上下，甚至在某些方面有过之而无不及。例如，与喻为“地质博物馆”的成昆铁路相比，南昆铁路的地质灾害分布地段更长、类型更多、危害更严重、防治更困难。

50多年来，铁二院在西南地区勘测设计了新建铁路干线、支线、专用线和地方铁路线近600条，累计长达60 000余千米，其中建成通车的新建、改建、增建铁路就有37条，累计长达16 000余千米。除此之外，铁二院还承担了鹰厦、外福铁路以及包神铁路万水泉至大柳塔段、集通铁路贲红至好鲁库段、横南铁路、温福铁路、浙赣铁路、福厦铁路等其他地区铁路的勘测设计，并在地铁、公路以及市政道路等领域也有一定发展。本章仅对西南及邻近地区的主要铁路干线、客运专线作了简单介绍，以便读者对西南及邻近地区主要铁路的工程地质概况有一个大致的了解。

随着国家“西部大开发”战略部署的实施，西南地区迎来了铁路快速发展的新时期，这既是机遇，又是挑战。由铁二院设计的“成昆铁路”、“南昆铁路”先后获得国家科技进步特等奖和一等奖，既是国家和人民对铁二院的肯定和赞扬，更是对铁二院的鞭策和鼓励，每一个铁二院的铁路勘测设计工作者，特别是铁路地质工作者，都应当抓住机遇，迎接挑战，在西南地区复杂地质环境中，发扬“上山到顶，下沟到底，脚踏实地，不辞辛苦，坚韧不拔”的精神，勇于探索，敢于创新，努力实践科学发展观，为美丽富饶的西南地区实现铁路四通八达，为祖国铁路灿烂的明天做出应有的贡献。

第三章　工程地质选线

一、成昆铁路韩都路至两河口展线方案的工程地质选线

涂正林

成昆铁路沙马拉达隧道南口至喜德县联合乡段线路，为了克服巨大高差，1966 年施工前历次勘测设计的线路方案均沿孙水河上游左岸两条支沟（即韩都路沟和米市沟）两岸平缓斜坡地带作“羊角形”展线，然后顺孙水河左岸下到喜德县联合乡。从地形看，这个展线方案适应沟形，地形平缓，工程不大。但经破土施工和补定测工程地质调查，发现韩都路沟左岸和米市沟两岸平缓山坡都覆盖着深厚的第四系松散堆积层，基岩顺层且破碎，地下水发育，正在活动的不稳定的滑坡、坍塌等不良地质多达 17 段；韩都路车站位于堆积层厚 20 ~ 30m 以上的不稳定山坡上；上滩一带 3 km 多的双线插入段坍滑严重；上滩—联合乡间松林坡滑坡群，规模大，处理难；雅姑一带地质复杂，工程集中，施工困难；还有 18 座隧道均应内移，其中 11 座隧道水文地质及工程地质条件复杂，虽设计采用一系列工程措施，但仍难避免后患，有的隐患一时不易查清，难于处理，严重威胁行车安全。为此，铁二院于 1966 年在该展线地区，开展了 38 km^2 的 1:50 000 大面积区域地质测绘和地质勘探，查明该区工程地质条件受米市向斜及其次一级褶皱构造控制。原定测展线地段线路方案大部分位于米市向斜西翼，由中生界侏罗系、白垩系红色地层组成，地层倾向孙水河右岸，韩都路沟和米市沟均为单斜河谷，山坡亦呈倾向沟右岸的单面山，因此孙水河及两支沟左岸地形平缓，地下水发育，易产生顺层坍塌、滑坡，第四系堆积层深厚，工程地质条件极差，而孙水河右岸及韩都路沟右岸岩层倾向山里，地形较陡，基岩裸露，山坡稳定，除危岩落石外，边坡坍塌、滑坡很少，工程地质条件较好。后经 8 个展线线路方案反复比选，最后决定放弃原“羊角形”展线方案，采用了沿韩都路沟右岸和孙水河右岸、两河口等迂回展线的现行方案，简称两河口展线方案。经施工运营实践证明，两河口展线方案是地质条件好、后患少、工程省的好方案。

（一）区域工程地质特征

1. 地形地貌

本区山系成北北西和北北东向展布，山岭高程 2 200 ~ 2 400 m，主要水系为孙水河及其支沟沙马拉达沟、韩都路沟、米市沟。

沙马拉达沟流向南西，沟床纵坡 30‰，横断面为不对称“V”字形，右岸堆积厚，斜坡坡度 20° ~ 30°，局部为基岩陡壁，左岸则俱为基岩陡壁，斜坡陡达 60°以上。韩都路沟流向北西西，沟谷蜿蜒曲折，沟床纵坡 21‰，横断面为不对称“V”字形，右岸为基岩陡坡陡壁，坡度 45° ~ 60°，左岸顺层单斜，堆积层深厚，坡缓，为 20° ~ 30°；米市沟流向北北东，沟床纵坡 12‰，横断面亦为不

对称的"V"形,左岸斜坡平缓,单面顺层,右岸则为高数十米的基岩陡壁、陡崖,坡度50°~60°。

本段孙水河流向由东南向西北,河谷宽阔,一般河床宽100~200 m,河床纵坡3.3‰,两岸岸坡坡度30°~50°,两岸支沟深切达40~60余米,但两河口地段古老洪积扇裙发育,岸坡宽阔平缓,为6°~10°,已辟为耕地及村舍,冲沟仅深10 m左右。

2. 地层岩性

本区第四系堆积层分布广泛,厚度大,成因复杂。基岩为白垩系下统(K_1)和侏罗系上统(J_3)砂岩、泥岩、页岩等。

(1)冲积漂卵石土:结构紧密,粉细砂岩石质占60%~70%,粒径10~30 cm,大漂石达1~2 m,厚30 m,分布于孙水河河床中。

(2)冲洪积漂卵石:结构较紧密,粉细砂岩石质成分,粒径5~50 cm,大漂石达2 m左右,厚8~20 m,分布于各大支沟沟谷中。

(3)洪积块石土:粉砂岩与细砂岩石质含量达70%左右,块径20~30 cm,少数大者可达1~2 m,充填黏砂土,厚度20~30 m,分布于两河口洪积扇及斜对岸洪积扇。

(4)崩坡积碎石块石土:粉细砂岩、粉土岩石质含量50%左右,块径30~50 cm,部分大达2 m以上,结构较松散,孔隙充填黏土,厚10~20余米,分布于沟谷山坡及左岸地带,尤其是沙马拉达沟右岸、韩都路沟左岸及孙水河河谷两岸。

(5)白垩系下统第1组(K_1^1):上部为紫红色中厚层粉土岩夹中薄层泥页岩与粉细砂岩,顶部为灰绿色中薄层泥灰岩、灰岩,岩性软弱,易风化,遇水易崩解,分布于各山顶山脊地带。中部为紫红色中薄层及板状石英细砂岩、粉砂岩与粉土岩互层夹泥页岩,分布于韩都路车站、新建1号隧道进口、耳蒲地3号隧道一带。下部为灰紫色厚层至巨厚层中粒长石砂岩,局部夹薄层泥页岩,底部有0.2~0.5 m厚的硅质、钙质胶结的底砾岩,岩性坚硬,抗风化力强,分布于韩都路沟、沙马拉达沟谷坡及米市8~11号隧道。与下伏侏罗系上统(J_3)呈假整合接触。

(6)侏罗系上统(J_3)紫红色、暗紫色中薄层夹中厚层粉砂岩、细砂岩与粉土岩互层:下部紫红色中厚层粉土岩与黄绿色泥灰岩互层夹薄层粉细砂岩,岩性软弱易风化,遇水易崩解,分布于耳蒲地5号隧道和米市9号隧道以西,下部岩层分布于铁口车站—上滩一带以西。

3. 地质构造

展线地段位于沙马拉达(米市)大向斜西翼,基本上为向南东倾斜的单斜构造,但局部发育有次级褶曲及断层。

(1)岩层产状:受次级褶曲影响,岩层产状有一定变化,如在沙马拉达沟右岸,一般为走向N30°~50°W,倾向NE,倾角10°~15°,而左岸又转为走向N10°~15°E,倾向SE,倾角15°~20°;在韩都路沟右岸,走向为N27°E~N50°W,倾向NW~NE,倾角13°~25°,而左岸山体,倾角变缓为5°~8°;在米市沟内,岩层产状为走向N30°W,倾向SW,倾角18°,而米市沟口至孙水河一带,岩层产状为走向N15°~40°E,倾向SE,倾角25°~30°。

(2)褶皱:区内发育有多组不同方向的次一级宽缓褶皱。

北东向微倾伏背斜:轴向N40°E,两翼岩层倾角15°左右,分布并沿沙马拉达沟延伸。

北东东向向斜:轴向N80°E,两翼岩层平缓,倾角13°~20°,与线路垂直,位于韩都路7号隧道。

北北西向短轴背斜:两翼岩层倾角11°~15°,位于米市11号隧道左侧。

北西西向不对称背斜:沿韩都路沟分布,轴向N65°~75°W,南西翼(右岸)岩层走向N50°~70°W,倾向NE,倾角8°~10°,北东翼(左岸)岩层走向N50°~70°W,倾向NE,倾角25°~40°,在耳蒲地4号至6号隧道上方见此背斜中还有很多小褶曲。

(3)断层:以 NWW 向的一组断层最为发育,且规模较大,此外还有 NNW、NEE 等组断层,详见表 3—1—1。

表 3—1—1　断层破碎带特征表

组别	位　置	断层特征			
		产　状	宽度(m)	构造岩性质	性质
北西西	韩都路 9 号隧道	N70°W,倾向 NE,倾角 70°	0.1~0.3	块状,风化后呈块状	正断
	沙马拉达 2 号隧道出口附近	N55°W,倾向 SW,倾角 85°	0.5~1.0	片状、块状,见水平擦痕	正断
	韩都路 9 号隧道	N55°W,倾向 NE,倾角 80°	0.1~0.3	板状、片状	正断
	馍馍村沟右侧	N60°~70°W,倾向 NE,倾角 80°	5	角砾与块状	正断
	电厂沟口	N60°~70°W,倾向 SW,倾角 63°	15~20	块状岩,糜棱岩	正断
	韩都路 4 号隧道	N60°W,倾向 SW,倾角 40°~50°	10~20	块状,夹少量片状糜棱岩	逆断
	O_5K449+100 附近	N60°W,倾向 NE,倾角 70°	<1		正平
	O_5K451+000 附近	N85°W,倾向 SW,倾角 85°	<1		逆冲
	O_5K451+500 附近	N85°W,倾向 SW,倾角 83°	2~3	块状与片状岩	逆冲
	米市沟左岸,歪不拉达对岸	N80°W,倾向 NE,倾角 75°	10~20	块状岩	正断
	依却蒙沟	N65°W,倾向 NE,倾角 70°	2~15	块状夹角砾岩	正断
	新建五号隧道进口	N65°W,倾向 NE,倾角 50°	0.5~2	块状夹角砾	正断
北北西	馍馍村左侧沟	N25°W,倾向 SW,倾角 63°~70°	3~4	块状岩,糜棱岩	平移逆断
	馍馍村 O_5K446+200 附近	N40°W,倾向 NE,倾角 42°	<3	片状、块状岩	平移
	两河口隧道出口附近	N40°W,倾向 NE,倾角 80°	10~20	有 3 个滑动面,多为块状岩	正平
北东东	馍馍村左侧沟	N65°~70°E,倾向 NW,倾角 11°	0.5~1.5	块状岩	正平

(4)节理:本区节理发育,以 NEE、NWW 两组最发育,此外还有 NNE、NNW 及近 EW、SN 等组节理。

NEE 组节理走向 N60°~70°E,倾向 SE 或 NW,倾角 70°~80°。NWW 组节理走向 N60°~80°W,倾向 SW,倾角 75°~85°,均为张开裂隙,局部有方解石薄片充填,风化裂隙为黏土碎屑充填。这两组节理延伸长达 10~20 m,在河谷陡坎处将岩体切割成大块状,形成危岩及崩塌体,如韩都路沟、米市沟局部地段。

由于受褶皱、断裂影响和节理裂隙切割,沙马拉达沟、韩都路沟及米市沟沿岸岩石破碎,而两河口一带的展线地段,断裂数量与规模均小,受构造破坏相对较轻,仅在两河口隧道出口见有一条宽 10~20 m 的断层破碎带。

4. 水文地质

本区处于平缓褶皱的高中山深切河谷区,季节性降水量分布不均,地下水受地层岩性和地质构造控制,地表泉水出露不多。

(1)第四系堆积层孔隙水主要富集于河漫滩、一级阶地冲积层及洪积扇洪积层中,地下水埋深 0.5~10 m,流量 1~2 L/s;崩坡积层孔隙水水量微弱,主要在坍滑体前缘出露泉水,流量 0.01~0.1 L/s,大者仅 0.5 L/s。

(2)基岩裂隙水分布不均一,受地层岩性及断裂构造和裂隙发育程度控制,地表泉水不多，流量小于0.1 L/s，仅米市沟内一处泉水流量雨季可达10 L/s。

本区地下水多属重碳酸钙镁型水，无侵蚀性。

5. 不良地质

影响线路方案的主要不良地质是坍塌及滑坡。

(1)韩都路沟左岸滑坡群：该段第四系崩坡积碎石块石夹砂黏土组成的斜坡，结构松散，稳定性差，受横向支沟切割，新生坍塌、滑坡多。规模较大并影响线路的有：

①耳蒲地4号隧道右侧滑坡：主要是土层沿基岩面滑动，长宽均为200～300 m，滑床埋深5～20 m，滑体内及后缘宽大裂隙发育，目前仍在滑动，滑动方向为NNE向，垂直于韩都路沟。滑坡成因：上覆第四系崩坡积松散土层，孔隙多，斜坡平缓有利于地表水渗入地下，使土体软化，加大下滑力，下伏基岩倾向与斜坡一致，坡脚河岸冲刷和人为开挖便道，破坏斜坡稳定，促使滑体扩大发展。

②耳蒲地5～6号隧道间路堑基岩切层滑坡：长宽约100余米，滑床深约5～30 m许，因后缘断层切割岩层，前缘沟谷深切，临空面陡峻，形成切层滑动，目前尚稳定。

③馍馍村左侧土体滑坡：宽60余米，长300余米，滑床深5～10余米，滑体内有次一级滑动，滑动方向为NNW，沿深切支沟发育，主要是深沟沟壁土体失稳而产生滑动。

④馍馍村右侧基岩切层滑坡：长、宽各50～60 m，滑动方向为NNW，沿支沟发育，主要是沟谷深切，岩石破碎，沟岸失稳形成。

⑤韩都路车站滑坡群：均沿横向支沟发育，滑坡长宽50～100余米，主要是沟壁陡，沟谷深切，岸壁土石不稳定而形成坍塌与切层滑动。

⑥馍馍村不稳定斜坡：基岩风化深度大，岩体破碎，导致斜坡不稳。

(2)米市沟左岸土层滑坡：长、宽各150 m，滑床深10～20余米，滑动方向近EW或正东方向，垂直于米市沟滑动，主要是沟水强烈切割和地下水发育所致。

(3)上滩坍滑：主要是沿人工开挖边坡在地表水作用下产生坍滑，长100余米。

(4)孙水河左岸滑坡群：

①上滩隧道出口路基第四系土层牵引式滑坡：长80余米，宽50余米，周界清晰，后缘环形陡坎高1～2 m，前缘裂隙宽20 cm，长10～20 m，并有泉水出露，滑体内裂缝多，且向前缘逐渐变宽。成因是第四系松散崩坡积黏砂土夹块石土层，由于表水下渗，降低土体抗剪强度，开挖边坡牵引土层滑动，且未稳定。

②松林坡滑坡群：共有6处，有3处滑坡规模较大，面积由10 000 m^2 至30 000 m^2 以上，滑床深10～20余米，部分地段已切断基岩滑动。滑动方向为正东或NEE，垂直或斜交孙水河。主要原因是第四系松散崩坡积层和砂泥岩夹页岩遇水易软化，且基岩岩层倾向与山坡方向一致，在前缘孙水河或横向支沟流水强烈的冲刷切割下，引起顺层滑动。滑坡目前处于极限或临界平衡稳定状态，一旦开挖边坡将引起滑坡复活。

(二)线路方案情况

成昆铁路翻越沙马拉达分水岭出沙马拉达隧道南口后，一直沿安宁河的主要支流孙水河，下到安宁河边的泸沽一级阶地上。孙水河河床纵坡在两河口以上为42‰，中游两河口至滥坝约为9‰，下游滥坝至泸沽约为6.8‰，两河口至泸沽段河床纵坡平均为7.2‰。沙马拉达隧道南口的沙马拉达车站(前称沙南站)至两河口站高差215m，航距4 km，采用13‰限坡，线路需展长21 km。为了克服巨大高差，1966年以前，该段历次线路方案均沿沙马拉达沟、韩都路沟和米市沟两岸作“羊角形”展线。1965年破土施工和补定测后，发现该展线方案工程地质条件极差，不良地质多，工程艰巨，后患严重。经多方案比选后，决定放弃沿韩都路沟和米市沟两岸的“羊角形”展线方案，采用改走沿韩都路沟右岸和孙水河右岸的两河口展线方案（见图 3—1—1）。

“羊角形”展线方案和两河口展线方案线路和工程情况如下：

线路出沙马拉达隧道南口后，跨沙马拉达沟至左岸，再沿左岸南下，经沙马拉达车站（前称沙南车站）、韩都路 1 号隧道后，溯韩都路沟右岸东上，经韩都路 2、3 号隧道，跨韩都路沟至其左岸，沿左岸回环，折而向西顺沟而下，出耳蒲地 1 号隧道（$O_5K443+00$）后，线路方案一分为二，形成走向不同“羊角形”展线方案和两河口展线方案。

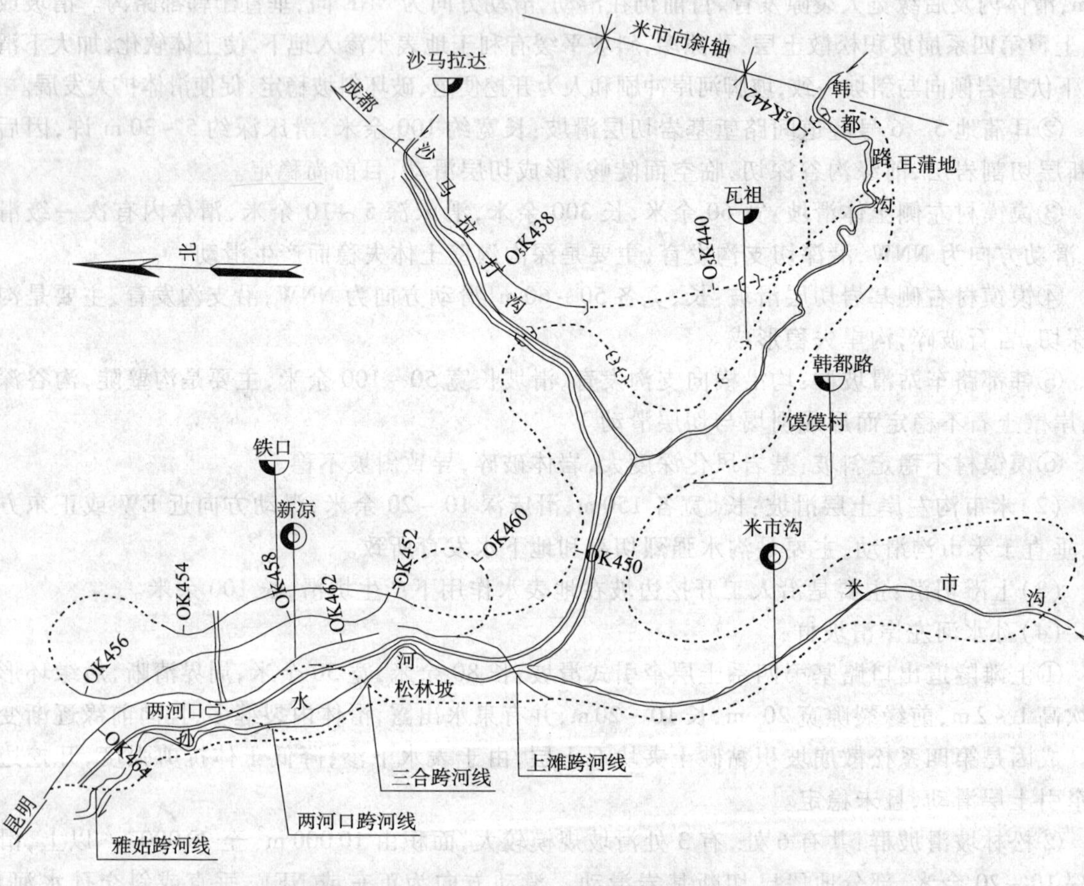

图 3—1—1　沙马拉达至两河口展线方案示意图

1.“羊角形”展线方案

线路出耳蒲地 1 号隧道后，顺韩都路沟左岸继续西行，过耳蒲地 2 ~ 6 号隧道，在沟左岸斜坡中部设韩都路车站后，下至耳蒲地 7 号隧道，再折而向南，沿米市沟右岸逆流而上，穿过米市沟 1 ~ 9 号隧道和 10 号曲线隧道，又回头向北，沿米市沟左岸顺沟而下，出米市沟 11 号隧道，设米市沟车站，继续沿沟北行，下到金河村、沟口上滩后，即沿孙水河左岸北行，在松林坡跨孙水河至右岸本方案终点两河口，设两河口车站。此段展线方案起止点里程为 $O_5K443+000 \sim O_5K463+000$，全线长 20 km，共有短隧道 18 座、大桥 2 座、中桥 1 座、车站 3 个，其余路基深挖高边坡多。

2. 两河口方案

线路出耳蒲地 1 号隧道，穿韩都路 4 号隧道，出洞后，设韩都路沟 2 号大桥又一次跨沟至右岸，沿北西方向顺沟而下，穿韩都路 5、6 号隧道，设瓦祖车站，然后折向北东，沿沙马拉达沟左岸而上，穿韩都路7、8、9号隧道，设中桥跨沙木拉达沟，再回头转向南西，沿该沟右岸和孙水河右岸，通过新建1～5号隧道，在米市沟沟口至两河口之间的平缓坡地和洪积扇上，作由南至北、由北至南、再由南至北的迂回往返3层展线，并在两河口洪积扇上部、3层展线的上层线位上，设铁口车站（又称上两河口站），经铁口山和两河口两座回头曲线隧道后，在两河口洪积扇下部的下层线位上，设新凉车站（又称下两河口车站）。该展线方案起止里程亦为OK443+000～OK463+000，全长20 km，有隧道13座，大桥1座，中桥1座，车站3个，其余为一般路基工程。

（三）展线方案工程地质条件比较

受区域地质构造控制和次级褶皱断裂影响，两个展线方案的工程地质条件显著不同。

1. 沿韩都路沟和米市沟两岸的“羊角形”展线方案

（1）大多数地段通过第四系松散崩坡积层，不仅厚度大，而且地下水丰富，下伏基岩倾向与山坡方向一致，边坡存在顺层问题，稳定性差或已不稳定，尤其是韩都路沟、米市沟和孙水河左岸，斜坡中下部临沟（河），坍塌与滑坡很多，施工破土即引起边坡坍滑，前述不良地质工点均分布于该展线方案。

（2）线路傍山，在斜坡中下部通过第四系松散堆积层，土质偏压隧道多，施工极易产生坍方冒顶。如耳蒲地2、4号隧道出口段，土质隧道或明洞长70余米，长200余米的耳蒲地5号隧道全为土质隧道，耳蒲地6号隧道出口段土质隧道长40余米，米市沟11号隧道出口段土质隧道长60余米，合计土质隧道长440 m以上。

（3）耳蒲地4、6号隧道、米市沟4、7、9号隧道通过较大规模的断层破碎带，裂隙极发育，围岩破碎，地下水发育，风化带深，围岩极不稳定，施工处理复杂，难度很大，坍方危害施工安全，延误工期。

（4）路基深挖方高边坡工点多，总长达2 000 m以上，极易引起第四系松散堆积层边坡坍塌、滑坡和老滑坡复活，整治困难，后患很多。

（5）该展线方案施工场地布置较难，局部线位需改移，工点多，规模大，补勘工作量大，影响施工工期。

2. 两河口展线方案

（1）线路走在韩都路沟右岸和孙水河右岸，岩层大多裸露，倾向山内，多为基岩陡坎、陡坡，基岩风化较轻，斜坡较为稳定，除有危岩落石和几处沟岸坍滑外，无大规模的坍塌、滑坡分布。

（2）两河口古老洪积扇宽大平缓，厚20～30 m的洪积块石土，结构较紧密，从沟源汇水条件和物质来源较少分析，该洪积扇已趋稳定，不会产生大规模泥石流危及运营安全。

（3）该方案2.0 km以上的长隧道（3座—6 474 m）占线路总长的32.37%，多已内移到山体内，土质隧道少（仅两河口隧道出口段长60 m），多数隧道已避开大断层带。虽然韩都路4、5、9号、新建3号和两河口隧道出口段有小断层通过，但其规模很小，围岩受其影响较轻微，地下水亦不发育，故隧道工程地质条件较好。

（4）该方案大多数路基和上、下两河口车站均位于洪积扇上，路基低填浅挖较多，除展线方案的上线铁口车站（上两河口站）前后三段路堑挖方深8～10 m、长200 m外，其他地段为一般路基，工程简易，边坡不稳定的后患较少。

（5）两河口展线地形条件较好，施工场地较易布置，距主要交通道路较近，施工条件好。由于不良地质与特殊路基工点少，基岩大部分裸露，补勘工作量也少，可以缩短勘设时间，有利争取施工工期。

综上所述,不论从工程地质条件、施工条件、补勘工作量大小、有利争取施工工期等方面,还是从工程处理难度、节省投资、不留后患等方面比较,两河口展线方案均优于"羊角形"展线方案。

(四)小　　结

山区铁路展线地段的地形地质条件较复杂,展线地段的选定必须同时重视地形条件和工程地质条件两个重要因素,有的地形较缓的地方,恰恰地质条件较差。一定要查清区域地质条件,尤其是区域地质构造,掌握地形地质条件及其相互变化的规律,全面分析,综合比选,才能找到地形有利、地质条件较好的展线方案。两河口展线方案经施工运营实践证明,是一个地形有利、地质条件较好、后患少、工程省的好方案。

二、南昆铁路顶效方案与南盘江沿江方案的比选

唐民德

(一)顶效方案和南盘江沿江方案的提出

南昆铁路由东向西,所经广西百色至贵州安龙、兴义一带,属广西盆地和云贵高原之间的斜坡过渡带,又称黔桂山地。百色附近高程 140 m 左右,而地处云贵高原边缘的安龙、兴义一带高程 1 100 余米,二者高差近 1 000 m。南昆铁路过百色后,即进入此斜坡过渡带。在登上云贵高原面之前,线路由东向西,总体走向与由西向东流经此斜坡地带的南盘江大致平行,而线路走行的高低、登上高原面的早晚,涉及本线主要技术标准的比选、确定,故一直是本线自 1974 年恢复前期勘察设计工作以来研究、争论的焦点问题之一。在此前提下,南昆铁路通过斜坡过渡带的两大线路方案,即顶效方案(早登高原面)和南盘江沿江方案(晚登高原面,以下简称沿江方案)应运而生。

为落实两方案主要地质问题,铁二院于 20 世纪 80 年代前期先后安排了对沿江方案南盘江、清水河岩溶峡谷河段大面积地质调查和对顶效方案的航片判释,并对两方案重点工程和重大地质工点进行了控制性钻探、物探和测试、试验。当时,为满足南盘江天生桥电站建设外部运输对铁路之需,铁二院在上述勘察工作的基础上,先完成了以沿江方案贯通的初步设计(1984 年),紧接着在进一步补充对顶效方案的勘察工作后,于 1987 年完成了以顶效方案贯通的初步设计补充报告。顶效方案经铁道部审查通过后,在后续的勘察设计工作中,又经不断优化、改善,最终即为今日已建成的南昆铁路板桃车站至威舍车站段线路。

为如实反映当时情况,本文以上述初步设计和初步设计补充报告为依据,着重对两方案地质条件的比选。

(二)线路方案经由及工程概况

顶效方案和沿江方案的比较范围,起于广西田林县的板桃车站,终于贵州兴义的威舍车站。正线总长约 182 km,是南昆铁路初步设计中线路最长、范围最广、涉及工程规模最大、投资最多的方案比选。两方案总体走向大致相同,即均为由南东至北西方向,但由于二者在登上高原面之前的具体走行位置、高度不同,因而两方案的地形地貌、工程地质条件和工程规模均有较大差异(见图 3—2—1)。

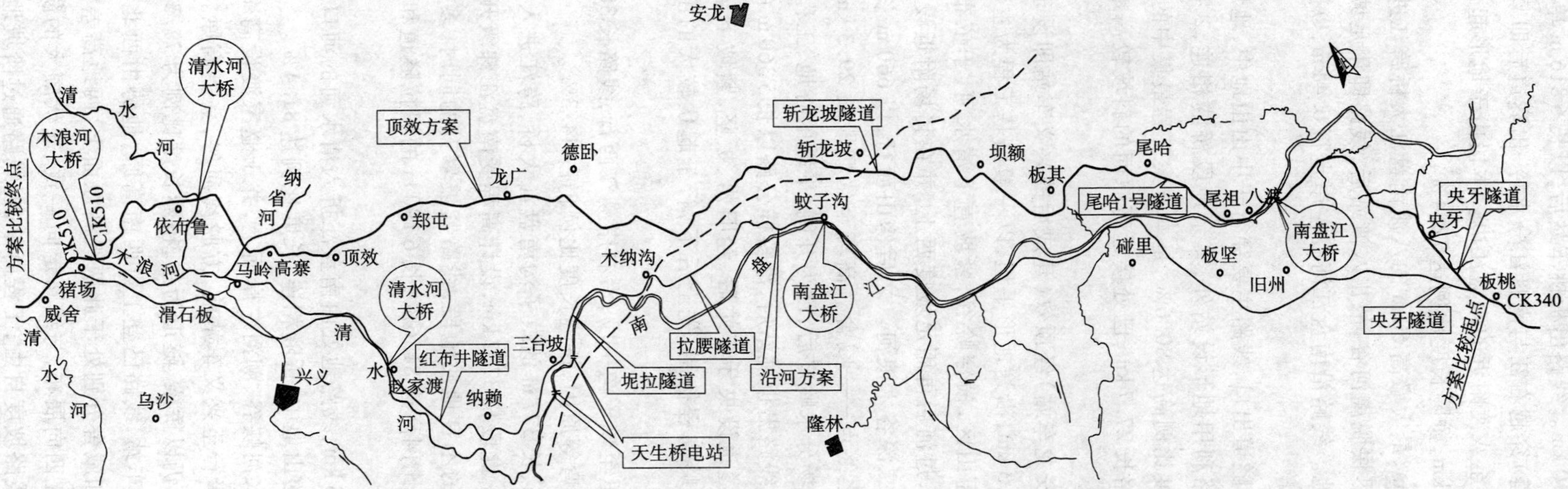

图 3—2—1　顶效方案和南盘江方案示意图

顶效方案正线全长182.0 km。线路出板桃车站后，以长6816 m单面上坡的央牙隧道（后改为长9392 m的米花岭隧道）穿越右江与南盘江分水岭，出隧道后即紧坡下降，穿行于南盘江右岸沿江中、低山地之中，直至八渡附近的南盘江边。本段由于地形起伏较大，沟壑纵横，桥隧工程较为集中，线路长29.8 km，桥隧长度比例达72.4%。

线路于南盘江设长331 m、最大墩高60 m的八渡南盘江大桥跨江进入贵州后，沿江左岸而行，并设八渡车站。为争取尽快脱离河谷，故出八渡站后，线路即用足坡度向上攀升，于尾祖村附近脱离河谷，再次折入山地。线路沿南盘江河谷左岸走行6.4 km，以路、桥工程为主，桥隧比例40.3%。

尾祖村以后直至斩龙坡隧道出口，线路主要穿行于中山山地中，地形起伏剧烈，横穿沟谷，除尾哈、板其、坝额等处，线路利用地形设站外，其余地段桥隧相连，2～4 km多的隧道即达6座，全段长46.3 km，桥隧长度比例高达80.6%，是本方案工程最集中的地段。

斩龙坡至德卧附近，线路长27.7 km，已处接近高原面的斜坡较高地带，路基、桥梁工程增多，桥隧长度比例为51.9%。

自德卧（建成后该处设安龙车站）经顶效（建成后的兴义车站即设于此）至高寨一段，线路已行于高原面上，全段长38.3 km，沿途地形平坦，以一般路基工程为主。

高寨以后，线路折入高原山区，横穿岭谷，紧坡直下清水河，于依布鲁村附近设高146 m、长187 m之清水河大桥跨河，过河后再用足坡度西上，并在猪场附近设高80 m、长393 m之大桥，跨深达85 m的本方案第二深谷木浪河。之后傍山而行，以660 m长的隧道穿清水河与黄泥河的分水山梁，抵达方案之终点——威舍。高寨至猪场段长29.3 km，桥隧比例45.3%，隧道多集中于清水河之前。猪场分水岭之后，已为开阔、平缓的谷地，工程简单。

沿江方案长182.9 km。线路出板桃站后，沿黔桂公路以长5360 m的单面上坡的央牙隧道穿南盘江与右江分水岭，出隧道设央牙车站后，经旧州、板坚，紧坡下至碰里村附近的南盘江边。此段线路长41 km，受越岭高程控制，先上后下，行于起伏较大的山区，桥隧工程集中，长度比例达72.6%。

进入南盘江河谷后，碰里至蚊子沟一段，沿右岸溯江西行，线路长38.3 km，坡度自由，但因跨越横向沟谷较多和取直河弯等原因，桥隧长度比例仍占44.3%。

线路于蚊子沟设高53 m、长377 m的蚊子沟南盘江大桥，跨江进入贵州，由此直至三台坡村附近，一直沿江左岸走行。此段长37.2 km，设计高程受南盘江梯级开发电站水位控制，为争取高程，也为绕避沿岸严重的不良地质地段，线路紧坡攀升的同时，多靠山内移，脱离河谷斜坡，以隧道通过，故桥隧所占比例高达81.6%，长6190 m的坭拉隧道和长4178 m的拉腰隧道均位于此段。

三台坡至纳赖段长11.6 km，线路地处由南盘江折入清水河的河口转折地段，线位已脱离河谷，紧坡穿行于岸坡以上的山地中，桥隧相连，长度比例达81.4%。

纳赖以后，线路进入清水河峡谷，溯河左岸而上，并于赵家渡设高145 m、长276 m的赵家渡清水河大桥，跨河后沿右岸行至兴义车站前，方脱离河谷，登上高原。纳赖至兴义车站前的清水河峡谷段长22 km，工程仍以桥梁、隧道为主，桥隧长度比例为77.3%。

兴义车站以后直至威舍车站，线路已登上黔西南高原，地势由西北向东南倾斜，由不同高程的两级高原面组成，兴义和威舍分别处于此两级高原面上，两地高差达200～300 m，其间在滑石板车站前后，存在一列北西向展布，与线路走向一致、起伏颇大的阶坡。不同高程的高原面上，地形宽缓，略有起伏，线路坡度自由，工程简单，但线路通过阶坡地段则紧坡爬升，桥隧相连。全段长 32.8 km，桥隧比例仍达 49.4%，规模稍大的桥隧工程几乎全集中于此阶坡地段。

（三）影响方案比较的主要工程地质条件

由于顶效与沿江两大方案线位相距不远，其区域地质环境具一定相似性，但因方案所处具体位置不同、高程各异，相同的地质问题对不同方案线路的影响程度则又各具差异。现仅择对方案具控制意义的比选条件作一叙述。

1. 地貌条件

（1）顶效方案

板桃至八渡南南盘江大桥（板桃端）段，属碎屑岩组成的低山区，除越岭段央牙—米花岭主峰高程 1 270 m 外，其余山岭多低于 1 000 m，相对高差 200 ~ 300 m，横向沟谷发育，多属南盘江支流、支沟。

八渡南盘江大桥至尾祖段，为碎屑岩组成的较宽 V 形河谷，江面宽 150 ~ 200 m，自然岸坡 30° ~ 45°，阶地不发育。

尾祖至斩龙坡段，由碎屑岩低山过渡为中山，山体浑厚，切割强烈，盘龙山一带主峰高程 1 400 m许，相对高差 300 ~ 700 m，其中板其车站前后近 3 km，为碳酸盐岩组成的峰丛洼地。

斩龙坡至德卧段已处高原外缘斜坡近顶部地带，高程 850 ~ 1 150 m，以碳酸盐岩组成的峰丛洼地为主，局部断续分布碎屑岩丘岭、斜坡。

德卧至高寨段属高原面上开阔平缓的溶丘谷地，高程 1 150 ~ 1 300 m，地势向东南倾斜。

高寨至猪场段为岩溶化高原上之平行岭谷，地势起伏较大，高程 1 200 ~ 1 500 m，相对高差 150 ~ 250 m，山岭及斜坡已发育为峰丛洼地，岩溶槽谷中常有暗河分布，清水河、木浪河（清水河支流）为横向切割岭谷的岩溶峡谷河流，由于下切迅速，陡峭岸壁上常有悬挂的大泉、暗河出露。

猪场至威舍段，为高程 1 300 余米的溶丘谷地，地形宽缓，有埋藏不深的暗河及残丘分布。

（2）沿江方案

板桃至碰里段为碎屑岩组成的低山区，地貌形态与顶效方案进入南盘江河谷前类似。

碰里至三台坡属南盘江河谷段，河谷形态随岩性不同而异，大致以河谷左岸的木纳沟为界：木纳沟以下的南盘江下游河段为碎屑岩组成的较宽 V 形河谷，水面宽 150 ~ 200 m，河床纵坡 0.5‰ ~ 0.7‰，自然岸坡 30° ~ 45°，谷底高程 360 ~ 430 m，沿岸山岭高程 800 ~ 1 000 m，河谷中阶地不发育，江中常有漫滩；木纳沟以上的南盘江河谷则为碳酸盐岩组成的典型岩溶峡谷，河谷深切 400 ~ 600 m，河道狭窄，岸坡陡峭，水流湍急，河床纵坡 9‰ ~ 10‰，天生桥一带水面宽不足 30 m，天生桥电站即兴建于此，岸壁卸荷作用强烈，岸边、江中常有规模巨大的崩坠物质堆积，形成急流浅滩。岸坡以上为发育于岩溶化山地中的峰丛洼地。这里的峰丛洼地以密集而高大的峰丛、峰林和深陷其间、完全封闭的近圆形或条形洼地所形成的组合地貌为特征，在国内岩溶地貌中堪称典型。

三台坡至纳赖段为清水河汇入南盘江的河口地段，线路已脱离河谷，走行于碎屑岩组成的中山山地中，山岭高程 1 200 ~ 1 300 m，相对高差 300 ~ 500 m。

纳赖至兴义车站前属清水河岩溶峡谷段，河谷深切 300 ~ 600 m，岸坡陡峭，常有崩塌、岩堆分布，谷坡以上为典型的峰丛洼地所组成的中山。

兴义至威舍段已地处高原面上，高原面由不同高程的两级溶丘谷地组成，地势由西北向东南倾斜，按不同高程可分为两级：兴义一带，溶丘谷地高程 1 100 ~ 1 300 m；威舍前后溶丘谷地高程 1 300 ~ 1 500 m。二者间，横亘一列北西向展布的由碎屑岩组成的高程 1 200 ~ 1 600 m 的斜坡山地，构成两级高原面之间的阶坡。

两大方案地貌类型分段情况及相应的工程规模如表 3—2—1 所列。

表 3—2—1　顶效方案和沿江方案地貌类型分段情况及相应的工程规模对照表

<table>
<tr><th colspan="2">地　貌</th><th rowspan="2">岩性</th><th colspan="3">顶 效 方 案</th><th colspan="5">沿 江 方 案</th></tr>
<tr><th>成　因</th><th>类　型</th><th>分布地段</th><th>长度（km）</th><th>桥隧比例（%）</th><th>分布地段</th><th colspan="2">长度（km）</th><th colspan="2">桥隧比例（%）</th></tr>
<tr><td rowspan="3">构造—剥蚀</td><td rowspan="3">中、低山</td><td rowspan="3">碎屑岩</td><td>板桃—南盘江</td><td>29.8</td><td>72.4</td><td>板桃—南盘江（碰里）</td><td colspan="2">41.0</td><td colspan="2">72.6</td></tr>
<tr><td>尾祖—斩龙坡</td><td>43.4</td><td>80.6</td><td>滑石板车站前后</td><td colspan="2">17.6</td><td colspan="2">84.8</td></tr>
<tr><td>斩龙坡以后断续分布</td><td>8.9</td><td></td><td>三台坡—纳赖</td><td colspan="2">11.6</td><td colspan="2">81.4</td></tr>
<tr><td rowspan="2">构造—侵蚀</td><td rowspan="2">河谷</td><td rowspan="2">碎屑岩</td><td rowspan="2">南盘江—尾祖</td><td rowspan="2">6.4</td><td rowspan="2">40.3</td><td>南盘江（碰里）—蚊子沟南盘江大桥</td><td>38.3</td><td rowspan="2">59.7</td><td>44.3</td><td rowspan="2">55.7</td></tr>
<tr><td>蚊子沟南盘江大桥—木纳沟</td><td>21.4</td><td>76.1</td></tr>
<tr><td rowspan="3">构造—溶蚀</td><td rowspan="3">峰丛洼地</td><td rowspan="3">碳酸盐岩</td><td>板其前后</td><td>2.9</td><td>87.4</td><td rowspan="3"></td><td rowspan="3" colspan="2"></td><td rowspan="3" colspan="2"></td></tr>
<tr><td>斩龙坡—德卧</td><td>18.8</td><td>51.9</td></tr>
<tr><td>高寨—猪场</td><td>29.3</td><td>45.3</td></tr>
<tr><td rowspan="2">溶蚀—堆积</td><td rowspan="2">溶丘谷地</td><td rowspan="2">碳酸盐岩</td><td>德卧—高寨</td><td>38.3</td><td>一般路基为主</td><td rowspan="2">兴义—滑石板车站前及滑石板车站后—威舍</td><td rowspan="2" colspan="2">15.2</td><td rowspan="2" colspan="2">一般路基为主</td></tr>
<tr><td>猪场—威舍</td><td>4.2</td><td>一般路基为主</td></tr>
<tr><td rowspan="2">构造—侵蚀、溶蚀</td><td rowspan="2">岩溶峡谷</td><td rowspan="2">碳酸盐岩</td><td rowspan="2"></td><td rowspan="2"></td><td rowspan="2"></td><td>南盘江（木纳沟—三台坡）</td><td colspan="2">15.8</td><td colspan="2">89.0</td></tr>
<tr><td>清水河（纳赖—兴义）</td><td colspan="2">22.0</td><td colspan="2">77.3</td></tr>
<tr><td colspan="3">小　计</td><td></td><td>182.0</td><td>51.2</td><td></td><td colspan="2">182.9</td><td colspan="2">66.5</td></tr>
</table>

2. 岩性条件

两方案通过地区出露的地层以三叠系为主，其中又以中三叠统分布最广。上三叠统沿线未见，下三叠统仅局部地段有出露，其他时代地层零星有所分布。

三叠系在顶效方案的斩龙坡至沿江方案的木纳沟一带，存在一条呈东西向的区域性相变带，相变带两侧岩相迥异。该带南侧，即顶效方案的斩龙坡以前和沿江方案的木纳沟以前，属华南地层区，以发育海盆相及河流相碎屑岩为主；其北，即顶效方案过斩龙坡以后和沿江方案过木纳沟以后，属扬子地层区，以发育并保存较完好的地台型碳酸盐岩为特征。相变带分布位置如图 3—2—2 所示。

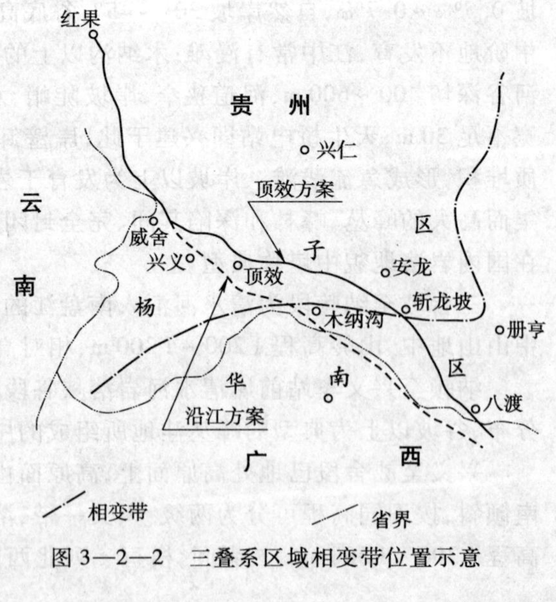

图 3—2—2　三叠系区域相变带位置示意

两方案地层岩性分布的具体地段如下：

顶效方案：板桃至斩龙坡长 82.5 km，除板其前后长 2.9 km 地段为二叠系碳酸盐岩外，余皆为中三叠统碎屑岩。斩龙坡至威舍长 99.5 km，地层以中三叠统碳酸盐岩为主，但断续、零星分布有下三叠统、上二叠统碎屑岩共 14 段，总长 8.9 km。

沿江方案：板桃至木纳沟长 100.7 km，沿线均由中三叠统碎屑岩组成。木纳沟至威舍长 82.2 km，沿线地层则以中三叠统碳酸盐岩为主，但局部地段有集中分布的下三叠统、上二叠统和下第三系砂、页岩和砾岩，它们位于清水河口一带的三台坡至纳赖段和高原面上的滑石板车站前后，分布长度分别为 11.6 km 和 17.6 km。两方案地层岩性分布如表 3—2—2 所列。

表 3—2—2　顶效方案和沿江方案地层岩性分布对照表

岩性	顶效方案				沿江方案			
	地层	分布地段	长度(km)	比例(%)	地层	分布地段	长度(km)	比例(%)
碎屑岩	T_2	板桃—板其以前	53.3		T_2	板桃—木纳沟	100.7	
	T_2	板其以后—斩龙坡	26.3		T_2	三台坡—纳赖	11.6	
	T_1，P_2	斩龙坡以后断续分布	8.9		T_1，E_2	滑石板车站前后	17.6	
		小　计	88.5	48.6		小　计	129.9	71.0
碳酸盐岩	P_1	板其前后	2.9		T_2	木纳沟—三台坡	15.8	
	T_2	斩龙坡—威舍	90.6		T_2	纳赖—滑石板以前	29.6	
					T_2	滑石板以后—威舍	7.6	
		小　计	93.5	51.4		小　计	53.0	29.0
合　计			182.0	100		合　计	182.9	100

3. 地质构造条件

两方案在广西境内所经地区地质构造属北西向构造带（在广西称"右江系"），其主要形迹为塘兴—潞城断层及一系列同向的次生断层和褶曲。塘兴—潞城断层起自百色附近，沿线路行经的乐里河谷向北西方向延伸，过两方案比选起点板桃，越央牙—米花岭分水岭，直抵分水岭西侧的旧州附近，总长 120 余千米，在两方案比选范围内延伸 20 余千米。该断层属压扭性，破碎带一般宽 20～30 m，最宽可近百米。两方案板桃以后线路不同程度受其影响。

顶效方案过八渡后、沿江方案过旧州后，线路先后进入黔南东西构造带和黔西南弧形构造带。前者表现为德卧以前的斜坡山地及南盘江沿岸发育的一系列走向近东西的复式褶曲和压性断裂，后者主要为分布于兴义至威舍间的总体走向由北转为北北西的兴义弧形褶断带。

上述地质构造对两方案的具体影响表现如下：

（1）顶效方案出板桃站后，折向北北西方向，迅速脱离塘兴—潞城断层，其对线路的影响渐次减轻，而与其他北西向的构造多以较大角度相交，影响范围有限；沿江方案自板桃起，平行、邻近塘兴—潞城断层走行 20 余千米，央牙越岭隧道及其前后线路的各类工程严重受其影响。

（2）顶效方案脱离南盘江河谷，进入碎屑岩组成的中、低山地段，线路走向多为北西至北北西向，与东西向构造线斜交，一些褶曲和断层对该段以隧道为主的线路有一定影响，但范围有限。与之位置对应的沿江方案的南盘江碎屑岩河谷段，由于多段河谷呈东西向展布，沿江平行分布的复式褶曲，常造成两岸岸坡存在"顺层"现象，且已有顺层滑坡形成，致沿江而行的线路亦受"顺层"或滑坡的严重威胁。

（3）顶效方案自德卧登上高原面后，直至高寨附近，线路长 38 km，工程简单，地质构造影响轻微，断层、褶曲对线路不具控制意义。而沿江方案位置与之对应的地段，正为南盘江、清水河岩溶峡谷河段，地质构造上属东西向构造带与兴义弧形褶断带间的过渡地带，构造线方向由北东至北西向皆有，且以断层为主。部分平行该段南盘江岩溶峡谷岸坡的北东向断层，切割岩质坚硬的由碳酸盐岩组成的岸坡，破坏了坡岸的完整和稳定，形成一系列深大的卸荷裂隙和多处岸坡的大规模崩塌，并曾一度堵江断流；发育于岸坡以上峰丛洼地中的北西向断层，则为该地段暗河的形成、发展提供了有利的基础条件，该段多条规模颇大的暗河皆系沿断层发育而成。清水河岩溶峡谷受断层的影响情况与上述类似，仅程度上有所差异。

(4)顶效方案的兴义至威舍段中通过高原山地的地段，发育有一系列北北西或北西向断层或褶曲，但迂回于山地中的线路，多大角度与之相交，对该段部分隧道工程有一定影响，但范围、程度有限。沿江方案的兴义至威舍段，已分属兴义、威舍两不同高程的高原面，工程简单，地质构造影响不大。但两级高原面之间的斜坡地段，亦即滑石板车站前后地段中，部分线路与沿北西向发育的一组断层平行、邻近或相互穿插，断层对该段集中分布的桥隧工程有严重影响。

4. 岩溶对线路的影响

顶效方案和沿江方案碳酸盐岩分布长度和所占比例分别为 93.5 km、51.4% 和 53.0 km、29.0%（见表 3—2—2），故岩溶问题成为控制方案比选的重要条件之一。现按两方案所通过的不同岩溶地貌类型分述岩溶对线路的影响。

(1)溶丘谷地：从表 3—2—1 可知，顶效方案通过溶丘谷地的长度为 42.51 km，沿江方案通过溶丘谷地的长度为 15.2 km。溶丘谷地地形平缓、开阔，工程简单。顶效方案由于提前近 40 km 登上高原面，充分利用了溶丘谷地有利的地形优势，改善了线路平、剖面条件，有效地减小了线路工程规模，这也是当时提出顶效方案的初衷。

(2)峰丛洼地：顶效方案先后通过板其前后、斩龙坡至德卧和高寨至猪场共三段峰丛洼地区，总长 51 km。前两段，线路走行位置相对较高，少数地段路基、桥梁通过洼地，地基基础需加固处理，隧道一般埋深不大，处于岩溶水垂直渗流带中，遭遇较大溶洞或涌水的可能性很小。高寨至猪场段中，线路跨清水河以前，有少数隧道接近或已处岩溶水水平径流带，可能存在溶洞或涌水、突泥威胁；清水河以后，线位又已较高，除少数通过洼地的段落外，一般岩溶影响较小。

沿江方案峰丛洼地集中分布于南盘江、清水河岩溶峡谷谷坡以上的碳酸盐岩地区，由于与线路有关的岩溶发育条件与此方案通过的岩溶峡谷关系密切，故纳入岩溶峡谷一并论述。

(3)岩溶峡谷：顶效方案线路仅在高寨至猪场间的高原山地中，以大桥先后跨越清水河、木浪河两处深切岩溶峡谷，峡谷所存在的岩溶问题只集中反映于该两座大桥的桥位、孔跨的选择与桥基、岸坡的处理上，对其他地段的线路工程不存在影响。沿江方案先后通过南盘江、清水河岩溶峡谷，总长 37.8 km。南盘江、清水河是本方案通过的碳酸盐岩地区岩溶水的最终排泄基准面，峡谷沿岸发育的北东至北西向断层往往控制了沿江岸坡以上峰丛洼地区岩溶水向峡谷中排泄的径路，也为暗河的形成、发展提供了条件。该两段峡谷中，已落实的暗河即达 10 条，规模多较巨大，且均横穿线路，沿江（河）出露的暗河出口和岩溶泉点、泉群多达 20 余处。线路在跨越清水河以前的岩溶峡谷河段中，走行位置较低，尤其是在南盘江岩溶峡谷中，线位既已处于峰丛洼地之下的岩溶水水平径流带中，且又多邻近或已位于岩溶水排泄带范围内，该段分布大小隧道 11 座，总长 23 792 m，均存在遭遇大型溶洞和大规模涌水、突泥的潜在威胁。加之该段线路为争取登上兴义附近的高原面，已用足坡度攀升，所有隧道均为单面上坡，一旦涌水，极易酿成灾难性后果。

5. 斜坡重力地质作用引发的不良地质对线路的影响

这里提及的不良地质主要包括滑坡、崩塌、岩堆及危岩落石等几类。碎屑岩中、低山区的滑坡，初测定线时，对其规模巨大者多已绕避，少数线路附近的滑坡可立足于就地整治，已不控制方案比选。控制方案比选的滑坡主要分布于碎屑岩河谷地段。顶效方案有长 6 km 多的线路走行于南盘江碎屑岩河谷中，勘察当时仅发现中、小型滑坡 2 处，均处线路下方，未直接危及线路。沿江方案通过南盘江碎屑岩河谷长 59.7 km，沿河谷及支沟分布滑坡 30 余处，除已绕避者外，尚有 16 处位于线路附近，须加整治，其中部分滑坡整治规模较大。此外，沿江方案在南盘江碎屑岩河谷中，有近 20 km 存在"顺层"问题，施工中须预加处理，否则有形成顺层滑坡的可能。上述 16 处滑坡中，即有因"顺层"而滑动者。

两方案在碎屑岩河谷中，均受南盘江下游梯级电站开发回水影响，须考虑水库坍岸问题，否则也有诱发滑坡的可能。沿江方案河谷线长度大，受坍岸影响的长度也更长，投资将远大于顶效方案。

崩塌、岩堆和危岩落石集中分布于沿江方案所经南盘江、清水河岩溶峡谷。南盘江天生桥电站附近，线路所处左岸，碳酸盐岩组成的岸坡受断层切割，稳定性极差，危岩比比皆是，崩塌屡屡发生，仅坭拉一带沿江长不及 7 km 范围内，连续分布由崩塌物质堆积而成的巨型岩堆 6 处，个体体积均在 $10\times10^4\ m^3$ 以上，前缘伸入江中，曾堵断江流，至今江中遗留有当地著名的雷公滩。此段线路虽已内移改以长 6 190 m 的坭拉隧道通过，但未完全脱离岩堆和岸坡卸荷带范围。清水河峡谷亦存在类似问题，唯规模、影响逊于南盘江。

（四）线路方案的综合比选及推荐意见

1. 工程地质条件已如前述，顶效方案明显优于沿江方案。

2. 顶效方案靠近城镇、人口密集地区，能充分发挥铁路为地方服务的作用，且自德卧起，以后各站均有较好设站条件；沿江方案兴义以前，远离城镇，人烟稀少，交通不便，多处车站位于桥梁上、隧道中，不利于管理、使用。

3. 沿江方案线路坡度相对平缓，上、下行拔起高度总和较低，列车往返运行时分较少，兴义车站距兴义市较近，这些条件，是为沿江方案所具优点。

4. 主要工程数量及投资比较见表 3—2—3。

表 3—2—3　顶效方案与沿江方案主要工程数量和投资对比表

工程项目	单　位	顶效方案（1987 年 3 月初设补充报告）	沿江方案（1984 年 12 月初步设计）
线路长度	km	182.02	182.90
车　站	个	18	17
土　方	$10^4\ m^3$	466.41	321.93
石　方	$10^4\ m^3$	593.99	274.81
路基圬工	$10^4\ m^3$	57.90	59.99
隧　道	座/正线米	82/81 904	89/95 787
大中桥	座/正线米	73/11 121	206/25 541
桥隧总长	正线米/折单米	93 218/98 786	121 703/136 055
桥隧占线路长度比例	%	51.2	66.5
工程投资	亿元	11.87	13.20

5. 推荐意见

通过上述比较，顶效方案突出的优点是显著地改善了线路的工程地质条件，大大降低了地质灾害的风险。此外，顶效方案线路长度虽仅短 0.88 km，但却桥隧工程少 28.49 km（折单后少 37.27 km），投资少 1.33 亿元，所经之地城镇集中，交通方便，更有利于促进地方经发展。在取得地方支持，且在天生桥电站建设的外部运输决定不再依靠铁路后，最终确定以顶效方案为推荐方案。

（五）施工检验与经验教训

1. 顶效方案经铁道部审查采用后，在后期的勘察设计中，又经不断优化、完善，方为今日建成的该段线路。在优化、完善过程中，线路工程地质条件总体上也得以进一步改善。但限于当时的认识水平，亦存在疏漏和不足，严重者如南盘江边八渡车站站位的选择。

2. 初测时，顶效方案八渡车站站位的选择，曾结合该段南盘江跨江的上、中、下游三个桥位方案，进行过左、右岸设站的比选。就地质条件而言，当时偏重于北西向“右江系”构造带对右岸的不利影响，认为右岸既存在北西向褶皱引起的“顺层”问题，又有北西向断层造成的岩体破碎问题，故认为三个桥位方案中以左岸设八渡车站的下游桥位地质条件较佳，经综合权衡，采用了左岸设站方案作为顶效方案的贯通方案。由于比选当时未能认识、发现八渡车站所处位置存在的古滑坡，以致施工后期在多种不利因素的综合作用下，古滑坡复活，引起工程的重大反复。

3. 西南山区地形、地质条件的复杂程度在一定程度上影响甚至决定着线路方案的经济、技术条件，而地形又总是地质内外营力作用结果的综合反映。因此，西南山区线路方案的抉择，应在技术、经济综合比选的前提下，根据地形、地貌条件，突出地质选线的重要意义。顶效方案和沿江方案的比选，就充分体现了这一点。

4. 西南山区河谷，特别是峡谷，其形成和发展总具有复杂的地质构造背景，又往往是严重不良地质集中发育之地。因此，山区河谷选线必须慎之又慎，除进行河谷左右岸的比选、河谷高低线位的比选外，还应考虑局部或全部脱离河谷方案的比选。

5. 碳酸盐岩山区河流往往是当地岩溶水排泄基准面——溶蚀基准面。由于岩溶水总是向河谷汇集、排泄，因而沿河谷分布的岩溶水排泄带附近，岩溶总是特别发育，岩溶水水量也特别丰富。因此，在岩溶河谷中、尤其是峡谷中，以隧道工程为主的线路方案，线位宜高不宜低，力争走行于岩溶水排泄带之上，以避免遭遇大型溶洞和大规模涌水。

三、南昆铁路石林地区的岩溶与线路方案比选

唐民德

云南石林以其岩溶形态的奇特多姿而闻名遐迩，石林地区又以其岩溶的复杂多变而影响南昆铁路通过该地区时线路方案的选择。为落实与线路有关的岩溶问题和它们对线路方案的具体影响，20 世纪 80 年代初，南昆铁路初测时，铁二院投入一个地质队的力量，在该地区东起西街口，西至董家庄，总面积 200 余平方千米的范围内，结合通过该地区的两个主要线路方案—月湖南、北线方案，开展了大面积岩溶调查，并配合以必要的钻探、物探和测试工作。在此基础上，对两方案通过地区的岩溶及其发育规律进行了分析、评价，并对两方案线路所处工程

地质条件进行了比较,提出了对方案的选择意见。

(一)地质概况

石林地区地处滇东高原的分水岭地带,高程 1 800 ~ 2 000 m。由于碳酸盐岩广泛分布,并经历漫长的地质历史时期的剥蚀、夷平作用,形成地势开阔、平缓、由东向西递降的溶原景观。溶原上石林、石芽、洼地、漏斗、竖井、落水洞密布,并散布有残丘、垅岗和岩溶湖。在构造体系上,石林地区位于昆明山字形构造前弧东翼,但地区内构造变动相对较为轻微,除天生关、月湖一带及地区西北边缘有规模不大的断层分布外,其他构造形迹仅表现为基本水平地层的局部挠曲和部分地段存在较密集的节理。地区内出露的地层以古生界碳酸盐岩为主,仅北部和西部有元古界及第三系沉积。地层分布和岩性组成如图 3—3—1 及表 3—3—1 所示。

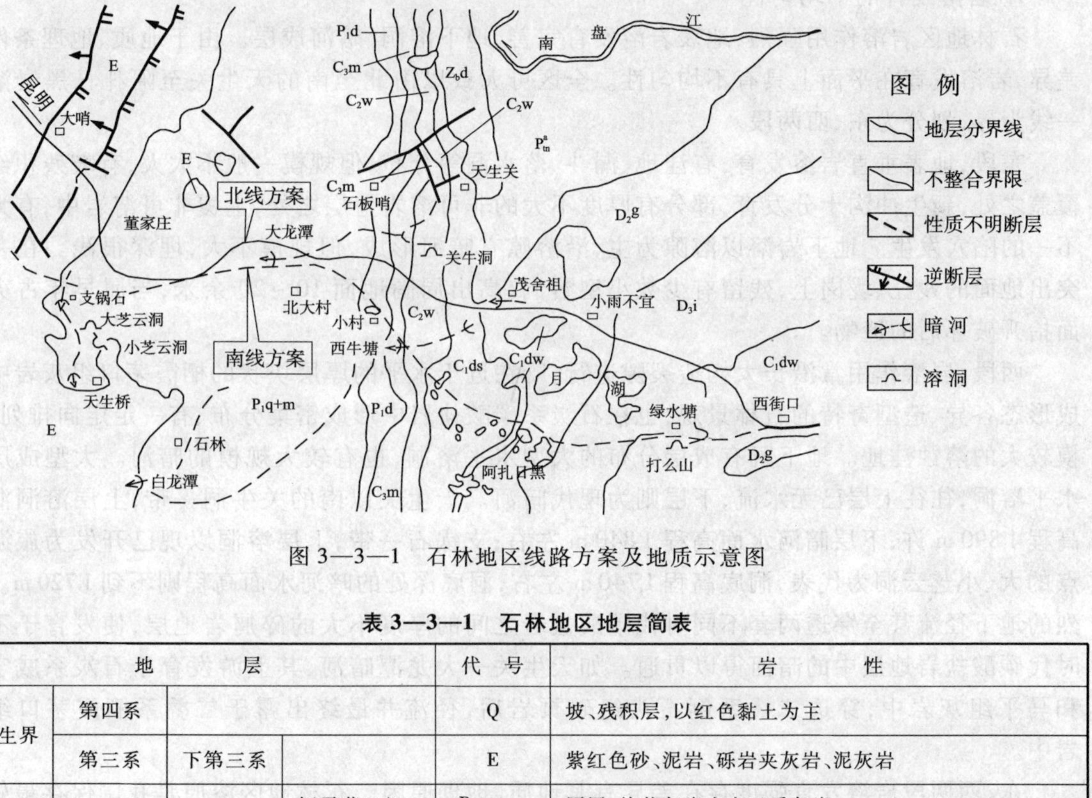

图 3—3—1　石林地区线路方案及地质示意图

表 3—3—1　石林地区地层简表

地 层				代 号	岩 性
新生界	第四系			Q	坡、残积层,以红色黏土为主
	第三系	下第三系		E	紫红色砂、泥岩、砾岩夹灰岩、泥灰岩
古生界	二叠系	下 统	栖霞茅口组	P_1q+m	厚层、块状灰岩夹白云质灰岩
			倒石头组	P_1d	中厚层石英砂岩夹页岩、泥灰岩
	石炭系	上 统	马平组	C_3m	含白云质团块的中、厚层灰岩
		中 统	威宁组	C_2w	中厚层鲕粒灰岩夹砾状灰岩
		下 统	上司段	C_1ds	中厚层鲕粒灰岩及隐晶、结晶灰岩
			万寿山段	C_1dw	薄至中厚层硅质砂岩夹页岩及煤,底部铝土页岩
	泥盆系	上 统	一打得群	D_3i	中、薄层夹厚层灰岩、角砾灰岩、白云岩夹泥灰岩、页岩
		中 统	曲靖组	D_2q	薄至中厚层灰岩、白云岩夹页岩、泥灰岩
元古界	震旦系	上 统	陡山沱组	Zbd	中厚层石英砂岩夹页岩
	前震旦系		牛头山组	Ptn^a	变质砂岩、板岩

滇东高原自燕山运动晚期以来，即开始进行剥蚀、夷平作用。自早第三纪开始，地壳运动相对平静，夷平作用广泛进行，地表渐趋平缓。渐新世末，地壳隆升，溶蚀、剥蚀作用加剧进行，直至中新世方趋稳定。此时，滇东一带已经充分夷平，形成具有统一夷平面的准平原状态，在湿热的气候条件下，形成石林、石芽，并与准平原组成溶原。上新世末，强烈的构造运动使云南大面积隆起，包括石林地区在内的古夷平面上升为高原。在这长期的隆升与稳定的交替过程中，溶蚀作用得以充分进行，形成今日石林地区复杂的岩溶景观：在辽阔的溶原上，除地表分布的石林、石芽、残丘、垅岗以及星罗棋布的洼地、漏斗、落水洞等地表岩溶形态外，地下还发育有大小不一、埋深不等的大量隐伏溶洞和暗河。

（二）与线路有关的岩溶发育问题

1. 岩溶发育的不均匀性

石林地区岩溶作用强烈，地表岩溶发育完善，地下溶洞、暗河成层。由于地质、地理条件的差异，岩溶发育在平面上具有不均匀性。全区可大致以由北至南的天生关至阿札日黑岩溶湖一线为界，划分为东、西两段。

东段，地表垂直岩溶发育，有洼地、漏斗、落水洞等分布，但规模一般不太大，有坡残积红土覆盖之处，新生冲沟十分发育，部分有厚度不大的非可溶岩盖层之处，上覆非可溶岩中，有大小不一的陷穴发生。地下岩溶以溶隙为主，沿溶隙有暗河形成，但规模不大，埋深很浅。在一些突出地面的残丘、垅岗上，残留有少数小型溶洞，高出周围地面 10 ~ 20 余米，当属早年古夷平面抬升破坏后的遗物。

西段，岩溶作用常沿长大构造裂隙进行，既在近于水平的厚层块状的栖霞茅口组灰岩中形成形态各异、造型奇特的石林景观，也在石炭系碳酸盐岩中形成密集分布、有一定定向排列、规模较大的溶蚀洼地。地下既有成层分布的大型水平溶洞，也有较大规模的暗河。大型成层的水平溶洞，往往上层已无水流，下层则为现代暗河。天生关以南的关牛洞一带，上层溶洞洞底高程 1 890 m 许，下层暗河水面高程 1 840 m 左右；支锅石一带，上层溶洞以现已开发为旅游景点的大、小芝云洞为代表，洞底高程 1 740 m 左右，洞底深处的暗河水面高程则不到 1 720 m。强烈的地下径流甚至穿透两套不同时代碳酸盐岩之间的厚度不大的碎屑岩地层，使发育于不同时代碳酸盐岩地层中的暗河得以贯通。如天生关—大龙潭暗河，其上游发育于石炭系威宁组和马平组灰岩中，穿透二叠系倒石头组砂页岩后，径流并最终出露于二叠系栖霞茅口组灰岩中。

东、西两段岩溶发育强度存在差异有其地质、地理原因。石林地区溶原是我国保存最好的滇东高原岩溶夷平面的一部分，此高原夷平面由东向西递降并逐渐解体，故本地区地势也从东边的西街口一带高程近 2 000 m，下降至地区西侧的董家庄附近的 1 700 余米。地下水流向与地势相适应，也由东向西，或由北向南径流并排泄。地下水交替强度亦随地势之急速下降而有明显的变化：东段月湖一带，地处滇东高原分水岭地带，高原面破坏轻微，地下径流交替作用相对较弱，月湖周围发育的埋深较浅暗河，如水塘暗河、小村暗河等，平均坡降不过 4‰，暗河规模普遍较小，流量一般小于 20 L/s；位于中段的天生关—大龙潭暗河，平均坡降则达 9‰，且规模远大于东段所有暗河，流量达 50 L/s 以上，而位于地区西侧、接近路南盆地的支锅石暗河，坡降更达 12‰ ~ 15‰，出口流量已大于 70 L/s，且此暗河在地下水的强烈冲蚀、溶蚀作用下，部分顶板发生塌陷，形成明、伏相间的河段，或地表出现深陷的槽状负地形，清楚地标明了暗河的路径，这也充分说明地下径流对高原面的破坏、改造。地下水交替的强弱，往往决定了溶蚀作用的强弱，由上述东、西段暗河规模的差异即可见一斑，这也是东、西段岩溶发育强度存在差异的主要原因。

地区内不同地层的碳酸盐岩的岩性、结构、构造及其与非可溶岩的组合关系对岩溶发育强度的影响，亦不容忽视。分布于西段的二叠系栖霞茅口组为一套以灰岩为主的质纯的碳酸盐岩，岩层巨厚，产状平缓，有利于溶蚀作用充分进行。而西段月湖一带泥盆系碳酸盐岩，不论层厚、岩性或组合关系，均在一定程度上对溶蚀作用的充分进行，有所不利，故岩溶发育程度、规模均远逊于西段的栖霞茅口组。

2. 岩溶发育深度的分析

石林地区地质构造条件相对较为简单，未见深大断裂或起伏剧烈的褶曲，控制溶蚀作用向地下深部发展的主要条件有二：其一为可溶岩之下的非可溶岩组成的隔水底板；其二为当地地下水的最终排泄基准面（溶蚀基准面）。

构成石林地区可溶岩相对隔水底板的非可溶岩，均由厚度不大的碎屑岩、黏土岩组成，它们分属石炭系下统万寿山段和二叠系下统倒石头组两套地层。万寿山段地层厚度仅数米至10余米，且岩质较破碎，不足以控制其上可溶岩岩溶向下发育；倒石头组厚度亦仅20 m许，构造节理亦颇发育，当地下径流强度较大时，易遭切穿，天生关—大龙潭暗河即是实例。因此，在本地区非可溶岩未能限制岩溶发育深度。

控制石林地区岩溶发育深度的主要条件是当地岩溶水排泄基准面。但这一排泄基准面究竟何在？在开展本次岩溶普查工作前，这个问题在当时一度成为铁二院地质专业争论的焦点。有可能成为当地岩溶水排泄基准面者，就地貌而言，有三处：

分布于本地区东段，以月湖为代表的一系列岩溶湖泊（塘）；

流经本地区东北边缘的南盘江；

位于地区西南侧的路南盆地。

在本地区东部绿水塘村一带，分布有大小岩溶湖、塘10多处，其中以月湖最大，面积约3 km^2。一般岩溶湖多发育、分布于分水岭地带，石林地区的这些湖、塘也不例外。其形成当是因为溶原的分水岭地带，往往沿垂直节理发育形成一些单一的垂直岩溶溶隙、管道，分布于洼地、漏斗之类岩溶负地形的垂直溶隙、管道一旦遭到堵塞，表水长期汇聚、积蓄，遂形成湖泊，故它们都属岩溶堰塞湖。

这些岩溶湖、塘的补给排泄条件，可以月湖为例予以分析说明。

先就补给条件予以分析。月湖水面高程1 905 m（1981年10月），略低于当地溶原分水岭高程。据地方观测资料，月湖水量变化明显，但多年变化容积却较固定（见图3—3—2）。

另据调查，月湖湖水除雨季接受大气降水和周围地表漫流外，并无固定的地表径流补给，但却存在暗河外流的现象，湖水外流，而多年变化容积又基本稳定，说明月湖所获得的补给水量与排泄水量基本持平，但仅靠大气降水和周围地表漫流补给，尚难以维持这一平衡，必然还存在一定的地下水的补给。由于月湖已处分水岭部位，不可能存在更高处的暗河，故所接受的地下水只

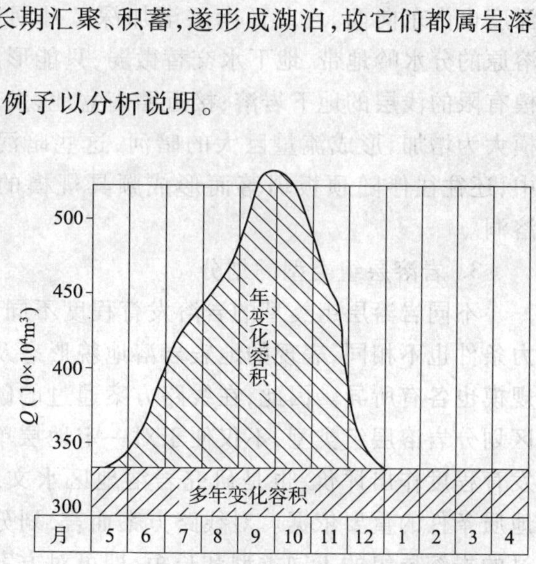

图3—3—2　月湖累积表水量曲线

能是周边一定范围的岩溶裂隙水，因此，月湖湖水的补给当由大气降水、地表漫流和地下岩溶裂隙水组成。湖水的排泄则主要依靠外流的暗河，如前已述及的水塘暗河、小村暗河等，外流水量不大，但较稳定。湖水外流，又说明月湖并非是只接受补给的内流湖，它还保存有向低处排泄的通道。既如此，月湖必然不是本地区的岩溶水排泄基准面。

附近其他岩溶湖、塘性质与月湖类似，即使是当地所有岩溶湖中水面最低的西牛塘（高程862 m），据调查，早年为一大型溶蚀洼地，塘底尚存在漏斗，所蓄湖水近代曾发生过漏失、疏干事件，说明它仍有外流通道，故这些岩溶湖、塘均非当地的排泄基准面。

位于石林地区东北边缘的南盘江，是本区距离最近、规模最大、切割最深的河流，但因沿江分布有大片元古界牛头山组变质岩，阻隔了本地区岩溶发育强烈地段的岩溶水向河谷的排泄。仅在本区东北角，泥盆系灰岩已分布于南盘江边，但因岩性关系，该套地层非本地区岩溶发育强烈的地层，地下岩溶以溶隙为主，虽可能形成水平通道，但规模不大，深度较浅，未见深层大型暗河，加之西街口—月湖一带已属分水岭地带，使南盘江所能吸引的该套地层的岩溶水，也仅局限于地区东北角极其有限的范围。月湖西侧、南侧一带的浅层外流暗河虽亦属该套地层，但这几条暗河均向南或西流，补给其西南侧高程更低的湖、塘。因此，该段南盘江作为岩溶水排泄基准面，亦仅控制离线路方案较远的本地区东北一隅之泥盆系碳酸盐岩的岩溶发育深度。

路南盆地为本地区西南侧地势最低的第三系盆地。沿盆地边缘，二叠系栖霞茅口组与下第三系碎屑岩的接触带附近，有大量来自盆地以东、以北碳酸盐岩地区的大型暗河，如天生桥、白龙潭、黑龙潭、冒水洞等在此宣泄，并有大量泉群、泉点在此出露（见图3—3—3），全部汇入由北至南贯穿盆地的现代河流中，该河的水面高程仅1 700 m上下，这才是控制石林地区广袤溶原上岩溶发育深度的地区性岩溶水排泄基准面。在它的控制下，岩溶发育程度由东向西、自北而南逐渐增强，岩溶发育深度也由东向西、自北而南逐渐加深。月湖一带，地处溶原的分水岭地带，地下水交替微弱，只能形成深度、规模有限的浅层的地下岩溶；接近路南盆地，发育深度、规模大为增加，形成流量巨大的暗河，这些暗河在径流途中，还往往伴随顶板坍落而形成颇具规模的地下隐伏溶洞。

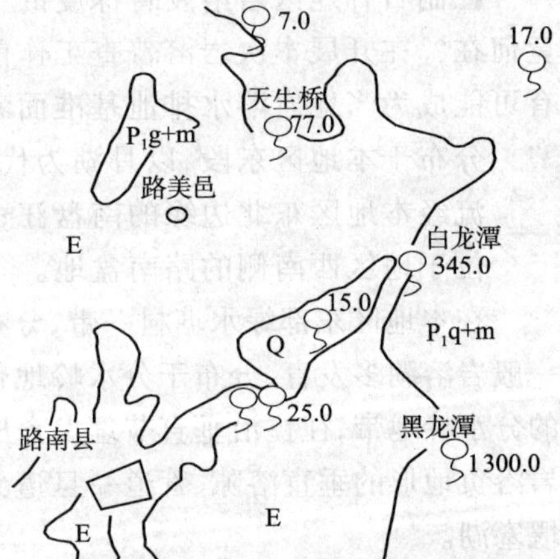

图3—3—3　路南盆地东部泉分布图

3. 岩溶层组类型的划分

不同岩溶层组类型的岩溶发育程度不同，地下水动力条件也不相同，表现的地表岩溶地貌形态及地下岩溶规模也各有所异。因此，在线路方案通过的碳酸盐岩地区划分岩溶层组类型，不仅便于对一定地层单位的岩溶发育程度作出评价，也是研究岩溶地区水文地质、工程地质条件的重要依据。对线路方案而言，划分出岩溶层组类型，将更直观地根据线路方案所通过的岩溶层组的不同类型和长短，即可对方案所受岩溶影响的程度作出评价，并对方案的地质比选作出抉择。

石林地区岩溶层组类型划分的依据条件是：

(1)可溶岩的岩石成分；

(2)可溶岩的岩层组合——单层、与非可溶岩互层或夹层；

(3)可溶岩的成层构造条件——岩层层厚。

据此，将石林地区岩溶层组类型划分如表3—3—2。

表3—3—2　石林地区岩溶层组类型划分

代号	岩溶层组类型	岩溶发育程度	岩溶密度（个/km^2）	岩溶发育特征	代表地层
Ⅰ	厚层、块状灰岩夹白云质灰岩层组	极强	>50	地表大型石林，地下大型溶洞及大规模暗河，地下水以管道流为主	P_1q+m
Ⅱ	中至厚层含白云质团块灰岩、鲕粒灰岩夹隐晶、结晶灰岩及白云岩层组	强	30~50	密集的洼地、漏斗、落水洞等垂直岩溶，有埋藏型岩溶处，地表多陷穴，地下水以管流为主，但规模不大，兼有隙流	C_1ds、C_2w、C_3m及部分D_2q
Ⅲ	薄至中厚层灰岩、白云岩夹页岩、泥灰岩层组	较强	10~30	石芽、石柱及洼地、漏斗、落水洞，地下水隙流为主，也有管流，但多属浅层，规模不大	D_2q
Ⅳ	中、薄层夹厚层灰岩、角砾灰岩、白云岩夹泥灰岩、页岩层组	中等	<10	地表多漏斗和埋藏型岩溶形成的陷穴，地下水以隙流为主，多以泉出露	D_3i

注：岩溶密度按每1 km^2 地表平均分布的洼地、漏斗、落水洞、竖井等可计数的呈负地形的个体岩溶形态个数计算。

4. 岩溶水动态特征

岩溶水运动特征在一定程度上影响甚至控制着岩溶发育程度和深度。在岩溶地区进行线路方案选择时，岩溶发育程度和深度则是重要的比选条件之一。石林地区岩溶水运动表现有以下特征：

(1)因全年降水分配不均，且通过极其发育的垂直通道，迅速转入地下，故地表径流微弱，而地下水动态变化常取决于降水量的多寡，如天生关—大龙潭暗河，其出口流量雨、旱两季最大相差可达18倍。

(2)全区碳酸盐岩地层中未形成统一的潜水面，各暗河之间水力联系不大，多具独立性。天生关—大龙潭暗河沿途天窗所测流量与出口流量相差无几，说明径流过程中既很少渗漏，也很少新的补给。

(3)地区内可溶岩厚度较大，位于地区西南侧的岩溶水排泄基准面高程甚低，故岩溶水垂直渗流带由东向西明显增厚；季节变动带因全年降水分配不均，厚度波动较大；水平径流带则因适应排泄基准面而向西埋深逐渐加大，高程逐渐降低。

(4)差异溶蚀并伴以顶板坍落的结果，导致暗河断面的极不规则。岩溶水在管道中，时为具自由水面的无压流，时为充满管道的有压流。雨季，在暗河断面骤然收缩的地段，岩溶水常因排泄不及而通过天窗涌出地面造成水患。

(5)全区岩溶水运动方式为管、隙流兼备。东部地区以隙流为主，虽有管流，但深度、规模有限；西部地区以管流为主，表水通过垂直岩溶通道，除部分补充岩溶裂隙水外，主要部分分别汇入各自独立的管道径流中。

5. 古岩溶问题

石林地区岩溶主要是第三纪的产物,但因地区内石炭纪与泥盆纪、二叠纪与石炭纪和第三纪与二叠纪间均曾有沉积间断,故泥盆系上统、石炭系上统和二叠系下统的碳酸盐岩均曾经历较长时期的剥蚀、溶蚀而存在古岩溶遗迹。由于它们与线路方案评价亦有一定关系,故仍加叙述。

(1)石炭纪与泥盆纪间的古岩溶:石炭系下统万寿山段砂、页岩不整合于泥盆系中统曲靖组和下统一打得群碳酸盐岩之上,不整合面上保存着早期的石芽、溶沟,万寿山段底部的铝土页岩直接沉积于古岩溶之上。由于万寿山段组成的盖层,历经长期剥蚀,厚度甚薄,处于线路挖方地段者,路堑开挖将可能揭示出埋型古岩溶,并将在这些起伏不平的古岩溶中通过。

(2)二叠纪与石炭纪间的古岩溶:二叠系下统倒石头组砂、页(泥)岩不整合于石炭系上统马平组碳酸盐岩之上。由于马平组古岩溶发育强烈,其上砂、页(泥)岩盖层厚度较薄,常有塌陷发生,故在马平组分布之处,多见盖层因塌陷而遗留的陷穴,这些陷穴的底部往往有马平组灰岩的石牙出露。线路通过此类有碎屑岩盖层之处,当需注意盖层有无塌陷的潜在危险。

(3)第三纪与二叠纪间的古岩溶:石林地区西侧及路南盆地中,下第三系河湖相砂、页岩直接沉积于经历长期溶蚀的二叠系下统的栖霞茅口灰岩之上。这一不整合关系在盆地边缘随处可见。下伏栖霞茅口灰岩中,溶蚀现象十分显著。下伏地层的起伏、高低对线路工程有一定影响,盖层的塌陷问题也应引起注意。

(三)线路方案的评价与比选

通过石林地区的线路有南、北两方案。两方案的比选,东起西街口,西迄石林附近。由于线路分行于月湖南、北,故以月湖南、北方案命名。小村以西,两方案逐渐靠近。就工程地质条件而言,控制方案比选的主要问题是岩溶,但也还有一些其他的工程地质问题对线路方案具有一定影响。

1. 岩　溶

两方案通过地区均属滇东高原石林、石芽溶原区,地形开阔、平缓,线路工程以路基为主,故评价岩溶对方案的影响,着重于它们对路基工程的影响。根据本地区岩溶发育特征,岩溶对两方案线路工程的影响,可从以下三方面加以评价和比较:

(1)岩溶发育程度:北线方案线路全长 23.75 km,通过可溶岩总长 23.70 km,其中通过岩溶发育极强和强烈的Ⅰ、Ⅱ类岩溶层组地段长 13.7 km,占本方案可溶岩地段总长的 57.8%;南线方案线路全长 23.70 km,通过可溶岩地段总长 23.36 km,其中岩溶发育极强和强烈的Ⅰ、Ⅱ类岩溶层组地段长 17 km,占可溶岩地段总长 72.8%。由于岩溶发育程度是以地表呈负地形的个体岩溶形态多少为划分依据,故线路通过Ⅰ、Ⅱ类岩溶层组的地段愈长,路基工程基底隐患愈多,路基可能产生岩溶塌陷的地段也愈长,相应地基底整治加固投入也更大。

(2)埋藏型岩溶的塌陷与陷穴:石林地区二叠系下统与石炭系上统、石炭系下统与泥盆系上统和第三系与二叠栖霞茅口组,均呈不整合接触,故石炭系上统的马平组灰岩和泥盆系上统的一打得群灰岩、中统的曲靖组灰岩以及栖霞茅口灰岩,均有古岩溶现象。作为上覆非可溶岩盖层的倒石头组、万寿山段以及第三系的砂、页(泥)岩、泥灰岩等,层厚甚薄,风化严重,且岩质破碎,在表水(大气降水)、地下水长期入渗、潜蚀的联合作用下,这些以碎屑岩为主所组成的盖层多有塌陷发生，至今地表遗留不少陷穴。陷穴形态类似，均呈不规则圆形，规模大小不一，直径数米至数十米皆有。塌陷、陷穴的存在，对以路基工程为主的石林地区线路方案十分不利，构成对路基及其基底稳定的直接或潜在威胁，而其分布又以月湖以南一带最为集中。

(3)隐伏溶洞及暗河：石林地区东段的月湖一带，地处高原分水岭地带，岩溶发育以垂直形态为主，不存在影响线路安全的大型水平隐伏洞穴；月湖虽存在湖水向南外流的水平管道暗河，如月湖—绿水塘暗河、月湖—光塘子暗河等，但均埋深很浅（小于5 m），规模很小（断面多小于1 m^2），线路通过易于处理，不足以影响线路安全。石林地区西段，发育有大型溶洞和暗河，上层溶洞多已出露地面，有迹可循，线路可采取措施予以绕避；下层暗河埋深较大，即使部分径路尚不清楚的暗河，由于已有足够的顶板厚度，线路以一般路基通过，亦可保证安全。因此，本地区不论东段或西段，隐伏溶洞或暗河，均未控制方案的比选。

2. 影响线路方案的其他地质问题

(1)第四系坡残积红黏土：石林地区不同时代碳酸盐岩地层之上，常覆盖有棕红色坡残积黏土，这类黏土有肉眼可见的孔隙密布和节理、裂隙，富含铁铝和亲水矿物（如高岭石、伊利石），遇水膨胀、软化，失水收缩、变硬，其液限多在50%以上，属典型的红黏土。北线方案西街口至小雨不宜村间长约6.4 km的地段，红黏土冲刷流失现象严重，形成密如蛛网的新生冲沟，对线路工程有一定影响；南线方案红黏土普遍较薄，无冲沟发育地段。由于北线方案冲沟发育地段线路系以填挖不大的一般路基通过，冲沟较易处理，尚不足以影响方案比选。

(2)软弱破碎岩层：泥盆系上统一打群底部有较厚的页岩，此套页岩在大雨不宜村一带出露较广，沿两方案线路分布长度均1.5 km，由于普遍风化严重，几成土状，作为该段线路路堑边坡，颇为不利，须增设挡护工程；石炭系下统万寿山段砂页岩不仅岩质破碎，且还夹有具膨胀性的铝土页岩，两方案所经西街口至绿水塘段路堑边坡受其影响，好在万寿山段砂、页岩仅系盖层不整合于泥盆系一打得群或曲靖组之上，厚度不大，易于处理，不控制方案比选。

3. 方案推荐意见

月湖南、北线方案主要工程数量及工程费比较如表3—3—3所列。

表3—3—3　西街口—石林月湖南、北线方案主要工程数量比较表

项　目	单　位	月湖北线方案	月湖南线方案
线路长度	km	23.75	23.70
路基土石方	10^4 m^3	150.17	132.20
桥隧总长	km	3.02	2.70
主要工程费用	万元	2314	2042

由于北线方案地面高程较南线高出近20 m，区间线路坡度较紧，故仅就表3—3—3比较看，两方案线路长度相近，而北线方案工程规模较南线稍大，其中桥隧工程长320 m，路基土石方多17.97×10^4 m^3，主要工程费多272万元，但表3—3—3所列工程费用尚未包括整治可能发生的岩溶地面塌陷所需费用。从确保线路安全的角度出发，石林地区线路方案的选择，重在地质条件。在影响线路方案的诸多因素中，岩溶发育强度最具普遍性的控制意义，它直接关系着线路的安全。北线方案通过岩溶发育强烈、极强烈地段较南线方案短3 km多，且避开了埋藏型岩溶塌陷、陷穴严重区，线路隐患大为减小，故推荐采用月湖北线方案。

（四）验证与体会

1. 石林地区月湖北线方案经采用后，在后续阶段的勘察设计中，线位、坡度均经进一步优化，避开了一些大型溶蚀槽谷、洼地，减少了填挖，取消了原有的一座短隧道，使线路条件得以大为改善，工程数量及工程费用相应有所减少，使北线方案所具优点更为突出。在以后的勘察、施工期间，通过在南昆铁路开展的全线“岩溶地面塌陷专门勘察”，划分出本地段的岩溶地面塌陷最危险地段并加以整治，通车运营至今，未闻发生影响安全的地质问题。

2. 云贵高原剥夷面上开阔、宽缓的溶原，往往在较广阔的地域内，地形、地貌差异不大，通过这些地区的不同线路方案，在工程规模上，一般也不会有过大的出入，因此，在确定方案取舍时，起控制作用的主要是地质条件。石林地区地质构造条件相对较为简单，南、北两方案均以较大角度横穿地区内分布的各组地层，故两方案通过的地层也基本相同，而石林地区的地层又以碳酸盐岩为主，故评价两方案地质条件的优劣，只能以岩溶对线路工程的影响程度作为主要依据。由于不同的碳酸盐岩地层的岩性、成分、层厚及它们的组合关系不同，岩溶发育强度随之而异，对线路工程的影响也就大相径庭。所以，以地层为单位划分岩溶层组类型十分必要，并在此基础上，对石林地区岩溶发育强度作出合理的分区（分地段）评价，从而为南、北两线路方案所受岩溶影响程度的比较，提供了较为可靠的量化依据。

3. 在碳酸盐岩分布地区，研究岩溶发育深度，对确定线路方案的走行位置十分重要。对有隧道工程分布的线路而言，掌握岩溶发育深度，从而确定隧道在岩溶水垂直循环带中所处位置，对评价隧道岩溶涌水具有关键性意义；对以路基、桥涵工程为主的石林地区的线路方案，掌握地区内岩溶发育深度仍然十分必要，因为由此可进而分析地下隐伏岩溶对线路工程基底稳定的影响。尽管石林地区隐伏岩溶或暗河未对线路工程构成大的威胁，也未控制线路方案的比选，但这正是通过本次大面积岩溶调查并经综合分析后才得出的结果。因此，在溶原区对线路方案进行评价和比选，分析、确定岩溶发育深度的工作，仍是不可或缺的。

4. 线路通过碳酸盐岩分布地区，当有上覆非可溶岩盖层存在时，对盖层之下的古岩溶不能掉以轻心。尤其是当以盖层作为线路工程的地基，而盖层较薄，且又处于相对的负地形时，盖层的稳定问题，须结合下伏古岩溶发育情况和地下水、地表水对盖层的不利影响，作深入、缜密的分析与研究。

四、新建内昆铁路越岭地段工程地质选线实录

王茂靖　苟定才

（一）工程概况

新建内昆铁路是一条由四川盆地爬升至云贵高原的山区Ⅰ级干线铁路，地形、地质条件极为复杂。越岭地段天星场至仙水段地处四川盆地南缘向高原过渡的斜坡、越岭地带，在直线距离 75 km 范围内，从高程 700 m 爬升至 2 140 m，线路高差达 1 440 m，区内山高谷深、河道狭窄、岸坡陡峻，地形十分复杂。从地质条件看，测区位于滇东北坳褶带，褶皱与断裂构造发育，南北向、北东向断裂组成的主干断裂与线路走向基本平行，地层年代跨度很大，岩性种类繁多，加之历史上多次遭遇高烈度地震影响，形成类型众多的不良地质，有些属于罕见的地质灾害。同

时，还存在着煤层瓦斯、高地应力等特殊工程地质问题。由于越岭地段线路方案众多，为选择合理的线路方案，避免因地质问题引起重大方案失误或遗漏，经铁道部计划司同意，在该越岭地段初测阶段开展了扩大、加深地质工作，以查明重大的地质问题，优化并稳定越岭地段线路方案，保证内昆铁路设计质量。

为此，铁二院于 1996 年 3 月至 1997 年 3 月，投入 30 余名地质工程师，对该段南北长 75 km、东西宽 10 ~ 25 km、面积约 1 000 km^2 的区域开展了初测阶段扩大、加深地质工作和区域工程地质选线。

内昆铁路于 1999 年开始建设，并已于 2001 年 9 月建成通车。

（二）越岭段工程地质条件

1. 自然地理特征

测段位于云贵高原北部斜坡地带，区域地形总趋势西高东低，最高点凉风台高程 3 152 m，最低点天星场高程 650 m，相对高差达 2 100 ~ 2 800 m。大致以龙潭为界，南、北两区地貌景观有所不同，北部山高谷深，地形陡峻，为强侵蚀的高中山峡谷地貌，南部地区已处高原面上，高差较小，大面积的台地较多，有大片可溶岩分布，属构造溶蚀地貌。

金沙江下游支流洛泽河及其支流盘河，由南向北流经测区。两条河流的下游段水流湍急，谷深坡陡，形成“V”形峡谷；上游段流经高台地和昭通盆地，河谷较为宽阔，纵坡降较小，有较多河段形成宽平的堆积坝子，表明河流进入了壮年期或老年期。上、下游间有明显裂点，形成很多急流和瀑布，如著名的龙潭河跌水。区内山川发育受构造控制而呈北北东向或近南北向展布，主要河流走向与主要断裂或褶皱构造方向一致。

测区地形地貌根据成因类型可划分为构造侵蚀地貌（Ⅰ）、构造剥蚀地貌（Ⅱ）、构造堆积地貌（Ⅲ）及构造岩溶地貌（Ⅳ）四大类型，各类型按地貌特点又划分为强侵蚀高山峡谷区（$Ⅰ_1$）、强侵蚀高中山峡谷区（$Ⅰ_2$）、弱侵蚀低山峡谷区（$Ⅰ_3$）、剥蚀低山丘陵台地区（$Ⅱ_2$）、剥蚀低山台地区（$Ⅱ_2$）、河流堆积宽谷区（$Ⅲ_1$）、湖沼堆积盆地区（$Ⅲ_2$）、中山溶蚀峰丛洼地区（$Ⅳ_1$）、中山溶蚀峰丛谷地区（$Ⅳ_2$）、中山溶蚀溶丘洼地区（$Ⅳ_3$）、中山溶蚀峡谷区（$Ⅳ_4$）、中山溶蚀垅岗谷地区（$Ⅳ_5$）等不同亚区。

2. 地层岩性

测区内地层复杂，自第四系松散堆积层至寒武系均有不同程度出露。

第四系堆积层主要为残坡积、冲洪积、冲积等成因的灰黄色黏土、粉质黏土、碎块石土、卵砾石土和淤泥质黏土，厚度 0 ~ 50 m。

第三系上新统地层主要为灰、灰黄、灰绿色黏土及碎石土夹褐煤，底部为砾岩，大面积分布于昭通盆地。

白垩系—三叠系地层岩性主要为紫红色中厚—厚层粉砂岩、砂岩泥岩夹砾岩，三叠系中下统为薄—中厚层灰岩、白云岩。

二叠系上统为测区广泛分布的峨眉山灰绿色致密块状玄武岩，中下统为中厚层块状灰岩、白云岩及砂页岩夹煤层。

石炭系—泥盆系地层测区广泛出露，岩性以中厚层状灰岩、白云岩为主，局部为石英砂岩、粉砂岩、泥页岩夹煤层。

志留系、奥陶系及寒武系地层测区仅局部出露，岩性以粉砂岩、页岩夹泥质灰岩、白云岩为主。

测区内,灰岩、白云岩为主的可溶岩地层约占测区面积的55%,碎屑岩约占25%,玄武岩约占20%。

3. 区域地质构造

测区属于扬子准地台滇东北坳褶带之昭通—镇雄坳褶带。区内构造形迹主要为燕山运动的产物,共有褶皱6个,大小断层30余条。断裂构造以北东—北北东向为主,其次为北西向和近南北向,一般均为逆断裂并且具有走滑性质,但走滑分量不大。测区内地质构造及主要断层情况见表3—4—1。

表3—4—1 测区主要断层一览表

断层编号	断层名称	断层产状			断层长度(km)	破碎带宽度(m)	性质
		走向	倾向	倾角(°)			
F_1	双河断层	N0~10°E	W	40~60	15	100~200	逆断层
F_2	生基沟断层	N7~20°E	SW	70~80	12	20~50	逆断层
F_3	团山断层	S—N	W	40~70	23	20~40	逆断层
F_4	草坪子断层	N30~70°W	NE	80	22	20~30	逆断层
F_5	新寨断层	N40~70°E	SE	60~80	70	20~30	逆断层
F_6	杨家坪断层	N20°E	SE	70	2.5	10	平移断层
F_7	放马坝断层	N10°E、N60°W	N	60~80	5.0	3~5	逆断层
F_8	林口山断层	N45°W	SW	70	2.0	10~20	逆断层
F_9	盘河断层	N30~40°E	SE	60~80	17	20~30	逆断层
F_{10}	石头寨断层	N10~80°E	SE	50~70	35	25~50	逆断层
F_{11}	大关口断层	N0~40°W	NE	70~90	42	100~300	逆断层
F_{12}	边箐沟断层	N20~30°E	SE	50~80	6.4	10~20	逆断层
F_{13}	鲍家地断层	N60°W	SW	60~80	4.6	10~20	逆断层
F_{14}	小羊塘断层	N30°W	SW	55~75	4.5	10~30	逆断层
F_{15}	大龙洞断层	N60°W	SW	60~80	不详	20	逆断层
F_{16}	小营盘断层	N10~50°W	SW	55~80	12.5	20~50	逆断层
F_{17}	狮子洞断层	N20~50°E	SE	60~70	27	30~40	逆断层
F_{18}	黑土河断层	N0~20°E	SE	60~80	40	60~70	逆断层
F_{19}	猴子岩断层	N25~35°E	SE	40~45	1.5	5~15	逆断层
F_{20}	伍家院1号断层	N70°W	SW	40~60	3	5	逆断层
F_{21}	伍家院2号断层	N70°W	SW	40~60	3	10~20	逆断层
F_{22}	豆坡断层	N55°W	SW	60~80	3	3~5	平移断层
F_{23}	龙翻身断层	S—N	E	0~20	20	200~300	逆断层
F_{24}	老煤洞断层	S—N	E	35~70	50	20~40	逆断层
F_{25}	水淹坪子断层	N40°W	NE	65	2.5	1~2	逆断层
F_{26}	黄家院子断层	N30~40°W	NE	70~80	3.4	20~40	逆断层
F_{27}	小岩脚断层	N60°W	NW	80	4.5	20~40	逆断层

褶皱构造与断裂走向基本平行，轴向多为北东—北北东向，形态以舒展、宽缓的向斜与紧密狭窄的背斜相间为特点，区内主要褶皱有位于盘河断裂西侧并与之平行的五寨向斜、新寨断裂东侧并与之其平行的箐门背斜、石头寨断裂西侧并与之平行的上雄块向斜，以及位于测区北段的广东坝向斜、枯江坪背斜。一般背斜两翼不对称，轴部多被断层破坏，向斜保留相对完整。

由于断块差异运动，在高原背景之上形成了测区西侧的昭通盆地，盆地的形成与展布均受到北东向隐伏断裂控制。

（三）水文地质特征

测区地下水类型分为孔隙潜水、基岩裂隙水和岩溶水三大类型。

1. 孔隙潜水

孔隙水赋存于第四系和上第三系地层中，按其赋水性，可分为强、弱两个富水区。

强富水区分布于盘河和龙潭河上游河谷中，该段河谷沉积厚层卵、砾石土，赋水性好，属孔隙水强富水区，地下水埋深 0 ~ 5 m，径流模数为 $M = 19\ \mathrm{L/(s \cdot km^2)}$，由大气降水和地表水补给，排泄于河谷中，水质类型为 HCO_3^-—$K^+ \cdot Na^+$，无侵蚀性。

弱富水区为昭通盆地沉积的厚层上第三系碎石土、黏性土等，导水和赋水条件差，属于孔隙水弱富水区，地下水水位埋深 5 ~ 10 m，径流模数为 $M = 0.7\ \mathrm{L/(s \cdot km^2)}$，由大气降水和地表水补给，径流条件差，水质类型为 HCO_3—$Ca^{2+} \cdot Mg^{2+}$，无侵蚀性。

此外，区内沟谷和斜坡上零星分布第四系崩坡积、残坡积和滑坡堆积物——黏性土或碎块石土，受岩性和地形控制，贮水条件差，孔隙水较为贫乏，由大气降水补给，属季节性地下水，排泄于临近沟谷，雨季可见地下水渗出，旱季干枯。

2. 基岩裂隙水

基岩裂隙水赋存于玄武岩和碎屑岩裂隙中，按其赋水性，可分为中、弱两个富水区。

测区内，由三叠系上统须家河组、二叠系上统峨眉山组、泥盆系中统缩头山组、下统翠蜂山组等玄武岩、碎屑岩地层组成中等富水岩组，地下水赋存于风化裂隙和原生节理、构造裂隙中，部分赋存于玄武岩气孔中，由大气降雨补给，排泄于横向沟谷中，泉点流量一般小于 5 L/s，地下水径流模数为 $M = 1.5 \sim 3.6\ \mathrm{L/(s \cdot km^2)}$，水质类型为 $HCO_3^- \cdot Cl^-$—$K^+ \cdot Na^+$ 型。

弱富水区分布于白垩系、侏罗系、三叠系上统飞仙关组、二叠系上统宣威组、下统梁山组、石炭系下统大塘阶旧司段、泥盆系下统坡脚组、边箐沟组和中统箐门组等泥页岩、粉砂岩为主的碎屑岩地层出露区，表层为风化裂隙水，其下为构造裂隙水，富水性较差，泉点流量一般小于 1 L/s，地下水径流模数为 $M = 0.5 \sim 1.0\ \mathrm{L/(s \cdot km^2)}$，地下水由大气降水和岩溶水补给，排泄于低洼的沟谷中。据深孔压水试验资料，飞仙关组和宣威组渗透系数为 0.004 ~ 0.04 m/d。据调查访问，东胜煤矿揭露的旧司段地层基本无地下水，凉风台小煤窑旧司段与上司段附近水量稍大，流量可达 0.5 L/s，在其顶、底板地下水较为丰富。旧司段水质类型为 SO_4^{2-}—$Na^+ \cdot Ca^{2+}$ 型，具酸性和硫酸盐侵蚀性，其他地层地下水无侵蚀性。

3. 岩 溶 水

测区可溶岩广泛分布，按岩溶水发育程度，可分为强、较强及中等三个富水区（岩组）。

上泥盆统、下石炭统的岩关阶、大塘阶上司段、摆佐组和中石炭统、下二叠的统栖霞、茅口组以及中奥陶统等地层的中厚—厚层灰岩、白云岩组成强富水区，分布于箐门、苗寨背斜和小营盘、青山等地。这些地区的地表岩溶形态发育，溶蚀洼地、漏斗、落水洞密集，大部分降雨渗入地下，无地表常流水；地下溶洞、暗河发育，地下水以岩溶管道水为主，动态变化大，不均匀性强。此区岩溶泉和暗河出露多,主要有大龙洞(250 L/s)、干龙洞(56~69 L/s)、小龙洞(44~100 L/s)、钟厂暗河(250~1 000 L/s)、猴子岩暗河(100 L/s)、幸福洞暗河(256 L/s)、出水洞暗河(2 160 L/s)、长发洞(335 L/s)等,构成本区岩溶水的主要排泄点。本区北部排泄基准面为洛泽河,地下水流向为北北东向。本区中部靠北地区排泄基准面从西至东分别为盘河、龙潭河、姜家沟,主流方向为北北东向;中部靠南地区排泄基准面则为昭通盆地、姜家沟、黑土河,主流方向为南西向。本区地下水径流模数为 $M=10\sim16\ L/(s\cdot km^2)$。据凉风台地区施钻的 ZK-XCH-1 深孔压水试验资料,上泥盆统渗透系数为 0.35 m/d,地下水位埋深 219 m,推测峰岭地带地下水位埋深 200~300 m,河谷、盆地区埋深 0~20 m。水质类型为 HCO_3^-—Ca^{2+} 型,一般无侵蚀性。

岩溶水较强富水区分布于箐门背斜、五寨向斜一带,由中三叠统关岭组、下三叠统永宁镇组、中泥盆统曲靖组、上寒武统二道水组等地层构成,岩性为碎屑岩和碳酸岩盐相间组成,岩溶较为发育,多以层面溶隙、溶缝为主,偶见小溶洞。地下水以岩溶裂隙水为主,泉点流量一般小于 5 L/s,盘河左侧见一大泉,流量达 15 L/s,地下水径流模数为 $M=6.2\sim9.0\ L/(s\cdot km^2)$,主要由大气降水补给,排泄于横向沟谷或河谷中,无统一排泄面,流向与岩层走向一致。岩溶水水质类型为 HCO_3^-—$Ca^{2+}\cdot Mg^{2+}$ 型,一般无侵蚀性。

箐门、天星场至双河一带分布下奥陶统、上奥陶统、志留系、中泥盆统红崖坡组等地层的碎屑岩夹可溶岩构成岩溶中等富水区。碳酸岩盐含泥质较高且被碎屑岩所夹持,岩溶中等发育,以小溶孔、溶缝为主。地下水属于岩溶裂隙水,出水泉点流量一般小于 2 L/s,仅在边箐沟见有 4 L/s 的大泉,地下水径流模数为 $M=2.2\sim3.0\ L/(s\cdot km^2)$,主要接受大气降水补给,排泄于横向沟谷或河谷中,无统一排泄基准面,流向严格受岩层和沟谷控制。岩溶水水质类型为 HCO_3^-—Ca^{2+} 型,一般无侵蚀性。

(四)区域地震安全性和稳定性评价

为查清区内的地震环境和区域稳定性,本次工作中委托国家地震局地壳应力研究所进行了专门地震安全性和区域稳定性评价。

1. 地震安全性评价

(1)地震危险性分析的结果说明,对于工程场区地震危险性贡献最大的是昭通潜在震源区和永善、大关潜在震源区,以及东川、西昌等潜在震源区。因此,工程场区的地震影响是以近场影响为主,也存在远场大地震的影响。

(2)工程场区在历史上多次遭受过烈度大于 6 度的地震影响,其中石门坎附近的场地遭受的最大影响烈度达 8 度,昭通、河坝、彝良等场地遭受的最大影响烈度为 8 度。因此,场区总体上属于地震活动强度和地震影响烈度均为中等程度的地段。据统计分析,场区 50 年内超越概率为 0.63 的地震烈度值在 5.5~5.7 度,超越概率为 0.03 的地震烈度值在 7.3~7.5 度。整个工程场区的地震基本烈度被复核评定为 7 度。

(3)工程场区内 50 年内不同超越概率的基岩水平加速度峰值有所不同,但总的趋势为西北角高、东南角低,其中超越概率为 0.63 的加速度峰值在 21~35 gal,超越概率为 0.10 的加速度峰值在 64~104 gal,超越概率为 0.03 的加速度峰值在 103~183 gal。

2. 构造稳定性评价

(1)根据最新活动时限判定,草坪子、新寨、盘河、小营盘和豆坡断层为晚更新世活动断裂,应属较不稳定断裂,其余断裂为中更新世或第四纪早期活动断裂,大部分均属较稳定断裂,根据断裂最新活动时限判定场区断裂均属较稳定。

(2)根据地震基本烈度判定,场区地震基本烈度为7度,属较稳定。

(3)根据测区青山隧道、新厂隧道深孔勘探应力测试资料,青山隧道测试应力差为2.5 MPa,最大主应力为14.48 MPa;新厂隧道测试应力差为3.5 MPa,最大主应力为13.56 MPa。根据应力判定构造稳定性结果为较稳定。

(4)根据测区断裂滑动性判定测区属于较稳定。

(5)虽然场区总的构造稳定性属于较稳定,但根据断裂活动时限的差异及滑动性质的差异。场区断裂稳定性划分为:断裂新活动区,包含晚更新世较不稳定的盘河断层、新寨断层;断裂较易活动区,包括中—晚更新世大关口断层(较稳定)、小营盘断层(较不稳定)、龙翻身断层(较稳定)及老煤洞断层(较稳定);断裂较稳定区,包括中更新世黑土河断层及石头寨断层。

(五)主要工程地质问题

测区内山高坡陡、沟谷深切,地层岩性和地质构造复杂,形成了众多不良地质及特殊岩土,直接控制和影响线路方案的比选。查明其空间分布、规模及其与线路的关系、影响程度,是越岭地段工程地质选线的工作重点。

1. 岩　溶

测区可溶岩广泛分布,约占整个测区面积的55%,依据地层岩性及岩溶发育规律,划分为岩溶强发育区、较强发育区及中等发育区。

岩溶强发育区分布于青山、放马坝、凉风台、小营盘及毛坪—石门坎一带,地层为泥盆系上统、石炭系下统岩关阶、大塘阶上司段和摆佐组、石炭系中统及二叠系栖霞、茅口组,岩性以厚层质纯的灰岩、白云岩为主,地表洼地、落水洞遍布,溶沟、溶槽、石芽发育,沟谷、坡麓地带有暗河、泉点出露。岩溶发育深度可达300~500 m,局部峰岭地带更大。

岩溶较强发育区分布于箐门背斜、五寨向斜轴部,地层为泥盆系中统曲靖组、三叠系下统永宁镇组、中统关岭组,岩性为砂岩、泥岩夹较厚灰岩、灰质白云岩,岩溶发育较强,地表多见溶沟、溶槽、石芽,地下无大型岩溶洞穴,多为溶孔、溶隙,地表沟槽、谷地处可见岩溶泉出露,流量小于10 L/s。

岩溶中等发育区主要分布于天星场至双河一带,地层为志留系下统黄葛溪组、中统嘶风崖组、大路寨组及泥盆系红崖坡组,岩性以泥质灰岩、泥质白云岩为主,因受砂岩、泥页岩夹持,岩溶不甚发育,仅见少量溶孔、溶隙。

2. 煤层瓦斯

测区内发育有石炭系下统大塘阶旧司段、二叠系下统梁山组、宣威组、三叠系上统须家河组及第三系上新统煤系地层。

旧司段煤系地层主要分布于箐门、苗寨背斜两翼和石门坎、仙水一带。地层厚度变化大,在25~170 m之间,由黑色页岩、褐黄色粉砂岩、灰白色石英砂岩夹煤层组成,分上、下两段。上段以页岩为主,夹煤层较多;下段以石英砂岩为主,夹煤层较少。该套地层含煤情况变化大,箐门背斜南东翼地层厚度达110~150 m之间,含7~8层煤,厚度0.1~3.0 m,而在背斜北西翼的放羊冲至新华一带,煤系地层仅厚50~70 m,含煤0.6~2.5 m,稳定可采煤3层。在石门坎一带地层厚度约100~120 m,含煤5层,原0.1~2.5 m不等。旧司段煤层大部分为当地老乡自发开采,深度10~50 m,巷道长仅数十米,少数可达

200 m。沿线稍具规模的煤矿有鲍家地（东胜）煤矿和小法路煤矿（测区外），开采深度可达200 m，巷道长度达数百米至数公里，采空区对隧道工程无影响，但对路基、桥梁工程有一定影响。旧司段煤系地层属于高瓦斯煤层，各矿区均发生过瓦斯燃烧、爆炸和人员窒息事故。根据收集的资料分析，浅部瓦斯含量2.5 m^3/t，埋深100 m附近可达13 m^3/t，瓦斯风化带厚度约50 m，瓦斯压力梯度0.005～0.01 MPa/m，突出危险为一般至严重，并具有煤尘爆炸性。

梁山组煤系地层主要分布于箐门、苗寨背斜两翼及青山至幸福洞一带，总厚20～60 m，由黄绿色、砖红色砂岩、页岩夹灰黑色炭质页岩、煤线构成。含煤性差，一般仅在顶部夹有0.2 m左右的煤层1～2 m，局部变为煤线或尖灭，无工业开采意义。仅在盘河东侧有老乡开采的小煤窑，属浅表层开采。经分析，瓦斯风化带深度约100 m，瓦斯压力梯度约0.005 MPa/m，无突出危险，但施工中应加强通风和检测。

宣威组煤系地层分布于青山、盘河和花苗地一带，地层厚度100～180 m，由灰绿、黄绿色砂岩、泥岩及灰黑色页岩夹煤层、煤线构成。在青山一带有两层煤，1号煤厚约0.37～0.79 m，平均厚0.57 m；2号煤距1号煤之上3～5 m，厚约0～0.43 m，平均厚0.37 m，仅在青山一带有小煤窑开采，无工业开采价值。瓦斯风化带深度150 m，瓦斯压力梯度0.004 6 MPa/m，属不突出煤层。

三叠系须家河组地层分布于上雄块向斜两翼和五寨向斜核部。地层总厚度165.4～551.7 m，由砂岩夹页岩、薄煤层组成，区内均属不可开采煤层或煤线，煤质差，瓦斯含量低，对工程影响不大。

上第三系褐煤地层主要分布于昭通盆地，由卵石土、黏土夹多层褐煤组成。煤层夹于地层中部，厚度变化大，纯煤厚度可达30～100 m，煤的变质程度低，瓦斯含量低，线路通过昭通盆地边缘，未见煤层出露，对工程无影响。

各方案通过煤系地层长隧道的煤层瓦斯情况如表3—4—2所列。

表3—4—2　各方案通过煤系地层长隧道煤层瓦斯情况一览表

地层	煤层与瓦斯	青山取直	青山外绕	官　寨	新　寨	龙　潭	摸洛河	花土坡	凉风台	韭菜坪
C_1dj	煤系地层长度(m)	/	/	/	75	260	680	120	2 360	526
	煤层层数	/	/	/	3	5	7～8	5	7～8	7～8
	煤层厚度(m)	/	/	/	0.6～2.5	0.11～2.5	0.18～2.74	0.1～2.5	0.3～3.0	0.3～3.0
	瓦斯压力(MPa)	/	/	/	1.2	8.08	4.40	2.90	3.95	4.20
	瓦斯含量(m^3/t)	/	/	/	13.55	22.84	24.10	20.18	21.98	23.21
	瓦斯突出等级	/	/	/	一般	严重	严重	严重	严重	严重
P_1l	煤系地层长度(m)	95	60	/	45	50	495	325	365	200
	煤层层数	0	0	/	1～2	1	1	3	1～3	1～3
	煤层厚度(m)	/	/	/	<0.2	0.2～0.4	0.05～0.7	0.01～0.3	0.05～0.7	0.05～0.7
	瓦斯压力(MPa)	/	/	/	0.5	1.20	1.20	1.15	2.45	2.90
	瓦斯含量(m^3/t)	/	/	/	3.96	7.0	7.04	5.95	8.86	9.56
	瓦斯突出等级	/	/	/	无	无	无	无	无	无

续上表

地层	煤层与瓦斯	青山取直	青山外绕	官　寨	新　寨	龙　潭	摸洛河	花土坡	凉风台	韭菜坪
P_2x	煤系地层长度(m)	240	150	195	/	/	/	/	/	/
	煤层层数	2	2	1	/	/	/	/	/	/
	煤层厚度(m)	0.37～0.57	0.3～0.6	0.5～1.0	/	/	/	/	/	/
	瓦斯压力(MPa)	1.14～2.24	1.92	瓦斯风化带内	/	/	/	/	/	/
	瓦斯含量(m^3/t)	6.6～9.35	7.59		/	/	/	/	/	/
	瓦斯突出等级	无	无	无	/	/	/	/	/	/

3. 滑　　坡

测区范围内共有大中型滑坡24处，其中巨型滑坡12处、大型滑坡6处、中型滑坡6处，这些滑坡主要分布于盘河两岸、花苗地及新营一带。

盘河左岸滑坡群有两种类型：一种为巨型高速高位崩塌型滑坡——碎屑流，分布于盘河右岸，主要发生在接近分水岭山脊的陡峭玄武岩地层中。由于高差极大，在高位的玄武岩山体一旦发生崩滑，体积巨大的松散、破碎岩体急速下坠，瞬间沿沟谷拥泄而出，即形成该类罕见的高速高位崩塌型滑坡——碎屑流。它们沿途切削山坡、翻越山丘、淤塞沟谷，行程可达数千米。该类滑坡在盘河左岸发现有三处，即官寨、头寨及陈家沟滑坡。其中头寨滑坡发生于1991年9月23日18时，突发性的滑坡——碎屑流瞬间毁灭一个村庄，造成216人死亡，直接经济损失92万元；另两处为形成年代久远的古滑坡。该类滑坡——碎屑流规模巨大，上述三处滑坡滑体体积估计均在$1\,000\times10^4 \sim 3\,000\times10^4\ m^3$之间。盘河左岸从罗汉林至新店子一带，类似头寨沟的横向沟谷有12条，沟谷源头均为高耸的玄武岩山体，其地形、岩性及构造条件极其相似，存在产生大型灾难性滑坡——碎屑流的地质条件。

另一种类型为分布于左岸的滑坡群，主要位于左岸支沟两侧，该处砂泥岩地层中发育有一系列顺层滑坡及切层滑坡，它们的规模以中型居多，但也有大型者存在。

盘河右岸大部分地段均有玄武岩分布，由于盘河为断层河谷，受断层作用，玄武岩体节理、裂隙极为发育，岩体风化带厚度较大，为滑坡产生提供了地形、地质条件。根据调查发现，右岸斜坡地带共有六处古滑坡，集中分布在油榨房至五马海一带，三处为中型滑坡，三处为大型滑坡。几处滑坡前缘和周边均有地下水出露，目前虽均处于稳定状态，但不排除外部环境条件变化时古滑坡有复活的可能。

鉴于盘河左右两岸均存在滑坡的严重威胁，线路方案不宜在盘河河谷中通过。

花苗地滑坡群分布于花苗地一带，受龙翻身断层影响，岩体均甚破碎。该段共发现三处滑坡，均发生于断层下盘三叠系下统飞仙组地层中，其中两处为小型滑坡，一处为大型滑坡。大型滑坡长350 m，宽400 m，厚15～30 m，体积达$200\times10^4\ m^3$。本段线路已基本绕避该滑坡群。

其他几处滑坡分布于新营、纸厂、大马腹等地段，规模均大于$100\times10^4\ m^3$。其中新营和纸厂两处滑坡曾在20世纪内先后发生过滑动，它们的前缘仍在受河水冲刷，极有复活可能，线路宜绕避。其余滑坡因远离线路，无影响。

4. 岩　　堆

测区内岩堆主要分布于洛泽河、龙潭河、盘河两岸，由崩坡积形成，多发育于灰岩、石英砂岩陡崖下的缓坡地带。岩堆物质成分主要为块碎石夹黏性土，块径一般0.5 ~2.0 m，少数大于10 m。对线路方案影响较大的岩堆主要分布在以下几段：

天星场至曾家坪子段：岩堆群占该段线路长度的52.48%，大型岩堆有天星场岩堆（宽1 100 m、长200 ~400 m、厚10 ~30 m）、鱼孔岩堆（宽1 300 m、长600 m、厚10 ~30 m）、曾家坪子岩堆（宽2 400 m、长500 ~1 000 m、厚2 ~25 m）等几处。这些岩堆规模均较巨大，地表自然坡度10° ~30°，大部分坡面开垦为水田及旱地，岩堆体建有民房和公路等建筑物，目前岩堆无整体变动迹象，基本处于稳定状态，但表面局部有小型坍塌，不排除在环境条件改变后，局部失稳的可能。

双河至河坝1号隧道进口段：该段砂岩、灰岩形成多级陡崖，页岩为缓坡，陡崖上的崩塌落石在缓坡、沟谷两侧形成了众多大小不一的岩堆。这些岩堆长100 ~600 m、宽100 ~250 m、厚度5 ~30 m，由松散块石构成，块径0.2 ~3.0 m，并仍有物质不断补给，处于发展阶段，稳定性差。

其余规模较大岩堆还有核桃坝岩堆（宽5 ~30 m、长900 ~1 000 m、体积约$920 \times 10^4 m^3$）、河坝岩堆（宽800 m、长约500 m、厚2 ~30 m）、崩子岩岩堆（宽3 000 m、长300 ~500、厚10 ~40 m）及花苗地岩堆群（宽100 ~400 m、长100 ~150 m、厚10 ~30 m）等，这些岩堆都处于不稳定发展阶段，线路应尽可能绕避。

5. 危岩落石

主要分布于双河—青山一带，在花苗地、猴子岩、崩子岩等地也有分布，多与岩堆伴生。

双河地段：该段处于枯江坪背斜轴部，并受团山、双河断层影响，岩石节理裂隙发育，贯通性好，地形上又属深切沟谷，两岸灰岩、砂岩山峰高耸，相对高差200 ~500 m，陡崖上岩石受节理切割形成危岩，在重力作用下极易产生落石。本段危岩落石分布长度，断续延伸370 m。

河坝车站：车站位于一单面斜坡上，其右侧山坡陡峻，砂岩、灰岩走向与线路交角30°，倾角60° ~70°，倾向线路，受两组构造节理切割，在陡崖上形成危岩落石，危岩块体直径0.15 ~1.5 m，每10 m^2 约1 ~2块，局部3 ~4块。此段危岩落石分布长度，断续延伸1 460 m。

此外，花苗地危岩落石发育于泥盆系灰岩、白云岩所形成的陡崖中，下伏三叠系飞仙关组软质岩，陡崖上危岩延伸约200 m；摸洛河隧道进口危岩落石发育于进口深切沟谷两侧悬崖陡壁上，连续延伸约400 m。

6. 泥 石 流

马腹沟泥石流：位于青山隧道出口。马腹沟为常年流水沟，沟长12 km，沟宽20 ~100 m，沟床纵坡上游20% ~30%，下游为10%，流域面积约30 km^2，植被差，基岩裸露，岩性为砂泥岩、玄武岩，风化严重。沟床上游5 km范围为形成区，面积约10 km^2，沟两侧崩积岩堆和坡残积体较发育，并有四处较大规模的坍塌体，是泥石流的主要固体来源。该沟水量大，固体物质相对较少，故形成水石流，每4 ~5年爆发一次，泥石流物质沿沟堆积，沟口无明显扇形。盘河泥石流：盘河右岸多数横向支沟属泥石流沟。这些沟谷无常年流水，沟床纵坡达10° ~20°，沟长300 ~500 m，少数达1 km以上，流域面积一般0.1 ~0.2 km^2，松散固体物质主要来源于沿沟严重风化的玄武岩体，大部分沟口发育小型泥石流扇。

此外，洛泽河右岸多条支沟、龙潭河上游支沟黑水沟等均属泥石流沟；新厂至凉风台一带小煤窑弃渣多，钟厂岩堆规模较大，存在丰富固体物质，亦有产生泥石流条件。

7. 膨 胀 土

膨胀土主要分布于昭通盆地边缘，按成因分为第四系红黏土及上第三系黏土两类。第四系红黏土是碳酸岩盐化学风化残积产物，零星分布于钻沟至大龙洞、小龙洞一带，厚度2～10 m，自由膨胀率41%～82%、液限62.9%～97%、蒙脱石含量21.54%～34.45%，为弱—中等膨胀土。

上第三系黏土分布于大龙洞至龙汛一带，上第三系碎石土中夹有灰白色、灰黄色黏土层或透镜体，自由膨胀率40.5%～66%，液限42.3%～83.3%，蒙脱石含量12.69%～16.16%，为弱—中等膨胀土。

8. 地应力与岩爆及大变形

测区主应力场为NE—SW向挤压、NW—SE向拉伸，以垂直方向的断块运动占主导地位。

越岭地段构造应力大，根据青山、新厂2号隧道深孔地应力测量，深度大于300 m时最大水平主应力在10～15 MPa。

高地应力主要对越岭地段深埋隧道影响较大，隧道掘进中硬质岩易产生岩爆、软质岩易产生大变形。

根据岩爆、大变形产生的条件、判据和预测方法，各方案主要越岭隧道围岩岩爆和大变形预测情况分别如表3—4—3及表3—4—4所列。

表3—4—3 主要越岭隧道围岩岩爆预测一览表

隧道名称	最大埋深（m）	岩性及强度		临界深度（m）	岩爆等级	岩爆长度（m）
		岩 性	R_b（MPa）			
青山取直	1091	灰岩、玄武岩	130～136	516～533	弱—中	2100
青山外绕	960	灰岩、玄武岩	130～136	516～533	弱	1150
官 寨	725	灰岩、玄武岩	130～136	516～533	弱	830
龙 潭	767.5	灰岩、白云岩	125	352	弱	850
凉风台	915	灰岩、白云岩	125	352	弱—中	6450
韭菜坪	1050	灰岩、白云岩	125	352	弱	6650
新 厂	800	灰岩、白云岩	125	352	弱	1225
箐门长隧	850	灰岩、白云岩	125	352	弱	1200
箐门短隧	840	灰岩、白云岩	125	352	弱	1325

表3—4—4 主要越岭隧道围岩大变形可能性判定表

隧道名称	地 层	埋 深（m）	σ_H（MPa）	σ_v（MPa）	σ_h（MPa）	θ（°）	抗压强度（MPa）	变形长度（m）
青 山	P_2x	500	15.90	13.30	10.55	58	20	无
	P_1l	1000	39.90	26.60	27.60		18	可能（95 m）
新 寨	P_1l	200	8.38	5.24	4.06	17	18	无
	C_1dj	150	6.23	3.93	3.0		15	无
龙 潭	P_1l	600	25.53	15.72	12.58	30	18	可能（50 m）
	C_1dj	500	21.25	13.10	10.45		15	可能（260 m）
摸洛河	P_1l	300	12.66	7.86	6.19	50	18	无
	C_1dj	350	14.81	9.17	7.26		15	无

续上表

隧道名称	地　层	埋　深（m）	σ_H（MPa）	σ_v（MPa）	σ_h（MPa）	θ（°）	抗压强度（MPa）	变形长度（m）
花土坡	P_1l	300	12.66	7.86	6.19	45	18	无
	C_1dj	100	4.08	2.62	1.93		15	无
凉风台	P_1l	700	29.83	18.34	14.71	89	18	可能(365 m)
	C_1dj	800	34.12	20.96	16.84		15	可能(2 360 m)
韭菜坪	P_1l	400	16.96	10.48	8.32	74	18	无
	C_1dj	900	38.91	23.58	18.92		15	可能(525 m)

注：σ_H、σ_v、σ_h、θ分别代表最大主应力、垂直主应力、最小主应力及隧道轴线与最大主应力的夹角。

(六)线路方案的工程地质评价

1. 线路方案概况

内昆铁路天星场至仙水段为紧坡越岭地段，本次扩大、加深地质工作中，在整个越岭地段进行了多组、多层次越岭方案的比选，主要包括越岭前紧坡爬升地段的青山取直和青山外绕方案的比选和越岭段多组方案的比选。越岭段方案又包括官寨和新寨方案的比选，龙井和龙井改善方案的比选以及凉风台、韭菜坪、新厂、箐门长隧、箐门短隧等五个越岭长隧道方案的比选。在上述越岭段方案比选的的基础上，又选择出新寨、新厂和龙井改善三个方案进行进一步的比选。上述诸方案又分别包括18‰和23.5‰两个限制坡度系列的方案，因此方案比选还包括了不同限坡方案的比选。越岭段线路方案见图3—4—1（该图所示为23.5‰限坡方案，18‰限坡方案与之略有出入，不再另附）。

天星场至龙潭段是线路越岭前的主要紧坡爬升地段，线路走行于河谷深切的洛泽河左岸，河谷与山岭高差达数百至上千米，岸坡陡峻，地形极为困难。如何在此地形、地质十分艰险复杂的高山峡谷区中选择出安全、合理的越岭线位，既是线路方案研究的重点，也是地质工作的重点。通过本次扩大、加深地质工作，终于在龙潭附近选择出地形相对平缓、地质条件较好的玄武岩分布区作为集中多层展线场地，为线路由洛泽河河谷攀登上云贵高原创造了有利条件。这也是本次扩大、加深地质工作所取得的重要成果之一。

2. 线路方案的工程地质条件比选

通过扩大、加深地质工作，认识到控制越岭线路方案的主要地质因素是断层、岩溶、瓦斯和重力地质堆积。因此，提出以下地质选线原则以指导线路方案的比选：充分利用缓坡、平坝，绕避重大岩堆、滑坡，隧道缩短穿岩溶、煤层长度，减轻岩爆、变形影响。

(1)越岭前紧坡爬升地段的方案比选——青山取直与青山外绕方案：两方案工程地质条件比选的重点是方案中长隧道所处条件的比选，隧道以外线路地质条件的好坏则取决于不良地质对线路的影响程度。两方案不同限坡工程地质条件的比较如表3—4—5所列。

从两方案地质条件对比可得出如下结论：

青山取直方案优点是线位高，大部分基岩裸露，沿线重力地质堆积相对少，通过的岩堆地段较短；缺点是隧道长，与煤系地层和断层斜交，隧道涌水量大，可能产生岩爆地段长，顺层地段正处水营车站范围内，影响严重。

青山外绕方案优点是隧道短，与煤系地层和断层大角度相交，隧道涌水量相对小，可能产生岩爆的地段较短，缺点是线位低，通过的重力不良地质地段尤其是岩堆段长，顺层地段也有所增长。

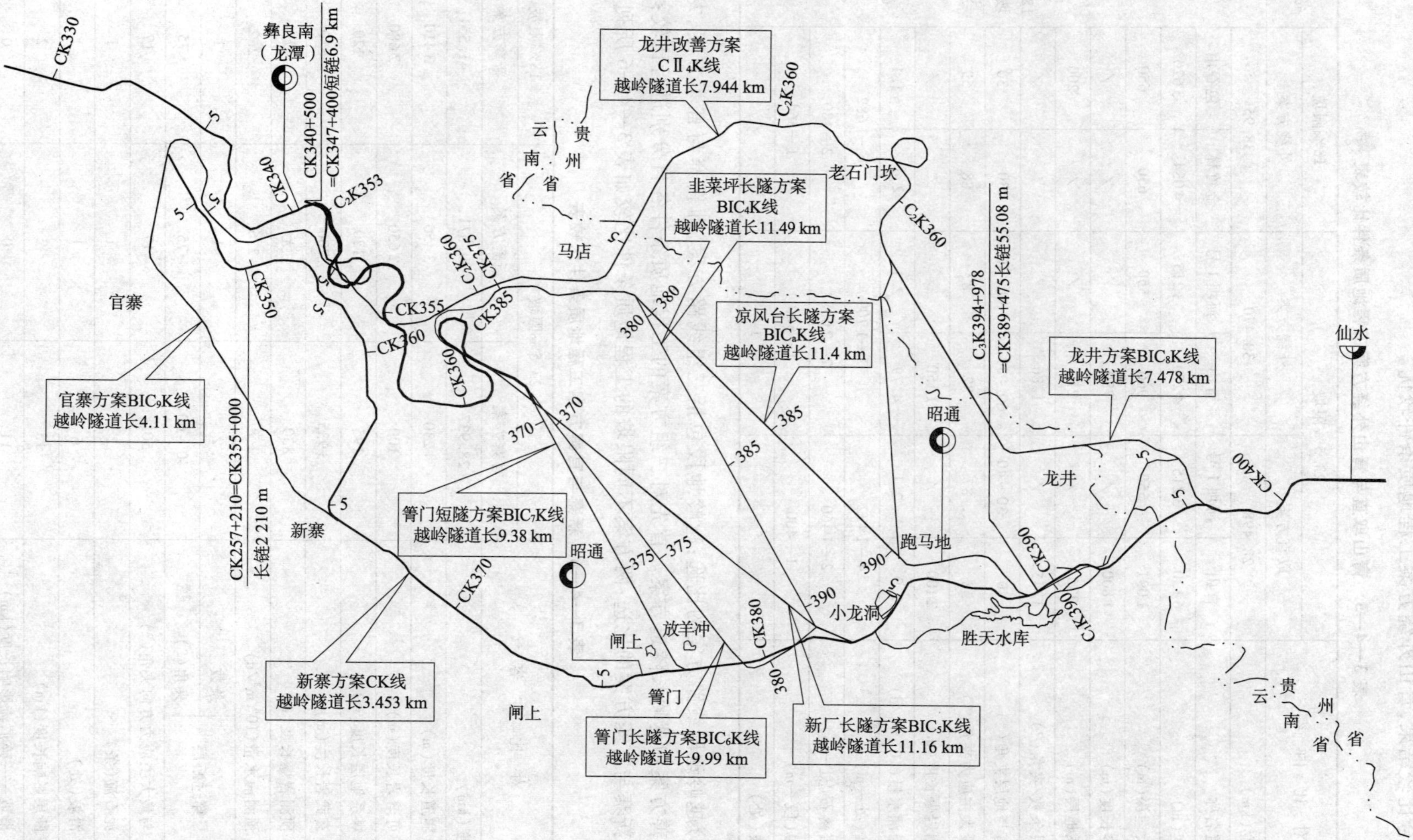

图 3—4—1　越岭段线路方案示意图（23.5‰方案）

综合比较结果，青山外绕方案工程地质条件较优。

表 3—4—5　青山取直与青山外绕方案工程地质条件比较表

对比内容		23.5‰限坡				18‰限坡		备注
		取直方案		外绕方案		外绕方案		
线路长度(km)		28.498		30.470		38.95		18‰限坡无取直方案
长隧道	隧道名称	青山	河坝1号	青山	河坝1号	金竹林	包谷山	
	长度(m)	6130	3215	4270	3215	4084	3620	
	最大埋深(m)	1091	550	960	550	650	650	
	岩溶长度(m)	1800	/	780	/	/	/	
	煤系地层(m)	335	/	210	/	/	200	
	断层条数/夹角(°)	1/45	/	1/86	/	/	/	
	隧道与地层夹角(°)	40	30~40	60~80	30~40	30	30	
	与最大主应力夹角(°)	58	87	82	87	88	59	
	预测岩爆长度(m)	2100	/	1150	/	/	/	
	预测涌水量(10^4 m^3/d)	7.0	2.1	4.79	2.1	2.4	1.1	
地质不良	岩堆(处—m)	4—1472		7—1709		6—1682		
	危岩落石(处—m)	2—1460		2—2008		2—180		
	顺层(段—m)	1—400		1—560		1—364		
	滑坡(处)	/		1		/		

(2)越岭地段线路方案的比选：越岭地段包括三组线路方案，即新寨与官寨方案、龙井与龙井改善方案和越岭长隧道方案。首先对三组方案的工程地质条件各自分别进行比较：

①新寨与官寨方案的比选：两方案不同限坡的工程地质条件比较如表3—4—6所列。

表 3—4—6　新寨与官寨方案工程地质条件比较表

对比内容			23.5‰限坡		18‰限坡
			官寨方案	新寨方案	新寨方案
线路长度(km)			28.937	29.071	41.551
越岭隧道	隧道长度(m)		4230	3450	3410
	可溶岩长度(m)		100	2650	2680
	煤系地层长度(m)		195	120	120
	玄武岩长度(m)		3935	700	610
	预测岩爆长度(m)		830	无	无
	预测涌水量(10^4 m^3/d)		2.8	2.6	2.2
	穿过断层	条数	2	1	1
		夹角(°)	40~60	75	75
	与最大主应力方向夹角(°)		50	17	17
地质不良地段	泥石流(条)		2	1	1
	滑坡(处)		6	1	1
	断层影响长度(km)		13	2	2
	滑坡——碎屑流影响长度(km)		11	0	0

从上述两方案地质条件比较可得出如下结论：

官寨方案的优点在于官寨隧道岩性单一、穿过地层少、无煤层与瓦斯突出危险。其缺点主要为线路以较长距离走行于盘河河谷中，且夹持于两条区域性断层之间，河谷内岩体受构造影响强烈、风化厚度大，边坡稳定性差，滑坡、泥石流等不良地质十分发育，特别是受到巨型滑坡——碎屑流严重潜在威胁的地段长达 11 km，故线路所处地质环境十分恶劣，加之官寨隧道较长，进出口地质条件均差，与最大水平主应力夹角大，与断层斜交，存在较长地段的岩爆。

新寨方案的主要优点是避开了巨型滑坡——碎屑流的严重灾难性的潜在威胁，避开了盘河不良地质发育地段，使受断层影响严重、边坡稳定性差的线路长度大大缩短；新寨隧道轴线与最大水平主应力近于平行，有利于围岩稳定，无岩爆问题且与断层近于垂直，通过断层破碎带短，进出口地质条件较好。其缺点是隧道穿过可溶岩段落较长，存在突水、地表水疏干问题；穿过煤系地层虽短，但属于高瓦斯煤层，存在煤与瓦斯突出危险。

从地质条件综合比选结果，新寨方案的工程地质条件明显优于官寨方案。

②龙井方案与龙井改善方案比选：两方案不同限坡的工程地质条件比较如表 3—4—7 所列。

表 3—4—7　龙井方案与龙井改善方案工程地质条件比较表

对比内容		23.5‰限坡				18‰限坡	
		龙井方案		龙井改善方案		龙井改善方案	
线路长度(km)		69.53		62.189		69.96	
越岭隧道	隧道名称	龙　潭	花土坡	龙　潭	摸洛河	龙　潭	摸洛河
	隧道长度(m)	4457	7478	4457	7944	4114	9880
	最大埋深(m)	770	360	770	480	770	480
	可溶岩长度(m)	4173	6163	4173	6339	3854	7270
	煤系地层长度(m)	310	445	310	1175	310	1340
	瓦斯突出危险	严重	严重	严重	严重	严重	严重
	穿断层带长度(m)	267	200	267	275	267	275
	与最大主应力方向夹角(°)	30	45	30	50	30	50
	预测岩爆长度(m)	850	0	850	0	850	0
	预测涌水量(10^4 m^3/d)	3.51	5.83	3.51	7.93	3.0	8.25
地质不良地段	瓦斯隧道(座)	5		3		3	
	岩堆(处—m)	12—2435		10—2251		11—1785	
	滑坡(处)	0		1		0	
	顺层(段—m)	9—3481		7—3234		8—2435	
	危岩落石(处—m)	0		1—280		0	
	断层影响长度(km)	9		4.5		5.0	

从两方案地质条件比较可得出如下结论：

龙井改善方案的主要优点是昭通车站距昭通市近，引线和越岭隧道受构造影响相对较小，边坡稳定性好，隧道进出口条件好，洞身岩体完整，围岩稳定性好。其缺点是隧道穿越煤系地层长，涌水量大，对环境影响严重。

龙井方案优点是隧道穿越煤系地层短，涌水量较小，对环境影响较轻。其缺点是昭通车站远离昭通市，且地形、地质条件较差，线路受断层影响地段长，岩体破碎，隧道进出口条件差，隧道围岩和路基边坡稳定性差。

根据地质条件综合比选结果，并考虑有利于昭通市经济发展，以采用龙井改善方案为宜。

③越岭长隧道方案比选：长隧道越岭方案包括凉风台、韭菜坪、新厂、箐门长隧和箐门短隧五个方案，其引线地质条件基本相同，方案取舍取决于各长隧道工程地质条件。各越岭长隧道主要地质条件比较见表3—4—8。

表3—4—8　越岭长隧方案工程地质条件比较表

对　比　内　容	凉风台隧道	韭菜坪隧道	新厂隧道	箐门长隧道	箐门短隧道
隧道长度(m)	11 400	11 490	11 160	9 990	9 380
最大埋深(m)	1 020	1 050	800	850	840
可溶岩长度(m)	8 675	5 270	2 465	2 190	2 515
穿煤系地层长度(m)	2 725	725	260	/	/
穿碎屑岩长度(m)	/	5 495	8 435	7 800	6 865
穿断层条数	3	6	3	4	3
断层影响长度(m)	300	750	425	650	375
最大水平主应力夹角(°)	89	74	85	84	75
预测岩爆长度(m)	6 450	6 650	1 225	1 200	1 325
预测涌水量(10^4 m^3/d)	11.57	11.12	7.17	6.62	6.40
对环境影响	严重	较严重	较严重	严重	严重
水库泄漏情况	无	无	无	可能	可能

通过上述比较，凉风台、韭菜坪两隧道虽然避开了区域大断层，但通过煤系地层、可溶岩地段长，同时对洞顶暗河及小龙洞暗河存在严重疏干影响，产生岩爆、大变形可能大，进口引线存在顺层和岩堆影响，地质条件最差。箐门长隧、短隧虽然地质条件相对较好，但出口紧邻箐门水库，且库水位高于线路，存在漏水问题，加之当地居民密集，存在严重环境影响。

五座越岭隧道中，新厂方案通过可溶岩较短、无煤层瓦斯危害，地层简单，对环境影响相对较小，工程地质条件相对较好，但进口钟厂暗河走向及其与线路关系尚须进一步落实。

(3)越岭地段线路方案的进一步比选：在对上述三组越岭线路方案各自进行比选的基础上，选择出新寨、新厂和龙井改善三个工程地质条件相对较好的方案进行进一步的比选。

①新寨、新厂和龙井改善方案的长隧道工程地质条件比较见表3—4—9。

表 3—4—9　新寨、新厂和龙井改善方案隧道工程地质条件比较表

方案 / 对比内容		23.5% 限坡					18% 限坡				
		新寨		新厂	龙井改善		新寨		新厂	龙井改善	
长隧道	隧道名称	新寨	闸上	新厂	摸洛河	龙潭	新寨	闸上	新厂	摸洛河	龙潭
	长度(m)	3 450	3 550	11 160	7 944	4 457	3 410	3 780	11 160	9 880	4 114
	最大埋深(m)	360	235	800	460	770	300	240	800	480	700
	可溶岩长度(m)	2 650	/	2 465	6 339	4 173	2 353	/	2 465	7 270	3 854
	煤系地层长度(m)	120	310	260	1170	310	120	310	260	1 340	310
	瓦斯突出危险	有	无	无	有	有	有	无	无	有	有
	穿断层条数	1	0	3	4	1	1	0	3	4	1
	断层影响长度(m)	50	0	425	275	267	50	0	425	275	267
	与水平主应力夹角(°)	17	82	85	50	30	17	82	85	50	30
	预测岩爆长度(m)	/	/	1 225	/	850	/	/	1 225	/	850
	预测涌水量(10^4 m^3/d)	2.6	1.4	7.17	6.93	3.51	2.6	1.5	7.17	8.25	3.0
	对环境影响程度	严重	轻微	较严重	严重	较严重	严重	轻微	较严重	严重	较严重

新寨方案有两座长隧道,隧道总长度在三个方案中最短。其中新寨隧道虽存在煤与瓦斯突出危险,但穿过煤系地层较短,处理相对容易一些;可溶岩分布长度与新厂隧道相当,而远小于其他方案有可溶岩分布的隧道,计算涌水量在各方案有可溶岩分布的隧道中,亦属最小,施工可能引起环境影响,相对也会有所减轻;由于埋深不大,产生岩爆和变形可能性小;所穿断层仅一条。闸上隧道地质条件简单,对方案影响不大。

三个方案中,新厂隧道最长,穿过的可溶岩虽较短,但因隧道长度大,涌水量也大,且进口端钟厂暗河径路及与隧道关系难以查清,不确定因素多,隧道埋深较大,地应力高且与水平最大主应力近于垂直,存在岩爆可能,隧道工程地质条件也较差。

龙井改善方案通过龙潭、摸洛河两座瓦斯、岩溶隧道,穿过煤系地层长度大,存在严重突出危险,可溶岩地段也长,涌水量大,存在对地表疏干的环境问题。此外,摸洛河隧道穿过断层多,影响严重,龙潭隧道埋深大,地应力高,存在岩爆和大变形问题。因此,两座隧道工程地质条件均较差。

根据上述比较,三个方案的长隧道中,以新寨方案隧道的工程地质条件相对最好。

②新寨、新厂和龙井改善方案引线工程地质条件比较如表 3—4—10 所列。

表 3—4—10　引线工程地质条件比较表

方案 / 比较项目	23.5‰限坡			18‰限坡		
	新　寨	新　厂	龙井改善	新　寨	新　厂	龙井改善
线路长路(km)	70.791	56.625	62.189	82.876	72.936	69.960
泥石流(条)	1	1	0	1	1	0
滑坡(处)	1	0	1	1	0	0
岩堆(处—m)	1—50	3—1 050	10—2 251	1—50	3—1 050	7—1 341
顺层(段—m)	1—200	2—300	7—3 234	1—200	1—300	8—2 435
危岩落石(处—m)	0	2—80	1—280	2—80	1—80	0

续上表

比较项目 \ 方案	23.5‰限坡			18‰限坡		
	新　寨	新　厂	龙井改善	新　寨	新　厂	龙井改善
断层影响长度(km)	2.5	3.0	4.5	3.7	3.0	5.0
可溶岩长度(km)	25.25	34.5	42	26.5	34.5	42.75
软弱煤系地层(km)	2.5	2.3	4.85	3.5	2.8	8.9

注:各方案线路长度均包括该方案越岭隧道长度在内。

从上述比较来看,新寨方案线路最长,但沿线主要为缓坡、盆地和低山地形,重力不良地质(滑坡、危岩落石、岩堆)现象相对较少,顺层地段短,通过的软弱煤系地层、断层影响地段和可溶岩地段短,工程地质条件最好。

新厂方案线路长度与龙井方案相当,越岭隧道进口端引线通过中高山区,地形起伏大,不良地质发育,岩堆规模大,并存泥石流威胁。

龙井改善方案线路短,但沿线山高坡陡,重力不良地质分布多,顺层地段长,通过软弱煤系地层、断层影响地段长,边坡稳定性差,工程地质条件较差。

③比选结果:综合以上越岭隧道和引线地质条件的比较,新寨方案工程地质条件相对较好,新厂方案次之,龙井改善方案较差。

各方案23.5‰与18‰的限坡系列,线路所经地形地貌、地层岩性、地质构造、水文地质和不良地质条件基本相同,故不同限坡方案的选择不受地质条件控制。

(七)采用的勘察方法及手段

内昆线越岭地段进行大面积工程地质选线,工作量十分巨大,为使勘察工作卓有成效,工作中采用了遥感、测绘、物探、钻探、现场测试和室内试验相结合的综合勘察方法。在充分收集区域地质资料和既有地质资料的基础上,进行区域范围内的卫片、航片遥感判释。在遥感判释资料的基础上,在涉及各组方案比选的范围内,开展了较大面积的区域地质测绘。对沿线重点工程、重大不良地质地段还在遥感判释和区域地质测绘的基础上,开展了物探及重点验证的钻探工作。对推荐方案和主要比较方案的重点隧道进行了深孔钻探,并在孔内进行了瓦斯、地应力测试和水文地质试验。对测区内的水、土、石采取了代表性试样试验。扩大、加深地质工作完工成的主要工作量见表3—4—11。

表3—4—11　主要勘察方法和完成的工作量一览表

工作项目		计划工作量	完成工作量	备　注
遥　感	卫　片	4 000 km^2	4 000 km^2	深孔钻探分别在青山隧道、新厂隧道进行;另作岩矿鉴定12组、岩石化学分析29组、X衍射6组及波速测试30组
	航　片	500 km^2	500 km^2	
区　测	1:5万	500 km^2	500 km^2	
	1:1万	311 km^2	495.9 km^2	
物　探	地震勘探	50 000点	134 672点	
	电法勘探	2000点	416点	
钻　探	浅孔勘探	30孔	704.5 m/30孔	
	深孔勘探	2孔	898 m/2孔	

续上表

工作项目		计划工作量	完成工作量	备注
试验	水、土、石	150 组	219 组	
测试	地应力	2 孔	21 点/2 孔	深孔钻探分别在青山隧道、新厂隧道进行；另作岩矿鉴定 12 组、岩石化学分析 29 组、X 衍射 6 组及波速测试 30 组
	瓦斯	2 孔	1 孔	
	测井	2 孔	2 孔	
水文地质试验		6 段/2 孔	4 段/2 孔	
地质及构造安全性评价		/	860 km^2	
重点地段工程地质评价		/	3 处	
显微构造分析		/	51 点	

通过上述综合勘探工作，基本查明了各方案的工程地质、水文地质条件，为越岭地段线路方案的综合比选提供了有力的依据。经综合权衡后，最终以地质条件相对较好的新寨方案作为主要方案，达到了本次扩大、加深地质工作和区域工程地质选线的目的。

（八）取得的主要成果

1. 采用点、面结合的方法，应用综合勘察手段进行区域的工程地质勘察。首先采用室内卫片及航片的遥感解译、野外大面积核查调绘对各线路方案进行宏观的控制，其次对各方案以及重大地质工点和重点工程，采用区域地质测绘、地球物理勘探、钻探及测试进行勘察。通过上述方法、手段，基本查明了越岭地段区域工程地质、水文地质条件及重大不良地质、特殊岩土的特征、分布，对越岭段线路方案从地质角度提出了选线意见。

2. 通过青山隧道深孔钻探、测试，查明了宣威组煤系地层中的煤层分布、瓦斯参数，掌握了斜坡地带地应力特征；通过新厂深孔钻探、测试，查明了越岭地段岩溶、地下水发育情况和地应力特征，为方案比选提供了依据。

3. 盘河河谷为铁二院历次方案研究中的主要通道。通过本次工作，确认该河谷集中发育、密集分布的巨型高速高位滑坡——碎屑流和滑坡群已构成对线路方案的灾难性威胁，属严重的不良地质河谷，从而彻底扭转了过去将盘河河谷视为线路方案主要通道的看法。

4. 从众多越岭长隧方案中，选出了地质条件相对较好的新寨方案作为主要方案，新厂方案可为进一步工作的比较方案。

5. 该段线路必须进行大范围的展线，通过初测阶段扩大、加深地质工作的大面积区域工程地质勘察，在地形、地质十分艰险复杂的高山峡谷区中，选择出龙潭一带地形相对平缓、地质条件较好的玄武岩分布区作为集中展线区，为线路确定在该区采用三层回旋集中展线提供了可靠的依据和有力保证。

6. 确定了地质条件较好的青山外绕方案，提出了绕避花苗地至花土坡不良地质发育地段的取直方案。

7. 国家地震局地壳应力研究所、西南交通大学环境科学与地质工程系、四川煤田地质局作为协作单位，分别完成了测区地震安全性和稳定性评价、重点地段岩质高边坡稳定性分析和长隧道深孔钻探、地应力及瓦斯参数的测试等专题工作。这些专题工作的成果，为各方案的地质条件比选提供了有力的基础分析资料。

（九）施工验证

内昆铁路越岭地段的线位方案经施工开挖验证，除沿洛泽河谷的紧坡爬升地段，部分位于隧道洞口附近的岩堆，由于施工挠动或未及时支挡而出现过一些滑坡、溜坍外，基本未出现过较大规模、引起线路方案改变的地质病害，特别是选择作为越岭前三层展线的玄武岩台地地段，除路堑边坡开挖时，引发过一次规模不大的错落坍塌外，施工顺利，线路稳定，得到了建设单位、监理单位、设计单位等的高度评价。

五、渝怀铁路乌江峡谷的地质选线

韩　康

（一）前　　言

渝怀铁路乌江峡谷段（武隆至彭水），长约 117 km，桥隧长度占 81%，为全线地质最复杂地段之一。通过地质选线，线路大部分绕避了不良地质。该段土建工程完成并正式运营两年间，经受了暴雨（1/150 年一遇）、汶川地震的考验，未出现因地质原因引起的重大病害，证明线位合理，地质选线效果良好。

（二）概　　况

1. 线路概况

渝怀铁路是西部大开发战略的重点工程之一，线路先后穿越大娄山脉北部和武陵山脉，跨越嘉陵江和长江各 1 次，跨越乌江 3 次。全线正线建筑长度 622.865 km，正线桥隧比重 51.3%，全线 7 km 以上隧道 8 座，特大桥、特殊结构大桥、站内 3 线桥及高桥共计 32 座。

渝怀铁路乌江峡谷段，线路从涪陵沿乌江逆流而上，经武隆至彭水，长约 117 km。该段峡谷深切，地形陡峻，山岭高程 500 ~ 1 800 m，相对高差 200 ~ 1 000 m，线路桥隧相连，正线桥隧比重占 81%；线路 3 跨乌江，全段共设长度 7 000 m 以上的隧道 4 座，车站 11 个。

2. 地质概况

渝怀铁路通过的乌江峡谷是现代地貌塑造过程中动力地质作用最显著的地区。通过的地层岩性有侏罗系、三叠系、二叠系、志留系、奥陶系的泥岩、砂岩、页岩、灰岩、盐溶角砾岩。通过区域性背斜 4 个、向斜 4 个、区域性断层两条。沿线不良地质主要有危岩落石、岩堆、滑坡、泥石流、岩溶、顺层、顺层偏压、煤层瓦斯、断层破碎带、水库坍岸（受三峡水库回水影响）等。显然，乌江峡谷是控制铁路选线的各种不良地质现象最为发育的地貌单元。

（三）主要工程地质问题

乌江峡谷段的主要工程地质问题以动力地质作用形成的各类不良地质现象为主，其次为岩溶所引起的问题。

1. 滑　坡

（1）涪陵隧道出口——小溪沟（乌江左岸）段顺层滑坡群：该段地层为嘉陵江组（T_1j）薄层—中厚层灰岩，倾向乌江河谷，倾角 20° ~ 30°。该段线路长 6 km，横向宽 100 ~ 600 m 范围内,共有大小滑坡8处,规模较大的6处,依次为黄果坪滑坡(约$90\times10^4\ m^3$)、新崩嘴滑坡(约$430\times10^4\ m^3$)、磨溪滑坡(约$200\times10^4\ m^3$)、碴岩嘴滑坡(约$410\times10^4\ m^3$)、小溪1号滑坡(约$200\times10^4\ m^3$)和小溪2号滑坡(约$280\times10^4\ m^3$),都是基岩顺层滑坡。特别是小溪2号滑坡,1971年仅在江边有局部裂隙产生,至1996年7月10日发生大规模滑坡,滑坡体厚30~40 m,该滑坡使长350 m的一段319国道及民房全部破坏,并向乌江下滑20~30 m以远。

(2)羊角—土坎滑坡群

羊角1号滑坡:前缘宽550 m,主轴长大于400 m,厚10~35 m。该段原为巨厚的堆积体(块石土夹黏性土),堆积体最大厚度约100 m,新近该堆积体又已产生了中型滑坡($120\times60\times20\ m^3$),并侵占乌江河谷。

羊角2号滑坡:前缘宽840 m,主轴长360 m,厚10~50 m,滑坡后缘呈圈椅状,滑体物质为黏性土、块石土。滑带土呈饱和—流塑状,滑坡前缘有泉点出露。

羊角滑坡:前缘宽3 500 m,主轴长2 300 m,厚10~60 m,滑体物质为黏性土、块石土。滑坡体地表水、地下水丰富,该段原为堆积体(崩、坡积块石土夹黏性土),后产生滑坡,滑坡前缘伸入乌江,使得原本顺直的乌江河道变成凸形,现羊角镇位于其上。

杨家坝隧道出口滑坡:为基岩顺层古滑坡,滑坡后缘壁及平台清楚,前缘侵占送石沟沟床,滑坡地貌明显,周界清楚。该滑坡轴向长500 m,前缘宽300 m,厚5~35 m。

土坎滑坡:滑坡前缘宽2 670 m,轴向长1 200 m,滑体厚20~70 m,为块石土,下覆基岩为志留系页岩,滑坡地带地表、地下水发育,有一暗河水流入滑体。该滑坡前缘已有5个小的坍滑体(呈圈椅形地貌),边缘也于1998年8月6日产生新的滑坡(长350 m,宽100 m,厚10 m),公路边有3栋房屋破坏,15户人家被迫搬走。

下姜家湾滑坡、黄泥堆滑坡:前者长620 m,宽100~180 m,厚2~15 m;后者长400 m,宽150~300 m,厚4~30 m。滑体物质以碎、块石土为主,钻孔揭示在基岩面上有软塑状砂黏土。上述两滑坡分布于糯米溪沟大桥怀化端与杨角碛隧道进口段,为页岩顺层滑坡,三峡水库回水后可能引起滑坡复活。

武隆纸厂滑坡;分布于DK186+995~DK187+360段,由两个相叠的滑坡组成。大滑坡主轴垂直于乌江,主轴长560 m,宽100~500 m,厚15~45 m;小滑坡主轴与线路方向相近,长200 m,宽250 m,厚5~15 m。纸厂滑坡现处于蠕动阶段,地表多环形裂缝。滑体中地下水发育,滑体物质表层以块石土为主,中部以碎石土为主,滑带以黏性土为主,属堆积层滑坡。杨家坝隧道出口段和土坎3线桥部分墩台位于滑坡体上。

(3)板桃隧道出口滑坡:滑坡轴向长1 000 m,宽约400 m,厚约30 m。线路于DK215+064~DK216+156段通过滑坡边缘,滑动方向与线路方向垂直,属基岩错落型滑坡,滑坡前缘紧靠反倾基岩,无继续滑动的空间,滑坡现处于稳定状态。

2. 岩　堆

(1)白沙沱岩堆:岩堆平面上呈长条形,长约150~200 m,宽80余米(DK164+040~+125),厚度0~20 m,由岸坡堆积体组成,物质为块石土,自然坡度为30°~34°,基岩横坡约30°,处于稳定状态。

(2)黄桷树岩堆:线路于DK175+914~DK176+270(短链245.31 m)以小填浅挖通过岩堆前缘。岩堆平面上呈长条型,长2 600 m,宽110~280 m,厚2~25 m。岩堆中上部较缓,有村落分布,线路附近较陡。岩堆物质多为块石,石质成分为灰岩。岩堆上无新近物质,岩堆前缘较窄,且多为大块石,整体稳定性好,无整体下滑的迹象。

(3)丁家坳岩堆：线路于 DK234 +250 ~ +470 段以隧道通过其下伏基岩，前缘宽 420 m，长约 500 m，厚 4 ~ 45 m，横坡约 20°，下伏基岩为志留系页岩，基岩面存在软弱带，加之乌江河水浸泡、冲刷，岩堆易失稳。

3. 错 落 体

桐子岭错落体：位于桐子岭隧道顶，宽 1 500 m，长 600 m，厚 2 ~ 20 m，后缘见错落平台，平台宽约 20 m，错距约 15 m，局部错落体已伸入乌江。

4. 危岩落石、崩塌

全段地形陡峻，危岩落石分布广泛，并有崩塌发生。规模巨大的崩塌发生于 DK165 一带乌江对岸的边滩鸡冠岭。1994 年 4 月 30 日 11 时 45 分，鸡冠岭发生巨大岩崩，估计体积约 $500 \times 10^4\ m^3$，现崩塌壁后部山体由于卸荷产生应力调整，仍在加剧变形，岸边约 100 m 宽度范围内，发育有 10 多条弧形拉裂缝，宽度达 0.2 ~ 1.0 m 者有 3 条，最长达 900 m，目前拉裂缝仍在继续发展，这些现象表明后缘山体仍不稳定，一旦裂缝全面贯通，就有再次发生较大岩崩的可能。

5. 泥 石 流

对线路影响较大的有两条，分别为清水溪泥石流沟和黄草场泥石流沟。

(1)清水溪泥石流沟：该泥石流形成区长度大于 3 km，形成区内岩堆、滑坡较多，最厚可达 70 m，局部见坍塌现象。流通区长 1 700 m，沟床纵坡较陡；沉积区位于乌江边，长 1 200 m，形成泥石流扇，与线路交于 DK187 +670，线路于泥石流沉积区以土坎 3 线桥通过。

(2)黄草场泥石流沟：该泥石流形成区长约 2 km，多支沟，呈放射状，松散物质以滑坡堆积物为主，数量达 $73 \times 10^4\ m^3$。流通区长 1 400 m，沟床纵坡 10° ~ 20°，见泥痕高 4 m；沉积区位于乌江边，与乌江冲积物相混，线路于 DK217 +160 泥石流通过区与沉积区的过渡带以黄草场 2 号 3 线桥通过。

6. 岩 溶

乌江峡谷河段可溶岩地层分布广泛，可溶地段长 73 km，占该段线路全长的 62%。岩溶对线路的影响主要反映在隧道施工期间发生的大规模岩溶涌水上。沿线主要的岩溶工点有：

(1)枳城隧道暗河：DK170 +375 右 235 m(老君洞)与 DK171 +374 右 280 m，分别分布有 2 处暗河，暗河流量为 28 ~ 30 L/s，动态变化可达 10 倍，高程 170 ~ 175 m，暗河于隧道底下 20 ~ 30 m 通过。

(2)武隆隧道暗河：武隆隧道施工中共揭穿三条暗河。D_2K192 +280 ~ +287 揭穿 1 号暗河，宽 7 m，水面宽 2 m，水深 3 m，水位高程 222.6 m，低于路肩设计高程 2.5 m，实测平水期暗河流量 $7 \times 10^4\ m^3/d$；D_2K193 +185 ~ +210 揭穿 2 号暗河，隧道在暗河形成的溶洞充填物中通过，平水期流量约 1 000 m^3/d；D_2K1932 +320 ~ +370 揭穿 3 号暗河，隧道亦在溶洞充填物中通过，暗河水位高程 216.6 m，低于路肩设计高程 1.6 m。以上三条暗河施工期间雨季时多次发生涌水，其中三次特大涌水瞬时最大涌水量分别为 2002 年 6 月 20 日的 $138 \times 10^4\ m^3/d$、2003 年 5 月 21 日的 $200 \times 10^4\ m^3/d$ 和 2003 年 6 月 25 日的 $718.67 \times 10^4\ m^3/d$。

(3)杉树坨隧道暗河：杉树坨隧道 DK235 +000 左 330 m 暗河，枯水期暗河流量 10 000 m^3/d，高程约 215 m，暗河坡降采用 5%(区域资料)，推测暗河于隧道底下 30 ~ 40 m 通过。

(四)方案比选

由于乌江峡谷山高坡陡，地形狭窄，不良地质极为发育，并且受三峡水库回水影响的地段达 56 km，控制选线的因素极为复杂，须进行线路方案比较的地段即多且长。为了做好乌江峡谷的选线工作，铁二院将地质选线作为专题研究，在比较大的区域内查清了地质条件，通过综合技术经济比较，选出了满足运输要求的地质条件相对较好的线路方案。

1. 涪陵—武隆段

(1)乌江左、右岸方案：乌江左、右岸方案通过的地层岩性、地质构造基本相同，但两岸不良地质的发育程度、规模不同，且因两岸线路平面位置、工程布置各有不同，故地质条件对两方案的影响存在很大的差异。

①乌江左岸方案：因存在著名的巨型羊角滑坡（若绕避，工程很大，隧道长 10 km 以上），所以左岸线方案提前在白马就跨江至右岸，与右岸线方案合一。该方案线路从涪陵隧道出口顺乌江左岸，经小溪、白涛、陈家嘴、兴顺场，于白马车站前跨江至右岸，方案长约 36 km。该方案主要地质问题是线路通过较长（近 7 km）的顺层地段，且已形成多处顺层滑坡（见前述），同时还分布有鸡冠岭崩塌及多段危岩，不良地质规模大，工程难于处理。

②乌江右岸方案：该方案线路从涪陵隧道出口后即跨乌江，经磨溪、白涛、白沙沱，至白马车站，长度约 36.6 km，该方案完全避开了顺层地段和鸡冠岭崩塌，虽然也存在危岩落石和滑坡、岩堆，但工程较易处理。

两方案相比，虽然乌江右岸方案线路长度多了 600 m，但绕避了较长距离的顺层和大规模的滑坡、崩塌、危岩，地质条件明显改善，加之左岸方案工程规模偏大（小溪隧道长达 9 km 多、白淘至白马之间桥隧相连）、设站条件极其困难（兴顺场车站放在桥上和隧道内）等原因，故最终采用了乌江右岸方案。施工中，本段进展基本顺利。

(2)磨溪二号隧道改线（DK137 +600 ~ DK148 +500）：

①沿河方案：线路出磨溪车站后，穿 4 895 m 的磨溪 2 号隧道，之后沿乌江右岸逆流而上至比较终点。该方案沿乌江段地质条件较差，岩性为嘉陵江组盐溶角砾岩，多为泥质胶结，风化严重—极严重，状似碎、块石土，加之地形横坡较陡，斜坡稳定较差，发育有滑坡一处（DK146 + 332 ~ +467 滑坡），三峡水库回水后，坍岸范围较大，线路基本上都位于坍岸线之内。本段路基总长度为 1 212.69 m，因地形较陡，均为陡坡路基，工程量较大，处理措施复杂。

②内移方案：为绕避乌江沿岸不良地质，线路自磨溪站后即靠山取直，磨溪 2 号隧道由 4 895 m增长为 5 580 m，但线路缩短 1 076 m。

两方案相比，虽然内移方案工程等价优势不太大，但内移方案地质条件明显改善，线路的工程可靠程度提高较多，故最终采用内移方案。本段施工进展顺利。

(3)白淘改线（D_1K158 +700 ~ D_1K163 +774.83）：

①沿河方案：线路傍乌江而行，主要工程为路基和桥梁，白沙坨 1 号隧道长 1.6 km。该段岩性为三叠系嘉陵江组盐溶角砾岩，风化极严重—严重，形同碎、块石土，加之地面横坡较陡，斜坡稳定性较差。三峡水库回水后，该段坍岸范围较大，线路位于坍岸线之内，路基防护工程较大，处理措施困难，易给运营遗留隐患。

②内移方案：线路靠山内移，增设白沙坨 1 号隧道（长 3.91 km），绕避了水库坍岸最严重地段。

两方案相比，虽然内移方案工程等价优势不大，但内移方案地质条件明显改善，线路的工程可靠程度提高较多，故最终采用内移方案。本方案施工顺利。

(4)白沙沱车站方案比较：白涛站至白马站间为乌江峡谷内地形最陡峻地段，线路长 23.21 km，由于受通过能力限制，白涛站至白马站间必须设站，才能满足要求。据此，线路必须在乌江右岸的白沙沱处设站，因白沙沱地形、地质条件较差，存在水库坍岸、岩堆、危岩落石和煤矿弃渣影响，为此研究了多个方案。

①乌江右岸单线长隧设站方案:将线位向山移,增设长12 km的石垭子隧道,白沙沱车站将设于隧道内。本方案运营管理和养护维修条件极差,完全将车站置于隧道内目前在我国还没有先例,且长隧道与816厂(属军工企业)尚未解密的大规模地下工程存在干扰,该地下工程对隧道有何影响,情况不明。

②乌江右岸一次双线不设站方案:如取消白沙沱站,则白涛站至白马站间23.21 km必须一次按双线建成,但该方案将大增加工程投资,且与全线设计标准无法配套。

③乌江右岸单线白沙沱设站方案:本方案存在煤矿弃渣影响、危岩落石、水库坍岸及岩堆等地质问题。煤矿弃渣分布于 D_1K163+450~+700段左侧700 m、高500余米的自然沟谷上游,为地方小煤矿顺沟所弃,因沟床纵坡较陡,弃渣顺沟流入乌江,线路于该沟下游设桥通过,由于煤矿产量较小,弃渣量也较小;危岩落石分布于白沙沱车站,该车站位于背斜核部,地形较陡,节理发育,但地表未见大的卸荷裂隙,危岩落石规模不大;DK162+971~DK164+350段,线路顺乌江而行,自然横坡30°~40°,覆土厚2~15 m。三峡水库回水后,水库坍岸对岸坡稳定影响较大;DK164+040~+125段,线路通过白沙沱岩堆。

以上三个方案中,虽然乌江右岸单线白沙沱设站方案地质条件相对较差,但因所存在的地质问题中,煤矿弃渣规模不大,只要采取一定措施,其影响是可控的,危岩落石、水库坍岸及岩堆亦可分别采用挡防、加固措施予以处理。经综合考虑投资、全线设计标准配套和分析对不良地质处理的可靠性等问题后,最终确定采用乌江右岸单线白沙沱设站方案。本段施工中尽管发生一些变更设计,但总体上仍较顺利。

(5)白马改线:白沙沱车站—白马车站(DK164~DK176)段,线路基本溯乌江右岸而行,桥、隧相连,有沿江和内移两个方案,影响两方案的主要地质因素分别是岩堆和岩溶问题。

①沿江方案:线路傍乌江而行,主要工程为隧道和桥梁。白马1号隧道长1.528 km;DK171+700~DK172+500段以路基通过黄桷树岩堆,地形相对较缓,但岩堆稳定性较差,且存在三峡水库回水后的坍岸问题和危岩落石,路基防护工程较大。

②内移方案:线路靠山内移,枳城隧道4 189 m,高于枳城暗河20~30 m,位于岩溶发育安全带中,取消DK171+700~DK172+500段路基,黄桷树岩堆采用规模不大加固措施即可确保安全,白马1号隧道增长为2.93 km,但线路缩短了约800 m。

两方案都保证了线路位于岩溶发育安全带,投资相当,但沿河方案地质条件相对较差,内移方案地质条件相对较好,故最终采用内移方案。本方案施工顺利,枳城隧道遇溶洞稀少,未遇暗河,与预期相符。

(6)羊角改线(DK176~DK182):该段不良地质发育,线路无法完全绕避,为此有沿河和内移两个方案进行比选。

①沿河方案:线路顺乌江而行,白马2号隧道出口位于二叠系灰岩与志留系页岩接触带附近,危岩落石严重,对隧道洞口及出洞后路基影响较大;DK178+540~+700段线路通过岩堆,路基整治工程较大;DK179+350~+800通过羊角1号滑坡、DK180+500~DK181+200通过羊角2号滑坡,白马3号隧道出口段位于该古滑坡内。

②内移方案:线路靠山内移,将原白马2号隧道和3号隧道合并为白马2号隧道,避开了上述几处巨型不良地质,但要通过下姜家湾滑坡、黄泥堆滑坡。

两方案投资相近,都通过不良地质,但不良地质的规模、工程处理难易程度不同,沿河方案通过不良地质多,规模大,地质条件相对较差,内移方案地质条件相对较为简单,对下姜家湾滑坡、黄泥堆滑坡采用抗滑桩及坡面防护处理,可确保安全,故以内移方案为采用方案。施工中,滑坡整治进展顺利，全段未发生变更设计。

(7)土坎、武隆改线(DK183～DK198)：该段不良地质极其发育，线路无法完全绕避，为此做了五个方案进行比选。

①乌江左岸方案：线路从江右岸的杨家坝隧道出口后即跨乌江，于左岸设土坎站，穿隧道后再跨乌江至右岸，经武隆隧道接入武隆站。该方案左岸的土坎站为顺层，并存在顺层滑坡，隧道进、出口存在岩堆、危岩落石，线路两跨乌江，增加两座乌江大桥，线路长、投资大，方案明显不具优势。

②沿河方案1：为原可行性研究阶段方案，线路通过杨家坝滑坡、武隆纸厂滑坡、土坎滑坡和土坎厚层堆积体，土坎车站位于土坎滑坡体上，该方案通过的滑坡多为巨型滑坡，工程处理难度极大，地质条件极差。

③沿河方案2：线路从杨家坝隧道出洞后顺乌江行进，设土坎站，为绕避土坎滑坡，设大庄隧道(长3325 m)、桐子园隧道(长5580 m)，两隧道间设200 m路基，出桐子园隧道后进至武隆车站。本方案通过武隆纸厂滑坡，土坎车站位于厚层堆积体上，大庄隧道出口—桐子园隧道进口存在岩堆、人工弃渣及危岩落石，故大庄隧道出口和桐子园隧道进口将分别设48 m和91 m的桩基刚架特殊明洞，为保证公路正常运营，明洞均须采用栈桥过渡、盖挖法施工，施工工序复杂，进度缓慢，两隧之间的陡坡路基则须采用桩板墙挡护、加固。

④沿河方案3：线路从杨家坝隧道出口后顺乌江行进，设土坎站后，线路内移，将大庄、桐子园两座隧道合并，成为9418 m的武隆隧道，避开了沿河方案2的大庄隧道出口—桐子园隧道进口存在的岩堆、人工弃渣及危岩落石，但据乌江边出露的两处暗河出水口推测，本方案的武隆隧道可能会受暗河一定影响，其余地质条件与沿河方案2相似。

⑤内移方案：杨家坝隧道向山移，隧道出口为土坎车站3线大桥(约200 m)，紧接着为长约11 km武隆隧道。该方案避开了武隆纸厂滑坡、土坎厚层堆积体，但因线位内移而引出三方面的地质问题：其一，土坎车站3线大桥通过的清水溪为泥石流沟，线路向山内移后，沟床纵坡逐渐变陡，一旦泥石流爆发，桥净空富余偏小；其二，内移后的杨家坝隧道出口、武隆隧道进口为岩堆，最大厚度约40 m，土坎车站除设3线大桥外，部分车站伸入隧道，在岩堆中修3线大跨隧道，技术难度很大；其三，内移后的武隆隧道将受暗河威胁，根据前述江边出露的两处暗河出口推测，该两条暗河将在隧道中或隧道上方与隧道相交，隧道施工风险很大。

通过上述五个方案地质条件的比较，沿河方案3相对较好，所通过的武隆纸厂滑坡较易处理，武隆隧道两条暗河勘测时推测，将在隧道下10～20 m通过，故确定以沿河方案3为采用方案。施工期间，纸厂滑坡加固处理顺利；武隆隧道则因先后揭穿3条暗河而在前后两个雨季中，发生多次涌水，其中3次特大涌水瞬时最大涌水量分别达$138\times10^4\ m^3/d$、$200\times10^4\ m^3/d$和$718.67\times10^4\ m^3/d$，增设泄水洞处理后，隧道至今安然无恙。

2. 武隆—彭水段

(1)黄草方案比较(DK215～DK218)：本段有贯通方案和绕避滑坡方案的比选，因两方案均存在一定的不良地质，故方案的取舍取决于不良地质对线路的影响程度和对不良地质整治、处理的难易。

①贯通方案：本方案于板桃隧道出口通过滑坡前缘后，设黄草乌江大桥跨江，大桥长392 m，过江后设黄草场车站，车站伸入黄草隧道约500 m。存在的不良地质主要有滑坡、顺层和泥石流三大问题。DK215+064～DK216+156段，线路于板桃隧道出口后，以挖方通过滑坡前缘，滑动方向与线路方向垂直，属基岩错落型滑坡，滑坡前缘紧靠反倾基岩，无继续滑动的空间，滑

坡整体处于稳定状态，处理也较容易。顺层分布于黄草场车站内，沿线路延伸 380 m，岩性为灰岩，岩层倾角 35°～40°，最大顺层清方高度约 35 m，边坡坡面即为硬质灰岩层面，故稳定性较高。泥石流沟位于 DK217＋160，设黄草场 2 号三线桥跨过泥石流沟的通过区与沉积区的过渡带，有足够净空利于泥石流通过。

②绕避滑坡方案：线路向右移 100 m，板桃隧道出口绕避了滑坡，乌江大桥长约 430 m，过江后设黄草场车站，车站伸入黄草隧道约 500 m，黄草场车站顺层地段增长至 800 m，岩性为页岩，岩层倾角 35°～40°，最大顺层清方高度达 70 m，边坡稳定性难以保证。由于线路靠山右移，过泥石流沟时，以半填半挖通过泥石流沟的流通区，处理难度极大。

两方案相比，绕避滑坡方案虽避开了滑坡，但顺层和泥石流问题更加恶化，地质条件相对更差，工程处理难度大、可靠度差，故最终确定采用贯通方案。贯通方案施工顺利，运营至今未出现任何问题，黄草场泥石流沟虽曾发生过一次泥石流，但未造成危害。

(2)桐子岭隧道改线(DK227～DK231)：本段原定为沿河方案，但沿河方案属顺层地段，顺层倾角 30°～37°，同时，本方案还通过桐子岭错落体，错落体宽 1.4 km，厚 2～20 m。鉴于顺层及错落体工程处理均甚困难，且工程规模很大，遂提出内移方案进行比较。内移方案是将线路内移 150～200 m，以桐子岭隧道(长 3 090 m)通过，完全绕避了错落体及顺层边坡，投资虽有所增加，但安全度大大提高。

(3)杉树坨隧道改线(DK232～DK237)：本段线路溯乌江而行，影响线路方案的地质因素为杉树坨隧道暗河、丁家坳岩堆及危岩落石，为此，做了两个方案。

①沿河方案：线路顺乌江，以夏家桥隧道(长 1 800 m)、大坡隧道(长 2 480 m)通过，两座隧道之间约有 400 m 路基。路基段通过丁家坳岩堆，且上方正处软、硬岩分界线附近，危岩落石发育。

②内移方案：根据杉树坨暗河高程、岩堆厚度，线路内移 100～200 m，以杉树沱隧道(4 732 m)通过本段，完全绕避了丁家坳岩堆及危岩落石。

两方案相比，内移方案地质条件明显改善，确定为采用方案。杉树沱隧道施工中仅遇少量溶洞，未发生岩溶涌水。

(五)体　　会

渝怀铁路乌江峡谷中，由动力地质作用引起的不良地质十分发育，受此控制，故线路方案多，比较地段长。凡有规模较大的不良地质分布之处，多经方案的慎重比选，才最终确定线位。正因如此，该峡谷段铁路开通运营期间，未出现大的方案变更，各项设施正常，证明线位合理，地质选线效果良好。归纳起来，有以下体会：

1. 先期进行乌江左、右岸地质选线。

乌江左、右岸受地层岩性、地质构造、人类活动影响，不良地质的发育程度、规模不同，铁路选线先从宏观入手，先期进行乌江左、右岸地质条件比较，从而在可研阶段即选择出地质条件相对较好的涪陵—白马段地质条件相对较好的右岸方案。

2. 线路内移避开乌江沿岸不良地质。

乌江峡谷段线路方案受地质条件控制，有条件时，多采用了线路内移以避开乌江沿岸不良地质的方案。故在峡谷段中，先后进行了磨溪 2 号隧道改线、白涛改线、白马改线、羊角改线、土坎改线、武隆改线、桐子岭隧道改线、杉树坨隧道改线。通过施工和运营检验，证明这些改线基本上是成功的。

3. 在掌握工程地质条件和可靠的稳定性评价基础上，线路可以通过不良地质。

当线路绕避不良地质确实困难或代价极高时，只要查清地质条件，工程措施到位，线路可以通过不良地质体。如白沙沱车站岩堆、白马车站岩堆、羊角隧道进口滑坡（下姜家湾滑坡、黄泥堆滑坡）、武隆纸厂滑坡、板桃隧道出口滑坡等，都是在查清这些不良地质体的性质、分析其稳定性后，采取了有针对性的加固、整治措施，保证了线路安全通过。

4. 线路可以通过厚层斜坡堆积体。

厚度较大的斜坡堆积体常存在土质松散、稳定性较差的问题，但只要查明地质情况，采用合理的工程类型，措施恰当，线路仍可安全通过。土坎车站坡、洪积层厚 10～35 m，经过精心勘测，最后线路选择在堆积体上通过。施工完成近 6 年后观测，线路仍处稳定。

5. 根据岩溶发育规律、分析暗河的空间位置，宏观指导选线，傍河岩溶隧道尽量选择在岩溶发育安全带通过。

在岩溶发育的河谷地带进行地质选线，特别是隧道位置的选择，首先应着重落实两方面的问题：一是河谷中岩溶泉点、暗河口的分布、发育情况；二是河谷岸坡山顶上地表岩溶形态的分布、发育情况。在此基础上，进而分析岩溶和岩溶水的发育、分布规律，将线路、特别是隧道选择在岩溶发育安全带通过。岩溶发育安全带在平面上是河谷中岩溶水排泄点至河谷岸坡山顶上最外侧的垂直岩溶形态间的地带，在剖面上是高于岩溶水水平径流带的山体部位。乌江峡谷通过可溶岩的隧道 22 座，其中白沙沱 1 号隧道、枳城隧道、武隆隧道、板桃隧道、杉树沱隧道等 5 座隧道在平面上与暗河相交，通过精心的地质选线，有 4 座隧道选择在岩溶发育安全带中通过，揭示溶洞很少，施工非常顺利。只有武隆隧道因距河谷太近、位置偏低，而在雨季发生了特大岩溶涌水，这是值得吸取的深刻教训。

六、1966 年 2 月东川地震与铁路选线及工程设置

严璧玉

1966 年初东川铁路线已修至东川市，东川市至浪田坝车站段尚未修通，但河滩路堤和桥基已成型。1966 年 2 月东川地震震中位于距东川铁路西北约 4～6 km 的绿茂塘附近，东川站至浪田坝站间的铁路线紧挨极震区，地震烈度为八度，溯大白河而上地震烈度减小，铁路受地震的破坏和影响也随之减弱。

（一）1966 年 2 月地震形成的地质灾害

1. 地震区的地质概况

1966 年 2 月地震区位于康滇台背斜东缘与滇东北坳陷带交界处小江断裂带的东支断裂与西支断裂交汇区内。小江西支断裂从东川市达朵往北经蒙姑、巧家进入四川，向南沿小青河、乌龙盆地延伸至阳宗海一带。断裂倾西，倾角约 30°～60°，属右旋逆断层，是一条南北狭长的地堑式的大规模的深断裂带。

小江断裂东支断裂北起何家堡，沿 SE10°～20°方向，经新村西、寻甸，向南至延伸至宜良以南。小江东支断裂在东川一带为走向 NW10°～30°、倾向 SW、倾角 70°～80°的正断层。该东支断裂活动性明显：燕山运动期该断裂呈现反扭运动；喜山期断裂活动更为显著，沿断裂带发生局部断陷，形成了新生代的新村盆地等。在东川地区，小江东支断裂带的地震活动远比小江西支断裂带强，东川地区 4 级以上地震震中都沿小江东支断裂分布。

2. 1966 年 2 月地震灾害

1966 年 2 月 5 日发生的 6. 5 级地震，在北起何家堡，南至玉碑地，东自绿茂塘、贾家湾，西到侯子村、犀牛山等地的小江河谷地带（东西宽约 7 km、南北长约 10 km）破坏最重，属地震极震区。极震区小，但地震烈度递降快，余震持续时间长。地震产生山崩、地裂、房屋倒塌。2 月 13 日在同一地点又发生 6. 2 级地震。

（1）地震产生的地质灾害：沿小江河谷和新村盆地一带地形陡峻、高差大，山坡岩体受多次构造运动影响，并遭受 1733 年大地震的破坏而破碎。1966 年 2 月地震时，小江河谷两岸和大尖山等地发生强烈崩塌和滑坡，大尖山西坡有大量白云岩崩落在铁路、公路和河滩上，浪田坝一带山坡和大竹山、汤丹等地也有强烈山崩，崩塌的块碎石堵断了公路，崩落的石块最大直径达 3 ~ 4 m。

山坡风化破碎岩层或岩体在地震作用下形成滑坡，滑坡主要发生在小尖山东、西两侧山坡，尤其是大尖山东侧的绿茂塘、贾家湾至玉碑地一带和北部的小坡头—葫芦口—何家堡一带，山体滑坡最甚。蒋家沟大凹子—尹家凹段沟两侧原有古滑坡复活，在坪子地滑坡体将蒋家沟沟床堵塞成 50 m 宽、100 m 长的堰塞湖，为震后蒋家沟的泥石流暴发提供了丰富固体物质。地震除使破碎岩体山坡产生崩塌、滑坡外，还发生大量坍滑，坍滑多发生在大崩塌附近，如玉碑地以东的磨盘山、炭棚子以北的包谷地、下竹阱、尹家凹、老干沟沟坡的坍滑等。

（2）地裂缝：1966 年 2 月 5 日地震产生的地裂缝具有明显的方向性，不受地形、地层岩性控制。地震在堆积层、风化层内产生地裂缝，个别地裂缝发育在岩层中，如贾家湾东北的角砾状灰岩山坡上的裂缝。地裂缝分布在板河口以北、肖家包包以南，龙树以西、汤丹以东的地区，山岭河谷出现大量地裂缝，主要集中在玉碑地—何家堡一带（图 3—6—1）。如贾家湾以东的堆积层中地裂缝长 200 m、宽 1 ~ 8 cm，北窄南宽，深度大于 40 cm，呈雁行状排列，属右旋张扭性裂缝；绿茂塘附近有切过破碎的泥质灰岩夹板岩和堆积层的两条张裂缝，缝长 40 ~ 80 m、宽 1. 5 ~ 2 cm、深度大于 40 cm，两条裂缝中又有小裂缝组成北北西向的雁行状排列。

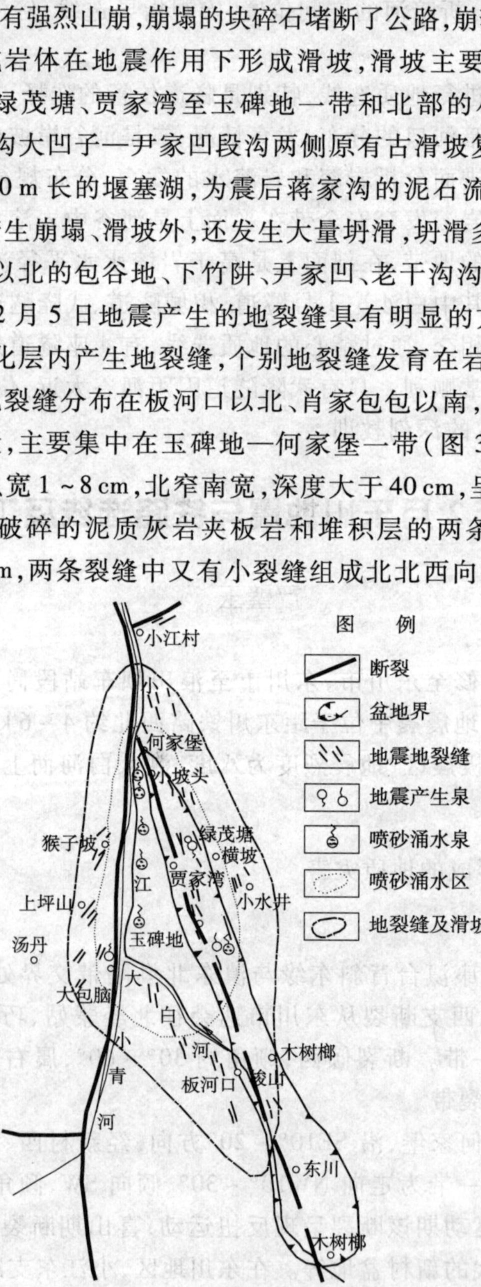

图 3—6—1　1966 年东川地震地裂缝、喷砂分布图

又如新厂至葫芦田附近，山脊上的残积土中发育有长 2 km 的张裂缝，其走向北北西、倾向南西。北宽 3 ~ 8 cm、南宽 6 ~ 15 cm，西侧下降。该地裂缝呈北北西向横切山顶后，再向北西延伸至北坡低处的耕地中，表明地裂缝发生不受地形控制。

犀牛山山坡和山脊地裂缝呈北北东向的带状、雁行状排列，长约 10 ~ 50 m、宽 3 ~ 8 cm 的张扭性裂缝；犀牛山山脚河滩地裂缝宽 20 ~ 80 cm，断续分布数百米；另有一面积约 1 km^2 的河滩，下陷 30 ~ 40 cm。河滩、田地中沿地裂缝有大量涌沙、涌水。

大尖山村的小江东岸的麦地中，地震形成北北东向的张裂缝，断续延伸长约 300 m、宽 15 cm、深度大于 60 cm，呈雁行排列。沿裂缝出现呈串珠状的涌水、喷沙孔。

据史料记载，1733 年 8 月 2 日 7.5 级地震，地震的破坏程度比 1966 年 2 月的地震更大，地裂缝从紫牛坡（小坡头附近）延至寻甸之柳树止，"宽者达四至五尺，狭者尺许，测之以长杆，莫知深浅，相延几百里"，地震裂缝基本沿小江东支断裂分布。

（3）房屋破坏情况：在震中区土搁梁房屋倒塌（多为倒平）50% ~ 90%，其余多遭受严重破坏；木结构房屋土墙多开裂或倒塌，也有房屋倒塌。东川市新式较高大的砖体建筑物，上部或顶部墙壁均产生裂缝（裂缝多呈"X"形），门、窗之框架有震松，正规木架结构的瓦房，一般屋脊震坏、屋瓦掉落，土坯墙倒塌或局部倒塌。

（二）1966 年 2 月地震铁路工程损毁情况

在老干沟至浪田坝段（74 + 400 ~ 98 + 000）的铁路建筑物在地震中有不同程度的影响和破坏，以东川车站（82 + 834）为界，车站以南本次地震烈度为七度，故铁路建筑物破坏程度较地震烈度为八、九度的车站以北地区为轻（图 3—6—2）。不同建筑物损毁程度不一，桥、涵、隧道受地震影响较小、路堤和路堑受地震破坏较严重。

1. 桥隧工程受地震影响情况

位于东川市附近（地震烈度八度）、桥墩基础置于洪积的卵石土上的小海沟中桥墩高 20 m 的 3 号墩和深沟中桥墩高 16 m 的 2 号墩、3 号墩，墩身产生断裂。

位于紧邻地震极震区（极震区地震烈度为九度）的小江桥，桥基础置于杂砂层中，当年设计采用长 20 m 的木桩桩基基础，桥高 11 m，1960 年施工，1966 年 2 月地震时昆端桥台台身与土壤间有裂缝，但台身完好，未发现其他破坏情况。

老干沟以南的石门坎 2 号隧道内 K70 + 342 ~ K70 + 345 段拱圈中央产生掉块，但该处地震烈度已降至七度。发生掉块的原因主要是施工质量问题。

2. 铁路路基工程震害情况

路基工程受地震影响的地段主要集中在东川站—浪田坝站间。东川站—板河口（K82 + 834 ~ K89 + 300），线路走行在新村谷地，无严重的工程地质问题，受地震破坏较轻。板河口—浪田坝线路位于小江河谷内，两岸谷坡陡峻，自然坡度为 30° ~ 40°，山坡岩体破碎，其中板河口—炭窑村段山坡型泥石流发育，受地震破坏较严重。

（1）路堤纵向裂缝和横向裂缝发育：纵向裂缝主要发生在小江河谷内、河滩地上填筑的路堤，纵向裂缝的方向性随路堤的方向而变化，不随路堤高度变化，或由于路堤一侧产生纵裂缝而另一侧则形成拱起的裂缝。小江河谷内的炭窑—板河口段（K92 + 000 ~ K95 + 000）的河滩路堤，纵向裂缝最为发育（图 3—6—3）。个别路基有下沉现象，如在 K93 + 100 附近。

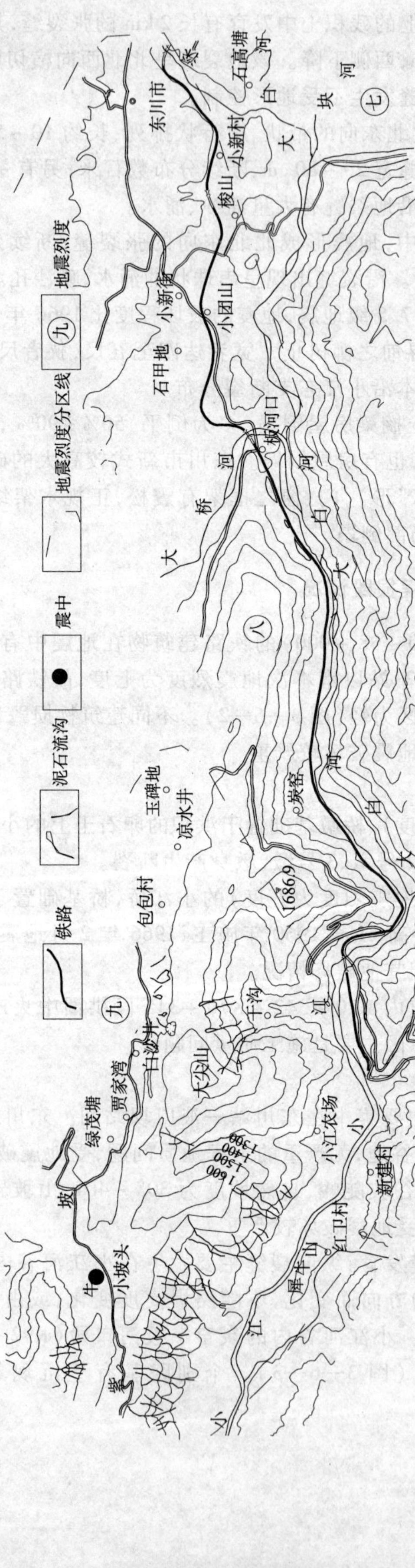

图3—6—2 东川至浪田坝段铁路沿线地震烈度分布图

(2)路堑边坡坍塌:路堑边坡坍塌主要发生在梭山附近的洪积高台地的胶结不均卵砾石层中,挖方边坡高约15 m且挖方边坡过陡(1:0.3～1:0.5),在地震影响下发生坍塌,但路堑边坡坍塌范围不大。

(3)山坡崩塌掩埋路基:板河口—炭窑村段路基填筑在河滩上,线路左侧山坡岩体破碎,发生地震前山坡泥石流极为发育。线路除局部采用短隧道外,多以路堤通过,严重山坡泥石流处用桥跨越。但地震时松散、破碎的白云岩体发生崩塌,并形成碎石流,将局部路基掩埋(图3—6—4)。

图3—6—3　地震形成的路堤纵裂缝

图3—6—4　地震崩塌及碎石流

同时在崩塌的陡山坡上还发育有呈弧形的裂缝,陡坡处裂缝宽、缓坡处裂缝变窄而逐渐尖灭。崩塌过程中还产生巨石、块石崩落,0.5～4 m的石块多崩落在路基右侧洼地内,也有跳过2.5 m宽的洼地跃上路基或桥台,少量越过路基飞落在路基外50 m的小江河滩上。

3. 铁路站房在地震中损坏情况

房屋结构分为正式乡土化房屋和砖木结构房屋。这两类房屋均修建在东川站内。正式乡土化房屋少数砖柱被震断,部分墙壁倒塌,墙壁普遍开裂、屋面震坏、地坪开裂、个别门窗变形。砖木结构房屋一栋为3层楼房、两栋为平房,其中三层楼房屋面瓦全部震坏,墙壁在底层转角处窗台附近出现轻微裂缝。铁工焊工间平房顶上突出的一间小屋,墙壁严重开裂,并与主屋裂开,其余墙壁有开裂现象,屋面瓦脱落、移动。给水水泵平房除屋面瓦有轻微移动外,无其他破坏。

(三)铁路工程产生地震震害的原因分析

地震区内的铁路建筑遭受破坏,除有地震的原因外,也有建筑基底强度不均及施工质量问题。

1. 桥隧工程产生震害原因

(1)隧道工程:如前述,仅石门坎2号隧道洞内拱顶有掉块现象。该隧道地震前在掉块部位两端曾发生过长80多米的拱顶掉块,是隧道存在超挖、回填差的地段。对超挖严重地段曾作压浆加固处理,而轻微段则未作加固处理,结果在地震中发生新的拱顶掉块。所以,隧道内拱顶掉块主要是施工质量问题。

(2)桥梁工程:仅在前述小海中桥和深沟中桥的局部桥墩发生断裂,两座桥桥墩断裂处均位于混凝土施工缝附近。另外,在小海中桥3号墩相邻的桥台锥体填土,3号墩右侧填高3m,而该墩左侧则完全没有填土,3号桥墩处于偏压状态。地震时桥墩产生不同程度的震动,加之施工时上、下两节混凝土墩身间的施工缝处理得不够好,所以沿施工缝处开裂。

小江铁路桥昆端桥台与周围覆土间有裂缝,主要是作了桩基处理的桥台与覆土在地震波作用下差异性震动产生的裂缝。该处堆积的冲、洪积成分复杂,颗粒极不均匀。小江桥处虽有细砂夹层而未发生砂土液化而破坏。

2. 路基工程产生震害的原因

(1)路基纵、横向裂缝的产生,不受路堤高度影响。横向裂缝多在填挖交界处出现,因填挖交界处地基强度不一,地震时易在这薄弱界面处发生开裂。

填筑在河滩上的路堤因河滩地为大白河快速淤积形成的松散堆积物,大白河在板河口至浪田坝段河床每年平均淤涨0.22m,最大一年淤涨达0.54m。淤积物有泥石流冲出的块、碎石角砾,也有洪水淤积的细砂和淤泥,大部分呈饱和状态,局部呈流动状态。地震时沿河滩发生喷砂涌水,表明局部河滩砂土发生了液化。因大白河河滩堆积物粒径大小极不均匀,故未发生严重的砂土液化现象,但在地震力的作用下地表土发生横向运动,使路堤(不受路堤填筑高度控制)发生纵向裂缝。有的局部砂土液化使地基承载力降低,发生了路堤下沉,但填筑在泥石流堆积的混杂堆积层上的路堤高达14~16m路堤却未发生开裂。如深沟中桥浪田坝端高路堤(填高14m)未见纵向裂缝(同在地震八度烈度区内),说明不同地质条件的地基基础路堤受地震影响程度是不同的。

路堤裂缝产生还与填筑材料有关。如同样填筑在新村谷地上的深沟中桥浪田坝端高路堤和K84+600附近的高路堤(填高16m),采用砾石土填筑,未发现路堤纵向裂缝,但在K87+600附近的路堤,采用普通土夹部分淤泥质土填筑,路堤高仅2~3m,却出现严重的纵向开裂。

另一个原因是不同时间填筑的路堤,由于不同时期填筑土密实度不同,无法连接成一个整体,所以在地震力作用下发生开裂。如老干沟附近(K74+400~K75+000)的路堤,因宽度、高度不足而补填一部分,在地震时新、老土接触部分出现开裂;又如石羊村(K80+000~K81+000)原路堤又补填了一部分,地震中新填土范围内开裂,开挖检查老路堤部分却未见裂缝。

半填半挖路基,因路基的地基抗地震能力不同,所以在填挖交界处产生裂缝,如K74+550~K74+650段路基、K74+800、K77+100桥头路基都出现了开裂。

(2)山坡崩塌及落石:板河口—浪田坝段原路堤是在距山坡脚2~3m外的河滩上填筑,陡峻山坡由破碎的白云岩和堆积物组成(山坡坡度为45°),在地震力作用下破碎岩体和松散堆积物失稳而崩塌。崩落的石块是在地震晃动中落下,所以感觉石块是飞落的。不少巨石竖直飞落,遇到较坚硬地面时,又呈抛物线跳跃三四次,甚至十余次,飞到大白河中,其块石直径达0.6m。从跳跃轨迹看,开始跳跃高度可达1.5~2.0m,跳跃距离每次2~3m。

地震落石不同于一般的危岩落石,其坠落是崩塌式的,往往数量巨大,石块大到10 m^3 甚至数十立方米,巨石下坠遇阻,即破碎成碎石在大范围散落,撞击路基、桥台,甚至掩埋路基,对铁路造成严重威胁。

(四)高烈度地震区铁路选线和工程设置

东川地震对铁路工程的影响和破坏大,使人们对高烈度地震危害有所认识。在西南高烈度(地震烈度八、九度)地震区内,一般地形陡峻,山坡稳定性差,岩体破碎,松散堆积厚度大,地震引发的次生灾害多而频繁。

1. 高烈度地震区铁路选线

高烈度地震区铁路选线除必须考虑地质构造,即发震(活动)断裂的影响外,更应考虑地震次生地质灾害的影响。

(1)发震(活动)断裂带附近的选线:选线时应尽量避开发震断裂带,如无法避开断裂带时,应避开发震(活动)断裂带成束的断裂密集带,选在断裂较为稀疏、相对较稳定的大构造岩处,用大角度穿越。

(2)线路跨越发震(活动)断裂时,宜采用低路基或低桥通过。

(3)线路应尽量避免作长大段的沿河线路和傍山短隧道群工程。

(4)在宽缓河谷内的线位,应尽量远离较陡的河谷谷坡,特别是有裂缝、岩体破碎的陡坡,以避免地震时发生的次生灾害危及线路安全。

2. 地震高烈度区铁路工程设置

(1)桥隧工程设置:桥梁墩台和隧道洞门不宜在陡坎边缘设置。因地震对陡坡会产生较大的破坏,将发生开裂甚至产生崩塌,对桥、隧工程的安全将构成威胁。

因高烈度地震区内松散、破碎的岩体和堆积层厚度较大,所以桥基应宁深毋浅;隧道位置选择应尽量避免浅埋,避免在沟底或松软地层中进洞和避免穿过松软地层,进出口段围岩等级应较非地震区降低。

(2)路基工程:不宜在有易液化砂土地区或地基软硬不均处设置路基工程,难以避免时,应进行地基加固处理。

应避免高填深挖。风化严重、松软地层中的挖方边坡高度不宜超过 15 m,且挖方边坡坡率应较非地震区放缓。不宜作半填半挖路基,填挖交界处应加强处理。路基填方所用的填料性质尽量均一。挡墙基础应置于基岩上,挡墙高度不宜高于 10 m。

位于山坡下方的路基,应根据山坡的稳定性,把路基置于地震时山坡崩塌飞石威胁范围以外,宁远毋近。有条件时,线路应避开地震时易发生崩塌飞石地区。

七、东川铁路线路比选和泥石流危害

严璧玉

(一)概　　况

东川铁路位云南东北的寻甸回族彝族自治县和东川市境内。东川铁路南起贵昆铁路塘子站,沿牛栏江上游北上,过寻甸天生桥分水岭,进入小江流域的大白河上游,沿大白河的功山、响水、仓房,经东川市,终于小江左岸浪田坝站,全线长 99 km。线路采用标准轨距、三级支线单线标准。

为开采东川铜矿,保证铜矿生产和运输需要,1956 年铁道部设计总局责成铁二院进行东川铜矿支线的勘测设计。1957～1958 年铁二院按国家计委及铁道部指示要求开始并完成勘测设计。工程于 1958 年 8 月开始施工,1959 年、1960 年该地区普降暴雨,严重水害及泥石流破坏了一些工程。1961 年重新编制设计文件及修正总预算报部审核。1962 年至 1964 年 3 月停工,1964 年 4 月复工,1972 年 3 月铺轨至浪田坝,同年 10 月正式通车。

1972 年至 1996 年,东川铁路一到雨季就发生泥石流冲毁铁路、淤埋路基和桥梁、隧道进水,被迫停运,造成东川铁路长期处于半瘫痪状态。1996 年对拖沓沟、姑海—木树郎、板河口—浪田坝受泥石流危害严重地段进行改线,目前尚可维持正常通车。

(二)线路方案的比选

该铁路塘子站—响水站段沿滇东高原的牛栏江上游行进,响水站—仓房站段线路进入深切于滇东高原的大白河上游"V"形谷中,该段河床纵坡陡达 30‰,仓房站以北线路位于汊流发育、河宽滩浅的小江辫状水系的河漫滩上。

20 世纪 50 年代进行的线路方案比选,是在铁路使用年限为 30 年(预计东川汤丹铜矿开采年限 30 年)和铁路工程造价控制在 20 万元/km 内的前提下进行的。1957 年首先作了沿大白河和沿块河的两大线路方案比选。当时比选认为,大白河沿线工程较易,地形高差较小,且线路长度较短,而沿块河方案工程较难、地形高差大、线路较沿大白河方案长,投资较大白河方案高 432 万元;两方案地质条件则基本相似。为此,放弃块河线路方案而采用了沿大白河线路方案进行勘测设计。大白河方案的仓房以北河床属游荡性河床,河滩宽 300 ~ 600 m,因当时对泥石流危害和泥石流地区河床淤积速率认识不足,以为河滩宽、线路可选位置余地大,所以虽作了大白河西岸高线白泥沟明洞或隧道方案、西岸低线长隧道方案、东岸发窝桥位方案、东岸木树朗桥位方案等多线路方案比较,以及多处局部方案比选,但均未采用,最终仍以造价高低来决定方案的取舍,而采用了造价最省的线路方案。为节约投资,采用的低线方案虽然也避开陡峻山坡和一些不良地质地段,主要线路却选择沿宽阔河漫滩作路堤、桥梁和局部改河通过的方案。

施工过程中暴雨、洪水和泥石流曾冲毁路堤、淤埋桥孔、淤高河床,也为以后东川铁路泥石流危害埋下了祸根。比较典型的失误有龙头山—拖沓沟段和老干沟—发窝段。该两段线路的原线位均顺弯曲的河床沿泥石流扇边缘河漫滩修建路堤并挤占河道。当时按清水流量计算,压缩 50% 河床后的过水断面仍能满足设计流量的排泄要求,故认为此线路方案是经济、可行的。

1959 年汛期,两岸泥石流暴发,河床内汊流游荡,河漫滩路堤大部分被冲毁。后改线至紧靠谷坡的河漫滩,作路堤和建桥跨越,不再改河和大量压缩河床,建成后铁路虽未完全遭冲毁,但仍经常遭受泥石流危害而断道。

1961 年 11 月,根据铁道部鉴定意见中关于延长线路使用年限的指示,对 1961 年施工图设计的线路高程受大白河水位和河床逐年淤高影响的地段做了检查,结果龙头山—木树朗(K56 + 700 ~ K69 + 000)段 12.7 km 中,有 3 处路肩设计高程低于 30 年后 50 年周期水位、4 处路肩设计高程低于 50 年后 50 年周期水位。为保证东川线延长使用年限,在不过分增大工程、避免引起既有工程过多报废和改建的前提下,仅对该段线路高程偏低地段按 30 年后的 50 年设计周期水位做了适当提坡、改线。

板河口—浪田坝(牛矢窝—浪田坝)段,线路沿宽 400 ~ 600 m 的大白河及小江河漫滩通过,在紧邻谷坡的河漫滩上作路堤和车站,路堤填高 6 m。该段两岸虽无大的沟谷型泥石流汇入,但发育有山坡型泥石流,且该段河床因下游蒋家沟泥石流堵江而使大量搬运来的物质在此淤积,故该段淤积速度快,汊流摆动性小。1964 年研究改善本段线路时,根据该段几年的水文观测和周期水位计算结果,K90 + 700 ~ K97 + 030 段河床预计淤高总值达 6 m,K97 + 000 ~ K100 + 000 段河床预计淤高总值达 4.5 m。按 30 年后的 50 年周期水位加 0.75 m 设计考虑,该段线路既受淤高控制,也受山坡泥石流威胁,故线路应作适当改移。在1966年强震影响下,路堤产生纵横裂缝,崩塌的巨石砸毁路堤,砂土液化破坏了局部路基,且河漫滩经历年淤积,当时路堤高度仅剩2 m。为减轻地震和河床淤涨影响,对该段线路结合局部改河取直进行了提坡改线,既抬高了线路,也使线路远离谷坡。改线后,线路仍在已淤高的河漫滩上,以填高6 m的路堤通过。至1981年,该段路堤又被淤埋了3 m。显然,该段线路位置的选择是失败的,其后的改线仍不能满足铁路长期运营需要,同样是不成功的。

在泥石流极发育的小江流域,勘测设计当时,由于对大白河河床淤涨、汊流摆荡及泥石流危害的严重性认识不足,又受投资、工期等因素影响,东川铁路建成后即常处于半瘫痪状态,每逢雨季,泥石流肆虐,莫伯渡—木树郎段路基冲毁、轨道悬空,多牛隧道、老干沟隧道被泥石流淤埋。

小江辫状水系中的汊流冲淤变幅大、淤涨快的现象,是经过勘测设计和施工实践才逐步被认识的。在其后的工作中,对小江汊流冲淤变化和淤积速率进行了系统的调绘、观测、分析,得出了不同河段较可靠的平均淤积速率(见表3—7—1)。鉴于以上认识,1996年后仓房—木树郎段已进行改线。

表3—7—1　大白河中、下游各段河床淤涨率

地段名称	里程	1958年~1963年年平均淤涨率(m/a)	1964年~1980年年平均淤涨率(m/a)
龙头山—莫伯渡	K56~K67	0.15	
莫伯渡—木树郎	K67~K78	0.23	0.12~0.30
莫伯渡—牛矢窝	K78~K91	0.23	0.12~0.3
牛矢窝—浪田坝	K91~K98	0.15~0.54	0.2~0.3

(三)东川铁路的泥石流危害

小江流域泥石流分布广、规模大、暴发频率高,是我国泥石流最发育地区之一。东川铁路平均1.1 km就有一条泥石流沟,局部地段0.68 km就有一条泥石流沟,每逢雨季几乎都暴发泥石流。据观测,蒋家沟最多一年发生泥石流28次,一般泥石流沟平均每年暴发8~10次。最严重泥石流沟有小白泥沟、大白泥沟、蒋家沟,它们经常堵断大白河和小江。

大、小白泥沟位于大白河左岸。小白泥沟于1902年、1957年、1959年、1963年和1985年均曾堵断大白河,每年冲出的泥砂、石块约有100多万立方米;大白泥沟于1933年、1957年和1985年三次堵断大白河,最大流量约1 000 m^3/s,一次最大淤积厚度达6 m,一次最大局部冲刷深达5 m。大、小白泥沟每年冲出的固体物质造成大白河河床上涨,主河床淤涨使两沟泥石流扇面积扩大、增厚,目前泥石流扇仍在发展中。大、小白泥沟暴发的泥石流堵河,引起河床淤涨,同时泥石流扇逼挤河床,使大白河主流偏向线路侧河岸,岸坡冲刷加剧,对沿河铁路线产生严重的破坏。

蒋家沟于1919年、1937年、1949年、1954年、1961年、1964年和1968年七次堵断小江,平均每年冲出的固体物质总量达$100\times10^4\sim300\times10^4\ m^3$,使小江河床不断淤涨,引起铁路路堤被淤埋。1968年蒋家沟泥石流堵江,淹没铁路和公路,使交通中断近3个月。

泥石流危害严重的铁路工点有多牛隧道工点、老干沟工点、法窝工点、拖沓沟工点。

1. 多牛隧道工点(K70+739)

本工点位于大白河右岸。多牛1号隧道与多牛2号隧道间的租嘎小沟原设计为一小桥跨越，由于施工将弃渣弃于沟内及在沟内滚溜石料，雨季引发泥石流，淤埋小桥并灌入两端隧道，只得将小桥改建为明洞，与两端隧道连成长 1612 m、有 4 个半弯道的隧道，又因小白泥沟泥石流扇逼顶，大白河冲刷隧道侧山坡，使山坡后退约 15 m，又引起山体失稳，导致傍山浅埋隧道开裂变形，留下了后患。

2. 老干沟工点（K71 +798）

老干沟位于大白河右岸，是与大白泥沟对峙的一条干沟，该沟原无泥石流发生，但由于不适当人为活动，使山坡崩塌体复活并发展，形成泥石流。老干沟泥石流排泄的固体物质受大白泥沟泥石流扇顶托，回淤沟内，7 年淤高约 11 m，由此造成线路不断被淹埋。原设计的傍山线路被洪水冲毁后，内移设高 7 m 的 3 孔 12 m 桥和长 198 m 的老干沟隧道。1959 年老干沟暴发泥石流，桥下发生淤积、漫流、改道，不得不于 1960 年加长桥渡，变为 7 孔 12 m 桥。尔后每年淤涨，直至淤埋至桥墩台帽顶，只得改桥为路堤，继而再改为路堑，靠推土机清淤维持通车。1969 年泥石流淹没路堑，1970 年将路堑改为长 100 m 明洞，与原隧道相接成一体。但该隧道并未摆脱泥石流的危害，雨季泥石流暴发时，老干沟隧道变成大白河过水通道，洪水冲垮隧道边墙多处（图 3—7—1）。

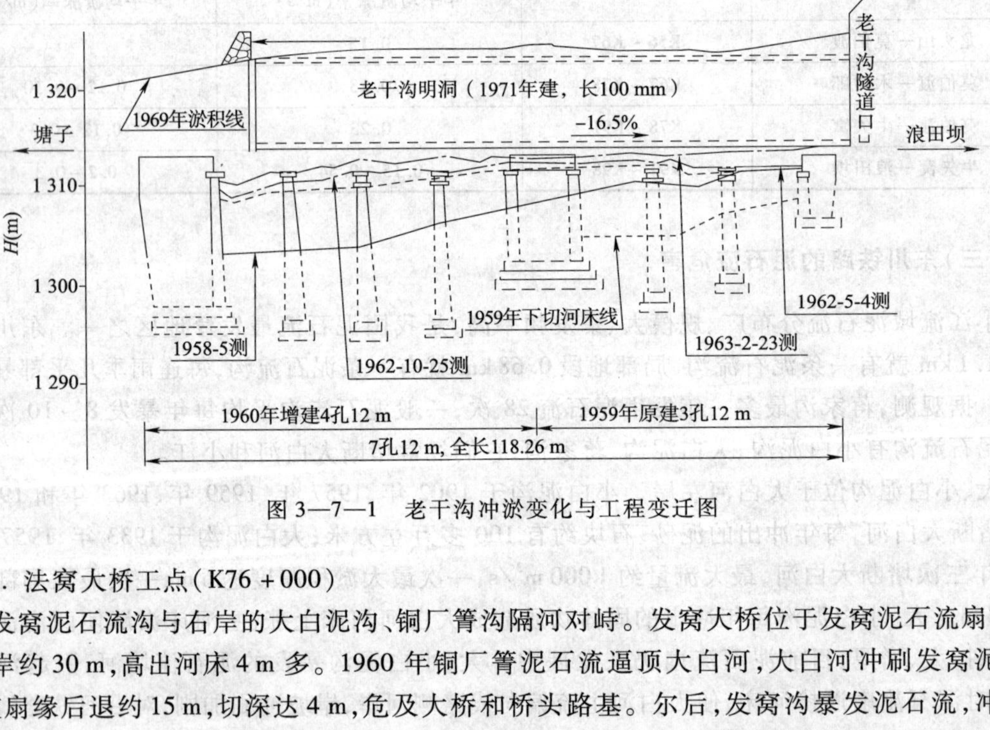

图 3—7—1　老干沟冲淤变化与工程变迁图

3. 法窝大桥工点（K76 +000）

发窝泥石流沟与右岸的大白泥沟、铜厂箐沟隔河对峙。发窝大桥位于发窝泥石流扇前缘，距河岸约 30 m，高出河床 4 m 多。1960 年铜厂箐泥石流逼顶大白河，大白河冲刷发窝泥石流扇，使扇缘后退约 15 m，切深达 4 m，危及大桥和桥头路基。尔后，发窝沟暴发泥石流，冲刷原泥石流扇深达 3 ~4 m，并在沟口形成长 20 m、宽 25 m 的小扇，后增建强大的护岸工程维持通车。但大白河主流有继续冲蚀法窝泥石流扇趋势，要消除后患，仍需改线。

4. 拖沓沟工点（K57 +660）

拖沓沟在大白河左岸，是一条老泥石流沟。泥石流扇冲淤与主河摆动冲淤呈此消彼长，变化不定状态。当拖沓沟暴发泥石流时，可堵断大白河；当拖沓沟泥石流处于间歇状态时，大白河洪水主流又冲刷泥石流扇，使其后退。这种变化不定的状态，使位于泥石流扇前缘的铁路，既遭受泥石流冲淤作用之害，又受大白河冲淤变化威胁。

该工点1958年设计和修建的是沿泥石流扇前缘的3孔16 m中桥，1960年拖沓沟暴发泥石流，冲毁昆台和台尾路堤，于是改建为6孔16 m大桥。1961年该沟未发泥石流，大白河主流直冲桥位，冲刷泥石流扇，使其后退17 m，大桥基础及桥头路基均出现险情。1962～1978年，该沟泥石流又将泥石流扇推向大白河。1979年大白河再次冲刷泥石流扇，铁路再现险情。1980年拖沓沟再次暴发较强泥石流，没及梁底，泥浆浸过钢轨，中断行车，靠清方维持通车（图3—7—2）。1985年泥石流冲走第6孔梁，其中一片梁被冲到桥下游60多米处。

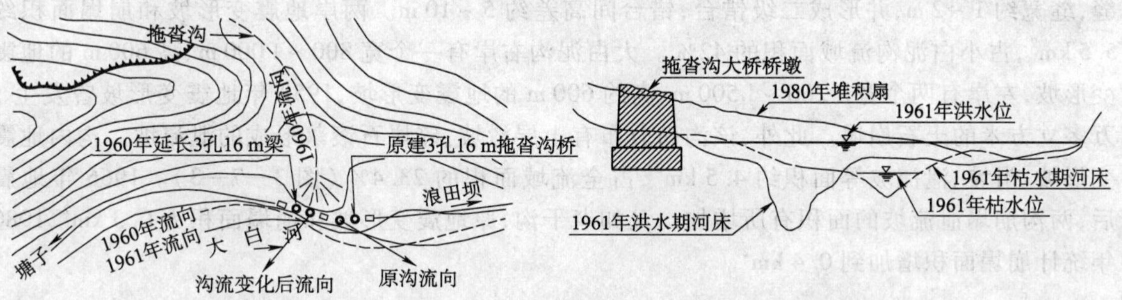

(a) 拖沓沟沟口平面变化图　　(b) 桥位沟床纵剖面变化图

图3—7—2　拖沓沟线位处主流和泥石流流向变化图

（四）东川铁路沿线地质、地理环境对泥石流的控制作用

东川铁路走向与南北向的小江活动断裂一致，受小江断裂影响，岩体破碎、地形陡峻，地震活动促使山坡进一步变形、失稳，在暴雨作用下促成了东川泥石流的发育和危害。

1. 小江活动性断裂对东川泥石流形成的控制作用

小江断裂带形成于前震旦纪，古生代定型。它一直控制着断裂两侧古地理沉积环境和构造格局，制约着地震和新构造运动，形成小江流域巨厚的破碎岩体和陡峻地形，是产生泥石流的内在因素。

（1）巨厚的小江断裂破碎带是泥石流形成的物质基础：小江断裂由1～7条断裂组成，断裂带最宽约20 km。断裂北段沿小江右岸向南延伸，断裂两侧岩体破碎，形成数百米宽的破碎带，两侧破碎带最宽可达7 000 m。至蒋家沟口，小江断裂分为两支：西支为乌龙河断裂，向南延至沧溪、嵩明，具张性断裂特征；东支为大白河断裂，向南伸到寻甸、功山，由1～7条断层组成。分支复合较多主断裂呈压扭性，断层碎粉岩、糜棱岩宽达100～500 m，局部断层破碎带可达1 000～2 000 m。

老干沟一带峨眉山玄武岩岩体破碎，呈碎石、角砾、砂状，断层破碎岩厚度大于700 m；大、小白泥沟震旦系板岩、砂岩、白云岩破碎呈碎块石状，沟中游2～2.5 km范围均为破碎岩体；蒋家沟和大桥沟内昆阳群地层褶曲倒转，板岩、砂岩、白云岩岩体破碎，蒋家沟的小坡头附近断层破碎岩厚度大于500 m。这些沟谷流域内广泛分布有岩屑流、泄流坡，经常发生滚石，造成沟内尘土弥漫，烟雾腾腾。山坡上不稳定破碎岩体和堆积在沟床内的大量松散岩土体，构成丰富的泥石流固体物质补给源。

（2）沿小江断裂带地震频繁，山坡变形严重：小江活动断裂是我国著名的南北向地震带之一。1500～1977年间，小江活动断裂发生强震37次，相对集中于三个时期，每个地震活跃期约120年，大于6级的强震均位于该活动断裂带上。东川地区6级以上强震见表3—7—2。震级高、烈度大的地震反复作用于破碎岩体组成的山坡，使山坡变形严重，形成地震变形坡、滑坡、崩塌、泄流。每次地震都扩大了不良地质体范围，增加了松散固体物质数量，为泥石流的形成增加了雄厚的物质基础。如大、小白泥沟，两沟中游均存在裂点，裂点以上沟床纵剖面平缓，岸坡稳定。裂点以下为陡峻的沟床，沟两岸滑坡、崩塌、溜坍发育，滚石严重。小白泥沟右岸有宽1 300 m、高500 m的地震变形坡（地震形成开裂错移变形的山坡），山坡上有两条裂缝和一级错台，错台前缘谷坡上布满大大小小的破碎岩块，雨水冲刷和沟水溯源侵蚀破碎岩块产生崩塌，变形山坡逐渐崩塌后退；左岸两个宽1 000 ~ 1 200 m、高约600 m山坡上，有三条弧形大裂缝，缝宽约1 ~ 2 m，并形成二级错台，错台间高差约5 ~ 10 m。两岸地震变形坡和崩塌面积约5.5 km^2，占小白泥沟流域面积的42%。大白泥沟右岸有一个宽800 ~ 1 000 m、高600 m的地震变形坡，左岸有两个宽1 200 ~ 1 500 m、高约600 m的地震变形坡，1958年地震变形坡曾发生1万多立方米的土石崩塌。此外，该沟尚分布有土层滑坡、碎块石滚落形成的泄流坡。沟内地震变形坡、滑坡、泄流坡等面积约4.5 km^2，占全流域面积的23.4%（图3—7—3）。1966年地震后，两沟崩塌泄流坡的面积有所增加。又如老干沟，原地震变形坡和崩塌面积为0.3 km^2，1980年统计崩塌面积增加到0.4 km^2。

表3—7—2　东川地震分布表

地震发生时间	1713.2.26	1733.8.2	1927.3.15	1933.9.6	1966.2.5	1966.2.13
震中位置	寻甸	东川	寻甸南	嵩明、杨林	东川	东川
震　　级	6.5	7.5	6	8	6.5	6.2
地震烈度	九	十	八	十一	九	八

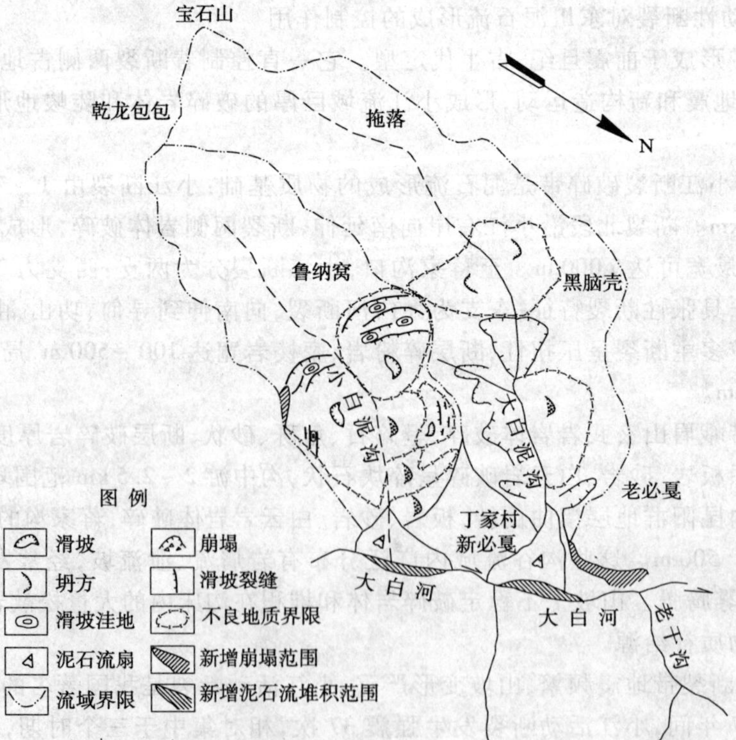

图3—7—3　大、小白泥沟航片解译动态变化图

大桥沟和蒋家沟位于1733年、1966年地震震中附近。1733年地震震级高、烈度大，使两沟遍布地震变形坡，坡面裂缝发育，错落、崩塌严重。蒋家沟内形成包谷地、下竹箐、银洞坡等多处地震变形坡群，变形坡谷坡很陡，其上破碎岩土在地表水冲蚀和沟水掏蚀作用下产生崩塌和滑坡，由此牵引谷肩上的坡面弧形裂缝发展。如银洞村地震变形坡有三级错台：第Ⅲ级错台反翘5°多，后缘裂缝宽4 m，裂缝多被块碎石填堵，局部可见深度5～10 m；Ⅱ、Ⅲ级错台间裂缝多被人造梯田掩埋，局部可见缝宽1～2 m；Ⅰ级错台较平缓，为村子所在地，错台前缘遭受侵蚀，破碎岩块被拉裂呈鳞块状。1994年Ⅰ级错台前缘发生崩塌，1995年变形坡下部滑坡有较大位移，但变形坡上部的裂缝无明显变化。包谷地地震变形坡有3条裂缝，因谷肩以下陡坡崩塌，使谷肩上部裂缝发展变宽。1966年地震时，蒋家沟的大凹子—伊家凹、包谷地、下竹箐的崩塌、滑坡复活并进一步发展。门前沟的坪子地地震大崩塌，崩塌土石约$60\times10^4\ m^3$，堵塞门前沟，形成44 m高、50 m宽的堰塞坝，堰塞湖回水长达100多米，导致当年夏天发生特大泥石流。现在坪子地一带的谷坡破碎岩土，仍经常发生泄流坍塌。大桥沟中游右岸，有宽2 000～2 400 m、高250 m的崩塌、滑坡，木脚附近的错落，有三级错阶呈斜列状错移，左岸阿衣鲁至鲁嘎箐段滑坡、崩塌连片。根据1955年和1978年两期航片对比解译，大桥沟不良地质范围明显扩大（图3—7—4）；1978年坍滑面积为15.5 km^2，占全流域面积的27%，较1955年扩大了近12%。

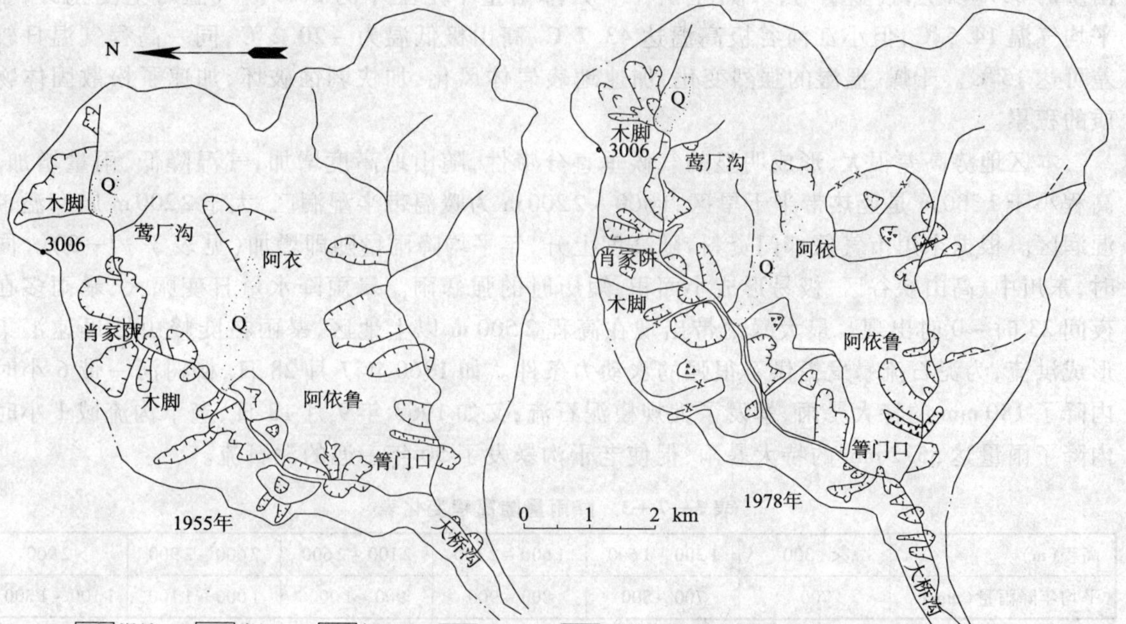

图3—7—4 大桥沟航片解译动态变化图

2. 中、高山峡谷地貌，山高坡陡，坡面稳定性差

东川地区构造复杂，新构造运动活跃，第四系地层中断层发育。区内地貌形成受地质构造制约和新构造运动影响：新村盆地、阿旺盆地、功山盆地、寻甸盆地等均沿南北向小江东支活动断裂分布；不均匀抬升使小江活动断裂两侧的洪积扇、阶地、夷平面分布高程不对称；断裂两侧断块隆升和断块掀升明显，形成陡峻的断块山，山坡坡度一般大于30°，分水岭及山脊附近坡度为15°～25°，深切沟谷谷坡则多为35°～45°。

大、小白泥沟和铜厂箐沟位于大白河西岸侵蚀构造地貌的断块山东坡，山坡陡峻、地表侵蚀切割强烈。该断块山因新构造运动不均匀抬升，反映在大、小白泥沟和铜厂箐沟床纵剖面上，这些沟谷中游都存在裂点：大、小白泥沟裂点高程约为1 900～2 000 m，裂点以上沟床纵坡为100‰～110‰，裂点以下沟床纵坡为400‰～420‰，下游沟床纵坡为75‰～85‰，地震变形坡的后缘与裂点高程相当；铜厂箐附近沟床纵坡也有裂点，其高程为1 600 m左右，裂点以上沟床纵坡为140‰～160‰，裂点以下纵坡为400‰，下游沟床纵坡为110‰～120‰，裂点附近崩塌、滑坡发育。

新村东侧为隆升强烈的断块高山，大桥沟、蒋家沟深切于断块山中。两沟流域高差近1 900～2 000 m，沟谷内25°～35°谷坡面积约占全流域面积的70%，一般谷肩高程在1 900～2 100 m，谷坡高度一般为300～500 m不等。两沟高陡谷坡上，发育有地震变形坡，变形坡前缘的破碎岩块多产生崩塌、溜坍和泄流。如1996年旱季，蒋家沟支沟一门前沟左岸梅子村下，谷坡破碎岩块发生泄流，堵断宽约20 m、长约300 m的沟床，沟床堵高10多米。

3. 干湿季分明、垂直分带明显、多局部性强暴雨的气候，为泥石流提供充裕水动力条件

东川地区属大陆性亚热带气候，因大气环流和地形条件制约，干湿季分明。冬春季受干燥而强劲的西风影响，形成风大、湿度小的旱季；夏秋季为潮湿多雨的西南风控制，雨量充沛、降雨集中而成为雨季。多年年平均降雨量800～1 200 mm，5～10月为雨季，降雨量约占全年降雨量的80%以上，且多暴雨，11月至次年4月降雨量不足全年的20%。气温时空变化大，年平均气温14.5 ℃，但小江河谷极高温达43.7 ℃、高山极低温为－20.2 ℃，同一高程气温日较差可达15 ℃。干燥、温湿的强烈变化，加速地表岩体风化，加快剥蚀破坏，加速了松散固体物质的积累。

本区地势高差很大，形成明显的气候垂直分带性，随山地高度增加，气温降低、雨量增加。高程小于1300 m是亚热带半干旱区，1300～2200 m为暖温带半湿润区，大于2200 m属寒温带湿润区。根据东川市气象部门资料，随高度上升，年平均降雨量随即增加（见表3—7—3）。同时，东川中、高山峡谷区，极易形成小面积、短历时的强暴雨。暴雨降水量日变幅大，暴雨多在夜间23时～0时出现。最大暴雨带出现在高程2 500 m以上地区，暴雨在陡峻山坡迅速汇集形成洪流，为泥石流暴发提供了很强的水动力条件。如1960年7月28日，柳树河一带6小时内降了180 mm的特大暴雨，暴发了大规模泥石流；又如1963年9月18日，老干沟流域1小时内降了雨量达55.2 mm的特大暴雨，促使老干沟暴发了50年一遇的泥石流。

表3—7—3　降雨量随高程变化表

高程（m）	<1 300	1 300～1 600	1 600～2 100	2 100～2 600	2 600～2 900	>2 900
平均年降雨量（mm）	700	700～800	800～900	900～1 000	1 000～1 100	1 100～1 300

（五）泥石流发育区工程地质选线经验

泥石流发育区多为地质构造复杂、新构造运动活跃、地震频繁、岩体破碎的区域，在区域地质构造背景下，不良地质发育且极易发生工程地质问题。选线应在综合评价地质条件的基础上进行。

1. 在综合分析泥石流危害及河岸冲刷基础上选择线位

泥石流地区作两岸线路方案比选时，宜选择泥石流沟密度、规模较小的一侧；沿河谷的傍山隧道，宜尽量靠山内移，选在脱离河谷较远的山腹中通过。因为这类地区河谷谷坡岩体破碎，无法按常规考虑留足隧道河侧安全宽度，在河流或泥石流冲蚀下，河岸后退迅速，将危及傍

山隧道的安全，东川铁路多牛隧道的变形就是深刻教训。

2. 选线时应充分考虑河床及泥石流沟的淤涨和冲刷变化

新构造运动活跃地区，不均匀抬升明显，抬升区山坡陡而不稳定，滑坡、崩塌、泥石流发育。辫状水系河谷和断陷盆地为下降区，水流搬运能力弱，山坡上大量松散土石堆积于沉降的河谷或断陷盆地中，使河流淤积速率大大超过冲刷，河床淤涨是普遍现象，大白河平均每年淤涨0.1～0.3 m，淤积速率之快，可见一斑。

山区辫状水系受局地性暴雨形成洪流影响，水流流路不定，河床冲淤变幅大，大白河一次最大冲刷深度可达4 m，而淤积厚可达0.5～2.0 m。泥石流沟冲淤变化受主河洪流影响变幅更大。选线时，应综合考虑河床淤涨速率和河流的冲淤变幅，即既要考虑河床快速淤涨对线路高程的影响，又要考虑河流及泥石流沟冲刷变化对建筑物基础安全的问题。

3. 线路宜尽量避开不良地质发育的沿河线，实难避开时，须查明谷坡高位的不良地质分布

因岩体破碎，地质环境脆弱，不适当的人为活动都将引起滑坡、泥石流，所以应避免采用大段的沿河线路；当地形有利，线路在河谷中通过时，因受新构造运动抬升作用影响，古滑坡等不良地质常被抬升至山坡上部，勘测中，应采用航片查明有否高位滑坡等不良地质，避免高位滑坡对铁路的破坏。如老干沟右侧大栗树，因盘山水渠渗漏，浸润土体引发高位古滑坡复活，滑坡体掩埋铁路。

（六）结 束 语

东川铁路是20世纪50年代开始勘测、设计的支线，因当时人们对泥石流认识不足，造成东川铁路建成后经常遭受泥石流危害，处于半瘫痪状态。东川铁路的经验告示人们，在地质构造复杂、新构造运动活跃、不良地质发育的地区进行铁路线路方案的比选时，应高度重视地质选线。在泥石流特别发育地区，首先应尽量避免选沿河线，其次选线要查明河床冲淤规律，同时选线时对不良地质地段要避重就轻，即避开规模大、类型多的不良地质地段，选择无不良地质或不良地质不严重地段。在了解工程地质环境基础上，选出与工程地质环境相适应的铁路线，才是安全、可行的线路。

八、黔桂铁路改扩建工程几处典型地质选线

王茂靖　张羽军　马建军

既有黔桂铁路为单线低等级铁路，其中柳州至都匀段建于新中国成立前，都匀至贵阳段于新中国成立后修建贯通，正线全长607.801 km。由于修建较早，铁路技术标准低，随着国家经济建设的快速发展，既有黔桂铁路的运输能力已远不能满足运力的需要，对该线进行扩能改造十分必要。由于该线地处西南山区，地形困难、地质条件复杂，一些关键工程地质问题严重制约线路方案和工程投资，在初测阶段进行了几处典型的地质选线，经过施工验证，地质选线是成功的，其选线思路、比选条件及评价意见等可作为其他山区铁路地质选线参考和借鉴。

（一）河池、六甲方案比选

1. 方案概况

线路自金城江站出站后有两大比较方案：一是自金城江站引出跨龙江后，线路溯龙江右岸

至邕烈设站，邕烈以后线路向西北行进，沿高速公路经河池、怀竹、拉南至纳朝，线路长35.2 km，重点工程为怀竹隧道，该方案称之为河池方案；另一方案是沿既有线行进，过六甲镇后，穿越重点工程六甲隧道的六甲方案，线路长度35 km。

初测阶段，为使线路顺直，线路方案按河池方案勘测，但经地质勘察后发现有两大工程地质问题：一是有15 km线路平行区域性丹池大断裂行进，该断裂是切穿岩石圈的深大断裂，由一系列平行逆断层组成，伴随局部岩浆活动，断裂带宽度数十米至几百米，沿断裂带地层揉皱、挤压、硅化明显，加之属于软质岩类，断裂带两侧岩体破碎、风化严重，路基边坡稳定性极差，崩塌、滑坡发育（新建贵新高速公路通过该断裂带地段，曾多处发生坍滑、滑坡）；二是重点工程怀竹隧道洞身通过可溶岩地层，且处于水平循环带内，一条暗河从隧道顶部20 m穿过，地质条件极差。因此，才提出了六甲方案。线路方案见图3—8—1。

2. 重点工程的地质条件比较

河池方案在越岭地段的重点工程有两个长隧道方案，一为取直的怀竹隧道（穿越暗河）方案，另一为绕避暗河怀竹隧道方案；六甲方案重点工程为六甲隧道。两方案重点隧道主要工程地质条件比较见表3—8—1。

表3—8—1　各方案重点隧道地质条件对比表

对比内容 \ 方案及工程名称	河池方案		六甲方案
	怀竹隧道（取直）	怀竹隧道（绕避）	六甲隧道
隧道长度（m）	3 576	4 220	4 530
最大埋深（m）	550	500	450
可溶岩长度（m）	2 850	3 000	4 530
穿越煤系地层长度（m）	726	1 220	/
穿断层条数	/	1（丹池大断裂）	1（进口）
断层影响长度（m）	/	200	50
有无岩爆	有	有	有
预测涌水量（$\times 10^4\ m^3/d$）	7.813	9.22	12.00
与羊峒暗河关系	位于隧道上方27 m	绕避	低于隧道36 m
对环境影响程度	严重	严重	轻微
综合评价	较差	差	较好

3. 两方案地质条件综合比选

两方案地质条件综合比较见表3—8—2。

表3—8—2　河池方案与六甲方案地质条件综合比较

评价项目	方案名称	
	六甲方案	河池方案
线路总长（km）	35	35.2
地层岩性	通过碳酸盐岩地段26 km，软岩7 km	经碳酸盐岩22 km，软岩13.2 km
地质构造	远离丹池大断裂，与次级断裂大角度相交，影响范围小	绕避暗河的怀竹隧道进口段穿越丹池大断裂

续上表

评价项目	方案名称	
	六甲方案	河池方案
重点隧道地质问题与环境地质问题	六甲隧道长4530 m,上跨羊峒暗河36 m(即标高差),治水容易,平导1.3 km,泄水洞1.0 km,对出口地表生态环境有一定影响	取直怀竹隧道长3 576 m,下穿羊峒暗河27 m(标高差),治水困难,平导泄水1.2 km 绕避暗河怀竹隧道长4 520 m,但洞身通过煤系地层、丹池大断裂,地质条件差,两隧道岩溶水疏干均严重影响地表生态环境
引线地质条件	该方案远离丹池大断裂影响,与区内小断裂成大角度相交,地质条件较好	该方案沿丹池大断裂行进,引线受断裂影响达15 km,软质岩体破碎、风化严重,稳定性差,地质条件极差
综合评价	较好	较差

通过以上对两方案重点工程——长隧道地质条件及方案综合地质条件的比选,从地质条件来讲,最终选择了六甲方案。

(二)绕避大山矿区与穿越大山矿区方案比较

1. 方案概况

坡朝至大山段,原线路方案通过大山矿区,且大山隧道正穿大山矿采空区坑道,由于该矿开采历史久远,无法彻底查清坑道及采空区的分布,因而对坑道及采空区对隧道安全的影响程度,难以得出科学、合理的评价,为此,研究了绕避该矿区的方案,如图3—8—2所示。

2. 两方案地质条件

(1)穿过大山矿区方案地质条件:该方案中CK246 ~ CK253段穿越大山矿区,其中CK246 +500 ~ CK248 +080段为大山隧道。大山矿区开采矿种为热液接触蚀变交代作用形成的锡、锌、铅及硫等,自明清以来就有开采,至20世纪80年代初为小规模挖掘,之后转变为大规模的、半机械化的、掠夺式的私有业主开采,以乱掘乱挖方式在隧道区地面高程700 ~ 1 000 m范围内掘进。从调查及图3—8—2可知,矿洞在地表呈星罗棋布般紊乱分布,无规律可循,一般开挖长度200 ~ 500 m,最长的达1 500 m,洞门一般呈拱形,高和宽约为1.5 ~ 2.0 m,大部坑洞内无衬砌,洞底一般平直。矿洞内支洞密集,纵横交错,开挖掘进随意性较强,一般是沿矿脉的走向开挖,有数个主矿洞相互连通的现象。据访问,山体内最大采空区有篮球场般大小,并有较多的废弃积水坑道,由于安全生产的原因,该矿区现已停业整顿。因山体内矿洞开挖掘进的随意性,且有部分矿洞废弃后洞门被新的矿洞弃渣掩盖,要彻底查清山体内坑道的具体位置、走向及采空区具体分布,以及它们与大山隧道之间的空间关系非常困难。路基(特别是隧道)施工中遇采空区、积水坑道的可能性非常大,并且废弃坑道、采空区处理难度较大,使得隧道施工的安全不能得到有效保证。

(2)绕避大山矿区方案地质条件:经线路优化后,目前线位已基本避开大面积的采空区,线路仅从151号矿窿上跨过,矿窿与线路大约相交于AK245 + 213,交角约67°,窿口高程为720 m,巷道规格为2.0 m×2.0 m×1.8 m,平巷长约50 m,方位为255°。从主井方位来看,主井在线路的路堑地段下方约60 m处横穿线路。据调查,矿井掘进50 m后,下了两级斜井,已出矿,斜井底为采空区,采空区最低高程约为650 m,采空区面积约为5 000 m^2,估计巷道已开拓1 500多米。南丹“7·17”事故后,由于安全原因,该矿已停产至今。鉴于采空区距改线后的线位已有一定距离,主井对在其上方通过的路堑而言,已有足够的安全顶板厚度,故采空区及主

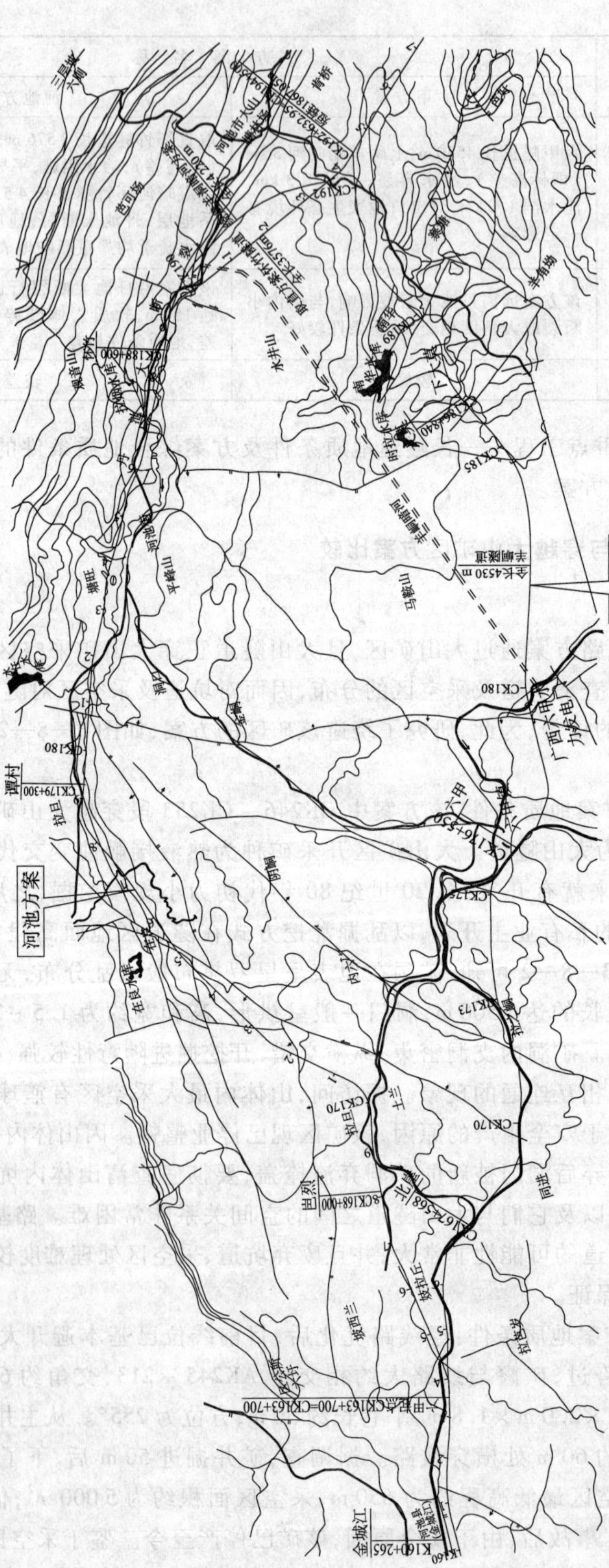

图3—8—1 六甲、河池线路方案示意图

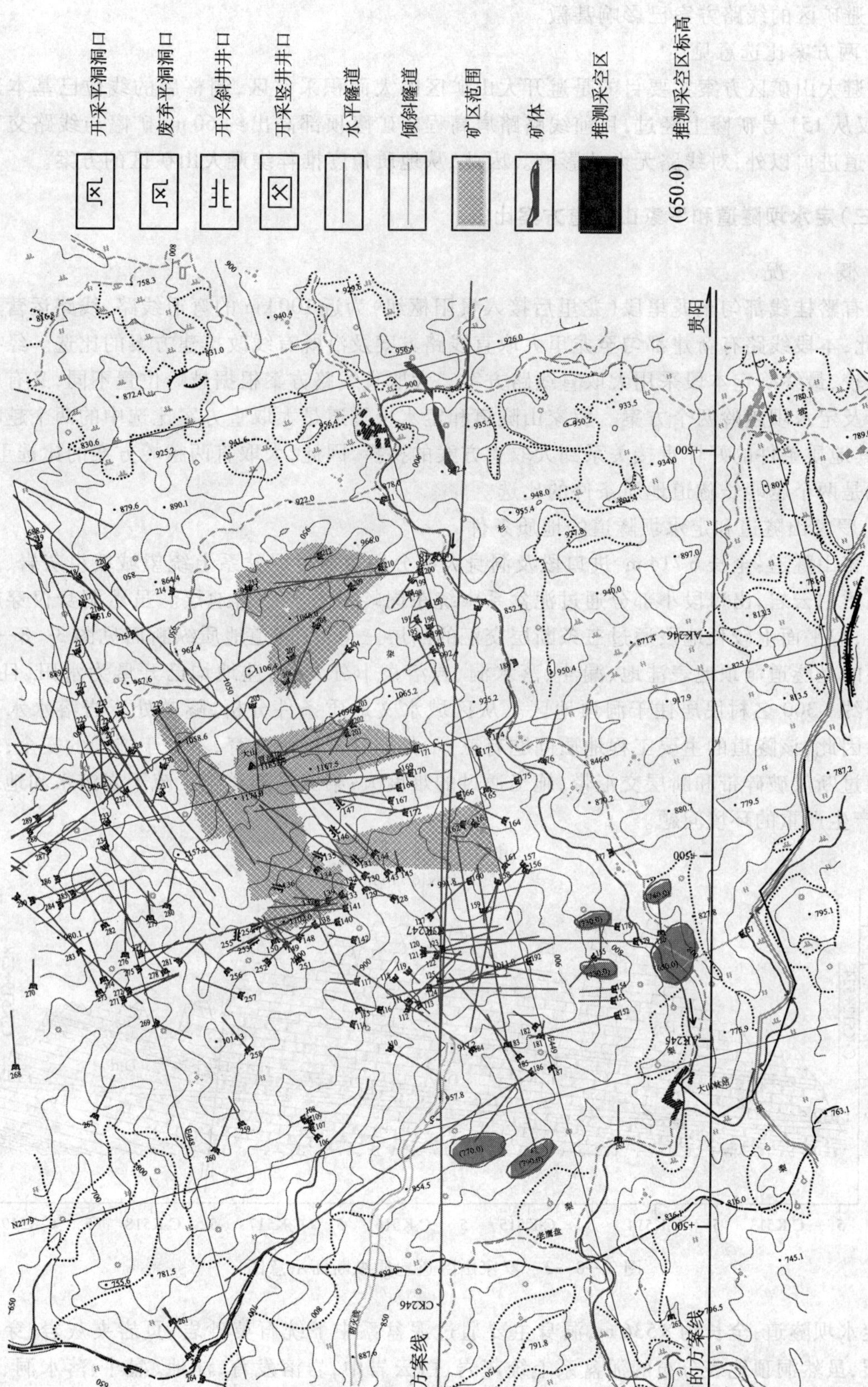

图 3—8—2 大山矿区线路方案示意图

井对绕避矿区的线路方案已影响甚微。

3. 两方案比选意见

绕避大山矿区方案主要目的是避开大山矿区的大面积采空区,调整后的线位已基本达到目的,仅从151号矿窿上经过,目前线路路肩高程较矿窿顶部高出约60 m,矿窿与线路交于大山林隧道进口以外,对线路无大的影响。因此,从地质角度推荐绕避大山矿区的方案。

(三)定水坝隧道和罗家山隧道方案比较

1. 概　　况

既有黔桂线都匀至龙里段(龙里后接入贵阳枢纽)为近100 km的弯道线路,线路运营里程长,因此,本段线路有新建都匀至龙里大取直线路方案及沿既有线改扩建方案的比选。经技术经济比较,最终确定本段采用大取直线路方案。大取直线路方案根据越岭位置不同,又有罗家山越岭及定水坝越岭两个方案。罗家山隧道和定水坝隧道是大取直方案比选中的两个越岭长隧道,其地质条件的好坏直接关系到大取直方案的抉择,因此,大取直两越岭方案的比选重点,其实就是两个越岭长隧道地质条件的比选。

2. 罗家山隧道和定水坝隧道的地质条件

罗家山隧道:全长6 714 m,进口段及洞身大部分段落通过泥盆系上统望城坡组灰岩、白云岩及泥质白云岩,出口段小部分通过泥盆系中统东岗岭组石英砂岩地层。虽然洞身仅穿越一条断层,但平面上较长地段通过三条断层交汇的断层三角带(隧道地质纵断面见图3—8—3)。更主要的是隧道洞顶地表洼地、漏斗、落水洞、岩溶泉十分发育,洼地均已开垦为水田,且有4个寨子约1 300名村民居住于洞顶地区。从区域水文地质条件分析,隧道处于岩溶水水平循环带。因此,该隧道的主要工程地质问题有三:一是洞身岩溶水发育,不利于施工的安全;二是洞身穿过断层破碎带和断层交汇带,施工通过的难度大;第三是隧道施工疏干岩溶水和地表泉水,将产生严重的环境问题。

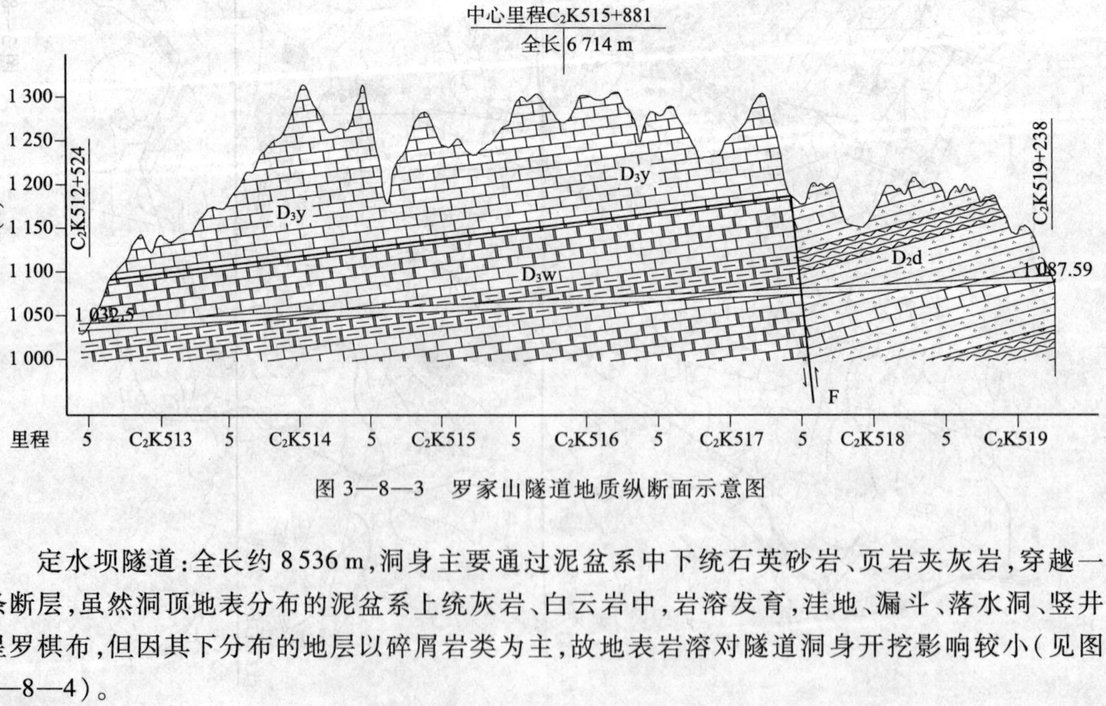

图3—8—3　罗家山隧道地质纵断面示意图

定水坝隧道:全长约8 536 m,洞身主要通过泥盆系中下统石英砂岩、页岩夹灰岩,穿越一条断层,虽然洞顶地表分布的泥盆系上统灰岩、白云岩中,岩溶发育,洼地、漏斗、落水洞、竖井星罗棋布,但因其下分布的地层以碎屑岩类为主,故地表岩溶对隧道洞身开挖影响较小(见图3—8—4)。

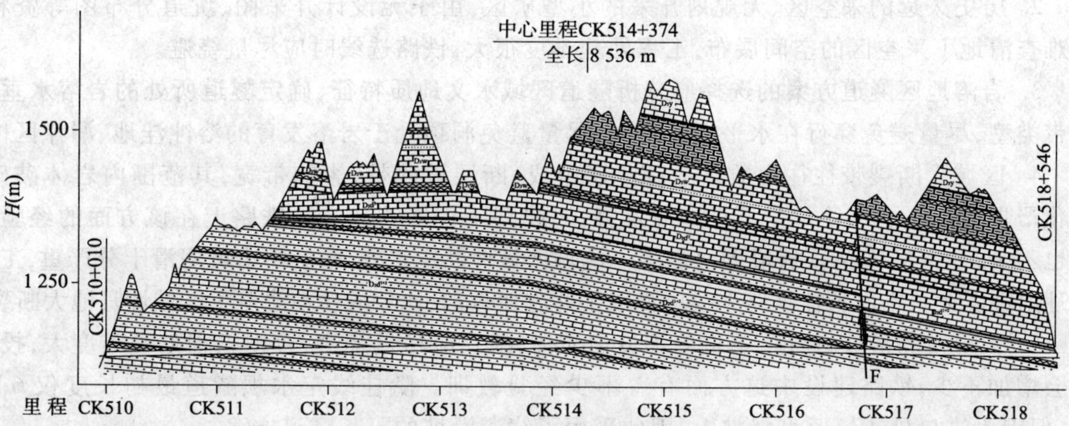

图 3—8—4　定水坝隧道地质纵断面图

两隧道地质条件对比见表 3—8—3。

表 3—8—3　两重点隧道地质条件对比表

对比内容	隧道名称	
	罗家山隧道	定水坝隧道
隧道长度(m)	6 714	8 536
最大埋深(m)	300	550
洞身穿越地层岩性	进口段约大部分位于灰岩、白云岩中,出口为石英砂岩	洞身通过 d^{1+2} 石英砂岩、页岩夹灰岩
可溶岩地层长度(m)	5 000(岩溶水水平循环带)	/
碎屑岩地层长度(m)	1 714	8 536
穿断层条数	1	1
断层影响长度(m)	80	160
有无岩爆	无	无
预测涌水量($\times 10^4$ m^3/d)	10.50	4.20
对环境影响程度	严重	轻微
地质条件综合评价	极差	较好

3. 比选意见

大取直方案中昌明至龙里段越岭隧道比较中,罗家山隧道虽然较定水坝隧道短 1 822 m,但该隧道受构造影响地段长,且为岩溶隧道,洞身处于岩溶水水平循环带内,施工中岩溶水涌水量大,洞顶村寨多、人口较密,隧道一旦涌水,将造成严重的环境影响。定水坝隧道洞身通过以石英砂岩、页岩等碎屑岩类为主的地层,隧道涌水量小,对环境的破坏也小,地质条件较好,因此,从地质角度推荐定水坝隧道取直方案。

(四)结　　论

1. 西南山区地形、地质复杂,线路方案比选中应充分研究沿线地质条件,绕避复杂、严重地质不良地段。经对黔桂线施工现场回访,上述几处地质选线是成功的。

2. 历史久远的采空区、无规划开采的小型矿区，由于无设计开采图、坑道分布图等资料，很难查清地下采空区的空间展布，工程处理难度很大，铁路选线时应尽量绕避。

3. 岩溶地区隧道方案的选择应分析隧道区域水文地质特征，确定隧道所处的岩溶水垂直分带类型，尽量避免穿行在水平循环带内，尽量避免洞顶处于岩溶发育的溶蚀洼地、漏斗区内。

4. 区域大断裂带往往由数条平行断层组成，断层破碎带、影响带宽，其范围内岩体破碎、风化严重，滑坡、坍塌等重力不良地质发育，对线路工程影响较大。铁路上在该方面的经验教训也不少，如南昆铁路百板段即沿塘兴—潞城区域性断层走行，施工中边坡坍滑十分严重，工程处理困难巨大。本次黔桂铁路选线中汲取了此方面教训，比较成功地绕避了区域性丹池大断裂。

5. 大规模的滑坡、错落、坍塌等不良地质体，线路应尽量绕避，否则工程处理难度大，投资也会增加不少，铁路建设中这方面有着不少经验教训。黔桂线定水坝隧道最初长度仅 6 km 多，但因为进口处于一巨型滑坡上，因此采用了绕避滑坡的更长隧道方案。

九、株六增建二线的大竹林长隧方案工程地质选线

杨　英

（一）前　言

铁路选线工作是铁路设计中最根本的工作，关系到铁路建设的质量优劣和成败，具有举足轻重的作用。选线须摸清地形、地质、水文、地震、气象等自然条件，为选定合理的线路方案提供充分依据。

山区铁路所处地形、地质条件复杂，选线工作的难度在于既要了解与认识自然界，又要综合考虑线路平、剖面顺直与平缓、桥隧工点和车站设置、分布的合理以及减少工程投资。所有铁路建筑物均与地质关系密切，尤其是在线路大方案的研究和选择中，工程地质条件是不可缺少的重要内容。所以，在地形困难、地质复杂的山区，铁路选线就线路平、剖面的抉择而言，就是工程地质选线。近 60 年来修建山区铁路的无数事例表明，铁路选线的成败，往往取决于对地质条件的认识深度和对地质工作的重视程度。如果地质工作深入，地质问题尽早被认识，则可避免或减少地质灾害对铁路的危害。株六增建二线地质条件十分复杂，勘测设计中的几次较大方案的变动，大多是随着对地质条件认识的加深所引起，大竹林长隧方案比选，正反映了这一点。通过区测、初步设计、技术设计，对线路所经地区地质环境的认识逐步加深，线路方案得以不断完善，使该段增建二线线位更趋科学合理。

（二）线路通过地区工程地质特征

1. 地形地貌

大竹林隧道地区位于云贵高原乌蒙山区低中山山地，地势险要，山脉绵延起伏。区内最大高程 1 820 m，最低 1 325 m，相对高差 495 m。沿线沟深、坡陡，峰丛及洼地等岩溶地貌发育，自然坡度为 20°～60°，局部陡立。除测区中部有一条国道外，其他地段交通不便，人口稀少。

2. 区域地质概况

线路所经地区，出露地层有二叠系上统峨眉山组（$P_2\beta$）、下统茅口组（P_1m）、栖霞组（P_1q）、梁山组（P_1l）及石炭系上统马平群（C_3mp）。岩性以灰岩为主，部分地层为泥质灰岩、泥

质砂岩、页岩夹劣质煤层(煤线)及玄武岩。地区所处地质构造单元属黔西山字形构造带的前弧西翼外侧,构造线为NW向,构造作用强烈,褶皱、断裂发育。对方案影响较大的构造形迹主要有堕脚—朗岱区域性背斜和次一级褶曲以及分布于褶曲中的数条断裂。堕脚—朗岱背斜分布于新窑至茨冲间,为复式背斜,两翼的次一级褶曲中发育有多条次级断裂,背斜核部为石炭系组成,两翼为二叠系,轴部呈N50°W方向延伸,略向SE倾伏,主轴交线路于大竹林隧道洞身(B_1CK171+160附近)。背斜核部及两翼的岩体十分破碎,节理裂隙发育,造成线路通过地区复杂的工程地质及水文地质条件。地表出露的厚层灰岩的节理裂隙成为大气降水和地下水的良好通道,导致区内岩溶异常发育,常常形成溶沟、溶槽、溶蚀洼地、漏斗、落水洞及溶洞。高陡深切沟谷两岸灰岩的陡峭绝壁,在长期的风化、淋滤及重力的作用下,形成大量密集的平行沟谷的卸荷节理裂隙和危岩落石,其下的软质岩体由于差异风化,往往形成负坡,最终导致上覆坚硬岩体的崩塌,在陡崖或山坡坡脚形成大型岩堆。这些在斜坡上堆积的岩堆,在外界条件变化时,极易转变为滑坡。危岩落石、岩堆、滑坡,再加上区内分布的软土,构成了线路方案通过地区复杂的工程地质条件。

3. 水文地质

区内水文地质条件严格受地层岩性和地质构造的控制,由于岩层自身给水性的差异及受地质构造影响程度不同,其富水性差异很大。地下水类型以岩溶水为主,包括岩溶裂隙水和岩溶管道水。此外,在第四系松散土层和碎屑岩中还存在孔隙水和基岩裂隙水。

(三)线路方案的工程地质条件

区内地质条件复杂,影响方案选择的地质因素多。除岩性、构造及富水性外,岩溶、危岩落石、崩塌、岩堆、滑坡和软土等不良地质、特殊岩土问题对方案的选择均有影响,在进行方案比选时,均需查明和评价其对方案的影响程度。

1. 方案概况

本方案位于株六增建二线那玉至花赖间,既有线里程为K159~K175。那玉至花赖间增建二线的最初方案是线路离那玉附近的方案起点后,沿既有线方向先向西行,再转而向南经既有的新窑车站后,又折向西行穿新大寨隧道(1 950 m),出洞后再转向西南以长5 395 m的新牛坡1号隧道取直既有线,至新倮纳隧道进口前的方案终点,此方案称沿既有线绕行方案。绕行方案因线路地质条件复杂,沿既有线分布有大量危岩落石、滑坡、岩堆、软土等不良地质、特殊岩土,且因增建二线在新牛坡1号隧道进口以前一直与既有线并行,施工条件差,施工干扰大,易引起原有病害复活和产生新的病害。为此,提出那玉至花赖间不沿既有线,而直接向西经大竹林隧道至新倮纳隧道进口前的大取直方案(见图3—9—1),亦称大竹林隧道取直方案。此取直方案中,大竹林隧道全长6 041 m,是株六增建二线最长的隧道,也是全线的重点控制性工程。这样,增建二线的那玉至花赖间,地质勘察工作和地质选线工作,即围绕沿既有线绕行方案和大竹林隧道取直方案而开展。

2. 大竹林隧道取直方案的工程地质条件

大竹林隧道是取直方案的重点工程,方案的优劣甚至成立与否,主要取决于这座长隧道。该隧道以大角度穿越构造线,其构造形迹主要有堕脚—朗岱背斜,背斜两翼发育有次一级向斜、背斜及断层,尤以南西翼次级断层发育。受褶曲和断层影响,两翼岩层产状陡倾、直立甚至倒转。岩性主要为灰岩,次为泥质砂岩、页岩及玄武岩,其中在B_1CK169+081~+206段及B_1CK172+915~B_1CK173+055段先后两次穿过二叠系梁山组煤系地层,所夹煤层均为薄层

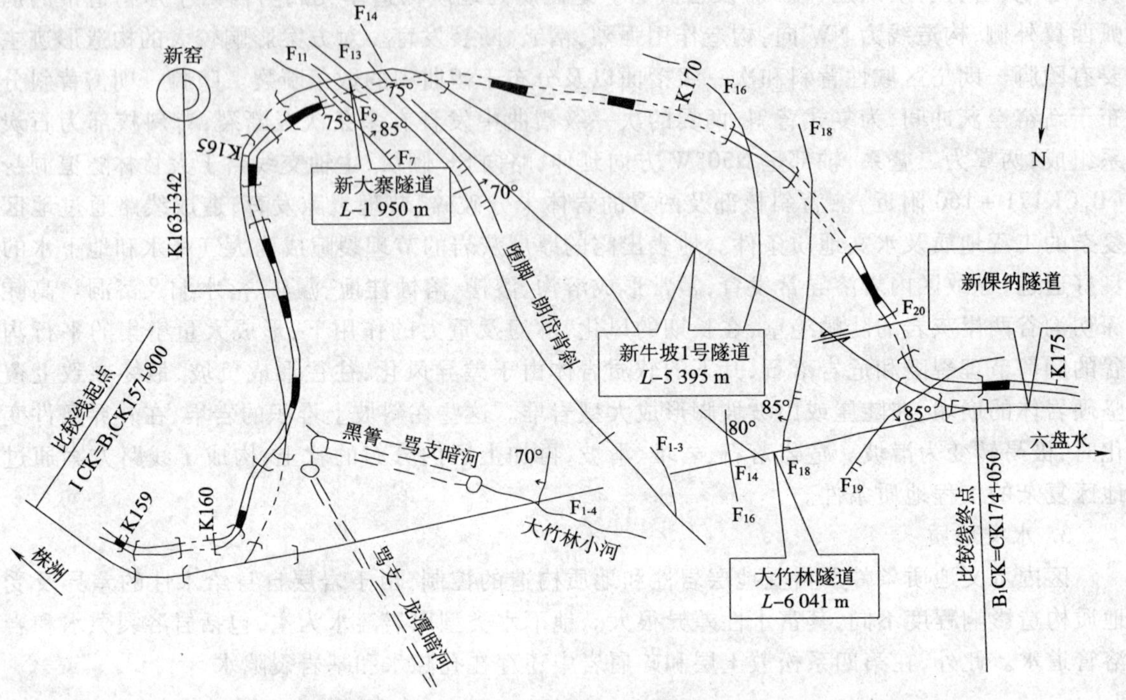

图 3—9—1　那玉至花赖取直与绕行方案地质平面位置示意图

劣质煤或煤线，不稳定，断续分布。参照既有大寨隧道施工监测资料，该组煤系地层瓦斯含量不高，故本隧道属低瓦斯隧道，但隧道通过该两段梁山组地层时，仍须加强通风及瓦斯监测，防止瓦斯局部集聚引发事故。洞身通过 6 条断层，破碎带宽一般为 2 ~ 8 m，个别达 40 m，断层带附近岩体节理发育、破碎，围岩类别为Ⅱ类。隧道通过断层情况见表 3—9—1。

表 3—9—1　大竹林隧道洞身通过断层一览表

断层编号	断层性质	通过洞身里程	与线路夹角(°)	破碎带宽(m)	其　他
F_{1-4}	正断层	B_1 CK170 + 180	70	3 ~ 5	
F_{1-3}	推测断层	B_1 CK171 + 403	65		沿断层方向发育串珠状溶蚀封闭洼地和落水洞，落水洞有塌陷现象
F_{16}	正断层	B_1 CK171 + 970	近于正交		岩层直立，小褶曲发育，溶蚀严重
F_{14}	推测断层	B_1 CK172 + 020	50	2 ~ 5	
F_{18}	逆断层	B_1 CK172 + 456	70	5 ~ 8	沿断层方向发育溶蚀封闭洼地和落水洞
F_{19}	正断层	B_1 CK173 + 420		2 ~ 40	破碎带为断层角砾

测区内岩溶发育，地表岩溶形态主要有溶蚀封闭洼地、溶洞、落水洞、竖井等，这些岩溶形态的地面高程均为 1 550 m 左右，高出隧道约 100 m。地下岩溶以竖向通道为主，水平通道亦发育，尤其在断层带和岩层接触带附近，可能有岩溶水富集并发育有较大溶洞，需预防突水、突泥。隧道通过地区发育有多条暗河：黑箐—骂支暗河在隧道以外通过，对隧道无影响；骂支—龙潭暗河基本沿岩层走向在二叠系茅口组灰岩与峨眉山玄武岩的接触带附近发育，雨季流量 2 200 L/s 以上，与线路于 B_1 CK168 + 420 呈 70°相交，穿越线路的高程为 1 364 m，比隧道路肩低 77 m 左右，对隧道亦无影响；茅草坪—煤厂暗河大致在 B_1 CK172 + 850 附近与线路相交，高出

隧道 100 m 许，雨季流量 40 L/s，隧道施工中可能会对其产生吸引，估计对隧道会有一定影响，须加强防水、堵水措施。测区水文地质条件与岩性关系甚为密切，石炭系灰岩、二叠系茅口组灰岩为含水地层，二叠系梁山组含煤砂页岩、峨眉山玄武岩为隔水层，栖霞组灰岩为弱含水层。大致以二叠系梁山组地层为界，进出口段处于垂直循环带，洞身处于水平循环带。岩溶水主要由大气降水补给，流量随季节性变化较大，雨季时大量地表水汇入封闭洼地，由落水洞下渗到地下，通过竖向的溶隙、溶缝汇集到暗河通道中或补给深部岩溶裂隙水，故本隧道水文地质条件、特别是岩溶水文地质条件较为复杂，预计隧道最大涌水量可达 70 000 m^3/d。隧道出口处为石灰岩陡坡，坡上有零星危岩落石，需加强防护。隧道地质纵断面见图 3—9—2。

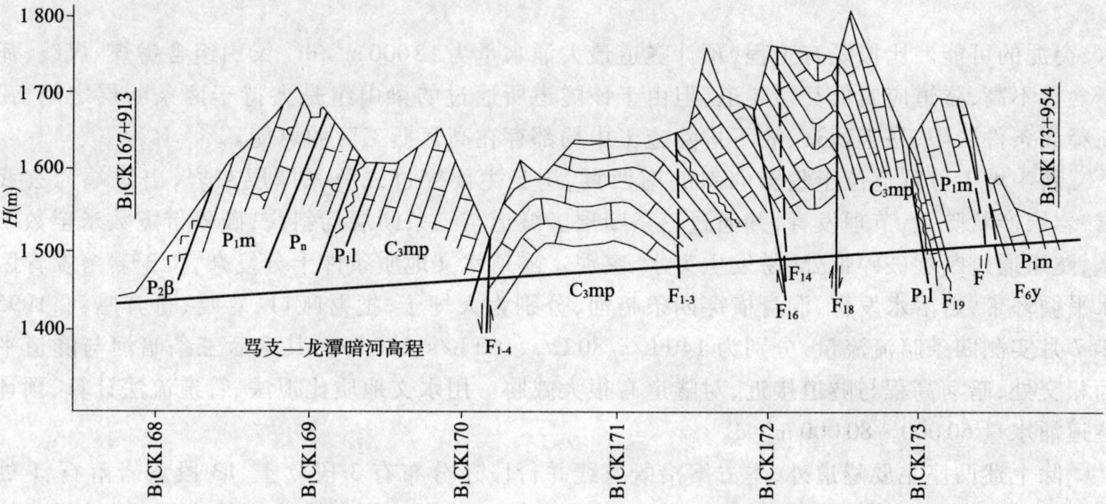

图 3—9—2　大竹林隧道地质纵剖面示意图

3. 绕行方案的工程地质条件

本方案控制工程主要有新大寨隧道（1 950 m，见图 3—9—3）及新牛坡 1 号隧道（5 395 m，见图 3—9—4）。

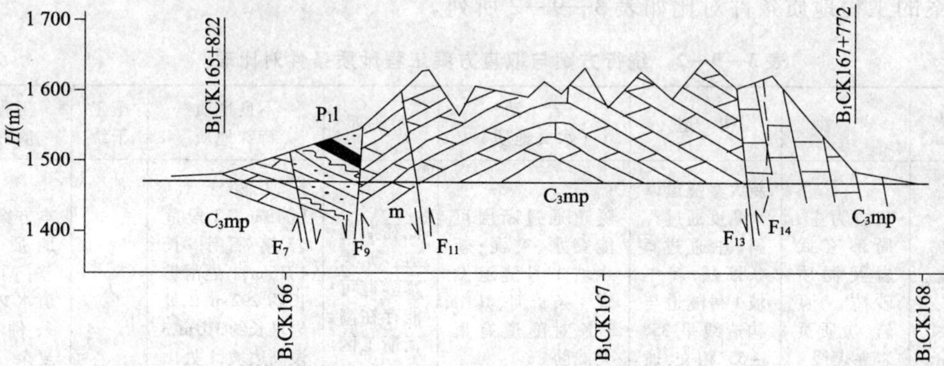

图 3—9—3　新大寨隧道地质纵剖面示意图

新大寨隧道横穿堕脚背斜轴部，洞身主要位于石炭系马平群灰岩中，局部穿过二叠系梁山组煤系地层。隧道先后通过 5 条规模较大的断层，断层分布于背斜两翼的灰岩中或灰岩与梁山组煤系地层接触带，与隧道大角度相交，破碎带宽数米。隧道洞身地下水发育，岩溶水沿背斜两翼层面运动，至断层破碎带或接触带处易于富集，并导致岩溶发育，施工中这些部位有突

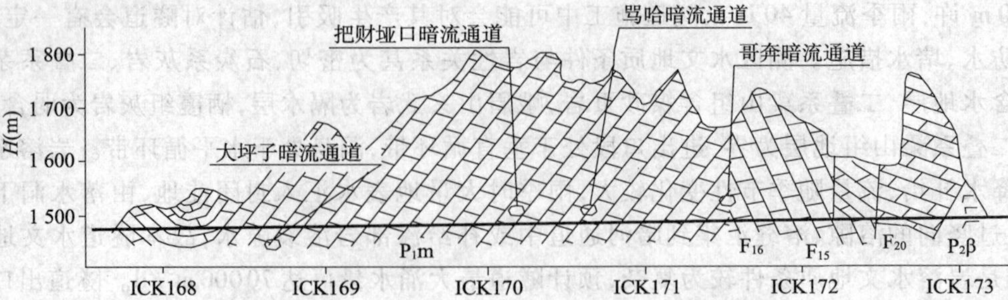

图 3—9—4　新牛坡 1 号隧道地质纵剖面示意图

水、突泥的可能。比拟既有工程，预计隧道最大涌水量为 12 000 m^3/d。梁山组含劣煤、煤线，瓦斯含量不高，隧道应属低瓦斯隧道，但由于该隧道所通过的梁山组是夹持于两条断层之间，瓦斯释放条件受限，易于积聚，故不排除施工中局部存在高瓦斯工区的可能。

新牛坡 1 号隧道位于堕脚向斜的南西翼，洞身主要穿过二叠系厚层灰岩，出口端为玄武岩，岩层产状陡立，节理发育，并通过三条断层。隧道与三条断层均斜交，破碎带宽数米至数十米，隧道通过断层破碎带处，易发生突水、突泥。隧道水文地质条件十分复杂，位于岩溶发育区水平循环带，岩溶水发育，洞身横穿四条暗河，分别为大坪子、把财哑口、骂哈、哥奔暗河，1995 年 7 月实测四条暗流流量，分别为 140 L/s、80 L/s、100 L/s、350 L/s，其中后三条暗河与隧道平面相交处，暗河高程与隧道接近，对隧道有很大威胁。用水文地质比拟法、管道流法计算，预计隧道涌水量 60 000 ~ 80 000 m^3/d。

除上述两座主要隧道外，本方案沿既有线并行段还分布有 3 段软土、13 段危岩落石、1 处滑坡、2 处岩堆。这些不良地质、特殊岩土的处理、整治，将对既有线造成较大干扰；处理或施工不当时，不仅影响增建二线工程，还会危及既有线安全。因此，它们对方案的选择也起着重要的作用。

（四）线路方案的工程地质评价及比选

两方案的工程地质条件对比如表 3—9—2 所列。

表 3—9—2　绕行方案与取直方案工程地质条件对比表

内容 方案	线路长度（m）	岩　性	构　造	岩　溶 （水文地质）	瓦　斯	不良地质 特殊地质	施工干绕	工程地质评价
绕行方案	13 170	灰岩为主，局部玄武岩及泥质砂岩、页岩、炭质页岩夹煤线	新大寨隧道以大角度通过背斜，并通过 5 条断层；新牛坡 1 号隧道与构造线呈 35° ~55°相交，通过 3 条断层	隧道通过断层可能突水、突泥；新牛坡 1 号隧道发育 4 条暗河，其中 3 条对隧道有很大威胁	低瓦斯隧道，新大寨隧道可能存在高瓦斯工区	3 段软土计 1 048 m，13 段危岩落石计长 4 716 m，1 处滑坡长约 292 m，2 处岩堆长约 310 m，3 段高边坡，1 处山体开裂工点	大	本方案工程地质条件差，两座隧道水文地质条件十分复杂
取直方案	6 250	灰岩为主、局部玄武岩及砂、页岩、炭质页岩夹煤线	大角度穿越构造线，通过 6 条断层	与两条暗河相交，其中一条暗河对隧道有影响，水文地质较复杂，涌水量较大。过断层处有突水、突泥可能	低瓦斯隧道	隧道出口端有零星危崖落石	小	大竹林隧道水文地质条较复杂，其余地段工程地质条件相对较为简单

由以上对比可知，就岩溶而言，由于其发育的不均匀性和隐蔽性，两方案的隧道都存在一定的岩溶和岩溶水威胁所带来的风险，但绕行方案的新大寨与新牛坡1号两座隧道的总长已大于取直方案的大竹林隧道，且两座隧道的水文地质条件较大竹林隧道更为复杂，岩溶涌水、突泥和煤层瓦斯的危害和威胁更大，因而新大寨与新牛坡1号两座隧道的风险也更大，加之绕行方案线路更长，沿线地质病害多，施工条件差，施工干扰大，故经综合比选、研究后，推荐并采用了大竹林隧道取直方案。

（五）几点体会

从以上工程地质选线实例可知，在线路方案的比选中，工程地质、水文地质条件的优劣是控制方案取舍的重要因素。

1. 纵观多年来西南山区铁路勘测设计经验，几乎毫不例外地把地质因素作为山区选线不可忽视的重要因素。在勘测阶段，对线路位置的确定和方案的取舍，地质因素起着尤其重要的作用，如果线路专业能与地质专业密切配合，那么线路方案将会更加经济合理，避免或减少方案选择上的失误。

2. 山区地质选线的目的是使线路尽量避开严重不良地质地段和防止发生严重工程地质病害，使线路方案更加经济合理。在增建二线的方案比选中，对不良地质应认识其发生与发展的规律，依其规模、性质和危害程度不同，或采取绕避或进行治理。对大型滑坡、崩塌、危岩落石、软土、岩溶发育区等，施工困难且严重影响既有铁路运输安全者，应尽量绕避；对规模较小、整治较易，处理方案又切实可行的一般不良地质地段，或因受地形及其他条件限制，绕避需大量增加工程投资者，则宜“治”之。无论“绕”与“治”，均应查明地质病害性质，规模与发展趋势，做到“绕”有依据，“治”有措施，正确地选择整治病害或绕避病害方案。

3. 在既有线增建二线的建设中，沿既有线而行的二线方案往往受控因素较多，如有利地形被既有线占据、沿既有线两侧分布的工程地质病害、施工必须保证既有线的安全和尽量减少对既有线的干扰等，加之山区地形、地质条件复杂，因而增建二线的方案比选地段往往甚多，如并行、绕行、取直、左侧、右侧等，既使方案比选工作更为复杂，也使方案比选工作难度大为增加，因此必须加强对既有线状况、病害的调查分析工作和区域地质测绘、调查工作。

4. 增建二线一般在既有线左、右侧并修，二线的修建将重新破坏既有线已趋平衡的环境地质条件，易引起新的不良地质和诱发原有已经整治的不良地质复活。因此，在二线与既有线并行地段的方案比选和勘测设计中，既要考虑增建二线本身可能出现的病害及其整治，也要有针对地分析由于二线修建，可能造成的对既有线的不利影响，特别是对既有线已整治的病害及其整治工程安全性的影响。

5. 当既有线为大绕行地段，且沿线地质病害分布较为密集，或规模较大、影响严重，整治工程又较复杂时，增建二线的线位方案应结合区域工程地质条件和技术经济条件，考虑选择绕避既有线病害，减小施工干扰的取直方案或其他方案。

6. 工程地质选线过程，也是对自然界逐步认识的过程。对自然条件认识得越深入，选定的方案可靠性越大。因此，在地形、地质条件复杂的山区，在勘测前期即开展加深地质工作，很有必要。这样，有利于在较大范围内、有较充裕的时间，运用多种技术手段，深化对地质环境的认识，从而保证地质选线工作有更充分的依据，减少在施工阶段引起的改线和因此引起的经济损失。

十、株六增建二线普舍寨错落、岩堆特征与地质选线

刘高金　马建军

（一）工点概况

普舍寨错落与岩堆位于株六复线湘黔段普舍寨隧道出口至普舍寨车站之间，分布于 K721 + 992 ~ K722 + 970 段近 1 km 范围，其中 K721 + 992 ~ K722 + 365 为巨型错落，长 373 m，宽 60 ~ 120 m，厚度大于 40 m，错落体为灰岩组成，仍保持与附近基本岩层近于一致的层理，裂隙间充填黏土；K722 + 365 ~ + 970 为巨型岩堆，长 605 m，宽 160 ~ 260 m，厚 3 ~ 30 m，上部为灰岩质大块石，下部页岩质、灰岩质块石，块体大小悬殊，杂乱堆积。错落与岩堆体周界清楚，顶部以一平台缓坡与后缘陡坎分界，中下部以一面坡直至清水江边（见图 3—10—1）。

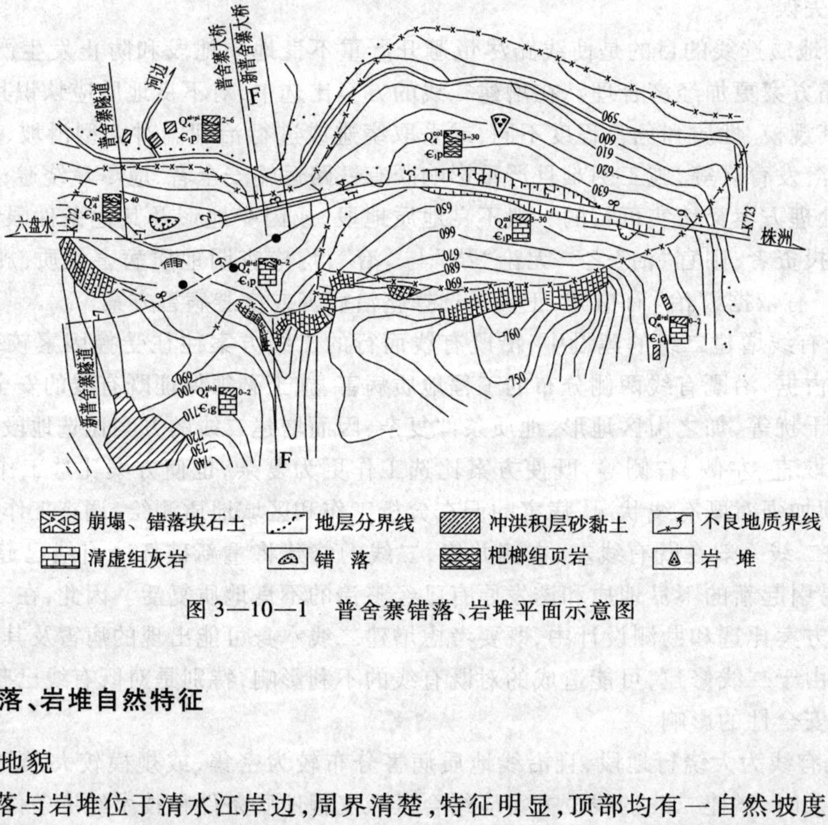

图 3—10—1　普舍寨错落、岩堆平面示意图

（二）错落、岩堆自然特征

1. 地形地貌

该段错落与岩堆位于清水江岸边，周界清楚，特征明显，顶部均有一自然坡度 0° ~ 5°的平台，后缘与陡壁相连，平台前缘鼓出一面坡直到清水江边。错落体自然横坡陡约 35° ~ 55°，局部为近于直立的陡坎；岩堆体自然横坡相对较缓，约 25° ~ 35°。错落、岩堆两侧及后缘均为直立的灰岩陡壁，错落体后缘陡壁相对较低，约 20 ~ 35 m，岩堆后缘陡壁相对较高，约 40 ~ 100 m。

2. 地层岩性及构造

（1）地层岩性

测区出露岩层上部为寒武系下统清虚洞组（$\epsilon_1 q$）灰岩，下部为寒武系下杷榔组（$\epsilon_1 p$）页岩。

灰岩（$\epsilon_1 q$）：灰、深灰色，薄—中厚层状，岩质坚硬性脆，节理裂隙发育，岩体破碎，溶蚀强

烈，溶沟、溶槽、溶隙、溶蚀管道发育，局部见溶洞，透水性好，分布于错落、岩堆上部及其附近陡壁地段。

页岩（$\epsilon_1 p$）：褐色、褐灰色、灰色，薄层状，节理发育，岩体破碎，质软，易风化，遇水易软化，透水性差，分布于错落岩堆下部及底部。

（2）地质构造：测区受构造影响轻微，岩层单斜倾向山内，但三组节理裂隙发育，具脆性岩夹软岩层不稳定的组合结构面，多形成陡坡峭崖。

3. 水文地质条件

本工点位于清水江岸边，地表水为清水江及 K722 + 300 处冲沟沟水。清水江四季长流，流量大，流速快，下切、侧蚀作用强烈，雨季更为强烈；K722 + 300 处冲沟沟水为四季长流水，沟型曲折，沟床纵坡陡，水流湍急，雨季大、暴雨后山洪暴发，沟水陡涨，来势凶猛，下切、侧蚀作用极为强烈，有时甚至具瞬间的摧毁性。

本区上部为灰岩，节理、裂隙、溶隙发育，渗水性强，下部为页岩，质软，易风化，遇水易软化，渗水性差，故测区地下水破坏活动主要表现为地表水或雨水沿上部灰岩下渗到下部软质页岩，由于页岩渗水性差，地下水无法及时排出，长期聚集于软硬岩层接触带上，浸泡软化页岩，从而降低了下部软弱页岩的物理力学性能。

4. 地震动参数

根据《中国地震动参数区划图》（GB18306—2001，1/400 万），段内地震动峰值加速度小于 0.05g，地震动反应谱特征周期为 0.35 s。

（三）错落、岩堆形成条件及原因分析

1. 测区的陡坡岩体下部由寒武系下统杷榔组（$\epsilon_1 p$）页岩组成，上部则为清虚洞组（$\epsilon_1 q$）灰岩。页岩岩质软弱，易风化，遇水易软化，而灰岩岩质坚硬，节理、裂隙发育，这种上硬下软的地层结构，为上部硬质灰岩岩体的失稳提供了物质基础。

2. 测区属低山陡坡区，斜坡高陡，前缘有清水江的长期冲刷、切割，更造成陡坡的大面积临空，为陡坡岩体失稳提供了有利的地形条件。

3. 岩层虽倾向山内，但上部灰岩中发育的三组节理，组合成向河陡倾的不利结构面，为表水入渗浸泡、软化下部页岩，并导致灰岩失稳，提供了必要的构造条件。

4. 陡坡前缘的清水江江水对坡脚的强烈侧蚀、冲刷和 K722 + 300 处冲沟的长流沟水对斜坡侧壁长期下切、侧蚀，这是形成错落、崩塌的又一外部条件。

由此可见，普舍寨错落与岩堆形成的内在条件是上硬下软的地层结构和不利的节理组合；形成的外界条件是高陡的地形和地表水、地下水的强烈活动的综合作用。测区上部为灰岩（硬质岩）、下部为页岩（软质岩），在有向河陡倾的结构面和高陡的坡面临空条件下，受清水江江水及冲沟沟水的冲刷、侧蚀，淘空下部软弱页岩，导致上部硬质灰岩失衡下错或崩塌，遂形成本工点的错落与岩堆。K721 + 992 ~ K722 + 365 段，地形高差相对较小，约 100 m，岩体重心低，天然临空面低，遭清水江江水及冲沟沟水冲刷、侧蚀后，页岩淘空形成的临空面或空腔达到一定规模后，上方岩体即行失稳，发生一次性大规模下错，由于下错岩体位置较低，错移距离不长，岩体整体未及发生翻滚、解体，故错落体仍保持与周边稳定基岩的结构、构造近于一致的错落特征。而 K722 + 365 ~ + 970 段，由于地形高差大（约 200 m），山体重心高，天然临空面高，下部页岩遭清水江江水冲刷、淘蚀至一定规模后，上方岩体失稳，在较长距离的急速下坠过程中，发生翻滚、碰撞后，岩体碎裂、解体而成大小不等的岩块，最后停积于坡麓地带，遂形成岩堆。从目前形态分析，本段岩堆应是多期次的崩塌、落石长期积累、叠加而成。

（四）错落、岩堆对铁路工程的影响

根据现场情况分析，本段错落、岩堆体在目前地质地貌条件下整体是稳定的，清水江江水及冲沟沟水的冲刷，侵蚀仅形成局部坍塌。既有湘黔铁路在错落、岩堆体中偏上部位，先后以隧道和路堑通过，通车至今30多年来，错落、岩堆体未发生任何整体变动，位于其上的铁路各类工程亦未出现任何病害，这也说明错落、岩堆体至今处于整体稳定状态。

增建二线线位在错落体上虽低于既有线而走行于既有线靠河的外侧，但经分析，错落体本身稳定性甚高，二线以隧道、路堑及大桥等工程类型通过，尚不致影响其原有平衡；而增建的二线通过岩堆体时，系与既有铁路紧邻并行，并仍以路堑工程通过岩堆体的中偏上部位。对岩堆体而言，二线线位既属有利，二线所采用的工程类型亦属有利。基于不良地质体整体原已处于稳定状态，增建二线工程又不足以影响、破坏其稳定，故不必对其进行整体整治。但为确保安全，针对具体工程仍采取了必要的工程措施。

1. 新、老普舍寨隧道：

（1）对既有普舍寨隧道通过错落体地段，即K721+992~K722+104段，改作抗滑明洞。

（2）新建二线的新普舍寨隧道通过错落体地段，即D_1K721+765~+913段，按Ⅱ类（现Ⅴ级）曲墙带仰拱施作衬砌，超前小导管注浆加固，配合格栅钢架支护。

2. 既有普舍寨大桥及新建二线的新普舍寨大桥，均采用桩基础通过错落体。

3. 普舍寨车站进站端路堑左侧边坡设挡墙、桩板墙并放缓边坡通过。

以上整治措施已经历多年通车运营的实践检验，至今效果良好。

（五）错落、岩堆特征与地质选线

普舍寨错落、岩堆均属大型不良地质体，其形成的物质基础是上部为灰岩（硬质岩）、下部为页岩（软质岩）的上硬下软的地层结构，形成的外界条件是地形的高陡和地表水、地下水的强烈活动。

株六复线上硬下软的地层结构在多处地段出现，而这些地段多有错落、岩堆之类不良地质分布，形成这些不良地质的诱发原因是多种多样的，但最根本的地质基础条件则都是上硬下软的地层结构。如凯里车站插旗山隧道出口左侧滑坡，箭杆河株洲岸岩堆等。

在西南地区的其他山区铁路，类似情况不胜枚举，如近年建成的内昆铁路、达万铁路、水柏铁路、渝怀铁路等，均不乏类似基础条件所形成的规模更大的不良地质。因此，在具有这种地层结构的地区，线路方案的比较和线位的具体选择，往往受控于由这种地层结构而引发的诸如错落、岩堆等类不良地质的性质和规模。

对于错落，特别是像普舍寨这类规模巨大的岩质错落，当其稳定性较差时，自然应以绕避为主。但一般情况下，这种大型错落体下坠停积于坡脚后，多具有较高的稳定性，再次发生整体性活动的可能性较小，在无其他特殊不利条件影响下，线路可从其上通过，但须考虑以下情况：

1. 错落体后方的错落壁是否稳定，有无危岩落石或再次发生崩塌、错落的威胁；

2. 错落尽管是指岩体的整体下错，但在其急速下错、坠落和受阻而突然停顿过程中，错落岩体的完整性总会遭到一定程度的破坏，因此，线路的工程设置必须考虑错落岩体的完整性；

3. 大型错落体上的线位不宜太靠后缘，以避开高陡且稳定较差的错落壁的威胁，亦不宜太靠前缘，因错落体前缘地形多较陡峭，岩体常较破碎，稳定性相对更差；

4. 错落体终究是经过位移扰动的岩体，线路通过时，工程结构以简单为好，不宜搞规模过大、结构过于复杂的建筑。

对岩堆而言，普舍寨这样的大型岩堆的形成，往往历时较久，且具多期次性，其物质来源既有其后山体崩塌、坠落的大块、粗颗粒物质，也包括坡面流水长期搬运而来的细粒物质，以致大型岩堆的组成成分和结构总是既不均匀而又杂乱无章，当细粒土局部集聚成层时，因其阻水而常形成岩堆体中的软弱夹层，故大型岩堆即使不存在整体失稳的条件，但局部变形、位移的情况却常有发生。故通过大型岩堆的线路的具体线位的选择，应尽量避开岩堆体中局部分布的软弱夹层，尤其应避开分布于岩堆前缘地带的软弱夹层，因前缘地带临空面大，软弱夹层在外荷载作用下，一旦产生变形易导致岩堆失稳滑移。这类有软弱夹层分布的大型岩堆体上线位的选择，还可参照线路通过滑坡时的选线原则加以考虑。

（六）结　语

1. 通过河谷或坡麓的山区铁路，当存在上硬下软的地层结构，在选线时，应进行深入、细致的现场调查、研究，分析有无产生危岩落石、错落、崩塌以及滑坡等不良地质的条件与可能，在此基础上，再行确定线路的绕避与否。

2. 线路通过由上硬下软地层结构引发的错落、岩堆、滑坡等不良地质分布的地段，在确定线路位置时，既要研究这些不良地质体本身的稳定性，还要分析其周边环境及建设过程中人为活动将对不良地质体带来的不利影响。

3. 形成时代久远的大型错落、岩堆，当具有一定的整体稳定性时，线路可从其上通过，但具体线位的选择，则必须考虑有无引起局部失稳的条件与可能，并采取相应的防止局部失稳的整治加固措施。

十一、宝成铁路增建二线丁家坝至熊家河段工程地质选线

李维克

（一）线路方案比较范围

本段线路方案位于川陕两省交界区的嘉陵江河谷地段，线路方案的比较范围由陕西境内的丁家坝车站出站（DK289+100）至四川境内的熊家河隧道出口（DK308+300）。增建二线线路选择沿嘉陵江行进，线路方案的优劣、具体线位的布置，基本受地形及不良地质控制，并涉及大滩设站等因素影响，而既有宝成铁路又占据了河谷中最有利的位置，更大大增加了二线设置的困难。为此，勘测设计中研究比选了嘉陵江左、右岸两大方案。

（二）自然地理及地质概况

1. 地形地貌

方案比选地段属构造侵蚀中山与嘉陵江峡谷地貌。嘉陵江河道弯曲，河床深切，岸坡陡峻，河床至山顶高差达400~600 m。陡峻的岸坡遭后期侵蚀、剥蚀后，凹凸起伏，坡面凌乱。陡崖多见崩塌、危岩，凹坡则常有较厚的岩块、土层堆积。沿岸植被零星稀疏。

2. 工程地质条件

本段地处龙门山北东向构造斜插南秦岭大巴山纬向构造体系中，断裂发育，岩浆活动以及变质作用强烈，地质构造极其复杂。沿线分布古生代侵入闪长岩、志留系千枚岩、寒武系板岩和硅质岩以及前震旦—震旦系板岩、白云质灰岩等。岩层受多次挤压、断裂及岩浆侵入等构造活动影响，大多变质风化且破碎严重、软硬不均，加上地表、地下水和河流侵蚀作用，在河谷斜坡上常有崩塌、危岩落石、滑坡、坍塌、堆积层不稳和河岸冲刷等重力地质作用形成的不良地质分布，使得河谷岸坡工程地质条件十分脆弱，既有宝成铁路虽经历年整治，病害仍时有发生。为确保增建二线工程合理经济和安全稳定，在线路方案比选中，着重加强了地质选线工作，突出了地质条件在方案抉择中的控制作用。

（三）既有铁路和增建二线方案概况及其工程地质条件比较

1. 既有铁路概况及地质条件

本段既有铁路行走于嘉陵江右岸，范围为 DK289 + 800 ~ DK293 + 000，长 19.20 km。由于岩性与构造多变，岩体多较破碎，滑坡、坍塌、危岩落石、河岸冲刷等严重危害着既有铁路的安全。为此，1981 年水害抢险时，对响岩子及熊家河两处重点滑坡地段进行了线位的局部改善，病害情况有所好转。

2. 增建二线左线绕行方案概况及地质条件

本方案线路自位于嘉陵江右岸的丁家坝车站出站后，利用嘉陵江河湾处设大桥（长 387.6 m）跨越嘉陵江，之后以路基、隧道、顺河桥等工程顺江而下，线位大部分设于河谷阶地上。线路行至大滩乡政府附近，设新大滩车站，出站后穿大滩隧道（长 2 315 m），再设大桥跨嘉陵江回到右岸，于既有铁路八庙沟隧道左侧设新八庙沟隧道和新熊家河隧道至方案终点。本方案线路基本顺直，总长 18.770 km，比既有线缩短 430 m。桥隧总长 9 575.6 m，占全段总长的 51.02%。主要工程有隧道 6 座，总长 7 227.6 m；桥梁 13 座，其中跨嘉陵江大桥 2 座，3 线大桥 1 座，大中桥总长 2 348 m。

由于本方案主要沿江而行，线位大部分设于河谷岸坡的半坡或河谷阶地上。就地质条件而言，存在以下缺点：

（1）沿线地形陡峻，地质构造影响强烈，岩体破碎，尤以在沿线分布长度达 8.7 km 的闪长岩地段岩层风化严重，挤压破碎，岸坡稳定性极差，其工程地质条件最为恶劣。沿线横向冲（支）沟发育，由于沿沟岩体破碎，沟内多有较多固体物质储备，易发生程度不同的泥石流，需考虑工程设防；陡崖峭壁危岩落石点多面广，整治十分困难；河岸冲刷严重，护岸工程基础深陡，设置难度大；大范围施工还可能引起个别古滑坡的复活或产生新的不良地质。

（2）桥涵较多，且多受不利的水文和不良地质影响、威胁。有两座跨嘉陵江大桥，桥位与河床小角度斜交；跨沟桥涵多处受泥石流威胁；大滩站内 3 线大桥和 3 线中桥均在堆积层上，堆积层厚，地下水发育，施工难度大、风险大。

（3）本段共有 6 座隧道，除丁家坝隧道、潘家坪隧道工程地质条件稍好外，其余傍山短隧道都存在偏压、洞口受危岩落石威胁、洞身围岩级别较差、岩层破碎易坍塌等病害；大滩隧道通过断层破碎带，地下水发育，地质条件甚差，施工易引发病害。

（4）多处路基为高堤深堑工程，堑坡容易坍塌，上有危岩落石威胁，路堤基底稳定性差，右侧临江，受江流冲刷，挡护工程增设困难。

除上述不利的地质条件外，本方案还存在线路与朝燕公路多处交叉、干扰严重、公路改建费用增加较多以及大滩车站设在大滩乡政府后坡山上，需拆迁乡政府及大量民房等不利条件。

3. 增建二线右线绕行方案概况及其工程地质条件比较

本方案自丁家坝车站出站后，在既有铁路左侧与既有线并行，至 516 号曲线交点处换边至右侧，以后线路向右取直，先后穿越新响岩子隧道和大滩隧道，出洞后再换边至左侧，并对右侧既有铁路纵坡进行改造后，与左侧二线并行进入大滩车站。增建二线在大滩车站原有 3 股道靠河侧再增设 1 股道，并将原到发线有效长度由 650 m 向北延伸成 850 m，拆除北头单线杈家河棚洞，新建双线棚洞和双线顺河大桥，出大滩站后换边至右侧，连续穿越横梁子、新八庙沟和熊家河 3 座隧道至本方案终点。其中熊家河隧道长 3 164 m，为本段最长隧道。本方案共设隧道 7 座、双线棚洞 1 座，隧道总长 13 433 m，占本段线路长度的 77.8%；大、中桥梁 11 座，总长 950.77 m；小桥涵 12 座计 151 延米。以上桥隧总长 14 388.77 m，占线路长度的 83.31%。本方案线路顺直，总长 17.265 km，共换边 4 次，比既有线缩短 2.02 km。

由于本方案线路尽量靠山裁弯取直，采用多个较长隧道进入山内，因此最大限度地避开了嘉陵江沿江岸坡存在的诸多不良地质。整体来看，线路靠山后桥隧工程除遇个别断层带、溶洞等问题须加处理外，地质条件要明显优于左线沿河方案，也彻底改善了原既有铁路恶劣的地质环境。虽然桥隧比重加大、投资增高，但却收到了一劳永逸、不留后患的最佳效果。

（四）增建二线方案的抉择

通过以上两方案的比较来看，虽然左岸方案较右线方案投资要省一些，但由于沿线存在诸多不良地质威胁，整治工程规模浩大，且尚难保证不留后患，加之在地质环境如此脆弱的峡谷河段大规模施工，可能引发的次生灾害的规模、严重性以及能否彻底根治等问题，均难以预测，故最终决定予以放弃。实践证明，选择并采用右线方案是科学合理的。增建二线建成通车至今，本段线路未发生任何新的地质病害，工程安全稳定，运行良好。

（五）结 束 语

西南山区的峡谷往往是地质构造复杂、新构造运动强烈之地。在此环境下，重力地质作用所引起的不良地质总是发育而又集中，故通过峡谷的铁路线路应多作方案比较。线路方案的比较范围，既包括峡谷两岸的比较，也包括线位高、低的比较。对大型、严重的不良地质，自然以绕避为前提；对一般的不良地质，虽然可立足于整治处理，但须考虑整治施工是否会引起更大规模的次生灾害、整治工程的规模与效果以及能否保证不留后患。对不良地质特别发育、地质灾害频繁发生的峡谷河段，为保证铁路工程的长久稳定和运营的长期安全，采用尽量靠山，脱离河谷，走行于岸坡以外山地中的方案，不失为最佳的选择。

十二、宝成铁路增建二线阳平关至二郎庙段工程地质选线

周菊芳

（一）概　　况

宝成铁路于 1952 年破土兴建，1957 年建成通车，其中阳平关至二郎庙段为中、低山区河谷线路，长约 195 km；阳平关至广元段线路顺嘉陵江而下，昭化以后线路溯清江而上，在会龙场越岭。

新中国成立初期，铁路建设受勘测、设计和施工等技术条件和国民经济条件的制约，线路技术标准低，多见短隧道群、小半径曲线毗连等现象，对不良地质认识不够，路基工程防护措施不够，桥涵孔径偏小，加之工程地质条件复杂，不良地质发育等不利因素，致使铁路建成通车后陆续发生各类工程病害，尤其是1981年遭遇特大暴雨洪灾，导致各类病害大量发生，仅略阳至广元段（132.5 km）就发生病害达140余处，被列入病害整治的工点达131处。

1991年铁道部决定在宝成线阳平关至成都段增建二线。其中阳平关至二郎庙段地质构造复杂，不良地质发育，沿线病害严重。增建二线线位的选择，主要受工程地质控制。因此，在确定该段线路方案的优劣、取舍时，地质选线就显得尤为重要。增建二线勘察中，在详细查明区域地质条件和既有工程病害历史及现状的基础上，根据工程地质选线原则，并经综合技术、经济比较后，最终优选出一条地质条件较好，技术、经济合理的线路方案。

（二）地理位置及气象特征

1. 地理位置

本段增建二线的起点为陕西省宁强县阳平关，向南经四川省广元市，至本段终点四川省江油市的二郎庙，是既有宝成铁路工程地质复杂、工程病害比较集中的地段。

2. 气象特征

本段地处亚热带温和湿润气候区，四季分明，雨量充沛，年平均气温12 ℃～17 ℃。7月份平均气温22 ℃～26 ℃，广元极端最低气温－8.2 ℃，最大积雪深2 cm，极端最高气温38.9 ℃。沿线年平均降雨量900～1 400 mm，6～9月为雨季，占年降雨量的75%。日最大降雨量达185.9 mm。年平均相对湿度66%～83%，年蒸发量901.5～1 242 mm，年日照时数976.6～2 200小时。

（三）工程地质概况

1. 工程地质条件

（1）地形地貌：本段地势北高南低，属构造侵蚀中、低山区。广元以前，山岭高程1 100～1 700 m，切割深度500～800 m，嘉陵江河谷蜿蜒，多呈“V”形峡谷，间夹宽谷，岸坡陡峻，横坡25°～60°，多悬崖峭壁。广元至沙溪坝段，山岭高程700～1 000 m，相对高差200～400 m，穿越走马岭进入清江河谷后，豁然开阔，阶地宽阔平坦，阶面横坡小于15°，岸坡10°～30°，为单斜缓坡。沙溪坝至二郎庙段为构造侵蚀中、低山区，峰岭高程800～1 800 m，相对高差300～1 000 m，线路溯清江而上，河流迂回曲折，岸坡陡峭。过罗妙真后，线路翻越嘉陵江与涪江水系分水岭，山脉叠状起伏呈北东向展布，山高坡陡，地形崎岖，峰岭高程900～1 800 m，相对高差300～1 100 m。

阳平关至会龙场段，线路沿嘉陵江及其支流清江河谷行进，会龙场为嘉陵江水系与涪江水系的分水岭。

（2）地层岩性：本段地层出露较全，从元古界至新生界均有分布。第四系亦较发育，主要为现代河流冲积及山麓堆积物质，分布于河床及坡麓地带。地层大体从北向南由老到新分布，主要有砂岩、泥岩、页岩、砾岩、泥质板岩、变质砂岩、绢云母石英片岩及千枚岩等；部分地段二叠系、三叠系中有灰岩、白云岩、白云质灰岩及泥灰岩等碳酸盐岩分布，侏罗系及三叠系中有含煤建造；局部地段有闪长岩及花岗岩脉侵入。按不同岩性在全段线路分布的长度统计，第四系占 20%，沉积岩占 70%（其中中生界红层占 44%），变质岩占 9%，岩浆岩占 1%。

(3) 地质构造：本段地质构造复杂，地处龙门山隆起断褶带的南东侧，其中广元至沙溪坝为梓潼坳陷。龙门山隆起断褶带由一系列印支—燕山期形成的褶皱和叠瓦式断裂组成。对本段线路方案影响最大者，为位于龙门山山前地带的龙门山主边界断裂及由之派生的许多次一级断裂。在其影响下，本段岩浆活动、变质作用强烈，褶皱多被断裂破坏，岩体普遍十分破碎。

(4) 水文地质条件：本段水文地质条件复杂，山区地下水发育。主要类型有岩浆岩、变质岩裂隙水，碎屑岩孔隙裂隙水、碳酸盐岩裂隙溶洞水。由于地形切割剧烈，排泄条件良好，地下水露头具有泉点多、水量小的特征，一般泉流量 0.05 ~ 1.0 L/s。在断层破碎带、节理裂隙密集带等地下水赋存条件较好处的泉水流量可达 40 L/s。东坝及罗妙真至二郎庙段二叠系、三叠系灰岩中岩溶、暗河发育，暗河流量 100 ~ 300 L/s，属 HCO_3^-—Ca^{2+} 和 HCO_3^-—Ca^{2+} + Mg^{2+} 型水，矿化度 0.1 ~ 0.3 g/L，无侵蚀性。河漫滩及阶地中第四系孔隙潜水丰富，埋深 0.5 ~ 2.5 m，单井出水量 500 ~ 1 000 m^3/d，多为居民饮用水源，对混凝土、钢筋等基本无侵蚀性。

2. 主要不良地质

阳平关至二郎庙段地形困难，地质复杂。由于构造作用强烈，岩石遭挤压错动后十分破碎，加之降雨量大，暴雨集中，在内外营力共同作用下，导致本段不良地质异常发育。其中，以滑坡、危岩落石、河岸冲刷最为严重，规模大、数量多、危害严重，整治困难；其次是岩溶、泥石流、岩堆、边坡溜坍等。

据调查，全段有滑坡 38 处，其中土质滑坡 20 处，岩质滑坡 18 处，规模大于 20×10^4 m^3 的有 17 处，最大的为熊家河滑坡，滑体体积达 500×10^4 m^3。

危岩落石共有 29 段，长达 41.26 km，主要分布在河谷陡峭岸坡地段。其中阳平关至广元有 10 段，长 21.28 km，占该段线路长度的 28.4%；沙溪坝至雁门坝有 8 段，长 14.29 km，占该段线路长度的 32.5%。

河岸冲刷有 26 段，长 10.6 km。嘉陵江、清江沿岸冲刷强烈，造成既有宝成铁路岸坡路堤开裂、坍塌，护坡挡墙基础被掏空而垮塌，并往往是河岸滑坡复活的诱发因素。嘉陵江沿岸仅 1990 年汛期就发生河岸冲刷 30 余处，影响线路长度 1.8 km。

（四）工程地质选线

1. 工程地质选线原则

(1) 河谷左、右岸线路方案的选择：应选择在地质条件较好的一岸；当两岸工程地质条件相似时，若既有线一岸的主要不良地质已经整治稳定，而另一岸的不良地质隐患对铁路工程的危害程度难以预测时，线路方案宜选择在既有线一岸。

(2) 增建二线在既有线左、右侧方案的选择：

①增建二线不论在既有线左侧或右侧，其前提是尽量避免破坏既有线为整治不良地质而已建成的挡护、加固工程；实难避免时，应有切实的措施，保证不因二线施工引起已经整治的不良地质复活。

②为了绕避严重不良地质，增建二线可选择在既有线内侧（靠山侧），以隧道方案通过；如既有线内侧（靠山侧）遇有滑坡，而该滑坡已整治稳定，可将线路位置选择在既有线外侧（靠河

侧),以路堤或桥跨通过,并应加强对岸坡的挡护;河岸冲刷严重的河曲地段,可选择"裁弯取直"的绕行方案。

③在软质岩、软硬相间或有软弱夹层的地段,或岩体特别破碎的地段,为避免高边坡,增建二线位置若选择在既有线靠山侧,则应内移以隧道通过;当既有线外侧(靠河侧)地形有利时,增建二线也可选择在外侧通过,但须采取相应的河岸防护措施。

(3)增建二线与既有线并行或绕行方案的选择:受地形、地质条件及路基、桥隧建筑物施工间距要求等因素的制约,增建二线宜选择以绕行既有线为主;有条件时,可选择与既有线并行通过,但必须保证不破坏既有线所在位置的山体或岸坡的原有平衡。

2. 代表性工程地质选线实录

(1)阳平关至燕子砭段:本段既有宝成铁路沿嘉陵江右岸而行,勉县至平武大断裂带平行河谷,在河谷左岸通过。左岸岸坡多由断裂破碎带物质组成,岩体破碎,基岩裂隙水和断层裂隙水非常发育,沿岸岩堆、滑坡、泥石流等不良地质规模大,且发生频繁,岸坡稳定性很差;既有线所在的右岸,出露地层为元古界绿泥石片岩、板岩等变质岩类,受大断裂影响,节理裂隙发育,风化强烈,岩石破碎,既有线有滑坡 5 处,平均每 2 km 线路有滑坡 1 处,其中急道沟滑坡,虽经整治,但仍有蠕动。本段线路方案的选择,以既要绕避左岸大断裂带引起的严重不良地质,又要避免破坏右岸既有线已整治的滑坡为前提。通过对两岸工程地质条件的比较,最终增建二线选择在既有线一岸。在有滑坡分布的地段,增建二线线路靠山内移以隧道通过为主;当靠河侧地形宽阔,且无河岸冲刷病害时,则换边至既有线外侧(靠河侧),以路基工程与既有线并行通过。

(2)昭化至沙溪坝段:本段属低山河谷区,既有宝成铁路沿清江左岸山麓通过,清江河谷宽阔,且发育比较宽长的平缓阶地、河漫滩。地层由侏罗系中统砂岩、泥岩互层组成,岩层产状倾向既有线。既有线主要病害是顺层滑坡,全段共有顺层滑坡 9 处,平均每 2.7 km 线路有滑坡 1 处。根据有利的地形和地质条件,增建二线主要选择在既有线外侧(靠河侧)以路堤通过,既避免了破坏既有线整治滑坡的挡护工程,也避开了顺层对线路的威胁。

(3)沙溪坝至上寺段:本段既有宝成铁路位于清江右岸,岸坡陡峻,河岸受冲刷严重,靠山侧第四系坡麓堆积层稳定性差,分布有滑坡两处,已得到整治。清江左岸地形较平缓,除发现一处堆积层滑坡外,未见其他不良地质,工程地质条件较好,且在左岸,线路多以一般路基工程通过,堆积层滑坡较易处理。经比较后,决定增建二线选择在左岸通过。

(4)东坝至竹园坝:本段为清江宽谷河曲地段,既有宝成铁路以深路堑及短隧道群沿江左岸绕行,所经塔坝地处河湾凹岸,受江水冲刷,形成塔坝滑坡,该滑坡属大型堆积层滑坡,虽经多年整治,仍未完全稳定。增建二线在此段线路方案有二:其一为线路仍行左岸,但靠山内移以隧道局部取直的方案;其二为线路四跨清江的裁弯取直方案(见图 3—12—1)。

经对两方案开展同精度的地质调绘和勘探证实,前一方案因隧道岩质破碎,围岩级别较差、稳定性较差,且尚未完全避开塔坝滑坡的影响,加之工程数量偏大,故放弃。后一方案则因桥址处覆盖层薄,大桥基础均可置于基岩上,且全段无其他不良地质,工程地质条件明显优于前者。经综合比较后,决定采用四跨清江裁弯取直方案。

(5)会龙场越岭地段:既有宝成铁路罗妙真至二郎庙地段,线路穿越嘉陵江水系(清江)与涪江水系(马角坝河)之分水岭,即会龙场越岭地段。该段地形陡峻,地质条件十分复杂,不良地质发育,越岭线路方案的比选受控于工程地质条件。

①越岭地段地质概况:越岭地段地貌属侵蚀—溶蚀中山区,山脉呈北东向展布,起伏剧烈,

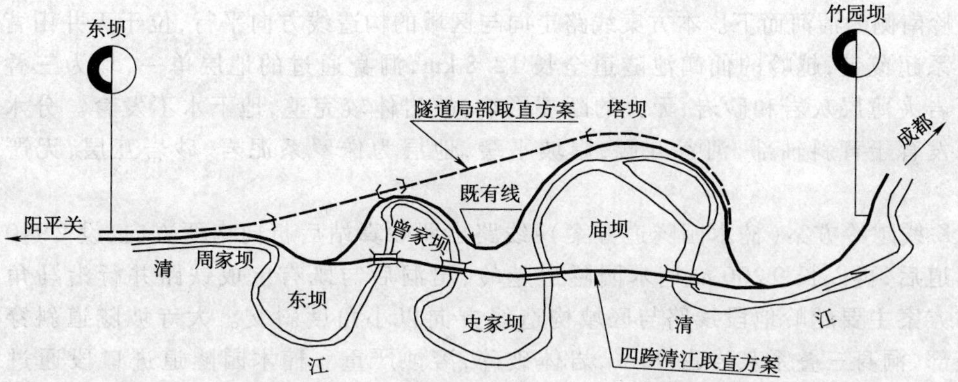

图 3—12—1　四跨清江取直方案示意图

地形崎岖，山高坡陡，河谷深切，峰岭高程 900 ~ 1 800 m，相对高差 300 ~ 1 100 m。

区域地质构造属龙门山隆起断褶带的北东段，南东侧与四川沉降褶皱带的梓潼坳陷毗连。

区内构造线呈北东向，罗家坝—马角坝断裂为区内主要断裂，天井山背斜则为区内主要褶曲。罗家坝—马角坝断裂带宽 8 ~ 9 km，由 9 条压性陡倾断层组成，呈叠瓦式排列；天井山背斜北翼被罗家坝—马角坝断裂切割，南翼被侏罗系所超覆。

区内新构造运动剧烈，特别是龙门山地区是当今新构造运动最活跃和最强烈的构造带。

地层从元古界至中生界均有出露。寒武系、三叠系中统为浅海、滨海、泻湖相碳酸盐岩和碎屑岩建造，由灰岩、白云岩、泥灰岩、页岩、砂岩等组成；三叠系上统须家河组为海陆交互相含煤建造，由砂岩、页岩、炭质页岩夹薄煤层及煤线组成；侏罗系为内陆河湖相碎屑岩沉积，由泥岩、砂岩、砾岩等组成。第四系主要分布在河（沟）谷、斜坡台地，多为冲洪积卵、砾石土、崩坡积碎、块石土、坡残积砂黏土等。

②线路方案的工程地质条件：越岭地区的线路方案共有三个（见图 3—12—2），即 B_2K 线越岭方案（仙鹤池隧道方案）、C_1K 线越岭方案（楠木园隧道方案）和 B_1K 线越岭方案（贾家坝隧道方案）。

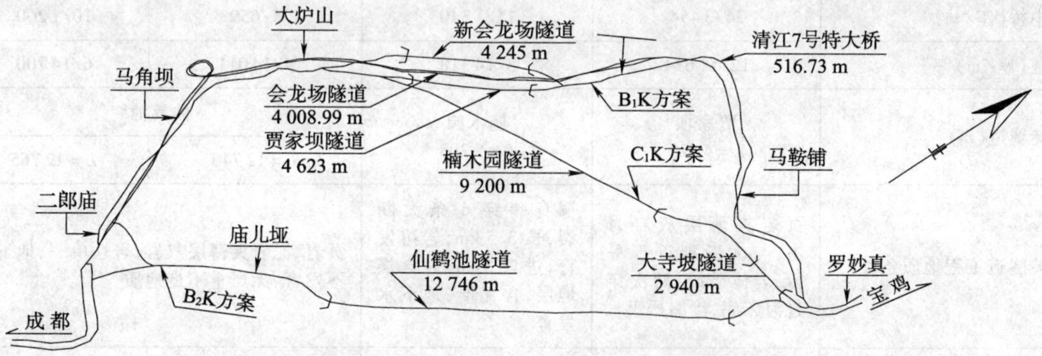

图 3—12—2　会龙场越岭方案示意图

B_2K 线越岭方案(仙鹤池隧道方案):线路出罗妙真车站后,直接取直穿越分水岭,出洞后沿分水岭南侧的渭河而下。本方案线路走向与区域的构造线方向平行,位于天井山背斜南翼的侏罗系超覆带,越岭的仙鹤池隧道全长 12.8 km,洞身通过的地层单一,均为三叠系飞仙关组页岩夹薄层灰岩和砂岩,无大的断裂影响,故岩体较完整,地下水不发育。分水岭南侧的渭河发育于背斜轴部,河谷开阔,岸坡平缓,地层为侏罗系泥岩、砂岩互层,无严重不良地质。

C_1K 线越岭方案(楠木园隧道方案):线路出罗妙真站后折向南西方向,设 2 940 m 的大寺坡隧道后,再以长 9 200 m 楠木园隧道越岭,出洞后与既有宝成铁路并行沿马角坝河而下。本方案主要越岭地段线路与区域构造线方向以小角度斜交。大寺坡隧道斜穿天井山背斜核部,洞身三叠系灰岩占 90%,岩体破碎,溶蚀严重。楠木园隧道进口段通过三叠系上统须家河组含煤地层约 2 km,所含煤层属低瓦斯煤层,但封闭条件较好时,可能出现局部积聚;隧道斜穿 6 条断层,破碎带宽度达 30 ~ 200 m;隧道洞身碳酸盐岩地段累计长度 3.5 km,发育有大型溶洞和暗河,岩溶水丰富,具备发生涌水,突泥(石)的条件。线路出洞后沿马角坝河而下,河谷宽、狭相间,岸坡陡峻,局部地段分布有危岩落石、坍滑、岩堆等不良地质。

B_1K 线越岭方案(贾家坝隧道方案):本方案线路穿行于既有宝成铁路两侧,基本与之并行,于斑竹园站至大炉山站间以 4623 m 的贾家坝隧道穿越分水岭,出洞后与 C_1K 线方案相接。罗妙真至雁门坝段,线路溯清江而上,与区域构造线方向直交,清江沿岸岸坡陡峻,危岩落石、岩堆、河岸冲刷、岩溶、滑坡等不良地质发育。雁门坝至马角坝段,线路与区域构造方向平行,贾家坝越岭隧道通过志留系页岩夹灰岩、砂岩及泥盆系、石炭系灰岩,由于线路与 F_9 断层近于平行,间距 0 ~ 160 m,受此断层影响,隧道围岩岩体十分破碎;线路右侧临近莫家河和马角坝河,且两次以浅埋隧道从河床下穿过,可能引起河水的严重渗漏,预计隧道涌水量 7×10^4 ~ $10^4\ m^3/d$。

越岭地区线路各方案主要工程数量与越岭隧道工程地质条件比较见表 3—12—1。

表 3—12—1　越岭地区线路方案比较表

线路方案 / 项目	B_1K	C_1K	B_2K 单线	B_2K 双线
线路长度(km)	38.946	33.240	25.098	27.282
大中桥(座/m)	24/3 454	11/1 340	5/659	10/1 200
隧道(座/m)	12/11 634	8/14 318	4/14 011	6/14 700
越岭隧道(m)	贾家坝 $L=4\,623$	楠木园 $L=9\,208$	仙鹤池 $L=12\,746$	仙鹤池 $L=12\,765$
越岭隧道工程地质条件	页岩夹薄层灰岩为主,与大断裂近于平行,岩体破碎,两次穿过河床底,渗漏严重	洞身斜穿 6 条大断裂,长 3.5 km,岩溶发育,进口 2 km 为含煤地层,含瓦斯,地下水发育	页岩、泥岩夹薄层灰岩,岩性单一,地下水不发育,无严重不良地质	
主要工程费(亿元)	2.25	2.76	2.81	4.21
工程地质条件评价	较差	差	好	

综上所述，越岭地段各线路方案单就工程地质条件而言，B_2K 线路方案明显优于 B_1K 方案和 C_1K 方案，但由于 B_2K 方案之仙鹤池隧道长达 12 km 以上，竖井、斜井地质、施工条件均差，工期矛盾突出，加之主要工程费偏高，结合当时建设环境综合比较、研究后，最终采用了 B_1K 线方案。

③B_1K 线越岭隧道方案的优化：B_1K 线方案的贾家坝越岭隧道，存在隧道围岩受断裂的挤压岩体破碎和隧道两次浅埋下穿河床可能引起河水严重渗漏等重大工程地质问题，故在线路方案总体走向确定后，为改善越岭隧道工程地质条件，对 B_1K 线方案的越岭地段线位进行了必要的优化。

通过进一步地质工作，确认贾家坝隧道以西的仰天窝复向斜东侧的雁门坝倒转背斜东翼，地层由志留系页岩夹灰岩组成，受地质构造影响相对轻微，工程地质条件相对较好。同时，结合利用 13‰双机坡度复线站间距可适当延长的特点，取消贾家坝车站，将越岭线位西移，以新会龙场隧道取代原 B_1K 线方案的贾家坝隧道。

新会龙场隧道全长 4.2 km，线路走向虽仍与区域构造线平行，但东距马角坝至罗家坝断裂带 200 ~ 300 m，西距雁门坝倒转背斜轴部 300 ~ 400 m，隧道所处地质构造条件明显改善，且页岩夹灰岩地层中地下水不发育，沟水渗漏不严重，无其他重大不良地质，预计隧道涌水量为 6 281 m^3/d，远小于原贾家坝隧道。

显然，新会龙场隧道的工程地质条件与原贾家坝隧道比较，已大大得到改善。

(6)冉家河大岩堆地段：岩堆位于冉家河车站内，岩堆体厚 30 ~ 70 m，沿线路分布长 1.2 km，由碎、块石及黏性土组成，碎、块石以灰岩质为主，岩堆床横坡较陡，稳定性差，开挖易引起塌滑，岩堆体上方灰岩斜坡陡峭，尚存危岩落石，故增建二线不宜靠山侧扩道。经对在车站内、外侧设线进行比较后，决定增建二线选择在车站靠河一侧，以顺河桥通过。

(五)结　　语

1. 沿河谷增建二线的工程地质选线中，首先应进行左、右岸地质条件比选，若确定线位在既有线同岸时，先进行既有线左、右侧并行、绕行的比选，然后再进行局部换边的选择。

2. 沿河谷走行的线路，在左、右岸方案比选时，不但应查明既有不良地质的危害和影响，还应预测施工期间由于工程活动可能引发的地质病害。阳平关至燕子砭、丁家坝至八庙沟等地段，原拟选择走行于既有线对岸的方案，正是由于既有线对岸潜在地质病害数量多、规模大、危害严重、整治困难而被舍弃。

3. 既有线左、右侧位置的选择，应以保证既有工程安全和既有不良地质的稳定为原则。如阳平关至燕子砭段增建二线以靠山侧单线隧道通过、昭化至沙溪坝顺层滑坡地段和冉家河岩堆地段的二线位置都选择在靠河侧通过，都是基于这一原则。

4. 河曲地段跨河取直方案(如东坝至竹园坝四跨清江方案)被选取的前提条件是桥跨工程地质条件较好，岸坡、河床稳定。

5. 在地形、地质条件复杂的山区越岭地段进行工程地质选线，应以查明区域地质构造格局为纲。在此基础上，才能落实其他工程地质条件，并分析、评价它们对不同类型工程的影响和危害，从而选择出工程地质条件相对较好的线路方案。

宝成铁路增建二线已于 1999 年底建成通车。实践证明，阳平关至二郎庙段的工程地质选线是成功的。

十三、玉蒙铁路汉邑村线路方案工程地质选线

陈 松 李 东

(一)概 况

新建玉溪至蒙自铁路位于云南省玉溪市和红河哈尼族彝族自治州境内,北起昆玉铁路终点站玉溪南站,经通海、建水等县,终至红河哈尼族彝族自治州蒙自县,全长约141 km。汉邑村线路方案北起甸苴坝车站,南至通海河西镇,所处地区区域工程地质条件复杂,断裂、褶曲及不良地质与特殊岩土极其发育,又属高地震烈度区。为在这一地区选择出技术经济合理的线位,勘察阶段共研究了 DK、D_1K 和 D_2K 共三个线路方案。DK 方案地势平坦开阔,途经通海盆地及其边缘,以桥、路工程为主,沿线经大村、石碧村、东城村、文家营,最后与 D_2K 方案相接;D_1K 和 D_2K 两方案位置相近,均穿越低中山区,地势起伏较大,以隧道工程为主,经磨石村、大回村、红塔沟水库、鲁家营西侧山梁,止于通海县河西镇圆明寺附近。通过深入、详细的地质勘察工作,查明了区内控制线路方案选择的地质构造与主要工程地质问题,为最终确定采用 D_2K 方案提供了可靠的地质依据。

(二)线路方案所经地区的区域地质概况

1. 地层岩性

区内上覆第四系全新统坡洪积(Q_4^{dl+pl})、坡崩积(Q_4^{dl+col})、坡残积(Q_4^{dl+el})、滑坡堆积(Q_4^{del})以及湖相沉积(Q_4^{l})的软土、粉质黏土、黏土,碎石土、块石土等。下伏基岩为侏罗系上统蛇店组(J_3s)、中统张河组(J_2z)泥岩夹砂岩,下统冯家河组(J_1f)泥岩、砂岩夹泥灰岩;三叠系上统一平浪群(T_3y)砂岩夹页岩、砾岩;石炭系中统(C_2)灰岩、白云岩;震旦系上统灯影组(Z_bdn)白云岩,陡山沱组(Z_bd)白云岩、石英砂岩夹页岩、泥岩;局部地段有断层角砾(Fbr)分布。受区域地质构造作用,岩体完整性差,对工程影响大。

2. 地质构造

测区位于川滇菱形断块的东南端,地质构造复杂,新构造运动强烈,是断裂与褶皱较密集发育之区域。主要发育有大村断层(F_5)和大村性质不明断层($F_{5\text{-}2}$)、磨石断层($F_{5\text{-}1}$)、关营断层(F_4)、小回村2号断层($F_{6\text{-}1\text{-}1}$)、小回村断层($F_{6\text{-}1}$)和一条性质不明断层($F_{6\text{-}1\text{-}2}$)、四八街2号断层($F_{6\text{-}3}$)、四八街断层($F_{6\text{-}2}$)及四八街3号断层($F_{6\text{-}4}$)等;在 D_1K、D_2K 方案的汉邑村隧道出口段洞身尚发育一向斜构造。区内地震动峰值加速度为 0.20*g*,地震动反应谱特征周期为 0.40 s。

3. 主要工程地质问题

DK 方案(原定测方案)主要通过通海盆地之湖相沉积层,岩性以软土(淤泥质黏土及泥炭)、中砂、粉细砂为主,方案的后半段线路沿盆地边缘行进。此方案主要工程地质问题为软土、砂土液化及滑坡。D_1K 方案(原大龙潭比较方案)与 D_2K 方案(汉邑村改线方案)相距较近,所经的地层岩性和区域地质构造相近,仅方案所经主要隧道——汉邑村隧道进、出口地质条件发生了明显改变。三大线路方案走向及测区工程地质简况见图3—13—1。区域主要工程地质问题详述如下:

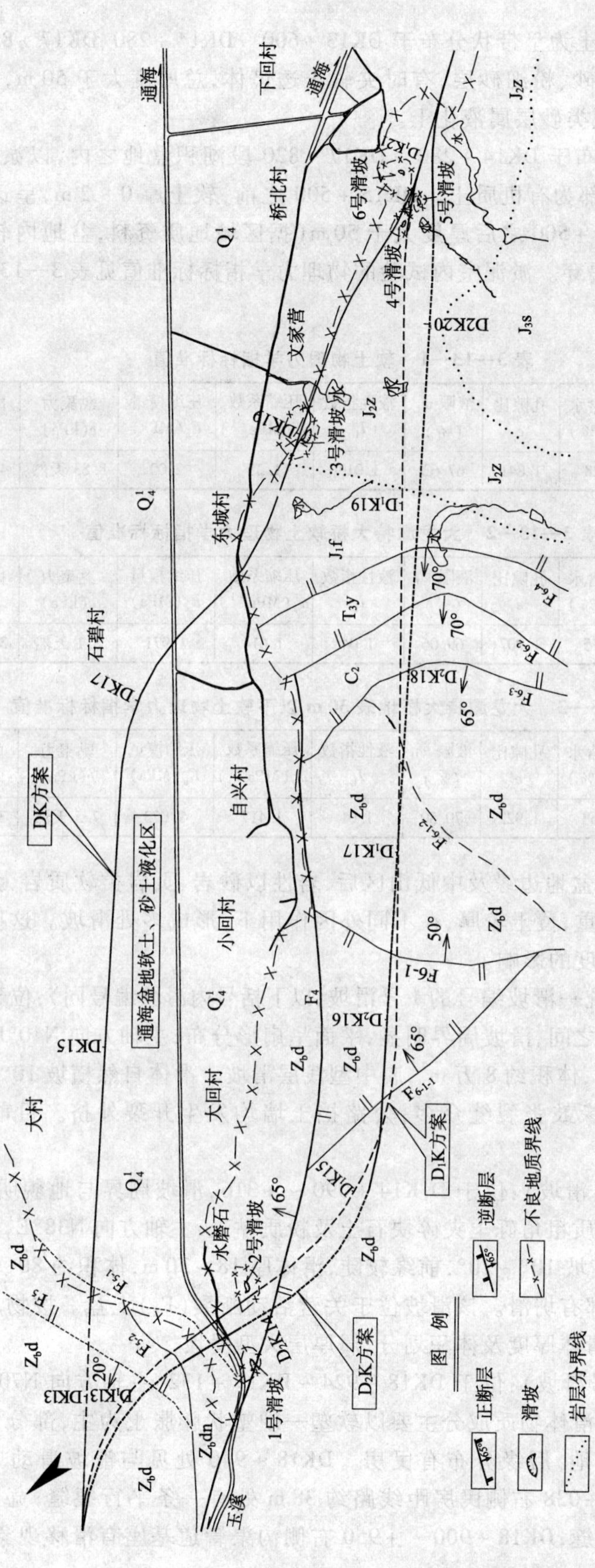

图3—13—1 汉邑村线路方案走向与工程地质略图

(1)砂土液化:液化土为呈带状分布于 DK13+600~DK14+280、DK17+820~+920 段湖积盆地之内的第四系中砂、粉细砂层,有时夹软土透镜体,总厚度大于 50 m,且饱水,稍密为主。据钻探标贯判定,该类砂层属液化土。

(2)软土:呈带状分布于 DK14+280~DK17+820 段湖积盆地之内,以淤泥为主,其次为淤泥质土、泥炭质土,局部为有机质土。DK15+500 之前,软土厚 0~2 m,呈透镜体状分布于砂层之中,埋深大;DK15+500 之后厚度大于 50 m(据区域地质资料,盆地内软土最大厚度大于 100 m),本次钻探未揭穿。淤泥室内试验的物理力学指标标准值见表 3—13—1、表 3—13—2 和表 3—13—3。

表 3—13—1　软土物理力学指标标准值

土层名称	样本数	密度 ρ (g/cm^3)	天然含水量 w(%)	孔隙比 e	液限 w_L (%)	液性指数 I_L	压缩系数 a_v(MPa^{-1})	压缩模量 E_s(MPa)	黏聚力 c(kPa)	内摩擦角 φ(°)	备注
淤泥	127	1.599	68.28	1.841	67.62	1.013	1.35	2.00	8.83 天然	4.09 天然	45 孔取样

表 3—13—2　大龙潭特大桥软土物理力学指标标准值

土层名称	样本数	密度 ρ (g/cm^3)	天然含水量 w(%)	孔隙比 e	液限 w_L (%)	液性指数 I_L	压缩系数 a_v(MPa^{-1})	压缩模量 E_s(MPa)	黏聚力 c(kPa)	内摩擦角 φ(°)	备注
淤泥	90	1.575	70.15	1.907	69.06	1.04	1.614	1.971	8.1 天然	3.77 天然	45 孔取样

表 3—13—3　大龙潭特大桥地表 30 m 以下软土物理力学指标标准值

土层名称	样本数	密度 ρ (g/cm^3)	天然含水量 w(%)	孔隙比 e	液限 w_L (%)	液性指数 I_L	压缩系数 a_v(MPa^{-1})	压缩模量 E_s(MPa)	黏聚力 c(kPa)	内摩擦角 φ(°)	备注
淤泥	17	1.56	70.68	1.922	70.50	1.01	1.417	2.023	7.5 天然	3.47 天然	30 m 以下

(3)滑坡:线路进入盆地边缘及中低山区后,岩性以砂岩、页岩类软质岩为主,受地质构造影响,岩石破碎,风化严重,覆土较厚,在不同外因作用下,形成多处滑坡。这些滑坡分别对三个线路方案存在不同程度的影响。

①汉邑村滑坡(即统一滑坡编号的 1 号滑坡,以下括号内滑坡编号同):位于 D_1K13+850~+980 右侧 240~300 m 之间,滑坡周界明显,平面呈扇形分布,主轴方向 N40°E,长 130 m,横向宽 200 m,滑体厚 4~8 m,体积约 8 万 m^3,属中型浅层滑坡。滑体自然横坡 10°~30°,见阶梯状滑坡台阶,滑体中部前缘鼓张裂缝众多,公路挡土墙均发生开裂外挤。目前处于蠕动变形阶段。

②磨石村滑坡(2 号滑坡):位于 D_1K14+090~+316,滑坡周界与地貌明显,滑体呈全风化、强风化的泥岩、砂岩质粗角砾土夹碎块石土及粉质黏土,主轴方向 N38°E,长 220 m,横向宽 120~160 m,滑体自然横坡 10°~20°,前缘较陡,滑体厚 18~30 m,体积约 80 万 m^3。目前整体处于稳定状态,前缘局部有坍滑。该滑坡位于关营活动断裂(F_4)上盘。按物质组成属堆积层滑坡或破碎岩滑坡;按滑体厚度及体积划分,属厚层大型滑坡。

③葛家营滑坡(3 号滑坡):位于 DK18+924~DK19+132,主轴方向 N70°E,长 220 m,宽 180 m,滑体厚 2~9 m。滑体物质成分主要以软塑—硬塑状膨胀土为主,部分为下伏砂泥岩全风化带。滑体上多为旱地,后缘分布有民房。DK18+940 处见与滑坡滑动方向平行裂缝多条;DK18+963~DK19+038 右侧民房距线路约 38 m 处有一条平行裂缝,宽 10~15 cm,该民房左侧陡坎下见多条裂缝;DK18+900~+950 右侧沟渠管道基座有滑移现象,见大小不等裂

缝。滑体范围内坟墓墓碑(包括最近 20 年新立墓碑)多见倾倒、歪斜现象,滑坡前缘见马刀树、醉汉林,无明显滑坡后壁。该滑坡属于浅层土质滑坡,正处于蠕动变形阶段。滑坡形成的根本原因是由于 1970 年通海地震使上部土体发生变形开裂,大气降水、居民生活用水沿土体裂隙下渗并形成软弱面,坡体后部又修建民房,对滑坡体加载,从而导致表层土体沿软弱面缓慢蠕动变形。

④鲁家营 1 号滑坡(4 号滑坡):位于 DK20 + 310 ~ + 450 段,平面上呈扇形,主轴方向近 E—W,长 110 m,横向宽 140 m,属中型浅层膨胀土滑坡。滑体内自然横坡 10° ~ 30°,见阶梯状滑坡台阶,呈后缘陡、前缘缓的特征。在滑体中部鼓张裂缝众多,滑体物质成分为棕红色膨胀土,硬塑,自由膨胀率 F_s = 47% ~ 69%,厚 2 ~ 20 m;下伏基岩为侏罗系中统张河组泥岩、砂岩。目前滑坡整体是稳定的,但水塘岸边局部不稳定。

⑤鲁家营 2 号滑坡(5 号滑坡):位于线路 D_1K20 + 630 ~ + 720 右 110 ~ 300 m,滑坡周界较明显,平面上呈扇形分布,主轴方向 N23°E,长 88 m,横向宽 20 ~ 110 m,属中型浅层膨胀土滑坡。滑体内自然横坡 10° ~ 30°,见阶梯状滑坡台阶,滑体物质成分为棕红色膨胀土,硬塑,厚 2 ~ 10 m,下伏侏罗系中统张河组泥岩、砂岩夹泥灰岩。目前滑坡整体是稳定的。

⑥鲁家营 3 号滑坡(6 号滑坡):位于 DK20 + 700 ~ + 920 左侧 20 ~ 270 m,平面上呈扇形分布,主轴方向 N7°W,长 206 m,横向宽 240 m,滑体厚 2 ~ 10 m,体积约 14 万 m^3,属中型浅层膨胀土滑坡。滑体自然横坡 10° ~ 30°,见阶梯状滑坡台阶,在滑体中部鼓张裂缝众多,间距为 1 ~ 3 m,延伸 5 ~ 20 m,裂缝延伸方向与滑动方向近于垂直,缝隙多被松散土体回填,宽 0.1 ~ 0.6 m。据当地老乡反映,该滑坡于 1996 年雨季发生滑动后,之后每年雨季均有滑动。滑坡现处于滑动阶段。

(三)线路方案的工程地质条件及其评价

1. 各线路方案工程地质条件

由于各线路方案走向不一,方案所处工程地质条件亦有所不同。DK 方案主要工程地质问题为软土、砂土液化及滑坡。D_1K、D_2K 两个方案相距较近,虽岩性、地质构造条件相近,但因具体线位不同存在不同的不良地质影响。D_1K 方案主要工程地质问题为滑坡、砂土液化及隧道洞身受多条断层影响;D_2K 方案主要工程地质问题为砂土液化以及隧道洞身受多条断层影响。

(1)DK 方案(原定测方案):线路方案起讫里程为 DK12 + 150 ~ DK21 + 300,主要工程有甸苴坝隧道(1 005 m)、磨石村特大桥(1 092.6 m)、大龙潭特大桥(1 448 m)、东城村隧道(605 m)、新增尾大桥(300.3 m)、河西大桥(141.8 m)、河西隧道(365 m),其余地段以路基通过。磨石村特大桥(工程地质纵断面见图 3—13—2)桥址位于通海盆地中,地层主要为中砂、细粉砂夹软土层,厚度大于 50 m,经标贯判定砂层属液化土,而室内试验确定软土属低强度、高压缩性土,桥基的工后沉降难以控制,特别是本区属高地震烈度区,一旦发生地震,特大桥稳定性堪忧;大龙潭特大桥(工程地质纵断面见图 3—13—3)桥基主要置于通海盆地的软土夹中细砂层中,厚度大于 50 m,软土及中细砂性质与磨石村特大桥相同,桥基稳定性亦受相同的影响和威胁;新增尾大桥及相邻路基通过葛家营滑坡区(3 号滑坡),河西大桥及其后路基则分别通过鲁家营 1 号、3 号滑坡区,这些滑坡对上述两座大桥及其前后路基工程构成严重的威胁。

(2)D_1K 方案(原大龙潭比较方案):线路方案起讫里程为 D_1K12 + 150 ~ D_1K21 + 300,主要工程有甸苴坝隧道(1 095 m)、玉通特大桥(320 m)、汉邑村隧道(6 476 m)、河西大桥(128 m)、

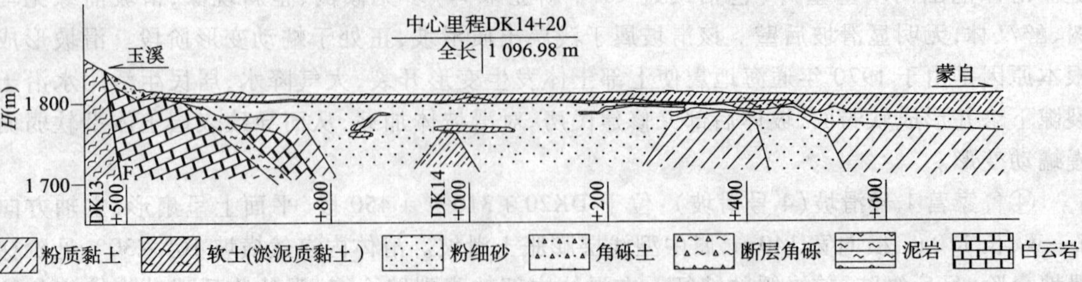

图 3—13—2　磨石村特大桥工程地质纵断面示意图

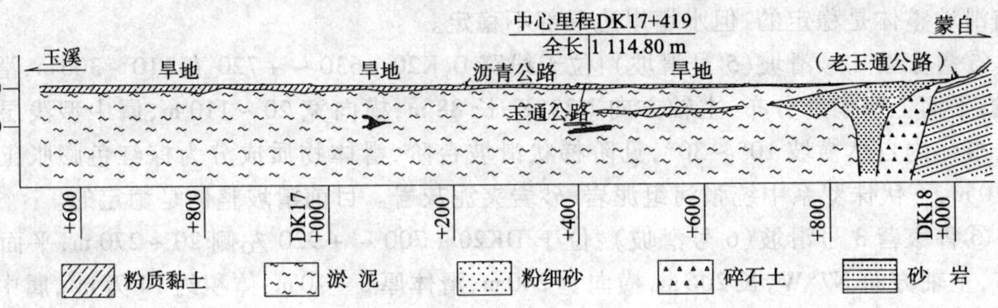

图 3—13—3　大龙潭特大桥工程地质纵断面示意图

河西隧道(375 m),其余地段以路基通过。玉通大桥表层分布有液化砂土层,但不厚,桥基可置于非液化层中。汉邑村隧道进口通过磨石村滑坡(2 号滑坡),洞身通过 7 条断层,同时存在 6 段浅埋,出口通过鲁家营 1 号、2 号滑坡区(见图 3—13—4)。与 DK 方案相比,本方案工程地质条件得到了较大的改善。

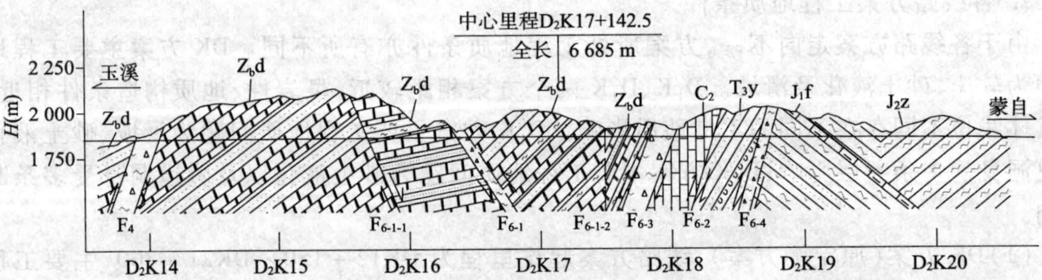

图 3—13—4　汉邑村隧道洞身工程地质纵断面示意图

(3)D_2K 方案(汉邑村改线方案):线路起讫里程为 $D_2K12+150 \sim D_2K21+400$,主要工程有甸苴坝隧道(1 022 m)、汉邑村大桥(354.9 m)、汉邑村隧道(6 685 m)、河西隧道(375 m),其余地段以路基通过。汉邑村大桥(桥位与 D_1K 方案玉通大桥相近)表层分布有砂土液化层,但不厚,桥基可置于非液化层中。汉邑村隧道进口绕避了磨石村滑坡(2 号滑坡),洞身通过 7 条断层,亦存在 6 段浅埋,出口较 D_1K 方案向沟上游改移,绕避了鲁家营滑坡群发育区(参见图 3—13—4)。与 DK、D_1K 方案相比,工程地质条件有了明显的改善。

2. 各线路方案工程地质条件评价与比选

综上所述,汉邑村各线路方案所处区域地质构造复杂,不良地质与特殊地质发育,且为高地震烈度区。各线路方案的工程地质条件比较,着重于各方案受地质构造和不良地质与特殊岩土影响的轻重程度。DK 方案由于通过通海盆地，盆地中沉积的湖相软土和砂层对桥基稳定极其不利，盆地中所有路基、桥梁几乎俱受其影响，沿盆地边缘的山区线路工程又受多处滑坡威胁。D_1K 与 D_2K 方案线位相近，基本上完全避开了通海盆地的软土及砂层，消除了它们给线路工程带来的隐患；两方案所处地质构造条件亦相近，故两方案的汉邑村隧道所受断层的影响程度基本相当，但 D_1K 方案的汉邑村隧道进、出口均受滑坡的严重威胁，而 D_2K 方案的汉邑村隧道进口既绕避了磨石村滑坡体，出口又避开了鲁家营滑坡群发育区，使该方案汉邑村隧道进、出口两端的工程安全性及可靠度大大提高。综合比较 DK、D_1K、D_2K 三个线路方案的工程地质条件，推荐采用 D_2K 方案为线路最终拉通方案。三个方案的工程地质条件综合评价归纳后列如表 3—13—4。

表 3—13—4　汉邑村各线路方案工程地质条件评价表

序　　号	方案名称	工　程　地　质　条　件	综合评价
1	DK 定测方案	线路通过通海盆地之中细砂夹软土层，厚度大于 50 m，砂层属液化土，软土强度低，具高压缩性，线路过葛家营滑坡、鲁家营 1 号、3 号滑坡区	差
2	D_1K 原大龙潭比较方案	线路基本绕避通海盆地，个别大桥有液化土，但不厚，汉邑村隧道进、出口有滑坡，洞身通过 7 条断层，6 处浅埋	较差
3	D_2K 汉邑村改线方案	线路基本绕避通海盆地，个别大桥有液化土，但不厚，汉邑村隧道洞身通过 7 条断层，6 处浅埋，进出口绕避了滑坡	较好

（四）结 束 语

汉邑村线路方案地处地质构造复杂、新构造运动强烈的高地震烈度区，不良地质、特殊岩土十分发育。通过对各线路方案深入的地质工作，最终选择出 D_2K 方案，对稳定玉蒙铁路方案线路起到了重要的作用，是铁路地质选线工作在线路方案比选中发挥重要作用的体现，获得了专家的肯定和赞许，所推荐的线路方案经实施后，证明该段地质选线是成功的。

十四、玉蒙铁路区域地质特征及走向方案地质选线

李　东

（一）概　　况

玉蒙铁路是昆明至河口铁路的一段，属泛亚通道东线方案的一部分，是我国中长期铁路网规划的国际通道。铁二院 1993 ~ 2002 年对泛亚通道进行了大量的研究和现场调查核对等工作，初步确定了玉蒙铁路的三大线路走向方案，即建水方案、开远方案与沿曲溪河方案。三大线路走向方案的线路经由和长度见表 3—14—1。

表 3—14—1　玉蒙铁路三大走向方案简况

方案名称	里程冠号	线　路　走　向	长度（km）
建水方案	CK	玉溪—通海—曲溪—建水—蒙自	157.0
开远方案	C_1K	玉溪—通海—曲溪—开远—蒙自	150.3
沿曲溪河方案	C_2K	玉溪—小街—高寨—建水—蒙自	153.6

2002 年开始对三大线路走向方案进行了加深地质工作和三大方案的同精度初测工作。通过区域地质调绘、遥感解译、活动性断裂鉴定、地震安全性评价、深孔钻探、综合物探、样品测试等方法和手段，基本查清了区域工程地质特征和各方案工程地质条件，为玉蒙铁路走向方案的最终确定提供了可靠的基础地质资料。

（二）区域工程地质特征

1. 地形地貌

线路方案通过地区地处云南高原中南部的构造侵蚀、剥蚀低中山、中山区，地势西北高、东南低，境内山峦纵横，地形错综复杂，山地、峡谷、高原、盆地交错分布，地面高程北西部多在 1 500 ~ 2 000 m，南东部则多在 1 200 ~ 2 000 m。测区内最高点为个旧市西侧莲花山，高程达 2 739 m；最低点位于开远市小龙潭南盘江边，高程仅 1 036 m。

按内外营力作用因素和地面形态，测区地貌可分为高原构造侵蚀、高原构造剥蚀、高原溶蚀和高原河流湖泊堆积四种类型。高原构造侵蚀中山区相对高差 500 ~ 900 m，山脊较狭窄，山坡坡度 40° ~ 50°，河流多沿构造线分布，河谷呈“V”字形；高原构造剥蚀低中山区相对高差 100 ~ 500 m，山势波状起伏，山顶圆浑，山坡坡度 10° ~ 40°，主河流多沿断裂带分布，沟谷多呈“U”字形；高原溶蚀低中山区相对高差 50 ~ 300 m，地形起伏较小，峰林、洼地、漏斗、溶洞、暗河、落水洞等较发育，溶峰多呈椭圆锥状，峰丛间为串珠状洼地及谷地，洼地呈椭圆形；高原低中山河流湖泊堆积区主要为湖积盆地、冲洪积盆地、河流阶地，区内有玉溪、通海、小街—高寨、曲溪、建水、大庄、小龙潭、草坝、蒙自、鸡街、漾田—淌甸等湖积盆地，属高原山间盆地类型，盆地底面高度由西北向东南逐渐降低，以 5°左右的坡度向盆地中心倾斜，盆地边缘高出中心 5 ~ 30 m，盆地底部平坦。冲积洪积盆地分布在各山间盆地内、湖区边缘、河流的开阔地带内，盆地高程不一，较大的盆地中部呈波状起伏。

2. 地层岩性

沿线各时代地层分布较为齐全，除奥陶系、志留系、白垩系外，自元古界至新生界均有出露，局部地段出露岩浆岩。

（1）地表上覆第四系全新统（Q_4）多种成因的粉质黏土、黏土、软土、砂层、碎（卵）石土、块石土等，厚度一般 2 ~ 20 m，局部地段厚度大于 20 m。尤其是通海盆地湖相沉积层岩性复杂，主要为泥炭质土、泥炭、淤泥质土、淤泥、黏性土、砂类土、圆砾土，局部为有机质土，据区域资料，局部地段厚达 103 m。

（2）沿线上第三系（N）分布于众多的内陆盆地中，均为一套湖泊沼泽相沉积，是云南新生代主要成煤期产物，由一套浅色碎屑岩组成，与下伏不同时代地层均为角度不整合接触。岩石胶结松散，半成岩状，泥岩具膨胀性。煤质均为褐煤。其分布区活冲沟发育，往往出现土林景观，是不良地质地段最为发育的地层。

下第三系（E）为孤立的山麓盆地堆积，与下伏不同时代地层呈角度不整合接触，为泥岩、砂岩、砾岩夹石膏。

（3）区内下伏侏罗系（J）、三叠系（T）、二叠系（P）、石炭系（C）、泥盆系（D），岩性为泥岩、砂岩、砾岩、石英砂岩、页岩、泥灰岩、灰岩、白云质灰岩、角砾状灰岩、硅质岩、玄武岩等。其中三叠系上统火把冲组（T_3h）夹煤层、煤线及炭质页岩，中统法郎组（T_2f）夹含锰灰岩，是滇南重要的锰矿赋存层位；二叠系下统（P_1）局部为铝土岩、页岩夹煤线或炭质页岩。

（4）区内震旦系分布较为广泛，其中下统澄江组（Z_ac）砂岩、砾岩、长石石英砂岩、粉砂岩、粉砂质页岩分布面积最大，占震旦系分布面积的一半以上。上统灯影组($Z_b dn$)为白云岩、砂质白云岩、石英砂岩夹白云质泥岩，上统陡山沱组($Z_b d$)为白云岩、泥质白云岩与粉砂质板岩、泥质页岩，上统南沱组($Z_b n$)为铁质泥岩、粉砂岩、砾岩。

(5)区内零星分布中元古界昆阳群(Pt_1)粉砂质绢云板岩、绢云粉砂岩、板岩、凝灰岩、变质石英砂岩、石英岩、砂岩。

(6)在杂营山一带分布有中性侵入岩，沿断裂侵入，侵位于中泥盆统曲靖组($D_2 q$)灰岩中，成分为强烈风化的闪长岩。

3. 地质构造

线路通过地区位于川滇菱形断块的东南端，地质构造复杂，新构造运动强烈，是我国大陆现今地壳构造运动最为强烈的地区之一，以活动断裂规模大、分布密集、地震活动频繁、震级大、地震破裂带长、位错量大为主要特征。线路不同程度地穿越了这一地区的主要发震构造，如峨山—曲江断裂带(F_9、F_{10})、石屏—建水断裂带(F_{20})、小江断裂带南段的李浩寨断裂带(F_{14})与师宗—弥勒断裂带(F_{17})、个旧断裂带(F_{25})等(见图3—14—1)。

(1)构造分区：线路方案所经地区分属扬子准地台和华南褶皱系两个Ⅰ级大地构造单元，两单元的分界线为师宗—弥勒断裂带。线位起始于扬子准地台之川滇台背斜(康滇地轴)东南边缘，向南东方向横贯滇东台褶带，至建水东侧进入华南褶皱系范围，其终点为华南褶皱系滇东南台褶带之西部边缘。

(2)新构造运动：区域内新构造活动，主要体现于现代地貌的变形与抬升、新构造变形、地震与地震破裂带、地热异常带等方面。

现代地貌的变形与抬升主要表现在发育湖积盆地与周围山地相对应的对照性地貌、多级溶洞的发育、河流侵蚀下切等方面。新构造变形是指发生在上第三系与第四系沉积物中的褶皱、断层变形，此类变形在区内湖积盆地中多有表现。

线路通过地区是云南现代地震强烈活动区域(如图3—14—2)，也是新构造运动最活跃的区域。区内小江断裂带、峨山—曲江断裂带、石屏—建水断裂带都是现代强震的发震断裂，说明这一区域地壳仍在活动之中。从历次地震资料来看，上述发震构造不但沿相应的断裂带造成地壳强烈震动，有的还造成地壳表面的破坏，形成现代的地震断层，如沿峨山—曲江断裂带形成的曲江断层就是一条典型的现代地震断层。

地热异常的出现，特别是线状异常带的出现，往往与地壳的活动性断裂关系密切。地区内存在四个地热异常带，分别为峨山—曲江线状地热异常带、石屏—建水线状地热异常带、小龙潭地热异常带、淌甸地热异常带，分布基本与区域性深大断裂的展布一致，沿地热异常带均分布有温泉、热泉，水温26℃～50℃。地热异常的存在，也反映出这些断裂现代仍然在活动之中。

(3)褶皱：本地区自元古代以来，构造运动多以升降运动为主，只有晋宁运动、燕山—早喜马拉雅运动、晚喜马拉雅运动属于造山性质，并造就了发育于测区的褶皱与断裂。

晋宁运动的结果使昆阳群全面强烈褶皱，同时发生区域低温动力变质。区内昆阳群分布广泛的是黑山头组与美党组。黑山头组与美党组中岩层褶皱强烈，多显示出复式褶皱的特点，特别是次一级的小褶曲非常发育，出现平卧褶曲和不协调褶曲等形态。

燕山—早喜马拉雅Ⅰ期褶皱，主要表现为大湾村向斜、干塘子—白家沟向斜、浑水塘背斜以及里山褶皱带的九街向斜、五里箐向斜、里山背斜。早喜马拉雅Ⅱ期褶皱造成渐新统地层产生褶皱变形。测区内发育较好者为梅塘向斜。

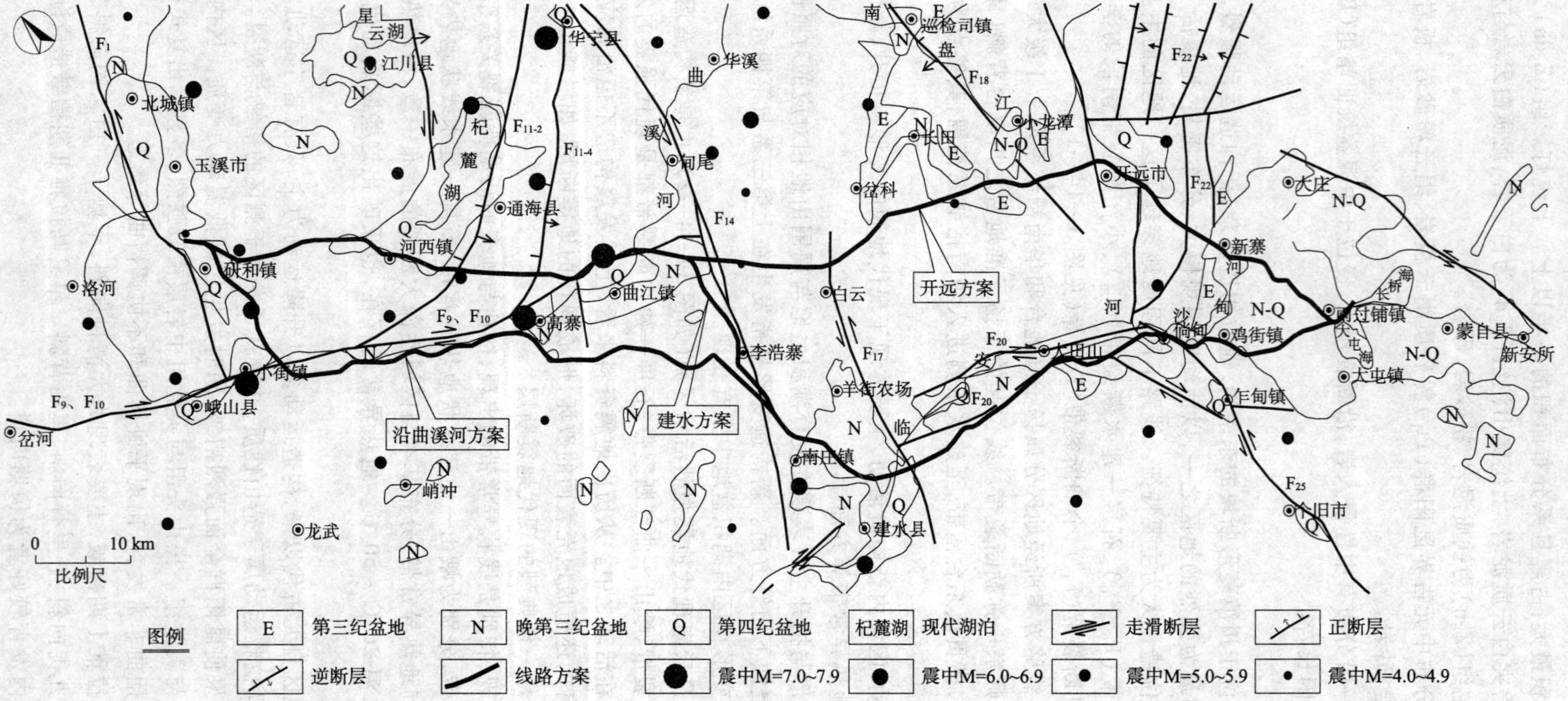

图 3—14—1　线路方案及主要地震构造示意图

晚喜马拉雅期褶皱则使上第三系沉积变形，褶皱以盆地形式出现，测区内共有上第三系内陆湖积盆地十余个。

(4)断裂：线路通过地区内断裂发育，可归并为近南北向、北西向、北东向三组。南北向断裂主要发育于测区西北部与中东部，包括普渡河断裂带(F_1)、小龙潭断裂带(F_{18})与个旧断裂带(F_{25})；北西向断裂主要包括峨山—曲江断裂带(F_9、F_{10})与石屏—建水断裂带(F_{20})；北东向断裂是区内最发育的断裂系统，断层数量约占区内断层总数的60%，主要包括通海断裂带(F_{11})、李浩寨断裂带(F_{14})、师宗—弥勒断裂带(F_{17})、南盘江断裂带(F_{22})等。区内区域性深大断裂多属全新世活动断裂。这些活动断裂的性质见表3—14—2。

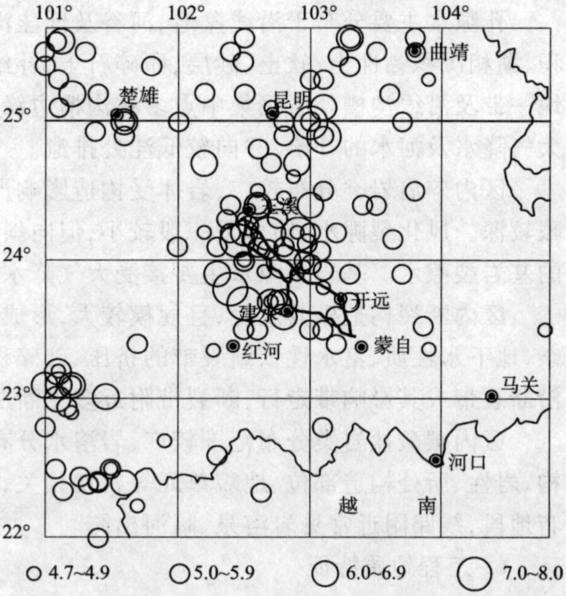

图3—14—2 区域历史强震震中分布

表3—14—2 近场区主要区域深大断裂特征一览表

编号	名称	区内长度(km)	产状			断裂性质	最新活动时代	滑动速率(mm/a)
			走向	倾向	倾角			
F_1	普渡河断裂带	40	NNE	E	60°	左旋走滑	Q_3	
F_9、F_{10}	峨山—曲江断裂带	108	NW	NE	60°~80°	逆冲右旋	Q_4	3.0~3.5
F_{11}	通海断裂带	20	NE	S	40°	逆冲	Q_{1-2}	
F_{14}	李浩寨断裂带	50	NNE	E	60°~70°	逆冲左旋	Q_4	2.0~3.0
F_{17}	师宗—弥勒断裂带	50	NE	W	75°~85°	逆冲左旋	Q_4	1.6~1.8
F_{20}	石屏—建水断裂	30	NWW	S	70°	逆冲右旋	Q_4	3.0~4.0
F_{25}	个旧断裂带	40	SN	W	70°~80°	左旋走滑	Q_4	1.3~2.0

4. 地震动参数

根据2003年7月中国地震局地壳应力研究所完成的区域工程场地地震安全性评价报告，线路大部分地段的地震动峰值加速度为0.20g，即地震基本烈度Ⅷ度，仅在建水以东的开远、蒙自一带，地震动参数为0.15g~0.10g，即地震基本烈度为Ⅶ度。各方案地震动峰值加速度分段见表3—14—3，各方案95 km之前的地震动反应谱特征周期为0.40 s，之后为0.45 s。

表3—14—3 地震动峰值加速度分段表

方案	0.20g	0.30g	0.20g	0.15g	0.10g
CK	0~73 km	73~91 km	91~122 km	122~132 km	132~162 km
C_1K	0~96 km			96~122 km	122~162 km
C_2K	0~73 km	73~89 km	89~119 km	119~131 km	131~162 km

5. 水文地质特征

测区地下水类型主要有孔隙水、基岩裂隙水、断裂带水、岩溶水等。

孔隙水主要分布于沿线盆地、河谷及低洼沟槽第四系松散层中。测区广布的第四系冲洪积、湖相沉积黏性土、软土、砂层、卵碎石土,补给源较丰富,且埋藏较浅,含丰富的孔隙水。盆地一带及沿线沟槽处居民集中点多在沟槽边缘挖井取水,水量一般较丰富。孔隙水直接接受大气降水及河水的补给,并向较低洼处排泄。

区内碎屑岩类分布较广,岩体受构造影响严重,裂隙较发育,可储存一定量的裂隙水,但埋藏较深。风化裂隙水,储水量一般较小,但向斜及节理、裂隙密集带等储水构造中,储有较丰富的基岩裂隙水。基岩裂隙水主要接受大气降水补给,向低洼沟槽处排泄。

区内断裂构造极其发育,且规模较大,形成特有的断裂带地下水,其水文地质条件比较复杂,地下水性质、富水性依断裂带的挤压、破碎程度不一,而各段有较大差异。线路有较长距离沿断裂带或其影响带走行,断裂带附近多见断层泉出露。

区内碳酸盐岩类分布范围较广,岩溶水分布广泛,其特征和表现形式与碳酸盐岩的地层结构、岩性、所处构造部位、地貌单元等密切相关,具有不均匀性和隐蔽性的特点。在碳酸盐岩分布地段,线路附近常见岩溶泉、暗河出露。

6. 工程地质特征

线路所经地区位于川滇断块强烈抬升区的南端和滇东断块缓慢抬升区西部,构造上地处川滇菱形块体的东南角,是北西向红河断裂带和南北向小江断裂带的交汇地带,属我国著名南北向地震带的南端部位。新生代以来,这个夹持于红河断裂与小江断裂之间的楔形地块,受川滇菱形块体向南东方向滑移的影响,区内一系列大断裂发生强烈的走滑和挤压逆冲活动,形成块体内部复杂的构造变形和密集的断裂,成为云南活动断裂和地震灾害最严重的地区之一。在此构造条件的的基础上,再加上各种外因的综合作用,形成区内类型众多的工程地质问题,除活动断裂与地震外,还包括岩溶、滑坡、错落、岩堆、泥石流、顺层、砂土液化、人工坑洞、煤层瓦斯与采空区以及软土、红黏土、膨胀土、膨胀岩等。它们都对线路方案有着不同程度的不利影响,有的甚至控制了方案的比选。

(三)线路走向方案工程地质比选

1. 线路走向方案工程地质条件及其评价

(1)建水方案(CK线):玉溪南至曲溪段线路通过中、低山地及丘陵,其间通海、曲溪两地为盆地,地形起伏大。曲溪经建水至蒙自段,主要位于低山谷地、丘陵及盆地中,线路沿山间谷地及盆地走行地段较长,地形起伏小。沿线地层以碎屑岩居多,但部分地段碳酸盐岩集中分布,局部有变质砂岩、板岩;建水、鸡街、蒙自一带分布的上第三系岩土多具膨胀性。线路先后通过普渡河断裂、关营断裂及大村断层、通海断裂带、马脖子断裂、曲江断裂、李浩寨断裂、石屏—建水断裂,其中普渡河、通海、曲江、李浩寨、石屏—建水等断裂为区域性活动断裂带,曲江断裂、石屏—建水断裂带为现代地震断裂。沿线通过的褶曲有关箐向斜、五里箐向斜、里山背斜、东山背斜及干塘子—白家沟向斜。沿线不良地质、特殊岩土类型较多,但对方案比选影响大甚至具控制作用者,以岩溶及岩溶水、各盆地内沉积的软土(包括淤泥、淤泥质土、泥炭质土、软黏土等)及建水、蒙自一带分布较广的膨胀土(岩)为主。由曲溪镇前后直至李浩寨附近以及建水以后直至徜徊附近,线路有较长距离平行、邻近或通过断裂带及其影响带,破碎的岩体和富水断裂对不同的线路工程也构成不利影响甚至严重威胁。

(2)开远方案(C_1K线):玉溪南至曲溪段本方案线位与CK线相同。以下仅对曲溪以后本方案工程地质条件加以述评:曲溪经开远至蒙自段,开远以前位于中山区,地形起伏较大,开远后位于丘陵、盆地区，地形起伏较小。自曲溪以后线路通过地层除碎屑岩外，碳酸盐岩有较广分布，部分地段出露板岩、玄武岩。在碳酸盐岩分布地段，岩溶十分发育，常有大泉、暗河出露。本段线路沿线分布有李浩寨断裂、田房—干塘断裂带、师宗—弥勒断裂带、小龙潭断裂带、开远断裂带，其中师宗—弥勒断裂、小龙潭断裂及开远断裂等为区域性活动断裂带，曲江断裂为现代地震断裂，线路走向多与断裂呈大角度相交。通过的褶曲有干塘子—白家沟向斜、下寨向斜、浑水塘背斜。影响、控制方案比选的主要不良地质和特殊岩土为岩溶及岩溶水、蒙自等盆地及其周围上第三系形成的膨胀岩土以及盆地内沉积的软土。本段线路有多座长隧道通过岩溶发育的碳酸盐岩分布地区，岩溶引起的突泥、涌水将严重影响隧道施工和环境安全；通过断裂带或其影响带地段亦较长，这也是方案比选须考虑的重要条件。

(3)沿曲溪河左岸方案(C_2K线)：本方案自南庄镇以后线位与CK线相近，故以下仅对南庄镇以前线路所经地段工程地质条件加以述评：由玉溪南经小街、高寨、李浩寨至南庄镇附近，线路主要通过低中山区，地形起伏大，其间小街至高寨段线路大体平行曲溪河谷行进。出露地层以碎屑岩为主，局部有碳酸盐岩、变质砂岩、板岩等。沿线分布有通海断裂带及马脖子断裂、曲江活动断裂带、李浩寨活动断裂带、石屏—建水活动断裂带，其中曲江断裂、石屏—建水断裂带为现代地震断裂。线路还通过玉屏村背斜、乐得旧背斜、放羊冲向斜、柴里冲向斜。曲江活动断裂大致沿曲溪河谷延伸，故河谷沿岸岩体破碎，稳定性差，滑坡、岩堆等不良地质发育，且规模大。线路沿曲溪河走行地段虽尽可能脱离河谷靠山内移，以绕避河谷内严重的不良地质，但该段线路仍邻近、甚至走行于曲江活动断裂带中，活动断裂带对该段线路构成极严重的威胁。影响方案比选的还有膨胀土(岩)、软土等问题。

2. 线路走向方案的主要工程地质条件对比

影响、控制三个线路走向方案的工程地质条件对比见表3—14—4。

表3—14—4 线路走向方案主要工程地质条件对比表

建水方案(CK线)	开远方案(C_1K线)	沿曲溪河左岸方案(C_2K线)
1. 通过断裂破碎带及影响带共计59.0 km，其中活动断裂4条，现代地震断裂2条 2. 通过Ⅷ度地震区121 km，其余属Ⅶ度地震区 3. 通过岩溶发育地段9段22 330 m 4. 滑坡7处，危岩落石，岩堆3处，泥石流1处，砂土液化4段12.2 km，采空区1处，有害气体隧道3座4.7 km，顺层12段3 960 m 5. 软土26段24 165 m，膨胀土(岩)19段64 710 m，红黏土5段8 960 m	1. 通过断裂破碎带及影响带共计56.7 km，其中活动断裂3条，现代地震断裂1条 2. 通过Ⅷ度地震区96 km，其余属Ⅶ度地震区 3. 通过岩溶发育地段13段40 530 m 4. 滑坡6处，危岩落石，岩堆2处，泥石流1处，人为坑洞1处，有害气体隧道1座1.5 km，顺层13段45 600 m 5. 软土9段13 480 m，膨胀土(岩)15段38 020 m，红黏土3段6 080 m	1. 通过断裂破碎带及影响带共计53.5 km，其中活动断裂4条，现代地震断裂1条 2. 通过Ⅷ度地震区118 km，其余属Ⅶ度地震区 3. 通过岩溶发育地段6段14 840 m 4. 滑坡1处，危岩落石1处，泥石流1处，人为坑洞1处，采空区1处，有害气体隧道4座5.6 km，顺层6段2 265 m 5. 软土13段18 465 m，膨胀土(岩)8段46 645 m，红黏土2段1 050 m

3. 线路走向方案的比选意见

经对建水(CK线)、开远(C_1K线)、沿曲溪河(C_2K线)三个线路走向方案的工程地质条件综合对比分析，提出以下对方案的比选意见：

(1)沿曲溪河左岸方案与地震活动性最为强烈的曲江断裂带平行、邻近走行达数十千米，地震对工程的影响严重，区域稳定性甚差，方案不宜采用。

(2)开远方案线路以大角度经过主要断裂带，对工程较为有利，但该方案桥隧工程很多，有多座10 km左右的长大隧道，通过岩溶发育强烈的碳酸盐岩地区，岩溶水水文地质条件极其复杂,施工中极易发生突泥突水等灾害,工程施工难度及安全风险很大。

(3)建水方案穿过一系列断陷盆地,地形总体相对平缓,多以一般路基、桥梁工程为主,工程量小。线路平行李浩寨断裂走行较长,该段线路各类工程尽管也存在断裂带的严重影响,但与沿曲溪河左岸方案所受活动断裂带的影响相比,以及和开远方案的曲溪至开远段多座长隧道所受岩溶及岩溶水影响相比,线路风险相对更小;线路沿石屏—建水断裂带平行走行也较长,但该段地形起伏小,多以路基工程为主,即使地震破坏后亦便于修复。至于本方案存在的软土、膨胀土(岩)和红黏土问题,则在沿曲溪河左岸方案和开远方案中均分别存在。

综上所述,三个线路走向方案所通过的地区区域稳定性均差,工程地质条件均十分复杂,但相比之下,建水方案工程量及工程难度相对较小,且工程地质条件较其他方案略好,各类工程的安全风险也相对更小。经综合技术经济比较后,决定采用建水方案。

(四)结　论

本文通过对玉蒙铁路建水方案、开远方案、沿曲溪河左岸方案主要工程地质条件综合比较,清楚地叙述了影响玉蒙铁路选线的关键地质因素为以下几个方面:一是区内复杂的地质构造,尤其是线路与区域深大活动性断裂的位置关系;二是长大深埋隧道岩溶与岩溶水的危害;三是区内众多湖积盆地分布的软土;四是广泛分布的上第三系膨胀性岩土。本文对于艰险山区复杂地质环境下的线路方案选择,具有一定的参考价值及借鉴意义。

十五、大理至丽江铁路越岭地段地质选线

杜宇本　杨　英

(一)概　况

大理至丽江铁路位于云南省西北部,南起广大铁路大理东站,向北沿洱海东岸经海东、文笔、挖色、青花坪、北衙、西邑、鹤庆至丽江,线路全长164.59 km,属国家Ⅰ级单线电气化铁路,最小曲线半径为1 200 m,限制坡度12‰。越岭段位于大理州洱源县与鹤庆县的交接部位上村至北衙之间。大丽铁路越岭地段从断陷洱海盆地上升至云贵高原面芹河,线路长约26 km。线路需自上关车站(高程1 996 m)上升至芹河车站(高程2 210 m),抬升近214 m,线路平均纵坡达8.5‰。线路主要以桥隧工程为主,工程十分艰巨。越岭段位于云贵高原西部与横断山脉交接地区,地势西高东低、北高南低,地形起伏大,沟谷纵横,主要山脉呈南北向展布,水系多呈东西向分布,属高原中山、中低山剥蚀、溶蚀及山间槽谷地貌。最高处为鹤庆县杨家院西侧的观音山,地面高程约2 800 m,最低处为黄坪石榴元,地面高程约1 600 m,相对高差达1 200 m。

线路穿越地带多为山间沟槽,为季节性水流,属金沙江、澜沧江水系,禾洛山—腾龙山一线为两江分水岭。

本区属"歹"字形构造体系、东西向构造体系和南北向构造体系复合地带,地应力场复杂,地震活动频繁。下关—大理—洱源—剑川—丽江强震带是我国南北地震带的南段,更是滇西北强震分布区之一。据记载,自1474年至1964年,大理(邓川)、鹤庆、剑川、洱源、丽江、永胜等地共发生强震25次,震中烈度6～10度,震级最高者为1515年6月17日发生于永胜的7.5

级大地震。1925 年 3 月 16 日洱海边大理发生 7 级地震，使点苍山山顶开裂下陷数米；1996 年 2 月 3 日 19 时 14 分发生在丽江县境内（北纬 27°18′，东经 100°13′）的 7 级地震，为主震—余震型，主震震源深度达 10 km，波及大理、丽江等地州县，受灾人口逾百万，造成了人民群众生命财产的巨大损失。1998 年 11 月 26 日 ~12 月 6 日间，由于红河断裂活动引发了大理地区频繁的地震活动，其间最令人惊心动魄的是 12 月 2 日，从下午 5 时 20 分起至次日凌晨，地震活动不断，两次地震间隔不足 45 分钟，持续时间长达 10 小时多，震级在 3.6 ~4.7 级间。测区地震动峰值加速度为 0.2g，属高烈度地震区。

（二）线路方案概况

鉴于大丽铁路越岭段地形地质条件复杂性，在区内进行了 CK、BK、B_1K 多方案比选（见图 3—15—1）。

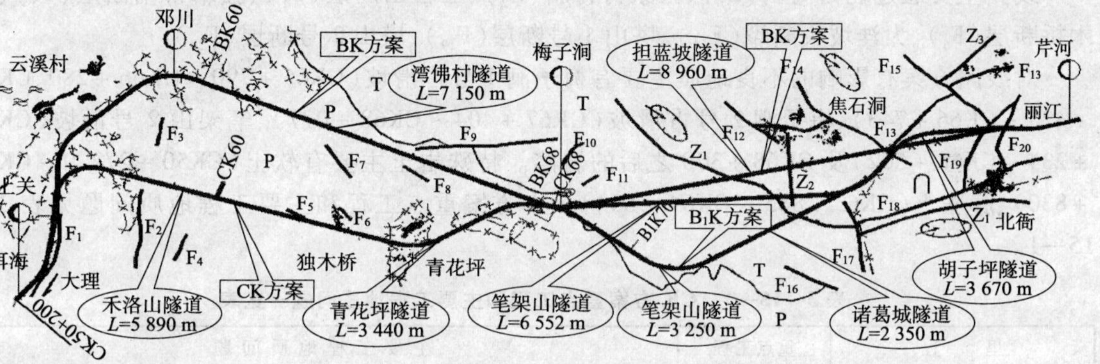

图 3—15—1　大丽铁路越岭段线路方案示意图

1. CK 方案

起于 CK50 +200，终于 CK76 +634，线路长约 26.634 km，经上碧花园、独木桥、青花坪、梅子洞、焦石洞、北衙等村落，设上关车站、禾洛山隧道（L = 5 890 m）、青花坪隧道（L = 3 440 m）、梅子洞车站、笔架山隧道（L = 6 552 m）、胡子坪隧道（L = 3 670 m）、芹河车站等重点工程。

2. BK 方案

起于 BK50 +200，终于 BK77 +663，长 27.663 km，经云溪村、马家邑、梅子洞、焦石洞、北衙等村落，设邓川车站、湾佛村隧道（L = 7 150 m）、梅子洞车站、担蓝坡隧道（L = 8 960 m）、芹河车站等重点工程。

3. B_1K 方案

为规避工程风险，增加笔架山隧道与北衙富水向斜交角，在诸葛城与北衙间进行方案比选，即 CK 与 B_1K 方案比选。线路起于 B_1K67 +600 梅子洞车站附近，经诸葛城，终于 B_1K77 +435，与 CK 方案相接，长 9.835 km。重点工程主要有笔架山隧道（L = 3 250 m）、诸葛城隧道（L = 2 350 m）。

（三）线路方案地质条件评价

区内各时代地层出露较为齐全，上至新生界第四系全新统堆积层，下至古生界二叠系沉积岩，其间岩浆活动频繁。地表覆盖第四系全新统（Q_4）滑坡堆积、坡崩积、冲洪积、湖相沉积、坡洪积、洪积、坡残积及松散土层黏性土、软土、砂类土、碎石类土等。下伏基岩 CK68 + 300 (BK68 + 300)以前以二叠系(P)玄武岩夹凝灰岩为主,之后以三叠系中统北衙组(T_2b)碳酸盐岩夹碎屑岩和下统(T_1)碎屑岩为主。其间有燕山期石英正长斑岩和煌斑岩、印支期辉绿岩侵入岩分布。

测区位于青藏、滇缅、印尼巨型"歹"字形构造体系中段东缘的一部分,即松桂复式向斜的南部,岩浆活动及构造运动频繁,各类构造形迹相互掺杂侵扰、交接、重叠,以南北向构造体系为主的断裂构造及褶皱较为发育。区内褶皱构造主要有北衙向斜(Z_1)、三家村背斜(Z_2)、杨家院背斜(Z_3);主要断裂构造多达 20 条(见图 3—15—1),其中对线路方案影响较大的主要构造有北衙向斜(Z_1)、三家村背斜(Z_2)、三台山断层(F_1)、独木桥南断层(F_5)、独木桥断层(F_6)、寸家院断裂(F_{13})、塔山 1 号断层(F_{19})、塔山 2 号断层(F_{20})。

1. CK 方案

线路主要通过北衙向斜(Z_1)、三家村背斜(Z_2)、三台山断层(F_1)、独木桥南断层(F_5)、独木桥断层(F_6)、大洼坡头断裂(F_{14})、塔山 1 号断层(F_{19})、塔山 2 号断层(F_{20})。

对线路方案有影响的不良地质主要有梅子涧 1 号古滑坡(CK65 + 790 ~ CK66 + 280、CK66 + 425 ~ CK66 + 743)、梅子涧 2 号古滑坡(CK67 + 404 ~ CK68 + 077)、笔架山 2 号滑坡(CK68 + 234 ~ CK68 + 502)及 CK68 + 300 之后的岩溶。特殊岩土主要有软土(CK50 + 272.9 ~ CK57 + 830)、膨胀土(CK63 + 885 ~ CK64 + 834)。本方案重点工程和主要工程地质问题见表 3—15—1。

表 3—15—1 CK 方案重点工程和主要工程地质问题一览表

里 程	重点工程	主要工程地质问题
CK52 + 200 ~ CK57 + 880	上关车站	洱海湖积相软土、玄武岩全风化带弱膨胀土
CK57 + 880 ~ CK68 + 665	禾洛山隧道	青花坪附近强膨胀土、梅子涧车站附近滑坡群
CK68 + 665 ~ CK76 + 634	笔架山隧道 胡子坪隧道	北衙向斜核部岩溶强烈发育,隧道施工遇岩溶和岩溶突水,路堑左侧边坡顺层、隧道出口顺层、偏压

2. BK 方案

线路主要通过北衙向斜(Z_1)、三家村背斜(Z_2)、寸家院断裂(F_{13})、大洼坡头断裂(F_{14})、塔山 1 号断层(F_{19})、塔山 2 号断层(F_{20})。对线路方案有影响的不良地质主要有梅子涧 2 号古滑坡(BK67 + 850 ~ BK68 + 430),特殊岩土主要有软土(BK50 + 200 ~ BK61 + 280)。本方案重点工程和主要工程地质问题见表 3—15—2。

表 3—15—2 BK 方案重点工程和主要工程地质问题一览表

里 程	重点工程	主要工程地质问题
BK50 + 200 ~ BK61 + 300	邓川车站	洱海湖积相软土、玄武岩全风化带弱膨胀土
BK61 + 300 ~ BK68 + 450	湾佛村隧道	梅子涧车站附近滑坡群
BK68 + 450 ~ BK77 + 663	担蓝坡隧道	北衙向斜核部岩溶强烈发育,隧道施工遇岩溶和岩溶突水,隧道出口顺层、偏压;北衙矿区及采空区

3. B_1K 方案

线路主要通过北衙向斜(Z_1)、三家村背斜(Z_2)、大洼坡头断裂(F_{14})、塔山 1 号断层(F_{19})、塔山 2 号断层(F_{20}),无特殊岩土分布。方案重点工程是 $B_1K67 + 600 \sim B_1K77 + 435$ 的笔架山隧道，由于隧道通过北衙向斜核部，而向斜核部岩溶强烈发育，隧道施工可能遇岩溶和岩溶涌突水。

(四)方案比选意见

1. 地质选线原则

越岭段地形、地质条件复杂，新构造运动强烈，桥隧工程集中。勘察设计过程中在大面积区域地质调绘的基础上，与线路方案研究相配合，做好多方案(或方案组合)比选，始终坚持遵循越岭地区、不良地质及特殊岩土区地质选线及重大桥隧工程地质选线优先的原则。结合各方案的特点综合考虑，受地质因素控制的选线原则主要有以下几点：

(1)越岭段地层岩性纷杂，岩体破碎，线路宜选择从岩性单一、岩体完整性较好的地段通过；

(2)区域构造复杂，深大断裂发育，线路应避开深大断裂，无法避开的情况下，线路宜短距离、大角度且以简单工程类型通过断裂带；

(3)测区属高烈度地震区，应充分认识深大断裂带及地震等区域稳定因素及地震次生地质灾害对铁路工程建设及建成后运营的影响；

(4)区内水文地质条件复杂，岩溶泉、断层泉、暗河等发育，线路通过时，施工易引起突水、突泥危害及造成环境工程地质问题，宜避开暗河及大的泉点；

(5)区内不良地质及特殊岩土发育，分布范围广，规模大，成因复杂，线路应尽量避开较大的不良地质及长大段落的特殊岩土，在不能避开时，宜短距离通过。

2. 方案比选考虑的主要地质问题

遵循以上地质选线原则，从地质角度分析，各方案均有优缺点。方案比选应考虑以下几个主要问题，其余从工程造价、线形、运营等方面综合考虑。

(1)线路应尽量绕避洱海湖积相软土：该软土具孔隙比大、压缩性高、天然含水率高、有机质含量高、分布范围广、厚度大、物理力学性质差、工程难以处理等特点。CK 线、BK 线均未完全绕避。

(2)线路应绕避 CK63 +950 ~ CK64 +840 段膨胀土：该段膨胀土属第四系全新统，最大厚度超过 26 m，局部小于 5 m，分布范围广，属强膨胀土，对桥、路基、隧道工程影响较大。BK 线已绕避，CK 方案青花坪隧道进口端洞身近 100 m 位于强膨胀土内。

(3)应尽量绕避梅子洞滑坡群：该滑坡群滑坡体厚度大，规模大，堆积物松散，范围广，稳定性差，目前滑坡体上局部边坡已失稳，工程难以处理。B_1K、BK 方案绕避了梅子洞滑坡群。

(4)线路应尽量增大与北衙向斜的交角，绕避向斜核部岩溶强烈发育区。因北衙向斜核部地层岩溶强烈发育，从构造上分析为一富水构造，施工中遇到岩溶突水、突泥现象的可能性极大。B_1K 线增加了线路与北衙向斜核部地表岩溶强烈发育地带交角，同时缩短了隧道通过岩溶强烈发育的长度。

(5)线路应远离北衙矿区及采空区：该矿区开采年代久远，分布范围广，目前的部分坑道已被堵塞。鉴于该矿区开采年代久远，多期开采，坑道分布复杂，难以查清，采空区对线路影响较大，从地质角度而言，线路应绕避采空区。

上述线路方案均已绕避。

3. 方案比选意见

各方案工程地质条件综合对比见表 3—15—3。

表 3—15—3　大丽铁路越岭段工程地质条件综合对比表

上村至梅子涧（CK50 ~ CK68）		
工程地质条件	CK 方案	BK 方案
地形地貌	溶蚀、剥蚀构造中山地貌，地形起伏较大	
地层岩性	第四系分布于洱海东岸边缘及低洼沟槽、斜坡缓坡地带，主要为冲洪积、湖积、坡积、滑坡堆积黏性土、碎石土、角砾土、淤泥、泥炭质土、砂土等；基岩为玄武岩夹凝灰岩及灰岩透镜体	第四系分布于洱海东岸边缘、邓川及山间槽谷、斜坡缓坡地带，主要为冲洪积、湖积、坡积、滑坡堆积黏性土、碎石土、角砾土、淤泥、泥炭质土、砂土等；基岩为玄武岩夹凝灰岩及灰岩透镜体
地质构造	禾洛山隧道斜穿独木桥南断层，CK53 + 300 ~ CK55 + 480 与三台山断层平行，相距 80 ~ 200 m	BK52 + 200 ~ BK54 + 400 与三台山断层平行，相距 70 ~ 200 m
主要工程地质问题及与线路的关系	青花坪隧道出口位于梅子涧 2 号滑坡滑床下，路肩距滑坡底部 13 ~ 30 m，滑坡对隧道有一定影响 通过强膨胀土 742 m（隧道 182 m、桥 90 m、路基 470 m），软土 1 470 m	湾佛村隧道出口位于梅子涧 2 号滑坡滑床下，路肩距滑坡底部 7 ~ 30 m，对隧道影响较大；BK64 + 000 ~ BK64 + 300 左侧 60 ~ 400 m 曾有小规模垂直及水平采矿，据调查，矿洞最深约 100 m，较难查清，对隧道有一定影响；通过软土 3 500 m
工程地质评价	工程地质条件一般	工程地质条件较差

梅子涧至北衙（CK68 ~ CK78）			
工程地质条件	CK 方案	BK 方案	B_1K 方案
地形地貌	溶蚀、剥蚀构造中山地貌，地形起伏较大		
地层岩性	第四系分布于斜坡缓坡地带及山间沟槽内，主要为坡积、洪积、残积黏性土、碎石土、角砾土等；基岩为灰岩、白云岩、白云质灰岩、泥质灰岩、砂岩、泥岩、页岩、玄武岩、石英正长斑岩		
地质构造	笔架山隧道（L = 6 552 m）以 50° 交角穿过北衙向斜，垂直穿过三家村背斜；胡子坪隧道（L = 3 670 m）近垂直穿过大洼坡头断裂，53°交角穿过塔山 1 号断层；路基以 67°交角穿过塔山 2 号断层。寸家院断裂约 450 m 长与线路近平行，相距 60 ~ 150 m	担蓝坡隧道（L = 8 960 m）以 37°交角穿过北衙向斜，近垂直（82°）穿过三家村背斜，以 55°交角穿过大洼坡头断裂、寸家院断裂；路基以 47°交角穿过塔山 1 号断层，53°交角穿过塔山 2 号断层	诸葛城短隧（L = 2 350 m）以 58°交角穿过北衙向斜；胡子坪隧道近垂直穿过大洼坡头断裂，53°交角穿过塔山 1 号断层；路基以 67°交角穿过塔山 2 号断层。寸家院断裂约 450 m 长与线路近平行，相距 60 ~ 150 m
主要工程地质问题及与线路的关系	隧道位于垂直渗流带或季节交替带，向斜核部岩溶强烈发育，地表溶蚀洼地、漏斗、落水洞、溶沟等岩溶形态发育。笔架山隧道进洞条件较差，胡子坪隧道距采空区最近约 180 m，距矿区边界小于 50 m 的长 650 m，有压覆矿床问题	隧道位于垂直渗流带或季节交替带，向斜核部岩溶强烈发育，地表溶蚀洼地、漏斗、落水洞、溶沟等岩溶形态发育。笔架山隧道进洞条件较差，胡子坪隧道距采空区最近约 40 m，距矿区边界小于 50 m 的长 1 000 m，有压覆矿床问题	笔架山隧道（L = 3 250 m）穿过玄武岩、砂岩夹页岩，诸葛城隧道位于垂直渗流带，向斜核部岩溶发育，地表岩溶形态不发育。笔架山隧道进洞条件较好，胡子坪隧道距采空区最近约 180 m，距矿区边界小于 50 m 的长 650 m，有压覆矿床问题
工程地质评价比较	工程地质条件相对稍差	工程地质条件较差	工程地质条件相对较好

综上所述，从总体上看，两个方案中以 B_1K 方案工程地质条件相对较好，CK 方案又略好于 BK 方案。

从地质角度考虑，上村至梅子涧段推荐 CK 方案，梅子涧至北衙段推荐 B_1K 方案。这一综合方案的优点是：绕避了 CK63 + 950 ~ CK64 + 840 段强膨胀土，线路以湾佛村隧道通过；最大限度地绕避了 CK65 + 786 ~ CK68 + 502 滑坡群；线路在 B_1K68 + 120 ~ B_1K71 + 370 段设笔架山隧道，B_1K72 + 140 ~ B_1K74 + 490 段设诸葛城隧道，增加了线路与北衙向斜核部地表岩溶强烈发育地带交角，相应缩短了隧道通过三叠系岩溶强烈发育段的长度；线路远离了北衙矿区大型采空区。

推荐的综合方案也存在以下缺点:线路增长了;增长了线路通过洱海湖积相软土的长度;BK63 +970 ~ BK64 +460 西侧距采空区仅约 60 m;未完全绕避 CK65 +786 ~ CK68 +502 段滑坡群。对推荐的综合方案所存在的缺点,建议在进一步工作中,有针对性地局部优化线路方案,力争尽量缩短通过软土的长度,争取避开滑坡,加大与采空区的间距,否则必须采取可靠的工程处理措施。

（五）结 束 语

在西南山区,复杂地质条件直接影响线路走向、技术标准、工程投资和施工期限,特别是在我国铁路建设空前发展的大环境下,做好地质选线十分重要。应遵循越岭地区、山区河谷、不良地质和特殊岩土地区、重大桥隧工程的工程地质选线原则,对严重不良地质地段要优先绕避,无法绕避地段应进行多方案比选,并采用提高可靠性、安全度的工程措施。

十六、洛湛铁路大桂山越岭地段工程地质特征及地质选线

岳志勤

（一）概 况

洛湛铁路为国家新建Ⅰ级干线铁路,为广西壮族自治区重点工程。贺街镇—石桥镇为越岭段,全长约 57 km,翻越大桂山山脉,铁路穿越于群山峻岭之中。本区属珠江流域,水系甚为发育,平均密度为 0.46 km/ km^2。国道 207 公路贺州至梧州段自北向南经过本区,交通条件较好。

（二）工程地质条件

1. 地形地貌

大桂山位于广西贺州市贺街镇,属南岭山系中段南部,为贺州—钟山平原地貌向大桂山中低山地貌过渡地段,地势东低西高,呈台阶状第次增高。高程 400 ~ 1 000 m 左右,主峰一般 1 000 ~ 1 400 m,与盆地之间的高差一般为 350 ~ 1 000 m,山坡坡度 15° ~ 35°,河谷两侧坡度较陡,达 40° ~ 50°,部分地段呈悬崖陡壁。山坡植被茂密,大桂山山脉为国家森林公园,生态环境保护良好,是广西壮族自治区贺州地区旅游风景区。

2. 地层岩性

区内上覆第四系全新统土层,下伏基岩为泥盆系地层,简述如下:

(1)第四系全新统土层:包括冲洪积层、坡残积层、滑坡堆积层等,以粉质黏土为主,河流两侧阶地中有卵石土、细砂等分布,滑坡堆积层中则含块、碎石及角砾较多。

(2)泥盆系上统榴江组(D_3l):页岩、砂岩,偶见硅质岩、灰岩,局部含炭质页岩。

(3)泥盆系中统东岗岭组(D_2d):灰岩夹白云岩、泥质灰岩,质地较坚硬,主要分布于三步梯向斜核部和养牛坪逆断层经过的隧道浅埋地段。

(4)泥盆系中统郁江阶(D_2y):砂岩、石英砂岩夹页岩、炭质页岩,区内广泛分布。

(5)泥盆系下统那高岭组(D_1n):以泥岩为主,夹灰黄色薄层粉砂岩,顶部为细、粉砂岩、泥灰岩。

(6)泥盆系下统莲花山组(D_1l):下部以砂岩和粉砂岩为主,夹粉砂质泥岩、粗砂岩、含砾粗砂岩,底部为砾岩;中部由细砂岩、粉砂岩与泥岩、粉砂质泥岩互层或夹层组成;上部为粉砂岩、泥质粉砂岩夹泥岩。

3. 气象及水文地质条件

(1)气象条件:本区属亚热带季风湿润气候区,冬无严寒,夏季较热,四季较分明,1月最冷,7月最热。多年平均气温为19℃~21.1℃,极端最高气温39.5℃,极端最低气温为-4.0℃。雨量充沛,降雨量主要集中在3~8月份,年平均降雨量为1 287.50~1 667.40 mm,最大年份曾达2 361.70 mm。平均风速1.8 m/s,最大风速29.3 m/s,历年主导风向为北西西风。历年平均相对湿度78%~81%,平均蒸发量1 366.2~1 500.5 mm。

(2)水文地质条件:由于地区内植被发育且保存完好,降雨补给充分,故地表山涧常年流水,流量随季节波动。地下水包括第四系土层中的孔隙水、基岩裂隙水及岩溶水,受大气降水及地表水补给。其中黏性土中孔隙水含量较小;由于砂岩、石英砂岩、粉砂岩等受构造影响,岩体较破碎,节理、裂隙发育,因此基岩裂隙水含水量较丰富;灰岩中岩溶发育,岩溶水较丰富,但其分布具不均一性。

4. 地质构造及地震

(1)地质构造:本区位于南华准地台之桂湘赣褶皱带南缘与华夏褶皱带之过渡地带。经历了六次构造运动,其中加里东、印支、燕山、喜马拉雅四次为强烈的造山运动,柳江、东吴两次为幅度较大的震荡运动。燕山运动以断裂为主,褶皱次之,该期是区内较强烈的断层活动期,这次运动后区内地质构造和地貌基本定型。

洛湛铁路大桂山越岭段位于广西山字形构造体系北东翼与南岭纬向构造带之复合部位。构造线方向多变,断层、褶皱发育。大桂山分水岭为山字形构造体系大瑶山复背斜的一部分。

区内最大构造为独山—七星岭区域性大逆断层和林田屯复式向斜,中小断裂、褶皱也十分发育。断裂、褶皱互相叠加、切割,致使地貌支离破碎(见图3—16—1)。现将区内较大且对线路影响大的构造叙述如下:

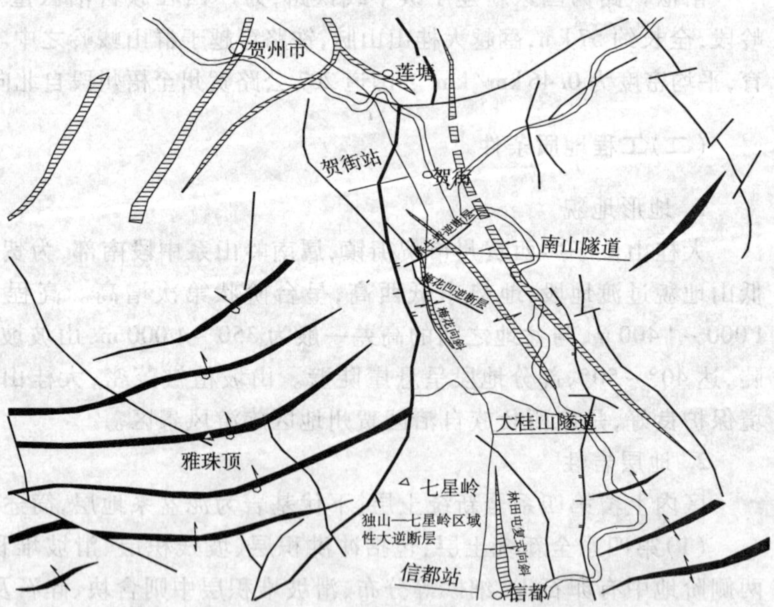

图3—16—1 大桂山越岭地段构造纲要图

独山—七星岭区域性大逆断层:在区内近南北向延伸达77 km,切过三个印支期褶皱的西翼,错断的地层有寒武系、泥盆系、下石炭系、上二叠系,并穿过中生代花岗岩。断层面倾向西,倾角55°~60°,西侧上盘上升,断层线微弯曲。按缺失的地层推算,垂直断距约1 000 m。断层的主要标志和特征是中段寒武系逆冲在泥盆系郁江阶之上,岩层受挤压,小褶曲发育,进而破坏为角砾岩,附近岩石硅化、钠长石化;北段断层附近雁行排列的裂隙中有各种岩脉和含锡矿脉充填。沿断层两侧地貌类型明显不同。

养牛坪逆断层:位于区内207国道旁沟心处(里程 D_3K282+753),断层走向为N60°E,倾向NW,倾角约为60°。断层上盘为泥盆系中统郁江阶,下盘为东岗岭组及郁江阶。据钻孔揭示,断层破碎带(包括断层角砾及断层泥)厚度约15~20 m,宽10~35 m。养牛坪逆断层沿NW向将同一背斜切断成三步梯2号背斜、大湾1号背斜和梅花向斜。

梅花凹逆断层:与线路夹角约40°,断层产状为N60°W/70°SW。断层破碎带被覆土所盖,破碎带宽度不清。断层NE盘为榴江组地层,断层SW盘为东岗岭组地层。本断层被养牛坪逆断层错断。

林田屯复式向斜:为起伏状的复式对称向斜,与梅花向斜为同一大向斜的两个部分。轴线通过信都附近,轴向350°,长45 km,宽5~17 km,褶皱幅度约1.5 km。轴部为中上泥盆统灰岩、硅质页岩,翼部为中下泥盆统的砂岩、页岩。岩层小褶皱发育,造成复式褶皱,两翼均为断层切割。

梅花向斜:分布于南山隧道顶沟槽一带,向斜轴部与线路于 D_3K281+104附近斜交,交角约为45°,轴向近N65°W,两翼不对称,NE翼岩层产状为N50°W/75°S,SW翼岩层产状为N70°W/45°N。向斜核部地层为东岗岭组灰岩夹泥质灰岩、白云岩,两翼地层均为泥盆系中统郁江阶砂岩、石英砂岩夹页岩。

其余较小的构造还有蛇儿头断层、深冲断裂带、南山头背斜、三步梯2号背斜、大湾1号背斜、大湾向斜、大湾2号背斜、草王—大磅背斜等。

(2)地震:根据《中国地震动参数区划图》(GB18306—2001,1/400万),测区内地震动峰值加速度为0.05g(相当于地震基本烈度Ⅵ度),地震动反应谱特征周期为0.35s。

5. 工程地质分区及特征

洛湛铁路大桂山越岭地区的南、北坡工程地质特征有明显的差异。大桂山北坡紧邻独山—七星岭区域性大逆断层,不同时期的断裂、褶皱互相叠加、切割,不良地质主要表现为重力地质作用形成滑坡,共发现88处滑坡;大桂山南坡已逐渐远离独山—七星岭区域性大逆断层,主要受林田屯复式向斜控制,线路主要沿向斜轴方向蜿蜒行进,不良地质主要表现为顺层,在40余千米的线路范围内共有97段10.477 km的顺层路堑。

(三)控制大桂山越岭地段工程地质选线的滑坡工程地质特征

大桂山北坡大量分布的滑坡是控制越岭地段线路方案选择的最主要的地质因素,故对其工程地质特征作一叙述。

1. 几个典型滑坡概况

位于207国道边1号、2号滑坡为公路开挖所形成。这两个滑坡每年雨季均有滑动,滑体物质堆积于公路上,阻断交通,公路部门年年对其进行清除处理。2号滑坡已经将滑坡物质清除完毕,但是滑坡后壁及两侧又开始出现新的滑动迹象。

4号、5号滑坡在2003年以前也经常破坏公路路面,使公路外移,2003年进行支挡处理后方才稳定。

3号、6号滑坡前缘分别位于里江及南木河岸边,受水流冲刷,均处于不稳定状态。3号滑坡上的民房开裂下沉,致使村民搬离;6号滑坡位于受冲刷的凹岸,岸坡较陡,滑床为基岩层面,层面倾角60°,松散物质难以附着,致使上部滑床长期暴露,滑床一直延至山顶。

沿南木河岸边分布的7号滑坡在2002年勘察时显示为古滑坡,滑坡形态平缓,轮廓不太清晰。但在2003年补充勘察时,由于受大雨影响,后缘山体失稳滑动,推动古滑坡向前移动,滑坡体上成材的树木倾斜,部分树根被拔起,显示古滑坡又重新复活了。

2. 滑坡成因分析

(1)本区构造作用强烈,受区域构造影响,次级断裂及褶皱发育,岩体有轻微变质现象,风化强烈,硬质岩(砂岩、石英砂岩)岩体破碎,软质岩揉皱发育,为滑坡的形成与发展提供了物质基础。

(2)本区降雨丰富,暴雨强度高,降雨量80%左右集中在5~9月间;大量降雨补给土体内地下水,不仅增加土体重量,降低其抗剪强度,且下暴雨时,土体内的静水压力和动水压力增大,也促使土体产生滑动,故降雨往往成为滑坡发生的直接诱发原因。

(3)临河地段,特别是处于凹岸地段,岸坡常年受水流冲刷、掏蚀,使斜坡变陡,常出现失稳现象,牵引上部土体或岩体滑移,这是形成滑坡的又一重要原因。

3. 大桂山山区斜坡及滑坡稳定性总体评价

大桂山山区存在以下不利于斜坡及滑坡稳定的因素:

(1)大桂山属于燕山期以来的持续抬升期,以剥蚀为主,加之构造作用、风化作用强烈,固体松散物质来源丰富,在雨水的搬运作用下,向坡脚转移,堆积于斜坡坡麓地带或滑坡后缘,既对滑坡稳定不利,也使坡麓带常有较厚而又不稳的松散堆积层分布;

(2)河流持续下切,使岸坡冲刷、掏蚀日趋严重,岸坡更加陡峻,稳定性不断降低;

(3)丰富的降雨和集中的高强度暴雨;

(4)随着建设的发展和山区的开发,人为活动不断加剧。

从古滑坡的复活、新滑坡的产生以及公路工程开挖引起斜坡变形进而发展为滑坡的变迁过程来看,大桂山北坡仍处于地貌重塑活动的活跃期,斜坡自然稳定性差,众多滑坡的总体稳定性也差。

(四)工程地质选线原则及地质选线实践

1. 工程地质选线原则

针对区内揭示的工程地质条件,提出如下工程地质选线原则:

(1)力争绕避规模较大的滑坡;

(2)线路宜填不宜挖,尽可能地减少对自然斜坡的破坏;

(3)控制斜坡路基长度和挖方边坡高度,有条件时,以桥隧通过为宜;

(4)针对大桂山南坡的顺层,要尽可能遵循反坡通过的原则,并尽量降低顺层边坡高度。

2. 地质选线实践

根据对区内地质条件的逐步认识过程,地质选线分为两个阶段。

(1)2003年3月以前,以短隧、桥、路基工程相结合,小半径绕避滑坡为指导思想,进行工程地质选线。共计三个线路方案,但每个方案仍须穿越6~8个不同的滑坡,整治滑坡工程量大。其余路堑边坡安全隐患大。

(2)2003年3月以后,通过对前期方案的研究以及随后开展的区域地质调查测绘分析,总结出在受地质构造控制的地区内,区域性的不稳定斜坡与气象、水文环境的组合是造成大桂山越岭段众多滑坡的根本原因,并由此确定线路工程尽可能避免破坏自然边坡的选线原则。通过现场实地调绘,对在大桂山越岭段北坡所拟定的七个线路方案进行了比较和进一步优化,选择出现在采用的南山隧道方案。该方案南山隧道进口在里江右岸岩质边坡顺山脊线进洞，绕避了滑坡，出口在滑坡群中选择规模相对较小、便于整治的一处中型滑坡出洞，然后沿南木河宽缓地带以填方路基、桥梁和隧道为主的工程，将线路引入大桂山越岭隧道；大桂山南坡，对大桂山隧道出口到信都车站的顺层边坡地段的线位进行了优化，避免出现顺层高边坡。

（五）施工验证

贺街车站—信都车站段，于2007年底已经施工完毕。蛇儿头特大桥至深冲1号隧道进口端（$D_1K290+700\sim D_1K291+670$）1 km 范围内，原线路方案线位是在沟槽中以路基填方通过，但由于2004年3月西电东送高压输电线路（50万伏）及铁塔先期修建，侵占铁路线位，铁路被迫东移至山边，以绕避高压输电线及铁塔，线路工程难以完全贯彻地质选线原则，不得不出现挖方路堑。虽然路堑边坡高度有限，且均为砂岩、石英砂岩、页岩的全强风化带，施工中，4段路堑边坡共产生了5个规模不等的工程滑坡，有的挖方边坡高度仅2～3 m，所设挡墙也未能保持斜坡稳定，招致破坏，后改用抗滑桩处理方告奏效，导致工程变更量大增。其余遵循了地质选线原则的地段，施工至今仅出现了一处工程滑坡（雨后土层滑动）。通过长达3年的施工验证，证明大桂山越岭地段提出的地质选线原则是合理的，地质选线效果也是令人满意的。

（六）结 束 语

洛湛铁路大桂山越岭段是全线三个越岭地段之一，地形困难，地质条件复杂，山高林密，荆棘杂草丛生，加之雨水丰富，剥蚀塑坡作用强烈，滑坡判识难度较大，对地质外业工作造成了极大的困难。经过广大地质专业人员反复艰苦的工作，最后查清了线路经过地区的区域工程地质特征，提出了地质选线原则并开展了工程地质选线。大桂山越岭段的地质选线实践证明，在越岭地段复杂的地形、地质环境进行地质选线工作，必须充分掌握地形地貌、地质构造、水文环境等的区域特征，在此基础上进行综合分析，才能准确把握形成各类不良地质的原因，明确各类不良地质对不同线路方案的影响，比较不同线路方案具体线位所处地质环境的优劣，并同各专业协同工作，紧密配合，从而选出安全、可靠、稳妥、经济的线路方案。

十七、横南铁路武夷山分水关越岭隧道地质选线

莫安儒

（一）概　　况

分水关隧道是横峰至南平铁路穿越武夷山脉的长大越岭隧道。进口位于江西省的乌石，出口位于福建省的黄莲坑，单线隧道，全长7 252 m。

分水关是武夷山一处鞍状垭口，垭口两侧呈直线发育两条对头大沟。北沟为紫溪河源头，流经乌石入车盘河，属长江水系；南沟为大安河源头，流经黄莲坑，入崇洋溪，属闽江水系。铁路由北溯紫溪河而上，于江西乌石附近进入分水关隧道，在福建黄莲坑出隧道后顺大安河而下。

沟谷两侧是陡峻高山，山体雄厚，高差达400～600 m，多悬崖绝壁。受地形限制，越岭线路方案只能在沟谷及其两侧斜坡地带选择。隧道方案分沟谷东侧（东线）方案、沟谷中部（中线）方案和沟谷西侧（西线）方案。每一方案中有短隧方案（高线位）、中长隧方案（中高线位）、长

隧方案(低线位)三个方案,组合成九个不同的隧道方案。

线路所经的分水关垭口及两侧对头大沟,正是区域性紫溪—大安大断裂通过之处,故隧道东、中、西方案都近距离平行紫溪—大安断裂,但从工程安全性考虑,又必须准确躲避开该断裂带,同时隧道进出口还需要躲避大型泥石流沟,因此地质选线难度比较大。

地质工作中,采用了综合地质勘察方法。在大面积区域地质测绘的基础上,采用地震勘探、电法勘探、航空磁测、地质槽探、深孔钻探、综合测井以及岩土试验、岩样磨片鉴定、抽水试验等多种勘探、试验手段,查明了越岭隧道方案通过地区区域地质环境和各方案的具体工程地质条件,为地质选线提供了可靠的基础资料。

(二)工程地质特征

隧道测区为岩浆岩分布区。以紫溪—大安断裂为界,断层东盘为侏罗系兜岭群下亚群岩浆喷出岩($J_3dl_1^b$),岩性为褐色、紫色晶屑凝灰溶岩及碎斑酸性溶岩;断层西盘为燕山早期侵入岩($\gamma_5^{2(3)c}$),岩性为肉红色中粗粒、中细粒似斑状黑云母花岗岩。

紫溪—大安区域性断裂横切武夷山脉,断裂延伸长达20余千米,延伸方向约320°(NW—SE向),经江西紫溪、车盘、乌石至福建黄莲坑、大安。断层倾向NE,倾角65°~80°。越岭隧道方案通过的乌石至黄莲坑一带,燕山早期中粗粒、中细粒似斑状黑云母花岗岩与侏罗系兜岭群下亚群岩浆喷出岩—晶屑凝灰溶岩及碎斑酸性溶岩呈断层接触。断裂破碎带及其影响带宽数十米至百余米。分水关垭口及两侧对头大沟即系沿断裂破碎带发育而成。

越岭隧道通过地区不良地质主要为大型泥石流。其中隧道北洞口上方分布3条泥石流沟,分水关垭口分布2条泥石流沟。据县志记载,1701年(康熙四十年)和1790年(乾隆五十五年)勒马山至乌石一带、仙山岭至黄莲坑一带由于暴雨引发大规模山崩形成大型泥石流,村庄被淹没,居民房屋荡然无存,沿河居民漂没无数。

现今仍可见到的大片泥石流堆积区,堆积物为大块石土,石质成分为花岗岩,直径0.2~3 m,堆积体厚3~15 m。

(三)分水关隧道地质选线经过

分水关隧道涉及的地质问题有风化深槽、地下水涌水、有害气体及放射性、高地温、岩爆、泥石流、岩堆、紫溪—大安区域性断裂等,其中前五个地质问题对各隧道方案而言均涉及,具共性,不控制隧道方案;后三个地质问题对隧道方案具控制作用,尤其是紫溪—大安区域性断裂是控制隧道方案的关键因素。

由于线路沿沟溯流而上,出隧道后顺沟而下,沟谷两侧是陡峻高山,线位可摆动的范围非常有限。越岭隧道的东、中、西三个方案均与沿沟谷发育的紫溪—大安断裂平行。这种近距离平行区域性断裂选择长大越岭隧道方案,风险较大,只有通过深入、精心的地质选线,才能使所选方案避开断裂破碎带及其影响带,走行于地质条件相对较好的位置。

横南铁路工程可行性研究阶段,武夷山越岭地段线路方案地质选线研究,主要根据1:20万区域地质资料进行。按该资料,紫溪—大安断裂在江西境内位于沟谷东侧,在福建境内位于沟谷西侧。据此,工可阶段推荐的分水关隧道方案位于沟谷东侧,即东线方案,当时认为该方案已避开断裂(见图3—17—1)。

初测阶段,开展了对越岭隧道方案通过地区的大面积区域地质测绘,工作重点之一是核实紫溪—大安断裂的准确位置。

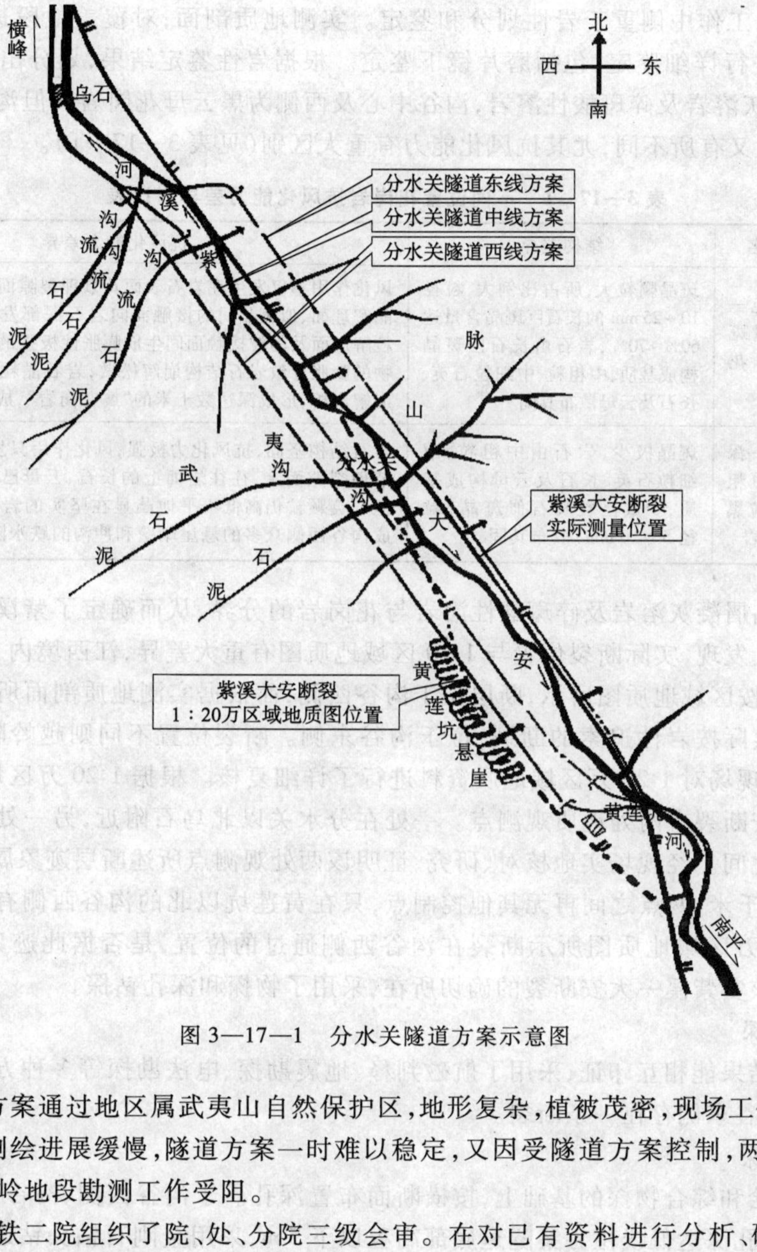

图 3—17—1　分水关隧道方案示意图

由于隧道方案通过地区属武夷山自然保护区，地形复杂，植被茂密，现场工作极其艰难，大面积区域地质测绘进展缓慢，隧道方案一时难以稳定，又因受隧道方案控制，两端线路亦无法贯通，使整个越岭地段勘测工作受阻。

有鉴于此，铁二院组织了院、处、分院三级会审。在对已有资料进行分析、研究后决定：由于紫溪—大安断裂破碎带及影响带宽数十米至百余米，基本上在沟谷中通过的中线方案之低线位长隧（C_4K）方案、中线位中长隧（C_5K）方案、高线位短隧（C_6K）方案与断裂及地表沟谷邻近甚至重合，其地质条件极差，不宜采用，予以放弃；分别在紫溪—大安断裂东盘和西盘且距断层影响带一定距离，选择越岭隧道方案进行比选。由于该段地质复杂，要贯彻越岭隧道选线原则，先选好越岭隧道位置，再作两端引线的选线。

根据上述会审精神，现场地质勘察中，在查明紫溪—大安断裂位置的同时，还就越岭隧道方案的其他工程地质条件开展了工作。

1. 现场落实紫溪—大安断裂具体位置

根据 1:20 万区域地质资料，紫溪—大安断裂在“至黄莲坑一带，燕山早期中粗粒、中细粒似斑状黑云母花岗岩与侏罗系兜岭群下亚群岩浆喷出岩—晶屑凝灰溶岩及碎斑酸性溶岩为断层接触”的提示,工作中侧重于岩性划分和鉴定。实测地质剖面,对覆盖地段进行挖探揭露,对不同的岩性进行详细鉴定,包括磨片镜下鉴定。根据岩性鉴定结果,划分出沟谷东侧为褐色、紫色晶屑凝灰溶岩及碎斑酸性溶岩,沟谷中心及西侧为黑云母花岗岩。但沟谷中心与沟谷西侧花岗岩岩性又有所不同,尤其抗风化能力有重大区别(见表3—17—1)。

表3—17—1　不同位置花岗岩抗风化能力差异对比表

位置	岩性定名	结构差异	抗风化能力差异
沟谷中心	浅肉红色—灰白色似斑状黑云母花岗岩	斑晶颗粒大,所占比例大,粒径10～25 mm的长石巨斑晶含量达60%～70%,岩石由长石巨斑晶构成基质,中粗粒、中细粒石英、长石及云母散布其间	风化作用不仅发生在岩石表面及节理裂隙面上,而且沿着似斑晶解理面、似斑晶间的接触面向岩石深部发展,风化作用在晶粒解理面及晶粒接触面间生成膨胀性极强的黏土矿物,黏土矿物的膨胀导致岩石结构崩解松散,岩石晶粒看似新鲜,但结构崩解离析,形成深达数十米的“腐花岗岩”,成为负地形—沟心
沟谷西侧	肉红色—深肉红色中粗粒、中细粒黑云母花岗岩	斑晶极少,岩石由中粗粒、中细粒石英、长石及云母构成基质,少量巨粒长石似斑晶(粒径5～10 mm)散布其间	岩石结构坚固,抗风化力极强,风化作用只发生在岩石表面及节理裂隙面上,往往岩面上的长石、云母已因风化淋滤下凹,但石英颗粒仍高低不平地凸显在坚实的岩面上,坚硬岩体形成沟谷西侧众多的悬崖峭壁和冲沟的跌水陡坎

按照上述晶屑凝灰溶岩及碎斑酸性溶岩与花岗岩的分界,从而确定了紫溪—大安断裂的位置。但同时又发现,实际断裂位置与1:20区域地质图有重大差异,江西境内二者基本吻合,但在福建境内,按区域地质图所示,断层位于沟谷西侧,而根据实测地质剖面所确定的岩性分界位置和现场实际按岩性追索的断裂,位于沟谷东侧。断裂位置不同则越岭隧道方案不同。为慎重起见,在现场对1:20万区域地质资料进行了详细复核。根据1:20万区域地质报告,测区内紫溪—大安断裂有两处地质观测点。一处在分水关以北乌石附近,另一处在分水关以南黄莲坑与大安之间。经现场实地核对、研究,证明该两处观测点所述断层迹象属实。由于两观测点相距10余千米,两点之间再无其他控制点,只在黄莲坑以北的沟谷西侧有貌似断层崖的悬崖存在,1:20万区域地质图所示断裂在沟谷西侧通过的位置,是否据此迹象而定,尚难肯定。为进一步核实紫溪—大安断裂的确切所在,采用了物探和深孔钻探。

2. 综合物探

为使物探结果能相互印证,采用了航磁判释、地震勘探、电法勘探等多种方法相结合的综合物探,确认沟谷东侧存在一条断裂。

3. 深孔钻探

在地质测绘和综合物探的基础上,按横断面布置深孔。于沟谷西侧、沟谷中心、沟谷东侧各钻深孔1个,孔深达低线位方案隧道底部高程以下5 m,采用金刚石钻头钻进,绳索取芯,岩芯逐节编号装箱存放。钻探揭示,沟谷西侧岩芯完整,除表层风化层外,岩芯节长多为0.5～1 m,最大节长2 m,无断层迹象;沟谷中心钻孔岩芯也比较完整,无断层迹象;沟谷东侧钻孔岩芯则明显比较破碎。

通过对测绘、综合物探和深孔钻探成果的综合分析,确认在福建境内,沟谷西侧无断裂存在,紫溪—大安断裂确实位于沟谷东侧,东线隧道方案局部与断层重合,只有西线方案离断层较远,地质条件也相对较好。

4. 为查明隧道方案的水文地质条件,评价隧道涌水情况,经钻孔抽水试验,确定岩层渗透系数,并据以预测隧道涌水量。经分析认为,地下水涌水量不控制越岭隧道方案选择。

又通过钻孔综合测井,查明隧道放射性,隧道地温等,放射性、地温均不控制隧道方案。

5. 查清了隧道通过地区泥石流分布及规模，并对其对隧道方案的影响作出评价，选择早进洞、晚出洞，使隧道及引线避开了泥石流。

经过以上工作，对越岭地段分水关隧道东、西两个方案地质条件进行全面比选，最后选定了西线长隧方案。

经施工检验，分水关隧道地质条件较好，与地质勘察资料基本吻合。

(四)结 束 语

在铁路工程地质选线中，区域地质构造往往是控制性的重要条件之一。受铁路工程地质工作总是沿铁路线路带状开展的限制，涉及区域性的地质内容，必须借助于有关专业部门的既有资料。1:20 万区域地质图即是这一工作中具有指导性质的图件。因其比例尺较小，难以适应铁路工程地质工作之需，在使用过程中，应注意其精度问题，在实际工作中必须注意加以核实、修正后方能使用，切忌盲目套用。分水关越岭隧道方案的地质选线工作，正是在这方面花了力气、下了工夫，采用了多种手段的综合勘察技术，核实、修正了区域性断裂位置，才选出了地质条件较好的越岭方案。

十八、地质选线在水柏铁路中的运用

阳旭东

水柏铁路穿越云贵高原东部斜坡地带的崇山峻岭，地势西北高、东南低，自玉舍车站引出六盘水枢纽，穿越北西走向的北盘江水系之分水岭，经发耳构造盆地边缘，跨北盘江后沿高原面再穿文昌阁大山，到达终点柏果车站。沿线群峰高耸，高程 1 800 ~ 2 500 m，北盘江切割剧烈，谷深坡陡，河谷最低高程 868 m，相对高差 200 ~ 800 m。整个高原面在外营力的长期剥蚀、侵蚀作用下，被切割得支离破碎，呈现出群山起伏的山原景观，分水岭及河谷走向与构造线基本一致。沿线属亚热带气候，冬春干旱寒冷，夏秋潮湿温凉，历年平均降水量 1133 mm，87% 集中在 5 ~ 10 月，而且常有暴雨发生，最大日降水量 171.6 mm，历年平均蒸发量 1876 mm，绝对湿度 11.7 mb，相对湿度 77.5%，受地形影响，气候的垂直分带性明显。岩溶、岩堆、滑坡、不稳定斜坡、顺层、危岩落石、泥石流、错落体为沿线的主要不良地质问题；软土、膨胀性红黏土及膨胀岩为沿线的主要特殊岩土。如何跨越沿线最低点的北盘江峡谷区，再沿高原面集中展线，以绕避沿线众多的重力地质作用形成的岩堆、滑坡等不良地质体，地质选线显得尤为重要，甚至可以说关系到整个线路方案的成败。

(一)地质选线在确定沿线最大加力坡时起了决定性作用

水柏铁路穿越于云贵高原东部的崇山峻岭中，由沿线最低高程 868 m 的北盘江河谷爬升到高原面上高程达 2 200 m 的文昌阁大山，相对高差达 1 500 m 以上。选用什么样的加力坡一直是这条铁路前期工作中最关心、也是最难确定的问题。直至初步设计，所提加力坡方案仍以 23.5‰及 18‰两个方案作同精度比较。针对这一重大问题，铁二院对不同加力坡方案开展了同精度详尽的地质勘察工作。在此基础上，对两个加力坡方案所处工程地质条件进行全面比较，提出了方案比选的地质推荐意见，为最终确定采用 23.5‰加力坡方案提供了可靠的地质依据。地质选线的依据，主要从以下几个方面得以体现：

1. 减少了通过可溶岩地区的长度,节省了岩溶地基处理费用

23.5% 方案由于加力坡度较大,使线路通过北盘江后尽快抬升,迅速脱离北盘江峡谷岩溶发育区。北盘江为沿线最低的岩溶侵蚀基准面,沿江分布的二叠系中厚层石灰岩,岩溶十分发育,多以深层、垂直岩溶形态为主。经现场地质测绘、调查确定,高程 1 200 m 以下为岩溶垂直极发育带,竖向溶洞、垂直溶隙分布密集。由于 23.5‰方案线路高程的尽快提升,使线路尽快地脱离了北盘江河谷,从而大大缩短了线路通过可溶岩和河谷两岸岩溶发育区的距离,减少了岩溶对沿线工程的危害程度,相应地,岩溶地基处理费用也大为降低。两加力坡方案通过可溶岩的长度和岩溶地基处理费用比较如表 3—18—1 所列。

表 3—18—1　加力坡方案通过岩溶段落长度和岩溶地基处理费用对比表

项目 / 方案	线路长度(km)	岩溶段落长度(km)	岩溶地基处理费用(万元)	地基处理费占总投资比例(%)	总投资(亿元)
23‰方案	118.67	1.5	3 000	1.01	29.7
18‰方案	135.65	4.9	9 800	2.93	33.5

从表 3—18—1 中可以看出,由于 23‰方案通过岩溶地段的缩短,线路地基条件得以相对改善,相应的投资也大为减少。

2. 绕避了较多的不良地质体,铁路长期运营安全有所保障

由于 23.5‰加力坡方案坡度大,线路设计中紧坡地段相对较少,线位调整、移动的自由度相对较大,故在确定该加力坡方案的具体线位时,尽可能绕避了已发现的滑坡、岩堆等不良地质体;而 18‰加力坡方案的紧坡地段长,在北盘江峡谷及营盘越岭地段,几乎全部设为紧坡,沿线即使存在不良地质,也难以移动线位加以绕避,所以 18‰方案中有较多的桥梁、路基都位于岩堆及滑坡体上,即使加以处理,既增大了投资,又难免不存在一定的安全隐患。两加力坡方案通过的不良地质类型、数量统计如表 3—18—2 所列。

表 3—18—2　加力坡方案所经不良地质统计表

类型 / 方案	滑坡(个)	岩堆体(个)	泥石流沟(条)
23.5% 方案	2	4	6
18% 方案	12	16	12

从表 3—18—2 中可以看出,由于 23.5‰加力坡方案通过的不良地质较 18‰方案大为减少,使线路在相同地质条件地段的安全性得以大大提高。

综上所述,由于 23.5‰加力坡方案地质条件明显优于 18‰方案,总投资也相对更低,经综合技术、经济比较后,最终确定为采用方案。水柏铁路加力坡方案的最终确定,充分说明了地质选线在线路方案的抉择中所起的决定性作用。

(二)地质选线在北盘江大桥桥位选定中至关重要

水柏铁路所经北盘江峡谷,谷深 200 ~ 300 m,为西南著名的天然陡峻峡谷,也是阻断贵州南北两地的天然屏障。如何跨越北盘江峡谷“天堑”,北盘江大桥桥位的选定决定着水柏铁路选线的成败,而地质选线又在桥位的选择中发挥了至关重要的作用。在开展地质选线工作中,着重抓了以下方面工作:

1. 开展大面积区域地质测绘，奠定桥位地质选线的基础

北盘江大桥桥位的地质选线中，在沿江上下游 20 km 范围内开展了大面积区域地质调查、测绘工作。在此基础上，从预拟的 10 多个桥位中，选择出峡谷最窄且两岸岸坡稳定性相对较好的老鹰嘴桥位及上游的尖坡桥位进行进一步工作和比较。通过更深入的地质工作和比较后发现，上游的尖坡桥位方案主要存在以下两大地质问题：

其一，尖坡桥位北岸岸坡陡峻，岸坡坡角陡达 60°~70°，无法布置施工场地。

其二，南岸存在两个倒悬岩腔，距桥址主墩约 50~100 m，倒悬岩腔内部存在大型溶洞及溶蚀破碎带，有可能影响大桥主墩的稳定。即使施工中对主墩地基采用压浆加固处理，亦存在浆液沿贯通裂隙或岩溶管道至倒悬岩腔流失的问题，因此存在一定的施工风险。

鉴于以上原因，最后选定了老鹰嘴为大桥桥位。老鹰嘴桥位的北盘江大桥主跨 228 m（施工中变更为 226 m），桥高 276 m，为当时亚洲地区最大跨度的铁路拱桥。大桥桥位的选定，使水柏铁路的线路走向最终得以确定。地质选线在桥位的最终确定中作用突出。水柏铁路通车 7 年后，北盘江大桥仍安全、稳定。

2. 开展峡谷岸坡稳定性分析、研究专项工作在桥位方案选定中意义重大

北盘江峡谷谷深近 300 m，两岸岸坡基本直立，天然深切峡谷岸坡的稳定性，关系到跨峡谷大桥主跨的大小和主墩的安全，实际桥位方案的成立与否亦取决于此。为保障北盘江大桥主墩基础的稳定，铁二院与西南交通大学合作，开展了《北盘江大桥峡谷岸坡稳定性评价》的专项研究。在深入现场地质调查、测绘的基础上，通过模型试验、计算机模拟和数值分析等多种方法，对峡谷岸坡的稳定作出分析和评价，论证并推荐了设计采用的岸坡稳定角、基础埋置深度和基底加固措施，为北盘江大桥桥位方案的确定以及主跨的大小、基础的选定提供了科学依据。

（三）营盘展线方案的采用取决于地质选线

老鹰岩北盘江大桥桥位确定后，过北盘江后的线路走向，原有两大方案：一是沿北盘江上游营盘地区展线；一是沿下游鸡场地区展线。两方案通过地区地形上无明显的区别，线路均在北盘江右岸（南岸）斜坡地带迂回展线爬升。初步设计推荐了沿下游方向的鸡场展线方案。但随着工作的深入，发现鸡场展线地带，鸡场车站以及展线上方的哈青车站所处同一斜坡，稳定性差，局部已有变形迹象。经进一步现场地质测绘确认，该斜坡属规模巨大的不稳定斜坡，长 3.5 km，宽 0.8 km，面积达 2.8 km^2，一旦破土施工，极易导致斜坡整体失稳，将对鸡场、哈青两个车站带来难以整治的后果。根据对鸡场斜坡的地质评价意见，决定对沿北盘江上游方向的营盘展线方案再次开展工作。通过同精度地质勘察、比较，发现营盘地区地层主要为玄武岩，坡形以玄武岩风化剥蚀形成的凸形坡为主，坡面整体稳定，虽然冲沟较为发育，但不存在大面积斜坡失稳的问题。由于营盘展线方案绕避了巨型不稳定斜坡体，避免了施工带来的大规模山体失稳及运营隐患，工程地质条件明显优于鸡场展线方案，故最终确定以营盘展线方案为采用方案。

（四）地质选线在营盘展线局部方案比选中发挥了重要作用

营盘展线地段位于云贵高原东部北盘江河谷岸坡以上起伏甚大的斜坡区，斜坡坡面玄武岩风化剥蚀严重，使整个斜坡被切割得支离破碎，冲沟发育。线路在由斜坡下方迂回而上，形成多层展线。由于斜坡地形较陡，地面横坡 30°~40°，迂回而上的线路将面临车站填方基底

失稳、路堑高边坡坍塌、隧道浅埋坍方、偏压等一系列地质病害的潜在威胁。为将具体的线位选在相对稳定的斜坡地带通过，地质选线在这里发挥了重要的作用。

1. 车站位置的选择

针对营盘地区冲沟发育、玄武岩风化严重的特点，在迂回展线地段的上、下两个车站（营盘车站、毛草坪车站）位置设置上，提出了如下地质选线原则，并按此原则确定了两个车站位置：

（1）两个车站不能同时设置于形成大型冲沟的同一山体斜坡上，以减少上、下车站同时施工时对同一山体斜坡造成范围过大的破坏影响；

（2）两个车站位置宜选定于凸形山坡上，且须尽量远离冲沟，并采用浅挖、低填方式设站，以避免过大范围破土或过高的填方，破坏山体斜坡原有平衡。

2. 隧道进出口位置选择原则

充分利用地形，尽量早进晚出，减少浅埋、偏压隧道长度。

3. 路基定线原则

路基以小填小挖通过为主，尽量减少挖方施工对自然斜坡的破坏和填方对基底过载加压，以避免山体斜坡失稳。

4. 桥位选择原则

迂回展线地段，位于低处的第一层展线过沟处，尽量以桥代涵，以保证上层展线施工时的弃渣雨季时沿沟流畅通过，不形成集中的泥石流危及铁路安全；第二层展线的桥梁、涵洞及隧道进出口地段增设挡砟墙，避免弃渣顺坡或顺沟下泄，减少对下层线路工程的影响，并重点保护植被，避免暴雨后形成大量的泥石流物质来源。

（五）施工、运营验证后的反思

水柏铁路是一条典型的西南山区铁路，地形、地质条件极为复杂，全线桥隧比例达67.5%，其中北盘江峡谷至营盘展线地段，桥隧比例更高达87%。在这种地形、地质条件的地区，地质选线的重要性更为突出，只有通过地质选线，才能定出较为合理的线路方案。水柏铁路已于2002年6月建成通车，经施工、运营检验，证明地质选线总体上是成功的。

1. 吸取铁二院在成昆、南昆等多条重点山区铁路选线的经验，在大面积控制性区域地质调查、测绘基础上，确定北盘江大桥重点工程位置，并把展线位置集中选择在地质条件较好地区，以绕避大型不稳定斜坡（鸡场滑坡）及不良地质体。这是水柏铁路地质选线的重要成果，值得在今后的铁路建设中借鉴。

2. 山区铁路中大型车站的位置，宜选择建在凸形山坡上，凸形坡一般未发生过变形，稳定性较高，可保证车站的长期安全。水柏铁路沿线车站12个，特别是过北盘江后的茅草坪车站、营盘车站，都选择在自然坡率25%～35%的凸形坡上，以浅挖式车站为主。通过多年运营验证，至今安全无恙。

尽管水柏铁路地质选线取得一定的成功，在经历施工、运营检验过程中，仍还有许多值得深思及进一步完善之处。

（1）由于水柏铁路桥隧比例很高，特别是北盘江以后营盘集中展线地带。由于受地形、技术条件等多方面因素限制，在所有隧道中，浅埋、偏压隧道较多，以致在施工过程中出现较多的浅埋隧道进出口偏压开裂及坍方冒顶等一系列病害，其中严重者如火烧凹隧道（880 m）、营盘隧道（1 370 m）、老房子隧道（1 020 m）等，施工中均曾发生严重的坍方、偏压变形破坏，造成机具、设备损失甚至较大事故。在今后选线中，特别是地质选线中，应吸取这一经验教训，进一步坚持早进晚出、避免偏压、减少浅埋的隧道地质选线原则。

(2)水柏铁路部分地段通过三叠系地层,岩性较为杂乱,碳酸盐岩与碎屑岩相间,围岩级别、岩石强度、岩体完整程度差异很大,给施工带来了许多麻烦。特别是三叠系关岭组属含盐地层,泥灰岩中夹石膏等盐类,此类膏盐在地下水作用下,所形成的溶液具侵蚀性,而盐离子重结晶时又具膨胀性。由于勘察工作中未掌握石膏层具体分布,所取三叠系水样又未能测出其侵蚀性,以致在施工中给本铁路银山隧道造成了较大的危害。在今后工作中,对这类具有特殊性质的地层,应引起高度重视。

(3)水柏铁路碳酸盐岩分布广泛,全线52座隧道中,45座属岩溶隧道。由于岩溶发育的不均匀性和隐蔽性,给施工带来了严重的危害。据统计,全线岩溶隧道施工中,发现大小溶洞500多个,岩溶突泥57次。尽管要在勘察期间全面、准确地掌握隐伏岩溶、暗河以及岩溶水的分布、规模、动态,在技术上仍有很大难度,但只要在勘察中加大工作力度,采用遥感技术、大面积地质测绘和地面物探与钻探相结合的地质综合勘察方法,在施工中配合以多种手段的地质超前预报,仍能有效地防止由岩溶引起的病害甚至事故的发生。

十九、达成铁路淮口至金堂沱江峡谷段线路方案比选回顾

吴俊猛

达成铁路自20世纪60年代开始进行方案研究,其中淮口至金堂沱江峡谷段线路方案比选研究,前后历时20余年。由于方案的比选主要受控于地质,本文重点对方案比选过程中的地质选线工作作一回顾,并结合该段施工后所反映出来的地质问题进行总结和反思。

(一)主要地理及地质概况

1. 地形地貌

达成铁路淮口至金堂沱江峡谷段线路主要位于金堂县境内的龙泉山低山区,高程400~800 m,相对高差200~400 m。沱江峡谷山高坡陡,河流阶地发育不完整,两岸不对称,水面宽100~150 m。

2. 地层岩性

段内出露地层较简单。斜坡中上部坡残积层一般厚0~2 m,陡壁多见基岩出露;坡麓及河床表层覆盖层厚度较大,多为第四系全新统人工堆弃(Q_4^{ml})、坡残积(Q_4^{dl+el})、坡崩积(Q_4^{dl+col})、滑坡堆积(Q_4^{del})之粉质黏土、块碎石土,沿江分布,厚度变化大,河床及阶地上分布薄层淤泥质土及卵石土。

段内基岩以上侏罗统蓬莱镇组泥岩及砂岩为主,悬崖陡壁处多有出露。根据其岩性组合,分为上、下两段,其共同的特征是砂岩厚度变化大,有尖灭现象,并见有厚薄不等的砾岩层。

(1)蓬莱镇组上段(J_3p^2):为紫红色薄至中厚层状泥岩、砂质泥岩,夹灰紫色粉砂岩及厚层至巨厚层状长石砂岩,并夹有一层较稳定的灰白色薄层状泥灰岩(又称“李都寺灰岩”)。砂岩构造节理及卸荷裂隙发育。

(2)蓬莱镇组下段(J_3p^1):为紫红色、棕红色薄至中厚层状泥岩、砂质泥岩,夹粉砂岩及细粒长石砂岩,其间夹有一层灰绿色水云母黏土岩(又称“仓山页岩”)。

另在龙泉山箱形背斜的东翼部分地段出露下白垩统苍溪组(K_1c)及七曲寺组(K_1q)地层,

岩性亦为砂、泥(页)岩。

3. 地质构造

测区位于北东向新华夏系龙泉山褶断带，主体构造为龙泉山箱形背斜，包括一系列走向北东的压性、压扭性结构面。

(1)褶　皱

龙泉山背斜为段内主要构造形态，轴线呈 N20°E 延伸，轴部岩层近水平，东翼岩层受断层影响，转折端急剧变陡，局部有倒转现象。

(2)断　层

红花塘断层：在区域上是龙泉山东坡的主要断层之一，全长约 35 km。断层上盘为下白垩统苍溪组(K_1c)，下盘为七曲寺组(K_1q)，走向约 N25°E，倾向 NW，断层面倾角上陡下缓，约 87°~50°，破碎带宽 30~40 m，岩体破碎，属压扭性逆冲断层。

大梁子断层：发育于龙泉山背斜东翼，全长约 7 km。断层总体走向 N20°E，倾向 NW，倾角 43°~60°，为一逆断层，上盘为下白垩统苍溪组(K_1c)及上侏罗统蓬莱镇组下段(J_3p^1)地层，下盘为 K_1c 地层。断层破碎带宽约 50 m，岩体破碎，呈碎石角砾状，可见挤压擦痕及滑动磨光面。

(二)方案研究过程

达成铁路沱江峡谷段线路方案选择经历了两个大的阶段，即 20 世纪六七十年代的沱江右岸线线路方案比选阶段和 20 世纪八九十年代的沱江左岸线线路方案比选阶段。在沱江右岸方案中，因受不良地质问题控制，考虑了局部路基方案和隧道方案的比选；在沱江左岸方案的定线过程中，根据地形地质条件的变化和勘察工作的深入开展，又有沿河方案和炮台山隧道取直方案的两个选线过程(见图 3—19—1)。现就沱江峡谷段线路方案的选择作一个简要回顾。

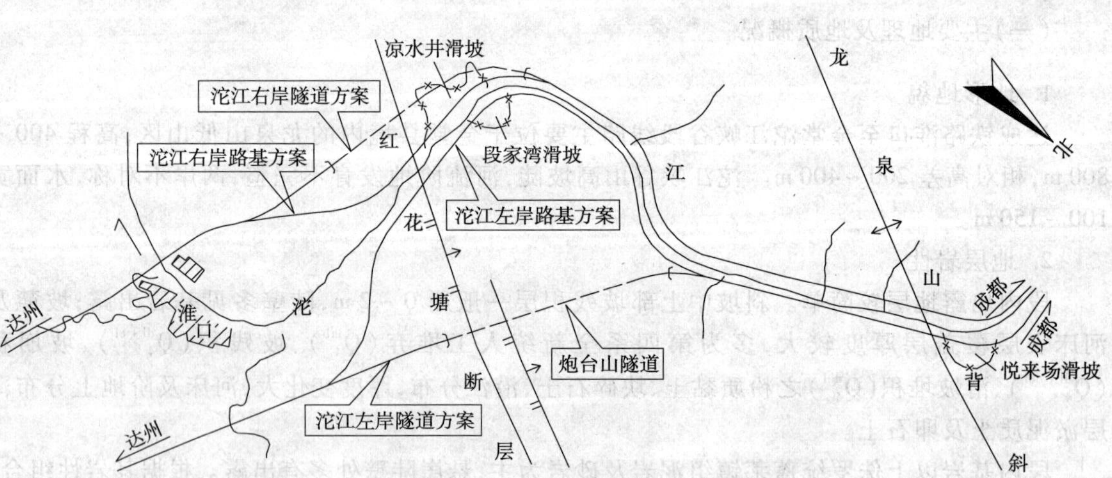

图 3—19—1　达成铁路沱江峡谷段左右岸线路方案比选示意图

1. 沱江右岸线线路方案比选阶段

(1)历史背景：根据有关资料记载，最初成渝铁路勘测时，拟沿沱江经凉水井过龙泉山，后因凉水井滑坡的影响放弃这个方案，取道陈家湾过龙泉山。20 世纪 50 年代末勘测川豫线时，仍走凉水井方案，由于对该滑坡的性质及危害认识不足，动工后(中途停工，防护工程未建)发生了新的滑动。

20 世纪 60 年代末至 70 年代初，在对襄成线达成段过龙泉山方案进行勘测时，仍以沿沱江右岸过凉水井为主要研究方案，并且对凉水井滑坡作了进一步的勘察工作。

(2)主要制约因素：从上述情况可知，沱江右岸线路方案存在的主要制约因素是凉水井滑坡(群)。在历次工作的过程中，随着调查和勘探的深入，对该滑坡性质、规模和影响的认识逐步清晰和明确。

凉水井滑坡为一滑坡群，位于沱江峡谷右岸，该段范围山高坡陡，沿江山岭、河谷相对高差约 300 余米。滑坡沿江分布，长 1 095 m，滑体物质成分主要为粉质黏土夹块石，厚 30 余米，滑体上方的厚层砂岩夹泥岩形成 150 余米高的陡壁，崩塌现象较为严重。该段正处沱江右岸河流弯道凹岸一侧，常年遭受冲刷，由于滑体坡脚已伸入沱江枯水期水位线以下，沿岸皆无基岩出露。

凉水井滑坡主体属于推动型滑坡。该段沱江右岸的砂泥岩岩体长期剥蚀后形成陡壁，剥蚀的物质在山麓堆积并侵入河道，陡壁形成后，又时有崩塌发生，并在堆积体上部不断形成加载。1938 年夏季在连续阴雨后，堆积体发生大规模滑动，形成凉水井滑坡的主体部分，造成房屋倒塌、道路破坏。其后，主滑体附近又陆续发生多次规模不等的崩塌、滑坡、表土溜坍等现象，从而形成了规模庞大、性质各异、错综复杂的滑坡群。

(3)方案比选概况：20 世纪 60 年代末至 70 年代初，襄成铁路达成段在经过沱江峡谷段时，线路方案沿用了以前的成渝、川豫铁路的研究线位，由于凉水井滑坡对方案存在极大的制约作用，线路方案进行了路基通过和隧道通过的比较。

①路基通过方案：根据当时的研究，从工程投资的角度出发，线路方案首先考虑了路基通过滑坡地段的可行性，并认为只要采取整治滑坡的措施，路基方案是可行的，但又存在一些较为突出的问题。

A. 路基通过方案采用的主要措施

a. 在滑体后缘及坡面设置截、排水沟加强对地表水的引排，夯实坡面裂缝，尽量减少地表水下渗，防止滑坡体进一步失稳；

b. 根据滑坡体不同部位的规模、性质分别采用合适的挡护工程稳固滑坡体；

c. 在滑体前缘设置河岸防护工程，防止河流对滑体冲刷造成新的坡面坍滑；

d. 滑体后缘陡壁处危岩进行清除或加固。

B. 路基通过方案存在的问题

a. 滑坡群范围广，且又分为性质不同的多个部分，其中主滑坡的滑体厚度达 20 ~ 30 m，挡护工程类型复杂、工程规模大、施工难度大；

b. 地下水对滑坡体的稳定性影响较大，仅加强地表水的拦截、引排，难以完全阻断滑坡体内地下水的补给，而疏干及引排滑坡体地下水的措施，工程既复杂、艰巨，又不一定能达到预期效果；

c. 滑体后缘陡壁高度达 150 m，危岩落石的防护难度较大，很难一次处理到位；

d. 该段线路受地形条件控制，一边临江、一边悬崖，一旦出现险情，采取临时措施的余地很小，运营后的养护、维修的问题也会比较突出。

鉴于以上问题，对凉水井滑坡地段，当时的最后研究结论是建议放弃路基通过方案，以隧道绕避为宜。

②隧道通过方案：绕避凉水井滑坡的隧道方案主要考虑了长隧和短隧两个方案。长隧方案隧道长 2 120 m，工程地质条件较好；短隧方案长 1 330 m，比长隧方案短 790 m。但短隧道方

案的地质条件与长隧方案相比,存在以下不足:

A. 隧道进口端约有100 m长的浅埋段,隧道需加强支护措施;

B. 隧道出洞后要通过一滑坡体,该滑体主轴长100 m左右,滑体厚6~9 m,线路以路堑形式通过其前缘。

从总体上看,长隧方案地质条件优于短隧方案,但短隧方案工程投资相对较小,存在的地质问题是可控的,且能够处理。因此,两个方案存在作进一步技术、经济比较的价值。

由于多方面的原因,达成铁路的勘测设计工作在20世纪70年代初即暂告停顿,未开展施工。一直到20世纪80年代末,才又一次进行了勘察设计并最终付诸实施,而沱江峡谷段的线路方案则发生了比较大的变化。

2. 沱江左岸线线路方案比选阶段

(1)方案研究概况:20世纪80年代末,恢复达成铁路的勘测设计工作。在前期工作的基础上,重新开展了全线初测。与此同时,铁二院还与当时的铁道部专业设计院合作,对淮口至金堂沱江峡谷段进行了"遥感航测试验"。通过这些工作,查实沱江右岸除凉水井滑坡群外,沿线还存在望香台、滴水崖等大滑坡,处理难度大,工程费用高。在此次初测和"遥感航测试验"阶段,通过对沱江左岸的初步调查,认为左岸虽然仍有部分小型滑坡、泥石流等不良地质现象,但易于处理,且位于左岸的老沱灌干渠废弃平台,线路可资利用。因此,最终放弃沱江右岸方案,采用沿沱江左岸线路方案。沱江左岸线路方案又因投资控制和地质条件的变化,先后考虑了淮口至温家店的沿江绕行方案和隧道取直方案。

(2)沿江绕行方案:在此次初测和"遥感航测试验"过程中,对沱江左岸淮口至温家店段的线路选择,也考虑了沿江绕行方案和隧道取直方案,尽管隧道方案工程地质条件明显优于沿江方案,由于当时认为沿江方案存在的滑坡、泥石流等不良地质规模较小,易于处理,并且有老沱灌干渠的废弃平台可部分利用,有利于节省投资、缩短工期,因而沿江方案成为主推方案。

定测时,下游九龙滩电站水库建成蓄水,沱江水位抬升,河岸普遍出现坍岸现象,并形成新的段家湾滑坡。段家湾滑坡位于沱江左岸,发生于1992年7月,滑体宽近500 m,长180~270 m,滑体物质为粉质黏土夹碎块石,厚2~10 m。滑坡产生的原因是九龙滩电站蓄水后,沱江水位抬高12 m左右,在连续3天大雨之后,江水水位骤涨1.3 m,土体过饱和,随着开闸放水,水位又急速骤降,在动水压力作用下,发生河岸坍塌,牵引饱和土体产生变形,形成牵引式浅层土质滑坡。在对沿江绕行方案进一步的工程地质调绘和勘探后发现,沿江方案线路所经的岸边坡麓地带,沱灌渠弃渣及坡崩积堆积体厚而松散,由于水库在暴雨期常开闸放水,沱江水位变幅及变化频率大大增加,水库坍岸现象有进一步发展趋势,岸边坡麓地带的斜坡路基稳定性存在较大隐患,相应路基挡护工程普遍增多和增高,工程量大幅度增加。因此,沿江方案在工程地质条件相对较差而经济性指标又降低的情况下,一劳永逸的炮台山隧道取直方案又得以重新考虑。

(3)隧道取直方案:炮台山隧道从龙泉山箱形背斜东翼通过,既缩短了线路,又避开了沿江的滑坡、泥石流、河岸坍塌等不良地质地段。隧道除进口段遇两条断层外,其余地段地层岩性及地质构造相对较简单,无大的不良地质现象。

通过沿江绕行方案和隧道取直方案的研究、比较,隧道方案工程地质条件优于沿河方案,运营养护也相对简单。最终,在施工设计阶段,淮口至温家店采用了炮台山隧道取直方案。

(三)沱江左岸经炮台山隧道取直方案施工中发生的问题

达成铁路沱江峡谷段的线路方案经过多年勘察和比选后,所确定的沱江左岸经炮台山隧道取直方案,单就一般工程地质条件而言,是较为简单的,但由于当时认识上的不足和处理措施不当,在施工期间,仍然出现了一些问题,甚至是重大问题,值得反思和总结。其主要的问题是炮台山隧道天然气瓦斯爆炸事故和悦来场滑坡。

1. 炮台山隧道天然气爆炸

炮台山隧道出口段平导施工时,于 1994 年 4 月 3 日、4 日先后发生天然气燃烧和爆炸的重大事故。4 月 5 日采样分析,天然气含甲烷 95.42% 。5 月 30 日,有关人员进洞观察,在平导掌子面 24 个炮眼中,尚有 5 个在继续咝咝冒气。6 月 23 日至 7 月 9 日,经芙蓉煤矿工程公司在掌子面钻孔测定,瓦斯压力最大为 0.2 MPa,开挖面瓦斯绝对涌出量平均为 3.03 m^3/min,岩层坚固性系数大于 4,瓦斯放散初速度为 0,气样组分甲烷 97% 左右。掌子面炮眼天然气涌出点的瓦斯涌出,具低压、低产、流量稳定、彼此间互不相通的特点。经事故后调查分析发现,隧道通过地段的区域范围内,有三叠系须家河组含煤地层分布,在隧道位置,其垂直埋深距洞身约 3000 m。须家河组上部生气强度可达 30 亿 m^3/km^2。由于龙泉山箱形背斜轴部的泥岩具有较好的封盖条件,致使天然气在该区域范围形成浅层富集,隧道开挖,洞身形成临空的廊道,天然气沿基岩节理裂隙向上运移,溢出并集聚于洞内,当通风不良且施工中产生明火时,遂引起燃烧和爆炸,酿成重大事故。由于当时对天然气的生成—运移—储聚—覆盖理论不够了解,对这一地区浅成天然气的分布规律认识不足,勘察期间虽经包括深孔钻探在内的多种手段地质勘探,亦未发现有有害气体存在,故隧道未按瓦斯隧道设计并采取相应的监测和防护措施,造成施工期间发生瓦斯爆炸的重大灾难,教训非常惨痛。

2. 悦来场滑坡

悦来场滑坡位于沱江峡谷左岸缓坡台地。线路以路堑通过台地中偏下部,勘测时只认为台地堆积层较厚,故设有路堑挡墙。1994 年路堑挡墙基础施工时,由于基坑连续开挖,发生滑坡。经现场地质调查、测绘后,确定为古滑坡复活。后采用预应力抗滑锚索结合挡墙进行整治。1998 年雨季,由于当地遭遇 50 年一遇的大暴雨,古滑坡土体饱水,容重增大,力学性质降低,从而在古滑坡体上又产生宽约 350 m、轴向长 260 m 的滑坡,深层滑动面达 15 ~ 20 m,超出了第一次滑坡整治的范围和深度,对原有工程造成了破坏,致使锚索松弛、挡墙开裂、倾斜、外移甚至剪断。经过详细的地质补勘后进一步查明,该段古滑坡范围较大,宽 450 m,主轴长近 300 m,滑体厚 25 ~ 35 m,滑体上部为硬塑状粉质黏土夹碎块石,滑体中下部则已切入基岩,属基岩切层滑坡。而 1994 年发生的滑坡,只是在古滑坡范围内的浅表层的滑动,因而整治措施偏弱,整治力度和锚固深度均不足以抵抗古滑坡的复活。后经抗滑桩加固处理,至今稳定。

这两个工程地质问题的出现,反映了我们在区域地质调查和勘探上的深细度还不够,对宏观地质问题的把握还存在欠缺,值得我们在以后的工作中吸取经验教训,把地质工作做得更细更扎实。

(四)结 束 语

随着全国铁路的逐步提速,铁路的建设标准越来越高,建设速度越来越快,运营维护的难度也越来越大。因此,从保证铁路建成后的安全畅通、不留隐患的要求出发,在铁路勘测设计过程中,进行线路方案的技术经济比较时,突出地质选线的重要性,大有必要。达成铁路淮口至金堂沱江峡谷段线路方案比选，历经了20世纪六七十年代沱江右岸线路方案和八九十年代沱江左岸线路方案两个大的阶段，前后断续历时20余年，地质选线在其中发挥了极其重要的作用。通过地质选线，成功地绕避了凉水井滑坡、滴水崖滑坡、段家湾滑坡等大形滑坡群，最终选择了沱江左岸经炮台山隧道的工程地质条件较好的线路方案。但是，由于当时对线路所经的龙泉山及沱江峡谷地区区域地质环境的认识尚不够深入和全面，特别是当时对当地非煤系（瓦斯）地层可能存在天然气瓦斯危害的认识十分肤浅，以致在施工过程中出现了炮台山隧道天然气爆炸事故和悦来场滑坡。总结、吸取这些经验教训，将鞭策我们在今后把地质工作作得更细、更扎实，避免类似事故的发生。

二十、武广铁路大瑶山区地质选线

李光辉

（一）概　况

武昌至广州铁路客运专线郴州—乐昌段，长约100 km，线路于五盖山、骑田岭中低山夹持的溶蚀峰丛谷地越岭后，走行于大瑶山中、低山及武江峡谷区，地势险峻，武江为当地侵蚀基准面，呈"V"形谷，江流湍急。

区内地质条件复杂。地质构造位于粤北山字形构造体系的脊柱北端，属于以瑶山复背斜、瑶山断裂带为主体的经向构造带，主要构造有五盖山背斜、瑶山复背斜、泗公坑倒转背斜、头寨向斜、大源倒转向斜、干溪倒转背斜及受五盖山、骑田岭两个刚性地块强烈挤压影响形成的叠瓦状连续紧密倒转复式褶皱。主要断层有江背—郴州、牛岭山—邓家塘、江南村—百石渡、布田—曹田、黄圃等压性断层及黄茶坑、罗家渡、下占、中张、湖洞（F_9）等逆冲断层。出露的地层有寒武系、前寒武系浅变质砂岩、板岩、页岩；石炭系、泥盆系灰岩、白云岩，泥灰岩及砾岩、砂岩、泥岩、炭质页岩夹煤及铁矿。区内尚有燕山期花岗岩—"诸广山岩体"分布。

既有京广铁路增建二线的南岭隧道，由于在构造夹持地带以浅埋长隧道（一般埋深29～35 m）下穿连溪河、生潮垅为代表的五个与暗河连通的大型溶蚀洼地，地表水与地下水存在良好的水力联系，洞身工程、水文地质条件极差。施工期间，洞身岩溶发育，断裂、裂隙交错，岩溶洞穴串联呈网状分布，雨季最大涌水量达87000～110000 m^3/d，发生突水涌泥24次，全隧道总共涌出稀泥和砂近3万 m^3，突水约100万 m^3。地表出现陷坑52处，连溪河河床被陷坑5次断切，河道曾被迫临时改移3次，致使施工严重受阻并危及既有京广铁路安全。运营至今，虽历经多次整治，隧道常年仍每日排泄浑水数千至数万立方米，诱发诸多病害，造成了严重的涌水、突泥，多次中断行车，并形成地下水降落漏斗，大面积降低了地下水位，致使地下水被疏排、表水遭袭夺，造成了难以逆转的环境灾害。2003年4月，尚见洞顶有新增（或扩大）的长轴10 m左右的陷坑4处，2～8 m的陷坑10余处。

既有铁路大瑶山隧道，以长隧道（14.295 km）横穿瑶山复背斜、瑶山断裂带主体、平行于北西向小断层走行，特别是在岩溶发育的斑古坳地区，通过湖洞断层（F_9，或称九峰山断层）及其帚状分支（F_8、F_5）与深坑倒转背斜及北西向小断层的交汇部位，工程、水文地质条件很差。隧道修建及运营期间，均发生了严重的水害。最大涌水量达51000 m^3/d（含泥、砂、碎石），疏干了表水，引起班古坳地区地表岩溶塌陷两百余处，引起严重的突水、涌泥，既使施工受阻，又造成难以逆转的环境病害。

段内的京珠高速公路粤北段在既有铁路大瑶山隧道西部通过，施工中出现了以边坡失稳为代表的诸多病害，为此，每公里增加整治费近700万元。

（二）线路方案及地质选线

线路方案及地质选线工作划分为两大段开展，分别为郴州—红岩岩溶发育段与红岩—乐昌武江峡谷段。

1. 郴州—红岩岩溶发育段

（1）线路方案简介：本段线路在桥、隧集中地段进行了三个方案的比选，其中，短隧（AK）方案全长25.60 km，最长隧道2210 m；长桥长隧（A_1K）方案全长24.95 km，最长隧道11790 m；短桥（A_2K）方案全长24.63 km，最长隧道7910 m。从线路长度、线形比较，优劣排序应为短桥、长桥长隧、短隧方案（图3—20—1）。但由于属于越岭紧坡地段，长隧难免出现反坡排水段，特别是在线路通过岩溶发育区，地质条件控制线路方案的情况下，应充分开展地质选线，以确定线路方案。

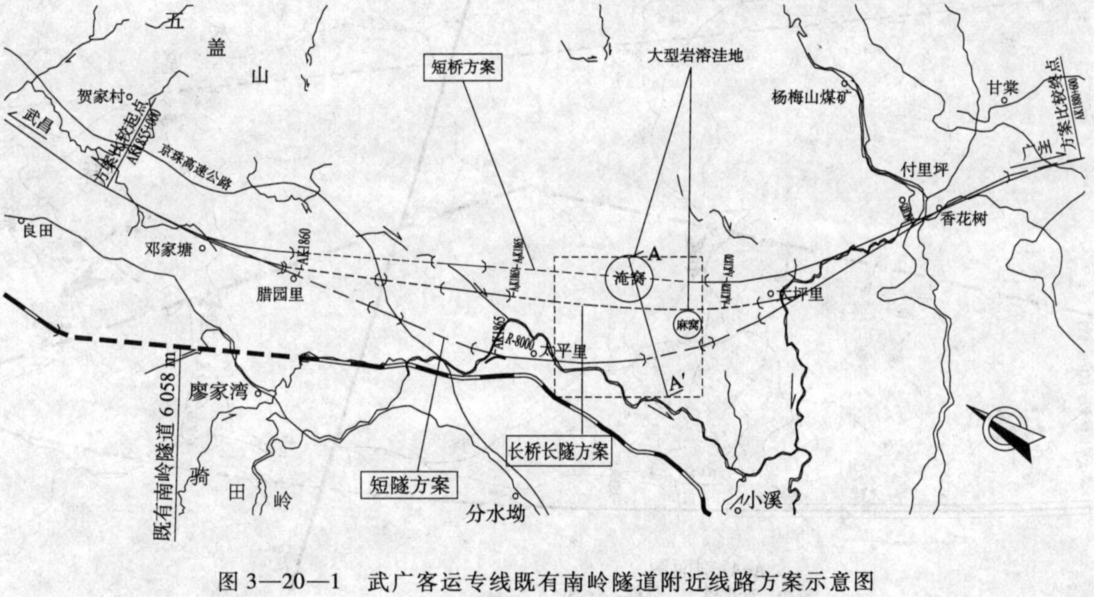

图3—20—1　武广客运专线既有南岭隧道附近线路方案示意图

（2）地质选线原则：依托铁二院在地质条件复杂山区长期积累的选线经验，明确了本段线路地质选线的原则是，以路基通过为主，低桥跨暗河，短隧穿"孤峰"，隧道避开地质构造的交汇部位，避免隧道在表水与地下水有良好水力联系的岩溶水通道附近和地下水富集地段通过。其主要目的是，避免隧道下穿主干溪流，远离岩溶发育和表水与暗河连通的大型溶蚀洼地，以防止因隧道施工，形成"地下水的袭夺性排泄通道"，破坏既有的岩溶水系统，引起隧道出现严重突水、涌泥病害，进而形成地下水降落漏斗，大面积降低地下水位，致使地下水被疏干、表水遭袭夺，造成严重的环境灾害。

（3）地质选线及方案评价：经广泛搜集、分析资料及进行遥感判释，结合深入的现场核对、调查工作，在分析岩溶发育规律，特别是岩溶水的补给、径流、排泄条件的基础上，划分出方案通过地区岩溶发育地段的安全区及危险区。据此，根据前述地质选线原则，进行了地质选线，着重于对各方案隧道的比选。

由图 3—20—2,特别是其中的 A—A′剖面可见,短桥方案(A_2K)、长桥长隧方案(A_1K)均以浅埋长隧道通过,且隧道多在溶蚀峰丛洼地区的地下水位以下,地表分布有“淹窝”、“枫木窝”、“麻窝”等较大的碟形溶蚀洼地,其中“淹窝”轴长约 650 m,深约 80 m,底部分布有 7 个小水塘,这些洼地极可能与隧道发生较好水力联系。同时,隧道洞身多位于岩溶发育且规模大、延伸远、连通性好的岩溶水水平循环带或季节变动带内。A_1K 长隧既存在处于岩溶水水平循环带或季节变动带内的反坡段排水困难,施工又极易发生与既有南岭隧道类似的病害,并可能形成严重的环境灾害。

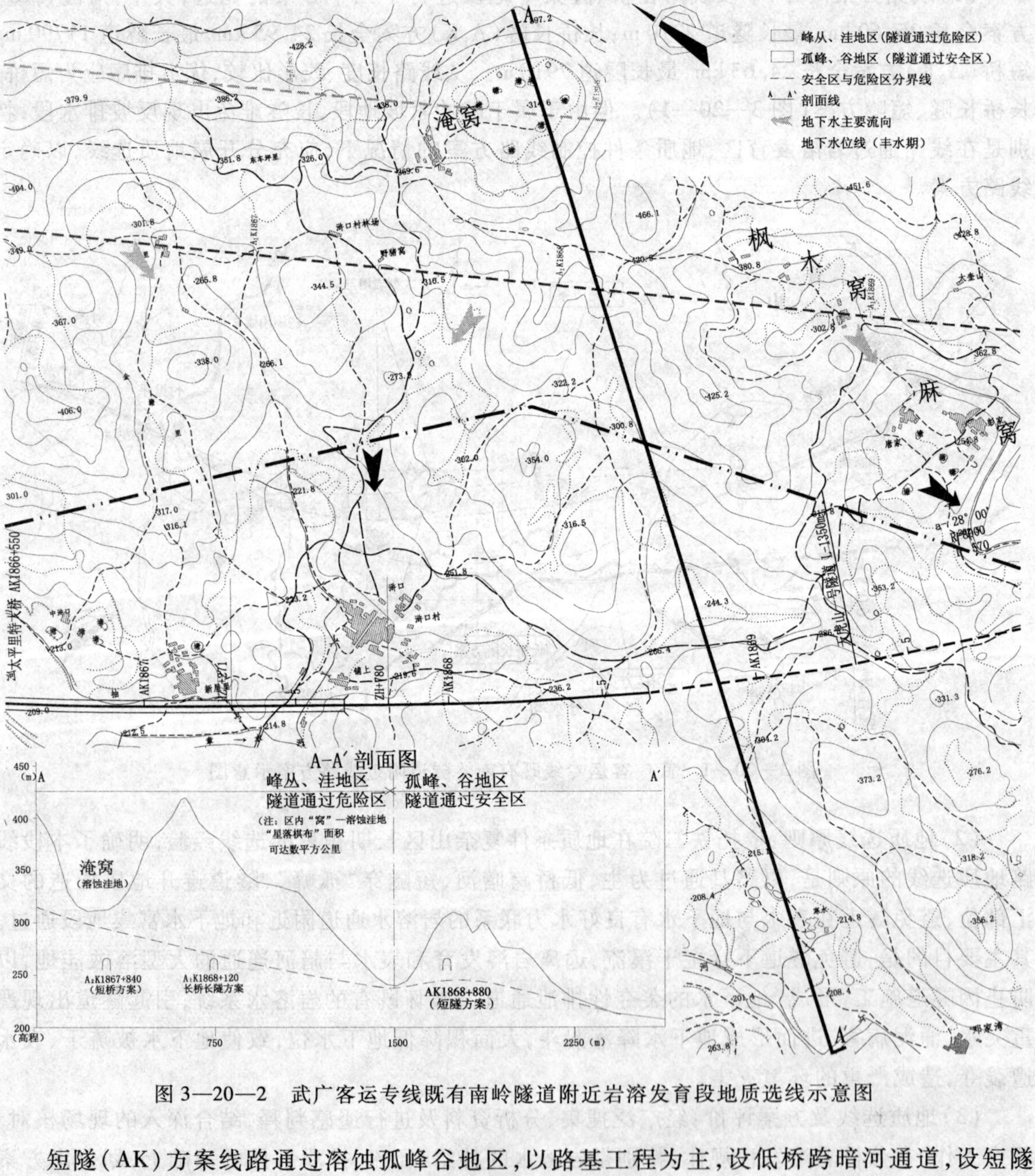

图 3—20—2　武广客运专线既有南岭隧道附近岩溶发育段地质选线示意图

短隧(AK)方案线路通过溶蚀孤峰谷地区,以路基工程为主,设低桥跨暗河通道,设短隧道穿孤峰。隧道远离地表分布的“淹窝”、“枫木窝”、“麻窝”等较大的溶蚀洼地,且多位于地下水水位以上的岩溶水垂直渗流带内，岩溶相对不发育，岩溶规模小、延伸短、连通性差，隧道施工中出现病害的可能性较小，且易于处理。这样，短隧（AK）方案的隧道，基本上不存在发生与既有南岭隧道类似病害及诱发环境灾害的基本条件。

综上所述，在线路平面、纵坡均满足要求的情况下，短隧方案全长 25.60 km，尽管较长桥长隧方案长 0.65 km、较短桥方案长 0.97 km，但由于短隧方案大大减轻了岩溶对线路的危害，避免了岩溶隧道施工可能引起的环境灾害，加之短隧方案工程投资相对较省，因此，在地质选线的基础上，经综合比选，最终确定以短隧（AK）方案为本段线路的推荐方案。

2. 红岩—乐昌武江峡谷段

本段线路有武江左岸短隧（AK）、两跨武江短隧（A_2K）及两跨武江长隧（A_1K）三个方案（见图 3—20—3）。

（1）地质选线原则：借鉴铁二院在地质条件复杂的艰险山区长期积累的选线经验和京珠高速公路粤北段勘察、设计和参加施工所取得的经验，吸取既有京广复线大瑶山隧道施工出现严重水害的教训，确定了本段地质选线原则，即确保线路走行于构造相对简单的部位，且位于武江峡谷稳定的岸坡线以内，避开滑坡、崩塌、泥石流等不良地质，隧道避免下穿区域断层与溶蚀槽谷，特别应避免隧道通过区域断层与溶蚀槽谷形成的不利组合部位。

（2）地质选线及方案评价：通过遥感判释和现场核对与调查工作，在基本掌握地质构造与岩溶的发育规律及其空间分布条件，特别是构造裂隙水、岩溶水的补给、径流、排泄条件的基础上，确定本区可大致以南北向的武江为界，划分为东、西两部。区内的控制性构造——以瑶山复背斜、瑶山断裂带为主体的经向构造带主要分布于西部，且自西向东构造影响及岩溶发育程度逐渐减弱，而东部燕山期“诸广山岩体”的构造影响则自东向西逐渐减弱。这样，就形成一以南北流向的武江为轴线，宽 4～8 km 的构造相对较为简单的带状区域（下称 H 区）。这个带状区域内，岩性以浅变质砂岩为主，虽有碳酸盐岩分布，但岩溶不发育，地下水天然排泄条件好，无区域断层与溶蚀槽谷形成的不利组合，工程、水文地质条件均明显优于其两侧地区，有利于越岭隧道通过。

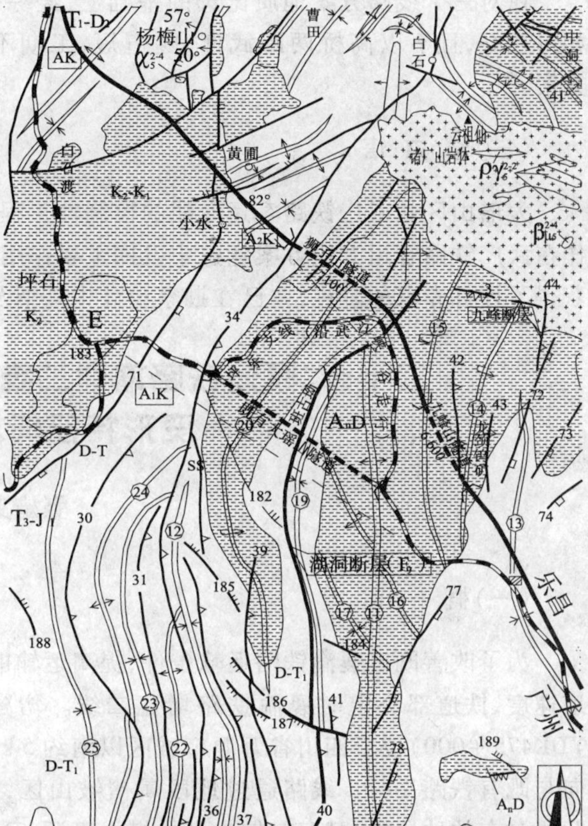

图 3—20—3　大瑶山地质及线路方案略图

从图 3—20—3 可知，A_1K 方案与既有大瑶山隧道（包括京珠高速公路粤北段）均位于 H 区外，受地质构造及岩溶影响较为严重，且 A_1K 方案隧道较既有大瑶山隧道的长度更长，通过斑古坳岩溶发育区的段落也更长，工程、水文地质条件相对更差；AK、A_2K 方案均位于 H 区内，受地质构造及岩溶影响较轻，工程、水文地质条件相对较好，但 A_2K 方案两跨武江，且桥位与武江斜交，又与坪乐支线（老京广线）干扰严重，故从工程、水文地质条件比较，以 AK 方案为优。

AK 方案具有如下具体优势:首先,线路位于武江东侧的坪乐支线东侧(靠山侧),即走行于稳定的岸坡线以内,并有足够的安全距离;其次,洞口避开了崩塌、滑坡、泥石流等不良地质体,并远离了乐昌龙颈钨矿;第三,隧道短(最长隧道 7 100 m,并设"人字坡"),且穿行在工程、水文地质条件相对较为简单的部位;第四,本方案通过区内规模最大、延伸达 60 km 并导致既有大瑶山隧道严重水害的湖洞(F_9)断层时,系以小桥跨越,从而大大减小了断层对工程的影响和危害。

在对三个线路方案地质比选的基础上,经综合比选认为,AK 方案的工程、水文地质条件相对较好,且不以高桥两跨武江,隧道短,工期不受控制,投资省。因此,最终决定推荐 AK 方案。

(三)结 束 语

大瑶山区是武广铁路客运专线的控制性工程地段。本段线路方案的确定,是地质选线工作在武广铁路客运专线方案竞选中发挥重要作用的体现,选线所持观点及所推荐的线路方案,获得了评标专家的赞许,并已在勘察设计中采纳及实施。

二十一、襄渝铁路增建二线万源至青花坝段采空区变形特征与地质选线

张雄文

(一)概　　述

为了改善既有襄渝铁路运输条件,提高运输能力,加速川、渝地区的经济发展,加快出川通道速度,铁道部决定时襄渝铁路增建二线。增建二线的万源—青花坝段(YDK465 + 000 ~ YDK475 + 000)位于四川省万源市城区以南约 5 km 的石岗乡和青花镇。增建二线线路总体走向与既有铁路平行。线路通过地段属褶皱山区,山高坡陡,分布有隧道、桥梁等重要构筑物。此段分布的地层内,赋存有较丰富的煤炭资源,已有多家煤矿单位在此进行开采。线路方案,特别是其中的隧道工程,受煤矿采空区制约。这些采空区分属万源市同兴煤矿、石冠寺煤矿和炭仓湾煤矿。煤层采空区对隧道的影响主要表现为:受煤层采空影响而产生的冒落带、裂隙带、弯曲带不同程度地破坏了岩体完整,使其产生垮塌和开裂变形,破碎岩体导水性增强,地表水、地下水含水层相互导通,采空坑道易形成积水,并引起瓦斯等有害气体局部集聚,隧道经过煤矿巷道及冒落带时,会出现坍方冒顶、集中涌水、瓦斯涌出等灾害,对隧道施工乃至运营构成威胁。

为选择线路通过采空区技术、经济合理的方案,以达到确保隧道施工及运营安全的目的,须对煤矿采空区进行专项地质勘察,评估其影响范围,并提出保安煤柱设置参考范围。

(二)采空区地段地质背景简述

本段增建二线通过地区地处大巴山构造带南部,为构造剥蚀、侵蚀中低山地,山脉呈北西—南东向展布,与构造线基本一致。区内主要河流为后河,流向总体由北向南,与构造线、山脉走向近于垂直,故常形成"V"字形深切峡谷。区内既有襄渝铁路、增建二线线路方向及 210

国道走向与后河流向基本一致,且多位于后河两岸岸坡下部。区内地势陡峻,自然坡度 15°~80°,相对高差 690 m。最高点为石人山,高程 1 234 m,最低处为后河河床水面,高程 540 m。

本区第四系覆盖层包括冲洪积层(Q_4^{al+pl})、坡残积层(Q_4^{dl+el})。出露的基岩由新至老有侏罗系中下统白田坝组($J_{1-2}b$)、三叠系上统须家河组(T_3xj)及中统雷口坡组(T_2l)。其中须家河组(T_3xj)属含煤地层,是采空区分布所在地层。其岩性由灰色细粒砂岩、泥质粉砂岩、泥岩夹煤层组成,厚度 200~210 m,假整合或局部微角度不整合覆于三叠系中统雷口坡(T_2l)组地层之上。该组地层含煤 6 层,自下而上依次编号为 K1、K2、K3、K4、K5、K6。煤层稳定性较差,厚度变化较大,段内仅 K1、K2、K4、K5 层可采或局部可采。

本区地处四川盆地东北部大巴山弧形构造带前缘,区域构造由一系列呈北西—南东向展布的褶皱组成,褶皱具有复式构造特征,地层倾角大,次级褶曲、断层和节理发育,万源—青花坝段即位于区内什字坝复式背斜和石塘坝天子城复式背斜之间,构造复杂程度中等,主要褶皱构造有石人山背斜、石塘坝天子城复式背斜等区域性构造,局部地段地层倒转,发育少量小断层及次级褶曲。

(三)沿线煤层开采现状、采空区变形特征及变形原因分析

1. 煤层开采现状

区内各煤层煤质较好,煤层厚度一般 0.5 m 左右,煤层倾角一般 36°~70°,地表有露头分布,水文地质条件简单,为低瓦斯煤层。当地煤炭开发利用历史悠久,但受开采技术条件限制,开采规模相对较小。20 世纪 50 年代前,后河最高洪水位之上,沿走向长约 150~250 m 范围内的可采煤层基本被采空。50 年代后期至 90 年代末,开采规模和范围逐渐扩大,至 2000 年后,由于浅部资源枯竭和国家矿业秩序整治,目前仅有万源市同兴煤矿和炭仓湾煤矿在进行生产。

(1)同兴煤矿:该矿矿段范围内,须家河组中的 K1、K2、K3、K4、K5 煤层受 F_2 断层影响,各煤层均重复出现 1 次,其中断层下盘 K1、K2 煤层大部可采,一般厚 0.50 m 左右,K5 煤层局部可采,K3、K4 煤层薄化不可采,而断层上盘各煤层均不可采。增建二线线路通过该矿西矿段,煤层由后河西岸该矿的废窑 1 和河西平洞开采。

废窑 1:位于 210 国道右侧,洞向 307°,在距井口 25 m 处揭穿 K1 煤层后向西作运输大巷,巷长约 300 m、高程 620.29 m 以上 K1 煤层已被采空。据访问,煤矿开采 K1 煤层的同时,对 K2 煤层一同进行回采,推断采空长度和高程与 K1 煤层大体一致,即在走向长 300 m,高程 620.29 m 以上范围内 K1、K2 煤层均被采空。

河西平洞:位于 210 国道右侧约 50 m 坡面上,洞向 329°,主大巷长约 2 300 m,高程 634.0 m 以上的 K1、K2 煤层采空后,在距井口 1 200 m 处沿 K2 煤层作暗斜井,下山斜长 150 m,坡度 25°,落平高程 575 m,落平后继续作石门将 K1 煤层揭穿,石门长 50 m,随后对 K1、K2 煤层向东、西两方向进行回采,到 2005 年 5 月 26 日止,633.6~575 m 高程之间的 K1、K2 煤层采空长度分别约为 2 080 m 和 700 m。

同兴煤矿西段范围内的 K5 煤层整体稳定性差,仅有同兴煤矿西平洞在距增建二线线路 500 m 以西地段少量开采。矿段内 F_2 断层上盘各煤层受强烈挤压影响薄化,未大量开采。本煤矿西矿段之东侧高程 620 m 以上 K1、K2 煤层被采空,高程 575 m 以上 K1、K2 煤层在路线右侧 200 m 以西被采空。

(2)石冠寺煤矿:本矿范围内仅 K4 煤层可采,煤厚 0.2~1.8 m,一般厚 0.45 m 左右,常有 0.16 m 透镜状品位较低的菱铁矿层夹矸,其余煤层均不可采,增建二线线路通过地段煤层主

要由两个矿井采空。

1号主平洞：井口于须家河组上部开口，洞向314°，在距井口220 m处揭穿K4煤层，沿K4煤层向西作运输大巷长460 m，K4煤层高程614.97 m以上已采空，增建二线线路通过的采空区主要由该井采空，矿井于2000年停产。

2号明斜井：于须家河组上部开口，洞向303°，在距井口7.0 m处开始作下山，下山斜长约150 m，坡度20°，落平高程为579.74 m。落平后，作15 m长石门将K4煤层揭穿，沿K4煤层向西掘进，其后因遇隐伏断层和煤变薄而停止掘进。K4煤层由落平点向西巷长约450 m，高程580 m以上(YDK方案右侧约30 m以西)已采空。该矿于2003年5月停采后，斜井已被水淹没。

(3)炭仓湾煤矿：在本矿段范围内K1、K2煤层为可采煤层。K2煤层位于须家河组下部，层位较稳定，一般煤厚0.3～0.4 m，单一结构；K1煤层位于K2煤层之下，煤层变化较大，呈透镜状，一般煤厚0.3～0.4 m，单一结构。煤层由两个生产井共同开采。

炭仓湾煤矿平洞：开口于须家河组下部的K1煤层附近，洞向为147°，运输巷总长约460 m。在距井口24 m处见K1煤层后，沿K1煤层进行开采。为克服构造对开采的影响，在左侧岩层内继续作岩巷，在分别距井口86.0 m、150.0 m两处作反石门揭穿K1煤层后，由见煤点沿煤层向东、西方向进行回采，将高程545 m以上K1煤层采空。同时，在K1煤层545 m水平煤巷内距井口200 m、303 m两处向南掘进约29 m反石门，揭穿K2煤层，随后向东、西两端进行回采，K2煤层高程545 m以上，走向长约460 m被采空。据访问，在距井口约231 m处既有襄渝铁路下，留有宽度约20 m的保安煤柱，保安煤柱外侧东、西20 m范围内的采空区已全部用矸石充填，本次见隧道下的煤矿巷道拱石已变形，局部拱石受挤压破碎，巷道有垮塌现象。

炭仓湾煤矿斜井：井口位于主平洞南约22 m处，洞向144°，开口于须家河组中部，在距井口16.5 m处作暗斜井下山，斜井岩巷长134.4 m，坡度26°，落平高程489.32 m。落平后首先揭穿K1煤层，由落平点向东、西方向进行回采。东回采煤巷布设于煤层中(即K1煤层489水平采煤巷道东段)，巷长约40 m，因K1煤层薄化而停止向东掘进；自落平点向西，由布设于岩层中的K1煤层运煤岩巷(即K1煤层489水平采煤巷道西段，巷道为全岩巷长约130 m)作暗石门进行回采，将K1煤层高程545 m以上全部采空，碛头距后河东河岸约35 m，将此35 m间距留作防水保安煤柱，未继续向西采掘。开采K1煤层的同时，在斜井落平点八字口处向南作反石门，巷长约18 m，揭穿K2煤层，后沿煤层向东进行回采，回采煤巷长约360 m，已采空200 m。

2. 采空区及地表岩土体变形特征

区内煤窑开采强度大，持续时间长，浅部煤炭多被新中国成立前老窑开采，因煤层薄、倾角大，未诱发大的岩土体变形和地质灾害现象。又由于煤层开采对岩土体和自然环境的破坏影响至今未作观测，资料缺乏，现依据野外地面、井下调查和访问工作，结合煤层开采年限、开采范围等情况，就地表、井下的塌陷和岩体变化情况作一些说明，并对变形区作定性分析。

(1)采空区变形特征：专项地质勘察中，对区内仍在生产的同兴煤矿和炭仓湾煤矿的回采面、岩煤巷和人能探测的部分采空区进行了井下观测。观测尽量选择与增建二线线路通过的煤层厚度、结构、产状、围岩性质相似的地段。据观察，区内含煤岩组多为泥质粉砂岩、泥岩，一般岩层厚(顶、底板)1～5 m，少数7～20 m，老顶、底多为厚层状硬质石英砂岩，煤层开采净宽一般0.50～2.0 m，顶、底板平直，较完整，不易冒落，倾角一般63°～82°。采空区变形见有三种现象：第一种现象是煤层采空后多数顶板不立即冒落，来压周期规律不明显，一般5～8天，在煤层直立段或局部充填物支撑的情况下，顶板悬空，出现较大面积的空腔，空腔长度一般20～

50 m,少数达 100 多米,空腔内一般潮湿—干燥,顶底板泥岩一般无底鼓软化变形现象。第二种现象是岩层倾角较陡,顶、底板泥岩厚度较大,岩体裂隙发育,采掘破坏较严重地段,岩体多产生剪切滑移和脱层冒落现象,顶板垮塌之后,松散岩块将空腔逐渐填满,岩体变形逐渐减弱直至停止,岩体破碎带宽度一般 2 ~ 15 m,沿岩层倾向向上延伸,破碎带宽度与煤层顶底板软弱岩层厚度成正比关系,破碎带之上岩体张性裂隙发育、杂乱,规律不明显,区内采空变形以此情况为主。第三种情况是顶底板较完整,但岩性软弱,层理发育,煤层采空后,顶板在自重压力之下向采空底板缓慢变形,逐渐挤压闭合。采空区采动变形一般情况见图 3—21—1。

(2)采空区变形分带:采空区内煤层顶板变形破坏主要分为三带,即冒落带、裂缝带、弯曲带。

冒落带:同兴煤矿 K1、K2 煤层顶板冒落带高度 5 ~ 6 m(开采的 K1、K2 煤层厚约 1.5 ~ 2.0 m),石冠寺煤矿冒落带高度 3 ~ 4 m(开采的 K4 煤层厚约 1.0 m),炭仓湾煤矿 K1、K2 煤层冒落带高度 4 ~ 5 m(开采的 K1、K2 煤层厚约 1.5 m 左右)。据《矿井水文地质规程》推荐,煤层倾角 > 55°,中硬覆岩、全陷落法管理顶板的采空区冒落带最大高度为采厚的 3 倍,由此推算本区冒落带高度为 3 ~ 9 m,与本次访问调查的冒落带高度基本吻合。冒落带(包括采空区)由块碎石堆积而成,成分主要为粉砂岩、泥质砂岩、泥岩,堆积物的空隙大,充填不密实,井下表现为伴生淋水现象。

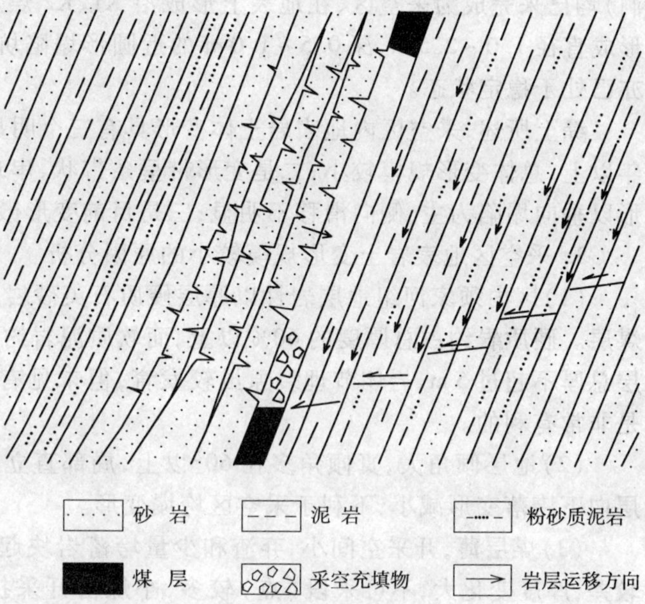

图 3—21—1 采空区煤层顶、底板岩层变形特征示意图

裂缝带:据有关资料统计,部分急倾斜煤层、中硬覆岩矿区岩体,其导水裂隙带高度为采厚的 10 ~ 15 倍,由此推测区内导水裂隙带高度为 10.4 ~ 13.7 m。同兴煤矿 K1、K2 煤层相距约 25 m 左右,据井下观测,其上部 K2 煤层巷道之上采空区水多由裂隙带向 K1 煤层巷道渗漏,与推测值基本相近。

弯曲带(整体移动带):在三个煤矿矿区范围内,其地面均存在陷落坑和裂缝带,说明各煤矿采空区至地表均为弯曲变形带,其高度在 50 ~ 120 m 间。

同兴煤矿、石冠寺煤矿、炭仓湾煤矿均属急倾斜煤层,伪顶、伪底较薄,煤层厚度不大。一般情况下,在煤层开采后约 5 ~ 10 天,伪顶开始出现冒落,老顶约在数月至一年出现弯曲变形,支撑坑木出现弯曲;在对采空区进行充填和有保安煤柱存在时,支撑坑木在 2 ~ 3 年未出现变形现象,老顶(底)变形弯曲现象不明显;在对保安煤柱进行回采和支撑坑木进行回收的情况下,老顶约在 2 ~ 4 个月出现垮塌,顶、底板呈压闭状。

(3)地面变形特征:对增建二线线路方案通过地段地表进行了详细调查,见有沿煤层露头走向断续分布的条带状、串珠状塌陷坑、裂缝和溪沟、井泉点漏失、干枯现象,但未见有新近形成的塌陷、裂缝,亦未出现明显的移动盆地。由于煤层薄、倾角大,含煤地层以硬质砂岩居多,采矿活动诱发的地表岩土体变形量相对较小,加之采空时间较久,目前地表变形已很微弱,已有的塌陷、裂缝现已处于相对稳定状态,或已为覆土掩盖。

同兴煤矿在宽 200 ~ 300 m 采空区范围内沿 K1、K2、K5(主采煤层)形成的塌陷,未有新近变形迹象。

石冠寺煤矿主采 K4 煤层,在线路通过的矿井范围内,地表有沿 K4 煤层形成的塌陷和较大裂缝,因其上部的煤层早已采完,形成采空区的时间已久,现已处于相对稳定状态,但煤层之上的砾岩层局部有较大面积的岩体崩塌现象。

炭仓湾煤矿主采 K1、K2 煤层,在线路方案通过地段,489 m 水平(下山)、545 m 水平(平洞)均已采完成为采空区,在地表上形成沿 K1、K2 煤层露头延伸,长约 200 m 的采空塌陷带,形成直径 1.0 ~2.5 m、深 0.5 ~1.0 m 的近圆形塌陷坑。由于采空区形成较早,地表塌陷变形亦已处于稳定状态。

综上所述,采空区内地表岩土体变形具有三个明显特征:一是形成时间较久,多数都在 20 年以上,总体变形规模较小;二是变形带呈条带状、串珠状沿煤层露头分布,影响宽度有限,变形以垂向塌陷为主,侧向滑移不明显;三是目前变形微弱,多处于稳定状。

3. 采空区地表岩土变形规模较小的原因分析

(1)区内须家河组地层岩性以厚层硬质石英砂岩为主,软质岩主要为泥质粉砂岩、泥岩和煤层。硬质岩约占总厚度的 60% 以上,而软质泥岩约占 40% ,煤层厚度一般 0.5 m 左右,各煤层总厚不超过 5 m,岩体节理裂隙虽较发育,但未见有重大构造破碎带,这对岩体的完整稳定是非常有利的。

(2)地层倾角大,真倾角多在 60°以上,局部直立或倒转,岩层自重作用得以减小,顶板岩层向下垮落变形减小,不利于采空区垮塌变形。

(3)煤层薄,开采空间小,弃渣和少量垮落岩块起着支撑作用,又由于三叠系煤层稳定性较差,厚度变化大,不可采段(点)较多,小煤窑开采技术落后,采富弃贫现象普遍,回采率很低,因此,未采段(点)对采空区顶板起着一定支撑作用。

(4)通过对区内煤层赋存形态、地层岩性和采矿活动等因素的综合分析,推断岩体以竖向变形为主,纵向变形次之,采空宽度一般 2 m 左右,且采空带(含断层破碎带)与自然坡向和道路轴向呈大角度相交,有利于岩体稳定。此外,采空区顶板岩性以泥岩为主,软质岩采空破坏之后,若按 13% 的松散系数计算,仅 12 m 左右岩层变形即可将采空区填满。

(四)采空区对铁路工程的影响

本地区采空区分布地段,线路方案主要以隧道通过,故采空区对铁路工程的影响也主要反映于隧道工程。

1. 煤层开采对周边岩体的完整性和稳定性造成破坏,大大降低了岩体工程地质性能,而线路以下采空区的存在又将严重影响隧道本身的稳定。因此,通过采空区的隧道,围岩类别降低,洞顶、侧壁松散围岩易产生冒落、坍方,隧道洞身可能出现沉降或扭曲变形。

2. 由于岩体的完整性遭受破坏,地层中的含水层、隔水层得以相互贯通,原来平衡的地下水的“补、径、排”系统被破坏,在地下水作用下,既进一步降低隧道围岩工程地质性能,同时也使隧道水文地质条件变得更为复杂。

3. 考虑到本地区采空区采空时间较久,长期吸引并储存来自周边岩体中赋存的地下水,形成地下“水囊”,虽然其规模一般不大,但遭隧道施工揭露,或隧道在邻近通过,仍可能对施工安全构成威胁。

4. 采空区常有瓦斯的局部积聚现象,一经隧道施工揭露,或施工破坏其周边岩体,可能导致瓦斯突然集中涌出或沿裂隙涌出,危及施工安全。

(五)铁路保护煤柱及压煤量计算

增建二线线路方案通过含煤地层地段,压覆有较丰富的煤炭资源,随时有被开采的可能,为确保铁路安全,必须预留铁路保护煤柱。保护煤柱的规模直接影响压煤的多少,而压煤多少则是增建二线线路方案比选的重要技术、经济指标。故在进行采空区专项地质勘察时,亦开展了这方面的工作。

1. 保护煤柱预留原则

铁路为国家重要基础设施,必须贯彻安全第一的原则。综合区内煤层的赋存条件、开采状况以及既有铁路和增建二线的工程要求,建议保护煤柱按铁路两侧各 50 m 预留。增建二线的新红卫隧道和新矿山隧道预留的保护煤柱,除保护铁路安全外,对煤矿也起防水煤柱的作用,故也是煤矿生产所必须预留的。

2. 压煤量计算方法

根据本次收集的地质、煤矿资料和增建二线相关工程数据等,作煤层底板等高线和储量计算图,按线路之下煤层分布与线路位置的关系,压煤范围上界为最低煤层采空底界高程,下界为 300 m 煤层底板等高线,宽为线路两侧各 50 m。采用图解法求得建议保护煤柱的拐点坐标。

在煤层底板等高线图上(地层倾角大于 60°时在立面投影图上计算)采用地质块段法求得各块段压煤量。计算公式如下:

$$D = S/\cos\alpha \cdot h \cdot \gamma \text{(煤层倾角} < 60°\text{)}$$

$$D = S/\sin\alpha \cdot h \cdot \gamma \text{(煤层倾角} > 60°\text{)}$$

式中 D——块段煤量(10^4 t);

S——块段平面面积,在底板等高线图上采用电子求积仪量取(km^2);

α——块段煤层的平均倾角(°);

γ——煤层容重,区内煤层容重一般为 1.3 ~1.5,取值 1.45;

h——块段平均煤厚(m)。

(六)增建二线通过采空区地段线路方案的比选

1. 采空区对线路方案影响的总体评价

由于本段增建二线线路的总体走向是大角度横穿地层走向和构造线方向,故路线方案难以完全绕避含煤地层,都要穿越同兴煤矿、石冠寺煤矿和炭仓湾煤矿的煤层采空区。虽然煤层开采和采空区的存在将可能对线路工程(主要是隧道工程)造成如前所述的不利影响甚至威胁,但因本地区煤层薄、倾角大,采空带宽度有限,且受地质构造影响相对较为轻微,采空区对周边岩体的破坏影响也是局部的,加之线路走向与采空带延伸方向呈大角度相交,通过采空区的距离不长,只要采取有针对性的、合理的工程处理措施,采空区带来的不利影响是可以克服的。因此,通过采空区的线路方案,都是可行的。这样,本段地质选线工作,是在线路方案都存在采空区影响和压煤问题的前提下,本着"两害相权择其轻"的原则进行的。

2. 采空区线路方案比选结论

增建二线万源至青花坝通过矿区地段长 10 km,线路有两个方案:YDK 线方案(YDK465 + 000 ~ YDK475 + 000)和 Y_2CK 线方案($Y_2CK465 + 000$ ~ $Y_2CK475 + 000$)。两个方案均存在通

过采空区和压煤问题，但 Y_2CK 线方案穿越采空区多，压煤量大，尤其在 $Y_2CK465+000$ ~ $Y_2CK469+000$ 段，采空区分布较密集，故最终推荐穿采空区少、压煤量小的 YDK 线方案为采用方案。

本章结束语

本章收录工程地质选线实例 21 篇，内容包括越岭地区选线、山岳地区选线、河谷地区选线和高原面上的选线等。就主要影响方案比选的工程地质条件而言，又可分为受地质构造条件控制的线路方案比选、岩溶地区的线路方案比选、泥石流发育地区的线路方案比选、重力地质作用形成的不良地质发育地区的线路方案比选、高地震烈度区的线路方案比选和有矿山采空区分布地区的方案比选等。

西南地区地质构造作用强烈，线路通过地区的地质环境的好坏、不良地质发育程度，往往脱离不了该地区的地质构造背景。因此，在进行工程地质选线时，首先应落实通过地区的区域地质构造条件，掌握地区内各种构造形迹的分布、走向和性质，分析它们的影响范围和与铁路各类工程的关系。在此基础上，才能选出相对较好的线路方案。内昆铁路官寨方案与新寨方案的比选、成昆铁路两河口展线与沿韩都路沟和米市沟展线方案的比选等实例，都反映地质构造条件在方案比选中所起的控制作用。

越岭线路多以较长隧道通过分水岭地带，方案比选的重点往往集中于越岭隧道的选择。对隧道围岩稳定、隧道涌水有重大影响的地质条件，主要是地质构造和地层岩性条件，故方案比选时，应选择岩性相对单一、完整，富水性差，且距断层、褶曲较远，或以最短距离通过的方案为地质的首选方案。越岭线路方案比选，尽管重点在越岭隧道的比选，但隧道两端引线的选择亦不容忽视。在内昆铁路越岭地段地质选线实录、大理至丽江铁路越岭地段地质选线等实例中，对越岭地区的地质选线进行了总结和叙述。

碳酸盐岩地区的越岭线路方案选择，重点是越岭隧道方案的比选。比选中，应在掌握隧道通过地区区域性及局部性岩溶排水基准面的前提下，确定隧道在岩溶水垂直分带中所处的部位、长短，并判定岩溶水地下分水岭与隧道的相对关系，进而确定岩溶水的径流方向。越岭隧道多属较长的隧道，由于埋深较大，洞身往往位于岩溶水水平循环带甚至深部缓流带中。此时进行方案比选、评价岩溶对隧道的影响，应着重考虑两方面问题：一方面是暗河与隧道的空间位置关系及隐伏岩溶对隧道的影响；另一方面是由于断层、褶曲对通过地区碳酸盐岩地层的破坏，以致引起岩溶水垂直分带发生变化的可能。黔桂铁路改建的六甲方案中的六甲隧道与河池方案中的怀竹隧道比较和株六增建二线的大竹林取直方案与沿既有线绕行方案中的几座越岭长隧的比较等实例，对这些问题作了一定程度的总结。

西南山区选线中，河谷线最为常见。但西南山区的河流又多属正处发育阶段的青、壮年期河流，其形成、发展往往与区域地质构造和新构造运动息息相关，地质环境脆弱，斜坡表生不良地质十分发育。因此，山区河谷的工程地质选线，须根据不良地质的分布、规模、性质、物质组成等特征，来选择、确定线位。比选的范围既包括同一岸内外、高低的不同位置，也包括左、右两岸不同位置，从而达到绕避不良地质或选择于其最有利的部位通过的目的。内昆铁路越岭地段选线中的洛泽河河谷的线位选择、株六复线普舍寨错落、岩堆的选线以及宝成铁路增建成二线的几处选线，以及玉蒙铁路走向方案中沿曲溪河方案的取舍，皆属此类实例。

泥石流是西南山区河谷中常见的地质灾害。对泥石流特别严重的河段，铁路选线时应以绕避为主，或作左、右两岸的对比，将线路选在其影响、危害较轻一岸；必须通过泥石流发育的河谷时，线路方案比选应充分考虑河床及泥石流沟淤涨、冲淤变化特征。作为经验、教训，东川铁路的选线实例对此有较好的总结。

有碳酸盐岩分布的河谷，工程地质选线中应特别注意河谷岸坡傍山隧道位置的选择。碳酸盐岩河谷岸坡坡脚近水面一带，常是岩溶水的排泄带，因此，与排泄带水平距离较近的傍山隧道，其线位高程应本着宁高勿低的原则加以确定。即隧道走行的高度应选择在相应位置的暗河或岩溶裂隙水水位之上，且考虑到接近排泄地带岩溶发育的强烈程度和在此地带岩溶水径路可能有较大落差，隧道与暗河或岩溶水位之间的垂直高差应留有较大的富裕。渝怀铁路乌江峡谷地质选线实例中，即有这方面的经验和教训，值得借鉴和吸取。

云贵高原面上碳酸盐岩分布广泛，地形起伏一般较缓，地貌差异不大，线路方案的地质比选只能以岩溶对线路工程的影响为主要依据。按不同碳酸盐岩地层的岩性、层厚、成分及其相互组合关系划分岩溶层组类型，根据线路方案所经不同岩溶层组类型的不同岩溶发育强度，确定方案所受岩溶影响的程度，是评价、比较通过碳酸盐岩高原面的线路方案的一种有实用意义的方法，在南昆铁路石林地区选线中岩溶层组类型的划分、岩溶发育强度的统计，为石林地区线路方案的抉择起到重要作用。

西南地区西部川、藏、滇等省(区)，正处印度板块与欧亚板块碰撞地带，分布有我国著名的SN向地震构造带，活动断裂多，故高地震烈度区范围分布也较广。经过高地震烈度区的铁路选线，自当以最短距离通过为首要原则。但在高地震烈度区中，进行线路方案的比选，则必须结合线路工程类型的简、繁程度进行比较，而选择其工程相对简单，又以隧道为主的方案。东川地震对工程影响的实例中，对各类工程震害的分析，也为高地震烈度区的上述选线原则提供了一定依据。

铁路通过矿区时，其采空区或小矿窑、坑洞对铁路各类工程构成极大的潜在威胁。由于采空区或小矿窑、坑洞很难查清，尤其是开采历史久远者更甚，导致设计无法采取有针对性的措施。因此，对规模较大，或分布较为密集，且开采历史久远的采空区或小矿窑、坑洞，线路方案以绕避为宜。襄渝铁路增建二线采空区地质选线提供了这方面可资借鉴的实例。

第四章　路 基 工 程

一、成昆铁路甘洛车站1、2号滑坡整治

涂正林

(一)甘洛1号顺层老滑坡垂直钻孔群排水

1. 概　　况

滑坡位于甘洛车站成都端牛日河左岸斜坡中下部,是岩层顺层老滑坡,轴向长810 m,宽150~500 m,滑体厚30~40 m,滑坡体积约630×10^4 m^3。后缘见基岩,为侏罗系泥岩、粉砂岩及页岩,泥岩约占80%,后缘及两侧尚可见到张裂隙及羽状裂隙,前缘盖于古河道Ⅱ级阶地上,前端公路边坡局部还有滑动。有6个滑坡平台,滑体内地下水发育,自然排泄条件不良,旱季地下水位高程与设计路肩高程接近,见图4—1—1。

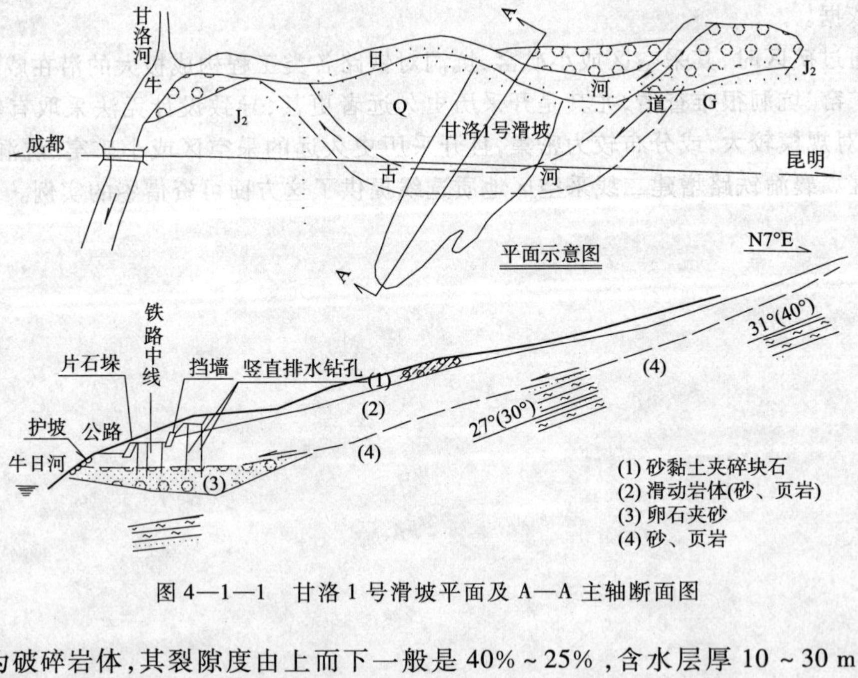

图4—1—1　甘洛1号滑坡平面及A—A主轴断面图

滑体为破碎岩体,其裂隙度由上而下一般是40%~25%,含水层厚10~30 m,为裂隙潜水,局部呈管流。滑坡区地表汇水面积1.5 km^2,滑坡地下水的补给来源是雨水及西北侧泉水。滑动带是泥页岩破碎物夹粉砂岩碎块,滑动擦痕明显,一般厚2~4 m,为隔水层。抽水试验稳定流量大于2.5 L/s。

取滑动带土做试验,天然含水量时试验结果:$\varphi=31°30'$,$c=95$ kPa,$\gamma=21$ kN/m^3;饱和含

水量时试验结果：$\varphi=16°$，$c=30$ kPa。采用上述试验数据对整体老滑坡稳定性验算，结果分别为 $K>1$ 及 $K<1$。开挖路堑后，如不采取排水措施，边坡将不稳定，并可能引起整体复活。

滑体的野外大剪试验 $\varphi=28°\sim32°$。与室内控制含水量的快剪试验对比，天然含水量为13% 时的 φ 值较饱和含水量 20% 时高 $10°\sim15°$，c 值高 50 kPa，故排除滑坡的地下水可提高滑体的力学强度及减少动、静水压力作用，从而保证车站路堑高边坡的稳定和公路边坡不再滑动。

勘测过程中，考虑了过河及隧道绕避滑坡等方案，均因工期紧迫及站场技术条件不良而放弃，最后将线路外移，仍以挖方通过滑坡。由于滑带以下有透水良好的古河道砂砾卵石层，决定采用垂直钻孔群排除滑体地下水的措施。

2. 垂直钻孔设计

垂直钻孔排水，是利用钻孔穿过滑动带使滑坡体内的地下水降至下伏强透水层或含水层，并予以排走的一种工程措施。排水孔利用普通地质钻机施工，孔深 20 ~ 70 m，孔距、排距 20 ~ 30 m，底部孔径 108 ~ 127 mm，如图 4—1—2 所示。

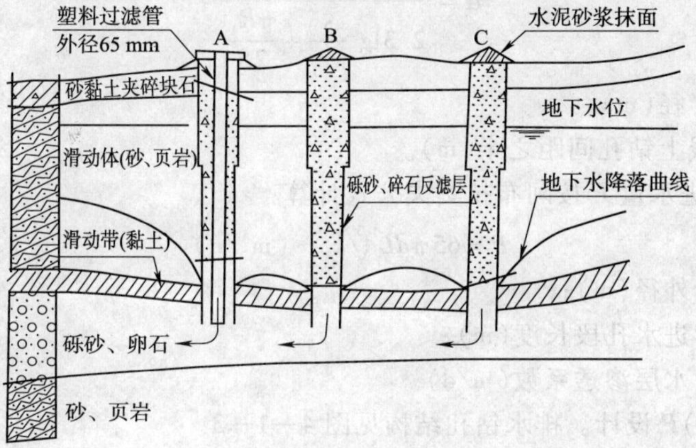

图 4—1—2　竖直钻孔排水示意图

A—安设过滤管的排水；B、C—全填砾砂、碎石反滤层的排水孔

(1)水文地质参数的选取

①勘探钻孔的地下水动态观测与滑体地下水降落漏斗的影响半径 R_1 值的测定；

②对滑带下砂砾石层采用固定水头法和三个扬程的注水试验，其渗透系数 k_2 及漏斗半径 R_2 值的测定；

③滑体含水层的抽、提水试验及颗分试验与渗透系数 k_1 值计算；

④钻孔投填过滤层的试验观测；

⑤相应试验期的地下水位及泉水流量测定；

⑥砂砾石层排水出口流量测定与连通试验。

试验结果：$R_1=140$ m、$k_1=28.4$(采用 27)m/d；$R_2=150\sim200$ m、$k_2=32.3$(采用 32 ~ 50)m/d。施工实测砂砾石层地下水流速为 100 ~ 140 m/d。据此分析，滑带下砂砾石层厚度大，渗透性良好，$k_2>k_1$，且有两个天然排泄出口高出现代河床，因而用垂直钻孔群钻穿滑带的排水措施是可行的。

(2)钻孔排水流量计算

钻孔单孔设计排水量 Q 按裘布依公式计算，即

$$Q=\frac{1.364(H^2-h^2)}{\lg\frac{R_2}{r}}k_2 \tag{1}$$

式中　Q——单孔设计排水量(m^3/d)；

H——砂砾石层底板到滑体含水层顶面间距(m)；

h——砂砾石层中含水层厚度(m)；

R_2——砂砾石层水位降落漏斗的影响半径(m)；

k_2——砂砾石层的渗透系数(m/d)；

r——过滤管半径(m)。

在孔群情况下因滑体钻孔内水位下降漏斗的影响半径 R_1 相互干扰，故 Q 应乘以干扰系数 α，即 $Q_1=\alpha\cdot Q$，而

$$\alpha=\frac{2.3\lg\frac{R_1}{r_1}}{2.3\lg\frac{S}{\pi r_1}+\frac{\pi R_1}{2S}} \tag{2}$$

式中　r_1——钻孔半径(m)；

S——行列线上钻孔间距之半(m)。

设计钻孔最大进水量 P 按阿布拉莫夫公式计算：

$$P=65\pi dL\sqrt[3]{k_1}\quad (m^3/d) \tag{3}$$

式中　d——过滤管外径(m)；

L——过滤管进水孔段长度(m)；

k_1——滑体含水层渗透系数(m/d)。

按 $Q'>(5\sim10)P$ 设计。排水钻孔结构见图4—1—3。

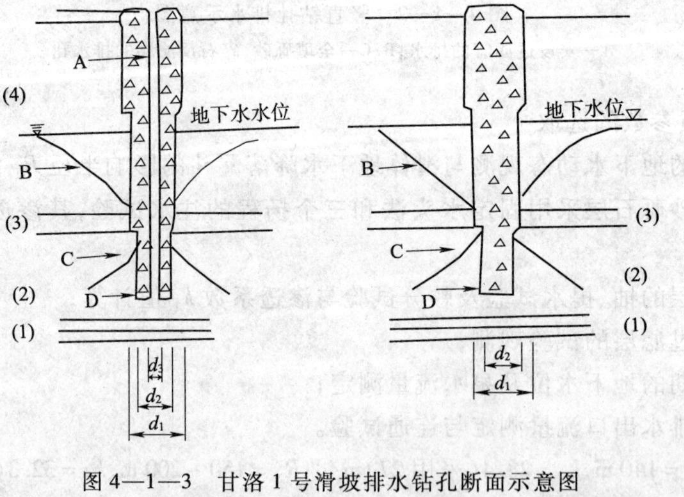

图4—1—3　甘洛1号滑坡排水钻孔断面示意图

(1)砂岩泥岩页岩；(2)砂砾卵石土；(3)滑动带；(4)滑体；A—塑料过滤管；B—地下水降落曲线；C—地下水吸收曲线；D—砂砾过滤器；d_1—钻孔开孔直径146 mm、127 mm；d_2—钻孔终孔直径127 mm、108 mm；d_3—过滤管直径65 mm

(3)钻孔终孔孔径

钻孔最大进水量 P 应设计为大于钻孔实际进水量，故与 P 有关的过滤管外径 d 不应小于

65 mm。考虑充填其外的砂砾石过滤层的厚度,采用钻孔终孔孔径应为 $2d=130$ mm(采用 127 mm),但涌水量和含水层厚度均小的浅钻孔,采用 108 mm 为终孔孔径。

(4)钻孔群的孔数估算与平面布置

据滑坡情况,钻孔群的孔数 N 按下式估算:

$$N=\frac{1}{\alpha}\times\frac{W}{PD} \tag{4}$$

式中 W——降低水位相应的排水总量(m^3);

D——降低水位所需时间(d);

α,P——意义同前。

设计按 1 个月后平均地下水位下降 10 m 计算,N 为 45 孔,实钻 43 孔。

钻孔间距按$(1/5\sim1/7)R_1$ 考虑,钻孔群的排列线大体垂直于地下水流向,排与排间距离按$(1/5\sim1/7)2R_1$ 考虑。钻孔群平面布置见图 4—1—4。

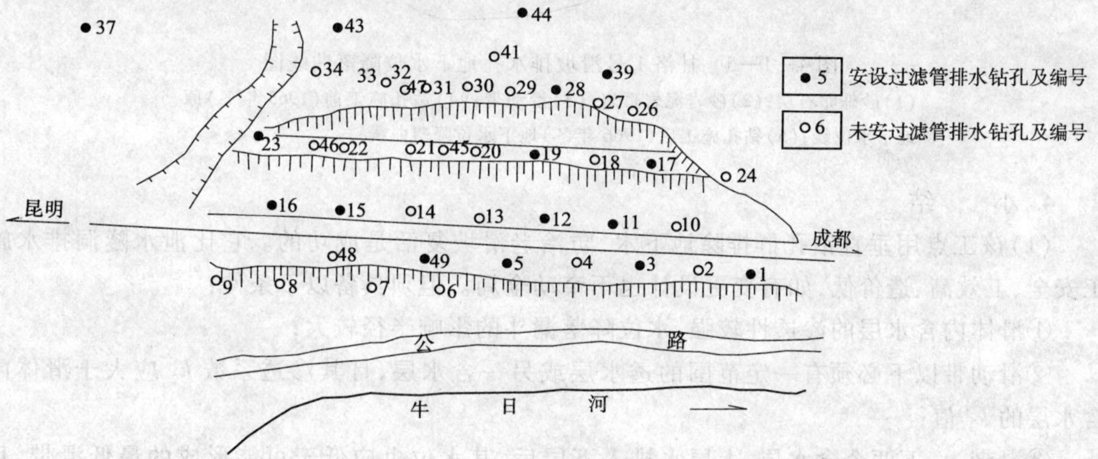

图 4—1—4 甘洛 1 号滑坡排水钻孔平面布置示意图

3. 钻孔施工及观测

(1)施工:采用太原 150 型勘探钻机 3 台,备用 300 型 1 台,施工约 5 个月,完成排水钻孔 43 孔,共 1 493 m。各孔以钻入下部砂砾石透水层为原则。当钻入透水层后,孔内水位迅速下降排光,或至下层水位时,即为终孔深度。钻孔施工以无泵反循环钻进的工效最高。但一般孔底均沉淀岩粉,有的孔底积水 2 ~ 3 m,经注水洗孔后消失。因此钻至滑动带后,均应洗孔。这样,终孔后水位均能在 2 ~ 3 天内降到滑动带顶面附近。塑料过滤管孔眼和接长安装,均就地加工。孔眼按设计要求做一活动套模,套在管上,以人工操作小电钻或在钻床上加工。过滤管接长,采用浸入预热机油内,将塑料管软化后插接的办法,并用绳索在搭接段勒成环形凹槽即可。

在钻孔未拔套管之前,按孔深将过滤管逐节接长放入钻孔,并检查接头处有无堵塞。下完过滤管后,即边拔套管边投砂砾石做成过滤层,最后在孔口用水泥砂浆封闭。

不安设过滤管的钻孔,则全部填满砂砾石。

(2)排水效果试验观测分析:观测证明,孔内安设与不安设过滤管,排水效果很不同。相同条件下,安设过滤管的排水速度快 1.5 倍,且淤积物少,因而需长期排水的钻孔,应尽量安设过滤管。

透水层排水出口连通试验及排水量测定,曾在 19 号孔中做投盐与注水试验,经一天及三天半分别在已查明的排水出口处取水样分析，证明滑体内下泄的地下水可以通过古河道排入现代河床。排水钻孔群竣工后，在上述古河道的两个排水出口处实测排水量为 180 m^3/d，较施工前的天然流量增大 150 m^3/d。

孔群竣工前后，滑坡地下水位动态观测结果见图 4—1—5。孔内水位一般下降 10 ~ 20 m。

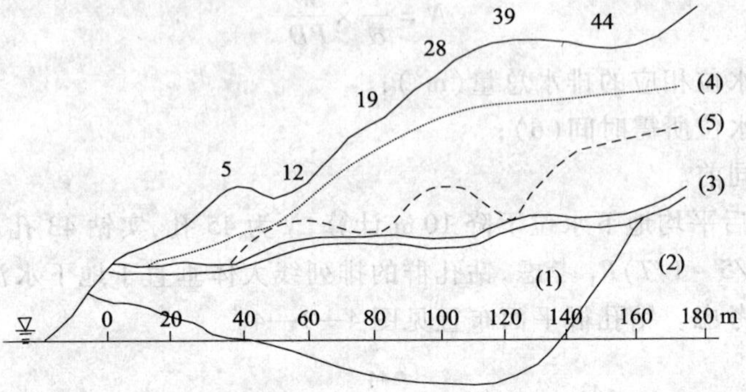

图 4—1—5　甘洛 1 号滑坡排水孔地下水位降落曲线图

(1)砂砾卵石层；(2)砂岩泥岩页岩；(3)滑动带；(4)钻孔施工前(1965 年冬)原地下水位线；(5)钻孔施工后(1966 年冬)地下水位降落曲线

4. 小　　结

(1)该工点用垂直钻孔群排除地下水、防治老滑坡复活是成功的。它比泄水隧洞排水施工安全、工效高、造价低，如有变更设计也不牵动全局。但须具备以下条件：

①滑体内含水层的渗透性较强，水位降落漏斗的影响半径较大；

②滑动带以下必须有一定范围的透水层或另一含水层，且其渗透系数 k_2 应大于滑体内含水层的 k_1 值；

③滑带上、下两个含水层，上层水排入下层后，其水位也应低于可能形成的最低滑带，且下含水层还须有排泄条件。

(2)有关钻孔排水流量计算公式，由于滑坡地区水文地质条件复杂，怎样选择或推导符合其边界条件的公式，值得进一步探讨。排水钻孔群的布置、间距及使用寿命也需继续观测研究。钻孔中过滤层的设计与施工对排水效果影响很大，应尽量采用安设过滤管的方案，以延长使用寿命，并利于养护维修。

(二)甘洛 2 号洪积层滑坡

1. 概　　况

滑坡位于牛日河左岸甘洛车站内，为附近红层洪积堆积物滑坡中最大的一个，其范围沿铁路长约 300 m，垂直铁路 100 ~ 150 m，厚约 10 m，滑坡体积近 4×10^5 m^3，见图 4—1—6。

车站内基岩为侏罗系紫红色砂岩页岩泥岩，硬软相间，节理发育，岩性软弱，易于风化剥蚀。此段牛日河谷开阔，左岸自山脚至岸边，一般宽约 300 ~ 800 m，分布崩坡积层与洪积扇，尤其洪积物几乎盖满Ⅱ级、Ⅲ级阶地，地面横坡向河倾斜为 30° ~ 15°。该滑坡发生在一个大洪积扇上，因设站切断了洪积扇前缘下部分，形成沿老洪积层中的间歇面滑动。当时铺轨期临近，经组织进行调查测绘、勘探试验、分析病害性质并提出整治方案，满足了工期要求，也获得不少教训。

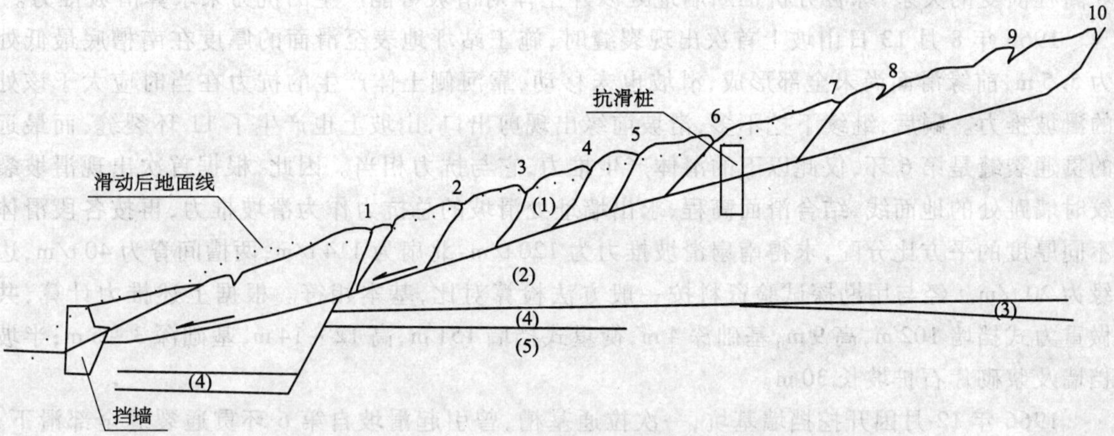

图 4—1—6　甘洛 2 号滑坡轴向断面图

(1)深紫色砂黏土夹块石；(2)淡黄色砂黏土夹块石；(3)砂黏土；(4)卵石土；(5)泥岩页岩

2. 洪积层结构与滑坡关系

为弄清滑坡性质及可能发展变化，首先对洪积扇土石结构及其成因进行勘察。由地貌、钻探及堑坡所见，洪积扇的顶端与下伏阶地高差大，坡度约 17°，除在地表 2 m 以内分布有崩积巨大石块外，其余碎块石粒径不大且具棱角，混杂于黏土、砾石中，紧密无分选，呈半坚硬状，具典型洪积层特征。

滑坡区的地层大体可分为三部分。底部是老洪积扇，由淡红色砂黏土夹碎石块石组成，石块为红及黄色砂岩；老洪积扇的顶面被冲成两个相连的凹槽，北槽底低于南槽，又堆积了黄色砂黏土夹块石，为北洪积扇；南槽中以深紫色土石为主，并盖于北槽边之上，为南洪积扇，两个洪积扇的顶面略呈鞍形。其所以形成底部洪积扇与南、北两个洪积扇三部分，是因上游有两条流石沟，其岩石成分不同，交互洪积所致。滑面即依附于两个凹槽底生成，故滑体也必然分为两块，自成一体，各自活动。

由于洪积扇前缘外已形成宽阔的阶地漫滩，远离牛日河，洪积层已沉积密实，扇面圆顺，流石沟内已无大量松散物质来源，且沟床与扇顶平顺相接，反映洪积扇已停止发展。

3. 滑坡性质与成因

铁路施工前，洪积扇外貌圆顺，无滑坡迹象。开挖路堑切断了洪积扇前缘部分，致使洪积体沿着洪积层中的间歇面滑动。洪积间歇面为泥岩页岩质的黏土组成，向河倾斜 17°，其含水达塑限后力学指标急剧降低，形成软弱带。该洪积层中除发育地下水外，尚有自然沟中的流水补给，加之沉积间歇面呈槽形，底部易储水，其滑动性强于两侧，故滑坡分为两部，每一滑体的范围与相应的洪积扇周界相吻合。其滑动方向及动态不一致，但相互有影响。滑动主体为南扇，以第 6 环状裂缝以下为核心。整个滑坡范围后缘接近扇顶，前缘与开挖站坪一致。

4. 工程措施

针对引起滑坡的主要原因是洪积层前缘被切断失去支撑，故选用了抗滑支挡和截排地表水的工程措施。后因挡墙挖基拉槽产生大滑动，又在滑坡中上部增设了抗滑桩群。

(1)抗滑挡墙：支挡类型经多方案比选，因计入墙前被动土压而圬工较小，故决定采用深基础浆砌片石抗滑挡墙。

墙后滑坡推力计算采用工程地质比拟法，即根据滑坡自身变形特征及滑动过程随开挖站坪高程演变的关系，综合分析推断墙址处以外土体对滑坡可能产生的抗力来求算滑坡推力。

1966 年 8 月 13 日山坡上首次出现裂缝时，施工站坪地表至滑面的厚度在南槽底最低处为 5.5 m，前缘滑面尚未全部形成，滑坡也未移动，靠河侧土体产生的抗力在当时应大于该处的滑坡推力。嗣后，继续下挖不多，滑坡前缘出现剪出口，山坡上也产生了 11 环裂缝，而最远的贯通裂缝是第 6 环，仅此以下的滑体产生推力，它与抗力相当。因此，根据首次出现滑坡裂纹时墙趾处的地面线，结合滑面高程，求出墙址处滑坡的总抗力作为滑坡推力，再按各段滑体不同厚度的平方比分配，求得南扇滑坡推力为 120 t/m，北扇为 114 t/m，两槽间脊为 40 t/m，边缘为 20 t/m。经与用勘探试验资料按一般方法检算对比，基本相符。根据上述推力计算，共做重力式挡墙 102 m，高 9 m，基础深 4 m；衡重式挡墙 151 m，高 12 ~ 14 m，基础深 3 ~ 5 m；半坡挡墙及浆砌片石护坡长 30 m。

1966 年 12 月因开挖挡墙基坑，一次拉通基槽，曾引起滑坡自第 6 环贯通裂缝全部滑下，掩埋了基坑，证实滑坡推力按最远一环贯通裂缝计算切合实际。

挡墙第二次施工采用了分段跳槽、逐段砌基的办法，得以顺利建成。

为了核实滑坡推力，在墙后曾埋设土压力盒进行量测，其推力大小与设计数值接近，推力图形的包络线近似于假定的矩形。

(2) 挖孔抗滑桩群：为防止第 6 环裂缝以上土体下滑，设计了挖孔抗滑桩 22 根，布置成拱形。1970 年采用框架木支撑施工。由于施工中见滑带含水很少，并对洪积扇土石结构和各滑体的内在联系加深了认识，故实际做了 7 根桩，桩截面为 2.5 m × 4.0 m，滑面以上长 5.5 m，埋入滑床 7.5 m。

关于抗滑桩的计算公式推导前提：滑面以上桩周为滑动过的土体，受力后不产生弹性变形；桩前土抗力用剩余抗滑力或被动土压取其小者，滑面以下为密实的洪积层，可产生弹性变形，按弹性固结抗力计算，弹性抗力系数假定随埋深成直线比例递增，因桩的刚度大于洪积层，故按刚性桩考虑。

5. 小　　结

洪积层的不同时期的洪积间歇层面是软弱面，在具有一定坡度和临空条件下也会沿此层面产生滑坡。滑坡的分块与交互洪积过程密切相关，如能事先认识洪积层性质，铁路线适当外移，少挖或不挖，可避免产生滑坡，至少支挡工程可减少。抗滑挡墙施工应分段开挖马口、随挖随砌，以防止大拉槽开挖促使滑坡恶化。滑坡推力计算应按最远的贯通裂缝，并与土抗力对比选用的方法，有其实用意义。

二、成昆铁路金沙江右岸落石试验

严璧玉

(一) 概　　况

位于大渡河、牛日河、金沙江、龙川江的成昆铁路，穿行于高山峡谷中。深切的峡谷，相对高差 800 ~ 1 500 m，最高可达 2 000 ~ 3 000 m，谷坡陡峻，坡度多大于 60°，有的呈悬崖峭壁。陡峻谷坡上部分布有大量危岩、孤石，落石严重威胁谷坡下部线路的安全。危岩落石以铁路所经大渡河沿岸、牛日河沿岸的沙湾至尼日、金沙江沿岸的金江至江头村等地段最为严重，而牛日河的尼日至凉红、龙川江的凤仪村至羊臼河段危岩落石的分布密度最大。为剖析危岩落石对线路危害程度及采取的工程措施,在金沙江右岸的西拉姆至红格拉段谷坡上开展了落石试验。

(二)落石试验区地质及地貌

1. 落石区地质环境

成昆铁路沿金沙江段地质构造属于康滇古陆,其间震旦纪、寒武纪、奥陶纪下统,沉积有海相物质;海西期有基性岩、超基性岩和酸性岩侵入;中生代广泛分布,多覆于老地层上。由于印支—燕山运动,地层多发生褶皱、断裂。该段发育有深大断裂,其中磨盘山—绿汁江断裂是发震断裂带,1955 年 9 月的 6.7 ~7 级地震即发生在该断裂带上。

金沙江右岸铁路的西拉姆至摸鱼鲊段处于磨盘山—绿汁江断裂带的西侧,在花岗岩、闪长岩和花岗片麻岩中有辉绿岩和长英岩脉穿插,在红格拉山坡出露的花岗岩体上覆有白垩系底砾岩。花岗岩为中细粒结构、块状构造,风化较严重;闪长岩为细粒结构、块状构造,风化较轻。受构造影响,节理发育。主要节理有四组:

N20° ~60°E/64° ~90°E,张性节理,缝宽 1 ~10 cm,多充填泥和小碎石,节理间距 0.25 ~2 m,该组节理顺坡向发育的有害节理;

N15° ~60°W/50° ~80°W,张性节理,缝宽 0.1 ~1 cm,无充填,节理间距 0.2 ~0.25 m,为有害节理;

N20° ~50°W/45° ~80°N,闭合或张开节理,张开缝宽 0.1 ~1 cm,无充填或充填少量泥和碎石,节理间距 0.5 ~1 m,为有害节理;

N30° ~50°E/30° ~60°N,闭合或张开节理,张开缝宽 0 ~1.5 cm,无充填,节理间距 0.35 ~1 m。

上述节理将花岗岩等岩体切割成块状,形成危岩。局部地段有顺 N40°E 和 N60°W 两组高角度节理发育成的小断层,形成了陡壁,另有走向 N30°W 的正断层,倾向 NE,倾角 60° ~70°,其破碎带宽 1 ~2 m,与线路直交。

白垩系底砾岩,钙质胶结,巨厚层状,出露厚度 25 m,覆于花岗岩体上,为不整合关系。该岩层主要受 N40°W/72°N 节理切割,易形成巨石崩落。

2. 落石区地貌条件

落石区的金沙江河谷属侵蚀峡谷,由于该地区构造抬升、金沙江强烈下切,在坚硬的花岗岩中形成 40° ~60°的陡坡,相对高差 100 ~250 m。在间歇抬升过程中,谷坡形成多级陡坎,一般陡坎高 10 ~30 m。线路右侧谷坡顶附近有的岩体在谷坡卸荷作用、构造节理切割及地震力作用下,发生崩塌而形成悬崖,局部受小断层影响而形成高 70 ~100 m 的陡崖。陡峻的地形为危岩落石的形成提供了有利条件。

金沙江沿岸有泥石流冲出的泥石流扇,呈交错分布。该段断续分布有高出河面 20 ~30 m、坡度 10° ~25°的缓坡地带。此缓坡上有冲积的细砂、泥石流的混杂堆积和崩积的块石,故推测该缓坡是泥石流和河流阶地交错堆积区,其上覆有危岩落石,所以岩堆体和泥石流扇体形成了陡坡下部的缓坡,线路利用缓坡作路基。

本段金沙江谷坡基岩裸露,花岗岩的风化层薄,除坡脚外,坡面局部覆盖有薄层的土层,其上生长着茂密的杂草和稀疏的灌木,坡面上发育有冲沟或小泥石流沟,有的坡面上分布有崩落的块碎石。

3. 危岩存在的形式

根据本段危岩的外貌,可将危岩存在的形式分为三类。

(1)断裂陡壁型:该型是由于断层或陡直的张节理形成的上凸下凹或近于直立的陡崖地形。此类危岩,当它所在的陡壁不高、岩石又被风化剥蚀时,危害较小;当陡崖较高(有达100m 者),其上岩体被多组节理切割后形成危岩时,则危害较大,须作处理。

(2)岩块孤石型:花岗岩或闪长岩受岩脉穿插和节理切割,呈块状,在后期风化作用下形成孤立的岩块耸立在陡坡上,危岩易崩落。因花岗岩和闪长岩岩质坚硬,崩落过程中,岩块不易破碎,对线路威胁大。

(3)多级陡坎孤石型:这是上述两种类型的复合形式,陡坡上有 3 ~4 级台阶或缓坡,台阶前缘的岩体支离破碎,有的呈孤石状,在外力作用下会产生落石、掉块。

在上述地质和地貌条件下,该段形成了 17 个危岩集中区,但整个坡体是稳定的,发生大规模岩体崩塌的可能性不大。

(三)落石试验

本段陡坡路基长约 15 km,分别在西拉姆、银丝岩和红格拉三处 5 个剖面做了 78 次落石试验,试验石块均取山坡上的花岗岩块石和闪长岩块石等,块石为弱风化、中等风化,块径 0.2 ~0.76 m 不等,呈长方形、方形、菱形。落石试验的落程,最大的 337 m,最小的 133 m,一般为 180 ~250 m。试验中由于山坡剖面的坡度组合及组成坡面的物质不同,落石运动形式也不尽相同,见图 4—2—1、图 4—2—2 和图 4—2—3。

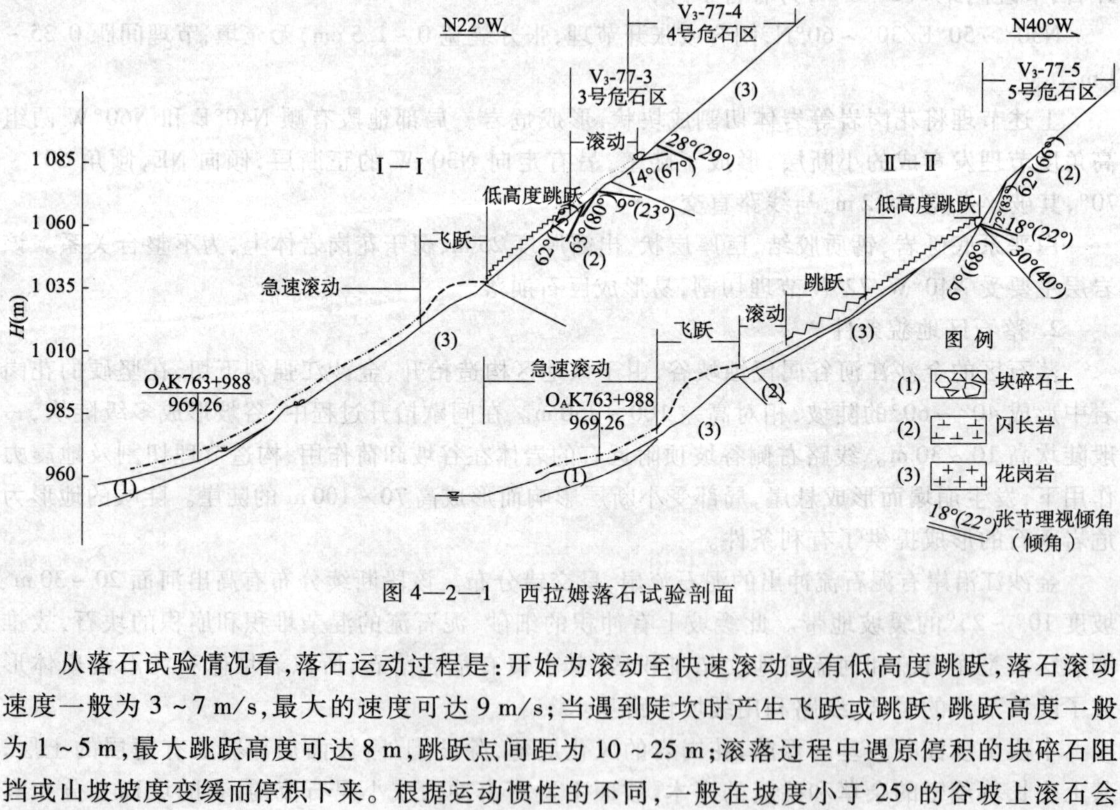

图 4—2—1　西拉姆落石试验剖面

从落石试验情况看,落石运动过程是:开始为滚动至快速滚动或有低高度跳跃,落石滚动速度一般为 3 ~7 m/s,最大的速度可达 9 m/s;当遇到陡坎时产生飞跃或跳跃,跳跃高度一般为 1 ~5 m,最大跳跃高度可达 8 m,跳跃点间距为 10 ~25 m;滚落过程中遇原停积的块碎石阻挡或山坡坡度变缓而停积下来。根据运动惯性的不同,一般在坡度小于 25°的谷坡上滚石会逐渐停积在坡上。

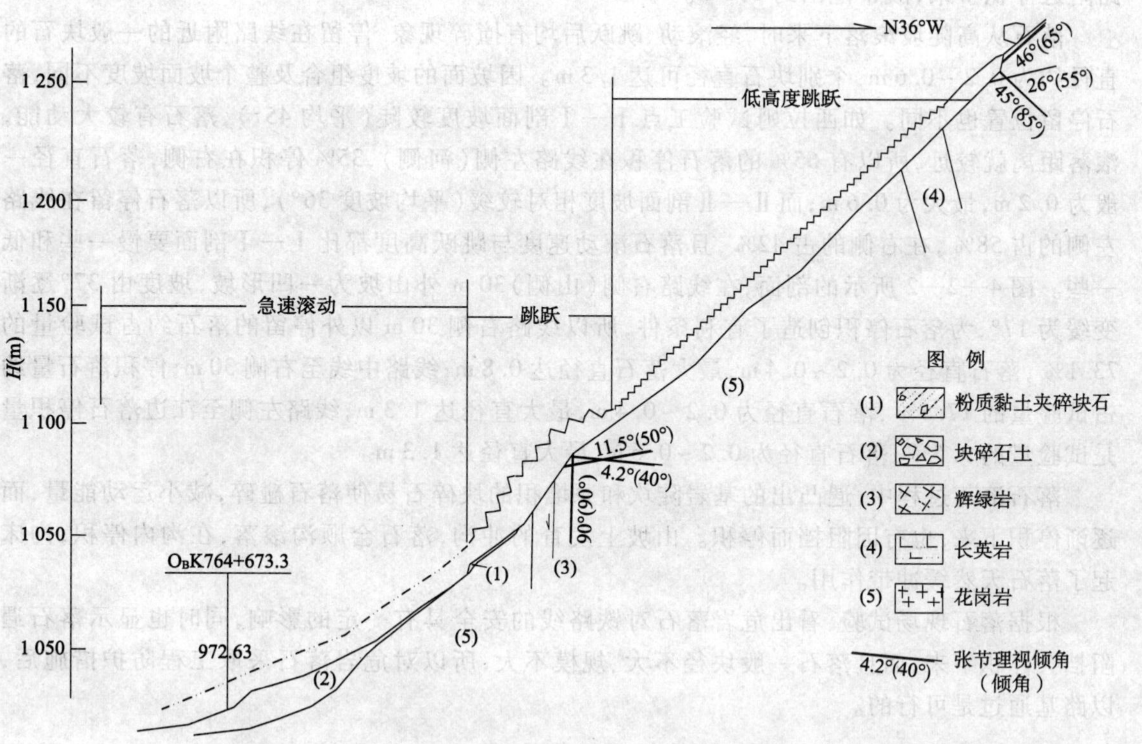

图 4—2—2 O_BK764 + 673.3 落石试验断面

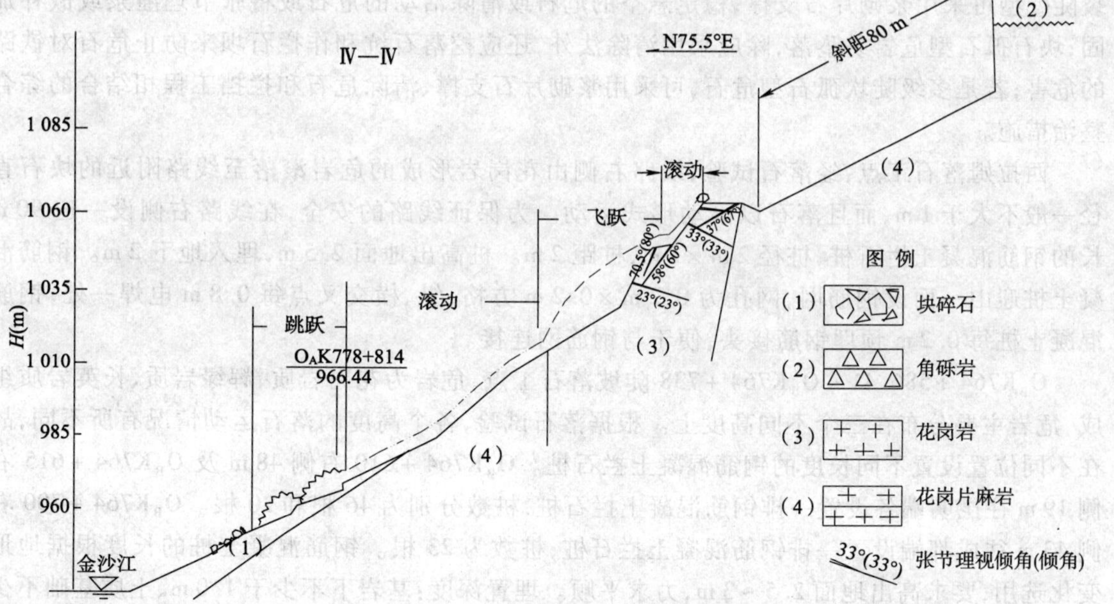

图 4—2—3 红格拉落石试验剖面

坡面由陡缓坡组合时，一般落石从缓坡滚落遇陡坡或阻挡，落石会腾空飞跃，而后在坡面上快速滚动或局部为快速滚动加跳跃。落石在滚动过程中，有的发生碰撞而碎裂散开，在线路附近停积下来，散布范围约200 m。

落石从高陡坡滚落下来时，经滚动、跳跃后均有撞碎现象，停留在线路附近的一般块石的直径约为0.2～0.6 m，个别块石直径可达1.3 m。因坡面的坡度组合及整个坡面坡度不同，落石停留位置也不同。如西拉姆试验工点Ⅰ—Ⅰ剖面坡度较陡（平均45°），落石有较大动能，滚落距离就较远，所以有65%的落石停积在线路左侧（河侧），35%停积在右侧，落石直径一般为0.2 m，最大为0.6 m；而Ⅱ—Ⅱ剖面坡度相对较缓（平均坡度36°），所以落石停留在线路左侧的占58%，在右侧的占42%，且落石滚动速度与跳跃高度都比Ⅰ—Ⅰ剖面要慢一些和低一些。图4—2—2所示的剖面，在线路右侧（山侧）30 m外山坡为一凹形坡，坡度由37°逐渐变缓为17°，为落石停积创造了有利条件，所以线路右侧30 m以外停留的落石约占试验量的73.1%，落石直径为0.2～0.4 m，最大落石直径达0.8 m；线路中线至右侧30 m，停积落石量约占试验量的17.5%，落石直径为0.2～0.4 m，最大直径达1.3 m；线路左侧至江边落石停积量是试验量的9.5%，落石直径为0.2～0.6 m，最大直径达1.3 m。

落石滚落过程中，遇凸出的基岩陡坎和原堆积的块碎石易使落石碰碎，减小运动能量，而逐渐停积下来，也有因阻挡而停积。山坡上发育的冲沟，落石会顺沟滚落，在沟内停积，沟床起了落石天然缓冲带作用。

根据落石现场试验，看出危岩落石对铁路线的安全具有一定的影响，同时也显示落石遇阻挡会停积下来，而且落石一般块径不大、规模不大，所以对危岩落石采取工程防护措施后，以路基通过是可行的。

（四）落石段工程防护

成昆铁路金沙江沿岸的危岩分布有17个点，根据危岩分布类型采用不同的工程措施：断裂陡壁型可采用浆砌片石支撑，稳定悬空的危石或清除活动的危石或将张节理灌浆或嵌补加固；块石孤石型危岩易坠落，除应采用清除法外，还应挖落石坑和作拦石坝来防止危石对铁路的危害；若是多级陡坎孤石型危石，可采用浆砌片石支撑、清除危石和拦挡工程相结合的综合整治措施。

西拉姆落石工点，经落石试验，线路右侧由花岗岩形成的危岩滚落至线路附近的块石直径一般不大于1 m，而且落石以滚动形式运动。为保证线路的安全，在线路右侧设一道90 m长的钢筋混凝土拦石桩，桩径2 m×2 m，桩距2 m。桩高出地面2.5 m，埋入地下2 m。钢筋混凝土桩迎山一面设钢筋网，网孔为0.2 m×0.2 m方格，纵、横交叉点每0.8 m电焊一处，钢筋混凝土桩每0.2 m预埋钢筋接头，便于与钢筋网连接。

O_BK764+586.41～O_BK764+738陡坡落石工点，危岩为花岗岩质、辉绿岩质、长英岩质组成，危岩主要分布在三个不同高度上。根据落石试验，各个高度的落石运动情况有所不同，故在不同位置设置不同长度的钢筋混凝土拦石桩。O_BK764+610右侧48 m及O_BK764+615右侧19 m往昆明端各设置一排钢筋混凝土拦石桩，桩数分别为46根和20根。O_BK764+700右侧43 m往成都端设置一排钢筋混凝土拦石桩，桩数为23根。钢筋混凝土桩的长度根据地形变化选用，要求高出地面2.5～3 m，力求平顺。埋置深度：基岩下不少于1.0 m、土质基础不少于1.5～2.0 m，桩间距为2.0 m，桩径2.0 m×2.0 m。灌筑钢筋混凝土桩时预埋ϕ16短钢筋（间距为0.2 m）以便悬挂钢筋网。钢筋混凝土桩迎山一面设钢筋网，用ϕ6钢筋编成0.2 m×0.2 m的方格，部分交点用电焊接牢。

自1971年运营以来，为了预防危岩落石的危害，又增加了钢轨格栅和挡石墙等防护工程措施，近年发展起来的柔性防护网——布鲁克拦石网也应用在该段的危岩落石的防护上。布鲁克拦石网可拦截中等和小块径的落石，也采用布鲁克网加锚杆加固大块、巨块的危岩，保证了成昆铁路的行车安全。

（五）结 束 语

根据落石试验观察，落石的运动路径是随落石所在高度、位置、落石的块径、质量、山坡的坡度及坡形等影响而变化的，落石的形式和速度也是随机变化的，而且落石发生具突发性。由于落石发生地区的自然地理环境条件差异，落石的发生又具随机和不确定性，因此很难进行有效的预测和根治，但可采用各种工程措施加以预防。

新线勘测阶段应加强工程地质工作，在峡谷地段的高陡谷坡是危岩落石高发区，应着重查清谷坡的地质构造条件和节理、卸荷裂隙发育程度及其组合关系；调查谷坡的形态，凸形坡易加重落石危害，而凹形坡有利落石停积；还应查明地震区高陡谷坡的稳定性，分析地震时产生崩塌的可能性等。实地调查时，还应加强对周围地区居民的访问，以了解危岩落石发展的历史和严重程度。

根据调查情况，提出工程建议，危岩落石数量多、规模大的地段建议线路绕避；危岩落石石块小、规模较小的工点建议用拦截工程防护，可采用落石坑、拦石墙、钢轨栅栏及布鲁克网等；对规模较大的落石地段可采用明洞或棚洞通过；其他还可根据危岩形态采用不同的支挡加固措施。

三、渡口铁路支线弄弄坪“昔格达”层滑坡

潘道云

随着经济建设的发展，人类在山区的工程活动日益频繁，往往由于对自然界认识不足或工程活动不当而引发诸多地质病害，其中以工程滑坡较为常见。渡口铁路支线弄弄坪“昔格达”层滑坡即为一例。

（一）勘测设计简介

1964年渡口铁路支线的勘测设计，由于地形条件所限，加之铁路与厂矿争地现象严重，铁路线位以1 079 m的高程行走于金沙江Ⅱ级阶地的前缘。弄弄坪工业站为适应地形条件，采用了三级Ⅲ场纵列式方案。滑坡发生在到发场（Ⅱ场）至翻车机场（Ⅲ场）的咽喉部位。该部位靠山侧挖2～3 m，其上方为焦化厂的堆煤场；江侧线路最大填高16 m，填方坡脚外5 m为石华公路，公路至金沙江水边为40°～50°的谷坡，滑坡前缘到金沙江边的最小距离仅60 m，高差约70 m。

（二）滑坡区地形及地质条件

车站段地面高程约1 060 m，为填方路段。原地面为洼地缓坡区，以5°～10°的横坡微倾金沙江，坡面多被开辟为旱地。阶地表层为1～7 m厚的坡、洪积粉质黏土夹碎、块石及1～3 m直径的大漂石；中部即为最厚可达11 m的河湖相“昔格达”层，该层是以黏土、粉质黏土和粉细砂为主要成分、具有层理的半成岩体，层面微倾向金沙江，其底部有一层厚

0.2～0.4 m的紫红色、黄褐色高塑性黏土（I_p=30～32），此层高塑性黏土在锚固桩施工中被揭示，它构成了滑动带；下部为冲、洪积的卵石层，石质成分以花岗岩为主，其次为辉长岩、玄武岩、灰岩、砂岩等，粒径200～400 mm者占60%，偶见粒径1 500 mm的漂石，厚5～20 m。下卧地层是三叠系大荞地炳南组砂页岩，岩层产状N35～55°E/45°～65°SE，倾向山侧。

（三）滑坡的形成与发展

弄弄坪工业站站坪于1966年底全面开工，1967年5月至1968年2月大面积填筑。当填筑至12 m高时，位于滑坡前缘江侧的5幢楼房中，靠近滑坡的1、2号楼房开始出现张性裂缝。据观测资料，1号楼向江边位移12 cm，地面隆起5.5 cm；2号楼地面隆起6.4 cm，两幢楼之间的地坪鼓胀隆起。同时，车站站区填筑地段出现了两条宽6～20 cm的裂缝，大致与边坡走向一致。由于石华公路沥青路面未出现变形迹象，故未能及时认识到前述上、下两处开裂变形的内在联系，仅在对楼房进行工程地质调查的同时对填方坡脚和坡缘处布置了两条变形观测线。

1. 第一次滑动

1968年7月～8月渡口地区的降雨量达710 mm，为排泄车站站区的地表水，在填筑土山侧推出了宽约3 m的临时排水沟，因而上方厂区的工业废水和大气降水大量排入滑体，一方面增加了填筑土体的重量，另一方面大量地表水沿已遭破坏的"昔格达"层的裂隙下渗，进一步降低了其力学强度。8月25日的一场大雨后，于次日中午，以填土最高的原低洼点为轴心，形成了推移式顺层滑坡。滑坡向江侧水平位移4.04 m，后缘滑壁高4 m。"环谷形"滑坡范围东西宽约300 m（滑坡横向宽度），南北长约100 m（滑坡轴向长度）。根据滑坡形态、力学特征，可划分为三个不同的带，即填方地段的后缘沉陷带、中部推移带、前缘隆起带，滑坡未发生整体快速滑动。

在对地质勘探、试验资料进行深入分析的基础上，进行了整治工程的方案研究和施工设计。首先，为了减少填方数量，改变了咽喉区的股道布置，最大限度地将线路内移；其次确定了以埋式抗滑挡墙为主，挡、排结合，辅以反压护道的综合整治方案，完成了整治施工图设计；强调应在次年雨季前完成主体工程的施工，同时继续进行滑坡动态观测。

2. 第二次滑动

由于种种原因，第一次滑动后，所设计的抗滑工程未能得以实施，仅作了线路内移、清方减载、顺坡填缝等简单处理。重要原因之一，就是滑坡给经济建设造成的损失尚未被主管部门所认识；另一方面，第一次滑动后，尽管仍然有缓慢位移的迹象，但总体上保持了相对稳定。于1970年7月1日填土完毕，线路铺轨运营。由于上方厂区和站区的排水设施均未妥善解决，大口径供水管道泄漏严重，这些潜在的隐患均被忽视，因而在时隔3年后的1971年7月31日一场大雨，导致了8月1日更严重的滑动，造成咽喉区8股道全毁，钢轨被扭曲，停留在滑体后缘股道上的车辆被折断，由到发场去翻车机场的通道中断，石华公路断道，严重威胁着钢厂的正常生产。为解燃眉之急，在山侧挖方和小填方地段抢修了4条便道，同时辅以汽车运输，以满足钢厂进料的最低需要。

第二次滑动仍为推移式滑动，前后两次滑坡的成因和形态特征基本相似。第二次滑动仅扩大了滑坡的范围，东西宽（滑坡横向）由300 m增至425 m，南北长（滑坡主轴方向）由100 m向后缘扩大到138 m（见图4—3—1）。滑坡有继续发展的趋势，不但使铁路运输难以恢复，还将严重危及厂区安全。这一严峻事实引起了有关主管部门重视,决定采用"以排(水)为主,排挡(抗滑挡墙)结合"的综合性整治方案,并因滑坡范围增大,随即扩大了整治范围,同时增加墙背渗沟和边坡支撑渗沟,以加强排水。

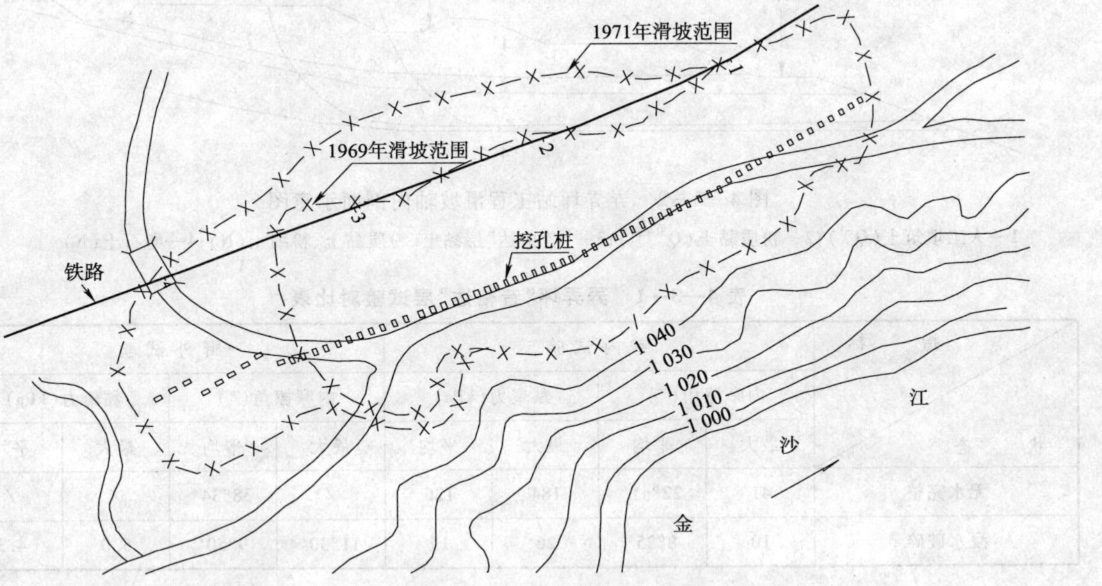

图 4—3—1　弄弄坪站工程滑坡示意图

3. 第三次滑动与整治方案的变更

1972 年 1 月上旬,滑坡整治工程开工。在抗滑挡墙的施工中,施工单位未实行跳槽开挖的建议,采用大型机械拉长槽的施工方法,当挖至墙趾高程时,1 月中旬发生了第三次牵引式滑动,直接危及四条临时便道的运行。如改用跳槽开挖,大型机械难于施展,人工开挖进度缓慢,显然在雨季前,抗滑挡墙主体工程无法完工。在这种情况下,以锚固桩为主的整治方案终于被施工单位所接受,取消墙后渗沟改为三道横向盲沟,取消墙背边坡支撑渗沟作边坡防护。在锚固桩施工前,对填方段进行了大量的清方减载,同时进一步完善了厂区和站区的排水设施,基本解决了大口径供水管道的漏水问题,消除了引起滑坡的诱因。

为保证加固工程能在雨季前完成,在锚固桩的施工中,动员了大量的劳动力,终于在 1972 年雨季前的 6 月,65 根锚固桩顺利竣工,滑坡趋于稳定。

(四)滑坡形成原因分析

弄弄坪"昔格达"层滑坡是一个比较典型的工程滑坡。地表以下埋藏的厚 0 ~ 11 m、微倾金沙江的"昔格达"层是形成滑坡的内在因素(见图 4—3—2),铁路以最大填高 16 m 的加载是形成滑坡的外在因素之一,而经常的、大量的厂区废水和人工"开渠"引地表水进入滑坡体是形成滑坡的触发因素,金沙江陡峻谷坡的临空面为滑坡体滑动提供了空间。

就其内在因素而言,组成滑体的"昔格达"组地层,在不同环境中的力学强度有很大变化。试验资料表明,无水、完整的"昔格达"层具有较高的力学强度,饱水后其力学强度降低显著(见表 4—3—1)。

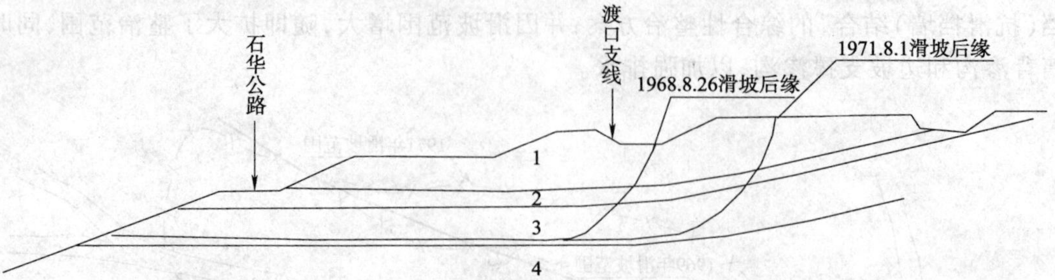

图 4—3—2　弄弄坪站工程滑坡轴向剖面示意图

1—人工填筑土（Q^{ml}）；2—粉质黏土（Q^{dl+pl}）；3—"昔格达"层黏土、粉质黏土、粉细土（N）；4—卵石土（N）

表 4—3—1　弄弄坪"昔格达"层试验对比表

指标 状态	室内试验				野外试验			
	内摩擦角(°)		黏聚力(kPa)		内摩擦角(°)		黏聚力(kPa)	
	最大	平均	最大	平均	最大	平均	最大	平均
无水完整	41	22°41′	184	126	/	38°34′	/	/
浸水破碎	10	8°25′	26	19	11°30′	9°50′	5.0	4.3

由于"昔格达"层的矿物成分以伊利石、蒙脱石为主，微含高岭石，其亲水性强，遇水膨胀，随之呈片状崩解，故浸水破碎后土体的力学强度急剧下降。无水、完整的"昔格达"层的强度是浸水、破碎的"昔格达"层强度的 2.7 ~ 6.6 倍。另外，第一次、第二次大的滑动均发生在大雨后的次日，系因大量地表水渗入滑体而引起。在产生两次大的滑动间隔近 3 年时间里，滑坡处于相对稳定阶段。但据钻孔水位观测和水质检测资料，站区的地下水位有明显的升高，同时出现了 pH 值增加的趋势，显然是厂区废水渗入的结果。

弄弄坪站区在高填路堤条件下，地表水大量渗入滑体，使基底下"昔格达"层强度降低，顺着倾向金沙江的软弱面产生推移式滑动；两次滑动后形成位移空间，引发了第三次的牵引式滑坡的发生。

（五）结 束 语

弄弄坪站区"昔格达"组地层是由黏土、粉质黏土和粉砂层互层组成的半成岩岩体，其间存在软弱层面。该组地层垂直节理较发育，地表水大量下渗，软化了软弱面，极易形成滑坡。所以在路堤勘测设计时，应详细查明"昔格达"地层组成和基底坡度，同时应根据基底情况对填土高度进行控制，避免造成像弄弄坪站区的路堤滑动。

另外，要做好地表排水工程。在站区和相邻地区工程施工中和建成后均要重视地表水、施工和生活用水的排放，对供水管道和排水管道应做好防泄漏，消除引起滑坡的诱因。

四、襄渝铁路赵家塘滑坡

罗成模

(一)概　况

襄渝铁路建于20世纪60年代末至70年代初,由于时间紧迫等诸多原因,未查清赵家塘古滑坡的规模、性质、成因,设计亦未采取避绕或其他谨慎通过滑坡地段的方案。1972年8月20日施工该段路堑时,又采取了一次使用26 t炸药大爆破的不当方法,致使赵家塘古滑坡复活,严重危及铁路安全。

赵家塘古滑坡位于襄渝铁路石庙沟车站襄端汉江左岸(北岸),滑坡长约500 m,前、后缘高差达187 m,宽约200 m,厚10~50 m,体积$200\times10^4\ m^3$,是一个巨型深层的岩石滑坡,堪称当时铁路滑坡之最。襄渝铁路于K328+490~K328+720通过该滑坡。

古滑坡复活造成滑坡范围内铁路隧道、涵洞、路基、支挡建筑物和民居房屋等严重变形、开裂,已严重影响铁路工程和居民安全。铁二院于1974年底派遣专业队伍进行整治工程综合地质勘察,并邀请了国内资深地质专家现场考察、论证,采取了以锚固桩为主的综合整治方案,最终整治成功。通过30余年的运营验证,状态良好,取得了彻底根治、不留后患的效果。

(二)滑坡地区地质特征

1. 地形地貌

滑坡所处的汉江左岸为一单面坡,岸坡坡度30°~45°,坡顶高出江面约500 m,古滑坡范围内的岸坡略显凹形地貌,仍残留着滑坡特有的圈椅状地貌,前缘距江边10~40 m,前缘附近有泉水流出。

古滑坡复活后,左侧(襄侧)边缘附近裂缝发育,岩体裂缝因岩体滑动而产生的岩层片理拖曳现象犹存,中部旗杆沟隧道出口端明显向河侧位移,洞顶开裂掉块,边墙错裂,裂缝贯通漏水。古滑坡右侧(渝侧)大部分被1965年发生的滑坡所掩盖,勘察期间,滑坡地貌尚存岩层反翘,树木歪斜,前缘鼓张裂缝发育,周界清晰可见。

古滑坡上部,即后缘下方200~300 m,有一长200 m、宽100 m的平台,赵家塘村坐落其上,民房房基开裂,并发生不均匀下沉。古滑坡中部,路堑挡墙开裂,涵洞发生位移。古滑坡下部,一部分被1965年产生的滑坡所掩盖,另一部分仍保留有古滑坡的鼓张裂缝,并有泉水出露。

2. 地层岩性

滑坡地区主要出露有第四系重力堆积、坡积、残积层,寒武奥陶系洞河群硅质板岩、片岩、灰岩,震旦系跃岭群片岩等。

(1)第四系(Q)主要为重力堆积、坡积、残积土,仅分布在山坡局部地段和滑坡部位。重力堆积主要分布在滑坡及旗杆沟隧道出口附近,以硅质板岩的碎、块石土为主;坡积层主要分布在赵家塘平台,为砂黏土夹角砾;据钻孔揭示,赵家塘平台中、上部为砂黏土夹角砾,底部多为重力堆积的硅质板岩、片岩的碎、块石;残积层主要分布于片岩出露区的坡面,多为砂黏土夹片岩碎石及岩屑,部分已辟为耕地。

(2)寒武奥陶系(€—O)洞河群硅质板岩、片岩、灰岩主要出露在旗杆沟断层附近和滑坡体左侧上部。上部为硅质板岩和片岩,中部为灰岩及硅质板岩,下部为灰岩,局部夹有炭质绢云母片岩,底部的灰岩具原生密集小褶曲,岩相及厚度变化较大。

硅质板岩和灰岩质坚性脆,节理发育,构成赵家塘古滑坡滑体的一部分。

(3)震旦系(Zn)跃岭群片岩是滑坡地区主要出露的岩层。该地层为片岩,深灰色,片理发育,片理面上造岩矿物绢云母化明显,局部含黄铜色的黄铁矿晶体。本层顶部存在一层古风化壳,其中片岩呈暗红、银灰、灰绿、褐黄等杂色,在地表及钻孔时有发现。

寒武奥陶系与震旦系地层呈不整合接触。

3. 地质构造

赵家塘古滑坡位于秦岭褶皱带南缘,主要构造线近东西向,次一级构造为北北东向。赵家塘地区系单斜构造,岩层正常产状为 N15° ~45°E/20° ~50°SE,但在断层附近岩层产状变化较大。主要断层有:

(1)吉河坝断层,断层走向 N80°W,倾向 NE,倾角 75° ~80°,为平移断层,延伸 60 余千米,N 盘 E 移,断距达 3 km,破碎带宽度 10 余米,岩石挤压呈土状,且次一级构造十分发育,赵家塘古滑坡后缘已达此断层,位于线路右侧 310 m,高程为 442 m。

(2)赵家塘断层,为吉河坝断层的次一级断层,亦系平移断层,断层产状与吉河坝断层近似,N 盘上冲,E 延止于旗杆沟,距吉河坝断层 100 余米,破碎带宽度 7 ~8 m,该断层大部分被滑坡体掩埋。

(3)刘家沟断层,断层走向 N30°W,倾向 SE,倾角 55° ~70°,为一逆断层,破碎带不宽,断层的一部分构成赵家塘古滑坡的西侧侧壁。

(4)旗杆沟断层,断层走向 N10° ~17°E,倾向 NW,倾角 21° ~67°,由一系列小的正断层组成,属张性断层,破碎带多为碎、块石,断层基本上构成了赵家塘古滑坡的东侧侧壁。

勘察证实,地质构造发育,与赵家塘古滑坡的形成和规模关系密切。

4. 水文地质条件

赵家塘古滑坡地区的地下水主要为基岩裂隙水,寒武奥陶系硅质板岩、石灰岩含水条件相对较好,震旦系片岩含水条件相对较差,由于旗杆沟断层属张性断层,而且又处于硅质板岩、石灰岩中,古滑坡左侧(襄侧)地下水比右侧(渝侧)丰富。

根据钻孔和锚固桩施工揭示,在滑动带附近有一层地下水,该层地下水一般具有局部承压性,其原因是滑体物质因滑动挤压破碎,对地下水运动、富集有利,而滑带以下岩层相对隔水所致,该层地下水在滑坡前缘以泉的形式流出地表。

通过对泉水、钻孔水样进行试验分析,确定滑坡地区地下水类型为 HCO_3^-—Ca^{2+} 型,矿化度小于 500 mg/L,对混凝土不具侵蚀性。

(三)滑坡的形态与发展

根据区域地质资料和滑坡地区地质勘察资料分析,认为赵家塘古滑坡由于集中降雨等诸多原因,历史上至少已发生过一次复活,依据如下:

1. 古滑坡的后缘在赵家塘断层附近,发生复活后,使古滑坡后缘后移至吉河坝断层附近,并保存着滑坡特有的圈椅状的形态。

2. 在距后缘下方 100 ~200 m 处,保存着一长 250 m、宽 100 m 的赵家塘平台,赵家塘村就坐落在其上。该平台为古滑坡复活形成的弧形凹槽,后又被重力堆积充填所致。钻探发现,凹槽处的基岩出露高程，低于平台以下清方减载处的基岩出露高程。同时证实，凹槽的充填物厚度达 30 m。其上部主要为砂黏土，且在不同钻孔的相同高程处都发现了具有近水平层理的砂黏土；底部为片岩、硅质板岩组成的碎块石土。

1965 年雨季之后，在 K328 + 630 ~ K328 + 740 段线路左侧新产生了一个滑坡。该滑坡覆于赵家塘古滑坡之上，仅前缘出露高程较赵家塘古滑坡前缘出露高程低约 13 m，滑坡的厚度为数米至 20 m 左右，新产生的滑坡迹象仍清晰可见。

路堑施工所引起的工程滑坡仍然保存了一些迹象，工程滑坡亦是发生在赵家塘古滑坡之上的新生滑坡，随着路堑施工进行清方减载、刷坡，工程滑坡的迹象逐渐消失。

综上所述，赵家塘古滑坡既保存着至少复活过一次的古滑坡的形态，其上又保存着次生新滑坡的形态。

1972 年 8 月为开挖路堑进行大爆破，引发了赵家塘古滑坡的整体性复活。这一结论有以下两方面依据：其一，滑体上裂缝在整个古滑坡体各部位基本上均有分布，且滑体上建筑物被破坏也是随处可见，铁路的隧道、涵洞、路基、支挡建筑物及村民的房舍均受到不同程度的破坏；其二，观测网的设置，考虑到了能够对赵家塘古滑坡整体的复活滑动进行跟踪，并定期进行了监测。通过对观测资料的分析，得出古滑坡复活后整体都在向河侧位移的结论，而且设置在赵家塘断层北侧的观测桩，在 1975 年 6 ~ 8 月期间也向河侧位移了 28 ~ 42 mm。

赵家塘古滑坡平面形态（滑坡周界）见图 4—4—1。

根据钻探和锚固桩施工资料分析，赵家塘古滑坡的滑动面深度由数米至 40 余米，在线路通过处，滑面深度最深也达 30 m 左右，见图 4—4—2。

根据观测资料，赵家塘古滑坡的此次复活，其滑动速度是比较缓慢的，平均每月的移动速度为 14 ~ 21 mm，旱季每月 10 ~ 15 mm，雨季每月 20 ~ 40 mm。

（四）滑坡的性质

1. 赵家塘滑坡是一个巨型深层的岩层古滑坡，也是一个在古滑坡体上发生了次一级滑坡的复式滑坡。

2. 赵家塘古滑坡在历史上至少发生过一次复活。

3. 赵家塘古滑坡的此次复活，是整体性的复活。

4. 赵家塘古滑坡由于滑体的滑动，使滑体岩石破碎，当有利于产生滑动的因素一旦具备，如集中降雨、施工造成新的临空面等，产生整体或局部滑动的可能性依然存在。

5. 滑体的滑动速度是比较缓慢的，最大位移值每月不超过 40 mm。

（五）古滑坡复活的原因

1. 由于赵家塘古滑坡位于地质构造（特别是断裂构造）发育地区，强烈的构造作用致使滑坡区古老的变质岩十分破碎，岩体被吉河坝断层、赵家塘断层、刘家沟断层、旗杆沟断层切割成楔体，滑坡区的母岩大部分为片岩，产状倾向汉江，其视倾角为 15° ~ 24°，且片岩顶部的风化壳厚度 20 ~ 50 m，形成了倾河的软弱带，汉江左岸的斜坡构成了宽敞的临空面，在具有倾河软弱带和临空的条件下，楔体处于不稳定状态，发生滑动，这是赵家塘古滑坡复活的根本原因。

2. 汉江洪水期对古滑坡前缘的浸润、冲刷，雨季的集中降水，村民用水，施工用水、尤其是处于旗杆沟张性断层破碎带的旗杆沟隧道出口端汇集的地表水等大量灌入本来就发生过滑

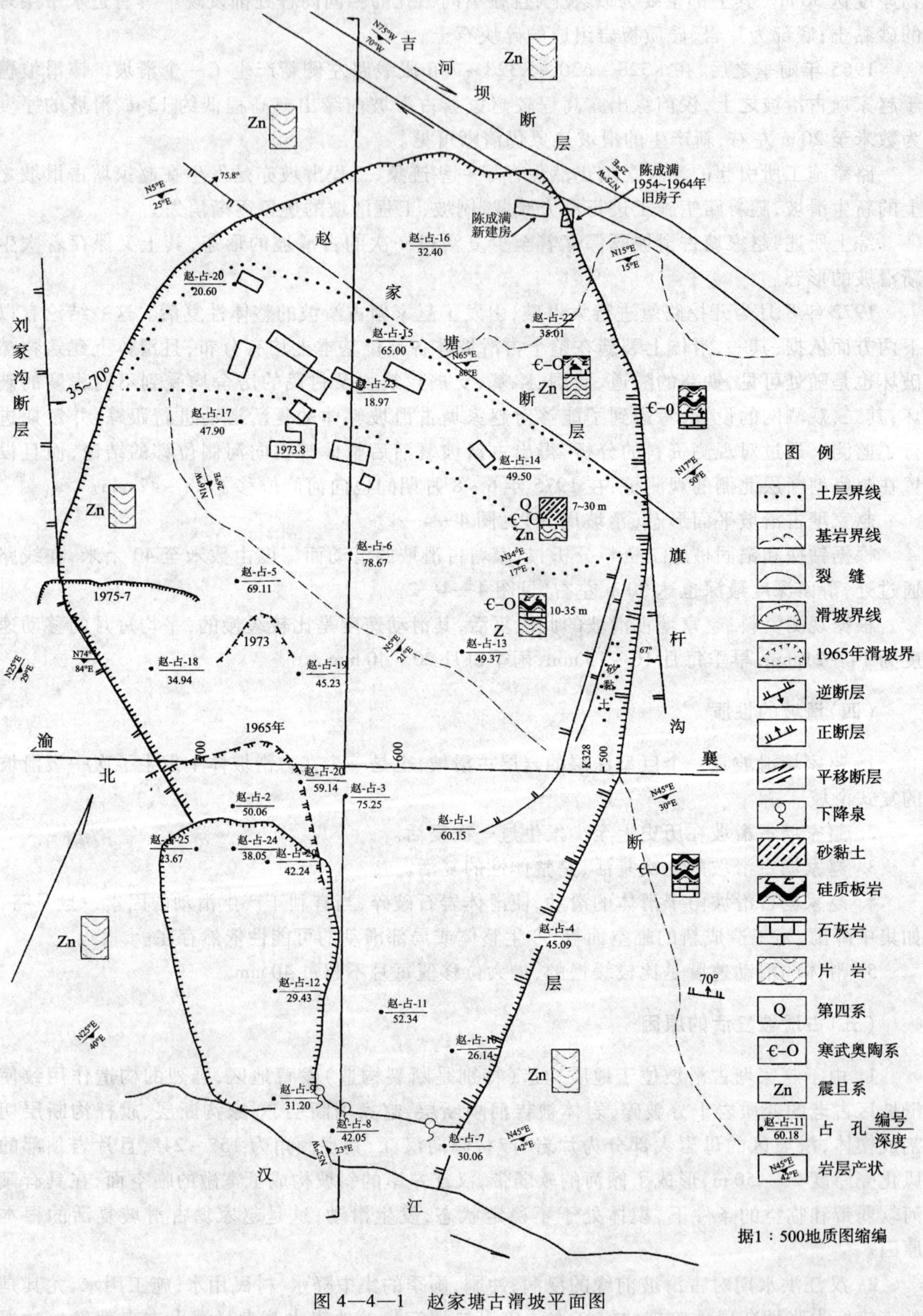

图 4—4—1　赵家塘古滑坡平面图

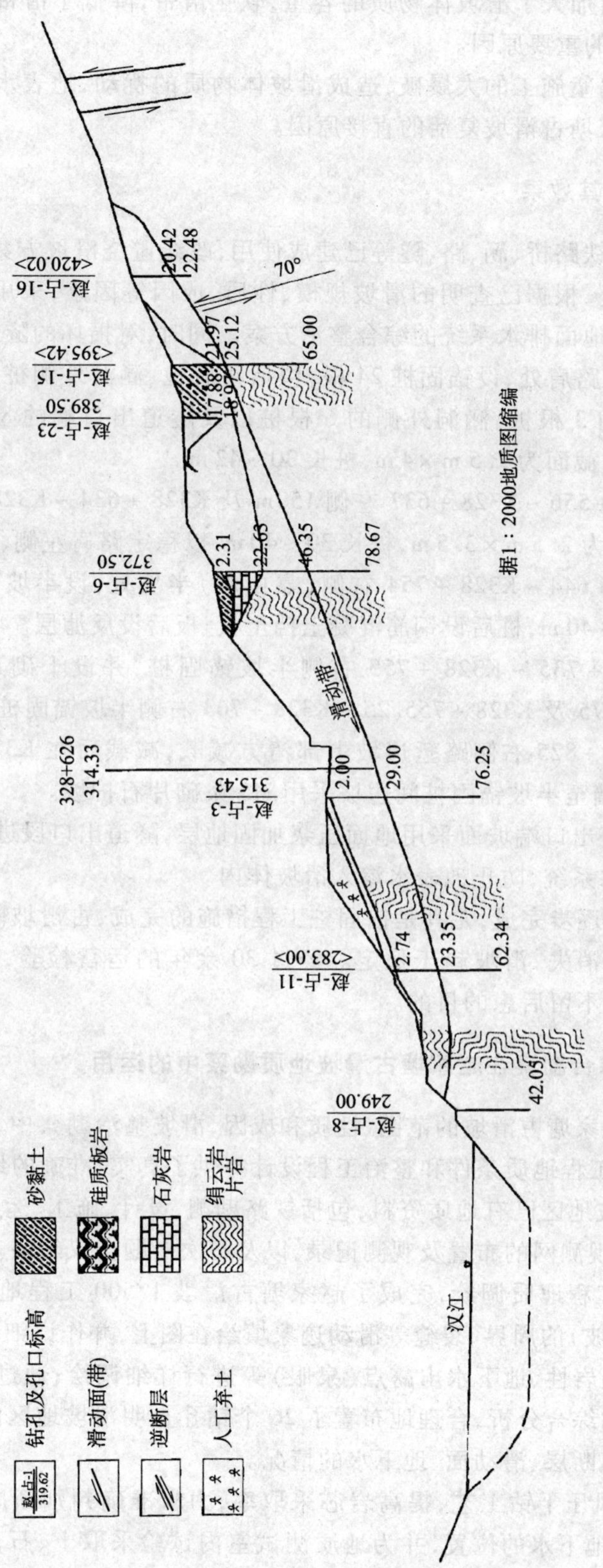

图 4—4—2　赵家塘古滑坡剖面示意图

动的破碎岩体内,从而加大了滑坡体物质的容重,软化滑带,降低了滑带物质的力学强度,这是赵家塘古滑坡复活的重要原因。

3. 1972 年 8 月路堑施工的大爆破,造成滑坡体物质的扰动,地表水更易渗入,加剧了古滑坡的复活,这是赵家塘古滑坡复活的直接原因。

(六)整治措施及其效果

通过滑坡地区的铁路桥、涵、路、隧等已建成使用,改线避绕滑坡方案会造成重大损失,故采取就地整治的方案。根据已查明的滑坡规模、性质、成因等因素,采用了以锚固桩为主,辅以清方减载以及加强地面排水系统的综合整治方案。同时,对损坏的隧道进行加固、修复。

1. 在线路左侧近路肩处,设锚固桩 24 根,包括路肩桩、涵洞外侧桩以及旗杆沟隧道出口端河侧的桩,其中路肩 3 根桩、涵洞外侧的 6 根桩以及隧道出口端的 8 根桩为大桩,截面为 3.5 m×7 m,其余桩的截面为 2.5 m×4 m,桩长 30~42 m。

2. 在线路 K328+556~K328+637 左侧 150m 及 K328+634~K328+699 左侧 52 m 处,设锚固桩 24 根,截面为 2.5 m×3.5 m,桩长 30~40 m,以稳定路肩左侧(靠河侧)滑体。

3. 在线路 K328+644~K328+754 右侧(靠山侧)半坡处,设半坡锚固桩 15 根,截面为 2.5 m×4 m,桩长 30~40 m,桩后设钢筋混凝土挡土板,板后设反滤层。

4. 在线路 K328+735~K328+755 右侧半坡锚固桩,并设干砌片石护坡;在 K328+639.25~K328+642.75 及 K328+755.25~K328+763 右侧半坡锚固桩两端,设半坡挡土墙;在 K328+628~K328+825 右侧路堑边坡上部清方减载,减载后在 K328+630~K328+760 右侧设路堑挡土墙,墙至半坡锚固桩间边坡采用 M5 浆砌片石护坡。

5. 在旗杆沟隧道出口端坡面采用地面压浆加固地层,隧道出口段进行了换拱、换墙。

6. 增设地面排水系统,防止地表水渗入滑坡体内。

随着上述工程的逐步完成,尤其是锚固桩工程措施的完成,古滑坡的位移速率逐步减缓,滑坡的变形裂缝逐步消失,滑坡趋于稳定。经过 30 余年的运营检验,证明整治工程效果良好,达到了一次根治、不留后患的目的。

(七)工程地质综合勘察在赵家塘古滑坡地质勘察中的运用

为了及时查清赵家塘古滑坡的范围、性质和成因,滑坡整治勘察中,采用了地质综合勘察方法,对滑坡地区的工程地质条件和整治工程设计提供了真实、准确的地质资料。

1. 广泛搜集滑坡地区已有地质资料,包括铁路勘测、设计、施工、运营的资料,病害发生后建筑物的变形情况,观测网的布置及观测记录,以及历次专题会议纪要。

2. 进行详细的工程地质调绘,完成了赵家塘古滑坡 1/500 工程地质平面图。将古滑坡(含其上次生的新滑坡)的周界、裂缝等滑动迹象填绘在图上,并作详细记录;对滑坡地区地形地貌、地质构造、地层岩性、地下水出露点(泉眼)等进行详细调绘;通过对收集的既有资料和详细调绘成果资料的综合分析,合理地布置了 26 个钻孔查明滑坡地区的工程地质、水文地质条件,主要包括岩性、断层、滑动面、地下水的情况。

3. 钻探采用了风压干钻工艺,提高岩芯采取率,力求准确判别断层及其破碎带、岩性变化、风化带、滑动面、地下水的位置,并为地质测试室内试验采取土、石、水样;同时,利用正在施工的锚固桩坑壁进行地质编录,绘制了 20 余根锚固桩长达 500 余米的展示图,与钻探资料进行对比、修正。

4. 地质测试主要是利用钻孔取出的土、石、水样做室内试验，获取物理、力学、化学参数；同时利用钻孔做水文地质试验，取得水文地质参数。

5. 对滑坡进行动态观测，建立完整的观测网，定期进行观测，绘制各观测点的位移曲线；同时在主要钻孔中安装测管，定期进行观测，以取得滑动面深度数据。

6. 对上述成果资料进行综合分析、相互验证、去伪存真，为设计提供了一份高质量的滑坡工程地质勘察报告。

实践证明，采用地质综合勘察方法，特别是对滑坡采用动态观测的勘察方法，验证了其他勘察方法确定的滑坡范围和滑面深度。这一合理选配模式和勘察程序，在赵家塘滑坡地质勘察中取得了时间短、成本低、质量高的明显效果，为整治工程设计提供了可靠地质资料，整治工程效果良好，达到了预期的目的。

五、襄渝铁路月河隧道进口段滑坡的治理

张 钧

月河隧道位于月河右岸，隧道全长 2 784 m。隧道正对一小山梁斜坡进洞，进口段隧道走向与山梁延伸方向一致，山梁两侧均为自然沟，沟向亦与山梁、隧道走向基本平行。进口高于月河常水位约 70 m。进口段山梁斜坡为一凸形坡，从月河河漫滩至洞口部位较为陡峻，约为 40°，进口仰坡以上稍平缓，约为 25°，缓坡段长 200 m 许，其后山坡又变陡为 40°，陡坡顶即山梁脊部，实为汉江最高一级阶地，高程约为 430 m。隧道进口段斜坡坡面为上陡、中缓、下陡，略呈圈椅状。

（一）病害情况

1970 年 5 月开始进行洞口边仰坡的刷方，6 月 26 日发生第二次坍方（第一次坍方较小未引起重视），约坍塌 1 500 余立方米，致使平导洞口被堵；7 月正洞准备进洞时又发生了坍塌，在清除坍方后，准备先建好月河大桥的 7 号台，再接 5 m 长的明洞，不再刷方；8 月上旬，大雨后又发生坍塌，变更原方案为接长 10 m 明洞；9 月下旬，大雨后又坍塌 600 余立方米，洞内也有坍塌。隧道雨后坍方累计大于 3 m^3 的坍塌，正洞有 130 多次，平导有 150 多次，总坍方量超过 10 000 m^3。

1971 年 1 月发现拱圈开裂，平导洞口端衬砌也发现两处贯通整个衬砌断面而且错开的裂缝，同时洞顶地面也发现一系列裂缝，而在距洞口 200 m 处也发现了横贯山梁的长裂缝，宽 3 ~ 4 cm。

在距洞口 105 m 略偏右方的洞顶，有一个容量约 270 m^3 的施工用高位水池，水池被拉裂，大量水体漏入平导中，洞顶上设置的精测桩也发生了位移。

（二）补充地质勘察

经过补充地质勘探，基本查清了该隧道进口段工程地质条件及病害情况。

1. 地层岩性

隧道进口地层主要为志留系大贵坪组（S_1d）石英绢云母片岩，有辉长玢岩侵入。

(1) 大贵坪组片岩：浅灰色，蓝灰色—黑灰色，风化后为灰黄色，片理、节理极为发育，岩石

受节理切割而成碎块状,整体性差。节理面穿插有石英脉及次生钙质物、方解石等,有不少节理中充填有黄褐色黏土。受断层挤压影响,岩层产状不稳定,局部多褶曲,岩层片理产状多变。

平导 280 m 之后,大贵坪组为绢云母石英片岩,底部夹硅质片岩,蓝灰色—灰色,片状,整体性较好,但局部夹软层。

(2)辉长玢岩:辉长玢岩出露于洞口及月河大桥 5 号墩,黑绿色,细粒结构,块状构造,并见有石英脉穿插和球状风化现象。强风化层呈黄褐色,局部全风化层呈土状。岩体风化不均,并见多处条带状片岩俘虏体。

2. 地质构造

(1)隧道右侧沟中发育一条顺沟平移断层(F_1),受此断层影响,岩体破碎。

(2)断层 F_2 出露于进口段山梁的右侧,为两条同方向正断层的组合,破碎带较宽。断层产状 N10°W/40°E,擦痕方向 N18°E。在洞内,此断层见于正洞内 80 m 及平导 85 m 处,洞内断层产状 N30°W/42°E,擦痕方向 N20° ~25°E,在洞内,该断层破碎带较宽。

(3)断层 F_3 地表见于右侧沟坡、高位水池的下方,断层产状 N10°W/65°E,为正断层。

(4)断层 F_4 在隧道上方约 100 m 片岩与岩浆岩接触面。该断层将片岩切割成不同倾向的不连续岩体。断层产状 N62°W/44° ~68°E,走向与线路几乎正交。

(5)断层 F_5、F_6 在进口下方山坡,呈 X 形交叉于月河大桥 6 号、7 号墩台之间。F_5 产状 N35°W/65°E,在中线附近岩浆岩与片岩呈断层接触,破碎带约宽 5 m;F_6 破碎带甚宽,断层产状 N75°E/70°S。

3. 病害类型

为进一步了解正洞下部岩层分布及完整性,补勘测中在滑动体下部地段布置了 5 个钻孔。从钻探中了解,在洞口下部约 257 m 高程,普遍发育一层黑色碳质硅质片岩。从柱状岩芯中测出,片岩倾角一般为 70°左右,而且相当稳定。根据钻孔遇到黑色岩层位置、高程分析,岩层应倾向东。而按正常层位,在洞口一带应该出露至地表。但实际上,地表普遍为缓倾角(25°之内)往西倾的片岩。从岩性、倾角分析都说明,上、下岩层不连续,在高程 280 ~ 290 m 的一段是不正常接触。在钻孔中,此高程一带岩石风化严重,十分破碎,在钻进到此段时岩性变软,出现地下水,孔壁有缩径现象,岩芯采取率低,干钻时岩粉多,常在此塌孔。从取出该段岩芯中观看,小柔皱构造表现强烈。

根据地质调查、勘探及岩层接触关系、地下水等情况分析,洞口病害工点应为古滑坡复活。理由如下:

(1)进口段正对山脊进洞,在洞顶上方山脊略呈圈椅状,纵剖面呈躺椅形。

(2)几个主要钻孔都证实了地表缓倾角片岩是早期整体性滑移后覆盖在陡倾角的正常黑色碳质、硅质片岩、硅质岩之上的滑动岩块。

(3)在高程 290 m 有一近水平的挤压面,可见到不同的岩层无选择地覆盖其上,并在此面上见到挤压擦痕及光滑的圆砾,受挤压的土层尚保留有碳化、矿物变质迹象。

(4)该面以下,钙质灰华及结晶方解石富集,说明早期地下水活跃,岩体富水性强。

(5)在前缘一带普遍出露一层含碳铁锰质胶结物,说明此处曾有过一次裸露剥蚀时期,而其上物质是后来的覆盖物。

(6)钻探揭示,洞口一带地下水高程为 271 m,与早期滑体一致,与隧道所在山脊左右两侧自然沟中地下水出露(泉水)高程也基本一致。

(7)月河隧道进口段滑坡,是由于月河旁切山坡脚形成的重力式古滑坡,经过漫长的地质年代，已经稳定，而月河隧道的施工破坏了原有的平衡，形成了牵引式滑坡的复活。

(8)古滑坡后缘山体被拉裂，裂缝继承老裂缝的位置，且有发展伸长。施工用水管多次被拉断、滑体前缘受挤压反翘、精测桩下移等都是明显的蠕动变形迹象。

(9)在洞内施工中，表现山体压力为很大，正洞80 m至110 m及第一横通道出现的拱圈开裂，支撑变形、折断等现象也说明不是一般正常的土压力，而是山体变形及移动所造成的。

根据以上情况分析，基本符合滑坡的特征，但尚未形成统一的滑面，而是属于滑动初期岩土体的蠕变阶段。

(三)古滑坡复活的原因

1. 古滑坡的存在是其复活的先决条件。施工中，在古滑坡前缘，隧道洞口边仰坡大量清方，正洞及平导开挖山体，洞口、洞内多次坍塌，将滑坡下方淘空，上部岩土体失去了下部的支撑，牵引上方岩土体下滑，因此，人为施工活动是导致古滑坡复活的直接诱因。

2. 施工高位水池就在脊状山体的上方。经常水满溢出漫流，渗入古滑体内，山体开裂引起了水池的开裂，更使大量水体灌入滑体，滑体自重增加，滑面及土的力学强度降低，动水压力增大，下滑力增加。

3. 施工放炮、发电机及空压机等的震动，都会影响坡体的稳定性。

(四)古滑面位置

1. 从洞内拱圈开裂及边墙受力情况，结合山坡开裂的范围及规模，认为滑坡复活的贯通滑面(带)尚未形成。在古滑体前缘，也未发现明显剪出迹象。因此，后缘山体开裂只是继承古滑面的基础上局部产生的变形。

2. 古滑坡之滑动面在上部是顺层面滑动的，在线路高程以下滑动面则是切层。在洞口钻孔中了解到290 m高程附近及以下段，取出岩芯都比较破碎，结合构造特征，洞口一带滑动面在C3-33-12钻孔处高程为285~291 m，厚6 m；C3-33-14钻孔处为282~291 m，厚9 m。

3. 古滑坡的后缘高程已到400 m左右，为目前最高一段裂缝所在位置，其右侧基本上沿着F_2和F_1平移断层，左侧已过沟，在线路左侧70 m范围，岩层出现缓倾向与陡倾角变化处。

(五)滑坡稳定性分析

1. 古滑坡的局部复活是由于隧道洞口边仰坡及洞内施工，上部岩土体受牵引而发生。新的山体开裂是沿袭古滑动面蠕动所引起，故稳定性较差，随着施工的进展，将会继续缓慢向下移动，山体开裂也会加大，对拱圈、边墙的破坏也会更大。

2. 到目前为止古滑坡只是局部复活，而新的统一的滑动面尚未形成，故目前尚为蠕动变形。

3. 由于洞口仰坡过高过陡，暴雨后会造成洞口的急剧或局部的坍塌和滑移，而洞口的不稳定又会进一步牵引上部岩土体，形成更大范围的不稳定岩体。

(六)整治措施

鉴于古滑坡范围较大，滑面较深，应采取综合整治措施，立足早治、根治。

1. 加强地表排水。在滑坡上方外围，增设一道环形浆砌片石天沟，拦截地表水；在洞顶以上坡体增设树枝状浆砌片石水沟，加速滑坡范围内地表水的排泄。

2. 正洞及平导洞内也要加强排水。

3. 洞口仰坡过高,接长明洞,仰坡设浆砌片石护坡。

4. 为防止洞内拱圈裂缝扩大或延伸,拱顶、墙背超挖部分回填应饱满、密实,并加强拱顶墙背注浆,防止坍方引发上方岩土体进一步失稳。

5. 洞内 100 ~ 110 m 处拱圈尚未砌筑地段,应降低围岩系数至 $f = 1$,直到通过 110 m 断层后为止。

6. 施工弃渣不应直接倾倒在线路小里程方向(月河桥台及下方 6 号墩),应运往指定弃渣场,防止弃渣下滑影响平导洞口及 7 号台、6 号墩的安全。

7. 设方格状观测网,进一步做好洞内外的观测工作,以便了解古滑坡的动向及运动规律。

经过拱顶及边墙背后的多次注浆,设置多项排水工程;接长明洞等加固措施后,通过观测,月河隧道进口段滑坡已趋于稳定,为按时接轨、开通运营打下了坚实的基础。

(七)小　　结

1. 勘察中遇到的疑问,必须在勘察时认真解决,不应等到出了问题再来补充勘测。

2. 对滑坡的整治应针对其成因、性质、规模和发展趋势采取综合工程措施,并应坚持早治和根治的原则。

六、焦柳铁路危岩落石整治工程勘测设计回顾

张　钧

(一)概　　况

焦柳铁路于 1982 年全线建成通车。其中,岩泊渡至禾家村站(K910 ~ K950)40 km 为崩塌落石频繁发生地段,至 1991 年,曾发生重大崩塌落石造成行车事故 40 余次,如:1989 年 9 月岩泊渡至沙刀湾站间铁路边坡发生崩塌,6002 次救援列车在中途被落石撞翻;古洞溪隧道与盐市 1 号隧道间危石经常坠落,将盐市 1 号桥栏杆砸弯,梁部受到损伤;白马溪工区职工宿舍被落石砸烂。据统计,在原怀化铁路分局管区,由于崩塌落石造成列车颠覆和脱轨就达 6 次之多。

为了保证铁路安全运营,必须对该段危岩落石进行整治。为此,1991 年 3 月铁二院对岩泊渡至禾家村段 20 处危岩落石工点进行综合整治的勘测设计,累计处理长度 6.384 km。

经过调查测绘及勘探,基本查清了危岩分布范围、重点危岩位置、规模、数量、危险程度等。1993 年 7 月,完成全部施工设计。

(二)危岩落石类型

20 个危岩落石工点大致可分为三种类型。

1. 路基紧靠陡坡,坡面上散布大量危石,一经自然营力、人类活动或动物踩踏,很可能造成危石沿坡面下滚。此类工点危石多而难以彻底清除;或山体稳定性虽尚好,但坡面岩石节理裂隙发育,形成巨大危岩,当受自然营力作用时易造成崩塌落石;或陡坡之上又为陡崖峭壁,当危岩坠落或滚动时,在坡面上不能停住,也将造成严重灾害。这类工点位于路基以上

50～250 m，落石动能极大，破坏性极强。图 4—6—1 为③、④号危岩落石工点素描示意图。

图 4—6—1　古洞溪隧道至盐市 2 号隧道间③、④号危岩落石工点素描示意图

2. 在峡谷岸坡地带，既有隧道洞口边、仰坡及其上方的陡坡、断壁、悬崖，受节理、裂隙或溶沟、溶槽切割等造成岩体破碎，或岩石的差异性风化形成凹腔、倒悬等产生危岩落石，曾发生打坏洞门、砸烂轨枕的事故，威胁行车安全。

3. 深路堑边坡节理裂隙发育，溶蚀及风化严重，岩体破碎，有裂隙水渗出，整个坡体虽尚稳定，但经常发生落石掉块，影响运营、养护和行车安全，落石曾砸坏侧沟又跳入道心砸坏轨枕，也有堑坡因暴雨发生溜坍中断行车。

综上所述，20 处危岩落石工点中，位于隧道进出口或两隧道之间者计 11 处，直接威胁 9 座桥梁安全者计 6 处，其余则为影响路基行车安全的工点。

（三）危岩落石成因

1. 本段线路位于澧水右岸，铁路溯流而上，铁路左侧多为崇山峻岭或悬崖陡壁，地形条件决定了山坡危岩落石具极强的破坏潜能。

2. 线路基本与东家峪—长潭逆断层平行并有多处与其叠合或相交，次级断层众多，岩层节理裂隙发育，岩体破碎，为危岩落石提供了丰富的物质来源。

3. 沿线谷坡岩性多为厚层块状白云岩及白云质灰岩，构造裂隙和岩溶十分发育，山坡多溶槽、溶沟、石芽，形成大片羊群状危岩浮石区，也容易形成巨大体积的危岩。

4. 本段线路危岩落石工点大多位于澧水凹岸水流冲刷掏蚀地段，历史上就是崩塌落石的频发地带。

5. 人类活动也是产生崩塌落石的原因之一。当地农民乱砍滥伐、垦殖耕作等人类活动，加剧了水土流失和危岩落石的发生；部分绕山而行的灌溉沟渠缺乏正常维修，个别地段被塌下的土体堵塞，暴雨后水沟溃决，坍入铁路，造成断道。

（四）运营单位采取的防治措施

怀化铁路分局及张家界工务段为了防止危岩落石影响行车安全，做了大量工作，为防治设计提供了翔实的资料，主要有“查、清、警、守”等措施。

1. 查

组织“危石清查队”，每年结合春、秋检，对山坡进行仔细的调查，查明危及行车安全的危岩位置,并检查早已“挂号”的危岩现状及变化情况。

2. 清

即在行车间隙或“开天窗”时段内,对坡面上摇摇欲坠的危石、浮石予以清除。

3. 警

在易发落石地段设置报警网,当遇险情时,及时发出警报,信号灯随即发出警示。

4. 守

在主要危岩落石地段建立值守工棚,当报警网发生警报时,即紧急出动予以排除并及时通知上级有关部门。

(五)整治工程设计

危岩落石一般具“三性”,即发生具“突发性”,崩落方向具“多变性”,崩落体多属“一次性”。根据运营单位观测资料及铁二院勘测资料,结合以往整治经验和教训进行整治工程设计。

1. 撑、固、埋将隐患消除在发生区

(1)埋:对于山坡上方潜在的危岩、浮石采用清除方法。个别巨大危石,清除将危及铁路设施时,采用“静态破碎剂”将岩体化整为零逐步清除。

若斜坡不陡,而危石后面又为土层,有条件在其背后挖坑时,将危石撬至挖好的坑中,埋稳夯实。

(2)撑:不宜清除的危岩、危石群,采用支撑措施。如5号工点在高达200 m的崖坡上方,危岩耸立,因其下方软弱岩层的差异性风化形成“岩腔”,其上硬岩倒悬呈危岩,采用浆砌片石支撑、嵌补以及在上方设截水沟等措施,维持了危岩稳定。又如崇榔坪山坡危岩业已位移,则以旧钢轨插别或旧枕木支撑危岩,起临时加强作用,以后再解小清除。

(3)固:对有落石掉块的堑坡防护加固。因线路与区域大断层走向一致,次级断层十分发育,除线路左侧悬崖陡壁外,其余堑坡岩石节理发育,岩体风化破碎,溶蚀严重的地段局部还发生溜滑,采用了如下措施:

①设一级或多级护墙,当下部岩石较完整时,可采用拱式护墙;

②堑顶有倒悬危岩时,采用支撑墙或支撑墙加锚杆进行加固;

③堑坡较高、下部岩层较完整而上部岩层严重破碎的危石地段,可用钢筋混凝土肋柱与托梁、支护墙进行综合防护加固。

2. 拦挡工程

当清除危岩落石存在更大隐患或在经济技术上不尽合理时,可采用拦挡工程加以解决。

(1)拦石墙:当自然山坡小于35°,坡面上危岩数量多,不易清除或支护时,设置拦石墙防护。拦石墙基础嵌入基岩至少0.5 m,埋入土层等于或大于1.5 m。墙背夯填土夹石作缓冲层,墙后落石槽底宽1.5~3.0 m、深2.5~4.0 m,并设排水设施。当拦石墙跨越自然沟、涵洞上游及乡间道路时,设置排水与人畜通过的拱形通道。墙体纵向设置位置以垂直落石方向为最佳。

(2)拦石栅:拦石栅是由旧钢轨作立柱,以旧钢轨或角钢、型钢作横杆,相互焊接,嵌于基础之上的轻型结构,其基础嵌入基岩或混凝土构筑物中。栅背落石槽底宽1.5~2.0 m,具有良好的防冲击强度和耐久性。拦石栅因其结构轻巧、刚度较大,在山坡陡于40°时,它比拦石墙有更大的拦石净空高度,因而有较好的拦截效果。

此类防护对地形、地质条件适应性好,可在坡面设置一排或多排,并可随坡形变化而呈折线状。若分段设置,每段间要考虑搭接部分。也可在拦石墙顶加设拦石栅,用以增加拦挡高度。

(3)桩板式拦石墙:桩板式拦石墙由锚入地层的钢筋混凝土桩和高出地面的悬臂段、钢筋混凝土板以及板后缓冲层和留有一定宽度的落石槽共同组成,有时可在锚柱上设置锚杆与山坡联结。它能承受较大的冲击荷载和适应各种地质条件。当地基较弱、拦石墙须设置深基时,经济技术效果更为显著。

(4)落石槽:用落石槽阻截落石是一种常规措施,一般与拦石墙(栅)配合使用。

(5)植树造林:当山坡不太陡峻,并有条件植树造林时,应大力推行封山育林活动,用种植防护林带防阻落石。但在种植初期,防护效果尚未显现,须依靠其他设施。防护林是国土绿化的一部分,对防冲蚀、防危石滚落、保持水土是一种投资少、效益好的措施。

3. 遮　　盖

采用明洞、棚洞遮盖防护是防护线路不受落石冲击的有效措施。

4. 锚

采用锚杆、锚索、锚索桩、锚索桩板墙、土钉墙等锚固。

在 8 号工点变更设计中采用预应力锚索加固,效果很好。

由于崩塌落石地区地形地质条件的复杂性以及既有工程的多样性,防护或整治工程难以仅用某一种工程措施就可解决问题。一般都是以某一种措施为主,两种或多种措施为辅助的综合措施治理。如上述 3 号工点明、棚洞,其焦端还设计了拦石墙,进口洞门上也加了钢轨栅栏。

(六)变更设计

1. 3 号工点

3 号盐市工点,在Ⅳ号山头近顶部斜坡上(K920 + 213 左 216 m)有一约 1 500 m^3 的大危岩。该危岩由断层角砾岩组成,历史上也曾发生崩塌,堆积在澧水边。其下为一倾向线路及澧水的逆断层面,危岩体底部与断层面间因差异性风化已形成了深 1.1 m 的凹槽,使危岩局部倒悬。若发生崩塌,将对其下盐市 3 号、4 号桥及其他铁路设施造成巨大的损害。原设计在危岩下方设抗滑桩支挡或桩板墙拦阻,但由于此处为悬岩陡坡,无法直接攀登,施工极为困难。由于该危岩与其下逆断层面斜坡并不相连,与后方山体也不相连,为此,采用小型空压机(两人可抬运)、风枪凿岩,使用"静态破碎剂"将岩体逐步解体,大块者由人工抬运至山体后方相对平缓(盐市村附近)地段,小块及碎渣由人工引排至盐市 4 号桥的上游沟谷,经桥洞排入河滩,获得成功。

2. 8 号工点

白马溪预留站柳州端左侧边坡,为一高出路基面约 70 m 的陡崖,陡崖上部岩体受区域断层的影响,被切割成大块孤岩,三面临空,个别地段呈块石状。原施工设计为"双柱加横肋"进行顶撑及"双线明洞"两方案,但均存在不利或隐患。经多方研究论证后,最终决定采用预应力锚索加固,共打锚索孔 48 个。经运营多年检验,效果良好。

3. 20 号工点

工点位于禾家村站焦作端,线路左侧 30 m 处为高 70 余米的陡崖,时有零星掉块,危及运营安全,设长期报警网及看守房。原设计以明洞方案为主,辅以拦石墙及其他挡护工程,并对危岩采用锚固及支顶等方法处理。经补勘后，根据基础地质条件，最终决定利用线路左侧灰岩、白云质灰岩强度较高的特点，变更为墩式悬臂棚洞，节约了投资，保证了安全，美化了线路。

（七）几点体会

1. 应加强地质选线工作。焦柳线岩泊渡至禾家村段线路与区域大断裂基本平行，线路与其有多处叠合或相交，次级断层发育，多断壁悬崖，岩体破碎，且历史上就是崩塌、落石多发地段，当初线路方案比选阶段，按崩塌、落石地区的选线原则就应绕避，但勘察设计时，过分考虑投资而未绕避，以致后患无穷，最后仍不得不追加投资进行整治。因此，加强危岩落石地区的地质选线工作是非常重要的。

2. 清除危岩落石应在施工阶段完成。新线施工期间，线路基本未形成，铁路设施大多未布设，此时对影响线路的危石进行清除或爆破后清除，都能事半功倍。如通车后再清除危石，对运营行车有很大影响，还难免造成铁路设备的一定损失。

3. 对危岩落石工点的整治方案要认真研究比选。对危岩落石的整治办法很多，这就需要因地制宜地认真比选，使工程技术可行、经济合理。

4. 提高全民环保意识，大力开展植树造林、封山育林活动，防止水土流失。

5. 新技术、新方法的采用和推广必将大大提升对危岩落石的防治能力。

七、达成铁路悦来场滑坡工程地质勘察与整治

涂正林　钟　良　戴仁民

（一）概　　述

悦来场滑坡位于四川省成都市金堂县悦来乡九龙镇长江村1组（达成铁路DK305+000～+450区间）。1993年施工开挖路堑边坡和护墙基础，发现地质情况与原设计不符，全为砂黏土夹块石土，同时路堑顶上边坡开裂和坍塌。1994年2月第一次变更设计时认为是表土坍塌，未补勘，仅将护墙改为挡土墙，墙顶上方人工边坡1∶1.5，在坡高3 m处设8.0 m宽减载平台，挡墙基础置于基岩上，要求分段跳槽开挖及时砌筑。但1994年施工挡墙正遇雨季，施工十分困难，为抢工期全段拉通开挖，临时边坡又陡于1∶1.05，造成边坡不稳，在大量地表水和雨水作用下，边坡坍塌，并由下向上逐级牵引，范围不断发展扩大，两座涵洞拉裂，平台上民房破坏或开裂变形。在地质补勘中发现，该段路堑位于沱江左岸一个古滑坡的中部，1993年和1994年两个雨季开挖路堑边坡和护墙、挡墙基础引起该古滑坡局部复活。1995年6月第二次变更设计时，按土层与岩层极严重风化带交界面浅层滑坡整治，采用了锚索结合挡土墙、清方减载和地面排水等措施。1995年雨季前整治工程完工，至1998年7月中旬，经过1996、1997年两个雨季和达成铁路正式通车运营9个月的考验，路基主体工程和以锚索为主的滑坡整治工程完好。1998年八九月遭遇该地区50年一遇的大暴雨，连续降雨量达278.8 mm和265.4 mm，该滑坡在大量地表水和地下水作用下，滑体容重增大，软弱层和不同岩层层面间力学强度降低，滑动面下移，加之沱江下游九龙滩水库急剧泄洪，古滑坡前缘被江水冲刷切割而失稳，古滑坡再次复活，向上牵引造成锚索工程大部分失效，部分地梁断裂，DK305+140～+

148 右侧挡墙顶外倾 15 cm，墙踵抬高 20 cm，DK305 + 153 ~ + 210 右侧挡墙破损严重，墙身被剪断，整体外移挤压侧沟并抵拢至路肩边缘，DK305 + 210 ~ + 288 段右侧挡土墙墙身出现多条斜向和垂直裂缝，墙背顶端有一条 2 ~ 3 mm 宽的贯通裂缝，线路中线外移 10 ~ 30 cm，DK305 + 290 涵洞下沉并产生垂向裂缝。滑坡复活不仅严重危及达成铁路正常运营行车安全，而且滑坡范围向成都端和向山上扩展，造成 DK305 + 100 ~ + 450 线路左右两侧民房开裂，3 户严重损坏的民房已立即拆除，8 户民房出现不同程度的开裂或前倾，仅有 5 户民房基本完好。

1998 年 10 月至 12 月再次对该滑坡工点进行了更大范围、深入、详细的调查、勘探、试验、观测，共完成 1/500 的工程地质断面测绘，5 台钻机共钻探 28 孔，累计进尺 897.67 m，采取土样 5 组，钻孔提水试验 2 段，4 个钻孔内变形观测和 53 个地面观测桩的变位和高程观测。基本查明了该滑坡的规模、性质及其分区的工程地质特征，并分区评价了滑坡各部分的稳定性。据此，1999 年第三次变更设计采用抗滑桩为主，重建路堑挡土墙，将失效的锚索重建和新增浆砌片石护坡，增建地表排水工程等，才彻底整治了滑坡病害，通车后 10 年该工点仍完好无损。

（二）气象及区域地质条件

滑坡区属中等切割的龙泉山脉的低山峡谷地貌。区内地形起伏较大，滑坡前缘最低点是沱江（属九龙滩水库范围），水面高程 436 m，滑坡后缘低山山顶高程约 700 余米。滑坡体位于沱江左岸剥蚀缓坡平台下部，高程 426 ~ 515 m，坡面陡缓相间，内有多级缓坡（10° ~ 25°）平台，各平台均呈直线及外凸弧形展布，滑坡体被两条不同沟源的冲沟切割，分成三个部分（即Ⅰ、Ⅱ、Ⅲ区）。

1. 气象及水文

区内属亚热带温暖湿润气候，年平均气温 17.4 ℃，最高气温 41 ℃，最低气温 −5 ℃，四季分明，少风多雨，多阴天。其中 6 ~ 9 月为雨季，年平均降雨量 980 ~ 1 050 mm。根据收集金堂县气象资料，历年最大年降雨量为 1 620.3 mm，发生在 1961 年，最大月降雨量为 680.7 mm，发生在 1961 年 6 月。1961 年全年和 1998 年 1 ~ 9 月的逐月降雨量详见表 4—7—1。

表 4—7—1　1961 年和 1998 年降雨量（mm）汇总表

月　份	1	2	3	4	5	6	7	8	9	10	11	12
1961 年	1.4	10.5	15.3	76.9	19.2	680.7	323.2	306.1	93.8	44.7	44.3	4.2
1998 年	3.9	10.2	11.5	106.8	97.0	66.6	76.6	278.8	265.4			

滑坡位于沱江左岸。沱江自北北西流向南南东方向，并随即弯转南流。滑坡下游距九龙滩电站水库大坝约 12 km，属水库库尾区，水面宽阔平静。九龙滩水库于 1988 年 9 月关闸蓄水。滑坡处常年水位 436.0 m，每日水位正常波动范围约 1.0 m，最大浪涌高度 0.20 ~ 0.30 m，1998 年 8 月最高水位近 441.0 m 后，急剧泄洪。

2. 地质构造及地震

滑坡区位于龙泉山箱形背斜南东翼转折端，紧靠背斜轴部，为单斜构造，层面略有起伏，产状平缓，为 N60° ~ 20°W/6° ~ 10°NE。岩层中发育的陡倾角构造节理三组，即 N77°W/77° ~ 90°NE、N47° ~ 80°E/90°和 N10°E/81°SE，也见一组缓倾角节理（N18°E/10°SE）。

根据《中国地震烈度区划图（1990 版）》（1∶400 万），滑坡区地震基本烈度为Ⅵ度。

3. 地层岩性

滑体及周围出露地层岩性较为单一。根据测绘和钻探揭示，滑坡体主要为砂黏土和呈透镜状的碎石土及块石土、风化极严重—颇重的滑动岩块组成。滑坡周界外地表多覆盖薄层坡残积砂黏土层，基岩为侏罗系上统蓬莱镇组泥岩、砂岩。

(1)人工填弃土(Q_4^{ml})：主要由砂黏土夹块、碎石组成，呈褐黄色，硬塑，结构中等密实—松散。局部因为新近开挖抗滑桩而堆积有块、碎石土。块、碎石含量40%~50%，块径10~30 cm，成分为砂、泥岩质。厚0~14 m，分布在成都端路堤及主滑区前缘至沱江岸边，主要是1958年修建沱灌水渠弃方以及修建达成铁路的弃渣。

(2)卵石土(Q_4^{sef})：灰褐色，中密，饱和状。卵石含量70%~80%，粒径10~20 cm，最大粒径40 cm，石质成分以砂岩为主，次为泥岩。分选性和磨圆度极差，充填黏砂土，分布在悦来河(悦来场铁路大桥)河口的沱江河床，厚度20 m左右。

(3)砂黏土(Q_4^{dl+el})：褐黄色，半干硬—硬塑，夹少量风化严重的砂岩质碎石、角砾，分布于滑坡周界以外坡面，厚0~2 m，局部厚度0~6 m。

(4)砂黏土(Q_4^{del})：褐黄色，半干硬—硬塑状，偶夹少量碎、砾石及块石，分布于滑坡体表层，在各地质分区内的覆土厚度均不相同，厚度变化大。Ⅰ区前缘厚0~8 m，为滑坡洼地堆积物，后缘最大厚度17 m；Ⅱ区一般厚1~10 m，而后缘附近厚15~18 m，为滑坡洼地堆积物；Ⅲ区厚6~10 m。

(5)块石土(Q_4^{del})：褐黄色，稍湿—潮湿，中密。块石含量50%~65%，粒径20~45 cm，夹少量碎石，石质成分以砂岩为主，次为泥岩，多风化严重—颇重，充填砂黏土，呈透镜状下卧于Ⅲ区后缘砂黏土层，厚0~6 m。

(6)砂岩质滑动岩块(Q_4^{del})：紫灰、青灰色，中细粒结构，长石石英质，泥钙质或钙质胶结，局部偶见薄层状，夹泥岩薄层透镜体，风化严重—颇重，质坚。三个分区内沿线路方向连续性较差但各分区内不同层位内的砂岩块体连续稍好，在横向上由于滑动切割，连续性差。

泥岩质滑动岩块(Q_4^{del})灰紫、紫红色，粉砂泥状结构，夹灰绿色钙质结核或粉砂岩条带。

(7)砂岩、泥岩(J_3p)：砂岩呈紫灰、青灰色，中细粒结构，长石石英质，偶夹泥岩薄层透镜体，泥钙质或钙质胶结，块状构造，岩层裂隙较发育，均风化颇重—轻微，质坚；泥岩呈灰紫、紫红色，粉砂泥状结构，夹灰绿色钙质结核或粉砂岩条带，厚层—块状构造，局部为砂质泥岩或钙质泥岩，风化严重—轻微。

4. 水文地质特征

滑坡区内的两条深切冲沟旱季干涸，雨季流量较大。滑坡体地表为旱地、荒地，间有柑橘树，植被覆盖差。大气降水多以地表径流排泄，水土流失严重，仅少部分沿覆盖层孔隙下渗。据钻探揭示，后缘较厚土层中的孔隙水在向前缘运移过程中逐步渗入岩体中，成为裂隙水。

(1)土层孔隙水：滑坡区的井点多分布在DK305+150冲沟沟槽及Ⅲ区低洼处，水井深度3~5 m，水深约2 m，受大气降雨影响，水位波动大。各井、点的出水量都不大。在DK305+280右侧，路堑挡土墙泄水孔有地下水呈滴水状出露，雨后则呈细流状。Ⅰ区4号、5号、6号钻孔均发现覆盖层有一层连通的地下水，与Ⅰ区浅层滑动相关。Ⅱ区中的11号、15号、16号、17号、18号钻孔揭示多层地下水位，仅1~2层水量稍大，其中15号钻孔揭示后缘洼地被掩埋，底部富水，但相邻的10号孔水量则小，说明洼地向大里程方向倾斜，洼地内地下水排泄通道在DK305+260断面附近逐步转为裂隙水，并与滑坡体向深部发展有关。

(2)滑动岩体裂隙水：滑动岩体中所赋存的地下水运移通道是裂隙(包括构造裂隙和滑动形成的裂隙)，故难成层，分布不均一。

中线附近的7号、12号、16钻孔均揭示出相同深度、水量相近的含水层。在12号、16号钻孔内孔深 13 m 左右做了简易提水试验，采用 89 mm 提筒，测钟测定水位，平均以 1 ~ 2 次/min 的速率提水，出水量 15 ~ 20 L，水位仅在 10 cm 范围内波动。

（三）滑坡工程地质特征

1. 滑坡形态、范围和规模

古滑坡的范围为 DK305 + 000 ~ + 450，沿线路宽 450 m，主轴最大长度近 300 m，滑体厚 25 ~ 35 m。

复活的滑坡变形范围为 DK305 + 100 ~ + 450，沿线路宽 350 m，轴向长 260 m，有两个滑动面：浅层滑面前缘在路基面附近，深度约 10 m；深层滑动面 15 ~ 20 m。滑坡体体积约 $75 \times 10^4\ m^3$。

根据滑坡范围内建筑物变形、地面裂缝及微地貌特征，大致以古滑体内两条冲沟为界，可以将其划分为三个分区（见图 4—7—1）。

Ⅰ区：里程范围 DK305 + 000 ~ + 150，滑坡主轴最大长度 200 m，发生浅层滑动方向与线路交于 DK305 + 165.2，交角 35°。前缘是 20 余米高的陡崖，接着是高度近 30 m 陡坡，其后有四级狭长的外凸台地，级间高差 3 ~ 5 m，靠近冲沟则地势低洼。

Ⅱ区：里程范围 DK305 + 150 ~ + 290，主轴断面 DK305 + 260，方向与线路正交。台地均呈外凸弧形展布，前缘为沱江高漫滩及狭长条形阶地，向上为陡坎及陡坡，一般高度 6 ~ 10 m，中部为斜坡，铁路施工以前斜坡高约 40 m（堑顶），平均坡度 30°，至后缘有 4 级缓坡平台，每级高差 2 ~ 4 m，说明滑坡位移不大。

Ⅲ区：里程范围 DK305 + 290 ~ + 450，主轴断面 DK305 + 360，方向与线路正交。具有五级平台，台地前端多呈直线展布，局部呈“新月”形。前缘台地覆盖土有河流沉积特征，与第二级平台之间高差 6 ~ 8 m，向后逐渐抬升、变窄，每级高差 3 ~ 8 m，线路以填方通过二级台地前端（与路肩的高程相同），各台地的位置和高程与Ⅱ区完全不能对应。

滑坡变形调查和钻探证明，复活的滑坡三个分区内滑动面的位置和滑动方向不尽相同。Ⅰ区的浅层土石界面为主要滑动面，与 DK305 + 150 冲沟深切临空面有关，且受Ⅱ区滑动的影响，而靠近Ⅱ区附近存在另一个滑动面，但滑面横向延伸不远；Ⅱ区的滑动面有两个，一个是在线路右侧沟的底部，另一个已绕过锚索头，在陡岸脚至 3 号房屋底部一线剪出；Ⅲ区受Ⅱ区的滑动影响有两个滑动面。通过钻探，也查明了古滑动面。

2. 滑坡体的物质组成

滑坡体表层为砂黏土夹碎石及块石，其下为滑动过的厚层状砂岩块体。Ⅰ区滑动岩块风化极严重层较薄，一般厚度 2 ~ 3 cm；Ⅱ区风化极严重层厚度大，为 6 ~ 15 m，反映了古滑坡的第一次滑动面即是风化界面；Ⅲ区风化极严重层厚度变化大，最厚 7 m，或尖灭。各区内风化严重层多呈透镜体分布，厚 0 ~ 2 m。滑动岩块泥岩的风化颇重带，因受滑动挤压影响，各区都具有这种特征，即完整与较破碎岩块相间，多数钻孔揭示出在完整岩芯中夹有一层或多层厚约 10 cm 的砂黏土及带有擦痕和镜面的角砾土，或充水或干燥，风化颇重的滑动岩块与滑床基岩在颜色、物质成分、构造等方面差别不大，滑床为砂岩、泥岩，滑动面（带）则为厚 5 ~ 10 cm 的可塑状砂黏土（参见图 4—7—2）。

3. 滑动面（带）特征

本次产生滑动的两个滑面中，浅层滑面多沿表层砂黏土或泥岩风化极严重带（已呈土状）与下伏较完整岩块接触面滑动，第二个滑面为上部风化破碎之泥岩（风化严重或风化极严重）

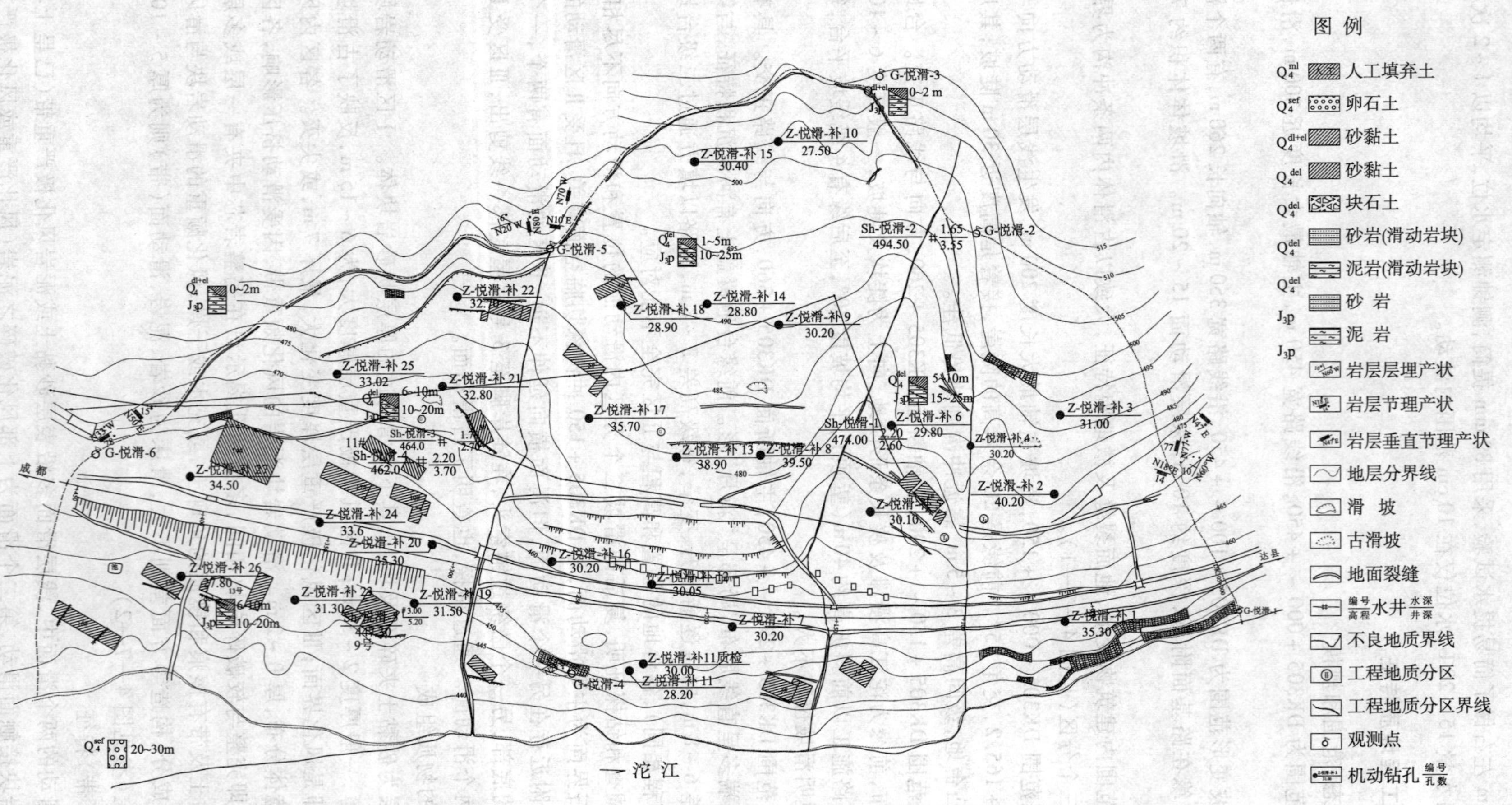

图 4—7—1　悦来场滑坡工程地质平面图

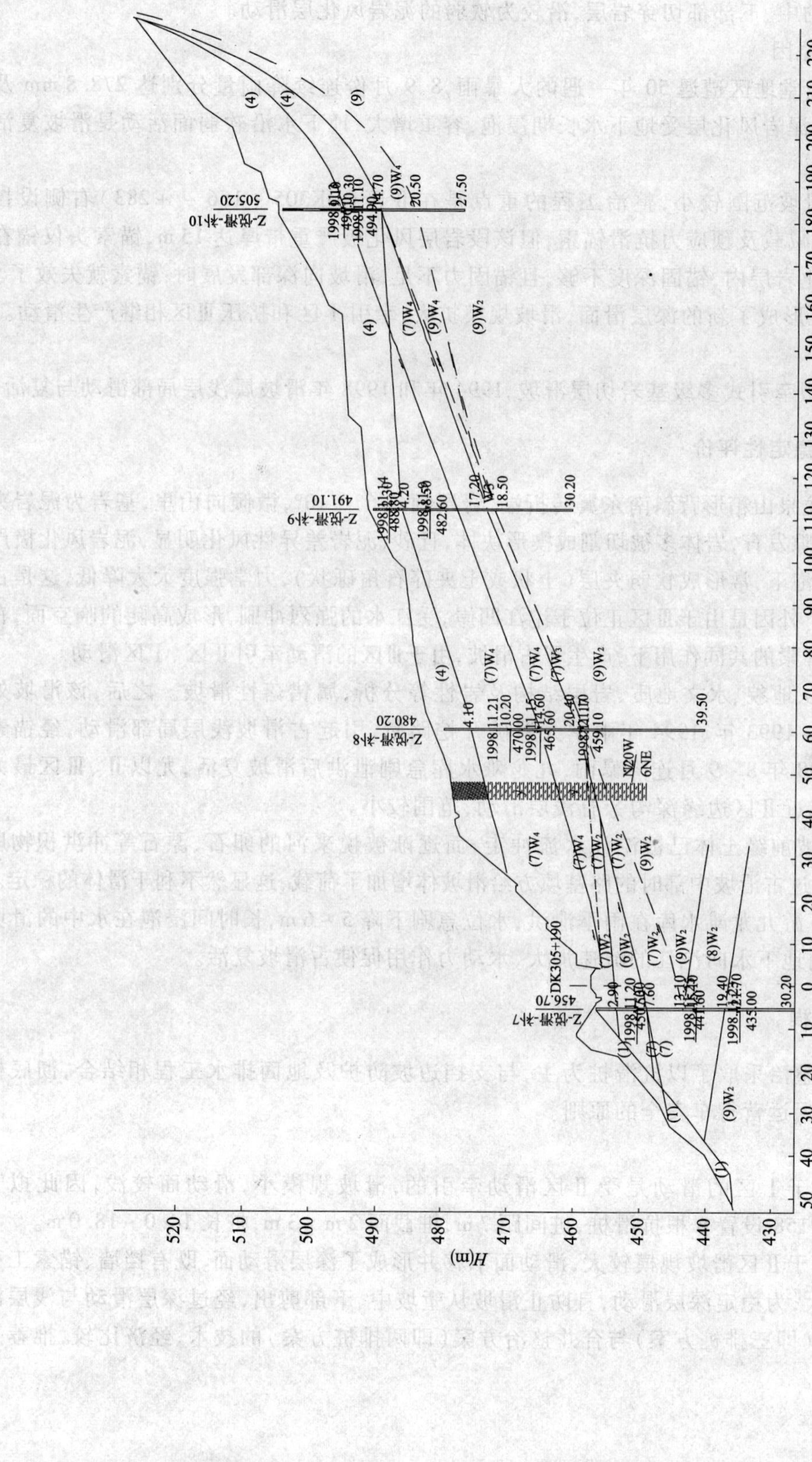

图 4—7—2 悦来场滑坡工程地质横断面示意图

沿风化颇重面滑动，滑体中下部已切穿风化颇重带岩体。

滑动面(带)多见一层约 10 cm 厚之灰绿、灰白或褐黄色呈可塑状砂黏土或带有擦痕镜面的角砾土。

古滑坡滑面的中、下部都切穿岩层，沿较为软弱的泥岩风化层滑动。

4. 滑坡复活原因

(1)1998 年金堂地区遭遇 50 年一遇的大暴雨，8、9 月份连续降雨量分别达 278.8 mm 及 265.4 mm，土体及泥岩风化层受地下水长期浸泡，容重增大，地下水沿软弱面活动是滑坡复活的主要因素。

(2)1994 年滑坡范围较小，整治工程的重点是在Ⅱ区(DK305 + 156 ~ + 283)右侧设挡墙，墙顶坡面清方减载及预应力抗滑锚索，但该段岩层风化极严重带厚达 15 m，锚索头仅锚在极严重或严重风化岩层内，锚固深度不够，且锚固力不足，滑坡向深部发展时，锚索就失效了。

(3)由于Ⅱ区形成了新的深层滑面，滑坡规模扩大，牵引Ⅰ区和挤压Ⅲ区相继产生滑动。

5. 滑坡性质

古滑坡属大型牵引式多级基岩切层滑坡，1994 年和 1998 年滑坡属浅层局部滑动与复活。

(四)古滑坡稳定性评价

滑坡区位于龙泉山箱形背斜南东翼转折端，岩层倾角 6° ~ 10°，微倾向山里，基岩为泥岩夹砂岩，岩层节理裂隙发育，岩体多被切割成楔形块体，且砂、泥岩差异性风化明显，泥岩风化极严重，在地下水的浸泡下，常形成软弱夹层(土状或土夹碎石角砾状)，力学强度大大降低，这是古滑坡形成的内因。外因是由于Ⅲ区正位于沱江凹岸，受江水的强烈冲刷，形成高陡的临空面，在降雨等各种不利因素的共同作用下，产生了古滑坡，由于Ⅲ区的滑动牵引Ⅱ区、Ⅰ区滑动。

Ⅰ区的滑动从地貌、水文地质、岩层结构及岩性等分析，属错落性滑坡。之后，该滑坡处于相对稳定状态。1993 年、1994 年雨季大爆破开挖路堑，引起古滑坡浅层局部滑动，经锚索处理而稳定。1998 年 8 ~9 月连降暴雨，九龙滩水库急剧泄洪后滑坡复活，尤以Ⅱ、Ⅲ区最为严重，Ⅰ区仅在靠近Ⅱ区边缘深沟旁有浅层滑动，范围较小。

现Ⅱ区古滑坡前缘土体已被沱江水流冲走，而逐渐被悦来河的卵石、漂石等冲洪积物所掩盖，但铁路在通过古滑坡中部时的路基填方给滑坡体增加了荷载，这显然不利于滑体的稳定。

其次，沱江下游九龙滩水库在雨季泄洪，水位急剧下降 5 ~6 m，长时间浸泡在水中的滑坡前缘减压，滑体内地下水向沱江的流速加大，水动力作用促使古滑坡复活。

(五)整治工程

悦来场滑坡整治采取了以抗滑桩为主，与支挡边坡防护及地面排水工程相结合，彻底根治，不留后患，确保运营行车安全的原则。

1. 抗 滑 桩

(1)Ⅰ区：由于Ⅰ区的滑动是受Ⅱ区滑动牵引的，滑坡规模小，滑动面较浅，因此拟于 DK305 + 127 ~ + 158 设置 6 根抗滑桩，桩间距 7 m，桩截面 2 m × 3 m，桩长 14.0 ~18.0 m。

(2)Ⅱ区：由于Ⅱ区滑坡规模较大，滑动面下移并形成了深层滑动面，既有挡墙、锚索工程失效，滑坡推力大，为稳定深层滑动，且防止滑坡从堑坡中、下部剪出，经过深层滑动与浅层滑动分开整治方案(即三排桩方案)与合并整治方案(即两排桩方案)的技术、经济比较，推荐采用分开整治方案。

①DK305 + 153 ~ + 274 右侧 62 m 处设置第一排抗滑桩，桩间距 7 m，桩截面为 2.0 m × 3.0 m 和 2.5 m × 3.5 m，桩长 13 ~ 26 m，锚固段置于浅层滑动面以下，以防止浅层滑动面从堑顶中、下部剪出。

②DK305 + 165 ~ + 428 右侧 13 m 处设置第二排抗滑桩，桩间距 7 m，共 18 根，桩截面 2 m × 3 m，桩长 15 ~ 20 m，锚固段置于浅层滑动面以下，第一、二排桩的主要作用是稳定浅层滑体。

③DK305 + 155 ~ + 289 左侧 7.5 m 处设置第三排抗滑桩，桩间距 7 m，桩截面为 1.75 m × 2.75 m 和 2 m × 3 m，桩长 19 ~ 25 m，锚固段置于古滑面以下，以稳定深层和古滑动面。

(3) Ⅲ区：由于受Ⅱ区滑体的挤压影响，且位于古滑坡前缘，受沱江和悦来河冲刷影响较大，亦经两排桩方案与一排桩方案的技术、经济比较，推荐采用一排桩方案。于 DK305 + 292 ~ + 453 左侧设置一排共 24 根抗滑桩，桩间距 7 m，桩截面为 1.75 m × 2.75 m、2 m × 3 m 和 2.5 m × 3.5 m，桩长 16 ~ 32 m。

2. 挡土墙及防护工程

(1) DK305 + 122 ~ + 210 右侧重建路堑挡土墙，长 88 m，其他地段有裂缝和变形的挡土墙进行局部拆除修补。

(2) DK305 + 166 ~ + 283 失效的锚索护坡工程改建为浆砌片石护坡，DK305 + 100 ~ + 150 段边坡浅层溜坍较严重，新增浆砌片石护坡。

3. 排水工程

为拦截、排除地表水，绕滑坡周界作一条环形沟，长 926 m，分别于 DK305 + 150 和 DK305 + 290 两处沿沟槽作 2 条纵向沟，长 505 m；作 2 条横向截水沟，长 566 m。

(六) 小　　结

1. 悦来场滑坡由于勘察工作不够深细，判识有误，雨季施工方法不当，在地表水作用下，滑坡由浅入深逐级牵引扩大，引起古滑坡复活，前后经历三次变更设计和两次补充勘察工作，历时 5 年才整治成功，教训是深刻的，应引以为戒。

2. 对陡坡陡崖下的缓坡平台或有多级平台、前缘临江河的斜坡，勘察期间应引起高度重视，必须进行详细调查测绘，同时按横断面或轴向断面布置钻探，认真查明土石结构及软弱夹层分布情况，从而对已有的和潜在的软弱面或滑动带作出正确判断。路基边坡防护工程必须针对地质情况，工程措施一步到位。一旦施工中出现边坡坍滑情况，应立即补充勘察，查明病害规模、性质及产生原因，全面分析评价边坡稳定性，提出综合整治工程措施，彻底根治病害，不留后患。

八、南昆铁路软质岩高边坡路堑工程的设计与施工

李海光　李安洪

(一) 概　　述

南昆线仅百色至威舍段(长 286.45 km)深路堑工点近 200 处，主要分布在百色至石头寨段内，最高边坡达 50 多米(册亨车站内)，大部分深路堑工点岩层为泥岩夹砂岩、砂岩夹泥岩或局部夹页岩的软质岩层。其中百色至板桃段，20 ~ 30 m 以上边坡有 110 处，总长度为 16.39 km，

30 m 以上边坡有 30 多处，最高边坡近 50 m。施工设计一般采用上护下挡的支护形式，路堑边坡下部挡墙设计高度一般为 12 ~ 15 m，个别地段高达 18 m，挡护平台普遍只有 1 m 宽。从 1994 年四季度起，百色至板桃段路堑高边坡陆续破土动工，开工后多数工点相继出现坍滑，导致个别地段改线，如那旁改线（D_1K244 + 697. 84 ~ DK246 + 700）为避开两处已坍滑路堑高边坡，将线路外移，使两座中桥改为大桥，总桥长增加 460 m，究其原因：

（1）百板段深路堑主要为泥岩、砂岩及页岩互层，因受塘兴—潞城大断层的影响，岩层节理发育、挤压破碎、稳定性差，按一般完整岩层边坡设计支挡工程难以稳定边坡。

（2）开挖后的土石分界线及岩层风化极严重带（W_4）分界线与设计图有出入。

（3）目前施工单位多采用机械化开挖路堑，设计中要求挡墙边坡采用跳槽开挖很难实现。

（4）在机械施工大拉槽开挖后，支挡工程的砌筑时间较长，边坡及其坡脚长时间暴露并处于不稳定状态，当外界不利因素增加，便引起边坡坍滑。

根据上述情况，在南昆线深路堑变更设计中，采用了分层稳定施工方法及坡脚预加固处理，并选点进行工程试验，从中积累经验，以期提高软质岩路堑高边坡的设计、施工水平，避免形成更多坍滑后再进行整治而造成不必要的延误工期及人力、物力浪费。

（二）分层稳定施工及坡脚预加固方案

为了提高边坡在施工过程中的稳定性，机械拉槽开挖采用从上到下分层稳固的思路，即上部分层开挖、分层加固；因下层设挡的边坡设计较陡（一般为 1∶0. 25），则采用先用锚固桩加固、再拉槽开挖的方法，如百板段田林车站、岩龙—板桃及其他区间的深路堑大多采用该种施工方法。

1. 自然横坡较陡时上部设置挡、护墙支护，下部设锚固桩及桩间挡土墙

（1）挡护结构形式

①上部设护墙、下部设锚固桩及桩间挡土墙。这种结构形式适用于路堑边坡高度 20 ~ 45 m 范围，施工时可将路堑分成 2 ~ 3 层，每层高度控制在 10 ~ 15 m。代表性工点有 DK290 + 560 ~ DK290 + 660 深路堑（见图 4—8—1）。该工点进行下部挡土墙施工时，开挖拉槽后锚固桩顶部最大位移为 3 cm，施工情况良好。

②上部设挡墙、下部设锚固桩及桩间挡墙。该种结构形式适用于陡坡深路堑，且可降低边坡开挖高度，其代表性工点有田林站 DK283 + 775 ~ DK283 + 873 路堑高边坡（见图 4—8—2）。

（2）施工步骤（以 DK290 + 560 ~ DK290 + 660 工点为例）

①开挖 A 层土石方至上平台高程，因 A 层部位处于表土覆盖层和岩层风化带（W_4），设置护墙（或护坡）时，其坡率可放缓至 1∶1. 25。为缩短开挖坡面暴露时间，开挖后应尽快砌筑上部边坡护墙，使 A 层坡面趋于稳定。

②开挖 B 层土石方至下平台高程，B 层的护墙边坡率应视岩体的风化程度来决定，一般可陡于上一层，采用 1∶0. 75 ~ 1∶1. 25。为保证 A 层护墙边坡不受干扰，A、B 层之间平台应视岩性而保留足够的宽度，一般取 3 ~ 5 m。B 层土石方开挖后，亦应尽快砌筑边坡的护墙。

③以下平台作为锚固桩施工平台，开挖桩井后，下钢筋笼，灌注混凝土，待桩身混凝土达到规定强度后，开挖 C 层土石方，再施工桩间挡土墙。

图 4—8—2 所示的结构形式，当完成二级挡土墙及下部锚固桩施工后，桩顶与二级挡土

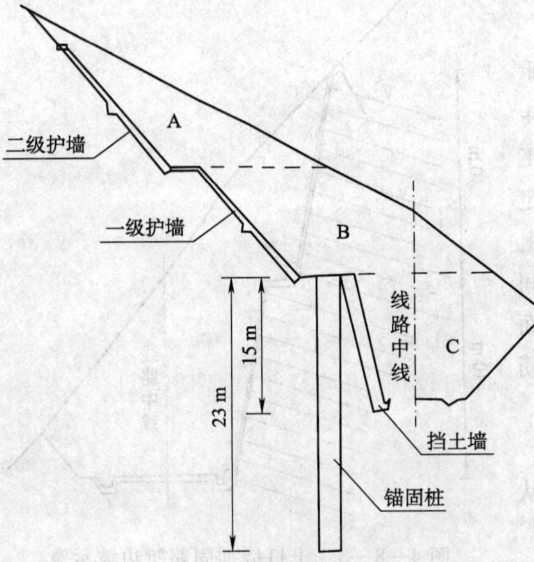

图 4—8—1　分层稳定及坡脚预加固示意之一

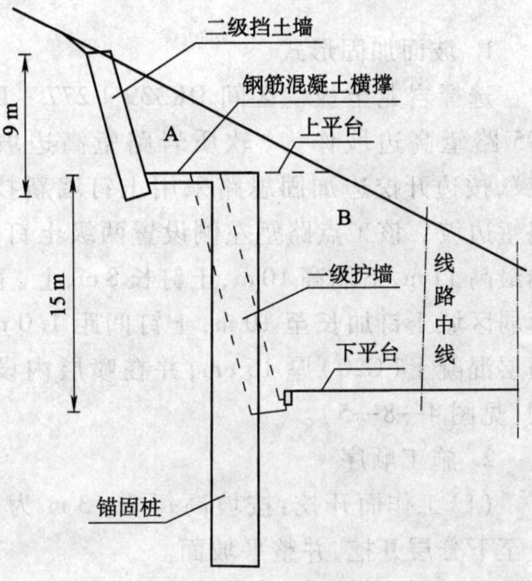

图 4—8—2　分层稳定及坡脚预加固示意之二

墙墙趾之间设置一条钢筋混凝土横撑。

2. 自然横坡较缓时，降低下部挡墙高度、加宽平台，放缓挡墙顶上边坡或设护坡（墙）

该类工点较多，如 DK221 + 450 ~ DK221 + 642、DK262 + 997 ~ DK263 + 083 及喜屯站 DK252 + 050 ~ DK252 + 170 等深路堑工点。代表性横断面如图 4—8—3 所示。

拉槽施工仍按分台阶开挖、及时防护的原则进行。下部挡墙位置开挖时，可视岩层情况留一临时边坡，并及时砌筑挡墙，墙背与临时边坡间用片石分层码实。

3. 路堑边坡出现坍滑而上部护墙未破坏，宜采用在坡脚增设抗滑桩及片石混凝土肋先加固，后再行开挖。如潞城站 DK316 + 453 ~ DK316 + 589 路堑高边坡，上部护墙已砌筑完毕，挡护平台宽度仅 1 m，下部岩层大多为泥岩及断层泥，在开挖挡墙坡脚仅数米高时就发生坍塌，后增设 17 根 1.5 m × 2.0 m 片石混凝土肋，用以稳定下部开挖坡脚。施工完毕后，情况良好（见图 4—8—4）。

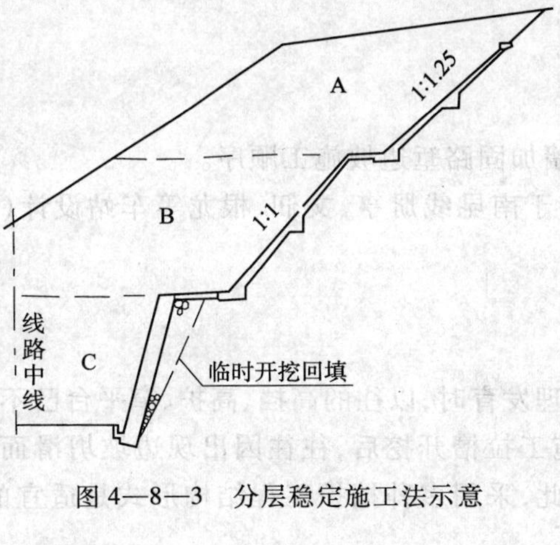

图 4—8—3　分层稳定施工法示意

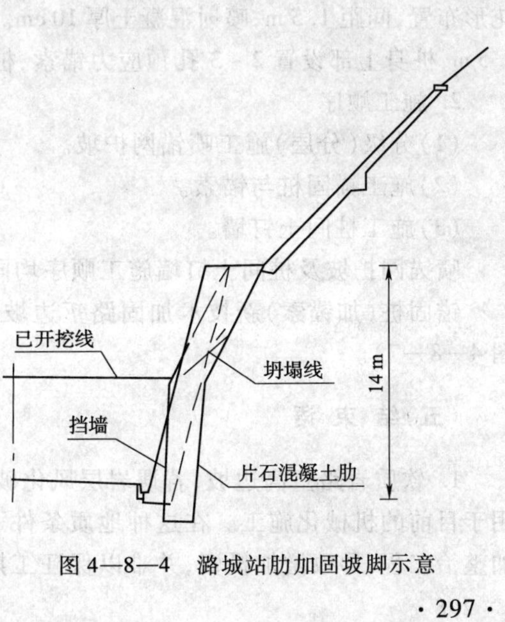

图 4—8—4　潞城站肋加固坡脚示意

（三）喷锚网（土钉墙）边开挖边加固施工

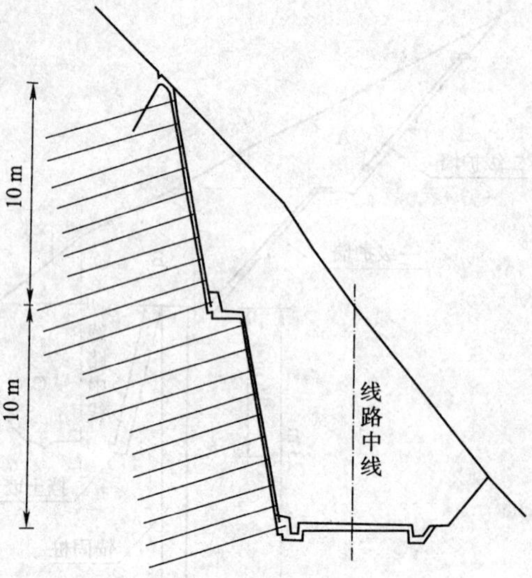

图 4—8—5　土钉墙加固路堑边坡示意

1. 坡面加固形式

选择岩龙至板桃区间 DK339 +277 ~ DK339 +395 路堑高边坡作为“软质岩路堑高边坡试验工点”，按边开挖边加固思路采用土钉墙新技术稳定路堑边坡。该工点路堑左侧设置两级土钉墙，其上墙最高 11 m、下墙高 10 m，土钉长 8 m，上、下墙之间薄弱区域土钉加长至 10 m，土钉间距 1.0 m。坡面喷层混凝土（C20）厚 15 cm，并在喷层内设置钢筋网（见图 4—8—5）。

2. 施工顺序

（1）工作面开挖：按坡高每 2 ~ 3 m 为一层，从上至下分层开挖，并整平坡面。

（2）喷射第一层 5 cm 厚混凝土。

（3）钻孔，设置土钉，挂网，喷射第二层 10 cm 厚混凝土。

（4）待上一层土钉墙完成后，再进行下一层开挖，进入下一个循环。

该工点还同时进行室内模型试验、有限元数值分析及现场测试，测试结果基本反映设计情况，成果已通过鉴定。

（四）喷锚网护坡及锚固桩加锚索新技术的应用

1. 工程结构形式

DK339 +480 ~ DK339 +590 路堑高边坡与板桃车站南宁端相接，处于塘兴—潞城大断裂带中，该工点作为“软质岩路堑高边坡试验工点”，上部按边开挖边加固的喷锚网护坡、下部按先加固再边开挖边加固的锚固桩加锚索及桩间土钉墙进行设计（见图 4—8—6）。

该工点路堑左侧上部两级喷锚网护坡，采用坡率 1 : 1.25，最大坡高 8 m，锚杆长 3 m，呈梅花形布置，间距 1.5 m，喷射混凝土厚 10 cm。下部锚固桩间距 7 m，桩长 20 m，桩身截面 1.5 m × 1.5 m，桩身上部设置 2 ~3 孔预应力锚索，桩间之土钉墙墙高 15 m。

2. 施工顺序

（1）分级（分层）施工喷锚网护坡。

（2）施工锚固桩与锚索。

（3）施工桩间土钉墙。

喷锚网护坡及桩间土钉墙施工顺序均同土钉墙加固路堑边坡施工顺序。

锚固桩（加锚索）新技术加固路堑边坡已应用于南昆线册亨、文佃、根龙等车站设计（见图 4—8—7）。

（五）结 束 语

1. 软质岩路堑高边坡，若遇岩层风化破碎、节理发育时，以往的高挡、高护、窄平台已不适用于目前的机械化施工。在这种地质条件下，当施工拉槽开挖后，往往因出现边坡坍滑而增加整治工程，导致增加投资，并难以保证工期。因此，采用多种挡护工程结构形式是适宜的，

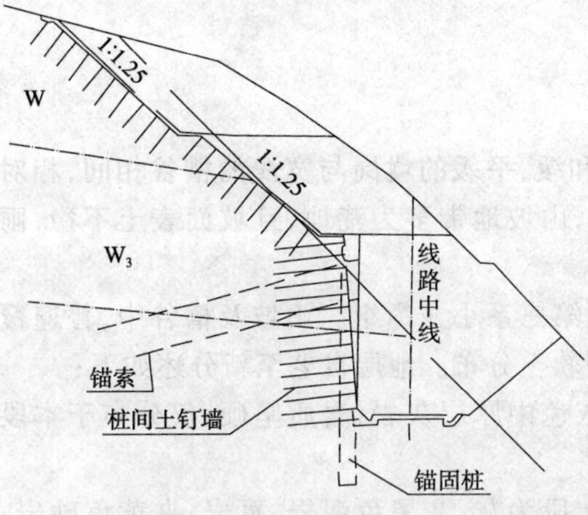

图 4—8—6 喷锚网护坡、锚索、锚固桩及桩间土钉墙加固示意

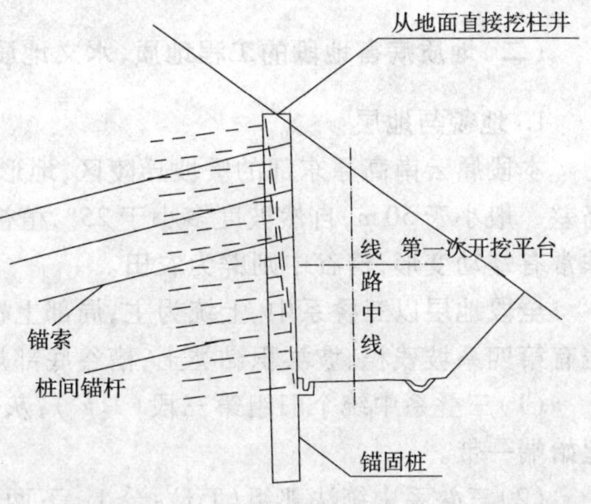

图 4—8—7 锚固桩加固路堑边坡示意

在今后类似工点中推广应用,能获得较为明显的经济和社会效益。

2. 软质岩路堑高边坡采用分层稳定结合坡脚预加固的分层施工方法,能提高工程施工的安全性,并能确保施工质量和工期。

3. 分层稳定结合坡脚预加固施工方法的形式多种多样,应因地制宜地分别采用不同挡护形式。如地面横坡较陡,可采用锚索桩等新技术,使支挡工程直接交于地面,以减少剥山皮开挖,从而有效地降低路堑边坡高度;亦可采用边开挖边加固的其他边坡加固形式。

九、南昆铁路长坡岭地段地质病害及其整治

唐民德

(一)概　况

长坡岭地处云南师宗县境内,病害地段则位于南昆铁路威舍至昆明段的长坡岭车站及其南宁端一带,施工图里程为 DK639 + 300 ~ DK644 + 200,长 4.9 km。该范围内,原施工图设计设有大桥 2 座,总长 423.97 m,涵洞 19 座,横长 403.52 m,隧道 1 座,长 189 m,路基地段长 4.3 km。此段工程于 1992 年底开工,1993 年施工全面铺开后,路基地段即先后有坍滑病害发生。1994 年 7 ~ 9 月雨季期间,由于降雨历时长、强度大,致使已基本成型的路基频繁发生坍滑,规模大者已形成滑坡,破坏了路堤、路堑边坡以及在建挡墙甚至成段的路基,并导致涵洞开裂、滑移,滑体覆盖铁路下方公路路面,阻塞公路交通;该段的一座短隧道进、出口端线路左侧山体滑坡,使洞内衬砌因受挤而遭破坏;该段一座大桥因桥头路堤滑坡,破坏台后填土及锥体而影响桥台稳定。全段先后发生滑坡 24 处,一度被迫停工。

为查明病害原因,对本段进行了全面、详细的地质补勘和复查。最终确认,本段岩土普遍具有膨胀性,而原设计对本段岩土未按膨胀岩土考虑,故所采取的工程措施针对性不强,力度不够,从而导致施工中地质病害不断发生。

在地质补勘、复查工作的基础上,对本段设计进行了变更设计处理,对不同工程分别采取了有针对性的处理措施,终使地质病害得到根治。

（二）地质病害地段的工程地质、水文地质条件

1. 地貌与地层

本段属云南高原东部的缓坡丘陵区，地形起伏和缓，平缓的垅岗与宽浅的槽谷相间，相对高差一般小于 50 m，自然坡度多小于 25°，植被较差，山坡地带多为荒地，且坡面表土不稳，雨季常有蠕动变形，槽谷中则辟为农田。

全段地层以三叠系中、上统为主，局部上覆有上第三系小龙潭组。山坡及槽谷中，普遍覆盖有第四系坡残积、坡洪积黏类土，槽谷底部局部有软土分布。地层自老至新分述如下：

（1）三叠系中统个旧组第三段（T_2g^c）：灰—深灰色中厚层灰岩，岩质坚硬，仅分布于本段起始端一带。

（2）三叠系中统法郎组（T_2f）：分上、下两段。上段为灰、灰黑色泥岩、页岩，夹黄色砂岩，分布于 DK641 + 600 ~ DK641 + 800 段，即隧道以后至长坡岭车站以前，岩石风化呈土状者多属膨胀土；下段为灰白至肉红色灰岩，夹灰黑色炭质灰岩，分布于 DK642 + 800 ~ DK644 + 200，即长坡岭车站及其以后地段。

（3）三叠系上统鸟格组（T_2n）：灰黄、青黄色砂岩和泥质砂岩，夹青灰、灰白、棕红等色砂质泥岩和页岩，主要分布于 DK639 + 450 ~ DK641 + 600 段，即本段唯一的隧道前后，岩体风化严重，强度低，风化呈土状者多属膨胀土。

（4）上第三系小龙潭组（N_2x）：棕红、棕黄、灰白、青灰、灰黑等杂色泥岩，成岩作用较差，呈黏土状者多为膨胀土，分布于长坡岭车站内及线路右侧。

第四系坡残积或坡洪积黏土、砂黏土广覆全段，一般厚 0 ~ 6 m，最厚可达 9 m，多属膨胀土；局部槽谷中，有零星的软土分布，为淤泥或淤泥质砂黏土，厚 1 ~ 5 m，最厚达 8 m。试验结果反映，软土孔隙比大（$e = 0.75 \sim 1.85$），液限高（$w_L = 35.5\% \sim 77.0\%$），抗剪强度低（多数 $\varphi < 10°, c = 8 \sim 45$ kPa），压缩性高（$a_{1-2} = 0.6 \sim 1.5\ \text{MPa}^{-1}$）。

2. 地质构造与地震

病害地段所处地区受弥勒—师宗断裂影响，次级褶曲和断层十分发育。主要构造线呈北东方向，与线路方向呈小角度相交，岩层走向大致与构造线方向相近，倾向南东，倾角 25° ~ 60°。段内规模较大的断层达 10 条之多，均为弥勒—师宗断裂的次级断层，多属逆断层，仅个别为正断层。断层破碎带多由断层泥和角砾组成，一般宽 1 ~ 5 m；施工中揭示出一些更小的断层，破碎带宽仅 0.1 ~ 0.2 m，但破碎带两侧岩体完整性仍遭严重破坏。正是由于这些大大小小断层的切割、破坏，导致破碎的基岩岩体极易风化，因而在本段分布的不同时代地层的岩石，均有较厚且较严重的风化带存在。

根据铁道部 1993 年 10 月对南昆铁路技术设计的批复，全线地震烈度的划分“仍执行《中国地震烈度区划图（1977 年）》，不再调整”的要求，病害地段所在地区地震基本烈度划为七度。

2. 水文地质

病害地段所在地区地下水类型包括孔隙水、裂隙水和岩溶水三类。

直接对本段地质病害发生和发展起控制作用的，是埋藏于坡残积或坡洪积黏土、砂黏土中的孔隙水。此类地下水，在段内分布不均，动态不稳。槽谷底部覆土中，含水较丰，土壤长年浸水，故部分槽谷有软土分布；丘陵缓坡地带的覆土中，平时水量甚小，土体常呈干燥状态，但一俟雨季大量降水入渗后，土体普遍呈浸润状态，甚至有小股状孔隙潜水流出。这也是本段雨季中坍滑、滑坡等病害频发的主要原因。

裂隙水赋存于不同时代的砂岩、泥岩和页岩中,坡脚地带有多处裂隙泉水出露,水量不大,但随季节有较大变化。

岩溶水赋存于个旧组灰岩中,水量较丰,但埋深较大,仅在本段起点一带线路右下方较远处以上升泉呈串珠状出露,已与本段工程无关。

全段地下水水质以 HCO_3^-—Ca^{2+} 型水为主,对混凝土无侵蚀性。

(三)施工中发生的地质病害

本段施工中发生的地质病害主要是工程滑坡,即以施工开挖或填筑为诱因所引起的挖方边坡或填方边坡(部分地段连同填方基底)发生的滑坡。全段按滑坡处理、整治者共 24 处,其分布范围、性质、规模等情况详见表 4—9—1。

表 4—9—1 长坡岭地质病害地段滑坡统计表

序号	里程范围	性质	滑坡规模(m)			破坏性质	工程措施
			长	宽	厚		
1	DK639 +400 ~ +440	土	40	40	8	路堤破坏	改 4×32 m 大桥
2	DK639 +516 ~ +550	岩	20	40	10	堑坡失稳	设路堑、路肩挡墙
3	DK639 +560 ~ +650	岩	20	90	10	堑坡失稳	设路堑、路肩挡墙
4	DK639 +690 ~ +730	软土	30	40	6	堑坡失稳,路基沉滑	设粉喷桩、路堑挡墙
5	DK639 +730 ~ +860	岩	70	130	18	两侧堑坡失稳	设路堑挡墙、护墙,增建明洞
6	DK639 +850 ~ +920	土	100	70	8	路堤、涵洞破坏	设路堤、路堑挡墙,改建涵洞
7	DK640 +080 ~ +100	土	80	30	9	路堤、涵洞破坏	改 1×32 m 中桥
8	DK640 +730 ~ +820	土	50	70	15	路堤、涵洞破坏	改 3×32 m 中桥
9	DK640 +900 +940	土	80	60	8	路堤、涵洞破坏	改 1×32 m 中桥
10	DK641 +350 ~ +380	岩	30	30	10	隧道进口衬砌破坏	改钢筋混凝土衬砌
11	DK641 +500 ~ +540	岩	40	40	12	隧道出口衬砌、明洞破坏	改钢筋混凝土衬砌,增建明洞,加抗滑桩
12	DK641 +620 ~ +680	土	130	60	6	堑坡、路堤及涵洞破坏	设路堤、路堑挡墙,改建涵洞
13	DK641 +710 ~ +750	岩	30	40	6	路堤破坏	设路肩挡墙壁
14	DK641 +780 ~ +890	土	100	110	10	路堤、涵洞破坏	改 3×24 m 中桥
15	DK641 +910 ~ +990	土	130	80	10	路堤、涵洞破坏	改 2×24 m 中桥
16	DK642 +100 ~ +170	土	60	70	11	路堤、涵洞破坏	改 3×24 m 中桥
17	DK642 +220 ~ +280	土	140	70	4	左路堑、右路堤破坏	加抗滑桩,设路堑、路肩挡墙
18	DK642 +310 ~ +420	土	70	100	4		
19	DK642 +580 ~ +680	土	110	110	4	路堤破坏	设路堑挡墙,改 1×24 m 中桥
20	DK642 +760 ~ +840	土	30	80	4	堑坡失稳	两侧设路堑挡墙
21	DK642 +890 ~ +940	土	190	70	6	堑坡、路堤破坏	设路堑挡墙,加抗滑桩
22	DK643 +020 ~ +080	土	40	60	6	堑坡失稳	设路堑挡墙
23	DK643 +430 ~ +590	土	30	160	4	堑坡失稳	两侧设路堑挡墙
24	DK643 +870 ~ DK644 +090	岩	50	220	13	堑坡失稳	设路堑挡墙、桩板墙,加抗滑桩

按滑坡物质组成成分,可分为土层滑坡 17 处,岩层滑坡 7 处;按所处工程类别,又可分为

路堑滑坡11处(土质路堑6处、岩质路堑5处),路堤滑坡11处和隧道洞口滑坡2处。5处岩质路堑滑坡中,有4处位于三叠系中、上统砂岩或泥(页)岩中,1处位于三叠系中统灰岩中,均系因路堑开挖导致堑坡上部覆土或已呈土状的基岩极严重风化带失稳,并牵动下卧破碎基岩而形成滑坡。2处隧道洞口滑坡亦属岩质滑坡,其形成也是由于洞口开挖,引起边、仰坡覆土失稳,并牵引下卧的破碎基岩沿软弱结构面滑动所致。隧道洞口滑坡不仅破坏了洞口边、仰坡所在山体的稳定,在滑坡所引起的山体侧压力作用下,隧道衬砌也发生开裂、变形,尤以隧道出口段严重。出口已建成的明洞和隧道遭严重破坏,仰拱隆起,拱圈及边墙开裂,左侧边墙内移侵限。路堤滑坡则是由于填土滑动牵引路堤基底土层一起滑移而形成。发生于段家桥2号大桥桥头的路堤滑坡,还导致该大桥桥台及锥体挡墙变形、开裂;路堤滑坡还造成段内8座涵洞破坏。除表4—9—1所列24处滑坡外,本段在施工中路堤、路堑边坡尚发生不少规模较小的坍滑现象,在滑坡处理中,均已一并予以处理。

(四)地质勘察及施工中的地质补勘与复查

初测阶段,在地质调查中,对本段平缓垅岗与宽浅槽谷相间的地貌、表土含水较丰以及铁路下方公路边坡曾有坍滑迹象等现象,即曾引起注意。为此,在初测及紧随其后的定测工作中,有意识地加大了勘探和试验力度,在4.9 km范围内,共完成钻探74孔557.71 m,取土样试验46组。在46组土样中,有14组土样除做常规的物理力学试验外,还专门做了膨胀性指标试验;1组土样做了矿化分析。膨胀性试验结果反映,仅2组土样的自由膨胀率$F_s>40\%$,矿化分析则反映该组土样蒙脱石含量较高。根据当时执行的《铁路工程地质技术规范》(TBJ12—85,铁道部1986年颁发施行)有关膨胀土按自由膨胀率$F_s\geqslant40\%$、液限$w_L\geqslant40\%$进行初步判别的规定,可划为膨胀土者仅1组土样。当时为避免工程规模过大,造成投资的过多增加,故在设计中未能下决心将本段岩土划定为膨胀岩土。但根据前述调查和试验、分析结果,考虑岩土中可能存在对工程不利的成分,在本段线路平、纵断面设计时,已通过线位和坡度的调整,尽量避免过高的填、挖,使本段工程以一般工程为主。

施工中不断发生病害后,为彻查病害原因,对本段进行了详细的补勘,并着重于对岩土性质的复查。施工补勘中,共完成钻探165孔1 483 m,取土样70组,对其中63组做了膨胀性试验,达到膨胀土初步判别规定者仅3组。据此试验结果,仍难以认定本段普遍分布的岩土均(或多)属膨胀土,但也难以解释施工以来所频繁发生的病害性质与严重程度。为确切掌握本段岩土真实特性,又在本段取土样和岩石风化层样40组,作矿化分析。分析结果显示,土和岩石风化层中,蒙脱石、伊利石、高岭土等亲水矿物含量普遍偏高,尤其是蒙脱石含量大大高于一般岩土。有鉴于此,在对本段已发生病害的工点进行变更设计中,提出将其岩土按"具有膨胀岩、土性质"考虑,在处理整治时,采取了加强的措施。

1995年4月,《铁路工程地质膨胀土勘测规则》(TB10042—95)发布施行后,按其对膨胀土判别与分级的规定,重新对本段岩土进行取样,按自由膨胀率F_s、蒙脱石含量M和阳离子交换量CEC三项指标试验进行详判。共取土样16组,石样10组。土样中,$F_s>40\%$者8组;M全部大于7%,且其中3组$M>17\%$;CEC全部大于17 mmol(NH_4^+)/100 g干土,其中1组CEC>26 mmol(NH_4^+)/100 g干土。据此,对16组土样所进行的膨胀潜势分级为:属弱膨胀土者11组,属中等膨胀土者1组,其余4组未达膨胀土标准。根据上述试验、划分结果,结合本段施工中地质病害的多发性和严重性,最终决定:在进一步变更设计时,将全段覆土和已呈土状的基岩极严重风化层,俱按中等膨胀土考虑,对全段所有工程及已出现病害的工点,采取相应的补强工程措施。

10组石样包括本段分布的三套地层，即三叠系上统鸟格组、中统法郎组和上第三系小龙潭组的泥岩、粉砂质泥岩。由于当时铁路地质规范、规则尚未对膨胀岩试验标准作出规定，故采用石样的粉末样，参照"规则"规定的膨胀土判别与分级方法进行试验，结果1组粉末样 $F_s=40\%$，3组粉末样 M 等于或略大于7%，均属法郎组泥岩石样。按《铁路工程地质膨胀土勘测规则》的"膨胀土判别与分级"规定，F_s、M 和CEC三项指标中须两项符合，方判定为膨胀土，故上述石样中，能定为弱膨胀土（岩）者仅1组。因此，对全段未风化的基岩基本上未作膨胀岩考虑。

（五）地质病害原因分析

1. 本段覆土和不同时代的泥岩、页岩、泥质砂岩的土状风化层，亦即极严重风化带，多为膨胀土，具有干缩湿胀、遇水后强度急剧衰减的特点，又因蒙脱石及其他亲水矿物含量普遍偏高，持水性强，土体含水难以排除，长期处于过湿状态，以致一旦破土开挖或加载稍大，土体即行失稳，这是形成工程病害的主要内在条件。

2. 本段线路通过地区，断裂特别发育，遭强烈构造变动破坏的以软质岩为主的母岩，岩石十分破碎。母岩破碎又引起两方面的结果：一是破碎岩体的强度和稳定性大大降低，以致覆土或土状风化层中发生的溜坍、滑坡，往往牵动破碎岩体一起滑动，从而扩大了病害；二是岩体的破碎加剧了其风化进程，风化作用的结果使岩石中的原生矿物多遭破坏，产生包括大量黏土矿物在内的次生矿物。土样分析证明，在这类黏土矿物中，包含了不少蒙脱石、伊利石、高岭土之类亲水矿物。这些矿物的存在，使本段土体既具较强的持水性，又有一定的膨胀性。这两种共同存在的特性，也正是本段土体虽按"规则"所定分级标准，以弱膨胀土居多，但却病害频发且程度严重的主要原因。

3. 1994年雨季，降雨持续时间长、强度大，缓坡浅沟的地形又不利于排水，致大量降水渗入土中，使膨胀土土质进一步恶化，一经人为活动的扰动，遂诱发大量溜坍、滑坡发生。

4. 由于原施工图设计执行1986年铁道部颁发的《铁路工程地质技术规范》（TBJ12—85），膨胀土主要系按自由膨胀率（F_s）和液限（w_L）两项指标进行判别，当 F_s 和 w_L 均大于40%时，方判定为膨胀土，由于勘察时所取土样的试验结果，多未满足上述要求，故未将本段覆土和土状风化层按膨胀土考虑。相应在设计中，对路基填挖高度、边坡坡率、挡护工程力度以及包括桥梁基础在内的基础埋置深度等，都与膨胀土不相适应。

5. 也因原施工图设计未将土层按膨胀土考虑，故全段路堤填料均系就地取土，直接以膨胀土用作填料，这也是雨季中路堤出现溜坍、滑坡较多的原因；且填土一经滑动，往往牵动基底土层一并滑动，从而导致本段较多涵洞破坏。

6. 施工开挖后，未及时支挡、防护，使覆土和土状风化层以及下卧的软弱破碎岩体长期暴露，恶化了它们的工程力学性质，促进并加重了溜坍、滑坡等病害的发生和发展。

7. 局部槽谷中分布的软土，作为地基，在设计时已采取措施予以处理。但施工揭示出个别地段软土分布位置较高，已出现于路堑边坡上，由于设计当时未考虑加固挡护措施，导致路堑开挖后，堑坡失稳，形成滑坡。

（六）地质病害整治原则及工程措施

本段膨胀土根据《铁路工程地质膨胀土勘测规则》的规定，按自由膨胀率（F_s）、蒙脱石含量（M）和阳离子交换量〔mmol（NH_4^+）/100 g干土〕三项指标判定膨胀潜势分级，应以弱膨胀土为主,但既考虑到本段施工中地质病害的多发性和严重性,也考虑到本段覆土和风化土层中亲水性黏土矿物含量,特别是蒙脱石含量较高的特点,故在病害整治的变更设计中,提出以下变更设计和加强的处理措施原则:

1. 全段土层按中等膨胀土进行病害整治和加强挡护,适当提高安全系数,以保证工程稳定。

2. 原施工图设计填方高度大于 6 m,且已发生滑坡病害的路堤地段,一律改为设桥通过。

3. 路堑边坡过高,且发生滑坡规模较大的地段,改设明洞。

4. 加强路基坡面防护,采用增设抗滑桩、加厚挡墙截面、加深挡墙基础、加厚墙背反滤层等加强路基边坡支挡结构的措施。

5. 大力加强地表、地下水排水设施,增设边坡支撑渗沟、盲沟、软式透水管以及排水沟、天沟等,以迅速拦截、排除地表水和地下水。

6. 全段路基基床换填渗水土,并铺设土工布。

7. 路基基底有软黏土分布者,采用换填或粉喷桩等措施予以加固。

根据上述原则,全段增加大桥 1 座、延长大桥 1 座、增加中桥 7 座;增设安德店明洞(长 90 m,原为路堑)和段家桥隧道出口明洞(长 26 m);路基处理覆土层滑坡 5 处、破碎岩石滑坡 2 处、路堤滑坡 1 处、软土路基 3 处、陡坡路基 3 处、深路堑 5 处。

(七)结　　语

1. 本地质病害地段尽管在勘察前期即已注意到其岩土可能存在膨胀性问题,但当时囿于有关规范约束和顾虑投资的增加,而未能按膨胀土要求及早采取相应措施防止病害的发生,以致施工全面铺开后病害不断出现,且日趋严重,原施工图设计已不能完全起到指导施工的作用,最终不得不变更设计、追加投资。这一结果,既影响了工期,也与当初控制、节省投资的愿望相悖。

2. 本段覆土及基岩的土状风化层,除具有膨胀性外,由于含有较多亲水矿物,因而又具有较高的亲水性和持水性,故其膨胀潜势分级虽多只能划分为弱膨胀土,但因对水的高度敏感,致每逢雨季,一经施工扰动,即病害百出。这一双重特性,对今后勘察、研究膨胀土具有一定的借鉴意义。

3. 由于地质构造,特别是大大小小、密集的断裂构造的作用,破坏了岩体的完整性,从而加速了岩石的风化进程,风化作用的结果使岩石中大量原生矿物转化为具膨胀性和亲水性的黏土矿物。因此,地质构造条件也是本段病害发生的重要基础地质条件。吸取本地质病害地段的经验、教训,在工程地质工作中,强调地质构造在工程地质条件中的主导作用,分析它们对工程的直接、间接影响,大有必要。

十、南昆铁路永丰营车站软土路堤病害及其整治

张亨纲

(一)病害概况

永丰营车站位于云南省宜良县汤池镇可保村北侧,距昆明 36 km。永丰营地区属高原亚热带季风气候,干湿季节明显,温差变化不大。为断陷盆地,地形起伏不大,盆地面积不足 10 km^2。汤池河流经该盆地向东汇入贾龙河再入南盘江,属珠江水系中的三级支流。永丰营断陷小盆

地封闭良好，有利于沉积，在地质历史时期曾形成湖泊、沼泽和沉积软土。

线路通过地段地形平坦，北高南低，地面坡度2°~3°，多僻为水田。

永丰营车站初、定测时均未发现软土分布，故按一般路基设计施工。1992年上半年完成5座涵洞施工，下半年开始填筑路基，路基设计填高4~5 m，当填筑至设计高程后，于同年11月上旬发现DK761+390~DK761+530段的路堤下沉、开裂、坍滑。右侧路肩出现裂缝，左侧路堤下沉，路堤坡脚外百米处鼓起一土包，其间地面出现波状起伏，裂缝几度回填，又几度开裂，变形范围约15000 m^2。

为查明病害原因，于1993年1~4月铁二院组织队伍对变形区域及周边进行了复查补勘工作，并采取以粉喷桩复合地基与锚固桩侧向约束为主的综合整治方案。设计的23根锚固桩仅完成6根，其余锚固桩尚在施工中，即又发生挖孔桩护壁受挤压严重破坏，流塑状淤泥质黏土大量上涌，以至无法施工，虽及时采取措施，仍难以制止，支撑的槽钢被挤断，使施工被迫中断。1994年初，再次对本段进行了较大范围的补充地质勘察工作，进一步落实了软土分布及物理力学特征，并在钻孔中连续取样，对软土成因、时代及沉积环境进行了鉴定分析。在查明地质情况的基础上，决定采取移线整治方案，并取得成功。

（二）勘察及补勘情况

1. 初、定测情况

永丰营车站于1982年初测时，曾钻探6孔计69.32 m，取水样3组；1989年定测时，又在5处涵位上钻探5孔计50.05 m，取土样5组。由于钻孔偏浅，或孔位未在下卧软土分布位置上，均未发现软土。

2. 补勘情况

补勘中为了彻底查明路堤变形原因、软土分布特征和软土的物理力学性质，采用了工程地质调绘、物探、钻探、原位测试和室内试验相结合的地质综合勘察方法，进行大范围的详细工程地质勘察，同时委托中科院地质研究所对软土进行时代等的研究鉴定，基本查清了场地的工程地质特征，否定了原来认为软土是古煤窑废弃物的结论，为最终成功整治病害奠定了基础。

工程地质调绘重点是对路堤变形特征的调查，确定变形范围、裂缝分布及其性状，填绘大比例尺（1:500）工程地质图，布置并填绘控制性地质大断面，结合大范围航片解译及钻孔取样试验、测定、分析软土成因及形成环境。

物探采用四级对称电测深法对测区内的深70~150 m的地层结构进行探查，圈定软土平面分布范围和剖面深度，揭示出软土成“锅状”断续分布，锅底最大深度大于80 m的宏观特征，见图4—10—1。

在物探探明软土宏观分布特征、深度变化的基础上，结合既有钻孔按间距30~40 m进行纵、横断面补充钻探，以确切控制软土分布，掌握“锅状”洼地具体形态。软土层钻孔深度最大达51.5 m，因孔内涌泥严重，下管受阻未穿透软土“锅底”而被迫终孔。原位测试先后采用静力触探、十字板剪切试验及标准贯入试验等方法，测试硬壳、软土力学性质，以期与室内试验指标进行对比、分析。

室内试验及指标的统计分析：在钻孔中分层采取大量原状土样进行室内试验分析，获取各土层物理力学指标。其中硬壳黏土层数据400余组，经数据处理，使均方差控制在5%左右取值；上、下层淤泥质黏土层（Q_3^3、Q_3^{1-3}）采集数据500余组，经统计分析，发现离散性较大，数据

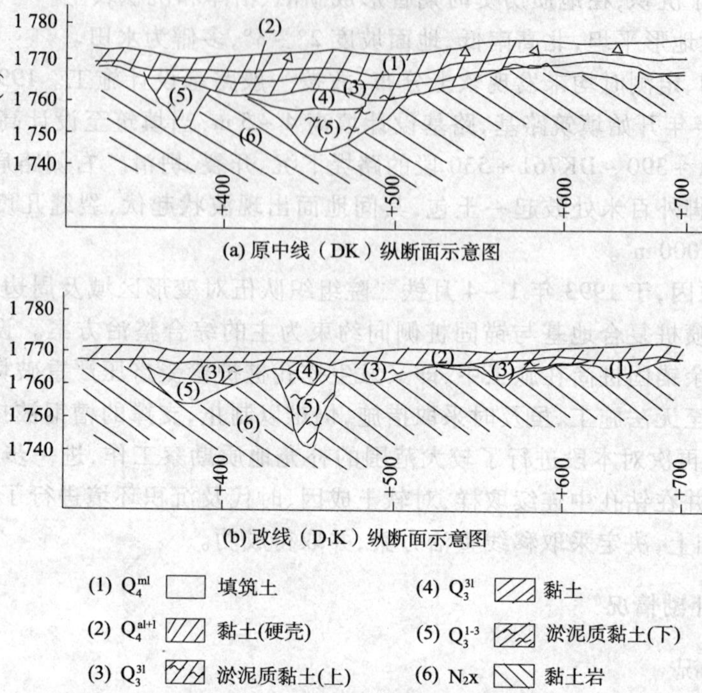

图 4—10—1　软土地段地质纵断面示意图

处理困难，故结合原位测试经验数据及第一次工程整治实践，对部分指标进行了修正调整；上、下层淤泥质黏土间所夹黏土，采集数据 400 余组，各项指标均较硬壳黏土层差，但静力触探承载力值又比硬壳层高，故结合现场岩芯分析，室内试验指标的查表、计算，采用了承载力适当降低的处理措施。选择代表性钻孔连续取样，进行 C_{14} 年龄测定、古地磁测定、孢粉分析、X 光衍射分析、有机碳测定、介形虫分析等，以确定软土沉积时期，并分析其形成原因及沉积环境。

补勘完成主要工作量见表 4—10—1。

表 4—10—1　永丰营车站软土补勘完成的主要工作量统计表

时　间	钻　探（m/孔）	取样（组）	静力触探试验（m/孔）	十字板剪切试验（点）	标准贯入试验（点）	电　测　深	
						剖面（m/条）	物理点
1993 年	525.52/29	59	112.70/11	13	24		
1994 年	1 770.40/101	70	950.60/75			6 195/17	453
合　计	2 295.92/130	129	1 063.30/86	13	24	6 195/17	453

3. 地质情况

永丰营小盆地是新生代形成的断陷盆地，位于阳宗海断陷盆地的北部，受近南北向具活动性的小江深大断裂带控制。该断裂带亦是地震频发的发震断裂带，附近的汤池温泉即发育于该断裂带上。地震基本烈度为Ⅸ度，新构造运动极为活跃。

断陷盆地中沉积有巨厚的上第三系黏土岩夹褐煤。永丰营盆地在第四纪更新世（Q_3）时期，沉积了最大厚度超过 80 m 的湖沼相软土。第四纪全新世（Q_4）在其上又沉积了黏性土及淤泥等湖相沉积物。由于新构造运动的抬升作用，部分第三系直接出露地表并形成剥蚀丘陵地貌。第三系黏土岩直接角度不整合于寒武系下统邛竹寺组（ϵ_1q）的砂页岩之上。

据补勘资料，车站及其周围断续分布几处“锅状”洼地，洼地规模及深浅不一，位于原设计站位附近的一处，其长、宽逾百米，深超过80 m，洼地的沉积物全部为淤泥质黏土。除此之外，车站周围还分布有人工填筑土、黏土等。

永丰营车站的人工填筑土主要是车站南宁端深路堑移挖作填的砂页岩碎块石及黏性土混杂物，最大厚度达8 m。第四系全新统之黏土（Q_4^{al+l}）组成地面硬壳，硬塑状，局部流塑状，含少量碎石、角砾，厚1～5 m。

第四系上更新统至全新统淤泥质黏土（Q_3^3）：深灰、灰黑色，软塑、局部流塑状，有机质含量较高，但不均匀，呈透镜状分布，厚0～13 m，属湖沼相沉积。

第四系更新统黏土（Q_3^3）：灰、深灰、蓝灰色，软塑—硬塑状，黏性强，具膨胀性，有机质含量较高，呈透镜状分布，厚3～8 m。

第四系更新统淤泥质黏土（$Q_3^{1\text{-}3}$ 下）夹上第三系黏土岩（褐煤）团块：深灰、灰黑色，软塑—流塑状，有机质含量高，强度低，压缩性大，灵敏度高，具膨胀性，厚度大于80 m。

上第三系小龙潭组（N_2x）黏土岩夹褐煤，成岩作用差，具膨胀性。

经地质综合勘探查明，地表硬壳层分布于全测区，连续性较好；Q_3 淤泥质黏土，具有缩孔、涌泥、黏性强、膨胀性等特性，分布呈不规则带状、“锅状”等特点。

各土层主要物理力学指标经统计分析后，综合经验及整治实践提出设计参数推荐值，见表4—10—2。

表4—10—2　永丰营地区各土层物理力学指标推荐值表

项　目		黏土（硬壳）	淤泥质黏土（上）	黏　土	淤泥质黏土（下）
天然容重 ρ（g/m³）		1.87	1.69	1.71	1.66
天然含水量 w（%）		58.45	52.7	40.0	51.7
天然孔隙比 e		0.995	1.350	1.327	1.433
液性指数 I_L		0.33	0.77	0.56	0.83
压缩系数 $a_{1\sim2}$（MPa）		0.34	0.82	0.58	1.00
天然快剪	凝聚力 c（kPa）	35	17	30	15
	内摩擦角 φ（°）	13	8	12	4
固结快剪	凝聚力 c（kPa）		25		
	内摩擦角 φ（°）		17		
固结系数	垂直100 kPa时		2.96×10^{-4}		3.41×10^{-4}
	水平100 kPa时		2.26×10^{-4}		5.33×10^{-4}
地基基本承载力（σ_0（kPa）		180	65	200	60
灵敏度（S_t）			4.0		3.0
渗透系数 k（cm/s）					7.51×10^{-8}
自由膨胀率 F_s（%）				35.7	53.6

（三）古地理气候及软土沉积时代鉴定

根据在钻孔深40.7 m试验孔连续取样进行的测年及定量研究分析（包括放射性C_{14}年龄测定、古地磁测定、孢粉分析、X光衍射分析、有机碳测定、介形虫分析等），结合地形、地层岩性特点，分析永丰营软土形成的古地理气候特征。

根据第四系全新统（Q_4）软土中含有未完全腐烂的植物根茎和连续性较好的特点，可以判定其沉积环境为湖沼相，气候温湿，有大量的水生植物等生长，植物腐烂沉积而形成软土；第四系更新统（Q_3）软土，呈"锅状"分布，是由于永丰营盆地很狭小，易形成积水，局部洼地因排水不畅而导致滞积，滞积水地带由于环境的动荡，形成的孔隙水不能及时排出而成软塑—流塑状软土保留至今，形成不多见的"锅状"的特殊现象，反映当时相对起伏并有大小形状不规则的洼地分布的古地形特征和湖沼相沉积环境。

根据试验钻孔内所取样品孢粉分析结果，33 m以下以栎、桤木、松、冷杉等为主的针、阔叶植物花粉平均占孢粉总数的80%以上，而其中喜寒冷的针叶植物冷杉花粉，最多只占花粉总数的8.6%，此时属温凉稍湿或温稍湿的气候沉积环境；9～33 m见栎、桤木、松等针阔叶类花粉丰富，各类木本植物花粉占孢粉总数的80%左右，冷杉花粉较33 m以下段明显减少，气候已属暖湿或温暖较湿；5～9 m松、栎、水龙骨等孢粉含量较多，其中松等针叶植物花粉最多可占总数的28.8%，形成以针叶植物为主的针阔叶林植被环境，表明此时为温凉或寒凉较干气候；4.2～5.0 m段（4.2 m以上为人工填土）仍以木本针叶植物花粉居优，占花粉总数的50%左右，草本植物多于蕨类植物孢子，说明气温又明显回升，以暖和较湿气候为主。

对永丰营小盆地中地层时代的测定共取地磁样品20块，同时采集C_{14}测年样品5块。

C_{14}测定结果：4.2 m以上为人工填筑土；4.2～5.0 m，年代0.7～1.2万年，属Q_4；5.0～9.3 m，年代1.2～2.7万年，属Q_3^3；9.3～33 m，年代2.7～9.6万年，属Q_3^2；33～40.7 m，年代9.6～12.2万年，属Q_3^1。

由于晚第三纪（N）上新世（N_2）沉积的小龙潭组（N_2x）被第四系新构造运动抬升而遭受剥蚀，其物质被搬运至断陷盆地或低洼处沉积，其中包括黏土岩块和褐煤，部分黏土岩块还保留着母岩的结构特征，孢粉分析中也发现含有一定数量的第三纪孢粉化石，但黏土岩团块和褐煤与周围淤泥质黏土有明显界限，说明它们与周围淤泥质黏土是同一时期沉积的，黏土及褐煤碎屑颗粒形态及特征均显示有再搬运的痕迹，所以原定为晚第三系的黏土岩应是再搬运的后期沉积物，该层黏土及其上、下的淤泥质黏土均属于此断陷盆地形成后的晚更新世湖沼相沉积。

（四）地球化学特征

根据钻孔岩芯12个化学分析样品的分析结果：$SiO_2 + A1_2O_3 + FeO + Fe_2O_3 = 50.95 + 19.34 + 3.16 + 3.48 = 76.39(\%)$，稳定因素占优势；$CO + Na_2O + K_2O = 0.85 + 0.15 + 2.85 = 3.89(\%)$，非稳定元素含量甚低。此外，对12个样品的X射线衍射特征表明，均含有土壤中常见的过渡黏土矿物，以绿泥石、伊利石为主，个别样品中含有少量高岭石和三水铝石。

（五）路堤下沉积及变形原因

经补勘查明，该段路堤地基下不仅分布有现代沉积的黏土，其下存在的一层深厚的晚更新世早期（Q_3^1）沉积的淤泥质黏土，其物理力学性质差，属高压缩性（压缩系数$a_{0.1\sim0.2} = 1.0\ MPa^{-1}$）、高灵敏度（灵敏度 $S_t=3\sim4$）、强度低（天然快剪 $c=15$ kPa，$\varphi=4°$）、具膨胀性（$F_s=53.6\%$），以此层组成的天然地基，在路堤荷载作用下，首先产生沉降，并引起地基的侧向塑性变形。路堤沉降后，施工遂进行超填，沉降—超填、超填—沉降，在反复超填、反复沉降的恶性循环过程中，沉降逐渐加剧，侧向变形扩大，流变范围加深、加宽，导致上层更新统淤泥质黏土也参与变形，最终形成一个范围较宽（路堤左侧坡脚以外 120 m，沿线路长 500 余米）的变形区。变形区内，地面呈波状起伏。近处地面沉降，形成沿路堤坡脚分布的洼地；远处地面鼓胀凸起高 1 m 的土丘。路堤下沉后，右侧路肩形成一条弧形裂缝，缝宽 2 ~ 20 cm，可见缝深 10 ~ 100 cm。

1993 年 9 月至 12 月，对软土病害进行第一次工程整治：采取移动站房中心、减载和粉喷桩复合地基与锚索桩结合的整治方案。在锚索桩挖孔过程中，护壁受挤压破裂，孔中淤泥质黏土上涌严重，虽采用钢筋混凝土护壁或槽钢加固，都因孔壁侧压力太大和涌泥致使护壁和槽钢被挤断，施工难以进行。究其原因，就是淤泥质黏土的物理力学性质太差，特别是淤泥质黏土的高灵敏度在路堤路基的变形以及施工过程中的扰动，土体结构遭受严重破坏，引起地基强度急剧下降，经触变后，其固化凝聚力不能复原，丧失的强度也难以恢复，故造成挖孔桩难以成孔而被迫停工。

（六）整治措施

鉴于原线位地基已被反复扰动，工程地质条件进一步恶化，原位整治已难实施，经反复研究和论证，决定采用移线整治方案。

1. 根据补勘地质资料，将线路右移 30 m，以避开原软基扰动破坏区，移线后"锅状"洼地范围大大减小，软土厚度有所变薄，故移线方案工程地质条件有明显改善，整治难度大为降低。

2. 采用粉喷桩加固

根据不同的地质条件，为控制地基的超限沉降，提高地基强度，采用水泥粉喷桩加固地基。其加固的范围和设计参数如下：

（1）K742 + 731 ~ + 773 段，长 60 m。粉喷桩最大桩长 16 m，桩土中水泥掺入量为 75 kg/m，石膏掺入量为 3.75 kg/m。

（2）K742 + 745 ~ + 860 段，长 115 m。粉喷桩最大桩长 15 m，桩土中水泥掺入量为 65 kg/m，石膏掺入量为 3.25 kg/m。

（3）K742 + 935 ~ K743 + 016，长 81 m。粉喷桩最大桩长 8 m，桩土中水泥掺入量为 65 kg/m，石膏掺入量为 3.25 kg/m。

（4）粉喷桩桩径均为 0.5 m，桩中心距纵横向均为 1.5 m，按梅花形布置，其中 K742 + 726 ~ + 773 段，采用中心间距 1.5 m 的等边三角形布置。

（5）不同地层的粉喷桩参数，均经现场试验及测试后组织实施。

3. 土工网格加固

为改善地基的均匀性，在路堤填土中采用了土工网格加固。网格材料采用湖北省力特塑料制品有限公司 CE131 型、规格为六角形网格，网格尺寸 27 cm × 27 cm，幅宽 2.5 m，长度 30 m/卷，最大抗拉强度 5.8 kN/m。

4. 利用原线位路堤填土及已做工程作为反压护道，以提高移线后路堤的稳定性。

5. 土工试验

1994 年 4 月下旬，进行了现场载荷试验和水泥土室内无侧限抗压强度及抗剪强度试验。试验结果：水泥土 7 d、28 d、90 d 龄期的无侧限抗压强度分别为 500 kPa、800 kPa、1 100 kPa，粉喷桩 28 d 龄期的单桩及复合地基承载力分别达到 180 kN 和 480 kN(1.2 m×1.2 m 承载板,桩长 16 m),满足设计要求,并进一步完善了设计方案。

(七)改线方案工程实施

1. 该工点粉喷桩 1994 年 6 月正式施工,9 月底完工。在改线方案施工中,由于上更新世早期(Q_3^1)淤泥质黏土黏着力大、密实,粉喷过程中桩下 10~16 m 范围内很难复搅。针对这一情况,施工单位及时调整粉喷方法,即深 0~5 m 范围喷 90 kg/m 水泥,深 5~10 m 范围喷 75 kg/m 水泥,深 10~16 m 范围喷 60 kg/m 水泥,满足了设计要求。

2. 该工点软土路基填土施工从 1994 年 10 月下旬开始,同期进行了路基沉降观测试验,以便更好地控制填土速度。通过设计与施工单位的共同努力,路堤施工状况良好,铺轨于 1995 年 3 月安全地通过了该站。经过了 1995 年后几个雨季的考验,并经两年的观测,总沉降量小于 0.30m,符合设计要求,整治工程获得成功。

(八)小　　结

对分布于山间盆地或洼地中类似永丰营车站的软土,其形成的地质环境复杂,应采用地质综合勘探手段,查明软土的分布范围、形态特征、埋藏深度、软土厚度、物理力学性质、形成原因等以免漏判、误判,给工程造成难以挽回的损失。

在查明软土特征的前提下,对埋藏深、厚、范围大、性质差、整治困难的软土地段,线路以避让为宜,对绕避确有难度时,应选择以最短距离通过或寻找软土层较薄、易于治理的有利地段通过。

十一、南昆铁路八渡车站巨型滑坡及其整治

魏永幸

(一)引　　言

南昆铁路八渡车站滑坡位于贵州省册亨县南盘江北岸的八渡渡口。八渡车站沿江布设于斜坡中部 9 个山头上,八渡车站滑坡(铁路里程 DK372+845~DK373+245)是由 2 号、3 号、4 号山头组成的一个分级滑动的巨型深层切层古滑坡。南昆铁路在古滑坡中部以挖方通过。

据调查和稳定性分析,八渡车站古滑坡在铁路动工前,整体是稳定的。1994 年铁路开挖后,引起铁路右侧滑坡复活,2 号、4 号山头铁路右上方边坡坍滑,挡护工程和地面开裂,设置 76 根抗滑桩以后,3 号、4 号山头滑动基本稳定,2 号山头铁路右侧 85~94 m 处设置的第 2 排、第 3 排抗滑桩以上部分的滑动相对稳定;第 2 排抗滑桩以下至铁路的滑体仍在变形。

1997 年雨季,铁路右侧滑坡前部变形加剧,2 号山头尤为严重,挡护工程鼓胀歪斜,地面裂缝贯通,位移明显加剧;同时铁路左侧 65 m 处出现一条贯通裂缝,滑坡前缘岸坡坍塌严重,钻孔深部位移监测也表明铁路左侧滑坡出现复活迹象,将直接威胁已建成的车站安全。八渡车站滑坡平面见图 4—11—1。

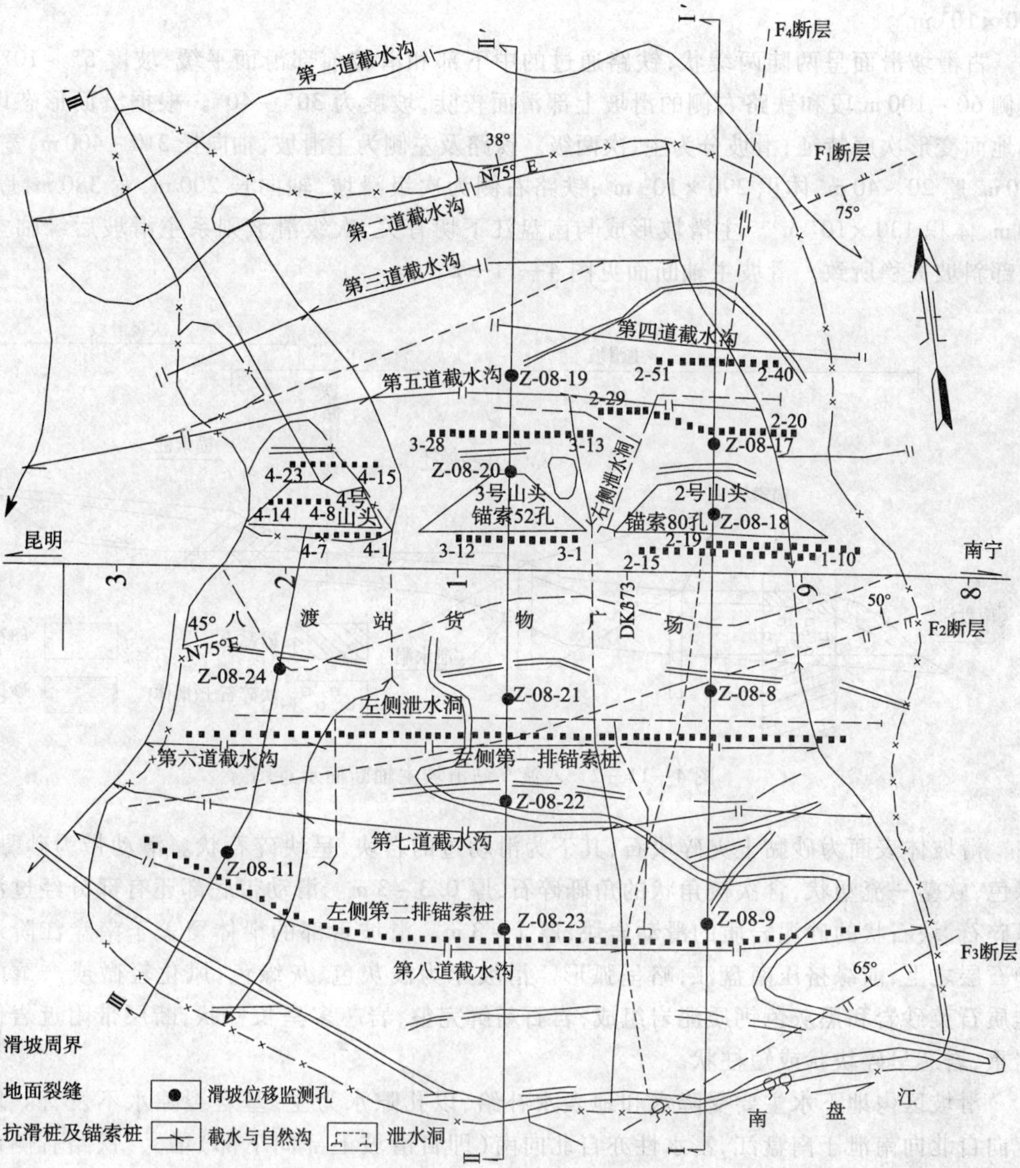

图 4—11—1　八渡车站滑坡平面示意图

(二)古滑坡特征及其复活原因

1. 古滑坡特征

八渡古滑坡位于百色盆地至云贵高原过渡带,属构造强烈上升区,南盘江深切,沿江两岸山坡重力地质作用强烈。滑坡范围内,构造应力相对最大。发育有 3 条走向逆断层、1 条与铁路大角度相交的压扭性断层和 1 组高角度走向节理,断层破坏了三个山头岩体的完整。

古滑坡地貌特征及周界较清晰,平面上呈一撮箕形,后缘为弧形圈椅状,宽 360 余米;两侧边界分别为 1 号、2 号山头和 4 号、5 号山头间的自然沟;前缘呈宽 540 m 的弧形,舌状伸入并逼挤南盘江。古滑坡主轴长 560 m，滑体中下部厚 20 ~ 40 m，中上部厚 10 ~ 20 m，总体积 $420\times10^4\ m^3$。

古滑坡滑面呈两陡两缓状，铁路通过的中下部和滑坡前部滑面平缓，坡度 5° ~ 10°，铁路左侧 60 ~ 100 m 段和铁路右侧的滑坡上部滑面较陡，坡度为 30° ~ 40°。根据滑面形态以及滑坡地面变形次序特征，滑坡分为主、次两级。铁路及左侧为主滑坡，轴向长 310 ~ 400 m，宽 350 ~ 540 m，厚 20 ~ 40 m，体积 $290\times10^4\ m^3$；铁路右侧为次级滑坡，轴向长 200 m，宽 380 m，厚 10 ~ 20 m，体积 $130\times10^4\ m^3$。主滑坡形成与南盘江下切有关，次级滑坡则系主滑坡后缘临空牵引上部斜坡失稳所致。滑坡主轴断面见图 4—11—2。

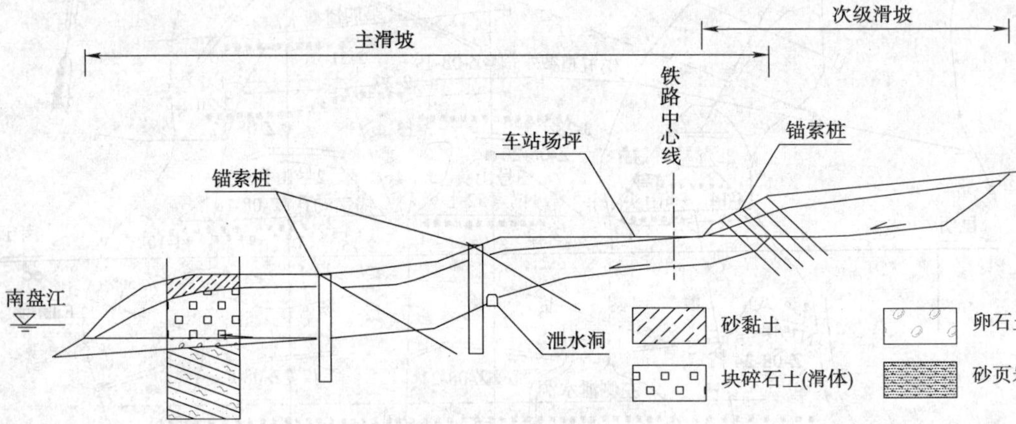

图 4—11—2　八渡车站滑坡主轴断面示意图

滑坡体表面为砂黏土夹碎块石，其下为滑动过的岩块，呈块碎石状。滑动带为砂黏土，灰绿色，软塑—流塑状，含次棱角状的角砾碎石，厚 0.3 ~ 3 m。滑动带底部还有部分经过滑动后呈碎石、块石状的砂泥岩质的滑动岩块，厚 1 ~ 3 m。滑坡舌部的滑体覆盖于南盘江阶地的漂卵石层之上，前缘挤压南盘江，略呈弧形。滑坡床为浅灰色、灰绿色，风化轻微或严重的钙质硅质石英砂岩和黑灰色钙质泥岩组成，岩石新鲜完整，岩芯多呈长柱状，断层带附近岩体风化严重，岩芯呈碎块状或短柱状。

滑坡区内地下水主要受降水和地表水补给，以孔隙水为主，基岩裂隙水不发育。地下水流向自北向南泄于南盘江，富水性亦自北向南（即自滑坡上部向下部）增大，铁路右侧富水性差，提水试验多不稳定或很快被提干；左侧沟槽富水性好，单孔涌水量一般为 100 ~ 200 t/d，山脊部位富水性稍差，单孔涌水量约 50 t/d，滑坡前缘有泉或泉群分布。

2. 古滑坡复活原因

（1）次级滑坡复活原因：次级滑坡复活的主要原因是铁路开挖使其前缘临空，次级滑坡前部变形不止则与地表排水系统被堵塞或损坏，大量、连续、集中降雨等因素有关。

（2）主滑坡复活原因：地表变形和钻孔深部位移监测表明，主滑坡在 1997 年 5 月开始出现蠕动变形，并逐步加剧。引起主滑坡复活的原因是：

①大量、连续、集中降雨的影响：1997 年 5 月场区持续降雨天气偏多，特别是 7 ~ 9 月尤为突出。据田林县气象局资料，7 月份降雨量 482.4 mm，为 80 年一遇的最大月降雨量，已超过历年 7 月平均降雨量的 1.73 倍，有 27 天降雨。7 月 2 ~ 9 日连续降雨 8 天，总降雨量达 253 mm；7 月 15 ~ 31 日连续降雨 17 天，总降雨量 225.9 mm。日降雨量 10 mm 以上的降雨有 10 天，其

中7月4日降雨量达140.4 mm,超过历年日平均降雨量95.9 mm的1.46倍。8月降雨量321.8 mm,25天降雨。8月22~30日连续9天降雨,日降雨量10 mm以上的有7天,8月27日降雨量达150.6 mm。9月1~19日降雨量47.3 mm,有12天降雨,9月9日降雨量28.5 mm,其余日降雨量为0.1~6.8 mm。1~9月中旬总降雨量达1 561.7 mm,已超过历史上最大的1979、1994年的年平均降雨量(1 545 mm、1 538.6 mm),其中5~9月中旬降雨量1 416.4 mm,已超过多年平均降雨量1 190 mm。如此大量、连续、集中的降雨,造成大量地表水和大气降水渗入滑坡体内,软化滑动带和软弱土层,降低土体的力学强度,增大滑体重量,孔隙裂隙水压上扬,同时产生较大的地下水动水压力,是引起古滑坡复活的主要原因之一。

据钻孔深部位移观测资料与降雨关系分析,滑坡位移量与降雨关系十分密切,且反应灵敏,即雨后滑坡位移量增加,滑动速度加快,粗略分析,一般降雨5~7天后,滑坡位移量明显增加,而天晴后,滑坡位移量减少,滑动速度减缓,并渐趋相对稳定状态。

②南盘江洪水冲刷岸坡:1997年7月初以后,南盘江洪水持续上涨,最高水位达378 m,时间长达1个多月,是1971~1997年间洪水上涨淹没滑坡前缘时间最长的一次,淹没滑坡前缘水深达5~11 m,洪水浸泡冲刷掏蚀滑坡前缘,引起滑坡前缘岸坡失稳,产生坍塌,并从下向上逐渐牵引滑坡产生蠕动,造成主滑坡中下部地面开裂,钻孔深部位移增大。洪水作用是引起古滑坡复活的因素之一。

③人为活动影响:铁路工程建设4年中,破坏、改变了自然山坡形态和表水径流条件,坡面凌乱不堪,已成的排水系统多被堵塞、损坏,大量施工弃土弃渣乱堆于滑坡体上,尤其是在铁路建成后当地老百姓在滑坡中下部新建大量房屋,大量生活、施工用水渗入主滑体,对主滑坡中下部的稳定极为不利。因此,人为活动是滑坡复活的另一重要因素。

(三)滑坡稳定分析及整治工程设计

1. 滑坡稳定性综合分析

(1)滑坡稳定分析

滑坡主轴断面见图4—11—2,可能的滑面有4个,如图4—11—3所示。

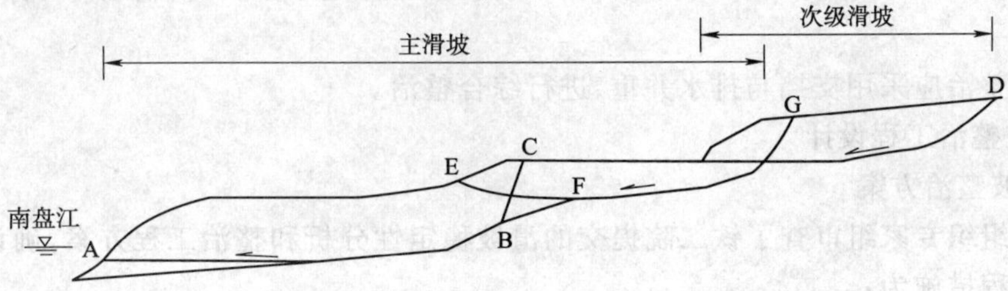

图4—11—3　八渡车站滑坡稳定分析示意图

①左65 m裂缝为后缘,滑面ABC,形成下部滑坡。

②下部滑动牵引主滑坡中后部滑动,滑坡后缘深入次级滑坡,滑面ABG。

③主、次滑坡同时滑动,滑面ABD。

④中、上部滑坡在铁路左侧80~100 m处剪出,滑面EFD。

根据极限平衡理论,采用传递系数法反算滑面c、φ值,并计算$K=1.05$时剪出口下滑力,结果如下:

滑面	反算 c 值	反算 φ 值	$K=1.05$ 时出口下滑力 E_n
ABC	$c=10\ \text{kPa}$	$\varphi=13.53°$	$E_n=180\ \text{t/m}$
ABG	$c=10\ \text{kPa}$	$\varphi=12.04°$	$E_n=154\ \text{t/m}$
ABD	$c=10\ \text{kPa}$	$\varphi=12.34°$	$E_n=254\ \text{t/m}$
EFD		不会滑动	

从计算结果看,沿 ABC 滑动的可能性最大,因此支挡工程应设在下部。

(2)右侧次级滑坡设置坡面锚索对主滑坡(ABC 滑面)稳定性的影响。

①设置锚索后,次级滑坡的下滑力被全部克服,滑坡中部无下滑力,不会滑动,但滑坡剪出口下滑力为 78 t/m($K=1.05$ 时)。

②设计锚索承载力 60 t/m,次级滑坡向下传递部分下滑力,此时滑坡中部有下滑力,且剪出口下滑力为 178 t/m($K=1.05$ 时)。

以上分析表明,右侧坡面锚索施加后,滑坡中、下部仍可能下滑,因此仍需在滑坡中、下部设置抗滑工程。

(3)安全系数变化对下滑力的影响

计算表明,安全系数变化对下滑力影响大,K 值变化 0.025,下滑力增减 100 t/m,可见安全系数大小对整治工程投资影响很大。

(4)滑体容重及滑面 c、φ 值变化对下滑力的影响

滑体容重变化对下滑力的影响不大,但滑面 c、φ 值变化对下滑力的影响较大。当 $c=10\ \text{kPa}$,φ 值变化 1°时,下滑力增减 100 t/m。加强滑动带排水,提高滑面 c、φ 值,对增强滑坡稳定性是十分有效的。

(5)综合稳定性分析结论

①八渡车站滑坡滑面呈两陡两缓,其下部滑体滑动可能性大,右侧次级滑坡锚索工程对主滑坡稳定性有改善,但不能阻止次级滑坡的滑动,应分别对主滑坡和次级滑坡进行加固。

②截排地表、地下水,防止表水下渗,疏干滑动带土体地下水,提高滑动带 c、φ 值,是重要措施之一。

③滑坡整治应采用支挡与排水并重,进行综合整治。

2. 滑坡整治工程设计

(1)滑坡整治方案

铁道部组织专家组审查了铁二院提交的滑坡稳定性分析和整治工程方案,确认八渡车站滑坡整治工程措施为:

①支挡工程——左侧设 2 排锚索桩,右侧 2 号、3 号山头设坡面锚索;

②地表排水——设置截水沟、硬化站坪、铺砌自然沟;

③地下排水——泄水洞;

④改善地质环境——平顺坡面、恢复植被、建立滑坡保护区。

滑坡整治工程布置参见图 4—11—1 和图 4—11—2。

(2)滑坡下滑力计算

采用极限平衡理论,对 13 个滑坡主滑方向断面分别反算 c、φ 值,分析比较反算值与滑动带岩土残余剪切值及工程经验值比较一致。

采用反算 c、φ 值分别计算安全系数 $K=1.0$、$K=1.025$、$K=1.05$ 时分块下滑力，计算结果见表4—11—1。

表4—11—1　八渡滑坡锚索桩受力分析结果一览表

计算断面	反算指标		$K=1.0$			$K=1.025$			$K=1.05$			计算结果						采用数据			
	c	φ	E_1	E_2	E_n	E_1	E_2	E_n	E_1	E_2	E_n	EM_1	EM_{21}	EM_{22}	EK_1	EK_{21}	EK_{22}	EM_1	EM_2	EK_1	EK_2
	kPa	°	t/m	t/m	t/m	t/m	t/m	t/m	t/m	t/m	t/m	t/m	t/m	t/m	t/m	t/m	t/m	t/m	t/m	t/m	t/m
1	10	12.81	229	189	0	246	235	51	262	281	103	33	59	70	17	29	34	50	60	25	35
2	10	12.11	264	503	0	329	609	110	393	715	220	129	83	91	65	41	45	100	100	50	50
3	10	11.68	192	629	0	221	694	71	221	758	142	29	100	113	14	51	57	100	100	50	50
4	10	11.15	397	827	0	537	951	123	537	1076	247	140	109	107	70	54	53	120	150	50	70
5	10	11.29	483	1177	0	640	1317	133	640	1457	264	157	123	107	78	62	55	120	150	50	70
6	10	11.54	349	1558	0	462	1694	126	462	1830	252	113	159	139	56	80	70	120	150	50	70
7	10	12.82	0	1169	0	87	1254	90	87	1392	229	87	136	142	31	54	59	90	150	50	70
8	10	12.85	0	1109	0	0	1198	96	0	1286	191	0	177	191	0	89	96	90	150	45	70
9	10	12.90	129	755	0	217	877	121	217	994	244	88	156	156	44	78	77	90	150	45	70
10	10	12.35	301	810	0	401	920	109	401	1030	218	100	120	118	49	61	60	100	120	50	60
11	10	15.54	244	608	0	347	714	97	347	820	194	103	109	91	52	54	45	100	100	50	50
12	10	15.25	228	586	0	334	692	102	334	798	204	106	106	98	53	53	49	100	100	50	50
13	10	15.94	425	458	0	491	509	56	491	559	111	66	35	45	33	18	23	50	70	30	30

注：E_1—左侧80 m，即第一排桩下滑力；
E_2—左侧220 m，即第二排桩下滑力；
E_n—出口下滑力；
EM_1—左侧80 m，即第一排桩处锚索桩设计受力；
EM_2—左侧220 m，即第二排桩处锚索桩设计受力；
EK_1—左侧80 m，即第一排桩处锚索桩按抗滑桩验算设计受力；
EK_2—左侧220 m，即第二排桩处锚索桩按抗滑桩验算设计受力。

从计算结果看：

①反算 c、φ 值具有较好的一致性；

②$K=1.025$，剪出口下滑力一般90～100 t/m，最大133 t/m；

③$K=1.05$，剪出口下滑力一般190～240 t/m，最大264 t/m。

(3)锚索桩受力

第一排锚索桩：$EM_1=E_1^{1.05}-E_1^{1.0}$

第二排锚索桩：$EM_{21}=E_2^{1.05}-E_2^{1.0}-EM_1$；$EM_{22}=E_n^{1.05}-EM_1$。

比较 EM_{21} 与 EM_{22}，采用大值。

根据计算结果，考虑两排桩合理分担下滑力，作适当调整，采用结果为110～270 t/m。

同时，按 $K=1.025$ 计算下滑力，当锚索失效时，按埋式抗滑桩进行验算的外力：

第一排桩：$EK_1=E_1^{1.025}-E_1$；

第二排桩：$EK_{21}=E_2^{1.025}-E_2^{1.0}-EK_1$；$EK_{22}=E_n^{1.025}-EK_1$。

比较 EK_{21} 和 EK_{22}，取大值。

考虑两排桩合理分担受力，作适当调整，受力60～120 t/m。

(4)锚索桩结构设计

锚索桩为超静定结构。将桩与锚索视为一整体,桩简化为受变形约束的弹性地基梁,根据位移变形协调原理,按地基系数法确定锚索拉力及桩身内力。

锚索桩截面考虑施工因素,根据桩深,截面拟为2 m×2.5 m、2 m×3 m、2 m×3.5 m、2.5 m×3.5 m、2.5 m×4 m 共五种,经计算比较,所拟截面是合适的。

桩顶锚索经计算比较后采用 8ϕ15.2 mm 和 12ϕ15.2 mm 两种,采用单孔和双孔。

锚索桩顶端在下滑力作用下位移较大,为合理分配桩与锚索的受力,一般桩顶锚索预应力加到设计锚索拉力的60%~80%。同时,按抗滑桩进行结构验算。

(5)预应力锚索设计

按锚索与砂浆的粘结力容许强度以及砂浆与锚孔壁粘结力容许强度计算,取其大者作为锚固长度;同时进行现场拉拔试验验证设计。

3. 南盘江规划电站回水的影响

分析了南盘江下游龙滩规划电站回水对八渡滑坡的影响,水库回水将淹没滑坡下部,可能影响滑坡前缘局部岸坡的稳定,但对滑坡整体稳定性影响不大。

(四)滑坡整治工程

1. 支挡工程

(1)铁路左侧100 m 处设置第一排锚索桩,共54 根,铁路左侧170~220 m 处设第二排锚索桩及抗滑桩,其中锚索桩53 根,抗滑桩6 根,两排共113 根。桩截面2 m×2.5 m、2 m×3 m、2 m×3.5 m、2.5 m×3.5 m、2.5 m×4 m 共五种,最大桩深55 m;锚索桩上设单孔或双孔 E6-12 或 E6-8 型锚索(部分变更为 E6-6 型),锚索最大长度75 m。

(2)铁路右侧设置 E6-6 型锚索,2 号山头79 根,3 号山头52 根,并设水平排水孔,最长40 m。

2. 地面排水工程

(1)在滑坡后缘及滑坡范围内,设置与铁路方向大致平行的截、排水沟8 道(铁路右侧5 道、左侧3 道),将滑坡后缘以及滑坡范围内地表水拦截引排至自然沟槽再排入南盘江。截排水沟均采用混凝土浇筑防渗。

(2)为迅速将地表水排出滑坡区,减少地表水的下渗,对滑坡范围4 条自然沟进行铺砌,铺底均采用 C15 混凝土,边坡采用 MU5 浆砌片石进行加固。

(3)滑坡范围货场场坪未硬化者均增加混凝土硬化。

3. 地下排水工程(泄水洞)

(1)在铁路右侧2 号与3 号山头之间布设"Y"字形泄水洞,全长245 m。

(2)在铁路左侧1 号与4 号山头之间布设"Π"字形泄水洞,全长598.93 m。主洞一条长376 m,与铁路平行;支洞两条长222.93 m,分别位于2~3 号山头与3~4 号山头沟床之中,洞口高程受南盘江下游龙滩水库回水位高程控制分别为408.08 m 及408.30 m。

(3)泄水洞主洞截面1.7 m(高)×1.4 m(宽),滑坡范围内洞室开挖采用全环格栅钢架临时支护、顶部小导管预注浆加固围岩,泄水洞采用模筑混凝土花边墙衬砌;泄水洞顶部设竖向集水孔。

4. 改善滑坡区自然环境

(1)滑坡区内清除弃渣、封闭裂缝、平整压实坡面,本项工程由设计、施工、监理三方现场逐段落实处理范围与措施,原则为:用不同坡率使各个坡面平整压实,但不能出现新的陡坎和新的弃渣。要求达到坡面水入沟，坡面土不溜坍。

(2)为减少滑坡区内人为活动对滑坡稳定的不利影响，并考虑到新增工程及平整场地的需要，将滑坡区高便道以下至铁路左侧第二排锚索桩之间划为滑坡保护区，滑坡保护区内种树植草恢复植被。滑坡保护区总面积约 230 亩。

(五)施工技术要求及施工监测

1. 施工技术要求

八渡滑坡整治工程锚索桩最大深度 55 m，锚索最大长度为 75 m，其中富水破碎滑坡体的深度达 55 m。施工难度极大。为保证锚索桩和锚索施工能连续、迅速、保质、安全地进行，在设计文件中制定了详尽的施工技术要求。

2. 施工监理

为验证工程设计的可靠性，控制施工质量，评价工程效果，设计中纳入有关试验、监测技术要求。

(1)锚索现场拉拔试验：为验证锚索锚固段设计参数，现场进行拉拔试验；拉拔试验 3 孔，锚索为 E6-12，锚固段长度分别为 3 m、5 m、7 m。

(2)注浆体强度试验：锚孔注浆材料采用 M35 水泥砂浆，需进行不同龄期试样的强度试验，应作出 3 d、7 d、10 d、15 d、20 d、28 d、60 d 共七种不同龄期试样的强度试验。

(3)锚索张拉试验：对 2 号山头、3 号山头边坡加固工程和铁路左侧 100 m、200 m 处锚索桩工程分别随机抽选 5% 的锚索孔(最少不少于 3 孔)进行张拉试验，其张拉过程原则上与实际使用的锚固施工一致，以设计锚固力的 1.2～1.3 倍的荷载为最大张拉试验荷载，每 0.2 倍荷载为一级施加荷载，绘制荷载—变形曲线，以检测锚索张拉的可靠性。

(4)在锚索上安装测力计，对锚索受力进行监测。

(5)对 19 根深度大于 50 m 的桩预埋检测管，采用声波孔透法进行桩身混凝土质量检测，抽取总桩数的 10%(实际 94 根)，采用低应变反射波法进行桩身强度无损检测。

(6)对地表变形和深部孔位移进行不间断监测，并作好与施工工程对应分析。整治期间，在 2 号、3 号、4 号山头滑坡主轴断面上设置钻孔深部位移监测孔 11 个(铁路左侧主滑坡上 7 个，右侧次级滑坡上 4 个)、地面观测网点(桩)80 个(左侧 14 个，站坪及右侧 66 个)。

(7)建立滑坡区降雨量观测站 1 个。

(六)工程效果及体会

1. 八渡滑坡整治工程自 1997 年 10 月开工，至 1997 年 11 月首先完成右侧 2 号、3 号山头应急锚索工程，抑制了次级滑坡变形。1998 年 1 月完成泄水洞施工，右侧泄水洞水量较小，雨后出水量增加；左侧泄水洞后期稳定排水量大于 100 t/d，效果明显，施工期间还增加了临时降水孔，对锚索桩的施工创造了有利条件，至 1998 年 7 月完成左侧锚索桩施工。施工期间不间断的地表变形和钻孔深部位移监测表明，随着整治工程实施，变形趋于稳定，综合整治取得成效。施工后持续一年的观测表明，滑坡已基本稳定，监测无变形；施工中各种检测和试验表明，工程质量可控，且运行良好。

2. 八渡车站巨型滑坡采取“地面地下立体排水、锚索和锚索桩支挡、建立滑坡保护区改善自然环境”综合治理，达到预期效果；对滑坡变形采取多种方法进行不间断监测，对整治工程采用多种控制手段，确保工程可靠性，均值得同类工程借鉴。

十二、南昆铁路龙床红黏土地区地裂与房裂调查分析

卿三惠

(一)概　　况

龙床位于广西隆安县东南部,距乔建镇约 2 km,西至板河村,北至博浪乡。近 20 多年来,龙床红黏土地区地面出现了严重的地面裂缝及房屋开裂变形现象。其地裂规模之大,是目前国内外极为少见的。

经详细调查、综合勘探(物探、钻探、挖探)查明,龙床地区仅在约 1 km^2 的地面上发生地裂 13 处。裂缝长大于 40 m 者占总数的 31%,其中,最长的为 70 m,宽 10 ~ 50 cm,最宽 100 cm,深度大于等于 6 m 的有 4 处;裂缝长小于 40 m 者占总数的 69%,其中一般宽 2 ~ 50 cm,最宽者为 70 cm,深度小于 6 m,一般为 2 ~ 4 m 的有 9 处。另在距龙床 15 km 的浪湾农场二分队附近公路旁及桉树林区也发现地裂 4 条,最长者达 1 000 m,宽 15 cm,深 4 m 未见底。此外,龙床村建在红黏土地基上的房屋开裂达 114 处,其中砖木结构 48 处,土木结构 66 处,全村 48 幢房屋有 31 幢房屋均有不同程度的开裂变形,占全村总幢数的 65%,其中以平房裂缝最为严重,墙体开裂最长者达 5 m,最宽者达 5 cm,个别房屋砖柱错断,墙体倾斜,望而生畏,不得不拆除重建。

(二)地裂与房裂特征

1. 地裂特征

(1)分布特征:如图 4—12—1 所示,龙床有三个片区发育地裂,分布于双邓水库边缘至龙床村近南北向宽缓槽谷两端洼地桉树林中或林边附近。其中以发育于桉树林中的地裂较多(8 处),规模较大,桉树林边的地裂较少(5 条),规模也小。从地裂延伸方向看,槽谷边缘地裂一般顺地形等高线发育,洼地桉树林中地裂大多数沿桉树行列间发育,出现拐弯分支现象。地裂统计玫瑰花图(图 4—12—2)表明,延伸走向大致可分划为南北组、北东组和北西组。其中以南北组(与槽谷走向一致)发育最为集中,裂缝最长、最宽、最深。

(2)平面特征:地面裂缝大多呈锯齿状张裂,网格状发育,往往表现为中段较宽,两端逐渐变窄直至尖灭,似透镜状。对于由多方向的几条裂缝交叉组合而成的地裂,往往表现为在汇交处(拐弯处)较宽,其余地段较窄(见图 4—12—3)。

(3)剖面特征:挖探表明,裂缝壁近于直立,局部有扭曲现象。裂缝宽度自地面到深处变化趋势为楔形,上宽下窄,直至尖灭,缝深一般为 2 ~ 4 m,最深达 6 ~ 8 m,裂缝在局部深度上因地表水沿裂缝下渗冲蚀,有坍壁充填现象。

(4)垂向位移特征:除在 3 号裂缝中段(约 1 m 范围内)及 11 号裂缝拐角处发现裂缝两侧土体有垂向位移 3 ~ 10 cm 外,其余裂缝均未发现明显的垂向位移。但大多数裂缝口都有不同程度的坍塌现象,多处发现裂缝浅层有松散状坍塌土体充填。

(5)地裂发生的季节性特征:据调查访问,龙床地区地面裂缝多发生于雨季到旱季或旱季到雨季的过渡时期,特别是久旱的年月更为突出。规模较大的地裂均发生于冬、春季节。又如发育于双邓水库附近桉树林边公路旁冲沟中的 9 号裂缝,1990 年 6 ~ 9 月有关现场地质人

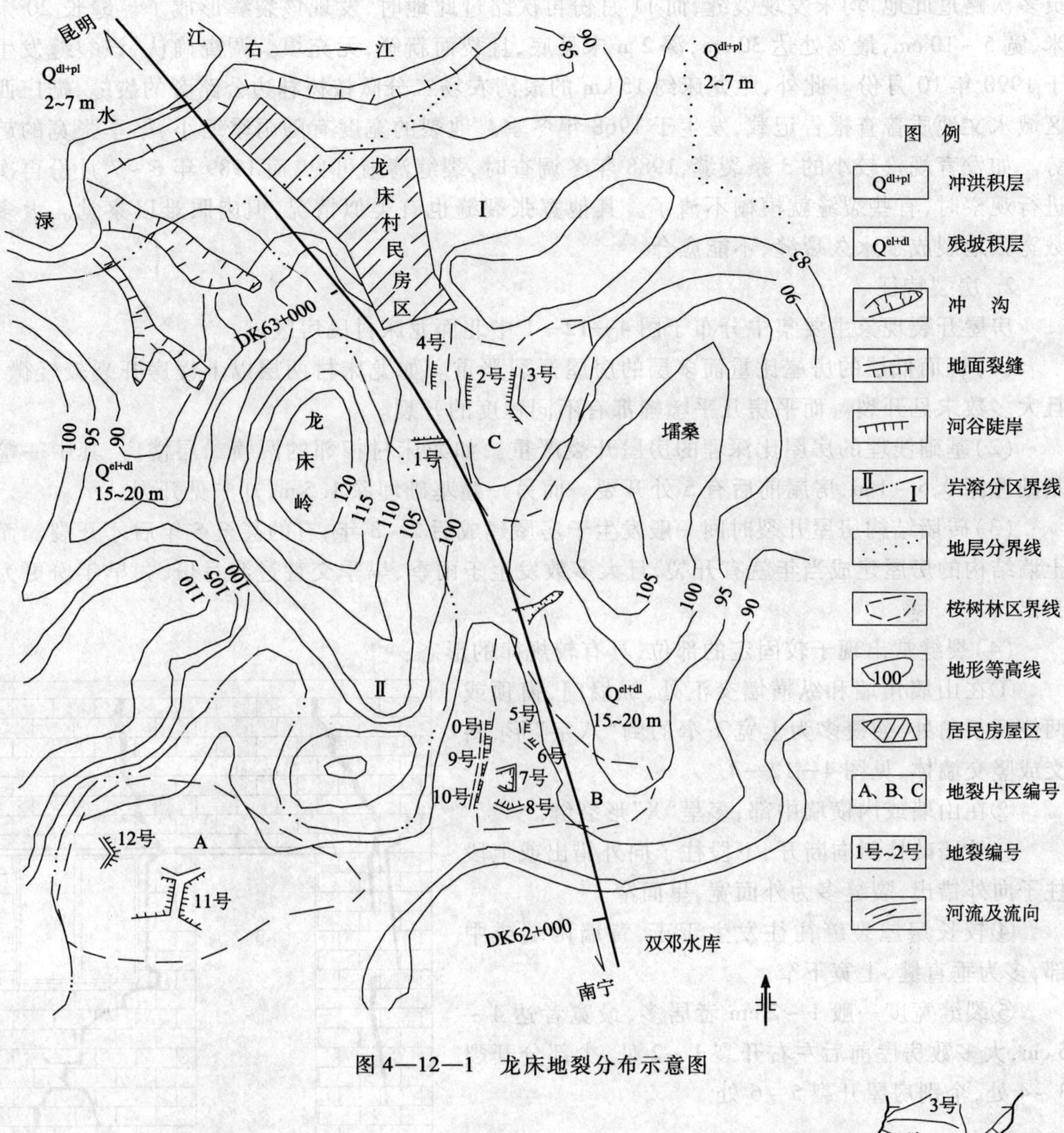

图 4—12—1　龙床地裂分布示意图

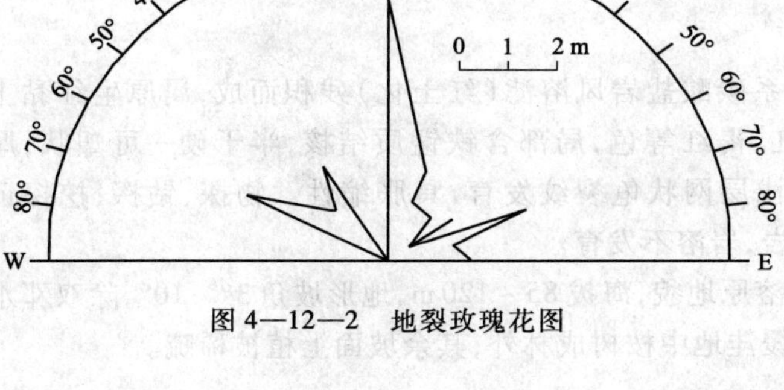

图 4—12—2　地裂玫瑰花图

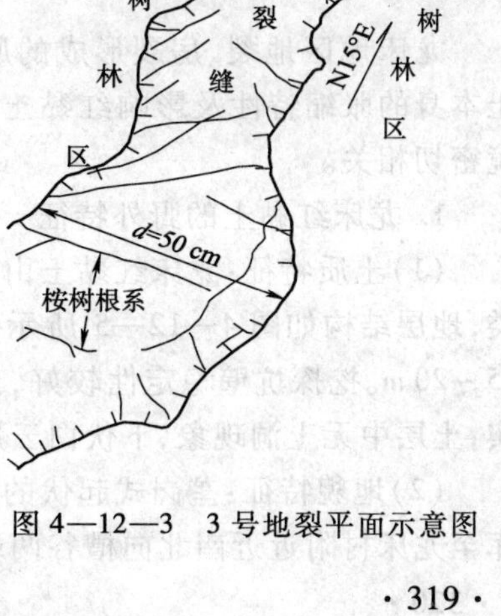

图 4—12—3　3 号地裂平面示意图

员多次路过此地，均未发现裂缝，而11月份再次路过此地时，发现该裂缝形成了。缝长20余米，宽5~10 cm，最宽处达30 cm，深2 m未见底，且裂面新鲜，无充填。调查确认，该裂缝发生于1990年10月份。此外，距龙床约15 km的浪湾农场二分队桉树林边公路旁的裂缝，据广西区域水文地质普查报告记载，发生于1968年冬季。地裂的宽度有随雨季缩小、旱季张宽的趋势。如发育规模较小的3条裂缝，1988年冬调查时，裂缝清晰可见，而1989年6~7月份再次进行观察时，有些裂缝就模糊不清了。其他宽张裂缝也有类似情况，但肉眼难以察觉。大多数宽张地裂成了永久裂缝，不能愈合。

2. 房裂特征

房屋开裂现象主要集中分布于图4—12—1中北面龙床村民房区。

(1)轻而低层的房屋比重而多层的房屋开裂严重。如龙床村两层以上楼房开裂较轻微，且大多数未见开裂。而平房几乎幢幢都有不同程度的开裂。

(2)基础浅埋的房屋比深埋的房屋开裂严重。如龙床村相邻的两幢二层楼房，其中一幢基础埋深0.5~1 m，房屋前后有5处开裂。而另一幢基础埋深1.5 m，却未见开裂。

(3)砖墙结构房屋开裂时间一般发生于房屋建成后2~3年，有的甚至5年后才开裂。而土墙结构的房屋建成当年就有开裂，且大多数发生于雨季、旱季交替过渡月份，久旱年份更为突出。

(4)裂缝常出现于较固定的部位，具有较规律的形态：

①在山墙角墙和纵横墙交汇处，纵墙门、窗顶或两侧及拐角处，裂缝多为上宽下窄的倒“八字”形，斜交或竖交墙体，见图4—12—4。

②在山墙或内横墙中部，多呈“X”形裂缝。

③外墙砖柱斜向断开，下段柱子向外错出或上段柱子向外错出，裂缝多为外面宽、里面窄。

④较长房屋裂缝往往发生于正、背墙两端或中部，多为垂直缝，上宽下窄。

⑤裂缝宽度一般1~2 cm者居多，最宽者达4~5 cm，大多数房屋前后左右开裂1~2处，少部分开裂3~4处，个别房屋开裂5~6处。

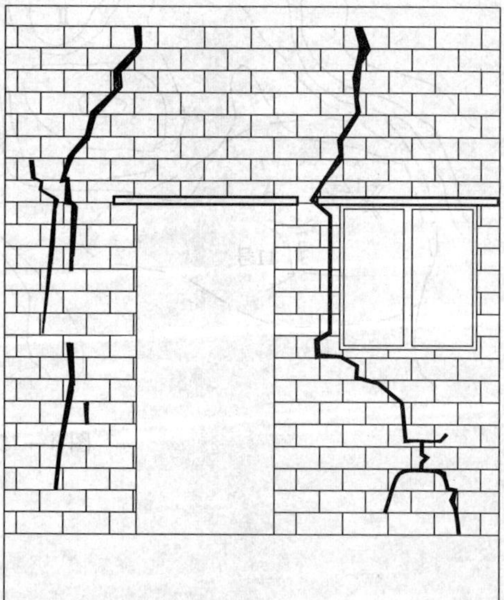

图4—12—4　龙床树房屋开裂素描

(三)地裂、房裂形成机理

龙床地区地裂、房裂形成的原因，与此地区红黏土本身的胀缩特性及影响红黏土胀缩特性的外部环境密切相关。

1. 龙床红黏土的野外特征

(1)土质特征：龙床红黏土由石炭系碳酸盐岩风溶滤(红土化)残积而成，属原生红黏土类，地层结构如图4—12—5所示，棕红、褐红等色，局部含铁锰质结核，半干硬—可塑状，厚15~20 m。挖探坑壁稳定性较好，地表浅层网状龟裂纹发育，具胀缩性。物探、钻探、挖探证实，土层中无土洞现象，下伏白云质灰岩，岩溶不发育。

(2)地貌特征：垄岗式起伏的缓丘溶原地貌，海拔85~120 m，地形坡角3°~10°，除双邓水库至龙床村附近近南北向槽谷两端宽缓洼地中桉树成林外，其余坡面上植被稀疏。

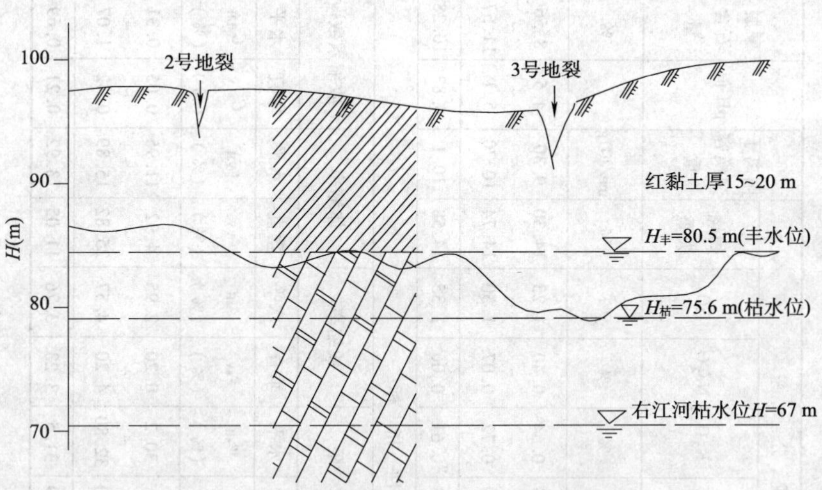

图 4—12—5　龙床地裂区地层结构示意图

(3)水文地质特征:地形平缓处,地表水、降水排泄条件差,以下渗湿润土层为主;在丘岗斜坡处形成冲刷,"鸡爪状"冲沟发育,水土流失颇重。但因当地常年干旱少雨季节长,植被分布不均,导致地面蒸发、保水条件差异较大,而在不同地段产生龟裂、地裂、房裂。土层中地下水主要为裂隙潜水及上层滞水,水量较小,地下水位埋藏较深,位于基岩面附近。

2. 龙床红黏土的物理、胀缩特性

现场取原状土样 14 组,室内试验指标汇于表 4—12—1 中。

现将龙床红黏土的主要物性、胀缩性指标与广西境内其他地区的相应指标列于表 4—12—2 中。对比分析表 4—12—2 可知,龙床红黏土的主要物性指标一般高于广西膨胀土指标,主要膨胀性指标一般低于广西膨胀土指标,而与广西红黏土平均物性和胀缩性指标相接近,判定龙床红黏土是一种弱的膨胀土。

(1)物质组成:化学成分以 SiO_2、Al_2O_3 为主,Fe_2O_3 次之,CaO、MgO、TiO_2 的含量较少,只含微量 K_2O 和 Na_2O,说明在形成过程中化学溶滤作用进行较为彻底。pH 值 = 4.5 ~ 5.1,说明红黏土处于酸性介质环境条件下形成,蒙脱石(次生矿物)不易生成,其含量低于 12%。此外,阳离子交换容量不大,低于 11 me/100 g 干土。由此可知,龙床红黏土颗粒外围双电层吸附水分子的能力较弱,表现为较小的膨胀性。但由于小于 0.002 mm 的黏粒平均含量占 60% 以上,对红黏土的收缩性影响很大。因为土粒细,总表面积大,总表面能高,使土中含有较高的水量,一旦失水,将产生较强的收缩性。

(2)物理特性:天然含水量 $w_n = 35.96\%$,孔隙比 $e = 1.14$,塑限 $w_p = 38.04\%$,液限 $w_L = 70.12\%$,塑性指数 $I_p = 32.27$,表明龙床红黏土具有大孔隙、高塑性、高液限、大含水量的特性。

(3)胀缩特性:自由膨胀率低于 40%,膨胀压力低于 13 kPa,属弱膨胀土,且具有胀缩各向异性。垂直、水平线胀量分别为 1.96%、1.52%,垂直、水平线缩与体缩分别为 3.23%、3.76% 和 11.05%、13.92%。收缩大于膨胀。水平膨胀小于垂直膨胀,水平收缩大于垂直收缩,是龙床红黏土的显著特性,这主要是天然含水量高决定的。

3. 影响龙床红黏土胀缩特性的外部因素

红黏土的胀缩变形量大小,除本身具有的特性外,对其胀缩性影响较大的是造成土体

表 4—12—1　龙床红黏土室内试验指标汇总表

项目	力学性质				颗粒分析						化学成分									阳离子交换容重	pH 值	蒙脱石含量
					粒径(mm)																	
	凝聚力	内摩擦角	压缩系数	压缩模量	0.5～0.25	0.25～0.074	0.074～0.05	0.05～0.005	0.005～0.002	<0.002	SiO_2	CaO	MgO	Fe_2O_3	Al_2O_3	K_2O	Na_2O	TiO_2	灼烧失重			
代号及单位	c (kPa)	φ (°)	a_{1-2} (MPa)	E_s (MPa)	%	%	%	%	%	%	%	%	%	%	%	%	%	%	%	me/100 g		%
范围值	7.05～215	12～29.30	0.12～0.49	2.07～12.35	0.90～1.93	6.07～10.0	2.0～13.0	3.50～11.0	12.0～12.5	53.0～73.5	32.56～36.22	1.40～2.80	1.01～1.01	13.45～13.90	28.50～32.50	0.54～0.72	0.40～0.07	1.23～1.50	14.30～14.74	9.30～10.70	4.5～5.1	8.56～11.57
平均值	88.22	22.41	0.26	6.29	1.28	7.39	5.83	7.17	12.67	65.67	34.61	2.33	1.01	13.65	30.53	0.61	0.06	1.35	14.58	10.1	4.83	10.28

物理和水理指标										胀缩性指标													
天然含水量	天然容重	比重	天然孔隙比	孔隙率	饱和度	液限	塑限	塑性指数	液性指数	自由膨胀率	膨胀力	膨胀量		加荷 50 kPa 膨胀量		缩限		线缩率		体缩率		收缩系数	
												垂直	水平	垂直	水平	垂直	水平	垂直	水平	垂直	水平	垂直	水平
w_n (%)	ρ (g/cm³)	G_s	e	n (%)	S_r (%)	w_L (%)	w_p (%)	I_p	I_L	F_s (%)	P_p (kPa)	V_V (%)	V_H (%)	V_{V50} (%)	V_{H50} (%)	w_{sV} (%)	w_{sH} (%)	e_{sV} (%)	e_{sH} (%)	e_{VV} (%)	e_{VH} (%)	C_{sLV} (%)	C_{sLH} (%)
21.38～41.96	1.71～1.85	2.74～2.85	0.794～1.349	44.38～57.43	67.60～99.46	50.27～89.59	25.22～44.36	17.54～49.80	−0.283～0.07	14.5～49.0	0.48～29.98	0.21～10.51	0.84～2.20	0.04～10.09	0.01～0.05	25.1～34.80	30.2～32.80	0.20～4.20	2.95～4.57	4.92～25.82	11.95～15.89	0.05～0.42	0.31～1.07
35.96	1.77	2.78	1.14	53.08	82.73	70.12	38.04	32.27	−0.10	28.32	12.12	1.96	1.52	0.07	0.03	29.39	31.5	3.23	3.76	11.05	13.92	0.21	0.69

表 4—12—2　龙床红黏土与区外红黏土、膨胀土均值指标对比表

指标类别 土及地区		主要物性指标						主要胀缩指标					胀缩等级
		w_n (%)	e	w_L (%)	I_p	I_L	小于 0.002 mm (%)	F_s (%)	V_{V0} (%)	P_p (kPa)	E_{sLV} (%)	阳离子交换容量 (me/100 g 干土)	
膨胀土	广西南宁(Ⅲ$_2$)	31	0.88	56	29	0.138	50	50	4.8	51	3.5	22	中等
	广西宁明(Ⅰ$_1$)	24	0.75	52	26	−0.08	50	65	5.2	168	5.8	24	强
红黏土	广西综合	32	0.99	66	33	<0	50	32	0.90	31	2.5		弱
	隆安龙床	36	1.14	70	32	−0.1	66	28	1.96	12	2.2	10	弱

中含水量变化的环境条件，如气候、地貌、植被及水文地质条件等，都是十分重要的外部因素。

(1)气候对红黏土胀缩特性的影响：广西一年明显分为旱季和雨季。每年 5 ~ 9 月为雨季，10 月至次年 4 月为旱季。根据隆安县水文站资料，多年平均降雨量为 1288.5 mm，雨季为 967.1 mm，占全年的 75%，旱季为 321.4 mm，占全年的 25%；年平均气温 21.8 ℃；年平均蒸发量为 1719.8 mm，雨季为 937.9 mm，占全年的 54.5%；旱季为 781.9 mm，占全年的 46.5%。一般正常年份，旱季蒸发量为降雨量的 2.43 倍。而在大旱年，可达降雨量的 5 倍以上。

由此看出，龙床地区年平均气温较高，长期持续干旱少雨时间长达 7 个月之久，年平均干燥系数 $K_c = 1.33$，属亚热干旱区气候特点。这种高温且持续干旱的气候环境对红黏土的胀缩性，特别是收缩性的影响是显而易见的。

(2)地貌对红黏土胀缩特性的影响：首先，槽谷、宽缓洼地有利于大气降雨和地表水的汇集，并沿着红黏土中的网状裂隙(含风化裂隙和胀缩裂隙)渗透，使土体中含水量增加，直至饱和状态。尔后，温度的热力作用和风的吸扬作用使土体中水分蒸发，当蒸发量超过降雨量时，土体中原有水分也被蒸发散失，土体渐趋干燥状态。土体的这种极端干湿交替，必然产生土体中原有水分迁移变化，从而产生周期性的胀缩变形，当水平方向收缩量大于膨胀量时，于是地面出现裂隙。随着当地长期持续干旱气候的影响，土体中水分被强烈地蒸发散失，土体收缩达到极限，并伴随严重的地表收缩裂隙的发生和发展，当这些裂隙一旦相互贯通，便形成了长大地裂。如 2 号地裂和 9 号地裂分别产生于 1976 年 10 月和 1990 年 10 月，浪湾农场二分队附近的 4 条地裂产生于 1968 年冬季，而它们又都处于槽谷或宽缓洼地中。这些现象既说明气候影响的严重性，也说明地貌对红黏土胀缩特性和地裂的发育分布具有控制性意义。

(3)植物对红黏土胀缩特性的影响：国内外有关文献资料表明，膨胀土地区植物的生长，对其胀缩特性影响很大，对建筑工程的危害实例也较多。

植物对红黏土的胀缩特性影响的主要原因有两个方面：一是吸收土体中水分，产生蒸腾和蒸发，加剧土的收缩及地面裂隙的增加；二是树木根系的生长发育，促使原有地面裂隙扩大，甚至形成长大地裂，加深大气对土层的影响深度。

对于不同的树种，其蒸腾量也不同，而且相差很大。如云南设计院的研究成果表明，一棵高 16 m 的桉树，蒸腾量为 432 mm/d，耗水量为 457 kg/d；一棵高 6 m 的女贞树，蒸腾量为 68 mm/d，耗水量为 21 kg/d。又如 Henrici(1947 ~ 1954 年)通过对南非部分植物耗水量的观测结果表

明，桉树 373 kg/d，黑柳 186.5 kg/d，落叶树 4 kg/(m^2·d)，高原草地 1 kg/(m^2·d)。由此看出，桉树的吸水量较一般植物大得多，每天耗水量 373 ~ 457 kg，相当于女贞树的 5 ~ 7 倍，相当于黑柳树的 2 倍以上。同时，由于桉树生长快，个体高大、挺直，加之枝叶集中在树干上部，叶形窄长，阳光易透射，空气流通好等，因此不但树木在蒸腾，而且土体中的水分也在蒸发。所以，在桉树林区的空气较其他地区干燥，气候指数大，随着树木吸收土体中水分及气候指数大影响，土体产生收缩就更为剧烈。

龙床地区槽谷洼地中，桉树成林，在干旱季节，土体剧烈失水收缩产生了长大地裂现象。

(4)水文地质条件对红黏土胀缩特性的影响：龙床地裂区地下水位深 13 ~ 18 m，由于红黏土储水能力差，雨季时，浅部土层中的地下水以上层滞水或裂隙潜水赋存，水量很少；在旱季，浅部土层中少量的地下水蒸发散失较快，又得不到深部地下水的补给，因而长期处于干燥状态，这种过量的失水必然引起土体剧烈收缩，导致地面裂隙和房屋开裂变形。

(四)主要认识与结论

1. 地裂发育与气候影响层及植物根系的关系

气候影响层及植物根系对红黏土影响的程度自地表向下逐渐减弱，因而地表浅层裂缝较宽，向深部逐渐收敛尖灭。大气影响的营力主要表现为风化（物理风化与化学风化）作用，地表较强，深部逐渐减弱。龙床地裂的发育程度因地而异。在林区，主要受大气营力和桉树根系生长双重影响较重，因而地裂较长、较宽、较深；在林区附近，主要受大气营力影响，桉树侧向支根影响较轻，因而地裂较短、较窄、较浅；在非林区，不受桉树根系影响，只受大气营力作用影响，只表现为网状风化裂隙（含胀缩裂隙）发育，而未见长大地裂现象。

据有关资料，广西地区大气影响层深度一般为 2 ~ 4 m。西南建筑勘察院及云南设计院的研究资料指出，由于红黏土表层裂隙较发育，土的表面失水较快，土的含水量向下递增（龙床红黏土也有类似情况），因而促使树根向深部生长。桉树根深一般为树高的 0.4 ~ 0.5 倍。龙床地区桉树高 10 ~ 15 m，最大根深约 5 ~ 8 m。实测龙床地裂深度一般为 2 ~ 4 m，桉树林区最深为 6 ~ 7 m，与大气影响层深度和桉树根深大体一致，说明气候影响层及桉树根系深度直接影响到地裂的发育深度和宽度。

2. 地裂、房裂与红黏土的关系

龙床红黏土弱胀强缩的特性，在上述外部诸因素（特别是桉树及长期持续干旱气候）影响下，产生了长大地裂现象。而在龙床村房屋区的房裂，并无桉树影响，主要是由于红黏土地基周围干湿差异，交替循环胀缩所引起。

红黏土的特性控制了地裂的发育，地貌控制了地裂的分布和走向，气候影响层及桉树根系控制了地裂的发育深度和宽度。地裂与房裂无直接因果关系，但当地裂穿过房屋时，会加重房屋的开裂变形。

(五)红黏土地基工程处理措施

红黏土是一种大孔隙、高塑性、具弱胀强缩特性的特殊土，压缩性低，承载力高，可作为建筑工程的天然地基。但为防止红黏土随雨季、旱季交替胀缩引起建筑构造开裂变形过大，可采取下列工程措施：

1. 道路工程措施

(1)线路纵坡宜低填浅挖,以保持表层红黏土中含水量不致大量迁移变化,避免过度失水收缩导致地面开裂。

(2)路堤可取红黏土作填料,但需分层压实,逐级加载。

(3)路堑边坡宜低不宜高。堑坡可植草皮或片石骨架护坡和植草皮防护。高边坡加设天沟排水,防止坡面冲刷、淤塞路基排水侧沟。

(4)支挡工程基础应置于路基侧沟底以下不小于1.5 m,预防基底土层干湿变化过大引起构筑物开裂变形。

2. 房建工程措施

(1)建筑房屋层数宜高不宜低,结构荷载宜重不宜轻。基础埋深视构筑物荷载大小而定,一般三层以下房屋基础不小于1.5 m。

(2)对于浅基础的三层以下房屋,若基础埋深小于1.5 m,可换填0.3 ~0.5 m碎石或粗砂垫层,以调整地基不均匀胀缩变形。

(3)房屋应尽量采用柔性结构,如木结构、钢结构、钢筋混凝土结构、砖石排架结构等。

(4)房屋纵墙不宜太长,一般20 ~30 m为宜。对过长房屋,应设伸缩缝分隔。墙体不宜采用对沉降敏感的砖石拱形结构,尤其是承重墙不宜采用。

(5)建筑物四周设1.5 ~2 m宽素混凝土散水坡较设明沟为好。近处地面及土坡,可植花卉草皮,以绿化环境。

(6)对一般轻—中等开裂变形的房屋,可不推倒重建,可从已开裂端墙处延伸1 ~2个开间(基础适当加深),起肩墙护壁作用。

3. 其他工程措施

(1)无论何种工程构筑物,地基基础外4 ~5 m内不宜种植吸水量大的高大木本阔叶树,防止树木大量吸水引起红黏土地基剧烈失水收缩,导致构筑物开裂变形。

(2)建筑场地选择应尽量避开地裂区。不能避开时,可用黏土夯填封闭处理,防雨水下渗冲蚀淘空土体。

(3)基坑暴露时间不宜过长,防干燥龟裂或表水浸泡软化基底持力层,并宜在旱季施工。

十三、黔桂铁路扩能改造筹洞软土路基及其线位选择

张德翙

(一)既有软土路基概况

1. 现　状

筹洞车站段线路沿山间谷地边缘通过,地形比较开阔平坦,多垦为水田,村庄稠密。铁路两侧间有溶蚀残丘,基岩零星出露。线路左侧有一条常年流水沟。该工点为黔桂线扩能改造工程中线路最长、规模最大、成因较复杂的软土工点,下伏软土长期危及行车安全,虽经多年整治,仍未见明显成效,仅能勉强维系通车。据访问调查,1956年以前汛期经常积涝成灾,淹没铁路,中断行车。K351 +669 ~ K352 +690段路堤发现有向左侧倾斜的趋势(左侧树木、挡

砟墙向右倾)，虽左侧部分地段路肩外设桩加固，路基面年年抬道垫砟处理，但挡砟墙开裂仍在缓慢发展，路堤仍不稳定。K352 +690 ~ K353 +852 段亦多次抬道垫砟，下沉仍未完全停止；车站水泥站台因软土沉降台面常年呈现网状裂纹。

黔桂铁路扩能改造工程地质勘察工作始于2002年，为了彻底查明筹洞车站软土的类型、成因、物质组成、分布范围等，采用了地质调绘、钻探、原位测试和室内土工试验等地质综合勘察方法，经综合分析和数理统计，为设计和线位选择提供了翔实的地质资料。

2. 气　象

该区属亚热带湿润季风气候区，冬季受北部寒潮影响较弱，夏季受东南海洋季风影响显著，具有温和湿润的气候特征。每年东南季风有规律的进退造成干湿季节比较分明。每当寒潮过境，形成显著的降温现象，出现较大的气温变化。每年4至8月为雨季，以大雨或暴雨为主要降水形式。夏季易涝，春秋易旱。夏秋炎热，冬春寒冷少雪。无霜期长达292 ~ 331天，霜冻期少于68天。

(二)地质概况

1. 地形地貌

该段线路沿山间谷地边缘通过，地势北高南低，属于贵州高原斜坡带。沟谷较开阔平坦，多辟为水田，缓坡多垦为旱地，沟内有常年流水。线路两侧间有溶蚀残丘，基岩零星出露。

2. 地层岩性

车站地段上覆第四系多种成因的人工填筑土、块石土、黏土、淤泥、泥炭质黏土及粉质黏土等，下伏基岩为石炭系下统大塘阶上司段灰岩及旧司组二段炭质页岩及灰岩。

(1)人工填筑土(Q_4^{ml})：碎石土，灰色，中密，稍湿，碎石粒径2 ~ 5 cm，约占70% ~ 80%，石质为灰岩质，余为黏性土充填，厚1 ~ 3 m，为既有铁路路堤。

(2)块石土(Q_4^{col})：灰色，稍湿，中密，块石约占80% ~ 90%，石质为灰岩质，厚2 ~ 10 m，分布于CK351 +669 ~ CK351 +710，为灰岩崩塌堆积物。

(3)黏土(Q_4^{al+pl})：灰黄、黄褐色，软塑—硬塑状，夹植物根，厚0 ~ 1.5 m，局部2 m，分布于沿线地表，为软土硬壳。

(4)淤泥(Q_4^{al+pl})：灰、深灰、灰黑色，流塑状，局部为软塑状，质地细腻，污手，有臭味，夹少量腐殖物及透镜状淤泥质黏土，K351 +669 ~ K352 +690段厚0.5 ~ 2 m，K352 +690 ~ K353 +852段厚1 ~ 6 m。

(5)泥炭质土(Q_4^{al+pl})：灰黑、灰褐、黑褐色，流塑状，含腐殖物和尚未完全腐烂的树枝、树根，有臭味，污手，质较轻，具海绵状结构，厚1 ~ 6 m，夹透镜状淤泥质黏土，分布于K351 +669 ~ K352 +690段。

(6)灰岩(C_1d^2)：灰色、深灰色，厚层—块状，弱风化(W_2)，溶蚀轻微，细晶结构，岩质坚硬，岩体较完整，分布于K351 +669左90 m ~ K352 +100左325 m以外。

(7)炭质页岩、灰岩(C_1d^1)：灰岩为深灰色、灰色，薄—中厚层状，溶蚀轻微，含泥质成分，泥晶结构，岩体较完整，岩质较硬，弱风化(W_2)；炭质页岩为灰黑色，薄层夹中厚层状，岩质软，易风化，全风化带(W_4)呈土状，厚2 ~ 4 m，局部达6 m，强风化带(W_3)呈碎片状、角砾状，弱风化带(W_2)岩体较新鲜，岩质稍硬，分布于全段。

此外，在铁路两侧溶蚀残丘斜坡上，尚断续分布有一些厚度不大的坡残积的黏土和粉质黏土。

3. 水文地质

该段地下水可见第四系孔隙潜水、基岩裂隙水和岩溶裂隙水三种类型。

第四系孔隙潜水主要储存于坡残积和冲洪积黏性土中，一般水量较大，埋深 0.2 ~ 0.8 m，透水性差（渗透系数小于 10^{-6}cm/s）。

基岩裂隙水多发育于炭质页岩夹灰岩中，水量小，渗透性弱。

岩溶裂隙水主要发育在石炭系下统大塘阶上司段（C_1d^1）和旧司段（C_1d^2）的灰岩裂隙中。据调查，K351 + 770 右 126 m 山脚有一泉水露头，10 月份流量为 1.5 L/s，流量受季节影响较大，为地下水及大气降雨补给；K352 + 730 右 29 m 山脚有一泉眼，10 月份流量为 0.1 L/s，水量随季节动态变化明显。

由于上司段灰岩位于旧司段炭质页岩的上部斜坡地带，并富含岩溶裂隙水，其下伏旧司段之炭质页岩属隔水层（不透水层），上覆上司段灰岩中之裂隙水下渗至炭质页岩受阻而排泄地表或积聚于界面附近，从而使得炭质页岩风化层及其上覆土层长期处于浸水饱和和软化环境中，为软土的形成提供了必要的条件。

地下水经取样化验，水质属 HCO_3^-—Ca^{2+} 型，对混凝土无侵蚀性。

（三）软土形成原因及分布范围

1. 软土成因

该地段软土是特定地形地貌、地层岩性、地下水、地表水等自然条件长期综合作用的结果。

段内灰岩残积之红黏土经流水搬运沉积于沟谷底部形成淤泥、淤泥质黏土及软黏土。

炭质页岩、页岩等软质岩石风化带经长期剥蚀、侵蚀作用，在缓坡及沟谷中堆积了较厚的坡洪积、冲洪积黏性土、角砾土等。下伏炭质页岩为相对隔水层，第四系孔隙水排泄缓慢，形成饱和带，使上覆坡洪积、冲洪积的黏性土层和下伏炭质页岩风化带长期浸泡而软化、泥化，逐渐形成软土。

2. 软土分布范围

经地质综合勘察查明，软土分布范围为 K351 + 669 ~ K353 + 852，长 2.183 km，宽 10 ~ 51 m，呈条带状，厚 2 ~ 6.7 m（见图 4—13—1）。具体又可将软土分为两段：

（1）K351 + 669 ~ K352 + 690 段，表层硬壳厚 0 ~ 2 m，一般厚度为 0.5 ~ 1 m，为软塑—硬塑状黏土，其下伏有 0.5 ~ 2 m 厚的流塑状淤泥，再下为 1 ~ 6 m 厚的流塑状泥炭质土，软土总厚度为 2 ~ 6.7 m，泥炭质土最厚达 6 m。其中 K351 + 790 ~ K352 + 300 段，软土层最厚（左侧软土厚 5 ~ 6.7 m，右侧软土较薄，厚为 1.2 ~ 5.7 m），物理力学性质最差，致使本段路堤变形最严重，路堤沉降不止，抬道垫砟不断。左侧局部地段路肩外虽设桩加固处理，但挡砟墙仍开裂变形。

（2）K352 + 690 ~ K353 + 852 段，表层硬壳厚 0 ~ 2 m，一般厚度为 0.5 ~ 1 m，为软塑—硬塑状黏土，其下伏为 1 ~ 5.2 m 厚的流塑状淤泥，历年来因路堤沉降经常垫砟抬道处理，至今沉降尚未终止。

（四）地质综合勘察概况及软土测试指标统计分析

1. 地质综合勘察主要内容及工作量

地质勘察采用了工程地质调绘、工程钻探、静力触探试验、十字板剪切试验、室内土工试

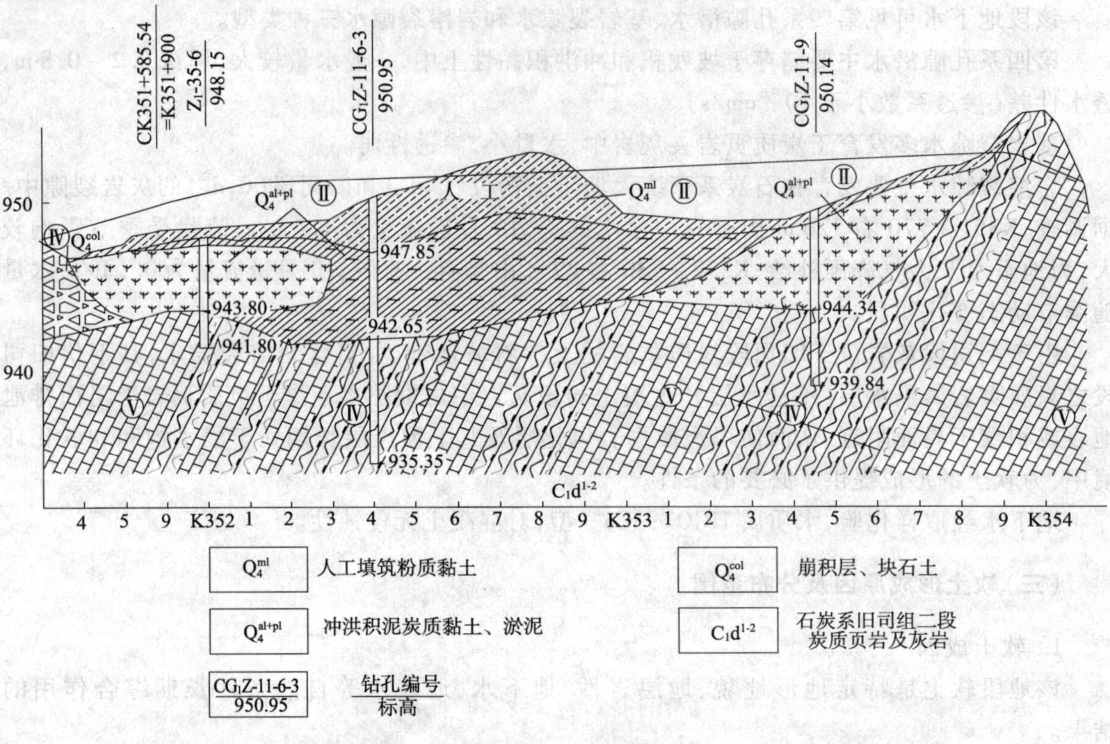

图 4—13—1　K351 + 600 ~ K354 + 000 软土路基工点纵断面示意图

验等多种手段相结合的方法。钻探共 33 孔，其中利用既有线前期勘察钻孔 24 孔，取土样 115 组，十字板剪切 8 孔，静力触探 12 孔。

2. 试验、测试成果统计分析

十字板剪切试验和静力触探试验成果分析见表 4—13—1 和表 4—13—2。淤泥质土和泥炭质土的室内试验结果亦经数理统计分析，分别得出平均值和标准值。

表 4—13—1　十字板剪切试验成果统计分析表

分析结果与项目		淤泥					泥炭质土				
		原状土强度（kPa）	修正强度（kPa）	承载力（kPa）	扰动强度（kPa）	灵敏度	原状土强度（kPa）	修正强度（kPa）	承载力（kPa）	扰动强度（kPa）	灵敏度
统计分析结果	样本数	13	13	13	13	13	47	47	47	47	47
	极小值	19	13.3	38.2	5	2.7	10	6	19.3	2	3
	极大值	40	28	96.6	15	4.2	19	11.4	83.3	5	6
	平均值	25.9	18.1	68.5	8.15	3.29	13.8	8.27	43.8	3.21	4.47
	标准差	6.06	4.24	16.7	2.88	0.45	2.48	1.49	15.8	0.93	0.7
	变异系数	0.23	0.23	0.24	0.35	0.14	0.18	0.18	0.36	0.29	0.16
	标准值	22.95	16.07	60.33	6.742	3.07	13.19	7.915	40.03	2.989	4.302

表 4—13—2　静力触探试验成果统计分析表

分析结果与项目	分析项目	(1)黏　土				(2)软　土				(3)黏　土				(4)黏　土			
		层厚(m)	平均阻力(kPa)	承载力(kPa)	压缩模量(MPa)	层厚(m)	平均阻力(kPa)	承载力(kPa)	压缩模量(MPa)	层厚(m)	平均阻力(kPa)	承载力(kPa)	压缩模量(MPa)	层厚(m)	平均阻力(kPa)	承载力(kPa)	压缩模量(MPa)
统计分析结果	样本数	1	1	1	1	11	11	11	11	7	7	7	7	11	11	11	11
	极小值	1.1	995	96	4.12	0.6	197	27	1.35	0.5	837	85	3.66	0.5	1755	138	5.93
	极大值	1.1	995	96	4.12	5.6	639	77	3.04	2	1323	115	5.01	3.7	12155	243	28.2
	平均值	1.1	995	96	4.12	2.99	374	47.1	2.08	1.16	997	95.4	4.11	1.44	3650	186	9.99
	标准差						131	14.8	0.5		204	12.7	0.57		2943	37.5	6.3
	变异系数						0.35	0.31	0.24		0.2	0.13	0.14		0.806	0.2	0.63
	标准值						302	38.9	1.81		885	88.4	3.8		2031	165	6.52

根据十字板剪切试验成果统计分析，淤泥的修正强度为 13 ~ 28 kPa，平均值为 18 kPa，标准值为 16 kPa；承载力为 38 ~ 97 kPa，平均值为 69 kPa，标准值为 60 kPa；灵敏度为 3；扰动强度仅 7 kPa。泥炭质土的修正强度为 6 ~ 11 kPa，平均值为 8 kPa，标准值为 8 kPa；承载力为 19 ~ 83 kPa，平均值为 44 kPa，标准值为 40 kPa；灵敏度为 4；扰动强度仅 3 kPa。

根据静力触探试验成果统计分析，淤泥或泥炭质土的承载力为 277 kPa，平均值为 47 kPa，标准值为 39 kPa。

室内试验成果统计分析结果如下：

淤泥质黏土：天然密度 1.69 g/cm^3，天然含水率 49%，天然孔隙比 1.33，液性指数 0.87，垂直压缩系数 1.33 MPa^{-1}。

淤泥：天然密度 1.47 g/cm^3，天然含水率 82%，天然孔隙比 2.12，液性指数 1.04，垂直压缩系数 2.14 MPa^{-1}。

泥炭质土：天然密度 1.21 g/cm^3，天然含水率 202%，天然孔隙比 4.61，液性指数 1.91，垂直压缩系数 5.69 MPa^{-1}。

（五）线位方案工程地质条件评价及比选

筹洞车站有两个线位方案即利用既有筹洞车站站位方案和新筹洞车站站位方案（即筹洞取直方案，见图 4—13—2）。

1. 利用既有筹洞车站站位方案工程地质条件评价

既有筹洞车站位于软土分布区内，软土主要由淤泥或泥炭质土组成，分布范围广，厚度较大，上覆硬壳薄，力学性质差，强度低，既有线软土病害长期危及线路安全，至今未获根治，若彻底、全面整治，势必工程浩大，投资猛增。

2. 新筹洞车站站位方案（即筹洞取直方案）工程地质条件评价

新筹洞车站站位方案（即筹洞取直方案），线路避开了既有筹洞车站附近的大范围软土区，仅 CK348 +960 ~ CK349 +037 及 CK349 +960 ~ CK350 +422 两段路基通过软土区边缘地带，其软土层较薄，单线路基通过工程处理比较容易。

但新建筹洞车站站位方案部分线路通过中厚层状灰岩夹页岩地段，地表溶蚀洼地、漏斗、

图 4—13—2　绕避筹洞软土站位平面示意图

落水洞等岩溶形态发育,存在岩溶地面塌陷问题。

本方案线路较利用既有筹洞车站方案略有缩短,基本避开了软土的危害,部分地段的岩溶地面塌陷问题可采用行之有效的注浆措施予以整治,故工程地质条件得到明显改善。

3. 线位方案比选意见

综合以上两方案工程地质条件评价,新筹洞车站站位方案绕避了危害本段线路的主要特殊地质问题,地质条件明显优于利用既有筹洞车站方案,故推荐采用新筹洞车站站位方案。

(六)路基工程处理

1. 填方路基下卧软土厚度小于 2.0 m 时,采取全部清除换填渗水土。当填方路基下卧软土厚度大于 2.0 m 时,可采用搅拌桩或打入桩加固处理,必要时在两侧设反压护道。

2. 挖方边坡应设桩板墙加强处理,并做好反滤层和泄水孔。

3. 局部软土地段为防止斜坡路堤横向滑动,彻底清除基底软土后挖台阶填筑,或在斜坡下侧设抗滑桩。

4. 对可溶岩分布地段,通过岩溶地面塌陷勘察,划分出有塌陷危害地段,采用地面钻孔注浆措施予以整治。

(七)结 束 语

1. 查明软土地区的工程地质条件,采用地质综合勘察手段是行之有效的方法,应充分发挥原位测试技术在软土勘察中的特长和优势。

2. 在复杂的地质环境及重大不良地质、特殊岩土地段,应坚持工程地质选线的原则不动摇,在这些地形困难、地层岩性复杂、地质构造发育、不良地质频发地区的线路方案比选中,工程地质条件往往起着控制作用,有时甚至是决定性因素。因此,应在充分重视工程地质条件的基础上,结合线路其他技术要求进行线路方案综合比选,并以此作为选线工作的宗旨。

3. 黔桂铁路扩能改造工程施工早已结束,目前正处运营中,本段路基至今稳定完好。实践证明,采用新筹洞车站站位方案和路基采取的工程处理措施都是成功的。

十四、内昆铁路荞酥厂软土路堤坍塌及处理

王茂靖

(一)工程概况

荞酥厂软土路基工点位于内昆线南段威宁北至威宁区间,起讫里程 $D_1K470+630\sim+690$,长度 60 m。该工点于 1999 年 8 月开工,2000 年 11 月底发现路堤右侧抗滑桩前出现裂缝,桩顶最大位移约 4.5 m,地面以上抗滑桩外倾约 30°。由于该工点施工工期紧迫,经方案比选之后,改为 3×32 m 桥梁通过。

(二)工程地质条件

1. 地形地貌

测区属高原剥蚀、侵蚀丘陵地貌,地势相对低洼,左高右低,地形较为平缓,地面横坡约 5°,原为威宁县荞酥厂厂区,内昆线开工建设后,厂区及宿舍已经整体撤迁,交通较为方便。

2. 地层岩性

区内地表上覆第四系坡洪积砂黏土、湖沼相沉积的淤泥质黏土、坡残积砂黏土,下伏基岩为石炭系下统大塘阶旧司段炭质页岩、页岩夹泥灰岩。

冲洪积砂黏土(Q_4^{dl+pl}):棕黄色,硬塑状,夹少许碎石角砾,厚度 0~2 m,分布于表层。

冲洪积淤泥质黏土(Q_4^{l+h}):灰黑、深灰色,软塑—流塑状,质轻,含腐质植物,呈透镜状,分布于 $D_1K470+630\sim+691$ 段洼地沟槽表层粉质黏土之下,厚度 0~10 m。

残坡积砂黏土(Q_4^{dl+el}):褐黄、灰黄色,硬塑,含少量碎石角砾,厚度 2~5 m,分布于斜坡上。

石炭系下统大塘阶旧司段炭质页岩夹泥灰岩(C_1dj):深灰、黑灰色,薄—中层状,炭质页岩质软,易风化,遇水极易软化。据钻探揭示,段内炭质页岩厚度大于 8.4 m,全风化带厚度 0~4 m,中等风化带厚度 0~3 m。泥灰岩岩质较为坚硬。

3. 地质构造及地震

区内无基岩露头,据临近产状量测,为单斜地层,下伏基岩产状 N60°W/38°NE。地震基本烈度为Ⅵ度。

4. 水文地质特征

区内地势低洼,地表汇水条件较好,$D_1K470+697$ 处沟槽常年流水,主要接受大气降雨及左侧基岩裂隙下降泉水补给。

地下水主要以第四系孔隙潜水为主,分布于低洼沟槽土层中,流向右侧。据钻孔勘探揭示,土层中地下水丰富,地下水位 0.5~1.0 m。据采取水样分析,地表水对混凝土无侵蚀性。

(三)原设计概况

勘察期间因受厂区房屋、电线干扰,只在 $D_1K470+628.8$ 处线路中心施钻 1 孔,揭示上覆 4.5 m 砂黏土,下伏石炭系下统大塘阶炭质页岩夹泥灰岩,未发现软土,设计按一般填土路堤通过,最大填方高度 8~11 m,基床设 0.2 m 厚中粗砂夹一层土工布处理,边坡设骨架内种草

籽护坡。

(四)病害特征及工程处理

病害发生后，铁二院及时组织进场补充勘探，发现 $D_1K470+630\sim+690$ 段左侧宽度50 m、右侧宽度大于100 m的范围内有软土分布，厚度0～9 m，软土基床坡度10°～15°，上覆砂黏土1.5 m，下伏炭质页岩夹泥灰岩。在补勘基础上，设计及时变更为振动沉管碎石桩加固地基，桩径0.8 m，桩间距1.8 m，碎石桩打入下伏基岩风化层不少于1 m，加固范围为两侧各22 m。碎石桩于1999年10月开始施工，2000年1月碎石桩尚余50%未施工，即开始填土加载。2000年4月，部分填土已经高达6～7 m，碎石桩尚余20%未施作。2000年4月29日，已填筑路堤坡脚出现鼓胀裂缝，故再次变更设计，即右侧增设10根抗滑桩，间距6 m，截面1.5 m×2.75 m，桩长22.5 m。

抗滑桩于2000年6月施工，至10月22日完成。11月20日开始填土，至11月28日填至设计高程，总填土高度达到8 m。

2000年11月28日下午发现3号～7号桩产生偏斜，其中5号桩偏移最大为0.89 m。11月29日5号桩偏移达1.36 m，桩前5 m范围内地表隆起，左侧坡脚外4 m出现鼓胀裂缝，地表隆起，中线未见明显偏移，仅表现为路堤整体下沉0.5～1 m。至12月16日，变形进一步加剧，其中5号桩顶偏移4.5 m，仅余1号、10号桩未动，中线两侧路堤坡脚外5 m范围内地表隆起1 m之高，剪切裂缝密集，裂缝可见深度为0.5～1 m，路堤整体下沉1～2 m，中线向右偏移0.5～1 m。从路堤变形和抗滑桩位移观察，实际上填土及其下的复合地基土已经沿下伏基岩界面产生滑动，滑坡体沿线路宽61 m、长58 m，滑体厚度约22 m。

针对已形成的软土路堤滑坡，研究了病害整治及路基改桥两个方案。由于内昆铁路施工工期紧张，为满足工期需要并使工程施工、运营安全、可靠，推荐路基改桥方案。经铁道部工程设计鉴定中心审查，同意改为3×32 m桥通过此段软土工点。

(五)病害原因分析

1. 地勘工作没有查清软土情况，设计存在明显缺陷

勘测期间，由于荞酥厂尚未拆迁，受厂房干扰，无条件进行较多勘探，未能查明工点的软土分布情况，设计以一般路基通过。

根据补勘资料，$D_1K470+630\sim+691$ 段发育厚0～10 m的灰黑色、软塑—流塑状淤泥质黏土，软土基底横坡10°～15°。设计采用振动碎石桩进行地基加固，但忽视了软土基底横向斜坡的不稳定因素，而碎石桩并不能有效约束软土地基沿横坡产生的侧向变形和位移，故设计也存在明显缺陷。

2. 施工作业不规范，抗滑桩质量存在缺陷

施工单位在碎石桩还未完全施作完成就进行填筑，使复合地基强度在没有达到设计要求前即发生破坏；施工未按设计文件要求在填方基底铺设0.5 m厚砂垫层及土工格栅；碎石桩施工后也未进行碎石桩桩体密实度及复合地基承载力检测。

路堤发生下沉开裂后，随即进行了清方减载，同时在右侧坡脚增设10根抗滑桩。当抗滑桩尚未完全施作完成的情况下，又开始路堤填筑，且采用集中堆载的方式，由一端向中间推进。这种过快的集中加载(8天填筑高度为8 m)，最初表现为沉降、两侧坡脚隆起，后期沉积加剧，并出现向右侧滑移，抗滑桩倾斜。加之土工格栅及砂垫层施作不规范，作用于碎石桩的

力相对较大，且来不及传递给四周软土，四周软土也未能提高强度对碎石桩提供有效约束，碎石桩很快被压碎。

根据施工单位反映，抗滑桩开挖过程中曾出现涌泥现象，部分地基碎石桩间软土已经流失，从而导致碎石桩压溃和地基过量沉降。

从抗滑桩顶倾斜30°的变形及滑坡形成后，抗滑桩顶下8 m处已被推断，抗滑桩出现弯拉破坏。检查设计受力分析，抗滑桩设计能力是满足要求的，说明抗滑桩质量存在缺陷。根据病害调查，抗滑桩长度及钢筋数量未能完全按设计施作，抗滑桩存在严重质量问题，这也是导致路堤坍滑的主要原因。

（六）经验教训

内昆线荞酥厂软土路基工点在勘察设计、施工过程中，经过多次变更设计，耽误了施工工期，增加了投资，其经验教训值得总结。

1. 作为软土地基下卧层的石炭系下统大塘阶旧司段炭质页岩夹泥灰岩地层，其强烈风化带一般呈土状，饱水后力学强度大大降低，更加大了软土地基的复杂性，在今后勘察中，对此应引起重视。

2. 设计中对软土基底横坡未引起重视，采取震动碎石桩加固软基，尽管可以提高复合地基承载力，但没有采取有效的横向约束措施，产生了较大的侧向位移，因此，设计存在明显缺陷。对存在一定斜坡的软土地基，应采取提高地基承载力和加强横向约束加固的综合整治措施。

3. 软土路堤工点的施工必须是在软土地基处理加固完成之后，才能实施路堤的填筑，且填筑还必须分层进行，并根据填土的沉降及位移量严格控制填土速率，切忌用短时、集中加载的堆填方式进行填筑；软土路堤的设计对填筑方式、速率等，亦应提出明确、详细的要求。

十五、内昆铁路特殊及不良地质问题的路基工程技术

魏永幸　周　成

（一）引　　言

内昆铁路水富至梅花山段自云南省天然气化工厂专用线水富车站出站后，溯横江而上，向南延伸，经盐津、大关、彝良县、昭通市，于贵州省威宁县的中水乡进入贵州省威宁县至贵昆铁路上的梅花山车站接轨，线路长357.6 km，桥、隧长189.8 km，站场及区间路基总长167.8 km，其中区间路基长137.3 km。沿线地形、地质复杂，特殊地质和不良地质（如岩堆、顺层、斜坡软土、危岩落石、滑坡、山坡型泥石流及陡坡路基、滨河路基）分布广，工程特性差。本段有岩堆65处，其中路基地段岩堆53处，长度达19 km。斜坡软土的成因、分布、特性均具有特殊性，路基工程十分艰巨。本段复杂路基及特殊路基工点见表4—15—1和表4—15—2。内昆铁路已于2001年9月建成通车，路基工程设计经施工检验，针对复杂地形地质条件所采取的措施是有效的。本文结合典型工程实例，重点介绍岩堆、顺层、斜坡软土等特殊、不良地质及其路基工程技术。

表 4—15—1 复杂路基工点一览表

路基工点名称	处数	累计长度(m)	备注
滑坡	17	2 967	
岩堆	53	19 000	
危岩落石	13	3 504	
软土	27	5 905	
膨胀土	1	7 953	
岩溶坍陷		50 000	
小煤窑采空区	5	880	
陡坡路基	165	21 655	
滨河路基	29	4 819	
高路堤	20	2 196	
深路堑	51	4 183	
顺层	9	1 117	

表 4—15—2 特殊路基工程一览表

路基工程名称	处数	单位	数量	备注
抗滑桩	16	根	439	
桩板墙	12	根/m	175/1 274	
桩基托梁挡土墙	97	根/m	1 438/8 641	
桩间挡土墙	63	根/m	25/5 687	
桩间土钉墙	8	根/m	113/659	
锚索桩	3	根/m	63/1 381	
锚索	5	孔	392	
土钉墙	1	m	101	
锚杆墙	1	m	60	
加筋土挡土墙	7	m	1 457	
塑料插板	18	延 m	3 297 299	
旋喷桩	2	延 m	16 730	
碎石桩	8	延 m	238 437	
锚索桩基托梁	1	根/m	14/84	
岩溶注浆		延 m	15 000	
喷植草混凝土	1	m^2/m	4 975/165	
布鲁克 SNS 防护网	3	m^2/m	4 147/726	

(二)岩　堆

1. 岩堆分布及其特征

岩堆主要分布在水富至曾家坪子中低山河谷地段,其余地段零星分布。岩堆轴向长 50 ~ 1 000 m,宽 100 ~ 2 000 m,厚 5 ~ 60 m,岩堆体积 10 万 ~ 4 000 万 m^3。岩堆物质成分复杂,块石含量 70% ~ 90%，但个别岩堆局部砂黏土含量较大。岩堆紧密程度因母岩岩性不同及形成年代长短而不同，碳酸岩类岩堆多呈半胶结状，碎屑岩类岩堆则相对松散。岩堆地段贯彻"宁填勿挖"的指导思想，部分地段外移设桥，如小关溪岩堆。

2. 岩堆地段路基工程对策

路基设计根据岩堆的成因、物质组成及松散程度、地下水活动情况、岩堆床的性质及横坡，分析岩堆的整体稳定性，选择相应的工程措施。路基工程施工后，岩堆体整体稳定，一般稳定系数不小于 1.25，大型岩堆的稳定系数不小于 1.05 ~ 1.15，确保了路基边坡的稳定和施工安全。

结合路基工程进行岩堆稳定加固时，一般采用桩板墙、桩基托梁挡土墙和桩间挡土墙。

针对路堑开挖边坡的稳定性和施工安全，根据岩堆体物质的松散、紧密程度，确定和控制重力式挡土墙高度一般不超过 8 m，边坡高度较高时，一般采用分层稳定和锚固桩坡脚预加固的措施。

岩堆表层一般较为松散，基础置于岩堆中的路肩挡土墙，其墙高控制一般不超过 8 m，基础埋深不小于 2 m；高度大于 8 m 且地形较平缓时，一般采用加筋土挡土墙，地形较陡时则加强挡土墙基础处理，设置扩大基础或桩基托梁基础。

对于松散岩堆，一般采用重锤夯实加固地基。

3. 典型岩堆路基工点

(1) DK166 + 650 ~ DK166 + 806 岩堆路堑：段内上覆坡崩积块石土，厚 15 m，路堑最大切坡高度 12 m，线路右侧 20 m 为公路。路基设计采用先加固后开挖技术，线路右侧设一排共 25 根锚固桩，桩前安装挡土板。设计要求先施工桩，再分层开挖桩前土体和安装挡土板，该工程施工顺利。

(2) DK167 + 200 ~ DK167 + 545 岩堆路堑：段内上覆坡崩积块石土，厚 2 ~ 10 m，路堑切坡高度 0 ~ 8 m，线路右侧 20 m 为公路。线路右侧设路堑挡土墙，要求分段开挖，及时施作。路堑开挖后发现地下水发育，渗水严重，岩土体含水量大，变更设计增设边坡支撑渗沟，调整挡土墙设计参数，加强基床处理；变更设计工程未及全部实施，DK167 + 260 ~ DK167 + 285 段再次坍塌，并牵引上方公路下沉，变更设计增设抗滑桩板墙（抗滑桩 7 根）。本工程勘测时未查明地下水情况，致使原设计工程偏弱，加之挡土墙施工未按设计要求"分段开挖，及时施作"，是造成工程病害的原因。

(3) DK203 + 500 ~ DK203 + 700 岩堆路堑：段内上覆坡崩积块石土，厚 8 ~ 10 m，岩堆床较平缓，路堑切坡高度 15 m。施工图设计左侧设挡土墙和护坡，要求"上下分层，纵向分段，分段分层开挖，及时挡护"。工程严格按设计要求施工，施工顺利。

(4) 大关车站路堤滑坡：大关车站位于巨型岩堆体上，岩堆物质为块石土、砂黏土，层次不稳定。路堤设计分别采用了加筋土柔性挡土墙、桩基托梁挡土墙、控制路肩挡土墙高度不超过 8 m、渗沟排除地下水等技术；路堑切坡高度大于 8 m 采用锚固桩预加固后再开挖、切坡高度小于 8 m 分段施作挡土墙，并在边坡设置支撑渗沟排水。施工中出现三处路堤变形和一处路堑滑坡等病害。其中三处路堤变形具有相同的变形特征，路堤填方至一定高度（6、8、12 m）后路堤开始出现下沉，紧接着路基面出现开裂。前两处经及时清方减载，使变形得到有效抑制，后一处为加筋土挡土墙（双级，总高度 12 m），在加筋土挡土墙出现下沉后，路基面出现开裂，同时坡脚外 10 ~ 20 m 斜坡坡面出现鼓胀变形，采取非加筋土区域减载 3 m，打临时降水孔后变形趋缓，半月后才趋于稳定。分析上述路堤变形的原因，岩堆中不均匀分布的砂黏土加上丰富地下水作用，形成不均匀分布的软弱层，路堤加载，地基产生竖向压密变形的同时产生横向变形,遇软弱层,横向变形不能有效约束,地基横向变形范围逐渐加大,最后产生地基破坏。上述三处路堤均采用抗滑桩限制地基土体横向变形。岩堆地基填方工程,应查明岩堆物质成分,特别要查清岩堆地下水和岩堆体内有无软弱夹层情况,分析填方加载是否会引起岩堆地基沿软弱层面发生变形,必要时采取限制其变形的侧向约束措施。

4. 小　　结

(1)岩堆地段挖方,根据边坡高度、岩堆物质成分,采取先加固再开挖、边加固边开挖的技术,保证施工期间的安全和路基边坡稳定,是必要和有效的。

(2)对路堤加载引起岩堆地基变形应予以高度重视,岩堆地基填方工程,应查明岩堆地基物质成分,特别要查清岩堆地下水和岩堆体内有无软弱夹层情况。

(三)顺　　层

1. 顺层分布及其特征

顺层主要分布在小儿坪—沙沙坡和曾家坪子—彝良段,其余地段零星分布。岩层为砂岩夹页岩、灰岩夹页岩、灰岩夹泥灰岩。顺层地段贯彻了"控制切坡高度"、"宁做下挡,勿做上挡"的指导思想,尽量减少顺层地段挖方边坡高度,如黄连坡出口到普洱车站段,线路外移,设下挡或桥,该段施工顺利,顺层坍滑病害不大。

2. 顺层地段路基工程对策

设计根据岩层走向与线路夹角、岩层倾角及层间物质的力学性质,以及岩体节理发育程度、风化破碎程度、地下水是否发育等因素,结合场区既有人工边坡情况,分别或综合采取顺层清方、设抗滑挡土墙、锚固桩、锚索桩、锚索等措施。岩层走向与线路夹角小于30°、倾角在10°~40°、层间有软弱夹层时,一般设抗滑支挡建筑。边坡较低时设抗滑挡土墙,抗滑挡土墙高度一般不超过8 m;边坡较高时采用锚固桩坡脚预加固。顺层下滑力大时,采用锚索桩或锚固桩和坡面锚索组合支挡。

3. 典型路基工点

(1)DK155+015~DK155+288,线路以路堑通过一斜坡中、下部,最大切坡高度18 m。段内岩层为侏罗系泥岩夹砂岩、泥岩为主,岩层走向与线路夹角15°,倾角18°。设计采用锚固桩预加固技术,线路右侧设计一排预加固桩,共43根(其两端共6根为锚固桩,其余为锚索桩,截面均为1.5 m×2 m);桩间设土钉墙;设计要求先施工桩,再分层开挖及时施作土钉墙。

(2)DK229+190~DK229+280,线路以路堑通过一斜坡中、下部最大切坡高度18 m。段内岩层为页岩夹砂岩、泥灰岩,薄、中厚层状,岩层走向与线路夹角5°~30°,倾角34°。工程措施:坡脚设9根锚固桩,截面2 m×3 m;坡面设25孔E6-6型锚索。

4. 小　　结

对不能顺层清方的顺层路堑,应采取预加固后再开挖的技术。

(四)斜坡软土

1. 斜坡软土分布及形成原因

内昆铁路老锅厂至李子沟段,长约10 km,线路沿李子沟左岸大斜坡中部行进,该段大部分为斜坡、台地,局部为横向凸起的山梁,在部分台地和凸起的山梁上,以及局部洼地、沟谷中,有不连续的软土分布。此类软土的分布、成因和工程特性均与海相、湖相沉积的软土不同,被称为"坡残积型、坡洪积型、溶蚀洼地型斜坡软土",简称"斜坡软土"。

斜坡、台地以及凸起的山梁上分布的软土，究其形成原因，是本段特殊的地貌、地层岩性与结构和水文地质条件决定的。由于软硬岩层相间和差异性风化剥蚀的结果，形成陡缓相间的特殊地貌，而斜坡后缘由灰岩形成的陡坡、陡崖中有丰富的岩溶水，岩溶水在陡坡、陡崖坡脚一带排泄，其排泄路径遇覆盖平缓斜坡的黏性土或其下伏的炭质页岩阻碍，造成平缓斜坡覆盖土和炭质页岩滞水，覆盖土及炭质页岩经地下水长期浸泡，遂形成软土。

2. 斜坡软土特性

(1)物理力学性质：斜坡软土的天然含水量小于液限或接近液限，有机质含量较高，空隙比较大，天然快剪强度较低，压缩性较高。

(2)分布不均匀性和隐蔽性：斜坡软土分布很不均匀，平面范围和厚度不连续，软土分布范围在李子沟大斜坡上，时断时续，成块不成片，厚度变化大；颜色、成分各处不一，差异很大，有软黏土、淤泥质土，也有黑色泥炭质土。

(3)兼具膨胀性：本段部分地段斜坡软土还具有膨胀性，但自由膨胀率差异较大，主要为局部泥岩风化物。

(4)流滑性：本段斜坡软土还具有流滑性，自然斜坡上有表层蠕滑现象和地表浅层滑坡。

3. 斜坡软土路基工程对策

(1)避免以路堑通过：由于本段斜坡软土具有流滑性，因此铁路选线应尽量避免以路堑通过。如以路堑通过，则必须采取先加固后开挖的措施。

(2)路堤地基加固与侧向约束：本段“斜坡软土”基底具有一定横向坡度，存在沿软土基底整体滑动的可能，除对路堤地基加固外，尚需在坡脚设置抗滑桩进行侧向约束。

(3)加强地表和地下排水。

4. 典型工程实例

(1)李子沟软土路堑工程：DK44 + 800 ~ DK441 + 100，线路以挖方通过一台地，挖深 6 ~ 10 m，地表覆盖砂黏土，厚 2 ~ 4 m，其下为淤泥和淤泥质黏土夹块碎石，厚达 25 m，其分布呈带状，路肩上、下均为软土。路基工程面临两个问题：一是右侧边坡为软土，开挖必然引起边坡失稳；二是路堑基床为软土，承载力不能满足要求。工程措施：右侧设一排锚固桩，共 56 根；桩后 6 ~ 8 m 和桩前 4 m 采用旋喷注浆加固；路堑基床采用碎石桩加固。局部为滑坡，右侧 50 m 处增设第二排桩共 11 根。

(2)李子沟软土路基：DK440 + 500 ~ DK440 + 600，线路以填方通过一平缓槽谷，地面横坡 1:5，左低右高，路堤中心填高 15 m，左侧路堤边坡高度 18 m，槽谷表层 3 ~ 5 m 为软土。工程措施：地基采用碎石桩加固，左侧坡脚采用抗滑桩侧向约束，上方一侧坡脚设置盲沟截排地下水。

5. 小　　结

(1)对斜坡软土的形成原因和分布的不均匀性应引起高度重视，勘察中应多采取挖探，结合钻探、原位测试和室内试验，查明其分布、基底形态和工程特性。

(2)软土路堑应采取先加固后开挖技术，高压旋喷桩效果好；斜坡软土路堤应优先采取侧向约束措施。

(五)滑　　坡

1. 滑坡概况

全线滑坡共 17 处，根据滑坡地形、地貌、成因、滑体厚度、地表水及地下水活动规律，结合线路通过的位置和形式以及滑面 c、φ 值分析对铁路的危害，分别或综合采用清方减载、填土反压、抗滑桩、锚索并结合地表排水工程进行整治。滑坡及其整治工程措施见表4—15—3。

表4—15—3 滑坡及其整治工程一览表

序号	滑坡名称	起讫里程	工程措施
1	水富车站路堑滑坡	$D_1K142+782$ ~ DK142 +998	抗滑桩
2	水富车站路堤滑坡	$D_1K143+160$ ~ +476	结合填方边坡加固设桩基托梁挡土墙
3	两碗滑坡	DK171 +550 ~ +730	双排抗滑桩、地表排水
4	大田口滑坡	DK195 +812 ~ $D_1K196+026$	抗滑桩、地表排水
5	二坪子滑坡	DK196 +339 ~ +492	清方减载、地表排水
6	滩头滑坡	DK187 +700 ~ DK188 +200	抗滑桩、锚索、地表排水、河岸防护
7	黄芽坝滑坡	$D_1K229+730$ ~ +830	清方减载、坡脚反压
8	盐津南滑坡	$D_1K210+240$ ~ +680	清方减载、地表排水
9	DK334滑坡	DK334 +161 ~ +205	抗滑桩
10	大梨园滑坡	DK388 +074 ~ +184	抗滑桩、坡脚反压、地表排水
11	花土坡滑坡	DK394 +110 ~ +380	抗滑桩、地表排水、河岸防护
12	罗嗦沟滑坡	DK425 +469 ~ +585	双排抗滑桩、地表排水
13	李子沟滑坡	DK440 +823 ~ +940	抗滑桩、地表排水
14	龙王庙滑坡	DK470 +278 ~ +540	抗滑桩、地表排水
15	威宁滑坡	$D_2K474+984$ ~ DK475 +170	抗滑桩、地表排水
16	高家湾滑坡	DK448 +600 ~ +710	抗滑桩
17	DK511滑坡	DK511 +995 ~ DK512 +294	清方

2. 典型滑坡工程实例

(1)水富车站路堑滑坡:DK142 +787 ~ DK142 +940,滑坡主轴长150 ~ 200 m,宽200 ~ 250 m,厚8 ~ 10 m,滑坡前缘在路肩处,既有路堑挡土墙下部1/3 ~ 1/2有多条裂纹;滑体上民房有开裂现象。工程措施:在既有路堑挡土墙前设一排抗滑桩,共30根;既有路堑挡土墙上钻凿泄水孔;滑坡后缘设截水沟。

(2)水富车站路堤滑坡:DK143 +164 ~ DK143 +476,为既有路堤滑坡,滑坡发生于1993年,曾设计42根抗滑桩,但实际施工29根。内昆铁路水富车站扩建,靠外侧需加宽6 ~ 8 m。对既有抗滑桩无损检测结果:除8根完好外,其余均有不同程度缺陷。利用完好的既有桩,设计一排共40根抗滑桩,桩间安装挡土板。

(3)滩头车站滑坡:DK187 +700 ~ DK188 +200,系巨型顺层古滑坡,主轴长720 m,宽300 ~ 500 m,厚10 ~ 55 m。区内出露岩层为侏罗系香溪群砂岩夹页岩,倾向横江,受河水冲刷和地震作用,产生顺层滑动。据钻探和三个探井揭示,该滑坡存在一个滑动面,滑动面为碳质页岩,呈单斜状,直插横江江底;横江河床距滑面24 ~ 17.5 m,但由于后期河水冲刷和重新堆积,河床距滑面仅7.35 m。经分析,在不利情况下,存在滑坡剪断前缘岩体滑出的可能性,故采取如下加固措施:

①线路右侧设一排抗滑桩,共69根,桩嵌入滑面以下10 ~ 12 m,部分地段桩顶伸出地面2 ~ 4 m,桩间安装挡土板,兼顾地表浅层次生滑坡整治;

②滑坡后缘和滑坡中、后部设截排水沟。

3. 小　　结

(1)滑坡整治应本着“一次根治,不留后患”和因地制宜的原则,采取快速有效的工程措施。

(2)抗滑桩具有布置灵活、施工技术简单、对滑坡扰动小等明显优点,是抗滑支挡的首选方案;地表排水对改善滑坡地质环境可起到十分重要的作用。

(六)其　　他

1. 膨胀土路基

本线膨胀土集中于昭通—昭通南、仙水—迤那及威宁北—威宁区间,为弱—中膨胀土,累计长度7.9 km。路堑边坡高度一般控制在15 m以下,采用矮挡墙、宽平台、缓边坡、加强排水的设计原则,一般在路堑坡脚设2~4 m高挡土墙,边坡小于5 m采用种草籽防护,大于5m采用浆砌片石截水骨架内种草防护,边坡高度大于8 m或地下水发育地段,增设边坡支撑渗沟,必要时坡脚设锚固桩加固。如DK380+800~980龙汛膨胀土深路堑左侧边坡高15 m,为保证边坡稳定,采用锚固桩坡脚预加固,设桩间挡土墙;邓家营出口段膨胀土长拉槽,边坡高8~10 m,坡脚设4 m高挡土墙,边坡设支撑渗沟。路堤地段尽量不用膨胀土作填料,对膨胀土路堤,一般高度控制在10 m以下,并加强边坡防护,边坡高度小于3 m,采用种草籽防护,大于3 m采用土工网边坡加筋坡面种草籽。DK416+200~DK416+325为膨胀土高路堤,边坡高度最大18 m,边坡采用多层土工格栅加筋,坡面采用三维植被网防护。

2. 崩塌和落石

对规模大、危害严重、难以整治的崩塌和落石,采取绕避措施,如三仙、黄连坡、黄水河、温家店隧道,均是为绕避崩塌和落石而增设。全线绕避大型崩塌落石4处,对线路有影响的危岩落石13处,根据危岩落石的来源、块径大小、危害程度以及地形等条件,分别或综合采用清除零星危石、嵌补支撑危岩、设拦石墙、落石槽、钢轨栅栏、布鲁克SNS柔性防护网等拦挡建筑物。全线危岩落石工点及处理措施见表4—15—4。

表4—15—4　危岩落石整治工程一览表

序号	起 讫 里 程	工 程 措 施	备　　注
1	D_2K159+994~D_2K160+200	清除、嵌补	
2	D_2K185+835~D_2K186+100	清除、布鲁克SNS防护网、落石槽	
3	D_1K205+650~D_1K206+196	清除、布鲁克SNS防护网	
4	D_1K206+880~+920	清除、嵌补	
5	D_1K213+330~+348	支撑	
6	D_1K225+680~+750	清除、嵌补	
7	D_2K250+460~+580	清除、嵌补	
8	D_2K251+025~+235	清除、嵌补	
9	DK264+570~+640	清除、嵌补	
10	DK388+300~+400	钢轨栅栏、落石槽	
11	DK388+450~+750	钢轨栅栏、落石槽	
12	DK465+880~DK466+100	清除、钢轨栅栏	
13	DK510+132~+160	拦石墙	

（七）结 束 语

内昆铁路地形地质复杂，在施工中发现一些新的问题，其中岩堆地段路堤由于岩堆体存在不均匀分布黏性土，在地下水作用下，即形成软弱面，路堤加载引起地基变形和软土路堤加载过快引起路堤失稳的问题较为突出，应引起高度重视，值得深入总结和研究。总体讲，针对内昆线特殊地质问题而采用的路基工程技术是有效和成功的。

十六、内昆铁路李子沟“斜坡软土”特性及路基工程对策

魏永幸

（一）引　　言

内昆铁路老锅厂至李子沟段，长约10 km，线路沿李子沟左岸大斜坡中部行进。该段大部分斜坡和部分斜坡上凸起的垄岗或台地上，以及斜坡上的洼地、沟谷中，分布有不连续的软土。因其分布、成因、工程特性均与海相、湖相沉积的软土不同，被称为“坡残积型、坡洪积型、溶蚀洼地型斜坡软土”，简称“斜坡软土”。铁二院在勘察和施工的复查、补勘中，前后共完成试坑340 m/99个，钻探2 170.56 m/182孔，静力触探451.6 m/105孔，地质横断面12 075 m/31条，物探断面4 135 m/19条，土工试验95组，水质分析17组，基本查明了本段软土的分布、成因、特性。本文就内昆铁路李子沟“斜坡软土”的特性作一介绍，分析和研究其对路基工程的影响，并提出相应的工程对策。

（二）地质环境

1. 地形地貌

本段线路位于贵州省威宁县境内，线路左侧1～2 km为李子沟。李子沟为本区侵蚀基准面，其海拔高程2 000～2 080 m；线路所经地段属高原中山溶丘洼地垄岗谷地区，斜坡地形相对平缓开阔，起伏较小，自然坡度10°～30°，局部形成陡坡、陡崖，并时有凸起的垄岗、台地和洼地、沟槽分布，海拔高程2 130～2 340 m，相对高差100～200 m。段内植被较好，部分垦为旱地，地势低洼处多长有低矮灌木和喜水杂草。

2. 地　　质

本段地层单一，上覆第四系坡残积、坡洪积黏土、砂黏土，硬塑—软塑，局部流塑；下伏石炭系下统大塘阶灰岩、泥质灰岩、页岩，其中旧司段为灰岩与页岩、炭质页岩互层，并夹薄煤，炭质页岩岩质软弱，风化极严重带1～5 m，局部厚达30～40 m。

3. 气象及水文地质

区内属高原气候，冬季寒冷多雾，夏季凉爽多风，年平均气温10 ℃～13 ℃，平均降雨量738.2～960.6 mm，雨季集中在6～10月。小区域气候表现为一年四季多雾，冬季尤甚，经常是久雾不散。

区内地下水主要为第四系孔隙水及基岩裂隙水，次为岩溶水。孔隙水由大气降水补给，排泄方式以大气蒸发或呈片状渗出，低洼处多见湿地。基岩裂隙水富存于灰岩及泥质灰岩中，水量中等，其储水条件差，地下水不发育但分布较普遍，在陡缓交界处多呈浸润状出露。

段内碳酸盐岩广泛分布于高原面上，在线路右侧构成李子沟大斜坡后缘的陡崖或陡坡，富集有较丰富的岩溶水。旧司段炭质页岩层位在碳酸盐岩之下，其岩性软弱，长期受自然营力的作用，风化、剥蚀，故在陡崖、陡坡之下形成开阔和缓的大斜坡。高原面上部的岩溶水运移至相对隔水的炭质页岩，径路受阻，往往于陡崖、陡坡的坡脚或靠近坡脚的缓坡上，以泉或湿地形式排泄，岩溶水既是炭质页岩裂隙水的补给来源，又是斜坡上第四系覆盖土孔隙水的补给来源。宽缓的大斜坡的覆盖土和炭质页岩，受岩性和地形的限制，往往只能滞水而难于排泄，于是相对聚集，形成较丰富的孔隙水和裂隙水。

（三）软土成因

整个大斜坡地带长期接受高原面上碳酸盐岩岩溶水和大气降水的补给渗入而又难于排泄，使大斜坡上坡残积和坡洪积成因的覆土及其下伏的大塘阶旧司段碳质页岩、页岩长期浸水软化，经历漫长的地质年代，遂在不同地段形成厚度不一的软土。软土的分布和厚度往往取决于覆土下碳质页岩、页岩的分布，碳质页岩、页岩分布集中处软土分布亦较集中，且厚度相对较大。

（四）软土特性

1. 分布不均匀性和隐蔽性

本段软土分布具有不均匀性，平面范围和厚度均不连续，软土分布范围在李子沟大斜坡上，时断时续，成块不成片；软土厚度变化大，一般 1 ~ 7 m，最厚达 25 m 以上。另外，由于组成物质来源不同，软土颜色、成分上各处不一，差异很大，有棕黄色软黏土，灰黑色、灰白色淤泥质土，也有黑色泥炭质土。软土成分复杂，土质不纯，既有经过搬运的混有较多碎石、角砾、局部混有块石的黏土、砂黏土，也有未经搬运的残积土，残积土尚保持母岩的结构和碎屑。

本段软土除局部分布于洼地、沟谷，地表多有湿地并长有喜水杂草、易于发现外，其余大部分则分布于斜坡坡面之下，更有分布于斜坡上凸起的垅岗、台地之下，且地表均有硬壳层，多长有灌木，植被较好，大部分地段钻探取出岩心风干后可见明显层理，颜色呈一致的灰黑色，与炭质页岩全风化带区分困难，但饱水时则已属泥炭质土。

2. 物理力学性质

软土土工试验结果：天然含水量小于液限或接近液限；有机质含量较高，一般在 4% ~ 10%，个别可达 21% ~ 31%；空隙比较大，一般 $e = 1.0 \sim 1.5$，个别可达 3.092；天然快剪强度较高，一般 $c = 10 \sim 20$ kPa，最高可达 31.2 kPa，$\varphi = 5° \sim 12°$；压缩性较高，压缩系数 $a = 0.52 \sim 1.2\ \text{MPa}^{-1}$，个别达 $2.67\ \text{MPa}^{-1}$。

另外，静力触探贯入阻力 P_s 一般为 500 ~ 700 kPa，局部地段仅 200 ~ 400 kPa。

3. 膨 胀 性

本段部分地段软土具有膨胀性，但自由膨胀率差异较大，主要为局部页岩风化物。

4. 流 滑 性

本段软土还具有流滑性，两处自然斜坡上有表层蠕滑现象，斜坡上分布许多小裂缝，地表形成微台阶。此外，弃渣引起三处浅层滑坡。三处滑坡均为舌状滑坡，宽度较窄（10 ~ 15 m），但长度大（50 ~ 80 m）、滑体薄（3 ~ 5 m）。滑坡均因弃渣加载，引起浅层地基破坏和斜坡浅层土体蠕变，最后形成滑坡。

另外，某大桥 2 号墩承台基坑开挖，坑深仅 1.5 ~ 2.0 m，即引起靠山侧 60 m 范围内的缓坡地表浅层蠕变，初时在承台基坑内可见明显变形，后变形继续发展，承台下2~5 m已开挖的桩井井壁出现变形，井壁错位最大达0.3 m。

(五)工程对策

1. 避免以路堑通过

由于本段斜坡软土具有流滑性，即使低矮路堑开挖形成不高的临空面，也会引起堑坡变形，故应采取高压旋喷注浆或抗滑桩预加固。如路堑基底是软土，尚需进行加固，工程投资较高。因此，铁路选线应尽量避免以路堑通过。若以路堑通过，则必须采取先加固后开挖措施。

2. 路堤地基加固与侧向约束

本段"斜坡软土"除具有一般软土的特点外，软土底部还具有一定横向坡度，路堤较高时除存在圆弧滑动可能外，尚存在沿软土底部整体滑动的可能，故除应对路堤地基进行加固外，尚需在坡脚设置抗滑桩进行侧向约束。综合考虑地下水较发育但渗透性差，且软土含碎石角砾等因素，可采用碎石桩加固，其加固机理为复合地基，同时兼起到砂井的排水作用。高路堤还应与桥方案作技术经济比较。

3. 加强地表及地下排水

为改善地质环境应加强地表和地下排水，靠山侧设置完善的截排水系统，有条件时设置截水盲沟。

(六)结 束 语

1. 李子沟"斜坡软土"的形成有其特定的地貌、地层岩性与结构和地下水富集、持滞的条件。对遇水即易软化、泥化的黑色地层，尤应引起高度重视。"斜坡软土"具有隐蔽性和分布不均性，应采用综合勘察方法，运用多种勘探、测试、试验手段，以获得可靠的基础资料。

2. "斜坡软土"具有流滑性，当存在一定临空时，易产生蠕动变形，加载易引起地基浅层破坏。路堑、路堤均需采取防止蠕动变形的措施。路堑边坡应采取先加固后开挖的措施；路堤除对地基进行加固外，还需采取侧向约束措施。

十七、内昆铁路田梁子病害地段成因及整治

张亨纲

(一)病害段地质背景

内昆铁路田梁子地段病害长1.5 km，包括田梁子车站深路堑(DK330+700~DK331+005)、田梁子双线隧道(DK331+340~DK331+570)及朝门隧道(DK331+675~DK332+178)三项工程。

该段线路为高中山剥蚀地貌，地形起伏大，相对高差100~400 m。自然斜坡20°~60°，坡面覆盖坡残积砂黏土夹碎石角砾，厚0~5 m，坡面植被差，仅见零星或稀疏的灌木。其下伏基岩为三叠系上统须家河组(T_3x)砂岩、页岩夹劣质煤层，岩层风华极严重。受构造影响，岩石节理裂隙发育，岩体极破碎，风化极严重带(W_4)多呈砂黏土夹角砾状，厚5~15 m，风化严重带(W_3)多呈碎块石夹砂黏土，厚3~10 m，风化颇重带(W_2)岩芯呈块、碎石及短柱状。

该段基岩裂隙水发育，由于须家河组以砂岩为主夹页岩及薄层劣质煤层，岩质软弱，节理发育，岩体破碎，风化极严重，因此风化裂隙孔隙水比较丰富，大气降水渗入地下多在该地层中储集和活动。

（二）病害概况

田梁子地段病害包括田梁子车站路堑边坡失稳变形、田梁子双线隧道及朝门隧道进出口山体开裂错位及洞内坍方、衬砌开裂变形、侵限等。

1. 田梁子车站路堑边坡失稳变形（DK330+700~DK331+005）

田梁子车站路堑地段地表覆盖坡残积砂黏土夹碎石角砾，厚1~5 m，下伏基岩为三叠系上统须家河组砂岩夹页岩及煤线，自然山坡20°~60°，植被不发育。该段深挖方中心最大挖深13.5 m，垂直边坡高18 m，原设计DK330+736~DK331+000右侧设45根锚固桩，桩间距6 m，最大桩长26 m，桩间设土钉墙。

1999年初开始施工锚固桩，同年10月路堑拉槽，至12月下旬路堑开挖至设计高程，发现该地段地质条件很差，岩性以炭质页岩为主，岩体破碎，风化严重，基岩裂隙水极发育。由于施工中未按跳槽要求分段开挖，而是一次拉槽至路基面，致使部分桩间土体受水浸泡发生坍方，同时牵引桩后地表开裂并推动部分锚固桩发生向外偏移。至2000年4月中旬，DK330+750~DK330+850右侧坡体变形明显加大、加快，出现"弧形"拉裂缝，最远一道裂缝距线路中心120 m，裂缝宽达25 cm，局部已形成错台。2000年6月23日观测资料发现，锚固桩最大偏移达65.7 cm，潜在形成大型工程滑坡的趋势。

2. 田梁子双线隧道（DK331+340~DK331+570）

隧道全长215 m，原设计围岩类别为Ⅲ类。在施工开挖过程中，隧道进口段多次发生坍方，右侧地表开裂、变形，裂缝宽1~100 mm，可见深度1~10 cm，裂缝长40余米，坍滑体主轴长50 m，最大厚度8~15 m，坍滑体坍滑后形成40°~70°的陡坡和高大的临空面，地表裂缝和坍滑体都处于不断发展和蠕动变形阶段。洞内护拱遭破坏，格栅拱架被压弯扭曲变形。出口端DK331+520~+553段拱顶开裂，并逐渐向拱腰、拱脚发展，拱圈下沉，裂缝宽5~20 mm，长33 m，其中左侧拱脚粉碎性破坏（50 cm），DK330+520~+522拱顶向左侧整体位移30多毫米，洞底中桩向左位移20 mm以上。两侧拱脚向两边扩张60 mm，右侧拱脚向左收敛40 mm，拱顶出现下沉，下沉量最大达212 mm，侵入净空178 mm。地表裂缝长60余米，缝宽2~200 mm，可见深0.1~0.3 m。

3. 朝门隧道（DK331+675~DK332+178）

隧道全长503 m，进、出口Ⅱ类围岩分别长30 m、36 m，洞身Ⅲ类围岩长437 m。隧道施工中，进、出口都发生多次坍方，坍方高度2~4 m，地表出现多道弧形裂缝，宽5~20 cm，洞内初期支护变形严重，已衬砌段DK332+071~+098拱部产生明显纵向裂纹，拱腰出现不规则裂缝，拱圈内挤，左边墙内倾5~30 cm。

（三）病害成因

田梁子车站深路堑、田梁子双线隧道和朝门隧道进出口地段病害发生后，为查明该地段严重病害的成因，铁二院于2000年3月~2000年7月及时组织地勘队伍进行了补充地质勘察工作。经扩大范围的区域地质调查测绘和深入详细的地层对比、岩层产状量测及分析后发现，线路左、右侧竟各发育一条与线路平行的断层，一条是区域性大断层——阴山逆断层，另一条是次一级的吴家沟性质不明断层，线路就位于上述两断层之间的断层破碎带内。

阴山逆断层是区域性大断层，位于线路左侧 50 ~ 110 m，平行于线路发育，断层走向 N48°W，倾向 SW，倾角 70°，断层破碎带宽 10 ~ 15 m，断层影响带宽 100 ~ 150 m。断层上盘（SW 盘）为三叠系上统须家河组（T_3x），下盘（NE 盘）为侏罗系下统（J_1z）。

吴家沟断层位于线路右侧 120 m，断层走向 N50° ~ 80°W，与线路走向基本平行，断层破碎带宽 10 ~ 20 m，影响带宽约 100 m，断层破碎带由于挤压强烈，风化严重，多呈角砾土状或为土层覆盖，断层性质不明。

测区由于受阴山逆断层和吴家沟断层的挤压和影响，地层倒转，局部产状紊乱，岩层产状 N60°W/26° ~ 44°SW、N5°E/26° ~ 20°NW；岩石节理极发育，主要有 N10°W/60°NE、N35°E/85°NW、N9°W/25°NE、N69°E/74°NW。

施工揭示，地表以下 20 m 深度范围内出露的岩性以炭质页岩为主，夹薄层劣质煤线，砂岩少见或呈薄夹层，岩石十分破碎，这与原勘测资料以砂岩为主的判断有较大出入，对路堑边坡和隧道围岩的稳定性影响很大，特别是炭质页岩夹劣质煤线在地下水的长期作用下，力学强度急剧下降，边坡和隧道围岩的自稳能力大大降低。经补充地质勘察和综合分析确认，田梁子地段路堑边坡变形、锚固桩偏移和隧道洞内坍方、衬砌碎裂、侵限、洞口地表坡体蠕动变形等病害产生的主要原因就是阴山逆断层和吴家沟断层的影响和以炭质页岩夹煤线为主的极软岩组成的地质环境。该段线路完全走行在阴山断层（区域性）和吴家沟次级断层破碎带和断层影响带的复合带内，所以岩层受挤压极为强烈，岩体完整性很差，岩石十分破碎，多呈角砾土状，加之极软质岩和长期地下水的浸泡，工程地质条件极差，原本天然坡体的稳定性就处于欠稳定或临界状态，在施工方法不当或支护不利时就会在施工中引发上述坡面开裂变形、洞内坍方、下沉、衬砌开裂侵限等病害，若不及时制止，其发展趋势一定是大规模的工程滑坡，隧道亦难以成洞，后果是严重的。

（四）工程处理措施

在查明病害成因的基础上，针对路堑边坡和隧道洞内、外不同部位的病害特征，采取相应的整治方案。

1. 田梁子车站路堑高边坡（代表性断面见图 4—17—1）

（1）DK330 + 700 ~ + 730 右侧增设抗滑桩，桩间设路堑墙；

（2）DK330 + 760 ~ + 796 右侧原锚固桩后增设 7 根锚索桩；

（3）DK330 + 766 ~ + 850 右侧桩间增设坡面锚索；

（4）DK330 + 756 ~ + 816 右侧距中线 15 m 处坡面增设一排锚索；

（5）DK330 + 736 ~ DK331 + 000 右侧桩间设一排深层排水孔，孔深 20 m。

2. 田梁子双线隧道

（1）全隧道围岩类别由原设计Ⅲ类变更为Ⅱ类围岩；

（2）加强洞内结构及初期支护，DK331 + 520 ~ + 548 线路右侧距边墙外缘 12 m，左侧至边墙外 6 m 范围内进行地表钢管注浆；

（3）出口右侧增设 3 根抗滑桩，左侧增设 7 根抗滑桩。

3. 朝门隧道

（1）洞身Ⅲ类围岩变更为Ⅱ类围岩，已按Ⅱ类围岩施工并衬砌的地段应进行结构补强；

（2）DK332 + 052 ~ + 098 拱部及边墙进行拆换补强。

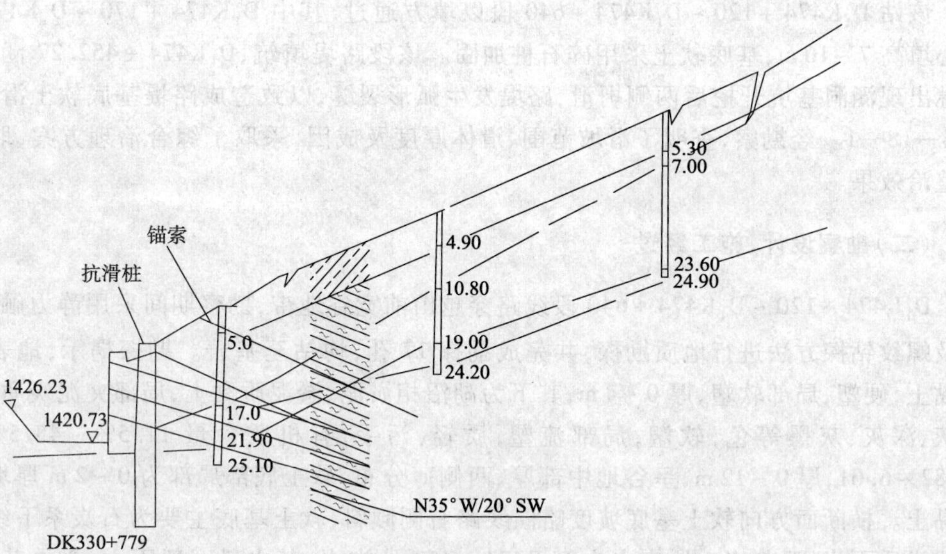

图 4—17—1　田梁子车站路堑变形代表性断面图

上述各项工程病害经整治和连续 2 年的定期观测，变形收敛并趋于稳定，运营至今未发现新病害产生。

（五）结 束 语

内昆铁路田梁子地段的病害处理充分证明，在铁路建设前期的地勘工作中，加强区域地质调绘十分重要。如果该地段在区测中查明了阴山区域断层和吴家沟断层的行迹特征和展布规律，就可避免布线于两断层破碎带所挟持的不利地质环境中，从而避免一系列病害的发生。由于地勘工作的疏漏导致施工中地质工作十分被动，不但影响施工的顺利进行，也造成大量的变更设计，教训是深刻的。

另外，对地层岩性的地质调绘和地质勘探中，也应该做过细的工作，特别是对那些极软弱岩层、软弱夹层、含盐地层等特殊地层的划分和处理，以为设计提供依据。如果当初就查清田梁子地段地表 20m 深度内的岩性是以炭质页岩为主夹煤线而不是砂岩、页岩夹劣质煤层时，在设计和施工中就应预先采取必要的工程措施防患于未然。

十八、内昆铁路威宁站软土路基病害及处理

赵　平

（一）概　　况

威宁站位于内昆线南段、贵州省威宁县城北东方向约 6 km 处。车站属高原山前剥蚀、溶蚀谷地地貌，地形起伏不大，地面高程为 2 187 ~ 2 225 m，相对高差小于 50 m，自然坡度一般为 2° ~ 10°，车站两端自然坡度稍大，为 10° ~ 30°。威宁属云贵高原气候带，四季分明，冬季寒冷多雾，夏季凉爽多风，年平均气温 10 ℃ ~ 13 ℃，平均降雨量 738.2 ~ 960.6 mm，日最大降雨量 93.2 mm，雨季集中于 6 ~ 12 月。

该站 $D_1K474+120\sim D_1K474+640$ 段以填方通过，其中 $D_1K474+170\sim D_1K474+540$ 段中心填高 7～10 m，基底软土采用碎石桩加固。该段路堤填筑、$D_1K474+452.27$ 涵洞施工中，相继出现涵洞基坑开挖后两侧坍滑，路堤发生弧形裂缝，以致造成路堤基底软土滑坡病害，见图 4—18—1。经勘察，查明了滑坡范围、滑体厚度及成因，采取了综合治理方案，取得了较好的整治效果。

（二）勘察设计、施工经过

$D_1K474+120\sim D_1K474+640$ 段线路穿越山前宽谷地带，勘察期间采用静力触探、机动钻探及螺纹钻探方法进行地质勘探，共完成勘探 17 孔，均钻至基岩。勘探揭示，地表覆盖坡洪积黏土，硬塑，局部软塑，厚 0～4 m；其下为湖沼相淤泥、淤泥质黏土，局部夹泥炭质土及中砂，浅灰、深灰、灰黑等色，软塑，局部流塑，质轻、污手，有机质含量 11.5%～45.5%，孔隙比 1.482～6.01，厚 0～12 m，呈谷地中部厚、两侧薄分布，软土底部局部为 0～2 m 厚坡残积硬塑状黏土。横断面方向软土基底坡度略向线路右侧倾斜，软土基底主要为石炭系下统大塘阶旧司段炭质页岩、泥灰岩。地表水为 $D_1K474+452$ 处沟水，其水量一般不大，受季节、气候影响明显；地下水为第四系孔隙潜水，储存于坡洪积黏土及软土中，含水量较小，由大气降雨、地表水补给，水位埋深 0.1～4.0 m，均向右侧排泄。基岩属相对隔水层，含水弱。水质对混凝土无侵蚀性。

1. 路　　基

（1）设计概况：$D_1K474+170\sim+540$ 左侧 40 m、$D_1K474+240\sim+400$ 右侧 29 m 范围内填方基底采用振动沉管碎石桩加固，桩径 0.8 m，间距 1.5 m，呈梅花形布置，碎石桩桩顶铺设砂垫层；碎石桩要求打穿软土层进入硬层，并先进行成桩试验。

（2）施工情况：本段软基碎石桩工程于 1999 年 4 月完工。1999 年 8 月开始填筑 $D_1K474+120\sim+300$ 段和 $D_1K474+500\sim+640$ 段路堤。2000 年 4 月 20 日填至 5.5 m 时，发现 $D_1K474+520\sim+570$ 段路堤中线至右侧路肩开裂，裂缝呈弧形，缝宽 7～9 cm，但未形成错台，路堤坡脚外未见隆起、鼓胀现象。经分析，系在 $D_1K474+452.27$ 涵洞基坑开挖时填筑两端路堤，未按规范和设计要求填筑，造成软基纵向受力不均所致。为保证工程安全，变更设计在右侧增设 1～2 级反压护道，单级反压护道宽 10 m，高 3 m；双级反压护道总宽 20～30 m，第一级高 3 m，宽 10～15 m，第二级高 4 m，宽 10～15 m，护道基底未施作碎石桩的部分，底部压填 1 m 厚不易风化岩块。

2000 年 8 月 17 日 $D_1K474+452.27$ 涵洞完工后，恢复填筑涵洞前后段路堤及右侧护道；9 月 15 日 $D_1K474+470\sim+500$ 段路堤出现弧形裂缝；9 月 17 日 $D_1K474+317$ 至涵洞段路堤出现弧形裂缝。上述路堤裂缝最宽 0.22 m，并形成错台，错台高 0.5～0.9 m，路堤护道坡脚外 50 m 范围内出现水沟被挤压、地面隆起等现象。

2. 涵　　洞

（1）原设计概况：涵洞中心里程 $D_1K474+452.27$，为一孔 4 m 钢筋混凝土盖板箱涵，涵长 49.45 m，基础采用 MU10 浆砌片石刚性联合基础，基底采用 $\phi30$ cm 碎石桩加固地基，间距 1.2 m，基础底部设有 50 cm 厚砂垫层。设计要求加固后的地基承载力等于大于 0.15 MPa。

（2）施工情况：1999 年 7 月中旬开始施工碎石桩，9 月 10 日基坑放坡开挖至基底，基坑两侧约 50 m 出现溜坍，基坑底部有上鼓隆起现象。经分析是因基坑开挖形成了较为长大的临空面（基坑深 4～5 m），而地表水又未得到有效拦截，在堆置于基坑两侧的挖基弃方的加载作

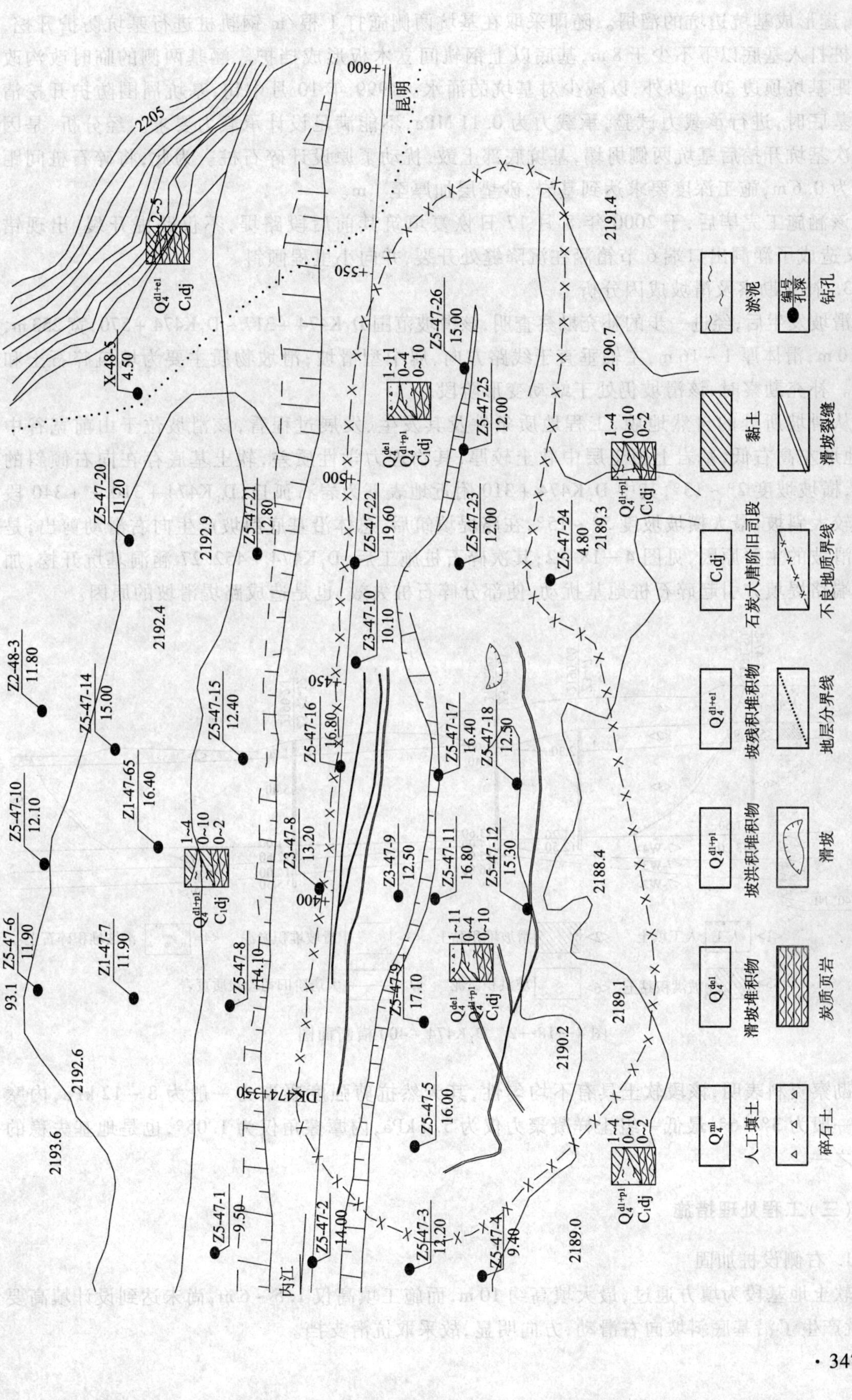

图 4—18—1　威宁站滑坡工程地质平面图

用下,遂形成基坑边坑的溜坍。随即采取在基坑两侧施打 1 根/m 钢轨桩进行基坑防护开挖,钢轨桩打入基底以下不少于 8 m,基底以上钢轨间立木板形成挡护。涵基两侧的临时改沟改移至距基坑顶边 20 m 以外,以减少对基坑的涌水。1999 年 10 月中旬,基坑周围防护开挖清理至基底时,进行承载力试验,承载力为 0.11 MPa,不能满足设计承载力要求。经分析,是因第一次基坑开挖后基坑两侧坍塌,基坑底部上鼓,扰动了原设计碎石桩。为此,将碎石桩间距调整为 0.6 m,施工深度要求达到基岩,砂垫层加厚至 1 m。

该涵施工完毕后,于 2000 年 8 月 17 日恢复填筑其前后段路堤,不仅路堤开裂、出现错台,又造成了涵洞出口端 6 节箱涵在沉降缝处开裂,并向小里程倾斜。

3. 补充勘察及滑坡成因分析

滑坡发生后,经进一步的补充勘察查明,该滑坡范围 D_1K474 + 317 ~ D_1K474 + 570,宽 253 m,长 110 m,滑体厚 1 ~ 16 m,主轴垂直于线路方向,属中型滑坡;滑坡物质主要为填筑碎石土和软土。补充勘察时,该滑坡仍处于蠕动变形阶段。

从滑坡所处的自然地貌、工程地质条件及其发生、发展过程看,该滑坡位于山前宽谷中心,地形左高右低,基岩上覆土层中软土较厚,其物理力学性质差,软土基底存在向右倾斜的斜坡,横坡坡度 2° ~ 13°,其中 D_1K474 + 310 附近地表下为岩石孤丘,D_1K474 + 310 ~ + 340 段存在较大斜坡,最大横坡坡度 5° ~ 15°,在路堤填筑后,总体沿基底斜坡产生向右滑动剪出,是造成滑坡的主要原因,见图 4—18—2;其次碎石桩施工后,D_1K474 + 452.27 涵洞基坑开挖,加之两端路堤填方引起碎石桩地基扰动,使部分碎石桩失效,也是造成路堤滑坡的原因。

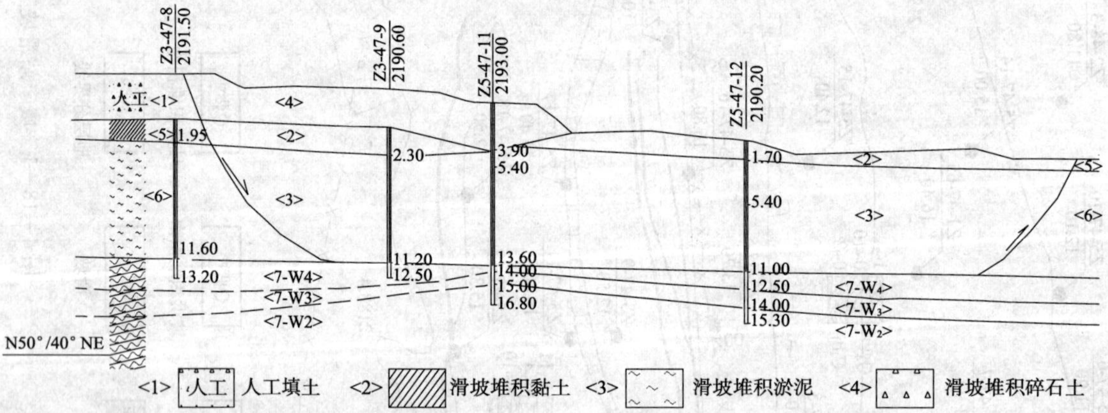

图 4—18—2　D_1K474 + 400 横断面图

勘察资料表明,该段软土具有不均匀性,其天然抗剪强度凝聚力一般为 8 ~ 12 kPa,内摩擦角一般为 3° ~ 6°,最低一组土样凝聚力仅为 5.4 kPa,内摩擦角仅为 1.05°,也是地基失稳的原因之一。

(三)工程处理措施

1. 右侧设桩加固

软土地基段为填方通过,最大填高约 10 m,而施工填高仅 1.5 ~ 6 m,尚未达到设计填高要求,就产生了沿基底斜坡向右滑动,方向明显,故采取抗滑支挡。

(1)清除部分已填筑的路堤土体。

(2)于 D_1K474 +329 ~ D_1K474 +569 右侧 26 ~28 m 设一排 40 根抗滑桩,桩截面 1.5 m × 2.75 m 和 2 m ×3.25 m,最大桩长 33.5 m。

(3)于 D_1K474 +452.27 涵洞出口靠山侧设 5 根抗滑桩,桩截面 2 m ×3.25 m,桩长 24.5 m。

(4)软土内桩井开挖采用沉井式护壁,沉井壁厚 0.3 m,设置双层钢筋,截面 2 m ×3.25 m,沉井中部加设钢筋混凝土横撑,截面 1.5 m ×2.75 m,桩井沉井护壁不设横撑。

(5)为分散路堤应力,于路堤下部加铺两层 SS20 双向土工格栅。

(6)已变形路堤翻挖重填。

2. 左侧设反压护道

对左侧产生圆弧滑动失稳的可能性进行检算分析,考虑软土指标的不均匀性,软土地基抗剪强度按天然抗剪强度的低值采用(c_u =8kPa,φ =3°),计算复合抗剪强度为 c_s =4.8 kPa,φ_s =18.98°,计算圆弧滑动系数满足设计要求。

为确保工程安全,采用左侧反压护道加强措施,即在已施工碎石桩地基上填筑宽 12 m,高 2 m 的护道。

3. 涵洞出口开裂变形部分拆除重建。

(四)经验与教训

1. 工点地处威宁草海附近,草海及其周围沉积有分布较广的湖沼相软土,“草海软土”具孔隙比大、含水量高、力学强度低的特点,但由于威宁车站已处山前地带,故软土又具断续、透镜状分布和物理力学性质不均的特点。加之基底存在斜坡,工程措施稍有不当,即会酿致病害的发生,这在今后勘察设计中应引起高度重视。

2. 本软土工点地表虽较平缓,但地形上仍可见向右倾斜的缓坡,勘察中虽布置了少量的路基横断面勘探,但揭示软土硬底基本水平,忽略了基底岩面因溶蚀、剥蚀而造成的原始岩面的起伏。因此,对于类似的地形地貌和地质条件下的软土工点,应加强路基横断面勘探,查明软土的下卧硬底形态。

3. 软土区基底总体上向右倾斜,这与地表地形是一致的,路基设计应充分考虑斜坡软土地基路堤填筑后向坡下滑移的可能性,不宜单一地采用碎石桩加固软土地基,而必须考虑地基加固与坡脚侧向约束相结合的综合措施。

十九、内昆铁路小儿坪古滑坡工程地质特征

张春旺

(一)引　　言

新建内昆铁路水富至梅花山段北起云南省水富县,南至贵州省六盘水市,全长 350 余千米,沿线地形陡峻,河谷深切,地质复杂。小儿坪古滑坡位于横江左岸河谷斜坡上,线路在其中下部以半填半挖路基通过,最大填方高度 5 m,最大挖深 4 m。查清该古滑坡发生的条件、特征及其稳定性,对保证铁路安全运营是非常必要的。

（二）古滑坡区工程地质条件

1. 地形地貌

古滑坡区属低山河谷地貌。古滑坡位于一自西向东倾斜、由巨型岩堆组成的河谷斜坡上，坡度15°～35°，高程310～420 m，相对高差约100 m，坡面多辟为旱地，坡脚为金沙江支流横江亦称关河，河宽约70 m，水深1～3 m。区内有川黔公路通过，公路两旁有农舍分布。

2. 地层岩性

古滑坡区地层岩性为第四系滑坡堆积、崩坡积块石土，第四系冲洪积卵石土和侏罗系中统上沙溪庙组上段泥岩夹砂岩。

（1）滑坡堆积块石土（Q_4^{del}）：紫红、灰褐、灰白色，中密—密实，稍湿—饱和，石质成分为泥岩、砂岩，块径一般0.4～5 m，个别大者可达8 m，块石约占55%～65%；黏土及砂黏土呈软塑—硬塑状，局部流塑，约占25%～35%；碎石、角砾约占15%～20%。泥岩质角砾、碎石多具磨圆、光面、泥膜特征，局部见凹形拉槽及短擦痕，厚5～35 m。

（2）崩坡积块石土（Q_4^{col+dl}）：紫红色夹灰褐色，中密—密实，稍湿—潮湿，石质成分为泥岩、砂岩，块径一般1～8 m，块石约占60%～80%，黏土及砂黏土约占10%～30%，余为碎石、角砾，厚5～40 m。

（3）冲洪积卵石土（Q_4^{al+pl}）：灰、灰白、灰黑色，中密—密实，饱和，石质成分以玄武岩、灰岩、石英砂岩质为主，粒径一般2～8 cm，卵石约占60%～70%，余为砂砾石充填，厚5～20 m。

（4）侏罗系中统上沙溪庙组上段泥岩夹砂岩（J_2s^2）：紫红色夹灰白色，中厚—巨厚层状，节理较发育—不发育，风化严重—颇重，含钙质及铁锰质结核。泥岩中局部夹灰白色、灰绿色条带，砂岩为中粗粒结构。受构造影响，局部见明显擦痕。

3. 地质构造

据1/10000区测地质图，古滑坡后缘往西约500 m处为一区域性大型宽缓背斜核部，其东翼岩层产状为N25°E/11°SE～N17°W/26°NE，西翼岩层产状为N5°E/11°NW～NS/31°NW。背斜走向大致SN向。背斜西翼岩层产状较稳定，地貌上形成走向基本与背斜轴平行，高程为800多米的高陡山脉。背斜核部由于岩层较破碎易风化剥蚀而形成高程约500 m的剥蚀夷平面。背斜东翼小型褶皱发育，岩层产状扭动变化较大。地貌形态是背斜核部及其东翼形成一长约数千米、宽600～1 300 m、坡度15°～45°、组成物质为崩坡积块石土的巨型古岩堆斜坡地貌。古滑坡即是在古岩堆体上形成的。

4. 水文地质

古滑坡区地表冲沟较发育，旱季冲沟基本断流，仅有少量渗流，水量很小，但雨季水量很大，流量可达3～5 L/s。地下水表现为块石土堆积体中孔隙水和基岩裂隙水两种形式。其补给来源主要为大气降雨，其次为农民生活废水。据野外调查，第四系下降泉有较多出露，但分布无规律性，旱季水量很小，一般仅为0.01～0.05 L/s，雨季流量较大，单泉流量可达1 L/s。斜坡块石土中含水不均匀，由于黏性土的相对隔水作用，局部孔隙水形成上层滞水，致使部分地段地下水相对富集，在坡坎上以泉群形式出露或在坡脚以湿地形式出现。

（三）古滑坡特征

1. 古滑坡形态

古滑坡在平面上近似舌形，具双沟同源特征。其轴向与内昆铁路交角约60°，轴向长420 m，沿线路方向宽约 220 m，平均厚 17 m，分布面积约 8×10^4 m^2，滑体最大厚度 19.30 m，总体积约为 136×10^4 m^3，为一巨型中厚层滑坡。

古滑坡周界基本清楚，其后缘具明显的圈椅状地貌特征，滑体中部局部有隆起现象，两侧边界顺沟形延展。受关河河水冲刷及坡面流等外营力作用，古滑坡前缘地貌已被改造成平缓斜坡。古滑坡后壁高约 25 ~ 30 m，后壁前地形平坦，后缘与前缘高差近 100 m。

2. 古滑坡结构

滑体由泥岩、砂岩质块石土组成。据钻探资料揭示，块石一般约占 55% ~ 65%，黏土及砂黏土约占 30%，碎石多具磨圆、光面等滑移特征。块石与块石间多被黏性土夹碎石、角砾紧密充填。块石含量极不均匀，部分地段更以土夹石为主。黏性土多呈硬塑状，但含有软塑状夹层，局部甚至有流塑状存在。滑体内含水不均匀，钻孔稳定水位有较大变化，潜水有连续一致的初见水位面，但无统一贯通的稳定水位面，地下水水量不大且径流不畅。因滑体接受其后陡峻、巨大山体地下水的长期补给，而黏性土具一定隔水性，局部形成上层滞水，故滑体中地下水有局部富集现象，致滑体上有泉群出露和局部有湿地存在。

滑带物质为 5 ~ 10 cm 厚软塑状态的高塑性黏土和砂黏土，夹约 15% 的角砾。泥岩质角砾具磨圆、凹槽、光面等滑动痕迹。滑面趋势与地面坡势大致协调（见图 4—19—1）。

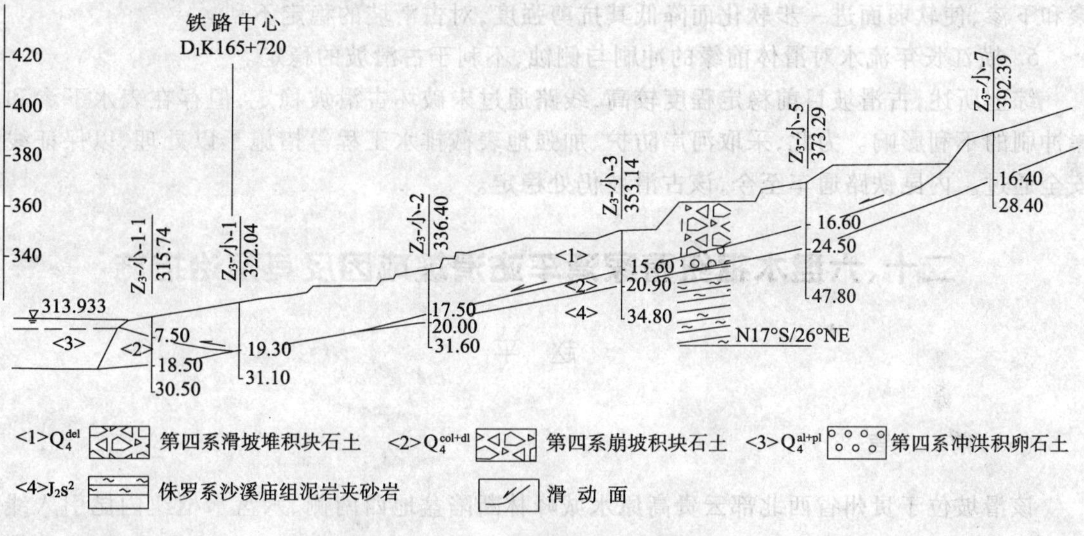

图 4—19—1　滑坡主轴剖面示意图

（四）古滑坡成因分析

1. 存在滑带物质

块石土中含约 30% 的黏土和砂黏土，而黏性土具遇水易软化、抗剪强度降低的特点。由于滑体内含水不均，局部地下水富集地带使块石土中黏性土长期受水浸泡而成软塑状。软塑状黏性土力学性质差，具有高塑性、低抗剪性的特点，从而成为潜在软弱滑动面。

2. 地表水及地下水活动

地下水的长期活动使软塑状黏性土不断地得到润滑，进而相互连通成面，同时土体容重增加，下滑力增大，土体稳定性降低。尤其是雨季地表水的大量汇集和下渗，使土体中地下水位升高，土体含水量加大，相应地增大静水压力和动水压力，提高地下水流速，使水的潜蚀作用增强，扩大土体孔隙，更加有利于地下水的运移，使黏性土进一步被软化，内聚力不断降低，抗剪强度进一步下降，抗滑力不断减少，边坡稳定性随之降低。

3. 河岸冲刷

关河对滑体前缘的长期冲刷与侧蚀，是诱发古滑坡产生的又一重要因素。由于河流不断地对岸坡进行冲刷与掏蚀，岸坡坡度逐渐由缓变陡，进而出现临空面，随着临空面的不断增大，坡体前缘失去支撑，斜坡的自然应力平衡状态被破坏，边坡即随之失稳。

上述诸因素的共同作用，诱发了古滑坡的产生。该古滑坡的性质应属推移式和牵引式复合形成。

（五）古滑坡稳定性评价

1. 古滑坡目前处于稳定状态，据调查，地表未发现开裂变形迹象。

2. 根据内昆线大量试验资料统计得出的软塑状黏性土力学指标推荐值 $c = 10$ kPa，$\varphi = 10°$，采用条分法对古滑坡的稳定性进行综合分析检算，其结果是古滑坡处于基本稳定状态，与形态调查结果一致。

3. 线路以小填小挖、移挖作填通过古滑坡近前缘的下部，基本上未破坏古滑坡稳定。

4. 由于古滑坡存在软弱滑动面，且地形上存在双沟同源特征，利于地表水在其后缘的汇聚和下渗，使软弱面进一步软化而降低其抗剪强度，对古滑坡的稳定不利。

5. 横江长年流水对滑体前缘的冲刷与侧蚀，不利于古滑坡的稳定。

综上所述，古滑坡目前稳定程度较高，线路通过未破坏古滑坡稳定，但存在表水下渗和河岸冲刷的不利影响。为此，采取河岸防护、加强地表截排水工程等措施予以处理，以保证线路安全通过。内昆铁路通车至今，该古滑坡仍处稳定。

二十、六盘水枢纽曹家湾车站滑坡成因及其整治措施

赵　平

（一）前　言

该滑坡位于贵州省西北部云贵高原水城峰林断陷盆地西南侧、六盘水枢纽内昆引入线曹家湾车站内，工点范围 D_1K250 + 700 ~ + 872。线路原设计为顺沟槽侧山坡修筑路基，因坡脚鸿基化工有限公司拆迁无法达成协议，故向山内改移，主要以挖方通过，路堑最大高度 30 m，边坡率 1:0.5。2000 年 6 月 6 日大暴雨后，D_1K250 + 700 ~ + 872 段左侧已施工成形的路堑边坡上部山体发生突发性崩塌型滑坡，滑坡在瞬间完成，造成路基被掩埋、线路右侧 50 m 处民房被毁及人员伤亡的灾害性事故。

（二）地质条件与气象

1. 地形地貌

溶蚀峰丛地貌，山坡自然坡度 35° ~ 50°，高程 1 800 ~ 2 000 m。地表岩溶较发育，多呈溶沟、溶槽、石牙状，坡面灌木、杂草丛生，植被较好。

2. 地层岩性

堑坡及其以上山坡裸露石炭系下统大塘组（C_1d）地层，岩性为灰岩夹白云岩、页岩，中

薄—厚层状，浅灰、深灰色，岩质坚硬，岩体较破碎，溶蚀较严重，其中页岩为薄层状，质软，软硬岩层间存在差异风化现象。

3. 地质构造

地处黔西山字形构造前弧西翼边缘北西向构造带内，由一系列线状褶皱和走向冲断层组成。该构造带由水城枢纽断层、威水倒转背斜、水杉背斜、德坞背斜、沟木底向斜及次一级构造组成。受区域构造影响，岩层强烈挤压、扭曲，产状变化较大，小褶曲和岩体节理发育，中薄层岩层层面光滑，结合不紧密，其上多见擦痕。岩层主要产状为 N10° ~ 51°W/21° ~ 46°NE 和 N62°E ~ N81°W/17°SE ~ 9°SW，视倾角 18° ~ 45°，节理主要产状为 N7° ~ 37°W/36° ~ 70°NE，倾向线路。

据《中国地震动参数区划图》(GB 18306—2001，1/400 万)，本段地震动峰值加速度为 0.05g。

4. 水文地质

本段岩溶裂隙水水位埋藏较深，地表径流条件较好，山坡岩体中地下水不发育，仅接受部分大气降水垂直下渗，雨后顺结构面至坡脚渗出，水质类型一般为 HCO_3^-—Ca^{2+} + Mg^{2+} 型，对混凝土无侵蚀性。

5. 气　　象

该区属亚热带高原气候，盛行东南或东东南风，风速 2.4 m/s，冬春干旱寒冷，夏秋潮湿温凉。日平均气温 1.6 ℃ ~ 4.5 ℃，最低气温极值 −11.7 ℃；6 ~ 8 月气温最高，月平均气温 18.1 ℃ ~ 20.3 ℃，最高气温极值 36.7 ℃；年平均气温 10 ℃ ~ 12 ℃，年平均日照 1 560 小时，无霜期 230 ~ 298 天。12 月降雨最少，日平均降雨量 2.4 ~ 18.3 mm；降雨多集中在 6 ~ 9 月，月平均降雨量 117.5 ~ 326.9 mm。年平均降雨量 1 200 mm，当年的 12 月至次年 4 月降雨量甚少，为枯水季节。

(三) 滑坡特征及成因分析

1. 滑坡特征及性质

堆积、掩埋线路的滑体物质主轴长 155 m，沿线路方向宽 172 m，滑体厚 2 ~ 25 m，滑移最大水平距离 110 m，最大垂直位移为 90 m，堑坡上暴露的滑面倾角 36° ~ 50°，后缘坎高 2 ~ 8 m。从滑动后现状看，可将其分为三部分。

(1) 滑坡堆积体：D_1K250 + 700 ~ + 872 段左侧 20 ~ 80 m，右侧 10 ~ 55 m，堆积体厚 2 ~ 25 m，块径一般为 0.2 ~ 1.5 m，最大块径达 8 m。

(2) 滑动面：暴露于崩滑后的堑坡坡面上，D_1K250 + 730 ~ + 870 左侧 55 ~ 110 m，滑面光滑近似镜面，见有方解石结晶物，擦痕清晰。该滑面局部呈波状起伏，中下部坡度稍缓，一般为 36° ~ 40°，中上部坡度稍陡，一般为 40° ~ 50°。

(3) 滑坡体后部未滑动岩体：D_1K250 + 780 ~ + 850 左 95 ~ 155 m 范围，在堑坡坡面暴露的滑面后缘，亦即堑坡近顶部处，形成高 2 ~ 8 m 的陡坎。该部分未滑动的岩体厚 1 ~ 8 m，由于其下仍存在与滑面一致的层面，故已成摇摇欲坠的危岩。

从滑坡的形成发生、物质组成和运动速率分析，此滑坡属崩塌型岩质顺层滑坡。

2. 滑坡成因分析

(1) 岩层产状倾向线路，路堑虽多沿层面开挖，但由于岩层受构造影响，层面常有挠曲，而使产状时有变化，以致部分地段仍存在切层开挖，造成坡脚一带有岩层因被切断而出现临空的现象。

(2)不利的结构面组合:组成该段路堑堑坡的中薄层灰岩、白云岩夹页岩岩层中,层理、节理发育,层间结合不紧密的层理和切穿层面的节理,为该段路堑边坡最不利的结构面组合。根据滑动后现场勘察,滑面基本上即为层面,其下部产状 N7°~36°W/36°~43°NE,上部倾角变陡至 40°~50°,倾向线路,层面的完整性和连续性又遭一组延伸性及贯通性较好、走向与层面走向接近的陡倾角节理所切割。这样,倾向线路的层面和切断层面的节理面,构成既高且陡的路堑边坡所在山体的最不利的结构面组合。这一组合对山体稳定极为不利,是造成滑坡的内因。

(3)不利的气候条件:根据六盘水市气象局提供的资料,5月6日~6月6日,历时32天,降雨24天,总降雨量112.8 mm。由于持续降雨,表水沿裂隙下渗,致使层面间连接强度降低,岩体容重加大,而6月6日下午2时30分至3时的大暴雨,进一步降低了层面间抗剪强度,于是诱发堑坡山体的崩塌型滑坡。

堑坡失稳首先发生于堑坡有切层临空的地段,进而牵引、带动顺层地段岩体沿切穿层面的节理剪出,最终形成大规模的崩塌型滑坡。

(四)滑动后顺层堑坡稳定性评价

滑坡发生后,滑体物质大部分堆积于车站路基上,仅 D_1K250+780~+850 左 95~155 m 范围滑坡体后部仍残留、堆积于坡面上,极不衡定,堑坡顶部出现多条宽大的卸荷裂隙,危及堑顶后部高压线铁塔的安全,而滑体两侧(即顺线路方向的滑体前后地段)堑坡坡脚一带仍存在切层开挖后形成的临空面,对堑坡山体稳定性有着极大的影响。滑坡处理应充分考虑到山体顺层进一步滑动的可能性,须对顺层边坡进行综合整治,以确保铁路安全。

(五)整治措施及效果

顺层边坡综合整治措施见图4—20—1。

1. 路堑坡脚设抗滑桩及重力式路堑挡墙加固。
2. 挡墙顶以上顺层边坡采用预应力锚索及钢轨桩相结合的加固方案,不同位置分别设钢轨桩4~10排及锚索1~9排。
3. 滑面上部设置多排排水孔,减少雨水沿层面下渗。
4. 滑面上及滑坡体周界外不稳定岩石,沿层面清除。
5. 滑坡体周界外设置环形天沟,截排地表雨水。

另外,D_1K250+400~+700 段左侧边坡与上述情况类似,主要存在顺层问题,岩层产状 N12°~35°W/28°6~37°NE,与线路走向夹角 2°~25°,视倾角 2°~35°,层面较为光滑,部分有水渗出;而在 D_1K250+400~+490 段,还存在多层近平行排列的隐伏层面,产状 N25°~50° W/45°~48°NE,与线路走向夹角 16°~40°,视倾角 30°~42°。根据该段路堑边坡岩层倾向线路的情况及其稳定性分析,存在顺层滑动的可能,因此,一并对该段路堑边坡进行防护加固。

(1)D_1K250+414~+700 段左侧设置重力式路堑挡土墙;

(2)D_1K250+560~+616 左堑坡设置抗滑桩;

(3)D_1K250+415~+479 左侧墙顶以上边坡设置1~9排锚索;

(4)D_1K250+417~+445 左侧边坡上部设置多排排水孔。

该段顺层边坡通过以上综合整治后,经运营后多年考验,情况良好,达到预期效果。

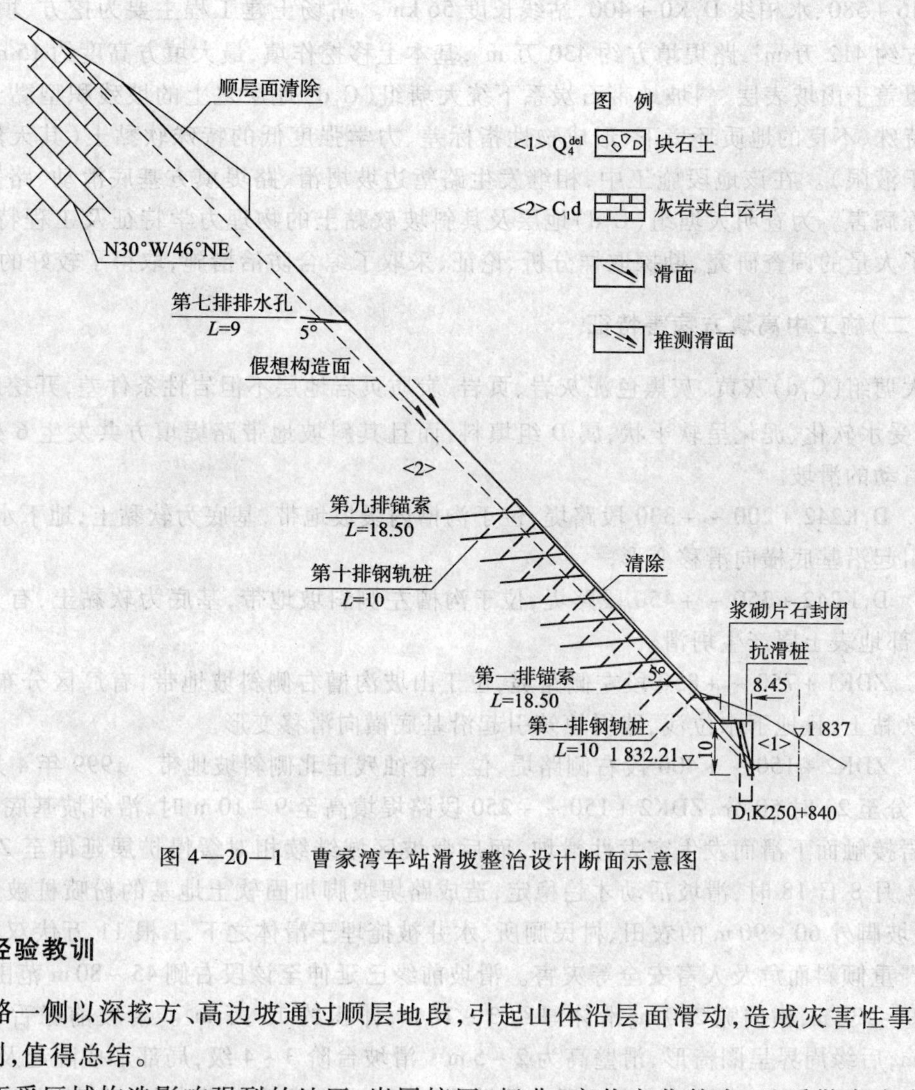

图 4—20—1 曹家湾车站滑坡整治设计断面示意图

(六)经验教训

1. 线路一侧以深挖方、高边坡通过顺层地段,引起山体沿层面滑动,造成灾害性事故,教训十分深刻,值得总结。

2. 对于受区域构造影响强烈的地区,岩层挤压、扭曲,产状变化较大,地质勘察中应注意对线路附近岩层、节理等结构面产状的量取,必要时加密量取点,正确评价顺层对铁路工程的影响,提出铁路选线意见。

3. 线路若必须以挖方通过顺层地段,则应控制堑坡高度,加强挡护措施。

二十一、六盘水枢纽南编组站高填方病害及防治

赵 平

(一)前 言

六盘水枢纽南编组站位于贵州省西北部云贵高原六盘水市的北西—南东向水城峰林盆地南侧,高程 1 850 m 左右,呈东西向展布的溶蚀、侵蚀沟槽、残丘发育,地形波状起伏,相对高差约 50 m,自然坡度 5°~30°。工点范围自贵阳端 $D_1K241+550$ 至昆明端 DK246 + 200、右线

$D_1K246+580$、水柏线 $D_1K0+400$，站线长度 56 km。站场土建工程主要为挖方、填方，其中路堑挖方约 412 万 m^3，路堤填方约 430 万 m^3，基本上移挖作填，最大填方高度约 15 m。

覆盖于山坡表层、斜坡地带石炭系下统大塘组（C_1d）地层之上的坡残积型黏土在六盘水地区特殊、不良的地质环境下，形成物性指标差、力学强度低的特殊软黏土（其天然含水量大都小于液限）。在该地段施工中，相继发生路堑边坡坍滑、路堤填方基底滑动、路堑基床土质软弱等病害。为查明大塘组（C_1d）地层及其斜坡软黏土的物理力学特征及工程特性，中铁二院作了大量的调查研究、勘探取样分析、论证，采取了综合防治措施，取得了较好的防治效果。

（二）施工中高填方病害特征

大塘组（C_1d）灰黄、灰黑色泥灰岩、页岩、炭质页岩地层不但岩性条件差，开挖后极易风化碎裂，受水软化、泥化呈软土状，属 D 组填料，而且其斜坡地带路堤填方共发生 6 处沿基底软黏土滑动的滑坡。

1. $D_1K242+200\sim+330$ 段路堤，位于沟槽内缓坡地带，基底为软黏土，地下水位浅，路堤填筑引起沿基底横向滑移变形。

2. $D_1K242+350\sim+450$ 段路堤，位于沟槽左侧斜坡地带，基底为软黏土，有几处泉水流出，局部地表土层产生坍滑。

3. ZDK1 +750 ~ +850 段左侧路堤，位于山坡沟槽右侧斜坡地带，有厂区分布，填土基底下卧软黏土，且地下水位浅，路堤填筑引起沿基底横向滑移变形。

4. ZDK2 +150 ~ +400 段右侧路堤，位于溶蚀残丘北侧斜坡地带。1999 年 4 月 6 日晚 22 时 20 分至 22 时 50 分，ZDK2 +150 ~ +250 段路堤填高至 9 ~10 m 时，沿斜坡基底下卧软黏土与基岩接触面下滑而发生突发性滑坡，而后滑坡区域继续相对缓慢扩展延伸至 ZDK2 +400，直到 4 月 8 日 18 时，滑坡活动才趋稳定，造成路堤坡脚加固软土地基的粉喷桩被剪断或整体位移，坡脚外 60 ~90 m 的农田、村民厕所、水井被掩埋于滑体之下，1 根 11 万伏双柱式高压线电杆严重倾斜而危及人畜安全等灾害。滑坡前缘已延伸至该段右侧 45 ~80 m 范围，滑坡纵向长 120 ~130 m，横向宽 250 m，滑体厚约 3 ~ 10 m，体积约 15 万 m^3。滑坡前缘舌部隆起高度 1 ~2 m，后缘周界呈圈椅形，滑壁高为 2 ~5 m。滑坡台阶 3 ~4 级，局部形成隆起及洼地。

5. ZDK1 +905 ~ZDK2 +085 段左侧路堤，位于溶蚀残丘南侧冲沟内斜坡地带。1999 年 3 月，路堤基底软土区按设计要求进行粉喷桩加固后，在内侧（斜坡上部）开始填筑路堤，即发生滑坡，粉喷桩遭推歪，部分推倒、剪断，形成冲沟内台阶状弧形裂缝，路堤填土开裂。

6. ZDK2 +525 ~ +625 段右侧路堤，位于溶蚀残丘北侧斜坡地带，基底下卧软黏土，有地下水渗出。路堤施工中，产生路堤填方沿基底斜坡坍滑。

（三）高填方病害成因分析

从病害的产生发展可以看出，处于斜坡地带的路堤基底有软黏土分布是导致路堤滑坡的主要内在条件。这类软黏土的成因与其所处的特定地貌、地层的岩性与结构和当地复杂的水文地质环境密切相关，因而在内昆铁路和六盘水地区称其为“斜坡软土”。这种软土以往均将其判定为一般黏性土，设计中忽视了其较低的力学性质，致工程措施力度不够，施工中开挖与支护时间间隔过长，排水措施不足，以致施工中产生路基病害。

1. 特殊、不良的地质环境

（1）地貌特征：六盘水南编组站位于法落潭断层形成之近东西向溶蚀槽谷内，地形起伏不大，近东西向冲沟与溶蚀残丘相间分布。部分发生滑坡的站场路堤往往顺残丘斜坡（或冲沟一侧斜坡）填筑，其上方多为挖方，斜坡下方及冲沟沟槽内为软土分布区。

（2）母岩特征：母岩为石炭系下统大塘组（C_1d）地层，岩性为灰黄、灰黑色灰岩、泥灰岩、页岩、炭质页岩，薄一中厚层状，形成软硬相间的互层，其中的炭质页岩和灰黑色页岩、泥灰岩岩质特别软弱，抗风化性差，失水易碎裂，遇水极易软化，具有较为明显的胀缩性。据取自该组地层（C_1d）泥灰岩岩样分析试验结果，其岩块干燥饱和吸水率 $W_{吸}=11.1\%\sim27.8\%$，平均为 19.38%；无荷载膨胀量 $V_H=1.28\%\sim10.23\%$，平均 5.20%；膨胀力 $P_p=19\sim210$ kPa，平均 86 kPa；自由膨胀率 $F_s=18\%\sim55\%$，平均 32%；蒙脱石含量 $M=12.13\%\sim15.81\%$，平均 13.57%，按膨胀岩判定标准，应划分为膨胀岩，属不合格填料。六盘水南编组站地处水城枢纽断层之法落潭区域大断裂破碎带内，岩层完整性极差，多被挤压成糜棱状的断层角砾，并包容有层理清晰、产状紊乱的巨大的灰岩、泥灰岩透镜体，表层大多风化严重。

（3）水文地质特征：六盘水枢纽地区气候湿润，雨量充沛，年平均降雨量 1 200 mm，是贵州省暴雨中心地带，雨季在 6 月至 9 月间。盆地四周群山环抱，洼地、漏斗、落水洞星罗棋布，降水迅速垂直下渗，成为地下水广阔补给区；错综复杂的断裂、岩溶管道沟通地下水水力联系，常在盆地边缘涌出，水量丰富，局部还具有承压性。处于盆地边缘和法落潭大断裂破碎带内的六盘水南编组站，其基岩裂隙水不但能得到上述地下水的充分补给，而断裂破碎带本身又具有较好的持水性，使破碎的基岩和其上覆坡残积黏土保持较高的含水量，长期处于地下水浸泡之中，形成“斜坡软土”。

2. “斜坡软土”较差的物理力学性质

特殊、不良的地质环境，造成了“斜坡软土”较差的物理力学性质，它具有含水量高（但天然含水量大都小于液限）、液限大、孔隙比大、压缩性高、内摩擦角低的特点，且部分因含母岩中炭质页岩、页岩的黏土矿物成分而具有膨胀性，因而成为一种既有软土特征，又有膨胀性的特殊软黏土（见表 4—21—1）。按当时《铁路工程地质技术规范》的标准判定，试验室定名为“软塑状黏土”，其各项物理力学指标处于软土与黏土二者间的临界状态，给地质判定带来一定的困难，但只要充分认识到六盘水枢纽地区特殊复杂的不良地质环境，重视其力学指标接近软土的实际，以及施工中所表现出的软土病害特征，就能作出正确的判断，并采取相应的防治措施。

表 4—21—1　坡残积型软黏土物理力学性质表

统计项目	天然含水量 w (%)	天然孔隙比 e	液限 w_L (%)	塑性指数 I_p	液性指数 I_L	压缩系数 $a_{1\sim2}$ (MPa^{-1})	天然快剪 黏聚力 c (kPa)	天然快剪 内摩擦角 φ (°)	试验室定名
范围值	36.7～47.1	0.957～1.299	41.0～55.2	17.7～23.1	0.51～0.88	0.27～0.74	12.1～25.1	7°34′～14°26′	软塑状黏土
平均值	40.6	1.074	47.7	20.4	0.70	0.54	20.8	10°26′	

3. 人为因素

（1）设计原因：在勘察阶段，受勘探取样的局限性、地质体的不均匀性及水文地质条件的复杂性影响，地质人员对此区“斜坡软土”的特殊性认识不足，以天然含水量不大于液限物性指标为主，判定为一般黏性土提供设计，而设计又疏忽力学指标接近软土的特殊性，以致工程防护、加固措施力度不足。

对于位于路堤基底或坡脚地带的“斜坡软土”分布区，设计采用粉喷桩处理，从而起到改善地基，提高地基强度的作用，但粉喷桩体是固化剂与软弱土体由搅拌器纵向搅拌而成，因此多呈层状及饼状，其承受荷重（抗压）的能力较强，而承受横向剪切的能力（抗剪）则较差。同时受施工工艺的限制，粉喷桩体不能伸入软弱土层下部的硬层，对软弱面强度的改善也不明显，因此，粉喷桩体对斜坡土层所起的抗滑作用是较差的。六盘水南编组站 ZDK1 + 905 ~ ZDK2 + 085 左侧路堤、ZDK2 + 150 ~ + 400 右侧路堤在填筑施工中，发现其基底已作粉喷桩桩体倾斜、滑移、剪断，甚至产生滑坡，该两段客观地质条件较差，不利于斜坡面的稳定，故设计所采用的粉喷桩处理方案，对该两段路堤而言，是存在一定缺陷的。

（2）施工原因：南编组站路堤滑坡段施工中，未按施工要求由外向内、分层摊铺、平整、碾压等程序进行，而是由推土机集中堆填，以致坡脚地带的斜坡地基上荷载过于集中，造成软弱土层向下挤移，使粉喷桩推歪或破坏，加之路堤又采用部分不合格填料填筑，路堤本体填筑质量也差，致使路堤滑坡病害频发。

（四）高填方病害防治措施

1. 斜坡软黏土基底滑坡

（1）D_1K242 + 200 ~ + 330 段路堤：挖除换填基底软黏土，基底最低洼处设片石盲沟引排渗水。

（2）D_1K242 + 350 ~ + 450 段路堤：左侧坡脚增设抗滑桩，桩间设片石垛，路堤左侧边坡增设支撑渗沟及骨架护坡。

（3）ZDK1 + 750 ~ + 850 段左侧路堤：挖除基底基岩面上软黏土后进行换填处理。

（4）ZDK2 + 150 ~ + 400 段右侧路堤（图 4—21—1）：

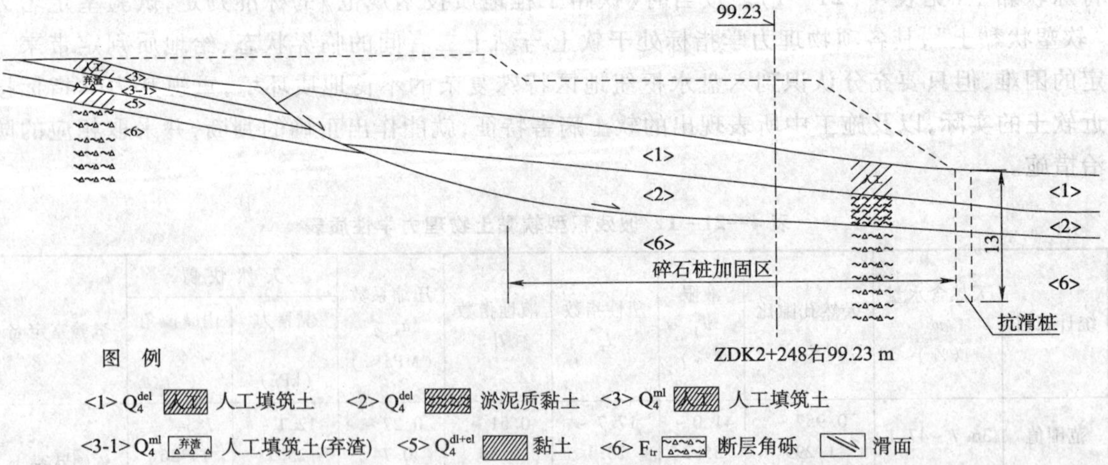

图 4—21—1　六盘水南编组站路堤滑坡整治设计断面示意图

①路堤坡脚处增设一排抗滑桩；

②抗滑桩后滑体重新翻挖及重型机械碾压，再分层填筑，其基底采用碎石桩，桩顶设砂垫层加固；

③路堤边坡增设支撑渗沟及骨架护坡。

(5) ZDK1 +905 ~ ZDK2 +085 段左侧路堤：路堤坡脚处增设一排抗滑桩；软土区采用粉喷桩及碎石桩补强，桩顶设碎石垫层、土工格栅加固；填土开裂部分重新翻填，从下往上分层填筑、夯实。

(6) ZDK2 +525 ~ +625 右侧路堤：挖除基底软黏土，换填不易风化碎石块；对填土进行重新翻填。

2. C_1d 地层段的基床、填料及边坡防护

(1) 正线基床采用 0.3 ~ 0.5 m 中粗砂夹土工布加固；对含水量大、风化严重地段的基床，采用碎石土适当加深换填深度。

(2) 高填方地段采用包心路堤填筑，即堤心部分移挖作填，堤表就近采用不易风化的灰岩岩石包边。

(3) 结合施工中路堑边坡变形特征，一般在坡脚设 3 ~ 5 m 高挡墙，墙顶上设护墙或骨架护坡、支撑渗沟防护。

(4) 加强路基排水。

（五）经验与教训

1. 正确的设计必须要有正确的基础资料，而正确的基础资料必须对当地的地质环境、岩土体的性质特征进行认真的分析，作出客观的评价。六盘水南编组站内分布于斜坡地带、覆盖于石炭系下统大塘组（C_1d）地层之上的“斜坡软土”，是一种特殊的软土，通过六盘水枢纽南编组站病害的勘察、处理，加深了对这种特殊软土的认识，对提高今后在西南山区的铁路勘察设计水平大有帮助。

2. 六盘水南编组站内的软土，具有特殊的地质环境，对于斜坡稳定的治理，应以支、挡等坡脚侧向约束为主，辅以疏、排、护等措施；对于在斜坡地段采用粉喷桩加固软土地基，应充分考虑斜坡横向滑移的可能性。

3. 对于在配合施工中发生的工程病害，应该做认真的分析，尤其是那些带有共性的问题，应进行勘察、设计复查，并完善设计。六盘水南编组站“斜坡软土”的病害防治、边坡防护、基床换填、高填方地段采用包心路堤填筑等措施是合理、可靠的，这种综合治理方案所取得的效果是明显的。六盘水南编组站已投入运营多年，高填路堤至今稳定无恙。

二十二、宝成铁路增建二线 DK438 滑坡工程实例

李维克

（一）滑坡概况

本工点为新建下行线单线绕行路堑工程，即原位利用 20 世纪 50 年代老宝成线废弃路堑。该段路堑左高右低，左侧高边坡已成陡壁，部分基岩裸露，堑顶向上斜坡延展很远，坡面植被稀疏，覆土及全风化带较厚，堑顶处厚约 3 m。新建路堑长 125 m，路肩高程需下挖 6 m，其两侧地表大多被垦为耕地。附近人烟较少，交通及施工条件较困难。

由于工期及滑坡变化发展等多种原因影响，本滑坡前后共进行了三次勘察。经资料分析判明，该滑坡轴向长 180 m，宽约 80 m，滑体厚 5 ~ 33 m，滑体约 $32 \times 10^4\ m^3$，滑体主要由粉质黏

土、块石土组成。滑面倾角 10°~25°,滑面分别位于土层与全、强风化层(页岩)及全、强风化层与弱风化层界面,滑面附近地下水较发育。滑坡最前缘自路肩以上约 1 m 处剪出,滑体中、前部土层蠕变、挤压下滑,牵引后缘形成多条张拉裂缝,其主滑方向与线路大致正交。

1995 年 8 月 30 日至 9 月 10 日,因连续暴雨导致左侧路堑土层大量下滑,堑顶以上坡面树木、农作物向下倾倒,地表多处开裂,工程被迫停止。此时路基已挖至设计高程,左、右侧挡墙均已建成,左侧已建挡墙被破坏,已成路基被坍滑体掩埋,宝鸡端的莫家河大桥架梁已完毕亟待向前铺轨,面对紧急险情,勘察和设计整治工作随即展开。

(二)滑坡自然特征

1. 地形地貌

宝成铁路增建二线在马角坝站之前通过会龙场越岭地段——中山峡谷区窄卡河右岸Ⅰ级阶地与坡麓交接带,依山傍河,地形较陡。山谷相对高差 30~200 m,自然横坡 20°~40°,上缓下陡,部分基岩出露。

2. 气象特征

本区地处亚热带温和湿润气候,四季分明,雨量充沛,年平均气温 14 ℃ ~17 ℃,极端最高气温 38.9 ℃,极端最低气温 -8.2 ℃;年平均降雨量 900~1 400 mm,6~9 月为雨季,占年降雨量的 50%~75%,实测日最大降雨量 274.8 mm;年平均相对湿度 65%~85%,年蒸发量 900~1 650 mm。

3. 地层岩性

本区主要分布有滑坡堆积层(Q_4^{del})粉质黏土、块石土及蠕动页岩夹灰岩和滑坡界外的坡残积粉质黏土(Q_4^{dl+el})、页岩夹灰岩(S_{2+3}),另外还有部分人工土散布。

(1)粉质黏土(Q_4^{del}):灰褐、褐黄色,硬—软塑,含 15%~30% 碎石、角砾,粒径 2~40 mm,石质成分为页岩及灰岩,局部夹少量块石,分布于滑坡表层或夹于下伏块石土中,厚 2~14 m。

(2)块石土(Q_4^{del}):褐黄、浅灰—灰白色,中密,稍湿—潮湿,块石约占 70%~80%,粒径 200~800 mm,石质以灰岩为主,充填粉质黏土、角砾及碎石,分布于滑坡粉质黏土之下,厚 3~8 m,为早期崩坡积物质。

(3)页岩夹灰岩(S_{2+3}):浅灰、灰绿、紫红及黄褐等色,薄—中厚层状,页岩页理发育,泥、钙质胶结,灰岩呈中薄夹层,岩层相变大且分布不稳定,因此,边坡岩层整体具有层理紊乱、软硬层夹裹极不规则、厚度也极不均匀的特征。

4. 地质构造及地震

本区位于龙门山隆起褶皱带北东侧,整体以天井山背斜为骨架,背斜西北翼发育马角坝—罗家坝大断裂带,其延展宽度近 9 km,由 9 条近于平行、倾向北西的高角度(40°~80°)叠瓦式压性断层组成。受其影响,区内地层全部倒转,层间扭曲揉皱严重,产状紊乱,节理发育。滑坡附近主要层理产状为 N75°E/65°~80°NW、N67°E/82°SE,节理产状主要为 N80°W/67°NE、N85°E/75°NW 两组,各类结构面多具潮湿挤压泥状光滑面特征。

根据《中国地震动峰值加速度区划图》(GB 18306—2001),本区地震动峰值加速度为 0.05g。

5. 水文地质条件

地面横坡较陡,大气降水大部分快速集中排入窄卡河,区内平常无广泛的表水径流特征,旱季沟槽干涸;区内汇水面积较广,土层中有少量孔隙水,基岩裂隙水发育,一般受季节影响较大，初见水位 7.6～30.2 m，稳定水位层次不明显，但在土石及岩层风化带界面附近多集中出现较大渗水，使一些钻孔的缩孔现象较严重。

（三）滑坡的变形发展及整治过程

由于该滑坡地形陡峻，岩性软弱且扭曲严重，早期形成的左侧堑坡受再次加深开挖的影响，由逐渐变形失稳并形成规模到分期整治稳定的 5 年中，大致经历了以下几个阶段：

1. 1993 年底本段路堑施工图设计完成，左、右侧边坡均需扩挖，并设挡土墙，其中左侧边坡挖高近 30 m。自 1994 年 4 月开始施工至 1995 年 8 月全段路堑基本成型，左（右）侧挡墙已大部分完成。当年 8 月底发生了强降雨，左侧边坡覆盖土不断沿风化基岩面坍滑，破坏挡墙 15 m，涌入并掩埋已成路基 90 m。堑顶以上 110 m 范围内地表树木及农作物倾倒，并出现多道环状裂缝，裂缝长 10～75 m，宽 0.1～0.4 m，错台 0.2～0.8 m，大部分表土出现失稳。坍滑后，D_1K438 +100～ +170 段边坡基岩部分外露。因工期紧迫，相邻宝鸡端莫家河大桥已架梁完毕正等候铺轨，要立刻获取钻探结果已来不及，考虑左侧堑坡已明显出露土石界线，故根据地质调绘和两处探坑为主，判断该处属堑顶表土滑动，厚 4～6 m。经方案会审，如果采用明洞方案，除需增设明洞 90 m 外，左侧堑顶以上的大范围滑体仍需设置抗滑桩以抵御大量滑体自 25 m以上堑顶瞬时滑下，挤压破坏明洞，造成危害。经比较，明洞加抗滑桩方案造价高于路基抗滑桩方案近百万元，综合效能不明显。最后决定采用三排抗滑桩方案，即下排桩设于左侧沟外缘，中排桩距线路中心左侧 36 m，上排桩距线路中心左侧 70 m；中排桩及下排桩间增设挡墙阻止土体下滑；在滑坡后缘及周界以外、上排桩上方及中排桩下方各设一道排水天沟。

2. 1996 年 8 月抗滑桩施工完毕，桩间墙亦大部分竣工，由于连续普降暴雨，坡面滑动再次发生，下排桩与中排桩之间坡面土体沿下部基岩面滑动，越过挡墙顶并推倒挡墙 27 m，掩埋已铺设的道床；中排、上排桩部分桩顶最大位移 25 cm。为此，进行了进一步补勘工作。根据补勘资料，该滑坡仍以浅层土体滑动为主，基岩内虽有强风化带存在，但钻孔未见滑动面（带）迹象，出露岩体也无明显变形滑动特征，但基岩风化带已处于压密变形的阶段，并出现局部蠕动变形迹象。

3. 鉴于该段路堑多年来坍滑严重、边坡极易失稳的情况，1997 年 3 月经现场办公，决定修建明洞，将路堑“盖”起来，并结合已建成的抗滑桩、挡土墙等工程，一次根治斜坡变形滑动的病害。新建明洞（莫家沟明洞）于 1997 年 12 月底建成通车。

4. 1998 年 7 月明洞进口及洞顶左侧山体发现有局部坍方、中排桩后天沟出现裂缝，有关部门随后进行了及时修补。1998 年 8 月本区遭遇了百年强降雨之后半个月，明洞衬砌左、右拱脚发现纵向裂缝，左拱腰、边墙有水平及少数竖向裂纹，至 1999 年 1 月，裂缝、裂纹都有一定程度的发展，左侧山体仍在蠕动变形，明洞受偏压出现明显开裂，情况较为严重。

5. 1999 年 3 月，铁二院专家组对该滑坡进行核查和分析研究判定：本区无古滑坡存在，主要原因是地表覆土较厚，下伏页岩因受构造影响，岩体软弱破碎、节理裂隙发育、风化严重且富水，岩体强度低，在强降雨作用下，使处于临空状态下的高边坡土层滑动，岩层软化变形失稳。由于已设抗滑工程发挥了控制边坡变形的较好作用，既有建筑物仅为轻度开裂。

为更有效地防止滑坡继续发展，通过 1999 年 4 月及 6 月进一步详细勘察和滑坡稳定性检算，确定需对明洞左侧上方蠕滑体设置两排锚索进行加固，从根本上消除明洞了左侧上方蠕滑体对明洞的侧向下滑推力。

（四）滑坡稳定性评价

本滑坡是由于高边坡上覆土层及破碎页岩，受施工开挖临空徐变和长时间大气降雨影响，在重力作用下，逐步发展形成的大型工程滑坡。在滑坡的勘察和整治过程中，对滑坡复杂的地质背景及发育特征的认识也逐步加深，最终才认识到其根本性质，并完成了全面整治。自 1999 年底锚索加固工程完成后，整体抗滑工程的组合效应确保了滑体逐步趋于安全稳定。

二十三、宝成铁路略阳至上西坝段 1981 年水害抢险重点病害概况及整治实例

李维克

（一）线路工程概况

宝鸡至成都铁路是西南地区北通道的主要干线之一，担负着西南地区与长江以北各省、市、自治区大量的客流运输和物资交流任务。宝成铁路于 1952 年 7 月动工修建，1956 年 7 月接轨通车，1958 年元旦正式交付运营；1975 年阳平关至成都段完成单线电气化改造工程；1999 年 12 月 29 日阳平关至青白江段及 2003 年底青白江至成都段分别完成增建二线电气化改造工程并全面投入使用。

1992 年底本线开始增建二线电气化改造工程之前，宝成铁路为全长 640 余千米技术标准很低的单线铁路。其中陕西省的略阳站至四川省广元市的上西坝站（略广段）长 133 km 线路，位于秦岭南麓和龙门山、米仓山相毗连的中山区与衔接四川盆地北缘低山区的过渡带，地形起伏，山高坡陡，工程地质条件十分复杂。线路基本沿嘉陵江“V”形峡谷岸坡较低的高程蜿蜒而行，工程大多依山傍水顺应地形迂回修建，小半径曲线毗邻相连，线路基本低填浅挖，以简陋的路基工程居多，上、下支挡工程等都显得非常脆弱。铁路建成后长期遭受滑坡、泥石流、崩塌落石及洪水冲刷岸坡等不良地质的严重威胁，大、中型病害及中断行车经常发生，特别是 1981 年 6 ~ 9 月遭遇区域性特大暴雨，洪水期间病害达到登峰造极之程度。

（二）沿线水害特征

据有关水害抢险工程资料统计，略广段 1981 年水害之前每年雨季均有断道的纪录。自 1958 年通车至 1981 年因水害断道 1181 次，停运时间达 3 454 小时，运能受到严重限制，造成较大的经济损失；1982 年至 1984 年间，更以上亿元的投资进行水害抢险整治。因此，本段线路病害严重地制约了宝成铁路的正常运输能力，使成都铁路局上西坝车站成为当时全国四大运能限制口之一，南下及北上的车辆因灾被堵在此地难以分解，给国民经济建设带来持续较长的不良影响。

1981 年 6 ~ 9 月，陕西略阳、宁强地区及四川广元地区都遭遇历史上的特大暴雨灾害。当年总降雨量、月降雨量集中程度以及降雨强度等实属历史罕见，特别是 8 月份尤为突出。因此，略广段发生了特大洪涝水害，仅路基就有 58 处遭受严重破坏，沿线满目疮痍，破损不堪，整个宝成铁路几乎处于全面瘫痪状态。据统计，病害主要以路基病害为主，其类型及工点数量见表 4—23—1。

表 4—23—1　宝成线略广段病害类型及工点数量统计表

病害类型	工点数量(处)	说　明
滑　坡	20	5 处改线,采用隧道绕避 3 处,明洞处理 2 处
路堤边坡及岸坡冲刷	19	/
堑(山)坡溜坍	6	其中坡面溜坍 4 处,堑坡溜坍 2 处
边(山)坡危岩落石掉块	6	不含采用隧道绕避及明洞处理的部分
其　他	7	改线隧道洞门外路基和既有工程开裂变形
合　计	58	

全段病害点多面广,基本性质比较相似,但规模各有差异。现就灾情较为严重的综合性工点作代表性介绍。

(三)主要水害工点

1. 军师庙滑坡、危岩落石及河岸冲刷工点

(1)地形地貌

该工点位于军师庙车站南端 1.3 km 处。线路沿嘉陵江右岸坡脚而行,以半路堑通过,右侧堑坡高约 30 m,左侧邻江。由于早期右岸的巨型、堵江崩滑体已堆积于河中及左岸,迫使河流向右侧改道,随时逼近并冲刷铁路所在的岸坡。线路右侧为 70°~80°的陡坡,有多处块石土堆积体。

(2)地层岩性

①斜坡表层的第四系崩坡积块碎石土,厚 10~20 m,局部达 39 m,稍密、潮湿;坡积粉质黏土夹角砾,厚 1~2 m,可塑—软塑;河谷内为冲积砂卵石土及滑坡堆积物质等。

②寒武系邱家河组硅化白云岩,灰—灰黑色,偶夹薄层炭质板岩、粉砂岩等,局部见方解石脉充填,岩质大部较软弱破碎,分布于 DK313+100 滑坡起点(左边缘)向大里程方向,处于滑床下部。

③震旦系元吉组钙质泥板岩、粉砂质板岩夹白云质灰岩,紫红、绿灰色,板岩质软,白云质灰岩坚硬,易形成陡崖,分布于 DK313+100 滑坡起点(左边缘)向小里程方向,处于滑床中部。

④震旦系元吉组白云质灰岩夹燧石结核透镜体,浅灰白色,岩质较坚硬,但完整性较差,多形成陡坎、倒悬崖等,是形成危岩落石的主要岩层,分布于 DK313+100 滑坡起点(左边缘)向小里程方向,处于滑床上部。

(3)地质构造及地震

本区处于秦岭山脉南麓、龙门山东北部、大巴山西端的复合地带,地质构造上为秦岭、大巴山褶皱系及龙门山坳褶带的衔接过渡区。线路位于军师庙背斜东翼,其北部为白水—燕子砭大断裂,南部为茶坝—南崖山及龙同背鸡公山断裂。工点内有两条较大的断层穿过,二者均属逆掩断层,走向大致北西,与线路呈小角度相交,倾向南西,倾角 10°~20°。断层破碎带一般不明显,仅见小范围挤压光面及擦痕特征。本区构造复杂、褶皱强烈,地层的分布明显受地质构造控制,岩层挤压严重,产状紊乱,具有不同程度的变质特征,发育有 3~4 组节理。

略阳至朝天段地震动峰值加速度为 0.10g,朝天至上西坝段为 0.05g。

(4)水文地质

本区地下水主要为覆盖层孔隙潜水和基岩裂隙水。前者分布于河谷及坡脚一带，埋深较浅，受嘉陵江水位的变化影响较大，一般对工程影响不大；后者分布于线路右侧的山区斜坡岩层中，如 DK312 + 510 右 25m 和 DK313 + 800 ~ + 900 右侧陡崖处，汇水面积广，以下降泉点或泉群出露，流量 0.1 ~ 0.5 L/s，受大气降雨补给，季节性强，但无统一地下水位，地下水一般沿斜坡土石分界面排泄，特别是降雨时的地表水下渗后易沿此界面产生强渗流。

(5)不良地质

①滑坡：位于 DK313 + 133 ~ + 308 段，轴向长 200 m，宽 175 m，前后缘高差 120 m。既有线在滑体下方以中心挖深 10 m 的半路堑通过；内侧堑坡高约 30 m，向上为 70° ~ 80°的基岩峭壁。滑体为块石土，成分混杂不一，差异较大，在不同深度夹有粉质黏土层，中下部可塑，近基岩面有一粉质黏土夹碎石角砾的含水层，形成潜在的软弱滑动(面)带。滑面的中上段基床为泥板岩，具隔水、泥化重、滑腻性强等特点，与后缘滑壁连成一体。滑体上部 5 m 为 1981 年 9 月已经滑动部分；下部 15 ~ 25 m 处于稳定状态，当年遇 36 天的连续降雨，使该层饱水软化，并沿该层土质较多的软弱带突然发生崩塌性滑坡，在路肩内侧坡面剪出，滑体约 $20 \times 10^4\ m^3$，将铁路路基连同轨道推挤至嘉陵江左岸，滑坡堆积物质阻断嘉陵江 12 分钟，造成河水暴涨，回水位向上影响达 2 km，致使滞留于江边的 20 名路内外人员遇难，形成罕见的特大地质灾害。“拦水坝”溃决后，其堆积物侵占了 1/4 河道。

②危岩落石：本段危岩落石极为普遍，主要分布于线路上方 100 ~ 250 m 的陡崖地带，由于落石地段接近军师庙背斜轴部，纵向张裂隙发育，而泥质板岩与硅化白云岩的软硬不均，差异性风化严重，岩体破碎且稳定性极差，形成既高又陡的临空面(如和尚崖等处)，使落石危情特别突出，而整治条件又十分困难。从 1965 年 4 月至本次整治前，在 DK312 + 600 ~ DK313 + 950 的 1.35 km 范围内，直接落在线路上的落石(体积最大 $17.5\ m^3$)就有 37 次，砸坏钢轨、接触网而中断行车有 3 次；坍方 14 次，尤以 DK312 + 900 ~ DK313 + 900 最为严重。为防止落石，曾在坡面上筑有挡墙 40 余处，但收效不大。

③河岸冲刷：DK313 + 100 ~ DK313 + 500 的 400 m 范围受左岸凸岩江水顶冲及早年崩滑堆积体阻水变流作用的共同影响，主流逼近线路形成严重冲刷，致使线路左侧岸坡坍垮高达 8 m，直接造成对路基的威胁，危害十分严重。

(6)整治方案

针对上述三类不良地质病害，分别进行了既有线原位整治和改线绕避的方案比选，经技术、经济及运营等综合比较后采用了后者，即改线以隧道绕避方案。

①原位整治方案很难综合考虑对滑坡、危岩落石和河岸冲刷三大病害较完善的整治工程。如果采用路基工程处理，不但费用大，而且很难同时保证既有线的运营畅通；采用抗滑明洞及渡槽明洞通过，不但短洞多、分布长，而且侧向下滑力很大，大部分地段地形陡且基底基岩持力层埋深大，长腿明洞设计和施工条件都十分困难，造价高，问题多，同时施工与运营相互干扰也很大，难以保证行车的安全畅通，因此，采用改线方案有较大的综合优势。

②改线方案经比较，最终选取了以长隧道绕避的军师庙改线Ⅰ方案：线位向山内移动 90 余米，改线长 1 319 m，较既有线仅增长 13 m。隧道长度 1 013 m(含明洞)，洞身埋藏于深层滑面以下 40 m，围岩少量为Ⅴ级，多数为Ⅳ ~ Ⅲ级。进、出口外都接有明洞以防落石，这样就完全避免了原线位的三类病害影响。工程造价 335.78 万元(1982 年价)，为各方案中的最低价，要比原位整治节省工程费用约 70%。改建完成后，线路不会遭受不良地质的危害并确保了长期运营安全，其效果十分明显。

2. 老鸦崖危岩落石、崩积体及岩溶工点

(1)地形地貌

该工点位于冉家河车站南端 DK341 ~ DK343 之间。线路沿嘉陵江凸出的右岸坡脚而行，除既有老鸦崖 38 m 隧道外，其余均以路堑或半路堑通过。堑坡高约 20 ~ 30 m，最高达 85 m，坡率 1:0.5 左右。左侧嘉陵江在此形成一个弧形弯，河谷狭窄，岸坡陡峭，局部冲刷严重。本段路基面高出 1898 年洪水位 5 m。

本区为嘉陵江侵蚀低山峡谷区，右岸相对高差 300 ~ 500 m，山顶为较平缓的侵蚀、溶蚀台地，其下斜坡变陡峻，达 45° ~ 65°。

(2)地层岩性

①第四系坡残积粉质黏土夹块碎石及崩坡积块碎石土，厚 1 ~ 5 m 及 3 ~ 25 m，分布于斜坡上部；河床及两侧有卵石土分布。

②上三叠统须家河组页岩与砂岩互层，黄—黄灰色，薄层及中厚层状，页岩质软易风化，砂岩较坚硬，破碎页岩在斜坡表面形成鳞屑状，砂岩较完整。

③中三叠统雷口坡组灰岩、白云岩夹页岩，灰—灰白色，中厚夹薄层，强度较高，分布于 DK342 + 165 ~ DK342 + 690 一带。

④中三叠统嘉陵江组灰岩、白云岩夹泥灰岩及泥岩，浅灰—灰色及紫红色，块状或中厚层，坚硬且强度较高，分布于 DK341 + 195 ~ DK342 + 165 一带。

(3)地质构造及地震

本区地处飞仙关大背斜南翼之单斜构造上，岩层产状 N75° ~ 85°W/20° ~ 25°SW，倾向山内。受构造影响，主要发育 2 组节理，以 N42° ~ 80°W/75° ~ 80°NE 为主，多呈 3 ~ 30 mm 张开无充填，间距 0.5 ~ 1.5 m，块状灰岩常沿节理面剥蚀形成陡坎，容易失稳坠落。

本区地震动峰值加速度为 0.10g。

(4)水文地质

本区地下水主要为岩溶水和基岩裂隙水。由于可溶岩节理发育，延伸好、无充填，有利于大气降水的下渗、径流及排泄，岩溶水受共扼“X”形节理控制，其补给区距排泄区距离短，通道发育，水流季节性强又较集中。基岩裂隙水分布于砂页岩中，其汇水面积广，受大气降雨补给，季节性强，以下降泉点或泉群出露，流量 0.1 ~ 0.5 L/s，无统一地下水位，地下水一般沿斜坡土石分界面排泄，特别是降雨时的地表水下渗后易沿此面产生强渗流。地下水一般分布或出露于线路右侧的山体斜坡地带。

(5)不良地质

①危岩落石：本段陡坡由坚硬脆性的灰岩、白云岩偶夹泥岩组成。岩层因内外营力的作用差异性风化严重，软质泥岩夹层易形成凹腔，使节理发育、岩体破碎的硬质岩形成临空倒悬石而发生坠落的条件，而落点大都处于铁路线范围，长期而频繁地严重威胁着铁路运营和列车旅客人身安全，是本段最大的不良地质病害。据工务部门的资料记载，自通车以来，历年都发生斜坡崩塌和落石现象，主要集中在冉家河车站南端至 DK341 + 780 地段，尤以车站南端和老鸦崖隧道出口为甚，其规模和破坏性很大。如 1963 年 DK341 + 000 处、1959 年 11 月 DK340 + 880 处和 1962 年 7 月 DK341 + 613 处，分别崩塌 100 ~ 600 m^3，砸坏钢轨 6 根，砸坏道岔及路肩墙栏杆；车站南端至老鸦崖隧道进口段先后 7 次岩石崩塌，严重危及行车安全；DK341 + 800 ~ DK342 + 700 段也多次落石。总之，该段山崖陡峭、危岩密布，给人以风吹石动的感觉，被人称作老鸦崖的“鬼门关”，整天使人提心吊胆，铁路运营的安全时刻都受到严重威胁。虽然多年

来铁路部门一直都在作不懈的努力，投入大量的人力、物力和财力进行整治，但由于地形狭窄陡峭，高差太大，危岩落石范围广泛零乱且还在不断地发展扩大，进行彻底根治十分困难。

②崩积体：冉家河车站南端拟改线方案的隧道进口端为巨厚崩积层，厚 20 ~ 30 m，块石占 20% ~ 40%，块径 0.2 ~ 0.5 m，个别 2 ~ 10 m，成分为灰岩、白云岩等，其余为碎石和黏性土充填，松散—稍密，处于稳定状态。

③岩溶：本段可溶岩分布广，岩溶较发育，如在既有线左侧 8 m、低于轨枕 6 m、高出谷底 9 m 有一水平溶洞，洞径 5 m × 6 m，可探深度 62 m，之后被水淹没。该溶洞对隧道改线方案有一定影响。

(6) 改建方案

针对危岩落石的严重危害，在 1.723 km 范围，共考虑了三个处理方案。

①既有线明洞方案：落石地段主要分布在车站南端至 DK341 + 780 一带，在既有线上修建明洞可分为 425 m 和 309 m 两段，除原有的桥隧明洞基本连通外，因起点为一段厚层崩积体，明洞需采用深达 22 m 的“长腿基础”，工程造价较高，施工技术难度较大，而深基础的施工对运营干扰严重，对高处坠落的大块石，明洞未必安全，因此放弃。

②改线长隧方案：采用长隧道使线路平面取直，线位向山内最大移动约 200 m，减缓了纵断面坡度，隧道长 1 571 m（含明洞 130 m），进、出口两端顺接既有线。其优点是绕避了可能产生崩塌落石的全部隐患，施工与运营的干扰少，便于施工场地布置，但需要考虑明洞段堆积体稳定及基础设置、洞身的溶洞处理等，造价较高，报废工程也较多。

③改线短隧方案：隧道沿长隧方案线位的前 350 m 行进后向左拐出洞，接上既有线路基段，这样基本绕避了主要危岩落石区，解决了主要矛盾，较长隧方案节省投资，但线路弯曲，隧道出口施工干扰大，危岩落石不能完全排除，仍存在不安全因素。

经多方面综合比较，为彻底消除病害不留后患和确保铁路安全畅通，最终决定采用长隧道绕避方案。

(四) 结 束 语

既有宝成铁路嘉陵江沿岸早期工程主要以滨河路基为主，依附于河岸陡峭斜坡上，由于岸坡岩层受褶皱、断层、风化和水流侵蚀冲刷等营力长期影响已显十分脆弱，地质环境复杂恶劣，当自然条件稍有变坏时，极易引发滑坡、泥石流、崩塌及落石等不良地质发生，给铁路工程带来严重危害，因此，在山区特别是河流峡谷地带修建道路工程，对复杂的地质环境必须引起高度重视。沿河线位应尽量内移，采用隧道以绕避各类河岸斜坡不良地质，确保工程安全可靠。

二十四、预应力锚索在宝成增建二线中的应用

周菊芳

(一) 前 言

预应力锚索是预应力技术应用的新发展，近年来在梅剑线、昆河线、宝成二线、南昆线已较多地采用预应力锚索整治滑坡及斜坡病害，并在工程实践中发展了锚索结构形式，改进了施工工艺和施工机械，积累了一定的经验。本文从宝成二线预应力锚索在几个滑坡整治工程

的设计、施工实践中，分析、探讨锚索设计参数的确定和施工工艺要求，为预应力锚索设计标准化、施工规范化创造条件。

（二）工点概况

宝成二线滑坡病害较多，一般都采用清方减载、抗滑墙、抗滑桩等惯用的整治工程措施。明月峡、老鸦岩、飞仙关三个工点地形陡峻，坍滑面较深或增建二线位于既有铁路靠山侧，两线相距较近，若设置锚固桩，桩长将达 40 ~ 70 m，施工难度大，施工干扰也大，而采用预应力锚索，既可避免上述问题，也更经济合理、适宜可行。

1. 明月峡工点位于新明月峡隧道进口双绕大跨度地段，线路通过区域性断裂带下盘的断层角砾岩、压碎岩，其下为页岩夹薄层灰岩，自然坡度 35° ~ 65°。该段线路长 130 m，施工中隧道进口上半断面开挖中坍方严重，已作衬砌从拱腰处纵向开裂变形，裂缝最宽 10 mm；坡面也出现多道裂缝，最大缝宽 450 mm，后缘弧形裂缝已贯通并明显下错。根据地貌和变形迹象分析，属古错落体的蠕动变形。整治方案采用先施作预应力锚索稳固岩体，再进行洞内压浆加强衬砌结构的综合工程措施。

2. 老鸦岩工点位于新老鸦岩隧道进口段，线路与地形等高线近于平行，通过冉家河大型岩堆的中下部，岩堆厚达 40 余米，其下为灰岩夹薄层页岩，山坡自然横坡 30° ~ 65°。由于明洞开挖切割岩堆，引起堆积体沿陡坡基岩面蠕滑，以致地面出现裂缝，挡土墙拉裂，隧道衬砌被挤压推裂。整治病害工程的措施主要是设置预应力锚索稳定蠕动变形岩体。

3. 飞仙关工点为增建二线双绕地段，飞仙关双线隧道穿越长鼻状山脊，长约 130 m，洞口紧临嘉陵江 3 号、4 号双线大桥，进出口段山坡堆积碎块石土，下伏紫红色页岩，山体自然横坡 20° ~ 70°。出口段进洞困难，坍塌严重，进洞 19 m 处发生坍方开“天窗”，严重扰动致使陡坡松散，堆积层沿基岩风化带蠕滑，地面发生数道弧形裂缝，最大缝宽达 150 mm，两侧裂缝切断 108 国道，长约 40 m 的隧道拱部衬砌位于堆积体中，下沉侵限并有少量裂缝。该工点采用河岸防护、线路外侧设锚固桩、线路内侧（隧道顶）设预应力锚索、加强衬砌等综合整治措施，预应力锚索是稳定蠕滑体上部的主要措施。

宝成二线已建成通车多年，上述三个工点，一直运营正常，证明采用预应力锚索加固整治是成功的。三个工点的锚索设计参数见表 4—24—1。

表 4—24—1 三个工点锚索设计参数表

工点名称	锚索规定	倾角（°）	锚孔直径（mm）	锚孔长度（m）	锚固定长度（m）	锚索间距（m）	锚索排数	单根锚索长（m）	锚索总根数	锚索总长（m）
明月峡	500 kN 4 × ϕ15.2	10	114	30.5 ~ 45.9	10	4 ~ 5	2 ~ 5	23 ~ 46	104	4 040
老鸦岩	500 kN 4 × ϕ15.2 20 根 700 kN 6 × ϕ15.2 32 根	20	114	39.5 ~ 45.0	10	5 ~ 6	2 ~ 9	33.0 ~ 47.5	234	9 272.3
飞仙关	500 kN 4 × ϕ15.2 73 根 750 kN 6 × ϕ15.2 18 根	10	114	20.0 ~ 40.8	10	4 ~ 5	1 ~ 6	20 ~ 42	91	2 777

（三）设计参数的确定

锚索设计是在详细滑坡工程地质勘察基础上进行的，而滑坡的规模、稳定状况、滑动面（带）的物理力学性质、地下水情况等是确定锚索设计参数的依据。

1. 设计锚固荷载与锚固力

系统布置的锚索群，穿过松散、破碎的不稳定岩（土）体，通过施加预应力，主动对坡面施加正压力，在整个坡面上形成均匀受压带，使不稳定体挤压紧密，并与深部稳定的岩（土）体连接在一起，使锚索在岩（土）体中起着骨架作用，而压力灌浆提高了岩（土）体的整体性并改变了滑带土的性质，从而阻止滑体位移，并形成新的稳定体。如图4—24—1所示，滑体由于重力的原因沿软弱滑动面（带）产生下滑力为Q，锚索预应力（拉力）对滑体推力为P，为了防止土体下滑，锚索所需的设计锚固力为

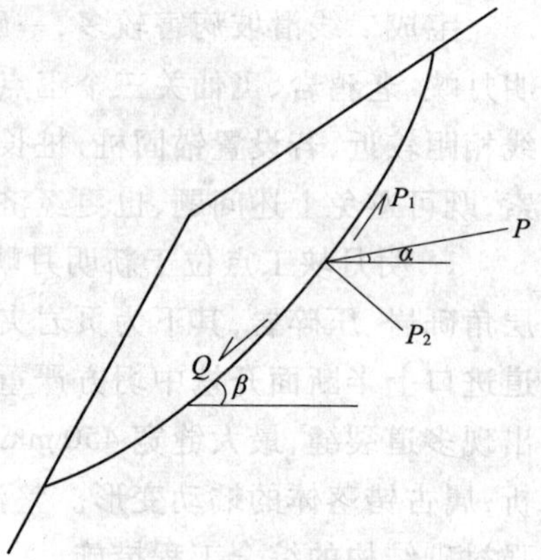

图4—24—1　P与Q关系图

$$P=\frac{KQ}{\sin(\alpha+\beta)\cdot\tan\varphi+\cos(\alpha+\beta)}$$

式中　K——安全系数；

φ——滑动面土体内摩擦角。

对于大型滑坡，滑动面（带）在纵横向变化较大，应采取在纵向按折线型滑坡分块，按横向（带）形态分级，分别计算各分段的剩余下滑力，再按上式计算结果计算各分段的锚索设计锚固荷载。

2. 锚索方位与倾角

（1）锚孔固定：由于锚固力是依据滑坡下滑力或分块的剩余下滑力确定的，原则上锚孔方位与滑面垂直，圆弧形滑面呈扇形分布，但应注意锚孔方位变化的均匀性。

（2）锚孔倾斜角（α）：滑坡体一般为松散、破碎、裂（孔）隙发育的岩（土）体，在滑坡体中造孔相当困难，常要采取跟管钻进工艺，锚孔向上倾斜，在无跟管的条件下，施钻或成孔更不容易，因此锚孔设计以水平孔或下倾斜孔为宜，一般情况下锚孔下倾角不宜超过30°。

3. 锚索设计强度等级

目前实施的允许锚索承受设计强度等级约为360～3 000 kN，由于工地制作锚索的条件差，有必要对锚索设计强度等级规范化，逐步实现锚索制作工厂化。

造孔是预应力锚索工程中投资最大、控制工期的关键工序。虽然采用大强度等级锚索、减少锚孔数量是经济合理的，但从预应力锚索对滑坡锚固作用机理分析，对松散破碎的岩（土）体，需要密集的锚固点，才能形成均匀受压带，发挥群锚效应，且从施工条件看，陡坡高台作业，锚索运送相当困难，因此，采用小强度等级锚索又具有结构上的合理性和施工的适用性。

以上分析说明，采用预应力锚索整治滑坡，其设计强度等级不宜过大，一般以500～1 000 kN为宜，应结合具体工点的施工条件选择。

4. 锚固段长度和锚索长度

（1）锚固段长度是锚索穿过滑动面（带）进入稳定岩（土）体的长度，采用粘结锚固方式，粘结材料为水泥浆或水泥砂浆等，目的是对锚索施加预应力时锚索不被拔起。表4—24—2为部分抗拔试验的结果。

表 4—24—2　抗拔试验成果表

序号	锚索材料（mm）	试验根数	锚孔直径（mm）	粘接材料	锚固长度（m）	最大拉力（kN）	破坏情况
1	$7\times\phi15$	5	110	水泥砂浆	2.5～3.9	1 045～1 553	钢绞线被拉断
2	$9\times\phi15$	3	110	水泥砂浆	3	1 990～2 010	钢绞线被拉断
3	$3\times\phi12.7$	1	110	水泥砂浆	2	400	未破坏
4	$4\times\phi15.7$	1	110	水泥砂浆	2	702	未破坏

试验资料说明，砂浆强度高、灌浆质量高，水泥浆或水泥砂浆均可以把锚索锚住，在钢绞线被拉断时均未出现滑移，显然锚索锚固是可靠的。同时也说明，砂浆的抗剪强度或锚固段孔壁岩（土）体的抗剪强度将决定锚固的效果。抗剪试验中采用砂浆配合比（水 0.5、水泥 1、砂 1），其强度是可以保证的。锚固段应力测试（应变计安置在钢绞线上）资料分析，应力从锚固段起点逐渐增大并向深处发展，拉拔力至钢绞线强度的 80% 时，曲线发展丰满，而孔底应力增加很小。测试结果显示，应力丰满长度仅为 2.5 m，锚孔加深，增加锚固段长度已无意义。因此在决定锚固段基本长度时，其值应小于 2.5 m。2.5 m 为锚固段的基本长度。

预应力锚索是永久性工程，必须有一定的安全储备，锚固段长度的安全系数采用 2.0，即锚固段设计长度等于两倍的基本长度较为适宜。

（2）锚索长度由锚固段设计长度、自由段长度和外锚固段长度组成。

5. 锚索孔的间距及排数

（1）锚索孔的间距：在保证群锚作用结构要求的基础上，锚索孔的间距主要由选择的锚索设计强度等级决定。根据实践经验，建议按表 4—24—3 选择锚索孔的间距。

表 4—24—3　不同锚索设计强度及相应锚索孔间距表

锚索设计强度（kN）	锚索孔间距（m）	附　　注
500	4～5	被锚岩（土）体松散破碎则取低值
700	5～6	
1000	6～7	

（2）锚索孔的排数：依据锚索设计锚固荷载（P）、锚孔间距（J）和滑坡轴向剖面（或滑坡分块的代表性剖面）、下滑力（Q），锚索孔的排数（I）按下式计算：

$$I=\frac{J\cdot Q}{P}$$

式中　J——锚孔间距（m）；

Q——下滑力（kN/m）；

P——锚索设计锚固荷载（kN）。

（四）主要施工工艺要求

1. 锚索制作

（1）现场制作应在架设工作平台上进行。

（2）严格按锚索设计长度下料，钢绞线的截断采用无齿锯（砂）轮锯或电、气割，严防烧伤钢绞线。

(3)钢绞线防锈采用永久性的防锈涂料,必须涂刷均匀,严格检查,对自由段则采用先灌浆后张拉工序,应用塑料管套扩,隔离地下水对钢绞线的锈蚀。

(4)在锚固段应设扩张环和导向帽,扩张环间距不得大于1 m,钢绞线穿入导向帽后应焊接在一起。

(5)制作好的锚索必须专人检查、登记、验收并编号。

2. 造　　孔

(1)在破碎、松散岩(土)体中造孔困难,选择性能良好的适宜的钻孔机械是顺利造孔的保证条件。对造孔机具有如下要求:

①环境适应性强,陡坡斜坡、脚手架上均可施工,既能钻进岩体,又能钻进土体,特别是破碎岩体的造孔;

②性能好,钻进效率高,孔内事故预防和处理能力强,钻孔直线度高,孔斜范围以10°~90°为宜;

③功能全,具有单动力头冲击钻进、跟管钻进和调节风压、风水比的功能以及防尘设备。

(2)滑坡钻孔,严禁水钻,在通过裂缝漏风、孔口不出风、岩粉吹不出来时,可采用高压水风钻进,使岩粉变成小团,达到堵塞裂缝的目的,实践证明是成功的。

(3)精度要求,孔斜不超过1/100,倾角误差小于等于±2.5°,才能保证锚固效果。

(4)造孔完成后使用高压风洗孔,吹出孔中岩粉和积水,以增强砂浆与孔壁的粘结强度。

3. 下　　锚

(1)造孔完成后应立即下锚,否则将会造成下锚困难甚至需重新补钻的后果。

(2)下锚前再次对锚索进行质量检查,校核锚索编号,核对锚索长度与钻孔长度。

(3)采用人工推入下锚,锚索必须下到设计的深度位置。

4. 灌　　浆

(1)水泥砂浆:采用不低于M35的水泥砂浆。实践证明,采用水0.5、水泥1.0、砂1.0配合比制作的砂浆,能保证锚固质量。

(2)灌浆方法:

①自孔底有压灌浆:通过安置于锚索中间插入孔底的塑料管灌浆,压力不小于800 kPa,至孔口溢满为止。

②二次灌浆法:第一次为锚固段灌浆,通过活动的灌浆管插入孔底,边灌浆边拔灌浆管至锚固段灌满为止;第二次灌浆是在张拉后进行自由段的灌浆,目的是裹护自由段锚索,防护锈蚀。

上述两种方法均可选择。第一种方法操作简单,灌浆质量好;第二种方法操作复杂,要测量准确第二次灌浆是否灌满了全部锚固段。第二次灌浆水泥砂浆等级可降低至M20,可取消自由段钢绞线的塑料套管,因此成本降低,经济效益好。

③自由段遇裂缝时将发生漏浆,严重时无法达到孔口溢浆的效果,可以采取人工从孔口填塞砾石、岩粉与浆液混合,堵塞裂缝漏浆。

④由于水泥浆有收缩性,灌浆后2天应进行补充灌浆,直至灌满为止。

5. 张　　拉

(1)张拉是施加预应力、保证锚固效果的关键工序,张拉前必须对张拉机具进行标定,以保证施工质量。

(2)实践证明,采用两次三级张拉法是符合要求的。第一次张拉为正常张拉;第二次张拉是由于地层被压密,锚墩产生徐变位移和钢绞线一定的松弛,造成预应力损失而进行的整体补偿性张拉。三级张拉强度为锚索设计锚固荷载的50%、75%、100%。前两级张拉稳定时间为5分钟,第三级稳定时间为30分钟,然后及时锁定。通常情况下,预应力前3天损失明显,3天以后便趋于稳定,因此两次张拉的时间间隔应不少于3天,以1周为宜。

6. 预应力锚索工程完成后的注意事项

(1)做好地面排水系统和绿化环境工作,防止坡面冲刷和其他人为因素造成锚墩变位,致使锚索失效。

(2)其他整治工程施工中,严防对锚固段岩(土)体造成扰动,以免降低锚固效果。

二十五、宝成铁路增建二线明月峡隧道进口斜坡变形与整治

周菊芳

(一)概　　况

斜坡变形地段位于嘉陵江上游明月峡峡口、宝成铁路朝天车站成都端、新明月峡隧道进口段的 $D_2K320+730\sim+860$,长130 m。

测区地处川北中山峡谷区,侵蚀强烈,河谷深切,斜坡30°~65°且多陡崖,地质构造复杂,龙门山隆起褶皱带斜插米仓山东西构造带,主要构造线NEE向。该段斜坡位于明月峡背斜北翼,靠近朝天断裂带下盘一侧,断层角砾岩、压碎岩宽达145 m,下盘为三叠系下统(T_1)紫红色页岩夹薄层灰岩。

新明月峡隧道长2 665 m,进口段紧临既有铁路靠山侧,为双线喇叭口,开挖断面宽达12 m,埋深10~45 m。

(二)斜坡变形情况

1. 古 错 落

嘉陵江强烈下切,斜坡高陡,河床狭窄,水流急速,冲刷坡脚,导致斜坡重力变形,产生山体错落。分布的断层角砾岩、压碎岩明显向河突出,厚层灰岩覆于原位地层页岩夹薄层灰岩之上,说明古错落的存在。错落体轴向N60°W,长160 m,宽150 m,厚20~45 m,见图4—25—1和图4—25—2。错落体前缘覆于平缓的Ⅱ级阶地之上,河道已外移,错落体是稳定的。

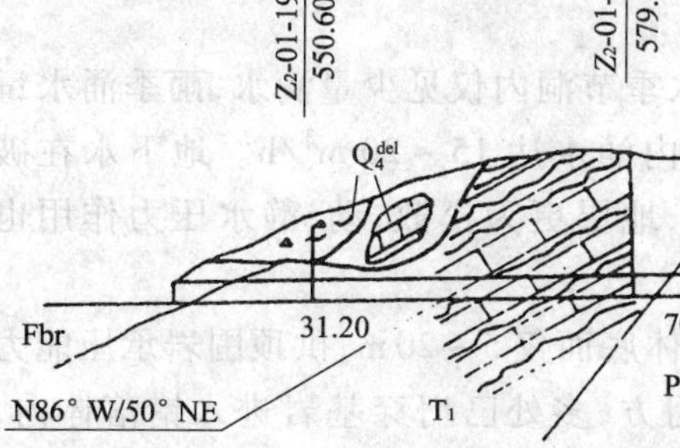

图4—25—1　明月峡隧道进口段地质纵断面示意图

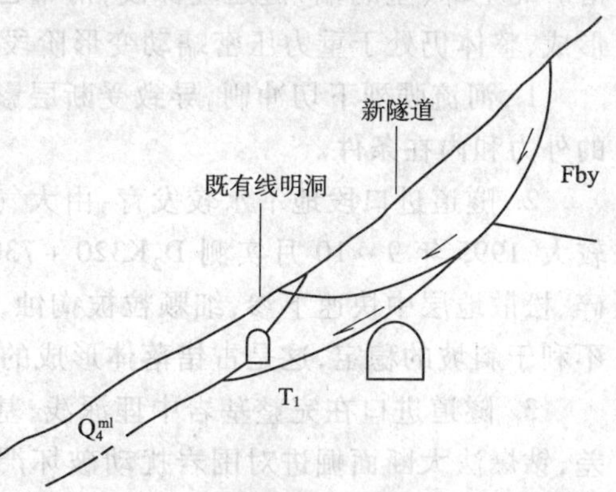

图4—25—2　明月峡隧道进口(古错落体)地质横断面示意图

2. 局部坍滑

宝成铁路以路堑通过古错落体中下部，挖方卸荷降低了错落体的稳定性，错落体北半部(靠宝鸡端)由软弱的断层角砾岩、压碎岩组成，在表水冲蚀下斜坡呈一相对低洼的槽沟，更有利于地表水的汇集下渗，地下水活动强烈，因此造成1976年雨季错落体的局部坍滑。其后缘错壁高3.5 m，裂缝宽0.5～2.0 m，陡壁下局部呈反向陷落凹地，造成铁路堑坡坍塌，线路下沉、外移而中断行车。采取改路堑为明洞、洞顶回填反压等整治措施，使坍滑得以稳定。

3. 斜坡变形

1995年新明月峡隧道施工，进口段按Ⅱ、Ⅲ类围岩设计，先拱后墙钻爆法掘进，分段衬砌，施工中普遍坍方严重，最大坍方高度达8 m以上。$D_2K320+770$～$+820$段总坍方量达1 000 m^3，地表相继产生7条纵向裂缝，裂缝长25～80 m，宽0.05～0.50 m。1996年坍滑体后缘拉裂缝贯通，两线之间陡坡上局部出现方向紊乱的鼓胀裂缝，洞内衬砌亦相继开裂，拱圈局部下错达3.96 cm，已侵入净空限界。裂缝在4～9月雨季发展较快，衬砌裂缝观测资料见表4—25—1。

表4—25—1 裂缝观测资料(cm)

时间	位置						
	$D_2K320+803.3$	+807.8	+823.3	+827.6	+831.7	+834.6	+836.2
1995-03-06	0	0		0			
03-10	微	0		0.1			
03-15	0.1	0		0.2			
03-22	1	0	0.1	0.3	0.1	0.2	0.2
04-03	1	0	1	0.3	1	2	2
04-15	1	0	2	3	2.5	3	3
05-26	1	0	2.5	3	3	3	3
09-25	1	0	2.5	3	3	4	3
12-26	1	0	2.5	3	3	4	4

注：不含拱内侧拱腰处裂缝。

(三)形成机制

新明月峡隧道进口段斜坡变形是在不良地质环境下，隧道施工诱发古错落体上部的坍滑。北半部(宝鸡端)隧道埋深浅，滑带已基本连通；南半部(成都端)隧道埋深大，滑带尚未形成，整体仍处于重力压密蠕动变形阶段。

1. 河流强烈下切冲刷，导致受断层影响之破碎岩体组成的高陡斜坡失稳，是形成古错落的外力和内在条件。

2. 隧道进口段地下水较发育，由大气降水补给，枯水季节洞内仅见少量滴水，雨季涌水量较大，1995年9～10月实测$D_2K320+730$～$+860$段洞内涌水达15～20 m^3/h。地下水在破碎、松散地层中快速下渗，细颗粒被掏蚀，使孔隙度增大，地层更为松散，动、静水压力作用也不利于斜坡的稳定，这是古错落体形成的又一重要因素。

3. 隧道进口在完整基岩中埋深浅，基岩顶板距错落体底面仅5～20 m，拱顶围岩承压能力差，钻爆法大断面掘进对围岩扰动破坏严重，造成普遍坍方，多处已坍穿基岩进入错落体内，同时由于衬砌未紧跟，坍洞未及时回填、压浆，松弛带向上扩展导致地表形成多条纵向裂缝，后缘裂缝拉张贯通后，在重力压密蠕变作用下，使隧道衬砌开裂。由于既有明洞反压支挡，因而在两线之间较薄弱的斜坡上形成鼓胀裂缝，一旦明洞被剪断，滑面贯通后，斜坡变形将进入快速下滑阶段。

（四）整治工程

根据斜坡变形的性质、形成机制和现状，为防止山体由蠕动变形向急速滑动发展，必须采取工程措施进行整治。整治工程的重点一是加固坡体，使斜坡得以稳定；二是尽量减小不利因素的影响，增强斜坡的稳定程度。

1. 加固稳定坡体

由于地形陡峻，环境地质条件差，清方减载可能会导致更大规模的病害，设置抗滑桩工程，其桩长大于50 m，施工困难，工程浩大。经论证，采用预应力锚索工程是适宜的，以其锚固力来平衡蠕滑体的下滑力达到稳定坡体的作用，锚孔有压灌浆，浆液将注入裂缝空隙中，也增强了岩体的完整性，地面机械化作业，施工安全，工期较短，显然预应力锚索加固坡体是技术可行、安全可靠、经济合理的。

斜坡变形地段 D_2K320 +730 ~ +860，长130 m 范围内，设置500 kN 级预应力锚索104 根，2 ~5 排，23 列，单根锚索长30 ~46 m，锚索总长3 994 m。

2. 减小不利因素的影响

（1）地表排水工程：做好浆砌片石截水沟、水泥土夯填封闭地表裂缝、坡面植被防护等，防止表水渗补地下水，减小地下水对斜坡稳定的影响。

（2）隧道内压浆：隧道掘进中发生坍方，特别是严重坍方的地段，压浆要浆满密实，增强已扰动围岩的完整性。

（五）结　　语

新明月峡隧道进口段斜坡变形是在特定的地质环境条件下由于大跨度隧道施工对围岩扰动破坏而诱发古错落体上部的蠕动变形。预应力锚索竣工后，隧道即恢复施工，山体亦趋于稳定。详细查明环境地质条件，特别是斜坡的形成、发展历史、不良地质与工程的关系是避免因工程施工造成既有病害进一步恶化或形成新的工程病害的重要保证。

二十六、对水柏铁路鸡场滑坡的认识

韩　康

（一）鸡场斜坡的地质特征

水柏线鸡场斜坡位于云贵高原，地面高程900 ~1 800 m，相对高差900 m，属典型的构造侵蚀中山峡谷地貌。由于线路在此段斜坡上迂回展线，故本文所论述的斜坡包括 D_1K73 +500 ~ D_1K74 +640（鸡场车站，下线）、D_1K90 +980 ~ D_1K92 +000（哈菁车站，上线），高程在1 050 ~1 580 m范围的斜坡（见图4—26—1）。

1. 地　　貌

该斜坡基本为沿岩层层面发育而成的顺层斜坡，自然坡度20°（近于岩层倾角），坡面上有许多0.2 ~0.4 m 的小台阶，冲沟发育，大的冲沟有五条。地表为第四系覆盖，仅沟底有灰岩

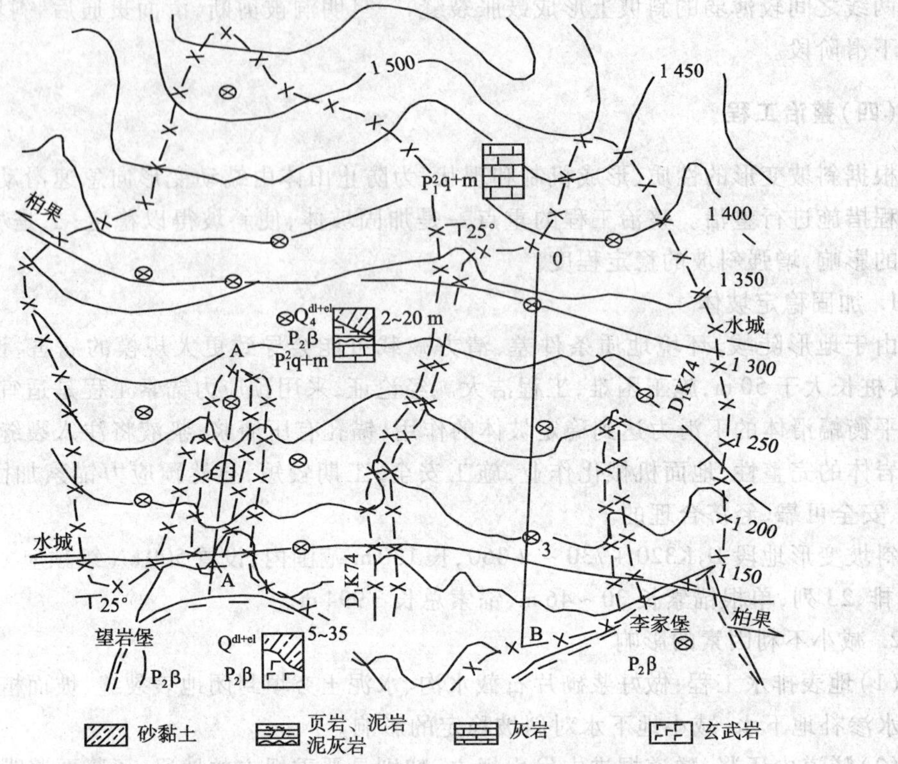

图 4—26—1　鸡场斜坡地质平面图

出露，灰岩顶部岩溶发育。

2. 地层岩性

区内地表上覆第四系残坡积层（Q_4^{dl+el}），下伏基岩为二叠系峨眉山玄武岩组（$P_2β$）和栖霞茅口组（P_1^2q+m）。根据区域地质资料和钻探显示，栖霞茅口灰岩沉积之后，曾有一较长时间的沉积间断，灰岩遭受强烈的岩溶化作用，因而灰岩顶部古岩溶发育，其后在灰岩之上沉积了一套厚约 10～30 m 的陆相、湖区相页岩、泥岩、泥灰岩等软质岩（归属 $P_2β$），与下伏栖霞茅口组灰岩接触面随古岩湾而起伏，但整体上呈平行不整合，见图 4—26—2 和图 4—26—3。

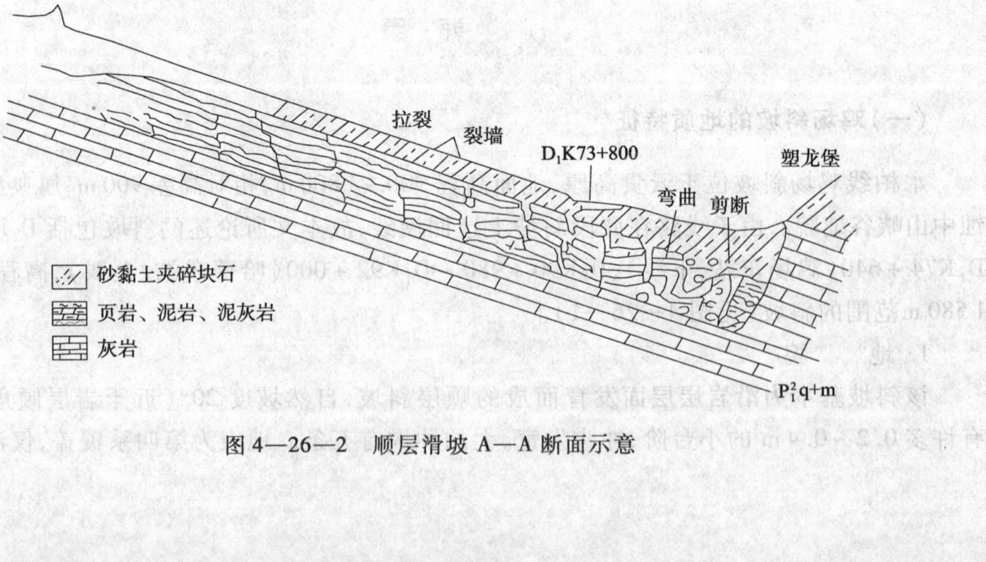

图 4—26—2　顺层滑坡 A—A 断面示意

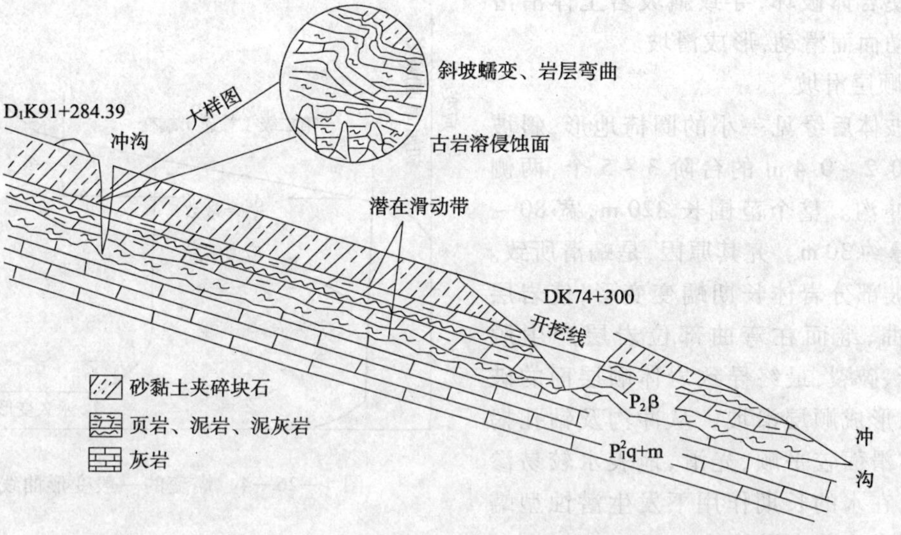

图 4—26—3　顺层滑坡 B—B 断面示意图

(1)砂黏土夹碎块石(Q_4^{dl+el}),厚 2 ~ 20 m,主要由软质岩风化而成,可塑,但底部大多呈软塑—流塑状。

(2)泥岩、页岩、泥灰岩($P_2\beta$),大多为泥质胶结,薄层状,质软,风化极严重—严重,钻孔岩心呈碎、块石夹砂黏土状,厚 10 ~ 30 m,厚度不稳定。

(3)灰岩(P_1^2q+m),深灰色,中厚层—厚层状,块状致密,质坚硬,厚度稳定。

3. 地下水及其对岩土体的影响

斜坡地段为单面坡,地表水沿岩层层面及覆土的裂隙、孔隙下渗。由于泥岩的隔水作用,使覆土与泥、页岩界面和泥、页岩与灰岩界面处及灰岩层内部层理和节理等都成为地下水的储存空间,尽管水量较少,却起着软化岩土体的作用,从而形成了由多层软弱结构面组成的软弱带,由此而成为潜在的滑动带,这已被大部分钻孔所证实。

(二)鸡场斜坡变形特征

鸡场斜坡为顺层斜坡,覆土厚,经现场测绘、调查,鸡场斜坡整体正处于蠕变阶段,其中局部地段经长期蠕变后,已产生了顺层滑坡。

1. 斜坡的蠕变

蠕变是斜坡岩土体在应力(以自重应力为主)长期作用下发生的一种缓慢而持续的变形。这种变形也包含某些局部破裂,甚至产生一些新的表生破裂面,因而岩土体结构随蠕变的发展而不断松弛。

构成鸡场斜坡的泥岩、页岩、泥灰岩为软质岩,在长期蠕变作用下,坡面土体出现拉裂、塑流,并沿岩层层理产生蠕滑、弯曲,继而产生剪切、滑移(见图 4—26—2 和图 4—26—3)。

岩石的蠕变通常分为三级(见图 4—26—4)。

第一级称减速蠕变(亦称初始蠕变),蠕变量有一渐进的极限值,卸荷后无残余变形;第二级称等速蠕变,此阶段蠕变量不存在渐进极限,卸荷后有残余变形;第三级称加速蠕变,蠕变速度随时间不断增大,最后导致破坏。

根据鸡场斜坡的变形特性,该斜坡岩石处于等速蠕变和加速蠕变阶段。只要应力增加,就会促使岩体破坏,导致斜坡岩土体沿潜在的滑动面而滑动,形成滑坡。

2. 顺层滑坡

滑坡体后缘见一小的圈椅地形,斜坡上有高 0.2 ~ 0.4 m 的台阶 3 ~ 5 个,两侧边界为冲沟。整个范围长 320 m,宽 80 ~ 170 m,厚约 30 m。究其原因,是蠕滑所致。

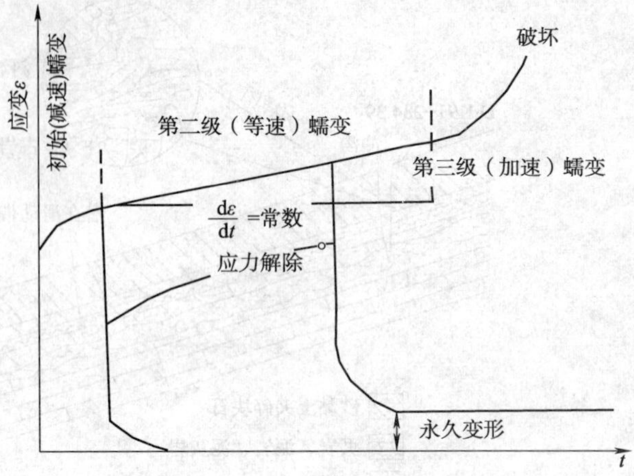

图 4—26—4　蠕变的一般变形曲线图

斜坡部分岩体长期蠕变变形,使岩层逐渐弯曲,继而在弯曲部位岩层产生脱空、弯折、破裂,最终导致岩体顺层面的破坏剪出,形成顺层滑坡。从冲沟及钻孔揭示,滑体滑面较平顺、光滑,地表水较易渗入该面,在水的长期作用下发生潜蚀型蠕滑,最后发生剪出滑移。

(三)滑坡产生的条件

产生滑坡是有条件的,主要有以下三项:

1. 斜坡存在潜在的滑动带(面);

2. 斜坡变形已处于蠕变阶段或部分已发展成顺层滑坡;

3. 线路设置及人为工程活动,可能引起整个斜坡失稳,形成规模较大的工程滑坡。

从前述可知,第 1、2 项本斜坡已完全具备,再从第 3 项看,线路分别于 D_1K73 + 680 ~ D_1K74 + 640(鸡场车站)、D_1K90 + 980 ~ D_1K92 + 000 两处通过斜坡地段,下线中心最大挖深 14 m,已深入 $P_2β$ 软质岩中,上线多为填方,最大中心填高 5 m,即上部加载、下部砍脚(切层)(见图 4—26—3),这对于斜坡的稳定是极其不利的。

此外,测区为峡谷地貌的单面坡,交通不便,现场较难选择理想的弃土场及材料堆放地,由于场地狭窄,修建施工便道、临时生活、生产设施不仅难于按预定的施工组织实施,加之施工必然使人为活动增加,必将加剧整个斜坡的蠕变,因此,该斜坡发生因人为工程活动而引起的工程滑坡的可能性极大。

(四)滑坡的危害及其措施

一旦鸡场斜坡发生大规模的滑坡,预计滑体长 800 m,宽 1 050 m,滑体厚 5 ~ 30 m,体积约 $420 \times 10^4 \sim 2\,500 \times 10^4$ m³,这对于桥梁、车站乃至线路将产生严重的影响。若为此而增设抗滑桩等工程,不仅耗时多、耗资巨大,而且受施工组织困难及雨季等不利因素影响,工程实施难度很大,因此,经过改线和工程整治的方案比选后,采用改线绕避方案。

(五)结　　语

1. 本文对岩性、岩体结构、软弱结构面(潜在滑面)分析后,结合工程布置、工程活动与地质环境的关系对鸡场斜坡的影响因素,揭示了整个斜坡形成规模较大的工程滑坡的条件,并利用软质岩变形理论,分析阐述了鸡场斜坡工程滑坡的形成机制,可供参考。

2. 在定测阶段,对水柏线鸡场斜坡,经过大量仔细的测绘、钻探工作和充分的分析论证,得出了本斜坡在施工过程中或施工后将产生较大规模工程滑坡的结论,据此修改了设计。后经对 20 km 改线方案与整治方案进行比较,通过鉴定,采用改线方案,取得了显著的社会效益和经济效益。

3. 工程滑坡是人为工程活动引起的滑坡,产生的条件亦是复杂多样的,但人为活动是其直接的诱原因。通过鸡场斜坡这一事例表明,工程滑坡又是可以认识和避免的。实践证明,在勘测阶段只要详细调查和勘探,掌握充分资料,深入地分析、研究并吸取和借鉴已有的实践经验,加以论证对比,识别和防治工程滑坡的工作是可以做好的。

二十七、水柏铁路银山顺层滑坡工程地质特征及其治理

阳旭东

(一)概　　况

银山顺层滑坡位于水柏铁路终点附近,相应于铁路里程 DK121 + 100 ~ + 260,为施工拉槽开挖引起的顺层滑坡,滑坡长约 200 m,宽 61 ~ 300 m,滑体厚 6 ~ 10 m,体积约 13×10^4 m^3。采用双排抗滑桩结合地表排水的综合整治措施整治银山顺层滑坡,取得了较好效果。

1. 地质概况

本段为中山溶蚀峰丛地貌,缓坡地形,自然坡度 15° ~ 25°,坡面多为旱地;地层主要为第四系坡残积粉质黏土,厚 0 ~ 4 m,下伏三叠系砂岩夹泥岩,中—厚层状,局部有泥灰岩出露,强风化带厚 5 ~ 10 m。

在 DK121 + 325 附近有一逆断层,产状 N10°W/25°NE,破碎带宽 10 m 左右。地层为单斜构造,受逆断层影响,岩层产状较为零乱,局部扭曲严重,产状 N40° ~ 50°W/20°SW,岩层走向与线路夹角 40° ~ 50°,倾角 18° ~ 22°。节理发育,以垂直节理为主,延伸长,间距 0.5 ~ 1.0 m,旱季地下水不发育。

在 DK121 + 100 附近右侧发育一条冲沟,该沟靠柏果端沟壁坡面较陡(约 45°),使滑坡所在山体有较大临空。

2. 原设计概况

本段线路以深路堑通过,中心最大挖深 15 m,两侧设重力式路堑墙,最大墙高 12 m;右侧墙顶留 3m 平台,并设路堑护墙,最大墙高 9 m;最大边坡高度 24 m。

(二)滑坡发展情况及成因分析

1. 滑坡发生及发展情况

根据滑坡发生的时间、分布范围和形态,将该滑坡分为两个区域(见图 4—27—1)。

A 区:DK121 + 120 ~ + 200 段于 1999 年 4 月路基挖方拉槽施工,即引起线路右侧发生顺层滑坡,滑体长 90 余米,宽 30 ~ 50 m,滑动主轴与线路夹角 55°,滑坡体物质成分以泥岩风化严重带(W_3)滑动所形成的块石土为主,夹少量粉质黏土,厚 0 ~ 10 m,较松散。滑坡前缘隆起,后壁及滑坡周界陡壁光滑,并发育有较深的竖向节理。同时,DK121 + 100 ~ + 165 段右侧坡面多处出现长大张拉裂缝。

B 区:在 A 区抗滑桩施工期间,1999 年 7 ~ 8 月,连降暴雨,DK121 + 150 ~ + 260 线路右侧

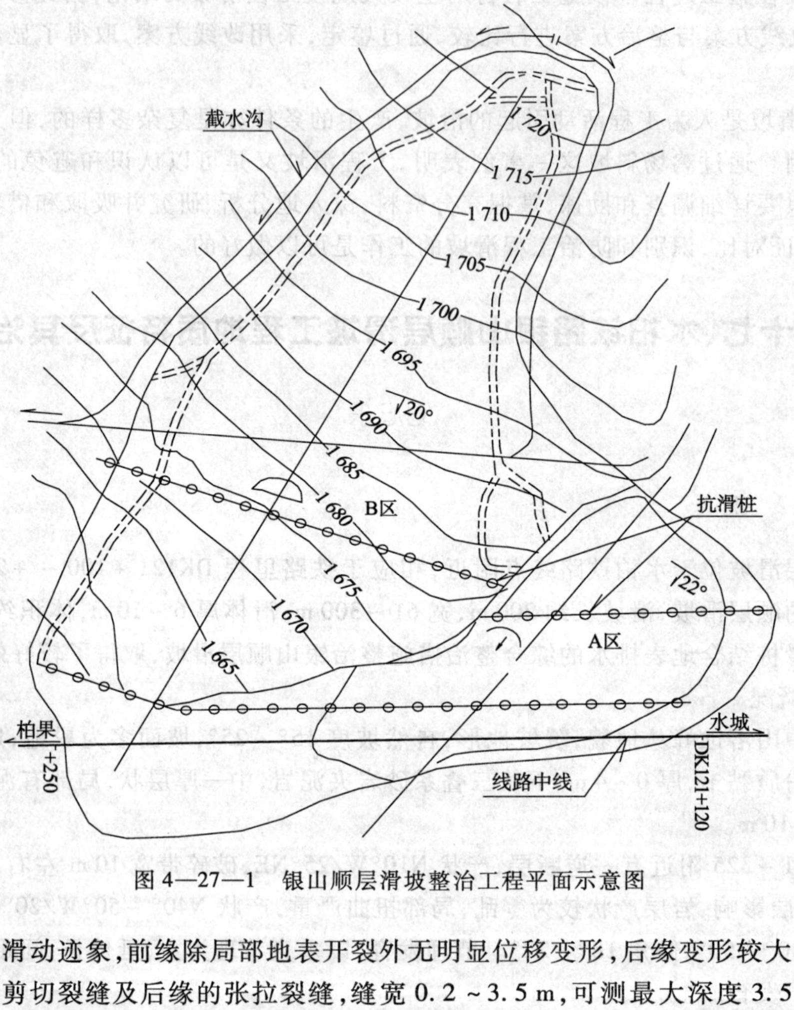

图 4—27—1　银山顺层滑坡整治工程平面示意图

山体出现顺层滑动迹象,前缘除局部地表开裂外无明显位移变形,后缘变形较大,整个滑坡体周界为两侧的剪切裂缝及后缘的张拉裂缝,缝宽 0.2 ~ 3.5 m,可测最大深度 3.5 m,另发育数条次一级裂缝。线路中线至滑坡后缘高差约 70 m,滑体长 200 m,宽 30 ~ 85 m,滑动主轴与线路夹角 65°,滑坡体物质为坡残积粉质黏土及砂岩块石,厚 6 ~ 15 m。根据钻孔揭示,B 区滑动带明显,厚 2.5 ~ 4.5 m,由泥岩、泥灰岩搓揉而成,以软塑状粉质黏土夹块石为主,在其下部可见 0.2 ~ 0.5 m 流塑状黏土。

2. 成因分析

(1)滑坡地区为三叠系永宁镇组砂岩夹泥岩,局部见泥灰岩,中—厚层状,软硬相间。

(2)受 DK121 + 325 附近逆断层影响,岩层扭曲严重,致使软硬相间的硬质砂岩竖向节理切割较深,岩体整体性差,而软质岩风化严重,力学强度较低。

(3)在 DK121 + 100 附近右侧发育一条冲沟,靠柏果端沟坡较陡、临空面大,施工拉槽开挖又使山坡前缘临空、失去支撑。

(4)地表水沿透水的砂岩及其节理面下渗,软化、浸泡风化严重的泥岩、泥灰岩,使强度进一步降低,形成了顺层下滑的潜在的软弱面。

综上所述,此段线路右侧斜坡山体原来即有因沟槽切割而形成的较大临空面,由于施工开挖又切断 DK121 + 120 ~ + 200 段右侧前缘坡脚,形成两面临空;地表水沿节理下渗至泥岩、泥灰岩,在软硬岩层界面富集且软化风化严重的软质泥岩、泥灰岩,形成软弱滑面;加之断层影响,节理发育、岩体破碎,坡体完整性差,于是发生顺层滑坡。滑坡表现为沿工程开挖面顺层滑出,而山坡上部沿竖向节理面拉裂下错。

（三）滑坡整治工程措施（见图 4—27—2）

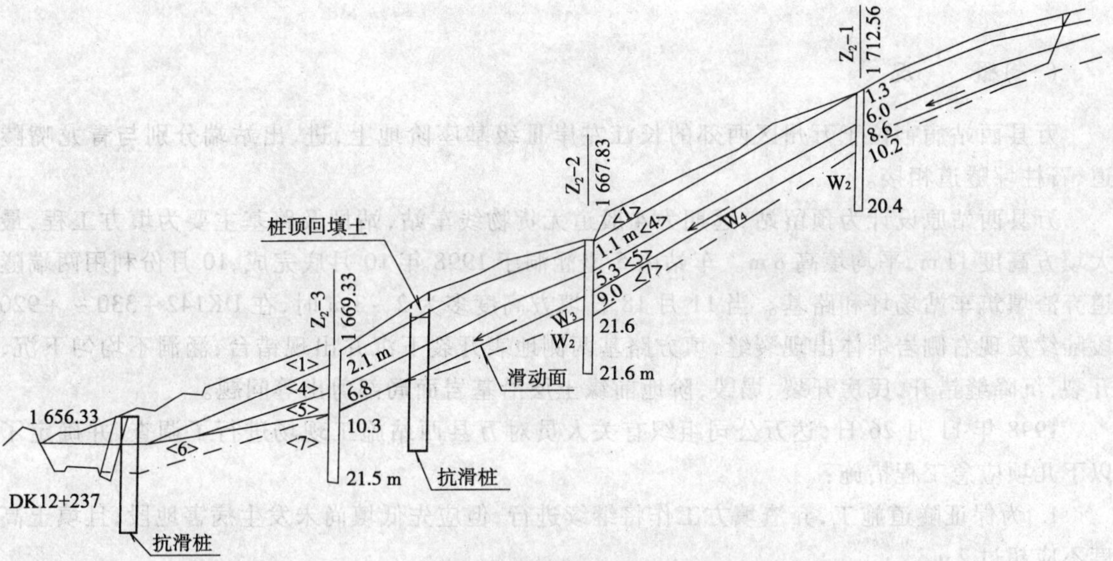

图 4—27—2　银山顺层滑坡整治工程代表性断面图

1. 线路右侧设抗滑桩两排,抗滑桩长轴方向均平行于滑动主轴方向,桩间距（中—中）均为 6 m。下排桩为悬臂桩顺线路中线平行布置,桩中心连线距中线 9 m,最大桩长 23 m,最大桩截面 2.0 m × 3.5 m。上排为埋式桩。A 区顺线路平行布置,桩中心连线距中线 34 m,最大桩长 24 m,最大桩截面 1.75 m × 3.00 m;B 区垂直于滑动主轴方向布置,最大桩长 20 m,最大桩截面 2.00 m × 3.75 m。

2. 滑坡体内外设两道截水沟,与堑顶天沟共同形成统一协调的排水系统。

3. 用黏土夯填地表裂缝,并用 M5 水泥砂浆抹面。

（四）体　　会

根据铁路工程建设经验,软质岩层倾向线路而其走向与线路的夹角为 0° ~ 30°时,应考虑顺层对开挖边坡的影响;岩层倾角为 15° ~ 30°时,顺层对开挖边坡的危害较大。

本工点岩层走向与线路的夹角为 40° ~ 50°,但先后仍发生两次顺层滑坡,由此在对顺层地段进行界定并采取处理措施时,除了考虑岩层走向与线路夹角、岩层倾角的大小以及是否存在软弱层面外,还应考虑工点可能存在影响边坡稳定的两面临空（空间效应）的不利条件。

银山顺层滑坡,空间效应是其典型的重要特征。施工前仅 A 区山体斜坡因沟谷切割而存在临空面,施工拉槽开挖切断斜坡前缘坡脚,造成两面临空,以致引发 A 区滑坡;A 区滑坡发生后,在滑体右侧边缘形成 2 ~ 3 m 高的陡壁,长达 30 ~ 40 m,导致相邻的 B 区山体斜坡左侧边缘出现临空面,与斜坡前缘施工拉槽形成的临空面组合一起,使 B 区斜坡又呈现两面临空的状态,在地表水下渗等因素综合作用下,使 B 区发生顺层滑动。

二十八、达万铁路万县西站地质病害特征及工程整治

郑永泉

（一）概　　况

万县西站病害位于万州区西郊的长江左岸Ⅲ级基座阶地上，进、出站端分别与青龙嘴隧道、石柱坪隧道相接。

万县西站原设计为预留站，远期为4股道无货物线车站，站坪及路基主要为填方工程，最大填方高度11 m，平均填高8 m。车站内5座涵洞于1998年10月底完成，10月份利用两端隧道弃渣填筑车站场坪和路基。当11月18日填方高度多为2～3 m时，在DK142+330～+920段陆续发现右侧岩堆体出现裂缝，填方路基两侧地表开裂下沉并出现错台，涵洞不均匀下沉、开裂，沉降缝错开，民房开裂、塌毁，阶地前缘土层沿基岩面局部剪出等问题。

1998年11月26日，达万公司组织有关人员对万县西站施工现场进行了调查，并确定了以下几项应急工程措施：

1. 为保证隧道施工，弃渣填方工作将继续进行，但应先低填尚未发生病害地段，且填土高度不应超过2 m。

2. DK142+789涵洞前后"出水田"地段，增设8条路基底横向排水盲沟。

3. 在线路右侧稳定山坡上，增设纵向截水沟和横向排水沟。

4. 尽快进行地质勘察，提交地质补勘资料。

5. 设置地面观测网和观测断面，进行地面位移和裂缝发展变化的观察、测量工作。对地表裂缝进行夯填，以防地表水灌入变形体内。

1999年2月25日～27日，经铁道部工程设计鉴定中心专家组对工程整治设计方案进行审查，最终确认采用锚固桩整治方案。

（二）自然地理

1. 地形地貌

测区属低山剥蚀丘陵区，地势南高北低，岸坡上发育有四级阶地；最高点为太白岩，崖顶高程400 m；山脚下为竹溪河，其水面高程约160 m（三峡水库回水位高程175 m）。竹溪河宽大深切河谷岸坡呈阶梯状，一般由河谷陡坡和断续分布的四级阶地构成，Ⅱ级以上阶地的前缘多见基岩陡坎，为基座阶地，Ⅰ至Ⅲ级阶地多已垦为农田。

万县西站位于Ⅲ级阶地上，其长约1 200 m，宽90～150 m，阶面高程为235～250 m。阶地为单面缓坡状，向河谷倾斜，纵向略有起伏，在两处地势低洼段各有一个水塘，地表多已垦为水田或菜地。阶地下部及前缘有地下水渗出，形成小块湿地；阶地前缘多见5～15 m高的陡坎，部分前缘陡坎被小坍滑体掩埋，当地居民多在阶地的中下部居住。

Ⅲ级阶地后缘多为巨厚层砂岩构成的数十米高的陡坡或直立岩壁，崖顶称太白岩，小里程段见有Ⅳ级基座阶地。太白岩山顶地势开阔、平缓，分布有5个生产队，地表多为水田、村舍、水塘、水库，近车站侧地表水由三条自然沟向铁路侧排放，部分水体流入水塘或水田成为阶地居民生活和农业生产用水的主要来源，多余的水流排入竹溪河。

2. 气　　候

万县地区位于温暖潮湿、雨量充沛的亚热带气候带，但各季节降水量差异较大，年平均气温为 18.7 ℃，年最高温度 41 ℃ ~ 42 ℃，年最低温度为 −4 ℃；多年平均降水量为 1 141.8 mm，年最大降水量为 1 752.6 mm，春、夏两季降雨量集中，占全年降水量的 70%；夏季多暴雨，冬、春季节多雾。

3. 地震烈度

根据 1990 年《中国地震烈度区划图》(1/400 万)，本区地震基本烈度小于或等于Ⅵ度。

（三）地层与构造

1. 地　层

车站范围内分布有第四系地层，包括人工填筑砂黏土夹碎石、块石或碎块石土(Q_4^{ml})，崩坡积块石土(Q_4^{col+dl})，坡残积(Q_4^{dl+el})、坡洪积(Q_4^{dl+pl})砂黏土夹碎、块石，基岩为侏罗系中统上沙溪庙组碎屑岩(J_2s)。

(1)第四系人工填筑砂黏土夹碎石、块石或碎块石土(Q_4^{ml})：为隧道施工弃土、弃渣，碎、块石含量 30% ~ 90% 不等，块径多为 50 ~ 60 cm，石质为泥岩和泥质粉砂岩，厚 2 ~ 5 m，分布于Ⅲ级阶地填方地段。

(2)第四系崩坡积块石土(Q_4^{col+dl})：青灰色砂岩块石占 50% ~ 80%，一般块径 20 ~ 200 cm，最大块径可达 15 ~ 20 m，块石石质坚硬，风化轻微，块石散乱堆积，孔隙度大。孔隙间为黄褐色砂黏土及碎石、角砾充填，一般厚 5 ~ 15 m，分布于线路右侧山坡脚或陡崖下。

(3)第四系坡残积砂黏土夹碎、块石(Q_4^{dl+el})：黄褐色或棕褐色，硬塑状为主，碎石、角砾含量 20% ~ 40%，局部夹有块石，石质成分为砂岩、泥质粉砂岩、泥岩，厚 2 ~ 10 m，主要分布于阶地前缘和后缘的缓坡及坡脚地带。

(4)第四系坡洪积砂黏土夹碎、块石(Q_4^{dl+pl})：黄褐色—深褐色，硬塑、软塑状为主，局部呈流塑状，夹有 15% ~ 30% 的块石及碎石角砾，厚 15 ~ 30 m，分布于Ⅲ级阶地上。

(5)侏罗系中统上沙溪庙组(J_2s)：主要为砂岩、泥岩、泥质粉砂岩。砂岩多为泥钙质胶结的细粒长石、石英砂岩，少量为石英砂岩，灰色、青灰色，中厚层—巨厚层状，石质坚硬，风化轻微；泥岩、泥质粉砂岩为泥质结构，紫红色或暗紫色，常夹绿色条带或团块，局部也常含有钙质结核，其表层风化严重，层厚 0.5 ~ 2 m。巨厚层砂岩主要分布在阶地后缘，形成陡坡或近直立岩壁；Ⅲ级阶地下覆基岩为砂岩、泥岩、泥质粉砂岩互层。

2. 构　　造

车站范围内基岩为单斜构造，山坡及阶地陡坎处均有岩层出露，岩层产状 N45° ~ 65°E/5° ~ 9°SE；高角度节理裂隙较发育，裂隙多为黏性土充填，其中 N61°W/80°NE、N40°E/90°两组节理裂隙贯通性好。

（四）水文地质特征

1. 地 表 水

竹溪河发育有四级阶地，岸坡为陡、缓相间的自然单面坡，大气降水排入竹溪河，线路右侧山顶(太白岩)地势宽大、开阔、平缓，地表多为梯状水田。在 DK142 + 480 ~ + 900 段铁路通过三条宽缓的自然沟，其中两条沟在Ⅲ级阶地上沿沟共建有五个大小不一的水塘，最大水塘面积约 160 m²，山顶汇水有近一半经此三条水沟排向万县西站左侧，最终汇入竹溪河。地表水流经Ⅲ级阶地后缘岩堆时大量下渗，形成地下水；部分地表水流入水塘。

2. 孔 隙 水

Ⅲ级阶地上覆15～30 m砂黏土夹碎、块石中含少量孔隙潜水，砂黏土持水性好、透水性差，阶地前缘及中下部多见流量小于0.01 L/s的地下水渗出点和小块湿地。勘探及水文地质试验揭示，阶地上覆土层地下水位多为0.7～5 m，水量很小，3孔于14～30 m段发现微承压水，其钻孔提水量均小于4.1 m^3/d；部分钻孔未发现地下水。上覆土层中有上层滞水，多呈带状、透镜状分布。土层中含水量不均一，主要受大气降水、水塘水补给，部分地段受排水沟水补给。

3. 基岩裂隙水

下伏基岩裂隙水不发育，且基岩表层风化严重，呈土状，虽然岩体高角度节理、裂隙较发育，但裂隙又多被黏土充填，不利于地下水的运移和储存，基岩中难于形成和存储大量基岩裂隙水，勘探中未发现较大基岩裂隙水，仅在阶地前缘局部陡坎见有微量基岩裂隙水渗出。

（五）病害特征

1. 滑 坡

在宽缓的三级基座阶地的中部，有十余户居民居住。据当地居民回忆，数十年间未见房屋、地表的较大开裂和场地变形、失稳现象，一般10年左右的雨季即会在阶地前缘有小坍滑体发生。另外，几乎每年大雨时，在局部阶地前缘陡坎的中上部会“冒浑水”、“流稀泥”，局部地表发生裂缝和坍滑等现象。1998年大雨后上述现象较多，补勘期间，也见有部分房屋墙体开裂的旧裂缝和局部阶地前缘地表发生裂缝和坍滑等遗留的迹象，说明Ⅲ级阶地基本稳定，但稳定性差。

(1)滑坡主要变形情况

万县西站及两端路基填方工程于1998年10月开始施工，至11月18日填方高度一般为2～3 m、最高填方为5 m时，在DK142 +330～ +920段，由于新增的填方荷载造成填方体下沉、地表开裂、4座涵洞开裂、邻近民房开裂、一处民房毁坏、地表位移等现象。

①填方体下沉及两侧地表开裂

A. 线路右侧：在DK142 +330～ +790段右侧近填方坡脚处出现一条大致平行于线路的地表贯通裂缝，其裂缝宽2～20 cm，填方侧明显下沉，多形成5～30 cm的错台。

裂缝穿过DK142 +520.68涵洞及DK142 +798涵洞入口，分别造成两座涵洞开裂，裂缝宽分别为50 cm和25 cm，错台高15 cm，且中部沉降大于两端，造成中部积水，水深大于20 cm。另外，DK142 +277.23涵洞和DK142 +951涵洞的洞身也有开裂现象，前者入口处接长的30 m明渠也多处开裂。在DK142 +790～ +920段线路右侧为一岩堆，岩堆体上发生多条弧形裂缝，裂缝间距为5～10 m，一般裂缝宽1～5 cm，最大缝宽30 cm，最大可见深度1 m。裂缝贯通性较好，其两侧多呈5～12 cm错台状。

B. 线路左侧：在DK142 +560～ +700及DK142 +820～ +950段填方坡脚外1～3 m处，出现基本平行线路的地表贯通裂缝，其口宽多为1～15 cm，填方侧明显下沉，多形成5～20 cm的错台，此裂缝通过一处民房，该房已严重毁坏，其邻近的两处民房墙体、地面多处开裂。

此裂缝在DK142 +560～ +620段最发育，且有NE向、NW向分支裂缝，造成两处民房墙体开裂。

(2)阶地中部及前缘地表裂缝

在DK142 +550～ +950段线路左侧100～150 m的Ⅲ级阶地前缘地表，发现多条弧形裂缝,部分裂缝呈错台状,前缘陡坎的局部基岩面上,土体有剪出现象。

(3)位移观测

万县西站填方工程出现病害后,及时要求施工单位进行主要地表变形区的水平位移测量工作。铁二院也建立了滑坡观测网,在 DK142 + 160 ~ DK143 + 050 段设置 11 个观测断面,共计 39 个观测点。30 天的测量数据显示,其中 37 个点有水平位移,累计位移量为 2 ~ 135 mm,在 DK142 + 420、+ 520、+ 660、+ 725 等 4 个断面的 10 个观测点的水平位移量较大,为 53 ~ 135 mm,与填方段地表变形范围基本一致。

(4)建筑物损毁

除四座已建涵洞变形、破坏外,多处民房墙体开裂,其中两处开裂较严重,一处民房已毁坏。

(5)锚固桩施工初期情况

1999 年 3 月 11 日锚固桩开始施工,由于阶地堆积层土质松软,其中夹有大块石、孤石较多,挖孔桩施工需要爆破,施工队伍经验不足,爆破用药量大,施工中陆续出现锁口沉陷、坑壁挤压变形,土体中见滑痕、擦面和股状水流,涵洞修补后又见开裂变形等现象。

2. 岩　堆

线路右侧Ⅲ级阶地后缘岩堆就座落在阶地覆盖层上,多呈带状岩堆群,主要为块石和砂黏土构成,大小块石、碎石混杂堆积,结构松散,孔隙多为黏性土充填。

岩堆一般厚约 5 ~ 20 m,块径为 20 ~ 200 cm,最大可达 10 ~ 15 m,石质为青灰色钙质胶结的细粒长石石英砂岩,少量为石英砂岩,石质坚硬,风化轻微。岩堆自然坡度 30° ~ 45°,缓坡地带多垦为果园或旱地。

3. 小 坍 滑

分布于 DK142 + 400 ~ + 970 段Ⅲ级基座阶地前缘地带,其中两处基本每年雨季均反复发生。

4. 危岩落石

车站右侧山坡陡峻,中上部更形成几十米高的悬崖陡壁,卸荷裂隙发育,突出的岩体、岩块形成危岩,下部陡坡上也有大块石分布,但距车站、线路较远,对工程影响较小。

5. 陷　穴

在 DK142 + 563 及 DK142 + 953 左侧发育 5 个小陷穴,地表坑口直径约 1 m,可见深度为 1 ~ 2 m,是地下水潜蚀造成的局部塌陷,显示土体中存在较多的地下水潜蚀空洞或管道,其对车站建筑及路基工程有一定危害。

6. 松 软 土

主要分布于 DK142 + 300 ~ + 900 段阶地的两个低洼地带,为第四系坡洪积砂黏土夹碎、块石。根据万县西站 81 个钻孔的勘探成果统计,各深度段松软土软塑状态分布情况见表 4—28—1。

表 4—28—1　各深度段松软土层塑性状态分布比例统计表

项目 / 孔深(m)	不同深度钻孔累计厚度(m)	流塑—软塑土		软塑—可塑土		松软土合计	
		厚度(m)	%	厚度(m)	%	厚度(m)	%
0 ~ 5	403.85	93.22	23.1	27.93	6.9	121.15	30
5 ~ 10	371.75	79.90	21.5	26.15	9.7	116.05	31.2
10 ~ 20	609.50	48.51	8	81.64	13.4	130.05	21.4
20 ~ 30	300.58	12.90	4.3	39.98	13.3	52.88	17.6
合计(0 ~ 30)	1685.68	234.53	13.9	185.70	11	420.23	24.9

各钻孔揭示的松软土分布情况见表4—28—2。

表4—28—2　松软土层在钻孔中的分布统计表

项　目		孔　数	孔(段)数量	占孔(段)总量百分比(%)
钻孔总数量		81		
无松软土的钻孔		30		
松软土分布深度	0~5 m		39	34.82
	5~10 m		38	33.93
	10~20 m		23	20.54
	20~30 m		12	10.71
	合计(0~30 m)	51	112	

(1)松软土层主要分布于DK142+218~+950段线路左侧的两个低洼区内。

(2)松软土层在0~5 m段分布较多,所占比例达41.37%,随深度增加,松软土层分布有所减少。

钻探中有16个钻孔的26段发生缩孔现象,其累计厚度为68.72 m。按不同钻孔深度,松软土缩孔分布情况统计结果见表4—28—3。

表4—28—3　松软土层缩孔在钻孔中的分布统计表

项　目		孔　数(孔)	孔数—累计进尺(孔—m)	占缩孔总厚度百分比(%)
钻孔总数量及总进尺		81	2 179.27	
无缩孔现象钻孔		65		
发生缩孔的孔深	0~5 m		12—36.37	52.92
	5~10 m		10—22.55	32.82
	10~15 m		4—9.8	14.26
	15~30 m		0	0
	合计(0~30 m)	16	26—68.72	

(3)该层砂黏土持水性高、含水量大、力学强度低,膨胀性接近弱膨胀土。8组松软土试验物理力学指标平均值:$\rho=2.04\ g/cm^3$、$w=23\%$、$e=0.641$、$S_r=97.4\%$、$w_L=26.83\%$、$w_p=12.13\%$、$I_p=12.13$、$a_{0.1\sim0.2}=0.35\ MPa^{-1}$(高值为$0.5\ MPa^{-1}$)、$c=23.26$ kPa(低值为4.9 kPa)、$\varphi=6.82°$(低值为2°48′)。

(4)地下水潜蚀松软地基土:DK142+500~+660及DK142+750~+980段阶地的两个低洼地带,由于线路右侧山顶区大气降水流经阶地后缘岩堆时,大量水体流入地下,在土体中形成网络状通道,经阶地排入竹溪河,在其活动中,不但使砂黏土软化,而且造成部分细颗粒土随水流失,甚至形成地下空洞、管道,造成地基松软。勘察中发现,许多现象与此有关,如水塘雨后冒浑水、阶地前缘雨后流泥现象、地面小塌陷较发育、DK142+565左侧两处小塌陷和下方水塘有连通关系、洼地范围与填方沉降变形显著、地表开裂严重区一致等,均显示了地下水潜蚀松软弱地基的危害。

（六）病害成因及发展趋势

1. 建筑场地变形的原因

（1）自然地理条件：万县西站位于高陡的竹溪河Ⅲ级基座阶地上，为阶地变形——滑坡提供了空间条件。阶地呈单面缓坡，纵向有两个条形洼地，洼地是线路右侧山顶排水通道，也是阶地地表湿地、小陷穴、前缘小坍滑体等发育集中地带。阶地的地貌形态显示局部阶地在历史上有明显的变形、滑移发生，其稳定性较差，这是该车站填方地段出现病害的主要原因之一。

（2）阶地堆积物的不良性质：阶地堆积厚层砂黏土夹块石、孤石，组成成分不均一，细颗粒土遇水软化，强度急剧降低，形成带状、透镜状分布的松软土层，造成土体强度的不均匀性和广泛的结构性软弱带，建筑场地稳定性较差，为滑坡形成和发展提供了条件。

（3）不良水文地质条件：地表多为水田，且有两处水塘，由于表水下渗，造成阶地浅层土体含水量高，力学强度低。另外，山顶的三条自然沟的大量水流在流经阶地时，部分水体渗、灌入阶地，其潜蚀作用造成、陷穴、管道。施工的前一年（1998 年），万县地区大雨成灾，对地基的稳定性更加不利。

（4）填方、料场堆积物的荷重：前期已填方约 5 万 m^3，另有部分施工用料堆积在场地上，新增物质荷重是阶地前期变形的直接原因之一。

2. 变　形

（1）变形阶段：DK142 +330 ~ +920 段，由新增的填方荷载造成阶地地表开裂、沉降、水平位移，阶地前缘局部开裂、剪出，涵洞、民房等建筑物破坏等现象表明，本段阶地现处于滑坡发育过程的蠕动变形阶段（酝酿阶段），整体滑面尚未形成，局部浅层滑面已存在，且处于发展中。

（2）发展趋势：补勘前，万县西站仅填筑约 5 万 m^3，为填方总量的 1/6，阶地已处于发生蠕动变形（酝酿阶段）。由于阶地砂黏土夹块石厚 15 ~ 30 m，其中、下部仍有软弱层分布，如继续填筑未完成的 25 万 m^3，或遇其他不利条件（如较大的降雨、山顶大量排水、建筑材料的堆积荷载、施工用水等），必将进一步促使滑坡加速发展，或形成深部滑动面，最终造成以下伏基岩为界面的Ⅲ级阶地全面失稳、整体下滑，不但铁路建设受损，而且危及Ⅱ级、Ⅲ级阶地的居民生命财产的安全。

（七）整治措施

整治方案主要有两个，即原线位综合整治方案和线路外移改桥方案。后一方案存在以下问题：特大桥的桩基施工难度大、费用高，车站采用下线式，对运营不利，而且仍需对Ⅲ级阶地已出现的工程病害进行工程处理，否则留有后患。1999 年 2 月 26 日，铁道部工程设计鉴定中心专家组现场评审时，确定采用原线位综合整治方案。

1. 整治原则

原线位综合整治，不留后患。

2. 整治措施

（1）后缘清方减载：对 DK141 +900 ~ DK142 +510、DK142 +600 ~ DK143 +100 段右侧的堆积体进行清方减载。

（2）线路左侧设抗滑桩加固：DK142 +094.5 ~ DK142 +981 左侧设置锚固桩 132 根（其中 DK142 +486.5 ~ DK142 +563.5 段为双排桩）。锚固桩桩长 22 ~ 37 m，桩间距 6 ~ 12 m，采用

1.75 m×2.5 m、2.0 m×3.0 m、2.5 m×3.5 m、2.5 m×4.0 m 四种桩截面。

DK142+608～+800 段左侧距线路 111～136 m 的阶地前缘设置锚固桩 14 根，桩长 16 m，桩间距 15 m，桩截面 1.5 m×2.0 m。

(3)局部挡护工程：在 DK142+633～+779 段Ⅲ级阶地前缘变形坍塌严重地段设置浆砌片石挡砟墙，墙高 4 m。

(4)反压护道：线路左侧设置顶宽 10 m、高 4 m 的反压护道，路基填方预留沉降加宽 0.5～0.8 m。

(5)截水、排水工程：线路右侧 15～60 m 范围内设置截水沟，并进行铺砌和接入车站涵洞，使地表汇水经涵洞排出。

对线路右侧岩堆体上及线路附近的地表裂缝用黏土夯填，防止地表水下灌。DK142+789 涵洞前后的出水地段增设 8 条路基基底横向排水盲沟，疏干地下水。

3. 整治工程效果

病害整治工程和车站建设于 1999 年底完成，车站左侧二级阶地上也建成居民住宅区（万州铁路西站小区）。2000 年达万铁路通车以来，万县西站运输畅通，Ⅲ级阶地上的住宅区使用正常，Ⅲ级阶地整体稳定，滑坡整治工程效果良好。

(八)小　　结

1. 万县西站主要工程包括在宽缓的Ⅲ级阶地上的路基、站场填方和站房等建设，工程简单，地形条件较好，但对场地内的松软土层的分布及危害、场地的稳定性及其工程地质、水文地质条件的认识不足，造成施工中发生病害的被动局面，应引以为戒。

2. 对位于高陡山坡、高阶地的细颗粒土场地，要注意调查雨季地表径流与地下水的转换关系，分析地下水的潜蚀作用和对土体的软化作用，尤其在旱季进行地质勘察工作时，更应注意此类问题的调查。

3. 确认蠕动阶段的滑坡存在许多困难，此阶段的滑坡不具备滑坡典型的外貌形态特征及其明显的内部滑动痕迹等，须加大地质勘察力度，查明其工程地质、水文地质条件，并进行地表位移测量工作，确认地表位移情况及规律，深入研究各种病害迹象与地质条件的关系，预测病害的发展趋势和结果，为设计提供资料。

4. 滑坡应进行综合整治和一次根治，尤其应注意地表水的截流、疏导工作，以取得事半功倍的效果。

二十九、渝怀铁路磨溪至白涛段盐溶角砾岩的地质特征及判识

曹化平

(一)引　　言

渝怀铁路西起重庆市，东至湖南省怀化市，全长 624 km，其中磨溪至白涛段线路长度 17.812 km(DK140+070～DK157+882)。该段普遍分布盐溶角砾岩，由于该地区盐溶角砾岩种类较多，又大量分布貌似盐溶角砾岩的其他岩土类型，加之盐溶角砾岩具有特殊的工程地质特性，准确判识盐溶角砾岩，对铁路勘察、设计、施工具有重要意义。只有通过对盐溶角砾

岩和貌似盐溶角砾岩的其他岩土从成因、地质特征等方面进行对比，才能准确判识盐溶角砾岩。

（二）地质概况

该段线路通过的地层主要有第四系全新统坡崩积（Q_4^{dl+col}）块石土，三叠系中统雷口坡组（T_2l）灰岩、泥质白云岩、含泥质灰岩和三叠系下统嘉陵江组（T_1j）盐溶角砾岩、灰岩等。

主要地质构造土地垭向斜为区域性构造形迹，向斜核部在 DK148 + 700 与线路呈 8° ~ 10°的交角斜穿线路，轴向产状 N18° ~ 20°E，为宽缓箕状向斜。

在 DK149 + 34 ~ DK149 + 412 段发育高角度正断层。三叠系下统嘉陵江组（T_1j）黑色砂、泥质盐溶角砾岩，与三叠系中统雷口坡组（T_2l）含泥质灰岩呈断层接触，断层面产状为 N20°E/70°NW，断层破碎带中见钙质盐溶角砾岩透镜体。区内节理比较发育，尤其在灰岩中，一般为密闭型，局部节理可见方解石薄膜充填，节理相互切割灰岩，化学风化常沿节理裂隙发生和发展，形成黏土包裹的红土化角砾状灰岩。

（三）盐溶角砾岩的类型、特征及成因

1. 盐溶角砾岩的内涵

盐溶角砾岩一般定义为富含盐类矿物的岩层，在地下水的作用下，盐类矿物被大量溶解流失，以致岩层塌陷、崩解、碎裂，经重新胶结固化成岩作用，形成具角砾状结构和巨厚层（块状）构造的岩石。在盐溶角砾岩中，常见盐类矿物（如石膏、食盐）被溶解流失后的痕迹，如晶模孔和假晶等。

2. 盐溶角砾岩的类型及特征

根据埋藏条件，可分为埋藏型盐溶角砾岩和裸露型盐溶角砾岩。

根据胶结物成分可分为钙质盐溶角砾岩和砂、泥质盐溶角砾岩两种。

（1）钙质盐溶角砾岩（T_1j）：一般为浅黄、浅黄灰、灰色，局部风化为浅肉红色，角砾成分较复杂，以颜色和风化程度各异的灰岩、白云岩为主，次为泥质白云岩、泥质灰岩等；角砾粒径一般 2 ~ 80 mm，局部角砾粒径可达 200 ~ 350 mm，角砾形状呈棱角状—次棱角状；角砾含量不均，约占 30% ~ 80%，排列无序，杂乱无章；角砾与钙质形成基底式胶结，胶结紧密，故又称硬质型盐溶角砾岩，角砾状结构，巨厚层（块状）构造，层理不清，其产状往往是依据顶底板层面产状和其中夹层等来确定。该层产出于三叠系下统嘉陵江组第四段（T_1j^4），层位稳定，是与中统雷口坡组（T_2l）划分的标志层。

局部地段盐溶角砾岩角砾有白云岩成分时，见方解石呈菱形、方形、三角形薄膜的网膜切割岩层，形成窗棂状盐溶角砾岩；另外局部发育不规则的菱形、长方形、三角形等溶蚀孔，内生齿状方解石晶芽，此为盐类矿物溶蚀后残留的假晶、晶模。

（2）砂、泥质盐溶角砾岩（T_1j）：一般为深灰、灰黑、黑色，角砾成分较复杂，主要以不同颜色，强风化—弱风化的灰岩、白云岩、泥质灰岩、页岩等组成；角砾粒径一般为 3 ~ 40 mm，局部角砾粒径可达 120 mm，角砾形状呈棱角状—次棱角状；角砾含量不均，约占 30% ~ 70%，排列无序，杂乱无章；角砾与砂、泥质、有机质形成基底式—接触式胶结，胶结松散，遇水易软化，风干崩解，故又称软质型盐溶角砾岩，角砾状结构，巨厚层（块状）构造，层理不清，其产状往往是依据顶底板层面产状和其中夹层等来确定。该层产出于钙质盐溶角砾岩之下，层位不稳定，

有些地段缺失。

3. 盐溶角砾岩的成因

根据盐溶角砾岩的特征及区域地质环境,盐溶角砾岩的原岩是含盐地层,在地下水的作用下,因盐类矿物被溶解流失而造成塌陷、崩解、碎裂,经再度胶结成岩作用后,逐渐形成岩溶角砾岩。

(1)钙质盐溶角砾岩的形成:钙质盐溶角砾岩之原岩沉积环境为半局限—局限台地相灰岩与含膏盐白云岩互层,经地下水作用,盐类矿物流失,而造成的塌陷、崩解、碎裂之碎块石,经后期地下水中的 $CaCO_3$ 再度胶结而成岩。胶结良好,比较坚固。

(2)砂、泥质盐溶角砾岩的形成:砂、泥质盐溶角砾岩之原岩沉积环境为局限台地相含膏盐白云岩、泥质白云岩,海水闭塞,泥质及有机质含量高,经地下水作用,盐类矿物流失,而造成的塌陷、崩解、碎裂之碎块石,经再度被原岩溶蚀残余之泥质及有机质胶结而成岩。胶结程度较差,比较松散。

(四)貌似盐溶角砾岩的其他岩土类特征

貌似盐溶角砾岩的其他岩土类,有构造角砾、红土化角砾岩、半胶结块石土等。这些岩土类与盐溶角砾岩有相似之处,因其成因不同,区别较大。

1. 构造角砾状灰岩

浅灰、灰色,角砾成分,几乎全为构造带两侧基岩的岩性,角砾粒径 2~50 mm,角砾形状多为棱角状,角砾含量不均,为钙质、泥质形成基底式胶结,胶结较紧密,局部钙质胶结有方解石化。分布局限,为断裂构造作用形成。

2. 红土化角砾岩

黄、棕黄、棕红、灰色,角砾成分单一,几乎全为母岩灰岩成分,角砾直径和含量根据化学风化的程度和不同发展阶段而不同,一般角砾粒径 20~500 mm。角砾呈棱角状—次棱角状,角砾胶结类型为黏土包裹灰岩形成松散胶结,未经成岩作用,较松散,其成因为化学风化作用沿发育的节理裂隙发展而形成。

3. 半胶结块石土

褐黄、浅灰色,潮湿,密实,块石成分复杂,多为灰岩、白云岩、泥质白云岩、盐溶角砾岩等,块径大小悬殊甚大,一般 50~500 mm,最大可达 2 200 mm,块石呈棱角状—次棱角状,为基底式或孔隙式胶结,胶结物为黏土、钙质等,胶结较差。成因为灰岩和钙质水发育地区,块石土经水化作用,形成半胶结,但明显未经过成岩作用。

4. 块 石 土

褐黄、黄灰色,潮湿,中密,块石成分复杂,往往因地而异,由所在环境的岩性而定,块径大小悬殊,一般大于 200 mm,块石呈棱角状,余为黏土、粉质黏土充填,松散。成因为坡崩积堆积而成。

盐溶角砾岩与貌似盐溶角砾岩的其他岩土的地质特征对比见表 4—29—1。

(五)结 束 语

根据盐溶角砾岩及貌似盐溶角砾岩的其他岩土的分布层位、结构、构造、胶结物、胶结程度等地质特征进行对比分析,为铁路设计、施工提供准确的地质资料,可供在相类似地区铁路工程地质勘察时参考。

表 4—29—1　盐溶角砾岩与貌似盐溶角砾岩的其他岩土的地质特征比较表

岩土类型 / 特征	盐溶角砾岩		貌似盐溶角砾岩的其他岩土			
	钙质盐溶角砾岩	砂、泥质盐溶角砾岩	构造角砾岩	红土化角砾岩	半胶结块石土	块石土
角砾成分	较复杂，主要为含膏盐岩层	较复杂，主要为含膏盐岩层、页岩等	单一，几乎全为构造带两侧基岩的岩性	单一，几乎全为母岩灰岩形成	复杂，由母岩岩性而定	复杂，由母岩岩性而定
角砾大小	2 ~ 80 mm，最大 200 ~ 350 mm	3 ~ 40 mm，最大 120 mm	2 ~ 50 mm	20 ~ 500 mm	50 ~ 500 mm，最大 2 200 mm	>200 mm
角砾形状	棱角—次棱角状	棱角—次棱角状	棱角状	棱角—次棱角状	棱角—次棱角	棱角状
胶结类型	基底式钙质胶结，胶结紧密	基底式—接触式泥质胶结，胶结松散	基底式钙、泥质胶结，胶结较紧密	黏土包裹灰岩形成松散胶结	基底式或孔隙式胶结，黏土、钙质胶结，胶结较差	黏土、粉质黏土充填
分布特征	区域性，层位稳定	区域性，层位不稳定	局部，断裂破碎带	局部，灰岩节理发育地段地表	局部，坡前钙质水发育地段	局部，坡前坡崩积发育地段
成　因	含膏盐岩层，塌陷、崩解、碎裂，再度胶结成岩形成	含膏盐岩层，塌陷、崩解、碎裂，再度胶结成岩形成	因断裂构造作用形成	化学风化作用沿发育的节理裂隙发展而形成	块石土经钙质水水化作用，半胶结，未经过成岩作用	坡崩积堆积

三十、渝怀铁路冯家坝车站路基病害分析

喻洪平

（一）前　　言

渝怀铁路是我国西南山区建设的一条长大铁路干线，地形、地质条件极为复杂，于 2005 年底建成通车。冯家坝车站前后（DK320 + 200 ~ D_1K328 + 943 段）属沿阿蓬江地段，该段全长 8.743 km，施工过程中边坡坍滑频繁，给施工造成很大困难，系渝怀铁路施工的重难点工程之一。

（二）地质概况

冯家坝车站前后属中低山侵蚀、河谷地貌，线路基本沿阿蓬江左岸坡脚与斜坡过渡地带通过，地形左高右低，横向沟槽发育。

1. 地层岩性

地表普遍覆盖坡残积、坡崩积膨胀土和碎块石土，最厚达 30 多米，低洼地带水田上部多分布软塑状黏土，局部夹淤泥质黏土，土质含水量不均。基岩有自流井群马鞍山组（J_{1-2}m）泥岩夹砂岩、灰岩及页岩，自流井群东岳庙组（J_{1-2}d）页岩夹介壳灰岩，自流井群綦江组、珍珠冲组（J_{1-2}q + z）砂岩、页岩夹泥岩、灰岩，下沙溪庙组（J_3x）砂岩夹页岩，巴东组（T_2b^{3+4}）泥岩夹页岩、泥质灰岩夹灰岩、页岩。受构造影响，岩层较破碎，岩体完整性较差。

2. 地质构造

该段线路位于灌河坝向斜东翼及核部，自 DK324 + 500 至 D_1K328 + 500 与向斜轴向近于平行。

(三)施工中出现的主要病害情况

1. 路堑土质边坡及路堤沟槽表土坍滑

施工适逢雨季，路堑边坡及沟槽表土溜坍现象较为普遍，共发生较大表土坍滑 20 余处，其中部分段落反复出现坍滑或蠕动变形。

2. 软质岩边坡坍滑

软质岩出露岩性为泥质砂岩、泥岩、页岩，线路左侧多为顺层开挖，施工过程中共发生软质岩路堑边坡坍滑五段。

3. 硬质岩边坡顺层坍滑

硬质岩岩性主要为泥质灰岩夹灰岩、页岩，线路左侧顺层开挖，部分段落用大锚杆加固。施工中仅出现一处顺层坍滑。

4. 路堤渗水软化

由于地下水发育，部分路堤填筑后出现渗水软化现象，引起一处已填筑路堤改桥通过。

(四)病害成因分析

1. 斜坡稳定性

该段线路左侧为山坡，右侧为阿蓬江，覆土最厚达 30 多米。由于施工中坍滑频繁，且右侧下方 319 国道多处因坍滑被破坏，斜坡及堆积体的稳定性对线路影响大，需对该段线路斜坡及堆积体整体稳定性进行评价。经对大部分地段实测代表性地质断面进行稳定性检算，及对施工期间进行的稳定性监测显示，其堆积体整体是稳定的，仅局部存在表土溜坍问题。如 DK325 + 881 附近路堤采用桩基托梁路肩挡土墙，桩基置于块石土中，经对该段路肩墙变形观测资料进行分析，及对地质断面（见图 4—30—1）进行检算，其局部稳定检算 $K_1 = 2.7967$，整体稳定检算 $K_2 = 2.6587$，块石土稳定性较好，可以作为路肩墙的基础持力层，不会发生整体失稳。

2. 构造影响

受灌河坝向斜构造的影响，岩体节理裂隙发育，完整性较差。软质岩顺层地段，多顺层开挖，施工中共发生软质岩路堑边坡坍塌五段，部分岩体破碎及开挖后迅速风化，自稳性差而发生坍塌；部分受不利结构面控制，在雨水及地下水作用下发生坍塌，其破坏模式见图 4—30—2。

硬质岩多为泥质灰岩夹灰岩、页岩，左侧顺层，岩体破碎，顺节理面溶蚀严重，勘察及施工中揭示多处溶洞。路堑边坡顺层开挖揭示，大部分段落由层面组成的边坡坡面的岩体，受节理切割及风化、溶蚀而呈破碎的块状，其中一组倾向线路的有害节理非常发育，对边坡的稳定性影响很大，有一段路堑未进行加固处理，虽顺层开挖至顶，但边坡岩体仍遭倾向线路的有害节理切断，岩层仍顺软弱夹层面发生顺层坍滑。

3. 膨胀土、软弱土的影响

(1)膨胀土：上覆黏性土为弱—强膨胀土，一般厚 2 ~ 10 m。由于珍珠冲组（$J_{1-2}z$）、巴东组（T_2b^{3+4}）等地层中黏土矿物含量较高，故其坡、残积土多属膨胀土；部分为灰岩残积层亦属膨

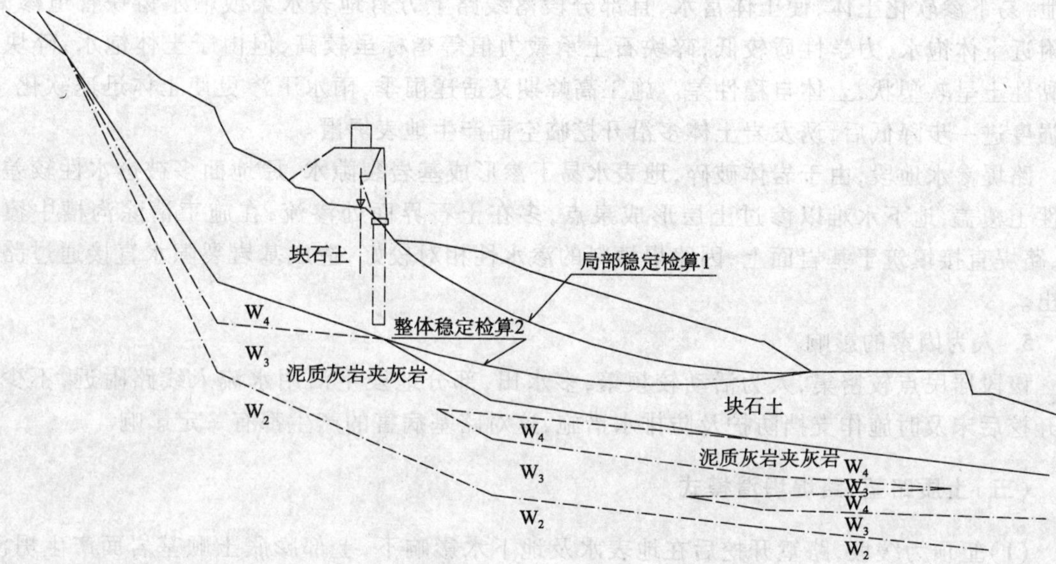

图 4—30—1　路基 DK325 + 881 地质断面示意图

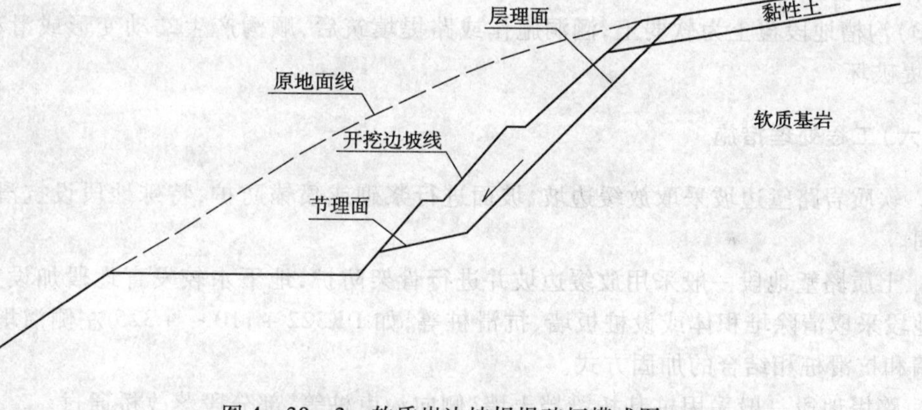

图 4—30—2　软质岩边坡坍塌破坏模式图

胀土。DK325 + 600 ~ D_1K328 + 400 段巴东组（T_2b^{3+4}）的风化残积黏土为膨胀土，但多呈软塑状，局部为流塑状。

（2）软弱土：本段为山脚坡麓斜坡地带，地表水及地下水十分发育，土质松软，多呈软塑至流塑状，具有天然孔隙比大、含水量高、压缩性高、力学性质差的特点，其力学强度标准值 c = 12 kPa，$\varphi = 5°$，由于多为膨胀土浸水、饱水后形成，故又具一定膨胀性。本层厚 2 ~ 8 m。多数地段土质软弱，致使表土坍滑现象较为普遍，变更设计较多。

4. 水的影响

水对边坡稳定性的影响是多方面的，而且是非常大的，大多数边坡岩土体的破坏和滑动都与水的活动密切相关。水常常影响岩石的变形过程，软化岩体，在很多情况下加速甚至诱发岩土体的变形与破坏。

线路右侧 319 国道下方为阿蓬江，地表水均向阿蓬江排泄，地下水主要为破碎岩体中裂隙水及块石土层中孔隙水，在低洼地带多以泉点形式出露。地形较平缓地段地表水不易较快排泄,易下渗软化土体,使土体富水,且部分段落线路上方有地表水渠或输水铸铁管道渗漏,使附近土体饱水,力学性质较低,碎块石土承载力值等指标虽较高,但由于土体饱水,碎块石间黏性土呈软塑状,土体自稳性差。施工高峰期又适逢雨季,雨水下渗更使土体迅速软化,力学强度进一步降低后,诱发岩土体多沿开挖临空面产生地表坍滑。

路堤渗水地段,由于岩体破碎,地表水易下渗形成基岩裂隙水,原地面多被透水性较差的黏性土覆盖,地下水难以渗过土层形成泉点,多在土石界面处渗流,在施工清除沟槽中覆土后,路堤直接填筑于基岩面上,因路堤填料的渗水性相对较好,造成基岩裂隙水直接通过路堤渗出。

5. 人为因素的影响

该段居民点较密集,人为活动较频繁,多水田,部分地段生活用水流入线路附近,不少地段开挖后未及时施作支挡防护及防排水措施,这对路基病害的产生都有一定影响。

(五)土质路堑、路堤坍滑模式

(1)堑顶为缓坡,路堑开挖后在地表水及地下水影响下,上部膨胀土顺基岩面产生坍滑,该类坍滑现象较为普遍,部分堑坡为小型沟槽,路堑开挖后顺沟溜坍。

(2)边坡主体由膨胀土层组成,其下为块石土,开挖后在地下水及地表水影响下,沿开挖临空面产生较大规模的滑动变形和破坏。

(3)沟槽地段覆土为软弱土,涵洞施作或路堤填筑后,顺沟产生蠕动变形或滑动,造成涵洞、路堤破坏。

(六)工程处理措施

1. 软质岩路堑边坡采取放缓边坡、坡面进行浆砌或喷锚防护,特殊地段设抗滑桩或桩板墙加固。

2. 土质路堑地段一般采用放缓边坡并进行骨架防护,地下水较发育地段加设支撑渗沟,特殊地段采取清除堆积体或设桩板墙、抗滑桩等,如 DK322 + 110 ~ + 325 左侧溜坍体即采用桩板墙和抗滑桩相结合的加固方式。

3. 路堤地段一般采用桩基托梁挡土墙、侧向约束桩等,部分段落改桥通过。

4. 硬质岩夹软弱层顺层地段一般设大锚杆加固。

5. 涵洞位于软弱土地段,对较薄的一般采用清除处理,对较厚的采用桩基。

6. 工程弃渣及路堑清方集中堆放于弃渣场内,不得堆弃于线路附近。

(七)体　　会

1. 该段线路多位于堆积体上,堆积体厚,工程地质条件差,地表多为软弱土、膨胀土,岩体受构造影响严重,加之水及人为因素的影响,造成该段施工变更量大。针对病害特点,采取合理的工程措施处理,病害得以根治,确保了工程顺利施工。渝怀铁路于 2005 年底全线建成通车,该段铁路运营良好。

2. 水对工程而言是病害之源,直接影响岩土体的物理力学性质,导致岩土体的破坏和坍滑,因此路基工程应尽量避免雨季施工,施工过程中应做好临时及永久防排水措施。

3. 山区铁路隧道、桥梁较多,工程量大,工程造价高。铁路沿江河地带不良地质多,地质条件差,工程处理较困难。所以,应特别做好沿江河及内移作隧道的方案比较,合理确定线位。线位沿江河时，应查清沿线工程地质、水文地质条件，绕避稳定性差的巨型、大型不良地质体和不良地质集中发育地段。当不良地质体规模小、边界条件清楚，整治方案技术可行、经济合理时，线路可采取措施后于有利于不良地质体稳定的部位通过。在膨胀岩(土)地区路基宜填不宜挖，或采用低填、浅挖通过，高填路堤应与桥梁方案比较，避免深大路堑。

三十一、渝怀铁路石子坝车站软土特征及其对工程的影响

管　嵘

(一)前　　言

渝怀线石子坝车站(DK287 + 200 ~ DK288 + 423.87 段)2001 年施工期间，路基因软土问题，曾进行多次补勘和多处设计变更。本文对该处软土的成因特征及对工程的影响进行简要评述，以供参考。

(二)地质概况

1. 地形地貌

中低山剥蚀地貌，地形起伏较大，线路沿泡水河左岸斜坡坡脚行进，地面高程 500 ~ 800 m，线路右侧坡顶河谷相对高差达 300 m。斜坡自然坡度 20° ~ 45°，沟槽发育，坡面覆盖层较厚，坡脚为泡水河，交通较方便。

2. 地层岩性

段内上覆第四系冲洪积层(Q_4^{al+pl})、崩坡积层(Q_4^{col+dl})、坡残积(Q_4^{dl+el})层，下伏志留系下统龙马溪群(S_1ln)页岩夹砂岩。

(1)泥炭(Q_4^{al+pl})：深灰、灰黑色，软塑状，含炭化程度较高的腐殖质 20% ~ 80%，质轻，有臭味，污手，呈透镜体状分布于 DK287 + 770 ~ DK288 + 020 段崩坡积层之下，厚 0 ~ 10 m。

(2)软粉质黏土(Q_4^{al+pl})：灰黄、灰色，软塑状，局部含水量较高，夹少量页岩、砂岩质角砾及少量腐殖质，分布于泡水河河谷地表及崩坡积层之下，厚 2 ~ 10 m，其中 D_1K288 + 090 ~ + 285 段上覆硬层为坡、崩积碎石土及冲、洪积粉质黏土，厚 2 ~ 15 m。

(3)卵石土(Q_4^{al+pl})：灰绿、灰、深灰、灰黄色，中密—密实，潮湿—饱和，卵石(ϕ20 ~ 200 mm)占 60% ~ 70%，分选性差，磨圆度差—中等，石质成分较杂，充填砂、砾石及粉质黏土，分布于泡水河河谷地表及崩坡积层之下古河床中，厚 0 ~ 6 m。

(4)粉质黏土(Q_4^{dl+el})：灰褐色、黄褐色及浅黄色，坚硬—硬塑，含 10% ~ 40% 的碎石、角砾，石质成分多为页岩质，其次为砂岩质，厚 2 ~ 16 m，分布于岩堆体上部。

(5)碎块石土(Q_4^{dl+col})：褐灰、灰黄色，中密，稍湿—潮湿，碎石(ϕ20 ~ 200 mm)占 50% ~ 80%，夹块石，最大块径 2 m，局部为块石土，棱角状，骨架间为粉质黏土及角砾充填，结构较紧密，石质成分多为砂岩、页岩质，分布于线路右侧坡面，DK287 + 200 ~ DK288 + 300 一般厚 2 ~ 20 m，最厚达 45 m。

(6)页岩夹砂岩(S_1ln)：深灰、灰黑色，薄—中厚层状，页理发育，钙、泥质胶结。砂岩为灰、黄褐色，薄—中厚层状，粉细粒结构，泥质胶结，细层理较发育，节理发育，多呈闭合状。岩层全风化带厚 0 ~ 4 m，强风化带厚 2 ~ 10 m。

3. 地质构造及地震动参数

车站位于郁山背斜南东翼，为单斜构造，代表性岩层产状 N30°～60°E/5°～16°S。

发育一组"X"形共轭节理，节理间距0.3～0.7m，节理闭合—微张，多无充填，少量节理充填泥质。

据国家地震局《中国地震动峰值加速度区划图》(GB 18306—2001)图 A1，本段地震动峰值加速度为0.05g。

4. 水文地质条件

段内地表水主要为泡水河河水，水量较大，大气降水补给，常年流水。取表水化验，水质类型为 HCO_3^-—$Ca^{2+}\cdot Na^+\cdot K^+$ 及 HCO_3^-—$Ca^{2+}\cdot Mg^{2+}$ 型水，对混凝土结构无侵蚀。

地下水主要为覆盖层孔隙水及基岩裂隙水，孔隙水主要赋存于碎石类土中，D_1K288+176左侧28 m 水田中(高程513 m)发育一处下降泉，其流量0.01～0.02 L/s。据乡民反映，四季均有流水。黏性土为相对隔水层，含水量甚微。

页岩夹砂岩，页岩为相对隔水层，基岩裂隙水不发育，地表未见泉点出露。

(三)软土成因、性质及施工中发生的变更设计

1. 软土成因

软土分布于岩堆之下，物质组成为泥炭、软粉质黏土。岩堆位于 DK287+200～+770、DK287+770～DK288+280、DK288+300～+420段及线路右侧，其中 DK287+770～DK288+280段古河床可达线路右侧200 m 以外，原河流在线路右侧200 m 处侧蚀原坡脚，形成坡崩积层，并覆盖原有河床，形成埋藏型软土。钻探揭示，基底横坡较大。基岩于 DK288+300出露地表。

软土为河流冲洪积成因，由于河流改道后为崩坡积层所覆盖，如没有钻探或开挖揭露，仅地面调查难以发现。由于软土层基底具有一定的横坡坡度，施工加载后，容易产生不均匀沉降、边坡溜坍和滑动等病害。

2. 软土(软粉质黏土、泥炭)的分布及物理力学性质

软土在平面上呈不连续分布，剖面上呈透镜体状，局部厚度变化较大。由于软土层的厚薄不匀、物理力学性质差异，软土基底具有一定横坡，使得同一场地软土地基的承载力和变形也有较大差异。

软粉质黏土最大厚度8 m，埋深0～5 m，主要为软塑—流塑状，局部为淤泥质粉质黏土。软粉质黏土物理力学指标见表4—31—1。

表4—31—1 软粉质黏土物理力学指标表

密度 ρ(kN/m³)		19.1
天然含水量 w(%)		31.83～36.17
孔隙比 e		0.8497～1.067
液限 w_L(%)		33.82～34.5
塑限 w_P(%)		19.95～20.96
天然快剪	c_u(kPa)	13.3～9.0
	φ_u(°)	7.1～5.2

续上表

固结快剪	c_{cu}(kPa)	17.5~20.1
	φ_{cu}(°)	25.2~14.0
压缩系数 $a_{0.1\sim0.2}$(MPa^{-1})		464~0.635
压缩模量 $E_{s0\sim10.2}$(MPa)		0.665~3.51
固结系数 $C_{v0.1\sim0.2}$(cm^2/s)		$0.962\sim0.625\times10^{-3}$
渗透系数 $k_{0.1\sim0.2}$(cm/s)		$0.25\sim0.208\times10^{-7}$

该层具有天然含水量高，接近或达到液限，呈软塑—流塑状态，c、φ 值低，物理力学性质差等特点，沿横坡发育，对路堤稳定性影响较大。

泥炭层最大厚度 10 m，埋深 0~10 m，分布于 DK287+770~DK288+280 段冲洪积层中，呈透镜体状，上部硬壳为碎石土及硬塑状粉质黏土。该层具有天然含水量高，基本接近液限，呈软塑—流塑状态，高压缩性，有机质含量高，c、φ 值低，物理力学性质差等特点，基底横坡较大，对路堤稳定性影响较大。

其物理力学指标见表 4—31—2。

表 4—31—2　泥炭物理力学指标表

密度 ρ(kN/m^3)		15.4~20
天然含水量 w(%)		37.55~61.9
孔隙比 e		1.03~1.7034
液限 w_L(%)		72.98
塑限 w_p(%)		45.32
天然快剪	c_u(kPa)	7.4~17.6
	φ_u(°)	6.4~7.2
固结快剪	c_{cu}(kPa)	17.2
	φ_{cu}(°)	20.9
压缩系数 $a_{0.1\sim0.2}$(MPa^{-1})		0.69~1.07
压缩模量 $E_{s0.1\sim0.2}$(MPa)		2.69~2.87
固结系数 $C_{v0.1\sim0.2}$(cm^2/s)		1.743×10^{-3}
渗透系数 $k_{0.1\sim0.2}$(cm/s)		0.69×10^{-7}
有机质含量(%)		8~11.42

3. 软土发育特征分析

发育于山区河谷地带的软土，由于山区河谷两侧岸坡山体易受冲刷、掏蚀而诱发崩塌、滑坡等地质灾害，逼使河道出现改道现象，或掩埋河床及其两岸原有沉积物质(包括软土)，这种作用和现象的反复发生，使软土的成因具有复合性，物质组成和分布也出现较大的不均一性和不规则性的特点。从空间分布看，软土呈片状尖灭或透镜体状分布，靠山一侧埋深、厚度较大，临河一侧埋深、厚度减小；虽然地表横坡坡度不大，但基岩面起伏较大，软土埋深、厚度又随基岩面的起伏而有较大变化。上述特征也导致勘察时易出现遗漏、低估其分布范围以及所采试验样品覆盖面不足、代表性降低等弊病。

4. 施工中的变更设计

车站内填方地段地质条件复杂，地下水位较高，根据取样试验，该处软土含水量高，c、φ 值低，物理力学性质差，剖面上有与坡向相同的横坡，对填方路基稳定性影响较大。由于对软土分布的范围、深度未能在地勘工作中完全查清，导致多处出现变更设计。变更情况见表 4—31—3。

表 4—31—3　软土地段变更设计情况表

序号	里　　程	施工图地质情况	施工后揭示地质情况	变更设计概况
1	DK287 +853.5 ~ +862	设计于线路右侧及左侧 12 m（DK287 +862）外采用碎石桩进行加固处理，清淤 0.5 m	基底下 1 ~ 8 m 为泥炭及软黏土，两侧加固后，中间三角形区域仍存在隐患	加固区域之间三角形区域增设碎石桩加固
2	DK287 +939 ~ +965	基底下 2 ~ 4 m 为软黏土及泥炭，设计于线路右侧及左侧 8 m范围内采用碎石桩加固，清淤 0.5 m	碎石桩加固区域 D2 区实际桩长超出设计桩长，左侧加固区域外仍存在软黏土	变更设计
3	D_1K288 +000 ~ +080	该段为高填方，中心最大填高约 8 m，左侧坡脚处最高约 22 m，地表覆盖碎石土、砂黏土及卵石土，右侧坡体覆土最厚达 30 m，下伏基岩为页岩夹砂岩	该段左侧坡脚为水田，经现场挖坑揭示，坡脚段表层 0 ~ 4 m 砂黏土呈软塑状	变更设计
4	D_1K288 +080 ~ +295	该段为高填方，中心最大填高 10.19 m，左侧坡脚处最高约 22 m，地表覆盖碎石土，右侧坡体覆土最厚达 30 m，下伏基岩为页岩夹砂岩	施工开挖揭示，该段左侧坡脚侵入水田，覆盖层为碎石土、软粉质黏土、卵石土，软粉质黏土底部横坡为 3° ~ 10°，下伏基岩为页岩夹砂岩	将该段左侧坡脚侵入水田部分基底抛填片石；左侧坡脚增设侧向约束桩
5	D_1K288 +295 ~ +330	该段为浅填浅挖路基，地表覆盖 0 ~ 15 m 的砂黏土及角砾土，下伏基岩为页岩夹砂岩	该段为沟槽地段，经设计院补勘，地表 0 ~ 4 m 砂黏土呈软塑状	根据补勘资料进行变更设计

（四）工程措施及其效果

1. 工程措施

车站内工程以路堤为主，最大填方高度 10.19 m（中心填方），针对软土（泥炭、软粉质黏土），施工及变更设计中采用了以下处理方法：路堤填筑前疏干地表水，清除表层浮土后分层填筑、夯实，路堤填筑前对软土层进行加固处理。对于泥炭土层、基底横坡较大的软粉质黏土层，作必要的侧向约束，因具较高的压缩性和较低的物理力学指标，同时以碎石桩为主作复合地基或固结排水。

2. 工程措施效果

经过对软土地基的综合整治，该段路堤未再出现边坡滑移、基础开裂、沉降过大等病害，车站各类建筑物稳定，表明采取的工程措施和提供的地质参数合理、有效。

（五）体　　会

1. 对于低山—丘陵区宽缓（宽度在 100 ~ 400 m）的河谷，雨季河水暴涨，冲刷、侧蚀作用剧烈，多发滑坡、崩塌，引起河流改道，在调绘阶段应注意河流谷地的微地貌特征，当坡脚出现较大凸出、有河流改道迹象时要引起足够重视，加强勘探。这里不仅要注意斜坡稳定性问题，也要注意被粗颗粒土所覆盖的软土对工程的影响问题。原定测、补定测勘察时虽注意了查明斜坡稳定性的地质条件，但忽视了埋藏古河床中软土的存在，是导致补勘及设计变更较多的重要原因。

2. 对于软土的勘探，以原位测试（静探、十字板剪切）效果较佳，但应与钻探取样试验指标相互验证、补充，对于软硬土层相间、基岩面起伏较大的地段应更予注意。在河流改道地段和被崩坡积层掩盖的古河床地段，应适当增加勘探数量，有条件时结合物探资料，在纵断面和横断面上增加勘探孔，并增加代表性地质横断面的密度和宽度，以达到控制所在地段地质条件的目的。

3. 上覆硬壳层的稳定性问题：上覆硬壳层岩性为角砾土、碎石土、块石土，中密，稍湿—潮湿，厚度分别为0～10 m、6～45 m、0～6 m，主要分布在线路中心附近及线路右侧，覆盖原河床。虽然硬壳层对下卧的软土具有封闭、压密作用，但施工初期仍出现路堤滑移及不均匀沉降。经变更，对线路左侧坡脚伸入水田部分的基底，采用抛填片石加固，加固区域之间的三角形地带增设碎石桩，并在左侧坡脚增设侧向约束桩。在采取上述措施后，路堤才趋稳定。分析其原因：一是地面自然横坡较大，左侧坡脚表层土0.5～1 m呈软塑状，无硬壳层覆压；二是硬壳层下的软土底部横坡达3°～10°，上覆硬壳层在加载后引起软土层沿卵石土层或基岩面挤出、滑移。因此，对低山丘陵区坡麓软土上覆硬壳层需要进行稳定性检算，一般软土底部横坡超过6°、自然横坡又较大（超过15°）时，须结合工程类型考虑设侧向约束桩，并与地基加固、排水等措施相结合。

三十二、株六复线K214危崖开裂病害整治

卿三惠

（一）危崖开裂病害发生发展概况

新茨冲隧道位于株（洲）六（盘水）铁路复线$D_2K214+470$～$D_2K218+150$，全长3 680 m。进口段$D_2K214+470$～+850段，距既有贵昆铁路右侧40～80 m。1998年6月开始施工，至12月底已掘进了380 m（掌子面里程为$D_2K214+850$），其中$D_2K214+470$～+768段298 m Ⅳ类围岩采用全断面光面爆破开挖，$D_2K214+768$～+840段72 m Ⅱ、Ⅲ类围岩采用台阶法开挖，并辅以超前小导管注浆、格栅钢架支护施工。$D_2K214+470$～+786段316 m隧道混凝土衬砌已模筑完毕。

1999年1月1日下午，洞内$D_2K214+786$～+802长16 m段发生严重坍方封堵了坑道，并引起$D_2K214+769$～+786长17 m段衬砌拱顶开裂掉块，$D_2K214+762$～+768长24 m段左边墙产生微裂纹。

1月4日，发现$D_2K214+700$～+780长80 m段危崖山体地表出现多道新生裂缝及零星石块坠落，危及山体下方既有贵昆铁路行车安全。

1月9日～10日，运营、建设、设计、施工及监理单位有关专家和技术人员赶赴现场进行联合调查研究，对洞外洞内分别采取了如下紧急处理措施：

1. 停止使用洞外山顶已渗漏的蓄水池蓄水，立即设点观测地表裂缝变化情况，并用黏土

夯填封闭地表裂缝，以防雨水下渗致害。

2. 在既有线 K214 + 751 ~ + 778 右侧抢筑片石混凝土拦石墙（长 27 m，高 8 m），墙顶设 P50 钢轨栅栏。

3. 对新茨冲隧道洞内 D_2K214 + 769 ~ + 786 开裂的衬砌，采取嵌入 P43 全环钢轨拱架（间距 1.0 m）、打锁脚锚杆、局部拆除修补等措施加固。要求施工单位待洞外既有贵昆线应急设防拦石墙工程完成后，再行采用吉迈自进式锚杆超前支护，P43 钢轨拱架（间距 1.0 m）支撑，Ⅱ类曲墙仰拱衬砌，加固处理洞内 D_2K214 + 786 ~ + 802 坍方地段。

上述方案正准备实施过程中，突遇连降大雪 2 天（1999 年 1 月 11 日、12 日），危崖山体开裂病害急剧发展延伸到 DK214 + 660 ~ + 780 长 120 m 范围，地表出现六道裂缝，其中位于Ⅰ、Ⅱ级缓坡平台上的三道长大主裂缝贯通，缝宽 5 ~ 30 cm（见图 4—32—1）。

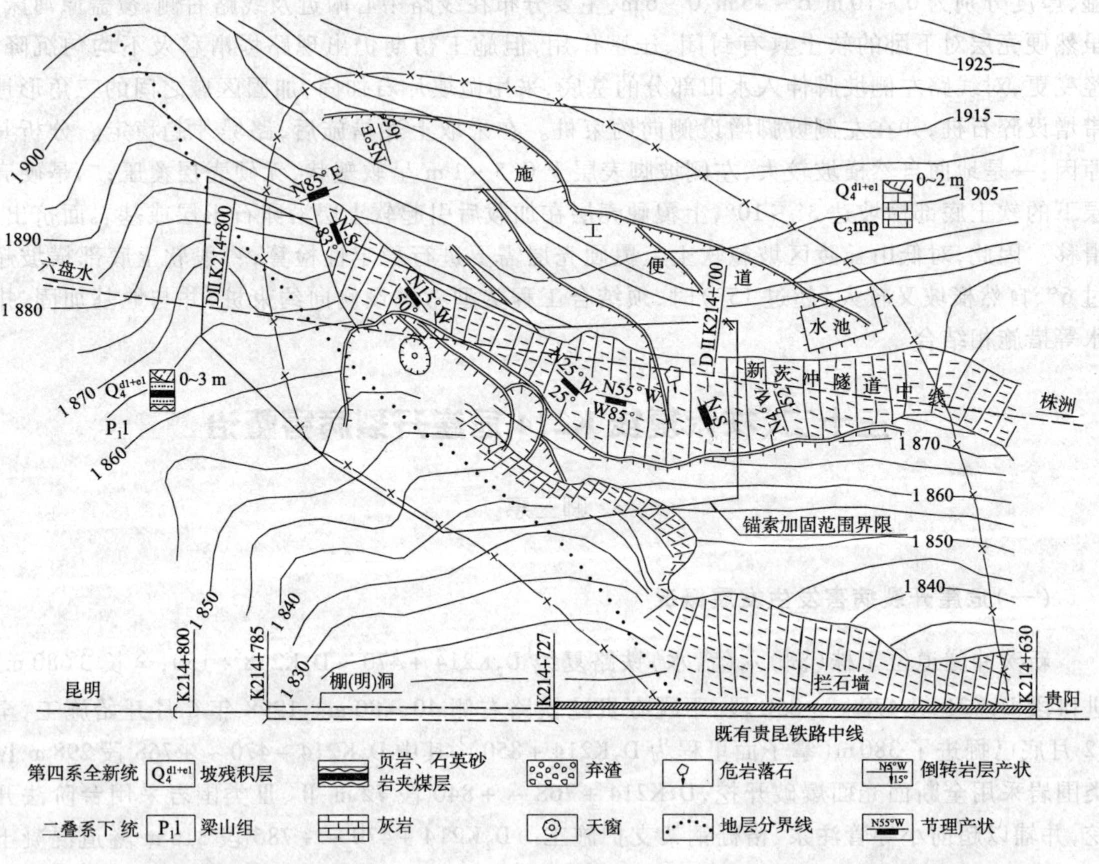

图 4—32—1　既有铁路 K214 右侧危岩开裂病害整治平面示意图

1 月 13 日上午 9 时，新茨冲隧道内继续发生坍方而冒顶，在地表 D_2K214 + 766 处出现约 40 m^2，深 6 m 的椭圆性"天窗"。

1 月 16 日 14 时 ~17 日凌晨 4 时，邻近既有贵昆线右侧约 60 m，高 50 余米的严重开裂岩体三次发生崩塌，崩塌体积约 200 m^3（最大岩块体积约 20 m^3），岩块自高陡山坡上滚落直冲线路跃入轨道，埋设在路肩下的通讯电缆被砸断。运营部门紧急组织抢险，最终中断行车 47 分钟，中断通讯 5 小时。

1月20日,有关专家和技术人员再次赶赴现场进行抢险调查。施工单位积极组织贵昆线应急设防拦石墙工程抢险施工,2月10日完工,保证了贵昆线的临时运营安全。

6月30日及8月24~25日,开裂岩体又相继发生了三次体积约2 000 m^3(最大岩块达80 m^3)的崩塌,几乎将1999年2月抢修的拦石墙后落石坑填满,个别小岩块仍然翻越拦石墙冲向线路,危及行车安全。

(二)危崖开裂病害形成原因

1. 自然地质条件不良因素

(1)地形险要,地势陡峻。既有贵昆线右侧山坡高达100余米,分两级陡崖,自下而上第一级陡崖高20 m(高程1 830~1 850 m),坡度近于直立,第二级陡崖高约30~40 m(高程1 850~1 890 m),坡角75°~85°。陡崖上基岩裸露,局部倒悬。

(2)地层岩性。病害工点区出露地层为二叠系下统梁山组(P_1l)石英砂岩、泥质砂岩、页岩夹煤线,石炭系马坪群(C_3mp)灰岩夹泥灰岩、页岩,地层倒转,岩层产状为N4°~5°W/52°~56°NE。由于灰岩与砂页岩差异风化强烈,灰岩形成陡崖,砂页岩形成缓坡地形,在D_2K214+780地层分界处,形成明显的北西向陡缓相接的地貌。灰岩中溶沟、溶槽、溶孔、溶洞等岩溶形态发育。

(3)地质构造。病害工点区位于黔西山字形构造前弧西翼外侧,构造线为NW向,构造作用强烈,褶皱、断层发育。据区域地质资料,线路左侧发育5条区域性大断裂。由于NE、SW向地应力强烈作用,致使测区地层倒转,老地层覆压于新地层之上。区内构造节理发育,岩体被切割成楔形块状镶嵌结构,在陡崖外侧卸荷及重力作用下,易产生危岩开裂、崩塌、落石。同时,岩体中构造节理、卸荷裂隙发育,构成了地表水、降雨的良好通道,也为各种岩溶形态发育创造了有利条件。

据节理统计分析,病害工点区主要有N15°~55°W/50°~85°SW、SN/90°及N85°E/90°三组节理,对岩体切割破坏强烈,地表裂缝均沿这三组节理面追踪发育而成,尤其是走向N15°~55°W的一组节理,倾向坡面,更具危害性。

2. 工程活动影响因素

修建株六复线新茨冲隧道工程施工开挖、爆破震动、洞内坍方牵引地表形成"天窗"等因素影响,是诱发地表危崖山体开裂加剧,形成长大贯通裂缝及崩塌、落石的主要原因。

3. 其他影响因素

山顶施工用蓄水池漏水、降雨、融雪水流沿地表裂缝或岩层面、节理面下渗,软化构造面间结合力,加大岩体自重,也是导致地表开裂加剧的原因之一。

(三)危崖开裂病害整治

根据详勘资料,D_2K214+660~+780范围,危崖山体地表发育三道长大贯通主裂缝(在"天窗"附近显得更为密集),严重威胁既有贵昆线行车安全。为彻底根治危崖山体开裂、崩塌及落石,保证贵昆铁路永久运营安全,本着"主动控制与被动控制相结合,一次根治,不留后患"的原则,采取了"上锚下防"的综合整治措施(见图4—32—2),即对既有贵昆线右侧上方开裂危崖山体设预应力锚索加固,以解决山体整体稳定;对位于山体下方的既有贵昆线,分设拦石墙及棚(明)洞防护,以防局部小块落石危及既有线行车安全。

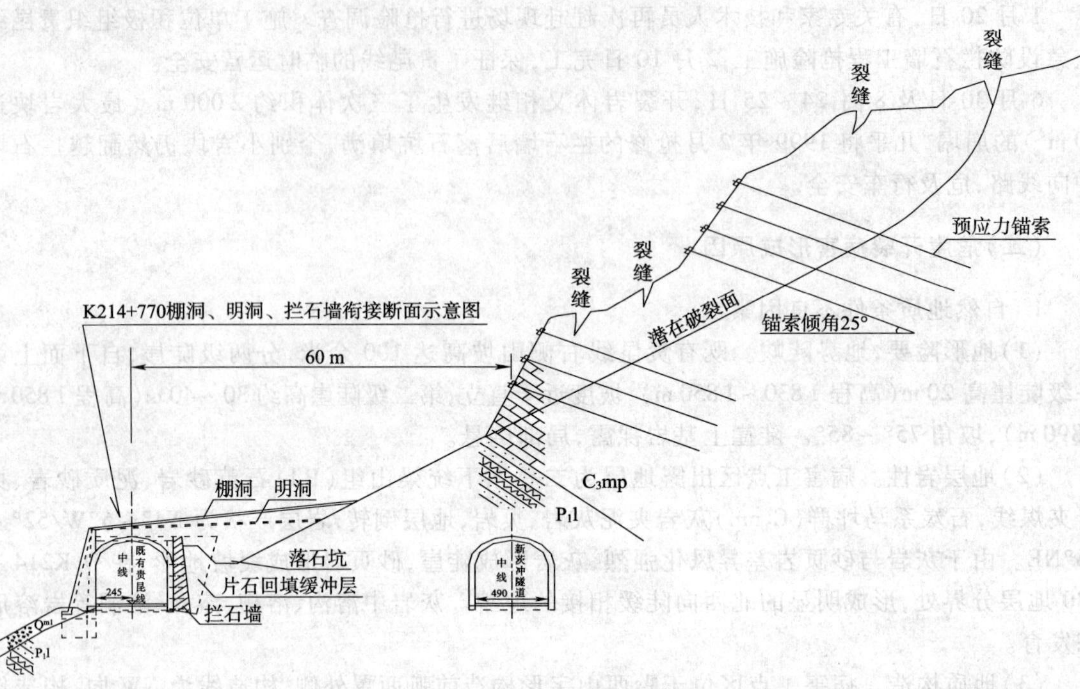

图4—32—2　既有线右侧危崖开裂综合整治断面示意图

1. 主动控制的上锚措施(预应力锚索加固开裂山体)

(1)K214+690～+800长110 m段右侧,在开裂山体高程1 842～1 890 m范围,共设7排计122孔预应力锚索加固,锚索间距5.0 m,呈梅花形布置。

(2)锚索采用钻孔直径115 mm,每孔6束ϕ15.2 mm高强度低松弛钢绞线,强度级别为1 860 MPa。锚索与坡面连接处设置C35钢筋混凝土垫礅,尺寸为1.4 m×1.4 m×0.4 m(长×宽×高),中部预留ϕ80 mm圆孔。锚索设计下倾角为25°,张拉预应力900 kN/孔。

(3)锚索长度由锚固段、自由段及张拉段组成,锚索长分别为25 m、30 m和35 m三种。锚固段全长范围内采用M35水泥砂浆灌注,注浆压力0.6～0.8 MPa。自由段作防腐处理后,用塑料套管隔离防护,裸露部分作防腐处理。

2. 被动控制的下防措施(拦石墙及棚洞、明洞)

为防止局部危崖落石、掉块伤及既有线,影响行车安全,结合地表山体开裂及崩塌、落石严重程度,对既有贵昆线先后设置了以下综合防护措施:

(1)K214+630～+724段,右侧设94 m长拦石墙,墙高6～8 m,墙身采用C15片石混凝土,墙顶设钢轨栅栏,墙背设片石码砌缓冲层及落石坑。

(2)K214+727～+770段,设置43 m长腿棚洞防护。

(3)K214+770～+785段,设置15 m明洞防护。

(四)整治效果评价

上述综合整治措施的实施,稳定了开裂危崖山体,有效解除了危崖崩塌、落石危及既有线安全的隐患,保障了贵昆铁路的永久运营安全。

三十三、浙赣铁路提速改造工程 BDK820 +175 ~ +420 路堑小煤窑塌陷的勘察

严璧玉

(一)煤窑塌陷概况

浙赣铁路提速扩能改造工程,在西村站至宣风站间有 BDK819 + 700 ~ K820 + 900、BDK821 + 000 ~ K822 + 900、BDK824 + 000 ~ K826 + 302 等三段为双绕改建,其中除杨树湾隧道(长 255 m)、茶垣隧道(长 340 m)外,均为挖方路基。此三段双绕线路均存在小煤窑采空区问题。在勘察阶段,建议待挖方路基成型时开展物探,以查明小煤窑采空区的分布和深度。但是,因施工工期紧,其中 BDK819 + 700 ~ K820 + 900 段挖方路基成型后即铺轨行车,其他两段还在施工中。

已拨道运营的新建左线 BDK820 + 233. 69 和右线 BDK820 + 263 分别于 2005 年 5 月 22 日和 5 月 25 日产生塌陷。左线 BDK820 + 233 路肩塌深 2. 7 m,边沟形成 2. 0 m × 4. 0 m、深 1. 0 m的塌陷洞,路基中心洞有 1 m 见方,延伸长几米,填了 12 m^3 的碎石;右线 BDK820 + 263 塌陷、道砟塌落后塌洞顺线路方向延长约 2. 0 m 多,横向宽 2. 5 m,行车时钢轨下沉,危及行车安全。当时采用填碎石、扣轨慢行,随时监测险情变化的措施,维持临时通车。

2005 年 5 月 26 日,中铁二院地质、物探和钻探组人员连夜赶到现场,27 日全面开展塌陷工点的工程地质补勘工作。

在 BDK820 + 150 ~ BDK820 + 420 段布置 4 极对称直流电测深法(以下简称电测深法)和地质雷达探测法各 4 条剖面,探测路基面以下的煤窑坑道、采空洞、采空裂隙及含煤层的分布情况。

2 台钻机(后又增加 1 台钻机)根据塌陷点和调查访问情况,在线路左侧钻 24 孔、右侧 8 孔,验证物探孔 24 孔,同时也对杨树湾和茶垣段挖方路基进行小煤窑洞穴采空区的勘察,采用地质调查、物探和钻探查明小煤窑对线路路基的影响范围。

(二)地貌、地层岩性及地质构造

1. 地貌简况

西村至宣风段既有浙赣铁路沿袁水河高级阶地和低丘陵坡脚行进。高阶地高出袁水河 10 多米,阶地分布不连续且阶地宽窄不一。低丘陵地势起伏,相对高差一般为 30 ~ 100 m,山坡坡度较缓,一般为 10° ~ 30°,坡面植被发育,多为灌木。

2. 地层岩性及地质构造

线路左侧山坡出露二叠系龙潭组紫红、棕黄色砂岩夹页岩,砂岩为中厚、厚层状构造,粉细粒—中粒结构。钻探揭示出深灰色细砂岩、黑色页岩和煤层。岩层产状走向为 NW80° ~ 85°,倾向 NE(倾向线路),倾角变化大(40° ~ 80°)。地层走向与线路呈小角度相交。

西村至宣风段处于轴向呈 NNE 的袁水复式向斜,由古生界及三叠系碳酸盐岩、砂页岩夹煤层组成的次级褶皱发育,线路位于 NE 向复式背斜的一翼,出露二叠系上统龙潭组含煤地层。线路附近有走向正断层在线路左侧远处将龙潭组地层错断形成龙潭组地层的重复。断层附近岩层褶曲破碎,正断层走向 N30°E,倾向 NW,将 P_2l^1 和 $P_2l^{2\text{-}4}$ 错断,该组地层重复出现。

根据区域地质资料，该段出露的龙潭组分为两段，即官山段（P_2l^1）和未分的老山段、狮子山段、王潘里段（P_2l^{2-4}）。官山段（P_2l^1）和老山段（P_2l^2）含有煤层，狮子山段、王潘里段（P_2l^{3-4}）均相变为硅质页岩和石灰岩。根据在芦溪附近的竹亭煤矿调查，官山段含煤6层，可采者仅有1层；老山段含煤4层，可采者2层。煤层不稳定，呈透镜状（即藕节状），可采煤层厚度0.9～5.15 m，一般为1～1.5 m。煤层为外露型。本段小煤窑所采挖的是官山段的煤层。

（三）水文地质条件

线路位置虽处于背斜一翼，不利于地下水的富集，但由于采煤巷道和采空坍塌破坏了岩体的完整性，有利于地表水的下渗，分布于山坡上的老竖井也为地表水补给地下水创造了极为有利的条件。此外，线路附近的断层也赋存有地下水（老乡挖煤时曾发生突水淹死过人）。

线路两侧钻孔均在路肩下0.5 m左右见地下水，山侧排水沟见有地下水溢出。坑洞压浆处理时，有大量地下水从道砟中冒出；另在锚固桩施工时有地下水渗出，需不停抽水才能进行施工。以上现象表明，路基下地下水丰富。原巷道和坍塌采空区有往外排水通道，现路基填筑阻断了地下水排泄，使巷道、坍塌采空区和下卧的炭质页岩夹煤层均处于饱水状态。

（四）小煤窑的勘察情况

1. 地质调查和访问

（1）现场调查

在该段丘陵山坡上的40～60 m范围有9个竖井。

①BDK820＋187左40 m坡上见1号坑洞，口径约2 m，深度大于4 m，具体深度不详，坑洞里有积水，水面至洞口约4 m，施工挖天沟的弃土倒入坑内。

②BDK820＋195.7左38 m坡上见2号坑洞，口径约2 m，深约3 m。

③BDK820＋210～BDK820＋250范围内，左50～60 m坡上见3号、4号、5号、6号、7号坑洞，一般呈圆形，口径约2 m，深2～6 m。

④在BDK820＋340左60 m山上见8号、9号坑洞。8号坑洞呈椭圆形，向北延伸，口径约5 m；9号坑洞呈长方形，长约6 m，宽约4 m，洞口被茂密的植被覆盖，坡面见煤渣，厚3～8 cm。有的竖井有积水，竖井都与巷道相连，反映地下采煤通道较多。

老乡指认的原主巷道口位置，在既有浙赣铁路K820＋325（相当于BDK820＋355）附近的右侧路肩下方，且见有当时挖主巷道时堆弃的弃渣。根据该点与边坡上的巷道的位置，通过钻探，查明了主巷道的具体走向。

（2）访问小煤窑开采状况

根据调查和访问，该段有两条横穿线路的主巷道和一平行线路的支巷道。一条主巷道位于BDK820＋263附近，由既有线左侧下挖3m竖井后再变水平巷道（20世纪50年代挖的），洞口现已掩埋；另一条主巷道位于既有线K820＋352附近（新中国成立前开挖），在BDK820＋355右侧既有线外河边见老洞口的煤渣残迹。据访问，主巷道宽约2 m、高约2 m，巷道两侧挖有排水沟，另在河侧挖有一宽1 m的小洞穿过既有线到河边，用作排水。在BDK820＋360～＋400的左线下还有宽约1 m、高约2 m平行于线路的支巷道（1988年曾挖过煤），左山坡上竖井与该水平巷道相连，竖井主要用作通风，也兼作运煤通道。

本段新中国成立前就开始挖煤，一直延续至新中国成立后。有的老乡于1958年和1988年曾进洞挖煤，一般见煤层就挖。煤层有的厚1～2 m呈水平状（透镜体状），有的很薄呈倾斜状(倾向河),据说每天产煤约 50 t。煤层越往下越好,所以除第一层巷道外,有的向下挖 3m 后再挖水平巷道,有的老乡还听说有三层巷道,地下煤洞交错分布。根据多位年长老乡回忆,认为新线下面有很多煤洞和巷道。

2. 施工揭示

BDK820 + 285 ~ BDK820 + 385 左侧高边坡施工时,在 BDK820 + 380 附近遇到小煤窑塌陷,引起边坡坍滑。为防止坍滑进一步发展,在 BDK820 + 350 ~ + 370 左 7 m 作锚固桩。在锚固桩施工中挖到老巷道。其中 1、2、3 号桩为长方形(1.7 m × 1.5 m)。1 号桩长 14 m,挖至 9 m 左右见坑木,坑木直径 20 ~ 40 cm,被水浸泡,大部分完好,局部腐朽;2 号桩长 13 m,桩顶低于 1 号桩顶约 60 cm,在 8 m 左右见坑木;3 号桩长 12 m,桩顶高度大致与 1 号桩相平,在挖深 8 m 左右见煤洞巷道,巷道高 3.5 m 左右,宽约 1.75 m。三个锚固桩下的坑道是相通的,坑道延伸方向与铁路平行。巷道内地下水丰富,水量大,施工单位用 50 mm 口径的抽水水泵连续不断地抽水方可见底,一停又见涌水。

既有线 K820 + 125(相应于 BDK820 + 344)于 2000 年雨季曾经发生坍塌,倒虹吸下面也发生过坍塌。

3. 补勘钻探、物探情况

(1)钻探:本次在左、右线两侧共钻 70 孔,其中 3 个钻孔孔深接近或超过 20 m,是为了解该段路基下地层岩性。在查明地层岩性结构后,判断硬质砂岩下 10 m 范围内未见煤层,故除 17 个钻孔孔深度超过 10 m 外,其余钻孔均钻至硬质砂岩终孔。有 11 个孔钻到巷道空洞,空洞在路肩下 0.9 ~ 4 m 不等,洞高 0.4 ~ 2.4 m。空洞主要集中在 BDK820 + 261 ~ + 266 段,洞多而埋藏浅(0.9 ~ 1.8 m)。另有 15 个孔为充填洞,见有坑木和草根,主要集中在 BDK280 + 355 ~ + 360 段。而 BDK820 + 233 ~ + 280 段充填洞一般埋深在路肩下 2 ~ 4 m,坑木最大埋深为路肩下 5.2 m,仅见一层坑木。BDK820 + 280 ~ + 360 段充填洞一般在路肩下 4 ~ 5 m,最深达 7 m。有 3 孔揭示出两层坑木:第一层坑木埋深为路肩下 5 m 左右,第二层坑木埋深为路肩下 7 ~ 9.6 m。而 BDK820 + 360 ~ + 400 的左线下巷道因位于运营的轨道下,无法作勘探验证。由于目前顶板有一定的厚度,暂时安全,但必须整治处理。

根据 3 个接近 20 m 的深孔和 4 个孔深大于 10 m 的钻孔揭示和岩层产状推测,路基下 12 m 范围多为炭质页岩夹煤层和炭质页岩夹薄层砂岩,在小煤窑采空坍塌和地下水作用下岩层极易软化,在列车荷载震动下容易坍塌。

钻探结果说明,采煤深度可达路肩下 10 m,巷道和采煤洞多坍塌,路基下分布有较多炭质页岩夹煤,加之地下水丰富,且埋藏浅,故本段必须进行工程整治。

(2)物探:电测深曲线等 ρ_s 断面图特征显示为相邻电测深曲线类型变化较大和在等 ρ_s 断面图和等 ρ_s 平面图上均有低阻异常存在。等值线从上至下水平方向延伸较短,主要呈近于垂向延伸并且高低阻圈相间,ρ_s 值变化较大,其值为 10 ~ 1 000 Ω·m。这些特征表明,地下煤窑采空坑道、裂隙和变形区及含煤层分布广泛,同时也说明地层的层理性较差,产状较乱。据雷达深度剖面图反映,一些地段存在强能量团块反射异常。

对物探异常点钻了 24 个验证孔,5 个孔钻到充填煤洞,其他未见巷道和煤洞。但低阻异常应为含煤层和地下水发育的特征反映。

(五)整治工程措施

根据调查访问、钻探、物探结果,经综合分析认为,本区采空巷道多,现多已坍塌,由于调查人员无法进入,要在短期内完全准确地查清其地下采空煤洞分布、走向和位置等是十分困难的。但通过前阶段大量的工作,现已基本查清了线路下空洞及其充填区的位置和深度,划分了可能塌陷并须整治的范围。可以认为,路基下炭质页岩夹煤层因采空和巷道坍塌而破碎,在丰富地下水作用下容易软化,当运行列车荷载作用时,极易产生隐伏的坑洞塌陷。因此,必须对采空区和巷道进行充填整治。除此之外,还要对易软化的炭质页岩夹煤层进行压浆,将地下水挤排出来,以保证路基的稳定。所以该段作了全路幅整治。

BDK820 + 175 ~ + 280:处理深度 10 m(原 + 233、+ 263 两段塌陷初期整治已按 10 m 加深),中线左侧 7 m、右侧 13 m;

BDK820 + 280 ~ + 360:处理深度 12 m,中线左侧 7 m、右侧 13 m;

BDK820 + 360 ~ + 400:处理深度 10 m,中线左侧 5 m、右侧 7 m。

据访问,由于有一条巷道基本在下行线(左线)底下 4 ~ 5 m 深度范围与线路平行延伸,对线路危害性较大,所以在重新拨道后对下行线(左线)进行了全面彻底的压浆整治。

一般地段压浆孔间距 3 m,分 3 排灌浆;在主巷道处压浆间距为 1.2 m(原 + 233、+ 263 两段塌陷初期整治已按该间距实施)。

2005 年 6 月压浆处理后,在 2006 年 4、5 月暴雨期间均未再发生塌陷事件。其他两段压浆整治,铺轨通车后未发生问题。该段小煤窑整治是成功的。

(六)结 束 语

在煤系地层分布区内,铁路工程一般应绕避小煤窑采空区,因小煤窑采空区多无规划,开采深度和范围多不确定,尤其是老小煤窑多因年代久远,更难查清巷道和采空区的分布,给铁路建设工程造成困难,但对有规律性的煤层分布,则必须了解清楚,在力所能及的范围做好地质调查,预测可能的病害范围。从这次抢险工作中体会到:

1. 一定要收集和熟悉既有区域地质资料,掌握煤系地层的分布及与线路的关系。尤其是既有线改建工程,更要重视收集区域地质资料,分析改建工程可能出现的工程地质问题。

2. 尽量收集当地的煤管局和地区煤田地质资料,了解具体地段的详细可采煤层情况及老乡采煤状况,对铁路线位通过区存在的小煤窑情况进行预测。

3. 一定要对当地的居民进行调查访问,尤其要调查年长者和附近采煤的矿主。最好要多访问几个,这样可以去伪存真,互相补充,取得有用的资料。如有条件,也可请老乡到现场指认,帮助掌握实际情况。

三十四、浙赣铁路提速改造工程切层坡倾倒变形及破坏机理分析

张立新　严璧玉

(一)概　　况

浙赣铁路提速扩能改造工程的一些路基在丘陵中作挖方高 30 多米的深路堑。在震旦系和前震旦系薄层状浅变质岩层切层坡(片理倾向山里)深挖方曾发生三段倾倒变形破坏,其中以 DK371 + 380 ~ DK371 + 480 段变形最为严重。

1. DK371 ~ DK373 段位于江西省上饶市灵溪乡桥头街北侧,信江左岸。线路总体呈近东

西走向,改建线路工程位于既有线路的右侧。DK371 +380 ~ DK371 +480 段挖方边坡高约 23 m,下设挡土墙,上部分两级台阶开挖,每级高约 10 m。该工点在第三级骨架护坡建成后,于 2004 年 12 月发生山坡倾倒变形。2005 年 1 月清方减载,3 月初坡顶开裂,6 月堑顶又出现开裂变形,经两次变更设计整治后路基边坡才得以稳定。

2. 东乡县以西的寺前站—衙前站段的 DK543 + 800 ~ DK543 + 960 段左侧高边坡和 DK548 +750 ~ DK548 +875 段右侧高边坡也曾发生过边坡上部的倾倒现象。此两段改建路基工程均在前震旦系千枚岩中作深挖方。设计和施工对软质岩顺层边坡比较重视,采用较强的工程措施,故未出现大的病害;切层深挖方高边坡虽也作了挡墙或桩间墙设计,但因施工不规范,发生了不同程度的倾倒变形和破坏。

(二)自然及地质概况

1. 灵溪站一带的自然及地质概况

DK370 ~ DK372 段线路位于侵蚀丘陵地貌区,自然坡度 25° ~ 50°,相对高差 20 ~ 80 m,坡面植被发育,为灌木林地,线路从山麓前沿经过,线路右侧为深挖方,左侧是既有铁路。该段出露的地层为古老的震旦系下统变质砂岩,呈薄—中层状,岩层片理面产状为 N51°E,倾角 74°,倾 N(倾山)。在震旦系变质砂岩北侧(DK371 +000 附近)有一推测断层,使北侧的白垩系砂砾岩与震旦系变质砂岩呈断层接触,同时在震旦系变质砂岩中有花岗岩侵入,花岗岩体出露于线路左侧约 1 km 的信江右岸。本工点出露的震旦系变质砂岩主要为紫红色,薄层状,风化后呈棕褐色、褐黄色。经勘察确定,全风化层厚度 3 ~ 4 m,强风化层厚 3 ~ 4 m。全风化层呈棕褐色土层,强风化层仍可见岩层片理。岩层片理面产状倾 N(倾山),边坡为切层坡。该工点范围内地表水主要为大气降水,地下水为少量的风化带孔隙水,地表水及地下水均不发育。地质构造主要为发育的节理,节理间距 0.05 ~ 0.2 m,以微张型、闭合型节理为主,节理延伸性好;小褶皱较发育。

2. 东乡县以西的寺前站—衙前站段自然及地质概况

该段为剥蚀丘陵区,地形起伏,相对高差一般为 30 ~ 100 m,高程多在 200 m 以下,自然山坡较缓,一般 10° ~ 30°,植被发育。本段出露的地层为前震旦系变质岩—浅灰、灰色千枚岩,千枚状结构,以薄层状为主,夹有千枚质石英砂岩。受断层影响,本段地层产状变化大,一般为近 EW 向,与浙赣铁路提速扩能改造的线路近于平行,倾向 N,倾角 72° ~ 80°。

(三)边坡变形破坏过程和整治

2001 ~ 2004 年设计单位对边坡倾倒变形地段进行了初勘、详勘工作,根据地质资料对三段高挖方边坡作了不同的防护工程设计。

1. DK371 +380 ~ DK371 +480 段路堑边坡

该段边坡设三级平台,平台宽 2 m。第一级边坡设重力式路堑挡墙,墙高 4 ~ 6 m;第二级边坡高 10 m,坡率 1:1,设空窗式护面墙;第三级边坡高 10 m,坡率 1:1.25,设人字形截水骨架护坡。

2004 年开始施工,2004 年 12 月路基开挖至路肩高程,第三级边坡的人字形截水骨架护坡施工已基本完成,第二级边坡已按设计进行刷坡。12 月份正值旱季,12 月 3 日边坡出现裂缝,第二级挖方边坡坡面隆起并出现反坡向、平行坡面的多条断续裂缝。由于第二级挖方边坡风化层发生倾倒破坏变形,沿片理面(与边坡坡向相反)发生搓动弯折,出现一道道倾向山内的片理面向坡面倾斜，形成一条条近垂直向上的板状岩土体的搓板状裂缝（图4—34—1），牵引第三级人字形截水骨架护坡变形，使边坡后缘距路堑堑顶3～8 m处出现拉裂缝带及牵引错台，裂缝宽0.5～2 m，错台高1～1.5 m。

2004年12月9日现场调查时，边坡中部变形见反坡裂缝外倾，由此牵引上部土体滑移，但挖方边坡坡脚未见剪出变形，属边坡中部变形引起的路堑中、上部边坡的浅层变形，整个边坡属于蠕滑—弯折变形，尚未形成滑坡。

图4—34—1　第二级挖方边坡沿片理的剪切搓动及板状弯曲倾倒的鱼鳞状破坏

2005年1月开始清方减载，清除倾倒的松散岩体，同时放缓坡率。在2005年3月初边坡坡顶出现开裂，加宽二级、三级平台，同时进行清方。在施工边坡防护工程过程中，在6月中旬路堑顶2～5 m外开始变形，出现宽0.05～0.1 m的裂缝。2005年7月9日现场调查，在路堑顶外见有裂缝，墙顶边坡经清方减载后基本稳定，未见大的变形。因施工进度缓慢，加固工程仍未实施，边坡的蠕滑—弯折变形还在缓慢进行，故路堑顶部边坡产生裂缝，但路堑坡脚仍未见剪出口。

根据当时的变形情况，薄层变质砂岩强风化层因岩体强度低，倾向边坡外的弯曲的拉裂面已有进一步的发展，继续发展下去倾向边坡外的破裂面贯通，将转化成滑坡，当即按滑坡进行变更设计，以保证路堑边坡的稳定。将原来的挡墙加1:1的空窗式护面墙及1:1.25的人字截水骨架护坡变更为在原挡墙后，增设锚固桩；加宽墙顶平台，放缓边坡坡率（第一、二级坡率采用1:1.5，第三级坡率采用1:2）。在清除溜坍体后，墙顶第一、三级边坡设锚杆框架梁防护，第一级锚杆长8 m、第三级锚杆长10 m；第二级边坡设空窗式护面墙防护（见图4—34—2）。按变更设计图施工，建成后通车近3年，并经受2006年暴雨考验，该段路堑边坡稳定完好，证明倾倒变形边坡处理措施成功。

2. DK543+800～DK543+960段左侧高边坡和DK548+750～DK548+875段右侧高边坡

（1）DK543+800～DK543+960段左侧高边坡：出露地层为前震旦系下统的浅灰、灰色千枚岩，千枚状结构，以薄层状为主，并夹千枚质石英砂岩的强、弱风化带中。岩层的产状N67°E，倾角72°，倾向山里（属切层坡），岩层节理发育，N60°W/90°的节理将岩体切割呈块段。路堑边坡最高31 m。原设计采用侧沟外设桩及桩间挡土墙，墙高8 m；墙顶第一级边坡高10 m，采用1:1的坡率，设锚杆框架梁，锚杆长6 m；第二级边坡高3～10 m，采用1:1.25的坡率，用喷混植生防护；第三级边坡最大高程3 m。边坡间的平台宽3 m。

边坡防护工程施工过程中，墙顶第一级锚杆已作，但未做框架梁；墙顶第二、三级边坡喷混植生防护已作，边坡已有植被覆盖。锚固桩未施工，刷坡至设计坡率后才开始挖锚固桩等不规范施工。该边坡岩层的走向与路堑边坡的走向有一小的交角，受构造节理切割，边坡出现局部的切向坡岩层沿片理面裂开并折断向下坍塌，坍塌后缘在墙顶第三级边坡中部，错台

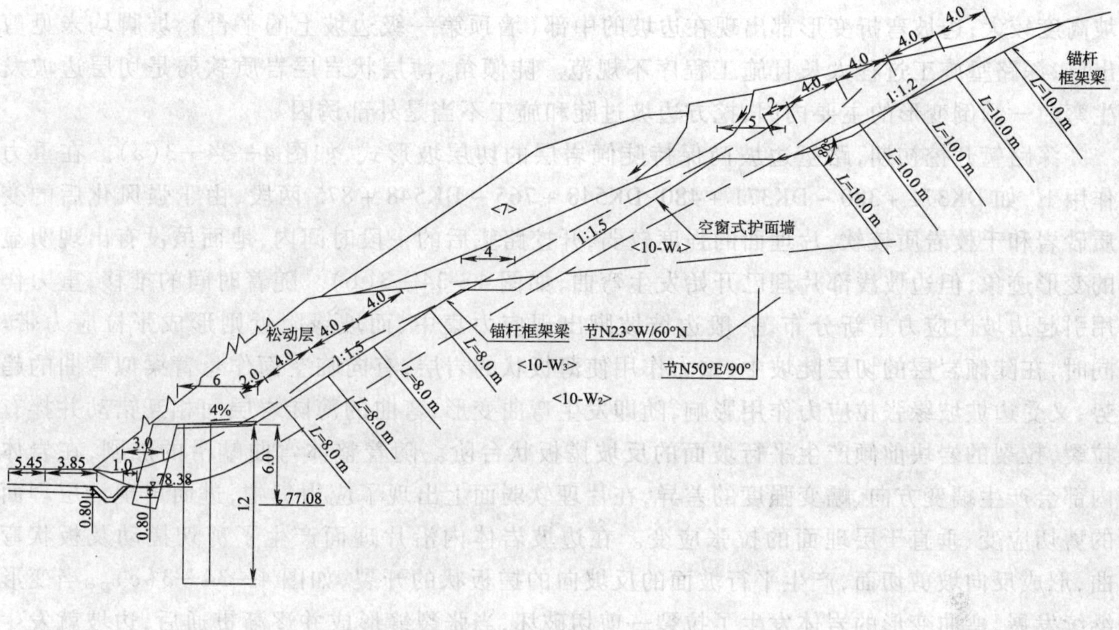

图 4—34—2　DK371 +380 ~ +480 变更设计图

高 0.5 ~1 m，缝宽 0.1 ~0.3 m；第二级平台处已下错约 1m；墙顶二级边坡出现隆起，二级平台附近多处出现沿片理的裂缝。

根据已发生的路堑边坡变形破坏情况进行变更设计。加强了堑坡脚的锚固桩和桩间挡土墙；清除已变形破坏的边坡岩体，放缓边坡，加宽墙顶一级边坡平台，重做锚杆；在清坡时与前、后坡面顺接。为抑制边坡顶部岩体的弯折变形，在一级边坡上部两排锚杆加长至 10 m，其余部位锚杆加长为 8 m，框架梁内仍采用喷混植生防护。在施工过程中，根据实际情况，墙顶一级边坡顶部的两排锚杆又作适当加密，保证了路堑边坡的稳定。

（2）DK548 +750 ~ DK548 +875 段右侧高边坡段：挖方最大高度 30 m，路堑设 6 m 高的挡墙，墙顶以上边坡按 1∶1.25 坡率作二级台阶，坡面采用喷混植生防护。本段边坡为前震旦系灰色千枚岩，薄层状。该工点边坡上的千枚岩属强风化层，风化后呈黄褐色，岩层走向与线路平行，片理倾向右侧（倾向山里），倾角 80°。

路堑施工按设计的边坡坡率开挖，仅作了喷混植生。坡脚挡墙未作的情况下，墙顶边坡第二级平台出现开裂，裂缝宽 10 ~40 cm，可见深度约 0.5 ~1 m；一、二级平台间边坡因岩层弯折，边坡外凸变形。

根据边坡的变形情况，将墙顶一级边坡改为锚杆框架梁防护。为稳定边坡，防止再次发生岩层的弯折倾倒，在墙顶锚杆框架梁的顶部 2 排锚杆加长到 10 m，其余锚杆的长度加长为 8 m，框架内采用喷混植生防护。

以上两处陡倾角切层边坡，经采用锚杆框架梁防护工程，加长锚杆长度，防止了陡倾角切层坡的岩层发生弯折倾倒变形，保证了深路堑的稳定，已经受了 3 年运营的考验。

（四）边坡破坏机理分析

上述几段深路堑的边坡变形有以下共同点：边坡的岩层均为薄层状的浅变质岩；岩层的

产状走向多与边坡走向平行或小角度相交；岩层的倾角陡于70°的切层坡；挖方边坡较陡且边坡高度较大；边坡弯折变形都出现在边坡的中部（墙顶第一级边坡上的平台），坡脚均未见剪出口；深路堑施工过程太长且施工程序不规范。陡倾角、薄层状岩层岩质软弱是切层边坡发生弯曲—倾倒变形的主要内因，挖方边坡过陡和施工不当是外部诱因。

深路堑开挖初期，路堑边坡尚保持陡倾岩层的切层坡形式，如图4—34—3（a）。在重力作用下，如DK371+380～DK371+480、DK548+765～DK548+875两段，由于强风化后的变质砂岩和千枚岩质较软，片理面的强度较弱，开挖路堑后的一段时间内，地面虽没有出现明显的变形迹象，但边坡浅部片理已开始发生弯曲，如图4—34—3（b）。随着时间的推移，重力作用引起边坡内应力重新分布，一般边坡坡脚出现应力集中，而坡缘附近则形成张拉应力带。同时，在陡倾岩层的切层陡坡中，重力作用使薄板状的岩层，有向临空面作悬臂梁似弯曲的趋势，又受边坡坡缘张拉应力作用影响，随即发生弯曲变形，弯曲的薄陡岩层间相互错动并拌有拉裂，拉裂的岩块前倾产生平行坡面的反坡搓板状台阶。随着整体弯曲蠕滑的加剧，在岩体内部会产生蠕变方向、蠕变强度的差异，在片理软弱面上出现了应力集中，进而出现沿层理面的剪切应变、垂直于层理面的拉张应变。在边坡岩体内沿片理面产生了剪切搓动及板状弯曲，形成反向坡剪切面，产生平行坡面的反坡向的搓板状的开裂，如图4—34—3（c）。当变形继续发展，弯曲变形的岩体发生了拉裂—剪切破坏，当张裂缝形成并逐渐贯通后，边坡就发生了剪切破坏，形成滑坡，如图4—34—3（d）。DK371+380～DK371+480段和DK548+765～DK548+875段边坡变形还处于弯折、拉裂破坏阶段，拉张裂缝尚未贯通形成滑坡。但DK371+380～DK371+480段边坡变形已有向滑坡发展的趋势，所以坡脚加强了工程处理措施。

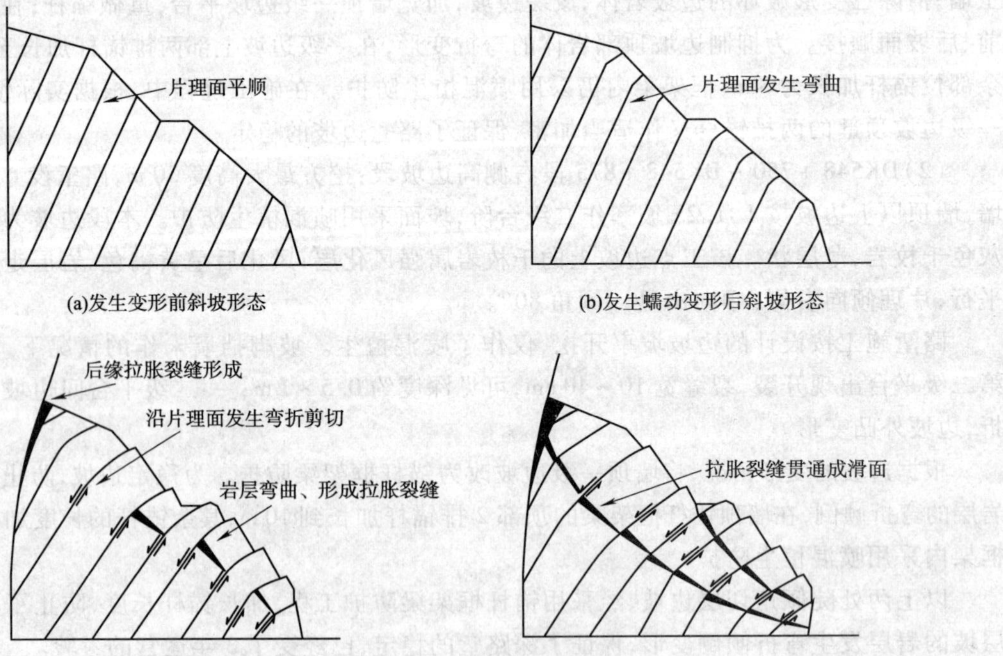

(a)发生变形前斜坡形态　(b)发生蠕动变形后斜坡形态

(c)发生弯折、拉裂作用后斜坡形态　(d)拉胀裂缝贯通成剪切滑动面,形成滑坡

图4—34—3　反倾角边坡弯折、拉裂、滑坡形成过程示意图

DK543 +800 ~ DK543 +960 段边坡为弱风化的千枚岩夹千枚质石英砂岩，该段弱风化岩体较强风化的千枚岩和变质砂岩的强度高，所以当呈片状或薄板状岩体弯曲进一步发展，弯曲剧烈部位发生横切薄片或薄板的折断，使岩体产生了倾倒。

上述边坡的岩体在弯曲蠕变和弯曲拉裂后，首先牵引边坡上部的土层和全风化层变形，使其产生开裂和错移，形成裂缝和滑移错台，这是土层和全风化层下部岩体变形的结果。

（五）结 束 语

对于岩层反倾的切层坡，一般情况下，都认为切层坡是安全的，不会出现大的边坡变形，但对于薄层状岩体、陡倾角的切层坡，应注意此类切层坡可能产生的弯曲、折断、倾倒变形，以防患于未然。

1. 勘察阶段地质调查和勘探工作

应根据区域地质资料，初步了解工作区内地层的产状及与线位关系。当有与线路平行和小角度相交的切层坡时，应调查切层坡岩层倾角和岩层层状厚度。当岩层为薄层状和片状且为陡倾角（倾角大于 65°）时，需要采用钻探方法查明风化层厚度，根据调查和勘探结果，提出设计建议和施工时应注意的问题。

根据浙赣线提速改造工程的实践，倾角大于 70°的片状和薄层状岩层切层坡，深挖方路堑边坡的坡率应缓于 1:1. 25，采用过陡的挖方边坡坡率更易形成片状、薄层状岩层的弯曲、折断、倾倒变形。路堑边坡防护设计时，应考虑薄层陡倾角边坡具有弯曲、倾倒变形形成的侧压力，应作具有防弯曲、抗倾倒变形的防护工程。

2. 薄陡岩层切层坡深路堑的设计工作

对于这种风化层厚、质软、陡倾角的高边坡，其变形显然不只是在边坡的表层。据有关资料，有限元应力场模拟结果表明，对于高度达 25 m 的较均质的软质岩边坡，其应力显著变化带深度可达到 13 ~ 20 m，变形带深度也在 15 m 以上。没有支挡措施情况下，这种高边坡的变形（蠕变阶段）速度发展较快，为阻止边坡变形，采用抗侧向力大的支挡工程较为可靠。

根据浙赣线提速改造工程的实践，当路堑高度接近 25 m 或大于 25 m 时，为防止路堑边坡的倾倒变形，应加强坡脚岩体的抗剪切破坏，采用桩间墙，这样可避免边坡变形的发生。墙顶边坡上部的平台是最容易发生弯曲、折断形成反坡向的拉裂部位，宜采用锚杆框架梁防护，锚杆的长度以 8 ~ 10 m 为宜，且墙顶第一级边坡顶部的锚杆设置须加强。

3. 薄陡岩层切层坡深路堑的施工

从上述边坡变形情况看，这类深路堑的施工不当也是触发边坡变形的原因之一。这几个深路堑工点的施工，均是按设计的边坡坡率自上而下、一挖到底，直至坡脚后，才开始作坡面防护工程和锚固桩，使开挖的坡面暴露在自然中时间过长，给边坡的变形留予充足时间，再加降水，更促成了边坡变形的产生。所以，此类深路堑边坡的施工应逐级分层开挖，挖一级护一级，上一级坡面防护工程完成后，才可进行下一级边坡的开挖，挖至锚固桩顶高程时，先挖基施作锚固桩，待锚固桩建成后，再开挖挡土墙基础，施作挡墙。只有这样，才能避免因施工不当引起的边坡变形。

三十五、浙赣铁路提速改造工程路基覆盖型岩溶塌陷特征及工程整治

张羽军　李维克

（一）工程概况

浙赣铁路（现以京广线为界，称沪昆铁路东段）东起浙江杭州，西至湖南株洲，线路全长942.648 km，为国家铁路网八纵八横之一的Ⅰ级双线铁路干线，是我国第一条设计时速200 km客货共线铁路。本线于2003年12月破土动工，2005年12月31日陆续分段建成通车，试运营一年多以后，于2007年4月并入铁道部第六次客运大提速行列。

（二）路基岩溶塌陷

2005年全线工程基本完成且大部分地段开通运营，由于所处的自然地理环境等种种不良因素存在，路基岩溶塌陷长期以来一直困扰着浙赣线的正常运营，可以说，在既有线自建成之日起，岩溶塌陷就一直未停止过。而本次电气化提速改造工程新线开通初期，利用既有线及新线路基岩溶塌陷仍时有发生，形势较为严峻。

1. 上海局范围的路基岩溶塌陷

（1）2005年3月，江山取直DK295～DK297段在加固地表软基时，机械震动引起几处地面岩溶塌陷。

（2）2006年5月6日、5月27日，上铺站进站前既有线K304+700、K305+780发生岩溶塌陷，影响了行车安全。

（3）2006年8月8日上午10时20分，DK293+371里程处左线边坡出现岩溶塌陷，陷坑尺寸为5 m×6 m，深4 m，已经靠近路肩。10时35分封锁左线，13时09分抢修后线路限速开通，并设置人员专门看守。晚上12时再次出现塌陷，抢修后于3时50分开通。

2. 南昌局范围的路基岩溶塌陷

（1）2006年2月23日，横南联络线LK1+607左侧坡脚墙外2 m发生岩溶塌陷，洞径1.5 m，深1.0 m。

（2）2006年2月23日，横南联络线LK1+657右侧路堤边坡上发生岩溶塌陷，上口宽2.5 m、下口宽3.5 m、深2.5 m，坑底积水。

（3）2006年2月24日，正线右线DYK385+860右侧路堤坡脚处岩溶塌陷，洞径1.0 m，深0.5 m。

（4）2006年4月6日16时，西村车站BDK815+790上行线发生岩溶塌陷，呈倒漏斗状，上口宽0.5 m、下口宽2～3 m、深2 m，造成4根枕木悬空。

（5）2006年5月17日10时，上饶取直段$D_2K392+955$下行线发生岩溶塌陷，陷坑呈椭圆状，长轴长2 m、短轴长1 m、深1 m，造成3根枕木悬空。

（6）2006年5月26日12时，上饶取直段横南联络线LK1+655左侧路肩外路堤边坡发生岩溶塌陷，陷坑呈圆形，洞径1.3 m，斜向发展深4.5 m。

（7）2006年5月27日13时，DK831+525上行线发生岩溶塌陷，陷坑呈圆形，洞径1.0 m、

深 1.2 m,造成 2 根枕木悬空。

除南昌局第六次、第七次塌陷属于工程整治后发生外,其他都属未整治地段。

(三)岩溶勘设及复查

浙赣线岩溶塌陷主要受本线所处的地理位置、气候地质条件以及沿线经济发达、人口稠密、人类活动频繁、生产及生活大量抽取地下水等诸多因素的影响,促使覆盖型岩溶塌陷不断地产生和发展。

针对浙赣线历年来岩溶塌陷的多发性和特殊性,从勘察设计一开始,铁二院就陆续进行了相关路基地段和重点工程的岩溶普查工作,并在施工中分批、分期开展岩溶工程整治。但随着对设计标准的更高要求以及岩溶塌陷时有发生现状,需要进一步全面分析和查明岩溶塌陷的主要地质特征和形成机理,详细划分整治地段和制订整治原则。自 2006 年 4 月初开始,铁二院开展浙赣线岩溶专题复查工作。据统计,本线可溶岩分布地段长度约占全线的 17%。覆盖型可溶岩地段累计长 111.867 km,其中改建地段累计长 97.626 km,非改建地段累计长 14.241 km。铁二院对路基改建地段覆盖型岩溶极易塌陷段已整治完成,累计长约 36 km。经过前阶段整治处理,主要塌陷地段的病害已经消除。岩溶复查工作情况见表 4—35—1。

表 4—35—1　岩溶复查工作情况一览表

序号	局属管段	岩溶分布里程范围	可溶岩累计长度(m)	新建段累计长度(m)	非改建段累计长度(m)	已整治段累计长度(m)	新建段复查累计长度(m)	非改建段复查累计长度(m)	备　注
1	上海局	D_1K286 +700 ~ DK312 +700	18313	16533	1780	9635	6898	1780	非改建段系指拨线距小于2 m地段
2	南昌局	DK330 +450 ~ DK883 +900	121116	70647	50469(二院11561)	22537	48110	11316	
3	广铁集团	D_2K893 +500 ~ DK909 +050	11346	10446	900	3675	6771	900	
4	合　计		150775	97626	53149	35847	61779	13996	

(四)岩溶塌陷区地质条件

1. 地　貌

本线覆盖型岩溶地段主要分布于浙江西部的江山市、江西东部的上饶地区、南昌附近及分宜至萍乡和湖南东部的醴陵等地区,一般为溶蚀平原或低缓的溶蚀残丘与谷地相间地貌,总体处于低海拔岩溶水平强烈发育带。

2. 地层岩性

可溶岩上覆土层厚度变化较大,一般上部 4 ~ 30 m 软土或粉质黏土、粉土,下部夹 3 ~ 8 m 的中粗砂或砂夹砾石透镜体,其饱水率高,在岩溶地下水的作用下,松散且流失严重,如江山 DK292 ~ DK297 及上饶 DK384 ~ DK387 地段尤为突出。在各塌陷地段中,DZK392 + 955、BDK815 +790 等覆盖层厚 21 ~ 29 m,其他地段 8 ~ 20 m。下伏二叠、石炭系灰岩、白云质灰岩或灰岩夹页岩等,一些岩性间的溶蚀差异性较大,加剧了溶蚀现象和溶蚀破碎带的发育。溶蚀形态主要为充填溶洞、溶缝和溶蚀裂隙、下伏岩面起伏剧烈等。岩溶最发育地段见洞率可达 50% ~ 60%,线岩溶率约 40%。

3. 地 下 水

沿线岩溶区地下水埋深普遍较浅,一般 0.5 ~ 4 m,与大气降水有密切的联系,补给来源丰富,存在较好的径流水力坡度和径流条件,多在地表渗出形成湿地。在岩土接触面附近,地下水位随季节性变化或受人为抽取地下水的影响,变化幅度较大,溶洞通道自下而上亦逐渐疏通,在土石界面一带形成无规律延展的土洞,使上覆土体强度迅速减弱,形成开裂、下沉,直至突然塌落。

(五)岩溶地面塌陷特征和形成的主要因素

1. 岩溶塌陷特征

(1)塌陷以土洞为主:从沿线大量塌陷点观察,塌坑直径 1.5 ~ 2 m、深 1 ~ 3 m 的近似圆形土洞(除江山 DK295 ~ DK297 段在加固地表软基时机械震动引起的地面塌陷直径较大外),坑壁无岩层出露,且塌洞底大多见地下水。在灯芯桥 DK876 ~ DK877 段及醴陵 DK906 附近土洞发育于似角砾土状的厚层全风化溶蚀破碎带内。

(2)塌陷发生的时间:多在枯水期和丰水期的过渡期间,以 2 月和 5 ~ 6 月为多,少量在 10 月。这些时间正是地下水枯竭或突然抬升时期,地下水位升降变化很明显。

(3)多发生于人为抽水活动较强烈的地段。

2. 岩溶塌陷形成的主要因素

覆盖型岩溶地区岩溶塌陷的形成主要与地下水水位的升降、地表水的向下入渗和人为活动的程度密切相关。

(1)地下水位升降变化的影响:地下水在覆盖层与可溶岩顶面接触带附近波动时,对覆盖层的稳定影响极大。当地下水位位于覆盖土层中时,土层(特别是土层底部)因含水而强度降低、透气性减弱。当地下水位下降,特别是快速下降时,因土层的透气性弱而不能使土层周围的气压达到平衡,和土层接触的溶洞或岩溶管道口与的周围土体将形成负的“压强差”,将周围土体吸入溶洞或管道口,形成土洞,如此反复进行,直至形成地面塌陷;当地下水位上升时,将形成正的“压强差”,顶托溶洞或岩溶管道口周围的土体,轻则松动盖层土体,重则顶破盖层土体,产生“气爆”现象。因此,地面塌陷与地下水位变化产生的压强差有关。

(2)地表水向下渗透的影响:除地下水的活动对覆盖层的稳定有影响外,大气降水和地表水的活动对覆盖层的稳定影响较大。在大气降水或地表水通过覆盖层向下渗透的过程中,同时可产生带走微细颗粒、破坏土体结构、降低土层强度的作用。当基岩面上有溶蚀空洞或溶隙时,上覆土体的微细颗粒沿溶洞、溶隙流失后,土体产生蠕变,形成空洞,进而发展形成岩溶地面塌陷。特别是当洼地底部溶洞、溶隙发育时,洼地汇集的大量水流短时、急剧向下入渗,还会对基岩面附近土层产生冲刷和掏蚀,加速土洞的形成和地面塌陷的发生。

(3)人类工程活动对岩溶地面塌陷的影响:人类工程活动对岩溶地面塌陷的影响主要表现在三个方面。

①破坏地表植被,增强大气降水和地表水的入渗,降低覆盖层的自稳能力,从而形成地面塌陷。

②增加附加荷载,特别是动荷载(如列车震动),压塌或震塌土洞,加剧岩溶地面塌陷的产生。

③过量开采地下水,会加剧地下水位波动并大幅度降低地下水位。当地下水埋藏较浅,水位变幅处于覆盖层中时,“压强差”作用并不明显;但地下水位在覆盖层与基岩接触带附近波动时,若大量开采地下水,地下水位将急速由覆盖层中降入基岩内,此时强烈的“压强差”必将加速、加剧地面塌陷的形成。因此,过量开采地下水是人为活动中影响地面塌陷形成最突

出的因素。

沿线抽水井及岩溶塌陷情况见表 4—35—2。

表 4—35—2 沿线抽水井及岩溶塌陷情况调查表

序号	地点或相应铁路里程	抽水井属性	地下水性质	基本抽水量	抽水井及附近地面塌陷情况	抽水井目前使用情况
1	江山 DK292 +600 ~ +700 左右两侧	江山职中约 5 000 人,3 口生活水井	岩溶水	800 m^3/d	引起三座涵基不均匀下沉、墙体开裂	在使用中
2	上铺 K304、K305 线路左右两侧	江山市水泥厂、纸袋厂等	岩溶水	1 400 m^3/d	引起既有线 K304 + 700、K305 + 780 塌陷	在使用中
3	贺村 DK310 ~ DK312	江山敖坪、贺村三峰水泥厂等	岩溶水	1 800 m^3/d	引起既有线 K310 + 800 ~ K312 + 200 段路基塌陷	在使用中
4	上饶取直罗河(溶蚀谷地)特大桥左线 14 号墩	2005 年 11 月 23 ~ 12 月 7 日基坑施工强抽水,持续时间约 15 天	岩溶水	1 万 ~ 1.5 万 m^3/d	引起新建正线及联络线路基 3 处塌陷	施工结束,但附近仍有个别机井在工作
5	K767 ~ K769 分宜车站范围左、右侧	分宜市水厂、锻压厂等主要 5 处生产、生活用水井	岩溶泉水	100 ~ 2 800 m^3/d	引起车站、区间既有线 K766 ~ K768 路基塌陷	在使用中
6	K781 + 480 右 25 m	分宜彬江镇铜鼓村,村民生活用水井	岩溶泉水	800 ~ 1 000 m^3/d	引起既有线 K779 + 950 路基塌陷	在使用中
7	K794 + 680 左 180 m	宜春麻纺厂抽水井	岩溶水	300 ~ 400 m^3/d	引起既有线路基塌陷	在使用中
8	K795 + 507 左 304 m	宜春肉联厂抽水井	岩溶、基岩裂隙混合水	800 ~ 900 m^3/d,最大 1 600 m^3/d	引起抽水房外地面塌陷	在使用中
9	K797 + 895 左 62 m	宜春车站抽水井	岩溶泉水	1 760 m^3/d	水井护壁围墙开裂、外地面下沉	在使用中
10	K814 + 025 左 300 m	盛源水泥厂抽水井	岩溶水	140 m^3/d	引起 DK815 + 790 路基塌陷	在使用中
11	K816 + 056 ~ K824 + 382	沿线有多个民用开采水井	岩溶水	20 ~ 50 m^3/d	引起既有路基塌陷	长期使用

(六)浙赣线岩溶塌陷整治原则

铁路部门开展岩溶地面塌陷整治工作始于 20 世纪 80 年代。20 世纪 90 年代,在南昆铁路建设期间,开始进行铁路沿线岩溶地面塌陷预防性工程整治设计和施工。经过 10 多年的实践,岩溶地面塌陷的整治原则得到不断完善。

1. 根据岩溶发育程度和地区地质特征确定整治范围和深度

在铁路建设期间,岩溶地面塌陷整治的范围和深度,是根据地质勘察期间所掌握的地下水水位变化、覆盖土性质和厚度、岩溶发育程度和所处地貌部位等条件,在对岩溶地面塌陷进行预测的基础上予以划分、确定的。首先通过勘察期间的地质调查测绘和结合工程的勘测勘探,划分出易塌陷地段,再根据在易塌陷地段开展的贯通性物探和钻探验证工作,结合覆土厚度,对易塌陷地段进一步圈划出极易塌陷地段作为岩溶地面塌陷整治对象;对覆土较厚的易塌陷区、不易塌陷区,可暂不作治理。据南昆铁路经验,考虑岩溶塌陷的时效性,建设期间进行岩溶地面塌陷整治的极易塌陷地段,覆土(含填筑土)厚度按 10 m 左右控制;岩溶地面塌陷整治深度根据岩溶发育程度,一般至基岩面下 5 ~ 15 m,局部达 20 m。

2. 扩大整治范围和深度

根据浙赣铁路为时速 200 km 客货共线的高标准要求,结合沿线经济发达、人为活动频繁、降雨量丰富、地下水埋藏浅变幅大、区域岩溶和浅层溶洞普遍发育背景特点,岩溶地面塌陷整治设计中,扩大了整治范围和深度。鉴于 DK392 + 955、DK815 + 790、D_1K906 + 300 等覆土厚 21.5 ~ 29.0 m 的地段仍发生了岩溶塌陷,故确定地表覆土厚度小于 30 m 的极易塌陷区和易塌陷区,均纳入整治范围。上述原则也扩大到利用既有线地段的岩溶地面塌陷整治设计。地表覆土厚度大于 30 m 地段,一般不作岩溶地面塌陷整治设计。

3. 增加整治孔的密度

对已经出现岩溶地面塌陷点和线路附近过量抽取岩溶水等极易塌陷地段,采取加大整治深度、增加整治孔密度等措施。

4. 对运营线路岩溶地面塌陷地段整治设计

在路肩、路堤坡脚和中部采用倾斜角度小于 20°的斜孔注浆,整治孔间距一般情况下按岩溶地面塌陷预测评分标准确定。

按浙赣线岩溶地面塌陷整治原则加强整治后,一年多的时间内,浙赣铁路运营情况良好。

(七)岩溶地面塌陷整治应注意的问题

铁二院对岩溶地区地面塌陷曾做过大量调查、试验和科研工作,积累了丰富的经验。由于诸多原因,在浙赣线提速改造工程的岩溶地面塌陷整治工作初期,也出现了不尽如人意之处,少数岩溶地面塌陷点超出了预测的岩溶塌陷整治范围。

1. 地表覆土厚度与岩溶地面塌陷的关系

岩溶地区溶隙、溶洞的发育与覆盖土中的土洞发育和分布,受地质构造、岩性、地下水运动等因素影响。大量调查资料表明,土洞发生塌陷的几率与多方面因素影响有关,其中土层厚度与塌陷发生的几率最为有密切,如桂林地区塌陷 93% 发生在土层厚度 10 m 之内,土层厚 10 ~ 15 m 者塌陷仅占 7.2%;云南个旧锡矿统计,覆盖层厚度在 10m 内的塌陷占 96.1%。因此,在预测岩溶地面塌陷发生趋势基础上,考虑覆土厚度确定岩溶地面塌陷整治范围是有依据的。但岩溶地区基岩面起伏大,其上覆土层厚度变化亦大,如 D_1K906 + 200 ~ D_1K906 + 300 段,挖预加固桩时,15 根桩中有 6 根桩遇见土洞。15 号桩土洞埋深最浅,距桩顶仅 3.5 m;6 号、8 号桩离桩顶 13.0 m,9 号、10 号、11 号桩顶下 12.0 m 处见土洞(覆土厚 29 m);罗桥河桥 2 相邻钻孔土层厚度差 10 m。所以按覆土厚度来划分岩溶地面塌陷整治范围,总体分析是可行的,但也会有个别浅埋土洞被遗漏的情况,从而产生不在整治范围内出现个别塌陷。

2. 注浆整治与整治效果的关系

注浆是整治岩溶地面塌陷有效措施之一。注浆的目的在于充填岩溶洞隙、加固岩土体、堵绝地下水位在岩土界面附近的波动,避免形成土洞,从而达到整治岩溶地面塌陷的效果,但注浆效果取决于注浆参数的选择和注浆工艺。本次注浆扩散半径采用 1.5 ~ 3.0 m,注浆孔间距取 3.0 ~ 3.5 m。而据注浆效果检测,粉质黏土中注浆扩散半径有不足 0.3 m 者,故处于注浆有效影响半径边缘的土洞,因黏性土渗透性差,使注浆效果不理想或水泥浆未能到达土洞,形成个别相对薄弱的“盲点”,以致在两注浆孔之间,整治后又出现少数岩溶地面塌陷。

3. 施工排水与岩溶地面塌陷

岩溶地区深基础应采用桩基施工,因明挖施工需排水,当水位降至灰岩内时,将会引起岩溶地面塌陷。上饶罗河特大桥桩基采用明挖施工,过量强排水加剧了岩溶地面塌陷的发展。故在岩溶地区深基础施工应禁止采用明挖施工,严禁过量强排水。

(八)结 束 语

地下水位的变动是岩溶地面塌陷的动力之一,人为地过量抽排水是大范围岩溶地面塌陷的诱因。所以线路位置宜选择在抽水井影响范围外;溶蚀洼地、溶蚀槽谷和溶蚀平原线路附近 2 km 范围内,不得打井取水;对已有抽水井,铁路局工务部门应随时对降深、抽水量实施监测,避免骤然加大降深引起塌陷,同时加强该路段巡查。

铁路勘测设计阶段应在岩溶地面塌陷预测基础上,对极易塌陷区地表黏性土厚度小于等于 20 m(绝对厚度)地段划作岩溶地面塌陷整治地段。高速铁路岩溶地面塌陷整治范围应扩大至易塌陷区地表黏性土厚度小于等于 30 m(绝对厚度)的地段。

整治过程必须贯彻“探注”结合原则,即注浆钻孔也是勘探钻孔,根据钻孔实际揭示的地质情况,调整整治范围和深度、调整注浆参数和注浆工艺,以达到治理岩溶地面塌陷的目的。

三十六、大丽铁路玄武岩全风化带工程地质特性及路基处理对策

杨 英

(一)概 述

大理至丽江铁路位于云南省西北部,南起广大铁路大理车站,向北沿洱海东岸经上关、西邑、鹤庆至丽江,全长 168.39 km,是中国西部重要铁路干线。沿线地形地质条件复杂,构造作用强烈,地处高地震(Ⅷ度)区,不良地质、特殊岩土发育,地质灾害多。工程于 2004 年 12 月开工,2010 年已建成通车。线路 DK43 + 877 ~ DK63 + 900 约 20 km 分布二叠系上统玄武岩组玄武岩夹凝灰岩,其全风化带具膨胀性的工程特性。大丽铁路地处中亚热带湿润区,属于冬干夏湿的高原季风气候;降雨大部分集中在 5 ~ 10 月,尤以 7 ~ 9 月最为集中,每年 10 月下旬至次年 5 月为干风季节;年平均降水量 1 078.9 mm,年最大降水量 1 337.2 mm,年平均蒸发量 1 969.8 mm,全年平均风速 2.4 m/s。以下结合大丽铁路工程地质勘察,对玄武岩全风化带的岩性特征、物理力学性质进行分析,提出玄武岩全风化带区的工程处理对策。

(二)玄武岩全风化带工程地质特性

1. 地层岩性特征

测区二叠系上统玄武岩组一段至六段($P_2\beta^1$ ~ $P_2\beta^6$)均有分布,物理力学性质相似,颜色有所差异,主要为青灰、黄绿、灰褐、灰黄、灰绿色,柱状节理发育。一、四、五、六段为杏仁状、致密块状构造,夹薄层凝灰岩;二、三段以致密块状构造为主,二段夹火山角砾岩,三段夹灰岩透镜体。其主要矿物成分为斜长石、橄榄石、辉石,风化后易形成蒙脱石等。受地形地貌控制,风化层厚度分布不均,风化差异大,沟谷处较薄,坡面较厚。钻探揭示,全风化带一般厚 4 ~ 20 m,最厚达 30 m。

2. 工程地质特性

玄武岩全风化带呈土状,其最典型的特征是具有弱—强膨胀性。

膨胀土是指土中黏粒成分主要由强亲水性矿物(蒙脱石和伊利石)组成,具有显著湿胀干缩性质的特殊黏性土,其胀缩与其内部所含的亲水矿物有关。膨胀土吸水膨胀,失水收缩,对铁路路基、隧道工程的影响和危害较大。因此,加强玄武岩全风化带膨胀性的试验与研究,确定有效的工程处理措施,显得尤为重要。

(1)玄武岩全风化带膨胀性的判定及其物理力学性质:从野外地质特征及主要矿物成分观察,玄武岩全风化带呈土状,以黄、灰黄、灰绿色为主,有滑感,裂隙发育,含有较多钙质、铁锰质结核,自然坡面有浅层溜坍,新开挖的公路边坡易坍塌。

根据取样室内试验资料统计,天然含水量 $w = 12.30\% \sim 27.89\%$,天然孔隙比 $e = 0.5 \sim 1.61$,天然密度 $\rho = 1.55 \sim 2.07\ g/cm^3$,液限 $w_L = 28.40\% \sim 85.20\%$,塑限 $w_p = 20.90\% \sim 35.10\%$,塑性指数 $I_p = 8.40 \sim 50.10$,液性指数 $I_L = 0.68 \sim 0.90$,孔隙率 $n = 33.55\% \sim 61.69\%$,饱和度 $S_r = 65.95\% \sim 100\%$,压缩系数 $a_{1\sim2} = 0.03 \sim 0.47\ MPa^{-1}$,自由膨胀率 $F_s = 35\% \sim 72.5\%$,蒙脱石含量 $M = 11.87\% \sim 89.67\%$,阳离子交换量 CEC(NH_4^+) = 286 ~ 653mmol/kg。玄武岩全风化带膨胀土详判及膨胀潜势分级见表 4—36—1。

表 4—36—1 玄武岩全风化带膨胀土详判及膨胀潜势分级表

试验编号	自由膨胀率 F_s(%)	蒙脱石含量 M(%)	阳离子交换量 CEC(NH_4^+)(mmol/kg)	膨胀潜势分级
CK1Z-38-1-1a	41	15.6	299	弱膨胀土
CK1Z-38-1-1b	62	25.86	384	中膨胀土
CK1Z-38-1-1c	59	32.56	472.5	强膨胀土
CK1Z-38-1-1d	42	17.72	403.5	中膨胀土
DZ-05-27	35	11.87	307	弱膨胀土
DZ-05-33	62	49.64	506	强膨胀土
DZ-05-69-1a	41	16.33	350.5	弱膨胀土
DZ-05-69-1b	64	36.28	557.5	强膨胀土
土-22-1	55	32.43	514.5	强膨胀土
土-22-2	50	28.84	442	强膨胀土
土-22-4	50	21.80	353.5	中膨胀土
DZ-06-09	47	85.16	452.5	强膨胀土
DZ-06-12a	52	55.26	384	强膨胀土
DZ-06-12b	58	89.67	653	强膨胀土
DZ-06-12-01	66	61.38	544	强膨胀土
DZ-06-13-03	38	38.11	443	强膨胀土
DZ-06-19a	72.5	43.94	480	强膨胀土
DZ-06-19b	45	21.54	286	中膨胀土
DZ-06-19-1	46	17.69	299.5	中膨胀土
DZ-07-01	45	53.75	583	强膨胀土

从试验指标分析,玄武岩全风化带的物理力学特性表现为较高液限和高塑性,属黏性土范围,孔隙比较大,但压缩性不高,最大孔隙比 1.61,对应的压缩系数为 0.47,属中偏低压缩性土,具有显著的胀缩性、崩解性、多裂隙性等工程特性。从表 4—36—1 可知,玄武岩全风化

带大部属中—强膨胀土，少数属弱膨胀土。对玄武岩全风化带不同地段分别取代表性样品进行物理力学试验和化学分析，结果分别见表4—36—2和表4—36—3。

表4—36—2　玄武岩全风化带膨胀性物理力学特征

里　程	长度(m)	物理力学特征	膨胀潜势分级
路基、隧道、桥梁 DK43+877～DK46+200 （断续分布）	2 323	玄武岩全风化带（W_4），厚2～15 m不等，分布于测段斜坡地段。经取样化验，自由膨胀率为35%～65%，阳离子交换量CEC（NH_4^+）307 mmol/kg，蒙脱石含量11.87%	弱膨胀土
路基、桥梁 DK46+200～DK47+415	1 215	玄武岩全风化带（W_4），厚2～22 m。经取样化验，8 m以上自由膨胀率为41%，阳离子交换量CEC（NH_4^+）350.5 mmol/kg，蒙脱石含量16.33%；8 m以下自由膨胀率为35%～72.5%，阳离子交换量CEC（NH_4^+）299.5～653 mmol/kg，蒙脱石含量17.69%～89.67%	8 m以上弱膨胀土；8 m以下中—强膨胀土
路基、隧道、桥梁 DK47+415～DK63+900 （断续分布）	8 480	玄武岩全风化带（W_4），厚2～15 m。经取样化验，自由膨胀率35%～72.5%，阳离子交换量CEC（NH_4^+）299.5～653 mmol/kg，蒙脱石含量17.69～89.67%	中—强膨胀土

表4—36—3　玄武岩全风化带化学分析成果

分析项目		SiO_2	Al_2O_3	Fe_2O_3	CaO	MgO	K_2O	Na_2O	P_2O_5	SO_3
含量（%）	PDZ-07-土-1	48.98	15.18	14.03	4.88	3.64	0.71	2.04	0.26	0.014
	PDZ-07-土-2	50.19	12.02	11.59	8.00	7.75	0.89	1.46	0.18	0.019

（2）抗剪强度与边坡稳定性：玄武岩全风化带天然快剪试验统计值，凝聚力c平均值为45.8 kPa，内摩擦角φ平均值为25°，具有较高的抗剪强度及黏性土的特点，土体强度较高。全风化带边坡的稳定性主要取决于土质的均匀性及各向异性，全风化带中原生裂隙及次生裂隙对边坡稳定性起着决定性作用。因此，抗剪指标的选取应视工程特性、矿化成分、暴雨时间、场地均匀性等因素综合考虑。

（3）地基承载力：根据室内试验查《铁路工程地质勘察规范》附表统计，玄武岩全风化带基本承载力σ_0=194～448 kPa，标准值为253 kPa。又对各工点玄武岩全风化带进行48点次重型动力触探试验，实测锤击数10～37，平均15.1，承载力较大，推荐基本承载力σ_0=250 kPa。

（4）水化学特征：二叠系玄武岩组，节理裂隙较发育，可储存一定量的地下水。但由于地形条件和风化层较厚，其排泄较快，地下水埋藏较深，主要表现为风化裂隙水，且储水量较小，主要接受大气降水补给，向低洼沟槽处排泄。经取地表水、地下水或该地层上游水，绝大多数水样对混凝土无侵蚀性，少量具侵蚀性，相关工程应采用抗侵蚀性材料。具侵蚀性水样特征见表4—36—4。

表4—36—4　具侵蚀性水样特征

取样位置	水质类型	侵蚀性	原因分析
DL-SH-49	$HCO_3^- \cdot Cl^-$—$Na^+ \cdot Ca^{2+} \cdot Mg^{2+}$	弱溶出型侵蚀	沟水，$P_2\beta$玄武岩地层
DL-SH-51	$HCO_3^- \cdot Cl^-$—$Mg^{2+} \cdot Ca^{2+}$	弱溶出型侵蚀	沟水，$P_2\beta$玄武岩地层
DL-SH-47	HCO_3^-—$Ca^{2+} \cdot Na^+$	弱溶出型侵蚀	井水，$P_2\beta$玄武岩地层
DL-SH-32	$HCO_3^- \cdot SO_4^{2-}$—$Na^+ \cdot Mg^{2+} \cdot Ca^{2+}$	弱溶出型侵蚀	沟水，$P_2\beta$玄武岩地层
DK61+493.5左46 m	$HCO_3^- \cdot Cl^-$—Ca^{2+}	中等硫酸型酸性及中等溶出型侵蚀	沟水，$P_2\beta$玄武岩地层

(三)工程处理对策

玄武岩全风化带属弱—强膨胀土,对路基工程影响较大,具有严重的潜在和长期破坏作用,如处理不当,极易出现路堑边坡变形及路基基床变形。因此,必须采取合理的工程措施,加强路堑边坡的挡护工程;路堤应根据填方高度、基底自然横坡,采取合理的路堤边坡防护。

1. 路　　堑

根据路堑边坡的高度、地面自然坡度及全风化带的厚度,边坡挡护工程主要采取以下几类工程措施:

(1)当路堑边坡较高,自然坡面较陡时,采用多级防护,顶部一级边坡采用人字形截水骨架加支撑渗沟护坡,中部采用锚杆框架梁护坡,下部采用桩加锚索。

(2)当路堑边坡较高,自然坡面较缓时,可采用锚固桩加锚索框架梁护坡。

其他路堑可采用锚固(锚索)桩、桩板墙、桩间重力式路堑挡土墙、重力式路堑挡土墙、锚杆框架梁护坡内撒草籽种灌木护坡,人字形截水骨架加支撑渗沟护坡或几种措施的组合。尤其植物防护可适应膨胀土边坡较大的胀缩变形,又能减轻风化和水流冲刷,美化沿线环境,值得推广。

此外,当路堑基底为玄武岩全风化带时,基床土应换填,路堑基床表层采用 0.5 m 厚级配良好的硬质岩隧道弃渣 +0.1 m 厚中粗砂 + 复合土工膜 +0.3 m 厚 A、B 组填料加固,以避免侧向挤出,减少雨水下渗所引起的湿陷下沉,保护基床底面以下的膨胀性风化层免受强烈的气候影响,减少干缩湿胀引起的变形。

2. 路　　堤

玄武岩全风化带具弱—强膨胀性,不宜作填料。当其为一般路堤基底时,基床表层采用 0.6m 厚级配良好的弃渣加固,底层采用硬质岩隧道弃渣填筑,基床以下采用弃渣(或隧道弃渣)填筑。若用作填料,应对其进行改良或加强工程防护,填筑前必须进行试验路堤填筑,以获得适合的施工参数。若为低矮路堤时,基底(基床表层)以下换填 0.3 m 渗水土。

根据路堤填方的高度、基底自然横坡,路堤边坡主要采取以下几类工程措施:

(1)桩基托梁衡重式路肩挡土墙、衡重式路肩挡土墙;

(2)方格截水骨架护坡 + 水平铺设土工格栅,坡脚设置护脚墙;

(3)方格截水骨架护坡,骨架内采用撒草籽种灌木防护,以减轻风化和水流冲刷;

(4)土工格栅分层加筋;

(5)采用撒草籽种灌木防护。

此外,玄武岩全风化带受气候影响吸水膨胀,使土体结构破坏,强度降低,因此,各工程基础应置于大气影响急剧层深度以下,同时应加强路基截排水工程,防止地表水下渗,浸润土质,工程修筑尽量避开雨季施工。

(四)结 束 语

通过地质勘察,对大丽铁路玄武岩全风化带的工程地质特性(特别是对其膨胀特性)取得了较深入的认识,进行了较全面的分析,为该线路基工程设计、施工提供了较为准确的地质资料和工程处理对策,取得了良好的效果,亦为今后类似工程地质问题治理提供了可借鉴的经验。

三十七、玉蒙铁路上第三系膨胀性岩土工程地质特性及路基工程处理

李 东 陈 松

(一)概 况

新建玉溪至蒙自铁路位于云南省南部地区,北起昆玉铁路终点站玉溪南站,经通海、建水等县,终至红河哈尼族彝族自治州蒙自县,全长约141 km。沿线上第三系(N)分布长度为46.8 km,约占全线总长的33%,主要分布于曲溪、建水、漾田—面甸—淌甸、鸡街、蒙自等内陆断陷盆地,均为湖泊沼泽相沉积,是云南新生代主要成煤期产物,由一套浅色碎屑岩组成,厚30~713 m不等,与下伏地层均呈角度不整合接触。沉积盆地区域具有膨胀土的宏观地貌特征,呈现低缓垄岗与宽坦洼地相间,垄岗由上第三系泥岩构成,风化壳形成于垄岗顶部。通过采用综合勘察手段,基本查明了沿线膨胀性岩土的物理力学性质及工程地质特性,为工程设计与施工提供了较为可靠的地质资料,对类似铁路、公路建设中膨胀性岩土工程的设计与施工具有一定的参考和借鉴价值。

(二)上第三系岩土分布特征

上第三系分布的沉积盆地,地表上覆第四系全新统冲洪积、坡洪积、坡残积粉质黏土、黏土,厚度一般0~2 m、2~6 m,下伏上第三系岩性复杂。据钻探揭示,曲溪、建水盆地为泥岩、砂岩、砾岩,风化带深厚,均呈全风化带;漾田—面甸盆地高家庄一带为泥岩,风化相对浅弱,多呈弱风化带;面甸—淌甸和鸡街盆地为泥岩夹砂岩、砾岩、灰岩、泥灰岩及褐煤,风化带厚度不均,呈全风化带与强风化带;蒙自盆地为泥岩夹砂岩,风化带深厚,呈全风化带与强风化带。

沿线上第三系所处的水文地质环境不同,故各段落成岩及风化带厚度不一。即使局部地段成岩较好,但由于开挖暴露时间长,且泥岩遇水易软化,崩解成碎石、角砾或泥状,呈松散的碎石土状,宏观上处于岩、土过渡状态,性质界于岩石与土之间。上第三系是沿线不良地质较发育的地层之一,亦是施工中病害较易发生的一套地层。

(三)上第三系岩土工程地质特征

1. 沿线膨胀性岩土试验

(1)曲溪盆地:$D_2K50+260 \sim D_1K55+160$段,勘察阶段共取泥岩、砂质泥岩全风化带试样100组,按土工试验方法初判,有62组具膨胀性,自由膨胀率40%~72%,平均值50%,属弱—中等膨胀(岩)土。对初判具膨胀性的其中53组试样进行了详判试验,经统计分析,自由膨胀率40%~104%,平均值为51.21%,蒙脱石含量7.12%~33.59%,平均值17.79%;阳离子交换量133.0~437.5 mmol/kg,平均值263.0 mmol/kg;具强膨胀性样品2组,中等膨胀性样品22组,其余均具弱膨胀性,另有6组试样蒙脱石含量或阳离子交换量单个指标达到强膨胀性指标。

(2)建水盆地:DK80+900~DK94+185段,勘察阶段共取泥岩全风化带、表层土样186组试验,仅37组具弱—中等膨胀性。如表4—37—1所示,第2、7段全部试样均具膨胀性,第

5 段 78 组试样仅有 4 组具膨胀性，第 6 段 23 组试样仅 1 组具膨胀性，第 1、3、4 段的全部试样均无膨胀性。综上所述，建水盆地试样数据离散性较大，膨胀性岩土的分布无规律性，设计时按工点分段考虑岩土的膨胀性。

表 4—37—1　建水盆地膨胀(岩)土分布情况一览表

序号	里　　程	长度(m)	试样(组)	自由膨胀率(%)	蒙脱石含量(%)	阳离子交换量(mmol/kg)
1	DK80 +900 ~ DK81 +080	180	12	均小于 40		
2	DK81 +080 ~ DK81 +860	780	10	40 ~ 71，平均 53	7.41 ~ 19.23，平均 12.73	95.5 ~ 264，平均 168.3
3	DK81 +860 ~ DK82 +300	440	31	均小于 40		
4	DK82 +300 ~ DK83 +500	1 200	15	均小于 40		
5	DK83 +500 ~ DK90 +700	7 200	78	仅 4 组，40 ~ 53	仅 4 组，12.28 ~ 16.39	仅 4 组，199.5 ~ 258.5
6	DK90 +700 ~ DK92 +500	1 800	23	仅 1 组，41	仅 1 组，14.78	仅 1 组，258
7	DK92 +500 ~ DK94 +185	1 685	17	40 ~ 75，平均 47	7.33 ~ 22.84，平均 14.51	112.5 ~ 328.5，平均 227.7

(3)漾田—面甸盆地：DK98 +450 ~ DK111 +900 段，盆地内上第三系泥岩全风化带呈土状，共取样 154 组，其中 85 组进行详判试验，并据此对膨胀(岩)土分布进行划分，具代表性分布地段见表 4—37—2 所列。部分泥岩强风带、弱风化带按膨胀岩判定的方法进行测试，共取岩样 55 组，其中 22 组具膨胀性，数据统计分析见表 4—37—3。55 组泥岩试样，其中 48 组进行自由膨胀率测试，数据的离散性较大，其中 20 组试验自由膨胀率大于 30%，为 31% ~ 75%，平均值 42%；17 组进行膨胀力测试，数据的离散性亦大，仅有 2 组超过 100 kPa，为 101.50 kPa 和 109.60 kPa。

表 4—37—2　漾田—面甸盆地膨胀(岩)土代表性分布地段表

序号	里　程	长度(m)	试样(组)	自由膨胀率(%)	蒙脱石含量(%)	阳离子交换量(mmol/kg)
1	DK98 +450 ~ D_1K100 +890 (弱—中等膨胀土)	2 440	13	11 组， 40 ~ 72， 平均 51	8 组， 12.47 ~ 27.86， 平均 18.97	8 组， 163.5 ~ 352.5， 平均 268.9
2	D1K100 +890 ~ D_1K101 +320 (中等—强膨胀土)	430	11	9 组， 55 ~ 136， 平均 84	8 组， 9.70 ~ 36.24， 平均 26.29	8 组， 207 ~ 464.5， 平均 353.9
3	D_1K102 +740 ~ D_1K105 +270 (中等—强膨胀土)	2 530	28	20 组， 40 ~ 115， 平均 78	15 组， 17.07 ~ 46.21， 平均 31.19	15 组， 261.5 ~ 541.5， 平均 394.2
4	D_1K105 +270 ~ D_1K105 +600 (弱—强膨胀土)	330	8	8 组， 43 ~ 82， 平均 61	7 组， 17.67 ~ 28.8， 平均 21.78	7 组， 231 ~ 361.5， 平均 280.4
5	D_1K105 +600 ~ DK106 +360 (弱—中等膨胀土)	760	11	7 组， 41 ~ 76， 平均 56	6 组， 15.74 ~ 28.05， 平均 19.55	6 组， 201.5 ~ 328， 平均 252.8
6	DK106 +360 ~ DK108 +690 (中等—强膨胀土)	2 330	13	13 组， 41 ~ 71， 平均 53	9 组， 10.34 ~ 38.80， 平均 24.65	9 组， 182 ~ 507.5， 平均 327.6

续上表

序号	里　　程	长度（m）	试样（组）	自由膨胀率（%）	蒙脱石含量（%）	阳离子交换量（mmol/kg）
7	DK108 +690 ~ DK109 +645（弱膨胀土）	955	7	5组，41 ~59，平均48	4组，9.91 ~11.94，平均10.76	4组，144.5 ~178.0，平均166.9
8	DK110 +380 ~ DK111 +370（弱膨胀土）	990	13	13组，40 ~62，平均45	12组，7.76 ~17.37，平均10.99	12组，136 ~244.5，平均176.8

表4—37—3　漾田—面甸盆地膨胀性泥岩测试指标汇总表

统计项目	天然密度（g/cm^3）	饱和密度（g/cm^3）	颗粒密度（g/cm^3）	含水率（%）	自由膨胀率（%）	饱和吸水率（%）	膨胀力（kPa）
样本数	55	50	50	52	48	54	17
最小值	1.49	1.71	2.61	9.50	2	22	7.40
最大值	2.32	2.08	2.80	93.80	75	131.11	109.60
平均值	1.96	1.88	2.73	27.42	25	39.92	39.40

（4）淌甸盆地：DK114 +230 ~ DK122 +000段与DK123 +675 ~ DK128 +260段，对上覆土层及泥岩的全风化带、强风化带取样测试，仅局部地段具有膨胀性，其自由膨胀率41% ~66%，属弱膨胀土。第一段取泥岩样21组，其中7组具膨胀性，见表4—37—4；第二段取泥岩样18组，其中12组具膨胀性，见表4—37—5。

表4—37—4　DK114 +230 ~ DK122 +000段泥岩测试指标汇总表

统计项目	天然密度（g/cm^3）	饱和密度（g/cm^3）	颗粒密度（g/cm^3）	含水率（%）	自由膨胀率（%）	饱和吸水率（%）	膨胀力（kPa）
样本数	21	2	21	13	7	20	12
最小值	2.00	2.17	2.71	8.70	43	19.3	7.7
最大值	2.32	2.32	2.77	26.80	73	57.2	94.1
平均值	2.16	2.25	2.74	16.07	51	33.5	31.0

表4—37—5　DK123 +675 ~ DK128 +620段泥岩测试指标汇总表

统计项目	天然密度（g/cm^3）	颗粒密度（g/cm^3）	自由膨胀率（%）	饱和吸水率（%）	膨胀力（kPa）
样本数	18	9	15	12	13
最小值	1.78	2.72	31	30.5	1.1
最大值	2.15	2.76	54	45.2	114.5
平均值	1.97	2.74	43	38.1	36.0

（5）鸡街—蒙自盆地：DK132 +040 ~ DK144 +900段，上第三系泥岩全风化带，均呈土状，共取样163组试验，125组具膨胀性，亦据此对本段膨胀（岩）土进行分段划分，结果见表4—37—6所列。另有31组泥岩强风化带可按膨胀岩判定的方法进行测试，测试结果见表4—37—7。鸡街—蒙自盆地内，分布有灰白色的泥岩全风化带，呈土状，取样测试基本均具强膨胀性。

表 4—37—6　鸡街—蒙自盆地膨胀(岩)土分布情况一览表

序号	里　程	长度(m)	试样(组)	自由膨胀率(%)	蒙脱石含量(%)	阳离子交换量(mmol/kg)
1	$D_1K132+040 \sim D_1K133+930$ (具中等—强膨胀性)	1890	24	24 组, 41 ~ 110, 平均 63	17 组, 10.89 ~ 33.24, 平均 23.81	17 组, 110.5 ~ 399.0, 平均 276.1
2	$D_1K133+930 \sim D_1K135+280$ (具中等—强膨胀性)	1350	49	47 组, 40 ~ 85, 平均 53	27 组, 7.06 ~ 36.01, 平均 19.0	27 组, 153.5 ~ 392.5, 平均 238.0
3	$D_1K135+280 \sim D_1K135+980$ (具弱—中等膨胀性)	700	10	10 组, 40 ~ 67, 平均 48	8 组, 8.46 ~ 24.14, 平均 14.97	8 组, 144.5 ~ 265.5, 平均 202.3
4	$D_1K135+980 \sim D_1K136+560$ (具弱—中等膨胀性)	580	6	3 组, 50 ~ 57, 平均 54	3 组, 17.97 ~ 20.4, 平均 19.43	3 组, 240.5 ~ 322.5, 平均 272.5
5	$D_1K136+560 \sim D_1K142+200$ (具中等—强膨胀性)	5640	47	32 组, 40 ~ 133, 平均 77	24 组, 11 ~ 36.78, 平均 23.03	23 组, 183.5 ~ 437.0, 平均 286.0
6	$D_1K142+200 \sim D_1K145+020$ (具中等—强膨胀性)	2820	27	9 组, 41 ~ 108, 平均 74	10 组, 8.9 ~ 100, 平均 23.88	20 组干燥饱和吸水率, 30% ~ 104%, 平均 50%

表 4—37—7　鸡街—蒙自盆地膨胀泥岩测试指标汇总表

统计项目	天然密度(g/cm^3)	颗粒密度(g/cm^3)	含水率(%)	自由膨胀率(%)	饱和吸水率(%)	膨胀力(kPa)
样本数	29	29	27	28	31	23
最小值	1.76	2.71	13.80	21	22.80	7.60
最大值	2.30	2.79	45.10	123	93.40	174.20
平均值	2.08	2.76	25.84	52	42.67	48.82

2. 岩土膨胀性特征

通过对沿线沉积盆地内的上第三系泥岩风化带及表层第四系的土层 673 组试样测试,全部试样测试数据的离散性较大,膨胀性分布规律不明显,具有强膨胀性的岩土主要集中于漾田—面甸盆地高家庄附近、鸡街—蒙自盆地。在设计过程中,只有按照工点分段统计汇总分析岩土膨胀性等级,才能有针对性地进行工程设计,从而保证工程数量的合理性。

上第三系泥岩成岩作用差,胶结疏松,抗风化能力弱,具有吸水显著膨胀软化、失水急剧收缩开裂的特性。膨胀、开裂、崩解与剥落均在干湿交替进行的情况下发生,试样浸水后取出风干数小时即产生龟裂,一般数天后均有掉块现象,这也是高温多雨地区泥岩边坡产生强烈风化剥落的主要原因。具膨胀性的泥岩表面光滑、细腻,有蜡状光泽或油脂光泽,手摸有滑感,在新开挖的工作面上因其较完整和岩质较硬,往往给人岩土工程分级较高的假象,但经扰动和暴露在空气中的岩块,将迅速产生龟裂、风化剥落,甚至发生掉块、坍方。

泥岩的坡残积风化层遇水易软化,力学指标急剧下降,承载力衰减明显且幅度较大。这一特性与地表膨胀性岩土在自然气候作用下的结果是相同的,工程设计时应考虑大气影响深度及影响急剧层深度。

(四)上第三系岩土的工程地质问题及路基工程处理

1. 路　　堤

上第三系泥岩含黏粒较重,透水性差而亲水性强,地下水易沿岩体表面或岩体结构面入渗,从而较易在岩体或坡残积内部形成软弱面,易沿此面向有利于滑移的方向发生滑动。所以,路堤工程首先要解决基底稳定问题,要查清基底岩性、结构面产状、水文地质特征以及第四系堆积层与基岩面接触关系等,并采取合理的工程措施。否则,稍有忽视就会造成不良后果。

上第三系泥岩作填料一般下沉变形较大,特别是基底为水田地段更明显,主要原因是泥岩遇水软化,且施工中易忽视分层夯实,加之机械化施工地段靠坡脚与路肩部分机械走行不便,难以压实的部分受表水下渗和冲刷,填料被软化而产生下沉。因此《铁路特殊路基设计规范》对基床以下路堤填料作了如下规定:

(1)采用中、强膨胀土(岩)作路堤填料时必须改良;

(2)采用弱膨胀土(岩)作路堤填料时,时速 200 km 铁路必须改良,其他Ⅰ、Ⅱ级铁路可采取改良或加固及防排水措施。

2. 路　　堑

上第三系泥岩路堑易产生滑坡、边坡坍塌、风化剥落等工程地质问题。如在 D_1K104 + 352 ~ D_1K104 + 384 顺层路堑工点,中心挖深约 11 m,堑坡为弱风化泥岩,岩层倾角 10° ~ 28°,发育垂直节理 2 组,按 1:2 的坡率刷坡后发生滑坡,平面上呈长方形,长约 45 m,宽约 35 m,滑体厚 4 ~ 5 m,滑体向下滑移 2 ~ 4 m,D_1K104 + 323 ~ + 352 段堑坡上有环状裂缝,并下错约 0.1 ~ 0.4 m。为了保证路堑边坡的稳定,施工中采取了合理的工程措施。

上第三系泥岩多见风化剥落现象,主要是泥岩含水云母、高岭石等矿物,在温差变化和干湿交替循环条件下,岩石天然水分一旦散失,极易产生龟裂、崩解、剥落。为防止泥岩堑坡坍塌与风化剥落,开挖路堑不论深浅,皆应加强排水设施和支挡防护工程,尽量避免深挖,临时开挖边坡亦不宜暴露过久,施工工序要紧跟。

膨胀土(岩)路堑边坡设计应遵循缓坡率、宽平台、加固坡脚和适宜的坡面防护相结合的原则。路堑边坡宜采用坡脚挡护、边坡防护、支撑渗沟、土钉墙、加强堑顶排水等防护措施。

3. 基　　床

上第三系泥岩基底或整体道床易产生翻浆冒泥现象。地下水或表水进入道床,在列车长期荷载作用下,基底泥岩崩解泥化,如不及时处理,往往会造成路基下沉、翻浆冒泥、基床鼓起、侧沟被推倒等。因此,泥岩地段路基排水亦是非常重要的。膨胀土(岩)路堑基床处理应符合《铁路特殊路基设计规范》的相关规定。

(五)结 束 语

上第三系膨胀性岩土的分布特征、物理力学性质以及工程地质特性较复杂,即使是同一地区不同地段的岩土,其膨胀性特征亦是有所差别的。在工程建设中,勘察阶段应采用综合勘察手段按工点分段查明其性质,针对不同工程类型采取相应的工程措施,确保工程质量与工程安全。

三十八、福厦铁路以凝灰岩作路基填料的地质问题

蒲增刚

（一）概　　况

福厦铁路北起福建省省会福州市，经福清市、莆田市、惠安县、泉州市、晋江市，至厦门市。本线北接既有电气化铁路外（洋）福（州）线和已开工的温（州）福（州）线，南连既有电气化铁路鹰（潭）厦（门）线，并与规划中的厦（门）深（圳）、龙（岩）线相衔接，是未来我国铁路客运专线通道的重要组成部分。福厦铁路全长 265.728 km，正线路基长 116.92 km，占线路总长的 47.7%。凝灰岩地层分布于 D_1K54 + 050 ~ DK76 + 644 和 D_1K113 + 720 ~ DK130 + 000，全长 38.874 km，占线路总长的 14.6%，占正线路基长的 33.2%。凝灰岩地层路基填料不合格的主要有三段，分别为 DK61 + 150 ~ DK61 + 800、DK69 + 120.14 ~ DK76 + 644 和 D_1K121 + 900 ~ D_1K122 + 989.9。

本线凝灰岩为侏罗系上统南园组二段（J_3n^b）及三段（J_3n^c）地层，颜色较杂，灰白、灰黄、灰色、褐黄、浅褐、褐红、紫红等色，全风化带（W_4）厚 16 ~ 30 m，强风化带（W_3）一般厚 4 ~ 15 m，风化不均匀，分布无规律性。

（二）现场核对情况

1. DK61 + 150 ~ DK61 + 800 段，从开挖揭示情况看，除第一级平台以上部分为凝灰熔岩强风化（W_3）外，向下路堑开挖揭示均为凝灰岩强风化层（W_3）和全风化层（W_4），局部存在弱风化凝灰岩（W_2），差异风化严重，风化极不均匀，强风化（W_3）、全风化（W_4）岩层混杂，无规律性。全风化（W_4）呈粉土状，局部由于地下水浸泡成软塑状；强风化（W_3），褐红、灰黄、灰黑等色，风化后色杂，岩质软，手捏易碎成粉末状，遇水易软化崩解。

2. DK69 + 120.14 ~ DK76 + 644 段，从开挖揭示情况看，牛尾山隧道出口端长 70 m 为凝灰岩强风化（W_3）；蒜岭隧道进口端长 200 m 为凝灰岩强风化（W_3）；DK75 + 000 ~ DK75 + 360 段路堑开挖基本达到路基面，为凝灰岩强风化层（W_3）和全风化层（W_4）。全段差异风化严重，风化极不均匀，强风化（W_3）、全风化（W_4）岩层混杂。全风化（W_4）呈粉土状；强风化（W_3），褐红、灰黄、灰黑等色，风化后色杂，岩质软，手捏易碎成粉末状，易崩解。

3. D_1K120 + 552.00 ~ D_1K120 + 755.00 段，路堑在挖除表层覆盖粉质黏土层 0 ~ 2 m 后，利用其下全风化凝灰岩（W_4）作为填料。向下开挖揭示，路堑所在山体前后 100 m 范围及线路右侧，以全风化层凝灰岩（W_4）为主，局部为凝灰岩强风化层（W_3），差异风化严重，风化极不均匀。大部分全风化凝灰岩（W_4）呈灰黄、灰白色粉土状，遇水后易软化呈软塑状。仅大里程端的部分挖方（W_3）强风化层较为明显（同样与 W_4 全风化混杂），可作为合格路基填料使用。

4. D_1K120 + 912.00 ~ D_1K121 + 135.00 段，路堑在挖除表层覆盖粉质黏土层 0 ~ 2 m 后，往下路堑开挖揭示，路堑所在山体前后 100 m 范围、大里程端坡面及线路右侧均为全风化层凝灰岩（W_4），风化程度极为严重，呈灰白色粉土状，遇水即可变成软塑状，局部含有部分强风化凝灰岩（W_3），呈褐红、灰黄、灰黑等色，风化后色杂，岩质软，手捏易碎成粉末状，遇水易软化

崩解。山体小里程端、大里程端左侧 15m 处,强风化层凝灰岩(W_3)较为明显,可作为合格路基填料使用。

5. D_1K121 + 270.00 ~ D_1K121 + 577.00 段,路堑在挖除表层覆盖粉质黏土层 0 ~ 2 m 后,往下开挖揭示(山体中心至大里程端范围及线路右侧),为全风化层凝灰岩(W_4),差异风化严重,风化极不均匀,大部分全风化凝灰岩(W_4)呈灰白色粉土状,遇水即可变成软塑状,仅山体小里程端坡面部分挖方 W_4 全风化程度较轻,可作为合格路基填料使用。

(三)施工图设计情况

1. DK61 + 150 ~ DK61 + 800 段,路堑挖方及扩大挖方共计挖Ⅱ类土 26 310 m³、Ⅲ类土 58 040 m³、Ⅳ类土 151 605 m³、Ⅴ类石 165 870 m³,其中Ⅱ类土作弃方处理,Ⅲ、Ⅳ、Ⅴ类土石方共计 375 515 m³,用作 DK63 + 013.39 ~ DK68 + 910.26 段路基填料。由于渔江路大桥路基改桥减少了填方 123 225 m³,因此挖方中弃掉 123 225 m³,实际利用方Ⅲ、Ⅳ、Ⅴ类土石共 252 290 m³。

2. DK69 + 120.14 ~ DK76 + 644 段,线路范围内填方段为 DK69 + 120.14 ~ DK72 + 400、DK73 + 800 ~ DK75 + 000。前者为平原地段,受百年洪水位(高程 5.98 m)影响,加上该段鱼塘较多,设计按规范在高程 6.5 m(百年洪水位 + 安全高)以下采用渗水性填料填筑。结合本段料源情况,采用了不易风化块石填筑。路堤基床底层采用 A、B 组填料填筑。其余路堤本体填料采用 A、B、C 组填料填筑,但要求其压实标准满足规范 K_{30} 和压实系数或孔隙率的要求。

DK69 + 120.14 ~ DK75 + 000 段路堤共需要填料 58.8 万 m³,其中基床底层 A、B 组填料 14.265 万 m³,高程 6.5 m 以下不易风化块石 30.01 万 m³,其他本体填料 14.508 万 m³。

料源情况:本段料源主要为 DK72 + 400 ~ DK75 + 360 段挖方、牛尾山隧道弃渣、蒜岭隧道弃渣。路堑挖方共有Ⅱ、Ⅲ、Ⅳ、Ⅴ类土石分别为 94 517 m³、448 038 m³、108 878 m³、5 799 m³;尾山隧道弃渣共 89 702 m³;蒜岭隧道进口弃渣共 215 189 m³。

土石方利用情况:路堑挖方Ⅲ类土 185 656 m³(C 组填料,其中 168 263 m³ 用做本段填筑、17 393 m³ 运至苏溪大桥前段做填料);Ⅳ类土 108 878 m³(A、B 组填料,其中凝灰岩 W_3 38 660 m³,凝灰岩 W_2 33 750 m³,凝灰熔岩 W_3 36 468 m³);Ⅴ类石 5 799 m³(A 组填料,凝灰熔岩 W_2 5 799 m³);牛尾山隧道弃渣 89 702 m³、蒜岭隧道进口弃渣 215 189 m³。总共利用方 605 224 m³。

3. D_1K120 + 552 ~ D_1K122 + 989.889 段,路基主要以填方为主,共需要基床底层 A、B 组填料 25 795 m³,路基本体填料 153 781 m³。设计利用 D_1K120 + 600、D_1K121 + 000、D_1K121 + 400 等三段路堑挖方做填料。该三段路堑施工图挖方情况:

(1) D_1K120 + 552.00 ~ D_1K120 + 755.00 段长 203 m,路堑边坡最大高度 13 m,路堑上覆粉质黏土 0 ~ 2 m,下部至路基面全部为全风化凝灰岩,共计挖方Ⅱ、Ⅲ类土分别为 4 314 m³、65 920 m³。其中Ⅱ类土 4 314 m³ 属 D 组填料,采用弃方处理;剩余所有Ⅲ类硬土共计 65 920 m³ 属于 C 组填料,用作 D_1K119 + 700 ~ D_1K122 + 989.90 段路基填料。

(2) D_1K120 + 912.00 ~ D_1K121 + 135.00 段长 223 m,路堑边坡最大高度 20 m,上覆粉质黏土 0 ~ 2 m,下部至路基面依次为全风化凝灰岩(分布范围 1 ~ 12 m)、强风化凝灰岩(分布范围 3 ~ 6 m)、弱风化凝灰岩(分布范围 0 ~ 8 m),路堑挖方共计挖方Ⅱ、Ⅲ、Ⅳ、Ⅴ类土石分别为 8 841 m³、42 467 m³、17 958 m³、11 083 m³。其中Ⅱ类土 8 841 m³ 属 D 组填料,采用弃方处理;Ⅲ、Ⅳ、Ⅴ土石方共计 71 508 m³ 属 C、B、A 组填料,用作 D_1K119 + 700 ~ D_1K122 + 989.90 段路基填料。

(3) D_1K121 +270.00 ~ D_1K121 +577.00 段长307 m，路堑边坡最大高度16 m，路堑上覆粉质黏土0 ~ 1.5 m，下部至路基面依次为全风化凝灰岩(分布范围0 ~ 11 m)、强风化凝灰岩(分布范围0 ~ 1 m)，挖方共计挖方Ⅱ、Ⅲ、Ⅳ类土分别为17 128 m^3、43 245 m^3、1 260 m^3。其中Ⅱ类土17 128 m^3 属D组填料，采用弃方处理；Ⅲ、Ⅳ土石方共计44 505 m^3 属C、B组填料，用作D_1K119 +700 ~ D_1K122 +989.90 段路基填料。

以上三段路堑挖方设计利用总方量(Ⅲ、Ⅳ、Ⅴ类)为65 920 +71 508 +44 505 =181 933 m^3。

4. DK61 +150 ~ DK61 +800 段，施工单位根据施工图设计利用挖方凝灰岩强风化 W_3 作填料进行填筑试验，试验段的压实检测情况如表4—38—1所列。

表4—38—1　DK61 +150 ~ DK61 +800 段路基压实质量检测表

报告编号	里　程	填筑部位	层　次	检测日期	检测点数	检测结果	检测指标	
							K_{30} (MPa/m)	孔隙率 (%)
1	DK63 +380	基床以下路基	第1层	2007.11.06	左、中、右3点	中点合格		31.4，30.6，31.8
2	DK63 +390	基床以下路基	第1层	2007.11.06	左、中、右3点	不合格		33.7，34.5，33.3
3	DK63 +385	基床以下路基	第2层	2007.11.06	左、中、右3点	不合格		36.0，35.6，34.5
4	DK63 +395	基床以下路基	第2层	2007.11.06	左、中、右3点	不合格		34.1，34.5，36.4
5	DK63 +381左侧2 m	基床以下路基	第1层	2007.11.06	1点	不合格	96	
6	DK63 +406中心	基床以下路基	第1层	2007.11.06	1点	不合格	97	
7	DK63 +390右侧2 m	基床以下路基	第1层	2007.11.06	1点	不合格	89	
8	DK63 +400中心	基床以下路基	第1层	2007.11.06	1点	不合格	93	
9	DK63 +386右侧2 m	基床以下路基	第2层	2007.11.06	1点	不合格	96	
10	DK63 +408中心	基床以下路基	第2层	2007.11.06	1点	不合格	92	
11	DK63 +395右侧2 m	基床以下路基	第2层	2007.11.06	1点	不合格	86	
12	DK63 +400中心	基床以下路基	第2层	2007.11.06	1点	不合格	86	

从填筑试验检测指标看，孔隙率检测结果基本都大于31%，K_{30} 地基系数大于90 MPa/m者占62.5%，小于90 MPa/m者占37.5%，判定为不满足规范细粒土要求的压实标准。

5. DK69 +120.14 ~ DK76 +644 段，施工单位根据施工图设计利用挖方凝灰岩全风化 W_4、强风化 W_3 作填料进行填筑试验，试验段的压实检测情况如表4—38—2所列。

表4—38—2　DK69 +120.14 ~ DK76 +644 段路基压实质量检测表

里　程	填筑部位	层　次	检测日期	检测点数	检测结果	检测指标 K_{30} (MPa/m)
DK74 +580 ~ +598	基床以下路基	第1层	2006.10.19	3点	合格	
DK74 +540 ~ +598	基床以下路基	第2层	2006.10.19	4点	合格	
DK74 +500 ~ +598	基床以下路基	第3层	2006.10.19	6点	合格	
DK74 +500 ~ +598	基床以下路基	第3层	2006.10.19	4点	3点合格	127，122，116，107
DK74 +440 ~ +598	基床以下路基	第4层	2006.10.22	10点	合格	
DK74 +440 ~ +598	基床以下路基	第5层	2006.10.25	10点	合格	

续上表

里　程	填筑部位	层　次	检测日期	检测点数	检测结果	检测指标 K_{30}（MPa/m）
DK74 +400 ~ +598	基床以下路基	第6层	2006.10.27	10点	合格	
DK74 +400 ~ +598	基床以下路基	第6层	2006.10.27	4点	2点合格	126,138,107,104
DK74 +380 ~ +598	基床以下路基	第7层	2006.10.29	13点	合格	
DK74 +322 ~ +598	基床以下路基	第8层	2006.11.01	17点	合格	
DK74 +322 ~ +598	基床以下路基	第9层	2006.11.03	17点	合格	
DK74 +322 ~ +598	基床以下路基	第9层	2006.11.03	12点	8点合格	128,130,119,122,116,118,134,128,108,106,104,108
DK74 +322 ~ +598	基床以下路基	第10层	2006.11.06	17点	合格	
DK74 +322 ~ +598	基床以下路基	第11层	2006.11.09	17点	合格	
DK74 +322 ~ +598	基床以下路基	第12层	2006.11.12	17点	合格	
DK74 +322 ~ +598	基床以下路基	第12层	2006.11.12	12点	9点合格	128,124,138,118,126,116,120,138,120,107,104,101

从填筑试验检测指标看，少部分测点 K_{30} 地基系数低于 110 MPa/m（规范粗粒土控制标准），但均大于 90 MPa/m（规范细粒土控制标准）。

6. D_1K120 +552 ~ D_1K122 +989.889 段，施工单位利用挖方凝灰岩全风化 W_4 作填料进行填筑试验，并进行了压实情况检测，压实检测情况如表 4—38—3 所列。

表 4—38—3　D_1K120 +552 ~ D_1K122 +989.889 段路基压实质量检测表

报告编号	里　程	填筑部位	层　次	检测日期	检测点数	检测结果	K_{30}（MPa/m）
1	D_1K121 +220 左侧	基床以下路基	第19层	2008.01.24	1点	不合格	51
2	D_1K121 +220 中	基床以下路基	第19层	2008.01.24	1点	不合格	53
3	D_1K121 +240 中	基床以下路基	第19层	2008.01.24	1点	不合格	49
4	D_1K121 +240 右	基床以下路基	第19层	2008.01.24	1点	不合格	51
5	D_1K120 +830 左	基床以下路基	第14层	2008.01.24	1点	不合格	52
6	D_1K120 +830 中	基床以下路基	第14层	2008.01.24	1点	不合格	53
7	D_1K120 +850 中	基床以下路基	第14层	2008.01.24	1点	不合格	49
8	D_1K120 +850 右	基床以下路基	第14层	2008.01.24	1点	不合格	49

从填筑试验检测指标看，K_{30} 地基系数大于 90 MPa/m 者为 0，小于 90 MPa/m 者占 100%，判定为不满足规范细粒土要求的压实标准。

（四）填料试验

1. DK61 +150 ~ DK61 +800 段

根据施工单位开挖揭示情况及填筑试验结果，设计院再次在 DK61 +150 ~ DK61 +800 段路堑取样进行室内试验，现场取凝灰岩全风化层 W_4 和强风化 W_3 做填料试验，试验内容包括击实试验、筛分试验、液塑限试验、自由膨胀率试验等，具体试验数据如表 4—38—4 所列。

表 4—38—4　DK61 + 150 ~ DK61 + 800 段全风化凝灰岩填料试验数据表

送样编号	颗粒大小分析(mm)										液塑限			自由膨胀率 F_s (%)	击实试验(重型)		土的分类与定名	填料分组
	卵砾石(%)						砂粒(%)			粉粒	液限 w_L (%)	塑限 w_p (%)	塑性指数 I_p		最大干密度 ρ_{dmax} (g/cm³)	最佳含水率 w_{opt} (%)		
BT-	200 ~ 60	60 ~ 40	40 ~ 20	20 ~ 10	10 ~ 5	5 ~ 2	2 ~ 0.5	0.5 ~ 0.25	0.25 ~ 0.075	< 0.075								
7-1	0	0	0	0	1.2	1.3	1.9	0.6	2.2	92.9	53.9	33.7	20.2	31	1.52	18.5	高液限黏土凝灰岩(W_4)	D
7-2	0	0	0	0	0	0.3	0.5	0.6	3.1	95.6	60.7	39.2	21.5	22	1.51	18.1	高液限黏土凝灰岩(W_4)	D

强风化凝灰岩 W_3 点荷载强度为 2.66 MPa,无法进行饱和极限抗压强度实验,为 C 组填料。

根据试验资料,凝灰岩全风化 W_4 填料定名为高液限黏土,为 D 组填料,凝灰岩 W_3 为 C 组填料。从已开挖路堑揭示,局部存在弱风化凝灰岩 W_2。

2. DK69 + 120.14 ~ DK76 + 644 段

根据施工单位填筑试验结果,设计院再次在 DK75 + 000 ~ DK75 + 360 路堑取样进行室内试验。现场取凝灰岩 W_4、W_3 做填料试验,试验内容包括击实试验、筛分试验、液塑限试验、膨胀率试验等,具体试验指标如表 4—38—5 所列。

根据试验资料,凝灰岩全风化及强风化填料定名为低液限粉土,为 C 组填料。

根据该段附近凝灰岩 W_2 样品室内试验结果,其饱和极限抗压强度大于 15 MPa,依据《铁路路基设计规范》填料分组,饱和极限抗压强度大于 15 MPa 的不易风化软块石为 A 组填料。

表 4—38—5　DK75 + 000 ~ DK75 + 360 段凝灰岩 W_4、W_3 填料试验数据表

颗粒大小分析(mm)										液塑限			自由膨胀率 F_s (%)	击实试验(重型)		土的分类与定名	填料分组
卵砾石(%)						砂　粒(%)			粉粒(%)	液限 w_L (%)	塑限 w_p (%)	塑性指数 I_p		最大干密度 ρ_{dmax} (g/cm³)	最佳含水率 w_{opt} (%)		
200 ~ 60	60 ~ 40	40 ~ 20	20 ~ 10	10 ~ 5	5 ~ 2	2 ~ 0.5	0.5 ~ 0.25	0.25 ~ 0.075	< 0.075								
0	0	0	0	0	2	6.1	6.3	25.1	60.8	29.9	20.9	8.9	12	1.75	12.8	低液限粉土	C

3. $D_1K120 + 552 \sim D_1K122 + 989.889$ 段

根据施工单位开挖揭示情况,设计院再次在 $D_1K120 + 535.00 \sim D_1K121 + 580.00$ 路堑取样进行室内试验。现场取样 15 组,全为凝灰岩全风化层 W_4,试验内容包括击实试验、筛分试验、液塑限试验、膨胀率试验等,具体试验指标如表 4—38—6 所列。

根据试验结果,6 组样品定名为低液限粉土,7 组样品定名为低液限粉质黏土(CL),均为 C 组填料;2 组样品定名为高液限黏土(CH),为 D 组填料。

表 4—38—6 凝灰岩 W_4 填料试验数据表

送样编号	颗粒大小分析(mm)										液塑限			自由膨胀率 F_s(%)	击实试验(重型)		土的分类与定名	填料分组
	卵砾石(%)						砂粒(%)			粉粒(%)	液限 w_L(%)	塑限 w_p(%)	塑性指数 I_p		最大干密度 ρ_{dmax}(g/cm³)	最佳含水率 w_{opt}(%)		
	200~60	60~40	40~20	20~10	10~5	5~2	2~0.5	0.5~0.25	0.25~0.075	<0.075								
SⅡ-T-1	0	0	0	0	0.6	2.2	2.5	2.0	3.5	89.3	35.3	26.9	8.4	0.0	1.66	14.4	低液限粉土凝灰岩(W_4)	C
SⅡ-T-2	0	0	0	0	3.2	1.5	3.9	3.7	10.7	77.1	33.2	25.3	7.9	0.0	1.77	12.6	低液限粉土凝灰岩(W_4)	C
SⅡ-T-3	0	0	0	0	1.4	3.2	5.3	3.2	7.4	79.5	34.5	26.7	7.8	4.0	1.67	14.6	低液限粉土凝灰岩(W_4)	C
SⅡ-T-4	0	0	0	0	0.2	1.7	3.0	2.1	4.2	88.8	35.2	26.2	9.0	0.0	1.66	13.0	低液限粉土凝灰岩(W_4)	C
SⅡ-T-5	0	0	0	0	10.0	12.2	6.8	5.8	12.5	52.8	34.9	25.7	9.2	0.0	1.66	11.3	低液限粉土凝灰岩(W_4)	C
SⅡ-T-6	0	0	0	0	20.9	16.7	12.7	4.5	4.1	41.1	26.0	18.1	7.9	5.0	1.99	10.3	低液限粉土凝灰岩(W_4)	C
2008-福厦土-1									3.3	96.7	37.3	24.3	13.0				低液限粉质黏土凝灰岩(W_4)	C
2008-福厦土-2									5.0	95.0	37.0	21.8	15.2				低液限粉质黏土凝灰岩(W_4)	C
2008-福厦土-3									8.3	91.7	40.5	20.9	19.6	2			高液限黏土凝灰岩(W_4)	D
2008-福厦土-4							2.3	0.7	9.0	87.3	36.0	25.6	10.4	8			低液限粉质黏土凝灰岩(W_4)	C
2008-福厦土-5							11.4	1.3	6.3	76.7	31.1	18.5	12.6	16			低液限粉质黏土凝灰岩(W_4)	C
2008-福厦土-6							9.0	2.6	10.7	75.0	37.2	24.3	12.9	13			低液限粉质黏土凝灰岩(W_4)	C

续上表

送样编号	颗粒大小分析(mm)										液塑限			自由膨胀率 F_s (%)	击实试验(重型)		土的分类与定名	填料分组
	卵砾石(%)						砂粒(%)			粉粒(%)	液限 w_L (%)	塑限 w_p (%)	塑性指数 I_p		最大干密度 ρ_{dmax} (g/cm³)	最佳含水率 w_{opt} (%)		
	200 ~ 60	60 ~ 40	40 ~ 20	20 ~ 10	10 ~ 5	5 ~ 2	2 ~ 0.5	0.5 ~ 0.25	0.25 ~ 0.075	< 0.075								
2008-福厦土-7							2.7	0.6	2.7	93.9	39.2	25.8	13.4	7			低液限粉质黏土凝灰岩(W_4)	C
2008-福厦土-8								0.3	1.0	98.7	50.8	30.7	20.1	2			高液限黏土凝灰岩(W_4)	D
2008-福厦土-9							13.6	4.7	15.7	65.3	29.3	18.8	10.5	11			低液限粉质黏土凝灰岩(W_4)	C

(五)变更原因

1. DK61+150~DK61+800段

该段岩性变化大,凝灰岩差异风化严重,且风化极不均匀,强风化 W_3、全风化 W_4 混杂,无规律性。根据土工试验指标判定,全风化 W_4 属高液限粉土,填料分组为D组。强风化 W_3 遇水易软化崩解,岩质软,手捏易碎成粉末状。在进行开挖施工后,部分凝灰岩强风化 W_3 崩解为粉土,对块状 W_3 取样做填料试验,碾压后也变成粉土。通过填筑试验,凝灰岩 W_4、W_3 不能满足填筑的压实标准,不能用作路基填料。该段路堑挖方原设计利用方Ⅲ、Ⅳ、Ⅴ类土共252 290 m³,实际仅有表层少量开挖石方可以用做路堤填料,还需外借填料232 290 m³。

2. DK69+120.14~DK76+644段

通过外业地质调查和钻探,判定该段凝灰岩 W_3 可作为B组填料。但施工开挖后揭示,凝灰岩差异风化严重,且风化极不均匀,强风化 W_3、全风化 W_4 岩层混杂,难以分开。经取样试验,其混合物属低液限粉土,填料分组为C组。原施工图设计利用挖方凝灰岩强风化 W_3 及隧道弃渣作为B组填料,由于凝灰岩强风化 W_3 难以分离,且强风化 W_3、全风化 W_4 混合物填料为C组填料以及凝灰岩弱风化 W_2 数量减少,造成基床底层填料和路堤浸水部分填料欠缺。根据现场核对情况和试验资料,凝灰岩挖方强风化 W_3 及隧道弃渣 W_3 不能用作浸水路基填筑。根据隧道开挖揭示和既有勘探资料,牛尾山出口段70 m和蒜岭隧道进口段200 m(含明洞180 m)弃渣以及DK75+000~DK75+360段路堑挖方均不能用于浸水路堤填筑。因此,可用作浸水路基的填料凝灰岩 W_2 隧道弃渣剩余数量仅223 860 m³,较设计要求的浸水路基的填料少76 240 m³。因此需要外借符合浸水要求的填料76 240 m³。

3. D_1K121+900~D_1K122+989.9段

该段路堤利用前三段挖方路堑弃渣填筑,三段挖方路堑长733 m,通过外业地质调查结合地质钻探,判定该三段凝灰岩 W_4 为C组填料,可用作路基填筑。但施工开挖后揭示凝灰岩差异风化严重，且风化极不均匀，强风化 W_3、全风化 W_4 岩层混杂，全风化 W_4 呈粉土状，遇水即可变成软塑状。经再次取样试验，属低液限粉土、低液限粉质黏土、高液限黏土，填料分组为 C 组、D 组。通过填筑试验，凝灰岩 W_4 不能满足填筑的压实标准，不能用作路基填料。由于该段路堑挖方设计利用方Ⅲ、Ⅳ、Ⅴ类土石共 181 933 m^3，其中Ⅲ类 C 组填料 151 632 m^3 不能用作填料；灵川隧道出渣设计利用方共 30 289 m^3，其中灵川隧道出渣不可利用方为 22965 m^3，造成 $D_1K121+900$ ~ $D_1K122+989.90$ 段路堤欠缺填料 174 597 m^3，需外借填料 174 597 m^3。

（六）结 束 语

福厦铁路经过凝灰岩地段，以路堑挖方用作路堤填料时，由于大部分填料不合格而引起Ⅰ类变更设计的教训，值得认真总结，在以后勘察设计中应引起高度重视，避免发生同样的问题。

1. 由于福厦铁路凝灰岩地层差异风化极严重，强风化（W_3）、全风化（W_4）层混杂，分布极不均匀，无规律性，强风化层（W_3）岩质软，手易捏碎成粉末状，遇水易软化崩解，线路以路基通过时，利用凝灰岩风化层作路基填料时，应慎之又慎。

2. 凝灰岩全风化层及强风化层仅可用作 D 组填料，若需采用更高级别填料，则应考虑其他合格路基填料料源。

3. 选用凝灰岩全、强风化层作填料时，应加大样品试验力度，必须有充足的试验数据作为支撑。有条件时，可选点进行填方压实试验，以检测填料及压实质量。

4. 铁路经过凝灰岩地层时，因其风化的不均匀性，致使人工开挖边坡的自稳能力甚低，故宜尽量以浅挖路堑通过，以减少隐患，避免出现大量边坡支挡防护工程。

三十九、武广客运专线新英德车站软基勘察及工程治理

何 平

（一）前　　言

武广客运专线路基工后沉降，要求一般不超过扣件允许的沉降调高量 15 mm，路桥或路隧交界处的差异沉降不大于 5 mm，沉降造成的路基与桥梁或隧道的折角不大于 1/1000。因此，除了路堑地段外，土质（包括基岩全风化层）地基的路基均要进行工后沉降分析。路基上铺设无砟轨道成败的关键在于沉降的控制，这对路基地段的工程地质勘察提出了更高的要求，要求地质勘察工作能准确查明地基地质条件，提供评价地基和路基结构物变形状态的必要地质资料。

武广客运专线新英德车站位于山前冲积平原地段，车站范围 DK2060 + 305 ~ DK2062 + 110 长 1 805 m 均为路基，路堤中心填方高度 0 ~ 6.5 m，路堑中心挖方高度 0 ~ 13 m。

（二）勘察概况

该站初测、定测、补定测阶段采用了航片解译、地质调绘、钻探、物探（电测深）、原位测试（包括静探、动探、标贯试验等）、室内试验等相结合的综合地质勘察方法，基本查明了车站范

围内的工程地质、水文地质条件，并提出了相应的工程措施建议。

根据技术要求，无砟轨道路基地段地质勘察横断面的间距不大于 50 m，每个地质勘察横断面上至少应有 1 个钻孔。过渡段和复杂地段应适当加密钻探。

车站范围内路基基底以下分布有厚 7 ~ 38 m 不等的粉质黏土、碎石类土、全风化页岩；粉质黏土具中—高压缩性，部分地段覆盖土层与灰岩接触带附近分布透镜状软土、松软土；页岩风化呈土状，根据取样试验及现场测试，具中等压缩性；因该段地下水具微承压性，地下水位较高，全风化页岩与灰岩接触带附近呈软塑状，表现为松软土的特性。下伏基岩为灰岩，岩溶中等—强烈发育。为查明车站范围的工程地质、水文地质条件，为评价地基的稳定性和沉降提供较翔实的地质资料，对于埋深较浅的松软土、软土，采用静力触探、钻探取样试验、标准贯入试验的方法取得其物理力学参数；对于卵石土，主要通过重型动力触探查明其密实度及承载力、变形模量等；对于粉质黏土、埋深较大的松软土及软土、全风化页岩等，则主要通过钻探取样试验、标准贯入试验的方法取得其物探力学参数。各岩土层的物理力学设计参数是尽可能采用试验及原位测试数据，分别按工程地质单元及层位进行统计分析或根据统计成果查表得出的。

（三）工程地质条件

1. 地形地貌

英德车站范围内为山前冲洪积平原，地势平坦，地面高程 67 ~ 90 m，相对高差 2 ~ 20 m，多已垦为水田、旱地、鱼塘，局部为竹林。车站中部房屋密布，有公路通达区内，交通较方便。

2. 地层岩性

第四系覆盖土层中有软土及松软土分布，下伏基岩为白垩系上统南雄群（K_2nn）页岩和泥盆系中统东岗岭组（D_2d）灰岩及页岩。

（1）粉质黏土（Q_4^{al}）：褐黄、褐灰色，硬塑，微含少量圆砾及碎块石，厚度变化大，一般厚 2 ~ 30 m。硬塑者段内广泛分布；流塑—软塑者主要分布于地表、鱼塘底部及基岩面顶部，多呈透镜状，一般厚 0 ~ 14 m，属软土或松软土。

（2）页岩（K_2nn）：灰褐、灰、黄褐色，主要为泥质页岩，页理可辨，岩质软，遇水易软化崩解，局部夹少量全、强风化泥质粉砂岩；DK2060 + 950 ~ + 990 段为炭质页岩。

（3）灰岩夹砂、页岩（D_2d）：灰白、深灰色，隐晶质结构，中厚层状，节理裂隙发育，质坚性脆，岩溶中等—强烈发育。

此外，局部地段有卵石土、碎石土分布。

3. 地质构造及地震动参数

测区均被第四系覆盖，未见构造形迹。

地震动峰值加速度为 $0.05g$，地震动反应谱特征周期为 0.35 s。

4. 水文地质条件

地表水主要为沟水、鱼塘水，水量受大气降雨控制。地下水为孔隙水及岩溶水，第四系覆盖层主要为黏性土与卵石土，卵石土分布较广，但厚度较小，因此第四系孔隙水发育程度一般；灰岩岩溶中等—强烈发育，岩溶裂隙水发育，由大气降雨补给，水量较丰富，具微承压性，路堑及锚固桩施工过程中均出现岩溶裂隙水从粉质黏土及全风化页岩裂隙中流出。

取地下水作水质分析，属 $Cl^-·HCO_3^-—Na^+$、$HCO_3^-—Na^+·Ca^{2+}$ 型，对混凝土具中等硫酸型酸性侵蚀及中等溶出型侵蚀。

根据《铁路混凝土结构耐久性设计暂行规定》(铁建设〔2005〕157号),在环境作用类别为化学侵蚀环境时,水中相关离子对钢筋混凝土结构的侵蚀作用等级为H1(酸性侵蚀)。

根据《岩土工程勘察规范》(GB 50021—2001),在Ⅱ类环境和A类地层渗透性条件下,环境土对混凝土结构具弱pH值腐蚀性(弱酸性腐蚀)。

5. 特殊岩土及不良地质

(1)软土(软粉质黏土):呈软塑状—流塑状,局部微含砾石,在DK2060+386~+500、DK2060+733~+780、DK2061+010~+240、DK2061+764~DK2062+000等地表鱼塘密集分布地段,由于长期受水浸泡,其物理力学性质较差,厚0~3 m。软土孔隙比大,含水量高,压缩模量小。据静探揭示,其压缩模量一般为2~3 MPa,基本承载力一般为40~80 kPa。

(2)松软土(粉质黏土):呈软塑状,地表由于长期受水浸泡,其力学性质较差,厚0~10 m。此外,在卵石土层之下及覆盖层与灰岩的接触带附近,由于卵石土层及灰岩附近长期受水浸泡,亦分布有一层松软土,其力学性质亦较差。松软土孔隙比较大,含水量较高,压缩模量较小。据静探揭示,其平均比贯入阻力为800~1 200 kPa,压缩模量为3.0~6 MPa,基本承载力为100~150 kPa。

此外,根据钻探及路基桩板墙开挖资料,DK2061+550~DK2062+010段页岩与灰岩的接触带附近的全风化页岩呈软塑土状,厚2~12 m根据试验资料,该层孔隙比较大($e_0=0.84\sim1.37$),密度较小($\rho=1.66\sim1.89\ g/cm^3$),具高压缩性。该层全风化页岩的物理力学性质与松软土相似。

(3)岩溶:均为覆盖型岩溶。根据钻探资料,灰岩节理较发育,岩体较破碎,大气降水易下渗,受岩溶水垂直运动作用,岩溶中等—强烈发育,岩溶呈溶隙、溶洞、溶槽、溶沟等溶蚀形态。地表水的下渗引起上覆土层、页岩全风化层中局部发育有孔径约2 m的土洞,易引起地面塌陷。

6. 工程地质条件评价

站内基底下有厚0~38 m不等的全风化页岩、粉质黏土,软土、松软土广泛分布,垂直方向上软土、松软土、粉质黏土交替分布,局部地段软土、松软土厚度较大、埋深大,最大单层厚约12 m;全风化页岩遇水易软化崩解,如DK2061+550~+580、DK2061+620~+710、DK2061+750~+840、DK2061+880~DK2062+010段全风化页岩与灰岩接触带附近呈软塑状土,厚2~12 m,且局部地段页岩中发育有土洞。站内基岩裂隙水较发育,具微承压性,特殊岩土及全风化页岩遇水易软化。下伏灰岩岩溶中等—强烈发育,局部地段易发生岩溶地面塌陷。全段工程地质条件较差。

(四)施工开挖揭示的地质情况

经施工开挖及地基处理验证,大部分地段地质情况与工程地质勘察资料一致,但个别地段岩溶古地貌及基岩面被溶蚀后变化较大,溶沟、溶槽发育,从而引起覆盖层厚度有一定出入。如DK2060+990附近,路基左、右侧基岩面相差近10 m;DK2061+080~DK2061+120溶蚀深槽内,基岩面相差最大20余米;DK2061+900~DK2061+950溶蚀深槽内,基岩面相差最大达20余米,有的全风化页岩中发育有土洞。由于覆盖土层厚度(即基岩埋深的)变化,从而引起地基处理深度甚至处理措施的改变。

此外,定测、补定测阶段的钻探、取样、静探基本是在旱季进行,当时地下水位较低,降雨少,地表水垂直下渗较少,土体中含水量较小。而该段施工开挖基本在雨季进行,受地下水位上升、地表水下渗等因素影响，引起土体中含水量增大，如经补勘后才发现部分段全风化页岩与灰岩接触带附近页岩呈软塑状，厚 2 ~ 12 m，从而引起地基处理的范围、厚度有所变化。

（五）路基沉降计算

无砟轨道对沉降变形（特别是不均匀沉降）要求严格，因此除了路堑地段外，对土质（包括基岩全风化层）地基路基均应进行工后沉降分析。

由于路基本体的沉降量极小，且大部分发生在施工期间，因此，沉降计算时主要考虑地基的沉降。采用各土层的压缩模量 E_{si} 评价天然地基压缩性；CFG 桩、旋喷桩加固的复合地基采用复合压缩模量 E_{csi} 评价复合土体的压缩性。用分层总和法计算沉降量 S_1，其表达式为

$$S_1 = \sum_{i=1}^{n} \Delta P_i \cdot H_i / E_{csi} \tag{1}$$

式中 ΔP_i——第 i 层（复合）土上附加应力增量；

H_i——第 i 层（复合）土层的厚度；

E_{csi}——第 i 层（复合）土层的压缩模量。

对于旋喷桩加固地基

$$E_{csi} = m \cdot E_p + (1 - m) \cdot E_{si} \tag{2}$$

式中 E_p——旋喷桩的压缩模量；

E_{si}——第 i 层土的压缩模量；

m——面积置换率。

对于 CFG 桩加固地基

$$E_{csi} = [m \cdot R_a / (A_p \cdot f_{ak}) + \beta(1 - m) \cdot f_{sk} / f_{ak}] \cdot E_{si} \tag{3}$$

式中 A_p——桩的截面积（m^2）；

f_{ak}——基础底面下天然地基承载力特征值（kPa）；

β——桩间土承载力折减系数，一般取 0.75 ~ 0.95；

f_{sk}——处理后桩间土承载力特征值（kPa）；

R_a——单桩竖向承载力特征值（kN），

$$R_a = u_p \sum_{i=1}^{n} q_{si} \cdot l_i + q_p \cdot A_p$$

u_p——桩的周长（m）；

q_{si}，q_p——桩周第 i 层土的侧阻力、桩端端阻力特征值（kPa）；

l_i——第 i 层土的厚度（m）。

压缩层厚度为地面至附加应力与自重应力之比 10% 处。计算时，CFG 桩直径为 0.5 m，桩间距 1.4 m，β 取 0.8；旋喷桩直径为 0.5 m，桩间距 1.2 ~ 1.3 m，桩体压缩模量取 100 MPa。工后沉降按总沉降的 20% ~ 30% 考虑。其计算值见表 4—39—1。

（六）地基处理措施

站内大部分路基基底为可压缩的非饱和土（粉质黏土、页岩全风化层），呈软塑—硬塑状，非饱和土具中等—高压缩性，覆盖土层、全风化页岩与灰岩接触带附近透镜状分布软塑状的粉质黏土及软塑状全风化页岩。经沉降检算，大部分地段不能满足要求，需要进行地基加固。根据需进行地基处理的厚度及物质组成等，本段采用挖除换填、CFG 桩、高压旋喷桩、桩网结

构等地基处理措施。

表 4—39—1　天然地基及加固地基沉降计算汇总表

序号	起 讫 里 程	长度(m)	代表断面	天然地基沉降(mm)			加固地基沉降(mm)			备 注
				铺轨前沉降 S_1	铺轨后沉降 S_2	工后沉降	铺轨前沉降 S_1	铺轨后沉降 S_2	工后沉降	
1	DK2060 +535 ~ DK2060 +600	65	DK2060 +587	54.4	94	39.6	15.3	26.8	11.5	旋喷桩
2	DK2060 +600 ~ DK2060 +740	140	DK2060 +615	116.3	147.8	31.5	27.5	35	7.5	CFG 桩
3	DK2060 +740 ~ DK2061 +080	340	DK2060 +872	116.5	135.5	19	48.6	53.5	4.9	旋喷桩
4	DK2061 +080 ~ DK2061 +415	335	DK2061 +100	94	129.2	35.2	16.5	22.8	6.3	CFG 桩
5	DK2061 +510 ~ DK2061 +540	30	DK2061 +520	42.9	62.8	19.9	21.4	28.4	7	CFG 桩
6	DK2061 +540 ~ DK2061 +620	80	DK2061 +570	76.1	100.9	24.8	28.7	38.1	9.4	CFG 桩
7	DK2061 +620 ~ DK2061 +880	260	DK2061 +640	73.7	105.7	32	18.9	27	8.1	CFG 桩
8	DK2061 +880 ~ DK2061 +900	20	DK2061 +890	73.5	106.7	33.2	24.9	36.6	11.7	旋喷桩
9	DK2061 +900 ~ DK2061 +955	55	DK2061 +920	72.9	106.5	33.6	24.6	36.3	11.7	旋喷桩
10	DK2061 +980 ~ DK2062 +090	110	DK2061 +990	68.5	90.4	21.9	20.9	27.6	6.7	CFG 桩

1. 挖除换填

需进行地基处理土层厚度不大于 3 m 时，采用全部挖除换填 A、B 组填料或改良土，要求压实系数 $K \geqslant 0.92$、变形模量 $E_v \geqslant 45$ MPa、地基系数 $K_{30} \geqslant 90 \sim 130$ MPa/m、空隙率 $n < 31\%$。

2. CFG 桩复合地基

CFG 桩主要应用于处理深度 3 ~ 22 m 的地基加固，桩直径 ϕ50 cm，正三角形布置，桩间距 1.4 m，加固宽度为路堤坡脚外 2 m(路堑至侧沟平台)。

CFG 桩是水泥粉煤灰碎石桩的简称，它是将碎石、石屑、粉煤灰和少量水泥加水拌和制成的一种具有一定粘结强度的桩。CFG 桩的骨料为碎石，掺入石屑可使级配良好，掺入粉煤灰不仅利用了废料，而且增加了混合料的和易性，并能提高桩体的后期强度。武广客运专线设计 CFG 桩的等级为 C15，属于半刚半柔性桩复合地基，它能充分发挥桩周摩擦力和端承力，桩土应力比较高，对复合地基承载力的提高幅度较大，并有沉降小、稳定快的特点。为保证施工质量，CFG 桩均采用长螺旋管内泵送施工工法，混合料集中拌和，罐车运输至工点。

3. 高压旋喷桩复合地基

高压旋喷桩主要适用于处理含有卵石土或碎石土层的软弱地基。桩直径 ϕ50 cm，正三角形布置，桩间距 1.2 ~ 1.3 m，加固宽度为路堤坡脚外 2 m(路堑至侧沟平台外侧)。

武广客运专线设计旋喷桩高压水泥浆的压力大于 20 MPa，水泥采用 32.5 级普通硅酸盐水泥，水泥浆水灰比宜为 1.0 ~ 1.1。施工结束 28 天后，要求无侧限抗压强度平均值不小于 3.25 MPa，同时要求桩身压缩模量 E_s 不小于 120 MPa。高压旋喷桩属于半刚半柔性桩复合地基，它能明显提高复合地基承载力，地基土的变形性质也有改善，并有沉降小的特点。

4. 钢筋混凝土桩网结构

钢筋混凝土桩网结构主要应用于处理深度 20 ~ 40 m 的地基加固或处理深度大于 15 m 的桥头路堤。

钢筋混凝土桩网结构由 C30 钢筋混凝土桩和倒杯型桩帽及上部 0.6 m 厚加筋垫层共同组成，桩嵌入稳定基岩不小于 1 m。桩基正方形布置，桩间距一般为 2.0 ~ 3.0 m，加固宽度为路堤坡脚外2 m。加筋垫层由两层双向120 kN/m 土工格栅及0.6 m 厚的碎石垫层组成。桩网结构属于刚性桩地基,路基和列车荷载的附加应力直接传递到基底的群桩上,不考虑桩基自身的压缩变形。

(七)结　语

无砟轨道对路基沉降变形,特别是不均匀沉降要求严格;除了路堑地段外,土质地基路基均要进行工后沉降分析。这就要求对路基可压缩层范围内的各地基土的性质、指标分层查清,因此对地质勘探的精度和深度提出了更高的要求。

无砟轨道灰岩路基地段地质钻孔的间距不大于50 m,基本能满足设计要求,但对溶沟、溶槽发育等地质复杂地段应适当加密,否则易引起地基加固深度或地基处理措施的改变。在勘察手段上应采取综合勘探技术,相互验证与对比。

本章结束语

本章收录了路基工程地质勘察和整治实例39篇,内容包括滑坡、危岩落石、岩溶塌陷、煤窑采空区、软土、膨胀土、红黏土、软质岩高边坡、水害等不良地质、特殊岩土的路基工点实例,也收录了一些西南地区易发生地质病害地层的工点实例。

西南山区铁路建设中,路基工程是各类工程中发生地质病害最多的工程类型。据南昆铁路建设后期统计,施工阶段完成的全部钻探补勘工作量中,用于路基工程者近70%,这一比例间接反映了施工中所发生的地质病害主要集中于路基工程。这些路基地质病害或由于自然因素所诱发,或因人为施工活动所引起,但其中部分地质病害的发生也与勘察设计时对自然地质环境认识不足,或对后期人为工程活对环境条件的改变、破坏程度估计不足有关。因此,在今后地质勘察中,应高度重视路基工程,尤其在大力发展高速铁路建设的今天,对路基工程的勘察设计提出了更高的要求,加大其勘察力度,更深入地分析其稳定、稳固性,就显得更为必要。

西南铁路建设地处山区,滑坡是路基工程中发生最多的不良地质现象,本章收录的路基工点实例中,也以此类实例居多。就工程而言,既有路堤的,也有路堑的,还有隧道洞口边、仰坡的;就滑坡类型而言,也是多种多样的,其中不乏大型甚至巨型的。实例中,襄渝铁路赵家塘和南昆铁路八渡车站两处巨型滑坡,就滑坡规模和整治工程规模而言,均属该两条铁路建设当时路内所发生者之最。而这两处巨型滑坡却都是勘察阶段所未查清者。尽管在其后整治中所采用的一整套综合措施使滑坡整治技术在当时达到一个新的水平,但终究造成投资的增加和对工期的一定影响。路堑边坡顺层和切层所发生的病害亦以滑坡为主。对这类滑坡,不仅要注意岩层层面的倾向、倾角,更应重视节理的不利组合。对顺层边坡,开挖一旦出现切脚时,必须及时采取支挡措施;对陡倾的切层路堑高边坡,当岩层为薄—中层时,路堑滑坡的形成往往从较高坡面岩层的倾倒开始,故边坡开挖后一有倾倒现象出现,亦必须及早处治,以免养痈遗患。六盘水枢纽曹家湾车站滑坡和浙赣铁路切层坡倾倒变形的实例,对此类滑坡有所介绍和分析。

危岩落石是山区铁路路基工程常见而多发的病害,以往勘察中常因其"小"(个体规模不大)而有所忽视,又因其多(一些陡坡上方触目皆是)而难以查清,以致施工、运营中病害频发而造成损失甚至事故。因此,勘察中对危岩落石的调查还应加大力度,设计时则应根据地形条件、危岩落石的存在形式、类型,采取不同的措施,力争在施工过程中予以处理或清除。成昆铁路金沙江落石试验、焦柳铁路危岩落石整治等实例中,对危岩落石的勘察和整治进行了分析、总结。

岩溶地面塌陷是碳酸盐岩分布地区路基工程常发生的一种主要病害,因其发生对铁路运营具有严重影响甚至灾难性威胁,自南昆铁路建设以来,即将对岩溶地面塌陷的预测、预防和整治纳入铁路勘察设计和施工中。随着铁路速度目标值的不断提高,对路基基底稳定性的要求也日益增高。由于铁路建设期间的岩溶地面塌陷整治是建立在对可能产生塌陷位置、范围的预测基础之上的,随着路基工程对地基稳定要求的提高和地区地质环境的变化,塌陷预测的评判条件、预防整治范围和深度也将随之变化或调整。浙赣铁路提速改造的岩溶塌陷特征及整治实例即结合该线具体情况,对岩溶地面塌陷整原则进行了探讨。

煤窑采空区塌陷和岩溶地面塌陷一样,对铁路运营构成威胁。对其规模较大、威胁严重,或分布集中、开采历史久远、分布难以查清者,在铁路选线时即应绕避。对一般规模较小、埋深较浅、分布相对分散的小煤窑采空区,可立足于就地整治,但前提是通过各种勘察、勘探方法、手段能查清其分布,且能确定其具有整治条件。浙赣铁路路堑小煤窑塌陷勘察的实例,对通过详细调查和综合勘探,查明小煤窑分布,并在此基础上进行整治设计的情况作了介绍。

地质勘察中,对软土的勘察重点可概括为两方面:其一是查清软土的分布;其二是掌握软土的特性。在本章收录的几篇软土工点实例中,南昆铁路永丰营车站和内昆铁路荞酥厂、李子沟、六盘水枢纽南编组站等软土工点施工期间出现病害的主要原因,都分别出于以上两个方面。"斜坡软土"是西南地区近年来发现的一种成因、分布有别于一般软土的特殊土,尤其是其形成,往往与特定的地层有关。这在内昆铁路李子沟"斜坡软土"特性的实例中,有扼要的介绍。软土路基在查清、掌握软土分布、特性的同时,还应重视软土下卧硬底是否倾斜以及倾斜的方向和坡度。当硬底具有横向斜坡时,在加固软土地基的同时,还应采取横向约束措施。内昆铁路荞酥厂和威宁车站两软土工点实例对此有所总结。

西南地区分布的第三系泥质岩及其风化残积层多属膨胀岩、土。吸取南昆铁路那厘至百色段施工中第三系膨胀岩、土病害频发导致多处工程反复的经验教训,在其后其他建设项目的地质勘察中,加强了对膨胀岩、土特性研究,并据此提出了有针对性的处理措施。在玉蒙铁路上第三系膨胀性岩土工程地质特征的实例中,也反映了这方面的内容。

除第三系外,侏罗系、三叠系的部分泥质岩及其风化残积层亦属膨胀岩、土,但它们的膨胀性判别指标却往往离散性较大,因而仅根据少数岩土样品的试验结果进行膨胀岩、土的判别,往往会发生误判。南昆铁路长坡岭地段地质病害的反复发生就与该段膨胀岩、土判别指标的离散性大有关。这在该地段的实例中,有较详细的反映。

西南地区一些地层由于其岩性组成或结构构造所具有的某些特征,而在铁路建设中成为地质病害多发的地层,尤其给路基工程造成诸多不利影响。本章实例已提及的三叠系雷口坡组及嘉陵江组的溶角砾岩(见渝怀铁路磨溪至白涛盐溶角砾岩实例)、上第三系昔格达组(见渡口铁路支线弄弄坪昔格达层滑坡实例)和石炭系大塘阶旧司段(见内昆铁路李子沟"斜坡软土"实例)等地层,皆属此类。此类地层不论作为地基或作为路堑边坡,一旦破土施工,多有病害发生。故勘察中遇此类地层,应予慎重对待,未雨绸缪,提前采取挡防、加固措施。

第五章 隧道工程

一、成昆铁路百家岭隧道病害及整治

涂正林

百家岭隧道位于成昆铁路轸溪与刘沟站区间（K195 + 175.35 ~ K197 + 221.95），全长2 046.6 m。1958 年至 1962 年施工，完成进口端洞身 508 m、出口端洞身 478 m。1965 年 8 月复工，1966 年 9 月竣工铺轨通车。1967 年 6、7 月发现隧道内整体道床局部下沉或隆起、开裂、漏水、轨距水平左右弯曲高低不平，1968 年 9 月发现隧道拱部和边墙表面鼓胀、龟裂、腐蚀掉块等现象，1969 年再次发现道床下沉、开裂、漏水等现象。1971 年成都铁路局正式接管后，虽经多次整治，但隧道病害不断重复发生，给成昆铁路运营管理造成隐患和困难。直至 1974 年后，隧道病害才得到根治。

（一）工程地质条件

1. 隧道工程概况

百家岭隧道进口段 119 m 曲线，半径 300 m；中部直线段长 1 719 m，其中 1 705 m 为短木枕中心排水沟式整体道床；出口段 208 m 曲线，半径 400 m。隧道纵坡为 + 8‰、+ 2‰、− 4‰、− 7.5‰、− 5‰人字坡。除出口明洞长 18 m 外，其余地段都压注水泥浆和检查压浆。

2. 地形地貌

百家岭隧道穿越峨眉山系南麓中低山分水岭中部。进、出口两侧 V 字形支沟沟谷深切，两岸为陡崖、峭壁；隧道洞顶为岩溶谷地与溶丘地貌区，地形平缓，谷地长 200 ~ 500 m，宽 100 ~ 200 m，谷地地表岩溶洼地、漏斗、竖井及落水洞发育，分布广。

隧道进口端轸溪沟、出口端刘家沟均为大渡河左岸支沟，因断层沿沟通过，沟谷两岸陡峭，狭窄，沟底有跌水陡坎陡崖，两支沟常年有水。

隧道进口路肩高程 665 m，支沟为灰岩沟谷，沟底高程 530 ~ 540 m，谷坡高 100 ~ 150 m，山顶高程 1 000 ~ 1 025 m，相对高差 300 ~ 400 m，出口斜坡 30° ~ 40°。局部陡崖可见悬挂型溶洞，溶洞宽 6 m、高 2 ~ 2.5 m、长 400 m 以上，沿层间裂隙发育，顺向斜轴向延伸。

3. 地层岩性

百家岭隧道主要通过三叠系中统嘉陵江组（T_2），出口端见三叠系下统铜街子组（T_1）和二叠系峨眉山玄武岩。

嘉陵江组（T_2）为滨海泻湖相沉积，主要由浅灰、灰、灰黄、深灰色的薄层至中层状白云岩、白云质灰岩、灰岩、白云质泥灰岩夹灰黄、紫红、棕红、黄绿色中—薄层状页岩、黏土岩及石膏、硬石膏等组成，其中下部石膏岩以硬石膏为主，主要分布于 K196 + 280 ~ + 746 段。

硬石膏($CaSO_4$)又称无水石膏,多呈薄片状、纤维状,局部呈块状、透镜状,在常压条件下极易与水结合成二水石膏($CaSO_4\cdot 2H_2O$)。硬石膏在水化过程中体积显著增加,故硬石膏又称为膨胀性石膏。经光谱半定量分析,石膏、硬石膏岩中含少量 Na、K 可溶性盐钙芒硝〔$Na_2Ca(SO_4)_2$〕和钾石膏〔$K_2Ca(SO_4)_2\cdot 2H_2O$〕。嘉陵江组可溶岩中所夹硫酸盐类岩石的膨胀性及腐蚀性是隧道病害产生的根本原因。据国外资料介绍,硬石膏岩水化后一般体积增大约 33%,比理论值 63% 要小。根据硬石膏膨胀试验初步结果,试验时间 1 536 ~ 2 352 小时,体积增量 3% ~ 5.0%,膨胀力 225 ~ 300 kPa。

三叠系下统铜街子组(T_1)为褐色、紫红、黄绿色砂岩、页岩夹薄层石灰岩,分布于隧道出口地段(K196 + 746 ~ K197 + 221.95)。

4. 地质构造

本区属四川台向斜西南边缘,受峨眉山褶皱带控制,大地构造轴向近 SE。

百家岭隧道与百家岭向斜(又名五渡溪向斜)斜交 45° ~ 50°,相交于隧道内 K196 + 170(地面在 K195 + 941 附近)(图 5—1—1 和图 5—1—2)。该向斜轴走向 NE ~ SW,向 SW 扬起,受隧道出口外 0.8 ~ 1.2 km 的轸溪—五渡溪大断层(逆冲)影响,向斜两翼岩层产状不对称,轴面倾向 NW,向斜 NW 翼岩层陡倾,倾角 50° ~ 70°,SE 翼岩层较缓,倾角 10°左右,并有波状起伏的次一级小褶曲发育。向斜核部为嘉陵江组(T_2^{1-3})上部地层,NW 翼分别出落 T_2^{1-2}、T_2^{1-1}、T_1^2 及 P_2^1 地层,SE 翼 T_2^{1-3} 岩层产状近水平。

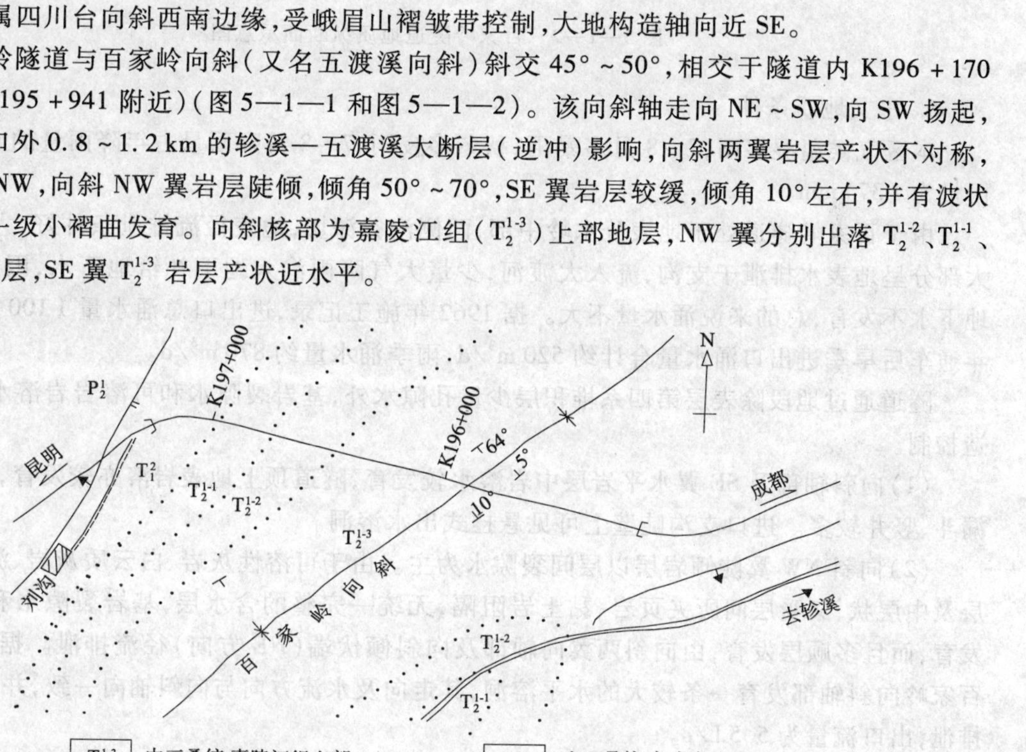

图 5—1—1　百家岭隧道地质平面示意图

该隧道进口附近也发育一条 NEE 向正断层,断层产状 N65°E/77° ~ 88°NW,破碎带宽 30 ~ 50 m,由断层角砾岩及砂组成。此外,还发育一系列次生小断裂,将岩层切割、挤压破碎。节理裂隙亦发育,以一组 N40° ~ 50°E/80° ~ 90°NW 张裂隙最发育,缝宽 1 ~ 2 mm,宽者可达 1.0 m,一般长 1 ~ 2 m,最长 15 ~ 20 m,深 30 m;另一组 N40 ~ 50°W/80 ~ 90°NE 组剪切节理次之。

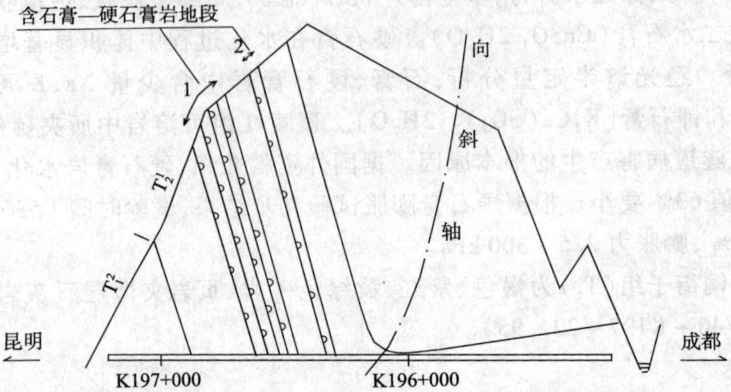

图 5—1—2　百家岭隧道地质纵断面示意图

5. 水文地质条件

本区气候温湿多雨，7 ~ 8 月多暴雨，秋冬多夜雨，7 ~ 8 月降雨量占年降雨量的 60%，年降雨量为 1 374 mm。

由于百家岭隧道处于地表分水岭中部，两侧沟谷深切，地表径流排泄条件好，大气降雨后大部分呈地表水排泄于支沟，流入大渡河，少量大气降雨渗入地下补给地下水，因此，该隧道地下水不发育，总的来说涌水量不大。据 1962 年施工记录，进出口总涌水量 1 100 m^3/d，1972 年通车后旱季进出口涌水量合计约 520 m^3/d，雨季涌水量约 870 m^3/d。

隧道通过地段除表层第四系堆积层少量孔隙水外，基岩裂隙水和可溶岩岩溶水受地质构造控制。

(1) 向斜轴部及 SE 翼水平岩层中岩溶水较发育，隧道顶上地表岩溶亦较发育，溶蚀洼地、漏斗、竖井较多。进口支沟陡壁上可见悬挂式出水溶洞。

(2) 向斜 NW 翼陡倾岩层以层间裂隙水为主。由于可溶性灰岩、白云质灰岩、泥灰岩为薄层及中层状，又受层间所夹页岩、黏土岩阻隔，无统一完整的含水层，基岩裂隙水和岩溶水不发育，而且多顺层发育，由向斜两翼向轴部及向斜倾伏端（NE 方向）径流排泄。据调查访问，百家岭向斜轴部发育一条较大的水平溶洞，其走向及水流方向与向斜轴向一致，并向 NE 方向排泄，出口流量为 5. 5 L/s。

(3) 据水质分析资料，隧道内地下水水质与围岩岩性密切相关，即与岩层中含夹石膏有关。K196 + 280 ~ K196 + 746 段夹含石膏硬石膏岩多层密集，其地下水中硫酸根离子浓度含量达 250 ~ 2 000 mg/L，具硫酸盐型侵蚀性。进口至 K196 + 280 和 K196 + 746 至出口两段不含石膏层或仅层间夹薄片状或透镜状、结核状石膏，地下水硫酸根离子浓度均小于 250 mg/L，对混凝土不具硫酸盐侵蚀性。

（二）隧道病害及原因分析

1. 整体道床开裂、下沉与隆起、底部积水

(1) 病害现象

整体道床开裂、下沉与隆起、底部积水发生在 K196 + 150 ~ + 650 段，长 330 m。一是整体道床沿中心水沟产生纵向开裂、中心水沟破碎，整体道床横向开裂、整体道床与人行道交接处开裂；二是整体道床局部下沉与隆起，沿线路纵向高低起伏不平，高于设计轨面水平 40 ~

160 mm，两轨面水平相差 14～31 mm，出现明显的三角坑，横向两轨距差达 -14 mm；三是整体道床底下产生空隙或虚砟厚达 100～150 mm，并有积水或地下水流，列车通过时翻浆冒泥严重。

(2)病害原因

①整体道床置于含石膏的页岩、灰岩上和整体道床混凝土骨料使用了含石膏的岩石，石膏岩膨胀及膨胀力是引起整体道床隆起的主要原因；

②整体道床底下为页岩、黏土岩、泥灰岩等软质岩或弃渣片石，在地下水浸泡软化和列车震动后破碎，基底承载力降低，致使整体道床开裂下沉；

③整体道床施工时基底留有空隙或清基不彻底，列车振动极易造成整体道床下沉开裂；

④整体道床中心水沟沟底混凝土厚度仅 220 mm，且沟底与轨下部分道床断离或有虚砟，在列车振动下产生纵横向断裂破碎，中心水沟漏水，软化下伏岩石，进一步加剧整体道床破坏，在中心水沟与人行道断裂破碎处，已形成积水坑洞；左右侧浅水沟与人行道混凝土部分断离，侧沟底及沟壁腐蚀脱落，致使流水渗入道床或边墙下流走，地下水排水不畅加剧整体道床破坏；

⑤整体道床施工质量不良：道床宽度、厚度不足，清底及超挖处理不当，采用软石虚砟铺底，整体道床混凝土施工捣固不密实；局部软弱破碎基底设计有仰拱而施工取消未作，造成隧道衬砌结构有缺陷。

2. 混凝土硫酸盐型腐蚀

(1)病害现象

百家岭隧道内混凝土硫酸盐型腐蚀分布于 K196 + 280～K196 + 746 段边墙下部和侧沟两旁，右侧比左侧严重，表现为混凝土酥软，表面成碎片状剥落，有的混凝土已成豆腐渣状，石膏岩膨胀力使边墙外鼓，内有空洞，混凝土强度降低，局部拱圈掉块、崩裂等。

(2)病害原因

①隧道围岩含石膏、硬石膏岩，在地下水的作用下，硬石膏水化作用过程中岩石膨胀及膨胀力使混凝土开裂；

②混凝土腐蚀地段地下水较发育，而地下水处理不当，且含大量硫酸根离子，具有较强的硫酸盐型侵蚀性，对边墙混凝土造成腐蚀；

③混凝土粗骨料使用了含有石膏、硬石膏岩的弃渣，在地下水的作用下，Na、K 等可溶性硫酸盐溶解，地下水硫酸根离子浓度进一步增大，又促使石膏、硬石膏溶解，反复作用，提高水的侵蚀性，而在混凝土表面又产生芒硝、次生石膏等结晶，导致混凝土受化学侵蚀和物理风化破坏；

④施工捣固不密实，抗渗性差，又未采用抗硫酸盐侵蚀和抗膨胀破坏的水泥，加剧了混凝土腐蚀速度。

3. 边墙及拱部破裂

(1)病害现象

百家岭隧道 1958 年至 1962 年施工进口段 508 m、出口段 478 m，采用石砌直墙和拱圈。1962 年停工后，出口段拱部及边墙圬工开裂变形较多，拱圈下塌，边墙外挤，净空高度不足，侵入限界。1965 年 8 月复工后，出口端先作改建工作，包括拆换拱部、加钢筋混凝土套拱、拆换及凿除边墙。施工中坍方较多，坍高达 7.9 m，一般坍方高 3～4 m，长 26 m，伴有大量裂隙水涌出，进口段圬工砂浆等级不合要求。

1966 年 9 月通车后 10 个月，除发现整体道床出现开裂、下沉、隆起等病害外，还发现局部拱圈开裂、崩裂掉块和边墙纵向水平及弧形斜向裂纹，避车洞拱部及边墙亦发生纵向开裂和混凝土腐蚀掉块等现象。裂纹集中出现在 K196 + 150 ~ + 700 长 550 m 段，裂纹宽 3 ~ 4 mm，右边墙比左边墙开裂严重。

（2）病害原因

百家岭隧道边墙及拱破裂除地质条件差、地形偏压、地下水作用外，主要是混凝土粗骨料误用含石膏硬石膏岩，其膨胀作用及地下水硫酸盐型腐蚀导致混凝土强度降低所引起的。其次与施工质量有关，如圬工砂浆等级不合要求、边墙拱部超挖回填不密实、隧道边墙基底或墙脚清基不干净等。

（三）病害整治情况

1. 整治原则

根据百家岭隧道病害产生原因及历次整治病害的经验教训，总结出以下几条整治原则：

（1）水及水侵蚀性是产生隧道几种病害的主要原因，因此治"病"先治水，减少地表水渗入隧道，降低地下水位，引排边墙背后地下水，加深双侧水沟。

（2）提高混凝土的抗腐蚀性抗渗性，采用抗硫酸盐型侵蚀性的水泥，拆换已坍塌拱圈和加钢筋混凝土套拱，拆换已腐蚀的边墙和已破裂的整体道床。

（3）改变整体道床结构形式和断面，道床底作仰拱，增设双层钢筋和灌浆楔缝锚杆，部分整体道床与基岩间空隙压注水泥砂浆。

2. 整治措施

（1）铺砌洞顶溪沟水渠，减少地表水下渗进入隧道。

（2）将隧道中部顶上 500 m 长的水平溶洞的 20 余级石梯坎炸开，使其溶洞水流畅通；砌筑挡水堤，引导北端水沟水进入灌渠，使山沟水不再进入干溶洞，减少下渗水。

（3）延长并加深双侧水沟至轨顶下 1.3 m（即人行道下 1.11 m），同时加深边墙使边墙脚与沟底平；双侧水沟顶对称安设钢筋混凝土支撑（1.3 m × 0.3 m × 0.6 m），间距 1 m。

（4）更换整体道床，底部仰拱厚 812 mm，中心水沟厚 689 mm。在基岩极软弱地段，道床底用跨度 4 m 的钢筋混凝土梁通过，不作仰拱；在含硬石膏层地段仰拱加双层钢筋交互伸入左右两侧人行道内，并加灌浆楔缝锚杆，抵抗膨胀岩的膨胀力。

（5）抽换施工质量不合要求、已腐蚀破坏的边墙，采用抗硫酸盐腐蚀的水泥砂浆砌块石，一般边墙裂纹采用环氧树脂粘补裂纹。

（6）道床采用压注水玻璃和抗酸水泥双液浆整治。

（7）制订周密、系统的整治病害施工方法与作业程序和施工组织计划。

3. 整治效果

百家岭隧道病害经过 1967 年 ~ 1974 年多次整治，特别是成都铁路局接管后与西南交通大学合作，进行科研生产两结合的调查、试验、研究工作，在查清了病害原因、总结历次整治病害的经验教训、制订合理的整治原则和设计方案及切实可行的整治措施和施工组织计划的基础上，将百家岭病害成功整治，保证了成昆铁路百家岭隧道的安全运行。

（四）小　结

1. 百家岭隧道在 20 世纪 50 ~ 60 年代勘测设计阶段，对含石膏硬石膏岩的膨胀性及地下水腐蚀性的危害认识不足，因此设计的整体道床和衬砌类型、混凝土等级和抗腐蚀性不适应隧道的水文地质及工程地质条件，是产生百家岭隧道病害的主要原因。因此，加强隧道工程地质勘测，详细分段，并分段分层取样、试验、研究、分析工作是隧道设计的基础。

2. 隧道结构形式和引排水设计（包括整体道床、中心水沟或双侧深水沟、仰拱），必须根据隧道工程地质及水文地质条件合理分段选择比较，精心设计，提高膨胀岩隧道的抗膨胀力。

3. 特殊岩土（如膨胀岩、含盐地层）隧道建筑材料的选用必须先行试验研究，根据围岩岩性和地下水侵蚀性确定混凝土的抗渗等级和抗腐蚀性类别，选用抗腐蚀性水泥和控制混凝土施工配合比，增加密实度，增强抗渗性。

4. 精心施工，严格施工作业程序管理，加强基底清理和地下水引排，混凝土施工捣固必须密实。

5. 运营线路隧道内整治病害施工要有严密的施工组织计划和材料机械设备供应以及施工作业封锁时间，切实加强洞内施工安全防护、预报警示工作，确保施工和运营安全。

二、成昆铁路关村坝隧道岩爆及病害整治

涂正林

（一）概　　况

关村坝隧道是成昆铁路的重点工程，也是20世纪60年代中国第二长隧道。

成昆铁路金口河至道林子间原来的线路方案是在大渡河左岸沿河绕行，后经多次方案反复比选，1961年5月才决定“裁弯取直”，采用近东西走向的6 107 m长隧道通过方案（见图5—2—1），不仅缩短了线路长10.1 km，避开了枕头坝至中坪溪8.9 km的不良地质地段，提高了线路质量，而且又减少了基建投资，节约了长期运营费用。

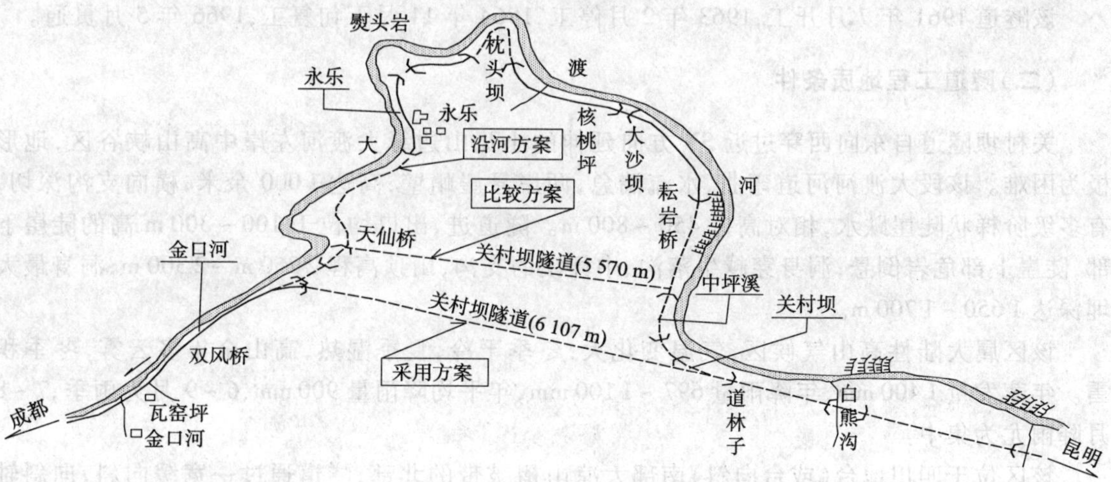

图5—2—1　关村坝隧道线路方案示意图

关村坝隧道进口里程K255+855，轨面高程604 m，出口里程K261+962，轨面高程640 m，中心里程K258+949，隧道全长6 107 m（通车后运营期间出口又接长明洞80 m，现隧道全长6 187 m，出口里程K262+042）。该隧道除进口段330 m、曲线半径（R）400 m、3.3‰上坡段为碎石道床外，其余5 777 m、直线、4‰上坡至出口，全部为钢筋混凝土轨枕板碎石道床。隧道边

墙为混凝土直墙，单侧浅水沟。左侧 20 m 设贯通平行导坑，并作为扩建Ⅱ线之用(见图 5—2—2)。

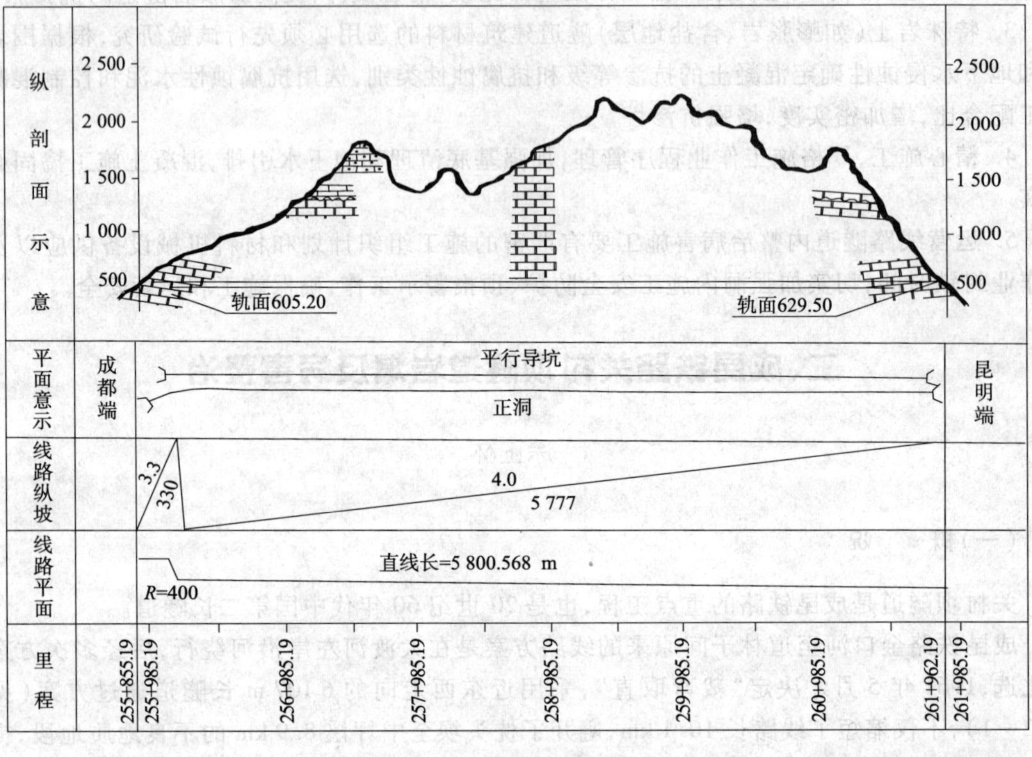

图 5—2—2 关村坝隧道地质纵断面示意图

该隧道 1961 年 7 月开工，1963 年 2 月停工，1964 年 11 月下旬复工，1966 年 5 月贯通。

(二)隧道工程地质条件

关村坝隧道自东向西穿过近 SN 方向延伸的小瓦山边缘大渡河左岸中高山峡谷区，地形极为困难。该段大渡河河道弯曲、水流湍急，两岸悬崖峭壁，高达 1 000 余米，横向支沟深切，有多级阶梯状陡崖跌水，相对高差 450 ~ 800 m。隧道进、出口均位于 100 ~ 300 m 高的陡崖下部，陡崖上部危岩倒悬；洞身穿越牛落沟、中坪溪的支沟，山顶高程 2 250 m ~ 2 300 m，洞身最大埋深达 1 650 ~ 1 700 m。

该区属大陆性高山气候区，气温变化大，冬季干冷，夏季湿热，高山全年多云雾，冬季积雪。年蒸发量 1 400 mm，年降雨量 697 ~ 1 100 mm，年平均降雨量 900 mm，6 ~ 9 月为雨季，7 ~ 8 月降雨尤为集中。

该区位于四川地台(或台向斜)南部大凉山褶皱带的北部，隧道通过一宽缓向斜，向斜轴位于隧道中心附近。金口河至大沙坝大渡河右岸山地全部出露岩浆岩，左岸临河地段亦断续出露辉长岩及花岗岩，震旦系石灰岩沉积于岩浆岩之上，呈不整合接触。大沙坝至道林子大渡河峡谷两岸均出露震旦系灰岩，产状平缓(3° ~ 8°)，未见岩浆岩侵入体，亦未见剧烈构造断裂迹象。但进口左侧大渡河岸边岩层受岩浆岩侵入影响，岩层挤压褶皱明显，张开节理发育，表层风化破碎。从地貌分析，该区新构造运动以间歇性急剧上升为主，形成大渡河及支沟深狭切割峡谷。自大沙坝至关村坝段大渡河沿岸有四级冲积及侵蚀阶地分布，分别高出大渡河低水位 5 ~ 20 m、80 ~ 100 m、450 ~ 600 m、650 ~ 750 m，在第Ⅲ、Ⅳ级阶地上出露第三系泥质砂岩、黏土质页岩及第四纪雅安砾石层。本区地震基本烈度为Ⅵ度。

全隧道通过震旦系洪椿坪组（Zh）石灰岩，为灰白色、灰色，中厚层夹薄层状，层理平缓（3° ~ 8°），结构致密，质坚性脆，多含方解石或石英细脉，局部呈条带状及角砾状或鲕状结构，部分有轻微硅化或白云石化现象，层厚约 900 m。隧道进口段为黑白条带状薄层及中厚层灰岩为主，岩层产状 N40°E/18°NW；出口段为灰白色中厚层状灰岩及白云质灰岩为主，岩层产状 N25°W/8°NE。主要节理有三组：一组 N25° ~ 30°E/90°，与大渡河方向及火成岩侵入方向一致；另一组 N60° ~ 65°E/90°，与支沟方向一致；第三组产状近水平，与层理一致。出口附近节理统计为 N3° ~ 5°W 或 N5°E/85° ~ 90°SW 或 NW、N70°W/85°SW、N25° ~ 40°W/85° ~ 90°SW，节理间距 0.5 ~ 1.0 m，张开宽 0.05 ~ 5 cm，充填少量黏土。

据出口附近取样试验，岩石比重 2.60 ~ 2.61，单容重 2.54 ~ 2.58 g/cm^3，极限抗压强度为 912 ~ 1 030 kg/cm^2（干压）、856 ~ 915 kg/cm^2（湿压）。

（三）隧道水文地质条件

隧道通过地段汇水面积约 28 km^2，山坡多呈陡崖，地形陡峻，线路附近的牛落沟和中坪溪深切呈峡谷，沟床纵坡陡达 30°，地表汇水条件差；大部分降雨均呈地表径流排走，牛落沟和中坪溪常年有水，其分支小沟平时无水或有微量水流，雨后有水呈跌水或小瀑布。震旦系灰岩上覆寒武系砂页岩隔水层，也不利于表水和地下水的下渗。因此，该区地下水的补给条件差，仅沿支沟沟底垂直节理裂隙有少量沟水下渗补给地下水。沿大渡河及支沟两岸地下水露头少，只在砂页岩层面可见渗水现象，流量 0.3 ~ 10 L/s，总流量小于 10 L/s。该区地下水类型主要为层间裂隙水，即灰岩、白云质灰岩与砂页岩层面或灰岩层间裂隙水。水质类型为 HCO_3^-—$Ca^{2+}\cdot Mg^{2+}$ 型，无侵蚀性。由于该区地下水的补给、径流、埋藏条件和白云质灰岩岩性不利于岩溶作用，故岩溶不发育。大渡河为区域最低侵蚀基准面，各隔水的砂页岩层面为局部溶蚀基准面，受区域和局部侵蚀、溶蚀基准面限制，也使该区岩溶不发育。区内未见竖井、落水洞等垂直岩溶形态，也未见暗河或大型溶洞发育，仅仅在隧道进口流梭沟高于线路 80 m 的陡崖上见一高 0.3 m、宽 0.5 m 的小溶洞，沿岩层层面发育，洞口水流流量 144 m^3/d（1961 年 5 月估测），雨后流量增至 480 m^3/d。隧道主要处于垂直循环带中。

根据大气降水入渗法计算结果，关村坝隧道总涌水量约为 2.93×10^4 m^3/d。其中进口段约占 70%（2.05×10^4 m^3/d），仅进口 800 m 范围裂隙水涌水量约为 346 m^3/d；出口段约占 30%（0.88×10^4 m^3/d）。

（四）岩　　爆

关村坝隧道属深埋隧道，平均埋深 850 m，最大埋深 1 650 ~ 1 700 m，洞身围岩为石灰岩、白云质灰岩等硬质岩，湿压极限抗压强度为 856 ~ 915 kg/cm^2（85.6 ~ 91.5 MPa），干压极限抗压强度达 91.2 ~ 103.0 MPa，软化系数为 0.91 ~ 0.95，围岩坚固性系数 f 为 4 ~ 7，洞身 f 大多为 6 ~ 7，相当于现围岩分级Ⅱ级，垂直地应力大，具备产生岩爆的地质条件。

1965 年 1 ~ 3 月关村坝隧道出口端岩爆较严重，曾多次发生人身事故，威胁隧道施工安全，影响施工进度。

岩爆发生时一般有两种情况：一是岩石爆裂时有烟状粉尘散出，声响较大，爆落的石块块径较小，一般是几厘米长宽的碎屑薄片，也曾出现过一次块径大于 0.5 m × 0.37 m × 0.08 m 的石块;常与开挖断面垂直轴成明显角度被弹射出来,几乎是与岩石开裂同时发生,这种弹射大多发生在导坑顶部和扩大的牛角弯处,而掌子面与侧壁则很少见。另一种情况是岩石爆裂的声响较小,爆裂的石块是先裂开,需经过一段时间后才从母岩弹射或自由下落,或用撬棍撬落;一般石块块径较大;常见于导坑顶部,亦有在导坑侧壁发生者。岩爆的特点是:发生前无明显预兆;爆裂的石块常呈中间厚,周边薄,不规则的薄片;大多发生在钻眼爆破后 2 ~ 3 小时内的开挖工作面及附近的顶板与牛角弯处,但也有发生在距工作面较远的地方;岩层表面平整,有薄层面或有软弱面处较易发生,如沿硅质结核处,或有斑状方解石和方解石细脉处,或沿黑灰色碎屑软弱面和板状薄层面处等。而溶孔较多,表面凹凸不平和有地下水流地段的岩层则不易发生岩爆。已衬砌地段尚未发现岩爆造成衬砌开裂的现象。

施工期间岩爆的防护措施主要有:爆破后立即对坑壁冲水、浇水;勤检查,勤找顶;改进扩大开挖方法;增加锚杆挂钢筋网支护。

(五)道床及侧沟病害

据成都铁路局工务部门 2001 年成昆铁路隧道病害调查报告得知,关村坝隧道道床及侧沟病害严重,影响正常运营行车,需尽快整治。

1. 隧道进口 K255 + 855 至 K260 + 600 段侧沟内侧纵向开裂长 4 190 m,裂缝宽 20 mm,侧沟墙与沟底相接处断裂,裂缝宽 20 mm,大部分侧沟墙中部断裂错开,并有泥浆挤出淤堵侧沟,导致侧沟排水不畅并下渗浸泡软化基底,进而引起隧道铺底裂损。

2. 隧道铺底裂损、下沉、翻浆冒泥长 207 m,钢筋混凝土轨枕板悬空、下沉,长达 623 m,使线路水平和轨顶高程变化,难以控制,影响行车速度和安全。

产生上述病害的原因,主要是隧道内地下水处理不善,大量地下水长期浸泡隧底和侧沟底,加之铺底时清基不彻底,有软泥虚渣,长期运营行车后压裂铺底和侧沟开裂,从隧道底部挤出泥浆,堵塞侧沟,造成翻浆冒泥和轨枕板悬空。

病害整治措施包括:更换铺底 830 m,增加防腐蚀性混凝土;加深侧沟和清淤;改单侧浅侧沟为双侧深侧沟 6 187 m。

(六)小　　结

1. 关村坝隧道是中国 20 世纪 50 ~ 60 年代铁路第二座长隧道,经多方案反复比选后确定的线位,其工程地质及水文地质条件较优,施工中采用快速施工新技术新方法,创造了当时国内隧道建设新纪录:正洞月成洞 304. 62 m,单口月平均成洞 152. 31 m,平导最高月进度 282. 7 m,平导全洞进度 324. 0 m,单口 162 m。1966 年 3 月达到双口成洞 672. 71 m 的纪录。

2. 20 世纪 60 年代地质勘察手段较为简单,尤其是岩石和岩体测试技术、方法、手段、设备落后,对岩爆现象认识肤浅,更无经验和理论研究成果可以指导设计、施工,当时岩爆对施工威胁很大,施工中曾多次因岩爆发生人身事故,故关村坝隧道的岩爆现象也引起了勘察设计、施工以及科研、教学等各单位的关注和重视,为以后的深埋隧道或地下工程的建设与科研教学提出了新课题。

3. 关村坝隧道围岩为硬质岩,地下水和岩溶不发育,但竣工通车运营后发生道床和侧沟断裂等病害,与隧道结构浅侧沟、隧道和水沟底清基不彻底有关,设计与施工运营单位已引起重视,2001 年后经成都铁路局综合整治后,已保证了成昆铁路正常通车和满足了铁路大提速要求。

三、成昆铁路利子依达隧道工程地质特征及围岩分类

涂正林

（一）工程简介

利子依达隧道是利子依达沟1981年7月9日凌晨1时30分突然爆发特大泥石流，冲毁成昆铁路利子依达大桥后，改线新建的一座单线铁路隧道。隧道全长1465 m，为8.2‰的单向坡道，半径400 m、600 m，呈Ω形曲线。进、出口各接长10 m、25 m明洞。洞口为浅埋及偏压衬砌，通过泥石流沟底加强衬砌。中部为复合式衬砌（长698 m），两端为普通模筑混凝土衬砌（长734 m）。采用喷涂防水砂浆和氯丁胶乳化沥青、密实剂防水混凝土内衬，在衬砌背后设置弹簧软管盲沟、草束盲沟、聚氯乙烯导水板等防水措施。采用钢筋混凝土支撑块整体道床。明洞及两端普通衬砌地段用一般铁路隧道施工方法，中部复合式衬砌地段采用新奥法施工。全隧道用下导坑导前，分步机械开挖，装渣机装渣，电瓶车运输，木支撑及喷锚支护。隧道于1982年9月进洞施工，1984年6月竣工通车。该隧道设计与施工质量均达优良。

（二）地质概况

利子依达隧道在成昆铁路乌斯河车站以南2 km，大渡河大桥昆端，四川省甘洛县境内（图5—3—1）。隧道位于中山峡谷陡坡区内。隧道在大渡河右岸Ⅲ级阶地后缘斜坡进洞，穿过木乃脚山嘴、利子依达泥石流沟底和来来堡垭口，在大渡河右岸高阶地后缘陡坡中部出洞。隧道埋深最大170 m，最浅39 m（利子依达沟沟底）。

隧道进口为第四系冲洪积碎石及漂卵石土，出口为第四系崩坡积碎块石土。洞身为震旦系下统苏雄组（$Z_a s$）和开建桥组（$Z_a k$）灰绿色、灰白色、灰色、紫灰色凝灰岩、凝灰质含砾岩屑砂岩夹石英岩、玄武岩、流纹凝灰质板岩等。一般地段岩石坚硬，变质轻微、新鲜、完整，地下水少。除受断裂构造影响的地段外，大部分工程地质条件良好。

隧道通过地区地质构造复杂。构造体系上属川滇南北向构造带北端与滇藏歹字形构造中部相复合的地段。隧道位于汉源—甘洛—小江断裂带东侧。受邻近的王帽山、苏古—里科、耳古滩等大断层影响，隧道内次级断裂发育，主要有F_1、F_2和F_3三条，隧道先后两次通过F_2断层。此外，隧道内还发育有多条规模较小的更次一级断层以及7组节理裂隙和多层层间挤压错动软弱夹层（或压扭性软弱结构面）、破劈理带、裂隙密集带（见图5—3—1、图5—3—2，表5—3—1、表5—3—2、表5—3—3）。断裂带附近岩石极软弱，风化变质严重，岩体不完整，有地下水活动，工程地质条件很差。

表5—3—1　利子依达隧道节理统计表

顺序	节理产状			统计条数（条）	节理密度（条/m）	节理间距（m）
	走　向	倾　向	倾　角			
1	SN	W E	81°~90° 65°~75°	11	2~5	0.2~0.5
2	N10°~25°E	NW SE	65°~80° 31°~40°	23	5~20	0.05~0.2
3	N45°E	NW SE	55°~85°	7	2~3	0.4~0.5

续上表

顺序	节理产状			统计条数（条）	节理密度（条/m）	节理间距（m）
	走　向	倾　向	倾　角			
4	N20°~30°W	NE SW	35°~55° 60°~80°	18	3~5	0.2~0.4
5	N60°~75°W	NE SW	65°~80°	27	3~10	0.1~0.4
6	N60°~75°E	NW SE	70°~90°	18	5~20	0.05~0.2
7	EW	N S	80°~90° 50°~60°	8	2~5	0.2~0.5

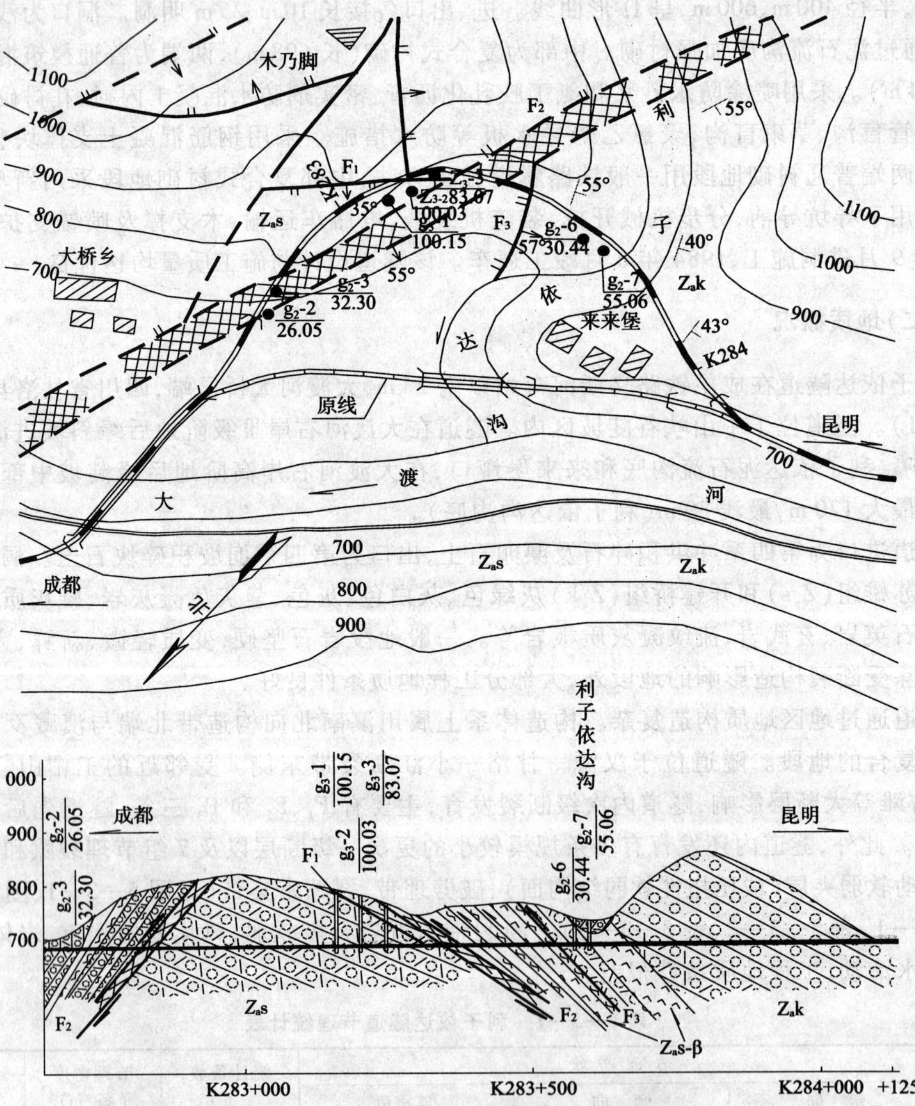

图 5—3—1　利子依达隧道工程地质平面、纵断面示意图

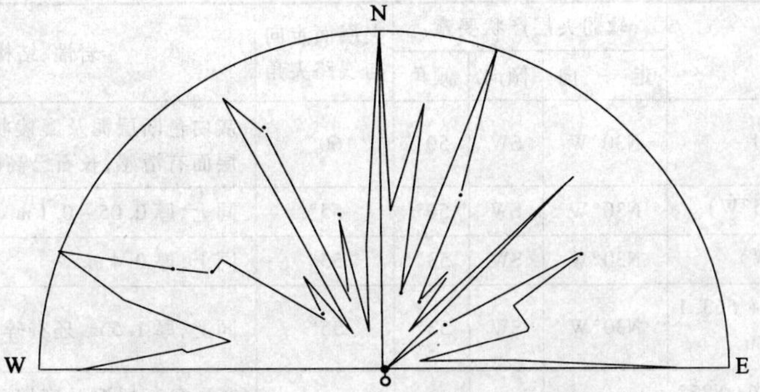

图 5—3—2 利子依达隧道节理走向玫瑰图

表 5—3—2 利子依达隧道断层破碎带调查统计表

顺序	断层编号	线路里程（线路走向）	断层面产状			断层面走向与线路夹角	断层性质	破碎带宽度（m）	岩性、结构特征、水文地质简况
			走向	倾向	倾角				
1	F_1	D_1K283 + 330 ~ +338(S65°W)	N45°E	NW	35°	20°	正断层（张扭性）	2.22	破碎带由灰白色断层泥（厚002 m）、灰绿色糜棱状角砾岩（厚 0.2 m）、碎裂岩（厚 2.0 m）组成，断层面光滑微波状起伏，潮湿，局部渗水
2	F_2	D_1K282 + 837 ~ +885(N10°W)；D_1K283 + 358 ~ +383(S65°W)	N15°E（下层面）；N18°E（上层面）	NW	55° ~ 58°	25° ~30°；50° ~47°	逆冲断层（压扭性）	10 ~15.3	由灰白色、灰绿色、灰紫色断层泥（厚 0.1 ~ 0.2 m）、糜棱岩、碎裂岩等组成，断层面微波状起伏，断层破碎带上部有地下水发育
3	F_3	D_1K283 + 529 ~ +547(EW)	N25°W（下层面）；N30°W（上层面）	SW	57° ~ 55°	65° ~60°	逆冲断面（压扭性）	12.0	由灰白色断层泥、糜棱岩、碎裂岩组成，上层面断层泥厚 0.5 ~1.0 m，风化严重，变质明显，松散软弱，破碎带和下盘岩体中有地下水，呈小股状或滴水呈线状

表 5—3—3 利子依达隧道层间挤压错动软弱层、玄武岩体接触带调查表

顺序	线路里程（线路走向）	软弱夹层产状要素			夹层面走向与线路夹角	岩性、结构、充水情况
		走向	倾向	倾角		
1	D_1K283 +486 ~ +498(EW)	SN 或 N25°E	W NW	50°	90° 65°	有 4 条宽 0.4 ~0.8 m 的灰白色断层泥和糜棱岩、角砾岩，风化严重，长石已高龄石化，呈黏土状，夹层间岩体节理很发育，呈碎裂散体结构
2	D_1K283 +498 ~ +512(EW)	N5°E ~N40°W	NW SW	50° 60°	85° 50°	灰紫色及暗紫色杏仁状玄武岩体，上下接触带均有灰白色断层泥和暗紫色挤压糜棱岩软弱夹层厚 0.3 ~1.0 m
3	D_1K283 +515.6(EW)	N30°W	SW	40°	60°	灰白色断层泥及糜棱状软弱夹层，长石已高龄石化，厚 0.3 m，断层泥厚 2 ~3 cm；地下水呈线状滴水

续上表

顺序	线路里程（线路走向）	软弱夹层产状要素			夹层面走向与线路夹角	岩性、结构、充水情况
		走向	倾向	倾角		
4	D_1K283 +546.6(EW)	N30°W	SW	50°	60°	灰白色断层泥及糜棱状软弱夹层，厚0.3 m，断层面有滑感，长石已高岭石化
5	D_1K283 +551.5 (N85°W)	N30°W	SW	50°	55°	同上，厚0.05 ~0.1 m
6	D_1K283 +554(N85°W)	N30°W	SW	53°	55°	同上，厚0.4 m
7	D_1K283 + 561.5 ~ + 563.1 (N85°W)	N30°W	SW	53°	55°	同上，厚1.5 m，还有碎裂岩夹在中间
8	D_1K283 +585 ~ +586(N85°W)	N15°W	SW	57°	70°	灰白色断层泥及糜棱岩夹压碎岩，厚0.4 m和0.2 m两层
9	D_1K283 + 598.4 ~ + 599.1 (N80°W)	N10°W	SW	60°	70°	灰白色断层泥，灰紫色糜棱岩厚0.2 m，碎裂岩厚0.5 m
10	D_1K283 +607(N80°W)	N10°W	SW	60°	70°	玄武岩体接触带，向成端为Z_as灰紫色凝灰岩，向昆端为暗紫色杏仁状玄武岩，风化严重，风化面呈铁锈色
11	D_1K283 +668(N70°W)	N25°W	SW	55°	45°	灰白色、浅灰绿色断层泥厚0.02 m，糜棱岩厚0.18 m
12	D_1K283 +671(N70°W)	N25°W	SW	55°	45°	同上，总厚0.4 m
13	D_1K283 +672(N70°W)	N25°W	SW	55°	45°	玄武岩体接触带，有0.2 ~0.5 m厚的碎裂岩、糜棱岩夹0.02 m厚的灰白色断层泥，向成端为暗绿色杏仁状玄武岩，向昆端为灰、灰紫色含砾岩屑凝灰岩(Z_ak)
14	D_1K283 +711.4(N70°W)	SN	W	85° ~ 90°	70°	有厚0.6 ~1.0 m黄褐色断层泥和糜棱岩，风化严重，挤压面呈光滑波状起伏，下层面渗水，上层面以上岩体干燥，此软弱夹层与岩层呈35° ~40°夹角（岩层产状N17°W/50°SW）
15	D_1K283 +893(N65°W)	N30°W	SW	47°	35°	灰白色断层泥宽0.1 ~0.15 m和灰紫色糜棱岩厚1 ~1.5 m
16	D_1K283 +910(N65°W)	N55°W	NE	80°	10°	同上，厚0.5 ~1.0 m，Z_ak灰色，灰紫色凝灰质含砾岩屑砂岩层间软弱夹层
17	D_1K283 +080 ~ +086(EW)	N30°W	SW	47° ~	60°	灰白色断层泥厚0.05 ~0.1 m，Z_as灰绿色凝灰岩层间挤压错动软弱夹层
18	D_1K282 +920 ~ +950(SN)	N50°E	NW	70°	50°	Z_as灰绿色凝灰岩层间挤压错动软弱夹层，为厚0.1 ~0.2 m灰白色断层泥糜棱岩

（三）围岩的物理力学性质

通过12组110多块岩石试件的室内物理力学性质试验和30多段现场岩体声波测试成果资料分析，利子依达隧道围岩的物理力学性质如下：

1. 一般地段岩石的力学强度高，抗风化能力强，岩体比较完整

（1）岩石的单轴饱和抗压强度和抗拉强度大，均属极硬岩类岩石。如单轴饱和极限抗压强度，凝灰岩为110 ~150 MPa，凝灰质含砾岩屑砂岩为150 ~250 MPa，杏仁状玄武岩为210 ~240 MPa；抗拉强度，凝灰岩为5 ~10 MPa，凝灰质含砾岩屑砂岩为8 ~16 MPa，杏仁状玄武岩为

11 ~ 16 MPa。

(2)岩石的干湿容重值相差很小(差值 0 ~ 0.03 g/cm^3),孔隙度小(0.35% ~ 4.10%),吸水率低(0.1% ~ 0.75%),软化系数大于 0.75,岩石不易风化。

(3)岩石的弹性波纵波速度大,反映岩质好、岩体完整或比较完整,岩体强度亦高。如该隧道各类岩石试件的纵波速度均大于 6 000 m/s,各类岩体纵波速度 3 000 ~ 4 000 m/s,岩体完整性系数为 0.6 ~ 0.9。

(4)各类岩石的动弹性模量(E_d)为 $10 \times 10^4 \sim 18 \times 10^4$ MPa,静弹性模量(E_s)为 $4.5 \times 10^4 \sim 9 \times 10^4$ MPa,动静弹性模量比值为 1.5 ~ 4.2。

2. 断层破碎带及相邻的影响带中的碎裂岩等软弱岩石物理力学性质差

(1)岩石容重小(干容重 2.3 ~ 2.5 g/cm^3,湿容重 2.5 g/cm^3),孔隙度大(6.3% ~ 11.7%),吸水率大(0.73% ~ 0.99%),软化系数小(0.1 ~ 0.4),岩石极易风化,岩质很差。

(2)碎裂岩强度低,单轴饱和极限抗压强度 6.7 ~ 15 MPa,最低值 < 10 MPa,抗拉强度 0.111 ~ 1.85 MPa,属软质岩或极软质岩类。碎裂岩动力变质和风化严重,微裂隙发育,不易加工成规则试件。

(3)碎裂岩岩石试件纵波速度为 2 500 ~ 3 000 m/s,岩体的纵波速度为 1 400 ~ 1 500 m/s,岩体完整性系数 0.2 ~ 0.3。从仅有的几个碎裂岩试件所测得的动弹性模量看,其值很低($1.2 \times 10^4 \sim 1.6 \times 10^4$ MPa),说明碎裂岩软弱,完整性差。

(四)围岩结构特征

利子依达隧道进、出口段第四系冲洪积碎石土、漂卵石土和第四系崩坡积碎块石土是非黏性土质围岩,属不连续非均质松散结构体,其余地段均为石质围岩,其稳定性与岩体结构特征相关,主要受软弱结构面和结构面组合与隧道轴线组合关系控制。

该隧道岩体结构面类型较多,有原生的层理面、玄武岩与凝灰岩接触面、断层面及断层泥化夹层、层间挤压错动软弱夹层、破劈理面、充填黏土或含水的张开节理面等。这些结构面影响岩体的强度和围岩的完整性及其稳定性。

1. 结构面不同组合形成的结构体

各种结构面将岩石切割成各种形态的结构体,形成各类岩体结构。从横剖面上看,主要有以下几种结构体:

(1)三组互不平行的结构面或两组倾向相反的结构面与一组缓倾角结构面组合,将岩石切割成三角形结构体(见图 5—3—3)。

(2)两组反倾向的陡倾角结构面与一组缓倾角或水平结构面将岩石切割成正梯形或倒梯形结构体(见图 5—3—4)。

(3)任何两组结构面组合都能将岩石切割成菱形或矩形结构体,是最常见的一种(见图 5—3—5)。

(4)三组以上结构面交互切割岩石成不规则的多边形结构体(见图 5—3—6)。

2. 隧道各段围岩结构类型

根据中国科学院地质研究所划分岩体结构类型的标准,利子依达隧道各段围岩结构类型如下:

(1)K282 + 710 ~ K283 + 300 段,浅灰绿色凝灰岩,有三组以上结构面。每组间距 0.2 ~ 0.4 m,大多数闭合或微张开,每组结构面延伸长 5 m 以上,岩体为层状结构和镶嵌结构,属不

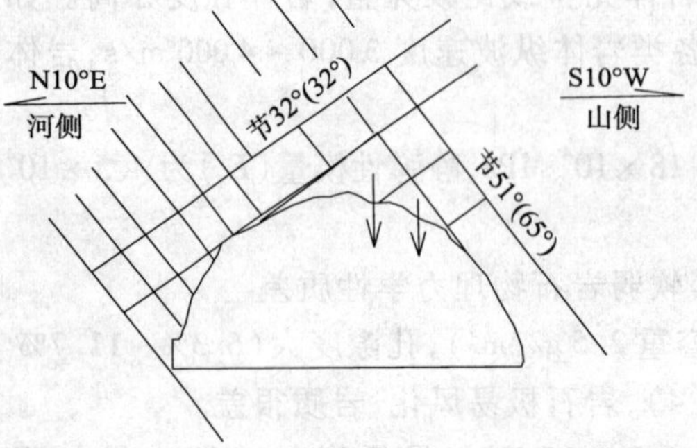

图 5—3—3　上导坑玄武岩块坍落与节理关系示意图

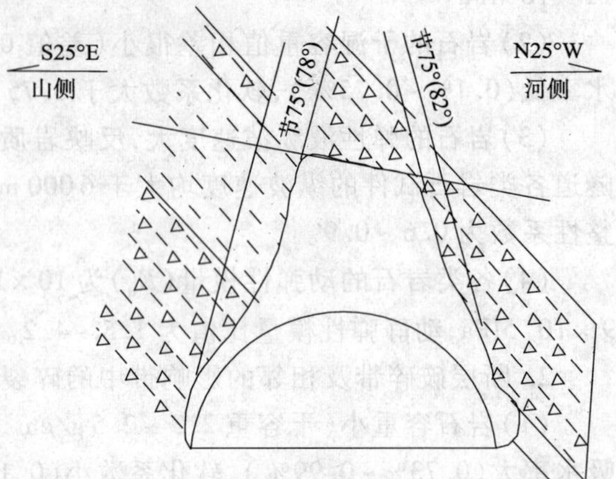

图 5—3—4　拱顶断层带坍方(梯形)与节理

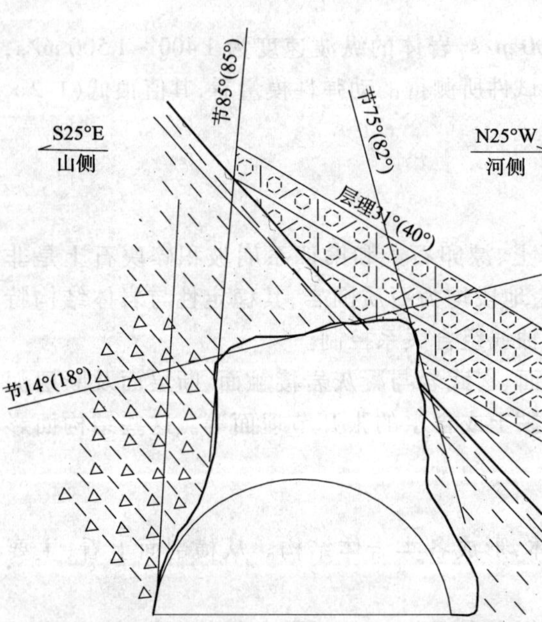

图 5—3—5　断层带坍方(矩形)与节理关系示意图

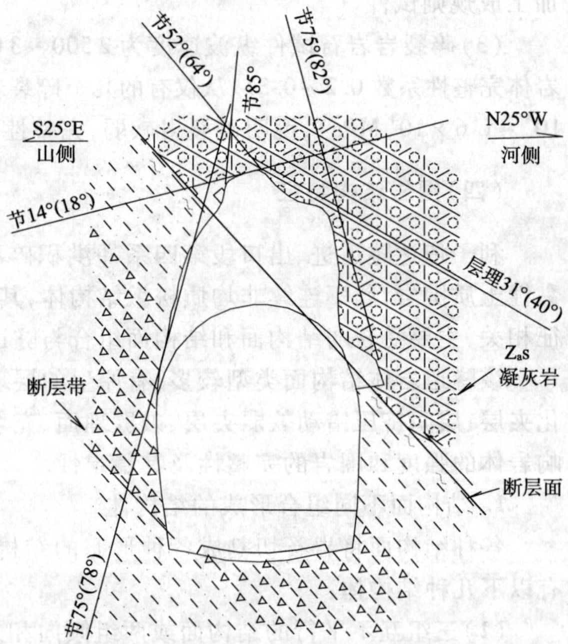

图 5—3—6　断层带坍方(多边形)与节理关系示意图

连续非均质弱面体力学模型。

(2) K283 + 300 ~ K283 + 500 为断层破碎带(由断层泥、糜棱岩、碎裂岩等组成),软弱结构面发育,结构面间距 0.1 ~ 0.2 m,岩石被挤压成碎屑、鳞片、泥砂及小碎块状。岩体为碎裂结构和散体结构,属松散介质力学模型;局部为层状碎裂结构体,属不连续非均质弱面体力学模型。

(3) K283 + 500 ~ K283 + 675,灰紫色凝灰质含砾岩屑砂岩夹暗绿色玄武岩,有三组以上结构面,长 120 m 范围内有 6 层软弱夹层(层间挤压错动软弱夹层),每层厚 1.0 ~ 1.5 m,结构面间距较大(0.4 ~ 0.8 m)。岩体为层状碎裂结构,局部为散体结构,属弱面体力学模型。

(4)K283 +675 ~ K284 +110,灰色、灰紫色凝灰质含砾岩屑屑砂岩夹变质的含砾流纹状熔结岩屑、晶屑凝灰岩和流纹凝灰质板岩,有 2 ~ 3 组结构面,间距 0.4 ~ 1.0 m 及以上,大多闭合,软弱夹层少见。岩体呈大块矩形结构体,是层状和块状结构,属连续均质力学模型。

(五)隧道水文地质特征

利子依达隧道左靠中山陡坡,右邻大渡河Ⅲ级阶地及其后缘斜坡。进口左侧有一条纵坡急陡的小冲沟,平时无水,雨季有暂时性水流。中部利子依达泥石流沟平时也只有很小的水流。隧道附近地形都不利于地表水汇积。隧道内大部分地段围岩致密、岩体比较完整或完整,故地下水不发育,施工时导坑大部分不漏水。进口段第四系冲洪积漂卵石土层有少量孔隙水呈滴水状渗漏。洞身 K282 +900 ~ K283 +675 断层破碎带、裂隙密集带以及玄武岩体接触带附近,地下水比较多,导坑漏水较严重(见表 5—3—4),构造裂隙水从隧道山侧向河侧呈带状或沿岩层走向呈小股状和线状渗漏,局部略具承压性质。因构造裂隙水主要靠大气降水补给和径流途径短,因此旱季裂隙水涌水量急剧减少。1983 年 9 月实测进口端地下水涌水量 380 m^3/d,出口端 133 m^3/d,全隧道总涌水量 520 m^3/d;10 月下旬实测全隧道总涌水量减少为 293 m^3/d。断层带地下水有溶出性侵蚀,其余地段地下水无侵蚀性,水质类型属 HCO_3^-—Ca^{2+}·Ma^{2+} 型水。

另外,原来估计隧道通过利子依达沟底和 F_2 断层带时可能会因沟水补给、基岩顶板薄、岩体破碎、节理裂隙多等原因,雨季施工导坑时将出现较大的地下水。但实际开挖时,这段基岩顶板较厚,岩石新鲜完整,导坑顶部仅有很少滴水。

表 5—3—4 利子依达隧道渗漏水情况表

顺序	出水位置	渗漏水情况	地质情况	量水日期
1	D_1K282 +995 ~ D_1K283 +010 下导坑,D_1K283 +007 上导坑拱部	全段漏水,呈滴水或呈线状滴水,$\sum q = 0.01$ L/s 沿 N10° ~ 15° W 方向呈带状滴水,由山侧向河侧流出;后段呈细股流,$q = 0.01$ L/s	Z_as 凝灰岩,节理发育,沿 N10° ~ 15°W/80° ~ 85°SW 组节理面滴水,或沿 N10°E/85°NW 组张裂(间距 <0.1 m,张开 1 ~ 2 mm)	1983-4-25 1983-5-16 1983-5-23
2	D_1K282 +997 左边墙脚	股水,$q = 0.125$ L/s	同上	1983-10-23
3	D_1K283 + 005 下导坑左边墙脚 1.5 m 高处一炮眼中	股水,$q = 0.1$ L/s,可听见出水声"呼呼"略具承压性质	同上,节理很发育,达 5 ~ 10 条/m	1983-10-23
4	D_1K283 +025 ~ +030 下导坑顶	漏水严重,呈大股状,如下大雨一般,$q = 0.1$ L/s	Z_as 凝灰岩,沿 N25° E/78° NW 组节理(间距 <0.1 m)	1983-5-16
5	D_1K283 +093 上导坑顶	呈滴水状,$q = 0.05$ L/s	Z_as 凝灰岩,节理发育,有 3 ~ 4 组,间距 <0.1 m	1983-7 ~ 9
6	D_1K283 +105 ~ +108 上导坑左侧	股水,$q = 0.2 \sim 0.3$ L/s	Z_as 凝灰岩,节理发育,沿 N15° ~ 20°W/50°SW 层间裂隙出水	1984-7-27
7	D_1K283 +117 ~ +127 左拱腰	股水,$q = 0.2 \sim 0.3$ L/s		1983-8-1
8	D_1K283 +145 ~ D_1K283 +147 下导坑顶	股水,$q = 0.1$ L/s 或小股水,或滴水呈线状	同上,节理很发育,岩体破碎,节理 10 条/m	1983-8-1

续上表

顺序	出 水 位 置	渗 漏 水 情 况	地 质 情 况	量水日期
9	D_1K283 +155 ~ +165 下导坑顶 D_1K283 +156 下导坑顶 D_1K283 +160 下导坑顶 D_1K283 +165 下导坑顶	下导坑顶部滴水呈线状或股水 (q = 0.1 ~ 0.2 L/s) q = 0.1 L/s q = 0.1 L/s ~ 0.2 L/s 小股 q < 0.1 L/s	Z_as 凝灰岩,节理发育,沿 N20°E/90° 和 N15° ~ 20° W/50° SW 层间裂隙和几组节理交汇处呈股状出水,节理 5 ~ 10 条/m	1984-7-27 ~ 8-1 1982-11
10	D_1K283 +170 ~ +175 下导坑右侧顶部上导坑左侧	滴水呈线,$\sum q$ = 0.01 L/s 滴水呈线,$\sum q$ = 0.01 L/s	Z_as 凝灰岩,节理发育,5 条/m	1983-9-7
11	D_1K283 +180 ~ +185 上导坑左侧顶部	滴水呈线状,$\sum q$ = 0.01 L/s	同上	1983-9-7
12	D_1K283 +210 ~ +220 下导坑顶部	滴水呈线状,$\sum q$ = 0.01 ~ 0.02 L/s	Z_as 凝灰岩,层间小型挤压破碎带,厚 0.05 ~ 0.1 m,节理发育5 ~ 10 条/m	1983-8-17 ~ 8-20
13	D_1K283 +230 ~ +235	滴水,$\sum q$ = 0.01 L/s	Z_as 凝灰岩,节理发育 3 ~ 5 条/m	1983-9-7
14	D_1K283 +322 ~ +332	渗水,$\sum q$ = 0.001 L/s	沿 N45° ~ 50°E/35° ~ 37°NW 断层面渗水	1983-9-7
15	D_1K283 +360 ~ +380 下导坑左侧顶部、上导坑拱部左侧和顶部	滴水呈线状,$\sum q$ = 0.01 L/s 股水 q = 0.01 ~ 0.05 L/s	沿 N15°E/55°NW 断层破碎带中上部出水或沿层间裂隙出水	1983-12-15 ~ 12-29 1983-12-15
16	D_1K283 +402 上导坑顶	小股水 q = 0.05 L/s	断裂带,沿层间裂隙出水	1983-10-23
17	D_1K283 +412 ~ +413 上导坑顶部及左拱脚	小股水 q = 0.002 L/s	Z_as 凝灰岩,节理很发育,10 条/m 以上,属断裂带中	1983-10-23
18	D_1K283 +468 下导坑顶	滴水	同上	1983-8-19
19	D_1K283 +471 ~ +485 下导坑顶及右拱脚	滴水呈线及小股水 q = 0.01 L/s	Z_as 凝灰岩,节理很发育,10 条/m,断裂带中有断层泥,糜棱岩,厚 0.1 ~ 0.4 m	1983-10-23 ~ 12-29
20	D_1K283 +511 ~ +540 下导坑顶及工作面左角	滴水呈线及小股水 q = 0.1 L/s, $\sum q$ = 0.3 L/s	Z_as 玄武岩按接触带及其以上的凝灰岩,节理发育 5 条/m	1983-8-1 1983-8-19 1983-7-27
21	D_1K283 +710 左边墙	渗水严重	沿层间挤压带下层面渗水严重,Z_ak 含砾岩屑砂岩	1983-9-10
22	D_1K284 +025 下导坑顶	滴水呈线	同上	1982-11

(六)围岩稳定性分析

利子依达隧道 1 230 m 长为凝灰岩、凝灰质含砾岩屑砂岩,岩石强度高,岩体完整或比较完整,地下水不发育,开挖导坑后围岩稳定。进口漂卵石土层和洞身断层破碎带、层间挤压错动弱夹层、破劈理带、裂隙密集带等软弱围岩地段长 200 m。这些构造破碎岩力学强度低,完整性差,又有地下水活动,因此开挖导坑后围岩不稳定,先后发生过 15 处较大规模的洞顶及侧壁坍方和零星岩块坍落。

1. 围岩变形特征

根据 40 多个施工量测断面的观测资料分析,围岩变形量与岩体结构、受力状况和施工方法有关。

(1) 一般地段围岩变形量小。不论是对拱顶下沉的水准测量还是用球铰式收敛计对拱脚、边墙中部、边墙脚的量测与计算结果,围岩的总变形量都小于 10 mm,一般为 7 ~ 8 mm,个别地段当围岩总变形量超过 7 mm 就开始产生小坍方。

(2)断层破碎带及其上盘软弱围岩地段变形量较大,下盘的围岩变形量较小。如 F_2 断层带拱顶下沉量 8 ~ 14 mm,拱脚水平收敛 8 ~ 5 mm,边墙中部水平收敛 14 mm,边墙脚水平收敛 20 mm 以上。断层带下盘围岩变形是拱顶下沉大(10 mm 左右),边墙水平收敛小(3 ~ 4 mm)。

(3)隧道山侧水平收敛值比河侧小,局部地段河侧比山侧小或两侧水平收敛无明显差异。

(4)从围岩变形量与时间的关系曲线来看,一般是量测的初期(前 10 ~ 5 天内)围岩变形量大,变形速度快,后期变形量小,变形速度慢,20 ~ 30 天趋于稳定。当边墙脚开挖水沟放炮震动以后,边墙中部和墙脚的水平收敛值要急剧增大,每天约增加 2 mm 左右。

2. 围岩破坏方式与产生条件

(1)坍　　方

①第四系松散漂卵石土层坍方:隧道进口段长 50 m 上导坑为第四系冲洪积漂卵石土,结构松散,潮湿。卵漂石间充填中粗砂及砾砂(约占 20%),与凝灰岩分界线正在起拱线附近,基岩面有地下水活动,土层很不稳定。开挖上导坑时边挖边坍,1 个月坍方达 140 多立方米,拱顶以上坍方高 4 ~ 5 m,宽 8 m,沿中线坍方长 4 m,成一个倒葫芦形的大空洞,并引起地表坍陷(深 1.5 ~ 2 m,长、宽各 8 m)。

②断层破碎带坍方:

A. K283 + 358 ~ + 383 通过 F_2 断层破碎带(图 5—3—7)因断层泥、糜棱岩、碎裂岩等结构松软,地下水较发育,岩体稳定性差,施工时未及时加强支护,故开挖下导坑后 11 天右侧壁开始断断续续坍方,至 27 天坍方达 15 m 长、4 ~ 5 m 高(从外拱顶算起),坍方体积达数十立方米,引起整段中层完全松弛,严重下沉,压断横梁和折断支柱。开挖出口上导坑后,掌子面断层破碎带岩体沿断层泥顺层滑动(断层面倾向出口,倾角 30° ~ 40°),边挖边坍,加之未及时加固处理,使坍方范围不断扩大,以至形成长 20 m、宽 5 ~ 6 m 的大坍方。

B. K283 + 525 ~ + 550 通过 F_3 断层破碎带,灰紫色凝灰质含砾岩屑砂岩,经强烈挤压形成断层泥、糜棱岩、碎裂岩,结构松软,风化严重,岩体强度很低。爆破后呈角砾、碎石、粗砂状,手刨即散落。断层带内小股状地下水发育。围岩自稳能力很差。开挖下导坑时即边挖边坍,开挖上导坑后第 5 天拱部发生全面坍塌,坍高 2 m 多,20 天后坍高 6 m,45 天后坍高 10 m,全部堵塞上导坑。上述两处断层破碎带坍方,用喷锚和其他加固措施处理后,才贯通上下导坑。

(2)岩块坍落

在比较坚硬完整的凝灰质含砾岩屑砂岩地段,当岩层被两组交角大于 90°的张性裂隙切割,构成三角形或矩形结构体,经爆破震动,扩大裂隙,使岩块沿张开裂隙面发生剪切破坏和滑动,并从拱腰或拱顶突然向下坍落。坍落岩块块径大者 2 ~ 3 m,小者 0.2 ~ 0.5 m,岩块坍落大多数是发生在放炮以后数小时,个别发生在开挖后 3 天,甚至已喷锚支护后连同部分喷层一齐坍落,打脱已挂的钢丝网。

(3)对利子依达隧道围岩变形与破坏的认识

①控制围岩变形量大小和变形速度快慢以及引起围岩破坏的根本原因是围岩的岩质好坏,即围岩的强度和完整性。软质围岩的变形量大,变形速度快,容易产生坍方,硬质围岩变

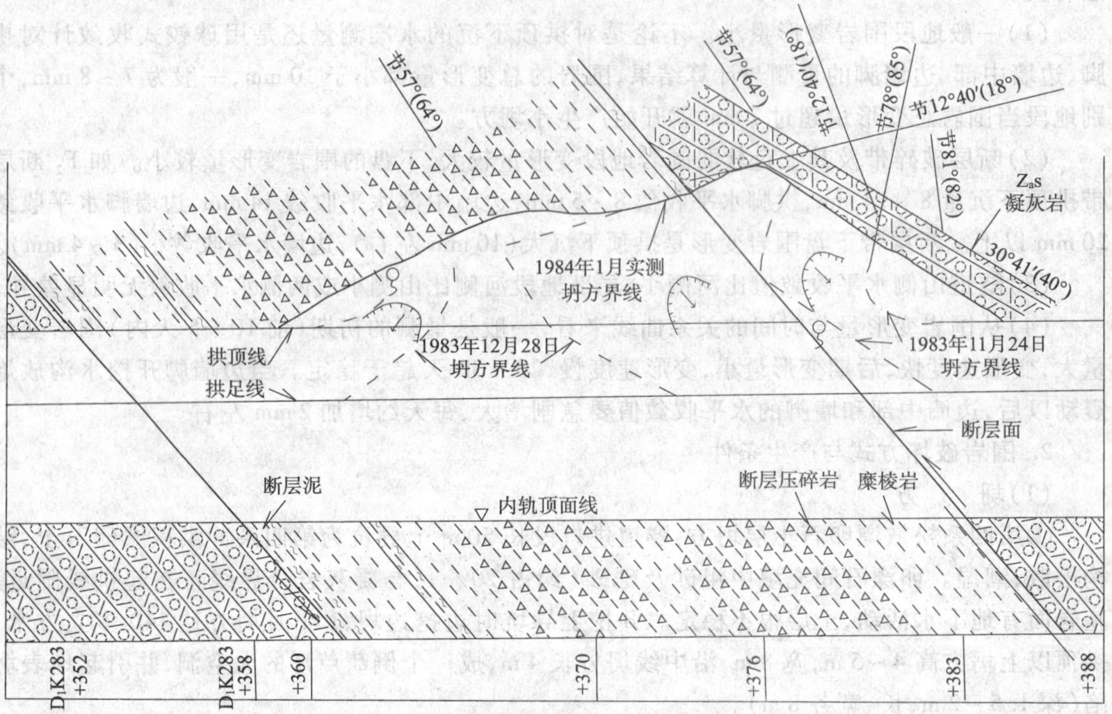

图 5—3—7　$D_1K283+358\sim+383$ 断层带坍方纵断面示意

形量小，且很快稳定。但在局部地段，由于软弱结构面不利于围岩稳定，亦可出现岩块坍落。

②软弱结构面控制围岩破坏的边界；结构面组合与隧道空间关系决定岩块坍落产生的部位及坍落岩块的大小。岩体结构特征是影响围岩岩质好坏和稳定性的主要因素。

③施工方法影响围岩变形量的大小，决定围岩产生破坏的时间及其延续时间和破坏规模的大小。

（七）围岩分类

利子依达隧道设计采用工程类比法，并按当时铁道部颁发的《铁路工程技术规范》所定"铁路隧道围岩分类表"，将隧道各段围岩进行了分类。施工阶段，根据开挖后各段围岩的工程地质特征（岩石强度、岩体完整性、软弱结构面发育情况、地下水渗漏等）以及围岩自稳状况、围岩变形与破坏等，核实与修正了各段围岩分类，还试用了几种不同分类方法对该隧道各段围岩进行分类比较。

1. 单一定量指标分类

（1）岩体平均块径（a）：围岩的完整性或破碎程度是影响围岩稳定性的主要因素，尤其是在同一类岩石受地质构造作用影响不同的地段。岩体平均块径——某一地段或某一范围内各个岩块的短轴直径长度的平均值，可以反映围岩的完整性，测量与统计岩体平均块径方法简便。因此，在利子依达隧道施工中，对各段围岩进行了岩体块径的测量与统计，得出各段围岩的岩体平均块径，以 0.1 m、0.2 m、0.4 m、1.0 m、1.5 m 作为分类界限值，将围岩分成六类，据此划分了该隧道围岩类别。

（2）岩体纵波速度（v_{pm}）：各类围岩的工程地质特征不同，声波或弹性波在围岩中传播的速度也不同。因此，运用声波探测技术与方法求得各类岩体的纵波速度（v_{pm}），据以划分围岩类别，已经成为国内外地下工程围岩分类的一种常用的定量分类方法。利子依达隧道也进行了岩体声波探测，并根据铁道部科学研究院西南研究所提出并已纳入 1983 年《铁路隧道设计规范（草案）》中的“铁路隧道围岩分类的波速取值建议表”，划分了隧道各段围岩类别。

（3）围岩的完整性系数（K_v）：岩体纵波速度（v_{pm}）与岩石试件纵波速度（v_{pr}）的差值能反映岩体完整性和节理、裂隙、层面、软弱夹层等结构面发育情况，因此可以用这两者的比值表征岩体的完整性。利子依达隧道亦试用围岩完整性系数（K_v）——岩体与岩石的纵波速度比值的平方数进行了分类。

2. 多指标的综合系数划分围岩类别

利子依达隧道各段围岩还采用了多指标综合系数的方法进行分类。

不同方法的围岩分类对照见表 5—3—5。

表 5—3—5　利子依达隧道各段围岩分类对照表

顺序	分段里程	设计采用围岩类别	施工变更围岩类别	纵波速度分类法		完整性系数分类法		模糊数学分类法		岩体块径分类法		围岩稳定性分类
				v_{pm}（m/s）	围岩分类	K_v	围岩分类	P_i	围岩分类	d（m）	围岩分类	
1	D_1K282 +660 ~ +670	Ⅰ（明洞）		207	Ⅰ	< 0.2	Ⅰ	16.49	Ⅰ	< 0.1	Ⅰ	很不稳定
2	D_1K282 +670 ~ +690	Ⅱ		2326	Ⅲ	0.56	Ⅲ	59.65	Ⅳ	0.1 ~ 0.2	Ⅱ	稳定性差
3	D_1K282 +690 ~ +745.7	Ⅲ		3640	Ⅳ	0.68	Ⅳ	71.49	Ⅴ	0.2 ~ 0.4	Ⅲ	稳定性差
4	D_1K282 +745.7 ~ +760	Ⅲ	Ⅳ	4606	Ⅵ	> 0.65	Ⅵ	78.54	Ⅴ	0.2 ~ 0.4	Ⅲ	稳定
5	D_1K282 +760 ~ +925	Ⅳ		3640	Ⅳ	0.56	Ⅲ	67.84	Ⅴ	0.1 ~ 0.2	Ⅱ	稳定
6	D_1K282 +925 ~ D_1K283 +030	Ⅳ	Ⅲ	3640	Ⅳ	0.56	Ⅲ	50.5	Ⅳ	0.1 ~ 0.2	Ⅱ	稳定性差
7	D_1K283 +030 ~ +200	Ⅲ		3640	Ⅴ	0.56	Ⅳ	50.5	Ⅳ	0.1 ~ 0.2	Ⅱ	稳定性差
8	D_1K283 +200 ~ +300	Ⅱ	Ⅲ	4032	Ⅴ	0.68	Ⅳ	49.4	Ⅳ	0.2 ~ 0.4	Ⅲ	稳定性差
9	D_1K283 +300 ~ +360	Ⅱ		1464	Ⅱ	0.33	Ⅱ	27.6	Ⅱ	0.1 ~ 0.2	Ⅱ	不稳定
10	D_1K283 +360 ~ +380	Ⅲ	Ⅱ	1464	Ⅱ	0.24	Ⅱ	19.14	Ⅱ	0.1 ~ 0.2	Ⅱ	不稳定
11	D_1K283 +380 ~ +440	Ⅲ		2326	Ⅲ	0.23	Ⅱ	18.79	Ⅱ	0.1 ~ 0.2	Ⅱ	不稳定
12	D_1K283 +440 ~ +460	Ⅱ	Ⅲ	2326	Ⅲ	0.33	Ⅱ	36.48	Ⅲ	0.1 ~ 0.2	Ⅱ	稳定性差
13	D_1K283 +460 ~ +480	Ⅱ		1500 ~ 2000	Ⅱ	0.33	Ⅱ	40.81	Ⅲ	0.1 ~ 0.2	Ⅱ	稳定性差
14	D_1K283 +480 ~ +500	Ⅱ	Ⅲ	2326	Ⅲ	0.33	Ⅱ	40.81	Ⅲ	0.1 ~ 0.2	Ⅱ	稳定性差
15	D_1K283 +500 ~ +525	Ⅳ		3489	Ⅳ	0.64	Ⅳ	56.91	Ⅳ	0.2 ~ 0.4	Ⅲ	稳定
16	D_1K283 +525 ~ +545	Ⅳ	Ⅲ加强	<1500	Ⅱ	0.24	Ⅱ	19.14	Ⅱ	0.1 ~ 0.2	Ⅱ	不稳定
17	D_1K283 +545 ~ +570	Ⅳ		3640	Ⅳ	0.33	Ⅱ	50.5	Ⅳ	0.2 ~ 0.4	Ⅲ	稳定
18	D_1K283 +570 ~ +585	Ⅳ加强	Ⅳ	3640	Ⅳ	0.33	Ⅱ	50.5	Ⅳ	0.2 ~ 0.4	Ⅲ	稳定
19	D_1K283 +585 ~ +635	Ⅳ加强	Ⅳ加强	3489	Ⅳ	0.62	Ⅳ	60.84	Ⅳ	0.2 ~ 0.4	Ⅲ	稳定性差
20	D_1K283 +635 ~ +650	Ⅳ加强	Ⅳ	3489	Ⅳ	0.62	Ⅳ	64.5	Ⅳ	0.4 ~ 1.0	Ⅳ	稳定
21	D_1K283 +650 ~ +668	Ⅳ		3635	Ⅳ	0.62	Ⅳ	60.17	Ⅳ	0.4 ~ 1.0	Ⅳ	稳定
22	D_1K283 +668 ~ +690	Ⅳ	Ⅲ	3635	Ⅳ	0.62	Ⅳ	62.56	Ⅳ	0.4 ~ 1.0	Ⅳ	稳定性差

续上表

顺序	分段里程	设计采用围岩类别	施工变更围岩类别	纵波速度分类法		完整性系数分类法		模糊数学分类法		岩体块径分类法		围岩稳定性分类
				v_{pm} (m/s)	围岩分类	K_v	围岩分类	P_i	围岩分类	d(m)	围岩分类	
23	D_1K283 +690 ~ +700	Ⅳ		3 990	Ⅳ	0.77	Ⅴ	76.55	Ⅴ	0.4 ~ 1.0	Ⅳ	稳定
24	D_1K283 +700 ~ +905	Ⅴ		3 990	Ⅳ	0.77	Ⅴ	75.21	Ⅴ	0.4 ~ 1.0	Ⅳ	很稳定
25	D_1K283 +905 ~ +960	Ⅴ	Ⅳ	3 684	Ⅳ	0.66	Ⅳ	73.4	Ⅴ	0.4 ~ 1.0	Ⅳ	很稳定
26	D_1K283 +960 ~ D_1K284 +000	Ⅴ		3 990	Ⅳ	0.66	Ⅳ	77.25	Ⅴ	0.4 ~ 1.0	Ⅳ	很稳定
27	D_1K284 +000 ~ +100	Ⅳ		3 684	Ⅳ	0.66	Ⅳ	72.25	Ⅴ	0.2 ~ 0.4	Ⅲ	稳定性差
28	D_1K284 +100 ~ +125	Ⅱ(明洞)		未测						0.1 ~ 0.2	Ⅱ	不稳定

3. 围岩稳定性分类

根据隧道开挖以后围岩自稳时间、变形量、变形速度、变形持续时间以及围岩破坏的类型与规模大小,将本隧道围岩稳定性分为六类。

4. 对上述各种围岩分类方法的认识

(1)采用定量指标划分隧道围岩类别是地下工程围岩分类的必然发展方向,也是隧道工程地质工作现代化的要求。因此,今后必须大力发展和采用新型测试技术与方法,取得围岩的各种物理力学指标和反映围岩稳定性的定量数据。

(2)采用单一的定量指标划分围岩类别方法比较简便,但所反映的因素不全,故其准确性较差。采用多指标综合系数划分围岩类别,方法比较繁复,有的指标不易得到,目前很难普遍用于生产。

(3)按围岩稳定性分类所需指标,当时尚无成熟的一套数据,因此,多以定性认识为主。但是按围岩稳定性划分围岩类别与隧道工程设计施工关系密切。如能通过大量实际资料的积累与分析,从中找出有用的定量数据,同时采用先进的测试技术与方法取得定量数据,作为围岩分类的依据,将具有很大的实用价值。

(4)采用岩体声波测试技术与方法,测定围岩和岩石的纵波速度,用来划分围岩类别,虽然指标单一,但所反映的因素较多,测试方法也比较简便,因此已在日本和我国得到比较广泛的应用。铁二院在利子依达隧道试用了岩体声波探测方法,感到尚须多次实践,不断改进测试方法,以利勘测与施工工程地质工作。

(八)小　　结

利子依达隧道是成昆铁路重点抢险改建工作,要求高质量早日建成。因此,铁二院在勘测设计与施工阶段进行了多种手段的工程地质勘察,查明了隧道工程地质特征,及时为设计、施工提供了可靠的地质依据,保证了隧道工程优质并提前竣工通车。

通过利子依达隧道工程地质工作,有以下几点体会:

1. 隧道工程地质工作应适应铁路建设现代化的要求,大踏步向前发展。不仅勘测设计阶段要通过多种勘测手段为设计、施工提供可靠的地质资料,而且在施工阶段要进一步开展地质工作,尤其是随着隧道工程新奥法设计与施工广泛应用,更要求地质工作密切配合设计与施工。为此,要大力采用和推广新型测试技术与方法,取得足够的定量数据来认识隧道工程地质特征(包括围岩的物理力学性质、岩体结构特征、围岩变形特征与稳定性),不能再停滞在定性认识隧道工程地质条件的阶段。

2. 隧道工程围岩分类要用定量指标。当时推广采用岩体纵波速度(v_{pm})作为围岩分类的定量指标,有待进一步改进与完善。

3. 按隧道围岩稳定性划分围岩工程类别在设计与施工中都具有实用价值。今后应从各类围岩的自稳时间、变形量与变形速度和变形持续时间等方面,找出分类的定量数据与指标。

4. 岩体结构特征是影响围岩稳定性的主要因素,尤其软弱结构面是围岩破坏产生的主要条件与边界条件。因此,隧道工程地质工作重点之一,应该是查明软弱结构面的空间位置、形态特征与物理力学性质。

四、成昆铁路沙马拉达隧道涌水及衬砌腐蚀问题

涂正林

(一)工程概况

沙马拉达隧道全长6 379.12 m(运营期间又接长明洞4.2 m,现隧道总长4 383.32 m),是成昆铁路最长,也是中国20世纪60年代最长的隧道。

该隧道穿越四川省大凉山西部小相岭余脉瓦吉木梁子的沙马拉达分水岭,也是大渡河支流牛日河与安宁河支流孙水河的分水岭,山顶高程2 731 m,隧道进口(北口)路肩高程2 243 m(为成昆铁路最高点),以500 m的2‰上坡,然后以201 m的3.75‰、5 604 m的9.75‰下坡到出口(南口)路肩高程2 188 m,为小人字坡隧道。除进口29 m缓和曲线外,全隧为直线。隧道最大埋深510 m,属深埋越岭隧道。中线左侧20 m设不贯通的平行导坑,长5 837 m。

沙马拉达隧道自1953年草测至1958年定测,经大面积、多线位、多高程、多方案比选,最后确定走成昆西线方案,即翻越沙马拉达分水岭的长隧道。1959年开始施工,1963年3、4月停工,北口下导坑已掘进长1 418 m,南口下导坑已掘进长1 661 m,合计掘进3079 m,余3 300 m。停工期间洞内积水、坍塌严重,导坑木支撑腐烂。1964年10月西南三线建设上马,成昆铁路复工,1966年6月27日下导坑贯通,最高单口月掘进370 m,最高单口月成洞302 m,1966年12月衬砌完工,1970年7月通车。

该隧道施工期间曾发生过多次多段突然涌水、严重坍方以及瓦斯喷出等灾害。通车后,1975年~1985年间进行过三次较大规模的隧道病害整治,至2001年由于隧道通过泥质粉砂岩、泥岩、页岩互层的软质岩夹石膏地层,断裂密集,地下水丰富,硫酸盐腐蚀严重,导致整体道床破裂、承轨台断裂下沉,翻浆冒泥,拱部混凝土开裂、错台、剥壳、掉块,石砌拱圈砂浆灰缝失效,边墙混凝土腐蚀成豆腐渣状;平导及横通道坍塌,排水不畅,倒灌流入正洞。各种病害严重危及运营行车安全,致使该隧道长期慢行通车。

(二)工程地质条件

1. 地形地貌特征

沙马拉达隧道通过地段属构造侵蚀剥蚀中山山地,分水岭山脊沿北西南东向展布,成为大渡河支流牛日河与安宁河支流孙水河的分水岭(见图5—4—1)。

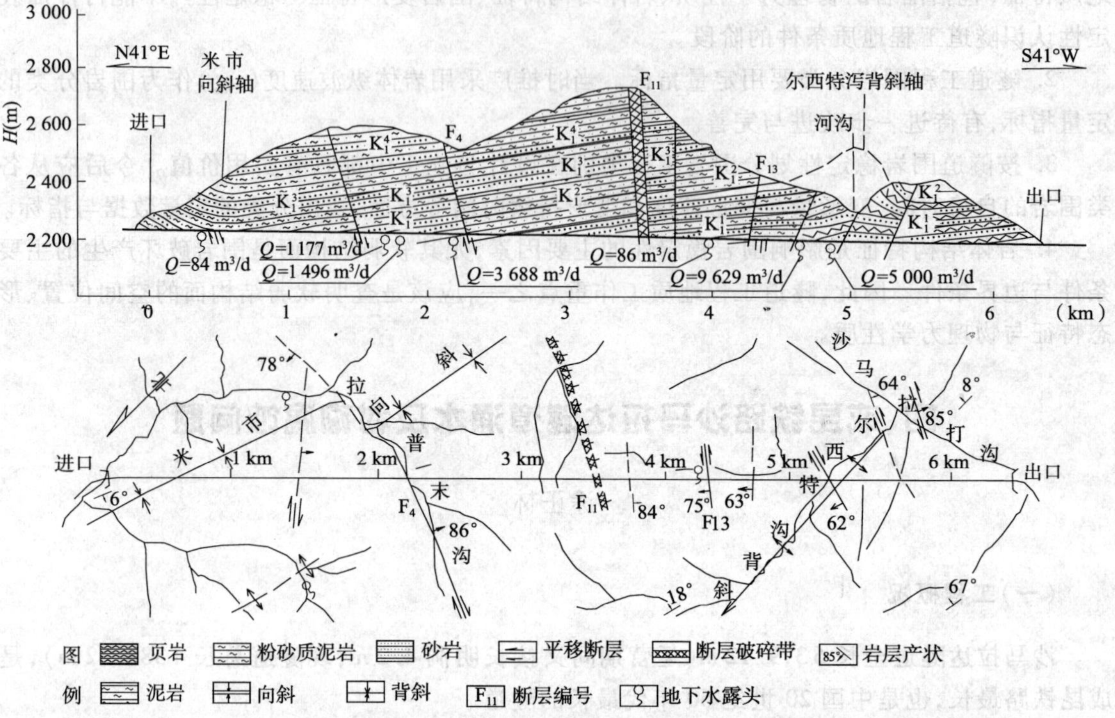

图 5—4—1　沙马拉达隧道地质平面、纵断面示意图

分水岭地段全系砂泥岩地层，植被差，风化作用强烈，山岭与垭口相间，地势起伏，山岭高程达 2 700 m 以上，垭口高程最低 2 595 m。分水岭两侧树枝状支沟发育成网，密度大达 5.2 km/km^2，支沟纵坡陡，溯源侵蚀强烈，受砂岩、泥岩岩性影响大，支沟中悬崖、峡谷、跌水陡坎很多，其余地段斜坡与宽谷相间分布。分水岭以北较大的支沟有普维沟、阿勒不觉沟、拉普一末沟；岭南有纳如拉达沟、沙马拉达沟、益日里堤—尔西特泻沟、特姐尔跨沟等，均常年有水。在宽谷缓坡脚或支沟流入干流大支沟沟口处常有断续分布残存的Ⅰ级阶地或冲积扇，高出河水面 1～2 m，Ⅱ级基座阶地则高出河水面 5～10 m。

隧道进口位于普维沟流入干流的低缓山嘴底部，线路高程 2 243 m，出口位于列使巴拉打沟与主沟沙马拉达沟汇合处低缓山嘴下部，线路高程 2 188 m。

2. 地层岩性特征

隧道通过地段山顶、缓坡和沟谷广泛分布残坡积（Q^{el+dl}）砂黏土夹碎块石土，厚 2～10 m；各支沟沟谷中及Ⅰ级阶地分布冲洪积（Q^{pl+al}）卵石、碎石土，厚 15～20 m；隧道出口地段及局部陡坡陡崖脚分布崩坡积（Q^{col+dl}）块石土，厚 30 m 以上。

隧道通过地区出露白垩系下统小坝组（K_1x）紫红色泥质粉砂岩、粉砂岩、细砂岩与粉砂质泥岩、砂质泥岩、泥岩互层的内陆湖盆相红色建造，简称“红层”，总厚 800～1 230 m，底部有一层 0.4～1.5 m 厚的砾岩、含砾细砂岩与下伏的侏罗系地层呈假整合接触。

白垩系下统小坝组（K_1x）又分上、下两段，隧道洞身主要通过上段（K_1x^2）紫红色中厚层状泥质粉砂岩、灰紫色中厚层状长石石英细砂岩与紫红色中薄层状泥岩、砂质泥岩、粉砂质泥岩互层，间夹页岩富含石膏团粒，层面及裂隙多充填白色石膏，地表常见蜂窝状小溶孔及球状风化。

根据地质调查和50个岩矿分析以及其他试验结果，红层中含黏土矿物多，尤其水云母（又称伊利石）及高岭石矿物较多的砂泥岩透水性弱，但亲水性强，易风化；在温差变化作用下，岩石天然含水量一旦散失，极易产生龟裂，干湿往复循环变化，加剧岩石风化剥落；红层普遍含铁质、钙质成分，风化物多呈棕红色；红层的风化带深，泥页岩为主的风化带深20～30 m，砂岩为主的风化带深约10～15 m；红层中尤其是K_1x^2组上部砂岩，粉砂岩层面及裂隙多充填石膏层，具膨胀性，遇水易崩解，此层地下水含硫酸根离子多，具硫酸盐侵蚀性。

根据岩石抗压强度试验得知，长石英细砂岩天然状态垂直层理极限抗压强度为90～150 MPa，平行层理方向为31.9 MPa；泥质粉砂岩天然状态下垂直层理方向的极限抗压强度为31.8～83 MPa，平行层理方向为14.5 MPa；砂质泥岩天然状态下垂直层理的极限抗压强度为32～45 MPa，平行层理方向为11.25 MPa。

3. 地质构造特征

隧道位于大凉山褶皱束沙马拉达（或米市）向斜内，呈35°角斜穿向斜轴部。向斜轴向近南北，向北倾伏，轴面向东陡倾。核部地层由白垩系下统小坝组（K_1x）砂泥岩组成，岩层走向N65°～75°W，倾向NE，倾角5°～7°。两翼岩层产状：东翼走向N10°～15°E，倾向NW，倾角15°～24°；西翼走向变化大，为N15°～N40°E，倾向NE—SE，倾角15°～25°。两翼岩层中次一级褶曲发育，但规模不大，延伸性差，有走向近SN向与近EW向两组。SN向组次级褶曲转折和缓，两翼对称，轴面呈挠褶状，如尔西特泻背斜长1.7km，轴向近南北，向N倾伏，两翼岩层对称，倾角16°～35°。倾伏端轴面挠褶其岩层东陡（84°）西缓（25°），均向东倾。EW向组褶曲转折急剧，两翼不对称，轴面不具挠褶现象，如普维沟向斜，长300 m，轴向延东西，向东倾伏，两翼岩层南陡（50°～60°）北缓（15°）。

由于该区受近东西向的压应力作用，形成近南北向的构造体系，沙马拉达隧向斜及其两翼的次一级褶曲局部地段有近东西向短轴褶曲分布，同时伴生近乎垂直于沙马拉达向斜轴的横向张性断裂和北西向及北东向两组剪性断裂。

根据地表调绘和隧道内开挖揭示，计有大小断层及破碎带112条，绝大多数断层规模较小，延伸短，断层破碎带宽0.1～2.0 m的有70条（占总数112条的62.5%），宽度2.0～10 m的有16条（占14.3%），宽度大于120 m的仅有4条（占3.6%）。断层破碎带多由泥质胶结的碎裂岩、角砾岩组成，个别大断层有糜棱岩。断层以走向东西、倾向北、倾角65°～80°的正断层、平移断层和走向N30°～60°W、倾向SW或NE、倾角70°～80°的平移正断层最发育，如沙马拉达隧道通过的F_4、F_{11}、F_{21}断层，而走向SN的正断层和NE向平移正断层较少见，仅在O_1K434+303.9～O_1K434+316段通过F_{13}平移断层，走向N15°W、倾向NE、倾角85°。受断层影响，断层上下盘岩层破碎，裂隙极发育，富水性强。

据洞内开挖揭示，中层—厚层砂岩夹薄层泥岩、页岩中层间挤压错动带较发育，以走向N50°W和SN两组最多，一般层间错动带宽几十厘米，由挤压紧密泥质胶结的角砾岩组成，具隔水作用，如尔西特泻沟右岸的一组层间错动带。

该区的裂隙发育程度与构造部位和岩性有关。在断层和褶曲轴部裂隙极发育，密度大，一般5～10条/m，其他构造部位则较稀，仅1～2条/m；砂岩中5～8条/m，延伸长，多张开，泥岩中较稀疏3～5条/m，延伸短小，多闭合。砂岩中张裂隙中多充填，越向地下深部裂隙充填越好。据钻探得知，近地表0～80 m范围内除个别裂隙充填黏土外，一般均无充填，80～200 m深度内大部分裂隙被充填，200 m以下除有裂隙水活动外，裂隙均被充填。隧道开挖揭示进口300 m见少量裂隙充填石膏，其余地段裂隙全被石膏充填，一般厚0.5～2 cm。裂隙以N40°～

60°W 倾向 SW 或 NE,倾角 70° ~ 90°组剪切裂隙最发育,隧道中多见此组裂隙,而走向 SN 或 EW 向纵向张裂或横向张裂次之,NEE 向剪切裂隙少见。此外,区内裂隙密集带较大者仅在进口拉普一末沟上游见一条长 2.6 km、宽 220 ~ 340 m,在 O_1K432 + 700 ~ O_1K433 + 200 段以 40° ~ 50°角斜穿洞身,由走向 N50°W、N70° ~ 80°W,倾向 SW 或 NE,倾角 80° ~ 90°两组裂隙组成,密度 2 ~ 5 条/m,延伸长,切穿层理,砂岩中张开 0.1 ~ 1 cm,充填石膏。

4. 水文地质特征

本区属高原山区气候,平均气温低,日温差大,春季干燥,冬春季降雪为主,霜冻严重,多年平均蒸发量为 1 677 mm,多年平均降水量为 1 024 mm,降水集中在 6 ~ 10 月,多大、暴雨,占全年总降水量的 84%,5 月份多阴雨。

(1)本区树枝状地表水文网发育,分水岭北侧属牛日河水系,有拉普一末沟及其次一级支沟阿勒不觉沟、普维沟等;分水岭南侧属孙水河水系,有沙马拉达沟及其次级支沟尔西特泻沟、特姐尔跨沟等。各支沟常年有水,水流湍急,多跌水瀑布,主要靠大气降水及两侧山体内地下水补给。一般流速 1 ~ 2 m/s,洪水时流速可达 4 ~ 5 m/s,4 ~ 5 月份枯水位流量仅 2 ~ 50 L/s,但雨季降大暴雨后,山洪暴发,溪沟水猛涨,流量剧增,可超过枯水期流量的 10 ~ 100 倍。地表溪沟水水质均属低矿化度弱碱性的重碳酸钙型或重碳酸—硫酸钙型。

(2)地下水:本区的地下水有第四系坡残积层、崩坡积层、冲洪积层潜水和基岩裂隙水两大类。对隧道有影响的主要是基岩裂隙水。

根据岩石的透水性及富水程度,可将隧道通过地段的岩层自上而下划分为顶部隔水层、上部透水富水层、中部隔水弱富水层与下部透水富水层等四个水文地质层。上部透水富水层和下部透水富水层为本区的主要含水层,但两者被巨厚的中部隔水弱富水层阻隔,彼此之间一般没有水力联系。

①顶部隔水层:由粉砂质泥岩、泥岩组成,岩石富含泥质,孔隙度仅为 1.02% ~ 2.4%,裂隙不发育并多被泥质充填,透水性极差,可视为良好的隔水层,分布于隧道洞身中部地表分水岭一带。

②上部透水富水层:由长石石英细砂岩组成,多具长石风化针孔,孔隙度为 24%,岩石性脆,裂隙发育,透水与富水性好,为良好的孔隙裂隙含水层,分布在顶部隔水层以下、隧道中部洞身地表分水岭下部及进口段洞顶部。此层含水丰富,但分布不均匀,地表出露的泉水流量一般为 0.1 ~ 1.0 L/s。发育于本层的溪沟常年有水流,枯水期溪沟水流量有 1.0 ~ 5.0 L/s。

由于本层含水层夹于顶部隔水层和中部隔水弱富水层之间,在隧道进口米市向斜核部,该层裂隙水具承压性质,钻孔揭露承压水头高出地面孔口 10.7 m,流量为 5.6 L/s,地下水由向斜两翼山体内裂隙含水层补给。水质为重碳酸钙型水,pH 值为 7.6,矿化度为 0.11 g/L。

③中部隔水弱富水层:由粉砂岩、砂质泥岩互层夹 5 ~ 7 层砂岩(厚 3 ~ 7 m)组成的隔水含水层,分布于隧道进口至中部长 4.25 km 范围内。此层裂隙不发育并已被石膏充填,即使发育于此层的断层,裂隙密集带也多被石膏充填或泥质胶结,因此,粉砂岩与砂质泥岩互层基本上可视为相对隔水层。但在近地表(0 ~ 80 m)风化严重的和未被充填的断层带,含有风化裂隙水和带状裂隙水,砂岩裂隙水出露在地表,可见泉水沿下伏砂质泥岩接触带流出,流量 0.1 ~ 2 L/s,且随季节变化明显。如 2 号泉群 2 月份泉水流量 6 L/s,3 月份有的泉干涸,6 月份又出水,7 月份泉群总流量达 10 L/s。

隧道施工中距进口 1.769 ~ 1.782 km、1.807 ~ 1.823 km、2.124 ~ 2.227 km 三段遇砂岩含

水层，微具承压性，涌水量大而稳定，均达 1 000 m^3/d 以上。

虽然断层切穿彼此无水力联系的砂岩含水层，但因断层破碎带多被泥质胶结和充填，隔水性能好而导水性差，不但未沟通各含水层之间的水力联系，反而隔断了同一含水层之间的水力联通，所以隧道施工掘进到该含水层时，除洞口砂岩风化裂隙水和该层中的地下水流出涌入坑道外，遇断层带时没有发生大涌水。

断层两侧裂隙密集带未充填石膏时，不但联通上下各含水层之间的水流，而且本身也是良好的储水构造，常有大量地下水涌出，如隧道距进口 1 759 ~ 1 782 m、1 807 ~ 1 823 m 两处掘进到 F_4 大断层下盘裂隙密集带时涌水量达 3 688 m^3/d。

该层地下水除受季节降水补给量影响外，还与地表沟水和砂岩夹层中地下水补给有关，如上述两段大涌水与洞顶拉普一末沟水下渗补给有关。洞口段基岩风化裂隙水则主要靠大气降水补给，旱季大部分都已断流干涸。

地表水和浅层（埋深 40 ~ 140 m）裂隙水水质为 HCO_3^-—Ca^{2+}·Mg^{2+} 型水，pH 值 7.9 ~ 8.4，矿化度 0.13 ~ 0.16 g/L；埋深 140 ~ 400 m 层间裂隙水水质为 SO_4^{2-}—Ca^{2+} 或 SO_4^{2-}—Ca^{2+}·Mg^{2+} 型水，pH 值 7.3 ~ 8.1，矿化度 0.48 ~ 1.97 g/L，进口段具硫酸型侵蚀性；埋深 270 ~ 300 m 地下水活动强烈的大涌水地段层状裂隙水水质为 HCO_3^-·SO_4^{2-}—Ca^{2+}·Mg^{2+} 或 SO_4^{2-}·HCO_3^-—Ca^{2+}·Mg^{2+} 型水，pH 值 7.4 ~ 8.3，矿化度 0.1 ~ 0.21 g/L，有碱性侵蚀。

④下部透水富水层：由白垩系细砂岩与粉细砂岩组成，岩石性脆，裂隙发育，透水性富水性好，为良好的裂隙含水层，分布于隧道南口段(4.248 ~ 6 287 km)。地表泉水出露多，单泉流量 0.21.3 L/s。洞内沿洞壁裂隙呈小股水流出，南口 5.027 ~ 5.039 km F_{21} 断层裂隙密集带大股状集中涌水，涌水量达 5 000 ~ 1 005 m^3/d，水量开始大，逐渐减小至稳定，季节变化不明显。细砂岩含水层具统一潜水面，甚至低于当地地表径流水面，如尔西特泻沟斜井内地下水位高 2 285 ~ 2 289 m，南口洞内 6.253 km 处地下水位低于隧道底板。该层地下水接受分水岭地区地下水和尔西特泻沟及其支沟地表水补给，排泄于南口洞外沙马拉达沟内。水质为 HCO_3^-·SO_4^{2-}—Ca^{2+}·Mg^{2+} 型水，pH 值 7.73 ~ 7.9，矿化度 0.21 ~ 0.28 g/L，无侵蚀性。

（三）主要工程地质问题及施工处理

沙马拉达隧道穿过分水岭地段，埋深较大，隧道进口及出口地段分别通过薄层状泥质粉砂岩夹泥岩层的弱风化层及第四系松软、联结性差的崩坡积层，其余地段皆位于彼此交替成层强度不均的新鲜砂岩与泥岩内，且岩体中的裂隙多被石膏紧密充填。其完整性好，不透水。局部地段有斜穿洞身的较大断层带及裂隙密集带发育，岩石遭受破坏，强度及完整性显著降低，并导致大量地下水涌入导坑和随之产生的不同程度、规模不等的坍塌，施工安全受到威胁。局部地段的张开裂隙中，储存有害气体，含量不大，但对施工人员的安全有不同程度的危害。现将该隧道在施工过程中所遇的主要工程地质问题及施工处理情况分述如下：

1. 突然涌水

沙马拉达隧道穿过分水岭，沟谷纵横，断裂发育，地下水极为丰富，因此，在隧道施工过程中，涌水甚为严重，曾先后在不同地段发生过多次涌水，有“水帘洞”之称，隧道总涌水量达 11 718 ~ 19 550 t/d。在各涌水地段，由于岩石的富水性不一，其出水形式各异：弱者呈滴水、细流溢出；强者呈大股流或倾盆如注。其中对施工有严重影响的涌水地段，北口端有三段，总涌水量为 4 769 ~ 7 557 m^3/d；南口端有两段，总涌水量为 25 897 ~ 9 629 m^3/d。现将各较大涌水地段的涌水情况及简要水文地质特征叙述于下：

(1)O_1K431 +876 ~ +889 及 O_1K431 +914 ~431 +930 段：上导掘进此两地段时，揭露了裂隙富水带，引起涌水。富水带岩性为紫色中层状含泥质细砂岩，性坚脆。北西及北东东向两组裂隙组成裂隙密集带，密度 5 ~10 条/m，裂面张开宽 0.1 ~0.2 cm，除部分被石膏充填不透水外，大多皆透水。富水带底板为起隔水作用的层间滑动角砾岩带，其储水条件好。

前段涌水量为 1 177 m^3/d，后段涌水量为 1 496 m^3/d，水量皆较稳定。涌水发生后，因系顺坡掘进、逆坡排水，一时排水机械安装不及，下导被淹，水深达 1 m，被迫停工 16 天。

(2)O_1K432 +231 ~ +334 段：下导、平导掘进此段时揭露了裂隙空隙含水层，引起涌水。含水层岩性为紫红色中层—厚层状粉砂岩夹 3 层灰紫色中层状中粒砂岩。砂岩溶孔发育，呈蜂窝状，孔径 0.2 ~1 cm，孔洞率达 30% ~50%，岩性疏松。该段因位于 F_4 大断层下盘，北西向裂隙极为发育，密度 5 ~8 条/m，裂开宽 0.1 ~0.5 cm，局部为石膏薄膜充填，透水性好。地下水沿着裂隙孔隙及炮眼呈暴雨状及大股水流涌入导坑。涌水量随着掌子面的推进而递增(900 ~3 688 m^3/d)，最终流量稳定。平导在 O_1K432 +235.5 处揭露该含水层时，涌水量为 1 112 m^3/d。

因本段系顺向掘进、逆坡排水，当在平导和下导同时出现大量涌水后，给排水造成了极大的困难。下导被迫停工 17 天，平导被迫停止掘进。与此同时，为了防止涌水淹没坑道，又在平导和下导中同时安置了排水机械设备，但缩小了洞内施工的有效空间，从而使北口除下导继续掘进外，其他工序停工达 4 个多月。

(3)O_1K434 +813 ~ +832 及 O_1K435 +134 ~ +146 段：正洞和平导掘进此两段时，揭露了断裂富水带，引起涌水。两段岩性均为紫红色—厚层状细砂岩及泥质粉砂岩，北西向断层发育，裂隙密集，构成良好的富水带。

该两段最初涌水时水量甚大，以后随着时间的增长而逐渐减小，至 1966 年 3 月以后才趋于稳定。其涌水量变化见表 5—4—1。

表 5—4—1　隧道不同地段涌水量变化表

观　测　日　期	O_1K434 +813 ~ +832	O_1K434 +813 ~ +832
1964-10-23		5 000
1965-10	9 629	2 756
1966-3	2 894	1 005

此两段均系逆向掘进、顺坡排水，但由于涌水量过大，曾淹没坑道深 0.2 ~0.3 m，对施工进度有较大影响。

上述各涌水段，衬砌时均在相应的位置预留了临时性泄水孔(钢管、竹管)进行排水。此外，在 O_1K431 +876 ~ +930 段曾采取了化学止水和压浆加固处理措施，其效果均不理想。

2. 洞顶落石与洞身坍方及衬砌加固

隧道在施工过程中主要有洞顶岩石脱落与坍方、导坑两帮坍塌及洞身泥质岩石风化剥落等三种。前两种一般规模不大，发生次数不多，后者则十分普遍。

(1)洞顶岩石的脱落与坍方

①沿层面坍方：此系洞顶变形的常见形式，多出现在岩层产状平缓洞段。按其引起坍方的主要原因，又可分为三种情况：

A. 层面间有软弱夹层：由于层面间夹有薄层泥岩或层间错动软弱带，层面间彼此结合力极弱且被陡倾斜裂隙将岩层切割成矩形块体，临空后，岩块体在自身重力作用下产生塌落。塌空顶部平整，横断面呈梯形，一般高 0.5 ~ 1 m。如 O_1K432 + 870 ~ + 920、O_1K432 + 950 ~ + 980及 O_1K433 + 010 ~ + 120 等段皆属之(图 5—4—2)。

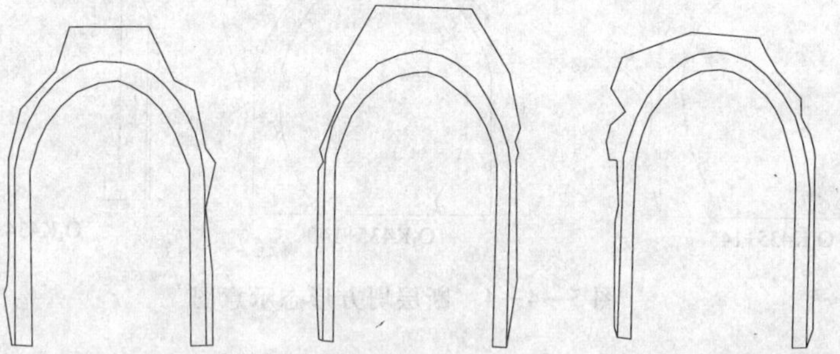

图 5—4—2　顺层坍方形态示意图

B. 风化作用：由于开挖断面暴露时间过久，岩层彼此间在外营力作用下结合力逐渐减弱，促进了沿层面坍方的发生发展。如 O_1K431 + 125 ~ + 216 段导坑，为 1963 年开挖，同年 3 月停工，拱部未经扩大，至 1965 年 2 月复工时已坍方后扩大，自然拱高出设计拱 0.5 ~ 1.5 m(见图 5—4—3)。

C. 地下水作用：由于地下水将岩石裂隙中充填之石膏不断溶解携走，径流条件加剧，促使泥岩软化，导致岩层脱落，如 O_1K431 + 960 ~ + 990 的坍方。

以上坍方地段的塌空部分，均采取 C5 及 C14 混凝土固结片石回填处理，采用 $f = 3$ 的直墙加固洞身。

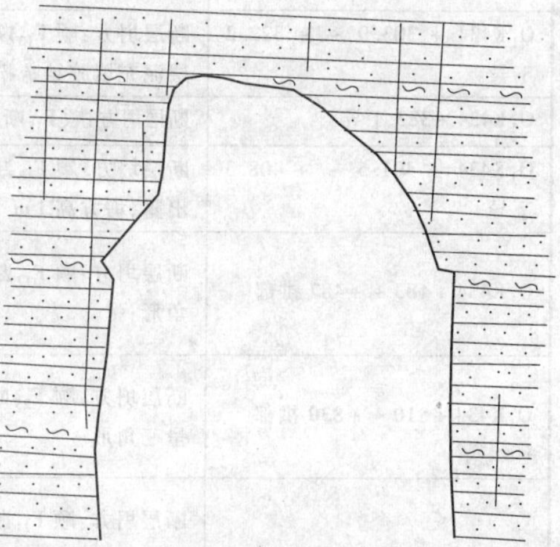

图 5—4—3　顺层坍方形成的自然拱

②沿断层坍方：在施工中发现，规模较大的坍方多与断层有关。由于断层带内的角砾岩、碎裂岩为泥质胶结，成为岩体内之软弱带，它和两盘岩体中之羽状裂隙组成楔形体，因此造成小规模坍塌，断面呈三角形，高 0.5 ~ 1.0 m。当断层带较宽，且胶结不良，透水时，则地下水将断层带泥化，并使两盘被切割之岩体失去支撑作用而坠落。常形成规模较大的坍方，断面形状不一，高 2 ~ 5 m。如 O_1K435 + 139 ~ + 146 段的大坍方，由于 F_{21} 大断层斜穿洞身，断层带内构造岩暴露时间太久(1963 至 1964 年底复工)，且涌水量甚大(5 000 t/d)，复工清方时，该坍方发展迅速，拱部坍方高 3 ~ 5 m，断面呈楔形(见图 5—4—4)堵塞下导，停工 2 天。施工中采取打轨桩，先棚后清的办法，然后以钢钎、轻便轨加强支撑，并用木柴回填塌空区。因岩体坚固性极差($f = 1$)，最终采用 C20 钢筋混凝土加固，边墙每隔 1.5 m 加设钢轨 1 根，并用 C20 混凝土灌注加固处理。其余各段坍方的具体情况及处理详见表 5—4—2。

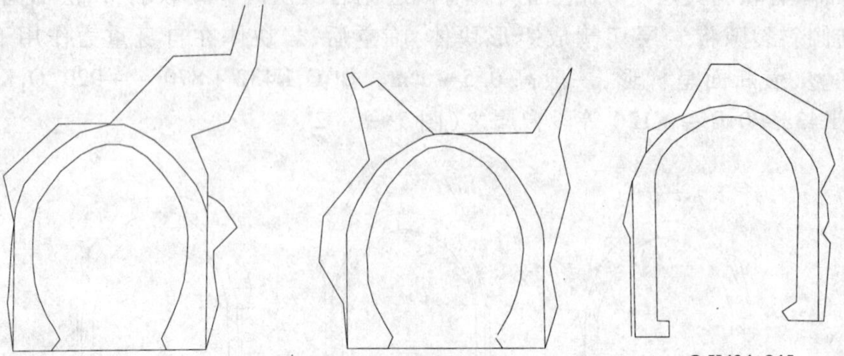

图 5—4—4　断层坍方形态示意图

表 5—4—2　1965 年复工以来较大坍方一览表

位　置	坍　方　特　征	施　工　处　理
O_1K432 + 870 ~ + 920、O_1K432 + 950 ~ + 980、O_1K433 +010 ~ +120 拱部	断层坍方：中层状含泥质粉砂岩夹薄层泥岩，北西向剪切裂隙发育，顺泥岩薄层及裂隙冒落，坍方高 0.5 ~ 1.0 m，塌空部分顶部平坦，断面呈梯形	以 M5 浆砌片石，C14 混凝土回填塌空部分，采用 f = 3 直墙加固洞身
O_1K434 + 303.9 ~ + 322.2 下导	断层坍方：顺 F_{13} 断层带发生，断层带为角砾岩，断层泥充填胶结疏松，坍方高 2 ~ 3 m	加强支撑
O_1K434 +383 下导	断层坍方：顺 F_{15} 断层角砾岩带发生，坍方高 0.5 ~ 1 m	加强支撑
O_1K434 + 401.5 ~ + 408.3 下导	断层坍方：顺 F_{18} 断层角砾岩带发生，该段有地下水出露，坍方高 1 m	加强支撑
O_1K434 +483 ~ +487 拱部	断层坍方：顺 F_{17} 断层带发生，坍方高 3 m，断面呈三角形	以轻便轨加强支撑，用木柴、M5 浆砌片石、C14 混凝土回填塌空部分
O_1K434 +810 ~ +830 拱部	断层坍方：顺 F_{25} 断层带发生，坍方高 1 ~ 2 m，断面呈三角形	以 M5 浆砌片石、C14 混凝土回填塌空部分，采用 f = 15 的直墙带仰拱加固洞身
O_1K435 +139 ~ +146	断层坍方：顺 F_{21} 断层构造角砾岩塌落，因导坑开挖后暴露太久（1 年零 9 个月）角砾岩风化十分软弱，并伴随突水（5 000 m^3/d），促使坍方迅速扩大，坍方高 3 ~ 5 m，塌空断面呈楔状	以轻便轨和钢钎加强支撑，用木柴回填塌空部分，拱部用 C20 钢筋混凝土衬砌，边墙用 C20 混凝土衬砌，加设竖向钢轨每 1.5 m 一根，拱部设排水管泄水

（2）导坑两帮坍塌

产生的原因主要与岩体的完整性、断裂构造的组合特征以及它与洞身的几何关系、地下水等有密切联系。在施工中此种变形少见，而且规模一般都较小。其典型者有：

①O_1K432 +335 处的坍塌发生在 F_4 大断层角砾岩带内，下导在开挖时，断层带内物质呈硬塑状态，暴露达 4 个月之久，未发生变形。后来上导施工，将断层下盘涌出之地下水导入该带内，断层泥产生软化、泥化后，断层带内物质便顺着挤压面和断层面下滑塌落。

②O_1K433 +120 处右边墙的坍塌，是沿着断层和它的旁侧羽状裂隙所组成的楔形体产生的坍塌。

③O_1K433 +148 处坍塌，为紫红色粉砂岩夹薄层泥岩，暴露时间久，经受风化后，层间结

合力减弱,岩层被北西向裂隙密集切割,完整性极差,临空后,在重力作用下,产生坍塌。塌空断面呈倒梯形,塌空部分在施工中均采取用圆木及轻便轨临时加强支撑,最后采用 M5 浆砌片石回填处理。由于对岩体坚固性无多大影响,其 $f=3$ 与相应段相同。

(3)洞身泥质岩石风化剥落

发生在泥岩或含泥质较高的岩石分布洞段。由于施工开挖,岩石暴露时间较长,在自然或人为通风条件下,由表及里岩石逐渐产生风化剥落,块度一般在 1 ~ 10 cm,大者 20 ~ 50 cm 不等。当地下水出露时,泥岩软化崩解更促进了剥落的发展,随着时间的延长而逐渐扩大,形成凹形断面。虽然此种现象产生的规模不大,但很普遍,对施工人员的人身安全有不同程度危害。如 O_1K432 + 670 ~ + 945 段,由于采取全断面开挖,又未及时衬砌,施工中采取铁丝网护顶、锚杆加固的临时措施,以防岩石剥落掉块伤人。衬砌前,均采取清除、水压冲洗断面的方法,提高灰浆与岩石的亲合性,塌空之凹部均以浆砌碎石回填处理,对岩体坚固性无影响,均采用 $f=3$ 的衬砌断面加固洞身。除上述外,隧道出口地段(0 ~ 90 m)通过崩、坡积层,结构疏松,坚固性极低($f=1$)。在洞顶较薄处,接明洞 3 m,加固洞口,洞内地段均采用 $f=1$ 的曲墙加固洞身。进口地段通过薄层泥质粉细砂岩夹泥岩的弱风化层,岩石裂隙发育,完整性及强度均较低。洞口仰坡高(20 ~ 40 m)陡(50°左右),岩体稳定性差,接明洞 12 m,并在洞内地段采用 $f=2$ 的直墙加固洞身。新鲜的砂、泥岩中,岩体完整性较好,均采取 $f=3$ ~ 4,拱部用混凝土加固,边墙用浆砌片石或混凝土加固。现按各洞段岩性组合关系的不同、断裂构造发育程度及水文地质条件的差异性,将施工中实际选取的 f 值指标和衬砌加固类型列于表 5—4—3。

表 5—4—3　施工中实际选取的 f 值指标和衬砌加固类型表

地层岩性		构造特征	水文地质	f 值	衬砌加固	备注
块石土中等密实			透水不含水	1	$f=1$	
中层状、薄层状泥质粉砂岩与砂质泥岩互层夹砂岩	弱风化	裂隙很发育,无充填	无水或滴水	2	$f=3^{\triangle}$	△为复工以前实际采用的衬砌加固
	未风化砂岩、夹层增多	裂隙稍发育石膏充填紧密	无水或滴水	4	$f=5^{\triangle}$	
		裂隙稍发育石膏充填紧密	无水或滴水	4	$f=4$	
	未风化	裂隙很发育石膏充填紧密	无水或滴水	3	$f=4^{\triangle}$	
		裂隙很发育石膏充填紧密	无水或滴水	3	$f=3$	
中层状、薄层状砂岩夹粉砂岩及泥岩,未风化,或粉、细砂岩互层,未风化		裂隙很发育充填不好	无水或滴水	4	$f=4$	
		裂隙极发育充填不好	无水或滴水	3	$f=3$	
		裂隙密集带充填不好	地下水流出	2	$f=2$ 曲墙	
		裂隙密集带充填不好	涌水	2	$f=2$ 带仰拱 $f=1.5$ 曲墙	
中层、厚层状粉砂岩夹泥岩或砂岩,未风化		裂隙稍发育—很发育,石膏充填紧密	无水或滴水	3	$f=3$	
		裂隙极发育	无水或滴水	2	$f=2$	
碎裂岩、角砾岩			无水	1.5	$f=1.5$	
			有水	1	$f=1$	
泥岩				1	$f=1$	

3. 有害气体(CH_4,CO)

勘测时认为,隧道通过地层为白垩系下统之砂泥(页)岩,不具备产生有害气体的条件。

1960 年 6 月 12 日北口平行导坑掘进至 O_1K431 +322 掌子面时，发现左上角炮眼内有瓦斯喷出，具霉臭味，当时晕倒施工人员共 51 人。经试验分析，一氧化碳（CO）含量比容许含量大 6 倍，一直延续至 6 月 23 日，该炮眼中仍有瓦斯喷出。6 月 25 日复工掘进时，经测定，瓦斯（CH_4）浓度最大为 1.36%，CO 为 2.72%，储存于北西向张裂隙中。据了解，事故发生前在 O_1K431 +270 积水坑中见有水泡上冒，在 O_1K431 +318 处曾听到轰轰响声。

一种分析推断认为，有害气体 CH_4、CO 来自下伏的侏罗系下统含煤地层——白果湾组。尽管隧道与此煤层之间有 3 000 余米厚的白垩系砂泥（页）岩相隔，但因隧道处于米市向斜轴部附近，岩层断裂、节理发育，因此，CH_4、CO 等有害气体在漫长的地史时期中，缓慢而逐渐地沿断裂、节理扩散上升，聚集于迂回曲折的裂隙（张性，未被充填的）中，当隧道开挖爆破后，CH_4、CO 气体就喷出造成危害。另外，亦有认为有害气体与侏罗、白垩系红层沉积环境有关，即红层自身有时也含有害气体等等。

沙马拉达隧道中采用了震动爆破及加大通风的方法施工，并在相应有瓦斯气体地段采用了 C11 混凝土作全封闭衬砌处理，确保了施工安全，以后未再发生瓦斯危害。上述事实说明，对于有害气体——瓦斯等不仅在含煤系地层中应特别重视，而且在一些非煤系地层内（但此地区有含煤系地层）开挖深埋长隧时，应结合地层和地质构造多方面分析有无有害气体产生和喷出的条件，有无连通含煤系地层的断裂节理构造，以便事先准备防治工程设施，防患于未然，确保施工安全。

此外，沙马拉达隧道施工中也曾发生过轻微岩爆，经找顶、喷水等处理后，未造成事故。

（四）运营中隧道病害整治

沙马拉达隧道通车后，因地层夹石膏和地下水对混凝土有硫酸盐侵蚀性和碱化性侵蚀以及平行导坑坍塌堵水造成的病害，给运营养护维修带来困难，危及行车安全，30 余年来多次、长时间、较大规模的整治不断，直到 2001 年还在整治。

1. 混凝土被腐蚀成豆腐渣状，共 9 段长 1 740 m，出现拱部及边墙脚混凝土开裂错台、鼓胀、剥壳、掉块，拱圈砂浆及砌石风化，灰缝粉化失效。尤其是特姐尔跨沟底裂隙密集带地下水十分丰富，石膏膨胀与腐蚀最为严重。改换衬砌，采用抗硫酸盐水泥予以处理。

2. 整体道床及水沟开裂、下沉、翻浆冒泥，共 5 段长 120 m，承轨台断裂下沉，轨下胶垫严重超厚。经更换整体道床，加深和增设双侧水沟处理后得到整治。

3. 平行导坑施工期间起到很好的作用，有利于超前探查地质情况，指导正洞施工，还有利于施工排水、通风、运输（出渣运料）和管线布置，以及用作安全迂回通道，使沙马拉达隧道正洞单口平均月成洞达 302 m。但施工期间设计、施工单位均未对平行导坑作衬砌处理。通车后平导内地下水很丰富，泡软坑脚，岩层破碎，拱部坍塌，堵塞平导及水沟，平导内积水倒流灌入正洞，给行车和养护维修造成不安全及困难。后经补作平导喷锚支护、衬砌，加深水沟，整治平导和横通道排水系统，才保障了行车安全。

（五）小　　结

沙马拉达隧道当时全国闻名。一是其为 20 世纪 60 年代全国最长的隧道；二是其水文地质条件复杂，施工涌水量大；三是因石膏膨胀与腐蚀严重，运营养护维修困难，长期治理仍病害不断。其经验教训颇为深刻，值得反思。当然，这与当时的勘察设计、施工技术能力和水平有关。很多地质问题和病害前所未见，堵水措施也曾采用过化学浆液止水，但均告无效，当时抗硫酸盐侵蚀性水泥一时也无厂家提供，施工工期要求又十万火急，因而留下隐患，运营养护整治不断。正因如此，沙马拉达隧道也就成为后来铁路隧道勘察、设计、施工、运营养护的宝贵教材。

五、成昆铁路南段含盐地层隧道病害及其整治

严璧玉

（一）概　　况

成昆铁路石膏箐至岳家村段约50 km范围，通过下白垩系落直美组下杂色岩段 K_1^2D 含盐地层。含盐地层位于滇中楚雄坳陷盆地，盆地中生代地层厚6 000～8 000 m，白垩系地层多偏北部，但不完全成片分布，显示盆地于白垩纪时有萎缩现象。本地区早白垩世晚期以河流相～浅湖相陆源沉积为主，沉积物下部以河流相为主，上部以浅湖相为主。多显红色、具杂色条带的砂砾岩、细砂岩、粉砂岩、泥岩等陆相沉积，局部含膏盐。

成昆铁路逆龙川河而上，在石膏箐至岳家村段沿龙川河河谷两岸展线，铁路穿行于中山峡谷中。展线中的16座隧道位于含盐、含石膏地层中，这在当时是个新课题。如何处理这类地层中的工程地质问题，如隧道是否会产生塑性变形、其腐蚀性破坏有多大、如何防护等，为此做了大量地质调查和试验，又结合隧道开挖做现场试验，初步了解含盐、含石膏地层的一些规律和对隧道工程的危害，采取了一些防治措施，取得一定成效。但因对含盐地层的膨胀量和膨胀力估计尚不足，造成隧道道床隆起变形在铁路运营后仍在发生。

（二）成昆铁路石膏箐至岳家村段含盐地层层序和特点

1. 含盐地层层序

本区出露的含盐地层为下白垩系落直美组。该组地层分为五段：K_1^2A 段以砂砾岩和石英细砂岩为主；K_1^2B 段是下杂色岩段，该段分为四层，以杂色粉砂岩为主，夹泥岩；K_1^2C 段为棕褐色粉砂岩；K_1^2D 段为上杂色岩段，是主要含盐地层。从工程地质目的出发，对上杂色岩段的含盐地层，根据岩石的颜色、组成、石膏和硬石膏含量、盐类含量，进行较详细的分层。在中坝—黑井区间，K_1^2D 的上杂色岩段可分为五层，见图5—5—1。

2. 落直美组上杂色岩段岩层含盐特点

根据钻孔岩芯和老洞的岩石采样化验结果分析，上杂色岩段岩石含盐特点为：

（1）含盐量低，107个样中仅一个岩样的水溶盐达29.3%，其余绝大部分水溶盐总量小于10%、本段未见水溶盐总量大于10%、厚度较大的含盐岩层。

（2）含盐层盐类 $CaSO_4$、$CaCO_3$ 和 $MgSO_4$ 含量最多，$CaSO_4$ 含量随硬石膏、石膏含量多寡变化很大，平均21.29%，最低10.3%，最高36.06%。$CaCO_3$、$MgSO_4$ 含量相对较稳定，一般15%～20%。在水溶盐中 Na_2SO_4 含量最高，平均5.62%，占水溶盐总量的20.8%～96.7%，大部分在60%以上。上述盐类在不同地段所占百分比不一样。

（3）水溶盐含量很不均匀，在纵向和横向上有明显差别。同一钻孔里含盐量都不同，而河流两岸钻孔内的岩芯含盐量也不同。

（4）含盐岩石除极个别见到芒硝、钙芒硝晶体，个别地区局部岩层有次生结晶盐沿裂隙充

时代						代号	柱状图	厚度(m)	地层描述
界	系	统	组	段	层				
中生界	白垩系	下白垩统	元永井组	含盐含砾粉砂岩		K_1^3A	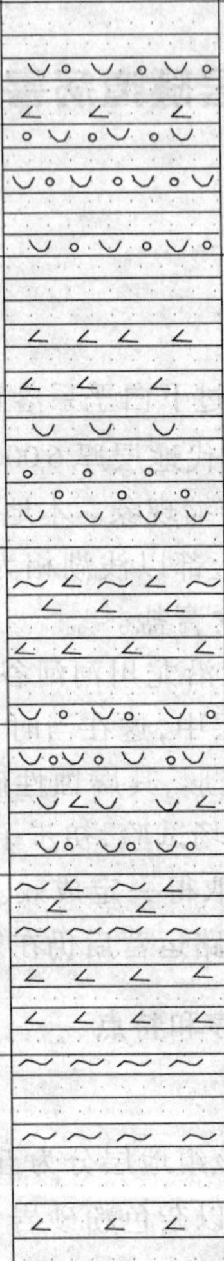	10~300	棕红、棕褐色含盐含砾粉砂岩。氯盐含量约30%，砾石含量约30%~40%，并含少量透明石膏
			落直美组	上杂色岩段	5	$K_1^2D_5$		44~86	青灰、黄绿色粉砂岩。夹棕红色薄层粉砂岩，并夹石膏层
					4	$K_1^2D_4$		1~37	棕褐色含砾粉砂岩、深灰色含盐含砾粉砂岩。岩性变化大，含石膏量少于10%，表层盐霜遍布
					3	$K_1^2D_3$		18~86	灰绿、青灰色含石膏粉砂岩、粉砂岩与泥质硬石膏、石膏岩互层。夹棕褐色，含盐含硬石膏粉砂岩，硬石膏、石膏含量达30%~40%,岩层厚度变化大,盐霜多
					2	$K_1^2D_2$		3~40	棕褐色厚层状粉砂岩，含盐含石膏粉砂岩与暗棕褐色含盐含砾含石膏粉砂岩。岩层岩性、厚度变化大，多盐霜和芒硝
					1	$K_1^2D_1$		2~85	灰绿、青灰色粉砂岩，含石膏、硬石膏粉砂岩与泥质硬石膏、石膏岩互层。夹数量不等棕褐色含石膏粉砂岩，硬石膏、石膏含量达20%~30%，最高可达40~50%，褶曲发育
				棕褐色粉砂岩段		K_1^2C		75~244	棕褐、棕红、灰绿色中厚层薄层状粉砂岩，夹有少量石膏脉。岩层风化层偶见盐霜
				下杂色岩段		K_1^2A+B		160	杂色，薄至中厚层泥岩、粉砂岩、泥灰岩及含石膏泥灰岩

图 5—5—1　落直美组含盐地层综合柱状图

填外,易溶盐和难溶盐均呈隐晶质混入胶结物黏土矿物中,芒硝、钙芒硝出钻孔后,很快失水成白色粉末。次生结晶盐多为透明、半透明,呈脉状、团块状。

(三)含盐地层隧道的病害及工程措施

本段有16座隧道位于落直美组的含盐地层中,因含盐地层层位的不同和隧道通过含盐地层长度、地下水条件的差异,隧道建筑受损程度各异。其中的法拉隧道、黑井隧道发生隧道铺底隆起开裂和边墙、拱脚混凝土腐蚀较为严重。病害发生情况较隧道建成初期有所发展。在施工过程中采取了处理措施,但在铁路运营初期仍有因含盐地层引起的病害。

1. 法拉隧道

本隧道位于龙川河右岸，隧道长 1 523 m，隧道最大埋深 196 m。隧道进口为泥石流台地，洞顶也有一泥石流沟。

(1)勘测阶段工程地质调查：洞身经过的地层是落苴美组上杂色岩段，其中 $K_1^2D_5$、$K_1^2D_3$、$K_1^2D_1$ 层为粉砂岩和石膏层互层；$K_1^2D_4$、$K_1^2D_2$ 层为含砾含盐粉砂岩。隧道通过地段地形陡峻，冲沟密布，储水条件不良，除冲沟中埋藏潜水及进口段冲积层含水外，一般地段地下水不发育，仅局部地段有地下水出露，地下水出露高程为 1522m，旱季测得流量为 0. 02 L/s。地下水 SO_4^{2-} 含量在 2 107 mg/L，泥石流沟内地表水 SO_4^{2-} 含量为 739. 2 mg/L，均具有硫酸盐侵蚀性。因隧道通过湖相沉积，含石膏较多，储存于裂隙中地下水均有腐蚀性，故建议隧道衬砌混凝土采用抗硫酸盐水泥。

(2)施工过程情况及工程措施：揭示隧道通过 $K_1^2D_2$、$K_1^2D_3$、$K_1^2D_4$ 岩层，岩层的揉曲构造较为轻微。因隧道埋深不大，岩层风化节理发育，虽然地下水不发育，但在节理中有次生芒硝和少量盐岩存在。在进口导坑附近有地下股水和渗透水流，其 SO_4^{2-} 离子浓度为 297. 79 ~ 423. 28 mg/L，个别达到 15 312. 00 mg/L；其 Cl^- 离子浓度也达 868. 77 mg/L，而出口(K890 + 450)4 股地下水的 SO_4^{2-} 离子浓度为 2 593. 67 mg/L，Cl^- 离子浓度为 134. 72 mg/L。

从隧道开挖情况看，本隧道地下水所含的硫酸根浓度不是很高，所以隧道施工中先用一般混凝土衬砌，后用抗硫酸盐水泥压浆。如遇裂隙中有芒硝地段，宜采用隧道衬砌与基岩间预留一定空间，尽量将芒硝挖尽后回填块石，然后一面灌浆、一面灌热沥青砂浆进行处理。潮湿和稍湿地段无次生芒硝时，可用普通硅酸盐水泥衬砌，后用抗硫酸盐水泥加以压浆。在隧道地下水较多地段，应挖槽降低水位，排除边墙上的出水点。

在隧道挖通后，发现隧道内泥岩间芒硝晶体具有膨胀性，芒硝引起混凝土衬砌破坏和铺底隆起，同时松胀后的岩石呈米花糖状或薄片状。洞内地下水有所增加，如 K890 + 220 ~ + 350 洞顶和边墙漏水严重，水质分析显示，Cl^- 含量 149. 1 mg/L、SO_4^{2-} 含量 3 321. 6 mg/L，具有强腐蚀性；K889 + 580 ~ + 710 左边墙脚下积水坑中，在清底过程中见 $\phi = 2 \sim 20$ mm 的芒硝结晶体，厚达 10 cm。在几段易膨胀岩石地段，岩层的膨胀量和膨胀力较大，如 K889 + 450 ~ + 710 段岩层膨胀量 71. 72% 、膨胀力 990 kPa；K889 + 965 ~ K890 + 220 段岩层可溶盐中，膨胀量 89. 4% 、膨胀力 1 127 kPa；K889 + 810 ~ + 890、K889 + 965 ~ K890 + 220、K890 + 350 ~ + 430 段岩性虽有膨胀性，但不甚均匀，故可考虑加强铺底、增加铺底厚度处理(铺底厚 0. 2 m)和加强侧沟排水。要求铺底前应先彻底清除洞底虚渣，然后铺底(超挖部分用混凝土填实)，以免虚渣吸水引起膨胀，致使铺底破坏。

(3)隧道运营后的情况：为了解含盐地层随时间推移对隧道工程的影响，于 1973 年 4 月和 1975 年 8 月两次对隧道道床、水沟沟身、洞身衬砌进行了调查。1973 年 4 月现场调查，隧道内有 6 处潮湿，有芒硝析出，混凝土有剥落和腐蚀现象，腐蚀深度一般 3 ~ 4 cm，最深为 10 cm；有 2 段长约 20 m 的线路下沉，水沟沟身有隆起、下沉、挤孔现象。

1975 年 8 月回访调查，轨道面高程变化大，7 ~ 8 天道床要上涨 7 ~ 8 mm，所以经常对轨道面进行压道；K911 + 090 ~ + 210 左侧边墙开裂；K910 + 940 ~ + 950 段水沟下沉，道床右侧上升，左侧下沉；K910 + 950 ~ + 965 左侧水沟及道床上升。

从上述调查情况分析，由于岩层中不均匀含有芒硝，在隧道修成后改变了地下水环境条件，裂隙逐渐渗水使芒硝吸水膨胀，同时形成高 SO_4^{2-} 浓度的地下水，对隧道工程的混凝土产生腐蚀，使隧道道床和侧沟发生隆起破坏。

2. 黑井隧道

本隧道位于龙川河右岸，地形陡峻。隧道长 910 m，最大埋深 100 m，洞顶上有两条冲沟。

(1)勘察阶段黑井隧道的工程地质调查：黑井隧道位于黑井北斜的东翼，出露地层有下白垩系石门群落苴美组上杂色岩段和元永井组（见图 5—5—1）。元永井组为薄层、中厚层状棕褐色粉砂岩，岩层较完整，有裂隙发育，偶夹石膏。落苴美组上杂色岩段为砂质泥岩、含盐含砾粉砂岩、粉砂质泥岩、含盐含砾粉砂质泥岩，岩层褶曲发育，岩体风化较严重，力学强度低。隧道范围内地下水属基岩裂隙水，据钻孔资料，地下水水位均处于隧道设计路肩高程以下。水质化学分析表明，落苴美组上杂色岩段第三层($K_1^2D_3$)砂质泥岩裂隙水无侵蚀性，而第二层($K_1^2D_2$)、第 4 层($K_1^2D_4$)含盐含砾粉砂岩裂隙水具有硫酸盐侵蚀性，所以通过 $K_1^2D_4$、$K_1^2D_2$ 岩层地段的隧道衬砌应进行防腐蚀处理。

(2)隧道施工过程情况：隧道施工中揭示的岩层分段与勘察阶段的分析有所不同。隧道内岩层属风化层，含盐含砾粉砂岩已变为淋滤带的硬土，岩性较软。

在隧道开挖地段，地下水多呈潮湿或毛细水状态，裂隙中的芒硝未被大量溶解，但潮解现象普遍，两处渗透水经水化学分析，水中的离子含量分别为 $Cl^- = 27.660$ mg/L、$SO_4^{2-} = 2\,951.200$ mg/L和 $Cl^- = 620.500$ mg/L、$SO_4^{2-} = 6\,051.870$ mg/L，形成局部强烈的腐蚀性。在 K896 + 463 ~ + 518 段拱角和边墙一带地下水渗出处，有白色芒硝集中析出，呈白色茸絮状。此处的混凝土可用手抠挖出 0.2 ~ 0.3 cm 的深槽（隧道衬砌仅 5 ~ 6 个月）。将茸絮状物取样作可溶盐分析，结果如表 5—5—1 所列。试验结果表明，芒硝形成的腐蚀程度属极强烈级。

表 5—5—1　K896 + 463 ~ + 490 段茸絮状物可溶盐分析结果

取 样 里 程	pH 值	Na_2SO_4(%)	$CaSO_4$(%)	$MgSO_4$(%)	NaCl(%)
K896 + 463 边脚	9.3	81.068	0.68	0.24	0.29
K896 + 470 边脚	9.3	81.068	1.02	0.72	0.29
K896 + 490 边脚	8.7	63.93	0.68	0.24	0.28

黑井隧道于 1966 年 6 月完成铺底工程，继后在 7 月 K896 + 420 ~ + 510 段出现铺底隆起开裂，于同年 11 月该段铺底已大部分开裂隆起。为此，对隧道铺底隆起开裂地段取样做岩层的膨胀力和膨胀性试验。其中 K896 + 418 ~ + 508 铺底严重隆起破坏，但对该段多处取样试验，因有一些岩样已发生膨松，硫酸钠盐和硫酸钙盐含量高，但膨胀力却较低。岩样中膨胀性较大的有以下几组：

K896 + 431 距左墙 1.0 m 试样，岩层可溶盐 Na_2SO_4 占 4.027 7%，$CaSO_4 \cdot 2H_2O$ 占 35.554%，膨胀量达 114.3%，膨胀力大于 750 kPa；

K896 + 466 左墙 1 m 处取样试验，可溶盐 Na_2SO_4 占 4.666 9%，$CaSO_4 \cdot 2H_2O$ 占 25.344%，膨胀量 135.8%，膨胀力 1 354 kPa；

K896 + 489 中心处岩样，可溶盐 Na_2SO_4 占 4.027 7%，$CaSO_4 \cdot 2H_2O$ 占 45.065 7%，膨胀量 40.7%，膨胀力 1 300.0 kPa；

K896 + 508 ~ + 560 岩样，可溶盐 Na_2SO_4 占 3.847 3%，$CaSO_4 \cdot 2H_2O$ 占 36.691 4%，膨胀量 81.5%，膨胀力 1 150 kPa。

由于隧道施工改变了地下水的循环条件，使隧道内地下水渗漏有所发展。如 K897 + 009 ~ + 042 洞顶开始微有漏水，施工完后该段变为严重漏水；K896 + 622 中心处仅挖 0.35 m 即见裂隙水活动;K896 +470 有 1.5 m 铺底处仅挖下 0.5 m 也见有细流地下水,此处地下水 SO_4^{2-} 离子浓度达 14 433.2 mg/L;K896 +475.5 右边墙浸水处有芒硝析出,该处混凝土已呈层状剥落。总之,该组地层遇水后及其盐分(芒硝)受温差变化影响,增强了地下水的腐蚀性,同时加大了岩层的膨胀性,使隧道内岩层工程地质条件显著恶化。当时施工过程中采用与法拉隧道相同的方法施工。

(3)铁路运营后回访情况:1973 年 4 月现场调查,在进口端长约 300 m 拱脚渗水处和边墙施工接缝处,混凝土灌注不好的蜂窝麻面有腐蚀现象,腐蚀宽几厘米至 10 cm,深约 1 cm;距出口约 80m 左右,拱顶滴水、拱圈与右边墙交接处漏水(K915 +705 洞顶为一泥石流沟),边墙上有白色、蜡黄色的硬壳,混凝土衬砌有腐蚀剥落,腐蚀深度达 3 ~4 cm。

1975 年 8 月回访调查时,K915 +705 洞顶地表泥石流沟床浆砌片石部分断裂;洞内 K915 +620 ~ +700 段腐蚀程度有所发展,漏水更为严重;拱腰及拱脚部分地段纵向开裂,已作钢拱架支撑加固。另距进口约 200 m 附近,原 1966 年铺底隆起开裂地段,经二次换底,清除虚渣后又重新铺底并用水泥砂浆填补腐蚀处,回访时该段局部铺底又有隆起现象;水沟断裂,尤以 K917 +380 ~ +400 段水沟挤孔变形严重(原沟宽为 0.25 m,变窄为 0.18 m)。同时在 K917 +440 ~ +560 段拱部发生纵向裂纹。总体看,隧道内含盐地层造成的病害有所发展。

(四)隧道通过含盐地层一些看法

从成昆铁路南段下白垩系落苴美组地层勘察、施工过程,使对该类地层有所认识;隧道开挖后地下水环境及其地下水水溶液成分的变化对认识隧道开挖将引起环境地质条件的改变是有帮助的;隧道施工中出现的情况与勘察阶段的认识不同,使我们认识到施工地质工作的重要。

1. 含盐地层对隧道的危害

隧道通过含盐地层,含盐地层在地下水作用下将对混凝土产生腐蚀,故隧道衬砌需采用抗硫酸盐水泥,但成昆铁路建设当时,抗硫酸盐水泥生产数量较少,只能采用一些替代品。同时,勘察期间对隧道内的地下水动态及水质的认识不足。通过当时所做抽水试验,反映岩层透水性差,且多座隧道地下水埋藏在轨面以下,故认为隧道开挖将不会有水;由当时地下水的水质分析得知,地下水具有腐蚀性,但腐蚀程度不高。基于以上条件和认识,所以对通过含盐地层的隧道衬砌,均采用普通硅酸盐水泥,仅局部采用抗硫酸盐水泥衬砌。通过施工揭示,原认为无水的隧道多有地下水渗出或使围岩呈潮湿状态,导致含盐地层潮解,形成高浓度的硫酸根离子,对隧道衬砌产生腐蚀破坏,而采用抗硫酸盐水泥衬砌地段,含盐地层的病害则较轻微。

在勘察阶段认识到含盐地层具有膨胀性,但试验后却不再担心含盐地层膨胀性对隧道工程的危害。当时含盐地层取了 38 组岩石做岩石的膨胀性试验,试验结果岩石膨胀量和膨胀含水量变化很大,新鲜岩石膨胀量很小,最大膨胀量为 7.1%,大部分小于 2.0%;膨胀最优含水量为 1.33% ~11.63%。风化岩石膨胀量为 0.4% ~13.37%,膨胀最优含水量为 10% ~23.03%。由于当时室内试验条件限制,岩石的膨胀力未能测定。膨胀量测定试验时间,无侧限方法一般为 4 天,有侧限多在 1 天内。无侧限试验有相当部分未能达到稳定,所得膨胀量略偏低。基于上述试验的认识,所以在施工初期,注意力都集中在含盐地层的腐蚀性及其反腐蚀措施的研究上,而对含盐地层的膨胀性重视不足,直至黑井隧道贯通铺底后发生铺底的隆起开裂,对含盐地层的膨胀性才进行了大量试验,并采取相应的处理措施,取得一定效果。

但含盐地层在地下水作用下是逐渐发生膨胀的，膨胀过程时间较长。铺底开裂隆起处理后，可稳定一段时间，继后又将发生隆起开裂。黑井隧道回访调查证明了这一点。

2. 含盐地层的沉积特点及工程地质特性

陆相含盐地层一般出现在红层中，由细粒陆源碎屑岩组成，粉砂岩、泥岩和盐岩等岩层交替互生。它具有多种盐类共生和岩质软特点，由此产生的工程地质特性不同。

(1)多种盐类共生的特点：含盐岩地层属于蒸发岩类，是在盐湖或浓度较高的海水蒸发时形成的。盐岩呈透镜状、薄层状产出，常与石膏、硬石膏或芒硝、钙芒硝共生。在不同组分的水—盐体系中，石膏、硬石膏的稳定性是不同的。在沉积成岩阶段石膏往往向硬石膏转变，表生阶段则是硬石膏水化为石膏。石膏常与钙芒硝、无水芒硝、芒硝、硬石膏共生。在含盐地层中的隧道应考虑多种盐类造成的危害。

(2)不同盐类与泥岩、粉砂岩互层，构成一套所谓"塑性"地层：由于含盐地层岩质软弱，在上覆地层的不均匀压力作用下，形成弯曲、揉褶。成昆铁路南段含盐地层多见弯曲、揉褶，故仅根据地表测绘推测隧道内岩层位置，总是存在误差。所以，需加强施工地质工作，根据开挖情况，判定含盐地层的层位。

(3)不同类型盐类的工程地质特性：含盐地层具有易溶性、膨胀性和腐蚀性。含盐岩石在水的作用下，一部分盐分被溶解，结果破坏了岩石结构，降低了岩石强度。盐岩、芒硝、钙芒硝等在水中极易溶解，属易溶盐；硬石膏、石膏在水中溶解度中等，为中溶盐。易、中溶盐形成的水溶液中含有较高的硫酸根离子，对混凝土具有很强的腐蚀性。

(4)盐类在地下水作用下具有失水或水化特性：芒硝在温度大于 33 ℃时变为无水芒硝；当无水芒硝吸水后变成芒硝时，体积显著膨胀，可产生 25 ~ 150 kPa 的膨胀力。根据黑井隧道岩层试验，最大的膨胀力高达 1 354 kPa。另外，硬石膏遭遇水化作用时，也可吸水变为石膏 $CaSO_4 \cdot 2H_2O$，其体积可增大约 30% 。所以含盐地层具有膨胀性，对工程建筑有危害。

3. 隧道开挖对水文地质环境的影响

在勘察阶段，有的隧道经钻探和试验，认为地形陡峻，储水条件差，地下水埋藏很深，岩层渗透性极差，提出隧道"无渗水地段则按无侵蚀性处理"。但实际情况截然不同，因隧道开挖后形成集水空间，使原来水文地质条件发生变化，基岩裂隙水流向新形成的廊道，使隧道内出现渗、滴水。如桐模甸隧道开挖后拱部渗水湿了一片，采取潮湿的泥浆进行化验，结果硫酸根离子高达 19 800 mg/L，但该隧道仅局部渗水，所以含盐地层的危害不严重。而巴格勒隧道在开挖初期干燥无水，但隔一段时间后出现较大面积呈潮湿状。成片状潮湿表明，有地下水自拱部向右侧边墙运动。经试验，潮湿处硫酸根离子高达 88 377. 04 mg/L，氯离子高 3 261. 86 mg/L。六渡河隧道也有类似情况，坑道基本干燥，在出口附近有水渗出，渗出水的硫酸根离子高达 157 440 mg/L。所以隧道内出水处水的腐蚀性应结合地层岩性、产状及渗水量的大小进行综合考虑和具体分析。一般隧道内地下水的侵蚀性股流水比滴水弱，滴水又比渗水弱，一点点慢慢渗出的侵蚀性极强。所以含盐地层隧道都应按具有侵蚀性考虑，这也从侧面了解了为什么勘察阶段做的水样分析，水的腐蚀性不及施工中渗水的腐蚀性高的原因。

4. 含盐地层的隧道应加强施工地质工作，根据隧道开挖情况采用不同的工程处理方法

成昆铁路南段在勘察阶段对含盐地层做了大量调查、试验和研究，但因含盐地层的复杂性和地层中含盐的不均匀性，致使地面调绘和钻探取样试验的结果与隧道实际开挖情况有较大差异，同时隧道开挖又改变了水文地质条件，使得腐蚀地点难以预测，侵蚀程度也难以估计。所以在勘察阶段工作基础上，应加强施工地质工作，使工程处理取得较好的效果。

六、襄渝铁路中梁山隧道岩溶水害及处理

李耀芳

(一)概　况

襄渝铁路中梁山隧道位于重庆西北郊林园与歌乐山之间,其通过的主要地层和所处的地理位置如图 5—6—1。

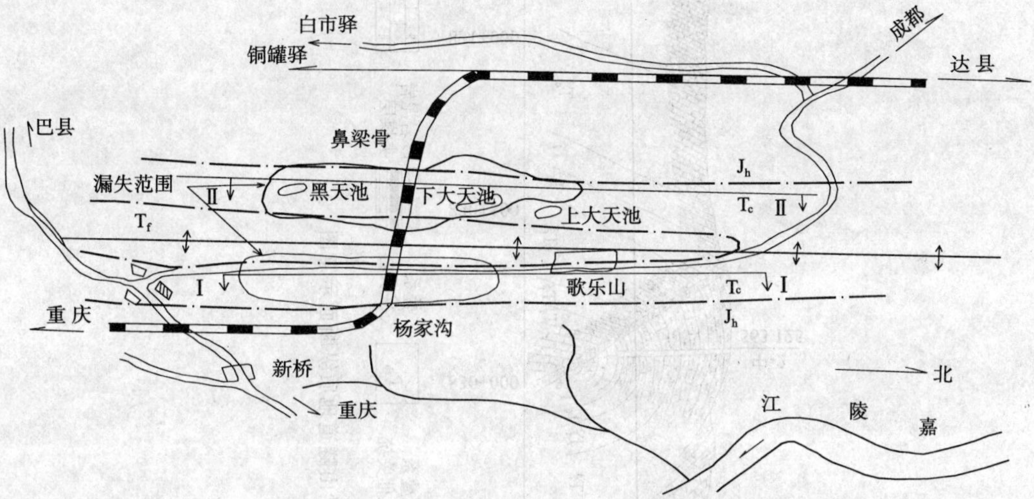

图 5—6—1　中梁山隧道地质平面示意图

经 1968 年 8 月 24 日鉴定,决定采用由鼻梁骨进洞,杨家沟出洞的方案进行定测。在此基础上,结合钻探资料,于 1969 年 4 月 17 日再次对隧道洞口位置进行鉴定,确定隧道长度为 3 952 m。施工过程中,经共同研究,隧道实际长度变更为 3 984 m。

隧道穿越中梁山对称背斜,其进出口两端,各有长约 700 m 的侏罗系砂页岩地层,隧道中间部位为三叠系飞仙关组砂页岩,长约 980 m,其余尚有两段三叠系嘉陵江组灰岩,共长约 1 600 m。隧道顶部由于地形受岩性的制约,形成了隧道进出口两端与中间地形较高的三条山岭,其间夹有两条因溶蚀而形成的负地形的低洼槽谷。洞身所通过的地层和构造,如图 5—6—2 所示。

隧道顶部平面特征是丘陵起伏,但从隧道进出口看,都是层峦叠翠。洞顶上方,地表泉井和池塘星罗棋布,阡陌相连。进出口山坡上部,可看到层层梯田,不失为稻香蔗甜的美好园地。可是自 1971 年 1 月隧道正式开工后,洞内即有涌水。至 1971 年 10 月,洞顶有些岩溶泉井开始逐渐干枯,有些水田逐渐失水,一些地面也相继产生塌陷,有些房屋发生变形。随着工程进展,灾情日趋严重,其影响范围日益扩大。至 1972 年 4 月,不仅洞内施工要克服大量涌水和坍方的困难,洞外人畜用水也日渐艰难,出现了水田地表龟裂、蔬菜枯萎等现象,影响了当地居民的正常生活。

为了及早解决漏水和缺水问题,于 1972 年 3 月由设计、施工、地方等 12 个单位成立联合调查组,调查灾情和研究整治方案。1972 年 11 月,铁二院派 30 余人参加重庆市领导的“处理中梁山隧道漏水领导小组”,开展洞内外调查测量工作和整治工程设计工作。几经波折,终于

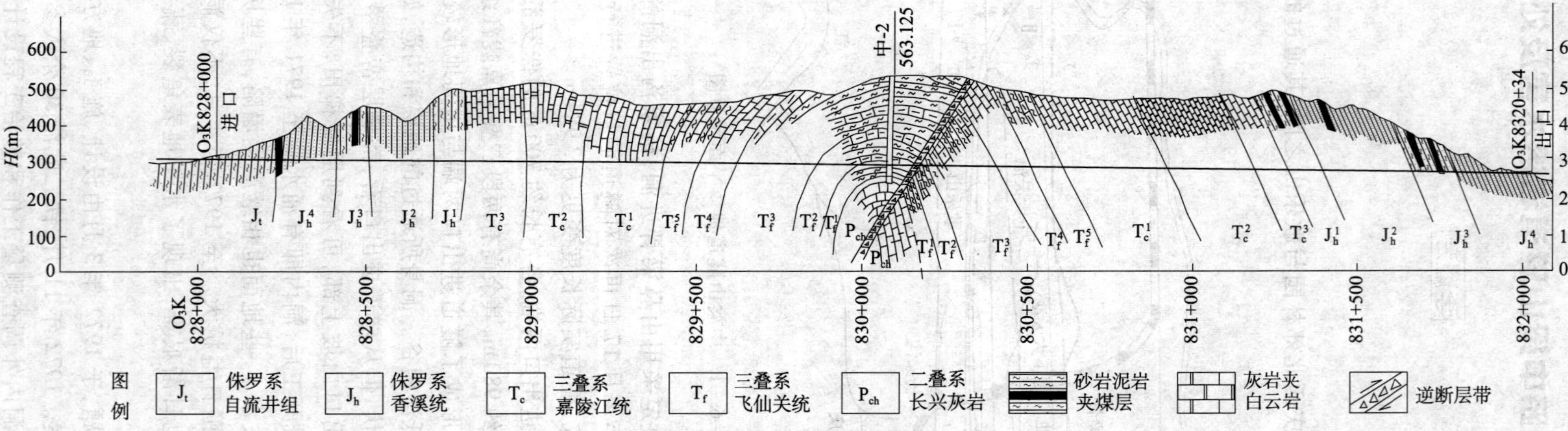

图 5—6—2　中梁山隧道地质纵断面示意图

在 1974 年 7 月 31 日批准工程设计方案；1975 年 1 月 20 日重庆市发文批准整治工程费用 97 万余元，由铁路拨给地方包干使用；1980 年 3 月 10 日交付了最后一批地表改沟和处理地面塌陷的设计文件。至此，处理隧道漏水、地表缺水和塌陷工程，前后历经 8 年。

（二）洞内涌水量

勘测设计阶段，设计文件提供的隧道洞身涌水量为 $1.4\times10^4\sim2.1\times10^4\ m^3/d$。

施工阶段，洞身明显出水点有23 处，其中流量较大者有4 处，即 O_3K829 +467（Q =1000 m^3/d）、O_3K830 +170（Q = 1 296 m^3/d）、O_3K830 + 100（Q = 5 100 m^3/d）、O_3K831 +405（Q = 1 580 ~ 2 210 m^3/d）。

施工期间，不同时间实测洞身的流量和特征如下：

1972 年 4 月 5 日，实测流量共计 6 619 m^3/d；

1972 年 6 月 28 日，实测流量共计 11 970 m^3/d；

1979 年 9 月 8 日，实测流量共计 17 890 m^3/d。

洞内出水点多分布在灰岩或灰岩与页岩接触部位，其径流通道多与地表有密切联系，所以有些出水点不仅涌水，而且冒泥砂，含泥量较大者有 K821 +940 与 K823 +295。前者经洞内压浆和地表封堵陷穴等措施处理后，水质变清；后者虽经同样处理，水中仍含泥砂，1972 年测定含泥砂量占出水量的 10%。

洞身穿过含水层与隔水层（图 5—6—2），加之隧道埋深多在 200 ~ 300 m，洞内涌水量大小明显地随地表大气降水季节变化而变化。例如 K823 +295 的出水点，1972 年 6 月 28 日实测流量为 5 100 m^3/d，而 1974 年 9 月 20 日实测上述同一位置的出水点，其流量为15 000 m^3/d。

历次实测洞内平均涌水量，若按季节分，旱季 Q =12 000 m^3/d，雨季 Q =18 000 m^3/d；若按不同岩性分，嘉陵江灰岩占全部涌水量的 94%，侏罗系砂页岩占 5%，飞仙关页岩占 1%。

（三）关于洞内涌水影响地表问题

1. 勘测设计阶段，设计文件上曾提出“因隧道施工，将引起地表水漏失，影响的范围，在隧道两侧 1 ~1.5 km”。

1968 年 8 月 24 日在重庆鉴定设计文件时，鉴定意见上写有“在施工期间及完成后，可能造成地表水漏失，直接影响工农业和生活用水。希望设计单位详细调查研究，提出措施，并会同施工和地方有关单位共同处理”。

2. 1971 年 1 月隧道破土施工，进洞后即有地下水，随着导坑掘进至灰岩地段，地下水越来越多，1971 年 10 月开始发现洞顶有些泉井逐渐枯竭，有些农田逐渐失水，随着掘进的加长，灾情日渐严重，影响范围也不断扩大，当地居民反映日益强烈。例如咸菜加工厂反映：“几十年来，此龙洞泉，无论冬夏从未缺水，1971 年大旱，仍有余水灌溉农田，但当隧道打到靠近龙洞时，于 1971 年 12 月 24 日，水突然干枯”。人民解放军某部队亦反映：“自 1959 年建井以来，每日保证供水 600 ~800 t，至 1972 年 2 月，水井突然干枯”。

3. 由于地表缺水和塌陷，不仅影响工农业生产，也严重影响人畜生活用水，引起各级人民政府的重视。1972 年 3 月 4 日重庆市建委向重庆市市委上报了灾情报告；1972 年 3 月 27 ~ 1972 年 4 月 21 日，由重庆市建委、铁二院、部队、地方等 12 家单位，共 20 余人组成“联合调查组”对隧道附近约 60 km^2 范围内进行了调查分析，认为地表水漏失的主要原因是隧道洞内渗漏水和涌水。铁二院和重庆市建委分别于 1972 年 5 月 22 日与 1972 年 10 月 31 日提出调查情况和处理意见上报四川省建委。之后，铁二院施工组又分别在1973年12月和1974年10月进行了补充调查。综合以上历次调查的主要内容，地表水漏失影响情况如表5—6—1所列。

表5—6—1 中梁山隧道洞顶地表水漏失影响情况表

时间	单位	影响居民（人）	井泉情况			地表塌陷		影响农田（亩）			影响牲畜用水（头）	漏水影响范围距中线两侧（km）	附注
			调查个数	干枯	水量减少	处数	面积（m^2）	水田	菜地	其他			
1972-03-04	重庆市建委	8700	63	62		8		6000			4300		
1972-04-21	联合调查组	7746	130	48		29	2319	810	1477	725	2688	北侧1.4～2.5 南侧2.0	塌陷坑最深者为13 m，面积最大者为400 m^2
1972-05-22	铁二院	7746	130	48		29	2319	810	1477	725	2688	北侧11.4～2.5 南侧2.0	
1972-10-31	重庆市建委	7746	113	34	69	29	2315	1801	1477		2688	北侧5.0 南侧3.1	
1973-12	施工组	8188				37	3200	8201			4840		
1974-10	施工组	8188				64		4150	2096	1946	4840		

4. 关于隧道涌水引起地表漏水和塌陷的范围

1972年3月各方联合调查时，一致认为缺水和塌陷范围是隧道中线北侧1.4～2.5 km，中线南侧2.0 km。但事后当地人民公社（即乡政府）认为上述范围偏小，建议涌水和塌陷范围应是隧道中线北侧5.0 km，中线南侧3.1 km。

为了进一步探讨隧道地表漏水和塌陷范围，铁二院又在中梁山隧道山顶上东西两条灰岩岩溶槽谷内进行了井泉水位水量详细调查，并沿灰岩槽谷走向测绘两条水文地质剖面，将所调查的井泉及其水量变化情况（分无变化、明显减少、干枯等类型）放在该水文地质剖面图上，再以隧道底作为地下水下降漏斗的最低点来分析隧道顶上地表水漏失和塌陷的范围，见图5—6—3。

5. 地表塌陷

中梁山隧道顶上地表塌陷绝大多数发生在三叠系下统嘉陵江灰岩分布的东西岩溶槽谷内，主要集中在下列三个片区内：

（1）青杠堡塌陷区：位于西岩溶槽谷区，距襄渝铁路中梁山隧道中线右侧1050 m，塌陷陷穴平行于中线呈串珠状分布，陷穴长轴方向大致与岩层走向一致，呈NNE向，垂直于中线方向，共有大小陷穴24个。

（2）龚家洞塌陷区：位于东岩溶槽谷内，老成渝公路歌乐山至山洞左侧和襄渝铁路中线左侧350 m范围内，共有大小陷穴20个，陷穴长轴方向大多为NW方向。

（3）钱家院子塌陷区：位于东岩溶槽谷内，老成渝公路歌乐山以南林园以北公路迂回转弯的杨家沟沟源地带，在襄渝铁路中梁山隧道中线右侧400 m范围内，陷穴规模大，其长轴方向为NE及NW均有，共有陷穴15个。

（四）关于地表水漏失和地面塌陷的处理问题

有关地表水漏失和地表产生塌陷的调查，其影响的具体数字，虽历次有所不同（如表5—6—1），

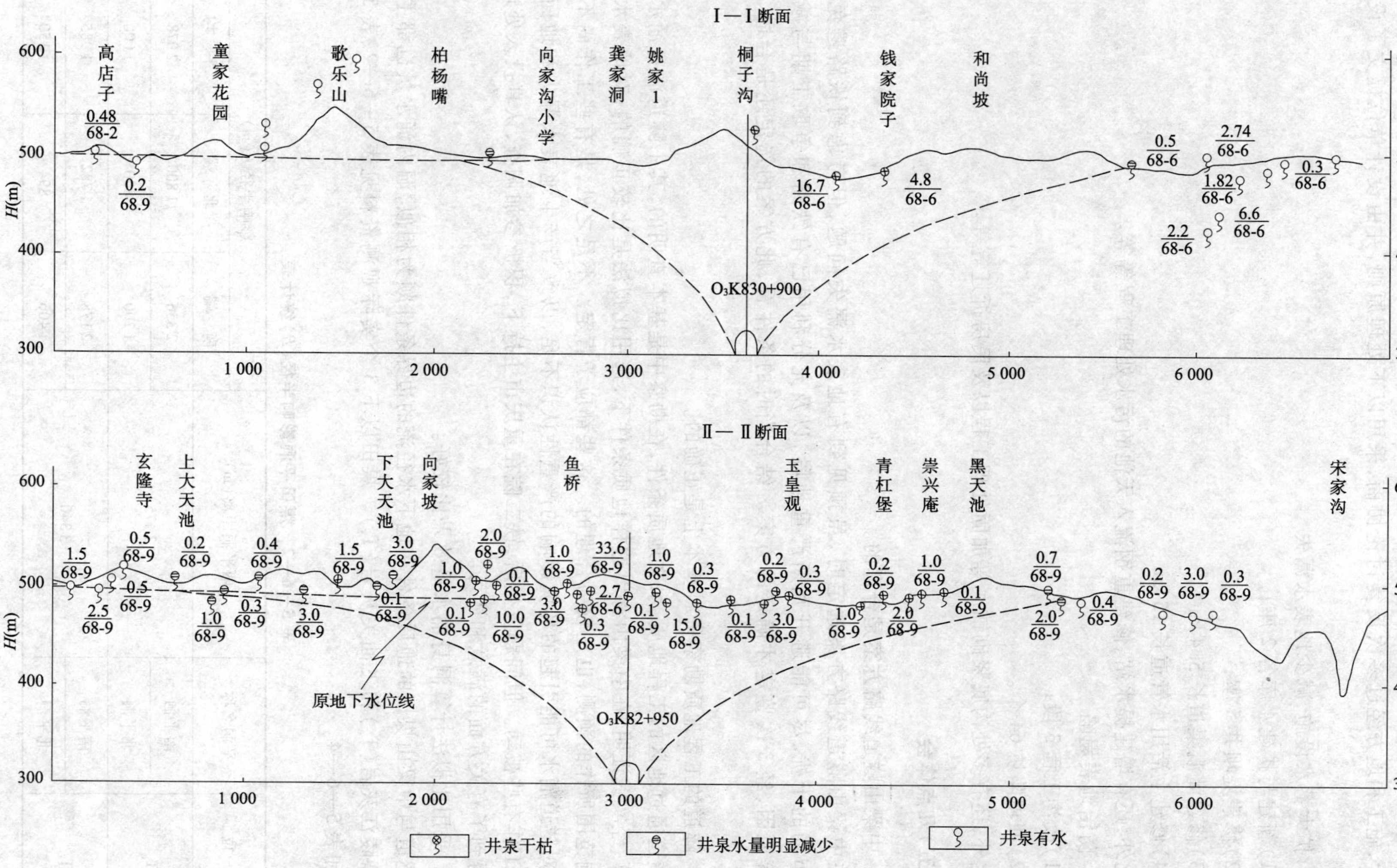

图 5—6—3 隧道影响半径范围内井、泉分布情况示意图

但影响工农业生产和对居民生活带来很多困难的情况是一致的。为此,在重庆市的支持下,由设计、施工和地方经过多次反复讨论协商,采用以下处理原则,并由设计单位提交了设计文件。

1. 扩大蓄水设施,减少地表水漏失

(1)新建与扩建水库各2座;

(2)修建堤坝共5座;

(3)修建灌溉渠道长5.4 km;

(4)修建生活用水管道长15 km。

此外,还有增建提水站、修建重钢流入天池的污水处理工程等等。

2. 防治地表塌陷

(1)改沟工程3段;

(2)回填陷坑64个。

此外,还有多处沟底浆砌铺底等加固处理工程以及民房拆迁等等。

(五)几点体会

1. 中梁山隧道线路方案是合理的。

在中梁山隧道线路方案选定时,虽预见到有地表水漏失问题,但考虑到铁路避免与工矿布局的干扰、尽可能避开瓦斯严重地段,以及充分利用已有铁路和争取工期与减少工程等原因,经3次鉴定才确定的方案。结合当时的条件看,此方案的选定还是合适、合理的。

2. 隧道的工程地质勘察资料基本上是正确的。

隧道通过地区的工程地质、水文地质条件,在勘察中是基本查明的,其中隧道洞身涌水量的计算,经实践证明,在中梁山背斜这样地质条件下,选用比拟法是比较正确的;对地表水漏失影响范围所作的预测,也是较为合理的。这些都应予肯定。不足之处,是有些工作尚不够深细,对隧道涌水可能引起的环境影响的严重性认识不足,以致当产生地表水漏失和地面塌陷时,工作有些被动。但问题发生后,铁二院在重庆市主持下,积极参加调查,认真投入处理,终于得到了有关方面的满意和认可。

3. 采用比拟法计算洞身涌水量效果比较好。

隧道与中梁山煤田的地质条件和地下水径流的边界条件颇为相似,洞内涌水量也都主要来自嘉陵江灰岩(T_c)和飞仙关灰岩(T_f)。煤田以下3个实际观测资料见表5—6—2、表5—6—3和表5—6—4。

表5—6—2　煤田平洞影响半径(R)统计表

层　位	平洞名称	两平洞距离(m)	影响半径 R(m)		
			南　端	北　端	平　均
T_c	南平洞	3 475	2 356	1 800	2 078
	北平洞		1 200	800	1 000
T_f	南平洞	3 340	2 178	1 782	1 985
	北平洞		1 406	894	1 150

表 5—6—3　煤田涌水量统计表

平洞	层位	平洞长度(m)	含水带长度(m)	涌水量(m^3/d)					单位涌水量(m^3/d)	备注
				9 月	10 月	11 月	12 月	平均		
南平洞	T_c	637	200	2910	1746	1119	1069	1709	8.55	1965 年 4 个月 6 次观测资料
	T_f	124	43	3786	888	59	243	1244	28.90	
北平洞	T_c	613	106					2986	28.17	1967 年 2、3 月 2 次观测资料
	T_f	106	40					42	1.01	

表 5—6—4　平洞渗透系数(k)值计算表

平洞	层位	B	S	R	H_0	h_0	Q	k	说明
南平洞	T_f	43	175.25	2178	277.84	52.58	1244	1.281	①B、R、S 是干季调查的数字 ②南平洞 Q 是 1965 年观测资料 ③北平洞 Q 是 1967 年观测资料
	T_c	200	146.66	2356	190.66	44.09	1709	0.583	
北平洞	T_f	40	179.67	894	233.57	53.90	42	0.018	
	T_c	106	160.69	800	208.90	48.21	2978	0.543	

在计算洞身涌水量时,根据隧道平剖面设计和所穿过的不同地层,将表 5—6—5 所列数据作为已知参数进行计算。

表 5—6—5　计算参数表

层位	隧道	L_1	B_1	F_1	S_1
T_c	东段	680 m	5.2	3536	195
	西段	610 m	5.2	3172	184
T_f^4	东段	100 m	5.2	520	220
	西段	100 m	5.2	520	190

注:L_1 为隧道通过计算段的长度(m);B_1 为隧道宽度(m);F_1 为隧道平面投影面积(m^2);S_1 为隧道地下水位降落深度(m)。

按照表 5—6—5 参数和煤田有关资料求出的洞身涌水量,实践证明是比较准确的。今后若遇地质条件相似的隧道,它仍有参考价值。

4. 研究岩溶水必须研究地层、构造和岩溶水的边界条件。

中梁山隧道位于碳酸盐岩石与碎屑岩互层组合的剥蚀山区,以近垂直方向穿越中梁山背斜,其两翼倾角约 50°,形成了垄岗槽谷的典型岩溶地貌。这类地区岩溶水发育,因受碎屑岩不透水性的隔阻,形成地表岩溶泉广为分布,地下水运动方向与碳酸盐岩的走向一致。

隧道底部以上的岩溶水,由于隧道开挖,得到了以隧道为出水口的新排泄点,改变了原有的地下水径流条件,它一部分呈分散状,另一部分呈股状从隧道排出,有些洞内出水点因与地表连通条件良好而含有泥砂。这两部分水的快速排泄,造成了地表水的漏失。当地下水位下降时,地表土体壤中水相应消减而体积缩小,同时失去原有地下水的承托力,从而产生地表塌陷。

5. 勘测阶段虽然预见到将有地表水漏失,但对其后果的严重性认识不足。

回顾进行“联合调查”期间,有时附近居民男女老幼纷至沓来,诉说缺水苦衷;有时群众蜂拥而至正颜厉色责问我们为何不解决缺水问题。当我们看到农民被迫饮用污水的实情,深感未能提早解决此问题而不安。

6. 当隧道方案确定后，水文地质工作的主要内容应包括：

(1)在隧道中线左右各 5 km 范围内，对所有泉井地下水露头和已产生的陷穴进行编号，实测到平面图内，并定期观测记录其流量、水位等变化情况。

(2)在两条岩溶洼地槽谷范围内，各实测 1 ~ 2 条长约 6 ~ 8 km 的水文地质断面，把泉井和隧道的位置、高程放在断面图上，找出地下水位线和地下水分水岭的位置，并显示不同时间内各泉井的流量、水位有否变化等情况。

(3)选择一些泉井作连通试验，求出地下水的流速、流向和有关出水点的连通情况。

(4)隧道开挖及隧道完成主体工程后的一定时期内，要定期实测平面图上各泉井的流量、水位等变化情况，以便与施工前作对比，同时也要与隧道掘进、衬砌、压浆等因素加以联系对比。

若较早地获得上述几项资料，则可以较准确地在平面图上圈出漏水影响范围，同时在断面上绘制下降漏斗曲线。这样不仅可以避免在“联合调查”时对某些泉井是否有水量变化争论不休的情况，而且还可以获得地下水位的下降量和发生地表塌陷个数以及分布特征等相关资料。

7. 对处理地表水漏失和地表塌陷的复杂性，我们的认识也是很不够的。处理这类问题，政策性很强，牵涉面广，既关系工农业生产的增长或下降，又关系到集体、个体的切身利益。所以对灾害的认识和处理办法，很难统一。从 1972 年 3 月开始讨论漏水和地表塌陷至 1980 年 3 月交付最后一批处理塌陷的设计文件，其间开会次数之多，参加会议人员之广，所需时间之长，作为处理施工过程的问题来讲，实在是前所未有。

8. 1968 年 8 月 24 日重庆鉴定时决定，洞内排水设计原则为“以排为主，以堵为辅，排堵结合”。尔后，设计文件的内容和施工实践中的措施，都是照此原则办理的。现在看来，所谓“水以排为主”、“水宜疏不宜堵”，在一般情况下，作为洞内排水原则是正确的。但是若结合此隧道的具体条件，即一方面洞内大量岩溶水涌出，洞外将产生地表水枯竭和地面塌陷，这将给人烟稠密、地少人多的千家万户带来极大困难；另一方面当时施工堵水技术能力已有相当水平，若采用“以堵为主”的原则，也不失为良策。

从已有资料介绍，以堵为主的施工方法，主要指边开凿边浇灌一层快干水泥，然后在隧道壁以 8 MPa 的压力注入水泥苛性钾和硅石混合的砂浆，这样可堵住冒水量为 70 m^3/min 的出水点。中梁山隧道某些出水点的出水量远比此数字为小，所以“以堵为主”在技术上是成立的，而且洞壁注入砂浆的压力也可相应减少。采用这种方法虽然施工期间投资要多一些，但从长远看，可能还是合适的。

9. 整治工程费用，采用由铁路拨给地方包干使用的方法，实践证明是正确的。这样做，施工质量好，见效快，可以就地取材，土法上马，充分利用农村劳动力，同时还可减少设计、施工、地方三者之间无休无止的会议。

10. 在碳酸盐岩地区修建隧道，由于洞内大量涌水，引起洞顶泉水或堰塘水水量减少或干枯或地面塌陷的现象，是相当普遍的。例如娄山关隧道、梅花山隧道、大巴山隧道等等，都程度不同地发生了上述改变自然环境的状态，只因这些隧道地处荒凉、人烟稀少，当地农民没有像中梁山那样反映强烈和要求赔偿而已。今后为了进一步提高勘测设计质量，为了保护自然环境，为了更好地为人民服务，应针对这类隧道，特别是当隧道顶部耕地较多，或人口稠密，或有文化古迹，或有温泉风景时，不仅应把工作做够，进而科学地、详细地作出是否会发生上述问题的评价，而且还需未雨绸缪，采取有效措施，切实做到防患于未然，把过去的“事后整治”改变为“事先预防”。

七、襄渝铁路增建二线新大巴山隧道岩溶涌水病害

张雄文

(一)概　　况

1. 工程简介

新大巴山隧道($YD_2K424+983\sim YDK435+641$)行政区域跨陕西、四川两省,$YD_2K424+983\sim YD_2K427+920$ 段属陕西省镇巴县巴山乡,$YD_2K427+920\sim YDK435+641$ 段属四川省万源市梨树乡。

隧道穿越大巴山,为单线越岭隧道,人字坡排水,全长 10 658 m,最大埋深约 800 m,左侧 30 m 设 10 622.7 m 长的贯通平导。隧道位于长为 5 333 m 的既有襄渝铁路大巴山隧道右侧,线路走向与既有线基本平行,线间距约 750 ~ 1 080 m。隧道于 2005 年 7 月 31 日开工,平导于 2007 年 9 月 8 日贯通,正洞于 2007 年 12 月 1 日贯通。

2. 岩溶勘察工作简介

新大巴山隧道通过地层岩性种类较多,地质构造极其复杂,地下岩溶水极发育。针对岩溶分布及发育情况,采用综合勘察技术,开展了地质测绘、钻探、测试、物探、地表水流量观测等综合地质勘察工作。所完成的主要工作量见表 5—7—1。

表 5—7—1　新大巴山隧道主要工作量统计表

工　作　项　目	单　　位	工　作　量	备　　注
1:10 000 工程地质测绘	km^2	35	
1:2 000 工程地质测绘	km^2	6.6	
实测地层剖面	m/条	733.26/1	
泉井点调查	处	14	
溪沟河流量观测	条	14	
深孔钻探	m/孔	1 421.74/4	
浅孔钻探	m/孔	320.94/11	
水文地质试验	段	7	(2 段抽水,5 段压水)
岩石物理力学性质试验	组	56 组	
水质分析	组	5 组	
岩块波速测试	组	56 组	
综合物探测井	m	1 381.27	

3. 配合施工简介

中铁二院针对新大巴山隧道成立了特隧组,负责施工过程中的设计后服务工作。配合施工中,针对岩溶涌水开展的工作如下:

(1)现场核查施工中出现的涌水、涌泥点(段),分析并提出相应措施;

(2)核实施工期间揭示的地层岩性、地质构造;

(3)配合完成相关超前地质预报工作;

(4)对施工中出现的突水、突泥风险作预判，指导施工做好应急处理措施，提出预警通知；

(5)结合开挖揭示情况，完成补勘工作，岩溶钻探 9 孔 206.0 m，查明 YDK434 + 467 ~ + 482 段发育充填溶洞及空溶洞，隧底以下最大深度达 16 m，充填软塑状黏土。

(二)地形地貌特征

测区位于川陕交界的大巴山区腹地，属强烈切割的中山区，大巴山为嘉陵江与汉江水系的分水岭，花萼山为全区主峰，高程达 2 371.80 m，位于隧道左侧。地面坡度为 40° ~ 60°，相对高差约 600 ~ 1 100 m，高程 1 400 ~ 1 600 m，分水岭一带高程达 1 500 ~ 1 800 m，该分水岭向两侧至进口的巴山乡和出口的梨树乡，高程分别降低 720 m 左右。全区地貌为构造剥蚀山地，山脉呈树枝状，沟谷深切，总体延伸方向与地质构造线走向一致，由北西向北渐转为北东向。

测区内断续残留五级夷平面：Ⅰ级夷平面高程 2 100 ~ 2 300 m；Ⅱ级夷平面高程 1 700 ~ 1 800 m；Ⅲ级夷平面高程 1 400 ~ 1 600 m；Ⅳ级夷平面高程 1 000 ~ 1 200 m；Ⅴ级夷平面高程 700 ~ 800 m。

区内层状地形较清晰，岩溶阶梯状成层发育，夷平面上发育有漏斗、落水洞，局部地方有峰林，呈岩溶化山地地貌。

(三)气象及水文

测区属亚热带温湿型季风气候区，气候温和，四季分明，降雨量充沛，年均降雨量为 1 000 ~ 1 300 mm，最大年降水量 1 683.2 mm，7 ~ 9 月份为雨季，其降雨量占全年的 49%。隧道自 2005 年 7 月 31 日开工后，四川省万源地区发生了两次大暴雨。据万源市气象局提供的资料，大暴雨发生在 2006 年 6 月 30 日，日降水量 225.2 mm；2007 年 7 月 6 日，日降水量 160.2 mm。

隧道进口端为汉江水系任河支流黑水河，为分水岭北部地区排泄基准面；出口端为嘉陵江水系的渠江支流后河，为分水岭南部地区排泄基准面。黑水河和后河流量较大，且变化较大，雨季流量可为枯水季节流量的数倍至数十倍，山洪暴发时流量增达数百倍，具山区河流特征。测区内黑水河和后河的支流、支沟发育，常年性流水的河流、溪沟较多，呈树枝状分布。这些河流、溪沟水多发源于碳酸盐岩地层，河床存在渗漏现象，地表明、伏流交替出现，如潮水沟、刀林沟、吴湾等处，在上游见地表水，流经 $Z_b dn$ 及 $\epsilon_1 sh$ 地层段时地表水明显减少甚至消失。测区地表水丰富，进口黑水河 2004 年 11 月 27 日测得枯季流量 1.51 m^3/s，最大流量为 180 m^3/s，隧道进口最高洪水位 682 m；出口后河 2004 年 11 月 21 日测得枯季流量 0.54 m^3/s，最大流量为 450 m^3/s，百年最高洪水位为 716.29 m。

(四)地层岩性及岩溶发育特征

大巴山隧道区内地层，除缺失石炭、泥盆系外，自震旦系至三叠系均有分布，并有广泛覆盖于基岩之上的第四系堆积层。地层岩性及岩溶发育特征如表 5—7—2。

表 5—7—2 地层岩性及岩溶发育特征表

地层及代号	岩性特征及分布位置	地层厚度(m)	岩溶形态		地表主要泉点(个)	岩溶发育强度	含水性能
			类型	数量			
震旦系下统南沱砂岩群 Z_a	凝灰质砂岩夹页岩，分布于鲁家坪—莲花池逆断层上下盘、唐湾—桃树垭逆断层上盘等处	1 000	无	0	2	非岩溶	裂隙含水层

续上表

地层及代号	岩性特征及分布位置	地层厚度（m）	岩溶形态		地表主要泉点（个）	岩溶发育强度	含水性能
			类型	数量			
震旦系上统陡山沱组 Z_bd	页岩夹粉砂岩、凝灰岩，分布于鲁家坪—池逆断层上下盘、唐湾—垭逆断层上盘等处	40	无	0	1	非岩溶	相对隔水层
震旦系上统灯影组 Z_bdn	白云岩、灰岩，出露于源滩—池主背斜北翼、胡家湾倒转向斜及胡家湾—垭口倒转背斜核部附近、唐湾—垭逆断层上下盘等处	114	小型溶洞	2	15	中等	岩溶—裂隙含水层
寒武系下统石牌组下岩段 $\in_1s^1$	砂岩、页岩夹灰岩，出露于陡梯子—坪向斜与源滩—池主背斜之间褶皱的翼部、胡家湾倒转向斜核部、张家湾—湾倒转向斜两翼等处	164	溶蚀扩大裂隙	0	4	弱	裂隙—岩溶含水层
寒武系下统石牌组中岩段 $\in_1s^2$	页岩夹砂岩、粉砂质页岩，出露于陡梯子—坪向斜南翼、胡家湾向斜核部、张家湾—湾倒转向斜两翼等处	94	无	0	1	非岩溶	裂隙含水层
寒武系下统石牌组上岩段 $\in_1s^3$	页岩、砂岩夹灰岩，出露于胡家屋基—上背斜核部、陡梯子—坪向斜核部、张家湾—湾倒转向斜核部等处	153	无	0	1	微	裂隙含水层
寒武系下统石龙洞组 $\in_1sh$	豹皮状灰岩夹结晶灰岩，出露于后寨沟向斜与胡家屋基—上背斜之间褶皱翼部	122	溶洞漏斗洼地	18	10	强	岩溶含水层
寒武系中统大寨沟组下岩段 $\in_2d^1$	页岩、泥岩、粉砂岩夹泥质灰岩，出露于后寨沟向斜核部	218	无	0	3	微	相对隔水层
寒武系大寨沟组上岩段 $\in_2d^2$	灰岩、白云岩夹硅质、白云质灰岩，出露于隧道进口巴山倒转背斜核部、水井湾—岩背斜核部及子母梁—竹园向斜两翼一带	215	溶洞落水洞洼地	9	4	中等	岩溶—裂隙含水层
奥陶系下统 O_1	页岩夹灰岩，出露于子母梁—竹园向斜核部	93	溶蚀扩大裂隙	0	1	非岩溶	裂隙含水层
奥陶系中统宝塔组 O_2	灰岩夹泥质灰岩，出露于隧道进口外学堂屋脊一带	30	溶隙溶洞	3	4	中岩溶	岩溶—裂隙含水层
志留系 S_{1+2}^1	砂岩与炭质钙质页岩互层，分布于隧道进口外学堂屋脊一带	55	无	0	1	非岩溶	裂隙含水层
志留系 S_{1+2}^2	粉砂质页岩夹少量粉砂岩，分布于隧道进口外学堂屋脊一带	200	无	0	0	非岩溶	隔水层
二叠系下统 P_1	梁山组（P_1l）页岩夹煤层，出露于隧道东侧荆竹坝一带	175	无	0	0	非岩溶	隔水层
	栖霞组（P_1q）灰岩间夹2～3层碳质页岩，出露于隧道东侧荆竹坝一带		水平溶洞	2	5	强岩溶	岩溶含水
	茅口组（P_1m）灰岩，分布于偏岩子背斜核部						
二叠系上统 P_2	上统吴家坪组（P_2w）泥质粉砂岩、页岩夹煤层，分布于偏岩子背斜两翼	87	无	0	0	非岩溶	隔水层
	上统长兴组（P_2c）灰岩，出露于偏岩子背斜两翼及核部		水平溶洞	1	1	强岩溶	岩溶含水层
三叠系下统大冶组第一段 T_1d^1	泥质灰岩夹页岩，出露于源滩—桃树垭断裂带附近、岩湾向斜南西翼	28	无	0	0	微岩溶	相对隔水层

续上表

地层及代号	岩性特征及分布位置	地层厚度（m）	岩溶形态		地表主要泉点（个）	岩溶发育强度	含水性能
			类　型	数量			
三叠系下统大冶组第二段 T_1d^2	灰岩、泥质灰岩夹页岩，出露于源滩—桃树垭断裂带附近及偏岩子背斜两翼、岩湾向斜南西翼	270	漏斗	1	1	中等	岩溶—裂隙含水层
三叠系下统大冶组第三段 T_1d^3	泥岩、页岩夹白云岩、泥灰岩，出露于杏树坪背斜及偏岩子背斜两翼	24	无	0	0	微	岩溶—裂隙含水层
三叠系下统嘉陵江组第一段 T_1j^1	灰岩、泥质灰岩夹白云岩、页岩，主要出露于荆竹坝、洞子口一带及源滩—桃树垭断裂带、红岩湾向斜附近	220	落水洞 漏斗	2	0	中等	岩溶—裂隙含水层
三叠系下统嘉陵江组第二段 T_1j^2	盐溶角砾岩夹灰岩、白云岩，分布于隧道出口两河口正断层下盘、红岩湾向斜附近一带	120	水平溶洞	3	2	中等	岩溶—裂隙含水层
三叠系下统嘉陵江组第三段 T_1j^3	灰岩夹白云岩，分布于隧道出口两河口—甘家河一带	200	落水洞 漏斗	12	6	强	岩溶含水层
三叠系下统嘉陵江组第四段 T_1j^4	盐溶角砾岩夹灰岩、白云岩，分布于隧道出口备马湾一带	190	落水洞 漏斗	5	6	强	岩溶含水层
三叠系中统雷口坡组 T_2l	盐溶角砾岩夹灰岩、白云岩、石膏层，分布于隧道出口备马湾逆断层下盘金家坪—梨树乡一带	200.0	漏斗	1	3	强	岩溶含水层
总　　数		4012		59	74		

注：区域地层厚度中碳酸盐类岩层厚度有2036m，占总厚度的50.7%。

施工开挖揭示地层层序与设计吻合，分界线与设计基本相符，其中可溶岩19段和非可溶岩18段交错发育；隧道通过可溶岩段长度设计与施工揭示对照，亦出入不大(见表5—7—3)。

表5—7—3　施工图隧道通过可溶岩段长度与施工实际揭示对照表

内　容	隧道通过可溶岩长度及比例			
	施工图预测总长度（m）	占隧道长度比例（%）	施工揭示总长度（m）	占隧道长度比例（%）
正　洞	7376.5	69.21	7238.6	67.911
平　导	7390.17	69.57	7725.86	72.73

（五）地质构造

本区大地构造属大巴山褶皱带，主要由一系列的短轴复式向斜和背斜组成，以源滩—莲花池复背斜、荆竹坝向斜及偏岩子背斜等为主，在其两翼分别形成数个次一级的短轴背、向斜褶曲构造。

区内断裂较为发育，既有区域性的大断裂，也有局部性质不明小断裂，其断裂走向与褶皱轴基本一致，并以逆断层为主。受源滩—桃树垭区域逆断层由NE向SW的推覆，致使在荆竹坝—唐湾一带沿大断裂的SW侧(下盘)形成叠瓦式断裂。源滩—桃树垭断裂带是一条区域性大断层，在该断层下盘三叠系与二叠系地层间形成一系列NW—SE次级断裂构造，主要为唐湾—桃树垭逆断层(F_3)、源滩—桃树垭逆断层(F_4)、源滩—桃树垭逆断层(F_5)及荆竹坝逆断层(F_6)。隧道通过的地质构造情况见图5—7—1所示。

（六）蓄水构造及地下水富水段的划分

隧址区根据含水层岩性和地质构造特征，将地下水蓄水构造及地下水富水段分为八段。

1. 大阴坡富水地段（$YD_2K424+983 \sim YD_2K425+350$）

构造为巴山倒转背斜、向斜，主要由寒武系中统大寨沟组上岩段石灰岩、白云岩岩溶裂隙含水岩组组成，位于地表浅部，降水、地表水顺岩溶裂隙渗入补给，该段岩溶地下水丰富。平导施工中有一处涌水点，雨季最大涌水量 16 500 m^3/d。

2. 向阳坪蓄水构造（YDK425 + 650 ~ YDK426 + 000）

有子母梁—竹园向斜分布，蓄水构造由ϵ_2d^2 的含水灰岩与其下ϵ_2d^1 的砂泥岩隔水层组成，该蓄水构造的静储量为两侧隔水层之间的岩溶管道水。施工中，该段仅有零星出水。

3. 后寨沟—庙梁上向斜蓄水构造（YDK426 + 580 ~ YDK427 + 060）

由ϵ_1s^3 砂岩、页岩相对隔水岩组封闭的ϵ_1sh 岩溶管道含水岩组构成的向斜蓄水构造。该含水岩组补给范围宽，赋集条件好，同时在向斜蓄水构造中有后寨沟—庙梁上逆断层顺向斜轴向分布，断层切割岩溶地层，地下水沿断层渗透运移，加速了其岩溶化进程，加剧了岩溶化的强度和富水性。本蓄水构造的南段，在既有隧道施工时产生 117 000 m^3/d 的最大突水量，反映出其富水性强的特征。向斜蓄水构造有静储量存在，且岩溶含水层同隔水层接触带及后寨沟—庙梁上逆断层破碎带为地下水富集带，也是岩溶水集中突水、突泥地段。施工中出现突水、突泥，雨季出水点最大涌水量 194 520 m^3/d。

4. 庙梁上蓄水构造（YDK427 + 300 ~ + 900）

由ϵ_1s^1 页岩、砂岩隔水层、Z_bdn 灰岩岩溶裂隙含水岩组和 Z_bdn 页岩、砂岩隔水层组成的单斜蓄水构造。灰岩分布在分水岭地带，地表有岩溶发育，常见冲沟段有水流流经灰岩后补给含水层而沟水干涸现象。既有隧道在施工时，该蓄水构造段突水量为 30 000 ~ 40 000 m^3/d。蓄水构造为黑水河上游段，河水面高程 1 000 m，在该高程以下，蓄水构造储积有岩溶裂隙水静储量。施工时，雨季出水点最大涌水量 10 800 m^3/d。

5. 鲁家坪—池逆断层蓄水构造（YDK428 + 150 ~ + 400）

断层走向 N45°W，倾向 NE，倾角 65°，延伸长 45 km。上盘为南沱砂岩群逆冲在 Z_bdn 之上。施工中，断层下盘出水点较多，可溶岩和非可溶岩接触带雨季最大涌水量 15 668 m^3/d。

6. 唐湾—瓦厂断层蓄水构造（YDK429 + 500 ~ YDK430 + 600）

由ϵ_1s^1 页岩、砂岩隔水层、Z_bdn 灰岩岩溶裂隙含水岩组、唐湾—桃树垭逆断层、源滩—桃树垭逆断层破碎含水带、P_2c 灰岩岩溶含水岩组、T_1d^1 页岩隔水层组成的单斜岩溶管道裂隙水。上述岩溶含水层受逆冲断层切割挤压，岩石破碎，为降水、地表水入渗提供了良好的途径和岩溶作用的条件，形成了岩溶地下水储积空间及运移的通道。含水岩组地表有泉水出露，出露高程为 1 000m。该地下水面至隧道路肩高程之间有地下水静储量蓄积。断层附近施工中静储藏量释放点较多，涌水量 882 ~ 7 200 m^3/d。

7. 荆竹坝—偏岩子富水地段（YDK432 + 240 ~ YDK433 + 260）

该段主要由 T_1j 石灰岩、白云岩岩溶管道水含水岩组组成，有荆竹坝倒转向斜、杏树坪背斜、岩湾向斜等褶皱分布。岩层在褶皱过程中造成了大量的纵张裂隙，层间裂隙，为降水的入渗、地下水的运移创造了良好的通道，促进了岩溶发育，地下水丰富。褶皱核部及可溶岩和非可溶岩接触带出水点较多，雨季出水点最大涌水量 5 500 m^3/d。

8. 偏岩子富水地段（YDK433 + 260 ~ YDK434 + 570）

由 T_1d 岩溶裂隙含水岩组、P_2c 灰岩、茅口组石 P_1m 灰岩岩溶管道水含水岩组、T_1j 岩溶裂隙含水岩组、T_2l 雷口坡组岩溶管道含水岩组组成，其间还有偏岩子背斜、两河口正断层、备马湾逆断层等分布，属于地下水富集带。偏岩子背斜北翼有两处集中出水点，雨季出水点最大涌水量 55 200 ~ 60 000 m^3/d。

(七)岩　溶

1. 隧道岩溶水的垂直分带

本区岩溶发育与地下水运动密切相关。高程 1 100 m 以上为垂直循环带，地表岩溶形态有溶蚀漏斗、落水洞、溶洞、溶孔、溶蚀裂隙等。高程 1 100 m 以下，由于隔水层和侵蚀基准面的限制，即转为水平循环，并向黑水河和后河水系排泄，在黑水河上游支沟麻里坝、马家河、瓦厂、唐湾以及后河沟谷两岸可见到溶洞、泉水等分布。大巴山隧道路肩高程为 699 ~ 758 m，洞身位于水平循环带以下，地下水以岩溶裂隙水为主。

2. 施工揭示岩溶形态

新大巴山隧道施工期间揭示，岩溶形态主要为小溶洞及岩溶裂隙，最大溶洞分布在 YDK434 + 467 ~ + 480，为充填溶洞，隧底以下最深约 16 m。正洞施工揭示的岩溶形态特征及相应出现的病害情况见表 5—7—4。

表 5—7—4　正洞施工揭示的岩溶形态特征及病害表

序号	名　称	里 程 位 置	岩 溶 形 态 特 征 及 病 害
1	溶　缝	YDK426 + 751	左侧靠排水沟内轨面以下约 1.9 m 垂直线路方向发育一溶缝，宽约 60 cm，向左延伸，深度不详，其后附近的排水管和注浆管出现喷射水现象，仰拱断裂上拱，以后该段数次发生涌泥涌水，已断裂的仰拱再度上拱，最高隆起约 61 cm，附近仰拱施工缝大部分出现断裂现象
2	溶　洞	YDK428 + 559	2007 年 6 月 25 日揭示出拱部溶洞，与正洞大角度相交，长 8 m，宽 0.8 ~ 1 m，向上深不见顶，向下在边墙底处尖灭，右侧起拱线处先后发生较大涌水，实测最大涌水量 15 668 m^3/d，初始时水质较浑浊，含沙量约 15%
3	岩溶裂隙	YDK428 + 400 ~ + 554	本段岩溶裂隙发育，地下水呈股状自边墙及拱顶溶隙中涌出，YDK428 + 448 段内有环向裂隙，拱顶有纵向裂隙，出水点位于左侧环向裂隙，右侧边墙处发育有小溶洞和溶管，前者深约 1.5 ~ 2 m，后者深约 1.3 m
4	岩溶裂隙	YDK433 + 359 ~ + 361	岩性为薄—中厚层状泥质灰岩夹页岩，开挖后沿围岩四周有环向岩溶裂隙，最大宽 2 cm，底部出现 3 处股状涌水，压力较小，其后水量渐小，但遇降雨，几处涌水均明显增大
5	溶　洞	YDK434 + 467 ~ + 480	沿岩层陡倾层面发育一溶洞，纵长 10 ~ 14 m，黏性土填充，钻探揭示隧底填充物最厚约 16 m，填充物中局部夹有薄层粉细砂层，可见清晰水平层理

(八)隧道涌水情况

1. 实测涌水量统计

施工期间正洞、平导实测涌水量如表 5—7—5 所列。

2. 涌水类型划分

隧道施工中，较大岩溶涌水主要属于沿溶隙发育的管道流，出水部位在边墙、拱顶、坑底等皆有。按涌水形式划为五种涌水类型，如表 5—7—6 所列。

表 5—7—5　施工中隧道实测涌水量统计表

项　　目	正洞总涌水量(m^3/d)		平导总涌水量(m^3/d)		合计(m^3/d)	涌水时间段
	进口—排水分界点附近	排水分界点附近—出口	进口—排水分界点附近	排水分界点附近—出口		
施工实测一般涌水量	18 144	1 440	17 280	6 912	43 776	2007-10～2008-4
施工实测小雨天涌水量	12 960	9 600	24 192	15 552	62 304	2007-5～2007-9
施工实测最大涌水量	373 823	176 740	370 003	167 534	1 088 100	

表 5—7—6　隧道涌水类型表

涌水形式	地　下　水　出　水　特　征
渗　水	沿微弱溶蚀的裂隙渗出，呈分散型，量极小
滴　水	沿溶蚀的裂隙呈串珠状滴水，呈分散型，量较小
线　流	沿裂隙呈线状出水，出水量较大
股　流	沿单一溶隙管道流出，呈股状，出水范围比较集中，量较大
涌　流	沿溶隙管道喷涌而出，有泥沙，含量 5%～95% 不等

3. 地下水储量分类

根据出水观测情况，大巴山隧道出水具有岩溶管道流的特点，对较大涌水点(段)来说，一般刚开挖时涌水量迅速变大，经一定时间逐渐变小，部分岩溶管道疏通，降落漏斗有扩大趋势，雨天增大，主要出水点暴雨天涌水增量显著。结合施工开挖时间、涌水历时时间和降雨情况，将刚开挖时突水归为地下水静储量释放，将降雨期间特别是暴雨时段涌水变化明显的出水归为与降雨有关的动储量。

4. 主要涌水点涌水情况

根据隧道涌水观测情况，现将正洞与降雨密切相关且涌水量较大的 6 处集中出水点(段)情况简介如下：

(1) YDK426 +420 ～ +510：2006 年 8 月 9 日至 9 月 1 日开挖至本段，发生涌水，主要涌水点位于 YDK426 +428 拱部、边墙和底部以及 YDK426 +443 左侧预留避车洞处。YDK426 +428 处 2006 年 9 月 26 日(该月多为晴天，当日降雨 0.3 mm)初次出现涌水，涌水量 15 696 m^3/d。2007 年 7 月 6 日(降雨 160.2 mm)，YDK426 +443 处最大涌水量达 122 400 m^3/d，泥沙含量 5%～20%。

(2) YDK426 +740 ～ +760：2006 年 7 月 6 平导先开挖到该段，出现大涌水、涌泥沙，静储量部分得到释放。正洞 2006 年 9 月 22 日至 9 月 25 日开挖到该段，发生初次涌水，涌水量 20 425 m^3/d，释放了部分静储量，但该段岩溶管道尚未疏通。正洞衬砌施作后，岩溶水排泄不畅，雨后岩溶水水压上升较快，于 2007 年 5 月 23 日(降雨量 122.1 mm)将衬砌压裂，发生较大涌水，最大涌水量 44 400 m^3/d。2007 年 7 月 6 日暴雨后岩溶管道进一步疏通，再次涌水，最大涌水量 134 400 m^3/d。

(3) YDK427 +013：2006 年 10 月 31 日(晴)开挖到该处，随即涌水，当日最大涌水量达 16 500 m^3/d(为静储量)。2007 年 7 月 6 日(降雨量 160.2 mm)，最大涌水量达 18 240 m^3/d(为动储量)。

(4) YDK433 + 268 ~ + 274：2006 年 9 月 21 日（连续晴天）开挖到该段时，在右侧起拱线位置发生涌水，涌水量 240 m^3/d，为静储量，开挖后一直有水流出。2007 年 5 月 22 日至 24 日雨天（降雨量 1.2 ~ 122.1 mm），涌水量 4 800 m^3/d（为动储量）。2007 年 7 月 6 日（降雨量 160.2 mm）出现大涌水，最大涌水量 22 080 m^3/d。

(5) YDK433 + 359 ~ + 361：2007 年 7 月 6 日（降雨量 160.2 mm）出现大涌水，本段正洞涌水量达 55 200 m^3/d，平导最大涌水量为 21 888 m^3/d，分析雨水主要沿线路右侧岩溶管道下渗流入隧道，正洞优先截水，故水量比平导大。涌水位置在左侧边墙及隧底。初次涌水出现在 2006 年 10 月 6 日（降雨量 3.7 mm），涌水量 14 400 m^3/d，为静储量，以后逐渐释放。2006 年 10 月 23 日（降雨量 35.3 mm）涌水量 21 120 m^3/d（动储量和静储量同时释放）。2007 年 5 月 23 日（降雨量 122.1 mm）涌水量 2 400 m^3/d（动储量为主）。随着岩溶管道疏通，2007 年 7 月 6 日（降雨量 160.2 mm）出现大涌水，最大涌水量达 55 200 m^3/d。

(6) DK433 + 463：涌水位置在右侧避车洞底部。初次涌水出现在 2006 年 10 月 6 日（降雨量 3.7 mm），涌水量 6 000 m^3/d，为静储量，以后逐渐释放。2007 年 5 月 23 日（降雨量 122.1 mm）涌水量 6 240 m^3/d（动储量）。2007 年 7 月 19 日（降雨量 30.2 mm）涌水量 33 720 m^3/d（动储量）。2007 年 7 月 6 日（降雨量 160.2 mm）出现大涌水，最大涌水量达 60 000 m^3/d（动储量）。

（九）小　　结

新大巴山隧道岩溶水病害严重，其水文地质条件的复杂程度主要与区域构造、岩性以及岩溶的发育程度有密切关系。一般在碳酸盐类岩层分布区受褶曲、断层破坏地段，地下水发育，补、径、排活动复杂。在可溶岩与非可溶岩接触带，向斜、背斜蓄水构造附近，断层破碎带及其影响带都是最易发生涌水的部位。施工中，向阳坪蓄水构造出水量较小，是由于子母梁—竹园向斜核部奥陶系下统（O_1）非可溶岩地层厚度比预测大，且延伸到隧道内，起到隔水作用所致。其余地段涌水情况与预测基本吻合，隧道内的主要涌水点均位于预测的富水地段。

八、达成铁路炮台山隧道的天然气地质条件

卞国忠

（一）概　　况

1. 隧道及瓦斯

炮台山隧道位于达（县）成（都）铁路金堂县境内，全长 3 078 m。洞身通过不含煤的侏罗系红色砂、泥岩地层。1993 年 3 月开始施工，一切正常。1994 年 3 月初，当平导由成都向达县方向掘进至 808 m 时，于 4 月 3 日 14 时 20 分和 4 月 4 日 10 时 23 分突然先后发生天然气燃烧、爆炸事故。燃烧发生于掌子面附近，瓦斯浓度估计大于 16%，造成伤人事故；爆炸发生于出口平导 400 m 附近，造成人员重大伤亡。事故发生始料不及，天然气从何而来？隧道施工被迫停工。洞内掌子面炮眼中瓦斯在继续不断涌出。4 月 5 日采样分析，天然气含甲烷 95.42%，有微量重烃和惰性气体，不含硫化氢（H_2S）。

5月30日,有关人员特护进洞观察,在平导掌子面24个炮眼中,尚有4个在继续冒气,具嗞嗞声(见图5—8—1)。6月中旬,在平导恢复通风过程中,原有炮眼中含有高达数千ppm的一氧化碳,乃放炮及瓦斯燃烧、爆炸所致。6月23日~7月9日,经芙蓉隧道工程公司在掌子面打钻孔测定,瓦斯压力最大为0.2 MPa,开挖面瓦斯绝对涌出量平均为3.03 m^3/min,岩层坚固性系数大于4,瓦斯放散初速度及吸附常数为0,气样组分甲烷97%左右。掌子面天然气涌出点具低压、低产、流量稳定、彼此间互不相通的特点。隧道按瓦斯隧道变更设计进行管理。

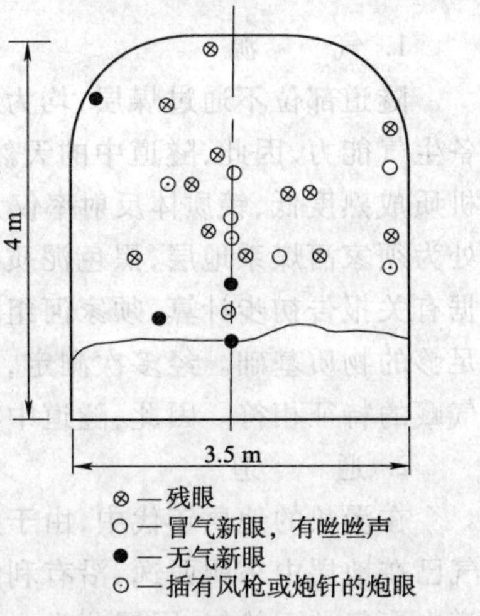

图5—8—1 炮台山隧道出口平导掌子面炮眼分布图

2. 地质特征

炮台山隧道地处龙泉山脉东侧,穿越牛形山—李家山一线,南临沱江。属中等切割山区。高程800~850 m,相对高差200~400 m。

洞身围岩进口端数百米为白垩系下统天马山组紫红、砖红色厚层状、块状、泥质、钙质胶结的砂岩夹泥岩、砾岩,其余2 km多均为侏罗系上统蓬莱镇组砂岩、泥岩互层。天然气逸出处是巨厚层砂岩。

隧道位于龙泉山箱形背斜北端(亦称三皇庙背斜)东翼之挠曲部位,局部发育有褶皱和断层,附近岩层破碎,产状紊乱。大部分地段岩层呈单斜状,倾角一般6°~11°,见图5—8—2。

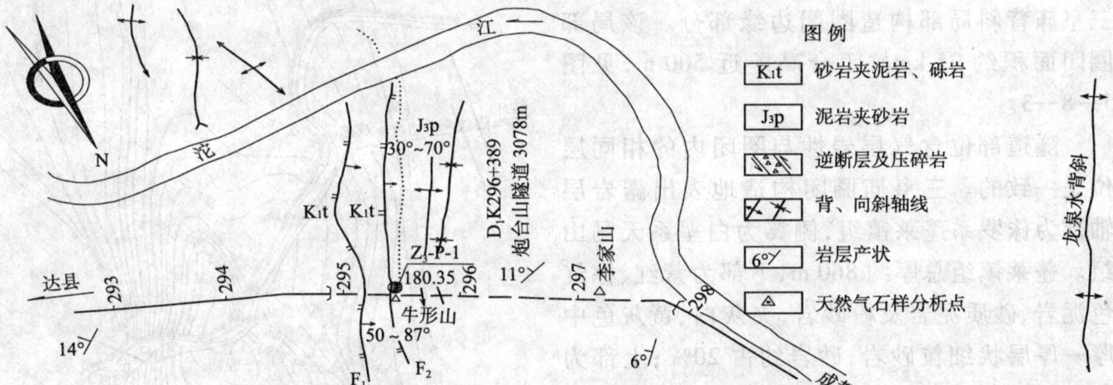

图5—8—2 炮台山隧道地质平面、断面示意图

(二)天然气聚集的地质条件

1. 气　源

隧道部位不通过煤层,均为红色泥岩、砂岩,没有生烃岩系沉积时所需的还原环境,不具备生气能力,因此,隧道中的天然气只能来自隧道下部的生气地层中。下部沙溪庙组地层有机质成熟度低,镜质体反射率仅为0.7%左右,不可能生成天然气。再其下距隧道垂深约3000 m处为须家河煤系地层,黑色泥质岩发育并夹煤层。据川128井资料,有机碳含量高达3.89%。据有关报告初步计算,须家河组上部生气强度可达 $30\times10^8\ m^3/km^2$,为浅层气的形成提供了足够的物质基础。经多次测定,隧道中瓦斯组分以甲烷为主,不含 H_2S,与川西地区须家河组气藏的特征相符。因此,隧道中涌出的天然气,应是须家河煤系地层所供给。

2. 通　道

在漫长的地质年代中,由于生气期与储气期不是同一时间,经过历次构造运动,原生天然气已在地层中东飘西逸,沿有利的途径运移至晚期构造及有聚集条件的地层中保存下来。隧道中聚集的天然气,同属此类。它是靠岩层中的裂隙通道来完成的。据三皇庙构造的地震勘探剖面资料,其翼部均存在较大断距的断层从深层通至地表。背斜东翼牛形山至李家山一带,实测剖面反映了断层和牵引褶曲及挠曲部位附近节理裂隙发育,局部达7~15条/m。这些构造裂隙系统形成网络通道,使深部的气源与其上的储集空间得以沟通。据隧道平导掌子面上观察,其中在224°~225°∠75°~77°节理中有天然气冒出,手捂裂缝有气感;在离隧道约5km的大河沟气苗点,冒气的裂隙产状为220°~232°∠78°~90°,均说明天然气是沿岩层陡倾角的节理裂隙向上运移的。

3. 储　集

通过区域地质资料分析,炮台山隧道位于三皇庙背斜局部构造圈闭边缘部分。该局部圈闭面积约25 km^2,闭合高差近500 m,见图5—8—3。

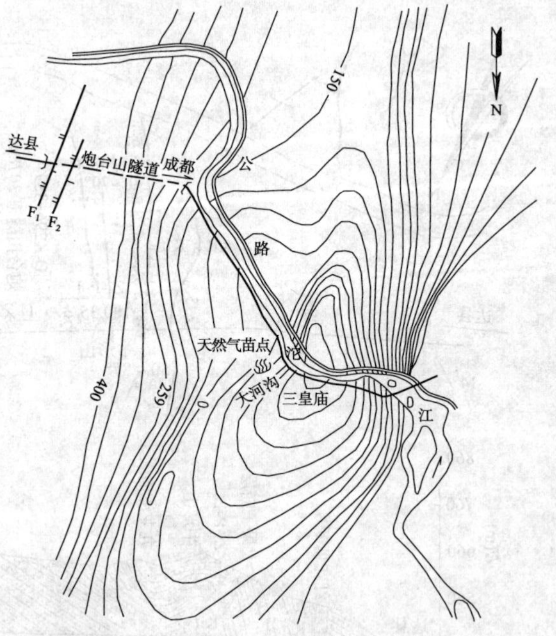

图5—8—3　三皇庙背斜圈闭构造图

隧道部位含气层岩性与圈闭内的相同层位是一致的。三皇庙圈闭构造地表出露岩层轴部为侏罗系蓬莱镇组,侧翼为白垩系天马山组。蓬莱镇组总厚约860 m,下部为紫红、棕红色泥岩、砂质泥岩及粉砂岩,夹灰白、黄灰色中厚—厚层状细粒砂岩,砂岩约占20%;上部为灰白、砖红色细粒长石砂岩,岩屑长石砂岩,长石石英砂岩与紫红、棕红色泥岩互层夹粉砂岩,页岩,砂岩约占40%。炮台山隧道大部分地段位于蓬莱镇组下部地层中,以砂岩、泥岩互层为主。据石油勘探资料,三皇庙背斜局部圈闭构造浅部的蓬莱镇组为储气层,以长石石英砂岩为主,储集空间以粒间孔和粒间溶孔为主,物性较好,孔隙度3%~16%,平均10.81%,渗透率 $0.014\times10^{-3}\sim19.246\times10^{-3}\ \mu m^2$,平均 $7.69\times10^{-3}\ \mu m^2$,是良好的储气场所。隧道下部蓬莱镇组地层厚达数百米,有储气的足够空间。大河沟天然气苗位于三皇庙圈闭构造的顶部,表明该构造确实有气。由于炮台山隧道在储气构造的侧缘,有挠曲或由岩性、裂隙等因素形成局部气藏的有利条件;在隧道埋深较大的牛形山—李家山间,东临与三皇庙构造深部断层相沟通的大梁子断层、红花塘断层(据地震剖面资料),有利于深部天然气向上运移,其泄逸出的天然气应是三皇庙气藏的一部分,储存场所应是隧道底部的小型的与三皇庙构造相通的局部小气藏。通过本次测定,三皇庙构造顶部的天然气苗的瓦斯流量为 30 L/min,炮台山钻孔瓦斯流量为 12 ~ 54 L/min,平均 29.1 L/min,二者相当。瓦斯组分亦相同。

4. 盖 层

三皇庙圈闭构造上部地层为致密的泥岩夹砂岩,一般突破压力为 10 ~ 12 MPa,在常压情况下,完全可能封盖天然气。炮台山隧道为泥岩、砂岩互层,采得 6 块代表性样品作压汞试验分析,所得物理力学参数见表 5—8—1。

表 5—8—1 岩石压汞试验物理力学性参数表

样品号	岩性	孔隙度 φ (%)	渗透率 K ($\times 10^{-3}\ \mu m^2$)	排驱压力 P_4 (MPa)	饱和度中值压力 $P_{c(50)}$ (MPa)	最小饱和孔隙体积百分数 x_{min} (%)	最大连通孔隙喉道半径 r_d (μm)
1	砂岩	16.18	5.363	0.35	3.00	26.49	2.14
2	砂岩	5.14	0.12	3.25	6.16	7.59	0.23
3	泥岩	6.84	0.643	52.5	82.40	33.68	0.01
4	砂岩	3.02	0.014	16.25	34.99	27.10	0.05
5	砂岩	16.46	19.246	0.35	0.84	13.40	2.14
6	砂岩	13.29	13.686	0.55	7.49	22.29	1.36

表 5—8—1 表明,岩层虽然有一定的孔渗性,但岩石的孔隙结构特征仍表明它们具有较好的封盖条件,特别是隧道中部牛形山—李家山间,有厚达 150 ~ 250 m 的泥岩砂岩互层段,泥质岩的排驱压力为 52.5 MPa,较砂质岩大两个数量级,而其最大连通孔喉半径为 0.01 μm,较砂岩小两个数量级,天然气不可能在如此小的孔隙喉道中流通。据炮台山隧道地面调查,泥岩中节理不发育,贯通性差,多呈闭合型;砂岩中节理较发育,节理间距多数为 0.7 ~ 1.0 m,贯通性差,80% 都呈闭合型,这些都具有盖层的条件。再则,本段侧向地层深埋,未暴露于地表,具有一定的遮挡作用,天然气会在隧道岩层,尤其是砂岩裂隙中聚集保存下来,隧道有残存的天然气聚集是必然的。

总之,隧道处于三皇庙储气构造边缘岩层转折部位,节理裂隙发育,具良好的通道;其下须家河煤系具有较好的生气能力;浅层侏罗系蓬莱镇组有孔,是渗透性较理想的储层;其上又有一定封盖能力的泥质岩层,具圈闭条件。隧道中遇到天然气是各种地质条件的综合反映。

(三)煤系地层地区隧道的工程地质工作

1. 加强区域地质资料的收集与分析

有天然气的地区,"气藏于内,必露于表",两者必然有联系。所以,首先要收集石油勘探部门以及有关的油气、油苗、含油构造等资料,从宏观上考虑隧道储气的可能性。而且,在分析资料的基础上,要充分认识浅层天然气藏的复杂性;一般既无固定的层段,又无特定的显示层岩性,各气点自成独立的供气系统。如炮台山隧道出口段天然气 1 号炮眼涌出点,从 5 月 28 日测定的 54 L/min,至 6 月 28 日测定,流量仍为此值,在其下方施钻 50 m 深的 2 号测压孔后,1 号炮眼的瓦斯流量仍不变;大河沟气苗点,在同一河沟相距不足 3 m 挖井 2 口,一口井产少量气并很快枯竭，而另一口井气量供农户煮饭已利用多年，气量变化不大。另外，必须加强对当地煤矿的调查访问及有关煤层瓦斯的资料收集；加强访问当地居民，他们往往可提供最好的观测资料。

2. 注重地质构造的调查

首先要了解地质发展史，掌握隧道所处区域构造的位置，然后查明隧道地区所处的局部构造，尤其是背斜圈闭构造，包括圈闭的面积、闭合高差等。在此基础上，摸清岩层的裂隙网络，特别是断层、节理及其组合关系对天然气运移、储存、封盖的影响。另外，对非背斜圈闭、如地层紧密圈闭、地层超覆尖灭、岩性透镜体封闭、大的沉积间断不整合面、岩层溶洞等，亦是储气的场所，必须十分重视。

3. 勘探原则

在工作中应遵循地质调查研究指路，物探先行，地质论证，选择裂隙发育带，沿背斜长轴，打高点，打陡翼，打转折带。

4. 加强资料的综合分析

在常规工程地质工作基础上，对隧道可能储气的生、储、运、圈、保互为因果的条件进行综合分析，提供设计所需的瓦斯设计参数，包括瓦斯涌出量、瓦斯压力等。

5. 加强施工地质工作

瓦斯隧道的施工，应严格执行《煤矿安全规程》的有关规定，按瓦斯隧道进行管理，运用超前钻孔，加强瓦斯监测，以便采取相应防范措施。

九、宝成二线隧道滑坡与预应力锚索加固

蒋忠信

宝成铁路阳平关至广元段沿嘉陵江上游峡谷行进，谷坡高陡，地形地质条件复杂。既有线选择了较有利的地形地质部位通过，增建二线只好在既有线内侧靠山行进，往往以隧道穿过。这些隧道与坡面斜交，洞口段开挖切坡和洞体掘进扰动坡体，会降低其稳定性，甚至酿成洞顶或洞口段坡体失稳，产生滑坡，使施工受阻。其中以新老鸦岩、新明月峡和新飞仙关等三座隧道的滑坡较为典型，影响甚大。对这三座隧道的滑坡采用以预应力锚索为主的加固措施并获成功，保证了宝成二线阳广段的顺利竣工，推进了预应力锚索技术的应用和发展。

（一）宝成二线的典型隧道滑坡

1. 新老鸦岩隧道进口段山体蠕滑

增建二线新老鸦岩隧道位于冉家河车站成都端，既有老鸦岩隧道右侧，设计 $D_2K338+850\sim+870$ 为挖方路基段，$D_2K338+870\sim+900$ 为长 30 m 明洞，$D_2K338+900$ 以后为隧道，既有老鸦岩隧道口位于里程 $D_2K338+970$ 处。线路左临嘉陵江，右侧山坡上陡下缓，上部陡坡坡度 60°～65°，裸露中三叠系雷口坡组灰岩；下部缓坡坡度 30°～35°，为堆积体，由块碎石土、黏土及砂黏土组成，厚 15～35m，其下基岩为下三叠系飞仙关组页岩夹泥灰岩。

新老鸦岩隧道于 1994 年 4 月 1 日动工，至 1995 年 1 月 18 日，明洞 30 m 已完成，隧道拱圈已施工到 $D_2K339+270$ 处，隧道边墙施工到 $D_2K338+930$ 处。此时发现内外边墙及拱圈开裂，长达 220 m，缝宽几毫米不等，观测发现山体蠕动。隧道中心在 $D_2K338+870\sim D_2K339+035$

段向河侧外移，最大位移值达 68 mm；山体在 $D_2K338+870\sim D_2K339+060$ 范围内开裂，长 187 m，最大裂缝宽 50 cm，前缘出现明显的剪出口，形成牵引式滑坡，处于蠕滑阶段。滑动面为堆积层中部的富水黏土夹层，深 10～15 m。滑坡沿隧道宽 200 m，顺坡向长 50～80 m，体积约 20 万 m^3。

新老鸦岩隧道以明洞或浅埋通过堆积体前缘，堆积体厚度大，一般为 25～30 m，其中的块碎石土极松散，且堆积层中深 3～18 m 与 24～35 m 处普遍发育有两层软—可塑状黏性土，成为山体沿之蠕滑的软弱夹层。修建宝成既有线时，在山体前缘开挖切坡，后又在隧道内侧山坡堆积体上横腰修建庞大的拦石墙，已使山体处于极限平衡状态。新老鸦岩隧道再次开挖坡脚，改变山体应力状态而导致山体失稳，产生牵引式蠕滑。

对该滑坡采用在隧道上方坡面设预应力锚索群的加固方案。

2. 新明月峡隧道进口段山体变形

新明月峡隧道位于朝天车站成都端，嘉陵江明月峡西岸。隧道进口段通过金家河区域性逆断层破碎带，岩体揉皱剧烈，在三叠系下统页岩夹薄层灰岩之上覆有较厚的断层角砾岩。峡谷岸坡陡峭，自然坡度 35°～65°，地下水丰富，隧道围岩被软化，工程地质条件十分不利。$D_2K320+730\sim+860$ 范围山体曾在 1976 年发生错落和坍塌，在山坡上部产生了纵向裂缝，其中 $D_2K320+730\sim+800$ 段裂隙已贯通，深可达 6 m，宽达 45 cm。对既有线作了山体减载、明洞外回填反压处理之后，山体变形趋于稳定。

增建二线明月峡双线隧道从既有线右侧山坡下穿过，隧道开挖断面大，势必影响山体稳定，加剧山体变形，影响二线建设并危及既有线安全。因此，在新明月峡隧道施工设计中，对 $D_2K320+730\sim+800$ 段采用预应力锚索加固山体。

$D_2K320+800\sim+860$ 段，由于隧道埋深达 35～45 m，外侧又有明洞反压，估计隧道开挖对山体影响不大，因此设计时未予加固处理。

1995 年新明月峡隧道进口段上半断面开挖、衬砌施工中坍方冒顶严重，错落体复活，衬砌开裂、下错，最大错距 30 cm，隧道被迫停工。错落蠕滑体沿隧道长 130 m（$D_2K320+730\sim+860$），宽可达 80 m，厚可达 40 m，处于蠕滑阶段。为确保既有明洞和新建双线隧道的稳定，又对 $D_2K320+800\sim+860$ 段增设预应力锚索加固工程。

3. 新飞仙关隧道堆积层滑坡

新飞仙关隧道（$D_3K333+204\sim+340$）位于观音坝至冉家河区间，嘉陵江东岸，为双线浅埋隧道，进、出口段均穿过厚层松散崩积体。

出口段（$D_3K333+294\sim+365$，长 71 m）崩积体厚 8～25 m，表层为砂黏土，下为松散碎块石土，基岩为飞仙关组页岩。出口段在崩积层中开挖后，引起隧道坍顶开天窗，地表密集开裂，隧道衬砌压裂、拱圈下错，108 国道一度中断，隧道被迫停工。

该滑坡沿隧道长 60 m，后缘裂缝距隧道 30 m，前缘在隧道下方，滑动面在崩积体下部，处于滑动阶段。经研究，对出口段滑坡采用预应力锚索与抗滑桩相结合的综合整治方案。

进口段（$D_3K333+155\sim+240$，长 85 m）堆积层最厚达 20 m，其中 0～3 m 为砂黏土，余为碎块石土，松散，地形地质条件与进口段类似。取出口段的经验教训，对进口仰坡在进洞前采用预应力锚索进行预加固。

（二）加固隧道滑坡的锚索方案与机理

1. 宝成二线隧道滑坡锚索方案

（1）隧道滑坡加固方案的比选：上述三座隧道洞顶或洞口段山体变形处于蠕滑阶段，隧道已开裂与位移,必须采用抗滑工程约束变形山体,保证坡体与隧道的稳定。这些失稳坡体厚度大,横坡陡,隧道又不能承受较大侧压力,因此主体工程措施比较了在隧道内侧坡体设抗滑桩的方案和在隧道上方失稳坡体上设预应力锚索的方案。经技术经济比较,确定采用以预应力锚索为主体工程措施的处理方案。其原因如下:

①被动受力的悬臂式抗滑桩会产生一定的弹性变形,已开裂变形的隧道衬砌将难以进一步承受桩传递的山体压力,而采用主动加力的预应力锚索,则不会向隧道传递侧压力。

②抗滑桩桩井较深,挖方量大,在井下和陡坡上人工作业,施工难度大,工期较长,安全性较差,而预应力锚索可在坡面上机械化作业,安全高效。

③抗滑桩的长度和截面都会随滑体厚度而同步增加,工程数量随之呈几何级数增长,而预应力锚索工程数量则只呈算术级数增长,上述隧道滑坡体厚度较大,采用预应力锚索加固比抗滑桩的费用要省。

(2)预应力锚索类型的选择:宝成二线加固隧道洞顶或洞口段山体滑坡和变形体的预应力锚索,采用了小吨位的由高强钢绞线组成的永久性锚索,属主动加力型、预应力可调型、非全粘结型、荷载集中型。其原理如下:

①为避免未加固区的继续蠕变,失稳坡体的加固面宜大勿小,因此采用数量较多、加固面较广的小吨位锚索,主要采用 500 kN 级。

②为避免隧道承受下滑力,采用主动加力型预应力锚索。失稳坡体为松散层,故以超张拉来补偿预应力的损失,保证锚索承受全部下滑力。

③为能够多次张拉,采用非全粘结型锚索。在自由段用套管套护钢绞线,使之能自由拉伸;锚固段则用砂浆体将钢绞线与锚孔壁粘结。

④由于锚索吨位较小,锚固段岩体较完整,锚固力易满足要求,因此采用了工艺较简单而成熟的拉力式荷载集中型锚索,未采用当时正研发的压力式荷载分散型锚索。

⑤为避免锚索拉伸而造成预应力衰减,锚索体采用高强度、低松弛的钢绞线组成。加固工程为永久性工程,对锚索体采用多层防腐措施。

2. 预应力锚索加固松散体滑坡的机理

(1)应力传递与响应:对老鸦岩堆积体锚索的有限元分析显示了预应力锚索加固松散滑体的有效性。

①预应力在松散介质中传递和响应的规律与在岩体中相似,可通过增大正应力和阻滑剪应力起到抗滑作用。

②对锚索沿轴向施加预应力时,不致使坡面表土开裂变形,不设格梁约束也稳定。

③介质软硬对坡体和滑面上应力的分布和大小的影响不大,锚索加固变形模量较小的松散介质与加固变形模量较大的岩体同样有效。

④堆积层中滑面深度为 15 m 时,与 10 m 时相比,滑面上总正应力和总剪应力的矢量和仍与施加的预应力基本平衡,松散滑体的厚度并不影响锚索的加固效果。

(2)预应力损失:

①锚具夹片内缩所致预应力损失。可通过改进锁定工艺来控制。

②钢绞线与管道摩擦所致预应力损失。可通过预张拉来控制。

③钢绞线松弛所致预应力损失。设计预应力往往为极限应力的 60%~70%,钢绞线松弛造成的预应力损失并不太大。

④地层压缩徐变所致预应力损失。现场测试表明,预应力一般在加载后 20 天~4 个月内

可趋稳定，地层压缩 1 000 小时的预应力损失比例约为：坚石 4%，次坚石 5%，结构紧密未风化软石 6%，碎裂岩、硬土 7%，散体岩、风化软岩、普通土 8%，松软地层 >10%。

因此，锚索预应力损失仍是有限的和可弥补的，预应力锚索加固松散滑体将是长期有效的。

(3)锚固力分布：锚索设计中以砂浆与孔壁间的剪应力沿锚固段全长均匀分布为前提，采用平均粘结强度计算锚固段的长度。但试验研究表明，剪应力在锚固段并非均匀分布，而是在前段集中并形成峰值，然后逐渐向末端减小并最终趋近于 0。可见，按剪应力均布计算锚固段长度，所得安全系数往往比实际偏大，趋于不安全。通过对若干实例的总结，表明拉力型锚索锚固段的剪应力(τ)分布曲线是以 0 为渐进线的单峰曲线，符合三参数的高斯曲线。

$$\tau = a \cdot e^{b(L-d)^2}$$

式中 L——从与自由段交点起算的锚固段长度；

a,b,d——待求的曲线参数，b 为负值。

剪应力的极大值 $\tau_{max}=a$，极值处的锚固段的长度 $L_{max}=d$。各实例剪应力的平均值与峰值之比 k 为 0.62 ~0.72，平均为 2/3，设计锚固段的安全系数应按 2/3 折扣。

(4)群锚效应：松散体的结构强度低，当锚索间距过小时，可能产生相互影响，降低锚固能力，故有锚索间距要大于 5 倍孔径的经验。

另一方面，锚索间距又不宜过大，否则锚索之间会出现明显的应力跌落区，达不到对坡体整体锚固的效果。有限元模拟表明，当锚距为 3 m 时，锚索之间的坡体和滑面上不存在应力分离所形成的应力明显降低区，坡体和滑面的应力得到整体改善。当锚距为 6 m 时，锚索之间区域的正应力和阻滑剪应力已存在明显的跌落，应力响应峰值降低了 40% ~50%。因此，加固松散介质的预应力锚索的间距，以 3 ~5 m 为宜。

(三)加固宝成二线隧道滑坡的锚索设计

1. 设计流程

加固滑坡的预应力锚索设计流程如图 5—9—1 所示。

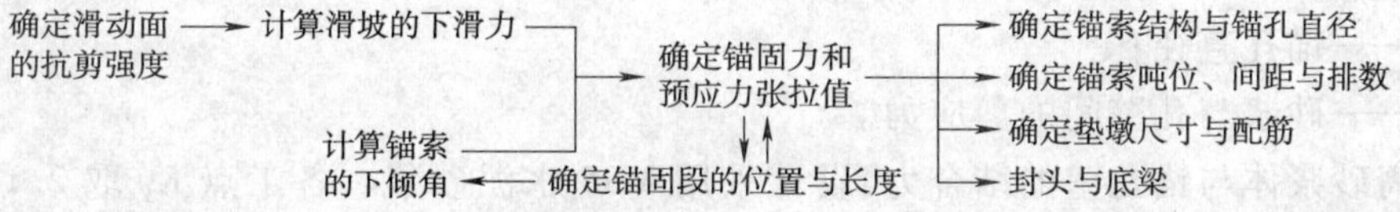

图 5—9—1 宝成二线预应力锚索设计流程框图

2. 工程设计

(1)确定滑动面的强度指标及滑坡下滑力：本线三工点根据滑坡主轴断面采用反算法确定滑动面的抗剪强度指标，施工中及时反馈锚索钻孔揭示的地质信息，对设计进行修改。

各滑坡前、后缘较明显，隧道变形又显示了滑面位置，故采用条分法或圆弧法计算下滑力。计算中未考虑锚孔压力灌浆所增加的安全储备，因此安全系数取路基边坡工程的偏小值，为 1.05 ~1.10。计算断面包括滑坡主轴断面和两侧的代表性断面。

(2)确定锚固力与张拉值：

①设计锚固力。设单宽滑坡下滑力为 F，则所需单宽锚固力为

$$P_t = \frac{F}{\sin(\alpha + \beta) \cdot \tan\varphi + \cos(\alpha + \beta)}$$

②预应力损失与张拉值。以老鸦岩隧道750 kN锚索为例，定量估算出各因素所致的预应力损失率。锚具夹片内缩4.4%，张拉系统3.0%，钢绞线松弛4.5%，地层压缩徐变1.5%。总的预应力损失率为13.4%，计100.5 kN。

为减少锚索锁定后的预应力损失，各工点采用分两次、每次分几级的间隔张拉方式。同时，锚索的最后张拉的锁定值大于设计预应力，即通过超张拉来弥补预应力的损失。预应力超张拉值根据测试和经验确定，三工点均为加固松散滑体，超张拉比值20%~25%，大于老鸦岩隧道实测的预应力衰减比例。

(3)确定锚索下倾角：

$$\beta = \frac{45°}{K+1} + \frac{2K+1}{2(K+1)}\varphi - \alpha$$

式中 K——锚固段长度与自由段长度之比；

α,φ——设锚索段滑动面的倾角和内摩擦角。

同时，由于灌浆施工的需要，β不宜小于10°。因此三工点β角取为10°~20°。

(4)内锚固段的长度确定及布设：各工点锚固段全置于滑面以下的基岩中。考虑应力扩散，锚固段起点低于基岩面至少1 m。考虑以下两项原则，三工点的锚固段长度均取8~10 m。

①提供足够的锚固力。极限锚固力受锚索钢绞线强度、砂浆对钢绞线的握裹力、砂浆体与锚孔壁的结合力、锚固段岩土体的剪出破坏四种因素控制。三工点锚固段深置于基岩中，岩体不易剪出破坏；锚索体的钢绞线有足够的安全储备，其藕节状结构增大了砂浆对钢绞线的握裹力。因此，控制锚固力的突出因素为砂浆体与锚孔壁的结合力。设计中锚固段长度L以砂浆与孔壁间的粘结力沿全长均布为前提，按下式计算：

$$L = \frac{K_1 T}{\pi D \tau}$$

式中 K_1——安全系数；

T——预应力张拉值；

D——锚孔直径；

τ——砂浆与孔壁间的剪应力。

为提高砂浆体与锚孔壁的结合力，设计采用M35水泥砂浆。各工点K_1取2.1，2/3折扣后为1.40，仍大于1.3，安全储备足够。

②锚固段全长有效。根据测试和有限元分析，当锚固长度大于10 m时，锚索杆体中轴向应力已很小，相应的粘结剪应力也较小，靠增加锚固长度来提高锚索的抗拔力已变得效果不明显，故有效锚固长度不超过10 m。

(5)锚索结构和孔径的确定：

①钢绞线根数：根据单根锚索要求承受的锚固力和钢绞线的最小破断载荷加一定的安全系数来确定锚索的钢绞线根数。各工点采用国标GB/T5224—95及美国标准ASTM A 416—94高强度低松弛钢绞线。钢绞线用7丝拧成，ϕ15.24 mm，截面面积140 mm^2，张拉强度1 860 N/mm^2，最小破断载荷260.7 kN。500 kN、750 kN锚索分别用4根、6根钢绞线组成，超张拉25%时安全系数K_2为1.6，远大于规范规定的1.33，有足够的安全保障。

②锚索体结构:锚索索体钢绞线呈同心状环列,中心全长插灌浆管。锚固段用扩张环和定位片束张呈藕节状,自由段各根钢绞线经防锈防腐后,分别套上塑料管,再用箍环紧束成索;塑料管末端设止浆塞。

③锚孔直径:本线4、6根钢绞线的锚索,锚孔孔径据索体直径、成孔机具,均设计为110 mm。

(6)锚索吨位、间距和排数的确定:

①锚索吨位:三隧道失稳坡面较大,故采用小吨位锚索加固。索体构造要求锚索的钢绞线最少要3~4根。因此,三工点设计采用4根钢绞线的500 kN锚索及少量6根钢绞线的750 kN锚索。

②锚索间距:治理滑坡的锚索为群锚,呈矩形排列,纵向成排,竖向成列。考虑到群锚效应,锚索的间距应不小于锚体直径的5倍及1.5 m。有限元分析表明,加固松散介质的预应力锚索的间距,以3.0~5.0 m为宜。故设计中,锚索的列距一般取5.0 m,排距取5.0 m左右。

③锚索排数:根据设计总锚固力和单根锚索所承受的锚固力确定锚索的排数。设计锚索排数由主轴断面向两侧递减。为构成群锚,应不少于2排。

(7)垫墩、锚具、封锚、底梁设计:

①垫墩:三隧道变形坡体虽均为松散地层,但仍有一定承载力,且属整体性滑移,坡面无局部崩坍失稳,因此锚索抑制体未采用会增加费用、施工复杂的格梁,而采用单点锚的垫墩。

垫墩为方形,平面尺寸根据预应力张拉值和锚墩处土体允许承载力来确定,按厚板状结构确定垫墩厚度,500 kN锚索设计为1.5 m×1.5 m×0.5 m与1.8 m×1.8 m×0.6 m,750 kN锚索为2.0 m×2.0 m×0.6 m与2.2 m×2.2 m×0.8 m。材料为C20钢筋混凝土,构造布筋。

②锚具:采用OVM型4孔、6孔锚具,夹片回缩值为6 mm。锚具与垫墩之间设正方形钢垫板,尺寸为25 cm×25 cm×2 cm,500 kN锚索设1块,750 kN锚索叠2块。

③封锚与底梁:经超张拉并锁定后,用C15混凝土封住锚头,以防锈蚀与破坏。老鸦岩工点在最下一排锚索设钢筋混凝土底梁,约束坡脚。

3. 锚索参数汇总

三工点预应力锚索主要参数汇总于表5—9—1。

表5—9—1 宝成二线隧道预应力锚索主要参数表

隧道名称	地质灾害	部位	路段长度	安全系数	最大下滑力	锚索吨位	锚孔直径	钢绞线根数	单根锚索长	锚索倾角	锚固段长度	超张拉值	垫墩尺寸	锚索列数/列距	锚索排数	锚索根数/总长
			m		kN/m	kN	mm	根	m	°	m	kN	m	列/m	排	根/m
老鸦岩	崩塌积滑坡	前段	130	1.1	598	500		4				670	$1.8^2\times0.6$	27/4~5	2~7(一期)	152/6084
						750		6				900	$2.2^2\times0.8$	27/4~5	2~7(三期)	32/1239
		后段	80	增5%	475	500		4				670	$1.8^2\times0.6$	15/5	2~4(二期)	50/9295
		合计	210				110		35~45	20	8~10					234/9295

续上表

隧道名称	地质灾害	部位	路段长度 m	安全系数	最大下滑力 kN/m	锚索吨位 kN	锚孔直径 mm	钢绞线根数 根	单根锚索长 m	锚索倾角 °	锚固段长度 m	超张拉值 kN	垫墩尺寸 m	锚索列数/列距 列/m	锚索排数 排	锚索根数/总长 根/m
明月峡	古锚落体复活	一期	70		433				27~41					14/5	2~5	54/1917
		二期	60		541				32~45					10/5	5	50/2072
		合计	130	1.05		500	110	4		10	8~10	670	$1.5^2\times0.5$			104/3989
飞仙关	堆积体滑坡	出口段	71	1.09	596	500		4				670	$1.8^2\times0.6$	11/5	4~6	58/1905
		进口段	85	1.1	365	500		4				670	$1.8^2\times0.6$	9/5	2~4	15/368
						750		6				940	$2.0^2\times0.6$	9/5	2~4	18/504
		合计	156				110		20~42	15	10					91/2777

(四)加固宝成二线隧道滑坡的锚索施工

1. 施工工艺

预应力锚索的施工工艺流程,包括造孔、制锚索与下锚索、灌浆、制抑制件、张拉锁定与封头等工序。

(1)造锚孔:要求保证孔深、孔径和孔的倾角。一般采用专门的锚固钻机施工。钻进一般用风动凿岩,需配备大型空压机,动力部分采用风动或液压驱动。跟进的套管用拔管机拔出,钻进中采用高压风清洗孔壁,并适当超钻以免沉渣影响有效孔深。

本线因经费和地形等原因,采用宣化及重庆产风动凿岩锚杆钻机打孔,基本未下套管,因而时有坍孔、卡钻,通过高含水土层尤较困难,工效较低,但仍能穿过厚达 30 m 的堆积层而成孔。

(2)锚索索体的制作与安装:本线预应力锚索索体中心为灌浆管,四周环列 4 或 6 根高强度低松弛钢绞线。为增大锚固段与砂浆的结合力,对锚索采用束张工艺,在锚固段间隔加设内扩张环与外箍环,使之呈藕节状。锚索外套上加定位片以便入孔后居中,锚索头焊上导向锥,自由段锚索钢绞线之外加塑料护套。作为永久性锚索,自由段加强了防腐处理,为此对钢绞线先作除锈处理,再混合涂刷各种防腐剂,再以护套和砂浆隔离,自由段末端用胶带纸密封以防砂浆进入护套内。

整根锚索稍长于设计长度,以伸出锚具供张拉。施工中用人力将锚索插入锚孔中。

(3)灌浆:为使砂浆灌注饱满,将灌浆管置于锚索中心并与锚索等长。采用自孔底向上一次性有压灌注,灌浆压力为 0.8 MPa。浆体采用 52.5 级普通硅酸盐水泥配制 M35 水泥砂浆,工期紧迫时可在砂浆中添加适量早强剂。砂浆收缩后,在孔口补灌满盈。

(4)制抑制件:本线锚索的抑制件主要是垫墩及底梁。抑制件要紧贴坡面,立面与锚索垂直,采用立模现浇。为防冲刷,最后用浆砌石填平墩周。

(5)张拉:锚索从抑制件伸出后套上钢垫板和锚具,用张拉机对锚索实施预应力张拉。为检验锚固段设计,可先进行锚索拉拔试验,达不到设计要求的则要修改设计。

采用多次多级张拉工艺,每级张拉要稳定一段时间以便锚索中预应力的传递和调整。垫墩混凝土初凝后方进行首次张拉,二次张拉间隔 7 天以上,每级张拉稳定 10 分钟以上。

本线 500 kN 锚索采用两次三级张拉，张拉吨位为 250 kN、450 kN、670 kN，超张拉比为 25%；750 kN 锚索采用两次四级张拉，张拉吨位为 250～325 kN、450 kN、670 kN、900～940 kN，超张拉比为 20%。

(6)锁定与封头：末次张拉后，锚索锁定于锚具上，用 C15 混凝土封头以免钢绞线锈蚀。

2. 工程实施

(1)新老鸦岩隧道进口段：预应力锚索工程分三期实施。一期工程在 $D_2K338+855$～$D_2K338+985$ 段长 130 m 范围内线路右侧坡面设置最多为 6 排的 500 kN 预应力锚索，在 $D_2K338+870$～$+895$ 段明洞外侧再设 1 排 500 kN 预应力锚索，共 132 根，计 5 280 m。

锚孔施工揭示，蠕滑带深度未如预期的向南明显变小，与原设计时的估计相差较大。为了防止 $D_2K338+980$～$D_2K339+060$ 段蠕滑体的恶化，继续对该段蠕滑体进行预应力锚索加固(二期工程)。共设 2～4 排 500 kN 预应力锚索，计 50 根，1 972 m。两期锚索竣工并施加预应力后，山坡蠕滑体趋于稳定，隧道恢复施工并顺利贯通。

此后，1996 年暴雨频繁，山坡稳定条件有所下降，原设计的安全系数已降低约 10%。为此，在 $D_2K338+865$～$+960$ 段增设锚索 52 根(500 kN 锚索 20 根，750 kN 锚索 25 根)，在 $D_2K33+870$～$+900$ 段明洞右边墙增设 750 kN 锚索 1 排 7 根，此为三期工程。

工程于 1995 年 4 月开工，1997 年 8 月 26 日竣工。共施工预应力锚索 234 根，施加预应力 13.48×10^4 kN。

观测表明，从预应力发挥作用的 1995 年 8 月开始，山体和隧道均未发生进一步的位移，均已稳定，隧道施工顺利通过了蠕滑体地段，预应力锚索起到了预期的抗滑和稳定山体的作用。第三期工程锚索测力计测试显示，预应力锚索应力损失在 15% 以内。第三期工程的实施进一步增加了安全储备，达到了永久加固的预期目的。

(2)新明月峡隧道进口段：预应力锚索工程分两期实施。第一期预应力锚索设计范围为 $D_2K320+730$～$+800$，长 70 m，共设 54 根 500 kN 锚索，长 1 917 m。第二期锚索设计范围为 $D_2K320+800$～$+860$，长 60 m，共设 50 根 500 kN 预应力锚索，长 2 072 m。一、二期工程合计设预应力锚索 104 根，3 989 m，有效预应力 5.2×10^4 kN。

锚索施工于 1995 年 7 月 6 日进场，1995 年 12 月 25 日完成第一期工程，1996 年 2 月 8 日完成第二期工程。锚索施加预应力后，山体恢复稳定，隧道变形中止并顺利建成。但是，由于隧洞施工放炮震动，部分锚索锚头松弛，重新进行了张拉与锁定。

(3)新飞仙关隧道：对出口段滑坡采用以预应力锚索为主体的综合整治方案。

①在隧道上方设置预应力锚索稳定上部滑体。共设 500 kN 锚索 58 根，长 1 905 m，有效预应力 2.9×10^4 kN。

②在隧道下方设抗滑桩抵抗锚索以下滑体的下滑力。共设抗滑桩 6 根，平均桩长 28.5 m，截面为 2.0 m×3.0 m。

滑坡位于嘉陵江凹岸，为防江水冲刷，在河岸设浆砌片石护坡，长 102 m。

③进口段预加固设 500 kN 锚索 15 根，750 kN 锚索 18 根，合计 33 根 872 m，有效预应力 2.1×10^4 kN。

加固工程于 1997 年 4 月开工，1997 年 9 月竣工。竣工后出口滑坡趋于稳定，隧道顺利贯通，进口堆积体安稳。

十、株六复线新拱众坝隧道工程病害综合治理

卿三惠

（一）隧道设计概况

新拱众坝隧道坐落于株六复线湘黔段老王洞车站株洲端，施工设计里程为 D_1K610 + 798 ~ D_1K611 + 174，全长 376 m，位于既有拱众坝隧道（K612 + 931.9 ~ K613 + 206.3，全长 274.4 m）左侧，进出口线间距 22 ~ 34 m。D_1K611 + 054 ~ + 174 右侧坡脚为既有线路堑，路堑左侧设置了高 6 ~ 12 m、厚 1.0 ~ 1.5 m 的重力式挡墙。隧道结构设计为：D_1K610 + 798 ~ + 823 段长 25 m 为Ⅱ类偏压衬砌；D_1K610 + 823 ~ D_1K611 + 020 段长 197 m 为Ⅲ类衬砌；D_1K611 + 020 ~ + 164 段长 144 m 为Ⅱ类衬砌；D_1K611 + 164 ~ + 174 段长 10 m 为Ⅱ式Ⅱ类明洞。设计采用台阶法开挖，加强施工支护。Ⅱ、Ⅲ类围岩地段拱部均设自进式超前锚杆注浆支护，并分设 1 m 一榀拱墙格栅钢架（Ⅱ类）及拱部格栅钢架（Ⅲ）支撑，整体式模筑混凝土衬砌。施工过程中，隧道进、出口分别变更设计延长 9 m、8 m 明洞，以解决进口地方道路及出口仰坡稳定问题，隧道实际施工长度为 393 m。

（二）隧道工程地质条件

该隧道区域地处低山峡谷舞阳河北岸构造剥蚀单面山斜坡地带。高程 450 ~ 530 m，相对高差 80 m，地形坡角 40° ~ 45°。隧道洞身穿过地层为寒武系杷榔组灰—灰黑色薄—中厚层状页岩、炭质页岩及泥岩等软质岩。隧道区域内发育两条隐伏压扭性断层 F_1、F_2，两断层相交于 D_1K610 + 995 左侧 30 m 附近。F_1 位于线路左侧 20 ~ 75 m，F_2 在 D_1K611 + 040 附近与洞身斜交（交角 30°）。D_1K611 + 040 ~ + 174 段经由两断层所夹地块之间通过。受两条断层构造复合作用影响，岩层受挤压扭曲变形严重，产状紊乱，节理、劈理发育。

根据补充详细地质勘探资料及洞身开挖揭示，隧道穿过山体受构造挤压作用强烈。D_1K610 + 880 ~ D_1K611 + 040 段断层破碎带宽 160 m，多见断层泥、角砾岩、糜棱岩等；D_1K611 + 040 ~ + 174 段受断层影响带宽 134 m，围岩节理、劈理发育密集，多见小断层及岩层拖拉褶皱扭曲变形现象，且地下基岩裂隙水较发育，洞身岩体破碎多呈碎裂结构或散体结构，构造面间多充填软—硬塑状砂黏土。由于岩体破碎，风化作用强烈，地表覆盖砂黏土或碎石角砾较厚（2 ~ 10 m），基岩出露不良。

（三）隧道工程病害概况

该隧道于 1999 年 4 月开工后的施工过程中，进、出口段洞内曾先后发生多次坍方和出口仰坡失稳开裂现象。尤其是进口 D_1K610 + 991 ~ D_1K611 + 040 段曾分别于 2000 年 1 月 9 日、2 月 26 日连续发生两次大坍方，封堵导坑乃至冒顶形成“天窗”，引发山体失稳病害。

自 2000 年 1 月 9 日及 1999 年 5 月 19 日分别发现隧道进、出口段左侧山体地表开裂后，随着进、出口同时对向掘进施工，隧道上方地表裂缝跟踪上导坑开挖掌子面同步延伸发展，特别是 2000 年 1 月 26 日至 5 月下旬降雨（雪）期间，山体开裂变形加剧发展，坡面上出现了多道弧形张拉裂缝，涉及 D_1K610 + 960 ~ D_1K611 + 174 段长 214 m 范围，最远一道裂缝（距线路左侧 15 ~ 90 m）已延伸至隧道中部左侧山顶，贯通长度达 140 余米（D_1K610 + 960 ~ D_1K611 +

100)，最大裂缝宽约 15 cm，错台 5 ~ 10 cm，山体处于蠕动变形状态。由于隧道上方山体蠕动变形推挤作用，导致下方建筑物受损。

1. 既有建筑物损害主要表现为既有隧道出口段距洞门 45 m 范围内衬砌开裂(1 ~ 5 mm)，拱部混凝土压碎带宽 20 ~ 30 cm，并形成 1 ~ 2.5 kg 重的掉块；既有线左侧挡墙及侧沟开裂变形 1 ~ 5 mm，严重危及既有线行车安全。

2. 新拱众坝隧道 D_1K610 + 850 ~ D_1K611 + 180 段长 330 m 衬砌结构开裂侵限，危及新线运营安全。

（四）病害原因分析

1. 斜坡山体地质不良

隧道通过软质岩，风化极严重。受地质构造（主要是隐伏断层）作用强烈，节理、劈理发育，岩体破碎呈碎裂结构或散体结构，加之地下水软化作用影响，围岩自成拱能力差；隧道埋深浅（10 ~ 25 m），且覆土较厚（2 ~ 10 m）、单面山偏压严重等，是产生山体开裂变形的内因——根本原因。

2. 工程施工扰动影响

隧道施工开挖放炮震动，洞身掘进形成临空面，洞口边仰坡开挖失稳，洞内坍方、冒顶致地表塌陷，破坏了山体原始应力平衡状态；施工中采用先拱后墙法施工方案，上、下导坑间距过长，全断面洞身衬砌未及时封闭成环构成完整的受力体系等，是诱发地质不良山体变形失稳的外因——主要原因。

3. 降雨（雪）影响

2000 年 2 ~ 5 月份，降雨（雪）下渗使山体开裂变形加剧，导致下方新建隧道衬砌破坏，既有隧道出口段及既有路堑挡墙、侧沟开裂变形进一步发展等，说明降雨（雪）是加剧病害发展的重要原因。

（五）隧道病害综合整治措施

前述工程病害，历经多次变更设计整治才得以解决。主要整治措施有下列三个方面：

1. 斜坡山体开裂病害整治

（1）主体工程：如图 5—10—1 和图 5—10—2 所示。

在新拱众坝隧道 D_1K611 + 037 ~ + 162 右侧 28 ~ 23 m 坡脚（相应于既有线左侧 9.8 ~ 15 m）增设 18 根抗滑桩，D_1K611 + 162 ~ + 182 左侧 11 m 增设 4 根抗滑桩，以稳定山体，保证既有线及新线运营安全。设置桩长 20 ~ 22.5 m，1 号 ~ 19 号桩径 2 m × 3 m，20 号 ~ 22 号桩径 2 m × 3.25 m。

（2）辅助工程：

①隧道出口洞门仰坡开裂变形，采用锚网喷防护，并接长明洞 8 m，洞顶回填土反压以稳定仰坡山体。

②对地表裂缝及塌陷坑进行夯填封闭，并作天沟排水，以防降雨下渗加剧山体蠕动。

③修复开裂挡墙及侧沟。

2. 新拱众坝隧道洞内病害加固整治

（1）坍方处理：D_1K610 + 991 ~ D_1K611 + 040 坍方封堵导坑段，设置 3 环 ϕ104 mm、长 18 m 超前大管棚（每环 22 根）注浆，每 1 m 设一榀 P43 钢轨拱架，每 2 m 拱架间按 1.2 m 环距设 ϕ22 mm连接筋，以加强施工支护。

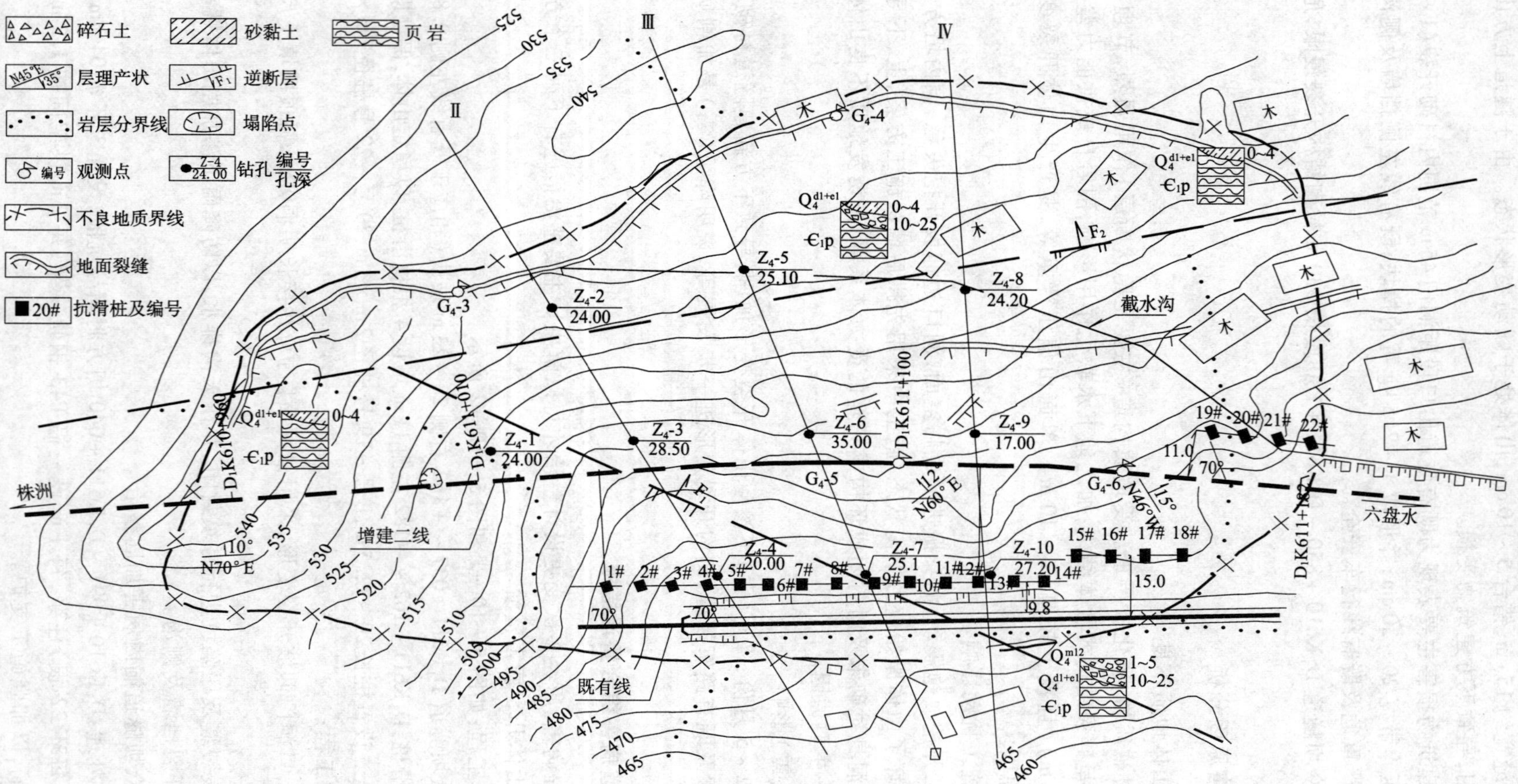

图 5—10—1　新拱众坝隧道山体开裂整治平面示意图

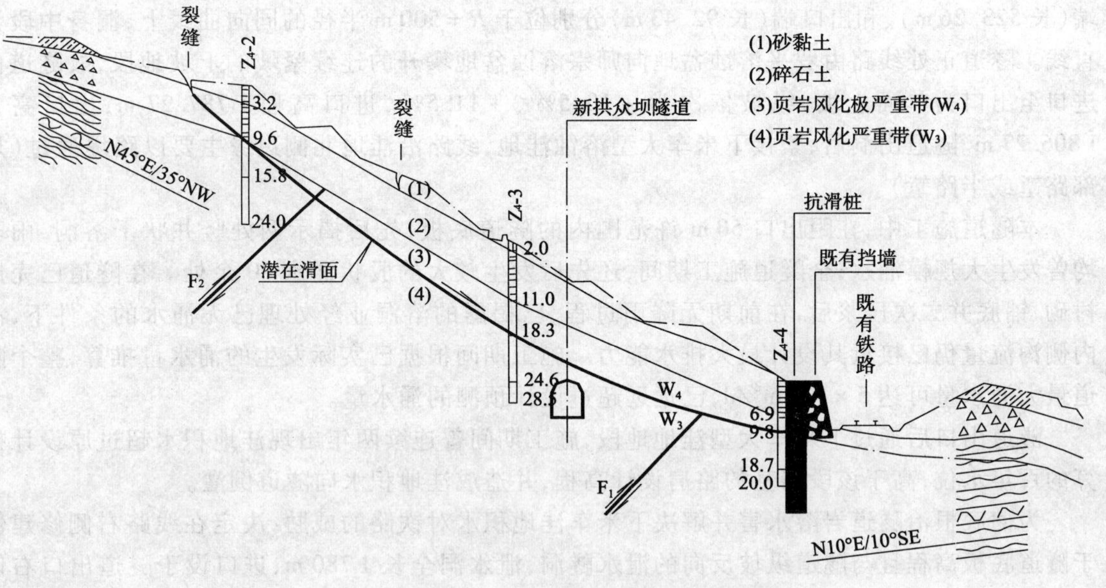

图 5—10—2　抗滑桩加固山体代表性断面示意图

(2)衬砌结构加强：D_1K610 + 991 ~ D_1K611 + 020 由原设计Ⅲ类衬砌变更为Ⅱ类偏压衬砌；D_1K611 + 020 ~ + 164 由原设计Ⅱ类衬砌变更为Ⅱ类偏压衬砌；D_1K611 + 174 ~ + 184 由原设计Ⅱ式Ⅱ类明洞变更为Ⅱ类偏压明洞，以加强衬砌结构，抵抗山体侧压力。

(3)衬砌开裂侵限处理：根据详细测量资料反映 D_1K610 + 850 ~ D_1K611 + 180 长 330 m 段左侧拱墙开裂变形侵限 10 ~ 169 mm 及裂缝分布情况，采取以满足隧道建筑限界技术要求为原则，凿除侵限部分一定厚度混凝土，然后打入钎钉或锚杆，挂钢筋网喷射混凝土处理。对一般细微裂缝，采取凿槽后用膨胀水泥砂浆嵌补处理。

3. 既有拱众坝隧道裂损加固处理

对既有隧道出口洞门至洞内 45 m 范围内衬砌严重开裂段，主要采取凿槽嵌入全环 P43 钢轨拱架（1 m 一榀）进行支顶加固措施处理。

拱架间距 1 m，纵向用 ϕ22 mm 钢筋连接，横向用长 2.5 m 定位锚杆固定。拱架外设混凝土保护层，拱架间采取挂网喷混凝土或凿槽后用膨胀水泥砂浆嵌补裂缝处理。

（六）整治效果评价

上述综合整治措施的实施，效果良好，稳定了山体，消除了众多病害的根源，确保了既有线及新线运营安全，实现了“一次根治，不留后患”的整治目标。

十一、南昆铁路砂锅寨 2 号隧道及出口洼地岩溶水害与整治

唐民德

（一）工点概况

砂锅寨 2 号隧道（K592 + 665 ~ K594 + 353）是南昆铁路威舍至昆明段中寨至新安区间中的一座岩溶隧道，全长 1 688 m，地处云南省师宗县境内。隧道最大埋深 250 余米。隧道进口

端(长 523.26 m)、和出口端(长 92.43 m)分别位于 $R = 500$ m 半径的同向曲线上,洞身中段为直线。隧道正处线路由罗平溶蚀盆地向师宗溶蚀盆地攀升的连续紧坡的上坡地段,故隧道由进口至出口为单面上坡,纵坡依次为 +10.5‰、+11.5‰,进口高程 1 787.27 m,出口高程 1 806.27 m。隧道出洞后,紧接下米车大型溶蚀洼地,线路沿洼地北侧边缘主要以路堤通过(局部路堑或半路堑)。

本隧道施工中,在距出口 50 m 许范围内的隧道底板,先后揭示两处竖井状干溶洞,雨季均曾发生大规模涌水;全隧道施工期间,还先后发生较大的股状涌水 20 余处。在隧道已完成衬砌、铺底并二次压浆后,在前期无降雨过程,已揭露的溶洞业经处理已无涌水的条件下,洞内侧沟流量仍已接近其设计最大排水能力。施工期间根据已实际发生的涌水量推算,整个隧道最大涌水量可达 $5 \times 10^4\ m^3/d$,已远远超过设计预测的涌水量。

隧道出口后通过下米车大型洼地地段,施工期间曾连续两年出现洼地积水超过原设计推算的百年水位,高于该段路基的路肩设计高程,并造成洼地积水向隧道倒灌。

为彻底根治隧道岩溶水害并解决下米车洼地积水对铁路的威胁,决定在线路右侧修建低于隧道底板高程且与隧道纵坡反向的泄水隧洞,泄水洞全长 1 780 m,进口设于隧道出口右侧下米车洼地边缘,高程略高于洼地底部,以引排洼地积水。泄水洞出口位于隧道进口外的左侧,泄水洞下穿隧道处,其拱顶距隧道路肩高差 14.07 m。泄水洞建成后,隧道内的渗漏、涌水得以消除,出口外下米车洼地积水亦不再淹没路基和向隧道倒灌。

(二)工点所处地质环境

1. 气象与地貌

隧道通过地区属亚热带高原季风气候区,干湿季分明,年平均降雨量 1 400 ~ 1 700 mm,5 至 10 月为雨季,6 至 8 月多暴雨,年平均蒸发量与降雨量相当。

本工点地处滇东高原的罗平溶蚀盆地与师宗溶蚀盆地之间的构造侵蚀、溶蚀低中山区,山势总体走向北东—南西向,山岭高程多在 2 000 m 以上。隧道通过处为一地势相对宽缓、向南延展的次一级岩溶化分水岭,岭脊最大高程 2 066 m,两侧斜坡地形陡峭,自然坡度 50° ~ 70°,岭脊与两侧沟谷高差很大,东侧谷底高程 1 650 ~ 1 700 m,西侧洼地底部高程低于 1 800 m。宽缓的岭脊上,岩溶地貌十分典型,地表遍布洼地、漏斗、竖井、落水洞以及溶沟、溶槽、石牙等岩溶个体形态。整个山体基岩普遍裸露,植被稀疏。隧道出口以后,线路先以路堤通过一小型封闭洼地,然后沿下米车大型洼地边缘地带走行。下米车大型洼地为一以埋藏型岩溶为主的封闭溶蚀洼地,洼地中普遍沉积有下第三系路美邑组砂、泥岩组成的盖层,仅隧道出口外的小型封闭洼地中,有第四系坡洪积土层覆盖。在有下第三系砂、泥岩覆盖的洼地中有砂、泥岩盖层塌陷后形成的陷穴、陷坑分布。

2. 地质构造与地层岩性

就区域地质构造而言,本工点线路通过地区地处云南山字形构造前弧东翼的弧形构造带内,断裂、褶曲均较发育,主要构造线多呈北东—南西向,断层以压性、压扭性为主,褶曲多挤压较为紧密。区域性的师宗—弥勒断裂在工点所在地区以北,由北东向转为北东东向通过。受其影响,本工点范围内发育由其派生的张性断层两条和向斜、背斜各一条。

隧道于 K593 + 160 前后通过一正断层,断层走向 N43°E,倾向 NW,倾角 35°,与线路呈 52°斜交,属具张扭性的平移断层。破碎带宽 30 m 左右,由白云质灰岩、灰岩及砂、泥岩混杂的角砾岩组成,多为钙质胶结,局部已成断层泥。与断层共生,在断层上盘一侧(靠出口侧)依次发育有溶洞坡向斜和月牙坡背斜。前者轴向 N32°E，与线路于 K593 +370 附近以 75°大角度斜交；后者轴向 N15°E，在 K593 +520 附近与线路以 85°大角度相交。向斜、背斜紧密相连，在断层上盘构成一复式褶曲。断层、褶曲均发育于三叠系个旧组灰岩、白云质灰岩中。受断层、褶曲影响，隧道岩体较破碎，产状紊乱，节理较发育，尤以断层上盘一侧为甚。洞顶地表洼地、漏斗多沿北东向展布，大体与构造线方向相近。

沿隧道出口以后的小型封闭洼地中（K594 +490 前后），还发育有一条正断层，断层走向 N54°E，倾向 NW，倾角 70°。该处洼地即沿此断层发育形成。

隧道通过地层为三叠系中统个旧组第四段（T_2g^d）灰岩、角砾状灰岩及白云质灰岩，灰至深灰色，厚层块状，岩质较坚硬，但受构造影响，较为破碎，溶蚀严重，地表岩溶普遍发育。隧道围岩分类多属Ⅳ类，仅进口端及断层、背斜、向斜轴部有所降低。

隧道出口以后，下米车洼地普遍覆盖下第三系路美邑组（E_2l）泥质粉、细砂岩夹泥质、钙质泥岩、粉砂质泥岩，棕红至紫红色，成岩作用差，岩质软弱，表层风化严重。

3. 水文地质条件

隧道所通过的次级分水岭最高岭脊位于 K593 +820 前后，距出口 530 m 左右，偏于隧道出口端，岭脊部位隧道最大埋深 250 余米，位于岩溶水垂直渗流带中。以此最高岭脊为界，可将隧道划分为东、西两段岩溶水文地质单元。岭脊以东，岩溶水的局部排泄基准面为隧道进口前线路左下方滇黔公路外侧的自然沟谷（其下游约 6 km 有水库），隧道进口一带，该沟谷底部高程低于隧道百余米，故岭脊以东隧道处于垂直渗流带中。由于有断层褶曲分布，隧道东段岩体遭其切割、破坏，洞顶地表岩溶发育十分强烈，以洼地、漏斗、竖井、落水洞等垂直岩溶形态为主，雨季中降水形成的地表径流，大量沿这些垂直通道汇聚、入渗，涌入隧道，故本隧道施工期间，每逢雨季，漏水十分严重，尤以过断层和褶曲轴部地段为甚。岭脊以西，岩溶水水平径流带的上限以位于隧道出口后的 K594 +470 路堤右侧洼地底部暗河进口和 K594 +782 路堑下方的暗河进口为代表，该两处暗河进口的高程均在 1 800 m 上下，是洼地中常年沟水和雨洪期积水的主要排泄通道。隧道出口段高程高于该暗河进口，当处于岩溶水季节交替带中，故一俟雨季来临，水平岩溶通道宣泄不及时，岩溶水位迅速上升，遂由隧道底板所揭示的竖向溶洞、溶隙中大量涌入，形成水害。

（三）施工中发生的水害

1. 隧道岩溶水害

砂锅寨 2 号隧道施工中，曾多次发生较大的岩溶涌水。涌水均发生在雨季期间，旱季基本无水，说明隧道涌水主要源于大气降水。根据施工期间对隧道进行的两次水文地质复查，按实际已发生的涌水推算，隧道最大涌水量可达 $5\times10^4\ m^3/d$。由于隧道不同段落在岩溶水垂直循环分带中所处位置不同，隧道东、西两段的涌水条件和形式有所不同。据调查，全隧道共揭示雨季较大的出水点（段）20 余处，主要均分布于东段，又以 K593 +160 断层、K593 +370 落洞坡向斜、K593 +520 月牙坡背斜等几处及其前后相邻地段最为集中。这些出水点涌、漏水往往仅滞后于降雨数小时即行发生，且多由隧道拱顶部涌出，大者成帘状，小者成股状，并伴有泥沙涌出。1995 年 9 月，在近前期无大的降水过程，且隧道已完成衬砌、铺底，并经两次注浆的条件下，第二次进行水文地质复查，实测洞内侧沟流量，仍达 17 950 m^3/d，已为侧沟设计容许流量的 91%。涌、漏水主要出自衬砌的施工缝，尤以过 K593 +160 断层前后 200 m 许范围最为严重。该段几乎所有施工缝均有涌、漏水现象，局部呈射流状，估测仅此段涌、漏水量即可达 1 000 m^3/d。岭脊以西隧道出口段涌水，则主要来自隧道底板揭露的竖向溶洞。1993 年 9 月，隧道出口端施工至进洞 90 m 处时，此前在 K594 + 330（距出口 23 m）和 K594 + 302（距出口 51 m）隧道底板揭露的两处竖向干溶洞，在连续数日降雨后，出现较大规模涌水。后一处溶洞涌水具承压性，承压水柱高 50 cm，直径约 35 cm。由于隧道出口端系反坡排水，导致该段隧道内全面积水，掌子面水深超过 2 m。据抽水测算，该段总涌水量达 31 795 m^3/d。除上述两处溶洞涌水外，隧道底板揭露的一些竖向溶隙亦有水涌出。1994 年 6、7 月暴雨期间，隧道出口段又曾两次发生规模较大的岩溶涌水，均造成洞内全面积水，K594 + 302 处溶洞涌水的承压水头最高时达 1.4 m。

2. 隧道出口后路基地段的水害

隧道出口以后，线路先在 K594 + 353 ~ + 530 段以路堤通过一封闭洼地，其后于 K594 + 770 ~ K596 + 970 段沿下米车大型洼地边缘行进。前一洼地仅以低浅的垭口与下米车大型洼地相分隔，雨洪期两洼地积水实已连成一片，此洼地汇水面积 $F = 0.18\ km^2$，50 年洪水频率流量 $Q_{1/50} = 3.71\ m^3/s$；下米车大型洼地汇水面积 $F = 36.5\ km^2$，百年洪水频率流量 $Q_{1/100} = 392\ m^3/s$。由于人为活动加剧，作为两处洼地主要排泄通道的 K594 + 470 右侧暗河和 K594 + 782 路堑下的暗河，均有一定堵塞，导致排泄能力不足，两处洼地近年来雨季中均有积水现象，故相应地段线路高程受洼地百年（积水）水位控制。线路通过前一洼地地段，路肩设计高程 1 806.27 ~ 1 807.89 m，设计采用的勘察时调查推算的百年水位高程为 1 805.05 m，故当时认为该段路肩设计高程满足有关规范要求。该段工程施工后，分别于 1993 年 9 月和 1994 年 6 月、7 月陆续三次出现高洪水位，观测水位为 $H_{1993} = 1\,805.43\ m$ 和 $H_{1994} = 1\,806.24\ m$，分别超过原推算百年水位 0.38 ~ 1.19 m。而据水害发生后铁二院进行的水文及水文地质复查推算，该两年洪水频率仅为 1/20 ~ 1/50，经采用洪水调查法和水量平衡法，并经调蓄计算，隧道出口以后直至下米车大型洼地，百年洪水位高程应为 1 807.00 m，与之相应地段的路肩设计高程应不低于 1 807.00 + 0.5 = 1 807.50 m。按此计算，原设计采用的推算百年水位较复查百年水位低 1.93 m；相应地，K594 + 453 以前，路肩设计高程均低于 1 807.50 m。由此，导致 1993 年至 1994 年的三次高洪水，不仅淹没隧道出口以后的路基地段，而且向隧道内倒灌，加重了隧道出口段因岩溶涌水所引起的水害。

（四）水害整治措施

自 1993 年雨季本隧道出口段发生岩溶涌水和洞外洼地积水倒灌入隧道后，铁二院先后进行两次水文及水文地质复查，并多次组织、邀请院内外专家进行现场调查和整治方案研究，最终决定采用彻底根治的洞内、洞外一并处理的增建纵向泄水隧洞方案。这一方案经铁道部批复后，已于施工期间实施，完全解决了隧道内、外的水害。

泄水隧洞全长 1 780 m，纵坡 18‰，除泄水洞出口端外，均位于砂锅寨 2 号隧道线路右侧。泄水洞进口位于隧道出口外的 K594 + 370 右侧 116 m 之溶蚀洼地底部边缘，泄水洞底面高程 1 799.91 m；泄水洞出口位于隧道进口前的 K592 + 510 线路左侧 15 m，紧邻砂锅寨 2 号大桥昆明端桥台，泄水洞底面高程 1 767.87 m。泄水洞于隧道进口前 K592 + 527 处的路堑下与线路斜交，其拱顶至线路路肩高差 14.07 m。

泄水洞设计净宽 3 m、净高 2.8 m，最大通过流量为 24.1 m^3/s，此时洞内水深 1 m，最大流速 8.07 m/s。当发生百年一遇设计洪水时，洼地积水水位将由 1 807 m 降至 1 803 m 左右，此时洞内最大流量可达 20.2 m^3/s，泄洪总量约 $160 \times 10^4\ m^3$。

为利用泄水洞排除地下水，降低地下水位，减轻隧道排水设施负担，于泄水洞与隧道间，设横通道4处，设置位置根据施工期间主要涌水地段加以确定。泄水洞出口根据地形条件，用急流槽与隧道进口前的自然沟相接。考虑泄水洞洪峰流量将在一定程度上加重自然沟下游沿岸农田及村庄的防洪负担，设计对自然沟进行了局部取直、拓宽、加深和防护。对自然沟下游通过324国道的公路涵洞，因其孔径原已偏小(仅为2 m×0.8 m)，故拆除后重建为2 m×3.0 m箱涵，其防洪标准可达50年一遇。泄水洞所排洪水及地下水最终汇入下游湾子水库。经分析计算，由于自然沟与泄水洞的洪峰流量存在时差，对湾子水库而言，泄水洞的设置未增大其洪峰流量，仅加大了入库洪水总量。

(五)经验与体会

1. 岩溶隧道涌水量的预测，尽管有多种方法，但因隧道所处环境的复杂多变，导致计算参数取值的不确定性，从而大大影响预测精度。本隧道勘察时，因考虑隧道处于垂直渗流带中，故采用均衡法计算隧道涌水量，并用洼地渗入量法确定降雨渗入量，如此预测隧道涌水量为7 884 m^3/d。经施工验证，此值远远偏小。分析其原因，主要以下几点：

(1)渗入范围估计不足。既对断层、褶曲等地质构造对渗入条件的影响考虑得不尽充分，又对与隧道相关的积水、消水洼地、漏斗等岩溶个体形态的圈定、统计不准；

(2)有关计算参数的取值多具经验性，与实际值可能存在较大出入；

(3)隧道出口段经施工揭示，已接近水平径流带，施工中雨季发生的岩溶涌水，已属水平径流带的具承压性的地下水上冒而涌入隧道，故采用的以洼地渗入量为主的计算方法，已不符合该段应用条件。

2. 隧道出口以后，线路通过洼地地段，原设计洪水位偏低，导致这一失误。分析起来，主要有以下几点：

(1)隧道出口后的下米车洼地一带，离居民点较远，无明显地物、印痕可循，故勘察中进行水文调查时，对洪水位的指证较为模糊，致产生较大偏差；

(2)原设计进行水文分析时，对复杂的岩溶水文特点认识不足，未充分考虑岩溶发育强烈地区地表、地下岩溶通道间的水力连通作用；

(3)由于近年来人文活动的增强，植被破坏日趋严重，水土流失加剧，增加了洪水的骤发性，而作为当地主要泄洪通道的暗河，淤塞日重，有排泄能力逐年减弱、消水时间日渐增长的趋势。

十二、南昆铁路家竹箐隧道的瓦斯地质工作

唐民德

(一)家竹箐隧道概况

家竹箐隧道全长4 990 m，位于南昆铁路威舍至红果段的鲁番至上西铺车站间，为穿越南、北盘江分水岭的越岭隧道。隧道通过贵州省盘关矿区的家竹箐井田，先后穿过玄武岩、煤系地层、碎屑岩和碳酸盐岩。地质构造上处于盘县弧形构造带中的盘关向斜南端东翼，接近向斜南端的扬起转折部位。该隧道为瓦斯隧道，瓦斯含量、瓦斯压力和煤与瓦斯突出危险性之

高，迄今仍居国内铁路隧道之冠。隧道施工中，除煤层瓦斯问题外，还发生过进口段玄武岩底部与灰岩不整合接触带碎裂岩体引起的洞顶山体斜坡蠕变和洞内坍方与支护破坏，洞身中段高地应力引起的煤系地层软弱围岩大变形和出口段碳酸盐岩的岩溶涌水。

（二）家竹箐隧道的煤系地层和煤层瓦斯

1. 隧道通过的煤系地层及其分布

隧道于洞身中段通过二叠系上统大隆、长兴、龙潭组煤系地层。该套地层属陆相和滨海过渡相为主的含煤建造，建造的含煤性好，所含煤层层数多，厚度大，煤质好，具工业开采价值，是黔西、滇东大型煤田、矿井的主要可采煤层。

隧道勘察中，通过地质调绘、勘探，并与邻近既有井田资料对比后，确定隧道通过煤系地层总长 1 085 m，穿过较稳定的主要煤层 15 层。15 层煤的真厚度总合 25.25 m，隧道穿煤总长度 87.74 m。经投影计算，提出 15 层主要煤层在隧道内的具体分布位置（即各层煤的顶板、底板在隧道路肩位置的具体里程）。

经施工揭示，隧道实际通过煤系地层总长 1 157 m，实际揭煤 24 层，煤层真厚度总合 53.25 m，隧道实际穿煤总长 238.87 m。

兹将能对比的各主要煤层勘察与施工实际揭示情况（包括分布位置、真厚度、穿煤长度及各煤层倾角）列表于后，如表 5—12—1 所列。

表 5—12—1　主要煤层勘察与施工穿煤情况对比表

煤层编号	路肩穿煤里程		穿煤长度（m）		煤层真厚度（m）		煤层真倾角（°）	
	勘察	施工	勘察	施工	勘察	施工	勘察	施工
30	IDK578 + 851 ~ + 853	IDK578 + 828 ~ + 834	1.76	6.30	0.54	1.15	20.5	10.66
29	IDK578 + 874 ~ + 879	IDK578 + 844 ~ + 853	4.81	9.55	1.48	1.75	20.5	10.61
26	IDK578 + 949 ~ + 954	IDK578 + 915 ~ + 920	4.10	4.71	1.32	0.86	21.5	10.60
22	IDK579 + 065 ~ + 074	IDK579 + 024 ~ + 047	8.19	23.09	2.40	4.24	19.5	10.59
18	IDK579 + 176 ~ + 191	IDK579 + 171 ~ + 186	14.58	14.60	4.38	3.01	20.0	12.07
17	IDK579 + 299 ~ + 313	IDK579 + 272 ~ + 321	13.37	48.99	3.53	10.70	17.5	11.83
13	IDK579 + 370 ~ + 378	IDK579 + 383 ~ + 401	7.32	18.00	2.04	1.99	18.5	6.44
12	IDK579 + 411 ~ + 414	IDK579 + 431 ~ + 436	2.98	5.04	0.83	0.54	18.5	6.11
10	IDK579 + 456 ~ + 460	IDK579 + 498 ~ + 515	3.76	17.20	1.05	0.72	18.5	3.74
9	IDK579 + 488 ~ + 494	IDK579 + 534 ~ + 543	5.83	8.90	1.71	1.98	19.5	12.99
7	IDK579 + 538 ~ + 542	IDK579 + 565 ~ + 573	3.78	8.10	1.08	1.60	19.0	12.88
6	IDK579 + 575 ~ + 577	IDK579 + 588 ~ + 594	1.89	6.10	0.54	1.23	19.0	11.64
5	IDK579 + 623 ~ + 626	IDK579 + 620 ~ + 626	2.24	5.50	0.64	0.98	19.0	10.24
3	IDK579 + 664 ~ + 675	IDK579 + 695 ~ + 713	10.77	17.90	3.00	3.19	18.5	10.91
1	IDK579 + 732 ~ + 735	IDK579 + 762 ~ + 769	2.36	7.10	0.71	1.10	20.0	9.2
合计			87.74	177.42	25.25	34.95		

对勘察与施工的差异或出入，可作如下分析：

（1）由于原生沉积和后期改造的原因，煤层厚度总是存在减薄、增厚、分叉、尖灭的现象。

隧道通过的家竹箐井田，据其详勘资料，大隆、长兴、龙潭组共含煤 29～44 层，不同地点煤层层厚、层数均有变化。以隧道勘察中有限的勘探工作量，要查清煤层的这种变化几不可能，故只能择其层位稳定、厚度较大的主要煤层开展工作。也正是这种原因，铁路瓦斯隧道的瓦斯地质工作，必须持续到整个施工阶段。

(2)各主要煤层在隧道内分布位置(路肩穿煤里程)，勘察与施工实际揭示，也有一定出入，煤层实际分布位置较勘察所推算者，普遍向后(隧道出口端)推移。引起煤层分布位置变化的原因，主要是煤层倾角变缓。与之相应，隧道穿煤长度也随之普遍增大。煤层层面本非一严格平面，根据地面工作结合少量勘探钻孔所推测确定的煤层倾角，与深埋数百米隧道洞内所揭示的倾角有所出入，在所难免。加之隧道所处盘关向斜南端东翼近扬起转折端这一构造部位，对煤层倾角的变缓当然也有一定关系。个别煤层勘察与施工揭示的倾角出入较大，如 10 号煤层，出入近 15°，这显然是受该处断层影响所致。

2. 瓦斯赋存条件和煤层及其顶、底板特征

(1)瓦斯赋存条件分析

晚二叠世是黔西、滇东主要聚煤期。该时期震荡运动频繁，出现多旋回聚煤环境，形成含煤层数多，煤层厚度大的煤系地层。由于煤层以变质程度高的烟煤、贫煤为主，吸附能力强，瓦斯产出量高，滞留的瓦斯也多，加之煤的组分以凝胶化基质为主，也导致煤层瓦斯含量较高。

隧道位于盘关向斜南端东翼近扬起转折部位，向斜轴线自北而南成向西凸出的弧形，隧道处于弧形内凹侧，属构造应力集中、挤压紧密的地带，有利于瓦斯聚集、保存。

组成煤系地层和各煤层的围岩，或为粉砂岩、粉砂质泥岩、泥岩，或为玄武岩、凝灰岩，它们的孔隙度小，隔气性好，渗透性低，不利于瓦斯逸散、释放。

以上瓦斯生成、赋存条件，导致隧道通过的煤系地层存在较高的瓦斯含量和瓦斯压力。

(2)煤层及其顶、底板特征

为提供施工揭煤时能较准确地掌握拟揭煤层所处层位、编号，以避免误判、误揭，勘察中，借助煤层对比，对 15 层主要煤层及其顶、底板特征、标志逐层进行详细描述，其主要内容包括煤的颜色、牌号、结构、构造、煤岩成分、光泽煤岩类型和顶、底板岩层的岩性特征，着重于各煤层及顶、底板的对比标志。

3. 瓦斯成分和主要瓦斯参数

(1)瓦斯成分

据家竹箐井田实测资料，各主要煤层瓦斯成分如表 5—12—2 所列。

表 5—12—2　主要煤层瓦斯成分表(%)

煤层编号 / 成分	1	3	5	6	7	9	10	12	13	17	18	22	26	29	30
CO_2	7.91	3.69	1.96	1.37	4.27	2.59	5.15	1.90	2.84	1.74	2.44	1.76	0.64	1.16	8.92
N_2	1.22	3.16	9.62	3.56	6.83	1.08	2.25	1.62	1.63	0.48	5.76	3.22	1.64	2.37	54.61
CH_4	90.87	93.15	88.42	95.07	88.90	96.33	92.60	96.48	95.53	97.78	91.80	95.02	97.72	96.47	36.47

(2)瓦斯含量、瓦斯压力和瓦斯涌出量预测

家竹箐隧道瓦斯含量及压力是根据家竹箐井田和邻近生产矿井瓦斯含量及压力的实测资料、相应的梯度资料以及瓦斯风化带深度资料计算得出，瓦斯涌出量则采用由瓦斯含量计算涌出量的方法得出。预测各主要煤层瓦斯含量、压力和涌出量如表 5—12—3 所列。

表 5—12—3 主要煤层瓦斯含量、压力、涌出量预测值

煤层编号	1	3	5	6	7	9	10	12	13	17	18	22	26	29	30
路肩埋深（m）	280.46	303.71	314.16	344.69	350.09	375.64	393.49	401.49	364.94	302.46	246.57	255.30	206.57	177.40	167.65
瓦斯含量（m^3/t）	9.10	14.17	8.74	9.01	8.31	9.02	10.17	10.17	7.78	12.20	9.54	8.23	0.92	8.17	
瓦斯压力（MPa）	0.69	0.75	0.81	0.69	0.62	0.78	0.91	1.34	0.69	1.21	1.11	0.69	0.59	0.62	
瓦斯涌出量（m^3/min）	2.57	5.77	1.08	1.24	2.11	3.74	1.99	2.27	3.77	5.17	5.14	2.58	1.72	1.68	

4. 主要煤层突出危险性评价

勘察阶段难以开展突出指标的现场实测，故家竹箐隧道勘察中，采用邻近多座处于同一含煤建造的生产矿井已发生过突出的煤层进行类比分析的方法，提出对隧道所穿煤层突出危险性的初步评价。类比时，着重于邻近矿井突出煤层的始突埋深、高程和不完全的突出单项指标与家竹箐隧道相应条件的对照分析。通过类比分析，隧道所穿主要煤层突出危险性初步评价如表 5—12—4 所列。

表 5—12—4 各主要煤层与瓦斯突出危险性评价表

煤层编号	瓦斯压力（MPa）	邻近矿井发生突出深度		隧道揭煤深度		隧道揭煤时突出危险性评价
		高程（m）	埋深（m）	高程（m）	埋深（m）	
12	1.34	+1355	540	1731.0	401.49	可能存在煤与瓦斯突出的潜在威胁
		+1682	338			
17	1.21	+1660	296	1729.8	302.46	可能存在煤与瓦斯突出的潜在威胁
18	1.11			1728.4	246.57	突出危险性较小，但煤层较厚，压力较高
其他各层	0.59～0.91			1725～1735	160～400	突出危险性较小

施工中，采用钻屑瓦斯解析指标、瓦斯瞬间解析压力、瓦斯涌出初速度和瓦斯压力等 4 项实测指标，结合开挖工作面超前钻孔施钻时的动力现象，进行了工作面突出危险性预测。预测指标临界值及预测结果如表 5—12—5 所列。

表 5—12—5 施工期间突出危险性预测指标临界值及煤层突出预测结果表

项目及煤层编号	解析指标 K_1 [$mL/(g\cdot min^{1/2})$]	瞬间解析压力 P_d（MPa）	瓦斯涌出初速度 g_h（L/min）	瓦斯压力 P（MPa）	施钻动力现象	突出危险性预测
临界指标	>0.4	>0.03	>6	>1	喷孔、顶水、顶钻、卡钻	属于有突出危险工作面
12 号煤层	0.794				有动力现象	有突出危险
13、14 号煤层	0.864				喷孔、动力现象明显	有突出危险
17 号煤层	1.096			1.335	强烈喷孔	有突出危险
18 号煤层	0.9507	0.23	70	1.585	强烈喷孔	有突出危险

注：14 号煤层勘察中未作为主要煤层。

5. 煤尘爆炸危险性评判

根据在家竹箐井田及邻近金竹坪井田取样试验，按水分、灰分、挥发分的工业分析值、火焰长度及岩粉量等项指标进行评判，认为隧道通过的煤层中，1 号、3 号、17 号等三层煤有煤尘爆炸危险。

（三）铁路瓦斯隧道地质工作特点

家竹箐隧道是铁二院在煤炭专业单位咨询、帮助下，首次按瓦斯地质理论并参照煤田勘探方法进行瓦斯地质勘察的一座瓦斯隧道。继此之后，铁二院又在其他新建铁路的多座通过煤系地层的隧道开展了瓦斯地质勘察。通过工作中的学习、探索，在了解、掌握瓦斯地质基本理论和工作方法的同时，也认识到铁路瓦斯隧道的地质工作，既有别于一般铁路隧道，也和煤田、矿井地质工作有所差异。由于勘察目的、设计要求和使用性质不同，铁路瓦斯隧道的地质工作，有其自身特点。

1. 铁路瓦斯隧道地质工作必须引入瓦斯地质学的理论和方法，开展以研究瓦斯形成、赋存的地质条件、煤与瓦斯突出的地质条件、突出危险性评价或预测、煤层在隧道内的空间分布等为主要内容的瓦斯地质工作。

2. 铁路瓦斯隧道地质工作既要吸取煤田地质勘探方法的成熟经验，又必须结合铁路带状勘察的特点。煤田勘探属资源勘探，勘探范围广、深度大，同一煤层往往有多个不同位置、不同深度的钻孔加以控制；铁路隧道地质工作则只能围绕隧道通过地段的有限宽度、深度进行。因此，合理运用煤田勘探方法，以有限的地勘工作投入，有效地落实隧道煤层、瓦斯问题，是铁路瓦斯隧道的又一特点。

3. 铁路瓦斯隧道地质勘察与煤田地质勘探目的不同，阶段划分各异。煤田地质勘探工作除包括普查、详查、精查三个资源勘探阶段外，也包括建井期和生产期整个过程的全部勘察工作。尽管也要求在资源勘探阶提出瓦斯预测、突出危险性的基本资料，但有关瓦斯问题的深入工作，特别是瓦斯参数的实测，仍有赖于建井乃至生产期间在井下进行。铁路瓦斯隧道瓦斯的严重程度、煤层有无突出危险，直接影响隧道建设投资、工期和施工、运营安全，必须在勘察阶段予以明确，以作为设计依据，并据以指导施工。这就使瓦斯隧道地质勘察的难度大为增加。

4. 铁路瓦斯隧道的地质工作除满足工程地质、水文地质要求外，瓦斯地质工作的重点应围绕落实煤层在隧道内的空间分布、主要瓦斯参数和施工安全揭煤进行。瓦斯含量、压力、涌出量以及煤的坚固性系数、瓦斯放散初速度等主要瓦斯参数，是预测、判别突出危险性的主要依据，也是瓦斯隧道防瓦斯、防突出和揭煤设计的主要依据。为确保安全揭煤，设计、施工必须针对所揭煤层提前采取相应的揭煤措施，落实煤层在隧道内的空间分布位置，煤层所处层位、编号，以及煤层及其顶、底板特征、对比标志等，这是避免误揭煤层引发事故和保证揭煤措施有的放矢的前提，因而也是瓦斯隧道地质工作的重点。

5. 铁路瓦斯隧道的瓦斯地质工作必须持续至整个施工过程，必要时，运营阶段也需进行这一工作。由于影响瓦斯赋存和煤与瓦斯突出的因素复杂多变，而铁路隧道勘察阶段的瓦斯地质工作受多方面因素所限，只能在地面开展，即使借助于钻孔和从邻近矿井获得一定的地下（井下）实测资料，也会因位置、深度等条件与隧道实际情况有别，而影响资料的准确性。真正可靠的瓦斯资料，仍应像煤田、矿井建设那样，通过建井期间在井下观察、实测获得。因此，铁路瓦斯隧道施工期间，必须开展瓦斯地质的观察、实测工作，以此对勘察阶段提供的煤层瓦斯资料重新进行验证，对有突出危险的煤层尤应如此。

（四）有关瓦斯地质勘察工作的几个主要问题

铁路瓦斯隧道地质勘察除按工程地质、水文地质要求进行外，在开展瓦斯地质工作时，应高度重视以下问题。

1. 搜集、利用邻近煤田、矿井既有资料

铁路隧道勘察受诸多因素限制，很难获得完全的瓦斯地质资料，因此，借助邻近煤田、矿井既有资料，通过分析、计算加以利用，就显得十分重要。需搜集的既有资料主要包括：

（1）煤田、矿井的地质勘探报告及相关图件，其中勘探线剖面图、煤系地层综合柱状图、煤层对比图、钻孔柱状图等，均具很高的利用价值；

（2）邻近矿井分布、开采水平、通风方式、顶板管理方式及采空区分布等；

（3）邻近矿井瓦斯风化带深度、瓦斯参数实测资料；

（4）邻近矿井瓦斯突出资料，包括始突深度、地点、时间、强度、频率等。

2. 掌握瓦斯生成、赋存的地质条件

成煤环境及其演化控制了煤的形成、分布、煤层厚度和厚度的变化，而含煤建造是煤层及其围岩沉积环境及后期演化过程的反映，也是瓦斯形成、保存的基础条件，影响瓦斯生成量的多少。因此，研究含煤建造特征，进而掌握煤层及围岩岩性组合特性及其沉积环境、演化过程，是瓦斯地质工作的重要内容之一。

煤是固体可燃有机岩，它既是生气母岩又是储集岩，而煤中的瓦斯主要是煤化作用的产物，所以瓦斯生成量、瓦斯赋存乃至突出，与煤的煤化程度——变质程度关系密切，也与成煤质料、煤的组分、煤岩类型、煤质指标、煤的结构与构造以及煤的力学性质有关，在开展瓦斯地质工作中，对这些问题均应予以重视。

区域地质构造既对含煤建造的形成具有控制作用，也是影响瓦斯赋存、分布的重要条件，更是控制瓦斯突出的主导因素。瓦斯地质工作应在落实构造形迹、构造体系及其复合、联合关系的基础上，着重从力学和形态方面分析、探讨它们对含煤建造的破坏、改造和相应引起的瓦斯赋存、逸散和分布的变化。

3. 关于煤层对比和煤层在隧道内的分布

根据地质勘察所获得的煤系地层资料进行煤层对比，据以划分隧道通过地区含煤建造中煤层层位、层数、厚度和结构、构造变化规律，是瓦斯地质工作重要的基础工作。煤层对比有误不仅会造成针对不同煤层设计所采取的揭煤措施成为无的之矢，更会因对有突出危险煤层的误判而酿成灾难性后果。因此，在隧道瓦斯地质工作中，开展煤层对比，掌握煤层及其顶底板特征和对比标志，是不可或缺的工作。

为在设计、施工中针对所揭煤层提前采取措施，防患于未然，隧道瓦斯地质工作的又一重要内容是确定煤层在隧道内的空间分布位置。根据隧道地面勘探钻孔所揭示到的煤层所处空间位置，结合煤层对比所确定的该煤层在含煤建造中的层位和与其他煤层的相对位置关系，利用煤层走向、倾角、线路走向、纵坡等参数，采用投影计算方法，即可确定钻孔揭示到的煤层和同一建造中其他煤层在隧道内的具体分布位置。当揭示同一煤层的钻孔较多（3 孔以上）时，可采用数学分析方法，建立煤层平面方程，求解该煤层空间分布位置。

4. 瓦斯隧道的钻探、取样和测试

瓦斯隧道的钻探须根据煤系地层的构造条件、含煤层的多少、煤层倾角的陡缓等多方面因素确定。一般来说,一套正常的缓倾斜或倾斜煤层,考虑确定煤层分布及测试等目的,钻孔数量最少应不少于3个。

瓦斯隧道的钻孔应贯彻一孔多用的原则,既解决工程地质、水文地质问题,又最大限度地获取煤层、瓦斯资料。钻孔数量和深度的控制,应根据隧道穿煤的多少、煤层的稳定性、煤层的陡缓以及构造变动引起的煤层重复或缺失等条件加以确定。有条件时,尽量争取所布钻孔能揭示隧道所通过的各主要煤层,以满足取样测试之需。钻孔一般按垂直煤层走向布置。钻孔深度以能控制隧道穿过的最低一层煤层即可,但从工程设计考虑,仍以钻至隧道路肩以下一定深度为宜。

以掌握煤层、瓦斯情况为目的的钻孔,应采集煤样进行测试、分析,以获得瓦斯成分和主要的煤质指标及瓦斯参数。由于钻孔中取样及测试深度一般未在隧道埋深位置,故设计所需主要瓦斯参数,如隧道瓦斯含量、瓦斯压力以及瓦斯涌出量等,尚需通过计算加以预测。根据铁路作为“线性工程”的特点,有条件时,同一煤层如能有2个以上钻孔控制,并在不同钻孔的不同孔深中取样、测试,取得煤层的瓦斯梯度,利用实测瓦斯梯度计算相应隧道瓦斯参数,将使预测的可靠性大为提高。

(五)经验与体会

1. 瓦斯隧道,特别是有突出危险的隧道,在设计中应予高度重视,稍有不慎,将导致灾难性后果。惨痛的教训在路内、外隧道建设中,均曾有发生。吸取教训、总结经验,瓦斯隧道的安全,应贯穿于整个隧道建设始终,并首先从隧道的地质勘察抓起。这将既加大地质勘察工作的投入,也增加了地质勘察工作的难度。

2. 瓦斯隧道的地质勘察必须引入瓦斯地质理论和工作方法,开展瓦斯地质工作。尽管受技术、设备等条件限制,目前瓦斯隧道的勘探、取样、测试尚有赖委托煤炭专业队伍进行,但铁路地质勘察人员仍须了解、掌握煤田地质、瓦斯地质的基本理论知识、工作方法以及设计所需主要瓦斯参数和煤与瓦斯突出危险性的预测方法。

3. 瓦斯隧道瓦斯地质工作的最终成果,应包括以下主要内容:

隧道内煤层的空间分布位置;

影响、控制瓦斯赋存和煤与瓦斯突出的地质条件;

煤层及其顶、底板特征及对比标志;

主要瓦斯参数及煤质指标(瓦斯成分、瓦斯含量、瓦斯压力、瓦斯涌出量、瓦斯放散初速度、煤的坚固性系数以及煤的工业分析等)的测试及预测;

煤与瓦斯突出危险性预测;

煤的自燃倾向和煤尘爆炸性评价;

防瓦斯、防突出措施建议。

4. 在施工隧道洞内直接对煤层、瓦斯进行观察、测试,是获得可靠的瓦斯地质第一手实际材料的基础。通过这一工作,不仅对勘察所取得的瓦斯地质成果进行验证,更重要的是进一步完善设计,指导施工,以确保安全。因此,施工阶段的瓦斯地质工作是瓦斯隧道地质工作中至关重要的一环。

十三、南昆铁路家竹箐隧道地质条件及地应力特征

王　科

(一)概　况

1. 设计概况

家竹箐隧道位于南昆铁路威红段鲁番至上西铺区间,隧道全长 4 990 m。隧道进口 135 m 位于半径为 500 m 的曲线上,出口 110 m 位于半径为 600 m 的曲线上。隧道纵坡为小人字坡,进口方向为 10.8‰、11‰的上坡,仅出口 200 m 为 3‰下坡。根据工期和揭煤的需要,设置了"一平、两横、四斜"的辅助坑道系统,如图 5—13—1 所示。其中平行导坑穿过全部煤系地层,全长 2764 m,进口横洞长 146 m,出口横洞长 50 m,4 个斜井总长 1 112 m。

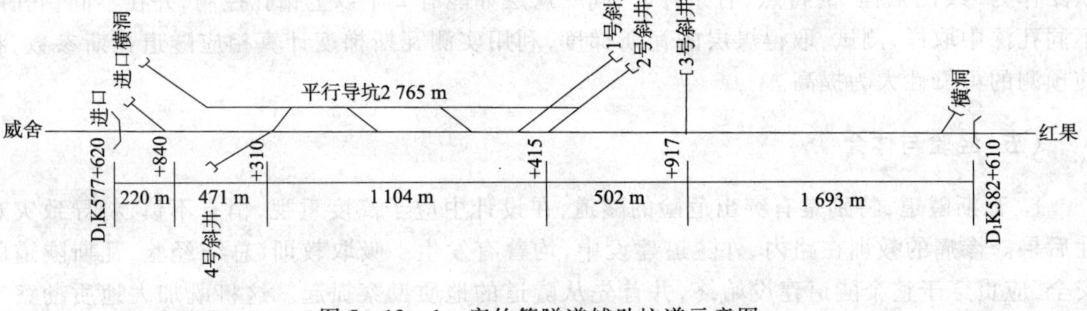

图 5—13—1　家竹箐隧道辅助坑道示意图

2. 施工概况

家竹箐隧道于 1992 年 12 月 26 日开工,1996 年 5 月 14 日先期通过铺架列车,剩余主体工程于 1997 年 5 月 11 日全部完工。

1993 年隧道进口开始掘进后,进口端位于玄武岩碎裂岩体中,岩体极度破碎,开挖后坍方冒顶严重,并造成隧道进口段斜坡出现蠕滑变形;1994 年 1 月 29 日进入煤系地层,至 1996 年 4 月下半断面最后一次过煤为止,两年多始终在煤系地层中施工。针对煤层层数多、瓦斯含量高、压力大且具突出危险的特点,系统开展了瓦斯排放、抽放等防突措施,为安全揭煤创造了条件;1995 年下半年,隧道开挖进入煤系地层埋深最大地段,高地应力加之地层软弱,使隧道洞壁产生了 80 ~ 100 cm 的大变形,造成钢架扭曲、喷层开裂,隧道稳定性受到严重威胁,在采取以长锚杆为主的一系列技术措施后,才使大变形得到抑制;1995 年雨季,隧道出口段发生岩溶大涌水,淹没坑道,施工几度被迫中断,为此设置了泄水洞和中心暗沟,并配合对岩溶管道进行注浆封堵,使岩溶涌水得到妥善处理。

总之,家竹箐隧道一系列的地质病害,给设计和施工带来了相当大的困难,也为同类地质条件下的隧道设计和施工积累了相当多的经验教训。

(二)地质条件

1. 地貌特征

家竹箐为南、北盘江之分水岭,北坡属北盘江水系,南坡属南盘江水系,高程 2 222 m,相对

高差 500 m，属中低山区。地貌受构造控制明显，属单面山，北坡较缓，约 25°～30°；南坡地形呈阶梯状，局部较陡。北坡可溶岩地层中多发育溶沟、溶槽、溶蚀洼地、漏斗、竖井等岩溶地貌景观；南坡多发育树枝状冲沟，沟床纵、横坡均较陡，为典型的碎屑岩构造侵蚀地貌。

2. 岩性特征

隧道依次揭露峨眉山玄武岩、二叠系煤系地层、三叠系碎屑岩和可溶岩地层。各地层在隧道中的分布如图 5—13—2 所示。

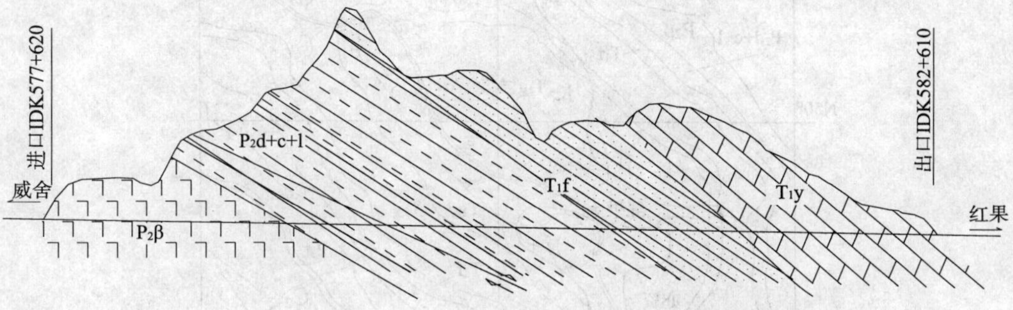

图 5—13—2　家竹箐隧道地质纵断面

各地层岩性特征分述如下：

三叠系下统永宁镇组(T_1y)：本组属滨海相、浅海相及泻湖相沉积环境，上、下部为浅灰色、中厚层状灰岩、蠕虫状泥质灰岩及白云质灰岩，近底部夹紫色粉砂岩及泥灰岩，中部为黄绿色、紫色薄层砂岩、泥岩、粉砂岩及薄—中厚层泥灰岩。

三叠系飞仙关组(T_1f)：本组为浅海相、滨海相沉积环境，按岩性可分为上、下两个岩性段。

上段(T_1f^2)：出露在假岩沟以上至分水岭地段间，为紫、紫红、暗紫色夹有绿色薄至中厚层岩屑砂岩与岩屑粉砂岩互层。

下段(T_1f^1)：出露于分水岭以南的斜坡上，为黄绿色、灰绿色岩屑砂岩和岩屑粉砂岩夹泥岩。

二叠系上统大隆、长兴、龙潭组(P_2d+c+l)：该组为煤系地层，各组界线难以区分，属海陆交互相沉积环境，岩性为深灰至灰色，上部为硅质胶结砂岩夹泥岩，中下部为砂岩夹泥岩、灰岩及煤层，底部为灰色铝土岩。

二叠系上统峨眉山玄武岩($P_2\beta$)：出露于隧道出口段，为基性火山喷出岩和暗灰、灰绿色玄武岩及凝灰岩，局部夹有薄层页岩及煤层，微晶结构，块状构造，岩层中原生柱状节理和构造节理发育。本组与上、下地层均呈假整合接触。进口段为玄武岩碎裂岩体，呈碎块状结构，局部夹风化极严重的玄武岩。

3. 地质构造特征

隧道位于盘县向斜南段的东翼南端扬起端附近(图 5—13—3)，向斜南端轴部呈弧形，隧道轴线与向斜轴线大致平行。

隧道范围内为单斜构造，岩层产状为 N20°～35°E/18°～30°N，隧道高程处岩层产状较缓，约 10°～20°。受构造影响，隧道范围内发育三条次级张性断层，层间揉皱发育。如 $F_{家-1}$ 断层，为张性断层，产状 N65°E/13°NW，与隧道交于 IDK579＋455 处，断层破碎带宽 25 m，将 10 号、11 号煤层错断，断距 2 m。另外在煤系地层中发育多条次级小断层，岩层产状变化较大。

隧道范围内节理以构造节理为主,一组走向近东西向,倾南,另一组走向近南北向,倾东。隧道范围内的构造线和地层界线均与隧道大角度相交。

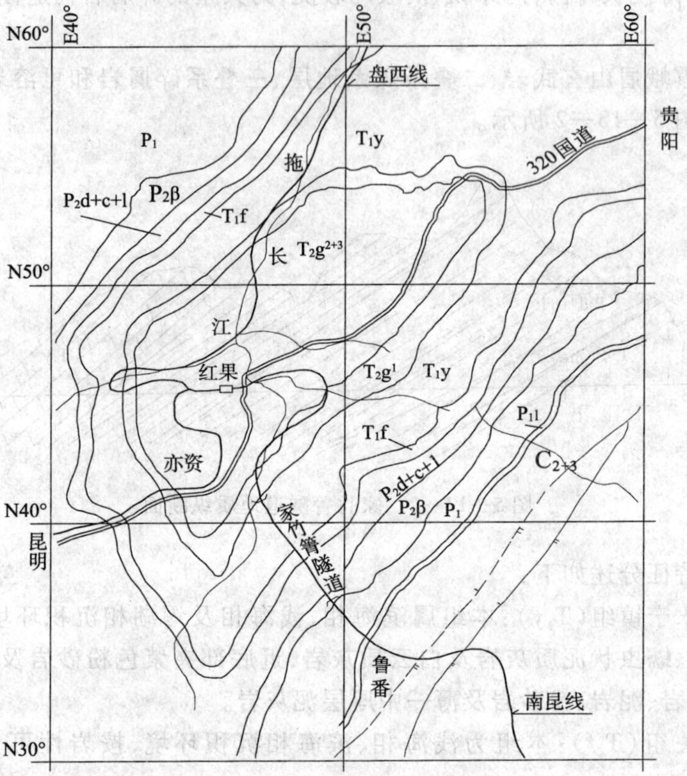

图 5—13—3　家竹箐隧道区域地质示意图

4. 水文地质特征

隧道揭露的主要含水层为 T_1y 组中可溶岩的岩溶管道、岩溶裂隙含水层,含水层又可进一步划分为两个岩溶含水带。

IDK582 + 390 ~ + 610 处隧道位于岩溶水垂直循环带,地下水以岩溶裂隙水为主,具明显的季节性,一般雨季有水而旱季无水,流量不大,对隧道危害较小。IDK581 + 373 ~ + 605 和 IDK581 + 720 ~ IDK582 + 110 区段隧道洞身位于岩溶水水平循环带,地下水以岩溶管道和岩溶裂隙水为主,受季节影响明显。雨季时流量倍增,并伴随有大量的泥、砂、卵石涌出。后两段施工中,分别于 1995 年 1 月、5 月、9 月在暴雨后发生过三次涌水。根据估算,最大流量分别为 $2.4\times10^4\ m^3/d$、$8.0\times10^4\ m^3/d$。涌水一般发生在暴雨后 1 ~ 2 小时。

5. 煤层及瓦斯特征

(1)隧道穿过的煤系地层长,煤层层数多,具有突出危险性的煤层多:隧道穿越的煤系地层长 1 157 m,占整个隧道的 23%。厚度大于 0.5 m 的煤层共有 24 层,其中有 5 层煤层具有煤与瓦斯突出危险。

(2)瓦斯压力高,含量大,瓦斯涌出量多:在隧道施工中实测了一系列瓦斯参数,其中最大瓦斯压力为 1.585 MPa(17 号煤层),是岩脚寨隧道的 3.9 倍,是云台山隧道的 5 倍。最高瓦斯含量 20.17 m^3/t(17 号煤层),是云台山隧道的 6.4 倍。隧道在揭 18 号煤层时,瓦斯涌出量高达 10.56 m^3/min,是岩脚寨隧道的 4.29 倍,是云台山隧道的 3.0 倍。5 层突出煤层共涌出

瓦斯 $100 \times 10^4\ m^3$。

(3)煤层倾角缓,过煤段落长:隧道处煤层倾角较缓,约 10°~15°,造成过煤段落长,其中 17 号煤层过煤段落长达 84.8 m。煤系地层中煤巷和半煤巷长 907 m,占整个煤系地层的 78%。

(4)受构造影响,煤质破碎,软分层发育,煤层局部增厚:煤系地层中小构造发育,造成煤质破碎,软分层发育,煤质多为暗煤、镜煤、糠煤,主要煤层的 f 值均小于 0.55,最低为 0.16(12 号煤层)。断层上、下盘多发育牵引构造,使煤层局部增厚。如 17 号煤层,在家竹箐井田中一般为 3 m,但在家竹箐隧道却达 10.7 m。

6. 区域地应力分析

家竹箐隧道位于盘县向斜南段的东翼,隧道轴向与向斜轴向近于平行,在隧道范围内尚发育多条东西向张性断裂,与隧道大角度相交。根据地质力学理论可做出应变椭球体,如图 5—13—4 所示。从应变椭球体可以看出,最大主应力方向应为北东向,即与隧道轴向近于垂直。

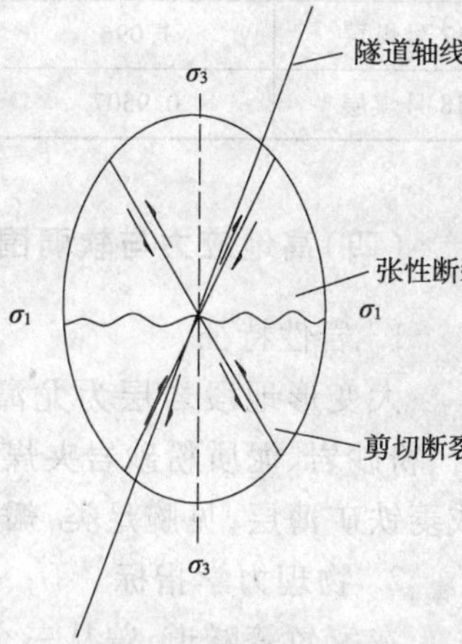

图 5—13—4　应变椭球体图

(三)隧道施工中突出煤层揭煤的防突措施

隧道掘进穿过有突出煤层危险的煤层时,如果处理不当,很可能发生煤与瓦斯突出事故。在地应力和高压力瓦斯的共同作用下,大量的煤块、煤粉与瓦斯气体突然喷出与倾出,埋没巷道,破坏设备,并往往同时发生瓦斯爆炸,造成严重的灾害。隧道揭煤前,采取了以下防突措施:对隧道前方煤层位置进行探测,预测煤层突出危险性,对具突出危险性煤层实施防突措施并检验防突措施效果。

1. 煤层超前探测

由于地质构造的复杂性和多变性,隧道设计只能根据地质勘探资料和附近煤田地质资料推算隧道穿过煤层的大致位置。对于具突出危险的煤层,必须掌握煤层的准确位置和参数,才能不致误揭煤层造成突出事故。煤层的超前探测采用超前钻孔,在石门距煤层 10 m 处(垂距)、破碎岩层距煤层 20 m 处,就应布置钻孔进行超前钻探,超前钻孔一般不小于 3 个,根据钻孔揭示的情况,确定煤层厚度及与隧道的空间关系。

2. 煤与瓦斯突出危险性预测及其判别标准

在勘察期间,根据勘探以及煤炭部门收集的资料,可对煤层进行区域性煤层突出危险性预测,但具体到隧道开挖面处煤层是否会突出,仍需在隧道施工期间进行煤与瓦斯突出预测工作。家竹箐隧道根据《煤矿安全规程》,采用解析指标 K_1 值、瓦斯瞬间解析压力 P_d、钻孔瓦斯涌出初速度 g_h、瓦斯压力 P 等四个指标以及钻孔过程中的动力现象进行突出危险性预测。其临界指标及各主要煤层瓦斯参数如表 5—13—2。

3. 防突措施

在揭石门施工之前以及在煤巷掘进时,如煤层具有突出危险,必须先采取防突技术措施,消除其危险性,方可继续施工。防止煤与瓦斯突出的方法较多,煤炭系统广泛采用钻孔排放、真空抽放、水力冲孔、金属骨架等措施。这些措施的主要目的在于降低煤层中的瓦斯压力和减少瓦斯含量、防止煤层坍方。根据铁路隧道施工特点,结合原煤炭部的防突细则,在家竹箐隧道防突施工中,采用了以“钻孔排放”为主的防突措施,也进行了“真空抽放”的试验。

表 5—13—2　预测突出危险性煤层临界指标及各主要煤层突出指标表

项　目	解析指标 K_1 〔$mL/(g \cdot min^{1/2})$〕	瞬间解析压力 P_d (MPa)	初速度 g_h (L/min)	瓦斯压力 P (MPa)	施钻期间的动力现象	突出危险性
临界指标	>0.4	>0.03	>6	>1	喷孔顶水、顶钻、卡钻	属突出危险性工作面
12 号煤层	0.794				有动力现象	有突出危险
13、14 号煤层	0.864				有喷孔,动力现象明显	有突出危险
17 号煤层	1.096			1.335	强烈喷孔	有突出危险
18 号煤层	0.9507	0.23	70	1.585	强烈喷孔	有突出危险

(四)高地应力与软弱围岩大变形

1. 岩性特征

大变形地段岩层为龙潭、长兴和大隆组煤系地层,岩性特征为黑色泥岩、灰色粉砂质泥岩、粉砂岩、泥质粉砂岩夹煤层,钙、泥质胶结,具水平层理和微波状层理,含瘤状菱铁矿结核或菱铁矿薄层,见腕足类、瓣腮类动物化石。

2. 物理力学指标

在家竹箐隧道,曾从三个方面研究煤系地层的物理力学指标。

(1)洞内取样试验:施工中,在家竹箐隧道大变形地段共取 3 组岩样做室内试验,测试结果如表 5—13—3。

表 5—13—3　岩石力学指标

试　样	c(MPa)	φ(°)	c_r(MPa)	φ_r(°)	R_a(MPa)	R_t(MPa)
1	9	56	1	40	106	3
2	2.5	39	0.4	32	12.6	1.66
3	7	48	1	43	66	3

注:c_r、φ_r为残余值,R_a、R_t 分别为单轴抗压及抗拉强度。

因室内试验受手段和方法的限制,只能测定到砂岩的物理力学参数,显然这样的参数对于煤系地层偏大。

(2)洞内实测弹性波速指标:在隧道内适当部位钻孔,孔深大于可能的塑性区,利用仪器测得孔内各类围岩的弹性波速度,在塑性区以外的波速大小基本可以代表围岩扰动前的数据,根据波速大小确定围岩的相应参数。家竹箐隧道实测弹性波速剖面如图 5—13—5 所示。

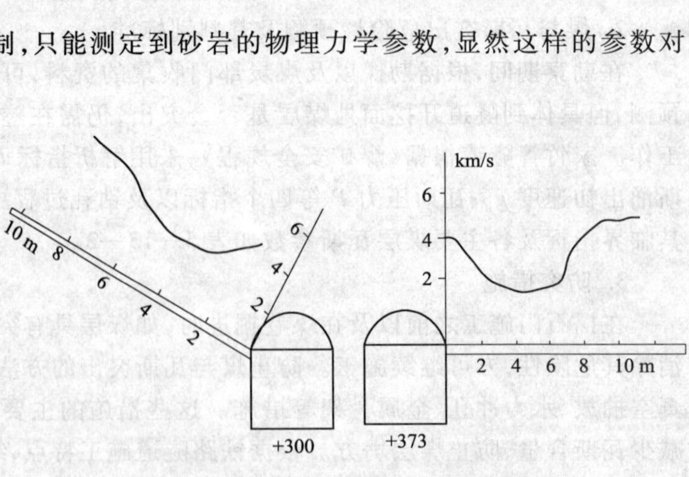

图 5—13—5　隧道实测弹性波速断面图

由图 5—13—5 可见,弹性波

速为 4.5 km/s(+300)、3.6 km/s(+373),属Ⅱ级围岩,但实际煤层属Ⅴ级围岩,实测波速偏大。其原因是在煤层中打孔时难以成孔,缺乏煤层波速资料,只能用砂岩数据代替煤系地层总的情况。

(3)实测位移反分析:当隧道周边的围岩有多种不同的岩性,且相间分布时,显然不能以单一的某种岩层的参数代表总的围岩特征。

家竹箐隧道由于岩层倾角较缓,在隧道横断面上,煤层、砂岩、泥岩间隔分布。以洞壁实际位移为依据,对岩石物理力学参数(见表 5—13—4)进行反分析。

表 5—13—4　家竹箐隧道煤系地层物理力学参数

E(MPa)	c(kPa)	φ(°)	γ(kN/m)	μ	G(MPa)	R_a(MPa)	R_t(MPa)
500	500	30	22	0.38	181	1.7	0.6

3. 隧道变形特征

家竹箐隧道的支护变形有一个发展过程。从 1995 年 4 月开始,正洞掘进进入围岩压力显著增大地段,刚通过 17 号煤层,发现在里程 IDK579 + 242 ~ + 262 段的喷锚支护虽然加强为喷混凝土厚 12 cm,工字钢(I14)间距加密为 30 cm,并设置有 3 m 长系统锚杆,拱部仍发生严重变形,最大下沉 317 mm。以后随着开挖断面向前推进,支护变形的程度及范围不断扩大。至同年 7 月,大变形的范围由初期的 40 m 扩大到 170 m(IDK579 + 230 ~ + 400),变形量达到 80 ~ 90 cm,钢架严重变形挠曲,喷层开裂,并与钢架脱离。至同年 9 月,变形范围进一步扩大,小里程延伸至 IDK579 + 170,大里程延伸至 IDK579 + 465,长 295 m,变形量达到 100 cm 左右,而且当初侵限扩挖段的洞壁又产生新的下沉和内移。到 1995 年 12 月底,大变形的范围最终发展为 IDK579 + 170 ~ + 560,长 390 m。在变形最严重地段,拱顶最大下沉 240 cm,侧壁内移 160 cm,底板上鼓 80 ~ 100 cm,原来可以行人的正洞上半断面高度减少到不足 1 m。在一般地段,变形的最大下沉量一般不大于 100 cm,侧壁内移一般不大于 60 cm,隧底上鼓不大于 80 cm。其中 IDK579 + 330 ~ + 380 段的变形发展见图 5—13—6。由图中可见,第一次开挖后至 10 月 2 日最大下沉量 90 cm,侵限 70 cm。至次年 1 月 10 日扩挖后的洞壁又发生变形,侵限 50 cm。

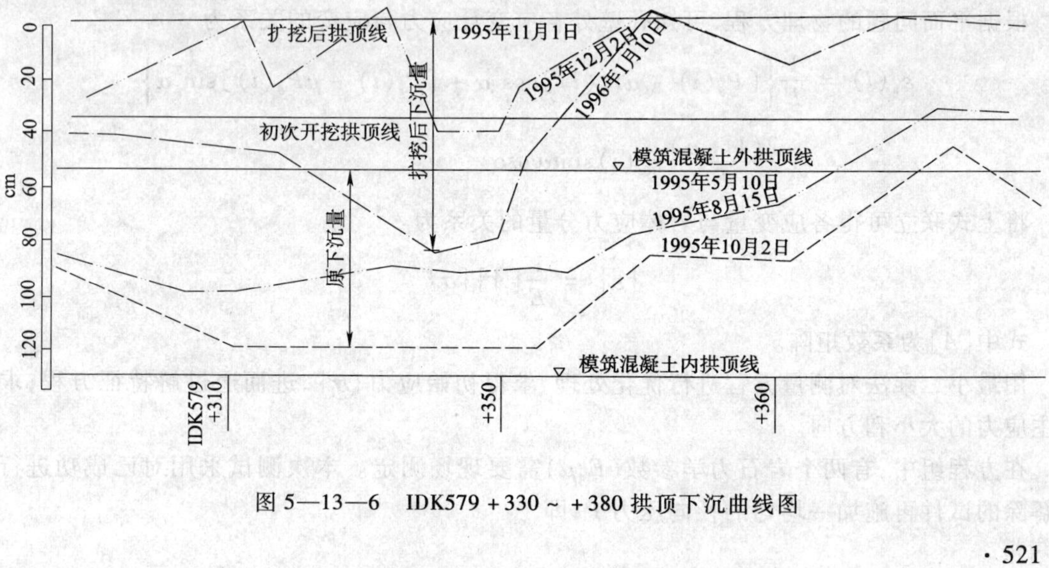

图 5—13—6　IDK579 + 330 ~ + 380 拱顶下沉曲线图

针对支护严重变形现象,设计和施工单位多次研究对策,从 1995 年 7 月起陆续提出整治措施。到 1995 年 10 月,形成一整套整治方案。从 1995 年 12 月起,随着长锚杆等一系列方案的实施,支护严重变形现象得到有效控制。

(五)地应力测量

1. 地应力测量原理

本次地应力测量方法采用软包体法,它属于国内、外广泛采用的导孔钻取岩芯的应力解除法。该方法不仅有严密的理论基础,而且有成熟的试验技术和工艺,能可靠地测量原始地应力。

李曼(Leeman)早就提出了两个应变花直接粘贴到导孔壁上测量全应力状态的孔壁应变法。

以钻孔方向为 Z 轴,指向孔口为正,建立相应的直角坐标系和柱坐标系。该点应力为

$$[\sigma]^{T} = [\sigma_x, \sigma_y, \sigma_z, \overline{\tau}_{xy}, \overline{\tau}_{yz}, \overline{\tau}_{zx}]$$

$$[\tau]^{T} = [P_\theta, P_z, \tau_{\theta z}, P_r]$$

那么孔壁上任意一点各应力分量的关系为

$$\begin{aligned} &P_\theta(i) = (\sigma_x + \sigma_y) - 2(\sigma_x - \sigma_y)\cos 2\varphi_i - 4\tau_{xy}\sin 2\varphi_i \\ &P_z(i) = -2\mu[(\sigma_x - \sigma_y)\cos 2\varphi_i + 2\tau_{xy}\sin 2\varphi_i] + \sigma_z \\ &\tau_{\theta z}(i) = -2\tau_{zx}\sin\varphi_i + 2\tau_{yz}\cos\varphi_i \\ &P_r(i) = \tau_{r\theta}(i) = \tau_{rz}(i) = 0 \end{aligned}$$

φ_i 为三组应变花所粘贴的角度,本次测试探头三组应变花所粘贴的角度分别为 0、π/2、7π/6。

对于单个应变花,应变量为

$$\varepsilon_a = \varepsilon_\theta \cos^2\alpha + \varepsilon_z \sin^2\alpha + \gamma_{\theta z}\sin\alpha\cos\alpha$$

ε 为应变花中应变计的角度,一般一组应变花由 3 个应变计组成,各应变计对应的应变分量为 ε_a、ε_b、ε_c。

本次测试探头上的应变花中各应变计的角度分别为 0、π/4、π/2。

根据平面问题的物理方程,可知孔壁处各应变计应力与应变的关系为

$$\varepsilon_a(i) = \frac{1}{E}\left\{[P_\theta(i) - \mu P_z(i)]\cos^2\alpha + [P_z(i) - \mu P_\theta(i)]\sin^2\alpha\right\} + \frac{2(1+\mu)}{E}\tau_{\theta z}(i)\sin\alpha\cos\alpha$$

将上式联立可得各应变量与岩体应力分量的关系为

$$\{\varepsilon\} = \frac{1}{E}[A]\{\sigma\}$$

式中 $[A]$ 为系数矩阵。

用最小二乘法对测量方程进行优化处理,求得初始应力 $\{\sigma\}$,进而通过解特征方程,求得各主应力的大小和方向。

在方程组中,有两个岩石力学参数(E,μ)需要现场测定。本次测试采用对已成功进行应力解除的试件再施加一均匀的径向压力 P,即

$$\sigma_x = \sigma_y = P$$

其余分量均为零，则

$$P_\theta(i) = 2P$$

$$\varepsilon_a(i) = \frac{2P}{E} \qquad \varepsilon_b(i) = -\frac{2\mu}{E}P$$

对试件施加径向压力 P，可以从每组应变花得到一组 $\varepsilon_a(i)$、$\varepsilon_b(i)$，由于对称，其值不随 i 发生变化。通过从低应力到高应力做多次试验，用线性回归得出应力—应变曲线，即可得出 E、μ 值。该种方法是对同一试件先测定原始地应力释放后的应变，后测定力学参数，针对性极强。

2. 测量仪器

本次地应力测量采用的仪器由中科院武汉岩土所研制，它是在孔壁应变法的基础上发展起来的，特别适用于软岩和破碎岩体，并能在一个钻孔中实现全应力测量。它由空心包体式孔壁应变计、定位器、力学参数测定仪组成。该仪器的结构和功能如下：

(1)空心包体式孔壁应变计：空心包体式孔壁应变计的结构如图 5—13—7 所示。它由密封插座、电阻补偿片、空心带洞圆筒和活塞组成。在空心带洞筒上粘贴 3 组应变花，各应变花的角度分别为 0、π/2、7π/6，每组应变花贴 3 个应变计，各应变计的角度分别为 0、π/4、π/2，空心带洞圆筒中预先装满环氧树脂。

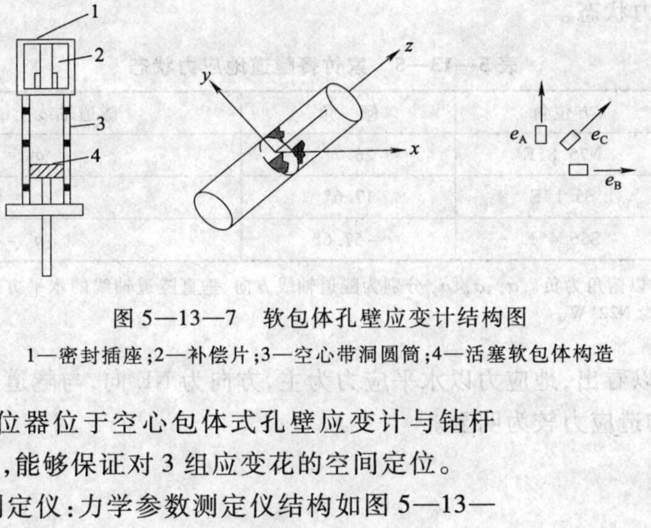

图 5—13—7　软包体孔壁应变计结构图

1—密封插座；2—补偿片；3—空心带洞圆筒；4—活塞软包体构造

(2)定位器：定位器位于空心包体式孔壁应变计与钻杆之间，采用重力原理，能够保证对 3 组应变花的空间定位。

(3)力学参数测定仪：力学参数测定仪结构如图 5—13—8，它由密封圈、压力腔和一个外接油泵组成。压力腔中的压力由外接油泵提供，并通过压力腔内侧的橡胶膜向试件传递均匀径向压力，利用空心孔壁应变计测量该径向压力下的应变。

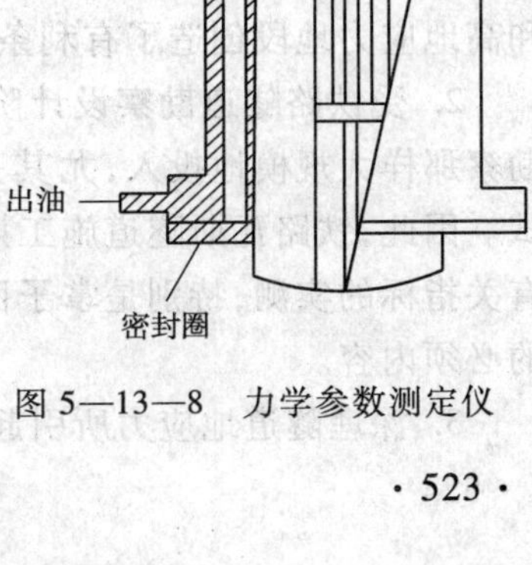

图 5—13—8　力学参数测定仪

3. 测量程序

(1)在测量地点施工水平钻孔，钻孔孔径不小于 100 mm，直到钻至需测量的深度；

(2)用小直径钻头打超前小导孔；

(3)将传感器探头放入超前小导孔中，并用定位器定位；

(4)推动活塞，将圆筒中预先装满的环氧树脂挤出，将应变花粘贴在围岩上；

(5)用取芯钻头将传感器和一部分围岩一并钻出，释放原始地应力；

(6)测量应力释放后的应变值；

(7)用力学参数测定仪测量岩石的 E、μ 值；

(8)重复上述试验全过程，可在新的深度上再测量一组数据，其操作过程如图 5—13—9 所示。

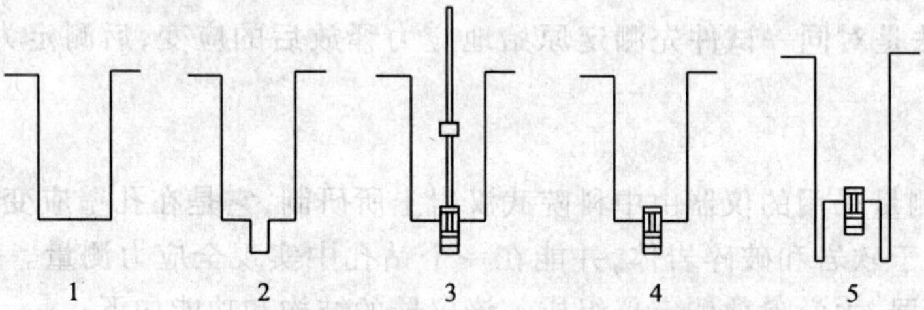

图 5—13—9　软包体法操作过程示意图

4. 测量结果

本次地应力测量在平导 PDK1 +850 处共打 3 个水平钻孔，进行了 15 次全过程循环试验，取得了三次试验全过程的完整资料。对所得数据进行统计、分析，得出了如表 5—13—5 所示家竹箐隧道的地应力状态。

表 5—13—5　家竹箐隧道地应力状态

主应力(MPa)	方位角	倾　角	隧道轴线上的分量(MPa)
19.62	N75.8°E	26.7°	$\sigma_x = 8.34$
7.88	S5.1°E	17.6°	$\sigma_y = 16.09$
5.48	S66.4°E	−57.6°	$\sigma_z = 8.57$

注：倾角以仰角为正，以俯角为负。σ_x、σ_y、σ_z 分别为隧道轴线方向、垂直隧道轴线的水平方向、铅直方向的应力分量。隧道轴线方位角为 N22°W。

从实测数据可以看出，地应力以水平应力为主，方向为 NE 向，与隧道大角度相交，且为垂直应力的 2 倍，即构造应力较为明显。

(六)结　　语

1. 家竹箐隧道是铁二院首次较系统地按照瓦斯地质工作的要求，开展地质勘察的第一条铁路长大瓦斯隧道。由于勘察期间掌握了充分的资料，提供了内容丰富、可靠的地质勘察报告和具有一定指导性的设计文件，从而为顺利施工和安全地通过高瓦斯、有突出危险的煤层和高地应力地段创造了有利条件，也为进一步开展瓦斯地质工作积累了宝贵的经验。

2. 受铁路隧道勘察设计阶段、流程和条件的限制，铁路瓦斯隧道地质工作不可能像井田勘察那样大规模地投入，尤其是瓦斯参数、突出危险性评价等，很难在勘察期间开展井下测试。因此，铁路瓦斯隧道施工期间的瓦斯地质工作显得特别重要。瓦斯参数、突出危险性的有关指标的实测，特别是掌子面的煤层预探和煤与瓦斯突出危险的预测、预报，均应作为施工的必须内容。

3. 深埋隧道地应力所引起的软岩(煤系地层)大变形，在西南山区铁路建设中尚属首例

(成昆铁路施工中,几座长大深埋隧道发生过岩爆)。目前铁路规范对地应力引起的隧道围岩变形,尚无明确要求和规定。通过家竹箐隧道的科研项目和工程实践,对此问题进行了专题研究,对其形成条件和预测、评价方法以及防止措施进行了深入的研究,初步形成了一系列行之有效的整治措施。

4. 隧道岩溶涌水是至今仍困扰勘察设计和施工的主要问题之一。尽管有各种预测计算方法,但由于岩溶发育的隐蔽性和不均匀性,使这些方法不同程度地受到限制。家竹箐隧道虽然采用了地下水动力学法、比拟法以及均衡法等方法估算可溶岩地段的涌水量,但预测水量偏小,与实际出入较大,这是由于隧道施工切断了地下暗河,导致暗河水涌入隧道。如何在勘察阶段弄清岩溶涌水量,特别是暗河对隧道工程的影响,做出可靠的定量评价,仍是值得研究的重要课题。

十四、南昆铁路相田2号隧道及其前后路堑病害与整治

唐民德

(一)概　　况

相田2号隧道位于南昆铁路威舍至红果段威箐车站至鲁番车站区间中,里程为 $ID_4K568+815 \sim ID_4K569+000$(施工图里程,以下同),原设计隧道全长185 m(含进口端明洞11 m,出口端明洞15 m),后因施工中出现严重病害,进口端明洞接长5 m,故建成后隧道全长190 m,进口里程改为 $ID_4K568+810$。

全隧道位于直线段,设计为12.8‰向出口端的单面上坡;两端洞口段设计围岩类别采用Ⅱ类(共长105 m),洞身围岩类别采用Ⅲ类(长80 m)。设计施工方法采用先拱后墙法,辅以格栅钢架和超前水平锚杆临时支护;设计还提出洞口开挖前应先做好边仰坡排水设施、尽早修建洞门并及时铺砌堑坡等要求。

施工中,隧道进、出口及相邻的路堑先后发生山体滑坡,导致明洞及衬砌严重变形、破坏,被迫一度停工。后经采取强有力措施整治,控制了病害发展,最终保证了隧道及前后路堑的建成通车。

(二)环境地质条件

隧道穿越低中山区的一处低缓垭口,洞身最大埋深不及30 m。垭口前后为侵蚀、溶蚀而成的自然槽谷,线路沿垭口前槽谷的左侧谷坡进洞,以隧道穿越垭口后,在垭口后槽谷的右侧谷坡出洞。前后槽谷谷坡自然坡度35°~40°,普遍为第四系坡残积砂黏土所覆,垭口及其两侧山脊出露三叠系下统飞仙关组(T_1f)砂岩、泥岩夹页岩。

乐民所断层为隧道通过地区内的主要区域性断层,其总体走向从N至S,由NNE向转为NE向,断层面倾W或NW,属压性,延伸近60 km,破碎带宽10~30 m。该断层在隧道进口前百余米处自左至右斜穿线路后,向北东方向延伸至隧道右(东)侧约150 m处,被一条走向NW的后期压扭性断层 $F_{3-比-2}$ 所错断。此后,乐民所断层以NNW至SN走向继续延伸,并于隧道出口后100~200 m处与线路相交并重合,隧道出口段距该断层仅30~50 m。前述NW向后期断层,在错断乐民所断层后,继续向NW方向延伸,至K46+805处与隧道大角度斜交。在隧

道左侧 90 ~ 140 m，尚发育有走向 NE 的压扭性断层一条（$F_{3\text{-比-1}}$），断层面倾 E 或 SE，倾角 60°。此外，在隧道出口以后的线路右（东）侧 100 m 外，还分布有走向 NNE，断层面倾 W，倾角 85° 的压扭性断层一条（$F_{3\text{-比-3}}$）。

从上述断层分布与相田 2 号隧道所处位置关系看（图 5—14—1），该隧道及前后线路或挟持于断层之间，或与断层相交、相邻，且又居于乐民所断层与 $F_{3\text{-比-1}}$ 两断层之上盘，故受断层影响极其严重。施工开挖揭示，隧道洞身围岩及进、出口外路堑边坡岩体挤压强烈，极为破碎，多见构造透镜体及擦痕、镜面，部分岩石已呈糜棱状。

隧道及前后路堑所处乐民所断层上盘，均为三叠系下统飞仙关组（T_1f）砂岩、泥岩夹页岩，属软质岩，在强烈的构造挤压作用下，已严重变形，难见完整岩体。乐民所断层下盘由三叠系下统永宁镇组（T_1y）灰岩组成，唯距线路较远，与隧道及两端路堑病害无关。槽谷及谷坡所覆砂黏土，多呈半干硬状，质地疏松。

工点范围内，地下水不发育，基岩中裂隙水甚微。

（三）施工中发生的地质病害

本隧道于 1993 年开工，1994 年三季度上半断面贯通，拱部衬砌亦已完成。期间，1994 年 7 月进口路堑开挖时，左侧边坡覆土即发生多次表层坍滑。随着下半断面的开挖、掘进，由于洞口长期暴露，洞外挡护工程未及时施作，洞外左侧山体出现开裂，并向隧道范围延展、扩大，隧道拱部衬砌亦发生开裂、变形，并由洞口向洞身发展。1995 年 6 月 5 日，一场大雨后，进口路堑左侧山体、边坡变形加剧，新裂缝不断产生，裂缝宽度达 30 ~ 40 cm，坡面形成错台，最后一道环状裂缝已发展至山顶，山体变形已发展为滑坡。滑坡范围为 $ID_4K568+781$ ~ $+905$，前缘即为路堑坡脚，宽 124 m，滑坡轴长 80 m 许，轴线与线路交于 $ID_4K568+842$，交角 81°。滑坡形成后，隧道衬砌开裂、变形迅速发展，洞外路堑坍滑严重。至 6 月 12 日，下半断面开挖至 $ID_4K568+929$（距进口 114 m），洞口段左侧拱脚出现开裂，裂缝宽 20 cm，自洞口向洞内延伸近 20 m，左侧已砌筑边墙内倾，并出现多条纵横裂缝，拱顶贯通裂缝已向洞内延伸近 60 m，隧底多处隆起，并出现纵向裂缝一条。6 月 13 日又一场大雨后，左侧山体滑坡整体失稳，进口明洞及衬砌遭严重破坏，局部衬砌垮塌，洞顶地表出现 5 m × 6 m 塌陷漏斗，未垮塌之拱顶出现环状裂缝，隧底向右挤出，右侧水沟变形破坏，洞内结构丧失稳定。

隧道出口段下半断面开挖至 $ID_4K568+985$（距出口 15 m）时，诱发洞顶及洞口外右侧山体发生滑坡，滑坡范围为 $ID_4K568+980$ ~ $ID_4K569+011$，前缘宽 31 m，轴长 50 m，主轴与线路斜交于 $ID_4K568+000$，交角 45°。滑坡掩埋了隧道出口，导致出口已建成的 7 m 明洞拱脚剪断内移，10 ~ 20 cm 的错台，拱顶裂缝贯通至 $ID_4K568+982$，被迫长期停工。停工后，滑坡及洞内变形未进一步发展。

1995 年 8 月至 1996 年 3 月，在隧道及其两端路堑变更设计整治工程施工中，病害仍有所发展。隧道进口段拆换衬砌后新浇注的拱圈分段出现程度不一的纵向或斜向裂纹、裂缝，局部拱顶有压溃现象，至 1996 年 3 月底，新浇注拱圈开裂、破坏已近 50 m；正在施工的隧道左侧 4 根抗滑桩基坑相继发生坍塌，护壁破坏，地表开裂加剧，进口仰坡也开裂下滑。

（四）病害原因分析

1. 地质条件（主要是地质构造条件）是导致隧道及其两端路堑在施工中出现严重病害的内在基本原因。病害地段存在以乐民所断层为主的多条断层，它们在隧道附近以截接、斜接

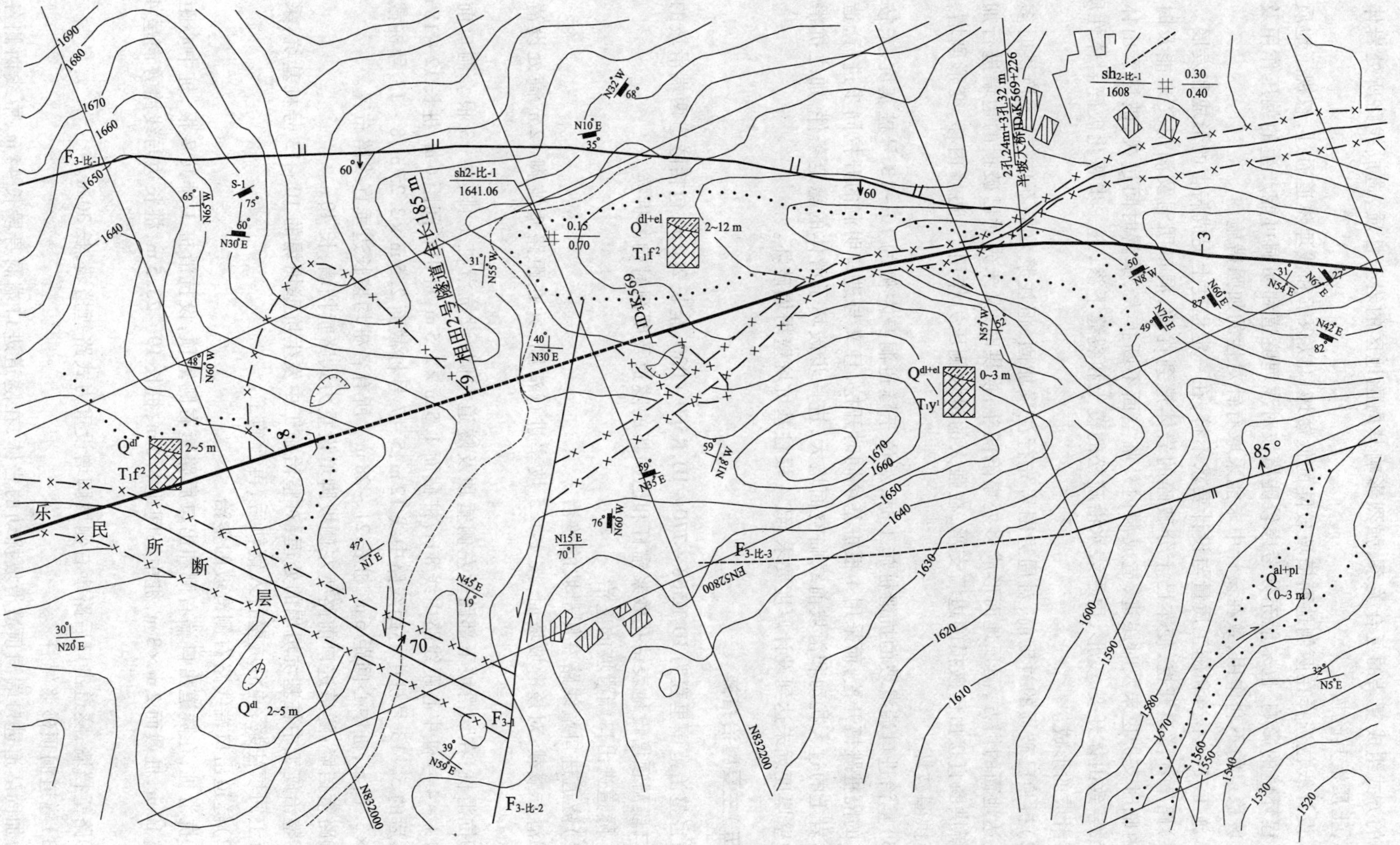

图 5—14—1　相田 2 号隧道工程地质平面示意图

或重接的方式组成复杂的复合关系，强烈影响其周围地区的岩土性质，造成线路所处岩体十分破碎，土质极其疏松。

2. 设计线位选择在两侧地面横坡较陡的低矮垭口以深堑和浅埋隧道通过，忽视了地质构造对工程环境的影响，也未能充分考虑较陡横坡对浅埋隧道和明洞可能产生的偏压作用及对路堑边坡稳定的不利作用，致在设计中未能采取有针对性的加强措施。

3. 施工安排不当和施工质量与设计要求不符，在一定程度上促成病害的形成和发展。

(1)路堑和隧道开挖，使本已十分破碎的岩体遭到扰动，洞口明洞及洞门又未能及时施作，洞内临时支护也未及时跟进，造成洞内外临空面不断扩大、暴露时间过久，破坏了山体原有平衡，导致山体开裂、变形，雨季表水沿疏松的覆土和裂缝下渗，进一步恶化破碎岩体性质，促成了滑坡的形成。

(2)拆换已破损的衬砌前，对周边围岩先行注浆加固，但注浆效果不佳，导致换拱时多次发生通达地面的坍方，洞顶地面形成多处塌陷漏斗；换拱时，又未先对已破损的边墙进行加固处理，新拱圈直接由已破损的边墙支承，在强大的滑坡侧压力作用下，边墙内移，变形剧增，又导致新拱圈破坏。

(3)整治进口端滑坡的抗滑桩施工时，对位于隧道洞身左侧的 10 ~ 13 号桩基坑，未按设计要求的隔桩跳槽开挖，而采用 4 根桩基坑同时开挖，且又与进口明洞的开挖同步进行，造成对滑体岩土的过大扰动和滑坡前缘临空面增大，进一步破坏了滑体的稳定条件，加之抗滑桩基坑护壁厚度远未达到设计厚度要求，致 4 根桩基坑坑壁坍塌破坏。

(五)主要整治措施

病害整治范围里程为 $ID_4K568+770$ ~ $ID_4K569+030$，全长 260 m，包括隧道两端滑坡的整治、进口段洞顶增设地表钻孔砂浆锚杆和已损坏的隧道及明洞衬砌的拆换。

1. 隧道进出口端滑坡的整治

(1)隧道进口端线路左侧滑坡的整治

①清方减载：对该滑坡坡面，按 1:1.5 坡率进行清刷，并在距路堑坡脚 12 m 高处设清方平台。

②抗滑桩：在该滑坡下部路堑左侧堑顶及隧道左侧，设抗滑桩 1 排，共 13 根。洞口前路堑段的 1 ~ 4 号桩中心距线路中线 8 m，桩截面 1.5 m × 2.5 m，桩中心间距 6 m，桩长 12 ~ 18 m；洞口以后的 5 ~ 13 号桩中心距线路中线 12 m，5 ~ 7 号桩截面 2.5 m × 3.25 m，8 ~ 13 号桩截面 2.5 m × 3.75 m，桩中心间距 6 m，桩长 21 ~ 28 m。所有各桩均按长边垂直线路布置。

③路堑挡墙：隧道进口前路堑左侧坡脚增设重力式路堑挡墙，长 40 m。

④整治施工中桩基坑坍塌的处理：对整治施工中发生坑壁坍塌的 10 ~ 13 号桩基坑，采用碎石与土回填注浆，并沿坑壁打入钢轨后，再行施工。

(2)隧道出口端线路右侧滑坡的整治

①抗滑桩：在隧道出口端右侧和出口后路堑右侧堑顶，设抗滑桩 1 排共 7 根，桩中心距线路中线 12 m，桩截面 2 m × 3 m，桩中心间距 8.5 m，桩长 19 ~ 23.5 m，桩长边与线路方向呈 45°夹角。

②路堑挡墙：隧道出口后路堑右侧坡脚增设重力式路堑挡墙，长 30 m。

(3)隧道洞顶砂浆锚杆

为加固隧道进口端洞顶遭滑坡扰动的岩体，在隧道进口端洞身段长 44 m、中线两侧各宽

9 m的洞顶范围内,设置钻孔砂浆锚杆 218 孔,锚杆间距 2 m,按梅花形布置,隧道左侧钻孔深度应达滑坡的滑动面以下不少于 2 m,隧道右侧钻孔深度应在隧道岩体破裂面以下不少于 2 m,隧道顶部钻孔深度控制在拱部衬砌外缘线以上 0.5 m。

2. 隧道衬砌拆换

(1)对已破损的明洞和隧道衬砌,根据"先治滑坡,后治隧道"的原则,安排在整治滑坡的工程全部结束后进行拆换。

(2)隧道出口端衬砌拆换:出口端已建成而又遭破坏的明洞 7 m 和破损的隧道 8 m,均予明挖拆除,连同洞口尚未施工的 8 m 明洞,一并按明洞重建,重建后的出口明洞实长 23 m;明洞拱顶回填土厚度,亦由 2 m 改为 3 m。

(3)隧道洞身衬砌拆换:隧道洞身拱部、边墙和仰拱衬砌已建成而又遭破坏者长 91 m,仅完成拱部衬砌而遭破坏者长 47 m,均予拆换。拆除前须先对周边围岩进行压浆加固,然后采用静态爆破拆除破损衬砌,并按 1 m 间距架设全断面格栅钢架后,重新换筑钢筋混凝土衬砌。

(六)结　　语

1. 本工点在线位选择上,即存在考虑不周之处。

(1)由于对线路通过地段地质构造条件的不利影响认识不足,致使本段线路以浅埋短隧通过受断裂构造严重影响的垭口。地形上垭口的形成,多与地质条件有关,或因岩性相对软弱,或受地质构造条件影响而岩质破碎,故垭口常是地质上的薄弱、不利地带。因此,通过垭口的线路方案,必须慎重对待,应以地质环境是否落实作为方案抉择的前提。

(2)本工点所处地段的线路,在勘察阶段曾进行过不同方案的比选。现在回头反思,当时的比选,既过多地考虑工程和投资规模的大小,又偏重于大(高)桥、长隧等重点工程的比较,对路基、短隧等一般工程有所忽视,故勘察期间虽对本工点范围内的地质构造条件已有一定程度了解,但对其对工程的具体影响未予进一步深究。

2. 对地质环境复杂、受地质构造严重影响的浅埋隧道和边坡较高的路堑,设计中应充分考虑其不利条件,有针对性地加大隧道初期支护和衬砌以及洞口路堑的挡护工程力度,并对施工方法、步骤提出明确、具体的要求。

3. 施工必须严格按照设计要求进行,即使地质条件发生变化,亦应及时联系设计单位,采取必要的补强措施,以避免环境的进一步恶化。

十五、南昆铁路平中 2 号隧道出口段滑坡的工程整治

毛康乐

(一)工程概况

平中 2 号隧道位于南昆铁路百色至威舍段的田林站至红旗屯站区间内,隧道全长 439 m,进出口里程为 DK289 +495 ~ +934,出口段埋深 3 ~25 m。隧道通过区属中低山河谷地貌,隧道位于河谷右岸坡麓地带,自然横坡 20° ~45°,隧道出口段右侧约 70 m 为乐里河河曲侵蚀岸,地表灌木丛生,河床有基岩裸露。

（二）滑坡工程地质特征和病害成因分析

平中 2 号隧道出口段滑坡，属于因隧道工程施工扰动，导致软弱破碎岩体及其上较厚的松散堆积层失衡而诱发产生的工程滑坡。

1. 地质概况

该滑坡位于平中 2 号隧道出口段的中低山斜坡坡麓地带，斜坡坡度 20°～45°，滑坡体主轴长约 165 m，宽约 120 m，高程为 300～410 m，右侧下临乐里河河曲侵蚀岸。滑坡体上覆第四系坡残积（Q_4^{dl+el}）粉质黏土 0～6 m，块碎石土厚达 6～25 m；下伏三叠系中统板纳组上段（T_2b^3）中厚—薄层状砂岩、泥岩。区域性地质构造塘兴—潞城大断裂在隧道出口端右侧 160～180 m 处通过，该断裂长约 120 km，破碎带宽度达 30～70 m，最宽可达 100 m，属压扭性断层。受断层影响，河谷两侧山体岩层挤压破碎，隧道围岩构造节理、风化节理极发育，节理面多有泥质充填和铁锰质薄膜附着，多呈块碎石状，钻探岩芯多为短柱状、碎石状，采取率较低。地下水以土层孔隙水和基岩裂隙水为主，由大气降水和隧道出口端左侧上方沟谷的常年流水下渗补给。

2. 施工情况介绍

平中 2 号隧道于 1994 年 3 月开工，先由出口端进行上半断面掘进，至 DK289 +919 前后地段多次发生坍方，洞顶地表开裂变形，洞内拱部衬砌破损严重，于 1994 年 10 月被迫停工，改由进口掘进。1994 年 10 月进行初次补勘后在 DK289 +900.5～+939.5 线路右侧 10 m 增设抗滑桩 5 根，按洞外浅层滑坡地表加固处理。但抗滑桩至 1995 年 11 月才施工完毕，未能及时起到稳固山体的作用。

改由进口端单向掘进的隧道上半断面于 1995 年 5 月与出口段上导贯通后，因出口段山体尚未得到有效治理，贯通后的隧道临空面再次诱发处于极限平衡状态的山体蠕动下滑，变形痕迹明显，DK289 +845～+932 段洞内因偏压，发生更大规模的挤压坍塌，致使已完工的拱部衬砌严重裂损破坏，洞内坍塌直至地表坍陷。隧道拱部衬砌呈龟裂纹状开裂，靠山的左侧尤甚，裂缝最大宽度达 14 cm，最大错距达 14 cm，拱脚最大位移 75 cm，洞内见多处地下水呈股状、线状渗出。与洞内病害发生的同时，在距线路右侧 10 m 开外的前 5 根抗滑桩桩井施工开挖过程中，揭露出相对于隧道内轨面高程下 0～9 m 范围内，有一厚 2～3 m 的软弱带，并有地下水渗出。

1995 年 10 月，前 5 根抗滑桩尚未施工完毕，现场地质人员通过地面检查监测，陆续发现 DK289 +807～+942 段地表产生了较多的弧形鼓胀裂缝和拉张裂缝及羽状剪切裂缝，并有继续扩大发展的趋势。在对洞内进行临时钢管支撑加固后，再次进行全面地质补勘，扩大调绘面积，增加勘探钻孔至 13 个。进一步查明，平中 2 号隧道出口段地表的碎石土层厚达 12～29.2 m，在碎石土层下部和下伏地层三叠系中统板纳组上段（T_2b^3）砂岩、泥岩接触面附近，存在一厚 2～3 m 的地下水含量丰富的软弱带。而平中 2 号隧道出口段在上半断面开挖时，亦发现围岩破碎夹泥，含水丰富，和下部相对较完整围岩有较大差别，其位置正与钻孔揭示的软弱带对应，也就是引起滑坡蠕动变形的软弱带。

3. 滑坡病害成因分析

由于平中 2 号隧道段毗邻区域性断裂，受其影响，隧道所通过的河谷斜坡岩体破碎。出口段地表上覆巨厚的松散堆积物，覆土与破碎基岩面间有较丰富的地下水活动，在乐里河的下切和掏蚀作用下，该段岩土体已处于极限平衡状态。隧道上半断面开挖位置，又恰好位于含水丰富的软弱带——土石界面附近，开挖形成的临空面、隧道作业的放炮震动起了推波助澜的作用，促使深厚的土体沿软弱带蠕动下滑，剪断并压碎尚未形成应力拱圈的拱顶衬砌，挤压并迫使拱脚推移。病害随着上半断面开挖掘进的空间延长，逐步扩大，愈演愈烈，由里及表，坍塌冒顶，并牵引斜坡上部土体失稳，地表陆续出现拉张裂缝和不断发展的弧形鼓胀裂缝及羽状剪切裂缝，逐步勾勒出滑坡体蠕动变形的平面形态和范围。

(三)滑坡的工程治理

随着裂缝的发展，大气降水和地表水不断下渗，坡面变形日益加剧，蠕动压密土体中的软弱滑动带逐步贯通，一旦发育完全后，该蠕动滑体即将进入剧滑阶段，危害十分严重。

当时该段南昆铁路的前后工程已经全面铺开，部分业已竣工，改线绕避该滑坡体已不可能，刻不容缓的就地整治是唯一选择。

经过全面补勘，基本查清了平中 2 号隧道出口滑坡的地质条件、形成原因和性质。在此基础上，提出了对滑坡进行整治处理的工程措施。

滑坡整治工程措施包括加强地表排水、洞内地下水的疏排、洞外山体加固和洞内隧道衬砌病害的处理等内容。

1. 地表和洞内排水疏导

为避免地表水下渗，首先夯填地表滑体范围内裂缝，并用砂浆封闭。在地表坡面增设纵、横向排水沟，所有排水沟沟底全部浆砌封闭，保证排水通畅。洞内地下水的疏排，采用在隧道混凝土衬砌背后敷设排水管的措施，将地下水汇集后，及时排进隧道两侧的排水沟。

2. 洞外山体加固

(1)除 1994 年 12 月已交付实施的 DK289 + 900.5 ~ + 939.5 线路右侧 10 m 增设的 5 根桩距 9.75 m，桩长 20 ~ 22 m，截面 2 m × 2.5 m 的抗滑桩外，根据补勘资料，于 DK289 + 824 ~ + 840 线路右侧 20 m 增设的 3 根抗滑桩，桩距 8 m，桩长 32 m，截面 2 m × 3 m；又于 DK289 + 832 ~ + 920 线路左侧 12 m 增设 12 根抗滑桩，桩距 8 m，桩长 26 ~ 36 m，截面 2 m × 3 m，其中 7 号 ~ 12 号桩为预应力锚索桩，其余均为悬臂桩。

(2)于 DK289 + 820 ~ + 836 线路右侧 10 m 斜坡下部增设预应力锚索 5 根，于 DK289 + 828 ~ + 928 线路左侧 12 ~ 23 m 斜坡上方设预应力锚索 96 根。右侧为单根锚索，固定在尺寸 2 m × 2 m × 0.6 m 的钢筋混凝土垫墩上；左侧为双根锚索，固定在尺寸 6 m × 1.2 m × 0.8 m 的钢筋混凝土地梁上。

锚索钻孔孔径 ϕ115 mm，共 113 孔，孔深 35 ~ 45 m，锚索锚固段 10 m；锚索桩每孔施加 750 kN 预应力，坡面锚索每孔施加 900 kN 预应力，全孔范围采用 M35 水泥砂浆灌注，注浆压力 0.6 ~ 0.8 MPa。

3. 洞内衬砌病害整治

(1)调整隧道围岩级别，加强衬砌强度：出口段原设计围岩级别分别为 DK289 + 770 ~ + 862 段Ⅲ级围岩和 DK289 + 862 ~ + 932 段Ⅳ级围岩。1994 年底第一次补勘后，围岩级别变更设计为 DK289 + 770 ~ + 855 段Ⅳ级围岩，DK289 + 855 ~ + 899 段Ⅴ级围岩，DK289 + 899 ~ 932 段Ⅵ级围岩。但当时 DK289 + 899 ~ 932 段拱部衬砌已经按原设计施工完毕。

根据再次补勘后的实际地质情况，隧道出口段 DK289 + 820 ~ + 839 段长 19 m，由原设计Ⅲ级直墙衬砌变更为加设曲墙和仰拱的Ⅲ级特殊衬砌；DK289 + 839 ~ + 860 段长 31 m，由原设计Ⅲ级直墙衬砌变更为Ⅳ级曲墙带仰拱衬砌；DK289 + 860 ~ + 870 段长 10 m，由原设计Ⅳ

级曲墙衬砌变更为Ⅴ级曲墙带仰拱衬砌；DK289 +870 ~ +934 段长 64 m，由原设计Ⅳ级曲墙衬砌、Ⅳ级偏压衬砌、Ⅳ级明洞衬砌变更为Ⅴ级偏压衬砌。全隧道围岩级别调整长度共计为114 m。

(2)为强化施工临时支护措施，加强围岩的整体性，拱背增设径向花管注浆和边墙锚喷临时支护，台阶法采用先拱后墙施工。对破损拱部衬砌的处理，视破损情况，分别对衬砌开裂较少、无变形的地段，拱背围岩花管注浆后，采用嵌轨补强衬砌；对拱部衬砌破损严重，位移量侵限的地段，按Ⅴ级偏压衬砌拆除重建。

(3)洞门较原设计延长隧道 2 m 进行变更设计，衬砌采用Ⅴ级偏压、曲墙、仰拱钢筋混凝土全封闭衬砌，并增设洞门墙两侧挡翼墙工程，以降低出口段边仰坡开挖高度和减少对山体的扰动。

(四)整治效果和体会

南昆铁路通车运营迄今已经 10 余年，抗滑桩、锚索、锚索桩等有效的工程措施把当年岌岌可危的平中 2 号隧道出口的蠕动滑坡稳定在原来的斜坡上，收到了良好的整治效果。地表、洞内有效的疏、排水措施大大减少了地表水的下渗，固结了滑动带物质，使蠕动变形滑坡更趋于稳定。

对处于蠕动变形阶段的不良地质体的勘察和整治，有如下体会：

1. 当发现病害再次发生和破坏更加严重后，由于及时有针对性地补勘，查明了病害形成原因、性质和危害程度，采取了有效的整治措施，阻止了蠕动滑坡的继续发展，为洞内整治加固创造了条件。

诱发工程滑坡的内、外因素固然很多，但在施工过程中一旦发现异样和病害苗头，就应彻底查清产生病害的条件，分析发生病害的原因，才能对症下药，采取有效的整治对策。

2. 整治措施一定要一次到位，避免头痛医头、脚痛医脚。倘若第一次的整治力度不够，施工不及时，养痈遗患，必然导致不良地质病害愈发严重。

平中 2 号隧道出口尚处于蠕动变形阶段的滑坡被成功整治，对类似病害的处理有着很好的借鉴和参考作用。

十六、南昆铁路草庵隧道衬砌开裂原因分析及处理措施

涂正林

(一)概　　况

草庵隧道位于南昆铁路威舍至昆明段乐善村至永丰营区间，全长 2 469 m。进口里程 D_1K752 +144、路肩设计高程 1 671. 81 m，出口里程 D_1K754 +613、路肩设计高程 1 700. 70 m。除进口段 68 m 位于半径为 500 m 的曲线上外，其余均位于直线上，线路纵坡为 11. 9‰单面上坡。

施工图设计时，除洞口段为Ⅲ类围岩抗震设防衬砌外，其余均为Ⅳ类围岩直墙式衬砌。隧道出口沟谷深切，山坡陡峻，安家田大桥南宁端桥台进入洞内，洞口无施工场地，故在线路右侧设 43 m 长的横洞，横洞中线与线路中线以 57°交于 D_1K754 +555. 19 处。

隧道于1992年4月开工。1993年1月7日至1994年1月7日，施工中曾发生五次较大涌水(涌水量达1 500 ~ 6 500 m^3/d)；进口端 $D_1K752+488\sim+788$、$D_1K452+776\sim+893$、$D_1K753+121\sim+138$ 等三段长329 m(占隧道总长13.33%)，发生过拱顶、拱圈衬砌压裂、掉块、剥落、侵限和拱腰水平开裂、边墙位移侵限等现象，丧失结构稳定性和承载能力，致使施工多次受阻。

1994年以铁二院为主，多次对隧道洞内外进行了病害及地质调查，提出了补充工程地质报告和相关地质图件，并对草庵隧道施工图进行了变更设计。

1995年2月草庵隧道贯通，施工历时35个月。通过施工开挖验证，除隧道两洞口段外，洞身围岩类别、地下水涌水量与原设计预测值相差较大，全隧共有1 501 m围岩类别发生了变化，Ⅳ类围岩分别降为Ⅰ~Ⅲ类围岩(占隧道总长的60.8%)，其中Ⅳ类围岩降为Ⅲ类围岩的地段长1 083 m(占43.86%)，降为Ⅱ类围岩的地段长266 m(占10.71%)，降为Ⅰ类围岩的地段长83 m(占3.36%)。原设计隧道涌水量 < 500 m^3/d，施工中实际涌水量远远大于原设计预测涌水量。

由于工程地质条件极差，与原设计相差较大，衬砌结构和施工措施变动较大，1995年4月，草庵隧道按Ⅰ类变更设计汇总上报。变更设计主要包括围岩类别及衬砌类型的调整、临时支护措施补强、衬砌破损地段的处理等内容。

(二)工程地质条件

1. 自然地理概况

隧道位于云贵高原中部构造侵蚀剥蚀低中山区，地形起伏较大，洞顶最高地面高程1 952 m，进出口沟谷高程1 650 m，相对高差300余米，隧道最大埋深260 m，斜坡坡度一般30°左右，局部陡达50°~60°。地表沟谷较发育，进口端龙湾沟的一条支沟顺线路发育并与线路小角度相交，出口端为安家田大沟，沟谷深切，山坡陡峻，出口即位于近直立的陡峭沟壁上。植被不发育。交通不方便，仅有乡村小道或施工便道通向村镇。

该区属亚热带高原季风气候，干湿季分明，年平均降雨量915.6 mm，最大年降雨量1 267.1 mm(1961年)，日最大降雨量127.4 mm(1979年5月31日)，6~10月为雨季，约占年降雨量的80%，日最高气温35.6℃(1966年5月1日)，日最低气温 -6℃(1974年1月1、5日)。

2. 地层岩性

隧道穿过寒武系下统沧浪铺组(ϵ_1c)、筇竹寺组(ϵ_1q)、渔户村组(ϵ_1y)地层。

(1)沧浪铺组(ϵ_1c)粉细砂岩夹粉砂质页岩：灰黄色、浅红色、灰绿色，薄—中厚层状，底部为深灰色、灰黑色粉砂岩夹炭质页岩，页岩所占比例增多，节理、裂隙发育，岩质软，易风化，遇水后软化呈黏土状，厚5~61 m，分布于进口龙湾沟断层(F_1)下盘以南地区，草庵隧道全部均通过该组地层，进口段则为该组底部。

(2)筇竹寺组(ϵ_1q)页岩夹砂岩：黑色、灰黑色、浅灰色，薄层—中厚层状，岩质软，风化严重，节理裂隙发育，岩体破碎，厚161~319 m，分布于隧道进口以外龙湾沟断层(F_1)上盘以北和隧道出口以外安家田断层下盘。

(3)渔户村组(ϵ_1y)白云质灰岩夹砂岩：浅灰色、灰黑色，风化严重，节理发育，分布于隧道进口以外龙湾沟断层(F_1)上盘北侧和出口以外安家田断层(F_2)上盘南西侧。

3. 地质构造

该区地层古老，历经多次构造运动，受邻近的区域性活动深大断裂—小江断裂带影响极为严重，次级断裂十分发育，进口前有龙湾沟断层 F_1，出口后有安家田断层 F_2（见图 5—16—1）。岩层受强烈挤压错动，次生小褶曲、小断层、层间挤压错动带多，岩层产状多变，构造节理和层间裂隙极发育。施工开挖揭示，在 $D_1K752+370\sim+900$ 段拱顶至边墙范围内多次与次生小断层或层间挤压错动带相交。该次生小断层呈波状起伏，产状走向 N25°E，倾向 SE，倾角 23°。断层破碎带由灰黑色页岩、炭质页岩挤压错动形成的断层泥和断层角砾岩组成，含水、软弱，极易坍滑，宽 2～5 m。线路走向与断层走向平行或小角度相交，是隧道产生大涌水和坍方的主要条件之一。

区内岩层走向 N20°～40°E，局部次生小断层附近（$D_1K752+900$）岩层产状变化为走向 EW，岩层倾向 SE，倾角 20°～30°，局部 45°或 62°，岩层走向与线路走向近一致，并自线路右侧向左侧倾斜，形成地层偏压。

受构造挤压错动影响，节理发育，常见的有以下 4 组：N20°～40°E/50°～74°NW、N55°～60°W/64°～82°NE、EW/40°～60°N、SN/40°～75°W。

根据国家地震局 1990 年版《中国地震烈度区划图》，本区地震基本烈度Ⅸ度，属高烈度地震区。据有关文献记载，公元 1500 年至今，宜良县境内曾多次发生强烈地震。

4. 水文地质

隧道穿过粉细砂岩夹页岩弱孔隙、裂隙含水层，由于页岩层的隔水作用，砂岩层间水力联系差，无统一的地下水面。大气降水、地表水及表层第四系松散堆积层的孔隙水多沿构造裂隙、层间裂隙和断层破碎带或层间挤压错动带下渗并径流，在小褶曲轴部、砂岩与页岩界面，次生小断层或层间挤压错动带富集，具典型的裂隙水性质和断层水特征。揭穿含水富水带初期，地下水涌水量大，以消耗静储量为主；后期涌水量衰减很快并趋于稳定，并由构造破碎带的地下水动储量补给。地表有沟谷通过的地段，雨洪期短时涌水量增大。涌水方式以帘状、大股状裂隙涌水为主，尤其在揭穿构造带和页岩与砂岩界面时涌水量很大。补勘后采用地下水动力学法计算隧道总涌水量约为 3 500～6 325 m^3/d，比原设计隧道总涌水量（≤500 m^3/d）要大 7～13 倍。据 1992 年 1 月至 1994 年 1 月施工时估算，隧道进口端 $D_1K752+390\sim+870$ 有 4 处（段）涌水量分别为 1 500～3 000 m^3/d，最大一处涌水量 6 500 m^3/d；出口端 $D_1K753+770\sim D_1K754523$ 有 5 段涌水量为 1 500～3 000 m^3/d，最大一处涌水量为 6 000 m^3/d。1994 年 4 月隧道进口端衬砌完工后，涌水量大大减少并趋于稳定。据同年 4 月 13～16 日实测，隧道进口端涌水量 312 m^3/d，出口端涌水量 3 329 m^3/d，全隧道总涌水量为 3 640 m^3/d。据 1994 年 7 月 8 日和 8 月 16 日两次实测，进口端涌水量均为 432 m^3/d。1994 年 10 月 28 日采用三角堰实测的进口端涌水量为 382 m^3/d。上述不同时间、不同施工阶段的实测涌水量，也说明各涌水点（段）的地下水具有裂隙水、断层水的水文地质特征。

（三）隧道衬砌开裂变形特征及原因分析

1. 衬砌开裂变形特征

1992 年 4 月草庵隧道开工后，进、出口端先后发生大涌水或突水、坍塌，严重影响施工进度与安全。自 1993 年 4 月至 1994 年 1 月，隧道进口端 $D_1K752+365\sim D_1K753+138$ 段衬砌开裂变形日趋严重，其中 $D_1K752+488\sim+700$ 段长 212 m、$D_1K752+776\sim+893$ 段长 100 m、$D_1K753+121\sim+138$ 段长 17 m 衬砌开裂极为严重，其余地段衬砌也有轻微开裂现象。

衬砌开裂地段围岩为单斜构造，炭质页岩为主或是次生断层破碎带，岩层自右向左倾斜，倾角 10°～30°,具地层偏压特征。

衬砌开裂变形过程:拱部拆模后、开挖中槽前,衬砌已出现细微裂纹,宽 0.5～1 mm;先右拱腰出现纵向开裂,开挖下半断面时,拱腰内移拉裂,拱顶上突内缘受挤压开裂;开裂初期裂纹发展缓慢,出现大涌水后,裂缝扩展速度明显加快,范围也迅速扩大延长;衬砌开裂变形位移持续时间较长,拱部变形速度为 0.64 mm/d,边墙变形速度为 0.36～0.6 mm/d。

衬砌开裂表现形式有拱顶压裂、掉块、剥落、侵限;整个拱圈压裂、侵限;拱脚错位、侵限;拱腰水平开裂(裂缝宽 5～8 mm);边墙位移、侵限;各部位侵限 4～18 cm,最大侵限达 35 cm。

2. 衬砌开裂变形原因

(1)隧道通过的地层古老,历经多次构造运动作用,岩体破碎软弱,尤以炭质页岩及构造带断层泥、断层角砾岩为甚,遇水后围岩自稳和自承能力极差,加大了作用于衬砌结构上的地层压力。

(2)隧道延伸方向 N36°E～S36°W,岩层走向为 N20°～40°E,倾向 SE,即由右侧向左侧倾斜,倾角 20°～30°,造成洞内结构右侧受挤压,形成偏压。因此,右侧拱部开裂早,且比左侧严重,左侧边墙水平裂纹比右侧边墙多,如 D_1K752 + 558 ～ + 595 左边墙有 6 条水平裂纹,右侧边墙只有 2 条。

(3)地下水自右侧向左侧径流,洞内突水、涌水主要发生在隧道右侧,地下水富水带一经揭穿,即产生动水压力,增加了围岩偏压压力。

(4)隧道紧邻小江深大断裂带,又挟持于龙湾沟断层及安家田断层之间,构造应力强烈集中,开挖隧道导致构造应力释放,恶化了衬砌结构受力状态。

(5)断层泥及炭质页岩具弱膨胀性,在水的作用下,加剧了围岩整体结构的破坏,降低了围岩强度加剧了衬砌变形。

(6)由于对隧道地质条件认识不足,部分地段围岩类别偏低,且为直墙式衬砌,无法适应软弱、破碎、含水围岩的地质条件。

(7)由于喷锚支护强度、刚度不足,问题出现之后,施工机具设备又迟迟不能落实到位,无法及时采用深孔预注浆及长管棚等措施对围岩进行预加固,加之二次衬砌混凝土强度、厚度不足或衬砌背后有空隙等原因,最终导致病害愈演愈烈的结果。

(四)衬砌开裂变形的处理措施

1. 围岩类别及衬砌类型的调整

根据隧道施工开挖揭示及补充地质勘察资料,对 1 501 m 长的隧道围岩类别进行了调整,并采用全钢筋混凝土衬砌,Ⅲ类围岩地段采用曲墙带仰拱衬砌等。

2. 临时支护补强措施

由于隧道围岩稳定性差,涌水量大,设计时除采用常规的喷锚临时支护外,对未施工地段还采用了下列防坍补强措施:

(1)Ⅰ类围岩地段,采用全断面深孔预注浆(帷幕注浆),防止涌水和加固围岩;初期支护采用全封闭格栅钢架、钢筋网、喷混凝土等措施;对于注浆死角地段,采用小管棚超前支护,以增加临时支护的可靠性。

(2)Ⅱ类围岩富水地段,采用大管棚、格栅钢架、喷混凝土等临时支护;无水地段采用小管棚超前支护。

(3)出口段部分Ⅲ类围岩地段,拱部采用格栅钢架、超前水平锚杆等加强临时支护。

3. 衬砌开裂破损地段的处理

针对隧道衬砌开裂变形的不同情况，对隧道中329 m衬砌破损地段除压浆加固围岩之外，还采用以下处理措施：

(1) Ⅲ、Ⅳ类围岩直墙衬砌拱圈压裂、边墙侵限1～4 cm地段，采用拆除破损拱圈，重新施作钢筋混凝土拱圈、锚固边墙，凿除侵限部分，底部设钢筋混凝土底板加固。

(2) Ⅲ类直墙衬砌拱圈压裂、边墙侵限8～13 cm地段采用拆除拱圈及边墙，重新施作Ⅲ类曲墙带仰拱衬砌。

(3) 对Ⅰ、Ⅱ类围岩拱圈压裂、边墙位移侵限，丧失结构稳定性地段，采用拆除破损衬砌，重新施作钢筋混凝土衬砌。

(4) 对已按Ⅰ、Ⅱ类围岩进行衬砌后，拱圈仍有开裂变形，已丧失结构稳定性地段，采用拆除破损拱圈，重新施作钢筋混凝土拱圈，并锚固边墙。

(5) 对拱顶局部压裂、变形轻微地段，采用凿除破损部分，用钢筋混凝土补强，锚固拱圈，防止衬砌进一步变形。

(6) 拱部轻微开裂地段，采用凿槽嵌缝、锚固拱圈处理。

4. 加强施工地质及衬砌变形观测工作，及时作出地质预报和变更设计，尤其是断层带和过沟谷地段，作好防水防坍工作，确保施工安全。

(五) 小　　结

草庵隧道长不足3 km，勘察阶段仅按一般隧道开展工程地质工作。由于对复杂的区域地质构造条件认识不足，未查明区域性断裂带及次生断层对隧道的影响，不仅造成设计围岩类别和隧道地下水涌水量与施工实际出入较大，而且造成隧道结构设计与实际地质条件的不相适应，以致初期支护变形、失稳，二次衬砌开裂、位移、侵限，危及施工安全和延误施工工期，教训是深刻的。后经补充区域地质调查和补充工程地质勘察，重新分析与评价工程地质条件，变更设计，经一年多整治处理，确保了通车。至今已安全运营多年，证明变更设计和处理工程措施是成功的。

十七、南昆铁路柏子村1号隧道古蠕变体及滑坡病害整治

涂正林

(一) 概　　述

柏子村1号隧道位于南昆铁路乐善村至永丰营区间K731 +506.23～K731 +932.23段，全长426 m。

勘测设计期间按一般短隧道进行地质调绘，未作地质钻探。隧道通过寒武系下统粉砂质页岩夹炭质页岩、粉砂岩，围岩分类为Ⅱ、Ⅲ类。

1993年施工时因围岩破碎、松散，潮湿有渗水，多处拱部发生坍方，虽将原设计K731 +730～+750、K731 +754～+841两段Ⅲ类围岩变更为Ⅱ类，但施工后，拱部（尤其右拱腰）仍然出现贯通裂缝并进行了修补。据竣工文件工程检查证内“地质情况”记载，K731 +585～K731 +854段围岩有多段描述为“页岩夹黏土、砂黏土”、“页岩夹黏泥”或“砂黏土夹碎石”，

说明该隧道围岩软弱破碎,工程地质条件差。

南昆铁路通车运营两年多的1999年9月,巡道工发现柏子村1号隧道靠近出口段衬砌开裂,洞顶地面出现较大开裂和错台;昆明铁路局工务部门采取了清除隧道衬砌松动的混凝土块,用钢拱架支撑等临时措施;2000年2月铁道部组织专家组现场考察后,要求按滑坡工点扩大调查范围,加强勘察及现场观测工作,补钻23孔;2000年4月昆明铁路局按应急工程初步设计,在隧道右侧16~20 m设置29根抗滑桩并立即施工。

2000年5~8月,铁二院根据铁道部指令对柏子村1号隧道病害进行全面补勘工作,完成地质调绘0.5 km^2,钻探32孔1 790.29 m,水样1个,土样58个,地面观察网点43个。补勘后查明了隧道病害情况及其发生、发展原因,并对柏子村1号隧道所处古蠕变(滑)体(包括新生的Ⅰ、Ⅱ号滑坡)的稳定性进行了综合分析与评价。

2000年8月,按滑坡全面整治柏子村1号隧道病害,即先洞外采用43根抗滑桩、坡脚重力式抗滑挡土墙、多条截水沟引排地表水、夯填地面裂缝等综合措施,稳定滑坡后,在洞内采用压浆、套拱、锚杆加强衬砌,封补裂缝。同时,继续进行洞内外病害观测工作和变形动态分析。柏子村1号隧道病害整治工程于2001年6月完工,至2009年该隧道已安全运营8年,无异常情况发生。

(二)区域工程地质条件

1. 地形地貌

柏子村1号隧道位于云南省宜良县蓬莱乡柏子村西侧高原构造剥蚀中山山前斜坡中部。地势西高东低,西侧山脊呈南北方向延伸,斜坡顺层面由西向东倾斜,山顶高程1 760 m,坡脚高程1 590 m,相对高差170 m。斜坡坡顶为一条冲沟,左右(南北)两侧冲沟深切,坡脚冲沟深切达40~50 m高。斜坡横断面上呈阶梯状,坡顶为缓坡平台,斜坡上部坡度30°~40°,中部平缓10°~15°,下部为30°陡坡。坡面覆盖层深厚,植被良好。

2. 地层岩性

根据地质调绘、钻探及抗滑桩开挖揭示,隧道通过地段地表覆盖第四系坡残积层、滑坡堆积层、古蠕变体,下伏基岩为寒武系下统筇竹寺组(ϵ_1q)砂岩、泥质粉砂岩夹泥岩、页岩及炭质页岩,局部夹泥灰岩、灰岩。页岩、炭质页岩岩质软,易风化,极严重风化带厚20~30 m,呈土状,严重风化带厚达60 m以上,呈碎石角砾土状。岩层间挤压破碎带发育,其单层厚15~50 cm,最大厚度达1.1~8.0 m,往往形成古蠕变(滑)体或滑坡的滑动带。

3. 地质构造

柏子村1号隧道东侧位于经向构造体系的南北走向的小江断裂带中段的宜良冲断层的上盘,西侧为万寿冲断层及F_1冲断层。宜良断层走向N8°~10°E,倾向SE,倾角40°~50°,区内延伸长75 km,至江头村附近被第四系冲积层掩埋。断层破碎带由挤压破碎的断层角砾岩及糜棱岩组成。断层上盘影响带宽500~1 000 m,不仅岩体破碎,而且还发育了一系列褶曲及次生小断层。

区内岩层产状走向NE,倾向SE(即倾向山外),倾角18°~40°,局部可达50°以上。岩体节理裂隙发育,一般2~5条/m,密集处可达10条/m以上,具有半张开性。

小江断裂带是一条发展历史长,挽近时期仍在不断活动的区域性活动断裂。

本区为高烈度地震区。据有关文献记载,公元1500年至今,宜良县境内曾发生过多次强烈地震,其中8级地震1次,7级1次,5级以上4次。1925年1月宜良还发生过6级地震。

1999 年 11 月 25 日(即本工点病害剧烈发展期间),距本工点 30 km 的澄江县发生 5.2 级地震。根据 1990 年国家地震局颁布的《中国地震烈度区划图》,本区地震基本烈度为Ⅸ度。

4. 水文地质

受地形条件影响,本区大气降雨后大部分沿坡面形成地表径流快速排泄于冲沟中流走,少部分地表水下渗补给第四系松散堆积层(包括蠕变体或滑坡体)内的孔隙水和基岩裂隙水。

第四系松散堆积层结构松散或中等密实,透水性好,但富水性不均,孔隙水多富集于软弱带中和基岩面附近。因补给量少,孔隙水储存量少,而且受季节性降雨影响,雨季孔隙水较多,旱季水少甚至干枯无水。2000 年 7~8 月钻探时,土层基本无水,正在施工的抗滑桩孔内一般是干燥无水,仅在基岩面和软弱带见地下水。少部分孔隙水下渗补给基岩裂隙水,其余孔隙水均以点状、线状排泄于四周冲沟内。

因补给量少,砂岩、泥岩、页岩的构造裂隙和风化裂隙中的裂隙水少,主要富集于层间软弱带中和层间裂隙内。据钻孔和抗滑桩施工纪录,基岩裂隙水水位深度一般在 20~40 m,局部深达 40~50 m,即使深层软弱带地下水量较大,基岩裂隙水也仅为渗水或滴水状出露,个别抗滑桩坑内有小股状水流出,隧道衬砌裂缝也只在雨季有渗水或滴水。据分析,地下水水质为重碳酸硫酸钙、钾钠型水,对混凝土无侵蚀性。

(三)古蠕变(滑)体工程地质特征

根据地质调查和钻探、抗滑桩开挖揭示,柏子村 1 号隧道通过的斜坡及山体为巨型的古蠕变(滑)体,其上有两个次生滑坡。古蠕变(滑)体的周界较明显,形态较清楚。柏子村 1 号隧道在 K731+455~+932 通过古蠕变(滑)体。古蠕变(滑)体的四周为冲沟,后缘有明显拉裂槽,深 10~30 m,宽 20~30 m,现已发育成冲沟;左侧边界(K731+455)根据地层产状杂乱、岩体极破碎和隧道内衬砌裂缝发展及分布位置判定,为隧道进口前的冲沟;右侧边界(K731+932)和前缘均在冲沟中。平面上,古蠕变(滑)体呈椭圆状,南北方向宽 500 m 余,东西方向长 700 m 余。蠕滑主轴方向为 N63°W,由 NW 西向 SE 蠕滑,线路方向与蠕滑方向近垂直。蠕滑主轴断面为阶梯状,后缘坡度 30°~40°,中部平台及缓坡 10°~15°,下部及前缘坡度为 30°,并有 2~3 条古蠕变(滑)过程中的张裂缝后期经冲刷切割形成的冲沟。

古蠕变(滑)体厚 5~45 m,最大厚度达 60 m,由灰黄色、青灰色砂岩、泥岩质的块石、碎石状破碎的裂隙岩体组成,一部分还保存了原岩构造特征,即似层状,层面倾向 SE,倾角 18°~8°,比原岩倾角大 20°~28°,裂隙间充填棕红色黏土或泥浆,节理裂隙面或层面有强烈挤压错动过的光面、刻痕或碎裂结构物(砾石、砂)。古蠕变(滑)体夹有多层厚 15~50 cm 的软弱带,局部厚达 1.1~8 m,一般均含水呈软塑或潮湿—饱和状,以砂黏土夹碎石角砾为主,局部为碎石角砾土状,灰黄色、褐黄色。据土样分析结果,黏粒含量 65.1%~75.8%,天然含水量 24%~31.22%,软塑—可塑状,局部流塑状。局部地段碎石角砾含量 58.75%~71.60%,或碎石含量占 50% 以上,中密状,潮湿—饱和状为主,充填物为砂黏土,呈可塑—流塑状;碎石角砾呈次圆状,见有擦痕和光滑镜面。该类软弱带可能是原构造挤压错动带,后期成为古蠕变(滑)体和滑坡的滑动带。根据 8 个地质横断面的钻孔资料分析,古蠕变(滑)体的滑床为泥质粉砂岩、砂岩、炭质页岩,局部为泥灰岩,风化严重,滑床面有软弱滑动带分布。滑床呈折线形,上部呈 5°~15°直线段长 100~170 m,中部呈多级阶梯形,坡度 15°~25°,长 200 余米,下部呈 5°~10°缓坡长 100~170 m。滑床坡度比地面坡度要缓。

隧道古蠕变(滑)体地质平面和主轴地质断面见图 5—17—1。

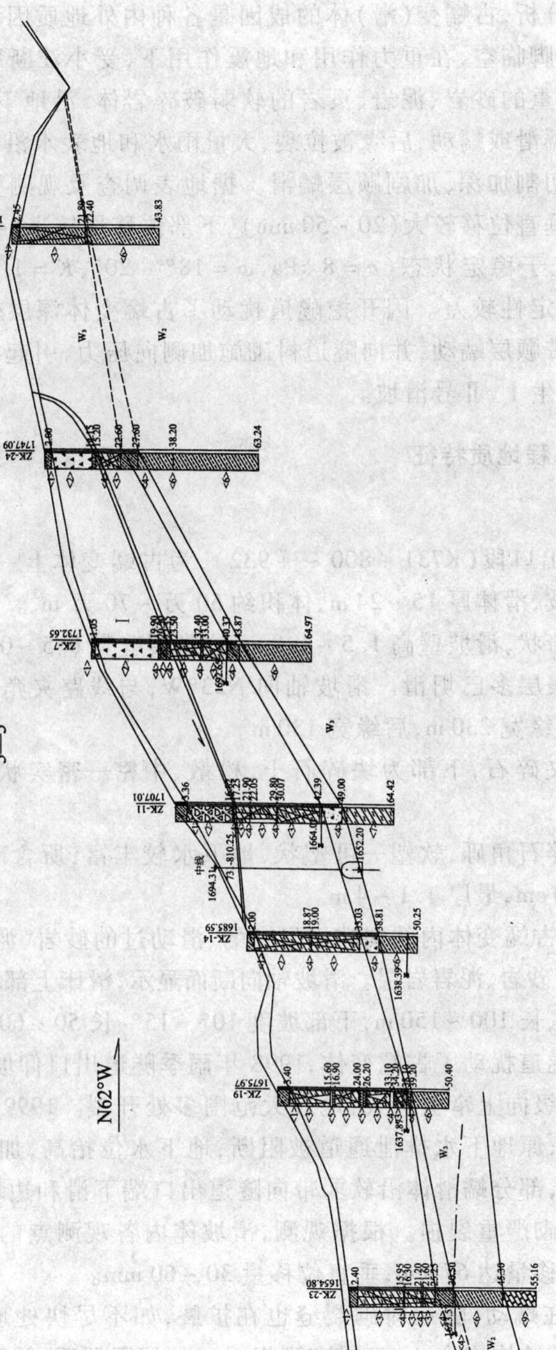

图 5—17—1 柏子村 1 号隧道古蠕变体主轴地质断面图

根据各种地勘资料分析，古蠕变(滑)体的成因是各种内外地质因素综合作用的产物，即由于地形为顺层斜坡，坡脚临空，在重力作用和地震作用下，受小江断裂影响的、节理裂隙极发育的、风化严重至极严重的砂岩、泥岩、页岩的软弱破碎岩体，沿地下水富集的层间挤压错动软弱带自上而下顺层蠕滑或蠕动，后缘被拉裂，大量雨水和地表水沿拉裂缝下渗，前缘和两侧裂缝不断被表水冲刷切割加深，加剧顺层蠕滑。据地表调查及观测资料分析，古蠕变体的后缘及上部水平位移和垂直位移较大(20 ~ 50 mm)，下部位移量较小(4 ~ 20 mm)。根据稳定性检算，古蠕变体整体处于稳定状态($c = 8$ kPa，$\varphi = 18° \sim 20°$，$K = 1.024 \sim 1.143$)，但局部(K731 + 770 ~ + 900)稳定性较差。因开挖隧道扰动了古蠕变体深层软弱带，诱发了上部古蠕变体沿深层蠕滑软弱带顺层蠕动，并向隧道衬砌施加侧向压力，引起衬砌开裂及日渐扩展。目前，在古蠕变体上已产生Ⅰ、Ⅱ号滑坡。

(四)Ⅰ、Ⅱ号滑坡工程地质特征

1. Ⅰ号滑坡

Ⅰ号滑坡位于隧道出口段(K731 + 800 ~ + 932)，为古蠕变体上一个正处于蠕动阶段的新生中层牵引式大型滑坡，滑体厚 15 ~ 24 m，体积约 50 万 ~ 70 万 m^3。

滑坡后缘裂缝呈圈椅状，滑坡壁高 1.5 ~ 1.8 m，拉张裂缝宽 0.5 ~ 0.8 m，滑坡内张裂缝发育，前缘冲沟深切，下部表层多已坍滑。滑坡轴向 N23°W，与线路夹角约 50°，由北西向南东滑动，主轴长约 230 m，前缘宽 230 m，后缘宽 130 m。

滑体上部为砂黏土夹碎石，下部为块碎石土，松散、中密—密实状，稍湿—潮湿，局部饱和，厚 15 ~ 24 m。

滑带土为砂黏土夹碎石角砾，软塑—可塑状，地下水较丰富，所含碎石角砾呈次圆状，岩芯可见有擦痕，厚 15 ~ 30 cm，最厚 1.1 ~ 4 m。

滑床有两类：一类为古蠕变体内的裂隙极发育的、滑动过的砂岩、泥岩、页岩岩体；另一类为深层软弱带以下的稳定砂岩、泥岩岩层。滑坡轴向断面显示，滑床上部坡度 30° ~ 40°、长 30 ~ 40 m，中部坡度 20° ~ 25°、长 100 ~ 150 m，下部坡度 10° ~ 15°、长 50 ~ 60 m，呈直线型。

Ⅰ号滑坡是因开挖隧道扰动了古蠕变体，1998 年雨季隧道出口仰坡及洞外右侧山坡先产生浅层牵引式坍塌，后逐级向上牵引扩大，地表大范围多处开裂。1999 年雨季后大量地表水下渗，加之出口修建明洞，原地下水排泄通道被阻断，地下水位抬高，加大松散土体和裂隙岩体的容重，软化了软弱带，部分蠕滑体沿软弱带向隧道出口端下滑和边坡大面积坍滑，地表裂缝纵横交错，并使隧道衬砌严重裂损。根据观测，滑坡体内各观测点的水平位移方向均与滑坡轴向一致，最大水平位移量达 67 mm，垂直位移量 30 ~ 60 mm。

2000 年Ⅰ号滑坡仍在蠕动，隧道衬砌裂缝也在扩展，如不尽快处理，雨季滑坡进一步发展，产生剧滑，将影响隧道结构安全，一旦衬砌裂损、掉块、侵限严重，就可能中断行车。

2. Ⅱ号滑坡

Ⅱ号滑坡为古蠕变体内的一个次级滑坡，其后缘位于 K731 + 625 ~ + 710 线路中心。滑坡后壁和左右两侧壁高 40 ~ 50 m。滑坡主轴方向为 N63°W，与线路夹角 80°，由北西向南东下滑，主轴长 280 m。前缘宽 70 m，中部宽 120 m，后缘宽 90 m。由于滑坡体(砂黏土夹碎石、块石土)大部分已被地表水冲走，因而在滑体中部形成一条宽大的深切冲沟。残余的滑体平均厚 15 ~ 20 m，最大厚度 37 m，体积 30 万 ~ 50 万 m^3，是一个中厚层大型古滑坡。

目前Ⅱ号滑坡稳定，无活动迹象，且大部滑体位于隧道左侧山下，对隧道影响小。

（五）病害情况

1. 隧道内拱顶及边墙正在开裂、错动、掉块，且有继续扩大和向小里程方向发展的趋势，原有裂缝缓慢变宽或挤压。

（1）K731 +627 ~ +690 右拱腰原已补好的裂缝又重新裂开，裂缝宽 1 ~2 mm；K731 +642 和 K731 +664 新裂缝长 5 m，宽 1 ~2 mm，并与老裂缝贯通；K731 +655 从拱脚至边墙脚的新生竖向裂缝与老竖向裂缝联通。

（2）K731 +720 ~ +728 右拱脚与边墙接触处外错突出；K731 +800 ~ +803 右拱脚边墙开裂，缝宽 5 ~10 mm；K731 +805 ~ +822 右边墙上部开裂，裂缝向外突出，缝宽 10 ~20 mm，K731 +820 ~ +822 右边墙已向外突出。

（3）K731 +848 ~ +855 右边墙 2000 年 6 月 20 日掉块长 6 ~7 m，高 0.5 ~1.8 m，厚 15 ~20 cm，上方距拱顶 3.5 cm，下方离边墙脚 3 ~3.5 cm。

（4）K731 +880 ~ +895 拱顶裂缝发展加宽 100 mm，并沿裂缝掉块。K731 +890 拱顶混凝土开裂拱出。

（5）K731 +779、+826、+842、+843、+845、+860 等处边墙右侧从拱脚至路基面均有竖向裂缝，缝宽 1 ~2 mm。K731 +875 ~ +883 右侧竖向裂缝两条，长 3 m，宽 1 mm。

（6）雨季，隧道内的新老裂缝大部分有渗水、滴水现象。

2. 洞外古蠕变体地面变形、下沉、移动明显，部分地表裂缝进一步扩大，新生裂缝纵横分布，尤其是Ⅰ号滑坡后壁拉张裂缝呈弧形贯通，并与两侧裂缝相连。昆明端滑坡侧翼剪张裂缝已延伸至 K731 +946，南宁端滑坡侧翼最外一条剪张裂缝已延伸至 K731 +766。滑坡体内有大量纵横裂缝及错台，裂缝宽大于 0.5 m，错台高 1.5 ~1.8 m，隧道出口段边坡大面积坍滑，环向裂缝夯实后又张开。Ⅰ号滑坡不稳定，正在蠕动变形发展扩大。

（六）病害整治设计原则

1. 重点整治古蠕变体内的软弱带，加固表层次生滑坡，确保铁路安全。

2. 采用抗滑桩（键）锁固软弱带和防止浅层滑坡滑动，隧道内注浆加固围岩，截排地表水，稳定坡脚，恢复植被等综合治理。

（七）病害整治工程措施

1. K731 +658 ~ +952 右侧距线路中心 16 ~20 m 处设抗滑桩 1 排共 43 根。其中桩径 2 m ×3.25 m，桩长 23 m 的 4 根；桩径 2.5 m ×3.5 m，最大桩长 38.709 m 的 10 根；桩径 3 m ×4.5 m，最大桩长 61.5 m 的 29 根。抗滑桩间距均为 7 m。除 1 号桩露顶外，其余 42 根桩均采用全埋式，空桩最大长度为 33.5 m。桩孔设计深度大于 70 m 的共 11 根，最大设计深度 74.2 m；桩孔设计深度 60 ~70 m 的共 11 根；桩孔设计深度 50 ~60 m 的共 5 根；其余桩孔设计深度均小于 50 m。桩身采用 C25 钢筋混凝土，锁口及护壁采用 C20 钢筋混凝土。

2. 1 ~29 号桩及 39 ~43 号桩的长轴与线路小里程方向呈 80°夹角，30 ~38 号桩的长轴均垂直于线路走向。

3. 隧道出口接明洞处左侧近垂直线路方向的山坡坡脚，设重力式抗滑挡土墙，长 65 m，最大墙高 8 m，墙趾基础埋深不小于 2 m，墙身采用 M10 浆砌片石砌筑。

4. 在古蠕变体上缘周界附近设一道浆砌片石截水沟，长 400 m；线路右侧 35 ~75 m 处，再设一道浆砌片石截水沟，长430 m；明洞顶右侧山坡两条冲沟内各设一道浆砌片石截水沟，长400 m，与明洞顶上截水沟贯通。

5. 夯填地表裂缝，较长宽的裂缝采用C15素混凝土回填，较短小的裂缝采用黏土回填，夯实、整平。

6. 原拦渣坝坝址及胸坡处加设6道支撑，宽2.5 m、厚3 m、长9 m，采用M7.5浆砌片石砌筑。

7. 洞内整治工程应在洞外整治工程完工、山体已稳定后进行，包括以下主要工程措施：

(1)全隧道压浆加固。

(2)K731 +841 ~ +907段长66 m，采用套拱加强。

(3)K731 +821 ~ +841及K731 +907 ~ +922两段长35 m，采用径向系统锚杆加强衬砌。

(4)K731 +600 ~ +821段长221 m，采用拱脚锚杆及骑缝锚杆加强衬砌。

(5)衬砌加固补强后，再封堵衬砌裂缝。

(6)洞内整治工程施工期间，应采取内燃机车牵引、接触网断电等必要的安全防护措施，确保施工、运输及人员安全。

8. 继续加强洞内外病害长期观测纪录分析工作，密切注意隧道拱部、边墙及线路的突变情况，一旦发现异常，及时报告运营管理部门，尽快处理，确保安全。

(八)小　　结

由于柏子村1号隧道是短隧道，勘测设计阶段未引起重视，仅按一般短隧道进行地质调绘，忽略了隧道通过区范围更广的地质环境条件，且又未钻探，以致在通车运营后，因滑坡蠕动变形而引起隧道出现严重开裂、地面坍滑病害，影响行车安全。后经补勘、研究，对古蠕变(滑)体及其次生Ⅰ、Ⅱ号滑坡的形成原因、稳定性进行了全面分析评价，提出了合理的整治工程设计，历经一年多施工，才成功整治了病害，教训深刻，代价巨大。勘测阶段对斜坡变形体应遵循不良地质勘察规范，详细认真做够地质勘探工作，全面分析与评价斜坡稳定性及其对铁路工程的影响，以使设计合理，工程措施切实可行，确保运营行车安全畅通。

十八、渝怀铁路圆梁山隧道工程地质勘察与施工地质

易勇进　蒋良文　贾中明

(一)概　　况

圆梁山深埋特长隧道总长11.070 km，是渝怀线的关键性控制工程，控制了从彭水至龙潭整个越岭线路方案。隧道进口位于细沙车站(双线)怀化端，车站伸入隧道949 m，进口里程DK351 +465、路肩设计高程549.16 m。出口位于属麻旺河源头的炭厂河西岸，紧邻炭厂河1号大桥，出口里程DK362 +535、路肩设计高程503.74 m。隧道为单线隧道，线路纵坡为人字坡，人字坡顶里程DK355 +820、路肩设计高程560.52 m。隧道最大埋深约780 m，对应里程DK353 +035、路肩设计高程552.16 m。线路右侧预留二线位置设贯通平行导坑。

(二)勘察设计工作

圆梁山隧道扩大加深地质工作、初测、定测地质工作由铁二院地路处承担，该项工作始于

1998 年 11 月，地路处共投入技术人员 35 名，先后 10 余次赴圆梁山隧道进行现场工作，历时 20 个月有余。就一些重大工程地质问题，多次邀请业界数名知名教授、专家进行了咨询与现场指导，并多次召开专家咨询与论证会。完成的主要工作量如表 5—18—1。

表 5—18—1　圆梁山隧道初、定测(含扩大加深地质工作)工作量统计表

工　作　项　目	数　量	工　作　项　目	数　量
1:50 000 及 1:100 000 卫片遥感判释	780 km^2	深孔钻探	7 孔 4 547.96 m
1:12 000 航片遥感判释	130 km^2	深孔物探综合测井	7 孔 4 514.89 m
1:50 000 工程、水文地质区测及补测	780 km^2	钻孔水文地质与岩溶水现场连通试验	33 层次
1:10 000 工程、水文地质区测及补测	183 km^2	钻孔煤层瓦斯测试	2 层次
1:2 000 详细工程地质图测绘	22 km^2	钻孔地应力水压致裂法测试	24 段次
观测点	1 083 个	岩石物化、力学性质测试	88 组
井、泉及地表水点	220 个	水质分析	130 组
井、泉及地表水临时长观点	12 个	水氢氧、碳同位素与微量分析	134 组
地面物探	97 522 点	计算机数值模拟分析	5 000 机时

(三)工程地质及水文地质概况

1. 地形地貌及水文特征

隧道地处渝、鄂、黔三省市毗连地区，为川东鄂西褶皱山地与贵州高原的接壤带，属中低山地形，地貌形态明显受构造和岩性控制，具条带状展布特征。桐麻岭背斜为中间高耸、两翼倾斜的条带状山脉，四周被深切河谷所围限。毛坝向斜为两翼高凸、中间低洼的槽状地貌，四周被志留系地层所围限顶托，两翼二叠系下统(P_1q+m)灰岩形成高 50 ~ 100 余米、长数十千米的绝壁，蔚为壮观；志留系泥页岩、粉砂岩地层则形成斜坡地貌；奥陶系灰岩中河谷则明显变窄，形成峡谷。位于毛坝向斜的王家顶高程 1405 m 和位于桐麻岭背斜的圆梁山高程 1202 m，分别构成本区两个彼此平行，沿构造线呈北北东向展布的主要山脊，因河流切割较深，相对高差达 800 余米。

区内主要河流有细沙河、后河(又称冷水河)、猪扒河、麻旺河，其余小河流与上述主河流构成羽毛状水系。除细沙河属乌江水系外，其余均属沅江水系，两者分水岭位于毛坝向斜西翼高程 1350 m 以上的长条形山地。

2. 地层岩性

本区广泛分布巨厚层的海相地层，出露地层最老的为背斜轴部的寒武系中统高台组，最新的为向斜轴部的三叠系下统嘉陵江组，按时代顺序简述如表 5—18—2。

3. 地质构造

本区构造单元属上扬子准地台东南部的上扬子台坳，为川东褶皱束之秀山穹褶束与黔江坳褶束接合部。区内主要发育毛坝向斜、桐麻岭背斜及伴生断裂，向斜区内发育较多横张断裂。

(1)毛坝向斜：毛坝向斜为一条燕山期形成的盖层褶皱带，总体形貌呈向北西凸出的弧形。南北长 65 km，东西宽 2 ~ 3.5 km；平面形态呈“S”状；总体走向为 NE—SSW 向，两端分别

表 5—18—2　圆梁山隧道区地层岩性简表

界	系	统	组	代号	岩性特征	分布范围	接触关系
第四系	更新统毛坝堆积(Q_m)				该堆积物上部为松散泥砂质砾石层,厚0.5 m左右;下部为砂质黏土厚1～2 m,属冲洪积	毛坝向斜核部夷平面	不整合
中生界	三叠系	下统	嘉陵江组	T_1j	岩性为薄层至中厚层状灰岩、白云质灰岩	残留于向斜核部	整合
中生界	三叠系	下统	大冶组	T_1d	厚378 m,岩性可分为三段:①大冶组一段(T_1d^1)薄层状泥岩夹泥灰岩,底部为水云母黏土岩厚17 m,在走向上分布不稳定;②二段(T_1d^2)上部为厚层状鲕粒灰岩及生物碎屑灰岩,下部为薄至中厚层状灰岩,厚326 m;③三段(T_1d^3)薄层泥岩、砂质泥岩夹泥灰岩及灰岩,厚34 m	分布于毛坝向斜核部岩溶洼地中	整合
上古生界	二叠系	上统	长兴组	P_2c	中至厚层状燧石结核灰岩,局部地段顶部为白云岩化的生物灰岩,厚52 m	向斜毛坝核部的陡崖附近	整合
上古生界	二叠系	上统	吴家坪组	P_2w	上部为薄至中厚层状灰岩与硅质灰岩不等厚互层,中、下部为厚5～10 m薄层含炭泥岩及煤层、铝土质泥岩厚84 m	向斜毛坝核部的陡崖附近	假整合
上古生界	二叠系	下统	茅口组	P_1m	厚层状灰岩,下部为灰黑色中厚层状沥青质灰岩,厚249 m	向斜毛坝核部的陡崖附近	整合
上古生界	二叠系	下统	栖霞、梁山组	P_1l+q	中厚层状灰岩与灰黑色沥青质泥岩呈不等厚互层,厚183 m,底部梁山组厚1.8 m为薄层泥岩、铝土质泥岩	向斜毛坝核部的陡崖附近	假整合
上古生界	泥盆系	上统	水车坪组	D_3s	中厚层状灰岩,泥岩,厚40 m,底部为厚2.9 m厚层状细粒石英岩状砂岩	分布于向斜两翼的陡崖脚	假整合
下古生界	志留系			S	上中部为薄层状泥岩、砂质泥岩,下部为薄至中厚层状粉砂岩与砂质泥岩不等厚互层,底部为砂质页岩,厚1960 m	分布于向斜两翼斜坡地带	整合
下古生界	奥陶系	中上统		O_{2+3}	由上至下分别为薄层状页岩、含泥灰岩(瘤状灰岩)、中厚层状龟裂纹灰岩,下部为瘤状灰岩,厚75 m	分布于后河、猪扒河、麻旺河沟床与岸坡一带	整合
下古生界	奥陶系	下统	大湾组	O_1d	上部为层粉砂岩夹钙质泥岩,中部为薄至中厚层泥灰岩夹砂质泥岩,下部为薄层钙质泥岩,厚145 m	分布于后河、猪扒河、麻旺河沟床与岸坡一带	整合
下古生界	奥陶系	下统	红花园、分乡及南津关组	O_1n+f+h	上部厚层结晶灰岩,中部为薄层灰岩与钙质泥岩互层,下部为中至厚层状灰岩,底部为厚30～40 m厚层状生物碎屑灰岩,厚254 m	分布于后河、猪扒河、麻旺河沟床与岸坡一带	整合
下古生界	寒武系	上统	毛田组	Є$_3$m	中厚状含白云质灰岩、灰质白云岩,上部夹竹叶状灰岩及燧石结核,底部具假鲕状结构,厚190 m		整合
下古生界	寒武系	上统	耿家店组	Є$_3$g	中至厚层状结晶白云岩,细至中晶结构,砂状断口,下部含灰岩及白云质灰岩,厚333 m	本区内未见底,分布于背斜核部及两翼	整合
下古生界	寒武系	中统	平井组	Є$_2$p	薄至中厚层状白云质灰岩、灰岩,底部为黄色薄层状泥质白云岩夹钙质泥岩,厚373 m	本区内未见底,分布于背斜核部及两翼	整合
下古生界	寒武系	中统	高台组	Є$_2$g	零星出露于背斜轴部,本区内未见底,岩性为灰色中厚层状白云岩	本区内未见底,分布于背斜核部及两翼	

向 NE 和 SSW 方向扬起，核部的向斜形态呈长舟形状（见图 5—18—1）。向斜轴向由 N18°E 偏转为 N35°E 的向 NW 凸出的弧形段（即苦草坪—毛坝—龙家坝—木叶地段）受一系列 NW 向左旋横张断裂的控制和影响，形成以泡桐坝—毛坝—犀牛洞为中心的地堑式构造，以桃子坳—笔架山—水淹沱—王家顶高程 1405 m 的高地一带为中心的地垒式构造，以及以毛家院子—木叶一带为中心的地堑式构造，从而控制和影响了毛坝向斜区岩溶和岩溶水发育分布规律。隧道通过毛坝向斜毛坝—水淹陀段（中段）的地垒式构造，核部位于 DK354 +390 ~ +440 段，被 NW 向的挤压带破坏。

（2）桐麻岭背斜：轴部通过青山、艮山、腴地坡等，长 60 km，轴线为 N20° ~30°E，两翼倾角 E 缓（40° ~50°）、W 陡（50° ~80°），轴面东倾。背斜轴部出露最老地层为寒武系中统高台组，两翼依次为寒武系中、上统和奥陶系地层（见图 5—18—2）。隧道在 DK359 +955 ~ DK360 +045 段通过其核部。

（3）断裂构造：区内断裂主要为 NNE 向的纵向断裂和 NW 向的横向断裂。NNE 向断裂为具压性特征的走向逆断裂，NW 向断裂为具张扭性特征的横向断层。隧道通过地段，所穿越的主要为 NNE 向的纵向断裂。

①F_1 纵向断层：位于背斜核部地表（DK360 +270），发育长度 7.8 km，断层走向 N10° ~20°E，倾向 SE，倾角 50° ~60°，地层断距约 150 m，为走向逆冲断层。断层上盘岩层节理裂隙发育，岩心破碎，多蜂窝状溶蚀孔洞及裂隙，下盘岩层较完整。

②F_2 纵向断层：位于背斜核部地表（DK359 +770），发育于$Є_2p$ 地层中，发育长度 2.4 km，断层走向 N15°E，倾向 SE，倾角 50° ~60°，属压性断层。

③F_{01}白鸡坪纵向断层：位于背斜核部西翼地表（DK359 +080），发育于$Є_3g$ 地层中，断层产状 N25°E/45° ~49°NW，断层带出露宽度 0.5 ~1.1 m，属压性顺层逆断层。

④毛坝向斜 F_3 纵向断层：南始于毛坝向斜核部的文家沱，北消失于天星洞，顺岩层走向发育于三叠系下统可溶岩地层中，长度约 2.6 km，走向 N17°E，倾向 SE，倾角 80°，地层断距 25 m，属压性走向逆冲断层。

⑤毛坝向斜西翼 F_{02}纵向断层：位于毛坝向斜西翼的手扒岩陡崖半山腰（DK352 +890），顺岩层走向发育于 P_1m 灰岩地层中，断层产状 N30°E/30° ~35°SE，断层带出露宽度 0.5 ~1 m，属压性走向逆断层。

4. 水文地质条件

本区地层岩性以古生代及中生代沉积的碳酸盐岩和碎屑岩等两大岩类为主，并有少量第四系松散堆积物。隧道通过部位地下水以裂隙型岩溶水为主，基岩裂隙水次之，局部存在裂隙—溶洞（暗河）型岩溶水。

碳酸盐岩裂隙型岩溶水和裂隙—溶洞（暗河）型岩溶水主要分布于毛坝向斜核部和桐麻岭背斜核部及附近地带可溶岩地层中，以泉和暗河出口的形式排泄于地表，为发育于其间河流的最为主要补给源。

区内由于可溶岩与非可溶岩相间，岩溶水多沿岩层与纵向构造线作顺向运动；而在岩性变化或横向构造发育以及地貌条件限制的地段，岩溶水则作横向运动。岩溶大泉及暗河的展布多与岩性组合、构造和地表水系的展布有着密切的关系，其流量大小与岩溶发育程度和接受大气降水的补给汇聚条件有关。

5. 勘测阶段对主要工程地质问题的认识

（1）瓦斯与石油天然气问题：隧道通过毛坝向斜 P_2w 地层底部发育一层 0.03 ~0.3 m 厚

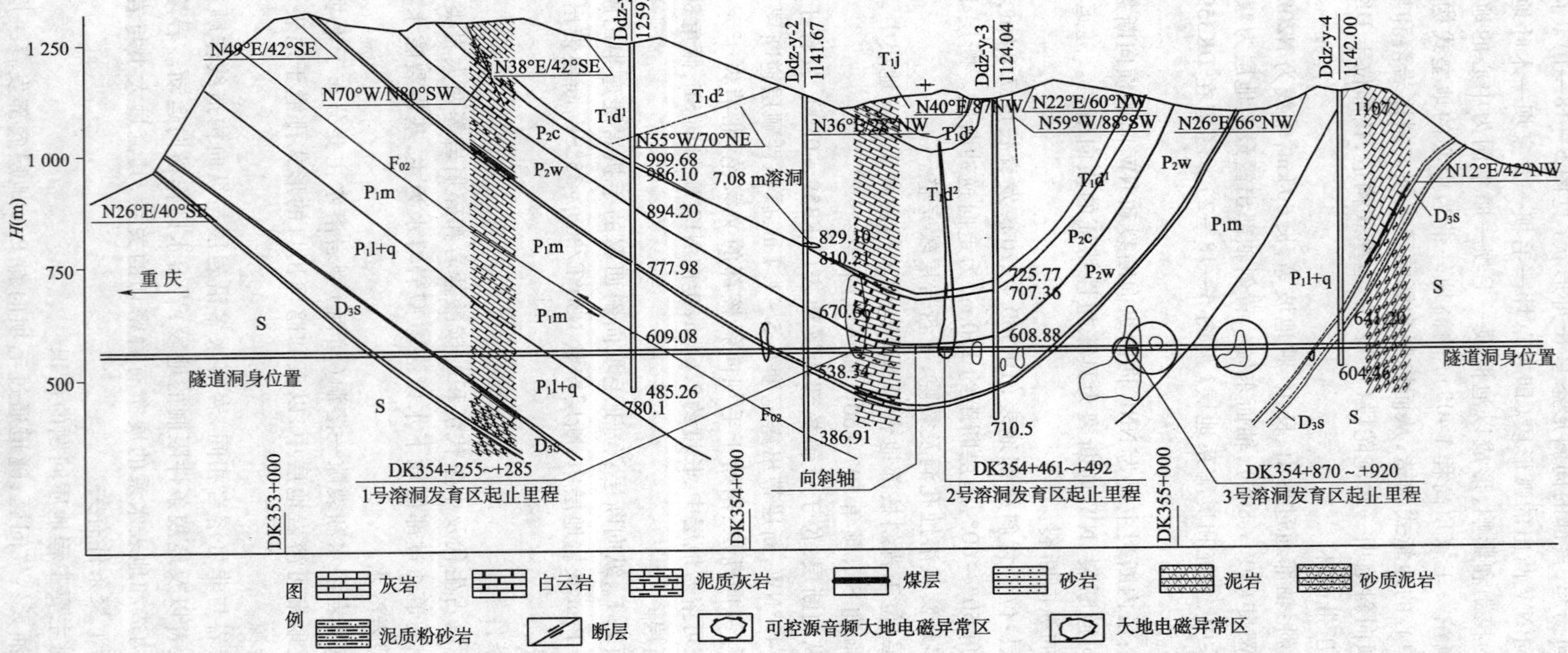

图 5—18—1　毛坝向斜地质剖面示意图

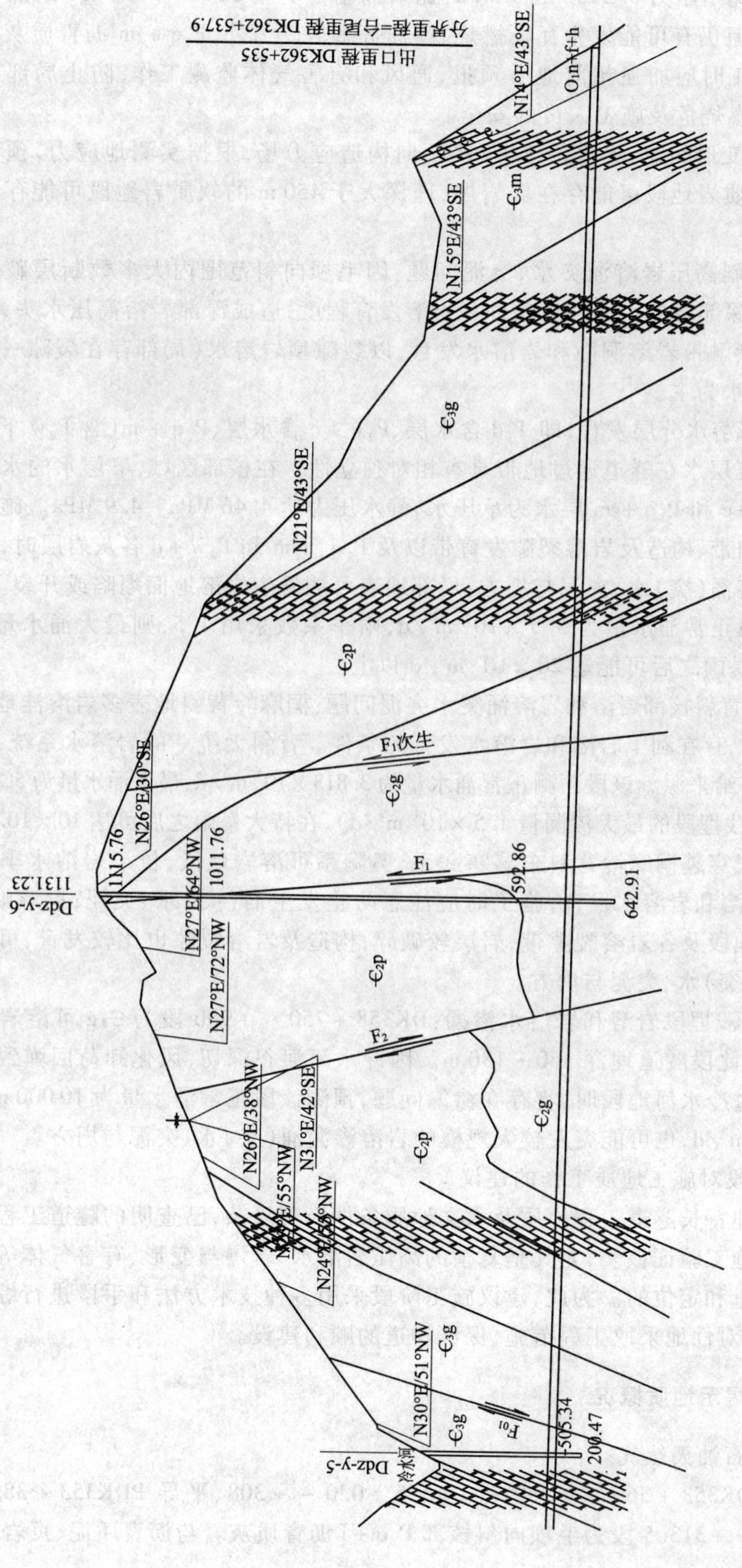

图 5—18—2　桐麻岭背斜地质剖面示意图

的薄煤层,实测瓦斯压力0.298~0.9 MPa,瓦斯涌出量为0.124~0.137 m^3/d,煤与瓦斯突出的可能性不大,但仍有可能发生瓦斯燃烧、爆炸等事故。另外,P_1q+m 沥青质灰岩裂隙中储存少量原油,施工时应加强超前地质预报、通风和有害气体监测工作,防止局部有害气体聚积、发生爆炸或燃烧危及施工人员的安全。

(2)岩爆与变形问题:隧道位于N79°W向构造应力场,根据实测地应力,预计埋深大于480 m的完整硬质岩地段可能存在弱岩爆,埋深大于450 m的软质岩地段可能存在大变形及诱发坍方。

(3)毛坝向斜高压岩溶涌突水、突泥问题:因毛坝向斜范围内大多数断层破碎带是导水的,从而改变了深部岩溶水的补给条件和岩溶发育程度,造成深部岩溶高压水头,向斜轴部和灰岩与泥页岩接触带岩溶洞隙和岩溶水发育,以裂隙型岩溶水(局部存在裂隙—溶洞型岩溶水)和基岩裂隙水为主。

毛坝向斜岩溶水分层发育,即 T_1d 含水层、P_2w+c 含水层、P_1q+m(含 P_2w 下部煤层顶板灰岩)含水层,三层水在隧道通过地带具有相对独立性。在核部区域,下层水的水头高于上层水的水头,P_2w+c 和 P_1q+m 层水为承压水,静水压力达4.46 MPa~4.9 MPa。施工通过灰岩中纵向断层影响带、构造及岩溶裂隙发育带以及 P_1q、P_1m 和 P_2w+c 各灰岩层时,可能突发大规模的高压岩溶涌(突)水、突泥与坍方;局部地表可能发生岩溶地面塌陷或开裂。

毛坝向斜段正常涌水量为 5.5×10^4 m^3/d,雨季系数采用1.5,则最大涌水量可达 8.3×10^4 m^3/d,特大暴雨之后可能达 20×10^4 m^3/d 以上。

(4)桐麻岭背斜核部岩溶和岩溶涌突水突泥问题:桐麻岭背斜地表多岩溶洼地、槽谷区,岩溶地貌十分发育,存在利于岩溶和岩溶水发育的条件。背斜无统一的岩溶水系统,大气降水为岩溶水的唯一补给来源。该段预测正常涌水量为 3.813×10^4 m^3/d,最大涌水量为 5.73×10^4 m^3/d(不包括冷水河浅埋段的最大渗漏量 1.5×10^4 m^3/d),在特大暴雨之后可达 10×10^4 m^3/d 以上。

隧道出口段穿越桐麻岭背斜东翼寒武系、奥陶系可溶岩地段,位于岩溶水季节变化带与水平循环带,岩溶和岩溶水发育,施工时应注意防止发生涌(突)水、突泥;桐麻岭背斜 F_1、F_2 纵向断裂发育地段及各岩溶裂隙带,岩层较破碎,构造及岩溶裂隙也比较发育,可能突发较大规模的岩溶涌(突)水、突泥与坍方。

(5)冷水河浅埋段岩溶和岩溶水渗漏:DK358+750~+900段为 ϵ_3g 可溶岩地层构成的冷水河浅埋段,此段隧道埋深150~180 m。因冷水河河谷深切,风化卸荷回弹致使裂隙相当发育。隧道通过冷水河地段时,将存在渗漏问题,预测该段正常涌水量为10 000 m^3/d,最大涌水量 1.5×10^4 m^3/d,也可能突发较大规模的岩溶渗漏涌(突)水、突泥与坍方。

6. 勘测阶段对施工地质工作的建议

圆梁山深埋特长隧道工程地质及水文地质条件极其复杂,已查明的隧道工程地质及水文地质问题有待施工验证核实,尤其是复杂的高压岩溶水、岩爆与变形、有害气体等在勘测期间是难以准确定量和定位的。为此,建议施工阶段采用多种技术方法和手段进行综合地质超前预报工作,有针对性地采取工程措施,保证隧道的顺利建设。

(四)施工揭示地质概况

1. 瓦斯与石油天然气

(1)正洞DK353+360~+580和DK355+020~+308、平导PDK353+382~+580和PDK355+019~+313.5段为毛坝向斜核部 P_1q+l 沥青质灰岩与沥青质泥、页岩,底部发育一

层厚约 20 ~ 30 cm 的煤层,全段可燃石油天然气、瓦斯及其他有害气体含量高,尤其是在平导 PDK355 + 160 处有纯度较高的石油渗出,能够直接燃烧;PDK353 + 505.4 超前地质钻孔曾揭露天然气囊,发生燃烧。

(2) DK353 + 580 ~ DK355 + 020 段为毛坝向斜核部 P_1m 含燧石结核灰岩、沥青质灰岩和 P_2w 灰岩、炭质页岩、含炭泥岩,底部发育一层厚约 10 ~ 30 cm 的薄煤层,全段可燃石油天然气和瓦斯含量较高,局部存在高压气囊。

(3) 正洞 DK357 + 550 ~ + 780 和 DK355 + 500 ~ + 636、平导 PDK355 + 520 ~ + 690 段开挖过程中瓦斯逸出量大,掌子面最大瓦斯浓度曾大于 10%;瓦斯逸出具有压力高、喷射时发出嗤嗤声、多沿岩层结构面喷发的特点。

2. 岩爆与变形

施工开挖过程中未显现明显岩爆特征,仅在局部地段有轻微岩爆发生,如平导 PDK354 + 580 ~ + 585 段、正洞 DK354 + 750 ~ + 860 段,对施工影响不大。

正洞 DK356 + 500 ~ DK356 + 800 与平导 PDK356 + 430 ~ + 765 段为志留系泥页岩夹粉砂岩,岩层产状为 N27°E/58°NW;地表为一条冲沟,埋深约 250 m。平导开挖时,左边墙和拱部局部掉块较严重,且左边墙的初喷混凝土略呈 30° ~ 50°SE 剪裂,宽 3 ~ 5 mm,拱顶下沉平均值为 7.1 cm,局部下沉达 10.5 cm。分析认为,由于该地段存在一条与平导呈小角度斜交的北西向韧性剪切挤压带,隧道围岩遭韧性剪切破坏,导致岩体破碎、稳定性差。

3. 毛坝向斜段深部充填溶洞与高压岩溶涌水突泥

DK354 + 390 ~ + 440 和 PDK354 + 400 ~ + 430 段为毛坝向斜核部轴面部位,为一挤压破碎带。毛坝向斜高水位富水区除六个大型充填溶洞地段外,其余地段总体上岩体较完整,地下水主要表现为裂隙水,水量不大,水质一般较清;其次为岩溶管道水,水量一般较大,持续时间长,水质时清时混;溶洞段则表现为水量大、水压高、携带大量充填物的特点。

(1) 平导 PDK354 + 240 ~ + 275 充填溶洞:位于毛坝向斜西翼 P_2w 灰岩中,地层产状 N25°E/32°S。该溶洞顺平导轴向延伸,延伸长度 10 ~ 15 m,主要分布在掌子面的右边,占据了掌子面的 2/5 ~ 1/2,左下部为破碎的灰岩及少量砂岩,产状较乱,上部溶洞腔体往正洞方向延伸。溶洞内充填物为软塑—流塑状淤泥质黏土,涌水量约 70 ~ 80 m^3/h。

(2) 正洞 DK354 + 255 ~ + 285 段充填溶洞(见图 5—18—3):位于毛坝向斜西翼 P_2w 灰岩、硅质灰岩中,地层产状 N20° ~ 25°E/21° ~ 30°SE。

DK354 + 265 ~ + 281 段粉质黏土基本填满了隧道正洞全断面,四周均未见完整岩层。粉质黏土呈可塑—软塑状,具水平微层理,有一定自稳能力。

DK354 + 258 ~ + 285 段隧底分层发育两个岩溶腔体,均充满了软塑状粉质黏土夹黏土,上层岩溶腔体埋深在高程 556 m 以下 0 ~ 10 m,中部厚 6 ~ 10 m,两侧厚 2 ~ 3 m;下层岩溶腔体分布在 DK354 + 268 ~ + 278 段,埋深在 10 ~ 20 m 以下,厚 2 ~ 10 m。

(3) 平导 PDK354 + 435 ~ + 495 充填溶洞(见图 5—18—4):位于毛坝向斜东翼 P_2w 灰岩、硅质灰岩中,地层产状 N30°E/21°NW,为具宽大构造—溶蚀裂隙特征的深埋充填溶洞,充填物主要为粉细砂及灰岩碎块石,粉细砂在无水的状态下呈中密状,有一定自稳能力,遇水即坍塌,形成空洞。2002 年 5 月 9 日,PDK354 + 435 掌子面开始涌水涌砂,涌水量约 10 ~ 20 m^3/h,含砂量 50% 左右,后由于管道被洗通,至 2002 年 9 月,最大涌水量达 100 m^3/h 以上。洞内水压测试成果表明,在部分排水条件下(测试过程中橡胶垫圈破坏),洞内测试水压达 2.016 MPa;水压与排水量具有密切联系,即排水量越大,水压越小。

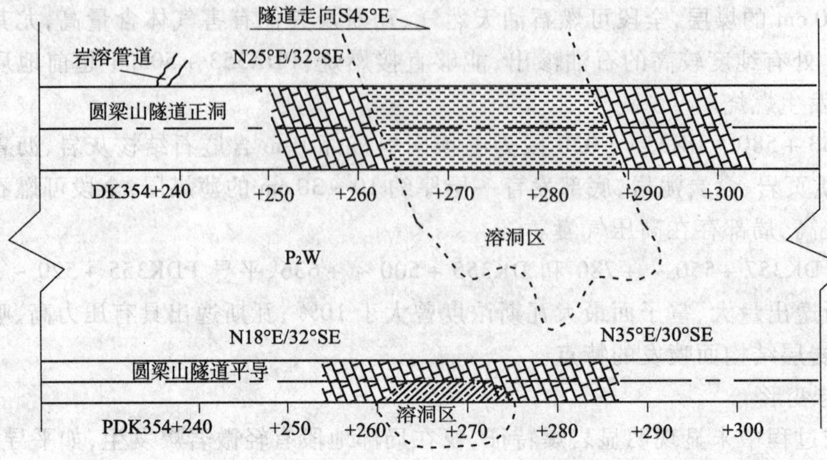

图 5—18—3　DK354 + 255 ~ + 285 段充填溶洞发育平面示意图

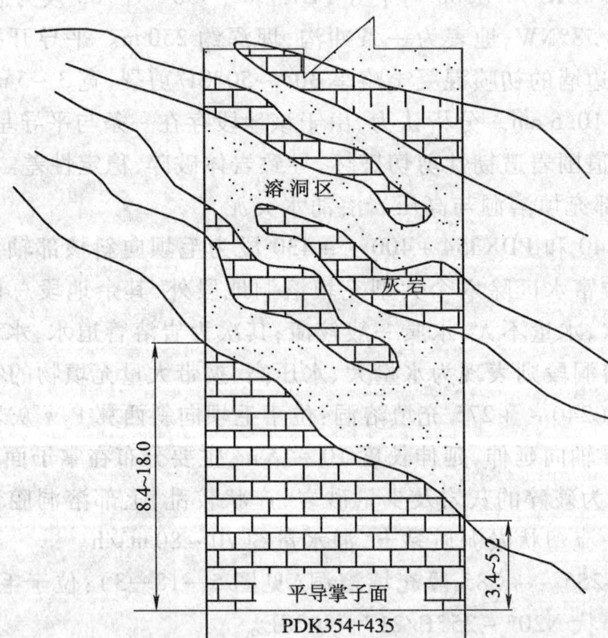

图 5—18—4　平导 PDK354 + 435 掌子面溶洞示意图

(4)正洞 DK354 + 461 ~ + 492 充填溶洞(见图 5—18—5):位于毛坝向斜东翼 P_2w 灰岩中,为具宽大构造——溶蚀裂隙特征的深埋充填溶洞,充填物与平导 PDK354 + 435 ~ + 490 溶洞充填物相同,应与平导 PDK354 + 435 ~ + 490 溶洞为同一溶洞体。2002 年 4 月 22 日,在 DK354 + 461.5 左下部施作超前钻孔时,突发涌水突泥,喷距达 30 m,初始最大水量约 860 m^3/h,涌出物为黄褐、褐红色粉细砂与粉土(粉质黏土),后由于长时间排水,管道被洗通,涌水量明显增大;2002 年 10 月 22 日,DK354 + 475 右边墙底发生涌水涌砂,涌水量达 1 500 m^3/h,冒水处的涌水浪高达 1 m;后来该段又多次发生大规模涌水,其中 2003 年 7 月 8 日至 7 月 23 日,最大涌水量达 210 000 m^3/d。水压测试成果表明,在部分排水条件下(测试过程中橡胶垫圈破坏),水压达 3.013 MPa(此水压应与勘测阶段深孔钻探水位观测 P_2w 地层水压 4.35 ~ 4.44 MPa

一致)。2003 年 11 月 2 日,DK354 +493 发生拱顶坍落,坍落物主要为碎块石夹少量粉细砂,最大块石直径在 3 m 以上,坍方量达 1 000 m^3。

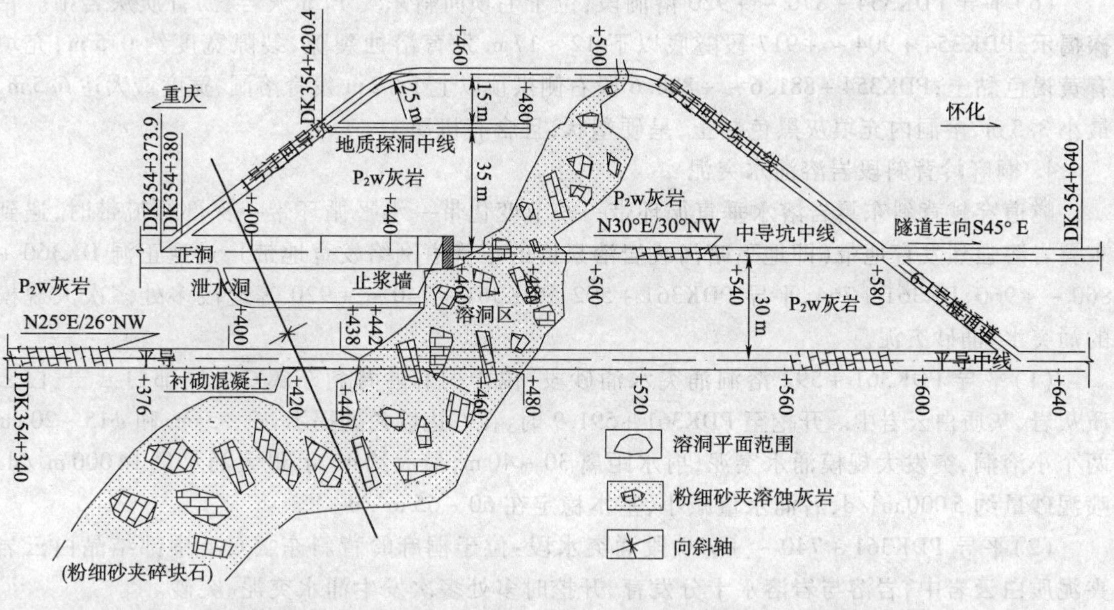

图 5—18—5 DK354 +461 ~ +492 充填溶洞发育平面示意图

(5)正洞 DK354 +879 爆喷型突泥溶洞(见图 5—18—6):位于毛坝向斜东翼 P_1m 灰岩、沥青质灰岩中。2002 年 9 月 10 日,正洞中导坑掘进至 DK354 +879 时,在该掌子面右下方开始缓慢挤压涌出硬塑状黏土,在此现象出现 3 小时 50 分钟左右后,突然发生爆响,出现爆喷型突泥涌水,瞬间爆突出硬塑—可塑状黏土及黏稠状泥浆约 4 200 m^3,迅速充满 244 m 长的正洞下导坑空间,发生"9 · 10"重大自然灾害事故。开挖揭示,DK354 +876 ~ +881 为一陡倾角的岩溶管道,宽约 5 m,从隧道左上角拱腰向隧底右下角延伸,管道壁光滑,涌水量随地表降雨量而变化,旱季约 20 ~ 30 m^3/h,雨季最大达 1 500 m^3/h,水浑浊,含泥砂;后来由于长期排水(携带泥砂),涌水量逐渐增大,且含砂(泥)量逐渐减小,表明此溶洞已与地表岩溶水系统沟通。补勘查明,DK354 +870 ~ +880 段隧底发育溶洞,溶洞底部距隧底开挖轮廓线最深约 3 m,充填软塑状黏土;DK354 +890 ~ +900 段隧底发育溶洞,溶洞顶板距隧底开挖轮廓线约 10 m,溶洞发育高度 1.4 ~ 7.4 m,充填软塑—流塑状黏土。后在 2 号迂回导坑(对应正洞 DK354 +850)开挖 3 号泄水洞时,从泄水洞中涌出283 m^3 的黄色黏土,软塑—流塑状,在泄水洞端头发现一溶洞腔体,形态似扁豆状,高约 20 m,

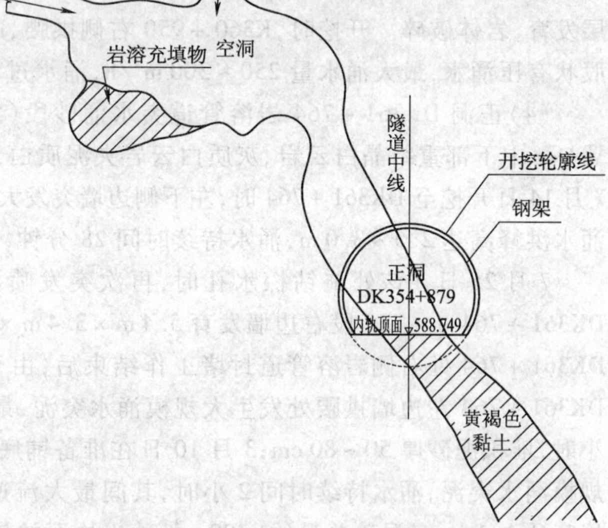

图 5—18—6 DK354 +879 溶洞正面形态示意图

长约 15 m，宽约 11 m，其上部有岩溶管道相通，一端与隧道相通，一端仍以陡倾角往上延伸。该溶洞腔体走向与隧道正向大致平行，其边缘距隧道左侧距离约 11 ~ 12 m。

(6)平导 PDK354 + 870 ~ + 920 溶洞段：位于毛坝向斜东翼 P_1m 灰岩、沥青质灰岩中。钻探揭示，PDK354 + 904 ~ + 917 段隧底以下 12 ~ 17 m 发育溶蚀裂隙，裂隙宽度约 0.5 m，充填有黄褐色黏土；PDK354 + 881.6 ~ + 888.6 段右侧拱顶以上 1 ~ 2 m 发育溶洞，宽度最大达 6.5 m，最小 3.3 m，溶洞内充填灰黑色黏土，呈硬塑状，且含有机质。

4. 桐麻岭背斜段岩溶涌水突泥

隧道穿越背斜东翼岩溶水垂直循环带→季节变化带→水平循环带→深部缓流带时，遇到东翼岩溶强烈发育地带（即地下暗河或岩溶泉群的主管道网络发育地带），遭遇正洞 DK360 + 860 ~ + 960、DK361 + 764，平导 PDK361 + 592、PDK361 + 740 ~ + 920 等地段多处多次大规模的涌突水、涌砂突泥。

(1)平导 PDK361 + 592 溶洞涌突水涌砂段：位于桐麻岭背斜东翼 ϵ_3g 底部白云岩、白云质灰岩、灰质白云岩中。开挖至 PDK361 + 591.9 时，在右边墙角处揭示 $\phi3 \sim 5$ cm 和 $\phi15 \sim 20$ cm 两个小溶洞，突发大规模涌水突泥，射水距离 30 ~ 40 m，最大约 45 m，最大涌水量 14 000 m^3/d，喷泥砂量约 5 000 m^3/d，后涌水量减小，基本稳定在 60 ~ 65 m^3/d。

(2)平导 PDK361 + 740 ~ + 920 段涌突水段：位于桐麻岭背斜东翼 ϵ_3g 中部结晶白云岩夹泥质白云岩中，岩溶与岩溶水十分发育，开挖时多处多次发生涌水突泥、突砂。

①PDK361 + 910 ~ + 895 拱部大面积线状滴水，在 PDK361 + 900 处右边墙大股状涌突水，最大涌水量 7 250 m^3/d。

②PDK361 + 880 ~ + 870 右侧拱腰处揭露大股状裂隙突水，裂隙中泥质夹层厚 3 ~ 20 cm，最大涌水量 6 400 m^3/d。

③PDK361 + 850 ~ + 840 发育一层间小断层，见厚约 1 ~ 2 cm 灰色断层泥，沿断层涌水，最大涌水量 3 300 m^3/d。

④PDK361 + 773 右侧拱腰处揭露大股状裂隙水，最大涌水量 6 400 m^3/d。

(3)正洞 DK360 + 873 涌突水（砂）段（DK360 + 860 ~ + 960）：位于桐麻岭背斜东翼 ϵ_2p 与 ϵ_2g 灰岩、白云岩、白云质灰岩夹泥质白云岩、钙质泥岩中，节理、溶蚀裂隙和层间滑动小断层发育，岩体破碎。开挖时，K360 + 950 右侧拱腰、DK360 + 890 和 DK360 + 873 左侧拱腰处有股状有压涌水，最大涌水量 250 ~ 300 m^3/h，涌水过程中夹带大量泥砂，水压达 1.0 MPa。

(4)正洞 DK361 + 764 岩溶管道突水涌砂段（DK361 + 710 ~ + 790）：位于桐麻岭背斜东翼 ϵ_3g 中下部重结晶白云岩、灰质白云岩夹泥质白云岩中，岩层产状 N25°W/42°NE。2001 年 7 月 14 日开挖至 DK361 + 764 时，左下侧边墙突发大规模涌水突泥，最大峰值涌水量达 63 m^3/s，涌水洪峰高达 2.5 ~ 3.0 m，涌水持续时间 28 分钟，总涌水量达 10×10^4 m^3。

7 月 25 日在该处施钻探水孔时，再次突发喷泥射浆，射距达 40 m 以上。开挖揭示，在 DK361 + 764 ~ + 755 段右边墙发育 5.4 m × 3.4 m × 10.0 m 的顺层倾斜洞穴（见图 5—18—7）。DK361 + 764 处右侧岩溶管道封堵工作结束后，由于圆梁山地区连续降雨，2002 年 3 月 3 日 DK361 + 764 左边墙拱腰处发生大规模涌水突泥，最大涌水量 216 m^3/min，涌水洪峰持续 10.3 小时，堆积泥砂厚 50 ~ 80 cm；3 月 10 日在准备铺底时，DK361 + 764 左边墙基底处再次突发大规模涌水突泥，涌水持续时间 2 小时，其间最大流速 1.3 m/s，最大涌水量456 m^3/min，涌水洪峰高达 1.1 m，突泥砂总量约1 400 m^3，冲出块石的最大体积达 1.61 m × 0.52 m × 0.40 m。2002 年 7 月 4 日，在衬砌预留封堵口处发生突水涌砂，洞内水深 1.6 m，此次涌水抛射出大量岩块，抛射岩块撞击右边墙衬砌，致使衬砌粗骨料及钢纤维裸露在外，抛射岩块最大块径达1.8 m×1.5 m×1.2 m。后来在DK361＋764线路左侧衬砌外发现一个体积约3 500 m^3的溶腔，溶腔内堆积大量碎块石（见图5—18—8）。

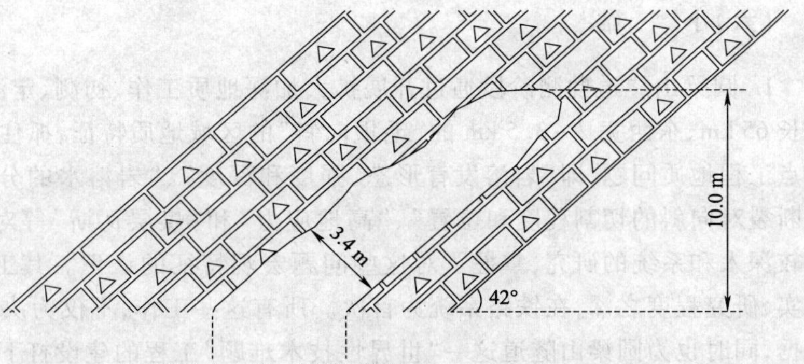

图5—18—7　DK361＋764岩溶发育纵断面图

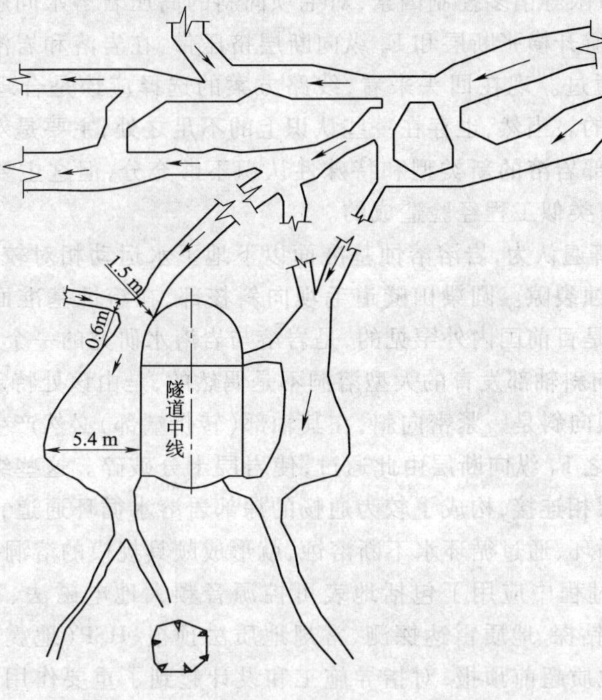

图5—18—8　DK361＋764岩溶管道连通性示意图

5. 冷水河浅埋渗漏段

DK358＋705～DK358＋905冷水河浅埋渗漏段开挖揭示，地质情况与勘测阶段认识基本相同，施工中未发生大规模地表河水渗漏和岩溶涌（突）水、突泥与坍方，只是拱部滴水成线，边墙大量渗水，水量约为2 000 m^3/d。

（五）专家对圆梁山隧道深埋大型充填溶洞的结论

在2003年1月4日至8日铁道部工管中心组织的专家论证会上，与会专家认为，圆梁山隧道在岩溶水深部滞流带揭示多个大型充填溶洞，非岩溶发育的一般规律所能解释；圆梁山隧道所遇到的技术难题是国内外所没有的，目前在这类具高压岩溶水充填型溶洞地区开挖深埋隧道等地下工程，是国内外罕见、具挑战性的技术难题，因而必须进行特殊的设计、施工和管理。

（六）小　　结

1. 圆梁山隧道勘测阶段通过开展扩大加深地质工作、初测、定测地质工作，全面查清了南北长 65 km、东西宽 2 ~ 3.5 km 的“毛坝向斜”的区域地质特征，抓住了控制圆梁山隧道的五个重点工程地质问题，即“岩溶发育形态、强度和深度”、“岩溶水的分布、涌水量和水压”、“纵、横断裂对向斜的切割程度和位置”、“高地应力”和“煤层瓦斯”等对工程的影响程度，进行了比较深入和系统的研究，掌握了对这些问题宏观特征的认识。其工作范围之广、基础工作之扎实、研究程度之深，在铁路系统为首次。所有这些工作，不仅为决策线路方案提供了必要的依据，同时也为圆梁山隧道这一“世界性技术难题”工程的建设打下了良好基础。

2. 圆梁山隧道方案的选择，是在满足线路方案设计需要基础上，通过区域地质测绘，在掌握毛坝向斜岩溶发育规律的前提下，查明了断裂构造和岩性条件对岩溶发育的控制作用，以及在岩溶暗河系统发育下限等诸多控制因素，对毛坝向斜的高压岩溶水问题也是有充分认识的。在此基础上，使线位避开横张断层和 F_3 纵向断层挤压带，在岩溶和岩溶水相对欠发育的岩溶地下水分水岭部位通过。现在回头来看，线路方案的选择应该是合理的、科学的、可行的，同时也可以说是唯一的。当然，也存在一些认识上的不足之处，主要是对紧密向斜层间滑移构造、向斜拐点部位深部岩溶的新类型和特殊性认识不够充分，但这主要是限于当时的勘察技术水平以及前所未有类似工程经验造成的。

3. 目前的岩溶理论普遍认为，岩溶溶蚀基准面以下地下水运动相对较缓慢，岩溶一般不发育，往往只有溶孔和溶蚀裂隙。圆梁山隧道毛坝向斜核部，在溶蚀基准面以下 400 余米揭示的多个大型充填溶洞，是目前国内外罕见的，是岩溶与岩溶水研究的一个新课题。

4. 圆梁山隧道毛坝向斜轴部发育的大型溶洞不是偶然的，是由该处特定地质结构提供了水循环通道决定的。毛坝向斜是一紧密向斜，在其轴部（转折端部）必然产生多个层间滑脱带和一系列纵向张裂隙，加之 F_3 纵向断层由此通过，使岩层十分破碎。这些纵向延伸的断裂体系与两侧的 NW 向横断层相连接，构成了较为通畅的深部岩溶水循环通道，只要有水头差，地下水就会在这一通道中循环，通过循环水不断溶蚀，就形成颇具规模的溶洞。

5. 圆梁山隧道施工过程中应用了包括地表可控源音频大地电磁法、TSP202（地震影像法）、红外探水、超前水平钻探、地质雷达探测、常规地质法预报、HSP（地震反射法）、CT 法等方法和手段在内的综合地质超前预报，对指导施工和设计起到了重要作用，产生了良好的经济效益和社会效益，为今后类似工程的勘测、设计和施工积累了丰富的经验。

十九、渝怀铁路圆梁山隧道毛坝向斜深埋大型充填溶洞形成机制浅析

蒋良文　易勇进　贾中明

（一）引　　言

重庆至怀化铁路圆梁山深埋特长隧道总长 11.068 km。隧道进口位于乌江支流细沙河东岸的瞻家坝，进口里程 DK351 + 465、路肩设计高程 549.16 m。出口位于沅江支流麻旺河源头的炭厂河西岸，出口里程 DK362 + 535、路肩设计高程 503.74 m。隧道为预留复线条

件、平导超前施工的单线人字坡隧道，人字坡坡顶里程 DK355 + 820、路肩设计高程 560.52 m。

该隧道穿越乌江与沅江水系分水岭毛坝—圆梁山地区，为中低山深切河谷地貌，地形相对高差 500 ~ 800 m；区域地质构造上，位于川黔湘鄂褶皱带之秀山穹褶束与黔江坳褶束接合部，为燕山期形成的 NE35°左右的盖层褶皱带，后期遭受了喜马拉雅期 NE18°左右的褶皱改造。褶皱带南段呈 NNE 向，向 N 渐变为 NEE 向，因而总体形貌呈向 NW 凸出的弧形。主要构造为毛坝向斜与桐麻岭背斜及其伴生或次生断裂等。

隧道穿越毛坝紧密向斜的部位为向北西向凸出的地垒式弧形构造段，其穿越向斜碳酸盐岩段长度约 2.2 km，隧道埋深约 550 ~ 750 m，最大埋深约 780 m，对应里程 DK353 + 035、路肩设计高程 552.16 m。向斜地表多为岩溶洼地和槽谷区，岩溶泉、泉群、暗河出露高程多在 850 ~ 900 m 以上，构成毛坝向斜岩溶水局部排泄基准面。

勘察阶段根据地质调绘、卫航片解译、深孔钻探与地表常规物探，认为毛坝向斜岩溶发育的总趋势应随深度增加而减弱，以溶孔、溶蚀裂隙为主，隧道选定的平面位置及设计高程范围内岩溶发育相对较弱，不可能发育大型溶洞。然而，隧道施工开挖时，在毛坝向斜核部隧道洞身附近的二叠系吴家坪组（P_2w）和向斜东翼茅口组（P_1m）碳酸盐岩地层中，却揭露了三个罕见的深埋大型充填溶洞（见图 5—19—1）。

1. 1 号溶洞

平导 PDK354 + 240 ~ + 275 和正洞 DK354 + 255 ~ + 285 揭示的充填溶洞，发育于向斜西翼吴家坪组灰岩与硅质灰岩不等厚互层的地层中，紧邻核部。

2. 2 号溶洞

平导 PDK354 + 435 ~ + 495 和正洞 DK354 + 461 ~ + 492 揭示的充填溶洞，发育于向斜核部吴家坪组灰岩与硅质灰岩不等厚互层中。

3. 3 号溶洞

正洞 DK354 + 870 ~ + 920 揭露的黏性土爆喷型突出溶洞（即 DK354 + 879 溶洞）和平导 PDK354 + 870 ~ + 920 揭露的溶洞，发育于向斜东翼茅口组灰岩中。

（二）深埋大型充填溶洞所处的地质环境

1. 地层岩性与地貌特征

毛坝向斜地层岩性组成见表 5—19—1 所列。

毛坝向斜为一个四周被志留系和泥盆系泥岩为主的地层所包围的、由二叠系及三叠系碳酸盐岩构成的紧密向斜，向斜核部为二叠系栖霞组（P_1q）、茅口组（P_1m）、吴家坪组（P_2w）、长兴组（P_2c）与三叠系大冶组（T_1d）、嘉陵江组（T_1j）的碳酸盐岩为主，局部夹薄层泥（砂）岩。

地貌上，向斜两翼高凸、中间低洼呈槽状，两翼的地貌形态具对称性（见图 5—19—1）。沿众多横张断裂（NW 向或 NWW—EW 向）和沿向斜轴线（NNE 或 NE 向）顺层发育大型岩溶漏斗、洼地和长数千米、十几千米的巨型槽谷，二叠系下统（$P_1q + m$）碳酸盐岩形成高 50 ~ 100 余米、长数十千米的绝壁，其中西翼侧尤为高陡。两翼厚达约 2 000 m 的志留系（S）（砂质）泥岩、粉砂岩和泥盆系水车坪组（D_3s）的泥岩则形成斜坡地貌。

2. 地质构造

毛坝向斜核部的空间形态呈长舟形状，南北长约 65 km，东西宽约 2 ~ 3.5 km；平面形态呈

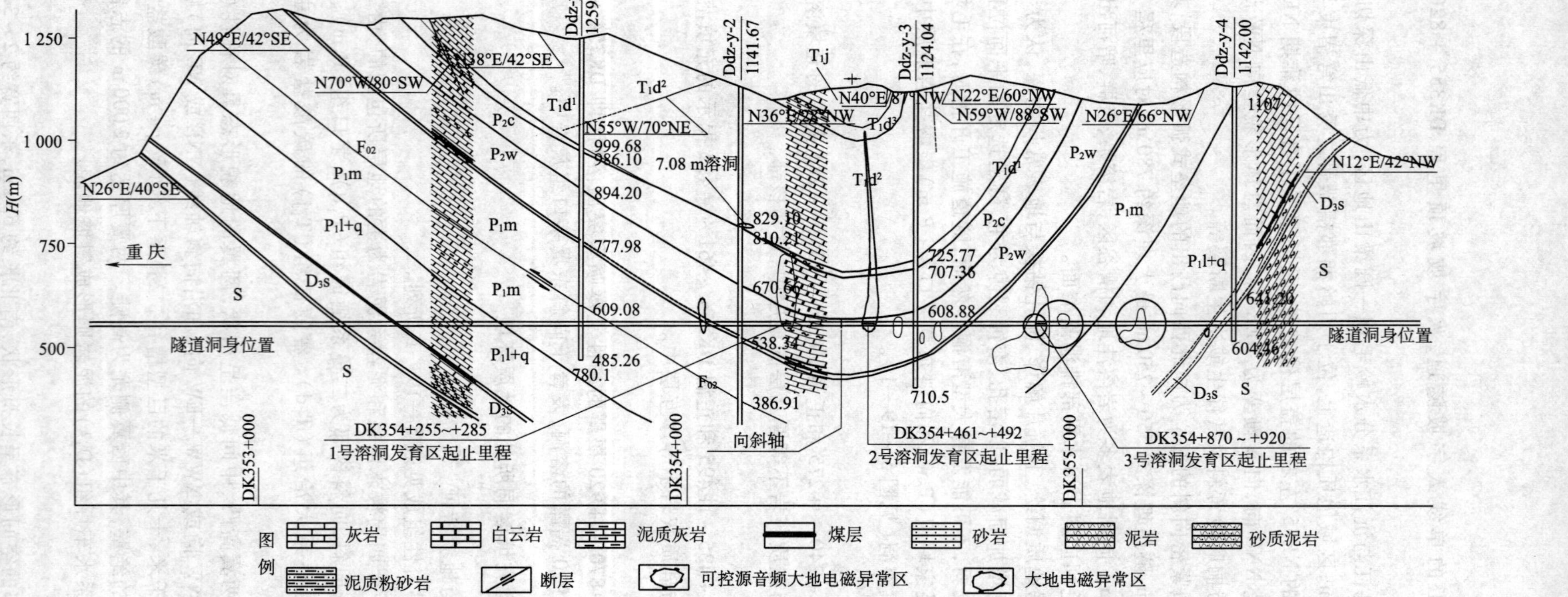

图 5—19—1　圆梁山隧道毛坝向斜地质剖面与揭示溶洞所处部位示意图

表 5—19—1　毛坝向斜地层岩性简表

地层时代					地层柱状图（示意）	岩性描述
界	系	统	组	符号		
新生界	第四系			Q		该堆积物上部为松散状泥砂质砾石层，厚0.5 m左右；下部为灰黄色、灰白色砂质黏土，含褐铁矿结核，厚1~10 m，属冲洪积，分布于毛坝向斜核部夷平面
中生界	三叠系	下统	嘉陵江组	T_1j		灰色薄层至中厚层状灰岩、白云质灰岩，未见顶
			大冶组	T_1d		总厚378 m，分三段。上段(T_1d^3)为紫红色薄层泥质粉砂岩、砂质泥岩、泥岩夹泥灰岩及灰岩，厚34 m。中段(T_1d^2)上部为浅灰色厚层状鲕粒灰岩及生物碎屑灰岩；下部为灰色薄至中厚层状灰岩，厚326 m。下段(T_1d^1)为灰绿色薄层状泥岩夹泥灰岩，底部以黄绿色水云母黏土岩与下伏地层分界，整合接触，厚17 m。该段在走向上分布不稳定，局部变薄至尖灭
古生界	二叠系	上统	长兴组	P_2c		灰、深灰色中至厚层状燧石结核灰岩，局部地段顶部为白云岩化的生物灰岩，厚52 m
			吴家坪组	P_2w		上部灰、灰黑色薄至中厚层状灰岩与硅质灰岩不等厚互层；中下部厚5~10 m灰黑色薄层含炭泥岩及煤层(厚0.03~0.3 m)、铝土质泥岩，含较多黄铁矿结核，总厚84 m
		下统	茅口组	P_1m		浅灰、灰色厚层状灰岩，含少量燧石结核，下部为灰黑色中厚层状沥青质灰岩，含透镜状有机质泥岩及燧石结核，厚249 m
			栖霞梁山组	P_1l+q		灰、深灰色中厚层状灰岩与灰黑色沥青质泥岩呈不等厚互层，厚183 m。底部梁山组厚1.8 m，为灰黑色薄层泥岩、铝土质泥岩
	泥盆系	上统	水车坪组	D_3s		灰、黄色中厚层状灰岩，黄绿、紫红色泥岩。底部为厚2.9 m灰白色厚层状细粒石英岩状砂岩。总厚40 m
	志留系			S		上中部为黄绿色、紫红色薄层状泥岩、砂质泥岩，下部为灰绿色薄至中厚层状粉砂岩与砂质泥岩不等厚互层，底部为黄绿色、黑色粉砂质页岩，约厚1960 m

“S”状；总体走向为 NE—SSW 向；两端分别向 NE 和 SSW 方向扬起，为燕山期 N35°E 向斜和喜山期 N18°E 向斜的复合产物。向斜南段轴面走向 N18°E，而向北则转为 N35°E，总体形态呈向北西凸出的弧形。毛坝向斜核部碳酸盐岩地层被一系列 NW（NWW）与 EW 向陡倾（倾角大于 80°）的横向断裂所切割，断裂多具张扭性特征，其中 NW（NWW）向断裂为左旋走滑兼有正断层 EW 向断裂为右旋走滑兼有逆断（见图 5—19—2），显然形成于 N70°W 最大水平主

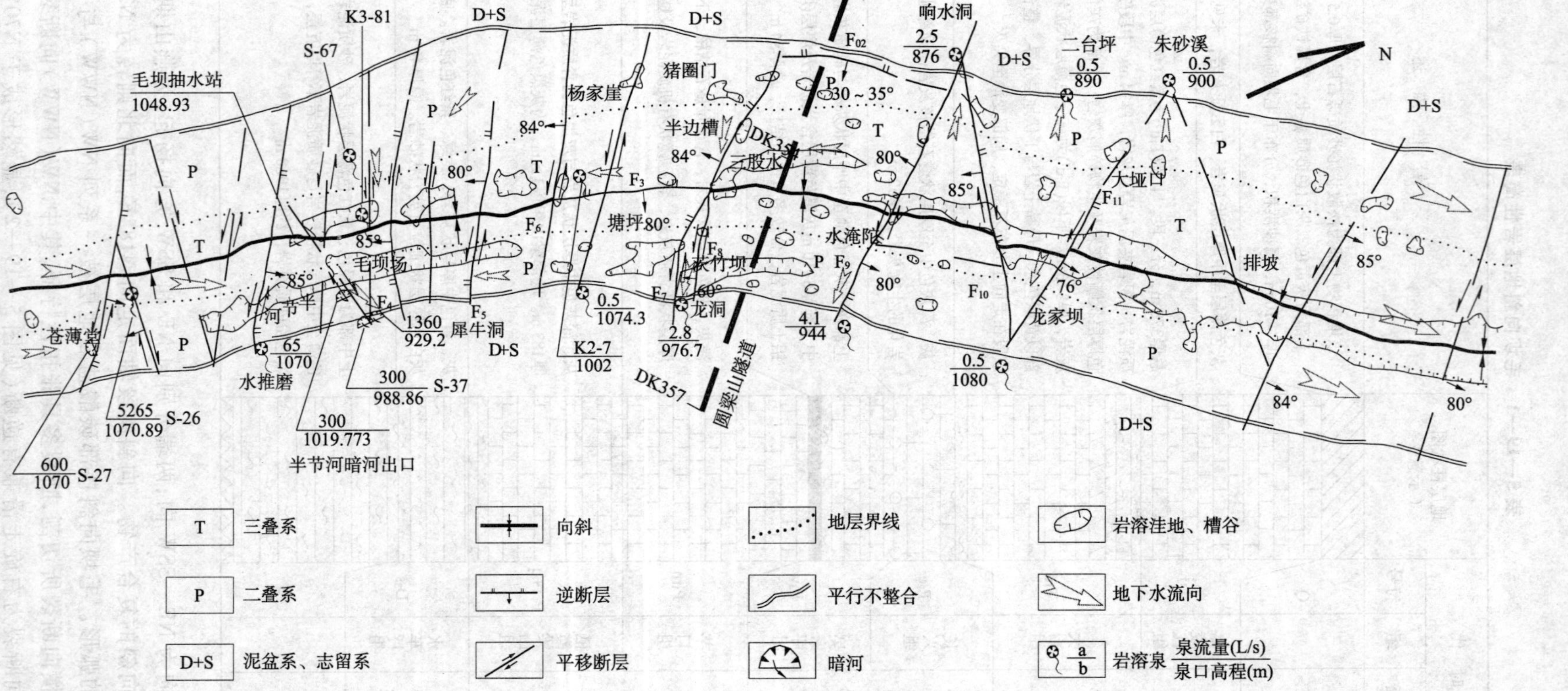

图 5—19—2　毛坝向斜隧道区附近的断层、洼地与槽谷分布和主要暗河、泉(群)高程示意图

压应力场环境；其次为 NNE 向的纵向断层，为具压性特征的走向逆断层；此外，顺层滑动裂隙、纵张裂隙带和局部层间滑脱发育（见图 5—19—3），间距 100 ~ 150 m 的 NW（NWW）与 EW 向横张构造节理裂隙带也较密集发育。

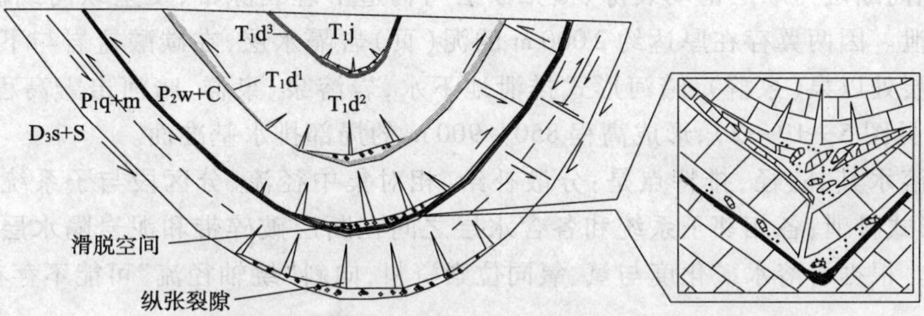

图 5—19—3　向斜核部滑脱空间与纵张裂隙示意图

隧道通过的毛坝—龙家坝地段位于向斜向 NW 凸出的弧形段，受一系列 NW 向左旋横张断裂的切割，形成以毛坝—犀牛洞为中心和以毛家院子—木叶一带为中心的地堑式构造，两地堑构造之间为以水淹沱—龙家坝一带为中心的地垒式构造。圆梁山隧道就穿越属该地垒式构造的 NW 向茨竹坝断层（F_7）与水淹沱断层（F_9）之间的向斜岩溶断块。

3. 水文地质

隧道穿越的向斜岩溶断块中，地下水以裂隙型岩溶水为主，局部存在裂隙—溶洞（暗河）型岩溶水，且岩溶水是分三层发育分布的，即 T_1d 层水、P_2w+c 层水、P_2q+m 层水，三层水在隧道通过地带具有相对独立性，且在断块内核部及其附近区域存在深部岩溶承压水系统。

雨季下层水的水头高于上层水的水头，即 P_2w+c 层水位高于 T_1d 层水 9.34 ~ 14.97 m，P_1q+m 层水位高于 P_2w+c 层水 4.14 ~ 14.07 m；P_2w+c 和 P_1q+m 层水为承压水（见表 5—19—2）。相对于隧道洞身高程而言，存在 P_1q+m 承压水层段 4.9 MPa 和 P_2w+c 层段 4.46 MPa 的高静水压力。

表 5—19—2　隧道穿越向斜断块各层岩溶水水位（2000 年 5 ~ 9 月资料）

试验层段		含水层段厚度（m）	静止水位埋深（m）	静止水位高程（m）
1 号孔	T_1d^2	16.44	226.13	1032.93
	P_2w+c	163.50	259.11	999.95
	P_1m	263.70	215.45	1043.61
2 号孔	T_1d^2	160.55	160.47	981.20
	P_2w+c	218.34	145.50	996.17
	P_1m	269.68	141.36	1000.31
3 号孔	T_1d^2	110.88	142.81	981.23
	P_2w+c	88.50	133.50	990.54
	P_1m	49.16	119.43	1004.61
4 号孔	P_1q	167.30	82.90	1059.10

该断块大冶组、茅口组灰岩近地表岩溶发育，大型溶蚀洼地、巨型槽谷、溶蚀管道均有出现，2 号深孔在距地表 300 m 附近大冶组中揭露到 ϕ7.08 m 溶洞。上部 1.30 m 无充填，下部全

充填，充填物以粗砂为主，夹各级砾石，砾石呈圆状、次圆状，成分主要为石灰岩，少量为泥岩。深孔揭示的岩溶发育段并不是整个厚度范围内均发育，而是分段发育。

毛坝向斜至今尚未形成统一的岩溶水系统，大气降水为岩溶水的唯一补给来源。降水入渗补给，沿纵向断层与顺层滑动裂隙、横张断层与构造节理裂隙带，发生纵向或横向径流，然后向两翼排泄。因两翼存在厚达约 2 000 m 的泥（页）岩隔水层，在碳酸盐岩与下伏页岩的界面上横张断层处以泉（泉群）、暗河形式排泄地下水，岩溶泉、泉群、暗河出露高程多在 850 ~ 900 m 以上（见图 5—19—2），形成高程 850 ~ 900 m 的局部排水基准面。

向斜岩溶水其补、径、排特点是：分散补给、相对集中径流、分区段与子系统相对集中以泉、暗河等形式排泄；各相邻子系统和各含水层之间在断层破碎带和泥岩隔水层天窗地段存在水力联系。根据岩溶水矿化度与氢、氧同位素资料，向斜“绕轴径流”可能不存在。

（三）施工揭示的三个深埋大型充填溶洞的基本特征及灾害特征

1. 1 号溶洞发育充填的基本特征及灾害特征

（1）1 号溶洞发育充填的基本特征：根据正洞与平导断面开挖地质资料，正洞 DK354 + 237 较完整灰岩中拱顶有一沿纵向张裂隙发育直径约 1.5 ~ 2 m 的竖向岩溶管道，涌水量约 50 ~ 70 m^3/h，含泥少，较清澈。平导 PDK354 + 260 ~ + 275 和正洞 DK354 + 255 ~ + 285 为 1 号充填溶洞发育区（见图 5—19—4）。

溶洞发育于向斜西翼、紧邻向斜核部 P_2w 的灰黑色灰岩与硅质灰岩不等厚互层中，溶洞两侧岩层产状变化较大，倾角起伏大，10° ~ 32°，其 NW 侧产状 N18° ~ 25°E/30° ~ 32°SE、SE 侧产状 N25° ~ 35°E/10° ~ 30°SE。又据物探资料，1 号溶洞顶部垂向发育的溶蚀破碎带穿切 P_2c 地层，并已经靠近 T_1d^1 泥岩层，但未伸入该岩层（见图 5—19—1）。溶洞自 DK354 + 255 起，沿层面和节理面充填较多的粉质黏土，DK354 + 265 ~ + 281 和 PDK354 + 256 ~ + 275 段正洞全断面和平导大部分断面被灰黄色、灰黑色的（淤泥质）粉质黏土基本充填满，仅有少量的灰岩（块石）夹于其中，断面四周均未见完整岩层。

又根据正洞隧底钻探资料，自 DK354 + 258 左右，高程 550 m 出现溶洞充填物，至 DK354 + 285 止，有两个比较明显的岩溶腔体，两个岩溶腔体均充满软塑状粉质黏土夹黏土，上部的岩溶腔体，埋深在高程 556 m 以下 0 ~ 10 m，中部厚度 6 ~ 10 m，两侧厚度 2 ~ 3 m；下部的岩溶腔体主要分布在 DK354 + 268 ~ + 278 之间，埋深在 10 ~ 20 m 以下，厚度约在 2 ~ 10 m 之间。

1 号溶洞充填的粉质黏土含水量 30% ~ 34%，可塑—软塑状，比较密实，有一定的自稳能力，具水平沉积微细层理，沉积年龄约为 1.8 万年，其来源应是 $P_2w + c$ 深灰、灰黑色灰岩与铝土质泥岩风化残积物；淤泥质的来源应是 P_2w 底部 5 ~ 10 m 厚灰黑色薄层含炭泥岩及煤层风化残积物。

（2）施工揭示时的灾害特征与工程处治：针对 1 号溶洞充填的粉质黏土有一定自稳能力和局部只有少量股水流出的特点，实施了较强的初期支护、径向注浆和 K1.5 型抗水压衬砌，并对基底采用了钢管桩注浆加固，因此施工开挖过程中，未发生坍方冒顶和其他施工地质灾害，较顺利地通过该溶洞。

2. 2 号溶洞发育充填的基本特征及灾害特征

（1）2 号溶洞发育充填的基本特征：根据正洞与平导断面开挖地质资料，正洞 DK354 + 390 ~ + 440 和平导 PDK354 + 400 ~ + 430 段为毛坝向斜的轴面部位，为一挤压破碎带，挤压带中劈理产状 N25° ~ 50°W/70° ~ 80°NE，局部倾向 SW，岩体呈片状剥落。平导 PDK354 +

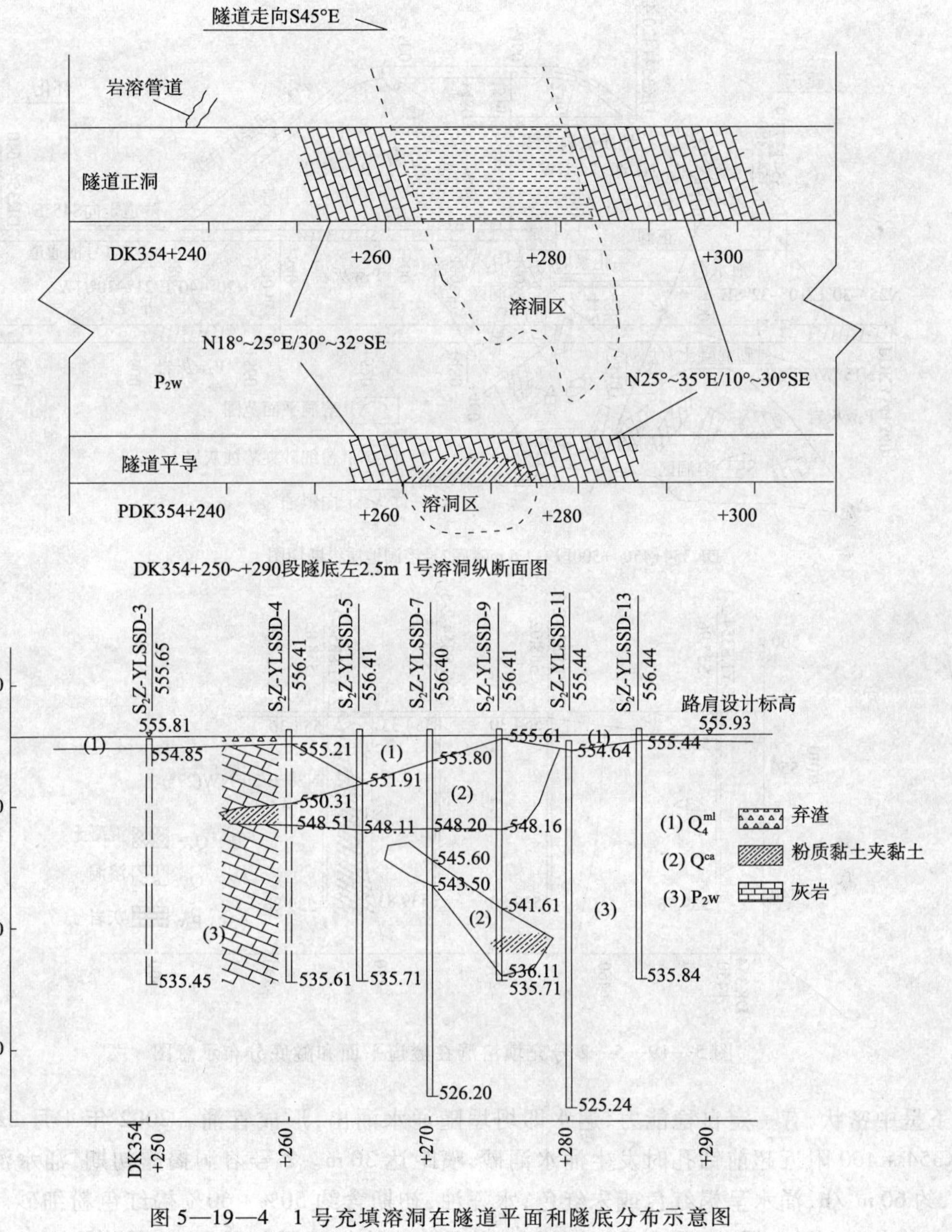

图 5—19—4　1 号充填溶洞在隧道平面和隧底分布示意图

435 ~ +495 和正洞 DK354 +461 ~ +492 为 2 号充填溶洞发育区（见图 5—19—5）。又据物探资料和溶洞充填物分析，2 号溶洞顶部垂向发育的溶蚀破碎带切穿 P_2c 灰岩和 T_1d^1 泥岩，并已经伸入 T_1d^2 灰岩中（见图 5—19—1）。溶洞具宽大构造—溶蚀裂隙特征。平导 PDK354 + 435 揭示宽约 0.3 m 的溶蚀裂隙，向拱顶方向垂向延伸，褐红色涌水。2 号溶洞充填物为黄褐、褐红色黏质粉细砂、粉土（粉质黏土）和溶蚀灰岩块体，呈犬牙状交错，粉细砂、粉土（粉质黏土）的沉积年龄约为 2.2 万年。溶洞两侧围岩节理和层面裂隙多充填黏土及粉细砂。2 号溶洞及裂隙充填物的来源应是 T_1d^3 紫红色薄层泥质粉砂岩、砂质泥岩、泥岩夹泥灰岩的风化残积物。

（2）施工揭示时的灾害特征与工程处治：2 号溶洞充填的黄褐、褐红色粉细砂在无水的状

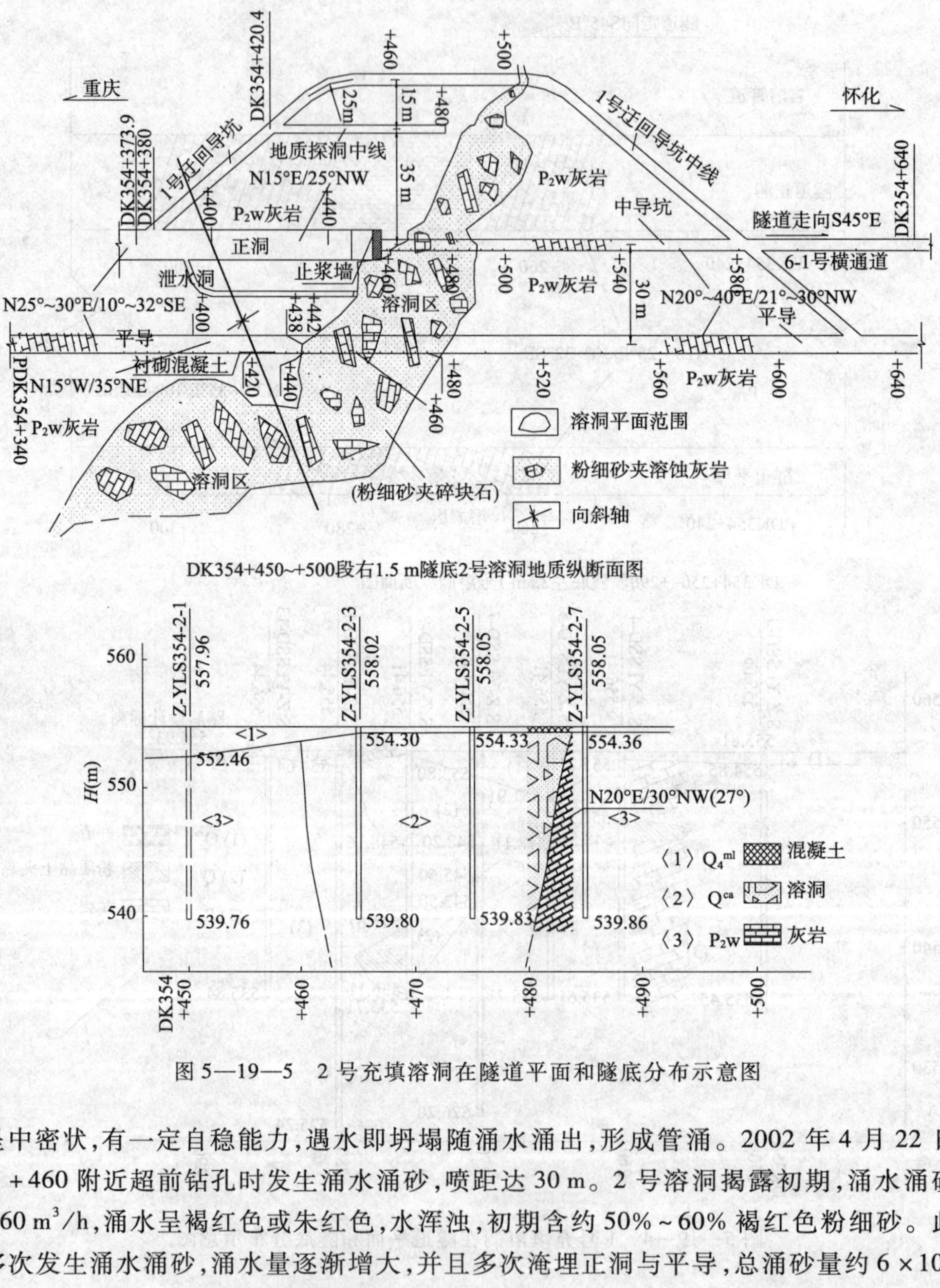

图 5—19—5　2 号充填溶洞在隧道平面和隧底分布示意图

态下呈中密状，有一定自稳能力，遇水即坍塌随涌水涌出，形成管涌。2002 年 4 月 22 日正洞 DK354 +460 附近超前钻孔时发生涌水涌砂，喷距达 30 m。2 号溶洞揭露初期，涌水涌砂量较小，约 60 m^3/h，涌水呈褐红色或朱红色，水浑浊，初期含约 50%～60% 褐红色粉细砂。此后施工中多次发生涌水涌砂，涌水量逐渐增大，并且多次淹埋正洞与平导，总涌砂量约 6×10^4 m^3。

2002 年 9 月由于管道逐渐被洗通，涌水量明显增大，开始涌出黄灰色中粗砂夹卵砾石；2002 年 10 月 22 日涌出物沉积年龄约 0.1 万年。

2003 年 7 月 8 日～23 日暴雨之后，涌水量高达 21×10^4 m^3/d，表明该溶洞上方岩溶洞隙、管道中的充填物已大量流失，水流通道已经基本洗通。涌水滞后于降雨时间缩短，从涌水初期滞后降雨 20 天左右缩短到数小时，涌突水量与降雨有较强的相关性，并与高程 850～900 m 以上浅部岩溶水体或地下暗河系统存在较为密切的水力联系，且诱发两处规模较小（直径小于 5 m）的地表局部塌陷（见图 5—19—6）。

在 2 号充填溶洞施工过程中，因多次发生大规模的涌水涌砂，淹埋正洞与平导，施工严重

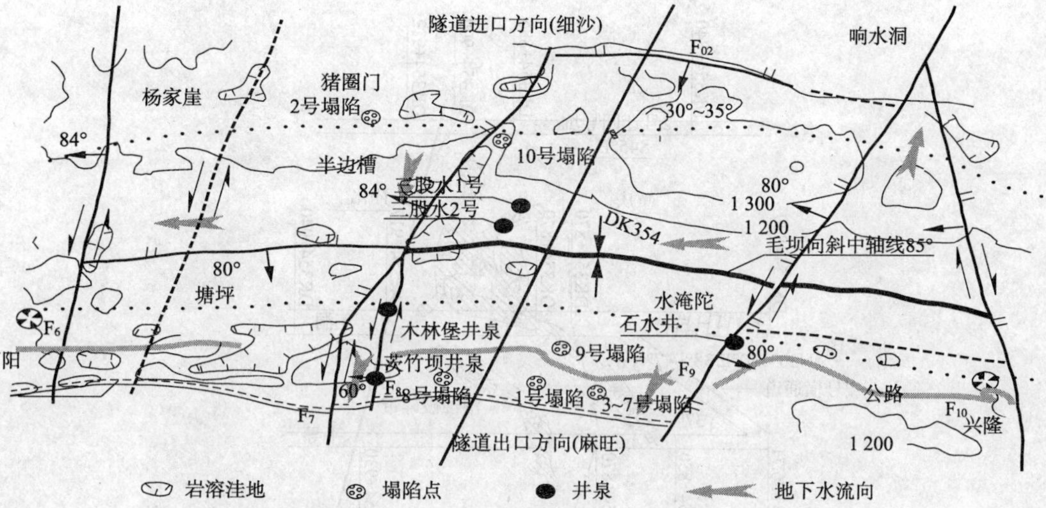

图 5—19—6　毛坝向斜段地表局部塌陷坑分布图

受阻。针对 2 号溶洞复杂的地质条件及施工工期要求,为减小处理难度,采用了迂回导坑对溶洞段进行两端夹击处理,经过反复多次泄水洞降压、帷幕注浆、径向注浆、小管棚、大管棚、钢支撑、YK4.5 型抗水压衬砌、基底注浆加固等后,终于通过该溶洞。

3. 3 号溶洞发育充填的基本特征及灾害特征

(1)3 号溶洞发育充填的基本特征:根据正洞与平导开挖地质资料,正洞 DK354 + 870 ~ + 917 段和平导 PDK354 + 870 ~ + 930 段为 3 号溶洞发育区(见图 5—19—7),发育于向斜东翼、紧邻核部的 P_1m 中部,为溶蚀裂隙—管道型溶洞,溶洞空间形态为树根状管道束。又据物探资料,3 号溶洞附近的溶蚀破碎带呈统靴状(见图 5—19—1)。围岩为灰至深灰色、灰黑色厚层—块状灰岩夹沥青质灰岩,岩层陡倾,产状 N30° ~ 40°E/38° ~ 47°NW,且在溶洞东侧发育一条陡倾的层间错动带,倾角 50° ~ 70°,岩体破碎,层间裂隙极为发育,存在层间滑脱空间。溶洞与裂隙充填物为软塑—硬塑状、局部流塑状黄褐色黏性土,其沉积年龄约为 1.5 万年,黄褐黏性土的来源应是 P_1m 灰岩夹沥青质灰岩的风化残积物。

开挖揭示,DK354 + 870 ~ + 876、DK354 + 881 ~ + 917 段为溶蚀破碎带,岩层破碎松散,无明显层理,沿破碎面及溶隙充填黄褐色软塑状黏土。DK354 + 876 ~ + 881 为一陡倾角的岩溶管道(见图 5—19—8),直径约 5 m,从隧道拱腰分别向左上角和右下角延伸,管道壁光滑,隧底右下角为充填黏土管道。根据钻探资料,DK354 + 870 ~ + 880 段隧底发育的溶洞,其底部距隧底开挖轮廓线最深约 3 m,充填黄色软塑状黏土;DK354 + 890 ~ + 900 段隧底发育的溶洞(见图 5—19—7),其顶板距隧底开挖轮廓线约 10 m,溶洞深度 1.4 ~ 7.4 m,充填软塑—流塑状黏土。DK354 + 909.2 ~ + 907.5 段及 DK354 + 918.3 ~ + 914.5 段隧底裂隙中充填黄色黏土。

钻探揭示,PDK354 + 881.6 ~ + 888.6 段平导拱顶右上部以上 1 ~ 2 m 发育溶洞(见图 5—19—9),溶洞宽度最大达 6.5 m,最小 3.3 m,溶洞内充填灰黑色黏土,呈硬塑状,且含有机质物质;其余钻孔未遇到溶管及溶洞,但局部岩体破碎,夹黄泥。PDK354 + 904 ~ + 917 段隧底以下 12 ~ 17 m 发育溶蚀裂隙,裂隙宽度约 0.5 m,充填有黄褐色黏土,单孔水量约 0.5 m^3/h。平导 PDK354 + 920 ~ + 930 段开挖揭示为一层间错动带(见图 5—19—7),破碎带岩体呈碎石土

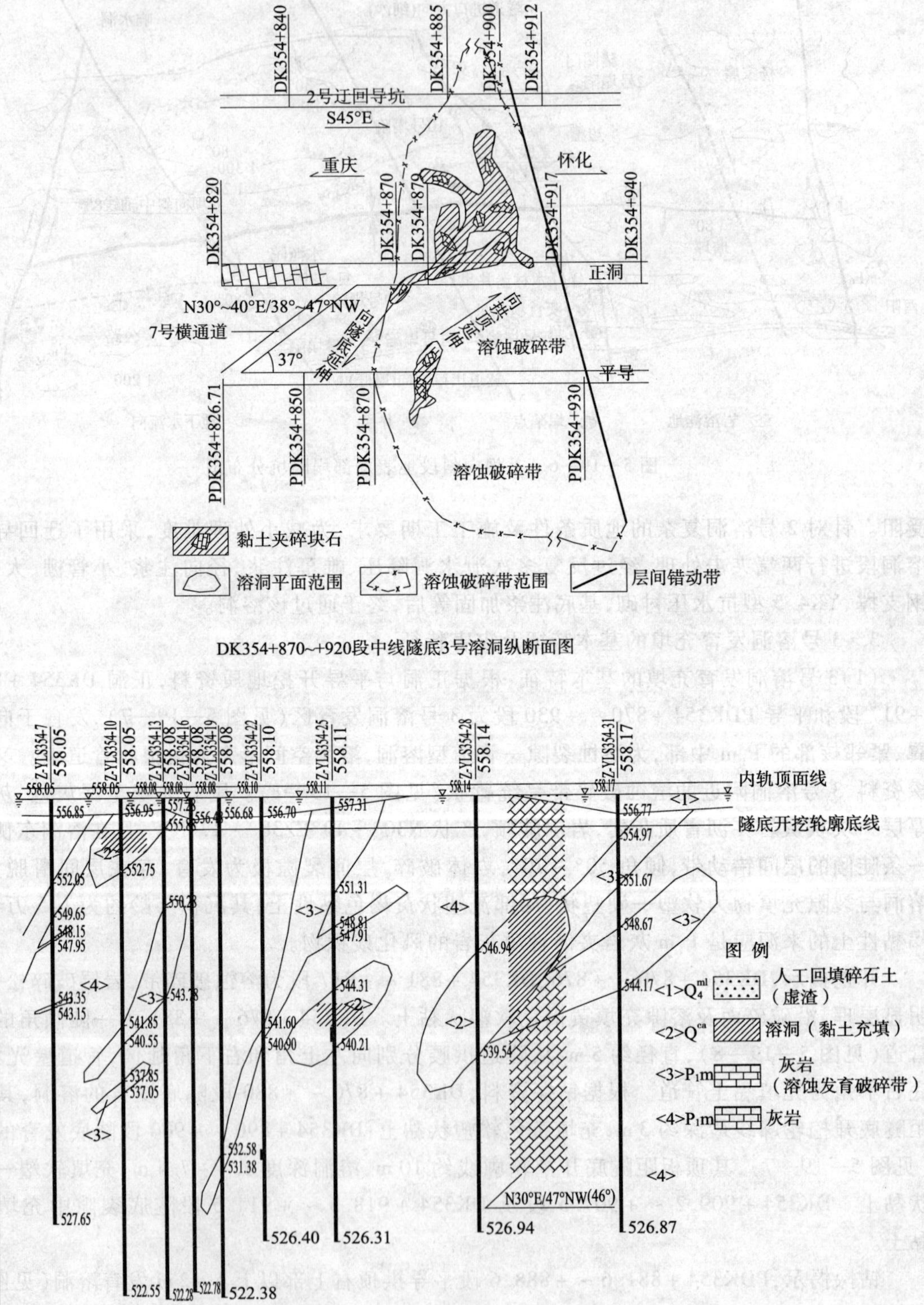

图 5—19—7　3 号充填溶洞在隧道平面和隧底分布示意图

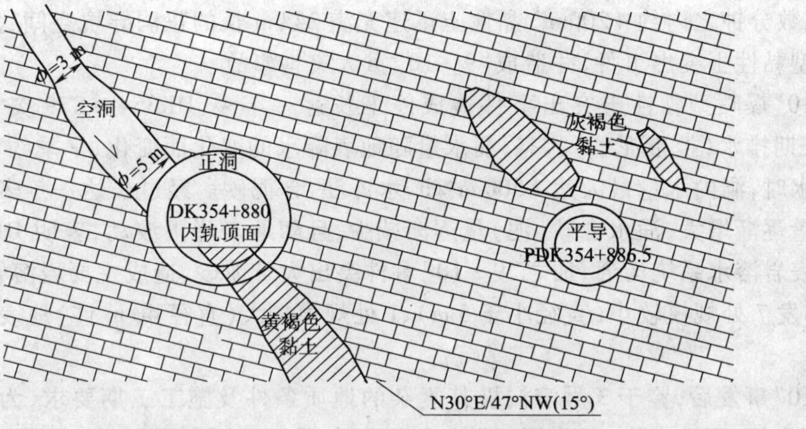

图 5—19—8　隧道 DK354 + 880 3 号溶洞横断面示意图

状，产状 N18°E/50° ~ 70°NW，破碎带中充填大量黄色、白色黏土，软塑状，在 PDK354 + 925 附近拱顶有少量裂隙水呈线状流出，整个断层破碎带含水较少。该层间错动带从平导延伸至正洞后，进入 3 号溶洞，形迹不清。

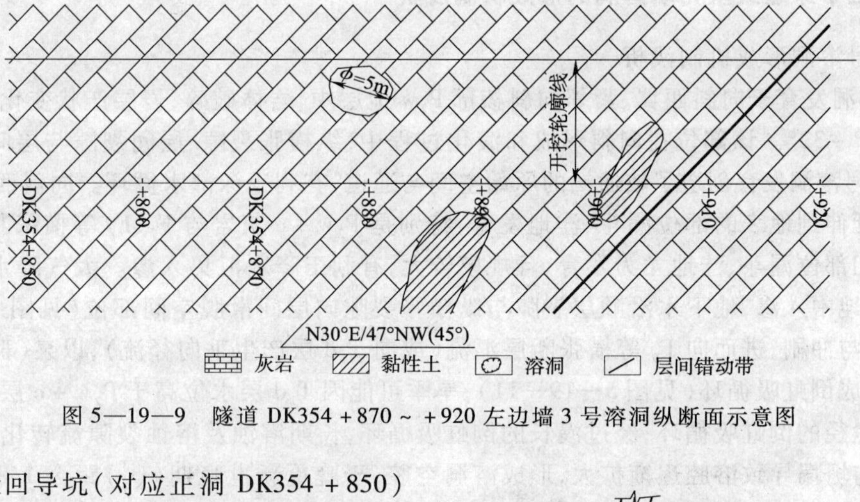

图 5—19—9　隧道 DK354 + 870 ~ + 920 左边墙 3 号溶洞纵断面示意图

2 号迂回导坑（对应正洞 DK354 + 850）开挖泄水洞时，发现泄水洞端头有一溶洞腔体，其主体形态似扁豆状，高约 20 m，长约 15 m，宽约 11 m，其上部有岩溶管道相通，一端与隧道相通，一端仍以陡倾角往上延伸（见图 5—19—10）。该溶洞腔体走向与隧道正向大致平行，其边缘距隧道左侧距离约 11 ~ 12 m。

（2）施工揭示时的灾害特征与工程处治：2002 年 9 月 10 日，正洞导坑掘进至 DK354 + 879 时，在该掌子面右下方揭露出黄褐色黏性土，揭露口缓慢挤出硬塑状黏性土，持续约 3 小时 50 分钟后，突发爆裂声响，硬塑—塑状黏性土及黏稠状泥浆由整个掌子面

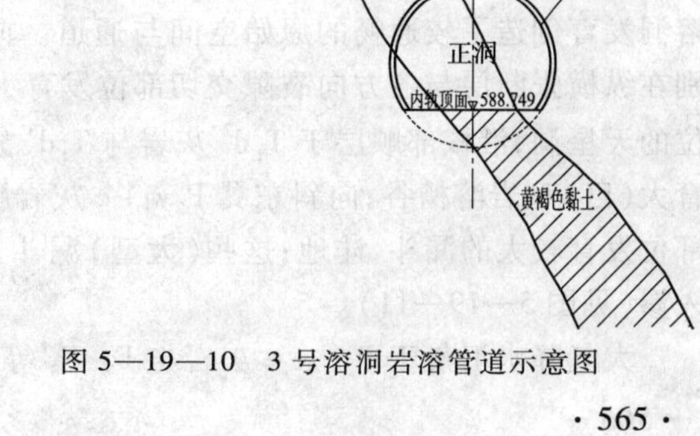

图 5—19—10　3 号溶洞岩溶管道示意图

快速突出，数分钟之内约4 200 m^3 黏性土迅速充满244 m长的正洞导坑空间，发生了极罕见的高压爆喷型黏性土突出事件，并造成"9·10"重大灾害事故。

"9·10"爆喷型黏性土突出事件造成停工长达一年多，DK354 + 879突泥段（即3号溶洞）处于长期排水（携带泥砂）状态，涌水量随地表降水的变化而变化，旱季约20～30 m^3/h，雨季地表降水时，洞内水量最大达1 500 m^3/h，水浑浊，含泥砂。经过长达一年多的排水，表现为洞内涌水量逐渐增大，涌水含砂（泥）量逐渐减少，且随地表降雨波动，表明DK354 + 879突泥段已与地表岩溶水系统沟通，加之"9·10"事件突出大量泥砂，造成主要岩溶管道上方已无充填物，且诱发7处规模较小（直径小于5 m）、1处规模较大（直径40 m许）地表局部塌陷（见图5—19—6）。

"9·10"事发后，鉴于3号溶洞极其复杂的地质条件及施工工期要求，为减小处理难度，按照"探测先行，两端夹击，逐步逼近"的处理原则，采用了迂回导坑对溶洞段进行两端夹击处理，并实施了泄水支洞降压，在泄水支洞施工中又涌出283 m^3 的软塑状—流塑状黄色黏土，涌水量约为70 m^3/h。经过反复多次帷幕注浆、径向注浆、小管棚、大管棚、YK4.5型抗水压衬砌、基底注浆加固等多种手段后，终于通过3号溶洞。

（四）三个深埋大型充填溶洞的形成机制浅析

1. 1号溶洞形成机制浅析

1号溶洞发育于向斜西翼、紧邻向斜核部 P_2w 地层中，岩体破碎，岩层产状变化较大，倾角起伏大，10°～32°。该部位在向斜形成和演化过程中，纵横张裂隙、层间裂隙与层间滑脱空间发育，为1号溶洞发育创造了较通畅的原始空间与通道，有利于深部水循环。向斜西翼 $P_2w + c$ 灰岩顺层延伸到地表的部位漏斗、洼地发育，特别是 $P_2w + c$ 灰岩与 F_7、F_8 等横张断层及各方向裂隙交切部位漏斗、洼地尤为发育，且规模较大，有利于降水汇集入渗。大气降水汇集于这些漏斗、洼地中入渗，地下水沿顺层裂隙与纵横张裂隙向层间滑脱空间部位（见图5—19—3）径流、溶蚀与冲刷，进而向 F_9 等横张断层汇流（或向 T_1d 层产生垂向径流），以泉（群）、暗河形式排泄，形成倒虹吸循环（见图5—19—11），旱季可能因 T_1d 层水位高于 $P_2w + c$ 层水，而形成另一径流途径的倒虹吸循环；经过漫长的倒虹吸循环，长期溶蚀及溶蚀裂隙流转化为管道流，强烈冲刷与坍塌导致溶腔逐渐扩大，形成溶洞空腔，于晚更新世晚期（Q_3^3）距今1.8万年左右因深部径流条件改变而逐渐被沉积充填，形成现今这种具水平沉积微细层理特征的深埋特大型充填溶洞。

2. 2号溶洞形成机制浅析

2号溶洞发育于向斜核部、紧邻向斜东翼 P_2w 地层中，岩层产状变化较大，倾角起伏大，10°～32°，核部岩体破碎、岩层扭曲。核部在向斜构造演化过程中，发育层间滑脱空间与宽大的纵横张裂隙，纵张裂隙极有可能直接切穿 P_1c 灰岩和 T_1d^2 灰岩，有利于深部水循环，为2号溶洞发育创造了较通畅的原始空间与通道。向斜核部 T_1d 灰岩地表漏斗、洼地尤为发育，特别在纵横张断层与各方向裂隙交切部位发育大型漏斗、洼地，如发育于 F_3、F_7、F_8 断层交切部位的天星洞，沿核部顺层于 T_1d^2 灰岩与 T_1d^3 紫红色泥质粉砂岩、砂质泥岩分界线灰岩一侧发育大（巨）型岩溶槽谷；向斜东翼 $P_2w + c$ 灰岩顺层延伸到地表与横张断层或各方向裂隙交切部位发育较大的漏斗、洼地；这些（大型）漏斗、洼地、（大、巨型）槽谷等十分有利于降水汇集入渗（见图5—19—11）。

大气降水汇集于 $P_2w + c$ 灰岩与 F_7、F_8 等横张断层的地表漏斗、洼地中入渗，地下水沿宽

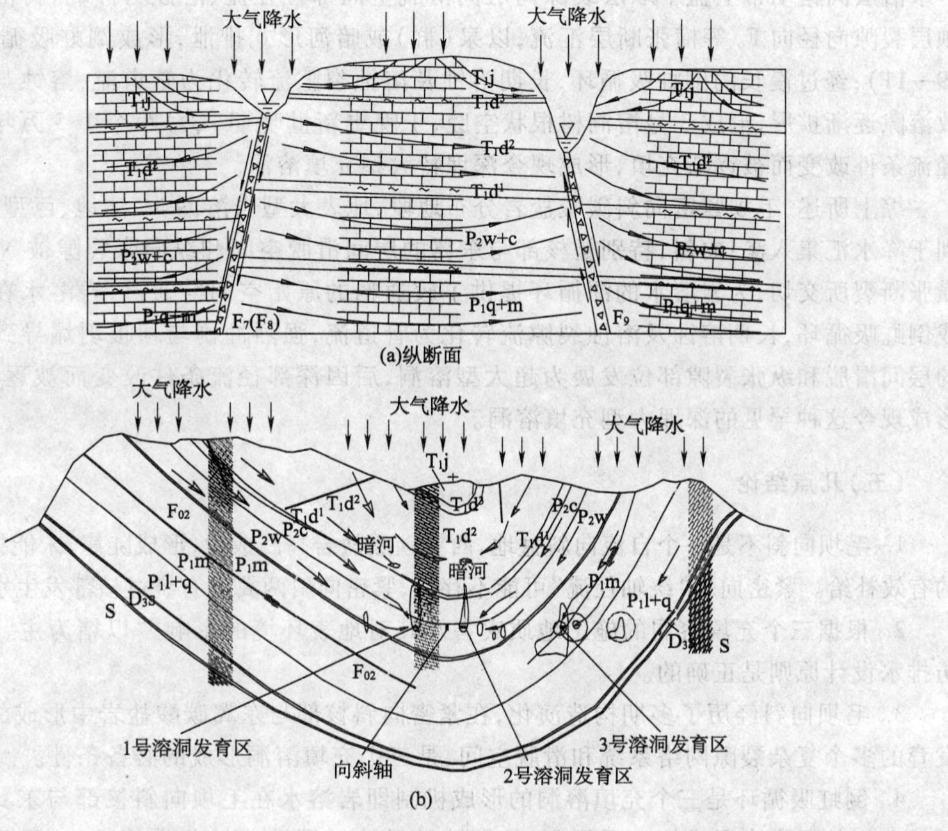

图 5—19—11　毛坝向斜倒虹吸循环模式图

大的顺层裂隙与纵横张裂隙向向斜核部 P_2w+c 中的宽大的层间滑脱空间部位（见图 5—19—3）径流、溶蚀与冲刷，进而向 F_9 等横张断层汇流（也许可能存在沿宽大的纵张裂隙由 P_2w+c 层向 T_1d 层产生垂向径流），以泉（群）、暗河形式排泄，形成倒虹吸循环；旱季可能存在因 T_1d 层水位高于 P_2w+c 层水，而形成另一径流途径的倒虹吸循环；经过漫长的倒虹吸循环，溶蚀、强烈冲刷与坍塌导致溶蚀逐渐逐渐（垂向）扩展，沟通 T_1d 层，形成 2 号溶洞空腔雏形。在晚更新世晚期（Q_3^3）距今 2.2 万年左右可能因径流方向和途径发生改变，产生新途径的倒虹吸循环即大气降水汇集于 T_1d 灰岩的地表大型漏斗、洼地、槽谷中入渗，沿宽大的垂向溶蚀裂隙由 T_1d 层向 P_2w+c 层中 2 号溶洞雏形空腔径流与溶蚀，进而向 F_9 等横张断层汇流，以泉（群）或暗河形式进行排泄，形成倒虹吸循环。长期溶蚀及溶蚀裂隙流转化为管道流，强烈冲刷及坍塌，使得 2 号溶洞进一步扩容，后因深部径流条件改变而将 T_1d^3 紫红色薄层泥质粉砂岩的风化残积物携带入 2 号溶洞空腔逐渐沉积，形成现今的 2 号深埋大型充填溶洞。

3. 3 号溶洞形成机制浅析

3 号溶洞发育于向斜东翼 P_1m 灰岩中部，岩层陡倾，产状变化较大，特别是倾角起伏大，38°～47°，且在 3 号溶洞东侧发育一条陡倾的层间错动带，倾角 50°～70°，岩体破碎，层间裂隙发育，存在层间滑脱空间，纵横张裂隙也较发育，这就为 3 号溶洞发育创造了较通畅的原始空间与通道，有利于深部水循环。顺层间错动破碎带延伸到地表的部位和横张断层与各方向裂隙交切部位大型溶蚀漏斗、洼地、槽谷较为发育（见图 5—19—2），有利于降水汇集入渗。大气降水汇集于入 P_1m 灰岩和 F_7、F_8 等横张断层的地表大型溶蚀漏斗、洼地、槽谷中入渗，地下水沿层间错动带上盘中顺层裂隙向层间滑脱空间部位径流、溶蚀与冲刷，再沿纵张裂隙或顺层裂隙向径向 F_9 等横张断层汇流，以泉（群）或暗河形式排泄，形成倒虹吸循环（见图 5—19—11）；经过漫长的倒虹吸循环，长期溶蚀及溶蚀裂隙流转化为管道流，溶蚀与强烈冲刷导致溶隙逐渐扩展，形成 3 号溶洞树根状空腔，于晚更新世晚期（Q_3^3）距今 1.5 万年左右因深部径流条件改变而被逐渐充填，形成现今深埋特大型充填溶洞。

综上所述，毛坝紧密向斜碳酸盐岩分布地段，地表大型岩溶漏斗、洼地、巨型槽谷发育，有利于降水汇集入渗；向斜，特别是核部与东翼的层间滑脱空间和纵向张裂隙被 NW—NWW 向横张断裂所交切，为岩溶水的深循环提供了较通畅的原始空间与通道，岩溶水在此通道中形成倒虹吸循环，长期溶蚀及溶蚀裂隙流转化为管道流，强烈冲刷与顶板坍塌导致核部与东翼的层间滑脱和纵张裂隙部位发展为超大型溶洞，后因深部径流条件改变而被逐渐充填，发育形成现今这种罕见的深埋大型充填溶洞。

（五）几点结论

1. 毛坝向斜不是一个自流向斜盆地，西翼碳酸盐岩高凸成山，形成陡崖，未能接受大气降水的有效补给。紧密向斜"绕轴径流"可能不存在，紧密向斜两翼没有绕过核部发生水力联系。

2. 根据三个充填溶洞的施工地质灾害及其对地表环境的影响，"以堵为主、限量排放"的防排水设计原则是正确的。

3. 毛坝向斜经历了多期构造演化，在紧密向斜核部与东翼碳酸盐岩中形成的有利于岩溶发育的多个复杂裂隙网络系统和滑脱空间，是三个充填溶洞形成的必备条件。

4. 倒虹吸循环是三个充填溶洞的形成机制即岩溶水在毛坝向斜核部与东翼的较通畅的原始空间与通道中形成倒虹吸循环，长期溶蚀及溶蚀裂隙流转化为管道流，强烈冲刷与顶板坍塌导致核部与东翼的层间滑脱和纵张裂隙部位发展为大型溶洞，后因深部径流条件改变而被逐渐充填，发育形成现今这种罕见的深埋大型充填溶洞。

5. 毛坝向斜揭露的三个深埋特大型充填溶洞表明，常规的钻探与物探手段难以查明该类深埋溶洞，应采用先进的物探手段进行地表与洞内综合探测（如可控源音频大地电磁法与 TSP 等），高度重视弱信息，并进行超前钻探验证，且应作好洞内地质灾害的防治预案与结构预设计，才能确保岩溶地区地下工程的施工和工程结构运行安全。

二十、物探方法在圆梁山隧道超前地质预报中的应用

王光权

（一）引　　言

圆梁山深埋特长隧道是重庆至怀化铁路的关键性控制工程，隧道总长 11.068 km，最大埋深约 780 m，隧道穿越的主要地质构造为毛坝向斜。开挖发现，在毛坝向斜核部和东翼的隧道穿越地带发育罕见（具宽大构造——溶蚀裂隙特征）的大型深埋充填溶洞，在向斜轴部有一挤压破碎带。隧道开挖通过上述两段（特别是大型深埋充填溶洞）时发生了大规模的突泥、涌水等地质病害，致使施工严重受阻。为了确保施工安全顺利地通过该段，铁二院在圆梁山隧道毛坝向斜段开展了综合物探超前地质预报应用研究，取得了较好的效果，为隧道顺利贯通提

供了有力保障。

本预报的应用研究分为两部分：

(1)在圆梁山隧道毛坝向斜轴部 DK354 +000 ~ DK355 +400 段的地表采用可控源音频大地电磁法(CSAMT)进行加深物探工作，查明断层的产状、破碎带宽度、岩溶洞穴或油气囊的规模及埋深；

(2)在隧道内采用负视速度地震反射波法预报掌子面前方的不良地质。

(二)可控源音频大地电磁法(CSAMT)在超前地质预报中的应用

1. 可控源音频大地电磁法(CSAMT)的应用理论基础

众所周知，电磁场也是一种物质，它在空间的分布和传播遵循麦克斯韦方程组。理想自由空间的麦克斯韦方程组(高斯制的表达式)为

$$\nabla \cdot E = 4\pi\rho$$

$$\nabla \times E = -\frac{1}{c}\frac{\partial B}{\partial t}$$

$$\nabla \cdot B = 0$$

$$\nabla \times B = \frac{1}{c}\frac{\partial E}{\partial t} + 4\frac{\pi}{C}j$$

式中　$\nabla \cdot E$——E 的散度；

$\nabla \times E$——E 的旋度；

ρ——自由电荷体密度；

j——电流密度；

E——电场强度；

B——磁感应强度；

C——常数，即光速。

麦克斯韦方程组实质上反映了电荷、电流、电场、磁场随时间和空间变化规律的定律，它综合了电磁现象的一切相互作用。电磁波进入介质中后要产生传导、极化、磁化现象，而这些现象反过来又要改变原来电磁场的状态，这就是电磁波和介质的相互作用。

可控源音频大地电磁法(CSAMT)的视电阻率可引用常用公式计算：

$$\rho_s = 0.2 \times T \times (E_x/H_y)^2 = 0.2/f \times (E_x/H_y)^2$$

2. 可控源音频大地电磁法(CSAMT)应用中几个重要问题的讨论

(1)发射点、接收点和收发距的确定原则：根据电磁波的传播理论，可控源音频大地电磁法(CSAMT)的发射点和接收测线应满足图5—20—1所示的关系，且同时应考虑供电电极的接地条件和测线与岩层产状的关系。一般来说，应通过改变供电极的位置和改善供电条件使接地电阻小于10 Ω·m，测线布置应与岩层走向小角度相交。

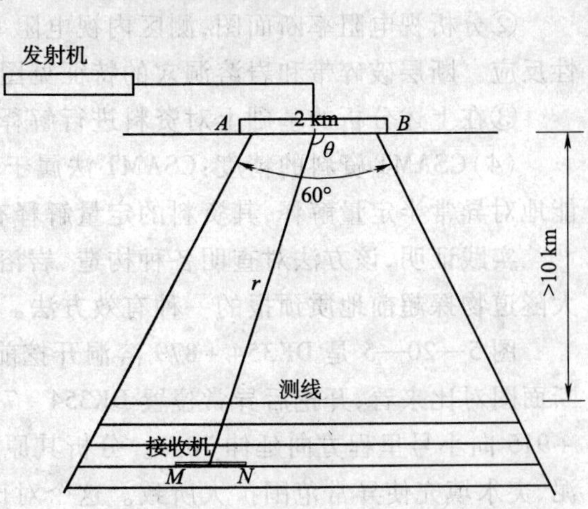

图 5—20—1　CSAMT 工作示意图

(2)发射点、测网和采集参数的确定：

CSAMT 法因采用人工场源,所以在采集数据时,既存在因收发距 r 太小使观测区过早进入近区(或 S 区)的问题,又存在因 r 距离太大使信噪比太低而难以保证观测精度的问题。

根据理论推导及结合野外工作实践经验,认为 r 应满足以下两个条件:

$$r \geqslant 3H \sim 6H \text{ 和 } r_{\max} = [I \times AB \times \rho_s \times \sin(\theta/\pi) \times E_{\min}]^{1/3}$$

式中 H——勘探深度;

I——发射电流;

AB——供电偶极长度;

θ——r 与 AB 之间的夹角;

$E_{\min}$——接收机能观测到的最小信号(一般取 7μV)。

发射偶极 AB 及接收偶极 MN 的大小主要考虑要满足偶极子的条件,即 AB 与 MN 相对于 r 要足够小。

通常取 $AB \leqslant r/3 \sim r/5$, $MN \leqslant r/10$ 即可。发射点、接收点和收发距的确定对取得有效的资料起到了关键性的作用,因此在一个工点资料采集前应根据探测目的、测区情况和上述发射点、接收点和收发距的上述确定原则在 1:5 万或 1:1 万的军用地图上确定发射点和测网,然后通过大量的试验确定最佳发射点、测网和采集参数。

根据上述原则和圆梁山隧道毛坝向斜轴部 DK354 + 000 ~ DK355 + 400 段的实际情况及试验结果,对发射点、测网和采集参数确定如下:

本次工作所使用的仪器是加拿大凤凰公司生产的多功能大地电磁仪(V5),采用标量法采集,工作频率范围为 8 192 ~ 0. 667 Hz;测线沿隧道中线方向布置,点距 20 m;发射点选在距测区 13 ~ 14 km 的黑水坝,供电极距 2 km。

(3)资料处理和资料分析:通过预处理和分析,本次的资料处理流程图见图 5—20—2。

资料分析着重从单点曲线、视电阻率断面图和反演拟合三方面,结合地质资料进行综合分析:

①从单点视电阻率曲线上看,整个工区内难以找出代表完整地层的典型曲线,通过对整个工区单点曲线的分析,可将曲线划分为岩性完整、断层和岩溶发育区三类。其中,从高频到低频,岩性较完整的单点曲线前端形状较平缓;断层内的单点曲线视电阻率较低,曲线呈下降趋势;岩溶发育区的单点曲线呈零乱、锯齿状。

②分析视电阻率断面图,测区内视电阻率值普遍偏低(0. 1 ~ 800 Ω·m),为富水地区的电性反应。断层破碎带和岩溶洞穴的特征见图 5—20—3。

③在上述分析的基础上对资料进行解释,得到最终解释结果成果图(见图 5—20—4)。

(4)CSAMT 资料的精度:CSAMT 法属于一种解决中深部地质问题的物探方法,因此它仅能地对异常半定量解释,其资料的定量解释有一定误差。

实践证明,该方法对查明各种构造、岩溶发育、油气囊是行之有效的,是灰岩地区深埋长大隧道物探超前地质预报的一种有效方法。

图 5—20—5 是 DK354 + 879 溶洞开挖前后的视电阻率断面图。从开挖前后的视电阻率断面图对比来看,开挖后异常位置 DK354 + 710 ~ + 915 明显比开挖前异常位置 DK354 + 780 ~ + 915 向小号里程方向延伸 70 m。分析其原因,认为是该岩溶洞穴被揭露后隧道内被大量突泥、突水填充使异常范围扩大所致。这个对比可以说明,CSAMT 法对岩溶洞穴规模的划分达到了半定量解释的精度。

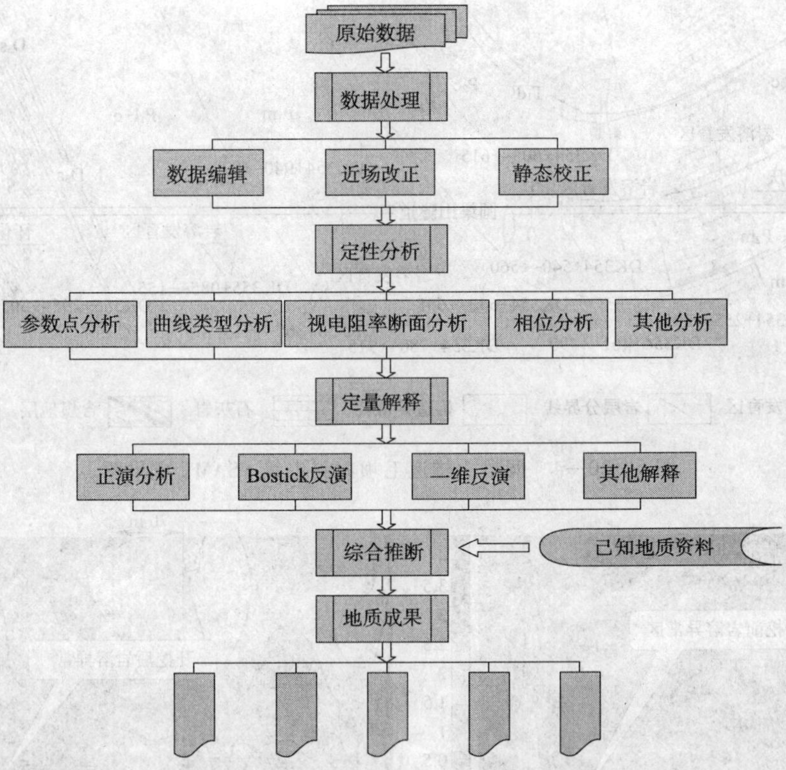

图 5—20—2　CSAMT 资料处理流程图

图 5—20—3　视电阻率(lgρ)断面图

(三)负视速度地震发射波法在超前地质预报中的应用

地震反射法超前地质预报利用了“负视速度原理”,并充分利用了现代地震勘探“VSP”先进技术及其计算机处理技术。这种预报方法具有明显的方向特性,可以有效地将开挖面前方反射信息与周围干扰相区分,提高了识别断层、不良地质界面的可靠性精确度,预报探测时不占用开挖工作面,对施工干扰很小。

1. 方法原理及波场特征

沿隧道轴向布置一条纵测线 L1,并与反射界面 R 正交于 A 点(见图 5—20—6)。震源布置在远离反射界面的一端,OA 之间布置若干个检波器接收。

设激发点的里程为 X_p,接收点的里程为 X_g,反射界面与隧道轴线交点的里程为 H_j,隧道

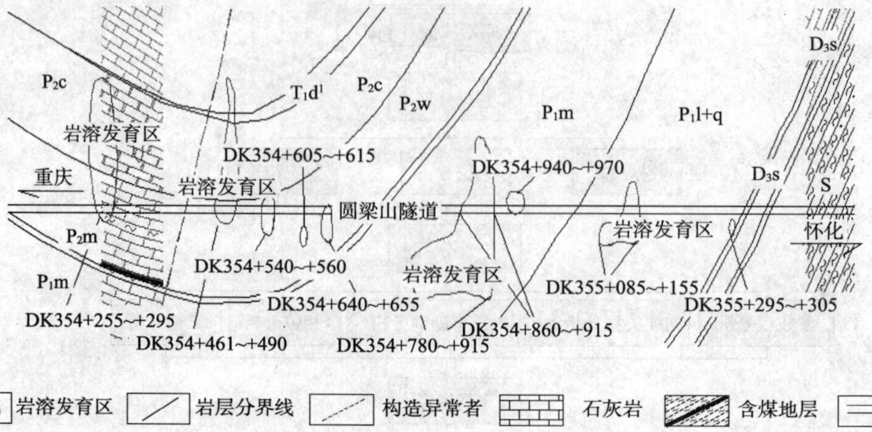

图 5—20—4　圆梁山隧道毛坝向斜中线 CSAMT 成果图

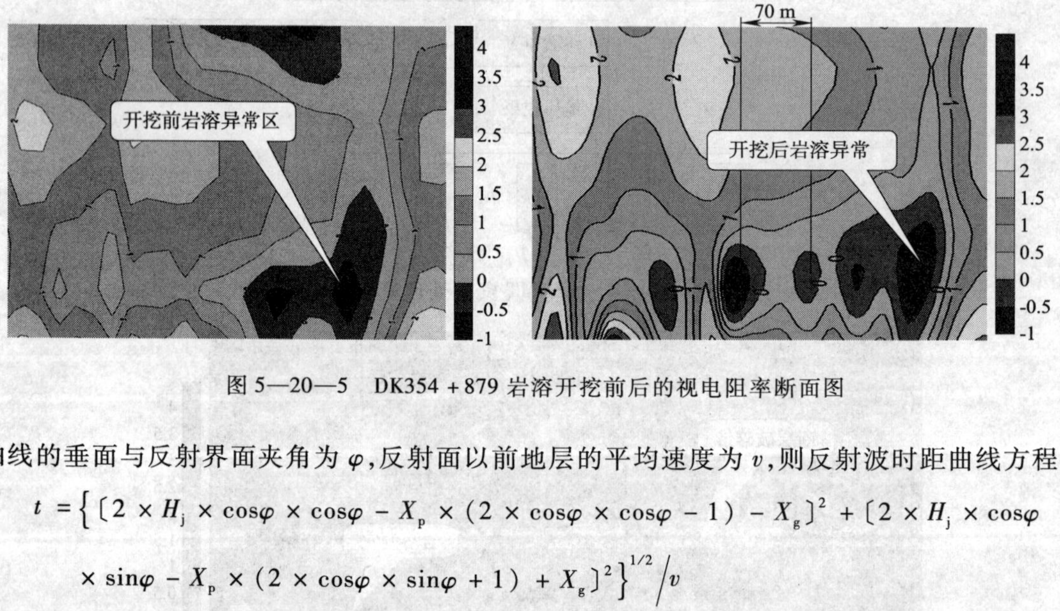

图 5—20—5　DK354 + 879 岩溶开挖前后的视电阻率断面图

轴线的垂面与反射界面夹角为 φ，反射面以前地层的平均速度为 v，则反射波时距曲线方程为

$$t = \left\{ \left[2 \times H_j \times \cos\varphi \times \cos\varphi - X_p \times (2 \times \cos\varphi \times \cos\varphi - 1) - X_g \right]^2 + \left[2 \times H_j \times \cos\varphi \times \sin\varphi - X_p \times (2 \times \cos\varphi \times \sin\varphi + 1) + X_g \right]^2 \right\}^{1/2} \Big/ v$$

当 $\varphi = 0°$时，上式变为

$$t = (2 \times H_j - X_g - X_p)/v$$

当 $\varphi = 90°$时，上式变为

$$t = (X_g - X_p)/v$$

由于反射路径与入射路径相反，而入射波的时距曲线 $t_1(x)$ 具有正视速度的特征，所以反射波的时距曲线 $t_{11}(x)$ 具有负视速度的特征。将正、负视速度的时距曲线顺势外延，其交点就是预报的反射界面的横坐标。

2. 现场测试方法

观测系统沿开挖工作面后面隧道侧壁或底部布置，为获取“负视速度”，震源应设在预报物的远端。接收点距采用小道间距（一般为 2 ~ 5 m），12 道或 24 道接收。根据需要与设备条件，测点可采用单分量、三分量或组合检波器。测试方式可选择多道共炮式或多炮共道式，前者记录方式有利于保证激发条件的一致性，后者则有利于记录条件的一致性。

本次工作所使用的仪器是美国生产的 R24 型地震仪。

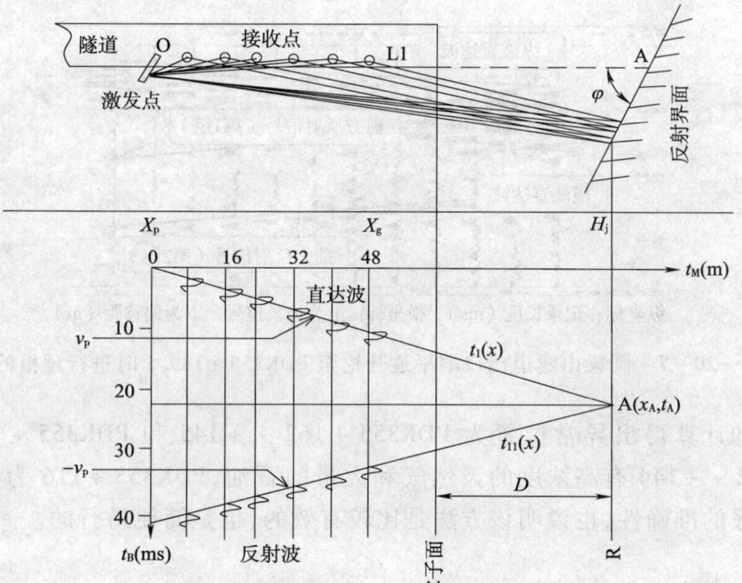

图 5—20—6　负视速度地震反射波法工作原理图

t_M(m)—接收点位置；t_B(ms)—纵波传播时间；

x_A—反射界面正交点的位置；

t_A—直达波与反射波交点的传播时间

3. 资料处理和解释

(1)资料处理：资料处理主要包括编辑、平衡、叠加、频谱分析与带通滤波、波场分离等项目，利用上行波能量较弱和下行波能量较强的特征，最主要的是两者视速度的不同，采用速度滤波、τ—P 变换、中值滤波及奇异值分解，均能实现波场分离。速度滤波、τ—P 变换可在频率域中实现，但道数较少时，可能引起的假频较严重。中值滤波及奇异值分解是在时间域中进行的，不会引起假频。但当上行波和下行波视速度差异不大时，所有分离技术都可能失败，故主要选用了速度滤波和中值滤波。

对于岩性预测，在条件有利时，根据恢复的地震波振幅的变化有可能估计出地层的岩性以及岩石孔隙中的流体成分。

(2)资料解释：在测线与反射界面正交的情况下，由于入射路径与反射路径相反，将有限的正、负视速度时距直线外延，则交点横坐标就是预报的反射界面位置。

若测线不与反射界面正交时，理论证明反射波时距曲线为双曲线，其极小点将随界面视倾角的增大而不断往界面上倾方向偏移，使极小点的左半支相对震源而言仍具有负向时距曲线特征。根据镜像原理以及构制发射界面的时间场原理，直达波 $t_1(x)$ 与反射波 $t_{11}(x)$ 的走时在界面 A 点应满足 $t_1(x_A)=t_{11}(x_A)$。因此，利用开挖工作面附近实测的直达波与反射波时距曲线段，按照各自的曲线规律或趋势依势顺延，并使之相交，则交点的横坐标为预报的反射界面的位置。反射界面与隧道中线的夹角可利用三角关系计算出。

4. 应用实例

图 5—20—7 是在圆梁山隧道出口端平道开挖至 PDK355 +189.5 时进行预报的记录。其采集方法是：沿隧道壁(离隧底 1.5 m)布置 12 个检波器(100 Hz)，间距为 4 m。用爆炸作震源，炮点位置为 PDK355 +238、+246、+254。

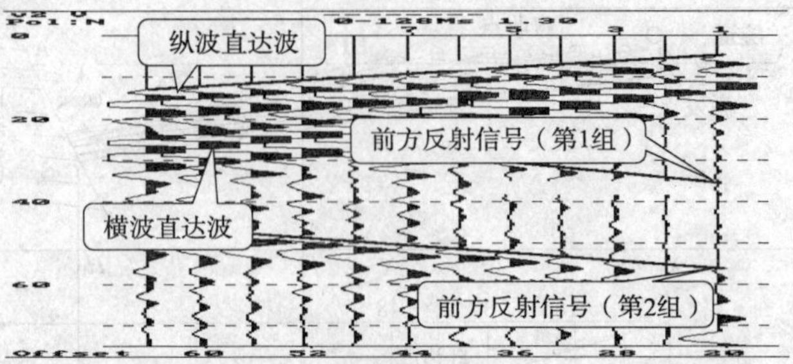

纵坐标：记录长度（ms） 横坐标：上为记录道号，下为偏移距（m）

图 5—20—7 圆梁山隧道出口端平道开挖至 PDK355 + 189.5 时进行预报的记录

通过反演和计算得出异常位置为 PDK355 + 162 ~ + 145 和 PDK355 + 115。开挖揭示，PDK355 + 161.2 ~ + 144 有高浓度的天然气和大量的石油，PDK355 + 116 为泥岩夹层。开挖结果证明了预报的准确性，也说明该方法是比较有效的，也是简便易行的。

（四）结 语

通过应用研究发现，灰岩地区深埋长大隧道物探超前地质预报，最好首先开展可控源音频大地电磁法勘探查明各种构造、岩溶发育区、油气囊等的位置、形状、规模和埋深，对隧道通过位置的地质情况有一个半定量认识，然后在隧道开挖的掌子面附近开展负视速度地震反射波法精确预报掌子面前方的不良地质，为隧道安全、顺利开挖提供有力保障。随着判释准确率的提高，该综合物探预报方法其发展空间和应用前景将更为广阔。

二十一、渝怀铁路武隆隧道大型暗河发育特征与工程处理

韩 康

（一）引 言

渝怀铁路武隆隧道进口里程 D_2K188 + 684，出口里程 D_2K198 + 102，隧道全长 9 418 m。隧道位置属中山乌江峡谷地貌，最大埋深约 800 m，为傍山隧道。隧道先后揭露志留系深灰色粉砂质页岩，二叠系下统梁山组炭质页岩夹煤层，二叠系下统栖霞、茅口组灰岩、二叠系中统吴家坪、长兴组灰岩夹煤线，三叠系下统飞仙关、嘉陵江组灰岩夹盐溶角砾岩、页岩，三叠系中统雷口坡组页岩、砂岩、泥灰岩夹盐溶角砾岩，三叠系上统须河组中厚层状砂岩夹煤层，侏罗系下统珍珠冲组泥岩、砂岩夹页岩。隧道中部穿过可溶岩地层长度约 3 800 m。

隧道施工中先后揭示多处岩溶暗河，雨洪期岩溶水涌入隧道，最大瞬时涌水量达 718 万 m^3/d，给施工造成极大损失和危害，因多次涌水、毁坏，前后处理时间近 3 年之久，变更设计增加了大量投资。

武隆隧道暗河规模大，涌水量大，为国内隧道工程所罕见。从工程上讲，溶洞因强调其复杂性而忽视其规律性，往往就事论事，无宏观概念，尤其暗河，由于存在岩溶水，其发育形态很难实际调查清楚。武隆隧道暗河施工揭示至处理完毕约 3 年，参建各级部门及有关人员对其认识及处理一直存在争议。通过参与该隧道溶洞开挖揭示、勘测、变更设计、配合施工的全过

程，以及施工完毕后的多次回访，现从工程地质的角度，对该隧道大型暗河发育规律、工程处理及选线作一总结。

（二）暗河及涌水情况、处理过程

1. 岩　溶

武隆隧道共揭示三条暗河，见图 5—21—1。

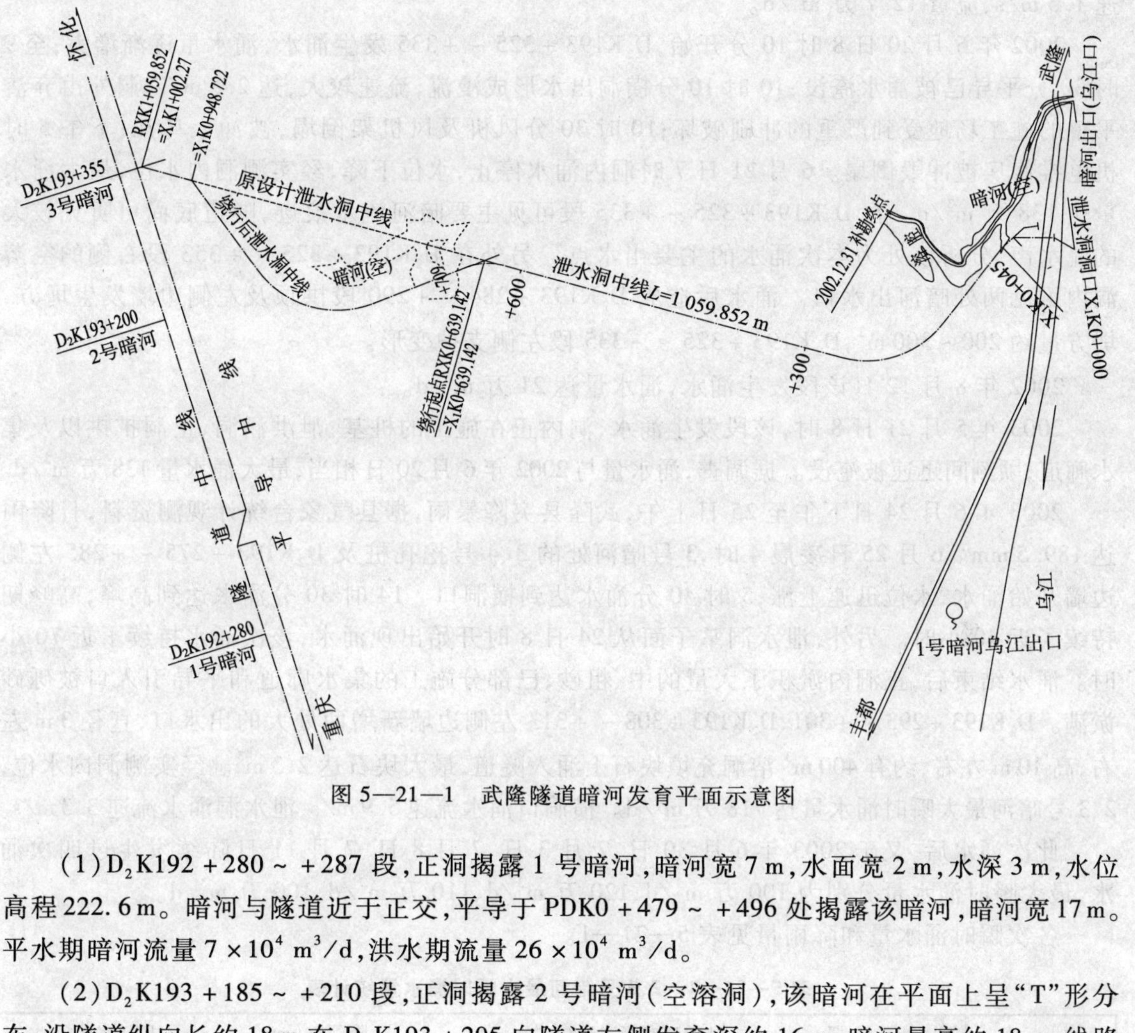

图 5—21—1　武隆隧道暗河发育平面示意图

（1）$D_2K192+280\sim+287$ 段，正洞揭露 1 号暗河，暗河宽 7 m，水面宽 2 m，水深 3 m，水位高程 222.6 m。暗河与隧道近于正交，平导于 PDK0 +479 ~ +496 处揭露该暗河，暗河宽 17 m。平水期暗河流量 $7\times10^4\ m^3/d$，洪水期流量 $26\times10^4\ m^3/d$。

（2）$D_2K193+185\sim+210$ 段，正洞揭露 2 号暗河（空溶洞），该暗河在平面上呈"T"形分布，沿隧道纵向长约 18 m 在 $D_2K193+205$ 向隧道左侧发育深约 16 m，暗河最高约 18 m，线路右侧暗河宽 24 m，再向外未见明显暗河，暗河呈裂隙状。暗河底堆积卵石及粗砂，呈半胶结状。经钻探揭示，暗河下部充填碎块石土厚 5 ~ 7 m，其下为一层 0 ~ 3 m 厚的黏土。该暗河平水期流量 1 000 m^3/d，在雨季时流量较大。

（3）$D_2K193+320\sim+370$ 段，右侧空溶洞（当时叫 3 号暗河）：溶洞基本发育于隧道右侧边墙外，在平面上呈近矩形，长约 50 m，宽 8 ~ 18 m，高 4 ~ 17 m。溶洞壁基岩较完整，其下发育暗河，暗河于 $D_2K193+326$ 横穿隧道。暗河水位高程 216.6 m（旱季），雨季时地下水流量较大，因暗河下游过水能力有限，水位上升至路肩高程，大量地下水从隧道内向外排泄。

$D_2K193+176\sim+351$ 段，隧道位于充填溶洞内，充填物为碎、块石夹卵、砾石，隧底以下厚 6 ~ 8 m，$D_2K193+318$ ~ +330 为充填暗河，最深达 22 m。其充填物上部为碎石土，下部为卵石土。$D_2K193+320$ ~ +330 隧底存在主暗河通道，该暗河高 8 m，宽 11 m。

2. 涌水情况

溶洞由横洞工区施工，于 2002 年 5 月 13 日、6 月 20 日、8 月 12 日和 2003 年 5 月 21 日、6 月 25 日、6 月 30 日、7 月 3 日、7 月 8 日、7 月 11 日共发生过 9 次较大规模的涌水。

2002 年 5 月 13 日 $D_2K193+290$ ~ +330 充填溶洞段，于正洞底及边墙发生涌水。实测流速 1.5 m/s，流量 12.7 万 m^3/d。

2002 年 6 月 20 日 8 时 10 分开始，$D_2K193+325$ ~ +335 发生涌水，涌水量逐渐增大，至 9 时 30 分平导已被涌水淹没；10 时 10 分横洞出水形成漫流，流速较大，达 2.8 m/s，洞外由弃渣平整的施工场地受到严重的冲刷破坏；10 时 30 分风机及风机架倒塌，被冲入乌江；下午 5 时机电维修房被冲毁倒塌。6 月 21 日 7 时洞内涌水停止，水位下降，经实测洞内水位，最大涌水量达 138 万 m^3/d。在 $D_2K193+325$ ~ +335 段可见主要暗河流水痕迹，隧道底尚可听见较大的流水声，分析该处为本次涌水的主要出水点。另外在 $D_2K193+325$ ~ +353 段右侧的空溶洞内可见两处暗河出水口。涌水后造成 $D_2K193+284$ ~ +290 段拱顶及左侧边墙发生坍方，坍方量约 200 ~ 300 m^3，$D_2K193+325$ ~ +335 段左侧支护变形。

2002 年 8 月 12 日该段发生涌水，涌水量达 21 万 m^3/d。

2003 年 5 月 21 日 8 时，该段发生涌水，洞内正在施工的桩基、泄洪涵洞、正洞扩拱以及集水廊道，顷刻间迅速被淹没。据调查，涌水量与 2002 年 6 月 20 日相当，最大涌水量 138 万 m^3/d。

2003 年 6 月 24 日下午至 25 日上午，武隆县突降暴雨，据县气象台统计观测资料，日降雨达 189.5 mm。6 月 25 日凌晨 4 时，3 号暗河处的 3、4 号挖孔桩及 $D_2K193+275$ ~ +285 左侧边墙开始涌水，水位迅速上涨，5 时 40 分涌水达到横洞口。14 时 30 分涌水达到高峰，高峰期持续了近 40 小时。另外，泄水洞掌子面从 24 日 8 时开始出现涌水，该次涌水持续了近 70 小时。涌水结束后，正洞内淤积了大量的中、粗砂，已部分施工的集水廊道和平导引入口被砾砂淤满。$D_2K193+293$ ~ +301、$D_2K193+308$ ~ +313 左侧边墙新增两处大的出水口，直径 3 m 左右，高 10 m 左右，约有 400 m^3 溶洞充填块石土涌入隧道，最大块石达 2.3 m^3。经实测洞内水位，2、3 号暗河最大瞬时涌水量达 718 万 m^3/d。横洞口涌水流速 5.9 m/s，泄水洞涌水流速 3.3 m/s。

此次涌水后，又于 2003 年 6 月 30 日、7 月 3 日、7 月 8 日、7 月 11 日陆续发生过四次涌水，最大瞬时涌水量分别为 100 万 m^3/d、120 万 m^3/d、110 万 m^3/d、100 万 m^3/d。

各次瞬时涌水量和降雨量见表 5—21—1。

表 5—21—1　2、3 号暗河最大瞬时涌水量统计表

序　次	日　期	最大瞬时涌水量(10^4 m^3/d)	降雨量(mm)	乌江水位(m)
1	2002.05.13	12.7	25	190.83
2	2002.06.20	138	35	197.08
3	2002.08.12	21	28	186.02
4	2003.05.21	138	44.8	184.20
5	2003.06.25	718	189.4	192.31
6	2003.06.30	100	31.9	181.40
7	2003.07.03	120	30.4	175.57
8	2003.07.08	110	30.1	192.92
9	2003.07.11	100	30.6	201.46

根据武隆县气象资料，经计算，2003 年 6 月 24 日的降雨频率为 2%，降雨频率 1% 的降雨量为 211.7 mm。武隆县历年降雨资料见表 5—21—2。

表 5—21—2 武隆县历年降雨资料

年 份	降雨量（mm）	频率（%）	年 份	降雨量（mm）	频率（%）	年 份	降雨量（mm）	频率（%）	年 份	降雨量（mm）	频率（%）
1957	61.2	66.67	1969	119.6	8.33	1981	89.0	29.17	1993	37.5	93.75
1958	52.3	79.17	1970	59.7	68.75	1982	73.3	47.92	1994	41.5	91.67
1959	103.9	18.75	1971	36.6	95.83	1983	181.7	4.16	1995	79.3	37.5
1960	66.7	54.17	1972	61.9	64.58	1984	100.0	20.83	1996	63.0	62.5
1961	42.7	89.58	1973	64.6	58.33	1985	49.9	83.33	1997	68.3	52.08
1962	43.4	87.5	1974	98.7	22.92	1986	75.7	43.75	1998	138.5	6.25
1963	63.5	60.42	1975	111.9	12.5	1987	68.8	50	1999	50.5	81.25
1964	59.5	70.83	1976	116.2	10.42	1988	64.8	56.25	2000	77.7	39.58
1965	55.6	77.08	1977	84.3	35.42	1989	46.0	85.42	2001	31.0	97.92
1966	107.8	14.58	1978	96.5	27.08	1990	74.2	45.83	2002	56.4	75
1967	97.4	25	1979	86.8	31.25	1991	56.4	72.92	2003	189.4	2
1968	105.6	16.67	1980	77.3	41.67	1992	85.3	33.33			

3. 溶洞处理过程

2002 年 1 月至 4 月，2 号溶洞至 3 号溶洞（D_2K193 + 176 ~ + 351）段已被揭示，随即进行了物探和钻探。根据涌水情况，于同年 9 月确定采用泄水洞、左侧集水廊道、涵洞、隧底压浆以及暗河主通道位置采用桩基托梁框架基础等综合处理方案。2002 年 10 月至 2003 年 6 月，施工基本按变更设计施作到位。由于 2003 年 6 月 25 日发生特大涌水，原泄水洞断面已不满足要求，随即调整设计，主要增加右侧过水通道和洞身突水位置的通道，加大泄水洞断面。由于施工过程中泄水洞、桩基遇溶洞、突水反复破坏洞身支护等原因，至 2004 年才施工完毕。

（三）大型暗河发育特征

归纳武隆隧道所揭示的几处暗河，峡谷地段大型暗河发育具有以下特征：

1. 岩溶水存在大范围的补给区

武隆隧道左侧见两级岩溶平台（剥夷面）。第一级岩溶平台位于仙女山、倒角梁子、余家屋基一带，高程在 1 600 ~ 1 800 m 之间；第二级岩溶平台位于龙洞坪、石朝门、黄家大湾带，高程在 1 100 ~ 1 400 m 之间。这两级岩溶平台面积均较大：第一级平台面积为 77 km^2，其上分布有众多的岩溶洼地、漏斗、落水洞等，是岩溶水的主要补给区；第二级平台汇水面积为 42 km^2。

第一级岩溶平台的岩溶水主要向两个方向排泄：向北西方向排至桥子溪内，最后排至乌江，土坎电站利用这股岩溶水发电；向南西方，与第二级岩溶平台之间的斜坡地段为志留系页岩，属隔水层，第一级岩溶平台上的岩溶水多在可溶岩和非可溶岩的界线上以暗河出口、岩溶泉的形式出露，成为地表水，排泄点的高程多在 1 600 ~ 1 700 m 之间，流至第二级岩溶平台后，通过漏斗、落水洞再次成为地下水。

第二级岩溶平台的岩溶水大部分向乌江排泄，其排泄点的高程在 165 ~ 180 m 之间，在乌江边上可见两个暗河出口。隧道位于第二级岩溶平台的排泄区附近，隧道高程与地下水出口水位高程相近，因此隧道揭露多处暗河、充填溶洞，雨季时隧道涌水量很大。

2003 年 6 月 25 日的降雨量为 189.4 mm/d，地表水（不包括第一级岩溶平台补给量）全部下渗流量约 796 万 m^3/d。据实测资料，2、3 号暗河最大瞬时涌水量达 718 万 m^3/d。可见，地表水绝大部分补给了暗河水。

2. 暗河流通区可分为堵塞区、畅通区

因武隆隧道泄水洞基本与暗河平行（两次遇暗河后绕行），现以泄水洞揭示的暗河形态来探讨暗河发育规律。

(1) 乌江口暗河：呈椭圆形，宽约 5 m，高约 10 m，说明流水畅通。

(2) 泄水洞 $X_1K0+045$ 所遇暗河：宽约 20 ~ 30 m，高约 30 m，横坡陡峻，暗河深切，堆积物少，说明流水畅通。

(3) 泄水洞 $X_1K0+700$ 所遇暗河：宽约 90 m，高约 15 ~ 25 m，有零星大块石堆积，横坡 20° ~ 35°，说明流水畅通，细小物质被暗河水带走，大块石为溶洞壁垮塌堆积。

(4) 泄水洞 $X_1K0+960 \sim X_1K1+059$ 所遇溶洞及洞身 $D_2K193+176 \sim +351$ 段：宽约 200 m，高大于 40 m（隧道拱顶钻探 10 m 未揭穿溶洞），先是有大块石堆积，正洞洞身段有砂、卵石堆积，说明流水已不够畅通。

武隆隧道 2 号溶洞至 3 号溶洞（$D_2K193+176 \sim +351$）施工揭示后，由于 2 号空溶洞、3 号空溶洞间地下水高程相差约 15 m，突水过程中 $D_2K193+284 \sim +301$、$D_2K193+308 \sim +313$ 左侧边墙损坏（新增两个涌水口），2 号溶洞至 3 号溶洞之间为溶洞充填物，局部有灰岩出露，于是对 2 号溶洞与 3 号溶洞是否有联系、两个溶洞之间是否还有暗河系统存在争议，以至于处理完毕之后仍叫 2 号溶洞、3 号溶洞。

通过连通试验证实，与武隆隧道 2 号溶洞、3 号溶洞位置对应的乌江段，江边只有一个暗河出口，从暗河发育规律来讲，线路附近溶洞发育范围也应该在 150 ~ 200 m 范围。因此，2 号溶洞至 3 号溶洞应是一个暗河系统，$D_2K193+318 \sim +330$ 为主通道暗河位置。可以推测，线路左侧可能溶洞发育范围更大，堵塞更为严重。

从泄水洞及正洞揭示的暗河情况总结，大型暗河特征如下：

出口（排泄基准面位置）：形态相对较小，无堆积，流水畅通。

畅通区：长约 960 m，呈 S 形发育（总体上顺岩层层面发育），从出口到堵塞区，暗河横坡陡峻逐渐变为平缓，宽度逐渐变大（5 ~ 120 m），堆积物从无逐渐变为有零星大块石堆积，流水畅通，纵坡约 4% ~ 8.5%。暗河越大，纵坡越缓。

堵塞区：距离长，应至补给区附近，开始地段 50 ~ 80 m 范围为大块石堆积，逐渐变为有细小物质（卵石、细砂）堆积，宽度较大（150 m 左右），大部分为溶洞充填物，少部分为空洞（部分存在积水），流水不畅，突水时水压大。

（四）大型暗河的工程处理

1. 畅 通 区

开挖揭示后，形态、流量都比较清楚，流水畅通，一般不需另设泄水洞，可采用涵洞、桥梁跨越主暗河通道。如武隆隧道 $D_2K192+280 \sim +287$ 正洞揭露的 1 号暗河，暗河宽 7 m，水面宽 2 m，水深 3 m，水位高程 222.6 m（低于隧道路肩设计高程 2.5 m）。暗河与隧道近于正交，平水期暗河流量 7 万 m^3/d，洪水期流量 26 万 m^3/d，距暗河出口约 500 m，符合畅通区特征，故采用涵洞方案处理。2001 年揭示至今（包括 2003 年 6 月 25 日 2 号至 3 号溶洞大涌水），流水一直畅通。

2. 堵 塞 区

堵塞区位于隧道中部,规模大,一般要经综合勘探后变更设计,再进行施工,施工处理难度大,工期长。对于堵塞区,一般要选择增加泄水洞及其他综合处理方案,但应注意以下问题:

(1)因雨季会发生涌水,为保证勘探、施工安全及衬砌结构的施作,应预留足够的沉降量及变形量,并加强支护措施。武隆隧道 2 号溶洞至 3 号溶洞(D_2K193 + 176 ~ + 351)施工揭示后,从临时支护到衬砌施作完毕,经历了三个雨季共 9 次大涌水,若没有强有力的支护措施,其他工作根本无法谈起,后果不堪设想。

(2)因泄水洞的增加,暗河水由堵塞变为畅通,溶洞充填物肯定会随暗河水流失,隧道基础应采用桩基托梁等跨越办法处理。武隆隧道 2 号溶洞至 3 号溶洞(D_2K193 + 176 ~ + 351)暗河主通道位置采用桩基托梁框架基础,泄水洞完成后,实际调查泄水洞涌水流速 3.3 m/s,仅剩大块石尚堆积在泄水洞中,其余的物质全随暗河水流失。

(五)大型暗河的地质选线

掌握了大型暗河发育特征,勘测期间就可以指导地质选线。

1. 大型暗河的地质选线

线位应尽量避开大型暗河,若无法避开,应尽量选择在畅通区通过。武隆隧道 D_2K192 + 280 ~ + 287 正洞揭露的 1 号暗河位于畅通区,处理措施简单,投资省,无风险;2 号溶洞至 3 号溶洞(D_2K193 + 176 ~ + 351)位于堵塞区,处理措施复杂,投资高,风险大。若 D_2K193 + 176 ~ + 351 段线位向乌江一侧移 100 ~ 150 m,就位于暗河畅通区,各方面的条件要好得多。如新建铁路渝利线齐跃山隧道出口原线位位于清江源暗河出口位置,根据暗河发育特征,处于畅通区位置,最大发育宽度 120 m,故根据现场地形情况,选择了距离清江源暗河 150 m 的位置通过。

2. 勘测阶段对暗河水位发育高程的预测与线路设计高程

勘测期间应通过调查尽量掌握线路通过暗河的具体位置、暗河发育长度(直线、曲线)、河谷地段暗河口高程、水位变化情况(雨季,乌江水位变化 20 ~ 50 m,淹没暗河口)。因暗河堵塞引起地下水位升高范围很难查清,就很难对线路位置可能通过的暗河水位高程作出定量评价,但暗河呈 S 形发育(总体上顺岩层层面发育),纵坡约 4% ~ 8.5%,暗河越大,纵坡越缓,这些都为勘测阶段对暗河水位高程作出定性评价创造了条件。根据对暗河水位高程的定性评价,提出线位高程应高出暗河高程不小于 20 m。

从武隆隧道泄水洞施工开挖情况看,2 号溶洞至 3 号溶洞(D_2K193 + 176 ~ + 351)对应乌江边存在的一个暗河口(直线距离约 950 m),枯水季节水位高程约 165 m,水量约 3 万 m^3/d,流速约 0.5 m/s;根据暗河情况,暗河坡降采用 5%,推测暗河位于线路高程以下约 20 m(即推算线路通过处暗河高程约 212.5 m)。实际暗河平面呈 S 形发育,乌江暗河口至线路处暗河发育长度约 1050 m,线路处旱季暗河水位高程约 216.5 m,位于线路高程以下约 11 m。虽推测暗河高程与实际暗河高程相差约 9 m,但判断暗河位于线路高程以下的定性评价还是正确的。

(六)结 束 语

本文以渝怀线武隆隧道揭示的暗河为例,总结了大型暗河的发育特征及工程处理方法,提出把流通区分为堵塞区、畅通区。隧道通过堵塞区时,由于规模大、涌水量大、施工处理难度大、投资大、工期长,选线时应尽量予以绕避。

施工中可以根据开挖揭示的暗河纵坡、长度、充填物情况,判断暗河通畅与否,从而宏观指导工程处理及可能的改线方向。相应地,也可以根据暗河的畅通或堵塞,进行地质预报。

二十二、渝怀铁路黄草隧道顺层偏压病害

韩 康

(一)概　　况

黄草隧道位于黄草场至铁碛坝区间,进口位于黄草场车站内,进口里程为 DK217 +235,出口里程为 DK224 +421,全长 7 186 m。隧道穿越乌江峡谷中山剥蚀地貌区,地形陡峻,左低右高,自然横坡 30° ~60°,绝对高程 200 ~1 380 m,地表冲沟发育,植被发育,隧道最大埋深 756 m。

隧道进口段从 DK218 +215.5 开始,隧道埋深增加较快,由 270 m 迅速增加到 450 m。施工开挖后,出现喷混凝土、格栅钢架等初期支护开裂、变形,拱顶和洞壁掉块等现象,其中尤以左侧(靠河侧)较为严重,且块径较大,掉块后洞壁呈不规则的矩形状。这种现象随隧道埋深的增加呈现出逐渐加剧的趋势。出口段出现与进口段类似的现象,施工过程中,曾发生过三次较大规模的坍方。

该隧道出现的特殊地质现象位于Ⅲ级围岩段,刚放炮揭露出的围岩完全可达到Ⅲ级,之后围岩逐渐开裂、变形,采用临时支护措施的强度从Ⅲ级围岩提高到Ⅴ级围岩支护的情况下,围岩仍存在开裂、变形现象。

(二)施工图设计情况

1. 设计地质概况

隧道通过的地层岩性为志留系下统龙马溪组(S_1l)页岩、奥陶系中上统(O_{2+3})灰岩、下统湄潭组(O_1m)页岩夹砂岩、灰岩,隧道大部分位于龙马溪组(S_1l)页岩地层中。隧道通过地区地质构造简单,褶曲不发育,为单斜构造,岩层产状较为稳定,为 N62° ~69°E/28° ~31°NW。地下水不发育,预计全隧涌水量为 3 600 m^3/d。全隧围岩级别主要为Ⅲ、Ⅳ级,其中Ⅲ级围岩段占全隧的 81.55%,Ⅳ级围岩段占 17.88%,其余为Ⅴ级围岩段。

2. 隧道设计概况

由于黄草场车站伸入隧道,并考虑预留复线条件,洞口为 664 m 双线大跨衬砌,最大跨度 16.6 m,其余为单线。进口 501.78 m 位于曲线半径为 800 m 的左偏曲线上,出口段 785.73 m 位于曲线半径为 800 m 的右偏曲线上,其余地段均为直线。线路纵坡分别为 +1.5‰、+3‰、+5‰、-3‰的小人字坡。

隧道进口段 35 m 和出口段 41 m 采用钢筋混凝土整体式衬砌,其余地段采用复合式衬砌。隧道内按接触网专业要求,设置 4 处 90 m 非绝缘下锚区段。

进口大跨段采用双侧壁导坑法和中壁法施工,单线段Ⅳ、Ⅴ级围岩采用台阶法开挖,Ⅱ、Ⅲ级围岩全断面法开挖,锚喷初期支护,全断面衬砌。灰岩地段的单线隧道拱部设置复合防水板,进口大跨段及Ⅱ线一次性建成段的二次衬砌拱墙与初期支护之间,设置复合防水板,设防水板地段施工缝均设止水带,并设置环向的软式透水管。

为满足工期要求及超前地质预报、施工通风需要,在进口端线路右侧设置平行导坑。平

导按预留二线线位布置，平导全长1 834.46 m，其线间距由18.53 m渐变至30 m。平导按有轨单车道设计，均采用Ⅲ级锚喷衬砌。

隧道划分为进、出口两个工区，进口采用巷道式通风，出口采用压入式通风。

（三）施工情况及病害原因分析

1. 施工揭示地质情况及病害情况

施工揭示地层、岩性、地质构造基本与施工图相符，但隧道进口段从DK218 + 215.5开始，隧道埋深由270 m迅速增加到450 m。施工开挖后，出现喷混凝土、格栅等初期支护开裂、变形，拱顶和洞壁掉块严重，其中尤以左侧（靠河侧）较为严重，且块径较大，掉块后开挖轮廓呈不规则的矩形状等现象。比较典型的发展过程为，从左侧拱腰处压溃、剥落、掉块开始，左侧边墙处围岩剥落、切层坍塌，右侧边墙处顺层坍塌，最后拱顶围岩沿层面整体坍塌。这种现象随隧道埋深的增加呈现出逐渐加剧的趋势。根据现场调查，在放炮后，掌子面岩体时有发生异常响声的现象。出口段从DK222 + 665开始（隧道埋深在350 m以上）出现与进口段类似的病害现象。在施工过程中，由于对这种病害的认识不足，曾发生过三次较大规模的坍方。出口DK222 + 795 ~ + 838.5段于2002年4月10日发生严重坍方；在已施作格栅钢架支护的情况下，2002年9月29日，DK218 + 890 ~ + 914段右侧发生顺层坍方，坍方从右侧延伸到左侧起拱线以下1.5 ~ 2.0 m，坍方高度拱顶以上高约3 ~ 6 m，右侧边墙外宽约35 m；2002年12月18日，DK222 + 233 ~ + 250段右侧起拱线处发生顺层坍方，坍方长度约17 m，宽度约6 m，高度23 m。开挖后，病害特点可归纳为以下几点：

（1）隧道刚开挖时，成型好，围岩完整性也较好，施工炮眼痕迹一般残留70%以上。

（2）在隧道埋深300 m后，隧道支护变形量较大，沿隧道左侧拱部范围内出现纵向开裂。

（3）施工面不封闭时，几小时后围岩会沿微节理面及层理面产生松弛破裂，在拱顶、洞壁及掌子面会出现响声，且有围岩剥落掉块、开挖轮廓逐渐呈不规则状等现象，之后暴露面围岩呈现出破碎—较破碎状态。

（4）围岩应力释放缓慢，时间长，且具有突然大量释放的特点，使得初期支护变形开始不明显，变形量较小，当变形量逐渐积累，至初期支护不能承受围岩压力，初期支护继而突然开裂，变形发展较快。

（5）在隧道靠江左侧起拱线部位松动范围、变形相对较大。

2. 试验测试情况

（1）围岩空间应力状态：施工期间采用孔径变形法分别于D_2K219 + 430右侧、DK220 + 318右侧、DK221 + 698右侧进行了三组地应力测试，该隧道空间应力状态特征如表5—22—1所列。DK221 + 698测点测试成果显示，$\sigma_1 = 15.43$ MPa，属中等应力，方位角为144.05°，表现为近似垂直隧道轴线方向，倾向隧道左侧与岩层倾角一致，主应力的倾角与岩层的倾角一致，倾向隧道左侧方向。σ_2量值为11.61 MPa，方位角为134.90°，倾角较高，倾向隧道左侧方向。σ_3量值为6.54 MPa，倾角较低。DK221 + 698测点最大主应力方向和倾角与岩层倾向和倾角一致，显现出顺层偏压的特点。

（2）隧道支护结构的受力状态及受力特征：为测试针对黄草隧道出现病害后采用支护结构的受力状态及受力特征情况，以评价其支护结构的安全性，优化调整处理措施，对围岩接触压力、衬砌应力、应变等进行了测试。共选择三个测试断面（DK219 + 460、DK219 + 480、DK221 + 920），在二次衬砌混凝土中埋入应变计，在二次衬砌背后埋设压力盒，初期支护中埋设应变计、格栅钢架钢筋计，初期支护背后埋设压力盒、锚杆轴力计。该三处测试断面均为复合式衬砌（50 cm 厚），其初期支护参数：拱墙喷钢纤维混凝土 20 cm 厚；径向设置 ϕ25 mm 中空注浆锚杆，梅花形布置，纵横间距 1 m，其中左侧 3.5 m/根，右侧 5 m/根。拱墙格栅钢架 0.5 m/根。

表 5—22—1　黄草隧道地应力测试成果表

测点编号	测 点 位 置	σ_1			σ_2			σ_3		
		量值（MPa）	α(°)	β(°)	量值（MPa）	α(°)	β(°)	量值（MPa）	α(°)	β(°)
1	D_2K219 +430	9.15	86.96	−28.16	7.25	35.54	49.20	3.10	161.28	26.79
2	DK220 +318	11.18	70.69	−45.84	7.64	26.90	35.04	3.99	134.44	23.25
3	DK221 +698	15.43	144.05	−29.09	11.61	134.9	60.60	6.54	51.87	−3.91

注：σ_1、σ_2、σ_3 分别为最大主应力值、中间主应力值和最小主应力值；α、β 分别为主应力方位角和倾角。

初期支护背后和二次衬砌背后压力测试结果如图 5—22—1 和图 5—22—2 所示。

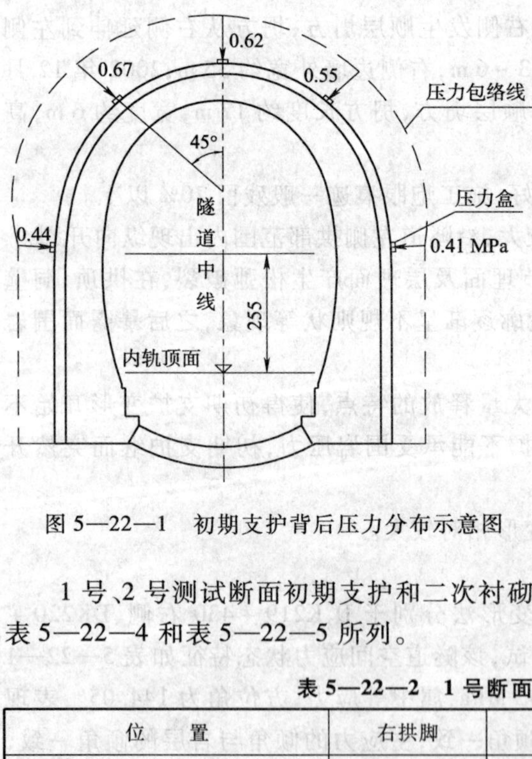

图 5—22—1　初期支护背后压力分布示意图

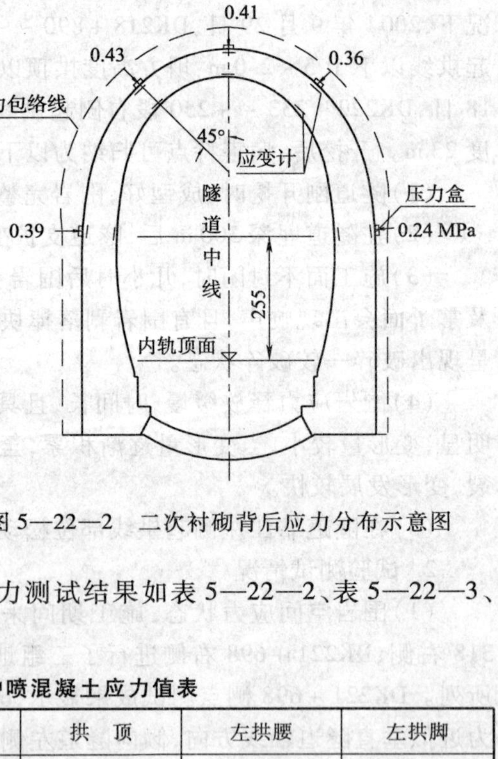

图 5—22—2　二次衬砌背后应力分布示意图

1 号、2 号测试断面初期支护和二次衬砌背后应力测试结果如表 5—22—2、表 5—22—3、表 5—22—4 和表 5—22—5 所列。

表 5—22—2　1 号断面初期支护喷混凝土应力值表

位　置	右拱脚	右拱腰	拱　顶	左拱腰	左拱脚
外侧应力（MPa）	14.15	17.2	19.38	18.63	15.01
内侧应力（MPa）	13.17	−2.86	−3.72	−3.12	14.33
轴力（kN）	2732	1434	1566	1551	2934
弯矩（kN·m）	3.27	66.87	77	72.5	2.27
安全系数	1.14	1.58	1.42	1.46	1.06
平均安全系数			1.33		

表 5—22—3　1号断面二次衬砌混凝土应力值表

位　　置	右拱脚	右拱腰	拱　顶	左拱腰	左拱脚
外侧应力(MPa)	12.13	16.26	17.61	18.14	13.67
内侧应力(MPa)	10.69	-2.32	-2.67	-3.23	11.46
轴力(kN)	5705	3485	3735	3727.5	6282.5
弯矩(kN·m)	30	387	422	445.21	46.04
安全系数	1.45	1.87	1.73	1.68	1.31
平均安全系数			1.61		

表 5—22—4　2号断面初期支护喷混凝土应力值表

位　　置	右拱脚	右拱腰	拱　顶	左拱腰	左拱脚
外侧应力(MPa)	13.57	16.91	19.38	18.63	15.01
内侧应力(MPa)	12.79	-2.86	-3.72	-3.12	14.33
轴力(kN)	2636	1429	1520	1535	2843
弯矩(kN·m)	2.6	65.1	74.3	71.2	2.43
安全系数	1.18	1.60	1.47	1.48	1.09
平均安全系数			1.36		

表 5—22—5　2号断面二次衬砌混凝土应力值表

位　　置	右拱脚	右拱腰	拱　顶	左拱腰	左拱脚
外侧应力(MPa)	11.97	16.02	16.95	17.62	12.84
内侧应力(MPa)	10.34	-2.18	-2.48	-3.07	11.15
轴力(kN)	5577.5	3460	3617.5	3637.5	5997.5
弯矩(kN·m)	33.96	379.17	404.79	431.04	35.21
安全系数	1.48	1.89	1.79	1.73	1.38
平均安全系数			1.65		

黄草隧道围岩压力及支护结构内力现场测试结果及拱顶下沉、洞周收敛的相关资料表明，隧道衬砌所受的围岩压力较大，导致隧道初期支护、二次衬砌的应力较大，但目前的设计基本可以满足隧道结构的受力需要。通过计算，初期支护的安全系数(1.34)较小，安全储备偏小，表现在隧道内有些里程初期支护变形很大，且拱顶、拱腰位置发生开裂；二次衬砌的安全系数(1.63)比初期支护大，二次衬砌的安全储备大。

3. 病害原因分析

根据施工揭示的地质情况、病害发生的过程以及试验测试结果的分析，病害原因主要为：

(1)顺层偏压：岩层产状 N62°~69°E/28°~31°NW，与线路夹角为16°~26°，岩层倾向线路左侧，倾角28°~31°NW，岩层层理发育，层面顺直、光滑。由于岩层走向与倾角不利，加之层理发育，形成顺层偏压。隧道顺层偏压变形可分顺层产生坍滑和切层起拱线部位产生压致弯曲变形两类。黄草隧道开挖后，在左侧起拱线部位变形最严重，压致弯曲变形为主要变形方式，右侧边墙部位部分产生顺层坍滑(见图 5—22—3)。

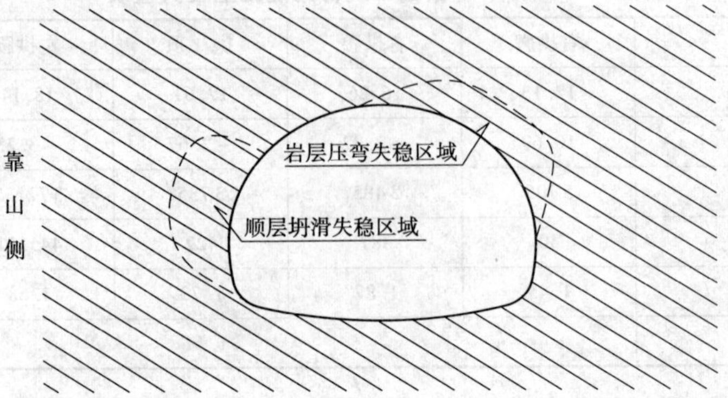

图5—22—3　隧道顺层偏压变形区分布示意图

(2)隧道开挖后隧道周边形成的二次应力场使岩体发生局部破坏:该隧道埋深较大,因此自重应力较大,隧道开挖后在洞壁四周出现切向应力集中。隧道通过的岩性以页岩为主,其强度介于硬质岩与软质岩之间,因此其破坏现象表现为岩体的局部破坏,造成初期支护的开裂、变形,洞壁和拱顶掉块,以及小规模的坍塌,初期支护的强度不足时岩体的局部破坏进一步积累,松动范围扩大,造成大面积的坍方冒顶。放炮后掌子面出现的响声是岩体在二次应力作用下发生破坏时出现的一种声发射现象。随着隧道埋深的增加,其支护开裂、变形和掉块现象日趋严重,说明自重应力的作用越来越明显。地应力测试过程中,在洞壁上进行浅孔钻探,从钻探岩芯上可以发现,从岩壁开始最小0.8 m至最大1.5 m范围内岩体节理裂隙相当发育,节理面新鲜,再向深部的岩体则岩体的完整性较好,说明岩体是因开挖后在二次应力的作用下被再次破坏。

(3)岩体层理发育:虽隧道掌子面开挖揭示岩体完整性较好,但坍塌岩块较为规则,层理发育,从而为岩体破坏创造了边界条件,使隧道偏压及二次应力作用效果更加明显,病害程度亦更加严重。

(4)隧道通过地层形成时代较早,受历次地质构造影响,初始应力具有多期性,加之随隧道埋深的逐渐变大,隧道的初始应力三维状态会相应发生改变。从监控量测数据的较离散性、隧道支护开裂变形的位置及段落的差异性也可以印证,围岩压力较复杂多变。

(四)体　　会

1. 隧道存在顺层偏压

以前有一种认识,认为傍山式浅埋隧道,地形一侧高一侧低,地层顺层才存在顺层偏压。随着埋深的增加,就不同于路基挖方顺层了,不存在顺层偏压。根据《铁路工程地质勘察规范》(TB10012—2007)第181页,条文说明"当隧道洞身两侧岩体严重不对称时,就可能发生偏压。位于可能产生偏压的地质构造部位,施工中可能产生岩体顺层滑动。"根据黄草隧道病害情况、相邻板桃隧道相似的病害情况、试验测试情况说明,隧道地层顺层偏压也是存在的。

2. 隧道灰岩地段不存在顺层偏压

黄草隧道通过灰岩(O_{2+3})地段(Ⅱ级围岩)未出现任何病害,相邻渝怀铁路板桃隧道通过灰岩(O_{2+3})地段(Ⅱ级围岩)也未出现任何病害,说明隧道灰岩地段一般不会存在顺层偏压。

3. 相邻坑道的影响

黄草隧道顺层偏压进口比出口严重,其实地层、岩性、产状基本相同,埋深近似,差别在于进口存在平导,出口没有平导。根据现场调查,正洞变形较平导大,正洞受力相对平导较差,如正洞超前,平导后续开挖爆破将再次对同一断面处正洞造成二次影响,使得正洞的受力情况更为不利,应减少两洞间爆破震动的影响。

4. 顺层偏压适用岩性范围

黄草隧道深孔岩芯和隧道施工揭示表明,龙马溪组(S_1l)页岩具有层理发育、岩体完整、隧道刚开挖时成型好、围岩完整性较好等特征,而根据龙马溪组(S_1l)页岩力学试验可知,其天然抗压强度(R_c)标准值为22.89 MPa。因此,可以认为,顺层偏压(弯曲变形为主)的适用岩性范围为完整性较好、层理发育的较软岩及软岩(30 MPa > R_c > 5 MPa)。

二十三、渝怀铁路彭水隧道进口段岩溶涌水分析

喻洪平

(一)前　言

重庆至怀化铁路(简称渝怀铁路)是西部大开发战略的重点工程之一,正线桥隧比重51.3%,全线7 km以上的隧道有8座,其中彭水隧道是渝怀铁路的重点长大隧道之一。隧道于乌江右岸进洞,穿越乌江、郁江交汇三角地带的中低山区,于郁江右岸出洞,隧道全长9 028 m,最大埋深720 m。隧道进口段开挖过程中曾出现多次地质灾害,2001年4月11日进口平导开挖至PDK238 +911处出现特大涌水,5月18日开挖至PDK239 +117处出现突泥,5月30日正洞开挖至DK238 +936隧底出现冒水,其后正洞DK238 +936处、平导PDK238 +911处多次发生特大涌水。经2001年4月11日至8月6日监测,平导、正洞最大涌水量共达4.8 m^3/s,给施工造成很大困难。隧道涌水流出洞口后,直接冲刷319国道,危及319国道及行车安全。本文主要对隧道进口段的涌水情况进行分析。

(二)地质概况

彭水隧道地处四川盆地东南缘、乌江支流郁江及乌江交汇处三角地带的中低山区。进口段岭脊高程为980 m,郁江、乌江谷底高程为200 ~ 210 m,相对高差一般300 ~ 500 m,局部地区可达700 m。山高坡陡,土地贫瘠,人烟稀少。

该区属长江水系乌江流域,地表支沟及地下水均向郁江、乌江排泄。整个隧道根据可溶岩与非可溶岩情况及水文地质特征,分为六个水文地质单元,其中隧道进口DK238 +750 ~ DK240 +560段为一个水文地质单元,该单元主要由可溶岩组成。

1. 地层岩性及地质构造

隧道地表覆土较薄,基岩多裸露,自隧道进口至DK240 +560地层岩性依次为巴东组(T_2b)泥岩、泥灰岩(与T_1j分界位置为DK238 +750),以非可溶岩为主,为隔水层;嘉陵江组(T_1j)灰岩、白云质灰岩、白云岩夹岩溶角砾岩;大冶组(T_1d)顶部20 ~ 30 m为泥岩、泥质灰岩夹页岩,中下部为灰岩,底部为厚约15 m页岩夹泥质灰岩;长兴组和吴家坪组上段($P_2c + w^2$)灰岩,吴家坪组下段(P_2w^1)含煤岩系,厚约13 m;茅口组、栖霞组和梁山组(P_1)灰岩;罗惹坪群(S_2lr)页岩夹粉砂岩,以非可溶岩形成隔水层。因此,该段地层岩性以碳酸岩盐为主,两侧皆为隔水的非可溶岩,形成一较为独立的水文地质单元。该段地表分水岭位于DK240 +080,

隧道洞身 DK240 + 560 为可溶岩与非可溶岩分界,此处应为地下水分水岭。

隧道进口端普子向斜于乌江与线路斜交,锅厂坝背斜于 DK243 + 220 与线路斜交。该段位于普子向斜与锅厂坝背斜之间,为单斜岩层,在 DK240 + 120 发育一挤压破碎带,岩层产状与线路近直交,倾向隧道进口,倾角约 60°,受构造影响,岩体节理裂隙发育,有利于岩溶的发育。岩层倾角陡,地表水多沿层面入渗,地下水运动较强烈,岩溶发育方向主要受层面的控制。

2. 地下水径流特征

该段地表岩溶较发育,主要为洼地、落水洞、竖井、溶洞、溶蚀裂隙、岩溶大泉等岩溶形态,为地下水的汇集、储存提供了良好条件。隧道进口高程 260 m,乌江排泄基准面高程为 200 ~ 210 m,故隧道进口段位于岩溶垂直循环带及水平循环带,岩溶发育,地下水主要受大气降水补给,主要通过岩溶管道水的形式向乌江排泄,因上游约 2.4 km 段及乌江下游均位于 T_2b 非可溶岩地层中,故其主要径流方向应为顺岩层走向自北向南向乌江上游排泄,这可于平导 PDK238 + 911、正洞 DK238 + 915 处发育横穿线路的溶缝及溶隙型暗河得到证实。上游 2.4 km 段内部分地下水自东向西径流,于乌江岸边的 T_2b/T_1j 分界处呈溢出泉的形式出露,如九股水、老瓦房等岩溶泉点,流量 20 ~ 30 L/s,高程分别为 215 m、230 m。平导 PDK238 + 911 处出现涌水后,九股水岩溶泉水量变小。地表仅见此两个较大的岩溶泉点,但经监测,平导内最小涌水量为 0.2 m^3/s,若多日不降雨,正洞几乎干枯,故此推测地下岩溶管道另有出口,该出口应位于乌江上游边或江底。

3. 大气降雨与涌水量的关系

(1)大气降雨与隧道涌水情况:2001 年 4 月 11 日隧道进口平导开挖至 PDK238 + 911 处揭露溶隙型暗河,发生特大涌水。基本情况如下:16 时 20 分掘进钻孔时发现沿炮眼有少量流水;17 时钻孔完毕,炮眼水量由小变大;20 时 30 分水量变小;21 时 40 分起爆,突发涌水,水流水平射出约 15 m,平导断面水深约 1 m,瞬时最大涌水量约 2.47 m^3/s,其后水量逐渐减小,至 4 月 19 日最小水量约 0.53 m^3/s。

4 月 19 日 20 时至 4 月 21 日 14 时降雨,降雨量约 55.7 mm,平导涌水处水量逐渐变大,并于 4 月 22 日 8 时达到最大,约 4.37 m^3/s。其后水量逐渐减小,至 5 月 11 日趋于稳定,水量约 0.22 m^3/s。

5 月 18 日 2 时 45 分,平导开挖至 PDK239 + 117 处出现突泥,涌入隧道 53 m,淤泥约 400 m^3。清淤后观测,该处出水量较小。

5 月 29 日 1 时至 8 时 30 分再次降雨,降雨量约 45 mm,平导涌水处水量再次变大,于 5 月 29 日 8 时达到最大,约 2.94 m^3/s。5 月 30 日正洞开挖至 DK238 + 936 隧底出现冒水,最大涌水量约 0.35 m^3/s。其后水量逐渐减小。

6 月 10 日 22 时 30 分开始下雨,11 日 3 时 30 分逐渐变小,5 时 20 分停止,雨量约 53 mm。11 日凌晨 1 时 30 分平导及正洞涌水量开始增大,3 时达到最大,正洞突水点突涌水自下向上翻涌约 3 m 高,水量约 0.59 m^3/s,平导水量约 4.21 m^3/s。

其后于 6 月 27 日 8 时 30 分和 7 月 4 日 7 时 40 分平导曾发生两次较大涌水,水量分别为 2.23 m^3/s 和 2.29 m^3/s。7 月 4 日至 7 月 30 日未降雨,平导水量达到最小,约 0.20 m^3/s,而正洞涌水几乎停止。

(2)大气降雨与隧道涌水量的关系:从大气降雨与隧道涌水情况可以看出,大气降雨与隧道涌水量的关系密切。隧道初始揭露溶洞或暗河时,由于洞内地下水存在静储量,因此初始涌水量大。如4月11日瞬时最大涌水量达2.47 m^3/s,静储量得到释放后,涌水会逐渐减小,这个阶段大气降雨与隧道涌水关系较小。随着地下水从隧道大量流失,围岩中的地下水通道(岩层节埋裂隙或岩溶管道)中的充填物被水冲走,贯通性愈来愈好,致使洞内流量不断增大,并与大气降雨趋于维持一定的关系。经对彭水隧道进口正洞及平导涌水量监测,彭水隧道于2001年4月11日发生特大涌水后,至2001年8月6日又发生几次较大涌水。现仅对其中三次较大涌水进行分析(见表5—23—1)。

表5—23—1 彭水隧道进口大气降雨与隧道涌水量

时间段	降雨量(mm)	平导最大涌水量(m^3/s)	正洞最大涌水量(m^3/s)
4月19日20时至4月21日14时	55.7	4.37	
5月29日1时至5月29日8时30分	45	2.94	
6月10日22时30分至6月11日3时30分	53	4.21	0.59

4月19日20时至4月21日14时降雨过程持续时间长,于4月22日8时达到最大,降雨引起隧道涌水量达到最大的时间较长,可见地下岩溶管道尚未洗通,故本次降雨引起隧道涌水虽较大,但不具代表意义。

5月29日1时至5月29日8时30分降雨过程持续7.5小时,约于降雨后7小时隧道水量达到最大,地下岩溶管道已大部洗通。

经过几次较大降雨涌水后,地下岩溶管道已完全洗通。6月10日22时30分至6月11日3时30分降雨过程,雨量约53 mm,于6月11日凌晨1时30分隧道正洞及平导涌水量有明显增大,约于凌晨3时水量达到最大。现以6月11日降雨过程分析降雨后涌水量随时间的变化关系,见6月11日至6月16日平导涌水量变化曲线图(图5—23—1)。

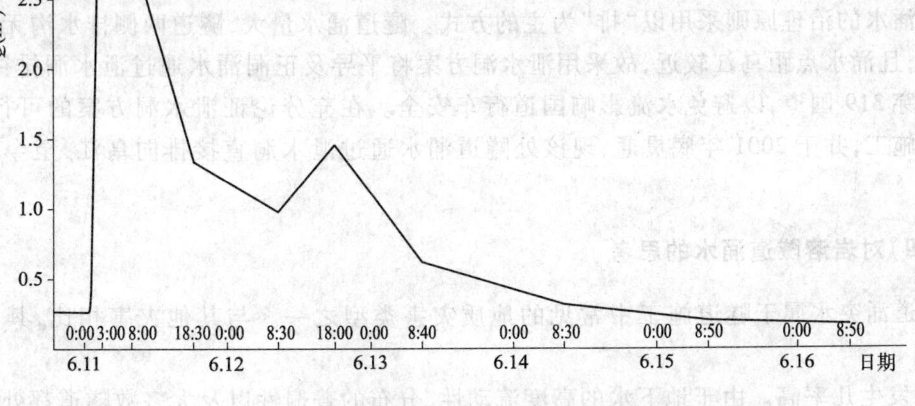

图5—23—1 平导涌水量变化曲线图

可见，在地下岩溶裂隙或岩溶管道中的充填物被洗通后，隧道涌水受大气降水补给较快，约于降雨开始2.5小时后有明显增大，约4.5小时后水量达到最大，其后水量逐渐减小，最大涌水量约为最小涌水量的20倍。

据彭水县气象资料，彭水县年最大降雨量为1 700 mm，连续最大降雨量为160 mm，而6月11日凌晨降雨过程降雨量约53 mm，故出现特大暴雨时，其涌水量会进一步增大。

(3)涌水量计算：由于隧道涌水受大气降水补给较快，采用均衡法对该处隧道涌水量进行计算分析，计算公式为

$$Q = Q_1 + Q_2 \tag{1}$$

式中 Q_1——降雨渗入量(m^3/d)，$Q_1 = 1\,000FAX$；

F——集水面积，因隧道开挖而引起的集水范围(km^2)；

A——渗入系数；

X——降雨量(mm)；

Q_2——地表水渗入补给量及其他地下水补给量，此处可按隧道最小涌水量考虑，即 $Q_2 = 0.2\ m^3/s$。

现根据5月、6月两次降雨量过程，推导最大涌水量与降雨的时间关系式：

①5月29日1时至5月29日8时30分降雨过程之隧道涌水量为 $Q = 2.94 = 1\,000FA \times 45 \times (24/7.5)/86\,400 + 0.2$，得出 $FA = 1.644$；

②6月10日22时30分至6月11日3时30分降雨过程之隧道涌水量为 $Q = 4.8 = 1\,000FA \times 53 \times (24/5)/86\,400 + 0.2$，得出 $FA = 1.562$。

计算两次降雨过程 FA 平均值，得 $FA = 1.603$。将此平均值代入(1)式，即可得出该处隧道最大涌水量与降雨的时间关系式，即

$$Q = 1\,000 \times 1.603 \times X \times (24/t)/86\,400 + 0.2 = 0.445X/t + 0.2\ (m^3/s)$$

式中 t——降雨持续时间(h)。

(三)处理措施

对隧道地下岩溶管道水的治理原则，一般考虑以“堵”为主或以“排”为主两种方式。对彭水隧道而言，若以“堵”为主，由于涌水量大，地下岩溶管道被堵后，地下水势必寻找新的排泄通道，并对隧道衬砌结构产生地下水压力，可能危及隧道安全；而以“排”为主，由于隧道通过区地表覆盖土薄，基岩多裸露，土地贫瘠，人烟稀少，排水后对地表环境的影响小。故对该段隧道涌水的治理原则采用以“排”为主的方式。隧道涌水量大，隧道两侧排水沟无法满足排泄要求，且涌水点距乌江较近，故采用泄水洞方案将平导及正洞涌水通过泄水洞排往乌江，泄水洞下穿319国道，以避免水流影响国道行车安全。在充分论证泄水洞方案的可行性后，立即进行施工，并于2001年底贯通，现该处隧道涌水通过泄水洞直接排向乌江，至今未再发生水患。

(四)对岩溶隧道涌水的思考

隧道涌突水属于隧道施工中常见的地质灾害类型之一。与其他灾害相比，其具有以下特点：

1. 发生几率高。由于地下水的高度流动性、分布的普遍性以及大多数隧道都处于地下水富集带或其以下附近，只要存在导水通道，就可能发生涌水。据不完全统计，在我国已建成运

营的隧道中，约1/3发生过涌水问题，其中上百座属大型及特大型涌水，每座的涌水量均超过 $1.0 \times 10^4\ m^3/d$，渝怀铁路武隆隧道最大涌水量甚至达 $718 \times 10^4\ m^3/d$。

2. 一旦发生大规模的隧道涌水，不仅施工本身会严重受阻，而且可能引起浅层地下水及地表水枯竭，甚至引起地面塌陷等伴生的环境地质问题。由于地下岩溶发育的不均匀性和隐蔽性，使得岩溶隧道涌水量预测与施工差异极大。因此，对岩溶隧道，在隧道勘测设计阶段，在加强勘探、物探等测试及调查测绘的基础上，应充分分析论证水文地质特征，尽量准确地预测地下涌水量；而在施工阶段，应加强超前地质预报预测，做好预防工作，尽量减少地下涌突水给施工和环境造成的危害。

（五）结 束 语

1. 彭水隧道进口段位于岩溶水平循环带及垂直循环带内，岩溶十分发育，地下水主要径流方向为顺岩层走向自北向南向乌江排泄，隧道切穿沿此方向排泄的岩溶管道水，导致发生特大型涌突水，最大涌水量达 $41.47 \times 10^4\ m^3/d$，涌水量受大气降雨量的影响大，大气降雨补给隧道涌水较快，其最大涌水量与大气降雨的时间关系式 $Q = 0.445X/t + 0.2$，治理采用泄水洞排水是合理的。

2. 在岩溶隧道勘测设计阶段，应加强勘探、物探等测试，充分分析论证水文地质特征，尽量准确地预测地下涌水量；在施工阶段，应加强超前地质预报预测，做好预防工作，尽量减少地下涌突水的危害。

二十四、渝怀铁路鱼塘湾隧道进口段围岩变形分析及处理

喻洪平　杨红兵

（一）前　　言

渝怀铁路鱼塘湾隧道位于重庆市彭水县境内的保家镇，隧道进口里程DK261+800，隧道全长903 m，最大埋深135 m，系渝怀铁路的重点、难点工程之一。隧道进口段施工过程中，地表及衬砌结构出现多次变形、开裂，给施工造成很大困难。本文主要对隧道病害特点进行分析。

（二）地质概况

鱼塘湾隧道位于郁江右侧岸坡，隧道于垭口处横穿山脊，隧道进口位于冲沟中。

1. 地层岩性

隧道进口段表层覆土较薄，基岩部分裸露，隧道通过地段地层岩性为断层角砾岩（Fbr），奥陶系大湾组（O_1d）页岩夹灰岩、泥灰岩，奥陶系中、上统（O_{2+3}）灰岩。

（1）断层角砾岩（Fbr）：断层上盘为页岩质断层角砾岩，多呈碎石角砾状，部分糜棱化呈断层泥状；断层下盘为灰岩，多呈大块石状，受后期溶蚀作用，块石间多夹泥。

（2）页岩夹灰岩、泥灰岩（O_1d）：薄—中厚层状，层厚一般0.02～0.2 m，受构造影响，节理极发育，节理间距0.1～0.2 m，岩质软，易风化，浸水易软化。夹薄—厚层状灰岩、泥灰岩，局部夹少量斑点状劣质煤。

(3)灰岩(O_{2+3}):薄—中厚层状,受构造影响,节理发育,岩层破碎,多有方解石脉充填,层厚一般0.1~0.4 m。隧道洞身于DK262+000~+126.5段拱部及左侧边墙和DK262+565至出口段揭示该套灰岩。

2. 地质构造

段内地质构造复杂,主要构造为郁山正断层、F_4正断层及其伴生断层。隧道开挖揭示,受构造影响,小褶曲发育,岩层产状紊乱,节理发育,岩体破碎,特别是软质岩受构造影响较大,发育较多次生小断层。

(1)郁山正断层属区域性大断裂,断层穿过隧道进口端,走向N47°E~N60°E,倾向NW,倾角约50°,其上盘(SE盘)为O_1d页岩夹灰岩、泥灰岩和O_{2+3}灰岩地层,岩层产状为N50°~85°E/16°~41°NW;下盘(NW盘)为ϵ_2gn灰岩、白云岩。从隧道及进口段路堑开挖情况看,断层破碎带宽约50~100 m,其上盘为页岩质断层角砾岩,多呈碎石、角砾状,部分糜棱化呈断层泥状;其下盘灰岩多呈大块石状,受后期溶蚀作用,块石间多夹泥。断层穿过页岩地层断层破碎带相对较宽,该断层上盘破碎带于隧道洞身内交于DK261+960,下盘破碎带与线路交于DK261+600。

(2)F_4正断层属郁山正断层的次生断层,位于DK261+500~DK262+400段左侧70~150 m处,与线路走向近于平行,断层走向为N40°E~SN,倾向NW,倾角约50°,断层穿过地层为O_{2+3}灰岩、S_1ln页岩夹炭质页岩。

(3)DK262+130处发育郁山正断层的伴生正断层,在隧道洞身内交于DK262+230,断层走向N50°~60°E,倾向NW,倾角约50°,其上盘(SE盘)为S_1ln页岩夹炭质页岩、灰岩,其下盘(NW盘)为O_{2+3}灰岩。

(4)隧道开挖揭示,在DK262+230~+565之间发育多条次生小断层,隧道掘进中掌子面最多曾揭示三条次生小断层,断层倾角一般为40°~60°,破碎带宽0.5~1.5 m,为断层角砾岩,局部糜棱化或泥化,DK262+224右8 m深孔揭示有6条小断层,破碎带宽1.26 m。

隧道构造分布见图5—24—1。

(三)病害发生发展过程

1. 路堑段

隧道进口段路堑(DK261+740~+800)位于郁山正断层灰岩质断层破碎带中,灰岩多呈大块石状,受后期溶蚀作用,块石间多夹泥。由于施工开挖形成新的临空面,而设计的挡墙又未能及时施作,斜坡岩土体自稳能力极差,于2001年7月30日暴雨后,右侧堑坡发生坍滑,坍滑体长57 m、宽30 m、厚2~6 m。

2. 隧道进口段

该隧道进口段位于郁山正断层页岩质断层破碎带中,地质条件较差,施工后产生不同形式的变形、开裂。其病害形式和发生发展过程如下:

(1)2001年4月29日,DK261+801.6~+806左侧拱腰部位出现多条横向裂缝,右侧也出现多条纵向裂缝,裂缝宽度最大为左侧DK261+807.2处,达8.7 cm。

(2)2001年5月16日,洞内格栅局部被挤压变形,拱部出现不同程度裂缝,最大处宽达5.4 cm,位于DK261+806处。

(3)2001年5月17日,DK261+800~+806段上部格栅支护严重变形,DK261+800处侵入衬砌净空达31 cm,最大处DK261+803达42 cm,同时发现洞口边、仰坡出现裂缝。

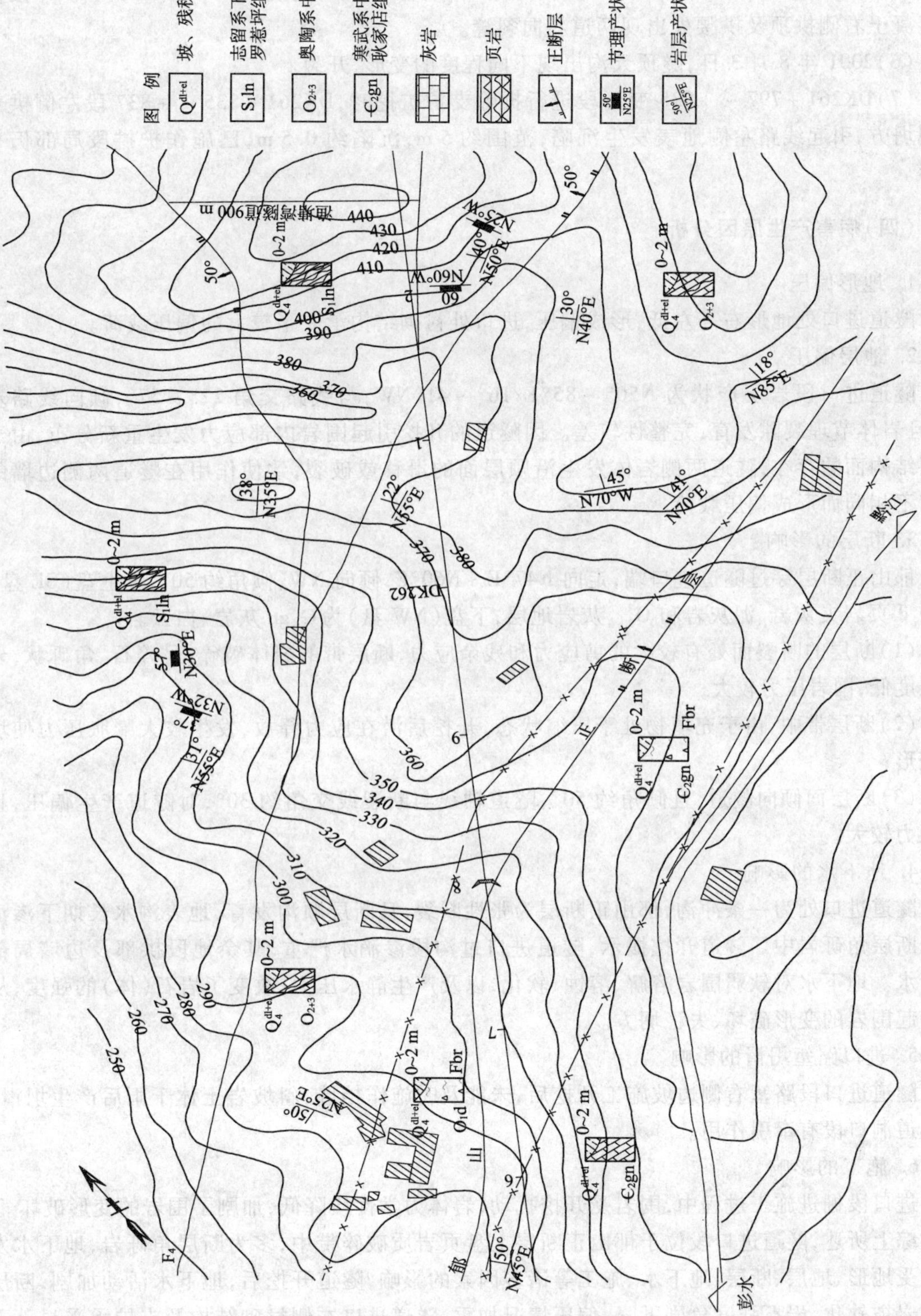

图5—24—1　鱼塘湾隧道进口段地质平面示意图

(4)2001 年 7 月 19 日，DK261 +804 ~ +809 段模筑混凝土距内轨顶面 1.97 m 出现一道横向裂缝，缝宽 0.5 ~1.0 mm，并在 7 月 22 日发生该段左侧拱腰处出现一道斜向裂缝。

(5)2001 年 8 月 3 日，隧道进口段共开挖 37 m，衬砌 9 m，发现 DK261 +800 ~ +804 段模筑混凝土右侧拱顶及拱腰处出现两道斜向裂缝。

(6)2001 年 8 月 3 日，隧顶天沟出现不同程度的变形、开裂。

(7)DK261 +797 ~ +835 变形段进行拆除支护扩挖时，DK261 +835 ~ +837 段左侧拱部出现坍方，引起线路左侧地表发生沉陷，范围约 5 m，沉陷约 0.5 m，已施作护拱段局部仍有变形。

(四)病害产生原因分析

1. 地形偏压

隧道进口处地形右高左低，形成偏压，进口处衬砌结构承受了较大的偏压载荷。

2. 地层偏压

隧道进口段岩层产状为 N50° ~85°E/16° ~41°NW，与线路交角 22° ~57°，倾向线路左侧，且岩体节理裂隙发育，完整性较差。因隧道的开挖引起围岩内部应力发生重新分布，由于顺层结构面的存在，隧道两侧岩体发生沿顺层面的滑移或破裂，致使作用在隧道两侧边墙的载荷不相同而形成偏压载荷。

3. 断层的影响

郁山正断层穿过隧道进口端，走向 N47°E ~N60°E，倾向 NW，倾角约 50°，其上盘(SE 盘)为 O_1d 页岩夹灰岩、泥灰岩和 O_{2+3} 灰岩地层，下盘(NW 盘)为 ϵ_2gn 灰岩、白云岩。

(1)断层的断裂面处有较大的剪应力和残余应力，断层带的岩体破碎，呈碎石、角砾状，岩体强度低，围岩压力较大；

(2)断层带中，由于充填物处于压缩状态，开挖后潜在应力释放，发生较大膨胀压力使坑道变形；

(3)断层面倾向隧道，且倾角约 50°，隧道轴线与断裂线交角约 30°，对隧道产生偏压，且侧压力较大。

4. 地下水的影响

隧道进口处为一条冲沟，郁山正断层为张性断裂，且断层顺沟发育，地表沟水长期下渗汇集于断层角砾岩中。隧道开挖揭示，隧道进口过沟段渗滴水严重，其余地段拱部及边墙局部渗滴水。地下水对软弱围岩溶解、溶蚀、软化，以及产生静水压力，改变了岩石(体)的强度，从而引起围岩的变形破坏、失稳坍方。

5. 进口路堑坍滑的影响

隧道进口段路堑右侧边坡施工开挖后，未能及时施作挡墙，斜坡岩土体于雨后产生坍滑，对隧道洞口段有牵引作用。

6. 施工的影响

进口段掘进施工过程中，围岩受开挖扰动，岩体力学性质降低，加剧了围岩的变形破坏。

综上所述，隧道进口段位于郁山正断层上盘页岩质破碎带中，多为断层角砾岩，地下水发育。受地形、地层、断层、地下水、施工等诸多因素的影响，隧道开挖后，地下水活动加剧，断层角砾岩被软化，岩石强度急剧下降，偏压情况加重，隧道进口右侧衬砌结构及支护承受显著不对称围岩荷载，引起围岩及支护结构发生变形。隧道的支护强度不能完全阻止变形的发展和局部坍方的发生，使其隧道周边的松动范围不断扩大，支护和衬砌上的荷载逐渐增大，最后导致支护变形侵限，模筑混凝土开裂。

（五）处理措施

1. 隧道进口路堑段采用桩板墙对右侧堑坡进行加固防护。

2. 围岩衬砌调整情况：DK261 + 797 ~ DK262 + 000 段 203 m，右侧地形偏压，加之隧道右侧岩层产状大角度倾向线路，形成地层偏压，衬砌荷载不均，且隧道位于页岩质断层角砾岩中。为保证洞口加固措施的施作，洞口接长 3 m，该段衬砌调整为Ⅴ级偏压衬砌；DK262 + 000 ~ DK262 + 040 段 40 m，位于断层角砾岩与页岩夹灰岩（O_1d）接触带，围岩破碎，调整为Ⅴ级加强衬砌；DK262 + 040 ~ DK262 + 075 段 35 m，该段远离断层破碎带，位于页岩夹灰岩（O_1d）地层中，但靠近灰岩（O_{2+3}）接触带附近，调整为Ⅳ级加强衬砌；DK262 + 075 ~ DK262 + 410 段 335 m，该段位于灰岩（O_{2+3}）及页岩夹灰岩（O_1d）地层接触带，并穿过郁山正断层的伴生正断层，地层中发育较多与线路大致平行的小断裂，造成岩层破碎，小型褶曲构造发育，衬砌调整为Ⅴ级加强衬砌。

3. 进口地表钢管桩加固：抑制偏压对开挖的影响，进口段 DK261 + 797 ~ + 835 段在地表设置钢管桩，并注浆加固围岩，形成群桩效应，抵抗部分侧压力，改善隧道支护受力条件。钢管桩设置于隧道开挖轮廓外 3 ~ 4 m 范围内，线路左右侧各 4 排。左侧钢管桩以抵抗偏压，约束岩体顺层变形为主；右侧钢管桩以加固围岩，改善其力学性能，为衬砌提供较高抗力为主。

4. DK261 + 800 ~ + 835 段洞内支护变形大，侵限严重，且地下水较发育。为满足衬砌净空要求并保证衬砌厚度，该段需拆除变形的支护，并进行扩挖。为保证施工安全，采用拱部超前大管棚进行支护，边墙部分采用径向长锚杆进行加固后，分段进行拆除和扩挖，并及时施作系统支护。

5. DK261 + 835 ~ DK262 + 000 段位于断层破碎带内，有一定的地层偏压，且地下水发育，围岩自稳能力极差。基于此，对 DK261 + 835 ~ DK262 + 000 段锚喷网系统支护及超前支护进行强化。

6. 采用短台阶上下导坑掘进法、先墙后拱衬砌法和“超前支护、短步掘进、快速封闭、支护早做、衬砌紧跟”的短进尺、强支护施工法。

7. DK261 + 835 ~ + 840 段坍方，该段埋深浅（18 m），坍方后地表形成陷坑（深 0.5 m，直径约 5 m）。该段坍方采用注浆固结坍方体，采用强支护通过坍方段。

通过采取以上措施，在随后隧道施工掘进中，未再出现围岩坍方及衬砌结构变形开裂现象。

（六）结　　论

1. 隧道进口段位于郁山正断层上盘页岩质破碎带中，受地形地层构造偏压、地下水、施工等诸多因素的影响，隧道开挖后，偏压情况加重，围岩及支护衬砌结构发生变形、开裂。

2. 鱼塘湾隧道洞口位于沟口，所处地质条件极差，造成施工中产生严重的工程病害。可见，隧道洞口位置极为重要，洞口位置应根据地形、地质、水文地质条件等综合分析确定，遇大的不良地质应予绕避。对于受线路影响，洞口位置难以绕避不良地质时，应查清洞口附近工程地质、水文地质条件，结合地形、地质条件和施工方法等，确定合理的加固处理措施。

二十五、渝怀铁路黄家湾隧道地下水渗漏原因分析及处理措施

张小林

（一）概　　况

黄家湾隧道位于重庆市江北区复盛镇境内，隧道全长 3 162 m，线路路肩高程进口为 216.13 m，出口为 206.64 m，全隧道为 3‰下坡。因隧道内漏水，地方政府认为已造成地表泉点被疏干，影响到当地居民的生活、生产用水，并多次向相关单位书面告知。当地居民也曾多次阻挠施工，使施工进度曾受到严重影响。黄家湾隧道漏水问题受到铁路建设各有关单位及当地政府的高度重视。通过地质复查，找出了渗漏水的原因，经前后两次整治，终于取得成功，防止了地下水的渗漏，恢复了当地生态环境。

（二）地质概况

隧道地处低山地貌，线路大角度横穿明月峡山脉。明月峡山脉为北东向展布的带状山脉，山顶高程 633 m，相对高差 450 m，地形起伏较大，山脉北侧被近东西走向的御临河横切。山顶为岩溶地貌形态，溶蚀槽谷、溶洞、落水洞发育，两侧斜坡由砂岩组成，地形较陡，自然横坡达 20°～40°，局部地带为陡崖。

隧道横穿明月峡背斜，地层在隧道内对称出露，隧道揭露的各组地层岩性由新至老依次为：新田沟组（J_2x）、自流井组（$J_{1\text{-}2}z$）、珍珠冲组（J_1z）为红色地层，岩性基本为碎屑岩，以紫、紫红、黄绿色砂质泥岩、泥岩为主，夹数层粉砂岩、砂岩、灰岩等；须家河组（T_3xj）地层按岩性可分为六段，其中一、三、五段为泥岩夹煤层和煤线，二、四、六段为厚层砂岩；雷口坡组（T_2l）、嘉陵江组（T_1j）、飞仙关组（T_1f）主要以可溶岩为主，为灰岩、白云岩夹盐溶角砾岩。

（三）水文地质条件

该地区地下水按其赋存条件可分为两大类：一类为砂岩中的孔隙裂隙水，另一类为可溶岩地层的岩溶管道水。

孔隙裂隙水主要赋存于碎屑岩地层中所夹的厚层—巨厚层砂岩中，其中又主要以须家河组地层中的厚层—巨厚层砂岩为主。因红色地层中夹较多的泥、页岩，为隔水层，阻断各砂岩层间水的水力联系，使各砂岩中的地下水近彼此独立，无统一的地下水位，多形成一个近封闭的蓄水“桶”，地下水就近接受降雨补给，在隔水边界与深切的横向沟谷处或在地形低洼处以上升泉或下降泉形式出露。泉点虽多，但单泉流量较小，是当地生产、生活用水主要来源。

岩溶管道水主要赋存于三叠系中、下统可溶岩地层中，该地区北侧的御临河为岩溶地区性侵蚀基准面，控制着岩溶的发育深度和地下水水位高程。岩溶含水层的补给区为山顶上的溶蚀槽谷、洼地和落水洞，岩溶水向御临河排泄，在御临河边见较多的岩溶大泉和暗河出口，排花洞雨季流量可达 9 331 m^3/d，岩洞湾达 1 425 m^3/d，下洞口达 691 m^3/d，这些暗河的高程均在 200 m 以下。根据隧道开挖揭示的情况，在可溶岩地段未见较大的岩溶涌水，说明该含水层的水位较低，应在隧道路肩高程以下。因该含水层埋深较大，虽水量较丰富，但不具有自流灌

溉的条件,故当地居民基本无法利用。

（四）隧道内的出水和漏水情况

当隧道在珍珠冲组和须家河组地层中开挖至 DK63 + 050、衬砌至 DK62 + 885 时,该段发生较大的渗漏水,经施工单位实测,总流量达 8 500 m^3/d。进行地表调查时,发现地表井、泉水位下降,个别泉点干枯,影响当地生活、生产用水。隧道内具体出水点的位置和出水形式见表 5—25—1。

表 5—25—1　黄家湾施工过程中珍珠冲组和须家河组砂岩段渗漏水情况表

序　号	里　程	出水部位	出水形式	地　层	备　注
1	DK62 + 680	拱顶	股状出水	J_1z	已衬砌
2	DK62 + 719	拱顶	股状出水	T_3xj	已衬砌
3	DK62 + 775	拱顶	股状帘幕式	T_3xj	已衬砌
4	DK62 + 780 ~ + 785	拱顶	股状帘幕式	T_3xj	已衬砌
5	DK62 + 858	右侧拱腰	股状帘幕式	T_3xj	已衬砌
6	DK62 + 945	左侧拱腰	股状喷水	T_3xj	未衬砌
7	DK62 + 965	右侧墙底	股状出水	T_3xj	未衬砌
8	DK62 + 970	左侧拱腰至拱顶	股状帘幕式喷水	T_3xj	未衬砌
9	DK63 + 025	拱顶	股状喷水	T_3xj	未衬砌
10	DK63 + 026	右侧拱腰至拱顶	股状喷水	T_3xj	未衬砌
11	DK63 + 028	拱顶	股状出水	T_3xj	未衬砌
12	DK63 + 034	拱顶	股状帘幕式出水	T_3xj	未衬砌
13	DK63 + 040	右侧拱腰至拱顶	股状帘幕式出水	T_3xj	未衬砌
14	DK63 + 050	右侧墙脚	股状集中喷水	T_3xj	未衬砌

当隧道开挖和衬砌施工完毕,在无雨常态条件下,根据施工单位的现场调查纪录,隧道内各泄水孔出水情况如表 5—25—2 所列。

表 5—25—2　黄家湾隧道泄水孔出水情况统计表

序　号	里　程	地　层	出水情况		序　号	里　程	地　层	出水情况	
			左	右				左	右
1	DK62 + 198.5	J_1z	无水	1/3	9	DK62 + 381	J_1z	无水	1/5
2	DK62 + 214	J_1z	1/5	无水	10	DK62 + 420	J_1z	线状	线状
3	DK62 + 235.5	J_1z	1/3	无水	11	DK62 + 431	J_1z	线状	线状
4	DK62 + 246	J_1z	滴水	无水	12	DK62 + 620	J_1z	线状	无水
5	DK62 + 255.5	J_1z	1/5	滴水	13	DK62 + 635	J_1z	线状	无水
6	DK62 + 266	J_1z	滴水	无水	14	DK62 + 755	T_3xj	滴水	无水
7	DK62 + 319	J_1z	滴水	滴水	15	DK62 + 806	T_3xj	滴水	滴水
8	DK62 + 376	J_1z	无水	1/5	16	DK62 + 830	T_3xj	滴水	无水

续上表

序　号	里　程	地　层	出水情况		序　号	里　程	地　层	出水情况	
			左	右				左	右
17	DK62 +860	T_3xj	滴水	半管	30	DK63 +079	T_3xj	无水	1/2
18	DK62 +875	T_3xj	1/5	线状	31	DK63 +088	T_3xj	满管	滴水
19	DK62 +890	T_3xj	1/5	线状	32	DK63 +210	T_2l+T_1j	线状	滴水
20	DK62 +929	T_3xj	1/5	线状	33	DK63 +270	T_2l+T_1j	滴水	无水
21	DK62 +946	T_3xj	1/2	线状	34	DK63 +300	T_2l+T_1j	无水	线状
22	DK62 +980	T_3xj	1/2	1/2	35	DK63 +360	T_2l+T_1j	无水	线状
23	DK62 +990	T_3xj	1/2	线状	36	DK63 +375	T_2l+T_1j	1/5	1/5
24	DK63 +010	T_3xj	1/5	滴水	37	DK63 +390	T_2l+T_1j	线状	线状
25	DK63 +036	T_3xj	无水	1/5	38	DK63 +400	T_2l+T_1j	1/3	线状
26	DK63 +043	T_3xj	1/2	滴水	39	DK63 +410	T_2l+T_1j	滴水	1/2
27	DK63 +055	T_3xj	1/2	无水	40	DK63 +530	T_2l+T_1j	无水	滴水
28	DK63 +064	T_3xj	线状	无水	41	DK63 +549	T_2l+T_1j	无水	滴水
29	DK63 +067	T_3xj	滴水	1/2					

根据施工单位的流量观测资料,从隧道进口至须家河组之间的侏罗系红色地层段出水量为 300 m^3/d,须家河组砂岩段出水量为 2 019 m^3/d,三叠系可溶岩地层段出水量为 763 m^3/d,隧道总出水量为 3 082 m^3/d。

以上两表的数据显示,该隧道在施工过程中和施工结束后,主要的出水点和出水量主要位于须家河组的厚层砂岩地层中,说明造成该隧道渗漏、影响地表井、泉干涸的主要原因为须家河组的厚层砂岩中地下水的流失。

(五)隧道漏水与地表泉点水位下降的关系

隧道开挖初期,主要以释放地下水静贮量为主,隧道内涌水量较大,但地下水降落漏斗尚未发展至地面,这时地表井、泉点并无反应。随着时间的延续,地下水渗漏量逐渐增大,地下水降落漏斗影响范围也逐渐扩大,隧道内涌水量趋于稳定,地下水降落漏斗也趋于稳定并最终发展至地表,造成地下水降落漏斗范围内的井、泉点流量逐渐减少,并最终被疏干。根据现场调查和计算,隧道开挖后地下水降落漏斗的影响半径为 400 m,即线路中线左右 400 m 范围内的井、泉点多被疏干。影响半径之外的其他井、泉点的干枯,则与隧道开挖无直接联系,主要原因是久旱无雨,雨后即可恢复。

(六)隧道漏水整治措施

当黄家湾隧道在开挖过程中出现较大的出水后,针对该隧道的出水情况进行了现场核对并补作了必要的地质工作,加大了调查测绘范围,对本区域的水文地质情况进行了加深普查。通过对该地区综合水文地质条件的分析后认为,若须家河组厚层砂岩段长期出水,必将使该地区一定范围内碎屑岩地层中的地下水水位大幅度下降,疏干部分地表井、泉点,影响当地居民的生产、生活用水,对生态环境造成不可逆转的破坏,对水、土保护极为不利。因此决定采取堵水措施。

1. 第一次堵水

对于 DK63 +024 ~ +035 间集中出水点,采用沿层面径向注浆堵水,注浆前拱部设置 40 cm 厚 C20 混凝土护拱作为止浆墙。DK62 +935 ~ DK63 +035 段衬砌内缘设 $\phi8$ 钢筋网予以加强,使衬砌能够承受水压力。DK62 +885 ~ +895(Ⅱ级复合衬砌)、DK62 +895 ~ +935(Ⅴ级复合衬砌)、DK62 +935 ~ +975(Ⅲ级整体衬砌)、DK62 +975 ~ DK63 +020(Ⅱ级复合衬砌)、DK63 +020 ~ +035(Ⅲ级整体衬砌)及 DK63 +035 ~ +065(Ⅴ级整体衬砌)等段,当注浆堵水效果较差时,取消衬砌背后的防水板和盲沟,衬砌不留泄水洞,直接以衬砌防止渗漏水,并在所有堵水措施施工完毕后,进行不少于半个月的围岩变形及地下水渗漏量的变化量测,结合量测数据,可直接检验堵水效果,在围岩变形量稳定达到规范要求后,方可进行下一道工序。

对于可溶岩地段,因岩溶管道水排泄基准面为御临河,岩溶管道暗河高程低于隧道,隧道通过地段位于岩溶水垂直循环带内,隧道内出水属于局部的岩溶裂隙水,不会对地表造成破坏,因此采用排水措施。

在采用了上述堵水措施后,堵水效果未达到预期目的。尽管已处旱季,隧道通过的须家河组厚层砂岩地段,洞内渗漏水量仍达 2 285 m^3/d,以使地表部分井、泉点仍被疏干,在一定程度上影响了当地居民的生产、生活用水。

综合分析第一次堵水未获成功的原因,主要是:

(1)采用普通水泥浆径向注浆堵水,效果不好,不能完全堵住地下水的渗漏。

(2)在堵水工程措施施工完毕后,地下水渗漏量的量测数据不准确,对后期工作有一定误导。

(3)取消衬砌背后的防水板后,Ⅱ级围岩地段较薄的衬砌结构难以抵御地下水在静水压力作用下的渗透,以致地下水最终仍从衬砌中渗漏而出。

2. 第二次堵水

分析原因,总结教训后,再一次采取了加强的堵水措施。对隧道内须家河组厚层砂岩中的集中出水点,采用 TGRM 水泥浆再次径向注浆堵水。TGRM 水泥具有粒径小、速凝、早强、超细、微膨胀等特点,故堵水效果远较普通水泥为佳。考虑到Ⅱ级围岩地段衬砌仅厚 25 cm,一旦堵水成功,亦难以承受静水压力,因此,对Ⅱ级围岩地段的衬砌增厚至 40 cm,并保留防水板。

在参建各方共同努力下,第二次堵水效果明显,除局部段落有少量点状渗漏外,堵水基本成功。值得一提的是,拆换衬砌保留防水板段,渗水情况明显好于其他段落,地表水源伴着雨季来临也逐渐恢复。第二次堵水的成功,说明原因分析正确,因而措施是有针对性的,为恢复当地生态环境起到了至关重要的作用。

(七)结　论

红层地段地下水多发育于砂岩层位中,富集于厚—巨厚层砂岩中,故通过红层的隧道地下水渗漏段落多集中于所穿厚—巨厚层砂岩中。设计中对砂岩富集的地下水应充分重视。由于其地下水属基岩裂隙水,从保护生态环境的观点出发,防水措施应以堵为主。同时,考虑地下水的影响,围岩级别应适当降低。

二十六、水柏铁路银山隧道膏盐地质病害及工程地质特征分析

阳旭东　涂正林

(一)银山隧道勘察、设计及施工概况

银山隧道(DK122+100~DK123+800)全长3 888 m,为水柏铁路第二长隧道。隧道位于盘县以北约40 km处,属云贵高原中山岩溶峰丛地貌。隧道通过地段基岩为单斜构造,地形呈顺向坡,由北东向南西逐渐降低。隧道两侧为近南北向的季节性深切冲沟,枯季干涸,河床中乱石遍布;隧道通过的高山地带内,槽谷、山脊相间,形态各异的落水洞、洼地广布其间,形成了典型的高山岩溶地貌。由于东、西、南三面均为冲沟及河流切割,使该地段成为一个独立的水文地质单元(或称河间地块),大气降水及地下水排泄条件甚好,山区用水十分困难。

由于银山隧道地形、地质条件十分复杂,勘察中进行了1:1万区域地质测绘、深孔钻探、取样试验、水文地质试验及水质分析地质工作。

该隧道通过地层为三叠系永宁镇组(T_1y)、三叠系关岭组一段(Tgl^1)、二段(Tgl^2)和三段(Tgl^3),岩性以白云岩、白云质灰岩、泥灰岩、钙质泥岩为主,同时在DK123+830左8 m的Zz-银-1号深孔217.80~228 m段探明岩石裂隙中有少量石膏充填现象。

隧道通过地区地质构造上位于川滇经向构造带以东之西北向次级构造单元——红岩斜歪向斜北东翼。

结合深孔内综合测井分析,隧道通过地段以Ⅳ类围岩为主,进出口及溶蚀破碎带为Ⅲ类围岩。同时,分析认为,DK122+250~+450、DK123+650~DK124+850两段共长1 400 m涌水量较大。勘察中取水样分析,地下水类型为重碳酸钙型,pH值为7.97,按侵蚀标准划分,对混凝土无腐蚀性。但由于钻孔发现岩石裂隙中有石膏充填,故要求施工中逐段核实围岩类别并取水化验。

隧道施工图设计以Ⅳ类减薄衬砌为主,局部设计有Ⅲ类直墙衬砌,衬砌拱部铺设防水板,边墙敷设CQ50型软式透水管,间距10 m。设计要求若施工实际与设计不符,应及时提出,以便设计处理。

隧道施工揭示的岩性与设计基本吻合,局部出现因岩溶破碎、钙质泥岩增多以及渗水、漏水、涌水等原因引起的坍塌掉块现象,现场施工组对出现的围岩变化进行了及时的变更处理。具体代表性段落如下:

(1)DK122+750~+987段围岩破碎,变更为Ⅲ类围岩,增加拱部临时支护,改为Ⅲ类曲墙衬砌。

(2)DK123+750~+790、DK123+040~+170、DK123+120~+280、DK122+780~+840段以钙质泥岩为主,变更为Ⅲ类围岩,改为Ⅲ类直墙衬砌。

(3)DK122+440~+490段施工中出现白色软弱石膏夹层,但当时未通知现场配合施工组,变为Ⅲ类围岩,改为Ⅲ类直墙衬砌。

(4)DK122+270~+460、DK122+550~+750段施工中边墙下部为软弱夹层,变更为Ⅲ类围岩,改为Ⅲ类直墙衬砌。

（二）银山隧道衬砌病害及施工补救措施

1. 隧道衬砌病害

2000 年 10 月，银山隧道全部贯通，衬砌施作基本完成。2000 年 12 月，隧道局部地段衬砌混凝土出现白色针状矿物结晶附于衬砌表面，并出现衬砌混凝土呈蜂窝状掉块现象，个别地段还出现衬砌漏水现象。具体病害段落如下：

（1）DK123 + 590 ~ + 787 段局部衬砌混凝土起泡，且有白色针状结晶物附于衬砌表面；

（2）DK123 + 607 ~ + 613 段拱部衬砌混凝土蜂窝掉块；

（3）DK123 + 790 ~ + 798 段右侧沟盖板上方 1.3 m 处，边墙衬砌表面隆起开裂；

（4）DK123 + 775 右侧小避车洞内墙角渗水，衬砌混凝土膨胀开裂，表层 5 ~ 10 cm 厚混凝土疏松、软化，手轻捏即碎；

（5）局部地段衬砌漏水严重，整个病害还在进一步扩大、恶化。

2. 施工采取的补救措施

2001 年 1 月施工单位发现病害后，立即对隧道衬砌病害地段进行补救。具体补救措施如下：

（1）隧道衬砌漏水处进行凿槽引水至侧沟处理；

（2）对衬砌混凝土起泡且有白色针状矿物结晶附于表面处采用水泥砂浆抹面处理；

（3）对衬砌混凝土疏松蜂窝掉块、膨胀开裂地带进行了局部衬砌拱部撤顶处理。

（三）银山隧道膏盐地质病害的补勘及特征分析

1. 膏盐地质病害补勘与试验

银山隧道衬砌出现病害现象后，为弄清病害原因，设计单位对银山隧道衬砌病害地段进行地质复查及取样试验工作。首先将 6 组围岩取样及次生白色结晶矿物作物理鉴别。岩样试验表明，2 组岩样中石膏含量占 60%，白色针状次生结晶矿物鉴别为芒硝（$Na_2SO_4 \cdot 10H_2O$）。18 组地下水化验结论为，有 6 组占 30% 的地下水具有弱—中等硫酸盐侵蚀。

2. 病害原因分析

造成隧道衬砌混凝土起泡、白色针状矿物结晶析出于衬砌表面以及衬砌疏松、呈蜂窝状甚至掉块、膨胀隆起开裂等病害的直接原因，是衬砌背后地下水的腐蚀性。从隧道地质区域测绘、深孔钻探、取样试验以及施工开挖揭示可以判定，隧道洞身通过的可溶岩（白云岩、白云岩灰岩）与非可溶岩（泥灰岩、钙质泥岩）交替出现，施工开挖后形成一条新的地下水排泄通道，加快了地下水的运动速度，大大提高了地下水的溶解能力。一方面，径流于可溶岩地层中不具腐蚀性的岩溶水（水质类型为 $HCO_3^-—Ca^{2+}$、$HCO_3^-—Mg^{2+} \cdot Ca^{2+}$）以岩溶突水形式经隧道排泄；另一方面，径流于含膏盐的泥灰岩、钙质泥岩中的地下水，经水化学作用后，形成水质为 $SO_4^{2-}—Ca^{2+}$、$SO_4^{2-}—Ca^{2+} \cdot Mg^{2+}$、$HCO_3^- \cdot SO_4^{2-}—Ca^{2+} \cdot Mg^{2+} \cdot K^+ \cdot Na^+$ 等类型的地下水，因 SO_4^{2-} 含量增高而具有弱—中等硫酸盐腐蚀性，沿衬砌背后基岩裂隙渗出，形成对衬砌混凝土的腐蚀，一般表现为衬砌混凝土表面起泡，并析出芒硝（$Na_2SO_4 \cdot 10H_2O$）。DK123 + 607 ~ + 613 段及 DK123 + 775 右侧小避车洞腐蚀更为严重，出现衬砌混凝土疏松、呈蜂窝状以及掉块、膨胀隆起开裂等现象。

（四）银山隧道膏盐地质病害处理

根据衬砌病害原因分析，考虑病害面积大、段落长的特点，如果采用全部更换衬砌方案，其工程量及费用巨大,故决定采用打孔排水为主,并辅以压抗蚀性水泥浆的整治方案。

1. 对采用水泥砂浆抹面后局部仍有芒硝析出的地段(DK123 + 280 ~ + 803 和 DK123 + 607 ~ + 613 段,该两段拱部衬砌混凝土还出现蜂窝掉块现象),采取对衬砌背后压防腐蚀水泥浆方法,在衬砌背后形成一道防腐蚀水泥墙,以杜绝腐蚀性地下水腐蚀永久衬砌。同时,打孔预埋引水管,将防腐蚀水泥墙后的地下水引入侧沟。排水孔深度 5 ~ 8 m,孔间距 6 ~ 8 m,呈梅花形布置于边墙脚。

2. 对衬砌混凝土起泡且有芒硝析出的地段(DK122 + 200 ~ + 900)采取上述相同措施,并用水泥砂浆抹面修补起泡衬砌混凝土表面。排水孔打孔深度 5 ~ 8 m。DK122 + 440 ~ + 490 通过石膏夹层地段孔间距 6 ~ 8 m,其余 DK122 + 200 ~ + 430、DK122 + 490 ~ + 900 地段孔间距 8 ~ 10 m。

3. 隧道开挖遇石膏夹层地段(DK122 + 440 ~ + 490、DK123 + 542 ~ + 577),因衬砌未出现变形开裂病害,故不考虑石膏夹层膨胀性对隧道衬砌的影响,但仍打孔预埋排水管排水,以减小地下水直接对衬砌混凝土的侵蚀。对衬砌混凝土疏松、蜂窝、掉块严重地段,采取局部撤换衬砌,彻底根治。

4. 对 DK122 + 900 ~ DK123 + 280 段衬砌未出现病害地段,采取打孔预埋引水管排水为主的预防措施,排水打孔深度 5 ~ 8 m,孔间距 13 ~ 15 m,呈梅花形布置于边墙脚。

(五)银山隧道腐蚀性病害的经验与教训

1. 对于铁路重点工程的勘察,仅按规范要求进行区域地质测绘、钻探取样及物探工作是不够的,重点是要对所作原始资料进行认真分析、研究,达到融会贯通后得出较符合实际的结论,提供给相关专业设计。银山隧道勘察阶段所做地质工作是比较多的,原始钻探资料中也反映了"岩石裂隙中有石膏充填",但提供隧道设计的结论资料中,却未阐明石膏侵蚀地质问题,以致出现大部分的衬砌混凝土腐蚀病害。

2. 整个隧道地下水腐蚀性的有无,应该结合区域地质资料、钻探成果资料以及隧道施工可能引起的地下水运动条件改变等多方面因素,进行综合分析后加以确定。银山隧道通过的三叠系永宁镇组和关岭组,区域资料已交待为含石膏地层,而钻探又发现在岩石裂隙中有充填石膏。但腐蚀性的结论却仅凭深孔中所取三组未发现腐蚀性的水样加以确定,而该三组水样既是在一个钻孔中所采取,也是在隧道未施工的条件下获取的,因此不具代表性。

银山隧道腐蚀性病害的发生,说明在含膏盐地层隧道的勘察中,腐蚀性的判定既需综合分析、研究,也需在不同地段更多地采集水样进行试验分析,少数水样将难以反映隧道地下水腐蚀性的真实性质。就是在施工结束后衬砌腐蚀病害地段取水试验,18 组水样中也仅有 6 组占 30% 水样具有腐蚀性,故少数地下水试验资料对整个隧道设计是相当局限的。

3. 通过含膏盐地层的隧道,应坚持要求在施工期间进行水质复查。银山隧道若施工中分段核实了地下的水腐蚀性,即使发生变更设计,也不至于在竣工后出现衬砌混凝土的大面积腐蚀病害。

4. 西南地区三叠系永宁镇组(T_1y)、三叠系关岭组(T_3gl)、三叠系嘉陵江组(T_1j)、三叠系雷口坡(T_1l)以及侏罗系蓬莱镇组(J_3p)、遂宁组(J_2s)等均属含膏盐地层。勘察中,应认真研究隧道通过这些地层的岩性,通过钻探落实含膏盐地层层位,并逐孔取水试验,详细划分腐蚀性地段长度。

5. 料场不宜选择在含膏盐地层中,通过含膏盐地层隧道的弃渣亦不宜选作混凝土粗细骨料。因为这类地层中所含膏盐一旦遇水，即具腐蚀性，若用作建材，将导致工程出现混凝土腐蚀病害，造成重大损失。

二十七、水柏铁路何家寨隧道地质灾害整治

卿三惠　黄润秋

（一）隧道地质背景

1. 自然地质环境

水柏铁路何家寨隧道，全长 2 335 m，最大埋深 280 m，地处贵州六盘水市境内云贵高原中山区溶蚀峰丛与洼地相间地带，高程 1 850 ~ 2 300 m。

隧道区岩体受区域地质构造挤压强烈，处于北西构造带之倒转背斜的南西翼，地层全部发生倒转呈单斜构造，岩层主体走向为北西 50° ~ 80°，倾向 NE，倾角 60° ~ 80°。隧道洞身近于垂直岩层走向穿过石炭、二叠系的碳酸盐岩与煤系地层及玄武岩相间组成的地层结构（见图 5—27—1）。隧道进口段及中部可溶岩地段岩溶发育强烈，地表溶沟、溶槽、溶洞、竖井、漏斗、溶蚀洼地及地下暗河通道等岩溶形态，沿岩层走向呈串珠状展布。隧道中部及出口段为煤系地层，两段煤系地层中共夹有 16 层煤，其中隧道中部二叠系栖霞组煤系地层中夹 5 层厚 0.7 ~ 2 m 的煤层，瓦斯含量 8.7 ~ 13.5 m^3/t，瓦斯压力 2.1 ~ 2.3 MPa。当地气候潮湿多雨，历年平均降雨量 1 200 ~ 1 500 mm。

2. 水文地质特征

隧道区地下水以岩溶水和基岩裂隙水为主，主要接受大气降水及地表溪流补给。隧道洞身处于岩溶水季节变化带内，隧道中部地表分布有穿岩洞、朱家寨、毛家寨三个溶蚀洼地，有利于大气降水汇集并渗入补给地下水。由于隧道洞身可溶岩（相对含水岩组）受非可溶岩（相对隔水岩组）地层相间阻隔，可溶岩中特别是可溶岩与非可溶岩接触带附近的岩溶发育强烈，地下水主要沿暗流管道或层间裂隙自北西向南东（即从隧道右侧流向左侧）径流运动，形成与地表三个溶蚀洼地相对应的三个地下富水区，地下水十分丰富，预测雨季隧道最大涌水量达 57 266 m^3/d（见表 5—27—1）。

表 5—27—1　隧道分段岩性、围岩分类及预测最大涌水量汇总

隧 道 里 程	长度(m)	地 层 岩 性	围岩分类	预测最大涌水量(m^3/d)
D_2K1 +010 ~ +520	510	石炭系黄龙群（C_2hn）灰岩、白云岩	Ⅲ ~ Ⅳ	1 183
D_2K1 +520 ~ +720	200	石炭系马平组（C_3 mp）灰岩、白云岩	Ⅲ ~ Ⅳ	7 682
D_2K1 +720 ~ +900	180	二叠系栖霞组（P_1q）石英砂岩、粉砂岩、页岩夹煤层	Ⅱ	1 596
D_2K1 +900 ~ D_2K2 +650	750	二叠系栖霞—茅口组（P_1q+m）灰岩、白云岩、白云质灰岩	Ⅳ ~ Ⅴ	44 104
D_2K2 +650 ~ D_2K3 +040	390	二叠系峨眉山玄武岩（$P_2β$）	Ⅲ ~ Ⅳ	1 887
D_2K3 +040 ~ +345	305	二叠系大隆—龙潭组（P_2l+d）砂岩、粉砂岩、页岩夹煤层	Ⅱ ~ Ⅲ	814
合　计	2 335			57 266

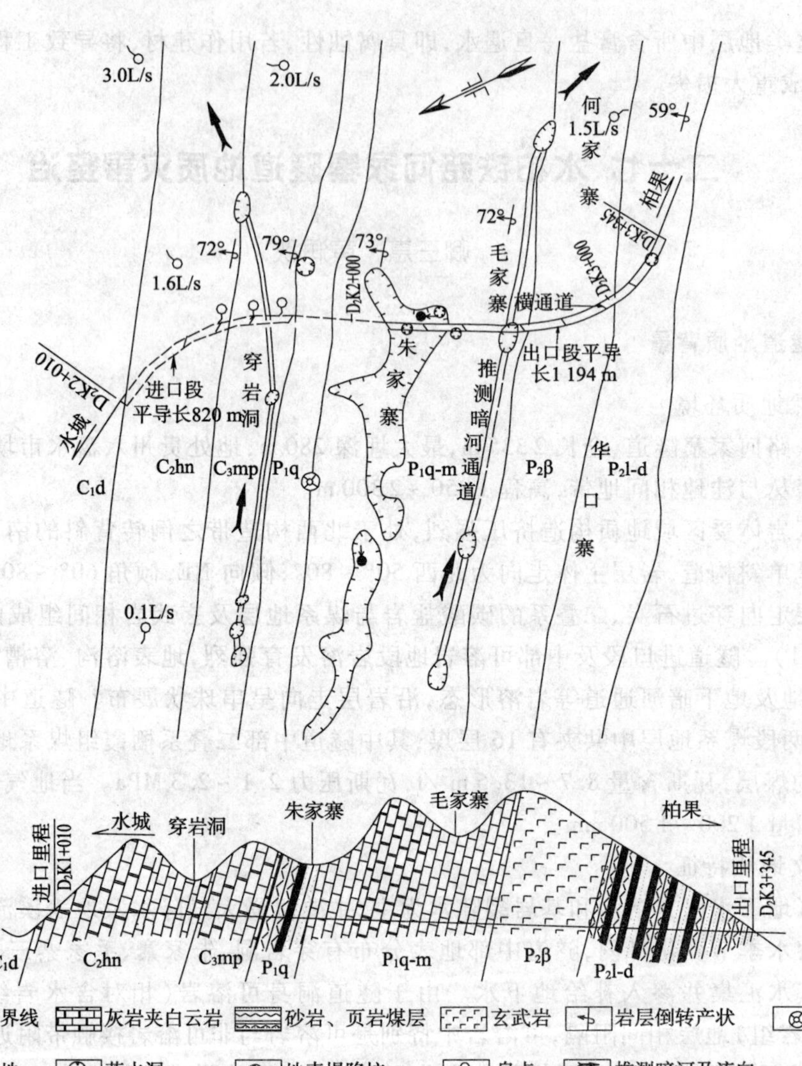

图 5—27—1　何家寨隧道工程地质平面纵断面示意图

1—地层分界线；2—灰岩夹白云岩；3—砂岩、页岩煤层；4—玄武岩；5—岩层倒转产状；6—漏斗；7—溶蚀洼地；8—落水洞；9—地表塌陷坑；10—泉点；11—推测暗河及流向

3. 主要工程地质问题

工程地质勘察分析评价、预测该隧道工程地质条件极其复杂，具有高瓦斯、强岩溶、大涌水(砂)等灾害地质问题。隧道穿过可溶岩地段，岩溶突水、突泥并引发地表塌陷的可能性极大；隧道中部煤系地层中所夹五层煤层，瓦斯含量高，瓦斯压力大，具有煤与瓦斯突出的危险。加强隧道防排水及瓦斯防治措施，确保铁路运营安全，成为本隧道设计与施工的关键技术问题。

(二)隧道设计概况

1. 隧道设计方案

何家寨隧道全长 2 335 m(线路里程 $D_2K1+010 \sim D_2K3+345$)，隧道设计为单线(净宽 5 m，净高 6.6 m)，平面位于“S”形曲线上，中间夹直线长 807 m；纵坡由进口向出口为 4.5‰单面下坡。

2. 地下水与瓦斯排放设计

为有利于隧道施工防排水与揭煤通风，在线路右侧 20 m 分设两段平导（未贯通）超前探测与排放地下水及瓦斯。进口平导长 820 m，坡向与正洞相反（自进口路肩爬升至拱部）；出口平导长 294 m，坡向与正洞坡向一致；在隧道施工工艺方面，布设超前排水及排放瓦斯钻孔、机械射流通风、衬砌背后加防水板等工程措施，以增强排放与隔离地下水及瓦斯的效果。

3. 洞身支护与衬砌结构设计

根据隧道围岩分类（表 5—27—1），设计采用相应的支护参数与衬砌类型。进口灰岩及白云岩段Ⅲ类 38 m、Ⅳ类 602 m、Ⅳ类（全封复合）45 m。中部 $D_2K1+695\sim+905$ 煤系地层段Ⅱ类（全封复合钢纤维混凝土衬砌）210 m；$D_2K1+905\sim D_2K3+015$ 灰岩夹白云岩段Ⅳ类 410 m、Ⅴ类 280 m；玄武岩段Ⅲ类（曲墙仰拱）90 m、Ⅳ类 330 m。出口 $D_2K3+015\sim+345$ 煤系地层段Ⅲ类（全封复合钢纤维混凝土衬砌）255 m、Ⅱ类（曲仰）55 m；洞口Ⅱ式Ⅱ类明洞 20 m，以防止洞口边仰坡发生坍塌或滑坡。

（三）隧道施工地质灾害治理

该隧道集"高瓦斯、强岩溶、大涌水（砂）"等地质灾害于一体，堪称水柏铁路施工难度最大的"烂洞子"。1999 年 3 月 ~2000 年 8 月施工期间，共发生 22 次大涌水，并携带大量泥砂。每次涌水 1 ~ 10 万 m^3/d，涌砂 500 ~ 8 000 m^3 不等，洞身或平导被淹 500 ~ 800 余米，淤砂厚 0.5 ~ 2 m，造成洞内坍方、地表塌陷与滑坡、支护衬砌开裂变形或倾倒破坏、施工机械设备受损等严重灾害，多次被迫停工清淤，抽排水耗时 200 多天。因技术处理复杂，施工难度极大，工期延迟半年多，工程整治投资大大增加。

1. 岩溶洞穴与涌水涌砂、地表塌陷灾害处理

(1) 岩溶洞穴分布规律

施工开挖揭示的隧道洞内岩溶洞穴分布规律，与地表三个串珠状岩溶洼地走向基本一致，岩溶顺陡倾角岩层发育为主，尤其在可溶岩与非可溶岩接触带岩溶发育最强烈。正洞 $D_2K1+010\sim+720$ 及 $D_2K1+900\sim D_2K2+650$ 可溶岩长 1 450 m 地段，揭穿 0.2 ~ 2 m 宽的环向溶槽、溶洞 45 处（见表 5—27—2）。如 $D_2K1+556$ 右侧拱脚位置的溶洞，直径 1.2 m，深度大于 3 m；$D_2K1+561$ 处横穿洞身沿岩层面发育的环向溶槽，左侧宽 0.8 m，右侧宽 0.5 m，深约 5 m；灰岩与煤系地层接触带附近，$D_2K1+630$、+700、+718、+720 等处的溶槽宽 1 ~ 2 m；$D_2K2+442$、+543、+619 的溶槽宽 0.5 ~ 1 m 不等。进口平导中，PK0 +605、+645、+675、+760、+770 及出口平导 PDK0 +900 等处，也有 1 ~ 1.5 m 宽环向溶槽或溶洞。

表 5—27—2　隧道正洞施工揭穿环向溶槽、溶洞统计

施工揭穿 0.2 ~ 2 m 宽的环向溶槽、溶洞里程位置（下画线为主要涌水点）													
1 +442	+543	+554	+556	+561	+630	+636	+700	+718	+720	+950	+965	+970	+995
2 +036	+193	+250	+261	+288	+442	+455	+467	+473	+474	+480	+484	+488	+493
+497	+500	+505	+508	+517	+519	+521	+522	+525	+528	+530	+533	+537	+540
+543	+619	+624											

(2) 洞内涌水、涌砂概况

①洞内涌水点分布：正洞 $D_2K1+430\sim D_2K2+620$ 长 1 090 m 地段，主要有 23 处涌水点，其中位于 $D_2K1+010\sim+720$ 及 $D_2K1+900\sim D_2K2+650$ 可溶岩地段 17 处（见表 5—27—2 和表

5—27—3),位于 D_2K1 +720 ~ +900 非可溶岩地段 6 处(即 D2K1 +772、+778、+840、+860、+865、+886)。多次涌水点位于 D_2K1 +554、+630、+720 等 3 处,尤其在 D_2K1 +720 灰岩与煤系地层接触带附近共发生 7 次;进口平导涌水点主要有 5 处(即 PK0 +605、+645、+675、+760、+770),多次涌水点 3 处,位于 PK0 +645、+675、+770;出口平导涌水点 1 处(PDK0 +900)。

②涌水涌砂灾害事件:该隧道施工期间,洞身发生大涌水 22 次(见表 5—27—3),并携带大量泥砂淤塞坑道。

表 5—27—3 何家寨隧道涌水、涌泥砂记录

涌水次数	时 间	正洞涌水点里程位置	平导涌水点里程	涌水量(m^3/d)		涌泥砂量(m^3)	
				正 洞	平 导	正 洞	平 导
1	1999-03-10	D_2K1 +554	进口平导 PK0 +645		7 200		5 000
2	05-08	D_2K1 +554	PK0 +645		12 576		
6	06-21	D_2K1 +442、+630、+700	PK0 +605、+645、+760、	19 200	103 200		4 000
7	07-15	D_2K1 +543、+630、+718	PK0 +645、+675	76 800	60 000	7 600	1 800
8	07-19	D_2K1 +543、+630、+718	PK0 +770	12 000	76 800	3 000	5 000
9	08-21	D_2K1 +720	PK0 +645、+675、+770	10 800	36 000	600	2 500
10	08-25	D_2K1 +720	PK0 +645、+770	7 200	28 800	280	1 000
11	08-28	D_2K1 +720	PK0 +645、+770	26 400	31 200	680	1 600
12	10-31	D_2K1 +630、+720	PK0 +645、+770	36 000	48 000	500	950
13	2000-01-18	D_2K1 +772、+886		42 000		800	
14	02-25		出口平导 PDK0 +900		8 000		突泥 800
15	04-02	D_2K1 +720、+778、+840、+860、+950、+965	进口段正洞内多处涌水、涌泥砂,开动 3 台 400 m^3/h、2 台 150 m^3/h 抽水机同时抽水,涌水量 32 000 m^3/d				
16	05-16	D_2K1 +694 ~ +780	进口段正洞内多处涌水、涌泥砂,开动 3 台 400 m^3/h、2 台 150 m^3/h 抽水机同时抽水,涌水量 32 400 m^3/d,涌砂 500 m^3				
17	06-08	D_2K1 +636、+865、+950、+970、D_2K2 +130 ~ +300	进口段正洞内多处涌水、涌泥砂,淤填正洞下导坑,导坑顶仅剩余 1 m 空间,积水回灌洞身				
18	06-20	D_2K1 +636、+865、+950、+970、+995、D_2K2 +000 ~ +298	进口段正洞内多处涌水、涌泥砂,开动 4 台 400 m^3/h、3 台 150 m^3/h 抽水机同时抽水,涌水量 34 000 m^3/d,涌砂 2 500 m^3				
19	06-26	D_2K2 +442、+543、+619	出口段正洞内 3 处涌水,涌水量 36 000 m^3/d,涌出泥砂 2 800 m^3				
21	08-06	D_2K1 +831 ~2 +181	进口段涌水,淹没洞身掌子面 D_2K2 +181 水深 4.6 m				
22	08-14	D_2K1 +831 ~2 +181	进口段涌水,淹没洞身掌子面水深 5.2 m。积水经正洞上导坑向出口排水,泥砂淹埋出口段正洞,厚 0.1 ~1.5 m				

注:第 3、4、5 次涌水未收集到详细资料,表中未列出。

主要涌水、涌砂事件记实如下:

A. 隧道进口段平导第一次涌水,淤埋平导 513 m。1999 年 3 月 10 日,当进口平导掘进至 PK0 +643(距进口 573 m)、掌子面超前探孔钻至 2 m 深时,发生第一次突水、涌砂现象,突水压力较大,最大射程 15 m。3 月 10 ~17 日,涌水量由初期 7 200 m^3/d 逐渐降至 1 500 m^3/d 而趋于稳定。涌出泥砂顺坡淤积平导距洞口 60 m,厚 0.2 ~1.2 m,淤砂量约 5 000 m^3,被迫停工清淤 12 天。此次涌水、涌砂,致使 PK0 +645 处揭穿的 1 ~1.5 m 宽溶槽内充填的泥砂大量流失,溶槽顶部形成一线天状,上看不到顶,左侧见横向约 15 m 深的空槽,右侧见一处跌水坎,水从上方流出，底部沉淀泥砂。

B. 进口段平导第二次涌水，淹没正洞。5月6日~7日连续降雨后，于5月8日凌晨，在平导第一次涌水处（PK0 +645）又发生第二次大涌水、涌砂。由于PK0 +645处的溶槽已被衬砌封堵，衬砌内设 ϕ100 mm 泄水管被泥砂堵塞，水压骤然增大而移向正洞（平导超前正洞约30 m），致使正洞 D_2K1 +554 ~ +570段右侧已灌注未达强度的混凝土衬砌边墙被推裂并倾倒7 m，大量涌水灌入正洞，淹没洞身433 m，停工清淤、抽排水15天。

C. 1999年3月~10月雨季期间，共发生较大涌水（砂）12次。随着进口正洞反坡掘进施工不断向前掘进，工作面距横通道距离增长，需要接力抽水。特别是正洞7月15日发生的第7次大涌水（涌水量达8万 m^3/d），来势凶猛，同时开动3台400 m^3/h及2台150 m^3/h的抽水机抽水也无济于事，导致洞内抽水设备被淹没，正洞涌水回灌至洞口，停工清淤、抽排水20天。

D. 1999年11月~2000年2月旱季期间，进口正洞工作面已掘至隧道中部穿过5层高瓦斯煤层地段，然而贵州六盘水地区仍是阴雨连绵。2000年1月18日又发生第13次大涌水（涌水量42 000 m^3/d），涌水倒灌淹没正洞770 m，停工清淤、抽排水18天。

E. 2000年4~8月雨季期间，洞内又发生8次大涌水（砂）。特别是8月6日、14日发生的第21、22次大涌水，淹没正洞掌子面，水深4.6~5.2 m。

③涌水、涌砂发生机理及特征：隧道涌水、涌砂与地下岩溶通道密切相关，一般都在刚揭穿溶槽或溶洞处突然集中涌出。其原因是隧道区地下水丰富，地下水位较高（高于隧道高程100~200 m），水压力大，引起静储水量的快速释放，或在暴雨或连日下雨后，地表水沿岩溶通道下渗补给，层间地下水运移量增大，洞内涌水携带岩溶洞穴中充填的泥砂流出。随着溶洞、溶槽内泥砂的流出，形成了地下水运移的有利通道，又促进了地下水的流动及地表水的下渗。岩溶洞穴中充填的中粗砂（含少许砂岩质碎块石），主要来源于地表砂岩、泥岩的风化物，随地表水流携带而沿岩溶缝隙、落水洞等通道下灌，将泥砂物质带至溶槽、溶洞内沉积。涌水、涌砂量特征主要表现为溶槽、溶洞内静储水量释放初期，涌水压力及涌水量较大，随着时间的推移逐渐衰减，而后趋于较小的稳定流量。洞内涌水的变化与大气降雨关系密切，一般具有滞后性，主要表现为大气降雨经过一段时间或累计降雨量达到一定量时才增大。涌砂量的变化与涌水量的变化成正比，随着涌水量增大而增多，减小而减少。

(3)地表塌陷概况

①地表塌陷分布：由于多次大量涌水、涌砂，引发洞顶地表塌陷5处（表5—27—4），陷坑直径2.8~8 m，深度1.2~10 m，致使地表沟水下灌，沟谷下游断流现象。

表5—27—4　隧道洞顶地表塌陷统计表

地表塌陷位置	塌 陷 原 因 及 特 征
D_2K1 +820 左 200 m	洞内涌水、涌砂引起地表塌陷，陷坑直径8 m，深度10 m，造成地表沟谷下游断流
D_2K2 +210 右 2 m	洞内涌水、涌砂引起地表塌陷，陷坑直径2.8 m，深度1.8 m
D_2K2 +270 左 20 m	洞内涌水、涌砂引起地表塌陷，陷坑直径2.5 m，深度1.2 m
D_2K2 +300 右 3 m	洞内涌水、涌砂引起地表塌陷，陷坑直径6.5 m，深度4.5 m
D_2K3 +258 洞顶	地表塌陷，陷坑直径5.5 m，深度6.5 m

②地表塌陷发生机理及特征：大多数塌陷都因隧道涌水、涌砂致使地下水位急剧下降产生真空负压，而水流冲刷潜蚀及涌砂又造成土粒不断流失，使岩溶洞穴中的充填物失去上托力，上覆土层在自重应力、真空吸蚀等作用下，造成地下水降落漏斗范围内的地表发生塌陷（陷

坑一般为椭圆或圆形)，相应范围的地表水或泉水漏失枯竭。个别塌陷由洞内坍方冒顶形成。

(4)岩溶洞穴与涌水涌砂、地表塌陷处治

①处治原则:“因地制宜，排堵结合，以排为主，综合治理”。

②夯填地表塌陷坑，并采用浆砌片石铺砌可能漏水沟槽，截流防渗，减少洞内渗水压力。

③延长出口顺坡平导。隧道中部地表为三个溶蚀洼地，地下岩溶发育，地下水丰富，涌水量大。原设计出口平导 294 m，未穿入中部朱家寨、毛家寨两个洼地之下。变更设计延长出口顺坡平导 900 m，穿越两个洼地富水区引排该段地下水。加快出口平导施工进度，减轻正洞掘进过程中涌水涌砂压力。

④增设横通道与正洞相连。在进口平导 $D_2K1+643$ 处增设横通道与正洞连接，以扩大施工作业面。正洞内设排架安装潜水泵，与洞内施工配备抽水机结合，形成接力抽水措施，将正洞反坡积水抽至顺坡平导排出。

⑤加强衬砌结构。根据隧道内溶洞规模及涌水、涌砂量大小分别确定处理方案。对涌水、涌砂严重的宽度大于 0.5 m 的溶槽或溶洞地段，采用抗水压 1.2 MPa 的钢筋混凝土衬砌封堵;溶槽宽度小于 0.5 m 处，沿槽两侧扩宽至 0.5 m，扩深 1.0 m，扩槽两侧设水泥砂浆锚杆，再用与衬砌同等级混凝土回填封堵，并预埋 PVC 管或钢管引排地下水至洞内侧沟排走，以减少水压对衬砌的作用力;岩层较完整，局部遇溶槽、溶缝地段，采用模筑混凝土衬砌，衬砌内埋设软式透水管引排地下水至侧沟排出。

2. 隧道坍方与支护衬砌开裂变形处理

隧道出口段穿过煤系地层软弱围岩，因浅埋偏压地应力较大，地下水较发育，施工中多次发生围岩坍方、支护与衬砌开裂变形、外鼓侵限等病害(见表 5—27—5)。

表 5—27—5　隧道出口软弱围岩地段主要工程病害

隧道里程	长度(m)	病害特征
$D_2K2+045 \sim D_2K3+325$	280	拱、墙初期支护扭曲变形、开裂、外鼓侵限
$D_2K3+011 \sim +027$	16	初期支护失稳坍方
$D_2K3+035 \sim +048$	13	初期支护失稳坍方
$D_2K3+069 \sim +113$	44	初期支护失稳坍方
$D_2K3+125 \sim +135$	13	初期支护失稳坍方
$D_2K3+027 \sim +074$	47	支护衬砌开裂变形
$D_2K3+095 \sim +113$	18	支护衬砌开裂变形
$D_2K3+216 \sim +264$	48	支护衬砌开裂变形
$D_2K3+269 \sim +277$	8	支护衬砌开裂变形

处理措施:对支护或衬砌发生开裂变形及侵限段，打入自进式中空注浆锚杆加固围岩，拆除侵限部分，重新施作初期支护及二次模筑钢筋混凝土加强衬砌;对坍方段采用超前管棚注浆，按Ⅱ类全封复合断面加密 P43 钢轨拱架(每 0.6 ~ 0.8 m 一榀)，喷混凝土厚 20 cm 加强支护，二次模筑钢筋混凝土衬砌等措施处理，效果良好。

3. 出口段平导开裂加固处理

出口段平导穿过煤系地层，地下水较发育，浅埋偏压严重。在平导掘进过程中，PDK0 + 125 ~ +250 段衬砌边墙、拱部发生严重开裂、剥落掉块、洞底上鼓、侧沟边墙倾斜等病害。采用衬砌内凿槽嵌入 P24 钢轨拱架及中空注浆锚杆加固处理，以作为隧道永久排水系统。

4. 洞口山体滑坡处理

在隧道出口段煤系地层开洞掘进过程中,引起地表山体蠕滑,造成民房开裂,正洞 K3 +265 ~ +325 长 60 m 衬砌严重开裂变形破坏。采取地表注浆、排水、坡面挂网喷混凝土防护,拆除洞内破损衬砌,重建钢筋混凝土加强衬砌,并在拱脚部位增设锁脚锚杆等措施处理,效果良好。

(四)隧道施工揭煤与瓦斯防治

何家寨隧道共穿过 16 层煤,全隧进口和出口均为瓦斯工区,按《铁路瓦斯隧道技术暂行规定》设计,施工机电设备、仪器、照明、爆破器材等按《煤矿安全规程》选用。隧道设计有揭煤超前探孔、预测孔、排放孔及检查孔、射流风机(壁笼式)纵向式通风、揭煤金属骨架及超前支护等防治煤与瓦斯突出的措施。煤层与瓦斯危险性预测,主要在超前平导揭煤前进行。平导采用全断面一次揭煤,正洞采用正台阶法施工,分上、下半断面两次揭煤,以减少揭煤中一次落煤量及发生煤与瓦斯突出危险,并有利于施工通风。

隧道中部 $D_2K1+695 \sim +905$ 段,洞身穿过泥岩、粉砂岩、石英砂岩夹煤层,段内共穿 5 层厚 0.7 ~ 2 m 的煤层,瓦斯含量 8.7 ~ 13.5 m^3/t,瓦斯压力 2.1 ~ 2.3 MPa,具有瓦斯突出危险。施工中结合防治涌水,实施了地质雷达超前探测工作,并严格按设计要求施工,揭煤顺利通过。

隧道出口 $D_2K3+015 \sim D_2K3+345$ 段,洞身穿过砂岩夹泥岩、页岩夹煤层。原设计平导 PDK0 +031 ~ +325 通过 b3、b4、b5、b6、b7 共 5 层煤,隧道埋深为 34 ~ 64 m,处于瓦斯风化带内,预测不会产生瓦斯突出危险。经地质雷达超前探测和平导掘进揭示,PDK0 +325 ~ PDK0 +421 又发现厚 0.5 ~ 4 m 的 6 层煤(只计厚度为 0.5 m 以上的煤层),瓦斯浓度 0.5% ~ 1%(表 5—27—6)。煤层位于洞身埋深较大地段,出现卡钻、喷孔等动力现象。施工中严格按设计要求进行,揭煤安全通过。

表 5—27—6　隧道出口段施工揭示煤层有关参数统计表

顺序	煤层编号	设计位置	实际位置	设计厚度(m)	实际厚度(m)	煤层倾角	揭煤时间	瓦斯浓度	地下水	备注(卡钻、喷孔)
1	b3(小铁炭)	PDK0 +163	+121 ~ +126	1.0	1.3	55°	1998.11.22	0.5	无	无
2	b4(大麻子)	0 +196	+197 ~ +205	2	1.95	55°	1999.01.03	0.7	无	无
3	b5(臭炭)	0 +226	+221 ~ +225	0.8	0.9	52°	1999.01.13	0.5	大	无
4	b6(二坡山)	0 +275	+279 ~ +285	1.5	1.7	50°	1999.02.20	0.6	中	无
5	b7(三坡山)	0 +313	+301 ~ +307	1.0	1.0	51°	1999.03.09	0.5	大	无
6			+330 ~ +335		0.5	45°	1999.05.29	0.2	无	无
7			+340 ~ +349		0.7	55°	1999.06.10	0.2	无	无
8			+359 ~ +368		1.3	52°	1999.06.28	0.4	中	喷孔
9			+382 ~ +395		2.5	55°	1999.07.25	0.5	中	卡钻、喷孔
10			+393 ~ +415		2.8	81°	1999.08.05	0.6	小	卡钻、喷孔
11			+414 ~442		4.0	85°	1999.08.16	1.0	中	卡钻、喷孔

(五)隧道设计施工有关技术问题

1. 隧道设计为单面坡(由进口向出口下坡)不利施工排水

何家寨隧道集“高瓦斯、强岩溶、大涌水(砂)”等地质灾害为一体,属于典型的不良地质隧道。设计中偏重洞内瓦斯排放，而对施工中多次发生大涌水、涌砂灾害认识不足，将隧道设计为4.5‰的单面下坡。进口工区长950 m反坡掘进，以正洞涌水点 $D_2K1+554$、+720计算，相对于进口低2.4～3.2 m。由于每次大涌水、涌砂均来势迅猛，淤积导坑，涌水倒灌淹没施工机具，排水及清淤工作量大，给进口段正洞施工造成极大困难。若隧道设计为人字坡，将对进口段排水有利，可减轻涌水、涌砂灾害的程度。适当匹配人字坡两端的坡度，运营通风问题是可以解决的。

2. 隧道出口段平导设计过短引起变更设计

出口段原设计平导长294 m，未穿过朱家寨、毛家寨两个溶蚀洼地之下的富水区，岩溶管道或溶槽被揭穿后突然大量涌水、涌砂，造成淹没正洞的灾难。变更设计延长出口顺坡平导900 m，穿越两个富水区引排该段地下水后，才减轻了出口段正洞掘进中涌水、涌砂的压力而恢复正常施工。

3. 出口段傍山浅埋偏压导致支护衬砌开裂变形

出口段隧道傍山浅埋穿过煤系地层，横向斜坡上覆土层和岩层风化带较厚，拱顶位于风化严重带(W_3)地层中。隧道开挖后，拱部垂直压力及偏压应力较大，顶板沿风化裂隙、节理或软弱夹层滑移下沉、坍落，加之煤系地层中的地下水较发育，对围岩稳定不利，导致支护衬砌开裂变形。

4. 施工方法不当导致初期支护或衬砌开裂变形

(1)初期支护违规施工，将部分软弱围岩地段设拱部格栅钢架和锚喷的初期柔性支护改用模筑混凝土护拱的刚性支护，使施作的刚性混凝土护拱过早承受较大围岩压力，拆模后就出现裂纹现象，以致局部二次衬砌也发生开裂。

(2)复合式衬砌地段采用台阶开挖方法不当，初期支护实为以往“先拱后墙”施工法。拱部设格栅钢架和喷锚初期支护后，下半断面开挖时，拱脚处岩层易沿节理或软弱夹层塌落，导致拱脚支护下沉，拱部支护开裂破坏。

(六)结　语

何家寨隧道地质灾害整治实践证明，在不良地质隧道的设计与施工中，都应高度重视隧道设计方案、设计措施及施工方法选择的科学性及合理性，否则，将付出沉重的代价。该隧道设计高度重视瓦斯防治问题，揭煤施工顺利通过；隧道设计单面坡、防排水措施力度不够，造成严重的水灾；软弱围岩地段傍山浅埋偏压、施工方法不当等，导致支护衬砌开裂变形。正反两个方面的经验与教训十分深刻，值得吸取。

二十八、黔桂铁路改扩建工程堂仪隧道小煤窑采空区变形特征及工程处理

王茂靖

(一)概　况

黔桂线改扩建工程堂仪隧道位于贵州省都匀市郊。隧道进口里程DK401+040，出口里程DK402+030，全长990 m，拱顶以上最大埋深约105 m。隧道地段属剥蚀、溶蚀低山地貌，自然斜坡度一般为15°～30°，植被茂密。隧道进口浅埋，呈缓坡地貌，地表有水田，土层覆盖

较厚。

该隧道自2005年4月开始施工，分为进出口两个工区。进口工区DK401+113～+550段长437 m，施工多处揭示采煤巷道及采空区。受采煤巷道及采空区的影响，施工中初期支护发生不同程度的变形、坍塌，产生Ⅰ类变更设计。施工进展也极不顺利，隧道施工历时2年多，于2007年11月才全部贯通。

（二）隧道区小煤窑采空区的分布及认识

1. 勘察期间小煤窑采空区调查

在勘察期间，铁二院对该隧道进行了较为详细的地表地质调绘和勘探，完成隧道1/2000详细工程地质调绘、1/500隧道进出口地质调绘及进出口纵横断面、洞身纵断面地质填图。进口布3个机动钻孔，共62.37 m，出口布置2个机动钻孔，共34.5 m。

隧道进口段地表调查发现，进口段（DK401+170～DK401+550）穿越二叠系上统吴家坪组（P_2w）煤系地层，该地层岩性为薄至中层状灰岩、页岩夹泥质粉砂岩及薄煤层，其中煤层属于透镜状、鸡窝状劣质煤。进口山坡上存在3个煤洞，为当地村民在1958年"大跃进"时期开采。1号煤洞入口位于DK401+136.9左20 m，入口处可见长度为8 m、宽约1.4～1.8 m、高约2 m的巷道，斜向下，倾角约21°。据访问当地年长老人，该煤洞由几十人用推车挖了3～4月，长度约200 m，日最大产煤量约210 m^3。煤洞口现已坍塌，无法进入测量。

2号煤洞入口位于DK401+340右30 m，入口处可见长度为5 m、宽约1.0～1.2 m、高约1.5 m的巷道，斜向下。据当地老人介绍，该煤洞不长，属大跃进后期开采，洞深不超过30 m，后由于政策原因没有继续开采。煤洞口亦已坍塌，无法进入测量。

3号煤洞入口位于DK401+368右58 m，入口处被堵塞，无法测量。据老乡介绍，该煤洞开挖长度不超过20 m，属大跃进后期开采，后由于政策原因没有继续开采。

2. 勘察中对进口小煤窑采空区的认识

勘察期间，根据对进口斜坡上采空巷道的洞口位置、调查了解到的采煤巷道方向及大致的坡度，经分析认为，煤洞采空巷道位于隧道拱顶以上，部分在线路右侧50～100 m外，由于采空巷道短、规模小，未在隧道洞顶以上形成较大的塌落带或者松动圈，进口斜坡上发现的三处废弃的小煤窑洞口及其推测的采煤巷道对隧道影响较小。

鉴于此，隧道施工图设计中未考虑采煤巷道及其采空区的影响。

3. 施工中揭示采煤巷道分布情况

该隧道进口段于2006年2月22日开始施工，开挖至DK401+293掌子面，在出渣时发现右拱部有一空洞，空洞发育方向斜向右侧，并沿此空洞出现坍塌。坍塌物为黄褐色、褐色的硅质灰岩、砂岩块石及煤渣，块径10～60 cm，多呈不规则的棱角状、次棱角状，松散，为煤洞内堆积物。

2006年3月31日施工开挖至DK401+334掌子面，在左拱顶再次出现坍塌。坍塌物为黄褐色、褐色的硅质灰岩、砂岩块石及煤渣，松散，亦为煤洞内堆积物。

2006年4月上导坑施工至DK401+346，左侧拱脚上0.5 m至拱顶下1.5 m处坍塌，坍方段纵向长2.0 m，出现一处2.2 m×2 m的空洞，空洞延伸方向斜向左前方，近水平，长约20 m，并沿此洞出现坍塌。坍塌物为炭质页岩、砂岩夹煤块及煤矸石，非常松散，呈棱角状，直径1～30 cm，呈不规则的棱角状、次棱角状，分析认为可能是1958年当地村民采煤而形成的采空区或巷道。

4. 施工中对采煤巷道及采空区的勘察分析

鉴于进口段 DK401 +282 ~ DK401 +360 上台阶揭示多处煤洞或采煤巷道，铁二院于 2006 年 2 月 10 日至 2006 年 4 月 5 日期间对此进行了补勘复查，采取了洞内调绘、勘探及地表物探相结合的综合勘探方法，基本查明了进口段采空巷道的分布位置及采空区影响范围。在此基础上，提出以下几点分析意见：

(1)进口段上台阶所遇采煤巷道是 1 号煤洞开采所遗留，2 号、3 号煤洞对隧道没有影响。

(2)1 号煤洞从入口(DK401 +113 左 20 m) ~ DK401 +175 发育于线路左侧，在 DK401 +175 处穿越线路进入右侧，至 DK401 +280 处后又从右侧进入线路左侧，并平行于线路，止于 DK401 +380 处，如图 5—28—1 和图 5—28—2 所示。

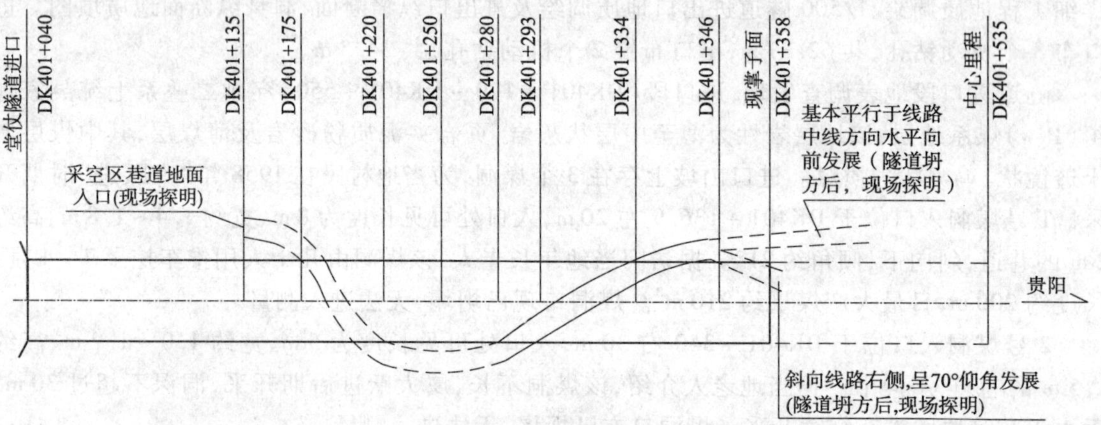

图 5—28—1　进口段采空区与隧道位置关系平面示意图

(3)采空区主要发育于隧道边墙至拱顶，基本沿线路方向延伸，隧道底部无采空巷道分布。

(4)坑道中存在堆积物，主要为松散的块、碎石及煤矸石。

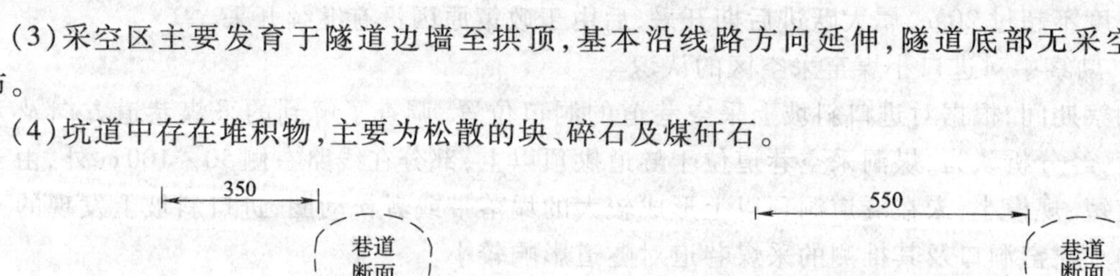

图 5—28—2　采空区与隧道位置关系断面示意图(单位:cm)

(5)结合隧道初期支护变形开裂情况分析，采煤巷道以上已经形成塌落带(即围岩松动圈)，范围在隧道边墙外及拱顶以上 20 ~ 40 m，如图 5—28—3 所示。

(6)DK401 +380 ~ +550 段无采空巷道，但因处于灰岩与煤系地层接触带，岩体仍较软弱，围岩稳定性较差。

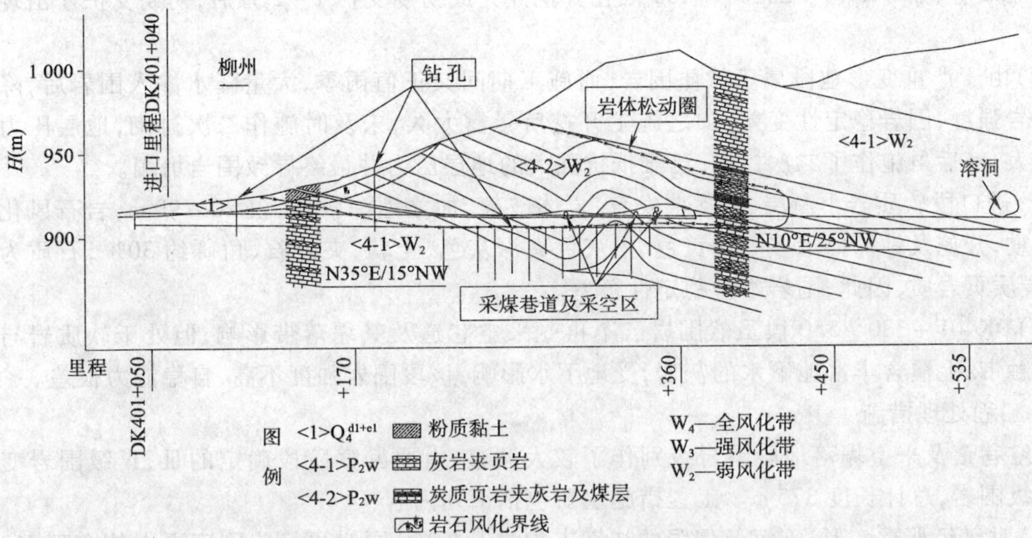

图 5—28—3　进口段煤窑采空巷道及岩体松动圈示意图

(三)隧道洞身段地质病害特征及工程处理

1. 地质病害特征

隧道进口段 DK401 + 240 ~ + 380,施工中在多处边墙及拱顶揭示小煤窑采空巷道,受采煤巷道及其采空塌落带的影响,产生初期支护开裂变形、洞内坍塌的严重地质病害。

DK401 + 240 ~ + 282 段施工中发现采空区迹象明显,因此对初期支护进行了加强,但因围岩压力过大,初期支护变形仍然严重,为确保安全,拆换了已变形的初期支护。已完成初期支护的 DK401 + 282 ~ + 323 右侧出现数条环向裂缝,DK401 + 282 ~ + 288 段边墙亦出现开裂,但未侵限。DK401 + 285 ~ + 344 左侧出现数条环向和水平方向裂缝,裂缝最大宽度在 2.5 cm 左右,其中 DK401 + 304 ~ + 310 段、DK401 + 331 ~ + 344 段左侧已支护地段变形侵入衬砌范围,最大侵限 30 cm。DK401 + 334 ~ + 338 段初期支护变形两次,还出现基底下沉和鼓胀现象,最大下沉达 30 cm,施工单位已对本段围岩注浆后拆换原来的初期支护,采取工字钢架临时支护。

2007 年 4 月 15 日,进口端 DK401 + 361 ~ DK401 + 365 段在仰拱开挖过程中,于 DK401 + 362 里程处左侧边墙初期支护(约上下钢架连接处)开始开裂并外鼓,并在短时间内伴随较大霹雳声,随即在 DK401 + 362 ~ DK401 + 373 段拱部发生坍塌,一台挖掘机被埋,整个掌子面被完全封堵。

2. 地质病害的原因分析

隧道进口段施工中产生初期支护多次开裂变形、洞内坍塌等地质病害的主要原因,分析如下:

(1)采空巷道及其塌落带是产生地质病害的主要原因。在煤洞开挖过程中,巷道周围围岩产生松弛,形成塌落带,围岩的强度显著较低。隧道进口端围岩为软硬相间地层,一般情况下围岩的综合内摩擦角可达 50° ~ 55°,受采空影响围岩松弛后的综合内摩擦角仅 25° ~ 35°,且隧道开挖后对原已松弛的围岩二次扰动,松动圈进一步逐渐加大,而原设计的初期支护不足以抵抗较大松动圈围岩产生的地层压力,从而引起隧道初期支护多次变形,而这种变形还具有滞后效应,如 DK401 +240 ~ +360 段在开挖并完成初期支护 1 ~2 月后,初期支护才出现变形。

(2)由于严重变形地段属于软质围岩,而施工期间又正值雨季,大量降水渗入围岩后,降低了围岩强度,围岩稳定性变差,加之施工开挖后暴露太久,未及时施作二次衬砌,地层压力不断加大,其后虽施作了二次衬砌,已难抵抗强大的地层压力并最终导致围岩坍塌。

(3)进口段软质岩小断层、小褶曲发育,岩体破碎,加之埋深较浅,仅 20 ~90 m,岩石风化极为严重,开挖及钻探揭示多呈褐黄色、褐灰色夹深灰色,土状,夹碎石、角砾约 30%,石质为灰岩、炭质页岩质,因此,围岩本身稳定性极差。

(4)DK401 +380 ~550 段虽然围岩已不再受采空巷道及其塌落带影响,但处于软质岩与灰岩接触带,上覆含丰富地下水的灰岩,受地下水影响,该段围岩强度不高,自稳能力很差。

3. 工程处理措施

采空巷道及采空塌落地段围岩级别作了较大调整,由原勘察阶段确定的Ⅲ、Ⅳ级围岩变更为Ⅴ级围岩,总计长度 375 m。工程措施主要包括下列内容:

(1)对已经严重变形、下沉及侵限的初期支护进行拆除,同时更换为刚度更大的全环 I18 工字钢架,钢架纵向间距调整为 0.6 m,并设置临时横向支撑,采用钢花管、超前小导管对采空巷道及周围的松散围岩进行径向注浆加固(注浆范围为 5.0 m,钢架连接注浆范围为 7.0 m)。

(2)坍方地段全断面径向注浆及超前帷幕注浆加固围岩,注浆加固范围为隧道开挖外轮廓以外 5 m,并采用全环设置 I18 型钢拱架加强支护,同时为防止在下台阶落底时出现异常,要求在下台阶开挖时加设临时横撑或临时仰拱。

(四)经验与教训

堂仗隧道长度仅 990 m,但由于通过小煤窑采空巷道及其塌落带,导致施工中产生了严重的地质病害,工程处理难度极大,发生了Ⅰ类变更设计,成为黔桂线改建工程的控制工程,施工历经两年多才全隧贯通,增加了较大的工程投资。通过该隧道的地质勘察、配合施工,从中可以吸取下述经验教训:

1. 对开采历史久远的小煤窑采空区,从初测地质选线阶段就应坚决绕避。因此类小煤窑开采多系当地村民自行乱采乱掘,无规划开采巷道图,勘察阶段很难查清。

2. 对线路方案综合比选后确实无法绕避的采空区,应加大地质勘察力度,采用综合勘察手段予以查明。本隧道勘察期间,虽然已经调查了存在的小煤窑数量及洞口位置,但未进行必要的、有针对性的物探及钻探,仅凭不确切的访问,便得出"小煤窑巷道位于隧道顶部且对隧道无大的影响"的错误结论,既未查清小煤窑巷道的空间分布,也未对它将对隧道产生的影响作出评价,以致隧道设计中也未考虑煤窑采空区的影响。

3. 隧顶小煤窑采煤巷道及其冒落带对隧道的影响具有滞后效应,隧道在山体中的二次开挖,使得隧顶巷道周围围岩松动圈再次围绕隧道开挖的临空面进行应力的调整和重分布,最终在隧道周围特别在顶部形成新的、更大的松动圈,在隧道初期支护上产生较大的地层压力。根据施工记录,这一滞后时间在 1 ~2 个月。

4. 由于勘察设计中围岩级别划分未考虑可溶岩与非可溶岩接触带因岩溶水作用而使软质岩体风化更为严重、强度更为软弱的特点,导致施工中 DK401 +380 ~550 段围岩级别进行了较大调整。

二十九、浙赣铁路提速改造工程新羊石隧道地质勘察实例

李维克

(一)工程概况

浙赣线(现沪昆线东段)电气化提速改造工程新羊石隧道位于湖南省株洲市境内,距市区约16 km。该隧道与工程改造前的旧羊石双线隧道毗邻,相距160～195 m,全长1 035 m,为单洞双线大跨(最宽处近15 m)、浅埋(洞顶平均埋深35 m左右)以及严重风化破碎的软岩和偏压隧道,是全线重大控制工程之一,也是广铁集团公司在建设中一直高度关注的重点工程。各参建单位密切协作、精心组织、精心勘设、精心施工,自2004年4月确定隧道方案至2005年12月隧道建成,历时21个月就圆满完成。该隧道属近年铁路建设重疑难工程之一。

(二)隧道方案比选

由于本次电气化提速改造工程是全国铁路首次确定按200 km/h建设客、货车共线的高标准线路,并要求采用一次性详勘和初步设计。因此,针对隧道所涉及的地形地貌、地质条件、新旧线路标准的衔接以及既有线隧道是否利用等问题,详勘阶段开展了多方案比较工作。

1. 完全利用既有隧道方案

本方案为双线利用既有隧道,仅在进、出口两端作新标准线位优化后接入。虽然利用既有隧道技术及经济上较简单合理,但存在较大病害问题。本隧道修建于20世纪90年代中期复线改造期间,由早期山外侧病害频发的路堑内移作长936 m的傍山双线隧道。由于隧道围岩地质条件很差,坍塌、变形及地下水发育等严重困扰着施工进展,自建成后至运营中仍存在诸多病害。经开展详勘地质调查并采用地质雷达对隧道衬砌、围岩进行无损检测发现,由于施工衬砌厚度不足及墙背空洞较多等原因,隧道部分围岩已经产生蠕动鼓胀变形,自然拱圈部分破坏,墙、拱开裂外挤并侵限,出现多处严重漏水,经补强维修后效果仍不明显。另隧道出口左侧边坡存在一个宽130 m、轴长50 m的工程滑坡,虽经整治但一直存在局部间歇性蠕动。

针对此情况,如果考虑利用,非但不能有效实现,反而需要增加病害的整治工程,其效果和代价尚难预料,甚至会诱发病害的扩大和发展乃至长期严重地影响既有线的运营安全,因此本方案未予采用。

2. 部分利用既有隧道方案

本方案采用两线分修,左线向左绕行新建875 m隧道,右线则利用既有隧道,即在隧道内作全断面加固后在中心设单线。此方案虽然利用了既有隧道且有足够的洞内加固条件,但同样很难预测如第一方案中对隧道病害整治加固的效果、费用大小以及可能影响病害发展程度等问题,且对既有线运营存在严重干扰。此外,新建左线隧道地质条件同样很差,其工期和投资等也难完全控制,因此存在较多不确定因素,使工程总投资大大增加,比较后也予放弃。

3. 新建双线隧道方案

由上可见,想要利用既有隧道的方案都存在较多弊端,因此一次性新建双线隧道的方案因其各方面条件都相对简单可控,特别是可避开对既有线的运输干扰和确保运营安全,经上报审查批准,最终采用了本方案。

（三）隧道地质勘察概况

2004 年 12 月，开始广泛收集有关地质资料，详细分析、研究区域地质条件、地质构造及其发展史，并开展野外大面积（约 4 km^2）地质调查测绘，进行了相关方案的初步地质勘探工作，通过地质比较，提出了推荐一次性建成新隧道的意见，为方案决策提供了可靠的地质依据。

2004 年 2 月至 4 月开展了新羊石隧道一次性详勘工作（含单绕隧道）。为确保地质基础资料完整、准确和可靠，勘察中采用了地质调绘、钻探、物探及室内试验等多种综合勘察手段。此外在同等地质条件下，新隧道线位尽力选择在埋深较大、围岩地质条件较好的地区通过，其隧道轴线尽量沿主山脊中轴线穿越，以获取更多埋深大、围岩好的地段，避开浅埋较差段。另对大跨、部分浅埋软岩、偏压及地下水侵蚀性等问题进行充分论证并提出处理措施建议，为设计提供了较可靠的基础地质资料。

本次隧道范围详勘工作共完成钻探 11 孔 217.90 m、静力触探 2 孔 6.20 m（确定进、出口外软土层）。其中左线单绕与采用方案两线平距不足 100 m，属相同地貌及地质单元，因此地质勘察资料可相互借鉴利用。采用线在洞身共钻 3 个孔，同时充分利用了单绕线药冲里沟浅埋段两个钻孔资料，并据此划分了隧道不同埋深地段围岩的风化程度及土石分带、地下水发育特征、节理裂隙发育情况，特别是针对过沟浅埋段进行围岩分级，并分别进行开挖后围岩稳定性预测。同时根据岩、土、水样试验结果，提供了设计所需的各种物理力学参数和水质类型及侵蚀性评价，编制了隧道工程地质勘察报告及有关各种图件。

（四）新羊石隧道地质概况

1. 地形地貌

隧道区属丘陵剥蚀地貌，由于变质岩软弱风化强烈、剥蚀严重、沟谷深切，相间峰脊单薄，谷与峰呈等宽毗连，地形凹凸起伏。地面高程 90 ~ 150 m，相对高差 20 ~ 60 m，自然坡度 20° ~ 45°，坡面植被发育，树木及杂草丛生。

2. 地层岩性

区内上覆第四系全新统坡残积粉质黏土，下伏元古界板溪群第一段板岩、变质砂岩。板岩、变质砂岩褐黄、棕黄、黄绿色，薄—中层状，泥质胶结；粉细粒结构，节理发育，节理面呈黑褐色，岩石破碎。全风化带呈土状，厚约 5 ~ 40 m；强风化带大部分呈碎块状，质软，掰或轻击即碎，在隧道部分埋藏较深段，有少量较硬岩分布。

3. 地质构造及地震动参数

隧道区位于株洲构造盆地，构造形迹复杂，主要以 NE 向构造和 NNW 向构造为主，有元古界变质岩及少量侵入岩分布。出露的板岩多为全风化带（W_4），板理较为清晰，产状为 N15° ~ 38°E/84° ~ 88°SE；节理发育，主要节理产状为 N55E°/64°NW、N65°W/42°SW、N45°W/84°NE、N22°E/56°SE，节理面有黑色水锈。

据国家地震局《中国地震动峰值加速度区划图》（GB 18306—2001，1/400 万，图 A1），区域地震动峰值加速度小于 0.05g。

4. 水文地质特征

区内地表水多为沟水和塘水，洼地中水田常年有积水。地下水为第四系土层孔隙潜水，基岩风化层中基岩裂隙水，均接受大气降雨及沟渠水补给，季节性较强，但水量较微弱。本隧道涌水量按大气降水入渗法估算为 3 200 m^3/d，洞内开挖实际涌水量略偏小。

经定测取板溪群第一段地层水样分析，水质属 $HCO_3^-—Na^+\cdot Ca^{2+}$ 型水，对混凝土有弱溶出型侵蚀性。

5. 隧道工程地质条件评价

隧道穿过强烈剥蚀低丘区，洞顶平均埋深 35 m，最大 60 m，过沟段最浅，不足 20 m。围岩均处于全—强风化带内，以土状或半土半岩状为主，局部偶有较坚硬岩层，但风化界线参差不齐，犬牙交错无规律。一般洞身以上围岩较干燥，向下逐渐潮湿或有水缓慢浸润渗出，局部洞底板有小范围少量积水。围岩具软硬不均、破碎且抗剪强度低而遇水软化等特点，临空后自稳强度很低，加之隧道浅埋、大跨断面大，围岩在开挖中极易产生变形和剪切破坏，出现侧壁坍滑、洞顶塌落冒顶等，其工程地质条件很差。另外，出口段浅埋、围岩松软偏压特征更显著。

6. 隧道围岩级别划分

根据地质调查、地质勘探结果并结合既有隧道围岩情况综合分析确定，隧道进口段 150 m 及出口段约 300 m 整体围岩处于全风化带内，中间段洞内围岩由上到下呈土、石犬牙交错状，半土半岩软硬不均，分布无规律可循，故全隧道围岩划分为Ⅴ级。

7. 隧道设计、施工原则要求

针对隧道基本地质条件，设计中特别加强相应的工程措施，一步到位，不留后患。施工应严格按设计要求实施，断面不过量超挖，并及时支护衬砌，拱、墙背应密实回填，避免围岩有后期蠕变条件而遗留后患（如既有隧道）。

（五）施工中技术管理及采取的措施

1. 施工中的技术管理

新羊石隧道于 2004 年 5 月开工，分别从进口和出口向洞身掘进。2005 年 3 月后因出口坍塌影响了工期进度，故在 DK928 + 640 右侧以长 118 m 的正交斜井增加了正洞掘进工作面，使隧道施工共有四个工作面。

鉴于隧道软岩、浅埋偏压、双线大跨及围岩易坍塌等特点及对地质资料准确性和可靠性的要求，建设方多次组织国内专家亲临现场调查指导工作。由于地质因素复杂多变，为加快施工进度，确保新羊石隧道按期贯通，成立了由建设、设计、施工、监理四方参加的“新羊石隧道施工动态设计小组”。地质人员按每掘进 20 m 进行一次地质确认，并密切关注掌子面围岩每个微小的变化，使整体围岩一直处于可控状态下；加强超前预报，有针对性地提出围岩重点支护参数和局部调整或加强措施。经施工开挖验证，施工所揭示隧道围岩级别与勘察设计文件所定的情况是相符的。除中段个别围岩变好级别有提高外，均没有产生过大的设计变更。

2. 整治病害所采取的措施

为确保施工安全质量和工期，经邀请有关专家多次研究后，采取了以下处理措施：

（1）考虑出口端山体因坍塌已出现多处开裂，且影响范围较大，裂纹已深入山体，使得整个山体呈现松散状，继续施工可能出现类似坍塌，故必须对山体进行加固。采用洞顶注浆钢管桩的方法，对坍塌体影响隧道开挖范围内靠山侧设钢管桩 3 排，间距 0.8 m，呈梅花形布置。管桩深度至仰拱底。

（2）陷穴处设置 6 m 平台，仰坡及陷穴处采用 5 m 长的 $\phi42$ 小导管注浆加固，仰坡面用 15 cm 厚喷混凝土封闭，陷穴处用 15 cm 厚混凝土封闭。

（3）利用明暗分界处明洞拱顶为工作台，在隧道拱部设两环 $\phi127$（壁厚 8 mm）的大管棚，大管棚长度 40 ~ 55 m。自明暗洞分界点 DK929 + 168 至开挖断面 DK929 + 130，两环均注水泥浆。注浆压力第一环控制在1.5 MPa,第二环注浆压力控制在3 MPa。注浆期间加强洞内监测。

(4)坍方段所用系统锚杆改变为ϕ42小导管径向注浆加固,小导管长度5 m。

(5)坍方影响段视净空富裕情况采取加强措施,在净空充分时,采用环向ϕ22主筋、纵向ϕ12纵筋组成粗钢筋网片,补喷10 cm厚的混凝土,钢筋网间距30 cm。在变形较大处可加设I18工字钢加强支护。

(6)明暗分界处明洞外墙外侧设置浆砌片石挡护锥体,以稳定线路右侧仰坡。

(7)坍方及坍方影响段衬砌加强,采用ϕ25主筋,衬砌内外侧各8根。

(8)加强山体及明洞观测。

(9)仰坡坡率为1:1.5,采用锚杆网喷防护,仰坡转角处坡率变化为1:1.25。

(10)拆除填充砂袋时,严格控制拆除长度,边拆边进行补强,补强后迅速施作衬砌。

(11)明洞尽快施作防水层,明洞外侧采用干砌片石回填。回填自基础底至原地面高7 m,长56 m。

具体工程处理措施确定后,施工据此分步详细实施,达到了预期的目的,收到了满意的结果。

(六)结 束 语

浙赣铁路新羊石隧道是在地质构造复杂、岩性软弱、破碎及浅埋断面大等不利环境条件下,通过严格的方案比选及精心勘察、设计和参建各方密切配合,在施工中不断加深认识、不断提高综合技术水平共同建造完成的。隧道方案的地质选线是成功的,地勘资料具有较高的可靠性。隧道于2005年12月开通试运营以来使用正常,至今未出现过任何地质病害,各项工程质量良好,充分表明隧道工程地质工作是有成效的。

三十、洛湛铁路北岗隧道花岗岩蚀变带地质病害及工程整治

王茂靖

(一)概　　况

北岗隧道位于新建洛湛铁路永州至岑溪段糯洞车站与岑溪北车站之间,进口里程为DK462+235,出口里程为DK464+366,隧道全长2 131 m,最大埋深约130 m。该隧道于2004年12月开工,按进、出口工区组织施工,由于施工中产生了围岩急剧变形、坍塌、突泥、突水,地下水位下降、泉水枯竭,地面塌陷、开裂等现象,对隧道施工及环境产生了较大影响,致使施工严重受阻,并产生了Ⅰ类变更设计。隧道施工历经3年,克服了重重困难,才于2007年7月贯通。

在勘察期间,对该隧道进行了地质调绘和填图,完成了全隧1/2 000详细工程地质填图、1/500隧道进出口地质填图及进出口、隧道洞身纵断面地质填图。在地表地质调查测绘中,发现进出口无基岩出露,隧道洞身出露砂岩、石英砂岩,其中在DK462+520~+770右侧80~120 m山脊一带见强、弱风化砂岩、石英砂岩出露,在DK463+100左侧200 m冲沟陡崖壁见弱风化砂岩、石英砂岩出露,在DK463+500右侧140 m山头见强、弱风化砂岩出露,DK462+900~

DK463 + 200 村庄周围地表出露强、弱风化的砂岩、石英砂岩，故根据地表调查测绘的地质条件，未在洞身村庄一带布置勘探。

由于进出口无基岩出露，分别于隧道进口 DK462 + 240 右 6 m（孔深 15. 8 m）、DK462 + 460 右 12 m（孔深 26. 0 m）、出口 DK464 + 360 左 8 m（孔深 11. 4 m）、DK464 + 339 右 8 m（孔深 25. 4 m）共布置 4 个机动钻孔，共计 78. 6 m。

（二）隧道工程地质条件

1. 勘察提供的工程地质情况

隧道通过低山缓坡，地表呈波状起伏，山脊多呈长条状或浑圆形，沟槽沿缓坡发育，下切较浅，自然坡度 10° ~ 30°，地表高程 120 ~ 400 m，相对高差 50 ~ 200 m，山坡植被发育。

地表覆盖第四系全新统坡洪积（Q_4^{dl+pl}）及坡残积（Q_4^{dl+el}）粉质黏土，洞身通过奥陶系中统缩尾岭群（O_2sw）砂岩、石英砂岩夹页岩、石灰岩。砂岩为细粒及粗—中粒结构，致密厚层块状，页岩为薄层状，灰岩为中厚层状，显晶质结构，质坚硬，呈区域透镜状分布，差异风化严重，全风化带厚 10 ~ 30 m，强风化带 5 ~ 10 m。灰岩多呈弱风化。地层呈单斜构造，风化裂隙发育，岩体破碎，节理为 3 ~ 4 条/m，呈微张至张开状，延伸较远。洞身地质纵断面见图 5—30—1。

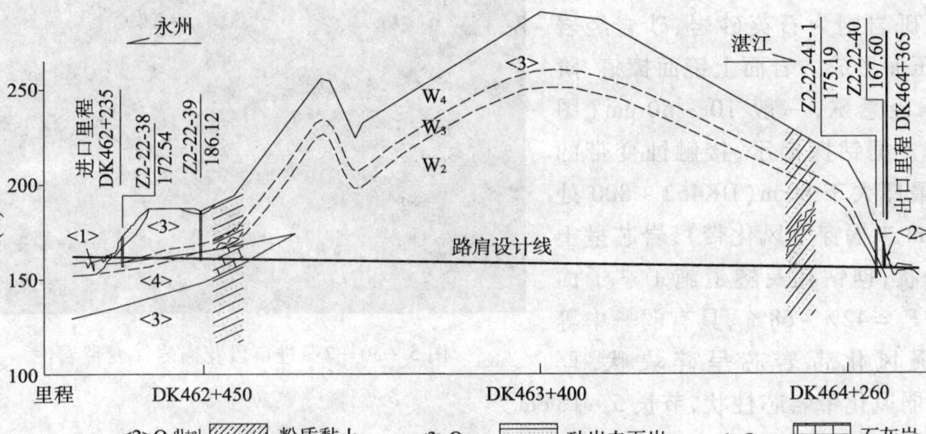

图 5—30—1　隧道地质纵断面示意图

地下水以第四系土层中的孔隙水及基岩裂隙水为主，地下水发育，受大气降水及地表水补给，以地面径流及泉的形式排泄。根据大气降雨入渗法预测，全隧雨洪期涌水量为 5 000 m^3/d。水质对混凝土有弱硫酸型酸性及中等溶出性侵蚀。

该隧道主要工程地质问题为：进口端为浅埋，且岩层风化强烈，全、强风化带厚，地层中夹透镜状灰岩，隧道施工中有遇岩溶及岩溶突水之可能；隧道通过地区降雨量大，暴雨强度高，降雨频繁，隧道施工中可能遇较大的地下水。

根据钻探及地表测绘划分围岩级别：DK462 + 235 ~ DK462 + 560 埋深小于 35 m 的浅埋段，为Ⅴ级；DK462 + 560 ~ + 740 埋深 35 ~ 81 m，但由于存在灰岩与砂岩接触尖灭带，为Ⅳ级；DK462 + 740 ~ + 840 埋深 81 ~ 96 m，由于山脊出露弱风化砂岩、石英砂岩，为Ⅲ级；DK462 + 840 ~ DK463 + 000 过冲沟段，埋深 64 ~ 86 m，由于冲沟为地表水汇集处，地下水相对丰富，降为Ⅳ级；DK463 +000 ~ DK464 +000 埋深大于 83 m，且弱风化带大于 50 m，为Ⅲ级；DK464 +000 ~ DK464 +280 埋深逐渐减少，过渡为Ⅳ级；DK464 +280 ~ DK464 +365 属出口浅埋段，为Ⅴ级。

全隧道围岩级别主要为Ⅲ、Ⅳ、Ⅴ级，其中Ⅴ级围岩段占全隧的 19.2%，Ⅳ级围岩段占全隧的 29.1%，其余为Ⅲ级围岩段。

2. 施工揭示的工程地质条件

施工揭示表明，地质条件与原设计存在一定出入。进口段施工至 DK462 +520 处，发现存在风化极严重的花岗岩体，为此，对 DK462 +515 ~ DK463 +200 段又进行了补充勘察，在洞身布置 9 个机动钻孔共计 601.60 m，实测洞身纵断面一条(长 800 m)，并填绘地质纵断面。

根据补勘地质资料及施工开挖揭示，隧道洞身较大范围处于燕山期晚期花岗岩与奥陶系中统缩尾岭群砂岩夹页岩的接触蚀变带，花岗岩侵入体与砂岩夹页岩相互混杂，岩性变化极为复杂，受岩浆岩侵入挤压，岩体极为破碎。蚀变带走向与线路近于垂直，由深灰色、褐黑色、浅黄色的挤压糜棱岩、绿泥石、角砾岩及花岗岩组成。挤压糜棱岩主要为页岩经岩浆侵入挤压搓磨后形成；角砾岩则为石英砂岩、砂岩经岩浆侵入挤压而形成。岩面上镜面擦痕、阶步清晰，砾径悬殊，一般 10 ~ 50 cm(图 5—30—2)。据钻探揭示，接触蚀变带的全风化带最厚大于 80 m(DK462 +800 处钻孔 82.3 m 未揭穿全风化带)，岩芯呈土柱状、角砾状，据钻孔及隧道施工掌子面取样试验，F_s =42% ~68%，具有弱—中等膨胀性，强风化带岩芯呈碎块状，厚 10 ~30 m，弱风化带岩芯柱状，节长 5 ~15 cm。

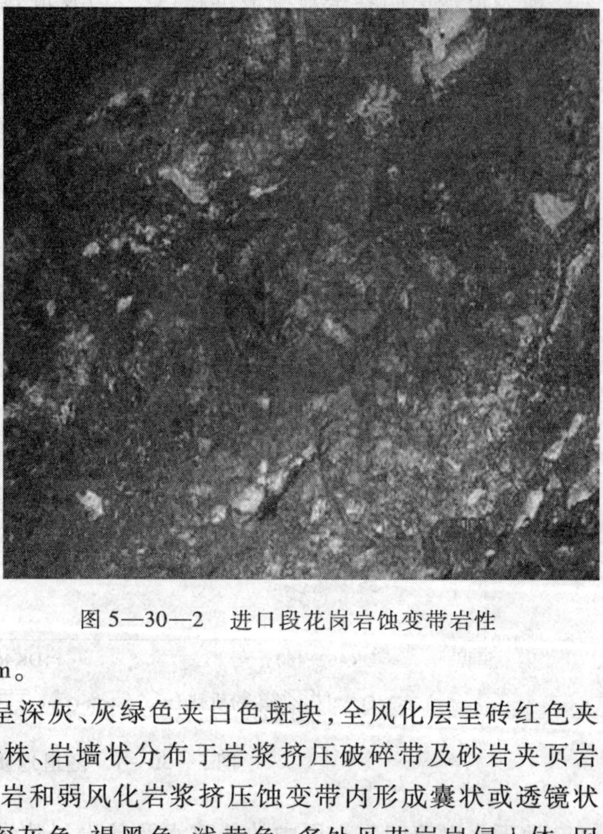
图 5—30—2　进口段花岗岩蚀变带岩性

补勘钻探及施工揭示的花岗岩新鲜面呈深灰、灰绿色夹白色斑块，全风化层呈砖红色夹灰白、灰绿色斑点、斑块，呈透镜状、岩脉、岩株、岩墙状分布于岩浆挤压破碎带及砂岩夹页岩内，岩体破碎，风化强烈，在弱风化砂岩夹页岩和弱风化岩浆挤压蚀变带内形成囊状或透镜状破碎体及裂隙、空洞。砂岩夹页岩、灰岩为深灰色、褐黑色、浅黄色，多处见花岗岩侵入体，因花岗岩侵入的热液蚀变作用及挤压作用，砂页岩已发生一定程度的变质，普遍绿泥石化，岩体破碎，风化强烈且差异大。据调查及钻探揭示，此套地层的全风化带最厚达 50 m，岩芯呈土柱状、粉土、黏土状，具有弱—中等膨胀性，强风化带岩芯呈碎石角砾状，厚 4 ~18 m，弱风化带岩质较坚硬，岩芯大部分呈柱状，少量呈块状(见图 5—30—3)。

花岗岩与砂岩夹页岩接触蚀变带地下水发育，DK463 +020 右侧 79 m、DK462 +903 左侧 55 m 处有下降泉出露，隧道掌子面全断面渗水，且多处呈股状渗流。据钻孔水位测量，稳定水位线高程为 218.48 ~231.81 m，位于隧道洞顶以上。地下水活动对隧道围岩的稳定性影响极大。

测区花岗岩体侵入所形成的囊状或透镜状破碎体及裂隙相互追踪发展，形成连通性极佳

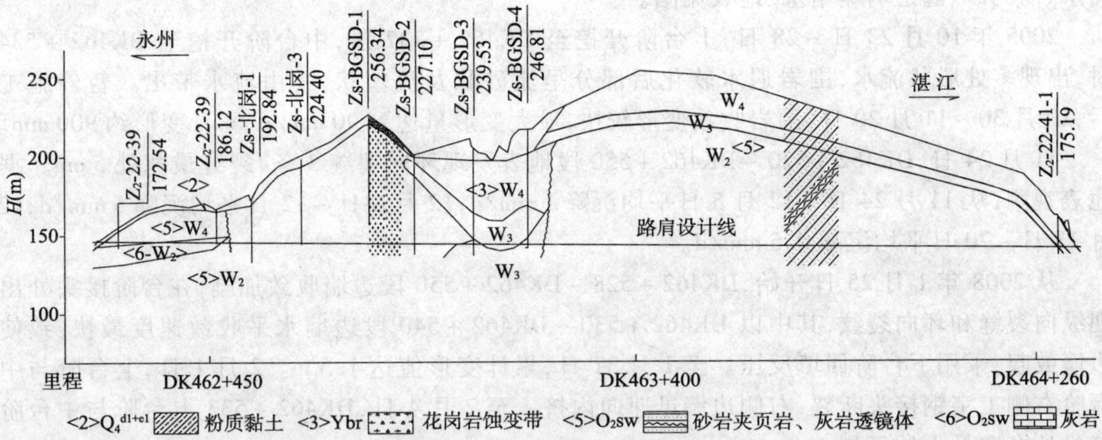

图 5—30—3 隧道施工揭示地质纵断面示意图

的裂隙通道，地下水经这些通道径流、排泄而形成股状涌水，从掌子面、拱部、边墙涌出，流量 6 ~ 20 L/s，对隧道危害极大。DK463 + 200 拱顶右侧涌水涌泥导致隧道堵塞、地表塌陷便是很好的说明。

综上所述，可得出测区地形地质环境有如下特点：

(1) DK462 + 900 ~ DK463 + 200 段为一沟谷洼地，隧道埋深浅，最小埋深仅 50 m，洞顶为村庄及小学，房屋密布。

(2) 花岗岩蚀变带宽度达 611 m，其前后岩体亦极为破碎。

(3) 紧邻花岗岩与砂岩夹页岩的接触带附近，由于岩浆在侵入、冷凝成岩及风化过程中，对本身已经很破碎的砂页岩夹灰岩强烈挤压破坏和热液蚀变作用使砂页岩破坏变质，极易风化；高温高压环境形成的花岗岩本身出露地表在低温低压环境下也极易风化，故测区内岩体破碎，全风化层巨厚。

(4) 部分地段全风化带具有弱—中等膨胀性，围岩自稳性极差，收敛变形大。

(5) 测区地下水发育，特别是岩浆挤压蚀变带内地表泉水、地下水发育，对隧道施工及上方村庄及小学危害极大。

由于地层岩性与勘察资料出现了较大差异，因此对隧道围岩级别做了较大调整。DK462 + 540 ~ DK462 + 560 由原设计Ⅴ级变更为Ⅵ级围岩，DK462 + 560 ~ DK462 + 650 由原设计Ⅳ级变更为Ⅵ级围岩（含丰富地下水），DK462 + 650 ~ DK462 + 740、DK462 + 840 ~ DK463 + 000 由原设计Ⅳ级变更为Ⅴ级围岩，DK462 + 740 ~ DK462 + 840、DK463 + 000 ~ DK463 + 210 由原设计Ⅲ级变更为Ⅴ级围岩，DK463 + 210 ~ DK463 + 230 由原设计Ⅲ级变更为Ⅳ级围岩。全隧道共计发生围岩级别变更 690 m。

（三）施工中的病害特征及工程处理措施

1. 施工中的病害特征

该隧道于 2004 年底开工，采用进、出口双向掘进，台阶法施工。进口工区自进入 DK462 + 500 段以后，掌子面围岩为强风化的砂岩夹页岩，DK462 + 530 右侧见全风化的花岗岩侵入体，并出现多处股状涌水和涌泥现象。

进口段施工中多次发生围岩收敛变形、拱顶下沉；出口段施工至 DK463 + 200 时发生大量涌水、涌泥砂、隧道坍塌堵塞、地表塌陷。

2005 年 10 月 23 日 ~28 日，上台阶开挖至 DK462 +537 段，中台阶开挖至 DK462 +534 时，出现多处股状流水，围岩遇水软化后部分呈流砂状及流塑状，并由流水带出。暂停施工后，10 月 30 ~11 月 20 日，围岩收敛变形较快，最大变形量达到 90 mm/d，累计变形约 900 mm。

11 月 24 日，DK462 +520 ~ DK462 +550 段地表发现环向裂缝 3 条，裂缝最宽处 5 cm。据地表观测，从 11 月 24 日 ~12 月 5 日平均沉降 1 mm/d，12 月 6 日 ~12 日平均沉降 5 mm/d，12 月 13 日 ~20 日平均沉降 0.5 mm/d。

从 2008 年 1 月 25 日开始，DK462 +528 ~ DK462 +550 段边墙收敛加剧，在台阶接头处出现纵向裂缝和环向裂纹，其中以 DK462 +530 ~ DK462 +540 段边墙水平收敛速度最快，致使边墙鼓起，采用下台阶回填反压。至 1 月 31 日，累计变形值达 1.5 m。2 月 1 日，上台阶与中台阶右侧工字钢接头断裂，右侧边墙迅速向内挤。至 2 月 4 日，DK462 +533 上台阶与中台阶接头处净空最小处只剩 2.6 m。

从 2 月 1 日开始，DK462 +515 ~ +570 段地表裂缝持续发展，环向裂缝 4 条，裂缝宽度最大至 16 cm。1 月 24 日 ~2 月 4 日平均沉降 3.5 mm/d，2 月 4 日 ~20 日平均沉降 0.4 mm/d。

2006 年 5 月 7 日，DK463 +200 左侧拱腰开挖出现一高 2 m、宽 1 m 的溶洞，掌子面左侧起拱线上 1 m 位置出现大量涌水，涌水量约 1 000 m^3/d，涌水混浊，夹大量黄色泥砂，总淤积量约 2 500 m^3。同时，DK463 +215 ~ +220 右侧边墙有 4 股涌水，涌水量约为 500 m^3/d。地下水带出大量泥砂，使洞内约 300 m 长的范围淤积厚达 0.6 m。涌水一直持续至 5 月 27 日，使已作初期支护被压塌，所涌泥砂使洞内堵塞。6 月 2 日，在隧道埋深 90 m 的洞顶发生地表塌陷，陷坑深 6 ~8 m，直径 6 ~7 m。

2006 年 12 月 29 日，DK463 +023 掌子面爆破作业后，于 DK463 +020 处出现左右边墙贯通裂隙，裂隙处发生突泥涌水，进而再次引发地表塌陷。地表塌陷范围为 DK462 +940 ~ +990 线路右侧，其左边缘距隧道中心线约 40 m，陷坑长约 50 m，宽约 70 m，沉陷约 25 cm。

与此同时，DK462 +820 ~ +940 段线路右侧房屋及地表产生了多道裂缝，地表产生不均匀沉降，51 户村民中有 18 户的房屋变形、开裂严重。地表最左侧裂缝距隧道中心线约 50 m，长约 120 m，裂缝宽 3 cm 左右。

2. 工程处理措施

针对该隧道施工过程中发生的病害，经参建有关单位会商决定，除根据施工揭示的实际情况对围岩级别进行相应调整外，主要采取了以下工程措施：

(1)洞内严重变形下沉侵限地段初期支护全部拆换，同时将格栅钢架改为型钢钢架，并加密小导管、锚管超前预注浆。

(2)对松散、破碎、富水的围岩采取洞内大管棚超前注浆、小导管及锚管径向注浆、全断面钢轨格栅支护等加固措施。

(3)DK462 +850 ~ DK463 +172 段由于地表有村庄，冲沟发育，且洞内已经发生坍塌，地表形成陷坑，施工中采用超前帷幕注浆加固围岩。

(4)隧道衬砌结构调整为Ⅴ级浅埋加强及Ⅵ级围岩衬砌加强。

(5)隧道部分地段开挖后，隧底均为砂页岩、花岗岩全风化带，受地下水作用，基底软弱，承载力低(实测值为 80 kPa)，为此采用了钢花管注浆加固。

(四)地质病害产生的原因分析

1. 花岗岩侵入体呈岩脉、岩株、岩墙状侵入到泥盆系砂页岩地层中，形成软弱破碎的蚀变带。蚀变带内岩体节理裂隙发育、十分破碎、风化严重，围岩多呈松散碎石角砾、粉砂土状，遇水浸泡后软化，呈软塑（部分为流塑）状，结构强度遭到破坏，力学性能急剧下降，围岩稳定性极差。

2. 隧道严重变形地段浅埋，且位于三条冲沟的交汇处，而区内降水量大，降雨频繁，大量降雨渗入地下形成丰富的地下水，大大增加了施工难度，并促成病害的发生。

3. 砂页岩风化土、花岗岩全风化带具有弱膨胀性，在一定程度上加剧了已形成的病害。

4. 由于隧道开挖形成地下临空面及地下水排泄通道，产生了一定的水头差，加快了地下水的流动。

综上原因，由于隧道围岩工程性质极差，施工产生的围岩松动圈较大，加之地下水发育，地下水大量下渗使松散微粒不停地被带走，松动圈不断扩大，初期支护及二次衬砌承受的地层压力渐次增大，致使围岩变形持续不止，并发展到地表，产生塌陷和陷坑。

（五）经验及教训

北岗隧道施工中产生了严重的地质病害，造成了Ⅰ类变更设计，增加了不少的工程投资，其经验教训值得总结。

1. 隧道的工程地质条件受区域地质构造环境控制。勘察期间，必须对区域地质资料进行深入研究，扩大调查研究范围。施工和地质补勘揭示出花岗岩侵入体后，经重新分析区域地质资料发现，距隧道仅数千米外就有大面积出露的燕山期花岗岩体，但勘察期间却仅凭进出口的浅孔勘探及地表调绘后就判定整个隧道洞身通过的地层岩性，忽视了花岗岩侵入的区域性，因此也就忽视了隧道所处复杂的区域环境地质条件，成为隧道施工中产生严重地质病害及大量变更设计的主要原因。

2. 勘察中对南方地区湿润多雨、地下水丰富及岩体风化严重认识不足。该隧道中部穿越花岗岩蚀变带，岩体挤压破碎，大量降雨渗入地下，形成丰富的基岩裂隙水，同时也更促进了破碎围岩的风化，隧道埋深达70～80 m的地段，钻孔岩芯仍然呈饱水的砂粒、土柱状。丰富的地下水既是产生隧道地质病害的重要原因，也引起围岩级别的变更。

3. 对洛湛铁路沿线分布的奥陶系中统缩尾岭群（O_2sw）砂岩、石英砂岩夹页岩、石灰岩这套地层的工程地质特性认识不足。现在来看，该套地层历经多次构造运动，又地处湿润多雨的广西地区，岩体极为破碎，又风化严重，风化带中的黏性土还具有弱膨胀性，由于这些特性，导致设置于该套地层中的工程易产生地质病害。除本隧道外，洛湛铁路其余分布缩尾岭群的地段也都发生过较多的边坡溜坍、挡墙开裂、下沉及外移等地质病害。

三十一、郑西客运专线张茅隧道工程地质特征

陈建发

（一）概　　况

郑（州）西（安）客运专线为我国建设的第一批高速客运专线，桥隧占线路总长的75%，其中隧道占线路总长24%。全线共设48座隧道，多为位于地下水位之上的黄土隧道。

张茅隧道全长8 450 m，为全线最长隧道，最大埋深185 m，位于岩石段落长度5 150 m，位于

黄土段落长度 3 200 m,黄土段落大部分位于地下水位之下(见图 5—31—1)。经采用综合地质勘察手段,查明了隧道的工程地质及水文地质条件,取得了合理的岩土物理力学参数,提出了合理的工程设计及施工措施意见。隧道于 2005 年 12 月开工,于 2008 年 1 月全线贯通。经施工检验,揭示张茅隧道的勘察地质资料与实际情况基本吻合。

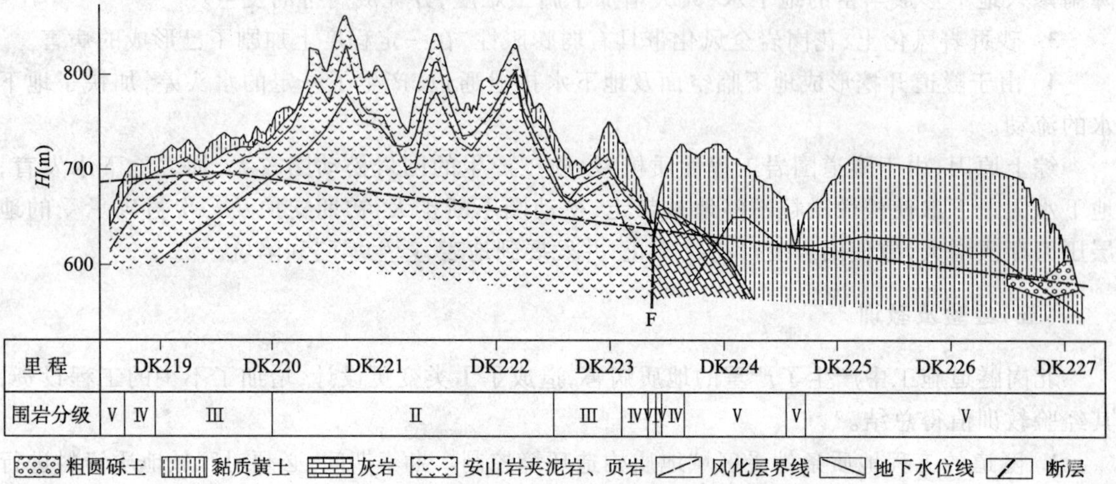

图 5—31—1　张茅隧道地质纵断面示意图

(二)地质特征

1. 地形地貌

隧道通过低山区及黄土台塬区,隧道进口至 DK222 + 300 段属于低山区地貌,山脊走向近于南北,为秦岭东段崤山之支脉,地面高程 630 ~ 860 m,相对高差 200 m 以上;DK222 + 300 至隧道出口段为黄土台塬边缘区地貌,地面高程 640 ~ 740 m,相对高差约 100 m;边缘黄土"V"字形冲沟发育,地形切割严重,黄土塬上地形平坦开阔。整体地势进口段南西高,北东低;出口段南东高,北西低。

连霍高速公路于 DK220 + 100 附近与隧道斜交,从隧道洞顶通过,隧道埋深约 100 m;310 国道位于附近,洞身上多有便道与国道相通,交通较方便;隧道出口位于山口河右岸,仅有小路相通,交通相对不便。隧道洞顶附近多有村寨分布,沿线植被差。

2. 地层岩性

沿线分布第四系全新统(Q_4)、上更新统(Q_3)、中更新统(Q_2)及震旦系下统(Z_1m)地层。其地层岩性如下:

第四系全新统人工弃土层、坡崩积黄土层和冲洪积层对隧道工程无影响。

第四系上更新统(Q_3):主要为砂质黄土,褐黄、灰黄、浅黄色,稍密—中密,干燥—稍湿,土质均匀,厚 0 ~ 8 m,分布于 DK223 + 500 以后黄土塬表层。

第四系中更新统(Q_2):分布于 DK223 + 500 以后,厚 40 ~ 120 m。主要为黏质黄土,褐黄、棕黄、棕红色,硬塑—坚硬,垂直节理发育,夹数层 0.05 ~ 1.0 m 钙质结核层(姜石层)和古土壤层(最多可达 9 层),厚度数十厘米至数米,古土壤层成分为黏土,具弱—中等膨胀性,黏质黄土部分亦具弱膨胀性。所夹粗圆砾土透镜体,粗圆砾土局部相变为砂层或卵石土层,密实,稍湿—饱和。安山岩、砂岩和石英砂岩质,卵砾石约占 50% ~ 70%,粒径 30 ~ 150 mm 为主,圆棱状，分选性差。余为黄土和砂砾充填，部分具泥质、钙质胶结作用，厚5～30 m不等，隧道出口冲沟有较大范围出露。

断层角砾(Fbr)：分布于DK223＋348～＋394段断层破碎带内。钻孔揭示，上部为断层角砾，岩芯呈角砾土状；下部为断层角砾岩，角砾成分主要为灰岩质，钙质胶结，岩芯呈柱状、块状，岩质较坚硬。

震旦系下统马家河组(Z_1m)：安山岩夹砂岩、泥岩、页岩及灰岩，安山岩为隐晶致密结构、斑状结构，气孔杏仁状构造、块状构造，结构构造不均匀，变化较大，矿物成分主要为辉石、斜长石，次为角闪石、黑云母。所夹薄层—中层状砂岩、泥页岩，为安山岩喷发间歇期所沉积，或为喷发时的俘虏体，钻探揭示厚度2～30 m，分布规律性差，地表偶见出露。安山岩质坚性脆，节理裂隙较发育，岩体完整性不均匀，抗风化能力总体较弱。所夹沉积岩岩质相对较软，岩体较破碎，局部有变质现象。全风化带厚0～20 m，强风化带厚3～35 m。灰岩地表出露于DK223＋394～＋420段斜坡上，薄至中厚层状，分布于断层下盘，岩芯可见溶孔和溶缝，受断层影响，岩体破碎。

隧道主要位于震旦系下统马家河组(Z_1m)和第四系中更新统(Q_2)地层中。

3. 地质构造

沿线大地构造属华北地台区之次级构造单元，华熊台缘坳陷及三门峡—灵宝断陷盆地区。隧道通过区内仅在DK223＋370冲沟中发育一性质不明断层，断层走向呈NW向，延伸约1 000 m，断层两侧地层产状不连续，冲沟东岸岸坡地表被厚层黄土所覆盖，下游约300 m岸坡坡脚出露砂岩，岩层倾E，层间扭曲发育；西岸岸坡则出露灰岩，产状倾W。冲沟边局部见断层角砾，为安山岩、泥页岩挤压破碎形成；钻孔揭示，该处冲沟内表层0～8.5 m为角砾土，8.5～16.8 m为断层角砾，断层角砾之下为断层角砾岩。经分析，该处断层破碎带宽约46 m，分布于DK223＋348～＋394范围。

安山岩夹砂页岩的节理裂隙产状主要有N10°～81°E/48°～54°NW、N43°～68°W/52°～90°、N10°～84°E/29°～75°SE、N25°～61°E/90°、N50°W/80°SW、N35°E/90°等组。

4. 水文地质条件

测区地下水主要为第四系孔隙水和基岩裂隙水。

第四系冲洪积层中砂卵石含丰富的孔隙水，主要位于隧道出口后山口河河漫滩及其阶地内，对隧道工程无影响。第四系中更新统老黄土分布范围广，黄土垂直节理发育，含一定的孔隙、裂隙潜水(主要是黄土微裂隙水)。据深孔揭示和试验分析，地下水位48～85 m，渗透系数0.009～0.014 m/d，水质类型为HCO_3^-—$Ca^{2+}\cdot Mg^{2+}$型水，淡水，对混凝土无侵蚀性；黏质黄土中所夹粗圆砾土亦含一定的孔隙潜水，局部具承压性，该含水层呈透镜体状，连续性差，部分成为上层滞水，深切冲沟中有泉点出露。

安山岩夹砂岩、泥页岩节理、裂隙发育，大气降水补给范围广，含较丰富基岩裂隙水，冲沟中有泉点出露，隧道范围地下水位埋深40～45 m，渗透系数0.021～0.030 m/d，水质类型为$SO_4^{2-}\cdot HCO_3^-\cdot Cl^-$—$Ca^{2+}$、$SO_4^{2-}$—$Ca^{2+}$型水，淡水，对混凝土无侵蚀性。灰岩段钻孔揭示，无地下水。

隧道最大涌水量预测采用《铁路工程水文地质勘察规程》(TB 10049—2004)附录B地下水动力学法之古德曼经验公式，即

$$Q_1 = L\frac{2\pi KH}{\ln\frac{4H}{d}}$$

式中 Q_0——隧道通过含水体地段的最大涌水量(m^3/d);

K——渗透系数(m/d);

H——静止水位至洞身段横断面等价圆中心距离(m);

d——洞身横断面等价圆直径(m);

L——隧道通过含水体的长度(m)。

按地层岩性和地下水位埋深相近的地段作为一段,分段进行隧道涌水量预测计算,渗透系数采用各段钻孔抽水试验结果,洞身横断面等价圆直径Ⅱ级围岩段取13 m,Ⅲ~Ⅳ级围岩段取14 m,Ⅴ级围岩取段取15 m。除了位于地下水位之上地段外,全隧道共分7段进行水文地质预测计算,其中灰岩段虽然钻孔揭示未见地下水,但考虑灰岩地下水的不均匀性,为保证施工安全,按照不利情况考虑。预测计算结果如表5—31—1所列。

表5—31—1　张茅隧道涌水量分段预测计算成果表

段落里程	地层岩性	围岩级别	L(m)	H(m)	K(m/d)	Q_0(m^3/d)
DK220+000~DK222+500	Z_1m 安山岩	Ⅱ	2500	80	0.022	8 626
DK222+500~DK223+348	Z_1m 安山岩	Ⅲ	848	45	0.030	2 815
DK223+348~DK223+394	Fbr 断层角砾	Ⅴ	46	12	0.052	155
DK223+394~DK223+900	Z_1m 灰岩	Ⅵ	506	/	/	4 095
DK223+900~DK224+550	Q_2 老黄土	Ⅴ	650	20	0.013	609
DK224+550~DK224+720	Q_2 老黄土	Ⅴ	170	11	0.055	600
DK224+720~DK227+080	Q_2 老黄土	Ⅴ	2 360	30	0.013	2 690
汇总						18 990

5. 不良地质及特殊岩土

(1)不良地质

不良地质主要有黄土冲沟、错落体和崩积体、黄土窑洞。黄土冲沟、错落体和崩积体主要分布于DK223+500以后洞顶,对隧道影响小;沿线分布的黄土窑洞大多尚在使用之中,一般宽2.5~3.0 m、高2.5~4.0 m、深3.0~8.0 m,对隧道工程直接影响小,但隧道施工可能会影响其稳定性。

(2)特殊岩土

①黄土:黄土塬表层断续分布有第四系上更新统(Q_3)新黄土,厚度0~8 m,对隧道影响不大。隧道主要通过第四系中更新统(Q_2)老黄土,以黏质黄土为主,垂直节理发育,土质密实,一般属非湿陷性黄土,夹数层古土壤层(黏土)及透镜体状砂卵砾石层。

②膨胀土:黄土中所夹古土壤层(黏土),具弱—中等膨胀性,自由膨胀率 F_s = 41%~58%,阳离子交换量 CEC(NH_4^+) = 22.10~23.15 mmol/100 g,蒙托石含量 M = 12.31%~14.21%。Q_2 黏质黄土由于黏粒含量较高,液限一般30%~40%,自由膨胀率一般10%~32%,具一定膨胀性,局部亦达到弱膨胀土指标。

(三)隧道的地质勘察及勘察资料分析应用

1. 地质勘察综述

工作开展前,应充分收集既有资料,编制详尽的勘察计划和勘探测试技术要求,在地质调绘的基础上,采用钻探、水文地质试验、钻孔孔内测井、地震反射波物探及室内水质分析、土工试验等手段实施综合勘察。本隧道完成的勘察工作量如表 5—31—2 所列。

表 5—31—2 张茅隧道勘察工作量一览表

项目		单位	数量
测绘	1:500	km^2	0.11
	1:2000		3.42
	1:10000		37.80
钻探	浅孔(<100 m)	孔/m	13/794.9
	深孔(>100 m)		6/705
原位测试	标贯试验	点次	12
提水试验		孔	9
P.S 波测井		孔/m	10/762
深孔综合测井		孔/m	6/705
浅反地震波物探		m	900
室内试验	土样	组	38
	水样	组	12
	石样	组	20

2. 地质勘察资料综合分析应用

(1)岩土物理力学指标

岩土的物理指标采用统计平均值,力学指标剪切指标和压缩模量采用统计标准值,基本承载力主要根据岩土的物理指标结合经验对应规范得出。岩土的主要物理力学指标如表 5—31—3 所列。

表 5—31—3 张茅隧道主要物理力学指标一览表

时代成因	岩性	状态	天然密度 ρ	天然含水量 w	天然孔隙比 e	饱和度 S_r	液限 w_L	塑限 w_p	干密度 ρ_d	基本承载力 σ_0	天然快剪 凝聚力 c	天然快剪 内摩擦角 φ	压缩模量 $E_{s0.1\sim0.2}$
			(g/cm^3)	(%)		(%)	(%)	(%)	(g/cm^3)	(kPa)	(kPa)	(°)	(MPa)
Q_2	黏质黄土	硬塑	2.0	23	0.67	95	37	22	1.68	250	60	21	14
Q_2	粗圆砾土	中密	2.1	/	/	/	/	/	/	400	/	40	50
Fbr	断层角砾	/	2.2	/	/	/	/	/	/	400	/	40	/
Z_1m	安山岩	W_4	2.1	/	/	/	/	/	/	250	20	35	15
Z_1m	安山岩	W_3	2.3	/	/	/	/	/	/	500	/	50	60
Z_1m	安山岩	W_2	2.7	0.50	/	/	/	/	/	800	/	65	/
Z_1m	灰岩	W_3	2.6	/	/	/	/	/	/	1000	/	65	/

(2)隧道围岩分级

隧道围岩级别应综合地层岩性、地质构造、地下水情况、岩土体纵波速度等因素确定。张茅隧道围岩分级如表 5—31—4 所列。

表 5—31—4 张茅隧道围岩分级一览表

分段里程	围岩级别	长度(m)
DK218 +630 ~ DK218 +680	Ⅴ	50
DK218 +680 ~ DK218 +950	Ⅳ	270
DK218 +950 ~ DK220 +000	Ⅲ	1 050
DK220 +000 ~ DK222 +500	Ⅱ	2 500
DK222 +500 ~ DK223 +100	Ⅲ	600
DK223 +100 ~ DK223 +330	Ⅳ	230
DK223 +330 ~ DK223 +400	Ⅴ	70
DK223 +400 ~ DK223 +450	Ⅳ	50
DK223 +450 ~ DK223 +650	Ⅳ	200
DK223 +650 ~ DK224 +550	Ⅳ	900
DK224 +550 ~ DK224 +720	Ⅴ	170
DK224 +720 ~ DK226 +900	Ⅳ	2 180
DK226 +900 ~ DK227 +080	Ⅴ	180

(3)隧道施工工程措施及注意事项

①隧道进口 ~ DK218 +950 段位于 Z_1m 安山岩夹砂岩、泥页岩强风化(W_3)地层中,风化节理裂隙发育,岩体破碎。声波测井横波速度 2 720 ~ 3 080 m/s。隧道进口边仰坡应加强防护,施工应小炮掘进,及时支护衬砌。隧道进出口边仰坡应加强防护,加强天、侧沟排水工程。

②DK218 +950 ~ DK223 +348 段隧道主要位于 Z_1m 弱风化(W_2)安山岩夹砂岩、泥页岩地层中,含较丰富的基岩裂隙水,构造节理裂隙较发育,岩体完整性不均匀,安山岩强度较高,所夹泥页岩强度较低。安山岩声波测井纵坡速度 4 440 ~ 5 952 m/s,横波速度 2 566 ~ 3 440 m/s,烘干抗压强度 75. 3 ~ 131 MPa,饱和抗压强度 55. 4 ~ 88. 61 MPa。泥岩弱风化(W_2)声波测井纵波速度 3 200 ~ 5 000 m/s,横波速度 1 850 ~ 2 890 m/s。施工宜及时支护衬砌。施工遇砂岩、泥页岩夹层应加强支护,防止坍方。

③DK223 +348 ~ DK223 +394 段隧道经过断层破碎带,破碎带物质为断层角砾、断层角砾岩,隧道浅埋,位于地下水之下,地表冲沟内常年有水流。设计对断层破碎带宜进行预加固,施工应进行超前预报,短掘进,及时支护,加强防排水,防止坍方冒顶。

④DK223 +394 ~ DK223 +900 段隧道经过灰岩地层,钻探岩芯见小的溶孔和溶缝发育,勘察中钻探循环液不能返出孔口,位于断层附近,岩体破碎。施工应进行超前预报,防止突水突泥,隧道贯通后、铺底前应用物探查清基底的岩溶发育情况。

⑤DK223 +900 ~ DK227 +080 段隧道位于 Q_2 黏质黄土夹古土壤层、砂卵砾石层中,大部分位于地下水位之下,天然含水量 20% ~ 25% ,液限 30% ~ 44% ,塑限 15% ~ 27% ,塑性指数 13 ~ 20,硬塑—坚硬。声波测井纵坡速度 1 686 ~ 2 660 m/s,横波速度 921 ~ 1 284 m/s,黏质黄土一般具弱膨胀性。隧道施工应短掘进,尽量减少对土体扰动,及时支护和封闭掌子面,加强衬砌。黏质黄土基底应控制扰动,清除虚土,开挖后尽早封闭处理。DK224 +550 ~ DK224 +720 段隧道浅埋,冲沟内常年有水,施工应加强超前支护。卵砾石层与黄土接触带土质较松散,地下水含量较大,施工应加强支护。出口为圆砾土层,易风化剥落,边仰坡应加强防护。本隧道虽为“人”字坡,但进口段坡短,地下水较少,出口段坡长,地下水较丰富,属斜井反坡施

工,故应加强排水措施,防止地下水长期浸泡软化基地;出口段黄土隧道施工应加强侧沟排水,避免地下水冲蚀和浸泡黄土基底,从而降低地基承载力及影响围岩稳定性。

⑥隧道洞身线路附近杨家村、郑家沟、王家崖、上岭、邢家沟、后坡、南沟、西坡脑等村落居民用水取自冲沟渗水和泉点水(Q_2 黏质黄土孔隙裂隙水或基岩裂隙渗水)。隧道施工会改变地下水环境,降低地下水位,对附近部分村落居民生活饮用水产生影响,设计及施工应予充分考虑。隧道施工弃方应尽量考虑利用,不能利用的弃土应选择适当堆放地点,避免改变自然流水环境,避免形成人为水土流失或泥石流。弃土场应设置必要的挡护工程,并应尽快恢复植被。

(四)施工验证情况

1. 隧道围岩级别

施工隧道围岩级别变化如表 5—31—5 所列。

表 5—31—5　张茅隧道围岩分级变化情况一览表

分段里程	设计围岩级别	施工围岩级别	长度(m)
DK218 +630 ~ DK218 +680	Ⅴ	Ⅴ	50
DK218 +680 ~ DK218 +950	Ⅳ	Ⅳ	270
DK218 +950 ~ DK219 +542	Ⅲ	Ⅳ	592
DK219 +542 ~ DK220 +000	Ⅲ	Ⅲ	458
DK220 +000 ~ DK222 +500	Ⅱ	Ⅱ	2 500
DK222 +500 ~ DK222 +940	Ⅲ	Ⅲ	440
DK222 +940 ~ DK223 +100	Ⅲ	Ⅳ	160
DK223 +100 ~ DK223 +330	Ⅳ	Ⅳ	230
DK223 +330 ~ DK223 +400	Ⅴ	Ⅴ	70
DK223 +400 ~ DK223 +450	Ⅳ	Ⅳ	50
DK223 +450 ~ DK223 +650	Ⅲ	Ⅳ	200
DK223 +650 ~ DK224 +550	Ⅳ	Ⅳ	900
DK224 +550 ~ DK224 +720	Ⅴ	Ⅴ	170
DK224 +720 ~ DK226 +900	Ⅳ	Ⅴ	2 180
DK226 +900 ~ DK227 +080	Ⅴ	Ⅴ	180

岩石地段:进口段 DK218 +950 ~ DK219 +542 岩石较均匀,主要为安山岩,由Ⅲ级围岩变更为Ⅳ级围岩,原因是隧道开挖后发现岩体强风化层界线存在一定的起伏状况,拱腰以上岩体破碎,达不到设计围岩级别;1 号斜井郑州端 DK222 +940 ~ DK223 +100 段由Ⅲ级围岩变更为Ⅳ级围岩,原因是岩体为安山岩夹砂岩、泥页岩透镜体,透镜体分布于拱腰之上,且透镜体近于水平状分布,易坍方;安山岩Ⅱ级围岩地段整体围岩较好,局部较破碎,进行了加强支护;DK223 +450 ~ DK223 +650 段为灰岩,位于断层附近,且洞顶之上灰岩厚度较薄,岩体破碎,开挖后达不到设计的围岩级别。

黄土地段:勘察设计阶段认为,Q_2 黏质黄土主要为黏性土,不太可能含地下水,钻孔揭示的地下水可能为局部的圆砾土夹层所含上层滞水,且老黄土开挖后稳定性较好,故按照Ⅳ级围岩进行设计;开挖后发现老黄土微裂隙中普遍含地下水,掌子面不及时封闭易坍方,基底易软化，故变更按照Ⅴ级围岩进行施工。

2. 隧道实际涌水量

隧道开挖过程中揭示的地下水位线与设计图基本吻合，施工涌水量则通过掌子面附近积水井抽水过程粗略估算。岩石地段施工最大单位涌水量比设计值小，约为 $1.0\sim1.8\ m^3/(d\cdot m)$。不同地段水量不均匀，裂隙发育或较大的裂隙，涌水呈股状流水、射水状；裂隙不发育地段则水量较小；灰岩地段无地下水。黄土地段隧道单位涌水量基本与设计值吻合，最大涌水量约 $0.8\sim1.1\ m^3/(d\cdot m)$。

3. 坍方情况

本隧道施工过程中，仅发生了一些小的坍方，未造成大的损失。

4. 环境影响情况

隧道开挖后，随着地下水的排放，逐渐影响到隧道洞顶沿线泉点和水井，出现泉点和水井地下水位下降、干涸的状况。铁路建设单位采用汽车拉水保障居民用水的临时措施，后续又采取了经济补偿或还建水源等处理措施。另外在隧道埋深较浅地段，发生由于隧道爆破振动而引起附近居民窑洞开裂的事件，后采用控制爆破和对既有损坏进行经济补偿方式进行处理。

（五）结　　语

1. 张茅隧道为郑州至西安客运专线全线最长的隧道，采用综合勘察方法所取得的成果资料，经施工检验，与实际基本吻合，岩土参数合理，工程措施得当，施工较为顺利。张茅隧道的综合勘察方法可在类似工程勘察中推广运用。

2. 张茅隧道的勘察和施工经验证明，第四系下更新统老黄土存在黄土微裂隙水，但含水不均匀，类似于基岩裂隙水，储水和透水能力相对较为微弱。地下水位之下老黄土内可以修建大断面黄土隧道，施工过程应采取加强防排水、加强保护基底、尽量控制对基底的扰动、及时封闭掌子面等措施。

3. 当黄土中地下水量较小时，可采用简易水文地质试验确定相关水文地质参数。

4. 对一般埋深在地下水位之下的隧道，施工中难免不造成地下水位下降，以致影响位于地下水位降落漏斗范围的居民泉点和水井用水。隧道施工前，应对施工可能影响的既有水源提出保护性应对措施或替代方案，落实投资，以保证沿途居民的正常生产、生活。

三十二、武广客运专线高岭隧道进口段地质病害及工程治理

何　平

（一）前　　言

高岭隧道位于广东省英德市境内，全长 5 558 m，为武汉至广州客运专线韶关至花都段第二长隧道。进口 DK2064 + 387 ~ + 600 段隧道洞身基本位于山前堆积粉质黏土、含块石粉质黏土、块石土中。由于该段工程地质条件、水文地质条件复杂，存在地形偏压，加之施工方法不当，施工过程中出现拱顶沉降、右侧支护侵限、掌子面核心土挤出、初期支护呈环向开裂、地表变形开裂等病害，并引起 DK2064 + 487.4 右侧壁导坑和 DK2064 + 507 ~ + 525 两处发生坍塌、冒顶，严重影响施工安全和进度。后根据现场病害情况，采取了强而有力的措施，才取得

了较好的整治效果。

（二）勘察概况

隧道进口段穿越山前坡麓堆积层。为查明该堆积层的工程地质、水文地质条件及稳定性，初测阶段对该堆积层进行了大面积的工程地质测绘、航片解译及代表性的地质钻探，最终选定了地质条件相对较好的隧道进口（即现在的洞口位置）。定测阶段采用了工程地质测绘、地质钻探（包括 4 个浅孔、1 个深孔）、物探（包括电测深、综合测井等）、水文地质试验、室内试验等相结合的综合地质勘察方法，查明了该堆积体的工程地质、水文地质条件，分析评价了该堆积体的稳定性，并提出了相应的工程措施建议。

（三）工程地质条件

1. 地形地貌

高岭隧道进口段穿越山前坡麓堆积带（层）。堆积带（层）斜坡总体为下缓上陡，坡脚附近自然坡度为 10°~25°，上部自然坡度为 30°~50°。地表竹树成林，植被茂密。

2. 地层岩性

隧道进口 DK2064+387~DK2064+600 段的坡麓堆积带表层覆盖 20~30 m 厚的粉质黏土，其下为厚约 10 m 的含块石粉质黏土、中密饱和状的块石土。粉质黏土以硬塑为主，夹 5%~25% 的砂岩质碎石、块石，粉质黏土亲水性较好，发育有较多的裂隙，其与块石土及灰岩接触带附近局部呈软塑状。下伏基岩为灰岩（位于隧道底板以下 0~32 m），岩溶发育。

3. 地质构造

进口段为山前坡积、坡崩积堆积带，未见断裂构造。隧道所通过的山体，地质构造单一，地层单斜，岩层倾向隧道进口端，产状为 N8°W/62°E。节理较发育，主要有 N44°E/76°N 及 N73°W/77°N 两组（见图 5—32—1）。

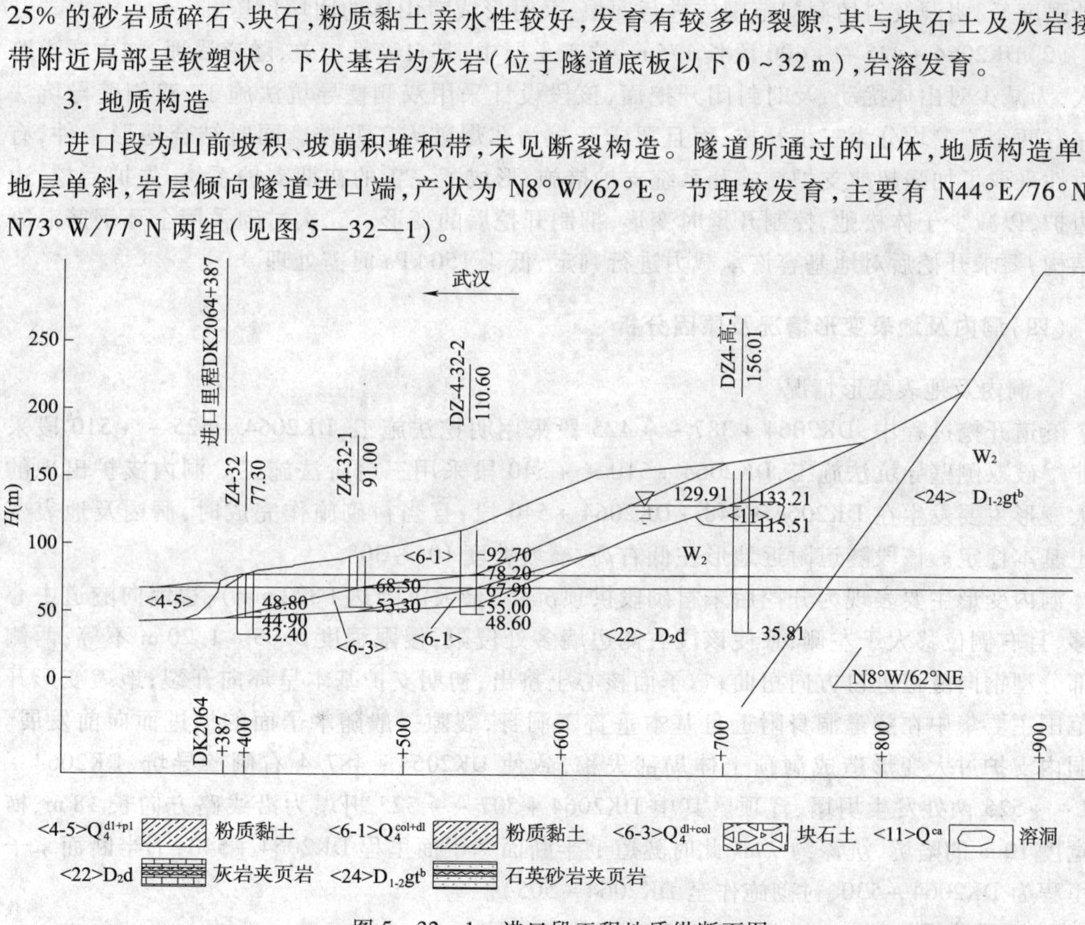

图 5—32—1　进口段工程地质纵断面图

4. 水文地质

块石土层为良好的储水、导水介质，地下水较发育且具微承压性。粉质黏土层地下水不发育，但其裂隙有利于地下水的下渗，易软化土体。灰岩岩溶发育，岩溶水发育。根据钻孔资料，DK2064 +400 处勘探时地下水位高程为 66 m（埋深 11.30 m），DK2064 +710 处勘探时地下水位高程为 129.91 m（埋深 26.10 m），地下水具微承压性。地下水主要受大气降水补给，在地势低洼处排泄。地下水对混凝土具中等硫酸型酸性侵蚀及弱溶出型侵蚀。

5. 工程地质条件评价

进口段堆积层天然状态稳定，DK2064 +387 ~ DK2064 +600 段隧道基本位于粉质黏土、含块石粉质黏土层、块石土中。粉质黏土层中发育较多裂隙，将土体切割成块状，块体接触面比较平整、光滑，粘结力较差且有利于地表水的下渗；块石土中地下水较发育。粉质黏土亲水性好，遇水易软化，底部接近基岩或块石土处局部呈软塑状，施工中成拱困难，易坍方。因此进口段工程地质条件差。

6. 施工图设计情况

DK2064 +387 ~ DK2064 +600 段隧道基本位于粉质黏土、含块石粉质黏土层、块石土中，围岩级别为Ⅴ级。针对该段的地质情况，施工图设计采取了如下工程措施：

(1) DK2064 +387 ~ +425 段长 38 m，由于埋深浅（拱顶以上覆土 1 ~ 5 m），采用明挖法施工，并对开挖临时边坡采用锚网喷防护，明洞衬砌采用全环钢筋混凝土结构。明洞衬砌达到设计强度后，明洞及斜切洞门范围应进行回填，及时形成对山体的回填反压。

(2) DK2064 +425 ~ +600 段长 175 m，位于土层中，其自稳性较差，隧道浅埋，加之隧道跨度大，为减少对山体扰动，及时封闭开挖面，该段设计采用双侧壁导坑法施工，双侧壁导坑法的左右两个侧壁均分为三步开挖，而且要求开挖为非爆破人工开挖。同时结合地形条件，有针对性采取了加强超前支护措施和系统支护措施，形成了完善的初期支护系统，先护后挖，边挖边护，以减少土体松弛，控制开挖时变形，抑制开挖后的变形。二次衬砌采用全环钢筋混凝土结构，要求开挖后对地基容许承载力进行判定，低于 150 kPa 时需处理。

（四）洞内及地表变形情况及原因分析

1. 洞内及地表变形情况

隧道开挖过程中，DK2064 +387 ~ +425 段采用明挖法施工，DK2064 +425 ~ +510 段采用非爆破双侧壁导坑法施工，DK2064 +510 ~ +540 段采用三台阶法施工。洞内支护出现的较大变形主要发生在 DK2064 +448 ~ DK2064 +540 段，且当衬砌施作完成时，洞内及地表变形也基本稳定。该段隧道附近地形左低右高，横坡坡度 10° ~ 30°。

洞内变形主要表现为开挖后未衬砌段拱顶沉降（最大沉降达 1 322 mm）；边墙向隧道中心位移，且右侧位移大于左侧，致使该段右侧边墙多处侵限，侵限程度 0.05 ~ 1.20 m 不等；两侧的部分型钢向隧道进口方向扭曲；掌子面核心土挤出；初期支护基本呈环向开裂；地表变形开裂范围主要集中在隧道洞身附近且基本垂直于洞身，裂隙一般随掌子面的掘进而向前发展。因洞内支护过大变形造成洞顶土体局部失稳，致使 DK2064 +487.4 右侧壁导坑、DK2064 +507 ~ +525 两处发生坍塌、冒顶。其中 DK2064 +507 ~ +525 坍塌为沿线路方向长 18 m、横向宽度 10 m 的陷坑，坑深约 7 m（此时隧道上半断面掌子面里程 DK2064 +540，下半断面掌子面里程为 DK2064 +530，衬砌施作至 DK2064 +505）。

2. 原因分析

该段隧道通过粉质黏土层。由于粉质黏土本身自稳能力较差，发育较多隐性裂隙，将土体切割成块状，块体接触面比较平整、光滑，粘结力较差，为地表水的下渗和地下水的运移提供了条件；该段植被茂密，地表径流条件较差，施工期间正值当地梅雨季节，连续降雨加剧了地表水下渗；同时，粉质黏土层中透镜状分布块石土层，隧道施工至DK2064+519处时，右侧拱脚处有较大的水喷出，直径为5 cm，喷出距离长2.9 m，数天后水量逐渐变小，表明该段右侧块石土中赋存承压水，但贮量较小；粉质黏土亲水性较强，浸水后易产生较大的塑性变形，围岩力学性质降低，特别是裂隙间的摩擦力降低，表现出明显的饱水土体浅埋隧道变形特征，因此出现拱顶沉降大、初期支护开裂、掌子面核心土挤出、地表下沉、地表变形开裂范围主要集中在隧道洞身附近且基本垂直于洞身、地表裂隙随掌子面的掘进而向前发展等现象。洞内过大变形造成洞顶土体局部失稳，致使DK2064+507～+525洞内发生坍塌，且在地表形成长约18 m、宽约10 m、最深处约7 m的塌陷坑。

该段隧道附近地形左低右高，受地形偏压的影响，隧道右侧土体作用于洞身的应力大于左侧土体，引起未支护段洞内右侧向隧道中心方向的位移大于左侧、右侧边墙侵限。

两侧的部分型钢向隧道进口方向扭曲，掌子面核心土挤出，表明土体向隧道口方向产生较大的应力。这主要是因该段未按设计要求采用双侧壁导坑法施工，而改为三台阶法施工，开挖后掌子面形成较大的临空，粉质黏土强度低，当围岩应力超过其强度时，产生塑性变形，土体向掌子面方向挤出。

（五）工程处理措施

隧道开挖过程中，DK2064+387～+505段围岩仍维持Ⅴ级，仅对部分初支变形较大的地段进行拆换和加强，同时针对引起洞内变形及坍方、冒顶原因，对DK2064+505～+565支护变形、坍方及影响段和DK2064+565～+600未开挖地段采取了不同的处理措施。

1. DK2064+505～+565段处理措施

受DK2064+507～+525段坍方的牵引，地表出现多处裂缝，主要集中在DK2064+525～+545之间，另外地表DK2064+560处线路左侧有一道长约40 m的裂缝。根据地表开裂情况，DK2064+505～+560段土体已受到扰动，土体变得更加松散，且受地下水的影响，稳定性差。

对于坍方及其影响段的处理，以改善坍方体和已扰动围岩的物理力学性能，提高其自稳能力为目的。根据现场条件、施工现状以及所处段落的地质条件分析，采取地表处理与洞内处理相结合的原则。

（1）在进行地表处理之前，先于坍体坡脚堆码填土编织袋，确保坡脚稳定，对洞内坍体表面铺$\phi 8$钢筋网，网格间距15 cm×15 cm，喷15 cm厚的混凝土封闭，并对坍方体正面进行注浆固结，注浆深度6～8 m，避免地表处理时发生新的溜坍，确保地表处理时的安全。

（2）对地表进行预加固：根据地表开裂情况，DK2064+505～+560段土体已受到扰动，且受地下水的影响，土体变得更加松散，稳定性差。受施工条件限制，从洞内进行加固，其施工安全性及可靠性相对较小，而通过地表对受扰动地段土体进行加固，可改善土体力学性质，地表加固后洞内施工风险相对较小，且安全可靠。

①地表预加固方法的选择：整治范围隧道拱顶埋深最小处25 m，最大处达到40 m，基本为硬塑状粉质黏土、含块石粉质黏土，局部为软塑状。根据该段的地质及地形条件，花管注浆无法达到理想的加固效果，且施作困难。而采用高压旋喷注浆，施工简便，在黏性土中加固效果

好，可以增大土体摩擦力和黏聚力，改善其性质，也可以减少地表水的下渗，确保洞内施工安全及结构安全。

②处理范围：根据地表陷坑及裂缝发育情况，综合洞内情况，处理范围如下：

纵向长度：DK2064 + 505 ~ + 565 受坍方、冒顶影响，土体已被扰动地段，长 60 m。

横向宽度：根据土工试验资料，粉质黏土黏聚力 $c = 20$ kPa、内摩擦角 $\varphi = 20°$，结合地形条件，按破裂角法计算，隧道左侧土体的破裂角约为 69°，右侧土体的破裂角约为 60°。据此可得出处理的横向宽度为隧道中线左侧 17 m，隧道中线右侧 26 m。

加固深度：加固深度一般至计算破裂面以下 1 ~ 2 m，隧道范围内则至开挖轮廓线外 1 m，其中 DK2064 + 511 ~ + 518 段为确保洞内清方形成作业空间的安全，须加深至拱顶以下约 3 m。

③参数及工艺：旋喷桩采用双重管法，旋喷固结体的直径不小于 60 cm，桩间距按 1 m 布置。旋喷桩在施工前必须做试桩，按有关规定进行检测，以便调整施工工艺，确保施工质量，在加固到一定区域后应设置检查孔，进行加固效果检查。旋喷桩施工时，先施作周边再加固中部。

地面旋喷注浆加固范围及深度如图 5—32—2 所示。

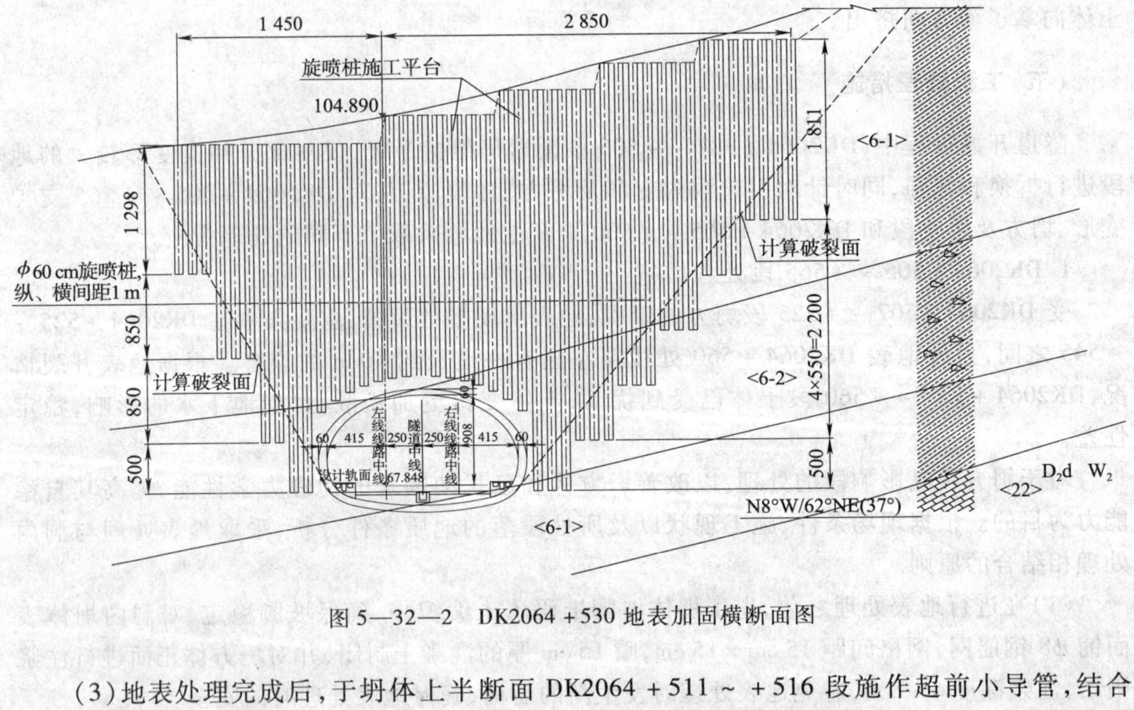

图 5—32—2　DK2064 + 530 地表加固横断面图

(3)地表处理完成后，于坍体上半断面 DK2064 + 511 ~ + 516 段施作超前小导管，结合 I25a 型钢钢架加强支护开挖超前大管棚工作室，喷混凝土厚 30 cm，设 ϕ8 双层钢筋网及径向 ϕ42 注浆锚管(4 m/根)以确保开挖面稳定，并加设临时仰拱(I18 钢架喷 25 cm 厚的混凝土构成)，钢架拱脚处设不少于 2 根锁脚锚管(6 m/根)。在 DK2064 + 516、+ 540 处拱部 150°范围分别施作 ϕ108 超前大管棚，每环长 35 m，大管棚至未开挖段(DK2064 + 540 以后)搭接不小于 5 m。

(4)采用多台阶法开挖坍方段，每级台阶长度不超过 3 m，其拱脚处须扩大至 60 cm，并均应设置临时仰拱，临时仰拱采用 I18 钢架喷 15 cm 厚混凝土；拱部设外插角为 30°的 ϕ42 钢花管并压注水泥浆超前支护;型钢钢架采用I25a型,纵向间距0.5 m,并设斜撑,每处拱脚设不少于2根锁脚锚管;喷混凝土厚30 cm,钢筋网采用双层$\phi8$钢筋,边墙系统锚杆按施工图办理($\phi42$锚管,长4 m,间距0.8 m,并压注1:1水泥砂浆),仰拱及二次衬砌紧跟。

(5)对DK2064+540~+565未开挖部分的上半断面掌子面采用喷混凝土封闭,厚10 cm,并采用玻璃钢纤维锚管进行超前注浆预加固处理,锚管直径30 mm,15 m设一环,1 m间距布置,纵向搭接3 m。

(6)分节逐榀拆换DK2064+528~+540范围内侵限初期支护,拆换每节长度不大于2 m。拆换时,首先采用$\phi42$径向锚管注浆补强,锚管间距0.8 m,4 m/根,设临时支撑加固未拆换段,再对侵限初支进行逐榀拆换,并及时施作I25a型钢钢架及临时仰拱(I18钢架喷25 cm厚的混凝土)以封闭成环。重新施作钢架时,扩大拱脚至80 cm,并设型钢斜撑,每处拱脚设不小于2根锁脚锚管,喷混凝土厚30 cm,重新铺设双层$\phi8$钢筋网,边墙系统锚杆按施工图办理($\phi42$锚管,长4 m,间距0.8 m,并压注1:1水泥砂浆)。

(7)该段二次模筑衬砌进行加强,拱墙厚度为60 cm,仰拱厚度为70 cm,预留变形量30 cm。

2. DK2064+565~+600段处理方案

(1)洞内施工时,须在DK2064+570处设置超前大管棚,大管棚设在拱部150°范围内,长35 m,环向间距30 cm,搭接5 m;喷混凝土厚30 cm,钢筋网采用双层$\phi8$钢筋,边墙系统锚杆按施工图办理($\phi42$锚管,长4 m,间距0.8 m,并压注水泥浆)。

(2)采用弧形导坑预留核心土法施工,扩大拱脚60 cm,加设锁脚锚管。该段施工时,上半断面掌子面采用玻璃钢纤维锚杆进行预加固处理,锚杆直径30 mm,15 m设一环,按1 m间距布置,纵向搭接3 m,并采用喷混凝土封闭掌子面,喷混凝土厚10 cm。

(3)该段采用二次衬砌加强,拱墙厚度为55 cm,仰拱厚度为65 cm,预留变形量30 cm。

3. 基底处理

因粉质黏土遇水易软化,且DK2064+540~+600段位于粉质黏土与灰岩接触带附近,地下水较发育,透镜状分布软塑状粉质黏土层,故在衬砌施作前,均应核实隧底情况。对于基底承载力小于150 kPa段,采用高压旋喷注浆进行基底加固处理,加固深度为仰拱下5 m,间距1 m,梅花形布置。

(六)整治效果

根据洞内施工揭示,DK2064+505~+565段采用高压旋喷注浆进行地表预加固,成桩效果较好,且土体部分裂隙中充填水泥块,增强了土体的力学性质,减少了地下水的下渗引起土体的软化,施工安全地通过了坍方体,洞内支护收敛变形明显减小,DK2064+528~+540范围内侵限初期支护得以安全拆换。DK2064+565~+600段洞身范围位于覆盖土层与灰岩的接触带附近,采用超前大管棚法施工后,拱顶下沉得到了明显的控制。

(七)结　　语

粉质黏土层中隐性裂隙随着隧道的开挖卸荷而逐渐张开,有利于地表水的下渗进而软化土体,降低土体的力学性质;同时隧道浅埋、偏压及不当的施工方法,引起隧道洞内出现较大的变形甚至坍塌、冒顶。在勘察阶段,通过常规的勘探手段难以查明隐性裂隙的发育情况及对隧道的影响,这就需要在施工过程中根据隧道开挖揭示的地质情况及时调整支护措施。本隧道根据现场情况，采用地表旋喷桩加固、洞内大管棚等相结合的工程措施，取得了较好的整治效果。

三十三、玉蒙铁路旧寨隧道高温地热水的分析

赵平　李东　陈松

（一）前　言

我国自20世纪50年代开始开展地热工作，主要是将地热作为一种新能源进行研究开发，取得了较快速的进展。国内在矿井热害方面有部分研究，但系统性差。以往国内的铁路隧道建设中，未遇到过大的热害，因此对于这方面的研究还没有真正开展起来。目前，世界上洞内施工最高温度为日本官房公路隧道，洞内温度达35 ℃～72 ℃，涌水段落长250 m；意大利亚平宁隧道，最大埋深2 000 m，洞内温度63.8 ℃；瑞士大利辛普伦隧道，最大埋深2 100 m，水温47 ℃～56 ℃；瑞士勒奇堡隧道，最大埋深1 600 m，洞内温度28.6 ℃；成昆铁路埃岱1号、2号隧道、莲地隧道、白石岩1号隧道洞内温度35 ℃～40 ℃。近年来，随着国内西部铁路建设的飞速发展，一些隧道也遇到了高温地热水问题，这不仅对工程产生热害，而且危害作业人员的健康和安全，同时也将降低人工和机械劳动生产率，甚至使施工无法进行。当发生高温热水（汽）突然涌出时，将会发生灾难性的地质灾害，危及人民生命安全。本文通过采集地下热水、地下（泉）水、地表河（塘）水进行氢氧同位素、氚测定，对隧址区工程地质、水文地质条件进行综合分析研究，查明隧道内高温地热水的成因、来源及其补给、径流和排泄特征，为高温地热隧道设计、施工提供可靠的依据，可对类似地质环境条件下的工程勘察提供参考。

（二）隧道概况

旧寨隧道位于云南省滇南地区蒙自县境内，进口里程DK118＋465，出口里程DK122＋925，全长4 460 m，最大埋深约150 m。隧道施工采取进、出口双向掘进。隧道出口工区2007年6月施工至DK121＋770时，洞内温度逐渐升高，开始掌子面气温43 ℃，当时隧道内未发现有地下热水渗流，仅有季节性的地下水流出，水量约4 L/s，最初认为是因洞内通风效果不佳所致。随着开挖的推进（DK121＋335～＋574），洞内气温基本维持在40 ℃左右，拱顶、边墙、隧底多处出水点，地下水均为热水，水温37 ℃～47 ℃，气温34 ℃～43 ℃，热水量由开初的0.01 L/s增至104 L/s。同时，施工揭示DK121＋510～＋574段为断层破碎带，岩性为较破碎的紫红色泥岩、蓝灰色泥岩夹灰白色灰岩，呈块石状；DK121＋200～＋345段为断层破碎带，岩性为较破碎的灰白色灰岩块石、紫红色泥岩，呈块石状。根据勘察资料及对洞内水温、气温及涌水量的动态观测，以DK121＋200～＋345、DK121＋450～＋540两段为中心，地下热水的温度、气温及涌水量向两端有下降的趋势，与构造环境、岩溶发育程度等相关，沿断层带地下热水较丰富。

（三）隧道工程地质

1. 地形地貌

隧址区域地处高原溶蚀、剥蚀低中山区，地面高程1 200～2 244 m，相对高差1 044 m。隧

道穿越一圆缓低山，自然坡度10°～30°，进口端地形平缓，洞身地段地形起伏不平，发育一沟槽，宽而平缓，出口端地形较陡，且冲沟发育。坡面多为旱地，局部松林茂密。

2. 地层岩性

隧道洞身主要通过上第三系(N)粉砂岩、砂岩、砾岩、泥岩夹煤线与薄层褐煤及三叠系中统个旧组上段(T_2g^2)白云岩、灰岩、白云质灰岩、角砾状灰岩夹泥灰岩、页岩。

3. 地质构造

隧址区位于石屏—建水断裂带之东端与小江断裂带之交汇地带，两断裂均属全新活动断裂，区域地质构造错综复杂，新构造运动强烈(见图5—33—1)。

石屏—建水断裂带由大地断层($F_{20\text{-}1}$)、燕子洞断层($F_{20\text{-}2}$)、黑泥地断层($F_{20\text{-}3}$)、营和村断层($F_{20\text{-}4}$)和放马坪断层($F_{20\text{-}5}$)组成，断裂带宽达18 km，呈N50°～70°W展布，区内断裂带长约30 km，各断裂大致平行排列。在个旧市淌甸附近，本断裂带与小江断裂带的个旧段交汇；小江断裂带个旧段，由个旧断层($F_{25\text{-}1}$)、芦柴冲断层($F_{25\text{-}2}$)、乍甸断层($F_{25\text{-}3}$)组成，呈近南北向延伸，断裂带宽1～6 km，长11～33 km。断层面倾E，倾角陡峻。区内西南侧发育普雄断裂带，由牛白断层($F_{24\text{-}1}$)、普雄断层($F_{24\text{-}2}$)、戈白断层($F_{24\text{-}3}$)、塔瓦断层($F_{24\text{-}4}$)组成，呈N40°～70°E展布，区内断裂带长约19 km，各断裂大致平行排列。断裂主要发育于三叠系中，并切割了上第三系。隧址区地震动峰值加速度为0.20g。

(四)水文地质特征

1. 地 表 水

隧址区属珠江水系南盘江支系，测段表水以DK119+400山脊一带为界，之前地段沿进口端沟槽向泸江排泄，之后地段向沙甸河排泄，泸江、沙甸河于温水塘汇合后为临安河。

隧道洞身地段表水主要为攀枝花、旧寨一带沟槽内的塘水，主要由大气降雨及地下渗水补给，为两村寨的农田灌溉用水。经取水化验，属HCO_3^-—Ca^{2+}、HCO_3^-—$Ca^{2+}\cdot Mg^{2+}$型水，对混凝土无侵蚀性。

2. 地 下 水

地下水主要为赋存于上第三系中的裂隙孔隙水。上第三系(N)成岩作用差，泥质砂岩、砂岩、砾岩胶结不紧密，碎屑颗粒间具有一定的孔隙，含裂隙孔隙水；泥岩、褐煤为隔水层，与砂岩、砾岩层相间分布，层数和厚度不等，存在着多层层间裂隙水，含水量各异，并具一定承压性。裂隙孔隙层间水主要接受大气降水的补给，其次为周围岩溶水补给。攀枝花、旧寨一带低洼、宽缓沟槽内，村民多沿沟槽一带凿井，取上第三系基岩中地下水作饮用水和农田灌溉用水，水位深0.4～3 m，水量较丰富。在线位右侧攀枝花村出露一泉点，据访问当地老乡，流量随季节变化较大，测绘时水量约1 L/s，水质清澈透明，主要为攀枝花村民饮用水；DK121+490右700 m附近水塘底部有泉水冒出，水量约2 L/s。经水化学分析，属HCO_3^-—Ca^{2+}、HCO_3^-—$Ca^{2+}\cdot Mg^{2+}$型水，对混凝土无侵蚀性。T_2g^2灰岩、白云质灰岩夹泥灰岩、页岩中赋存岩溶水；开挖揭示隧道洞身部分处于垂直渗流带(DK121+600～DK122+925)，地下水比较贫乏，雨季涌水量约400 m^3/d；部分处于水平循环带(DK121+200～+600)，地下水比较丰富，涌水量约9 000 m^3/d，且为地热水。

3. 温　　泉

(1)分布特征：隧址区通过石屏—建水线状地热异常带与淌甸地热异常带，共出露温泉5处，特征如表5—33—1。石屏—建水地热异常带分布于建水县城—漾田—麻栗树一线，与石

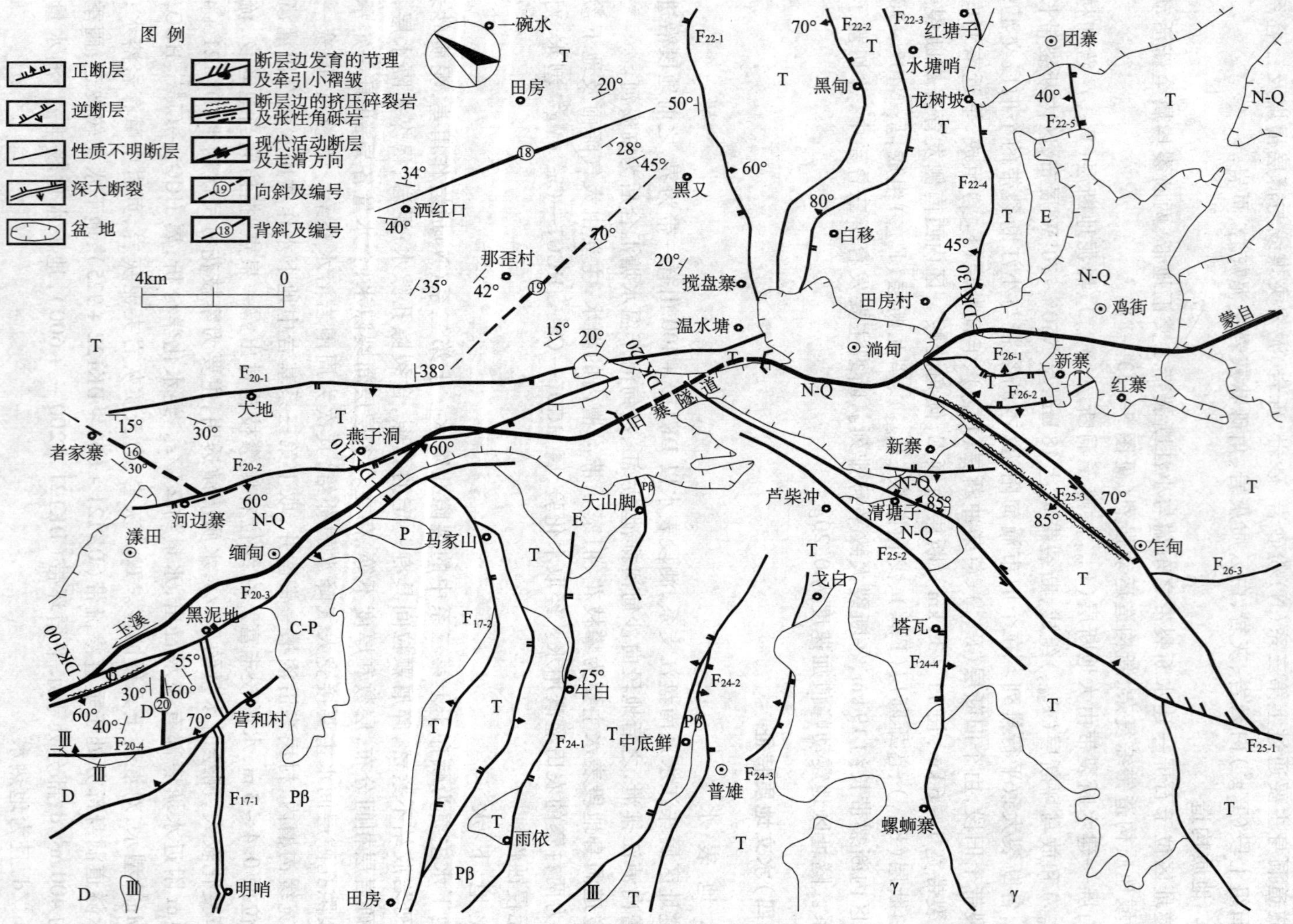

图 5—33—1　隧址区构造纲要图

屏—建水断裂带在隧址区的展布基本一致，呈 NW—SE 走向。淌甸地热异常带分布于个旧市温水塘—石榴坝—龙潭口一线，与小江断裂带个旧段一致，呈 SN 走向。

表 5—33—1　温泉特征表

编　号	位　置	高　程（m）	流　量（L/s）	水　温（℃）	储水层位及岩性	矿化度（g/L）	水化学类型	构造部位
1 号	麻栗树北西 2 250 m	1 200	2.72	50	T_2g^1 灰岩	0.324	$HCO_3^-—Ca^{2+}\cdot Mg^{2+}$	石屏—建水断裂带
2 号	麻栗树北西 500 m	1 220	0.79	34	T_2g^1 灰岩	0.354	$HCO_3^-—Ca^{2+}$	
3 号	温水塘	1 126	0.5~1.0	37	T_1x 碎屑岩、灰岩	0.370	$HCO_3^-—Ca^{2+}$	小江断裂带（个旧段）
4 号	龙潭口	1 140	34.86	27	T_2g 灰岩	0.310	$HCO_3^-—Ca^{2+}$	
5 号	石榴坝东南	1 150	112.64	26	T_2g 灰岩	0.380	$HCO_3^-\cdot SO_4^{2-}—Ca^{2+}$	

（2）水量：区内 5 处温泉流量 0.5 ~ 112.64 L/s，流量变化较大，流量与储水岩组的富水性和所处构造部位有关。隧址区地处近南北向的小江断裂带个旧段与北西向的石屏—建水断裂带交汇部位，断层破碎带发育，分布为强富水的个旧组灰岩，为热水出露提供了有利的条件。

（3）水温：按水温将地热水分为三种，即低温温泉 20 ℃ ~ 40 ℃、中温温泉 40 ℃ ~ 60 ℃、热泉 >60 ℃。区内 5 处温泉水温 26 ℃ ~ 50 ℃，其中 40 ℃以下的有 4 处，占总数的 80%。1 号水温为 50 ℃，属中温温泉。水温的高低与近期构造活动及其引起的地热增温率升高、地下水循环深度有关。3 号温泉位于 DK122 + 620 左 1 260 m 温水塘村，实测水温为 37 ℃，属低温温泉。

（4）热水水化学特征：区内温泉水化学类型简单，以 $HCO_3^-—Ca^{2+}$、$HCO_3^-—Ca^{2+}\cdot Mg^{2+}$ 型为主，矿化度小于 1 g/L。

（五）地热水分析

1. 地下水同位素特征分析

本次对隧址区地下热水、地下（泉）水、地表河（塘）水分别取样进行分析测试，共取水样 20 组，其中 14 组测试水的氘、氚、氧-18 的含量，6 组进行水的一般侵蚀性分析。14 组氢氧同位素样品中，地下热水 4 组、地下（泉）水 5 组、地表河（塘）水 5 组。氢同位素采用锌法，氧同位素采用 $CO_2—H_2O$ 平衡法。同位素分析是由中国地质科学院岩溶地质研究所在英国 VG 公司 MM2903 质谱仪上进行，全流程误差 δD 优于 2‰，$\delta^{18}O$ 优于 0.2‰，均以相对于 SMOW 标准表示。

（1）H、O 稳定同位素特征

①δD—$\delta^{18}O$ 关系：大气降水是地下水的重要补给来源。大气降水主要来源于海水蒸发形成的蒸气团，故大气降水的同位素组成特征取决于海水的同位素组成及海水蒸发冷凝中同位素的分馏作用，它决定了大气降水形成初期氢氧同位素组成特征，即大气降水的 δD 和 $\delta^{18}O$ 呈线性关系。大气降水形成后，其氢氧同位素组成特征在其空中运移中还会随温度和空间变化产生新的效应，即温度、纬度、高程和降水量等效应，使各地降水的 δD 和 $\delta^{18}O$ 线性关系存在差异。

1961 年 Craig 给出的全球降水线为

$$\delta D = 8\delta^{18}O + 10$$

根据一个地区地下水的同位素组成在 $\delta D—\delta^{18}O$ 关系图上是否落在当地降水线上，可判定地下水的起源是大气降水还是有其他来源。

本次选取具有代表性样品 14 个进行了 $\delta^{18}O$、δD 同位素分析，样品的 $\delta D—\delta^{18}O$ 关系显示于图 5—33—2、图 5—33—3、图 5—33—4 中（图中的降水线取中国西南地区大气降水线），具体数据显示于表 5—33—2 中。

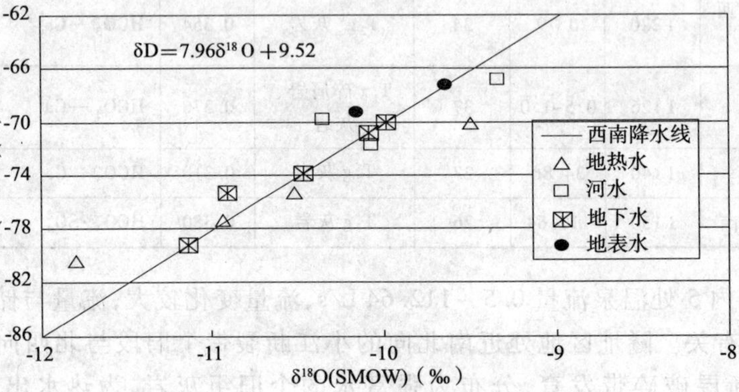

图 5—33—2　研究区 $\delta D—\delta^{18}O$ 关系

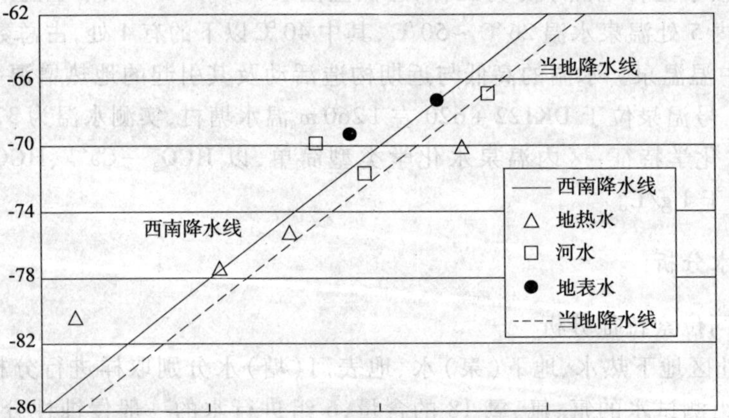

图 5—33—3　研究区 $\delta D—\delta^{18}O$ 降水线与 ^{18}O 漂移

由图 5—33—2 可知，几乎所有水点均落在降水线附近，反映该地地下水的起源是大气降水。

由图 5—33—3 可以看出，河水样与大气降水联系最为直接，但部分位于西南降水线以下，反映当地降水线与中国西南地区降水线略有差异。由于动力分馏的叠加引起的 $\delta^{18}O$ 的关系相对标准降水线的偏离都是偏向 $\delta^{18}O$ 较大的一方，也就是说发生了“^{18}O”漂移，偏离范围值为 0.18‰～0.3‰。

由图 5—33—4 可以看出，地热水的 4 个样中，2 个位于西南降水线上，2 个位于线下，显示地下热水的补给来源于大气降水，但在其循环径流过程中必然与岩石或地表水体（河水或

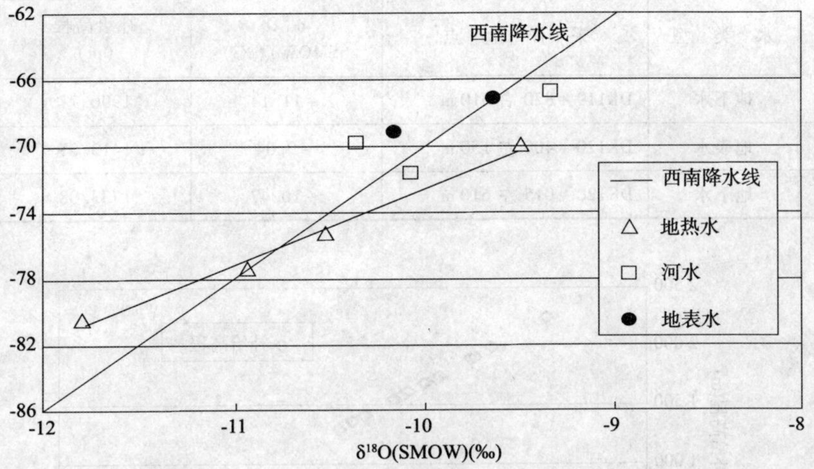

图 5—33—4　研究区地下热水与地表水、河水关系

塘水等)发生了交换或者混合作用,从而导致 $\delta^{18}O$ 偏富。

②$\delta^{18}O$ 的高程效应:大气降水的同位素组成变化很大,$\delta^{18}O$ 为 -10‰ ~ -50‰,δD 为 -50‰ ~ -350‰。所有这些水的氢氧同位素组成呈现很有规律的变化。纬度越高或高程越高,水的 δD 及 $\delta^{18}O$ 值越低。大气降水线氧同位素组成与高程的关系已经在许多的文献上有过阐述,但是各个地区不尽相同,但总的来说高程每升高 100 m,$\delta^{18}O$ 减少在 0.3‰左右。

根据中国科学院贵阳地球化学研究所于津生等人(1980)对川西藏东地区 $\delta^{18}O$ 高程效应的研究,其梯度值为 -0.26‰/100 m,即高程每增加 100 m,$\delta^{18}O$ 减少 0.26‰。

本次用 SH-JZ-05 地下水样作为背景值,取其高程 1 236 m,对该线性关系进行修正后,推算各组水样接受降水入渗补给高程,见表 5—33—2 和图 5—33—5。

表 5—33—2　据 $\delta^{18}O$ 推算的降水补给高程

水样编号	水 类 型	采 样 地 点	$\delta^{18}O$ (SMOW)(‰)	补给高程 (m)	^3H(TU)
SH-JZ-01	地热水	DK121 +473 左边墙	-11.8	2244.62	8.02
SH-JZ-02	地下水	DK122 +680 左边墙	-10.09	1586.92	6.53
SH-JZ-03	河　水	DK123 +500 左 280 m	-10.35	1686.92	14.78
SH-JZ-04	地热水	DK122 +620 左 1 260 m	-10.52	1752.31	3.99
SH-JZ-05	河　水	DK122 +600 左 1 250 m	-9.34	1298.46	22.23
SH-JZ-06	地热水	倘甸盛龙鱼庄	-10.93	1910.00	5.01
SH-JZ-07	河　水	石榴坝暗河水	-10.07	1579.23	19.27
SH-JZ-08	地热水	新寨龙潭头	-9.5	1360.00	15.32
SH-JZ-09	地表水	DK121 +600 右 700 m	-10.15	1610.00	2.19
SH-JZ-10	地下水	DK121 +060 右 430 m	-9.99	1548.46	5.55
SH-JZ-11	地下水	DK120 +000 右 280 m	-10.91	1902.31	8.79

续上表

水样编号	水　类　型	采　样　地　点	$\delta^{18}O$ (SMOW)(‰)	补给高程 (m)	^{3}H(TU)
SH-JZ-12	地下水	DK119 +820 右 610 m	-11.14	1990.77	6.84
SH-JZ-13	地表水	DK120 +400 左 150 m	-9.64	1413.85	10.55
SH-JZ-14	地下水	DK120 +015 左 610 m	-10.47	1733.08	14.3

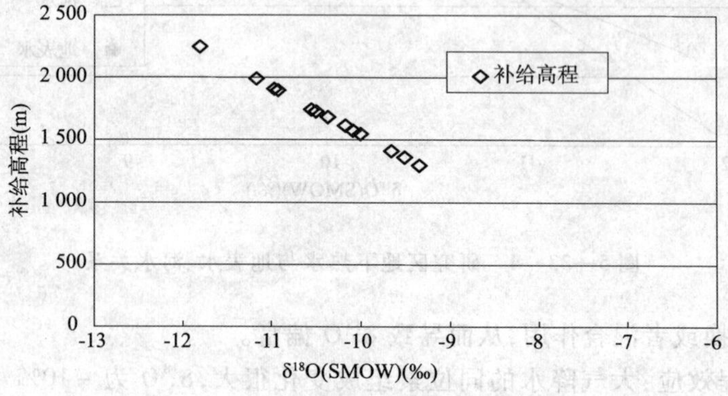

图 5—33—5　研究区 $\delta^{18}O$ 的高程效应

分析隧址区地下水补给高程在 1 298 ~ 2 244 m 之间，不同类型地下水补给高程变化较大。地热水的补给高程平均为 1 817 m，最高高程为 2 244 m，最低高程为 1 360 m；地下（泉）水的补给高程平均为 1 752 m，最高高程为 1 990 m，最低高程为 1 548 m。

地表塘水分析样的补给高程为 1 413 ~ 1 610 m，与其分布地形吻合，表现为降水的就近汇集补给。河水由于接受大量不同高程来源的水的补给，推测的补给高程明显带有多种水的混合作用。

结合隧址区的地质构造、水文地质条件与地形地貌特征，初步分析地下水来源于隧道西南侧高山区的降水补给；地热水的运移可能受断裂影响较大，水化学分析表明其为矿化度（0.36 ~ 0.40 g/L）较低的淡水，反映径流通道较为通畅或径流时间短，水岩作用相对较弱。

（2）氚放射性同位素：氚是水中氢的放射性同位素，氚的半衰期为 12.43 年。由于氚形成条件的特殊性，它不仅对不同类型的天然水有一定的鉴别作用，对研究地下热水年龄也是一种基本方法。

法国丰特的经验估算认为，氚浓度 0 ~ 5TU，说明 40 年以前的水成分占优势；5 ~ 40TU，表示新近的入渗水与 40 年以前的水之间有混合作用；大于 40TU，表明新近入渗水占优势。

据有关资料，1949 年至 1950 年，大气降雨中平均氚值为 5 ~ 10TU。60 年代早期的人工热核试验产生了大量的氚，1963 年北半球降雨中的氚值可达数千 TU。1963 年后，全球人工热核试验减少，大气中的氚值开始下降，现在基本恢复到 1950 年以前的水平。

本次共测定了 14 组水样的放射性同位素的氚值，结果显示于表 5—33—2 中。其中，放射性同位素氚的测定结果用氚单位（TU）表示，$TU = (T/H) \times 10^{18}$（原子数比）。研究区绝大部分水样的氚值处于 <10TU 的区间范围内，反映当地接受大气降水补给的氚背景。地热水的氚值变化主体范围是 3.99 ~ 8.02TU，最大 15.32TU；泉水的主体变化范围是 5.55 ~

10.55TU。区内地热水中新近的入渗水与“古水”之间有混合作用。

SH-JZ-09 地表塘水的氚值指标异常，反映其水体静滞时间较长或补给较弱、循环交替过程长。

2. 地热水成因分析

据资料综合分析，温泉水的热源不太可能是岩浆热，而是较高的大地热流供热。

在整个地史时期中，能够为地球提供大量热量并且为人们确知的唯一热源乃是少量长寿命放射性同位素，即^{238}U、^{235}U、^{232}Th和^{40}K。西南侧约 6 km 分布有各期花岗岩侵入岩体，这些岩石中放射性热源的分布无疑在地温场特征方面起着一定作用。

氢氧同位素分析表明，地下水与地下热水都来源于大气降水，且都与断裂构造有密切的关系。从化学温标和地温梯度计算结果看，控制地下水（冷水、下同）的断裂构造一般有数十米至数百米的切割深度就足够了，而地下热水赖以形成和赋存的断裂通道则须 2～9 km。区内西南侧分布有小江断裂带个旧段之个旧断层（F_{25-1}）、芦柴冲断层（F_{25-2}）、乍甸断层（F_{25-3}）及普雄断裂带之普雄断层（F_{24-2}）、戈白断层（F_{24-3}）、塔瓦断层（F_{24-4}）等活动性断裂和次级断裂，均可达到这个深度。在偏高的区域热流供热条件下，丰富的大气降水沿断裂或裂隙下渗和径流过程中，将分散在围岩中的热量“收集”起来，形成热水。从热水区排出的 HCO_3^-—Ca^{2+} 型热水，与地表水、地下水在化学成分上并无明显不同，而且热水的矿化度很低（$<1\,000$ mg/L），说明地热水在深循环过程中并未从沿途的岩石中俘获更多的组分，也佐证了区内没有特殊热源（岩浆热）。

总之，在较高热流背景的地质构造环境下，丰富的大气降水沿断裂渗透，进行深循环，随地温的增加而升温，并从围岩中吸取热量，形成热水，这就是本区地下热水的基本成因。

3. 地热水的补给、径流和排泄

根据 $\delta^{18}O$ 的高程效应分析，本区地热水的补给高程平均为 1 817 m，最高高程为 2 244 m，最低高程为 1 360 m；地下（泉）水的补给高程平均为 1 752 m，最高高程为 1 990 m，最低高程为 1 548 m。补给区为隧区西南侧（线路右侧）5～6 km 以外的基岩山区。发育的地层主要为个旧组（T_2g）燕山期侵入岩（γ_5^3）、喜马拉雅期侵入岩（γ_6）、碱性侵入岩（ε_6），其次为三叠系中统法郎组（T_2f）、下统永宁镇组（T_1y）、洗马塘组（T_1x）。地表碳酸盐岩大面积出露，岩溶发育，发育有溶沟、溶槽、漏斗、落水洞、暗河等，同时还分布有前述一系列活动性断裂和次级断裂，为大气降水下渗提供了良好的通道，属强富水岩组。丰富的大气降水沿断裂、岩溶裂隙、岩溶管道下渗以及在径流过程中将分散在围岩中的热量“收集”起来形成热水，最终于本区的侵蚀基准面——泸江、沙甸河排泄。水热区在一般情况下有各自独立的补给区、径流区和排泄区。补给区位于地理位置较高的基岩山区，断裂、裂隙较发育，岩石渗透性好，接受大气降水补给，沿断裂径流。排泄区多位于河谷、溪沟、山间凹地或断裂交汇部位。补给区和排泄区的水压力差和冷、热水的密度差是地下热水运移的主要驱动力。

在地热水运动过程中，水中的氘含量不发生变化，可作为天然示踪剂来分析地下热水的运动情况。当地热水的 δD 值接近或略低于当地地表水或地下水的 δD 值，说明补给区至排泄区距离较近，水的循环深度较浅，温度一般小于 70 ℃。如 SH-JZ-01、SH-JZ-04、SH-JZ-06、SH-JZ-08 等热水区，当地热水中 δD 值比当地地下水 δD 值低得多，表明补给区至排泄区距离比较远，水的循环比较深，热储温度均大于 100 ℃。

在补给区，地下水以垂向的下渗运动为主，吸收围岩的热量，并将热量传递至深部；在径流区，地下水沿断裂、裂隙、管道以水平运动为主，并在流动过程中不断吸收围岩的热量，将热量带至排泄区；在排泄区，地下水以垂向的上升运动为主，被加热的地下水将深部的热量传递至浅部，储集在渗透性良好的岩层中形成热储，溢出地表形成温泉。

4. 综合分析意见

综上对氚值变化规律的分析来看，地热水、泉水的补给来源为现代大气降水为主，且通过地下循环，在径流、排泄过程中曾与现代水发生不同程度的混合，使得地下水中氚值呈现不同变化。结合隧址区的地质构造、水文地质条件与地形地貌特征，分析地下水的氢氧同位素特征，可以认为：

(1)隧址区地下水来源于隧道西南侧高山区的现代大气降水补给；

(2)地热水的运移可能受个旧断层(F_{25-1})、芦柴冲断层(F_{25-2})、普雄断层(F_{24-2})、戈白断层(F_{24-3})、塔瓦断层(F_{24-4})等断裂构造影响较大；

(3)水化学分析表明，其矿化度(0.36～0.40 g/L)较低，反映径流通道较为通畅或径流时间短，水岩作用相对较弱。

(六)结论与建议

1. 同位素分析显示，旧寨隧道地下水(热水)来源于大气降水补给。

2. 基于以上分析，隧址区具备地下水的补给来源、径流通道、热储来源等地热水形成条件。西南侧高山区接受的大气降水入渗补给水量，通过断裂带(或其影响带)循环、加温后，向临安河河谷运移排泄。径流过程中，造成周边地温异常，并在局部地表的低洼(或河流切割)处溢出，形成上升温泉。隧道轴线与地下水流向大角度相交，开挖后，热水涌出形成隧道内高温。

3. 据目前资料综合分析，温泉水的热源不可能是岩浆热，而是较高的大地热流供热；局部掌子面岩体表面的温度，是热水通过岩体裂隙的径流过程中通过热传导等作用产生的。

4. 综合分析，隧道内的热水对地表温水塘无明显的影响。其原因如下：一是隧道内的热水主要接受西南侧高山区大气降水补给，而温水塘位于隧道的北东侧 1 km 外；二是 DK121 + 335 ～ +337 段涌水量 7 000 ～8 600 m^3/d，DK121 + 335 处路肩高程为 1 183 m，温水塘附近泉点的标高约为 1 120 m(与旧寨隧道区域侵蚀基准面高程基本一致)，低于 DK121 + 335 处路肩高程 60 m 左右；三是从两者的流量分析，若两者存在明显的水力联系，温水塘的水应早已被疏干。从另一方面分析，温水塘的热水也可能是接受西南侧高山区大气降水补给，在区域上与隧道内热水的补给来源是一致的，但具体的径流通道可能不一。

5. 西南地质条件复杂的艰险山区铁路通过全新活动断裂带的隧道，尤其是地表有温泉出露区域，隧道遇高温地热水的可能性较大，应注意对高温地热的勘察与分析。

三十四、玉蒙铁路通海隧道施工涌水分析

屈科　李东

(一)概　　述

通海隧道是玉蒙铁路的重点工程，进口里程 DK27 + 060，出口里程 DK37 + 362，正洞长 10 302 m，平导长 10 294 m，全隧为单面坡，最大坡度 20.4‰。受区域大地构造背景的控制，隧址区断裂与褶皱强烈发育，富水的溶蚀管道和宽大裂隙发育；岩溶水补给丰富、水量较大，岩

溶水、构造岩溶水相互混杂，径流条件复杂。进口工区 2006 年 3 月开工，出口工区 2006 年 4 月开工。至 2008 年 3 月，已发生四次大的突水、突泥(石)地质灾害，由于采取了有效措施，未造成重大损失。本文在了解区域构造环境，掌握地下水含水岩组及其富水特性、地下水补径排特征的基础上，结合隧道施工的涌水状况和已开挖地段揭示的地质条件，重点分析了隧道涌水来源、隧道涌水与杞麓湖的水力联系、隧道涌水对区内环境的影响等。

(二)隧址区地质条件

1. 地层岩性

区内由元古界至新生界地层均有出露，受褶皱及断裂影响，分布较为凌乱。上覆土层主要有第四系全新统多种成因的松散堆积层，其中杞麓湖及周边上覆湖相沉积(Q_4^l)粉质黏土、淤泥、泥炭质土等。出露基岩主要为侏罗系上统蛇店组(J_3s)砂岩夹泥岩、砾岩，中统张河组(J_2z)砂岩、泥岩夹泥灰岩，下统冯家河组(J_1f)砂岩、泥岩、泥灰岩；三叠系上统一平浪群(T_3y)砂岩夹页岩、砾岩；石炭系中上统(C_{2+3})灰岩、白云岩，下统(C_1)灰岩夹页岩；泥盆系上统宰格组(D_3zg)白云岩夹页岩，中统海口组(D_2h)砂岩；震旦系上统陡山沱组(Z_bd)白云岩、砂岩夹页岩，下统澄江组(Z_ac)砂岩夹页岩、砾岩等。

2. 地质构造

隧址区域地质构造复杂，所处构造位置为云南“山”字形构造体系的通海弧东翼，受其影响，区内总体构造线方向为 NE ~ NEE 方向，呈向 SE 方向凸出的弧形。在“山”字形构造体系东翼，除了主体构造线(NE 向)外，还有少量 NW 向构造线。据既有资料分析，NW 向断裂多为性质不明断层，但 NW 向断裂或限制“山”字形构造体系发育，或错移“山”字形构造体系。据此推断，NW 向断裂应形成于“山”字形构造体系之后，在后期强大的区域南北向挤压作用下，再次发生顺时针剪切活动，错移“山”字形构造体系。因此，本区构造具有多期性、多向性，各期构造间的相互限制、叠加和复合，形成本区错综复杂的构造格局。

本区构造属“山”字形构造体系东翼构造，主要表现为褶皱断裂带。其主要构造由 3 条 NE 向断裂、1 个背斜和 2 个向斜组成。由隧道进口至出口，依次为九街向斜、通海断层(F_{11-2})、泥者断层(F_{11-3})、五里菁向斜、里山背斜和乌龙塘断层(F_{11-4})，如图 5—34—1 所示。

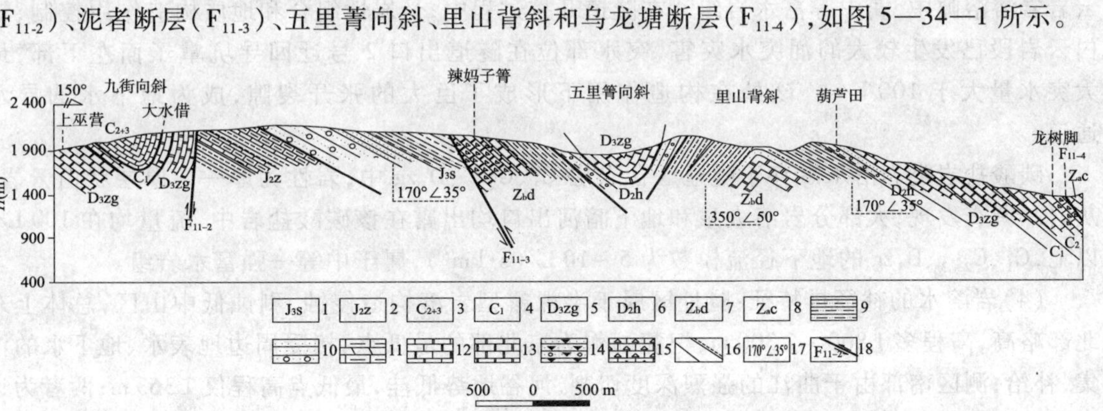

图 5—34—1 隧址区地质剖面图

1—上侏罗统蛇店组；2—中侏罗统张河组；3—中、上石炭统；4—下石炭统；5—上泥盆统宰格组；6—中泥盆统海口组；7—上震旦统陡山沱组；8—下震旦统澄江组；9—粉砂岩、泥页粉砂岩；10—砂岩、含砾砂岩；11—钙质泥岩、泥灰岩；12—灰岩、白云质灰岩；13—白云岩；14—岩屑砂岩；15—挤压碎裂岩；16—地层界线、平行不整合界线；17—产状；18—逆断层及编号

3. 水文地质

(1)总体特征:隧道地处高原构造剥蚀溶蚀低中山区,属南盘江水系的曲江支流区。区内地势陡峻,山脉总体呈北东走向,地面高程 1 500 ~ 2 300 m,相对高差 800 m。隧道进口西侧地势相对较高,而南西侧与隧道走向近于平行的曲江地形切割最深,最低处高程仅 1 363 m。区内地表水系不发育,主要为库南河水与季节性沟水,目前库南河水已全都被用来发电,河中已基本无水流。

地表水主要受大气降水补给,向区内的低洼冲沟排泄,小部分地表水沿基岩节理裂隙和岩溶空腔下渗成为地下水。在地形和区域构造控制作用下,地表水和地下水在隧道进口段向北东方向的排泄基准面——通海杞麓湖排泄,在隧道中部至出口段则向曲江排泄。

(2)岩溶发育特征:隧址区岩溶主要发育于 D_3zg、Z_bd、C_1 及 C_{2+3} 白云岩、灰岩中。调查发现,大量的地表岩溶形态主要分布在 D_3zg 中,而 Z_bd 中地表岩溶相对不发育,C_1 和 C_{2+3} 层位厚度不大,地表仅见溶沟、溶槽,尚未发现显著的地表岩溶形态,在通海县金家湾山坡坡脚发现一处流量较大的岩溶下降泉群。D_3zg 中的表层岩溶形态有溶孔溶隙、槽谷洼地、漏斗、落水洞、溶洞暗河等,岩溶形态类型在垂向高程上分布各有不同。

(3)主要含水岩组及其富水性:区内地层岩性组合比较复杂,富水性极不均匀。根据隧址区岩性的组合特征和地下水的赋存空间,可将本区地下水类型分为松散岩类孔隙水、碎屑岩类裂隙水、碳酸盐岩及碎屑岩裂隙—岩溶水、碳酸盐岩类岩溶水。

松散岩类孔隙水主要赋存于区内表层松散堆积层和通海盆地湖积物中,除了粉质、泥质和炭质黏土富水性较弱外,卵石土和角砾土富水性为中等。

碎屑岩类裂隙水主要赋存于区内碎屑岩类砂岩、粉砂岩和页岩中,按基岩中裂隙的发育程度可分为中等—弱富水性和极弱富水性两类,J_3s、T_3y、D_2h、Z_ac 基岩由砂岩、石英砂岩夹泥岩、页岩组成,地下径流模数为 1 ~ 2L/(s·km^2),属于中等—弱富水岩组;J_2z、J_1f 基岩多为泥岩夹砂岩和少量的泥灰岩、页岩,地下径流模数为 0.6 ~ 1L/(s·km^2),属于极弱富水岩组。

碳酸盐岩及碎屑岩裂隙—岩溶水赋存于区内 Z_bd 碳酸盐岩及碎屑岩的组合含水层中,岩性总体特征为石英砂岩与白云岩的组合,岩溶中等发育,地下水赋存和运移于砂岩裂隙和白云岩岩溶溶隙中,属中等富水岩组。在隧道开挖过程中,受岩性组合和地质构造作用控制,该白云岩段已发生较大的涌突水灾害,突水部位在隧道出口 2 号迂回导坑掌子面左下部,最大突水量大于 100 L/s。该处在构造作用下形成了巨大的张开裂隙,成为地下水的导水通道。

碳酸盐岩类岩溶水赋存于隧道区含水层 C_1、C_{2+3}、D_3zg 中,岩性为厚—中厚层状白云岩、灰岩。调查发现,大部分岩溶大泉和地下暗河出口均出露在该碳酸盐岩中,流量均在 100 L/s 以上,C_1、C_{2+3}、D_3zg 的地下径流模数为 5 ~ 10 L/(s·km^2),属于中等—强富水岩组。

(4)岩溶水的补径排特征:隧址区属于半裸露型岩溶构造侵蚀、剥蚀低中山区,总体上东北部略高,高程多 1 800 ~ 2 300 m,杞麓湖作为东北部的最低点,接受周边地表水、地下水的汇集、补给;测区南部由于曲江的强烈深度切割,河谷地势低洼,最低点高程仅 1 363 m;两者为近东西向分布的一系列 2 000 m 以上的山峰构成的地表分水岭所分割,同时也成为两侧水系流域内地下水活动的天然屏障。与地貌相对应,地下水呈现出山地补给和盆、谷排泄的总体格局,形成了曲江、杞麓湖两个独立的地下水补径排单元。

区内复杂的地质构造、多样的地貌类型及在地下水补给方面的差异,决定了两个水文地质单元内地下水在径流、排泄方式上的殊同。总体上,各区地下水均由各自相应的地下分水岭向低洼地带排泄，但由于隧道同时穿越两个单元，因此在不同洞段又表现出较大的差异。

（三）隧道涌水状况

1. 进口工区

进口工区于2007年8月22日在平导PDK29+203发生突水、突砂，最大涌水量达2万m^3；2007年12月23日于平导PDK29+310处发生突水，拱腰左侧及平导掌子面涌出水量约60 L/s；正洞DK29+174~平导PDK29+310段，每天稳定涌出水量2.2万m^3，正洞与平导积水较严重，积水深度超过1 m。

2. 出口工区

（1）平导PDK35+770：隧道出口段平导PDK35+770处于2007年6月26日发生大规模突水、突石，最大涌水量超过12万m^3/d，突石超过1 000 m^3，石块最大达2 m；而后正洞、迂回导坑在相同位置出水，涌水量长期维持在3万m^3/d左右，至2008年8月已连续14个月不衰减，总排水量达1 400万m^3。

分析PDK35+770出水点涌水量历时曲线（见图5—34—2），可分为四个阶段：

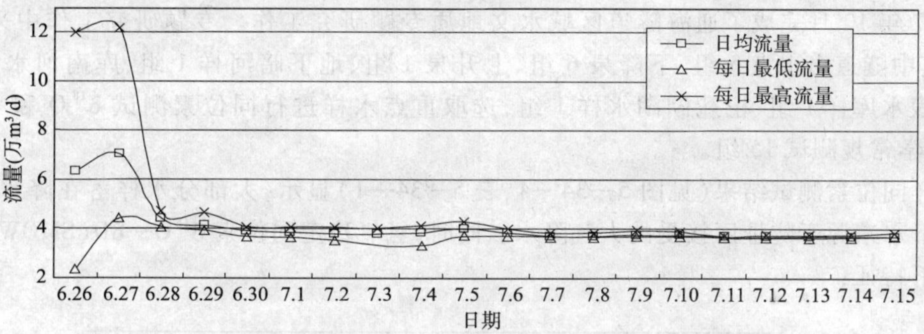

图5—34—2 通海隧道出口段平导PDK35+770出水点涌水量历时曲线

Ⅰ阶段：2007年6月26日揭露出水点后，涌出水量逐渐增大，于6月27日达到峰值121 947 m^3/d，表明排出水量以静储量为主，随着时间的延续，涌水通道被逐渐贯通所致，反映隧址区岩体裂隙具备较大储水空间和储水能力。

Ⅱ阶段：6月27日后，经过近两天的大量涌水，出水点水量出现迅速衰减，反映存储于裂隙中的岩溶水被疏干。

Ⅲ阶段：6月28日，涌水量由峰值快速降到44 202 m^3/d，至7月5日，监测曲线反映水量总体呈缓慢下降趋势，略有波动。这时隧道排泄的水量应来源于相邻含水层的水量补给。

Ⅳ阶段：7月6日以后至7月15日，涌出水量趋于平稳，维持在37 000 m^3/d左右，反映隧道排水量与补给量达到了动态平衡状态，涌水点受到了稳定的补给源补给。

（2）平导PDK35+735：隧道出口段平导PDK35+735于2007年11月23日发生较大突水，沿出口2号迂回导坑掌子面右下部宽大剪胀裂隙涌出，涌水量约200 L/s（见图5—34—3）。裂隙宽度0.4~1.1 m不等，拱顶上方最大宽度近2 m，深度不可测。裂隙壁面较为光滑。出口段这两次突水事件表明，出口段单斜岩层地段白云岩节理发育，形成岩溶导水通道，属构造—岩溶裂隙水复合型。

图 5—34—3　出口段 PDK35 +735 处的突水

(四)隧道涌水来源

1. 水样同位素测试

2007 年 12 月完成了通海隧道区域水文地质专题研究工作。专题研究工作中采取水样 21 组,其中隧道出水点 5 组、下降泉 6 组、上升泉 1 组、地下暗河样 1 组、库南河水 6 组(分段)、地表水库样 1 组、杞麓湖湖水样 1 组,选取重点水样进行同位素测试 $\delta^{18}O$ 和 δD 各 13 组、水化学常规测试 15 组。

水样同位素测试结果(见图 5—34—4、表 5—34—1)显示,大部分水样落在降水线附近,反映地下水来源于隧址区接受的大气降水。同时,氢氧稳定同位素 $\delta^{18}O$—δD(SMOW)关系反映出以下特征:

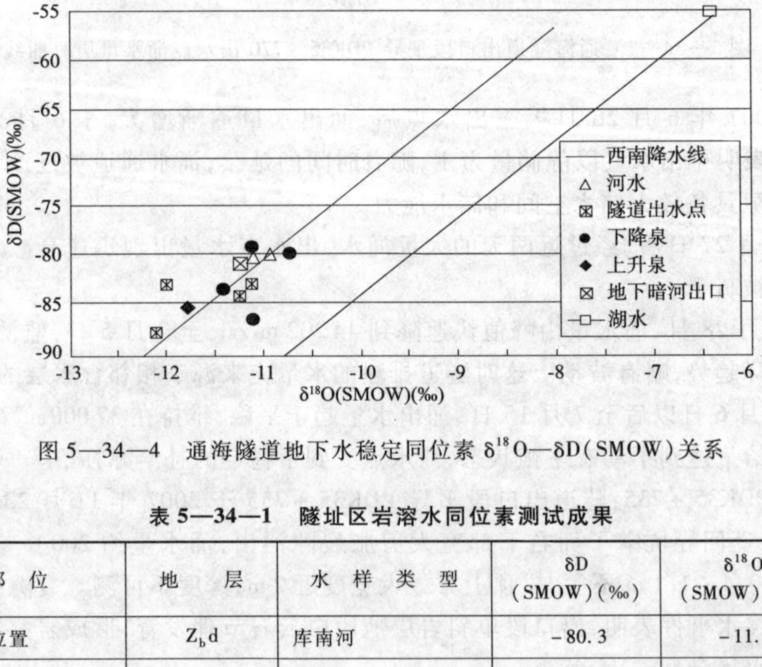

图 5—34—4　通海隧道地下水稳定同位素 $\delta^{18}O$—δD(SMOW)关系

表 5—34—1　隧址区岩溶水同位素测试成果

取样部位	地层	水样类型	δD (SMOW)(‰)	$\delta^{18}O$ (SMOW)(‰)	补给高程 (m)
山沟中下部沟谷位置	$Z_b d$	库南河	−80.3	−11.1	1904.62
山脚沟谷	$D_3 zg$	河水	−80	−10.93	1839.23

续上表

取样部位	地层	水样类型	δD (SMOW)(‰)	$\delta^{18}O$ (SMOW)(‰)	补给高程 (m)
隧道出口 PDK35+735	Z_bd	隧道出水点	-87.8	-12.12	2296.92
隧道出口 PDK35+805	Z_bd	隧道出水点	-83.1	-12	2250.77
隧道进口 PDK29+310	D_3zg	隧道出水点	-84.2	-11.25	1962.31
隧道进口 DK29+175	D_3zg	隧道出水点	-82.9	-11.13	1916.15
山坡山腰	Z_bdn	地下暗河出口	-80.9	-11.24	1958.46
山坡沟谷	C_{2+3}	下降泉	-83.5	-11.4	2020.00
山坡沟谷	D_3zg	下降泉	-86.7	-11.1	1904.62
杞麓湖	Q_4^1	湖水	-55.2	-6.42	
山坡坡脚	D_3zg	下降泉	-79.8	-10.72	1758.46
山脚沟谷	D_3zg	下降泉	-79.3	-11.12	1912.31
NNE 冲沟西侧	J_3s	上升泉	-85.5	-11.78	2166.15

(1)杞麓湖湖水与隧址区地下水(包括隧道内出水点、下降泉、上升泉、地下暗河等)及库南河的 $\delta^{18}O$—δD 差异明显、非常孤立,反映湖水与隧址区地下水在来源上存在差异,隧道涌水与湖水联系较弱。

(2)隧道出水点在进、出口差异较为明显。隧道出口的两个水样位于降水线以上,反映出口段平导和迂回导坑发育的宽大剪涨裂隙涌出水直接来源大气降水;隧道进口的两个水样位于降水线以下,偏差值较小,反映其虽然仍来源大气降水,但经历了一定水岩相互作用,$\delta^{18}O$ 明显偏富集。

(3)同样,位于降水线以下的两个下降泉水,$\delta^{18}O$ 明显偏富集,反映其径流途径较长或也经历了一定水岩相互作用。

(4)位于上科庄北 1500 m(隧道轴线 DK31+550 左 15 m)的钻孔涌出的上升泉,明确为大气降水补给。

(5)杞麓湖湖水明显受到蒸发分馏作用,$\delta^{18}O$“漂移 1.4‰”(SMOW)。

2. 涌水来源分析

(1)隧道进口段

隧道进口段涌水来源于隧道西侧高山区。裸露—半裸露的碳酸盐岩和裂隙发育的砂岩接受大气降水入渗补给,自南西向北东流动,排泄于杞麓湖。其流向与隧道大角度相交,顺层向发育的纵向裂隙和断裂及其影响带,是其主要的运移通道。据分析计算,隧道进口段可溶岩每年汇集大气降水 $8.524\times10^6\ m^3$,相当于 $23350\ m^3/d$。

2007 年底隧道排水约 $22000\ m^3/d$,其来源有二:一是隧道揭露可溶岩地层汇集的大气降雨;二是随隧道的掘进,隧道高程低于地下水位,排水量中部分来自含水层静储量的消耗。

(2)隧道出口段

①地下水来源方向:大面积的碳酸盐岩分布,地表岩溶发育,有利于地下水的入渗。接受补给的地下水,其流向与进口段相反,为自北东向南西流动,证据有:

A. 在沿库南河修建的公路两侧,可见为数不少的干溶洞,其延伸方向总体指向南西或正西,反映了地下水的流向;

B. 库南河的两条支沟长约 10 km,其上游均蜿蜒向东延伸,汇流后向西流动汇入曲江,反映了地形上具备东高西低的地势条件和地表水流动条件;

C. 曲江作为区域上最低排泄基准,其最低高程为 1363 m,东部山脉大多在 2 000 m 以上,红垷落为 2 124. 7 m,地形高差显著,且北东部可溶岩地层广布,与隧址区可溶岩层相连,断裂密集,具备导水能力和地下水流动的水源和水动力条件;

D. 根据 2007 年 11 月 29 日实测,隧道出口流量为 394 L/s,而正洞水量仅为 56. 9 L/s,其余均为平导和平导迂回导坑涌出水量,平导和平导迂回导坑涌出水量约占总涌水量的 85. 56%,反映平导超前探水和排水的作用显著,也说明位于线路左侧的平导优先截断地下水流方向,隧址区地下水流自北东顺层向南西流动。

综上所述,隧道出口段及其北东部山区具备地下水向南西流动的水源保证、流动通道和水动力条件。

②地下水天然补给量:隧道出口段为受大气降雨补给,向库南河排泄的完整水文地质单元,其补给范围包括里山—五里箐褶皱构造的北东段,大致 63. 6 km^2,在此范围内地下水汇集大气降水量 23. 3341 $\times 10^6$ m^3,相当于每天 63 929 m^3,或者是 740 L/s。此单元内地下水排泄主要为库南河。

库南河作为隧道穿越的唯一常年性河流,其水量约为 1 000 L/s(2007 年 11 月 29 日实测,减去支沟水量后)。测流季节长期无雨,地表季节性洪沟干涸,库南河中水量基本来源于地下水的补给,反映了出口段地下水排泄量值。此值包括本单元接受的大气降水补给量和里山背斜南东翼的地下水径流量(约 260 L/s)。

(五)隧道涌水与杞麓湖的水力联系

通过对区域地下水的补给径流排泄特点、地下水径流系统划分与隧道涌水来源分析等,认为隧道出口段涌水与杞麓湖无明确的水力联系,理由如下:

1. 据《1:20 万玉溪幅水文地质报告》,杞麓湖蓄水量 2. 3 亿 m^3,水深 3 ~ 6 m,最深 10 m 左右;湖积物厚度为 20 ~ 90 m,岩性以灰黑色砂质黏土、淤泥为主,厚度从盆地边缘向中心由薄变厚,湖积层透水性微弱。通海盆地总体为一汇流盆地,通过沟谷及岩溶大泉,汇集四周山地降水及地下水,地表无泄水通道,唯一的排泄方式是地下暗河系统,即盆地东北角的岳家营地下暗河系统,向北东方向华宁盆地排泄(见图 5—34—5)。

2. 尽管湖底碳酸盐岩存在与隧址区白云岩、灰岩连通的可能性,但湖内沉积的湖积层透水性很弱,且湖泊东南侧有侏罗系砂页岩阻隔,导致水流不畅(见图 5—34—6),而且即使是杞麓湖(1 794 m)与隧道出口段(1 610 ~ 1 780 m)存在水力联系,但其最大径流长度达 10 km 的水力坡度已非常小。从达西定律分析,渗流量与介质渗透能力、水力坡度成正比,两个小数值的乘积当然更小。由此表明,杞麓湖与隧道出口即使连通,基于渗透性和水力坡降的原因,可能发生的联系也是十分微弱的。

3. 天然条件下,杞麓湖湖水通过其东侧(岳家营)的地下暗河管道排向东侧的华宁盆地,反映通海盆地与华宁盆地具有密切的水力联系和一定的水力坡度。因此,在杞麓湖东侧再发育一条向南的地下水通道,几率极小。

4. 在汛期地下暗河管道无法满足泄洪需求的情形下,当地政府建设一条沟通杞麓湖和曲江支流库南河的泄洪隧道,也反映天然条件下向南侧的地下水径流不畅。

5. 同位素测试结果反映湖水与隧址区地下水在来源上存在差异(图 5—34—4),也反映

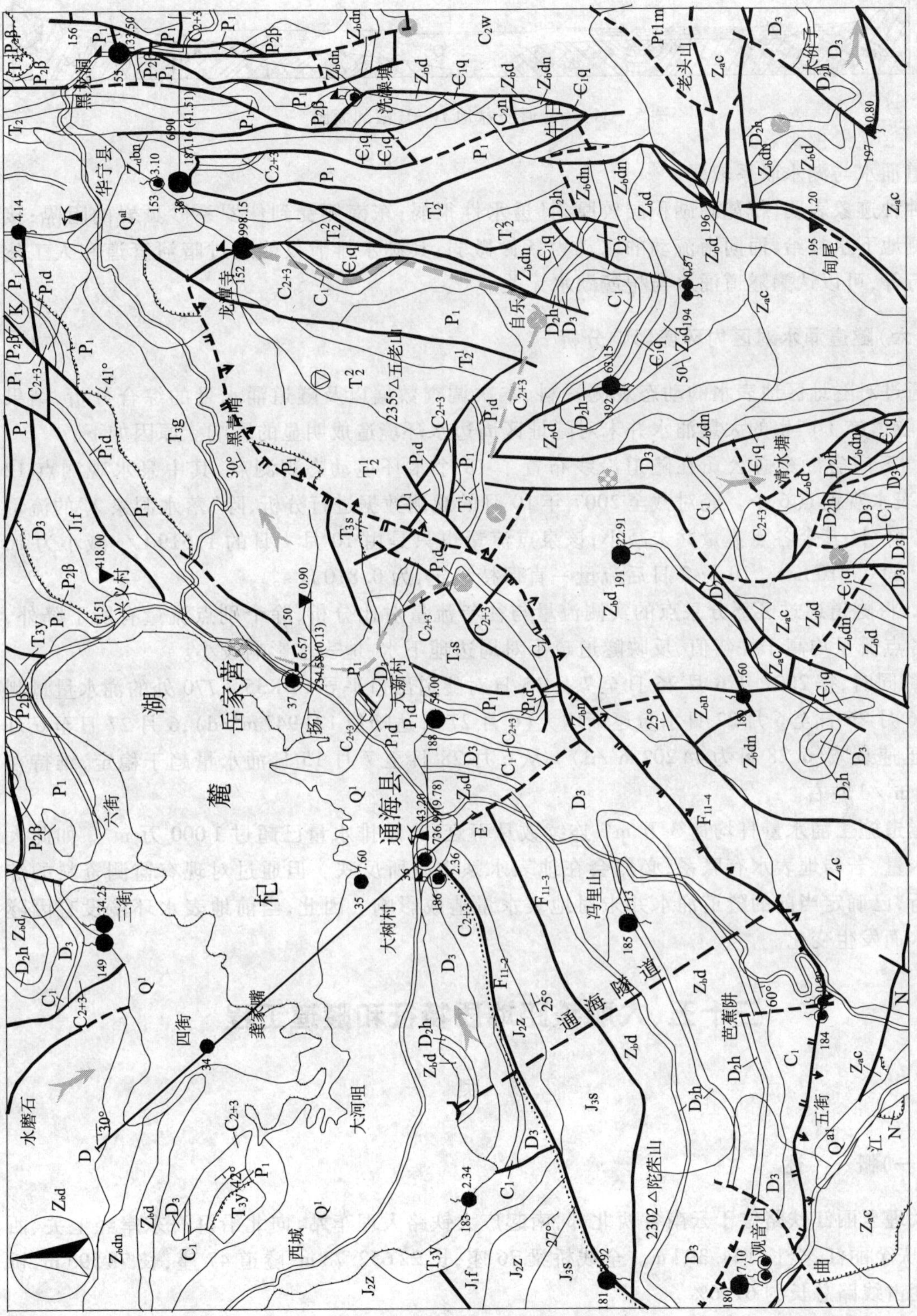

图 5—34—5　通海盆地—华宁盆地水力联系图

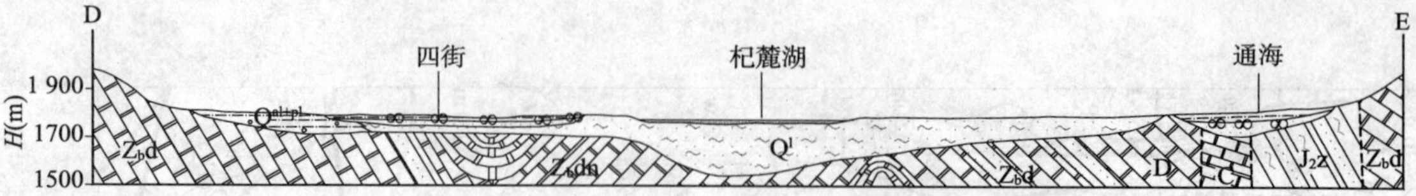

图 5—34—6　通海盆地 D—E 横剖面图

了隧道涌水与湖水联系较弱。

种种迹象表明，杞麓湖湖积层较厚，且透水性很弱；东南侧受到侏罗系砂页岩的阻隔；接受南侧地下水补给，而向南流动的水动力条件微弱；其湖水排泄仅能通过暗河管道和人工隧道进行等，可以认为隧道涌水与杞麓湖水无关。

（六）隧道涌水对区内环境影响分析

通过对隧址区地表水的动态观测资料、本次调查数据以及隧道涌水量的综合分析，结果表明，隧道施工产生的大量涌水并未对隧址区周边水环境造成明显的影响。原因如下：

1. 云南省勘察总公司在隧道沿线布置了 18 个水环境动态观测点，其中泉水观测点 12 个，地表水观测点 6 个。经对截至 2007 年 10 月的观测数据进行分析，除“落水洞泉 2”的流量有所下降外，其余各点流量并未减小；该泉点流量也只是由 10 月 1 日的 1.519 L/s 减小为 10 月 2 日的 0.810 L/s。10 月 2 日后流量一直保持稳定，为 0.810 L/s。

2. 将隧道通过区部分泉点的实测流量与往年流量对比分析，除个别点流量有所下降外，其余各点流量均高于往年值，反映隧道疏干对周边地下水、地表水影响较小。

3. 同时，据 2007 年 6 月 26 日至 7 月 15 日对隧道出口平导 PDK35 +770 处的涌水量量测数据，6 月 26 日至 6 月 27 日水量逐渐增大（6 月 27 日达峰值 121 947 m^3/d），6 月 27 日至 6 月 28 日迅速衰减（6.28 日为 44 202 m^3/d）。从 6 月 28 日至 7 月 15 日涌水量趋于稳定，维持在 37 000 m^3/d 左右。

隧道施工涌水量日均达 3 万 m^3，连续数月不衰减，总排水量已超过 1 000 万 m^3。如此大的排水量，若与地表水有联系，必然会在地表水系中有所反映。但通过对现有监测资料的综合分析，已确定当前的隧道涌水并未对地表水量造成影响。因此，当前地表水环境没有因隧道涌水而发生变化。

三十五、大丽铁路地质特征和隧道工程

杨　英

（一）概　　述

大理至丽江铁路位于云南省西北部，南起广大铁路大理车站，向北沿洱海东岸经上关、西邑、鹤庆至丽江，全长 164.39 km。全线桥梁 76 座，长 22 652.73 m，隧道 47 座，长 78 595 m，桥隧长度占线路总长的 61.6%。

大丽铁路位于云贵高原边缘与横断山脉交接的大理、丽江地区，地势东高西低，北高南低，属溶蚀剥蚀构造中山、低中山地貌。高程 1 800 ~ 2 786 m，相对高差一般 470 ~ 700 m。地形

地质条件十分复杂，构造作用强烈，地处高地震区，不良地质和特殊岩土种类多、分布广，地质灾害多，工程十分艰巨。该铁路于2004年12月开始施工。

（二）地质特征

1. 地层岩性特征

沿线地层分布较为齐全，沉积类型繁多，上至新生界第四系，下至古生界奥陶系，以碎屑岩及碳酸盐岩为主。期间岩浆活动剧烈，岩浆岩规模巨大，沉积岩、早期岩浆岩因受高温高压动力变质作用普遍有不同程度的变质。其中奥陶系、泥盆系地层分布于石房子至文笔、铁门把至双廊；石炭系地层零星分布于松树园隧道、白鹤山隧道；二叠系地层集中分布于文笔至挖色、双廊至梅子涧；三叠系地层分布较广，主要集中于梅子涧至松桂、鹤庆、丽江东侧；白垩系地层仅见于大理一带。第四系各类成因的松散堆积物零星分布于全线，以盆地、沟谷、洼地及缓坡为主要分布地带。

2. 地质构造及地震

（1）地质构造：线路位于青藏、滇缅、印尼巨型“歹”字形构造体系与三江经向构造体系复合部位，NNW向构造和SN向构造带为主体构造骨架。一系列SN向、NNW向构造线渐成撒开状态，鹤庆至丽江局部地区尚有纬向构造体系的复合、干扰，但区域构造轮廓仍较清晰，自成体系。线路所在的滇西北新构造运动十分强烈，且具明显的继承性。

本区活动构造主要为老构造的活化和新构造形成。由于本区仍处于印度板块北移的南北压应力场之中，所以东西向和南北向构造活动带表现出多期性，一些构造活动带至今仍有活动的迹象，主要表现为高原的隆升、活动构造、地热显示及地震活动等。

本区断裂、褶皱发育，大部分断裂在早、中更新世有过活动，一般为逆断层并具有走滑性质，对铁路工程及选线有影响的断层共41条，其中洱海深大断裂、马鞍山断层、军营—福田断裂、关坡1号断层等，为规模较大的区域性断裂，长约10～80 km，破碎带一般宽80～200 m，最宽达500 m。与线路密切相关的褶皱构造线主要有5条，对线路有一定的影响，主要有凤仪向斜、向阳背斜、北衙向斜等。

（2）地震：本区地应力场复杂，地震活动频繁。下关—大理—洱源—剑川—丽江强震带，是我国南北地震带的南段，更是滇西北强震分布区之一。沿线地震动峰值加速度，大理至西邑为0.2g，西邑至丽江为0.3g，均为Ⅷ度地震区。

3. 生态环境

大丽铁路沿线自然保护区、国家级风景名胜区、国家级重点保护文物等广泛分布，沿线自然环境较为脆弱。为了充分开发本区域的生态环境资源、民族文化资源，应做好生态环境保护工作。因此，贯彻地质选线与环境选线有机结合的思路在本线的方案比选中占有重要地位。这一思路在大理至青花坪段的线路方案比选中得到充分体现。该段线路走向分洱海西线、东线两大方案。西线较东线地形、地质条件均稍好一些，但洱海西岸分布有大理苍山洱海风景名胜区、国家级自然保护区，故西线方案对环境干扰、影响严重；东线地质条件稍差，除对文笔、小普陀两景点有一定程度影响外，其余对环境影响较小。经综合比较，最终选择了洱海东线方案。实践证明，该方案的选择是正确的。

4. 主要工程地质问题

线路行进于洱海、鹤庆、丽江断陷盆地及其间溶蚀剥蚀构造低中山、中山区，地层岩性、地质构造复杂，构造作用强烈，受褶皱、断裂及岩浆侵入活动的影响，岩层产状变化较大，岩体完整性较差,砂页岩、玄武岩岩体风化厚度较大。水文地质条件复杂,地表水、地下水发育不均,部分地下水、地表水对混凝土具侵蚀性。局部地段第四系覆盖层较厚,边坡稳定性较差。不良地质主要有岩溶、滑坡、错落、岩堆、危岩落石、泥石流、砂土液化、煤层瓦斯、采空区、顺层及断层破碎带等,特殊岩土有软土、膨胀土。

(1)不良地质及工程措施

①岩溶:大丽铁路通过可溶岩地段长 53.22 km,约占线路总长的 31.6%。其中岩溶强烈发育地段长 12.73 km。

向阳至双廊,岩溶中等发育,地表溶蚀洼地、溶沟、溶槽多见,未发现有暗河及大的溶洞。笔架山至松桂,地表岩溶发育,沿线多见串珠式漏斗、落水洞及溶蚀洼地,地表未发现大的溶洞及暗河出露。其中南登村至新窝段岩溶发育强烈,除多见各类地表岩溶形态外,地表塌陷也十分严重。象眠山大桥至关坡,岩溶中等发育,局部强烈发育,地表溶蚀较严重。

岩溶的影响主要反映于隧道施工中的涌水以及遭遇溶蚀破碎带及大型溶洞,导致围岩变差,拱部易坍方,如北衙隧道施工中遇到的涌水。岩溶也对桥涵基础和路基基底稳定产生不利影响。针对岩溶影响,隧道采用设置平导或横洞来解决岩溶涌水问题;桥涵基础根据溶洞、溶隙的分布特征,分别采用桩基、换填、加强基础刚度、局部压浆等措施;路基为防止塌陷,主要采用压浆加固地基。

②滑坡:全线共有滑坡 21 处,与线路有关的滑坡共有 12 处,其中路基通过 4 处、桥梁通过 3 处、隧道通过 5 处。其中梅子涧古滑坡、北衙古滑坡、春水滑坡等,规模巨大,控制线路方案的选择。滑坡多产生于剥蚀构造中山区,堆积体滑坡和基岩滑坡均有。梅子涧巨型古滑坡长 2 500 m,厚达 130 m,体积 $6\,500 \times 10^4\ m^3$。线路于滑动面下一定深度以隧道通过。

对大型滑坡或滑坡群,在选线时基本已绕避,不能绕避而通过的滑坡一般规模较小,多采用抗滑桩、抗滑挡墙、锚索桩等措施。

③错落、岩堆及危岩落石:大丽铁路的错落和岩堆规模较大,是越岭地段的主要不良地质之一。该区域冬干夏湿,温差大;河谷深切狭窄,相对高差达 400 ~ 1 000 m;高陡岸坡上软质岩与硬质岩相间叠置;部分地段褶皱和断裂构造发育,为Ⅷ度地震区。这些因素造成岸坡构造裂隙和卸荷裂隙发育,差异风化大,岸坡上的硬质岩层局部悬空,岩体中陡倾角结构面的应力状态改变,使高陡岸坡易产生错落、崩塌、落石,也为岩堆发育提供了丰富的物质来源。

沿线错落分布在梅子涧至松桂,线路多已绕避。对线路有影响者,路基 1 处、隧道 2 处、桥梁 1 处。一般采用抗滑桩预加固、地表钢管桩注浆加固等措施。其中松桂 2 号隧道进口段约 500 m 通过一处巨型古错落体。该错落体轴向长 500 ~ 700 m,宽 300 ~ 500 m,厚 30 ~ 170 m,物质成分主要为块石土。隧道开挖采用 $\phi 42$ 超前小导管及设置 I18 工字钢架加强支护,由于设计高度重视,施工组织得当,施工未出现坍方。

沿线岩堆分布在笔架山至花兰箐,通过地段路基 2 处、隧道 2 处、桥梁 2 处。物质成分主要为砂岩、泥岩及灰岩岩块、碎石和黏土,表层一般较松散,地下水发育不均匀。针对这些特性,设计时控制了填挖高度,并采用桩基托梁挡墙、抗滑桩预加固和加强排水等措施,来确保岩堆局部和整体的稳定。

沿线危岩落石零星分布于青花坪—松桂越岭地段,严重地段尽量以隧道绕避通过,未绕避地段采用清除、拦挡、支撑、嵌补、明洞等措施防护。

④泥石流:沿线泥石流有 20 条,主要分布于双廊、长育村及越岭地段沟谷两岸,一般规模

不大，在沟口常形成小型泥石流扇。线路必须通过的泥石流沟多采用大跨桥梁从流通区一跨通过，并根据泥石流沟的冲刷深度、侧蚀宽度、岸坡稳定性采取了适宜的防护措施。

⑤砂土液化：沿线砂土液化段主要分布于大理东站至大理北站段、联络线、丽江南站至丽江站，其余地段零星分布。砂土液化有12段，总长约12.6 km，占线路总长的7.5%。勘探深度内砂土、粉土厚2～16 m不等，饱和，多层分布，上部覆土厚2～7 m。砂土以粉砂、细砂为主，局部为中砂，夹薄层软土。测区地震动峰值加速度为0.2g～0.3g，为高地震区。根据标准贯入试验详判，粉土、砂土层为可液化土，对工程影响较大。一般结合软土一并处理。

⑥采空区：沿线北衙隧道、西邑车站至金井坝大桥一带分布石英正长斑岩。该侵入体中富含铅、锌、铜等矿物。北衙隧道大麦地与大沙地之间的区域是北衙矿区的一部分，有过一定规模的民间采矿和国营矿山的探矿、采矿活动。据调查，隧道洞身DK73＋350～DK75＋050右200 m外为采空区范围，长1300 m，宽500～950 m。线路右侧500～1400 m范围地表现已下沉变形，形成移动盆地。DK74＋230～DK75＋050右侧200～900 m范围内斜坡上老洞遍布，矿洞延伸长度80～800 m，多沿矿脉开挖，水平掘进，形态极不规则，平面上呈蛛网状。该矿区开采年代久远，多期开采，坑洞分布复杂，难以查清，故选线时即已绕避。

⑦顺层：沿线顺层地段共29段9.98 km。一般岩层倾角15°～40°，岩层走向与线路夹角小于40°。岩性主要为砂岩夹页岩、泥岩，灰岩、白云质灰岩夹泥灰岩；似层面发育的玄武岩也有顺层病害。路堑根据挖方高度、地质特征，分别采用顺层清方、锚索、抗滑桩及抗滑挡墙等工程措施。

⑧断层破碎带：本线断裂发育，部分具活动性，断层破碎带宽10～200 m，以断层角砾岩为主。通过断层破碎带的隧道采用了超前小导管及设置格栅钢架加强支护，施工基本正常，未发生重大问题。

(2)特殊岩土及工程措施

①软土：全线软土有18段，总长22.24 km，约占线路总长的13.2%。主要分布于大理、洱海、鹤庆、丽江盆地内，局部山间沟谷有零星分布。路基通过32处，其中软土路堑1处、软土路堤31处，软土厚2～16 m，局部达40 m，硬壳层厚0～10 m，地面横坡5°～18°，基底横坡2°～13°。物质主要为淤泥、淤泥质土、泥炭、泥炭质土，局部为有机质土、软黏土。成因类型以湖积相、坡洪积相为主。软土的主要物理力学指标见表5—35—1。

表5—35—1　软土的主要物理力学指标表

土层名称	密　度 ρ(g/cm³)	天然含水量 w(%)	孔隙比 e	压缩系数 a_v(MPa⁻¹)	天然快剪	
					c(kPa)	φ(°)
淤　泥	1.49～1.59	62.19～83.03	1.69～2.11	1.45～2.00	5.7～12.1	3.9～4.4
淤泥质土	1.63～1.79	43.78～85.90	1.15～2.40	0.52～1.95	4.3～11.4	3.6～9.4
泥　炭	1.01	44.74	8.53	9.38	5.0	11.4
泥炭质土	1.26～1.65	60.42～172.56	1.62～4.54	0.97～5.84	6.3～16.0	3.4～9.0

根据软土的厚度、埋深、物理力学特性，分别采用清除换填、水泥搅拌桩、碎石桩、CFG桩等工程措施，部分基底横坡较大的地段加设侧向约束抗滑桩。

②膨胀土：沿线膨胀土共12段，总长约26.43 km，约占线路总长的15.7%。膨胀土主要分布于大理至上关、金墩至丽江南残丘、斜坡坡面，以坡残积黏土、玄武岩全风化带为主。一

般厚 2～20 m，局部大于 25 m。自由膨胀率 F_s = 40%～104%，蒙脱石含量 11.26%～93.88%，阳离子交换量 CEC(NH_4^+)17.69～65.3 mmol/kg，为弱—强膨胀土。如青花坪隧道进口及进口段路基为典型的强膨胀土，自由膨胀率达 104%。隧道采用拱墙 φ42 超前小导管及全环 H175 型钢钢架加强支护，施工中加强排水及时封闭。

路堑地段挖深较大，自然坡面较陡，采用多级防护，顶部一级边坡采用人字形截水骨架加支撑渗沟护坡，中部采用锚杆框架梁护坡，下部采用桩加锚索；自然坡面较缓，可采用锚固桩加锚索框架梁护坡。路堤地段采用桩基托梁衡重式路肩挡土墙、衡重式路肩挡土墙、方格截水骨架护坡、水平铺设土工格栅、坡脚设置护脚墙等。

（三）隧道工程

1. 工程概况

大丽铁路隧道工程集中，总长 78 595 m，约占线路总长的 47%。其中大于 3 000 m 的隧道 6 座，长 31 287 m。按所通过的主要地层的工程地质条件，大致分为岩溶隧道、软质岩隧道、玄武岩隧道、煤系地层隧道、土质隧道几类。针对不同等级的围岩和洞口地形地质条件，隧道工程采用了加强洞口边仰坡地表处理及洞口段拱部设置超前 φ89 大管棚、φ42 单（双）层小导管或 φ25 中空锚杆及全环格栅钢架加强支护；进出口浅埋段采用抗震设防衬砌，其余地段采用一般衬砌。

2. 隧道工程地质条件类型

（1）岩溶隧道：全线岩溶隧道共 21 座 45 920 m，分布于海东至双廊、梅子涧至西邑、仁和至丽江，以灰岩、白云质灰岩、泥质灰岩、白云岩为主，间夹正长斑岩、辉绿岩等侵入岩。岩溶隧道存在三个主要问题：一是地下岩溶发育的不均匀性和地下隐伏岩溶的不确定性；二是岩溶涌水、涌泥；三是可溶岩中侵入岩的无规律性及其对围岩的蚀变作用，以及遇宽大断层破碎带问题。针对岩溶隧道的上述问题，除勘察期间采用综合勘探方法宏观、定性地予以落实并评价外，施工中还采取物探、水平钻孔等手段进行超前地质预报，预测掌子面前方围岩及溶洞发育情况，以便及时采取工程措施。结合开挖揭示的溶洞、断层破碎带以及岩溶涌水等，结合具体的实际情况，采取了包括增设护拱、注浆、浆砌片石回填、帷幕预注浆等措施。

（2）软质岩隧道：全线软质岩隧道共 9 座 7 627 m，分布于大理至海东段，主要为砂岩、泥质砂岩夹页岩、泥岩。这类隧道一般存在两方面问题：一是浅埋段风化带较厚、岩体破碎段易坍方、冒顶；二是缓倾角岩层拱部易坍方，引起边墙内鼓变形。软质岩隧道围岩级别一般为Ⅴ级、Ⅳ级；洞口全、强风化带较厚时，采用Ⅴ级加强支护。对岩体破碎、倾角较缓者，一般采用超前加强支护。

（3）玄武岩隧道：双廊至梅子涧隧道通过二叠系玄武岩夹凝灰岩。玄武岩节理发育；凝灰岩质软易风化，遇水易软化，拱部易坍塌。由于凝灰岩分布位置及范围的不确定性，故施工中按设计要求，加强了超前地质预报，遇凝灰岩夹层时，则采取加强超前支护的措施。

（4）煤系地层隧道：全线有 7 座煤系地层隧道，长 7 512 m，分布于新窝至松桂，均穿越三叠系松桂组(T_3sn)泥岩、砂岩、页岩夹煤线地层，所夹煤线较薄，煤质差，隧道埋深 30～200 m，处于瓦斯风化带内。煤系地层隧道可能赋存瓦斯等有害气体，故均按《铁路瓦斯隧道技术规范》及《煤矿安全规程》相关要求组织施工，并加强瓦斯监测和施工通风。

（5）土质隧道：芹河至西邑段分布有范围较广、厚度较大的碎石土，有两座全土质隧道，还有部分隧道洞口为堆积体或断层破碎带。围岩均为Ⅴ级，施工中易产生拱部坍方甚至坍顶。按设计要求，施工中采用大、小管棚及全环格栅钢架加强支护，并加强地表排水。

（四）结 束 语

大丽铁路的勘察、设计和施工实践为地形地质复杂地区修建铁路积累了有益的经验，亦为今后滇藏铁路的延伸打下了基础。

三十六、大丽铁路禾洛山隧道综合勘探与施工地质问题

李 坚 杨 英

（一）前　　言

禾洛山隧道为设计时速120 km、预留电化条件的大（理）丽（江）铁路上关车站与青花坪车站间的一座单线隧道。隧道进口里程 D_1K55 +536，出口里程 D_1K61 +384，出口端青花坪车站伸入洞内463 m，全长5 848 m，最大埋深约225 m。隧道通过二叠系玄武岩夹凝灰岩地层，岩性较为单一。在勘察设计期间，按照现行有关技术规范要求，进行了地质调绘和钻探工作，预测隧道围岩级别主要为Ⅱ ~ Ⅲ级。隧道开工以后，开挖揭示与原勘察设计资料差异较大，隧道围岩级别主要为Ⅳ ~ Ⅴ级。为配合设计变更，查明禾洛山隧道的整体工程地质情况，对隧道开展了详细的补勘，先后进行了地质调绘、6孔钻探、4 700 m测线长度的高密度电法、4 000 m测线长度的可控源音频大地电磁法（分别使用V6和EH4采集资料）和15次TSP超前地质预报等综合地质勘探工作。通过总结该项综合地质勘探技术成果，特别是对比分析物探资料和开挖结果，得到了宝贵的经验和教训，对于以后类似地质条件的隧道地质勘察具有借鉴作用。

（二）勘察设计期间的地质勘察

禾洛山隧道岩性单一，且为非可溶岩，当时考虑到勘察设计工期紧等因素，按照相关规范、规程和既有工作经验，开展并完成了1/10 000区域地质调绘、1/2 000调绘、钻探（3个浅孔、1个深孔）、综合测井及取样试验等工作，取得以下主要地质勘察成果。

1. 地层岩性

隧道通过二叠系玄武岩夹凝灰岩（P_β^6、P_β^5），地表出露多为全风化（W_4）—强风化（W_3）。全风化带厚5 ~ 15 m，强风化带厚2 ~ 10 m，弱风化带（W_2）岩质坚硬。凝灰岩岩质软，规模不一，一般厚度小于10 m，钻探未揭示凝灰岩。

2. 地质构造

隧道地区邻近洱海深大活动断裂带，玄武岩柱状节理较发育，以闭合型及微张型为主。隧道于 D_1K59 +600以15°交角斜穿独木桥南正断层，该断层走向N50°E，倾NW，倾角79°，断层破碎带宽0.5 ~0.7 m，区内长约0.7 km。

3. 水文地质

地表大多数沟槽内见季节性水流，一般水量不大。对应于洞身 D_1K59 +673、D_1K60 +205地表两沟槽水量雨季分别为8 L/s和2 L/s，旱季明显减小（约0.2 ~0.5 L/s），有时干涸，主要由上游基岩裂隙水自坡脚渗出汇积而成；出口端沟槽水量较大，达20 L/s。

玄武岩节理发育，隧道含较丰富的基岩裂隙水，主要由大气降水补给，山脚一带有泉点出露。预测隧道最大涌水量为 40 000 m^3/d。

4. 钻探、测试

根据 DZ-禾-1（$D_1K59+596$ 右侧 3 m）深孔钻探、试验及综合测井资料分析，洞身岩体较完整，微风化，岩体纵波速度 $v_p=3\,950\sim5\,470$ m/s；据室内试验，岩块纵波速度 $v_p=4\,140\sim4\,630$ m/s；岩石的平均单轴饱和抗压强度为 75.3 MPa，围岩定为Ⅱ级；另据进出口附近的 3 个浅孔钻探资料揭示，洞身岩体较完整，微风化，但考虑浅埋，围岩定为Ⅴ级。

5. 主要工程措施建议

（1）遇凝灰岩夹层时，易坍塌、掉块，应加强超前地质预报及初期支护。

（2）推测隧道涌水量 40 000 m^3/d，应做好防排水措施。

（3）根据《铁路工程地质勘察规范》有关铁路隧道围岩的基本分级要求，结合地质调绘、地层岩性、DZ-禾-1 深孔地质资料、岩层风化程度、隧道埋深和地形、构造、地下水分布情况等地质特征，预测该隧围岩级别大多为Ⅱ～Ⅲ级，具体划分见表 5—36—1。

表 5—36—1　禾洛山隧道围岩级别预测表

里　　程	长　度(m)	围　岩　级　别
$D_1K55+536\sim D_1K55+660$	124	Ⅴ
$D_1K55+660\sim D_1K56+010$	350	Ⅳ
$D_1K56+010\sim D_1K56+110$	100	Ⅲ
$D_1K56+110\sim D_1K59+620$	3 510	Ⅱ
$D_1K59+620\sim D_1K59+660$	40	Ⅲ
$D_1K59+660\sim D_1K59+700$	40	Ⅴ
$D_1K59+700\sim D_1K61+240$	1 540	Ⅲ
$D_1K61+240\sim D_1K61+384$	144	Ⅴ

（三）施工期间的地质勘察

禾洛山隧道开工后，施工揭示实际与设计资料相差较大。为进一步落实隧道的整体地质条件，进行了详细的地质补勘，包括地质调绘、补充钻探和物探等工作。其中，在物探中，采用高密度电法、可控源音频大地电磁法（CSAMT 法）和超前地质预报（TSP 法）对当时隧道未开挖地段进行了探测和预报。

1. 钻　　探

根据物探资料，结合地质调绘分析，布置 6 孔钻探进行补勘和验证。在洞身附近，3 个钻孔揭示为弱风化玄武岩，局部夹凝灰岩，岩芯呈碎块状或短柱状，节理裂隙发育；1 个钻孔揭示为弱风化玄武岩，岩芯较完整，多呈柱状，少部分呈碎块状，节理裂隙亦较发育；2 个钻孔揭示与开挖情况基本一致，为强风化玄武岩，局部夹凝灰岩，岩芯呈碎块状或碎石角砾状，节理裂隙发育。虽然有 4 个钻孔岩芯均属弱风化，但因节理发育，并有地下水，故围岩总体上仍较原勘察资料预测的差，主要为Ⅳ～Ⅴ级。

2. 物　　探

(1)高密度电法

①野外工作：在 $D_1K56+500\sim D_1K61+200$ 段的中线位置，布置长度为 4 700 m 的高密度

电法测线，使用 GEOPEN 公司生产的 E60BN 型高密度电法仪器采集数据。施测中采用温纳装置，其中，$AM = MN = NB = AB/3$ 为一个电极间距，电极间距 6 m，共布置 40 个采集层，即最大电极间距为 $6 \times 40 = 240$ m。

②判释原则：把视电阻率断面图的低阻异常判释为含水量较大、破碎或松散的岩体。

③判释结果：高密度电法资料表明，禾洛山隧道围岩总体上破碎、地下水丰富，且可能存在几条断层，根据解释结果，划分了 10 段、长达 3 125 m 的对施工最不利地段，占高密度电法工作段落长度的 66%。

施工揭示高密度电法资料与开挖资料出入较大，分析原因为高密度电法大极距的供电电流较小、接地电阻较大等，导致所采集的中深部资料可信度不高。

(2) CSAMT 法

鉴于高密度电法存在勘探深度较浅、解释结果与开挖出入较大的问题，为进一步探测隧道洞身高程附近特别是埋深较大洞身地段的整体地质条件，采用 CSAMT 法进行勘探。为便于资料的对比，增加 CSAMT 资料的可靠度，分别使用了 V6 型和 EH4 型采集野外数据。其中 V6 型采集野外数据，由铁二院物探所使用加拿大凤凰公司生产的 V6 型多功能大地电磁仪承担，同时委托核工业航测遥感中心地面物化探大队使用美国 EMI 公司和 Geometrics 公司联合生产的 EH4 型大地电磁仪负责采集野外数据。

①野外工作：在禾洛山隧道 $D_1K56 + 500 \sim D_1K60 + 500$ 段中线位置，布置一条长度为 4 000 m 的测线，测点点距为 20 m。其中，使用 V6 型仪器采集数据时，发射系统为 30 kW 的大功率发电机及 T-30 发射机，采用赤道偶极装置、标量观测方式。为满足观测条件，收发距约为 10.5 km，供电电极距 $AB = 2\ 200$ m，接收电偶极距 $MN = 20$ m，磁探头方向与 MN 垂直。

图 5—36—1 为 CSAMT 法（V6 仪器）的野外工作布置示意图。

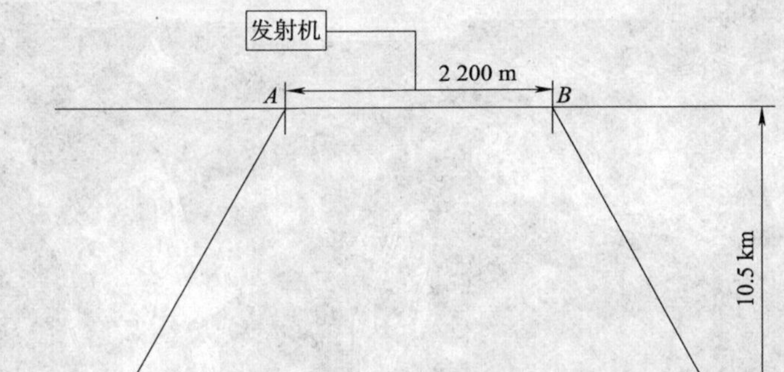

图 5—36—1　CSAMT 法（V6 仪器）野外工作布置示意

使用 EH4 型仪器采集数据时，采用"十"字形装置，在 X 和 Y 方向各布置一对测量电极，其中 X 方向与测线方向一致，Y 方向垂直于测线方向，电极距 40 m，记录点在装置中心部位。对于某一测点，一般首先进行低频段天然场（10 Hz ~ 1 kHz）的数据采集。然后再进行高频段人工偶极子场源（750 Hz ~ 64 kHz）的数据采集。当使用人工发射场源时，要求接收与发射严格同步，仪器同时记录 E_x、E_y、H_x 及 H_y 四个电磁分量。

②判释原则：从工程性质讲，玄武岩为硬质岩，根据统计数据和既有工作经验，其电阻率较高，电阻率统计平均值为 1 000 ~ 4 000 Ω·m，较完整玄武岩的视电阻率断面图应为图 5—

36—2 所示，但是禾洛山隧道大部分地段的视电阻率断面图却为图 5—36—3 所示，电阻率统计平均值较低，仅为 100 ~ 1 000 Ω·m。分析认为，这反映了玄武岩岩体破碎或夹有岩质软弱的凝灰岩。无论何种情况，均说明隧道围岩的整体工程地质条件较差，与施工开挖所揭示的情况大体一致。结合低阻异常的形态及其与背景值的差异，把 ρ_s 值小于 60 Ω·m 的低阻区域定为Ⅰ类物探异常，即判释为富水、极软弱或极破碎岩体，大致对应Ⅴ级围岩；把 ρ_s 值为 60 ~ 250 Ω·m的低阻区域定为Ⅱ类物探异常，即判释为中等富水、软弱或破碎岩体，大致对应Ⅳ级围岩；把 ρ_s 值为 250 ~ 630 Ω·m 的中低阻区域定为Ⅲ类物探异常，即判释为含水、较软弱或较破碎岩体，大致对应Ⅲ级围岩；把 ρ_s 值大于 630 Ω·m 的高阻区域判释为较完整岩体，大致对应Ⅱ级围岩。依据等 ρ_s 断面图上低阻异常的等值线密集处（梯度变化最大处）确定异常的边界。

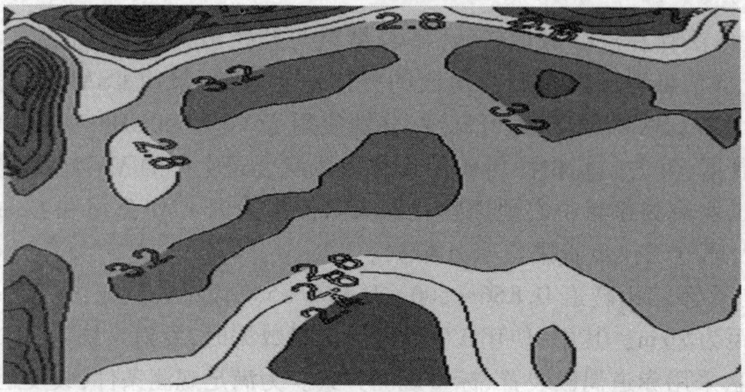

图 5—36—2 较完整玄武岩的的视电阻率断面图

图 5—36—3 破碎玄武岩的视电阻率断面图

需要特别说明的是，岩体的坚硬程度、完整程度、地下水、地应力及地震纵波速度等是划分铁路隧道围岩级别的主要依据。一方面，岩体软弱、破碎、富水，其电阻率低，即围岩级别高（差），反之，围岩级别则低（好）；另一方面，岩体导电矿物的含量直接影响其电阻率，而导电矿物的含量一般与岩体的围岩级别没有直接的关系。例如，两种不同的岩体在坚硬程度、完整程度、地下水、地应力及地震纵波速度相同的条件下，电阻率亦可能不同，含铁量高的岩体比含铁量低的电阻率低，即两种岩体的围岩级别虽然相同，但电阻率却不同。因此，岩体的电阻率与围岩级别的关系比较复杂，它们之间虽然存在一些联系，但其直接的相关关系目前还处于研究和探索中。近年来，我们在探索依据电阻率资料划分围岩级别方面取得了一定进展，积累了一些经验。在此，我们根据电阻率值的大小并结合低阻异常的形态，直接利用CSAMT资料划分隧道围岩级别。

③判释结果：V6和EH4仪器所采集的大地电磁资料解释结果均表明，隧道洞身围岩除局部地段比较完整外，其余地段围岩总体上为含水、较软弱或较破碎—富水、极软弱或极破碎岩体；Ⅳ～Ⅴ级围岩占隧道总长度的50%以上。虽然两种仪器所采集的资料在宏观上有一定对应性，但低阻异常的具体位置存在一定差异。

(3)TSP法

为指导施工，规避地质灾害风险，选择了从瑞士引进的预报精度相对较高的TSP仪器对隧道掌子面前方的地质情况进行超前预报。截至2008年3月底，对未开挖地段的隧道掌子面共进行了15次预报。

①野外工作：TSP203仪器主要由三分量检波器、记录单元及起爆装置组成。三分量检波器用来接收地震波信号；记录单元将接收到的地震波信号进行放大、模数转换和数据记录，同时还进行测量过程控制；起爆装置则用于引爆电雷管和炸药，人工激发地震波。

每次预报时，在隧道掌子面附近的左、右边墙位置分别布置一个地震波信息接收孔，孔径为50 mm；选择一侧边墙，按约1.5 m的间距布置23个激发孔分别激发地震波，激发孔孔深0.8 m，孔径约40 mm，孔向下倾斜约3°，每个激发孔装填的药量为60 g；激发孔和接收孔的布置基本为同一高度。

②判释原则：根据绕射重叠法原理(与常规地震反射资料处理中偏移流程的原理类似)计算反射界面与隧道的相对位置，即与隧道轴线的交角或至掌子面的距离。

根据TSP法的原理和工作经验，把距离隧道轴线近、能量大的反射波组判释为围岩异常区，并综合地震波速、反射波相位、动杨氏弹性模量和泊松比等参数对异常进行分类。

③判释结果：每次预报距离(长度)约100 m，按里程段落划分，把隧道围岩分为极破碎(富水)、破碎(含水)和较破碎三类异常。

(四)地勘资料与施工揭示的对比分析

1. 施工揭示情况

隧道施工揭示围岩为二叠系玄武岩夹凝灰岩，其中凝灰岩呈透镜状、团块状，分布无规律，规模不一，岩体破碎，岩质软弱。所揭示的围岩可分为以下两类。

(1)玄武岩：洞身围岩全由玄武岩组成，无凝灰岩夹层或夹极少量凝灰岩。局部存在玄武岩全风化或强风化的风化囊，且岩体破碎者一般为Ⅴ级、Ⅳ级围岩；玄武岩为弱风化或微风化，岩体较完整或完整者一般为Ⅲ级、Ⅱ级围岩。

(2)玄武岩夹凝灰岩：根据施工揭示的凝灰岩分布位置、范围大小以及与隧道的相对关系大致分为五种情况：①洞身全断面均为凝灰岩；②洞身全断面为玄武岩及凝灰岩交错分布；③洞身拱部为玄武岩及凝灰岩交错分布；④洞身拱部局部为凝灰岩；⑤洞身边墙局部为凝灰岩。当遇凝灰岩时，凝灰岩多为全—强风化，质软，遇水易软化，自稳能力差，其周围的玄武岩局部为全风化或强风化，岩体破碎，节理裂隙发育，一般为Ⅳ级、Ⅴ级围岩。

虽然玄武岩强度高，但因节理发育和凝灰岩无规则地穿插、交错，局部段落岩性频繁变换以及地下水的影响，造成禾洛山隧道工程地质条件差，围岩级别变化大。

2. 地质调绘和钻探

地表因土层覆盖，难以直接推测和判定洞身岩体的完整程度和坚硬程度，因此不宜直接把地质调绘资料与开挖资料进行对比；勘察期间，4 个钻孔资料揭示岩体较完整，特别是 DZ-禾-1 深孔揭示岩体较完整（物探资料在此位置亦未显示异常），预测围岩较好，但与施工开挖资料出入较大；施工期间，结合物探异常布设的 6 个钻孔资料，在洞身高程揭示岩体大多破碎，与开挖资料基本吻合。由此说明，以物探为主，辅以少量的验证性钻孔（根据物探资料有针对性地布置孔位），有可能较准确、客观地评价隧道围岩的工程地质特征。

3. 物　　探

（1）地面物探：为便于资料对比，仅选择 $D_1K56+500 \sim D_1K60+500$ 段三种方法的物探资料。图 5—36—4、图 5—36—5 和图 5—36—6 分别为高密度电法资料、V6 仪器采集的 CSAMT 资料和 EH4 仪器采集的 CSAMT 资料的视电阻率断面图。

图 5—36—4　高密度电法资料视电阻率断面图

图 5—36—5　CSAMT 资料（V6 仪器采集）视电阻率断面图

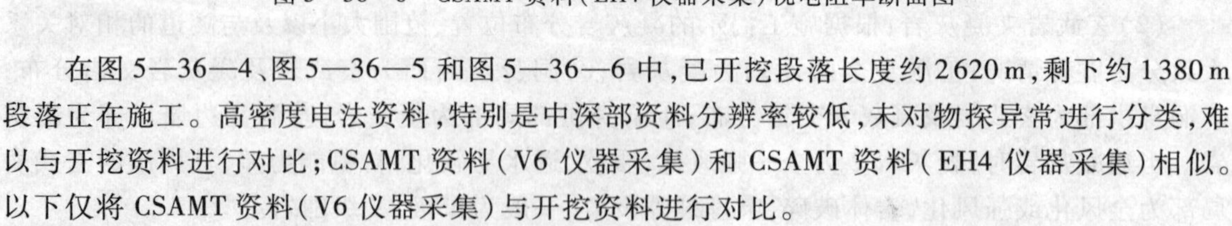

图 5—36—6　CSAMT 资料（EH4 仪器采集）视电阻率断面图

在图 5—36—4、图 5—36—5 和图 5—36—6 中，已开挖段落长度约 2 620 m，剩下约 1 380 m 段落正在施工。高密度电法资料，特别是中深部资料分辨率较低，未对物探异常进行分类，难以与开挖资料进行对比；CSAMT 资料（V6 仪器采集）和 CSAMT 资料（EH4 仪器采集）相似。以下仅将 CSAMT 资料（V6 仪器采集）与开挖资料进行对比。

虽然在微观上图 5—36—5 洞身高程及附近的低阻区域（推测的富水、破碎或软弱岩体）在位置上与开挖揭示的实际围岩级别较差的段落存在一定错位或差异，但在宏观上仍有较好的对应性。现将已施工开挖的 2 620 m 段实际围岩分级与对应地段洞身高程物探异常段落统计资料对比列如表 5—36—2。

表 5—36—2　施工开挖资料及对应地段洞身高程物探异常段落统计表

围岩级别	Ⅱ	Ⅲ	Ⅳ	Ⅴ
段落长度(m)	164	477	759	1220
占统计长度的百分比(%)	6	18	29	47
Ⅰ和Ⅱ类物探异常区域段落长度(m)			1930	
Ⅲ类物探异常区域段落长度(m)		395		
物探判释较完整岩体段落长度(m)	295			

根据表 5—36—2 分析,在洞身高程及附近的Ⅰ和Ⅱ类物探异常区域大致对应开挖的Ⅳ级和Ⅴ级围岩,Ⅲ类物探异常区域大致对应Ⅲ级围岩;物探判释较完整岩体区域大致对应Ⅱ级围岩。对比资料亦同时说明,根据物探资料难以区分Ⅳ和Ⅴ级围岩。

另一方面,对比还说明,宏观上 CSAMT 资料(V6 仪器采集)的判释结果与开挖资料对应性最好,CSAMT 资料(EH4 仪器采集)次之,高密度电法资料则较差。分析其原因:①虽然 CSAMT 法(V6 仪器采集)和 CSAMT 法(EH4 仪器采集)同属大地电磁法,但所发射的人工电磁场方式和功率差异较大。在禾洛山隧道顶上地面附近,架设有一大致平行线路的高压输电线路,对 V6 仪器和 EH4 仪器采集的数据均产生强烈的电磁干扰,V6 仪器系统所发射的人工场源功率比 EH4 要大得多,因此它压制电磁干扰能力比 EH4 仪器强,所以在禾洛山隧道,V6 仪器比 EH4 仪器勘探效果好。②高密度电法大极距供电时,受电流小、接地电阻大等因素影响,深部资料信噪比低,即所采集的大极距资料(埋深较大的隧道洞身资料)可信度较差,所以它与 CSAMT 法的资料相比,勘探效果较差。

(2)洞内物探:根据开挖资料,禾洛山隧道洞内掌子面所进行的 15 次 TSP 预报结果中,8 次预报准确,5 次预报比较准确,另 2 次因正在开挖未收集到资料。从效果看,TSP 法预报精度是较高的,但因 TSP 施测时需在掌子面附近布设接收和激发装置,影响施工,预报费用较高。此外,检波器孔和激发孔位置、深度、倾斜度难以严格按要求布置,施工时所设置的钢质管棚(高异常地震波速)等,均会影响预报精度。

(五)经验与教训

通过对禾洛山隧道综合地质勘探工作的总结,得到了以下经验教训,值得今后在类似地质环境的隧道地质勘探工作中吸取借鉴。

1. 物探异常分类和围岩分级

利用物探宏观探测破碎软弱岩体的优势,综合视电阻率值和异常形态及其与背景值的差异,对低阻异常进行分类;根据 TSP 资料,综合地震波速、反射波相位、动杨氏模量和泊松比等参数对强反射异常进行分类。根据异常分类,可宏观地判定围岩级别。本隧道的Ⅰ、Ⅱ和Ⅲ类物探异常,分别对应富水、极软弱或极破碎岩体(大致相当于Ⅴ级围岩),中等富水、软弱或破碎岩体(大致相当于Ⅳ级围岩),和含水、较软弱或较破碎岩体(大致相当于Ⅲ级围岩)。但对比开挖资料表明,仅依据物探资料还难以区分Ⅳ级和Ⅴ级围岩,存在混判两种围岩级别的问题。

2. 综合分析

在禾洛山隧道施工期间,经过综合地质勘探,根据物探异常布置钻探验证,综合分析对比地质调绘、物探及钻探资料,基本查清了隧道的地质情况,比较准确地评价了隧道工程地质条件,为隧道的变更设计提供了较翔实的基础资料,并用以指导隧道施工。

3. 综合勘探

由于勘察工期十分紧张，加之岩性单一，故勘察期间对该隧道未进行物探。由于缺乏物探指导，钻探孔位布置针对性不强，代表性差，不能宏观把握禾洛山隧道的整体工程地质条件，以致仅凭一孔之见，导致所预测的围岩级别与实际开挖情况有较大的差异。因此，开展隧道的综合勘探很有必要。

4. 岩性及构造

按照以往经验，玄武岩为硬质岩，埋深较大时一般较完整。因此，对禾洛山隧道所处滇西地区新构造运动以及火山岩多期性喷发对围岩完整性的影响认识不足，对玄武岩中凝灰岩分布的无规律性、深部玄武岩存在风化囊的特殊性认识不足，以致造成勘察设计资料与施工开挖揭示情况出入较大。

三十七、贵昆铁路梅子关隧道岩溶水的整治

邓克杞

梅子关隧道位于贵昆铁路六枝至水城段梅子关站昆明端，全长 1 917.26 m，20 世纪 50 年代末开始施工，于 1965 年竣工通车。

隧道具有较为复杂的水文地质条件（图 5—37—1），修建期间就成为涌水、坍方的“烂洞子”；运营期病害也十分严重，影响运营，养护大修极为困难。因此在电化改造勘测、设计、施工中，被列为贵昆线重点整治病害的隧道之一。经过整治，消除了病害，达到了预期的效果。现将该隧道情况作一简要介绍。

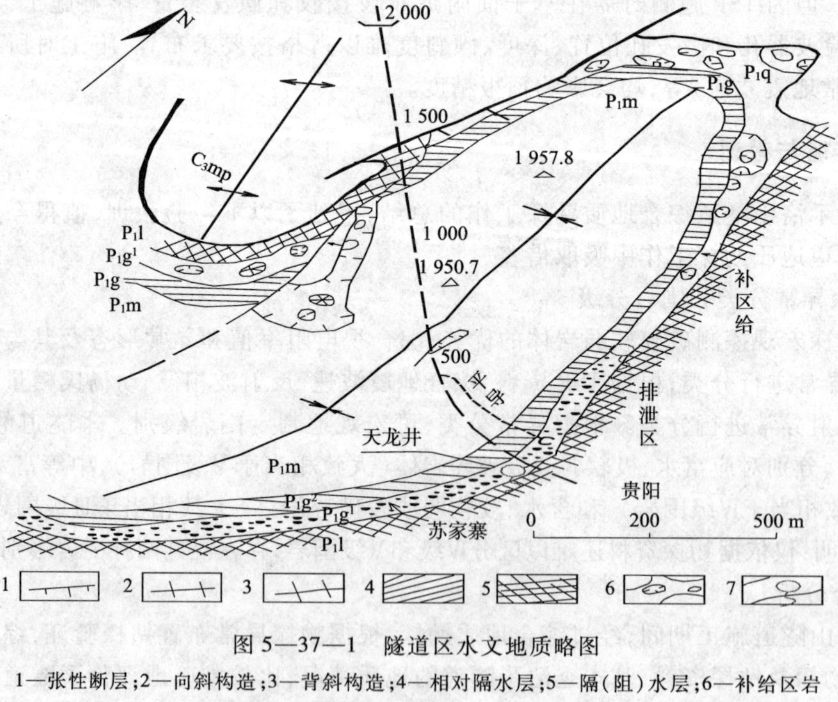

图 5—37—1　隧道区水文地质略图

1—张性断层；2—向斜构造；3—背斜构造；4—相对隔水层；5—隔（阻）水层；6—补给区岩溶；7—排泄区

(一)隧道的自然条件

1. 地形及地貌

隧道穿越花地河(北盘江上游主支流)东岸偏箐大坡分水岭,最大高程 1 957.8 m,与越花地河谷高差达 1 000 余米,地形十分陡峻,属高原山地型岩溶地貌,隧道顶地形为塔状山峰,隧道最大埋深 375 m。进口为陡峻坡面、沟谷地形,出口为峰林洼地、谷地,植被稀疏,发育漏斗、落水洞、洼地等。

2. 地层岩性及地质构造特征

隧道区分布石炭系上统马平群(C_3mp)和二叠系下统各组地层。马平群为碳酸盐岩类,灰岩质纯,岩溶发育,以垂直裂隙、落水洞、竖井、漏斗为主。二叠系下统梁山组(P_1l)以滨海相碎屑岩为主夹煤层,为隔水层;栖霞组(P_1q)上部为泥质灰岩、页岩夹泥灰岩,岩溶不甚发育,下部为灰岩,地表岩溶洼地、竖井、漏斗、溶沟、溶槽十分发育,透水性良好;茅口组(P_1m)为质纯的灰岩,溶蚀裂隙发育,属岩溶化灰岩。

隧道位于黔西山字形构造西北翼的北西向构造带内,堕脚背斜和烂坝向斜构造之间。如图 5—37—1 所示,以短轴向斜为主,两侧受区域性张扭断层(F_1、F_2)挟持,向南倾斜。断层发育方向为南北方向,陡倾,在软弱岩层中形成15 ~ 20 m 厚的断层破碎带,具有阻水作用。隧道在向斜构造之山体内穿越,其纵向剖面的形态如图 5—37—2 所示;隧道穿越向斜构造长达 1 250 ~ 1 300 m。

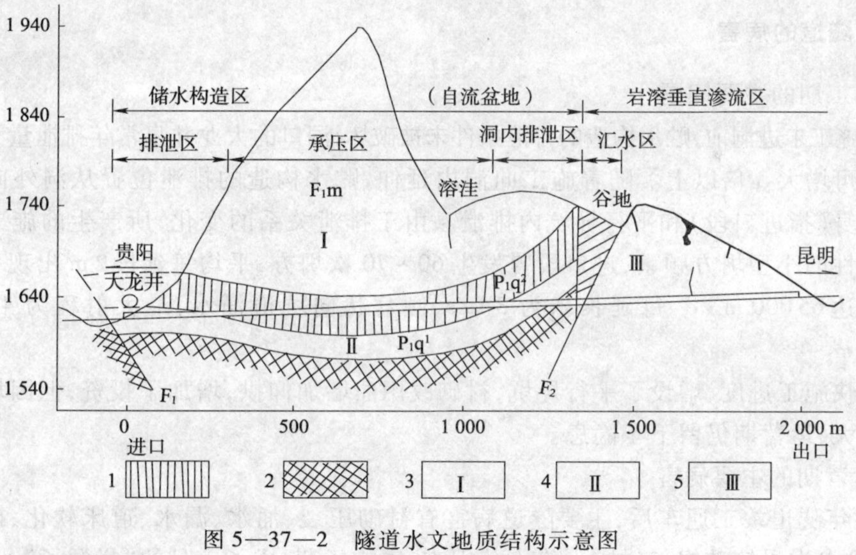

图 5—37—2 隧道水文地质结构示意图

1—相对隔水层(弱透水层);2—隔水层(不透水层);3—向斜储水层区上含水层;4—向斜储水层区下含水层;5—岩溶垂直渗流区

3. 隧道水文地质特征

隧道穿越具有两个相对隔水层(顶、底板)的充水空间,并兼有盆状、略具向南倾斜的向斜贮水构造,如图 5—37—3 所示。它具有上含水层和下含水层,而自流盆地所指的是下含水层、上含水层潜水盆地。它们的两侧均以 F_1、F_2 断层为边界。上含水层的分布区(P_1m)直接接受地表水及大气降水的补给,而下含水层的补给区则为栖霞组(P_1q)下部的灰岩出露区,从北到南呈半环状分布。排泄区在向斜南端的，斜坡地带即隧道进口段的岸坡地带，多有流量不等的泉出露，最具代表性的泉如大龙井。

隧道涌水来源为下含水层。经观测，隧道内涌水、漏水状态的变化与雨情变化有关，例如 1982 年 7 ~ 8 大暴雨后 1 小时的水量不稳定系数为 42，表明隧道补给源很近，漏水量的变化受降雨量控制。施工期间，上、下含水层间无越流补给，在隔水层地段的工作面无水，而运营期发现隧道底部有突水现象，系下含水层所致。下含水层为承压水，勘测阶段揭露的承压水面高程为 1 643.5 ~ 1 642.5 m，高出隔水层底板以上，隧道施工涌水和运营期衬砌呈射流状漏水，亦表现了下含水层承压特征。

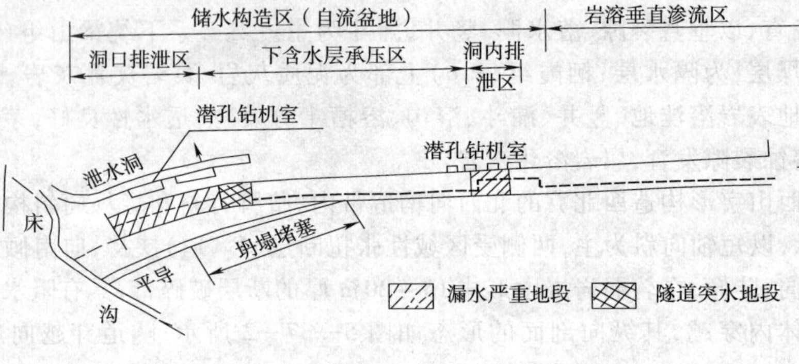

图 5—37—3　漏水整治工程平面图

（二）隧道的病害

1. 施工期的主要问题

隧道施工未进洞前，贮水构造的排泄条件未被破坏，洞口的大龙井泉常年排泄量为 0.47 m^3/s，雨后流量可增大 3 倍以上。随着施工向洞内延伸，贮水构造的排泄位置从洞外向洞内推移，转移到洞身（指进口段）和平行导坑内排泄。由于排泄关系的变化，所产生的施工问题：一是水土流失性的小型坍方频繁，进口段曾发生 60 ~ 70 次坍方，平均每延长 2 m 出现一次坍方；二是涌水量达 65 000 m^3/d，每延长米为 3 L/s，倾盆状向坑道涌水，最大射程为 4 ~ 5 m，一般 1.2 ~ 2.5 m。

为加快施工进度，增设了平行导坑，衬砌改用曲墙加仰拱，增加了投资，但因坍方严重，地下水水压大，运营期仍留下了隐患。

2. 运营期的主要病害

1965 年隧道竣工通车后，主要隧道病害有衬砌压裂、涌水、漏水、道床软化、拱顶掉块、边墙变位、排水沟受挤破损，养护、大修十分困难，影响运营，成了十足的“烂洞子”。

3. 电化改造期主要工程问题

（1）洞内涌水：由运营期间的涌水量与勘测、施工期间的涌水量比较（表 5—37—1）可见，隧道涌水量比较稳定，但每年有 3 ~ 5 次大雨、暴雨的涌水量危害极大。竣工通车以来，曾发生过多次颇大的涌水量，淹没道床、钢轨，每次涌水量达 1.2 m^3/s 时就会造成这种情况。而当 Q_{max} = 2.61 m^3/s 时，便出现 2 ~ 3 天的中断行车，通车 20 余年就出现了 4 ~ 5 次淹没道床、水深达 0.8 ~ 1.0 m 的极不利情况。

（2）漏水病害：常年出水点调查表明，在进口段 350 m 以内，漏水有其特殊性。按调查的漏水状态分析,是受降雨量控制,从枯季到雨季,从小雨到暴雨,漏水状态一般具有发生、发展的过程,即渗溢→涌水→线流→股流→射流→倾盆状股流或射流,直至形成水帘洞。雨后这种过程是可逆的,直至恢复呈常年漏水状态。上述漏水状态往往不是单一地出现,常呈组合状出现,大、暴雨期射流冲击列车,严重时中断行车。

表 5—37—1　不同阶段隧道涌水量比较表

阶　　段	涌水量(m^3/s)	测　量　时　间
施 工 前	$Q_{cp}=0.56$(主要泉点)	1959 年 9 月实测
施工期间	$Q=0.45\sim0.75$	1965 年施工实测
运营期间	$Q_{cp}=(0.45\sim0.5)Q_{max}=2.61$	1982 年 7 ~ 9 月观测

(3)隧底病害:运营期间的隧底病害是很严重的,主要是隧底突水,系指隧道穿越承压含水层与隔水层的交接处,承压水向隧底排泄的现象。这里隔水层厚度减薄,或衬砌类型变化,承压水水压过大,使隔水层底板溃决及衬砌铺底破裂,地下水向道床排泄,软化道床,形成冒水冒泥现象,直接引起隧道侧沟、边墙乃至拱顶的变形,产生严重的隧道病害。计算的突水长度为 30 ~ 50 m,而实际病害长度大 10 倍左右,这是由于未找到病害原因,对隧底突水的特殊病害缺乏足够认识所致。

(三)隧道病害的整治及效果

1. 主要整治方案意见

本隧道的病害具有集中、多样的特点。欲求治根,必须首先治水。为减轻或消除进口地段的涌水、漏水状态,改善衬砌受力条件,同时消除隧底突水病害,提出新建泄水洞 1 座、原施工平行导坑应作疏通加固,以达到排水的目的。治水的工程设施及相关关系见图 5—37—3。为加强新建泄水洞的作用,把洞内地下水引至泄水洞排出,因此增加了潜孔措施。潜孔布置及钻机室与隧道的横向关系如图 5—37—4 所示。作为排除隧道左侧漏水的重要措施,潜孔具导流、渗透地下水作用,可降低承压水水头,消除隧底突水。除此之外,还采取了以下措施:更换衬砌类型,加强衬砌、套拱,镶嵌钢轨,修复疏通淤塞、破损的中心水沟及侧沟,消除洞内积水,翻修隧底,治理软化的基床等。

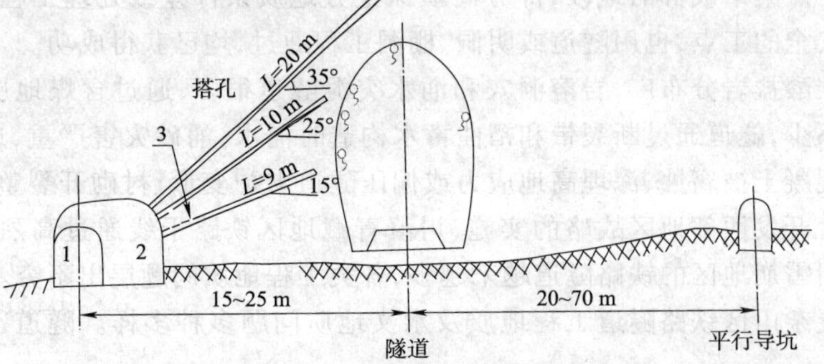

图 5—37—4　进口段漏水整治工程横向布置图

1—泄水洞;2—潜孔钻机室;3—潜孔 $\phi\geqslant100$ mm

2. 病害的整治效果

在整治过程中，曾怀疑泄水洞能否起到减压排水的作用。进至200 m时，时值枯水季节，泄水洞发挥的作用不显著，只见隧道漏水有所减少，部分地段呈现干燥状态。再掘进至292 m时，发现工作面、泄水洞衬砌的水压力增大，边墙、拱圈开裂，与预计的情况相同。遂立即在本段向四周打眼282个，深度仅0.5~0.7 m，迅即起到释放水压力的作用，隧道内的漏水也迅速减少直至消失。对隧道边墙、拱顶压注浆液，形成理想的封闭圈，堵住了地下水流向隧道的通路，使地下水通过潜孔流向泄水洞，见图5—37—5。通过1987、1988年雨季的考验，终于锁住了梅子关的“水龙”，使“烂洞子”得以改观，实现了综合治理隧道水害的目的。

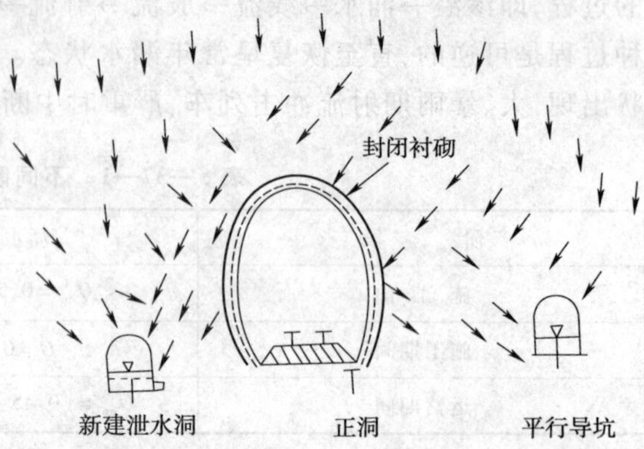

图5—37—5　隧道周边地下水流向图

本章结束语

本章共收录隧道工程地质实例37篇，其中：岩溶及岩溶水害整治工程实例8篇，煤层采空及瓦斯防治工程实例3篇，含盐地层腐蚀病害整治工程实例4篇，涌水病害整治工程实例1篇，岩爆、大变形和支护、衬砌开裂、整体道床病害整治工程实例7篇，隧道洞口段滑坡处理工程实例5篇，隧道高温地热水分析实例1篇，隧道工程地质勘察（含施工地质）实例8篇。对今后铁路隧道工程地质勘察设计和施工有一定的参考或借鉴作用。

我国西南及邻近地区主要铁路干线均穿行于地形艰险地质复杂山区，隧道工程几乎占各条铁路总长的30%~40%，峡谷陡坡和翻越分水岭地区隧道工程要占60%~70%以上，如成昆铁路全长1 083.320 km，隧道427座长336.8 km，占全线总长的31.1%，其中金口河至乌斯河大渡河峡谷段线路长26.3 km，隧道13座长20.6 km，占该段线路总长的79%；南昆铁路威舍至红果段线路长70.2 km，有隧道37座，总延长29.34 km，占该段线路长度的41.05%；渝怀铁路全长622.865 km（包括重庆枢纽），隧道195座长245.795 km，占全线总长的39.46%。

西南地区铁路隧道工程多用于穿越分水岭或沿河裁弯取直缩短线路，或绕避重大不良地质及不良地质工点集中成群的地段，部分高填深挖方地质条件差或处理工程浩大，或有隐患影响运营行车安全的工点，也用隧道或明洞、棚洞工程通过，均已获得成功。

西南地区碳酸盐岩分布广，岩溶洞穴和涌水突泥隧道很多，通过含煤地层或浅层天然气田的瓦斯隧道不少，隧道通过断裂带和褶曲蓄水构造时涌水、涌砂灾害严重，通过含盐或含石膏地层的隧道混凝土被腐蚀、深埋高地应力或偏压隧道支护变形、衬砌开裂整治费用高昂，已引起重视。随着开发西部地区战略的实施，川滇青藏地区铁路干线通过高烈度地震、地热高温、泥石流、冰川雪崩地区的铁路隧道越来越多，各类工程地质问题层出不穷。

地形地质复杂山区铁路隧道工程地质及水文地质问题多种多样。隧道工程地质勘察工作的重点是：

1. 区域地质及水文地质调查是基础，应进一步加强地质构造、不良地质、特殊岩土层、岩溶水文地质调查。

2. 合理运用综合地质勘探手段。在认真做好航空遥感判释、地质调查测绘的基础上，用物探、钻探、原位测试相互验证，加上水土石取样分析试验、水文地质和洞内外变形观测获取定量数据，应重视各种地质资料的综合分析，做好全面准确的工程地质评价，才能为设计与施工提供项目齐全、可靠的工程地质依据。

3. 可研阶段应认真详细做好越岭及地质复杂长隧道位置的比选，查明主要工程地质问题或施工可能发生的地质灾害，尤其岩溶隧道、煤层及天然气瓦斯隧道的勘察及隧道位置的选定，应十分慎重。

4. 含盐或膏盐地层的膨胀性及地下水对混凝土的腐蚀性问题要预先重视，并指出其危害性。

5. 隧道工程施工运营引起的环境、生态失衡的地质问题要提前引起重视。

6. 施工超前地质探测和地质灾害预报以及隧道施工地质编录工作，为施工和运营服务，总结经验教训很有用处。

第六章　桥梁与涵洞工程

一、成昆铁路北段峡谷区泥石流沟的特点与桥位选择

严璧玉

（一）概　　况

1981年7月9日，成昆铁路北段利子依达沟暴发了百年一遇洪水形成的黏性泥石流，造成桥毁、车翻、人亡的严重灾害，引起铁道部和相关单位的极大关注。铁道部成立了由铁二院为主，铁科院西南研究所、成都铁路局参加组成的“成昆铁路北段泥石流现场核对组”，以便进一步摸清泥石流的分布，分析泥石流的发展趋势，制定泥石流沟的整治措施和方案。

在泥石流现场核对组调查基础上，成都铁路局1985年初步统计，成昆铁路北段通车15年，有78条泥石流沟，暴发了149次泥石流，37次泥石流直接破坏铁路工程，7次掩埋车站、2次冲毁桥梁、3次颠覆列车。1985年后也曾发生过泥石流掩埋车站和铁路设施。20世纪80年代，泥石流成为成昆铁路北段主要的地质灾害之一。成昆铁路北段泥石流调查中的泥石流沟，有的勘测阶段已认定其是泥石流沟，但对沟内发生泥石流的流态评价不准；有的泥石流小沟则有漏判，致使通过泥石流沟的建筑物设置不当。由于成昆铁路北段峡谷区泥石流沟有其不同于宽谷区的特点，造成人们对泥石流沟的认识不足，在勘测时发生了对泥石流沟的误判和错判。

（二）成昆铁路北段峡谷区泥石流沟的地貌特点及泥石流危害

成昆铁路北段沿大渡河和牛日河行进。大渡河中游和牛日河下游为河流峡谷区，河流坡降大（大渡河中游平均坡度为3‰、牛日河平均坡度达11.6‰），河流有很强的输沙能力，泥石流冲出物形成的泥石流扇不易保存，仅表现为河床内的石滩和急流。

大渡河和牛日河峡谷区又为地质构造抬升较强烈区，山高坡陡，有不同发育阶段的泥石流沟谷形态，其中有三种泥石流沟谷易被遗漏或误判。

1. 源于山坡的泥石流沟

沟短、汇水面积小、纵坡陡，沟口无泥石流扇，或仅有缓坡地，是这类泥石流沟的特点（其中一部分属山坡型泥石流）。这类沟的沟源往往缺乏集水盆地且沟浅，往下汇积了地表径流，流量逐渐增加，加大了水流的侵蚀能力，使有的沟切入堆积层或软质岩中，形成凹形纵坡。沟口无堆积扇，有时有缓坡地。沟内的残坡积土层和高阶地残留物，在连续降雨后的暴雨或大雨作用下，使陡坡上的土体或破碎岩体发生坍塌、崩塌，直接堆于沟内形成泥石流。这类沟是沟谷发育的初级阶段，易被忽视。线路常以涵洞或改沟并涵方式通过，泥石流暴发即堵塞涵洞、淤埋线路，危及行车安全。如K248+022线路原以一孔2 m拱涵通过白腊沟，通车后4次泥石流堵涵，造成断道事故，后改为5.5 m小桥后，再未遭受泥石流堵塞危害。峡谷区这类泥石流

沟堵塞涵洞造成的灾害占泥石流灾害的比重较大，在沙湾—埃岱段约占30.3%。

2. 源于古台地面上的泥石流沟

沟浅纵坡陡、上游沟床平缓、中游纵坡陡，沟口无堆积扇或有锥状似岩堆堆积物或缓坡地段，沟床纵坡呈上凸状或折线形。这类沟是发源于夷平面上的沟谷，有的还发育有支沟，由于构造强烈抬升，沟床在陡坡上形成浅、窄的吊沟。这类在夷平面上的沟谷在沟水侵蚀下，软质岩和第四系土层发生坍塌和滑坡，土体堆积在沟内，形成泥石流；有时是古台地上浅凹地汇水条件改变，沟水改道冲刷沟坡残积土和破碎岩体形成泥石流，泥石流通过吊沟直泻而下，有的泻入主河床，有的堆积在阶地上呈锥状体或缓坡地。下游沟床内有的有大、小块石堆积，但勘测时极易误认为清水沟。

成昆铁路峨边站的祠堂沟，发源于夷平面上，后横切陡坡形成高200多米、纵坡400‰的陡沟床，下游切过两级阶地后汇入大渡河，主沟床落差达800 m。在夷平面上，其右支沟沟源有一处土层滑坡，滑体在大量地表水下渗及滑体前缘岸坡卸荷和沟谷溯源侵蚀共同作用下复活，大量滑坡物质堆积在沟内，为泥石流形成提供了丰富松散固体物质，后暴发泥石流，堵塞站内涵洞，继而淤埋车站，冲毁民房。

牛日河下游的七其洛夺沟和擦呷密沟是发源于高台地面上的小沟，沟谷搬运的物质堆积在阶地上呈岩堆状堆积体，因这类沟浅而短，铁路以短隧方式通过其堆积体。由于高台地上的厚层风化壳和土层及破碎岩体在集中暴雨时形成泥石流，顺陡山坡往牛日河排泄，因泥石流在岩堆状堆积体上改道，灌入苏雄隧道和布祖湾隧道(图6—1—1)，造成列车掉道和隧道淤埋。

图6—1—1　七其洛夺沟泥石流造成货车掉道

3. 深切的泥石流沟

该类沟谷的地貌特点是：流域面积较大，主沟床宽窄相间，支沟发育；沟床纵坡一般为150‰~230‰，沟上游纵坡可陡达400‰且多跌水坎，下游沟床纵坡较平缓且多急弯；沟口无扇形堆积。峡谷区深切沟谷多沿断层发育，断层破碎带的沟谷谷坡多产生崩塌、错落、滑坡，将块石、巨石堆在沟内堵塞沟床。有时破碎岩体在沟水侵蚀和降水渗入影响下，产生滞后坍塌，可堵塞沟床形成堰塞湖。平水年份，支沟冲出物、坡面坍塌物堆积在沟内，为后续泥石流暴发积累松散固体物质；丰水年份，暴雨刨蚀沟床、侧蚀谷坡后，即形成泥石流。泥石流裹挟着大块石冲出沟床，泥石流龙头可将大块石(可达7~8 m)冲到主河流对岸，堵塞河流，形成偏向下游的不对称的泥石流扇。当主河汛期到来时，沟口泥石流扇被主河洪水冲刷殆尽，仅在主河床内形成急流或沟对岸河床的石边滩。

深切泥石流沟在西南湿润气候条件下，沟内植被生长良好，沟口又无扇形堆积物，给人以清水沟的假象，以致引起对泥石流沟的错判；当下游段沟床内有大量块、碎石堆积或呈石滩状沟床时，也会作出泥石流沟的判断，但对泥石流的流体性质却往往作出稀性泥石流的误判。如成昆铁路牛日河下游凉红—埃岱段的勒古洛夺沟，原沟内植被良好，在沟中游有两处崩塌，最大的崩落巨石高达10多米，堵塞沟床，下游沟床有石块呈垄岗状堆积（图6—1—2），未见其他不良地质现象，故勘测时，认定该沟是稀性泥石流沟。该段受线路纵坡控制，采用了双线一孔31.7 m的低高度梁跨沟。该段窄板沟、瓦洪沟、拉古子沟在勘测时，亦均误认为清水沟，均以矮桥通过。1981年“成昆铁路北段泥石流现场核对组”现场调查时，根据沟内有多条断层、岩体破碎并有多处古崩塌体，且谷坡稳定性差，认为这几条沟均为泥石流沟，且有发生黏性泥石流的可能，因而沟口桥下净空不足，故建议在沟内建拦挡坝，并进行沟床拓宽，修降坡排导工程，以增加桥下排泄泥石流的能力。

图6—1—2 泥石流沟内石垄岗堆积

1984年7月，暴雨将勒古洛夺沟下游长400 m的沟床下切深达3～5 m，不仅揭起沟床堆积层，还下切入沟床的列古六组变质火山岩中，形成两道岩坎；同时将原宽10多米的沟床拓宽至30多米，原堵塞沟床的巨石被推移至沟床一侧，并被淤埋一半。沟内中、上游坡面多处坍滑，沟两侧谷坡的破碎岩体、古阶地堆积物和揭起的沟床物质一起补给泥石流，形成流量为667 m^3/s的多阵黏性和稀性泥石流。第一阵黏性泥石流淤满库容2万多立方米的两道拦渣坝后，泥石流漫坝而过堵断牛日河，形成高达7 m的扇形坝，并向沟内回淤长70 m。继后，又暴发稀性泥石流直冲而下，在通过铁路桥时，泥位距梁底仅10 cm。冲出沟口的泥石流堵断牛日河2小时多，冲毁对岸公路及路边的高压铁塔架。堵河使牛日河上游水位雍升4 m，堵河的泥石流堤坝被主河洪水冲决后，形成的洪流冲毁了下游跨牛日河的公路桥，并冲刷铁路一侧河岸，使岸坡后退25 m，造成凉红明洞基础外露，局部基础下的岩体被掏空1.5 m，还冲毁隧道的民兵看守房、通信设施及高压电线塔。该次泥石流发生在对该沟进行了拓宽、降坡排导及修拦渣坝工程完工后，拦渣坝削弱了泥石流通过铁路桥时的强度，加大了桥下排泄泥石流的能力，避免了一场毁桥的灾害。窄板沟、瓦洪沟、拉古子沟泥石流也顺利通过经拓宽、修降坡排导工程后的铁路桥。但窄板沟桥在1984年7月泥石流中，桥梁仍被泥石流撞击得伤痕累累。

又如利子依达泥石流沟，其上游纵坡300‰～500‰，中游纵坡220‰，下游纵坡100‰～220‰，沟口无扇形堆积，沟内有古泥石流堆积台地，沟床有多个巨石堵塞。在勘测阶段虽已查明该沟是一条古泥石流沟，但由于对该沟的泥石流特点认识不足，且线路走向及高度又受两端重点工程控制，所以本桥仅按一般泥石流沟桥渡设计。当时也考虑为便于泥石流宣泄，采用主跨44 m梁加边跨31.7 m梁的桥式方案跨沟。1981年7月，强大泥石流龙头挟带着巨石奔腾而下，但因在桥位上游昆明侧沟床有半径约160 m的弯道，高速下泄的泥石流产生巨大弯道超高，同时改变泥石流流向，正对成端桥台和第一桥孔冲去，致使成端桥台道砟槽被掀翻，冲走成端31.7 m梁和主跨44 m梁，颠覆了列车。泥石流堵断大渡河，形成长200多米、宽100多米的泥石流浅滩，迫使大渡河主流逼向对岸，冲毁汉源至乌斯河公路长约700多米。这是对该沟泥石流特点和危害认识不足造成铁路工程破坏的结果。

在大渡河和牛日河峡谷区陡山坡上发育的吊沟、山坡上的浅、短沟，沟口形成缓坡地，多被人们辟为耕地，这类泥石流沟一般可区分出补给区、流通区和堆积区，但堆积区的形态呈锥形或为缓坡，有时缺失堆积区。峡谷区的深切沟谷，流域面积较大，沟床纵坡较陡，但沟口无泥石流扇堆积，这类泥石流沟缺失堆积区，而补给区与流通区相互交错，既可是补给区又可成为流通区，实际意义的流通区很短，沟源的清水区有时也不存在，连沟源头也有丰富的松散固体物质补给而成为泥石流的补给区。以上这些泥石流沟因缺失堆积区或堆积的形态不同而极易被人们忽视或遗漏；又因植被茂密，将一些不良地质体掩盖，使勘测时易被误认为是稀性泥石流，以致跨沟的工程与泥石流沟的特点不相适应，造成泥石流的危害。峡谷山区勘测时，应对这类沟谷以高度重视。

4. 峡谷区泥石流沟的流域面积、沟长与发育阶段

峡谷区泥石流沟沟短、流域面积小、沟平均纵坡陡，是沟谷地貌发展的初期和中期阶段。沟谷地貌发展到晚期，沟流域面积增大、沟谷加长、沟床纵坡变缓，流水输沙能力降低。根据成昆铁路北段泥石流沟资料的统计分析，点绘泥石流沟流域面积与沟长关系如图6—1—3所示。

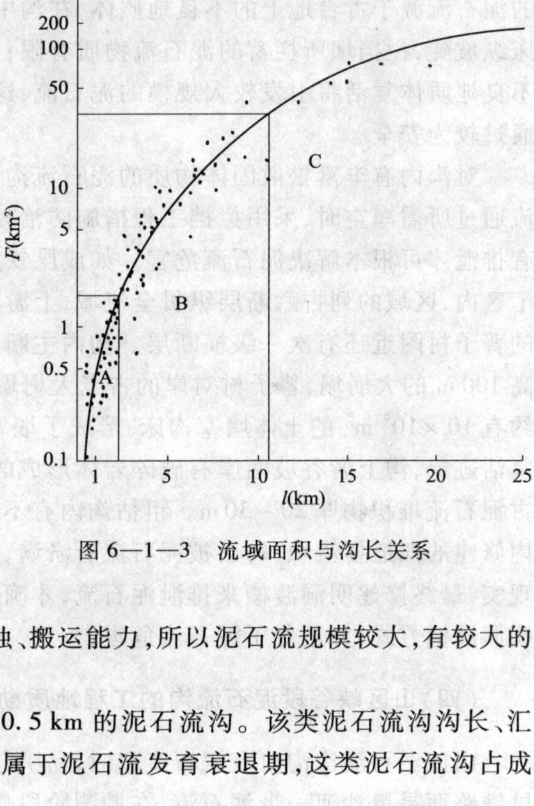

图6—1—3 流域面积与沟长关系

(1) A区：为流域面积小于1.8 km^2、沟长短于2.5 km的泥石流沟。该类泥石流沟沟短、流域面积小，但泥石流暴发频率高，属于沟谷发育初期的泥石流沟，沟谷侵蚀能力和搬运能力极强，在成昆铁路北段的泥石流沟中，此类泥石流沟约占41%。

(2) B区：为流域面积在1.8～3.4 km^2、沟长2.5～10.5 km范围内的泥石流沟。此类沟属于沟谷发育壮年期，也是泥石流发育的壮年期，沟纵坡较陡、汇水面积较大，沟水有较强的侵蚀、搬运能力，所以泥石流规模较大，有较大的危害，这类泥石流沟在成昆线北段约占48.6%。

(3) C区：流域面积大于3.4 km^2、沟长长于10.5 km的泥石流沟。该类泥石流沟沟长、汇水面积大、沟宽坡缓、泥石流暴发频率低、规模小，属于泥石流发育衰退期，这类泥石流沟占成昆线北段泥石流沟的10.5%。

在峡谷区泥石流调查中，可根据泥石流沟的汇水面积和沟长、沟床纵坡，初步判定沟谷的泥石流发育阶段，再根据沟内松散固体物质的储量和分布作具体分析，确定泥石流的规模和发展趋势。

（三）峡谷区既有铁路泥石流防治问题

人们对泥石流的认识是逐渐深入的，在既有铁路泥石流的防治上证明了这一点。既有铁路上很多跨泥石流沟建筑物的孔径偏小、净空不足，有的因桥位选择不当造成灾害。防治时普

遍采用桥下扩孔,增大建筑物下排泄能力,有的扩孔后不再发生泥石流危害,但有的则多次改变建筑物类型,采用拦、排结合的防治措施方才见效,也有的最终采用明洞渡槽方式或绕避方式来保证铁路建筑物的安全。如成昆铁路利子依达沟自1967年以后暴发过多次泥石流撞击2号桥墩事件,多次作了多种防护工程,但根治意见总不能统一。“81·7·9”泥石流剪断了2号桥墩,将梁和列车推入大渡河后才下决心修隧道绕避。

发源于山坡上的泥石流沟,在无大的不稳定谷坡条件下,线路将涵洞改为小桥并加大桥下排泄坡度后,基本不再受泥石流危害之苦。当该类沟谷沟床弯曲时,泥石流会在堆积缓坡上发生改道或漫道,从而造成泥石流淤埋铁路的危害,如埃岱车站的尔都泸苦沟泥石流淤埋车站就是一例。对这类泥石流沟,采用加固沟道或人工顺直沟道,让泥石流排泄顺畅,即可避免其改道或漫道。

源于古台地上的泥石流沟,应根据发生泥石流的机理,采用不同的防治措施。如果是隧道通过古泥石流扇时,为防止其上沟槽中泥石流满槽漫流危及两端洞口和路基行车安全,应作浆砌片石排导槽,尽量让泥石流归槽排泄;同时加高隧道洞门墙,以防泥石流溢道,灌入隧道。有的泥石流源于古台地上的不良地质体,在沟中、下游作拦渣坝和排导槽工程效果不理想,因沟床纵坡陡,拦挡坝所拦蓄的泥石流物质有限;采用排导措施,下游建筑物排泄能力有限。上游不良地质体复活将引发较大规模的泥石流,这种情况应以整治不良地质体或以明洞渡槽方式通过较为安全。

对沟内有丰富松散固体物质的泥石流沟,其桥渡建筑不能满足百年一遇洪水形成的泥石流通过所需净空时,采用拦挡工程措施防治较为困难,因拦挡工程仅是临时性的防治措施,只有排泄才可根本解决泥石流危害。如成昆铁路勒古洛夺沟位于北北东向构造和北西向构造交汇区内,区域的列古六断层纵贯全流域,上游有沙岱“山字形”构造前弧形断层与其相交,中游的普子村附近还有次一级横断层。沟内主断层破碎带宽100多米,断层弯折处形成宽150 m、高100 m的大崩塌,普子村对岸的古老大坍塌体前缘,在1984年7月泥石流后曾发生大坍塌,约有10×10^4 m^3的土体堵塞沟床,形成了堰塞湖;距普子村上游500 m处有两处坍滑体,已有复活迹象,沟上游谷坡两岸有破碎岩体形成的坍塌体。沟流域内断续可见三级古泥石流阶地,古泥石流堆积物厚20~30 m。粗估沟内有不稳定的松散固体物质数量大于7000×10^4 m^3。沟内修建的四道拦渣坝,均已被泥石流所淤满,泥石流仍危及线路的安全,改建线路和抬坡都不现实,最终修建明洞渡槽来排泄泥石流,才确保了铁路的行车安全。相邻的窄板沟最后也采用明洞渡槽方式,方避免了泥石流危害。

(四)山区峡谷段泥石流沟的工程地质勘察及桥位选择

山区泥石流沟沟口有泥石流扇时,易引起人们重视,认真研究线路方案和通过方式。如成昆铁路西昌黑沙河一带泥石流,在勘测阶段作了大量调查研究,线路方案进行了认真比选,选择了符合泥石流特点的线路方案和跨泥石流沟的位置;又如金沙江右岸的泥石流沟地段,也作了认真的调查和仔细的线路比选,跨泥石流沟的桥位基本成功。但在山区峡谷段的泥石流沟,因沟口泥石流扇缺失而发生泥石流沟的漏判或误判。

1. 峡谷段泥石流沟的判别

根据成昆线北段峡谷区泥石流的特点,在沟口无泥石流扇情况下,可根据其特点来判断泥石流沟。

(1)斜坡上的泥石流沟:斜坡上有明显的沟谷形态,沟口有缓坡堆积,沟坡有1 m以上的松散土层或大于20°山坡垦殖时，应考虑其是泥石流沟。再根据沟内松散固体物质多少，确定泥石流的危害程度。一般这类沟形成的泥石流规模小，每次排方量约100 m^3，有时泥石流也能携带1～2 m的大孤石冲出沟口。这类泥石流沟规模较小，但也不能忽视。

(2)古台地面上的泥石流沟：这类吊沟状的泥石流沟在古台地面上有一定汇水面积，其侵蚀裂点附近谷坡和台地上的固体物质补给，形成泥石流。这类泥石流多是继承性的泥石流沟，沟内常见块、碎石堆积和老泥石流堆积物剖面，根据这些现象可判定该沟是泥石流沟。如峨边站的祠堂沟，沟内即有大块石堆积；又如乌斯河车站的新寨子沟，沟的左岸可见多期泥石流物质堆积在大渡河阶地上。

(3)深切泥石流沟：沟长、汇水面积大，沟口无泥石流扇。此类泥石流沟多为古泥石流沟。在沟口有泥石流活动的痕迹，如沟口主河流的急滩、沟口对岸主河的石边滩(河岸无形成大块石堆积的崩塌现象)。这是泥石流冲出物或泥石流扇被主河洪流冲刷后留下的痕迹，如成昆铁路的拉古子沟口枯水期的扇形浅滩(图6—1—4)和勒古洛夺沟对岸主河的块石边滩。又如在沟内可见泥石流形成的垄岗状和石海状堆积，同时在沟内可见泥石流形成的混杂堆积剖面。如勒古洛夺沟右岸黏性泥石流形成的混杂堆积和稀性泥石流及水流堆积的剖面(图6—1—5)。根据上述泥石流活动的遗迹和堆积剖面，可判定其为泥石流沟及泥石流流体特性。

图6—1—4　泥石流沟口的扇形浅滩

2. 航空照片在泥石流勘测中的应用

西南山区山高坡陡、地形困难、交通不便，在勘测阶段进行泥石流沟调查时，采用航片解译可克服野外实地调查中视野局限和道路困难的问题。采用航片作泥石流沟的地质构造、地貌、沟谷形态、不良地质及松散物质分布范围的解译，可获取定性评价和一些定量的数据。成昆铁路北段的乌斯河至甘洛段40多千米铁路侧的河岸，用航片解译了不同类型的泥石流沟13条，它们共同的影像特征是：流域呈舌状或瓢状，沟谷呈"V"形，纵坡上陡下缓，上游山坡和分水岭丛林覆盖，不良地质一般发育在沟的中下游，当断层通过沟谷时上游也有坍塌、崩塌发育，沟口一般无泥石流扇，但在枯水期航片上可见白色调的浅滩及点状大块石堆积。

图6—1—5　泥石流和清水堆积相间剖面

如勒古洛夺沟，在航片上能识别的有崩塌20处、滑坡6处、岩堆4处，流域内不良地质体面积估计有 5 km^2，占流域面积的 13.1%。此外，该沟谷内还有一般呈浅色调的松散堆积物，能圈定的面积约 1.25 km^2，占流域面积的 3.3%。根据航片解译，估计该沟有松散固体物质 $7\,000\times10^4$ m^3（图 6—1—6）。

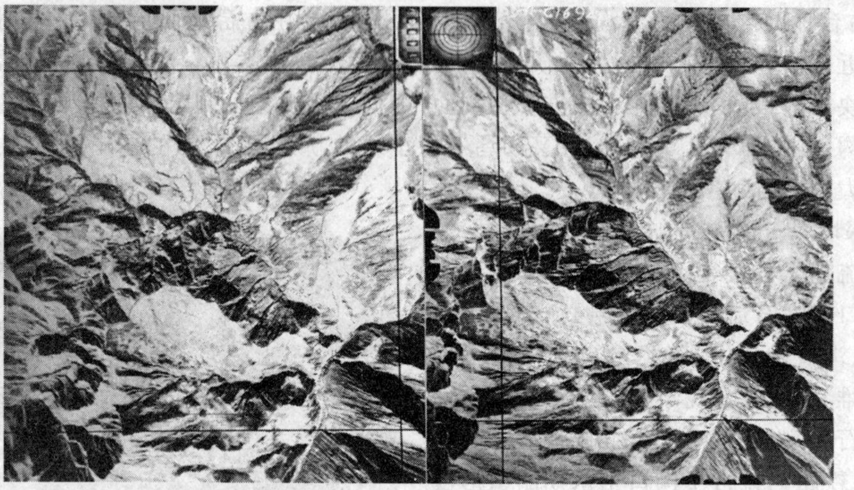

图 6—1—6　勒古洛夺沟航片

又如布祖弯隧道出口的擦呷密沟，在航片上见有古台地面上浅凹地和较厚的松散土层，凹地倾向牛日河，其下方为较陡的呈深色调曲线状沟道。浅凹地后缘陡坡上深色线状沟道的溯源侵蚀与另一较宽的沟谷弯道相交，成为较宽沟水的排泄通道，加大了流水的冲刷能力，冲刷土层形成泥石流。

3. 峡谷区泥石流沟桥位选择

发育在斜坡上和古台地上的泥石流沟，一般规模不大，但铁路不宜用涵洞跨沟，应采用桥的形式跨越，并留足桥下净空。当沟内有不良地质体存在时，桥位选择应结合泥石流沟的补给源及松散固体物质数量仔细比选，并选择相匹配的工程措施。

深切泥石流沟，跨沟桥除应留足桥下净空外，还要认真选择跨桥的位置。因峡谷区深切的泥石流沟多沿断裂发育，泥石流的清水区、补给区、流通区、沉积区无明显的分界，且沟内发生不同规模的泥石流补给区、流通区、沉积区的位置也是随机变化的，当沟内发生小泥石流时，上游补给的松散固体物质可搬运至沟内展宽段堆积，成为下一次泥石流补给区；当发生大规模的泥石流时，泥石流龙头可冲出沟口在主河床内堆积。但因主河汛期洪流冲刷，在沟口无法保存泥石流扇，给人感觉沟口无沉积区。又因该类泥石流沟多发育在构造断裂带上，沟坡上破碎岩体及古泥石流堆积物质，随时可成为泥石流的补给区，由于其稳定性不一，补给泥石流的数量会有不同。如利子依达沟和勒古洛夺沟的泥石流流通区很短，流通区也兼为泥石流补给区。所以，在泥石流的流通区设桥，原则应根据泥石流沟的具体情况确定。

黏性泥石流沟的沟道下游段多形成急弯，在沟弯道处泥石流受阻产生涌升和爬高，而后改变泥石流的流向和瞬时流量，在弯道处及弯道附近的建筑物将被泥石流摧毁，同时泥石流将顺着改变后的方向直进，冲毁泥石流流路上的一切。如利子依达泥石流沟，由于跨沟的铁路大桥上游沟道弯曲，泥石流在桥下流量分布极不均一，第一孔占泥石流 70% 流量，第三孔基本未过流，以致泥石流剪断了 2 号桥墩，冲走桥梁；勒古洛夺沟桥上游 7.3 m，沟左岸有半径为 35 m 急弯，1984 年 7 月 1 日爆发的泥石流在急弯处受阻，改变泥石流主流方向，冲向沟的右岸，在沟的右岸形成 7.9 m 的超高，但因右岸为较高的基座阶地，泥石流未能翻越，后又顺沟下泄，故未冲毁桥梁；又如勒古洛夺沟对岸的资勒沟，在 1987 年 6 月发生泥石流，受沟床弯道影响，泥石流顺右岸弯道冲向左岸，冲上乌斯河至甘洛的公路，将河边的公路班道房冲毁并淹埋，公路上堆积大量的巨、块石，但该公路小桥并未被淤堵。从上述实例可知，线路桥位决不能选在沟床弯道处和与弯道相邻的下游侧。线路跨越古泥石流沟时，一定要查明泥石流情况，选择跨沟位置及应采取的处理措施。

（五）结 束 语

西南地区气候温和湿润，植被生长茂盛，泥石流沟外表形态不明显，且小而陡的泥石流沟所占比例大。在铁路新线勘测时，应开展泥石流沟的普查，根据线路方案比选需要，确定重点泥石流沟，进一步作全流域的调查。以下地区应作为泥石流调查的重点地区：

1. 断裂发育地段的沟谷：断裂带造成山坡岩体破碎，在构造抬升运动较剧烈地区形成较陡谷坡，山坡稳定性差，易形成补给泥石流的丰富的松散固体物质，而较大的沟床纵坡则又是松散固体物质搬运的条件，因此，构造断裂发育区往往是泥石流多发区，尤其是新构造活动区（地震活动区），泥石流活动更为频繁。所以，断裂带发育、断裂交叉、断层弯折区的沟谷是泥石流沟调查的重点。牛日河开建桥至埃岱段，属断裂发育区，断裂相互交汇，且常有转折，故该河段主要支沟多有泥石流分布。

2. 根据主河床的急滩、石边滩和古泥石流堆积物判断泥石流沟：因为泥石流沟一般都具有继承性，所以在沟口虽未见泥石流扇堆积，但可根据上述急滩和石边滩的沟内大块石堆积，来判定泥石流的存在。根据沟内泥石流的混杂堆积物的组成，还可作出泥石流流体性质的判断。

3. 跨斜坡上和古台地上的泥石流：这类泥石流沟一般应采用桥的形式跨越，但在泥石流沟下游缓坡地段，应防止泥石流漫道的危害。深切泥石流沟应查明泥石流补给方式和位置，在认真调查基础上选择线路跨沟形式和位置，应避免在泥石流沟弯道及弯道下游侧修建跨沟建筑物。

二、成昆铁路利子依达沟泥石流灾害

严璧玉

（一）概　　况

成昆铁路利子依达沟位于甘洛县大桥乡，属大渡河右岸的支沟。在 1981 年 7 月 9 日凌晨，利子依达沟暴发了大规模黏性泥石流（后称“81·7·9”泥石流），泥石流经沟床弯道涌高直冲利子依达大桥的成都端桥梁和路基，剪断 2 号桥墩，冲走桥梁 2 片，致使通过的 442 次列车颠覆，造成重大桥毁人亡的事故。早在 1965 年成昆线勘测阶段，已查明该沟是一条古泥石流沟，1967 年 8 月该沟泥石流将利子依达大桥成都端护岸工程及桥台锥体护坡工程全部冲毁，桥台基底冲空一角，沟中 2 号墩迎水面被泥石流裹挟的块石撞击出 5 ~ 8 cm 深的伤痕，并将成都端桥台上游沟岸冲出缺口，台尾上游侧路基冲出长约 5 m 的缺口。1978 年 7 月发生的泥石流，成都端护墙上游侧铁丝笼被全部冲走，护墙被冲坏，成都端桥台上游沟岸原缺口掏蚀扩大为20 m，使桥台暴露，2号墩钢筋混凝土套箍外层钢板被撞坏并冲走3块。由于对利子依达沟的泥石流特点和危害认识不足，故未能采取有效措施，防患于未然。发生“81·7·9”泥石流后，使人们对峡谷区的泥石流有了新的认识。

（二）利子依达沟的地质、地貌环境

1. 利子依达沟地质环境

利子依达沟处于南北向的滇中坳褶区内的次级构造凉山坳褶北端与峨眉山断块交界区内。沟内除见有SN向构造外，还有EW向构造、NW向构造及NE向构造。区内出露震旦系下统开建桥组的火山碎屑岩与绢云母板岩和苏雄组的酸性、中酸性、基性熔岩和火山碎屑岩，底部以一层砾岩不整合于前震旦系“峨边群”变质岩上。

利子依达沟内出露的杏仁状玄武岩、安山玄武岩、凝灰质砂岩、岩屑砂岩、粉砂岩、板岩、流纹斑岩、石英斑岩，受构造影响，岩层产状变化大，岩体破碎。

沟内发育有7条断层，F_1、F_2断层为主要断层，断层呈近SN走向，其他5条断层为派生次级断层（见图6—2—1）。

F_1断层：由乌斯河进入图幅内，断层走向近SN，倾向E，倾角50°，为正断层，在断层面附近见有糜棱岩、破碎岩等，断层破碎带宽达200 m。

F_2断层：南起于呷杜屋以北，呈NNE向延至乌斯河，长约3 km，而后转为N20°W出图。在利子依达沟内，该断层断在开建桥组中，断层附近见强烈挤压破碎带、糜棱岩带，岩层被强烈揉皱，断层面总的倾向SW，倾角40°~50°，本断层为向E弯凸的逆断层。

F_3断层：断层走向N70°W，倾向SW，倾角70°~80°的压扭性断层，断层附近有压碎岩、糜棱岩、断层泥等，断层破碎带宽约200 m。

F_4断层：断层走向N65°W，倾向SW，倾角40°的压扭性断层，断在开建桥组地层中，断层附近有压碎岩、糜棱岩，断层破碎带宽约120 m。

F_5断层：断层走向N40°W，倾向SW，倾角55°的压扭性断层，断在开建桥组地层中，断层附近岩层被强烈揉皱，见强烈挤压的破碎带、糜棱岩带，断层破碎带宽约60 m。

F_6断层：断在开建桥组地层中的次级逆断层，断层走向N25°W，倾向SW，倾角66°，断层南延与F_1断层相交。断层附近岩体呈压碎岩、糜棱岩，断层破碎带宽约80 m。

F_7断层：断在开建桥组地层中的次级正断层，断层走向EW，倾向S，倾角73°，断层破碎带宽约10 m。

沟内岩体受地质构造作用，发育有近SN向、近EW向和NE向、NW向的多组高角度张节理。硬质岩受断层影响，并被多组构造节理切割而破碎，呈松散的碎块状，极易发生崩塌形成岩堆。

2. 利子依达沟的地形地貌

利子依达沟深切于中高山中，沟源分水岭为高程2 600 m的月直山，向西北汇入大渡河，沟口高程为645 m，沟床相对高差1 958 m。该沟的汇水面积为24.8 km^2，主沟长8.09 km，沟床弯曲且多跌水陡坎，主沟平均纵坡为244‰。沟床平面宽窄相间，沟的左、右岸各发育有3条支沟，支沟主要分布在沟的中、上游段。

利子依达沟位于大渡河构造抬升的峡谷区内，沟口右侧古泥石流扇与大渡河Ⅱ级阶地交错形成缓坡平台，成昆铁路在阶地上填筑路基后，以大桥跨越利子依达沟。

受构造抬升影响，利子依达沟上游深切于破碎岩体中，呈“V”形峡谷，沟床有多级基岩陡

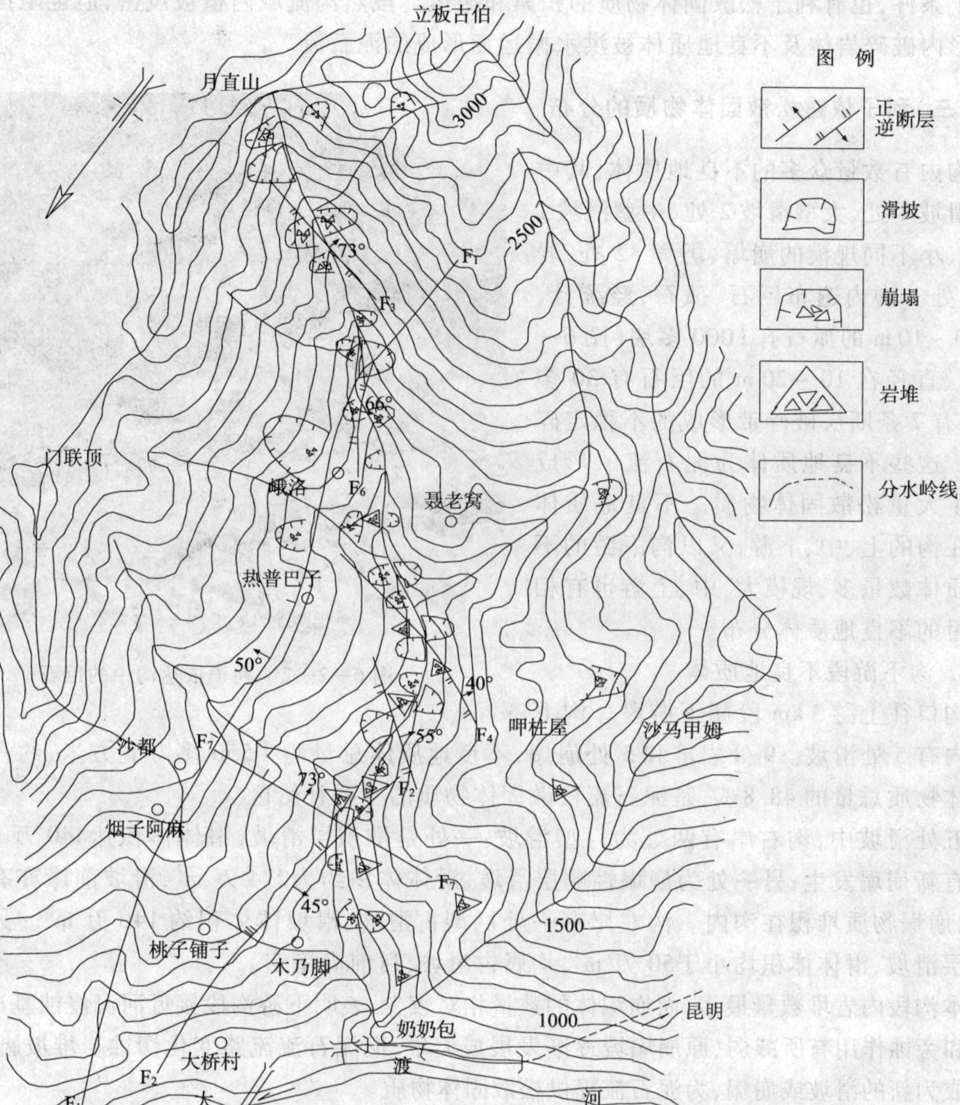

图 6—2—1　利子依达沟工程地质平面示意图

坎，两岸谷坡陡峻，谷坡平均坡度为 40°～70°，崩塌严重；沟中游呈"U"形峡谷，在高程 1 500 m 以上沟的两岸有断续古泥石流台地，谷坡 1 600～1 900 m 高程上也残存有古泥石流台地，台地上有泥石流大、小块碎石的混杂堆积，堆积物中大块石直径为 1～5 m，最大的巨石直径可达 20 m。除古泥石流台地外，其余山坡均甚陡峻，有岩堆、滑坡及断层破碎带的碎屑坡发育，不稳定山坡堆积物常堵塞沟床；沟下游两岸有不连续、不对称分布的Ⅰ—Ⅲ级阶地，阶地上和沟床中有厚度大于 30 m 的老泥石流和洪水堆积，泥石流混杂堆积中最大巨石直径达 20 m。经实测，主沟床纵坡可大致分为四段：沟口往上游 3.1 km 段，沟床纵坡为 118‰；3.1 km 至 4.5 km 段，沟床纵坡为 177‰；4.5 km 至 7.0 km 段，沟床纵坡为 252‰；7.0 km 至 8.0 km 段，沟床纵坡为 710‰。

由于沟床纵坡大、谷坡陡峻，再加沟内构造复杂、岩体破碎、堆积层厚，为滑坡、崩塌的形成创造了条件,也有利于松散固体物质的积累和搬运。虽然沟流域内植被茂密,但也阻挡不了陡峻地形内破碎岩体及不良地质体被洪水搬运而形成的泥石流。

(三)利子依达松散固体物质的分布

沟内有数量众多的不良地质体,其中巨型滑坡4处、大型滑坡2处、中型滑坡1处,大、小不同规模的崩塌、坍塌32处,岩堆14处。沟内遍布巨石、孤石,经统计,直径3~10 m的孤石有1000多块(图6—2—2)、直径在10~20 m的巨石有30多块,另有7条断层破碎带形成的不稳定碎屑坡。这些不良地质体为泥石流的形成储存了大量松散固体物质。不良地质体分布在沟的上、中、下游,又以沟下游的不良地质体数量多、规模大,中、上游也有相当数量的不良地质体分布。

图6—2—2　利子依达沟中的巨石

1. 沟下游段不良地质体

沟口往上游3 km段属下游段。沟下游段内有5处滑坡。9处岩堆和5处崩塌,不良地质体总量约1 550多万立方米,约占全沟松散固体物质总量的48.8%,是泥石流松散固体物质的主要补给区。

五处滑坡中,沟右岸有两处为巨型滑坡:一处是堆积层滑坡,滑体体积达440万 m^3,滑坡前缘有新崩塌发生;另一处为崩塌性顺层滑坡,滑体体积约为274万 m^3,滑坡前缘亦有新崩塌发生,崩塌物质堆积在沟内。沟左岸有一处巨型古滑坡,滑坡体体积约140万 m^3。另两处破碎岩层滑坡,滑体体积均小于50万 m^3,均属古滑坡,目前尚稳定。

本沟段内岩堆数量最多,而崩塌体的数量相对较少,表明下游沟段接近河流侵蚀基准面沟床下切和旁蚀作用有所减弱,原崩塌坡逐渐发展成岩堆,但泥石流流路变化切蚀岩堆坡脚,老岩堆也将成为新的滑坡或崩塌,为泥石流提供松散固体物质。

2. 沟中游段不良地质体

3.1~5.8 km沟段划为本沟中游段。在该段有1处滑坡、5处岩堆、18处崩塌,不良地质体总量约784多万立方米,约占全沟松散固体物质总量的24.7%,是泥石流松散固体物质的又一个补给区。

本段沟的左岸有一处大型滑坡,滑体体积约49万 m^3,该滑坡被"81·7·9"泥石流冲刷前缘而复活,调查时该滑坡产生新滑动,将沟床堵塞。

中游段崩塌的数量较下游段明显增多,而且崩塌的规模比下游段大,最大的崩塌体体积约168万 m^3,崩塌体体积超过20万 m^3 的有9处,大规模(体积大于30万 m^3 者)的崩塌体约占本段崩塌的55.6%,而岩堆数量较下游沟段有所减少,表明中游沟段的下切和旁蚀作用有明显增强,形成较陡峻的沟坡,沟水侵蚀坡脚促使陡坡破碎岩体发生崩塌。

3. 沟上游段不良地质情况

一般沟谷上游因岩体完整而无不良地质体,但本沟情况有所不同,在沟的右岸有一处巨型的顺层滑坡,滑坡体体积约283万 m^3。发生"81·7·9"泥石流后,滑坡复活产生新的滑移,滑体现已堵塞沟床。上游还有10处崩塌，崩塌的大块石将许多大树裹挟在其中（图6—2—3）。本沟的上游溯源侵蚀强烈，陡峻山坡和破碎岩体形成大量的崩塌，也是泥石流松散固体物质的补给源之一。

图6—2—3　上游崩塌堵塞沟床

（四）利子依达泥石流沟及泥石流的特点

一般认为，泥石流沟上游为集水盆地，是清水动力区，其下为固体物质补给区，沟中游为泥石流流通区，下游和沟口是泥石流的堆积区。但在西南峡谷区泥石流的情况有所差别，往往泥石流各区之间相互交叉，泥石流的补给区、流通区和堆积区很难断然区分，而且泥石流的流态、流体性质也是随时变化的。

1. 利子依达泥石流沟的特点

利子依达泥石流沟是沟谷地貌发育的壮年期，沟谷受沟水强烈冲刷下切和侧蚀作用，形成沟纵坡大，跌水陡坎多，谷坡陡峻，山坡稳定性差，沟的溯源侵蚀强，致使沟上游集水盆地缺失，而沟口又为搬运能力极强的大渡河，泥石流堆积扇被冲刷，故形成了利子依达泥石流沟的补给区、流通区、堆积区分区不明显且相互交错的特点。“81·7·9”泥石流也具上述特点：沟上游无明显的清水动力区，直至沟源都有崩塌补给泥石流；沟的中、下游既是泥石流的补给区，又是泥石流的流通区，真正意义上的流通区很短；沟口的泥石流堆积扇被大渡河洪流冲走，仅呈浅滩或沟对岸的块石边滩，因缺失泥石流堆积，给人以非泥石流沟的假象。

从老泥石流堆积物的分布特点分析，泥石流也曾在沟下游的大渡河阶地上堆积，表明老泥石流堆积区与“81·7·9”泥石流堆积位置是不同的，所以泥石流的补给区、流通区、堆积区是随机变化的。

2. 利子依达沟古泥石流的特点

从调查访问和沟内泥石流堆积物及堆积形态分析，利子依达沟曾暴发过多次泥石流，而且多次暴发黏性泥石流。如在沟下游的凹岸一侧堆积有龙头为大块石、巨石组成的长约2.5 km的垅岗，表明曾发生过一次黏性泥石流受弯道阻挡而停积下的垅岗状堆积。稀性泥石流和洪流只冲刷沟床弯道的凹岸，凸岸才有淤积，而黏性泥石流则能在弯道凹岸形成堆积。在与大渡河Ⅱ级阶地相接的古泥石流扇上，有大孤石、巨石，表明其是古泥石流在大渡河抬升前的堆积区。沟中、下游多处见有垅岗状堆积，证明老泥石流曾在沟床内不同位置停积过。

在沟的第一卡口处的左岸有卵石和泥包砾嵌在岩缝中，其位置距现在沟床底15～30 m，说明卡口处黏性泥石流涌堵高度。据调查和访问当地居民，1885年、1934年、1958年、1967年、1974年和1978年利子依达沟都曾暴发过泥石流，以1885年、1934年和1958年发生的三次黏性泥石流规模大，其余三次泥石流规模较小。其中1958年暴发黏性泥石流前，沟内生长有0.2～0.5 m粗的树木，泥石流将树木连根拔起冲走，黏性泥石流受奶奶包凸出山嘴阻挡，流路改冲向沟右岸，侧蚀原堆积台地，使沟床向右扩宽10～20 m，并下蚀约3 m（类似揭底现象）。在沟床中、下游也有掏蚀下切沟床的现象。图 6—2—4 为下蚀形成的新沟床及弯道凹岸泥位和凸岸的大块石堆积。

从以上分析可知，利子依达沟古泥石流因泥石流的流量和流态不同，在不同位置形成堆积；也因流路的变化，主沟床位置也发生摆动（见图 6—2—4），沟床弯道多且多狭口，形成泥石流的涌堵和超高，增大了泥石流的流量和容重，大规模、高黏度的黏性泥石流强大的侧蚀和下蚀作用，改变了原沟床的位置和深度。利子依达泥石流沟发生古泥石流的历史，证明"81·7·9"泥石流是利子依达沟泥石流的延续，也证明泥石流沟生泥石流是具有继承性的。

图 6—2—4　泥石流下切形成新沟床

3. "81·7·9"泥石流的特点

造成桥毁人亡严重自然灾害的"81·7·9"泥石流仅是整个泥石流阵流中短历时的一次阵流，该次阵流的特点是大规模、高黏度、直进性强、冲击力大、涌堵和超高严重、下蚀作用明显。

（1）短历时、大规模、高黏度的泥石流：根据调查，泥石流主峰过境历时仅 20 分钟左右，但泥石流的洪峰流量却达 2 685 m^3/s，固体物质排出总量约 70 万 m^3。实测的泥石流容重达 2.35 t/m^3（相当于软质岩的容重），呈塑性体状。

（2）直进性强、冲击力大、卡口涌堵和弯道超高严重：流速达 9.9 m/s、呈塑性状的泥石流流体直进性极强，遇阻碍和弯道均产生涌堵和超高。根据实测资料求得沟下游的堵塞系数为 1.19。在沟床弯道处泥位超高 4.8～5.1 m，在下游桥位附近的急弯处泥石流超高 12 m，为泥深的 3～4 倍，超出铁路轨道面 2.5 m。呈塑性状泥石流裹挟巨石和大块石，巨石体积可达 100～300 m^3，所以泥石流具有极大的冲击力，以致该阵泥石流形成了极大的破坏性。

（3）下蚀作用明显：呈塑性状的高黏度泥石流在高速下泻过程中对沟床有很强的下蚀作用，在桥位以上 200 m～3 000 m 范围，冲刷出宽 20～30 m、深 3～5 m 的新沟床。

（五）利子依达沟泥石流灾害的经验教训

利子依达泥石流沟是位于西南山区峡谷内的泥石流沟。高山峡谷区强烈的构造抬升，使河流下切很深，支沟受强烈的冲刷，沟谷谷坡陡峻，沟床纵坡大，多陡坎和跌水，沿断层发育的泥石流沟，松散固体物质极为丰富，泥石流的补给区、流通区和堆积区可互相转换，不可断然区分，沟口的泥石流扇被主河流冲刷殆尽。西南高山区又极易形成局地性暴雨，而局地性暴雨的强度和位置也是变化的，故泥石流的流态也就随之发生变化。因西南山区雨量充沛，植被茂密，沟口又无泥石流扇，易使人们对泥石流沟和泥石流规模和泥石流流态的认识产生偏差，才会出现泥石流沟的漏判或误判。

利子依达沟泥石流灾害给人们的教训是深刻的：

1. 对泥石流规模的认识不足。在勘测阶段已认识到利子依达沟是古泥石流沟，但对其规模估计偏小。“81 · 7 · 9”泥石流发生后，促使我们进一步思考。现在看来，从利子依达沟沟口的大渡河两岸固体物质沉积情况分析，即可初步判断利子依达沟泥石流规模之巨大：沟口大渡河在枯水期呈现为浅滩，而沟对岸大渡河岸边也有巨石和大块石形成的边滩，这种现象只能有一种解释，即利子依达泥石流曾经堵断过大渡河，能发生堵河的泥石流，其规模可想而知。根据堵断大渡河的固体物质体积，即可推算曾发生的泥石流规模。

2. 对泥石流流体性质的判断不准。在泥石流暴发间隔时段内，沟内植被生长茂密，有些现象可能被植被覆盖而无法辨认，但沟内的崩塌、滑坡及断层破碎带通过航片解译可以掌握。如果沟内有极丰富的松散固体物质，该沟暴发黏性泥石流的可能就极高。根据沟内古泥石流堆积物剖面，也可判断古泥石流流体性质的变化，推测黏性泥石流流体的性质。在成昆铁路北段峡谷区泥石流调查中，发现该区泥石流的流体性质是很不稳定的，不同性质的流体可出现在一场泥石流过程中，故应以危害最大的泥石流流体性质作为设计考虑的主因素。

3. 因对泥石流性质判断不准，造成桥渡位、孔跨选择不当。原跨泥石流沟的桥位按要求是在泥石流流通区通过，并保持常流水的沟心桥下净空 12 m，但忽视了弯道引起黏性泥石流超高对桥渡的破坏能力和裹挟巨石和大块石高黏度泥石流的直进性和强撞击力，以致在沟内设墩，造成桥的 2 号墩多次被撞击，最终被泥石流剪断的结果。

4. 在峡谷区泥石流调查中，应注意泥石流沟口主河床内的浅滩和沟对岸的巨块石的边滩，分析它们的成因和与泥石流沟的关系，同时应调查沟内泥石流堆积物剖面和沟内地质构造条件，采用航片解译不良地质体的分布。跨泥石流沟的桥位选择时，应避开泥石流沟的弯道。需要在弯道附近通过时，应避免在弯道的下游段设桥，且沟内应避免设墩。在下游沟段内通过时，除应考虑泥石流淤积外，也应考虑黏性泥石流的下蚀作用。

三、利子依达沟泥石流灾害成因浅析

张赫文

（一）几个基本认识

1. 泥石流和泥石流沟的定义

（1）泥石流的定义：泥石流是含有大量泥、砂、石等固体物质的特殊洪流。

（2）泥石流沟的定义：凡在工程设计使用期限内，其流域具备发生泥石流活动条件的沟谷均应定为泥石流沟谷。

上述定义，旨在提醒工程技术人员不应把注意力只停留在历史上发生过或目前阶段正在发生泥石流的一些显露型泥石流沟谷上，而更应注意识别那些历史上可能并未发生过或很少发生过泥石流活动，其流域内植被良好、不良地质特征不甚明显、不易被忽视，但在一些因素的激发下可能暴发泥石流活动的那些隐伏型或潜在型泥石流沟谷，从而促使我们在工程设计方面提出必要的防范措施，以杜绝或减少泥石流的危害，这也许具有更实际的意义。

2. 泥石流形成的三大必要条件

（1）固体物质补给条件：流域内必须具备足够的、能够及时补给水流的泥、砂、石等松散固体物质的条件。

(2)水流水动力条件：流域内必须具备足够的、能够携带固体物质能力的水流水动力条件。

(3)陡峻的地形条件：流域侵蚀区段，必须具备足够陡峻的地形地貌条件。

3. 泥石流流体容重的变异特性

一条泥石流沟的全部水流流体活动，可能包含几种不同特性流体，即可能包含一般洪水流、高含沙水流、稀性泥石流和黏性泥石流中的一种或几种不同属性的流体活动存在，这是由泥石流形成条件的不同随机组合决定的，这种泥石流沟的流体属性变化，称为泥石流流体的属性变异特性。不同的流体属性，决定了流体的流态特性和运动特点，从而要求相应的具有不同设计目的的设计方案和工程措施。

对于具有既可发生稀性泥石流又可发生黏性泥石流等流体的沟谷，可称其为复性泥石流沟谷。利子依达沟就是一条复性泥石流沟，历史上曾发生的泥石流流体活动证明，该沟既发生过稀性泥石流，也发生过黏性泥石流流体活动，且规模都相当大。当然，出现更多的是一般山洪或高含沙流体水流。利子依达沟 1981 年 7 月 9 日"81·7·9"泥石流就是一次复性泥石流流体活动，致使大桥破坏的正是黏性泥石流过程中的短历时高峰过程段，也是利子依达大桥桥渡设计的重要控制条件之一。

(二)泥石流沟谷桥渡设计中的问题

1. 泥石流流体容重的正确确定

流体设计容重是一条泥石流沟由其沟内松散固体物质、水文、地形条件等共同影响决定的，而流体特征值是专为工程设计采用的，具有一定频率要求，并随工程性质取得决定的流体容重值。鉴于流体的变异特性及工程设计容重值的要求，确定容重值应注意以下几点：

(1)不同的流体属性具有不同的设计容重值，以分别提供给不同设计目标的工程设计。

(2)流体设计容重值并不是勘测工作中的流体调查容重值，这个"调查容重"只具有"样本"性质，与工程设计所要求的流体设计容重是不一样的，"样本"不能替代"总体"。

(3)"调查容重"是一条泥石流沟在它的整个泥石流活动史上曾出现过的流体容重值中的一个或几个，而流体"设计容重"则是在其泥石流活动中可能曾出现过，也可能未出现过，但却是在今后工程设计期限内可能出现的最不利的泥石流流体容重值。如利子依达泥石流在勘测阶段采用调查历史出现过的泥石流流体容重值，有 1965 年的 1.6 t/m^3 和 1958 年的 2.2 t/m^3，其他尚有众多次山洪及容重小于 1.3 t/m^3 的高含砂水流。由此可判知，利子依达沟流体活动具有容重的变异特征，是一条复性泥石流沟。但应知道，勘测阶段得到的历史流体容重值即为"样本容重"，都不应作为本沟流体设计容重值。实际上，"81·7·9"泥石流流体容重经实测为 2.35 t/m^3，已超过原历史最大"样本容重"。因此，若仅仅以"样本容重"作为设计容重，既不符合工程的设计容重的含义，从工程设计的角度看也是不安全的。

(4)流体容重对计算参数的影响：泥石流流体容重不但是描述流体属性、流体运动特征及流体中固、液两相构成等的重要物理量之一，而且是泥石流有关计算的重要参数之一。仅以泥石流流量计算为例，目前一些泥石流流量计算公式可概化为下述形式：

$$Q_c = n \times Q_B$$

式中 Q_c——泥石流计算流量；

Q_B——流域的计算清水流量；

n——不考滤堵塞及阵流影响时的泥砂系数，$n = (\gamma_H - 1)/(\gamma_H - \gamma_c)$，一般可令 $\gamma_H =$

2.65，则有 $n=(1.6-0.6\times\gamma_c)^{-1}$；

γ_H——流域补给水流的泥、砂、石等固体物质混合容重；

γ_c——泥石流流体容重。

以利子依达泥石流历史上两次泥石流活动为例，当泥石流流体容重 $\gamma_c=1.6\ t/m^3$ 时，泥砂系数 $n=1.56$；泥石流流体容重 $\gamma_c=2.35\ t/m^3$ 时，泥砂系数 $n=5.26$。后者的泥砂系数是前者的3.37倍，泥石流流量即为前者的3.37倍。可见，随着泥石流流体容重的增加，其泥石流流量以更快的速率增大，增大的流量及其运动特性将直接影响桥渡基础埋深、梁底高程、孔跨布置、墩台结构等各方面的设计，这就是为什么不能仅以"样本容重"作为桥渡设计的"设计容重"的理由之一。

2. 分析认识不同属性流体的流态特性，正确进行桥渡孔跨设计

泥石流由于其流体容重的变异特点，其与沟床床面的相互作用是不同的，其断面流速场形态对沟床的冲刷机理有很大的差异。

稀性泥石流流体运动时，上、下强烈交换，断面流速的分布趋于均匀化，近底流速相对大，这个特点促使稀性泥石流流体对桥渡墩台基础的冲刷作用增强。

黏性泥石流的最大流速则接近于上层，而近底流速相对较小，这使得断面近底冲刷作用较稀性泥石流为小，但由于流体中、上部流速较大，致使泥石流流体对墩台结构的冲压作用强烈。另一方面，由于流体容重的增大，在沟谷弯道沟段，其外侧超高现象较一般水流为大。

利子依达沟是一条复性泥石流沟，因此作为大桥的墩台基础设计，应按稀性泥石流过流特点对其基础冲刷的不利影响考虑，而墩台的结构设计，则应按黏性泥石流过流特点对其冲压受力的不利影响考虑，又由于其桥位正处于半径约500 m弯道下半段，因此对其桥孔布设、梁底高程应按弯道过流凹岸侧异常超高考虑。

泥石流地区桥渡布置的一个重要原则是正确判定流体属性，顺应其流势，确定沟中是否尽可能少设或不设墩，以大跨或一孔跨越。

利子依达大桥孔跨采用1×31.7 m预应力混凝土梁+1×44.0 m结合梁+1×31.7 m预应力混凝土梁布设。这种在沟道中部采用较大跨度的布跨方案，对于一般水流的流体是可以的，但对于泥石流沟，尤其是如利子依达沟这类桥位处于弯道、其流体容重达 $2.35\ t/m^3$ 的大型、复性泥石流沟来说，显然是不妥的。

实测表明，利子依达大桥由于桥位上游弯道中流体具有巨大离心力作用，其桥下断面过流流量分布极不均匀。位于弯道外侧的成都端的第一孔的通过流量为总流量 $2\,680\ t/m^3$ 的70%，达 $1\,876\ t/m^3$，最大泥深为8.5 m；第二孔占总流量的28%，为 $750\ t/m^3$，最大泥深为7.0 m；第三孔无过流；余2%即有 $54\ t/m^3$ 的流量，因受突入沟床的桥台及台后路堤的阻挡，流体从桥台和路基上方翻越而过，高出轨道顶近2.5 m，桥下泥面横坡达12.7°。强大的泥石流致使桥台被掀翻，2号桥墩被剪断，两孔梁被冲走。根据"81·7·9"泥石流过流断面分析，利子依达大桥在原桥位处，应采用沟道中不设墩，以大跨一孔跨过，以适应大、中型各类流体过流特点，且按弯道外侧泥面超高要求抬高梁底或线路高程，且成都端桥台应向后撤，不可形成突入沟道中的阻流障碍。虽然如此，但由于利子依达大桥桥位受控于邻近的大渡河大桥桥位及高程，而不可能满足以上要求，不得已最后采用长隧绕行改线解决。

3. 桥墩台受流体作用力的正确分析

由上述可知，由于弯道外侧泥位的异常超高，致使桥位处泥位、流量、流速的分布极不均匀，其中大桥2号墩在"81·7·9"泥石流过程中首当其冲，处于非常不利的部位。在整个

"81·7·9"泥石流过程中,强烈显示其复性泥石流的活动特征。因此,本桥应按下述要点进行受力分析,以控制墩台设计:

(1)稀性泥石流过流时,墩台结构设计应以高速运动流体中的大块石的正面冲撞打击进行受力检算,撞击作用点可按水深的1/2位置处计算;墩台基础冲刷亦应按稀性泥石流的冲刷机理检算。

(2)黏性泥石流过流时,墩台结构设计应以高速运动流体的整体正面冲压进行受力检算,冲压作用点可按水深高度位置计算;梁底高程应按弯道外侧超高进行控制或按流体中突出石块高度进行控制。

(3)对于如利子依达沟类的复性泥石流沟,应同时分别按上述两种流体过流时的不同运动特点进行受力检算,以不利条件控制设计。

利子依达大桥在"81·7·9"泥石流过程中,其2号墩位处既受稀性泥石流中的巨石撞击,又受黏性泥石流流体的正面冲压,结果墩身被剪断,上半部被冲走,余下墩身尚留有断裂面。

从桥渡布孔看,2号墩位并不在沟道的中部,而是处于沟道中偏右,但从沟道的弯道形势和流体弯道过流流路看,则正处于主流顶冲部位,该处流速将较断面平均计算流速9.9 m/s要大,泥位也较断面平均计算泥位要高。因此,2号桥墩的布位处于极不利的受力地位,而致使断裂。

顺便提及,2号墩身的3处破裂面均发生在施工工作缝处,说明施工缝是个薄弱环节。因泥石流沟的墩台遭受泥石流的冲击力作用,因此墩台的施工灌筑应保持连续作业,施工缝处应加强镶嵌,提高混凝土等级,加强其整体强度。

(三)深入调查,正确分析掌握流域地质环境的动态变化,以指导桥渡设计

世上万物都在发展变化中,泥石流的发展变化,尤其是在设计期限内的可能发展变化,是工程设计人员必须高度重视的。

泥石流的发生、发展与其流域所在区域地质构造条件、水文水力条件和地形地貌条件密切相关,这些条件的变化及其不同组合也是随泥石流活动的发展变化而处于不断发展变化中。

1. 流域内不同物质组成的谷坡稳定性影响泥石流体属性的变化

泥石流沟谷多处于沟谷发展的幼年期和壮年期,其溯源侵蚀和侧蚀较强。尤其是沿断层发育的沟谷,谷坡稳定性较差,经常发生坡面坍滑、滑坡、崩塌。在泥石流沟发展过程中,这些不良地质体的稳定性随着时间的推移而变化。利子依达沟内有60多处滑坡、崩塌、岩堆。经"81·7·9"泥石流后调查,有的滑坡复活,有的仍为古滑坡,但崩塌现象较普遍,崩塌范围大,崩塌物数量多,多堵塞沟床,沟内崩塌的巨石遍布,巨石直径大于3 m的有1000多块,最大的巨石长达20 m;古崩塌形成的岩堆体受沟水侵蚀也有堵塞沟床现象。这些不良地质体的物质组成和岩土特性不同,当补给泥石流的物质和数量变化时,泥石流流体容重也随之变化,即泥石流流体属性就不同。所以,要调查谷坡不稳定体的物质组成,估计不稳定体数量,预测最不利的泥石流流体的容重,为桥渡设计提供依据。

2. 流域环境可能变化,意味着泥石流汇流条件及运动特征的变化

流域的环境不会一成不变,沟谷流域环境的治理改善、植被的恢复、不良地质体的整治,都将有利于流域向好的、抑制泥石流活动发生、发展方面转化;相反,环境的破坏、植被乱砍滥伐,不良地质体的稳定性恶化,将促成向有利于泥石流的发生、发展的方向转化。这方面既有人为

的因素，也有自然的因素，如森林火灾、地震引起的山体滑坡、崩塌、坍滑等都可能进一步加剧泥石流的活动，在工程设计中都应引起高度重视。

四、南昆铁路板其2号大桥岩溶工程地质特征分析

阳旭东

(一)前　言

板其2号大桥为南昆铁路百(色)威(舍)段上的一座平弯梁桥，地处贵州省册亨县板其乡。该桥位于曲线半径450 m、纵坡11‰的线路上，桥式为2×32 m预应力混凝土简支梁+(44 m+72 m+44 m)预应力混凝土连续刚构+32 m预应力混凝土简支梁，全桥长271.58 m，属科研试验工点，为全国铁路弯梁首例。0号、6号为T形桥台，基础均为明挖扩大基础。1995年2月完成了0~5号墩的基础灌筑工作，涉及因地质变化引起的变更设计共3起，即2号、5号墩和6号台。2号、5号墩因石灰岩溶蚀形成溶缝、溶隙引起，6号台因基础下部发现溶洞引起。

岩溶的工程地质问题以其发育不均匀和隐蔽性而成为勘测、施工中的难题。针对这一特殊设计(弯梁桥)、特殊基底受力要求的桥梁，对工程地质工作提出了较高而特殊的要求。一方面要尽可能使地质勘探资料、试验成果资料准确可靠；另一方面要对施工中出现的地质问题根据弯梁桥梁工程特点提出经济实用、安全可靠的措施建议进行处理，并进行安全性评价。现根据勘测设计和参加施工的体会，对本桥工程地质特征进行分析。

(二)岩溶工程地质特征

该桥地处中低山区，高程500~1 000 m，相对高差400~800 m，区内沟谷深切，山坡陡峻，横向沟谷发育。该桥横跨“V”形沟，沟走向近南北向，宽250 m左右，沟底横坡25°~35°，纵坡20°~30°，两侧山坡陡峻，局部直立。0号台及6号台位于陡峻山坡边缘。

本桥范围内，第四系坡崩积碎、块石土层以下均为二叠系中统吴家坪—长兴组(P_2w+c)灰岩，深灰色，厚至巨厚层状，致密、坚硬，节理、裂隙发育，地表溶蚀严重区域处于纳板穹窿(板其背斜)构造中，穹窿构造上发育有北东、北西两组断裂，其中一条是板其正断层，桥位处于穹窿背斜的南翼边缘与板其正断层之间，距轴部500~1 000 m，距板其正断层100余米，地震基本烈度小于Ⅵ度。主跨沟槽中有一小型岩堆，顺沟长约300 m，顺线路宽60~125 m，厚2~7 m，组成物质为灰岩块石和少量黏土，呈松散、稍湿状态。岩堆堆床纵向坡度25°~35°，无近期堆积，稳定性较好，施工开挖揭示墩台地带普遍较薄，对桥墩影响较小。岩堆上方陡崖地带，受构造影响及张节理切割以及植物根沿节理、裂隙的伸入破坏，存在少量危岩。由于距墩台相对较远，滚落石基本沿沟心下落，72 m大跨为较好的落石通道，击坏墩台的可能性较小，对桥影响不大。

岩溶是本桥基础的主要不良地质，对桥基危害较大。从各墩台的钻孔勘探来看，16个孔共计345.76 m，基本上未发现溶洞及溶槽，但从地面岩溶溶蚀特征分析，桥址基础地带灰岩受板其正断层的影响，节理裂隙较发育，再加之大气降水渗流、侵蚀，地表岩溶发育，并出现规模巨大的漏斗、洼地。线路走行较高，作为当地排泄基准面的板其暗河低于线路桥基高程，故桥基位于岩溶垂直发育带，在地表或浅部地段，局部有可能出现沿节理、裂隙方向发育的水平溶洞。经施工开挖发现的溶洞情况，基本与上述吻合，不存在大的垂直方向发育贯通至板其暗河

的岩溶大厅。

(三)板其 2 号大桥施工及处理

0 号台:在台中心勘探钻孔 1 孔,孔深 15.87 m,地表自然坡度 25°~40°。经施工开挖检验,与原设计地质情况相符,按图施工,施工顺利。基底基岩较完整,边坡稳定。基底设计高程 601.81 m。据钻孔勘探,基底下部有 11.0 m 的较完整基岩,基底地质条件良好。

1 号墩:在墩中心勘探钻孔 1 孔,深 17.58 m,地表自然坡度为 20°~30°。经施工开挖检验,与原设计地质情况相符,基底基岩完整。由于施工开挖基坑边坡较陡,几乎直立,未按设计边坡 1:0.3 开挖,故出现了较大面积的基坑壁坍塌破坏现象。经清理及放缓边坡处理,边坡稳定。基底设计高程为 586.52 m,据钻孔勘察,基底面以下有 10 m 的完整基岩厚度,基底工程地质条件良好。

2 号墩:在台中心勘探钻孔 2 孔,孔深分别为 15.8 m 和 15.67 m。施工开挖至设计高程时,基坑靠山侧岩层风化颇重,风化溶蚀裂隙发育,并有黏土充填风化溶蚀的裂隙。作变更设计,基底向下加深,挖至裂隙及裂隙中充填黏土消失,最后加深 1.8 m,满足设计要求,达到原设计要求的地质条件。桥墩变更设计将墩身向下加长 1.5 m,再将第一层基础由 1.0 m 加厚为1.3 m。经基底下移后,基础设计高程变为 569.08 m。基底面岩层风化轻微,地质条件良好。又经钻探查明,基底面以下有 8.0 m 的完整基岩厚度。基坑开挖边坡较陡,几乎直立,未按设计边坡 1:0.3 开挖,故出现了基坑边坡坍塌破坏现象,坍塌范围不大。经清理及放缓边坡后,边坡稳定。

3 号墩:共有 2 个勘探钻孔,基底的南宁及昆明端各钻 1 孔,孔深分别为 30.15 m 和 18.90 m。施工开挖后与原设计地质情况相符,基底设计高程 547.83 m,基底面以下有 10~16 m 的完整基岩厚度,基底地质条件良好。

4 号墩:共布置 3 个勘探孔,基底的昆明端钻 1 孔 24.30 m,距基底南宁端 5.0 m 及 1.0 m 处各钻 1 孔,孔深分别为 21.56 m 及 30.3 m。基坑开挖后与原设计地质情况相符。基坑开挖顺利,无坍塌现象,基底设计高程 556.66 m。钻孔孔位虽距墩位 1~5 m,经基底检查,无溶缝及溶蚀痕迹,基底面以下有 10~20 m 完整基岩,基底地质条件良好。

5 号墩:在墩中心及距基底昆明端 4.5 m 处各钻 1 孔,孔深分别为 21.80 m 及 25.67 m。基坑开挖至设计高程时,发现基底昆明端左侧角出现一溶缝,长 3.4 m,宽 1.8 m。溶缝中充填黏土夹少许碎石角砾。施工中将溶缝充填黏土掏出,掏挖宽度 1.4 m,掏空部分满灌片石混凝土,基底设计高程 581.65 m。经钻探资料分析,基底面以下有 11.0 m 的完整基岩厚度。

6 号台:台中心钻 1 孔,孔深 20.80 m。基础开挖至高程 608.88 m 时,发现基底下部有溶洞,溶洞净高 2~5 m,顶板厚 2~8 m。溶洞几乎使桥台左侧全部悬空,台尾悬空 0.5~2.0 m。为保证桥台的稳定,对溶洞影响桥台范围地带均以浆砌片石填满,对桥台基础位的悬臂灰岩体进行向山内侧锚固处理,如图 6—4—1 所示。

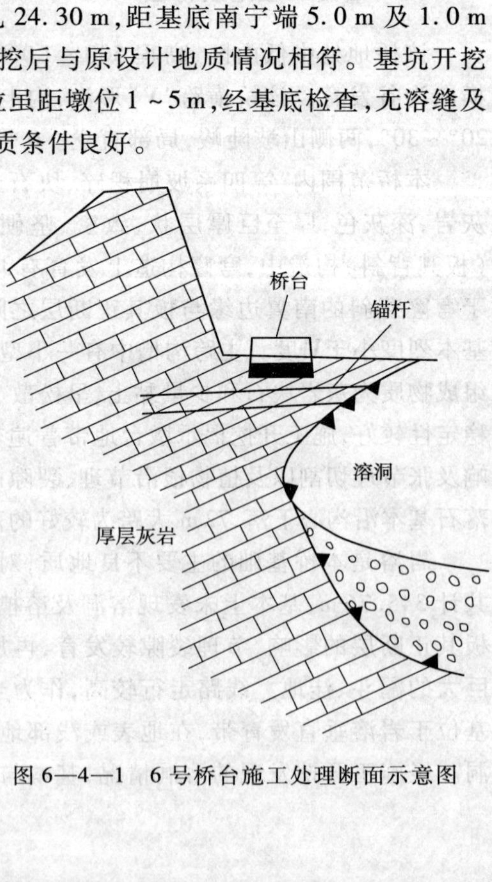

图 6—4—1　6 号桥台施工处理断面示意图

(四)基底设计应力、允许应力计算与安全性分析

从勘测设计对本桥地质特征的认识到施工开挖地质条件变化情况可以看出,施工中揭示的地质条件与勘测、设计中的地质条件基本吻合,主要存在的问题为溶洞、溶隙对墩台的影响。2 号墩经施工加深处理,达到了原设计的地质条件;5 号墩、6 号台施工处理后基底地质条件相对原设计发生了变化。针对这两个基础,从施工处理、地质条件变化与原设计相对应的方法进行基底安全稳定性分析。

6 号台:原设计为 T 形台,桥台设计应力 $\sigma_{设}=0.785$ MPa,允许应力 $\sigma_{允}=1.0$ MPa,安全系数 $K=\sigma_{设}/\sigma_{允}=1.0/0.785=1.27$,其安全性较好。施工中由于桥台下部出现空洞,使整个桥台一半悬空,位于悬臂灰岩体上(见图 6—4—1),故整个桥台的安全系数评价就不只是针对基底设计应力与允许应力的关系,而必须考虑整个悬臂灰岩体稳定性及基底灰岩(溶洞顶板)厚度的安全性。经检算,共增设了 2 排锚杆(共 8 根),使悬臂体稳定性得到充分保证。另外,溶洞顶板厚度在台下部厚 2 ~ 8 m,为完整坚实的厚层灰岩,极限抗压强度较高,原设计应力不会产生碎裂剪断破坏。经采用浆砌片石回填处理后,该桥台恢复了原设计要求的地质条件,安全系数能达到原设计的 1.27。

5 号墩:该墩施工中基底南宁端右侧角出现一充填溶隙,位于弯梁桥线路曲线内侧。从该桥弯梁形式的特别分析,列车动荷载离心力主要集中于曲线外侧基底,内侧基本不考虑,而外侧基底地质条件相对较好,与原设计的地质条件吻合,能满足动、静状态下的基底受力要求。所以,只需分析静荷载条件下基底溶隙的影响程度及所需采取的相应工程处理。

该墩设计应力 $\sigma_{设}=1.17$ MPa,允许应力 $\sigma_{允}=1.2$ MPa,安全系数 $K=\sigma_{允}/\sigma_{设}=1.2/1.17=1.026$。如果对溶隙不进行处理,溶隙中黏土允许应力 $\sigma_{允}$ 按 0.20 MPa 考虑,则安全系数为

$$K_1=(\sigma_{允,石}S_{石}/S_{基底}+\sigma_{允,土}S_{土}/S_{基底})/\sigma_{设} \tag{1}$$

式中 $S_{石}$——基底岩石面积,$S_{石}=S_{基底}-S_{土}=56.76-6.12=50.64(m^2)$;

$S_{土}$——基底溶隙黏土面积,$S_{土}=1.8\times3.4=6.12(m^2)$;

$S_{基底}$——基底面积,$S_{基底}=8.6\times6.6=56.76(m^2)$;

$\sigma_{允,石}$——灰岩允许应力;

$\sigma_{允,土}$——黏土允许应力。

按式(1)计算结果,则 $K_1=0.933$。

从计算结果可以看出,K_1 小于 1,未达到安全要求。为此,采用了清除溶隙充填黏土后灌注混凝土的措施。施工沿溶隙向下掏挖,以清除其中的充填的黏土。当掏挖深度达 1.6 m 后,再继续下掏已非常困难,此时剩余的充填黏土长 0.9 m,宽 1.1 m。再一次计算掏除溶隙黏土并灌浆封填已掏空的溶隙后的安全系数 K_2,此时 $S_{土}=1.1\times0.9=0.99\ m^2$,$S_{石}=56.76-0.99=55.77\ m^2$,则 $K_2=1.011$。

从计算结果可以看出,虽然该墩基础安全系数由原设计的 1.026 变为 1.011,安全系数有所降低,降低值 $\Delta K=0.015$,但 $K_2>1$,仍然符合安全性要求。

对溶隙采用混凝土灌筑处理后,通车至今,桥梁未出现问题,说明处理方法恰当。

(五)结　　论

1. 岩溶地区工程地质工作应依据岩性、地质构造、岩溶发育形态和规律,综合分析桥梁基础持力层范围内岩溶发育特征,为工程基础处理、安全性评价提供宏观、定性评价。

2. 在宏观、定性评价基础上,对出现的具体岩溶形态影响桥梁基础安全性作定量评价。

3. 施工中,当桥梁墩台地基出现问题时,应采取加固处理措施,以恢复和达到原设计要求的地质条件;当施工处理困难,不能完全恢复和达到原设计要求的地质条件时,须进行设计应力与允许应力检算,并与原设计安全系数相比较,最终评价其基础的安全性。

五、南昆铁路清水河大桥峡谷岸坡稳定性评价及岸坡稳定角的确定

赖灿明

(一)前　　言

随着我国国民经济的发展,在西部山区铁路、公路建设中,越来越多的桥梁需要跨越深山峡谷地区,而跨越深山峡谷的桥梁由于工程艰巨复杂,往往成为控制线路方案的重要工程,于是峡谷岸坡稳定性和岸坡稳定角的大小就成为线路方案、桥跨大小、基础埋置深度确定的最关键因素。南昆铁路清水河大桥和水柏铁路北盘江大桥,就分别跨越南盘江支流清水河峡谷和北盘江峡谷。这两座桥从峡谷谷底至桥面分别高达 183 m 和 250 m,对其岸坡稳定性评价和稳定坡角的确定,成为这两座桥桥式和孔跨设计的控制因素。本文将对清水河大桥峡谷岸坡稳定性评价和稳定坡角的确定作一介绍,并进行探讨,以利今后工作中更多地关心峡谷岸坡稳定问题,更深入地开展研究和更进一步地完善峡谷岸坡稳定性评价方法。

(二)桥址区域地质概况

南昆铁路清水河峡谷位于贵州省兴义市与兴仁县交界处,清水河像一条彩带,蜿蜒曲折地自北向南注入南盘江。桥址地处岩溶峰丛峡谷区,相对高差达 430 余米。由于第四纪以来云贵高原经历了三次强烈的上升运动,使河流强烈下切,岸坡陡立,河段曲折。大桥跨河处悬崖壁立、山势险恶,谷底宽仅 35 m,岸坡壁高达 100 余米。河底至桥面高差达 183 m,最高的 4 号墩达 100 m,大桥以 128 m 主跨的连续刚构一跨飞渡,为当时国内已建或在建铁路中同类型桥梁之跨度最大者(见图 6—5—1)。

桥址区位于南昆铁路百色至威舍段内。该段区域地质构造属山字形构造东翼反射弧,构造线方向由北西而近东西,该段线路与区域地质构造线大角度相交。桥址区次级构造则属舒缓的马堡树—依布鲁向斜的北西翼之单斜地层,地震基本烈度小于Ⅵ度。

桥址处岸坡及河床内分布有第四系冲积层、崩积层、残积坡积层、化学沉积层,岩性为块石土、卵石土、砂黏土及泉华,厚度不等,一般块石土、卵石土厚 2 ~ 6 m,泉华及砂黏土最厚可达 25 m;基岩为中三叠统个旧组第四段(T_2g^d)白云岩夹泥质白云岩,以薄层为主,夹中厚层,局部厚层。岩层产状 N25° ~ 75°E/6° ~ 15°SE。发育两组节理,产状 N20° ~ 30°W/90°和 N40° ~ 60°E/90°,节理间距 0.7 ~ 2.0 m。由于风化和溶蚀作用,地表裂隙呈张开状,裂隙宽 4 ~ 40 cm,发育深约 5 ~ 10 m,少数有黏土充填,延长数米至数十米间,具卸荷性质。

桥址范围内岩溶发育,主要岩溶形态为岩溶暗河和地表溶沟、溶槽、溶缝。东岸有两条暗河,各在线路两侧约 40 m 和 120 m 范围内,出露后于岸坡顶跌落成瀑布。此外,基岩裂隙水亦在岸坡上渗出滴下,形成双瀑飞挂,雨滴纷飞,彩虹满天的优美景观。西岸山坡上危石遍布,4 号墩背后发育有岩堆,对大桥工程有一定威胁。

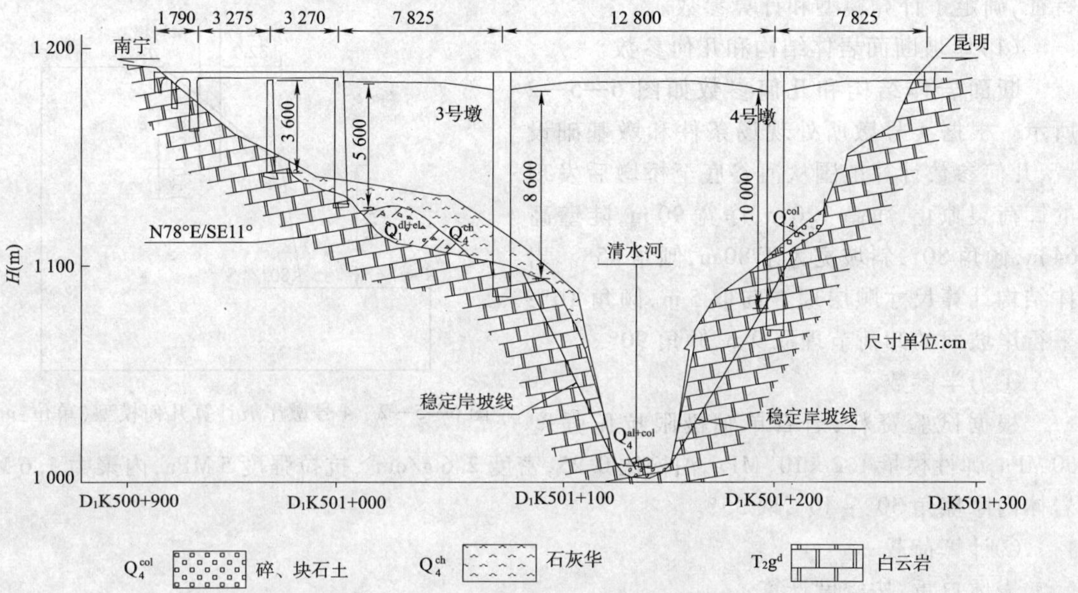

图 6—5—1　清水河大桥地质纵断面示意图

（三）岸坡工程地质条件及岩体结构特征

清水河大桥桥址位于河道转弯处的下游 40 ~ 50 m 处。大桥 3 号主墩位于东岸斜坡上，墩位处为 20 ~ 30 m 石灰华所覆盖，墩中心地表距河底高差近百米，距陡壁边缘约 35 m，陡壁高约 80 ~ 90 m，陡壁坡角约 75° ~ 80°，斜坡自然坡角约 30° ~ 40°；大桥 4 号主墩位于西岸斜坡上，墩中心地表距河底高差近百米，距陡壁边缘约 30 m，陡壁高约 65 m，陡壁坡角约 80°，斜坡自然坡角约 45°，岩层存在顺层。故 3 号主墩工程地质条件优于 4 号主墩。

河岸基岩大部裸露，岩体内发育两组共轭“X”垂直剪节理，间距 0.7 ~ 2.0 m，走向与桥址处河岸走向及上游河岸走向大致平行，显示河岸走向受构造节理走向控制，节理延伸性好。在风化、溶蚀和卸荷的共同作用下，地表多呈张开节理，使坡面表层岩体呈松动状，岩层面走向与桥址处河岸呈 20° ~ 30°夹角，岩层视倾角约 6° ~ 12°。岩层以薄层为主，夹中厚层，岩性为灰白色夹肉红色白云岩，岩层表面风化颇重—严重。

清水河西岸 4 号墩后平台由岩堆构成，平台后缘陡坎明显为卸荷裂隙前缘倾倒后的遗迹，陡坎长约 40 m，高 15 m 左右，岩堆物质成分显然为陡崖岩体倾倒后的产物。墩后为高 300 余米的陡坡，其上危石遍布；陡坡上有数条沿节理发育的张裂缝，其走向大致平行上游河谷延伸方向，裂缝宽 20 ~ 40 cm，明显具有卸荷性质，其中一条几乎纵贯全坡。对 4 号墩附近相对稳定的自然山坡测量，其坡度在 50° ~ 55°之间。

另在河床内有近期崩落的大块石堆积。

（四）岸坡岩体破坏的数值模拟

1. 计算模型及计算参数

由上所述，清水河大桥 4 号墩所在岸坡的稳定性是大桥稳定的关键。根据岸坡岩体结构特征，确定了计算模型和计算参数。

(1)岸坡断面岩体结构和几何参数

断面岩体结构和几何参数如图6—5—2所示。根据4号墩所处现场条件和墩基础设置，几何参数计算范围从河谷底至桥墩后发现的卸荷裂隙止，净高120 m，净宽90 m，陡壁高64 m，倾角80°，斜坡宽大于80 m，倾角45°。岩体结构计算尺寸顺层理方向取5 m，倾角16°；平行岸坡面的卸荷节理取9 m，倾角90°。

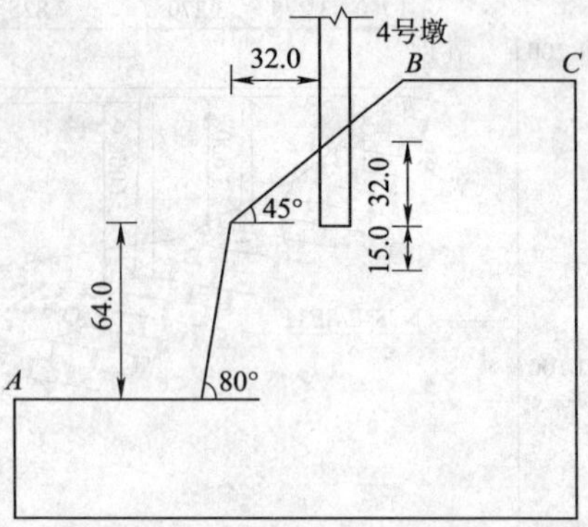

图6—5—2　4号墩岸坡计算几何模型(单位：m)

①力学参数

根据试验资料，岩石单轴极限抗压强度50 MPa，弹性模量1.2×10^4 MPa，泊松比0.25，密度2.6 g/cm^3，抗拉强度5 MPa，内聚力1.6 MPa，岩体内摩擦角30°～40°，取35°。

②计算荷载

岩体自重：按密度计算；

桥墩荷载：水平38×10^4 MPa，垂直180×10^4 MPa；

地震：地震烈度为Ⅵ度，不考虑；

水压：裂隙排水良好，不考虑；

温差：影响小，不考虑。

2. 模拟条件及模拟结果

岸坡按天然状态和加荷载作用下的破坏特征和破坏过程进行模拟，用计算机分别绘制出模拟过程中相对时间$N=300$、500、700、1 000、1 500、2 000、2 500、3 000次时的岸坡岩块破坏位置图。模拟结果如下：

(1)未设桥时的天然岸坡

模拟结果显示，随着时间的发展，岸坡的破坏特征为：陡壁顶的崩塌、坡脚的堆积和缓坡面岩块的松动位移。陡壁顶破坏范围大致在距坡顶10～20 m范围之内，破坏深度超过20 m。缓坡面岩块松动位移影响深度5～10 m。上述破坏均随时间推移而发展，变形晚期($N=3\,000$次时)按裂缝发展深度计算，天然岸坡角约57°。

(2)设桥后的天然岸坡

大桥修建后，变形模式变化不大，但对岸坡稳定带来较大影响，桥墩荷载所引起的侧向应力将导致陡壁顶岩块移动的加剧，直至崩塌的产生。更重要的是，墩底至坡脚的深部沿层面剪切的出现，将更明显地影响到岸坡的稳定。

(五)桥址岸坡稳定性分析评价

根据对4号墩附近所处工程地质条件和岩体结构的观察分析，以及计算机模拟的自然岸坡在天然和加载两种情况下的破坏过程，可以认为：

1. 山体在自然状态下，整体未受破坏，无滑移面，整体是稳定的。

2. 山体表层岩体受节理裂隙切割，节理裂隙受风化、溶蚀及重力作用，多呈张开状，其墩背岩体已倾倒，形成长40余米、高约15 m之陡坎，墩前表层岩体多呈松动状；坡面危石遍布，谷底有近期崩落的大岩块，故4号墩所处清水河西岸山体还处于变形期。西南交通大学对岸坡稳定的专题研究认为,西岸山体尚处于变形的早中期,其后期的自然坡度应接近附近相对稳定的自然山坡坡度,但这种变形是缓慢的,随时间而发展,目前难以做到精确计算。

3. 大桥的修建必然给岸坡稳定带来一定的不利影响,甚至可能使变形加剧,故大桥墩台基础应置于稳定的岩体上。在大桥荷载作用下,除保证墩前、墩基础基岩体不受破坏且有一定安全度外,还应尽量减少对坡面岩体变形发展的影响。

4. 墩基础位置由于受南昆铁路工期的控制,其平面位置不能移动,这就要求找到一个恰当的深度,既保证墩前、墩基岩体不受破坏,又要保证施工可行且安全经济。

3 号墩由于其处于清水河东岸,墩后为地壳上升时相对停顿期形成的宽缓平台,墩基岩体覆盖 20 ~ 30 m 厚的石灰华,受风化作用影响较小,墩前岩体在该河段较长范围内无变形痕迹,故其稳定性较西岸为好。

根据以上分析,有必要确定两岸岸坡的稳定坡角,并将桥墩基础置于稳定坡角之下,以达到大桥安全的目的。

(六)自然岸坡稳定坡角的确定

1. 岩体质量方法

本方法为西南交通大学蒋爵光教授等人的研究成果,它是按照岸坡岩体的节理组数、间距、延长、块度、层厚和节理组合情况,计算出岩体的完整系数 I_c,由 I_c 和岩体的回弹值 R 得到岩体质量 RQ,参照岸坡的高度及地下水情况,得到岸坡在天然状态下的稳定坡角 α。其稳定坡角 α 的最终计算公式为

$$\alpha = \arctan\{\gamma_H \cdot \tan[-40 + 38\lg(\gamma_w \cdot RQ)]\}$$

式中 α——设计的岩质边坡稳定坡角(°);

γ_H——坡高折减系数;

γ_w——地下水折减系数;

RQ——岩体质量,$RQ = RI_c$;

R——岩石回弹值;

I_c——岩体完整系数。

根据勘测资料,有关参数经计算确定如下:

计算的岩体完整系数	$I_c = 27$
实测得岩体回弹值	$R = 38$
分析选定坡高折减系数	$\gamma_H = 0.6$

地下水折减系数由岩体风化程度、地下水出露情况及裂隙充填情况综合确定。根据实际情况,岩体风化轻微—颇重,岸坡湿润,裂隙地表至地下 10 m 有充填,以下闭合,故 γ_w 取值 0.87。根据以上参数,经计算的岸坡稳定角 $\alpha = 62°$。

2. 极限平衡方法

本方法根据英国 E. Hoek 和 J. W. Bray 合著《岩石边坡工程》一书中高陡边坡破坏面几乎都是平面的结论,以极限平衡理论推导并得出破坏面的临界倾角 Ψ_{pc},计算公式为

$$\Psi_{pc} = 0.5(\Psi_f + \varphi)$$

式中 Ψ_{pc}——临界破坏面倾角(即岸坡稳定坡角);

Ψ_f——自然坡角;

φ——岩石内摩擦角。

将 $\Psi_f=80°$和 $\varphi=40°$(综合试验经验值)代入上式,得 $\Psi_{pc}=60°$,即4号墩所处岸坡稳定坡角为60°。若 φ 取30°,则 $\Psi_{pc}=55°$。

本方法曾成功地应用于英格兰 Mendip 山腰的石灰岩露天采石场和西班牙 Atalaya 斑岩露天矿边坡稳定研究中。

3. 工程地质比拟法

(1)贵昆铁路 K529 边坡:贵昆铁路 K529 边坡高 55 m,边坡角度 68°,岩性为灰绿色、黑色薄层灰岩,单斜构造,两组节理,节理产状对边坡稳定有利,边坡整体稳定,仅有少量掉块。清水河峡谷岸坡与之相比,坡高较大,岩性相似,但节理、层理产状对岸坡稳定不利,故清水河峡谷岸坡自然稳定边坡应比之稍低。

(2)成昆铁路 K253 边坡:成昆铁路 K253 边坡高 64 m,边坡角 53°,岩石为浅灰色薄层灰岩,单斜构造,节理极发育,边坡局部滑塌。清水河峡谷岸坡与之相比,坡高相近,岩体质量好于该边坡,故清水河峡谷岸坡自然稳定边坡应比之稍高。

经上述两边坡对比,清水河峡谷岸坡自然稳定坡角应介于 53°~68°之间,若简单取两者算术平均值,则为 60.5°。

4. 其他辅助方法

(1)桥址附近相对稳定自然边坡的对比:由前所述,桥址区自第四纪以来经历了三次强烈的上升运动,在桥址附近有三级夷平面,即高程 1 150 m 以上的第一级夷平面、高程 1 075~1 150 m 的第二夷平面和高程 1 075 m 以下的第三级夷平面。由于第三级夷平面地壳上升距今时间较短,河流强烈下切形成的高陡边坡变形还未充分完成,故其坡角较陡,则一、二级夷平面,地壳上升运动形成的相对稳定的自然山坡,就将成为未来高程 1 075 m以下岸坡较接近的坡度。根据对附近相对稳定的自然山坡坡度测量,坡角在50°~55°之间,该坡度即可视为4号墩附近岸坡高程 1 075 m 以下未来的接近坡度,但这种变形趋势是需要很长时间的。对工程使用期限而言,应略大于该坡度,故采用 60°作为岸坡稳定角应是合适的。

(2)4号墩背后山坡一系列张裂缝分析:4号墩背后山坡发育一系列张裂缝,若将调查的张裂缝发育深度标于桥址纵断面上,可发现一系列张裂缝深度内所组成的似破裂面,大致在60°左右,此角度也可为岸坡稳定坡角确定之参考。

经上述一系列方法的计算、对比可以发现,各种方法所得到的结果均趋近于60°,所以,清水河西岸岸坡稳定坡角在设计中采用60°,3号墩所处东岸由于条件明显好于西岸,设计采用值为65°。

(七)结 束 语

1. 清水河峡谷岸坡在天然状态下,从整体而言是稳定的,但其表层岩体在一系列地质作用下,处于不断变形发展之中。据对其附近相对稳定的自然山坡测量,坡度在 50°~55°之间,峡谷岸坡在充分变形发展之后,应接近该角度,但此过程是缓慢的地质作用过程。对桥梁的使用年限而言,只要桥基础在荷载作用下能尽量减少对岸坡变形发展的影响,桥墩基岩岩体不被破坏,岸坡稳定坡角应能适当提高。

2. 经各种方法计算、对比、分析,得出清水河峡谷岸坡西岸稳定坡角为60°左右,这一角度为设计所采用,东岸条件由于明显好于西岸,设计按65°考虑。

3. 在峡谷地区线路方案选择时,工程地质条件应作为线路方案选择的重要依据。线路跨越峡谷时应选择在岩体完整、无变形开裂、地质结构面组合有利于岸坡稳定、峡谷上方地形较为开阔的地方通过。峡谷岸坡应进行稳定性分析评价,并确定稳定岸坡角,墩台基础应置于稳定岸坡线之下，且对岸坡稳定影响较小、基础岩体在墩台荷载作用下不被破坏的深度处。有条件时，每座跨越峡谷区桥梁应结合桥跨形式作岸坡稳定性专题研究。

4. 在峡谷区的桥型选择中，除考虑技术条件及施工、工艺等因素外，应尽量选用桥梁结构荷载组合对岸坡稳定影响较小者，如拱形、人字形、斜腿刚构等桥型。

六、内昆铁路李子沟特大桥11号墩昆明端岸坡加固工程实践

黄 俊 蒋忠信 袁华义 张 钧

（一）概　况

内昆铁路李子沟特大桥主跨为3×128 m的预应力刚构连续梁桥，是全线的控制性重点工程，位于贵州省威宁县境内。高103 m的11号墩昆明端基坑开挖前，原自然山坡坡度约45°，相对高差约80 m，坡面灌木茂盛，植被良好。最初的基坑开挖边坡未考虑防护措施，曾出现多次大的坍塌，经人工开挖或坍滑形成了上部边坡坡率约1∶0.5～1∶1.25、下部约1∶0.3～0.5、高约80 m的高陡边坡。

（二）边坡坍滑的原因分析

弄清边坡坍滑的原因是高边坡整治设计与施工的关键，而要弄清边坡坍滑的原因必须从李子沟大桥右岸谷坡整体稳定性分析入手，先弄清整体稳定状况。

1. 李子沟大桥右岸谷坡整体稳定性分析

李子沟右(SE)岸的谷坡中偏下部，一系列高度有序、排列整齐的缓坡平台十分醒目。李子沟大桥11号高墩位于右岸坡脚，刷坡直达缓坡平台前缘，12号墩则位于缓坡平台上。因此缓坡平台的整体稳定性至关重要，下面从正反两方面加以分析。

(1)缓坡平台系基座阶地，整体稳定。

①平面上，大桥处缓坡平台与上游其他缓坡排成一线，并与李子沟平行，具河流阶地分布特征。

②纵剖面上，大桥缓坡平台高程和拔河高度都以此向下游有规律地降低，具河流阶地位相特征。

③横断面上，大桥缓坡为谷坡中一明显台阶，左岸相同高程有残存台地与之对应，具阶地形态特征。

④沉积物方面，在大桥缓坡上游的类似缓坡平台上，普遍可见散布的冲积卵石。卵石粒径3～5 cm，磨圆良好，岩质为上游的玄武岩（已严重风化）、砂岩及少量灰岩，显然为古李子沟沉积物。故本缓坡应为基座阶地，后卵石被冲蚀殆尽，残留冲积层甚薄。这种缓坡平台基岩裸露，岩层又倾向山里，虽有较弱夹层存在，也无发生滑动之忧；岩性以灰岩为主，岩质较坚硬、完整，无发生大型切层滑动之可能；缓坡平台无大断层通过，不存在整个缓坡顺某断层带失稳的问题。因此，本缓坡整体是稳定的。

(2)缓坡非不良地质堆积体，工程活动不会诱其失稳。

①平面上，大桥处与右岸上游其他缓坡平齐，未异常地凸出于河谷中，河道未被挤向对岸，无重力变形体的平面分布特征。

②大桥缓坡上覆土甚薄，岩层外露，产状有序，缓坡处坡面上陡下缓呈凹形，不具有崩塌、滑坡、错落等坡地重力作用的变形体的特征。

③大桥处缓坡以上谷坡的灰岩坡面顺直,岩层完整,未见高陡的崩塌、错落壁,也未见圈椅状的滑坡后壁,不存在重力作用产生变形的地貌特征。

综上所述,李子沟大桥所倚右岸缓坡是李子沟的完整的基座阶地,不是重力地质作用的变形体,整体是稳定的。11 号墩边坡开挖以及其他工程活动的影响是浅层的、轻微的,不会危及边坡的整体稳定。

2. 基坑边坡坍滑的原因分析

基坑边坡坍滑最直接的原因是开挖边坡破坏了原有的坡面平衡体系,导致大规模坍滑也有其岩性和构造等原因。

(1)岩　　性

本工点出露的主要地层岩性有:砂黏土,主要为页岩风化形成,厚 10 余米,分布于边坡的左上角和右上角;块石土,块石约占 60%~70%,ϕ200~400 mm,块石以灰岩为主,主要分布于边坡左上角;灰岩,灰、深灰色,质地坚硬,为边坡的主要岩性;炭质页岩,灰褐、深黑色,质地软弱。炭质页岩分布于灰岩之间(见图 6—6—1),软硬相间的岩性组合为边坡坍滑提供了物质条件。

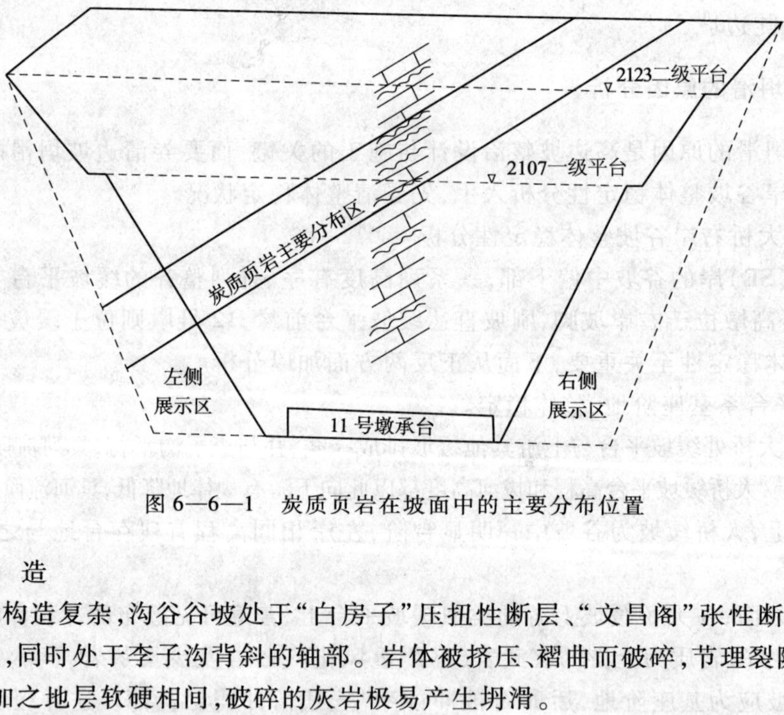

图 6—6—1　炭质页岩在坡面中的主要分布位置

(2)构　　造

测区地质构造复杂,沟谷谷坡处于“白房子”压扭性断层、“文昌阁”张性断层和清水塘正断层交汇部位,同时处于李子沟背斜的轴部。岩体被挤压、褶曲而破碎,节理裂隙发育,灰岩均呈破碎块状,加之地层软硬相间,破碎的灰岩极易产生坍滑。

(3)雨水作用

开挖边坡时值雨季,雨水沿节理裂隙下渗,导致炭质页岩的进一步软化,加速了边坡的坍滑。

(三)工程整治措施及施工

1. 工程整治措施

该工程采用深层预应力锚索、浅表层锚杆挂网喷混凝土及泄水孔工程等综合整治措施,边坡加固工程正面见图 6—6—2,代表性断面见图 6—6—3,主要工程数量见表6—6—1。

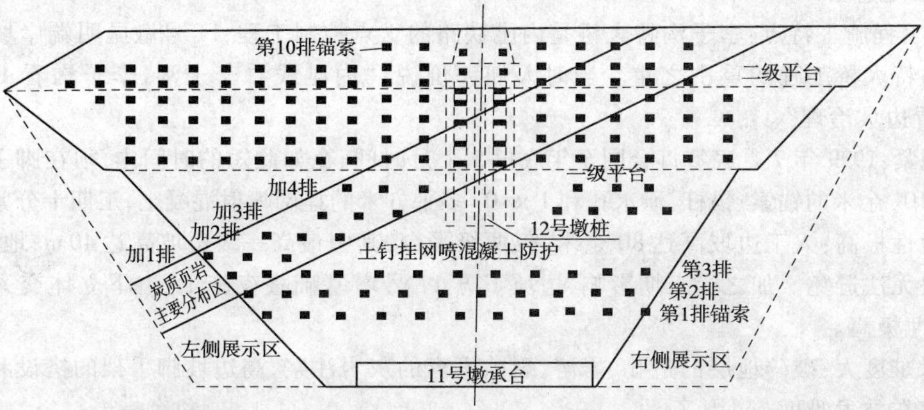

图 6—6—2　李子沟特大桥 11 号墩昆明端岸坡加固工程正面图

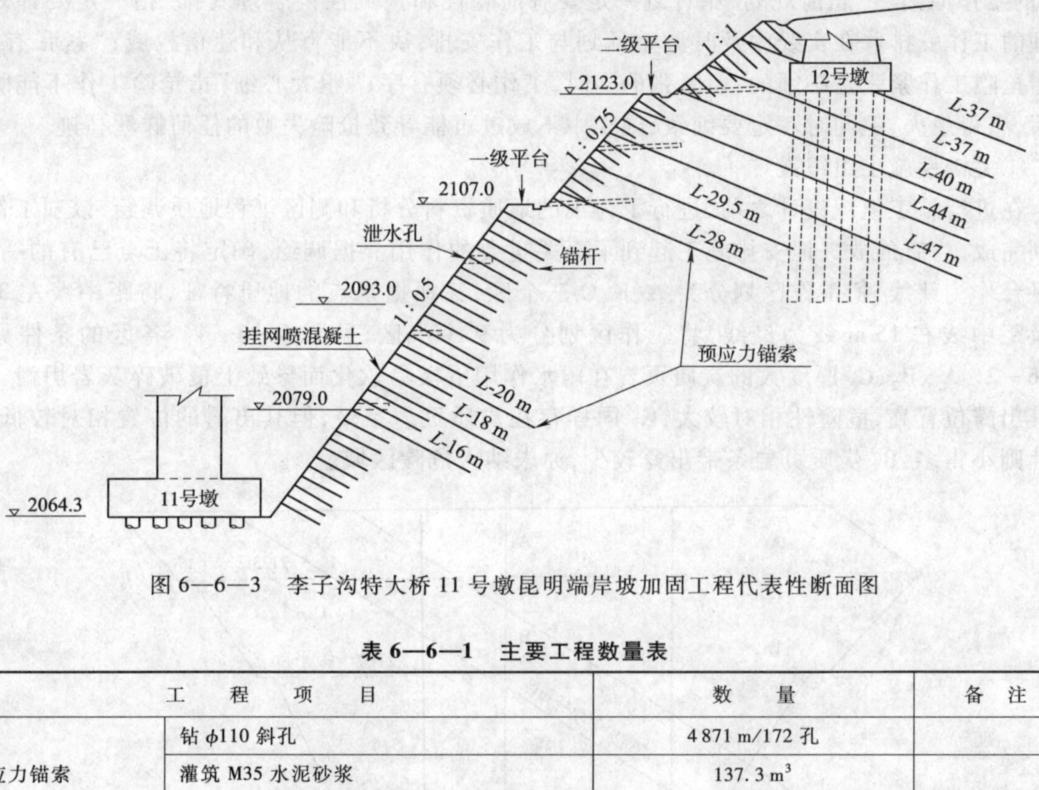

图 6—6—3　李子沟特大桥 11 号墩昆明端岸坡加固工程代表性断面图

表 6—6—1　主要工程数量表

工　程　项　目			数　量	备　注
预应力锚索	钻 φ110 斜孔		4 871 m/172 孔	
	灌筑 M35 水泥砂浆		137.3 m³	
	垫蹬	C25 混凝土	264.9 m³	
土钉	钻 φ110 斜孔		30 653 m/4 525 孔	
	灌筑 M35 水泥砂浆		537.8 m³	
挂网喷混凝土	喷 C20 混凝土		1 580.1 m³	
	喷 M25 水泥砂浆		112.7 m³	
泄水孔	钻 φ110 斜孔		1 289 m/197 孔	
平台	M5 浆砌片石		648 m³	
排水沟	M5 水泥砂浆砌片石		344 m³	
脚手架搭设			150 t，平均搭拆 3 次以上	

2. 工程施工

(1)工程施工特点:李子沟特大桥是内昆铁路的重点控制工程,11 号墩昆明端岸坡加固又是李子沟特大桥工程的重中之重。当时人们评价说,“内昆线看李子沟,李子沟看 11 号墩,11 号墩看边坡治理”。

工期紧:1999 年 7 月底签订合同至年底仅 5 个月时间,在如此短的时间内,须在脚手架上完成 3.6×10^4 余米的锚索、锚杆、泄水孔和 1×10^4 多平方米的挂网喷射混凝土,工期十分紧张。

危险性极高:人工边坡高达 80 余米,仅两级平台,其中最高一级边坡高达 40 m,地层破碎,坍滑掉块无法避免。加之受工期影响,边坡下方 11 号墩基础昼夜施工,上下立体交叉多层作业,危险性极高。

技术难度大:破碎地层的造孔,岩溶、裂隙发育的灰岩注浆,高边坡脚手架的搭设和垫蹬的制作均存在技术难度。

(2)组织施工的措施:作为抢险工程,一定要遵循“超前规划,合理安排,紧张有序,胆大心细”的工作原则。“超前规划”指计划一定要有前瞻性和预见性;“合理安排”指一定要计划出合理的工作安排并在实践中及时调整计划与工作安排,决不能盲从和迷信权威;“紧张有序”则指抢险工作紧张是必须的,但紧张的同时,工作必须有序;“胆大心细”指抢险工作不能瞻前顾后,患得患失,但同时一定要细致,施工中不放过可能导致抢险失败的任何蛛丝马迹。

①关键性施工组织设计

在进行施工组织设计之前,进行了详细的地质资料分析和测区工程地质调绘,该项工作的顺利完成,为有的放矢地安排施工起到了至关重要的作用。据调绘,确定将工点已有的一、二级平台作为纬线,把工作区划分为 A、B、C 三个区,又根据工点的地质特征,将距中线左 30 m 线及距中线右 15 m 线为经线,将工作区划分为 9 个小区,见图 6—6—4。各区的条件见表 6—6—2。A_3、B_2、C_2 厚度大的炭质页岩在雨水作用下极易软化而导致上覆破碎灰岩坍滑。由于其出露位置高,危险性相对较大,C_1 同样存在炭质页岩条带,但其出露的位置相对较低,危险性则小得多,B_3 炭质页岩条带出露较少,亦未纳入危险区域。

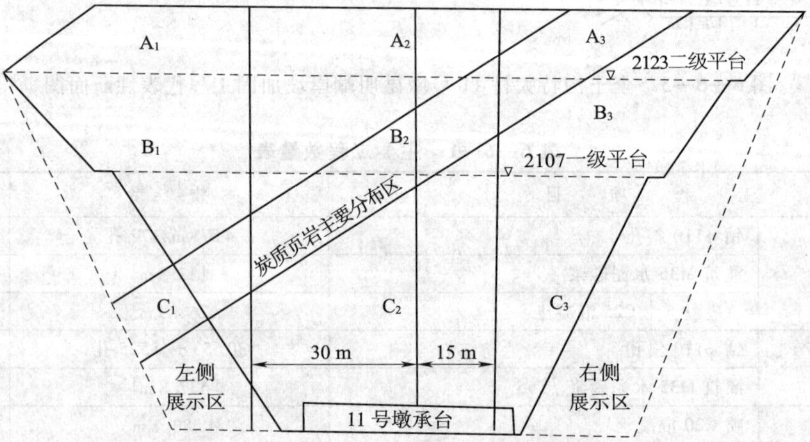

图 6—6—4　李子沟特大桥 11 号墩昆明端岸坡加固工程分区图

根据各区的危险性评价确定施工组织设计最关键的工作区域、工序流程及工期安排。显而易见,评价结果为危险的区域应最先安排施工,尽管该区施工难度最大,脚手架工作量最大,可能导致抢险初期形象进度差。控制性工序为造孔,据此各期钻孔工作量安排如下:

表 6—6—2　9 个小区的条件

区　号		A_1	A_2	A_3	B_1	B_2	B_3	C_1	C_2	C_3
地形		坡面较陡,边坡率 1∶1 ~1∶1.25	坡面较陡,边坡率 1∶0.75 ~1∶1	坡面稍缓,边坡率 1∶1.25 ~ 1∶1.5	坡面较陡,边坡率 1∶0.75 ~1∶1	边坡陡,边坡率 1∶0.75	坡面较陡,边坡率 1∶0.75 ~1∶1	坡面陡,边坡率 1∶0.5 ~1∶0.75	坡面陡,边坡率 1∶0.3 ~1∶0.5	坡面陡,局部倒悬,展示区稍缓,边坡率 1∶0.5 ~ 1∶1.25
地质特征		第四系堆积层,基岩为灰岩夹炭质页岩,岩溶较发育	灰岩为主,岩溶较发育,岩层较破碎	第四系堆积层,基岩以炭质页岩为主,灰岩次之	灰岩为主夹薄层页岩,岩溶发育	以炭质页岩为主,灰岩次之,节理发育,岩层破碎	第四系堆积层,基岩为灰岩夹炭质页岩,节理发育	灰岩、页岩,在其中部有炭质页岩,节理发育	灰岩夹炭质页岩,左上部有炭质页岩,节理发育,岩层破碎	灰岩夹炭质页岩,岩层较破碎,展示区有第四系积层
工作量	锚索	462 m/15 根	644 m/20 根	279 m/9 根	810 m/27 根	1 044 m/32 根	481 m/16 根	188 m/9 根	709 m/33 根	254 m/11 根
	锚杆	1 890 m/378 根	1 195 m/239 根	1 390 m/278 根	1 882 m/323 根	1 807 m/338 根	2 345 m/469 根	3 130 m/366 根	7 882 m/996 根	9 132 m/1 138 根
	泄水孔	120 m	90 m	80 m	210 m	200 m	280 m	57 m	120 m	132 m
	挂网喷混凝土	609 m^2	743 m^2	864 m^2	900 m^2	991 m^2	1 019 m^2	1 491 m^2	2 660 m^2	2007 m^2
危险性		不危险	较危险	危险	不危险	危险	较危险	不危险	危险	较危险

A. 抢险期:1999 年 8 月为抢险期,雨水集中,重点为 B_2、A_3、C_2 的炭质页岩区,该区炭质页岩在雨水作用下极易软化而导致上覆破碎灰岩坍滑。尽管该区工作量仅 3 000 m,但该区地势险要,作业难度最大,该区能否顺利完成是此次抢险能否成功的关键。同时应注意预应力锚索各工序的衔接,尤其是预应力锚索的及时张拉,在抢险工作中应备适量的 1 m × 1 m、厚度 3 ~ 5 cm 的钢垫板,在出现险情而混凝土垫墩尚来不及施作时,进行预张拉或不施加预应力,安装好锚具,由锚固体系被动受力。此外,应及时封闭裸露的炭质页岩条带,降低雨水的软化破坏作用。抢险工作期间,加强安全巡视尤其是雨后的巡山工作非常必要,因为山体坍滑也有一个发生发展的过程,坍滑前往往有山体开裂变形的迹象。

B. 第一期工程:1999 年 9 月,除抢险期完成外的 B_2、A_3、C_2 区的其余地段,工作量 10 511 m。此段一定要注意抢险期已完锚索的张拉工作,及时施加预应力,使已完工作尽早发挥作用。

C. 第二期工程:1999 年 10 月,整治 A_2、B_3、C_3 区,工作量 14 553 m。进入这一期,抢险的警报几已解除,此时应注意均衡施工。

D. 第三期工程:1999 年 11 月,整治 A_1、B_1、C_1 区,工作量 8 749 m。

②施工流程与施工工艺

A. 预应力锚索:预应力锚索施工流程为搭工作平台→造孔→锚索制作安装→注浆→垫蹬制作→张拉锁定→封头。

a. 搭工作平台:用钢管架支撑,用钢丝绳和多股铁丝将钻架与另一些事先埋入山体的竖向钢筋紧紧连接在一起,防止钻机外推。

b. 造孔:采用无锡探孔机械厂 MD-50 型和重庆 MGJ-50 型潜孔冲击钻成孔,孔径 ϕ114 mm,下倾角第 1 排至第 3 排包括加 1 至加 4 排锚索倾角为 26°,4 排至 10 排为 25°,位于 12 号墩身的锚索向两侧呈八字形偏角(10° ~36°)施钻。孔间距 12 号墩身横向为 6 m,纵向间距为 2.4 ~4.0 m,其余坡面锚索孔间距 5 ~6 m,锚固段进入较完整岩层 10 m,最深锚索长47 m。钻进中采用高压风力排渣和清洗孔壁,考虑孔底残渣,原则上每孔孔底超钻 0.3 ~0.5 m。

c. 锚索制作安装:采用 6ϕ15.24 mm 高强度(1 860 MPa)低松弛钢绞线现场制作,抗拉强度245 kN,破断力 270 kN,按永久工程考虑,其自由段采用特殊的防腐剂涂料层,再套聚乙烯管隔离,锚固段 10 m,每间距 1.5 m 分别设隔离架和紧箍环,使锚固段呈藕节状,以增大锚索的黏着力。在锚索中部安装 1 根 ϕ22 的聚乙烯管为灌浆管,并在注浆管孔底约 2 m 处开设小孔,以防止注浆管孔底被堵塞以利注浆。成孔后预制的锚索立即下入孔底,如果垮孔,下锚索困难,再用钻机重新扫孔,直到锚索下入孔底为止,孔口外留 1.5 ~2.0 m,以利制作垫蹬及用于张拉。

d. 注浆:注浆泵位于工地上部,对注浆起到了易灌和不损耗压力的作用,采用 M35 水泥砂浆,通过锚索中间的注浆管,自孔底一次性灌筑至孔口溢浆,注浆压力 0.6 ~0.8 MPa。若漏浆严重,采用间歇压浆,待次日补灌。如再不饱满,可用同样的方法补罐,直至注浆饱满。一般采用 52.5 级普通硅酸盐水泥,其施工配合比 1∶0.5 ~1∶0.45,水灰比 0.45,砂为灰岩加工的机制砂。经统计,平均每米灌筑 52.5 级普通水泥 1.21 包,设计注浆总量 123.6 t,超灌 170 t。

e. 垫蹬制作:采用 C20 钢筋混凝土现场立模浇筑,长、宽各 1.6 m,厚 0.6 m,振捣密实,蹬背、蹬底嵌入岩(土)体 20 ~30 cm,用风枪在山体中凿眼插入 ϕ25 的短钢筋 2 根与钢筋笼相连,以防垫蹬在施加预应力前因自重而坠落。拆模后,两侧缝隙用浆砌片石回填密实。垫蹬制作完成初凝后,浇水养护。

f. 张拉锁定:张拉是检验锚索锚固段压浆质量的最好方法,一般只要锚固段压浆饱满,原则上都能经受起张拉的考验。设计每孔张拉力为 800 kN,考虑到预应力损失,实际超张拉 20%,即960 kN。首先对试验锚索进行张拉,试验结果张拉 960 kN 锚索完好无损,表明设计参数合理。在垫蹬强度及孔内砂浆强度达到 75% 以上时开始设置钢垫板和锚具,然后用千斤顶实施预应力张拉,第一次张拉 200 kN 将钢绞线先行拉伸,第二次张拉必须在垫蹬及孔内砂浆强度达到 90% 以上时,才能进行三级(480 kN、720 kN、960 kN)张拉,每级张拉稳定 10 分钟。张拉时,应正确使用锚具匹配的限位板,以确保楔片的齿口不损伤钢绞线。若楔片损伤,可用卸荷座松掉受伤楔片,并换新楔片及时锁定。

g. 封头:最后一级张拉锁定完成后,在考虑割去多余的钢绞线时,应该预留 15 cm 左右的外露钢绞线,其目的是为防止今后个别垫蹬的锚具发生意外(如楔片脱落、飞锚等)后仍可再次进行补张拉。用 C15 混凝土封住锚索外露部分。

B. 锚杆(土钉):按间距 1.5 m 梅花形布孔,孔径 ϕ110 mm,下倾角垂直坡面。土钉孔的长度因坡面的位置不同而设置的长度不同。第一平台至高程 2 107 m 以上范围内的土钉为 8 m;第一排锚索在高程 2079 ~2093 m 的土钉长为 10 m;第一排锚索以下为 6 m;一级平台以上左侧展示区边坡土钉长为 8 m。

土钉孔在施钻时同样需要搭钢管架,通常是搭长排通架,以利施钻。用钻机高压风动凿眼造孔至设计深度。用 ϕ25 钢筋下入孔底,外留约 15 cm,以便与坡面 ϕ8 钢筋网焊接。在孔内灌筑 M25 水泥砂浆,灌筑压力 0.4 ~0.6 MPa。一般采用 42.5 级普通硅酸盐水泥,有时也用

52.5 级普通硅酸盐水泥,其施工配合比为 1∶2∶0.5(水泥、机制砂、水)。累计完成 30 664 m/4 527 根。经统计,平均每延米灌筑 42.5 级普通硅酸盐水泥 0.43 包。设计总量为 276.4 t,超灌 42.5 级普通硅酸盐水泥 380 t。

C. 挂网喷混凝土:首先清理找平嵌补坡面,第一、二次喷混凝土,第三次喷水泥砂浆,喷射混凝土内加速凝剂。第一次喷 C20 混凝土约 5 cm 厚,其上绑扎 $\phi8$ 钢筋成 20 cm × 20 cm 的格状钢筋网,土钉与钢筋网焊接;第二次在钢筋网上喷约 9 cm 的 C20 混凝土;第三次即最后一次再喷 1 cm 的 M25 水泥砂浆。共完成挂网喷混凝土 11 284 m^2。

D. 泄水孔:在高程 2 123 m(二级平台)以上,一、二级平台之间,高程 2 107 m(一级平台)以上各设 1 排泄水孔,每孔均长 10 m;在高程 2 107 ~ 2 079 m 设 3 排浅泄水孔,每孔长 3 m,间距 3 m,用锚杆钻机仰斜成孔。造孔完成后,内置 $\phi80$ mm PVC 管,上部 2/3 钻小孔,使其成为花管,外套透水土工布,外露 15 cm 长,以利查以后喷混凝土的厚度,共完成 1 277.8 m/197 孔。

E. 平台浆砌片石:为防止雨水的破坏作用,设置浆砌片石截水沟和堑顶截水沟,将水引出岸坡之外。一、二级平台均需用片石浆砌防止渗水及风化。

(四)整治效果

通过以上的综合整治后,高边坡得以稳定,整治确保了 11 号墩的施工安全和工期,更重要的是保证了李子沟特大桥按期完成和内昆铁路的铺轨。内昆铁路通车运营至今,经实践证明,李子沟特大桥 11 号墩岸坡加固整治措施是得当的,整治施工的效果是好的。

七、内昆铁路龙塘山 2 号大桥岸坡稳定性及工程加固

严璧玉

(一)工程概况

龙塘山 2 号大桥处于 23.5‰加力坡地段的大关至曾家坪车站之间,为位于洛泽河左岸的顺河桥,岸坡陡峻。该桥两次跨岔河—彝良公路,桥长 352.86 m,桥跨为 2 × 24 m + 5 × 32 m + 2 × 24 m + 1 × 32 m + 2 × 24 m预应力混凝土简支梁。原技术设计桥基础形式为:2 个桥台及 2 号墩、10 号墩为明挖扩大基础;3 号墩为矩形独柱桩基础;其余为锚拉式钢筋混凝土复合垫块明挖扩大基础。施工图设计除 2 号墩为明挖扩大基础外,其余均改为群桩基础,桩径 1.5 m,其中 9 号墩的桩长 35.0 m。

(二)自然地理简况

桥渡区位于云南省彝良县天星场至青山间的洛泽河左岸,属侵蚀中山区的河谷地貌,高程 670 ~ 930 m,相对高差 500 ~ 100 m。龙塘山 2 号大桥为位于河谷左侧凹岸岸坡上的顺河桥,左岸岸坡陡峭,自然横坡一般 70°左右,有基岩裸露的陡崖、峭壁,部分有岩堆分布的缓坡,坡面杂草丛生,均为荒坡。大关至彝良公路与本桥平行,而位于本桥靠岸内侧,但前后两次与桥交叉通过。

桥渡区属亚热带季风湿润气候区。而大关至昭通为四川盆地至云贵高原的过渡带,气候垂直分带明显,变化较大,时冷时热,忽晴忽雨,冬寒夏凉,多雨霜雪,每年冬、春季几乎都被大

雾笼罩,12 月至次年 3 月为降雪期。年平均气温 11 ℃ ~17 ℃,最高气温 40.5 ℃,最低气温 -13.3 ℃,多年平均降雨量 738.2 ~772.2 mm,雨季集中在 6 ~9 月。

桥渡区的洛泽河属长江水系的金沙江支流横江上游的次一级支流,常年流水,水位随季节性变化大。

(三)桥渡地质条件

本桥位于区域性的枯江坪背斜西翼,局部见有小断层和次级广东坝向斜。岩层倾向山里,坡面上堆积有崩坡积、残积土和人工堆积土。

1. 地质构造条件

(1)枯江坪背斜:走向 N15°E,长约 13 km,核部为志留系之砂页岩、泥质灰岩、灰岩,两翼对称出露泥盆系之白云岩、泥灰岩、砂页岩,两翼地层较缓,地层倾角 10° ~30°,线路主要位于背斜西翼,与轴线近于平行。受构造影响,岩体较破碎,岩堆发育,工程地质条件较差。

(2)断层:在 DK285 +330.05 右侧 20 m 的小断层,断层走向 N30°W,倾向 SW,倾角 53°,断层挤压破碎带宽度 0.2 ~1.7 m。

另一条小断层在 DK285 +444.75 左 1.5 m,断层走向为 N30°W,倾向 NE,倾角 60°,断层挤压破碎带宽度 1 ~4 m。

(3)构造节理:受区域地质构造影响,桥区内构造节理极为发育,主要节理有北西向倾北东、北西向倾南西、北东向倾北西、北东向倾南东等四组,其中又以北西向倾北东和北东向倾北西两组节理最为不利。

①北西向倾北东组节理:其产状主要为 N25° ~33°W/52° ~81°NE、N45° ~54°W/56° ~62°NE、N70° ~85°W/78° ~86°NE。该组节理贯通性好,延伸长,在墩台基坑内测的节理间距为 0.1 ~1.5 m,局部张开状,宽为 0.05 ~0.5 m。该组节理倾向河边,又因受岸边卸荷作用,形成卸荷节理,其与线路呈小角度相交(线路走向为北 60°西),是对桥墩台基础最不利的节理之一。

②北东向倾北西组节理:其产状主要为 N45° ~55°E/70° ~73°NW、N73° ~83°E/53° ~75°NW。该组节理倾向河边,节理贯通性好,延伸长,微张开,节理间距为 1 ~2 m。本组节理与上组节理组合将岩体切割呈楔形体,对桥墩台基础的稳定性不利。

由于节理发育将岩体切割成块状、柱状,完整性差,于坡面上见有沿构造节理发育的裂缝,裂缝宽 5 ~250 mm,局部可达 500 mm,陡崖处存在危岩。坡面上易发生危岩落石滚落,滚落的块碎石堆积在缓坡处形成岩堆。

本桥处于地震基本烈度Ⅶ度区内。

2. 地层岩性

本桥区上覆第四系地层主要有人工弃渣、块石土、砂黏土,下卧志留系中统大路寨组(S_2d)泥质灰岩、砂岩夹页岩。

(1)第四系地层中的块石土(Q_4^{ml}):块石含量 40% ~70%,碎石含量 30% ~50%,余为角砾、砂黏土。块、碎石石质为页岩、泥灰岩,粒径为 2 ~1 500 mm,分布在线路左侧河边和岩堆,局部属施工弃渣土,厚 0 ~5 m。

(2)碎石土(Q_4^{dl+col}):碎石含量 60% ~80%,粒径为 20 ~200 mm,角砾约占 10%,石质成分为泥质灰岩、泥灰岩、页岩,余为黏性土,厚 2 ~10 m,分布在缓坡处。

(3)砂黏土(Q_4^{dl+el}):硬塑状的砂黏土含有碎石 10%,粒径 20 ~150 mm;含角砾 10%,粒径 2 ~20 mm,石质成分为泥质灰岩、泥灰岩、页岩,厚 0 ~3 m,分布在山坡上。

(4)泥质灰岩、砂岩夹页岩(S_2d):深灰、灰黄色,薄—中厚层状,微晶结构,钙、泥质胶结,泥质灰岩具有泥质条带。线位附近上部以泥质灰岩为主,下部以页岩为主,各墩台开挖揭示为页岩,构造节理发育,表层为强风化带,厚0~3 m。

3. 地 下 水

本桥范围地下水不发育,为孔隙水和基岩裂隙水,较陡的山坡极有利于地表降水的排泄,故本桥范围未见地下水露头。

(四)龙塘山2号大桥洛泽河岸坡稳定性评价及改线方案研究

龙塘山2号大桥由于岸坡陡峭,基坑开挖时,曾引起斜坡表土溜坍并发生过多次落石,且基坑揭示岩体节理裂隙极为发育,危及大桥安全,故进一步开展了补充地质测绘和勘探工作,以评价岸坡稳定性,并取得合理的工程地质参数。同时,还进行了将线路内移作隧的改线方案研究。

1. 补充地质勘察及山坡稳定性评价

(1)补充地质勘察

补充地质测绘详细作了地层产状、构造节理的量测,进一步查明了本工点的地层岩性和地质构造;补充钻探和调查,对不良地质,特别是工程施工后出现的一些不良地质,有了更深入的认识。区内主要不良地质有岩堆、表土溜坍、基坑中的裂隙、右侧危岩落石。

①DK285+218~+304段岩堆:岩堆沿线路宽约96 m,呈不规则状分布在线路左侧,岩堆体厚2~10 m,岩堆由碎石、块石土组成。岩堆体前缘为洛泽河左岸河漫滩边,后缘位于线路右侧陡坡坡脚。据钻探查明,岩堆体下的基岩面坡度达35°~45°,岩堆体目前处于稳定状态(见图6—7—1)。

②DK285+448~+475段表土溜坍:桥墩基坑开挖后薄层地表覆土失稳而发生溜坍,溜坍体最大厚3 m,其后缘位于基岩出露的陡坡脚,溜坍体无新的补给源,对基坑稳定无大的影响。

③桥墩基坑裂缝:在3、7、8、9、10号墩的开挖基坑中见有构造节理分布。

3号墩有三组节理,均倾向河的陡倾角节理,其中N15°W/75°NE节理密度最大,节理间距0.5~1.2 m,缝宽3~5 cm;另两组为N45°E/70°NW、EW/53°N,节理间距为1~2 m。

7号墩主要发育有北西向、倾北东的节理,节理间距1~2 m,局部节理缝宽0.5 m,另被N25°E/68°SE节理切割。

8号墩有两组节理,一组N51°W/90°,缝宽0.2~10 cm节理间距0.3~1.5 m;另一组N56°E/70°NW,节理微张开。

9号墩发育有北西向和北东向节理,微张开,节理间距为0.5~1.0 m。

10号墩有两组节理。N58°E/90°为张节理,缝宽0.1~0.35 m,节理间距1~2.5 m,大的节理裂缝中充填有黏土;另一组为N40°W/83°SW微张开节理。

桥墩基础开挖基坑中的节理与实测的区域构造节理相符,陡峻的岸坡卸荷作用使节理形成张开状;多组节理相互切割,使岩体破碎。陡峻岸坡易产生危岩落石。

④河岸冲刷:洛泽河左岸河岸冲刷严重,虽已建有拦渣挡墙,对河岸防护有一定作用,但当时拦渣挡墙已开裂、破损,不能从根本上防护岸坡稳定,需增设防冲刷挡墙,保证桥墩基础安全。

⑤右侧山坡上的危岩落石:据访问,该桥范围内新中国成立前曾发生过一次大的危岩崩落。施工中曾发生5次落石,滚落的石块最大块径为1.5 m×0.5 m×0.5 m,一般块径为0.20~0.25 m。

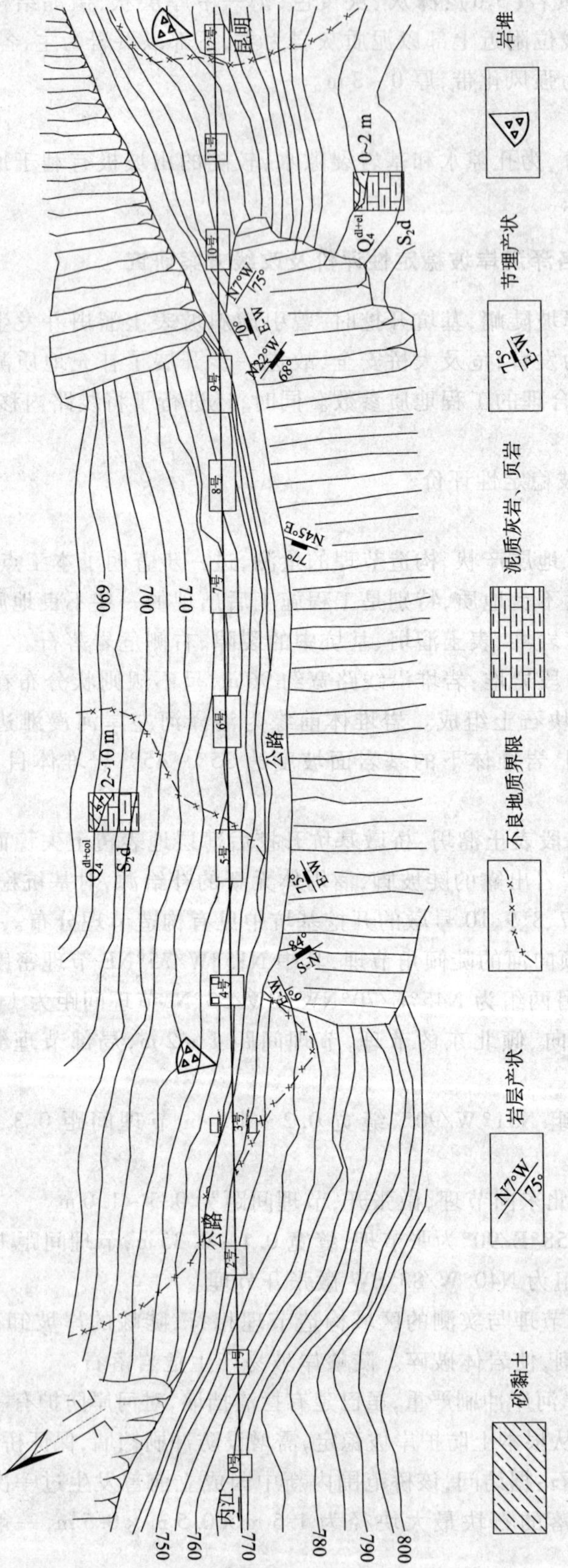

图 6—7—1　龙塘山 2 号大桥地质平面示意图

调查测绘中发现，右侧陡崖岩体受构造节理切割，呈块状，沿构造节理面发育成裂缝，缝宽为 1～50 cm，在陡坡条件下存在危岩落石的危害。

（2）山坡稳定性评价

经调查和分析计算，对本桥渡范围的山坡稳定性作如下评价：

①大桥所在的岸坡整体上是稳定的，在自然状态下，此段岸坡的稳定坡角为 50°～55°，但岸坡陡崖上部已经有明显的裂缝形成，局部岩体有崩塌的可能，为确保大桥安全，应采取必要的清除和加固处理措施。

②基于工程地质条件并结合桥基设计，模拟计算分析，处于陡坡上的 0、1、10、11、12 号墩台，由于紧靠陡坡，在桥梁和列车动荷载作用下，桥基岩体有剪出破坏的可能，应加深桥基基础并加固基础所在岸坡岩体。经计算，建议桥基础埋深应不小于 20 m。

③2～9 号墩基础位置较低，加深桥墩基础可解决基础稳定性问题，具体基础埋深可根据岩体质量和桥基安全襟边宽度，基础分别取 10～20 m 最小埋深。

2. 龙塘山改线方案研究

由于基坑开挖所发生和揭示的问题可能危及大桥安全，曾研究了内移长、短隧线路方案（见图 6—7—2）。考虑尽量利用已建工程，故以短隧方案作为改线的拉通方案。该方案线路跨龙塘山 1 号大桥后，为绕避岩堆和岸坡稳定性较差的凹岸，即进入隧道，出洞后接原线，并与已移位的龙塘山 2 号大桥相接。改线方案全长 1 828.41 m，隧道长 1 162 m，线路增长 110.72 m，桥隧合计增加 792.7 m。

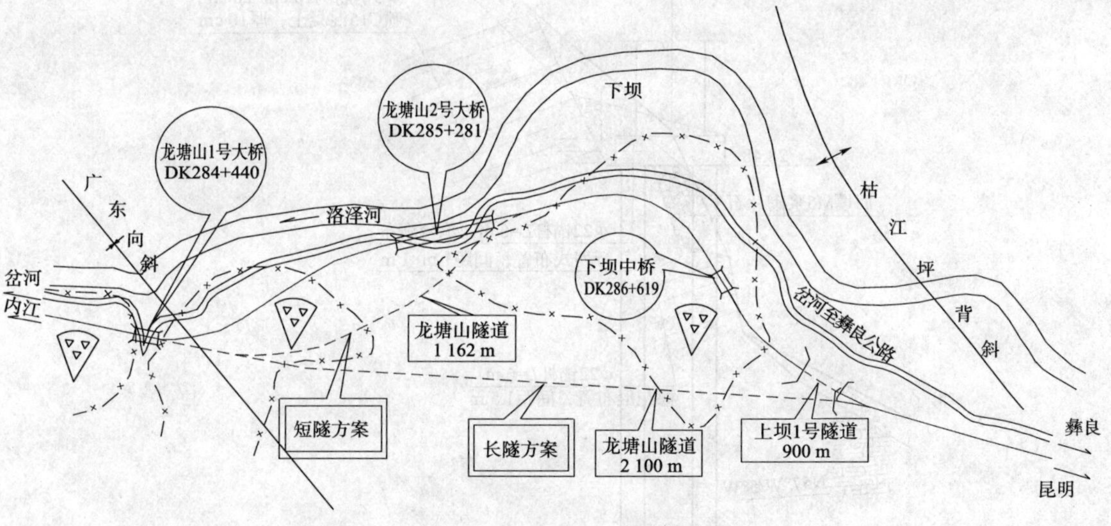

图 6—7—2　龙塘山线路方案比选示意图

考虑到桥位处岸坡根据补充地质勘察得出的整体稳定的结论，而改线方案不仅工程数量增大、投资增大，且出现较多报废工程。经报铁道部鉴定中心，决定放弃改线方案，采用原桥位整治方案，并进一步修改完善施工图设计。

（五）龙塘山 2 号大桥基础及工程处理措施

龙塘山 2 号大桥岸坡岩体受构造节理切割破碎，加之地形陡峻，存在危岩落石危害，在桥梁和列车动荷载作用下，局部岸坡岩体可能失稳，故设计对部分墩台边坡和河岸作加固处理。

1. 岸坡加固措施

线路左侧河岸受洛泽河水冲掏严重，为保护岸坡稳定，于 DK285 + 225 ~ + 420 段河岸修建防冲刷护墙，墙高 6 m。墙后填弃渣以保护河岸，DK285 + 420 ~ + 460 段采用铅丝笼装石块护岸，以防止河岸冲刷。

2. 对桥墩台的加固处理措施

(1)为了保证墩台基坑开挖过程中边坡的稳定，基坑临时边坡均采用了网喷混凝土或锚索网喷加固处理。网喷的锚杆采用 25 mm 螺纹钢，网采用 $\phi 8$ 钢筋网，间距 25 cm × 25 cm，喷混凝土厚 14 cm，面层再喷 1 cm 厚的 M25 水泥砂浆。

(2)对位于陡坡上的桥墩台进行加固：对 0 号台两侧边坡和 2 号、10 号墩右侧边坡，采用锚索加固，锚索间坡面采用网喷混凝土防护。索间网喷锚杆长 2 m，间距 2 m × 2 m。对 3、11、12 号墩台右侧坡面设喷锚防护，锚杆长 5 m，间距 2 m × 2 m。

(3)0、1、4 ~ 10 墩台位于陡峻山坡处，为加强其稳定性，承台靠山侧用 $\phi 25$ 钢筋连接承台与山体，其间隙用 M5 浆砌片石回填后，再压 M10 水泥砂浆封闭，要求锚杆锚入承台的长度不小于 1.5 m。同时，沿线路方向增设 2 列 $\phi 20$ 竖向钢筋，钢筋间距 20 cm × 20 cm，用以焊接 $\phi 25$ 钢筋(见图 6—7—3)。

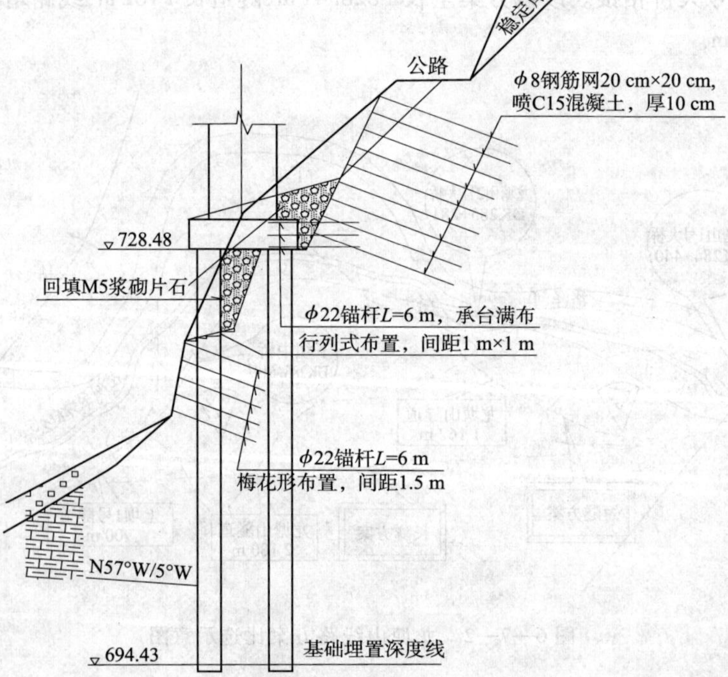

图 6—7—3　8 号墩边坡加固图

(4)桥墩台基础挖孔桩施工要求：为保证山坡岩体完整不受破坏，要求 4 ~ 9 号墩桩基施工时，一次只能开挖 1 根桩孔，待灌注完成后才可开挖另 1 根；10 ~ 12 号墩台桩基采用对角线开挖，且开挖后应迅速灌注混凝土，完成灌注后才可挖其他桩。

3. 右侧山坡危岩落石处理

DK285 + 145 ~ + 236、DK285 + 436 ~ + 502 段右侧距中线 20 m 左、右各设 1 道 4 m 高的

SNS 柔性防护网，以拦截危岩落石，并对上述两段范围内的零星危石进行清除嵌补。

（六）经验和体会

因内昆铁路建设快上的特殊原因，定测未完，施工队伍业已进场，待发现问题时，因局部工程已先期动工，为避免报废工程，节约工程投资，在作出岸坡整体稳定评价结论的基础上，对本大桥采用上述原位整治工程加固措施，保证了桥位的安全。结合本工点的补充地质勘察和山坡稳定性评价，以及桥墩台加固工程情况，有以下体会：

1. 补充地质勘察结果，查明了该段线路陡峻的岸坡构造节理发育和倾向河边的不利节理组合，将岩体切割成块状，且又因河岸岸坡卸荷作用，使不利节理呈张开状。虽然目前山坡整体是稳定的，但在加上桥梁工程及列车动荷载后，山坡稳定性会受一定影响，局部岩体可能发生失稳。在这种情况下，如在线路方案比选阶段即将线路内移改以隧道通过，既可保证铁路运营安全，又能保护自然环境，使其不遭人为破坏。所以，在这种陡坡地段，线路宜以隧道通过为好。

2. 在陡坡地段工程地质勘察时，对岸坡的构造节理作系统的量测，并作节理的统计分析，同时宜作节理的赤平极射投影分析，找出节理组合对岸坡稳定性的影响，在系统工作基础上进行岸坡稳定性分析。

3. 龙塘山 2 号大桥桥墩基础开挖发现问题时，及时进行了补勘，并根据补勘成果和评价对墩台基础、承台、基坑边坡及岸坡采取了一系列加固处理，保证了大桥施工和运营安全。内昆铁路通车至今，大桥安然无恙，证明整治加固处理是成功的。在陡坡地形、地质条件较差时，桥墩台基础的基坑边坡和稳定性较差和陡坡，宜提前采取预加固措施，以防止因墩台基础开挖引起斜坡变形或发生不良地质现象。

八、内昆铁路李子沟特大桥边坡病害整治

张亨纲

（一）概　　况

内（江）昆（明）铁路李子沟特大桥位于贵州省威宁县境内李子沟张家半坡附近，横跨一峡谷型沟谷，桥址区属构造侵蚀中、低山沟谷地貌，高程 2 054 ~ 2 180 m，相对高差 50 ~ 400 m。特大桥以大角度跨越李子沟，该沟谷呈不对称“V”字形。左岸山坡较缓，谷坡 10° ~ 20°，地表覆土较厚，植被较差，部分为荒坡，部分为旱地；右岸山坡陡峻 45° ~ 55°，坡面植被较好，灌木杂草丛生，部分基岩裸露。沟心覆盖有厚 1 ~ 5 m 的块石土，沟心两侧见沿层面开挖的小煤窑，呈散点状，煤层多呈“鸡窝状”分布。桥位附近基岩为石炭系下统大塘阶旧司段（C_1dj）炭质页岩、页岩夹灰岩、泥灰岩及煤层。大桥附近发育文昌阁断层并处于李子沟背斜核部地带，次级断层、节理裂隙发育，岩层破碎，风化严重，工程地质条件差。桥址区距威宁—昭通之国道 2 km，村庄稀少，交通不便。

李子沟特大桥桥长 1 031.86 m，桥跨布置为 7 × 32 m 预应力混凝土简支梁 +（72.88 + 3 × 128 + 72.88）m 预应力混凝土连续刚构框架 + 8 × 32 m 预应力混凝土简支梁，主孔框架墩高分别为 58 m、68 m、96 m、107 m、103 m 及 39 m，其中最高墩超过当时国内桥梁最大墩高，刚构

主墩为钢筋混凝土矩形空心墩(顶宽 8.1 m,高 4.4 ~ 8.8 m 单箱单室箱梁),最高桥墩基础为桩基。

(二)气　　象

桥址区属亚热带季风湿润气候区,由于高程高,具有高原季风气候特点。年平均气温 10 ℃ ~ 12 ℃,极端最高气温 32.3 ℃,极端最低气温 - 15.3 ℃;年平均风速 3.2 m/s,最多风向为南东向,瞬间最大风速为西南风 33 m/s,偏北风 30 m/s;年平均降雨量 962.3 mm,降雨主要集中在 5 月中旬至 10 月上旬,占全年降雨量的 82.4%;暴雨集中在 6 ~ 7 月份,日最大降雨量 134.4 mm;最大年平均相对湿度 83%,最小年相对湿度 76%,年平均相对湿度 80%,最大相对湿度 100%,最小相对湿度 5%。

(三)地质概况

1. 地质构造和地震

该桥位于文昌阁断层附近横跨李子沟背斜,背斜轴部位于线路 DK442 + 250(9 号墩附近),与线路正交,形成背斜谷。背斜走向 N45°E,北西翼地层产状 N30°E/41°NW、N75°W/39°N,南东翼地层产状 N10° ~ 21°W/50° ~ 65°NE 和 SN/47°NE。在高程 2 180 ~ 2 190 m 间,两翼近轴部附近发育数层煤层或煤线。在 DK442 + 420(11 号墩附近)右 34 m 处,出露一长 140 m、宽约 30 m 的煤层,其厚度不详。

受文昌阁断层(距线路 60 ~ 70 m)和一条次生断层以及李子沟背斜的影响,岩层节理发育,岩石破碎。

桥址附近地震基本烈度为Ⅵ度。

2. 主要地层岩性

(1)块石土(Q_4^{dl+pl}):黄、褐、灰黑色,潮湿,松散—中密,含角砾约 10%,粒径 4 ~ 20 mm,含块石约 60%,粒径 20 ~ 200 mm,石质成分为灰岩、砂岩、泥灰岩等,部分磨圆度较好,分布于李子沟沟谷内,分布不均匀,厚 1 ~ 5 m。

(2)砂黏土:坡面上普遍覆盖着冲洪积(Q_4^{dl+pl})、坡残积(Q_4^{dl+el})、坡洪积(Q_4^{dl+pl})黏性土夹碎石角砾,浅黄、褐黄色,硬塑状,局部软塑状,含角砾碎石 5% ~ 15%,粒径 2 ~ 20 mm,个别稍大,分布不均,厚度 1 ~ 5 m。

(3)炭质页岩、页岩夹灰岩、泥灰岩、砂岩及煤层、煤线(C_1dj):灰黑、棕黄、浅灰色,薄层—中薄层状,泥质胶结,薄片结构,风化极严重带(W_4)岩芯呈土状,风化严重带(W_3)岩芯呈碎石、碎片状,风化颇重带(W_2)岩芯呈碎块石状及短柱状,最大节长 0.2 m,节理裂隙发育,倾角为 45°,岩层风化不均匀,部分炭质页岩、页岩中夹煤层。灰岩呈灰色,细晶质,质坚性脆,中厚层状,节理裂隙发育,风化严重—轻微,溶蚀较严重,在 13 号墩距地面 16.5 ~ - 18.0 m 处有一溶洞,分布于背斜南东翼的山坡上。泥灰岩,深灰色,泥质胶结,节理裂隙发育,溶蚀轻微。砂岩,细粒结构,坚硬,岩石破碎,风化极严重。煤层,灰黑色,薄片状,含泥质较重。

3. 水文地质

DK441 + 876(3 号墩附近)右 12 m 处有一泉点出露。李子沟谷内常年有水,主要以大气降水补给,雨季时地表水顺坡面流入沟槽内。桥址处地下水位埋藏较浅,大部分在 5 m 范围内,个别地下水埋藏较深。水化学类型属 $HCO_3^- \cdot SO_4^{2-}$—$Ca^{2+} \cdot Na^+$ 型,无侵蚀性。

（四）主要地质病害

1. 李子沟特大桥内江端（左岸）谷坡比较平缓，表层覆土较厚，植被较差，部分已垦为旱地，部分为荒地。该斜坡属于内昆铁路重点病害地段——“老锅厂—李子沟斜坡软土”分布的范围，基坑临时边坡坍滑、地基松软，以致边坡防护、基础埋置深度的变化和承载力不高，成为变更设计的重点。

2. 特大桥的昆端右岸 11 号墩与 12 号墩之间的谷坡坡度较陡，达 45°～50°，相对高差 80 m，坡面植被较好，丛生灌木林及杂草。谷坡基岩主要为灰岩、炭质页岩、泥灰岩、页岩，顶部为灰岩，岩层产状 N15°W/45°E，节理为 N10°～20°E/58°～68°W、N75°～90°W/86°～90°E，岩层倾向山内，但一组主构造节理倾向山外，坡面覆土较薄，基岩零星裸露。受李子沟背斜和附近断层影响，谷坡岩层节理裂隙极为发育，岩石破碎。页岩、炭质页岩、泥灰岩等软质岩风化严重，灰岩溶隙、溶缝、溶洞、溶沟、溶槽等岩溶形态发育，致使斜坡岩体的完整性和谷坡的稳定性遭到严重破坏。

位于该谷坡坡脚的 11 号墩基坑靠昆端的坑壁开挖，直接切割于较陡且又破碎的谷坡下部坡面，由于基坑临时边坡挡护措施不力，在连续降雨后，靠昆端一侧的基坑边坡陆续发生坍方，牵引基坑以上自然谷坡大面积坍塌。位于谷坡顶部台地上的 12 号墩左侧 8～60 m 范围内，大致平行于坡面出现一条宽 2 cm 的裂缝并迅速发展，仅 6～7 天裂缝已扩大至 8～12 cm，随即清方减载，但裂缝还继续扩大，且向左侧继续延伸，总长达 100 余米，最终导致 11 号墩基坑昆端一侧边坡全面坍塌，且与其上发生坍塌的自然谷坡连为一体，形成高 70 余米的高危陡坡，造成对该墩安全的巨大威胁，同时导致谷坡顶部台地上的 12 号墩柱桩基础悬空，13、14 号墩的基础也受到很大影响。

（五）病害成因

1. 分布于左岸谷坡的“斜坡软土”是一种罕见的特殊性岩土

内昆线老锅厂至李子沟段的“斜坡软土”是在特定的地形地貌、地层岩性、地质构造、地下水、地表水等自然条件长期综合作用下形成的。

构造上受区域性北西向文昌阁断层及其次生断层以及李子沟背斜强烈挤压的影响，大塘阶旧司段岩层节理极为发育，软质岩风化严重。风化带经长期剥蚀、侵蚀作用，逐渐形成宽 1～2 km 向李子沟倾斜的长大缓坡和一些较深的沟谷，缓坡及沟谷中堆积了较厚的坡残积、坡洪积黏性土、碎块石土等，下伏炭质页岩、页岩、泥岩为相对隔水层，且纵、横坡均较平缓，大气降水、地表水及第四系孔隙水在覆土和岩层风化带中集聚，排泄缓慢，使土体和下伏炭质页岩等软质岩风化带长期处于浸水饱和状态，在地下水的长期浸泡、软化、泥化等作用下，坡残积、坡洪积黏性土层、炭质页岩等软质岩层的全风化层逐渐形成“斜坡软土”。

“斜坡软土”在平剖面分布上，具有不连续性和不均匀性，厚度变化大，一般厚 2～15 m，最大可达 40 m（炭质页岩全风化带最厚达 40 m）。

“斜坡软土”根据堆积物质差异分为坡残积（含炭质页岩全风化带）型、坡洪积型、溶蚀洼地型，而非湖沼相、滨海相、三角洲相等软土沉积。“斜坡软土”的物质成分比较复杂，土质不纯，既有长距离搬运的黏性土夹碎石、角砾，局部夹有块石，又有未经搬运的残积土，还有仍保持母岩结构或碎屑、碎片的基岩风化层。由于组成物质来源不同，在颜色、成分上差异也很大，有棕黄色软黏土，灰黑色、灰白色淤泥质土，也有黑色泥炭质土。部分“斜坡软土”具膨胀性。

据试验资料,部分软土的自由膨胀率 $F_s \geqslant 40\%$,最高可达 70%,属弱—中等膨胀土。"斜坡软土"分布于李子沟沟谷长大斜坡上,除局部洼地、沟谷外,多埋藏于斜坡坡面之下,更有分布于突起的山梁、台地之上者,由于地表被土质硬壳层掩盖,隐蔽性好,非经钻探(挖探都未发现),很难发现。"斜坡软土"的物理力学特性因其成因的复杂性、特殊性和不均一性,故其物理力学性质也有其特殊性:天然含水量小于或接近液限;有机质含量一般 4% ~ 10%,个别达 21% ~ 31%;孔隙比较大,一般 $e = 1.0 \sim 1.5$,个别可达 3.092;天然快剪的黏聚力为 10 ~ 20 kPa,最高可达 31.2 kPa,内摩擦角 $\varphi = 5° \sim 12°$;高压缩性,压缩系数 $a = 0.52 \sim 1.2\ \mathrm{MPa}^{-1}$,个别达 $2.67\ \mathrm{MPa}^{-1}$;静力触探比贯入阻力一般 $P_s = 500 \sim 700$ kPa,局部地段仅 200 ~ 400 kPa。"斜坡软土"尚具有黑色淤泥中常见的"流滑性",一旦出现临空面时,软土顺坡面缓慢流动下滑,坡面多形成台阶状。

2. 右岸谷坡稳定性很差

影响谷坡稳定的因素主要是:

(1)李子沟右岸谷坡陡峻,自然坡度约 45° ~ 55°,相对高差 80 m。

(2)受区域性李子沟背斜、文昌阁断层及次生断层的严重挤压,节理发育,岩层破碎,特别是谷坡的中、上部,节理极发育,岩石被切割得支离破碎,岩体完整性遭到彻底破坏,页岩多扭曲成鳞片状。节理除张性节理外,多为扭性和共轭"X 形"节理。扭性节理亦呈微张型,充填有钙膜及黏土,岩体相互间已失去紧密的联结而变成菱形、长方形、不规则形块碎石状,尤其是倾向山坡外侧的两组有害节理对边坡的稳定起着十分重要的不利作用。

(3)据钻孔和开挖边坡揭示,坡面严重风化带厚达 15 m,斜坡上部及顶部严重风化带厚达 20 m,致使谷坡坡面岩层因风化变得非常松散而不稳定,一旦局部失去支撑,极易发生坍方、落石或坡面开裂等病害。

(4)组成陡峻谷坡的大塘阶旧司段地层岩性为炭质页岩、泥灰岩等软质岩与石灰岩、砂岩等硬质岩石互层,炭质页岩等软质岩石强度低,极易风化,且风化极严重,易变形,而灰岩等硬质岩受构造强烈挤压、节理切割、风化、溶蚀等影响,岩体破碎,对谷坡的稳定亦不能起支撑与控制作用,导致在软质岩石变形失去支撑后上覆之硬质岩石沿节理面产生坍塌。软质岩控制了临时开挖边坡坡率及谷坡稳定坡角线的角度。

(5)谷坡上部灰岩节理、裂隙发育,为地表水、大气降水的渗入提供了有利条件,故谷坡上部灰岩溶蚀严重,溶隙、溶缝、溶槽、溶沟、溶洞等发育,岩层风化更严重,岩体非常破碎。

(6)基坑临时边坡开挖过陡,特别是基坑的昆端坑壁边坡坡率仅 1∶0.3 左右,既无挡护且暴露时间过长(基坑开挖至坡面产生裂缝,变形期长达 4 个多月),以致雨季中引起坡面变形。

(7)位于坡顶的 12 号墩左 25 m 有一直径约 20 m、深 4 m 的溶蚀洼地,12 号墩的挖基弃渣部分堆于洼地内,增加了坡顶的附加荷载。

经调查分析,右岸谷坡下方原山坡植被良好,岩体相对比较完整,坡面未见裂缝和变形(包括已开挖坡面)迹象,因此确认山体整体是稳定的。这就为边坡的整治提供了基础条件。

(六)整治措施

1. 李子沟特大桥内江端(左岸)"斜坡软土"范围内的岸坡处理

(1)该大桥的 0 ~ 10 号墩台均位于 10° ~ 15° 的缓坡上,坡面覆盖土质极差,遇水即成稀泥,造成基坑边坡一挖即塌的局面。为保证施工顺利进行,采取放缓基坑边坡、增设平台和挡护工程等措施,一般基坑临时边坡放缓至 1∶1 或更缓,设有几级平台以及增设浆砌片石挡墙防护等。

(2)由于下伏基岩多为炭质页岩、泥岩、泥灰岩等软质岩石，上部风化极为严重，在地下水的长期浸泡下，经软化、泥化作用多已成软土，物理力学性质差，地基承载力低，为保证大桥基础放置于较好的持力层上，所以各墩台基础都有不同程度的加深或墩台基础类型的变更。

2. 11号墩基坑昆明端(右岸)70 m高危陡坡处理

(1)对坍塌形成的11号墩陡坡，分三级放坡，级间设置2～3 m平台。上部边坡坡率1∶1，中部坡率1∶0.75，下部坡率1∶0.5。上部边坡顶距12号墩基距离不得小于7 m。

(2)取消原定11号墩基坑昆端边坡所设高15 m的重力式挡墙，以减少坡脚挖方，改为M15片石混凝土灌筑8～10 m高的护墙，稳住坡脚。中、上部边坡采用锚索加固，坡面用布鲁克主动防护双层网(外为钢绳网，内为土工格网)防护，以防止零星落石危害，锚杆长6～8 m。上部边坡增设锚索板。

(3)为防止锚索预应力松弛，锚索宜安排在12号墩基础施工后进行张拉或施工后进行补偿张拉和封锚。

(4)对11号墩左上方、右上方的开裂区及12号墩承台左40 m、右20 m及内江侧进行卸载，边坡进行浆砌片石防护。

(5)12号墩基坑开挖后，对承台周围进行浆砌片石防护，左、右侧承台高度范围采用直墙，以保证承台侧向抗力，其他侧可采用斜墙。

(6)为保证11、12号墩及边坡不受雨水冲刷，在12号墩所在的台地上，增设M5浆砌片石截水天沟1条。

(7)将原11号墩挖孔桩基础改为钻孔桩基础。

(8)10、11号墩靠沟侧基坑应恢复到原地面，坡度应顺畅，承台需覆埋土中，不得外露。10、11号墩靠斜坡侧，回填压实后作浆砌片石护坡，与已施工的河岸挡墙防护连接，防止沟水冲刷。

(9)12、13、14号墩原设计柱桩基础不变，在施工中各基础埋置高程也作相应加深变更，一是要保证桩端置于自然稳定坡角线以下，二是要穿过炭质页岩置于灰岩层上，三是要保证承台外侧襟边有足够的安全距离。

(10)11号墩昆端的高陡边坡刷坡和锚索施工时，均需按自上而下的顺序分步实施。

李子沟特大桥在施工中遇到软基和高危边坡等病害后，采取了一系列工程措施，取得了良好效果。大桥建成至今，运营状况良好，证明高危边坡的整治是成功的。

(七)结　　语

1. 在内昆、六盘水枢纽、贵昆等铁路建设中，已经发现多处在石炭系下统大塘阶旧司段(C_1dj)地层分布的缓坡地带，发育有“斜坡软土”，这已成为西南山区铁路建设中一种新型的软土病害。由于其上往往有较厚的后期堆积的黏性土或碎块石土覆盖，“斜坡软土”具有较强的隐蔽性，勘察中易被忽视或遗漏，给工程造成很大危害。为了在工程地质勘察阶段能尽早发现此类不良地质，应在查明地质背景和环境条件的基础上，加强地质勘探工作，并且应有必要的钻孔控制，对有石炭系下统大塘阶旧司段(C_1dj)分布的地区尤应如此，以防止遗漏“斜坡软土”病害。

2. 李子沟特大桥11号墩位于沟谷陡峻岸坡坡脚处，由于只片面地强调坡面覆土较薄，岩层倾向山内对岸坡稳定有利的一面，却忽视了受文昌阁断层和李子沟背斜影响严重以及构造节理、风化裂隙、溶沟、溶槽、溶洞发育、岩石破碎等对边坡稳定不利的一面，致使在11号墩基坑开挖中，由于临时施工边坡暴露时间过久，又未及时进行挡护，造成坍塌达70 m的高危边坡。虽经整治，取得成效，但代价是高昂的，应引以为戒。

九、内昆铁路花土坡特大桥不良地质和边坡变形

严璧玉

（一）工程概况

花土坡特大桥是跨越云贵高原上的深切河谷的高墩、大跨桥梁。桥梁里程DK393 +724 ~ DK394 +407.95，桥式布置为6×32 m预应力混凝土简支梁+（64 +2×104 +64）m预应力混凝土连续梁+4×32 m预应力混凝土简支梁，全桥长687.55 m。桥的7号、8号主墩及0号台、1号、2号墩和14号台为明挖基础，其余均为桩基基础。8号墩为最高墩，墩高110 m，7号墩墩高104 m，其余墩高为55 ~75 m。本桥处于脆弱的工程地质环境中，施工时因人为活动破坏了地质环境，引起基坑边坡变形及坡面土体滑坡，为此进行了工程治理措施的变更。

（二）自然地理概况

本桥位于贵州省威宁县境内，靠近云南省昭通市。桥址区属于高原剥蚀、侵蚀地貌，大桥跨越新华水库上游花土坡一条深切河谷，地形起伏较大，相对高差120 m。其中右岸自然山坡坡度较缓，一般为10°~20°，但冲沟十分发育，冲沟切割深且沟壁陡立；左岸自然山坡坡度为5°~40°。桥渡区大部分坡地辟为旱田，植被极差。

本桥区地处亚热带季风湿润气候，属季节温差和昼夜温差大的典型高原气候。年平均气温10.4 ℃，极端最高气温35.7 ℃，极端最低气温 -15.3 ℃；年平均风速3.2 m/s，年平均最大风速3.3 m/s，极端风速24 m/s；多年年平均降雨量960.6 mm，日最大降雨量134.4 mm，降雨一般集中在5 ~10月份；年平均相对湿度79.5%，年最小相对湿度5%。

（三）工程地质环境

本桥位于区域大断裂——龙翻身逆掩断层附近，受断层影响，岩体破碎，造成本桥范围玄武岩风化层厚，冲沟发育；砂页岩破碎并有古滑坡发育，该工点自然工程地质环境脆弱。

1. 地质构造

距大桥桥位200 ~300 m外有龙翻身断层。龙翻身断层为区域控制性逆掩断层，断层总体走向为北东20°，倾向南东，倾角0°~20°。平面上呈近南北向的“S”形展布，断层面沿走向起伏不平。断裂破碎带宽200 ~300 m，由断层角砾、糜棱岩组成。泥盆系上统白云岩、灰岩逆掩于二叠、三叠系地层之上，地层缺失较多。断层两侧次级断层发育。桥位附近龙翻身断层呈近南北向展布，断层破碎带宽100 ~240 m，主要由断层角砾岩组成，局部有较完整的构造岩，断层两侧岩体破碎，边坡稳定性差。根据钻孔和桥墩基坑开挖揭示，在8号墩处有一次级逆断层，断层破碎带宽1 ~2 m，断层破碎带中有少量地下水渗出，因次级小断层降低了桥墩基础承载力，故对桥墩基础作了处理；另据11号墩桩基开挖和钻孔揭示，在碎石土下26 ~31 m为断层破碎带，因地表土层覆盖，断层的产状不明。

受龙翻身断层影响，三叠系下统飞仙关组（T_1f）与二叠系上统宣威组（P_2x）地层岩体破碎，节理裂隙发育。岩层产状为 N5°～42°E/19°～37°SE，节理主要有 N67°W/25°SW、N79°E/59°NW 等。飞仙关组（T_1f）地层与宣威组地层呈整合接触。二叠系上统峨眉山玄武岩（$P_2\beta$）柱状节理发育，岩体破碎，主要节理有 3～4 组，产状 N20°～60°E/14°～66°SE、N10°～45°W/60°～84°NE、N35°～40°E/46°～83°NW、N45°～75°W/64°～84°NE，峨眉山玄武岩（$P_2\beta$）与宣威组地层呈平行不整合接触。

桥渡区的地震基本烈度为Ⅶ度。

2. 地层岩性

桥渡区上覆第四系松散堆积物为：滑坡堆积物（Q_4^{del}）、洪积物（Q_4^{pl}）、坡残积（Q_4^{dl+el}）块石土、黏土、砂黏土和冲洪积（Q_4^{al+pl}）碎石土。下卧基岩为三叠系下统飞仙关组（T_1f）砂岩夹页岩，二叠系上统宣威组（P_2x）砂岩、泥质砂岩夹页岩和峨眉山玄武岩（$P_2\beta$）。岩性分述如下：

（1）碎石土（Q_4^{del}）：紫红色，松散，碎石约占 50%，块石占 30%，其余为黏土充填。碎石粒径为 5～20 mm，块石粒径为 600～800 mm，分布于 DK394 + 100～DK394 + 400 右侧滑坡处，为滑坡堆积物，厚 10～40 m。

（2）碎石土（Q_4^{pl}）：褐灰色、灰黑、浅灰色，松散、稍湿，石质为玄武岩，碎石含量为 70%～80%，粒径 10～120 mm，最大可达 200 mm，厚为 0～10 m，分布于 DK393 + 500～DK394 + 000 线路左、右侧冲沟内。

（3）碎石土（Q_4^{al+pl}）：褐黄、浅灰、深褐色，松散，潮湿—饱和，碎石含量 40%～50%，块石占 20%，其余为砂黏土及黏土。碎石多呈次棱角状，石质主要为砂岩、玄武岩、白云岩等，分布于 DK394 + 034～ + 080 河床内，厚 2～20 m。

（4）块石土（Q_4^{dl+el}）：紫红、褐黄色，松散，稍湿，局部为碎石，块石约占 40%～50%，碎石占 20%，余为砂黏土，块石粒径最大达 800 mm，石质为砂岩、白云岩，分布于 DK394 + 090～ + 340 段山坡上，厚为 2～15 m。

（5）砂黏土（Q_4^{dl+el}）：紫红、褐黄、深褐色，硬塑—半坚硬，含 10%～20% 的碎石、角砾，夹少量块石，分布在坡面上，厚 0～2 m。

（6）砂岩夹页岩（T_1f）：紫红色，薄—中厚层状，粉细粒结构，混质胶结，局部为泥质砂岩，页岩易风化剥落于地表。受断层影响，岩石节理发育，岩体破碎，全风化带厚 1～10 m，岩芯呈碎块状及碎石角砾状，分布于 DK394 + 232～ + 410.3（昆明侧）段。

（7）砂岩、泥岩夹页岩（P_2x）：褐黄、灰绿色，局部为紫红色，砂泥质结构，薄—中层状。受龙翻身断层影响，岩石节理发育，岩体破碎，全风化带厚 1～10 m，分布于 DK394 + 131～ + 232 段。

（8）峨眉山玄武岩（$P_2\beta$）：褐黄色、褐灰、灰黑色，致密块状，局部见有少量气孔，柱状节理发育，岩体完整性差，风化不均匀，全风化带厚 5～30 m，节理面多呈铁锈色，微风化带岩石坚硬，主要分布在内江侧。

3. 水文地质

桥渡范围未见地下水露头，坡面多干燥。地下水主要为基岩裂隙水和断层水，地下水埋藏较深。第四系土层中存在孔隙水，但水量甚微。地表水主要为河水，河水排向下游的新华水库。河水水样分析为 HCO_3^-—$Ca^{2+}\cdot Mg^{2+}$ 型，矿化度为 0.26 g/L，对混凝土无侵蚀性。

4. 不良地质现象

由于本桥渡范围工程地质环境脆弱，在地表水和高原环境的风化作用下，形成深厚的全风化土层，在地表水冲刷下，极易发育冲沟；破碎岩体受地表水和地下水浸润，强度有所降低,当坡脚被河水冲刷时,易形成滑坡,故本段发育有冲沟、滑坡及河岸冲刷等不良地质现象。

(1)冲沟:桥渡区内江侧玄武岩风化层山坡上冲沟发育,冲沟处于发展中的壮年期。沟床纵坡较陡,冲沟沟坡陡峻,而沟壁为全—强风化带的玄武岩,呈土状和破碎岩块,在地表水冲刷作用下极易失稳,现可见冲沟沟壁多处坍塌,冲沟溯源侵蚀强烈。其中 3 条冲沟距桥位较近,尤其以 2、3 号冲沟对桥梁影响较大。2、3 号冲沟分别位于线路左、右两侧(见图 6—9—1),冲沟发展方向与线路平行,距线位 20 ~ 50 m。2 号冲沟宽 30 ~ 120 m,深 20 ~ 40 m,从 DK393 + 700 一直延伸到河边。3 号冲沟规模较小。线位处于两条冲沟夹持中,冲沟进一步发展,沟源、沟壁坍塌后退,必将危及线路和桥基的安全。施工图设计阶段已对危害较大的冲沟作了地表水拦排和冲沟内加固处理,但在施工过程中因施工影响 4 号墩附近的冲沟沟岸斜坡曾发生土层滑坡。

(2)滑坡:桥的昆明端线路右侧河谷岸坡有一处古滑坡,古滑坡平面形态呈"梨形",前缘宽、后缘较窄,滑坡主轴长 280 m,横向宽 40 ~ 250 m,滑体厚 10 ~ 30 m。滑坡圈椅状地貌明显,并有三级滑坡错台。第一级滑坡错台位于滑坡前部,滑舌已伸入河床内,滑坡体挤占河床,使该段河床明显变窄;第二级错台位于滑坡中部,滑坡错台范围较大,错台反翘现象显著,二级平台后缘壁高 40 ~ 50 m,坡度为 50° ~ 60°;第三级错台位于滑坡后缘,为滑坡后缘由滑体滑落形成的错台,该错台范围相对较小。滑体组成物质为块石土,块石含量约占 50%,碎石占 30%,其余为黏土、砂黏土,石质成分为砂岩、灰岩、白云岩。

滑坡下卧基岩为三叠系下统飞仙关组(T_1f)砂岩夹页岩、二叠系上统宣威组(P_2x)砂岩、泥质砂岩夹页岩。受龙翻身断裂带影响,岩体破碎,节理发育,地表水沿覆土和节理下渗,浸泡页岩面和破碎岩体,形成软弱面,而前缘的河岸受河水冲刷切割又形成临空面,在重力和地下水作用下,被切割的岸坡上的覆土体沿软弱面下滑,遂形成滑坡。受前缘下滑的牵引,上部土体被拉裂而相继滑移,乃发展为牵引式滑坡,故该滑坡属深层牵引式切层滑坡。

该滑坡坡面未见地下水露头和滑坡裂缝,目前处于稳定状态,属于古滑坡。线路于 DK394 + 110 ~ + 330 段在滑坡右侧边界外通过,距滑坡边界 10 ~ 30 m;DK394 + 330 ~ DK394 + 380 段长 50 m,通过滑坡后缘。在距后缘边界 20 m 许的滑体内,设特大桥的 12 号、13 号墩。由于该两墩基础均采用桩基,而该部分滑体范围小、厚度薄,下滑力已十分有限,故滑坡对桥位的影响甚小。但昆明端桥位终究距滑坡较近,古滑坡一旦复活必将对大桥带来极为不利的影响,因此,施工中应高度重视这一问题,禁止在滑坡上弃渣、修建工房和堆放施工建材。

(3)河岸冲刷:桥渡区内江侧玄武岩风化层临河,岩体受龙翻身区域断裂带的影响,节理裂隙发育加上原生柱状节理切割,造成岩体破碎,风化层厚度大,全风化带一般厚 10 ~ 20 m,最厚达 30 m,因为风化层厚,斜坡上冲沟发育,冲沟侵蚀发展较快,规模也大,且有进一步溯源侵蚀的趋势。同时河岸岸坡坡度较陡,大致呈上缓下陡的凸形坡,上部坡度为 10° ~ 20°,下部河岸岸坡坡度大于 45°,且稳定性较差,在河水冲刷和降水的浸润下,河岸极易形成崩塌、滑坡等不良地质现象,危及桥位的稳定和安全,故应加强河岸防护工程。

(四)施工中基坑揭示的小断层及边坡变形处理

由于本桥地质环境脆弱,人为施工活动引起了环境条件的变化,发生冲沟沟岸斜坡的坍滑和基坑开挖引起的滑坡和基坑壁的变形,并在个别基坑中揭示出隐蔽的小断层,影响基底地基强度。为此,对施工中出现的上述病害,均作了变更设计处理。

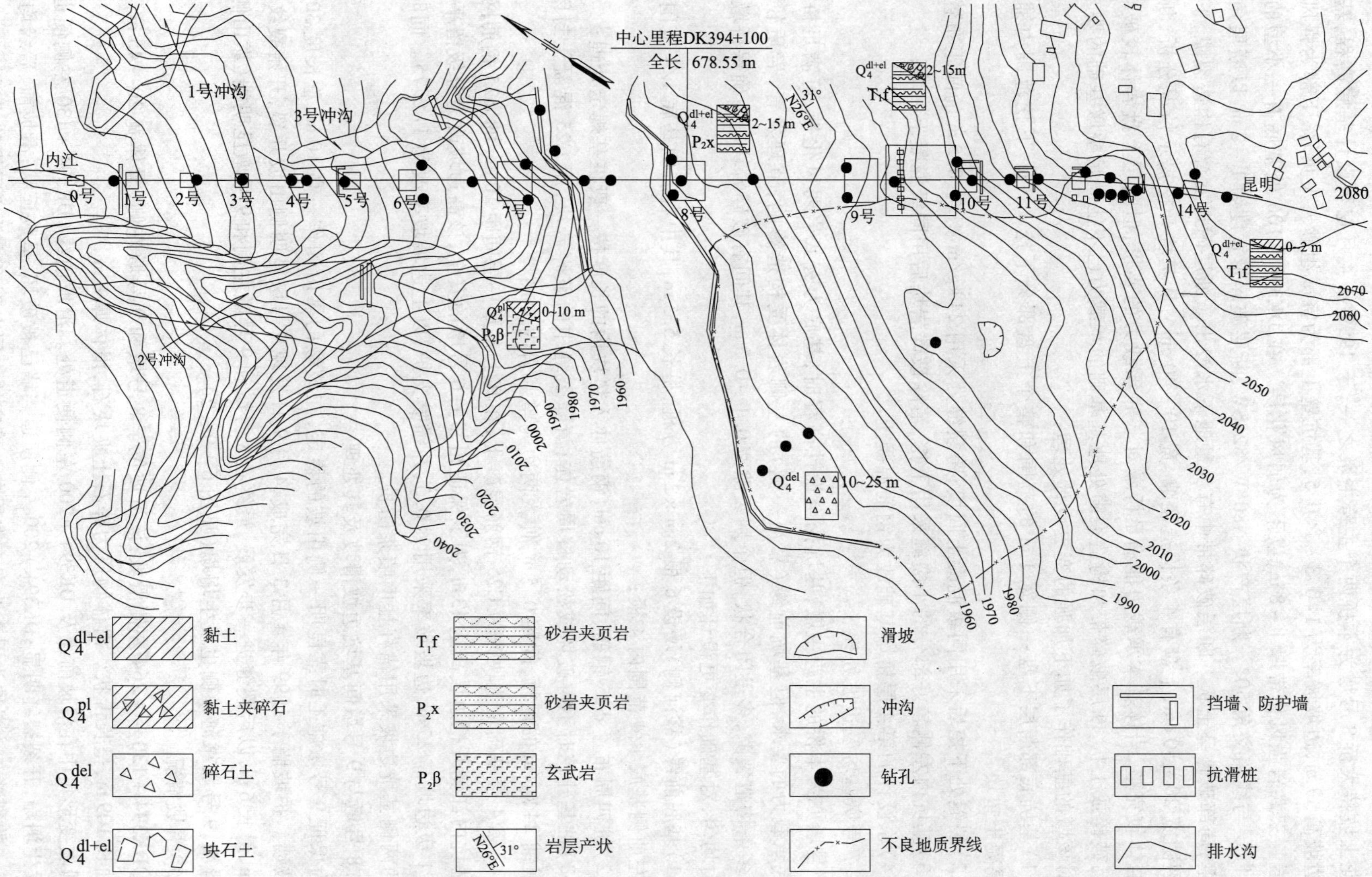

图 6—9—1　花土坡特大桥桥址工程地质平面示意图

1.8 号墩基坑开挖揭示小断层的处理

花土坡特大桥 8 号墩为本桥两个主跨主墩之一，于 1999 年 4 月挖至设计基底高程，基坑最大边坡高 17 m，边坡坡率为 1∶0.3 ~ 1∶0.5，基坑壁上部为宣威组砂岩夹页岩，下部为强风化玄武岩。玄武岩强风化带厚 1 ~ 8 m，以下为弱风化层。在 DK394 + 106 处基底有一小型的逆断层，断层与线路交角 50°。断层产状 N80°W/82°SW，断层破碎带宽度为 1 ~ 2 m，以断层角砾岩为主，局部破碎呈土状。断层破碎带中有少量地下水渗出。断层附近发育有构造裂隙，下盘一条裂隙宽 20 ~ 50 cm，上盘有 4 条构造裂隙，宽 10 ~ 40 cm。从基坑开挖揭示情况分析，断层下盘岩体较完整，岩体基本承载力能满足桥墩对基底承载力的要求，但断层上盘岩体较破碎，有的已破碎成土状，断层破碎带和构造裂隙处地基基础的承载力已不能满足桥墩基础的要求，所以对该墩的基础作了如下加强的变更设计处理：

(1)基坑底部断层下盘一侧宽 1 m 的范围和整个上盘部分下挖 1.3 m，下挖范围内铺作 C25 混凝土垫块；

(2)裂缝处下挖后采用同级混凝土回填；跨裂缝处采用 24 kg/m 钢轨，0.5 m 的间距布置；

(3)基坑内左侧较好部分的小裂缝采用下挖，清除破碎岩块后用同级混凝土回填；

(4)原设计的第 4 层桥墩基础改为钢筋混凝土。

2.7 号墩基坑及边坡处理

7 号墩亦为本桥的主跨主墩，基坑挖至设计高程时，基底为玄武岩弱风化带，可满足桥墩对基底承载力的要求，但基坑前缘(靠河一侧)的左侧岩体受构造影响，节理发育，岩质较破碎，有多条构造裂隙，多呈闭合状，但个别裂隙宽 0.1 ~ 0.3 m，其间有破碎岩块。为确保桥墩基础受力均匀，对基础作变更设计如下：

(1)基底前缘(靠河侧)增设 6 根 2 m × 2 m 方桩，桩长 5.5 m，其中右前侧基底 1/4 范围内 2 根，左前侧基底 1/4 范围内 4 根；

(2)桩四周布置 $\phi 25$ 钢筋，间距 10 cm，钢筋伸入垫块内的长度按一般桩基规定处理；

(3)桩基开挖时不得破坏或松动桩周岩体；清除裂缝中的破碎岩块，用 C25 混凝土封闭，其上横铺 24 kg/m 的钢轨，间距 0.5 m，伸入两边完整基岩内 1 m；

(4)第 4 层基础及垫块改为 C25 钢筋混凝土，在其上布置一层间距 10 cm 的 $\phi 25$ 钢筋网。

基坑内江侧开挖边坡高达 43 m，为了保证相邻的 6 号墩的安全，该高边坡改为分级留平台法：第 1 级边坡高 25 m，边坡坡率采用 1∶0.5，并锚喷支护；以上边坡坡率改为 1∶0.75。同时，对墩的两侧基坑边坡采用锚杆挂网喷浆防护。

3.8 号墩与 9 号墩间基坑边坡滑坡及其处理

为保证 9 号墩施工时靠昆明一侧山坡的稳定，在该墩的靠山侧作一高 10 m、总长度 30 m 的护坡墙。护坡墙于 1999 年 4 月 3 日完成，4 月 9 日发现 9 号墩昆明侧山坡开裂，开始裂纹最宽 1 cm，最长 6 m，以后裂缝进一步发展，最终在 8 号墩和 9 号墩左侧和 9 号墩昆明端(靠山侧)发生滑坡，9 号墩靠河一侧也发生坍塌(见图 6—9—2)。

(1)滑坡情况

①DK394 + 130 ~ + 264 左侧滑坡：该滑坡位于 8 号墩和 9 号墩左侧，滑体宽 20 ~ 45 m，滑坡主轴长 109 m，呈长舌状。滑体物质为碎石土夹块石，滑体厚 8 m。

滑坡变形集中在滑坡前缘及 DK394 + 200 左侧便道处。滑坡前缘(DK394 + 130 左侧便道)边坡发生坍塌，开裂裂缝明显；DK394 + 200 左侧便道挡墙已被破坏，呈鼓丘状；滑坡前、后缘均有大小不一的裂缝。该滑坡为因工地弃渣堆积在不稳定的土层上而形成的浅层推移式滑坡。

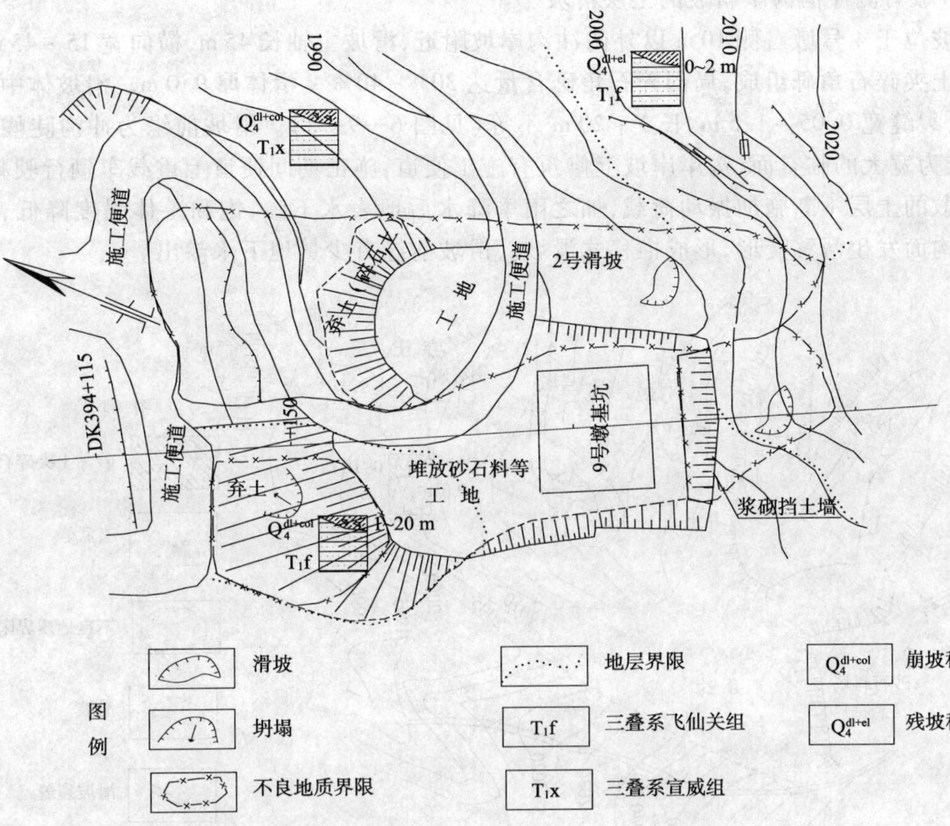

图 6—9—2　花土坡特大桥 9 号墩滑坡、坍塌

②9 号墩昆明端滑坡(DK394 + 220 ~ DK394 + 246 中线处):该滑坡宽 20 ~ 30 m,滑坡主轴长 26 m,滑体由块石土组成,厚 11 m。滑坡前缘已建的护坡墙未见被破坏迹象,但在基坑右侧脚和护墙基脚产生有一条长 1 m、宽 2 ~ 4 mm 的裂缝,滑坡后缘微裂缝发育。该滑坡是由于 9 号墩开挖承台基坑时采用 1∶0.5 的坡率,边坡高 10 m,当基坑边坡切过块石土和下卧的软弱土层时发生了牵引滑坡,护墙已位于滑体上。当时该滑坡还处于蠕变阶段,其进一步发展将危及 9 号墩和 10 号墩的安全,必须进行处理。

③9 号墩靠河侧坍塌(DK394 + 135 ~ DK394 + 165 右侧):该坍塌体原地面堆置有 9 号墩基坑开挖的弃渣,在雨水下渗作用下,松散的弃渣土发生压密下沉,沿原山坡坡面发生坍塌,坍塌体宽 30 m,长约 30 m,坍体最大厚度 8 m。该坍塌体虽然不大,但对 8 号墩的安全有影响,需要作处理。

(2)滑坡的工程处理措施

根据滑坡、坍塌的具体情况及其与桥墩的关系,采用不同的工程措施进行处理。

①DK394 + 130 ~ + 264 左侧滑坡:该滑坡采用桩板墙处理,在 DK394 + 138 正左侧设置桩板墙 1 排,在滑坡体后缘设置拦排水沟。

②9 号墩昆明端滑坡(DK394 + 220 ~ DK394 + 246):该滑坡采用抗滑桩整治,设桩 6 根,中线及左侧 4 根,右侧 2 根。基坑边坡采用网喷支护。

③DK394 + 150 右侧坍塌:该坍塌体采用在便道内侧设置路堑墙,墙顶留平台,平台外侧以 1∶1.75 的坡率刷坡减载,并植草防护。

4.4号墩右侧冲沟沟岸斜坡的土层滑坡

该滑坡位于4号墩右侧10 m以外的冲沟岸坡附近，滑坡主轴长45 m，横向宽15～45 m，滑体由砂黏土夹碎石角砾组成，局部碎石角砾含量达30%～40%。滑体厚9.0 m。滑坡体中部拉裂缝发育，裂缝宽0.05～1.5 m、长1～20 m不等（见图6—9—3）。滑坡前缘为冲沟陡峻的沟壁，形成较为宽大的临空面，沟岸岸坡上修筑有施工便道，施工期间便道上重载车辆行驶频繁，给岸坡松散的土层不断施加振动荷载，加之雨季降水后地表水下渗，饱和土体强度降低，土体沿软弱结构面发生滑移变形，形成推移式滑坡。滑坡前缘有少量地下水渗出。

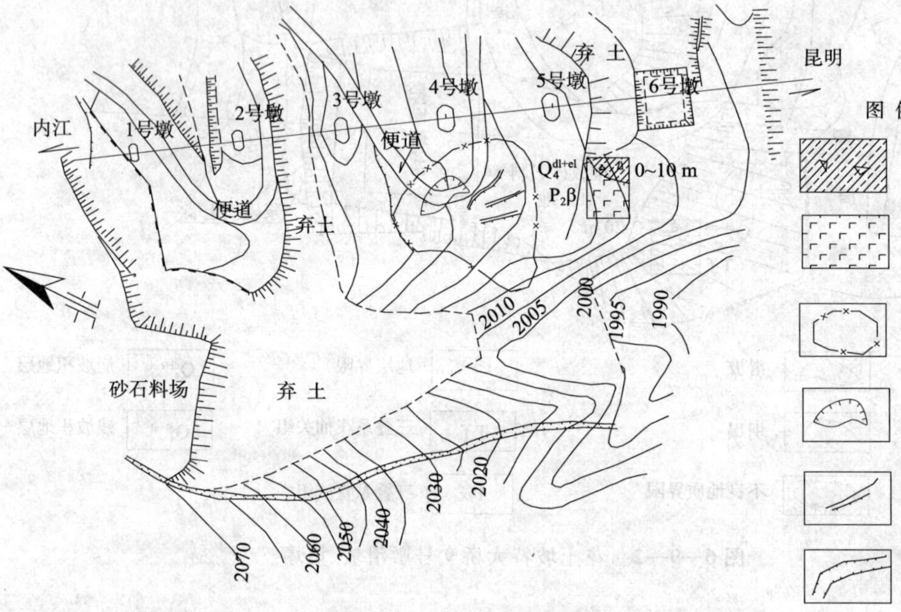

图6—9—3　4号墩的滑坡位置图

由于桥位右侧对应于4号墩位置的冲沟上游，已为弃渣所填，滑坡前缘临空面大大减小，经观测，滑坡范围未见继续扩大，故未对桥墩构成威胁。在对滑坡范围内、外一带作了地表平整夯实处理后，行车至今未发生新的病害。

（五）经验及体会

本桥渡范围位于高原区，在典型的高原性气候——季节温差和昼夜温差较大、降雨较丰的条件下，又受附近区域性的龙翻身逆掩断层影响，形成了脆弱的地质环境。受构造影响的破碎岩体的物理风化作用和化学风化作用特别强烈，形成了深厚的风化层。本桥渡区基本的工程地质特征即在于此。因此，工程地质勘察应以查明区域地质构造特点及其影响以及自然环境对工程地质条件的影响为重点，在此基础上，分析、评价山体、斜坡的稳定性及其对桥梁工程的影响，从而为设计提出有针对性的措施建议。通过对本桥勘察、设计、施工过程的认识，有如下体会：

1. 分析自然山坡坡度，预测桥墩基坑开挖最大边坡坡度

自然山坡坡度是一定地质条件下在自然环境中长期形成的均衡坡度。在工程地质勘察阶段，应对这种地质环境中形成的自然山坡坡度进行分析，预测施工开挖临时边坡不同高度的坡度。当施工中桥墩基坑开挖坡度远大于预计临时边坡坡度时，极易发生滑坡和坍塌，所以要提

出不同挖方高度的边坡坡率及需加固的段落,供桥梁专业对基坑边坡加固设计时参考。

2. 应结合桥墩台所处自然、地质环境条件分析、评价基坑边坡的稳定性

在脆弱的地质环境中,桥墩台基坑开挖极易引起基坑边坡乃至地面斜坡变形,在勘察设计中,即应对其稳定性作出评价,在此基础上,才能确定是否需要采取加固措施,以及加固措施的规模。

十、内昆铁路喇叭溪3号大桥的不良地质及其整治

严璧玉 熊小波

(一)概　　况

喇叭溪3号大桥位于云南省昭通市大关县境内横江右岸,是喇叭溪不良地质地段中的一座大桥。该不良地质地段位于横江右岸小关溪隧道与龙洞湾隧道之间,里程范围为DK264+338~DK264+905。段内河谷深切,山坡陡峻,陡壁高达150 m,山坡坡度为30°~60°,沿江共设3座顺河大、中桥和路基。桥梁分别为喇叭溪1号中桥,全长43.9 m,桥高14.0 m,跨越D_1K264+360泥石流沟;喇叭溪2号中桥,全长35.9 m,桥高9 m,跨越D_1K265+546泥石流沟;喇叭溪3号大桥(DK264+599.5~DK264+905),桥全长305.5 m,桥高19 m,跨越DK264+716和DK264+881两条泥石流沟。喇叭溪3号大桥在施工中,由于左侧陡峻山坡表土坍塌及危岩落石对桥安全构成影响,曾为此作外移改线比较。

(二)地貌、地质构造和地层岩性

1. 地形地貌

测区属中山峡谷,山势陡峻,河谷深切,高程560~1 450 m,谷坡坡度30°~60°,崖峭壁多见,在线路左侧高程约1 000 m处发育有宽约150 m的夷平面,喇叭村即位于此。夷平面上多被垦为旱地,缓坡地上堆积着块石土,最大块石块径可达8 m,土层厚5~20 m,缓坡地后为陡峻的白云岩溶蚀地貌。线路左侧400 m之内,山坡陡峻,坡面植被发育良好,仅在山坡稍缓处堆积有碎石、角砾土。施工中局部植被已遭破坏。

2. 地质构造和地层岩性

该段线路位于吉利浦背斜之核部,背斜轴部出露泥盆系地层,两翼为二叠系地层,背斜轴走向由N40°E转为N65°E,略有扭曲,背斜轴向南西倾伏,背斜两翼不对称,具西北翼岩层倾角陡、东南翼缓的特征,使北西翼核部附近地层弯折陡倾,西北翼地层产状为N75°W/50°~70°SW,东南翼地层产状为N33°~56°E/6°~19°SE。背斜核部地层挤压破碎,构造节理发育,线路附近节理产状主要有N50°~60°E/70°~80°NW、N30°~40°W/70°~80°NE、N25°~32°W/78°~86°SW。节理均为张开及微张开型,节理间距0.20~0.60 m。陡崖局部可见张开的卸荷节理发育,横江顺吉利浦背斜核部发育。

喇叭溪3号大桥上方夷平面以上的山坡出露二叠系的灰岩和白云岩、砂页岩夹煤层,夷平面下的山坡出露泥盆系灰岩、白云岩、砂页岩夹泥灰岩。基岩上覆盖有人工堆积土、崩坡积碎石土、泥石流堆积的块碎石土及钻孔揭示的河流堆积的冲积层砂、卵石土。

(1)二叠系出露在喇叭溪村和村后山坡上。梁山组的砂页岩夹劣煤分布在夷平面附近,

村民曾采挖该层煤,在村里尚存有数个废弃的小煤窑;村后山坡上出露的栖霞—茅口组的中、厚层状至块状灰岩和白云岩,形成村后的陡崖。

(2)泥盆系中统出露有曲靖组(D_2q)、红崖坡组(D_2h)、缩头山组(D_2s)地层。

①曲靖组(D_2q):灰岩、白云岩夹泥质灰岩,灰、浅灰色,隐晶质结构,中厚层状—块状构造,露头具刀砍状裂隙,溶蚀不发育,出露线路左上方。

②红崖坡组(D_2h):紫红、黄绿、灰黑色砂岩、页岩夹泥灰岩,泥质、粉砂质结构,中薄层夹厚层状构造,砂岩部分为石英砂岩,节理裂隙发育,岩体较为破碎,表层风化严重带,厚1~4 m,泥灰岩溶蚀较轻微,分布在D_3K264+500以后。

③缩头山组(D_2s):褐黄、灰白色石英砂岩,细—粗粒结构,中厚层状构造,节理较发育,表层风化严重带厚一般1~8 m,最大厚度可达10余米(褶皱轴部附近),分布在D_3K264+590以前。

陡坡上的灰岩、白云岩、泥质灰岩夹砂页岩和砂岩夹页岩,由于岩层强度软硬不均和风化程度不同,在构造节理的切割下形成危岩落石。

(3)块石土(Q_4^{dl+col}):灰黄、褐灰色,中密,稍湿—潮湿,块石约占60%,碎石占20%。块、碎石含量分布不均。块石直径一般为10~150 cm,最大块石块径可达8 m。块、碎石石质为灰岩、白云岩等,余为角砾土及黏性土充填,厚5~50 m,分布在喇叭溪村所在的夷平面上。

(4)块石土(Q_4^{sel}):灰色,松散,潮湿,块石约占50%,碎石约占40%。块碎石石质以灰岩、白云岩为主。块径一般为10~100 cm,最大可达4 m,厚度为0~5 m,分布在沟床内。

(5)碎石土(Q_4^{dl+col}):灰褐、灰黄色,局部夹紫红色,中密,潮湿,碎石含量约占40%,块石含量不均,一般为20%~30%,局部可达50%。块径一般为10~100 cm,余为角砾土及黏性土充填。碎、块石石质以灰岩为主,其次为砂岩、页岩,在坡脚堆积厚度为2~15 m,山坡缓坡处堆积厚度为3~8 m。

(6)人工弃填土(Q_4^{ml}):主要是块石土,局部为碎石土,松散,潮湿,块石约占40%~70%,碎石约占20%~40%。块、碎石石质以灰岩、白云岩为主,其次为砂岩、页岩,余为黏性土充填,块径一般为2~150 cm,为施工便道场地弃渣及老路基填土,层厚度为2~15 m。

本段地震基本烈度为Ⅶ度。

(三)水文地质条件

该段地下水不甚发育,仅在D_3K264+569左侧420 m处和D_3K264+884左侧413 m处见有2个泉点出露,泉流量0.2 L/s,为夷平面上第四系覆盖层中的孔隙水,属下降泉,常年不干,流量随季节变化。

地表水以横江河水为主,横江河谷狭窄,河床纵坡约为170‰,水流湍急,水量受节及上游流量影响,暴涨暴落。江两岸仅见吊沟状泥石流小沟,小沟平时干涸,雨季时降雨汇入吊沟,排入横江。

(四)不良地质情况

线路行进在陡坡坡脚,线路左侧山高坡陡,多见陡峭悬崖,悬崖上夷平面有小沟发育,在陡崖坡上成为吊沟。本工点范围发育有危岩落石、泥石流、岩堆等不良地质。

1. 危岩落石

大桥左侧山坡出露的是泥盆系中统灰岩、白云岩、砂页岩互层,岩层软硬相间,由于岩体强度的差异,其风化程度和风化形式不同,受构造节理的影响,形成了遍布陡坡的危岩落石。据访问当地老乡,一年中有时多次发生落石,一般落石多发生在久晴暴雨后或雨季期间。

在大桥内江端的DK265+570～+630段为中厚层夹薄层状砂岩、页岩互层，构造节理和岸边卸荷节理发育，节理面与岩层面将岩体切割成0.2～1.0 m不等的石块。勘察时可见局部岩体节理已张开，其下部页岩已严重风化而产生剥落，被卸荷节理切开的石块成为危岩落石。该段危岩块体较大，但分布范围较小，已形成一宽约10 cm的卸荷裂缝，有黏性土充填及植物根劈作用，应采取嵌补及拦石栅进行防护。该段危岩对3号大桥的0号台和1号、2号墩及梁部构成威胁。

DK264+730～DK264+860段左侧60 m有软硬岩差异风化及构造节理形成的危岩落石。该段落石的岩块较小，但落石范围广，除个别已被卸荷节理切割的岩块应先清除外，还应采取挂网喷浆等措施进行防护。另在高程850～950 m的灰岩、白云岩陡崖处，构造节理和卸荷裂隙作用将灰岩、白云岩切割成大的岩块成为危岩。D_3K264+770左410 m山嘴处堆积较多破碎石块，常发生落石，落石多滚落于两侧沟谷内，有时亦沿D_3K264+720附近沟谷滚落。因该沟顺直、纵坡陡，块石多直接滚落到河岸边，对线路危害较大。该段危岩落石对3号大桥的4号、5号、6号、7号、8号、9号墩危害较大，应在沟谷中设置拦截工程，以保证桥墩安全。

2. 泥 石 流

在3号大桥范围有两条顺坡面发育的泥石流沟，这两条泥石流沟源于夷平面上，经陡坡时形成多级跌水而成吊沟。DK264+716泥石流沟，沟床顺直，沟床纵坡约35°～40°，沟内松散固体物质来源于崩塌落石、坡面的堆积物和夷平面上堆积的厚层块、碎石土，沟的上游有丰富的固体物质，中、下游沟内松散固体物质储量较少。由于上游固体物质补给丰富，使该沟泥石流有进一步发展的趋势。该泥石流沟从3号大桥的3号、4号墩间通过，泥石流冲出物堆积在沟口，呈锥状体。

DK264+881泥石流沟同样发源于夷平面上，夷平面上沟床切入厚5～20 m的崩坡积的块、碎石土中；夷平面前缘沟床位于堆积有3～8 m崩积的块、碎石土中。沟内堆积的块石多、块径大，一般块石块径为0.1～0.8 m，最大块径达4 m，块、碎石间有少许黏性土充填。该沟松散固体物质丰富，且沟床纵坡陡，约为32°～40°。泥石流沟口有小泥石流扇伸入横江，表明该沟近代发生过泥石流。喇叭溪3号大桥桥位处于该泥石流沟近沟口的顺直段，泥石流沟在8号、9号墩间通过。

3. 岩 堆

岩堆分布在DK264+599～+716段，堆积在河岸坡脚，纵长40～70 m，自然坡度约40°，厚2～15 m。岩堆体由碎、块石组成，中密，稍湿—潮湿，地下水不发育。据钻孔揭示，岩堆下基岩面横坡约34°。岩堆当时处于稳定状态，但河流切割和施工开挖对其稳定性将产生不利影响，特别是暴雨时期，将可能产生局部坍塌。喇叭溪3号大桥的0～3号墩台位于岩堆内，因此要防止河流对岩堆坡脚的冲刷，边坡和桥基础基坑开挖应加强挡护，桥墩台基础应置于完整基岩内一定深度。

（五）施工图设计对不良地质整治措施意见

1. 位于岩堆体上的桥墩（台），视堆积体厚度分别采用桩基或明挖基础，墩台基础应置于完好基岩内，并应留足襟边宽度。

2. 危岩落石地段，根据危岩落石的具体情况，采取清除有突出危险的危石，对巨石危岩采用锚固措施或嵌补；危岩块径较小而分布面积广的坡面采用布鲁克主动防护网（见图6—10—1）。

3. 设桥跨通过的两条泥石流沟，为保证泥石流沟排泄顺畅，清除桥跨上游沟床堆积物，桥址及上、下游沟床作M5浆砌片石铺砌，并在上游沟床内设一级格栅坝，拦截部分泥石流冲出物，以减少桥下泥石流通过的危害。

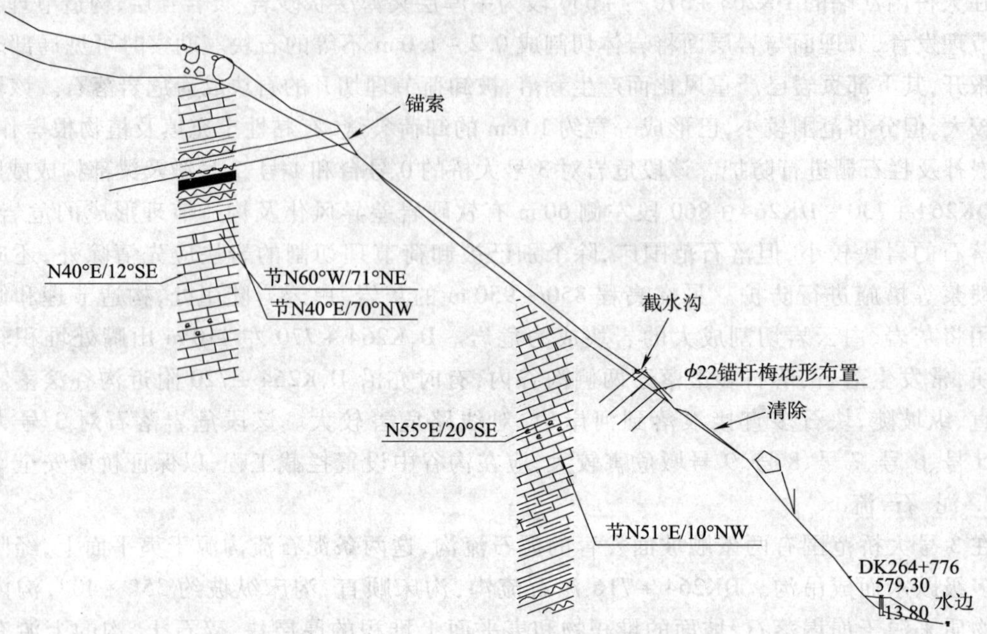

图 6—10—1　DK264 + 776 工程整治断面图

（六）施工中的局部方案比较和工程处理措施

本段于 1998 年雨季开始施工，由于开挖便道及桥基，在谷坡坡脚形成较高的临空面，加上放炮震动，山体卸荷裂隙进一步发展，致使坡面时有危岩滚落。1998 年 8 月一次暴雨后，在 DK264 + 732 ~ + 815 左侧 80 ~ 140 m 范围产生表土坍滑，坍滑体纵向长约 70 m，宽 60 m，厚约 5 m。坍滑物质为砂黏土夹碎石角砾，表土坍滑直接危及喇叭溪 3 号大桥 4、5、6 号墩的安全。

1. 局部改线方案的补充地质工作和方案比较

由于线路左侧表土坍滑体及危岩落石危及大桥施工及将来运营安全。铁二院经研究后提出喇叭溪改线方案，建议将本段线位尽可能靠河外移，远离山坡，以避开坍滑和危岩落石威胁。改线范围为小关隧道出口至龙洞湾隧道进口，不影响两端隧道工程，但将废弃喇叭溪 1 号中桥、喇叭溪 2 号中桥及喇叭溪 3 号大桥等已施工的工程。改线后保留喇叭溪 1 号中桥，原喇叭溪 2 号中桥和喇叭溪 3 号大桥线路外移后，合并为喇叭溪特大桥，桥梁总长增加 333.8 m。针对改线方案，又进一步作了补充地质工作。

(1)喇叭溪改线方案的补充地质工作：补充地质工作共完成钻探量 133.10 m/8 孔，收集桩基坑资料 4 个，实测地质断面 5 条，野外地质测绘 0.56 km^2，补充观测点 9 个，并详细调查了线路左侧谷坡覆土稳定性及危岩落石、泥石流等地质问题，重点是评价谷坡稳定性。

覆土及谷坡稳定性评价如下：D_3K264 + 738 ~ + 815 左侧 90 ~ 160 m 范围，谷坡覆土自 1998 年雨季开始发生坍滑，多次掩埋施工便道。施工单位曾采取水冲和爆破方式清除上方坍滑体，当时坍滑体长度和宽度均达 70 m 左右，后壁高 10 余米，已形成圈椅状地貌。坍滑体由碎石土和砂黏土组成，厚约 5 m，多数坍滑土体顺前缘陡坡滑到坡脚。由于陡峻谷坡上方开垦旱地，破坏了植被及土体结构，并在旱地上挖简易水沟，沟水下渗软化土体，后施工开挖便道，又使陡坡上的碎石土、砂黏土前缘临空，在地表水浸润和土体自重作用下，土体发生蠕变，先在后缘形成拉裂缝，逐渐发展成坍滑。如陡坡上再有新临空面出现，土体坍滑可能进一步发展，但引起谷坡山体发生整体、大面积变形的可能性不大。由于坍滑体范围不大、土层较薄，可采取清除已坍土体，并对坍滑土体后壁采用挂网喷锚予以加固，同时加强地表排水措施，必要时亦可考虑作棚洞挡护。

改线方案外移以桥通过后，桥的净空增大，表层土体坍滑对桥位影响变小，一定程度上避开了 D_3K264 +730 ~ +860 段危岩落石的危害，但仍难避免谷坡高处以翻滚、弹跳方式坠落的落石危害。同时，线位外移也将使墩台位置外移至岩堆体下部和横江岸边，既使墩台基础加深，也恶化了墩台地基的地质条件。

(2)改线方案与原位整治方案的比较：两方案优缺点比较如表 6—10—1 所列。

表 6—10—1　改线方案与原位整治方案优缺点比较表

桥方案 / 优缺点	原位整治方案	改 线 方 案
优　点	1. 主体工程与整治工程可分开进行，不影响工程进度 2. 原位整治不产生报废工程	1. 主体工程较原位方案实施更方便 2. 桥位远离山坡，可消除表土坍塌对墩台的影响 3. 可消除位置较低危岩的危害，减小位于高处危岩的威胁
缺　点	1. 主体工程及对危岩、表土坍塌整治附属工程实施困难 2. 线路靠谷坡太近，危岩落石威胁大 3. 谷坡陡，采用整治措施后，坍滑和危岩威胁不可能全部消除 4. 施工便道对山坡的破坏，使大桥 4、5、6 号独柱墩不能满足刚度要求	1. 主体工程规模增大(由大桥变成特大桥) 2. 喇叭溪 1 号中桥处仍有泥石流危害 3. 高处危岩对桥的威胁虽然减小，但未能根除 4. 桥墩台基础加深，桥基地质条件恶化

两方案研究后由铁二院上报，经铁道部工程鉴定中心会同部内昆铁路建设指挥部等有关领导部门进行现场会审后，决定采用原位整治方案。

2. 原位整治所采取的处理措施

(1)危岩落石处理措施：对威胁严重的危石予以清除，对潜在危石进行嵌补。取消原设计的布鲁克主动防护网。

(2)泥石流沟处理措施：清除沟内堆积物，在泥石流沟上游采用钢轨桩作拦挡坝。

(3)表土坍滑体处理措施：清除坍滑土体，在坍滑体的边界以外修建浆砌片石截水沟，以防地表水进入已发生的坍滑范围，再次引起坍滑。对清方后的坍滑面，采用混凝土锚喷防护。于截水沟外设置 2 排钢管桩拦栅，既防止坍滑体扩大，也拦挡上部残余危石。

(4)棚洞工程措施：DK264 +731.6 ~ +836.0 段设轻型钢筋混凝土棚洞 1 座，棚洞顶回填夯土，棚洞范围谷坡坡面采用锚网Ⅰ类防护。铺轨前，棚洞仅按预设计安排，暂未实施。在谷坡坡面防护工程完工且完成铺轨后，防护未及的山坡仍有小块落石现象，并打坏桥梁的人行道板和栏杆，对行车构成威胁，故最终决定按预设计方案修建了棚洞(见图 6—10—2)。

(5)大桥 4 ~6 号墩变更措施：将 $d=2.5$ m 的桩柱式墩改为圆形墩，将原独桩基础改为群桩基础，对承台悬出地面部分采用浆砌片石挡护。

(6)边坡防护加强：大桥的基坑边坡采用混凝土喷护加强。

所有整治工程于 2001 年全部完成，历经数个雨季及铁路运营的检验，证明喇叭溪 3 号大桥不良地质的整治是成功的。

（七）结 束 语

图 6—10—2 喇叭溪 3 号大桥棚洞全貌

喇叭溪段铁路沿河傍山而建，软硬相间岩层组成陡峻谷坡顶，又存在覆有较厚松散堆积层的夷平面。谷坡岩体被构造节理切割而破碎，在风化和卸荷作用下，坡面上分布有大量危岩落石和松散覆土。发源于夷平面上并流经谷坡坡面的沟谷，因岩层软硬相间而形成跌水，沟源崩坡积块、碎石土层和停积于跌水陡坎上的块、碎石为沟谷提供了松散固体物质，雨季即形成泥石流。陡坡地段坡脚一经开挖，必将发生坡面土层的坍滑。这些都是峡谷山区中普遍存在的工程地质问题。通过对喇叭溪段不良地质病害的整治，有以下体会：

1. 峡谷区陡峻谷坡地段，工程施工条件差的情况下，线路应放弃作傍山路、桥，以改隧道通过为好。傍山线路增加了防护工程，不良地质还往往不能彻底根治，将给铁路运营安全造成隐患。施工条件差，势必会产生因人为工程活动而引发的地质病害，增加变更工程，加大投资。采用隧道工程则可避免上述问题。

2. 喇叭溪的山坡型泥石流，在勘测设计阶段对其潜在的灾害性认识不足，仅按一般的小型稀性泥石流沟处理，导致 1998 年 8 月暴雨中产生陡坡表土坍滑，诱发了山坡型泥石流。尽管后来进行了强有力的多种手段的综合整治，使潜在危险性降至最低，至今已经受住了近 10 个雨季的考验，但主要措施毕竟仍属被动、防护性的，因此，今后的山区铁路在通过山坡型泥石流地段时，切忌明线通过，应以隧道或其他方式绕避。

十一、内昆铁路二道桥双线大桥病害及其治理

张亨纲

内昆铁路地形地质条件复杂，自然环境恶劣，不良地质发育，其中沿线通过多组煤系地层及小煤窑采空区。煤层瓦斯和小煤窑采空区是本线分布比较广泛、危害比较严重的不良地质。

内昆线通过的煤系地层，分别为第三系、三叠系须家河组、二叠系宣威组、梁山组、石炭系大塘阶旧司段等，累计通过煤系地层总长度 60.8 km，约占线路总长度的 17%。

（一）小煤窑采空区病害概况

二道桥双线大桥位于云南省昭通市彝良县毛坪乡笋叶村二道桥社。测区属侵蚀、剥蚀中低山地貌，地形起伏较大，自然山坡 20°～50°，桥址区山坡坡度为 15°～20°。最大山岭高程 2 300 m，桥址区高程 1 950 m，相对高差 50～350 m。该桥于 1998 年 11 月 25 日开工，2000 年 12 月 8 日竣工。桥梁中心里程 DK362＋732，大桥全长 355.6 m，设计孔跨为 1×24 m＋6×32 m＋

1×24 m，采用预应力混凝土简支梁，最大墩高28 m。各墩台均为柱桩基础，桩长8～19 m，桩尖均嵌入完整基岩内一定深度。该桥于2002年5月12日交付运营，同年11月14日线路和桥梁常规检查一切正常。2002年11月15日下午3时50分，成都铁路局自贡工务段彝良南路桥工区班长现场检查时，发现桥上线路异常，进一步检查发现5号墩处梁缝被挤死，同时调查发现线路左侧214.5 m处1个小煤窑正在开采，其挖煤巷道正好从4号墩下通过，并于同一时间在4号墩下的采煤坑道发生了坍塌和大量涌水。

在对二道桥双线大桥进行全面检查和测量后，证实大桥4、5、6、7号墩已经下沉，线路变形，11月15日下午4时20分中断行车，次日下午3时45分，限速15 km/h恢复运营。

为查明病害原因，提供整治方案，随即进行了地质的补勘工作。

（二）工程地质勘察概况

二道桥地区在1996年进行的内昆线越岭地段加深地质工作和初测地质勘察中，基本查明了含煤地层的分布和煤层厚度、煤质、煤层瓦斯及小煤窑的开采现状等情况，且开展了结合新寨隧道的深孔钻探及实测煤系地层剖面的工作；1998年7月至10月进行定测地质勘察工作时，针对该区无国家规划的矿区而只有业已存在的小煤窑，逐一调查了既有小煤窑的分布、形态和掘进方向、深度、支撑方式、地下水及煤层瓦斯等情况。

经调查证实，该桥址区存在17个小煤窑，这些小煤窑都是老乡私自乱采乱挖，并无系统规划。穿越线路下方的小煤窑均早已废弃，掘进巷道已坍塌堵塞，无复采迹象。为了查明桥址区的采空区情况，针对这种无规划的老百姓自发开采的小煤窑采空区的特点，在地勘工作中加强了地质综合勘探的力度，对3～8号墩每个墩的位置，以物探加密方式按2.5 m点距、4～5 m线距横向布置了3条四极电测深剖面，完成物探测点118个，电测深物理点124个；对11个墩台除9号墩位施钻2孔外，其余10个墩台均施钻3孔，孔深按遇巷道（溶洞）或煤层加深至其底板10 m以下，并保证孔底高程低于桥墩台附近可能存在的小煤窑高程。其中5号墩钻孔在孔深8.0～8.9 m处钻到一处煤洞，在6号墩钻孔孔深4.1～4.4 m处钻到薄煤层，厚0.2～0.4 m。

桥址区上覆第四系坡洪积（Q_4^{pl+dl}）块石土，厚0～3 m，第四系坡残积（Q_4^{dl+el}）、坡洪积（Q_4^{dl+pl}）粉质黏土，厚0～14 m。下伏基岩分别为石炭系下统上司段（C_1ds）白云岩、灰岩、页岩夹砂岩，风化颇重；灰岩夹页岩，其中页岩风化严重；页岩、砂岩夹煤层，风化颇重。石炭系下统旧司段（C_1dj）炭质页岩夹砂岩、灰岩及薄煤层，风化严重。

桥址范围属单斜构造，岩层产状N30°～35°W/28°～70°NE，局部岩层产状有扭曲变化。

水文地质条件：地表沟水水质类型为SO_4^{2-}—$Ca^{2+}\cdot K^+\cdot Na^+$型，矿化度1.56 g/L，具硫酸盐侵蚀及酸性侵蚀；地下水以基岩裂隙水为主，水质类型SO_4^{2-}—$Ca^{2+}\cdot K^+\cdot Na^+$型，矿化度0.33 g/L，具酸性侵蚀及溶出性侵蚀。

桥址区中线左右各200 m范围内查明煤窑坑道17条，绝大部分煤窑坑道或洞口均已坍塌堵塞。据访问，煤窑巷道走向一般N10°～45°W延伸60～200 m，主采“2层”或“3层”煤。1998年8月现场调绘和访问时，所有煤窑均已停采废弃，且无复采迹象。

（三）补充地质勘察情况

1. 地质补勘主要工作量（表6—11—1）

经扩大范围详细补充地质调查测绘，桥址区的地层岩性、地质构造和水文地质条件与原勘察地质资料基本相同。地表人工填土 0 ~ 10 m，粉质黏土 0 ~ 15 m，炭质页岩夹煤层，煤层厚 0.3 ~ 1.7 m。

表 6—11—1　二道桥双线大桥补勘完成工作量

项目			单位	工作量
地质调绘	1/2 000 工程地质图		km^2	1.0
	煤窑调查		个	67
机动钻探			m/孔	1 540/24
物　探	测量点		个	380
	电测深	$AB/2>100$ m	个	300
		$AB/2\leqslant100$ m	个	100
	浅层反射波法		检波点(炮)	3624
	地震折射波法		检波点(炮)	216
物　探	综合测井		m	371
水　样			组	4
石　样			组	6

地下水除基岩裂隙水外，部分为煤窑洞静储水，补勘调查大多数老煤窑无地下水出露，有明显流水的煤窑 5 个，实测流量 1 ~ 8 m^3/d。地下水属 SO_4^{2-}—Ca^{2+}、SO_4^{2-}—Mg^{2+}·Ca^{2+} 型水，对混凝土有强硫酸型酸性侵蚀。

2. 小煤窑调查

桥址区主要含煤地层为石炭系大塘阶旧司段(C_1dj)，岩性以炭质页岩为主，夹砂岩、灰岩及薄煤层。该煤系地层在区域上共含煤 5 层，其中第 4 层在二道桥缺失。一般各煤层厚 0.4 ~ 1.1 m，局部厚约 1.7 m。桥址区第 2、3 层煤较发育，为该地区小煤窑主采煤层。煤层走向 N20° ~ 40°W/25° ~ 40°NE，与线路走向夹角 70° ~ 80°。根据调查，中线左侧 1 000 m 至右侧 1 200 m 范围内共发现小煤窑 67 个，其中 5 个为有证开采，其余均为非法采煤。据当地老乡介绍，除部分煤窑为 2000 年以后新近开采外，其余小煤窑几乎都是在 1987 年、1988 年开采。1987 年前，二道桥址区十分闭塞，与外界仅有山间羊肠小道相通，交通不便。1987 年由地方政府集资修通了昭(通)彝(良)公路的道班房至马蝗沟笋叶村(位于二道桥下游)次级公路，于是二道桥区的小煤窑如雨后春笋般遍地开花。由于大多数小煤窑的开采都具有盲目性，坑道支护不力，通风不畅，事故频发，加上开采及运输成本高，致使多数小煤窑开工后 3 ~ 5 天即停工，煤窑坑道坍塌，洞口堵塞，煤窑弃废。小煤窑一般主巷道长 80 ~ 350 m，少数可达 700 余米，巷道宽 1.1 ~ 1.4 m，高 1.2 ~ 1.5 m，个别高达 2.1 m。

补勘查明，穿越桥址区的小煤窑有 13 个，除 1 号、2 号煤窑为新开采的以外，其余煤窑早已停采多年。1 号煤窑洞口高程 1842.3 m，洞口位于线路 DK362 + 706 左 214.5 m，煤窑巷道长 260 m，巷道高 1.5 m、宽 1.5 m，煤窑主巷道在二道桥双线大桥 4 号墩基础下方附近穿过，埋深约 61 m。该煤窑始建于 1984 年 3 月，1989 年小煤窑因通风不畅造成 2 人死亡而停采。2002 年初内昆铁路货运开通前后，煤炭价格暴涨，因此 2002 年 4 月 28 日，1 号煤窑恢复开采，掘进速度 2 ~ 3 m/d。2002 年 11 月 15 日下午 3 时左右，二道桥双线大桥 4 号墩基础下的 1 号煤窑主坑道及采空区发生坍塌，并伴随大量涌水。坍塌地段长约 40 m，所幸无人伤亡。2 号煤窑洞口高程 1883.6 m,位于线路 DK362 +772 左 106 m,煤窑巷道总长度 340 m,净高 2 m,宽 1.4 m。该煤窑在 DK362 +772 二道桥双线大桥 6 号墩基础下穿过,埋深约 33 m。

(四)小煤窑稳定性评价

1. 已停采小煤窑的稳定性

该地区小煤窑的开采可追溯到 20 世纪 80 年代中期,以自采自用为目的。大规模开采时间是在 1987 年至 1993 年期间,由于交通条件得到改善,以市场经济所驱动的采煤业得到蓬勃发展。由于开采技术落后和资金不足,导致小煤窑的掘进速度、深度及回采面积受到很大限制。据调查,普遍以自然通风为主的小煤窑,其掘进总长度一般不超过 400 m,开采时间 2 ~3 年,个别小煤窑开挖深度达 760 m。据统计,二道桥双线大桥下游(线路左侧)1 200 m 分布废弃的小煤窑 36 个,上游(线路右侧)分布废弃小煤窑 18 个,停采时间 5 ~12 年。

根据四川省煤田地质局专家对二道桥双线大桥桥址区小煤窑咨询意见,认为小煤窑采空区的稳定时间取决于煤的开采时间、采煤方法、开采范围以及上覆地层岩性等情况。“一般地表从开始出现下沉到最终稳定期为 3 ~6 个月……”。该桥址地区由于小煤窑停采的时间已远远大于 6 个月,因此可以认为,废弃的小煤窑处于稳定状态。

2. 正在开采小煤窑的稳定性

桥址区尚有 11 个小煤窑正在开采。

据调查,各煤窑主巷道及回风通路多采用圆木支护,圆木直径一般 8 ~12 cm。由于煤系地层地下水具硫酸盐侵蚀,所以支护圆木易被腐蚀,大部分坑道圆木都有较大的压弯变形,甚至被剪断,造成坑道局部坍方。采煤支巷道几乎随挖随弃,未作任何支护。随着采空范围的扩大,变形也随之增加。因此,正在开采的煤窑均处于不稳定状态。

(五)二道桥双线大桥桥墩下沉的原因

根据补充钻探、物探及小煤窑调查资料综合分析,结合地面及桥墩变形观测,判定二道桥双线大桥主要变形范围在 4 号 ~7 号墩,其垂直深度以“3 层”煤为底板,埋深 40 ~70 m。由于 1 号小煤窑 11 月 15 日采至 4 号墩下时坑道发生坍方并伴随大量涌水,在 4 号墩基底以下至 1 号小煤窑坑道约 61 m 范围内自下而上分别形成坍落区、裂隙区和变形区。根据小煤窑采空区坍落和变形的经验,其坍落区高度约 8 m,裂隙区高度约 22 m,变形区约为 31 m。同时 2 号煤窑坑道从 6 号墩下穿过,洞内支护结构有明显挤压变形,坑道距 6 号墩基底仅有 19 m。因此,2002 年 4 月开(复)工并从大桥桥基下穿过的 1 号、2 号小煤窑是造成二道桥双线大桥 4 ~7 号墩下沉变形的根本原因。

(六)病害整治方案

1. 立即封堵填实 1 号、2 号小煤窑,并进行压浆处理。

2. 4 ~7 号墩间地面压浆,压浆深度以“3 层”煤为底板,一般埋深 30 ~70 m,以尽快扼制 4 号墩继续变形和加剧的趋势,同时为永久加固创造条件。

3. 对 4 ~7 号墩进行永久加固,桩基础应置于“3 层”煤层底板以下较完整基岩内。

4. 加固过程中必须加强对地面及桥墩(台)的观测。

5. DK362 +000 ~DK363 +000 左侧(下游)320 m 范围内为禁采区,严禁继续开采;右侧(上游)应立即关闭所有非法小煤窑,对有证开采的乡镇煤窑由地方主管部门重新规划设计,确保煤窑的开采不诱发新的地质灾害，不危及铁路安全，同时对煤窑的弃渣场进行清运或挡护。

（七）体　　会

二道桥双线大桥病害经整治后，一年的观测数据证实，变形之桥墩均处于稳定状态，同时铁路局工务段的每天例行检查也未发现线路变化，说明大桥病害的整治方案是成功的。

从二道桥双线大桥病害的发生及整治，有以下几点深刻体会：

1. 对小煤窑采空区的调绘范围应结合区域地质资料和调查访问情况适当扩大。

2. 对时间久远的小煤窑采空区，应采用广泛访问、调查地区开采历史、开采方式、开采能力、开采设备、年开采量、开采时段，分析区域地质资料和水文地质情况，圈定采空范围和采空程度，加强以地质调绘和物探为先导并指导钻探验证的地质综合勘探工作。

3. 查明小煤窑采空区发育地段的地层层序和可开采煤层的层位，确定勘探方法和勘探深度，有针对性地提出工程措施建议，确定基础埋置深度。

4. 对线路通过煤系地层和小煤窑采空区地段应提出"禁采区"的边界范围和预留"保安煤柱"的具体要求，或保证铁路工程安全的其他措施，如防止煤窑弃渣可能形成的人为泥石流等。

十二、水柏铁路北盘江大桥工程地质勘察和岸坡稳定性评价

王茂靖

（一）工程概况

北盘江大桥位于贵州省六盘水市辖区的崇山峻岭之中，为水柏铁路的重点控制工程。大桥全长 468.25 m，桥高 275 m，桥型为 3×24 m PC 简支梁＋236 m 上承式钢管混凝土拱＋5×24 m PC 简支梁。大桥以主跨 236 m 的上承式钢管混凝土肋拱横跨北盘江深切峡谷，其跨度、桥高均为当时世界单线铁路桥梁之最。

大桥以 80°交角横跨北盘江深切峡谷，该段河流强烈下切（左岸陡崖高 158 m，右岸陡壁高 177 m），岸壁近于直立。

大桥于 1997 年 10 月至 1999 年 11 月开展工程地质勘察（含初勘、详勘及施工勘察），1999 年开始建设，2001 年 11 月建成通车，2002 年 8 月通过验收（图 6—12—1）。

该桥工程地质勘察过程中，采用多种地质勘察手段进行综合勘察，查明了桥位处的水文地质、工程地质条件及岩溶发育规律，并与西南交通大学合作对桥跨处的北盘江深切峡谷岸坡稳定性作了专门性研究评价，为设计提供了较为准确的地质资料及设计参数。在施工中对 3 号、4 号主墩的岩溶发育情况再次进行了基础岩溶复查工作，并提出了切实可行的钻孔压浆加固措施。经施工验证，所提供的地质资料翔实可靠、内容全面，对该桥的建成起到了重要作用，并获得建设单位、设计单位、施工单位和监理单位的高度评价。

（二）桥址工程地质条件

1. 自然地理特征

大桥跨越北盘江深切峡谷，区内重峦叠嶂，地形陡峻，工程十分艰巨（图 6—12—2）。

图 6—12—1 建成后的北盘江大桥

图 6—12—2 北盘江大桥峡谷地貌景观

水城岸(左岸)属六盘水市新街乡,柏果岸(右岸)属营盘乡,两岸地形高陡,桥位处北盘江河谷呈"V"字形峡谷,河道较为顺直,河流强烈下切,岸壁近于直立。水城岸岸壁高 158 m,直立状,岸壁下部靠近河谷有高约 3 m 的倒悬岩腔;柏果岸陡壁约 71°,高约 177 m,岸壁无倒悬。

桥址区远离公路,仅有羊肠小道通往桥位处,交通极不方便。

六盘水市气候冬春干燥寒冷,夏季潮湿,年平均气温 18.8 ℃,年平均降雨量 1 119.7 mm,盛行东南风或东东南风。

2. 地层岩性

桥址水城端(左岸)悬崖顶部上覆零星残坡积砂黏土,河床中有卵石土分布,其余地段大面积出露二叠系栖霞组二段及茅口组厚层灰岩。

3. 地质构造及地震

桥址位于杨梅—发耳短轴开阔向斜东南扬起端,无大的断裂、褶曲构造形迹,岩层单斜,层理面凹凸不平,倾角平缓,层理产状 N28°~40°W/10°~20°NE。岩层中主要发育 3 组构造节理,走向分别为 E ~ W、N30° ~ 40°W、N35° ~ 55°E，均为垂直节理，延伸性好，微张—张开状，间距 0.5 ~ 2 m，其中 N35° ~ 55°E/90°节理面上部见有擦痕。

柏果岸（右岸）岸壁顶部曾有过小型崩塌，在眉峰部岩体突出部位发育一条卸荷裂隙，走向 N36°E，呈张开状，缝宽 20 cm 左右，切穿厚 6 ~ 8 m 的巨厚层灰岩，但未下切贯通下部灰岩。

桥址区地震基本烈度为Ⅵ度。

（三）水文地质特征

北盘江属珠江水系，在黔桂交界处与南盘江汇合后注入红水河，属山区剧烈下切河流，纵坡陡，为当地侵蚀基准面。河水湍急，含砂量较大，河水常年浑浊，多含煤粒。桥位处河水最大流量 2 540 m^3/s，最小流量 20.4 m^3/s，大气降水沿斜坡坡面及溶蚀裂隙流向陡崖，汇入北盘江中。水质为 HCO_3^-—Ca^{2+}·K^+·Na^+ 型，对混凝土无侵蚀性。

降水通过坡面迅速排走，岩体中裂隙—溶隙水不发育，据钻孔及物探孔透资料，岩体中几乎无地下水。

（四）主要工程地质问题

1. 岩　　溶

桥址处不良地质主要为岩溶，由于两岸出露的灰岩呈厚层、巨厚层状，灰岩质纯，经取岩样作化学分析，结果为：CaO，49.3% ~ 55.32%；MgO，0.26% ~ 0.97%；Fe_2O_3，0.04%；Al_2O_3，0.04%；SiO_2，0.34% ~ 1.47%；SO_3，0.036%。岩石化学组分有利于岩溶发育，但因区内无断裂、褶皱，岩层为单斜构造，除几组垂直构造节理切割外，岩体相对较为完整。加之山高坡陡，河谷深切，大量降水通过斜坡迅速排入北盘江中，有限的基岩裂隙水在岩体中以垂直运动为主，至岸边排入北盘江河谷。从区域地质历史来看，云贵高原自第四纪以来一直处于上升阶段，河谷强烈下切，桥址处北盘江河谷也表现为持续的上升运动，北盘江水面即为两岸岩溶裂隙水运动的排泄基准面。桥跨处北盘江深切 200 ~ 300 m，两岸岸壁近于直立，河床顺直，陡峭的岸壁上未见水平溶洞。桥址区这种区域构造运动和陡峭的地形决定了桥址位于岩溶水垂直循环带内，岩溶总体不甚发育，两岸岩溶形态以垂直溶缝、溶蚀破碎带为主，在局部节理、层理组合有利的情况下，溶蚀裂缝局部扩大为溶洞。

定测阶段及补定测阶段共计钻探 39 孔，物探孔透 24 孔。从针对各墩台的钻探和物探孔内透视来看，大部分地段灰岩较为完整，岩溶不甚发育，多为溶蚀破碎带及溶孔、溶缝，仅有 8 个钻孔钻到溶洞，溶洞洞径一般 0.7 ~ 3 m，其中 6 个钻孔揭示的溶洞充填黏土，2 个钻孔揭示的溶洞为空洞，溶洞发育深度在地表下 15 ~ 35 m，个别钻孔揭示溶洞高度为 6.5 m。

桥址区岩溶发育具有如下规律：

（1）水城岸（左岸）岩溶较发育，有 5 个钻孔揭露到溶洞，溶蚀破碎带也较柏果岸（右岸）发育。这主要是因为左岸灰岩层理缓倾山内，层理与构造节理的组合有利于地表水下渗、储藏及缓慢运动，加剧了水对可溶岩岩体溶蚀作用。右岸岩层缓倾山外，大气降水经垂直节理下渗到岩体中后迅速通过层理面、节理面流出，不利于地下水的储藏及缓慢运动，故岩溶发育程度较左岸轻微，钻孔中仅有 2 个孔揭示溶洞，且深度浅、规模小。

（2）越靠近峡谷岸坡谷肩，岩溶发育越轻微。两岸靠近陡壁处，钻孔均未钻到溶洞，溶蚀破碎带也不发育；远离陡壁的缓坡处，地下岩溶较发育，多个钻孔中钻到溶洞。这主要是因为越靠近岸坡陡壁，岩体中地下水径流途径越短，地下水迅速排泄到北盘江河谷中，不利于岩溶的发育。而离岸坡陡壁越远，岩体中地下水径流途径越长，越有利于岩溶的发育。综上所述，北盘江大桥两岸岩溶相对不发育，主要的岩溶形态为沿垂直节理发育的溶缝、溶蚀破碎带及节理、层理有利组合下发育的少数溶洞，岩体中的岩溶洞穴极少连通，未在岩体中形成四通八达的岩溶溶蚀通道，也无严重影响桥基工程的大型地下溶洞。其中左岸岩层、层理产状、节理产状有利于地下水的聚集，岩溶相对较右岸发育；两岸远离陡崖的缓坡段地下水径流途径较长，岩溶相对较靠近陡崖的坡顶要发育（见图 6—12—3）。

2. 峡谷岸坡、基底稳定问题

北盘江峡谷深切，岸坡高陡，大桥 3 号、4 号主墩直接位于岸坡坡顶，峡谷岸坡的稳定与否和墩台基底稳定与否直接关系到大桥建设的成败。

（五）峡谷岸坡及基底稳定性分析

1. 峡谷岸坡稳定性分析

（1）初勘阶段峡谷岸坡稳定性分析：北盘江大桥 3 号、4 号主墩所在的陡崖岸坡高达 160 ~ 177 m（见图 6—12—2），岸坡稳定与否直接关系到大桥建设的成败和安全，岸坡稳定性评价也是该桥工程地质勘察中必须回答的重大地质问题。为此，在该桥初勘阶段，与西南交通大学合作，成立了专门的课题研究小组，对大桥处的峡谷岸坡开展了专门性研究评价。课题小组通过野外实地调查，取得了现场地形、地层岩性、地质构造及节理、裂隙产状等第一手资料；在室内进行物理及数学模型试验，采用离散元法、有限单元法、底摩擦试验、定量分析和理论计算。通过上述工作，对桥位处峡谷岸坡的工程地质条件、岸坡岩体可能的变形破坏模式、变形发展规律、岸坡岩体的位移和应力状态、岸坡的总体稳定性、岸坡的稳定坡角、墩台基础设置的位置及相应安全系数等，分别进行了深入研究，得出如下岸坡稳定性评价结论：

①峡谷岸坡在未建桥的天然状态下，由于风化和重力作用，引起岸坡岩体中应力状态调整和变化，造成右岸（柏果岸）岸坡坡顶局部有平行江岸的卸荷裂隙发育，右岸谷肩处已产生少量岩体崩塌。但是，左、右两岸岩体岸坡总体上是稳定的。

②根据有限单元法对岸坡应力状态及其变化的分析，根据离散元法、底摩擦试验的变形破坏分析以及岸坡稳定坡角的计算，并结合野外实地调查，当右岸桥墩基础设置在距岸壁谷肩 30 m 时，应力变化梯度及破坏影响程度均较明显，而设置在距岸壁谷肩 40 m 处时，则应力状态和变形破坏范围均有明显改善。

③根据数值计算分析、模型试验和对岸坡工程地质条件的考察，计算得出右岸岸坡的稳定坡角为 82.4°（坡率 1∶0.13）。对岸坡安全宽度的计算表明，当右岸墩台设置在 30 m 时，其安全宽度系数为 1.42，而设置在 40 m 时，其安全宽度系数达 2.13。因此，建议右岸坡顶预留的安全宽度为 40 m；左岸由于岩层缓倾山内，整体稳定性较好，建议坡顶预留的安全宽度为 30 m。

④根据岸坡坡顶拉张应力的发展及顶部局部变形破坏的有限元法、离散元法等分析，建议在桥基前沿及桥基处增加锚固措施，以防止岸坡变形的发展，并增强桥基岩体的完整性。

⑤考虑到右岸的倾斜长大节理在本次野外调查中无法量测其产状，建议在定测时对其进行详细测量，以便施工设计时加以分析。

（2）详勘和补充详勘阶段峡谷岸坡稳定性分析：该桥详勘及补充详勘阶段，采用地质钻探、孔内物探及试验等综合勘探手段作了大量地质勘察工作，基本查明了该桥的水文地质、工程地质条件，特别是岩溶发育规律。在汇集大量勘察资料的基础上，采用下述方法对岸坡稳定角进行评价。

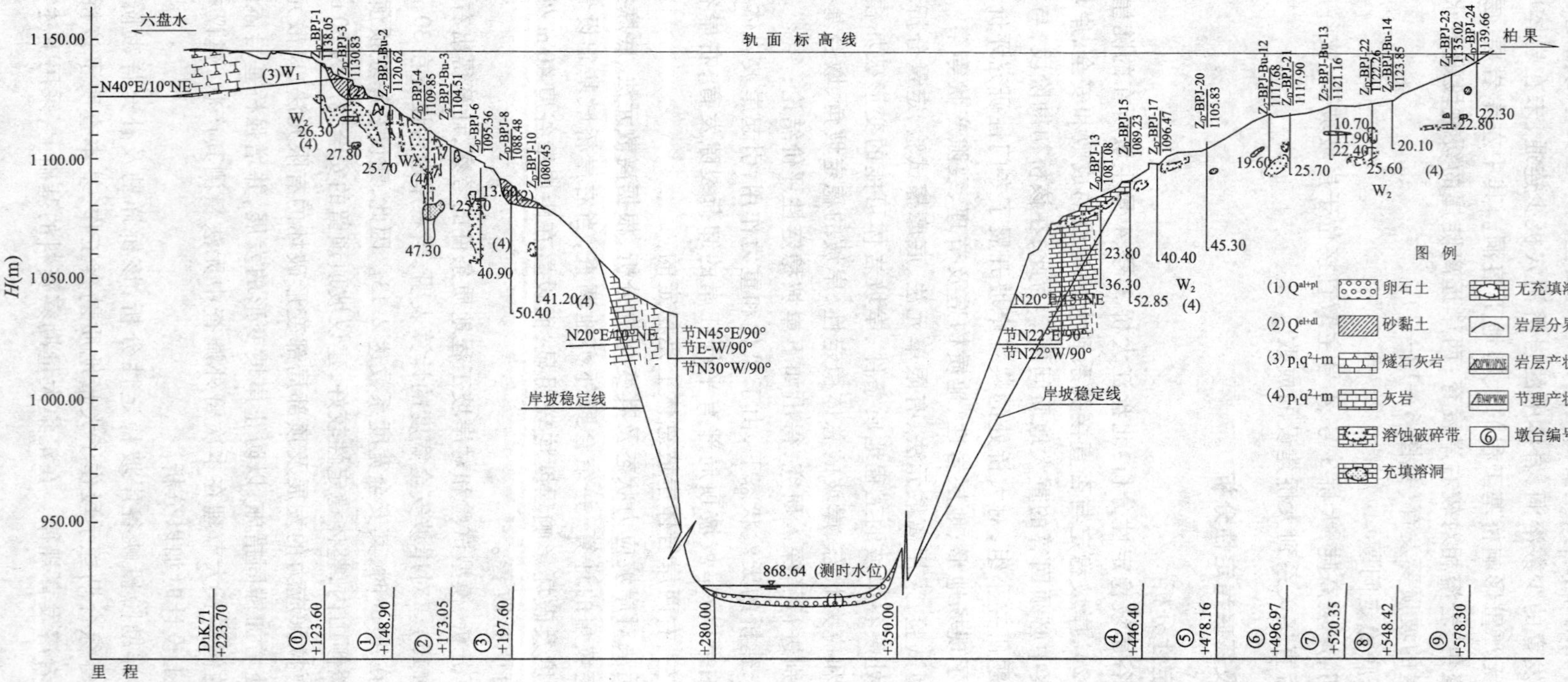

图 6—12—3　北盘江大桥地质纵断面示意图

①利用不均质土坡理论公式近似计算

$$\tau = \sigma f + c \tag{1}$$

$$\tau = T/L = W/h \times \sin 2\alpha \tag{2}$$

$$\sigma f = W/h \times \sin\alpha \times \cos\alpha \times \tan\varphi \tag{3}$$

式中 σ——法向应力(kPa);

τ——剪应力(kPa);

f——内摩擦系数;

c——内聚力(kPa);

T——下滑力(N);

L——破裂面长度(m);

α——破裂角(°);

φ——内摩擦角(°)。

利用上述公式可推导出临界岸坡稳定角为

$$\alpha_0 = (\beta + \varphi)/2 \tag{4}$$

式中 α_0——临界岸坡稳定角(°);

β——岸坡角(°)。

北盘江大桥右岸自然岸坡坡度 71°,左岸岸坡近于直立,灰岩内摩擦角取 65°,代入式(4)计算得右岸稳定岸坡角为 68°,左岸稳定岸坡角为 77.5°。

②工程地质类比法

对西南山区贵昆铁路、湘黔铁路及南昆铁路等数个类似的岩质高陡边坡地质特征进行比较,特别是与南昆铁路清水河大桥峡谷岸坡的比较,发现峡谷区灰岩高陡边坡的稳定岸坡角在 55°~80°不等,同时考虑北盘江峡谷岸坡独特的地质条件,建议北盘江右岸岸坡稳定坡角定为 65°,左岸岸坡稳定坡角定为 78°。

基于上述计算、分析及西南交通大学的模型分析计算成果,在该桥施工图设计时,经会审研究确定:左岸岸坡近于直立,岩层缓倾山内,陡壁完整性好,采用 80°稳定岸坡角设计,安全宽度 50 m(主要是根据岩溶勘探结果桥跨作了相应调整);右岸岸坡坡度较缓,岩层倾向河谷,略具顺层现象,加之岸坡谷肩处发育倾斜长大斜节理及卸荷裂隙等不利地质条件,设计稳定岸坡角采用 63°,安全宽度 40 m。

2. 基底稳定性评价

勘察期间,在北盘江两岸取了 10 余组灰岩做了强度试验。试验结果表明,灰岩一般单轴饱和极限抗压强度为 45~60 MPa,干压强度为 50~75 MPa,单块岩石强度远远高于各墩台设计要求的基底岩体承受应力。一般来说,墩台基底完整岩体的强度是能满足设计要求的,但因灰岩中岩溶化作用,各墩台基底稳定性有一定差异。定测勘察中揭示 0 号台、1 号墩基底下有溶洞,顶板安全厚度不够,设计对桥跨作了相应调整,并重新进行了钻探和钻孔孔内无线电波透视。

(1)0 号台:施钻 2 孔,孔深分别为 26.3 m 和 18.90 m,揭示岩性为燧石灰岩、灰岩,在 6.90~18.20 m 处溶蚀严重,岩芯破碎,溶蚀裂隙宽 20~30 cm,其余地段溶蚀轻微,岩芯完整,呈 5~40 cm 柱状,基底无溶洞,溶蚀破碎带对桥基无影响。为提高岩体强度,施工中采用基底钻孔注浆加固。

(2)1 号墩及 2 号墩:桥跨调整后,两墩位置各施钻 1 孔,孔深分别为 25.70 m 和 26.50 m,

岩性为风化轻微的深灰色致密坚硬灰岩，岩芯完整，柱状节长 10 ~ 70 cm，其中 1 号墩在 17.5 ~ 17.7 m 处发育有黏土充填的溶蚀裂隙，2 号墩在 15.35 ~ 16.40 m 处为溶蚀破碎带，该两墩基底岩体完整，稳定性好。

(3)3 号主墩：该墩为大桥主跨之左岸拱座主墩，基础较大，直径约 10 ~ 12 m，埋置深度 10 ~ 20 m，定测及补定测共计施钻 10 个钻孔，利用初测钻孔 1 个。孔深在 26 ~ 50 m 间有 3 个钻孔钻到溶洞，直径 0.7 m、0.8 m、3.5 m 及 6.7 m，其中 3.5 m 的溶洞充填软塑状砂黏土，溶洞埋深 13 ~ 33 m，其余钻孔仅揭示有溶孔、溶缝及溶蚀破碎带。该墩基底岩溶发育，但溶洞顶板尚有 13 m 的厚度，最大的两个溶洞顶板厚度达 18 ~ 22 m，满足桥基岩溶勘察规则的要求，不影响主墩位置，但考虑到主墩拱座承载力要求高，施工中可对基底进行钻孔压浆加固，提高岩体整体强度。

(4)4 号主墩：该墩为大桥主跨之右岸主墩拱座，基础较大，直径约 10 ~ 12 m，埋置深度 10 ~ 20 m，定测及补定测共计钻探 12 个孔，孔深在 26.30 ~ 50.85 m。钻探表明，灰岩上部 4 ~ 8 m 为溶蚀破碎带，溶蚀较为严重，但多为密集型溶孔及溶缝，未见大于 0.5 m 的溶洞，8 m 以下基本为溶蚀轻微的完整灰岩，仅局部孔段见溶缝及小溶孔。该墩基底岩体较为完整，稳定性好，考虑拱座承载力要求高，施工中可对基底进行适量的钻孔压浆加固，提高岩体整体强度。

(5)5 号、6 号墩：5 号墩位置施钻 2 个孔，孔深分别为 46.10 m 和 45.30 m，揭露岩性为深灰色致密坚硬灰岩，仅浅表部见有轻微溶蚀现象，岩芯大部分呈 5 ~ 45 cm 的柱状，局部受节理影响，岩体较破碎，基底岩体完整，稳定性好；6 号墩位置施钻 1 个孔，孔深 19.60 m，岩芯完整，呈 5 ~ 40 cm 柱状，在 11.80 ~ 14.50 m 处溶蚀较严重，见溶孔、溶缝，无大的溶洞，基底岩体完整，稳定性好。

(6)7 号、8 号墩：7 号墩位置施钻 1 个孔，孔深为 22.40 m，揭露岩性为深灰色致密坚硬灰岩，岩芯大部分呈 10 ~ 20 cm 的柱状，局部存在溶蚀现象，其中在 10.70 ~ 11.90 m 处为无充填的溶洞，溶洞顶板安全厚度大于 10 m，该墩基底岩体大部分较完整，稳定性较好，满足承载力要求，为稳妥安全起见，施工中可对该溶洞进行注浆加固；8 号墩位置施钻 1 个孔，孔深 20.10 m，岩芯完整，呈 10 ~ 20 cm 的柱状，仅局部见有溶孔、溶缝，基底岩体完整，稳定性好。

(7)9 号台：施钻 4 孔，定测及补定测 3 孔，孔深 19.80 ~ 22.80 m，利用初测钻孔 1 个，孔深 48.50 m，钻孔揭示岩性为深灰色致密坚硬灰岩，岩芯完整，多呈 5 ~ 20 cm 的柱状，仅局部节理面见有溶孔、溶缝等溶蚀现象，岩性为深灰色致密坚硬灰岩。

综上所述，各墩台基底稳定性好，基底存在溶洞的 3 号主墩和 7 号墩，其溶洞的安全顶板厚度满足基础设计需要，但为了提高基底岩体的整体强度，施工中对 0 号台、3 号主墩、4 号主墩和 7 号墩均进行了注浆加固处理。

（六）采用的勘察方法及手段

1. 地质调绘

初勘阶段：为选择在地质条件较好的岸坡跨越北盘江峡谷，对北盘江公路桥附近开阔河谷桥位方案、上游尖坡桥位方案、下游老鹰岩桥位方案等三个桥位方案，均进行了详细的地质调绘，在此基础上，结合桥址地质条件及线路情况，最终选定下游老鹰岩桥位方案。

详勘阶段：对下游老鹰岩桥位方案进行了详细工程地质测绘，查明了桥址的地形地貌特征、地层岩性、地质构造以及不良地质、特殊岩土的类型、分布、规模和桥址的水文地质条件。

施工阶段：针对 3 号、4 号主墩在开挖过程中基坑底部出现溶隙、溶缝及小型溶洞，再次开展了基坑坑壁、坑底的地质调绘工作，分析了主墩岩溶发育的特征及规律，提出了提高基底岩体强度的注浆加固措施。

2. 钻　　探

为查明大桥墩台持力层基底工程地质条件，各勘察阶段均布置了一定数量的钻探工作，详勘阶段根据墩台基底岩溶发育程度按对角线或梅花形布置钻孔。为保证钻探质量，采取以下措施：

(1)严格按照岩溶勘探规范，并根据物探揭示的溶洞、溶蚀破碎带分布情况布置钻孔，主墩及岩溶较发育的墩台采用对角线及中心布孔，考虑主跨为拱桥的桥式特点，在主墩的承受推力后缘也布置了勘探孔。

(2)所有钻孔均在现场采用经纬仪放孔，勘探过程中技术人员严把技术、质量关。

3. 物　　探

初测阶段：为查明第四系覆盖层厚度，对基岩风化层、岩溶进行分层分区，确定玄武岩与可溶岩的分界线，为桥址方案比选提供依据，在测区范围采用地震反射波法、电测深法进行对比判释。

详勘阶段：采用孔内电磁波层析成像(CT)法探测桥址范围内的岩溶发育情况。资料解释中结合钻孔及地质调绘资料，运用地矿部北京计算中心研制的“钻孔电磁波处理解释处理站”进行层析成像(CT 成像)解释观测数据，得出“柏果岸桥址范围内岩溶主要以浅部溶蚀破碎、节理、裂隙、溶孔、溶缝为特征，水城岸桥基范围内岩溶较发育，类型较多，有充填的小型溶洞、空洞及溶蚀破碎带”的结论。

施工阶段：采用地质雷达对 3 号、4 号桥墩基底进行岩溶复查，发现 3 号、4 号桥墩岩溶溶蚀现象均较发育，主要以溶蚀破碎、裂隙发育为主。

4. 专题研究

由于北盘江峡谷岸坡陡峻，地势险要，在初勘阶段对三个桥位方案从工程地质角度进行充分比较，最终确定老鹰岩桥位后，即与西南交通大学合作，开展了峡谷岸坡稳定性分析评价的专题研究，采用多种方法评价了岸坡稳定坡角和岸坡稳定线，为最终确定大桥主跨及主墩位置提供了决策的依据。

(七)岩土设计参数及工程设计和施工工作建议

1. 岩土力学设计参数

该桥基础主要持力层为厚层、巨厚层灰岩，勘察时取 18 组岩样进行了试验，并对试验参数进行了统计分析，提出了设计地质参数(见表 6—12—1)。

表 6—12—1　桥基主要岩土力学设计参数推荐值

岩土名称	天然密度 (g/cm^3)	基本承载力 (kPa)	临时边坡率	饱和极限抗压强度 (MPa)	综合内摩擦角 (°)
砂黏土	/	180	1:1	/	/
燧石灰岩(W_2)	2.65	800~1 200	1:0.3	50	60
灰岩(W_2)	2.65	800~1 200	1:0.3	50	60
灰岩(W_1)	2.70	1 000~1 400	1:0.2	56	65

2. 工程设计和施工建议

(1)北盘江大桥峡谷岸坡稳定性好,设计时稳定岸坡角左岸采用80°,安全宽度50 m;右岸采用63°,安全宽度40 m。

(2)各墩台基底稳定性好,考虑到0号台、3号主墩、4号主墩、7号墩基底存在小型溶洞及溶缝,经计算,基底灰岩溶蚀率为5%~10%,施工时应采用钻孔注浆加固处理,以提高基底整体稳定性,钻孔压浆压力不小于0.2 MPa,预计岩溶压浆量约1 500~2 000 m^3。

(3)桥址区厚层、中厚层灰岩持力层大面积出露,基岩裂隙水或岩溶裂隙水不发育,工程地质条件好,各墩台基础均可采用明挖基础。

(4)鉴于3号、4号主墩承载力要求较高,施工中应根据岩溶发育情况加强基底地质复查工作。

(八)施工验证

1. 施工开挖各墩台基础地质条件基本与工程地质勘察报告中的论述一致,获得现场施工单位、施工监理单位和建设单位的好评。

2. 加强了施工地质工作。该桥施工开挖中,发现承载力要求较高的3号、4号主墩坑壁及基坑底发育有溶孔、溶缝,立即组织人员对溶缝、溶孔的位置、深度进行详细调查,并采用地质雷达对基底进行探测,查明了主墩下伏岩溶发育形态及规模,提出了压浆加固措施,满足了3号、4号主墩在转体合拢关键过程中基础高承载力的要求,保证了控测精度要求及一次转体成功。

3. 北盘江大桥建成通车以来,安全运营良好。

十三、断裂构造对襄渝铁路增建二线牛角坪特大桥的影响

张雄文

(一)概　　况

襄渝铁路增建二线进入大巴山腹地后,在大巴山山脉北部设牛角坪特大桥(最大墩高98 m,主跨192 m),上跨既有襄渝铁路牛角坪1号隧道及双沟河。因既有襄渝铁路于宝石山一带沿双沟河展线,在双沟河左岸既有铁路桥隧相连,增建二线线位则在该段取直。在距既有铁路1 km的青岩溪上设新麻柳站,出站穿长约5 km的宝石山隧道后,以牛角坪特大桥设高墩大跨跨越双沟河,与既有铁路相接。该段山高坡陡,沟深谷宽,区域地质复杂,构造断裂发育,岩体破碎。桥位选择和桥跨布置受控于工程地质条件,因此查明桥址区工程地质条件,尤其是断层的具体位置、断层产状、破碎带宽度和破碎带的物质组成等,对桥位及墩位的选择都起到至关重要的作用。为此,牛角坪特大桥采用综合勘探方法,根据不同设计阶段对桥位和桥跨布置的要求,逐渐深入进行工程地质勘探,最后根据工程地质条件选定了桥位和桥跨布置,为牛角坪高墩大跨桥的设计提供了可靠的工程地质资料。

(二)桥址区地貌及地质条件

1. 地　　貌

特大桥选址区属构造剥蚀中山河谷地貌,自然坡度为25°~57°,附近地面相对高差约200 m。线路跨越汉江水系任河支流双沟河,河谷深切,呈“U”字形,常水面宽20~50 m,水深小于1 m,

河床宽约 135 m,河床面平缓。安康端岸坡自然坡度 43°～57°,近似一面坡,基岩零星出露,谷坡上灌木零星散布,植被不发育。重庆端岸坡自然坡度 30°～46°,地势起伏,局部呈浑圆状剥蚀地貌形态。

2. 地质条件

桥位处河道内覆盖 2～10 m 厚冲积卵石土,斜坡覆盖第四系坡、残积粉质黏土、角砾土,主要分布于安康端岸坡上,最厚可达 10 m。下伏基岩为三叠系下统嘉陵江组(T_1j)灰岩、震旦系下统南沱群(Z_a)凝灰质砂岩、凝灰质砾岩夹凝灰质泥岩。灰岩分布范围较小,仅位于重庆台附近。构造单元为扬子准地台北缘大巴山前缘坳陷带,褶皱、断裂发育,区域褶皱为紧密线状褶皱,断层呈北西西向分布,近断层处岩层发生倒转现象。桥梁跨越的主要断裂特征如下:

(1)代潢沟—大竹河断层:该断层属区域性逆断层,断层产状约为 N42°W/50°～70°E,与线路交角约 75°,震旦系下统南沱群(Z_a)凝灰质砂岩夹凝灰岩、泥岩逆冲覆于三叠系下统嘉陵江组(T_1j)灰岩夹泥质灰岩层上,断层造成自寒武系至二叠系地层的缺失,所以该断层断距大。受断层影响,岩层倒转,新老地层关系发生倒置,断裂延伸长达 45 km,沿断裂构造线可见压碎岩、角砾岩和地貌上的断层谷,主断面有清晰的断层擦痕。断层破碎带宽 50～100 余米,影响带宽 100～120 m,破碎带内岩石为糜棱岩、角砾岩、压碎岩,影响带内岩石破碎、扭曲,节理发育。

(2)松树坝断层:该断层被第四系土层覆盖。据区域地质资料、钻探、物探揭示,该断层为一逆断层,发育于震旦系下统南沱群(Z_a)地层中,断层走向为 N50°W,倾向 NE,倾角约为 70°,与线路交角 50°～70°,向 SE 方向延伸约 500 m 后与代潢沟—大竹河主断裂带相交,属代潢沟—大竹河断层上盘发育的次级断裂。该断层上盘岩层产状为 N40°W/54°N,下盘岩层产状为 N38°～48°W/32°～51°N。经调查、钻探、综合测井及弹性波层析成像(CT)等多种手段的综合勘察确定,其破碎带宽 80～160 m。据钻孔揭示,断层破碎带物质以灰绿色、深灰色断层角砾岩为主,层理多呈动力变质的片麻状,局部有绿泥石化、片理化或充填石英脉,钻孔岩芯中可见断层擦痕,岩芯多呈碎石状(ϕ30～70 mm 为主)、角砾状(ϕ2～20 mm)、土状、泥状,少量呈 20～230 mm 的短柱状,岩质极软,手锤敲击易碎,部分手捏可碎。断层两盘岩层受断层影响较严重,节理、裂隙发育,岩体破碎,断层上盘(桥位安康端)节理产状为 N70°～85°E/77°～90°NW、N85°E/45°S 和 N20°W/40°NE,呈"X"状,节理间距一般为 0.2～0.3 m,延伸性较好,微张为主,多数无充填,仅安康端坡面上节理为微张—张开,充填粉质黏土。破碎带附近出露岩层可见明显的阶梯状断层擦痕。

(3)隐伏小断裂(F_1):代潢沟—大竹河断层和松树坝断层之间,经 CZ-lj-4-1～CZ-lj-4-2 钻孔弹性波层析成像(CT)判断,有一隐伏小断裂(F_1)。

经在断层上、下盘补充钻探,核实了该断层的位置和规模。该断层属性质不明断层,钻探证实其走向为北西向,稍有扭曲,倾向 NE,倾角 70°～80°,断层破碎带铅直厚度 2～11 m 不等,呈角砾状,少量呈碎块状、土状。

(三)采用综合勘探方法查明桥梁工程地质条件

针对该桥复杂的地质条件,在充分收集区域地质资料的基础上,结合桥梁孔跨布置、基础类型和深度,对桥基础处的岩土结构、构造发育情况开展综合地质勘探工作。地表物探以地震浅反为主,物探异常地段采用直流电测深法进行验证,并采用钻孔印证。结合钻孔布置情况,除进行孔内声波测试外,还开展了孔间层析成像(CT)。为提高岩芯采取率,所有钻孔均采用双层单动岩芯管钻进,断层破碎带岩芯采取率可达 95%,其余地段岩芯采取率均在 95% 以上。

跨双沟河特大桥的线位，主要作两个方案的地质条件比选：YDK 线及其右 35 m 的 YD_2K 线方案。结合初步设计桥式方案 1 × 24 m +（110 + 192 + 110）m 预应力混凝土连续刚构 + 3 × 32 m + 1 × 24 m 和补充初步设计桥式方案（118 + 192 + 118）m 预应力混凝土连续刚构 + 2 × 32 m + 3 × 24 m，开展了综合地质勘察工作；对施工图 1 × 24 m +（100 + 192 + 100）m 预应力混凝土连续刚构 + 3 × 32 m + 2 × 24 m 桥式方案进行了地质资料核查勘探。各阶段完成工作量统计如表 6—13—1 所列。

表 6—13—1　各阶段完成勘察工作量统计表

序号	勘探方法	孔数(个)	孔深(m)
初测			
1	机动钻探	10	655.68
2	直流电测深	201 点	
3	地震浅反	15 360 点	
4	岩样室内物理力学试验	7 组	
定测			
1	机动钻探	20	1 370.52
2	声波测井	4	273.90
3	岩样室内物理力学试验	10 组	
4	岩块声波测试	17 组	
5	层析成像(CT)	9 456 点	
补定测			
1	机动钻探	4	253.02

（四）断裂构造对桥位方案比选和墩台布置影响分析

断裂构造对牛角坪特大桥桥位、墩位的选择具有控制作用。通过不同勘察阶段逐步加深的综合勘察，最终选出地质条件良好的桥位，合理布置了桥梁孔跨，使墩台位置避开断层破碎带。

1. 初步设计阶段桥位地质条件分析

2003 年 6 月至 2004 年 9 月开展初测及定测阶段地质勘察，主要针对可研阶段所确定的桥式方案 1 × 32 m + 256（拱桥）m + 4 × 32 m 进行，以查明影响主跨的断层位置和断层破碎带宽度为主要目的。通过初测及定测综合地质勘察，查明桥位一带发育有两条断层，分别为区域性逆断层代潢沟—大竹河断层和次一级的松树坝断层，其中以松树坝断层对桥跨影响较大。断层破碎带宽度约 130 m，控制了主跨的跨度和主墩的位置，而将线路适当右移，则断层破碎带宽度将明显变窄，仅宽 105 m 许，这样，可采用较小的主跨跨度，即可跨过断层破碎带。据此，地质专业提出线位右移 35 m 的优化方案，经线路比选后被采纳。

2. 补充初步设计阶段桥位和桥墩的地质条件分析

通过 2004 年 9 月 ~2005 年 3 月开展的补充定测工作，进一步查明代潢沟—大竹河断层和松树坝断层之间岩体受断层影响明显，裂隙发育，岩体结构较破碎，岩层风化层厚度大，风化层最大厚度达 33 m。又经物探（声波测井和孔内弹性波层析成像）、钻探揭示，在重庆端主墩附近，有隐伏小断层 F_1 分布，断层规模不大，倾角较陡，推测其与线路交角约 60°，走向为北西向，倾向 NE，倾角 70° ~80°，断层破碎带铅直厚度 2 ~ 11 m 不等，岩芯多呈角砾状，少量呈碎块状、土状。由于该断层发育于大桥主墩附近，结合上部岩体风化破碎特点，对该主墩的影响不容忽视。

3. 施工图设计阶段桥位和桥墩地质条件分析

2005 年 5 月 25 日，根据补充初步设计阶段的桥式方案(118 + 192 + 118)m 连续刚构 + 2 × 32 m + 3 × 24 m，做了进一步的补充定测工作，重点对该方案的主跨 1 号、2 号墩位及 3 号墩开展工作。通过主墩钻探揭示，结合相邻勘探孔和声波测试资料分析，在 2 号主墩桩基础范围内，发育有另一条隐伏小断层，断层破碎带宽约 2 m，呈角砾土状，与线路交角约 60°，走向稍有扭曲，总体呈 N50°W，倾向 NE，倾角 70° ~ 80°，断层性质不明，断层破碎带真厚度 1 ~ 2 m，发育长度 90 m。为此，建议将原设计 2 号主墩墩位往重庆端移 6 m，使桩基能穿过该断层角砾破碎带，将桩底置于完整基岩上。施工图设计中据此建议，同时为避免墩台对既有襄渝铁路隧道的干扰，将牛角坪双线特大桥孔跨布置调整为 1 × 24 m 简支梁 + (100 + 192 + 100)m 预应力混凝土连续刚构 + 3 × 32 m + 2 × 24 m 简支梁。

通过以上工作，2 号主墩附近共有 5 个钻孔控制，3 号主墩附近有 7 个钻孔控制，并有相应的孔内声波测井和弹性波层析成像等物探工作支撑，桥基地质条件已得到清楚掌握，勘探点的布置能够满足施工图设计要求。桥梁基础采用桩基，并已穿过断层破碎带，桩底置于完整基岩中，保证了桥梁施工及后续运营安全。

(五)施工情况及“5 · 12”汶川地震影响

牛角坪特大桥于 2006 年 3 月开工，2007 年 9 月完成主墩施工，2008 年 8 月 11 日合拢。施工期间，经监理、设计、施工三方验基，地质条件与设计基本吻合。“5 · 12”汶川地震期间，8 号墩附近地面斜坡表层破碎岩体(断层角砾岩)曾发生小坍塌，对工程未产生危害。地震发生时，现场工人在桥梁下方对箱梁悬臂端进行观察，发现箱梁发生上下摆动，摆幅约有 40 cm。震后，施工测量人员及时对桥梁测量控制网进行了复测。复测结果表明，地震未造成影响，桥梁线形未受损害，墩台也未发生沉降现象。

(六)体　　会

在牛角坪特大桥不同桥址方案的工程地质勘察过程中，通过物探工作，对断裂构造的发育规模、位置范围有了预判，并据以指导钻孔孔位和深度布置，也对岩体的破碎状况作进一步定性，并和钻孔岩芯比对。通过物探和钻探相互验证，对比分析，找出物性参数的地质含义(构造、破碎状况等)，钻探取芯和测试，反过来克服了物探多解性的局限，提高了对断裂构造勘察的准确性。总之，采用物探和钻探结合的综合勘察方法，综合分析断裂构造并判断其影响宽度，对桥位方案比选、墩位布置发挥了重要作用。

十四、渝怀铁路扇沱场长江特大桥工程地质条件评价

张升文

(一)引　　言

扇沱场长江特大桥为渝怀铁路跨长江的一座预留双线特大桥，地处重庆市长寿区原扇沱乡与朱家镇之间，在县城以西长江上游约 10 km 处，为渝怀铁路十大重点控制工程之一。桥址处长江水位高程为 140 ~ 160 m，经常有大型客轮、货船通过，波浪高 1 ~ 3 m。河床卵石土厚，长

江水中墩钻探困难，且砂岩中存在差异风化形成的岩腔。该段范围内砂岩与泥岩交互沉积，岩体性质和强度相差较大，软硬岩体相间，加之地下水及长江水作用，岩体差异风化严重。通过现场地质测绘、常规钻探、水上钻探、物探及水中钻孔测井等综合勘察手段，各种方法综合验证、补充、完善，查明了大桥墩台基础的地质情况。通过大桥基础施工，未发生因地质不符引起的变更设计。

（二）特大桥工程概况

扇沱场长江特大桥位于渝怀铁路DK89 +117.20 ~ DK90 +025.35段，全桥长898.36 m，桥跨布置为(2×24 +3×32)m预应力混凝土简支梁 +(144 +2×192 +144)m下承式整体节点连续钢桁梁 +(2×32)m预应力混凝土简支梁。下承式钢桁梁均按复线标准一次建成，两端引桥均为32 m简支T形梁，引桥基础及墩台身一次建成。主桥6号、7号墩采用每墩10根3.0 m直径的钻孔桩基础，桩长达42 m，承台高6 m，承台平面2.52 m×1.74 m，为高桩承台，两墩均位于长江黄金水道航运业务繁忙的主航道；其他墩台采用明挖基础。

（三）桥址比选

1. 桥址比选中的工程地质选线原则

(1)桥址的选择应首先从区域地质构造方面考虑，尽量选择在地质构造简单且稳定的区域；

(2)桥梁墩位及基础形式的选择应考虑覆盖层及强风化层的厚度，尽量选择在覆盖层和强风化厚度较小处，根据覆盖层厚度和强风化厚度进行墩台位置的调整；

(3)在野外调绘时，可见由于岩质软硬不均及江河水的侧蚀作用形成倒悬的岩腔，桥位应选择在没有因差异风化形成岩腔的稳定谷坡地段。

2. 桥址的比选

本桥位原选在长寿县两蚕堆附近，后由于线路方案原因桥址准备选在扇沱场附近。在可研阶段进行了桥位比选，在扇沱场长江上游及下游均做了方案，尤其是下游靠近长寿城区做了三个方案。从工程地质条件分析，在扇沱场向上游为剑山坡断层，断层与线路小角度相交，且断层两侧岩性较破碎，不利于大桥的修筑；向下游又靠近菩提山向斜，岩性较破碎，且存在次一级褶皱，亦不利于大桥的修筑。扇沱场桥位方案工程地质条件相对最为简单，且从线路、水文等方面也相对为佳，又能满足桥梁修建场地需要，经综合比选，最终选定扇沱场桥位。现桥位位于剑山坡断层与菩提山向斜之间，区域上位于构造稳定带，适宜于修建跨长江特大桥梁。

（四）桥渡区工程地质条件及勘察

1. 地形地貌

桥址区位于云贵高原东北麓向四川盆地东缘过渡地带的平行岭谷区，地形起伏较大。地形受地质构造控制，背斜成条状中低山，向斜成宽缓低山丘陵谷地，山脊走向与构造线一致，呈北东向展布。该桥正交跨长江。该段长江河床顺直，水流湍急，水运繁忙。桥址两岸范围属丘陵地貌，地形起伏不大，相对高差50 ~80 m，自然坡度15° ~25°，局部存在陡坎。两岸地形基本对称，均为斜坡。南岸大桥跨过一沟槽后（沟内有中石化川维专用线）进入长江；北岸为扇沱场，房舍、民居较多。测区基岩大部分裸露，交通较方便。

2. 地层岩性

据调查及钻探揭示，桥址区分布有冲积（Q_4^{al}）中砂、卵石土，坡洪积（Q_4^{dl+pl}）砂黏土，坡残积（Q_4^{dl+el}）粉质黏土；基岩为侏罗系中统沙溪庙组（J_2s）泥岩夹砂岩、砂岩及侏罗系中统下沙溪庙组（J_2xs）泥岩夹砂岩。

（1）冲积层（Q_4^{al}）中砂：黄褐色，潮湿，中密，砂粒成分由长石、石英组成，均匀，质纯，局部含黏粒较多，厚 2 ~ 5 m，分布于北岸岸坡附近。

（1-1）冲积层（Q_4^{al}）卵石土：杂色，松散，饱和，含漂石，石质成分为硅质岩、石英砂岩，磨圆度好，厚 3 ~ 11.15 m，分布于河床中。

（2）坡洪积层（Q_4^{dl+pl}）砂黏土：灰褐色，软塑—硬塑状，其中夹少量的砂岩、泥岩质角砾，局部土质较纯，黏性较强，厚 2 ~ 5 m，分布于南岸沟槽内。

（3）坡残积层（Q_4^{dl+el}）砂黏土：紫红—棕红色，半坚硬—硬塑状，其中夹少量的砂岩、泥岩质角砾，厚 0 ~ 2 m，分布于缓坡处。

（4）泥岩夹砂岩（J_2s）：紫红色夹灰绿色条带，泥质及砂质胶结，质软。强风化带厚 1 ~ 2 m，容重为 23 kN/m^3，岩体综合 φ 为 40°，基本承载力为 300 kPa，桩周极限摩阻力为 90 kPa，临时边坡坡率取 1∶0.75；弱风化带容重为 25 kN/m^3，岩体综合 φ 为 60°，基本承载力为 600 kPa，单轴饱和极限抗压强度为 13 MPa，临时边坡坡率取 1∶0.5。

（5）砂岩（J_2s）：灰黄、青灰、灰白色，厚—巨厚层，中—细粒结构，硅质、钙质、少量泥质胶结。强风化带最厚可达 14.5 m。强风化带容重为 23 kN/m^3，岩体综合 φ 为 45°，基本承载力为 500 kPa，桩周极限摩阻力为 90 kPa，临时边坡坡率取 1∶0.5；弱风化带容重为 24.5 kN/m^3，岩体综合 φ 为 65°，基本承载力为 800 kPa，单轴饱和极限抗压强度为 29 MPa，临时边坡坡率取 1∶0.3。

（6）泥岩夹砂岩（J_2xs）：暗紫—紫红色，泥质胶结为主，质软。强风化带厚 1 ~ 2 m，分布于北岸 J_2s 砂岩之下，容重为 23 kN/m^3，岩体综合 φ 为 40°，基本承载力为 300 kPa，桩周极限摩阻力为 90 kPa，临时边坡坡率取 1∶0.75；弱风化带容重为 25 kN/m^3，岩体综合 φ 为 60°，基本承载力为 600 kPa，单轴饱和极限抗压强度为 13 MPa，临时边坡坡率取 1∶0.5。

3. 地质构造

桥址区属新华夏系构造，位于扬子准地台四川盆地川东平行岭谷区，由紧密的背斜和宽缓的向斜组成北北东向隔挡式构造。桥址区处于剑山坡正断层与菩提山向斜之间，桥址范围内构造简单，属于单斜构造，地层倾角较缓，其层理产状为 N35°W/28° ~ 34°NE。砂岩中节理较发育，主要有 N76°W/82°SW、N54° ~ 76°E/67° ~ 74°SE 两组节理，节理面较平直，延伸远，缝宽 1 ~ 3 mm，无充填物，节理呈"X"形，贯通性好，呈微张开状。

4. 水文地质条件

大桥范围内为斜坡地形，有利于地表水的径流与排泄，大气降雨多沿坡面流入长江排走，地表未见井泉点出露。地表水以长江水为主，沟槽内存在季节性水流，地表水水质为 HCO_3^-—Ca^{2+}·Na^+·K^+ 及 HCO_3^-—Ca^{2+} 型，对混凝土无侵蚀性。

地下水以基岩裂隙水及孔隙水为主，水量不丰，由大气降水补给，排泄入长江。

该桥的工程地质纵断面如图 6—14—1 所示。

5. 工程地质条件评价

（1）岸坡条件：大桥两岸岸坡稳定，除北岸有零星的土层覆盖外，多基岩裸露，岩体稳定性

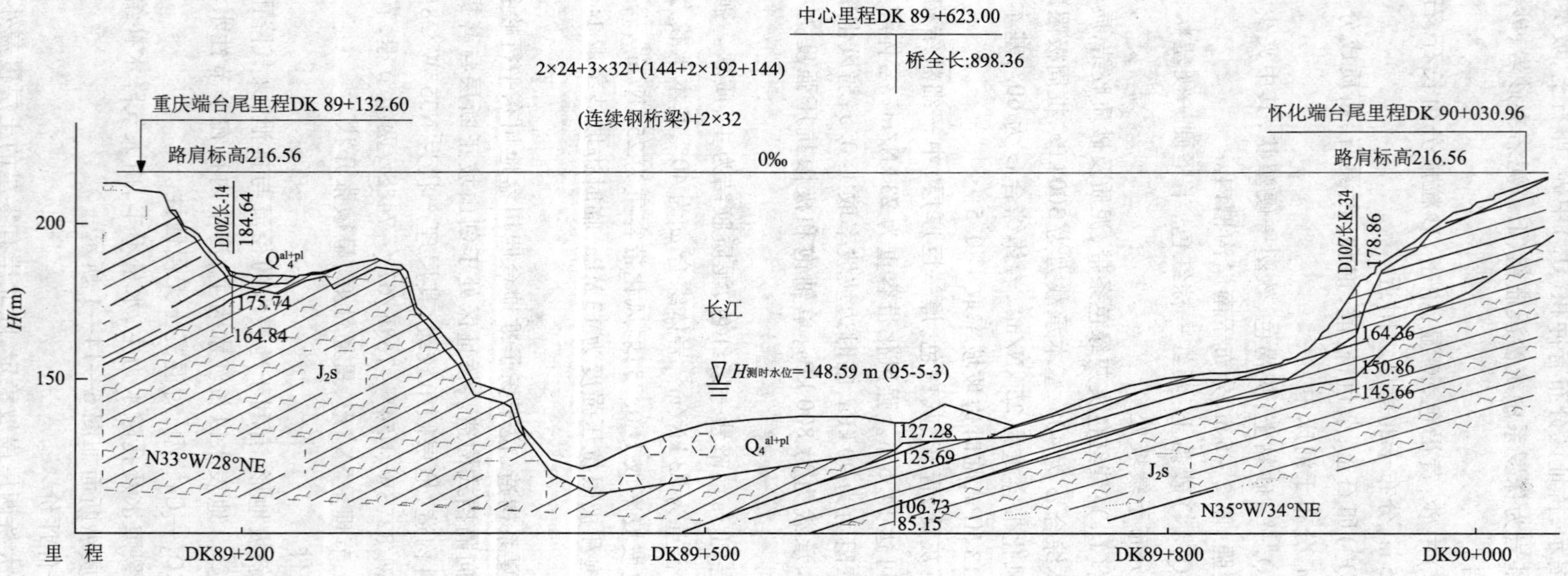

图 6—14—1 扇沱场长江特大桥工程地质纵断面示意图

好,在江水冲刷作用下,未见有坍塌、掉块或危岩产生。地层构造简单,为砂岩、泥岩。岩层单斜,属地质构造简单区。

(2)岩性条件:两岸岩层同属侏罗系中统沙溪庙组,岩性为砂岩、泥岩,但因砂岩的胶结物的差异导致抗风化能力的不同。

北岸:砂岩多灰黄色,钙泥质胶结,间夹紫红色泥质团块,团块大者约0.2 m,一般者0.05 m,质软,地表多风化成中砂状,风化严重带0~2 m,局部达5 m,最厚可达14 m,钻孔岩芯取出后,在3 m以上可用手掰开并折断,表层0~1 m可用手搓成砂粒状。

南岸:砂岩为灰黄、青灰色,兼有钙铁质胶结,岩石中石英含量有明显增多的趋势,锤击声脆,质坚,钻孔岩芯取出后,普遍呈柱状,岩芯节长最长达1.0 m。

该处长江河面较窄,两岸基岩出露较好,地表覆盖层薄,基岩为泥岩夹砂岩、砂岩,属单斜构造,无大的断裂构造通过桥址区。桥址区工程地质条件良好,地表水对混凝土无侵蚀性,地下水不丰富,适宜于修建桥梁。

6. 特大桥的工程地质勘察

由于该桥的特殊性及复杂性,在勘察阶段,采用了地质调绘、物探、钻探和岩土试验等多种手段相结合的综合勘探方法,各种勘察结果互相验证,确保了勘察资料的完整性,详细查明了墩台位置的地层岩性组合情况和物理力学性状,为桥墩、桥台位置的确定和设计提供了可靠的地质基础资料。整个大桥施工期间,未因工程地质原因而发生设计变更。

(五)孔跨位置选择与基础工程措施建议

1. 孔跨选择

根据钻探结果进行了桥跨选择和调整。在现桥位上,原拟在DK89+328.24设5号墩,但据钻探揭示,桩尖均位于泥岩中,且受地质构造一定影响,地质条件较差;后移至DK89+286.74处,据钻探揭示,其桩尖均位于砂岩中,工程地质条件明显改善。9号墩原位于DK89+894.98处,钻探揭示其桩尖位于泥岩夹砂岩中,地质条件较差;移至DK89+925.18处后,其桩尖又部分位于泥岩、部分位于砂岩中,承载力不均匀,同时考虑到构造因素的影响,再次将墩位置移至DK89+959.26处,钻探揭示该处桩尖全部位于砂岩中,工程地质条件较好。

6号、7号墩位于江中,卵石土较厚,虽然卵石土的基本承载力能满足桥墩明挖基础需要,但由于砂卵石层存在潜蚀作用,当其中的细颗粒土被江水带走之后,可能引起墩基不均匀沉降,影响墩台基础的整体稳定性。根据钻探结果,同时考虑到冲刷深度,建议采用桩基,其桩尖应全部嵌入泥岩或全部嵌入砂岩中,避免部分置于砂岩、部分又置于泥岩,以防止因岩性差异导致基岩承载力不同而出现桥基倾斜等问题。

原10号墩基础处于强风化带中,强风化带厚达14.5 m,且右侧距砂、泥岩形成的陡坎较近,墩基础襟边宽度不足,且陡坎处存在因受岩性差异风化而形成倒悬的岩腔。经与桥梁设计人员研究,对该墩位进行了调整,采用明挖基础,并将基础置入基岩弱风化带内一定深度,基础襟边宽度亦满足设计要求。

2. 桥基础工程措施建议

本桥基岩为砂岩及泥岩两种岩性,两种岩性的工程性质差别极大。砂岩岩质坚硬,胶结致密,不易风化、软化、崩解;而泥岩岩质较软,遇水易软化,暴露后易崩解剥落,其承载力迅速下降。鉴于此情况,明挖墩台基础及桩尖均宜置于单一岩性中,以避免因岩质软硬不均及风化差异引起基础变形。在各墩台的位置选择及桩尖持力层的选择中,均考虑了该因素。

（六）体会与总结

1. 重点特大桥的桥址选择,应先进行区域地质构造分析,再进行方案比选,一般应选在地质构造简单、无断裂及构造褶曲地段。

2. 桥址选择完成后,应对桥址范围内的岩土分布进行勘察、分析、评价,尽量将基础置于硬质岩或单一的岩性中,以免因岩层风化差异或岩性的软硬不均导致桥梁墩、台基础倾斜变形。

3. 对岩性因软硬不均而在江水掏蚀下形成的倒悬岩腔等不良地质,应进行详细的现场调查,因其可能影响岸坡的稳定,进而影响墩、桥台基础的稳定。桥墩、桥台基础应避开这些部位及其影响范围,并置入基岩弱风化带内一定深度。

4. 对于高墩、大跨及地质情况复杂地段的桥位地质勘察,应采用综合勘探的方法,各种方法相互验证、补充、完善,才能准确查明桥址处的地质情况,为设计提供准确、完整的基础资料。

5. 对河床或河漫滩的砂卵石层,应考虑潜蚀作用,当其基本承载力足够时,尚应考虑在潜蚀作用下地基的稳定性,有条件时,仍应建议将桥墩、桥台基础置于下卧的基岩内一定深度。

6. 对于基岩强风化极厚地段,应采用嵌岩桩,并提供嵌岩段强风化基岩的桩周极限摩阻力,其由嵌岩段的岩性、节理裂隙等确定。桩尖建议置入弱风化的基岩中,并尽量置入硬质岩中。

此外,对于桥位两侧岸坡,应考虑岸坡的稳定性,考虑顺层端由于河岸掏蚀而引起的顺层滑坡;当岸坡上土层较厚且水位涨落较大时,尚应考虑岸坡土体滑动对桥墩台的剪切破坏作用。

十五、渝怀铁路干溪沟涵洞变形及处理

严璧玉　王　科

（一）工程概况

渝(重庆)怀(化)铁路郁山隧道与干溪沟隧道间的深切沟槽——干溪沟沟宽约 50 m,原设计为双线大桥通过,考虑利用隧道弃渣,改桥为高填路堤方案。在 D_1K276 + 386 处设计为 1 孔 5.0 m 拱涵。涵洞位于干溪沟沟床内,顺沟设为弯折涵,涵洞总长 170.73 m。线路中心处拱顶填土高 40 m。涵洞上游段与线路近于直交,下游段与线路呈 80°和 75°斜交。线路中心右 43.57 m、左 59.42 m 的 102.99 m 范围采用 C20 钢筋混凝土拱涵,其余采用混凝土灌筑。下游约 120 m 及上游 60 m 涵基分别置于黏土、块石土上。在黏土处地基需换填砂夹碎石至基底下 1 m,基底悬空段换填砂夹碎石至原地面下 1 m,要求地基承载力必须大于等于 0.15 MPa。涵洞建成后,在高路堤填筑过程中拱涵洞身发生裂缝,为此进行了涵洞基础处理的变更设计。

（二）自然地理简况

线路通过地区为中低山剥蚀深切河谷地貌,山脉走向呈北北东向,地势崎岖,呈南高北低,

山高谷深，相对高差100～300 m。区内水系为郁江及其支流，支流多深切为峡谷，岸坡陡峻。植被发育较好。

该区属亚热带湿润气候区，四季分明，冬冷夏热，无霜期长，湿度大，云雾天多，日照少，秋季多绵雨。多年平均气温为10℃～20℃，1月份气温最低，为1℃～7℃，7月份气温最高，为22℃～30℃，极端最低温为零下5.7℃，极端最高气温为44.1℃。多年平均降雨量1 000～1 219 mm，5～9月为雨季，10月至次年4月为旱季。

地表水为局部沟水和河水，经取水样分析，水质为HCO_3^-—$Ca^{2+}\cdot Mg^{2+}$型，对混凝土无侵蚀性。

（三）涵洞工点工程地质条件

涵洞处于可溶岩地区的深切沟槽内，石灰岩裸露的陡峭沟壁下曾有危岩落石形成的堆积物，在参差不平的溶蚀沟床面上堆积有残坡积土层。地表水和地下水作用形成沟内石灰岩的溶沟、溶槽等溶蚀现象，地表岩溶发育，沟内还见有落水洞。

1. 地层岩性及地质构造

沟内覆盖有崩坡积的块、碎石土和坡残积黏土，陡峻的沟谷坡出露有寒武系的石灰岩夹白云质灰岩。

（1）崩坡积土（Q_4^{col+dl}）：以碎、块石土为主，褐黄、灰黄、灰绿色，稍湿—潮湿，中密。碎、块石含量一般大于60%，局部碎、块石含量高达80%，中夹有角砾土和砂黏土。碎、块石以灰岩质为主，多分布在坡麓，厚3～15 m。

（2）坡残积土：棕黄、褐黄、褐灰色黏土，坚硬—半坚硬状，分布在沟槽和溶槽内，厚度一般为0～2 m，局部厚度可达10～20 m。

（3）寒武系上统毛田组（ϵ_3m）：灰岩夹白云质灰岩，灰、深灰色，中厚层—厚层状，显晶结构，具有条带状、豹皮状构造，局部夹有泥质灰岩，质坚性脆，偶见燧石团块及条带，节理发育，岩体被节理切割成块状结构。

本工点位于宽缓箱形的郁山背斜轴部，背斜轴向N45°E，轴面直立，轴部极为开阔，岩层产状近于水平。沟槽内地层产状为N30°E/2°NW，发育有N5°E向和N30°W向的两组垂直节理。

2. 水文地质条件

沟内石灰岩多裸露，沟坡陡峻，大气降水顺坡成为坡面径流，地表水排泄条件好，所以沟内无长流水。因石灰岩地层产状平缓，且作为局部侵蚀基准面的郁江河水面较低，地表水通过落水洞和溶缝、溶隙流入地下，故该沟处地下水埋藏较深。

（四）勘察阶段和施工揭示涵洞基底地质情况

1. 补定测阶段地质勘察

原干溪沟双线大桥方案在线路中心和线路左侧7.5 m、右侧2.0 m范围施钻10孔287.55 m。钻孔揭示，灰岩表层有0～5 m的粉质黏土，有时见有2.6～21.7 m的块石土，块石含量达50%～60%，块径200～600 mm；灰岩岩芯多有溶缝、溶孔，较为破碎，钻孔中仅一孔见到0.6 m的充填溶洞。干溪沟线位附近重庆侧基岩裸露，而怀化侧沟床内堆积有较厚（厚达42.1 m）的粉质黏土和块石土，表明沟床内横向土层厚度变化极大，所以沟内基岩面的起伏很大。

当确定干溪沟双线大桥改为长大涵洞后，又进行补定测勘探，在涵轴范围内共完成钻探

7孔141.9 m。通过勘探和地质测绘工作，基本查明了涵基地质条件。资料表明，涵基土层厚度变化大，最大厚度达15 m。在DK276 + 380左90 m处有落水洞，落水洞洞口直径1 m，可见深度1.5 m。考虑到该处填方较高，工程地质说明中明确建议涵基应置于基岩上。

2. 涵洞施工揭示地质情况

涵洞基础开挖过程揭示的地基情况为：涵洞上游$K0_{上}$ +000 ~ $K0_{上}$ +063段左侧6.5 m基底为黏土，右侧4.0 m基底为灰岩；下游$K0_{下}$ +046 ~ $K0_{下}$ +096段左侧宽6.5 m基底为黏土，右侧4.0 m基底为灰岩。该涵的上、下游共113 m涵基底左侧为黏土，右侧4.0 m为灰岩。在2001年7月31日涵基施工过程中，于涵洞下游段发现一处溶洞；8月12日涵基外侧揭示一处溶洞和溶槽，溶槽沿右侧山脚分布，底部出露长2.5 m、宽0.8 m的溶槽；8月13日下游段涵洞基底揭示小溶洞一处，洞内微量积水，采用大块石回填及混凝土填充溶洞。

施工揭示涵洞基础的地质条件与勘察阶段勘探和调查情况相符：基底软硬不均，岩溶的溶沟溶槽发育，由于石灰岩地表溶蚀的无规律性，基岩面参差不齐，涵洞基底下黏土层横向厚度变化较大，涵基下存在充填溶洞、溶槽。

（五）高路堤填筑过程涵洞变形及变更设计

该处路堤施工后，填筑初期和填筑过程中，在涵洞上、下游洞身发现多处不同程度的开裂，为此监理、施工和设计单位联合对涵洞变形进行调查，并设观测点对裂缝进行观测，同时作涵洞基底工程地质的补勘钻探，以查明裂缝产生的原因和提供整治所需的工程地质资料。

1. 第一次涵洞裂缝调查及工程地质勘探

（1）涵洞裂缝调查及观测情况：涵洞建成后，2002年2月开始填筑路堤，3月下旬填至涵顶。在随后不断填筑拱顶的路堤，当填筑高度高出涵顶3.3 m时，涵洞出口段出现裂纹；2002年4月初，下游填至拱顶上8 m、上游填至涵拱上5 m时，下游14个涵节段、上游4个涵节段出现裂缝。至2002年6月26日，上游开裂涵节达15节。下游涵节段6月底停止填筑，至2002年7月5日观察，下游段涵节开裂未继续发展，但上游开裂发展达17节，此时拱顶填土高约8 m。

涵节开裂大致集中在下游$K0_{下}$ +046 ~ $K0_{下}$ +096段及$K0_{上}$ +000 ~ $K0_{上}$ +063段。下游$K0_{下}$ +046 ~ +096的涵段，裂纹集中在拱圈中部（拱顶）及基础左侧0.4 ~ 1.5 m处；上游涵段的上游$K0_{上}$ +000 ~ +063开裂裂缝主要集中在基础中心（轴线）附近。

涵基全部置于黏土层段涵洞整体下沉约3 cm，涵基地基软硬不均段涵身均因不均匀下沉而出现裂缝。根据施工单位于下游$K0_{下}$ +046 ~ +096段涵洞两侧边墙底56个观测点的观测结果，左侧总下沉量为10 ~ 61 mm，右侧总下沉量为 -2 ~ 10 mm。其中右侧26、28号观测点的总下沉量分别为72 mm和51 mm，对应其左侧25、27号观测点的总下沉量分别为55 mm和61 mm。

开裂的裂缝宽一般为5 ~ 15 mm，出口裂缝最宽约20 mm，且裂缝多有明显错台（向基底黏土层侧下沉最严重）。

（2）施工中工程地质补充钻探勘查：涵洞开裂变形后，为进一步查明涵洞基底工程地质情况，先后两次对涵洞开裂变形段进行了补充钻探，共布置18个机动钻孔，其中沿涵洞轴线布置12个孔，轴线左侧4.3 m处布置5个孔、右侧4.3 m布置1个孔。总计完成钻探18孔370.5 m，动力触探5孔/22 m。补充钻探资料显示，涵洞基底存在覆盖土层厚度不一的问题，局部钻孔还揭示涵洞基底灰岩中有充填溶洞。

①轴线上的10个孔中有一孔揭示充填溶洞，位置为D_1K276 + 376.8左49.6 m（下游16、

17 节间），钻孔编号为 S2Z-HD276-7。钻探深度范围内共揭示两层溶洞，其中上层溶洞高 4.1 m，全充填软塑状的黏土，土中约含 20% 碎石角砾，灰岩顶板厚 3.4 m（其中 2.7 m 的基岩在基础施工中已被换填成碎石土）；下层溶洞充填松散的碎石土，高 3.5 m。两层溶洞之间的灰岩（顶板）厚度约 1.3 m。同时，钻孔揭示，涵洞轴线上的土层基本已被挖基时清除，仅在进口第一节涵底还有 2.4 m。

②在下游涵洞左外侧边缘钻孔中，有三个孔揭示有溶洞，均为全充填软塑状黏土夹含约 20% 碎石角砾。D_1K276 + 374.1 左 90.4 m 的 S2Z-HD276-13 号孔（下游 30、31 节间）揭示的溶洞高 7.8 m，顶板岩层厚 3.4 m；D_1K276 + 371.6 左 60.2 m 的 S2Z-HD276-15 号孔（下游 20、21 节间）揭示的溶洞高 2.8 m，顶板岩层厚 0.9 m；D_1K276 + 373.2 左 51.3 m 的 S2Z-HD276-16 号孔（下游 17、18 节间）揭示的溶洞高 1.8 m，顶板岩层厚度 1.3 m。钻探揭示，溶洞顶板岩层完整性较好。S2Z-HD276-15、S2Z-HD276-16 两个钻孔揭示，在涵基下（除已部分清除外）有软塑状黏土，厚度分别为 4.3 m、2.8 m，S2Z-HD276-13 号、S2Z-HD276-14 号（25 节、26 节间）两个钻孔揭示，除已清除的部分外，还有厚 6.7 m、4.3 m 的黏土，说明涵洞基底下局部分布有软塑状黏土透镜体，也说明实际地质条件与原设计提供的工程地质资料情况基本相符。

（3）涵洞裂缝产生的原因分析：经对该涵下游段 56 个观测点的总下沉量、基坑开挖揭示的实际地质情况、开裂的错台特征及补充地质勘探资料等综合分析可以看出，开裂变形走向基本与基底土石分界线走向一致或平行，基础开裂位置在土层一侧，且错台特征显示基础向土层一侧下沉。因此，该涵洞开裂变形的主要原因是基底岩土软硬不均引起基础不均匀下沉。

（4）涵洞基础和涵洞变更设计：根据涵洞变形情况，认为是一般基底土层局部不均匀沉降造成的裂缝，曾确定采用换填处理措施：将该涵洞上、下游 113 m 涵基底的两段灰岩下挖 1 m，换填砂夹碎石，以达到均衡地基基础；换填砂夹碎石必须分层夯实，密实度达到 90% 以上。对涵洞一侧相对软弱的土质地基进行托换或加固，以消除不均匀沉降。但灰岩超挖 1.0 m 换填砂夹碎石后，涵洞下沉开裂变形仍在发展，变形问题仍未能根本解决。

当时考虑过是否是施工压实度不够造成的基底不均或是涵洞混凝土强度不满足要求，也考虑过是否为施工时将郁山隧道弃渣倾倒于涵洞渝端一侧形成偏压，从而导致涵洞开裂。为此，对施工过程进行了检查，并取样检测了混凝土强度。根据施工记录，该涵部分节段靠近崖壁，施工涵洞外侧时用机械碾压，靠近崖壁处则采用小型机械锤击，说明施工方法、施工过程符合要求。混凝土经取样检测，强度等级亦满足设计要求。其后，在涵基桩孔开挖过程中，又对涵洞底板厚度、钢筋布置进行了核查，核查结果亦与原设计图相符。

通过核查、检测，排除了上述原因，而涵洞基底的不均匀沉降问题还有待遇进一步查清；对涵洞及基础则必须作加固处理。两次变更设计对地基深层加固，采用挖孔桩措施，即涵基下设挖孔桩，桩底嵌入完整基岩内不少于 0.5 m；对涵洞则采用在涵内加设钢筋混凝套拱的措施。

（5）涵洞挖孔桩揭示的地质情况：根据涵洞基础变更设计图，每一节涵洞下设置挖孔桩 2 根，再用承台将涵洞基础托起。该长涵共设置挖孔桩 120 根，总桩长 6 698.12 m。挖孔桩较清楚地揭示了深切溶沟沟底的地质情况。总的情况是，怀化侧的土层厚度大于重庆侧，仅在 42 ~ 52 节是怀侧土层厚度小于渝侧；进口段土层厚度大于涵洞出口段，涵洞 12 节至 25 节为覆土较薄的段落。

进口至 12 涵节段左侧（怀化侧），原涵洞基础下还有平均厚 11.5 m 的土层，最厚达 15.4 m，最薄处有 5.4 m；右侧原涵洞基底下土层平均厚 6.68 m，最厚处为 8.8 m，最薄处为 0.85 m。土层厚度由进口向涵洞洞身减薄。

涵洞 12 节至 25 节左侧土层平均厚度 1.89 m，最大厚度 3.22 m，最小厚度为 0.05 m；右侧土层平均厚度仅 0.69 m，最大厚度仅 1.0 m，多为基岩。26 ~ 42 节左侧土层平均厚度为 13.29 m，右侧一般土层厚度较左侧小，仅局部厚度达 17 ~ 20 m；出口段土层厚度减小。但 25 ~ 42 涵节间，灰岩面向怀化侧陡倾。在 30-2 号桩和 40-2 号桩挖出溶洞：30-2 号桩（怀化侧）在孔深 17.8 m 处揭示出高 1.2 m 的充填溶洞；40-2 号桩的右角挖出宽 14.0 m、深 11.0 m 的半充填溶洞（见图 6—15—1）。

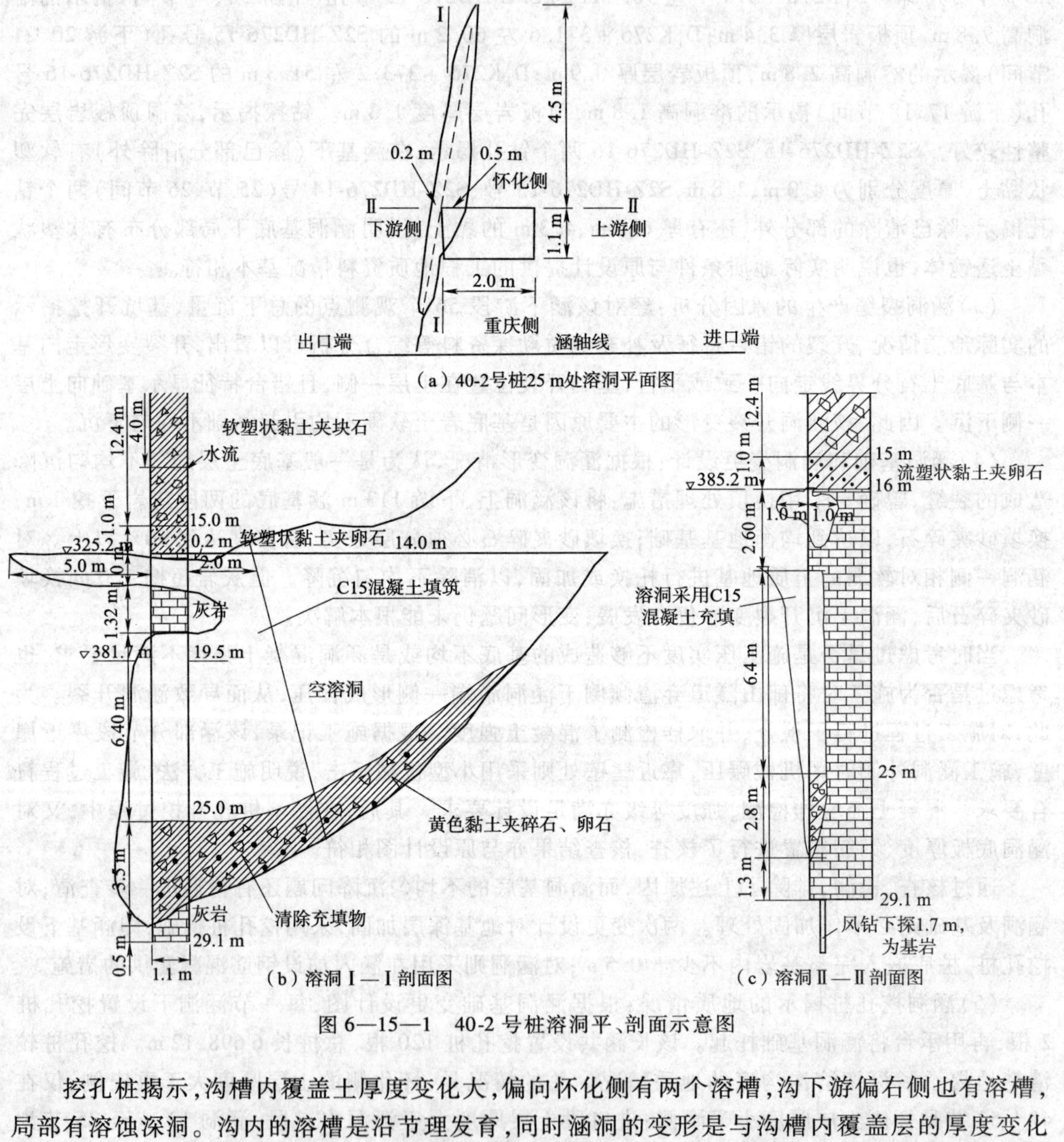

（a）40-2号桩25 m处溶洞平面图

（b）溶洞 I—I 剖面图

（c）溶洞 II—II 剖面图

图 6—15—1　40-2 号桩溶洞平、剖面示意图

挖孔桩揭示，沟槽内覆盖土厚度变化大，偏向怀化侧有两个溶槽，沟下游偏右侧也有溶槽，局部有溶蚀深洞。沟内的溶槽是沿节理发育，同时涵洞的变形是与沟槽内覆盖层的厚度变化相对应的。涵洞基底的不均匀沉降是涵洞变形的根本原因，所以仅作局部、浅表的地基处理是无法解决基础的不均匀沉降问题的。

2. 第二次涵洞洞身裂纹及原因分析和处理措施

根据变更设计在涵洞内加设钢筋混凝土套拱，当钢筋混凝土套拱施工结束后，恢复路堤填筑，在填筑过程中涵洞内又出现裂纹。根据施工记录，涵洞上游1～26节钢筋混凝土套拱均为2003年7～8月间灌筑，其余涵节钢筋混凝土套拱除58节外，均为10月、11月灌筑。施工单位于2003年11月15日开始恢复上游段涵洞拱顶路堤填筑，填方起始点高程为424.86 m，12月9日填至433.44 m（距设计路肩还有约16 m），此时涵洞受填方土压力影响的范围为1～30节段，也正是在该节段内，涵洞内有裂纹出现。

（1）裂纹情况：出现裂纹的套拱为6～26节，其中22～26节裂纹细微，肉眼不易辩视；20～21节、16～18节、6～11节裂纹细小，肉眼可见，裂纹宽在0.5 mm以下；12～15节开裂较严重，裂纹宽约1～2 mm。从涵节端部看，裂纹深度约20 cm左右。裂纹均出现在拱顶部，绝大部分裂纹位于拱顶略偏右侧（面向涵下游方向）。在多次核查中均未发现涵洞基础顶面、边墙面有开裂现象，也未发现涵洞有沉降、变形现象。

（2）裂纹的成因分析：采用不同的结构计算程序对该涵变更设计加固措施进行了检算。检算结果认为，在拱圈均匀受力情况下，加固套拱处理措施是可行的，故初步判定套拱顶部出现裂纹是套拱受力不均匀所致。

结合现场裂纹情况分析认为，影响套拱受力不均的因素有以下三种：

①由于部分涵节段已建成的旧涵洞拱圈因基础沉降开裂而变形，导致旧涵洞拱圈已不是一个完整的圆拱结构，旧拱圈内拱面已不完全是圆滑的弧面，且旧拱圈部分涵节段可能已错断，故新旧拱圈虽采用钎钉连接且旧拱圈连接面也已凿毛，但拱顶恢复填渣后，旧拱圈传至新拱圈面的力并不均匀，新拱圈面存在局部应力集中现象。

②由于新拱圈（套拱）与旧拱圈间难以完全密贴，导致新旧拱圈面间可能存在微小空隙，致使旧拱不能均匀向新拱传递荷载。

③涵位处为隧道弃渣路堤，涵洞拱顶填渣难以形成自然土拱，涵洞拱腰土体约束反力较弱，也易使涵洞拱圈受力不均（特别是部分涵节段旧拱圈已不是完整拱结构的情况下）。

（3）处理意见：

①施工单位建立观测网（点）加强对涵洞的观测。

A. 在拱部裂纹处设水泥砂浆贴片，观测裂纹发展趋势；

B. 首先在12～15节的拱顶、拱腰（1/4拱处）和拱座处设观测点，观测同一断面上拱顶沉降、拱圈变形情况，根据施工中涵节开裂发展情况确定需增加观测的涵节；

C. 对涵洞基顶面及边墙进行观测，检查涵洞基础、边墙沉降变形情况。

②根据检算分析，在均匀受力情况下，套拱是安全的，而涵洞拱顶裂纹是因受力不均所致，随着拱顶填土增加及新旧拱圈间压浆后应力重新分配并趋于均匀，涵洞亦将趋于稳定，故决定该涵拱顶可继续进行填土。

③在新旧拱圈圬工面间采用压浆处理，以验证新旧拱圈面间是否存在空隙，同时也进一步确保新旧拱圈面间密贴。

④新旧拱圈间压浆措施要求：

A. 每涵节布置2个ϕ10 cm注浆孔，分别距涵节端头50 cm；

B. 通过注浆孔压灌注纯水泥浆，浆液从下游端注浆孔压入，待上游端压浆孔出浆后结束压浆；

C. 注浆压力0.2～0.3 MPa；

D. 注浆过程中应密切观测拱圈变形和裂纹发展情况，并根据变形情况及时调整注浆压力，以保证新拱圈结构安全。

整治施工后，路堤填筑完成。通车至今，涵洞工程未再发生开裂变形病害，证明所采用的工程整治措施是正确的。

（六）经验及体会

本工点在深沟高填方下作长大涵洞，涵洞是钢筋混凝土刚性结构物，当涵洞基底土层发生不均匀沉降时，必然使涵洞产生开裂变形成为病害，所以在深切沟槽内修建涵洞时，应作桥、涵比较，工程地质勘察不可因工点小而不重视。

1. 深切沟槽的沟床中，往往堆积有陡峻的坡面崩塌、剥蚀的块碎石土，由水流冲下来的上游松散物质也堆积在沟床内，沟内的水流强度和径路则随降雨强度和汇水面积大小而经常发生变化。因此，沟内堆积物的厚度在沟床的纵向和横向上是不均匀的。在这种深切沟槽内设高填、长大涵洞时，应进行桥梁和涵洞的方案比较。地质条件，即包括基底堆积物的组成、性质、厚度等以及是否存在不均匀沉降等问题，是方案比较的重要甚至决定性因素。

2. 高填长大涵洞的基础地质调查和勘探工作应加重视。在地面调查的基础上，不仅沿沟床纵断面布置勘探孔，还应在沟床的横断面上布孔，以查明沟床纵、横方向覆盖层的分布、厚度及其变化以及土层的物理力学特性。

3. 在可溶岩的深切沟槽内不宜作高填、长大的涵洞。因为沟槽为地表水的排泄通道，如果沟内堆积有大量的崩坡积的块碎石土，当沟水下渗并储藏于堆积层中时，将软化堆积层土体、降低堆积层强度，影响地基稳固；当下卧的可溶岩中溶缝、溶洞发育时，也影响地基的稳固。在这种情况下，宜设桥，不宜作涵洞。本实例是可溶岩深切沟槽内设涵失败的很好例证，设涵造成了重大设计变更。

十六、遂渝铁路蓼叶湾大桥工程地质勘察

汪国信　李　东

本文对遂渝铁路蓼叶湾大桥工程地质勘察过程进行了回顾，剖析了各阶段地质勘察中存在的问题、原因和解决的办法，总结了最终确保工程地质勘察质量、避免因工程地质问题引起施工变更的地质勘察经验，以期进一步提高工程地质勘察质量，确保铁路工程安全。

（一）地质勘察过程概况

遂渝铁路蓼叶湾大桥地处重庆市合川市境内，位于松林堡隧道与荆竹岭隧道之间的低山区槽谷内，地面高程 200～280 m，相对高差 80 m。该大桥初测、定测和补定测阶段采用 140 km 设计时速标准进行勘察，后按时速 200 km 标准进行补充勘察。

该桥跨越沥鼻峡背斜西槽谷水田和河沟，地表覆盖第四系全新统坡洪积（Q_4^{dl+pl}）黏性土、碎石类土，下伏三叠系中统雷口坡组（T_2l）白云质灰岩、白云岩夹盐溶角砾岩和下统嘉陵江组（T_1j）灰岩、盐溶角砾岩夹石膏。槽谷内发育有盐井溪断层，其走向与线路近于垂直，倾向 NW，倾角 60°，破碎带宽度约 50 m，上盘为 T_1j 上段盐溶角砾岩、灰岩夹石膏，下盘则以 T_1j 下段灰岩为主。该断层造成 T_1j 岩层破碎，并有地层缺失。槽谷内岩溶较发育，风化层界线变化较大。

1. 定测阶段工程地质勘察

初测线路方案稳定后，该桥的定测阶段工程地质勘察工作于 2002 年 4 月开始。本大桥桥

梁中心里程 DK107 +326,孔跨式样 13×32 m,全长 436.10 m。根据区域地质资料与初测成果,桥址区内分布有隐伏断层和可溶岩地层,属工程地质复杂工点。按照《铁路工程地质勘察规范》(TB10012—2001)规定,钻孔布置原则为"每墩(台)一孔,每孔钻至基岩弱风化带不小于 10 m;如遇溶洞或断层,则视情况另增加钻孔数量,孔深专门研究确定"。定测阶段共完成钻孔 14 孔 242.60 m,且均经过铁二院现场技术人员验收,孔位、孔深真实无误,但因岩层破碎、溶蚀强烈、地下水发育,钻孔岩芯采取率较低,加之钻孔多位于水田中,岩芯受泥水污染,其鉴定较为困难,导致岩性分层产生分歧。尤其是现场各孔均已钻至灰岩弱风化带内 10 m 左右,但均未见可能影响桥基类型和深度的隐伏岩溶形态和断层形迹,与测绘分析成果(如断层位置和破碎带宽度、岩溶发育深度等)出入较大,考虑到工期因素和方案比选,遂决定下阶段采用综合勘探手段查明桥址地质条件。

2. 补定测阶段工程地质勘察

鉴于定测阶段桥址区内隐伏断层尚未查清,隐伏岩溶发育情况和嘉陵江灰岩中夹含的盐溶角砾岩及石膏层分布对桥梁基础的影响也未查明,补定测阶段明确提出要求:通过测绘,结合钻探进一步落实断层的位置、岩溶发育情况,查明盐溶角砾岩及含石膏地层对大桥基础的影响。针对定测阶段钻探采芯率偏低,影响钻孔鉴定的具体情况,特别购买了双层单动岩芯管钻具以提高钻探采芯率,同时增加地面物探及孔内物探,与钻探资料相互印证,着重查明大桥受盐井溪断层影响和岩溶洞穴的分布情况。

于是,在定测资料推测可能是断层破碎带的 7 号墩位(DK107 +344 中心)补钻一孔(BDZ-254),并采用双层单动岩芯管机械回转钻进。其中 0 ~21.1 m 为黏土,软塑—硬塑状,含 5%~40% 灰岩质砾石,局部含砂较重;21.1 ~25.8 m 为断层角砾岩,灰岩质,岩芯破碎呈碎块状,采芯率低;25.8 ~30.2 m 为厚层状灰岩,弱风化带(W_2),岩芯呈短柱状、柱状,含方解石脉。

同时,布置了 BDZ-254 钻孔声波测井,确定岩体的完整性,划分土石分界线和岩体风化层界线;布置了桥址综合地面物探,确定桥址区覆盖层厚度、下伏基岩风化层厚度、岩体完整性、隐伏构造产状及破碎带宽度、隐伏岩溶形态等。根据岩体弹性波速测试结果,BDZ-254 钻孔孔深 21 m 以内为土层,21 ~24 m 岩体较破碎,24 ~29 m 岩体较完整,与钻探结果基本吻合;根据沿桥址纵断面左、中、右三条浅层地震反射波法和高密度电法综合物探剖面成果图,断层位于 DK107 +315 ~360 区间;桥址区物探异常点共 17 个,为低阻溶隙或充填溶隙(溶洞),溶缝、溶隙宽 3 ~6 m 不等,其余岩体较完整。综合勘探结果对断层和岩溶发育情况有了定性判断。

补定测阶段工程地质调绘、钻探、物探资料互相验证,基本符合。但考虑到该桥地质条件复杂且不良地质隐蔽,勘察阶段溶洞、断层和盐溶角砾岩及石膏对工程影响情况难以完全查明,隐伏断裂(盐井溪断层)在 1/50 000 和 1/200 000 区域地质图上并不统一,可能存在的盐溶角砾岩及石膏等,将产生侵蚀性水质,对钢筋混凝土结构物具有侵蚀性,需留待施工阶段结合工程施工来验证。因此,在提交设计使用的地质说明书中,特别强调:

(1)由于附近及上游有煤矿、石膏矿的排水汇入沟内,施工时应取水复查地表水及地下水的侵蚀性。此外,因盐溶角砾岩含石膏,且上游约 1 km 处曾有开采石膏的矿区,故对开挖的灰岩应取石样复查石膏含量;当采用隧道弃渣或附近灰岩作混凝土骨料时,必须取样分析灰岩中石膏含量,根据试验结果确定灰岩和弃渣是否可用作混凝土骨料。

(2)断层破碎带、溶蚀孔隙对桥基影响较大。设计时须注明,施工中加强施工地质工作,开挖或施工钻进中地质条件如有变化，应及时与设计单位联系，进行补勘。

3. 提速后补充工程地质勘察

由于遂渝铁路提速后局部线位进行大半径优化，桥梁的孔跨、梁型等也作相应调整，为确保工程质量和安全，针对原补定测阶段遗留的工程地质问题，开展了施工阶段补充工程地质勘察。补充地质勘察以钻探为主，在利用既有地质资料基础上，结合桥梁设计的桥基位置、类型和深度开展勘探，钻孔密度为每墩3～5孔（地质条件复杂的每墩6～9孔或每桩1孔），共完成钻孔50孔1 675 m。

通过此次施工阶段补充工程地质勘察，查明了原拟留待施工开挖后再补勘解决的一些工程地质问题，如部分钻孔中土石分级界线和断层破碎带位置不够准确以及未发现石膏和溶洞等问题。

（二）提速前后两次工程地质勘察、设计资料对比

1. 两次勘察工程地质条件对比

（1）提速前勘察的桥渡工程地质条件（定测，每墩台1孔）：桥址上覆第四系坡洪积块石土、黏土、淤泥，厚度分别为2～8 m、2～6 m、0～2 m；坡残积黏土，厚度0～2 m。下伏三叠系中统雷口坡组灰岩夹白云岩与下统嘉陵江组灰岩。测区地处沥鼻峡背斜西翼，盐井溪断层于DK107＋362附近与线路近于直交，该断层发育三叠系下统嘉陵江组灰岩中，属压扭性走向逆断层，地表未见到明显的断层面和断层角砾岩，推测断层破碎带及影响带宽度约50 m。测区地震动峰值加速度为0.05g，地震动反应谱特征周期为0.35 s。

地下水主要为第四系孔隙水和基岩裂隙水，钻探揭示有涌砂及涌水现象；经取沟水分析，属$HCO_3^- \cdot SO2_4^- — Ca^{2+}$型，对混凝土无侵蚀性。桥址地表岩溶发育，见溶沟、溶槽及溶蚀孔洞等，钻孔揭示小型溶缝较多，岩芯破碎，岩芯采取率低，故段内溶蚀较发育。综述之，桥址岸坡稳定，基岩出露完整，未见大的不良地质，断层对桥影响较小，工程地质条件较好。本桥除7号墩宜采用桩基外，其余各墩台均宜采用明挖扩大基础，并置基础于完整基岩一定深度内。

（2）提速后补勘的桥渡工程地质条件（补定测与补充勘察，每桩1孔）：桥址上覆第四系及下伏基岩岩性与原勘察资料有所不同，为冲洪积粉质黏土、块石土、卵石土、黏土，厚度分别为2～12 m、0～9 m、0～19 m、2～8 m；坡残积粉质黏土、黏土，厚0～5 m；下伏断层角砾，三叠系中统雷口坡组灰岩夹白云岩，下统嘉陵江组灰岩、盐溶角砾岩、页岩夹灰岩、石膏等。

地质构造与原勘察资料相同，仅断层位置和断层的倾角不同，断层倾角60°，断层分布于DK107＋300～DK107＋350段。据钻探揭示，6号墩共补钻6孔，上覆卵石土厚16.0～18.6 m，下伏均为断层角砾岩，7号墩共补钻6孔，在上覆土层与基岩之间揭示断层角砾岩，可推断断层向小里程倾斜，断层破碎带范围包括6号、7号墩，破碎带宽约50 m。断层对两个桥墩基础影响大。

测区内地表水为沟水，其水量受大气降水控制。地下水以第四系土层中的孔隙水及基岩裂隙水、岩溶水为主，除卵石层及可溶岩——灰岩含水量较大外，其余含水量均甚微，除2号墩的1号、2号桩施钻完后有地下水冒出孔口外，未见其他地下水露头，地下水受大气降水及地表水补给。据取沟水及钻孔水作水质分析，水质类型为$HCO_3^- \cdot SO_4^{2-} — Ca^{2+} \cdot Na+$型和$HCO_3^- \cdot SO_4^{2-} \cdot Cl^- — Na^+ \cdot Ca^{2+}$型，对混凝土无侵蚀性。由于1号～7号墩位于灰岩夹盐溶角砾岩、石膏之中，对混凝土具强烈侵蚀性，应采用抗侵蚀建筑材料。另外，该桥上游2 km处为重庆合川锶

化工有限公司，在进行采矿时，发现有石膏矿和盐矿，含石膏矿和盐岩的水大量排入河沟中，含盐沟水流经该桥，对桥墩基础有影响，设计时应考虑地表水的侵蚀性。

桥址主要工程地质问题为岩溶、盐溶角砾岩、石膏。

①岩溶：提速地质勘察按岩溶地区每桩一孔实施，补钻的50孔中有5孔发现有溶洞（均为小型溶洞，直径0.4～1.3 m），溶洞发育情况详见表6—16—1。

表6—16—1　提速地质勘探揭示溶洞发育地段统计表

墩　号	桩　号	溶洞深度（m）	充填物情况
0号台	中心	7.10～7.50	软塑状黏土夹碎石
3号墩	4	20.10～20.90	流塑至软塑黏土
4号墩	3	17.40～18.70	碎石占40%，余为中砂、角砾与泥
12号墩	2	16.40～17.30	软塑状黏土夹角砾
13号台	中心	5.90～6.40	硬塑状黏土

②盐溶角砾岩：盐溶角砾岩呈灰、深灰、灰黑色，角砾状结构，块状构造，钙泥质及炭质胶结，少量为泥质胶结，角砾成分主要为灰岩质，角砾直径3～100 mm，角砾形状为不规则半圆、三角形、椭圆形，角砾含量30%～40%，溶蚀发育，溶孔呈蜂窝状，溶孔约占35%，其直径1～8 mm，溶孔多充填大量黏土，少量无充填。钙质胶结盐溶角砾岩一般呈强风化，泥质炭质胶结盐溶角砾岩一般为全风化，风化成土状，似泥炭，含石膏，局部夹白云岩，局部含重晶石脉，主要分布于DK107＋142～＋361段。其详细分布见表6—16—2。

表6—16—2　提速地质勘探揭示盐溶角砾岩发育地段统计表

墩　号	桩　号	深度范围（m）	厚　度（m）	备　注
1号墩	中心	5.90～9.00	3.10	
2号墩	1	7.2～33.6	26.40	
	3	32.0～35.5	3.50	未揭穿
	4	23.0～27.8	4.80	
5号墩	1～2号间中线	9.80～14.80	5.00	
	4	9.30～15.20	5.90	
7号墩	4	28.60～39.40	10.80	
	5	22.50～27.50	5.00	
		32.20～39.40	7.20	
	6	26.00～40.70	14.70	

③石膏：石膏呈白色，致密颗粒状、纤维状集合体，半透明，玻璃光泽，质较软，硬度2°，两手指研磨可形成砂糖状结构。含不均匀的黑色泥质成分，并与其组成黑白相间的细层纹，纹层宽1～20 mm，局部泥质形成$\phi 8$～200 mm的角砾、团块。石膏含量较多，约占70%～80%，泥质占20%～30%。该层为软层，具强烈侵蚀性，对工程危害极大，不宜放置基础。该层倾角较陡，顺层面延伸较深。据钻探揭示，石膏层真厚度约10 m，处理较难。7号墩补勘揭示的石膏发育

地段统计如表 6—16—3 所列。

表 6—16—3　提速地质勘探揭示石膏发育地段统计表

墩　号	桩　号	深度范围(m)	厚　度(m)	备　注
7 号墩	1	33.30 ~ 73.60	40.30	顶板之上为断层角砾岩,底板之下石膏未揭穿
	2	33.40 ~ 51.80	18.40	
	3	35.30 ~ 51.20	15.90	

2. 桥墩台基础类型设计对比

14 个墩(台)的基础类型,定测阶段设计图中采用明挖扩大基础的有 6 个,采用挖孔桩的有 7 个,采用钻孔桩的仅 1 个。提速工程地质勘察后的施工图中,采用明挖扩大基础的有 3 个,采用挖孔桩的有 2 个,采用钻孔桩的达 9 个。桩数及桩长也有较大的变化,详见表 6—16—4。

表 6—16—4　提速工程地质勘察前后两次设计图基础类型对比表

墩(台)	提速前施工图			提速后施工图		
	基础类型	数量(根)	桩长(m)	基础类型	数量(根)	桩长(m)
0 号	明挖扩大			钻孔桩	5	20
1 号	明挖扩大			钻孔桩	5	28
2 号	挖孔桩	4	13	钻孔桩	5	30
3 号	挖孔桩	4	15	钻孔桩	6	32
4 号	挖孔桩	4	9	钻孔桩	6	29
5 号	挖孔桩	4	9	钻孔桩	6	27
6 号	挖孔桩	4	8	钻孔桩	6	23
7 号	钻孔桩	6	35	钻孔桩	8	16
8 号	明挖扩大			明挖扩大		
9 号	明挖扩大			明挖扩大		
10 号	明挖扩大			挖孔桩	4	11
11 号	挖孔桩	4	9	挖孔桩	4	13
12 号	挖孔桩	4	9	钻孔桩	4	22
13 号	明挖扩大			明挖扩大		

(三)工程地质勘察经验总结

1. 提速前定测地质资料存在的问题及原因分析

根据前后两次工程地质勘察成果资料对比分析,定测阶段存在的问题及主要原因如下:

(1)部分钻孔土层界线、风化层界线出入较大:全桥除 9 号墩、13 号台外的各墩(台)误差均在 2 m 以上,其中位于断层上盘和破碎带的 3、4、5、6、7 号墩误差更达 10 m 以上。

其主要原因是定测阶段地质勘察采芯率低,误将块、碎(卵)石土层和断层角砾岩鉴定为呈碎块状的灰岩强风化带(W_3),甚至弱风化带(W_2)。

(2)断层破碎带位置误判:补充勘察阶段通过加密、加深钻孔,将断层破碎带范围确定为 DK107 + 300 ~ + 350,包括了 6 号、7 号墩位,而定测勘察确定的范围为 DK107 + 315 ~ + 360,只包括 7 号墩位。

其主要原因除上述外，可能还由于定测时对断层上、下盘的地层岩性差异缺乏正确认识，误将全桥址基岩当作同一层(段)灰岩而非不同岩性段，因而在布孔、钻探、岩芯鉴定、资料对比分析等各环节都存在疏忽，未引起足够重视。

2. 工程地质勘察工作经验总结

(1)地质条件复杂的桥梁工程，在勘察阶段应采用工程地质调绘、物探、钻探、测试试验、成果资料对比分析等综合方法进行精细的工程地质勘察。其中，地质测绘极其重要，必须对测区地形地貌、地层岩性、地质构造的成因和相互关系、水文地质条件、特殊岩土和不良地质的性质类型和分布、岩土物理力学性质、当地既有建筑使用情况等，有全面深入的掌握，充分发挥地质调绘的指导作用。如前文所述，对本桥定测地质勘察成果质疑的依据，就是测区显而易见的地表岩溶发育和石膏开采状况却未在地质勘探成果中得到验证。

(2)正确处理地质勘察的安全、质量、工期和成本的辩证统一关系。对隐伏的不良地质、特殊岩土，勘察工作一定要做得充分、足够；对地质复杂的工点、地段，要进行综合勘探，相互印证；当岩体破碎采芯率低时，应依靠先进设备及工艺来尽可能提高采芯率。勘探点应在地质测绘的基础上结合工程设计需要布置，并针对具体的地层岩性情况开展钻孔设计，采用适当的钻探设备、器材和工艺，提高采芯率，满足规范要求。本桥桥址不良地质隐蔽，地质条件复杂，定测阶段钻探采芯率较低，对资料的综合分析也不够充分，因而导致部分钻孔岩芯鉴定有误，土层界线、风化层界线出入较大，断层破碎带位置被误判。提速后开展的地质勘察(补定测及补充勘察)适当加大了勘探点密度，提高了勘探精度，彻底纠正了定测错误，避免了施工开挖后的设计变更和工程建设质量事故。

(3)由于自然界复杂多变，限于目前的科技手段和认识水平，即便勘察阶段工程地质资料做得比较细致，也不可能完全如实地反映工程地质条件和准确地预见施工中可能出现的地质问题，尤其是地质条件复杂及隐蔽的不良地质、特殊岩土地段。因此，加强施工地质工作是必要的。但是，如果勘察设计工期等条件许可，对那些开展精细地质勘察工作可以解决的问题，最好还是在勘察阶段全部解决，以免造成设计变更、施工工期延误和投资的重大调整。

(4)在可溶岩地区的断层带和断层附近，因岩体破碎、溶蚀严重，采用一般的钻探方法，往往岩芯采取率异常低，对断层和断层带的岩溶洞穴判断造成困难，时常会作出错误的判断。当出现岩芯采取率较正常情况偏低较多时，应改变钻探方法，采用双层单动岩芯管钻具钻进，以提高钻探岩芯采取率，保证根据钻探判断工程地质条件的正确性。

(5)工程地质勘察应为工程设计服务，工程地质勘察成果应满足不同阶段工程设计深细度的要求，因此要加强专业之间的沟通，确保工程地质勘察质量。

十七、浙赣铁路提速改造工程罗桥河特大桥施工中的地面塌陷及原因分析

严璧玉　李维克

(一)罗桥河特大桥工程概况

该桥为上饶双绕线中的一座跨罗桥河的特大桥。特大桥分为左线和右线，其中左线特大桥桥长 1165.47 m，共设计墩台 36 个；右线特大桥桥长 569.74 m，共设计 18 个墩台。除初测和定测钻孔外，补、定测阶段在可溶岩地段的桥墩台均按每桩一孔进行勘探，查明了桥墩台基础

范围的岩溶洞穴的分布和规模，为桥梁基础设计提供了可靠的地质资料。但在14号桥墩基础施工中，施工单位在该墩3号桩施工过程中因钻具被溶洞物质掩埋，在工期紧且无法正常施工情况下，请求将该墩桩基基础改作明挖扩大基础类型施工。在开挖中，因基坑排水引发了地面塌陷和沉陷的地质灾害。

(二)罗桥河特大桥地区的地貌及地质条件

1. 地貌和气候条件

罗桥盆地地处上饶市城区以北约4 km处，区内民居、工厂、学校密集分布，公路、铁路网线纵横交错，正在建设的浙赣铁路电气化提速改造工程线路呈东西向横穿盆地的东南部。发生地面塌陷的地区行政隶属上饶县旭日镇，位于盆地中北部，南距14号墩约200 ~ 1 500 m。

(1)罗桥盆地

上饶双绕段，线路斜穿罗桥构造盆地的南侧，罗桥盆地西北侧为高程150 ~ 1 200 m的灵山。该山属于怀玉山山脉的西延部分，盆地东南侧是剥蚀丘陵，高程80 ~ 150 m，相对高差30 ~ 100 m，自然山坡较缓，一般为10° ~ 30°。盆地内地形平坦，发育有罗桥河及其支沟，盆地内地面平均高程约为73.5 m。罗桥河属于信江支流，向南在上饶县(旭日镇)附近汇入信江，信江河面高程约为61.0 m。罗桥盆地基本是北高南低，呈北东向延伸的狭长形构造盆地。盆地内堆积有河流阶地的冲积的砂、卵石层，在靠近丘陵和山坡地带有坡麓的碎石土堆积。

(2)盆地气候条件

该盆地属于亚热带季风气候区，四季分明，温暖湿润，雨量充沛，冬、夏季风交替明显。冬春晴冷干燥，易出现霜冻冰雪；春末夏初气候温和，湿润多雨，形成梅雨季节，易出现洪涝；盛夏高温，天气晴热，降雨量少，蒸发量大，易发生干旱。

本地区多年年平均气温为17.9 ℃，1月平均气温5.6 ℃，7月平均气温29.4 ℃，极端最低气温 -9.1 ℃，极端最高气温为40.5 ℃。年平均降雨量为1 627 mm，4 ~ 6月是雨季，雨季降雨量约占全年降雨量的60%左右。

区内主要地表水系是信江水系支流的罗桥河及其支沟。罗桥河发源于灵山，由北向南穿过罗桥盆地，汇入信江。罗桥河河水终年不干，洪水期河水漫堤而过，造成洪水泛滥，河流两岸农田被淹。

2. 桥渡区地质条件及岩溶发育特点

(1)地质构造

中、新生代的罗桥构造盆地，受北东向构造控制形成南北窄、东西长的窄长条状的盆地，中生代不同时期在盆地内堆积有陆相和河流相红层地层。侏罗系和白垩系地层与古生代地层均呈不整合接触。盆地内地质构造简单，为一单斜构造，岩层倾向南东75° ~ 南西10°，倾角20° ~ 45°。

(2)地　　层

根据地面调查和钻探揭示，罗桥盆地地区白垩系圭峰组的紫红色砂、砾岩下卧着石炭系船山组石灰岩，局部地表有白垩系圭峰组的紫红色砂、砾岩和侏罗系林山组砂页岩、夹炭质页岩、泥岩出露。白垩系圭峰组的紫红色砂、砾岩主要出露在线路南侧的丘陵区和罗桥河特大桥西侧；侏罗系林山组地层出现在罗桥河东北侧。据钻孔揭示，第四系堆积层下埋藏的地层以罗桥河为界，罗桥河以东下卧的为石炭系船山组石灰岩；以西是侏罗系林山组的砂岩夹页岩。

①粉质黏土(Q_4^{al+pl}):褐黄色、褐黑色,硬塑局部为软塑状,局部含约 15% ~ 20% 的角砾,ϕ2 ~ 20 mm,石质主要以灰岩为主,一般厚 2 ~ 8 m,最大厚度达 20 m,广泛分布于盆地表层,局部被卵砾石层覆盖。

②中、粗砂及砾砂(Q_4^{al}):褐黄、褐灰色,松散—中密,分布于粉质黏土下,一般厚 0 ~ 5 m,最厚可达 21.3 m。

③圆砾土(Q_4^{al+pl}):褐黄色,稍密,饱和,砾石含量约 50%,砾径 5 ~ 20 mm 不等,棱角状为主,卵石含量约 15%,粒径 20 ~ 40 mm 不等,级配较差,其余为粉质黏土及中砂充填,分布于粉质黏土下,厚 0 ~ 5 m。

④卵石土(Q_4^{al+pl}):褐黄色,稍密—中密,饱和,卵石含量约 50% ~ 60%,粒径 20 ~ 150 mm,次圆状为主,成分以石英质及石英砂岩质为主,其余为中粗砂及少量黏粒充填孔隙,分选性差,一般分布于粉质黏土下,但也有夹在两层粉质黏土中或两层卵石中夹有粉质黏土,表明河流主河床的摆动和河床的下降,一般厚 1 ~ 10 m,最大的厚度可达 21.6 m。

据钻孔揭示,卵砾石和砂层在桥渡范围内分布广泛,厚度较大,且与其他堆积层间呈不同的叠置关系,显示河流主河床在盆地中的摆动。

⑤角砾土(Q_4^{al+pl}):褐黄色,中密,饱和,砾石含量约 50%,粒径 5 ~ 15 mm,棱角状为主,卵石含量约 15%,粒径 30 ~ 40 mm,次圆状为主,石质成分以石英质及石英砂岩质为主,其余为中细砂及少量黏粒,主要分布于坡麓,其上有粉质黏土或卵石土覆盖,厚 0 ~ 4 m,最大厚度达 26.5 m。

⑥侏罗系林山组(J_1l):浅灰、深灰、灰黑、紫红色等,砂、页岩夹炭质页岩、泥岩。

⑦灰岩(C_3c):浅灰、深灰、灰黑色,隐晶质结构,中—厚层状构造,岩质坚硬,见方解石脉穿插,脉宽 2 ~ 15 mm,局部夹有泥灰岩和炭质页岩,节理裂隙较发育,裂隙面附褐黄色铁锈薄膜。

(3)桥渡区水文地质

盆地内地下水有两种主要类型:一为第四系堆积层中的孔隙水,孔隙水形成的潜水面一般埋深约 1 ~ 3 m,孔隙水主要由地表水补给,受地表降水的影响,孔隙水水位年变幅约为 0.2 ~ 2 m,孔隙含水层透水性、富水性中等,径流方式为渗流;另一为岩溶水,在地面调查中,在桥渡范围内岩溶水特别发育,在据线路 19 号墩左侧约 150 m 处有一个岩溶上升大泉,水量较大,约 10 L/s,在该桥区范围多处可见岩溶水的出露,各家各户基本上都有家用压水井,附近还有岩溶矿泉水加工厂。

岩溶管道水在桥渡范围内埋藏高程约在 60 m 以下,桥渡南侧属于岩溶水排泄区。桥渡区的北侧有罗桥河上游地表水下渗补给盆地内的岩溶地下水,地下水径流方向由北向南,排向信江河床。由于补给区地势较高,而桥渡区松散覆盖层较厚,局部上部有砂岩、页岩盖层,为相对隔水层,使灰岩溶洞管道水具承压性。在左线桥 22 号墩定测 5 个钻孔(BD1CZ-39-58、BD1CZ-39-58-1、BD1CZ-39-58-2、BD1CZ-39-58-3、BD1CZ-39-58-4)的钻探过程中,三个钻孔在钻穿非可溶岩地层后揭穿一个大溶洞,最大洞高 6.05 m。三孔所揭露的溶洞顶板高程连线的倾斜方向,与岩层层面的倾向基本一致,说明溶洞沿岩层面发育(见图 6—17—1)。钻孔中岩溶水突然喷出地面,静止水位高出地面 1.0 m,表明地下岩溶水具承压性较强的特点。

孔隙水与岩溶水之间除局部有隔水层外,大部分没有明显的隔水层,两个含水层间水力联系密切且互为补给关系。地下水的补给源主要为大气降水和地表河水,盆地汇水面积数百平方公里,且河水常年不干,所以地下水补给来源充足。

盆地内工业用水主要采用深井抽取深层岩溶水,当地居民生活和农业灌溉用水主要抽取第四系潜水和岩溶排泄区的岩溶水。

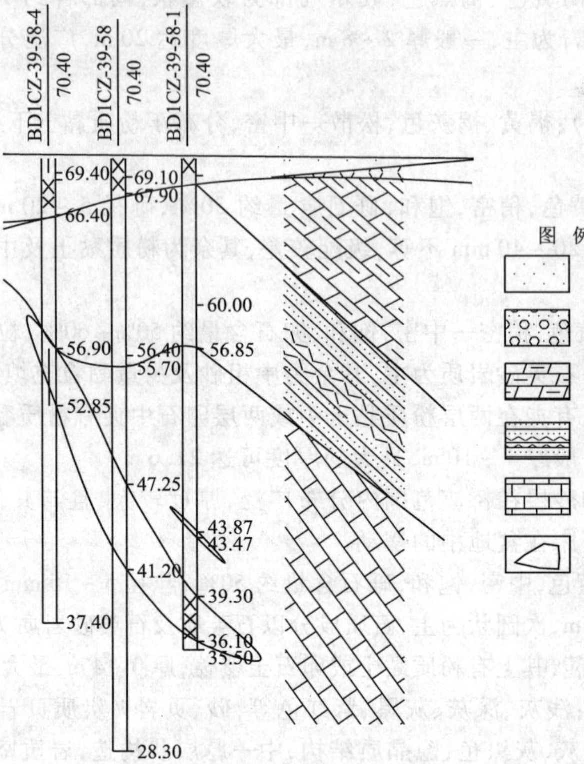

图 6—17—1　22 号墩顺层面发育的溶洞图

(4)罗桥河桥渡范围岩溶发育特点

根据罗桥河特大桥左、右线钻探揭示的情况，在罗桥河以东，覆盖层下的石灰岩中岩溶极为发育。左线桥墩台的 113 个钻孔中，除7 个钻在非可溶岩中外，106 个可溶岩钻孔仅有 19 个钻孔未见溶洞，钻孔见洞率高达 82. 1%。大于 0. 5 m 的洞穴有 163 个，其中洞穴高大于 1. 0 m 的有 141 个，占洞穴总数的 86. 5%，洞穴高度大于5. 0 m 的有 15 个，最大的洞穴高 10. 98 m。右线桥在可溶岩中的 16 个钻孔中，有 13 个钻孔见洞，钻孔见洞率为 81. 25%，溶洞高以 1. 0 m 左右为主，最大的溶洞洞高 11. 2 m。溶洞多被砂砾石土或卵砾石土、粉质黏土充填或半充填，无充填的空洞较少，表明岩溶地下水运动强烈，溶洞水与地表水间水力联系密切，将卵砾土带入洞内堆积。

①岩溶洞穴主要分布在两个高程上：第一层溶洞分布在 50 ~ 64 m 高程上（地面下 10 ~ 20 m 左右），该层洞穴主要集中在 0 号台和 1、7、8、10、12 号墩处，即靠近盆地的东侧，并见有岩溶水涌出；第二层溶洞分布在 30 ~ 40 m 高程内（即地面下 30 ~ 40 m），该层洞穴出现的数量较第一层少。桥位所有钻孔中，揭示的最深溶洞出现在高程 7. 2 m 处，较信江水面还低 52. 8 m，应属于岩溶深部发育带。

②溶洞发育受岩层面控制明显：在罗桥河特大桥左线定测阶段的 22 号墩钻探中，从三个相邻钻孔所揭示的溶洞分布情况看，溶洞系沿岩层层面发育，探测到溶洞最长达 20 m，洞高约 6 m（见图 6—17—1）。15 号墩补定测钻探中 2 号桩在炭质页岩下发育有 0. 7 m 的空洞、4 号桩在炭质页岩所夹的厚 5. 8 m 灰岩中，发育有 1. 5 m 高的空洞，表明溶洞的发育和延伸方向受岩层层理制约，同时也受可溶岩与非可溶岩接触带的控制。

③溶洞、溶缝、溶隙发育，形成岩溶发育的多层性：虽然主要溶洞可归纳为不同高程的两个

大层,但就各个钻孔揭示溶洞、溶缝、溶隙的具体情况看,几乎都存在多层的隐伏岩溶。从 0 号桥台至 9 号桥墩的钻孔中,揭示的大小溶洞有 9 层之多,一般溶洞为 4 ~5 层;9 号墩以后桥墩钻孔中溶洞层数明显减少。另外,钻探中见有较发育的溶缝和溶隙,9 号墩 3-1 号钻孔在高程 36.6 m 以下,揭示长 16.8 m 的溶缝(未钻穿,旁边约 0.5 m 补孔,未见溶洞);1 号墩 1 号桩的钻孔,揭穿大小溶洞有 11 层,其中有 5 处是高 0.4 m 填充的溶洞,这些小溶洞可能是溶缝;3 号桩钻孔揭示溶洞有 13 层之多,其中有 4 层洞高仅 0.3 ~0.4 m,这种高度小的小溶洞可能也是溶缝。以上钻探表明桥渡区内溶缝和溶洞极为发育。

(三)罗桥河特大桥左线 14 号墩勘察设计及施工简况

1. 勘察与设计

罗桥河特大桥左线 14 号墩设计时为 4 根桩径 1.25 m 的桩基基础,每根桩都有钻孔控制,钻孔深度为 32.2 ~49.8 m。钻孔揭示,该墩范围内覆盖土厚 3.0 ~6.7 m,下部是砂层,其上有粉质黏土覆盖。钻孔查明,该墩基岩是灰岩夹炭质页岩,基岩面起伏不平,相邻钻孔的灰岩面高差近 10.0 m,4 个钻孔的见洞率为 75% ,在灰岩中发育有洞径 1.0 m 及以上的溶洞,最大的溶洞高 10.98 m,除一个为空洞外,其余均是充填溶洞或半充填溶洞(见图 6—17—2)。

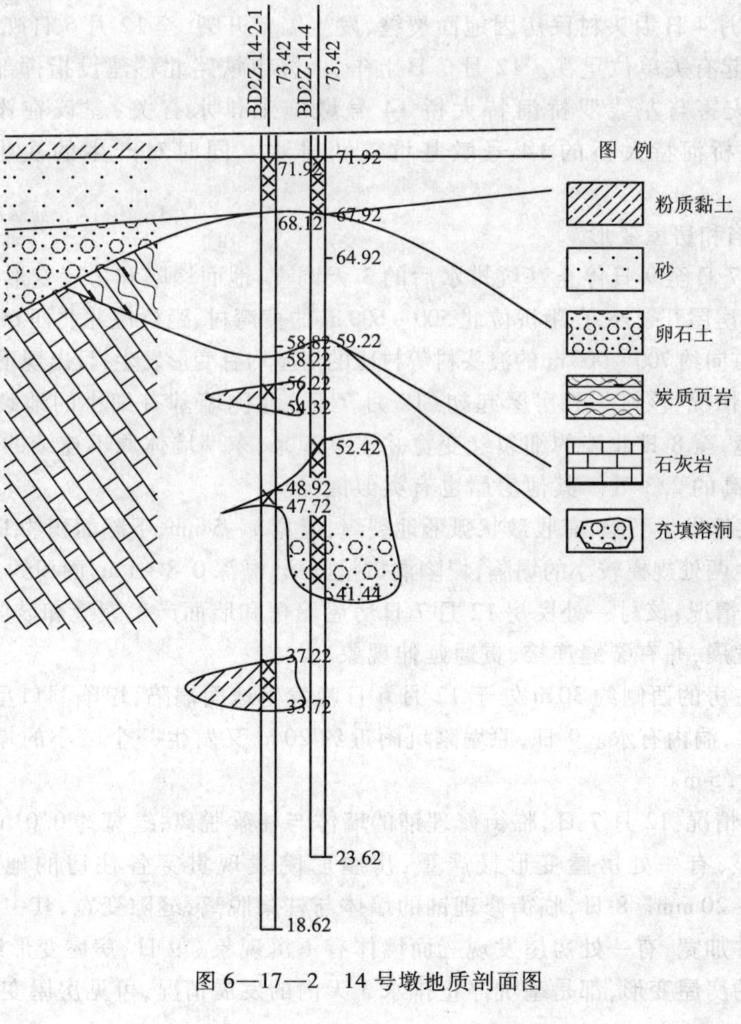

图 6—17—2　14 号墩地质剖面图

2. 施工情况

14 号墩施工后，首先开钻该墩的 3 号桩，但该桩施钻中，因钻具被下部溶洞塌落物掩埋而无法继续进行，加上工期紧迫，施工单位要求将桩基基础改为扩大明挖基础，经设计方同意调整为明挖基础。2005 年 11 月 22 日开始进行基坑开挖，11 月 23 日挖至砂层，即开始基坑排水，采用 2 ~ 4 台水泵排除基坑的地下水，排水量约为 1 000 m^3/d，此时基坑排除的是第四系覆盖层的孔隙水。

2005 年 11 月 27 日基坑开挖至可溶岩中前期施工废弃的钻孔桩时，岩溶水沿着钻孔桩孔洞向外涌出。施工单位立即采取封堵处理。开始时止水效果尚好，但该处岩溶水属于暗河管道水，勘探时揭示其具有承压性，所以随之岩溶水又从基坑壁两处岩石裂缝中涌出。在封堵住部分出水口的同时，增加了抽水设备以加强排水，最多时抽水设备增至11 台。但因基坑涌水具有间歇性，所以一般都用 5 ~ 8 台水泵连续排水。据施工单位估算，11 月 23 日至 12 月 7 日间日排水量小于 4 000 m^3，11 月 23 日至 12 月 6 日共 14 天期间，14 号墩基坑总排水量不超过 50 000 m^3。由于施工排水，首先引起罗桥河特大桥所在的大源村潜水水井的水位下降、水质变差，随后排水影响范围逐渐扩大，形成地面塌陷、房屋变形等次生地质灾害。

（四）地面塌陷分布及民用水井水位的变化

2005 年 12 月 4 日坂头村民房因地面裂缝，发生墙壁开裂，至 12 月 6 日晚出现了地面沉陷和塌陷，当即引起有关单位重视。12 月 7 日上午，上饶市铁路北移建设指挥部召开紧急会议，认为此次地质灾害与左线罗桥河特大桥 14 号墩施工排水有关，建议在没有查清具体原因的情况下，罗桥河特大桥的 14 号墩基坑停止排水。同时对产生的次生地质灾害进行实地调查。

1. 地面塌陷和房屋变形

通过 12 月 7 日至 9 日停止基坑排水后的 3 天调查，地面塌陷和房屋变形情况如下：

除坂头村有房屋开裂外，在距桥位北 500 ~ 600 m 的黄湾村、距桥位北北西 600 ~ 650 m 的庙前村、距桥位北西方向约 700 ~ 900 m 的渡头村等村庄的房屋均有变形发生，且出现不同程度的变化。

（1）黄湾村情况：该村一处房屋起初（12 月 7 日）北侧墙基有细小的地裂缝，东侧墙体出现不连续的裂缝，至 8 日北墙的细裂缝变宽并连续起来，东墙墙体原不连续的裂缝变宽且连续延伸，扩展至墙高的 2/3 处。其他房屋也有类似情况。

在村东一菜地发生下陷，有收敛状弧形地裂缝，缝宽 3 ~ 5 mm，下陷面积约 15 m^2；村西菜地于 12 月 6 日晚发生两处规模较小的塌陷，塌陷洞口呈圆形，洞深 0. 8 ~ 1 m，面积约 5 m^2，洞内无水。

（2）庙前村情况：该村一处民房 12 月 7 日房屋墙角和墙面产生裂缝和鼓胀，至 8 日上述裂缝和鼓胀继续发展，并有裂缝连接、贯通延伸现象。

另在一处住房的西侧约 30 m 处于 12 月 6 日晚发生地面塌陷，塌陷洞口呈圆形，洞深大于 6 m，面积约 5 m^2，洞内有水。9 日，原塌陷坑附近约 20 m 又发生一个较小的塌陷坑，坑口口径约 1. 0 m，深约 1. 5 m。

（3）渡头村情况：12 月 7 日，临街修理铺的墙体与柱梁脱离，缝宽约 0. 01 m，其中有三处房屋墙体开裂明显，有一处房屋变形最严重，房屋后院发现贯穿各住房的地裂缝，裂缝长约 50 m，缝宽约 1 ~ 20 mm。8 日，临街修理铺的墙体与柱梁脱离，缝隙变宽，其中有三处房屋墙体开裂位置增加并加宽，有一处房屋发现三面墙体有下沉现象。9 日，房屋变形继续发展。

以上所见的房屋变形，都是基坑停止排水 3 天内的发展情况，可见房屋变形主要是因房屋基础产生不均匀沉陷所引起；四处岩溶地面塌陷都分布在农田中，塌陷分布区下可能隐伏有土洞或与岩溶洞穴相通的溶缝或小溶洞。

2. 2005 年 12 月 7 日至 9 日附近水井水位的变化

(1)黄湾村：7 日，村内部分水井干涸，个别水井水质变浑，水井水位下降约 1.5 m。罗桥河特大桥左线 14 号墩于 7 日停止排水后，9 日水井水位上升约 0.15 m。

(2)庙前村：村内水井水位 7 日下降约 0.8 m，8 日水井水位继续下降。

(3)海校(距 14 号墩东北方向约 1000 ~ 1200 m)：校内水井 7 日水位下降，不能正常供水，8 日水井水位继续下降。

从调查情况看，罗桥河特大桥左线 14 号墩基坑排水以后，首先是大源村的民用水井水位逐渐下降，随着排水的继续水井基本都相继干涸；黄湾村部分水井干涸，部分水井水位下降 1.5 ~ 2.5 m；庙前村水井水位降幅为 0.5 ~ 1.5 m；渡头村水井水位降幅 0 ~ 0.5 m。在罗桥河特大桥桥位北侧 1 000 m 范围内，民用水井水位发生不同程度的变化。

停止基坑排水后的几天内，民用水井水位有所恢复，至 12 月 10 日绝大部分水井水位恢复正常井水位，仅上述几个村的水井水位未有明显的恢复。同时，从各村水井水位的变化看，位于 14 号墩的大源村水井基本干涸，随着距离的增长，水井水位降幅逐渐减小；距 14 号墩约 550 m 的黄湾村部分水井干涸，部分水井水位降低 1.0 ~ 2.5 m，距离 675 m 的庙前村水井水位降幅为 0.5 ~ 1.0 m，而距离最远的渡头村(约 800 m)水井水位变化不大，局部水井水位降低 0.5 m。上述情况表明，随着与桥墩排水基坑距离的增大，基坑排水对民用水井水位的影响有逐渐减小的趋势。所以，14 号墩的基坑排水是引起桥位北侧 1 000 m 范围内民用水井水位变化的重要原因之一，但本地区孔隙水水位年变幅也达 0.2 ~ 2 m，调查正处旱季，所以水井水位波动也不排除季节性影响因素。

(五)罗桥盆地历史上曾发生的岩溶地面塌陷地质灾害

罗桥盆地地下岩溶极为发育，在旱灾年代为缓解旱情，往往要抽取地下水进行灌溉，所以在新中国成立前、后都曾发生过地面沉陷和塌陷，造成民房坍塌和开裂等地质灾害。如新中国成立前久旱之后，有刘姓人家的房屋突然发生整体下陷，房屋陷落在坑洞中，家人无一存活；近 20 年来罗桥盆地曾发生多起地面沉陷和塌陷地质灾害，如 2001 年 9 月，一个机井井深 65 m、套管封至 30 m 左右，机井主要抽取深部岩溶地下水，抽水量约 2 700 m^3/d，持续抽水 3 天后即发生距离井口约 200 m 的地面(农田)发生塌陷，塌陷面积约 20 m^2，同时引起附近民房墙体开裂。2002 年在盆地南一座公路桥桥墩桩基施工过程中遇岩溶洞穴，采用混凝土封堵，结果灌注的 200 m^3 的混凝土全部流失，证明该溶洞与地下暗河连通。

在罗桥盆地内，可见盆地地面凹凸不平，常见呈碟状小凹地和小型洼地，这是地面曾发生过的沉陷和塌陷遗留的微地貌形态。

(六)发生地面塌陷的原因分析

1. 左线罗桥河特大桥 14 号墩基坑涌水来源

14 号墩基坑开挖时，首先遇到地表堆积层中的孔隙水，继续开挖至石灰岩时，涌出岩溶承压水，岩溶水来自覆盖型的岩溶裂隙和孔隙。

罗桥盆地内，除局部地表有石炭系船山组石灰岩露头外，地表多被第四系松散堆积层覆盖。盆地地形极易汇集由北侧山区来的大量地表水和地下水，地表覆盖的松散堆积层又为地下岩溶水的富集起到间接补给作用。丰富的地下水补给，更促使罗桥盆地内岩溶洞穴和溶缝、溶隙发育，形成无数管道、洞穴、裂隙、孔隙的地下岩溶水系统——岩溶裂隙水和岩溶管道水。其补给区为上游山区的地表水、地下水，盆地为岩溶地下水的径流区，罗桥盆地岩溶水排泄区应在信江河谷。在罗桥盆地的岩溶水径流区内，局部地方可能因地下水运动通道受阻而在桥位南侧出露，所以罗桥河特大桥墩台埋置的深度接近于岩溶发育的水平循环带，因岩溶裂隙、孔隙发育，桥墩基坑开挖揭穿了覆盖型的岩溶裂隙和孔隙，造成岩溶承压水涌入基坑。

2. 基坑排水是引起地面塌陷的原因

14 号墩基坑排水，起初排的是第四系堆积层的孔隙水，当停止排水后，第四系堆积层中的水井水位很快就恢复了，但有些水井即使停止排水后，水位也未在短时间内恢复，表明这些水井的水是由岩溶水补给的。

由于罗桥盆地下岩溶极为发育，见洞率高达 80% 以上，由网状、树枝状的溶缝、溶隙、溶洞构成岩溶地下水系，而地表所覆粉质黏土据钻孔揭示，局部厚达 16 ~ 20 m，故在可溶岩界面上的土层中可能存在土洞。当基坑排出岩溶承压水时，引起地下水下降，地下水的下降使岩溶空腔与第四系土层接触处形成压强差，在压强差的作用下使松散土体变形而形成地面沉陷或塌陷；也可能因岩溶地下水位的下降，使岩溶空腔形成局部负压，将一些溶隙、溶缝中的充填物吸出而形成地面塌陷。

从实地调查看，基坑排水影响范围较大，大致在 14 号桥墩以北和西北方向约 200 ~ 1 000 m 范围内。但房屋和地面的范围相对较集中，以某房屋为中心，周围房屋的变形程度逐渐降低。该房屋可能是这一范围的沉陷中心，向周边沉陷幅度逐渐减小。所以，这些村子的塌陷点和房屋变形区，可能位于同一岩溶水系统的通道上，因排水使得岩溶水系统内水位降低而产生负压，造成这些村庄下的岩溶孔隙、裂隙的填充物被吸蚀和潜蚀，引起地面土层沉陷变形，所以形成房屋变形呈现以某点为中心向四周辐射的特点。

（七）经验及体会

1. 岩溶发育地区因人为抽、排水引起地面塌陷，造成地面建筑物变形、破坏的事件屡见不鲜，也成为主要的工程地质问题。14 号墩基坑排水引发的地质灾害又一次证明，在岩溶发育区内，桥墩台应尽量避免采用明挖基础。

2. 盆地内覆盖型的岩溶，因盆地地形有利于地表水和地下水的汇集，丰富的地下水促使地下岩溶发育，是铁路路基和桥梁工程要特别重视的地区。盆地覆盖型岩溶发育区的铁路工程地质勘察，应以查明岩溶发育程度和岩溶分布特征为重点，分析岩溶发育的原因，并提出相应的工程措施。因该地区极易发生地面塌陷，路基工程应进行地面塌陷的防治；桥梁工程基础应采用桩基基础，尽量避免采用明挖基础。

3. 一定要采用明挖基础时，应预先作好基坑封、堵水预案。因基坑排水可能出现的环境地质问题，在明挖基础施工前，应制定相应的工程保证措施。基坑封、堵水措施，应有应急预案。当第一次堵水不成功时，应立即采用第二套堵水方案，不可贸然采用加大排水能力的办法维持继续施工。加大排水量势必造成因施工排水引发地面塌陷或地面建筑物的变形和破坏。所以在地质环境脆弱的覆盖型岩溶盆地内施工，应避免因人为不当施工而形成的地质灾害和造成不良的环境影响。

十八、玉蒙铁路竹居河峡谷工程地质条件及桥位比选

李　东

玉溪至蒙自铁路通过的竹居河峡谷区，地质构造十分复杂，不良地质极其发育，且处于高烈度地震区。通过勘察和多方案桥位的比选，查明了区内控制桥址的地质构造条件以及主要工程地质问题，选出了工程地质条件较好，技术合理、可靠的以高墩大跨通过的桥址方案(见图6—18—1)。

(一)概　况

新建玉溪至蒙自铁路位于云南省滇南地区，北起昆(明)玉(溪)铁路终点站玉溪南站，经通海、建水，终于红河哈尼族彝族自治州州府——蒙自。线路全长141 km，行进于玉溪、通海、曲溪、建水、鸡街、蒙自等断陷盆地及其间构造侵蚀、剥蚀、溶蚀低中山、中山区。沿线除奥陶系、志留系、白垩系外，自元古界至新生界第四系地层均有出露。测区位于川滇菱形断块的东南端，地质构造复杂，新构造运动强烈，以活动断裂规模大、分布密集、地震活动频繁、震级大、烈度高、地震破裂带长、位错量大为主要特征。线路经过峨山—曲江断裂带、石屏—建水断裂带、小江断裂带等区域发震构造，不良地质及特殊岩土极发育，工程地质条件复杂。

(二)竹居河峡谷地质构造和工程地质条件

1. 自然地理简况

竹居河峡谷线路方案位于建水县曲溪镇的大新石拱桥与大龙滩村之间，跨越竹居河设曲江大桥，采用高墩大跨，桥高约100 m。竹居河为南盘江的一级支流，河流基本沿构造线展布。峡谷地面相对高差415 m。上游称为曲江河谷，穿过曲溪断陷盆地，河谷两岸发育有两级阶地和泥石流扇，地形宽缓，河床较宽；下游竹居河脱离盆地进入山区，河谷狭窄，河谷谷坡坡度多40°~50°，局部为陡壁。从Ⅳ号桥位方案至下游大拐弯处，河道曾被左岸山体向SE方向变形挤压，河床明显变窄，河道宽由20~60 m变为宽仅10~20 m。

本区属亚热带高原型季风气候，具有四季温差小、干湿季分明和垂直气候差异明显的特点。年平均气温17.4 ℃~23.8 ℃，日照充足。年降雨量1 000~1 500 mm，5~10月为雨季，占年降雨量的80%，11月~次年5月为旱季。

2. 地层岩性

峡谷区内河床上覆第四系全新统冲洪积卵石土、粗圆砾土，厚2~10 m；坡洪积粉质黏土，厚2~20 m，主要分布于右岸冲沟两侧；坡崩积块石土、错落堆积粗角砾土及滑坡堆积块石土、粉质黏土，厚5~36 m，分布于两岸岩堆、错落及滑坡体内；坡残积粉质黏土，厚0~2 m，广泛分布于谷坡坡面。谷坡上还出露有断层角砾，石炭系下统灰岩夹页岩，泥盆系上统宰格组白云岩夹页岩及中统海口组砂岩，震旦系上统灯影组、陡山沱组白云岩、砂质页岩、砂岩、灰岩以及下统澄江组砂岩。钻探揭示，峡谷区岩体破碎，呈压碎岩状，基本属于断层构造作用下的强烈挤压破碎带。

3. 地质构造及地震

曲江和竹居河谷区位于滇东台褶带内，处于峨山—曲江活动断裂带，是云南重要的强震活动区域。

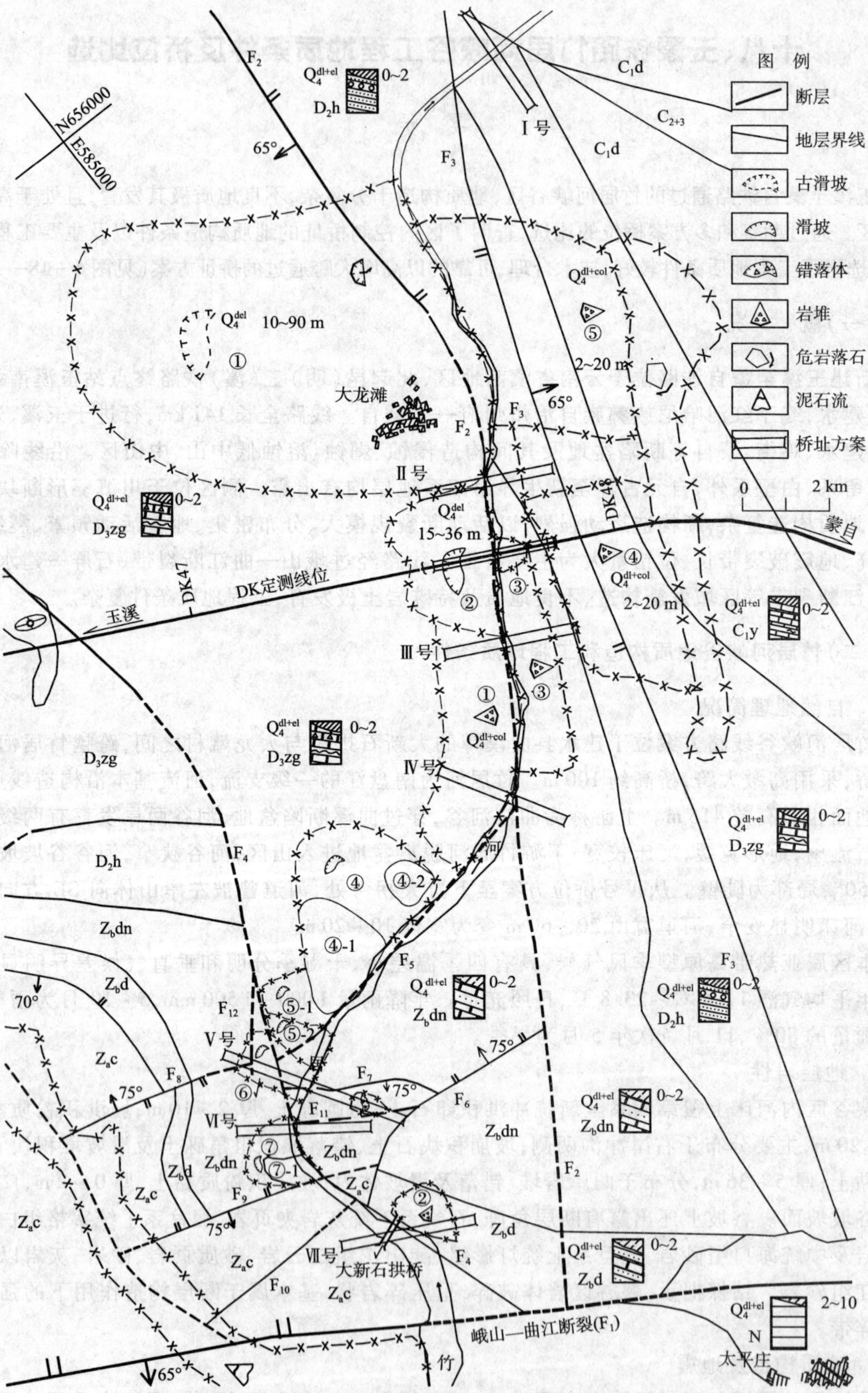

图 6—18—1　竹居河峡谷工程地质图及桥位示意图

(1)新构造运动

本区属新构造运动强烈活动区。新构造运动主要表现为地震和地热异常。

①地震和地震破裂带:1970 年通海 7.7 级地震,沿先存的峨山—曲江断裂附近形成了长达 48 km 的地表地震断层破裂带(称曲江断裂),地震断层破裂带显示出强烈的右旋挤压性质,最大水平错距 3.25 m,垂直错动量约 0.5 m,与峨山—曲江断裂晚更新世以来的活动特性一致。峨山—曲江断层两端的峨山盆地和曲溪盆地分别在 1913 年和 1958 年发生过 7 级地震,表明峨山—曲江断层和曲江断层是第四系以来活动仍然很强的地震断裂带。

②地热异常带峨山—曲溪线状地热异常带呈北西向展布,与峨山—曲江断裂的展布基本一致。沿断裂带有温泉数十个,其中热泉(>40 ℃)三个。地热异常带,特别是线状分布异常带的出现,反映出活动性断裂现代仍在活动之中。

测区地震动峰值加速度为 0.20g,地震动反应谱特征周期为 0.40 s。

(2)断裂构造

竹居河峡谷区内与桥位选址关系密切的断裂共 12 条,如图 6—18—1 所示。其中区域性断裂 4 条,编号为 F_1 ~ F_4;次级断层 8 条,编号为 F_5 ~ F_{12}。

①峨山—曲江断裂带(F_1):为北西向断裂,由两条断裂组成。一条是老曲江断层,称峨山—曲江断裂;另一条是 1970 年通海地震形成的现代地震断层,称曲江断裂。两条均为现代活动断裂带,是云南现代地震的发震构造之一。峨山—曲江断裂是一条在第三纪前形成的断裂,总体走向北西 50°,断面倾向南西,倾角 50° ~ 75°,为逆断层,但多处被北东向断层错断。该断层总长 100 km。沿断层线形成了峨山、小海治、高大和曲溪四个断陷盆地,并控制了盆地内第三系和第四系沉积。桥位比选区内该断裂自峡谷入口的山前坡麓带附近通过。断层切过了下元古界震旦系地层,挽近时期也表现出强烈的走滑特性。断层破碎带宽 50 ~ 500 m,岩石多挤压破碎,并出现构造透镜体化,沿断裂带发育一系列不良地质体。

②F_2 断层:在Ⅳ号桥位上游出露于曲江右岸,下游出露于左岸,属北东向断裂,走向 N5° ~ 26°E,倾向 NW,倾角 65°,为逆断层。上盘为 D_3zg、Z_bdn 白云岩、角砾状白云岩夹页岩,下盘为 D_2h、Z_bdn 砂岩、白云岩、砂质页岩。受其强烈挤压影响,岩体极破碎,钻孔岩芯呈角砾、中粗砂状,岩质软硬不均。

③F_3 断层:发育于峡谷右岸,属北东向断裂,走向 N15° ~ 28°E,倾向 SE,倾角 65°,为逆断层,破碎带宽 40 ~ 60 m。下盘为 D_2h 砂岩、页岩,上盘为 D_3zg 白云岩。受其强烈挤压影响,附近岩体破碎。

④F_4 断层:主要发育于曲江左岸,沿断层走向发育串珠状溶蚀洼地,从Ⅵ号桥位附近延伸至河谷中,走向 SN ~ N30°E,为性质不明断层。东盘为 D_3zg 白云岩,西盘为 D_3zg 白云岩、D_2h 砂岩、砾岩及 Z_bdn 白云岩、砂岩。F_{12} 断层为其支断层。

F_5 ~ F_{12} 等 8 条次级断层特征扼要反映于表 6—18—1 中。

表 6—18—1　8 条次级断层特征表

编号	位　置	走　向	倾向	倾角	上盘岩性(左盘)	下盘岩性(右盘)	性　质
F_5	Ⅳ、Ⅴ号桥位间,沿河谷发育	EW ~ N80°E	不详	不详	D_3zg 白云岩	Z_bdn 白云岩夹砂岩	性质不明断层
F_6	Ⅴ号桥位蒙自端桥台附近	N55°E ~ EW	N	75°	Z_bdn 白云岩砂质页岩	Z_bdn 白云岩、灰岩	正断层

续上表

编号	位　置	走　向	倾向	倾角	上盘岩性(左盘)	下盘岩性(右盘)	性　质
F_7	沿Ⅴ号桥位右岸一深切冲沟发育	N60°W	SW	75°	$Z_b dn$ 砂质页岩夹白云岩	$Z_b dn$ 白云岩夹砂岩	同层断层
F_8	Ⅴ号桥位玉溪端附近	N80°W	NE	75°	$Z_b dn$、$Z_b d$、$Z_a c$	$Z_b dn$ 白云岩夹砂岩	逆断层
F_9	Ⅵ、Ⅶ号桥位之间发育	N73°W	SW	75°	$Z_a c$ 砂岩	$Z_b dn$、$Z_b d$、$Z_a c$	逆断层
F_{10}	Ⅵ、Ⅶ号桥位之间发育	EW	不详	不详	$Z_a c$ 砂岩	$Z_a c$ 砂岩	同层断层
F_{11}	沿Ⅴ号桥位错落体右缘发育	N63°W	不详	不详	$Z_b dn$ 砂质页岩	$Z_b dn$ 白云岩夹砂岩	同层断层
F_{12}	Ⅴ号桥位玉溪端附近	N36°E	NW	不详	$Z_b dn$ 白云岩夹砂岩	$Z_b dn$ 砂质页岩	推测逆断层

Ⅳ号桥位以下下游河段(线路桥位比选段),均夹持于 F_2 和 F_3 两断层间。据钻探揭示,此夹持地带河谷基本上均属两断层间的强烈挤压破碎带,既控制了沿岸不良地质体的发育和分布,也控制了曲江桥位的选择。

4. 主要工程地质问题

竹居河峡谷岸坡陡峻,受多条断层交叉切割及多次地震影响,自峡谷入口大新石拱桥至大龙滩村下游附近约 3 km 范围内,左岸几乎连续分布不同规模、不同厚度的滑坡群与岩堆,右岸又断续分布岩堆、危岩落石、错落等。受断层和地震作用,坡面碎屑流极其发育,故本段实为一严重的不良地质发育区。影响峡谷桥位选址的不良地质体特征如下:

(1)大龙滩 1 号古滑坡(图中标号①):位于定测线位 DK47 +500 ~ +730 左 180 m 外,周界明显,地貌呈明显圈椅状,有多级滑坡平台,滑体为灰岩、白云岩块石土,大龙滩村座落其上,长有百年的古树。滑坡平面呈扇形分布,主轴方向 S65°E,长约 1 000 m,横向宽 500 ~ 900 m,自然横坡 10° ~ 30°,前缘较陡,滑坡体厚 10 ~ 90 m,滑体体积约 350×10^4 m^3,属厚层巨型古滑坡。目前处于稳定状态。

(2)大龙滩 2 号滑坡(图中标号②):位于曲江左岸。定测 DK 桥位从后(缘)至前(缘)纵贯整个滑坡;Ⅱ号及Ⅲ号桥位分别位于滑坡左、右侧周界边缘处。滑坡周界清楚,地貌呈明显圈椅状,有滑坡平台,滑体为灰岩、白云岩块石土,平面上呈“M”形分布,主轴方向 S55° ~ 60°E,长 208 ~ 226 m,横向宽 200 ~ 354 m,滑体自然横坡 30° ~ 45°,滑体挤压河道约 30 m。据三个主轴断面的钻孔揭示,该滑坡为一深层滑坡,滑坡体厚 15 ~ 36 m,滑体体积约 150×10^4 m^3,属厚层巨型滑坡。滑带物质组成为含黏粒较重或含泥质较重的压碎岩状的强风化白云岩。滑床主要由强风化的白云岩组成,呈压碎岩、角砾、中粗砂状。经钻孔揭示,滑坡前缘滑体推覆在河流冲积物上。滑坡目前处于稳定状态,但施工开挖可能使滑坡局部或整体复活。

(3)大龙滩 3 号坍滑体(图中标号③):位于右岸定测线位 DK47 +726 ~ +792,周界明显,有滑坡平台,坍滑体为灰岩、白云岩块石土,平面呈扇形分布,主轴方向 N55°W,长 66 m,横向宽 50 ~ 80 m,滑体自然横坡 30° ~ 39°,坍滑体厚 2 ~ 20 m,滑体体积约 4.7×10^4 m^3,为一中型滑坡。目前处于稳定状态。

(4)④号滑坡:位于左岸Ⅳ号桥位与Ⅴ号桥位之间,周界明显,地貌呈圈椅状,有多级滑坡平台,滑坡主轴方向 S5°W,长 300 m,横向宽 100 ~ 420 m,滑体自然横坡 32° ~ 43°,滑坡体厚 5 ~ 25 m,滑体体积约 200×10^4 m^3,属巨型滑坡。在老滑坡上,后期又产生④-1、④-2 两处次一级滑坡,其周界及滑动迹象清楚,滑坡体为灰岩、白云岩块石土,目前仍处于缓慢蠕动变形状态。据调查访问,1970 年地震时,④-1 滑坡从曲江左岸冲向右岸,并阻断水流,造成曲江坝子水位上涨,淹没了村寨。目前对岸还遗留有滑坡舌物质。

(5)⑤号滑坡:位于左岸④号滑坡体与Ⅴ号桥位之间,地貌呈明显圈椅状,分为⑤-1、⑤-2 两滑坡体,周界及滑动迹象清楚,平面呈斜长方形展布,主轴方向 S15°~22°E,长 180 m,横向宽 90~150 m,滑体自然横坡 14°~25°,滑坡体厚 5~25 m,滑体体积约 $30\times10^4\ m^3$,属中型滑坡。⑤-1 滑体为灰岩、白云岩块石土,⑤-2 滑体为硬塑状粉质黏土及圆砾土。目前均处于稳定状态。

(6)⑥号滑坡:位于左岸Ⅴ号桥位,平面呈近长方形展布,主轴方向 S32°E,长 180~200 m,横向宽 100~120 m,滑体厚 5~20 m,滑体体积约 $38\times10^4\ m^3$,属大型堆积层滑坡。滑坡体多为硬塑状粉质黏土及饱和、密实的圆砾土。滑坡沿基岩面滑动,滑面平缓,滑带土为软—硬塑状粉质黏土。目前处于稳定状态。

(7)⑦号滑坡:位于左岸Ⅵ号桥位,平面呈扇形展布,长 140 m,宽 90~150 m,滑体厚 5~15 m,体积约 $15\times10^4\ m^3$,属中型堆积层滑坡,滑体自然横坡 30°~45°,⑦-1 为其次一级滑坡。目前该滑坡虽处于稳定状态,但施工开挖可能引起滑坡局部或整体复活。

(8)①号岩堆:位于左岸滑坡②与滑坡④之间,Ⅲ号桥位与Ⅳ号桥位从中穿过。岩堆长 150 m,宽 500 m,钻探揭示物质组成为白云岩质块石土,厚 5~20 m,下伏断层角砾岩。主要受区域构造影响,岩体被强烈挤压搓碎,陡坡岩体向下崩落堆积形成。目前处于稳定状态。

(9)②号岩堆:位于大新石拱桥右侧,Ⅶ号桥位穿过岩堆。岩堆长 120 m,宽 80~160 m,堆积体厚 5~20 m。其物质组成为白云岩质块石土。据访问,1970 年地震时,此处震动剧烈,山体崩塌形成岩堆体,造成村毁人亡。该岩堆目前虽处于稳定状态,但前缘不断受河水冲刷掏蚀,施工开挖可能引起整体或局部变形。

(10)岩堆③、④、⑤及危岩落石:三处岩堆分布于Ⅳ号桥位至下游大拐弯处竹居河右岸,与坡顶危岩落石分布区相对应。堆积体厚 2~20 m,其物质组成为白云岩、灰岩块石土。

(11)错落:发育于右岸Ⅴ号桥位处。地貌迹象明显,沿线路方向长 90 m、宽 20~50 m,物质组成为强风化白云岩,厚度 5~15 m,可清除或加固处理。

(三)曲江峡谷桥位方案的比选

1. 主要桥位方案

通海至曲溪间线路必经的竹居河峡谷,地形陡峻,工程地质条件十分复杂,使曲江大桥桥位选址非常困难。为确保曲江大桥安全,选择工程地质条件相对较好的桥位方案,勘察期间扩大了选址范围,在 DK 桥位基础上,研究了编号依次为Ⅰ号~Ⅶ号和初步设计桥址的八个桥位方案(见图 6—18—1)。

2. 桥位方案工程地质评价

竹居河峡谷地处峨山—曲江活动断裂带的北东侧,两岸受 F_2、F_3 两条区域性断层的夹持及一系列次级断层的切割,不良地质极发育。左岸断层迹象明显,右岸断层摩擦镜面、擦痕等多见;岩层产状紊乱,节理极发育,岩体极破碎。峡谷岸坡多为断层挤压破碎带的破碎岩体形成坡面碎屑流和不良地质,谷坡稳定性差。峡谷区工程地质条件差。

DK 桥位:左岸桥台位于②号巨型滑坡体上,右岸桥位处又有③号坍滑体和④号岩堆体,并通过 F_2 断层。大桥左岸所有墩台均处于②号巨型滑坡体中,右岸主墩处于③号坍滑体中。钻探揭示,两岸岩体受构造强烈挤压搓碾,岩芯极破碎,白云岩呈粗砂状、颗粒状。在高烈度地震区，桥基础置于巨型滑坡体上，存在较大的安全隐患，所以该桥位所处的工程地质条件极差。

Ⅰ号桥位：地处“V”形峡谷，河谷狭窄，岸坡陡峻。两岸基岩裸露，为石炭系下统灰岩、白云岩；玉溪端虽有 F_3 断层的次一次级断层通过，但断层影响带较小，岸坡稳定性较好。与其余各桥位方案相比，桥长缩短，地质条件最优。但线路较 DK 线增长近 2 km，区间站间距过大，不能满足运输通过能力要求，曲溪车站需进隧道，且场地狭窄，交通不便，桥隧施工难度大。

Ⅱ号桥位：左岸从①号与②号两个巨型滑坡间较为狭窄的小山脊穿过，通过 F_2、F_3 断层。由于山脊过窄，又处于断层挤压破碎带中，地质环境一经施工扰动，两侧滑坡稳定性及工程安全都存在巨大的潜在威胁，右岸有危岩落石。与 DK 桥位相比，两岸地质条件有一定改善，但地质灾害风险仍然较大。

Ⅲ号桥位：左岸从②号滑坡右侧边缘①号岩堆体经过，通过 F_2 断层，岸坡稳定性差；右岸经过③号岩堆体，且分布危岩落石。与 DK 桥位相比，两岸地质条件没有实质性改善。

Ⅳ号桥位：两岸地形陡峻，左岸从①号岩堆体经过，岸坡的稳定性差；右岸基岩裸露，但邻近 F_2 与 F_5 断层交汇部位，经钻探揭示，桥址仍处于断层挤压破碎带中。与 DK 桥位相比，两岸地质条件无实质性改善。

Ⅴ号桥位：左岸地形相对平缓，发育⑥号滑坡体，右岸发育小型错落体；桥址先后通过 F_{12}、F_4、F_7、F_{11}、F_6 等次级断层。桥址区基岩为 $Z_b dn$ 砂质页岩、白云岩，钻探揭示岩体完整性相对较好，砂质页岩的岩芯多呈柱状。与 DK 桥位相比，左岸滑坡地形平缓，规模、厚度较小，工程处理相对较容易，右岸错落体可进行工程处理。虽通过 5 条次级断层，但断层影响带较小，岩体完整性较其他方案有所提高。与 DK 桥位相比，桥位工程地质条件有了较大改善，且施工场地开阔。

Ⅵ号桥位：两岸地形较陡，左岸发育⑦号滑坡体，通过 F_4 断层。钻探揭示，左岸均处于断层破碎带之中，岩芯极破碎。与 DK 桥位相比，地质条件改善不大。

Ⅶ号桥位：上跨大新石拱桥，穿过②号岩堆体。桥位距峨山—曲江区域活动断裂仅 180 ~ 230 m，岩体破碎，区域稳定性差。该桥位右岸较长距离在稳定性较差且较陡的横向谷坡通过，工程开挖可能引起谷坡整体失稳，工程地质条件差。

表 6—18—2 对上述八个桥位的工程地质条件进行了综合性比较。从该表可以看出，DK 桥位及Ⅱ、Ⅲ、Ⅳ、Ⅶ号等五个桥位方案，或位于 F_2 和 F_3 两断层间的强烈挤压破碎带中，或不良地质体发育，岸坡稳定性差，墩、台基础岩体破碎，工程处治难度大，抗滑支挡结构的安全可靠度差，在高烈度地震区曲江大桥主墩的稳定性存在较大安全隐患，故此五个桥位方案工程地质条件评价均属“差”，桥位方案不宜采用。Ⅰ、Ⅴ、Ⅵ号三个桥位工程地质条件比较，Ⅰ号桥位方案虽然工程地质条件最好，但线路增长，车站进洞，且区间通过能力不能满足要求，故予放弃；Ⅴ号桥位工程地质条件虽然不如Ⅰ号桥位，且亦通过不良地质体，但桥基持力层岩体相对较为完整，不良地质体处治较易，工程地质条件较Ⅵ号桥位方案有明显改善。经综合比选后，最后确定推荐工程地质条件较好的Ⅴ号桥位方案。

表 6—18—2　曲江大桥各桥址工程地质条件比较表

桥址方案	相对 DK 桥址位置	工程地质条件	工程地质条件评价
DK 桥址		左岸墩处于巨型滑坡体中(滑体厚度 30 余米)，右岸主墩位于坍滑体中，还受岩堆及危岩落石影响，工程处治难度大，抗滑支挡结构可靠度差，大桥存在严重的安全隐患	差

续上表

桥址方案	相对 DK 桥址位置	工 程 地 质 条 件	工程地质条件评价
Ⅰ号桥址	下游 1 300 m	桥址地处下游"V"形峡谷部位,两岸基岩裸露,岩体完整性好,岸坡稳定	好
Ⅱ号桥址	下游 170 m	桥位从左岸两个巨型滑坡间较为狭窄的小山脊通过,仍然处于滑坡影响范围内;右岸有危岩落石。与 DK 桥位比较,无实质性改善	差
Ⅲ号桥址	上游 210 m	线路从左岸滑坡右侧边缘较厚的岩堆体穿过,右岸有危岩落石及岩堆体,岸坡稳定性差。与 DK 桥位比较,无实质性改善	差
Ⅳ号桥址	上游 800 m	桥位从左岸较厚的岩堆体经过。经控制性钻探揭示,桥基持力层处于断层挤压破碎带中,并位于两条断层交汇部位。与 DK 桥位比较,无实质性改善	差
Ⅴ号桥址	上游 1 250 m	桥址左岸地形平缓,主墩位于滑坡体中,钻探揭示滑体厚 9 ~ 16 m,滑面平缓。右岸地形较陡,半坡上有一厚 5 ~ 15 m 的小型错落体。两岸受断层影响相对较弱,桥基持力层的岩体完整性较好,钻孔柱状岩芯节长 0.5 ~ 1 m 左右,采取率达 90% 以上。工程地质条件总体上较 DK 桥址有较大改善	较好
Ⅵ号桥址	上游 1 450 m	桥址左岸主墩位于滑坡体中,岸坡陡峻,稳定性差。控制钻探揭示,左岸处于断层挤压破碎带中,钻孔岩芯呈碎石、角砾土状。与 DK 桥位相比,有所改善	较差
Ⅶ号桥址	上游 1 820 m	桥址与右侧峨山—曲江区域性活动大断裂(F_1)平行,两者相距 180 ~ 230 m,岩体破碎,区域稳定性差。桥址右岸经过厚 5 ~ 20 m 的岩堆体前缘,并平行等高线长距离地沿较陡的斜坡通过,工程开挖可能引起斜坡失稳	差

3. 曲江大桥桥式和基础施工

根据工程地质专题工作,选定工程地质条件相对较好的Ⅴ号桥位设计了曲江大桥,桥长 463.00 m,采用 3 × 32 m 预应力混凝土简支梁 + 3 × 98 m 下承式简支钢桁梁 + 1 × 32 m + 1 × 24 m 预应力混凝土简支梁。

全桥均采用桩基础,其中 0 号台、1 号墩、7 号墩、8 号台桩基直径为 1.25 m 钻孔桩,桩长 20 ~ 35 m;2 ~ 6 号墩桩基直径为 1.5 m 钻孔桩,桩长 35 ~ 57 m,并在墩基础山坡侧设有挡墙,滑坡体处设有抗滑桩,以保证桩基基础的稳定。

在施工过程中,因处于不良地质体发育地段,虽然设计已对桥墩开挖边坡作了抗滑设计,但在雨季施工中还是出现了坍滑。如 3 号墩,雨季施工中在靠山侧(小里程端)斜坡处有地下水呈小股状流出,使层厚为 10 ~ 15 m 的粉质黏土夹软塑状黏土在开挖过程中因措施未能及时跟进而发生表层坍方;6 号墩靠山侧边坡(大里程端)呈密实的角砾及中粗砂状的白云岩强风化层,由于临时开挖边坡过陡,并将弃土堆在边坡上方,引起地表坍滑,把挡土墙剪坏,经各方讨论决定,将挡墙变更为桩板墙进行加固挡护。其余桥墩、台施工开挖的地质情况与勘察设计资料相符。

(四)结 束 语

竹居河峡谷地质构造十分复杂,不良地质极为发育且处于高烈度地震区内,是玉蒙铁路的控制性工程地段。通过精心勘察和研究,选出合理、可靠的以高墩大跨通过的桥址位置,这是地质选线工作在玉蒙铁路线路方案稳定中发挥重要作用的体现。根据所推荐的桥址方案进行设计和施工,充分体现了"在复杂地质环境条件下,优先确定重点工程位置"的工程地质选线原则。在工程地质比选的基础上,再结合线路条件进行综合比较,选出了安全可靠、技术可行的线路方案。

十九、黔桂铁路改扩建工程下王祥特大桥基坑施工中边坡变形及处理

王茂靖

（一）工程概况

黔桂铁路改扩建工程下王祥特大桥位于广西壮族自治区南丹县大山矿区，全桥长915.60 m，桥式为19×32 m+(48+88+48) m+3×32 m钢筋混凝土梁，其中9号、10号、16号、17号、18号、19号、20号、21号桥墩墩高大于50 m，其中18号墩最高达63 m，最大桥跨88 m，最大桥高90 m。

（二）桥渡区工程地质条件

1. 地形及地貌

桥址区属剥蚀构造低山地貌，地形起伏较大，沟壑纵横；沟谷内多辟为水田或旱地，山坡多为树林，坡面杂草丛生，植被发育；山坡横坡约20°~40°，地面高程690~800 m，相对高差约110 m。

2. 地层岩性及地质构造

沟谷中分布有第四系冲洪积的硬塑状粉质黏土、软塑状淤泥质粉质黏土，厚度2~6 m。山坡上分布第四系残坡积的硬塑状粉质黏土、稍密—中密状碎石土，厚度0~5 m。下伏基岩泥盆系中统(D_2d^2)泥岩夹页岩，灰、深灰、灰黑色，中厚层至厚层状，局部夹薄层状，粉砂泥质结构，钙泥质胶结，岩质较软，局部较坚硬，表层节理及风化裂隙发育。泥岩局部过渡为泥灰岩或泥质灰岩。该层岩体风化极不均匀。据钻探揭示，全风化带(W_4)呈浅黄、褐黄、灰黄、褐灰色等，原岩结构及矿物基本都发生变化，岩体呈坚硬之粉质黏土状、粉质黏土夹碎石角砾状，岩质软，据探坑边坡揭示出其稳定性较好，该层厚0~31 m；强风化带(W_3)呈灰褐、褐灰、灰色夹灰黄色等，岩体破碎，呈碎块状、块状，岩质较软，局部夹弱风化块体，厚1~21 m；弱风化带(W_2)岩质较硬，岩体较完整。

桥址位于区域性南丹—河池大断裂北段附近、芒场背斜南东翼，次一级断裂及宽缓褶皱发育，岩体较为破碎，出露岩层层理较为零乱，但总体呈单斜构造。下王祥断层从桥址区的一沟谷中通过，与线路相交于DK244+313处，交角近90°。该断层为正断层，上、下盘均为泥盆系中统东岗岭阶罗富段(D_2d^2)泥岩夹页岩，因土层覆盖，断层带宽度及断层破碎带物质组成不明，断层附近岩层产状较乱，岩体较破碎；断层上盘（南盘）代表性岩层产状N40°~60°E/40°~45°SE，断层下盘（北盘）代表性岩层产状N70°E/50°SE。断层对桥梁基础影响不大。

桥址区岩体风化强烈，表层节理裂隙发育，主要节理有两组：一组E~W/60°N，张开，无充填物，间距0.10~0.5 m；另一组SN/90°，张开，无充填物，间距0.10~0.6 m。

桥址区地震动峰值加速度小于0.05g，地震动反应谱特征周期为0.35 s，设计可不考虑地震设防。

该桥工程地质纵断面见图6—19—1。

3. 水文地质特征

地表水为沟水，受大气降雨补给，流量不大。

地下水主要为第四系覆盖层孔隙潜水及基岩裂隙水。第四系孔隙水赋存于粉质黏土、碎

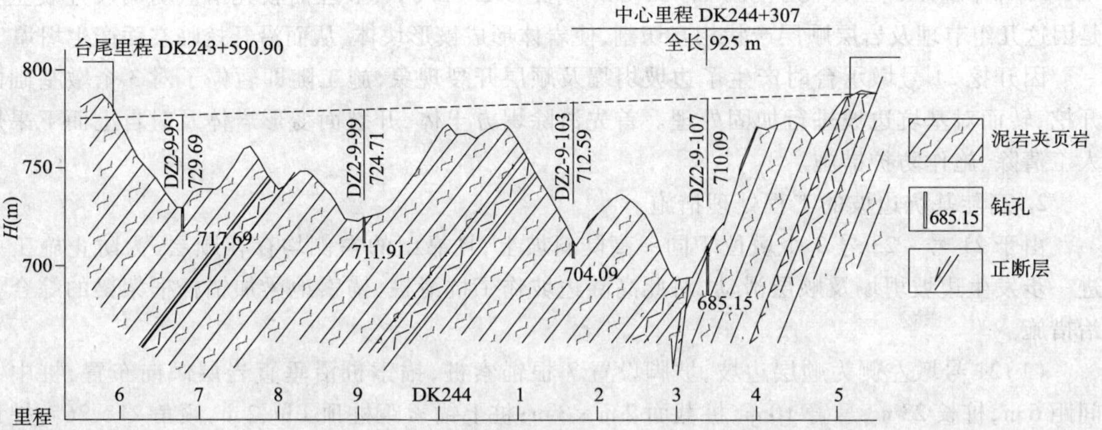

图 6—19—1　下王祥特大桥工程地质纵断面示意图

石土中，含水量微弱，基岩裂隙水赋存于泥岩夹页岩风化裂隙及构造裂隙中，因此，整个桥址区含微弱基岩裂隙水，调查测绘未见泉点露头。

经取沟水水样分析，水质属 SO_4^{2-}—$Ca^{2+}\cdot Na^{+}\cdot K^{+}$ 型水，对混凝土具有中等硫酸型酸性侵蚀性。

4. 主要工程地质问题及工程措施建议

桥址区地形切割强烈，山坡陡峻，加之穿越泥页岩软弱岩层，因此，本桥主要工程地质问题是软岩风化剥落、开挖边坡易产生溜坍滑坡，建议采取如下工程措施：

（1）桥梁各墩台采用桩基础，桩底置于基岩弱风化带（W_2）内一定深度。

（2）桥址基岩为泥岩夹页岩，具有暴露后易风化、遇水易软化的特点，基坑开挖后应及时下基封闭，以免基岩风化、遇水软化而降低其承载力。

（3）墩台基坑开挖中应加强坑壁支护，基础边坡山坡侧应对边坡采取工程防护措施。

（4）15 号、16 号、21 号、22 号、23 号、24 号、25 号桥墩基础位于陡峻山坡上，基坑开挖易发生坑壁坍塌、山坡坍滑现象，应设安全稳固的坑壁支护及山坡支挡工程。

（5）基坑中地下水按对混凝土具有中等硫酸型酸性侵蚀性考虑，建筑材料宜采用抗侵蚀性材料。

（三）施工中出现的主要工程地质问题及处理

1. 基坑顺层边坡开挖引起的坍塌

下王祥特大桥 21 号、22 号、23 号墩位于同一高陡山坡上，山坡自然坡度 35°～50°，21 号墩位于山坡坡脚，承台顶至山坡顶高差 50～70 m，施工开挖 21 号、22 号墩基础承台时形成高边坡。

21 号墩开挖至设计承台底高程时，靠山的左侧边坡顶部坡率约为 1∶1，中上部坡率约为 1∶0.75，下部高约 15 m 的边坡在施工过程中产生顺层面和节理面坍塌、开裂现象，坍塌体厚度 1～3 m，并在高约 40 m 处出现一道 10～20 cm 宽的裂缝，裂缝由小里程向大里程方向发展，延伸长度约 25 m。开挖的基坑边坡上部 2～4 m 为坡残积粉质黏土及钙质泥岩全风化层，局部全风化带厚度达 6～7 m，全风化层以下为强风化钙质泥岩夹少许页岩。受下王祥断层影响，钙质泥岩岩层产状扭曲严重，层理产状 N31°～70°E/30°～50°SE，左侧基坑边坡为顺层，岩层走向与线路夹角为 22°，视倾角为 28°。坡脚揭露出 4 组不利节理，其产状分别为 N40°E/30°SE、

N30°E/70°SE、N60°E/65°SE、N80°W/60°SW，间距 0.2 ~ 2.0 m，节理面较光滑。坍塌及开裂主要是因这几组节理及岩层顺层产状相互切割，使岩体形成楔形块体，从而沿开挖临空面产生坍塌。

因开挖 21 号墩承台时产生了边坡坍塌及顺层开裂现象，施工随即暂停了对 3 个墩基础的开挖，转而对基坑边坡进行加固处理。首先清除坍方土体，开裂面变形岩体及时自上而下采用人工清除、施作防护措施。

2. 高陡基坑边坡的工程处理措施

由于 21 号 ~ 23 号 3 个墩位于同一高陡斜坡上，且靠山的左侧均存在顺层，为防止施工中进一步发生边坡坍塌及顺层滑动，对此高陡边坡作了抗滑桩、锚索地梁加锚杆框架梁的综合整治措施。

(1)21 号墩左侧为顺层边坡，坡脚设置 7 根锚索桩，锚索桩沿垂直岩层倾向布置，桩中心间距 6 m，桩长 23 m，悬臂 10 m，桩截面 2 m × 3 m；桩上锚索距桩顶 1 m、2 m，倾角 21°、26°，桩顶以上边坡设置锚索框架梁。

(2)22 号墩左侧边坡设置锚杆加锚索框架梁加固，22 号墩右侧边坡按 1∶1.25 坡率刷方，坡面设置锚杆框架梁，并设 2 m 宽平台与 22 号墩既有平台顺接。

(3)21 号墩与 22 号墩之间楔形坍塌边坡采用锚杆与锚索框架梁加固，对 22 号墩承台下附近边坡先施工锚杆与框架梁，待桥桩基施工完后再施工锚索。

(4)22 号墩与 23 号墩之间过高过陡边坡采用刷方放缓边坡。23 号墩承台襟边宽度不小于 2 m，放缓边坡后坡面设置锚杆框架梁防护。

(5)所有边坡平台均设置平台截水沟，堑顶设置排水天沟，框架梁内培土植草护坡。

3. 桥基础岩体差异风化引起的问题及处理措施

下王祥特大桥 6 号墩原设计为明挖基础，基底嵌入完整的泥岩夹页岩弱风化带(W_2)内 1.5 m。现场开挖至设计基底高程后(垫块部分未开挖)，线路右侧基坑为完整基岩，嵌入基岩深度达 8 m 以上，左侧基坑的柳州端边缘嵌入完整基岩深度约 1.5 ~ 2.0 m，但由于岩体差异风化，加之岩层产状陡倾，左侧基坑的贵阳端边缘，纵向长约 4 m、横向宽约 3.5 m 却仍为土层，继续开挖至设计高程下深度约 2.5 m 仍为土层。线路右侧基坑临时边坡土层厚约 4 m，采用 1∶0.7坡率，石质边坡高约 10 m，采用约 1∶0.3 坡率。

由于该墩贵阳端左侧基础未能嵌入完整基岩，受地形条件影响，再向下挖加深基坑，基坑的施工难度大，决定变更设计将该墩明挖基础改为桩基基础。线路右侧基坑开挖边坡较高，基础改为桩基础施工后相应工期延长，存在基坑边坡溜坍及坍滑等安全隐患，决定该侧基坑边坡除按原设计施工外，对基坑边坡开挖高度大于 6 m 部分增设锚网喷防护，ϕ22 锚杆长度 2 ~ 5 m，按 1 m 间距呈梅花形布置，ϕ10 钢筋网间距按 20 cm 铺设，并喷厚度 8 cm 的 C20 混凝土。

(四)结 束 语

下王祥特大桥桥址区位于泥盆系泥页岩地层中，施工中产生了较为严重的基坑边坡坍塌、顺层拉裂的地质病害，个别桥墩基础因差异风化形成基础岩层面高低起伏，由此产生了桥墩基础类型变更。该桥因地质原因发生了工程Ⅰ类变更设计，可从中吸取下述经验和教训。

1. 勘察设计阶段对桥梁墩台基坑开挖高边坡重视不够，地质勘察未对基坑高边坡岩体中的节理产状进行量测分析，也未对基坑高边坡进行稳定性评价，未预测开挖中可能产生的地质病害，更未对 21 号 ~ 23 号桥墩左侧顺层边坡性质作出明确判断，只是在工程措施建议中泛泛提出“7 号、8 号、14 号、15 号、16 号、22 号、23 号、24 号、25 号基坑开挖易发生坑壁坍塌、坡体坍滑现象,应设安全稳固的坑壁支挡工程"。该桥设计中也未考虑墩台开挖后基坑高边坡的稳定和防护问题,因此,待该桥施工中发生基坑边坡顺层开裂、发生坍塌地质病害后,才意识到基坑高边坡稳定问题,施工中进行了Ⅰ类变更设计。

其实,西南山区铁路桥梁勘察设计中,均应充分考虑位于较陡斜坡上的桥墩台基坑高边坡的勘察设计。墩台基础开挖形成的高边坡,其稳定与否直接关系到桥梁建设的成败和营运安全,这方面的教训是深刻的。

2. 泥盆系泥页岩地层,在漫长的地质演化时期中,遭受多期地质构造作用,构造节理裂隙极为发育,特别是本桥邻近区域性大断裂——丹池大断裂北段、芒场背斜南东翼,桥址区又通过次一级下王祥断层,岩体较破碎,岩体风化较强烈且存在较大的差异。地质勘察中已经充分认识到这一风化差异,故建议全桥采用桩基础,但桥梁设计中对这一建议有所忽视,将6号墩设计为明挖基础,以致施工出现问题后又不得不变更为桩基。

3. 泥页岩属于软质岩类,强度低、易风化,在岩体外部环境改变后,强度会迅速降低,其工程地质性质将变得很差,只要施工开挖中未及时防护,极易产生坍方、滑坡等地质病害,给工程建设造成危害。

二十、黔桂铁路改扩建工程雍对特大桥施工变更设计及工程处理

王茂靖　陈　江

(一)工程概况

雍对特大桥位于广西壮族自治区南丹县大山矿区,全桥长610.80 m,桥式为19×32 m+3×24 m钢筋混凝土梁,桥梁中心里程为D_1K242+593,横跨一岩溶洼地及常流水沟槽,最高桥墩约76 m。该桥于2005年10月开工建设,2007年7月建成。

(二)桥渡区工程地质条件

1. 地形及地貌

桥址区为构造剥蚀、溶蚀低山地貌,地形起伏较大,沟壑纵横。线路行进于山坡中上部及缓坡顶部,横跨一封闭洼地及沟槽;山坡坡度约15°~25°,局部为陡壁。地面高程680~780 m,相对高差小于110 m。山坡上植被茂密,多为树林,杂草丛生,有零星基岩出露,交通不方便。

2. 地层岩性及地质构造

桥址区上覆第四系全新统坡崩积粉质黏土及块石土、坡洪积粉质黏土、坡残积粉质黏土,下伏泥盆系上统榴江组五指山段(D_3l^2)泥质灰岩、灰岩,另有断层角砾岩分布于雍对3号断层带内。

(1)粉质黏土(Q_4^{dl+col}):灰褐、褐黄、灰黄色,硬塑状,含约10%~40%的泥质灰岩质碎石角砾,粒径2~100 mm,厚2~6 m,分布于D_1K242+790~+840线路附近斜坡上。

(2)块石土(Q_4^{dl+col}):为岩堆堆积,呈灰、灰黄、灰褐色,中密—密实,稍湿—潮湿,块石占60%~90%,块径50~200 cm,局部块径达8 m,余为碎石角砾及粉质黏土充填,厚度6~20 m不等,分布于D_1K242+380~+430左侧12 m外、D_1K242+790~+840线路附近及D_1K242+880~+910线路左侧的岩堆中。

(3)粉质黏土(Q_4^{dl+pl}):褐黄、灰黄色,硬塑状,含10%~40%的泥质灰岩质及砂页岩质碎石

角砾，粒径 2 ~ 100 mm，厚度 2 ~ 8 m 不等，分布于沟槽中。

(4)粉质黏土(Q_4^{dl+el})：褐黄、灰黄、灰褐色，硬塑状，含 10% ~ 40% 的泥质灰岩质碎石角砾，粒径 2 ~ 100 mm，厚度 0 ~ 2 m、2 ~ 10 m、6 ~ 20 m 不等，分布于山坡上。

(5)灰岩夹泥质灰岩、泥灰岩(D_3l^2)：灰、浅灰黄、深灰色。灰岩呈中—厚层状，具扁豆状结构，岩质较坚硬，细腻质纯；泥质灰岩、泥灰岩呈薄—中层状，且夹有大量泥质条带，局部夹深灰色及灰黑色泥灰岩。段内岩石受构造影响，裂隙普遍较发育，多见岩层扭曲、挤压现象，局部形成较明显的角砾岩。据钻探揭示，强风化层(W_3)岩芯较破碎，呈碎块夹角砾状，岩质较软，厚 0 ~ 8 m；弱风化层(W_2)岩石较坚硬，岩芯较完整。

(6)断层角砾岩(Fbr)：灰、浅灰黄、深灰色夹灰黑色，角砾石质为泥质灰岩及灰岩，粒径 2 ~ 50 mm，由次生钙质胶结，局部为泥质胶结，断层面附近有断层泥和构造岩透镜体。据钻探揭示，断层破碎带最厚可达 30 m，岩芯破碎，呈碎石角砾状或碎石土状，岩质较软；断层影响带岩石较硬，岩芯较破碎，呈短柱状及块状，分布于雍对 3 号断层带附近。

雍对 3 号断层在 $D_1K242 + 657 \sim + 731$ 附近与线路小角度相交，桥位在 $D_1K242 + 600$ 后受断层影响较大。该断层为正断层，其上、下盘均为(D_3l^2)地层，断层附近岩体受挤压明显，多见有小褶曲，岩体破碎。断层上盘(SE)岩层产状为 N15° ~ 60°E/30° ~ 60°SE，断层下盘(NW)基岩出露较岩芯破碎，呈碎石角砾状或碎石土状，岩质较软；断层影响带岩石较硬，岩芯较破碎，呈短柱状及块状，断层产状不详；断层破碎带宽 5 ~ 30 m 不等，构造角砾岩被次生钙质胶结，断层面上有断层泥和构造岩透镜体。断层对桥墩台基础影响较大。

根据《中国地震动参数区划图》(GB 18306—2001)，地震动峰值加速度小于为 0.05g，地震动反应谱特征周期为 0.35 s。

该桥工程地质纵剖面图见图 6—20—1。

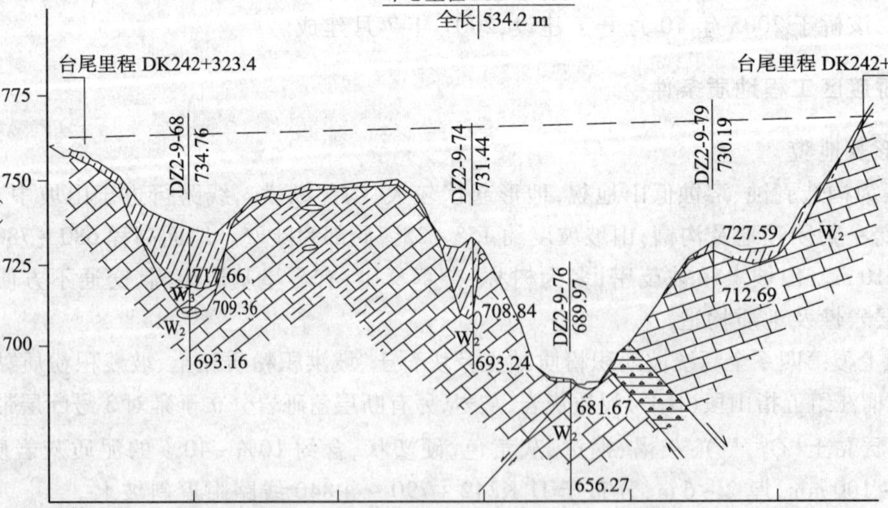

图 6—20—1　雍对特大桥工程地质剖面示意图

3. 水文地质特征

段内地下水为第四系孔隙水、岩溶水、构造裂隙水。第四系孔隙水主要为壤中水，含水量微弱；岩溶水赋存于灰岩、泥质灰岩中，由于桥位处线路走行较高，故仅见含水量微弱的岩溶裂隙水，深层的岩溶水未曾揭露；构造裂隙水赋存于断层带中，含水量弱。地表未见地下水露头。

据取沟水测试，水质属 HCO_3^-—Ca^{2+} 型水，对混凝土无侵蚀性。

4. 不良地质

桥址区不良地质有岩溶、岩堆及断层破碎带。

(1)岩溶：主要有岩溶洼地、漏斗及溶洞。D_1K242 + 365 ~ + 437 线路正穿一封闭岩溶洼地，洼地呈不规则椭圆形，长轴长约 80 m，短轴宽约 30 m，洼地内高差约 8 m；洼地中心有直径约 15 m 的岩溶漏斗，漏斗内为粉质黏土充填，粉质黏土厚 6 ~ 20 m。据钻探揭示，洼地灰岩中溶洞极发育，对桥墩基础设置影响很大。D_1K242 + 470 ~ + 480 左侧有一直径约 10 m 的岩溶漏斗，漏斗深约 1 m。D_1K242 + 560 ~ + 590 线路右侧 5 m 外有一直径约 20 m 的岩溶漏斗，漏斗内为粉质黏土充填，粉质黏土厚 6 ~ 20 cm，漏斗深约 7 m。在 0 号、2 号、3 号、4 号、6 号、7 号、8 号墩台钻探中，揭示有溶洞发育，溶洞高最大达 7 m，对墩台基础埋深有严重影响，桥墩基础均须采用桩基穿过溶洞置于完整基岩中。

(2)岩堆：分布于 D_1K242 + 380 ~ + 430 左侧 12 m 外、D_1K242 + 790 ~ + 840 线路附近及 D_1K242 + 880 ~ + 910 线路左侧。岩堆厚 6 ~ 20 cm 不等，由块石土及粉质黏土组成。块石土为灰、灰黄、灰褐色，中密至密实，稍湿至潮湿，块石占 60% ~ 90%，块径 50 ~ 200 cm，局部块径达 8 m，余为碎石角砾及粉质黏土充填；粉质黏土为灰褐、褐黄、灰黄色，硬塑状，含 10% ~ 40% 的泥质灰岩质碎石角砾，粒径 2 ~ 100 mm，厚 2 ~ 6 m。勘察期间，岩堆均处于稳定阶段。该桥施工后，D_1K242 + 380 ~ + 430 左侧岩堆对桥梁影响不大，D_1K242 + 790 ~ + 840 附近岩堆及 D_1K242 + 880 ~ + 910 线路左侧岩堆对墩台基础有一定影响。

(3)断层破碎带：大桥范围内 D_1K242 + 620 ~ + 830 段岩层受断层影响较大。断层破碎带由断层角砾岩组成，断层角砾为泥质灰岩及灰岩质，粒径 2 ~ 50 mm，次生钙质胶结为主，局部为泥质胶结，构造角砾岩次生胶结较好，断层面有断层泥化夹构造岩透镜体。据钻探揭示，断层破碎带最厚达 30 m，岩芯破碎，呈碎石角砾状或碎石土状，岩质较软；断层影响带岩石较破碎，岩芯较破碎，呈短柱状及块状。断层破碎带对桥部分墩基础设置影响较大。

5. 主要工程地质问题及工程措施建议

桥址处于南丹—河池大断裂北段附近，次一级构造发育，多见有次级断层、褶曲，岩体受构造影响较严重，局部岩体较破碎，完整性较差。已查明的雍对 3 号正断层与线路近于平行，且在 D_1K242 + 657、+ 731 附近与线路小角度相交，断层纵贯全区，10 号、12 号、13 号、14 号、15 号墩直接置于断层带内。受此断层影响，区内岩体较为破碎，岩溶发育，地表发育岩溶洼地、漏斗、溶沟、溶槽等，钻探中揭示有隐伏溶洞发育，溶洞发育多层，最大直径达 7 m，对部分墩台基础设置影响较大。此外，桥址区还发育 3 处岩堆，目前虽处于稳定状态，但该桥施工开挖 D_1K242 + 790 ~ + 840 附近岩堆及 D_1K242 + 880 ~ + 910 线路左侧岩堆，可能引起岩堆失稳产生滑动，应提前采取防护措施，避免产生工程滑坡。

根据该桥址区地质构造特点，结合钻探揭示墩台基础岩溶发育的差异性，勘察阶段建议该桥施工中采用如下工程措施：

(1)该桥 1 号、5 号、16 号、17 号、18 号、19 号墩台可采用明挖扩大基础，基底应置于基岩弱风化带(W_2)内一定深度，位于陡壁上之墩台，基础应留足襟边宽度。其余墩台建议采用桩基基础，桩底应置于基岩弱风化带（W_2）内一定深度；已探明有溶洞的2号~8号墩，桩基应穿过最低层溶洞，置于溶洞底板下较完整基岩内一定深度。

（2）基坑开挖中应加强坑壁支护，特别是位于沟槽、斜坡上覆盖土较厚的2号、6号、15号墩。

（3）19号台位于陡壁上，勘察中无钻探条件，施工中应进行地质勘探验证。

（4）该桥14号、15号、17号、18号墩位于岩堆上，基坑开挖应加强对岩堆的预加固防护措施，以免因岩堆失稳产生滑动，影响墩台施工安全。

（三）桥梁施工中的变更设计及工程处理

雍对特大桥施工中发生了多次变更，变更的墩台主要有0号台、1号、3号、8号、11号、12号、16号墩及19号台及部分墩台边坡。

1. 基础加深

（1）0号台、3号墩、8号墩原设计为桩基础，但因钻孔位于陡坡上，勘察期间未逐桩实施钻探，施工平整场地后，经逐桩钻探，发现岩溶发育极不均一，部分桩基础下存在较大溶洞，因此重新变更墩台桩基深度，如图6—20—2所示。

（2）12号墩原设计为钻孔桩基础，设计桩长15 m，基底嵌入完整灰岩夹泥质灰岩弱风化带（W_2）及断层角砾岩中不小于3.5 m。施工过程中，该墩12根桩施钻至设计桩底高程时，发现岩性软硬相间，既有断层角砾岩、灰岩夹泥质灰岩、泥灰岩，还出现炭质页岩，各桩地层岩性差异较大。其中12-1号桩为断层角砾岩，灰、灰白、黑色等，呈碎石角砾及砂状，桩底以上3 m处夹炭质页岩；12-3号桩桩底为断层角砾岩，有少量渗水，呈碎石角砾状，风化严重，质软；12-10号桩桩底为泥质灰岩夹黑色泥灰岩及炭质页岩，质软，厚约0.3 m。为此，决定对该墩的12-1号桩加深2 m、12-3号桩加深3 m、12-10号桩加深2 m。

（3）17号墩基础原设计桩长8 m，嵌入灰岩弱风化（W_2）6 m以上，因横坡较陡，实际施作到设计高程后，靠右侧的桩均完全嵌入完整基岩，但左侧两根桩钻至桩底高程时，发现岩体节理发育，并充填黏土，岩体十分破碎。现场决定，该墩右侧两根桩按原设计施工，左侧两根桩均加深2.0 m。

2. 基础类型变更

1号、11号、16号桥墩及19号桥台在施工中发生了基础类型变更。

（1）1号墩：勘察期间受地形控制，墩中心仅布置1个钻孔，未揭示溶洞，设计采用明挖基础。施工场地平整后，经逐桩实施钻探，发现基础下溶洞极为发育，于是改明挖基础为桩基础，桩端均穿过溶洞至完整灰岩中。

（2）11号墩：原设计为明挖扩大基础，施工开挖至设计基底时，基底面出现软硬、破碎程度不均的岩体，在基底的贵阳端左侧为强风化（W_3）泥质灰岩，柳州端及右侧为断层角砾岩，由泥、钙质胶结的角砾碎石及部分块石组成，并存在断层泥夹层或构造岩透镜体，有明显的挤压错动现象，因胶结成分和泥化程度存在差异，形成桥墩基础岩体强度不一。鉴于该墩基底软硬不均，且又是高墩，故将明挖基础改为桩基基础。

（3）16号墩：原设计为明挖基础，补勘后也未发现溶洞，但施工开挖至设计基底时，在基底左侧贵阳端有面积约为3 m×1.5 m的粉质黏土，加深下挖约1.5 m后仍为粉质黏土，其余部分为强风化（W_3）泥质灰岩夹薄层泥灰岩，薄层状，岩体很破碎，基底承载力不能满足设计要求。基坑开挖后，左侧斜坡较高较陡，岩体破碎，基础嵌入原地面下仅为0.5~2.0 m，襟边宽度亦仅

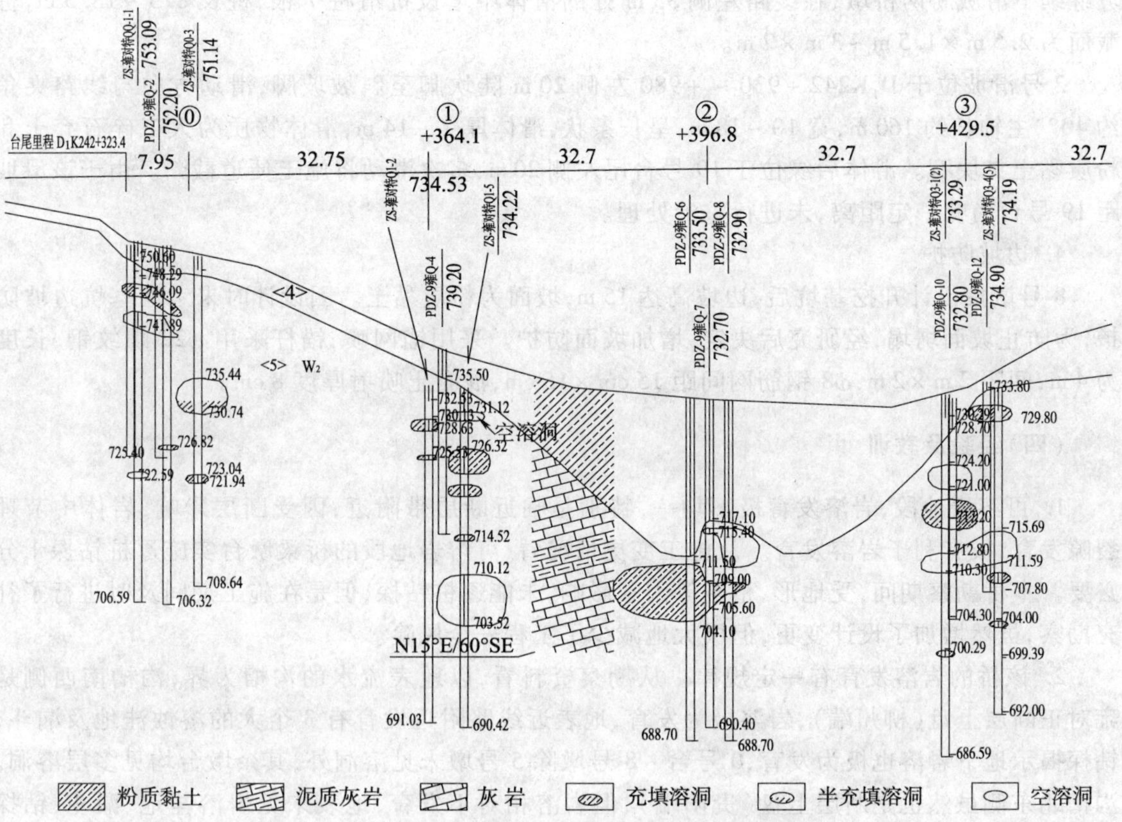

图 6—20—2　0 号台至 3 号墩钻孔揭示溶洞示意图

为 1 ~ 2 m，也不能满足设计要求，故变更设计为桩基基础。

（4）19 号台：原勘察期间由于地形陡峻，未实施钻探，设计为明挖基础，施工场地平整后，补钻了 3 个钻孔，揭示台位溶隙或小溶洞发育，且充填黏土。因此，根据补勘后的地质资料，变更明挖基础为桩基础。

3. 弃土滑坡及整治

雍对特大桥贵阳端走向近于平行斜坡等高线，线位左侧临沟山坡的覆土厚 2 ~ 16 m，主要为粉质黏土；靠山的右侧为灰岩及泥质灰岩陡壁，17 号、18 号墩位于斜坡的土石分界线上，19 号台左侧为陡壁，陡壁脚为山坡覆土。经钻探揭示，该段左侧覆土与基岩接触面横坡较陡。在施工开挖墩台基础及右侧陡壁放坡和桥头路堑开挖时，将开挖的岩土弃置于左侧山坡覆土之上。自 2005 年 10 月开工后，山坡上弃土逐渐增加，2006 年 5 月进入雨季后，地表雨水下渗软化了下部土体，而左侧山坡坡脚弃土又因清理便道局部被挖除，使其上部弃土失去支撑，从而导致左侧山坡上的人工弃土及原地表覆土在弃土重力作用下失稳，形成滑坡。

弃土滑坡因滑动方向不同而分为两块。

1 号滑坡位于 $D_1K242+870$ ~ $+918$ 左侧 5 ~ 40 m 范围，滑动方向近于垂直线路，滑坡前缘位于 17 号、18 号墩左边缘，滑体主轴长约 40 m，宽约 50 m，滑体厚 1 ~ 7 m，滑体物质为人工所弃的碎石土和原地表所覆粉质黏土夹块石。由于滑体前缘为一道高 1 ~ 3 m 的基岩陡坎，使滑坡下滑受阻，故滑坡未到达坡脚。由于该滑坡对 17 号、18 号墩的安全造成威胁，故采取了以下整治措施：于 17 号、18 号墩承台左侧各增设抗滑桩 2 根，以确保两墩安全；为防止 1 号滑坡继续下滑威胁两桥墩,在线路左侧 33 m 处的滑体中增设抗滑桩 7 根,桩长 8.5 ~ 18.5 m,桩截面为 2.5 m × 1.5 m ~ 3 m × 2 m。

2 号滑坡位于 D_1K242 + 930 ~ + 980 左侧 20 m 陡坎脚至斜坡坡脚,滑动方向与线路夹角约 40°,主轴长约 160 m,宽 10 ~ 18 m,呈长条状,滑体厚 2 ~ 14 m,滑体物质为人工碎石弃土和粉质黏土夹块石。滑体后缘位于 19 号台尾左侧 20 m,多次滑动将施工便道截断。由于该滑坡距 19 号台尚有一定距离,未进行整治处理。

4. 边坡防护

8 号墩按设计开挖基坑后,边坡高达 15 m,坡面为粉质黏土。因设计时未考虑基坑边坡防护,为防止坡面坍塌,经研究后决定,增加坡面防护。采用锚网喷,锚杆采用 ϕ22 螺纹钢,长度为 4 m,间距 2 m × 2 m,ϕ8 钢筋网间距 15 cm × 15 cm,混凝土喷射厚度 8 cm。

(四)经验及教训

1. 可溶岩地段,岩溶发育极不均一,特别是临近断层带附近,因受断层影响,岩体中节理裂隙发育,极有利于岩溶发育。从施工变更情况看,可溶岩地段的桥梁墩台实施逐桩钻探十分必要。本桥勘察期间,受地形、植被等因素影响,未能逐桩钻探,但是在施工期间及时进行了补充勘察,虽然增加了设计变更,但极大地减少了工程安全风险。

2. 该桥的岩溶发育有一定规律。从勘察资料看,以地表流水的沟槽为界,沟槽南西侧是雍对正断层上盘(柳州端),岩溶极为发育,地表近线路附近发育有 3 个大的溶蚀洼地及漏斗,钻探揭示地下岩溶也极为发育,0 号台 ~8 号墩除 5 号墩未见溶洞外,其余墩台均见多层溶洞。沟槽北东侧虽然也是断层上盘(贵阳端),但岩溶相对不发育,地表未见岩溶洼地、漏斗,钻探揭示岩溶也相对不发育,仅在 17 号墩及 19 号台见单层小溶洞,这应与贵阳端地形较陡有关。由于地形陡峻,有利于大气降水排泄,减少地表水的入渗,故地下岩溶发育相对较为轻微。

3. 山区铁路横跨的沟谷斜坡一般都较为陡峻,施工中不应将开挖弃土直接弃在附近设有墩台的坡面上,否则极易引发滑坡,危及桥墩台安全。本桥施工中,即发生了本不该发生的弃土滑坡,增加了整治工程数量和投资,应在今后的铁路建设中引以为戒。

4. 在高陡山坡处,墩台开挖基坑的边坡工程防护应在设计时充分考虑,并作出具体的基坑边坡防护设计。本桥设计中忽视了对墩台高陡基坑边坡的防护,以致施工中发生坍塌或滑坡病害。铁二院在西南山区铁路建设中有不少这方面的教训,应引起重视。

二十一、洛湛铁路黄田特大桥工程地质勘察及基坑塌陷

岳志勤

(一)工程概况及勘察目的任务

黄田特大桥为洛湛铁路的重点工程之一,桥全长 530.08 m,桥高约 10 m,桥在 DK258 + 780 处正交跨贺州市—姑婆山旅游公路。

在初步设计方案比较时,考虑到百年洪水位及软基处理、公路立交等的影响,经过技术、经济比较,最后确定改路基为桥梁方案通过。2003 年补定测时,桥长 1 044.75 m(DK258 + 296.75 ~ DK259 + 341.5);2004 年提速改线时进行了优化设计,桥长变为 530.08 m(DK258 +

717.97 ~ D_1K259 + 248.05),采用梁型为 14 ×32 m PC 简支梁 + 2 ×24 m PC 简支梁。

桥址详细工程地质勘察的目的在于,通过开展桥位处工程地质测绘,采用钻探、物探和测试等综合勘探方法,查明桥址的工程地质、水文地质条件,定性、定量评价各墩台基底稳定性,为设计提供完整、准确的基础地质资料。

主要任务:

1. 查明桥址的地形地貌特征、地层岩性、地质构造、不良地质及特殊岩土的类型、分布、规模及对工程的影响;

2. 查明桥址的水文地质条件,包括地下水类型、补给、径流、排泄条件及地下水的侵蚀性;

3. 查明桥址区岩溶发育形态、规模、发育规律及对桥基工程的影响程度;

4. 对各墩台的基础类型、埋置深度从工程地质角度提出建议,对施工中可能出现的工程地质问题及注意事项提出工程措施意见,并对勘察工作进行质量评述。

所有钻孔均在现场采用仪器放孔,钻孔位置、深度根据设计确定的墩台位置、基础类型及物探揭示的溶洞、溶蚀破碎带布置,并严格按照岩溶勘探规范布置钻孔数量、确定孔深,岩溶较发育的墩台采用对角线及中心布孔。经过地质测绘和综合勘探,基本查明了桥址区水文地质、工程地质条件,为设计提供了所需基础地质资料。

(二)自然地理特征

1. 地形地貌与水文

测区属钟山—贺州岩溶剥蚀平原边缘地带,地形平坦开阔,起伏小。桥洛阳端位于平地上,湛江端位于大城山坡脚,地表为水田。地面高程 110 ~ 130 m,相对高差 2 ~ 15 m,地面石芽嵯峨。桥区内便道四通八达,交通方便。

本区属珠江水系西江流域,贺江为西江的支流,支流水网甚为发育,平均密度 0.46 km/km^2。桥区地表水及地下水均向贺江排泄,贺江河底高程 92 m 左右。

2. 气象特征与水文地质

本区属亚热带季风湿润气候区,冬无严寒,夏季较热,四季较分明。1 月份最冷,7 月份最热,多年平均气温为 19 ℃ ~21.1 ℃,极端最高气温 39.5 ℃,极端最低气温为 -4.0 ℃。雨量充沛,降雨量主要集中在 3 ~ 8 月份,年平均降雨量为 1 287.5 ~ 1 667.40 mm,最大年份曾达 2 361.70 mm。平均风速 1.8 m/s,最大风速 29.3 m/s,历年主导风向为北西西风。历年平均相对湿度 78% ~81%,平均蒸发量 1 366.2 ~ 1 500.5 mm。

桥址内地下水以可溶岩中的岩溶水为主。可溶岩中岩溶强烈发育,岩溶水丰富,地下水水位较高。钻探揭示,地下水水位 0.3 ~ 1 m,但其分布具不均一性。受大气降水及地表水补给,以上升泉、地下暗河的形式排泄。地表广泛分布之黏土层具隔水作用,仅表层残留少量上层滞水,水量甚微。

在桥附近分布有一些大型宽缓的溶蚀洼地,洼地中心多为天然水塘。物探、施工开挖均揭示,水塘与地下暗河连通性好,地下水水位同地表水水位相同,相互补给。如在桥的洛阳端线路上有一处水塘中的鱼可以通过暗河进入 350 m 外的涵洞基坑中;又如在另一个洼地开挖路基侧向约束桩时,揭穿暗河时,约束桩间地下水可经过暗河互通,暗河水流大,施工抽排困难。

地表水以沟水和灌溉渠中的水为主,水量及水位随季节变化,地表水较丰富。

取桥区内地表沟水作水质分析,水质类型为 HCO_3^-—Ca^{2+} 型,对混凝土无侵蚀性。

（三）地层岩性

地表被第四系成因之土层所覆盖，零星可见基岩裸露。

1. 第四系全新统冲积层（Q_h^{al}）

黏土：灰黄、褐黄、褐灰、浅黄等色，硬塑—软塑状，局部为流塑状，土质较纯，局部土中夹5%～20%的灰岩、白云岩质碎石、角砾，粒径2～80 mm，广泛分布于桥址区地表，厚1～4 m。在DK258+590～DK259+218段，黏土层中夹有呈透镜状的软黏土，厚0～8 m。

2. 第四系全新统坡残积层（Q_4^{dl+el}）

红黏土：褐黄、褐红、棕红，硬塑状，局部为软塑状，土质较纯，局部土中夹5%～20%的灰岩、白云岩质碎石、角砾，粒径2～60 mm，分布于丘陵坡脚缓坡段地表，厚0～10 m不等，局部厚度可达14 m。

3. 第四系全新统洞穴堆积层（Q_4^{ca}）

包括黏土、黏土夹碎石角砾及碎石土，个别溶洞为砂充填，局部砂层有次生胶结作用，呈半成岩状态。黏土多呈软塑—流塑状，碎石土为潮湿状。

4. 泥盆系中统东岗岭组（D_2d）

灰岩、白云质灰岩夹白云岩：灰、深灰、灰白等色，中—厚层状，隐晶质结构，岩层中见方解石脉，质坚，致密，节理、裂隙发育。节理面充填方解石，裂隙面见溶蚀现象，溶蚀强烈发育。

（四）地质构造及地震

1. 地质构造

八步背斜：为印支运动形成的褶皱，位于D_1K260+100，背斜轴线微弯曲、起伏，轴向北东20°，向北转为北西10°，倾伏角10°～25°。延伸27 km，属对称背斜。轴部主要由东岗岭阶灰岩组成，南端有郁江组砂页岩，翼部为上泥盆系灰岩、白云岩及下石炭统硅质页岩。轴部岩层倾角20°～30°，东岗岭组薄层状灰岩形成次级小褶皱。翼部岩层倾角较陡，为40°～50°，北端翼部被小断层切割。

桥址位于背斜西翼贺州平原的边沿地带，桥区内零星可见灰岩石芽出露，附近岩层层理产状为N15°W/28°SW。节理发育，主要节理产状为N50°E/75°SE和N80°W/90°。节理贯通性好，延伸1～3 m，节理缝宽1～35 mm，多被黏性土充填。

在6号墩的位置（DK258+918～+930），一条隐伏正断层与线路约呈45°相交，破碎带宽10～20 m，倾角不详。断层在桥址内被覆盖，钻探岩芯为构造角砾岩，灰红色，钙质胶结，裂隙发育，节理面充填方解石，裂隙面见溶蚀现象。断层影响带宽度约50 m，上、下盘均为泥盆系中统东岗岭组地层。

2. 地　　震

根据《中国地震动参数区划图》（GB 18306—2001，1/400万），测区内地震动峰值加速度为0.05g，地震动反应谱特征周期为0.35 s。

（五）不良地质现象

桥址区主要不良地质为岩溶。由于灰岩、白云质灰岩夹白云岩呈中厚层，岩质纯，微晶结构，岩体受断层、褶曲构造影响较严重，陡倾节理较发育，这都有利于岩溶发育，加之线路左侧地势渐高,大量降水及地下水顺势流经线路,部分地下水以上升泉形式排出地表,进入地表沟渠,排入贺江。

近代地壳相对稳定,岩溶发育以水平溶蚀作用为主,发育浅表溶洞及暗河,形成溶蚀平原。其特点是岩溶地貌广泛发育,奇峰林立,风景秀丽,孤峰高度在300~400 m。溶槽和石芽发育,溶槽深度可达9 m 以上,多为软黏土充填,部分石芽露出地表。

在溶蚀平原表层,往往覆盖有薄层黏土。地下水水位长期在土石界线一带活动,岩溶腔真空吸蚀作用造成土层中土洞较发育,也造成本地区地表岩溶塌陷较多。在桥基施工时,有6个墩的施工钻机因地表塌陷而造成钻机斜歪,附近路基旋喷桩施工时多根桩体陷入溶洞内,地面清表整平时也出现多处塌陷,更有当地村民在犁田时耕牛踩塌溶洞掉入陷坑中之事发生。塌陷原因归纳起来有地面抽水、推土机碾压使土层负荷过重以及施工震动等。

挽近时期以来,由于地壳相对稳定而使第四纪溶原进一步发育完善。在地壳长期相对稳定的条件下,地表夷平作用与地下水的长期水平运动的结果,使垂直渗流带减小到最小的程度,水平岩溶得到充分发育。而新构造间歇性抬升运动又使水平岩溶洞穴具有明显成层性,桥区内岩溶洞穴可分为3层,与贺江两侧的Ⅲ级阶地可作对比。

桥址范围补定测阶段共计钻探101孔,其中66孔遇见溶洞,遇溶洞率65.3%。16个墩台有15个有溶洞或溶蚀破碎带分布。溶洞一般大小以0.3~3 m 为主,个别可达28.6 m 以上,断层破碎带内溶蚀更为严重。钻探先后共揭示出142个溶洞,其中36个为空洞,空洞大小以0.3~3.4 m 为主,个别可达11.1 m 以上,集中分布在浅表层15 m 范围内,仅有4个空洞底板高程约低于贺江江底高程;溶洞成层性明显,呈串珠状分布,单孔钻探揭示溶洞最多可达13层。

桥址区岩溶具有以水平发育的地下暗河为主的现代岩溶与断裂带深埋藏的古岩溶相结合的特点。

(六)工程地质条件及基坑处理

勘察期间,取灰岩岩样做强度试验,结果表明单块岩石强度远远高于各墩台设计要求的基底岩体承载应力,墩台基底的完整岩体的强度是能满足设计要求的。个别顶板安全厚度不够,补充勘察时结合桥初步设计重新进行了钻探,除6号墩外,其余墩台均有稳定的基岩持力层。现将勘察及施工中变化比较大的几个墩的地质、施工情况介绍如下:

1. 6号墩的勘察情况

补定测时该墩施钻2孔,其中3号桩钻孔孔深25.8 m 未发现溶洞,墩中心钻孔揭示出2个小溶洞(直径1.7 m、0.6 m),2孔均发现较厚的溶蚀破碎带,岩芯采取率低。

其后提速改线时,在桥跨优化设计的基础上,对原未勘探的1号、2号、4号桩进行了补勘。1号桩钻孔揭示出0.5 m 的空溶洞及7.6 m 的溶蚀破碎带;2号桩钻孔揭示出7个溶洞,最大溶洞直径14.2 m,其中4个为充填溶洞,其余3个为空溶洞,基岩岩芯溶蚀严重,部分呈蜂窝状,时有裂隙发育;4号桩钻孔揭示出7个溶洞,最大溶洞直径16.8 m,其中4个为空溶洞,其余3个为充填溶洞,基岩岩芯溶蚀情况同前。上述钻探结果反映出三个问题:

(1)5个钻孔的间距最大为3.4 m,但左侧1号、3号桩岩溶不发育,而右侧2号、4号桩岩溶极发育;

(2)右侧6.6~16.8 m 的4个大溶洞均未延续到左侧;

(3)各溶洞的顶底板高程相差较大,在展示图上连线后,溶洞起伏很大。

针对这些问题,施工图设计时对4根桩钻孔进行了全部复查。复查结果如下:1号桩钻探68.2 m,揭示高程110.4~108.2 m为黏土;高程108.2~102.3 m为白云质灰岩,节理裂隙发育,岩体破碎,岩芯以3~7 cm的块状为主,2块(0.4 m、0.6 m)呈柱状;高程102.3~42.2 m为黏土夹碎块石,厚达60.1 m,底部未见基岩。2号桩钻探68.2 m,揭示高程110.4~108.0 m为黏土;高程108.0~97.6 m为白云质灰岩,节理裂隙发育,岩体破碎,有三段(6~7 m、8~9 m、10.5~12.8 m)岩芯较完整;高程97.6~42.1 m为黏土夹少量碎块石,厚达55.5 m,底部未见基岩。3号桩钻探68.1 m,揭示高程110.7~107.4 m为黏土;高程107.4~98.1 m为白云质灰岩,节理裂隙发育,岩体破碎;高程98.1~42.6 m为黏土夹碎块石,厚达55.5 m,底部未见基岩。4号桩钻探68.3 m,揭示高程110.7~107.9 m为黏土;高程107.9~92.6 m为白云质灰岩,节理裂隙发育,岩体破碎,其中高程98.9~92.6 m为方解石;高程92.6~42.4 m为黏土夹碎块石,厚达50.2 m,底部未见基岩。

施工图勘察与初步设计勘察虽然孔间距只有0.4~0.9 m,但揭示地质情况却有如此巨大的差异,孔深8.1~18.1 m全部变成黏土层,且孔底均未见到基岩。通过进一步深入的调查分析,初步判定6号墩可能位于断层破碎带内。经研究决定,在对1号、4号墩进行验证钻探的同时,扩大地质测绘范围。终于在线路左侧山区,发现一正断层,通过追踪,确定该断层通过6号墩附近。

验证钻孔揭示,1号桩和4号桩自上而下除表层为黏土外,以下断层角砾岩与溶洞交替出现,两孔孔深分别为68.3 m和68.0 m,孔底均未见基岩。

各阶段钻孔情况列见表6—21—1。

表6—21—1 6号墩不同阶段各桩钻孔揭示溶洞情况表

桩号	补勘阶段			施工图阶段			验证钻探		
	洞顶高程(m)	洞底高程(m)	充填情况	洞顶高程(m)	洞底高程(m)	充填情况	洞顶高程(m)	洞底高程(m)	充填情况
1号桩				110.4	108.2	黏土充填	110.0	108.0	黏土充填
				102.3	42.2	黏土充填	95.1	90.7	无
							86.3	84.2	无
							79.2	69.4	无
							67.0	42.1	黏土充填
2号桩	108.33	107.73	充填	110.4	108.0	黏土充填			
	106.73	105.53	无	97.6	42.1	黏土充填			
	104.53	103.73	无						
	97.53	97.23	无						
	91.73	85.13	充填						
	80.53	66.33	充填						
	63.73	58.73	充填						
3号桩				110.7	107.4	黏土充填			
				98.1	42.6	黏土充填			

续上表

桩号	补勘阶段			施工图阶段			验证钻探		
	洞顶高程（m）	洞底高程（m）	充填情况	洞顶高程（m）	洞底高程（m）	充填情况	洞顶高程（m）	洞底高程（m）	充填情况
4号桩	108.49	106.69	无	110.7	107.9	黏土充填	110.7	109.2	黏土充填
	105.49	104.69	无	92.6	42.4	黏土充填	99.1	92.1	无
	103.49	102.49	无				91.0	90.5	无
	101.79	100.49	无				88.2	83.4	无
	96.49	83.99	黏土充填				81.0	79.0	无
	83.09	79.49	黏土充填				72.2	42.6	黏土充填
	74.69	57.89	黏土充填						
备注	每根桩的钻孔终孔均未钻到完整基岩								

由以上资料可以看出，6号墩的4根桩，乃至同一桩位上的3次勘探，结果迥异，不仅地层层次有大变化，而且各层次高程也相差大。综合各种地质现象分析，确认6号墩是位于断层形成的埋藏型溶槽内。

由于6号墩前后的5号、7号墩勘探揭示断层迹象不明显，故在6号墩前后各布置1个钻孔，均揭示出完整的白云质灰岩，据此确定了断层破碎带的边界，仅6号墩位于断层破碎带中。据此，将6号墩桥基基础设计为8根摩擦桩，桩长28 m，桩下面加设4 m厚的碎石垫层。

2. 1号墩的勘察及施工情况

勘察时，4根桩都作了勘探。其中1号桩钻孔揭示一个0.5 m充填溶洞；3号桩钻探20.4 m未见溶洞；2号桩钻孔揭示3层空溶洞；4号桩钻孔揭示一个14.5 m的大溶洞。4个钻孔揭示最低溶洞底板高程90.4 m。

4号桩施工至25 m（高程86.55 m）时，孔内漏浆，且速度快，造成钻孔桩孔壁及孔口附近地表塌陷，孔口直径扩大到3 m，施工钻机前半部分下陷于孔口陷坑中，虽大量回填片石及黄泥进行处理，但漏浆持续不止，无法钻进。分析认为，施工震动使孔底塌陷，造成桩孔与空溶洞连通，致使漏浆不止，引发地表塌陷。后采用钢护筒跟进，并变更设计将桩加长1.5 m。

3. 3号墩勘察及施工情况

勘察时，4根桩共钻5孔。其中在1号桩钻孔揭示2个充填软黏土溶洞；3号桩钻孔揭示1个高0.5 m空溶洞；墩中心钻孔揭示3个溶洞，洞高0.6～1.6 m，1个充填，2个为空溶洞；2号桩钻孔揭示3个高1.1～3.1 m充填溶洞；4号桩钻孔揭示1个高0.6 m的小溶洞。

4号桩施工至高程103.52 m时，孔内漏浆严重，同时发生地表塌陷。现场采用大量片石及黄泥回填处理，但漏浆仍持续不止，无法钻进。分析认为，施工振动使孔壁塌陷，造成桩孔与附近空溶洞连通，致使漏浆不止及地面塌陷。鉴于其余3根桩在勘察阶段揭示有连通溶洞，且还发育有空洞，故4根桩施工均采用钢护筒跟进。

4. 9号墩勘察及施工情况

勘察时，4根桩共钻5孔，其中在1号桩钻孔揭示1个高0.6 m充填溶洞；3号桩钻孔揭示2个高0.2～3.3 m溶洞，其中空溶洞、充填溶洞各一；墩中心钻孔揭示1个高2.2 m空溶洞；

2 号桩钻孔揭示 1 个高 1.1 m 充填软黏土溶洞；4 号桩钻孔揭示 2 个溶洞，高 0.6 ~ 1.6 m，1 个充填，1 个空洞。

3 号桩施工至高程 97.2 m 处时，孔口 4 m 范围地表塌陷深约 3 m，施工钻机下沉倾斜，其后当 1 号桩施工钻进至高程 95.1 m 处，孔口 3 m 范围内地表塌陷，陷坑深约 4.5 m，施工钻机下沉倾斜，钢护筒下沉，影响了桩基正常施工。为此，将 9 号墩基础地表 7 m × 7 m 范围内软土清除至基岩面，用片石回填夯实后，再行施工。

5. 10 号墩勘察及施工情况

初勘时，4 根桩共钻 5 孔，由于揭示溶洞大且复杂，详勘又补钻 3 孔，故 10 号墩共钻 8 孔。其中 1 号桩钻孔处揭示 4 个充填溶洞，最大溶洞高 28.6 m；3 号桩钻孔揭示 3 个充填溶洞，最大溶洞高 23.2 m。3 号桩补勘时钻 1 孔，孔深 63.1 m，揭示出 1 个 21.2 m 的大溶洞；墩中心钻孔揭示 3 个充填溶洞，最大 25 m；2 号桩揭示 1 个 1.6 m 充填溶洞；2 号桩补勘时钻 1 孔，孔深 63.77 m，揭示出 2 个大溶洞，分别高 5.3 m、22.4 m；4 号桩钻孔揭示 3 个充填溶洞；4 号桩补勘时钻 1 孔，孔深 63.4 m，揭示出 1 个 11.1 m 半充填大溶洞，底板有 9.2 m 厚的溶蚀破碎带，较完整的白云质灰岩厚 19.3 m。该墩溶洞最低底板高程 62.7 m。

10 号墩施工中多次塌孔，经常漏浆。其中 2 号桩施工至高程 75.8 m 揭穿溶洞，泥浆急剧下降，补浆速度远不及漏浆速度，导致护筒以下 2 m 处孔壁塌陷；3 号桩施工至高程 57.9 m 时因遇溶洞，提钻头时钢丝绳崩断，钻头掉于孔中，由于钻孔深度大，且穿越 7 层大溶洞，潜水员两次下孔均未能将钻头提出；4 号桩钻进至高程 72.7 m 处出现漏浆，造成 10 号墩基础周围地表塌陷约 4 m，钻机下沉约 3 m，陷坑回填压实后再次冲孔，当钻进至高程 99.9 m 时，钢护筒再次出现下沉。变更施工方法时，将钢护筒跟进至最下层溶洞底板。

6. 12 号墩勘察及施工情况

勘察时，4 根桩共钻 5 孔。其中 1 号桩钻孔揭示 2 个空溶洞，分别高 1.3 ~ 3.1 m；3 号桩钻孔深 35.6 m，未发现溶洞；墩中心钻孔深 15.6 m，未发现溶洞；2 号桩钻孔揭示 1 个高 1.5 m 空溶洞；4 号桩钻孔揭示 3 个空溶洞，高 0.5 ~ 2.6 m。该墩最低溶洞底高 90.13 m。

2 号桩施工至高程 104.14 m、4 号桩施工至高程 106.66 m，分别出现严重塌孔，孔壁及孔口附近地表塌陷，孔内泥浆出现渗漏。采用回填片石及黄泥进行处理，但漏浆仍持续不止，无法钻进，故变更施工方法并再回填片石及黄泥至原地面位置，重新施钻并埋设钢护筒至设计桩底。

7. 15 号墩勘察及施工情况

勘察时，4 根桩共勘探 5 孔。其中 1 号桩揭示 5 个充填溶洞，洞高 0.5 ~ 2.1 m；3 号桩钻孔揭示 2 个充填溶洞，洞高 1.8 ~ 2.2 m；墩中心钻孔揭示 4 个溶洞，其中上部 2 个为充填溶洞，高 1.8 ~ 2.2 m，下部 2 个为空溶洞，高 0.6 ~ 2.4 m；2 号桩钻孔揭示 4 个充填溶洞，高 0.3 ~ 1.5 m；4 号桩揭示 1 个高 3.4 m 空溶洞。

4 号桩施工至高程 86.55 m 处出现严重塌孔，孔口直径扩大到 2.5 m，孔壁及孔口附近地表塌陷，孔内泥浆出现严重渗漏，虽大量回填片石及黄泥进行处理，但漏浆持续不止，无法钻进。由于其余 3 根桩有连通性溶洞，故 4 根桩施工均采用钢护筒跟进。

综上所述，6 个墩施工中发生地表塌陷及漏浆现象，这是墩下较大、且具连通性溶洞所引起。施工震动、地下存在暗河，也是地表塌陷的重要原因。采用钢护筒跟进施工后，圆满地解决了塌陷和漏浆问题。

（七）结　论

1. 黄田特大桥地形条件较好，但岩溶极为发育，既有现代岩溶，也有深埋的古岩溶。因此，勘察中钻孔必须达到一定深度，才能查清其分布，也只有在此基础上，才能探察、确定持力层的深度。

2. 根据桥周边岩溶塌陷的调查访问，结合桥址区各墩台的勘察以及地下水的发育情况，提出有针对性的工程措施意见。全桥除6号墩采用摩擦桩外，其余均采用柱桩基础，柱桩均置于完整的基岩上。

3. 本桥在施工中，有6个墩出现岩溶塌陷、土石分界面变化和溶洞壁大角度倾斜，给施工造成了一定困难，经现场各方的紧密配合，都及时地得到了处理，保证了施工的顺利进行。

4. 通过6号墩的勘察和施工，说明在断层破碎带中岩溶发育深度大、规模大、更复杂，所以岩溶地区的地质勘察，必须高度重视与线路有关的隐伏断层，采用综合勘探方法查明其分布。物探用于宏观判定隐伏断层（也包括隐伏岩溶），是较为有效的手段，在物探的基础上，有针对性地布置钻探，将能更可靠地查明隐伏断层的具体位置。本工点由于工期等方面的原因，未能安排物探工作，应是地质勘察的不足之处。

5. 在地质条件复杂、岩质破碎的地区，为提高钻探质量，正确了解和判断孔内地质状况，避免由此产生的误判，采用双层单动岩芯管钻进，是行之有效的方法，值得今后大力推广。

二十二、福厦铁路火成岩差异性风化地区桥梁地质勘察与病害处理

蒲增刚

（一）福厦铁路概况

福厦铁路地处东南沿海，经过福州至厦门的丘陵和平原，是福建省主要的经济走廊。线路起点为福州南车站出站端，终点为既有厦门车站，全长265.73 km。全线桥梁总长73.59 km，约占福厦铁路总长的27.7%。

线路先后经过福州、莆田、泉州等地市，最后到达厦门。沿途跨越乌龙江、木兰溪、洛阳江、晋江等较大河流。区内福厦高速公路及324国道与福厦铁路并行，并有多次交叉。除此之外，测区乡村公路四通八达，阡陌纵横，水网密布，交通方便。

（二）地形地貌及地层岩性

沿线地貌单元主要为低山丘陵、滨海平原台地及冲积平原等。

地表普遍分布有第四系多种成因松散覆盖层，下伏基岩为侏罗系上统南园组凝灰熔岩、凝灰岩，侵入岩体为燕山期花岗岩及脉岩。钻探揭示，火成岩差异性风化现象发育。

侏罗系上统南园组（J_3n）凝灰熔岩、凝灰岩：灰黄、灰绿、浅灰色，凝灰结构，块状构造，节理裂隙较发育。全风化层较厚，一般厚5～15 m；强风化层一般厚4～6 m，与燕山期花岗岩呈侵入接触关系。

燕山期侵入岩及脉岩($\eta\gamma^{5(3)}$):侵入岩为花岗岩,灰黄、灰白色,中—粗粒结构,块状构造,质坚硬,节理、裂隙较发育,矿物以长石、石英、云母为主。全风化层(W_4)较厚,一般厚10~30 m,局部地段小于10 m;强风化层(W_3)一般厚2~9 m。部分无强风化层,脉岩为辉绿岩,灰、灰黄、灰绿等色,辉绿结构,可见铁锰质薄膜。全风化层(W_4)为土状,一般厚4~6 m;强风化层(W_3)岩芯呈碎块状,一般厚1~3 m。

(三)勘察阶段桥梁地质资料收集过程、布孔原则及存在的问题

福厦铁路沿线凝灰熔岩及花岗岩分布非常广泛,绝大多数桥梁均位于花岗岩或凝灰熔岩等火成岩地区。通过外业地质调查及钻探揭示,沿线火成岩差异性风化强烈,桥梁墩(台)处基岩风化程度也千差万别。

1. 地质资料收集过程及布孔原则

勘察阶段,桥梁工程的地质资料收集首先是进行外业地质调查测绘,在调查测绘的基础上再根据需要布置钻探。布孔原则:桥梁工点原则上每墩(台)布置一孔,对大跨及水下墩布置两孔;桥位处地层及风化层的划分,以调绘及钻孔揭示层位作为划分依据。

2. 存在的问题

由于大多数桥梁墩(台)仅有一个钻孔控制,火成岩的风化层横向变化仅根据地形及钻孔揭示的深度进行填绘。而福厦铁路为双线铁路,路幅较宽,桥梁基础在横向的排布也较宽,通过一孔无法在横断面上准确反映出火成岩风化层的实际变化情况。对于火成岩桥基基岩差异性风化严重地段的桥梁墩(台),这一现象尤其突出。

3. 采取的措施

针对上述情况,在补定测阶段及施工前补勘阶段有针对性地进行了部分桥墩(台)的横向补勘控制工作,这在一定程度上减少了施工阶段桩长的变更。但由于大多数桥墩(台)没有补充横向钻孔,在施工中仍出现了很多桥墩(台)桩基基础实际入岩深度与原设计的基底高程有出入的情况,并且有部分桩基入岩深度出入较大。对于与原设计出入较大的桥墩(台)桩基基础,后来均进行了补勘验证。

(四)工程实例

福厦铁路自施工以后,多数桥梁基础地质资料与施工实际开挖结果相吻合,但也有部分桥梁墩(台)实际情况与原设计地质资料出入较大。

1. 乌龙江特大桥

乌龙江由西向东流入东海,水位受潮汐影响,两岸为剥蚀浅丘和低山。福厦铁路在乌龙江下游以乌龙江特大桥跨越乌龙江,共设13跨14个墩(台)。其中,6号~9号墩为3个主跨的主墩,单孔跨度144 m,主跨两侧各1跨80 m,其余均为32 m跨度的简支梁。

定测及补定测阶段,乌龙江特大桥共计钻探22孔812.62 m,一般孔跨的墩(台)钻1孔,大跨主墩钻2孔。根据钻探结果,桥梁设计除2号墩外的其他墩(台)均采用柱桩基础。2号墩钻有1孔,孔深51.9 m,该孔揭示弱风化基岩埋深较大,而强风化层厚达23.3 m(高程为-36.5 m)见图6—22—1。该基础采用摩擦桩基础,桩底高程-24.99 m,共设11根桩。

由于在施工中钻孔桩机钻进特别困难,且仅取出弱风化(W_2)岩芯,经地质专业人员现场确认,2-4号桩(-16.21 m)、2-9号桩(-21.13 m)、2-11号桩(-18.36 m)已钻达弱风化层。这样,基岩弱风化(W_2)层高程比原勘察钻探提高了17~22 m不等。据此,变更设计将2号墩基

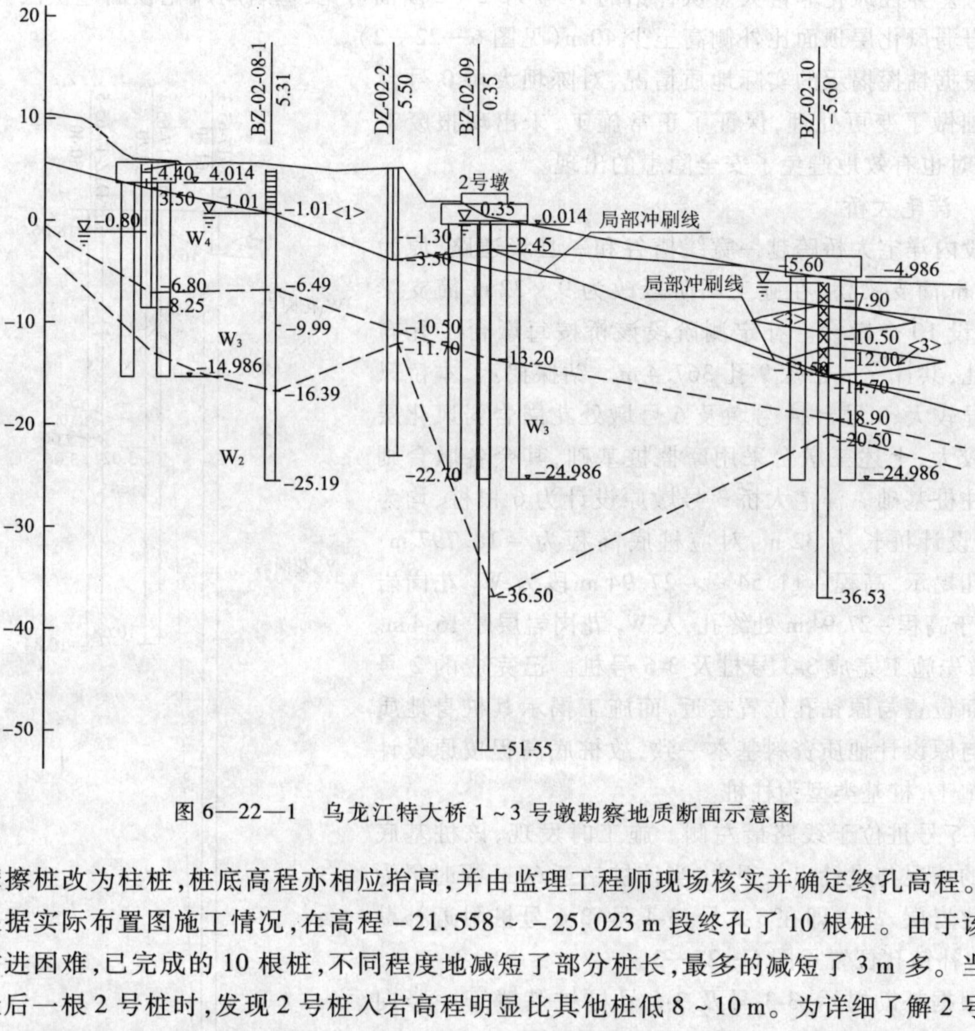

图 6—22—1　乌龙江特大桥 1～3 号墩勘察地质断面示意图

础由摩擦桩改为柱桩，桩底高程亦相应抬高，并由监理工程师现场核实并确定终孔高程。施工单位根据实际布置图施工情况，在高程 －21.558 ～ －25.023 m 段终孔了 10 根桩。由于该墩钻孔桩钻进困难，已完成的 10 根桩，不同程度地减短了部分桩长，最多的减短了 3 m 多。当施工该墩最后一根 2 号桩时，发现 2 号桩入岩高程明显比其他桩低 8～10 m。为详细了解 2 号墩范围基岩面起伏情况，又在该墩范围内补钻 6 孔。补勘结果揭示，2 号墩范围内基岩差异性风化强烈，基岩弱风化顶面起伏很大。

补钻 1 号孔在 －19.8 m 处见 6.2 m 厚的呈弱风化的风化球体，补钻 2 号孔在 －21.5 m 处见 4.5 m 的呈弱风化的风化球体，而该两孔在 2-9 号桩和 2-11 号桩附近。从补钻钻孔资料可以判断，2-9 号桩和 2-11 号桩基础都置于弱风化的风化球体上了。由补钻资料可得出结论，已灌注的桩中除 1、3、4 号桩已嵌入基岩弱风化层（W_2）内外，其余的 5～11 号桩均未嵌入基岩弱风化层（W_2）内。未嵌入基岩弱风化层的 7 根桩只能作报废处理。

2. 陈坝大桥

陈坝大桥在段内跨越一宽缓沟谷，为 5×32 m 简支梁桥，共有 6 个墩台。补定测阶段该桥按每墩台 1 孔布置钻孔，共计完成钻探 6 孔 206.2 m。陈坝大桥各墩台均采用柱桩基础，桩基嵌入花岗岩弱风化层中。0 号台设计有 9 根桩，在台内布有一钻孔，孔深 48 m，于孔深 34.8 m（高程为 －14.23 m）进入弱风化层。该桥台设计桩长 38.5 m，桩底高程为 －21.433。该桥台桩基础采用人工挖孔桩，施工中发现靠山侧桩基比设计高约 20 m 进入弱风化岩层，现场基坑出渣新鲜，为明显弱风化花岗岩。由于施工情况与原钻孔揭示出入较大，为保证工程安全，避免造成报废工程，及时安排钻机进行了补钻。该墩范围内补钻 5 孔。补钻结果揭示，0 号台范围内基岩差异性风化非常大。从补钻的1—1和2—2断面可见，基岩弱风化顶面起伏巨大，靠山侧基岩弱风化层顶面比外侧高至少40 m(见图6—22—2)。

根据钻探揭示的实际地质情况，对陈坝大桥0号台的基础做了变更处理，保证了正常施工，未出现报废工程，同时也有效地避免了安全隐患的出现。

3. 洋宅大桥

段内洋宅大桥跨越一宽缓槽谷和一县级道路，原为8×32 m简支梁桥，在施工图阶段改为9×32 m简支梁桥，共设10个墩台。补定测阶段该桥按每墩台1孔布置钻孔，共计完成钻探9孔367.4 m。钻探揭示，本桥风化差异较大，0号台、4号墩及6号墩处花岗岩弱风化层埋深较大，上述三墩台采用摩擦桩基础，其余各墩台则采用柱桩基础。洋宅大桥3号墩原设计为6根桩，均为柱桩，设计桩长为32 m，对应桩底高程为-18.797 m。原钻孔揭示，高程-11.54～-27.94 m段为W_2花岗岩层，并于高程-27.94 m处终孔，入W_2花岗岩层厚16.4 m。3号墩先施工完成3-3号桩及3-6号桩。已完成的2号桩平面位置与原钻孔位置接近，而施工揭示其桩身地质情况与原设计地质资料基本一致，故桩底高程按原设计控制施工，桩基类型为柱桩。

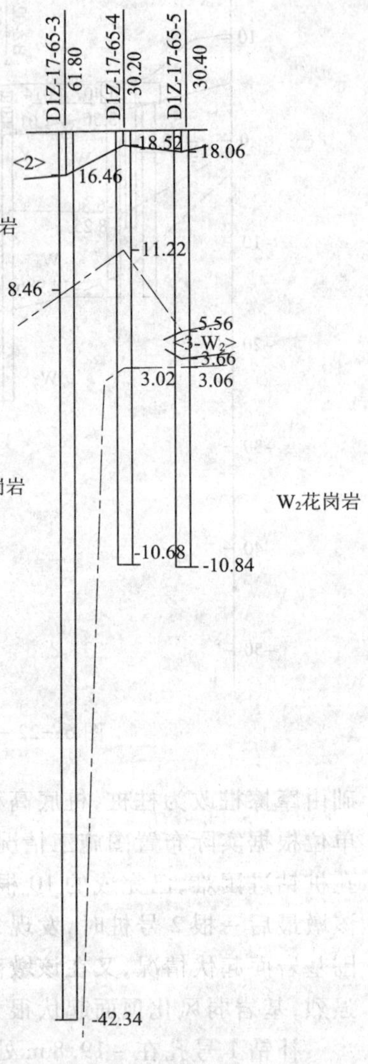

图6—22—2　陈坝大桥0号台补钻地质剖面

3-5号桩位于线路最左侧。施工时发现，该桩基底岩层的情况与设计出入很大，当该桩钻至60 m深时仍为强风化岩层，故立即在3-3号、3-4号、3-6号桩附近补勘3孔。补钻孔位置见图6—22—3。

根据补勘揭示，3-3号及3-6号桩桩基置于一竖向直径约15～20 m的呈弱风化的花岗岩球状风化体内。球状风化体下为花岗岩强风化层，钻孔岩芯呈砂状，少量呈短柱状及块状，基本承载力有所降低，不能满足柱桩对基底承载力的要求。为了防止正在施工的3-5号桩坍孔，同时不影响施工进度，根据补钻结果，将3-5号桩的柱桩变更为摩擦桩，桩长按照56 m控制，对应的桩底高程为-42.797 m，终孔处的W_3岩层为岩性相对较好的花岗岩。当时已施工的几根桩的具体桩身地质情况及施工情况如表6—22—1所列。

表6—22—1　洋宅大桥3号墩桩基入岩(W_2)情况表

桩　号	入W_2岩层高程(m)	施工桩底高程(m)	桩基类型	灌注时间	备　注
3-3	-13.107	-18.807	柱桩	2006.10.13	代表性桩
3-6	-12.900	-18.807	柱桩	2006.10.23	非代表性桩
3-5	/	-42.994	摩擦桩	2007.2.19	非代表性桩
3-2	/	/	摩擦桩	施工中	非代表性桩

从补勘结果及施工揭示情况分析得知，洋宅大桥3号墩岩性变化复杂，花岗岩风化差异性极大，无明显的规律可言，呈弱风化花岗岩的球状风化体众多，且最大球状风化体直径达20 m以上，是造成本次变更的主要原因。根据3号墩实际地质情况，该墩桩基础做如下变更：

1. 将本墩基础由柱桩改为摩擦桩。

2. 在3-3号及3-6号桩外侧2.7 m处增加2根ϕ1.25 m桩。

3. 根据地质补钻情况，本墩剩余各桩桩长变更为56 m，桩底高程按-42.797 m控制。

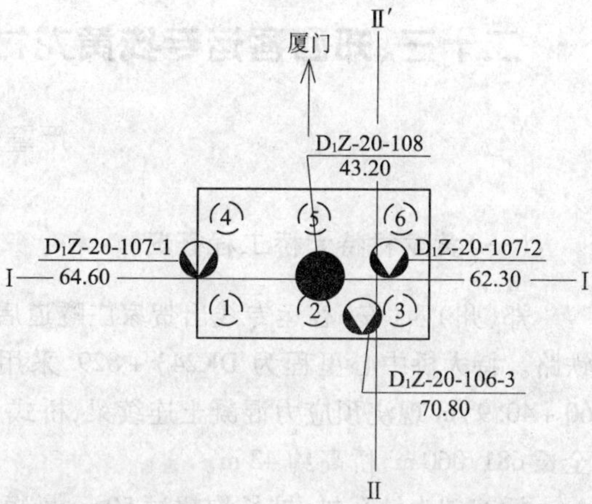

图6—22—3　洋宅桥3号墩桩位及钻孔布置图

从以上三座桥的工程实例可以看出，福厦铁路沿线火成岩差异性风化非常严重，根据每墩台1孔的勘察阶段钻孔布置原则，很难准确揭示桥桩基基岩风化层的真实情况。

（五）工作体会

福建沿海地区火成岩差异性风化现象普遍发育，勘察阶段对基岩风化层变化规律的了解程度决定了施工阶段桥梁桩基基础变更的多少。勘察时，必须有足够的钻探量，才能较好地揭示基岩风化层的变化规律，减少施工阶段变更。

对于双线铁路的桥梁工程，由于桥基宽大，不仅要从纵向掌握基岩风化带的变化规律，横向的变化也必须有钻孔控制。

总结福厦铁路施工中火成岩风化差异引起的设计变更，今后在这一地区从事地质勘察，有必要加强下列工作：

1. 对于下述地段要注意加强风化层的横向控制

（1）跨越沟谷的桥梁，在斜坡附近的墩、台桩基基础应增加钻孔数量，因山坡附近受地表水冲刷较强，地表水易沿节理裂隙渗入，形成严重的差异风化。

（2）地面调绘可见差异性风化现象发育地段，表明该处节理裂隙发育，是火成岩差异风化较强的地区，应增加桥桩基基础的钻孔数量。

（3）断层或节理密集带通过地段，断层使火成岩岩体破碎及裂隙发育，节理密集带多是受地质构造影响形成的。这些地带岩石破碎，为地下水活动提供了有利通道，也就促成了火成岩岩体差异风化的形成，这时桥的墩、台基础的勘探量应适当增加。

（4）岩脉发育地段，岩脉的侵入使岩脉周围的岩体发生挤压破碎，有时会出现类似于断层破碎带，所以岩脉附近的火成岩差异风化与断层带附近相似，也应对桥墩基础的勘探量作适当增加。

（5）桥梁纵断面反映风化层起伏变化较大地段，应适当加密钻孔。

2. 在火成岩地区应加强施工地质工作

（1）当施工揭示火成岩弱风化层深度较勘察阶段钻探揭示的深度变化较大时，应考虑是否存在球状风化问题，不可贸然缩短桩长，以免造成报废工程。

（2）当施工出现上述问题时，应进行补钻。补钻孔数应以控制桥墩台基础所在位置弱风化面起伏变化为度，以确保桥梁基础工程的安全。

二十三、郑西客运专线黄龙村特大桥黄土特性和岸坡稳定分析

严璧玉 陈建发

(一)黄龙村特大桥工程概况

郑(州)西(安)客运专线出贺家庄隧道后进入黄龙村特大桥,特大桥以小角度斜跨既有陇海铁路。特大桥中心里程为 DK243 +829,采用 32 m 无砟轨道预应力混凝土简支箱梁和(40.9 + 60 +40.9)m 现浇预应力混凝土连续梁,桥式为 9×32.7 m +40.9 m +60 m +40.9 m +7×32.7 m,全长 681.060 m,桥高约 43 m。

桥基础为钻孔桩,桩长均超过 50 m,最短的桩长为 52 m,最长者为 66 m;一般每墩采用 9 根或 12 根桩,跨陇海铁路的主墩采用 15 根桩。

(二)黄龙村特大桥的地貌、地层岩性及自然条件

1. 黄龙村所处黄土地貌区

黄龙村特大桥所在的区域是黄土台塬区的斜坡地带,斜坡地带切沟、冲沟、坳沟发育。深切冲沟呈"V"字形,沟谷岸坡陡峻;坳沟呈"U"字形,沟底纵坡较平缓。沟谷岸坡高度一般为 35 ~ 60 m,最高达 80 m;沟谷岸坡坡度较陡,一般以 45° ~60°为主。黄龙村特大桥以小角度跨越深切黄土冲沟。郑州端冲沟呈"V"形,切割强烈,横坡陡峻;西安端沟谷为"U"形的坳沟,沟底较宽,纵坡较缓,横坡地形多为台阶状,植被较差。地面高程 360 ~440 m,相对高差约 80 m。大桥范围有黄土错落体和黄土陷穴。

(1)黄土错落体:由于地处黄土塬的斜坡地带,流水侵蚀和重力剥蚀作用活跃,黄土垂直节理极为发育,黄土岸坡在重力作用下易发生黄土块体位移变形,形成黄土错落和滑坡。在本特大桥桥渡范围西安端桥台附近有错落体,DK244 +085 ~ +145 段坡体(厚 5 ~25 m)在自然状态下整体仍然处于稳定状态,未发生过整体明显变形,但受 DK244 +085 ~ +145 段线路左侧岸坡错落、崩塌影响,坡体内黄土垂直节理拉张呈裂缝状,局部地面出现裂缝,出露裂缝最宽约 10 cm,并形成空洞,易发展为错落体。

(2)黄土陷穴:因黄土具有疏松、多孔隙的特点,在岸坡附近受流水潜蚀易发育成黄土陷穴,在黄龙村特大桥桥渡范围即分布有黄土陷穴。黄土陷穴是地表水沿黄土裂隙孔隙下渗进行潜蚀,使土中细小颗粒流失,逐步形成空洞,最后引起地面塌陷或水流冲刷引起土体湿陷形成黄土陷穴。本桥黄土陷穴多出现在冲沟两侧岸坡或陡坎边缘 20 m 范围内,陷穴发展会造成岸坡崩塌。DK243 +400 ~DK243 +800 段发育有黄土陷穴 11 个,直径 1 ~20 m,深 3 ~15 m,有 9 个陷穴集中在 DK246 +400 ~DK243 +500 范围。该段黄土陷穴对大桥 0 号台 ~9 号墩的岸坡稳定有一定影响;DK243 +870 ~ +960 段既有陇海铁路北侧分布的 4 个较小的黄土陷穴,系人工填土的黄土经坡面汇水下渗所形成。黄土陷穴对大桥工程影响较大,应进行夯实回填处理。

另在西安端黄土斜坡的 BDZ-25-039 钻孔,在高程 329 m(地面下 56 m)揭示高 4 m 的空洞,此为黄土中含的碳酸钙富集,在地下水沿垂直节理溶蚀形成的洞穴。

2. 黄龙村特大桥地层岩性

黄龙村特大桥地处黄土塬,黄土堆积层深厚,构造形迹被掩埋,桥渡区范围未见断层、褶曲

和古老地层。钻孔揭示，黄土堆积层中夹有古河流堆积——砾石土和中、粗砂。桥渡范围的地层包括第四系下更新统（Q_1）至全新统（Q_4）以黄土为主的多种堆积层。

（1）人工填土（Q_4^{ml}）：主要为砂质黄土，褐黄色，中密状，稍湿，厚2～20 m，分布于既有陇海铁路两侧及客运专线 DK243 +500～+750 冲沟内，为本桥施工阶段需进行强夯处理的土层。

（2）砂质黄土（Q_4^{sl}）：褐黄、灰黄、棕红色，稍湿，稍密，夹少量姜石，厚度5～25 m，分布于线路 DK244 +085～+145 陡坡地段。

（3）砂质黄土（马兰黄土，Q_3）：褐黄色，稍密，稍湿，土质均匀，具肉眼能见的孔隙，黄土垂直节理较为发育，湿陷系数 0.012～0.164，自重湿陷系数 0.006～0.069，双桥静力触探试验贯入阻力小于2 300 kPa，厚0～15 m，局部地段厚度较大。局部为黏质黄土，棕黄、褐黄色，稍密—中密，土质均匀，厚0～10 m，主要分布于大桥西安端地表。

（4）黏质黄土（离石黄土，Q_2）：褐黄、灰黄色，稍湿，密实，中夹3～5层棕红色黏质黄土的古土壤层（俗称"红三条"或"红五条"），局部夹粉细砂薄层，分布于全段，厚度大于30 m。黏质黄土下卧有厚度大于10 m 的粉细砂和细圆砾土，局部呈中粗砂或细圆砾土透镜体。

（5）黏质黄土（午城黄土，Q_1）：褐黄、灰绿色，硬塑—坚硬状，具弱成岩作用，分布于特大桥西安端基底。本次勘探未钻穿。

3. 自然条件

本区属暖温带大陆性季风气候，春季干旱少雨、夏季炎热多雨、秋季阴雨绵绵、冬季干冷，雨雪较少，晴日较多。多年年平均气温为13.9 ℃，极端最低气温为 −17 ℃，冬季多霜冻，最大冻结深度0.33 m，极端最高气温达43.2 ℃。多年平均降雨量为573.5 mm，夏季降雨量一般占年降雨量的48%，其次为秋季，约占年降雨量的30%，7～9月降水量最为集中，暴雨多出现在夏季。集中暴雨是黄土侵蚀的重要条件之一。

段内地表水为火烧羊沟沟水，属季节性沟谷，枯水期水量较小，属黄河水系。据取水试验，沟水属 $HCO_3^-\cdot SO_4^{2-}-Mg^{2+}\cdot Na^+$ 型水，对混凝土无侵蚀性；而本沟支沟上游尾矿坝内水质明显受污染，水质属 $Cl^-\cdot SO_4^{2-}-Na^+\cdot Ca^{2+}$ 型水，对混凝土具弱—中等硫酸盐侵蚀。

地下水为沟槽内松散土层孔隙水，受降水及表水补给，向沟槽低洼处排泄，水量较小。

（三）黄龙村特大桥工程区黄土工程地质特性

黄龙村特大桥桥渡范围的冲沟内和黄土塬斜坡上堆积有次生的全新世黄土和上更新世马兰黄土，桥墩置于中更新世黄土（离石黄土）中，该层夹有3～5层古土壤层，下部为砂砾石层。据勘察阶段钻探、土样试验和触探，查明上更新世黄土（Q_3）属Ⅱ级中等自重湿陷性黄土场地，需作强夯处理。桥墩台基础均置于中更新世非湿陷性黄土中。桥渡范围取两组黄土土样作颗粒分析，结果见表6—23—1。

表6—23—1　桥渡范围黄土颗粒分析结果

取样里程	粒度成分（%）				备注
	砂粒（0.1～0.05 mm）	粉粒（0.05～0.005 mm）	黏粒（小于0.005 mm）	其他	
DK243 +300 深5 m	19.7	63.9	16.2	0.2	Q_3 黄土
DK243 +400 深5 m	17.2	64.1	18.4	0.3	Q_2 黄土

另在桥渡范围钻了25个孔。因高速铁路对桥墩基础沉降量有严格要求，为查清黄土的可能压缩层范围内中更新世黄土的湿陷性及压缩性，钻孔深度均大于50 m。在 Q_2 黄土中取土

样20组进行黄土物理力学性质试验，试验结果见表6—23—2。从表6—23—2可见，桥墩台基础的 Q_2 黄土基本属黏质黄土夹有少量砂质黄土。

表6—23—2　桥墩台基础 Q_2 黄土试验数据统计表

试验指标＼统计值	天然状态土的物理和水理性质指标								剪切试验		压缩系数	压缩模量	湿陷系数				自重湿陷系数
	天然密度	颗粒密度	天然含水率	天然孔隙比	孔隙率	塑性指数	液性指数	干密度	黏聚力	内摩擦角	$a_{v1\sim2}$	$E_{s(v)1\sim2}$	δ_s				δ_{zs}
	ρ	ρ_s	w	e	n	I_p	I_L	ρ_d	c	φ	100～1 600 kPa		100 kPa	200 kPa	300 kPa	400 kPa	
	g/cm³		%		%			g/cm³	kPa	°	MPa^{-1}	MPa					
最大值	2.12	2.73	30.8	0.83	45.5	13.6	0.82	1.86	96.32	40.5	0.36	29.2		0.01	0.01	0.01	0.01
最小值	1.66	2.70	4.03	0.46	31.7	8.1	-1.2	1.48	14.58	16.6	0.05	4.8					
平均值	1.98	2.71	14.9	0.64	38.6	10.2	-0.3	1.7	38.27	27.6	0.16	12.9					
标准值	1.88	2.71	16.4	0.67	39.7	10.6	-0.2	1.63	30.0	25.3	0.19	11.0					

1. 桥渡范围黄土的物理性质

(1)颗粒组成：从表6—23—1可见，Q_3 黄土的砂粒明显比 Q_2 多，而 Q_3 黄土的黏粒明显比 Q_2 少。由于黄土颗粒组成的这种变化，故 Q_2 黄土的工程地质性质比 Q_3 黄土好。

(2)天然密度(ρ)和颗粒密度(ρ_s)：黄龙村特大桥基础范围黄土土样试验结果显示，Q_2 黄土的天然密度平均值为1.98 g/cm³，最大值为2.12 g/cm³，最小值为1.66 g/cm³。天然密度大小与黄土天然含水量和颗粒大小、多少有关，一般黄土的天然密度为1.33～1.81 g/cm³，所以本桥 Q_2 黄土的天然密度较大。

黄土的颗粒密度一般为2.51～2.84 g/cm³，它与土的颗粒组成有关。当粉粒和砂粒多时，颗粒密度小于2.69 g/cm³；当黏粒多时，黄土的颗粒密度大于2.7 g/cm³。颗粒密度还与所含可溶盐和有机物有关。本桥基础范围的黄土颗粒密度为2.71 g/cm³，表明其属于黏质黄土，与颗粒试验结果和黄土试验的塑性指数值相符合。

(3)孔隙比(e)和干密度(ρ_s)的变化：孔隙比是黄土工程地质性质的重要指标之一，因孔隙比大小直接反映黄土的疏松或致密程度。黄龙村特大桥桥墩基础的黄土孔隙比一般在0.5～0.65，最大的达0.83，最小为0.46，平均值为0.67，较 Q_3 和 Q_4 黄土的0.78～1.2要小。另外，桥基础黄土的孔隙比值随深度增加而减小，表明桥墩基础处黄土压密程度较好。

干密度与黄土的湿陷性有明显的关系，一般干密度小，湿陷性大。当干密度大于1.5 g/cm³时，一般黄土属于非湿陷性黄土(但次生黄土有例外)。本桥墩台基础处的黄土干密度平均值为1.63 g/cm³，最大值达1.86 g/cm³，最小值为1.48 g/cm³，属非湿陷性黄土，与黄土的湿陷性和自重湿陷性试验结果相符合。

另外，干密度的变化还与孔隙比有关，当孔隙比大时，干密度就小，所以两者呈反比关系。

(4)液性指数(I_L)的变化：液性指数是反映黄土的强度和稳定性的指标。黄土的液性指数(I_L)变化与黄土的含水量有关。桥渡处黄土液性指数平均值为-0.3，最大值达0.82，最小值为-1.24，显示桥渡处的黄土呈坚硬状，所以该处黄土的强度大、稳定性好。

2. 桥渡区黄土的力学性质

黄土的抗剪性和压缩性是黄土的主要力学指标。黄龙村特大桥桥墩台基础处为 Q_2 黄土，由于其颗粒组成、孔隙比和液性指数的影响，故抗剪强度高、压缩性小。

(1)抗剪性：黄土的抗剪性与黄土的颗粒组成、颗粒间接触关系、胶结性质等结构特征有关，也与黄土的液性指数有关。当液性指数小时，黄土的黏聚力明显就高；当液性指数大时，黏聚力就降低。

Q_2 黄土含水量少、颗粒密度大，所以具有较高的抗剪强度。表 6—23—2 中的黄土黏聚力平均值为 38.27 kPa，最大内聚力达 96.32 kPa，最小仅为 14.58 kPa。内摩擦角平均值为 27.61°，最大值达 40.45°，最小值为 16.59°，这是因黄土含有较多的砂粒和粉粒的结果。

(2)压缩性：黄土的压缩性与黄土中的固体、液体和气体压缩有关。黄土的压缩性取决于土体中孔隙体积的变化，孔隙比与压缩性呈正相关性，孔隙比增大，压缩性就增加。表 6—23—2 表明，桥渡范围黄土压缩性为中等压缩性土，其压缩系数平均为 0.190 MPa^{-1}，最大值达 0.36 MPa^{-1}，最小为 0.05 MPa^{-1}；其压缩模量平均值为 12.92 MPa，最大压缩模量达 29.17 MPa，最小压缩模量为 4.8 MPa。

从以上桥基础范围内 Q_2 黏质黄土的物理力学试验指标看，其具有较多的黏粒含量、干密度较大、孔隙比小和抗剪强度大、压缩性较小等工程地质特性，是黄土工程地质较稳定的区域，有利于作大桥墩台的基础。

(四)黄龙特大桥的黄土岸坡稳定性及墩台基础埋置深度

1. 黄龙村特大桥黄土岸坡的稳定性

黄龙村特大桥桥渡区相接的郑州侧路基经过一条坳沟，沟坡上为 Q_3 黄土，黄土疏松，黄土陷穴极为发育，在 100 m 范围有 9 个大小不等的黄土陷穴，表明该处黄土潜蚀作用强烈，同时冲沟将黄土岸坡切割破碎，岸坡附近还发育有崩塌、黄土滑坡，所以该段黄土岸坡稳定性较差。但该段为路堑，勘察时建议设计按自然岸坡稳定线(45°)分级刷坡，岸坡面及沟底采用浆砌片石全封闭处理，堑顶及平台加设纵向排水设施，排水工程应延伸至离工程一定范围外。设计时对高陡岸坡采用分级设平台开挖，按边坡高度不同设不同宽度的平台，同时设计了排水工程措施，保证了黄土岸坡稳定性。

郑州端桥台位于路堑内，桥台里程为 DK243 +455，因有一深切的冲沟与桥位呈小角度斜交，桥台左侧距沟床约 27 m，桥台前端距沟床约 70 多米，冲沟岸坡较陡且较平顺，在冲沟内设桥墩，因黄土易被冲刷，需对桥墩附近冲沟进行处理，故设计了浆砌片石防护，保证了冲沟岸坡上桥墩的稳定。

该桥西安端为一黄土坳沟，坳沟岸坡又被支沟切割，沟坡上堆积有 Q_3 黄土和人工堆积黄土，该层黄土属自重湿陷性黄土场地，湿陷性黄土厚 0 ~ 10 m。因 Q_3 黄土和人工堆积黄土孔隙多、结构疏松，所以在沟坡上黄土陷穴发育，易被冲刷，局部土壤侵蚀较强，岸坡稳定性差，桥墩、台岸坡应加强岸坡坡脚挡护，防止沟水侧蚀冲刷，引起岸坡失稳。设计时对湿陷性黄土台后路基基础作了强夯处理，高陡岸坡设平台分级开挖并作防护工程，保证了桥墩、台的稳定。

2. 黄土墩台基础埋深与岸坡稳定性关系

因黄土结构疏松、多孔隙且垂直节理发育，在集中降雨的冲刷下，形成千沟万壑的黄土地貌，冲沟和坳沟沟壁陡峻，一般冲沟岸坡坡度达 50° ~60°。在深、陡的黄土沟谷岸坡上设置桥的墩台基础，基础的埋置深度和黄土岸坡稳定的关系是影响郑西客运专线安全的重要因素之一，故在郑西客运专线上对墩台基础埋深与岸坡稳定性关系问题作了专题研究。

前苏联专家曾提出桥基的休止角斜线(即岸坡稳定线)，用黄土休止角斜线(相当于桩底稳定线)控制基础埋深，只要桥墩台基础的底面低于该线，基础就稳定。但黄土休止角斜线的角度如何明确，它的确定是否与黄土地层组成和其物理力学特性、坡型、坡高、坡率有关，人工荷载和人为基础设置对岸坡稳定的影响如何考虑等问题未有明确的结论，所以无法用其观点来解决实际问题，为此开展了《黄土桥墩台基础埋深与岸坡稳定性关系》专题研究。

该专题研究从野外已有黄土岸坡的地层组成、物质成分、岸坡坡形特征及既有工程岸坡稳定情况进行调查入手，采用工程地质比拟法分析为主，辅以静力平衡法对自然岸坡的稳定性进行了分析归纳，提出了“桩底稳定角”和“桩底稳定线”的概念。“桩底稳定角”是指岸坡整体稳定时，坡脚至桩底外侧基角的连线与水平线的夹角；“桩底稳定线”是指岸坡整体稳定时桥墩台不同水平位置桩底外侧基角的连线，反映桩底稳定角的变化趋势。在对几十个调查岸坡的分析计算后得出如下结论：Q_2 黄土岸坡稳定坡率为 1∶0.75，Q_3 黄土岸坡稳定坡率为 1∶1。以静力平衡法结合工程地质比拟法，对施加集中荷载后的岸坡整体和基础局部稳定性进行了分析，得出了在稳定岸坡上设置建筑物基础的合理位置与合理埋深的关系为二次曲线的结论，认为岸坡高度低于 40 m 的 Q_2 黄土岸坡可取 25°的“桩底稳定角”、高度低于 30 m 的 Q_3 黄土岸坡可取 20°的“桩底稳定角”，且“桩底稳定角”随基础到坡脚距离的增大而增大。同时，分析了岸坡坡型、坡率、坡高、黄土密度、抗剪强度、水平地震力、桩顶荷载、桩基到坡脚平距、安全系数等因素对桩基埋深的影响情况。

根据专题研究成果，在勘察阶段提出黄龙村特大桥基础采用桩基础，基础埋置深度应根据检算确定，同时满足岸坡上桥墩台桩基础深度应置于“桩底稳定角线”(22°)以下一定深度的要求。

因客运专线是高速铁路，对桥的基础沉降量有严格的控制，所以桥的基础必须采用桩基基础。按规范要求，“在非自重湿陷性黄土场地，桩端应支承在压缩性较低的非湿陷性黄土层中”。本桥桥基的桩长均大于 50 m，深埋在 Q_2 黄土层中，故桩基埋置深度均满足专题研究的要求。

(五)结 束 语

郑西客运专线的勘察，使我们对黄土地区勘察和桥位选择有以下体会：

1. 首先要从黄土地貌特点对区域稳定性作大致判定，线路尽量避开黄土冲沟发育的地表侵蚀强烈地段和黄土潜蚀地貌——黄土陷穴、黄土碟多的地段。

2. 其次要查明黄土地层的分层和每层黄土的物理力学特性及其是否具有湿陷性和自重湿陷性，根据黄土的特性对工程比选提出工程地质建议，同时要观察黄土层接触关系黄土层的倾向，判断黄土边坡的可能变形趋势，同时也要注意黄土地层的顺层问题。

3. 桥位应尽量选择在沟坡较顺直的沟段，在桥基础埋深不大时可采用《黄土墩台基础埋深与岸坡稳定性关系》专题研究成果——“桩底稳定角”和“桩底稳定线”进行桥墩台埋置深度与黄土岸坡稳定的判定。

二十四、株六复线洞底沟大桥滑坡成因分析及工程整治

刘高金　马建军

(一)洞底沟大桥工程概况

洞底沟大桥是株(州)六(盘水)复线湘黔段小溪 3 号隧道出口至凉风坳隧道进口之间的大桥，小溪 3 号隧道出口、洞底沟大桥及凉风坳隧道进口均位于洞底沟滑坡体内。洞底沟大桥的桥式为 1×24 m＋5×32 m 钢筋混凝土预应力梁，桥的基础采用桩基基础，桩体穿过古滑坡体，置于弱风化层岩层中不小于 6 m，1 号墩的最长桩为 33 m。

本桥位于既有株六铁路的洞底沟大桥上游约100 m，桥的中心里程为$D_1K636+396.0$。该桥位曾作过改线比较，但改线将使线路的线形恶化，线路增长约108 m（主要为桥、隧工程），且未彻底改变线位处工程地质条件，所以仍采用原桥位方案。

（二）桥渡区地质及地貌条件

1. 地貌条件

本区属云贵高原中低山溶蚀剥蚀地貌，洞底沟沟床弯曲，沟谷自然谷坡坡度平缓，一般为20°~30°，沟内有大量块石堆积。流域内植被一般，多为杂草，局部有基岩露头，缓坡处多辟为水田。

洞底沟属小溪沟的一支流，沟深5~15 m，常年有流水，流量受季节影响而变化，在涌溪乡汇入小溪沟，是长江水系的支沟。

2. 地质条件

（1）地层岩性：桥渡区位于古滑坡体上，滑体和四周地层有（Q_4^{del}）粉质黏土、块石土、角砾土，滑坡体的滑床下地层上部为清虚洞组（ϵ_1q）灰岩，下部为寒武系下统杷榔组（ϵ_1p）页岩。

①粉质黏土（Q_4^{del}）：褐黄、浅黄色，硬塑—软塑状，含约5%~15%灰岩质角砾及少量碎石，分布于滑坡表层或呈透镜状分布于滑坡体中、底部，厚0~10 m。

②块石土（Q_4^{del}）：灰黄、褐灰、杂色，潮湿—饱和，松散—中密，块石约占60%，石质为灰岩及部分石灰华，块径大小悬殊，一般为20~200 cm，个别达数十米，余为粉质黏土及角砾土，厚5~28 m，分布于滑坡的表层及中、下部。

③角砾土（Q_4^{del}）：褐灰、褐黄、灰黄色，潮湿—饱和，松散—稍密，局部中密，角砾含量约占40%~60%，碎石含量15%，石质为灰岩、石灰华及少部分页岩，角砾$\phi2$~15 cm，碎石$\phi5$~20 cm，余为粉质黏土，厚约0~28 m，分布于滑坡表层及底部。

④灰岩（ϵ_1q）：灰、深灰色，薄—中厚层状，岩质坚硬性脆，节理裂隙发育，岩体破碎，溶蚀强烈，溶沟、溶槽、溶隙、溶蚀管道发育，上方陡坎发育一高约15 m、宽5 m的大溶洞，溶洞内见石灰华沉积物，透水性好，分布于滑坡基床（底）上部及滑坡上方陡坡上。

⑤页岩（ϵ_1p）：褐、褐灰、灰色，薄层状，节理发育，岩体破碎，质软，易风化，遇水易软化，透水性差，钻孔揭示强风化层厚3~5 m，分布于滑坡基床（底）中、下部。

（2）地质构造：测区构造复杂，滑坡所在的大、小里程端均发育有断层，株洲端断层走向N60°E，倾角70°，倾向SE，破碎带宽20~50 m，滑坡后缘陡坎即为断层破碎带的断层角砾岩，断层角砾由钙质胶结；六盘水端断层走向N60°E，倾角50°，倾向NW。受断层影响，岩层层理产状变化大，岩层产状为N28°~35°E/17°~20°NW，倾向与线路呈较大交角。节理发育，有2组节理面倾向线路（如图6—24—1），其产状分别为N60°E/68°NW、N70°W/30°NE，是陡坡岩体失稳的不利结构面。

（3）地震：根据《中国地震动参数区划图》（GB 18306—2001，1/400万），段内地震动峰值加速度为0.05g，地震动反应谱特征周期为0.35 s。

（4）水文地质特征：测区地表水主要为洞底沟沟水，为四季常流水，受大气降雨补给，雨季水大，流速急，自上方陡崖上飞泻而下，冲刷、下切作用强烈并形成丰富持久的地下水补给来源。

地下水主要为孔隙水、壤中水及基岩裂隙水、岩溶水。孔隙水、壤中水主要赋存于滑坡体

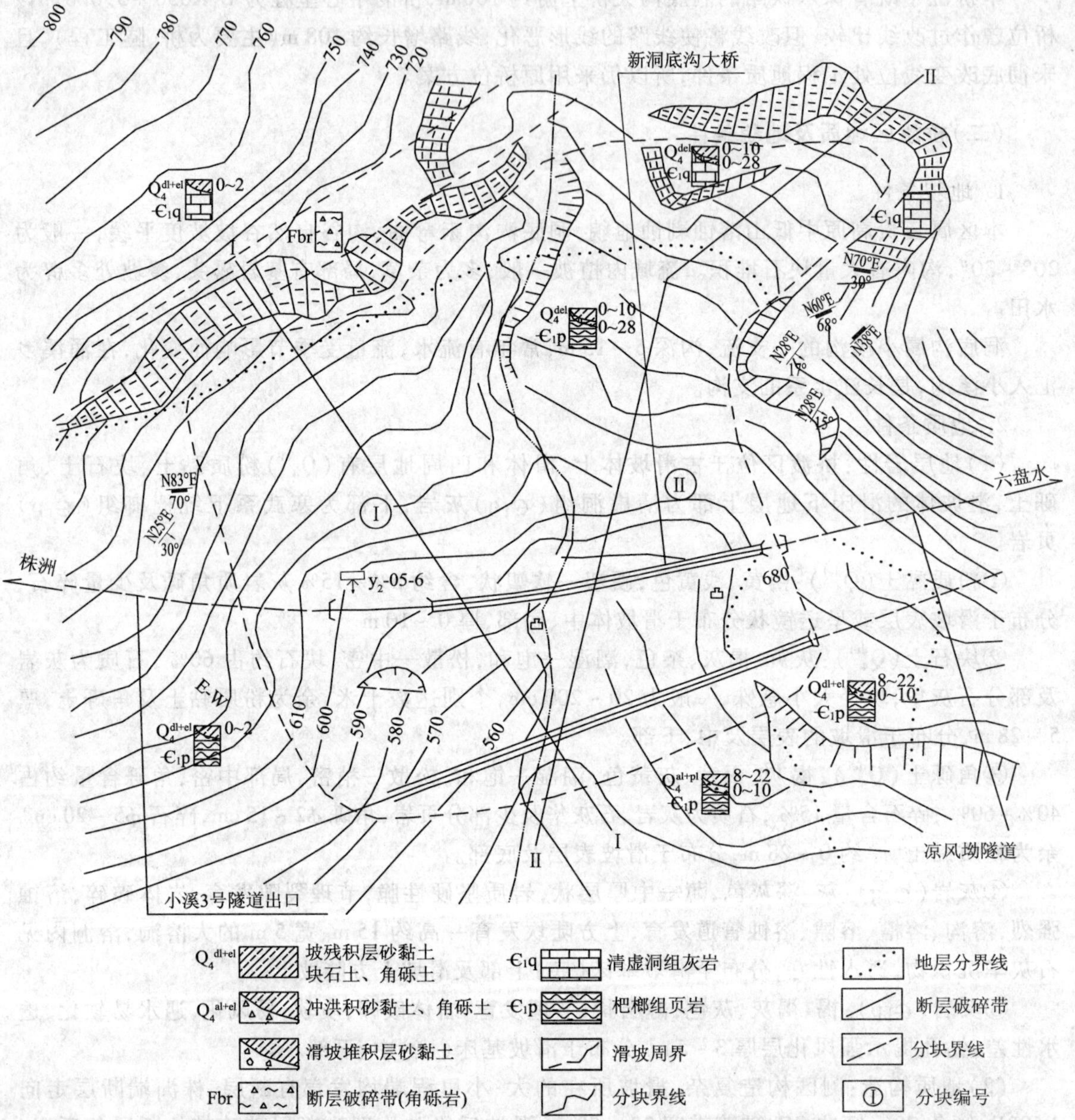

图 6—24—1　洞底沟大桥滑坡地质平面示意图

物质内，由于滑坡物质以块石土、角砾土为主且坡面及土石分界面较陡，排泄通畅。基岩裂隙水、岩溶水主要赋存于灰岩、页岩内，因灰岩含水性强，页岩透水性差，地表水补给丰富持久。地下水活动特征表现为：表水沿上部灰岩的裂隙、溶蚀管道下渗至页岩顶部后不能及时排出，长期汇集于灰岩与页岩接面软化页岩，降低其物理力学性能。

（三）古滑坡形成的条件

1. 古滑坡的形态特征

滑坡范围于 D_1K636 + 200 ~ + 485 左侧 245 ~ 270 m、右侧 100 ~ 170 m，长 300 ~ 400 m，宽

280 ~ 400 m。以洞底沟为界,可划分为Ⅰ、Ⅱ两个滑块:Ⅰ滑块为一次形成,Ⅱ滑块以Ⅱ—Ⅱ主轴线拐点为界,下方为主滑体,与Ⅰ滑块同时形成,上方为次滑体,系主滑体形成时上部岩体受牵引后失稳形成(如图 6—24—2)。

滑坡位于灰岩陡坡下,宏观地貌呈典型的圈椅状。其周界清楚,特征明显,后缘为陡壁,高约 30 ~ 60 m,近于陡立,局部倒悬。六盘水端侧滑壁明显、坡陡,约 45°左右;株洲端侧滑壁较缓,因开垦种植已被破坏,仍依稀可见,滑坡体上陡(约 20° ~ 22°)、中缓(2° ~ 10°)、下陡(20° ~ 22°)。滑坡前后地貌高陡,高程 540 ~ 790 m,相对高差 240 m,坡面植被稀少,基岩裸露。洞底沟在滑坡中部穿过,在滑坡体中下切,形成"V"形沟谷,导致沟两侧陡坡两面临空。

2. 古滑坡形成的地质条件

(1)地层岩性:测区下部为寒武系下统杷榔组($\epsilon_1 p$)页岩,上部为清虚洞组($\epsilon_1 q$)灰岩。灰岩岩质坚硬,性脆,构造节理、渗蚀裂隙发育,渗水性强;页岩质软,易风化,遇水易软化,渗水性差。上部表水或雨水沿灰岩下渗,易在页岩、灰岩接触带形成软弱夹层,为滑坡的形成提供了物质基础。

(2)地质构造影响:滑坡为两断层所挟持,株洲端断层走向 N60°E,倾角 70°,倾向 SE,破碎带宽 20 ~ 50 m,滑坡后缘陡坎即为断层破碎带;六盘水端断层走向 N60°E,倾角 50°,倾向 NW。受断层影响,岩层层理倾向坡外,节理发育,有两组节理面也倾向坡外,使岩体有倾向临空面的条件,为滑坡的形成提供了地质构造条件。

(3)水文地质条件:该区地表水发育,洞底沟水量大,自后缘陡坎上飞泻而下。表水沿上部灰岩节理裂隙下渗,起如下作用:

①灰岩与页岩接触带由于地下水的作用,形成了软弱夹层的滑动面;

②地下水沿层理、节理面浸润,导致已形成的不连续顺坡向节理与层面互相追踪、牵引或挤推,最后各结构面复合贯通,形成整体滑动(见图 6—24—2);

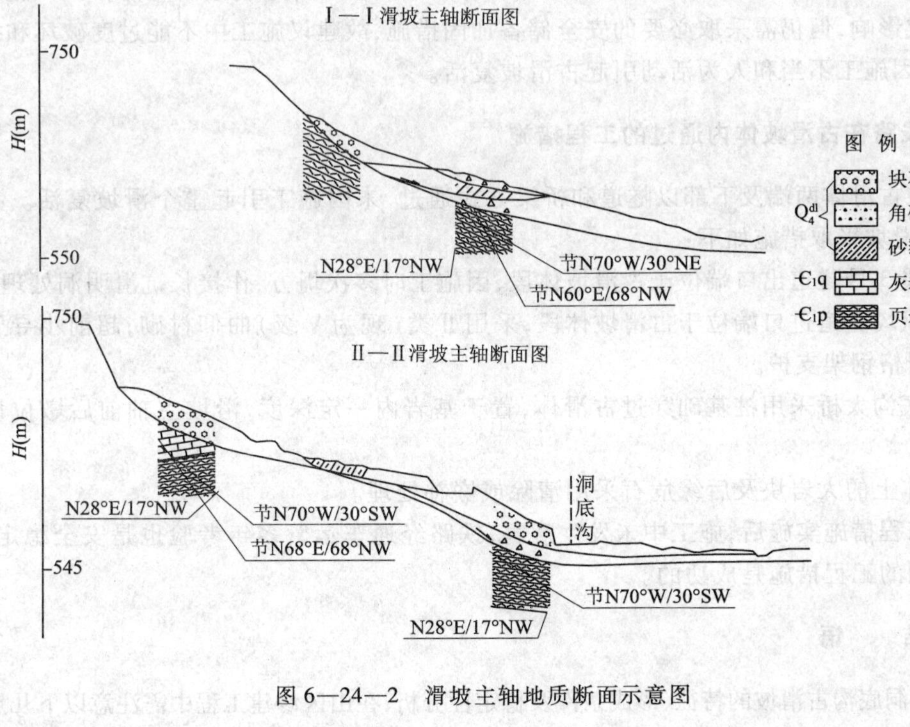

图 6—24—2 滑坡主轴地质断面示意图

③地表水不断渗入使滑体自重增加,抗剪能力降低,自稳性削弱。

(四)古滑坡形成过程

下软上硬的地层结构,在两面临空条件下,受断层、构造节理切割及地表水、地下水等内外营力作用改造,形成复合贯通的软弱滑动面,上方岩体失稳,沿滑动面下滑形成现在地貌景观。Ⅱ滑块以主轴拐点为界,下方为主滑体,上方为次滑体。主滑体形成时,后缘山体受牵引而形成次级滑体。滑坡体物质组成为粉质黏土、块石土、角砾土和破碎岩块,厚10~30 m。

由此可见,该滑坡为下软上硬的地层结构在高陡山坡、顺坡向结构面控制条件下,受地质构造、地表水、地下水等内外营力的破坏改造后形成的大型顺层古滑坡。

(五)古滑坡稳定性评价

由于小溪3号隧道出口段、洞底沟大桥、凉风坳隧道进口段均位于滑坡体内,勘察时曾作过以增长隧道来绕避滑坡和原位整治滑坡两个方案的比较工作。经对滑坡深入调查并布置钻孔勘探、取样试验等综合资料分析判定,该滑坡存在两个滑动面:一个滑面在上部块、碎石土的粉质黏土夹层中,为粉质黏土的软弱面,属浅层滑面;另一个滑面在地下水水位以下的土石界面处,为被水浸泡、软化的块石土、角砾土与页岩风化层所形成的软弱面,属深层滑动面。

经滑体稳定性检算,浅层滑面滑动的临界内摩擦角为22°,深层滑动面的临界内摩擦角为20°。根据钻孔揭示,粉质黏土夹层为软塑—硬塑状,且含有10%~30%的碎石角砾,分析判断其综合内摩擦角应大于25°;深层滑动带为块石土、角砾土与页岩风化层,该处的综合内摩擦角应大于30°。根据滑动面附近岩土特性推测的综合内摩擦角均大于检算临界内摩擦角,因此,分析认为,古滑坡整体是稳定的。滑坡体仅存在表层或局部小坍塌的可能,对桥、隧工程的稳定不构成影响,但仍需采取必要的安全储备加固措施,故建议施工中不能过度破坏和扰动滑体,以避免因施工不当和人为活动引起古滑坡复活。

(六)线路在古滑坡体内通过的工程措施

铁路在古滑体两端及下部以隧道和桥梁方式通过,未因施工引起整个滑坡复活。在此前提下,对古滑坡采取措施如下:

1. 小溪3号隧道出口端位于古滑坡体段,因施工时多次坍方,作接长抗滑明洞处理。

2. 凉风坳隧道进口端位于古滑坡体段,采用Ⅱ类(现为Ⅴ级)曲仰衬砌,超前小导管注浆加固配合栅格钢架支护。

3. 洞底沟大桥采用桩基础穿过古滑体,置于基岩内一定深度,滑坡主轴前后墩位设护墩桩处理。

4. 滑体上的大岩块及后缘危石采用清除或嵌补处理。

以上工程措施实施后,施工中未发生病害,铁路经通车运营多年考验也是安全稳定的,证明当时采用的工程措施是成功的。

(七)结　　语

通过对洞底沟古滑坡的特征、形成条件及稳定性分析,在山区修建工程中需注意以下几点:

1. 山区铁路在河谷地段多沿江、傍山而行,当河谷岸坡存在下软上硬的地层结构时,易形成滑坡、错落、岩堆等不良地质体,对山区铁路工程有很大影响,应引起高度重视。

2. 铁路在上述山区河谷通过,应认真对地质体作工程地质勘察,在分析工程地质条件基础上,进行线路多方案的综合比选,以确定线路是否需要绕避。

3. 线路通过古滑坡时,一方面应进行方案比选,同时还应对古滑坡的稳定性进行深入的分析、评价和检算。当确认古滑坡是稳定的,线路在采取必要的措施后,也可以从其上通过,洞底沟大桥即是一个例证。

二十五、南防铁路小董河特大桥岩溶发育规律及其工程地质评价

卿三惠

迄今为止,工程区岩溶工程地质问题仍是人们十分关注的问题。尤其是隐伏在地下深处的岩溶工程地质问题,更加引起了工程地质工作者的高度重视,力求掌握其岩溶发育规律,用以指导岩溶地区工程实践,以确保工程安全、稳定。本文系根据南防铁路小董河特大桥大量的钻探及地质测绘资料,对此区隐伏在地下深处的岩溶发育规律作一初步探讨,并试作相应的工程地质评价。

(一)概　　况

该桥桥式为 10 × 24 m + 9 × 32 m + 7 × 24 m 钢筋混凝土梁,桥全长 728.53 m,以直线横跨小董河河谷。桥址中部上、下游 50 ~ 100 m 河道顺直,河床纵坡平缓,岸壁稳定,主河槽宽约 70 m,主流靠南宁侧,流速缓慢,常年水位深 1 m 左右。两岸漫滩及阶地发育,阶地后缘(亦即两端桥台附近)处于低山丘陵地带。

(二)工程地质条件

1. 地层岩性

两桥台附近的山坡上覆盖层为 1 ~ 3 m 厚的第四系残坡积(Q^{el+dl})砂黏土夹碎石角砾,下伏基岩为二叠系地层。左岸(南宁端)为二叠系上统龙潭组上部($P_2l^{2\text{-}4}$)灰绿、棕红等杂色泥质砂岩、页岩互层,基本产状为 N48°E/70°NW;右岸(防城端)为龙潭组下部($P_2l^{1\text{-}2}$)灰黄、灰绿等杂色中—薄层状石英砂岩,含砾砂岩及中、厚层状硅质砾岩,局部夹薄层页岩,基本产状为 N24°E/61°NW。

桥址 2 号 ~25 号墩所在河槽及冲积阶地范围均有 4 ~ 15 m 厚的全新统冲积砂黏土,砂夹卵砾石、圆砾土及局部夹淤泥质砂黏土透镜体等所覆盖,下伏基岩为三叠系下统罗楼组(T_1l)灰岩夹炭质灰岩,岩层基本产状为 N40° ~ 45°E/60° ~ 70°NW。灰岩中岩溶的强烈发育,成为该桥的主要工程地质问题。T_1l 与 P_2l 之间呈断层接触,小董河河谷发育在两条对冲压性断层构成的地堑式构造之中(见图 6—25—1 和图 6—25—2)。

2. 地质构造

(1)构造分布:如图 6—25—1 所示,桥址两端山麓地带分别发育走向压性断层 F_1、F_2,其产状分别为(F_1)N45°E/80°NW、(F_2)N45°E/65°SE,F_2 断层已在施工中的 24 号墩揭露,因岩层破碎,钻孔桩很容易钻进。两条断层彼此平行延伸数千米。

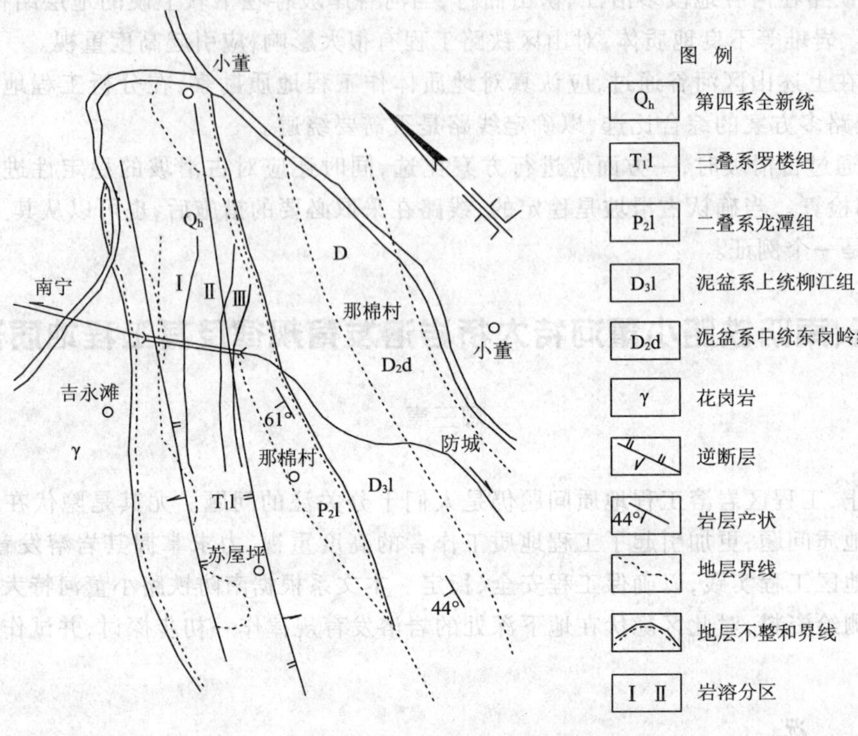

图 6—25—1　小董河地区地质平面示意图

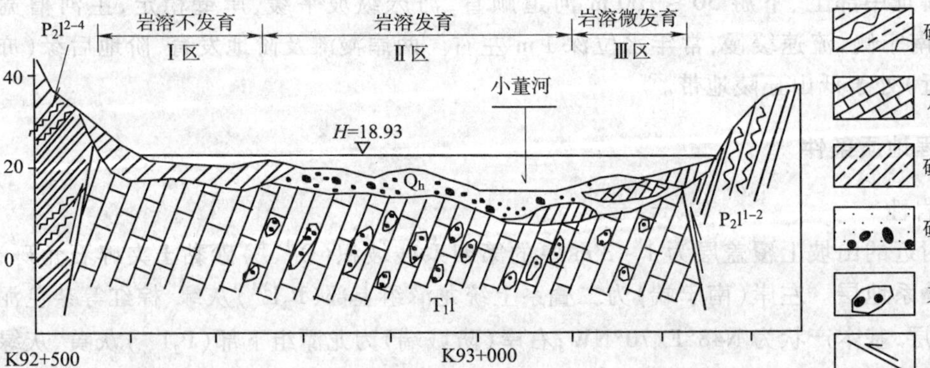

图 6—25—2　小董河特大桥地质纵断面示意图

地层中节理极发育，最大密度达 12 条/m，一般为 5～8 条/m。据节理统计分析，主要节理有5 组，即张节理 t（N45°W/85°NE），共轭"X"形剪节理 S_1（N18°W/53°NE）、S_2（65°W/60°SW），次级剪节理 S_3（N15°E/64°NW）、S_4（N75°E/85°NW）。其中以 S_1、S_2 较为稳定，且分布普遍。

（2）构造应力场历史分析：如图 6—25—3 所示，压性断层 F_1、F_2 与张节理 t、共轭"X"形剪节理 S_1、S_2 属印支期 NW、SE 向挤压应力作用的产物，而次级剪节理 S_3、S_4 则属 S_1、S_2 发生后引起的次级应力作用的结果，仅是其中 S_5、S_6 不发育而已。早在印支期，地壳运动导致的 NW、SE 向区域性水平主应力对此区作用较为强烈，地质构造变动表现为强烈的挤压断裂，地层的高角度倾斜等地质现象形成了此区地质构造的雏形。后期吉永滩(离桥约 2 ~ 3 km)一带花岗岩浆(图 6—25—1)的侵入活动又进一步加剧了此区地质构造的发展,导致地层的轻度挠曲及节理的密集化。

(3)新构造运动对本区的影响:据广西区域地质资料介绍,雷州半岛及北部湾沿海自新生代以来,地面曾有多次升降运动,有的幅度达数百米。这种规模的升降,对仅离北部湾约 80 km的桥址地区不无影响。由于地块之间存在差异活动,故该河谷中冲积型掩埋阶地及其冲积物厚 4 ~ 15 m,根据河床、漫滩宽而平缓及在海平面以下 10 m 以上范围内仍有岩溶洞穴发育的情况分析,现代此地仍有下降趋势。

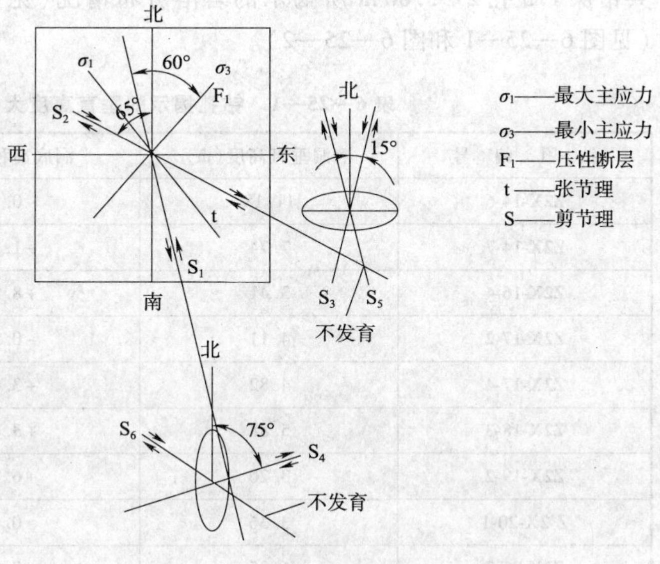

图 6—25—3 桥址区构造应力场分析图

3. 水文地质条件

桥台两端低山丘陵地带与谷底高差约 50 ~ 100 m,有利于大气降水由山坡向河谷汇集,加之压性断裂构成之地堑构造的存在,桥渡范围地下水较为丰富。地下水主要来源于丰沛的大气降雨及河水的补给,主要以潜水、基岩裂隙水和岩溶水等形式存在于砂卵砾石层、砂岩和强烈岩溶化灰岩中,在有淤泥质砂黏土、砂黏土透镜体或溶洞中充填粉质黏土的地方,地下水流受到上覆透水性差的土层阻隔,而在局部地方出现有承压现象(如 Z2X-14-6钻孔所揭示的情况,当一个垂直高度为 11. 18 m 的半充填砂黏土的溶洞顶板钻穿后,孔内水位上升2. 6 m)。其主要含水层为砂夹卵、砾石层,渗透量大。地下水位随降雨量大小、河水涨落而升降,冲积层中的地下常水位一般在地表以下 2 ~ 5 m 深度。

钻探资料表明,地下潜水的横向排泄由两岸向河槽汇集,水力坡度约 2% ~ 4%,纵向排泄则主要沿河流流向 S40° ~ 45°W(即岩层、断层走向)流向茅岭江下游。

据 1976 年的水质分析报告,该地下水、地表水水质类型为 HCO_3^-—K^+ 型水,游离 CO_2 为 8. 8 mg/L,HCO_3^- 含量为 24. 4 mg/L,pH 值 = 6. 4,以碳酸型侵蚀为主,以溶出型侵蚀为辅。但 1984 年 5 月 17 日复查结果,水质对混凝土无侵蚀性。

(三)岩溶发育规律

本地区岩溶与一般可溶岩地区岩溶发育规律类似,仍具平面上的不均匀性和竖向上的垂直分带性。

1. 平面上的不均匀分布规律

(1)岩溶不均匀发育分区

本桥址位于可溶的碳酸盐岩(灰岩)埋藏于地下 4 ~ 15 m 深度以下,只在离桥址下游约 1 km 处略有露头。前述有利的地形、岩性、构造及水文地质条件,导致灰岩中岩溶发育十分强烈。由于各种条件的差异,岩溶发育程度在平面上具明显的不均匀性。据全桥多次变更设计共钻探 113 孔 2793.86 m 所揭示的岩溶分布情况(见表 6—25—1),可将其划分为三个区域(见图 6—25—1 和图 6—25—2)。

表 6—25—1　钻孔揭示的垂直高度大于 3 m 的溶洞统计表

钻孔编号	溶洞垂直高度(m)	洞底高程(m)	备　注
Z2X-14-6	11.18	-0.10	改跨已避开
Z2X-14-7	7.74	-1.24	改跨已避开
Z2X-16-4	3.41	+8.26	改跨已避开
Z2X-17-2	4.11	-0.57	1 号墩
Z2X-17-4	4.82	+3.63	16 号墩
Z2X-18-3	5.88	+3.67	17 号墩
Z2X-19-2	3.20	+6.72	19 号墩
Z'2X-20-1	3.36	-0.69	改跨已避开
Z2X-21-3	6.35	-2.04	12 号墩
Z'2X-12-3	4.24	+9.21	13 号墩
Z'2X-13-1	4.20	+1.61	13 号墩
Z'2X-13-3	6.51	+5.00	13 号墩

①岩溶不发育区(2 号 ~11 号墩):钻探 23 孔,几乎没有一孔发现溶洞,岩芯上仅见有轻微的溶蚀痕迹。

②岩溶强烈发育区(11 号 ~20 号墩):溶洞成层的串珠状或蜂窝状密集分布,规模较大(见图 6—25—4)。钻探 93 孔,除 7 个较浅的孔未发现溶洞外,其余 86 孔均发现大小不等的多层溶洞,钻孔碰到岩溶洞穴的概率为 92.47%。溶洞垂直高度大于 3 m 的就有 12 个钻孔(见表 6—25—1),最大的半充填溶洞高度达 11.18 m。

③岩溶轻微发育区(20 号 ~25 号墩):钻探 17 孔,仅在 21 号 ~25 号墩间分别有 1 孔发现垂直高度 0.30 ~1.93 m 的小溶洞,碰到岩溶洞穴的概率为 23.50%。

(2)岩溶不均匀发育的原因

①地质构造控制:桥跨中部(11 号 ~20 号墩)处于两对冲式压性断层 F_1、F_2 间的挟持地带,岩层受牵制产生的各种性质结构面尤其是张性结构面较发育,节理张开程度较大,胶结程度差,地下水容易聚集或流通。而分别处于 F_1、F_2 断层挟持带外侧的桥两端(2 号 ~11 号墩和 20 号 ~25 号墩 2 段)节理张开程度较小,多为密闭节理,胶结程度较好,地下水不易流通。节理构造对本区岩溶发育的具体控制主要表现如下:

A. 走向为 N45°W(与线路交角 15°)的张性节理裂隙,原 29×24 m 桥式方案的 14 号墩 Z2X-14-6、Z2X-14-7 两孔及 10×24 m+9×32 m+7×24 m 桥式方案的 13 号墩 Z2X-13-1、Z2X-13-3 两孔所揭示的大溶洞(见图 6—25—4)证实了这一点。

B. 走向为 N40°~45°E(与线路交角为 75°~80°)的陡倾角(60°~70°)岩层面和压性断裂带,其走向与河流流向近乎一致。

二者比较,从单方面讲,张性节理张开程度大,地下水易畅通,岩溶沿此方向发育的可能性较大;而 N40°~45°E 方向之断裂带都是带挤压性质的,岩溶作用似乎应该弱一些。但还有一个

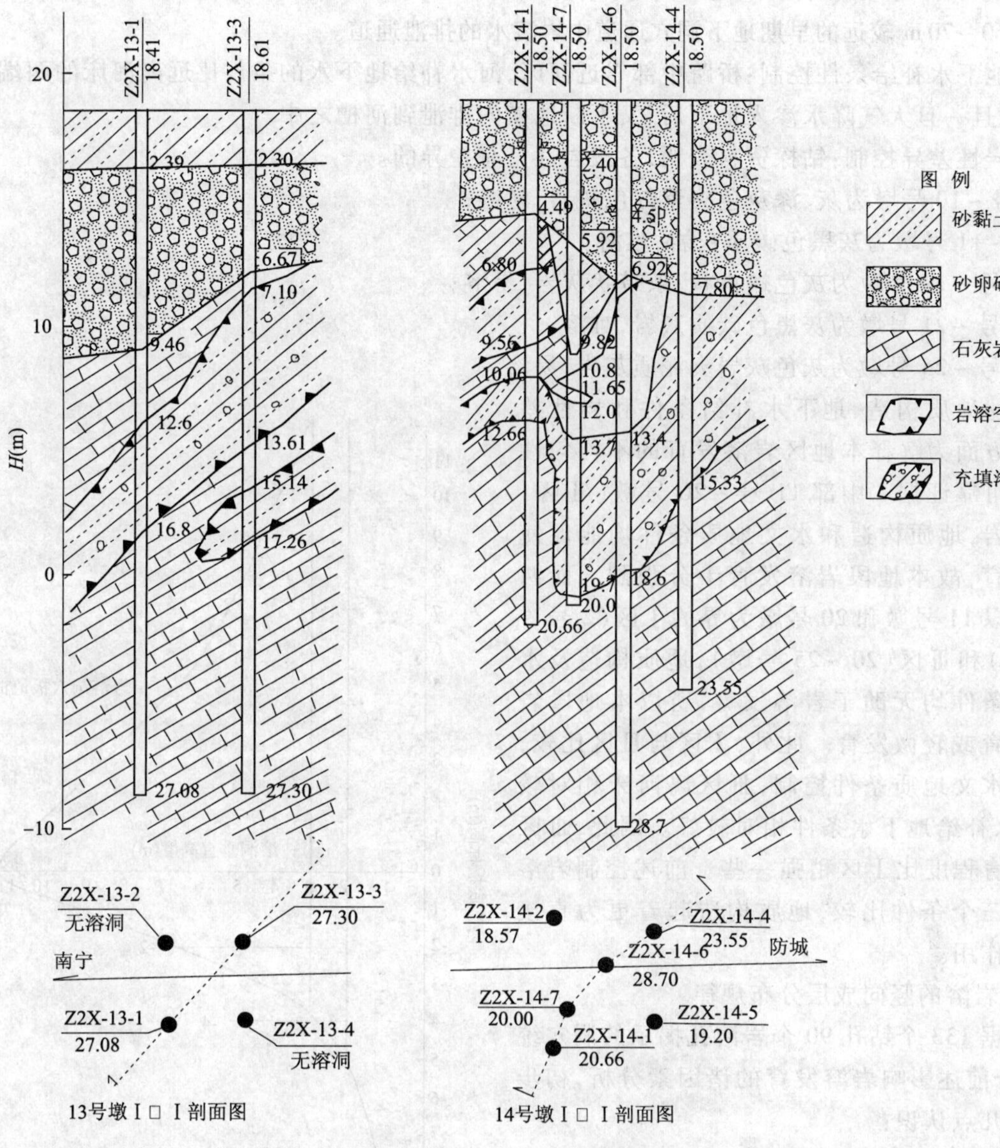

图 6—25—4　典型墩岩溶剖面图

很重要的影响因素是:N40°～45°E/60°～70°NW 的陡倾角岩层面,地下水更容易沿层面下渗,形成倾斜管道等岩溶形态。岩芯上所能观察到的沿层面的溶蚀痕迹比沿锯齿状张性结构面方向的溶蚀痕迹更为突出一些。所以,本区岩溶以沿岩层面发育为主,以沿张性结构面发育为辅,沿其他张扭性或压扭性结构面发育为最弱。至于本区地下岩溶形态的准确情况,仅以受墩位控制的钻孔资料,其可谓管中窥豹,难能摸清(虽物探队也曾搞过无线电波透视,但由于各方面因素的干扰,所获得的资料也不能令人满意)。但根据上述情况综合分析,岩溶形态必然受诸结构面控制。基岩面起伏不平,犬牙交错,呈"U"形或"V"形的溶槽或溶沟;基岩面下则以沿层面的倾斜溶蚀管道、溶孔、溶缝为主,以水平溶洞为辅。某些溶洞之间完全可能相互串通。13 号墩附近发育垂直高度为 11.18 m 大溶洞的原因,一方面是因其位于难溶的炭质灰岩与易溶的条带状、蠕虫状灰岩之接触处,二是根据 13 号、14 号墩之间的槽地判断,此槽地在地质历史上可能是古河道。而现今位于 18 号 ~20 号墩间的河床,是现代地质作用引起河床演变的结果。因此,该大溶洞可能是向防城端 60 ~70 m 较远的早期地下洞穴通道中岩溶水的排泄通道。

②地下水补给条件控制:桥跨中部靠近河床,河水补给地下水的条件比远离河床的两端占优势,况且一旦大气降水渗入地下后,又不断地横向排泄到河槽之中。

③岩性差异控制:钻探资料表明,各段岩性是有差异的。

2 号 ~10 号墩为灰、深灰色夹紫红色灰岩,易溶;

10 ~11 号墩为灰黑色碳质灰岩,难溶;

11 号 ~20 号墩为灰色蠕虫状、条带状灰岩,易溶;

20 号 ~21 号墩为灰黑色碳质灰岩,难溶;

21 号 ~25 号墩为灰色灰岩夹泥质灰岩,易溶。

上述地质构造、地下水补给条件和岩性差异三个方面为解释本地区岩溶发育的不均匀性提供了可靠证据。中部 11 号 ~20 号墩(Ⅱ区)为易溶岩,地质构造和水文地质条件均能促使岩溶发育,故本地段岩溶发育十分强烈。而两端分别以 11 号墩和 20 号墩为界的Ⅰ区(2 号 ~11 号墩)和Ⅲ区(20 ~25 号墩),地质构造及水文地质条件均无助于岩溶发育,所以本地段岩溶不发育或轻微发育。此外,Ⅰ区与Ⅲ区比较,主要受水文地质条件控制,Ⅲ区离河床相对较近,河水补给地下水条件相对较好。因此,Ⅲ区岩溶发育程度比Ⅰ区稍强一些。前述控制岩溶发育的三个条件比较,地质构造起着更为直接的控制作用。

2. 岩溶的竖向成层分布规律

根据 133 个钻孔 90 个岩溶孔揭示的洞穴统计,结合前述影响岩溶发育的诸因素分析,初步有下列几点认识:

(1)从岩溶发育深度与大小关系的极值曲线(见图 6—25—5)的变化规律可看出,从基岩面到海平面(零高程),岩溶发育逐渐增强,海平面以下则逐渐减弱,至 -15 m 左右便消失。

(2)垂直高度大于 3 m 的洞穴分布在 -2 m 以上;洞穴高 2 ~3 m 者分布在高程 -4 m 以上;1 ~2 m 高洞穴主要分布在高程 -5 m 以上,少数在 -15 m 以上,且表现为在海平面以上分布更为密集。

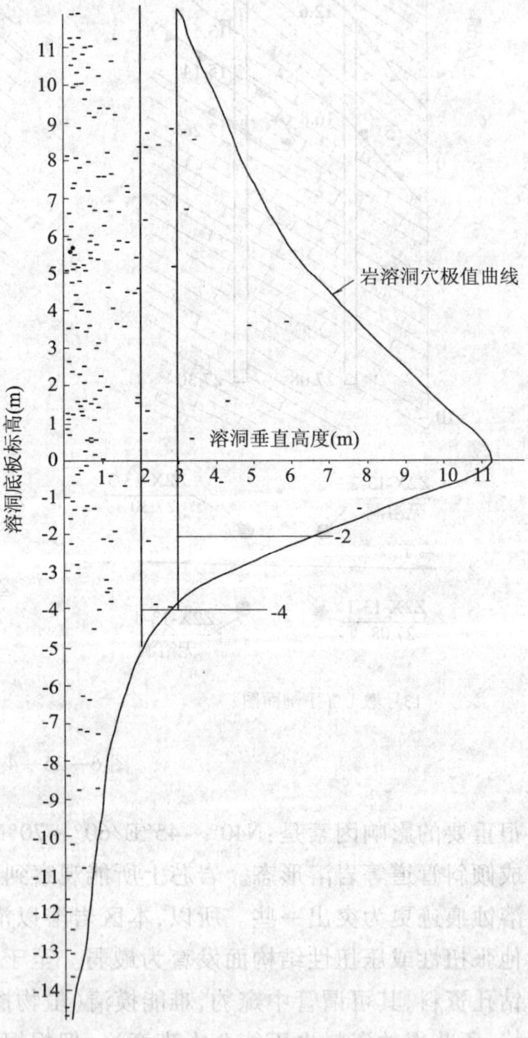

图 6—25—5　90 个钻孔揭示的岩溶洞穴分布图

(3)海平面以下相当深度(10 ~15 m)内仍有成层岩溶洞穴发育,除受深部循环带地下水倒流影响外,更重要的是与前述新构造运动引起本区地壳频繁升降密切相关。故可得出结论:此区现代岩溶发育的深度并非受现今最低侵蚀基准面(海平面)控制,更不受小董河水位控制(最低侵蚀基准面和小董河水位仅在形成岩溶化过程中才起控制作用),而是受地壳频繁升降所控制,因而成层分布。

3. 岩溶顺陡倾角岩层面发育为主,其延伸方向与岩层、断层及河流流向(N40°~45°E 或 S40°~45°W)相同。桥址中部(Ⅱ区)的岩溶、洞穴在竖向成层的串珠状或蜂窝状排列,彼此之间可能相互贯通。岩溶形态以沿层面的倾斜溶蚀管道为主,以水平溶洞为次。

4. 钻探资料表明,除个别洞穴外,绝大部分洞穴都有砂黏土或砂卵砾石等充填,并且其可溶岩已被较厚的冲积层覆盖,河流常水位高于基岩面 2~13 m,基岩中之地下水流速相当缓慢。初步判断:地下水对现代岩溶影响甚微,灰岩中埋藏的溶洞大多是古溶洞。除非新的构造运动导致地壳再次大幅度上升,岩溶才有可能向纵深发展。

(四)工程地质评价

根据上述对此区岩溶发育规律的讨论,可得出以下几点关于桥基稳定性的工程地质评价结论:

1. 桥址中部(11 号~20 号墩)岩溶洞穴虽发育密集,但以顺层面发育为主,跨度不大,钻孔所碰到的垂直高度大于 3 m 的洞穴的概率仅占 6.32%,且大多是古溶洞,地下水对现代岩溶影响甚微,并在设计过程中对桥基稳定性影响较大的洞穴(垂直高度大于 3 m 者)已进行多次变更设计而避之(见表 6—25—2),即使某些墩未能避开 3~5 m 的溶洞,但因已合理地采用钻孔桩深基础类型,基底均穿过多层洞穴置于底板以下较完整基岩内,施工中未发现异常情况。尽管个别墩基底以下难免还有小溶孔、溶缝存在,但因规模(小于 1 m)甚小,桩基础埋深(15~20 m)较大,故小洞穴对工程的影响也无足轻重。

表 6—25—2　小董河特大桥历次勘探变更设计对照表

设计过程	桥跨方案	变更原因	基础类型及墩号			钻探(孔/m)	钻探目的	时间
			明挖扩大基础	挖孔桩基础	钻孔桩基础			
施工设计	29×24 m					90/1 476.14	定测	1975 年
复工核查	29×24 m	加钻深孔查深部岩溶	1 号~10 号 29 号~30 号	11 号~18 号 24 号~28 号	19 号~25 号	5/159.26	进一步查明 14 号~16 号、22 号墩深部岩溶情况	1983 年 4 月
第 1 次变更设计	14×24 m+ 6×32 m+ 7×24 m	避开原 16 号~18 号、20 号~22 号墩大溶洞	1 号 3 号~4 号 6 号~10 号 27 号~28 号	2 号~5 号	11 号~26 号	18/593.30	补钻变更设计后的新墩(原没有钻探资料)	1983 年 5~11 月
第 2 次变更设计	10×24 m+ 9×32 m+ 7×24 m	避开原 14 号墩垂高为 11.18 m 的大溶洞	1 号 3 号~11 号 25 号~27 号	2 号	12 号~24 号	20/565.16	补钻 2 号、5 号、12 号~14 号、17 号~20 号、23 号墩	1984 年 3~5 月
合　计						133/2 793.86		

2. 目前此区地壳处于相对稳定阶段,雷州半岛及北部湾沿海的新构造运动对此区影响不大,F_1、F_2 断层无明显活动性,历史上此地也未发生过破坏性地震,故可预测,在百年内,该桥的地基稳定性是有保证的。

(五)结 束 语

岩溶地区(尤其是隐伏可溶岩区)深层岩溶发育规律尚待进一步研究,本文仅结合在该桥勘察与施工中搜集到的现有材料,从理论与实践的结合上提出一些肤浅的看法。分析岩溶发育规律和控制岩溶发育的条件,目的是为桥位和孔跨选择以及采取针对措施服务。通过本文的探讨,或望对今后岩溶地区铁路工程地质勘察工作有所帮助。

二十六、宜珙铁路支线塘坝洼地岩溶勘探及处理方案

潘道云

(一)工程概况

宜珙铁路支线于1966年勘察设计,1970年4月已修建到武家岩车站。车站位于塘坝洼地的左侧,傍山布设。继建工程为宜珙铁路支线的武家岩至珙县段,线路出武家岩车站后,以4~8 m高的路堤工程横穿塘坝洼地,延伸至洼地右侧,进入轿顶山隧道。塘坝洼地宽约1 km,现代沟床为人工沟床,位于白皎沟的右侧。根据资料记载,1929年以前,沟床位于现在沟床左侧。现代沟床宽约10 m,沟床均为人工铺砌,有常年流水,但水量很小,沟床可见底,行人可涉水而过。线路以2×16 m+2×12 m的钢筋混凝土桥跨越白皎沟。珙端桥下为通往白皎煤矿的公路。

1971年6月,白皎沟上游及塘坝地区普降暴雨,洪水成灾,沟床被冲毁,公路断道,农田被淹。1972年2月14日和2月26日,在桥下及其下游约50 m处,先后发生岩溶塌陷,白皎沟水断流,产生数个大小不等的陷穴,直径最大者达8 m,陷穴相距10~30 m不等(见图6—26—1)。陷穴群外围因土体位移而形成直径达百余米的椭圆形裂缝,裂缝形成错台高10~20 cm,缝宽1~5 cm,桥墩台变形,桥基位移,最大下沉量和歪斜量均达20 cm,最终导致已建成尚未架梁的桥墩倾斜而废弃。

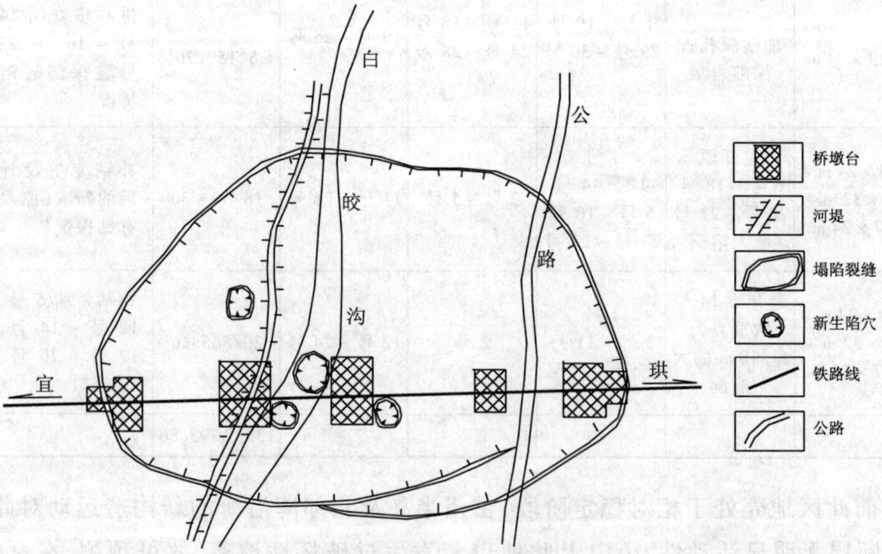

图6—26—1 塘坝洼地岩溶塌陷分布图

（二）复建方案及地质勘探工作

复建方案包括两方面的内容：一是改善白皎沟的泄洪能力，将路堤改为桥梁，增设 7×16 m 钢筋混凝土梁的武家岩大桥；二是将被毁的 2×16 m+2×12 m 钢筋混凝土梁中桥改建为 2×31.7 m 钢筋混凝土梁大桥。

1. 塘坝大桥（原武家岩大桥）

最初增建大桥的名称为武家岩大桥，后因拟改建的 2×31.7 m 的塘坝大桥改成钢筋混凝土箱涵，故将武家岩大桥改名为塘坝大桥。

1973 年 3 月 9 日至 8 月 4 日对塘坝大桥进行了勘探试验工作，按每墩、台布设一孔的原则，共钻 8 孔，计 446.30 m。钻探工作均采用 100 型钻机，覆盖层部分均采用干钻取芯。钻至岩层后，采用清水钻进，均用套管护壁。根据钻孔揭示，桥址范围内覆盖层厚度在 32.2～56.1 m 之间，溶蚀洼地内有埋藏较深的岩溶洞穴发育，但第四系沉积剖面很不稳定。

（1）粉质黏土和人工填筑土：0.85～5.85 m，地表为种植土或人工填筑土。

（2）卵、碎石土：本层厚度为 30.63～53.44 m，其石质成分以砂岩、页岩、玄武岩为主，靠近底部见有石灰岩质成分的碎石。卵、碎石约占 40%～80%，余为粉质黏土充填。砂岩、页岩、玄武岩质的卵石磨圆度较好，石灰岩质的均呈棱角状，分选性差，砾砂、圆砾、卵石、碎石（甚至块石）往往混杂堆积在一起。砂岩、页岩、玄武岩质者风化严重，手搓即成土状；而靠近底部的石灰岩质者则风化较轻。

第四系沉积剖面中，见有多层粉质黏土透镜体产出，呈可塑—软塑状，夹有 5%～10% 的卵石，透镜体厚度不一，从 1 m 到 8 m 不等。另外，从已开挖的基坑剖面亦可见上述透镜体，所以透镜体是普遍存在的，即使未被钻孔揭示，也不能排除它的存在。因此，粉质黏土透镜体是影响桥墩台基底应力及其稳定性的极不利的因素。

（3）下卧基岩为下二叠系阳新统石灰岩（P_1）：灰—灰黑色，致密块状，含有方解石脉及燧石结核，岩性坚硬且脆，可见一组高角度节理，岩层完整性较差，钻孔岩芯多数呈碎块状，岩芯采取率一般为 20%～40%，局部较完整的岩段岩芯呈圆柱状，其岩芯采取率可达 80%～90%，岩芯节长可达 300～400 mm，岩芯普遍有溶蚀现象。

在钻探过程中，考虑到桥墩台深基础埋入岩层深度的需要，一般均入岩 10 m 以上。8 个钻孔中，仅有 3 个钻孔遇到溶洞，均为棕黄色粉质黏土全充填。

①C_2 孔（即 2 号墩）：钻孔深度为 55.5 m。0～45.54 m 为卵、碎石土；45.54～50.17 m 为石灰岩；50.17～50.77 m 为棕黄色粉质黏土，即溶洞充填土（亦可视其为溶缝，或裂隙）。该溶洞揭示的高度仅 0.6 m，顶板厚为 4.63 m。

②C_5 孔（即 5 号墩）：钻孔深度 57.96 m。0～45.53 m 为卵、碎石土，下为石灰岩；45.53～50.65 m 为第一层溶洞顶板，顶板厚 5.12 m；50.65～53.26 m 为溶洞，洞高 2.61 m，全充填棕黄色粉质黏土；54.30～57.84 m 为第二层溶洞，洞高 3.54 m，为棕黄色粉质黏土全充填。两层溶洞间的隔板厚度仅 1.04 m，而且其充填物均为棕黄色粉质黏土，不排除其为第一层溶洞顶板的坍落体，如果推断成立，该溶洞高达 6.15 m，规模较大。

③C_7 孔（即 7 号墩）：钻孔深度为 56.0 m。0～46.21 m 为卵、碎石土覆盖层；46.21～49.92 m 为溶洞顶板，厚 2.99 m；49.92～49.93 m 为棕黄色粉质黏土全充填溶洞，洞高仅 0.73 m，也可能是充填溶缝，或充填裂隙；49.93 m 以下为完好石灰岩。

在该桥 8 个钻孔的施钻过程中，对覆盖层和溶洞充填物均采用干钻，套管护壁；钻至岩层后，以清水循环钻进。除 C_2、C_8 两孔冲洗液略有波动外，其他钻孔冲洗液循环情况均较正常。

据施工单位1974年3月26日施工记录，该桥在施工过程中结合工程地质条件、施工机械设备、施工技术条件及工期等综合因素，最终对1号、8号墩采用了明挖扩大基础，对2号、3号、5号、6号、7号墩采用了混凝土护壁，直径6 m圆柱桩基础，仅4号墩采用了5.5 m×4.5 m矩形沉井基础。施工均顺利。竣工后运营至今，情况良好。

2. 塘坝箱涵（原2×31.7 m钢筋混凝土梁的塘坝大桥）

1971年6月水害毁坏2×16 m+2×12 m钢筋混凝土梁的桥后，于1972年10月16日至1973年1月12日在原桥址范围内对拟建2×31.7 m钢筋混凝土桥方案进行了勘探试验工作，在墩、台基础截面6 m×8 m的范围内布置钻孔，宜端桥台4孔、中墩5孔、珙端桥台3孔，共钻探12孔，计503.77延长米。钻孔揭示的地层情况基本同武家岩大桥一致。除 C_4、C_9、C_{12} 号钻孔外，其他钻孔均见有溶洞，显示桥址范围内岩溶极为发育。溶洞分布情况如表6—26—1所列。

表6—26—1　2×31.7 m钢筋混凝土梁桥方案钻孔揭示溶洞情况表

墩台名称	钻孔编号	孔口高程（m）	溶洞高程（m）		溶洞高度（m）	溶洞充填情况	备注
			洞顶	洞底			
宜台	C_1	433.55	397.52	397.22	0.3	钻具突然下落，充填情况不详，疑似溶缝、裂隙	两层溶洞间隔板厚4.02 m
			393.20	385.75	7.54	上部2.65 m为空洞，下部为粉质黏土夹40%碎石充填	两层溶洞间隔板厚4.8 m
	C_2	435.53	404.43	402.39	2.04	粉质黏土全充填	
			397.59	394.63	2.96	上部0.7 m为空洞，下部为粉质黏土夹40%碎石充填	
	C_3	432.09	405.52	402.35	3.17	顶部1.92 m为空洞，下部为棕黄色粉质黏土充填	
中墩	C_6	429.94	406.99	402.79	4.20	均被棕黄色均质的软塑状粉质黏土充填	
	C_7	429.74	411.65	403.52	8.13		
	C_8	429.94	407.95	400.41	7.54		
珙台	C_{10}	435.97	397.85	393.51	4.34	均被黏土夹少量石灰岩质碎石全充填	第一与第二层、第二与第三层溶洞间隔板厚分别为2.7 m和1.7 m
	C_{11}	435.97	408.89	408.34	0.55		
			405.64	405.19	0.45		
			403.49	402.29	1.20		

桥址范围内钻孔揭示的石灰岩层除溶洞外，岩层完整性较好，溶洞底板以下的岩层完整性更好，岩芯采取率高，岩芯节长可达500～700 mm。从上表可见，半充填溶洞的存在及充填物的不一致等现象充分显示了岩溶发育的复杂性。

在勘探过程中，对 C_5 号钻孔进行了简易提水试验，经概略计算，渗透系数 $k=3.5\sim4.0$ m/d。C_6 号钻孔利用100型钻机的水泵进行了注水试验，在注水15分钟后，未见孔内水位上升；在岩层钻进过程中，均采用清水循环钻进的方式，孔内水柱高度均保持在2～3 m的范围内，充分显示了地下岩溶水连通条件的复杂性。根据勘探试验的结果，要求塘坝桥的中墩采用钻孔桩深基础，并在最下一层溶洞底板入岩1 m。根据当时施工机械设备情况、施工技术条件及工期等情况，均无法满足上述要求。经研究决定，放弃2×31.7 m钢筋混凝土梁的桥方案，采用分段长18～27 m、宽20 m、梁截面高3 m、厚1 m的钢筋混凝土网格梁，同时对钢筋混凝土网格梁的上、下游河床进行铺砌，在其上作6×11 m钢筋混凝土箱涵的方案，以解决白皎煤矿公路的通行和白皎沟的排洪问题。该方案实施至今，运营情况良好。

钢筋混凝土网格梁的结构尺寸选择，是基于可能发生的最大陷穴（该桥按最大陷穴发生最大直径为14 m）不致超过每段钢筋混凝土网格梁的范围而定，也要根据路堤宽度和荷载大小，用悬臂梁和简直梁进行检算。

（三）原塘坝大桥塌陷发生的原因浅析

塘坝溶蚀洼地内堆积有20 m至56 m不等的卵碎石土和粉质黏土，而洼地内覆盖土下卧的石灰岩中发育有溶洞、溶缝，尤其在白皎沟沟床范围内，据钻孔揭示，下卧的石灰岩地层中发育有2层或3层溶洞，最大溶洞洞穴高达8.13 m，还有2个7.54 m，其余溶洞稍小一些，溶洞多为充填溶洞或半充填溶洞，表明地表水与地下水联系密切，地下水活动强烈。在地下岩溶洞穴发育、地表覆盖有厚层卵碎石土的地质条件下，不适当的路堤工程将洪水堵在溶蚀洼地内，不能及时排泄。洪水对覆盖层土体形成较大的水压力，同时地表水的逐渐下渗，使地下水水位变化，造成覆盖层土体被潜蚀冲掏、土体软化、渗透水压力的变化及负压吸蚀作用，经过较长时间的地表水和地下水的共同作用，导致地面塌陷的发生。所以从1971年6月洪水淹没溶蚀洼地后，到次年2月经历了半年时间才发生地面塌陷，形成了4个塌陷点和大范围的覆盖土层呈漏斗状的塌落，致使塘坝大桥桥台和桥墩的歪斜破坏。如当时无人工建筑物堵水，也可能不会发生地面塌陷。

（四）体　　会

1. 塘坝洼地1971年6月暴雨形成的洪水，冲毁白皎沟人工沟床，于1972年2月形成岩溶塌陷，产生土体变形，殃及已建铁路桥墩，使之倾斜。如果铁路采用桥梁为主而不是路堤为主的方案横跨塘坝溶蚀洼地，在暴雨洪水时，既能保证洪水排泄通畅，也能避免水害的发生。因此，病害整治重建方案就以改路堤为桥梁为主，加大了塘坝洼地的泄洪能力，从而保证了铁路的安全运营。本工点也提示我们，以后在溶蚀洼地内修建铁路，一定要保证溶蚀洼地内的洪水排泄通畅，否则洪水将造成岩溶地面塌陷，危及铁路工程的安全。

2. 武家岩大桥钻孔揭示，塘坝洼地覆盖层厚度大（约32～56 m），岩溶发育程度较弱，溶洞规模较小，且均为全充填溶洞，相对较为稳定。而白皎沟现代沟床附近的隐伏岩溶洞穴极为发育，已探明的溶洞规模大、数量多，而且多为半充填型溶洞，说明塘坝洼地的右侧的地下水径流活动比较强烈。

3. 铁路通过埋藏型岩溶地区，为防止产生地表岩溶塌陷的病害，采用网格地基梁式的筏形基础，是涵洞、路基工程的可行方案之一，是地表岩溶塌陷较为有效的预防性工程措施。

本章结束语

本章介绍了26个桥涵工点实例，实例中包含的内容有：工程地质条件复杂地区桥位的选择、桥渡区岸坡稳定性的评价和岸坡稳定角的确定；桥梁基础基坑开挖的边坡稳定问题；地处山坡基岩埋深不均一区、河流峡谷泥石流危害区、岩溶地区；花岗岩地区的桥梁的工程地质勘察和施工的问题；以及小煤窑、花岗岩、滑坡区桥梁的地质勘察和处理措施。从26个工程实例中有下列经验和体会可供借鉴。

1. 岸坡稳定性的分析

桥梁跨越山区高陡岸坡时，岸坡稳定性关系到桥跨的布置和基础埋深。本章工程实例为今后跨越深切沟谷的桥梁岸坡稳定性和基底稳定的评价，提供了经验和方法。

2. 桥梁基坑边坡稳定性评价及勘探

山区跨越沟谷的桥梁，在施工中曾出现大量的因基坑开挖而引起的边坡变形问题，造成大量的工程变更，并影响了施工工期。这一方面是因在勘察阶段对基坑边坡稳定性未引起足够的关注，未对其在开挖过程中可能出现的边坡稳定性问题作出评价；另一方面是设计中对高陡基坑边坡的支挡、防护措施力度不够。故在桥梁的工程地质勘察中，应加强对桥梁基础所在岸坡的稳定性及基坑边坡坡率的调查，并对基坑边坡的稳定性作出评价，同时提出合理的基坑开挖临时边坡坡率和防护加固措施。

3. 山坡基岩埋深不均一区的桥梁勘察

由于基岩埋深的不均一性，常造成桥梁基础埋置深度和基础类型的变更，这在地质勘察中要引起重视。墩台钻孔孔位应在分析地面调查测绘和物探成果的基础上布置。斜坡或沟谷岸坡上的墩台，由于斜坡、岸坡靠下方一侧的风化强度往往较大，又是墩台基础临空一侧，故应加强对这一部位的钻孔控制。

4. 断层的勘察及勘探方法

断层影响桥跨布置。在可溶岩地区，断层又对岩溶发育有重大影响，尤其是岩溶地区的断层将造成深岩溶、古岩溶的发育，使桥基础埋置过深，故桥梁墩台应尽量避开断层带深、古岩溶段。对被覆盖的隐伏断层，地面调查应扩大调查范围，查明断层展布；当钻探发现异常时，应采用综合勘探方法进行勘察，首先采用物探查明断层的宏观展布，再用钻探加以验证。在岩溶地区钻探，岩芯采取率过低时，应分析岩芯采取率过低的原因，同时应改变钻探方法。双层单动岩芯管钻进运用于松散、破碎地层，是行之有效的方法，可大大提高岩芯采取率，值得大力推广应用。

5. 岩溶和花岗岩地区的桥梁勘察

西南岩溶地区桥梁勘察经验较成熟，也为设计人员所重视，但对有较厚松软堆积的深切溶蚀沟谷的长、大、高填涵洞基底强度的均匀性问题却认识不足。对长、大、高填涵洞的地质勘探，应加强涵洞地基和纵、横方向控制；线路跨越溶蚀沟谷时，应进行桥、涵方案的比较。

花岗岩地区因差异风化造成岩体中强度的极不均匀，其所具有的球状风化性质使强风化带中常夹含有微风化的岩球。在地面调查时，应分析该地区风化球的最大直径，以此作为钻探钻入微风化层深度的依据。在断层、节理密集带或岩脉附近、陡岸坡处，应作横断面钻探，控制风化层的横向变化。

火成岩地区施工中发生施工钻进情况与勘察时不一致时，不可贸然缩短桩长，应进行补勘，查明原因。

6. 峡谷泥石流区桥位的选择

峡谷地区沟谷极易发生泥石流，不同沟谷的差异，仅是其规模大小不一。当线路跨越较小沟谷时，亦不宜作涵洞，而应改作小桥；在跨越泥石流沟时，线路不应在沟床弯道处和弯道下游通过，应尽量选择在沟床顺直段跨越。

第七章　公路、城市交通工程及建筑地基

一、武隆县政府滑坡特征与稳定性分析

李光辉

武隆县政府滑坡位于武隆县乌江北岸新城区。新城区规划前期勘察认为，新城区范围发育有两个土质浅层推移式滑坡，整治投资估算额达数百万元。重庆市按照《三峡库区第三期地质灾害防治工程规划》的总体安排，将武隆县政府滑坡纳入三峡库区三期地质灾害防治紧急勘查治理的Ⅱ类项目。铁二院承担了滑坡可行性研究阶段的工作，经现场踏勘认为，滑坡可能为一深层岩质滑坡。其后，铁二院组织成、渝两地知名专家现场考察予以了确认，进而在航片和卫片解译、1∶1 万地形图对比分析的基础上，采用测绘、井探、槽探、室内试验、现场大面积剪切试验，特别是钻探全部采用单动双层钻具取芯及干钻方法等综合手段，查明了滑坡的规模、性质、范围分区和形成原因。经中国国际工程咨询公司评估，确定为岩质古滑坡，工程总投资估算额达 1.9 亿元，成为三峡库区三期地质灾害防治工程中通过评估的最大工程项目。

（一）测区地质环境条件

1. 气象水文

武隆县气候属中亚热带湿润季风气候类型，雨量丰沛，四季分明。但由于地势起伏大，山地立体气候特征显著。丘陵低山地带年均气温为 17.4 ℃，无霜期为 296 天。多年平均降水量为 1 111.1 mm，5 年一遇暴雨 119.6 mm，50 年一遇暴雨 189.4 mm，雨量在时间上分配极不均匀，4 ~ 9 月降雨量占全年总量的 78.75% 。多年平均气温 16.86 ℃，极端最低气温 -3.5 ℃，最高气温 41.7 ℃。多年平均相对湿度 76.8% 。

境内河流均属乌江水系。乌江由东向西穿越滑坡前缘，江面宽 150 ~ 600 m，水力坡度 0.34‰，水位变幅 30 m，历史最高洪水位达 208.13 m；多年平均流量 1 653 m^3/s，最大流量 13 900 m^3/s，最小流量 233 m^3/s，乌江为区内侵蚀基准面，其枯水位为 170 m，50 年一遇洪水位为 206 m，百年一遇洪水位为 208 m。大气降水沿地表径流，在滑坡体南部自北向南流入滑坡前缘的乌江；在滑坡北侧由西向东流入南溪沟中，最后也向乌江排泄。南溪沟中枯水季节无水，而雨季水量较大。

2. 地形地貌

滑坡区所处地貌属中低山侵蚀地貌区，处于乌江右侧岸坡、南溪沟西侧的谷坡之上，为 1.0 ~ 7.0 m 不等的陡坎与相对平缓的斜坡组成的斜坡体，地形整体向乌江及南溪沟倾斜，地面坡度 12° ~ 17°，局部为 5° ~ 10°，滑坡后壁为陡坡地形，坡度为 30° ~ 90°，整个滑坡区平面上呈不规则的扇形。后缘圈椅状滑坡壁陡坎之下分布不规则的缓坡平台，前缘下临乌江及南溪沟。滑坡系多级次深层岩质滑坡，年代久远，先发生的滑坡被后发生的滑坡挤压覆盖，加之经

历了较大规模的人类工程活动改造，故滑坡中下部形态及边界已不清楚。铁二院充分利用1998年1:1.2万比例尺航片，对该大型不良地质体进行了宏观判释，航片上古滑坡轮廓基本清晰，特别是原Ⅰ号、Ⅱ号滑坡后缘一带，滑壁陡坎组成的圈椅明显；圈椅轮廓内，滑体下坐并形成缓坡平台的影像也很清楚。原Ⅱ号滑坡实验小学北侧突出的小山梁，向后延伸至滑坡后部的“长五间”(地名)一带山梁消失，而为滑壁下的滑坡平台所代替，前缘明显地挤压了南溪沟。县政府、国土局、移民局、县建委行政办公大楼、实验小学、中国人民银行、中国建设银行、新时代广场等政治、经济、商业中心均处于该滑坡体上。滑坡区划分为逐次下滑的5个区。

3. 地层岩性

滑坡区上覆第四系人工填土(Q_4^{ml})、冲洪积层(Q_4^{al+pl})、残坡积层(Q_4^{el+dl})，下伏基岩为三叠系须家河组滨湖沼泽相含煤地层。

人工填土(Q_4^{ml})：粉质黏土夹碎块石，局部含建筑垃圾和生活垃圾等，厚1~8 m，杂色，稍湿，稍密。

滑坡堆积层(Q_4^{del})：主要由滑动岩块组成，上部由于受扰动、风化作用，形成粉土、块石土，下部则主要由较完整的岩块组成，并保留一定母岩特征，厚10~35 m。

冲洪积层(Q_4^{al+pl})：主要为分布于乌江岸边的粉土及南溪沟中的漂石土。粉土为灰褐色，含有机质较多，潮湿—饱和，厚2~8 m；漂石土为灰黄色，潮湿，中密，漂石含量约50%，粒径200~300 mm，石质为灰岩和砂岩，夹少量圆砾及砂，圆砾磨圆度好，厚0~7 m。

残坡积层(Q_4^{el+dl})：粉质黏土夹砂岩块石，含砂量较高，碎、块石含量10%~40%不等，厚0~2 m。下伏三叠系须家河组滨湖沼泽相含煤地层，其分为两个亚组：上亚组(T_3xj^2)为灰白色厚层块状岩屑石英砂岩、长石石英砂岩夹数层砾岩透镜体及炭质页岩，岩体裂隙极为发育，岩层倾角为8°~18°，厚134~200 m；下亚组(T_3xj^1)为下部灰黑色炭质页岩及深灰色粉砂质页岩夹煤线，中部灰白色厚层块状长石岩屑砂岩夹少许页岩，上部灰黄、青灰色粉砂质页岩、炭质页岩夹煤线及钙质砂岩，厚34~131 m，软质岩相变大，常呈透镜状产出。

4. 地质构造及地震

滑坡位于武隆“心形”向斜北西翼南西端，但由于西边南北向洛龙背斜穿插干扰，向斜于目强坝一带轴向由北东折转为近南北向，滑坡区岩层产状变化较大，小褶曲发育，但总体倾向乌江及南溪沟。

滑坡区为单斜岩层，未见断裂构造，岩层产状N15°W~N30°E/10°~30°NE~SE。砂岩中发育N30°~50°E/64°~70°SE和N61°W/90°两组裂隙，裂隙间距0.5~1.2 m，地表张开2~5 mm，向地下延伸逐渐闭合，裂面粗糙，充填有粉质黏土。

地震动峰值加速度值小于0.05g，地震动反应谱特征周期为0.35 s。

5. 水文地质条件

滑坡区地下水主要有松散岩类孔隙水和基岩裂隙水两类。

孔隙水主要分布于滑体松散土层中，埋深大于5 m。斜坡地下水主要靠大气降雨补给，斜坡下部还接受地表生活废水补给。基岩裂隙水主要分布于滑坡后缘及侧壁砂岩中，为砂岩风化裂隙水，砂岩浅部裂隙水主要沿层面及裂隙运移。在滑坡前缘有渗水或泉、湿地分布，其水量雨季大、枯季小，勘察工作中见4个泉点。地下水大多位于滑面以上，其水位的变化与降雨量关系密切，并排向乌江及南溪沟。本次勘察选择了12个钻孔做了简易抽水试验，滑体的综合渗透系数$k=0.072\sim1.177$ m/d，变动范围较大，这主要是由于滑体物质的不均匀性决定的。总体滑体上部岩块的裂隙发育，渗透性及排泄条件较好，含水量少。

取南溪沟水、钻孔水及挖孔桩水进行水质简分析,地下水对混凝土具有弱—中等碳酸型腐蚀,对钢结构具弱腐蚀。

6. 不良地质现象

测区内不良地质现象除古滑坡外,在该滑坡范围内,高切坡地带还发育有多个小型滑坡或溜坍,如县政府办公大楼北东侧发生的“5·8”滑坡,其主轴主向为 S58°E,长约 100 m,宽 40 ~ 80 m(已由其他单位勘查整治)。

7. 人类工程活动

武隆县处于亚热带季风常绿阔叶林区,气候温和湿润,过去是一个植被生长较茂盛的地区。但是,从 20 世纪 50 年代中期到 70 年代中期,全县的森林覆盖率由 32.3% 下降为 12%,水土流失严重。

县城坐落于乌江峡谷两岸,城镇、公路建设常常需要削坡占地,坡脚往往形成临空面,破坏了原来斜坡的稳定性,使得地质灾害频发。近年来,随着乌江右岸新县城规模的扩大,人类工程活动更趋剧烈,对地质环境的破坏作用亦日趋严重,特别是古滑坡体上的县政府机关、时代广场、中国人民银行、中国建设银行、移民局、国土局等重要建筑以及实验小学、幼儿园等教育、福利设施,均在古滑坡体中下部大量开挖或堆填,对滑坡体破坏极大,由于滑体的覆盖土层十分松散,滑动岩块裂隙发育,较为破碎,故高切坡后形成的新地质灾害时有发生。

(二)滑坡形成机理及基本特征

1. 滑坡形成机理

(1)该区地壳上升作用较明显,河流下切作用显著。岸坡位于乌江凹岸(冲刷岸),特别是在南溪沟与乌江的交汇地带,受到了乌江水流的强烈冲蚀及环流旁蚀作用,岸坡前缘的临空面不断增大。

(2)滑体岩性为砂岩夹页岩及煤线,岩层倾角为 8° ~ 18°。由于该滑坡位于一心形向斜,即武隆向斜核部附近,经受了多向、多期的区域应力作用,加之受乌江下切作用影响,节理裂隙发育,岩体破碎。乌江边岩层倾向南东,南溪沟附近岩层倾向北东,与乌江及南溪沟均大角度相交。测区内 N20°W、N60° ~ 70°E 方向两组陡倾角节理裂隙发育,此两组节理应为滑坡边界的主控条件。

(3)该区降水较丰,下渗形成丰富的地下水,地下水沿着相对隔水的页岩及煤线层面排向乌江及南溪沟,同时造成页岩及煤线长期受地下水浸泡而不断软化。

(4)虽然Ⅰ区滑坡前缘部分已被冲蚀,且远高于乌江河床,但在滑体内有冲洪积物存在,如Ⅰ区滑坡与南溪沟交汇处出现滑坡堆积物被冲积物覆盖,而冲积物上面又已经形成 2 m 厚的坡积物,且据钻孔及挖孔桩揭示,在可见的滑面之下仍揭示有滑带土,形成多个滑面,故判定该滑坡为一古滑坡。

综上所述,依据滑体厚度、物质组成、滑面与层面关系、诱发原因、运移形式及滑体体积等滑坡分类条件判定,在河流的长期冲蚀、旁蚀及地下水的软化作用下,受主控节理及顺层制约,在持续降雨、洪水涨落、坍岸、动水压力变化等不利条件组合下,高度临空的岸坡在重力作用下沿软弱面发生滑动,形成深层、岩质、自然诱因、牵引式、顺层为主的大型古滑坡。

2. 各区空间形态及其相互关系

结合现场地形地貌、航片判释和钻探揭示情况,将滑坡划分为逐次下滑的五个区。Ⅰ区、Ⅲ区滑坡先后下滑,Ⅱ区滑坡受Ⅲ区牵引发生滑动,Ⅴ区为Ⅰ区、Ⅱ区、Ⅲ区下滑时受牵引作用而引起的层间错动区，Ⅳ区则是受Ⅰ区滑坡下滑的牵引作用而形成的次一级滑坡。

Ⅰ区：位于乌江右岸，滑坡主滑方向S63°E，与乌江流向斜交，滑坡平面形态呈扇形，前缘高程为170 m附近，直抵乌江岸边，后缘高程286 m，位于森林公园小道外侧的陡壁下，前后缘相对高差116 m，滑坡后缘呈似圈椅状，基岩出露处形成陡坎，滑坡中后部的左侧边界（按下滑方向分左、右）呈直线状的陡壁，滑坡剪出口为乌江右岸陡坡，在乌江桥头至2号断面附近，滑坡前缘挤压乌江河道，部分已被冲蚀，在2号断面至南溪沟口挤压南溪沟口洪积扇，使该段南溪沟改向乌江上游方向。滑坡长约380 m，宽160～440 m，平均宽度300 m，滑体厚15～35 m，平均厚度25 m，体积约$262.5\times10^4\ m^3$。

Ⅱ区：位于乌江右岸，南溪沟西侧谷坡之上。前缘高程223 m，后缘高程301 m，相对高差78 m。后缘呈圈椅状，平面形态呈扇形，滑坡剪出口为南溪沟河床，分析其前缘部分已抵达南溪沟东岸，遭后期冲蚀、切割而形成现代沟槽。主滑方向N72°E，滑坡长340 m，最宽560 m，平均宽度280 m，滑体平均厚度20 m，体积约$158\times10^4\ m^3$。

Ⅲ区：位于实验小学，小学后面的近似呈圈椅状的斜坡为其后壁，中部及前缘已被人类活动所改造，滑坡痕迹不清晰。对其划分主要是基于航片原始地貌及钻孔揭示之滑床形态。其滑床明显低于Ⅱ区滑坡之滑床，故分析其先形成滑坡，然后才引发Ⅱ区的滑动。该区与Ⅰ区间存在一小型背斜，在滑床等高线上也可以看到二者间有一相对小梁，使该区与Ⅰ区主滑方向分向两侧。该滑坡分区的主轴方向为N74°E，滑体长238 m，宽130～270 m，厚20～35 m，滑坡体积约为$107.5\times10^4\ m^3$。

Ⅳ区：位于Ⅰ区西侧，为一"猫耳"状地形，该区主滑方向S63°E，后缘及左侧边界明显，为森林公园小路下基岩陡坎。前缘边界与Ⅰ区分界不清晰，右侧边界不明显。本区的划分主要以建委老移民局及老国土局内建筑变形开裂情况作为边界区划条件。此区滑坡的形成，应是受Ⅰ区下滑牵引所致。其轴向长160 m，宽300 m，平均厚度19 m，滑坡体积约为$53.2\times10^4\ m^3$。

Ⅴ区：位于Ⅰ区与Ⅱ区之间突出于滑坡区内的较宽山梁，亦为Ⅰ区中后部左侧边界和Ⅱ区中后部右侧边界的分界山梁，原认为该区是稳定的，但据Z_1K22及钻孔Z_1K26揭示，同样有明显软弱面存在。该区可能是在Ⅲ区下滑临空的条件下，因Ⅰ区与Ⅱ区下滑过程中受牵引作用而发生过沿软弱页岩层间错动，故单独列为一个区。该区主滑方向N89°E，长240 m，宽250 m，厚15～19 m，滑坡体积约为$158\times10^4\ m^3$。

滑坡的五个区之间相互影响，互为因果，一旦一个区失稳，其余各区均可能直接或间接受到影响，尤其是滑坡的Ⅰ区、Ⅱ区、Ⅲ区的稳定性对滑坡整体稳定具关键作用。

滑坡区总面积约$29\times10^4\ m^2$，厚度15～35 m，体积约$630\times10^4\ m^3$。

3. 滑坡物质组成及结构特征

（1）滑体特征：滑坡表层主要由第四系滑坡堆积的粉质黏土、块石土、碎石土等松散物质组成。其块碎石成分、含量极不均匀，厚度变化也很大。松散覆土之下，即为滑动岩块。滑动岩块呈块石状或巨块状，石质以砂岩为主，岩芯节长多为200～1 000 mm。部分滑动岩块体积巨大，仍保持母岩的结构构造，貌似基岩的块体。滑动岩块是组成滑体的主要物质，厚度达15～35 m。

（2）滑床特征：滑坡各分区的滑床均为三叠系上统须家河组上亚组长石石英砂岩、页岩夹砂质页岩、炭质页岩，岩体裂隙极为发育。滑床形态中后部稍陡，分别向乌江和南溪沟倾斜，又以Ⅲ区相对位置最低，呈向南溪沟倾斜的下凹型斜坡（见图7—1—1）。Ⅰ区滑床坡度14°～16°，Ⅱ区滑床坡度12°～14°，Ⅲ区滑床坡度8°～12°，Ⅳ区滑床坡度15°～18°。Ⅰ区前缘乌江边有反翘现象，由于滑坡推力巨大，江边滑床前端基岩局部呈褶皱形态，此处倒转基岩起阻挡滑坡继续下滑冲下乌江作用,滑坡Ⅱ区前缘在南溪沟中有反翘现象。

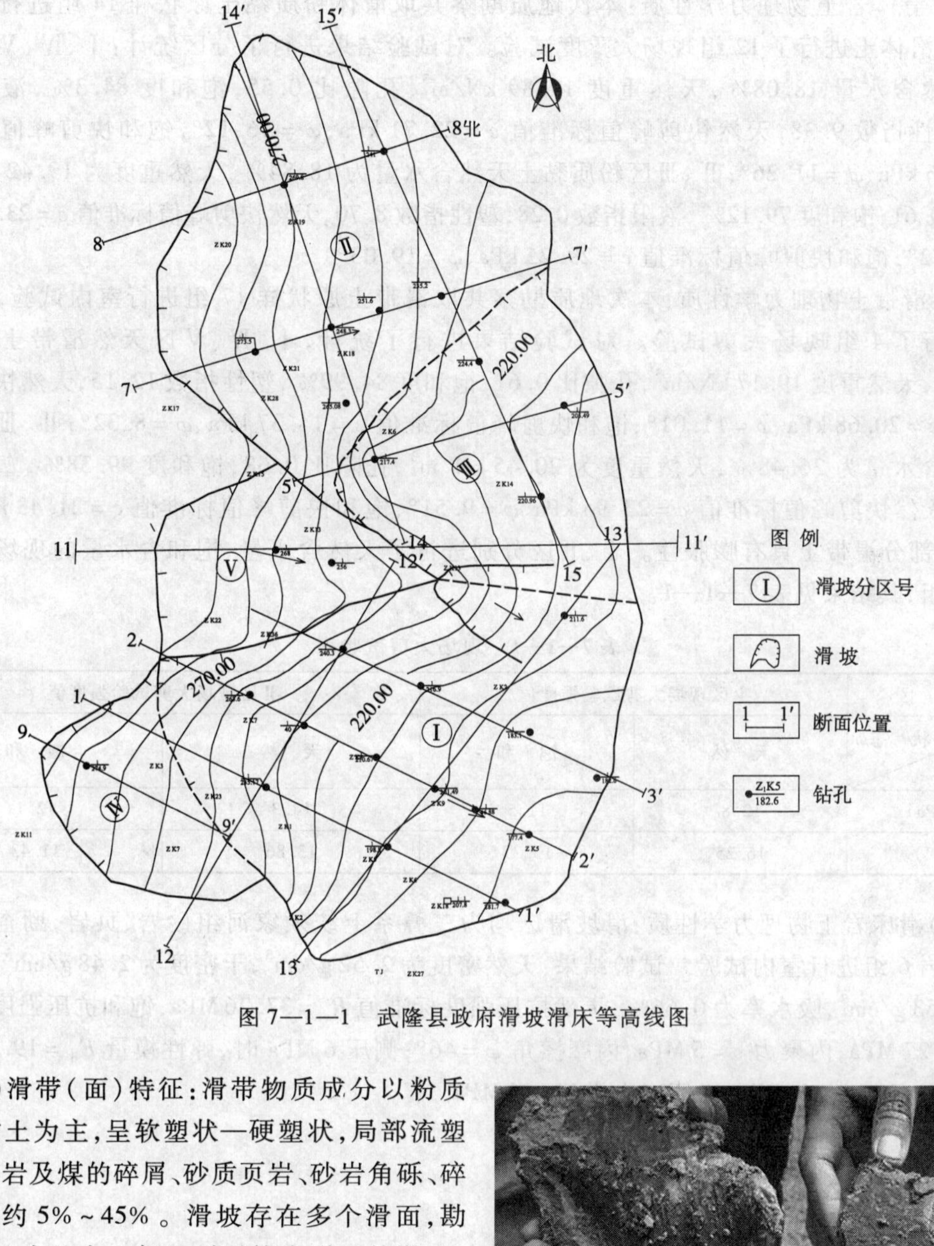

图 7—1—1　武隆县政府滑坡滑床等高线图

图 7—1—2　乌江边挖孔桩滑带土特征

(3)滑带(面)特征:滑带物质成分以粉质黏土、黏土为主,呈软塑状—硬塑状,局部流塑状,含页岩及煤的碎屑、砂质页岩、砂岩角砾、碎石,含量约 5%~45%。滑坡存在多个滑面,勘探孔(井)内基本上都见到了较为明显的滑面,滑面大都为硬塑—软塑状灰黑色黏土、粉质黏土组成,部分可见擦痕或镜面,含有大量碎石角砾,其母岩多为页岩及粉砂质页岩,所含碎石、角砾呈亚圆状,并呈定向排列。滑带厚度变化较大,一般为 0.5~3.5 m,且在滑坡中、前部滑带土的黏粒含量高、厚度大且清晰,后部滑带土的碎石、角砾含量高、厚度小。代表性滑面见图 7—1—2。

4. 滑坡岩土物理力学性质

(1)滑体岩土物理力学性质:本次地质勘察共取滑体粉质黏土原状样 14 组进行室内试验,并对滑体土进行了 12 组现场大重度试验。对试验结果进行了分区统计:Ⅰ、Ⅳ、Ⅴ区粉质黏土天然含水量 18.08%,天然重度 19.89 kN/m^3,孔隙比 0.55,饱和度 84.3%,液限指数 0.34,塑性指数 9.38,天然快剪峰值标准值 $c=22.71$ kPa,$\varphi=16.12°$,饱和快剪峰值标准值 $c=17.26$ kPa、$\varphi=11.26°$;Ⅱ、Ⅲ区粉质黏土天然含水量为 18.84%,天然重度为 19.42 kN/m^3,孔隙比 0.61,饱和度 79.12%,液限指数 0.28,塑性指数 8.70,天然快剪峰值标准值 $c=23.43$ kPa、$\varphi=19.32°$,饱和快剪峰值标准值 $c=29.25$ kPa、$\varphi=19.03°$。

(2)滑带土物理力学性质:本次地质勘察共取滑带土原状样 17 组进行室内试验,并对滑带土进行了 4 组现场大剪试验。对试验结果进行了统计,Ⅰ、Ⅳ、Ⅴ区天然滑带土含水量 17.96%,天然重度 19.17 kN/m^3,孔隙比 0.61,饱和度 84.99%,塑性指数 12.15,天然快剪峰值标准值 $c=20.68$ kPa、$\varphi=11.01°$,饱和快剪峰值标准值 $c=14.37$ kPa、$\varphi=8.32°$;Ⅱ、Ⅲ区滑带土天然含水量为 26.48%,天然重度为 20.45 kN/m^3,孔隙比 0.68,饱和度 99.38%,塑性指数 12.13,天然快剪峰值标准值 $c=23.94$ kPa、$\varphi=9.51°$,饱和快剪峰值标准值 $c=21.43$ kPa、$\varphi=8.27°$。部分滑带土具有膨胀性。Ⅰ、Ⅱ区分别进行了天然含水量、饱和含水量的现场大剪试验各一组,其结果见表 7—1—1。

表 7—1—1 现场大剪试验表

分区	Ⅰ区现场大剪试验强度值		Ⅱ区现场大剪试验强度值	
状态 / 强度值	天然	饱和	天然	饱和
c(kPa)	12.8	11.5	14.3	12.1
φ(°)	16.25	13.33	13.86	11.43

(3)滑床岩土物理力学性质:滑坡滑床均为三叠系上统须家河组砂岩、页岩,勘查共取中风化砂岩 6 组进行室内试验。试验结果:天然密度为 2.52 g/cm^3,干密度为 2.48 g/cm^3,饱和密度为 2.53 g/cm^3,吸水率为 0.66%,天然抗压强度标准值 $R_c=37.26$ MPa,饱和抗压强度标准值 $R_b=22.27$ MPa,内聚力 $c=5$ MPa,内摩擦角 $\varphi=46°$;侧压 6 MPa 时,弹性模量 $E_d=19.55$ GPa,变形模量 $E_0=14.25$ GPa,峰值应力为 99.15 MPa。

(三)滑坡稳定性评价

1. 滑坡区内的变形现象

Ⅰ区:县政府、国土局 1993 年建成后,在半年内楼房前的地坝即出现裂缝,宽 0.2 ~ 0.5 mm,墙体亦见裂纹。1994 年,地坝上的裂缝变小,趋于闭合,而大楼西侧切坡坡体上有新裂缝产生,宽 0.5 ~ 1.5 cm。县政府、国土局之间有小型溜坍分布,长约 40 m,宽约 45 m,溜坍体平均厚约 4 m。1997 年县政府大楼东北侧亦曾发生过小型溜坍。2000 年,10 层的政府大楼因变形严重拆除重建,2003 年政协及人大办公大楼拆除 3 层减载。2005 年 5 月,县政府东北侧发生“5·8”滑坡。国土局办公楼墙体及地坝有裂缝分布,国土局下方临街挡墙也变形开裂,少数挡墙条石错断,错距为 10 ~ 30 mm,局部挡墙因变形严重,已部分分段拆除重建。

Ⅱ区:变形集中于后缘斜坡及平台一带。1999 年,长五间平台西侧(即该区后缘)地面曾局部沉降,沉降面积约 5 m × 25 m;2000 年,长五间局部民房墙体开裂,勘测期间仍见其裂缝;

2001 年长五间平台北西侧斜坡坡体发生局部溜坍,使附近一座光绪初年古墓开裂、倾斜。

Ⅲ区:1997 年实验小学建成不久,其大门台阶及切坡后所建条石挡墙以及切坡后未挡护出露的滑动岩块均出现裂缝,这些裂缝至今仍清晰可见,最宽处达 20 cm,条石挡墙还有错移现象,错距近 20 cm。实验小学东北侧,邻近切坡陡坎的场坪边缘,地面曾产生下沉。本区东南侧,通往交委、武隆汽车站一带的道路靠山侧,因切坡而建的挡墙也发生了外凸和开裂现象。

Ⅳ区:变形集中在建委和移民局大院。建委大院进门右侧的地面有裂缝分布,长约 10 m,宽 5 ~ 15 mm,裂缝呈弧形状;附近羽毛球场地坪开裂较严重,缝宽 5 mm,并微有错台;院内二级平台上的圆形花台前半部下错;建委宿舍楼墙体及楼内走道严重开裂,缝宽 5 ~ 8 mm;楼外右侧地表亦有裂缝,长 8 m,宽 5 ~ 8 mm,其旁挡墙有自上而下贯通裂缝,缝宽 10 ~ 20 mm,挡墙条石错断;移民局办公楼前挡墙开裂,缝宽 10 ~ 20 mm,墙体外倾;移民局大院内地坪有裂缝分布,院墙有贯通裂缝;由芙蓉大道登上移民局的石砌阶梯和沿途条石挡墙,多处均有开裂现象。代表性照片见图 7—1—3 和图 7—1—4。

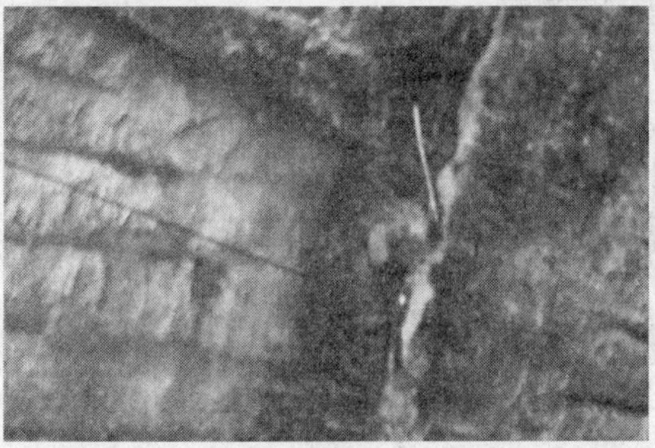

图 7—1—3　Ⅳ区建委挡墙纵向(新)裂缝

图 7—1—4　Ⅳ区建委场地开裂变形错缝

2. 滑坡稳定性计算分析

在定性分析的基础上,滑坡稳定性计算采用极限平衡法,滑坡推力计算按传递系数法,分区选择了Ⅰ区主轴 1—1′、2—2′、3—3′剖面,Ⅱ区主轴 7—7′、8—8′剖面,Ⅲ区主轴剖面 5—5′剖面及 11—11′后缘,Ⅳ区主轴剖面 9—9′,Ⅴ区主轴剖面 11—11′前缘,作为稳定性计算主剖面(代表性剖面见图 7—1—5)。

对各种情况进行了定量解析:暴雨或长期降雨条件下,滑坡稳定系数下降幅度为 20% ~ 23%,其影响程度普遍较大。天然状态下各区计算剖面均处于稳定状态;暴雨状态下,除Ⅰ区 1—1′剖面、Ⅱ区 7—7′剖面、Ⅲ区 5—5′剖面、Ⅳ区处于欠稳定状态外,其余均处于基本稳定状态。稳定性计算结果见表 7—1—2。

3. 岸坡稳定对滑坡稳定系数的影响

分析及计算表明,由于乌江的长期侧蚀及洪水涨落的影响,滑坡Ⅰ区部分地段将产生新的岸坡稳定角,滑坡前缘发生崩塌,一定程度上影响滑坡的稳定程度,应对局部地段进行岸坡防护。

4. 次级滑坡及潜在剪出口稳定性计算分析

由于滑体物质的组成特性及滑体上长期的人工活动,产生许多高切坡,致使滑体存在许多次级滑坡的潜在剪出口,特别是滑坡Ⅰ区上由于高层建筑较多,场地平整开挖深度较深。因此

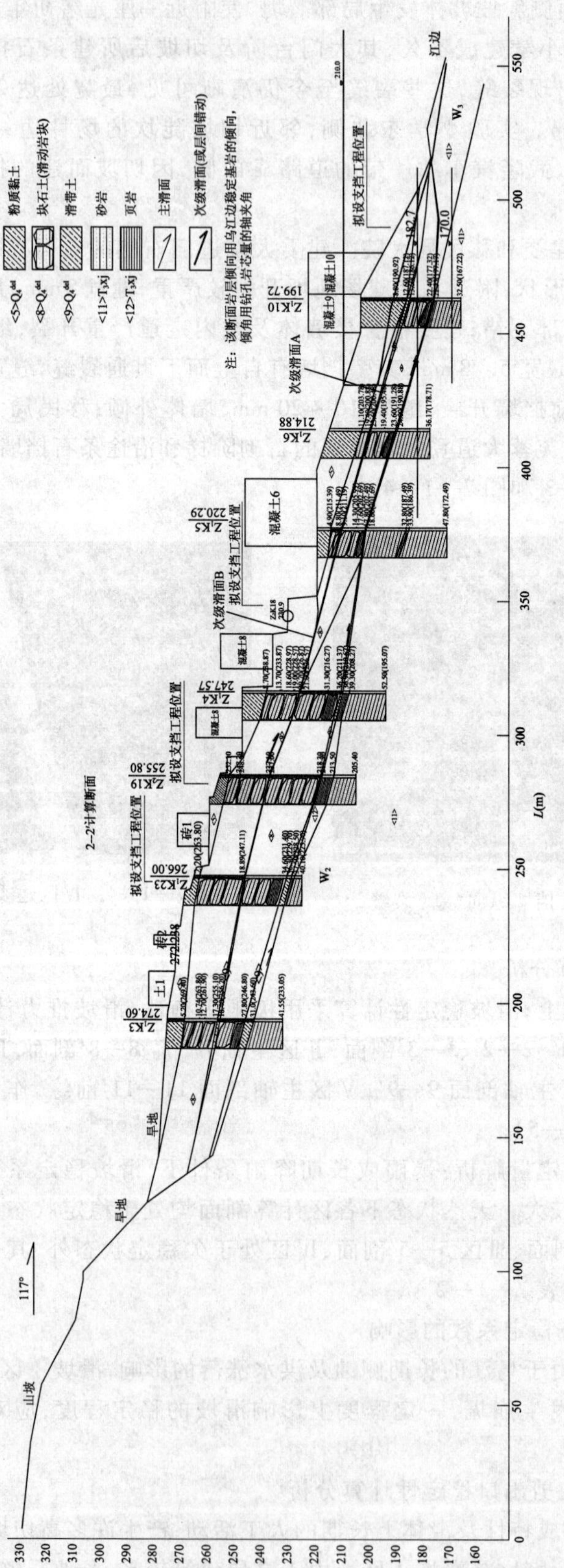

图 7—1—5　2—2′计算主剖面图

对滑坡的次级滑面及潜在剪出口进行稳定计算分析得出:除1—1′剖面芙蓉大道剪出面外,其余天然状态下各次级滑坡及潜在剪出面均稳定,稳定系数大于1.2;饱和状态下,1—1′、2—2′断面芙蓉大道剪出面处于欠稳定状态,其余处于基本稳定至稳定状态,稳定系数大于1.05。Ⅲ区5—5′剖面稳定系数较高。

表7—1—2　滑坡稳定系数计算结果表

计算剖面	状态	稳定系数	
		天然条件	暴雨或长期降雨
Ⅰ区	1—1′	1.2377	1.0118
	2—2′	1.2898	1.0521
	3—3′	1.2929	1.0695
Ⅱ区	7—7′	1.2007	1.0001
	8—8′	1.339	1.112
Ⅲ区	5—5′	1.2665	1.045
Ⅳ区	9—9′	1.3322	1.0996
Ⅴ区	11—11′	1.2882	1.0571

(四)滑坡发展趋势及危害性预测

1. 滑坡变形破坏模式及发展趋势

由于滑体岩土本身稳定性很差,且在古滑坡的滑床之上,尚存在埋藏相对较浅的软弱层。这些软弱夹层可能是古滑坡形成后后期滑动的次级滑带物质,也可能是古滑坡下滑过程中滑动岩块中形成的层间错动物质。不论归属何种成因,均说明滑体中存在此类贯通性较好的软弱结构面。在人为工程活动或大气降雨和地下水活动的诱发下,滑体目前出现变形、破坏,其发生、发展的模式应是:首先出现人工建筑物或天然坡体开裂、变形;随着开裂、变形的发展,引起小型溜坍、坍塌;由于前期变形、开裂、小坍滑的发生,改变了环境条件,加剧了地表水下渗和地下水的活动,使软弱层进一步软化,力学性质急剧降低,致使古滑坡体的各种变形不断扩大、加速,最终导致较大范围滑坡的形成。这一发展过程可能为时短暂,也可能为时漫长,将随环境条件的变化而改变,也受控于防治措施的是否及时。滑体斜坡表层产生的滑坡如不及时防治,任其不断扩大、加深,切穿上述软弱夹层,则可能破坏古滑坡目前的稳定状态,甚至有造成滑体整体失稳的危险。

目前,滑坡处于基本稳定状态,但在大气降雨、河流水位的变化、河流的侵蚀和人类活动的共同影响和多种不利因素组合的作用下,滑体局部变形有加剧的趋势,有可能引起Ⅰ区局部古滑坡失稳,导致古滑坡局部复活,进而引起整体失稳。乌江与南溪沟深切,造成滑坡前缘临空,Ⅰ区在乌江桥头至2号断面附近,滑坡前缘挤压乌江河道,部分已被冲蚀,由于此处河道变窄,乌江水流变急,并在滑坡前缘形成大型旋涡状回水带,强烈冲蚀、侧蚀滑体前缘;目前滑坡前缘残留的破碎倒转岩体对滑坡起到支挡、保护作用,但仍被乌江河水强烈掏蚀,一旦其不足以抗拒滑坡下滑力时,则会影响整个滑坡的稳定。Ⅱ区前缘挤压南溪沟,部分已被冲蚀,降低了前缘反翘段抗滑力。

2. 危害性预测

如果滑坡复活,将严重威胁武隆县新城区包括县政府、玉龙大酒店至时代广场以及实验小学等众多重要建筑、街区和该范围内居民的生命财产安全，且严重威胁319国道、乌江航道和汽车站的安全运营，直接损失和间接损失无法估量，而且给当地的自然、生态环境造成恶劣的后果。

（五）防治工程方案建议

根据滑坡的形态、结构特征、变形情况以及保护对象在滑坡上的分布特征，结合对滑坡形成机制、各种情况下的整体稳定性、局部稳定性、失稳后的危害性的分析，建议在针对主滑面采取整治措施的同时，应充分考虑次级滑动或越顶剪出的可能性，防治工程宜采用抗滑支挡体系和地表排水体系相结合的综合整治方案。

1. 排　　水

滑坡区由于岩土体自身结构的特点，表水易于下渗，而该区雨量丰富，夏季降雨集中，且滑坡地势较周围低，使得周围水体大量汇入滑坡区，这是滑坡形成和变形破坏的一个主要影响因素之一，故应沿滑坡各变形区后缘、两侧边界布设排水沟，且应与当地村落和城市排水系统相结合，形成截排水系统。

2. 护岸支挡工程设施

为防止滑坡前缘遭受乌江、南溪沟冲刷，特别是乌江边1—1′、2—2′断面间起支挡作用的倒转基岩免受乌江冲刷，应尽快实施自乌江桥头至3号断面之间江边及南溪沟边的护岸工程。

3. 抗滑桩工程

根据计算结果及实际变形情况，建议在如下位置布设抗滑桩：

(1)滑坡Ⅰ区的沿乌江剪出口，Ⅱ区、Ⅲ区沿南溪沟的剪出口一线；

(2)在Ⅰ区中部沿公路一线，实验小学背后Ⅴ区前缘；

(3)Ⅳ区前缘及Ⅰ区后部政府大楼后一线。

4. 反压措施

在Ⅱ区前缘7—7′断面、8—8′断面直到最北端边界处宜结合护岸支挡工程进行填土反压。Ⅲ区可以考虑反压措施与抗滑支挡作比较。

此外，应禁止在滑坡区再进行高切坡土木建设工程。

（六）小　　结

1. 武隆县政府滑坡位于县城区，场地范围大，且地面建筑群林立，难以对滑坡取得全面、整体认识。在滑坡的工程地质勘察中，充分利用不同时期的航片、卫片解译和1:1万地形图对比分析的资料，使勘察工作取得了较好的成效。此种勘察方法对于特大型滑坡的勘察是有效的，值得推广。

2. 武隆县政府滑坡整治勘测中采用了工程地质综合勘察的方法，根据需要查明的问题和要求选择了适当的勘探方法：工程地质测绘、井探、槽探、室内试验、现场大剪试验，特别是钻探全部采取单动双层取芯钻具及干钻方法等综合手段，查明了滑坡的规模、性质、范围分区和形成原因。

3. 特大型滑坡具分期、分块运动特征，且各块体的工程地质条件和稳定性等可能会有较大差异，工程地质勘察中应注意查明，提出适宜的工程措施和相应整治原则，力求达到分期施工、一次根治的目的。

二、茅台酒厂滑坡及其综合治理

卿三惠

贵州茅台酒,誉满全球。其厂址位于贵州茅台镇、赤水河中上游南岸河谷斜坡地带。山体岩层倾向河谷,属于潜伏有顺层滑坡发生危险性的不良地质区域。在厂区 1.75 km^2 的面积上,历史上曾发生过多次滑坡。20 世纪 50 年代,当地即有"甲子年山要下河,地要走动"之说。特别是 60 年代以来,厂区房屋开裂、地面下陷、道路坍塌等现象时有发生,当地政府、厂方、居民望而生畏,早就希望整治茅台滑坡,改扩建茅台酒厂。

60 年代初,有关专家、学者曾赴厂进行滑坡根治研究,但由于历史的原因,始终未见明显进展。直到 1983 年底,国家才正式批准了茅台酒厂整治滑坡、改扩建厂房的规划,并列入国家重点建设项目之一。

从 1983 年以来,有关勘察部门对茅台地区进行了全面的分期分批的工程地质初勘、详勘工作。现已查明,厂区内分布有大小不等的滑坡 20 余处,贵州茅台酒厂正处于星罗棋布的滑坡群包围之中,引起省内外工程地质界的关注(见图 7—2—1)。

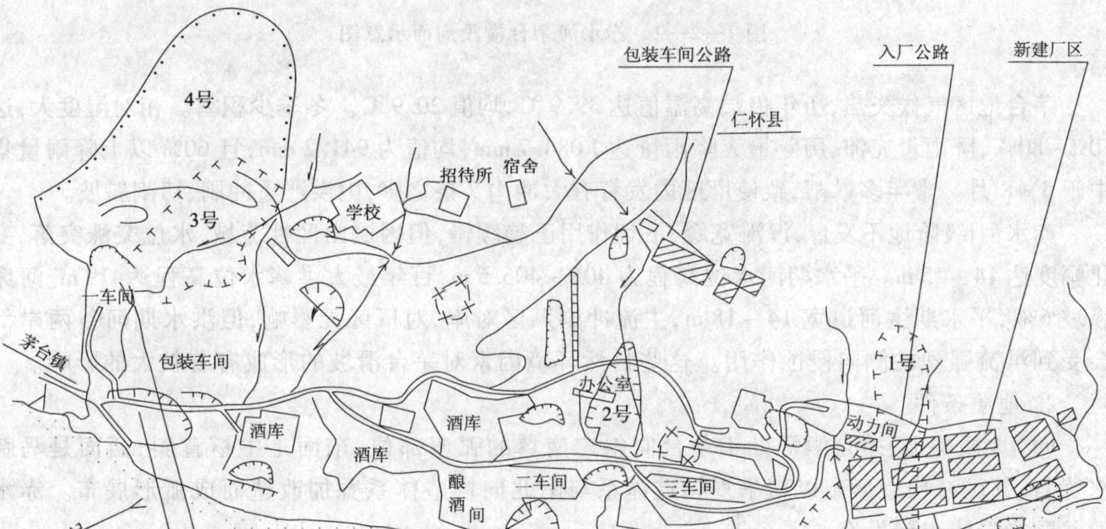

图 7—2—1　贵州茅台酒厂不良地质分布图

然而,能否避开茅台斜坡另辟平地扩建新厂址呢?回答是否定的。因为自 60 年代以来,有关部门曾多次进行异地生产茅台酒的科学试验,但至今尚未成功,说明茅台酒的质量与茅台地区得天独厚的自然环境(水质、土壤、气候、地理等)条件密切相关。因此,改扩建酒厂的方案不得不就地选址,厂房只得建在濒临赤水河岸的斜坡及狭窄的Ⅱ级阶地平台上。

随着社会发展的需要,根治茅台滑坡,扩大酒厂规模,增加茅台酒产量,势所必然。本文拟对茅台滑坡及综合治理措施进行初步研讨。

(一)茅台滑坡形成的基本条件

1. 自然地理、地貌及气象、水文条件

茅台地区属低山型河谷斜坡地貌。厂区位于单面斜坡上,其可细分为Ⅱ级侵蚀阶地地貌、河漫滩地貌、古滑坡堆积地貌等。茅台酒厂区建筑群多分布于赤水河Ⅱ级阶地及其后缘附近斜坡上。由于地处斜坡区,其建筑场地几乎都是半挖半填而成的阶梯式平台。地表植被贫乏,所有空地都已垦为旱地。

赤水河流经厂区段属走向河谷,南岸(厂区)是坡向与岩层倾向一致的顺向缓坡,自然坡角 10°~22°,故厂区属河谷斜坡顺层地带(图 7—2—2)。

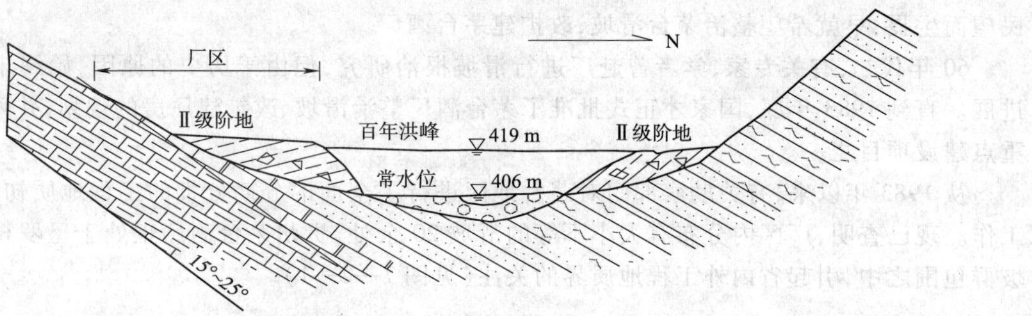

图 7—2—2　赤水河茅台横段剖面示意图

茅台地区气候炎热,历年极端高温值达 39.9 ℃,均值 20.9 ℃。冬季少积雪。相对湿度大,达 70%~80%,降雨量充沛,历年最大降雨量达 1 088.7 mm,均值为 941.2 mm,且 60% 以上降雨量集中于 5~8 月。常年多暴雨,致使厂区内发育有大冲沟 7 条之多,山洪严重冲刷、切割斜坡。

赤水河I级阶地不发育,漫滩宽缓,下切作用已趋缓慢,但因属山区性流域,水位突涨突落,变化幅度达 14~15 m。平水期河水位高程为 405~406.5 m,百年最大洪峰水位高程达419 m。河床纵坡 6‰,平水期主河道宽 14~18 m,主流冲刷厂区对岸,对厂区无影响,但洪水期河谷两岸都会受到洪流强烈的侧向侵蚀作用。这些自然环境因素对茅台滑坡的形成有着较大的影响。

2. 地质条件

(1)地质构造:茅台酒厂处于茅台向斜东南翼的弧弯部位,东面是中枢背斜,西面是马跃水背斜,其区域构造形迹以新华夏构造体系与南北向构造体系叠加改造而成弧形展布。赤水河谷顺构造线走向发育。

构造线的展布规律,说明此区以新华夏系构造应力场(即北西、南东向压应力)作用为主,东西向压应力次之。由于多种应力场的叠加,还产生了一组北东、南西向的次级压应力。这一压应力造成茅台地区一系列次级隐伏褶皱(其轴向与主构造线近于直交),使此区岩层呈波状起伏,产状变化较大。赤水河岸多处岩层变陡、直立甚至倒转,往往是这种次级褶皱倾伏于河床的转折端部位。此外,还发育有 N15°~25°E/48°~50°SE 及 N60°~70°E/80°NW 的共轭"X"形压扭性剪节理,尤以走向 N15°~25°E(与河流走向一致)的一组最为发育,且连续性较好。这组共轭"X"形剪节理已将厂区岩体切割为棋盘格式构造格局,为岩体分裂位移、形成顺层滑坡提供了有利条件。

厂区内大的断裂不发育,小的挤压断裂仅发现 3 条,其规模都不大,纵向延伸一般为 300~500 m,断距 2~15 m,对厂区滑坡的形成有一定影响。

(2)地震：厂区属六度地震烈度区，地震引起场地震动也是形成茅台滑坡的因素之一。

(3)地层及岩性：茅台地区主要分布侏罗系中统自流井组淡水泻湖亚相沉积层。上部为“红层”碎屑岩(砂岩、泥岩)沉积，下部为碳酸盐岩(白云岩、灰岩)沉积。沉积环境相对较稳定，但也有间歇性动荡，表现为岩层真厚度的变化及波纹层理发育等特点。

厂区地层时代划分及各层岩性列入表7—2—1。岩层倾向(与坡向一致)河谷，倾角5°~25°，

表7—2—1　茅台地区综合地层柱状图

地层时代	段	代号	厚度(m)	地层柱状图	单层厚度(m)	单层岩性描述	各段岩性概述及备注
第四系		Q^{ml}	0~12			人工填筑土：由砂黏土、砖瓦碎片及角砾碎石等杂物组成，松散	各种成因相互混层的第四系地层复杂多变，本图只选取第一成因的第四系进行描述
		Q^{al}	3~6			冲积层：圆砾卵石层或砂夹卵砾石土，松散，饱和分布于河漫滩	
		Q^{del}	1~17			古滑坡堆积层：碎块石土，岩质成分为白云岩、白云质灰岩、泥岩	
		Q^{el}	0~3			残积层：紫红色砂黏土夹碎石角砾，半干硬~可塑	
侏罗系中统自流井组	第四段	J_2z^4	大于20		未见顶	紫红色巨厚层状粉砂质泥岩夹浅灰黄色薄层状砂岩	本段岩性以砂岩为主，为灰黄色长石石英砂岩及紫红色泥质，铁质粉砂岩间夹泥岩，长石石英砂岩，节理发育，岩层多被切割成碎块或大块状结构
					3.5~4	浅灰色中厚层状中至细粒长石石英砂岩	
					4~5	暗紫红色粉砂质泥岩，地表风化呈土状	
					1~1.5	黄灰色薄层状中至细粒长石石英砂岩	
					5~6	紫红色粉砂质泥岩，地表风化呈土状	
					3~4	紫红色巨厚层铁质粉砂岩，地表多见浑圆形陡坎	
					1.5~4	暗紫红色粉砂质泥岩，地表风化呈土状	
					2~3	灰黄色中厚层状中至细粒长石石英砂岩	
	第三段	J_2z^3	30~42		2~3	紫红色粉砂质泥岩，地表风化呈土状	本段岩性以紫红色粉砂质泥岩为主，夹两层浅灰黄色细砂岩。本段岩性软弱，出露于地表，风化严重，且易被剥蚀
					0.3~0.87	浅灰黄色长石石英砂岩，薄层状	
					1.5~5.6	紫红色巨厚层状粉砂质泥岩，地表风化呈土状	
					0.3~1.12	浅灰黄色薄层状中至细粒长石石英砂岩	
					25~26	暗紫红色巨厚层状粉砂质泥岩，地表强风化呈土状，形成凹形地貌	
	第二段	J_2z^2	9~22		1.8~2.7	灰白、肉红色泥质白云岩，厚层~中厚层状	本段岩层为碳酸岩和粉砂质泥岩互层，为典型的软、硬岩层相间地层。碳酸盐岩成分复杂，以石灰质、白云质为主，含硅质、泥质成分
					0.4~1.3	灰绿色薄层状粉砂质泥岩，地表剥落成鳞片状	
					0.4~1.4	浅灰黄色中厚层中至细粒钙质砂岩	
					0.8~2	暗紫红色粉砂质泥岩，地表风化后，节理面上见大量钙质薄片	
					1.6~2	青灰、灰白色厚层状硅质白云岩	
					0.6~6.3	紫红含砾钙质、粉砂质泥岩	
					0.4~1.5	灰黄色泥灰岩	
					1~1.5	暗紫色薄层状钙质、粉砂质泥岩与微层状铁钙质结核互层	
					1.1~2.5	青灰、浅灰色中厚到厚层状白云质灰岩，有轻微溶蚀现象	
					0.7~1.7	灰黄色泥灰岩，地表风化呈黏土状	
	第一段	J_2z^1	大于7.5		7.52	暗紫红色厚层状粉砂质泥岩，地表风化呈凹形地貌	本段未见底，所出露岩性为红色粉砂质泥岩、青灰色细砂岩等
					未见底	青灰~灰绿色钙质细砂岩	

该种情况易产生顺层滑坡。其层序组合上软硬相间,层间结合力差,特别是"红层"软岩(粉砂质泥岩)抗风化能力差,遇水易软化,易产生层间软弱滑动面,导致顺层滑坡的形成。

根据岩石的物理力学性质及水理性质,茅台地区产生层间软弱滑动面的岩相组合结构可分为两种类型:

①J_2z^2 地层结构组合(灰岩或白云岩与泥岩组合)的层间软弱滑动面。

②J_2z^3 地层结构组合(粉砂质泥岩与砂岩组合)的层间软弱滑动面。

由于过去工程建设规划设计不合理,在斜坡或滑坡后缘甚至古滑坡体上建房、弃土加载;工程施工开挖方法不当,挖断斜坡岩层过多、过深、过长;植被被破坏,水土流失严重,冲沟、排洪沟淤塞,雨洪、生产、生活污水排泄不畅;厂区内农、工混居,农民在厂区内任意建房、挖方、爆破等人为活动,往往是破坏斜坡山体原始平衡条件、诱发厂区滑坡形成的重要原因。

(二)茅台滑坡概况

1. 滑坡分类

茅台滑坡按其成因、发生时代、活动性及滑体物质组成等可划分为三大类:

(1)古滑坡——以前形成的滑坡(复活的滑坡或死滑坡)堆积体;

(2)自然滑坡——自然营力地质作用引起的滑坡;

(3)工程滑坡——人为活动引起的滑坡。

三大类滑坡都具有一个共同特点,即同属于中—浅层顺层滑坡(滑体厚 2 ~ 20 m),切层滑坡少见。茅台地区特定的自然环境及地质条件造就了茅台滑坡。

茅台地区(上河岸至茅台镇 3 km 内)共发育滑坡 22 处(见表 7—2—2),构成了较为密集的茅台滑坡群。滑坡均属小型滑坡,具体规模如下:

滑体体积 $50\times10^4\ m^3$ 的大型滑坡 1 处,占滑坡总数的 4.6% 。

滑体体积 $10\times10^4 \sim 25\times10^4\ m^3$ 的中型滑坡 3 处,占滑坡总数的 13.6% 。

滑体体积小于 3 000 m^3 的小型滑坡 18 处,占滑坡总数的 81.8% 。

其中古滑坡 3 处,新生滑坡 19 处。还有一些滑坡,因不在厂区内或与厂区关系不大,未列入茅台滑坡群的范畴。

由此看出,茅台滑坡群以新生的小型滑坡为主,古滑坡次之。

2. 典型滑坡的特征及发生、发展概况

(1)顺层古滑坡(3 处):即扩建 800 t/a 厂区古滑坡、老办公大楼古滑坡、老厂一车间古滑坡。其滑体成分混杂,均由黏土、弃土及碎屑岩、碳酸盐岩等大块石组成。

①扩建 800 t/a 厂区古滑坡——1 号滑坡(死滑坡):该滑坡位于扩建 800 t/a 主厂区内。滑动周界呈圈椅状,纵向后缘顺坡直至山顶,前缘至赤水河。在主厂区后面斜坡上呈现一槽形顺泥岩层的古滑床,宽约 160 m。槽边陡坎(滑坡侧壁)高 3 ~ 5 m,两侧遥相对应。滑体堆积于槽形斜坡下方Ⅱ级阶地上,形成了巨大的块石堆积层,厚 5 ~ 20 m,体积约 $25\times10^4\ m^3$。堆积前缘因被赤水河冲刷破坏而不太明显,但可见重达几吨的灰岩、白云岩等外来大块石犬牙交错地堆积在河岸斜坡上。地质调查测绘、勘探资料表明,此滑坡产生于 J_2z^2 地层中,发生在Ⅱ级阶地形成之后。随着赤水河长期冲刷下切作用,原始斜坡上发育了 5 条大冲沟(至今还残存着 3 条),致使该Ⅱ级阶地被改造成为零星阶地面与冲沟深槽相间地貌。古冲沟对斜坡山体切割尤为严重,两沟交汇将两沟之间原始山体切割成倒三角形之临空山体,尔后在重力作用下失稳——顺层下滑,因而形成了现今Ⅱ级阶地上的古滑坡大块石堆积地貌景观。环境调查、滑坡主轴断面

力学检算等证明，该滑坡处于自然稳定状态（滑坡主轴断面推力计算值为 -137 t），属死滑坡，故于 1984 年论证了在此古滑坡体上扩建 800 t/a 厂址方案的可行性，决定适当增设抗滑工程，以阻抗人为加载的下滑力，确保就地建厂的场地安全。1989 年扩建 800 t/a 工程施工投产。

表 7—2—2　茅台地区滑坡分类统计表

滑坡分类：按形成时代分	滑坡分类：按形成原因分	滑坡分类：按物质组成分	滑坡名称	滑动面组合	滑坡产生原因
新生滑坡	工程滑坡	岩质滑坡	新厂（800 t/a）一车间前缘滑坡 800 t/a 锅炉房片区滑坡 老厂包装车间上方滑坡 老厂医院东侧（电影院下方）滑坡 老厂二车间上方消防站滑坡	砂岩与泥岩	工程施工开挖边坡、基槽措施不当、支挡不及时或支挡不牢固、雨季施工等原因引起
			800 t/a 包装车间上方入厂公路滑坡	灰岩与泥岩	
		土质滑坡	老厂医院门前公路旁滑坡 老厂包装车间下方滑坡 中枢区防疫站滑坡 老厂办公楼上方石阶梯处滑坡 老厂三车间前缘滑坡	黏土与泥岩	工程施工弃土加载、排水不畅、雨水下渗，引起土体滑动
	自然滑坡	岩质滑坡	茅台镇上方大滑坡（滑体 $50 \times 10^4 \sim 55 \times 10^4\ m^3$）	砂岩与泥岩	地表水下渗，土体抗剪强度降低，冲沟、河流、排水沟等水流冲刷掏空坡脚引起
		土质滑坡	老厂二车间前缘挡墙处滑坡 子弟学校（老监狱看守所）滑坡（滑体约）1 500 m^3 气象站、酒库Ⅱ方案处滑坡 老厂二车间办公室一带滑坡（滑体约 3 000 m^3）	黏土与泥岩	
			办公楼（老厂）上方公路滑坡 老电厂滑坡 茅台中学（老县委食堂）滑坡		地表水下渗，土体抗剪强度降低而滑动
古滑坡			800 t/a 主厂区古滑坡——死滑坡（滑体 $25 \times 10^4\ m^3$） 老厂区办公大楼古滑坡——复活的滑坡（滑体 $10 \times 10^4\ m^3$） 老厂一车间上方大冲沟古滑坡（滑体约 $20 \times 10^4\ m^3$）	灰岩与泥岩 灰岩与泥岩 砂岩与泥岩	古冲沟、河流冲刷临空，人为建房，弃土加载，开挖边坡，排水不畅等原因引起

②老厂办公大楼古滑坡——2 号滑坡（复活的滑坡）：此滑坡位于老厂办公大楼片区斜坡上，产生于 J_2z^2 地层之中。因受现代自然营力地质作用破坏，滑坡要素出露不全，仅在办公大楼后坡上残存有泥岩古滑床，其东侧可见 2 ~ 3 m 高的滑坡侧壁，纵向前缘在医院门口，后缘在其上方公路旁家属区的陡坎处，横向至东、西两侧冲沟（两冲沟在医院门口汇合成一条大冲沟）。滑体物质以灰岩、白云岩为主，以泥岩为次，形成由大块石组成的滑坡堆积体（图 7—2—3），滑体厚 5 ~ 15 m，体积约 $10 \times 10^4\ m^3$。引起该滑坡形成的主要原因有二：首先，办公楼后方发育的断距为 5 ~ 15 m 逆断层将上盘 J_2z^2 地层推置于居高临下之位；其次，随着风化剥蚀作用及东西两侧冲沟水流的侧蚀作用，导致上盘岩层三面临空失稳而沿泥岩床下滑，掩盖于 J_2z^3 地层之上。

该滑坡体上分布着始建于 1958 年的密集建筑群，且大部分房屋基础都置于古滑坡体内，基础埋深仅 1 ~ 3 m。由于人为加载、开挖边坡、排水不畅、表水下渗，加上 1976 年地震影响，致使该滑坡曾几度蠕动复活，造成此区办公大楼、仓库、医院、道路等建筑物严重开裂受损。特别是 1958 年建成的办公楼即将垮塌，被迫于 1986 年拆除后重新选址修建，原址改建为仓库平房。此外，滑坡体地基的软硬不均，引起房屋基础不均匀沉降，也是造成某些房屋开裂的原因之一。

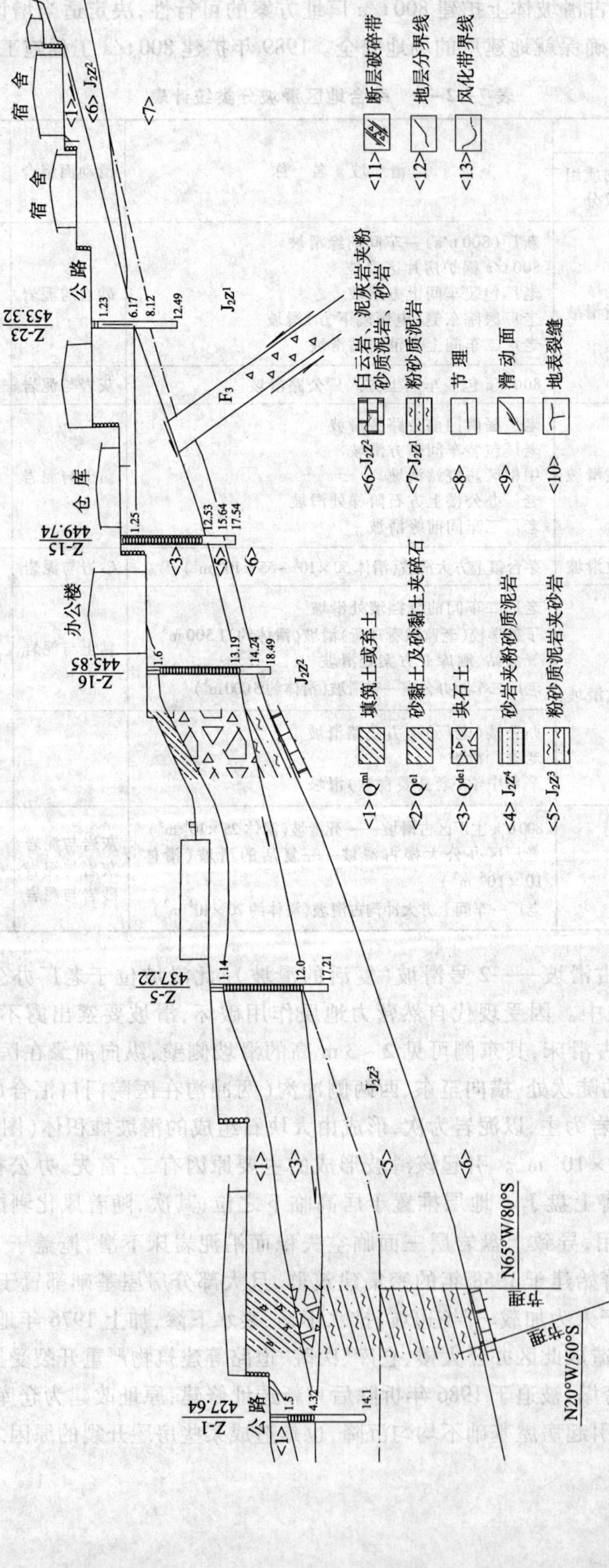

图7—2—3　2号古滑坡主轴断面图

③老厂一车间上方古滑坡——3 号滑坡：该滑坡由两个古滑坡拼联而成，主滑坡发育于冲沟东面，次滑坡发育于冲沟西面，两个滑坡都是同一条大沟将岩体切割临空，冲沟两侧山体往冲沟滑动的结果。冲沟东面为顺层滑动，西面为切层滑动。滑坡产生于 J_2z^4 地层之中，滑动岩层为铁质、泥质粉砂岩。现今冲沟中大量分布该种岩性的大块石，堆积体体积估计约 $20\times10^4\ m^3$。该古滑坡的厚度及其稳定性尚待进一步查明。

(2)自然滑坡：

①茅台镇上方新生岩质大滑坡——4 号滑坡：此滑坡产生于 J_2z^4 地层中，位于老厂一车间上方古滑坡后缘斜坡上，与该滑坡同一滑床，为该古滑坡的继承性新滑坡。目前，此滑坡正缓慢地下滑。1986 年底地质普查时发现，滑坡体上已形成 3 个滑坡台阶和 3 个封闭洼地，地面裂缝多而且宽大，最宽 50 cm，下错一般 20 ~ 50 cm，平面延伸 50 ~ 100 m。滑坡后缘直至茅台上方山顶，滑壁高 5 ~ 10 m。前缘至坡脚，纵向长约 500 m，横向宽 300 m，面积 $15\times10^4\ m^2$。由于该滑坡范围内无厂房分布，民房稀少，因此无人关注其动向。1987 年 6 月，酒厂规划设计于该滑坡后缘山顶上的 800 t/a 扩建工程 3 级站水池施工破土开挖后，发现地基内出现了新的张拉裂缝，宽 5 ~ 10 cm，长约 30 m，被迫另辟场地修建水池。此外，当时还发现，在该滑坡区内修筑不到一年的浆砌片石墓群、碑石开裂，斜坡上新立高压电杆顺坡向歪斜，滑坡前缘也有向坡脚移动迹象。

值得特别提出的是，该滑坡下方是酒厂第一车间古滑坡堆积平台，下滑后的新滑坡体将堆载于古滑坡平台上，完全可能导致古滑坡复活。一旦突然下滑，不仅酒厂一车间部分厂房，而且茅台镇部分居民的生命财产将遭受严重威胁。

②中小型土质滑坡：此类滑坡分布较多，目前发现的有 8 处(见表 7—2—2)，大都是弃土、表土层滑坡，滑动面位于土层内，或位于泥岩面上，其成因大多是冲沟、河流或排水沟水流冲刷掏空坡脚而形成，如老厂二车间新修挡墙处滑坡、子弟学校滑坡、二车间职工宿舍滑坡、酒库Ⅱ方案涵洞出口处滑坡等，而纯属由于表水、雨水下渗导致黏土层抗剪强度降低而滑动的土质滑坡却很少。这是因为茅台黏土中大都含碎石角砾成分，其土的内摩擦角都在 30° ~ 35°之间，而自然坡角一般都在 30°以下。φ 角大于坡角，显然能自然稳定。这类滑坡体的体积都不大，一般为几十至 1 000 m^3。目前发现大于 1 000 m^3 的滑坡仅有 2 处，即

A. 子弟学校滑坡，约 1 500 m^3。

B. 老厂二车间办公室一带滑坡，约 3 000 m^3。

这类滑坡体积虽不大，但对厂区危害极大。如酒库Ⅱ方案涵洞出口处滑坡，滑体估计不到 1 000 m^3，却造成酒库房屋、挡墙开裂，地面下陷等病害；又如子弟学校滑坡，造成该处附近的一栋房屋严重开裂破坏，不能使用；二车间滑坡，造成职工宿舍及车间墙体开裂。

(3)工程滑坡：由于前述人为活动因素影响，这类滑坡在此区屡见不鲜，目前发生的工程滑坡就有 11 处之多(见表 7—2—2)。其中属开挖边坡堑断山体岩层过长、过深，支挡不及时或支挡不牢固造成的岩质工程滑坡有 6 处，即

①扩建 800 t/a 第一车间滑坡(图 7—2—4)；

②扩建 800 t/a 锅炉房片区滑坡(图 7—2—5)；

③扩建 800 t/a 包装车间上方滑坡；

④老厂医院东侧(电影院下方)滑坡；

⑤老厂三车间后面消防站滑坡；

⑥老厂包装车间上方滑坡。

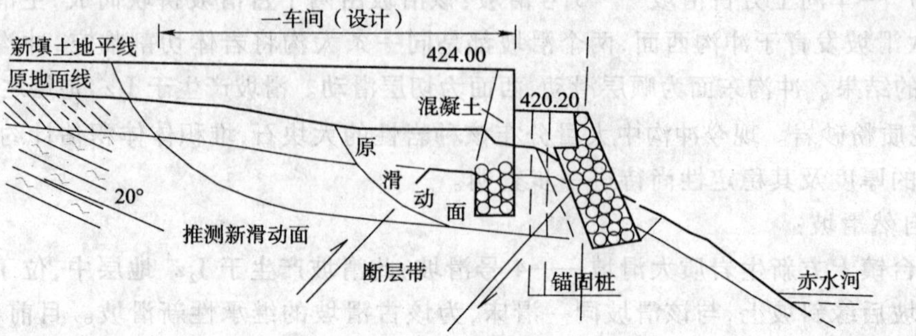

图 7—2—4　扩建 800 t/a 第一车间工程滑坡主轴断面

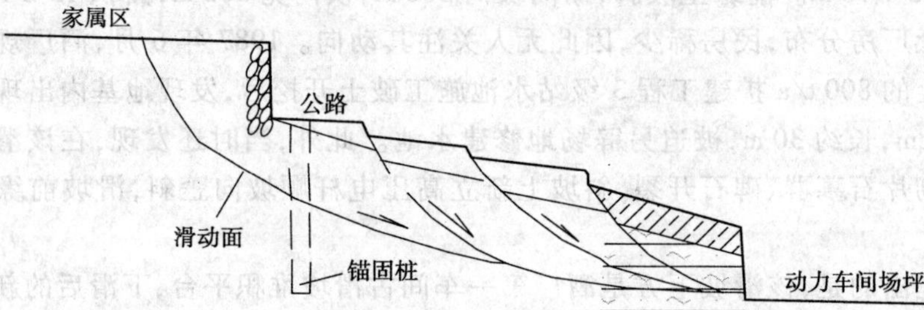

图 7—2—5　扩建 800 t/a 锅炉房片区工程滑坡主轴断面

属于人工弃土加载、排水不畅引起的土质工程滑坡有 5 处，即

①医院门前公路边缘滑坡；

②中枢区防疫站滑坡；

③老厂包装车间下方滑坡；

④三车间前缘滑坡；

⑤办公楼后面石阶梯处滑坡。

这类滑坡一般都属于小型滑坡，但对工程建设影响很大。一则影响工程的施工工期，打乱工程施工顺序，造成处理投资加大；二则严重威胁施工人员及既有建筑物的安全。

3. 茅台滑坡群的成因及危害

综合以上论证和分析，可以得出以下结论：茅台地区的自然地理、地貌、地质构造、地层岩性、地震等特定自然环境条件是形成茅台顺层滑坡的内因，而人为活动、集中降雨、洪水冲刷等，特别是不适当的工程活动是诱发滑坡的外因。二者综合作用，促进了茅台滑坡的发生和发展。目前，茅台地区形成数十个大大小小的滑坡构成的滑坡群地貌景观。

过去 30 年，因对人为活动造成茅台斜坡不稳定的认识不足，导致厂区顺层滑坡一再发生，致使厂区内 30 余处生产、生活、办公等建筑设施遭受不同程度的破坏，给茅台酒生产造成很大困难，产量一直上升缓慢，远远不能满足社会市场的需要。目前，整治厂区滑坡已成为茅台酒厂的沉重负担。然而，茅台酒生产要发展，规模要扩大，不得不花费巨额投资用于滑坡治理。据初步统计，从 1984 年以来，全厂区施工钢筋混凝土抗滑桩就多达 160 余根，耗费资金 300 余万元，其他工程（如基础工程、挡墙工程、建筑排水工程等）的加固处理、改建、翻修等耗费的投资更为可观，这是一个极为深刻的教训。

(三)茅台滑坡综合治理措施

近几年,茅台酒厂根据勘察设计部门的意见,加紧了茅台滑坡的整治,采用刷方减载、锚固桩、抗滑挡墙、锚杆挡墙等工程措施稳定斜坡山体,收到了较好的效果。但这些办法大多仍属于“头痛医头”的办法,不可能达彻底根治之目的。这里在治,那里又在乱挖乱填,新的滑坡又在发生,永无止境。因比,建议采取下列综合措施,防治茅台滑坡:

1. 以预防为主,控制人为活动,保护山体平衡

(1)治滑先治水。对全厂区的农、工建设进行全面的统一规划,增修排水工程,建立全厂性排水网络系统,减少雨水、生产、生活污水渗入斜坡岩土层;同时,修整既有冲沟、排水沟,加强河岸防护,防止洪水冲刷切割沟谷和河谷岸坡坡脚。

(2)制定防滑管理法规。禁止在厂区内乱挖方、乱爆破、乱弃土。对厂区内农、工建筑工程基础、场地对施工用水、排水、弃土堆放位置、数量等要加强统一管理,统一规划和协调;对边坡开挖要力求合理采用低、短、跳槽开挖,及时支挡。

(3)大力植树造林,增加植被覆盖面积,并加强植被培育、保护,促使生态平衡,减轻水土流失。

(4)在滑坡危险区,建立长期观测标志,随时观察斜坡动向,一旦发生滑坡蠕动,及早处理,防止继续扩展。

2. 全面整治已发生的滑坡

采取以下原则措施综合治理,力求根治,以防后患:查明情况,对症下药;因地制宜,就地取材;合理规划,正确施工;削头减载,锚固支挡;保护植被,排水减压等。

3. 正确地选择建筑场地

新建工程建筑应尽量避开滑坡或不稳定斜坡地带。若万不得已要在这些地带建造时,规划设计中务必考虑边坡开挖、弃土堆载、冲沟、河流冲刷、表水排泄、土质地基不均匀沉降等工程地质问题,增设抗滑措施,保证工程安全稳定。在采用抗滑措施时,应注意其适用条件。实践证明,茅台地区对已成滑坡,视规模大小相应地采用锚固桩、抗滑挡墙措施都比较成功,而采用锚杆挡墙整治却有过失败的教训。对预测施工开挖后可能发生顺层滑动的地段,采用先锚后挖方法是适用的,既经济,又安全。如扩建 800 t/a 入厂公路,长 50 m 的一段高边坡($H=10\sim13$ m),采用了长锚杆挡墙抗滑,取得了显著成效。若与抗滑桩比较,仅此项工程就节省投资 20 余万元。因此,应根据不同的工程环境条件,合理采用抗滑措施,方可收到事半功倍之效。

(四)小　结

1. 遇到类似茅台地区特殊的自然气候、地形地貌、地质条件时,要注意人为活动,特别是工程活动和环境保护、自然灾害的互动关系。对工程活动要充分规划、合理进行,减少或避免滑坡、滑坡群的危害。茅台地区滑坡危害数十年的教训值得深思。

2. 采用以锚固桩为主的综合治理滑坡的方案是行之有效的工程技术措施。

3. 在类似茅台地区特殊的自然条件,要采取特殊的对策。

(1)要执行预防滑坡和工程整治滑坡并重的原则;

(2)对地区的人为活动(尤其是工程建设)要进行严格的管理和控制,加强沟、河岸的防护和植树造林,改善自然条件;

(3)对滑坡要综合治理,尤其是对生产、生活用水、自然降水的管理和排放,要统一规划,

严格实施；

(4)避免在滑坡危险区进行工程建设，在易发滑坡的地带要采用先加固再施工的方案，这是既经济又安全的施工方案。

三、中铁二院综合楼高层建筑工程地质勘察

曹化平　李向东

(一)概　　述

1. 工程概况

中铁二院综合楼结构为钢筋混凝土框架——剪力墙结构，地上 19 层，高 64 m，地下 2 层。

2. 勘察目的

(1)判明建筑场地内及其附近有无影响工程稳定性的不良地质现象，查明其成因、分布范围、发展趋势、危害程度，提出整治方案及相关岩土物理力学参数。

(2)查明有无可液化地层并对液化可能性作出评价，判明场地土类型和建筑场地类别，提供抗震设计有关参数。

(3)查明建筑场地的地层结构、均匀性，尤其应查明基础下软弱地层和坚硬地层的分布，以及各层岩土的物理力学性质。

(4)查明地下水类型、埋藏情况、渗透性、腐蚀性以及地下水位的季节性变化幅度，判明基坑开挖降低地下水的可能性和对已有相邻建筑的影响。

(5)对适于采用筏式基础或箱形基础等天然地基的地质情况，应查明持力层和主要受力层内土层的分布，对其承载力和变形特性作出评价和预测，提供可采用的承载力并进行变形计算。对地基基础设计方案进行论证分析，提出经济合理的方案。

(6)对适于采用各类桩、墩基础的情况，建议经济合理的桩基类型，选择合理的桩尖持力层，并详细查明持力层和软弱下卧层的分布，对桩周摩阻力、桩尖端阻力和沉降进行分析和评价。

(二)勘察方法和勘察工作量

勘察主要采用单动双层岩芯钻具机械回转钻进采取岩芯，辅以超重型动力触探查明场地地层结构。采用超重型动力触探判定地基主要持力层卵石土的密实程度。由于在动探孔中常遇到大的卵石或漂石，为使动探进尺达到预期深度，采用了动探与钻探相结合的方法，用钻探钻穿大卵石或漂石，然后继续进行动探，以保证勘察深度能满足设计要求。采用标准贯入试验判定砂土的密实程度，根据相关规范、规程查表计算地基土承载力标准值、变形模量等物理力学指标。采用抽水试验计算含水层渗透系数。完成勘察工作量见表 7—3—1。

表 7—3—1　完成勘察工作量一览表

工作项目	钻　探	动　探	取样及试验		地震波速测试	抽水试验
			土　样	水　样		
	孔	孔	组	组	孔	孔
工作量	27	23	14	8	3	1

（三）场地工程地质条件

1. 地形及地貌

本工程建筑场地位于成都市西北方向一环路内中铁二院办公区，场地地形平坦。

2. 地层岩性

建筑场地地层结构为：表层分布厚度 1.20～4.10 m 第四系全新统（Q_4^{ml}）人工填筑粉质黏土，下伏上更新统冰水沉积、冲积（Q_3^{fgl+al}）中密—密实卵石层，砂层呈透镜状分布于卵石层中，砂层层厚 0.30～2.00 m。

3. 地质构造与地震

（1）区域地质构造特征及区域稳定性：成都平原在构造位置上处于我国新华夏系第三沉降带之川西褶皱带的西南缘，界于龙门山隆褶带山前江油—灌县区域性断裂和龙泉山褶皱带之间，为一断陷盆地。该断陷盆地内，西部的大邑—彭县—什邡和东部的蒲江—新津—成都—广汉两条隐伏断裂将断陷盆地分为西部边缘构造带、中央坳陷和东部边缘构造带三部分。成都市区位于东部边缘构造带。

总体来看，成都市区距龙泉山褶皱带 20 km，距龙门山隆褶带 50 km，区内断裂构造和地震活动较微弱，历史上从未发生过强烈地震，从地壳的稳定性来看属基本稳定区。

（2）地震：根据《建筑抗震设计规范》（GB 50011—2001），成都市抗震设防烈度为Ⅶ度，设计基本地震加速度值为 0.10g，地震动反应谱特征周期为 0.35 s。

本次岩土勘察中，在 3 个钻孔内采用地震测井进行了波速测试，测得土层横波平均波速 v_{sm} 为：Z-3，v_{sm} = 488 m/s；Z-4，v_{sm} = 495 m/s；Z-6，v_{sm} = 470 m/s。v_{sm} 值均在 250～500 m/s 范围内。根据《建筑抗震设计规范》（GB 50011—2001）的有关规定，本建筑场地的场地土类型为中硬场地土，建筑场地类别为Ⅱ类。

钻孔内进行的地震波波速测试计算得到场地地基土卓越周期 T 为：Z-3，T = 0.31 s；Z-4，T = 0.28 s；Z-6，T = 0.30 s。本场地地基土卓越周期 T = 0.28～0.31 s。根据《成都地区建筑地基基础设计规范》（DB51/T5026—2001）附录 P 的地基液化判别原则，中砂及以上的砂土判定为不液化土，卵石层中间的砂土或粉土夹层可不考虑液化影响，见表 7—3—2。

表 7—3—2　地基液化判别表

孔　号	砂层埋深（m）	名　　称	判 别 结 果
Z-1	14.00～14.30	中砂	不液化
Z-4	2.90～3.20	中砂	不液化
Z-D-6	3.10～3.40	中砂	不液化
Z-D-6	3.60～3.90	中砂	不液化
Z_2-01	2.50～2.80	中砂	不液化
Z_2-08	3.20～3.50	中砂	不液化
Z_2-08	14.20～14.50	中砂	不液化

根据《成都地区建筑地基基础设计规范》（DB51/T 5026—2001）附录 P 的地基液化判别原则，在地面下 15 m 深度范围内的可液化土应符合下式要求；

$$N < N_{cr}$$

$$N_{cr} = [5.4 + 0.6(d_s - d_w)] \cdot \sqrt{3/\rho_c}$$

式中 N——实测标贯锤击数；

N_{cr}——液化判别标贯临界锤击数；

d_s——标贯试验点深度；

d_w——地下水埋深；

ρ_c——饱和粉土的黏粒含量(%)，当 $\rho_c < 3$ 时，$\rho_c = 3$。

综合分析，只有 Z-3 钻孔为细砂，判别结果见表 7—3—3，该地基土为不液化土。

表 7—3—3 细砂液化情况判别表

孔 号	砂层埋深	d_s	d_w	临界值 N_{cr}	实测值 N_{120}	判别结果
Z-3	3.70 ~ 4.00 m	4 m	3.1 m	5.94	7	不液化

4. 场地水文地质条件及地下水对建筑材料的腐蚀性

现场钻探表明，场地内地下水赋存于卵石及砂层中，为孔隙潜水。地下水水位埋深在 3.10 ~ 5.00 m 之间，勘察没有揭穿本含水层。通过钻孔内进行的抽水试验，计算得到卵石层渗透系数 $k = 21.2$ m/d。场地内地下水主要由大气降水和地下径流补给，地下水水位随季节变化而改变，水位年变化幅度在 1 ~ 3 m 之间。

通过钻孔内取水样进行水质分析，结果表明，场地内地下水属于 $HCO_3^- — Ca^{2+}$ 型。根据《岩土工程勘察规范》(GB 50021—2001) 按Ⅱ类环境判定，该水对混凝土及钢筋混凝土结构中的钢筋无腐蚀性，对钢结构具有弱腐蚀性。

(四)地基基础设计参数取值原则与建议值

岩土物理力学参数的选定，是在土工试验、标贯试验、动探试验的基础上，结合相关经验数据，并参考成都地区有关地质资料确定，见表 7—3—4。

表 7—3—4 岩土物理力学参数建议值

土 名	天然密度 ρ (g/cm³)	压缩模量 E_s (MPa)	变形模量 E_0 (MPa)	黏聚力 c (kPa)	内摩擦角 φ (°)	水平基床系数 K_h (MPa/m)	垂直基床系数 K_v (MPa/m)	侧压力系数 K_0	承载力标准值 f_k (kPa)	人工挖孔桩 极限端阻力标准值 (kPa)	人工挖孔桩 极限侧阻力标准值 (kPa)
人工填筑粉质黏土	1.99	5.96	/	32.7	22.3	/	/	/	/	/	18
人工填筑卵石土	2.05	/	10.0	/	/	25	27	0.55	140	/	40
中 砂	2.0	/	14.0	/	27*	10	12	0.65	120	/	30
稍密卵石	2.0	/	24.0	/	40*	44	105	0.45	360	3000	90
中密卵石	2.2	/	39.0	/	42*	120	139	0.45	600	4000	110
密实卵石	2.3	/	52.0	/	45*	125	140	0.45	800	5000	130

注：带 * 指标为计算内摩擦角。

（五）场地工程地质评价及地基基础方案分析与评价

1. 场地稳定性与建筑适宜性评价

主体建筑及群房场地内地形平坦，上部人工填筑粉质黏土、人工填筑卵石土、中砂厚度不超过4.80 m，在开挖范围内，地层以中密—密实卵石层为主，厚度较大，砂层仅以透镜体的形式存在于局部范围。可以认为，场地内岩土体稳定，无不良地质，适宜建筑物修建。

2. 地基均匀性评价

(1)按地基持力层层面坡度评价地基均匀性：地基持力层层面坡度小于2°，地下室顶板埋深为7.8 m，天然基础基坑开挖的深度在9 m左右。在这一深度，土体为中密—密实的卵石，但是在场地内不均匀分布着砂层，呈透镜体状，埋藏深度在9.30～26.10 m范围内，厚度为0.40～2.00 m，若作为持力层，最好进行地基处理。但就地基持力层层面坡度考虑，该地基为均匀地基。

(2)按持力层和第一下卧层厚度差评价地基均匀性：勘察资料表明，在Z-1、D-1、D-2、D-3、Z_2-01、Z_2-06、Z_2-08号孔内有砂层揭露，砂层不均匀分布于场地的西北侧区域，但在基础宽度上砂层的厚度差均小于0.05b，因此，该地基属于均匀地基。

(3)按压缩层内各土层的压缩模量评价地基土的均匀性：地基土的均匀性主要依据建筑物4个角点的钻孔中在基础宽度方向上压缩层范围内的压缩模量，按厚度的加权平均值的相互关系进行评价，具体分析见表7—3—5和表7—3—6。

表7—3—5　按压缩层内各土层的压缩模量评价地基土的均匀性

钻孔号	D-1	D-5	D-4	D-8
压缩层厚度(m)	9.0	9.0	9.0	9.0
E_s(MPa)	40.88.	45.98	46.89	45.25
$E_{s1}-E_{s2}$	5.14		1.64	
$(E_{s1}+E_{s2})/20$	4.34		4.61	
地基土均匀性评价	不均匀		均匀	

注：①压缩层厚度自地面以下9 m起进行计算；
②基础长度$L=103$ m，基础宽度$b=32.8$ m；
③E_s为压缩层范围内压缩模量按厚度的加权平均值。

表7—3—6　按压缩层内各土层的压缩模量评价地基土的均匀性

钻孔号	D_2-01	D_2-08	D_2-04	D_2-11
压缩层厚度(m)	9.0	9.0	9.0	9.0
E_s(MPa)	43.44	35.25	45.09	42.24
$E_{s1}-E_{s2}$	8.19		2.85	
$(E_{s1}+E_{s2})/20$	3.93		4.37	
地基土均匀性评价	不均匀		均匀	

注：①压缩层厚度自地面以下9 m起进行计算；
②基础长度$L=103$ m，基础宽度$b=32.8$ m；
③E_s为压缩层范围内压缩模量按厚度的加权平均值。

该地基属于不均匀地基，设计时应计算横向倾斜是否满足要求。

3. 地基土沉降分析

根据《高层建筑岩土工程勘察规程》(JGJ 72—90)第 6.2.6 条的规定,地基土的沉降量按下式计算:

$$S = pb\eta \sum_{i=1}^{n} \frac{\delta_i - \delta_{i-1}}{E_{0i}}$$

式中　S——沉降量;

p——相应于荷载标准值时基础底面处平均压力(kPa);

b——基础底面宽度(m);

δ_i——与 L/b 有关的无因次系数;

E_{0i}——基础底面下第 i 层土的变形模量(MPa);

η——修正系数。

计算结果详见表 7—3—7 和表 7—3—8。

从建筑基础 4 个角点的沉降量分析可以看出,基础横向倾斜均小于基础的容许倾斜。

表 7—3—7　地基土沉降量及基础横向倾斜值(按基础角点分析)(第 1 次)

钻孔号	D-1	D-5	D-4	D-8
沉降量 S(mm)	58.09	46.08	45.69	48.38
平均沉降量(mm)	52.08		47.04	
沉降差(mm)	12.01		2.69	
倾斜率	0.000 366		0.000 082	
基础的容许倾斜率	0.002		0.002	

注:计算所采用的参数 $p=500$ kPa, $L=103$ m, $b=32.8$ m。

表 7—3—8　地基土沉降量及基础横向倾斜值(按基础角点分析)(第 2 次)

钻孔号	D_2-01	D_2-08	D_2-04	D_2-11
沉降量 S(mm)	59.17	74.76	59.24	61.90
平均沉降量(mm)	66.97		60.57	
沉降差(mm)	15.59		2.66	
倾斜率	0.000 49		0.000 083	
基础的容许倾斜率	0.002		0.002	

注:计算所采用的参数 $p=500$ kPa, $L=103$ m, $b=32.8$ m。

4. 地基基础方案分析与评价

建筑地基基础形式的选择,应结合地质情况、施工方法的难易程度、施工造价的高低综合考虑确定。拟建建筑物地下两层,地下室顶板埋深 7.8 m,主体建筑及裙房采用天然基础(如筏基)时,基础开挖深度约为 9 m。在该深度范围,基底为中密或密实卵石,可以作为持力层。但是在场地内不均匀分布着砂层,呈透镜体状,埋藏深度在 9.30 ~ 26.10 m 范围内,设计时应检算地基的不均匀沉降及横向倾斜是否满足要求,在检算不能满足设计要求的情况下,应对砂层采取压浆等处理措施。另一种可行的基础方案是不对基础采取加固处理措施,而采用桩基形式。桩基须穿过砂层,砂层下部的中密或密实卵石可作为桩基的持力层。

（六）小　　结

该工程勘察采用抽水试验计算渗透系数，设计群井降水，降低地下水位后开挖基础。经施工验证，水文地质参数可靠，设计群井满足水位降深要求。

该工程采用单动双层岩芯钻具机械回转钻进采取岩芯，辅以超重型动力触探查明场地地层结构。基础开挖到设计标高，持力层为中密—密实卵石，局部夹透镜状砂层。采用重型动力触探进一步查明了砂层的分布范围和厚度，砂层采用素混凝土换填处理，其余部位采用天然基础。经施工验证，场地地层结构与勘察资料基本一致。

该工程采用超重型动力触探判定地基主要持力层卵石土的密实程度及地基土物理力学参数。经施工验证，地基土物理力学参数可靠，满足工程对地基基础的要求。

四、重庆客站综合站房工程地质勘察

涂正林

（一）概　　况

重庆客站综合站房是成渝铁路终点站——重庆市菜园坝火车站原站坪和站前广场基础上新建的高层建筑，包括售票房，候车楼，技术作业房、客运办公、行包及客运段备品库，高层（22 层）旅馆综合服务大楼四部分，总建筑面积 48 417 m^2，主体建筑占地 155 m × 141 m。高层旅馆综合服务大楼为框架剪力墙结构，共 22 层，总高度 77 m，2 层地下室埋深 7 m，采用桩基加箱形基础，其余部分均为 2 ~ 5 层框架结构。根据基岩埋深，采用桩基或柱下单独基础。

重庆客站综合站房为Ⅰ类建筑，按《工业与民用建筑工程地质勘察规范》（TJ 21—77）要求，应详细查明建筑物范围内的地层结构，岩石和土的物理力学性质、地下水的情况，并对地基的稳定性做出评价，提供设计所需的岩石和土的承载力和容许摩阻力等物理力学指标，以及地下水的渗透系数和侵蚀性等级等参数。

重庆客站地处重庆市闹市区和交通枢纽中心，行人和旅客流量大，公共交通流量集中，道路和房屋密集，地下管线复杂，勘探工作场地有限，且安全防护要求很高。为了不影响行人和进出站旅客、车辆正常通行，保证城市和车站供水、供电、通讯、下水排污等设施正常运行，铁二院专门成立了重庆客站综合站房工程地质勘察项目组，包括地质调查测绘、钻探、试验、物探、测量、安全防护和全面质量管理等小组，分别于 1984 年 3 月 1 日 ~ 7 月 25 日完成初测，1986 年 10 月 5 日 ~ 12 月 15 日完成定测，1988 年 11 月 20 日 ~ 1989 年 2 月 12 日完成施工设计的工程地质勘察。工程地质勘察中采用了综合地质勘察手段，充分搜集利用已有区域地质、区域水文地质、钻探、动探、水土石试验资料，填绘 1∶500 工程地质平面图和工程地质纵横剖面图（18 个），共完成钻探 95 孔 1 677.71 m、水样 15 组、土样 61 组、岩石样 22 组、动力触探 17 孔、提水试验 1 孔 4 台班、物探 10 个剖面 150 个电探点。其重点是 22 层高层建筑基础的勘探、试验工作。

（二）站房工程地质条件

1. 地形及气象

重庆客站综合站房位于长江左（北）岸Ⅰ级阶地上。长江自西向东流，河床宽阔呈“U 字形”，江面宽约1 080 m，常年洪水位180 m，枯水位160 m。Ⅰ级阶地地面高程194～196 m，阶地面宽300～400 m，横向坡度约为5°，阶地面自西向东呈弧形弯转，阶地前缘为长江河漫滩与河床，高出长江水面10～30 m（高出常年洪水位），后缘为20°～30°高数十米的岩石斜坡，局部为陡坎或陡崖。阶地堆积物具明显的二元结构，由亚黏土、轻亚黏土、粉细砂与卵石土组成，上覆人工填筑土。

重庆站区属亚热带季风气候区，具有温暖湿润、雨量充沛、冬暖春旱、夏热秋凉、秋雨连绵，无霜期长、多云多雾等特点。多年平均气温17.5 ℃～18.5 ℃，1月最冷月平均气温1 ℃～4 ℃、极端最低气温－2.5 ℃（1943年2月8日）；夏季长达4个月以上，7、8月平均气温26 ℃～28 ℃，极端最高气温44 ℃（1953年8月9日），素称长江流域“三大火炉之最”；雾日多年平均30～40天，最多可达148天。多年平均降雨量1 204.3 mm，最大年平均降雨量1 378.3 mm（1968年），最小年平均降雨量783.2 mm（1961年），降雨量集中在5～9月，占全年降雨量的1/3，并常有雷阵雨。3～5年或10余年内常出现春旱或伏旱现象，春旱25～30天，伏旱长达50天以上。

2. 地层岩性结构特征

区内上覆第四系人工填筑土（Q_4^{ml}）、冲积（Q_4^{al}）亚黏土、轻亚黏土、粉细砂、卵石土，靠阶地后缘斜坡脚还有坡积亚黏土，下伏侏罗系沙溪庙组上亚组（J_2s^2）紫红、灰色、中厚层—厚层状泥岩、细砂岩、泥质细砂岩。泥岩软弱，遇水易崩解；砂岩以长石、石英为主，泥钙质胶结，中—微风化，较坚硬。

站房区内覆盖层厚度变化较大，靠山侧覆盖层厚度小于5.0 m，靠江侧厚度为18～21 m。表层人工填筑土厚0～7 m，其下为Ⅰ级阶地具二元结构的冲积层，又分为上部和下部。上部亚黏土厚1.6～16 m，轻亚黏土及粉细砂呈透镜状分布，地层结构较稳定均匀；下部卵石土有自西向东和自北向南厚度由薄变厚的特点，卵石土厚0～12 m，最厚的卵石土层分布在5、6、8、9号钻孔一带。

下伏基岩顶板高程为172～195 m，基岩面大多平缓，倾角5°～8°，局部为20°～30°斜坡面和小型基岩洼槽。

3. 地质构造及地震烈度

重庆客站位于川东南弧形构造带之华蓥山帚状褶皱束中的龙王洞背斜南段倾伏端西翼。龙王洞背斜北起江北大田坎，向南经八字岩、龙王场，于重庆马王场以东倾没。背斜轴向为N3°～30°E，呈S形延伸，为一不对称背斜。站房山侧局部基岩陡坎、陡崖可见岩层产状为N50°～55°E/6°NW（山内）。未见断裂，节理也不发育，主要有N35°～45°E/66°～75°SE、N75°～85°E/66°NW、N30°～80°W/65°～85°SW陡倾节理，多密闭或微张开，表面风化裂隙多张开较宽。

根据中国地震烈度区划图（1∶300万）和四川省地震烈度区划图（1∶200万），地震烈度小于六度。但重庆市建委规划设计处出具证明，要求“鉴于重庆火车站系大型公共建筑，又是人流集散地，按建设部文件要求，重庆市地震烈度在六度以下，也要按七度设防”。

4. 水文地质

区内亚黏土和基岩为隔水层，粉细砂、轻亚黏土及卵石土为含水层。因地表汇水面积不大，又有亚黏土隔水层，使粉细砂、卵石层中的孔隙水水量较小。泥岩、砂岩层理平缓，节理不发育，又无断层切割，故基岩裂隙水不发育。粉细砂层孔隙水多属上层滞水，地下水位在5.0 m以上，下部卵石层孔隙水属潜水，地下水位在5.0 m以下，主要靠大气降水和地表水补给。钻孔中地下水位变化幅度较大，为2.0～14.0 m，靠山侧钻孔中未见地下水；站房中部地下水位2.0～9.0 m，靠江侧地下水位10～14 m。据E_2－综－8号钻孔提水试验，得出钻孔出水量

$Q=0.12$ L/s(钻孔直径 130 mm),亚黏土充填的卵石土层的渗透系数 $k=0.0012$ m/d。钻孔水样水质分析结果均为 $HCO_3^- \cdot SO_4^{2-}$—$Mg^{2+} \cdot Ca^{2+}$ 型水,无侵蚀性。

(三)站房场址工程地质条件评价

1. 重庆客站综合站房位于长江左岸Ⅰ级阶地上,阶地面及河漫滩开阔平缓,距长江江面较远,大量钻孔揭示上部覆盖层内无软土夹层,下伏基岩产状稳定平缓,地质构造简单,无断裂通过,地下水不发育,后缘基岩斜坡完整、稳定,整个站房区内无不良地质及特殊地质,场区整体稳定性较好。

2. 站房区内覆盖层结构较复杂,厚薄不均,基岩面为自西向东自北向南倾斜,局部有洼槽和陡倾斜岩面,除靠山侧基岩埋深浅、地基稳定且基础类型简单外,其余地段以卵石层和下伏基岩作为地基基础持力层,且以桩基础为主要基础类型。

3. 亚黏土、轻亚黏土和粉细砂层较厚,力学性质差,不满足抗震要求,且承载力较低(〔R〕= 200 kPa),属Ⅱ级普通土,不能作为基础持力层。

4. 综合站房各部分基础类型:

(1)售票厅长 12 m、宽 9.5 m,3 层楼,层高 6 m 及 3 m,地基位于靠山侧,基岩埋深浅(小于 4.0 m),可采用明挖基础置于完整砂岩上,承载力为 650 ~ 750 kPa。

(2)候车楼长度大(114 m)、跨度大(74 m),2 层楼,层高 6 m 及 9 m,基底地层变化复杂,靠山侧基岩埋深浅(地下 1.0 m 以内可见基岩),而靠河侧基岩埋深达 22.51 m,其间又跨过基岩面陡倾斜(20° ~ 30°)地带,因此基础类型不一。基岩埋深浅者可采用明挖基础置于基岩上;而覆盖层厚的地段则要采用桩基础和处理好地基,并作沉降检算,控制地基不均匀沉降并增加上部结构的刚度。

(3)行包及客运备品库建筑面积大(9 m × 6 m 和 7.8 m × 6 m),楼高 5 层,层高 6 m 及 3 m,宜采用桩基础置于基岩上或卵石层内。

(4)22 层高旅客服务大楼,2 层 7 m 高的地下室位于黏性土层中,若采用箱形基础,应结合桩基础置于卵石层或基岩上。

5. 该范围内地表排水沟密集,开挖基坑应做好地表水引排系统。覆盖层孔隙水较发育,桩基施工应备足抽水设备,其抽水能力应大于 $Q=0.3$ L/s。

(四)岩土物理力学指标

建议值见表 7—4—1 和表 7—4—2。

表 7—4—1　土的物理力学性质指标表

土　　名	γ	G_s	w_n	e	I_L	天然快剪		$a_{1\sim2}$	$E_{s1\sim2}$	f	〔R〕
						c	φ				
	(g/cm³)		(%)			(kPa)	(°)	(MPa⁻¹)	(MPa)	(kPa)	(kPa)
人工填土(中密亚黏土层)										15	
亚 黏 土	1.98	2.75	24.63	0.734	0.47	45	22	0.21	8.99	30	200
轻亚黏土	1.95	2.74	19.53	0.681	0.28	40	24	0.22	9.34	30	200
粉 细 砂	1.90	2.74	21.50	0.755		28	34	0.17	11.97	25	170
卵 石 土											500

表 7—4—2　岩石的物理力学性质指标表

岩石名称	ρ (g/cm³)	ρ_d (g/cm³)	ρ_w (g/cm³)	G_s	抗压强度		〔R〕(kPa)
					(天然)(MPa)	(饱和)(MPa)	
泥　岩	2.54		2.56	2.75	16.0	7.0	600
砂　岩	2.64	2.60	2.67	2.74	30.0	17.0	750
泥质砂岩	2.57	2.53	2.62	2.76	18.0	11.36	650

注:(1)〔R〕为容许承载力,参考了动探试验结果;
(2)f 为打入式灌注桩和预制桩桩周土的容许摩阻力;
(3)表中所列指标系试验结果的平均值;
(4)基岩的〔R〕系指中等风化—微风化岩石的容许承载力;
(5)临时基坑开挖边坡坡率,土层为 1∶1,岩层为 1∶0.5。

(五)工程地质勘探工作特点

1. 重庆客站综合站房属高层大跨建筑,建筑结构较复杂,为Ⅰ类重大建筑,要求按Ⅶ度地震设防,对地基的稳定性及承载能力要求较高。因此,施工图设计工程地质勘察工作以查明站房范围内的地层结构、岩石和土的物理力学性质(指标)、地下水的情况为重点,尤其是 22 层高层建筑以钻探、岩石试验及原位测试为主。

2. 经初测、定测阶段查明,重庆客站地基上覆土层结构较复杂,土层厚薄不均,基岩面向长江倾斜,局部陡倾或呈洼槽,下伏基岩为细砂岩、泥岩、砂质泥岩,其坚硬程度和风化情况及承载力均不同,各部位基础埋深和类型也不同,因此,各部位钻孔孔深不同,要求进入风化层以下不少于 10 m,最大孔深达 35 m。对可能存在基岩陡坎和洼槽附近,增加了钻孔。

3. 该站房大部分基础以桩基为主,部分基础为柱下单独基础,钻孔孔位布置要求精准,仪器实测定孔位。钻孔孔数亦多,其中动力触探和取样钻孔不少于总孔数的 1/3,每栋房基每层土层或砂卵石层,动力触探数据不少于 3 处,每一土层的试验数据不少于 3 组,同一层土在 2 m 内取 1 组试样。

4. 重庆客站正在运营,既有站房、雨棚尚未拆除,进出站旅客行人、车辆流量大,既有街道、民房密集,地下管道复杂,相互干扰大,勘探工作场地狭窄有限,因此,勘探工作的安全防护十分重要。勘察单位与车站、交通、城建有关部门的协调联系紧密,安全防护、警示标志、值勤落实到位,分工责任严明,保证了勘察工作的顺利完成。

5. 由于重庆客站综合站房地质勘察严格执行了工程地质勘察规范,从而获得了 1989 年度铁二院质量管理小组二等奖和安全生产一等奖。

(六)小　　结

重庆客站综合站房工程地质勘察是 20 世纪 80 年代末铁二院第一个高层建筑工程地质勘察工点,在无既有经验的情况下,勘察单位严格按照工业与民用建筑工程地质勘察规范的规定,详细认真地进行勘探试验,全面地分析资料,严格进行质量和安全生产管理与检查,最后提交了优秀的工程地质勘察资料。经施工和 20 多年运营实践证明,该项工程地质勘察是成功的,也为铁二院高层建筑勘察设计积累了经验。

五、川黔铁路太白站牵引变电所堆填土滑坡工程地质勘察

郑永泉

（一）概　况

太白站牵引变电所位于川黔铁路中段的太白站南侧约800 m处，其西侧紧邻川黔铁路，东侧有川黔公路通过，交通较方便。

变电所场坪为人工填筑场地，建筑用地南北长约100 m，东西宽约80 m，填方高度0～12 m不等。场地填方工程于1987年9月下旬开始，至1988年7月完成。1988年5月当地连降中到大雨后，曾出现填方局部地段及干砌片石护坡变形，雨后未有发展。1988年8月28日～9月13日当地连降小雨，9月8日在场地前部发生滑坡。1989年1月完成滑坡整治工程勘察、设计工作，当年5月完成滑坡整治工程施工。

工程地质勘察完成的主要工作如下：

1∶500工程地质图调绘0.06 km^2；

1∶2 000工程地质图调绘0.06 km^2；

工程地质钻孔10孔，累计进尺140.65 m；

场坪内两处探坑、水塘抽水试验；

取水样2组，取岩样5组，取原状土样4组。

1. 自然地理

本区属低山丘陵区，地面高程510～610 m，相对高差60～100 m，自然山坡坡度为20°～30°。太白站牵引变电所填筑场坪位于近山丘顶部的鞍状沟槽的北端，沟槽的地面高程自北向南逐渐降低，宽度也不断增加。沟槽内多为梯状水田或旱地、池塘。

本区属亚热带温湿气候。雨量充沛，降雨多集中于每年5～9月，多年平均降水量为1 053.8 mm，最大日降水量为173.3 mm，多年平均蒸发量为1 081 mm，相对平均湿度为79%。多年平均温度14.8 ℃，多年最高温度37.5 ℃，多年最低温度－6.6 ℃。平均风速1.7 m/s，最大风速大于20 m/s。

2. 地层岩性与构造

测区广布侏罗系遂宁组泥岩及砂岩，上覆第四系人工填筑土、坡积砂黏土、坡洪积砂黏土及碎块石土。场地周围山坡多有基岩出露。

第四系人工填筑块石土（Q_4^{ml}）：黄褐、紫红色，稍湿，块石占50%～60%，块径多为80～200 mm，碎石约占30%，直径为20～200 mm，余为角砾、砂黏土。其物理力学指标$\rho = 2.3 \sim 2.4\ g/cm^3$、$c = 10 \sim 20\ kPa$、$\varphi = 35°$，未经分层碾压或夯实，结构松散，孔隙较多，石质成分为砂岩、泥岩，分布于变电所场地，厚约2～12 m。

第四系坡积砂黏土（Q_4^{dl}）：黄褐色，可塑状，约含10%的碎石、角砾，石质成分为砂岩、泥岩，分布于山丘缓坡地带，厚约0～3 m。

第四系坡洪积碎块石土（Q_4^{dl+pl}）：黄褐色，中密为主，潮湿，块石约占50%，块径为200～500 mm，块石多为半棱角状或半浑圆状，碎石占20%，余为砂黏土、角砾，石质成分为砂岩，分布于沟槽地带，厚约1～7 m。

第四系坡洪积砂黏土(Q_4^{dl+pl}):黄褐色,可塑状,部分为软塑状,约含10%的碎石、角砾,石质成分为砂岩、泥岩。其物理力学指标$\rho = 2.05 \sim 2.08\ g/cm^3$、$c = 20 \sim 40\ kPa$、$\varphi = 10° \sim 12°$,软塑状砂黏土(滑动带)$c = 10\ kPa$、$\varphi = 7° \sim 8°$,分布于原沟槽地表或坡洪积碎块石土底部,厚约0~6 m。

侏罗系遂宁组泥岩及砂岩(J_2sn):紫红色或紫灰色,泥岩、砂岩,中—厚层状相间分布。砂岩为泥钙质胶结粉、细粒长石、石英砂岩,岩质硬脆,物理力学指标$\rho = 2.4 \sim 2.5\ g/cm^3$、$R = 50 \sim 60\ MPa$、$R_c = 40 \sim 50\ MPa$、$c = 40\ kPa$、$\varphi = 45°$;泥岩质软,易风化剥落,主要物理力学指标$\rho = 2.56 \sim 2.58\ g/cm^3$、$R = 11 \sim 15\ MPa$、$R_c = 4 \sim 8\ MPa$、$c = 40\ kPa$、$\varphi = 35°$。

地表岩层风化程度为颇重—极严重,差异风化显著。钻孔揭示,填方场地范围内,泥岩表层风化严重,岩芯呈软塑状为主,个别钻孔其岩芯呈流塑状,深层基岩风化轻微。

本工点地质构造简单,侏罗系遂宁组泥岩及砂岩为单斜岩层,岩层产状为N75°~85°W/25°~30°SW。岩层节理、裂隙较发育,主要有N5°W/44°NE、N10°~15°W/75°~85°NE、N55°E/80°SE三组,其间距为0.2~0.5 m,延伸长度多为0.5~1 m,多为闭合状或被黏性土充填。

3. 水文地质

本区最大河流为松坎河,流经太白车站牵引变电所场地北东侧。变电所场地位于一条近南北向沟槽中,沟槽地表多已开辟为阶梯状水田或旱地,局部为烂泥田,有季节性流水。变电所场坪高出松坎河水面约50 m,在场地范围内原有一个鱼塘和两处泉水。鱼塘面积为60 m×20 m,中心水深2.4 m,日常储水量约2 000 m^3;两处泉水流量均小于0.1 L/s,为第四系坡积层孔隙潜水形成的下降泉,受大气降水补给,其流量随季节变化,大旱之年甚至枯竭。变电所场地填筑后,两泉水埋藏于场地下,由于填方工程质量差,沉降造成地下排水设施毁坏,使其成为场地地下水重要补给源之一。

建筑场地地下水主要是第四系人工填筑土及坡积、坡洪积层中的孔隙潜水,主要受大气降水和填埋于人工填筑土中的两个泉水补给,其沿人工填筑土底部、基岩顶面或基岩强风化带运移,也在人工填筑土下的原地面低洼处汇集。基岩中裂隙水较少,勘察中,在钻孔揭示深度内未发现基岩裂隙水。

上述两处泉水和场地地下水均为HCO_3^-—Ca^{2+}或$HCO_3^- \cdot SO_4^{2-}$—Ca^{2+}型水,对混凝土无侵蚀性。

(二)滑坡的特征

1. 滑坡的变形特征

1988年9月8日发现填方场地前部发生滑坡。该滑坡在平面上呈圈椅状,滑坡轴向S20°W,长约110 m,中部横向宽约85 m,前缘宽约55 m。场地失稳面积约7 000 m^2。滑坡体最厚约12 m,体积约$5 \times 10^4\ m^3$,见图7—5—1。

(1)场地中部(滑坡后缘)填土出现一系列细小弧形裂缝,裂缝宽2~10 mm,长约3~15 m,可见深度0.4~0.8 m,局部有高差40 cm的错台。

(2)滑坡中—前部位(变K0+179~+240)填土明显下沉、位移,其中间部分及其东侧变形严重。

变K0+180地表发生多条弧形贯通性裂缝,最大裂缝宽5~30 mm,长约15 m,可见深度达80 cm,裂缝两侧错台高差40 cm。

变K0+179场地的纵向浆砌排水沟在伸缩缝处开裂,裂缝口宽约4 cm,可见深度为50 cm,

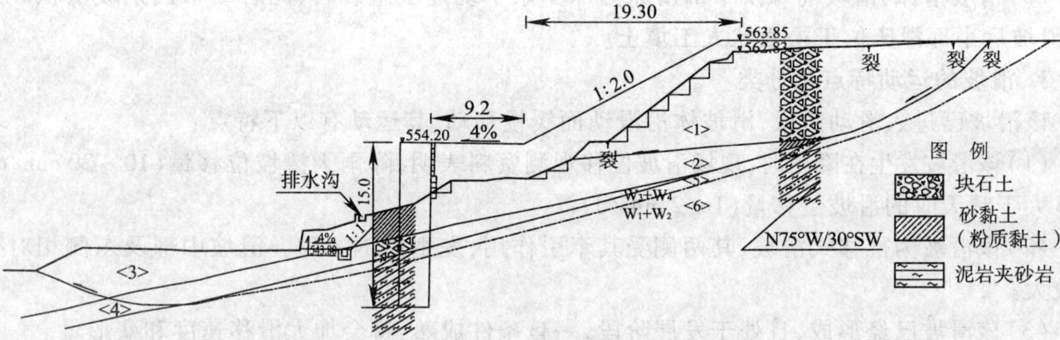

图 7—5—1　滑坡整治工程地质断面示意图

错台高约 10 cm，延展长度为 1.5 m。

滑坡变 K0 + 235 西侧分布有 3 条纵向（SN 向）裂缝，裂缝宽约 2 cm，长约 3 m，深度为 80 cm。

变 K0 + 235 滑坡体内的暗沟已被破毁、失效。沟口原宽 40 cm，被挤压为 10 cm；沟高原为 60 cm，被挤压为 50 cm；大部分沟身已破坏、失效。

滑坡东西两侧的附近土体、田坎见有较多纵向开裂，将田坎、水沟错断，裂缝宽约 1 ~ 3 cm，长 2 ~ 3 m，可见深度 20 ~ 40 cm，错台高约 4 ~ 5 cm。

（3）填方坡脚干砌片石护坡被向前推移，其中段变形和位移相对严重，部分地段墙体已严重外倾，局部外凸、毁坏；坡脚浆砌片石排水沟被向南挤移 20 ~ 30 cm，多处被错断，裂缝宽 2 ~ 3 cm，部分水沟已拱起、毁坏，相对垂直错移达 4 ~ 11 cm。护坡坡脚有多处大量渗水流出。

（4）滑坡前缘部位也有较明显的变形迹象。滑坡前缘位于 K0 + 275 ~ + 285 附近的农田中，以土体隆起为主要特征。该段农田多处隆起，相对高凸达 20 cm，部分田坎开裂。近填方坡脚的土层地表亦有纵向裂缝发育和局部明显隆起现象，K0 + 260 右 40 m 一处民房的北、西、南三面墙壁多处开裂，裂缝多沿斜向发展，口宽 3 ~ 6 cm，长约 3.5 m。室内混凝土地面局部隆起约 5 cm，多处产生裂缝或羽状张裂，其中两条裂缝较大，其走向 N55° ~ 60°E，口宽 0.5 ~ 2 cm，长度为 3 m，可见深度为 20 cm；K0 + 245 左 5 m 局部田坎水平位移较大，可达 120 cm，附近的局部农田隆起了约 20 cm。

（5）根据实际测量数据，至 11 月底滑坡累计位移量：滑坡中部地表水平位移达 50 cm，下沉量达 40 cm；东侧地表水平位移达 120 cm，下沉量达 40 cm；西侧地表水平位移达 50 cm，下沉量达 10 cm。一般雨天滑坡水平位移 10 ~ 20 mm/d，晴天滑坡水平位移 1 ~ 2 mm/d；局部最大水平位移累计量为 60 ~ 120 cm，最大下沉累计量为 40 ~ 60 cm。

2. 滑坡的物质、结构特征

（1）滑坡体主要为第四系人工填筑的碎、块石土构成，其底部也有部分第四系坡洪积砂黏土、碎块石土。滑坡主体向沟下游方向滑移。在滑坡两侧，局部既有丘坡的第四系坡积砂黏土亦有失稳现象。

（2）滑动面发育的主要岩、土层为第四系坡洪积层砂黏土，其含水量大，多呈软塑—流塑状，强度低，易形成软弱滑动带。其次为基岩风化带，场地下伏的泥岩、泥质粉砂岩，表层风化极严重，性质与黏性土相近，遇水易软化，强度低，易于形成软弱滑动带。另外，在滑坡后缘滑面穿过松散状人工填土。

(3)滑坡滑床:滑坡前缘及中部滑床为侏罗系中统遂宁组砂岩、泥岩或第四系坡洪积砂黏土,滑坡后半部滑床位于松散状人工填土。

3. 滑坡的运动特点及分类

该滑坡已进入滑动阶段,滑坡体沿滑动面缓慢移动,其运动有以下特点:

(1)该滑坡发生在降雨时,现场滑坡位移观测资料表明,降雨天滑坡位移量(10 ~20 mm/d)明显大于晴天时的滑坡位移量(1 ~2 mm/d)。

(2)该滑坡为推移式滑坡,其两侧受其牵引作用,发生局部失稳。滑坡中部及东侧相对变形较大。

(3)该滑坡已经形成,且处于发展阶段,一旦条件成熟,将会加大滑移速度和变形量。

该滑坡为中层堆填土、推移式中型滑坡。

(三)滑坡形成的主要原因

1. 场地特殊的自然条件是滑坡形成的客观原因

牵引变电所场地的特殊自然条件致使滑坡发生、发展体现在以下几个方面:

(1)变电所场区原为一洼槽区,沟槽纵坡 9°~10°,横坡 20°~30°,是周围大气降水的自然汇集区。由于填土松散、高渗透性、排水工程的破坏等条件,使填方体内形成较多地下水,其浸泡、软化作用形成软弱滑动带,加剧了滑坡的形成和发展。

(2)沟槽地表纵坡 9°~10°,岩层倾向沟槽下游,基本和沟槽轴向一致,倾角为 5°~30°,也有利于滑坡的形成和发展。

(3)填方场地内原有两个泉水出露,虽然设计、施工均已考虑排水通道,但松散填方体的大沉降、不均匀沉降使相关的排水工程毁坏、失效,致使其成为填方体内地下水的主要来源之一,也是促进滑坡形成的原因之一。

(4)填方场地原地沟槽中多为水田,分布有较多的砂黏土,下伏基岩又多为泥岩、泥质粉砂岩,表层风化成土状,遇水易软化,形成软弱滑动带。

(5)本地区属亚热带温湿气候。雨量充沛,多年平均降水量达 1 053. 8 mm,最大日降水量为 173. 3 mm,降水为地下水的丰富来源。1988 年 5 月下旬连降中到大雨,场地第一次失稳;8 月 28 日 ~9 月 13日连降小雨,滑坡发生,都充分说明多雨的自然条件促进了滑坡的发生和形成。

2. 场地填方工程未按规范施工是滑坡产生的主要原因

(1)填方质量不符合相关规范要求:填土取自附近山丘的泥岩、砂岩,爆破后块度不一,未对超标准的大块径块石进行破碎,直接运到场地填筑。填方开始时按 30 cm 分层碾压一次,后来采用 30 ~50 cm 分层用拖拉机碾压一次,其作用仅限于将表面压平,填土中孔洞仍大量存在。变电所场地填方厚达 2 ~12 m,体积约 5×10^4 m^3,这些未经充分碾压、松散或密实度极低的块石土,是构成推移式滑坡的物质条件和下滑力的主要来源。该填土体不密实,且具较大的沉降和不均匀沉降性及高渗透性。而整个填方工程的南侧填土更松散,填方厚度最大,又临填方场地的临空面,雨季填土体的自重增大和临空,构成了滑坡形成的必要条件。

(2)填方基底未按规范处理:变电所场区原为一处洼槽区,地表多为水田,且有水塘、烂泥田分布。填方前,对场地表层的软塑砂黏土、泥岩全、强风化层未进行全面清理和修筑台阶,形成滑坡连续的下倾软弱带,为土体创造了下滑条件。其为滑坡软弱滑动带的形成提供了条件。

(3)建筑场地范围内原有两处泉水，施工中未能全面确定出露点和引流排出填方区，此后由于填方区的不均匀沉降又使排水暗沟全面破坏，造成泉水集聚、滞留于填方体中。另外，大面积填方也使自然降水大量渗入填方体，成为地下水，致使未清除的原场地表层的软塑砂黏土、泥岩全、强风化层受到浸泡、软化，形成软弱滑动带，同时也加大了填土体的自重，从而加剧了滑坡的形成和发展。

3. 对施工中场地变形—滑坡前兆未能及时处理，造成滑坡进一步发展

1988 年 5 月连降中到大雨后曾出现填方局部变形和干砌片石护坡变形，后期未有发展。但若对此滑坡的先兆全面、深入分析，采取必要的工程措施，并对存在的主要问题进行整改，是可避免滑坡的发生及危害的。但本工程错过良机，致使 9 月 8 日场地前部发生滑坡，造成重大损失，应引此为鉴。

(四)滑坡整治工程

根据该滑坡的特征和工期急迫的实际情况，采取以抗滑桩为主的综合整治工程措施进行全面整治。

1. 立即修复地表排水设施，并对地表裂缝进行夯填和场地平整工作，以期减低大气降水的渗灌危害。

2. 在滑坡体前部(变牵线 0 + 220)增设 11 根抗滑桩，桩间设挡土板，桩板墙两端设挡土墙。

3. 在变牵线 0 + 131.5 处增设一条横向截水渗沟，长度为 45.5 m，截水渗沟断面为 2 m × 2.5 m。在沟西端接钢筋混凝土圆管，经稳定场地将地下集水引出场坪以外，且流入既有排水沟。

4. 桩板墙前设一条矩形排水沟，其两端与原排水沟顺接。

5. 修复已毁的排水、挡护工程。

1989 年 5 月完成滑坡整治工程。该变电所正常运营 19 年期间，场地未见异常，滑坡整治工程效果良好。

(五)经验与教训

1. 该场地的人工填筑土土质较差，具有结构松散、高孔隙度、高渗透性、低强度、大沉降或不均匀沉降等工程地质特征，其性质已接近特殊土，加之施工质量不高，在不利自然、地质条件共同作用下，促成了滑坡的形成和发展。

2. 对特殊环境条件的填方工程要注意对填方基地做必要的工程处理，以期减低或避免特殊自然条件的危害。为保证建筑场地的稳定性和适用性，填方基底必须进行有针对性的工程处理，消除其危害性，保证场地的安全性。

3. 本建筑场地的工程滑坡的整治采取了以抗滑桩为主的综合治理方案，且加强了对地表水、地下水、泉的引、排工程等。实践证明，对中、小型滑坡进行以抗滑桩为主的综合整治，具有工期短、见效快、安全可靠的优点。

4. 该场地第一次出现局部填方失稳，实际为滑坡的先兆，如果当时全面、深入分析事故的原因，及时采取必要的工程措施，是可以避免该滑坡的发生及危害的。

六、成都地铁1号线工程建设的地质问题及对策

易勇进　蒋良文

(一)概　　述

成都地铁1号线是我国西部第一条地下铁道,是成都市实施西部大开发战略,提升成都市形象的重点工程,对缓解成都市城市交通紧张状况,改善城市环境质量,实现城市可持续发展,完善城市人防工程系统,推动和促进成都市经济建设的发展具有非常重要的意义。

成都地铁1号线一期工程,北起红花堰站北端,然后向西折向站北一路,向南下穿火车北站铁路站场后,沿人民北、中、南路及其南延线南下,出火车南站穿南延线与三环路立交桥进入南都西路,并沿南都西路,经三环路、新益州和孵化园站后,向东穿过外环高速公路折回入南延线,南止于新会展中心,线路全长18.517 km,全部为地下线,共设车站16座。车站结构形式结合周边环境条件和建筑形式,一般为地下二层结构或地下一层结构,以明挖顺作法施工为主,局部跨路口区段由于交通疏解要求辅以盖挖法,配合基坑开挖,采用管井井点降水。区间隧道在城区外采用明挖法施工,管井井点降水;城区范围内(红花堰—桐梓林)采用盾构法施工。

本工程的工程重要性等级为一级工程,场地复杂程度为二级场地(中等复杂场地),地基复杂程度为二级地基(中等复杂地基)。

(二)区域地质特征

1. 地形地貌与气象水文

成都是四川省省会,为西南地区的科技、商贸、金融中心和交通及通信枢纽,也是我国的历史名城之一。成都地处四川盆地西部的成都平原,地形平坦,楼宇众多,人口稠密,交通繁忙,商贸繁荣。

成都市属亚热带湿润气候区,其主要特点是四季分明、气候温和、雨量充沛、夏无酷暑、冬少严寒。成都市位于岷江—都江堰内江水系在平原区的尾水部分,地表河流、沟渠众多,地铁1号线由北向南依次穿过沙河、小沙河、府河、南河(锦江)等四条河流。其中沙河为人工河道,平均比降0.87‰;府河与南河也已完成河道整治,府河比降1.5‰,南河比降0.81‰,府河与南河具通航条件。沿线河流的水位、流量变化除受降雨影响外,更受都江堰水利工程的人为调配控制。区内地表水系为本地区地下水提供了丰富的补给源。

地铁1号线一期工程位于川西平原岷江水系Ⅰ、Ⅱ级阶地上,为侵蚀—堆积地貌。区内地形平坦,总体上西高东低、北高南低,海拔高程一般为490~507 m,相对高差约17 m。

2. 地质构造

成都平原处于我国新华夏系第三沉降带之川西褶带的西南缘,界于龙门山隆褶带山前江油—灌县区域性断裂和龙泉山褶皱带之间,为一断陷盆地。经历次构造运动,盆地周边参差错落抬升成山,中心相对沉降,接受了巨厚的第四系松散堆积,形成了错落有致的盆地地貌景观。该断陷盆地内,西部的大邑—彭县—什邡和东部的蒲江—新津—成都—广汉两条隐伏断裂将断陷盆地分为西部边缘构造带、中央坳陷和东部边缘构造带三部分。成都地铁1号线位于东部边缘构造带。成都市区距龙泉山褶皱带20 km,距龙门山隆褶带50 km,区内断裂构造和地

震活动较弱，历史上从未发生过强烈地震，从地壳的稳定性来看应属基本稳定区。

成都市地震动峰值加速度为 0.10g，地震动反应谱特征周期为 0.40 s。建筑场地类别为Ⅱ类。

2008 年 5 月 12 日四川汶川 8 级地震后，根据国家标准化管理委员会于 2008 年 6 月 11 日批准并实施的《中国地震动参数区划图》(GB 18306—2001) 国家标准第 1 号修改单，四川、甘肃、陕西部分地区地震动峰值加速度和地震动反应谱特征周期修改为新值。根据《四川、甘肃、陕西部分地区地震动峰值加速度区划图》(1∶100 万) 和《四川、甘肃、陕西部分地区地震动反应谱特征周期区划图》(1∶100 万)，成都地铁 1 号线通过区域的地震动峰值加速度为 0.10g，地震动反应谱特征周期为 0.45 s。

3. 地层岩性

测区地表均为第四系(Q)地层覆盖，覆盖层厚度总体呈西厚东薄、北厚南薄，成都地铁 1 号线自北向南厚度从 30 m 逐渐减至约 8 m，以卵石土夹砂、漂石地层为主。地铁工程多穿行于卵石土地层中。

岩性地表多为第四系全新统人工填土(Q_4^{ml})覆盖，其下依次为：全新统冲积层(Q_4^{al})黏土、粉质黏土、粉土、卵砾石土夹粉细砂、漂石，局部有软土分布；第四系上更新统冰水沉积、冲积层(Q_3^{fgl+al})黏土、粉质黏土、粉土、砂土、卵石土夹砂、漂石；中更新统冰水沉积、冲积层(Q_2^{fgl+al})卵石土夹砂透镜体和漂石；下伏白垩系上统灌口组(K_2g)泥岩。

4. 水文地质

(1)地下水的分布特征及渗透性：区内地下水主要为第四系松散堆积砂砾卵石层孔隙潜水，白垩系灌口组泥岩风化裂隙水深埋于第四系堆积层之下，水量相对较小。

第四系孔隙潜水基本赋存在全新统(Q_4)、上更新统(Q_3)和中更新统(Q_2)的砂、卵石土中，三层砂卵石层含水极其丰富，形成一个整体含水层，具水流交替循环强烈、水位恢复迅速之特点。含水层具西厚东薄、北厚南薄的特点，富水程度随含水层厚度的减薄而减小。成都地铁 1 号线一期工程沿线第四系孔隙潜水含水层的厚度自北端的 30 余米逐渐减薄至南端的 8 m 左右。根据区域水文地质资料和成都地铁 1 号线勘察报告，成都地区丰水期一般出现在 7、8、9 月份，枯水期为 12、1、2 月份，以 8 月份地下水位埋深最浅，其余月份为平水期。在天然状态下，区内枯水期地下水位埋深 3 ~ 5 m，丰水期地下水埋深 2 ~ 4 m。根据区内地下水位动态长期观测资料，在天然状态下，水位年变化幅度一般在 1 ~ 3 m 之间。卵石土综合含水层渗透系数 k 为 15 ~ 25 m/d，为强透水层，见表 7—6—1。地下车站主体结构和地下区间隧道基本位于该层砂、卵石土含水层中，受该层地下水影响大。

表 7—6—1 主要岩土层渗透性一览表

岩土名称	时代与成因	渗透系数 k(m/d)	透水性
黏土(硬塑)	Q_4^{al}	0.001 ~ 0.009	微透水
粉质黏土(硬塑)	Q_4^{al}	0.001 ~ 0.009	微透水
粉土(中密)	Q_4^{al}	0.5	弱透水
粉细砂(稍密)	Q_4^{al}	3.5 ~ 10	中等透水
中粗砂(稍密)	Q_4^{al}	10 ~ 15	强透水
卵石土(中密)	Q_4^{al}	15 ~ 35	强透水
粉细砂(稍密)	Q_3^{fgl+al}	3.5 ~ 10	中等透水

续上表

岩土名称	时代与成因	渗透系数	透水性
		k(m/d)	
中粗砂(中密)	Q_3^{fgl+al}	10 ~ 15	强透水
卵石土(中密)	Q_3^{fgl+al}	15 ~ 30	强透水
粉细砂(中密)	Q_2^{fgl+al}	2 ~ 5	中等透水
中粗砂(中密)	Q_2^{fgl+al}	2 ~ 8	中等透水
黏土(硬塑)	Q_2^{fgl+al}	0.0002	不透水
全风化泥岩	K_2g	0.001 ~ 0.006	微透水
强风化泥岩	K_2g	0.2 ~ 0.44	弱透水
中等风化泥岩	K_2g	0.2 ~ 0.42	弱透水

(2)地下水的补给、径流与排泄:充沛的降雨量,构成了地下水的主要补给源。另外,岷江众多支流、农灌、沟渠等也是其重要补给源,同时,区内地下水还接受 NW 方向的侧向地下径流补给。

成都地铁 1 号线一期工程地处岷江冲洪积扇状平原的南东边缘,岷江水系地表水流自扇顶入渗地下,通过径流至扇前、扇间与下游河道又转化为地表水,这是平原内地表、地下水间的一种大的转化循环。在这个大循环中,河道起主要地表径流排泄作用和地表、地下径流的转换平衡作用。本区内的沙河、小沙河、南河、府河为主要地表径流排泄和地下径流与地表径流的转换通道。成都地区地表水、地下水总的流向为北西向南东。

(三)地铁建设中面临的施工地质问题及对策

1. 高强度卵石、漂石对盾构施工的影响及对策

(1)卵石、漂石的分布特征

全新统冲积层(Q_4^{al})卵石土:黄灰、黄褐色,以稍密—中密为主,部分密实,潮湿—饱和。卵石主要由微风化、中等风化的岩浆岩、变质岩类岩石组成,以亚圆形为主,少量圆形,分选性差,卵石含量 65% ~ 70%,粒径以 30 ~ 70 mm 为主,钻孔中揭示最大粒径约 170 mm,局部夹漂石,最大粒径达 530 ~ 550 mm,充填物为细砂及圆砾,Ⅰ级阶地广泛分布。

第四系上更新统冰水沉积、冲积层(Q_3^{fgl+al})卵石土:褐黄、灰黄、浅灰、黄绿色等,以中密—密实为主,饱和。卵石主要由中等风化及强风化的岩浆岩、变质岩类岩石组成,以亚圆形为主,少量圆形,分选性差,卵石含量约 65% ~ 70%,粒径以 20 ~ 100 mm 为主,钻孔中揭示最大粒径 180 mm,局部夹漂石,圆砾含量约 10%。在全兴大厦二期工地基坑发现,漂石最大粒径达 670 mm,充填物以中细砂为主,局部夹少量黏性土,Ⅰ、Ⅱ级阶地广泛分布。

中更新统冰水沉积、冲积层(Q_2^{fgl+al})卵石土:灰、深灰、蓝灰、灰绿、黄绿色,以密实为主,部分中密,饱和。卵、砾石主要由强风化及中等风化的岩浆岩、变质岩类岩石组成,呈圆—亚圆形,分选性差,卵石含量约 70%,粒径以 30 ~ 100 mm 为主,钻探揭示最大粒径 180 mm,圆砾含量约 10%,个别钻孔见漂石,漂石最大粒径 270 mm,充填物主要为中细砂及黏性土,具弱泥质胶结和微钙质胶结,胶结程度较差,Ⅰ、Ⅱ阶地下部不连续分布。

卵石土中的漂石呈不均匀分布,漂石主要分布于 Q_3 地层中,含量一般在 10% ~ 15%,局部富集成层,含量高达 20% ~ 30%,在 Q_2 及 Q_4 地层中漂石含量较少。在地铁沿线的成都军区、

骡马市、红照壁一带,漂石含量较高。据沿线精图大厦和九医院华帝大厦基坑开挖显示,漂石主要分布在6~10 m段及14 m以下,粒径一般20~40 cm。全兴大厦二期基坑开挖揭示的漂石最大粒径达67 cm,地铁工程勘察时揭示的漂石最大粒径达55 cm,地铁天府广场基坑施工时揭示的漂石最大粒径达53 cm。卵石颗粒级配见表7—6—2。

表7—6—2 卵石颗粒级配统计表

地层	样本数(组)	漂石组(%)	卵石组(%)				
		>200 mm	100~200 mm	80~100 mm	40~80 mm	20~40 mm	合计
Q_4	3	15.4	10.8	9.3	33.7	15.4	69.2
Q_3	6	18.4	8.4	13.2	30.4	14.5	66.5
Q_2	4	10	6.8	10.2	32.2	21	70.2

注:根据《成都市地铁一期工程可行性研究岩土工程地质勘察报告》等综合整理。

(2)卵石、漂石的成分及强度

卵石、漂石的石质成分主要为岩浆岩和变质岩类岩石,详细情况见表7—6—3。其在Q_3和Q_4地层中主要为中等风化,岩质坚硬;在Q_2地层中为强—中等风化,岩质较坚硬。根据地铁勘察单轴极限抗压强度及点荷载试验资料显示(见表7—6—4),单轴极限抗压强度达53.6~107 MPa。

表7—6—3 卵石、漂石石质成分统计表(%)

地层	样本数(个)	岩浆岩					变质岩		沉积岩		其他
		花岗岩	闪长岩	辉绿岩	辉长岩	安山岩	石英岩	其他变质岩	砂岩	石灰岩	
Q_4	10	34.2	9.0	8.0	1.8	0.6	28.5	10.0	1.8	0.6	5.5
Q_3	4	43.2	4.5	3.0	0.4	1.0	35.7	8.8	2.1	0.3	0.1
Q_2	4	40.2	5.4	12.2	7.1	1.0	19.9	6.9	6.3	0.4	0.6

注:根据《成都市综合水文地质工程勘察报告》,每组样本质量为50 kg。

表7—6—4 卵石、漂石点荷载试验统计表

工程名称	样本数	点荷载$I_{s(50)}$(MPa)平均值	由$I_{s(50)}$平均值计算的抗压强度R(MPa)
人民北路—文武路区间	4	3.14~4.93	56.3~78.4
文武路—骡马市区间	2	2.93~7.57	53.6~107

注:根据成都地铁1号线人民北路至骡马市区间岩土工程详勘资料。

(3)高强度的卵石、漂石对盾构施工的影响及对策

成都地铁1号线全线隧道埋深浅,围岩多为含大粒径、高强度漂石的卵石土夹透镜体砂层,其均匀性差,自稳能力差,透水性强,地下水十分丰富,盾构机选型必须满足处理大粒径、高强度漂石、卵石的能力。根据北京地铁4号线施工经验,宜采用土压平衡式盾构。此种盾构的特点是利用与密封舱相连的螺旋输送机排土,通过充填在密封舱内的弃土并调节螺旋输送机的排土量以平衡开挖面的水、土压力。但由于成都地区砂卵石土的渗透性好,因此,需要通过对密封舱内的弃土注入附加剂的方法改善土体的可排性和渗透性,防止地下水穿透密封舱和

螺旋输送机的土壤，使其能够适宜在成都地区强透水性砂卵石土地层中使用。

同时，盾构在含大粒径、高强度漂石的卵石土夹透镜体砂层中掘进时，难以排除因被切削头带动而扰动地层，造成超挖和土体变形、下沉，宜在盾构推出始发井的初始阶段进行以土体变形、沉降为主的监测，以合理确定和调整盾构施工的参数。盾构掘进过程中，应严格控制开挖面的出土量和推进一环时的纠偏量，以减小盾构在土体中的摆动和对土体的扰动，防止超挖。

2. 透镜体砂层对施工的影响及对策

(1)透镜体砂层的分布特征

成都地区的砂土一般埋藏于黏性土层之下或呈透镜状夹于卵石层中，厚度一般在1~3 m，以粉细砂为主，多为松散—中密，大部分处于地下水位以下，呈饱和状态。

(2)透镜体砂层对明挖法施工的影响及对策

成都地铁1号线各车站及城外段区间隧道均采用明挖法施工，管井井点降水。由于透镜状砂土大多处于饱水状态，以粉细砂为主，降低地下水位后，在基础附近形成大的水力坡度，当水力坡度大于临界水力坡度时，在渗透压力作用下将细粒土带走，容易产生潜蚀和管涌，使粗粒土颗粒重新排列压缩而引起地面变形。

基坑降水形成潜蚀和管涌作用不仅取决于水力坡度的大小，同时也受土体颗粒级配条件的限制，因此，只要降水井施工时注意确定井管缠丝间距、井管周围的填粒厚度、填粒滤料的级配，控制细颗粒物质大量流失，防止潜蚀或管涌的产生是可能的。

(3)透镜体砂层对盾构法施工的影响及对策

透镜体砂层在饱水状态下，自稳能力差，透水性强，盾构施工时，开挖面容易产生涌水，造成细颗粒物质大量流失，引起开挖面失稳和地面下沉。

盾构施工时可以采用预注浆加固处理措施，封闭地下水，加固开挖面地层稳定性。另外，可以借鉴北京地铁5号线盾构施工经验，在停机前半环至一环时，向开挖面注入膨润土浆液，提高掘进时的土压，使膨润土浆液较深的渗入土体中，在开挖面形成一层较厚的优质泥皮，亦能达到封堵地下水、加固开挖面地层稳定性的目的。

(四)地铁建设中面临的环境地质问题及对策

1. 地铁建设施工时引起的地面沉降及变形

成都地铁1号线所有车站和城区外本区间隧道均拟采用管井降水、明挖法施工，城区内区间隧道采用盾构法施工。明挖法施工时，降水使地下水位大幅降低以及抽排地下水时产生的砂潜蚀均可能引起地面和周边建筑物沉降、变形；盾构法施工时，对土体的扰动和盾构掘进时压力过大、过小、开挖面失稳、涌水以及注浆不足等亦可能引起地面和周边建筑物沉降、变形。成都地铁经过主城区地段交通繁忙、房屋密集、高楼林立、人口密集，沿线地下管线种类众多，交织密集分布，一旦地面沉降、变形超标，将造成严重损失和危害。

对于降水施工可能引起的地面沉降及变形，可以通过施工前对周围环境状况的详尽调查，有针对性地选择恰当的开挖支护方案和降水措施、设备等，合理布设管井过滤层，严格控制降水井出砂量，加以预防。施工时，可以采取地层注浆的方法加固地层，防止砂潜蚀。同时，可以对周边重要建筑物本身进行加固，使其结构刚度加强，以适应地基土变形引起的建筑物变形。

对于盾构施工可能引起的地面沉降及变形，可以通过对施工参数的优化，采用合理的施工工艺和施工组织，从源头加以控制。施工时，可以采取在盾构隧道和建筑物之间设置隔断工程、对建筑物和土体实施预加固处理等合理的工程措施对周边建筑物进行保护，并对设备、材料、渣土等堆放、运输制定合理的施工组织。

同时，应加强施工前、施工中、施工后对地下水位、土体变形、建筑物变形的监测工作，对观测资料及时分析处理。如果有异常现象出现，应立即通报相关单位进行会商，采取必要的措施，确保安全。

2. 工程建成后对地下水径流的影响

由于成都地铁一期工程沿线车站、区间隧道主体结构均位于含有丰富地下水的第四系全新统和更新统砂、卵石层中，工程建成后，将形成一座长大的地下防水、阻水建筑物，犹如一座长大的地下"潜坝"，同时，由于隧道走向与地下水流向大多正交或大角度相交(具体情况见表7—6—5)，地铁工程建成后，使地下水的过水断面减小，对地下水的径流会产生较强的阻碍，在其西侧、北侧可能产生地下水水位壅高，对周边防水性能较差的地下室或地下停车场的正常使用会有一定影响，同时会因地基土随含水量增加而物理力学性能降低，对其安全性有一定影响。

表7—6—5　成都地铁1号线隧道走向与地下水流向的关系

序　号	段　　落	隧道走向	地下水流向	走向与流向的夹角
1	红花堰—火车北站	EW	S15°W	75°
2	火车北站—万福桥	S4°W	S28°E	32°
3	万福桥—骡马市	S30°W	S60°E	90°
4	骡马市—小天竺	NS	S8°E	8°
5	小天竺—南三环	NS	E	90°
6	南三环—新会展中心	NS	S38°E	38°

随着环境条件的改变，地下水渗流场自身会作相应调整，比如通过车站壅水向区间隧道顶部渗流和局部向河谷排泄等方式，可以使地铁工程建成后不会产生大范围、较大的壅水现象。同时，对采用明挖法施工修建的车站和区间隧道，可以采用在其顶部回填砂卵石、人为增加地下水过水断面的办法，防止大范围、较大壅水的产生。

(五)结　　语

综上所述，在成都地区砂、卵石土地层中修建地铁，会遇到诸多困难和问题，但在充分借鉴和总结国内外相关工程修建，尤其是北京地铁5号线修建的经验基础上，通过选用合理的施工方法、施工设备、施工工艺、施工组织以及采取合理的工程措施，均能得到圆满的解决或控制。有理由相信，成都地铁1号线工程能够取得圆满成功，并能够总结出一套在砂、卵石地层中修建地铁工程的较为完整的施工技术和施工经验。

七、成都地铁特殊地质条件及岩土工程勘察

李建强　易勇进

成都是天府之国的省会城市，是富饶的休闲之都，地处四川盆地中部，地形平坦，楼宇众多，人口稠密，交通繁忙，商贸繁荣。成都是我国西部地铁第一城，成都地铁是成都市实施西部大开发战略，提升成都市形象的重点工程。要建好成都地铁，为地铁设计和施工提供必须的基

础资料，岩土工程勘察就显得十分必要和尤为重要。

（一）工程概况

成都地铁1、2号线为贯穿成都市区的SN—EW向的十字交叉线。1号线一期工程为南北走向，起点为红花堰，向南下穿火车北站，而后沿人民北路、人民中路、人民南路、南都西路至终点会展中心，正线全长18.468 km。2号线一期工程起点位于成灌客运站以北，经过成灌客运站、羊犀立交，而后沿羊市街西延线、金罗路、清江路、通惠门路、金河路、少城路、人民西路，下穿天府广场、春熙路商业闹市区，沿东大街、牛王庙街，下穿东二环路、沙河、成昆铁路、东三环路，沿老成渝公路至终点经干院，正线全长22.795 km。

线路敷设方式多为地下线，局部地段为地面线或高架线路。地下线埋深一般10～25 m，区间隧道多为双线单洞，局部地段为左、右线分修；区间隧道一般采用盾构法、部分采用明挖法施工；车站一般采用明挖逆作法、盖挖逆作法施工。

（二）区域特征

1. 自然地理及气象

成都地处四川盆地中部，地形平坦。成都市属亚热带湿润气候区，四季分明，气候温和，雨量充沛，夏无酷暑，冬少严寒。

2. 河流水文

成都市的河流属川西平原岷江水系，具丰富的地表径流，主要河流为府河和南河，河道纵坡一般1‰～8‰，水深一般3～4 m，水量丰富，最高洪水位480～503 m，具通航条件，为本地区地下水提供了丰富的补给源。

3. 地形地貌

成都位于川西平原岷江水系Ⅰ、Ⅱ级阶地上，为侵蚀—堆积地貌。区内地形平坦，地势总体呈西北高、东南低，地面高程约480～540 m。

4. 地质构造

成都平原为一断陷盆地，经历次构造运动，周边差异抬升成山，中心相对沉降，接受了厚大的第四系松散堆积，形成了错落有致的盆地地貌景观，现处于缓慢、相对稳定的沉降阶段。

断裂构造和地震活动较微弱，历史上从未发生过强烈地震，从地壳的稳定性来看应属基本稳定区。2008年5月12日四川汶川8级地震后，根据国家标准化管理委员会于2008年6月11日批准并实施的《中国地震动参数区划图》(GB 18306—2001)国家标准第1号修改单，四川、甘肃、陕西部分地区地震动峰值加速度和地震动反应谱特征周期修改为新值。成都市地震动峰值加速度为0.10 g，地震动反应谱特征周期为0.45 s。建筑场地类别为Ⅱ类。

5. 地层岩性

段内均为第四系(Q)地层覆盖，地表多为第四系全新统人工填土(Q_4^{ml})，其下为全新统冲积层(Q_4^{al})黏土、卵砾石土夹粉细砂，上更新统冰水沉积、冲积层(Q_3^{fgl+al})及中更新统冰水沉积、冲积层(Q_2^{fgl+al})卵石土夹砂透镜体，下伏基岩为白垩系上统灌口组(K_2g)泥岩。

（三）地质条件的特殊性、复杂性及主要工程地质问题

1. 成都地区地质条件的特殊性及复杂性

表层人工填土及黏性土，厚度一般4～6 m，黏性土多属成都黏土（膨胀土），富水地带多为

软土、松软土，砂土及粉土多为液化土；其下为冲积、冰水沉积砂卵石土，砂呈透镜体状分布，规律性较差，卵石土中含漂石，漂石分布不均，既有资料揭示直径为 20 ~ 67 cm（见图 7—7—1），卵漂石含量高，一般为 60% ~ 90%，强度高，单轴极限抗压强度一般为 67 ~ 120 MPa，个别可达 151 MPa，充填物为砂粒；下伏基岩为白垩系上统灌口组泥岩，具一定的膨胀性，基岩埋深差异较大，在 22 ~ 50 m 之间。地铁多在砂、卵石层中穿行。地下水十分发育，地下水位高，一般为 3 ~ 5 m，砂、卵石层的透水强，渗透系数 $k = 15 \sim 30$ m/s，地下水流速较大。各岩、土层均一性及自稳能力较差。因此，总体地质条件差，对地铁勘察、设计、施工带来极大困难，这在国内其他城市是少见的。

2. 主要工程地质问题

(1)判定饱和砂土、粉土的分布及液化特征，评价其对工程的影响；

(2)查明软弱地基土的分布、压缩和变形特征，评价其对建筑物基底变形及不均匀沉降的影响；

(3)查明膨胀岩土的分布及工程特性，评价其膨胀、收缩、变形对工程的影响；

(4)查明高水位、强透水、富含水的砂、卵石土的埋深、厚度、颗粒组成、密实度、稳定性等情况，评价其对隧道施工、坑壁稳定性的影响以及基坑开挖、施工降水对地面沉降的影响等；

图 7—7—1　天府广场基坑中漂石（最大粒径达 53cm）

(5)查明隧道区间卵石、漂石的含量、最大粒径、强度、渗透性等，提出盾构机选型建议，评价其对隧道盾构施工的影响；

(6)查明沿线水文地质条件，尤其是穿越地表河流段地表水与地下水的水力联系，分析河水发生渗漏及隧道涌水、突水的可能性，评价其对施工和工程的影响；

(7)准确预测基坑、隧道涌水量，合理建议基坑围护、施工降水方案；

(8)对水、土腐蚀性作出评价，提出合理防腐措施建议；

(9)结合地质条件和工程特点，对地基基础持力层的选择以及基础类型选择提出合理建议。

(四)岩土工程勘察的重点和难点

上述主要工程地质问题即为地铁线岩土工程勘察的重点。由于地质条件的特殊性、复杂性，各勘察方法均有其局限性，一些工程地质问题的勘察就成为勘察工作的难点。经分析认为，成都地铁岩土工程勘察的难点主要有以下几方面：

1. 如何保证高水位、富含水、强透水砂卵石土的钻探质量，提高岩芯采取率，准确鉴定分析岩土层结构及其特征，尤其是透镜状砂土及漂石的分布和特征；

2. 如何查清卵石层中漂石的分布、含量、最大粒径、强度等物理力学性质；

3. 如何解决基岩强风化及破碎岩体难以取样、制样等问题，准确测定其抗压强度等力学指标；

4. 沿线砂卵石土层广泛分布，地下水十分丰富，如何取得各含水层的水文地质参数，尤其是多次穿越河流段地下水与河水的水力联系，分析隧道、基坑施工中出现涌水、突水的可能性，评价其对施工和工程的影响，为设计、施工提供准确的水文地质参数和合理的工程措施建议；

5. 环境因素（车流、人流引起的微震动，混凝土路面、地面建筑物、地下管线、洞室等）对利用电法、电磁法、地震波、声波法的物探工作干扰极大，如何合理选择物探方法、手段及设备，保证取得工程设计所必需的、准确的物探资料；

6. 成都地铁1、2号线为贯穿成都市主城区的SN—EW向的十字交叉线，沿线车流、混凝土路面、地面建筑物、地下通信、电力、供气、供水管线、洞室对工程地质勘察的实施有极大影响，既要确保勘察本身的工期、质量、安全，又要确保上述邻近既有设施的安全，同时还要降低勘察对成都市交通、市民生活的影响，如何组织、实施综合勘察也是勘察工作面临的难题。

（五）勘察方案

针对成都地区特殊、复杂的地质条件和环境条件，结合地铁工程的特点，全面分析地铁工程建设中主要的工程地质问题，认清岩土工程勘察的重点和难点，勘察单位合理选用了地质调绘、钻探、井探、物探、原位测试（动力触探、静力触探、十字板剪切试验、标准贯入试验、K_{30}载荷板试验、旁压试验等）、水文地质试验、室内试验等综合勘察方法和手段，制定了合理的岩土工程勘察方案。

1. 砂、卵石土的勘察

成都地区砂、卵石土中卵石含量高，粒径大，含漂石，石质强度高，砂质充填，钻进十分困难，遇大卵石、漂石跟管护壁极为困难；地下水位高，地下水丰富，砂、卵石土强透水，地下水水动力大，钻探中极易塌孔，泥浆等护壁极易被稀释、流失；钻探取芯、采样也极为困难；由于大卵石、漂石的不均匀分布，动力触探的使用也受限；卵石层强度较大，成孔较难，使得旁压试验难以实施；卵石、漂石的含量、最大粒径、强度、渗透性等对盾构选型、施工的影响很大。因此，保证砂、卵石层的勘察质量成为成都地铁岩土工程勘察的重点和难点。针对以上问题，砂、卵石土勘察采用了以下方法：

（1）采用单动双层、双动双层、三层岩芯管、金刚石钻头、泥浆加植物胶护壁，保证了砂卵石层钻探的采芯率，以便准确地划分岩土分层，尤其是鉴定砂土透镜体的分布特征，效果很好。

（2）采用取砂器采取砂样，原则上对砂样进行砂的物理力学指标的测试，如砂的重度、天然密度、天然孔隙比、饱和度、相对密度、颗粒分析；灌砂法测定砂的干密度；采取扰动砂样测定砂土的水上、水下休止角。

（3）采用标准贯入试验，判定砂土的液化特征。

（4）对石质岩芯采用还原分析法，结合相邻工程、既有工程开挖的基坑的统计分析，计算漂石的粒径和含量。经计算分析得知，成都地区漂石的分布南部多于北部，漂石含量一般在2%～8%之间，据既有资料，漂石直径为20～67 cm。

（5）利用点荷载试验确定卵石、漂石的抗压强度，从而换算其单轴极限抗压强度。试验结果：漂石单轴极限抗压强度为67.4～151.3 MPa，平均值107.3 MPa；卵石单轴极限抗压强度为70.1～116.2 MPa，平均值87.7 MPa。

2. 液化土的勘察

采用标准贯入试验，对饱和砂土、粉土的标贯间距为1～2 m，按照《铁路工程抗震设计规范》（GB 50111—2006）判定其液化特征。当实测标准贯入锤击数N值小于液化临界标准贯入锤击数N_{cr}时，应判为液化土。N_{cr}值应按下列公式计算：

$$N_{cr}=N_0\cdot\alpha_1\cdot\alpha_2\cdot\alpha_3\cdot\alpha_4$$

式中　N_0——当 d_s 为 3 m,d_w 和 d_u 为 2 m,α_4 为 1 时,土层的液化临界标准贯入锤击数,可查表取值;

α_1——地下水埋深 d_w(m)修正系数,$\alpha_1=1-0.065(d_w-2)$,当地面常年有水且与地下水有水力联系时,d_w 为零;

α_2——标准贯入试验点的深度 d_s(m)修正系数,

$$\alpha_2=0.52+0.175d_s-0.005d_s^2$$

α_3——上覆非液化土层厚度 d_u(m)修正系数,$\alpha_3=1-0.05(d_u-2)$,对于深基础,取 α_3 为 1;

α_4——黏粒重量百分比 P_c 的修正系数,$\alpha_4=1-0.17\sqrt{P_c}$。

判定结果表明,第四系全新统(Q_4^{al+pl})的饱和砂、粉土多属液化土,液化等级为轻微至中等。

3. 软弱地基土的勘察

对软黏土、淤泥质土等软弱地基土,可采用钻探、物探、原位测试、取样室内试验等相结合的综合勘察方法。对厚层或难以取样的软土地层,则采用静力触探、十字板剪切试验、扁板侧胀试验、应力铲试验、孔内旁压试验、螺旋板载荷试验、钻孔波速测试等原位测试方法,查清软弱地基土的分布特征和物理力学性质。

软土取样使用的是薄壁取土器,且采用均匀连续压入法。

软土室内试验的项目,根据不同勘察阶段、不同工程类别和处理措施合理确定;除常规物理、力学性质指标试验外,室内力学试验则以直剪、三轴剪切试验(UU、CU)和无侧限抗压强度、压缩固结试验为主,在每一地貌单元都有代表性高压固结试验,必要时,还进行次固结试验,还测定其有机质含量、烧失量、基床系数等。

软弱地基土的勘察时还注意了分析评价其场地地质条件、地基稳定性、环境影响等内容,主要包括:场地有暗塘、暗浜等,基岩面起伏大、基底倾斜、软弱土呈透镜状分布等引起的滑移、侧向挤出、不均匀变形;软弱地基土的固结排水条件,对地基变形的影响;水土腐蚀性对工程的影响;地下水变化和承压水等对软基稳定性和变形的影响;软土震陷对工程的影响;富含有机质软基中沼气等有害气体逸出对施工安全和工程的影响和危害;软基沉降、变形、失稳引起的地面沉降、既有地下管线、相邻建(构)筑物的破坏等。

4. 膨胀岩土的勘察

成都黏土、雅安砾石层的充填土、泥岩风化层一般具膨胀性,多属膨胀土,一般为弱膨胀土,局部为中—强膨胀土。成都地区下伏基岩为白垩系上统灌口组泥岩,膨胀性较强,多属膨胀岩,一般为弱—中等膨胀岩。

对膨胀岩土的勘察,主要采用地质钻探、井探、标准贯入试验、静力触探、旁压试验、钻孔波速测试、取样室内试验等相结合的综合勘察方法。

取样试验除测试岩土常规物理、力学性质指标外,膨胀土还要测定其自由膨胀率、蒙脱石含量和阳离子交换量,必要时,做矿物成分和化学成分、pH 值、先期固结压力及残余强度等的测试和分析;膨胀岩还要测定其膨胀率、膨胀力、饱和吸水率,并做风干样或烘干样的崩解试验;膨胀土的地基承载力测试采用静力触探、旁压试验;膨胀岩的地基承载力采用点荷载试验、旁压试验;重要和特殊、复杂的工程场地还进行现场浸水载荷试验、大面积剪切试验、旁压试验以及三轴试验、固结试验等。

5. 地下水力特征的勘察

主要选用大口径探井水文地质试验，根据地下含水层的特点，以分层抽水试验为主，以注水试验、提水试验为辅，并尽量采用大口径、有观测孔的水文地质试验，以排除水跃值对试验的影响，准确测定地下水的渗透系数、导水系数、给水度；结合井中测流测定地下水的流速、流向；采用水位计、孔隙水压计分层测量及长期水位观测，观测地下水的水位、承压水头及其随季节的变化特征。

6. 基岩强风化及破碎岩体的勘察

对基岩强风化及破碎岩体勘探的难点是岩芯采取率低和取样困难。对此，选用单动双层、双动双层、三层岩芯管钻进，取芯效果良好。采取柱状岩样测定其抗压、抗剪强度，若采取柱状岩样困难，则采碎块岩芯进行点荷载试验，按 $R=24.338\,I_{s(50)}^{0.7333}$ 换算其单轴抗压强度，同时采用动力触探、载荷板试验、旁压试验等测定其力学参数。

7. 基坑、隧道涌水量预测

(1)基坑涌水量预测：参照《地下铁道、轻轨交通岩土工程勘察规范》(GB 50307—1999)第8.5.8条，根据地下水类型、基坑形状与含水构造的特点、完整性等条件，选用相应的计算公式预测基坑涌水量。预测基坑涌水量时，可将基坑分为块状基坑和条形基坑两种形态。当基坑长度 L 与宽度 B 比小于10时，为块状基坑；当长度与宽度比大于10时，为条形基坑。

(2)盖挖、暗挖法施工隧道涌水量预测：参照《铁路工程地质手册》(中国铁道出版社)，根据实际水文地质条件，可采用地下水动力法、地下径流深度法、地下径流模数法、降水入渗法、水文地质比拟法、同位素氚法进行隧道涌水量的预测。采用地下水动力法预测时，应根据地下水流特征(稳定流、非稳定流)、工程类型(完整式、非完整式)、地下水力类型(潜水、承压水)、补给边界条件(有界、无界)等选用相应的计算模型进行预测。采用降水入渗法预测时应注意的是，《铁路工程地质手册》中给出的入渗系数经验值，往往比实际值偏小。此外，在水底隧道涌水量的预测中还应特别注意，地下水与地表水的水力联系对隧道涌水量的影响较大。

(3)盾构施工隧道涌水量预测：采用盾构施工的隧道，其涌水量的预测与盖挖、暗挖法施工的隧道涌水量的计算模型是不同的。盖挖、暗挖法施工的隧道一般是隧道的整个施工段进水，而盾构施工隧道则主要是掌子面进水。盾构施工隧道涌水量的预测可采用达西定律，即

$$Q=k\cdot S\cdot H/R$$

式中 Q——盾构掌子面涌水量(m^3/d)；

k——渗透系数(m/d)；

S——掌子面过水面积(m^2)；

H——水位降深(m)；

R——隧道降水补给半径(m)。

8. 复杂、困难环境因素下的综合地质勘察

沿线楼宇众多，人口稠密，交通繁忙，商贸繁荣，地下管线密布，这些对勘察工作的正常开展带来较大的困难，是本次勘察工作的难点之一。对此，采用以下勘察方案：

(1)事先与交管、城管、路政、园林、绿化、管线等相关部门沟通和协商，收集有关地下管线、地下建(构)筑物等资料，办理有关占道施工手续，做好交通疏解方案。

(2)尽量避开人流、车流高峰期的占道施工，勘察结束立即清场。

(3)采用挖除地表混凝土、探明地下管线的前提下，确保钻探、静力触探、旁压试验等设备的规范安装，进而保证勘探、测试的顺利实施。

(4)对因受既有建(构)筑物的制约，勘探间距不满足规范要求时，或地质条件复杂地段，

可根据场地条件，选择有利位置进行辅助钻孔，采用跨孔 CT 法探测工程施工及影响范围的岩土层的分布和特征。

(5)采用先进的、屏蔽效果好的物探设备，并在夜间进行测试，尽量避开交通、人流震动等环境因素对物探工作的干扰，条件许可时做好交通疏解工作，实行局部临时封闭，以保证物探资料的可靠性、准确性。

(6)勘探引水困难地段，利用自来水或采用专门的运水设备，经济、合理地解决施工用水问题，做到文明施工。

9. 水土腐蚀性分析与评价

根据地质单元、水文地质条件，结合工程的需要，分层、分季节采取水、土样测试其对混凝土结构、钢筋混凝土结构中的钢筋、钢结构的腐蚀性。

需要注意的是，土对钢结构的腐蚀性评价宜采用 pH 值、氧化还原电位、电阻率、极化电流密度、质量损失等多指标进行综合评判，如采用单一的 pH 值判定，易出现误判现象。

另外，地铁工程为百年大计，工程重要性及安全等级均为一级，设计中应考虑工程防腐的耐久性问题，建议参照《铁路混凝土结构耐久性设计暂行规定》(铁建设〔2005〕157 号)执行。

(六)主要勘察成果

1. 岩土分层及其特征

(1)第四系全新统人工填筑土(Q_4^{ml})

以素填土为主，多为黏性土，局部地段为杂填土，由碎石、砂土、砖瓦碎块等建筑垃圾组成，其间充填黏土，色杂，松散—稍密，潮湿，段内分布于地表。

(2)第四系全新统冲积层(Q_4^{al})

①软土(Q_4^{al})：灰黑、浅灰色，软塑—可塑状，质较纯，无味，主要分布于红花堰至火车北站一带，在火车南站发育较厚，其余低洼潮湿、常年集水地段零星分布。

②黏土(Q_4^{al})：黄、灰黄、灰褐色，含铁锰质结核及少量钙质结核，可塑—硬塑，段内均有分布，为弱膨胀土。

③粉质黏土(Q_4^{al})：灰黄色，可塑—硬塑，含铁、锰质及钙质结核，呈透镜体状分布于卵石土上部，本层局部的粉质黏土为弱膨胀土。

④粉土：褐灰色，潮湿，稍密—中密，质较纯，含铁、锰质斑痕，可见云母细片，局部缺失。

⑤细砂、粉砂(Q_4^{al})：黄色，饱和，中密，呈透镜体状分布于卵石土中，局部可液化，液化程度轻微。

⑥中砂、粗砂(Q_4^{al})：浅灰色，饱和，中密，呈透镜体状分布于卵石土中上部。

⑦卵石土(Q_4^{al})：黄灰、黄褐色，以稍密—中密为主，部分密实，潮湿—饱和，卵石主要由中等风化的岩浆岩、变质岩类岩石组成，以亚圆形为主，少量圆形，分选性差，卵石含量 60%～70%，粒径以 30～70 mm 为主，钻孔中揭示最大粒径约 170 mm，局部夹漂石，最大粒径达 530～550 mm，充填物为细砂及圆砾，Ⅰ级阶地广泛分布。

(3)第四系上更新统冰水沉积、冲积层(Q_3^{fgl+al})

①黏土(Q_3^{fgl+al})：黄褐、褐黄色，硬塑，含铁、锰质斑痕，可见少量钙质结核，主要分布在Ⅱ级阶地表层或填筑土下部，为弱膨胀土。

②粉质黏土(Q_3^{fgl+al})：灰黄、褐黄色，可塑—硬塑，含铁、锰质及钙质结核，主要分布于Ⅱ级阶地，多呈透镜状分布。

③粉土(Q_3^{fgl+al}):灰黄色,饱和,稍密,质较纯,含铁、锰质斑痕,可见云母细片。

④中粗砂(Q_3^{fgl+al}):灰色,饱和,中密—密实,呈透镜体状分布于卵石土中下部。

⑤卵石土(Q_3^{fgl+al}):褐黄、灰黄、浅灰、黄绿色等,以中密—密实为主,饱和,卵石主要由灰岩、砂岩、石英岩等组成,以亚圆形为主,少量圆形,分选性差,卵石含量约70%,粒径以20~100 mm为主,钻孔中揭示最大粒径180 mm,局部夹漂石,圆砾含量约10%。在全兴大厦二期工地基坑发现,漂石最大粒径达670 mm,卵、砾石以中等风化为主,充填物以中细砂为主,夹少量黏性土,具弱泥质胶结,胶结程度差,Ⅰ、Ⅱ级阶地广泛分布。

(4)第四系中更新统冰水沉积、冲积层(Q_2^{fgl+al})

①粉细砂:青灰色,密实,饱和,呈透镜体状分布于卵石土中,分布范围较小,多呈透镜状分布。

②黏土:黄、褐黄色,硬塑—坚硬,含铁、锰质斑痕,网状裂隙发育,广泛分布于Ⅲ级阶地表层,为弱—中等膨胀土。

③粉质黏土:黄、褐黄色,硬塑—坚硬,含铁、锰质斑痕,网状裂隙发育,主要分布于Ⅲ级阶地,分布范围较小,多呈透镜状。

④卵石土:灰、深灰、蓝灰、灰绿、黄绿色,以密实为主,部分中密,饱和。卵、砾石成分以灰岩、砂岩、石英岩等为主,呈圆形—亚圆形,分选性差。卵石含量约60%~70%,粒径以40~100 mm为主,钻探揭示最大粒径180 mm,圆砾含量约10%,个别钻孔见漂石,漂石最大粒径270 mm。卵、砾石以中等风化为主。充填物主要为中细砂及黏性土,具弱泥质胶结和微钙质胶结,胶结程度较差。卵石土在Ⅰ、Ⅱ、Ⅲ级阶地广泛分布。Ⅲ级阶地地段充填物(黏性土)具弱膨胀性。

(5)白垩系上统灌口组(K_2g)

①全风化泥岩(K_2g):紫红色,岩芯呈土柱状,部分呈碎块状,受泥岩本身差异风化的影响,本层厚度变化较大,属膨胀岩。

②强风化泥岩(K_2g):紫红色,岩质软,岩芯多呈碎块状,少量短柱状,部分呈土状,岩芯碎块手可折断,部分地段缺失该层,属膨胀岩。

③中等风化泥岩(K_2g):紫红色,中厚层状,泥质胶结,锤击声较脆,易风化,岩芯多呈柱状,少量呈碎块,岩质较硬,属膨胀岩。

2. 土、石可挖性分级(见表7—7—1)

表7—7—1　隧道围岩基本分级和土、石可挖性分级一览表

层　号	岩 土 名 称	岩 土 特 征	开挖后的稳定状态	隧道围岩基本分级	土、石可挖性分级
(1)	人工填筑土	杂填土,稍密	易塌	Ⅵ	Ⅱ
(2)-①	软土	流塑—软塑	不能自稳	Ⅵ	Ⅱ
(2)-②	黏土	可塑	自稳性极差	Ⅵ	Ⅱ
(2)-③	粉质黏土	硬塑	自稳性差	Ⅴ	Ⅱ
(2)-④	粉土	稍密,饱和	不能自稳	Ⅵ	Ⅰ
(2)-⑤	粉细砂	稍密,饱和	不能自稳	Ⅵ	Ⅰ
(2)-⑥	中粗砂	稍密,饱和	不能自稳	Ⅵ	Ⅰ
(2)-⑦	卵石土	中密—密实,饱和	自稳性差	Ⅴ	Ⅲ
(3)-①	黏土	可塑	自稳性较差	Ⅴ	Ⅱ
(3)-②	粉质黏土	硬塑	自稳性较差	Ⅴ	Ⅱ

续上表

层　号	岩土名称	岩土特征	开挖后的稳定状态	隧道围岩基本分级	土、石可挖性分级
(3)-③	粉细砂	稍密，饱和	不能自稳	Ⅵ	Ⅰ
(3)-④	中粗砂	稍密，饱和	不能自稳	Ⅵ	Ⅰ
(3)-⑤	卵石土	中密—密实，饱和	自稳性差	Ⅴ	Ⅲ
(4)-①	细砂	稍密—中密，饱和	不能自稳	Ⅵ	Ⅰ
(4)-②	黏土	硬塑	自稳性较差	Ⅴ	Ⅱ
(4)-③	粉质黏土	硬塑	自稳性较差	Ⅴ	Ⅱ
(4)-④	卵石土	中密—密实，饱和	自稳性差	Ⅴ	Ⅲ
(5)-①	全风化泥岩	土柱状，质软	自稳性差	Ⅴ	Ⅲ
(5)-②	强风化泥岩	半岩半土状，质较软	自稳能力一般	Ⅳ	Ⅳ
(5)-③	弱风化泥岩	柱状，质较硬	自稳能力较好，但易裂隙掉块坍塌	Ⅲ	Ⅳ

(1) Ⅰ级松土：包括未经压实的填土、软塑状粉质黏土、粉土、砂土，机械能全部直接铲挖，普通装载机可满载。

(2) Ⅱ级普通土：包括压密的填土、软土，机械需部分刨松方能铲挖满载，或可直接铲挖但不能满载。

(3) Ⅲ级硬土：包括坚硬的黏土、膨胀土、冲积—洪积和冰水沉积形成的密实圆砾土、卵石土、风化成土柱状泥岩，机械需普遍刨松或部分爆碎方能铲挖满载。

(4) Ⅳ级软石：泥岩强、中等风化带可划分为Ⅳ级软石，部分用爆破法开挖。

3. 隧道围岩分级(见表7—7—1)

4. 隧道(基坑)涌水量

按地下水赋存条件，成都地区地下水主要分为第四系孔隙潜水和基岩裂隙水两种类型。其中第四系孔隙水主要赋存于各个时期沉积的卵石土及砂层中，土体透水性强，渗透系数大，地下水水量丰富，是段内地下水的主要存在形式；基岩裂隙水赋存于基岩风化裂隙中，地下水水量相对较少。因此，由于Ⅰ、Ⅱ级阶地与Ⅲ级阶地所处工程地质、水文地质条件的差异，其岩、土层的渗透系数(表7—7—2)和隧道(基坑)涌水量亦存在较大变化。

表7—7—2　主要岩土层渗透性一览表

岩土名称	时代与成因	渗透系数k(m/d)	透水性
黏土(硬塑)	Q_4^{al}	0.001～0.009	微透水
粉质黏土(硬塑)	Q_4^{al}	0.001～0.009	微透水
粉土(中密)	Q_4^{al}	0.5	弱透水
粉细砂(稍密)	Q_4^{al}	3.5～10	中等透水
中粗砂(稍密)	Q_4^{al}	10～15	强透水
卵石土(中密)	Q_4^{al}	15～35	强透水
粉细砂(稍密)	Q_3^{fgl+al}	3.5～10	中等透水
中粗砂(中密)	Q_3^{fgl+al}	10～15	强透水
卵石土(中密)	Q_3^{fgl+al}	15～30	强透水

续上表

岩　土　名　称	时代与成因	渗透系数 k(m/d)	透　水　性
粉细砂(中密)	Q_2^{fgl+al}	2~5	中等透水
中粗砂(中密)	Q_2^{fgl+al}	2~8	中等透水
黏土(硬塑)	Q_2^{fgl+al}	0.0002	不透水
含黏土卵石(中密)	Q_2^{fgl+al}	4~10	中等透水
全风化泥岩	K_2g	0.001~0.006	微透水
强风化泥岩	K_2g	0.2~0.44	弱透水
中等风化泥岩	K_2g	0.2~0.42	弱透水

根据各工程所处工程地质、水文地质条件的差异,以及工程特点、施工方法的不同,选用合理的公式计算隧道(基坑)涌水量。成都地铁1、2号线代表性工点的隧道(基坑)涌水量见表7—7—3。

表7—7—3　成都地铁1、2号线代表性工点隧道(基坑)涌水量一览表

工点名称	隧道(基坑)长度(m)	隧道(基坑)等价直径(宽度)(m)	隧道(基坑)深度(m)	地下水位降深(m)	隧道(基坑)涌水量(m^3/d)	单位涌水量〔m^3/(d·m)〕	所处地貌单元
火车北站站	230.70	21.70	14.50	12.50	29602.00	128.30	Ⅰ级阶地
骡马市—天府广场	823.89	6.00	17.00	13.00	867217.00	1052.60	Ⅰ级阶地
白果林—中医学院	1200.00	6.00	18.00	10.00	1654243.90	1378.50	Ⅰ级阶地
红花堰站	286.70	18.50	9.00	7.00	13739.40	47.90	Ⅱ级阶地
站东广场站	188.30	29.78	22.97	12.50	1799.69	9.60	Ⅲ级阶地
沙河堡—站东广场	345.95	23.00	26.00	14.50	1629.76	4.70	Ⅲ级阶地
东部副中心—经干院	1372.10	19.00	22.00	12.00	6808.10	5.00	Ⅲ级阶地

5. 主要设计参数(见表7—7—4)

表7—7—4　各岩土层主要设计参数建议值一览表

岩土名称	时代与成因	凝聚力 c(kPa)	内摩擦角 φ(°)	计算摩擦角		压缩系数 $a_{0.1\sim0.2}$(MPa^{-1})	压缩模量 $E_{s0.1\sim0.2}$(MPa)	变形模量 E_0(MPa)	土的侧压力系数 ξ	基床系数		承载力标准值 f_k(kPa)
				天然 $\varphi_天$(°)	降水后 $\varphi_降$(°)					垂直 K_v(MPa/m)	水平 K_h(MPa/m)	
人工填土	Q_4^{ml}											120~150
黏土(硬塑)	Q_4^{al}	45	9			0.22	8.61		0.5	40	30	160
粉质黏土(可塑)	Q_4^{al}	26	15			0.27	6.74		0.5	76	46	160
粉土(稍密)	Q_4^{al}	40	12			0.22	7.55		0.42	10	8	100
粉细砂(稍密)	Q_4^{al}			25	28			11	0.4	10	8	100

续上表

岩土名称	时代与成因	凝聚力 c (kPa)	内摩擦角 φ(°)	计算摩擦角		压缩系数 $a_{0.1\sim0.2}$ (MPa^{-1})	压缩模量 $E_{s0.1\sim0.2}$ (MPa)	变形模量 E_0 (MPa)	土的侧压力系数 ξ	基床系数		承载力标准值 f_k (kPa)
				天然 $\varphi_天$ (°)	降水后 $\varphi_降$ (°)					垂直 K_v (MPa/m)	水平 K_h (MPa/m)	
粉细砂（稍密）	Q_3^{fgl+al}			25	28			11	0.4	10	8	120
中粗砂（稍密）	Q_3^{fgl+al}			30	35			18	0.35	15	12	160
卵石土（稍密）	Q_3^{fgl+al}			35	42			35	0.3	90	50	350
卵石土（中密）	Q_3^{fgl+al}			38	45			45	0.25	102	85	600
卵石土（密实）	Q_3^{fgl+al}			42	52			55	0.22	115	90	700
粉细砂（中密）	Q_3^{fgl+al}			25	28			15	0.4	12	10	120
卵石土（中密）	Q_2^{fgl+al}			38	45			45	0.25	105	89	600
卵石土（实密）	Q_2^{fgl+al}			45	52			60	0.2	125	100	800
黏土（硬塑）	$Q_{2\text{-}1}^{fgl+al}$	40	18			0.15	11		0.55	68	66	240
含卵石黏土	$Q_{2\text{-}1}^{fgl+al}$	30	14			0.34	6		0.5	50	48	220
含黏土卵石	$Q_{2\text{-}1}^{fgl+al}$			30	33			15	0.4	100	90	320
全风化泥岩	K_2g	40	16			0.18	10		0.45	41	39	200
强风化泥岩	K_2g			40					0.35	180	160	300
中等风化泥岩	K_2g			45						220	200	500

6. 环境地质问题

（1）环境对修建工程的影响

①成都地铁经过地段，尤其是主城区段交通繁忙、房屋密集、高楼林立、人口集中，因此，拟建工程场地条件受限制较严重，同时，对施工方法、围护结构形式和工程措施的可行性、合理性选择提出了较高要求；另外，对施工设备、材料、渣土等的堆放、运输均有严格的规定。

②沿线地下管线密集，主要包括自来水管、污水管、煤气管、电力、通信等，对工程建设将产生一定影响，尤其是对地下车站的顶板埋深将产生较大影响。

③由于沿线多处于城区，地下水位埋深较浅，水量丰富，因此，对施工降水要求很严，需要降水施工的地段须选择合理、可行的降水方案。

（2）修建地铁对环境的影响

①施工机具、器械的堆放及工程的开挖对道路交通有一定影响,应提前做好疏导、分流工作。

②施工弃土运输过程中可能影响道路整洁及环境卫生。

③沿线地面建筑物、地下管线密集,施工容易造成周边地面建(构)筑物、地下管线的下沉和变形,甚至造成破坏性影响,应采取合理施工方法和预加固处理措施,确保地面建(构)筑物、地下管线安全,并加强监测。

④根据《成都市地铁一期工程沿线水文、工程、环境地质条件,主要问题及对策专题研究报告》预测,地铁工程修建后,可能产生一定程度的地下水位壅高,对周边浅基础建筑物的安全产生一定影响。

7. 工程措施及建议

(1)施工方法

施工方法对结构形式的确定和地铁土建工程造价有决定性影响。施工方法的选定,一方面受沿线工程地质和水文地质条件、环境条件(地面建筑物和地下构筑物的现状、道路宽度、交通状况等)、地铁的功能要求、线路平面布置、车站埋置深度及开挖宽度等多种因素的制约,同时也受因施工带来对地面交通和城市居民的正常生活的影响,以及工期、工程的难易程度、城市规划的实施、地下空间的开发利用和运营效果等因素的影响。因此,施工方法的确定,必须因地制宜,统筹兼顾,选择技术可靠、水平先进、经济合理的施工方法。

车站:对于场地平坦、开阔的车站,宜采用明挖顺作法施工;在交通繁忙的城市中心区,为减少施工期间对地面交通和商业的影响,可选择采用盖板法、盖挖顺作法或盖挖逆作法等施工方法。

区间隧道:对地形平坦、开阔,建筑物稀少,隧道底板埋深较小的隧道,宜采用明挖顺作法施工;对沿线既有建(构)筑物密集,不具明挖条件的,应考虑暗挖或盾构法,如地下水丰富、砂卵石土强透水、施工降水困难、岩土体自稳能力差、施工降水易引起地面沉降、既有建(构)筑物破坏等情况时,宜选择施工进度快、无噪声、无振动公害、对地面交通和沿线建(构)筑物、地下管线、居民生活等影响较小的盾构法施工。

(2)基础持力层及埋置深度

场地卵石土、强风化泥岩、中等风化泥岩均可作为车站、隧道基础持力层。明挖法施工的结构顶部覆土厚度应满足地下管线铺设及绿化种植等要求。当无要求时,覆土厚度一般不得小于2.5 m。暗挖法施工的结构顶部覆土厚度一般可按1.5~2.0倍洞径考虑。

(3)维护结构形式

围护结构类型选择时,需依据场地工程地质及水文地质条件、环境情况、开挖深度、施工方法、工期、工程造价、地区常用的围护结构形式等,作综合技术经济比较。地铁车站及区间隧道明挖施工时,围护结构可采用以下结构形式:

土钉墙围护结构:土钉墙支护是目前成都地区深基坑支护采用最多的结构形式,具有施工速度快、用料省、造价低的特点。土钉支护可以紧贴已有建筑物施工,节省桩或墙体所占的地面空间。密集的土钉群与周围土体组成整体,土钉在其中还兼具加筋着力使其受拉的作用。大量工程实践表明,土钉支护基坑水平位移较小,往往还小于同样条件下的桩支护,这与土钉支护的特殊施工方法有关。土钉支护施工对土体扰动小,分层分段小步开挖并紧接着迅速支护,这种步步为营的施工工序对控制变形起了极为关键的作用。成都地区的砂、卵石地层经降水后,具有较高的稳定性,在这种特殊的地层中采用土钉支护安全可靠性较高。对位于主干道上的地下车站，为了避免基坑边汽车荷载的影响，土钉支护可以和预应力锚杆联合使用，还可以在开挖前先沿开挖面设置钢管注浆微型桩。这种复合式土钉支护用于地铁车站的深大基坑，可较好控制坑壁变位，确保基坑安全。

柱列式灌注桩围护结构：柱列式灌注桩作为基坑围护结构具有较强的刚度。灌注桩可为钻孔灌注桩或人工挖孔灌注桩。人工挖孔灌注桩加锚杆，桩间采用喷锚，这种结构形式施工简便，不用大型机械，对环境污染小，施工费用低，可以多组并行作业，成孔精度高，并可作为车站侧墙的一部分参与承受土体侧压力。它除适用于一般地下车站外，还特别适用于盖挖法施工及超深基坑的围护结构。

放坡喷锚支护围护结构：当车站基坑开挖深度较浅（如单层车站），且周边场地较开阔时，可考虑采用放坡喷锚支护。放坡喷锚支护具有造价低、施工简便、进度快的优点，在条件许可时，不失为一种价低、方便、快速的基坑围护结构形式。

(4)施工排水

无论是车站还是区间隧道，当采用明挖施工时，由于结构底板置于透水性强、含水丰富的砂卵石含水层中，因此需采用管井降低地下水位至设计基础底面高程以下不小于0.5 m。在施工前，应作专门的基坑降水设计方案。

(5)防腐措施

据沿线地下水和土的腐蚀性检测成果：一般情况下，地下水对混凝土结构无腐蚀性，对钢筋混凝土结构中的钢筋无腐蚀性，对钢结构具弱腐蚀性；场地土对混凝土结构、钢筋混凝土结构中的钢筋无腐蚀性，对钢结构具弱至中等腐蚀性。可采用外加电流阴极保护、牺牲阳极保护或涂膜保护等防腐措施。

(6)环境保护

地铁工程修建工期长、路线长、占地多，且主要沿城市主干道施工，必须精心组织，科学管理，做好环保工作，文明施工。

(7)施工注意事项

①应根据沿线不同地段的工程地质和水文地质条件及城市总体规划要求，结合周围地面既有建筑物、管线及道路交通状况，通过对技术、经济、环保及使用功能等方面的综合比较，合理选择施工方法和结构形式。

②明挖基础的基坑围护结构应根据工程地质和水文地质条件以及基坑深度，结合周围环境状况，通过对技术、经济等方面的综合比较，可选择放坡喷锚支护、土钉墙、人工挖孔桩、钻孔灌注桩等结构形式。

③严格控制工程施工引起的地面沉降量，其允许数值应根据地铁沿线不同地段的地面建筑及地下构筑物等的实际情况确定，并因地制宜地采取措施。

④地铁结构应采取有效的“防迷流”措施，以防止杂散电流对结构物的腐蚀。

⑤地铁从铁路、桥梁、地下过街通道、房屋等建筑物下面通过时，设计上应采取有效措施，确保建筑物的安全及使用功能不受影响。

⑥位于含水层中的明挖车站和区间隧道，应根据地下水位的高度进行结构抗浮检算，不满足抗浮要求时须采取抗浮措施。

⑦若以卵石土作为基础持力层，当基坑开挖至基底标高时，若局部地段基底及主要受力层内分布有砂土软弱夹层，砂土分布于坑底表层应予以清除；砂土分布于基底下主要受力层内且不能满足设计要求时，应采取换填或地基加固处理。

⑧由于卵石层分布有砂层透镜体，基坑降水施工时，降水管井设计要合理选用滤料，以形成良好的反滤层，防止细小颗粒大量流失，防止产生流砂、管涌、地面沉降、坍塌、既建（构）筑物变形破坏等的危害。

⑨施工过程，特别是采用盾构掘进过程中，应做好超前探测预报工作，注意掘削刀具对卵石层中随机分布的坚硬漂石的掘削能力，同时要防范流砂、流泥和底板管涌，严密监测土体变形、周边建（构）筑物变形以及地面下沉、隆起等一系列变化，并适时采取相应措施。

⑩施工期间应建立严密的监测系统，防止由于施工降水、基坑开挖、盾构掘进等引起地面及既有建（构）筑物的变形破坏。

⑪沿线过地区污水管密布，填土中夹杂垃圾，部分地段地表垃圾堆积成“丘”，污水聚集、遗漏并渗入地下，易形成有害气体危及隧道施工安全。成都市政的污水井、阀门井、供水井施工中，已多次发生类似原因引起的伤亡事故，因此在施工过程中应加强对有害气体的监测，并采取有效的防护措施。

（七）小　　结

本文通过成都地铁岩土工程勘察实例，深入分析了地质条件、工程特点与勘察方法之间的关系，探索针对成都地区特殊、复杂的地质条件和环境条件下进行地铁工程岩土工程勘察的综合勘察技术。通过分析地铁工程建设中主要的工程地质问题，分析地铁岩土工程勘察的重点和难点，合理选用了地质调查、钻探、井探、物探、原位测试、室内试验、水文地质试验等多种手段综合的岩土工程勘察方案。勘察实践和成果表明，本勘察方案针对性较强，方法的选择可行、合理，有效地保证了勘察质量。本勘察方案对类似的岩土工程勘察有较好的借鉴作用，制定本勘察方案的思路、分析方法、勘察手段的选用也可供类似及相关岩土工程勘察借鉴。

八、深圳地铁3号线高架段岩溶勘察及工程治理

徐正宣

（一）区域地质概况

1. 自然地理

深圳市地处广东省南部沿海，东邻大鹏湾，西连珠江口，南与香港接壤，北靠东莞、惠州。

深圳地铁 3 号线始于罗湖区红桂路，穿越繁华的东门商业区，沿东门中路、翠竹路、步心立交、布吉路，至布吉检查站（沿途为特区，楼宇众多、人口稠密、交通繁忙），经布吉检查站，进入龙岗区，与惠深公路并行，止于龙岗镇龙兴街。

深圳地铁 3 号线高架段岩溶区主要位于横岗银海站至龙岗龙兴街。

2. 地形地貌

深圳地域呈东西宽、南北窄的狭长地形，地势总体东北高、西南低。地铁 3 号线经过地区主要穿越两个地貌单元。

（1）冲洪积平原区（Ⅰ区），该区又分为两个亚区。

Ⅰ-1 区：位于市区中心地带，为平原，地形平坦，地面高程 5～20 m，分布于红岭中路—人民医院之间。

Ⅰ-2 区：位于荷坳站—终点段，为冲积盆地，地面高程 20～50 m，该段为岩溶区。

（2）丘陵区（Ⅱ区）：低丘与河流阶地相间，地势起伏不平，地面高程一般为 20～100 m，山坡坡度 5°～15°，阶地地面高程一般在 50 m 以下。

地铁 3 号线高架段岩溶区主要穿越Ⅰ-2 区和Ⅱ区。

3. 地层岩性

岩溶区的地层主要包括石炭系下统石磴子组（C_1s）以及第四系（Q）地层。

（1）石炭系下统石磴子组（C_1s）：主要为深灰色厚层状结晶灰岩、灰白色大理岩和泥灰岩，岩质坚硬，灰岩中局部方解石脉发育，多处见溶孔、溶洞，分布于奥体新城站后至双龙街站一带，隐伏于第四系冲洪积地层下，地表未出露。图 7—8—1 中"Ⅰ-2"所示的区域即是该组碳酸盐岩隐伏分布区。

（2）第四系（Q）：主要为第四系全新统人工填土（Q_4^{ml}）、冲洪积相（Q_4^{al+pl}、Q_3^{al+pl}）的粉质黏土、圆砾、粗中砂及残积成因（Q_4^{el}）的粉质黏土、粉土，沿线均有分布。

4. 地质构造及地震

深圳市位于华南褶皱系的紫金—惠阳坳褶断束中，是在加里东褶皱基底的基础上发展起来的晚古生代坳陷，尔后被中、新生代构造叠加、改造，形成以北东向断裂为主，北西及东西向断裂次之，加里东期混合花岗岩入侵及燕山期花岗岩大面积侵入的格局，地质构造复杂。

（1）褶皱：龙岗向斜位于深圳市横岗—龙岗一线，轴部在塘坑站至爱联站一带通过，大体呈北东向展布，核部为下石炭统测水组砂、页岩，两翼为下石炭统测水组泥质粉砂岩、含砾砂岩和石磴子组灰岩，倾角一般较缓，多为 20°～40°。由于第四系冲洪积层掩盖及断裂破坏，加之其中又有许多次级平缓小褶曲，所以龙岗向斜褶皱形态复杂，难以复原，因此在平面及剖面上都难以表达。在银海站前至荷坳站后表现尤为突出，该段地层为上覆测水组变质砂岩、泥质砂岩，下伏石磴子组灰岩、大理岩和泥灰岩。本段褶曲发育，岩石挤压变质严重。据钻孔岩芯及岩石磨片鉴定资料显示，该段砂岩由于受断裂构造及褶皱变形作用严重，已变质为碎粒岩。

（2）断裂：地铁 3 号线处于北东向的深圳断裂带北侧，线路走向与断裂带近似平行。在龙岗岩溶段，线路穿越的主要断层见表 7—8—1。

表 7—8—1　主要断层分布表

断层编号	断层名称	里程	产状	地质概况	与线路关系
F_{12}	九尾岭断层	AK30 + 747	N49°E/70°SE	断层与线路交角 25°。上盘为测水组变质砂岩、泥质粉砂岩，下盘为石磴子组灰岩、大理岩	通过
F_{13}	九尾岭断层	AK31 + 667	N40°E/55°SE	断层上盘为变质砂岩、泥质粉砂岩，下盘石磴子组灰岩、大理岩	通过
F_{14}	太平圩断层	AK33 + 770 ～ + 932	N60°W/50°SW	断层两盘均为石磴子组灰岩、大理岩，破碎带宽 162 m	通过

（3）地震：根据《深圳市城市轨道交通 2 期工程 3 号线工程场地地震安全性评价告》，本工程场地类别为Ⅱ类。

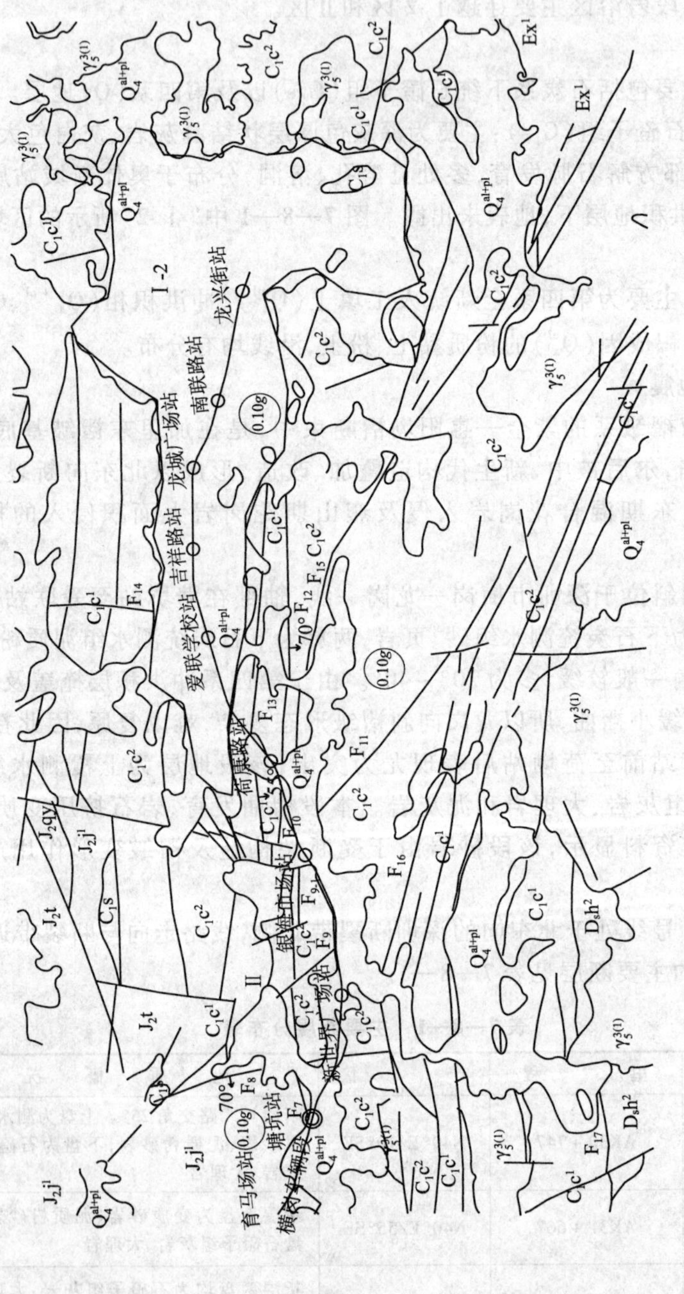

注：Ⅰ-2区即是石炭系下统石磴子组（C_1s）碳酸盐岩或岩溶分布区，表层为第四系地层覆盖。

图7—8—1　岩溶区工程地质图

根据《中国地震动参数区划图》(GB 18306—2001),地铁3号线高架段岩溶区通过地区的地震动峰值加速度为0.10g,地震动反应谱特征周期为0.35 s。其主要参数——场地地面脉动卓越周期为0.16~0.34 s。基岩加速度峰值及概率地震烈度见表7—8—2。

表7—8—2　基岩加速度峰值及概率地震烈度表

参数＼概率	63.2%(50年)	10%(50年)	2%(50年)
峰值(cm/s^2)	24.52~28.78	71.61~83.59	137.49~155.20
地震烈度	5.29~5.52	6.67~6.87	7.61~7.80

场地地面加速度峰值及场地地面设计地震影响系数见表7—8—3。

表7—8—3　场地地面加速度峰值及场地地面设计地震影响系数表

参数＼设防水平	63.2%(50年)	10%(50年)	2%(50年)
场地地面加速度峰值(cm/s^2)	33.32~42.05	90.33~115.37	170.63~211.30
K	0.034~0.043	0.092~0.118	0.174~0.216
T_g	0.32~0.38	0.35~0.45	0.40~0.55
a_{max}	0.078~0.099	0.212~0.271	0.400~0.497
C_0	0.8~2.3	0.8~2.3	0.8~2.3
C_1	0.816~0.885	0.816~0.885	0.816~0.885
C_2	1.000~1.144	1.000~1.144	1.000~1.144

高架段岩溶区下伏基岩为灰岩、大理岩和泥灰岩,钻探揭示存在溶洞,遇强烈地震时,可能造成塌陷。

5. 水文地质

(1)地下水类型

根据地下水的赋存条件,岩溶区地下水主要有松散土层孔隙水和岩溶水两种类型。

①松散土层孔隙水:孔隙水主要赋存在第四系冲洪积砂层、圆砾层中,其上覆粉质黏土厚5~23 m,地下水位埋深一般0~3.0 m,在龙岗区吉祥路站SZ M3-Z_2-329号孔做提水试验,单位涌水量q=17.53 m^3/(d·m)。

②岩溶水:主要分布于龙岗向斜盆地,含水层为石磴子组灰岩、大理岩和泥灰岩,多隐伏于第四系松散沉积物之下,属覆盖型可溶岩区。

A. 岩溶水富水特征:从收集的资料、钻孔及水文地质试验情况看,龙岗地区单井涌水量5.70~4968 m^3/d,单位涌水量0.012~7.67 L/(s·m),溶洞富水性强,涌水量变化极大,其与溶洞、溶隙发育及充填情况直接相关。

B. 岩溶水分布特征:区内岩溶发育带及岩溶地下水受断裂构造控制明显,具有明显的不均匀性。由于平行排列的北东向断裂是区内主导构造,切割了古老的东西向断裂,它本身又被北西向断裂切割,造就了龙岗盆地内岩溶现象的网络状分布特征和岩溶地下水伴随岩溶的管网状分布特征。

C. 岩溶水水力特征：岩溶水埋深一般1.5～6.5 m，最高水头高出地面1.8 m，最低水位埋深12.30 m，上覆冲洪积粉质黏土，为相对隔水层。据钻探揭示，下伏可溶岩埋深一般在17.5～55.9 m，表明岩溶水属承压水。

(2)地下水的补给、排泄及动态特征：地下水主要受大气降水及地表水补给。通常降水充沛的丰水期，一般是地表水补给地下水，相反，在降水稀少的枯水期，地下水补给地表水。

地下水的渗流方向主要受地形及区域侵蚀基准面控制。从地下水位反映的形态看，地势高则地下水水位高，反之则地下水位低。地下水总体上为西北流向东南。

(二)岩土工程勘察的重点和难点

1. 查明高架段各岩土层的分布、埋深、物理力学性质等地质特征，提供工程基础类型选择等设计需要的参数。

2. 查明岩溶分布范围、岩溶形态、对线路有影响的溶洞顶板及洞内填充情况，评价场地的稳定性。

3. 查明岩溶水与地表水的联系，分析岩溶水的垂直分带与工程设置的关系，深层岩溶水和承压岩溶水存在的可能。

4. 查明线路穿越地段断裂性质、位置、宽度、产状、带内物质组成及含水、透水情况。

(三)勘察方案

1. 工程地质调查

工程地质调查主要包括地貌调查、水文调查、地质调查、洞穴调查和覆盖层调查。

(1)地貌调查：调查各种岩溶地貌形态类型、分布范围、岩溶泉和暗河出露位置等，分析岩溶发育与地貌单元、溶蚀基准面的关系等。

(2)水文调查：对岩溶地区地下水的特征应着重查明岩溶水的补给来源、大气降水与地下水的转换条件、岩溶水的排泄方式等，查明岩溶水与水系的关系，对地表的岩溶泉、落水洞和暗河应查明水位、水深、流量、流速等。

(3)地质调查：主要查明龙岗区可溶岩的分布规律、埋藏条件、岩层产状、岩性与化学成分等，此外还需查明岩溶区褶曲、断层等地质构造的性质，分析与岩溶作用的关系，取代表性水样进行水质分析，查明水的物理化学性质。

(4)洞穴调查：查明洞穴的平面走向、岩性构造、洞体的完整性及稳定程度、充填物情况等，取样作岩石抗拉强度、抗压强度、弹性模量、泊松比等试验。

(5)覆盖层调查：主要对龙岗区覆盖型岩溶地区查明覆盖层的厚度、岩性、物理力学性质等，查明覆盖层土洞的发育情况、塌陷发生情况、与地下水开采及大气降水的关系等，分析塌陷的成因机理、分布规律、已有工程措施处理效果等。

2. 勘探方法

由于岩溶地区的地质条件相当复杂，本次采用多种勘探手段互相补充、相互验证，以提高勘探效果。

(1)物　探

物探方法多种多样，用于岩溶地区勘探效果较好的主要有直流电法、电磁波法、地震法、无线电波或声波透视法等。各种物探方法的工作原理、适用范围不同，各有一定的局限性和适用条件。

①联合剖面法:采用美国产高精度 GDP-16 型多功能电法仪,工作频率 DC-8192 Hz,最小检测电压 0.03 μV,8 个通道,内存 896 kb,供电采用加拿大产 M-4LOPO 稳流发电机。经过试验对比,采用 AO = 120 m、AO' = 60 m,MN = 20 m 施测装置,无穷远极垂直测线,并大于 5 倍 AO 进行工作。地面联合剖面法与甚低频电磁法同步进行,并采用同一线网。测线方位垂直于测区主要构造线,按 NW327°布设。基本网度 500 m × 20 m,根据需要,相当部分已加密至 100 m × 20 m。对地面干扰严重的建(构)筑物密集区、河流与水体覆盖区、陡峻的山体,原则上跳线跳点。野外工作按规范要求进行,按施测物探点的 3.7% 进行检查测量,总均方相对误差在正常线网上为 0.91%,在公路上或其他不规则测线为 9%。

②甚低频电磁法:采用国产 DDS-3 甚低频电磁仪,通过对比测量后选用澳大利亚西北角的 NWC 甚低频发射台作为工作场源台,其工作频率为 22.3 kHz,发射功率为 1 000 kW,主要获取工区测点上磁场水平分量、垂直分量和极化椭圆倾角三个参数,与联合电剖面法配合并同步观测,点、线位置完全一致,即与联合电剖面法同步同测网探测,观测时间避开了日出、日落影响效应时间。在观测的物理点中按 3% 比率进行检查测量。检查结果:磁场水平分量平均相对误差 δ_{MH} = 1.48%,垂直分量平均相对误差 δ_{MH} = 8.2%,极化椭圆倾角平均绝对误差 ΔD = 0.69°。

③浅层地震法:使用美国 GEOMETRICS 公司生产的 R-24 型 24 道地震仪,同时采用地震映像法、浅层反射波法对比探测,采用单端激法、向前滚动的施测方法。浅层反射波法采用多次覆盖连续观测系统,24 道接收,12 次 CDP 叠加,采样率 0.25 ms,记录长度 256 ms,道间距 2 m;地震映像法采用连续观测系统,道距 2 m,偏移距 1 m,采样率 0.25 ms,记录长度 256 ms。该项工作布置在龙岗已知塌陷区附近,作小块面积性探测。

④地质雷达法:采用美国 GSSI 公司生产的 SIR-10A 型地质雷达仪,工作频率为 100 MHz,测量中每秒钟 10 条扫描线,每一扫描线 512 个采样点,叠加 16 ~ 64 次,使用 300 ns 时窗(探测深度约 13 ~ 15 m),野外连续测量,自动磁带机记录,室内回放处理。本次工作主要沿公路进行,采取 100 m 重复测量观察,主要层位距离标志(玛克线)反应一致,表示质量良好。

⑤电磁波透视:使用原地矿部物化探所研制的 JWQ-3A 型钻孔电磁波仪探测,专用软件成图,工作主频为 32 MHz,天线长 0.1 m,采用定点为主、同步法为辅的野外工作方法。定点发射法发射点距 2 m,接收点距 0.5 m;同步法则为发射机和接收机保持一定高差,同时提升和下降。采用同一点重复两次读数,两组观测值采用均方差 $\varepsilon \leqslant 5$dB 进行质量控制。测定结果:$\varepsilon = \pm 1.07$dB ~ ± 1.94dB。如围绕一个已知塌陷点,进行专门孔内透视。

⑥地球物理测井:包括电磁波测井和井液电阻率测量,主要在物探验证孔及电磁波透视孔内进行。电磁波测井仪为 JWQ-3A 型钻孔电磁波仪,收发距为 0.5 m,个别孔段加长至 1.0 m,工作频率 32 MHz,收发天线长 0.1 m;井液电阻率测量采用 JWZ-2 型泥浆电阻率测量仪,测量点距1 m。测井工作按每一取样点读数不少于 3 次,以最接近的两次读数的平均数取值。

本次工作由于采用的仪器设备先进,同时采取了抗干扰措施,并运用多种物探手段相配合,野外工作重视重复检查和质量控制,取得了良好的效果。利用其中发现的异常点 533 个,圈定了 19 个岩溶强烈发育异常区。通过 15 个溶洞异常钻孔验证,13 个钻孔见到溶洞、土洞及开口溶洞,准确率 86.70%。

(2)钻　　探

工程钻探一直是地质调查中最常用的一种方法,其不仅可以明确所钻位置及附近的地层情况(地下水位、土体厚度、岩溶发育程度等),而且可以在钻孔中进行原位测试等综合利用,采取岩芯进行室内测试,能够获取更多更准确的岩土信息。

岩溶地区的钻孔在地质调查和物探的指导下有目的地进行,并注意相互验证,以提高资料的精度。钻进过程中遇到的各种异常现象,如钻具突然下落、钻进速度突然加快、冲洗液突然减少、停止回水等,均应作详细记录,为岩芯鉴定提供分析依据。

①勘探孔平面布置原则

A. 勘察孔布置根据各工点的设计需要、地质条件的复杂程度以及有关要求确定,并根据现场的实际进行合理布置。

B. 在主要结构部位必须有足够的勘探孔。

a. 高架区间线路勘察:可溶岩地段,原则上每墩根据桩位按对角线或三角形布置 2 ~ 4 孔,实施中根据岩溶发育程度进行调整,岩溶发育的逐桩钻,岩溶不发育适当减少钻孔。

b. 高架车站:可溶岩地段,原则上每墩根据桩位按对角线或三角形布置 2 ~ 3 孔,实施过程中根据地质条件(岩溶发育程度、岩体破碎程度等)进行调整,地质条件差的逐桩钻,地质条件较好的适当减少钻孔。

C. 同一工点内的不同地质单元应有勘探孔控制,特殊地段(地质条件复杂地段,如断层附近、接触带附近)应适当加密勘探孔。

②勘探孔孔深确定原则

结合咨询公司对《详勘工作量布置》的审查意见,详勘勘探孔深度以初勘深度为基础确定,但同时应满足下列条件:

A. 可溶岩地段勘探孔应进入桩尖以下完整基岩 5 ~ 10 m,一般可按进入完整基岩 8 ~ 12 m 考虑(即考虑基础嵌岩 2 ~ 3 m),同时满足预计桩尖以下 $(3\sim5)d$,但最大孔深一般不超过 50 m。如遇串珠状溶洞,应揭穿溶洞底板;对断层破碎带,则穿过后再钻入基岩 3 ~ 5 m。

B. 对可能有多种桩长方案时,应按最长桩方案考虑。

(四)主要勘察成果

1. 岩土分层及其特征

(1)杂填土(Q^{ml}):褐黄、灰褐色,以碎石、砂、粉质黏土组成,上部含少量碎砖块,松散,潮湿。

(2)淤泥质粉质黏土(Q_4^{al+pl}):深灰色,软塑,局部流塑,土质均匀,手捏有滑腻感,含有机质,标贯击数 $N=3\sim5$ 击/30 cm,$\rho=1.66\sim1.75\ \text{g/cm}^3$,$w=46.8\%\sim49\%$,$e=1.24\sim1.35$,$I_L=0.86\sim1.33$。

(3)粉细砂(Q_4^{al+pl}):棕黄、褐灰色,松散—中密,饱和,细砂含量 60% 以上,含卵石约 10%,砾石约 15%,余为粗砂充填,石质以石英、砂岩、灰岩为主,呈透镜状分布,厚 0.6 ~ 13 m,标贯击数 $N=3\sim23$ 击/30 cm。

(4)粗砂(Q_4^{al+pl}):棕黄色,松散—中密,饱和,粗砂含量 50% 以上,含卵石约 10%,砾石约 15%,余为细砂充填,石质以石英、砂岩、灰岩为主,段内连续分布,厚 0.7 ~ 11.8 m,标贯击数 $N=3\sim33$ 击/30 cm。

(5)圆砾土(Q_4^{al+pl}):棕黄色,松散—中密,饱和,圆砾含量 50% 以上,含卵石约 10%,砾石约 15%,余为细砂充填,石质以石英、砂岩、灰岩为主,段内呈透镜状不连续分布,厚 0 ~ 4 m。

(6)黏性土(Q_4^{al+pl}):褐黄、灰褐色,可塑—硬塑,质地不均,黏土、粉质黏土、粉土交错分布,夹5%~30%的碎石角砾,厚1.0~8.1 m,$\rho=1.68\sim2.16\ g/cm^3$,$w=13\%\sim48\%$,$e=0.402\sim1.387$,$I_L=0.02\sim0.94$,$a_{0.1\sim0.2}=0.14\sim0.76\ MPa^{-1}$,$c=10\sim61.2\ kPa$,$\varphi=2°\sim29.2°$,标贯击数$N=2\sim46$击/30 cm。

(7)可塑或稍密状残积土(Q^{el}):以粉质黏土为主,褐灰、褐黄、灰白等色,可塑,手搓具砂感,由粉质砂岩风化残积而成,一般厚0~2 m,标贯实测击数$N=10$击/30 cm。

(8)硬塑状或中密状残积土(Q^{el}):以粉质黏土为主,灰黄、黄褐色,硬塑,黏性差,手捻具砂感,为粉砂岩风化土,可搓成土条,一般厚0.30~11.30 m,$\rho=1.65\sim2.20\ g/cm^3$,$w=9.5\%\sim55.5\%$,$e=0.329\sim1.523$,$I_L=0.01\sim1.14$,$c=4.9\sim67\ kPa$,$\varphi=12.2°\sim52.0°$,标贯实测击数$N=17\sim22$击/30 cm。

(9)灰岩、大理岩(C_1s)强风化层:灰白、紫红色,致密块状构造,中—厚层状,岩层裂隙发育,裂面倾角约45°、65°,岩芯多呈碎块状,溶蚀严重,岩芯破碎,岩质坚硬,锤击声脆,RQD=5%,天然密度$\rho=2.69\sim2.7\ g/cm^3$,饱和极限抗压强度$f_r=15$ MPa,软化系数$K_r=0.35\sim0.95$。

(10)灰岩、大理岩(C_1s)中风化层:灰白、紫红色,致密块状构造,中—厚层状,岩层裂隙发育,裂面倾角约45°、65°,岩芯多呈柱状,节长0.1~0.9 m不等,溶蚀轻微,岩芯完整,岩质坚硬,锤击声脆,RQD=70%,天然密度$\rho=2.59\sim2.82\ g/cm^3$,饱和极限抗压强度$f_r=26.3\sim70.13$ MPa。软化系数$K_r=0.82$。

2. 高架段岩溶特征及其工程特性

(1)可溶岩埋藏特征:根据高架桥梁荷重对地基影响深度范围及出现地面岩溶塌陷灾害几率,可将可溶岩埋深按小于15 m、15~30 m之间、大于30 m分为浅埋区、中埋区及深埋区。浅埋区属可溶岩相对隆起带,分布较零星,见于爱联站至吉祥站区间;中埋区属可溶岩相对缓坡带;深埋区多位于断裂通过的可溶岩槽谷带,如龙城广场站、龙兴街站一带。

(2)岩溶主要形态类型及发育程度分区:龙岗区G205国道荷坳村至双龙立交桥段,下伏基岩为石炭系下统石磴子组的灰岩及大理岩,属可溶岩,深圳地铁3号线钻孔中揭示有岩溶洞穴存在,溶洞洞径最高达24.4 m,部分溶洞呈串珠状发育,溶洞多为软—流塑状粉质黏土充填,个别无充填,为隐伏岩溶分布区。

隐伏岩溶发育形态主要有溶沟、溶槽、溶隙、溶孔及溶洞几种。此外,还有由于岩溶地下水活动,在地下水流潜蚀作用下形成的开口溶洞及土洞。

根据《深圳市龙岗区岩溶坍塌灾害勘查报告》,龙岗工区工程地质分区按岩溶发育程度划分为岩溶强烈发育区(岩溶揭示率大于30%)、岩溶中等发育区(岩溶揭示率在10%~30%之间)和岩溶弱发育区(岩溶揭示率小于10%)。根据该分区标准,结合本次钻探中溶洞揭示情况,对路线通过地段进行岩溶分区。

①岩溶强烈发育区:荷坳站—爱联站区间岩溶揭示率30.6%,单个溶洞最大达9.6 m,同一墩位起伏最大达20.02 m;吉祥站岩溶揭示率40%,单个溶洞最大达13.8 m,同一孔串珠状溶洞累计达24.1 m,同一墩位起伏最大达29.18 m;吉祥站—龙城广场站区间岩溶揭示率35%,单个溶洞最大达15.62 m,同一墩位起伏最大达19.2 m。

②岩溶中等发育区:银海站—荷坳站区间岩溶揭示率29.7%,单个溶洞最大达14.5 m;荷坳站岩溶揭示率15%,单个溶洞最大达3.51 m,同一墩位起伏最大达10.84 m;爱联站岩溶揭示率19.7%,单个溶洞最大达16.2 m,同一孔串珠状溶溶累计达36.33 m,同一墩位起伏最大

达 15.91 m；爱联站—吉祥站区间岩溶揭示率 16%，单个溶洞最大达 12.95 m，同一墩位起伏最大达 21.94 m；龙城广场站岩溶揭示率 24%，单个溶洞最大达 11.1 m，同一墩位起伏最大达 12.35 m；龙城广场站—南联站区间岩溶揭示率 25%，单个溶洞最大达 23.8 m，同一墩位起伏最大达 20.38 m；南联站岩溶揭示率 15%，单个溶洞最大达 4.4 m，同一墩位起伏最大达 10.53 m；南联站—双龙站区间岩溶揭示率 28%，单个溶洞最大达 22.5 m，同一墩位起伏最大达 11.89 m；双龙站岩溶揭示率 23%，单个溶洞最大达 19.6 m，同一墩位起伏最大达 24.21 m。

③岩溶弱发育区：松柏站—银海站区间，仅 1 个钻孔揭示岩溶，溶洞高 5.5 m。

(3) 岩溶发育的分带性：根据深圳地铁 3 号线详勘阶段勘探资料及《深圳市龙岗区岩溶塌陷灾害勘查报告》，在岩溶垂直分布上，按发育高程可分为三层，第 1 层 38.66 ~ 0.5 m，第 2 层 0 ~ −35 m，第 3 层 −38.00 ~ −94.00 m。以食盐为示踪剂的连通试验表明，地下水流速约 0.0023 ~ 0.008 m/s，龙岗河为浅层地下水补给及排泄区，属地下水交替频繁的活跃带，裂隙溶洞连通性较好。按钻孔单孔涌水量，大于 300 m^3/d 的为强富水，100 ~ 300 m^3/d 的为中等富水段，小于 100 m^3/d 的为弱富水。该段单井涌水量 200 ~ 4968 m^3/d，因此，该段灰岩富水性为中等—强。岩溶发育程度为中等—强烈，隐伏岩溶区地面易塌陷（不稳定）。代表性岩土分层及岩溶发育情况见图 7—8—2。

3. 主要设计参数

设计参数建议值详见表 7—8—4 和表 7—8—5。

表 7—8—4　岩土物理力学设计参数建议值表

地层代号	岩土名称	时代与成因	天然密度 ρ (g/cm^3)	天然含水量 w(%)	孔隙比 e	凝取力（直剪）c (kPa)	内摩擦角（直剪）φ(°)	计算内摩擦角 φ'(°)	渗透系数 k (m/d)	压缩模量 E_s (MPa)	变形模量 E_0 (MPa)	临时边坡率（高宽比）	永久边坡率（高宽比）
(1)	素填土	Q_4^{ml}	1.8	/	/	/	/		0.15			1:1.25	1:1.5
(2)	粉质黏土（流塑）	Q_4^{al+pl}	1.8	/	/	6	2		/	3	3.45	护壁	护壁
(3)	粉细砂（松散—稍密）	Q_4^{al+pl}	1.92	/	/	/		28	2		8	支护	支护
(4)	中粗砂（松散—稍密）	Q_4^{al+pl}	1.95	/	/	/		32	10		10	支护	支护
(5)	圆砾土(中密)	Q_4^{al+pl}	2.0	/	/	/		34	30		15	支护	支护
(6)	粉质黏土(可塑—硬塑)	Q_4^{al+pl}	1.87	33.50	0.96	24	13		0.001	5	6.75	1:1.25	1:1.5
(7)	粉质黏土（软塑）	Q_4^{al+pl}	1.93	25.42	0.69	14.63	12.88		0.001	3.5	4	护壁	护壁
(8)	中等风化灰岩、大理岩	C_1s	2.79	/	/	/		65	0.1			1:0.3	1:0.5
(9)	溶洞，充填流塑状粉质黏土		1.75									护壁	护壁
(10)	溶洞，充填粉细砂		1.9									护壁	护壁

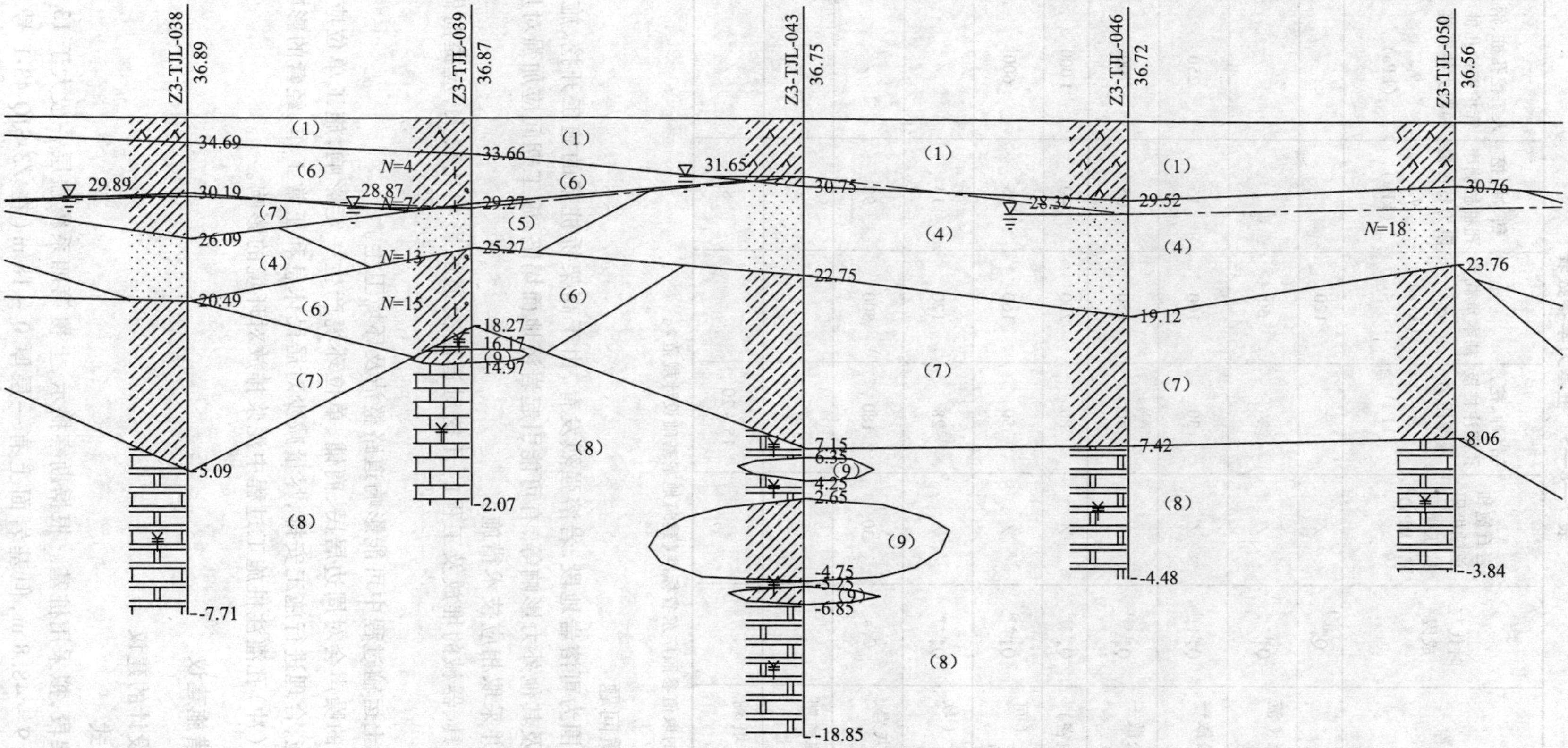

图 7—8—2 代表性地质纵断面图

表 7—8—5　桩基力学参数表

地层代号	岩土名称	时代与成因	岩石饱和单轴极限抗压强度 f_r(MPa)	钻(冲、挖)孔灌注桩极限摩阻力 f_i (kPa)	基本承载力 σ_0 (kPa)	钻、冲、挖孔桩桩侧摩阻力特征值 q_{sa} (kPa)	人工挖孔桩、钢管护壁挖孔桩端阻力特征值 q_{pa} (kPa)	钻(冲)孔灌注桩端阻力特征值 q_{pa}(kPa)	
								桩入土深度(m)	
								≤15	>15
(1)	素填土	Q_4^{ml}	/	/	120				
(2)	粉质黏土(流塑)	Q_4^{al+pl}	/	/	60				
(3)	粉细砂(松散—稍密)	Q_4^{al+pl}	/	30	100	15	250	180	300
(4)	中粗砂(松散—稍密)	Q_4^{al+pl}	/	50	150	25	700	600	800
(5)	圆砾土(中密)	Q_4^{al+pl}	/	80	200	40	1 000	650	900
(6)	粉质黏土(可塑—硬塑)	Q_4^{al+pl}	/	50	160	25	600	300	400
(7)	粉质黏土(软塑)	Q_4^{al+pl}	/	28	120	14	/	/	/
(8)	中等风化灰岩、大理岩	C_1s	30	180	800	90	/	/	/
(9)	溶洞,充填流塑状粉质黏土			8		4	/	/	/
(10)	溶洞,充填粉细砂			15 ~ 20		8	/	/	/

注:表中特征值的取值参照广东省标准《建筑地基基础设计规范》。

4. 环境地质问题

(1)车站范围为可溶岩地段,岩溶强烈发育,由于高架桥桩基的施工开挖、施工时的机具震动、满堂支架及其他外力影响等,有可能引起岩溶地面塌陷,施工期间应加强对周边房屋、道路的监测、保护并采取相应技术措施。

(2)施工机具、器械的堆放及工程的开挖对道路交通的影响比较大,应提前做好疏导、分流工作。

(3)施工弃土运输过程中可能影响道路整洁及环境卫生。

(4)施工时的噪声会对周边居民、商铺、单位环境产生一定影响,施工单位应采取具体的降低噪声的措施,合理进行施工安排,尽量减少对居民休息和正常工作、经营的影响。

(5)注意钻(冲)孔灌注桩施工过程中泥浆排放对环境的影响。

(五)工程措施建议

1. 对工程设计的建议

(1)基础形式

本区为高架段,拟采用桩基。根据勘察揭示,上覆第四系覆盖层一般大于 13 m,中等风化岩埋深一般 12.9 ~ 48.8 m,但基岩面上有一层厚 0 ~ 18 m(在 Z3-SJQ-43-1 号钻孔附近达

27.3 m)的流塑—软塑状黏性土,不宜作桩端持力层。采用桩基方案可行,建议根据各桩位的地质条件,经检算后合理确定桩的形式(摩擦桩、端承桩、摩擦—端承桩)。

对基岩面起伏大的墩位,建议设计采用 ϕ800 ~ 1 200 mm 的桩径,基岩面起伏小者可采用 ϕ1 200 ~ 1 500 mm 桩径。

(2)基础持力层及埋置深度

基底应完全置于基岩中等风化层内一定深度,桩长、桩尖埋置深度应经检算后确定,应确保承载力和横向的稳定,确保基底以下溶洞顶板有足够的安全厚度。同一承台下的桩长差异不宜过大,避免出现不同类型的桩。

(3)防腐措施

根据试验资料:区间范围内地下水对混凝土结构无腐蚀;对钢结构具弱腐蚀,部分地段地下水对钢筋混凝土结构中的钢筋具弱腐蚀;地表水对混凝土结构及钢筋混凝土中的钢筋无腐蚀,对钢结构具弱腐蚀。建议施工时采用防腐材料。在施工阶段,应及时采取水、土样,进行水、土的腐蚀性复查。

(4)溶洞的处理

当溶洞小且延伸范围小时,桩基穿过溶洞,对无充填物的溶洞,应向洞内抛填片石,注入黄泥,填满溶洞后再施工钻(冲)孔灌注桩;但对洞大、范围广的溶洞,桩基穿过时建议设计、施工单独考虑工程措施意见,或采用钢管套护壁。

2. 对施工的建议和现场监测要求

(1)施工中可能出现的工程地质问题

①坍孔、塌陷:车站范围内分布有第(2)层软塑—流塑状粉质黏土和第(7)层软塑—可塑状粉质黏土,埋深 2 ~ 48.8 m,厚 2 ~ 29 m,层状分布,局部尖灭;第(3)、(4)层砂层一般埋深 7 ~ 20 m、3 ~ 42 m,层状分布,局部尖灭。以上松散、软弱地层在成孔过程中易发生坍孔、塌陷现象。

②涌水、涌砂、涌泥:第(2)层软塑—流塑状粉质黏土和第(7)层软塑—可塑状粉质黏土,埋深 2 ~ 48.8 m,厚 2 ~ 29 m,层状分布,局部尖灭;第(3)、(4)层砂层一般埋深 7 ~ 20 m、3 ~ 42 m,层状分布。施工中该层易出现涌水、涌砂、涌泥现象。

③成孔偏心、桩基失稳:由于岩溶发育,基岩面起伏较大,桩基成孔过程中可能出现孔斜,进而导致桩身偏心、偏压、桩基失稳、折桩、断桩等现象。

④地面变形、塌陷:由于溶洞、溶隙、溶缝等岩溶发育,部分为无充填或半充填,地下水位较高,地下水动力作用强烈,加之上伏土体松散,松散土体在水动力、大地微动、施工振动、地面其他振动荷载作用下易流失,形成土洞,引发地面变形、塌陷等灾害,从而对施工、桩基造成损害,甚至在施工期间造成施工机具陷落等,并使周边道路、既有建筑物发生沉降、变形、破坏。

由于地面塌陷的发生具有突然性,桩基施工前,应做好相应的应对方案;桩基施工中,做好护壁工作,防止上覆松散土体的流失,从而防止地面变形、塌陷的发生。该范围内 Z_3-TJL-001 号钻孔附近 2006 年 2 月 10 日曾发生过岩溶地面塌陷,造成行车中断,因此,设计及施工中应高度重视本段存在的岩溶塌陷的危害。

(2)工程措施建议

①施工方法:根据场地地质条件,第四系地层中,层状分布有流塑—软塑状黏性土,松散—中密状饱和砂层,埋深 2 ~ 48 m,一般厚 5 ~ 30 m;中等风化岩埋深一般 12.9 ~ 48.8 m,因此桩基

宜采用钢护筒护壁、钻(冲)孔灌注桩施工。

②成孔注意事项:桩基成孔过程中,应严格按照岩溶地区桩基施工相关规范进行。在冲击软土、砂层等软弱土层时,可加黏土块夹小片石反复冲击造壁,孔内泥浆应保持稳定。进入基岩后,应防孔斜,应低锤冲击或间断冲击,如发现偏孔应回填片石至偏孔上方一定高度;每钻进100～300 mm应清孔取样1次,保证桩身全断面入岩并满足嵌岩深度要求。灌注混凝土之前,孔底沉渣厚度应符合相关规范及设计要求。

③施工地质工作:对于岩溶发育的地段,施工阶段应结合工程处理措施,采取探灌结合的方法,进一步查明岩溶发育形态。

④环境保护:施工时应注意对沿线地下管线的保护,尽量降低施工噪声对周围居民及商铺的影响,减小对城市交通的干扰,避免建筑弃土的运输对道路及环境的污染。废弃的泥浆、弃渣应按环境保护的有关规定处理。

⑤施工监测:在房屋、道路四周布设沉降观测点,进行系统、全面的跟踪测量,实行信息化施工。根据监测结果及时调整施工方案和开挖速度,尽量做到不抽排地下水,减少建筑(构)物变形。当房屋、地面沉降等出现异常时,应立即停止施工,分析原因,采取有针对性的措施,确保既有建筑(构)筑物安全。

(六)小　　结

1. 可溶岩区的勘察应结合物探、钻探、测试等方法,采用综合勘察手段。

2. 可溶岩区应重点查明岩溶及岩溶水发育情况,查明对线路有影响的溶洞、暗河等的顶板及洞内填充情况。

3. 覆盖型岩溶区还应查明覆盖层的岩性和厚度、可溶岩的古地貌,调查地面塌陷史,预测地面塌陷的可能及对周边环境和建筑物的影响,提出预防措施。

4. 通过实践认为，物探联合电剖面法在圈定可溶岩与非可溶岩界线、圈定溶洞及其发育带和地下水富集带效果十分理想；甚低频电磁法在无干扰的情况下，对岩溶发育特点，特别是对断裂构造有较好的反应；浅层地震反射波法对划分岩、土界面及岩性分层效果明显。本次采用地震映像法新技术、新方法与浅层地震反射波法互相印证，对岩溶发育及断层构造带判释有效；地质雷达法对探测一定深度范围内土层中土洞和开口溶洞或由岩溶塌陷形成的扰动土以及淤泥质土的分布情况等，有其独特的、其他方法无法比拟的效果；多种方法物探测井，不仅对钻孔内溶洞、土洞有直观反映，对确定溶洞、土洞顶、底板埋深及沿钻孔轴线的高度准确性较高，同时对岩溶水的补给和径流方向、地下水污染情况都能客观地作出反映；电磁波透视法（跨孔CT法）对具体岩溶类型、溶洞及土洞的形态、规模、贯通性以及溶隙发育段，均能直接反映出来，对岩溶塌陷成因机制分析研究和指导基础施工以及进行岩溶治理，是一种既经济又有明显效果的物探技术方法。

5. 岩溶区桩基施工时,应保证桩身全断面入岩并满足嵌岩深度要求。溶洞发育高度小于3 m的桩基,可采用常规的冲孔方案,但应注意泥浆比重,增加抛填片石、水泥等措施防止坍孔,严格施工管理。对已探明溶洞较大、岩溶发育严重的桩基,建议采用覆盖层人工挖孔、钢护筒穿越溶洞的方案。

九、K_{30}试验在深圳地铁基床系数测试中的应用

徐正宣　李建强

深圳地区花岗岩残积层分布范围广，厚度较大，地铁工程多位于该土层中，车站基坑与区间隧道支护设计均需残积土的基床系数。基床系数的取值合理与否与设计所采用的工程措施直接相关，从而基床系数的取值对工程措施的合理选择、工程的安全使用意义重大。

深圳地铁3号线岩土工程勘察中，采用K_{30}试验取得花岗岩残积土的基床系数，同时，通过与旁压试验、标准贯入试验、室内试验等进行对比，探索了各种原位测试及室内试验方法取得深圳地区花岗岩残积土基床系数之间的相互关系，从而获取花岗岩残积层基床系数的设计建议值。

（一）工程概况

地铁3号线为福田至龙岗，是深圳市城市轨道交通主干线之一。3号线首期工程的起点位于红岭中路与红荔路交叉口，往东穿越洪围、桂园片区，在老街站与1号线换乘，而后沿东门中路、东门北路、翠竹路、泥岗路，经罗湖区的东门商业区、水贝、田贝片区、布心片区，沿布吉路到布吉联检站，此后与深惠公路并行，经过龙岗区的布吉镇、横岗镇、龙岗中心城、龙岗镇，终点位于双龙立交桥西侧的双龙站。其中红岭站至水贝站段为地下段，共6站6区间。

本次进行的K_{30}试验，主要针对益田站—水贝站的花岗岩分布区的地下段，共布置了4个人工井K_{30}试验点。

（二）区域地质概况

深圳市位于华南褶皱系的紫金—惠阳坳褶断束中，是在加里东褶皱基底的基础上发展起来的晚古生代坳陷，后被中、新生代构造叠加、改造，形成以北东向断裂为主、北西及东西向断裂次之、加里东期混合花岗岩入侵及燕山期花岗岩大面积侵入的格局。

地层岩性一般如下：上覆第四系全新统人工填土（Q_4^{ml}）、冲洪积（Q_4^{al+pl}）砂层、黏性土及花岗岩残积层（Q^{el}），下伏基岩为燕山期（γ_5^3）花岗岩。花岗岩残积土分布广泛，厚度较大，与地铁工程关系密切。

地下水一般较发育。地下水位较高，一般位于地面下1~2 m。

（三）花岗岩残积土的特性

1. 地层岩性、定名

花岗岩的主要矿物成分为石英、长石及少量的黑云母、角闪石。花岗岩残积土中的长石、云母、角闪石已完全风化，呈黏性土状，而石英残留成石英砂、砾。从残积土的颗粒组成来看，属细粒土和粗粒土混杂，且中间颗粒较少的混合土，兼有砂土和黏性土的性质。

花岗岩根据其结晶大小，有粗、中、细粒之分。在花岗岩岩体中穿插有后期侵入的细晶岩、煌斑岩、辉绿岩等细粒岩脉。花岗岩残积土的主要矿物成分与母岩的矿物成分、结晶大小有直接关系，依赖于母岩的组成特征。粗—中粒花岗岩风化而成的残积土多为砾质黏性土，而中—细粒花岗岩和花岗片麻岩风化而成的残积土多为砂质黏性土。

2. 残积土的划分标准

残积土:岩石的组织结构已全部破坏,除石英外,其他矿物成分已完全风化成土,但为未经搬运的物质。

深圳地区全风化花岗岩残积土的划分标准:残积土的标准贯入击数(修正值)$N<30$ 击,单轴抗压强度 $f_r<600$ kPa,剪切波速 $v_s<250$ m/s。

由于花岗岩残积土的物理、力学指标变化范围较大,根据本项目工程设计和施工的需要,将其划分为可塑与硬塑两个岩土层。其分层依据为:标准贯入试验击数(修正值)$N<15$ 为可塑状残积土,<6-1>层;$15\leqslant N<30$ 为硬塑状残积土,<6-2>层。

3. 花岗岩残积土的特性

(1)花岗岩残积土颗粒成分具有"两头大,中间小"的特点,即颗粒成分中,粗颗粒(大于0.5 mm)的组分及小颗粒的组分(小于0.005 mm)的含量较多,而介于其中的颗粒成分则较少。

(2)由于花岗岩残积土颗粒组成的特殊性,致使残积土兼有砂土和黏性土的性质。

(3)花岗岩残积土均匀性较差,强度不一。当富含水,孔隙比较大时,压缩性较高,强度较低;而当失水、缺水或孔隙比较小时,压缩性较低,强度较高;同时,花岗岩残积土有一定的膨胀性,甚至为膨胀土。

(4)花岗岩残积土具有遇水易软化、崩解,强度急剧降低的特点。

(5)花岗岩残积土易受表水的淋滤、冲刷作用,形成网纹结构。

(四)K_{30}试验方法

本次试验投入 K_{30}平板载荷试验仪 1 套、KTG 采集器 1 台、10 mm 百分表(精度 0.001 mm)4 只、笔记本电脑 1 台。具体试验步骤及测试原理如下:

1. 将 K_{30}载荷板放置于检测井中测试岩土体上,使荷载板与原状土体良好接触,安装好反力装置、千斤顶系统及百分表(4 只表用磁性表座均匀安装于载荷板上),油压千斤顶供油管采用高压油管加长至地面,与地面手动加压油泵相连接,在地面上加压维持所需荷载大小,将电脑与 KTG 采集器及位移传感器连通。

2. 为稳固载荷板,预压 0.01 MPa 荷载约 30 s,待稳定后卸除荷载,将百分表归零,采集器初始化后,试验可开始。

3. 第一级荷载为 0.02 MPa,以 0.01 ~ 0.02 MPa 的增量(视第一级沉降量大小而定)逐级加载。当 1 min 的沉降量不大于该级荷载产生的沉降量的 1% 时,读取荷载强度和下沉量读数,然后增加下一级荷载。

4. 当总下沉量超过规定的基准值(1.25 mm)或达到地基的屈服点时,试验即可终止。

5. 曲线分析:

(1)根据试验结果绘出荷载强度与下沉量关系曲线(见图 7—9—1)。

(2)数据处理方法:首先,将千斤顶油压表读数通过 K_{30}仪校正值拟合曲线方程,换算为承压板上的压应力,该拟合曲线方程为

$$y=0.0213x$$

$$R=0.999$$

式中 y——K_{30}承压板上的压应力(MPa);

x——千斤顶油压表读数(MPa)。

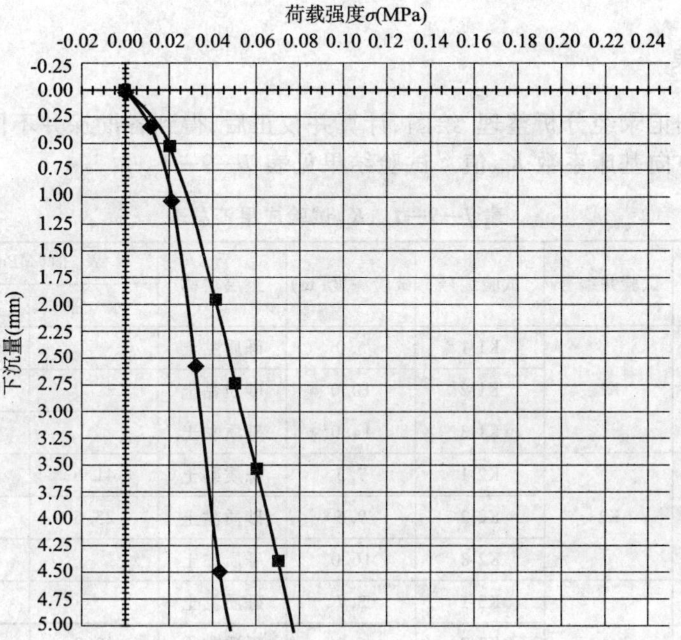

图 7—9—1 σ—S 曲线

再将试验过程中所得到的 K_{30} 承压板上的各级压力值与对应的沉降量值，绘制成 σ—S（荷载强度—下沉量）的关系曲线。从该曲线得出下沉量基准值时的荷载强度，并按下式计算出基床系数：

$$K_{30}=\sigma_s/S_s$$

式中 K_{30}——由直径 30 cm 的荷载板测得的基床系数（MPa/m）；

σ_s——σ—S 曲线中 $S_s=1.25$ mm 相对应的荷载强度（MPa）；

S_s——下沉量基准值（$S_s=1.25$ mm）。

（3）K_{30} 试验数据点的校正：在检测试验过程中，由于被测岩土体表面状态的影响，测试曲线可能不通过坐标原点，从而产生了随机误差，在试验段的检测中通过作图法进行了校正，见图 7—9—2。

①当试验结果如图中曲线②时，曲线经坐标原点，可不校正。

②当试验误差结果如图中曲线①时，应在曲线出现明显拐点的位置沿正常曲线延伸，使之交 S 轴于 O_1 点，此时零点下移 $\Delta S''$，标准下沉量应为 $S_1=S_s+\Delta S''$，并由此对应的荷载强度 σ_1 计算出 K_s 值。

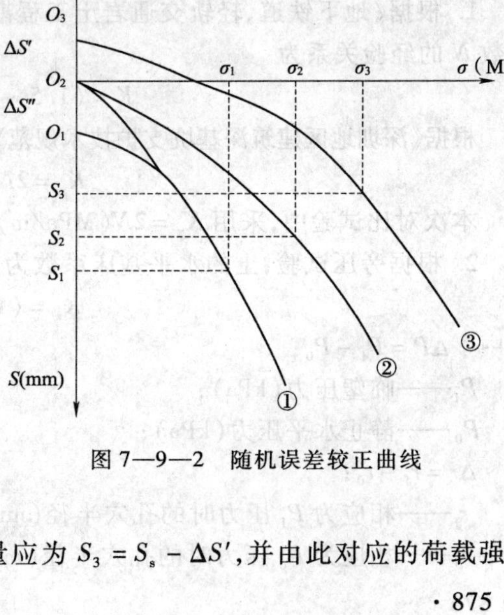

图 7—9—2 随机误差较正曲线

③当试验误差结果如图中曲线③时，应在曲线出现明显拐点的位置沿正常曲线延伸，使之交 S 轴于 O_3 点，此时零点上移 $\Delta S'$，标准下沉量应为 $S_3=S_s-\Delta S'$，并由此对应的荷载强度

σ_3 计算出 K_s 值。

(五)试验成果

野外采集数据记录经分析整理、绘图、计算并校正后,得到各勘探井不同深度花岗岩残积土的水平和垂直方向基床系数 K_{30} 值。试验结果见表 7—9—1。

表 7—9—1 K_{30} 试验成果汇总表

序号	试验井名称	试验井编号	试验编号	试验深度(m)	土层名称	K_{30} 值(MPa/m)		岩土层号
						水平	垂直	
1	市图书馆试验井	K1	K1-1	5.0	砾质黏土		61.6	<6-2>
2			K1-2	10.0	砂质黏土		25.6	<6-1>
3			K1-3	14.0	砾质黏土		50.4	<6-2>
4	留医部试验井	K2	K2-1	7.5	砾质黏土	41.6	45.6	<6-2>
5			K2-2	9.5	砂质黏土	25.6	22.4	<6-1>
6			K2-3	16.0	砾质黏土		45.6	<6-2>
7	化工大院试验井	K3	K3-1	3.7	砾质黏土		65.6	<6-2>
8			K3-2	6.2	砾质黏土	48.0	75.2	<6-2>
9			K3-3	9.0	砂质黏土		11.2	<6-1>
10			K3-4	13.5	砾质黏土		41.6	<6-2>
11			K3-5	17.9	砾质黏土		56.0	<6-2>
12	自行车厂试验井	K4	K4-1	12.0	砾质黏土	76.0	65.6	<6-2>
13			K4-2	16.6	砾质黏土	68.0	60.6	<6-2>

(六)相关试验对比

根据《地下铁道、轻轨交通岩土工程勘察规范》、《深圳地区建筑深基坑支护技术规范》及深圳地区经验,基床系数可采用以下几种室内试验及原位测试方法进行对比:

1. 根据《地下铁道、轻轨交通岩土工程勘察规范》条文说明,基床系数 K 与地基土的标贯击数 N 的经验关系为

$$K=(1.5\sim3)N \quad (\text{MPa/m})$$

根据《深圳地区建筑深基坑支护技术规范》,水平基床系数与标准贯入锤击数之间的关系为

$$K_x=2N \quad (\text{MPa/m})$$

本次对比试验中,采用 $K_x=2N(\text{MPa/m})$ 的关系式。

2. 根据旁压试验,土的水平基床系数为

$$K_x=(1-a)\Delta P/\Delta r$$

式中 $\Delta P=P_f-P_0$;

P_f——临塑压力(kPa);

P_0——静止水平压力(kPa);

$\Delta r=r_f-r_0$;

r_f——相应为 P_f 压力时的孔穴半径(mm);

r_0——相应为 P_0 压力时的孔穴半径(mm);

a——孔隙压力系数：查表得，砂土为 0，粉土为 0.1～0.2，粉质黏土为 0.15～0.25，黏土为 0.25～0.50。

3. 室内试验：采用三轴试验或固结试验的方法测得。

各试验及测试方法所得基床系数值对比情况详见表 7—9—2。

表 7—9—2　各测试、试验方法测得花岗岩残积土基床系数对比表

岩土层	试验或测试方法	基床系数（MPa/m）	统计个数	最大值	最小值	平均值	变异系数	标准差	标准值	规范[1]所列值（MPa/m）	规范[2]所列值（MPa/m）	规范[3]所列值（kPa/m）	建议值（MPa/m）
<6-1>砂质黏土	标贯试验	K_x	115	30	10		0.24	2.1	20	20～40	20～40	1 000～2 800	25
	旁压试验	K_x	21	49.5	20.0		0.23	5.8	29.2				
	K_{30} 试验值	K_x	1	25.6	25.6				25.6				
		K_v	3	25.6	11.2				19.7	15～35		2 000～4 000	20
	室内试验	K_v	22	25	6		0.2	3.2	11				
<6-2>砂质黏土	标贯试验	K_x	630	60	30		0.23	4.0	44	40～80	50～100	2 000～4 000	50
	旁压试验	K_x	37	99.3	41.3		0.25	7.1	56.9				
	K_{30} 试验值	K_x	4	76.0	41.6				50.4				
		K_v	10	75.2	41.6		0.19	4.2	48.9	35～70		4 000～6 000	48
	室内试验	K_v	17	37.1	17.3		0.21	3.2	20.9				

注：[1]《地下铁道、轻轨交通岩土工程勘察规范》；
[2]《深圳地区建筑深基坑支护技术规范》；
[3]《铁路路基支挡结构设计规范》。

4. 从以下试验结果及对比分析可以得出：

（1）正常固结的均质岩土体基床系数随深度的增加呈线性增大。

（2）各测试、试验方法测得岩土体基床系数的离散性较大，这是由于各种测试方法的各实测样本的土的组成成分、含水量等物理力学性质及埋深不同及测试误差造成的。

（3）采用标贯试验、旁压试验、K_{30} 试验测得的水平基床系数（K_x）统计结果较为接近，均位于规范所列值的范围内，反映出各测试方法的稳定性较好。旁压试验结果处于高值段，标贯试验结果处于低值段。

（4）室内试验测得的垂直基床系数（K_v）明显低于 K_{30} 测试结果。

（5）水平基床系数与垂直基床系数的相对大小关系，规律性较差，两者较为接近。

（七）小　　结

1. K_{30} 试验稳定性较好，正常固结地基土的基床系数宜采用 K_{30} 试验方法获取。

2. 现场 K_{30} 试验值与采用旁压试验、标准贯入试验取得的基床系数（K_x）较为接近，因此，在实际勘察过程中，当不具备进行 K_{30} 试验条件时，建议进行标准贯入试验、旁压试验，将测试结果结合规范及工程经验修正后提供给设计人员。

3. 室内试验测取得的基床系数（K_v）比 K_{30} 试验测得的基床系数（K_v）偏小，不宜直接提供给设计人员。

4. 垂直基床系数（K_v）与水平基床系数（K_x）一般较为接近，在基坑支护工程中，若未能进

行 K_{30} 试验，可取水平基床系数与垂直基床系数相等。

5. 本文仅对标准地基系数的试验方法进行了简要讨论，其具体设计采用值应由设计人员根据基础埋深，结构、基础形式及受力、变形情况，结构、基础的面积、刚度、形状，施工程序和工程措施（回填、压浆）等进行修正确定。

十、厦门东通道（跨海）工程方案的地质条件评价

赖灿明　李　坚

厦门东通道工程位于厦门岛东北端五通村与厦门翔安区下店村之间，是厦门岛出岛的第三条通道，对于厦门交通条件的改善、沟通厦门岛与北部的联系、开发翔安等地的经济发展都具有十分重要的意义。厦门东通道工程经前期两次预可行性研究以后，对于该区域的工程地质条件有了基本的了解。2002 年 4 ~8 月，受厦门市路桥建设投资总公司委托，铁二院承担了该项工程的可行性研究阶段的地质勘察工作。本次工程地质勘察采用了地质调绘、物探、钻探、钻孔测井测试、钻孔水文地质试验以及岩石、土、砂、水样室内试验的综合勘察方法，尤其是采用了大量的综合物探进行比对、印证，而后又用钻探及其他的勘察方法验证，取得了良好的效果，为预可行性研究阶段路线及工程方案的比选，查明该区的工程地质、水文地质条件，提供了可靠的地质基础资料。

（一）完成的主要工作量及工程地质勘察方法

1. 完成的主要工作量

（1）预可研推荐的过海通道方案两侧各 500 m 范围内的地质调绘；

（2）海上 4 孔、陆地上 2 孔的工程地质勘探；

（3）4 孔 16 段的抽水试验；

（4）7 条海上物探剖面、4 孔物探 PS 测井测试的物探；

（5）岩石、土、砂、水样的室内试验。

2. 工程地质勘察方法

本次地质勘察工作采用了地质调绘、物探、钻探、钻孔测井测试、钻孔水文地质试验以及岩石、土、砂、水样室内试验的综合勘察方法，尤其是大量采用了物探，效果良好。

（1）测区具备较好的地球物理勘探特征

根据 PS 测井资料、地震反射速度分析资料、基岩露头速度测试资料统计得出的工区岩土地震纵波速度见表 7—10—1。

表 7—10—1　各地层(海水)地震纵波速度表

地　层(海水)	地震纵波速度(m/s)
海　水	1 500 ~ 1 600
土　层	300 ~ 1 000
全风化花岗岩	600 ~ 1 200
强风化花岗岩	1 800 ~ 2 300
弱风化花岗岩	3 500 ~ 4 800

由表 7—10—1 可知,土层和全风化花岗岩之间的地震纵波速度差异不大,可把它们归为同一地层,即土层。而海水与土层、土层与强风化花岗岩之间、强风化花岗岩与弱风化花岗岩之间的地震纵波速度存在较大差异,故测区具备开展地震反射波法的地球物理勘探条件。

(2)物探野外工作

现场工作中,使用 GPS 仪对测线(测试点位)进行定位测量。

①地震反射波法测线:纵向沿桥(隧)轴线方向(北东向)布置 2 条测线;纵向测线累计长度为 13 km,其中海域长度为 8.6 km,占总长度的 66%;横向大致垂直于桥(隧)轴线方向(南东向)布置 5 条测线;横向测线累计长度为 5.7 km,其中海域长度为 3.3 km,占总长度的 58%。

②PS 测井:在本次钻探的 6 个孔中选择 3 个孔布置 PS 测井的测点,3 个孔测试深度分别为 44.5 m、49.4 m 和 34 m,测试点距为 0.5 ~ 1 m。

(3)主要物探施测参数的选择

经过在测区进行的大量现场野外试验,参照过去的资料,选择主要施测参数如下:

①地震反射波法

A. 偏移距:0 ~ 30 m。

B. 激发:陆地为地表锤击,在每个激发点多次激发并垂直叠加;海域为空气枪激发,激发深度 2 m,激发能量 8 000 ~ 12 000 J。

C. 接收:道间距为 1 ~ 2 m;陆地检波器主频为 100 Hz,海域漂浮检波器主频为 60 ~ 80 Hz。

D. 仪器参数:采样率 0.125 ms,记录长度 128 ~ 256 ms,延迟时间 0 ms,带通滤波 25 ~ 500 Hz。

②PS 测井

A. 竖向测点点距:0.5 ~ 1 m。

B. 海域:采用电火花剪切锤震源激发,三分量检波器接收。

C. 陆地:纵波测试采用电火花震源,纵波检波器接收;横波测试采用叩板锤击震源激发,三分量检波器接收。

D. 使用美国 EGG 公司制造的 R24 地震仪进行波速测试数据的采集,采样率为 0.031 ms,记录长度为 64 ms,带通滤波为 15 ~ 250 Hz。

(4)物探成果资料

本次物探对测区内的各地层顶、底面高程和分层厚度,岩体裂隙与岩脉发育状况以及各地层的地震纵波、横波速度做出了测试分层、数值及评价,基本满足了可研阶段工程方案比选的需要。

（二）工程地质勘察主要成果

1. 自然地理

（1）地形地貌

测区位于浔江港湾的最狭窄处，海面宽约4.2 km。西北为封闭的海湾，东南为海湾通向大海的出口。该区地貌可分为陆域地貌、岸滩带地貌和海域地貌三种类型。

①陆域地貌

由海蚀台地及海积平原组成。海蚀台地台面波状起伏，多为基岩残丘，坡度平缓，略向海倾斜，高程一般在30 m以下，仅东山山顶高程约为35 m，台面被后期流水侵蚀冲刷，多发育浅沟谷。海积平原呈片状分布，面积不大，地势低平，高程一般为2～5 m，微向海倾斜。据西南岸本地村民介绍，若干年前，原五通村还是一个三面环水的半岛，后在海湾前沿建成围堤，逐渐成为现在的海积平原地貌；东北岸也是在海湾前沿建围堤护岸形成的。

②岸滩带地貌

A. 西南端五通岸属于开敞海湾淤泥质间夹基岩海岸。岸域较宽阔，岸坡为高达10 m以上的红土台坎，每当高潮时，在东北风浪作用下，海岸崩塌严重，构成直立状土崖，崖底常可见崩塌土块。海岸以外为潮间带海滩，滩地明显分为高潮带、中潮带和低潮带。高潮带为狭窄沙滩，局部岩滩，滩宽约10～20 m，由粗中砂组成，坡度约4°～6°；中潮带为含泥质沙滩，滩宽约200～300 m，滩面上常有风化壳红土出露，坡度约1°～2°；低潮带为粉砂质泥滩，滩宽约600 m，滩面时有礁石出露，坡度约2°。

B. 东北端同安岸属于淤泥质间夹台地土崖海岸。土崖主要受海浪侵蚀后退，潮滩不断扩大，岸滩宽阔，淤积作用强。高潮带为沙滩，滩宽约20～30 m，由含细砾的中粗砂组成，坡度约4°～6°；中低潮带为砂质淤泥和淤泥滩，一般有向低潮带变细的趋势，潮滩淤积明显，滩面上凸，浮泥层厚，大片潮滩已辟为养殖场。

③海域地貌

海域内水深0～29 m，海底为水下浅滩。浅滩总体上向东南港湾口方向和缓倾斜，倾斜坡度1°～5°，常有高低不等的岩礁分布。海底浅滩表层主要分布砂—粉砂—黏土、粉砂质泥和泥质粉砂。海域同安一侧的海底为水下浅滩，地势较为平缓，一般以小于10°的坡度由岸向海域倾斜，海底高程0～－15 m。海底在五通一侧，海底地形则有较大起伏，最深处高程－29 m，最高处已突出海面3～4 m，局部形成相对较深的海底沟槽。

（2）水　　文

陆域和海域水文条件差异很大。陆域水文条件简单。测区内无河流，大气降水直接从坡面排入海中或汇入丘间谷地集中入海。地表小型鱼塘较多。海域水文条件较复杂。据国家海洋局厦门海洋工程勘察设计中心于1999年12月提供的《厦门东通道工程桥址水文、泥沙调查及专题计算报告》和《厦门东通道桥位水域泥沙运动及海床冲淤特性研究报告》：

①厦门海洋站（以下简称厦门站）多年平均海平面0.31 m（黄海高程），多年平均潮差4.01 m，于1933年10月20日出现历史上最高潮位4.53 m和最大潮差6.92 m，于1921年2月24日出现历史上最低潮位－3.33 m。高集海堤建成后，于1996年8月1日出现4.42 m的次高潮位和6.87 m的次最大潮差，于1983年1月30日出现－3.18 m的次最低潮位。多年平均涨、落潮历时分别是6小时07分钟和6小时18分钟，落潮历时稍长于涨潮历时。厦门港潮汐属正规半日潮，潮令约3天。厦门港海域属大潮差水域。

②经对历年该区域海流实测资料进行分析,表明:

A. 涨潮时(高潮前3小时),外海水沿西北方经本水域涨入湾内,中部深槽流速较大,深槽北侧的涨潮流速稍大于南侧;落潮时(高潮后3小时),湾内水沿东南方向经本水域流出湾外,中部深槽流速较大,深槽北侧的落潮流速稍小于南侧。

B. 实测流经准调和分析后得出余流,本区存在北边流进、南边流出的余流环流。

C. 潮时全断面平均落潮最大流速71 cm/s,涨潮最大流速65 cm/s;小潮时全断面平均落潮最大流速41 cm/s,涨潮最大流速36 cm/s。

③根据不同年代海图比较,桥位附近海底冲淤特性如下:

A. 西南侧同安端海域基本稳定,仅潮间浅滩略有淤积。

B. 东北侧五通端处于弱冲刷状态。

C. 中部海域基本处于冲刷状态。

④建桥后桥位附近海底冲淤特性如下:

A. 桥墩具有局部阻流和拦沙作用,在桥墩顺流方向的上、下游两侧将产生近菱形淤积体,但淤积范围较小,对海底的冲淤变化影响不大。

B. 桥墩海底受垂直流向的冲刷作用较弱,除局部地点海底在大潮时受一定程度冲刷外,其余地段基本处于稳定状态。水流对海底的最大冲刷深度为0.8~1.0 m。

C. 50年一遇设计波浪的最大作用深度小于海域中部水深,海底基本不受波浪掏蚀,但应注意台风大浪对海底的冲刷作用。

(3)气　象

厦门地区属南亚热带海洋性季风气候,温和多雨,暖热湿润。多年平均气温21 ℃左右,极端最高气温38.5 ℃,极端最低气温2 ℃。平均年降水量1188.4 mm,最大年降水量1771.8 mm。4~9月为雨季,集中全年约76%的降水。7~8月多暴雨,雨量大于50 mm的暴雨日数年平均3.6天,日最大降雨量320 mm。平均年蒸发量1910 mm。风向、风速季节性变化明显。全年盛行风向偏东风,年平均风速3.4 m/s。冬半年盛行风向北东至东北东风,风速较大;夏半年盛行风向以南东为主,风速较小。每年5~11月为受台风影响的季节,又以8月份最多。台风期间,瞬时极大风速可达60 m/s(1959年8月23日)。场区的风向、风速与厦门气象台站资料比较,冬季月平均风速低,最大风速高,风向集中于NE—ENE向;夏季平均、最大风速均低,最多风向7、8月为SSE向,9月为NE向。当处于台风等较强天气过程时,两地风雨天气差异不大。

2. 工程地质条件

(1)地层岩性

场区内地层、岩性均比较简单,基岩为燕山期花岗闪长岩、花岗岩侵入体和喜山期岩脉,盖层为第四系松散层。

①第四系(Q)

场区表层普遍分布厚度不均的第四系松散层。

A. 第四系全新统海积层(Q_4^m):成分十分复杂,有灰黑色有机质高液限粉土(MHO)、浅黄和灰褐色含砂低液限黏土(CLS)、黏土质砂(SC)、含细粒土砂(SF)等,多数含有机质,不均匀分布于海底、岸滩及陆上低谷海积平原内,属现代海洋沉积,岸滩及陆上的海积层多开辟为养殖场和耕地。据钻孔揭露,淤泥质土厚度为0~2.6 m;砂、砾土厚度为0~5.6 m。

B. 第四系全新统冲坡积层(Q_4^{al+dl}):以灰黄、灰红色含细粒土砂(SF)为主,分布于除海积层外的部分沟谷中,为大气降水冲蚀地表后于沟谷中淤积形成,多已辟为耕地,厚度较薄,仅

1 ~ 3 m。

C. 第四系风化残积层(Q^{el}):以棕黄、灰黄、灰白、棕红色等杂色低液限黏土(CL)、黏土质砂(SC)等为主,普遍分布于台地表层和第四系其他层位之下,属下伏基岩长期风化残积形成的土层,地表多辟为耕地,厚度变化大。据钻孔揭露,除个别钻孔未发现外,揭露厚度为 1.4 ~ 19.3 m,据资料反映,最大厚度可达 40 m。

②基　岩

测区内基岩均为岩浆岩,局部地区有少量露头,地表多呈典型的球状风化。根据其形成时期和岩性可分为三类。

A. 燕山早期第二次侵入花岗闪长岩($\gamma\delta_5^{2(3)b}$):灰白色,中粒半自形粒状结构,块状构造。经对 GZK5 孔岩样切片鉴定,斜长石含量约 40%、钾长石含量 15% ~ 20%、石英含量 30% ~ 35%、暗色矿物含量约 10%,绿色角闪石约 4%、黑云母约 6%。以岩株形式分布于测区西南岸及大多数临海区域(GZK1 至 GZK5 孔)。

B. 燕山早期第三次侵入黑云母花岗岩($\gamma_5^{2(3)c}$):肉红、灰白色,主要矿物为钾长石、酸性斜长石、石英、黑云母、角闪石等,中粗粒结构,块状构造,以岩基形式分布于测区东北岸及岸边海域。

C. 喜山期脉岩(β_μ):以细粒隐晶质结构、块状构造的辉绿岩为主,部分为细粒花岗岩、玢岩等。前两种侵入岩中均有分布,岩脉宽度变化很大,由数毫米至数米,多沿构造面侵入,与围岩呈镶嵌接触关系。

基岩根据其风化程度可分为四层。

全风化层(W_4):岩石已风化为砂土状,灰白、棕黄、杂色,原岩结构已基本破坏,标贯击数为 30 ~ 50 击,厚度一般为 3.4 ~ 20.33 m,层顶高程为 1.41 ~ −34.43 m。

强风化层(W_3):岩石上部风化成砂砾状,下部多为碎块石状,其性质差异较大,原岩结构大部分已破坏,标贯击数为 50 ~ 200 击,厚度为 0.15 ~ 22.0 m,层顶高程为 −1.79 ~ −41.78 m。

弱风化层(W_2):岩石风化成大块石状,颜色基本与原岩接近,原岩结构仅少部分破坏,矿物成分基本未变化,厚度在 0.3 ~ 28.8 m,局部地段揭露厚层岩脉而未见该层底部,层顶高程为 −1.56 ~ −59.83 m。

微风化层(W_1):仅见少量风化裂隙,原岩结构基本未变,仅节理面有铁锰质浸染,埋深为 16.7 ~ 44.5 m(除岩脉影响),层顶高程为 −18.72 ~ −61.03 m。

(2)地质构造与地震

厦门地区所处大地构造单元为闽东中生代火山断坳带(二级构造单元)之闽东南沿海变质带(三级构造单元)。此三级构造单元内,具有控制意义的区域断裂构造为长乐—诏安断裂带和九龙江断裂带。长乐—诏安断裂带由一系列走向 NE、倾向 SE、近于平行、长度不等的断层组成,断裂带宽 38 ~ 58 km,延伸长 450 km 左右,沿断裂带地震活动较弱,历史上只发生过 5 级左右地震,组成该断裂带的多数断层最新活动年代为中更新世,少数与 NW 向断裂相交者,最新活动年代到晚更新世早期;九龙江断裂带走向 NW—NWW,倾向 SW 或 NE,由 2 ~ 3 条次级断裂组合而成,长 120 km 以上,沿断裂带地热异常,发生过多次 5 ~ 6.5 级地震。

厦门岛及其周围邻近海域地质构造以断裂为主,主要包括厦门东侧水道断裂、厦门西港断裂、文灶断裂、虎尾山断裂和海沧南—钱屿断裂。上述断裂除海沧南—钱屿断裂近期仍有活动性外,其他断裂自晚更新世以来,未见活动痕迹。

跨海工程通过的测区内的具体地质构造有如下特征:

①测区内未见任何较大规模的断层或破碎带,震探资料亦未明显反映出断裂的存在,推断

测区内断裂构造不发育。

②测区内岩层受四周断裂构造的影响,可能发育有规模较小的次级断层,这在本次勘察的钻孔中有所揭示。如 ZK3 号钻孔揭露,在高程 -69.36 ~ -71.76 m、-74.04 ~ -74.76 m 处为断层破碎带,破碎带宽度 0.5 ~1.5 m;GZK5 号钻孔揭露,在高程 -62.42 ~ -62.72 m、-63.42 ~ -63.82 m 处为断层破碎带。

③测区内岩层受四周断裂构造的影响,不均匀地分布着不同方向的节理。钻孔揭露局部段落节理裂隙较发育,震探资料在两岸陆地测线上的 11 处位置也显示可能有裂隙、岩脉或者风化槽存在。

根据《中国地震动参数区划图》,本区地震动峰值加速度为 0.15g,地震动反应谱特征周期为 0.40 s。

中国地震局地球物理研究所和福建地震地质工程勘察院于 2002 年 2 月提供的《厦门市东通道工程场地地震安全性评价报告》确认,“厦门市东通道工程场址的地震基本烈度复核评定为Ⅶ度。鉴于东通道属于公路交通抗震一级工程,参照近年来类似跨海工程的经验和有关研究成果,其罕遇地震的概率水平取 100 年 3%,相应的地震基岩水平加速度峰值为 260 gal。”

(3)水文地质条件

测区分为海域与陆域两个地貌单元,水文地质条件存在差异。

①海域水文地质条件

A. 地下水赋存类型:海域中地下水以花岗岩和花岗闪长岩的基岩裂隙水为主。海底表层覆盖的现代海洋松散沉积物中,有孔隙水分布,由于成分不均,富水性有较大差异,黏性土、淤泥质土富水性差,砂类土富水性较好,但因散松沉积物总体厚度不大,故孔隙水总体水量有限。花岗岩、花岗闪长岩的全、强风化带中,赋存有孔隙—裂隙水,弱、微风化带中则以裂隙水为主。

B. 地下水水质类型及腐蚀性:本次勘察,在两个海上钻孔中,取地下水样 8 组与孔外海水样两组,经分析比较,地下水水质与海水十分接近,均属 Cl^-—Na^+ 型水,在Ⅰ、Ⅱ类环境下,该水对混凝土具分解类碳酸型弱腐蚀和结晶分解复合类强腐蚀。

C. 地下水补、径、排关系:海域内,海底地层长期处于海平面以下,地层中所含各类型地下水只接受海水补给,仅在近岸的潮间带可能局部存在陆域地下水的补给。

D. 水文试验:每孔均根据要求进行了三次分层抽水和一次混合抽水试验,因出水量均小于 0.1 L/(s·m),仅作了一个降深。抽水试验计算成果见表 7—10—2。

表 7—10—2 海域地下水抽水试验计算成果表

孔 号	试验段 (m)	Q (m³/d)	q [L/(s·m)]	l (m)	S (m)	r (m)	k (m/d)
GZK3	5.7 ~20.5	18.7	0.017	14.8	12.4	0.055	0.084
GZK3	20.5 ~33.0	14.9	0.006 3	12.5	27.2	0.046	0.036
GZK3	22.5 ~60.1	12.6	0.004 8	37.6	30.2	0.044	0.011
GZK3	5.8 ~60.1	19.7	0.016	54.3	14.7	0.048	0.026
GZK4	4.2 ~8.1	2.1	0.002 3	3.9	10.8	0.055	0.031
GZK4	8.2 ~24.0	37.1	0.021	15.8	20.7	0.055	0.095
GZK4	26.2 ~60.3	27.1	0.044	34.1	7.2	0.05	0.107
GZK4	5.1 ~60.3	33.4	0.047	55.2	8.2	0.052	0.077

由表7—10—2可知，各层的渗透系数均很小，渗透性没有明显差异。为了保证试验成果的质量，排除异常值的影响，采用统计方法分析渗透系数，平均值为0.058 m/d，标准差为0.036 m/d，变异系数为0.623，标准值为0.06 m/d。

②陆域水文地质条件

陆域第四系冲坡积层和残积层中赋存孔隙水，下伏花岗岩或花岗闪长岩赋存孔隙—裂隙水及裂隙水。地层中无明显隔水层与含水层，富水性均较差。陆域地下水几乎全靠大气降水补给，总体上以向海域排泄为主，但局部近海处当深部裂隙发育时，可能存在海水的反向补给。在两岸陆地钻孔中，取基岩地下水样7组，经分析，反映出水质类型随深度不同而有所变化，分别为Cl^-—Na^+、$Cl^-\cdot HCO_3^-$—Na^+、$Cl^-\cdot HCO_3^-$—$Na^+\cdot Ca^{2+}$和$Cl^-\cdot HCO_3^-$—$Na^+\cdot Ca^{2+}\cdot Mg^{2+}$型等四种类型。陆域地下水在Ⅰ、Ⅱ类环境下，对混凝土无腐蚀性。

对陆域抽水试验资料分析如下：不存在明显的隔水层和含水层，可以简化为半无限潜水含水层，采用四个理论公式分别计算k_1、k_2、k_3、k_4。抽水试验数据计算成果见表7—10—3。

表7—10—3　陆域地下水抽水试验计算成果表

孔号	试验段(m)	Q (m^3/d)	q [L/(s·m)]	l (m)	S_0 (m)	H (m)	S (m)	r (m)	R (m)	k_1 (m/d)	k_2 (m/d)	k_3 (m/d)	k_4 (m/d)
ZK0	2.27～8.25	1.75	0.01	6	0.21	8.04	2.06	0.055	10	0.096	0.087	0.092	0.088
GZK1	15.4～34.4	10.7	0.028	19	10.6	23.8	4.37	0.065	10	0.108	0.084	0.095	0.083
GZK1	34.3～8.25	14.7	0.013	2	10.8	25.5	13.2	0.055	10	0.282	0.061	0.100	0.036
GZK1	37.5～40.1	14.6	0.009	2.6	10.7	29.4	18.7	0.046	10	0.173	0.031	0.053	0.023
GZK1	10.0～40.1	23.2	0.028	30	10.7	29.4	9.59	0.063	10	0.074	0.049	0.059	0.066
GZK6	6.3～18.0	36.6	0.094	7.2	6.3	11.7	4.5	0.055	10	0.802	0.576	0.670	0.576
GZK6	19.4～45.1	33.3	0.034	25.7	6.3	38.8	11.5	0.05	10	0.105	0.066	0.081	0.063
GZK6	10.8～45.1	33.7	0.11	34.3	6.3	38.8	3.5	0.053	10	0.271	0.212	0.238	0.207

由表7—10—3可知，四个公式对同一数据的计算结果一般没有明显的差异，可以进行统计分析处理。所有计算结果统计分析见表7—10—4。经两次剔除异常数据，统计推荐值为0.064 m/d。该值具有普遍意义，故在计算中可以采用。

表7—10—4　一般地区渗透系数统计分析表

数据组数	平均值	剔除系数	变异系数	修正系数	标准值
24	0.0768	0.1494	0.7372	1.0201	0.0783
23	0.0679	0.0966	0.5433	1.0134	0.0688
22	0.0631	0.0769	0.4688	1.011	0.0638

(4)不良地质和特殊岩土

①不良地质

测区内不良地质主要有海岸坍塌和海底侵蚀。

海岸坍塌：南、北两岸均存在近期海岸、海堤坍塌现象，主要因为两岸的海岸、海堤均为土质，易受海浪侵蚀所致。

海底侵蚀：据国家海洋局厦门海洋工程勘察设计中心1998年12月提供的《厦门东通道桥位水域泥沙运动及海床冲淤特性研究报告》：

A. 根据对五通至西滨观测断面1998年10月的资料分析,该断面大潮时余沙随涨潮流由海往湾内输进,小潮时余沙随落潮流由湾内往海方向排泄。小潮时向海外排泄的泥沙远大于大潮时往湾内输进的泥沙。

B. 测区中部海域,10 m 等深线较活跃,1938年和1975年的摆动都较厉害,其中1975年10 m 等深线所圈定的范围内有较多的浅点,但这些浅点在1998年所测的水深图中已经消失。总的说来,10 m 等深线所圈定的范围,1998年与1938年的比明显扩大,表明该处海域近60年来处于冲刷状态;20 m 等深线所圈定的深槽,1998年与1938年的比略有转移,但总体范围并没有扩大,表明此海域海底深槽基本稳定,海底局部冲淤变化出现新调整。

②特殊岩土

测区内特殊岩土仅见海积有机质土,海域分布较广,但厚度很薄,对工程影响不大。

(5)岩土物理力学指标

①风化残积层(Q^{el})

A. 风化残积层(Q^{el})的标准贯入统计分析见表7—10—5。预可研阶段标准值结果略小,变异系数略大;工可研阶段标准值结果略大,变异系数略小。因总体差异不大,两种资料合在一起统计,推荐标准贯入标准值为17.59。

表7—10—5 风化残积层标准贯入统计分析表

阶　段	组　数	平均值	标准差	剔除法	变异系数	标准值
预可研	12	18.5166	6.3293	14.4940	0.3418	15.1976
工可研	19	19.7368	4.7824	12.0995	0.2423	17.8054
全部	31	19.2645	5.3644	14.8593	0.2785	17.5967

B. 风化残积层(Q^{el})压缩指标:统计分析风化残积层(Q^{el})的压缩指标,两阶段试验数据的压缩系数标准值比较接近,但压缩模量标准值差异较大;经统计两种压力的孔隙比值,需剔除一组异常值,利用再统计的标准值计算出压缩系数0.34MPa^{-1}、压缩模量5.35MPa作为推荐值。试验及统计结果见表7—10—6。

表7—10—6 压缩性指标统计表

阶　段	压缩性	单　位	平均值	标准差	剔除法	变　异	标准值	备　注
预可研阶段11组数据	a_{1-2}	MPa^{-1}	0.3582	0.0407	0.0912	0.1136	0.3807	回归
	E_{1-2}	MPa	5.2018	0.3905	0.8747	0.0751	4.9861	
本阶段15组数据	a_{1-2}	MPa^{-1}	0.3487	0.08	0.1928	0.2294	0.3855	回归
	E_{1-2}	MPa	5.1927	0.7898	1.9035	0.1521	5.5566	
	P100	e	0.712	0.195	0.47	0.274	0.802	回归
	P200	e	0.678	0.188	0.454	0.278	0.765	
	P100	e	0.668	0.093	0.22	0.139	0.712	剔1回归
	P200	e	0.635	0.091	0.215	0.143	0.678	
	a_{1-2}	MPa^{-1}					0.3404	计算
	E_{1-2}	MPa					5.3539	

C. 风化残积层的地基承载力:

a. 根据《建筑地基基础设计规范》,查黏性土标准贯入试验击数—承载力表,确定标准贯

入试验击数标准值为17.6,地基承载力为450 kPa;

b. 根据本次取样试验的物理力学指标,采用孔隙比标准值0.823和液性指数标准值0.17,查表得地基承载力基本值(f_0)为210 kPa。

推荐地基承载力基本值(f_0)为210 kPa。

②海积砂层标贯及地基容许承载力

在海积砂层中,预可研阶段进行三次标贯试验,本阶段仅做一次标贯试验,击数5~26(ZK2孔1.8~2.1 m),变化极大,地基容许承载力(σ_0)为100~300 kPa。

③按岩性、风化程度划分的岩石物理力学指标

GZK5孔微风化花岗闪长岩的物理力学指标统计结果见表7—10—7。GZK6孔弱风化花岗岩物理力学指标统计结果见表7—10—8。

表7—10—7　微风化花岗闪长岩物理力学指标统计表

物理指标	个数	平均值	标准差	变异系数	标准值
天然密度(g/cm³)	51	2.65	0.05	0.02	2.63
烘干密度(g/cm³)	51	2.63	0.06	0.02	2.62
干饱和密度(g/cm³)	18	2.64	0.07	0.03	2.61
颗粒密度(g/cm³)	5	2.7	0.01	0.01	2.69
含水率(%)	51	0.45	0.37	0.82	0.36
吸水率(%)	18	0.46	0.54	1.17	0.23
孔隙率(%)	51	2.59	2.06	0.79	2.1
烘干抗压强度(MPa)	16	95.8	17.8	0.19	88.2
干饱和抗压强度(MPa)	18	73.4	20.7	0.28	64.5
软化系数	5	0.76	0.08	0.11	0.69
抗拉强度(MPa)	17	5.24	1.32	0.25	4.68
c(MPa)	5	51.6	1.14	0.02	50.5
φ(°)	5	13.2	2.28	0.17	11

表7—10—8　弱风化花岗岩物理力学指标统计表

物理指标	组数	平均值	标准差	变异系数	标准值
天然密度(g/cm³)	8	2.57	0.05	0.02	2.53
烘干密度(g/cm³)	8	2.55	0.06	0.02	2.51
干饱和密度(g/cm³)	3	2.56	0.04	0.02	0.5
颗粒密度(g/cm³)	1	2.64			
含水率(%)	8	0.58	0.22	0.38	0.43
吸水率(%)	3	0.49	0.17	0.34	0.24
孔隙率(%)	8	3.38	2.2	0.65	1.89
烘干抗压强度(MPa)	2	120			
干饱和抗压强度(MPa)	3	65.3	30.7	0.47	09.2
软化系数	1	0.59			
抗拉强度(MPa)	3	5.4	2.78	0.51	1.22

3. 隧道方案涌水量计算

(1)隧道施工中最大涌水量计算分海域与陆域两个单元,计算公式完全不同。

①海域计算时采用的参数:

A. 毛洞宽约 17 m,高约 12 m,隧道等价圆直径约 14 m;

B. 计算段落按高程 15 m 间隔分段,共分为 9 段,其中海域内 6 段、陆域内 3 段;

C. 渗透系数采用 0.064 m/d,隧道内排水沟设计水深为"0";

D. 海水位设为高于百年一遇水位的 4.5 m。

海域分段数据及计算最大涌水量见表 7—10—9。

表 7—10—9 海域分段最大涌水量计算表

起 讫 里 程	长度(m)	底(m)	顶(m)	地面(m)	H(m)	h(m)	q_0 [m^3/(d·m)]	Q (m^3/d)
K7+500~K8+000	500	-50	-38	0	48.5	50	7.315	3658
K8+000~K8+500	500	-65	-53	-5	63.5	60	8.928	4464
K8+500~K10+600	2100	-82	-70	-20	80.5	62	11.18	23485
K10+600~K11+100	500	-65	-53	-8	63.5	57	9.101	4551
K11+100~K11+600	500	-50	-38	-1	48.5	49	7.375	3687
K11+600~K12+100	500	-35	-23	1	33.5	36	5.831	2916

②陆域水位设为略低于地面高程,分段数据及计算最大涌水量见表 7—10—10。其中 q_{02} 由预测隧道最大涌水量的经验公式得出,成果相对较合理,且与海域计算数相吻合,予以采纳。

表 7—10—10 陆域分段最大涌水量计算表

起 讫 里 程	长度(m)	底(m)	水位(m)	H(m)	h(m)	R(m)	q_{01} [m^3/(d·m)]	q_{02} [m^3/(d·m)]	q_{03} [m^3/(d·m)]
K6+500~K7+000	500	-20	4	24	18	135.6	1.683	4.229	5.159
K7+000~K7+500	500	-35	6	41	35	157.6	3.003	5.922	13.791
K12+100~K12+500	400	-20	3	23	17	109.0	1.762	4.132	5.114

③隧道涌水量计算结果:施工中分段涌水量差异不大,其中中段的单位最大涌水量为 11.18 m^3/(d·m);施工中最大涌水量为 49 488 m^3/d。其计算结果见表 7—10—11。

表 7—10—11 隧道施工中最大涌水量计算表

段 序	1	2	3	4	5	6	7	8	9	合计
长 度	500	500	500	500	2100	500	500	500	400	6000
q_0	4.23	5.92	7.32	8.93	11.18	9.10	7.38	5.83	4.13	
Q	2114	2961	3658	4464	23485	4551	3687	2916	1653	49488

(2)根据经验,隧道成洞后的正常涌水量一般比施工中最大涌水量小,考虑本隧道地层单一、构造简单、无大断层通过,但为海底隧道,故按 1/4 推荐正常涌水量。

(3)结论:根据设计提供的第Ⅲ轴线、B 线位和 K 线位三个线位方案,多孔抽水试验得到的各地层渗透系数进行数理统计和经验数值对比得出的地层渗透系数,分别按各方案计算隧道施工中最大涌水量,并推荐各方案隧道的正常涌水量。

	隧道施工中最大涌水量	正常涌水量
第Ⅲ轴线	49 482 m^3/d	2 372 m^3/d
B 线位	48 806 m^3/d	12 202 m^3/d
K 线位	46 924 m^3/d	11 731 m^3/d

需要指出的是,上述数据都是在隧道正常施工情况下的最大涌水和正常涌水量,隧道若产生坍方冒顶而与海水连通,将会产生灾难性后果,隧道涌水量将是无限大。

4. 隧道最小顶板安全厚度评价

采用工程类比法和计算机模拟计算分析,对隧道最小顶板安全厚度进行专题研究。

(1)通过工程类比可知,海底隧道随着水深增加,隧道在海床下的埋深也应随之增加,且隧道在基岩中的埋深多在 50 m 左右。参加类比的几座长度与东通道长度相近的挪威海底隧道更是如此。以几座通过变质岩和岩浆岩隧道为例,海水深度、隧道在海床下的埋深均大于东通道隧道,且洞顶基岩厚度多为 35 ~ 60 m。英法海峡隧道英国端渡线洞室断面为 256 m^2,虽大于东通道隧道方案,且通过白垩系泥灰岩,但其埋深也为 35 m 以上。因此,可以认为东通道隧道在海床下的埋深偏浅。

(2)通过计算机对第Ⅲ轴线 K8 + 500、K9 + 460、K10 + 382 断面模拟计算分析,从三个断面有无支护两种工况的 6 组计算结果看,开挖后无支护的毛洞都能稳定,且位移量在 5 mm 以下,扰动范围为洞周外 15 m 左右。

(3)隧道最小顶板安全厚度评价:

①隧道在海床下平均埋深应不小于 50 m。

②隧道开挖,其扰动范围在洞周以外 15 m 左右,故洞顶最小顶板厚度在弱、微风化层中埋深(自弱、微风化带顶部界面算起)不应小于 15 m,局部不够处应采取工程措施处理。

③隧道断面宜进一步优化,避免应力集中。

5. 线位方案、工程方案的工程地质条件评价与比选

(1)线位方案工程地质条件的评价与比选

铁二院在预可研阶段拟订了三个过海线位方案,分别为第Ⅲ轴线方案、B 线位和 K 线位方案。由于各线位方案相距较近,故区域地形、区域地质条件基本相同,各线位方案的比较,即决定线位的取舍的主要地质因素,反映在工程地地质纵断面图上,就是各线位所处位置覆盖层的厚度、基岩风化带的厚薄以及它们间的顶、底界面的高程和埋深。因为这些条件既影响工程的稳定和安全,又关系到工程施工的难易,乃至影响工程的规模和投资。

①第Ⅲ轴线工程地质条件评价

A. 本线位通过位置地质构造不发育,无大的断裂分布;水文地质较为简单,各类地层渗透系数变化不大,且普遍较小;地层相对较为单一,除海床表层厚度不大的近代海相沉积外,基岩以花岗岩类为主,其弱、微风化带岩体强度较高,且基本上较为完整。

B. 从工程地质断面图及基岩风化带界面等值线图和分析,本线位海域范围内,除局部段落外,第四系松散层和基岩全风化层相对较薄,强风化带厚度不大。相对地,弱风化带埋深较浅,这为本线位桥、隧工程方案提供了有利的基础条件。

C. 本线位两岸陆域范围内和海域中,局部地段松散覆盖层(含基岩全风化带,以下同)和强风化带厚度较大,这对本线位的桥、隧工程造成一定影响。

D. 本线位海床地形仍有一定起伏,尤以西南五通一侧较为显著,线位附近最低高程为 –22.7 m,最高处则突出海面。

E. 根据物探资料，海域内于 K8 + 700 ~ + 858、K9 + 335 ~ + 500、K11 + 050 ~ + 200 附近花岗岩强风化带深度明显加大，且呈带状分布，对各线位方案均有影响。虽然从已掌握的资料看，尚未深入到设计的隧道洞身范围内，但物探资料往往偏于定性解释，其是否达到设计的洞身范围还必须通过下阶段钻探资料予以证实。

F. 本线位通过地区地震动峰值加速度为 $0.15g$，地震动反映谱特征周期为 0.40 s。考虑东通道跨海工程的重要性，应按有关规范采取抗震设防措施。

G. 海床表层的海积砂土，多存在地震液化问题。

②B 线位工程地质条件评价

B 线位与第Ⅲ轴线相近，两个方案工程地质条件基本相同，所具差异者仅反映于 B 线位地质纵断面上，局部地段（BK9 + 130 ~ + 520 前后及东北岸同安侧）覆盖层略有加厚，而强风化带显著减薄，故弱、微风化带顶界面高程较第Ⅲ轴线有所提高。

③K 线位工程地质条件评价

A. K 线位地质构造、地层和水文地质条件与第Ⅲ轴线基本相同。

B. 本线位两岸陆域范围内，包括基岩全风化带在内的覆盖层，普遍较第Ⅲ轴线增厚；东北同安侧强风化带则明显变薄。海域内，覆盖层和强风化带顶部界面亦相应普遍降低，除局部地段外，这对桥基的设置和隧道围岩的稳定均构成不利影响。

④各线位方案的地质比选意见

根据以上三个线位方案中的工程地质条件，第Ⅲ轴线和 B 线位，总体而言，覆盖层和基岩强风化带厚度较小，强风化带和弱、微风化带顶部界面也相对较浅，故该两个线位这些对工程有利的条件较 K 线位好，在海域中尤为突出。而东通道跨海工程，不论桥、隧，其主体均在海域。就工程地质条件比选而言，第Ⅲ轴线和 B 线位优于 K 线位。至于第Ⅲ轴线和 B 线位比较，尽管资料上反映，海域中的局部地段，第Ⅲ轴线覆盖层和基岩强风化带的厚度大于 B 线位，不利于该段桥基设置，但对这种局部界面变化的推断尚有待下阶段工作进一步落实。

（2）工程方案的工程地质条件评价与比选

①大桥方案

A. 根据前述各线位的地形、地质条件，在第Ⅲ轴线和 B 线位设大桥跨海，都是可行的。

B. 考虑线位处覆土和风化层物理力学性质及其分布、厚度，大桥基础以桩基为主，以弱、微风化层为基础持力层。

C. 海域中局部地段覆土及基岩全、强风化层深厚，大桥主跨墩位布置应尽量避开。

D. 大桥位于高地震区，应考虑抗震设防措施；海域中海积砂土多存在液化问题，基础设计中应采取相应措施。

E. 测区位于台风大浪较显著地区，局部存在冲刷、淤积问题，海中墩台的修建会改变厦门东通道所处海域的水文条件，这有可能对临近通道附近规划兴建的刘五店集装箱码头带来影响。

②沉管隧道方案

A. 第Ⅲ轴线和 B 线位乃至整个测区，海底起伏相对较大，且海底表层海积泥砂饱和松软，将造成沉管隧道基槽开挖和成形的极大困难。

B. 海域基岩各风化带厚薄不均，界面起伏不平，不同风化带力学性质迥异，沉管隧道难以克服隧道洞身的不均匀沉降。

C. 测区地处高地震区，置于海床浅部的沉管隧道抗震能力相对较弱。

D. 沉管隧道基槽开挖过程中及开挖后的弃渣将带来较大的环境影响，特别是本海域处于国家级保护动物，有海中大熊猫之称的中华白海豚和珍稀鱼类文昌鱼的主要活动海域，沉管隧道基槽开挖过程中将给它带来很大影响。

E. 沉管隧道方案同样存在冲刷、淤积问题，以及改变水文条件，对规划修建的刘五店集装箱码头带来影响。

③暗挖隧道方案

A. 测区地质构造、地层和水文地质条件相对简单，适合修建暗挖隧道。

B. 作为海底隧道围岩的花岗岩和花岗闪长岩弱、微风化带，岩体较完整，强度较高，地层渗透性弱，故海底隧道围岩分类以Ⅳ、Ⅴ类为主，适于钻爆法施工。

C. 测区地处高地震区，暗挖隧道抗震能力远胜于跨海高桥。

D. 暗挖隧道不受风浪和海床冲、淤影响，这对于厦门地区这种多台风灾害地区以及考虑厦门岛已经有两座跨海大桥与大陆连接，在灾害天气时不至于中断与厦门岛与大陆的交通联系。

E. 海底暗挖隧道施工中，可能发生坍方、涌水等地质灾害，风险较大，但积国内隧道设计、施工丰富、成熟的经验，只要做到精心设计、精心施工，这些问题是可以克服的。

F. 暗挖隧道弃渣对环境有较大影响，设计中对弃渣的利用与弃置须作好周密安排，力争变害为利。

④各工程方案的地质比选意见

A. 根据测区地形、地质条件以及环境要求，测区范围内不宜修建沉管隧道。

B. 对大桥或暗挖隧道，测区具有相对较好的工程地质条件，因此，相关的线位方案上，选择大桥或暗挖隧道方案都是可行的。但两相比较，各线位方案的工程地质条件更适合于修建暗挖隧道。

C. 第Ⅲ轴线和B线位设桥方案的工程地质条件基本相同。根据已掌握的资料看，由于B线位局部地段弱、微风化带顶界面高程较第Ⅲ轴线有所提高，故这些地段的桥基设置的条件优于第Ⅲ轴线。但一方面这些地段是局部的，更重要的是这些界面高程的变化，尚须在下阶段勘察中进一步落实。因此，就工程地质条件而言，本阶段第Ⅲ轴线和B线位具有同等比较价值。

D. 当测区内各线位方案的工程地质条件基本相同时，暗挖隧道地质上的具体比选条件取决于隧道涌水量和隧道围岩分类两个方案。通过预测计算，第Ⅲ轴线和B线位暗挖隧道涌水量基本相近，K线位因隧道长度较短和埋深较浅的原因，故隧道涌水量小一些。但由于K线位隧道基岩弱、微风化带顶部界面埋深较大、高程较低，导致K线位隧道围岩类别总体上有所降低。据统计，三个线位方案暗挖隧道的Ⅳ、Ⅴ类围岩长度所占比例分别为：第Ⅲ轴线84.33%，B线位82.00%，而K线位仅占75.42%。在都存在涌水可能的前提下，Ⅱ、Ⅲ类围岩所占比例高者，施工中发生灾害的可能性也高，灾害危害程度也大。因此，三个线位的暗挖隧道，就地质条件比较，第Ⅲ轴线和B线位条件相近，且都优于K线位。

E. 根据物探资料，海域内分布有多条呈带状分布的花岗岩强风化深槽，由于花岗岩强风化带强度低，水的渗透能力强，它的存在对暗挖隧道施工设计方案将带来重大影响。虽然从已掌握的资料看尚未深入到设计的隧道洞身范围内，但也应引起高度重视，必须通过下阶段钻探资料予以证实。

(三)结　　语

1. 厦门东通道跨海工程,工程浩大、方案众多、投资巨大,是关乎厦门地区经济发展和国计民生的重大工程,必须进行多方面比较,特别是在技术方面,必须进行工程方案、地形、地质、水文、地震、环保等方面的充分论证和比较。

2. 在重大工程的可研阶段要充分重视地质选线,工程地质条件将严重影响工程的可行性、合理性和可靠性,又关系到工程施工的难易乃至工程的规模和投资。

3. 在工程可研阶段,有进行物理勘探条件时,应注意采用适宜的物理勘探进行工程地质综合勘察,以取得良好的成效。

十一、云南大保高速公路徐村大桥滑坡及其治理

李光慧

(一)概　　述

大保高速公路是国道主干线上海—昆明—瑞丽在云南省境内的重要路段。徐村大桥滑坡是因大保高速公路修建和道路改建时,在其下部挖方,致使 K356 + 200 ~ K356 + 660 左侧产生了工程滑坡。根据工程的具体要求和工程场地、已有建筑工程、滑坡的特征等,铁二院昆明院提出将通往徐村电站道路改移在大保高速公路右侧,并将通往徐村电站道路由下穿大保高速公路改为上跨大保高速公路,同时采取填土反压、盲沟排水、增设抗滑桩等综合措施治理滑坡的方案(图 7—11—1),经过云南省交通厅组织专家评审,一致认为该方案技术可行、经济合理,是治理徐村大桥滑坡的最佳方案。整治工程实施后,滑坡稳定,高速公路运营情况良好。

(二)滑坡区地质概况

1. 地质概况

(1)地形地貌

徐村大桥滑坡位于云贵高原西部漾濞江左岸斜坡上,属构造剥蚀中山河谷地貌,漾濞江下切作用强烈,切割深度 500 ~ 1 000 m,致使河床两岸形成陡崖。原始地形较顺直,自然坡度 30° ~ 40°,坡面有稀疏灌木、幼松、果苗生长,还有耕地零星分布。

(2)地层岩性

上覆第四系人工填筑土(Q_4^{ml})、滑坡堆积块石土(Q_4^{del})、冲坡积块石土(Q_4^{al+dl}),下伏三叠系上统三合洞组下段灰岩及白云质灰岩(T_3s^1)、歪古村组板岩(T_3w)。

①人工填筑土(Q_4^{ml}):是本段大保高速公路主线已填筑路堤的填筑土,主要由砂黏土、块碎石夯实而成,硬塑状,较密实。

②滑坡堆积块石土(Q_4^{del}):分布在徐村大桥滑坡体范围内。上部为 10 ~ 40 m 厚褐黄色块石土及粉质黏土;下部为 2 ~ 5 m 厚灰绿色板岩与灰白色断层角砾岩,局部呈土状、片状和碎石状,表面石灰岩质块石较多,岩土结构疏松;滑带土为褐黄、灰黄色及灰绿、灰紫色粉质黏土、含砾粉质黏土,普遍存在滑动形成的镜面和擦痕,厚约 3 cm ~ 2. 5 m,一般 20 ~ 30 cm。

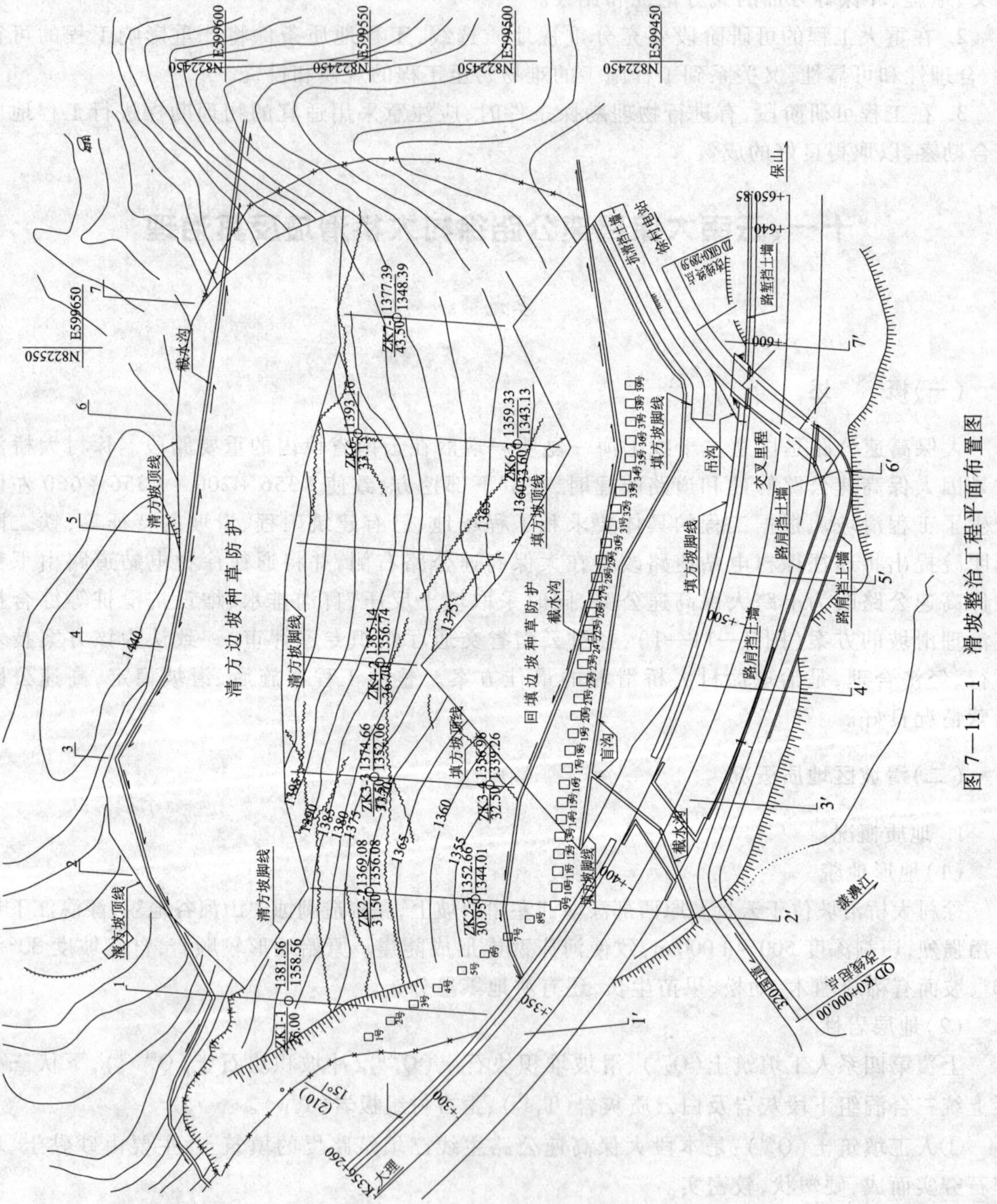

图 7—11—1　滑坡整治工程平面布置图

③冲坡积块石土(Q_4^{al+dl}):褐色、褐红色块石土及粉质黏土、块碎石、卵砾石,块石含量50%以上,为早期河流冲积物和坡面上坡积物混杂而成,个别地段卵石较多,一般厚约20~50 m。

④断层角砾岩(Fbr):在板岩中发育漾濞江逆断层,断层破碎带由角砾岩及断层泥组成,角砾粒径多为5~30 mm,层厚约2~15 m。

⑤灰岩及白云质灰岩(T_3s^1):厚层块状,地表岩溶发育,岩石中多见有溶孔,方解石脉较多。区域资料显示,本层厚217 m,测区内出露为其底部地层,与下伏地层整合接触。

⑥板岩(T_3w):灰绿、蓝灰及褐黄色板岩,层理清楚,节理、裂隙发育,差异风化显著,岩石破碎。区域资料显示,本层厚131 m,与下伏地层呈假整合接触,测区出露为其上部地层。

(3)地质构造及地震

漾濞江逆断层发育在三叠系上统歪古村组板岩之中,属燕山运动产物。其沿漾濞江左岸斜坡下部南北向展布,断层顺坡倾向西,倾角2°~40°。断层破碎带厚薄不一,在滑坡体左侧厚约2~8 m,右侧厚约11~22 m。断层破碎带由角砾岩及断层泥组成。顶、底部及其他软弱带为滑坡发生提供了基础条件。由于产生断层的强烈地质作用,使附近岩体节理裂隙发育、比较破碎。

根据1∶400万《中国地震烈度区划图》(1990),云南大保高速公路徐村大桥滑坡处于地震基本烈度Ⅷ度区。

(4)水文地质概况

漾濞江于滑坡前缘外自北向南径流,河水高程低于滑坡滑动面约20 m。漾濞江对滑坡影响不大。

测区的地下水主要为:以第四系地层中的孔隙水为主,板岩中有少量裂隙水,灰岩及白云质灰岩中发育有岩溶水。三者互补关系明显,水力联系密切。地下水靠大气降雨补给,自东向西顺坡径流,于地下水通道或隔水顶板处以泉的形式排于漾濞江。滑坡发生后,地下水于滑体前缘呈带状排出形成湿地,多处以泉的形式在断层破碎带表面(即滑动面)流出。泉流量一般0.1 L/s,S_2号泉在4 m长范围有8个出水泉点,汇流后流量为4.43 L/s,地下水水力坡度大,且多在滑动面以上径流。因滑带土均为隔水较好且不透水的黏性颗粒组成,再加上断层破碎带多见阻水性能非常好的断层泥,所以滑动面附近第四系地层中的孔隙水较为集中在滑坡前缘出露。

水质化学类型为HCO_3^-—Ca^{2+},对混凝土无侵蚀。

2. 徐村大桥滑坡概况

(1)滑坡形态与规模

徐村大桥滑坡周界清楚,设计时比勘察时有所发展、扩大。右侧已发展到沟边,平面上似不规则的矩形,长110~200 m,宽230~350 m,面积约6.5×10^4 m^2。主滑方向N86°W,前缘有滑坡舌隆起,地下水普遍渗出,滑体下部坡度45°左右,中上部滑体坡度30°~35°,后缘有1~3 m弧形滑坡壁,滑壁倾角50°~80°,有明显的滑坡湖负地形,前后缘相对高差110 m。滑体坡面裂缝遍布,勘探揭示出滑带土的组成、位置、性状及其滑坡滑动后遗留的镜面、擦痕等。滑动面最大埋深35.20 m,滑体平均厚度15.40 m,滑体体积100.4×10^4 m^3,属大型滑坡。

(2)滑坡的特征

①滑体结构:滑体主要为褐黄、灰黄色块石土,石质成分为灰岩、白云质灰岩、板岩等,块石粒径40~80 cm的占45%~65%,其间夹碎石土、含碎石粉质黏土和粉质黏土,并有较多的灰岩质

孤石,最大直径达15 m,按滑体物质成分划为堆积层滑坡。滑体中上部垂直厚度17～32 m,最厚35.2 m,平均厚度15.40 m,按滑体厚度划为中层滑坡。滑体底部常年有地下水活动。

②滑动面特征:滑动面主要通过断层破碎带、板岩顶部及块石土黏粒含量高的部位。滑动面主滑段呈弧形或直线形,倾角11°～35°,垂直埋深11～24 m;后部滑动面呈直线形,倾角45°～70°;前部抗滑段为反翘弧形,倾角10°～30°,垂直埋深1.8～5.9 m。

③滑动带特征:滑动带由板岩泥化夹层、断层角砾岩、块石土间的软弱夹层—粉质黏土和含砾粉质黏土构成,软塑状为主,滑动带的岩芯中因滑动造成的镜面及擦痕清晰可见。

④滑床结构:滑坡中上部滑床由强—弱风化板岩、块石土构成,下部由断层角砾岩和强风化板岩构成,板岩倾角为15°～54°。

(三)滑坡成因及性质分析

1. 滑坡的成因及性质

徐村大桥滑坡是由于基岩面上分布有较厚的冲坡积块石土,而块石土是储存地下水较丰富的地层;下伏基岩为灰岩、白云质灰岩和板岩,而在板岩中发育一条逆断层,断层破碎带又成为很好的隔水层,地下水无法穿越断层破碎带,只好沿断层面向低处排泄,故在断层面上形成一个饱水的软弱带;另由于漾濞江不断下切,形成了一个面临漾濞江高差达110 m以上的临空面;此外,还由于大保公路的修建和通往徐村电站公路的改建,挖方切除了原自然边坡前缘,引起2000年3月旱季时边坡就产生滑动变形,后又未及时对变形采取工程措施而继续公路施工,直至雨季时,上述原因致使滑坡产生突滑,撞击并扭裂了大保高速公路桥台,形成了该工程滑坡。

按该滑坡引起滑动的力学性质,先期具牵引性质,后期具推移性质,该工程滑坡定为牵引—推移式滑坡。

2. 滑坡的现状与发展

从发现位移到产生滑坡,在对滑坡进行勘察和观测期间,所有资料均证实该滑坡还在发展之中,如果地方公路继续在原位置开挖,再加降雨等不利因素的不断作用,滑坡很可能会再次发生剧滑,将对高速公路和地方公路的施工与运营造成极大的危害。

3. 滑坡的稳定性评价

徐村大桥工程滑坡所有产生滑坡的内因和外因均仍然存在,有的不利因素还在进一步恶化。根据滑体物质、滑动面特征、滑带土的物理力学性质进行稳定性检算,滑坡呈不稳定状态,需要进行工程整治。

(四)工程措施意见

鉴于该滑坡是因修建大保高速公路及改移至徐村电站道路不当挖方而形成的牵引—推移式滑坡,为确保滑体稳定,节约投资,本次施工图设计采用了滑体后缘清方减载、滑体前缘填土反压与支挡相结合的综合治理方案。为配合这一主体方案实施,将通往徐村地方道路由下穿大保高速公路改为上跨大保高速公路。

1. 工程措施

采用抗滑桩、抗滑挡土墙为主体治理工程,结合清方减载、填土反压、拦截地表水、排泄地下水及坡面种草籽等进行综合治理。

(1) K356 + 300 ~ + 380 左侧设 3.0 m × 2.5 m 抗滑桩 8 根，桩长 17.5 m，桩间距 6.0 m。

(2) K356 + 380 ~ + 580 左侧设 3.0 m × 3.5 m 抗滑桩 31 根，桩长 19.5 m，桩间距 6.0 m。

(3) 大保高速公路 K356 + 570 ~ + 584.54 左侧 27 m，改移徐村地方公路 G_1K0 + 249.29 ~ + 315 左侧 7.65 m 设重力式抗滑挡土墙，墙高 8 ~ 8.52 m，实际长度 81.6 m，抗滑挡土墙外侧设边沟，并用急流槽将水引至大保公路边沟。

(4) K356 + 278 ~ + 646 于滑体后缘清方减载，边坡种草籽防护。

(5) K356 + 403 ~ + 644 于滑体前缘填土反压，边坡种草籽防护。

(6) K356 + 350 ~ + 660 沿滑体后缘清方顶或路堑顶设置 0.4 m × 0.6 m 矩形截水沟 1 道，水沟底设防渗土工布，以防止水沟变形开裂后地表水流入滑体。

(7) K356 + 400 ~ GK0 + 315 左侧滑体前缘或挡土墙背后设 229.2 m 纵向排水盲沟，3—3、4—4、5—5、6—6、7—7 断面附近设 5 道横向盲沟将滑体内的水引向纵向盲沟，长度分别为 10 m、19.3 m、25.8 m，18.9 m 和 8 m；K356 + 424 设 42.2 m 的横向排水盲沟，将纵向盲沟水引至大保公路外，盲沟尺寸为 1.6 m × 1.3 m。盲沟外用 0.4 m × 0.6 m 矩形排水沟接到江边，排水沟长 30 m。

(8) 滑体上裂缝采用黏性土夯填，防止地表水流入滑体内。

(9) 将 K356 + 420 ~ + 570 左侧通往徐村电站道路改移至右侧，并在 K356 + 573.4 设一座 2 × 16 m 空心板梁桥上跨大保高速公路。

(10) 大保高速公路 K356 + 409 ~ + 424.5 及 K356 + 434.3 ~ + 495 右侧设置路肩挡土墙，最大墙高 8.5 m，其中 K356 + 424.5 ~ + 434.3 段利用既有桥台，挡土墙实际长度 78.34 m。

(11) 徐村地方道路 G_1K0 + 105 ~ + 200.8 右侧设置路肩挡土墙，最大墙高 9.0 m，挡土墙实际长度 100.06 m。

(12) 徐村地方道路 G_1K0 + 140 ~ + 191 左侧设置路肩挡墙，最大墙高 8.0 m，挡土墙实际长度 48.5 m。

(13) K356 + 444.5 ~ + 574.2 左侧增设路堑挡土墙，长度 129.7 m，墙高 6.28 m。

(14) 拆除原桥梁，改为填筑路堤，长 9.8 m，高 8.5 m。

(15) 原路线未进行路面施工，改移道路路面增长 12.9 m，计增加泥结碎石路面 77.4 m^2。

2. 方案比选及计算说明

徐村大桥滑坡设计时处于蠕动变形阶段，滑坡当时条件下推力达 647.5 t/m，若通往徐村电站道路仍然在其前缘挖方通过，使滑体前缘失去支撑，则推力将达 1 363.1 t/m，造成治理费用增大；若采用清方方案，将滑体全部清除并运至弃土场，按运距 7 km 计，则挖除滑体 100.4 × 10^4 m^3，考虑滑体主要成分为块石土，投资就达 2 200 万元左右，且滑体清除后，滑坡壁失去支撑，仍会有局部坍塌发生，还需增加防护投资。

为节约投资，确保滑体稳定，本次施工图设计采用了滑体后缘清方减载与滑体前缘填土反压相结合方案，将道路改移至滑体外，并按此进行加固设计。采用该方案计算出滑坡推力为 312.3 t/m，采用该方案设计后安全可靠度可达 1.15，能确保大保高速公路安全（图 7—11—1）。

（五）小　结

1. 徐村大桥滑坡整治工程是在查清滑坡的性质、特征、成因及其发展趋势后，抓住了形成滑坡主要因素进行的工程整治设计，采用了抗滑工程为主的综合治理方案，取得了良好效果。

2. 徐村大桥滑坡的发生提醒我们，山区的交通工程建设，查明山坡的稳定性、选择合理的工程设计方案、使工程置于稳定的场地是十分重要的。

3. 徐村电站道路采用上跨大宝高速公路的交叉方案是正确的，减少了挖方工程对山坡稳定性的进一步危害，也为整体工程提供了良好的施工条件。对于工程顺利实施，好的设计方案亦是十分重要的。

十二、成渝高速公路中梁山隧道工程地质勘察与施工地质

涂正林　王子江

（一）概　况

成渝高速公路中梁山隧道为两座单向行驶的双车道汽车专用隧道，其中左线隧道（K345 + 725 ~ K348 + 890）长 3165 m，右线隧道（Ⅱ K345 + 732 ~ Ⅱ K348 + 835）长 3103 m，两线相距 50 m。该隧道是我国 20 世纪 80 年代最长的公路隧道，其工程地质及水文地质极为复杂，是成渝高速公路的关键重点工程。

中梁山隧道 1985 年初测，1987 年定测（详勘），1988 年招标设计，1990 年 6 月开工，1993 年 10 月右线隧道贯通，1994 年 10 月左线隧道贯通，1994 年 12 月竣工通车，1995 年 7 月 1 日正式营运。

（二）工程地质勘察工作量及勘察方法

1985 年初测线路方案的中梁山隧道在巴县含谷乡宋家沟进洞，在重庆西郊歌乐山乡石梯沟出洞。1987 年 6 月线路方案改为上桥方案，中梁山隧道进口仍在宋家沟，出口向南移，改在新桥老鹰崖出洞。初测和定测两阶段完成的工程地质勘察工作量：

（1）1∶10000 区域岩溶工程地质测绘 38 km^2；

（2）1∶2000 工程地质填图 3 km^2；

（3）1∶500 工程地质测绘 0.2 km^2；

（4）建筑物及水塘、水池调查 200 处；

（5）工程地质钻探 17 孔 1296.63 m；

（6）综合测井 2 孔 501 m，地震波探测 3.2 km；

（7）压水试验 1 孔 4 段；

（8）暗河连通试验 1 处 1.3 km；

（9）水土石试验分析 40 组；

（10）地下水位及简易气象观测 6 个月。

中梁山隧道工程地质勘察工作严格遵照交通部颁《公路工程技术标准》、《公路工程地质勘察规程》、《公路工程隧道勘测规程》和四川省交通厅发《成渝一级公路测设规定》（试行），不足的部分参照铁道部颁发的有关勘测规程、规则、细则进行勘察工作，保证了勘察资料的完整、可靠。

工程地质勘察采用了地质综合勘察方法，将工程地质调绘、钻探、物探、水文地质试验、水土石室内试验、水文地质长期观测等各种手段有机地运用于中梁山隧道工程地质勘察中，对各种勘察资料进行综合分析、相互印证，做到了资料搜集齐全、内容完整，提高了勘察工作质量，缩短了工期，降低了勘察费用，取得了显著的社会、经济、环境效益。

（三）自然地理概况

隧道在巴县含谷乡宋家沟进洞，穿黄桷坪、雄鸡庙分水岭、山城水泥厂、15 中学，在重庆西郊新桥老鹰崖出洞。进口地形狭窄，交通不便；出口地形平缓，有成渝公路相通，运输条件较好。

隧道位于中梁山北段，属山岭重丘区，地形地貌受地质构造地层岩性控制。中梁山对称背斜之碳酸盐岩与砂页岩的相间分布，形成了沿北北东向延伸的 3 条平行山脊（山岭）和 2 条岩溶槽谷相间的"笔架形"平行岭谷山地。中部雄鸡庙分水岭高程 630 ~ 655 m，东西岩溶槽谷高程 460 ~ 500 m，山脚红色丘陵区高程 300 m。

区内横向沟谷发育，雨洪期有暂时性水流，平时由地下水补给的溪流流程较短，流入岩溶槽谷后大部渗入地下。宋家沟、流水崖、石梯沟、杨柳沟、溪水沟等横沟已切入碳酸盐岩地层，成为本区局部排泄基准面。

本区属亚热带气候区，温暖湿润，雨量充沛，具有春早夏长、冬暖多雾、秋雨连绵的特点。根据重庆市沙坪坝气象站（北纬 29°35′，东经 106°28′）1951 ~ 1980 年 29 年的统计资料，历年平均雨量 1 079. 4 mm，集中在 5 ~ 9 月，占全年降水量的 69%；日最大降水量 192. 9 mm（1956 年 6 月 25 日）；历年最大降雨量 1 497. 4 mm（1956 年），月最大降水量 442. 6 mm（1956 年 6 月）；年平均相对湿度 79%；年平均气温 18. 3 ℃，最冷月（1 月）平均气温 7. 5 ℃，最热月（7 月）平均气温 28. 6 ℃，极端最低气温 −18 ℃，极端最高气温 42. 2 ℃；年平均蒸发量 1 138. 6 mm。

（四）地层岩性

1. 第四系堆积层（Q）

包括坡积、残积层、洪积层、崩积层亚黏土、块碎土石，分布于岩溶槽谷内和斜坡沟谷中和隧道出口成渝公路陡坎下方。

2. 侏罗系自流井组（$J_{1\text{-}2}z$）

分布在隧道出口段，紫红、灰紫色薄层泥岩、粉砂质泥岩夹黄灰、灰绿色泥质粉砂岩，黄绿色介壳灰岩，岩性软，易风化剥落，与下伏三叠系上统须家河组呈假整合接触。

3. 三叠系上统须家河组（T_3xj）

分布在隧道出口段，按岩性可分为四段。一、三段为灰、灰褐、灰黑、灰黄色薄层泥岩、泥质粉砂岩夹薄煤层、煤线，厚 55 ~ 80 m；二、四段为灰白、浅黄、棕黄、黄褐色厚层中粒长石石英砂岩夹薄层泥岩，厚 110 ~ 190 m。

4. 三叠系中统雷口坡组（T_2l）

灰白、灰黄色中厚—厚层白云岩，灰、深灰色，中厚—厚层石灰岩夹角砾状灰岩，厚 30 m，分布在 15 中学东山坡。

5. 三叠系下统嘉陵江组（T_1j）

分布在隧道进口段和中段两岩溶槽谷中，按岩性可分四段。一、三段以灰、浅灰、深灰色中厚层状石灰岩、生物灰岩为主，厚 230 ~ 125 m；二、四段以浅灰、灰白、灰、黄灰色薄—中厚层白云岩为主，夹角砾状灰岩，白云质灰岩，厚 80 m。

6. 三叠系下统飞仙关组（T_1f）

分布在隧道中部，按岩性分为四段。一段为紫灰、灰紫、绿灰色中厚层状泥质灰岩、石灰岩夹泥岩，厚 135 m；二、四段为紫红、暗紫、灰紫色薄层—中厚层钙质泥岩与泥质灰岩互层，厚 240 ~ 80 m；三段为浅灰、灰色中厚层—厚层状石灰岩、鲕状灰岩夹蠕虫状灰岩，岩质纯，性坚硬,厚 100 m,不少山包已被当地开采作为石灰、水泥的原料。

7. 二叠系上统长兴组(P_2c)

灰、深灰、黑灰色厚层石灰岩,含黑色燧石结核,夹黑灰色泥质灰岩,厚约 100 m,分布在隧道中部。

8. 二叠系上统龙潭组(P_2l)

地表未出露。据 Z_2-中-5 号钻孔揭露,为灰、灰黑色炭质页岩夹泥质灰岩、粉砂岩,下部夹 2 ~ 3 m 厚的煤层。

(五)地质构造及地震基本烈度

1. 中梁山背斜

该背斜为川东南弧形构造带华蓥山帚状褶皱束之一的观音峡背斜南段。背斜轴向 NNE—SSW,向 N 倾伏,倾伏角约 7°。轴向扭摆多弯曲。轴部出露二叠系上统长兴组灰岩和三叠系下统飞仙关组泥质灰岩,岩层走向 N2° ~ 20°E,倾角平缓(10° ~ 15°)。向两翼对称出露三叠系和侏罗系自流井组地层,岩层走向 N5° ~ 20°E,倾向 NW 或 SE,倾角 65° ~ 75°。该背斜为一平顶高角度紧密褶皱。中梁山隧道横穿中梁山背斜,轴部位于左线 K346 + 990 和右线Ⅱ K347 + 000 附近(图 7—12—1)。

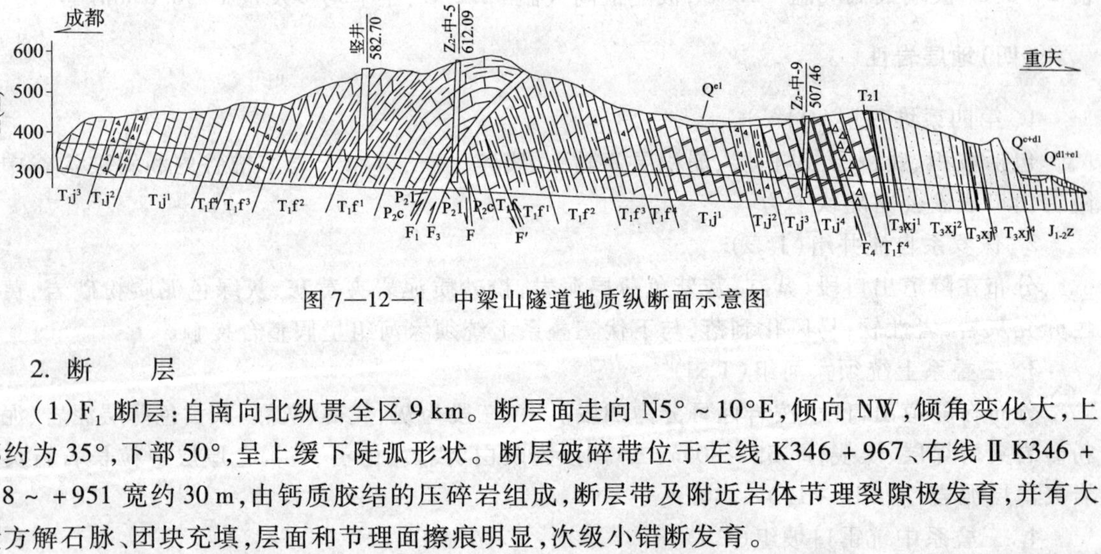

图 7—12—1　中梁山隧道地质纵断面示意图

2. 断　　层

(1)F_1 断层:自南向北纵贯全区 9 km。断层面走向 N5° ~ 10°E,倾向 NW,倾角变化大,上部约为 35°,下部 50°,呈上缓下陡弧形状。断层破碎带位于左线 K346 + 967、右线Ⅱ K346 + 918 ~ + 951 宽约 30 m,由钙质胶结的压碎岩组成,断层带及附近岩体节理裂隙极发育,并有大量方解石脉、团块充填,层面和节理面擦痕明显,次级小错断发育。

在雄鸡庙岭见到断层上盘(西盘)长兴灰岩(P_2c)被 F_1 断层错断并向北移 1 300 m。据 Z_2-中-5 号钻孔岩芯计算 F_1 断层的垂直断距 54. 8 m,地层断距约 12. 4 m。该断层为一压扭性断层。

(2)F_3 断层:自南向北伸入本区,在隧道以北 300 m 处山坡与 F_1 断层相交,地形上形成缓坡及小陡坎。断层面走向近 SN,倾向 W,倾角变化大,呈上缓下陡弧形,倾角 40° ~ 60°。断层带宽约 10 m,由钙质胶结和方解石脉充填的压碎岩组成。断层上盘(西盘)为三叠系飞仙关组一段泥质灰岩夹泥岩,岩层倒转,向 W 倾斜,倾角 75° ~ 80°;下盘(东盘)为飞仙关组二段泥岩,岩层倾 E,倾角 70° ~ 75°。该断层带在 Z_2-中-5 号钻孔中可见大量擦痕和镜面,P_2l 炭质页岩和粉砂岩呈糜棱岩状、角砾碎块状,上盘岩层中方解石呈网状、团块状充填节理裂隙,岩石中矿物定向排列,呈千枚状构造。

(3) F_4 断层:在重庆至山洞公路小隧道西口可见一条张性断层。断层面走向 N5°E,倾向 SE,倾角 60° ~70°,呈向 E 突出之微弧形。断层带宽约 30 m,由角砾岩、糜棱岩、断层泥等组成。该断层向南北延伸长 1 km 以上。沿断层带发育一系列溶蚀洼地、落水洞,形成宽 40 ~50 m 的岩溶槽谷。靠断层上盘 T_2l 角砾状灰岩、白云质灰岩因溶蚀作用后产生坍塌,形成高 20 ~30 m 的陡崖。施工揭示,断层破碎带位于左线 K348 +153 ~ +185 和右线ⅡK348 +144 ~ +176。

(4) F_2 断层:自南伸入本区,在隧道以南 95 m 山坡上与 F_1 断层相交,其性质与特征和 F_1、F_3 断层相同,对隧道工程无影响。

此外,施工中还见到一些走向小断层:F 位于左线 K346 +992 ~ K347 +000 和右线ⅡK346 +975 ~ +983,断层破碎带宽 8 m,由糜棱岩组成,走向 NNE,倾向 SE,倾角 80°,施工中大涌水、涌瓦斯;F′断层位于左线 K347 +077 ~ +084 和右线ⅡK347.6 +066 ~ +073,断层面产状 N5° ~15°E,倾向 SE,倾角 60° ~70°,由断层角砾岩、断层泥组成,方解石脉发育,上下盘 T_1f^1 泥质灰岩具牵引现象。

3. 节　　理

本区发育有 5 组节理,其特征如下:

(1) N60° ~80°W/25° ~40°NE,N60° ~80°W/55° ~75°NE 或 SW。本组节理最发育,数量多,延伸长,间距 0.2 ~0.4 m,节理不平直,解理缝口宽为 3 mm ~2 cm。灰岩中沿此组节理溶蚀严重。

(2) N30° ~45°E/20° ~50°SE,间距 0.1 ~0.4 m,剪节理,节理面光滑,稍呈波状弯曲。

(3) N5° ~15°E/30° ~45°SE 或 70° ~90°SE,间距 0.4 ~0.6 m,张性节理,解理口宽约 2 ~5 mm,多分布在背斜轴部。

(4) EW/80°S 或 90°,间距 0.2 ~0.5 m,微张开,比较发育。

(5) N10° ~20°W/35° ~50°NE,间距 0.1 ~0.2 m,微张开,背斜轴部比较发育。

根据本区构造形迹分析,本区受四川运动 N70° ~80°W、S70° ~80°E 主压应力作用,形成中梁山背斜,伴生了 F_1、F_2、F_3、F_4、F 等断层和几组节理,形成完整的构造体系。

根据区域资料,本区新构造运动具有间歇性不均匀抬升与相对稳定性。

4. 地震基本烈度

根据 1977 年《中国地震烈度区划图》(1/300 万),本区地震基本烈度小于六度。

(六)水文地质条件和涌水量预测

本区三叠系飞仙关组三段(T_1j^3)、嘉陵江组(T_1j)、雷口坡组(T_2l)碳酸盐岩层含有丰富的岩溶水,须家河组二段(T_3xj^2)、四段(T_3xj^4)厚层砂岩中含有孔隙裂隙水,二叠系长兴组灰岩(P_2c)含微具承压性质的裂隙水,其余地层中仅含有少量裂隙水。对于岩溶水和砂岩孔隙裂隙水而言,它们又成为相对的隔水层。

本区的地下水受地形地貌、地质构造控制,主要是沿构造线纵向补给径流,大部分集中在含水层与相对隔水层的界面和断层破碎带附近。各含水层之间,地下水的横向水力联系比较微弱。受区域排泄基准面——长江的控制,本区的地下水总体是自北向南流。由于后期横向沟谷切穿各含水层的顶板或底板,使地下水流向又发生了局部改变。横向沟谷切穿含水层顶板的深度,成为各段地下水的局部排泄基准面,因而在不少横向沟谷两岸可见到地下水的露头。此外,在东西岩溶槽谷内的低洼地带还有岩溶泉出露。

本区地下水主要接受大气降雨的补给,由于降雨量在时间上的不均匀分配和季节性变化显著,因此,地下水的流量亦是随季节而变化的,尤其是直接受降雨补给、补给范围较小、流程短的地下水,流量的季节性变化十分明显。有的岩溶泉在夏季降雨后流量骤增,而天晴多日后流量又立即减小甚至干枯。

本区的浅层地下水一般水质良好，无侵蚀性，而深部的地下水水质复杂，有的还具有硫酸盐侵蚀性。

根据中梁山隧道通过地段的水文地质条件，采用比拟法、地下径流模数法、大气降水入渗法、地下水动力学法，以左线隧道为例(因两线隧道相距仅50 m)，计算了一个隧道施工导坑和建成后隧道各段的涌水量。全隧道施工导坑平常涌水量为38 863 m^3/d，雨洪期最大涌水量为61 336 m^3/d。

（七）不良地质问题

中梁山隧道主要不良地质有岩溶、瓦斯、压煤、坍方等。

（八）施工地质工作

1. 中梁山隧道于1990年6月开工，1994年12月竣工。该期间施工地质工作的主要内容及完成的工作量见表7—12—1。

表7—12—1　主要工作内容及完成的工作量统计表

	工作内容	工作量
隧道地质	地质预测	6 268 m，外加若干超前探孔与地质雷达探测
	主要工程地质问题处理	坍方与掉块22段，方量1万 m^3 左右，涌水点115个，瓦斯段610 m，溶洞与煤巷25个，地面塌陷4个
	设计中的地质资料修改	围岩类别变更2 438.69 m
	洞身地质测绘	6 268 m，竖井225.65 m
	水质分析	60余组
	长期观测	地面沉降及水文观测12～15 km^2，钻孔水位观测10孔，瓦斯监测左、右隧道各1座，围岩变形测量3 100 m
	整理竣工资料	编制、整理施工地质记录、说明、图件等

2. 对隧道地质勘测设计资料的评价

经对大量的施工地质与勘察设计资料统计对比分析，总的来看，勘察设计的地质资料与实际情况比较吻合，是偏安全的。各项评价见表7—12—2。

表7—12—2　中梁山隧道地质勘察设计的正确性评价表

项名 \ 评价		单位	总数	正确的	基本正确的	不正确的	(正确的数+基本正确的数)/总数×100%
地层	地层分界线	处	58	43	8	7	88%
	岩性	组、段	58	43	13	2	97%
构造	背斜	个	1	1			100%
	大断层	条	6	4	1	1	83%
溶洞及煤巷		个	25	12	10	3	88%
涌水	涌水范围及方式	段	31	22	5	4	87%
	分段涌水量	段	31	14	6	11	65%
	总涌水量						设计的比实际的要大

续上表

项名 \ 评价		单位	总数	正确的	基本正确的	不正确的	正确的数＋基本正确的数×100% / 总数
地面塌陷							实际地面塌陷不如设计那么严重
高浓度瓦斯	范围	m	610	445	74	91	85%
	涌出量						设计涌出量偏大
主要坍方与掉块		段	22	11	7	4	82%
围岩分类		m	7420	4658.31	323	2438.69	67%
岩土力学指标							比较合理，是安全的

由于岩溶具不均一性，开挖未揭露较大岩溶管道（暗河），受局部排泄基准面、中梁山煤矿及铁路隧道大量排水的影响和采取以堵水为主的设计施工方案，实际涌水量比设计涌水量要小。由于及时注浆堵水，较为有效地防治了地下水疏干及地面塌陷。

3. 主要工程地质问题及其处理

修建隧道遇到的主要工程地质问题有洞穴、涌水、坍方与掉块、瓦斯、地面塌陷等。

(1)洞　穴

隧道开挖揭露的洞穴可分为天然溶洞溶隙和人工煤巷两种（表 7—12—3）。

表 7—12—3　中梁山隧道主要溶洞与煤巷一览表

隧道名称		位置：里程	位置：部位	空间形态及大小	充填情况	备注
中梁山	右线	Ⅱ K345 +854 ~ +858		直径 0.8 m，高 2 m	粉质黏土及碎石，无水	溶洞
		Ⅱ K345 +865		宽 1.8 m，高 5 m	粉质黏土及碎石，无水	溶洞
		Ⅱ K345 +905	右边墙及拱部	长 7 m，宽 5 m，沿层面延伸 15 m	流塑状黏土夹角砾	溶洞
		Ⅱ K345 +920	左边墙	直径 0.2 m，高 1 m	粉质黏土及碎石	溶洞
		Ⅱ K345 +932	左边墙	直径 2 m，沿层面延伸	粉质黏土及碎石	溶洞
		ⅡK347 +963.5 ~ +961	右边墙起拱线	3 个，直径 0.2 ~ 0.5 m	流塑状黏土	溶洞
		ⅡK348 +026.1 ~ +029	左边墙	长 2.9 m，宽 3.5 m，高 2.5 m	碎块石、黏土	溶洞
		Ⅱ K348 +021 ~ +029	拱顶	多个，直径 0.1 ~ 0.3 m	黏土，线状滴水	小溶洞
		Ⅱ K348 +250	拱顶	宽 1 m，高 1 ~ 3 m	古树木支撑巷坑	煤巷
		Ⅱ K348 +537.5		宽 1.2 ~ 1.5 m，高 1 m	无	煤巷
	左线	K345 +852 ~ +858		直径 0.1 ~ 0.2 m	无	小溶洞
		K346 +951.5	左边墙	直径 0.3 m	无	小溶洞
		K348 +102	拱顶	3 个，直径 1 m	黏土夹角砾	溶洞
		K348 +137	左边墙	2 个，长 0.5 m，宽 0.2 m	少量黏土、角砾	溶洞
		K348 +250	右侧	2 个，宽 1 m，高 1 ~ 3 m	古树木支撑巷坑	煤巷
		K348 +546	左侧墙	宽 1 m，高 1 m	无	煤巷
		K348 +547	拱顶以上	宽 1.2 m，高 1 m	无	煤巷

①溶洞溶隙：中梁山东西槽谷浅层岩溶发育，向深层延伸呈减弱趋势。施工中除发现两个较大溶洞外，其余都是直径小于 2 m 的小溶洞及溶隙，对施工影响不大。

右线ⅡK345 +905 溶洞位于路基面以上右半部及拱部、沿层面延伸 15 m 以上,垂直线路方向上宽 7 m,顺线路方向上宽 5 m,由上向下洞体变大,充填流塑状黄色黏土。开挖下面黏土时,上体黏土全部滑下,采用架木板、环形钢花拱架、锚固挂钢筋网、喷混凝土、浆砌片石回填右线ⅡK348 +026.1 ~ +029 溶洞位于路基面以上左半部、垂直线路方向宽 3.5 m、顺线路方向宽 2.9 m、高 2.5 m,充填黄色黏土夹碎块石,它与宽约 0.1 ~ 0.3 m 的层间溶隙和宽约 0.1 ~ 0.5 m 的节理溶隙相连,附近发育许多溶孔。采用加强喷锚等初期支护处理溶洞。

②煤巷:因开采须家河组一、三段地层的煤,在左线 K345 +282、K345 +292、K348 +250、K348 +546 ~ +547 和右线ⅡK348 +250、ⅡK348 +537.5 发现已采煤巷,其大小见表 7—12—3。由于采煤扰动围岩,围岩后期风化严重,稳定性差,开挖至此大都发生了坍方,采取强喷混凝土、架格栅钢支撑、锚杆、挂钢筋网等措施进行处理。

(2)涌　水

该隧道的地下水可分为岩溶水及裂隙岩溶水、孔隙裂隙层间水,以岩溶水及裂隙岩溶水为主,具明显的不均一性,浅层岩溶水发育,隧道涌水主要发生在 T_1j^1 与 T_1f^4 接触带 T_1f^3、P_2c 及 F_1 断层上盘与 F 断层。

①涌 水 量

中梁山隧道涌水较大,出水点约 115 个,总涌水量为 11 738 ~ 12 760 m^3/d。施工中分段涌水量见表 7—12—4。

表 7—12—4　中梁山隧道分段涌水量统计表

分段编号		左线 里程	左线 涌水量 (m^3/d)	右线 里程	右线 涌水量 (m^3/d)	地层及构造
西槽谷	1	K345 +725 ~ K346 +215	1 173 ~ 1 273	ⅡK345 +732 ~ ⅡK346 +210	773	T_1j 及与 T_1f^4 接触带
	2	K346 +215 ~ +270	173	ⅡK346 +210 ~ +260	95	T_1f^4
	3	K346 +270 ~ +385	426	ⅡK346 +260 ~ +374	2 203 ~ 2 323	T_1f^3
中部	4	K346 +385 ~ +619	869	ⅡK346 +374 ~ +615	350 ~ 400	T_1f^3 及与 T_1f^2 接触带
	5	K346 +619 ~ +780	< 50	ⅡK346 +615 ~ +765	< 50	T_1f^1
	6	K346 +780 ~ K347 +040	436 ~ 500	ⅡK346 +765 ~ ⅡK347 +029	2 560 ~ 2 898	P_2c、P_2l;F_1、F_3、F 断层
	7	K347 +040 ~ +221	< 50	ⅡK347 +029 ~ +211	< 50	T_1f^1 及 F′断层
	8	K347 +221 ~ +412	< 50	ⅡK347 +211 ~ +402	< 50	T_1f^2
东槽谷	9	K347 +412 ~ +515	150 ~ 200	ⅡK347 +402 ~ +505	< 50	T_1f^3
	10	K347 +515 ~ +590	< 20	ⅡK347 +505 ~ +564	< 10	T_1f^4
	11	K347 +590 ~ K348 +249	400 ~ 500	ⅡK347 +564 ~ ⅡK348 +242	900 ~ 1 000	T_1j、T_2l;F_4 断层及与 T_1f^4 接触带
出口端	12	K348 +249 ~ +705	750 ~ 850	ⅡK348 +242 ~ +695	50	T_3xj 及与 $J_{1-2}z$ 接触带
	13	K348 +705 ~ +890	< 30	ⅡK348 +695 ~ +835	< 20	$J_{1-2}z$
合　计			4 577 ~ 4 991		7 161 ~ 7 769	
总涌水量		11 738 ~ 12 760 m^3/d				

②涌水特征

A. 砂岩孔隙裂隙涌水一般初期涌水量较大,多在拱部或边墙沿张开裂隙呈细股流或线状股流漏水，有的拱部呈滴水或片状、带状渗水潮湿。与裂隙张开度、密度和充填延伸情况有关。

B. 岩溶水的涌水量一般与降雨量补给有关，而且要比降雨滞后一段时间，涌水量的大小和涌水滞后时间的长短与岩溶水的补给径流条件和岩溶发育程度及连通情况有关。

C. 中梁山隧道岩溶涌水大部分发生在嘉陵江组灰岩、飞仙关组三段灰岩及其顶底板与泥页岩接触带，开挖面全断面超前探水孔或炮眼孔几乎全部涌水或喷水，总涌水量大于10 m^3/h，单孔流量大于2 m^3/h，如左线隧道 K346 + 187、K346 + 199 和右线隧道Ⅱ K346 + 193、Ⅱ K347 + 564 ~ + 571 等探水孔总流量 30 ~ 33 m^3/h，单孔最大流量为 11.2 m^3/h。

D. 中梁山背斜核部长兴灰岩和断层破碎带呈大股状集中涌水，水中泥砂含量大，水色多呈黄色，如左线隧道 K346 + 781 和右线隧道Ⅱ K346 + 816、Ⅱ K346 + 905 ~ + 910、Ⅱ K346 + 975 等段探水孔最大单孔流量为 11.8 m^3/h。

E. 中梁山隧道一般岩溶裂隙水开挖初期涌水量不大，呈小股状涌水，随着岩溶裂隙水的不断渗漏，岩溶裂隙被疏通，甚至与上部或地表连通，岩溶裂隙涌水量逐渐增大，水中泥砂含量亦随着增加，水色也越来越混浊变黄。

F. 中梁山隧道溶洞规模不大，且被充填，受局部排泄基准面控制，岩溶溶洞水和暗河位置较高，隧道施工中未揭露过大溶洞和溶洞水。

③水质评价

经多处取样水质分析表明，水质类型以 HCO_3^-—Ca^{2+} 型水为主，除少数几处具弱溶出性侵蚀或弱硫酸盐侵蚀外，都无侵蚀性。经多次试验表明，具有弱侵蚀性的地下水，侵蚀性随季节变化而变化。

④堵　　水

为防止地下水渗漏造成地表井泉干枯、地面塌陷及影响施工、运输安全，在开挖面全断面超前探水孔大量涌水地段采取全断面预注浆，在开挖面局部探水孔大量涌水地段采取局部预注浆，对开挖后部分暴露面仍涌水较严重的地段采用局部注浆堵水。至隧道贯通时，基本堵住了涌水。另外，在岩溶涌水地段采取全封闭式水压衬砌进一步堵水。

(3)主要坍方与掉块

施工以后，发生了22余段坍方与掉块，见表7—12—5。

最典型的大坍方特征及处理措施如下：

①K348 + 753 ~ + 765 坍方冒顶：中梁山隧道右线出口段表层 2 ~ 10 m 为第四系崩坡积块石土及粉质黏土，其下为 2 ~ 3 m 厚的全风化带，下伏 $J_{1\text{-}2}z$ 紫红色泥岩夹泥质粉砂岩，发育3组节理，间距 0.2 ~ 0.4 m，Ⅱ K348 + 754 发育一层间挤压破碎带，围岩呈碎块石状镶嵌结构，少量渗水，岩石质软，易风化剥落，属Ⅱ类围岩（相当于现行铁路规范Ⅴ级围岩），开挖ⅡK348 + 753 ~ + 765 段发生大坍方，塌穿盖层（20 m 厚）至地表形成一长 14.5 m、宽 13 m、深 5.6 m 的陷坑，造成房屋垮塌开裂，危及既有成渝公路安全。后经洞外注浆加固松散体、回填陷坑，洞内采用大管棚预注浆处理坍方体、架设格栅钢架、挂钢筋网迅速强喷混凝土、及时衬砌，成功处理坍方。

②K348 + 250 ~ + 262 大坍方：中梁山隧道左线 K348 + 250 ~ + 262 因存在已采煤巷，顶板泥岩已被扰动，风化严重，围岩松软，加之近 EW 走向、倾向 SN 两组陡倾角（45° ~ 50°）的 X 形节理和一组平缓节理切割岩层，构成块石状镶嵌结构，为Ⅱ类围岩（相当于现行铁路规范Ⅴ级围岩），并且 K348 + 250 ~ + 262 段开挖后因初期支护不及时而发生大坍方，坍方体约 1 000 m^3，块径大者 2 ~ 2.5 m，块体达 4 ~ 5 m^3，堵塞整个隧道。坍方段的工程处理采用大管棚

预注浆加固坍方体,且每开挖 1 m 坍方体均及时强喷混凝土、架设格栅钢花拱架,随即作钢筋混凝土衬砌。

表 7—12—5　中梁山隧道主要坍方与掉块统计表

隧道名称	左线		右线		主要地质特征
	里程	估计方量(m^3)	里程	估计方量(m^3)	
中梁山	K345 +850 ~ +945	多次坍方,最大 30	Ⅱ K345 +848 ~ +935	多次坍方,最大 30	T_1j^2 盐溶角砾岩,破碎,小股水
	K346 +385 ~ +780	多次掉块	Ⅱ K346 +374 ~ +770	多次掉块	T_1f^1、T_1f^2 泥质灰岩,钙质泥岩,很脆
	K346 +906.5 ~ +965	10 ~15	Ⅱ K346 +892 ~ +952	10 ~20	F_1、F_3 断层破碎带,P_2l 炭质页岩
	K347 +040 ~ +412	多次掉块	Ⅱ K347 +029 ~ +402	多次掉块	T_1f^1、T_1f^2 泥质灰岩,钙质泥岩,很脆
			Ⅱ K347 +555 ~ +583	掉块	T_1f^4 钙质泥岩、泥灰岩,很脆
	K347 +837 ~ +920	10 ~20	Ⅱ K347 +827 ~ +907	30 ~50	T_1j^2 盐溶角砾岩,破碎,少量渗水
	K348 +153 ~ +210.5	10	Ⅱ K348 +144 ~ +200	200 ~250	F_4 断层破碎带及影响带
	K348 +250 ~ +262	1 000			T_3xj^1 泥岩夹煤层,已采煤巷
	K348 +430 ~ +442	100 ~150	Ⅱ K348 +413 ~ +417	80	T_3xj^2 砂岩,较碎,少量渗水
	K348 +530 ~ +560	50 ~100	Ⅱ K348 +525 ~ +550	100	T_3xj^3 泥岩夹煤层,已采煤巷
			Ⅱ K348 +753 ~ +765	冒顶,3 500	$J_{1-2}z$ 泥岩,风化严重,较破碎

③ⅡK348 +155 ~ +170 坍方:右线ⅡK348 +155 ~ +170 位于 F_4 断层破碎带,围岩为Ⅱ类围岩(相当于现行铁路规范Ⅴ级围岩),稳定性差,开挖过程中已发生多次小坍方,采用小管棚、格栅钢支撑、挂钢筋网、喷混凝土通过了此段,但几十天后,由于格栅钢架没有下到基岩上,挖边墙基础造成格栅钢架悬空太久以及地下水与施工用水浸泡边墙基底,左线相应层位放炮震动产生变形滑移,造成较大坍方,该段坍方总量约 200 ~250 m^3。本段采用迅速强喷混凝土,随即作边墙混凝土衬砌、架设格栅钢架、提前二次衬砌加以处理。

(4)瓦　斯

据瓦斯监测资料,中梁山隧道瓦斯总涌出量为 $37.3\times10^4\ m^3$,主要分布在背斜核部断层带煤系地层及邻近地层的裂隙、溶隙中。

①超前小导坑瓦斯涌出特征

A. 在进入煤系地层的超前钻孔中,ⅡK346 +905 处发生大涌水,水喷出孔口 7 ~8 m 远,流量为 25 m^3/h,ⅡK346 +905.3 处出现瓦斯,涌出量 0.8 m^3/min,ⅡK346 +907.7 处发生喷瓦斯,导坑内烟雾弥漫,遥测仪测得瓦斯浓度为 5%(孔口瓦斯浓度达 50% 以上),加强通风(双机通风有效风量 750 m^3/min)后,导坑瓦斯浓度降至 0.4%,涌出量 2 m^3/min,持续 72 h,再往前钻进时涌出量降到 0.6 m^3/min。在ⅡK346 +910 断面的钻孔中,ⅡK346 +916 处孔中出现雷鸣般的响声,每 3 秒钟喷射一次水和瓦斯,瓦斯涌出量 1.4 m^3/min。这两个钻孔共排出瓦斯 20 376 m^3,占小导坑穿过煤系地层段瓦斯涌出量的 47.4%,为小导坑安全掘进创造了良好条件。

B. 在小导坑掘进中,煤系地层及断层带瓦斯涌出最严重。瓦斯浓度一般为 0.2% ~0.5%,有时达 1% 以上。长兴组灰岩段瓦斯涌出除 F 断层带比较严重外,只是在次生小断层、溶洞、溶隙、裂隙及与飞仙关组接触带发生瓦斯涌出。

C. 小导坑掘进到背斜东翼非瓦斯段时，掌子面未检测到瓦斯，但因瓦斯段仍有瓦斯涌出，故小导坑回风道仍有瓦斯存在，但瓦斯浓度呈缓慢下降趋势，至小导坑贯通时，瓦斯浓度降到0.1%。

D. 从小导坑开挖直至贯通，小导坑瓦斯总涌出量达 $11.3\times10^4\ m^3$。

②全断面掘进瓦斯涌出特征

大量瓦斯通过溶隙、裂隙在右线小导坑得到释放，因此左线煤系地层及断层带或右线扩大掘进时瓦斯涌出不严重，回风流瓦斯浓度为0.01%～0.14%，涌出量为 $0.13\sim0.21\ m^3/min$。另外，隧道在须家河组一、三段泥岩夹煤层煤线中开挖，瓦斯浓度为0.011%～0.032%，涌出量为 $0.07\sim0.22\ m^3/min$。

③瓦斯的防治

为防止瓦斯爆炸，在背斜核部瓦斯溢出段，采取超前小导坑、钻孔探明瓦斯涌出具体部位及浓度，再释放瓦斯，严格按《煤矿安全规程》和《铁路隧道施工规范》施工，加强通风，重视防爆，严格监测，强化管理。二次衬砌结合水压采用带仰拱(或加厚铺底)的全封闭式复合衬砌堵住瓦斯，保证运营安全。

(5)岩溶地面塌陷

中梁山隧道进口端飞仙关组三段灰岩较长时间大量涌水，地下水位降落漏斗沿该地层分布不断向外扩展，扩展至距涌水地段240～400 m(平面上)的落水洞等发育的小门坎低洼区，导致该低洼区发生4处塌陷。其中两处较小，分别为0.7 m×0.6 m×0.9 m和2.5 m×1.5 m×1.4 m；另两处较大，呈坛状，其中一处地面的直径为2.8～2.88 m，坑底直径为4 m、深3.4 m，另一处地面的直径为1.8 m，坑底直径为3.8 m、深3.8 m。为防止地下水位降落漏斗进一步向外扩展继续塌陷，进行了洞内加强注浆堵水、地表夯填陷坑的工程处理。

4. 施工地质工作的体会

(1)中梁山隧道施工地质工作不仅及时核实、验证了原勘测设计的地质资料的准确程度，总结了经验教训，而且及时修正补充地质资料，为变更设计和施工处理提供了地质依据，保证了施工进度和施工安全，得到建设、监理、施工各方好评。

(2)中梁山隧道岩溶水文地质条件较复杂，施工中采用超前地质探测、以堵为主的预注浆堵水处理岩溶水的措施，较为成功地防止了隧道洞顶岩溶地面塌陷的大面积发生，保护了地表生态环境，取得较好的社会效益。

(3)中梁山隧道中部通过二叠系龙潭组煤系地层和断层带，瓦斯涌出量和压力大，勘测设计时预测涌出地段较准确。施工采取小导坑超前释放瓦斯和超前钻孔探明瓦斯涌出部位及浓度，并加强通风，加强瓦斯检测和安全管理，确保了施工安全，为铁路瓦斯隧道的勘测设计与施工提供了成功的范例和有益的经验。

(九)小　结

中梁山隧道当时为我国长度第一的公路隧道，20世纪90年代也居全国已通车营运的公路长隧道的第一位，其水文地质及工程地质条件十分复杂，隧道地下水涌水、坍方、断层破碎带、岩溶、煤层与瓦斯等不良地质与特殊工程地质问题类型多，采用了地质综合勘察和先进的勘测技术方法，为隧道的顺利建成提供了齐全、完整、可靠的地质依据，受到设计、施工、监理、建设单位的好评，1996年获全国优秀工程勘察项目铜奖。

十三、广州南部快速路新龙特大桥工程地质勘察

李建强　何　平　许　胜

（一）概　　述

广州南部地区（仑头至龙穴岛）快速路，北接广州环城高速公路南环线，南连南沙开发区龙穴岛深水港，是21世纪广州实现跨越式发展的战略性交通基础设施。它的建设对衔接龙穴岛深水港区的疏港运输需要，增强广州中心城市的综合竞争力具有十分重要的意义。

广州南部地区（仑头至龙穴岛）快速路全长65.208 km。新龙特大桥是其南段终点的重点桥梁工程，位于龙穴岛围垦区最南端——珠江三角洲平原区番禺珠江入海口，属于平原水网发达地区，先后跨越十七涌和龙穴南水道，与南沙新港区道路相接，是连接番禺与龙穴岛新港区的一座跨海特大桥。全桥长2486 m，主桥为（110+200+110）m预应力混凝土连续刚构，全桥采用柱桩基础，投资24690万元。该桥是南沙开发区的标志性工程之一，作为新港区起步工程建设及疏港运输的道路，担负起为龙穴岛建设提供陆上通道的重任，为南部快速路的先期独立工程。

新龙特大桥于2002年2月进行初步设计，2002年9月完成施工图设计，2004年4月中旬主体工程完成，2004年6月全部竣工，2004年7月底建成通车，目前工程状况和运营状况良好。

（二）勘察概况

1. 工程地质综合勘察方法

该桥为一高等级公路跨海特大桥，海域宽，海水较深，砂土、软土深厚覆盖，基岩埋深较大，地层时代古老，岩性多变，差异风化严重，地质构造较发育，岩体较破碎。

结合该桥的具体特点，在勘察中采用地质调绘、钻探、标准贯入试验、抽水试验、物探（海上深孔地震波速测井、孔内声波测试）、室内试验等相结合的工程地质综合勘察方法，强化了现场原位测试工作，取得了较好的效果。此外，还进行了地震安全性评价、建设用地地质灾害危险性评估等专项工作，并在桥址范围内进行了详细海岸、江岸稳定调查。

2. 主要勘察方法及其运用

（1）地质成果资料的综合分析

为把新龙特大桥桥位选择在地质条件较好的入海口跨江，初勘阶段针对初步提出的几个桥位开展了大面积的地质、水文、江岸、海岸稳定调查，结合线路方案，在充分研究区域地质资料的基础上进行了控制性钻探，经综合分析和合理比选，从地质角度推荐了该桥桥位方案，被业主、有关评审专家及设计单位采纳，对稳定路线方案起到了重要作用。

（2）重点抓好海上地质勘察

桥址海域宽、海水深、潮汐高，加之所处航道高密度通行万吨级货轮及大型飞艇，对钻探干扰极大，且海上风大浪高，台风暴雨频繁，地质勘察环境十分恶劣，堪称国内少有。海上桩基数量多，桩又长，从而海上钻探工作量大，且工期紧，工程十分艰巨。为确保该桥基础地质资料可靠、准确，勘察前制定了详细的海上作业大纲和安全措施，勘察中得以认真贯彻执行，从而保证了工程地质勘察的质量、工期和安全。

（3）工程地质勘察方法的新尝试

①本次海上深孔地震波速测井、孔内声波测试方法的成功应用在国内少见：代表性地选择

了地层复杂、差异风化严重、构造发育、岩体破碎等地质条件复杂的钻孔进行综合物探测试。

②大量成功地进行了海上深厚覆盖层的原位测试：采用了较大探测深度的标准贯入试验，确定砂土的密实程度，判定砂土液化特征、黏性土的塑性状态、花岗岩类残积层、全风化、强风化层，测得各岩性层的物理、力学参数供对比分析使用。

③采用了单动双层岩芯管金刚石钻头钻进、套管护孔（浅部）、泥浆、植物胶护壁技术，提高了岩芯采取率。

④成功地进行了海上钻孔水文地质试验。

通过上述方法，详细查明了桥址区各岩、土层的成因、厚度、埋深、分布规律，岩石风化厚度、裂隙发育程度、岩体完整性，岩、土渗透系数，场地土类别及场地类型等工程地质、水文条件和江岸稳定性等，勘察资料收集齐全完整，为桥梁基础设计提供了较为准确可靠的地质资料及设计参数。

3. 完成的主要勘察工作量

（1）水上钻探 97 孔/5 245.55 m；

（2）陆上钻探 47 孔/2 506.05 m；

（3）标准贯入试验 293 次；

（4）水质分析 6 组；

（5）土工试验 89 组；

（6）岩石试验 63 组；

（7）孔内声波测试 16 孔；

（8）地震波速测井 2 孔；

（9）钻孔抽水试验 3 孔。

（三）工程地质条件

1. 自然地理条件

桥址区属宽海域、深海水、高潮汐、高风浪、多台风暴雨，且万吨级货轮及大型飞艇高密度通行的环境险恶地段。浅水区以水产、养殖业为主，区内多为经济作物区及鱼、虾、蟹塘，塘间堤埂种植有蕉林和果树，交通不便。

桥址处河道顺直，水域宽约 1 620 m，主槽位置的河床凹陷，河床水深 1 ~ 8 m 不等，为珠江出海口的主航道，通行万吨级货轮及大型飞艇，水运繁忙，对钻探干扰极大。

测区属亚热带海洋性气候，春秋风和日丽，夏炎冬暖，降水丰沛，日照充足，台风及暴雨是本区的灾害性气候。

2. 地层岩性

地层岩性复杂多变，砂、软土深厚覆盖，基岩深埋，差异风化严重，工程地质条件差。地表覆盖为第四系全新统海陆交互相淤泥、淤泥质土、淤泥质砂、亚砂土，其下为上更新统冲洪积亚黏土、亚砂土，覆盖层底部为砂层，覆盖土层均一性差，总厚约为 36 ~ 71 m。钻探时易缩孔、埋钻。下伏基岩为震旦系花岗片麻岩，受构造影响，岩体较破碎，岩面起伏及差异风化较大，钻探、施工揭示岩面倾角陡的大于 50°。

各主要地层简述如下：

<1>人工填筑土（Q_4^{ml}）：杂色，成分较复杂，为河堤回填土，厚 0 ~ 3.50 m。

<2-1>淤泥、淤泥质黏土（Q_4^{m+al}）：黑灰、深灰色，流塑—软塑状，含约 20% 的腐殖质，连续

分布于覆盖层的中上部,厚22.3~41.7 m。

<2-2>淤泥质砂(Q_4^{m+al}):中—细粒状,灰—深灰色,饱和,松散,含淤泥质,透镜状分布于覆盖层的上部,厚0~5 m。

<4-1>冲洪积黏土(Q_3^{al+pl}):灰黄—灰白色,软塑,局部含少量细砂,一般透镜状分布于覆盖层的中部,厚0~4.5 m,为Ⅰ级松土,多具膨胀性。

<4-1-1>淤泥、淤泥质黏土(Q_3^{al+pl}):黑灰、深灰色,软塑状,含少量腐殖质,透镜体状分布于<4-3>层之上,厚2.0~8.0 m。

<4-2>冲洪积亚砂土(Q_3^{al+pl}):灰色,饱和,松散状,含20%的细砂,厚4~9 m。

<4-3>冲洪积砂(Q_3^{al+pl}):细、中、粗砂均有,上细下粗,底部普遍为中粗砂层,灰至灰黄色,饱和,中密,厚0~14 m,较连续分布于基岩面之上,由西向东逐渐增厚。

<4-4>冲洪积砾石(Q_4^{al+pl}):灰色,饱和,密实,石质成分为石英、长石等,含较多的砾砂、粗细砂,呈透镜状,位于覆盖层的底部,厚0~4 m。

<6>花岗片麻岩:强风化层灰黄—褐黄色,弱、微风化层灰—青灰色,变晶中—粗粒结构,块状、片麻状构造,节理发育,受构造影响,岩体较破碎,强风化层厚一般0.5~2.0 m,弱风化层厚度一般4~10 m,以下为微风化。

桥址处岩土接触面较平缓,但局部地段基岩面起伏及差异风化较大,个别桥墩基岩弱风化面倾角大于50°,基岩风化层总体上连续且较平缓,稳定性较好。

3. 地质构造与地震

区域位于华南准地台、桂湘赣粤褶皱带、粤中坳褶束增城凸起中部。新龙特大桥桥址区未见区域性断裂构造,但桥位位于区域性博罗大断裂与樟木头大断裂之间,受其影响,岩体较破碎。

根据2001年发布的《中国地震动参数区划图》,桥址处地震动峰值加速度为0.1g(对应的地震基本烈度为Ⅶ度),地震动反映谱特征周期为0.35 s。根据地震安全性评价测试及分析结果,工程场地不同超越概率水平的地震烈度及基岩水平加速度峰值、工程场地不同超越概率的地表水平地震系数、设计地震反应谱的特征参数等见表7—13—1、表7—13—2和表7—13—3。

表7—13—1 工程场地不同超越概率水平地震烈度与基岩水平加速度峰值

概率水平	50年10%	100年10%	100年2%
概率烈度	6.78	7.17	8.03
PGA(cm/s^2)	70.24	93.00	171.68

表7—13—2 工程场地不同超越概率地表设计水平地震系数 *K* 值

概率水平	50年10%	100年10%	100年2%
K	0.097	0.127	0.224

表7—13—3 工程场地不同超越概率水平最大地震影响系数 α_{max} 与设计反应谱的特征周期

概率水平	50年10%	100年10%	100年2%
α_{max}	0.223	0.292	0.515
T_g	0.80	0.90	1.00

4. 建筑场地土类型及场地类别

根据国家标准《建筑抗震设计规范》,覆盖层总厚约36~71 m,各层地基土的实测剪切波速为

162 ~ 330 m/s，场地土类型为中软、中硬场地土，等效剪切波速约 221 m/s，建筑场地类别为Ⅱ类。

5. 水文地质条件

桥址范围内地表水以江河、沟水及塘水为主。龙穴岛蕉门水道水面宽约 1 620 m，水深一般 1 ~ 8 m，河床高程 −3. 30 ~ 4. 30 m。受涨落潮影响，每天两小潮，半月一大潮，潮涨、潮落水位差一般 2 ~ 3 m。

地下水分为第四系孔隙水及基岩裂隙水。第四系孔隙水主要赋存于海陆交互相淤泥质砂、冲洪积的砂、砾石层中，地下水头埋深 0 ~ 2. 6 m，具承压性，水量较丰富。基岩裂隙水主要赋存于基岩强、弱风化层裂隙中，水量较丰富。

地表水、第四系孔隙水、基岩裂隙水相互间水力联系较为密切，它们同时受蒸发的影响，由大气降雨及地表水补给地下水。

地表水及地下水对钢筋混凝土结构中的钢筋及对钢结构具有中等腐蚀性。

6. 不良地质与特殊岩土

(1)液化土：区内埋深 20 m 以上的饱和砂土、亚砂土按《公路工程抗震设计规范》(JTJ004—89)检算，均为液化土，液化抵抗系数 $C_e = 0.1 \sim 0.8$，承载力折减系数 $\alpha = 0 \sim 2/3$。可液化砂土不得作为天然地基持力层，为消除液化砂土的影响，建议桥梁基础采用桩基础，基础置于基岩内一定深度。

(2)软土：为灰黑色淤泥、淤泥质黏土，受古地貌及沉积环境影响，呈海陆交互相多层及透镜状分布，主要分布于覆盖层的中上部，厚度不均，最大厚度近 42 m。软土具含水量高、孔隙比大、压缩性高、力学性质差等特点。根据原位测试结果，得出软土灵敏度 $S_t = 2.3 \sim 4.8$ 不等，按软土结构性分类标准，属中灵敏土和高灵敏土。地震时，易产生触变，软土失去强度而震陷。软土属不良地基土，不得作为天然地基持力层。

(3)膨胀土：区内冲洪积黏土分布于覆盖层的中部，厚度一般 0 ~ 4. 50 m，经取样试验结果，自由膨胀率为 47% ~ 76%，为弱—中等膨胀土。

7. 工程措施意见

(1)桥址范围内覆盖土层厚，特别是软土层较厚，饱和砂土、亚砂土为液化砂土，且局部地段基岩面倾角大于 50°，建议基础采用桩基础，桩端应根据检算全断面置于基岩的弱风化层内一定深度内。

(2)埋深 20 m 以上的亚砂土和中、细砂，在Ⅶ度地震烈度的情况下会产生液化，桩基检算时应考虑这一因素。桩基施工中应防止其涌砂。淤泥、淤泥质黏土属于软土，呈流塑—软塑状，含腐殖质，厚度 22. 30 ~ 41. 70 m，具含水量高、孔隙比大、压缩性高、力学性质差等特点，属不良地基土，桩基承载力检算时应考虑这一因素。桩基施工中应防止其缩孔。

(3)取江水、地下水进行水质分析，按《岩土工程勘察规范》判定：在Ⅱ类环境地区，地表水及地下水对混凝土具有弱硫酸盐、弱侵蚀性 CO_2 侵蚀，对钢筋混凝土结构中的钢筋及对钢结构具有中等腐蚀性，设计中应采取相应的防腐措施。

(四)施工验证

在桥基嵌岩桩施工中，存在深厚砂层涌砂、软土层缩孔、塌孔、花岗片麻岩差异风化大、风化带难以辨认等问题，铁二院地质人员经常深入现场，开展局部桩基的超前钻探、跟踪取样鉴定基岩风化带及进行现场岩石点荷载试验，校核岩体强度及桩端承载力，确保了嵌岩桩的嵌岩深度及桥基的稳定性，施工地质工作深入、扎实，保证了桥基施工的顺利进行。

经施工验证，勘察成果准确，为设计提供了可靠的基础资料，特别是土石分界线、风化带界线划分合理、准确，对局部大倾角岩面进行了有效控制，设计参数建议值合理，依据充分、可靠，工程措施建议可行，获得了设计、施工、监理以及建设单位的高度评价。

（五）工程使用单位主要评价意见

广州南部地区（仑头至龙穴岛）快速路是广州市“十五”期间和“三年一中变”的重点建设项目，是连接广州港和南沙新港区的重要市政道路。在本项目新龙特大桥勘察设计及施工过程中，铁二院与业主、监理、施工单位做到全过程配合，及时会同有关单位及专家研究解决勘察、设计、施工中出现的问题，得到了建设单位、监理单位和施工单位的广泛好评。

该项目建成通车后，分担了华南快速干线日益饱和的交通流量，缓解了番禺地区迅速增长的过境交通的巨大压力，作为新港区起步工程建设及疏港运输的道路，担负起了为龙穴岛建设提供陆上通道的重任，也成为广州南大门一道亮丽的风景线，已经是新广州的标志性建筑之一。该项目社会反响十分强烈，获得了一致好评。

（六）小　　结

1. 新龙特大桥位于宽海域、深海水、高潮汐、高风浪、多台风暴雨地段。勘察中建立了完善可行的安全操作规程，确保了勘察工作的质量、工期和安全。

2. 该桥的工程地质综合勘察推行了地质选线理念，及早稳定了桥位，为全面推进本桥的建设工作有明显的效果。

3. 本桥工程地质勘察工作中使用了地质综合勘察方法，并结合工程地质特征，拓宽了现场原位测试工作，取得了全面、准确、可靠的地质资料。该项目地质综合勘察获 2006 四川省优秀勘察一等奖，显现了工程地质综合勘察方法的优越性。

十四、广州南部快速路海积软土工程特征及整治

许胜

（一）概　　述

1. 工程概况

广州南部地区（仑头至龙穴岛）快速路起点位于广州环城高速公路仑头立交，终点位于龙穴岛深水港，途经海珠区、大学城、番禺区南沙开发区（石碁、鱼窝头、横沥、万顷沙等镇）。该快速路主线全长 65 km，总投资 78 亿元。在广州区域范围内，该快速路将使新国际机场航空港和生物岛、大学城信息港以及龙穴岛深水港，由南到北形成一条快速通道。南部快速路设计速度 80 km/h，全线建成后，从南沙开发区开车到市中心将从原来的 2 h 缩短为 40 min 左右。

2. 工程地质条件

(1) 地形及地貌

本线位于珠江三角洲平原，地势开阔，地形平坦，穿越众多水道。水道高程一般 0 ~ –4 m，水道外的地面高程为 1 ~ 6 m，相对高差 0 ~ 2 m。路线穿越地段果树、农田、鱼塘、花圃密布，公路、水运交通较为方便。

(2)地层岩性

段内覆盖层为第四系人工填土(Q_4^{ml}),约 1 ~ 3 m;冲洪积相(Q_4^{al+pl})、海陆交互相成因(Q_4^{mc})淤泥及淤泥质粉质黏土、淤泥质砂厚度约为 10 ~ 30 m,最厚达 40 m。其下为第四系上更新统冲洪积(Q_3^{al+pl})的黏土、亚砂土、中细砂、粗砂、细圆砾土,总厚度 20 ~ 40 m。由于经过了多次交替沉积,其沉积层序较乱,但在垂直剖面上由上到下基本上符合其粒度越来越粗的规律,在平面上从北到南也基本符合其粒度越来越细的规律。在基岩表层普遍分布有上更新统残积(Q_3^{el})亚黏土、亚砂土,下伏基岩为白垩系下统白鹤洞组(K_1b)砾岩、含砾砂岩及粉砂岩、泥质粉砂岩夹炭质页岩和震旦系(Z)花岗片麻岩。

(3)地质构造

路线位于华南准地台、桂湘赣粤褶皱带、粤中坳褶束增城凸起中部。第四纪以来,由于本区经长期的剥蚀作用,使之准平原化,直至第四纪中晚期。继后,地壳进一步下降,测区内大面积遭到海水侵入,造成三角湾广泛分布。在三角湾中,海陆交互相物质,淤泥质土、黏性土、砂层等大量沉积,厚度达 30 ~ 50 m,覆于基岩上,形成宽广的珠江三角洲。

3. 水文地质条件

在珠江三角洲平原具有潜水和承压水双层结构。

(1)潜　　水

本层地下水埋藏较浅,一般在 0.25 ~ 3 m 之间,含水层为全新统冲积相(Q_4^{al})的含黏土砾砂、中粗砂及中细砂层,厚度在 5 ~ 12 m。本层地下水未受海水入侵,为淡水,水质较好,水质类型为 $HCO_3^- \cdot Cl^-$—$Na^+ \cdot Ca^{2+}$ 型水,矿化度较低。本层地下水富水性中等。

(2)承 压 水

在三角洲平原具有多层半承压水—承压水,隔水层为淤泥、淤泥质黏土和黏土。其 3 个沉积韵律组成了上、中、下三个含水层组,以上、中部两个含水层分布较为广泛。由于上、中部的砂层及砾石层厚度较大,且分布广泛,故水量较丰富。

①上部承压水:含水层为海陆交互相的淤泥质砂层(Q_4^{mc}),隔水层为分布其上的淤泥、淤泥质黏土,虽然淤泥质砂层分布较为广泛,但由于其厚度不稳定,且含水层颗粒较细和淤泥质砂层中含多层淤泥,其富水性仅为中等。

②中部承压水:含水层顶板为厚 5 ~ 40 m 的黏土、淤泥质黏土隔水层,含水层为更新统的冲积相(Q_3^{al})的含黏土中细砂、中细砂、含砾中粗砂及砂卵砾石层,含水层厚度 8 ~ 50 m,顶板埋深 30 ~ 70 m。由于本层含水层较厚且分布稳定,富水性较好,水质为低矿化度的淡水。

地下水对混凝土普遍具碳酸型弱—中等腐蚀性。

4. 主要工程地质问题

本线主要不良地质为地震液化,特殊岩土为软土及膨胀土。段内地震动峰值加速度为 0.10g,对应的地震基本烈度为Ⅶ度。按《公路工程抗震设计规范》(JTJ 004—89)检算,本线淤泥质砂为液化土,属中等液化—严重液化,液化抵抗系数 $C_e = 0.3$,承载力折减系数 $\alpha = 0 \sim 0.33$。膨胀土分布在地下水位交替变化带以下,对工程无影响。软土为控制本线的主要地质问题,全线均有分布,分布范围广,厚度较大。

(二)勘察概况

1. 软土地基勘察方法

针对测区软土深厚的特点,根据工程和具体的地质条件,合理地选用了钻探、原位测试

(包括静探、动探、十字板剪切、标贯试验等)、水文地质试验、室内试验等相结合的综合地质勘察方法,详细查明了沿线的工程地质和水文地质条件,提供了各类工程建筑物初步设计所需的工程地质资料。各种勘察手段的合理应用,相互补充,相互验证,综合分析,为本阶段设计提供了翔实、准确的地质资料。

2. 软土地基勘察技术要求

勘探孔按 50 ~ 100 m 间距布置,以静力触探为主,机动钻孔布置间距为 200 ~ 300 m,控制地层和采取土样。软土地质横断面间距按 100 ~ 150 m 布置,每个地质横断面布置勘探孔 2 ~ 3 个。

当软土较薄时,孔深应钻至软土层底以下 5 m 或下伏基岩内;当软土很厚时,孔深至附加应力与自重应力的比为 0.10 ~ 0.15 时所对应的深度,且孔深不小于 40 m,或达硬层(中密以上的砂层或基岩风化层)以下 5 ~ 10 m。静探应根据钻探资料确定,孔深至少穿过淤泥层及淤泥质砂层。

标贯测试的范围为线路两侧各 20 m 范围内的黏性土层及 30 m 范围内的砂层。20 m 范围内的砂层厚度超过 0.5 m 则必须进行标贯测试;20 m 范围内的砂层、粉土标贯间距为 1 m;20 m 范围内的黏性土层及 20 ~ 30 m 范围内的砂层标贯间距 2 ~ 3 m。

一般性钻孔应分层取代表性土样,层厚较大时可按上、中、下分别取原状土;控制性钻孔应连续取芯,每 1 m 孔深取土样 2 个。

部分钻孔需分层取水样:当钻穿海陆交互相的淤泥及淤泥质黏土后,会遇第一层地下水,应按规定及时采取第一组水样,在钻孔钻穿下一含水层后,将上一含水层用套管止水,将孔内水抽净后及时取下一组水样。

(三)海积软土的工程特征

1. 分布特征

海积软土为黑灰、深灰色,流塑为主,局部为软塑,以黏土为主,局部为亚黏土、亚砂土,含较多腐殖质,有异味,间夹薄层及透镜状淤泥质粉细砂层,连续性较好。海积软土在本线分布较为广泛,但分布也有明显的变化过程,软土厚度由北向南逐渐增大,由 SD8 标的 0 ~ 3 m 逐渐变化至 SD24 标的 10 ~ 30 m,SD25 标软土厚度又稍微变浅至 5 ~ 22 m。软土层中的淤泥质砂层也有较明显变化。在四涌(K50)以前,淤泥质砂层厚度变化较大,成层性较好,且多分布在地表以下或淤泥层中,总厚 5 ~ 15 m;在四涌(K50)以后,淤泥层厚度较为稳定,而淤泥质砂层仅零星的呈透镜体状分布在淤泥层中,总厚度 0 ~ 5 m。

海积软土层之下为一层标志性地层——冲洪积(Q_3^{al+pl})的黏土层,为黄褐、灰黄色,软塑—硬塑状,质较纯,本层较连续分布,仅在部分地段相变为灰黄色中粗砂层。

2. 物理力学性质

由于本线软土广泛分布,试验资料较多,以下仅列出有代表性的 11、14、22、25 标段(由北向南)的海积软土物理力学性质统计数据(见表 7—14—1)。

根据表 7—14—1 的试验资料,海积软土物理力学指标为:天然密度 $\rho = 1.56 \sim 1.65\ g/cm^3$,天然含水量 $w = 59.7\% \sim 71.3\%$,孔隙比 $e = 1.61 \sim 1.90$,液性指数 $I_L = 2.06 \sim 2.60$,垂直压缩系数 $a_{0.1\sim0.2} = 1.32 \sim 1.84\ MPa^{-1}$,水平压缩系数 $a_{0.1\sim0.2} = 1.19 \sim 1.54\ MPa^{-1}$,垂直压缩模量 $E_{s0.1\sim0.2} = 1.59 \sim 2.08$ MPa,水平压缩模量 $E_{s0.1\sim0.2} = 1.46 \sim 2.21$ MPa,凝聚力 $c = 2.50 \sim 5.00$ kPa,摩擦角 $\varphi = 10.50° \sim 12.00°$,固结快剪凝聚力 $c = 10.8 \sim 14.7$ kPa,固结快剪摩擦角 $\varphi = 3.40° \sim 4.90°$,无侧限抗压强度 $q_u = 6.90 \sim 14.70$ kPa,灵敏度 $S_t = 2.9 \sim 4.2$,有机质含量 $w_u = 6.1\% \sim$

6.8%。根据静力触探资料计算的基本承载力 $\sigma_0=37.24\sim47.64\,\text{kPa}$，根据天然含水量换算的基本承载力 $\sigma_0=45\sim55\,\text{kPa}$，地基极限承载力为 $P_u=80\sim100\,\text{kPa}$。

表 7—14—1　代表性标段海积软土物理力学性质统计表

标段	统计指标	天然含水量 w（%）	液性指数 I_L	天然密度 ρ（g/cm³）	初始孔隙比 e_0	固结指标 压缩系数 $a_{1\sim2}$（MPa^{-1}）		固结指标 压缩模量 $E_{s1\sim2}$（MPa）		直接快剪		无侧限抗压强度		灵敏度 S_t	有机质含量（%）
						垂直	水平	垂直	水平	凝聚力 c（kPa）	摩擦角 φ（°）	原状 q_u（kPa）	重塑 q'_u（kPa）		
SD11	样本数	9	9	9	9	9	6	9	6	10	8	4	4	4	8
	最大值	80.1	3.40	1.77	2.27	1.81	1.48	2.55	3.68	9.2	4.6	30.0	5.9	5.5	7.8
	最小值	40.3	1.04	1.49	1.11	0.79	0.75	1.49	1.46	1.0	2.9	8.3	1.5	1.7	4.6
	平均值	61.4	2.16	1.61	1.70	1.36	1.19	1.93	2.26	3.8	3.9	14.7	3.9	4.2	6.1
	标准差	13.9	0.80	0.11	0.39	0.36		0.33		2.4	0.6				1.0
	变异系数	0.23	0.37	0.07	0.23	0.26		0.17		0.62	0.16				0.17
	标准值	70.1	2.66	1.54	1.94	1.59		1.72		2.5	3.4				6.7
SD14	样本数	34	34	34	34	34	25	34	25	34	34	9	9	9	33
	最大值	88.3	3.84	1.86	2.45	2.19	1.97	5.17	3.35	27.6	13.6	27.5	9.4	4.5	8.8
	最小值	33.6	0.79	1.45	0.95	0.38	0.62	1.41	1.42	0.8	2.9	5.9	1.3	1.3	3.1
	平均值	59.7	2.06	1.65	1.61	1.21	1.18	2.30	2.41	6.4	5.7	14.7	5.3	2.9	6.1
	标准差	14.0	0.64	0.10	0.39	0.39	0.43	0.74	0.57	4.8	2.4	8.2	2.4	1.1	1.6
	变异系数	0.23	0.31	0.06	0.24	0.32	0.37	0.32	0.23	0.8	0.4	0.6	0.5	0.4	0.3
	标准值	63.8	2.25	1.62	1.72	1.32	1.33	2.08	2.21	5.0	4.9	9.5	3.8	3.6	6.6
SD22	样本数	120	122	120	122	120	101	121	101	114	114	89	85	83	114
	最大值	85.4	5.74	1.75	2.31	3.16	3.15	3.80	4.94	10.9	10.0	61.2	19.9	6.9	14.1
	最小值	42.0	1.19	1.48	1.06	0.68	0.49	0.85	0.86	1.0	1.5	4.8	1.0	1.23	3.3
	平均值	65.7	2.74	1.59	1.73	1.56	1.47	1.80	1.99	5.2	4.1	18.3	5.8	3.68	6.8
	标准差	9.5	0.81	0.06	0.26	0.47	0.55	0.45	0.68	2.3	1.6	10.9	4.3	1.23	2.0
	变异系数	0.14	0.30	0.04	0.15	0.30		0.25		0.46	0.39	0.60	0.75	0.34	0.30
	标准值	67.2	2.86	1.58	1.77	1.63		1.73		4.8	3.9	16.3	5.0	3.91	7.1
SD25	样本数	125	130	125	129	127	88	127	88	101	103	40	28	30	126
	最大值	78.6	5.2	1.72	2.20	1.97	1.86	2.9	4.17	13.9	9.2	19.5	7.4	6.6	12.5
	最小值	47.1	1.0	1.49	0.96	0.63	0.45	1.21	1.25	0.8	1.6	1.1	1.1	1.3	2.6
	平均值	62.3	2.3	1.60	1.71	1.34	1.31	1.94	2.10	5.1	4.5	8.2	3.0	3.5	6.6
	标准差	7.4	0.7	0.05	0.25	0.30	0.33	0.38	0.54	3.2	1.7	4.7	1.6	1.3	2.1
	变异系数	0.12	0.32	0.03	0.15	0.23	0.25	0.20	0.26	0.63	0.39	0.58	0.53	0.37	0.32
	标准值	63.4	2.42	1.59	1.75	1.39	1.37	1.88	2.00	4.6	4.2	6.9	2.5	3.93	6.89

3. 工程地质评价

海积软土是影响工程方案设置和处理措施的重点特殊性岩土。从前述物理力学性质可以看出，本层软土具有天然含水量大、压缩性高、灵敏度高、力学指标低的特点，并且本层软土含多层薄层粉细砂层，使其物理力学指标各向异性明显。根据试验资料，水平方向的力学指标稍优于垂直方向。

（四）软基整治方法

1. 软基工程处理的思路

由于广州南部快速路大部分地段广泛分布软土，地基的沉降量与沉降差过大造成地基的稳定性与抗渗性不足，如果不对其进行处理或处理不当，易导致路基失稳或过量沉降，从而危及或影响快速路的正常使用。

（1）挖除换填挤淤：例如片石、垫层、柴排、加筋土或土工合成材料、爆破挤淤等；

（2）复合地基：例如桩基、粉喷桩、水泥搅拌桩、碎石桩、灰土桩、挤密砂桩等；

（3）预压固结：例如堆载预压、真空预压、井点降水、电渗预压等；

（4）改善固结排水条件：例如砂垫层、砂井、袋装砂井、塑料排水板、砂垫层等；

（5）改良软土成分：例如硅化法、灌浆法、旋喷桩、石灰桩、深层搅拌桩等；

（6）动力固结：例如强夯、振密、压实等；

（7）地表排水、反压护道等。

通过以上工程措施，可达到：加速软土固结，降低含水量，减少空隙比，提高抗剪强度，降低沉降量和保证路基基底的稳定性，确保工程安全可靠。

2. 设计中采用的几种软基处理方法

广州南部快速路根据软土的工程地质特性、水文地质条件，结合工程的施工工期、要求及工程技术经济比较后，设计使用了以下几种软基处理方法：

（1）土工聚合物加固法：用土工聚合物加固软土地基，即用铺设土工布处理软土路基，具有经济、施工方便、强度较高、适用范围广等优点，因而得到了快速发展及应用。土工聚合物在软土地基加固中的主要作用有排水、隔离、应力分散、加筋补强。

（2）水泥搅拌桩：其特点是应用广泛，施工技术普及，速度较快；单桩延米造价较低，处理较低路基综合造价优于旋喷桩、CFG 桩、夯扩桩，处理较高路堤综合造价劣于 CFG 桩。受工艺影响，桩强度离散性较大，质量不易控制，并且桩长不宜超过 10 m，故少采用于深厚软土路基。

（3）粉体喷射搅拌桩：粉体搅拌是以石灰、水泥等粉体固化材料，通过专用的粉体搅拌机械用压缩空气将粉体送到软弱地层中，凭借钻头叶片，在原位进行强制搅拌，形成土和掺合料的混和物，使其产生一系列的物理—化学反应，从而形成柱状加固体，提高土的稳定性能和力学性能。该方法对提高软土地基承载力、减少地基沉降量有明显效果，对于含水量高的软土加固效果尤为显著，也特别适用于桥路过渡段的软基处理。

（4）高压旋喷桩：该方法适用于淤泥、淤泥质土、流塑或软塑性黏性土等孔隙比大的土质、基坑防护和构筑物纠偏、下沉。桩长不受限制，具有防水帷幕的作用。高压喷射注浆按注浆管类型可分为单管、二重管和三重管三种方法。单管以单纯喷射水泥浆液，二重管在水泥浆液射流外面包裹一层高压空气同时喷射来破坏土层结构，同时完成置换、填充，而三重管则是以包裹了高压空气的高压水流来破坏土层结构，再以水泥浆液进行置换、填充。该方法施工受外界因素干扰最小，可斜向施工，施工速度较快，单桩延米造价较高，综合造价较高，质量容易控制，桩体强度离散性大大强于水泥搅拌桩。

（5）真空联合堆载预压：真空预压法是在地基表面铺设密封膜，通过特制的真空设备抽真空，使密封膜下砂垫层内和土体中垂直排水通道内形成负压，加速孔隙水排出，从而使土体固结、强度提高的软土地基加固法，适用于加固淤泥、淤泥质土和其他能够排水固结而且能形成负超静水压力边界条件的软黏土，也适用于施工工期较长、排水条件较好的软基处理。真空预压法处理软土路基比传统的搅拌桩、碎石桩法等可节约投资45%～50%，比较经济合理。

(6)砂垫层法：在软土地基的地面上铺设砂垫层，再在其上填筑路堤，按其性质可分为排水砂垫层与换土砂垫层。该方法主要适用于软土层距地面不深、厚度较薄且不必采用深层处治或仅用堆载加压即可使其达到沉降稳定的情况。

而其他比较常用的软基处理方法，例如塑料排水板、砂桩和袋状砂井、夯扩桩、高压喷射注浆法、CFG桩(水泥粉煤灰碎石桩)、现浇混凝土薄壁管桩(PCC桩)等方法，则由于其适用条件或施工质量控制、技术经济等原因而放弃使用。

(五)小　结

1. 在软土路基勘察中，静力触探是最有效、最准确的勘察手段，再加上布置适当的钻探、十字板剪切试验、室内试验，有条件的情况下可以进行螺旋板载荷试验及旁压试验，就能基本查明软土的分布及物理力学性质。

2. 软土地基的勘察中应重视水文地质勘察，因水文地质条件会限制软土地基的处理措施以及处理效果。

3. 南部快速路在道路施工完成交付使用后，发现局部地段存在沉降现象，分析其原因有三个方面：一是由于设计时对地下水的影响估计不足，以及对局部地段软土的差异性考虑不全；二是由于施工过程中未严格按照设计的有关要求执行；三是运输车辆的严重超载。在病害整治工程勘察设计中，要根据沉降原因，进行适宜的工程整治。

十五、粤赣高速公路上陵至热水段花岗岩全风化层的特性

许　胜

(一)工程概况

粤赣高速公路上陵至热水段起于上陵镇寨东村(K0+000，粤赣省界，接赣粤高速公路)，经过和平、连平、东源三县，至本段终点东源县仙塘镇热水(K89+000)，路线全长89 km。本线位于南岭山系东端九连山脉中西段，地势呈北高南低。上陵至合水属中低山地貌，个别地段属低山丘陵地貌；合水至热水穿越灯塔盆地进入低山丘陵区。

本线花岗岩分布广泛，花岗岩分布段落总长约32 km，占全线总长的35.9%。花岗岩以燕山期为主，后期的花岗岩、闪长岩及辉长岩多以岩脉、岩株、岩墙等形式侵入燕山期花岗岩，形成较复杂的多期次花岗岩体。岩性多为正长黑云母花岗岩，中粒至粗粒结构，块状构造，部分具斑状构造，灰、灰白色，浅肉红色，风化后为灰黄色，完整基岩致密坚硬，岩石成分主要为石英、长石及黑云母等。

(二)花岗岩全风化层的定义

花岗岩全风化层，除国标《岩土工程勘察规范》分出全风化外，其余规范及手册大多将全风化层归类到残积土(本文按国标定义)，主要由石英、长石等粗颗粒矿物和高岭石为主的黏土矿物组成。由于未经搬运和分选，决定了它具有有别于其他土层的特性，并且由于花岗岩全

风化层多呈褐红色，故也称为“红土”。该类土强度较高，压缩性中等偏低，具亲水性，呈弱透水性或微透水性，自上而下一般呈渐变的垂直过渡变化，其粒度组成及状态的变化差异，使得反映该类土力学性能的指标有随深度变化的趋势。而且，其随环境条件的不同，亦会有各自的特征。在福建、广东、广西、海南等地区的热带雨林气候环境下，平坦地段的全风化层由于饱水，其孔隙比大于1，天然含水量接近或大于液限含水量，粗颗粒含量较多，从而形成了其力学性质较高，但其压缩性也较高的特殊性质，而且全风化层遇水或扰动后，其物理力学性质急剧下降甚至呈松散砂状，故大多数规范将其作为特殊岩土考虑。

对于花岗岩全风化层与强风化层的区分，许多规范和各种手册在野外及定量指标上均作了相应的描述与规定，列出了一些较具代表性的指标划分法（见表7—15—1）。从表7—15—1可看出有一定分歧，如《岩土工程勘察规范》、《工程地质手册》直接用标贯试验值，而《深圳地区建筑地基基础设计试行规程》、《地基及基础》则采用修正值进行判定，在临界值的选择上也有差别。在实际勘察中由于不修正便于操作，故多采用不修正值，并且由于标贯受人为因素影响较大，花岗岩全风化层标贯的离散性又较大，而波速测试不可能大范围进行，并且在《岩土工程勘察规范》（GB50021—2001）中已取消将标贯作为判定花岗岩残积层、全风化层、强风化层的标准。故在实际操作中，判定标准是仅供参考，应同时结合野外钻探速度、花岗岩结构、强度等特征综合确定。

表7—15—1　花岗岩全风化层与强风化的部分判别标准

判别试验方法	岩土工程勘察规范（GB 50021—94）	深圳地区建筑地基基础设计试行规程（SGJ 1—88）	《工程地质手册》①（第3版）	《地基及基础》②（第2版）
标贯试验	标贯试验击数 N： $N \geqslant 50$，强风化 $30 \leqslant N < 50$，全风化 $N < 30$，残积土	标贯修正值 N'： $N' \geqslant 50$，强风化 $30 \leqslant N' < 50$，全风化 $N' < 30$，残积土	试验击数 N： $N \geqslant 50$，强风化 $N < 50$，残积土	标贯修正值 N'： $N' \geqslant 30$，强风化 $N' < 30$，残积土
波速试验	$v_s \geqslant 350$ m/s，强风化 $250 \leqslant v_s < 350$ m/s，全风化 $v_s < 250$ m/s，残积土	/	$v_s \geqslant 400$ m/s，风化岩 $v_s < 400$ m/s，残积土	$v_p \geqslant 500$ m/s，强风化 $v_p < 500$ m/s，残积土

注：①工程地质手册编写委员会编，中国建筑工业出版社，1992；
②顾晓鲁等主编，中国建筑工业出版社，1973。

（三）花岗岩全风化层的勘探与测试

在粤赣高速公路勘察中，采用了钻探、室内试验、标贯试验、静力触探相结合的地质综合勘察方法来查明花岗岩全风化层的物理力学性质。

钻探：钻探是最常规的勘探方法。严格按照勘探技术要求钻探的资料，能真实有效地反映出花岗岩全风化层岩性变化情况，包括颜色、结构、物质成分、风化程度、含水量变化等。

室内试验：室内试验一般包括常规的黏性土试验以及颗粒分析试验。对部分样品做高压固结、静三轴、渗透试验等，可全面了解土的强度及变形特性。但由于以下四个方面原因，使室内试验指标（特别是力学指标）往往不能很好地反映土的性质，造成原位测试与室内试验指标在反映土性上有时不一致：一是取样中的机械扰动；二是土样应力状态的改变；三是试验中常常是将细颗粒制成试样，而未包括粗颗粒，削弱了粗颗粒在土中的作用；四是粗颗粒的存在使试样制备时易破坏土的结构，同时粗颗粒的存在也使野外取样较为困难。因此，室内试验成果资料只适用于高岭土含量较高、风化程度较高且较少含粗粒土的全风化层。对于石英含量高、样品呈砂状的全风化层,室内试验不易取得正确的力学指标。

标贯试验:具有简便、成熟等特点的标贯试验,是目前全风化层评价中最普遍使用的一种原位测试手段。全风化层的成因造成的土性变化趋势在标贯试验中得到了较好的体现。大量的试验数据说明,全风化层中标贯试验与深度的变化关系较明显,随着深度增加,N 值逐渐变大,且这种趋势随着全风化层厚度的加大变化趋缓。但标贯试验易受人为因素影响,并且其 N 值的离散性较大。

静力触探:静力触探多用于测试平坦地段饱水全风化花岗岩的力学性质,但如前所述,饱水全风化花岗岩力学性质较高,压缩性才是控制工程处理措施的关键,而静力触探并不能很好地测试出其压缩模量,根据其比贯入阻力换算得出的压缩模量值偏高。

波速试验、旁压试验、平板载荷试验等原位测试由于花费时间较长,且局限性较大,在勘察中并未广泛使用。但平板载荷试验适用于浅层地基的浅部土体的承载性质及压缩性测试,并且该原位测试具有技术成熟、成果分析较准确和可直接得到承载力、压缩模量等特点,其试验成果也是各种原位测试方法进行对比、修正的主要依据,建议在以后的勘察项目中推广使用。大剪试验、槽探并未在粤赣高速公路勘察中使用,但根据施工时的情况分析,通过槽探、大剪试验可以有效查明花岗岩全风化层的原生结构面以及结构面间的力学指标,同时比较直观地反映出岩性变化情况,因为在全风化花岗岩地段植被一般比较发育,在原地表无法查明原生结构面的发育情况。全风化花岗岩路堑地段进行大剪试验和槽探,会取得更加全面、准确的勘察成果。各种原位测试方法均有其适用条件和效能,需要充分明确试验目的、工程需要、工程地质特征和现场实际条件等,有侧重地进行试验安排,提高勘察质量。

(四)花岗岩全风化层物理力学性质及压缩性质

1. 花岗岩全风化层的物理力学性质

花岗岩全风化层的物理力学性质与其颗粒粗细、风化程度大小、地下水发育情况以及矿物质的含量有直接关系。一般地,颗粒越粗、风化程度越小,地下水不发育以及石英含量较高的花岗岩全风化层其物理力学性质越好,反之则物理力学性质越差。如粤赣高速公路花岗岩全风化层试验中物理力学指标第 6 标段稍优于第 17 标段,而压缩性质则第 17 标段稍优于第 6 标段,详见表 7—15—2 和表 7—15—3。

表 7—15—2　粤赣高速公路第 6 标段花岗岩全风化层(中、粗粒)土工试验数据

项　目	天然含水量 w(%)	天然密度 ρ(kg/m^3)	天然孔隙比 e	压缩系数 a(MPa^{-1})	压缩模量 E_s(MPa)	凝聚力 c(kPa)	摩擦角 φ(°)	渗透系数 k(cm/s)	标贯击数 N(击)
范围值	14.1~46.8	1.8~2.02	0.60~1.67	0.27~0.89	3~6.48	5.2~57.8	17.7~35.9	0.71×10^{-7}~1.32×10^{-7}	25~49
均值	27.4	1.92	0.893	0.48	4.06	25.7	27	1.03×10^{-7}	38

表 7—15—3　粤赣高速公路第 17 标段花岗岩全风化层(中、细粒)土工试验数据

项　目	天然含水量 w(%)	天然密度 ρ(kg/m^3)	天然孔隙比 e	压缩系数 a(MPa^{-1})	压缩模量 E_s(MPa)	凝聚力 c(kPa)	摩擦角 φ(°)	渗透系数 k(cm/s)	标贯击数 N(击)
范围值	11.8~47.5	1.63~2.12	0.44~1.39	0.12~0.89	2.5~11.86	12.2~49.2	11~31.1	0.65×10^{-7}~1.21×10^{-7}	22~49
均值	26.7	1.84	0.88	0.44	4.84	30.23	22.18	0.84×10^{-7}	36

分布在平坦地段或坡脚的部分花岗岩全风化层，由于其孔隙比大于1，天然含水量接近或大于液限含水量，粗颗粒含量较多，从而形成了力学性质较高，但压缩性也较高的特殊性质。比如粤赣高速公路 K40 +400 ~ +435 段原为涵洞工程，填高约 26 m，施工中采用换填表层黏性土层后填筑，因填土加载速度过快，本段路基及涵洞工程相继出现下沉，一个月以后，最大日沉降量达 12 mm，总沉降量达 1.07 m，并仍以 2 ~ 3 mm/d 的速度沉降。事后对该段进行补充勘察，花岗岩全风化层的物理力学指标如表 7—15—4 所列。从表中数值可以看出，该段全风化层力学指标并不差，但由于含水量高、孔隙比大，从而使本段全风层具高压缩性质。

表 7—15—4　K40 +400 ~ +435 段花岗岩全风化层土工试验数据

项　目	天然含水量 w(%)	天然密度 ρ(kg/m³)	天然孔隙比 e	液　限 (%)	压缩系数 a(MPa⁻¹)	压缩模量 E_s(MPa)	凝聚力 c(kPa)	摩擦角 φ(°)
范围值	24.20 ~ 76.8	1.50 ~ 1.99	0.77 ~ 1.99	32.8 ~ 87.00	0.29 ~ 1.47	2.07 ~ 6.70	8.70 ~ 46.10	6.60 ~ 31.50
均值	37.42	1.79	1.16	43.21	0.55	3.99	26.54	18.94

2. 花岗岩全风化层的压缩性质

由于风化及地下水作用，花岗岩全风化层的孔隙比一般较大。根据粤赣高速公路某一工点多组孔隙比数值的单元回归分析，其极值为 0.40 ~ 1.55，若按各舍去 10% 统计个数，一般为 0.65 ~ 1.00，并且其孔隙比随深度变化不是很有规律，但随着细颗粒含量的减少，孔隙比增大，其结构性能较好，力学性质并不差。根据全风化层多组常规压缩资料的统计分析可知，随着孔隙比的增大，黏性土的压缩系数增加很快，而全风化层相对变化较为平缓。在常规试验条件，即压力在 0.1 ~ 0.2 MPa 条件下，全风化层的压缩模量一般为 3 ~ 10 MPa，该值常小于原位测试值。由于压缩系数与压缩模量均不是常量，随着压力段取值不同而改变，因而在使用分层总和法进行变形验算时，对压缩模量值的选择应注意其试验的受压条件，其压力段的取值范围应与其实际受压相一致。表 7—15—5 为粤赣高速公路某特大桥工点全风化层在各级压力范围下统计的压缩指标统计值。

表 7—15—5　花岗岩全风化层压缩指标统计值

压　力 P(kPa)	孔隙比 e	压缩模量 E_s(MPa)	压缩系数 a_v(MPa⁻¹)	固结系数 C_v(×10⁻³ cm²/s)	渗透系数 k(×10⁻⁷ cm/s)
0	0.740				
		2.59	0.88	/	/
50	0.694				
		3.62	0.58	/	/
100	0.665				
		5.00	0.40	6.20	1.70
200	0.625				
		7.17	0.26	/	/
300	0.598				
		9.68	0.20	/	/
400	0.577				
		14.39	0.14	/	/
800	0.521				
		21.70	0.08	/	/
1600	0.454				

（五）全风化花岗岩路堑边坡稳定性分析及防护措施

1. 全风化花岗岩路堑边坡稳定性分析

从物理力学指标可以看出，全风化花岗岩的抗剪强度既有黏性土的特点（c 值较大），同时又有砂土的特点(φ 值较高)。当开挖边坡时,按此抗剪强度计算,6~8 m 均质边坡能较稳定地直立,但实际上很多全风化花岗岩质边坡在更小边坡高度及更缓边坡角时均会失稳。这是由全风化花岗岩的特有性质决定的。由于全风化花岗岩质边坡中存在大量的原、次生结构面,使土质不均匀及各向异性,在雨水作用下发生失稳,而在均质土质边坡中经常产生的圆弧性滑动的情况,在全风化花岗岩边坡中则较少出现。全风化花岗岩的原生及次生结构面对边坡失稳起决定性作用。

边坡失稳的原因一般有以下五类:

(1)沿原生不利结构面破坏;

(2)因临空面过大、大气影响、气温变化等原因产生卸荷裂隙等次生结构面,形成倾覆失稳;

(3)边坡设计过陡,沿圆弧性滑动面产生破坏;

(4)施工不当,未按设计进行施工;

(5)防护不及时,受雨水等因素影响产生破坏。

在实际施工中,发生边坡垮塌一般都是以上几个原因的综合作用。在粤赣高速公路路堑边坡中产生的坍方也是如此,但一般以原生不利结构面为主要原因。

沿全风化花岗岩原生结构面滑动一般有如下特点:边坡失稳与否与边坡高度无直接关系,主要取决于结构面、临空面的空间组合及结构面的抗剪强度;边坡失稳的滑动面通常形成1~2 cm 薄层状高岭土,滑动面光滑平整,有较强的连通性,滑动体有较强的整体性;边坡滑动多发生在雨季。

沿全风化花岗岩次生结构面滑动则一般有如下些特点:边坡以坍塌为主,无滑动痕迹,破坏面较为平直、光滑,近于垂直;失稳体高度一般为5~8 m,破坏体有较强的整体性,基本以坍塌为主;此类坍方多是屡治屡塌,处理不当时,每次清除坍塌体又会出现新一轮的坍塌;边坡失稳多发生在临空面形成后的次年雨季。

2. 边坡防护措施

(1)边坡设计必须选择合理的全风化花岗岩路堑边坡坡度。粤赣高速公路勘察中,通过分析试验资料,并结合既有公路的调查结果,确定了在对边坡进行及时防护后全风化花岗岩路堑边坡的稳定坡率:

$H \leqslant 15$ m 时,10 m 高设置一平台,稳定边坡率为1:1.25;

$15 < H \leqslant 20$ m 时,10 m 高设置一平台,稳定边坡率为1:1.25~1:1.5;

$20 < H \leqslant 25$ m 时,每8 m 高设置一平台,稳定边坡率为1:1.25~1:1.75;

$25 < H \leqslant 30$ m 时,每10 m 高设置一平台,稳定边坡率为1:1.5~1:2.0。

(2)必须加强全风化花岗岩路堑边坡的及时防护,做到边施工边防护,减少边坡的暴露面及暴露时间。

(3)加强排水设施:在路堑坡顶设置截水沟;在边坡面设置急流槽和骨架护坡时,其应与排水设施相结合;边坡平台设置排水沟。

(4)边坡应力集中部位为边坡点的坡脚。在坡脚处,最大主应力显著提高,而最小主应力显著降低,坡脚处剪应力较大,形成剪应力增高带,易产生剪切破坏。一般解决办法是在坡脚设置矮挡墙,以减少应力集中,同时提高边坡坡脚抗冲刷能力。

(5)坡面必须加强防护,一般采用骨架护坡或三维网植草、刻土喷播等。

（六）结 束 语

1. 对花岗岩全风化层的勘察，应采用地质调绘、勘探、室内试验、原位测试相结合的地质综合勘察手段。对路堤而言，勘察重点是查明全风化花岗岩的压缩性；对路堑而言，勘察重点是查明路堑边坡的不利结构面。

2. 由于花岗岩全风化层遇水后成为散粒结构，其颗粒大、比表面积小、粒间连接力弱，故在路堑边坡防护以及基础开挖时应特别重视水的作用。坡面施工应边施工边防护，减少坡面的暴露面，缩短边坡暴露时间。基础施工时，必须保持基坑底土层的原状结构，应及时对基坑基底采用混凝土封闭或及时进行基础施工，尽量缩短基底暴露时间。

3. 浅埋花岗岩质隧道，其隧道洞身及拱顶一般均位于全风化层中，应采取加强支护、及时衬砌、降水等工程措施，否则在雨季易产生坍方冒顶，甚至发生涌砂、突泥、边墙变形、开裂等不良地质。

十六、广深沿江高速公路东莞断陷盆地第三系地层的特征

熊灵阳

广深沿江高速公路是广州至深圳的第二条高速公路，双向 8 车道，路幅宽度 42 m，90% 以桥梁通过。其中约 35 km 的桩基础持力层置于东莞断陷盆地的地层上，该地层岩性为第三系红色碎屑岩，其特殊的岩性组合造成盆地的基岩岩性变化极大，风化不均，软弱夹层异常发育，形成了极其复杂的工程地质岩土条件，给勘察设计、施工带来不利影响，一些基桩报废重做。本文通过沿江高速公路的地质勘察设计、施工中的岩土判定和不当的基桩持力层的处理实践，对东莞断陷盆地中第三系地层的工程地质特征进行研究和总结，以便今后在类似地层中进行勘察设计、施工时吸取教训。

（一）概　　述

东莞断陷盆地位呈 NE 向展布，位于广州市和东莞市境内，长约 90 多千米，宽 15 ~ 20 km，总分布面积 1 500 km^2。东江水系的多条水道流经该盆地，河网密集发育，地势平坦开阔，地表基本为第四系海相沉积层覆盖。盆地中的基岩为第三系冲、洪积相的红色碎屑岩，盆地边缘零星出露白垩系红色碎屑岩，基底为震旦系混合片麻岩等变质岩、侏罗系红色碎屑岩及加里东期、燕山期花岗岩。盆地基底由北东向、北西向多组区域性大断裂切割成的棋盘格式断块组成，盆地北侧是长期活动的区域性瘦狗岭大断裂。该断裂控制了东莞盆地的发生及发展，沿该断裂带广泛发育有经挤压破碎或硅化或糜棱岩化的断层破碎带。由于该区相关断裂和特殊地层岩性的共同作用，导致盆地区域内岩土地质条件非常特殊、非常复杂。广深沿江高速公路自新塘跨越东江北支流以后，经麻涌、红梅，跨东江南支流，经沙田、齐沙至虎门水道止，穿越在东莞断陷盆地内，共约有 35 km（图 7—16—1）。

（二）东莞断陷盆地内第三系地层的工程地质特征

1. 岩性特征

（1）莘庄村组（Ex）：本组地层一般分布在第四系覆盖层之下，局部地表有零星出露。本组地层在整个东莞断陷盆地内分布面积约 90 km^2。

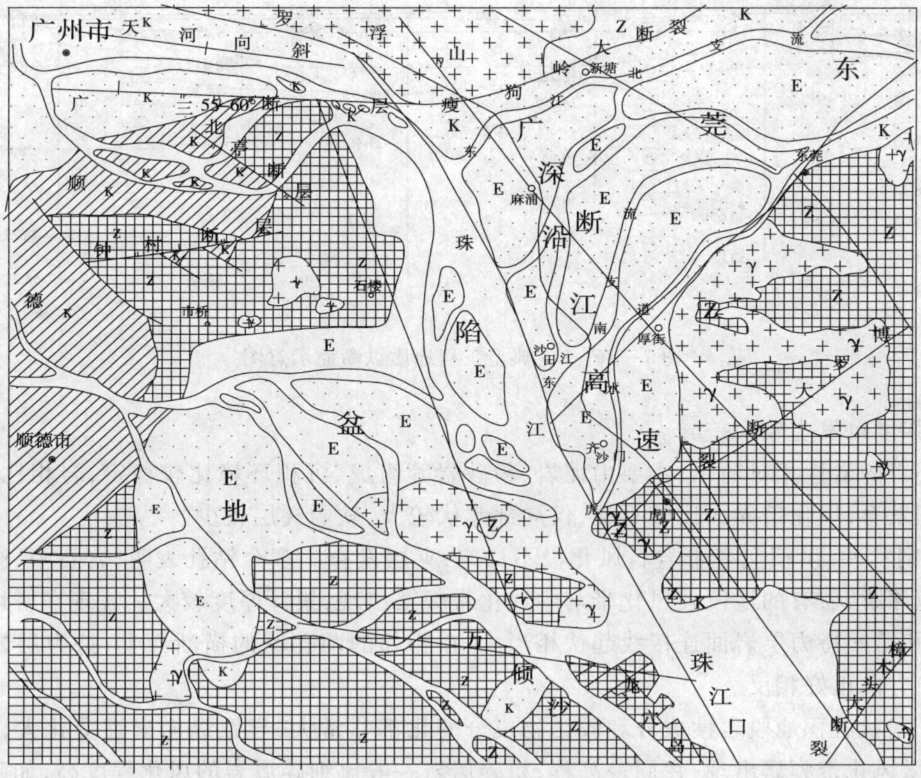

图 7—16—1　东莞断陷盆地示意图

本地层的主要岩性为：暗紫红、紫褐、紫灰、灰褐、黄褐色砾岩、含砂砾岩、含砾砂岩等，厚层—块状，岩层具斜层理、交错层理、水平层理，且层间局部发育有冲刷面。砾石的组成成分复杂，主要有花岗岩、混合片麻岩、石英岩等，粒径一般为 20～50 cm，小的只有几毫米，大小混杂，分选性差；呈孔隙式、嵌入式或基底式等多种胶结形式与碎屑成分胶结在一起，主要为钙质胶结或泥质胶结。

(2) 布心组（Eb）：该组地层主要分布在整个东莞断陷盆地中部区域的麻涌、中堂、潢涌等地，面积约 250 km^2。该地层的组成岩性主要为深灰、灰、棕灰色泥岩、钙质泥岩、钙质粉砂岩、泥质粉砂岩等，局部含石膏、芒硝等，夹少量泥灰岩，岩层具有水平层理，局部见斜层理，以含膏盐矿产为主要特征。

上面两套地层呈连续沉积关系。

2. 工程特征

沿江高速公路经过东莞断陷盆地有 35 km，基本上以高架桥形式通过，进行了大量的桩基础的钻探工作。钻探揭示，东莞断陷盆地内第三系地层的岩性复杂，岩面起伏大，不稳定，差异风化大，软弱夹层多，局部节理、裂隙发育，在断裂活动和地下水作用影响下，使盆地内第三系地层岩性的工程地质条件复杂化（见图 7—16—2）。

(1) 虽多数岩性的强、中、微风化带分界明显，但各风化带的分布厚度、分界面位置随岩性组合不同而产生了一定差异。莘庄村组岩性组合复杂，主要有砾岩、含砂砾岩、含砾砂岩，局部见泥质粉砂岩等，岩相变化大，同一层位沿走向、倾向在短距离内可由粗碎屑岩变为细碎屑岩，钙质胶结变为泥质胶结，砾石的含量、粒径也不一样，风化岩面起伏也较大，有一定的软弱夹

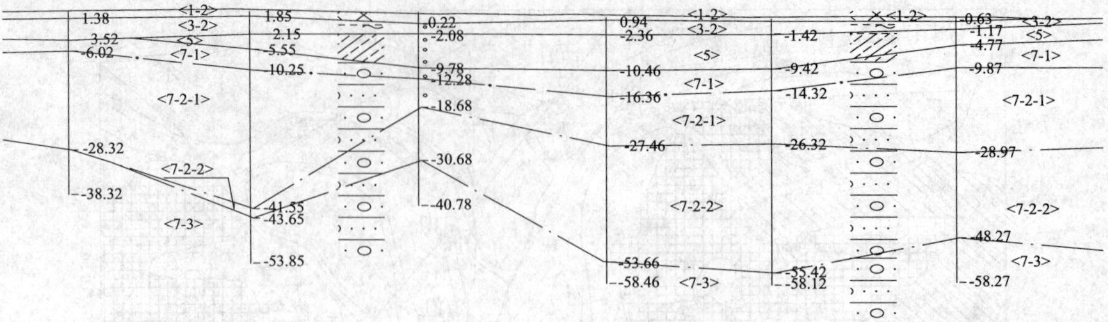

图 7—16—2　典型工程地质纵断面示意图

层，岩石强度也发生较大差异。

布心组的岩性相对简单，主要由泥岩、粉砂岩等组成，沉积环境比较稳定，岩相比较均一，水平层理发育，风化带界面比较平缓，仅局部起伏较大，软弱夹层较少。

(2) 扇状冲、洪积交替带岩石风化极不均匀，夹层发育。多个钻孔表明，岩石中、微风化界面顶部埋深跳跃，有的地段强风化带与中风化带频繁出现，累计厚度较大。表现在桥址纵断面上，不同孔跨间持力层岩面连接线起伏相当大；在相邻的两孔跨的横断面上，持力层岩面连接线的倾向方向正好相反。

由于扇状沉积地段岩性成分和胶结物成分变化都非常大，导致纵向岩性变化大，强风化、中风化、微风化带频繁出现；在同一高程，粗碎屑岩一般比细碎屑岩的风化程度高，如砾岩呈强风化状，而泥岩、粉砂岩呈中、微风化状。

东莞断陷盆地内第三系地层，由靠近扇状沉积坡脚向外远离，一般泥质胶结物成分降低、钙质胶结物成分升高，岩石强度也随之变大。

(3) 在断裂带影响下，风化带厚度变化大，受断裂构造作用的影响，岩石被强烈挤压或拉伸，岩石被角砾或片理化，岩石的节理、裂隙也就比较发育，成为地下水良好的通道，从而造成断裂带附近的岩石强风化带呈漏斗状变厚。

3. 力学特征

(1) 强风化带岩石的强度具有不稳定性：据钻孔揭示，强风化带中常常夹有中风化或微风化团块，具有不稳定性。

①按其状态可以把强风化带划分为土状风化带和碎块状风化带。

土状强风化带：钻探取出的岩芯呈坚硬土状，局部夹 10%～20% 的碎块状，遇水易软化，碎块状岩芯手可折断，标贯击数一般为 50～80 击，地基承载力允许值一般为 350～450 kPa。

碎块状强风化带：钻探取出的岩芯呈碎块状、短柱状，局部夹有土柱状，岩石风化强烈，岩质较软，手可折断，标贯击数一般大于 80 击，多数易反弹，地基承载力允许值一般为 450～550 kPa。

②按其组成成分划分为含砾或不含砾强风化岩。

不含砾强风化岩：主要是指布心组的泥岩、粉砂岩强风化，一般以风化成土状为主，地基承载力允许值一般为 350～450 kPa。

含砾强风化岩：主要是指莘庄村组的砾岩、含砂砾岩、含砾砂岩强风化，一般风化成碎块状、短柱状，基质风化较强烈，其砾石成分主要是花岗岩、混合片麻岩、石英岩等，硬度高，不易风化，标贯试验多反弹，地基承载力允许值随砾石含量和大小而变化，一般为 450～550 kPa。

当桥址区位于冲洪积扇中心部位，砾石含量丰富时，地基承载力允许值可达 600 kPa 以上。

(2)中、微风化带岩石强度具有随岩性变化的规律：通过东莞断陷盆地内多个钻孔的取样试验，采集了大量的岩石天然单轴极限抗压强度试验数据，按风化程度及岩性分层统计分析，见表 7—16—1。表中显示，受岩性、胶结物、胶结程度、含砾量的影响，同一风化程度的不同颗粒组成的岩石强度差异较大。

表 7—16—1　岩石天然单轴极限抗压强度统计表

岩性 / 统计项目	天然单轴极限抗压强度 R_a(MPa)					
	中风化泥岩、粉砂质泥岩	中风化砾岩、含砂砾岩	中风化泥质砂岩、粉砂岩	微风化泥岩、钙质泥岩	微风化砾岩、含砂砾岩	微风化泥质砂岩、粉砂岩
统计个数	82	78	61	45	50	42
最大值	20.5	31.3	28.1	28.8	42.5	35.8
最小值	5.3	9.5	8.5	10.2	13.1	13.2
平均值	8.1	18.1	16.2	12.5	25.3	22.5
标准差	2.45	5.26	7.21	4.21	8.82	6.88
变异系数	0.302	0.291	0.445	0.337	0.348	0.339
标准值	7.6	17.1	14.6	11.4	23.2	20.5

4. 工程地质特征形成的原因

通过岩土勘察发现，东莞断陷盆地中第三系地层的工程地质特征极为特殊，主要受断裂活动及地下水的影响，加上沉积环境的变化，引起岩性分布的不稳定和基岩风化程度的差异。

(1)东莞断陷盆地受盆地北边界的区域性大断裂——瘦狗岭断裂和盆地基底断裂活动影响，盆地内发育多组 NE、NW 向的断裂，这些断裂的存在导致盆地内基岩的强、中、微风化带厚度大，界面起伏也大。

(2)东莞断陷盆地中第三系地层岩性变化大。由于整个断陷盆地内的岩相和岩性都受断裂活动、沉积物质来源及成分、水流变化等的控制，而这些因素是变化不定的，因此造成短距离内岩相的突变和岩性的变化，同一岩层的岩性也突变，同一岩石的厚度突然尖灭或快速变厚；其胶结物变化也大，地层在纵向和横向都存在由泥质胶结向钙质胶结转变，或由钙质胶结转为泥质胶结；胶结物的含量也都发生快速变化。正是这种岩性特征的变化，决定了其受断裂活动时岩石风化程度的差异，并且风化程度在纵、横向都发生剧烈变化。

(3)地下水的影响加剧岩石风化程度。岩石的强、中风化裂隙带构成了地下水的发育、储存和运移通道，特别是断裂带，构成地下水良好的交替通道，有利于地下水在岩层层间、裂隙中的运移，进一步加剧岩石的风化，使风化层厚度变化大，同时造成岩石中广泛存在的风化带软弱夹层。

(三)对桥梁桩基工程的影响及应对措施

岩相、岩性的突变，以及风化带的起伏和软弱夹层的存在，给广州至深圳沿江高速公路东莞断陷盆地内的桥梁勘察设计带来很大的影响，为此也采取了积极的应对措施。

1. 因岩相、岩性的突变，不同岩石的强度不一致，岩石风化带界面起伏较大和风化带中软弱夹层的存在，勘察很难查清风化带界面的位置和提供岩石的物理力学参数，设计桩基时很难找到统一的持力层，每根桩都要根据具体的钻孔资料、岩石强度试验资料进行逐桩计算设计，以确定桩长、嵌岩深度、持力层位置等，采取了增大钻探和取样、室内试验工作量的应对措施。

2. 盆地内的高架桥梁,桩基数量达6 000多根,勘察时尽管加大了钻探的密度,每跨绘制地质横断面供专业设计人员使用,但部分桩基地质资料仍为推测;施工中对持力层岩性、岩石强度、是否满足设计要求的判定难度很大,为此配合施工中配备了专业地质工程师,对于难以判定的局部地质资料,进行混凝土浇灌前的超前钻予以补充完善,加强了施工中的现场控制。

3. 少数桩基未按先进行现场岩性、风化带的判定,再修改设计,再进行施工的程序进行,造成桩成型后质检部门抽芯检查发现没有满足设计要求,不得不采取冲掉桩基重做的补救措施,为此采取了桩基持力层的判定必须由专业地质工程师、监理、桩基设计人员共同确定的应对措施。

(四)结 束 语

1. 广深沿江高速公路经过的东莞断陷盆地内,第三系莘庄村组、布心组地层工程地质特征的复杂性在于其风化带起伏变化大、厚度不均、风化产生的软弱夹层极其发育,特别是断裂带附近风化层厚度剧烈变化,加之冲洪积扇引起的岩性变化,导致风化带界面呈跳跃式起伏变化。

2. 造成第三系莘庄村组、布心组地层工程地质特征复杂的主要原因是:该地层受沉积环境的变化使岩性、岩相本来就不稳定,断裂活动和地下水流动变化的影响更加大了该地层地质特征的复杂性。

3. 对于东莞断陷盆地内的工程建设,须注意以下几个问题:

(1)位于冲洪积扇中心区的工程,因块状砾石含量很高且不均匀,场地内可能会遇到同一桩径范围内的岩石软硬不均情况,冲桩过程中应采取预防孔斜的措施,如采用高频轻击的冲孔工艺等;位于浅丘包中的浅基础建筑物,则须采取预防建筑物出现不均匀沉降的措施。

(2)位于冲洪积扇前缘之外的工程,由于场地岩相变化大、岩性组成复杂,各岩层的风化界面起伏大、厚度变化大,岩层中因各种因素作用造成的风化软弱夹层相对发育,因此,桩基施工时应特别注意现场对桩端持力层的岩性、强度的判释,特别是没有钻探资料的部分桩基。在持力层界面倾斜地段,应注意桩端的全断面嵌岩并达到设计要求,以保证桩基的稳定性。

(3)桥梁桩基勘察时,若有条件,应尽可能采取逐桩钻探的布孔原则,以查明每根桩的岩性分布、风化带界面、有无岩性透镜体和风化带软弱夹层等,为逐桩设计计算提供详细的地质资料。即使不能做到逐桩钻探,也应尽可能把钻孔布置在每墩左、右幅最外侧的桩位上,这样在横向地质断面中可对其他桩位进行内插,避免出现外推桩位。

(4)置于软硬岩层不等厚互层或基岩强风化带特别厚的桩位,设计宜采用摩擦桩。施工中发现嵌岩桩持力层中有软弱夹层分布时,应使桩身穿过软弱夹层,桩端进入下一持力层足够深度,以保证桩基的稳定性。

十七、陆家嘴滑坡特征与稳定性分析

李光辉

(一)区域环境条件概况

陆家嘴滑坡位于重庆市涪陵区白涛镇,319国道从滑坡前缘通过,地貌类型属构造侵蚀—剥蚀低山丘陵地貌。

测区属亚热带季风暖湿气候区,多年平均气温18.1 ℃,多年平均降雨量1 130.7 mm,其中5~6月降雨量较多,月平均雨量可达160 mm以上。

乌江最大流量 21 000 m^3/s,平均流量 1 620 m^3/s,历史最高水位 180.0 m,历史最低水位 141.0 m,5 年一遇洪水位 173.6 m,20 年一遇洪水位 178.9 m。

测区主要出露第四系滑坡堆积层,由块石土及粉质黏土组成,一般厚 5 ~ 30 m。其余地层有:崩坡积层,主要由粉质黏土及块石土组成,分布于滑坡区右侧(C 区),推测厚 5 ~ 30 m;冲积层,主要由卵石、砂土组成,一般厚度 1 ~ 10 m,分布于乌江边。下伏三叠系基岩:须家河组砂岩夹页岩、炭质页岩及煤线,分布于滑坡区后部;雷口坡组泥质灰岩夹灰岩、页岩、泥岩,在滑床及两侧有出露;嘉陵江组灰岩夹盐溶角砾岩,有明显溶蚀现象,见于滑坡前缘。

测区地处梓里背斜与大耳山背斜夹持的土地垭次级向斜部位,岩层产状 N50° ~ 30°W/5° ~ 9°SW,四组节理产状为 N45°W/85°SW、N48° ~ 35°W/51° ~ 65°NE、N70°E/82°SE 及 N20°E/62°SE。

测区地震峰值加速度为 0.05g,场地土的特征周期值为 0.35 s。

(二)滑坡基本特征及类别

1. 滑坡形态

滑坡位于乌江左岸,区内地势总体上南西高、北东低。滑坡分为 A 区(二级滑坡区)及 B 区(一级滑坡区)两级滑坡,有明显的圈椅状地貌,有较陡的后壁,坡面不顺直,呈台阶状(见图 7—17—1)。

A 区后缘分布在铁匠屋基、下苗湾一带,存在一弧形圈椅状地貌,后缘错台及基岩滑壁清晰;其前缘舌状凸出,具有"双沟同源"景观。B 区在 A 区上方,滑坡整体上呈"三平台四斜坡"的地貌景观,沿主滑方向呈明显的分级滑动特征。

A 区前缘受乌江的侵蚀、冲刷作用影响严重,导致 A 区又继续向乌江方向蠕变、位移,变形迹象明显。

在下苗湾附近,滑坡 A 区与 B 区分界线十分明显。由于后期改造严重,且地表大面积覆盖有坡崩积物,C 区地表分界线不是十分明显。

B 区滑坡周界明显,后缘存在一弧形圈椅状滑坡地貌,其平台及北侧基岩滑壁清晰,近几年,在滑坡的后部陡缓交界部位的房屋、田坎、蓄水池以及滑坡前缘斜坡表层变形严重。2006 年 6 月暴雨后,在滑坡后缘陡坡松树林中发现裂缝和错台,裂缝长约 600 m,宽约 50 cm,错台高约 1.0 m。

2. 滑坡类型分析

滑坡存在两级较清晰的基岩滑壁,具明显的两级滑动特征,可划分为 A 区和 B 区。

B 区为"一斜坡一平台",其前缘滑床高悬于 A 区后缘滑壁之上,主要系后缘陡崖边坡长期坍滑加载形成以推移为主的滑坡,其滑体厚一般 10 ~ 15 m,规模约 560×10^4 m^3,属于大型滑坡。

A 区总体上呈"二平台三斜坡",滑坡前缘部位受乌江水流冲刷,造成岸坡临空失稳,致使山体发生牵引式滑动,滑体厚一般 20 ~ 40 m,规模约 $2\,900\times10^4$ m^3,属于巨型滑坡。

同时,A 区和 B 区滑床均为较完整的基岩,岩层微倾向山侧,均属于切层为主的岩质滑坡。

综上所述,陆家嘴滑坡系划分为 A 区、B 区两期分级滑动形成的岩质切层滑坡,亦为推移—牵引式的巨型滑坡,滑坡体积约 $3\,460\times10^4$ m^3。

3. 滑坡 A 区的特征

(1)滑坡 A 区的状态:基于滑床形态分析可确定,A 区后部及 B 区稳定性高,A 区滑坡变形始于前缘及中下部,且已有局部变形、失稳的迹象。受三峡回水的影响,A 区的前缘及中下部变形、失稳将继续发展,因此,本滑坡作为三峡库区地质灾害主要防治工程,应首先针对 A 区开展。

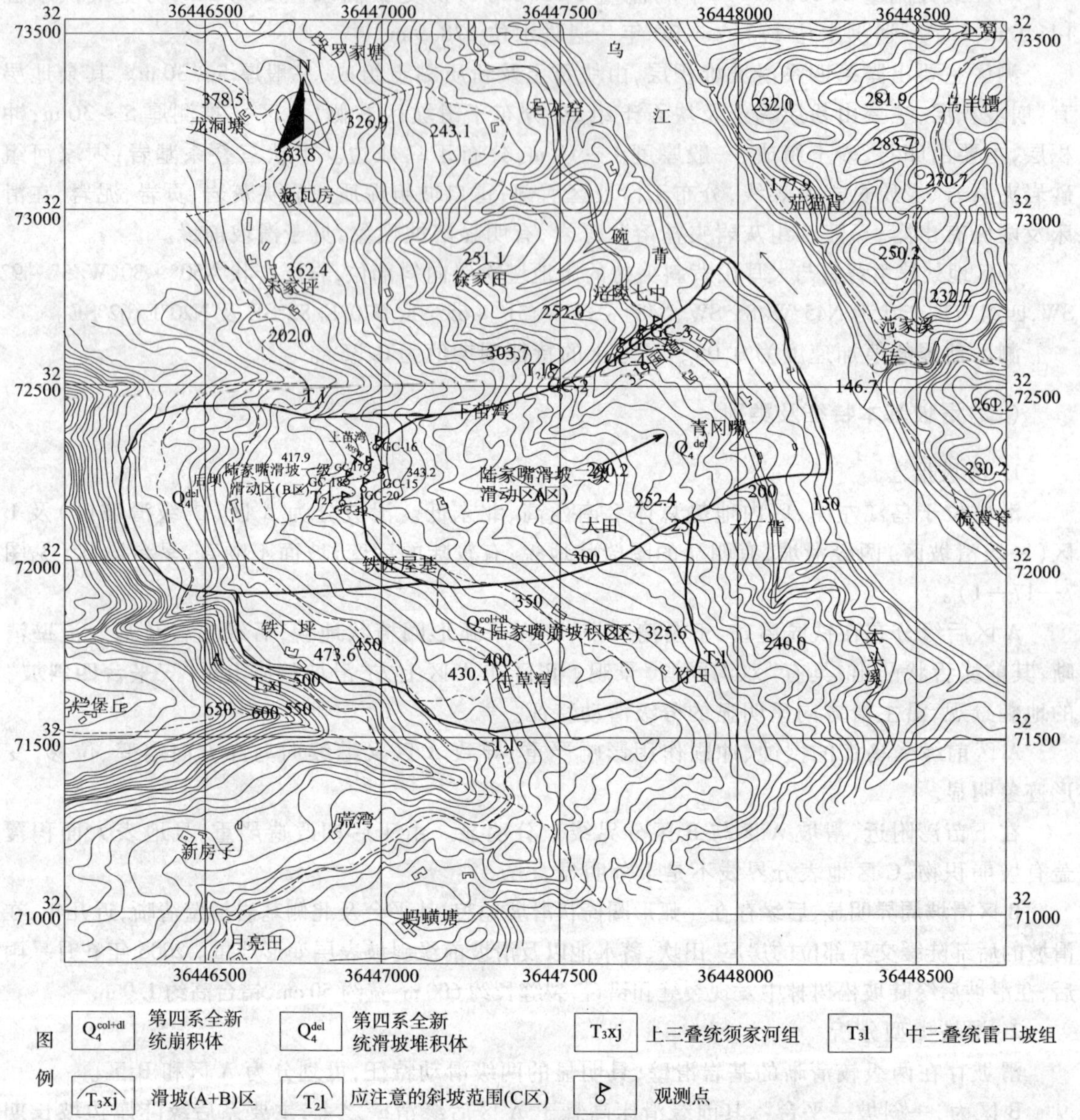

图 7—17—1　陆家嘴滑坡地质略图

现就滑坡 A 区的分级、分区进一步分析如下：滑坡形成后，A 区滑坡体侵占、挤压河床，其整体向江中推移约了 100 ~ 130 m，滑体压覆于卵石层上，造成此段乌江河谷左岸岸坡由凹岸变凸岸。滑坡前缘本为滑坡的抗滑段，但其遭受江水强烈冲蚀，不断消失，致使该滑坡段抗滑力减弱。

(2) 滑坡 A 区的分级、分区：依据 A 区地貌、滑床形态、变形情况及滑坡治理检算的需要，可进一步将 A 区滑坡分为 A1（又可细分为 A1-1、A1-2、A1-3 区）不稳定区，A2、A3 基本稳定区和 A4 稳定区。A1 区及 A2 区下伏岩层倾角较陡，约 7° ~ 13°，前缘受乌江水的侵蚀、冲刷作用，变形迹象十分明显。2006 年 12 月陆续施工抗滑桩后，A1 区发生了浅层滑坡，危及当地居民生命财产及施工安全（图 7—17—2），国道已经出现新的裂隙、下沉。A3 区、A4 区下伏基岩层倾角平缓，约 3° ~ 6°，部分地段甚至轻微倾河，但整体稳定性较好。

图 7—17—2　A1 区次级工程滑坡后缘

(3) A 区物质组成及结构特征：滑体土主要为块石土及粉质黏土。块碎石含量中部及中后部一般 50% ~ 70%，前部一般含量 10% ~ 30%，其母岩主要为砂岩及页岩，局部为泥质灰岩质的滑动岩块体。

(4) A 区滑动带的特征：滑动带主要为泥、页岩全、强风化层，多呈软塑状粉质黏土，局部流塑状，部分岩芯见有滑动擦痕、镜面。钻探揭示，滑动带土含有亚圆状、定向排列的角砾、碎石，厚度一般为 0.2 ~ 3.0 m，前缘段厚度大、黏粒含量高，中后部段较薄，以擦痕或镜面为主，多见粗颗粒。

4. 滑坡水文地质条件

地下水类型主要为孔隙水和岩溶水，滑面以上未见统一的地下水位。滑坡前缘孔隙泉水流量一般为 0.01 ~ 0.5 L/s；岩溶水赋存于雷口坡组灰岩、泥质灰岩及嘉陵江组灰岩、盐溶角砾岩中。地下水向乌江排泄，抗滑桩施工范围内岩溶发育。提水试验得知，滑体渗透系数为 $0.38\times10^{-4}\sim4.67\times10^{-4}$ m/h，属微透水层。经取水样 19 件化验，BZK-20 孔 19.8 m 所取水样的水化学类型为 HCO_3^-—Ca^{2+} 型，对混凝土有中等硫酸型酸性侵蚀；BZK-38 孔 22 m 所取水样的水化学类型为 HCO_3^-—$Na^+\cdot Ca^{2+}$ 型，对混凝土有弱硫酸型酸性侵蚀。

5. 滑坡形成原因分析

(1) 滑坡后部原属于一低山的山脊，山高坡陡，斜坡稳定性差。

(2) 滑坡前缘受乌江强烈冲刷，造成斜坡支撑力降低，是滑坡形成的重要原因。

(3) 滑坡位于乌江左岸，乌江水位在短时间内变化达数十米，造成滑坡前缘的动、静水位急剧变化，其对岸坡的稳定性破坏严重。

(4) 区内降水充沛，造成岩、土体容重增加，滑体增重，岩土强度降低，抗滑力减弱，使斜坡稳定性变差。

(5) 岩石受构造作用后，主要形成两组沿岩层走向(控制滑壁)和两组与岩层走向大角度相交(控制滑坡两侧边界)的高角度节理。岩体受到这四组节理的切割。

(6) 滑坡区的岩体上部以硬质岩为主，下部以软质岩为主。由于差异风化，软质岩易风化剥蚀脱落，且多形成水理性差、具有膨胀性的黏性土，从而造成上部硬质岩体前沿悬空，产生倾倒式崩塌破坏或者沿着相对隔水的软质岩形成的泥化夹层发生滑移。

由上述分析可见，因地壳上升及河谷下切，在斜坡已经形成有一定厚度、稳定性差的不稳定体的基础条件下，该不稳定体在特定的地形、地貌、降水、临河部位的水动力变化环境、构造、岩性等因素的长期作用下，构成了不利组合，形成了陆家嘴滑坡。

6. 滑坡岩土物理力学性质

(1)滑体岩土物理力学性质：取20组滑体原状土样进行室内试验，主要试验成果数据经数理统计，粉质黏土天然含水量为17.83%，天然重度为20.12 kN/m^3，孔隙比为0.53，饱和度为88.78%，液性指数为0.17，塑性指数为12.44，天然快剪标准值 $c=14.72$ kPa、$\varphi=14.78°$，饱和快剪标准值 $c=9.74$ kPa、$\varphi=8.93°$。

(2)滑带土物理力学性质：取12组滑带土原状样进行室内试验，主要试验成果数据经数理统计，滑带土天然含水量为22.68%，天然重度为18.68 kN/m^3，孔隙比为0.61，饱和度为93.02%，塑性指数为13.05，天然快剪标准值 $c=18.90$ kPa、$\varphi=14.42°$，饱和快剪标准值 $c=13.00$ kPa、$\varphi=8.93°$，饱和快剪残余强度标准值 $c=4.76$ kPa、$\varphi=5.14°$，部分滑带土具有膨胀性。此外，对滑带土进行了6组(2组天然、4组饱和)现场大剪试验。

(3)滑床岩石物理力学性质：取滑床岩样泥质灰岩15组进行室内试验，主要试验成果数据经数理统计，天然密度为2.45 g/cm^3，饱和密度为2.46 g/cm^3，天然含水率为3.44%，天然抗压强度标准值为15.08 MPa，饱和抗压强度标准值为6.25 MPa。

(三)滑坡A区稳定性评价

1. A区变形及评价

A1区中前部民房墙体及地面出现大量开裂迹象，且变形速度、变形量在急剧加大，原重庆136地质队共发现地面裂缝9处，墙体裂缝7处，到铁二院调查时发现，地面裂缝已增加到14处，墙体裂缝已增加到12处，319国道新增了数条贯通裂缝，裂缝长约10～15 m，宽约2～10 mm，裂缝正在由A1区向A2区发展，威胁国道安全。

A2区受侧沟及江水侵蚀、冲刷，后期库岸再造明显，前缘大部分土体已经坍岸、冲刷掉，三峡蓄水后，水位上涨将导致A2区中后部滑坡土体失稳。

A3、A4区除斜坡上部分岩土体在重力长期作用下发生缓慢、持续的微量变形，并伴有局部拉张或剪切破坏外，目前地表变形迹象不明显。

2. 滑坡稳定性计算分析

(1)计算参数选取：滑带土抗剪强度计算采用统计值见表7—17—1；滑体土容重计算采用值见表7—17—2。

表7—17—1 滑带土抗剪强度实际计算采用统计值

分　区	断　面	c_i(kPa)	φ_i(°)	备注(加权分配)
A1-1区	1—1剖面	14	9	2号桩与12号桩大剪值平均值
	2—2剖面	13.3	9	TC2在剖面上，采用大剪试验值
A1-2区	Ⅰ—Ⅰ剖面	11.6	8	28号桩大剪值:试验标准值=8:2
	Ⅱ—Ⅱ剖面	7.5	6	具备反算条件，取天然加暴雨条件下 $K=1.04$ 反算值
	3—3剖面	8.8	6	40号桩大剪值:试验标准值=9:1
A1-3区	Ⅰ—Ⅰ剖面	11.5	8	TC6大剪值:试验标准值=9:1
	Ⅱ—Ⅱ剖面	14.5	10.2	大剪平均值:TC6大剪值:试验标准值=4:2:4

续上表

分　区	断　面	c_i(kPa)	φ_i(°)	备注(加权分配)
A2 区	1—1 剖面	13	9.1	大剪平均值:TC6 大剪值:试验标准值=5:3:2
	2—2 剖面	15.7	11.2	大剪平均值:TC6 大剪值:试验标准值=3:2:5
	3—3 剖面	15.7	11.2	大剪平均值:TC6 大剪值:试验标准值=3:2:5
	Ⅲ—Ⅲ剖面	14.5	10.6	大剪平均值:试验标准值:38 号孔试验值=6:3:1
	4—4 剖面	14.7	10.7	大剪平均值:试验标准值=6:4
A3 区	Ⅰ—Ⅰ剖面	15.4	11.2	大剪平均值:试验标准值=1:1
	Ⅱ—Ⅱ剖面	16	11.9	大剪平均值:试验标准值=4:6
	Ⅲ—Ⅲ剖面	15.4	11.2	大剪平均值:试验标准值=1:1

表 7—17—2　滑体土现场大容重(kN/m^3)试验值及计算采用统计值

分　区	A1-1 区重度		A1-2 区重度		A1-3 区重度		A2 区重度		A3 区重度	
含水量	天　然	饱　和	天　然	饱　和	天　然	饱　和	天　然	饱　和	天　然	饱　和
现场试验值	19.5	20.0	19.5	20.0	19.6	20	21.2	21.4	19.5	21.4
计算采用值	19.6	20.5	19.6	20	19.6	20	20.5	21.5	19.6	21.4

(2)各模拟工况条件下稳定分析:根据可能发生的条件及频次和三峡库区治理的相关规定,模拟了 7 种工况。最不利工况下对计算结果的影响见表 7—17—3;稳定性计算结果见表 7—17—4。

三峡水库蓄水后,A 区滑坡前缘部分滑体将处于库水位以下。前缘土体受江水浮托作用,抗滑力减小;动水压力则使下滑力增大。考虑动水渗透压力并在暴雨或长期降雨条件下,滑坡的稳定系数见表 7—17—3。

表 7—17—3　天然+暴雨时和最不利工况下滑坡稳定系数表

状态 / 计算剖面	稳定系数	
	天然条件+暴雨	最不利工况
A1-1 区 1—1(浅层滑坡)	1.05	0.93
A1-1 区 2—2(浅层滑坡)	1.06	0.88
A1-2 区Ⅰ—Ⅰ(浅层滑坡)	1.13	0.87
A1-2 区 3—3(浅层滑坡)	1	0.94
A1-2 区Ⅱ—Ⅱ(浅层滑坡)	1.04	0.98

表 7—17—4　不同工况的滑坡稳定性计算成果表

剖　面	工况						
	Ⅰ	Ⅱ	Ⅲ	Ⅳ	Ⅴ	Ⅵ	Ⅶ
A1-1 区 1—1(浅层滑坡)	1.05	1.09	1.04	1.03	1.02	0.96	0.93
A1-3 区 1—1	1.17	1.10	1.09	1.09	1.09	1.06	1.02

续上表

剖　面	工　况						
	Ⅰ	Ⅱ	Ⅲ	Ⅳ	Ⅴ	Ⅵ	Ⅶ
A1-1 区 2—2(浅层滑坡)	1.06	0.95	0.91	0.9	0.9	0.91	0.88
A1-3 区 2—2	1.31	1.06	1.08	1.09	1.10	1.11	1.06
A1-2 区Ⅰ—Ⅰ(浅层滑坡)	1.13	0.95	0.94	0.95	0.95	0.91	0.87
A1-3 区Ⅰ—Ⅰ	1.21	1.16	1.16	1.17	1.18	1.16	1.13
A3 区Ⅰ—Ⅰ	1.22	1.16	1.17	1.17	1.19	1.17	1.14
A1-2 区 3—3(浅层滑坡)	1	0.97	0.97	0.97	0.97	0.97	0.94
A1-3 区 3—3	1.16	1.05	1.07	1.07	1.08	1.08	1.04
A1-2 区Ⅱ—Ⅱ(浅层滑坡)	1.04	1.02	1.05	1.05	1.05	1.05	0.98
A1-3 区Ⅱ—Ⅱ	1.14	1.0	1.02	1.02	1.04	1.01	0.99
A3 区Ⅱ—Ⅱ	1.25	1.19	1.20	1.21	1.21	1.21	1.17
A2 区 4—4	1.29	1.13	1.15	1.16	1.18	1.13	1.07
A2 区Ⅲ—Ⅲ	1.28	1.15	1.17	1.20	1.22	1.19	1.16
A3 区Ⅲ—Ⅲ	1.22	1.16	1.18	1.19	1.21	1.19	1.14

(3)滑坡稳定性综合分析:综合上述计算结果,滑坡 A 区在天然状态下,除 A1 区浅层滑坡处于不稳定状态外,其余都处于稳定状态,稳定系数均大于 1.13;A3 区、A4 区稳定程度较高,稳定系数大于 1.22。受洪水影响大的主要为滑坡的 A1 区、A2 区,最不利工况下 A1 区处于不稳定状态,A2、A3 区处于基本稳定状态,A4 区处于稳定状态。

(四)滑坡监测分析与变化趋势及危害性预测

1. 滑坡监测分析

根据重庆市三峡地防办提供的 6 个监测点监测情况显示:

(1)6 个监测点的位移量变化随着时间推移持续增加。

(2)近期位移量变化幅度大增。

(3)FL36、FL37 两个监测点观测值显示滑坡上部分位移量大、下部分位移量小,位移不同步。FL36 监测点测得钻孔深由 42.0 m 左右减少为 40.0 m,FL37 监测点测得钻孔深度由 34.5 m 减少为 31.5 m,钻孔测管可能被剪断,说明滑坡可能在蠕动。

2. 滑坡变化趋势及危害性预测

虽然滑坡区整体处于基本稳定状态,但在降雨、河流水位变化、河流侵蚀和人类工程活动的共同影响下,在多种不利因素组合条件的作用下,滑体局部变形有加剧的趋势。体现在滑坡前缘挤压乌江河道,河道由凹岸变为凸岸,江水强烈冲蚀、旁蚀着滑体前缘,部分抗滑段已被冲蚀,造成滑坡前缘继续临空;同时三峡库区的回水骤然增加了不利因素,而且 A1 区局部已经出现失稳迹象,因此滑坡局部复活的可能性极大,滑坡前缘将先期复活,一旦复活则会影响整个滑坡的稳定性。

随着滑坡的进一步变形破坏,将危及滑坡体内 300 多人、80 多栋房屋、319 国道及多条通讯电缆、光缆的安全，同时堵塞乌江航道，给乌江上下游地区也带来严重的安全隐患，预计直接经济损失将大于0.5亿元，间接损失不可估量。

（五）防治工程范围及措施建议

1. 防治工程范围

根据滑坡的形态及变形情况、各种工况下的整体稳定性情况以及失稳后的危害性，同时结合滑坡范围内建筑物和保护对象的分布特征，确定滑坡防治工程范围如下：

（1）A区防治工程应进行全面、整体的综合整治。

（2）B区地表存在变形迹象，但不在三峡库区三期地质灾害防治工程整治范围内。

（3）防治工程应重点针对A1、A2区，本着结合观察资料、考虑分期治理的原则，可暂不治理A3区，因A3区的稳定系数达不到《三峡库区三期地质灾害防治工程地质勘察技术要求》，A4区不治理。

2. 主要措施建议

在针对当前主滑面上的主滑部分采取整治措施的同时，应充分考虑次级滑动或越顶剪出的可能性，为此，建议防治工程采用抗滑支挡体系和地表排水体系相结合的方案。

（1）滑坡治理采用抗滑桩（锚）工程，抗滑桩应深入滑面以下进入中风化基岩，嵌岩深度不小于1/3桩的长度。

（2）受库岸的坍岸和再造影响，滑坡A1区部分滑体可能越顶剪出，威胁国道安全，应对拟建抗滑桩左侧边坡采取支挡防护等加固措施。

（3）滑坡体前缘分布的弱—中等膨胀土，开挖卸荷、取土填筑后，易产生坍滑；抗滑桩施工区位于岩溶发育带，钻探有掉钻及严重垮孔现象，开挖可能遇溶洞，各类工程措施必须在确保安全的前提下进行。

（4）建议修建纵、横向排水沟与国道涵洞相接，以防止地表水渗入滑体内。

（5）地下水对混凝土具有弱—中等硫酸型酸性侵蚀，设计时应予防范。

（6）防治工程完成后，应加强对滑坡区及抗滑桩变形的监测工作。

（六）小　　结

1. 航空照片及三维立体图是确认、分析特大型滑坡的有力工具，在陆家嘴滑坡勘察中，利用航空照片及三维立体图取得了较好的效果。

2. 特大型滑坡具明显的分区性，各区的稳定性亦有明显差异。工程地质勘察中要充分注意查明各区的工程地质条件，特别是滑体岩土、滑带土的物理力学性质。

3. 特大型滑坡应进行全面的综合整治，但也要分析其各分区的稳定性及其影响。分期进行整治工程也会取得较好的效果。

4. 该滑坡整治工程施工已经进行，施工揭示情况和勘察资料基本一致。

十八、稳定流计算在青岛港8号码头工程水文地质勘测中的应用

谭鸿增

（一）概　　况

1984年初，铁二院承担青岛港8号码头3座立交桥的勘察设计工作。为提供立交桥排水设计所需水文地质参数，分别在8号码头分区车场的煤场、昌乐河、西咽喉等3座立交桥地段进行了水文地质试验工作。该工点外业工作于1984年2月23日正式展开，4月18日结束，5月18日提交全部资料，历时3个月。

3座立交桥各施工抽水井1口（图7—18—1）。

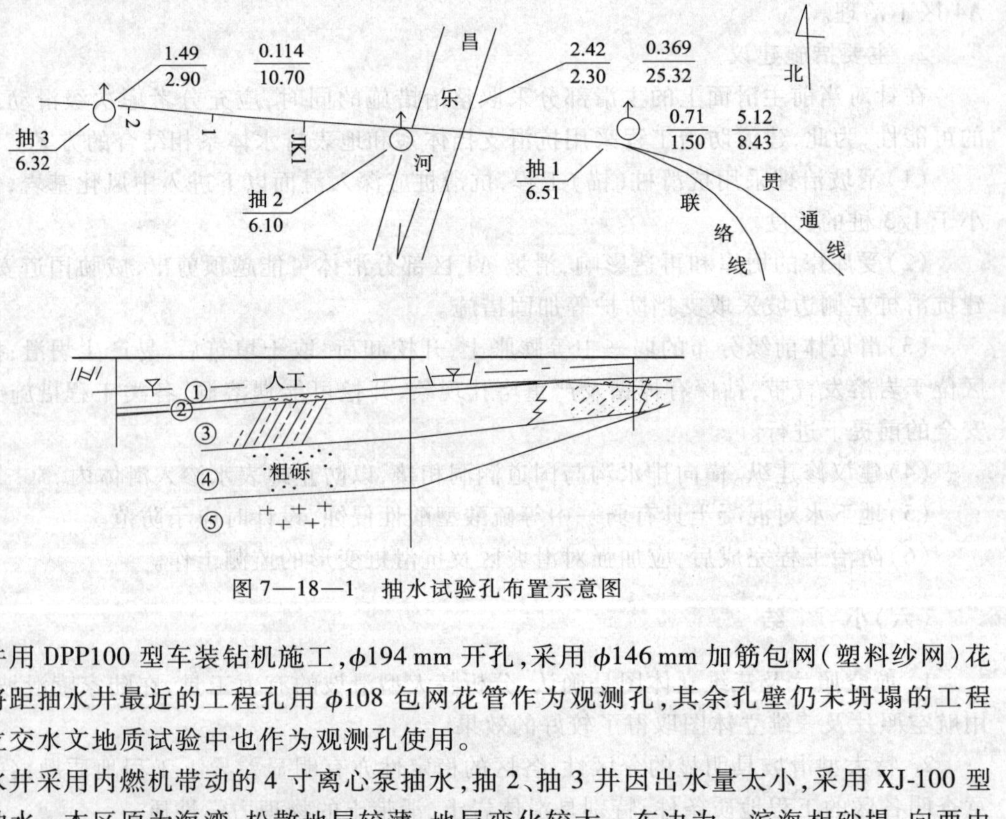

图7—18—1　抽水试验孔布置示意图

抽水井用DPP100型车装钻机施工，ϕ194 mm开孔，采用ϕ146 mm加筋包网（塑料纱网）花管成井。将距抽水井最近的工程孔用ϕ108包网花管作为观测孔，其余孔壁仍未坍塌的工程孔在煤场立交水文地质试验中也作为观测孔使用。

抽1水井采用内燃机带动的4寸离心泵抽水，抽2、抽3井因出水量太小，采用XJ-100型钻机水泵抽水。本区原为海湾，松散地层较薄，地层变化较大。东边为一滨海相砂堤，向西由黏砂土逐渐相变为砂黏土，稍远底部有粗砾砂层分布，且间夹砂层透镜体。基岩为青岛花岗岩，东边埋藏较浅，向西逐渐变深，其表层风化严重。

约10余年前，本区人工填筑为场坪，由于填筑时间、方式、填料等的不同，致使其水文地质特征差异较大。

本区地下水以人工填筑土所含潜水为主。据该3个工点较长时间观测所得稳定水位数据显示，地下水位有自东向西逐渐降低的趋势。

潜水的主要来源有：

（1）填海过程中滞留的海水；

（2）涨潮时海水的灌入补给；

(3)大气降水入渗补给；

(4)原陆岸地下水向该层排泄补给。

潜水的排泄方式主要有：

(1)向海岸、河边排泄；

(2)向空中蒸发排泄。

另外，在东边锯材一厂发现一口浅井，系该厂生产用水的供水井。只有在抽水量很大时，才会使局部地下水位降深过大，造成潜水的水质直接受海水影响。煤场立交部分，地下水还受农药厂严重污染。

本区承压水呈薄层、透镜状分布，主要为滞留水。承压水水头不高，一般略低于潜水面，补给来源不足，排泄条件不好。

(二)计　　算

由于3个工点各有其特殊性，使用公式和计算方法均有所不同。鉴于煤场立交比较复杂，特进行重点描述。其余两个工点，对相同之处均作了省略。

1. 煤场立交桥

钻孔及抽水孔布置如图7—18—2所示。

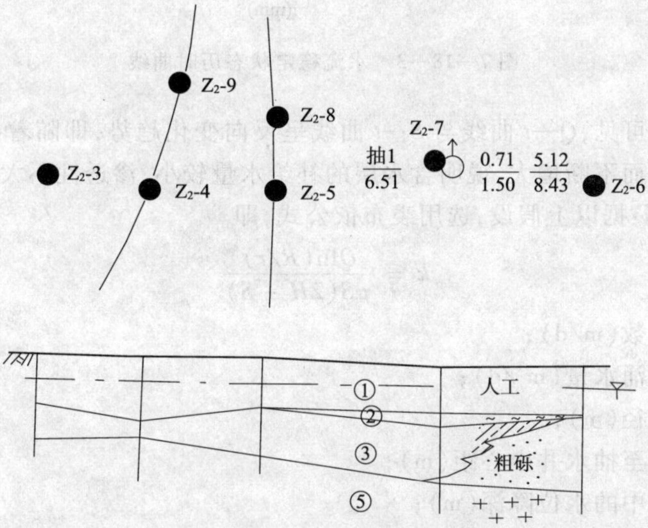

图7—18—2　煤场立交桥钻孔及抽水孔布置平剖面示意图

(1)地层：地表为人工填筑土，以煤渣为主，不均匀，较松散，含细颗粒很少，孔隙度较大，相对较稳定，高程6.51～2.17 m，厚4.34 m。其下为淤泥质砂黏土，呈透镜状分布，砂黏土由西向东逐渐减薄，在6号钻孔附近相变，或尖灭。粗砂在抽水井底部出露，向东增厚，呈砂堤状。下伏青岛花岗岩。

(2)基本假设：人工填筑土可视为稳定的潜水含水层，淤泥质砂黏土和砂黏土均视为不含水层，粗砂为局部承压含水层，下伏青岛花岗岩，视为不含水层。

Z_2-7抽水井过滤器仅下至7 m，主要针对人工填筑土的潜水含水层，可不考虑底部的局部承压含水层的出水量，故视为潜水完整井。潜水含水层按均质、水平、无限、等厚条件考虑。

抽水试验注意到了大流量、大降深时造成的影响半径反而比小流量、小降深时造成的影响半径小的反常现象。这与含水层的颗粒组成、采用过滤器的长度及试验的安排有关。本次试验未再安排第三次降深的抽水试验,其影响半径均按同一值考虑。

(3)试验情况:从 4 月 11 日开始,洗井、试抽 2 天后,连续进行了两次降深的抽水试验,先大流量、后小流量,各次降深抽水 27 小时左右,并恢复 45 小时左右。抽水井的出水量 Q、7 号观测孔降深 S 的水流稳定状态历时 t 曲线如图 7—18—3 所示。

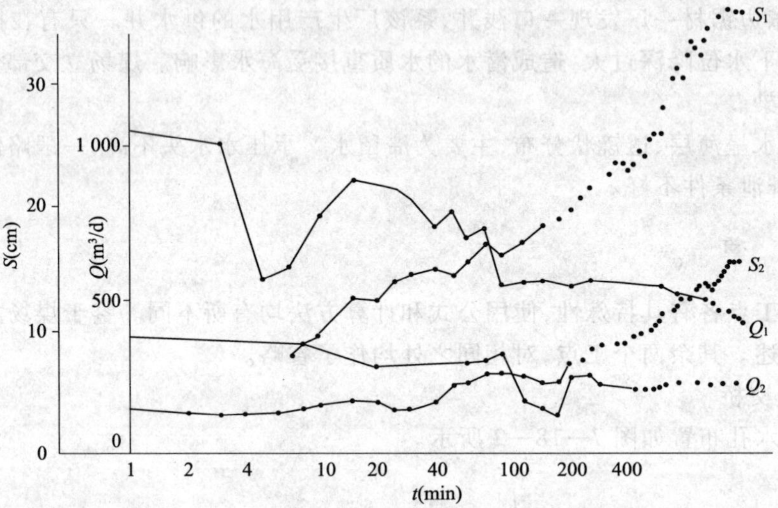

图 7—18—3　水流稳定状态历时曲线

由图 7—18—3 可见,Q—t 曲线与 S—t 曲线呈反向变化趋势,即随着抽水时间的增加,流量不断变小,降深反而不断增大,说明含水层的补给水量较小、渗透性不大。

(4)公式的选用:据以上假设,选用裘布依公式,即

$$k = \frac{Q\ln(R/r)}{\pi S(2H - S)} \tag{1}$$

式中　k——渗透系数(m/d);

Q——抽水井涌水量(m^3/d);

R——影响半径(m);

r——观测孔至抽水井中心距(m);

S——观测孔中的水位降深(m);

H——含水层厚度(m)。

对式(1)略加变换可得:

$$S' = b - a\ln r \tag{2}$$

式中

$$S' = S(2H - S) \tag{3}$$

$$a = \frac{Q}{\pi k} \tag{4}$$

$$b = a\ln R \tag{5}$$

式(2)表明,观测孔的距离 r 的对数与降深修正值 S' 呈直线关系(据《供水水文地质手册》,这种关系仅在 1.6H 或 $H < r < 0.178R$ 时才成立)。当只有两个观测孔时,过两点只能引一条直线,利用上式即可推导出著名的裘布依—蒂姆公式。当观测孔数大于 2 时,利用回归直线的方法计算得出的直线,从整体上最接近实测资料揭示的理想半对数直线,显然较用任何两

个实测值所联的半对数直线合理，这时

$$a = -\frac{n \cdot \sum S'\ln r - \sum S' \cdot \sum S'\ln r}{n \cdot \sum (\ln r)^2 - (\sum \ln r)^2} \tag{6}$$

$$b = \frac{\sum S' + a \cdot \sum \ln r}{n} \tag{7}$$

式中　n——参加回归的观测孔数；

$$\sum S' = \sum_{i=1}^{n} S_i' ;$$

其余符号含义同前。

参加回归的观测孔数、r 值、S 值、S'值见表 7—18—1。于是，水文地质参数可按下式计算：

$$k = \frac{Q}{\pi a} \tag{8}$$

$$R = e^{\frac{b}{a}} \tag{9}$$

表 7—18—1　参加回归的有关参数值

项　目	煤立-7	煤立-8	煤立-6	煤立-5	煤立-4	煤立-3
r(m)	1.35	36	33.5	35.5	63.5	88
S(m)	0.26	0.15	0.1	0.12	0.085	0.015
S'(m^2)	0.868 4	0.517 5	0.350 0	0.417 6	0.298 775	0.053 775

(5)成果及评价：根据前面的假设，选用两次抽水的平均值 $Q = 338\ m^3/d$、$H = 1.8\ m$，作为基本数据计算。

将表 7—18—1 数据代入式(6)、(7)得 $a = 0.165\,284\,597$ 和 $b = 0.957\,414\,011$，再代入式(8)、(9)得 $k = 651$ m/d 和 $R = 328$ m。

利用以上成果计算各孔降深与实测降深比较的结果见表 7—18—2。

表 7—18—2　各孔抽水试验实测降深和计算降深比较表

Q(m^3/d)		442			234		
孔　号	r	$S_{实}$(m)	$S_{(计)}$(m)	$S_{实} - S_{计}$	$S_{实}$(m)	$S_{计}$(m)	$S_{实} - S_{计}$
7	1.35	0.36	0.367	−0.007	0.16	0.184	−0.024
8	36	0.20	0.138	0.062	0.10	0.072	0.028
6	33.5	0.14	0.143	−0.003	0.06	0.074	−0.014
5	35.5	0.16	0.139	0.021	0.08	0.072	0.008
4	63.5	0.11	0.101	0.009	0.06	0.053	0.007
3	88	0.02	0.081	−0.061	0.01	0.042	−0.032

表 7—18—2 中 $S_{实} - S_{计}$ 的数据显示出各孔抽水试验实测降深和计算降深的差值较小，一般均小于 2.5 cm，最大值为 6.2 cm。其精度基本和水文地质试验的水位观测要求一致，证明以上参数选择和抽水试验结果基本正确。

每 2 个观测孔资料利用裘布依—蒂姆公式计算的 k 和 R 值结果见表 7—18—3 和表 7—18—4。

表 7—18—3 利用裘布依—蒂姆公式计算 R 值成果表

孔　号	R(m)				
3	116	98	105	101	95
4	479	138	264.6	274	
5	734				
6	293				
8	456.3				

表 7—18—4 利用裘布依—蒂姆公式计算 k 值成果表

孔　号	k(m/d)				
3	552	207	351	268	143
4	727	279	1 343	527	
5	780	负值	负值		
6	667	负值			
8	1 007				

根据各水位观测孔的分布位置及其与抽水试验影响漏斗区的相对关系，7 号观测孔在抽水孔旁边，相距仅 1.35 m，基本可认为在抽水降深漏斗的中心位置，以其和其他观测孔的连线也和抽水试验影响半径的走向基本一致，利用其计算结果较为适宜。表 7—18—3 的相关数据也表明此结论是其中较为合理的数据。其平均值为 $k = 746.6$ m/d、$R = 415.66$ m，其与利用回归直线计算的值相近，但都偏大。

(6)涌水量预测：以整个立交桥和引道开挖成槽形集水坑道的断面(埋深、深度、宽度)及长度计算涌水量，故采用坑道集水公式，即

$$Q = Bk\frac{H^2}{R} \tag{10}$$

式中 B——集水坑道长度(m)，采用含水层中点连线的量测值；

k——渗透系数(采用回归计算值)，$k = 651$ m/d；

R——影响半径(采用回归计算值)，$R = 328$ m；

H——含水层厚度(m)。

考虑到平时($H = 2.0$ m，平均值)与雨季($H = 3.0$ m，推测值)含水层厚度和集水坑道长度均改变较大，故涌水量分两种情况提供。

平时涌水量：

$$Q = 110 \times 651 \times \frac{2^2}{328} = 873(\text{m}^3/\text{d})$$

雨季涌水量：

$$Q = 140 \times 651 \times \frac{3^2}{328} = 2\,500(\text{m}^3/\text{d})$$

2. 昌乐河立交桥

钻孔及抽水孔布置如图 7—18—4 所示。

(1)地层：地表人工填筑土以碎石土为主，分布高程 6.10 ~ 2.10 m，厚 4.00 m；以下为淤泥质砂黏土层或砂黏土层，高程 2.10 ~ －4.70 m，厚 6.80 m，按《水文地质手册》提供的渗透系数

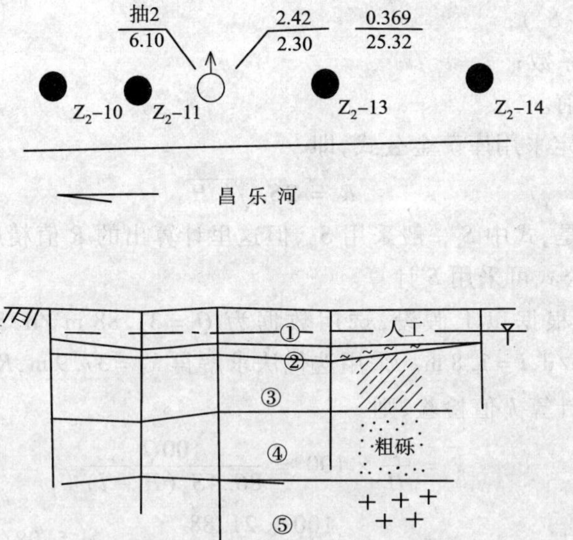

图 7—18—4　昌乐河立交桥钻孔及抽水孔平剖面示意图

经验数值表，考虑到该层含砂量较大，采用亚砂土—亚黏土的渗透系数经验数值，为 0.1 m/d；以下为粗砾砂层；底部为青岛花岗岩。

(2)基本假设：抽水孔过滤置于人工填土和砂黏土两个含水层。第一层为厚 $H=1.2$ m 的潜水含水层，视为潜水完整井。第二层为 $M=6.80$ m 厚的承压含水层（承压水头按潜水面计），但井下过滤器 $l=1.8$ m，视为非完整井。抽水井的涌水量以两个含水层涌水量之和计。

(3)试验情况：1984 年 3 月 21 日开始试抽、洗井，2 天后进行三次抽水。$Q—t$ 和 $S—t$ 曲线变化规律与煤场立交相似。第二次抽水未成功，第一、三次的 $Q—S$ 曲线呈抛物线形变化，考虑到排水参数计算宜选大值，故选用大降深结果进行计算。仅抽水井内有降深（未测井壁外），最近的观测孔也测不到降深。

(4)公式的选用：依据以上假设，潜水完整井选用裘布依公式、承压水非完整井选用吉林斯基公式计算。

$$Q = Q_1 + Q_2$$
$$= \frac{\pi k_1 S(2H - S)}{\ln(R/r)} + \frac{2\pi k_2 l S}{\ln(1.6l/r)} \quad (11)$$

式中　$S = S_w - \Delta h$；　(12)

S_w——抽水井内的水位降(m)；

Δh——井壁处的水跃值(m)；

l——承压含水层过滤器长度(m)；

其余符号意义同前，脚标代表含水层编号。

水跃值 Δh 采用阿伯拉莫夫经验公式计算，即

$$\Delta h = a\sqrt{\frac{QS_w}{\bar{k}F}}; \quad (13)$$

式中　$\bar{k} = \dfrac{k_1(H-S) + k_2 l}{H - S + l}$；　(14)

$$F=2\pi r(H+l-S_w);\tag{15}$$

$a=0.20$,为经验系数;

其余符号意义同前。

影响半径 R 的确定采用库萨金公式,即

$$R=2S\sqrt{k_1H}\tag{16}$$

需要特别指出的是,式中 S 一般采用 S_w,但这里计算出的 R 值精度不高,而一般试验中的 S 和 S_w 较接近,故本公式可采用 S 计算。

(5)成果及评价:根据以上假设,选用数据为 $Q=31.88\ m^3/d$,$S_w=2.42\ m$,$H=1.2\ m$,$r=0.073\ m$,$k_2=0.1\ m/d$,$l=1.8\ m$。采用迭代法求解得 $k_1=37.9\ m$,$R=12.4\ m$。

利用邓厚基公式计算 $\bar{k}$ 值检验,则

$$\bar{k}=\frac{1}{H}\times 100=\frac{100Q}{86.4S_w(H+l)}$$

$$=\frac{100\times 21.88}{86.4\times 2.42(1.2+1.8)}=5.08(m/d)$$

将实际计算结果代入式(14)计算 $\bar{k}$ 值,即

$$\bar{k}=\frac{37.9\times(1.2-0.92)+0.1\times 1.8}{1.2-0.92+1.8}=5.19(m/d)$$

两个 $\bar{k}$ 值几乎相等,说明 k_1 值较合理。

(6)涌水量预测:仅考虑人工填土含水层涌水量,基本假设和采用公式与煤场立交桥类似。由于近河一侧引道边墙厚(D)仅 2.0 m,影响半径以 $2D$ 计,则

$$Q=Bk\left(\frac{H^2}{2R}+\frac{H^2}{2\times 2D}\right)\tag{17}$$

式中符号意义同前。

考虑到河面平时较低高潮位($H=1.6$ m,平均值)与百年高潮位($H=3.0$ m,推测值)时地下水位与沟渠长度相差均较大,涌水量分两种情况提供。

平时较低高潮位时涌水量:

$$Q=112\times 37.9\times\left(\frac{1.6^2}{2\times 12.4}+\frac{1.6^2}{2\times 2\times 2}\right)=1\,797(m^3/d)$$

百年一遇高潮位时涌水量:

$$Q=133\times 37.9\times\left(\frac{1.6^2}{2\times 12.4}+\frac{3.0^2}{2\times 2\times 2}\right)=6\,191(m^3/d)$$

3. 西咽喉立交桥

钻孔及抽水孔布置如图 7—18—5 所示。

(1)地层:地表为人工填筑土,以粗砾砂为主,高程 6.32 ~ 2.37 m,厚 3.95 m,以下依次为粉砂、淤泥质砂黏土,中细砂层。中细砂层分布于高程 0.34 ~ −1.75 m 段,其下为砂黏土间夹砂层,底部为砾砂层。下伏基岩为青岛花岗岩。

(2)基本假设:抽水井过滤器穿透人工填土和中细砂层,进行混合抽水,含水层厚度为中细砂层以上地层厚度去掉淤泥质黏土厚度。由于直接测量管壁外降深,S 值不再修正。

(3)试验情况:1984 年 4 月 2 日开始洗井,试抽 2 天,抽水一个落程。观测孔未测到水位降深,$Q—t$ 和 $S—t$ 曲线变化规律与煤场立交相似。

(4)公式的选用:根据以上假设,选用裘布依公式——式(17)计算 $\bar{k}$,采用库萨金公

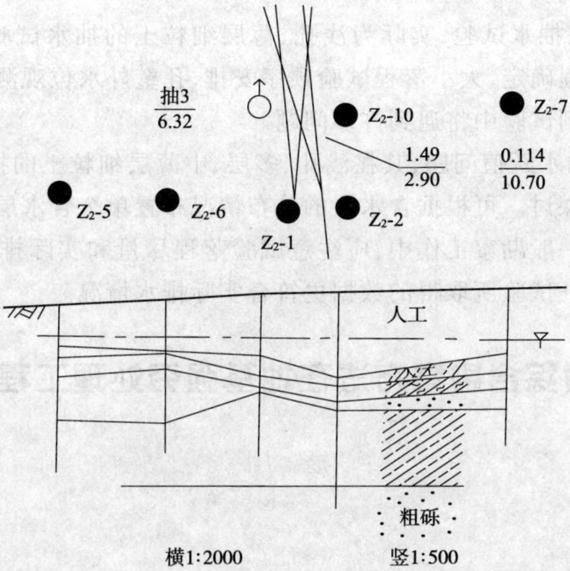

图 7—18—5　西咽喉桥钻孔及抽水孔布置平剖面示意图

式——式(16)计算 R。

(5)成果及评价:选用数据为 $Q=9.84\ m^3/d$, $S=1.49\ m$, $H=1.63\ m$。采用迭代法求解。首先假设 $\bar{k}=5.73\ m/d$,再代入式(16)得 $R=9.1\ m$,代入式(1),结果满足等式,故 $\bar{k}=5.73\ m/d$, $R=9.1\ m$。$\bar{k}$ 值利用邓厚基公式检算,即

$$\bar{k}=\frac{Q}{86.4SH}=\frac{9.84}{86.4\times1.49\times1.63}=4.69(m/d)$$

两个 $\bar{k}$ 值较接近。由于条件所限,精度不高。

(6)涌水量预测:基本假设与煤场立交类似,采用潜水公式与承压—无压公式分别计算两个含水层涌水量之和,即

$$Q=B_1\bar{k}\frac{H^2}{R}+B_2\bar{k}\frac{M(2H_2-M)}{R} \tag{18}$$

式中 B_1——潜水含水层水层中的坑道长(m);

B_2——承压含水层中的坑道长(m);

H_1——承压含水层疏干水头(m);

M——承压含水层厚(m);

其余符号意义同前。

平时涌水量($H=1.0\ m$, $H_1=6.8\ m$,平均值):

$$Q=164\times5.73\frac{1.0^2}{9.1}+40\times5.73\times\frac{2.1\times(2\times6.8-2.1)}{9.1}=712(m^3/d)$$

雨季涌水量($H=2.6\ m$, $H_1=8.4\ m$,推测值):

$$Q=200\times5.73\frac{2.6^2}{9.1}+40\times5.73\times\frac{2.1\times(2\times8.4-2.1)}{9.1}=1629(m^3/d)$$

(三)小　结

1. 青岛港 8 号码头水文地质试验工作遇到一系列技术问题,工作中提出的解决办法可提

供一些解决问题的思路。

2. 青岛港8号码头抽水试验，实际为浅孔、薄层细粒土的抽水试验。该种地层的供水能力有限，抽水试验的落程确定、大小落程试验顺序安排、孔壁外水位观测、试验的稳定时间的确定等均要充分重视，否则试验中将遇到许多问题。

3. 关于抽水试验的水跃值问题，其在浅孔、多层、中薄层细粒土的抽水试验时显现得较为重要，值得进一步深入探讨。可根据含水层的分布情况布置单个含水层的水位观测孔，进行试验和观测，积累资料。一般勘察工作中，应注意试验落程尽量和实际排水的降深一致，且适当延长试验稳定时间，保证试验所取得的数据更符合实际排水情况。

十九、地质综合勘察方法在地基强夯处理工程中的应用

寇 川

（一）工程概况

绵阳机场修建在北西转向北东向的狭长丘陵台地的松包梁上，距市区南面航空距离7 km，公路距离约10 km。由于地形起伏，修建主跑道长2 800 m的机场，进行了大量的土石方工程，其大部分都是移挖做填。由于该项目的投资和工期较紧，施工时填方区域只进行了分层碾压（最大填方高度约为25 m），特别是在填方高度大于5 m的区域，如飞行区主跑道、滑行道、停机坪等已完成土石方施工。

由于分层碾压的面积大，加上该地区多雨，施工质量受到严重影响，需要对已完成土石方施工的地基现状进行评价，确定是否进行工程处理。若必须进行处理，则应提出设计所需参数，这成为土石方施工完成后的重要工作。勘察单位受业主委托，采用了地质综合勘察方法，查明了地基现状；结合强夯试验，论证了用强夯对地基土进行加固处理是可行的，并提出了强夯处理的设计、施工所需参数。

（二）工程地质概况

原始地质概况：机场所在的区域为山前缓坡丘陵地貌，出露地层自上而下为第四系全新统人工填土（Q_4^{ml}）、中更新统冲洪积（Q_2^{al+pl}）粉质黏土、圆砾土、卵石土，下伏基岩为侏罗系上统蓬莱镇组（J_3p）粉砂质泥岩。

土石方工程施工后概况：场道范围内土石方工程已完成，填方以人工填土及圆砾土、卵石土为主，局部为粉质黏土和粉砂质泥岩风化层；飞行区亦已填挖完毕，场地地势平坦。最大填土高度21.77 m，最大挖方高度约17 m。

其中高填方地段地基具有以下特殊性：

（1）高填方地基已进行了分层碾压；

（2）填方高度差异较大，最大达到21.77 m，最小填方小于5 m；

（3）填料为黏粒含量较高的卵砾石土（黏粒含量约占30%～40%），普遍具有工后沉降，且由于在不同区域填方厚度不同，而出现工后最终沉降量亦不同，表现为差异沉降；

（4）最大挖方高度约17 m，挖方区主要集中在飞行场区的中部以及东南部安全区，而西北部西侧的填方区，由于填筑时填料的差异、填筑土的不均匀性也导致了沉降量的差异。

（三）机场场道地基施工技术要求和地质综合勘察的目的

1. 机场场道地基必须满足的技术要求

（1）地基不均匀沉降按 1:1 000 控制，即弯沉盆半径小于 50 m，盆底与盆顶沉降量之差小于 5 cm，其地基最终沉降量不大于 5 cm；

（2）地基变形模量 $E_{变} \geqslant 15$ MPa（压板面积 0.5 m^2）；

（3）地基回弹模量 $E_{回} \geqslant 50$ MPa。

2. 地质综合勘察的目的

针对上述情况，业主决定对场道地基进行勘察，对地基现状进行评价，确定是否进行工程处理，若必须进行处理，提出设计所需参数。本次勘察需要获得以下成果：

（1）查明飞行场区填挖状况；

（2）查明挖方区地层结构、土质类型及其物理力学性质，并对地基的稳定性及力学指标作出评价；

（3）查明填方区土质类型及其密实状况，并对地基的稳定性、承载力、沉降情况作出分析评价；

（4）从工程地质角度对地基强夯处理作出可行性评价，若需强夯处理，同时要获得强夯设计所需参数。

本次勘察的主要目的是查明填方区岩土力学性质，并对地基及其沉降情况作出评价，尤其是部分区段填方高度过大（填土高度大于 5 m）时应进行沉降控制。若沉降不能满足要求，拟对填方区地基进行处理，以达到机场场道工程施工前的有关技术要求。

（四）地质综合勘察方法的应用

针对上述勘察目的，结合飞行区场道已经进行了填筑施工的现状，本次勘察选用了以下方法进行地质综合勘察：

1. 既有资料的整理分析：全面收集分析飞行场区的已有地质勘察资料、施工资料，了解场区填挖情况，划分勘察区域；

2. 地球物理勘探：主要采用瑞雷波法，获得现有地基物理指标；

3. 钻探、超重型动探：获得现有地基岩土分布、分层及其力学指标；

4. 填方和挖方代表性地段载荷试验：获得各勘察区域变形模量；

5. 填方区强夯试验前、夯后采用动探、载荷试验检测、物探对比检测：选取多个勘察区代表性地段，布置地基检测点，夯前按前述方法获得检测数据，结合强夯试验，检测点的位置尽量布置在夯前检测点的位置上，并按不同参数布置试夯，夯后又按同样检测方法获得夯后检测数据，与夯前数据进行对比，来分析地基强夯处理的效果；

6. 通过地质综合勘察资料和强夯试验资料的分析，查明飞行区场道地基土的物理力学性质，取得强夯设计参数。

（五）场道地基沉降量计算及其所反映的地基土力学特征

1. 场道地基沉降量计算

（1）场道地基沉降量计算方法：通过对强夯前地质综合勘察资料的整理分析，并对粗颗粒地基的沉降计算方法进行综合比较后，采用了较为合理的变形模量法分层计算。计算公式为

$$S = \sum_{i=1}^{n} \frac{\Delta P_i}{E_{si}} \cdot \Delta h_i$$

$$\Delta P_i = P_i' + P_i'', E_{si} = \beta E_{0i}$$

式中 P_i'——第 i 层附加应力；

P_i''——第 i 层自重应力；

Δh_i——第 i 层厚；

E_{0i}——第 i 层变形模量；

β——系数。

附加应力是根据道面和飞机荷载对地基土的影响确定的。按照民航设计相关规范规定，表面附加应力为 102 kPa，至深 4 m 处衰减为 0。

（2）强夯前沉降量的计算结果：按挖方区和填方区分别计算沉降量。

①挖方区沉降量计算结果表明，沉降量最大未超过 28 mm，挖方区不需进行处理。

②填方区沉降量计算及统计结果如下：

填方 0 ~ 5 m 区，沉降量 10.8 ~ 49.3 mm，平均值 25.13 mm，标准值 12.41 mm；

填方 5 ~ 8 m 区，沉降量 14.3 ~ 53.9 mm，平均值 42.38 mm，标准值 28.12 mm；

填方 8 ~ 13 m 区，沉降量 31.1 ~ 125.2 mm，平均值 68.46 mm，标准值 53.70 mm；

填方大于 13 m 区，沉降量 80.5 ~ 120.2 mm，平均值 98.43 mm，标准值 90.34 mm。

2. 沉降量计算结果所反映的地基土力学特征

计算结果表明，填方区沉降量变化大，数据十分离散，填方厚度大于 5 m 区域，沉降量超过技术标准的规定，反映出地基不均匀，沉降控制未达到要求。填方区域有如下特征：

（1）物理力学指标离散性大，反映地基不均匀；

（2）填土区域表层 1 m 范围内力学指标优于下部；

（3）填土厚度大的区域指标离散性大于填土薄的区域。

强夯试验后场地地基土的物理力学性质、沉降量的计算结果以及强夯设计参数详见强夯试验。

（六）强夯试验

1. 强夯法简介

强夯法是法国工程师梅纳（L. Ménard）于 1969 年首先提出的一种地基加固方法。该法又称动力固结法、动力压实法，它是将大吨位重锤提升到一定高度，使其自由下落，按特定的工艺对地基进行强力夯实，将机械能转化为势能，再变为动能（即夯击能）对土体产生作用，以达到加固地基的施工方法。它靠很大的冲击能（一般为 500 ~ 8 000 kN·m）使地基中出现冲击波和很大的动应力，以提高土的强度，降低压缩性，改善土的振动液化条件，并能消除湿陷性黄土的湿陷性，提高土层的均匀度等。强夯法起初仅用于加固砂土、碎石土等非黏性土地基中，经过几十年的发展和应用，随着施工方法的改进和排水条件的改善，现已推广应用到从块石土到黏性土等各类地基中。目前，强夯法已广泛应用于工业与民用建筑、仓库、油罐、电厂、公路和铁路路基、机场跑道、码头及大型填海造地工程等。我国于 1975 年开始介绍和引进强夯技术，1978 年开始应用于工程实践。《地基基础工程施工与验收规范》（GBJ 202—83）和《建筑地基处理技术规范》（JGJ 79—91）先后将其引入规范条文。强夯处理技术广泛应用于碎石土、砂土、低饱和度的粉土与黏性土、湿陷性黄土、杂填土、素填土等地基。对于饱和黏性土，特别是淤泥、泥炭等软弱地基,目前发展起来的复合地基强夯技术较好地解决了孔隙水压力消散的问题,成为我国沿海地区"填海造地"后对深层软土加固的一种重要手段。

由于强夯技术经济易行、效果显著、设备简单、施工便捷、质量容易控制、适用范围广泛、节省材料、施工周期短,因而得到迅速推广。尤其是"七五"、"八五"期间,有17项国家重大工程项目由于采用强夯技术加固各类软弱地基而大大缩短了工期,节省了工程投资,取得了良好的经济与社会效益。

(1)强夯加固作用的机理

强夯的加固存在三种不同的作用机理。

①压密作用:指在夯击时,地基土在强大夯击能作用下,其土粒相互靠拢,土粒之间孔隙减少,等量被压缩孔隙体积的气体(或水体)在压密过程中排出。

②固结作用:广义的固结指土的压缩过程,但大多数情况下,固结仅指饱含土的排水压密过程。饱和地基土在强夯时产生的附加压力是由土体的有效压力和孔隙水压力分担,但它们分担的情况是随时间而变化的,随着孔隙水的排出,超孔隙水压力逐渐消散,附加压力也随之逐渐转移到土骨架承受,有效压力逐渐加大致使土体压缩。最后,当附加压力全部由有效压力承担时,土的固结过程就完成了。

③预压变形作用:由于强夯这种突然释放的巨大夯击能作用,一般均会超过土体埋深的自重压密作用或建筑物荷重和土体埋深的自重压密作用。这种超量的压密作用将使土体产生相应较大的压缩变形,也使土体更加密实、稳定,一般称其为预加变形作用。

(2)强夯地基强度提高的过程

强夯地基强度提高过程可划分为四个阶段。

①夯击能量转化,同时伴随强制压缩或振密(包括气体的排出和孔隙水压力上升);

②土体液化或土体结构破坏,表现为土体强度降低或抗剪强度丧失;

③排水固结压密,表现为渗透性能改变,孔隙水排出,超孔隙水压力消散,土体强度提高;

④触变恢复并伴随固结压密,包括部分自由水又变成薄膜水,土体强度继续提高。

以上为饱和细颗粒土体强夯地基强度提高过程的四个阶段,而其他类土体由于渗透性、饱和程度、粗颗粒成分等原因所限,其在强夯时,地基强度提高过程的阶段显著性、延续时间、效果及影响也不同。

(3)强夯设计需要确定的参数

①单击夯击能:单击夯击能一般根据加固土层的厚度、地基状况和土质成分确定。场区填方为卵砾石土,填方厚度不同,如何选择适宜的单击夯击能而达到处理目的是一个较为重要的问题。

②夯击击数:单击夯击能确定后,如何合理选择夯击击数是关于最佳夯击能设计问题,它是与有效加固深度密切相关的一个施工参数。其确定原则是土体竖向压缩量最大,而侧向位移最小,即土体得到充分压缩而不产生明显的地面隆起。夯击数一般以最后3击的平均夯沉量小于5~10 cm控制。

③夯点间距:对卵砾石土等粗颗粒土而言,夯点间距过小时,相邻夯击点的加固效应将在浅层处叠加,形成硬层,阻碍夯击能向深层传递,影响有效加固深度;夯点间距过大时,则要增加夯击遍数。夯点间距是影响处理效果的重要因素。

④间歇时间:指相邻两遍之间的停夯时间,其目的是使强夯时产生的超孔隙水压力得以消散。间歇时间理论上取决于夯击后土中孔隙水压力的消散时间,但在实际工程中,一般是根据地基土的渗透性参照规范确定的。

⑤夯击遍数：最佳夯击遍数可提高夯击效能。

⑥夯点布置形式：夯点布置形式影响处理深度和夯击能的利用率。

2. 强夯试验

根据对场区地基的综合分析评价和强夯前沉降量的计算结果，填土区需要进行处理。本工程选择强夯法对地基进行处理。为取得强夯设计参数，进行了试夯试验。

试验区选择在 10 ~ 12 m 区域进行。试夯采取点夯方式，锤重 18 t，圆形锤，锤底面积 4.906 m^2，落距 16.7 m，即单击夯击能为 3000 kN·m，夯 1 遍，夯点间距 4.25 m。该区域共夯 22 点，其中 2 号点夯 17 击，5 号点夯 18 击，8 号点夯 19 击，其余点夯 13 击。在观测夯沉量的同时，布点观测隆起量，其余夯点仅观测夯沉量，同时在试夯区域内测量了夯点之间的总隆起高度。

（1）夯沉量：单点 13 击平均夯沉量 1.336 m，2 号夯点 17 击夯沉量 1.496 m，5 号夯点 18 击夯沉量 1.553 m，8 号夯点 19 击夯沉量 1.585 m。夯沉量与击数统计表及夯沉量与击数关系曲线图可以反映出以下几点：

①单点夯 10 ~ 12 击以后夯沉量有增大的现象，表明 10 ~ 12 击以后地基土有破坏现象。

②2 号、5 号、8 号夯点最后一击夯沉量都在 5 cm 以上，其余夯点第 13 击夯沉量也基本都在 6.3 cm 以上，第 10 击平均夯沉量 7.67 cm；前 10 击累计平均夯沉量 108.9 cm。

③群夯试夯各点的夯沉量比单独单点试夯夯沉量要小，说明各夯点间有挤密影响。

④4 号、11 号、18 号三个夯点在试夯区外围，填方高度比其他点大，夯沉量也大，分别为 1.462 m、1.538 m、1.580 m，说明在相同能级、相同击数、相同密实度条件下，填方高度越大，夯沉量越大。

（2）隆起量：2 号、8 号夯点分别观测了隆起情况，从隆起与击数关系曲线图上可看出，9 ~ 10 击以后隆起也有增大现象。2 号点夯 10 击总体积夯沉量 4.967 m^3，总体积隆起量 2.073 m^3，有效夯沉体积 2.894 m^3。17 击总体积夯沉量 7.343 m^3，总体积隆起量 3.369 m^3，有效夯沉体积 3.974 m^3。

整个试夯区试夯完后，在中部夯点间观测，总隆起高度为 0.375 m，表明隆起较大，夯点间距过密。

（3）效果检测：群夯试夯后，在夯点上进行了动力触探、载荷试验、瑞雷波波速测试，在夯点间也进行了动力触探。对比夯前、夯后各种检测结果可以得出：

①强夯后夯击点上表层动探击数有所降低，说明表层有所松动。松动层以下，动探击数明显比夯前大幅度提高，即承载力和变形模量大幅度提高，至 7.5 m 以下提高不明显，说明影响深度为 7.5 m 左右；夯点之间动探也反映出表层动探击数偏低，原地基土有所松动，松动层以下动探击数开始提高，即承载力和变形模量提高，说明夯点间土的挤密作用以及上下土层的挤压作用有差异，其影响深度从动探曲线上看也在 7.5 m 左右。

②瑞雷波波速测试结果反映，夯后地基土变得非常均匀，横波波速由 295 ~ 315 m/s 提高到 377 m/s，强夯影响深度为 7.1 m，与动力触探测试结果接近。

③载荷试验检测反映，在 421 kPa 载荷作用下沉降量为 41.74 mm，基本承载力为 155 kPa，变形模量为 9.4 MPa，回弹模量为 60.3 MPa。试验点荷载板明显刺入土中，周围地面出现多道不连续的裂隙，地面无明显隆起现象。由于试验是在夯坑中进行的，真实地反映出强夯后表层松动、承载力及变形模量下降，必须满夯加固。

根据强夯后土层力学指标，重新进行沉降计算，最终总沉降量符合技术规范要求。

根据以上结果，经综合评估，得出强夯处理方案可行的结论，并提供了强夯处理的夯点布置、点间距、夯击能级、停夯控制标准等设计参数。工程实施顺利,效果较好,机场运营正常。

(七)经验总结

地质综合勘察方法的应用要紧密结合勘察目的,做到有的放矢。对于一些特殊参数的获取,如果用常规勘察方法不能满足需要时,可以采用工程地质对比法、进行小范围试验等,特别是针对地基处理工程的地质勘察,要取得合理、有效、经济的设计参数,必要时需选取代表性区域作小范围的地基处理试验,然后根据试验效果,提供设计参数。本工程使用的勘察方案和勘察思路可以为注浆、碎石桩、搅拌桩等地基处理工程的地质勘察提供借鉴。

本章结束语

本章选择了19篇各类建筑工程和不良地质、特殊岩土等相关工程地质勘察实例,其中房建及场地稳定性工程地质勘察实例5篇,城市地下铁道工程地质勘察实例4篇,高速公路的隧道、大桥、特大桥、跨海工程等工程地质勘察实例8篇,机场、码头工程地质勘察实例2篇。另外也涉及滑坡、岩溶、软土的岩土工程勘察的经验及教训。

(一)高层建筑地基岩土工程勘察

高层建筑地基岩土工程勘察选择了2篇文章。重庆客站综合站房22层,高77 m,两层地下室。其位于长江左岸一级阶地,工程范围内土层厚度及种类变化较大,下伏"红层"基岩面起伏和风化差异均很大;中铁二院综合楼地面上19层,楼高64 m。地下室2层。其位于成都平原上,地基土主要为砂土夹卵石、卵石土,其相变剧烈,以往也有该类土层勘察质量问题的教训。针对两种不同类型的不均匀地基,岩土工程勘察工作进行了有侧重的综合勘察工作,加强钻探工作管理,改进钻进方法,提高钻探质量,取得了较好的成效。

另外3篇文章介绍滑坡对建筑工程场地安全的严重危害及岩土工程勘察。

(二)地下铁道工程

铁二院参加地下铁道、轻轨交通工程地质勘察设计工作较早,工程项目遍及全国许多大中城市,也取得了许多岩土工程勘察经验和成果。本章仅选择了4篇文章,介绍成都地铁1号线工程的主要地质问题、岩土工程勘察的对策、勘察成果;深圳地铁3号线高架段岩溶勘察及工程治理和K_{30}试验在基床系数测试中的应用。此两项工程的岩土工程勘察工作均为地铁设计施工提供了全面、完整、可靠的地质资料,土建工程进展顺利,对今后类似工程地质勘察有借鉴价值。

(三)高速公路

本章录入了6篇文章,内容涉及特大桥、大桥、长隧道及跨海湾交通工程(隧道或桥方案)的地质勘察。在新龙特大桥和厦们跨浔江港湾交通工程(隧道或桥方案)地质综合勘察中,进行了海上钻探、海上地震法物探、PS测井、声波测井、超深标准贯入试验等勘察技术,使地质勘察工作的质量、技术上有一定的提高、创新。在徐村大桥地质勘察实例中,介绍了该处发生滑坡的发生后主动改变徐村公路跨越高速公路的方式,减少了对原山坡的挖方破坏,为滑坡的治理和施工提供了保证条件;中梁山隧道工程地质勘察对高瓦斯、岩溶、断裂、环保等进行了大量的工程地质勘察工作,为设计施工提供了全面可靠的地质资料,本文也简要介绍了施工地质及其对勘察成果的验证情况，其勘察方法、思路及经验值得在类似工程地质勘察工作借鉴。

本章录入了高速公路工程地质勘察的专题总结共 2 篇文章，即广州南部快速路海积软土工程特征及整治，广深沿江高速公路东莞断陷盆地第三系地层的工程地质特征，对后续相关工程的工程地质勘察工作有一定的指导作用。

（四）机场、码头的工程地质勘察

本章录入了 2 个工程地质勘察实例。绵阳机场强夯地基处理工程的《综合勘察方法在地基强夯处理工程的应用》，介绍了该工程采用紧密结合勘察目的的综合勘察，并与代表性地段的小范围处理试验相结合的勘察方案，地质勘察工作取得了良好成效，此思路可为其他地基处理工程地质勘察提供借鉴；青岛八号码头交通工程的抽水试验《稳定流计算在青岛八号码头工程水文地质勘测中的应用》，介绍了该地区浅孔、薄层细颗粒土含水层的抽水试验的特殊性和一系列技术问题的处理思路和办法，为类似工程地质条件的抽水试验提出一些经验教训。

（五）不良地质及特殊岩土

1. 滑　　坡

西南地区多山地形、地质条件复杂多变、气候又多雨潮湿，是滑坡的易发区。滑坡种类多、规模各异，其对交通工程、工业及民用建筑的危害巨大。多年来，铁二院在滑坡，特别是对大型滑坡的勘察、工程整治取得了较丰富的经验和成果。20 世纪 70 年代以来，铁二院采用钢筋混凝土锚固桩为主的综合整治滑坡的方案技术日益成熟、效果良好，滑坡的工程地质勘察工作也取得长足进步。本章选择了建筑场地滑坡 3 个、高速公路 2 个滑坡工程地质勘察实例：

在武隆县政府及陆家嘴两个特大型滑坡的工程地质勘察工作中采用了航片解译及三维图像，其对这两个特大型滑坡的整体性、大范围的识别及滑坡分区的成效显著。在滑坡勘察工作中，对这两个特大型滑坡的整体稳定性、分块（区）及其稳定性计算、评价进行了较详细的岩土工程勘察、分析工作及在滑坡分块工程整治方案等都取得了显著的技术进步和经济成效；武隆县政府及茅台酒厂滑坡耗资巨大的工程整治为人们提出了城市、工业设施的选址中，要充分重视地质灾害的评估工作，尤其是要避免在特大型滑坡、滑坡群分布区，否则将深受其害，损失惨重；云南大保高速公路徐村大桥滑坡的整治方案说明了地质条件和工程方案相互依存的重要关系，优良的工程设计方案可减轻对环境的破坏，也可避让不良地质地段，甚至可免受其危害；太白车站牵引变电所场坪堆填土滑坡的产生显现了填方工程质量、基底处理和地下水引排工程的重要性及施工问题的及时、深入分析和处理的必要性。

本章介绍的西南地区 5 个滑坡的形成原因、类型野外识别、勘察及整治工程措施，尤其是特大型滑坡的勘察实例，希望相关的经验、教训能对今后的勘察设计工作有一定启示作用。

2. 岩　　溶

西南地区岩溶发育较普遍，部分地区危害严重。本章选了深圳地铁 3 号线高架桥段和成渝高速公路中梁山隧道两个地质勘察实例。成渝高速公路中梁山隧道为高瓦斯、岩溶隧道，其地质条件复杂，当时又是全国最长的公路隧道，地处重庆市，环保要求高。其综合地质勘察及施工地质工作十分详尽，采用了先进的勘察、测试方法，为隧道的设计、施工提供了完整、可靠的地质资料；工程防水设计采取以堵水为主的施工方案取得了预期的环保及工程防水的效果；1996 年获得全国优秀工程勘察项目铜奖。其工程地质勘察方法、经验及工程措施对后期新建铁路工程的勘测起到了良好借鉴作用。

3. 其　　他

本章内容也涉及了软土、卵石土的相变、不均匀地基等问题的工程地质勘察对策及方法。

综上所述，本章涉及铁路、公路、工业与民用建筑、机场、码头等工程，工程种类繁多，工程设计、施工要求也不完全相同，且各部门的规范、规定也有差别。但是，所遇工程地质问题和工程地质勘察基本原则、方法基本雷同。实践证明，实事求是的总结以往的工作，广泛推广成功的经验，充分认识失败的教训，不断发现问题，改进工作方法和思路，及时解决问题，才能持续地推进工程地质勘察技术取得新进展。

第八章　科研成果、技术总结和技术方法

一、胶济铁路沿线的晚新生代生物地层

蒋忠信

胶济铁路中、西段沿线，黄土堆积连续广布。为配合复线建设，20 世纪 70 年代后半叶，铁二院三总队黄土组对沿线黄土堆积的地层和工程地质特性进行了系统研究。

（一）区域晚新生代地层概述

胶济铁路中、西段自济南至南流，地处泰、鲁、沂山地北麓，长 240 km。沿线黄土状土及黄土（统称黄土堆积）广泛分布于山间盆地、山麓冲洪积裙和山前冲积平原，厚 10 多米至数十米。自西向东，自山间盆地、山麓至冲积平原，从黄土渐变为黄土状土至一般黏性土。

铁二院三总队黄土组在中国科学院古脊椎动物与古人类研究所、山东省地质局、各博物馆和化石发掘人的协助下，通过对 20 处脊椎动物化石产地的调查及对 20 世纪 20 年代的哺乳动物化石产地的复查，划分了沿线的晚新生代地层。

结合后续研究成果，可将本区晚新生代地层结构自下而上归纳为：山麓古湖盆中的上新世八漏河组钙质建造及其下的大站冰碛层，上覆早更新世棕红色黏土。红土顶面为侵蚀面，上覆中更新世棕黄色黄土堆积，广布于盆地与山麓，黄土性状较典型，顶部发育一层红棕色埋藏土，盆地内可见第二层红色埋藏土。第一层红色埋藏土之上为晚更新世褐黄色黄土堆积，分布最广，顶部发育一层褐黑色埋藏土，向东缺失，代之为一沉积间断。黑色埋藏土之上为全新世黄褐色黄土堆积，底部有文化层；现代河床中分布全新世冲洪积砂砾层和亚砂土，厚 1 ~ 10 m。

（二）沿线第四纪地层

根据黄土堆积中所产脊椎动物化石，结合埋藏土、文化层、侵蚀面等标志层及黄土堆积宏观特征，自上而下以褐黑色埋藏土顶面和第一层红色埋藏土顶面为界，将本区黄土堆积依次区分为全新世黄褐色黄土堆积层、上更新世褐黄色黄土堆积层和中更新世棕黄色黄土堆积层；侵蚀面以下的棕红色黏土层属下更新统，下伏上新统八漏河组。

1. 全新世黄土堆积地层

沿线褐黑色埋藏土之上盖有现生软体动物遗壳层或文化层，并产斑鹿化石：

（1）北京斑鹿（*Cervus hortulorum*）角化石产于章丘县季官庄八漏河东岸的龙山文化层中。

（2）在章丘县龙山镇城子崖遗址的褐黑色埋藏土之上叠置龙山文化层；在周村南的古城遗址（东周末—隋）褐黑色埋藏土中混合有文化层。

（3）在益都县草庙村南之沟壁褐黑色埋藏土上盖有螺壳质砂砾层（旋螺与淡水小螺，属现

生种)。

因此,一般可将褐黑色埋藏土顶面作为全新统与上更新统的界限,顶面以上的黄土堆积属全新统。但当文化层与褐黑色埋藏土混合时,后者也包含了全新世沉积。

全新世黄土堆积为黄褐色黄土状土及黄土,含姜石、砾石、角砾、砂层,厚 1 ~ 6 m,局部为灰褐色砂黏土,或灰黄色砂黏土夹淤泥,厚 1 ~ 10 m。

2. 晚更新世黄土堆积地层

沿线褐黑色埋藏土中及其以下与第一层红色埋藏土顶面之间的褐黄色黄土堆积中,出土脊椎动物化石 13 处,计 8 属种,包括诺氏古菱齿象(Palaeoloxodon naumanni)4 处,古菱齿象(Palaeoloxodon sp.)2 处,披毛犀(Coelodonta antiquitatis)、梅氏四不像鹿(Elaphurus menziesianus)各 1 处,原始牛(Bos Primigenius)2 处,牛(Bos sp.)、盘羊(Ovis ammon)、安氏鸵鸟(Struthio anderssoni)各 1 处。

(1)褐黑色埋藏土层中产三种化石:

①梅氏四不像鹿角化石,1972 年出土于章丘市龙山镇山城村北机井中。

②原始牛角化石,1973 年出土于淄博市临淄区仉行村北机井中。

③安氏鸵鸟蛋化石两枚,分别于 1958、1955 年出土于邹平县十里铺村东、西两机井中。

(2)褐黑色埋藏土之下黄土堆积中产两属种化石:

①诺氏古菱齿象下颌骨化石,1972 年出土于益都市高柳乡李家庄阳河东岸机井中。

②牛距骨化石,1965 年出土于淄博市周村区苏孔庄西南机井中。

(3)褐黑色埋藏土之下黄土堆积所夹砂层中产两种化石(计 4 处):

①诺氏古菱齿象 3 处:A. 昌乐县尧沟乡后北河村 1972 年从大丹河西出土门齿一对及下颌、肢骨化石;B. 潍坊市东郊的中上汙河村 1973 年从汙河西岸河滩下挖出一较完整个体化石,距此 1 km 多的潍坊市棉纺厂也发现过象肢骨化石;C. 潍坊市望留乡小崖头村 1972 年从村南白浪河滩出土一有磨损之臼齿化石。

②原始牛角化石,1972 年从潍坊市东郊的东上汙河村汙河河床出土。

(4)褐黑色埋藏土(或沉积间断)下黄土堆积砾石夹层中产三属种化石(计 4 处):

①古菱齿象 2 处:A. 臼齿化石 1958 年从章丘市枣园镇张乙郎村西南机井中出土;B. 门齿化石 1977 年从淄博市张店区傅家庄东南孝妇河东岸机井中出土。

②披毛犀下颌骨化石,1974 年从济南市南郊的东八里洼村北冲沟东壁出土。据介绍,附近同一层位还产出了象牙化石。

③盘羊角化石,1975 年从益都市王孔乡南王孔村南冲沟壁出土。

褐黑色埋藏土中产晚更新世原始牛及当时已繁盛的梅氏四不像鹿和安氏鸵鸟化石,时代应为晚更新世晚期。其下,红色埋藏土之上的黄土堆积中,产晚更新世诺氏象、披毛犀、原始牛及晚更新世已有生存的盘羊化石,时代应为晚更新世。因此,本区褐黑色埋藏土及其下与第一层红色埋藏土之间的黄土堆积应属上更新统。

晚更新世黄土堆积为褐黄色黄土状砂黏土及黄土,含姜石、角砾、砂砾层,尧沟以西顶部发育一层厚 0. 5 ~2. 5 m 的黑褐色埋藏土;尧沟以东相应为一沉积间断,厚 1 ~ 40 m。

3. 中更新世黄土堆积地层

沿线第一层红色埋藏土及其下棕黄色黄土堆积中,调查哺乳类化石产地 6 处,复查 20 世纪 20、30 年代化石产地 3 处计 7 属种,包括剑齿象(Stegodon sp.)、古菱齿象(Palaeoloxodon sp.)、中国犀(Rhinoceros sinensis)、猪(Sus sp.)、大斑鹿(? Cervus magnus)、葛氏斑鹿(C. P.

grayi)、扁骨大角鹿(Sinomegaceros flabellatus)、肿骨大角鹿(S. pachyosteus)、短角水牛(Bubalus brevicornis)、山东绵羊(Ovis shantungensis)。

(1)产于第一层红色埋藏土层的化石2属3处:

①剑齿象臼齿化石,1973年产于章丘市平陵镇杲家庄钜野河铁路桥南岸壁。

②古菱齿象化石2处:A. 门齿一段于1952年从济南柴油机厂大门涵桥下出土;B. 门齿残段于1977年在周村区王洞村西83厂墙北水池出土。

(2)产于红色埋藏土之下棕黄色黄土堆积中的化石计3种:

①短角水牛头骨化石,昌乐县城关的东山李(原名李庄)出土。杨钟健先生1936年报道,推测化石产于“红色土”中。现场复查,化石1928年出土于村东的草山与王家大山之间的冲沟北壁。沟壁高7 m多,全由棕黄色黄土构成,下伏第三系玄武岩,化石产于深约5 m的黄土中。几年后又在其西50 m小冲沟北壁3.5 m深处黄土中挖得下颌骨、肢骨化石。产地黄土的宏观特征与红色埋藏土之下的黄土相似。

②山东绵羊头骨化石,产于益都市王孔乡顾家庄东南冲沟壁棕黄色黄土中。

③中国犀臼齿(P^4-M^1)化石,1973年于莱芜市辛庄乡百嘴红村深5 m的棕黄色黄土中出土。此外,村西头公路旁角砾岩中产鹿类化石,可能系肿骨鹿。

(3)产于红色埋藏土之下黄土堆积砾石夹层中的化石计2处:

①山东绵羊头骨化石,松本1924年得自益都城南的王家庄,认为产于沟底黄土下部所夹砾石层的底部。此后诸文献对此化石产地、产层时有传误。现场复查,王家庄东的小河深切于云门山与驼山间的冲洪积盆地。对照松本所述,化石产自村东南河沟壁红色埋藏土之下棕黄色黄土底部砾石层。

②古菱齿象门齿化石,1973年出土于章丘市普集镇池子头村东沟岸。

(4)推测产于红色埋藏土下黄土堆积中的化石计2处5种:

①猪:皮尔森1928年报道采自益都城外沟中,后杨钟健先生认为产自“红色土”中。现场复查,益都城外沟谷深切,沟壁主要出露带红色条带(埋藏土)的黄土堆积,化石当产于此层中。

②大斑鹿、葛氏斑鹿、鹿骨大角鹿、肿骨大角鹿:松本、师丹斯基20世纪20年代研究,后经杨钟健先生订正。据称,化石均来自益都阎家庄冲沟壁的黄色黄土及其砾石夹层中,后误传为益都清水涧。据复查,原益都共有3个阎家庄,其中产化石的阎家庄位于益都西北13 km,西邻顾家庄。据阎、顾两庄老人回忆,化石出自两庄间大沟中,以砾石石棚中居多。此沟深20 m以上,底部为棕红色黏土,上覆较厚的棕黄色黄土夹砾石石棚,顶部可见红色埋藏土。对照松本所述,化石当主要产自棕黄色黄土及所夹石棚层中。

上述化石,除古菱齿象外,都是上更新统黄土堆积中未见的较老种属,其中猪、葛氏斑鹿、肿骨鹿见于周口店动物群;中国犀是华南中更新世动物群成分,百嘴红可能是其最北的产地;剑齿象在华北中更新世地层中已有发现;短角水牛一般认为是中更新世化石。古菱齿象体型也比上更新统中的要小,时代应较早。因此,本区红色埋藏土及其下的黄土堆积应属中更新统。

中更新世黄土堆积为棕黄色黄土状砂黏土、黄土,含姜石、角砾及砂砾层,顶部和中部各发育一层厚0.5~4.3 m的红棕色埋藏土,厚0~30 m。

4. 早更新世红土地层

以侵蚀面分界,下伏于黄土堆积、覆盖于上新统八漏河组之上的红土层,划归下更新统,为棕红色黏土、砂黏土,含姜石、角砾、砾石层,厚0~130 m。

（三）上新统八漏河组

1. 八漏河组的建组研究

(1)八漏河组的分布：在章丘县枣园以东，南自大站水坝，中经胶济铁路桥，北至河南村，沿西八漏河两岸，普遍出露了1套含钙质沉积建造，呈南北长6.5 km、东西宽1 km的狭长带状。分布西界由走向N10°W的文祖镇断层控制，东面则受赭山和南北向的小朱各务断层的影响。

(2)选层型剖面：据垓庄西采石场（图8—1—1）等剖面观察和钻孔揭示，八漏河组厚约17 m。自上而下层序如下：

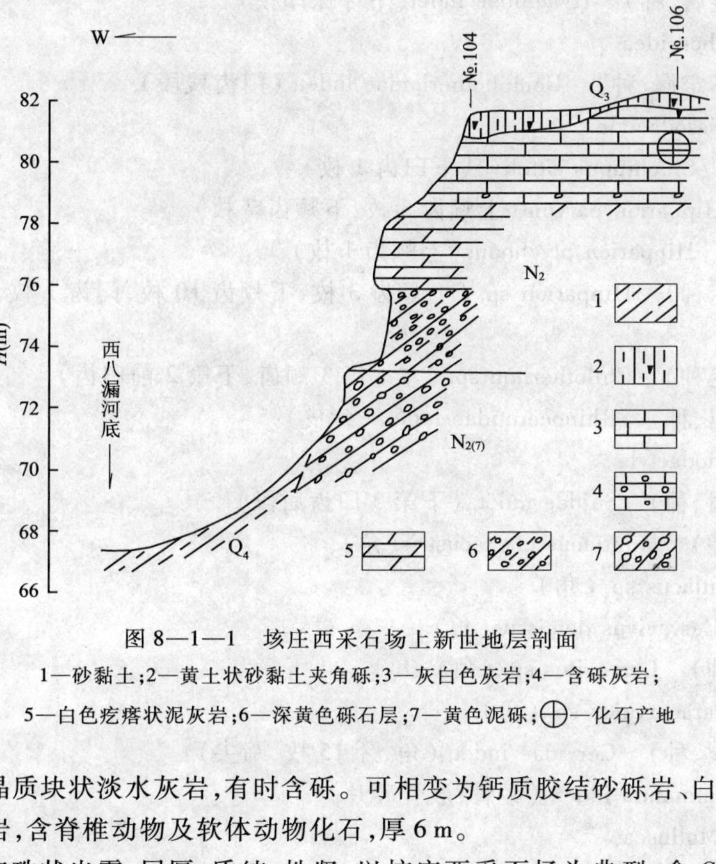

图8—1—1 垓庄西采石场上新世地层剖面

1—砂黏土；2—黄土状砂黏土夹角砾；3—灰白色灰岩；4—含砾灰岩；
5—白色疙瘩状泥灰岩；6—深黄色砾石层；7—黄色泥砾；⊕—化石产地

①灰白色结晶质块状淡水灰岩，有时含砾。可相变为钙质胶结砂砾岩、白色疙瘩状泥灰岩与黄白色钙质泥岩，含脊椎动物及软体动物化石，厚6 m。

淡水灰岩呈串珠状出露，层厚、质纯、性坚，以垓庄西采石场为典型，含CaO 52.0%，开作料石与水泥原料，向北变薄且不纯。

②灰白色含砾灰岩，局部为鲕状灰岩。砾石多为次圆至次棱状角砾，砾径小于1 cm，成分以深灰色灰岩、燧石质灰岩、石英砂岩、页岩为主。绕砾同心圆沉积晕的直径达1～2 cm。赭山西面相变为红棕色松散砾石层。厚2 m。

③白色疙瘩状泥灰岩。可相变为黄白色钙质泥岩，近赭山则为灰黄色钙质砾岩或角砾岩。厚6 m。

④深黄色砾石层，松散。砾径1～10 cm，次圆状，成分为深灰色灰岩及砂页岩，砾间充填深黄色（局部红棕色）黏土、角砾，厚3 m。

八漏河组普遍不整合于二叠系砂页岩之上，仅在大站水库溢洪道出口附近见八漏河组，底砾层之下尚出露一层砾石成分、胶结程度与之大相径庭的半成岩黄色砂砾层（大站冰期冰碛物）。八漏河组灰岩面之上，覆盖新、老黄土堆积或红土层。

（3）化石与时代：化石产于淡水灰岩中，以垓庄西采石场及北皋埠八漏河岸发现的脊椎动物化石为主。已发现的化石有：

爬行类　Reptilia

龟鳖目　Chelonia indet.（龟片）

哺乳类　Mammalia

食肉目　Carnivora

缟鬣狗（不定种）　Hyaena sp.（下前臼齿两枚）

鬣狗科（不定属、种）　Hyaenidae indet（下牙床印模）

长鼻目　Proboscidea

嵌齿象科（不定属、种）　Gomphotherioidae lndet.（门齿残段）

奇蹄目　Perissodactyla

齐氏中华马　Sinohippus zitteli（残下臼齿 1 枚）

小三趾马　Hipparion parvum（上颊齿 3 枚，下颊齿 7 枚）

褶齿三趾马　Hipparion ptychodus（上颊齿 1 枚）

三趾马（不定种）　Hipparion sp.（上颊齿 3 枚，下颊齿 10 枚，门齿 1 枚，掌骨、蹠骨、趾节骨、胫骨远端）

大唇犀（不定种）　Chilotherium sp.（左上第 3 颊齿，下第 2 前臼齿）

犀科（不定属、种）　Rhinocerotidae indet.（牙皮）

偶蹄目　Artiodactyla

猪科（不定属、种）　Suidae indet.（下第 3 臼齿后段）

湖麂（相似种）　Muntiacus cf. lacustris（角）

？麂　？Muntiacus sp.（角）

低枝祖鹿　Cervaviyus demissus（角）

祖鹿（不定种）　Cervavitus sp.（角）

？付鹿　？Paracervulus sp.（角）

鹿科（不定属、种）　Cervidae indet.（角，牙 15 枚，蹄尖）

反刍类　Ruminantia indet.（距骨，肢骨碎片）

软体动物　Mollusca

蚌（不定种）　Unio sp.

上列化石组成了三趾马动物群。其中齐氏中华马过去在我国发现不多，仅在山西保德及内蒙化德上新世地层中发现过，枣园的发现为齐氏中华马的地理分布增添了新地点；三趾马个体小，与山西榆杜盆地上新世的小三趾马和褶齿三趾马很接近；鹿与榆社Ⅱ带（中上新世）、Ⅲ带（早更新世）的很接近，但湖麂的角个体较榆社的大得多；鬣狗比早更新世的桑氏鬣狗小，与榆社上新世的李氏鬣狗接近；大唇犀在我国是上新世的属。由此看来，动物群的时代无疑是上新世。

这套地层，从底部砾石层到顶部淡水灰岩，为河湖相的连续沉积，应属同一时期，即上新世，故建议建立“八漏河组”作为山东省上新世地层的代表。

枣园三趾马化石动物群的发现，不仅确立了山东地区上新世地层的存在，还使我国三趾马动物群地理分布的东界由河南新乡推到了鲁中。

2. 八漏河组的拓展研究

(1)八漏河组的建组沿革:《山东省志》(2008)总结道:"1912 年日本人小川琢治在章丘朱家务村(即今朱各务村)附近淡水灰岩中,发现第三纪哺乳类牙齿化石,于是命名该层为瓜漏河组。"

"1978 年,蒋忠信、吴文裕在该层找到大量三趾马等动物化石,首次确立了山东上新世三趾马动物群,并将此地层命名为八漏河组。1980 年,李道高、郭永盛等进一步研究了化石层,……并根据地名改称为'巴漏河组'。"

(2)八(巴)漏河组的分布的后续拓展研究:李道高等认为,"山东章丘西巴漏河沿岸三趾马动物群的首次发现,以及上新统巴漏河组的确立,对山东新生代地质的研究有很大的意义。通过对巴漏河组的认识,我们以为在上新世时期,鲁中山地周围山前倾斜平原边缘地带的某些河湖盆地中,均可能有类似的淡水灰岩沉积。从巴漏河组的地理分布看,该组地层总的产状是自南向北倾伏,……因此巴漏河组与济阳凹陷中的明化镇组河湖相沉积可能有着某种联系。事实上,据现有钻孔资料知,在鲁西阳谷一带明化镇组的中下部也发现了白色碳酸钙质岩层,从岩性和时代上都可能与巴漏河组相对比;在鲁西南的梁山、巨野、金乡一带,地面下 150 ~ 170 m 也见有碳酸盐岩层"。"上新统巴漏河组的确立,还解决了山东地貌发育史中'临城期侵蚀面'的形成时代问题。……'临城期侵蚀面'形成于巴漏河组的结晶灰岩之上,……不应与华北的'唐县期地面'相当,而应是形成于上新世末至早更新世的一个古剥蚀面。"

据迟培星等的意见,巴漏河组地层分布,除西巴漏河沿岸外,在明水北部及东巴漏河沿岸也有隐伏。

近年,在淄博地区也发现了巴漏河组,剖面位于淄博长申地青扬河岸。据谭征兵等报导:区内"巴漏河组的沉积组合是选层型剖面的同期异相沉积,主要由灰色钙质胶结的中粗砾石层与棕红色、红色含砾粉砂质黏土层及粉砂质黏土层交替沉积构成,为河流相沉积"。

据《走进济南——地层篇》介绍,济南地区"第三纪地层巴漏河组主要分布在章丘绣惠、枣园和历城鸭旺口一带,在山前平原和丘陵地区零星分布,厚度一般 20 ~ 30 m,鸭旺口南张家庄厚近 50 m。"

(3)八(巴)漏河组的时代:建组为上新世(早期),后改定为中新世晚期。第四纪冰川学者定为下更新世。

李道高等认为:"巴漏河组地层不论在岩性或地理分布特征上均与潞王坟组有相似之处,所以很可能也是上新世较早期的沉积。"

《中国地层概论》认为:"我国早上新世的哺乳类动物群是以含大量三趾马化石为特征。……鲁西山区的八漏河组含有 Hipparion parvum、H. ptychodus 及 Chilotherium sp. 等哺乳类化石,时代无疑属早上新世。"

《中国的第三系》也认为:"八漏河组命名剖面位于山东省章丘县枣园公社八漏河垓庄西采石场,1978 年由蒋忠信、吴文裕创建。"鉴于"哺乳动物化石中的 Hipparion parvum, H. ptychodus 和 Sinohippus zitteli, Chilotherium sp. 都是华北地区上新统中之常见分子,所以其时代归属为上新世应无疑问。""我国下上新统中常见的……'三趾马动物群'具有代表性的有……山东西部的八漏河组。"

1984 年,李传夔等经进一步对比后认为,八漏河组的哺乳动物群与陕西保德动物群相当,为晚中新世。

同年,《中国新生代生物地层学》也将八漏河组的时代定为晚中新世,认为:"铁道部第二设计院三总队黄土组……在章丘县枣园公社西八漏河沿岸发现了含脊椎动物化石的中新世地层。根据蒋忠信、吴文裕的报导(1978),……上列化石,齐氏中华马在保德及化德蓬蒂期地层发现过;两种三趾马个体小,与榆社Ⅰ带的很接近;鹿与榆社Ⅱ、Ⅲ带的很相似,但湖麂的角大得多;缟鬣狗比早更新世的桑氏缟鬣狗 H. licenti 要小;大唇犀为蓬蒂期常见的属。由此可见,含化石的地层为晚中新世。”

稍晚,《中国的第四系》根据下伏大站组归下更新世而将八漏河组的时代定为下更新世,认为:“下更新统……八漏河组也为蒋忠信所建,岩性为一套钙质沉积。”

迟培星等在山东省新生代岩石地层清理意见中,仍认为巴漏河组地层时代属上新世(N_2)。

《中国地层典——第三系》将八(巴)漏河组与保德组对比,时代定为晚中新世,认为:“巴漏河组 Balouhe Fm N_1。……命名剖面位于山东章丘县枣园乡垓庄西采石场至巴漏河岸。……1978 年,蒋忠信和吴文裕称之为巴漏河组,时代定为上新世。1984 年,李传夔等认为……为晚中新世,为一套河湖相沉积。”

(4)微体化石研究:李道高等通过分析认为,本组的轮藻组合在一定程度上可以与鲁北平原“明化镇组”相比较,介形类化石也似为时代较老的化石组合,故这一微体化石群的时代可能属于上新世的较早时期。

王伟铭等对巴漏河组进行了系统的孢粉分析,论证了巴漏河组及其上覆更新统孢粉植物群面貌及其气候意义,确定了巴漏河组与山东北部钻孔剖面明化镇组上段孢粉组合的对比关系。

(四)上新世大站冰期地层

1. 大站冰期冰碛物研究

大站水库溢洪道出口跌水坎见伏于八漏河组底砾层之下的黄色砂砾层,层顶高程 75 m,出露厚度 8 m,未见底,分布局限,向北迅速尖灭,至枣园铁桥处已消失。

该砂砾层半成岩状,砾石含量约 90%,砾间充填砂、土。砾石成分多样,深灰色灰岩占 45%,已严重风化,仅分布于泰山东段主峰的泰山群变质岩占 41%,余为泥灰岩、砂岩、粉砂岩和页岩。泰山东段主峰距此已超过 20 km,变质岩砾石应为冰川搬运所至。

砾石产状杂乱,*ab* 面倾向较分散,以倾北者稍多(305°~40°占 43%);*ab* 面倾角较陡,以 20°~50°居多,占 55%,可见方块状砂岩块直立于其间。这种砾石产状紊乱,分布混杂而无层次,倾角大且有立砾的特征,是冰碛物的属性。

砾石砾径较大,分选性差。长径 *a* 平均为 6.2 cm,最大达 62.0 cm,分选系数 0.25。砾石有一定磨圆,呈次棱至次圆状,个别具擦痕。砾径大、分选差的特征与冰碛成因相合。

砂砾中夹有不少砂质透镜体和黏性土块包裹体。砂质透镜体长可达 2.5 m,厚仅数厘米,含砾,大小混杂,分选、磨圆差,可见层理,多已胶结成砂岩状,似为冰川内水流沉积。黏性土块包裹体棕黄色,不规则多边形状,棱角分明,长径可达 2.3 m,质地较黏而纯,为重型黏砂土,似为冰川侧刨土体后驮运至此。

据上,初步认为这层半成岩砂砾层为古冰川沉积物。因其上覆上新世八漏河组,时代应比八漏河组稍早,暂定为上新世(早期),并命名为大站冰期,可与太行山东麓半成岩化泥砾或杂色风化泥砾所代表的“第一冰期”对比。

2. 学术界对大站冰期的意见

对于大站冰期,虽研究成果仅内部交流而未公开发表,但仍得到初步认同和引用。《中国地层概论》认为:“早更新世大站冰期系蒋忠信(1979)于山东章丘县枣园大站水库附近发现,为半成岩黄色砂砾，砾石岩性大部为泰山东段顶部的变质岩，排列无章，倾角大，无层次，且有泥砾，大小混杂，常夹砂质透镜体和棕黄色角状黏性土巨块，可能与(早更新世早期的)红崖冰期相对比。”

《中国的第四系》中将大站组的时代划归下更新世(早期)，认为:“在泰山东麓确残存有紫红色泥砾。砾石具磨光面和擦痕。同时在泰山玉皇顶等地且发育有冰谷、悬谷等冰川遗迹。1979年蒋忠信也曾报道泰山东麓大站水库溢洪道出口处的跌水坎出露有半胶结的黄色砂砾而建组。”

然而，对大站冰碛，应该说尚未完全证实。《中国泰山》指出:“蒋忠信初步认为，泰山北麓枣园附近的红色泥砾和黄色堆积层是冰川成因。……沉积物中的‘泥砾’和‘擦痕’现在已不被看做是冰川沉积独有的特征了。在一定条件下泥石流和快速、大规模的滑坡所形成的沉积物，也可产生‘泥砾’和‘擦痕’。……总之，我们认为前人所指出的地貌和沉积现象，只能说明泰山地区在第四纪冰期时候可能有过山地冰川活动，但这还远不能被证实。”

李道高等也认为:“泥砾层中的石灰砾石见有擦痕条纹及压坑，而在石英岩砾石上则无擦痕等，看来这一泥砾层很可能是古泥石流沉积。”

二、南昆铁路七甸泥炭土路基工程试验

黄　俊　蒋忠信

(一)概　况

1. 立题意义

泥炭土作为一种特殊土，广泛分布于我国西南地区以及西北、东北地区，在我国沿海及内陆湖盆也有零星分布。随着国民经济的蓬勃发展，泥炭土地基与工程建设关系越来越密切。泥炭土的显著特征是有机质含量高、强度低、压缩性极强、工程地质特性极差。由于有机质的复杂性，世界范围内对这类特殊土的认识也不够深入，一些经典的土木工程专著对这类土的描述也只是一提而过。过去因对这类特殊土体的认识不足，曾给国民经济造成一定的损失。如贵昆铁路滥坝—水城泥炭土、淤泥质土地基上填筑路堤引起三次大的坍滑，造成极大的经济损失，铁路开通运营后，路基基床病害不断，贵阳铁路分局六盘水工务段每年花大量的人力、物力进行整治，同时成为列车运营的极大安全隐患。南昆铁路遇到约5 km的泥炭土地基，其中以威昆段呈贡县七甸乡水塘村境内七甸泥炭土最为典型，在泥炭土上填筑的路基工程为南昆铁路的控制性工程，因此对泥炭土路基工程立项研究对确保南昆铁路顺利铺轨具非常重要的现实意义。该路基工程试验对完善特殊土地基工程勘察、基础工程设计具积极作用，同时通过对这一特殊土的研究，弄清泥炭土的成因、泥炭土工程地质特性、有机质对土体物理力学特性的影响、泥炭土地基的沉降计算、泥炭土地基基础加固，对丰富和发展泥炭土地学、工程岩土学、基础工程学都具有重要的理论意义。为此，铁道部南昆铁路建设指挥部立项进行了南昆铁路七甸泥炭土路基工程试验研究。

2. 地理环境

七甸泥炭土工点位于云南省呈贡县七甸乡水塘村境内的水塘洼地区，工点距昆明市约40 km。水塘洼地开阔平坦，高程约2 020 m，中部常年积水，稳定水位高程2 020.9 ~ 2 021.6 m，

为现代沼泽。沼泽四周为肥沃的农田,并略向中部倾斜。洼地长约3 km,宽约0.5～1.5 km,洼地四周低山环抱。七甸河从洼地中部通过。七甸河出洼地后在两岸形成低平而较宽的阶地。昆(明)河(口)米轨铁路沿河流右岸阶地和水塘洼地西北缘通过,并设有水塘车站,昆明至石林二级公路从西北面低山麓和洼地边缘通过,交通十分方便。

(二)七甸泥炭土沉积特征

1. 地层结构与构造

水塘洼地沉积环境复杂,由湖沼相、河流相沉积相互交错沉积,断面上沉积相多变,泥炭、泥炭质土、淤泥质土、粉砂质黏土、粉砂土交互成层,相互穿插,地层结构为:1.0～2.5 m厚的黏土、砂黏土硬壳层;其下主要为泥炭质土及泥炭,间夹淤泥质土和软黏土及饱和粉细砂层,总厚2～28 m。下伏基岩为侏罗统下禄丰群的砂岩和泥岩。

水塘洼地泥炭土层底板和顶板均为粉砂质黏土,泥炭与底板之间的过渡层为泥炭质土,泥炭与粉砂质黏土交互成层,说明当时泥炭沼泽是在陆地基础上逐步演化形成的,由于新构造运动产生的间歇性沉降,使沉积环境发生多次变迁,重复出现有利于沼泽化和沼泽植物繁茂生长的条件,而形成了多层泥炭,在泥炭层之间分布粉砂、粉砂质黏土、泥炭质土。

2. 七甸泥炭土的沉积环境与沉积相

七甸洼地深28 m以泥炭土为主的沉积,是晚更新世以来冷湿气候条件下形成的湖沼相沉积,地质年龄约5×10^4年,其表层8 m左右为全新世沉积。

南昆铁路在七甸洼地中通过,D_1K786+025～+840段位于七甸洼地东南侧,该段泥炭土为湖沼相沉积,湖沼相沉积环境相对稳定,故形成厚度大、连续成层的泥炭土;DK787+500～+920为现代沼泽相沉积,洪水季节为水覆盖,干旱季节变为陆地,底部具有明显的斜坡地形,横坡为10°～35°;DK787+500～+920段位于七甸河右侧河流阶地,以河流相沉积为主,泥炭土及淤泥厚度较小,分布连续性差,呈透镜状,泥炭土上覆厚度较大的硬壳层。

(三)七甸泥炭土的物质成分及工程地质特征

1. 七甸泥炭土的物质成分

泥炭土物质成分的典型特征是其有机质含量高,吸附性强(表8—2—1)。七甸泥炭土有机质含量高达14.29%～90.48%,交换阳离子总量高达45.55～94.36 me/100g;而一般黏土矿物中阳离子含量高的蒙脱石,其阳离子交换总量也仅80 me/100g。受有机质的影响,泥炭土成分极复杂,表现在不同地区有机质含量存在一定的差异,即使同一地区差异也极大。七甸泥炭土有机质含量在14.29%～90.48%幅度范围内变化,另外有机质在生物化学作用下发生分解。不同类型、不同地区、同一地区不同层位泥炭土的分解均存在差异,七甸泥炭土有机质分解度在17.55%～68.22%幅度范围内变化。分解形成的腐殖质对泥炭土的胶结起重要作用,但腐殖质胶体是无定型的,它的结构不稳定,导致泥炭土性质的不稳定;对黏土矿物质为主的软黏土而言,由于矿物质的相对稳定性,土体具有相对稳定的性质。

2. 七甸泥炭土的工程地质特征

该类泥炭土的工程地质特征是天然容重小、天然孔隙比极大、天然含水量高、抗剪强度低、压缩性极大、次固结时间长。

表 8—2—1　南昆线七甸泥炭土的物质成分

土类 / 指标	七甸泥炭质土	土类 / 指标	七甸泥炭质土
矿质成分	石英为主,次为伊利石	阳离子交换总量(me/100g)	45.55～94.36
有机质含量(%)	14.29～90.48	灰分含量(%)	58
分解度(%)	17.55～68.22	吸湿水(%)	7.54～15.39

(1)泥炭土的物理性质

土体常规物理性质由于试验方法简单、适用性强,往往用作土体分类指标。对一般黏性土而言,常采用的物理性质指标有比重、天然容重、天然含水量、天然孔隙比、液限、塑限、颗粒分析。其中一些指标对泥炭土则可能不适用,如液限、塑限是黏性土含水量的两个重要特征值,它们是区分土的塑性状态、流动状态的界限含水量,适用于细粒土,但泥炭土含大量的未分解的植物纤维,其水分的赋存形式很复杂,需进一步研究。相反,泥炭土的有机质含量、分解度、灰分含量、pH 值则是影响泥炭土物理力学特性的重要指标。七甸泥炭土常规物理性质如表8—2—2。

表 8—2—2　南昆线七甸泥炭土物理性质指标

土类 / 指标	泥　炭	泥炭质土	淤泥质土	砂黏土	硬壳黏性土
有机质含量(%)	>60	10～60	3～10	<3	<3
天然容重 ρ(g/cm^3)	9.9～11.1	10.6～15.6	17.80	19.6	17.50
天然含水量 w(%)	186～573	64～301	40	24	38
天然孔隙比 e	10.92	6.24	1.07	0.62	1.07
pH 值	5.6	5.6	5.69		

可见,泥炭土具有天然孔隙比极大($e_{max}=10.92$)、天然含水量极高($w_{max}=573\%$)、天然容重极小($\rho_{min}=10\ g/cm^3$)的特点。泥炭土的物理性质指标极为离散,因此不宜直接采用算术平均值指标,而应提倡采用统计学指标,与可靠度设计相联系,可采用算术平均值/子样个数变异系数表示。此外,硬壳砂黏土和泥炭土中的砂黏土夹层有机质含量低,物理力学性质较好,工程中可加以利用。

(2)泥炭土的力学特性

①强度特性

A. 直剪试验:常规直剪仪试验是取未扰动土样在室内进行剪切试验,由于泥炭土的植物纤维毛毡作用,小试样的泥炭土使得剪切试验结果出现异常,泥炭土的剪应力与正应力关系曲线中,剪应力与正应力间无正相关关系(图 8—2—1),故泥炭土的强度指标可采用十字板和静力触探现场试验取得。从原位测试资料(表 8—2—3)看出,泥炭土抗剪强度低,地基容许承载力低,一般为 48～80 kPa 左右。不难看出,固结排水条

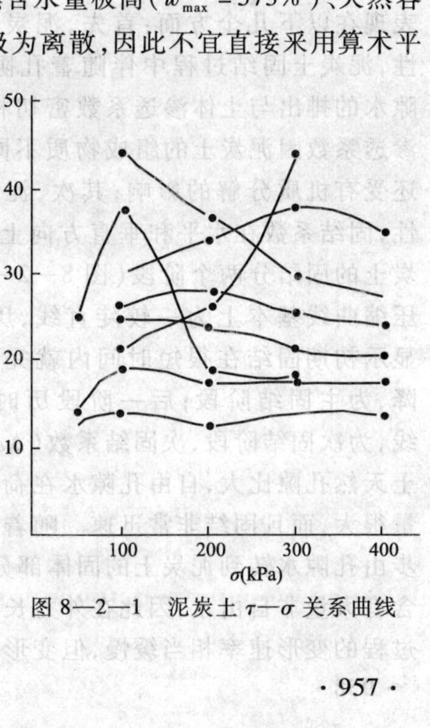

图 8—2—1　泥炭土 τ—σ 关系曲线

件下,泥炭土总应力强度指标有较大的提高。

B. 三轴试验:通过泥炭土的三轴剪切试验,强度指标成果见表 8—2—4。

表 8—2—3 泥炭土静力触探及十字板剪切试验结果

指标 / 土类	静力触探		十字板剪切抗剪强度(kPa)
	端阻(kPa)	地基承载力(kPa)	
南昆线七甸泥炭土	500 ~ 700	48 ~ 80	15 ~ 30

表 8—2—4 三轴剪切试验结果

土类 / 指标	泥炭	泥炭质土	砂黏土	硬壳黏性土
c_d(kPa)	5	2.5 ~ 6	25	4
φ_{cd}(°)	24.2	20.55 ~ 24	25.4	34.7
c_{cu}(kPa)		8 ~ 20		
φ_{cu}(°)		8.53 ~ 14.92		
c'_{cu}(kPa)		11 ~ 35		
φ'_{cu}(°)		13.36 ~ 26.6		

②压缩和固结特性

由于泥炭土的天然孔隙比极大,故其压缩性极强。由泥炭土典型压缩曲线(图 8—2—2)不难发现,泥炭土的压缩系数极大,属超高压缩性土,不同压力段泥炭土的压缩系数差异极大(表 8—2—5)。

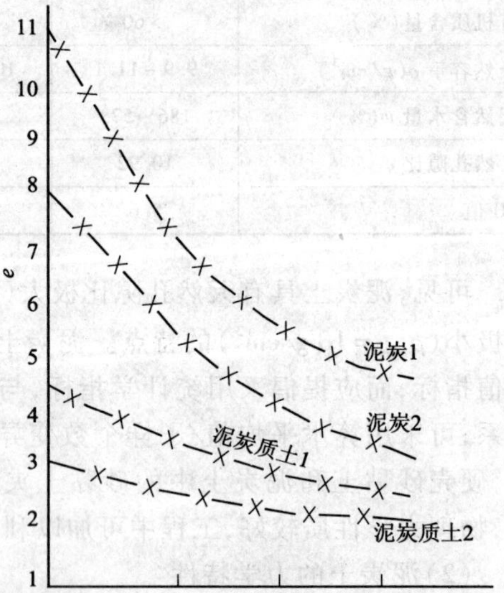

图 8—2—2 泥炭土典型 e—p 关系曲线

泥炭土的固结过程极为复杂。这种复杂性表现在以下几个方面:首先,泥炭土渗透的复杂性,泥炭土固结过程中伴随着孔隙水的排出,孔隙水的排出与土体渗透系数密切相关,泥炭土的渗透系数因泥炭土的组成物质不同而不同,另外还受有机质分解的影响;其次,泥炭土具各向异性,固结系数在水平和垂直方向上差别较大。泥炭土的固结分两个阶段(图 8—2—3):前一个段压缩曲线基本上为一较陡直线,历时仅以分计,显示初期固结在很短时间内就完成了较大的沉降,为主固结阶段;后一阶段历时长,呈较缓直线,为次固结阶段,次固结系数($\Delta\varepsilon/\Delta\lg t$)为 1.66% ~ 4%,属高次固结性土。压缩初期泥炭土天然孔隙比大,自由孔隙水在荷载引起的超孔隙水压力作用下迅速排出,因此初期固结量很大,而且固结非常迅速。随着压缩过程中孔隙水的减少,土体透水性变差,固结压力逐步由孔隙水转到泥炭土的固体部分。由于泥炭土的固体有机物可被压缩,而且有机质中包含有大量非自由水,因此在外力长期作用下,有机物骨架发生蠕变,部分结合水排出。这个过程的变形速率相当缓慢,但变形量却相当可观。

表 8—2—5　七甸泥炭不同压力段的压缩系数表

土　类	压缩系数(kPa^{-1})			
	$p=0\sim50$ kPa	$p=0\sim100$ kPa	$p=0\sim200$ kPa	$p=0\sim300$ kPa
泥　炭	15.01	15.94	9.96	5.64
泥炭质土	6.49	5.39	3.78	2.53
淤泥质土	6.49	1.02	0.66	0.46
硬壳黏性土	0.86	0.69	0.43	0.34

(四)泥炭土地基加固设计原则和七甸路基工程试验

七甸泥炭土压缩性极强,且次固结延续时间长,泥炭土地基承载力低,在外荷载作用下产生较大的变形,且侧向变形和次固结沉降较大,甚至出现坍滑。结合泥炭土的工程地质特性,需要对泥炭土地基作加固处理。因对山间盆地泥炭土的路基处理经验不多,故在七甸泥炭土区选择泥炭土层厚、性质典型的 $D_1K786+200\sim+400$ 段为路基试验工程段,采用不同的处理方法加固泥炭土路基。

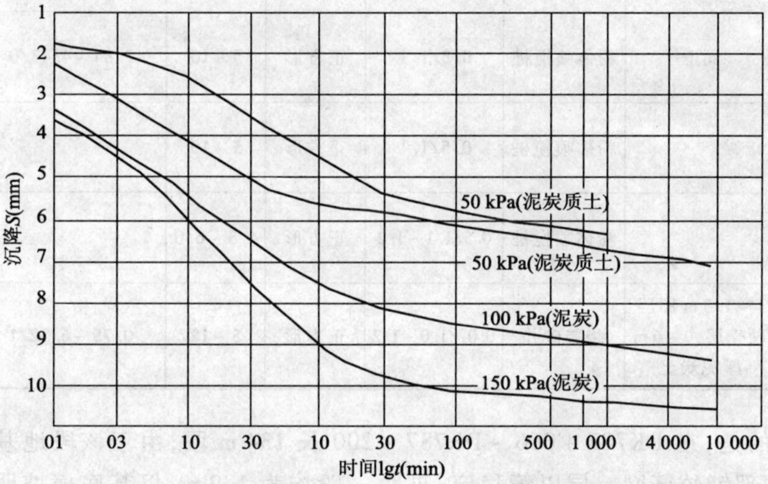

图 8—2—3　沉降与时间关系曲线($H_0=20$ mm)

1. 泥炭土路基加固设计原则

(1)设计时,路基稳定和沉降同时考虑,根据泥炭土的大孔隙比、超高压缩性的特点,设计时突出考虑沉降问题。

(2)以工后沉降不超过 30 cm 控制,进行路基加固处理设计。经对 $D_1K786+278$、$D_1K786+350$、$D_1K786+540$、$D_1K787+100$、$D_1K787+736$ 共 5 个断面的沉降计算,天然地基沉降量分别为 1.754 m、4.089 m、1.976 m、1.475 m、1.393 m。为保证工后沉降符合规范要求,决定做路基工程试验。

(3)根据七甸泥炭土的沉积环境与沉积特性的差异,采用不同的地基加固方法,分别采用了固结排水、粉喷搅拌桩复合地基及二者兼备的碎石桩三种加固方案。本次试验工点采用粉喷桩复合地基及碎石桩。

2. 七甸泥炭土路基工程加固设计

工程试验段长 200 m，D_1K786 +200 ~ +300 泥炭土厚度大于 18 m，泥炭土中夹有多层黏土和粉砂层，路堤填筑后沉降较大，该段采用振动沉管碎石桩工程加固；D_1K786 +300 ~ +400 沉积的泥炭土厚度大，夹层少而薄，且下层泥炭土强度较上层好，采用粉体喷搅桩加固。其他地段虽不属路基工程试验范围，但根据泥炭土的特性采用不同加固处理。七甸泥炭土地基加固工程见表 8—2—6。

表 8—2—6　南昆铁路七甸泥炭土地基加固工程表

里　　程	工程地质条件	加固措施	桩径/桩距（m）	平面布置	桩　长	填土高/超填土高（m）	其他措施
D_1K786 +026 ~ D_1K786 +108		振动沉管碎石桩	0.5/1.1 ~1.2	正方形	至基岩面	/1.0	碎石、砂垫层厚 0.5 m
D_1K786 +108 ~ D_1K786 +200		振动沉管碎石桩	0.5/1.1	正方形	11 ~13	/1.0 ~1.5	碎石、砂垫层 0.5 m
D_1K786 +200 ~ D_1K786 +300	泥炭土、淤泥质土 12 ~30 m	振动沉管碎石桩	0.5/1.1	正方形	11 ~13	2.63 ~3.77/1.0 ~1.5	碎石、砂垫层 0.5 m
D_1K786 +300 ~ D_1K786 +400	同上	粉体喷搅桩	0.5/1.1	正方形	5 ~10	3.84 ~4.43/0	/
D_1K786 +400 ~ D_1K786 +840		粉体喷搅桩	0.5/1.1	正方形	5 ~10		/
DK787 +066 ~ DK787 +200		粉体喷搅桩	0.5/1.1 ~1.2	正方形	4.3 ~6.0		铺竹筋网一层
DK787 +500 ~ DK787 +920	1 ~1.5 m 厚层硬壳层，0 ~6 m 厚泥炭土	袋装砂井	0.07/1.0 ~1.2	正方形	5 ~12	0.75 ~6.32/1	砂垫层 0.4 m

值得注意的是，在 DK787 +066 ~ DK787 +200 长 134 m 段，由于该段地基基底具斜坡地形，故在填土底部铺竹筋网一层以策稳定，桩距一般均为 1.2 m，仅基底横坡明显段的右半侧桩距为 1.1 m。

3. 粉体喷搅拌桩不同掺料的试验

因泥炭土有机质含量高，并含有大量的蒙脱石、伊利石、高岭土等黏土矿物，如何改良泥炭土是本课题研究的内容之一。采用不同掺料与泥炭土发生物理化学反应，使改良后的泥炭土的强度和水稳性得以提高。为此做了掺石灰、石灰和粉煤灰、水泥、水泥和粉煤灰及其他添加剂试验，根据试验结果，确定路基试验工程粉体喷搅桩采用的掺料配比。

(1) 掺石灰试验：泥炭土掺入石灰后，发生离子交换反应，生成氢氧化钙及碳酸钙晶体，使泥炭土的强度和水稳性不断提高。按石灰不同掺合比试验结果看，有下列规律：

①掺石灰的泥炭土的强度随改良后土的 pH 值的增大而增大；

②改良后的泥炭土强度随土中有机质含量的增多而降低；

③相同配比的改良土强度随养护时间的增长而增大，但养护时间过长，土的强度增加不大；

④同样养护条件下,改良土的强度随掺料配比的增加而增大。

(2)掺石灰、粉煤灰试验:粉煤灰能提供活性的氧化硅和氧化铝,在石灰的碱性激发与相互作用下,合成含水的硅铝酸钙,其具有较强的胶结力和稳定性,提高了改良土的强度。试验结果表明,掺石灰、粉煤灰改良泥炭土的强度远比仅掺石灰改良泥炭土的强度高,说明掺石灰、粉煤灰改良泥炭土要比石灰作掺料好。

(3)掺水泥改良试验:水泥在泥炭土的孔隙中形成水化水泥的骨架,使泥炭土的强度得以提高。试验结果表明,在相同的养护时间里,改良后泥炭土强度随水泥配比的增加而增大。

(4)水泥、粉煤灰掺料试验:为了提高改良土的强度,又做了水泥和粉煤灰掺料的试验。试验结果表明,改良土的强度随掺料中水泥量的增加而增大,同时在相同的掺料与泥炭比情况下,以水泥与粉煤灰比为7∶3时,改良土的强度较高且较稳定。

(5)其他添加剂的配比试验:为了进一步提高改良土的强度,在上述试验基础上,又做加入其他添加剂试验,观察改良土强度。

试验结果见表8—2—7。

表8—2—7　添加剂改良泥炭土和泥炭的试验结果

土　类	掺　料　比	养护时间(d)	单轴无侧限抗压强度(kPa)
泥炭土	水泥∶粉煤灰=7∶3,加2% $CaCl_2$	7	479
	水泥∶粉煤灰=7∶3,加5%磷石膏		168
	水泥∶粉煤灰=7∶3,加2%石膏		624
	水泥∶石灰∶粉煤灰=5∶2∶3		488
	水泥∶石灰∶粉煤灰=5∶2∶3,加10% Na_2CO_3		143
泥　炭	水泥∶粉煤灰=7∶3,加2% $CaCl_2$		357
	水泥∶粉煤灰=7∶3,加5%磷石膏		208
	水泥∶粉煤灰=7∶3,加2%石膏		202
	水泥∶石灰∶粉煤灰=5∶2∶3		159
	水泥∶石灰∶粉煤灰=5∶2∶3,加10% Na_2CO_3		46
	水泥∶磷石膏=7∶3,加5% Na_2CO_3		179
	水泥∶磷石膏=1∶1,加5% Na_2CO_3		92

经过上述不同掺料、不同掺料比、不同添加剂试验,说明:

①水泥∶粉煤灰=7∶3,加2%石膏经7天养护,无论是泥炭土或是泥炭,同样可取得满意的改良土强度;

②水泥∶石灰∶粉煤灰=5∶2∶3改良的泥炭具有较高强度,且水稳性好;

③根据试验结果,考虑长期强度效应,选用水泥∶石灰∶粉煤灰=5∶2∶3为推荐配比。

4. 七甸泥炭土路基工程试验的施工工艺

试验对振动沉管碎石桩和粉体喷射搅拌法在山间泥炭土地区的施工工艺进行了探索。

(1)振动沉管碎石桩:振动沉管碎石桩法是利用振动沉拔桩机在振动锤下加设桩管将碎石灌入土中并经振动而使桩体致密的一种成桩方法。一般认为,振动沉管碎石桩要求地基土不排水抗剪强度大于20 kPa。七甸泥炭土不排水抗剪强度平均为23 kPa,具成桩条件,因此可采用振动沉管碎石桩方案。振动沉管碎石桩的作用表现在两个方面:一方面是碎石对地基土的置换作用；另一方面为排水固结作用。由于本工点工期紧，让地基土在路堤荷载作用下排水固结无法满足工期要求，因此必须考虑采用超载预压来加速地基土固结。经设计计算，振动沉管碎石桩试验段的设计参数见表8—2—8。

表8—2—8　南昆线七甸泥炭土地基加基工程试验

里　程	工程地质条件	加固措施	桩径/桩距(m)	平面布置	桩长	填土高/超填土高(m)	其他措施
D_1K786+200～D_1K786+300	土、淤泥质土12～30 m	振动沉管碎石桩	0.5/1.1	正方形	11～13	2.63～3.77/1.0～1.5	碎石、砂垫层0.5 m

①振动沉管碎石桩的施工工艺探索：振动沉管碎石桩施工主要施工机具为卷扬机、导行架、振动沉拔桩机、料管、加料设备、操作控制台。施工工序为：就位—造孔—制桩—成桩并移位。七甸试验工点最先试桩采用DZ-30型电动沉拔桩机，主电机功率30 kW，激振力24 t。设计桩长13 m，桩底采用ϕ57 cm、厚10 cm钢板，碎石粒径ϕ2～4 cm，碎石料分一次性投入和分批投入。现场测绳测试结果表明，两种情况基底5 m均未进料，下料位置为距地表8 m处。在下料之前的测试结果表明，平板情况下，孔底有淤泥0.1～0.2 m。另有试验表明，一次仅投料3斗车(0.0665 t/车)，下料位置为距地表4～5 m深处，试桩均不成功。当时分析认为，平板不易打开或碎石可能成拱是试桩不成功的主要原因。为此将桩头与碎石粒径作了改进，做如下三个组试验：A. 预制钢筋混凝土桩头，2～4 cm粒径碎石料；B. 两叶活瓣桩头，2～4 cm粒径碎石料；C. 预制钢筋混凝土桩头，2～4 cm粒径碎石料与瓜米石1∶1拌和。试验结果表明，下料情况仍不理想(表8—2—9)。

表8—2—9　不同桩头与不同石料下料情况

桩　　头	钢筋混凝土	两叶活瓣桩头	钢筋混凝土
石　　料	ϕ2～4 cm，碎石料	ϕ2～4 cm，碎石料	碎石∶瓜米石=1∶1
加料情况	一次加满	一次加满	一次加满
下料位置距地表深(m)	5～8	4～7	4～7

由表8—2—9可见，单纯改变桩头与碎石级配解决不了下料问题。究其原因认为，在激振力作用下，泥炭土的结构发生改变，呈流塑状挤入桩管而不易成桩。这可从一个未加料的提升试验结果得到证明。在这个试验中，采用预制的钢筋混凝土桩头，先振动沉管至设计深度后直接提管，用测绳测孔内的淤泥情况，结果管内淤泥最多时达1 m，提管至地表5～6 m才开始脱落。后采用在沉管外另加套管的方法，提升过程开始即可下料，但导管要靠钢绞线提升，由于阻力太大造成钢绞线拉断，此法因极不安全而无法采用。从不加料提管淤泥的涌入及加套管即可下料的事实可以认为，泥炭土的地基反力是导致不下料的主要原因。为了解决这个问题，增大主电机功率和激振力，加大管内碎石向下的动能对下料是有利的。此外，往碎石中加水也对下料有利，因为：A. 减少碎石与管壁的摩阻力；B. 增加管内充填物的重量，使充填物由固相变为固相加液相；C. 在管子向上提起一瞬间，水迅速充填提管产生的空间而瞬时护壁，管内碎石也会随水而下，充填管孔而成桩。因此，试验除采用DZ-30型碎石桩机外，还选用DZ-60型碎石桩机，主电机功率55 kW，激振力60 t，施工中采用不加水和加水工艺。试验结果见表8—2—10。

表 8—2—10　机型与加水工艺试验

<table>
<tr><th>机　型</th><th>下料位置距地表距离（m）</th><th>充盈系数小于 1 的段落（m）</th><th>充盈系数大于 1 的段落（m）</th><th>施　工　工　艺</th></tr>
<tr><td rowspan="3">DZ-60</td><td>11.0</td><td>6.0 ~ 11.0</td><td>0 ~ 6.0</td><td>不加水，提升速度 1 m/min，每米反插一次，留振 20 s</td></tr>
<tr><td>9.4</td><td>5.4 ~ 9.4</td><td>0 ~ 5.4</td><td>不加水，提升速度 1 m/min，每两米反插一次，留振 20 s</td></tr>
<tr><td>13</td><td colspan="2">8.15 ~ 13.0</td><td>加水，提升速度 1 m/min，每米反插一次，留振 20 s</td></tr>
<tr><td rowspan="3">DZ-30</td><td>7.0</td><td colspan="2">0 ~ 7.0</td><td>不加水，提升速度 1 m/min，每米反插一次，留振 20 s</td></tr>
<tr><td>5.0</td><td colspan="2">0 ~ 5.0</td><td>不加水，提升速度 1 m/min，每两米反插一次，留振 20 s</td></tr>
<tr><td>11.0</td><td>9.0 ~ 11.0</td><td>0 ~ 9.0</td><td>加水，提升速度 1 m/min，每米反插一次，留振 20 s</td></tr>
</table>

由表 8—2—10 可以看出：A. 采用不加水工艺时，DZ-60 型碎石桩机施工较 DZ-30 型下料位置深 4 ~ 4.4 m，加水时前者比后者深 2 m 左右；B. 反插次数由 1 次/2 m 增加到 1 次/ m 时，下料位置深 1.6 ~ 2 m；C. DZ-60 型碎石桩机加水工艺可满足设计深度 13 m 要求，DZ-30 型碎石桩机加水工艺可满足设计深度 11 m 要求。

在七甸工点，对设计深 13 m 的碎石桩采用 DZ-60 型碎石桩机，对设计深 11 m 以内的碎石桩允许采用 DZ-30 型碎石桩机，施工时均采用加水工艺，提升速度控制在 1 次/s，反插次数和留振时间控制为 1 次/m 和 20 s，保证了施工质量，加固效果良好。

②振动沉管碎石桩存在的问题：

A. 振动沉管碎石桩靠沉管挤土成孔，七甸泥炭土工点硬壳层薄，往往形成地面隆起，经测量，隆起高度在 30 ~ 50 cm，在做碎石垫层前，对隆起的土体需作碾压处理。

B. 在拔管过程中，管壁带出的泥土易污染桩头，导致排水不良，因此需及时处理。

C. 一般软土地基施工中，振动沉管碎石桩不需加水，而七甸深厚的泥炭土工点则需采用加水工艺，这种加水工艺对地基产生的影响有待进一步研究。

D. 振动沉管碎石桩碎石的密实度不易掌握，往往靠控制充盈系数来控制施工质量，因此施工带有经验性。

(2)粉体喷射搅拌法：粉体喷射搅拌法加固软土技术系软土地基加固技术之一。其原理是通过专用的深层喷射搅拌机械将粉状加固料用压缩空气喷入地基深部，凭借钻机的回转钻头叶片与原位软土混合并吸收地下水，经过一系列物理、化学反应，形成具有整体性、水稳性及一定强度的加固柱体(即粉喷桩)。这种桩状加固体与软土地基一起组成复合地基，共同承担上部荷载从而起到加固地基的目的。

①粉喷桩的施工工序：场地平整，并清除加固范围内地表障碍物—桩架就位—正旋钻头喷气下沉到预搅拌地基桩端的设计高程—反旋钻头喷水泥等混合粉搅拌上升至设计停灰面—量测料罐喷粉量，对喷粉量不到设计要求的桩立即复喷—桩架移至下一孔位。

②工艺试桩试验：粉体喷搅桩在深厚泥炭土中施工，在当时尚属首次，工地机械配套情况各异，正式施工前应先打工艺试验桩以掌握各项施工参数(气压、气量、调节喷灰量及搅拌速度等)。通过工艺试桩试验，七甸工点粉喷桩施工宜按表 8—2—11 参数进行。

表 8—2—11 七甸工点粉喷工艺参数

机型	下钻速度	下钻送气量 (m^3/h)	提升速度 (m/min)	喷粉送气量 (m^3/h)	停灰面距地表距离 (m)	搅拌次数 (次)	工效 (m/台班)
PH-5	随土层变化	40	0.57	45	0.3	2	80
YP-1	随土层变化	40	0.85	45	0.3	2~3	70

③粉喷桩施工存在的主要问题：南昆铁路七甸泥炭土地基粉喷桩采用三粉混和。三粉拌和无专门的机械，施工中采用灰浆搅拌机或砂浆搅拌机配齿轮减速机拌和，拌和尽管安排在室内进行，但仍粉尘飞扬，工作环境极差，工人劳动强度极大。另外，施工过程中堵管现象时有发生，影响生产进度和施工质量。此外，由于停灰面离地表近，加之工点地处大风垭口，大风造成粉尘随风四处飘扬，给周围农作物及环境产生一定的影响。

（五）路基试验工程的测试

七甸泥炭土路基试验工点在加固工程施工后，选择两个典型断面进行现场测试，分别在线路中心和路肩的不同深度埋设土压力盒和孔隙水压力盒，在线路左侧埋测斜管；在路基中心填土面下不同深度埋沉降板，在两侧埋边桩。观测两个断面在路基填土过程中土压力变化、孔隙水压力消散和沉降；观测桩顶和桩间土受力情况；观测路基的变形和填土结束后路基的沉降。

1. 测试断面布置

选 $D_1K786+278$ 和 $D_1K786+350$ 为两个观测断面。

(1) $D_1K786+278$ 断面：该断面路基加固深度 13～14 m，宽度 20 m。为了解填土过程应力变化和沉降，填土前在路基中心和左侧路肩下 2.0、7.0、9.0、12.0 m 深处埋设土压力盒和孔隙水压力盒，同时在路基中心及右侧路肩下不同深度埋设分层沉降标，右侧坡脚埋一测斜管。所有测试元件的电缆通过地面埋设的保护装置引入观测柜。在路基面上布置 5 块沉降板和 6 根边桩；碎石桩顶和碎石桩间埋 3 套带压力囊的土压力盒，以了解碎石桩受力变化。

(2) $D_1K786+350$ 断面：该断面正方形布置，加固范围宽 22 m，深 10 m。同样在路基填土前埋设土压力盒、孔隙水压力盒、沉降标、沉降板、边桩、测斜管和桩顶、桩间埋带压力囊的土压力盒，情况同 $D_1K786+278$ 断面。

2. 测试断面观测

两个断面测试元件于 1993 年 8 月上旬埋设完毕，路基填土从 1993 年 10 月中旬开始，$D_1K786+350$ 断面 12 月中旬填至设计标高，$D_1K786+278$ 断面于 1994 年 1 月 5 日填至预压土高程。

(1) $D_1K786+278$ 断面的观测

①在填土过程中，不同深度土层的土压力、孔隙水压力随荷载增加而加大。在加固范围内压力增量较大，孔隙水压力消散也较快，路堤两侧渗水明显。

②超载预压后，土压力增长比前段缓慢，同时各层土的土压力均达最大值后开始减小，孔隙水压力继续消散且速度减缓。

从 1994 年 4 月至 8 月观测，各层土的土压力值已趋稳定，孔隙水压力已消散并趋为常值。

③路基底填土面的沉降虽因机械填土不均和观测设备毁坏影响，但沉降曲线变化仍符合规律，中点填土面下的沉降 224 mm 与中点填土面下 2 m 深处沉降 245 mm 基本一致。

测斜管测出不同深度路堤的侧向变形(水平位移),填土完成时加固范围土体有向外的侧向变形;加载预压阶段加固范围内应力调整,土体侧向位移减小,尤其在7 m深度以下基本没有侧向变形,但在距地表3 m范围有较大侧向位移,最大值达40 mm,一般侧向位移为35 mm左右;3 ~7 m深度水平位移量约10 mm左右。

④碎石桩和桩间土的受力观测:桩顶和桩间土所受垂直压力比(简称应力比),在垫层铺上后其比值为1∶1.5,填土过程受荷载作用基本保持该比值,但填土完成后,地基土沉降,土和碎石桩均被挤密,这时应力比发生变化,桩体承受的土压力比桩间土大,应力比增大至1∶3.5,恒载后应力比保持在1∶3.0。超载预压卸载后,由于地基土已预压固结,此时桩间土受力增加,应力比为1∶2。

(2) D_1K786 +350断面的观测

本断面用粉体喷搅桩加固,铺垫层和填土时间与 D_1K786 +278断面一致,但填土高度为4.5 m,因粉体喷搅桩主要起支撑作用,故不采用超载预压。所以,路堤填筑后地基受力比 D_1K786 +278断面小,观测中土压力增长缓慢,稳定时间长,孔隙水压力消散也相当缓慢。

因由粉体喷搅桩承受主要荷载,地基沉降量主要为粉体喷搅桩本身的压缩量,压缩量与桩长有关。所以,该断面观测到路基沉降和变形缓慢,填土后1个月沉降才达到最大,且还在缓慢增长。路堤中心点下最大沉降为250 ~340 mm,随着时间的推移,土压力和孔隙水压力均趋稳定并减小,工后沉降将小于300 mm。

(3)桩顶和桩间土的土压力观测:粉体喷搅桩所受荷载较大,其应力比最大可达1∶9.5,一般粉体喷搅桩与桩间土的应力比为1∶5 ~1∶6。

3. 观测结果分析

从上述观测结果分析,说明泥炭土路基加固效果是好的。未加固前,推算试验段路基沉降量分别为1.754 m和4.089 m,路基加固工程施工和填土后(包括超载预压),两断面沉降量仅为30 cm和40 cm,施工完成时的沉降量占总沉降量的80% ~90%。实测结果证明,加固工程是成功的。

振动沉管碎石桩观测结果表明,从加固施工至路基填土后,地基开始排水明显,超载预压后,地面和路堤边坡渗水明显减小。当形成复合地基后,地面下不同深度土层的土压力的增量不大,说明加固的地基强度比原来有较大的增长,从加固深度和宽度看,均达到控制工后沉降的目的。

粉体喷搅桩观测表明,粉体喷搅桩承担的荷载几乎占全部荷载的绝大部分,桩顶和桩间土的应力比大于1∶6,最大达1∶9。不同土层中测得的土压力值较小,也证明路堤的荷载主要由粉体喷搅桩承担。

两断面测斜管测的不同深度土层水平位移均在3 ~4 cm,水平位移变化相对而言是小的。

两断面观测历时近4年(因观测元件损毁,未能继续观测),得出地面和分层沉降特点,总沉降量和工后3年沉降量均小于设计预测,有效地控制了泥炭土地基沉降。

(六)南昆线七甸泥炭土地基加基工程效果

试验段地基处理于1993年2月开始,5月完工。试验段填土于1993年10月中旬开始,1994年1月完工,碎石桩段1994年4月卸除超填土。全工点于1994年10月上旬上砟,铺轨结束。但卸荷后的固结期又有半年,基本满足设计要求。施工过程中,路堤稳定,据现场测试,振动沉管碎石桩工后沉降10 ~30 cm,控制在30 cm内,粉体喷搅桩工后沉降近3年实测值为

36.5 cm,但仍能满足设计规范50 cm的标准,DK787+500~+920段由于泥炭土相对较薄、性质较好,袋装砂井和超载预压达到了加固目的,工后沉降控制在30 cm内。

(七)小　结

1. 七甸泥炭土路基工程试验段建成后,路基稳定,路基工后沉降得到有效控制。路基试验工程证明:

(1)采用振动沉管碎石桩和粉体喷搅桩加固深厚泥炭土路基是可行的。

(2)泥炭土改良掺料试验,为泥炭土的改良积累了经验;振动沉管碎石桩和粉体喷搅桩的施工工艺研究,为以后在类似地质条件的路基加固工程施工提供了参考。

2. 从南昆铁路泥炭土工点经验看,铁路线通过长大山间盆地泥炭土区时,线路宜绕避;不能绕避情况下,对深厚的泥炭土地基宜作路桥比较。路基通过有泥炭土分布的地段时,应考虑:

(1)在基底有横坡的泥炭土地基上填筑路堤,除存在圆弧形滑动可能外,还存在沿软弱基底整体滑动的可能。因此,除泥炭土(或夹泥炭土的山间软土)本体进行加固处理外,应考虑在坡脚设抗滑桩等侧向约束措施。

(2)由于泥炭土上往往覆盖一层厚度不等的硬壳土(黏性土、砂黏土),硬壳土性质较好,路堤填筑中要充分利用,当硬壳层较厚而路堤填筑不高时,甚至可以不进行基础处理。泥炭土中有砂层或粉砂层存在时,在排水固结的袋装砂井设计时,往往将袋装砂井设计至砂层或粉砂层中,配合地表上的砂垫层形成砂井的双面排水系统,以加速泥炭土的排水固结作用。

(3)对于已失稳的路堤,则应结合具体的情况综合考虑重新加固或改线的措施。

三、山间软弱土高填方斜坡地基处理技术研究

曾德礼

(一)概　况

山间谷地软弱土以其质杂、含水量高、孔隙比变化大、分布呈透镜状、基底纵横坡较陡为特点。随着基本建设规模扩大、移民工程增多和人多耕地少矛盾的突出,在山区高填方工程方案的大量使用,山间软弱土地基处理及高填方条件下软弱土的安全性评价研究成为急需解决的课题。本项目根据1998年第五批四川省重点科学技术研究项目的通知(川科委〔1998〕18号)和四川省重点科学技术研究项目——《山间软弱土高填方工程地基处理及安全性评价方法研究》开展工作,1998年开始,1999年完成。

为了准确了解山间软弱土的物理力学性质,项目研究中详细查阅了国内外关于软土地基处理的文献资料和最新研究成果,通过相关文献及工程实例的调研,收集到有关天然软弱土工程特性研究的最新成果和南昆铁路泥岩和风化土路基工程试验研究成果及杭甬高速公路软土地基处理技术成果。结合绵阳南郊机场工程,采用多种原位测试手段和室内土、石试验相结合的综合勘察测试方法,获取了绵阳南郊机场航站场区内地基软弱土的物理力学性质指标的第一手资料,准确评价航站场区内地基软弱土的物理力学性质。针对山间软弱土高填方,提出了关于山间软弱土加固处理方案:采用振冲碎石桩结合抗滑桩处理

山间软弱土的地基。振冲碎石桩用于加固地基;抗滑桩则对加固后的复合地基施以侧向约束,从而大大提高山间软弱土高填方的稳定性。加固后的复合地基承载力达到 190 ~ 220 kPa,碎石桩单桩的承载力达到500 kPa。通过抗滑桩的侧向约束作用,消除沿倾斜基底滑动剪出病害,控制沉降。在施工过程中,结合出现的新情况,斜坡上填方土采用加筋土处理加固,提高了填方土体的抗拉强度。

(二)绵阳南郊机场地质环境

1. 绵阳南郊机场地理位置

机场位于绵阳市南郊,距市区 7 km。场地属中低丘陵区,处于龙门山前"盆中丘陵区"的Ⅱ、Ⅲ级阶地上,早期为冲洪积台地,后期受涪江、安昌江侵蚀切割,发育成羽状分布的纵横向沟谷,高程介于 476 ~ 506 m。机场航站区位于飞行跑道东北方向的李家湾。航站区站坪设计高程 515 m,最大填方高度超过 30 m,坡率 1:2。

2. 机场的地质环境

区内地层上部为更新世冲洪积砂黏土、黏土、砾石层,厚度大,工程地质特性较好,其下为侏罗系上统蓬莱镇组粉砂质泥岩夹泥质粉砂岩、砂岩。低洼沟谷沉积全新世的砂黏土、淤泥质砂黏土、卵石土,总厚度一般不大于 5.0 m,其中淤泥质砂黏土厚 1 ~ 3 m,灰、褐灰色软塑为主,局部流塑,含少量角砾及腐殖质,呈不均匀带状连续分布于李家湾主沟槽内,总的趋势是向下游逐渐变厚并向两侧谷坡逐渐尖灭,沟谷纵向坡度约 2°,底板卵石土工程特性良好(图 8—3—1)。

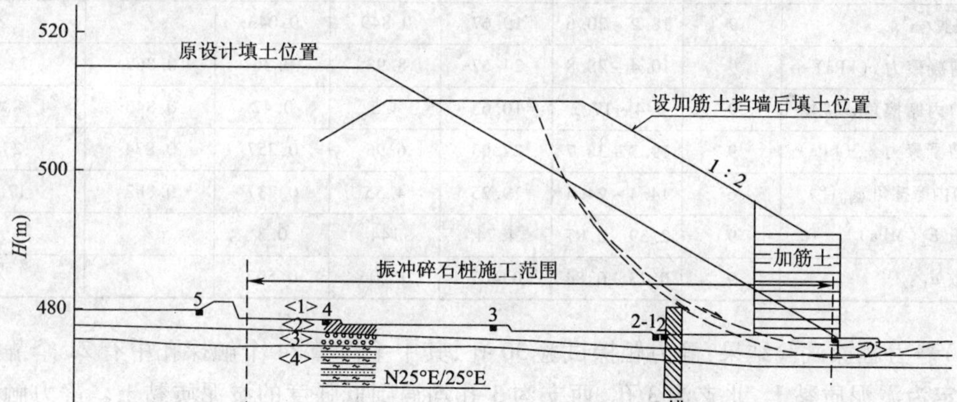

图 8—3—1　绵阳南郊机场航站区工程地质断面图

(三)山间软弱土地质特性

山间软弱土位于丘陵间低洼处,是软岩经风化、剥蚀作用,在低洼处沉积的残坡积层,残坡积土依次经历了物理风化、化学风化作用和微团粒化作用,后期对微团粒进一步改造,经淋溶、胶结、固结压密的成土作用,形成了山间软弱土。

1. 山间软弱土沉积的主要特性

山间软弱土体呈透镜状分布,沉积厚度不大但厚度变化大,直接覆盖于下伏基岩面之上。山间软弱土的地面也呈现出一定的坡度,且随基底斜坡的变化呈现不同含水量。

2. 山间软弱土的工程地质特性

由于山间软弱土是软岩经风化、搬运后在低洼处堆积,其物质组成颗粒细,洼地地下水易聚集,所以形成了山间软弱土的工程地质特性:小于0.075 mm粒径的土粒占土样总重的50%以上,天然孔隙比一般大于1,天然含水率大于其液限,压缩系数高,渗透系数小,灵敏度在3~4之间,并且软弱土的地质特性变化大。

3. 绵阳机场山间软弱土的特性

场区内淤泥质黏土在低洼谷地呈带状连续分布,机场工程建筑物需在丘陵间洼地填筑,建筑基底不可避免地存在山间软弱土(淤泥质黏土)的问题。淤泥质黏土是工程稳定及变形的主要控制土层,该土层呈流塑状态,含水量高,密度低,孔隙比高,压缩系数大(平均0.4),排水固结速率低,且厚度在不同地段变化较大。

本次研究采用室内土工试验结合现场原位测试方法对山间软弱土的物理力学特性进行测试,按数理统计方法进行资料的统计、分析。

(1)室内土工试验结果:淤泥质黏土原状土室内试验结果,经统计分析后的主要物理力学指标见表8—3—1。

表8—3—1　山间软弱土土工试验结果

指　　标	样本数	范围值	平均值 X	标准差 S_x	变异系数 δ	修正系数 Ψ	修正后值 $\Psi\times X$
重度 γ(kN/m^3)	9	18.2~20.6	19.67	0.849	0.043	/	/
天然快剪凝聚力 c(kPa)	9	10.4~28.8	24.67	8.93	0.36	0.867	21.38
天然快剪内摩擦角 φ(°)	9	5.4~17.2	10.63	4.5	0.42	0.843	8.96
固结快剪凝聚力 c_{cu}(kPa)	9	19.7~38.7	27.03	6.95	0.257	0.874	23.6
固结快剪内摩擦角 φ_{cu}(°)	6	14.4~24.4	19.25	4.55	0.237	0.883	17.00
压缩模量 E_s(MPa)	9	2.39~6.97	4.74	144	0.3	/	/
压缩系数 $a_{1\sim2}$	9	0.23~0.84	0.407	0.206	0.507	/	/

(2)静力触探试验结果:静力触探试验30孔,其中主沟槽24个触探孔中有21个静探孔中土层判定为淤泥质黏土,北支沟3孔、西支沟3孔均遇到低强度的淤泥质黏土。静力触探比贯入阻力 P_s、地基基本承载力 σ_0 和其他主要力学指标经整理、统计后列如表8—3—2。

表8—3—2　静力触探试验结果

测试沟谷	统计孔数	比贯入阻力 P_s(kPa,变化范围/平均值)	标准差	变异系数	修正后的 P_s	基本承载力 σ_0(kPa)	压缩模量 E_s(MPa)	不排水抗剪强度 τ_u(kPa)
主支沟	21	762~362/927	196.48	0.191	942.21	120	4.1	39.6
北支沟	3	584~1099/713.9	/	/	/	85	3.2	30.5
西支沟	3	605~926/669.7	/	/	/	80	3.1	28.8

(3)十字板剪切试验结果:场区勘探选择了4个淤泥质黏土较厚的静力触探孔,在其孔旁进行电测十字板剪切试验,按深度每增加0.5 m做一次剪切试验。为便于对比分析,将相应层

位的静探比贯入阻力 P_s 换算为十字板剪切强度 S_u，经统计分析后得出淤泥质黏土地基土不排水抗剪强度 τ_u，两种方法所得结果吻合较好，结果见表 8—3—3。

表 8—3—3　十字板剪切试验结果统计

方　法	统计样本数	S_u(kPa) 范围值/平均值	标准差 S_x	变异系数 δ	修正后的 S_u	不排水抗剪强度 τ_u(kPa)
十字板试验	13	15 ~ 103/58.53	27.85	0.476	41.85	37.66
P_s	18	14.43 ~ 88.44/50.77	19.44	0.383	41.13	37.01

室内土工试验和现场原位测试结果表明，山间软弱土孔隙度高、含水量大、不排水抗剪强度低，在高填方压力作用下会产生填方边缘的侧向剪出并沿斜坡方向的滑动，引起地基基础的沉降。而且当基底有一定的坡度时，在建筑物荷载较大的情况下，更容易出现地基的局部破坏乃至填筑体整体滑动。同时，由于山间软弱土的渗透性很弱，在加荷后还常出现较高的孔隙水压力。考虑上述因素，在工程填筑过程中必须充分考虑地基的应力状态、填筑速率和排水条件。

（四）绵阳南郊机场航站区软弱土地基处理方案

经过多方案的技术、经济、可靠性等详细比较后，决定采用震冲碎石桩结合抗滑桩—侧向约束法的方案进行地基处理。震冲碎石桩不仅有排水固结作用，还有挤密和置换软弱黏土的作用，从而形成复合地基。设计的碎石桩深度打入基底砂卵石层内，抗滑桩控制填方边缘的侧向剪出和沿斜坡方向的滑移。加固后的地基承载力达到 190 ~ 220 kPa，并消除了边坡滑移和地震液化的可能。

1. 碎石桩设计

碎石桩采用三角形布置，桩间距为 1.5 m，桩径 0.8 m，桩长要求达到卵石层内 0.5 m。共设置了 92 m 碎石桩。

软弱土地表在碎石桩施工前铺设一层 30 cm 的砂卵石。靠近南湖地段的填方坡脚因处于百年洪水位的浸没范围，故坡脚设置干砌片石护坡。

由于该工点地基处理范围大，因此在软基处理前，进行了地表水排除和作盲沟拦截地表水。震冲碎石桩加固后的复合地基的承载力达到 180 kPa，单桩承载力达到 500 kPa。

2. 抗滑桩设计

本工程是在地面坡度 10°的缓坡上填筑，为防止填方时地基的横向位移和发生滑坡，同时也为增加对碎石桩的约束力，在填方坡脚设置抗滑桩。

抗滑桩布置如下：在主沟槽地段，离坡脚 25 m 处共设置 1 排共 18 根抗滑桩，抗滑桩为 C20 钢筋混凝土，桩的截面为 2 m × 1.5 m，桩中心间距 6 m，桩长 9 ~ 11 m。桩顶露出地面 2.5 ~ 3 m 并埋于填方土体中。

（五）振冲碎石桩和抗滑桩加固后的效果检测

按设计要求加固后的地基承载力达到 190 ~ 220 kPa，并消除了滑动剪出和地震液化的可能性。为检查地基加固后是否达到预期的效果，在绵阳南郊机场航站区开展了山间软弱土高填方工程地基处理的沉降、应力、孔隙水压力的测试，以便进一步验证设计方案的合理性，积累地基土在大附加应力下发生的应力、应变轨迹以及原位的物理力学参数。

1. 检测仪器的选择

经过充分调研,决定采用弹性元件,通过在压缩变形过程中频率的变化来反映地基的沉降。位移计主要外形技术指标:长 1220 mm,可伸缩长度 400 mm,最大外径 60 mm,伸缩外径 30 mm;压力传感器:采用常规的钢弦式传感器,JSY-110 型双膜压力盒,外径 110 mm,可测最大压力 0.7 MPa;孔隙水压计:GDY-58 型贯入式,外径 58 mm,长 240 mm,可测压力为 0.6 MPa。

2. 观测仪器的埋设

各种传感器的埋设主要集中在软弱土区,按不同的填筑高度,在填筑边坡的斜坡段,呈等距离布设。为便于对比,在非处理区也埋设 1 组,每组包括水平、垂直压力盒、孔隙水压计各 1 个。通过观测仪器来观测土层中应力和沉降随填方高度的增加而变化的情况。传感器埋设的平面位置见图 8—3—2。

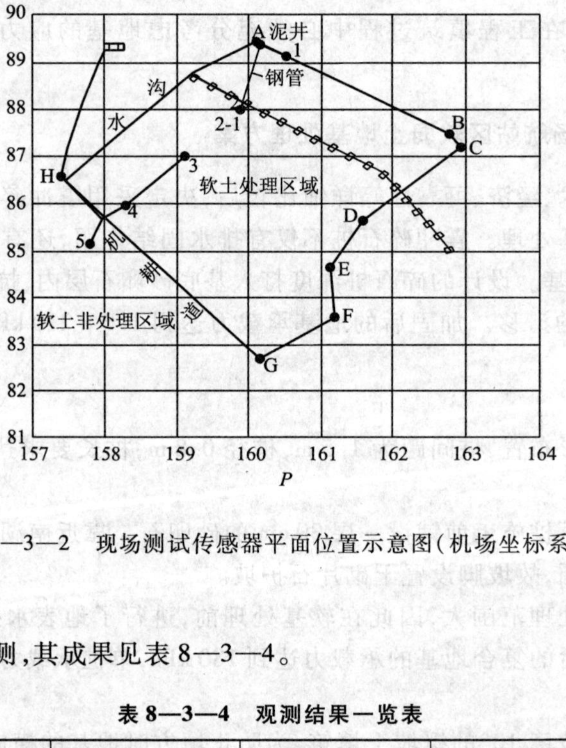

图 8—3—2　现场测试传感器平面位置示意图(机场坐标系)

3. 观测结果

通过半年的施工观测,其成果见表 8—3—4。

表 8—3—4　观测结果一览表

观测点号	传感器编号	测 试 项 目	填土高度(m)	观测终值(Hz)	成果值(kPa 或 mm)
1	14	孔隙水压力			
	55	垂直土压力		1617	5.5
	67	水平土压力		1586	0
2	66	垂直土压力		1707	141
	69	水平土压力		1995	208
2-1	11	孔隙水压力			坏
	58	垂直土压力		1674	80
	60	水平土压力		1673	106

续上表

观测点号	传感器编号	测试项目	填土高度(m)	观测终值(Hz)	成果值(kPa 或 mm)
3	17	孔隙水压力	填土到 0.7 m 时传感器坏		
	56	垂直土压力	14	1 886	280
	57	水平土压力	填土到 0.4 m 时传感器坏		
	2	沉　降		2 190	21
4	18	孔隙水压力			
	65	垂直土压力			坏
	61	水平土压力			坏
5	12	孔隙水压力			
	63	垂直土压力	22.5	2 049	453
	68	水平土压力		1 731	136
	1	沉　降		2 123	103

4. 观测成果分析

从沉降来看，在处理区与非处理区分别安设沉降计一个：1 号位于非处理区，填高为 14 m 时，沉降为 10.1 cm；填高为 20.0 m 时，沉降为 10.3 cm。2 号位于碎石桩处理区，填高为 14 m 时，沉降量仅为 2.1 cm。用分层综合法及模量法计算的主沟槽软弱土沉降量及范围值见表 8—3—5。

表 8—3—5　主沟槽主固结法沉降(cm)计算结果

分层综合法(孔隙比)				压缩模量法				土层计算厚度	
$p=200$ kPa		$p=600$ kPa		$p=200$ kPa		$p=600$ kPa			
范围	平均值	范围	平均值	范围	平均值	范围	平均值	范围	平均值
7.1～20.6	13.2	10.8～31.5	20.5	4～14.2	9.1	7.5～15	11.3	1.1～2.85	2.09

室内 9 组土工试验资料统计得出的不同压力下的压缩模量分别为

$p=200$ kPa　　　$E_s=4.94$ MPa；

$p=400$ kPa　　　$E_s=8.7$ MPa；

$p=600$ kPa　　　$E_s=14.0$ MPa。

按现场测试资料反求地基土压缩模量，据应力—应变关系：

$$E_s=\frac{pZ}{S}$$

式中　E_s——土的压缩模量(MPa)；

p——附加应力(kPa)；

Z——地基土厚度(m)；

S——沉降量(m)。

将实测值代入上式，得到不同压力下的压缩模量(表 8—3—6)。

表 8—3—6　不同压力下的压缩模量

沉降计编号	压力 p(kPa)	沉降(m)	软弱土层厚度(m)	压缩模量 E_s(MPa)	试验值 E_s(MPa)
1	280	0.101	2.09	5.79	5.7
	543	0.103	2.09	9.19	10.0
2	280	0.021	2.09	27.87	

从上述资料可以得出以下结论：

(1)在非处理区,土工试验得到的压缩模量与现场实测沉降得到的压缩模量很接近。

(2)用压缩模量法计算的地基土沉降更符合实际。

(3)当填土高度达 22.5 m 时,非处理区山间软弱土的沉降值为 10.3 cm,处理区山间软弱土的沉降值为 2.1 cm,减小了 80%。

(4)处理后的山间软弱土,地基承载力从 120 kPa 提高到 190 ~ 220 kPa。

(5)经过碎石桩加固处理的软弱土地基,压缩模量 $p = 280$ kPa 时,由 5.79 MPa 增加到 27.87 MPa。

(6)对于软弱土地基,压力在 200 kPa 以内时沉降量较大,地基土已经压密;当压力加大至超过 200 kPa 以后,随着压力的增加,沉降量增加很小。

(7)在 5 个测试点中,除第 3、4 处传感器损坏以外,从其余测得的垂直和水平压力值看,63 号、68 号传感器测得终止压力分别为 453 kPa 和 136 kPa,正压力为 200 kPa,侧压力为78 kPa。位于填方斜坡区设抗滑桩处的 2、2-1 测点,垂直压力(60 号、58 号)反而小于水平压力(69 号、66 号)。位于填方坡角以外的 1 测点则基本上仅有垂直压力。测试结果表明,在填方中部地段,由于地基处于大面积填方的等围压状态,地基土承受较大的垂直附加应力,但产生的侧向变形并不大,主要表现为垂直沉降。另外,得到的侧压力系数和侧膨胀系数远小于常规状态室内土工试验的泊松比及侧压力系数,位于填方斜坡区侧向水平压力大,是垂直压力的 1.5 ~ 2.0 倍。

5. 地基处理效果

通过对绵阳南郊机场现场测试资料的分析,可以认为：

(1)虽然山间软弱土的物理力学性质差,但由于其厚度相对较小,在高填方下,软弱土本身引起的沉降并不大。实测资料显示,沉降量不大于 0.15 m,且沉降在施工期已大部完成。相比之下,上部 30 余米的高填方土,无论机械如何碾压,其后期沉降均不可忽略。因此,设计方案中对南郊机场高填方的中部地段软弱土层不进行处理是科学而经济的。

(2)在填方的边缘斜坡地带,侧向压力大于垂直压力,是最易出问题的地段,设计的碎石桩处理加抗滑桩的方案,使得地基土强度提高,沉降减小,防止地基土侧向挤出破坏的效果明显。就设计的碎石桩而言,采用间距 1.5 m 的等边三角形布置,桩直径为 0.8 m,地基土压缩模量可提高近 5 倍。

(六)山间软弱土地基处理后的安全性评价

由于山间软弱土的上述特点,工程地基的变形特征主要表现为沿斜坡滑动、沉降、沉降速率和沉降的稳定时间等几个方面。山间软弱土地基变形问题是控制工程设计的关键所在,必须了解山间软弱土在人工荷载作用下的变化。

1. 填方过程中淤泥质黏土的强度变化

软弱土的天然强度是指在原状结构、初始应力条件下的强度,通常就是保持原状结构土的

不排水抗剪强度 S_u，可以用现场或室内试验方法来测定。软弱土的天然强度 S_u 是随有效上覆压力 p_0 而线性增加的。这可以用比值 S_u/p_0 来表示，这个比值与黏性土的塑性指数 I_p 具有较好的经验关系。淤泥质黏土在荷载作用下，由于超孔隙水压力消散而获得的强度增长，可以按不排水抗剪强度 S_u 估算，这就是考虑不排水剪切的内摩擦角等于零的稳定性计算法。土的抗剪强度公式为

$$\tau = \sigma \cdot \tan\varphi + c \tag{1}$$

式中 τ——土的抗剪强度(kPa)；

σ——作用在剪切面上的法向应力(kPa)；

φ——土的内摩擦角(°)；

c——土的内聚力(kPa)。

无黏性土的抗剪强度来源于土粒之间的内摩擦力。内摩擦力包含两部分：一部分是由于土颗粒粗糙产生的表面摩擦力；另一部分是颗粒之间相互镶嵌、联锁作用产生的咬合力。黏性土的抗剪强度，除内摩擦力之外，还有内聚力。内聚力主要来源于土颗粒之间的电分子吸引力和土中天然胶结物(如硅、铁物质和碳酸盐)对土粒的胶结作用。

当填筑速率超过孔隙水压力的消散速度时，淤泥质黏土地基强度增长小于荷载重量的增加，软弱土地基将发生变形破坏。

2. 填方的临界高度

填方达到一定高度，基底单位面积上的荷载等于天然地基的极限承载力时，在无加固措施和控制填筑速率情况下，称该填土高度为极限高度。极限高度的大小与山间软弱土的性质和成层情况及填料的性质等因素有关。山间软弱土填土极限高度可以通过经典的理论公式推导出来。在厚度较大且基底水平的软弱土上，填土的极限高度按下式确定：

$$H_c = N_s \cdot C_u / \gamma \tag{2}$$

式中 H_c——填土极限高度(m)；

N_s——稳定系数；

C_u——山间软弱土的天然强度(kPa)，一般采用现场十字板剪切强度、无侧限抗压强度或三轴不排水剪切强度；

γ——填土的容重(kN/m^3)。

均质薄层软土地基的稳定系数 N_s 一般采用泰勒稳定系数曲线查出。曲线中的稳定系数 N_s 与边坡坡角 β、深度因数 n_d 有关。

$$n_d = \frac{D + H}{H} \tag{3}$$

式中 n_d——深度因数；

H——填土高度(m)；

D——软弱土深度(m)。

计算时，先拟定填土高度 H，计算深度因数 n_d，根据 n_d 和边坡角查泰勒稳定系数曲线得稳定系数 N_s，再由 $H_c = N_s \cdot \frac{C_u}{\gamma}$ 试算得极限高度 H_c。如算得的 H_c 与拟定的 H 相等，即为所求的极限高度值。

如果计算求得的临界高度 H_c 大于填方的实际高度 H 时，就是安全的，否则不安全。由于硬层的存在，限制着滑动圆弧不可能发展到硬层面以下，这时是否会出现中点圆、坡面圆或坡

角圆，则取决于系数 n_d。

对于高填方的填筑工程，首先必须确立淤泥质黏土地基上填方的临界高度 H，然后据此确定淤泥质土地基的工程处理措施。

针对山间软弱土地基在高填时易发生破坏的情况，根据复式圆弧法原理，本次研究提出了山间软弱土（斜坡力学界面）上进行填方施工的填方极限高度限制公式。

表 8—3—7 是山间软弱土层厚度为 4 m、表 8—3—8 是山间软弱土层厚度为 6 m 时，用该极限高度限制公式计算填土极限高度随不同地面横坡和山间软弱土下卧层坡度的变化情况。计算中采用的填土容重 $\gamma = 20\ \text{kN/m}^3$，抗剪强度指标：$\varphi = 17°$，$c = 22\ \text{kPa}$；山间软弱土容重采用 $\gamma_2 = 19\ \text{kN/m}^3$，抗剪强度指标：$\varphi_2 = 0°$，$c_2 = 25\ \text{kPa}$。为计算方便，假定硬壳层厚度为 0（$h_1 = 0$）。

表 8—3—7　不同地面横坡和不同软弱土下卧层坡度上的填土极限高度（$h_2 = 4$ m）

地面坡度（°） 下卧层坡度（°）	0	2	4	6
0	9.5			
2	9.5	8.7		
4	9.3	8.6	7.9	
6	9.0	8.3	7.7	7.1
8	8.7	8.0	7.4	6.8
10	8.6	7.9	7.3	6.6

表 8—3—8　不同地面横坡和不同软弱土下卧层坡度的填土极限高度（$h_2 = 6$ m）

地面坡度（°） 下卧层坡度（°）	0	2	4	6
0	8.3			
2	8.3	7.7		
4	8.3	7.5	6.9	
6	8.2	7.5	6.7	6.1
8	8.1	7.4	7.4	6.0
10	8.1	7.2	6.6	6.0

表 8—3—7 和表 8—3—8 表明，山间软弱土的极限高度与地面横坡及软弱土下卧层的坡度有密切关联。随着地面坡度增加，填土的极限高度就减小；若软弱土下卧层坡度变陡，填土的极限高度随之减低。两个表中地面坡度和下卧层坡度对极限填土高度的影响比较，地面横坡的影响大于下卧层坡度的影响。

如以地面和软弱土下卧层均为水平时的极限高度 H_c 作为基础极限高度，山间软弱土的极限高度 H'_c 可用下式表示：

$$H'_c = H_c \cdot K_s \tag{4}$$

式中　K_s——地面横坡及软弱下卧层坡度的影响系数，$K_s = f(\alpha,\beta)$。

通过计算可得软弱土层厚度为 4 m 和 6 m 的影响系数 K_s 值，如表 8—3—9 和表 8—3—10 所示。从表 8—3—9 和表 8—3—10 可以看出，当山间软弱土层厚度为 4 m 时，大部分影响系数都在1.0以上,只有当地面横坡及山间软弱土层下卧层坡度均较大时,影响系数才小于1.0。而当山间软弱土层厚度为6 m时,影响系数要比4 m时小;当地面横坡大于4°时,其影响系数就小于1。地面坡度和软弱下卧层坡度对薄层软弱土上的填土极限高度影响大,随着软弱层厚度增加,其影响逐渐减弱。

表8—3—9　软弱土层厚度 $h_2=4$ m 时的影响系数 K_s

下卧层坡度(°) \ 地面坡度(°)	0	2	4	6
0	1.27			
2	1.27	1.16		
4	1.24	1.15	1.05	
6	1.2	1.11	1.03	0.95
8	1.16	1.07	0.99	0.91
10	1.15	1.05	0.97	0.88

表8—3—10　软弱土层厚度 $h_2=6$ m 时的影响系数 K_s

下卧层坡度(°) \ 地面坡度(°)	0	2	4	6
0	1.11			
2	1.11	1.03		
4	1.11	1.00	0.92	
6	1.09	1.00	0.89	0.81
8	1.08	0.96	0.89	0.80
10	1.08	0.96	0.88	0.80

当考虑了山间软弱土的地表横坡和硬层基底横坡时,填方极限高度限制公式如下:

$$H=K\cdot N_s\cdot C_u/\gamma \tag{5}$$

式中　H——填方极限高度(m);

K——修正系数,$K=[1-\tan(\alpha+\beta)](1-\tan\alpha)$;

β——硬层基底横坡(°);

α——地表横坡(°);

N_s——稳定系数,与边坡坡角、深度因素 n_d 有关,$n_d=(h_1+h_2+H)/H$;

h_1——硬壳层厚度(m);

h_2——软弱土层厚度(m);

C_u——覆盖土层的天然强度(kPa);

γ——填方土的容重(kN/m³)。

当考虑了山间软弱土的厚度和硬层基底横坡时,沿斜坡滑动的稳定性公式如下:

$$K_s=\tan\varphi_{内}/(\tan\varphi_{坡}+\tan\varphi_{软}) \tag{6}$$

式中　K_s——斜坡的稳定系数;

$\varphi_{坡}$——斜坡基底坡度(°);

$\varphi_{软}$——软弱土中最不利滑面与基底的夹角，$\varphi_{软}=\arctan(h_2/b)$，$b$ 为填方可能整体滑动的宽度(m)；

$\varphi_{内}$——软弱土的内摩擦角(°)。

若用已有经验公式计算，绵阳南郊机场淤泥质黏土容许承载力 $\sigma_0=120$ kPa，则地基土极限强度为 150 kPa。当地基土承受的附加应力达到或超过 150 kPa 时，即将发生剪切破坏，换算为土柱高度(土体重度取 20 kN/m^3)，填土极限高度为 7.5 m。

3. 山间软弱土在外加荷载下的沉降

山间软弱土路基的最终沉降量由三部分组成：

(1)外加荷载施加后由于剪切变形而产生的沉降，即瞬时沉降 S_d；

(2)因排水固结而产生的主固结沉降量 S_c；

(3)由于土骨架蠕变而产生的次固结沉降 S_s。

其中，只有高塑性黏土、有机质土及泥炭的次固结系数较大，会产生较大的次固结沉降，其他土类可以不计次固结沉降。在另外两项沉降量中，固结沉降的计算方法比较成熟，而剪切变形引起的沉降量尚未见到准确计算方法。为了解决这个问题，一般通过对主固结沉降量进行修正来确定最终沉降量，即

$$S_\infty=M_s\cdot S_c \tag{7}$$

式中 M_s——沉降修正系数，它考虑了剪切变形引起的附加沉降及其他因素的综合影响，据国内的经验统计，此值为 1.1~1.4。

根据室内土工试验资料，9 组原状土的压缩系数为 0.23~0.84，平均为 0.41，属于中—高压缩性土。采用分层综合分析法、压缩模量法分别计算各试验点淤泥质黏土的沉降，附加压力分别采用 200 kPa(填土高度为 10 m)、600 kPa(填高约 30 m)，则按两种方法计算的沉降量见表 8—3—11。

表 8—3—11 主沟槽主固结沉降计算结果统计

分层综合法				压缩模量法				土层计算厚度	
$p=200$ kPa		$p=600$ kPa		$p=200$ kPa		$p=600$ kPa			
沉降范围值(m)	沉降平均值(m)/n	沉降范围值(m)	沉降平均值(m)/n	沉降范围值(m)	沉降平均值(m)/n	沉降范围值(m)	沉降平均值(m)/n	厚度范围值(m)	厚度平均值(m)/n
0.071~0.206	0.132/9	0.108~0.315	0.205/7	0.04~0.142	0.091/9	0.075~0.15	0.113/5	1.0~2.85	2.09/9

沉降系数 m 如选用 1.3，地基平均总沉降量按最不利考虑，则

$$\min S_\infty=M_s\cdot S_c=1.3\times0.108=0.14\text{ m}$$

$$\max S_\infty=M_s\cdot S_c=1.3\times0.315=0.40\text{ m}$$

计算所得最大、最小范围值分别为 0.40 m 和 0.14 m。据静力触探测试的 E_s 计算，每 1 m 厚的淤泥质黏土主固结沉降 $S_c=0.05$ m。

从实际施工情况看，由于振冲碎石桩的单桩承载力可以达到 500 kPa，大大降低了山间软弱土层在填方过程中的沉降量。

(七)山间软弱土地基处理后高填方工程稳定性评价

土质边坡的破坏是由于土体中剪应力达到了土的抗剪强度，以致沿剪切面发生破坏。此

外，剪应力不变而抗剪强度降低了，也会发生破坏。因此预测或评价边坡稳定性，就是如何从实际的和最不利的条件出发，取得可能剪切面的几何形状和力学指标，进行安全系数检算。

1. 安全系数和稳定计算

评价边坡稳定性常用极限平衡法，即根据几个可能破坏面上滑动土体力的平衡，求出滑动面在极限状态下的抗剪强度与实际剪应力之比，即安全系数。安全系数最小的剪切面就是最危险的滑动面。

$$F_s = S/\tau \tag{8}$$

式中 F_s——安全系数；

S——滑动面上抗剪强度；

τ——滑动面上剪应力。

如果滑面为圆弧，安全系数可由对转动中心的弯矩表示，即

$$F_s = M_r/M_s \tag{9}$$

式中 M_r——抗滑动力；

M_s——滑动力矩。

2. 填方后山间软弱土地基平面滑动分析方法

山间软弱土地基滑动产生的原因是十分复杂的，大多数由于加荷速率太快，在地基中产生很大的孔隙水压力，引起地基强度降低。同时，也有因勘察不明和施工不当引起的。边坡的稳定性与土体的地质构造、水文地质条件以及外来影响等多方面因素有关，水的影响往往是很重要的因素。虽然关于边坡稳定性的研究已有数十年的历史，近 30 年来也有较大的进展，但由于自然界的因素非常复杂，到目前为止，理论分析只能限于简单的情况。下面就山间软弱土地基高填方后边坡的稳定性，特别是在振冲碎石桩加固后的边坡稳定性进行分析。

本工点淤泥质黏土可作为软弱滑动面，一般属于平面滑动面的类型。这类滑坡滑动面的深度与长度之比往往很小。当深长比小于 0.1 时，可以把它当作一个无限边坡进行分析。

本工点填方土坡角为 27°（坡比 1∶2），填土高度平均取 30 m，填土重度 20 kN/m³，内摩擦角 23°，黏聚力 15 ~ 23 kPa，综合内摩擦角 35°，压缩模量 21 MPa。参数取值如表 8—3—12（淤泥质黏土的有效内摩擦角取 13°，重度取 20 kN/m³）。

表 8—3—12　地基土的主要设计参数

土　　名	重　度（kN/m³）	天然快剪		固结快剪		基本承载力（kPa）	压缩模量（MPa）	抗压强度（MPa）
		c（kPa）	φ（°）	c（kPa）	φ（°）			
淤泥质黏土	19 ~ 20	15 ~ 20	8 ~ 10	20	17	120	4	/
砂黏土	20	25 ~ 30	15 ~ 17	/	/	190	5.7	/
卵石土	21	/	40	/	/	400	25.0	/
全风化砂泥岩	2.0	/	/	/	/	250	/	/
强风化砂泥岩	2.2	/	/	/	/	400	/	/
弱风化砂泥岩	2.45	/	/	/	/	600 ~ 700	/	4.45

（1）实际工程的条分法验算

①第一种情况是考虑填方土坡的圆弧滑动，采用普遍条分法。其特点是先假定条块间水平作用力的位置，在这种前提下，每个条块都满足全部静力平衡条件和极限平衡条件，滑动土体的整体力矩平衡条件也自然得到满足。假定此时加固后的软土层（γ = 19 kN/m³，c =

23.6 kPa,$\varphi=19.25°$)是稳定的。

②第二种情况是考虑在山间软弱土上的高填方工程,假定破坏由山间软弱土所引起。用清华大学陈仲颐等的土力学方法,得到填土高度为 30 m 的软弱土加固后($\gamma=19\ \mathrm{kN/m^3}$,$c=23.6\ \mathrm{kPa}$,$\varphi=19.25°$)的稳定安全系数 $F_{s1}=1.213$,而加固前的稳定安全系数仅为 $F_{s2}=0.786$。如果填方高度为 35 m,即使加固后其 $F_{s0}=1.01$,也仅仅达到临界稳定,所以采取 30 m 的填方高度是安全合理的。

(2)实际工程的极限高度和稳定性验算

用公式(5)、(6)进行地基处理前后极限高度和稳定性检算。

①地基处理前极限高度、稳定性

计算参数:$\alpha=2°$,$h_1=0.0\ \mathrm{m}$,$h_2=4.0\ \mathrm{m}$,$H\approx8\sim12\ \mathrm{m}$,$N_s=6.3$,边坡率 1:2;

填　　土:$\gamma=20\ \mathrm{kN/m^3}$,$\varphi=17°$,$c=22\ \mathrm{kPa}$,$b=40\ \mathrm{m}$;

软 弱 土:$\gamma=19\ \mathrm{kN/m^3}$,$\varphi=8.96°$,$c=25\ \mathrm{kPa}$,$\tau_u=37.66\ \mathrm{kPa}$。

计算结果,地基处理前的极限高度 $H=10.57\ \mathrm{m}$,稳定系数 $K_s=0.84$。

②经过地基加固后极限高度、稳定性

在未考虑抗滑桩时 $H=15\ \mathrm{m}$,增加抗滑桩后不沿软弱土滑动,极限高度由填方本身确定,稳定系数 $K_s=1.6$,达到了预期的效果。

3. 极限高度、稳定性验算方法比较

表 8—3—13 为各极限高度、稳定性验算方法的对比。

表 8—3—13　极限高度、稳定性验算方法对比

项　目	目前常用方法		本次研究提出的方法	
	公　式	适用条件	公　式	适用条件
极限高度	(1)$N_s\cdot C_u/\gamma$ (2)$\tan\varphi/\tan\varphi_{实}\cdot H_{实}$	(1)软土厚 (2)呈水平	$K\cdot N_s\cdot C_u/\gamma$	(1)软弱土较薄 (2)地表、基底呈一定坡度
稳定性	(1)圆弧法 (2)摩擦圆法 (3)条分法	(1)软土厚 (2)破坏面不受基底限制	$\tan\varphi_{内}/(\tan\varphi_{坡}+\tan\varphi_{软})$	(1)软弱土较薄,甚至为力学界面 (2)地表、基底呈一定坡度

(八)结　　论

山间软弱土是在特定的地区和气候条件下长期堆积形成的,孔隙度高,含水量大,不排水抗剪强度低。采用振冲碎石桩结合抗滑桩侧向约束法的方案处理高填方斜坡软弱土地基,效果好。振冲碎石桩不仅有挤密和置换的作用,而且桩体还有良好的排水效应,在地震荷载作用下,桩体可起到排水通道的作用,使孔隙水压力能够沿着排水通道及时消散。设计的碎石桩的深度打入到较为坚硬的砂卵石层中,可将上部荷载传递到稳定的地层,使得地基的承载力大幅度提高,加固后的地基设计承载力达到 190~220 kPa,消除了地震液化。抗滑桩侧向约束消除了侧向剪出的可能性。此法在实际工程中应用顺利,起到良好的地基加固效果。

1. 经过振冲碎石桩结合抗滑桩侧向约束处理后,山间软弱土的强度大有提高,复合地基的整体强度由 120 kPa 增加到 200 kPa,提高了约 67%。

2. 提出了填方高度的限制公式 $H=K\cdot N_s\cdot C_{u盘}/\gamma$($K$ 是由山间软弱土坡面参数确定的常数)。在填方过程中,填方土体的抗剪强度随密实度的提高而增长。填方的临界高度在不同季节应该有所不同,主要应该避开雨季施工。

3. 提出了填方安全度系数公式 $K_s = \tan\varphi_{内}/(\tan\varphi_{坡} + \tan\varphi_{软})$。根据实测资料,建议加荷速率控制在 12 cm/d,最大不超过 21 cm/d。

4. 从埋设的传感器所测量的应力变化看,振冲碎石桩结合抗滑桩侧向约束处理的方案是山间软弱土加固的有效方法。利用抗滑桩的抗滑作用抵抗一部分土体的下滑力,可增加边坡的稳定性,同时由于设置了抗滑桩,若抗滑桩本身的稳定性达到要求,则边坡的破坏只能发生在桩顶以上的部分,这就相当于减少了边坡的高度。另外,嵌固在岩层中的抗滑桩能够有效地约束、阻止土体的侧向位移。加筋土技术的应用也大大提高了填方土体的抗拉强度,减少了因填方土体侧压力而产生的坡面局部破坏。

5. 在实际工程验算中,软弱土地基不采用加固措施时的边坡稳定系数只有 0.89,采用振冲碎石桩结合抗滑桩加固后的边坡稳定系数则达到 1.23 以上。经过加固处理后的软弱土层,在其上部填方高达 30 m 也是安全的,并且沉降量大幅度降低,达到了工程加固、处理的目的。

四、郑西客运专线黄土岸坡桩基稳定性研究

赵　平　沈尧良　李晓军

(一)前　　言

郑州至西安客运专线是我国中长期铁路网规划中"四纵四横"客运专线的重要组成部分,是我国第一条基本上在湿陷性黄土地区通过的客运专线,总走向近东西向,大致平行于陇海铁路,按双线设计,无砟道床,允许工后沉降很小,一般路基段工后沉降小于 15 mm,过渡段工后沉降小于 5 mm。

该线渑池至灵宝段黄土具有结构疏松、垂直节理发育、以粉粒为主等特征,加之黄土地区植被稀疏、冲沟发育,且沟深坡陡、岸坡稳定性差,致使滑坡、崩塌、错落、陷穴等不良质时有发生。以往铁路跨越这些深沟时多以高填路堤通过,往往由于地基沉降等不稳定因素造成较多的路基病害。客运专线路桥的高度分界值控制得较小,以桥隧通过的比例增大,这样在桥、路或桥、隧相连的地方将出现因沟谷深切形成的深陡黄土岸坡,而岸坡的稳定状况直接关系到线路的稳定与安全。此时有两个问题需要考虑:一是这些深陡的黄土岸坡附近的不良地质现象对目前岸坡稳定性有何影响、稳定的岸坡角应如何确定、工程上应考虑采取什么措施;二是岸坡上设置建筑物基础后岸坡的稳定性,主要涉及桥梁墩台的位置和埋置深度。

(二)黄土岸坡的特征

地形地貌和地层岩性是影响黄土岸坡稳定性的主要因素。根据地形地貌特征,从东到西将本段客运专线划分为黄土丘陵区、低山区、黄土丘陵台塬区和黄河阶地区四种地貌单元,根据岸坡的分布情况,将前两个地貌单元合并为低山丘陵区。与之对应,地层结构也分为三类,见表 8—4—1。

表 8—4—1 黄土岸坡地质特征表

地形地貌	地层结构	特 征	主要不良地质
低山丘陵区	Q_2 黄土 + 基岩	冲沟发育，部分深切呈“V”形，深达数十米，岸坡陡峭，基岩多裸露，岸坡高 16 ~ 36 m，坡度 23° ~ 60°，黄土厚度 5 ~ 25 m，多为 Q_2 黏质黄土，部分有弱膨胀性，Q_3 黏质黄土较薄，零星分布，冲沟内出露的基岩为砾岩、泥灰岩、泥岩、砂岩、页岩、辉石安山岩，基岩裂隙水丰富	岸坡稳定问题较为简单，风化、剥落、溜坍、溶蚀、掏蚀较多，滑坡、崩塌少见，坡肩松弛带宽 5 ~ 20 m
黄土丘陵台塬区	Q_3 黄土 + Q_2 黄土	塬边斜坡地段冲沟发育，部分深切呈“V”形，岸坡一般高 35 ~ 60 m，最高达 80 m，坡度以 45° ~ 60° 为主，以 Q_2 黏质黄土夹卵砾石层为主，Q_3 砂质或黏质黄土（一般具自重湿陷性）较薄，厚 0 ~ 13 m（断续分布），地层结构很不稳定，是多种不良地质病害的多发区，部分地段出露 Q_1 砾石土、N_2 砾岩、泥灰岩、砂岩、泥岩	地层结构对岸坡稳定不利，是多种不良地质病害的多发地段，岸坡稳定问题较突出，主要为滑坡、崩塌、错落、陷穴、采空塌陷，坡肩松弛带宽达 20 m
黄河阶地区	Q_3 黄土	阶地边缘斜坡地段“U”形冲沟发育，部分深切呈“V”形，岸坡高 24 ~ 50 m，坡度 38° ~ 45°，主要为 Q_3 砂质黄土，一般 20 ~ 35 m 内具自重湿陷性，局部为粉细砂，Q_2 出露较薄或未出露	崩塌、坍塌、错落、错落式滑坡、陷穴较发育

本段的主要不良地质为滑坡、崩塌、陷穴和冲沟。

黄土滑坡比较发育，滑弧剪出口到坡肩距离一般小于 10 m，为薄层和中厚层滑坡，而且滑距一般较小，滑体仍基本依附于滑面上。这可能与降雨量较大、坡肩松弛带较宽、岸坡高陡有关，同时本段黄土滑坡是从后缘开始的渐进破坏，只要滑面贯通、强度降低就产生滑动，本段未见积聚较大的能量产生高速远程滑坡，因而滑坡影响范围较小。从分布上看，一般都比较集中出现。

本段黄土经常产生零星小崩塌，不具形成大规模崩塌条件，在“Q_3 黄土 + Q_2 黄土”型结构的地层中容易产生崩塌，且在分布上有成群性。由于黄土岸坡直立高度取决于上覆土层重量和下伏土层的无侧限抗压强度，因此，崩塌规模有限。与本段滑坡一样，产生原因是存在较宽的坡肩松弛带、夹有砂砾石层、坡脚易被泡软、岸坡高陡等。

陷穴主要分布于结构疏松、黏粒较少的 Q_3 砂质黄土中，冲沟主要分布在地形起伏较大的黄土台塬边缘地带。

本段不良地质特征反映了黄土岸坡内部的应力状态和地表径流特征，不良地质体的出现改变了岸坡的坡形、坡度以及地表水、地下水的流向、流量等条件，使原来稳定的坡体失去平衡，从而导致岸坡应力重新分布，在原来稳定的坡肩上形成新的松弛带和卸荷裂隙，降低了土体强度，增加了动、静水压力，最终诱发新的病害，导致岸坡支离破碎。而位于沟头、塬边的陷穴往往是加速沟头上溯、蚕食塬边的重要因素。

本段不良地质对岸坡稳定性的影响较为严重，具体与其类型、规模、分布特点、成因关系密切。工程性质较差、覆盖较薄的 Q_3 黄土和能形成高陡岸坡且出露较厚的 Q_2 黏质黄土分层结构的存在，是黄土岸坡容易产生病害的主要原因。

（三）黄土的主要工程地质特性

本段黄土岸坡所涉及的黄土主要为 Q_3 黄土和 Q_2 黄土，通过取样进行的粒度和化学成分分析、物理力学性质试验，并结合调查情况和以往成熟的研究成果，得出了本段黄土的主要工程特性。

1. 黄土的粒度成分

粒度成分主要由砂粒(粒径 0.1 ~0.05 mm)、粉粒(粒径 0.05 ~0.005 mm)和黏粒(粒径小于0.005 mm)组成,以粉粒为主,占60% 以上;一般新黄土砂粒含量高于老黄土,而黏粒含量低于老黄土;由西向东,黏粒增多(Q_3 黄土也由砂质变为黏质)。

2. 黄土的化学成分

对黄土湿陷性有明显影响的化学成分主要是难溶盐($CaCO_3$)和其赋存状态,它在黄土中既呈碎屑状分布,为土中骨架的一部分,起骨架作用,又以薄膜状分布或与黏粒混在一起成聚合体,起胶结作用。起胶结作用越少,则湿陷性越大。

另外,中溶盐($CaSO_4$)含量越高,则湿陷性越大。同时,$CaSO_4$ 多呈次生结晶分布在黄土的孔隙中,当黄土中氯离子(NaCl、KCl 等)溶解后,由于浓度大,尚能加速 $CaSO_4$ 的溶解,恶化黄土的工程性能。

3. 天然含水量

天然含水量受地理条件、降水量、地质时代、沉积环境的影响,一般自西向东逐渐增大。此外,由于埋藏条件、粒度成分不同,天然含水量存在明显差异。

4. 孔隙度

一般孔隙度达 45%~55%,不同地段、不同时代的黄土,其孔隙度有一定的差异。总体上讲,Q_3 质地疏松,孔隙度较大;Q_2 相对密实,孔隙度较小。

5. 黄土的塑性

黄土的塑性主要取决于黏粒含量,黏粒越多,塑性越大。通常情况下,老黄土的黏粒含量要大于新黄土,因而塑限要大于新黄土。在空间上,自西向东塑性指数总体趋势是有所增大,这也表明黄土的黏粒含量自西向东有增大的趋势。

6. 黄土的压缩性

土的压缩主要是土中孔隙的压缩,同时,天然重度、天然含水量与孔隙度有关,孔隙度大,则天然重度小、天然含水量大,压缩性就大。

7. 黄土的湿陷性

湿陷性是黄土在遇水作用时所显示出的结构破坏、土体收缩变密实的特性,因此,湿陷性与压缩性一样,也与天然重度、天然含水量、孔隙度有关。

密实度(天然重度)决定黄土的原始粘结力,土体越密实,原始粘结力愈强,而密实度越小,其湿陷性也就越强。

含水量影响黄土颗粒间的胶结状态,含水量越低,胶结性越好。当天然含水量一定时,湿陷变形随深度的增加而减小(表层无湿陷性),随浸湿程度的增加而增大;而当深度一定时,湿陷性随天然含水量的增大而减弱。可见,含水量对黄土湿陷性影响最大,干重度次之。

黄土由于具柱状结构,在压缩稳定后仍然有较高的孔隙度,这也是使得黄土具有湿陷性的原因。

黏粒含量在一定程度上体现了黄土的湿陷性,黏粒含量越高,湿陷性越弱。最大湿陷系数并不都是在荷重 300 kPa 的压力下,而是变化在 150 ~500 kPa 之间,最大湿陷系数和竖向压力与黄土成因、形成时代和埋深有关。

8. 黄土的抗剪强度

抗剪强度除了与黄土的颗粒成分和化学成分(主要是黏粒和可溶盐含量)有关外,主要取决于含水量和密实度。天然含水量小、密实度大的黄土,具有较高的抗剪强度。当含水量增加时,土粒间的胶结作用遭到破坏,强度大幅度降低。当天然含水量低于塑限时,水分的变化对强度影响最大,而当天然含水量超过塑限时,则抗剪强度降低幅度较小。饱和黄土的抗剪强度比天然黄土大幅度降低,其中降低最大的是黏聚力,达到 2.3 倍,内摩擦角降低不大,仅是 1.2 倍。

总的来说,Q_2 黄土抗剪强度指标明显高于 Q_3 黄土,相同时代黄土的抗剪强度随着埋深的增大而增大。从区域分布的总趋势看,由于各段黄土成分上的差异,相同时代的黄土自西向东强度有所增大,这与黄土自西向东黏粒含量变化趋势一致。

(四)黄土岸坡的工程地质比拟分析

工程地质比拟法主要根据地形地貌、地质条件对比进行定性分析。本工程 51 个岸坡的稳定性分析采用比拟法,并根据分析结果提出工程治理措施。

1. 地形地貌对比

自然斜坡的外形受地层岩性、地质构造、气候条件、地下水赋存状况、坡向等众多因素的影响,因此,有必要根据工程位置及其附近岸坡的地形地貌与周围岸坡(变形的和稳定的)进行对比,分析其是否属于不良地质体及当前的稳定状况,特别是分析本侧岸坡是否容易产生变形。

2. 地质条件对比

根据工程位置及其附近岸坡的地质条件(地层、岩性、节理、裂隙、陷穴的发育情况等)与周围岸坡进行对比,分析其当前的稳定性,特别是分析在外动力条件(如地震、震动、降雨浸水、冲刷)作用下本侧岸坡是否容易产生变形。

3. 相邻工程对比

已建成运营的连霍高速公路和陇海铁路与郑西客运专线走向基本一致,所经过的地貌单元基本相同,因此上述工程的岸坡工程处理措施的成败得失有很高的借鉴价值。例如:选线时要尽量绕避滑坡;防水、排水措施要得当,施工质量要有保证,要避免地表水下渗产生陷穴和冲沟;桥台要远离坡肩一定距离,不要处于坡肩松弛带;桥基设计时要做好防冲刷措施等。

4. 稳定坡率的确定

本段 Q_2 黄土的自然坡率普遍陡于 1∶0.75,陡于 1∶0.5 的也不少,而 Q_3 黄土的自然坡率基本上介于 1∶0.75~1∶1。因此,为兼顾稳定、绿化、经济等因素,建议 Q_2 黄土边坡坡率不陡于1∶0.75;Q_3 黄土不陡于 1∶1。这样,土方量增加不大,且也有利于边坡绿化和自然稳定,绿化时还要注意草与灌木结合。

(五)黄土岸坡的极限平衡分析

1. 计算方法的选择

目前的计算方法仍是相关规范推荐使用的极限平衡法。该方法一是经过长期的工程实践,方法成熟;二是可得出比较直观的稳定系数。针对黄土岸坡,研究中选择了瑞典法和简化毕肖普法。简化毕肖普法一般比较准确,如果稳定系数比瑞典法小,那么就可以认为瑞典法的结果比较好。因此,用两种方法同时计算且取较大值是一种较好的选择。

2. 考虑因素和基本假定

(1)按平面问题处理,偏于安全;

(2)假设滑面为圆弧形,出口通过坡脚;

(3)不考虑水平地震力；

(4)只考虑整体稳定。

3. 计算参数对计算结果的影响分析

土性指标的代表性、强度指标随含水量的可变性、天然重度的双重性(一方面产生下滑力起下滑作用,另一方面产生摩擦力起抗滑作用)等,将直接影响计算结果,而水平地震力、岸坡整体坡高、坡形、综合坡率、坡顶坡率等也与稳定性有关,坡肩松弛带、坡顶陷穴、裂缝、节理等,则直接减小黏聚力和摩擦力,这是众所周知的。

图 8—4—1 为陡坡率、低坡高(1∶0.75,5 级坡,每级坡高 8 m)与缓坡率、高坡高(1∶1,4 级坡,每级坡高 10 m)两种坡形的计算结果对比。从图 8—4—1 可以看出,虽然稳定系数都一样(1.25 和 1.26),但前者的断面积比后者大 20 m^2,相应刷方量和弃土征地量少得多,既经济又环保。另外,陡坡率、低坡高相当于增加抗滑段的抗滑力,而宽平台(平台宽度随高度的增加而增大)相当于减少下滑段的下滑力,对稳定有利。而一坡到顶的坡形不仅稳定系数减小了,而且断面面积比 5 级坡减少了 80 m^2。可见,对于同样的综合坡度,一坡到顶要比设多级平台的稳定性差。

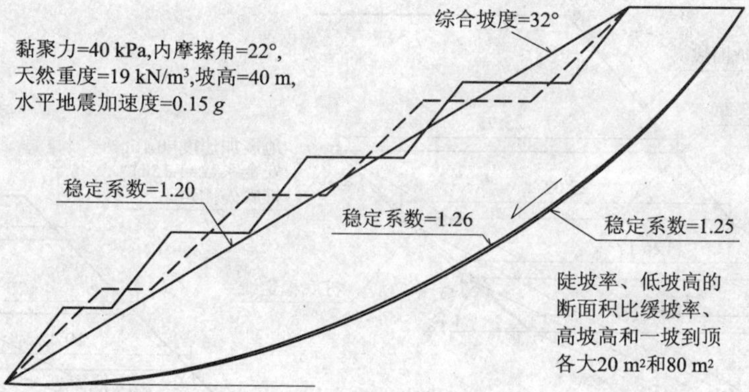

图 8—4—1　坡形对稳定性的影响

(六)桩底稳定线的确定

对于岸坡上设置的墩台,其水平位置多由桥位和桥跨控制,岸坡又高又陡,如何确定墩台基础的埋置深度便成为主要问题。一般认为,用黄土的稳定坡角线(或 20 世纪 50 年代苏联专家提出的休止角斜线)控制基础埋深,即从坡脚最低控制点引出与水平线成岸坡稳定角(或休止角)的斜线,只要墩台基础的底面低于该线即为稳定。这种办法从理论上讲似乎不够严密:一是稳定坡角线会让人误解为岸坡的稳定坡度;二是休止角是指无黏性土在堆积时天然坡面的最大稳定角度,而黄土却有着相当大的黏聚力和结构强度;三是岸坡稳定性与岸坡的高度、坡度、坡形、地震力、外荷载、土体强度指标等因素有关,若用稳定坡角线(或休止角斜线)控制埋深则这些因素都无法考虑。为此提出了“桩底稳定角”(指整体稳定时坡脚到桩底外侧基角的连线与水平线的夹角)和“桩底稳定线”(指整体稳定时桥台不同水平位置桩底外侧基角的连线,反映桩底稳定角的变化趋势)的概念(图 8—4—2 和图 8—4—3),采用极限平衡法计算、分析上述因素及墩台基础设置位置和埋置深度与岸坡稳定性的关系。

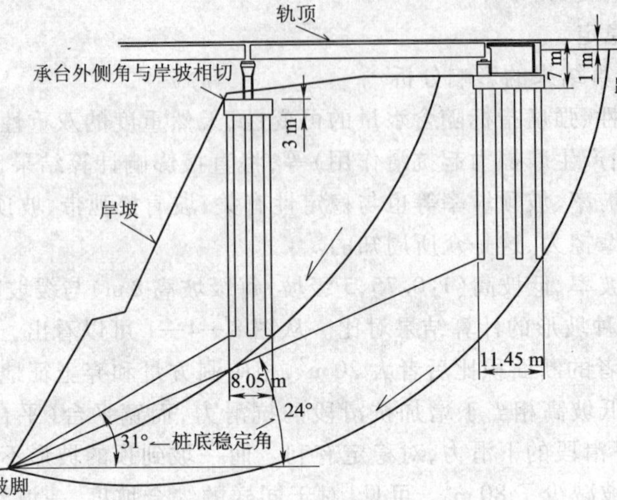

图 8—4—2　墩、台稳定性计算通用断面示意图

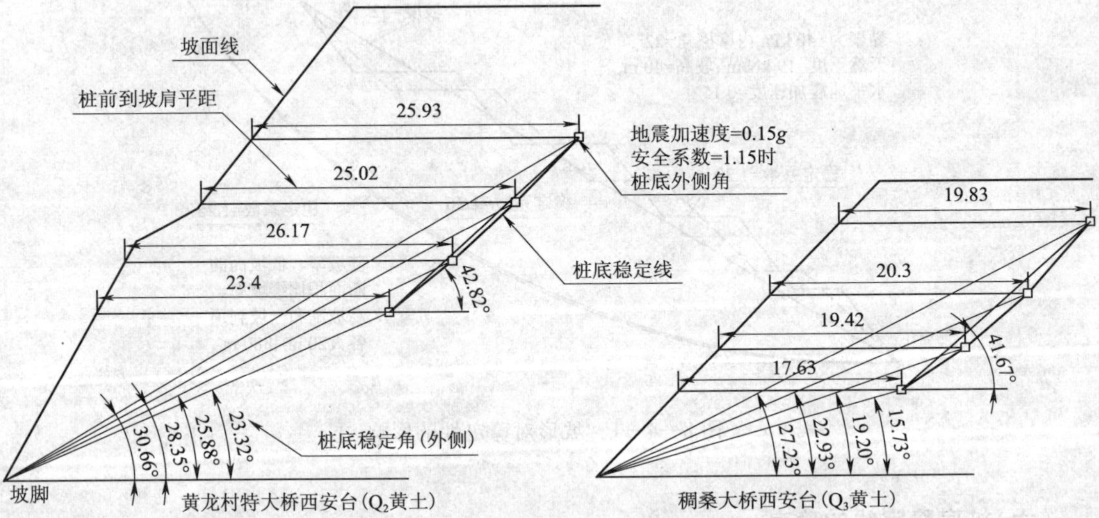

图 8—4—3　桥台桩底稳定角和桩底稳定线计算结果

除前述自然岸坡的考虑因素和基本假定外，主要增加下列内容：

(1)考虑路基和桥梁上部结构荷载和列车竖向活载；

(2)考虑水平地震力的影响，并假定安全系数达到 1.15 时作为桩基埋深(即桩长)的控制标准；

(3)自然岸坡是稳定的，将桥墩或桥台与前部岸坡作为整体来分析其稳定性，滑弧入口在桩基后面；

(4)假设桩基不发生剪切破坏，潜在滑弧通过桩底内侧基角；

(5)只单独计算桥台或一个桥墩的稳定性。

2. 桩底稳定线的确定

稳定性计算时，墩、台位置按照设计图保持不变，通过调整桩长(调整间隔为 5 cm)来计算安全系数，直到安全系数为1.15，得出对应的墩台桩基埋深。同时进行桥台设置位置、黄土抗剪强度指标、坡形、坡率、坡高、水平地震力、天然重度、桩顶荷载以及安全系数变化与桩基埋深（即稳定性）的关系分析，发现后三者对桩基埋深的影响没有其他因素大。

桩底稳定角的大小与桩基埋深有关，因此，与影响桩基埋深的上述因素有关。由图8—4—3可知，桥台越靠近坡脚，桩基埋深就越大，桩底稳定角就越小，不存在固定的桩底稳定角，且差别很大。桩底稳定线实为抛物线。因此，根据各个岸坡的计算归纳为一个统一的桩底埋深标准是不现实的。但由图8—4—3可知，考虑土体强度变化、坡脚加固、桥台到坡肩（或桩底到坡面）应有一定的平距时，则对于坡高小于40 m（本例坡高为37.8 m）的 Q_2 黄土岸坡，桩底稳定角可取25°；对于坡高小于30 m（本例坡高为23.6 m）的 Q_3 黄土岸坡，桩底稳定角可取20°。

影响桥墩桩基埋深的因素与桥台类似，但桥墩的桩基埋深更多地应考虑坡率、土压力和河岸冲刷情况，对通过不良地质体或其边缘的还应考虑是否会受到不良地质体的威胁。

（七）黄土岸坡稳定性的有限元分析

与前述三种地形地貌和地层岩性结构相对应，采用ANSYS建立三种有限元模型，分析其受力及变形规律。

1. 自然岸坡的应力、应变分布规律

采用二维有限元模型，根据岸坡特点和黄土的工程地质特性，选用弹塑性本构模型进行分析。

黄土岸坡的稳定性由于受地层岩性、岸坡高度、坡度等因素影响，因此，三种地层结构在自然状态下岸坡的应力、应变分布、破坏情况各不相同，具有以下特点：

（1）仅受自重作用，岸坡内最大主应力为压应力，其值随深度的增加而线性增大；

（2）应力集中区主要分布于坡脚及沟谷底部，坡脚处也是应力、应变发生改变的转折点，在靠近坡面处主应力方向及应变偏移大致与坡面平行，而在沟谷底部主应力方向转变为以水平为主。因此，坡脚是控制岸坡稳定的关键部位，也是工程加固的重点，但黄土与基岩、Q_3 黄土与 Q_2 黄土的接触面是岸坡稳定的薄弱环节。

2. 基础设置后桩底应力影响线的确定

（1）桩底应力影响线确定方法：埋深相同时，桥梁墩台基础越靠近坡肩，应力越向坡面集中，基础底部局部应力会越大，基础沿边坡剪出的可能性越大；反之，基础越向坡内，应力状态就越接近半无限体的分布情况。在基础向坡内移动的过程中，可找到一个合理位置，在此及其以后位置，基础底部应力趋于半无限平面情况，桩基及其上部荷载对黄土岸坡稳定的影响最小，该位置就是该埋深时的安全埋置下限。通过三维弹塑性有限元建模，比较、分析墩台基础不同位置和埋深时应力松弛带的特征，最终确定不同地层结构条件下的桩底应力影响线，基础设置在该线以下时岸坡稳定性就能得到保证，如图8—4—4所示。

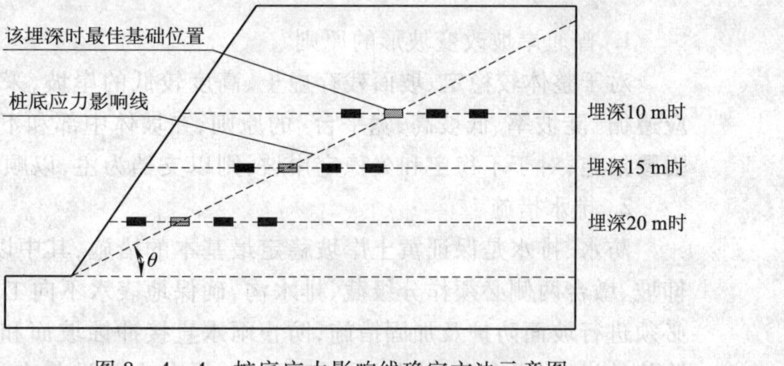

图8—4—4　桩底应力影响线确定方法示意图

(2)各类地层条件下桩底应力影响线：根据图 8—4—4 的方法，可以得出三种模型在三种桩基埋深时基础位置与坡脚最大主应力的关系曲线，然后根据这些曲线得出桩底应力影响临界点的位置（该埋深时桩基到坡脚的平距），从而确定桩底应力影响线的变化规律。从表 8—4—2可以看出，θ 角非常接近，可见各临界点的连线——桩底应力影响线近似为一直线。但在建模时只考虑坡脚应力变化而不考虑破坏，因此对于坡脚承载力较大甚至进行防护加固后的岸坡来说，表 8—4—2 的桩底应力影响线是偏安全的。

表 8—4—2　桩底应力影响临界点位置表

地层结构	埋深（m）	θ 角（°）	
Q_2 黄土 + 基岩	10	28.4	取 29
	15	28.8	
	20	29.5	
Q_3 黄土 + Q_2 黄土	10	21.8	取 22
	15	22.1	
	20	21.8	
Q_3 黄土	10	11.8	取 12
	15	11.9	

3. 地震力对岸坡稳定性的影响

本段黄土岸坡绝大部分位于抗震设防烈度七度区，水平地震力峰值加速度为 $0.10g \sim 0.15g$。假定上述三个模型的墩台基础皆置于桩底应力影响线以下，且满足承载力要求，仅考虑水平地震力对岸坡稳定性的影响，结果如下：

(1)“Q_2 黄土 + 基岩”的坡脚处已不再是剪应力集中区，在地震力作用下，上覆黄土易沿基岩顶面滑动。因此，黄土层稳定坡度不宜设置过大。

(2)其他模型的应力集中区仍与自然情况相同，但数值有显著增加，甚至极值是原来的 2 倍多。

可见，地震力对黄土岸坡稳定性的影响很大，因此，应将基础离开坡肩 15 ~ 20 m 以上，不能设置于剪应力集中区内。对于高陡岸坡的墩台和隧道进出口的桥台没有后移条件时，可采用桩、锚对岸坡进行加固。

（八）主要工程措施建议

1. 普通岸坡改变坡形的原则

对于整体较稳定、坡面残存虚土、高度较低的岸坡，采用清方顺坡的措施；对于高陡岸坡，应遵循“陡坡率、低坡高、宽平台”的原则，在坡体中部和下部剪应力较大部位进行适当的固脚强腰措施；对于不稳定和欠稳定岸坡，则以支挡为主，以顺坡为辅。

2. 排水措施

防水、排水是保证黄土岸坡稳定最基本的措施，其中以地表排水最为重要。隧道进出口的仰坡、墩台两侧必须作分级截、排水沟，确保地表水不向工程部位汇集。工程部位一定范围内，必须进行坡面防护及加固措施，防止雨水直接冲蚀坡面和岩土表面的风化层。对于设计为台阶状的岸坡，平台和坡脚必须铺砌防护，平台内侧设截水沟。部分路段地层有隔水层，形成地下水汇集的岸坡，还需采取疏排地下水的措施。

3. 不良地质体的处理措施

(1)黄土陷穴和洞穴:对影响线路的小型陷穴,一般采用夯填即可;对隧道进出口附近冲沟沟底串珠状陷穴,则应进行详细探测,对陷穴范围要获得可靠的数据,并判断其对隧道的影响情况再确定换填或采取其他处理措施,以防隧道开挖时产生透顶坍塌,避免陷穴进一步向下潜蚀;对桥基附近的溶蚀洞穴,应采用填补与注浆加固相结合的处理措施,保证桥基的稳定。

(2)黄土崩塌:产生崩塌的岸坡一般具有较高陡的临空面、较多的平行于岸坡的卸荷裂隙,坡肩一定范围内有与卸荷裂隙相连的裂缝、陷穴所形成的松弛带,在桥墩附近时应考虑刷方,在隧道进出口处应尽量清除,并做好坡面防护和防排水。

(3)滑坡:对于危害较为严重的滑坡,建议进行详细的地质勘察,在查清滑动机理和滑体结构后,进行稳定性检算和推力计算,然后进行设计方案比较,确定最终的滑坡治理措施。

(4)窑洞和采空区:部分岸坡有窑洞和开采砂砾形成的采空区,因坡顶地表水下渗造成岸坡塌陷、崩塌等病害。对于这些不良地质体,应根据具体情况,采取清除洞顶不稳定土体,或回填夯实、封堵注浆等措施降低窑洞和采空区对岸坡稳定性的影响。

(5)坡脚冲刷:对于冲沟内水量较大、正在切割坡脚的岸坡,应设置河岸防护工程,加固坡脚,阻止水流对岸坡的进一步冲刷掏蚀。

(九)结　　语

1. 用工程地质比拟法得出的 Q_2 黄土取 1∶0.75、Q_3 黄土取 1∶1 的坡率可以兼顾稳定、绿化、经济。

2. 用极限平衡法得出施加工程荷载后的桩底稳定线是开口向上的抛物线,且一般来讲低于 40 m 的 Q_2 黄土岸坡桩底稳定角可取 25°、低于 30 m 的 Q_3 黄土岸坡可取 20°。

3. 用有限元分析得出不考虑水平地震力和坡面防护的自然岸坡在施加工程荷载后不同地层结构的桩底应力影响线的变化规律都近似于直线,且该线与水平面的夹角随土体抗剪强度的降低而减小。

4. 在地震力影响下,岸坡体内应力显著增加,尤其是多层结构,其上部黄土易滑出;应力集中区的极值是原来的 2 倍多,易从坡脚至坡顶形成贯通区。极限平衡法和有限元法都说明,地震力对黄土岸坡稳定性的影响较大。

五、西南地区岩溶地貌和岩溶隧道水文地质条件分类研究

赵超普

(一)前　　言

我国西南地区,碳酸盐类岩石分布十分广泛,岩溶是铁路建设中经常遇到的一个普遍的工程地质问题。据统计,贵州省可溶岩分布面积约占全省总面积的 65%;云南省约有 1/3 的面积为可溶岩,尤以滇东、滇南分布最广;四川盆地东部及其边缘褶皱带,皆有可溶岩分布。随着我国建设事业的迅速发展,西南地区基本建设工程出现了不少岩溶工程地质问题,以新建铁路而言,几无不受到岩溶的威胁。因此,如何认识岩溶的发育规律以及如何克服其危害,一直就是铁二院不断探索的一个重要课题。

岩溶对铁路工程的危害可概括为三个方面:一为建筑物基底下,溶洞顶板的塌陷对建筑物的危害问题;二为处于建筑物周围不同部位的岩溶充填物的稳定性问题;三为岩溶水对建筑物的侵袭,特别是隧道的岩溶涌水问题。

为了克服岩溶的危害,几十年来,铁二院在进行勘测设计的同时,曾成立过岩溶组,也曾和全国有关科研单位协作,联合组成过岩溶“战斗组”,积极开展岩溶的调查研究工作。通过多年生产实践与科研试验,在掌握岩溶发生、发展一般规律的基础上,取得了岩溶地区工程地质选线与工程处理的经验,从而大大提高了在岩溶地区的勘测设计工作质量。

近年来,在岩溶地区修建隧道过程中,水文地质问题发生较多,影响严重。本文以部分业经施工验证的隧道的实际资料为基础,通过分析、归纳加以总结,以期对今后的工程地质工作有所帮助。

(二)岩溶作用在地貌上的反映

岩溶作用与地壳升降运动密切相关,因此岩溶地貌也就反映了地壳升降运动的历史及其与岩溶作用之间的规律关系。

对岩溶作用而言,地壳升降运动主要是一个侵蚀基准面变化问题。当地壳强烈上升,侵蚀基准面下降时,岩溶水为了与之适应,必将进行以垂向或接近垂向的运动,形成以垂向为主的岩溶系统;当地壳处于稳定或相对稳定状态时,岩溶水则以水平运动为主,岩溶作用进入水平作用为主阶段,形成水平向为主的岩溶系统;当地壳处于间歇性上升状态时,相应就形成岩溶系统相互交替出现的情况;当地壳下降,侵蚀基准面上升时,早期形成的岩溶将被埋藏于侵蚀基准面之下,形成古岩溶,同时在新侵蚀基准面以上形成新的岩溶系统。岩溶地貌的演化在构造运动支配下,呈循环变化,形成一系列地表和地下岩溶形态,组成岩溶地区所特有的地貌景观。

西南地区山地多受构造运动为主导作用形成的构造地貌,在地壳升降运动中处于剧烈上升或相对稳定两个不同阶段。在云贵高原广大可溶岩分布地区,由于地壳运动所产生的强烈的岩溶作用,原有高原构造地貌受到极大的破坏,形成特有的高原岩溶地貌景观。在这种地貌景观中,一般可划分为居于分水岭部位的溶丘洼地、分列于分水岭两侧的峰林谷地以及居于谷底部位的孤峰平原或河谷排泄区等三个地貌区。孤峰平原是对宽谷地貌而言的,其谷底常为向斜构造,如黔西的六枝、水城等盆地均属之;河谷排泄区是对峡谷地貌而言的,如黔西梅花山地区的三岔河谷即属之。

四川盆地东部某些山岭,经过岩溶作用的刻划,其中的可溶岩被侵蚀成谷,两侧的非可溶岩仍保持山形,构成脊、槽相间的岩溶山岭。这种山地中,构造地貌仍占显著地位,但也打上了岩溶地貌的烙印,可称之为岩溶构造地貌,如重庆的中梁山、黄角垭等地区均属之,川东的大巴山岩溶区也属之。

1. 高原岩溶地貌

(1)溶丘洼地:系指位于分水岭部位,由一系列簇状低缓溶丘和其间分布的大小不等的溶蚀洼地组成的岩溶组合地貌。洼地中常有竖井、漏斗、落水洞等垂直岩溶形态与地下连通,水平岩溶形态不发育。贵昆铁路梅花山地区分水岭部位岩溶洼地密布。洼地的排列方向与地质构造线一致,洼地的长轴方向也与地质构造线是一致的。溶丘洼地属补给部位,降水经此流向地下后,逐渐向分水岭两侧补给。在无构造破坏的情况下,一般不向深处循环。当分水岭两侧有非可溶岩存在时,或在分水岭部位有与其走向一致的深大断裂存在时,岩溶水在向两侧循环的过程中，受到非可溶岩的阻隔，或受深大断裂的制约，必先顺构造方向循环，至横切构造线方向的沟谷时，才转而向分水岭两侧循环。

(2)峰林谷地：系指位于分水岭两侧，由密集的锥状、筒状、围屏状岩溶化山峰和分布其间的大型溶蚀洼地组成，并常以漏斗或落水洞与其下的暗河连通。由于地壳上升与相对稳定的相间出现，致使峰林多成阶梯状分布。峰顶构成数级夷平面(或剥蚀面)，如梅花山地区就具有这一特征。

夷平面是地壳相对稳定时期的产物，它的存在往往表示所在峰林谷地区内分布有成层的水平岩溶系统。

峰林谷地在岩溶水循环系统中属流通区，在分析其水循环特点时，亦须结合岩层成层特点与构造断裂发育情况，综合研究。

(3)孤峰平原或河谷排泄区：本区处于分水岭两侧的河谷部位，它与溶丘洼地及峰林谷地组成一个完整的岩溶水循环系统。孤峰平原是以宽阔的可溶岩向斜谷地及断续分布在宽谷中的低矮孤峰为其特征；岩溶化峡谷中，与孤峰平原相连的为河谷排泄区。

本区在岩溶水循环系统中属排泄区，岩溶水都在两侧谷坡出露，再排入河流中，因此临近本区之谷坡，常分布有水平岩溶循环带，河流则可作为本区岩溶水的排泄基准面。在有些孤峰平原中，地表水系并不发育，而以顺轴向发育的暗河为其排泄通道。

2. 岩溶构造地貌

(1)槽形对称背斜山地：川东、重庆境内的川东弧，系由一系列宽阔平缓的向斜谷与狭窄紧缩的背斜山相间排列而成，背斜轴部出露三叠系地层，两翼则由侏罗系地层组成。轴部三叠系地层中的嘉陵江灰岩在岩溶作用下剥蚀、溶蚀成谷，与两翼侏罗系地层组成凹形的槽谷，构成一个以对称背斜为基础的岩溶构造地貌。襄渝铁路中梁山隧道所通过的观音峡背斜(图8—5—1)，轴部为由飞仙关地层组成的山脊，山脊两侧为由嘉陵江灰岩组成的谷地，谷地外侧又为由侏罗系地层组成的山脊，构成一个 W 形的笔架山。

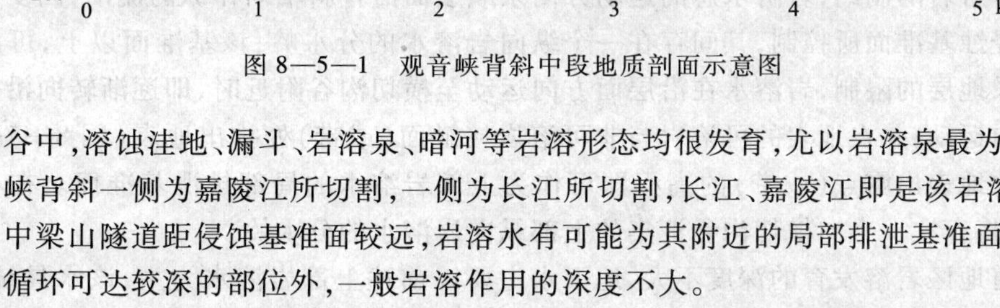

图 8—5—1　观音峡背斜中段地质剖面示意图

槽形谷中，溶蚀洼地、漏斗、岩溶泉、暗河等岩溶形态均很发育，尤以岩溶泉最为普遍。

观音峡背斜一侧为嘉陵江所切割，一侧为长江所切割，长江、嘉陵江即是该岩溶区的侵蚀基准面。中梁山隧道距侵蚀基准面较远，岩溶水有可能为其附近的局部排泄基准面所控制，除个别管道循环可达较深的部位外，一般岩溶作用的深度不大。

(2)大巴山复背斜山地：本区峰峦高耸，峡谷深切，山岭与沟谷的相对高差一般为 200 ~ 800 m。

本区地质构造与地貌形态均极复杂，并具有“向斜成山、背斜成谷”的特征。因受褶皱、断裂、岩层成层条件等因素的控制，致使地质构造形态在剖面上多成叠瓦状排列。峡谷多分布在可溶岩地段，局部地区具峰林景观。

由于地壳间断地上升，本区出现了五个夷平面。岩溶地貌大致也可分为溶丘洼地、峰林谷地和峡谷排泄区等三个区，但其规律性不如高原岩溶区显著。

(三)岩溶地区隧道水文地质条件分类

岩溶地区隧道的水文地质条件主要决定于地貌(包括地壳升降运动)与地质构造(包括岩层成层条件)特征。据此，可将西南岩溶地区隧道的水文地质条件划分为上覆非可溶岩背斜分水岭、下伏非可溶岩向斜分水岭、叠瓦式单斜分水岭、上覆非可溶岩穹窿分水岭及单一可溶岩河谷斜坡等五种类型。在这一分类中，分水岭与河谷斜坡两个地貌形态系根据以上有关岩溶地貌的分析划分的，如在贵州高原岩溶地貌中，穿越溶丘洼地及其两侧峰林谷地的隧道属分水岭地貌；处于河谷排泄区斜坡或部分峰林谷地中的傍山隧道属河谷斜坡地貌。在岩溶构造地貌中，穿越槽形对称背斜山地和大巴山复背斜中的隧道均属分水岭地貌。这些地貌形态与以上所述的构造形态、可溶岩与非可溶岩在空间上的成层条件等因素相结合，是这一分类的基础。

1. 上覆非可溶岩背斜分水岭

此类由背斜组成的分水岭，其两侧翼部为非可溶岩(或起相对隔水作用的断层破碎带)所覆，其间为可溶岩，或可溶岩间夹非可溶岩。由于岩溶作用受两侧非可溶岩的制约，构成这种类型分水岭特定的水文地质条件。按背斜形态的不同，又可分为槽形对称背斜分水岭与不对称背斜分水岭。

(1)槽形对称背斜分水岭：其构造特征为背斜轴部岩层倾角平缓，两翼岩层倾角陡峻，无显著断裂破坏，形成顶平边陡的对称构造。此类分水岭以中梁山隧道所横穿的观音峡背斜最为典型。其水文地质特征如下：

①翼部岩层倾角较大，层间裂隙发育，加上嘉陵江灰岩受两侧侏罗系相对隔水层的阻隔，飞仙关鲕状灰岩受本层中的页岩夹层的阻隔，使岩溶有沿层面发育的趋势。但邻近横切沟谷附近(指长江与嘉陵江之间一些切割不深的横向沟谷)，由于外山侏罗系受切割，外侧隔水层消失，致在地表出露的可溶岩与非可溶岩接触点(或带)高程以上，岩溶水转沿垂直走向的节理面运动。

②以背斜翼部三叠系可溶岩与侏罗系非可溶岩接触面的地表出露点(或带)高程为基准面。可将可溶岩中的岩溶水划分为各具不同运动特征的上、下两部分。该基准面以下，可溶岩两侧受非可溶岩的制约，岩溶水总的运动方向系顺层面沿背斜轴向作纵向流动，因受长江与嘉陵江两个侵蚀基准面所控制，其间存在一个纵向岩溶水的分水岭；该基准面以上，可溶岩外侧不受侏罗系地层的限制，岩溶水在沿层面方向运动至横切沟谷附近时，即逐渐转向沿垂直走向的节理方向运动，并在地表的可溶岩与非可溶岩接触面(或带)处排出地表(图8—5—2)。故该接触面的地表出露点(或带)的高程即可作为上部岩溶水的局部排泄基准面。在相邻两横切沟谷间，将存在一个向横切沟谷汇集的上部纵向岩溶水的分水岭。

③隧道地区岩溶发育的深度不大，地下水主要以前述上部岩溶水为主，该水具统一水面，可称之为上部岩溶水水平循环带。下部岩溶水只具裂隙水的性质，可称之为下部岩溶裂隙水带。中梁山隧道处于下部溶岩裂隙水带中，故施工中未见较大的溶洞等岩溶现象。

④隧道开挖后，疏干了部分上部岩溶水，造成隧道山顶上的部分水井漏失。这是由于横向隧道揭穿了相对隔水的侏罗系，吸引、排水能力大大加强所引起。

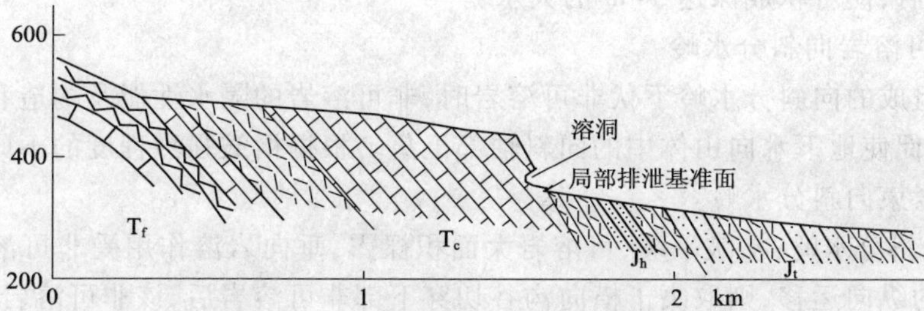

图 8—5—2　流水岩沟沟床剖面示意图

⑤岩溶水的补给来源主要为大气降水。由于透水的可溶岩在地形上多处于洼地、槽谷之中,层间张裂隙发育,故表水汇集与岩层充水均极有利。相对来说,上部岩溶水的季节变化幅度是较小的。

(2)不对称背斜分水岭:铁路沿线以贵州西部此类型分水岭分布较多。其特征为背斜呈不对称,两翼断裂发育,具溶丘洼地、峰林谷地、孤峰平原或河谷排泄区等高原岩溶地貌。典型者如贵昆线大寨隧道。该隧道通过的分水岭地区,其水文地质特征如下:

①分水岭地表多溶蚀洼地、漏斗、竖井、落水洞等垂直岩溶形态,两侧翼部暗河发育,多沿岩层层面、不同岩层接触面、断层带及节理密集带排列或延伸。由于背斜中部马平灰岩的岩溶作用受到两侧相对隔水层的制约,因此岩溶水运动以沿构造线方向为主。

②背斜的不对称性以及背斜两翼断裂性质不同,导致分水岭两侧的岩溶发育和水文地质条件有显著的差异。分水岭东北侧地形平坦,灰岩广布,倾角平缓,峰林洼地呈条带状相间排列,且多正断层,节理密集,利于岩溶水运动,故岩溶非常发育,分布有大寨、大淹塘等大型暗河,为当地岩溶水的主要排泄通道。分水岭西南侧紧邻深达400多米的洗马河峡谷,多逆断层,由于受阶梯状排列的非可溶岩的阻隔,在可溶岩与非可溶岩接触处形成岩溶水的排泄基准面,控制了每一阶梯内岩溶水作用的下限与横向岩溶发育范围(图8—5—3),因此岩溶发育较差,暗河规模较小,并多在半山坡出口,如杨家坡暗河。

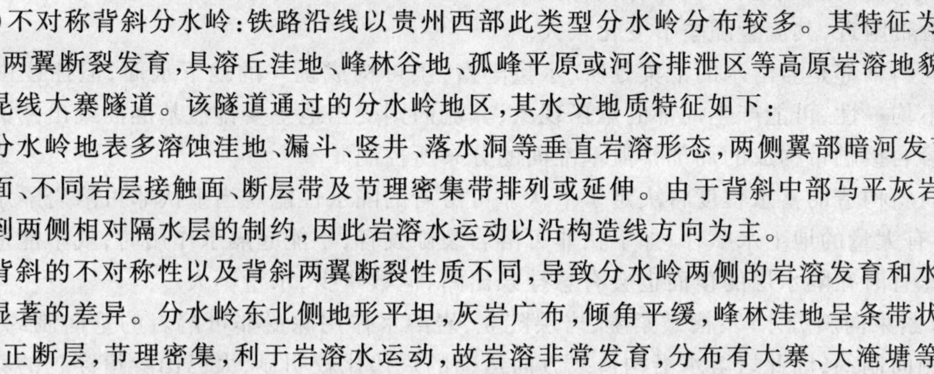

图 8—5—3　阳家坡暗河与大淹塘暗河剖面示意图

③地表分水岭与地下分水岭大体一致。分水岭东北侧具有明显的汇水区、径流区与排泄区,地表与暗河间多有竖井、漏斗等垂直通道相贯通,西南侧三区不明显。

④大气降水为本区岩溶水的主要补给来源,岩溶水季节变化显著,如大淹塘洼地平时水

少,连续暴雨之后,便可积成深达 34 m 的大水塘。

2. 下伏非可溶岩向斜分水岭

由可溶岩组成的向斜分水岭下伏非可溶岩时,非可溶岩的隔水性能及构造和地形的倒置,形成聚水构造,促使地下水向山体中的向斜轴部汇集。根据褶皱强烈程度的不同,可分为开阔向斜分水岭与紧束向斜分水岭。

(1)开阔向斜分水岭:褶皱平缓,可溶岩大面积裸露,垂向岩溶作用受非可溶岩的制约,岩溶水沿构造线的纵向运移,则取决于横向沟谷切穿下部非可溶岩后,该非可溶岩顶面的地表出露点(或带)所构成的局部排泄基准面的高低。此类分水岭以贵昆线梅子关隧道为代表。其水文地质特征如下:

①由于岩层倾角比较平缓,可溶岩大面积裸露,故地表垂直岩溶形态发育,表水下渗迅速。当垂直下渗的表水为非可溶岩所阻时,即沿层面流动,在可溶岩与非可溶岩的接触面上形成富水带,水平溶洞即多沿接触面发育,岩溶水露头则多分布在坡脚遭切割而出露的可溶岩与非可溶岩接触带附近,其流量随季节变化较大。

②向斜轴部是岩溶水的汇集处所,水量丰富,虽可构成统一的地下水面,但往往由于岩溶发育的不均一性,可能产生局部的承压现象,其流向则受当地主要排泄基准面或出露的可溶岩与非可溶岩接触带构成的局部排泄基准面的分布所控制。

③向斜构造的富水程度将决定于下伏非可溶岩的隔水性能。当下伏非可溶岩隔水性能较好时,将有大量的地下水赋存;如下伏非可溶岩裂隙发育,不能起隔水作用时,就不能形成岩溶含水层。有时在隔水层的顶面也会有悬挂泉出露,但数量少,水量不大。

(2)紧束向斜分水岭:褶皱紧凑,岩层陡立,岩溶水作用除受非可溶岩的垂向制约外,同时还受其侧向制约,因此岩溶水沿构造线方向运动的规律比较明显,大巴山隧道穿越的花萼山向斜即属之(图 8—5—4)。其水文地质特征如下:

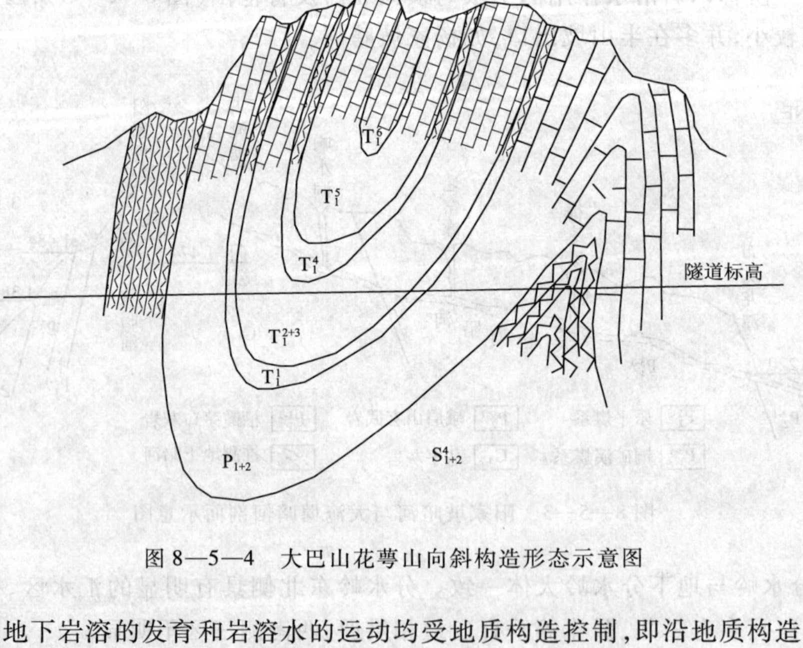

图 8—5—4　大巴山花萼山向斜构造形态示意图

①地表和地下岩溶的发育和岩溶水的运动均受地质构造控制,即沿地质构造线方向发展,呈带状分布,并以纵向径流为主。

②岩溶水的循环具有明显的垂直分带性，在不同高程的夷平面上，表水首先沿向斜两翼早期发育的垂直通道下渗，然后沿水平通道作纵向运动，其下则形成深循环的岩溶裂隙水，并向向斜轴部汇集，构成聚水区。

③在向斜被横向沟谷切割或受断层破坏处，沟谷切割的非可溶岩顶面出露的最低部位或断层带即为岩溶水的主要排泄点。

3. 叠瓦式单斜分水岭

可溶岩与非可溶岩相间成层排列，呈叠瓦式的单斜构造，是此类分水岭在地质构造上的特点。西南铁路沿线，此类分水岭分布颇广，大多处于褶皱构造的翼部。按岩层倾斜的程度，可分为缓倾角单斜分水岭和陡倾角单斜分水岭两类。

(1)缓倾角单斜分水岭：岩溶水作用受非可溶岩的侧向制约不显著，一般既表现为顺层理面运动，又表现为沿节理面运动。贵昆线通过威水背斜东北翼的燕子岩隧道(图 8—5—5)即属此类。其水文地质特征如下：

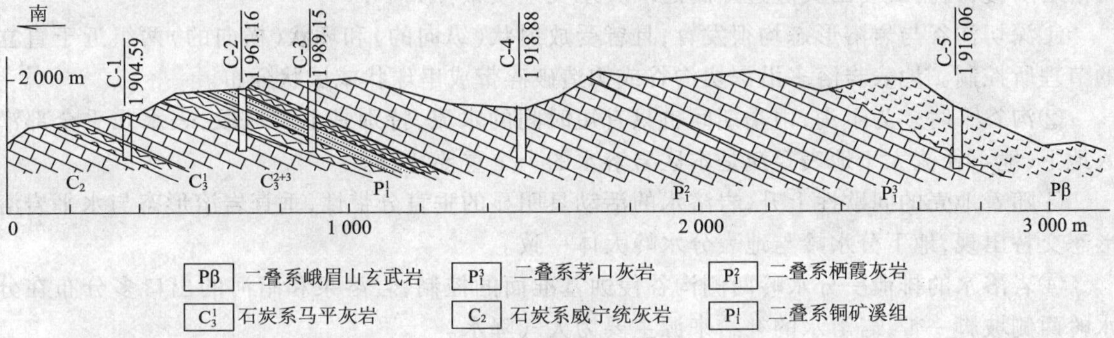

图 8—5—5　燕子岩隧道地质纵剖面示意图

①可溶岩产状平缓，多走向节理与倾向节理，节理面与层面垂直，在表水的淋蚀作用下，形成较发育的溶沟、溶槽、石芽等地表岩溶形态，表水下渗迅速，故山坡沟谷多成干沟。

②溶洞、暗河多先在不深的部位沿倾向节理发育，到排泄基准面附近再顺走向节理延伸，主要的暗河通道多沿走向节理或沿断层形成。

③从非可溶岩地区流来的表水，至与可溶岩接触地带即潜入地下，成为岩溶水补给来源的一个重要途径。

④岩溶水的循环受当地排泄基准面控制，岩溶的发育深度与横向沟谷切割深度密切相关。

(2)陡倾角单斜分水岭：此类分水岭的主要特点为岩溶水作用受非可溶岩的侧向制约十分明显，因此岩溶多表现为沿构造线方向发展，如梅花山隧道即属之。其水文地质特征如下：

①因岩层陡立，层间裂隙可直接接受表水的渗透，加上非可溶岩的制约作用，故一般岩溶水多沿层面流通，层间溶缝发育，如分水岭中部出露的沿构造线方向发育的岩溶现象，即显示了这一特征。

②地下水类型以岩溶裂隙水为主，岩溶水在沿层面作纵向运动的同时，为适应分水岭两侧侧向切割的三岔河和可渡河两个区域性侵蚀基准面，沿垂直层面的节理裂隙运动的横向岩溶水也很活跃，但岩溶水在作横向运动时，不能渗过较厚的非可溶岩，这样，在沟谷或坡脚出露的可溶岩与非可溶岩的接触带就成为岩溶水的局部排泄基准面。横向岩溶水的分水岭受区域性排泄基准面的控制，纵向岩溶水的分水岭则受邻近横切沟谷之局部排泄基准面的控制，每一横

切沟谷之两侧，均有与之相应的纵向岩溶水的分水岭。

③岩溶发育的深度与非可溶岩的制约有关。岭北灰岩大面积裸露，其间无非可溶岩阻隔，岩溶发育较深，而岭南受数层非可溶岩的阻隔，岩溶发育则较浅。

④在上下为非可溶岩所阻隔的可溶岩中，岩溶水有高压现象，在由非可溶岩挟持的威宁统灰岩中，就曾突然发生高压射流现象。

⑤地下水的补给来源主要为大气降水，在岭北既有地表水补给暗河的现象，又有暗流补给地表河流的现象。

4. 上覆非可溶岩穹窿分水岭

按地质构造特征，并结合可溶岩与非可溶岩在空间上的相互位置的不同关系，可将此类分水岭分为上覆非可溶岩平缓穹窿分水岭、上覆与下伏非可溶岩断块穹窿分水岭和封闭型短轴复背斜分水岭。

(1)上覆非可溶岩平缓穹窿分水岭：此类分水岭位于开阔平缓的穹窿构造之中，其上为非可溶岩所覆，川黔线娄山关隧道即属之。其水文地质条件如下：

①深切沟谷与岩溶形态均很发育，且皆受放射状（纵向的）和环状（横向的）两组近于直立的节理所控制。地表岩溶多沿深切沟谷或构造破碎带成串珠状或层状分布。

②沟谷平时多为干沟，雨季期间也只有短时间的水流，特别是上游地段，表水几乎全部潜入地下，地下径流大于地表径流是本区岩溶水的一个重要特点。

③随着地壳的间歇性上升，岩溶水的活动具明显的垂直分带性，垂直岩溶形态与水平岩溶形态交替出现，地下分水岭与地表分水岭大体一致。

④岩溶水的排泄受分水岭两侧沟谷侵蚀基准面的控制，岩溶泉和暗河的出口多分布在分水岭两侧坡脚一带，岩溶水的补给来源主要为大气降水。

(2)上覆与下伏非可溶岩断块穹窿分水岭：系指处于穹窿构造边缘断块地带的分水岭，非可溶岩夹于可溶岩之中。对上部可溶岩而言，非可溶岩处于下伏状态；对下部可溶岩而言，非可溶岩处于上覆状态。盘西线平关隧道和胜境关隧道即属之。其水文地质特征如下：

①岩溶以阳新灰岩最发育，多以垂直岩溶形态发育于构造裂隙密集地带，表水漏失严重，地表几无水流。

②隧道处于黔西穹窿之南缘，地势北高南低，岩溶水自北向南排泄。但隧道地区的阳新灰岩东、南、西三面均受非可溶岩或断层所阻隔，形成封闭聚水构造，导致岩溶水多在可溶岩与非可溶岩接触带或断层带切割最低处的排泄基准面集中出露，流量很大。

③岩溶水的流向受区内由一些短小背斜或倒转背斜所控制的地层倾向所制约。具隔水作用的铜矿溪组是本区水文地质条件的控制因素。在铜矿溪组之上，阳新灰岩中的岩溶作用极为活跃，特别是在这两种地层的接触带上更甚；铜矿溪组之下，马平灰岩的岩溶作用则甚轻微。

④岩溶水的补给来源主要为大气降水，其补给量与补给速度与岩溶发育的强度密切相关。平关隧道阳新灰岩大面积裸露，地表岩溶密度达 18.2 个/km^2，其出口段以北的总沙沱泉水，大雨后出水量迅增，水浑浊，说明其补给来源是较近的；胜境关隧道地表多为红土所覆，地表岩溶密度仅为 2.9 个/km^2，其进口段西北的东铺泉群平时虽然流量很大，但大雨后的水量增势缓慢，水不浑浊，说明其补给来源较前者为远。

(3)封闭型短轴复背斜分水岭：襄渝线大巴山莲花池紧密短轴复背斜倾伏端的斜坡地段，可溶岩与非可溶岩相互成层，形成花边褶皱。由于短轴复背斜具有封闭构造的特点，不同时代的可溶岩均处于封闭构造之中，各自形成单独的岩溶水循环系统（图 8—5—6）。其水文地质特征如下：

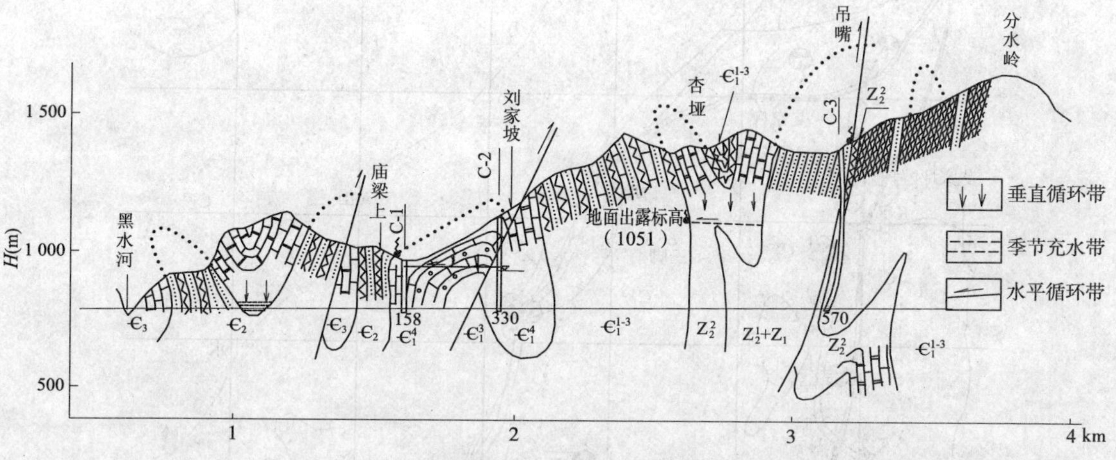

图 8—5—6　大巴山隧道北段岩溶水分带剖面示意图

①岩溶发育受构造节理和层间裂隙控制，并以花边褶皱中的背向斜转折部位最发育。岩溶发育具有两个特点：一个特点是向斜仰起端以发育垂直岩溶形态为主；另一个特点是背斜的倾伏端以岩溶泉为主。

②岩溶水的补给关系与水量大小和横向沟谷切割的深度与走向逆断层密切相关。当有走向逆断层存在时，横切沟谷和逆断层就成为地表水与地下水互相贯通的排水通道，并将远方岩溶水引到沟谷切割的较低部位，注入地表径流。因此，岩溶水既接受地表水的补给，也有岩溶水相互之间的补给。

③当无走向逆断层存在时，可溶岩只接受表水的补给，而在沟谷切割的深处排出地表。在出水点所处的高程以下，岩溶水的循环处于缓慢状态。岩溶化不剧烈。

④由于岩溶发育的不均一性，以及补给、排泄和流通方式的不同，岩溶水不存在统一的地下潜水面。

⑤随着隧道的开挖，改变了水文地质条件，致使岩溶水的循环不受沟谷切割边界的限制，大量岩溶水产生了漏失现象，并由岩溶管道或裂隙以承压水形式在隧道中涌出。

5. 单一可溶岩河谷斜坡

河谷斜坡地段的傍山隧道，在其通过范围内，全部由可溶岩组成，非可溶岩埋藏较深或出露较远，对隧道的水文地质条件基本上无影响。

由于岩层成层条件与地质构造的控制，我国西南岩溶地区，通过单一可溶岩组成的河谷斜坡的傍山隧道较为普遍。其水文地质条件与分水岭隧道有较大的差异。傍山隧道临近河谷排泄区，排泄条件良好，故其出水点一般均接近河谷水面，而分水岭隧道常有非可溶岩的阻隔，横向排泄受到限制，因此其水文地质条件要远较傍山隧道复杂。

当傍山隧道由可溶岩与非可溶岩两种岩层组成时，或分水岭隧道临近河谷排泄区的一侧为可溶岩时，在可溶岩一段中的隧道，其水文地质条件与本类型相同，故亦属本类。贵昆线胡家马场倒转背斜西翼的三家寨—艾家坪一带的单一可溶岩河谷斜坡为此类型的代表（图 8—5—7）。其主要水文地质特征如下：

（1）暗河发育常受一组与山坡垂直的横节理控制，各暗河互相平行，互不相通。暗河的出口往往受岸坡的非可溶岩所阻隔，呈悬挂状态；若无阻隔，则多在岸坡坡脚流出。

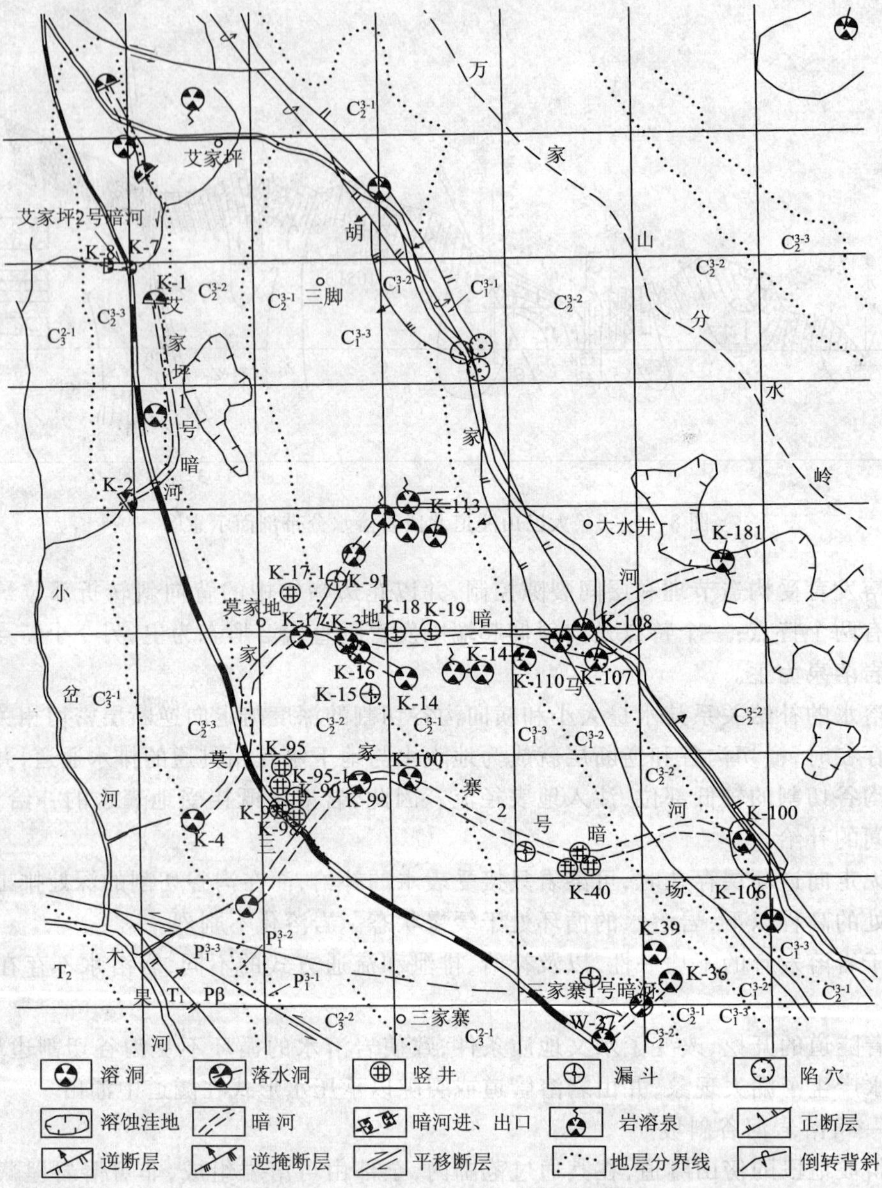

图 8—5—7　三家寨—艾家坪岩溶地区暗河分布示意图

(2)暗河上游与地表河流相似,有树枝状的支流,并以最短距离流向邻近的排泄基准面。

(3)因受地壳间歇性上升运动的控制,岩溶水的循环具明显的垂直分带性,水平循环带与垂直循环带互相交替出现。暗河上游常有垂直通道与地表相连,下游则往往出现几层暗河出口。水平循环带与垂直循环带在岸坡上划分得很清楚,呈成层现象。雨季时往往由于水量大于暗河断面的通过能力,构成较厚的季节性充水带。

实践表明,岩溶地区水文地质条件复杂的隧道,多为越岭隧道。傍山隧道只要走行于足够的高度,岩溶水文地质问题就不突出,但这一高度往往处于垂直循环带或早期水平循环带内,有遭遇竖井、溶隙、溶洞乃至地下大厅的可能;傍山隧道若走行过低,位于水平循环带或接近排泄带,则可能存在大规模的岩溶涌水威胁。

（四）结 束 语

1. 本文对中铁二院 20 世纪 50 ~ 70 年代所作铁路岩溶隧道的水文地质工作进行了较全面的总结、回顾，在此基础上，提出了岩溶隧道的水文地质条件分类。虽然通过总结、回顾使我们对这一问题的认识有了较大的提高，但尚待解决的问题还很多，有的还涉及基本观点问题。因此，本文只能是探索这个问题的开端，有待于在今后工作实践中进一步深入，以提高对岩溶水文地质问题的认识水平。

2. 关于分水岭岩溶化深度问题，尚有两种不同观点：一种观点认为，分水岭岩溶化是较深的，有些隧道即处于深循环带中。由于地质构造的原因，在分水岭地区可能形成一个岩溶水的临时（或局部）排泄基准面，在此基准面之下即存在岩溶水深循环带。当此基准面处于较高位置时，隧道即可处于深循环带中，故这些隧道施工时常有较严重的滴水现象，甚至揭露岩溶水点。

另一种观点认为，分水岭岩溶化程度随深度而减轻，在一定深度以下岩层即处于非岩溶化或轻微岩溶化状态，在岩溶化和非岩溶化岩层之间，构成一个以一定坡度由分水岭向两侧山坡倾斜的分界面，愈向分水岭中部，此分界面愈高。分界面以下的非岩溶化地层中，即使有地下水，也只具局部裂隙水或岩溶裂隙水性质。

分水岭岩溶化深度问题，对越岭隧道线路方案的选择和隧道水文地质计算都具有很重要的意义，有待进行深入的研究和在今后工作实践中进一步总结。

（本文由唐民德节录自作者所撰《西南地区铁路隧道岩溶水文地质问题》一文，标题及序号为编者所加，编录时对文字稍有删改。）

六、西藏迫龙藏布河谷的地貌特征及其对铁路建设的工程地质意义

唐民德

20 世纪 70 年代后期，铁二院组织勘测队伍陆续进藏，开展滇藏铁路的前期勘察工作，并于 1979 年抽调科研、技术人员组成滇藏铁路科研考察队，进驻西藏波密一带，对地质条件复杂、现代冰川和泥石流特别发育的迫龙藏布及其支流拉月曲的松宗至东久长约 160 km 的河谷地段，进行了为期半年的调研、考察。本文即以当年的地貌考察总结报告为基础，结合铁二院以后历次对该线的调查、研究成果补充、修订而成。考虑到今后由西南地区进藏的铁路，不论是滇藏线或川藏线，迫龙藏布河谷都是必经的通道，因此，本文所述对今后西南地区进藏铁路的勘察设计或仍会有所帮助。

（一）概　　述

迫龙藏布地处西藏高原东南部，源出伯舒拉岭西麓，向西蜿蜒于念青唐古拉山和喜马拉雅山之间。易贡湖以上，河流分南、北两支：南支源于阿扎贡拉山北坡的现代冰川；北支出自伯舒拉岭之德姆拉山口的现代冰川。南、北两支于易贡湖以东的安贡错汇聚后迤逦西下，经易贡至松宗，纳曲宗藏布后继续西流，过波密于达卡附近，汇纳波得藏布，再经通麦与西来之易贡藏布汇合，折而向南，于迫龙乡后再汇纳东久河，最后于雅鲁藏布江大拐弯处注入该江。

迫龙藏布河谷与其西侧山岭高差很大。谷底高程 2 000 ~ 3 000 m，两侧分水岭高程则多在

5 000 m 以上。高度的差异导致明显的气候垂直分带：河谷内，受印度洋季风影响，孟加拉湾暖流沿雅鲁藏布江大峡谷和迫龙藏布河谷南侧低矮山口进入，气候温和，雨量充沛，属高原湿润气候区。波密前后河谷内多年平均气温 8.3 ℃，多年平均降雨量 810.7 mm；河谷两侧山岭气温低寒，雨雪丰富，多数岭脊常年为冰雪覆盖，是滇藏铁路现代冰川最为发育之地。由于河谷两侧日照条件的差异，南坡（阴坡）冰川末端所到达的高度普遍低于北坡（阳坡）。

气候垂直分带也反映于植被生长状态：河谷内，植被茂盛，生长迅速，开阔阶地多辟为耕地，是藏东南主要农作区，两岸谷坡较低处则多为针、阔叶混交林所覆，向上混交林为高大针叶乔木所代替，更高处的地面仅存稀疏灌木或草甸，最高的岭脊地带则已一片荒凉，或终年为冰雪覆盖。

气候垂直分带还导致不同高度外营力作用类型不同，相应地在不同高度塑出不同类型的地貌形态：河谷内，以流水的侵蚀、堆积作用为主，遂形成多级阶地、各类冰碛垅岗和叠置的泥石流扇等地貌；岭脊地带，盛行寒冻、霜劈和冰川作用，则造成角峰、鳍脊、悬谷、冰斗等地貌。故由河谷至分水岭，地貌形态亦具垂直分带的特点。

河谷地貌还受区域地质构造控制。青藏高原地质构造格局是印度板块北移拼合作用的产物，故此构造格局是以板片拼合结构为基本特征。迫龙藏布流经地区属冈底斯—念青唐古拉板片中的拉萨—波密断褶带东段。区内构造线呈近东西向展布，由一系列复式背斜和区域性断裂组成。但在雅鲁藏布江大拐弯地带，也有北东、北西向深大断裂发育，与近东西向的断裂相互交错，组成复杂的构造格局，控制了“大拐弯”的形成、发育。直接控制迫龙藏布河谷形成、发育的近东西向构造作用，则主要是嘉黎—易贡深大断裂。该断裂由数条北西西向的压扭性断层组成，起自易贡藏布上游之嘉黎，终于迫龙藏布上游的易贡，全长 360 多千米。由西向东的易贡藏布和由东向西的迫龙藏布，始终沿北西西的同一方向相向而流，直至雅鲁藏布江大拐弯附近，方同时折而向南汇合，这一奇特的地理现象，正是该两条河流同受嘉黎—易贡深大断裂控制的反映。这条断裂不仅控制着河流的总体走向，而且在河谷的具体形态上，都留下了清晰的痕迹。

迫龙藏布沿岸，以燕山期花岗岩出露最广，松宗以西直至通麦，两岸所见多属此类岩体，属贯穿西藏东西、长达 2 000 km 的“冈底斯花岗岩带”之一段。但缩瓦卡以西河段，部分花岗岩变质为花岗片麻岩或片麻状花岗岩。部分河段尚分布有不同时代的变质岩和混合岩。变质岩分属泥盆系和石炭系；混合岩时代不明。泥盆系主要为硅质、钙质板岩，分布于松宗及其以西河段；石炭系由黑色板岩、石英岩、千枚岩、大理岩、云母片岩及黑云母石英片麻岩组成，出露于波密及其上游一带。混合岩分布于通麦下游河谷两岸，变质较深，揉皱严重。

岩性组成也在一定程度上影响着迫龙藏布河谷的地貌轮廓，河谷两岸陡峭的谷坡、巍峨的峰岭，正是以花岗岩类为主的硬质岩石在内外营力共同作用下形成的。

（二）河谷分段特征

由于嘉黎—易贡深大断裂与迫龙藏布的相对位置随河段的不同而有变化，不同河段的新构造运动的性质、幅度亦存在差异，导致迫龙藏布河谷分段具有不同的形态特征（见图 8—6—1）。

1. 松宗至古乡宽谷段

河段全长约 100 km。嘉黎—易贡断裂与河谷平行，位于河谷及以南。河谷开阔，河床平均纵坡 4.4‰，但上游（莫曲沟以上）相对较陡。近代河流下切作用甚强，河床深深地嵌入开阔的堆积阶地之中，造成在宽敞的河谷中迂回着深而狭窄的河床的现象。莫曲沟以下，河谷更趋开

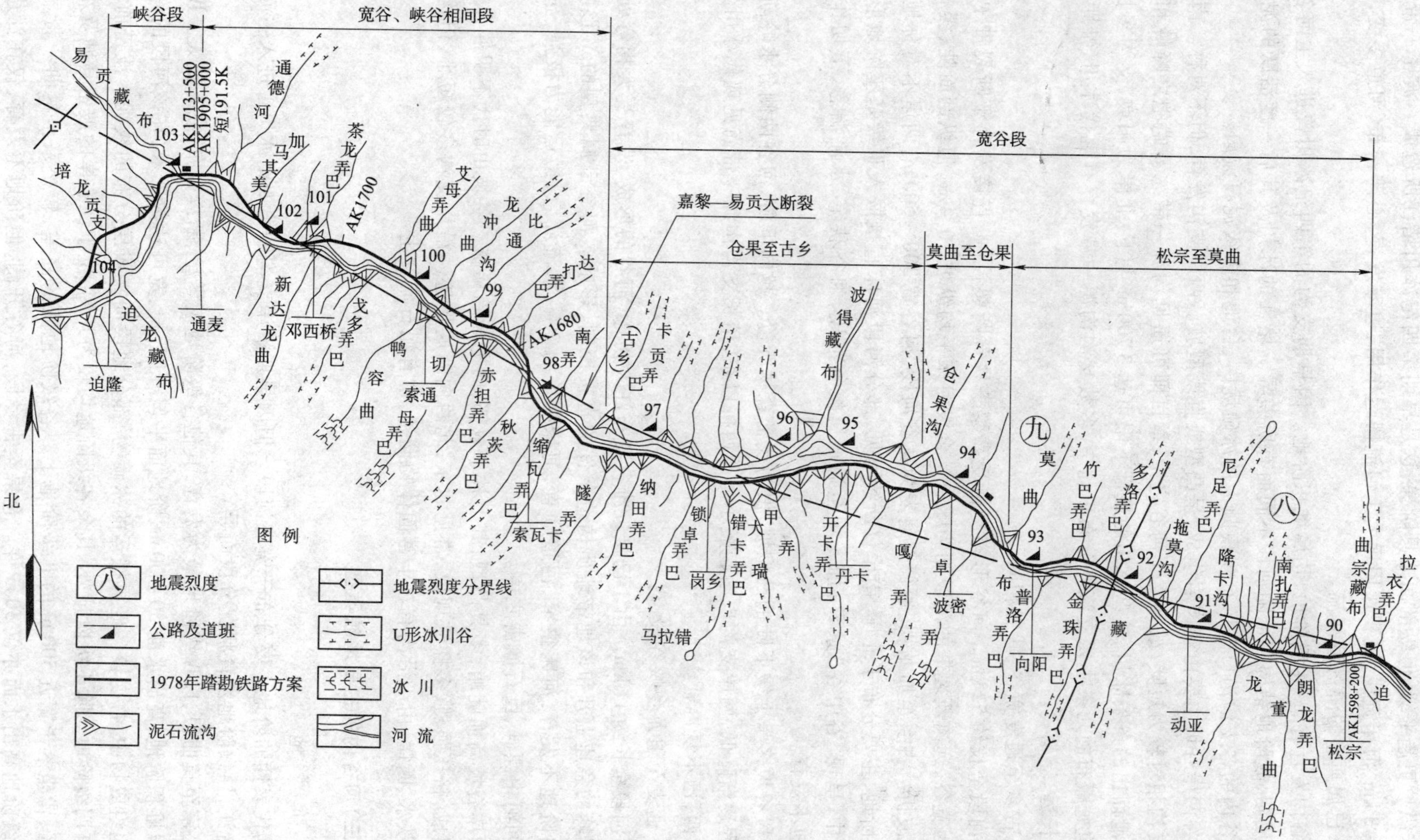

图 8—6—1　滇藏铁路迫龙藏布河谷分段及泥石流沟分布

阔，河床纵坡更趋平缓，但纵剖面略具阶梯，这是早期第四纪冰川堵江所造成。波密一带河谷宽达 2 ~ 3 km，河床宽浅，沉积作用远大于河流搬运作用，边滩发育，心滩密布，河道多变，水流呈辫状，已属典型的游荡型河流。

河谷内发育有 3 ~ 4 级阶地，均属堆积阶地。因早期支沟的第四纪冰川曾进入主河谷，分段堵江成湖，故阶地结构特征随河段不同而有所差异。堵江的冰川及其后一度活跃的泥石流又在河谷内的各支沟沟口遗留有规模颇大的冰碛垅岗、台地和多级泥石流扇。

河谷两岸谷坡主要由花岗岩组成，呈凸型或直线型坡。两岸支沟发育，但不对称。南岸为阴坡，支沟相对较为短陡，故站立于河谷之中，举目即可遥见沟源一带冰雪皑皑之峰岭和自围谷中溢泄而出的条条冰川，这些冰川的最低下限可达 3 700 m 上下；北岸为阳坡，支沟多长大、宽缓，迫龙藏布的几条主要支流均分布于此岸，多数支沟沟源一带发育有现代冰川，惟距离河谷已较长远。

2. 古乡至通麦宽谷、峡谷相间段

本河段全长约 52 km。河谷形态严格受嘉黎—易贡断裂控制，直接发育于断裂带中的河段，成为宽谷，远离断裂带的河段则为峡谷。全段河床平均纵坡 10.4‰，但纵剖面陡、缓相间，有较大波折。古乡至加龙坝、通德至通麦为宽谷河段，河谷宽 300 ~ 500 m，两岸不对称地发育有四级阶地，主要分布于北岸，南岸仅断续可见，部分河段河床直接嵌入Ⅲ级基座阶地形成的宽谷之中，呈现"谷中谷"景象；加龙坝至通德属峡谷河段，河谷狭窄，水流湍急，下切作用剧烈，阶地不发育。

全段谷坡多呈上缓下陡的凸型坡，俱为茂密森林所覆。越向下游，河谷两侧分水岭渐次靠近，高程逐渐降低，两岸支沟也渐趋短小。邓西桥以东，稍长支沟沟源一带尚见现代冰川分布；邓西桥西，已不复再见。

3. 通麦至迫龙乡峡谷段

本河段全长约 11 km。由于已接近雅鲁藏布江大拐弯，河谷的形成、发育受大拐弯处的南迦巴瓦峰的急速上升和该地带地质构造条件的直接控制、影响。河谷已属典型的 V 形峡谷，河谷内阶地不发育，河床狭窄、河道顺直，河床纵坡约 7‰，水流湍急，搬运能力极强，立于水边，可闻河中漂砾、巨石撞击之声。

两岸谷坡高而陡峭，多具凸型，其上林木葱郁，向上渐趋稀疏。谷坡由时代不明混合岩、片麻岩组成，挤压强烈，多揉皱现象，常见北东、北西向断层形迹。沿岸支沟多较短小，但沟床陡峭，多跌水、断崖，由于沿沟有较丰富固体物储备，常有泥石流发生。

(三)河谷内的主要地貌类型

1. 阶　　地

具代表性的阶地主要分布于宽谷河段。但因早期沿岸支沟的第四纪冰川曾进入主河谷并分段堵江，导致阶地发育状况分段而异。

松宗至莫曲段，以Ⅳ级阶地最为发育，其他各级阶地仅零星、断续分布，或有缺失。Ⅳ级阶地均属堆积阶地，高出水面 50 ~ 60 m，阶地面平坦开阔，长、宽可达数千米，在该河段的许多地方阶地组成物中，常夹较多经再搬运的冰碛物，部分地段尚夹成层分布的纹泥。波密前后，共发育有四级阶地。除Ⅰ级阶地外，其余各级阶地均较为开阔，位于江右岸的波密县城及左岸的札木区，皆坐落于宽近 500 m 的Ⅱ级阶地上。各级阶地间的高差，较松宗至莫曲一带显著降低，Ⅳ级阶地高出水面亦仅 30 m 许。仓果至古乡段，河谷开阔，但阶地不发育，仅在江边零星分布一些长、宽有限的近代漫滩或低阶地。这一现象与当年古乡卡贡弄巴沟泥石流堵江成湖有关，至今古乡上游一段河道仍称“古乡湖”，湖中仍可见当年被淹没的森林之大树树梢，早年形成的阶地已淹没于水中。

古乡以下，阶地主要发育于宽谷河段，且以右岸发育更为良好，能连续和对比者只有三级，Ⅳ级阶地仅少数地点有所残留。发育最好者是Ⅲ级阶地，宽谷段河谷主要由此级阶地占据，沿岸公路、居民点皆分布于此。由于下游支沟的第四纪冰川堵江后构造抬升急剧，导致此段宽谷中的这一级阶地高出水面达 80 m 许，河流直接深切其中，形成宽谷中的“峡谷”。通德至通麦间，阶地面最宽达 200 m 以上，纵向延伸 3 km 许，多为堆积阶地，局部也有基座阶地，通德河口附近，有时代不明的石膏层组成的Ⅲ级阶地基座。

2. 冰碛垅岗和冰碛台地

迫龙藏布河谷中，又一醒目的地貌类型是早期进入河谷的第四纪冰川作用遗迹。它们由分布于支沟沟口及其附近的冰碛垅和冰碛台地组成。按其形态特征和分布位置，可划分为以下几类：

(1)横亘于河谷中的堤状侧碛垅：宽谷河段的较大支沟沟口，多有此类垅岗分布。它们在宽敞的河谷中拔地而起，形态高大、完整，高出水面百米以上，常呈两行在沟口并列，在河谷中远望，状如堤坝，具堵江之势。组成物质为未经分选的漂砾、块碎石及泥砂，结构较紧密，略具胶结，部分石质已有风化。河谷中，每有此类垅岗分布，河道即骤然缩窄，水流深切其中，形成咽喉式峡谷，阻断上、下游阶地的连续。下游后期形成的阶地中，总含大量经再搬运的冰碛物。在曾有历时较久的第四纪冰川堵江之处，其上游阶地中则出现厚达 20 m 许的湖相纹泥。

(2)环绕沟口的弧形终碛垅：此类终碛垅岗外缘自沟口向河谷突出，呈弧形环绕沟口，缘坎陡峭，高出水面百余米，有如拱卫于沟口的城墙。由于早期进入河谷的冰川消退后，前端所携物质沉积于沟口处，呈扇形扩散，故垅岗顶面向河倾斜，远望垅岗又似扇状台地。后期沟水及泥石流又切割于扇状台地中，并在其前方沉积，形成泥石流扇。终碛垅在波密前后的一些支沟沟口常有分布。

(3)沿河谷纵向分布的冰碛台地：波得藏布河口及其以西一带，部分支沟沟口断续保存有沿河谷纵向分布的冰碛台地。规模大者，见于波得藏布河口。该处有一列高出水面百米、宽近千米、沿河谷延伸 3 km 以上的台地，由漂砾、块石杂砂等冰碛物组成，结构紧密，已具一定胶结，石质常有风化，由于后期支沟泥石流及外营力破坏，形态残缺，台地表层有红壤发育，并为植被所覆。在岗乡、锁卓弄巴沟口一带，亦有此类纵向台地分布，台地所含漂砾粒径有 7 ~ 8 m 之巨。从大端弄巴及相邻的几条支沟沟口冰碛垅和冰碛台地的分布形态，可看出二者关系：前者出沟后，覆压于后者之上，或切割后者后再进入河谷，且形态上垅岗更为高大、完整，超过台地后，高度方逐渐降低。由此判定，冰碛垅岗形成晚于沿河纵向分布的台地。

(4)冰碛高台地：古乡以下，一些较大支沟沟口前后的主河谷谷坡高处，断续分布有高台地。按其在不同地点、所处不同高度，约可分出 2 ~ 3 级。川藏公路 100 道班附近，高程近2 500 m许，有台地 1 处，宽约 300 m，沿河谷延展 1 km 多，表层遍覆棕色土，垦为耕地，前缘微隆，状如堤岗，整个台地全由冰碛物组成，其中不乏块径数米至 10 余米的巨砾，其上擦痕、条痕累累。邓村、加马其美沟沟口等处，相近高度亦有类似台地分布。更高一级台地见于赤担弄巴沟口，高程约 2 700 m 许，规模甚大，宽近 4 km，其上有居民点分布，逼使江流凸向对岸。在此，还可依稀遥见沟口另侧高程约 3 000 m 的主河谷谷坡上的更高一级台地，估计亦属冰川遗迹。

3. 泥石流扇

根据形成泥石流的沟谷形态、气象水文条件和沉积规模,可将各大小支沟沟口的泥石流扇归纳为以下几类:

(1)与冰川活动相关的泥石流扇:此类泥石流扇总是分布于沟源发育着现代冰川,沟谷流程不长,沟床较为陡直的支沟沟口。其形成往往与冰川强烈活动、冰雪急速消融、冰湖溃决或溢出等原因有关。正因如此,此类泥石流扇的规模也往往十分巨大。典型而著称者,当数古乡沟泥石流。该沟有记录的最大一次泥石流爆发于1953年9月,所携固体物质总量达$1\,000\times10^4\ m^3$,壅塞迫龙藏布成湖,并在沟口遗留面积约$5\,000\ m^2$的扇状“石海”。至今,泥石流虽有减弱趋势,但综观其几十年活动变化,仍具发生频繁、来势迅猛的特点。

(2)长大支沟的泥石流扇:流程长、流域广的支沟,早年进入主河谷的第四纪冰川常在沟口遗留有规模庞大的侧碛、终碛垅,后期泥石流出沟后,往往受限于沟口侧碛垅间,或覆压、或切割终碛垅后,沉积于其前方。由于搬运距离长,即使泥石流系由沟源冰川活动所引起,亦因沿程消能,最终停积于沟口的固体物质大为减少,故泥石流扇规模明显小于上一类型。典型者,如丹卡弄巴、错卡弄巴及锁卓弄巴等沟的泥石流扇。

(3)主河谷谷坡上沟槽所形成的泥石流扇(锥):主河谷谷坡常高逾千米,坡度陡峭,在寒冻风化、重力及坡面流水等营力作用下,常形成一些沿坡面发育的浅短、陡直沟槽,沟槽纵坡大致与谷坡坡度相近。雨季,沟槽及其周围松散固体物质随水流沿沟急泻而下,形成泥石流,并在谷坡坡脚沟口处沉积为规模不大的泥石流扇或锥。此类泥石流或称山坡型泥石流,因其正处发育阶段,又具较大势能,故发生频繁,破坏力极强,扇(锥)体结构疏松,稳定性很差。

4. 谷坡重力堆积地貌

迫龙藏布河谷高陡的谷坡多由岩质坚硬的花岗岩、片麻岩类组成,在长期内外营力作用下,岩体破碎,稳定性较差,沿谷坡坡麓常有重力作用形成的松散堆积体分布,包括滑坡、岩堆、岩屑裙、雪崩锥、坡积裙等多种类型。阶地发育的宽谷河段,它们覆压于最高一级阶地后缘;阶地缺失的峡谷中,它们直接堆积于河岸边。其中,以滑坡、岩堆规模为大,如通麦附近川藏公路102道班处的滑坡群,由22个大小不一的滑坡组成,沿河谷延伸达3 km,其附近于1991年又曾发生滑体达$510\times10^4\ m^3$,并堵断迫龙藏布的巨型滑坡;又如仓果附近所见岩堆,体积亦达$100\times10^4\ m^3$以上,惟形成年代已较久远,岩堆体上已遍覆林木。其他几类以中、小型居多,但常见多个个体相连而成群分布者。

构成上述重力堆积地貌的基础物质条件,是迫龙藏布河谷谷坡的岩体。沿谷坡坡麓分布的重力堆积地貌的类型、规模,均取决于谷坡岩体的稳定条件。因此,迫龙藏布河谷谷坡(也包括沿河支沟沟谷的谷坡)稳定问题至关重要,既关系到河谷中能否发生重大重力地质作用引起的地质灾害,也关系到沿河谷走行的线路方案成立与否。除前已提及的发生于迫龙藏布河谷中的多处因谷坡失稳而形成的大型、巨型滑坡、岩堆外,在与迫龙藏布相邻的地区,近代以来,更发生过多次规模更大、影响更为严重的类似地质灾害。令人最为瞩目者,如“拉月大坍方”和“易贡湖山体崩塌滑坡”。前者于1967年发生于线路所经拉月曲河谷中,组成谷坡的上千万立方米岩体崩滑而下,摧毁了沿河而行的川藏公路,堵断了拉月曲水流,并造成在公路上通行的人员、车辆的重大伤亡和损失。后者发生于距通麦仅20余千米的“易贡湖”地区,所谓“易贡湖”,即系1900年发生于易贡藏布左岸札木弄沟的一场特大泥石流堵江所成。成湖百年之后的2000年4月9日,同一条沟再次发生罕见的重大地质灾害事件:该沟近沟源一带高程5 000 m左右的山体,突然发生体积约$3\,000\times10^4\ m^3$的大规模山崩,急速下坠的岩体冲击山坡下部及沟床中堆积的巨厚岩土，瞬间顺沟倾泻而出，沿途摧枯拉朽，扫荡森林，削平山头，最终堆积于沟口的易贡藏布，形成长 4.6 km，宽 3 km，高 60 ~ 100 m 的天然坝体，堵江期间“易贡湖”水位上升 50 余米，堵江 60 余天后发生溃坝，狂泄的洪水使易贡藏布下游以及迫龙藏布、雅鲁藏布沿岸数十千米范围内的所有桥梁、道路、通信设施全部被毁；洪水过处，江河沿岸谷坡山体大面积失稳，诱发大量的滑坡、崩塌、泥石流等地质灾害。

（四）河谷及支沟内几种主要地貌类型的相对关系

1. 冰碛地貌的相对关系

根据迫龙藏布河谷及其两侧支沟中分布的冰碛物所处位置、形态及物质结构特征，可对它们形成的相对先后序次作一些分析。

波密县城前后，迫龙藏布左岸的卓弄、戛弄两条支沟，沟源发育有现代冰川。1979 年考察时，曾攀登至该两条冰川源头的围谷中，再沿冰川而下，直达冰舌前端，对两条冰川进行了较详细的观察：在现代冰川冰舌前方 800 ~ 1 000 m 处，分布有起伏不平的缓丘状冰碛垅，其组成物质结构疏松，但表层已丛生灌木，与直接位于冰舌前方由于近代冰川退缩而遗留的巨砾突兀、乱石嶙峋、状如“石海”的现代冰碛物显然有别，说明缓丘状冰碛垅已非现代产物。

横亘于迫龙藏布河谷支沟沟口的形态高大、完整的侧碛垅和环绕沟口的弧形终碛垅，组成物质较紧密，已具一定胶结，垅岗顶部有一定成土作用，其形成时代明显早于上述支沟内所见冰碛物。

部分河段支沟口附近沿河谷纵向分布的冰碛台地，与相邻支沟口分布的横亘河谷中的侧碛垅，在形态、展布方向方面均有很大差异。从二者接触关系（侧碛垅超覆于纵向台地之后再伸入主河谷中）、保存形态（侧碛垅高大、完整，纵向台地相对低矮、残破）分析，纵向台地的形成早于侧碛垅。

古乡以下，一些长大支沟沟口前后的谷坡高处分布的冰碛高台地，就所处位置看，当属更早时期冰川活动的遗迹。至于这些不同地点、不同高度的冰碛高台地之间的关系，则有待进一步深入工作，方能确定。

根据上述，可将支沟和主河谷中所见主要冰碛地貌按形成的相对先后列如表 8—6—1。

表 8—6—1　迫龙藏布主要冰碛地貌相对新老关系表

冰碛地貌	分布、形态与物质结构	新老关系
现代冰碛“石海”	分布于现代冰川冰舌前，零乱的漂石、巨砾、岩块堆积，状如“石海”	新 ↓ 老
缓丘状冰碛垅	分布于支沟上游，呈波状起伏的缓丘，物质疏松，未经胶结，丛生灌木	
沟口终碛、侧碛垅	分布于支沟口，呈横亘于河谷中的冰碛垅岗，或环绕沟口的扇形台地，形态高大、完整，组成物质较紧密，略具胶结，部分石质有风化现象，表层成土	
纵向冰碛台地	分布于波得藏布河口前后，呈沿河谷的纵向平台，形态残破，组成物质紧密，有一定胶结，石质有风化现象，表层发育红壤	
冰碛高台地	零星分布于古乡上游长大支沟口附近谷坡高处，由已具一定胶结的冰碛物组成	

2. 泥石流扇、冰碛垅岗和阶地之间的相互关系

在主河谷内，有冰碛垅岗分布的支沟口，泥石流扇或挟持于左右对峙的两列高大的侧碛垅间，或切割环绕沟口的弧形终碛垅后而分布于其外，这就清楚地显示了二者的相对新、老关系。

这一关系还可从河谷中零星出露的冰湖相纹泥所处位置得到佐证:它们总是分布于泥石流扇的下部,上覆巨厚的泥石流物质,如董曲弄巴沟口、川藏公路90道班泥石流扇等处所见,皆是如此。故可推知,泥石流扇的形成,当在进入主河谷的第四纪冰川堵江成湖之后。同时也说明,该次第四纪冰川消退并在沟口遗留下侧碛、终碛之后,迫龙藏布河谷中有过一次泥石流活跃期,在此期中,许多支沟口沉积了规模巨大的泥石流扇。

上述堵江的冰川对主河谷中阶地的形成、发育具有控制意义。松宗一带,Ⅳ级阶地下部有纹泥分布;莫曲上游,Ⅳ级阶地中,夹杂有大量经河流再搬运的冰碛物质,说明相应河段的Ⅳ级阶地形成于第四纪冰川堵江之后,亦即Ⅳ级阶地的形成晚于支沟口分布的侧碛和终碛垅岗。正是由于冰川堵江成湖,导致湖泊内的广泛沉积,也包括成湖早期的纹泥沉积,在其后的构造抬升、河流下切过程中,Ⅳ级阶地才得以应运而生。

泥石流扇与阶地的关系因河段不同而异。古乡以上,泥石流扇从形成时代看,一般可分新、老两期。新泥石流扇为现代泥石流所沉积,多掩覆于老泥石流扇之上,或将老扇切割成较浅沟槽后,在老扇前缘地带形成新扇。部分地点老泥石流扇下部见冰湖相纹泥分布,而在另一些地点,Ⅳ级阶地下部也见冰湖相纹泥分布,考虑本河段不同地点沉积的纹泥应属同期产物,则老泥石流扇和四级阶地的形成均在纹泥沉积之后。

古乡以下,一般存在不同期次的三级泥石流扇,在多处地点(如秋茨弄巴、索通等地),可见Ⅲ级阶地掩覆于规模巨大的最早一期泥石流扇的前缘,而在最早一期泥石流扇前方沉积的较晚期泥石流扇,又覆压于Ⅱ级阶地之上,最新一期的现代泥石流则在前两期泥石流扇上切割出很深的沟槽后,沉积于老泥石扇前方的水边,或Ⅰ级阶地之上。因此推断,最早一期泥石流扇的形成,早于Ⅲ级阶地;较晚一期泥石流扇的形成又晚于Ⅱ级地;最新的现代泥石流扇,迄今仍处发育形成中。

(五)地质构造特征在河谷地貌中的反映

1. 区域性断裂构造在河谷地貌中的作用

控制迫龙藏布河谷形成和发展的区域性地质构造,主要是断裂构造,亦即嘉黎—易贡大断裂及一系列与之相交的横向断裂。这些断裂除留下断层破碎带、构造岩、地层不连续以及地下水热显示等多种断层标志外,在河谷形态、轮廓上,也有许多清晰反映。

(1)易贡藏布与迫龙藏布是两条流向相反的河流,但在汇合前,二者走向几在北西向的同一直线上,其缘由正是因为这两条河流都是适应北西向的嘉黎—易贡大断裂而形成、发展起来的。

(2)迫龙藏布河谷形态严格受嘉黎—易贡大断裂控制,凡属宽谷河段,多直接发育于该断裂带中,峡谷河段则都脱离了这一主干断裂。这种断裂控制河谷宽、窄变化的现象,在通德至通麦河段及其前后,反映十分典型:通德河口以前,迫龙藏布本为近南北向的峡谷,河谷狭窄,阶地缺失;过通德河口后,河流折而为北西向,河谷豁然开朗,有宽阔的多级阶地,已属典型的宽谷河段;再向下游,过通麦与易贡藏布汇合后,河流折向南流,宽谷又骤然紧缩,变为“V”形峡谷。河段相邻,河谷形态随方向转折而迥异,正是北西向的嘉黎—易贡大断裂所使然。北西向的通德至通麦一段宽谷,正位于该断裂带中,沿岸断层破碎带、断层崖等随处可见,而位于该段宽谷前后的河段,由于流向改变,脱离了大断裂,在地壳急剧抬升的构造背景下,河流急速成下切,遂发育为峡谷。

(3)沿迫龙藏布两岸支沟频繁出现的北北东或北北西向的横向断裂,在主河谷及其支流、支沟的形成、发展中,也起着十分重要的作用。它们将迫龙藏布横向分割为不相连续的若干“断块”,在后期地壳构造运动中,使整个河谷产生分段差异,导致不同河段具有不同的河谷形态,也使阶地分布具有分段的差异,同时也在一定程度上控制了支流、支沟的排列与走向。如古乡附近,左岸的遂弄、缩瓦卡两条支沟与右岸的卡贡弄巴、南弄一一对应,分别沿着两条走向为北北东方向的平行断层发育,以此为界,将迫龙藏布分割成形态截然有别的两个河段,上游为宽谷,下游则成峡谷。

2. 河谷地貌所反映的新构造运动特征

迫龙藏布河谷新构造运动具有差异性上升的特点。河段不同,上升幅度各异,而总体上又随河流越接近雅鲁藏布江大拐弯处之南迦巴瓦峰地区,上升越趋强烈。

(1)宽窄相间的串珠状河谷地貌,反映了不同河段上升幅度、速度的不同。嘉黎—易贡大断裂所控制的迫龙藏布被横向断裂分割为若干不连续的“断块”后,在新构造运动中,各“断块”发生差异性抬升。直接发育于大断裂带中的河段,抬升相对缓慢,水流有足够的徘徊、回旋余地,遂形成有多级阶地分布的宽谷;脱离大断裂带,发育并切割于基岩中的河段,抬升相对急速,乃形成岸坡陡峭、阶地缺失的峡谷。

位于雅鲁藏布江大拐弯地带的南迦巴瓦峰高程 7 787 m,是藏东南地区新构造运动的抬升中心,距其越近,抬升越趋剧烈。正由于此,迫龙藏布河谷即使同属宽谷或峡谷,也因距南迦巴瓦峰的远近不同而导致河谷形态存在较大差异。纳汇易贡藏布以后的迫龙藏布河谷,河道顺直、谷坡陡峭、两岸高峰对峙、谷底急流奔腾的峡谷景观,就远较古乡下游河段所见峡谷更为典型,更具气势。同为宽谷,通德河口至通麦一段宽谷,也远不及波密前后的宽谷那样开阔、平坦,阶地的完整性、连续性也较波密一带大为逊色,特别是河床又深切于宽谷中形成的“谷中谷”现象,更为波密一带所未见。

(2)不同河段阶地高程、形态不同,反映了新构造运动差异性上升的特点。沿迫龙藏布河谷分布的多级阶地,不仅反映了新构造运动中河谷的抬升性质,通过各级阶地高度、宽度等形态上的差异,既显示了不同河段在同一时期中上升幅度、速度的不同,还显示出同一河段不同时期上升幅度、速度的区别。波密一带开阔的Ⅲ、Ⅳ级阶地及其相对高差,说明在它们的形成期间,新构造运动有相对较长的上升和间歇历时;阶面较窄、阶地高度较低的Ⅰ、Ⅱ级阶地,则反映了新构造运动上升和间歇历时的相对短暂。以波密一带的阶地和通德、通麦一带阶地作形态上的对比,又显示出在新构造运动的相同时段中,后者上升幅度、速度明显大于前者,而间歇、宁静的历时,则又远短于前者。

(3)新、老泥石流扇的沉积关系,反映了不同河段新构造运动的特征。古乡以上,新一期的泥石流扇多掩覆或浅切割于老泥石流扇上,说明自早期老泥石流扇沉积以来,此河段处于相对宁静或缓慢的上升过程中;古乡以下,新一期泥石流总是在老泥石流扇上切割出很深的冲沟后,再沉积于老泥石流扇的前缘,直接经受河流冲刷,而形成高陡的岸坡。这类切割、冲刷而成的形态,也反映了该河段上升相对迅速。通过对不同河段各期次泥石流扇间关系的观察,不难看出迫龙藏布河谷新构造运动具有差异性上升的特点。

(4)不同的河床纵断面形态,反映了不同河段新构造运动所具特征。仍以古乡为界,可按河床陡缓将迫龙藏布划分为两大河段:古乡以上河段,河床纵断面相对平缓、顺直,反映出河床下切作用的均匀和新构造运动上升的舒缓;古乡以下河段,河床纵断面陡峭、起伏而有波折,显示了河床下切强烈和新构造运动相对急剧的差异性抬升。若结合两河段中阶地纵断面的变化对比、分析,还可看出不同河段在新构造运动中上升幅度、速度的差异。

（六）河谷内主要地貌类型的工程地质意义

1. 河谷内主要地貌类型的工程地质评价

据铁二院1998年12月编制的《滇藏线预可行性研究报告》所推荐的线路方案，滇藏线自易贡开始，进入迫龙藏布河谷，直至和易贡藏布汇合后的迫龙乡，方脱离迫龙藏布，折入其支流拉月曲溯源而上。线路沿迫龙藏布走行130余千米，河谷内不同的地貌类型对线位的选择、各类工程建筑物的布置有着重要的影响，权衡其影响的利弊，并给以结合工程的评价，或可为今后滇藏铁路的勘察、设计提供一定参考。现就几种主要地貌类型评价如下：

（1）阶地：对铁路建设具有意义的阶地，随河段不同而异。松宗至莫曲沟一带是Ⅲ、Ⅳ级，波密前后是Ⅱ级，古乡以下是Ⅲ级。这些阶地开阔、平坦，物质结构紧密，地下水位较低，具有较高的承载力和较好的稳固性。铁路选线中，应尽量争取利用这些阶地，特别是车站布置时加以利用，将大大减小工程，节省投资。这些阶地的不同部位，对铁路工程具有不同的影响：阶地前缘，有高陡的阶坎临空，稳定性欠佳，尤其在低阶地缺失的河段，阶坎直接遭河水冲刷、掏蚀，其稳定性更受严重威胁；阶地后缘，特别是直接与陡峭谷坡相连的后缘，常有斜坡动力地质作用引起的不良地质现象发生和分布，如崩塌、岩堆、山坡型泥石流、雪崩、岩屑裙等，对铁路工程建设、运营极其不利。因此，铁路线路不宜紧靠阶地前、后缘通过。

（2）冰碛垅岗和冰碛低台地：分布于迫龙藏布两岸支沟沟口的终碛、侧碛垅岗和部分支沟口前后沿河谷纵向展布的冰碛低台地，是走行于河谷中的铁路线路必然遭遇的地貌类型，它们或横亘于河谷中，或纵列于谷坡坡麓，其物质毫无分选，从粒径10余米的巨砾至细微的泥砂，杂乱相混，结构极不均匀，虽多有一定胶结，但胶结程度亦不均匀。这种不均匀性，导致此类冰碛物的强度和稳定性都有较大变化，对铁路工程十分不利。由于在西南铁路建设中尚缺乏在冰碛物中修建工程的实践经验，因此，不论作为地基、边坡，抑或隧道围岩，都有必要对此类冰碛物的工程地质特性开展专题性试验、研究。

（3）泥石流扇：对泥石流扇进行工程地质评价，当从两方面考虑：其一是现在仍在活动的泥石流，对铁路工程的危害和影响；其二是作为铁路建筑物的地基、边坡或围岩，泥石流扇自身的强度和稳定性。

就泥石流而言，迫龙藏布是滇藏铁路全线泥石流分布最为集中之地，仅松宗至迫龙乡长130余千米的河段，两岸大小泥石流沟即多达80余条。由于迫龙藏布地区早年第四纪冰川活跃，几乎所有较大支沟沟谷中都有大量冰碛物沉积，为泥石流的形成提供了丰富的固体物质储备，只要具备足够的水动力条件，泥石流即行发生。

按水源补给条件，可将迫龙藏布泥石流划分为降雨型、冰川型和混合型三类。降雨型和混合型发生频率高，规模则以中、小型为主，但历史上仍不乏大型乃至特大型的记录，如古乡、加马其美、切母弄巴等沟，近代都有过降雨—融雪（冰）混合型的大规模泥石流发生。冰川型泥石流又可分为冰川（积雪）消融型、冰崩（雪崩）型和冰湖溃块型三类。其中冰雪消融型发生频率较高，亦以中、小型居多；冰崩（雪崩）型和冰湖溃决型泥石流发生频率低，但一旦发生，规模往往十分巨大，是铁路工程难以抗拒的灾难性威胁。因此，泥石流不仅控制铁路方案线位的比选，甚至整个迫龙藏布河谷线路方案成立与否，在很大程度上亦取决于此。对于中、小型泥石流，可考虑在掌握泥石流冲淤特征的前提下，在流通区以大跨深基的桥渡方案通过，沟谷中不宜设墩。对于大型、特大型泥石流，特别是冰崩（雪崩）型和冰湖溃决型泥石流，则须从线路平、纵面上研究彻底绕避的可能。

线路可在较为古老的泥石流扇上通过，但须根据泥石流扇发育演变过程和冲淤特征，研究桥渡具体通过的部位和桥式、孔跨布置，以及加强墩、台基础稳固的措施。现代正处发育阶段的泥石流扇，其冲刷、淤堵变化无常，加之组成物质松散，强度、稳定性极差，不宜线路通过。

鉴于迫龙藏布河谷泥石流沟分布密集、数量庞大、发生频繁、威胁严重，有必要提前开展研究工作。建议在充分利用遥感技术进行泥石流普查的基础上，对冰湖溃决、堵塞溃决、冰崩、雪崩以及地震诱发等可能发生的灾难性大规模泥石流的计算、频率和预测等进行专题性研究。

(4)谷坡及重力堆积地貌：沿迫龙藏布河谷谷坡下部及坡麓带，往往有较厚或规模较大的各类重力堆积物分布。宽谷段，有较开阔的阶地可供选择，线路比选余地较大，应尽量避开阶地后缘的坡麓地带，以免受危岩、崩塌、雪崩等重力地质作用形成的灾害威胁，同时也避免坡麓堆积物结构疏松、稳定性差的不利影响。峡谷段，谷坡陡峭，特别在受构造作用影响的河段，谷坡整体稳定性堪忧，一旦人为破坏，易导致大范围失稳；谷坡坡麓带多滑坡、岩堆等松散堆积物，其强度、稳定性差，难承受铁路重负。因此，通过峡谷河段的线路，宜以隧道方案为主，即使地形上可作路基通过，亦应结合相应地段的岸坡整体稳定条件进行细致、深入的分析和研究。

2. 河谷的地貌形态在铁路工程分区中的作用

铁路工程地质分区是按照铁路这一综合多类型建筑物的线状工程对地质、自然地理环境所提出的要求，考虑工程地质条件基本上的同一性，对通过地区进行的区域性划分。工程地质条件是由地质、地理多方面条件构成的，这些条件都对铁路建筑工程发生各有所别的影响，在进行工程地质分区时，不可能将所有工程地质条件全盘罗列于划分依据之中，而只能视分区规模，择其主要者而从之。

对迫龙藏布河谷进行工程地质分区，因铁路通过河谷地段不是很长，范围有限，故分区的等级不能过于宏观，分区的依据只能是组成河谷地质、地理环境的诸多条件中对铁路建筑工程影响最直接和作用最具体的条件。能成为这种分区划分依据的条件者，当是地貌形态。即可将迫龙藏布河谷按不同地貌单元和地貌类型，划分为主、亚两级工程地质分区。地貌单元是指由区域地质构造和新构造运动为主的内力地质作用所塑造的基本地貌形态，在其形成发展中，内力地质作用始终居于主导、支配地位。依此，可将迫龙藏布划分为宽谷和峡谷两大工程地质区。地貌类型则是指在成因、形态上具有一定相似性的形态类型。它们是河谷基本轮廓形成后，在其发展过程中，以流水、冰川、风化、重力等外力地质作用为主，对河谷基本轮廓进行改造、重塑的结果。据此，又可按河谷内不同地貌类型，划分为阶地区、泥石流扇区、冰碛垅岗和台地区以及谷坡和坡麓带区等若干工程地质亚区。

(七)结　语

1. 地貌是内外地质营力综合作用的结果，它在一定程度上也反映了这些营力所具有的特征和其形成过程中作用的主、次。通过对地貌形态观察和地貌分析，推断演绎其形成、发展过程，并结合铁路建筑工程的要求，研究其影响的利弊和对建筑工程的适应性，是铁路工程地质勘察工作的主要组成内容之一。特别在勘察的前期阶段，通过现场踏勘、核对，从地貌形态观察入手，对铁路线位的选择、重点工程的布置作出初步宏观的评价，既是有效的工作方法，也是必不可缺的工作内容。因此，在铁路工程地质勘察工作中，对地貌形态的调查、研究应予充分重视。

2. 迫龙藏布河谷开阔、平坦的阶地是布置线路和车站的优良场地，选线时，应创造条件充分予以利用，但须避免在其前、后缘通过，以免受谷坡或阶坡不稳之威胁。

3. 当线路走行于河谷内时，分布于支沟沟口及其附近的冰碛垅和冰碛台地，是线路难以避免的地貌形态，桥、隧、路基等各类工程建筑都有可能出现于其中，由于铁二院尚无在此类地层中从事工程建设的实践，缺少对其强度、稳定性的评价经验，建议开展专题研究、试验工作，以为工程服务。

4. 迫龙藏布河谷中，泥石流是铁路线路的最大威胁。尤其是冰湖溃决、冰雪消融、堵塞溃决等形成的“冰川泥石流”，规模巨大，来势迅猛。一旦发生，往往具有难以抗拒的灾难性后果。而河谷内泥石流沟众多，且高程 4 600 ~ 4 800 m 以上的沟源地带往往发育有现代冰川，故泥石流勘察的工作量很大，难度极高，有必要提前尽早地开展工作，并立项进行专题研究。

5. 迫龙藏布峡谷河段受地质构造作用影响，谷坡岩体普遍较为破碎，稳定性甚差，常有崩塌、滑坡之类重力地质灾害发生，历史上曾多次出现堵江事件。因此，通过峡谷河段的线路，必须首先落实峡谷谷坡的稳定性，有条件时，宜尽量内移以隧道通过，同时线位高程应考虑高于历史上曾发生的最高堵江水位。

七、对西藏嘉黎—易贡深大断裂通麦至松宗段的初步认识

涂正林

（一）概　况

嘉黎—易贡深大断裂是一组沿念青唐古拉山脉南麓展布的北西西—南东东向的压扭性断裂，是西藏地槽褶皱系拉萨—波密褶皱带的一条主干断裂，构成二级构造单元的分界线，挽近时期仍在继续强烈活动，沿该大断裂带地震活动频繁，温泉、热泉等地下水热显示和各种不良物理地质现象亦多分布在该大断裂带附近。

滇藏铁路松宗至通麦段沿线的主要河流为雅鲁藏布江左岸支流——迫隆藏布，该河流基本上沿这条大断裂带发育。因此，认识这条大断裂的地质特征及其与铁路工程的关系，是滇藏铁路松宗至东久段工程地质科研考察的一项主要工作。1979 年 6 ~ 10 月，铁二院科考队地质组沿川藏公路和迫隆藏布河谷，采用路线地质调查法，对这条大断裂通麦至松宗段的主干断层进行了初步考察。现将这次考察搜集的资料和对该大断裂的几点肤浅认识整理出来，供今后工作时参考。

（二）断层的展布方位

嘉黎—易贡深大断裂自念青唐古拉山脉南麓的嘉黎县阿扎区起，由北西西向南东东展布，经达马棍巴、沙马、日公卡、易贡、柏柏，顺易贡藏布而下，至通麦后即沿迫隆藏布而上，经通德、卧削、邓西桥、邓村、曲村、加龙坝、索通、比通、卡贡、缩瓦卡、连得，到古乡对岸隧弄沟口后，就渐渐远离迫隆藏布河谷，而横穿左岸支沟和通过谷坡及沟源的北西—南东向垭口，在金珠弄巴和松宗之南山向南东方向延伸（图 8—7—1）。据区域资料，该大断裂向东可能延至察隅附近，与松宗—嘎达、仲达—古琴大断裂呈入字形交接，向西可能延伸至当雄或纳木湖以西，全长达 600 km 以上。

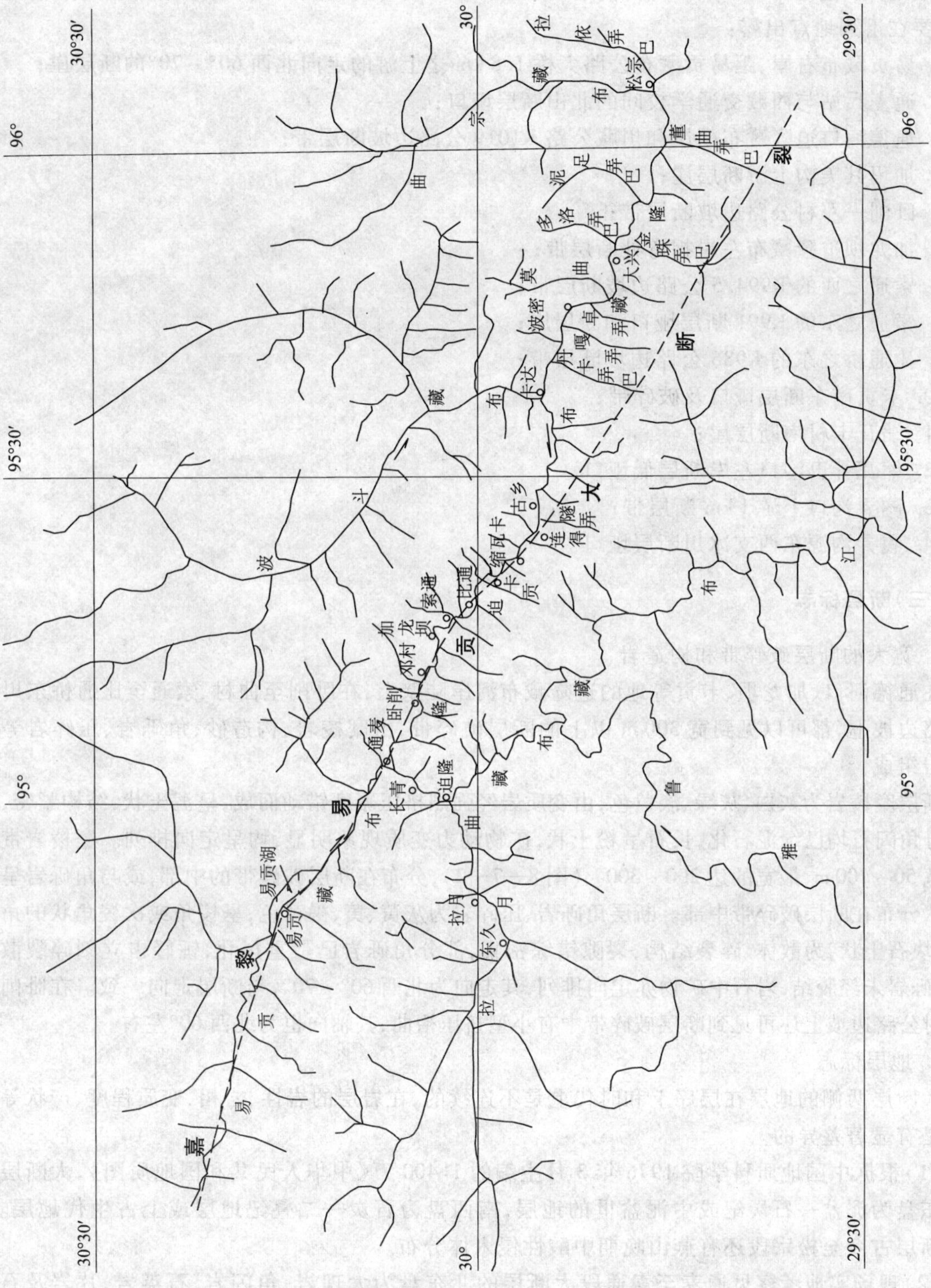

图 8—7—1　嘉黎—易贡大断裂地理位置图

嘉黎—易贡深大断裂通麦至松宗段主干断层长约 100 km，其中通麦至连得段长 40 km，位于迫隆藏布两岸谷坡及河谷中，最远距江岸仅 1 ~ 2 km；连得至松宗段长 60 km，位于迫隆藏布左岸，最远距江岸 12 ~ 15 km。断裂在平面上呈一反 S 形舒缓波状，由北西西、北西向南东展布，主要在下列地点出露：

1. 易贡藏布右岸，距易贡藏布公路大桥 1.8 km 之上游的走向北西 60° ~ 70°的断层崖；
2. 通麦兵站与西藏交通学校间的北山断层垭口；
3. 通德河口迫隆藏布两岸和川藏公路 K1019 公路边坡断层带；
4. 加玛其美沟上游断层崖；
5. 卧削—邓村公路边坡断层带；
6. 加龙坝迫隆藏布左岸拐弯处断层带；
7. 索通之西的 K994.5 公路边坡断层带；
8. 索通之东的 K991 断层垭口和断层崖；
9. 比通桥之东的 K986 公路边坡断层带；
10. 卡贡南东断层垭口及破碎带；
11. 缩瓦卡村南断层崖；
12. 缩瓦弄巴沟口左岸断层低垭口；
13. 隧弄沟口上游 1 km 断层带；
14. 嘎弄沟源东西支冰川断层垭口。

（三）断层标志

1. 宽大的断层破碎带和构造岩

在通德河口、加龙坝、卡贡等地的迫隆藏布河岸陡壁上，在卧削至曲村、索通至比通桥东川藏公路边坡上，都可以见到宽 300 m 以上的断层破碎带，由糜棱岩、构造砂、角砾岩、压碎岩等构造岩组成。

断层糜棱岩为灰白、灰绿、淡黄色，由变质岩经强烈挤压碾磨错动而成，呈泥土状，结构紧密，黑云母角闪石均已绿泥石化，长石呈粉土状，矿物动力变质现象明显，均呈定向排列。糜棱岩带一般宽 50 ~ 100 m，最宽的达 200 ~ 300 m（图 8—7—2），分布在断层破碎带的中部，或与角砾岩呈互层状分布在断层破碎带中部。断层角砾岩、压碎岩为灰黄、黄、褐黄色，呈棱角或次棱角状的角砾、碎块石土状，为散体、碎裂结构，裂隙错综密集，部分角砾岩已严重风化，锤轻击立刻碎裂散落，角砾岩未经胶结，岩石中矿物亦定向排列，其走向为北西 60° ~ 70°，与断层走向一致。在卧削至曲村公路边坡上还可见到断层破碎带中有小型挤压褶曲，其轴向也为北西 60°左右。

2. 地层标志

大断层两侧的地层在层序上和时代上是不连续的，在岩层的岩性、岩相、变质程度、产状等方面是有显著差异的。

（1）根据中国地质科学院 1976 年 3 月主编的 1∶400 万《中华人民共和国地质图》，大断层的北东盘为泥盆—石炭纪或中泥盆世的地层，南西盘为石炭—二叠纪地层或上古生代地层。沿大断层古乡至松宗段还有燕山晚期中酸性侵入体分布。

（2）现场实地考察见通麦至索通段大断层的北东盘为大理岩、角闪岩、石英岩、片岩及石膏夹层等副变质岩，南西盘为黑云母片麻岩、角闪石片麻岩、花岗片麻岩及注入片麻岩、混合岩等正变质岩。

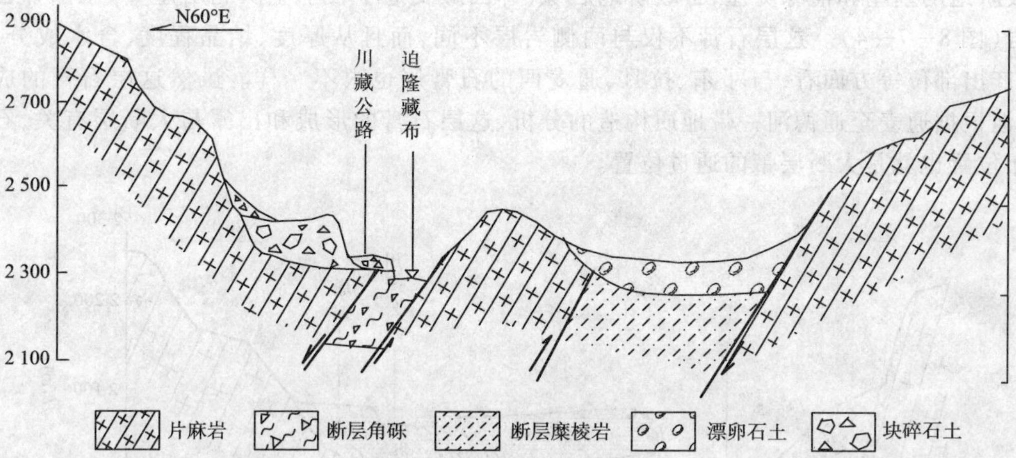

图 8—7—2　加龙坝迫隆藏布左岸拐弯处地质剖面图

索通至古乡段：北东盘为斑状片麻岩、黑云母片麻岩、花岗片麻岩，南西盘为片麻状花岗岩、花岗岩和闪长岩，或为注入片麻岩、混合岩。片麻岩中有超基性岩脉侵入。

古乡至大兴段：北东盘为燕山晚期的石英闪长岩、花岗闪长岩、黑云母花岗岩和片麻状花岗岩，南西盘为片麻岩、片岩、大理岩、千枚岩、砂板岩、石英岩等（图 8—7—3）。

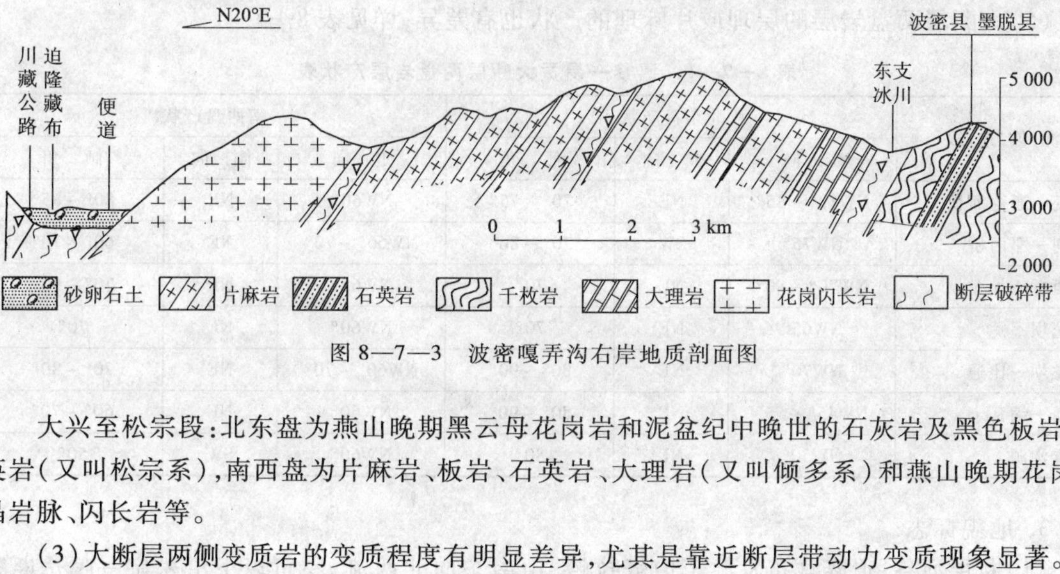

图 8—7—3　波密嘎弄沟右岸地质剖面图

大兴至松宗段：北东盘为燕山晚期黑云母花岗岩和泥盆纪中晚世的石灰岩及黑色板岩、石英岩（又叫松宗系），南西盘为片麻岩、板岩、石英岩、大理岩（又叫倾多系）和燕山晚期花岗伟晶岩脉、闪长岩等。

（3）大断层两侧变质岩的变质程度有明显差异，尤其是靠近断层带动力变质现象显著。北侧变质程度较南侧深，岩石的片理、片麻理发育，矿物定向排列十分清晰，部分角闪石、黑云母已绿泥石化，岩体很不完整，呈散体、碎裂结构。南侧变质岩以花岗片麻岩、片麻状花岗岩为主，花岗岩、闪长岩等变质不明显，片麻理不发育，岩体较完整，呈块状结构。北侧具典型的高温变质矿物（红柱石）和高温高压变质矿物（十字石），南侧具典型低温高压变质矿物（蓝晶石）。

（4）通德河口迫隆藏布两岸的地层岩相有显著差异，左（南）岸为片麻岩、砂板岩等副变质岩系，右（北）岸河边出露白色细晶石膏层。沿河出露范围约 1 km 长，厚 40 m 以上。石膏层完整，块状构造，节理裂隙极不发育。据西藏地质局一大队地质人员鉴定，为无水硬石膏。石膏层顶面有溶蚀现象，上覆第四系冲洪积砾石、卵石和砂土，厚 30 余米。此层石膏组成通德河口

Ⅲ级阶地的基座和前缘陡崖,Ⅲ级阶地后缘(即西藏交通学校卫生队北山崖壁)出露黑云母片麻岩(图 8—7—4)。这层石膏不仅与两侧岩层不同,而且从厚度、结晶程度、含水成分、完整性、产出部位等方面看,与邓东、拉月、通麦西的石膏层也很不一样。虽然这层石膏的成因不明,但根据通麦至通德河一带地质构造的分析,这层石膏的形成和出露与大断层有关,石膏的分布位置也就是大断层带的通过位置。

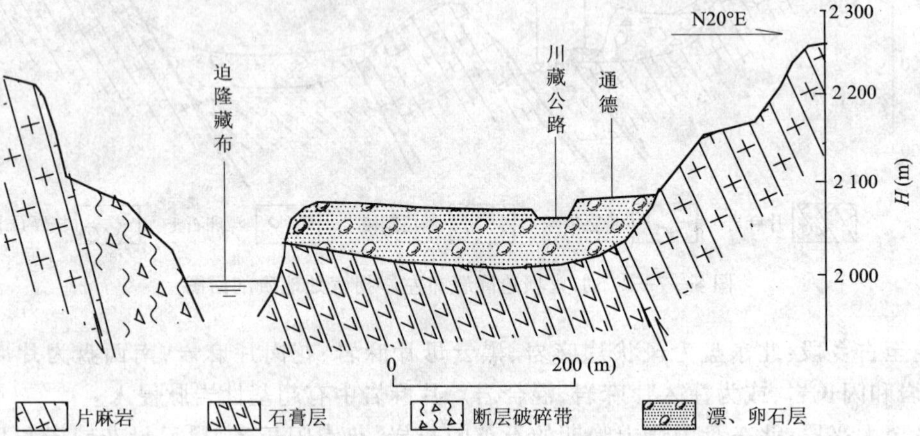

图 8—7—4　通德河口附近地质剖面图

(5)大断层两盘岩层的层理或片麻理的产状也有差异,详见表 8—7—1。

表 8—7—1　嘉黎—易贡大断层两盘岩层产状表

测量地段	北东盘产状			南西盘产状		
	走　向	倾　向	倾　角	走　向	倾　向	倾　角
通麦—通德河口	NW80°~85°	NE	70°~75°	NW60°	NE	80°~85°
卧削—邓西桥	NW75°	SW	70°~86°	NW60°~70°	NE	60°~70°
邓西桥—加龙坝	NW70°~80°	NE	70°	NW65°	NE	70°~90°
加龙坝	NW65°	NE	70°	NW60°	NE	70°
加龙坝—比通	NW70°	NE	80°~90°	NW60°~70°	NE	70°~80°
比通—缩瓦卡	NW45°~55°	NE	80°~90°	NW60°	NE	60°~70°
嘎弄沟源	NW50°	NE	80°	NW60°	SW	50°

3. 地貌标志

(1)断层河谷:迫隆藏布发源于伯舒拉岭,由南东向北西流,易贡以下沿松宗—嘎达断裂带发育,在松宗接纳曲宗藏布后顺嘉黎—易贡大断裂发育,到通麦与自北西西流来的发源于念青唐古拉山的易贡藏布汇合,折向南注入雅鲁藏布江。迫隆藏布和易贡藏布的流向相反,而走向一致,平面上成北西西走向的直线,都是受嘉黎—易贡大断裂控制而发育的断层河谷。表现在河谷的走向与大断裂走向一致,河谷形态特征受大断层控制与影响。很多发育在大断裂带中的河段,如通麦至通德、加龙坝至古乡,形成宽 300~500 m 的宽谷,两岸阶地不对称发育,而通德至加龙坝段,大断裂走在河谷右岸(北山),则形成深切的 V 形峡谷。同一河段因南岸为断层下盘,岩石较完整,北岸为断层上盘,岩石破碎,因而南岸谷坡陡峻,北岸宽缓。又因两盘挽近时期上升运动的差异性产生两岸阶地不对称,南岸阶地不发育,北岸有Ⅰ~Ⅳ级阶地分布,如通麦、通德、加龙坝、索通、比通等Ⅰ～Ⅲ级阶地就坐落在断层破碎带上。

(2)断层垭口:沿迫隆藏布两岸还可见到很多形态相同的垭口,而且在平面上可连成一条走向北西60°～70°的直线。如通麦兵站与西藏交通学校之间的北山,川藏公路K1019,加龙坝迫隆藏布左岸拐弯处(图8—7—2),K991东至比通北山、卡贡南东、缩瓦弄巴沟口左岸(图8—7—5)等地,这些垭口一般宽300～500 m,高出河水面数十米至200 m,呈马鞍形或平卧S形,一般靠山一侧为基岩斜坡或陡崖(即断层崖),靠河一侧为孤立基岩山包。垭口下部为断层构造带,上覆第四系崩坡积碎石土及冲洪积碎卵石土。

此外,在古乡至金珠弄巴间,迫隆藏布的左岸谷坡和山岭的每一横剖面上还能见到3～4个垭口,呈叠瓦状排列,平面上也可连成3～4条走向北西50°～60°的直线,与大断层平行,构成一组断裂带。因未实地考察其地层构造标志,难以肯定是不是大断层破碎带通过而形成的断层垭口。

(3)断层崖:大断裂通过之处也因崩塌等作用形成明显的断层崖或三角面,一般崖壁陡立,较平整,犹如刀切一般,崖壁基岩裸露,崖脚下堆积了大量的崩塌物(碎块石堆)。通德河口迫隆藏布左岸断层崖高80余米,崖壁平直,走向北西60°,倾向北东,倾角(即崖壁坡度角)80°,崖脚为断层角砾岩、糜棱岩等碎块石土堆积。又如大断裂通过加玛其美沟上游时,在沟中见一高30～50 m的断层跌水陡崖;索通南东K991垭口北侧断层崖高200余米;缩瓦卡南山坡亦为大断裂下盘岩石所形成的一段长2 km多的平直陡崖,组成缩瓦卡村之Ⅱ级阶地的后缘。

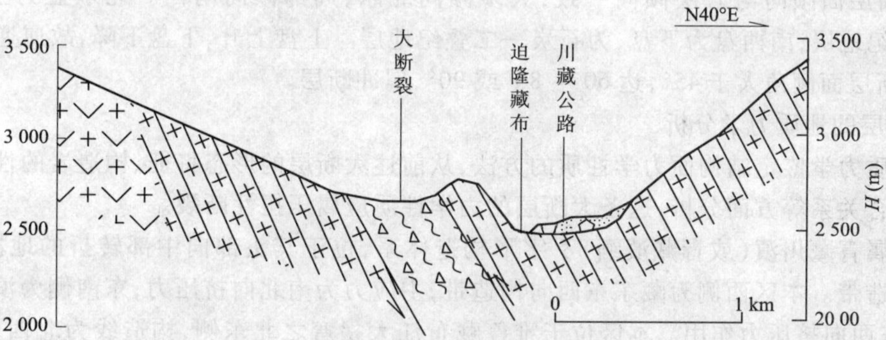

图8—7—5　缩瓦弄巴沟口左岸断层垭口地质剖面图

(4)沿断裂带呈带状分布的崩塌、坍塌、岩堆、泥石流等各种不良物理地质现象:断裂破碎带附近岩体破碎,容易在外力作用下产生山坡崩塌、坍塌、岩堆等不良物理地质现象,沿断层河谷两岸和断层崖、断层垭口附近广泛分布。1979年7至8月雨季川藏公路K986和加玛其美沟口,断层破碎带组成的公路边坡都产生严重坍塌,堵断公路达一周之久。沿途落石极为普遍,坡面落石曾砸坏公路面达2～5 m宽。断层破碎带也为泥石流活动提供了丰富的固体物质,所以通麦—松宗段泥石流也较发育,其中通麦—卡贡迫隆藏布河的右岸、缩瓦卡至松宗河之左岸泥石流规模尤大,想必与大断层位置有关。因此,各种不良物理地质现象的分布也为追寻大断层提供了一些线索。

4. 地下水热显示

大断裂带是地下水热活动和外溢的有利通道。因此,沿大断裂带可以见到多处温泉、热泉、地热蒸汽、硫华、出水洞等各种地下水热活动痕迹。在迫隆藏布左岸的拉么卡和曲中弄巴沟中，就有水温分别为 40 ℃和 50 ℃、流量分别为 1 L/s 和 4 L/s 的温泉和热泉，分布在大断层的下盘。在通麦兵站北山崖脚沿断层带有地下水出露；在加龙坝迫隆藏布左岸断层破碎中还有 2、3 处地下水的出水洞，大者直径达 1 m 多，高出水面 2 m 左右。据此次考察中调查访问知，在川藏公路 K1010 和 K978 边坡上，不仅有淡黄色或黄色硫华沉淀在断层破碎带的角砾岩、压碎岩表面，而且每年冬季这里都冒热气、不积雪。秋苃弄巴沟口冰碛垅山梁后面，原来有一个大热泉，常有行人洗用，1928 年大地震后冰川泥石流将泉眼掩埋，现已不再出水，但是，每年冬天周围一片冰雪，而这里却冒热气。卓弄沟中也有类似遗迹。据已有地热调查资料分析，这些地下水热显示点基本上是沿大断层分布的。

(四)断层的性质及地质力学分析

1. 断层的性质

大断层走向北西 60°~70°，倾向北东，倾角 60°~80°。局部地段断层产状略有变化。通麦以西走向变为北西 80°~北东 85°，倾向南西，倾角大于 50°；比通至卡贡走向变为北西 40°~55°，倾向北东，倾角达 80°~90°。

根据断层两盘相对位移的方向，确定为走向逆冲断层，理由是：

(1)断层走向与区内岩层层理、片理或片麻理走向一致，也与区域构造线走向一致，属走向断层。

(2)断层面倾向与岩层倾向一致，大多倾向北东，局部倾向南西。北东盘为上盘，为泥盆—石炭纪地层；南西盘为下盘，为石炭—二叠纪地层。上盘上升，下盘下降，故属逆断层。

(3)断层面倾角大于 45°，达 60°~80°或 90°，属冲断层。

2. 断层的地质力学分析

用地质力学鉴定结构面力学性质的方法，从前述大断层的形态特征、构造岩的性质以及区内断裂组合关系等方面分析，这条大断层的力学性质应属压扭性断裂。

本区属青藏川滇(或青藏滇缅)歹字形构造体系，位于其头部向中部转折的地段，又称三江弧形构造带。本区西侧为藏东东西向构造带，主应力为南北向挤压力；东南侧为滇西经向构造带，受东西向挤压力作用。本区位于雅鲁藏布江大拐弯之北东侧，构造线为北西西—北西，呈向北东方向突出的弧形(图 8—7—6)。根据上述区域应力场和区内构造形迹分析，本区在西侧受南北向挤压力作用的同时，还受到一对南西向北东和北东向南西的挤压力和一对顺时针方向扭力作用，从而产生了本区这组北西西—北西向的压扭性断裂。

晚白垩世以来，由于燕山运动和印度板块与欧亚板块碰撞运动的结果，引起本区地壳隆起，地层褶皱和断裂、变质以及大规模的中酸性岩浆侵入活动。燕山运动晚期，形成本区的基本构造格局。第三纪始新世以来，由于印度板块与欧亚板块相碰撞，本区也受到强烈的水平挤压(以南西—北东向挤压应力为主)，地层强烈褶皱，发生了大规模冲断层、岩浆侵入与喷出，同时伴随着产生了区域变质与混合岩化。嘉黎—易贡大断裂也就在这个时期产生。

(五)断层的活动性

挽近时期以来，由于印度板块与欧亚板块持续碰撞运动，强烈而集中的构造应力使嘉黎—易贡大断裂继续活动。

1. 沿断层走向的差异性垂直上升运动：

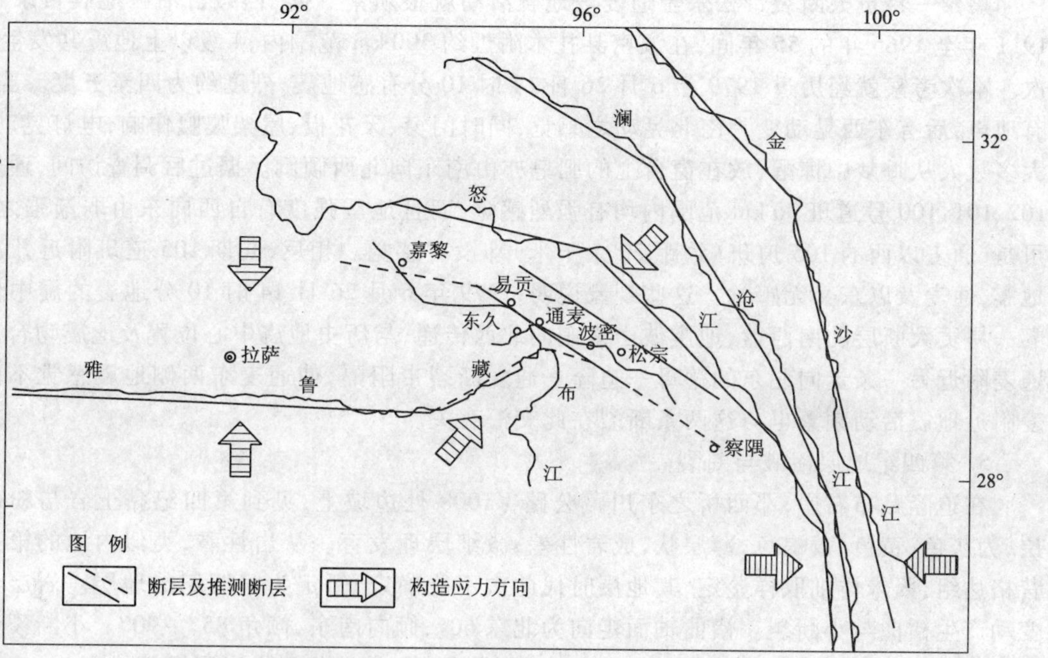

图 8—7—6 波密地区构造应力分布示意图

(1)河床纵坡呈阶梯状起伏,迫隆藏布松宗至古乡段河床纵坡为5‰左右,其中莫曲以上河床纵坡相对较陡,以下比较平缓;古乡至缩瓦卡河床纵坡为20‰,缩瓦卡至通德为10‰~13‰,通德至通麦为5‰。

(2)串珠状宽谷与峡谷相间分布。松宗、大兴、波密、卡达、古乡、比通、索通、加龙坝、通德、通麦等地,受嘉黎—易贡大断裂及次级和横向断裂影响,形成宽谷,由于地壳上升与平静间歇交替出现,因此发育Ⅰ~Ⅳ级阶地,而其他峡谷段因地壳大幅度强烈上升,形成深切的V形峡谷,且不发育阶地或阶地发育不完全。

2. 迫隆藏布右岸(即断层北东盘)的支流支沟长、大、缓、疏,阶地发育(Ⅰ~Ⅳ级均有分布),谷坡较缓;左岸(即断层南西盘)的支沟短、小、陡、密,阶地不发育或不完全,谷坡陡峭。如右岸的曲宗藏布(河长70 km,宽数百米至1 km,河床纵坡13‰)、尼足弄巴(沟长27 km,宽500 m,沟床纵坡80‰)、莫曲(沟长27 km,宽400~500 m,沟床纵坡72‰)、波得藏布(河长100 km,宽1~2 km,河床纵坡8‰);左岸支沟一般长10 km,最长仅15 km,宽数十米,沟床纵坡100‰~200‰。

3. 断层两盘水平方向的扭动,表现为顺时针方向扭动,即北东盘向南东方向运动,南西盘向北西方向运动,反映在迫隆藏布松宗至卡达段右岸支沟及沟口冰碛垅、洪积扇向下游方向弯转偏移,左岸支沟及沟口冰碛垅、洪积扇向上游弯转偏移,两岸支沟不对称而有错移。其平面形态如图8—7—1所示。

4. 沿断层带地震活动频繁

地震是地应力超过地壳岩石的强度,岩层发生强烈的急剧的破坏性变动引起的。地震的发生与地壳运动有关,与断裂带的活动有关,即断裂带的垂直或水平运动也可以引起地震。实践证明,活动性断裂带的转弯、头部以及与次级或另一条断裂交叉点,地震活动强烈而频繁。因此,通过地震活动可以了解断裂带的活动性。

嘉黎—易贡大断裂带松宗至通麦段地震活动就很须繁。据“西藏自治区地震目录”记载，1911 年至 1965 年的 55 年间，在波密县扎木附近约 300 km 范围内，4 级以上地震共发生过 170 次。本次考察就经历过 1979 年 6 月 26 日 14 时 10 分有感地震，烈度约为四至五度。当时，先有地声，后有东西晃动变为南北晃动之感觉，同时门窗、天花板、屋架嘎嘎作响，电灯晃动，室内大多数人从睡梦中惊醒，放在窗台上的肥皂亦由南东向北西倾倒。据过后调查访问，通麦以东 102、101、100 号道班 30 km 范围内均有强烈感觉，而且地震强度有自西向东由弱渐强之趋势。可是，通麦以西的 105 道班（约距 20 余千米）却没有感觉。相反，同期 105 道班附近几次有感地震，通麦及以东又无感觉。这些现象说明，1979 年 6 月 26 日 14 时 10 分地震的震中位于嘉黎—易贡大断层的南西盘，地震波由南东向北西传递，与历史地震中心位置及地震吻合。因受通麦附近另一条走向北东的德母—迫隆—通麦断裂带阻隔，使通麦东西侧地震感觉不同。通麦附近地震活动频繁也与这两条断裂在此交汇有关。

5. 第四纪地层褶皱与断裂

在迫隆藏布右岸，邓西桥之东川藏公路 K1008 处边坡上，见到第四纪黏土岩与粉砂岩互层，为灰色、黄色、黄褐色，薄层状，成岩性差，微细层理发育。从岩性看，类似内地的第三纪的昔格达组，因未详细取样鉴定，其地层时代此次不能确定，暂定为第四纪的地层。岩层经构造变动产生褶曲与小断裂。褶曲轴面走向为北东 60°，倾向南东，倾角 85° ~ 90°。小断裂走向与大断层走向一致，为北西 55° ~ 67°，倾向南西，倾角 21°。小断裂将岩层局部错开 8 cm，而同一条小断裂沿岩层倾向方向又被错开 10 cm。

此外，在川藏公路 K981. 3 边坡上也见到第四纪的灰黄、淡黄色粉砂岩与黏土岩层发生小褶曲；在川藏公路 K952 边坡上，第四纪黏土岩与粉砂岩互层，夹有厚 1 ~ 2 cm 的泥灰岩，岩层中发育 3 组垂直节理，走向分别为近东西与北东 30°；在松宗之西 90 道班下游川藏公路边坡上，第四纪黏土岩与粉砂岩（亦有人称为冰川纹泥的）中有垂直节理，其走向分别为南北、北北东，北东 40°，北西 60°。

从上述第四纪地层中的褶曲与断裂发育情况可以看出，第四纪岩层构造变动是强烈的，而且是继承古构造产生变动的，也证明了大断层第四纪时期的活动性。

除上述几点断层活动性的表现之外，沿大断层带经常产生崩塌、坍塌、错落、落石以及泥石流等不良物理地质现象，也反映了本区新构造运动的强烈和断层的活动性。

（六）断层的铁路工程地质评价和今后工作意见

嘉黎—易贡大断裂是一条走向北西西转至北西的压扭性活动断裂，主干断层破碎带宽 300 m 以上，断层构造岩的岩性软弱破碎，未胶结，沿断层带地下水热活动强烈、地震频繁，崩塌等各种不良地质现象发育。断层通过地区新构造运动剧烈，地形陡峻，山高谷深。因此，就区域稳定性而言，断层通过地区的工程地质条件是不良的；就铁路工程的基础稳定性、边坡稳定性、岩体稳定性来看，断层带附近的铁路工程地质条件也是很差的。特别是断层的活动，频繁的高烈度地震，对铁路工程的安全有严重的不良影响。此外，地下水热活动和各种不良地质与铁路工程的关系也十分密切。所以在该区修建铁路，首先应在做好大面积区域工程地质工作的基础上，寻找比较有利的线路位置。选线时，要遵循高烈度地震区的工程地质选线原则，如尽量避免在活动性的大断裂带和断裂交叉地带通过，桥隧工程尽可能避免设在活断层带上等。就滇藏铁路松宗至通麦段的 1978 年踏勘方案而言，铁路大体上与大断裂带的走向平行，除松宗至连得段线路选在地形上有利的迫隆藏布河谷阶地上，稍微远离主干断层外，连得至通麦段线路沿断层破碎带或多次通过断层破碎带，其铁路工程地质条件是不好的，其中有9座大中桥、7座隧道、4个车站位于断层破碎带上或与断层小角度相交。因此，今后这段线路和桥隧工程位置比选时，除应尽量缩短通过断层破碎带的长度和避开断裂交叉处外，还应事先查明和研究并解决以下几个主要工程地质问题：

1. 查明大断层的活动性(包括三度空间的位移量)和对铁路工程基础稳定性的影响。

2. 断层带地震活动频繁，本区地震烈度为八至九度，因此，必须进行地震安全性评价和活动趋势预测，研究铁路工程的防震抗震措施。

3. 断层带附近崩塌、坍塌、错落、落石、岩堆和泥石流等不良物理地质现象普遍，对铁路工程安全威胁很大，应查明其分布发育活动规律，研究各种不良地质的绕避方案和防治措施。

4. 断层带隧道工程地质问题

(1)隧道通过断层破碎带，其围岩稳定性差，不仅围岩类别低，而且容易发生洞顶洞身坍方，若同时又位于支沟底或地表低洼浅埋地段时，断层破碎带附近可能有大量地下水涌入隧道，因此，要防治隧道坍方和水害。

(2)断层带地下水热活动强烈，地热沿断层带外溢，隧道通过时，洞内地温可能升高，因此，要查明地下热源体与大断层的关系和对隧道的影响，测试区内各类岩石的导热率、散热强度和地温梯度，研究隧道防热降温措施。

(3)受区域应力场控制与影响，本区构造应力强烈而集中，大断层又是构造应力释放的有利部位，因此，应测试构造应力大小和性质、方向，研究构造应力对隧道围岩和衬砌的作用，在埋深大的地段开挖隧道时，可能产生岩爆或大变形，要研究岩爆和大变形的防治措施。

5. 由于本区山高坡陡、谷深水急、森林密布、气候特殊、交通不便、人烟稀少，因此，内地的一套铁路勘测工作方法与装备，已不能适应和满足本区的自然条件和工作要求，必须研究出一套新的勘测工作方法和装备。

因受人力、时间、装备等条件所限，本次考察仅仅对嘉黎—易贡大断裂通麦至松宗段的主干断层进行了初步踏勘，认识十分粗浅，有不少问题存在，特别是这组断裂的其他条断层的地质特征以及这组断层的断距、产生时代、活动次数、活动量等，都需今后进一步工作查明确定。因此，建议今后进行滇藏铁路松宗至通麦段的科研或勘测工作时，对这组大断裂进行专题研究。

八、龚嘴水库坍岸观测

严璧玉

(一)概　　况

龚嘴水库坝址位于四川省大渡河中下游的代湾，库尾位于峨边县一带。水库于1966年动工，1971年11月24日关闸蓄水。水库设计高水位为528 m，设计低水位为520 m。该段成昆铁路已于1966年下半年修成通车，铁路路肩标高较水库设计高水位的回水曲线高5～8 m，库尾峨边车站仅高出设计高水位线0.35～1.0 m。

铁路受水库影响的线路长度有32.2 km。为确保铁路运营安全，须对傍山沿库岸的铁路边坡和桥隧工程做加固防护。当时在主要铁路干线做水库库岸防护尚无成功经验，只能按苏联的预测水库坍岸公式和官厅水库等经验公式作库岸加固设计。但西南山区水库岸坡变形规律是否与官厅水库库岸变形相同,采用苏联公式预测库岸变形是否符合龚嘴水库的实际情况,都是值得探讨的问题。

根据《成昆铁路大石板至沙坪段坍岸工程设计文件审查会议纪要》的决定,成立了由铁二院组成的坍岸观测组,铁路局配合进行观测。观测组主要观测各类土质路基和桥墩台的沉陷、变形特点;各类坍岸防护工程的使用效果;各类土体饱水后的物理、力学性质的变化;水位、岸边流速、波浪作用、淤积规律等。

(二)龚嘴水库区的地貌地质环境和气候特征

龚嘴水库建于高山峡谷中,山高坡陡,河两岸发育有岩堆、滑坡、泥石流。河谷区属亚热带湿润气候,气候温和,雨量充沛,干湿变化不大,中高山上有降雪。

1. 地貌条件

大渡河峨边—龚嘴段为中高山峡谷区,相对高差达1 800 m,库面狭窄,一般宽300 m,最窄处仅150 m,属于川滇南北构造带东北角的二峨—三峨山断块抬升区,该段河流发育有断续分布的4级阶地。Ⅰ~Ⅲ级阶地为堆积阶地,Ⅳ级阶地为侵蚀堆积阶地,分别高出大渡河面10~20 m、40~50 m、60~80 m及120~200 m。阶地或谷坡上堆积有古岩堆或古滑坡的块、碎石。Ⅰ级阶地被库水淹没,Ⅱ、Ⅲ级阶地形成主要库岸。

除阶地外的岩质库岸岸坡陡峻,一般岸坡坡度为25°~50°,部分地段呈陡崖耸立于河边。

2. 地质构造、地层

本段线路位于南北向峨边背斜西北翼,其中有次一级的龚嘴背斜和斑鸠嘴向斜。岩层一般成北东20°~50°走向,倾向北西10°~40°,在新滩和黑龙溪附近有小褶曲,岩层产状有些变化。区内发育有龚沟逆断层、鸭子池和万漩逆断层。

沿线出露的地层有二叠系峨眉山玄武岩和茅口灰岩,奥陶系页岩、砂岩夹薄层灰岩或灰岩夹砂、页岩,寒武系砂页岩互层,震旦系灰岩等。一般岩层倾向山(倾向北)。由基岩组成的库岸长35.88 km,占总库岸长度的40.86%。

第四系地层成分复杂,有冲积的粉质黏土和粉细砂、漂卵石土,其中有钙质、泥质胶结的卵石土,洪积的块碎石夹漂卵石土,崩坡积的块石、碎块石土夹粉质黏土,地表有大量人工弃渣、弃土。土质岸坡长51.93 km,占总岸坡长度的59.14%,是坍岸防护和观测的重点。

3. 库区气候特征

库区属亚热带湿润气候,四季分明,5月至9月为雨季,10月到次年4月为旱季,多年平均霜期52天,无冰冻。因受峡谷地形影响形成局地性小气候。据峨边气象站1959年至1974年观测统计资料,多年平均气温15.6 ℃,历年极端最高气温35.7 ℃,历年极端最低气温 -2.6 ℃;多年平均降雨量814.4 mm,最大日降雨量142.2 mm;平日多微风,平均风速4.1 m/s(3级风),主导风向为北北东,其次是北风及东北风,最大风速11.0 m/s(6级风)。峨眉气象站1938年至1958年观测资料统计,多年平均气温17.4 ℃,历年极端最高气温39.6 ℃,历年极端最低气温 -2.7 ℃;多年平均降雨量1 661.8 mm,最大日降雨量272.0 mm;主风向为北西,风速大于6级。

龚嘴坍岸观测组设在库腹的共和车站,测到的主导风向为东风,最大风速13.0 m/s(6级风),最大波高0.3 m;在库首代湾观测点测得主导风向为北东风,最大风速为4.3 m/s(3级风),最大波高0.1 m。

（三）卡秋金法预测坍岸线及铁路工程岸坡加固防护设计原则

成昆铁路在龚嘴水库左岸沿库岸而行，因土质岸坡占总库岸长度的59%，存在库岸坍塌问题，但在当时国内关于水库坍岸预测可借鉴的经验不多。而国内大、中型水库坍岸预测采用较多的是苏联的E·Γ·卡秋金法（最终坍岸宽度预测）和Γ·C·卓洛塔廖夫法（10年和最终坍岸宽度预测）。该两种方法均以湖、海岸坡再造的理论及类比资料来确定水库水位变动带及波浪影响范围内浅滩剖面的形成及宽度，即最终的坍岸宽度。铁路的岸坡加固要按最终坍岸宽度的岸坡进行防护。当时龚嘴水库坍岸线预测采用的是E·Γ·卡秋金法，并依此作防护加固设计。

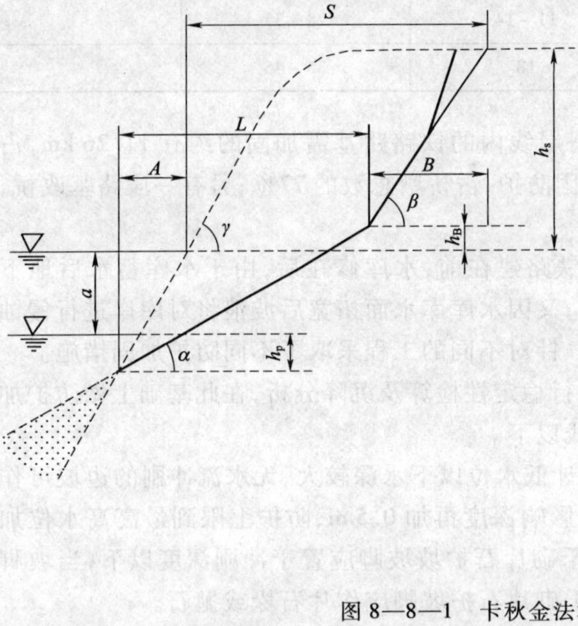

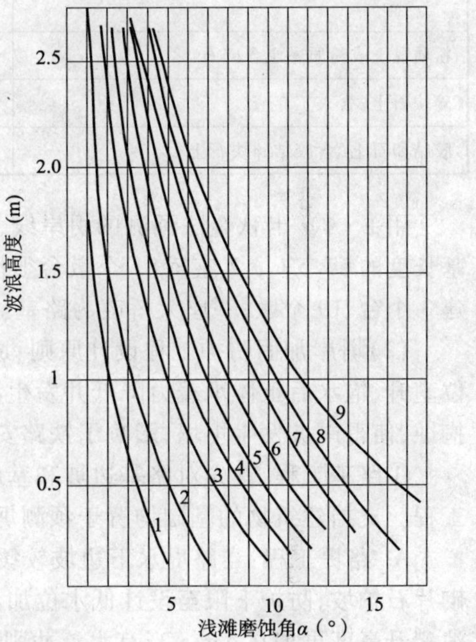

图8—8—1　卡秋金法坍岸预测图解

1—黏土；2—黄土；3—亚黏土；4—细砂土；5—中砂土；6—含漂砾亚黏土；7—粗砂土；8—细砾石土；9—卵石土

1. 龚嘴水库铁路坍岸宽度预测的E·Γ·卡秋金法公式

E·Γ·卡秋金法预测坍岸宽度（图8—8—1）计算公式为

$$S=N(L-A+B)=N[(a+h_p+h_B)\cot\alpha-(a+h_p)\cot\gamma+(h_s-h_B)\cot\beta]$$

式中　S——坍岸最终宽度（m），自设计高水位算起；

N——与土的颗粒大小有关的系数，黏土为1.0、黄土为0.6、砂土为0.5，多种土质岸坡应取加权平均值；

h_p——波浪影响深度（m）；

h_B——波浪爬升高度（m）；

h_s——正常高水位以上岸高（m）；

a——保证率10%~20%最高洪水位与设计低水位之差（m）；

α——浅滩磨蚀角（°）；

β——水上岸坡稳定角(°)；

γ——原始岸坡坡角(°)。

2. 预测坍岸线采用的指标及加固防护工程设计原则

(1)预测坍岸线采用的浅滩磨蚀角和水上岸坡稳定坡角：根据岸坡土的性质及颗粒组成，可将其分为粉质黏土或粉质黏土含碎石、碎块石土(含人工弃渣)、胶结卵石土(含胶结碎块石土)三大类。防护加固设计时采用的浅滩磨蚀角和水上岸坡稳定坡角见表8—8—1，对具体岸坡的情况还须加以细分。

表8—8—1　原设计坍岸宽度预测时采用的指标

土的性质及组成	预测采用的指标		备注
	浅滩磨蚀角(°)	水上稳定坡角(°)	
粉质黏土或粉质黏土含碎石	6~8	26	
碎块石土(含人工弃渣)	11~14	28~35	
胶结卵石土(含胶结碎块石土)	18	35~45	

用E·Γ·卡秋金法预测的坍岸线，在坍岸线内的铁路路基需加固的约有11.26 km，占路基长度的62.5%；17座桥81个墩台须作加固防护，占桥墩总数的77%；另有一段路基改桥，新建3个台、19个墩；一座大桥改为路基。

(2)坍岸加固防护工程设计原则：成昆铁路建在前，水库修在后，由于水库蓄水后地下水位壅升，饱水后土体承载力降低并发生沉降；又因水库库水面拓宽后波浪将对库岸进行侵蚀和掏蚀，使得岸坡发生坍塌，影响了铁路安全。针对不同的工程采取了不同防护加固措施。

①路基工程：首先对路基边坡和基底进行稳定性检算及沉降分析，在此基础上做防护加固工程。支挡建筑物的基础均置于预测坍岸线以下。

A. 路堤工程：当路堤水下边坡较缓，设计低水位以下水深较大、无水流冲刷的边坡可作干砌片石护坡，防护下限至设计低水位加波浪影响深度再加0.5 m，防护上限到最高高水位加波浪爬升高度再加0.5 m。当有水流冲刷时，干砌片石护坡坡脚应置于冲刷深度以下；当坡脚基底土体强度低、易变形或波浪掏蚀剧烈时，干砌片石护坡脚应作片石垛或抛石。

B. 路堑工程：当堑坡距岸坡较近时，应在上述防护范围内作渗水材料的人工边坡，坡顶设2~4 m宽的护道，坡脚作片石垛；当岸坡距路堑较远时，可削平堑坡做成1∶2~1∶3的缓坡再作抛石护坡。

②桥涵工程：桥涵工程主要考虑蓄水后，桥涵孔径泄洪能力的降低、置于土层中的桥基基础的沉降、滑塌。桥基应嵌入基岩，嵌入深度不小于0.5 m；桥基置于土层中，饱水后土体承载力不足时，应采用扩大基础；受坍岸影响的墩台，应采用抗坍岸的措施。

(四)坍岸观测项目和观测后概况

1969年10月至1970年10月由铁二院地质二队作观测前的准备工作，1971年8月至1975年12月铁二院成立龚嘴水库坍岸观测组，进行连续、全面的观测。根据库岸所处的库区平面位置、库岸剖面形态及库岸物质组成的不同，选择观测断面；对蓄水后土质路基、桥梁和土质隧道的沉降、位移情况设置观测点；观测水位、流速的变化、波浪作用；库区不同段落的淤积情况观测等。水库坍岸观测点布置见图8—8—2。

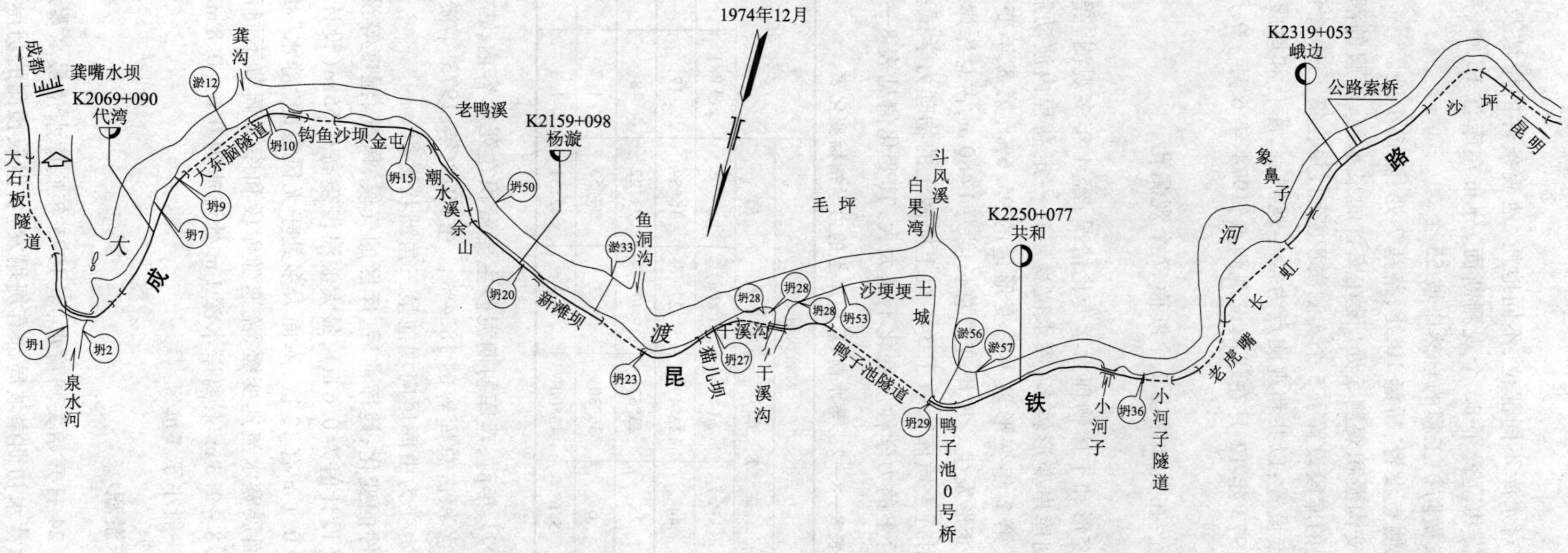

图 8—8—2　龚嘴水库坍岸观测点布置图

1. 观测项目设置

(1)坍岸断面设置:为对水库不同部位、不同地质、地貌条件的岸坡及工程防护和天然岸坡的变形规律作观测研究,共设置了 82 个观测断面,分布在库首 16 个、库腹 54 个、库尾 12 个;有防护的岸坡 27 个,未做防护工程的自然岸坡 55 个。

(2)工点沉降、位移观测点设置:桥涵 10 处、路基 7 处、隧道 1 处。

(3)淤积观测点设置:支沟淤积观测 5 处(设在库首的泉水河,库腹的潮水溪、干溪沟、鸭子池,库尾的小河子),在不同的库段设置了 5 个实测淤积断面,并收集了 90 个淤积观测断面资料。

(4)风、浪、水位观测点设置:以共和观测点为常年观测点,库首和库腹在不同时间段设置观测点。1971 年 12 月 ~1973 年 12 月在代湾设观测点,1974 年 6 月 ~9 月在杨漩设观测点,库尾采用峨边气象站资料。

(5)地下水观测点设置:在共和站设 2 个断面、7 个观测孔。

2. 观测后的概况

(1)水库蓄水后库岸变形和土体物理力学变化情况:经 4 年多观测,龚嘴水库库岸基本是稳定的,仅在水库蓄水初期库岸变形较多,库水位稳定在一定高程内波动后库岸趋于稳定,未再发生坍塌。蓄水后第 1、第 2 年变形量占总变形量的 95.6%,第 3 年变形量占总变形量的 4.4%,第 4 年基本无库岸变形发生。库岸变形总长度为 1 480 m,占总库岸长度的 1.7%。

水库蓄水前后,线路附近土质库岸取了 344 组土样做土的物理力学试验、矿化分析及颗粒分析。土质库岸浸水前、后土的力学性质变化不是太大,其变化值见表 8—8—2。

表 8—8—2 蓄水前、后库岸土的力学指标变化表

土样组成	试样组数	饱和度	天然快剪				变化值		备注
			蓄水前		蓄水后				
			c(kPa)	φ(°)	c(kPa)	φ(°)	c(kPa)	φ(°)	
黏土	6	86.4	44	22°49′	27	16°59	17	5°50′	室内试验
粉质黏土	5	82.9	25	23°37′	17	21°22	8	2°15′	室内试验
碎石角砾土	3	/	6	36°30′	4.3	33°53	1.7	2°37′	野外大剪
卵石土	1	/	5.6	45°00′	4.3	42°31	1.3	2°29′	野外大剪

(2)库床淤积概况:1971 年前,建库初期泥砂主要淤积在死库容内,占总库容的 0.5%,建库后至 1974 年 11 月泥砂淤积占总库容的 18.4%。在 1972 年、1973 年淤积形态从库首向库尾呈带状分布;1974 年开始变为由库尾向坝前呈三角洲状淤积。

(3)库区气候水文条件的变化:建库前后,库区的气候、风况、湿度等没有显著变化。观测到的最大风浪高为 0.3 m(设计值为 0.6 m),最大波浪侵袭高 0.55 m(设计值为 0.9 m)。定点定时观测到的风浪高大于 0.1 m 有 13 次,库面大多处于无风浪的"静水"状态。建库前该段大渡河坡陡流急,建库后水面展宽水流速变缓,流速随库段和库水调节不同而异,在共和观测点测得汛期主流线流速为 1.8 ~2.3 m/s;离岸水深 1 m 处流速为 0.6 ~0.8 m/s,边岸水流速除接近天然河道的库尾段外,一般小于 1 m/s。

(五)库岸变形与库床淤积

水库于 1971 年 11 月 24 日开始关闸蓄水,至 1975 年底库水位最高蓄水位是 524.23 m,未达到设计最高水位。水库蓄水初期岸坡局部有坍塌发生,但较预测的坍岸情况轻得多,均未达到按 E·Γ·卡秋金法预测的坍岸宽度。库床淤积程度也较预测的轻，原预计处于库尾的峨边车站将被库水淹没的情况也没有发生。

1. 水库岸坡变化情况

(1)蓄水后库岸的变形：蓄水初期弃土、弃渣库岸发生坍塌 11 处，占坍岸总数的 54%，砂质库岸、粉质黏土夹碎石(卵)库岸、胶结不均的卵(砾)石库岸共有变形 10 处。

①路基侧岸坡及库岸岸坡变化情况：蓄水初期库水位逐渐抬升至 518 m 附近时，土质和人工弃土(渣)岸坡由于被库水淹没，土体的强度降低，发生不同程度的坍塌。第一次库水位骤降发生在 1972 年 3 月 16 日至 1972 年 4 月 1 日，库水位由 518.2 m 降到 493.27 m，库岸又发生一些新的坍塌。之后库水位回升至 520.7 m 附近，在 1972 年 8 月 12 日至 8 月 14 日发生第二次库水位骤降，库水位由 520.7 m 降至 508.43 m，对加固工程造成大的影响，发生新滩防护工程的坍滑。坍塌主要发生在蓄水初期的 1972 年和 518 m 水位高程附近及以下，以后逐年减少，到 1975 年未发生坍岸现象。蓄水后路基及库岸坍塌情况见表 8—8—3。

表 8—8—3　蓄水后路基及库岸坍塌统计表

序号	所处部位及地段		里程	岩土成分	坍塌长度(m)/坍方量(m^3)	防护工程措施	备注
	部位	地段					
1	库首	泉水河支沟		人工弃土	100/1 250	未防护	坍 2A 观测断面
2		代湾地段	K208 +210	人工弃土	20/210	未作防护	
3			K208 +462	粉质黏土夹碎卵石	15/50	未作防护	高陡坎坍塌
4			K208 +900	人工弃土	110/1 000	已作防护	坡脚墙前弃土破坏(坍 9 观察断面)
5	库腹	钓鱼沙坝金屯地段	K210 +700	人工弃土	180/4 000	未作防护	
6			K212 +400	人工弃土	20/200	未作防护	
7			K213 +150	人工弃土	100/4 000	未作防护	坍 15 观测断面
8		杨漩地段	老鸭溪附近	粉细砂	20/300	未防护	库右岸，坍 50 观测断面
9		新滩坝地段	鱼洞河口	粉质黏土夹卵砾石	40/50	未作防护	库右岸
10			K218 +350	人工弃渣	60/300	未防护	坍 23 观测断面
11			K218 +557	粉质黏土夹碎、块石	80/5 000	已作防护	因库水骤降 9.9 m/d，引起滑移
12		干溪沟地段	K219 +770.5	人工弃土	30/1080	未作防护	坍 27A 观测断面
13			干溪沟河边	胶结卵石夹中粗砂	20/120	未作防护	
14			坍 28B 断面	胶结卵石中粗砂	30/800	未作防护	自然边坡过陡
15			坍 28C 断面	粉质黏土夹卵、砾石	45/8 000	未作防护	
16		鸭子池地段	坍 53 断面	中砂	40/400	未作防护	
17			鸭子池河湾	黏土夹碎石角砾	300/800	未作防护	
18			鸭子池河湾	局部胶结卵石土	20/150	未作防护	
19		共和地段	K223 +466	人工弃渣	20/100	未作防护	坍 29 观测断面
20			K224 +200	人工弃土	150/800	未作防护	
21			K227 +027	人工弃土	20/400	未作防护	坍 36 断面

观测断面中岸坡变形按黏性土岸坡、碎(卵)石土(人工弃渣)岸坡及胶结卵石土岸坡的变形情况分述。

A. 含碎、卵石的黏性土岸坡:当自然坡度大于26°~27°时,库水淹没后发生坍塌,如K208+462的坍7观测断面(图8—8—3),自然平均坡度为28°,局部有高3 m陡坎(坡度大于45°),当水库蓄水第1年时,有局部坍塌,坍塌物质堆积于陡坡下,形成1:2坡后,趋于稳定。另一个同类型的弃土岸坡为K208+900附近的坍9观测断面,蓄水第1年,弃土岸坡发生坍滑,岸坡坡度由1:1~1:1.5逐渐变缓为26°~27°后趋于稳定,未见继续变形。

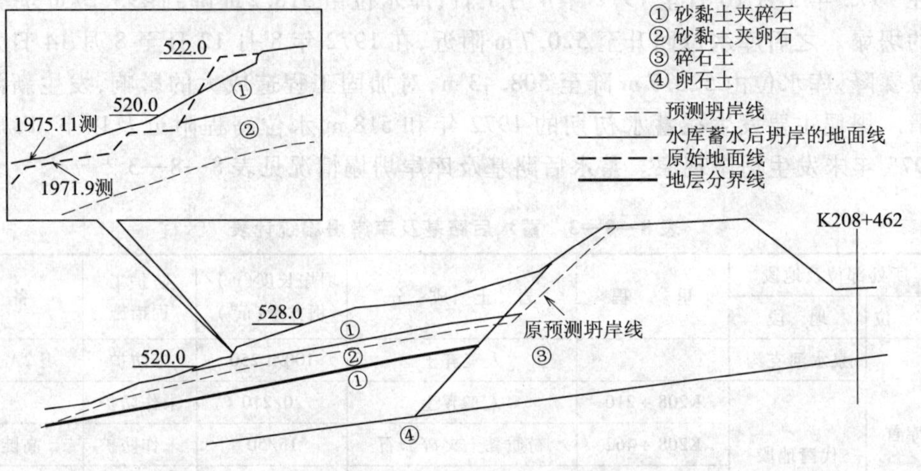

图8—8—3　坍7观测断面变化

B. 碎(卵)石(人工弃渣)土岸坡:该类岸坡坡度较陡,一般为32°~43°,多有人工弃渣堆积其上。在不同库段,库岸变形亦不同。如K215+900~K216+225段,该段位于库腹顺直岸的杨漩古滑坡体上,路基位于原预测坍岸线内,后因岸坡距路基较远,库岸加固防护工程施工时作出暂缓处理、留待观测的决定。由于水库水面宽300 m,风浪较大(浪高小于0.5 m),蓄水后的第1~2年,岸坡有少量侵蚀磨蚀,磨蚀深度约0.6 m,磨蚀的物质堆积在坡脚,同时坡脚有泥砂淤积。蓄水后几年,该岸坡形成大致均一的坡度后,已趋于稳定。

又如位于金屯错落体的坍15观测断面,在错落体岸坡上又堆积人工弃渣,弃渣岸坡坡度为33°~35.5°,坡高49 m,蓄水深34 m,原预测该岸坡坍岸危及路基安全,因岸坡距路基较远,施工时暂缓处理、留待观测。蓄水头两年,水下岸坡侵蚀下切0.2~1.0 m,侵蚀陡坎后退破裂至坡顶,坍塌物质顺坡堆积,使弃渣岸坡趋于水下稳定岸坡而稳定。

又如坍23观测断面,位于新滩隧道的灰岩弃渣岸坡上,弃渣坡坡度为33.3°,坡高45 m,库水深32 m,该处水库风浪最大(最大浪高小于0.5 m)。蓄水几个月后,坡顶有0.6 m高的错移陡坎,水位变幅带有侵蚀陡坎和1~2 m的侵蚀平台,有磨蚀现象;蓄水后期陡坎逐渐坍塌,平台消失,岸坡逐渐趋于一个水下稳定坡度(31°),岸坡变形也停止了。

另一处碎块石弃渣岸坡——坍36观测断面(图8—8—4),该断面位于小河子棚洞外侧,小河子棚洞处于原预测坍岸线内,故在棚洞河侧边墙作桩基加固,而自然岸坡留作观测。因该断面位于库尾,接近河流侵蚀环境,既受水库浸泡,也有河流流水侵蚀。该处原谷坡为坡洪积的碎石土,其上覆有砂页岩质弃渣。库水浸泡使砂页岩弃渣软化,再加上河流流水冲刷本岸,该岸坡蓄水第一年就发生圆弧形坍滑,坍滑平台有0.1~0.2 m下错。坍滑体后壁陡坎在蓄水第三年坍缓,坍滑物质堆积于岸坡下部和坡脚,岸坡经变形后形成浅凹形的稳定坡。

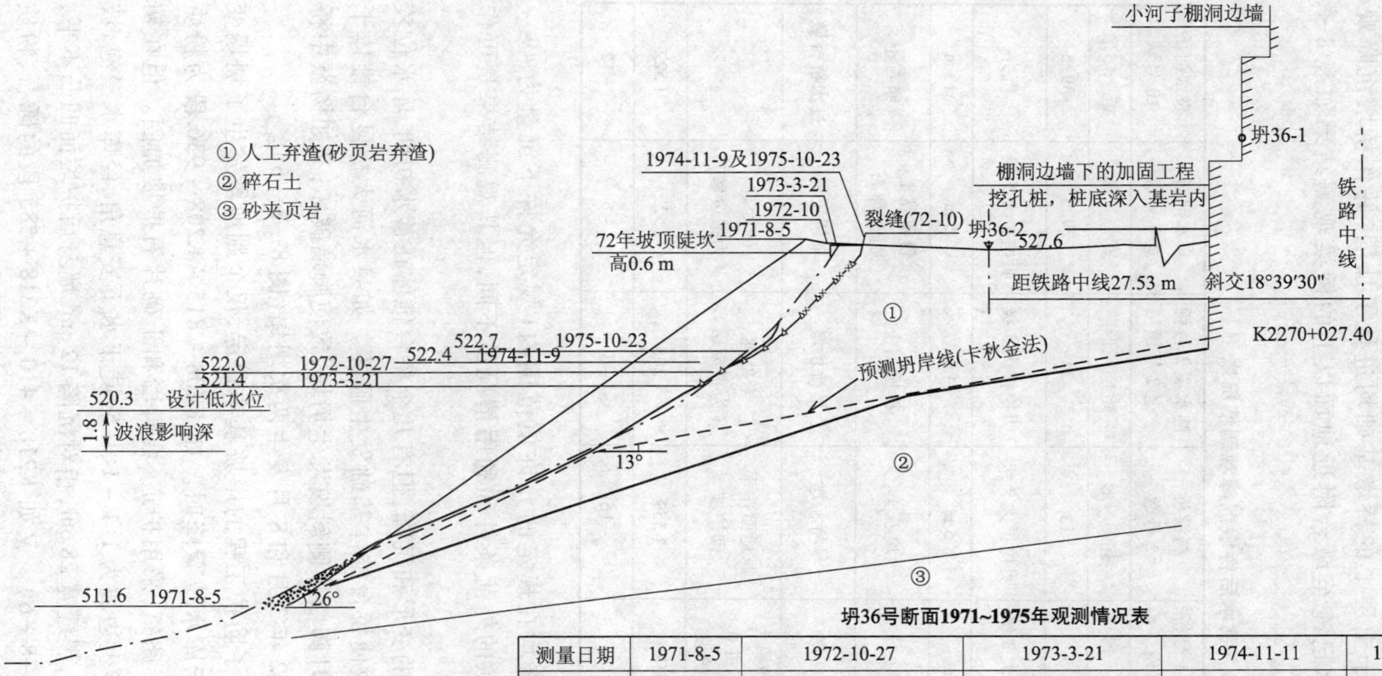

注：观测断面位于水河子棚洞外侧，系水库库腰尾部，水流具河道形态，有水流冲向本岸；库面宽约200 m。两岸高山对峙，河道曲折，风浪甚小。

坍36号断面1971~1975年观测情况表

测量日期	1971-8-5	1972-10-27	1973-3-21	1974-11-11	1975-10-15
图中符号	——————	—·—·—	— — — — —	—×—×—×—	—△—△—△—
测时水深	0 m	10.4 m	9.8 m	10.8 m	11.1 m
水上坡度	35°10′	43°10′	43°	41°40′	41°40′
水下坡度		26°	26°	26°	26°
侵蚀陡坎高度及坡度		无	无	无	无
坡脚淤积物及来源		块碎石，来自本断面上方坍塌体	与1972年同，无新的淤积（堆积）物	与1973年同	与1974年同
岸坡变化情况	原始岸坡	蓄水后即产生近似圆弧形坍塌，坡顶平台沉陷约0.1 m，且有裂缝，岸坡后退1.0m。水下岸坡由原始的1∶1.5变为1∶2	水上、水下岸坡与1972年同，仅按顶陡坎坍缓，平台尚有小量沉陷	水上岸坡变缓，由凹形变为直线形，岸坡总后退2.5 m，平台沉陷结束。水下岸坡无变化	水上、水下岸坡与1974年同，已趋于稳定

图 8—8—4　坍 36 观测断面变化

C. 胶结卵石土：该类岸坡多较陡峻，表面有局部弃渣覆盖，原预测坍岸线时，认为其将发生坍岸，需作防护。1970年防护加固工程施工时，仅刷缓边坡，局部做浆砌片石脚墙，取消护坡。经几年观测，未见岸坡变形。但胶结卵石层类似“岩体”，陡峻岸坡发育有岸边卸荷节理，卸荷节理下部被库水淹没后，也会发生崩塌；如未发育有卸荷节理，则岸坡是稳定的。

②桥墩台观测情况：当时考虑水库蓄水后，置于土层上的桥墩基础，会因蓄水后基底承载力不足而产生不均匀沉陷，故对置于土层上的桥墩基础均进行了加固，并作桥墩沉降观测。截至1975年底，对6座水库蓄水已淹至墩台附近地面以上的桥梁观测结果如表8—8—4所列。

表8—8—4　蓄水后桥墩沉降观测情况表

桥墩名称		干溪沟桥 7号墩	潮水溪1号桥 2号墩	杨漩桥 2号墩	潮水溪2号桥 老2号墩	泉水河桥 老9号墩	泉水河桥 10号墩
桥墩简况	墩形	矩形	矩形	矩形	矩形	矩形	矩形
	墩高(m)	21	17.5	13	24	29.5	39.5
	基础类型	明挖扩大3级	明挖扩大3级	明挖扩大2级	明挖扩大3级	明挖扩大5级	沉井
	埋置深度	5.5 m	6 m	5 m	4 m	5 m	13 m
	基础地质条件	粉质黏土 夹卵、砾石	块、碎石土	块石土	粉质黏土	粉质黏土 夹碎、卵石	卵石土
	加固前桥基性质	旱桥桥墩	旱桥桥墩	旱桥桥墩	旱桥桥墩	旱桥桥墩	过水桥桥墩
	加固方式	扩大基础	地面加填土 2.5 m，并作 干砌护坡	原地面作干 砌护坡	未处理 （为报废墩）	未处理 （为报废墩）	
观测情况	观测天数	1 411	1 558	1 559	1 208	1 522	1 522
	总沉降量(mm)	−2	−19	−16	−3	−5	−12

由表8—8—4可知，各桥桥墩沉降均在规定的允许值范围内（规定允许下沉量为49 ~ 98 mm），未影响正常运营。表中报废墩的外荷条件和利用情况虽不同，但其观测结果是可作对比的，仍具参考价值。

桥墩台基础在蓄水条件下没有大的变形和沉降，但有几个桥台锥体在蓄水初期，库水位较长时间在设计低水位以下频繁波动，致使桥台锥体基础发生破坏。如泉水河大桥昆台锥体干砌片石护坡和浆砌脚墙，在1972年3月脚墙外侧斜坡发生坍塌，致使脚墙破坏；又如杨漩中桥昆台锥体干砌片石护坡和脚墙，在1972年3月和8月发生两次坍塌（图8—8—5）。

(2)加固防护工程岸坡的变形：作了防护工程的岸坡基本稳定，仅个别地段发生了坍塌变形，这些变形多发生在蓄水初期或由于库水位骤降时。如K208 + 815 ~ K208 + 936段为粉质黏土、碎卵石土夹多层黏土透镜体的半路堑，采用护道、坡脚墙和干砌片石护坡加固。但在初期蓄水至518 m时，由于坡脚墙下的弃土边坡为1∶1 ~ 1∶1.5，陡于水下安息角，经库水浸泡，坡脚墙前弃土坍滑，墙身出现倾斜、断裂，裂缝宽28 cm，相对沉陷12 cm，墙身后护坡面凹凸不平，至1974年后岸坡逐渐趋于稳定（图8—8—6）。又如K218 + 410 ~ K218 + 585段的砾石、粉质黏土夹碎石为路堤和半路堑，靠水库的外侧按预测坍岸线要求填筑为缓坡，并作干砌片石护坡及坡脚干砌片石垛，蓄水近1年，加固的路基外侧缓坡未发生变形。但在1972年8月13日，

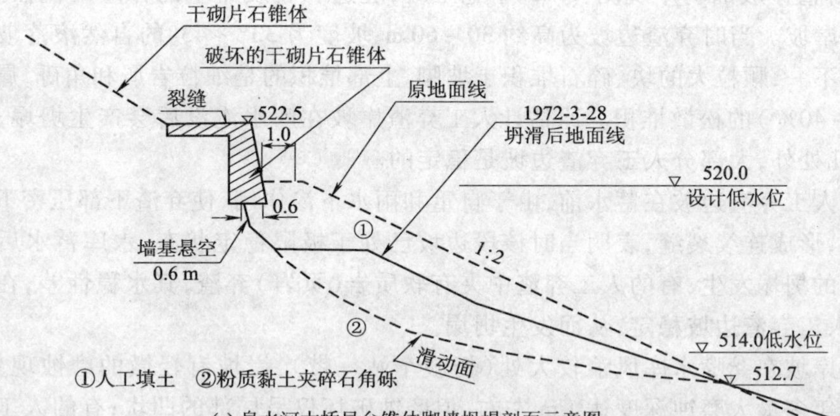

(a) 泉水河大桥昆台锥体脚墙坍塌剖面示意图

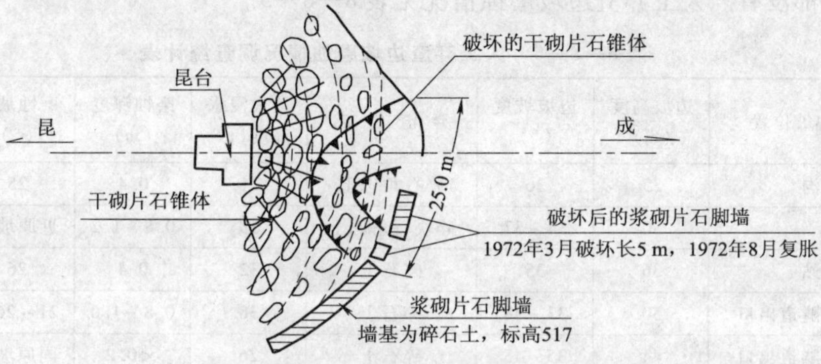

(b) 杨漩中桥昆台锥体脚墙坍塌示意图

图 8—8—5　桥台锥体变形图

库水位由 520.7 m 骤降至 510.4 m，水位骤降速率为 9.9 m/d，由于渗透动水压力作用引起片石垛坍塌，牵引干砌片石护坡滑移，形成长 80 m、宽 40 m 的坍滑体，坍滑体体积约 5 000 m^3。当时经断面检算，渗透动水压力达 6.42 t/m。

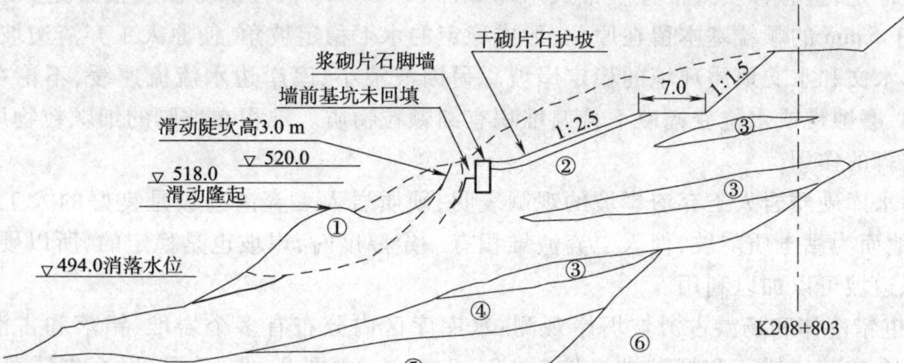

图 8—8—6　库水位骤降引起加固工程岸坡的变形

①人工弃土；②碎石土；③黏土；④粉质黏土；⑤卵石土；⑥白云质灰岩

(3)人工弃渣岸坡的坍岸观测:1965 年施工时,隧道和石质路堑的弃渣堆积在河岸上,形成了人工弃渣岸坡。当时弃渣边坡为高约 30 ~ 60 m、坡度为 33° ~ 43°的自然滚落坡。弃渣堆积的颗粒大小不一,颗粒大的块、碎石堆积于坡脚,上部堆积的是细粒岩屑和角砾,属大孔隙率(孔隙率 30% ~ 40%)的松散堆积。原估计人工弃渣岸坡在库水淹没后会产生坍塌,经 4 年多观测,除个别几处外,大部分人工弃渣边坡是稳定的。

库腹局部人工弃渣边坡在蓄水前,由于自重和雨水下渗作用,使弃渣下部压密下沉将边坡顶的弃渣拉裂,形成连续裂缝,表明当时该段边坡已处于极限稳定状态,水库蓄水后引起该段边坡有小范围的坍塌发生;有的人工弃渣中夹有软质岩(页岩)弃渣,其水稳性差,在库水浸泡下软化,影响人工弃渣边坡稳定,从而发生坍塌。

人工弃渣岸坡在龚嘴水库风浪较大处(杨漩车站一带),岸坡有轻微的磨蚀现象,有的人工弃渣岸坡 4 年多最大磨蚀深度达 1 m 左右,但磨蚀破坏仅呈局部的凹坎;有的人工弃渣岸坡连磨蚀痕迹都没有。人工弃渣边坡磨蚀情况见表 8—8—5。

表 8—8—5　人工弃渣边坡磨蚀情况调查统计表

人工弃渣边坡位置		边坡高度(m)	边坡坡度(°)	弃渣组成	最大浸水高度(m)	磨蚀深度(m)	磨蚀坡度(°)	备注
库首	泉水河沟	35	36	碎石角砾土	21	0.4	25	近于 1:2
	金　屯	50	34 ~ 37	碎块石角砾土	38	0.8 ~ 1.2	近原坡度	
库腹	杨漩车站	36	35	碎石土	32	0.4	26	近于 1:2
	新滩坝隧道出口	50	33 ~ 38	碎石土	38	0.8 ~ 1.0	21 ~ 26.5	最大近于 1:2
	鸭子池隧道出口	44	35 ~ 43	碎石土	26	<0.2	同原坡度	
库尾	共和车站站尾	29	35	块、碎石土	14	0	同原坡度	
	小河子	24	35	块、碎石土	20	0	同原坡度	
	长虹隧道进口	42	39	块、碎石土		0	同原坡度	

为查明风浪对岸坡土体的磨蚀搬运情况,在风浪较大的杨漩车站人工弃渣岸坡(横坡 1:2)磨蚀带附近土样作了颗粒分析,分析结果见表 8—8—6。从该表可见,小于 2 mm 的颗粒基本被波浪冲走,呈悬移质或推移质带入水库库床;2 ~ 5 mm 颗粒部分被波浪带走,堆积在岸坡坡脚;大于 5 mm 的颗粒基本留在原位,形成稳定的水下稳定坡角,使原人工弃渣边坡被改造成适应水库水文和水文地质环境的稳定岸坡。另因波浪小、库岸边水流流速缓,不论在库首、库腹或库尾,磨蚀带或水位变幅以下普遍堆积有细颗粒物质。堆积在坡脚的细颗粒物质,起了稳定岸坡坡脚的作用。

对龚嘴水库硬质岩人工弃渣岸坡的观测表明,硬质岩人工弃渣边坡是良好的人工抛石护坡,即使原地面为黏土质陡坡,但人工弃渣堆积有一定厚度时,岸坡也是稳定的,所以硬质岩人工弃渣堆积边坡可以加以利用。

(4)金屯错落体和杨漩古滑坡坍岸观测:水库库区内分布有多个岩堆、错落和古滑坡,其中较大的为金屯灰岩错落和杨漩古滑坡(图 8—8—7)。由图 8—8—7 可见,金屯错落体坐落在Ⅰ、Ⅱ级阶地上,处于稳定状态;杨漩古滑坡属崩塌型滑坡,滑体多由块、碎石组成,滑体基本坐落在谷坡上,其前缘已位于阶地后缘。勘测阶段认为,金屯错落和杨漩古滑坡是稳定的,水库蓄水后不会复活。水库蓄水后,库水已淹没金屯错落体下部和杨漩古滑坡前缘。历时 4 年多的观测表明,金屯错落体和杨漩古滑坡基本稳定,未见复活的迹象。但按卡秋金坍岸预测

表 8—8—6　杨漩车站人工弃渣岸坡磨蚀带土颗粒分析表

试样编号	取样地点及位置		碎石		砾石			砂				土
			粒径(mm)									
			>40	40 ~ 20	20 ~ 10	10 ~ 5	5 ~ 2	2 ~ 1	1 ~ 0.5	0.5 ~ 0.25	0.25 ~ 0.1	<0.1
2	人工弃渣岸坡	水位以上	9.64	33.28	13.48	15.41	13.33	5.04	4.15	3.70	4.44	18.22
1		水位以下	4.72	12.59	26.84	20.84	11.36	1.28	0.76	0.28	0.2	0.44
6		水位以上	5.60	12.67	12.67	6.66	5.73	3.20	3.87	4.28	5.07	40.25
5		水位以下	15.80	38.36	86.40	6.28	1.64	0.24	0.32	0.44	0.28	0.24
8		水位以上	11.86	19.50	15.38	10.00	7.17	4.43	4.0	4.0	6.25	16.59
7		水位以下	17.16	47.81	27.21	5.38	1.73	0.18	0.18	0.18	0.14	0.03
4		水位以上	10.95	26.42	23.16	10.42	6.84	2.21	3.00	3.05	3.32	10.63
3		水位以下	12.96	28.30	34.89	9.93	3.10	0.37	0.22	0.21	0.11	0.01

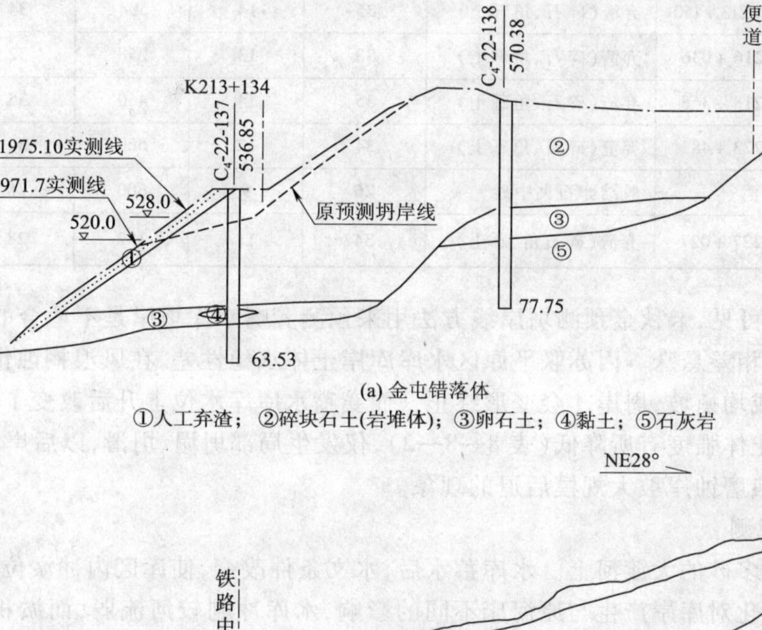

(a) 金屯错落体

①人工弃渣；②碎块石土(岩堆体)；③卵石土；④黏土；⑤石灰岩

(b) 杨漩古滑坡

①人工弃土；②砂页岩质碎石土；③块石土；④滑动岩块；⑤角砾土；⑥卵石土；⑦$Є_{2+3}$白云质灰岩夹薄层页岩、泥灰岩

图 8—8—7　不良地质体剖面示意图

线，该两处不良地质体均会发生较宽的坍岸。K215 +900 ~ K216 +225 段(杨漩古滑坡)原设计作防护工程，后因岸坡远离线路暂缓处理，而金屯错落也未作处理，故设置了坍 15 和坍 20 观测断面。据观测，两个观测断面除外侧堆积的弃渣岸坡产生局部坍塌外，未发生原预测的坍

塌变形。

2. 库岸变形量与预测坍岸线坍方量的比较

根据卡秋金法预测坍岸线估计，水库铁路沿线总坍岸量为6850 m^3，为确保铁路安全，对缓处理、留作观测的工点，均设置观测断面，以观测蓄水后岸坡的变化。表8—8—7所列的是8个观测断面统计资料。这8个观测断面按卡秋金法预计的坍岸坍方量为3562 m^3，但实际坍方量仅82 m^3，仅为预计坍方量的2.3%，这与整个库岸实际坍方量和预计坍方量的比例是相当的。

表8—8—7 观测断面卡秋金法预测坍岸和实测结果对比表

断面号	位置		岸坡土质组成	原谷坡坡度(°)	原预测情况		实测结果	
					磨蚀角(°)	坍塌量(m^3)	岸坡角(°)	变形量(m^3)
坍1	库首	泉水河支沟	黏土夹角砾	20	11	348	20	0
坍7	库首	代湾车站 A208+462	粉质黏土夹角砾	22	11	460	22	0
坍15	库腹	金屯错落 K213+150	弃渣(碎石、角砾土)	35	14	594	34	40
坍20	库腹	杨漩站 K216+036	弃渣(碎石、角砾土)	33	13	258	32	2
坍23	库腹	新滩坝 K218+368	弃渣(碎石、角砾土)	35	14	460	35	4
坍29	库腹	鸭子池 K223+483	弃渣(碎石、角砾土)	34	12	660	34	12
坍53	库腹	鸭子池河湾	胶结卵石夹中砂	26	9	600	26	4
坍36	库尾	小河子 K227+027	弃渣(碎石角、砾土)	34	11	182	28	20

从表8—8—7可见，卡秋金预测坍岸线方法用来预测龚嘴水库坍岸是不适合的，预测坍岸数量与实际坍岸量相差悬殊。因苏联平原区水库库岸土体水稳性差，在风浪掏蚀作用下，岸坡快速后退，直至形成均衡坡，坍岸才会变形终止。而龚嘴水库库水位上升后改变了土质库岸的水文地质环境，使土体强度有所降低(表8—8—2)，仅发生局部坍塌、坍滑，以后岸坡逐渐趋于稳定，未出现由波浪磨蚀岸坡大规模后退的现象。

3. 水库淤积观测

龚嘴水库建在多砂的大渡河上。水库蓄水后，水文条件改变，使库区内冲淤位置和状态也发生变化。冲淤变化对库岸产生与原河床不同的影响，水库冲刷较河流弱，而淤积则强得多，库岸岸坡多有泥砂堆积，增加库岸稳定性。据4年多的观测可知，库首和库腹淤积量较库尾大，淤积量较大的是急弯的坝址到龚沟段和白果湾至共和车站段，尤以白果湾至共和车站段淤积量最大，位于急弯中心附近测得最大淤积厚度达25 m。水库淤积特点如下：

(1)纵向库床的淤积：水库段原大渡河河床纵坡1.7%~1.9%，纵向起伏曲折，深潭、浅滩交错。主要深潭有5处，深10 m；平面急弯7处，弯角80°~130°；卡口3处，宽度小于相邻河段50%。水库蓄水后，库床纵坡因淤积而变化。建坝初期，泥砂基本淤积在死库容内；1972年汛期平均水位520.1 m时，水库淤积从库首向库尾延伸长达25 km；1973年汛期平均水位达521.6 m，在0~16 km段为带状淤积，16~22 km段较1972年平均淤高2~13 m，呈三角洲淤积雏形，22~24 km段为带状淤积；1974年0~14.5 km段基本未落淤，14.5~25.2 km段淤积了全年淤积量的89.4%，显著呈三角洲淤积形态，较1973年平均淤高0~10 m，20.3~34 km段为带状淤积(图8—8—8)。

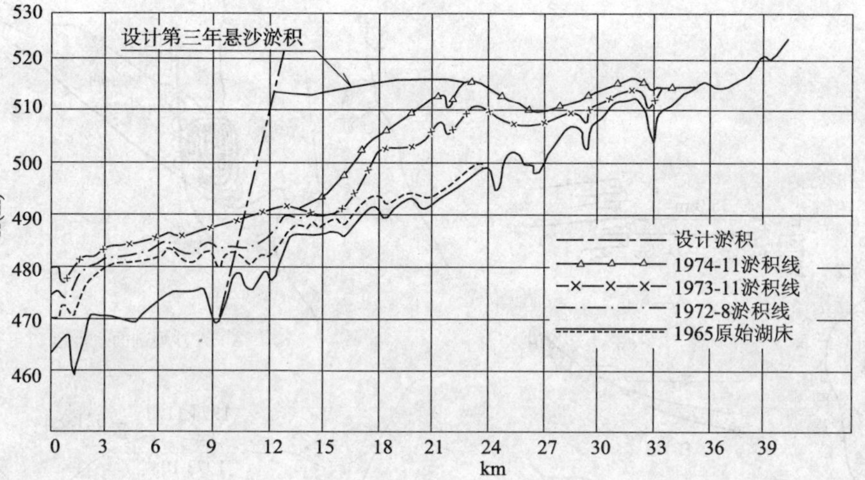

图 8—8—8　库床平均淤积纵断面示意图

(2)库床横断面的淤积:不同库段横断面淤积形态也不同,其与原河床平面形态有关。顺直河段原“V”形河床淤平呈“U”形,原“U”形河床则淤高;弯曲河段,凸岸淤多,凹岸淤少;急弯的河床在急弯中心部位有大量淤积,使急弯库岸的弯度减小,如图 8—8—9 中的 A。原估计急弯部位会发生像河流一样的严重冲刷,经观测,该断面 4 年来淤高 25 m,使原高 50 m 的岸坡缩为 5 m,大大增加了库岸稳定性。

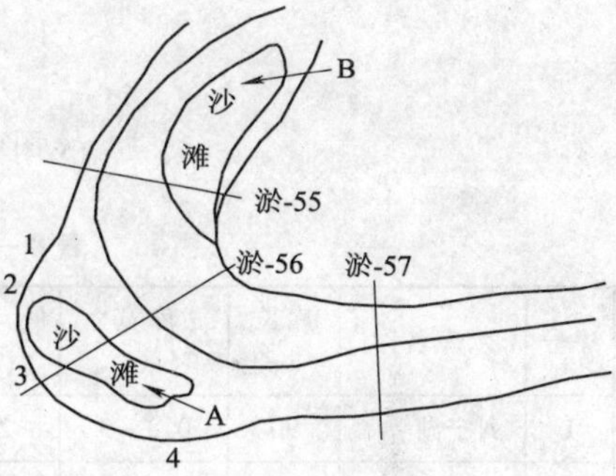

图 8—8—9　急弯处库床淤积部位示意图

(3)库床平面易淤积的位置:库岸淤积仍为凹岸冲、凸岸淤,但与河流平面冲淤位置稍有不同。如在库腹段,凸岸下游侧多淤积,而急弯的凹岸中心处不淤积;库槽由狭窄变宽处易淤积(图 8—8—10 左);有流水的支沟口易淤积,呈“拦门沙”(图 8—8—10 右)。

(六)关于山区峡谷型水下岸坡稳定角和水库坍岸线的预测

龚嘴水库与我国北方平原区水库及苏联地区水库在地形、地质、气候、水文条件方面有很大差异。现将国内外几个水库的特征列于表 8—8—8 加以对比。从该表可见,E·Γ·卡秋金用地质类比法所作的预测坍岸线公式和图解法,不适合龚嘴水库。因龚嘴水库库岸的地质条件与卡丘金预测坍岸线法的水库库岸地质条件迥然不同,就这两种类型水库来讲,其库岸地质条件无可比性而言,也不符合地质类比法的条件;同时这两类水库的自然条件也不同,故用卡丘金法预测龚嘴水库的坍岸线必然产生很大误差。

龚嘴水库库岸主要由粗颗粒土组成,地形陡峻、库面狭窄、风浪小、气候湿润,所以库岸变形有其自己的特点。根据 4 年多的观测,提出库岸浸水岸坡稳定角、预测坍岸线的两段法和浸水岸坡稳定线的绘制的概念。

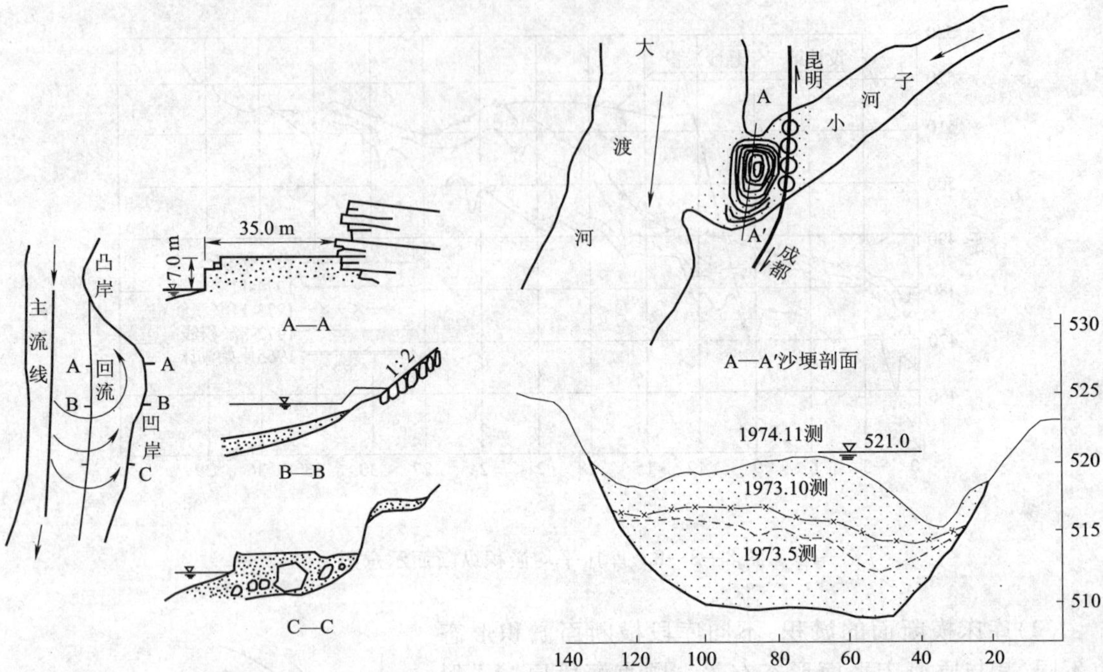

图 8—8—10　库床平面易淤积位

表 8—8—8　不同地区水库情况对比表

序号	水库名称	库长(km)	库宽(km)	最大浪高(m)	岸坡物质组成	坍岸及变形情况	观测年数
1	列宁湖	90	0.3～3	2	黄土质粉质黏土	坍岸宽大于 160 m	15
2	卡霍夫	220	平均 9	2.5	黄土质粉质黏土夹细砂	坍岸宽大于 80 m	2
3	齐姆良	360	38	>3.0	黄土质粉质黏土	坍岸宽 50～100 m	3
4	卡马	130	13～14	>2.0	黏土、粉质黏土、砂土	坍岸宽 30～50 m	4
5	官厅水库		2～27	2.0	黄土类土、粉质黏土、砂土	坍岸宽大于 34 m	2
6	三门峡水库	480	1.7	1.7	黄土类土	坍岸宽度大于 100 m	1.5
7	柘溪水库	120	1～1.5	0.5	基岩、碎卵石土	基本稳定，变形以基岩滑坡为主	5
8	龚嘴水库	41	0.15～0.7	0.3	基岩、碎卵石土	基本稳定，总变形量 2.5 万 m^3	4

1. 浸水岸坡稳定角

龚嘴水库库区弯曲，库水面较窄（与平原区水库比），坝前水深达 64 m，库首和库腹段回水深度大，岸坡的块碎（卵）石土、碎石角砾土及人工弃土等虽然为粗颗粒土，其水稳性较好，但因蓄水后水文地质条件变化大，局部岸坡发生了变形，岸坡变形集中在浸水深度大的库首和库腹。据龚嘴水库库岸观测，水下岸坡基本是一个坡度，即磨蚀带（水位变幅带）和水下岸坡无明显差别。根据龚嘴水库水下岸坡基本是一个坡度的特点，称该坡度为“浸水岸坡稳定角”，即指水库蓄水后，岸坡在各种库水作用下都属稳定而不变形的岸坡坡度角。对龚嘴水库 79 个自然岸坡统计，得出龚嘴水库浸水岸稳定角表（表 8—8—9）。

表 8—8—9　龚嘴水库浸水岸稳定角统计表

序　号	岸坡物质组成及时代成因	断面数	浸水岸坡稳定角(°)		
			最　大	最　小	平均值
1	碎石角砾土(Q_4^{ml})	21	36	25	32°12′
2	卵石圆砾土(Q_4^{ml})	1	35	35	35
3	碎石角砾土($Q_4^{col+al+pl}$)	10	33	21°30′	27°42′
4	卵石土(Q_4^{al})	2	31	31	31
5	粉质黏土夹碎卵石、角圆砾($Q_4^{al+dl+pl}$)	18	30	15	24°29′
6	黏土夹碎卵石、角圆砾(Q_4^{al+dl})	1	26	26	26
7	粉质黏土夹卵砾石(Q_4^{al})	1	20	20	20
8	中粗砂夹角圆砾(Q_4^{al})	3	27	26	26°40′
9	水库淤积粉细砂(Q_4^{l})	4	17	11	14°15′
10	胶结卵砾石(Q_2^{al})	11	63	34	46°27′
11	胶结块碎石(Q_2^{col})	7	67	43	51°25′

注:上表除人工弃渣外,其余土质均不一定是极限稳定角。

根据龚嘴水库库岸观测资料、土质试验资料,并结合搜集的柘溪水库、新安江水库库岸资料,经整理、归纳后,提出龚嘴水库各种土的"浸水岸坡稳定角"表(表 8—8—10)。

表 8—8—10　龚嘴水库各种土的"浸水岸坡稳定角"

胶结程度	土　石　名　称	物质组成及性质	浸水岸坡稳定角(°)
未胶结	人工填筑的碎(卵)石、角(圆)砾土	石质含量 >80%,黏粒 <2%	30 ~ 33
		石质含量 65% ~ 80%,黏粒 2% ~ 6%	27 ~ 30
		石质含量 <65%,黏粒 >6%	24 ~ 27
	崩、坡积碎(卵)石角(圆)砾土	石质含量 >70%,紧密	33 ~ 36
		石质含量 60% ~ 70%,中密	30 ~ 33
		石质含量 <60%,稍松	27 ~ 30
	冲、洪积黏土、粉质黏土夹碎(卵)石、角(圆)砾	石质含量 >35%,紧密	27 ~ 30
		石质含量 20% ~ 35%,中密	24 ~ 7
		石质含量 <20%,稍松	21 ~ 24
	冲、洪积黏土、粉质黏土(石质少于 5%)	孔隙比 $e<0.6$	24 ~ 27
		孔隙比 $e=0.6\sim0.9$	21 ~ 24
		孔隙比 $e>0.9$	18 ~ 21
	冲积中、粗砂夹圆(角)砾	紧密	21 ~ 24
		中密	18 ~ 21
		稍松	15 ~ 18
	冲积的粉、细砂	紧密	18 ~ 21
		中密	15 ~ 18
		稍密	12 ~ 15
胶　结	冲、洪积漂(块)石、卵(碎)石土	全胶结	45 ~ 50
		半胶结	40 ~ 45

注:表内数值为综合数值,使用时应按具体情况选定;对不良地质地段,应另作考虑。

将表8—8—9所列各类土石的浸水岸坡稳定角与原库岸加固设计所采用的磨蚀角与水下安息角进行对比，其结果见表8—8—11。

表8—8—11　浸水岸坡稳定角与加固设计采用的磨蚀角对照表

序　号	岸坡土石名称	原设计坍岸指标		浸水岸坡稳定角（°）	抗剪强度试验值			
		磨蚀角（°）	水下安息角（°）		天然抗剪试验		饱和抗剪试验	
					φ（°）	c（kPa）	φ（°）	c（kPa）
1	粉质黏土	4°30′	11	18～27	23°37′	25	21°22′	17
2	黏　　土	4°20′	17	18～27	22°49′	44	16°59′	27
3	中砂夹卵砾石	12		15～24	/	/	/	/
4	粉砂夹碎卵石	8°36′	23°40′	21～30	/	/	/	/
5	粉质黏土夹碎卵石	9	24°30′	21～30	29°15′	22	21°44′	15
6	块碎石角砾土	13	29°30′	27～36	35°44′	9	34°26′	5
7	卵砾石土	13°05′	31°30′	27～36	45	6	42°31′	4
8	碎石角砾土（弃渣）	11	28	24～33	38°03′	15	32°49′	4
9	胶结卵石土	23	40	45～50	/	/	/	/

通过对比，说明根据龚嘴水库库岸观测所提出的“浸水岸坡稳定角”概念，是可行的。从表8—8—11可看出，“水下岸坡稳定角”较“磨蚀角”大约2.5～3.0倍；粗颗粒土的“水下岸坡稳定角”近似于“水下安息角”，但又小于“水下安息角”；细粒土的“水下岸坡稳定角”接近于土的饱和抗剪强度的内摩擦角。从土体的抗剪强度试验结果和粗颗粒土的水下安息角对比，说明“浸水岸坡稳定角”的概念是可行的。

2. 峡谷型山区水库预测坍岸线的“两段法”

由于水库库岸地质构造和岩土性质不同，影响库岸稳定的因素很多，所以预测水库坍岸公式有短期坍岸线预测和长期坍岸线预测两类，铁路应采用长期坍岸线预测方法。长期坍岸线预测方法有苏联的E·Г·卡秋金法（图8—8—1）和Г·C·佐洛塔廖夫图解法（图8—8—11a），国内有北方平原区均质陡坡坍岸预测（图8—8—11b）和非均质陡坡坍岸预测（图8—8—11c）等。从以上几图可以看出，除Г·C·佐洛塔廖夫图解法为五段法外，其他水库坍岸预测基本采用三段法，即水下岸坡角γ、浅滩磨蚀角α、水上岸坡稳定角β等三段。

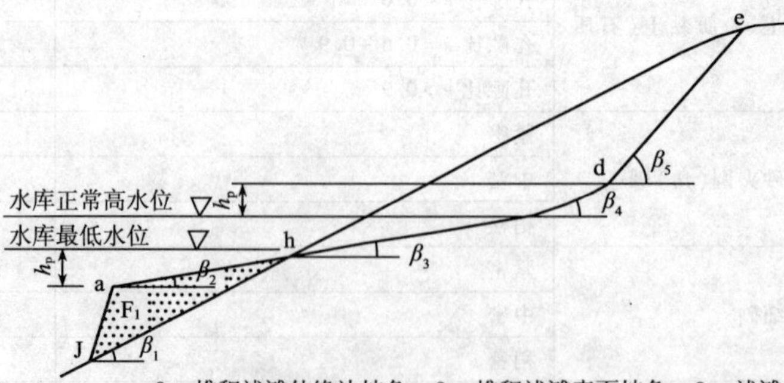

β_1—堆积浅滩外缘边坡角　β_2—堆积浅滩表面坡角　β_3—浅滩磨蚀角
β_4—波浪侵蚀带的坡角　β_5—水上岸坡稳定角

(a)佐洛塔廖夫法水库最终塌岸预测

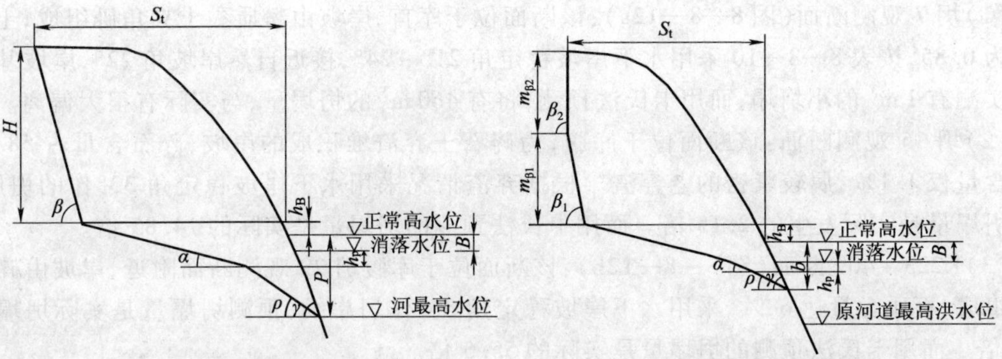

(b)正常均匀陡坡坍岸预测　　　　(c)非均质陡坡坍岸预测

图 8—8—11　不同方法预测坍岸线图

据龚嘴水库几十个观测断面历时 4 年的观测结果，除个别断面出现轻微磨蚀现象，其水下岸坡坡度角与水位变幅带岸坡坡度角略有差别外，其他地段水位变幅带(磨蚀带)和水下岸坡角的坡度基本一致。这是龚嘴水库在风浪小的条件下，其岸坡变形方式是库岸岩土饱水后产生的坍塌和坍滑，坍塌和坍滑物质堆于坡脚，形成稳定的水下坡角的结果。而经 4 年多库水浸泡而未发生变形的岸坡，则证明其已处于稳定状态。因此，可用“浸水岸坡稳定角”的概念来定义整个水下岸坡角。水上岸坡角是指土石的天然稳定斜坡角，即为水上稳定岸坡角。采用这两个坡度角作水库坍岸线预测，这就是对龚嘴水库历时 4 年多观测后，总结提出的预测坍岸线的“两段法”。

现选几个观测断面，采用“两段法”，即用表 8—8—10 的浸水岸坡稳定角作的预测坍岸线与用 E. Γ. 卡秋金法预测坍岸线作比较(图 8—8—12)。

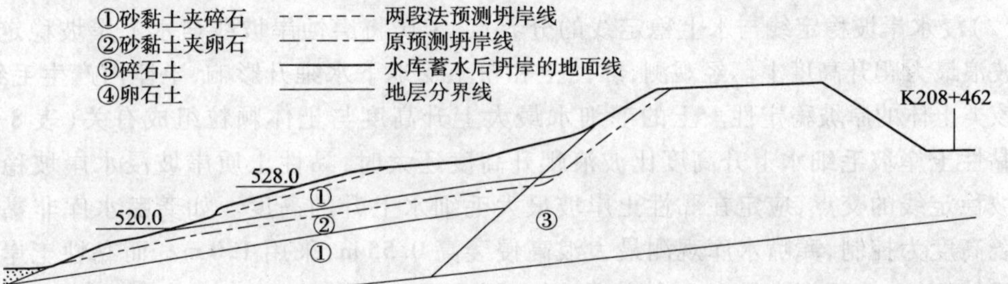

(a) 7观测断面预测坍岸线比较图

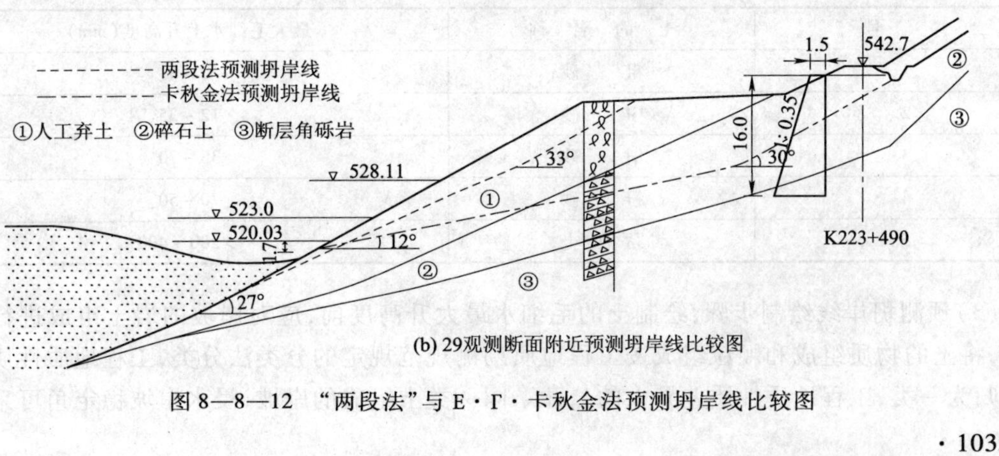

(b) 29观测断面附近预测坍岸线比较图

图 8—8—12　“两段法”与 E · Γ · 卡秋金法预测坍岸线比较图

(1)坍 7 观测断面(图 8—8—12a):该断面位于库首,岸坡由粉质黏土夹角砾组成,土的孔隙比为 0.85,按表 8—8—10 采用水下岸坡稳定角 21°~24°,接近自然岸坡角 22°,岸坡基本稳定。实测有 1 m^3 的小坍塌,而用卡氏法预测,将有 460 m^3 的坍塌量,与实际有很大偏离。

(2)坍 15 观测断面:该断面位于库腹,为碎石土弃渣堆积成的岸坡,碎石含量占 58.2%,黏粒含量仅 1.1%,属较紧密的老弃渣。根据弃渣情况采用水下岸坡稳定角 33°作的坍岸线,预测坍塌量是实际发生的 2.15 倍。而用卡氏法预测的坍塌量是实际的 14.85 倍。

(3)K223 +409 断面(图 8—8—12b):该断面位于库腹坍 29 观测断面附近,岸坡由碎石土弃渣组成,石质含量达 68%,采用水下岸坡稳定角 30°作坍岸线,预测坍塌量是实际坍塌量的 9.17 倍。而用卡氏法预测的坍塌量是实际的 55.5 倍。

(4)坍 36 观测断面(图 8—8—4):为位于库尾的碎石弃渣土岸坡,泥页岩质碎石含量 60%,边岸水流流速达 1.52 m/s。采用水下岸坡稳定角 24°,预测坍塌量是实际的 4.6 倍。而用卡氏法预测的坍塌量是实际的 9.1 倍。

从以上对比可看出,用水下岸坡稳定角作的坍岸预测较用卡氏法预测更接近实际,故推荐用"两段法"预测峡谷型山区水库岸坡的坍岸变形。

3. 峡谷型山区水库预测坍岸线"两段法"的绘制

两段法预测水库坍岸线首先要确定浸水岸坡稳定线的起点,同时,应确定浸水岸坡稳定线与水上岸坡稳定线的分界点。

(1)浸水岸坡稳定线的起点:用卡氏法预测坍岸线时,水下部分采用原岸坡坡度。在峡谷型山区水库,蓄水水深大,原岸坡坡度并非水下安息角,岸坡被库水淹没后,陡于安息角的岸坡即发生坍塌变形。根据龚嘴水库多年的观测认为,浸水岸坡稳定线起点应定在原河床谷坡平均洪水位高程处,因该处受河水长期作用,岸坡已成为水下稳定坡度,所以浸水岸坡稳定线的起点应为多年平均洪水位,也可采用周期 5 年的洪水位。

(2)浸水岸坡稳定线与水上稳定线的分界点:卡氏将磨蚀岸坡线与水上岸坡稳定线分界点定在波浪最大爬升高度上。经观测,黏性土和粉土受地下水壅升影响,土体内产生毛细水作用,影响该类土体的岸坡稳定性。土的毛细水最大上升高度与土体颗粒组成有关(表 8—8—12)。所以黏性土岸坡毛细水上升高度比波浪爬升高度还大时,黏性土质岸坡浸水岸坡稳定线与水上岸坡稳定线的交点,应定在黏性土岸坡最大毛细水上升的高度。如龚嘴水库非黏性土以波浪侵袭高度为控制,龚嘴水库观测最大浪高侵袭高 0.55 m,采用 1.0 m。而黏性土岸坡的这个高度显然不够,按毛细水最大上升高度,至少要采用 2.0 m。

表 8—8—12　毛细水最大上升高度

序　号	土 的 名 称	最大毛细水上升高度(mm)
1	粗　砂	2~5
2	中　砂	12~35
3	细　砂	35~70
4	粉　砂	70~50
5	黏 性 土	>200~400

(3)预测坍岸线绘制步骤:绘制土的毛细水最大升高度前,应对岸坡的岩土组成进行分类归纳,将土的物质组成和颗粒组成按工程地质勘测规范规定的分类法分类,工程地质性质相近的可归为一类,工程地质性质差异大的分开。同一类土组成的岸坡,浸水岸坡稳定角可采用同

一指标。从平均洪水线起，向上作浸水岸坡稳定线，与波浪侵袭高度线(或毛细水最大上升高度线)相交，交点以上按水上岸坡稳定角画线与岸坡相交。所绘出的曲线即为预测坍岸线。当水下岸坡有平台时，浸水岸坡稳定线绘至平台处可断开，从平台的后缘再开始用同一角度绘出水下岸坡稳定线(图 8—8—13a)。如岸坡由多层不同工程地质性质的土层组成，在绘制时应采用不同的浸水岸坡稳定角绘制，也可采用多个浸水岸坡稳定角的加权平均值绘制，如图 8—8—13b 所示。

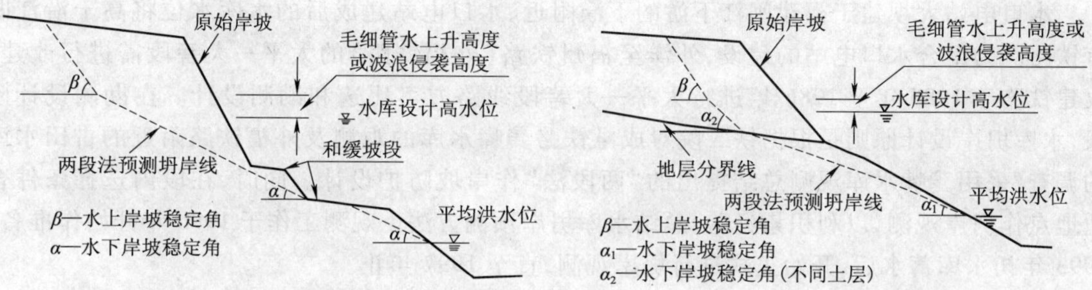

图 8—8—13 “两段法”预测坍岸线绘制图

(七)结 束 语

龚嘴水库是峡谷型山区水库，山高坡陡，水深浪小，水流缓慢。线路侧库岸岩体较完整，并倾向山，土质库岸多被人工弃渣覆盖。水库蓄水后，加固防护工程基本完好，库岸基本稳定，仅有少量变形。库岸受水淹没后多发生坍塌、坍滑，个别地段有磨蚀现象发生。库岸变形较原预测的库岸变形差别极大。因龚嘴水库库岸的工程地质条件和自然环境与原预测坍岸的卡秋金公式所在的库岸工程地质条件和自然环境不可类比，所以预测结果与坍岸实际不符。根据龚嘴水库 4 年多的观测，总结出龚嘴坍岸预测的“两段法”，可作为地质、地貌、气候条件相类似的峡谷型山区水库坍岸预测的参考，一切防护工程的基础均应置于预测坍岸线以下。水库沿岸的不良地质体和潜在不稳定岸坡，在水库蓄水前，应仔细调查、认真评价其稳定性，以便采取相应处理措施，避免出现象柘溪水库因水库蓄水促使岩体滑坡复活、滑入水库形成大的涌浪、造成破坏的事件。

具体浸水岸坡稳定角，应进行原河谷谷坡洪水位附近岸坡坡度的调查，再取土样做物理力学试验，取饱和抗剪强度指标与调查结果进行分析比较，再参考相类似地区的指标加以确定。按此作出的预测坍岸线较符合实际，可使防护加固工程安全可靠又不会造成浪费。

库岸在蓄水后，岸坡上逐渐有堆积物覆盖，库床内堆积物增厚，这对岸坡稳定起到一定作用。岸坡在自然外力作用下，逐渐趋向稳定的均衡剖面，但这个过程需经过较长时间的发展，而库岸的变形是发生在水库蓄水初期，所以进行水库坍岸预测时，不应考虑水库淤积对库岸稳定性的影响。

水库坍岸线的预测应根据水库所在地区的工程地质环境和自然条件，选择与该地区条件相类似的经验公式和预测坍岸方法来预测坍岸线，切不可生搬硬套。龚嘴水库的坍岸预测就是个例子。

九、水口水库坍岸线的预测及水库蓄水后库岸的变化

严璧玉　王跃敏

(一)概　　况

水口电站大坝建于福建闽江下游的下濮附近,水口电站建成后的水库水位将高于沿江既有铁路。为配合水口电站的建设,外洋至福州铁路(外福铁路)的太平—大箬段需进行改建。改建铁路于1985年至1986年进行太平—大箬段线路方案比选和勘测设计。在勘测设计阶段,水库坍岸设计原则是根据铁二院对成昆铁路龚嘴水库的观测及外福铁路附近的古田水库的调查,采用龚嘴水库观测总结提出的"两段法"作岸坡防护设计。同时,在段内选择条件合适地点作坍岸观测,以利积累经验,总结水库坍岸预测方法。观测工作于1990年开始作准备,1993年初水库蓄水后,开始正式进行坍岸观测,直至1997年止。

(二)外福铁路改建工程地质环境和气候条件

闽江河谷属深切河谷,河谷受地层岩性影响呈宽、狭谷相间,宽谷段有阶地发育,狭谷段谷坡坡度为20°~50°,冲沟发育。水库蓄水后,太平—下濮段为水库,下濮—大箬段为河谷。

1. 工程地质环境

(1)地质构造条件:外福线太平—大箬段横跨戴云山北段海拔500 m左右的低山丘陵区。地质构造上属北北东向新华系第二隆起带,其中次级构造单元以古田—青溪深断裂为界,西部为北东向华夏系隆起区,深断裂以东为北北东向的新华夏系沉降区。古田—青溪深断裂由一系列北东向压性断裂及动力变质带组成,宽15~20 km,成为岩浆活动的通道,故该段线路及附近出露侵入岩和火山熔岩。西部隆起区内大面积裸露北东—北北东向褶皱的前震旦系建欧群浅变质岩,线路附近位于洋后—樟湖板复式背斜倾伏端,背斜轴部多发育断层;东部属中生代地堑式构造,广泛覆盖晚侏罗系至早白垩系火山岩地层,构造较简单。

(2)地层岩性特点:外福线改建工程沿线出露有前震旦系石英云母片岩,三叠至侏罗系的砂岩、泥岩、页岩,火山岩、次火山岩的晶屑凝灰熔岩、次花岗斑岩和侵入的石英闪长岩、细粒花岗岩、二长花岗岩、黑云母花岗岩、花岗斑岩等。沿线出露的地层以火山岩、次火山岩为主(长约32 km),约占改建线路长度的54%;其次为酸性侵入岩,约占改建线路长度的26%;石英云母片岩约占改建线路长度的12%。

西段(太平—古田溪)受古田—青溪深断裂影响,断层、构造节理发育,岩体破碎,故西段岩体风化层厚度大:石英云母片岩一般风化层厚度为5~15 m,最大可达30 m;石英闪长岩风化层厚5~20 m,最大达30 m;次花岗斑岩风化层厚4~15 m,最大达25 m;晶屑凝灰熔岩风化层厚2~8 m,最大达13 m。东段岩体风化层厚度较西段薄,如晶屑凝灰熔岩风化层厚仅1~4 m,最大厚度为8 m。

全风化岩层呈土状或砂状,结构松散,稳定性差,浸水易发生坍塌,是坍岸易发地段。

2. 气候条件

该区属亚热带气候,温湿多雨。年平均气温19.6 ℃,最高气温42.3 ℃,最低气温 -5 ℃。多年年平均降雨量1 758 mm,全年大致可分为4期,其中3~4月为春雨期、5~6月是梅雨期、7~9月为台风雷雨期、10月到次年2月是旱季。其中梅雨期为主要降雨期,约占全年降雨量

的36%。年蒸发量792.1～1025.5 mm，年平均相对湿度78%。

闽清气象站1957～1997年的统计资料表明，库区内以东南风为主，其次是西北风，全年平均风速为1.4 m/s，1975年9月所测的西西南风，定时最大风速达17.0 m/s。水口水库坝址设计承受的最大风速为35～40 m/s。在水库观测的5年中，一般最大风速小于或等于13.0 m/s。建库后观测到的波浪最大高为0.49 m，一般以小于0.1 m为主。

（三）水库坍岸线的预测

外福线太平—大箬段仍沿闽江河谷谷坡改建，水库库岸的坍岸是主要的工程地质问题，水库坍岸线的预测是改线设计中的重要问题。为使工程设计符合坍岸实际，并保证工程设计的可靠性，在工程地质勘测阶段，收集了相关水库资料，并作了大量的既有线边坡和河岸岸坡调查。

1. 河岸高低水位间岸坡坡度调查

改建铁路位于水库北岸岸坡上。改建勘测阶段，对既有铁路临河的太平—三都口段和水口—水库坝址段高低河水位间的河岸共59段进行了调查、测量，并对相应的水下岸坡角、高低洪水位间的岸坡角及最高洪水位以上的岸坡角作了调查。调查分析结果见表8—9—1。

表8—9—1　太平—三都口河岸高低水位岸坡调查统计表

土层类型	水下岸坡角(°)	高低洪水位间岸坡角(°)	最高洪水位以上岸坡角(°)	备　注
粉质黏土	3～10/平均6	9～17/平均13.3	14～35/平均23	
中、细砂	3～6/平均4	12～13/平均12.5	22～15/平均18	
碎石土	10～12/平均11			路基坡面已防护

水口—水库坝址段调查结果表明，粉质黏土水下岸坡角20°，高低洪水位间岸坡角15°，最高洪水位岸坡角40°。

2. 水库坍岸线的预测

库首及库腹为地质构造复杂、岩体破碎、风化层深厚、由松散细粒的第四系土层和岩层全风化层组成的岸坡。库水变幅带内（水位变幅高8 m），地面横坡30°～55°的地段，最易发生水库坍岸。预测水库坍岸地段主要在下过溪—三都口，受水库坍岸影响段的线路长约6.68 km，需作防护工程。

由于采用卡秋金法预测的水库坍岸线与地处山区峡谷的水口水库实际坍岸情况出入较大，而成昆铁路的龚嘴水库和附近的古田水库与水口水库的地质条件相似，故采用铁二院在龚嘴水库观测、总结提出的“两段法”预测水库坍岸线，亦即预测的坍岸线主要根据水下稳定岸坡角和水上稳定岸坡角加以确定，并以其检查防护设计之岸坡防护、加固工程的设置和建筑物的基础埋深。水下稳定岸坡角和水上稳定岸坡角以及预测坍岸所需其他相关指标，根据地形地质、水文、水文地质条件综合考虑确定。改建铁路设计时，采用龚嘴水库“两段法”预测水口水库坍岸所采用的指标见表8—9—2。

表8—9—2　坍岸预测有关指标

岸坡地层	磨蚀角α(°)	水下稳定岸坡坡角γ(°)	水上稳定岸坡坡角β(°)	波浪侵蚀高h_H(m)	波浪影响深h_p(m)	正常高水位/最高运行水位(m)
第四系土层	10～15	26	35	0.7～1.5	0.7～0.8	65.0/57.0
全风化层	18～24	35	45			

(四)蓄水后铁路沿线岸坡的变化

1993年初水口水库开始蓄水,蓄水初期库水位变动大,库岸发生较强的变形,随着蓄水到设计水位后,库岸变形有所减缓。库岸再造是原有的地质条件在新的外界环境——水库库水浸泡和风浪吹蚀下发生的变形,库岸岸坡与新的环境相适应,形成均衡的岸坡,是一个长期而缓慢的过程。1990年至1997年对水口水库进行的8年水库坍岸观测,也仅仅是库岸变形的初期阶段。

1. 水库蓄水后库岸变形

1993年3月底水库开始蓄水,到4月初水位由21.3 m上升到45.4 m,每天水位均有较大幅度的波动,库岸干燥的土体逐渐被库水浸泡,岸坡土体的稳定性随即发生变化,库岸变形也随之发生。当水位稳定在一定高度水平时,库岸变形也处于一个相对稳定状态。1994年2月蓄水水位从55 m升至60 m,水位接近正常高水位,改建铁路岸坡出现了新一轮的变形,发生不同规模的坍塌和坍滑,引起改建铁路局部工程变形,路基和桥台的岸坡局部发生坍塌变形。改建铁路沿线水库坍岸情况统计见表8—9—3。

表8—9—3　铁路沿线水库坍岸统计表

对应的铁路里程	岸坡岩(土)性质	坍岸总长/小段长	本段坍岸率/总坍岸率
K62+400~K64+600	砂、泥岩互层全风化层	270 m/34 m	12.3%/15.2%
K64+600~K71+540	石英云母片岩全风化层	490 m/33 m	7.0%/27.7%
K71+540~K73+370	细粒花岗岩微、弱风化层	0	0
K73+370~K79+395	石英闪长岩全风化层	635 m/26 m	10.5%/35.9%
K79+395~K81+780	次花岗斑岩强风化层	0	0
K81+780~K89+260	晶屑凝灰熔岩全风化层	375 m/63.0 m	5%/21.1%
K89+260~K121+800	酸性熔岩、次花岗斑岩凝灰熔岩、花岗岩微、弱风化层	0	0

(1)桥台锥体变形和坍塌:改建铁路桥梁工程大部分均经受了库水的考验,桥墩、桥台基本完好。受坍岸影响变形较严重的桥台有15座(表8—9—4),另有6座桥的桥台两侧岸坡发生坍塌。从桥台附近岸坡变形情况看,这些变形岸坡多发生在云母石英片岩、石英闪长岩的全、强风化层中,其次为晶屑凝灰岩全风化层。变形的部位多在外洋端,少量发生在福州端桥台。较严重的桥台岸坡变形多呈桥台前浆砌脚墙襟边坍塌、锥体护坡开裂;桥台两侧岸坡的坍塌和坍滑,影响到桥台和桥梁两端路基工程的稳定和安全。如武步溪大桥,蓄水前桥台前岸坡作干砌、浆砌护坡,但蓄水后发生较大的坍塌,危及已作防护工程安全;又如黄田1号大桥,锥体护坡外便道岸坡发生坍塌,使桥台锥体基础悬空,危及锥体安全(图8—9—1)。

表8—9—4　桥台锥体变形及岸坡坍塌统计表

序　号	工点名称	里　程	岸坡岩层	坍岸位置及规模	备　　注
1	下过溪3号大桥	K66+758	云母石英片岩	外洋台,坍6 m×8 m×3 m	
2	下过溪5号桥	K67+223	云母石英片岩	外洋台,坍12 m×8 m×3 m	
3	下过溪7号中桥	K67+996	云母石英片岩	外洋台,坍25 m×15 m×6 m	
4	黄龙岗1号大桥	K68+454	云母石英片岩	福州台,坍15 m×5 m	外洋为花岗岩

续上表

序　号	工点名称	里　程	岸坡岩层	坍岸位置及规模	备　注
5	黄龙岗2号大桥	K68+696	云母石英片岩	外洋台，坍塌规模小	
6	黄龙岗7号桥	K72+049	云母石英片岩	外洋台，坍40 m×18 m×10 m	福台已整治
7	李荒大桥	K75+886	石英闪长岩	外洋台，坍42 m×18 m×3.5 m	
8	武步溪大桥	K76+592	石英闪长岩	外洋台，坍200 m×6 m	
9	香山1号大桥	K78+865	石英闪长岩	外洋台，坍80 m×20 m×6 m	
10	香山2号大桥	K79+108	石英闪长岩	福州台，桥台两侧坍岸较严重	外洋台已整治
11	仓峡1号大桥	K79+480	石英闪长岩	外洋台，坍80 m×30 m×20 m	
12	黄田1号大桥	K87+600	晶屑凝灰熔岩	外洋台，坍100 m×30 m×20 m	
13	黄田2号大桥	K88+721	晶屑凝灰熔岩	外洋台，坍20 m×8 m×8 m	
14	莪洋3号中桥	K94+520	次花岗斑岩	外洋台，坍10 m×15 m×3 m	
15	罗湾大桥	K96+853	二长花岗岩	外洋台，坍20 m×10 m×5 m	弃土坍20 m×10 m×10 m

桥台锥体护坡的变形也有因设计时对水库坍岸影响考虑不周、桥台基底标高偏高、桥台平面位置靠岸太近，从而造成锥体护坡破坏的情况。实践证明，桥台基础必须置于预测坍岸线以下一定距离，同时桥跨宁长勿短，桥台应适当远离岸坡。

图8—9—1　黄田1号大桥外洋台前坍塌

(2)路基的库岸变形：改建铁路路基长度约占改建线路总长度的54%，为防止坍岸危及铁路安全，原设计采用加宽路基、放缓边坡、设置护道和护坡等各种工程措施。蓄水后，仅局部地段有规模不大的库岸变形发生。库岸变形段路基集中在下过溪—古田段两个区间内，坍岸变形地段约有30处，每段坍岸长约5～150 m、高约2～30 m、坍岸厚度2～15 m，多产生在弃土、粉质黏土及石英云母片岩、石英闪长岩、晶屑凝灰岩熔岩等全风化层组成的岸坡中，距铁路线有10～50 m，对路基尚未构成大的危害，因而坍岸发生后未采取处理措施。

路基工程发生坍岸多是路堤边坡的护坡高度或长度不足、施工质量差或涵洞设置不当造成的，因影响到铁路安全，已进行重新整治。对路基工程有影响的岸坡变形段见表8—9—5。

表8—9—5　路基边坡变形统计表

序　号	里　程	路堤边坡变形位置及变形情况	岸坡岩土性质	备　注
1	K60+900～+928	路堤右侧，干砌护坡高度不足，引起局部冲刷坍塌	砂砾岩夹页岩	
2	K61+230～+250	路堤右侧，干砌护坡沉陷变形	砂砾岩夹页岩	
3	K62+306～+308	路堤右侧，既有挡墙、护坡长度不足，未防护处坍塌	砂砾岩夹页岩	
4	K75+480～+500	路堤右侧，干砌护坡沉陷变形	石英闪长岩	施工质量问题
5	K95+180～220	路堤右侧，干砌护坡沉陷变形，局部破坏	晶屑凝灰熔岩	

(3)坍岸观测断面的变化：不同库段蓄水后，库水对岸坡的再造力不同，而组成岸坡的岩

(土)性质不同,其抗侵蚀能力也各异。为观测不同岩(土)组成的岸坡在水库不同位置、环境下发生坍岸变形的规律,分别在库首、库腹和库尾的全风化石英云母片岩、石英闪长岩、晶屑凝灰熔岩和第四系土层、人工弃渣边坡等8处,设置了观测断面。

蓄水后,8处观测断面在坡脚附近(高程57 m以下)有不同程度的淤积,淤积程度由库尾向库首逐渐减弱。当库岸发生坍岸时,坍体堆积在坡脚,坡脚淤积厚度大于正常淤积厚度。

8个观测断面蓄水后,仅有2个断面发生坍塌,其余断面基本未发生变形。发生岸坡坍塌的观测断面位于基岩挖方路段:K66+400断面在石英云母片岩中按1:1.5挖出岸坡,K75+200断面位石英闪长岩中按1:1挖出岸坡,结果这两处基岩全风化层岸坡都发生了坍塌。而采用不同高度、不同填筑坡度的人工填筑土及人工弃土岸坡(坡率1:1.5)或碎块石弃渣堆积岸坡(坡率1:1),观测断面未发生大的变形。观测断面坍岸变化情况和部分观测断面图分别见表8—9—6和图8—9—2。

表8—9—6 观测断面坍岸变化情况

序号	里程	岩土组成	断面原始坡度	坍塌情况	淤积部位	备注
1	K63+575	第四系地层	原始平地上填筑34°路堤	基本未坍塌	坡脚淤0~3 m	
2	K66+400	云母石英片岩	全风化层,挖出34°边坡	坡顶坍宽约30 m	坡脚淤5 m	坍后水位附近坡面坡度为25°
3	K67+350	人工弃渣	碎块石弃渣边坡坡度45°	基本未坍塌	坡脚淤0~1 m	基岩为云英片岩
4	K70+393	人工弃渣	碎块石弃渣边坡坡度34°	基本未坍塌	凹坡淤0~1 m	基岩为云英片岩
5	K75+200右15 m	石英闪长岩	全风化层,挖出45°边坡	坡顶坍宽约25 m	坡脚淤8 m	坍后水位附近坡面坡度为18°
6	K79+981	第四系地层	地面坡度15°,弃土坡度34°	基本未坍塌	坡脚淤0~2 m	基岩为花岗岩
7	K93+086	粉质黏土、弃渣	地面坡度36°,弃渣坡度26°	基本未坍塌	坡脚淤0~1 m	基岩为花岗岩
8	K96+669	人工弃渣	碎块石弃渣填方坡度34°	基本未坍塌	坡脚淤0~1 m	基岩为二长花岗岩

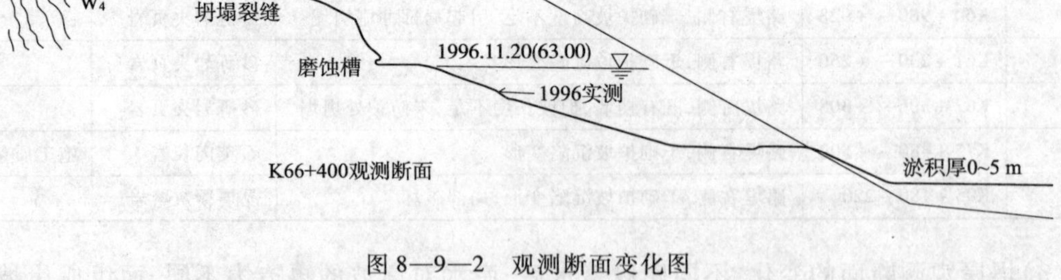

图8—9—2 观测断面变化图

2. 库岸变形的原因

水库蓄水后,由于环境和地质条件变化,库岸岸坡发生变形。从观测的岸坡变形情况分析,发生库岸变形的原因十分复杂,主要因素为库岸岩(土)性质和类型及在库水作用下水文地质条件的变化、水库风浪侵蚀作用。

(1)库岸岩(土)性质和类型:本水库基岩岸坡中石英云母片岩、石英闪长岩和晶屑凝灰熔岩的全风化层的坍岸较多,库岸坍岸观测研究时,对这三种岩石的全风化层做了土的物理性质试验。试验结果表明,晶屑凝灰熔岩和石英云母片岩全风化后变为含较多高液限粉土的粉砂土,石英闪长岩风化后亦成粉砂土(表 8—9—7)。这三种岩层风化的粉砂土在库水和风浪作用下,水位附近粉砂土极易发生潜蚀而使其上部土体失稳产生坍塌。同时,粉土和黏性土的毛细水使土体含水量增大,也引起岸坡产生片状、柱状坍塌。据观测,局部坍塌高度与毛细水上升高度相当。另外,弃渣层和第四系土层岸坡,由于颗粒组成的不同,岸坡稳定性有较大的差异。黏性土稳定性较好、碎石土随颗粒粒径增加岸坡稳定性增强,黏性土和块、碎石土岸坡基本未发生变形。

表 8—9—7　岩石全风化层物理指标

岩石全风化层	粒径 ≥0.075 mm	比　重	液　限 (%)	天然容重 (kN/m³)	毛细水上升高度 (cm)	渗透系数 (cm/s)	自由膨胀率 (%)
晶屑凝灰熔岩	70%	2.64	63	18.4	99.7	7.44×10^{-5}	21.2
石英云母片岩	80%	2.67	63	19.6	87.5	2.36×10^{-5}	8.7
石英闪长岩	83%	2.70	37	17.4	61.9	1.12×10^{-5}	13.6

(2)水文地质条件:水库蓄水后,在库水浸润下,岸坡岩土中的地下水位升高,改变了岸坡岩土的含水量使其软化,岩土体中孔隙水压力也随之提高,从而使其抗剪强度、抗滑力降低。同时,库水位的波动引起地下水的变动,形成静、动水水力坡度,当库水快速下降时,土体中的地下水排出较慢,将产生向下的动水压力,会增加岸坡下滑的滑动力,促成岸坡的变形。水文地质条件变化是本水库坍岸变形的主要因素。表 8—9—8 为岸坡岩(土)体饱水后抗剪强度的变化。

表 8—9—8　岸坡岩(土)饱水后抗剪强度的变化

力学指标 / 岩(土)名称	天然快剪		饱和快剪		变化值	
	c(kPa)	φ(°)	c(kPa)	φ(°)	c(kPa)	φ(°)
黏　土	44.0	22.8	27.0	17	17.0	5.8
粉质黏土	25.0	23.5	17.0	21.3	8.0	2.3
碎石土	6.0	36.5	4.3	33.9	1.7	2.6
卵石土	5.6	45	4.3	42.5	1.3	2.5
晶屑凝灰熔岩	41.0	40	36.0	31	5.0	9
石英云母片岩	47.0	23	43.0	19	4.0	4
石英闪长岩	42.0	41	30.3	28.9	11.7	12.1

(3)水库风浪的侵蚀作用:水库蓄水后形成宽 700 ~ 1 500 m 的库面,展宽后的水面使原支沟北岸遭受东南风吹拂的波浪侵蚀而易发生坍岸。观测资料表明,支沟外洋台的岸坡是迎风面,故除已作防护和完整岩体的岸坡外,均发生了不同程度的坍塌。但从整体看,本水库的风

浪不大，风浪侵蚀主要集中在支沟开阔库区的迎风库岸。

（五）水库坍岸线的预测和工程地质工作

外福铁路水口水库坍岸观测研究证明，外福铁路改建工程采用“两段法”预测坍岸范围和所采用的防护措施是比较符合水口水库岸坡再造实际的。观测研究中，还对“两段法”和卡秋金法预测的坍岸线进行了对比研究，也对水库坍岸预测时采用的指标作了探讨。

1. 实际水库坍岸与原坍岸预测设计的比较

在本次改建工程设计阶段，采用“两段法”预测水库坍岸，并据以进行岸坡的防护、加固，实践证明这一预测方法较为可行。如采用卡秋金法预测坍岸线，则改线地段全部处于坍岸线范围内，不仅将大大增加防护工程数量，而且改线方案本身也就不能成立。图8—9—3为采用两种预测坍岸线方法所作的坍岸范围与实际情况的比较。从该图明显可见，用“两段法”预测坍岸线，比较符合岸坡实际变形。

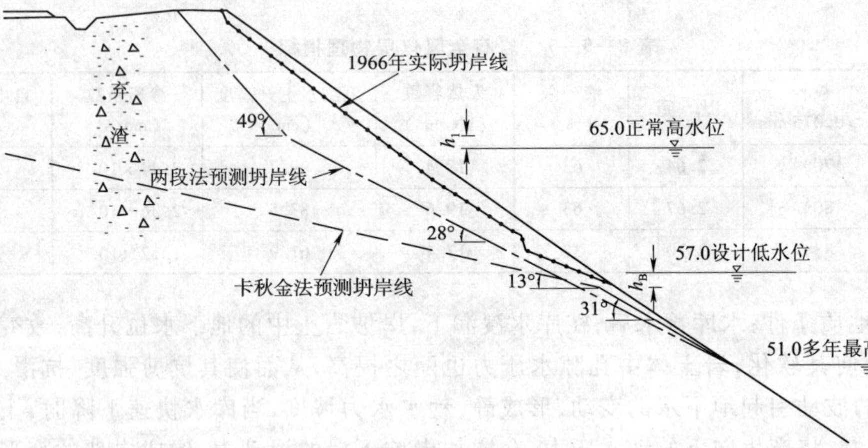

图8—9—3　不同方法预测坍岸线与实际坍岸线比较图

改建铁路设计时，预计可能发生严重坍岸地段有下过溪车站1处、下过溪—樟湖板间8处、樟湖板—古田间1处、莪洋车站1处、莪洋—水口间1处。为保证铁路附近岸坡的稳定，设计中均作了防护、加固工程，蓄水后未见变形。但设计时，仍存在对个别地段发生坍岸可能性估计不足的问题。如下过溪—古田区间，实际发生的坍岸宽度较预测的坍岸宽度即有所扩大。表8—9—9，为该区间内几段实际坍岸宽度与原设计预测宽度的比较。

表8—9—9　个别地段实际坍岸宽度与原设计预测宽度比较表

里　程	原设计采用的坍岸预测指标及设计的坍岸宽度					蓄水后坍岸宽度（m）	备　注
	风化层岩性	水下稳定岸坡角（°）	磨蚀角（°）	水上稳定岸坡角（°）	预计坍岸宽度（m）		
K64+600~K71+540	石英云母片岩	35	18~24	45	0~18	0~30	5座桥台坍岸
K73+370~K79+395	石英闪长岩	35	18~24	45	0~18	0~26	6座桥台坍岸
K81+780~K89+260	晶屑凝灰熔岩	35	18~24	45	0~12	0~30	2座桥台坍岸
K79+395~K81+780	次花岗斑岩	26~35	10~24	35	0~30	0~20	个别有小坍塌

2.“两段法”预测坍岸线指标的研究

水口水库坍岸观测研究中，提出了用经验数据法（即地质类比法）和计算法两种方法确定预测坍岸线的“两段法”所采用水下和水上稳定岸坡角。计算法采用通过计算的岸坡土饱和抗剪强度的综合内摩擦角和天然土体抗剪强度的综合内摩擦角，作为水下和水上稳定岸坡角。但计算法作为依据的饱和或天然内摩擦角均系由试验得来，往往会因试验取土不同和试验操作等因素影响，导致试验结果离散性较大。因此，采用地质类比法是较通用的方法。因地质类比法能较好地反映岩（土）体在自然环境中的稳定状况，用来预测坍岸更接近坍岸实际，故建议采用地质类比法选取预测坍岸线的指标。

现将水口坍岸观测总结的水下稳定岸坡角和水上稳定岸坡角列表如表 8—9—10 和表 8—9—11。

表 8—9—10　水下稳定岸坡角调查统计表

岩（土）类型	物质组成及状态	水下稳定岸坡角(°)
石英云母片岩全风化层	粒径≥0.075 的颗粒占 80%	20 ~ 26
石英闪长岩全风化层	粒径≥0.075 的颗粒占 83%	26 ~ 32
晶屑凝灰熔岩全风化层	粒径≥0.075 的颗粒占 70%	28 ~ 36
粉细砂（Q_4^{al}）	密实，$e<0.6$	18 ~ 21
	中密，$0.6\leqslant e<0.75$	15 ~ 18
	稍密，$e>0.75$	12 ~ 15
中粗砂夹角砾（Q_4^{al}）	密实，$e<0.55$	21 ~ 24
	中密，$0.55\leqslant e<0.65$	18 ~ 21
	稍密，$e>0.65$	15 ~ 18
黏土、粉质黏土	坚硬，$I_1\leqslant 0$	24 ~ 27
	硬塑，$0\leqslant I_1\leqslant 0.25$	21 ~ 24
	可塑，$0.25\leqslant I_1\leqslant 0.75$	18 ~ 21
硬质岩弃渣	渣径 3 ~ 30 cm，含量 >90%	34 ~ 36
黏土、粉质黏土夹碎（卵）石、角（圆）砾	石质含量 >35%，密实	27 ~ 30
	石质含量 20% ~ 35%，中密	24 ~ 27
	石质含量 <20%，稍密	21 ~ 24
碎（卵）石土	石质含量 >70%，密实	33 ~ 36
	石质含量 60% ~ 70%，中密	30 ~ 33
	石质含量 <60%，稍密	27 ~ 30
漂（块）石、卵（碎）石土	全胶结	45 ~ 50
	半胶结	40 ~ 45

表 8—9—11　水上稳定岸坡角调查统计表

岩（土）类型	物质组成	实测水上稳定岸坡角(°)
黏　土	$I_p>17$	58 ~ 80
粉质黏土	$10<I_p\leqslant 17$	55 ~ 70
砂　层	粒径≥0.1 mm 的占 75%	20 ~ 30

续上表

岩（土）类型	物质组成	实测水上稳定岸坡角(°)
砂含卵石	砂含量≥70%，卵石含量≤30%	40～62
卵石含砂	砂含量≤50%，卵石含量≥50%	45～65
砂卵石土	粒径≥10 mm 的占 75%	40～60
砂砾石土	粒径≥1 mm 的占 75%	30～50
石英闪长岩全风化层	粒径≥0.075 mm 的占 80%	50～55
石英云母片岩全风化层	粒径≥0.075 mm 的占 83%	32～35
晶屑凝灰熔岩全风化层	粒径≥0.075 mm 的占 70%	45～50
硬质岩弃渣	粒径 3～30 mm 的占 90%	45

3."两段法"预测坍岸线的做法

"两段法"是在对既有河谷岸坡地质构造和岩(土)类型及性质、库岸的地形地貌及外营力条件调查的基础上,采用地质类比法确定水下稳定岸坡角和水上稳定岸坡角,以两个稳定岸坡角画出预测坍岸线。

(1)以原河谷岸坡上的多年平均洪水位高程处作为预测坍岸线的水下稳定岸坡线起点,以水下稳定岸坡角为倾角画出水下岸坡稳定线。

(2)河谷岸坡上标出水库设计高水位加波浪侵袭高程(或黏性土、粉土的毛细水高度),其与水下稳定岸坡线相交处即为水下稳定岸坡线的终点。

(3)水下稳定岸坡线的终点即是水上稳定岸坡线的起点,自该起点向上,按水上稳定岸坡角画出水上岸坡稳定线,此线与原河谷岸坡相交点,即为水上岸坡稳定线的终点。

(4)原河谷岸坡线与水上稳定岸坡线终点间的距离就是预测坍岸的宽度。

4. 预测坍岸线的工程地质工作

库岸坍岸变形是水库蓄水后原河谷岸坡的岩(土)与改变后的水动力条件和地下水动态变化相互作用的结果。坍岸变形使库岸发生后退,当外营力侵蚀作用与组成岸坡的岩(土)抗侵蚀能力相当时,岸坡就不再发生变化,即形成均衡岸坡。但当外营力改变时,岸坡剖面又将发生变形。所以,在预测岸坡坍岸线时,应对原河谷岸坡的岩(土)类型和组成、河谷岸坡坡度及水库蓄水后的水动力条件进行调查研究、试验分析和统计归纳等工作。

(1)原有河谷岸坡的调查:对铁路沿线的河谷岸坡进行测量、调查,调查各类不同岩(土)组成的岸坡在低水位、高洪水位附近及高洪水以上的岸坡坡度,统计分析同一类型岩(土)岸坡在不同水位条件下(低水位以下、高低洪水位间及高洪水位以上)的岸坡坡度,找出出现概率高的岸坡坡度。

(2)根据原河谷岸坡的地质构造、岩体性质和风化层厚度,分析研究岩体岸坡的整体稳定性,试验确定岩体及风化层的水理性质。

(3)进行原河谷岸坡的全风化层、土层的物质和颗粒组成、物理力学性质的试验,以试验结果与既有岸坡角调查结果作比较,使选取的稳定岸坡角更符合实际。

(4)搜集水库的洪、枯水位线图和水库的回水曲线,准确计算出各库段设计高水位的高程,确定沿岸的最高淹没线。同时搜集河流历年最高洪水位资料,绘出各河段的最高洪水位线。

在调查研究基础上,与相类似地区的水下稳定岸坡和水上稳定岸坡作分析比较,确定本水库岸坡稳定线指标。

十、磁铁矿采空区处理施工工艺与技术

闵卫鲸　曾德礼

（一）工程概况

国电河北龙山发电厂一期工程铁路专用线从邯长铁路井店车站接轨，穿过位于涉县井店镇台村南约 0.7～1.25 km 处两座磁铁矿采空区。鑫宝矿始建于 1971 年，2004 年停采。该矿矿层平均厚度为 6.9 m，最厚 19.75 m，矿体深度 90 m。专用线线位通过处采空厚度约为 10.0 m。鑫宝矿采用房柱式炮采，采空区顶板自然垮落，回采率约为 60% 以上。南凹铁矿始建于 1976 年，矿层平均厚度一般为 4.0～6.0 m，矿体埋深 40～85 m。专用线线位通过处采空厚度约为 5.0 m。南凹铁矿采用竖井开拓方式，以无底柱崩落法开采，采空区顶板自然垮落，回采率约为 60% 以上，至今仍在开采。

（二）采空区工程地质特征

采空区地处太行山东麓的黄土丘陵区，区内海拔高程为 535～577 m，相对高差 42 m，地形起伏较大。采空区勘探深度内揭露的地层主要为第四系全新统人工堆积（Q_4^{ml}）碎石土、第四系更新统冲洪积（Q_{3+2}^{al+pl}）黄土、奥陶系（O_2）灰岩及燕山期侵入闪长岩。

磁铁矿赋存于灰岩与侵入岩的接触带及接触带顶底板灰岩薄弱带中。矿床成因类型为接触型磁铁矿床。矿体总体走向为北东 30°～50°，倾向南东，倾角 9°～20°，含矿 1～3 层，单层平均厚度 2～4 m，局部地段 5～7 m。埋深一般在 30～90 m 之间。铁路范围内有主采矿井 3 口，经过 30 多年的开采，矿区已达到充分开采，沿线路采空厚度约为 5.0～10.0 m，从地表到采空层有多层空洞分布，空洞累计最厚达 10.5 m。采空层厚度一般累计厚为 5.0～10.0 m，已经形成冒落带，移动角 60°，在冒落带的松散堆积碎石土层中存在大量可充填的空隙。在冒落带的顶部有一层高 2～4 m 的空洞，其中 CK0 + 290～CK0 + 490 段只形成了裂隙带，并在裂隙带中夹有多层小空洞，CK0 + 490～CK0 + 750 段已经形成裂隙、弯曲带。在裂隙、弯曲带中夹有多层小空洞，并伴有地表的剧烈变形。

（三）采空区地表稳定性评价

地下矿层被开采后，采空区上覆岩层与底板岩层由于应力平衡状态遭到破坏，从而发生移动、变形和破坏。依其受破坏的程度，自下而上可分为冒落带、裂隙带和弯曲带。一般而言，路基除了承受垂直移动和变形外，还要承受纵向、横向的移动和变形。

依据所掌握的资料，采用开采条件判别法对 CK0 + 200～CK0 + 800 段采空区的地表稳定性进行了评价。分析结果表明，采空区分布十分复杂，地基处于不稳定的强烈变形之中，地面变形的特征属非连续性移动变形，这种变形对铁路建筑物的影响远比连续性移动变形的影响大。影响范围内的竖向位移、水平位移、水平变形、斜率和曲率等的变化对作为承载上部结构及列车荷载的路基影响较大，地表稳定性差。

（四）采空区处理工艺试验

在分析研究的基础上，拟采用水泥砂浆和水泥粉煤灰浆进行采空区的充填。试验时，采用水泥粉煤灰浆的配合比为水：水泥：粉煤灰 =1 000 kg：360 kg：1 440 kg，由于浆液浓度较大，浆液流动缓慢。为达到设计扩散半径，施工采用的配合比为水：水泥：粉煤灰 =1 000 kg：300 kg：1 200 kg，配成 1.64 m^3、比重 1.52、结石率 83.5% 的水粉煤灰浆。进行竖井和斜井注浆试验时，水泥砂浆的配合比采用水：水泥：砂 =600 kg：200 kg：1 400 kg，配成 1.22 m^3、比重 1.8、结石率 96% 的砂浆，效果较好，施工时予以采用，但在施工过程中，需根据钻孔所揭示采空区的情况，适当调整钻孔深度和浆液的类型、配合比，以达到最佳充填效果。

在冒落带的松散堆积碎石土层中，存在大量可充填的空隙。为了取得空隙的可充填率，在现场进行了松散堆积碎石土层模拟注浆试验。试验利用现场开挖的 4 个 1 m^3 的土洞以及 4 个 0.125 m^3 的木箱进行，并采用级配较好的碎石来模拟松散堆积层表层真实堆积情况。采用水泥砂浆和水泥粉煤灰浆进行注浆试验，结果表明，松散堆积碎石土表层中空隙的可充填率为 23.49%。

采用地质钻机成孔、高压注浆机注浆的方法进行施工。为了把水泥砂浆和水泥粉煤灰浆压入采空区，采用能施加高压的输送泵和高压注浆设备、注浆管用铸铁管、用水泥封孔的注浆工艺，试验取得成功。

（五）磁铁矿采空区处理的技术方法

1. 施工顺序

施工孔序按三序进行。第Ⅰ序为线路中心附近的竖井或斜井充填；第Ⅱ序为线路左右侧 8.6 m、26.0 m 充填孔和处理边界的帷幕孔，充填孔间距 20 m，正三角形布置钻孔，帷幕孔间距 10 m，线形布置；第Ⅲ序为已形成正三角形的中心根据第Ⅱ序孔所揭示采空区、冒落带及充填情况决定是否需要布置钻孔，为注浆补强孔，施工完成后形成新的钻孔间距 11.5 m，正三角形布置（图 8—10—1）。

2. 单孔注浆步骤

施放孔位—钻探成孔—下注浆管—浇注水泥砂浆封孔—充填浆液的配置—安装注浆加压系统—进行注浆施工。

3. 施工技术要求

（1）充填和注浆方式，采用自上而下全充填段注浆。

（2）充填、注浆压力采用高、低压相结合的方法，以求浆液均匀渗透，尤其在每一注浆段开始注浆时更应注意；处理边界注浆孔，先低压、后高压，注浆压力不小于 1 MPa；充填孔用高压，充填压力不小于 5 MPa，加大充填半径。

（3）充填物和浆液配制设置搅拌站，原材料严格按配合比计量，分两次搅拌，每次不得少于 3 min。

（4）除充填竖井和斜井外，注浆应先施工线路两侧的帷幕孔，再施工中间的注浆孔，采用先稀后稠的方法。一般帷幕孔采用砂浆，注浆孔采用粉煤灰浆。注浆过程中，要实时观测注浆泵的吸浆量和泵压，并根据实际情况及时调整浆液配合比。

（5）单孔注浆结束标准：孔口管压力在 1.0 ~ 1.5 MPa，泵量小于 10 L/min，稳定 10 ~ 15 min；当孔口管压力≥10 MPa 时，不能继续灌注。

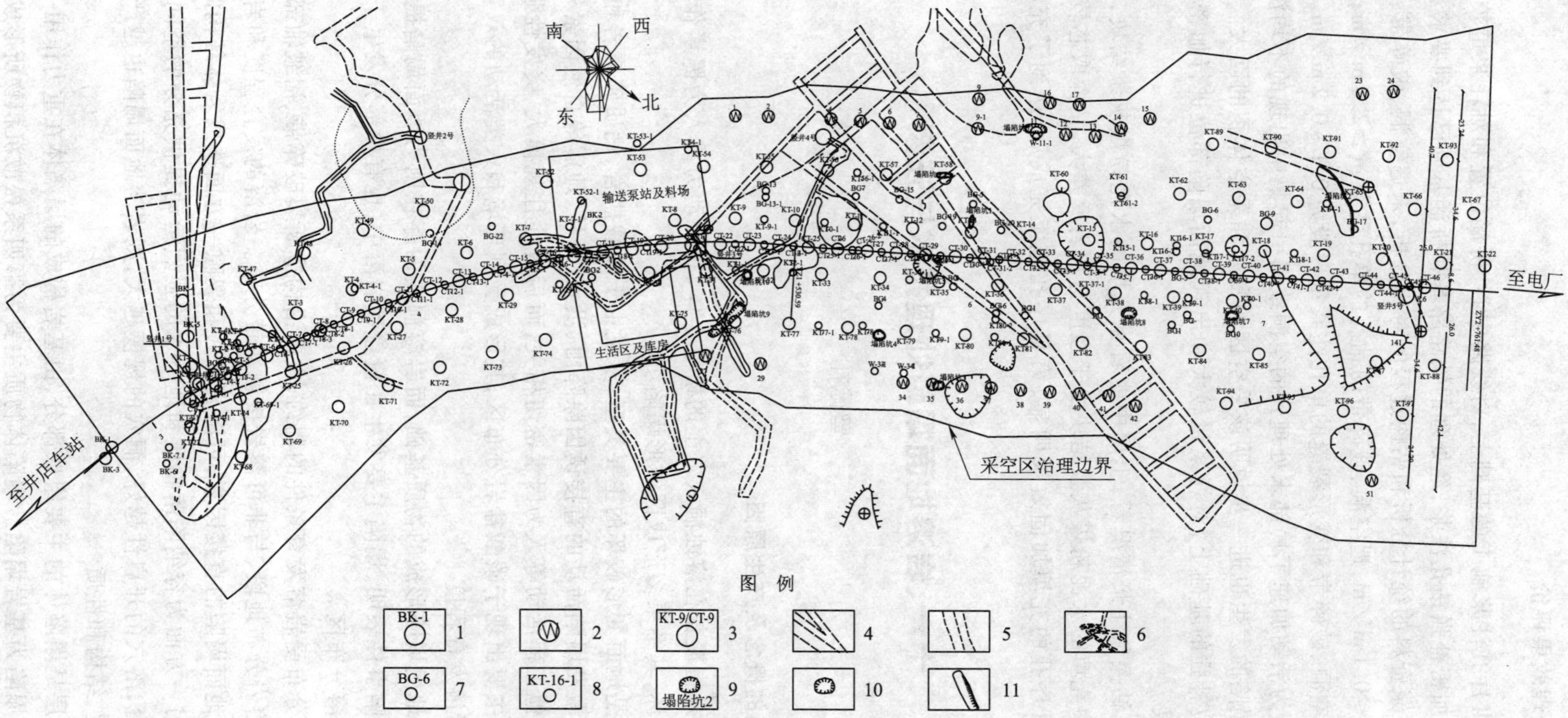

图 8—10—1　采空区加固处理施工平面布置图

1—补勘钻孔；2—围护边界充填钻孔；3—一般钻孔（充填）；4—巷道；5—南凹铁矿附井第三层（64 m 深）巷道；6—南凹铁矿附井第二层（55 m 深）巷道；7—补灌孔；8—补强孔（充填）；9—施工后期出现的塌陷坑；10—施工前已有的塌陷坑；11—施工中出现的长大地裂缝

（六）采空区处理效果评价

1. 在第Ⅰ、第Ⅱ序孔注浆施工的基础上，对线路中心、桥涵位置和对耗浆量较大及出现地面塌陷部位进行了加密补强钻孔注浆，经处理的铁路路基和桥涵基础已达到要求。

2. 根据钻孔注浆资料的统计分析和钻探过程的对比分析，未遇空洞、破碎带、变形裂缝的钻孔的单孔注浆量≤0.1 m^3/m；遇空洞、破碎带的钻孔的单孔注浆量≥2.0 m^3/m；已经充填过并且效果比较好的空洞、破碎带和变形裂缝的单孔注浆量一般为0.1～0.2 m^3/m。

3. 地表剧烈人为活动加速了局部未处理到的空洞致塌引起集中出现的不均沉降，在施工中、后期出现地面塌陷的发生也进一步说明该采空区的复杂和采空体积的巨大。在Ⅱ序孔施工、中线和重点部位补强的基础上，对耗浆量较大和出现地面塌陷部位进行加密补强钻孔注浆，达到了处理效果。

4. 从第Ⅲ序孔钻探和注浆情况看，土层中能看见充填的水泥粉煤灰浆结块，注浆量也明显减少，但破碎带中充填的水泥粉煤灰浆结块由于强度与灰岩反差大，钻探取芯较难发现完整的块体。第Ⅰ、第Ⅱ序孔的充填加固效果明显，第Ⅲ序孔施工完成后，达到了充填率的控制要求。

十一、岩溶地面塌陷处理技术与注浆

曾德礼

（一）岩溶塌陷的概念及产生原因

岩溶地面塌陷是指覆盖在溶蚀洞穴之上的松散土体，在外动力或人为因素作用下产生的突发性地面变形破坏，其结果多形成圆锥形塌陷坑。

岩溶地面塌陷是地面变形破坏的主要类型，多发生于碳酸盐岩、钙质碎屑岩和盐岩等可溶性岩石分布地区。激发塌陷活动的直接诱因除降雨、洪水、干旱、地震等自然因素外，往往与抽水、排水、蓄水和其他工程活动等人为因素密切相关，而后者往往规模大、突发性强，危害也就大。岩溶地面塌陷主要出现于碳酸盐岩分布区，其形成受到环境和人类活动的双重影响。

1. 可溶岩及岩溶发育程度

可溶岩是岩溶地面塌陷形成的物质基础，而岩溶洞穴的存在则为地面塌陷提供了必要的空间条件。大量塌陷事件表明，塌陷主要发生在覆盖型岩溶中，也有少部分发生于裸露型岩溶分布区和埋藏型岩溶分布区。

溶穴的发育和分布受岩溶发育条件的制约，主要沿构造断裂破碎带、褶皱轴部张裂隙发育带、质纯层厚的可溶岩分布地段、与非可溶岩接触地带分布。岩溶的发育程度和岩溶洞穴的开启程度是决定岩溶地面塌陷的直接因素，可溶岩洞穴和裂隙一方面造成岩体结构的不完整，形成局部的不稳定；另一方面为容纳陷落物质和地下水的强烈运动提供充分的空间条件。一般情况下，岩溶越发育，溶穴的开启性越好，洞穴的规模越大，则岩溶地面塌陷也越严重。

2. 覆盖层厚度、结构和性质

松散破碎的盖层是塌陷体的主要组成部分，由基岩构成的塌陷体在重力作用下沿溶洞、管道顶板陷落而成的塌陷为基岩塌陷。塌陷体物质主要为第四系松散沉积物所形成的塌陷叫土层塌陷。据南方10省区统计,土层塌陷占塌陷总数的96.7%。土层塌陷的产生与覆盖层厚度、结构和性质相关。当覆土厚度较薄,且又为以砂性土或含砂砾较多的黏性土为主的多元结构时,则产生塌陷的可能性更大。

3. 地下水运动

地下水运动是塌陷产生的动力条件——主要动力。地下水的流动及其水动力条件的改变是岩溶塌陷形成的最重要动力因素,地下水径流集中和强烈的地带最易产生塌陷。这些地带有:

(1)岩溶地下水的主径流带;

(2)岩溶地下水的(集中)排泄带;

(3)地下水位埋藏浅、变幅大的地带(地段);

(4)地下水位在基岩面上下频繁波动的地段;

(5)双层(上为孔隙、下为岩溶)含水介质分布的地段,或地下水位急剧变化的地段;

(6)地表水与地下水转移密切的地段。

地下水位急剧变化带是塌陷产生的敏感区,水动力条件的改变是产生塌陷的主要触发因素。

水动力条件发生急剧变化的原因主要有降雨、水库蓄水、井下充水、灌溉渗漏、严重干旱、矿井排水、强烈抽水等。

此外,地震、附加荷载、人为排放的酸碱废液对可溶岩的强烈溶蚀等均可诱发岩溶地面塌陷。

(二)岩溶塌陷勘察及预报

1. 勘察工作内容

(1)查明岩溶塌陷的发育现状、历史过程及其危害性;

(2)确定岩溶塌陷的成因、类型、形成条件和地质模式,研究其分布规律;

(3)确定岩溶塌陷发育的动力因素,研究其动态特征及其与塌陷的相关关系;

(4)确定岩溶塌陷的机制及其临界条件;

(5)研究岩溶塌陷综合评价预测和信息管理系统,评价其稳定性;

(6)确定岩溶塌陷的前兆现象与监测预报方法,研究预警措施;

(7)研究岩溶塌陷的防治工程方案和措施。

2. 勘察区岩溶环境调查研究

目的是了解勘察区所处的岩溶工程地质环境的特征及其组成要素的分布规律,以保证勘察工作的质量。调查研究方法主要是综合分析研究已有各种资料,必要时进行补充的路线调查。调查研究范围以达到上述目的为原则,一般应包括一个完整的水文地质单元。

(1)地形地貌

调查研究山川形态与走势、地形切割起伏特征、地表水文网的配置格局,夷平面和阶地的发育特征和分布高程、地貌成因类型与形态特征、各地貌单元的分布、组成物质与形成时代等,着重调查岩溶地貌形态的成因类型和形态组合类型及其分布。在覆盖型岩溶分布地区,应着重对溶原、盆地、谷地、洼地的调查。

(2)气象与水文

①气象要素中,着重调查降水特征,包括多年长周期丰贫水年变化特征、多年平均降水量、

年降水量分布特征、单次最大降水量及持续时间、最大降水强度(以小时计)等。

②水文要素中,着重调查地表汇流面积、径流特征、河湖及其他地表水体(包括季节性淹没的洼地)的流量和水位动态,包括最高洪水位和最低估水位及出现日期和持续时间、汛期洪水频率及变幅等。

(3)地　层

调查研究组成地质环境的地层层序及时代、成因类型、岩性岩相特征与接触关系及其工程地质特征。其中,侧重对碳酸盐岩及其他可溶岩和第四系松散沉积物的调查研究。

①对碳酸盐岩及其他可溶岩,调查研究其岩石成分和结构构造、非可溶岩夹层的岩性、厚度与分布,划分岩溶层组类型。

②对第四系松散沉积物,调查研究其岩性结构、沉积年代和成因类型及其厚度与分布。注意调查红黏土、软土及其他特殊土类的岩性成分、结构、厚度及埋藏分布条件,根据上述特征划分其岩性、结构类型。

A. 均一结构:均一黏性土层或均砂土层,由单一土层组成,其中夹层的单层厚度小于1 m、累计厚度小于总厚度的10%的两种岩性土层或两种不同时代、不同成因类型的土层组成。

B. 双层结构:双层状黏性土—砂砾石层或双层状砂砾石—黏性土层,由相同成因类型的两种岩性土层或两种不同时代、不同成因类型的土层组成。

C. 多层结构:多层状黏性土夹砂砾石层或多层状黏性土、砂砾石层,由相同成因类型的多种岩性土层或多种不同时代、不同成因类型的土层组成。

(4)地质构造

着重调查断裂构造的规模、产状、力学性质、组合与交切关系,以及破碎带的性状与特征。对褶皱构造,则着重调查其轴部节理裂隙发育特征与发育方向,以及节理、裂隙密集带的发育与分布。

(5)新构造运动与地震

①调查研究新构造运动的性质与特征,判定活动性断裂,调查、分析其与岩溶发育的关系。

②着重调查研究与塌陷有关的各种现象,如喷砂、冒水、地面开裂、塌陷、砂土液化、地下水位骤然升降的异常变化等。

(6)岩溶发育特征

①调查研究岩溶的形态、规模、组合特征及其分布,统计分析不同条件下的岩溶发育密度,分析研究岩溶发育与岩溶层组类型、构造、地貌及地下水动力条件的关系,了解岩溶发育与分布规律。

②以岩溶层组类型及岩溶地貌特征为基础,结合地表岩溶形态、岩溶率及蓄水性等指标,评价岩溶的发育程度,一般可划分为强、中、弱三级。

③对覆盖岩溶区,着重调查研究浅层岩溶洞隙的发育特征,包括其形态、规模、组合特征、连通情况及充填状况,分析研究强岩溶发育带在平面上的分布和在剖面上的发育深度。注意调查研究隐伏于松散覆盖层之下的岩溶形态及其分布特征,如漏斗、洼地、槽谷等,分析研究其与浅层岩溶发育的关系。

(7)岩溶水文地质条件

①调查研究岩溶地下水的类型及其特征:岩溶地下水总体上具有赋存状态复杂(集中管道状或分散网络状)、动态变化迅猛、径流通畅、流态多变的特点,这些特征在不同的地区,由

于其补、径、排条件的不同又有明显的差异。影响补、径、排条件的因素除地质构造外，主要是受地貌，即碳酸盐岩的出露条件、地形切割程度及水文网的配置格局所控制。不同的地貌类型具有不同岩溶地下水特征。据此，可将岩溶地下水划分为三种类型：岩溶山地（裸露型岩溶）岩溶地下水，岩溶平原、盆地、谷地（覆盖型岩溶）岩溶地下水和河湖近岸地带岩溶地下水。对覆盖型岩溶地下水，还应特别注意其地表水的入渗补给条件，因为这是形成土洞、产生塌陷的重要原因之一。

②调查研究岩溶水文地质结构：调查研究各岩溶含水层组的层位、岩性、含水介质类型、富水性及水化学特征，其埋藏和分布条件，其相互间的水力联系及与第四系孔隙水和地表水体的关系，分析研究岩溶水文地质结构的类型及特征。

③调查研究岩溶水系统的组成与分布特征：调查研究岩溶泉和地下河的发育与分布特征，结合岩溶水文地质结构，分析研究岩溶水系统的组成和分布特征，其补给、径流、排泄的水动力条件及其水位、流量的动态变化特征。

④调查研究覆盖岩溶区的地下水流场特征：着重调查研究岩溶水的流场特征和水位（水头）埋深与基岩面的关系及其动态变化、岩溶水主径流带的分布与水动力特征。近河（湖）地段注意调查研究岩溶地下水、上覆土层水与地表水之间的补排关系，洪水涨落过程所引起的它们之间的水位（头）差及水力坡降的变化，以及洪水倒灌的影响范围。对于第四系覆盖层，包括黏性土层，注意调查其含水性及其分布，以及与岩溶地下水的水力联系与水头差。岩溶地区第四系黏性土常为坡、残积成因，多含砂砾质，且垂直裂隙发育，因而具有不均一的含水性，往往组成弱含水层。许多塌陷区都发现有隐伏土洞，土洞最发育的部位一是基岩面附近，二是地下水的季节变动带。后者往往位于土层剖面的中部。土洞的形成从另一侧面表明上层中有水流的渗透作用。因此，第四系黏性土不能一概当作相对隔水层，而应具体了解其渗透性和含水性，它们对黏性土盖层中土洞和塌陷的形成有着重要的意义。

3. 岩溶塌陷监测

岩溶塌陷研究中，要监测地面及建筑物的变形和井泉或水库水量、水位变化，以及地下洞穴发展动态，及时发现塌陷前兆现象，对预防、减轻塌陷灾害损失非常重要。在地面塌陷频繁发生地区或潜在地面塌陷区内，可采取以下监测和预报措施：

（1）在具备地面塌陷的三个基本条件（即塌陷动力、塌陷物质、储运条件）与岩溶低洼地形地区，在抽排地下水的井孔附近，应对地面变形（开裂、沉降）进行监测。

（2）进行宏观水文监测，出现地表积水或突然干枯、放水灌溉及雨季前期降雨，都可视为可能发生塌陷的前兆。

（3）注意收集或及时发现具塌陷前兆的异常现象，出现建筑物开裂或作响、植物倾斜变态、井泉或水库突然干枯或冒水逸气、地下水位突升突降、地下有土层塌落声及动物惊恐等异常现象，皆应警惕塌陷即将来临。

（4）监视井泉、坑道与水库渗漏点的地下水位，观察降深是否超过设计允许值，地下水位升降速度有否骤然变化，渗漏水中泥沙含量是否增高。另外，还可在井孔内安装伸缩性水准仪、中子探针计数器、钻孔深部应变仪以及其他常规测量仪器等，监测地下变形异常。

（5）塌陷时，地表会发生变形，地球物理场亦会发生一定的变化。利用这种特性，在洞穴上部埋设装有聚氯乙烯铜线的混凝土管，当临塌陷或大塌陷前，地表覆盖层发生变形时，混凝土管就会被折断，从而发出警报；也可以监测重力的变化，将重力变化信号转换为音响报警信号报警。

（三）岩溶塌陷的灾情评估

1. 岩溶塌陷等级划分

岩溶塌陷应查明：塌陷的位置、范围及面积；塌陷量；塌陷区的环境水文地质条件；塌陷原因以及发展趋势。参照张梁等著《地质灾害灾情评估理论与实践》一书，按塌陷面积大小进行岩溶塌陷等级划分（表8—11—1）。

表8—11—1 岩溶塌陷灾变等级划分表

种　类	指　标	特大型	大　型	中　型	小　型
地面塌陷	岩溶塌陷面积(km^2)	>20	20~10	10~1.0	<1.0
采空塌陷	采空塌陷面积(km^2)	>5	5~1.0	1.0~0.1	<0.1

2. 岩溶塌陷的灾情预测

（1）预测步骤：

①查明研究区的地质、水文地质条件；

②调查已有塌陷点的塌陷特征、分布规律及形成条件（环境及触发因素），确定出现塌陷的综合判断指标；

③考虑塌陷发展趋势和对环境的影响程度，对研究区进行塌陷预测分区，提出地表各种重要设施的保护方案和预防措施。

（2）通常采、排地下水或矿坑突水时，在水位降落漏斗内，容易产生岩溶塌陷的地段如下：

①浅部岩溶发育强烈，可溶岩顶板起伏较大，并有洞口和裂口，洞穴无充填物或充填物少，且充填物多为砂、碎石、粉质黏土的地段；

②采、排地下水点附近或地下水位降落漏斗范围中心（特别是地下水的主要补给径流方向上）地段；

③构造断裂带（特别是新构造断裂带）背、向斜轴部，可溶岩与非可溶岩的接触部位；

④溶蚀洼地、积水低地和池塘、冲沟地段；

⑤第四系土层为砂、粉质黏土，且厚度小于10 m地段；

⑥河床及其两侧附近。

（3）地面塌陷预测可考虑的影响因子：

①排水量(Q)；

②水位降低值(S)；

③盖层物理、力学性质指标(η_i)；

④盖层厚度(M)；

⑤岩溶发育程度指标(K)；

⑥表征构造破坏程度的参数(G)；

⑦预测扩展半径时要考虑的时间；

⑧预测时间、强度时要考虑的到抽水中心的距离。

地面塌陷在时间上具有突发性，在空间上具有隐蔽性，其预报为当前的前沿课题。可用于岩溶地面塌陷的探测方法和仪器有地质雷达（探溶洞）、浅层地震、电磁波、声波透视（CT）等。近年来，采用GIS技术中的空间数据管理、分析处理和建模技术对潜在塌陷危险性进行预测，效果良好。

目前国内岩溶塌陷灾情评估,主要采用经验公式法和多元统计分析法,也可根据岩溶类型、岩溶发育程度、覆盖层厚度和覆盖层结构,进行岩溶塌陷活动程度判定。张梁等著《地质灾害灾情评估理论与实践》一书中所列"岩溶塌陷活动程度判定"(表 8—11—2)可供参考。

表 8—11—2　岩溶塌陷活动程度判定表

塌陷活动可能性		岩溶类型	岩溶发育程度	覆盖层厚度(m)	覆盖层结构
会形成塌陷	易形成	裸露型和覆盖型岩溶	特别发育:地表岩溶液密度 > 100 个/km^2;钻孔岩溶率 < 10%	< 10	结构不均,且土洞特别发育的非均质土
	较易形成		较发育:地表岩溶液密度 5 ~ 10 个/km^2;钻孔岩溶率 5% ~ 10%	10 ~ 30	结构不均,土洞比较发育的非均质土
	不易形成		不发育:地表岩溶液密度 1 ~ 5 个/km^2;钻孔岩溶率 1% ~ 5%	30 ~ 80	结构不太均匀,土洞不发育的土
不会形成塌陷		埋藏型岩溶	极不发育:地表岩溶液密度 < 1 个/km^2;钻孔岩溶率 < 1%	> 80	厚度较大,结构均一的黏性土

(四)岩溶塌陷防治措施

我国对岩溶塌陷的防治工作开始于 20 世纪 60 年代,目前已有一套比较完整和成熟的方法。防治的关键是在掌握区域塌陷规律的前提下,对塌陷做出科学的评价和预测,即采取以早期预测、预防为主,治理为辅,防治相结合的办法。

塌陷前的预防措施主要有:合理选择铁路线路位置和安排建设总体布局,避开塌陷区;控制地下水位下降速度和防止地下工程突然涌水,以减少塌陷的发生;建造防渗帷幕,避免或减少预测塌陷区的地下水位下降,防止产生地面塌陷;建立地面塌陷监测网等。

塌陷后的治理措施包括控水措施、工程加固措施和非工程性的防治措施。

1. 控水措施

(1)地表水防水措施:目的是防止地表水进入塌陷区。为防止大气降水或地表漫流渗入覆盖土层,一般采取加强地表拦、排水工程或地表封闭的措施;当邻近河道、沟渠、湖塘、水库时,为防止表水渗入地下,可采取清理疏通河道、加速泄流,以减少渗漏或铺底防漏等措施。

(2)地下水控水措施:根据水资源条件,规划地下水开采层位、开采强度、开采时间,合理开采地下水,加强动态监测。危险地段对岩溶通道进行局部注浆或帷幕灌浆处理。

2. 工程加固措施

(1)清除填堵法:用于相对较浅的塌坑、土洞。

(2)跨越法:用于较深大的塌坑、土洞。

(3)强夯法:用于消除土体厚度小、地形平坦的土洞。

(4)钻孔充气法:设置通风调压装置,破坏岩溶封闭条件,减少冲爆塌陷发生的机会。

(5)灌注填充法:用于埋深较深的溶洞。

(6)深基础法:用于深度较大、不易跨越的土洞,常用桩基工程。

(7)旋喷加固法:浅部用旋喷桩形成一定的"硬壳层"(厚 10 ~ 20 m 即可),其上再设筏板基础。

3. 非工程性的防治措施

(1)开展岩溶地面塌陷的风险评价。

(2)开展岩溶地面塌陷的试验研究,找出临界条件。

(3)增强防灾意识,建立防灾体系。

岩溶地面塌陷的防治尽管难度较大,但只要因地制宜地采取综合的措施,岩溶塌陷灾害是完全可以防治的。

(五)铁路路基岩溶塌陷的整治

1. 需要整治的段落及范围

铁路路基通过可溶岩地区时,如果通过地质调查测绘确定可溶岩地层的岩溶发育程度属中等发育或强烈发育,则可用岩溶地面塌陷判据进行综合评分判别。评分在71分以上(岩溶易塌陷区及极易塌陷区)的溶洞、连通性较好且垂直发育的溶蚀破碎带、地下水位在基岩与覆盖层接触界面附近波动的段落,均应划定为整治段落,需要采取整治措施。路堤整治宽度为路堤坡脚外2 m;路堑则应包括两侧侧沟平台以内的范围。当路堑边坡范围内有明显岩溶危及边坡稳定时,应适当加大整治宽度。

2. 主要工程措施

常用的岩溶塌陷整治措施主要为揭盖回填或封闭及钻孔注浆。钻孔注浆应实行探、灌结合的动态设计施工原则。

(1)浅层及开口型溶洞:采取揭盖回填浆砌片石或封闭措施。

(2)裸露型岩溶:地面以下25 m深度内存在溶洞或破碎带的地段,采取安全顶板厚度法判别;若顶板厚度达不到要求(完整顶板厚跨比不小于0.5,非完整顶板厚高比不小于5.0),则要采取钻孔充填注浆或压密注浆至溶洞底板以下2 m。

(3)覆盖型岩溶:在溶蚀平原区,当路堤填土加地表覆盖土厚度小于30 m时,以钻孔压密注浆封闭土石界面(基岩面上3 m、下5 m),形成隔水帷幕,在加固深度范围有溶洞时,则钻孔注浆至溶洞底板以下2 m;当路堤填土加地表覆盖层厚度大于30 m时,一般情况下处理深度控制为30 m,如在钻孔过程中发现覆盖层中土洞较多,则继续钻进打穿覆盖层。

在斜坡地段和溶蚀洼地区,一般加固深度按20 m考虑。

(4)新建铁路路基左右各200 m范围内禁止抽取地下水。

3. 主要设计参数

(1)以路基面中心线为基准,按正方形布置注浆孔,孔间距一般采用3.5~7.0 m。具体施工时,视岩溶发育程度、施工场地等情况,孔位原则上可在0.5~1.0 m范围内调整。

(2)使用纯水泥浆加固处理岩溶时,水泥采用P.O 32.5级水泥,水灰比一般为0.6∶1~1∶1。地下水有侵蚀性时,可在水泥浆中掺加防腐剂(或采用抗侵蚀性水泥)。为提高结石率,注浆时可掺入粉煤灰代替部分水泥,掺入量可为水泥质量的20%~50%。

(3)注浆量按所需充填岩溶孔隙的体积或压密封闭的覆盖土层的孔隙体积进行控制。水泥浆液结石体积应与充填或压密体积对应。

(4)当注浆量较大时,可添加速凝剂,但掺入量不大于浆液量的3%;对空溶洞或半充填溶洞,应间隙注浆或加砂、碎石充填后再注浆。

(5)充填注浆和压密注浆的注浆压力为0.2~0.5 MPa,压密注浆时取高值。压密注浆孔口注浆压力不小于0.5 MPa。

(6)注浆量:压密注浆按0.2 m^3/m计列,充填注浆在土层中按照0.6 m^3/m计列、在卵石层中按照1.0 m^3/m计列、在灰岩中按照1.8 m^3/m计列。

(7)遇空洞注浆量超过正常值的1倍以上时,填充混合良好的水泥砂浆或水泥碎石粉浆。

水泥砂浆强度等级不低于 M5,水泥碎石粉浆的水泥含量不低于 100 kg/m^3。

4. 施工技术要求

(1)钻孔注浆按照三序进行:第Ⅰ序孔为充填注浆孔兼先导孔,主要起充填岩溶及先导勘探作用,按照 7.0 m 间距呈正方形布置;第Ⅱ序孔为充填注浆孔,对岩溶发育区起充填岩溶作用,在第Ⅰ序孔正方形中心及溶洞位置插点加密,第Ⅰ、第Ⅱ序孔形成菱形布置,间距 5.0 m;第Ⅲ序孔为加密孔,对岩溶密集发育区域起压密注浆作用,在第Ⅰ、第Ⅱ序孔菱形中心插点加密,第Ⅰ、第Ⅱ、第Ⅲ序孔形成正方形布置,间距 3.5 m。原则上,岩溶易塌陷区实行二序钻孔注浆,岩溶极易塌陷区实行三序钻孔注浆。

(2)在岩溶易塌陷区,第Ⅰ序孔注浆实施中,在有溶洞、破碎带、裂缝等,或注浆出现明显漏浆(单位时间内注浆量超过正常 1 倍以上)的岩溶异常区域,实施第Ⅱ序钻孔注浆。

(3)在岩溶极易塌陷区,连续实施第Ⅰ序和第Ⅱ序钻孔注浆。在有溶洞、破碎带、裂缝等岩溶密集发育区域,实施第Ⅲ序加密钻孔注浆。

(4)具体孔位、孔深度结合平面图、纵断面和横断面图综合确定。

(5)钻孔终孔直径不得小于 91 mm,钻至设计深度后埋入注浆管,注浆管底部安装止浆塞,孔口段用水泥浆加速凝剂凝固,待达到强度后实施注浆。

(6)一般采用金属注浆管,有空洞需要填充水泥砂浆或水泥碎石粉浆时,内径不小于 50 mm,伸入注浆范围顶面以下为花管,且长度不小于 0.5 m。在顶部设止浆塞封孔,注浆底部为破碎带或溶洞时,应填充混合良好的水泥砂浆或水泥碎石粉浆封闭底部通道。

(7)在钻孔过程中,土层和岩溶发育破碎带采用跟管干钻,钻至岩层后可采用饱和水钻钻进,严禁使用泥浆钻、大水冲水钻钻进。

(8)注浆终注条件:在注浆压力表不小于 0.2 MPa 时,10 min 持续注浆量小于 1 L/min。

(9)注浆过程中,注意控制压力并加强巡视,避免污染环境(如水源、农田等),发现异常情况应立即采取相应措施。

5. 注浆试验及质量检查

(1)注水试验:正式注浆施工前,利用注浆孔选取 2 ~ 3 个代表性工点进行注水和压水试验、注浆试验,确定注浆压力、水灰比、注浆量,待初凝结束后,利用附近的注浆钻孔进行观测验证,以进一步修正注浆参数。

(2)质量检查:注浆施工结束后,为了解施工质量,应进行注浆效果检查。注浆效果检查采用物探的电测深法(或瞬态面波法)、钻孔取芯(或注浆试验)以及钻孔简易水文地质试验等相结合的综合检测方法,对比施工前后物性参数和注水或注浆施工参数变化,以对注浆施工质量进行全面分析评价。注浆效果检查钻孔数量按注浆孔数的 5% ~ 10% 布置,且每个注浆工点不得少于 2 孔。质量检查合格条件在试验性施工后确定。当满足下列条件之一时,可以初步判断注浆施工质量符合要求:

①检查孔岩芯可见多处水泥块,基本填满可见缝隙;

②压水试验测定的渗透系数小于注浆施工前的 1/10;

③检查孔的单位吃浆量不超过周围 4 孔单位吃浆量的 15%。

6. 其　他

(1)施工前须进行水质取样化验分析,以确定其工程特性。

(2)岩溶整治范围需要进行地基加固时,应先安排进行岩溶注浆施工。

(3)注浆钻孔也是岩溶勘探的验证孔,要求采用取芯钻探,并作好钻探岩芯记录和描述。

（六）开展铁路路基岩溶塌陷防治技术研究

我国西南的云南、贵州、广西地区，碳酸盐岩分布面积广阔，铁路通过岩溶地区的线路长、比例大，岩溶塌陷给铁路工程建设带来很大困难，同时也对铁路运营安全造成威胁。

铁二院从20世纪70年代开始，就组织人员成立专门的岩溶研究机构，对岩溶工程地质问题进行研究。在系统总结工程实例的基础上，开展了《铁路沿线岩溶地面塌陷及防治》课题的研究，其工程经验和研究成果已成为铁路工程地质勘察和塌陷防治设计中有关岩溶规范的主要内容，并应用于南昆、内昆、株六、渝怀等铁路建设的勘察、设计和施工中，均取得很好的效果。随着高速铁路和客运专线建设的发展，路基设计、施工标准大大提高，上述经验和研究成果对新的要求已显得不够适应。因此，有必要针对高速铁路建设的要求，在已有经验和研究成果的基础上，着重对岩溶塌陷防治技术及其适用条件、防治施工工艺、防治施工检测标准等进行研究，从而为岩溶地区高速铁路路基塌陷防治的设计、施工积累经验，提供科学依据。

十二、铁路地质综合勘察方法探讨

罗成模

铁路工程地质综合勘察方法已成为地质工作者认识自然、认识地质环境、认识地质条件必不可少的、快捷而全面的一种方法，更成为铁路地质工作者在铁路工程地质勘察设计中熟练掌握、巧妙运用、不断改进、不断深化的常用工作方法。

铁路地质综合勘察主要有两层含义：一是各种勘察方法的功能、使用原则，即各种勘察方法的适宜性；二是所选用的勘察方法的组合模式和勘察程序。

中国铁路工程总公司在1992年制订的《铁路地质综合勘探暂行规定》和铁道部建设司、中国铁路工程总公司在1998年推荐的《铁路地质综合勘探应用指南》都对这两层含义有不少的论述，铁道部2007年发布的《铁路工程地质勘察规范》则作了更为明确的规定。

开展铁路工程地质综合勘察以来的实践证明，针对不同勘察阶段、不同区域及工程场地地质条件、不同工程类型，结合勘察方法的适宜性，统筹考虑勘察方法的选配和拟定勘察程序，合理、有效地开展工程地质综合勘察工作，才能显示出这种方法在提高地质勘察质量、提高勘察效率、降低勘察成本等方面突出的优越性。

（一）铁路工程地质综合勘察的主要方法及各种勘察方法的适宜性

工程地质勘察方法种类较多，且随着科学技术的发展，新的科学技术将不断为地质综合勘察注入新鲜血液，但不同的勘察方法都有它的针对性、优越性和局限性，即适宜性，熟悉并掌握各种地质勘察方法的适宜性，才能更好地使用各种方法进行工程地质勘察。

1. 搜集一切可利用的地质资料

广泛搜集一切可利用的地质资料是地质工作者基本的工作方法，可将前人的工作成果充分利用，使工作心中有数，减少重复工作，并有利于下一步工作的开展。

2. 遥感图像地质解译

遥感图像地质解译从工程地质及水文地质角度，通过多种手段和方法，对遥感图像进行地质信息识别、分析、判断，达到识别地区或场地地质条件的目的。充分利用遥感图像地质解译，可以认识工作地区的地形地貌、地质构造、地层岩性、水文地质特征、不良地质形态、规模以及特殊岩土分布等自然特征。利用不同时期的遥感图像,还可以对区域地质条件或不良地质进行动态分析。

3. 工程地质调绘

工程地质调绘是地质工作的基础,也是工程地质勘察最主要的方法,应紧密结合工程设置,采用远观近察、由面到点、点面结合的工作方法,通过实地观察、记录、描述、采集、鉴定所获得地质信息,结合已收集到的地质资料和遥感图像地质解译成果,进行综合分析,合理、有效地布置工程勘探、地质测试工作,为工程方案比选、工程建设场地的工程地质评价和工程设计提供真实、准确的地质资料。

4. 工程物探

工程物探适宜于:探测隐伏地质界线、界面、岩溶洞穴、采空区、含水层等;探测钻孔间及外延段地质情况;测定岩土层的波速、振动强度、卓越周期等参数;测定铁路沿线大地导电率和土壤电阻率。工程物探是工程地质调绘和工程钻探之间一个重要的勘探手段,具有成本低、周期短、减少钻探盲目性、避免遗漏一些重大地质问题等优点,但物探提供的成果资料,应与钻探及其他地质勘察资料综合分析、互相验证。

5. 工程钻探、坑探、槽探

工程钻探、坑探、槽探是综合勘探常用而且必要的手段。它是通过查明工程建设场地的地质条件,验证工程地质调绘以及其他勘察手段的推断、解释,进行定量分析,并获取土、石试样,进行物探测井、原位测试、水文地质试验,从而取得工程地质、水文地质参数,为工程设计提供真实、准确的地质资料,是一种极其重要而且可靠的勘探手段。

6. 地质测试

地质测试是通过对岩、土、水样的室内试验及在地层原始状态下进行物理力学性质和水文地质条件的测试,为工程设计或施工检验提供地质参数的一种手段,包括原位测试、水文地质测试和室内试验。其中原位测试在场地条件和工程对象适宜的情况下较钻探更具有力学分层准、获取岩土参数准、功效高、成本低的明显优点,同时对于判别土的震动液化亦十分有效。

7. 动态观测

动态观测是一种针对特殊地质对象行之有效的勘察手段,例如对滑坡、泥石流、水库坍岸、地下水等进行长期观测。动态观测包括不同时期的遥感图像的对比观测;建立地面观测点、网,用仪器监测;在钻孔中安装应力电阻片或测管等方法进行时间性、空间性的动态观测等,通过对所得成果资料进行综合分析,得出正确判断。

(二)铁路工程地质综合勘察方法的选配和勘察程序的拟定

工程地质综合勘察方法和勘察程序的拟定,一定要针对不同的勘察阶段,针对不同的区域及工程场地条件,针对不同的工程类型,注意勘察方法对查明地质条件的适宜性,并按上述几个“针对”和“注意”来合理地选配不同的、适宜性强的勘察方法进行组合,且要按照合理的程序进行,才能达到提高地质勘察质量、提高勘察效率、降低勘察成本的目的。

1. 针对不同的勘察阶段

铁路工程地质工作具有由宏观到微观、由定性到定量、由间接到直接、由凭经验到科学测试、由面到线、到点的特点。针对这些特点,《铁路工程地质勘察规范》规定,铁路工程地质勘察应分阶段开展工作。

《铁路工程地质勘察规范》第3.1.5条条文说明中规定："前期研究工作阶段地质勘察的主要目的是了解和查明控制和影响线路方案的宏观地质条件；设计阶段主要是详细查明场地的工程地质条件"；第3.3.4条规定："新建铁路的踏勘及初测阶段，特别是安排加深地质工作时，应充分利用遥感图像，并与野外地质调绘密切配合，为线路方案比选快速、准确地提供地质资料"等等，这些规定都说明综合勘察方法的选配和勘察程序的拟定，要针对不同的勘察阶段。

2. 针对不同的区域及工程场地地质条件

《铁路工程地质勘察规范》第3.1.5条规定："工程地质勘察工作应根据……区域及工程场地地质条件……统筹考虑勘察手段选配"；第3.3.5条规定："在地质条件复杂的山区进行大面积工程地质选线时，宜采用多片种、多层次的遥感图像地质解译和必要的计算机图像处理"；第3.5.2条规定了物探方法的适用条件；第3.7.1条规定了原位测试方法的适用性等等，都说明综合勘察方法的选配和勘察程序的拟定，要针对不同的区域及工程场地地质条件。

3. 针对不同的工程类型

《铁路工程地质勘察规范》第4.1.1条至第4.6.11条分别对路基工程、桥涵工程、隧道工程、站场和房屋建筑工程、供水工程和天然建筑材料场地的勘察都作了明确规定，这充分说明综合勘察方法的选配和勘察程序的拟定，要针对不同的工程类型。

4. 注意勘察手段的适宜性，合理选配最适宜的勘察方法

只有针对不同的勘察阶段、不同的区域及工程场地地质条件、不同的工程类型，选配最适宜的勘察方法，才能达到提高铁路工程地质勘察质量和效率，降低勘察成本的目的。

对于各种地质勘察方法的适宜性，在前述"工程地质综合勘察的主要方法"中已有说明，在《铁路工程地质勘察规范》第3.3.1条至第3.8.3条中也有规定，关键在于熟练掌握、合理运用。

5. 合理地拟定勘察程序

合理地拟定勘察程序也是提高勘察效率、降低勘察成本十分重要的一环。《铁路工程地质勘察规范》就对合理地拟定勘察程序制定了一些很好的原则。

例如，第3.1.2条规定："工程地质勘察前，应充分搜集、分析现有区域和同类工程地质资料，明确工作重点，制定切实可行的勘察大纲，必要时进行实地踏勘。"第3.1.3条规定："工程地质勘察中，观测点、勘探点、测试点等地质点的布置，目的应明确，密度应根据勘察阶段、成图比例、露头情况、地质复杂程度确定。"又如，第3.4.1条规定："工程地质调绘应紧密结合工程设置，采用远观近察、由面到点、点面结合的工作方法，合理、有效地布置工程勘探、地质测试工作。"再如，第5.6.7条第2款中规定："对站场、房屋建筑、路基等工程应采用综合物探方法确定物性异常范围，并采用挖探、钻探等勘探手段予以验证，查明基底岩溶洞穴或土洞的发育情况"等等。这些合理的勘察程序都应当熟练掌握。因为合理的勘察程序能够缩短勘察流程，提高勘察效率，降低劳动强度，尤其是野外勘察的强度，降低勘察成本，尤其是降低费用高昂的钻探成本。

6. 对各种勘察方法所取得的资料进行综合分析，做出工程地质条件评价

进行地质综合勘察，利用多种勘察手段，发挥各自优势，取长补短，其目的：一是提高勘察效率，降低勘察成本；二是提高勘察质量。然而，在采用多种勘察手段的勘察现实中，各种勘察手段所得出的结论不尽相同，这也是十分正常的。只有对这些勘察手段取得的工程地质资料进行分类汇总，互为补充、相互印证；在分类汇总的基础上，采用定性与定量相结合的综合分析方法进行（定性分析应根据各类勘察手段获取地质资料，进行综合分析；定量分析应在定性分析的基础上进行，根据地质条件和试验测试方法，对各类地质参数分类汇总、分析对比，分析数据离散原因，剔除异常数据，分别进行数理统计），所作出的工程地质条件评价（结论）才能更

符合客观实际，才能达到提高地质勘察质量的目的。

《铁路工程地质勘察规范》第3.9.1条至第3.9.3条对工程地质资料综合分析的内容和原则作了很好的规定，对各种勘察方法所取得的资料应按照这些规定进行综合分析，作出符合客观实际的工程地质条件评价。

（三）不同勘察阶段一般采用的综合勘察方法的组合模式和勘察程序

按照现行《铁路工程地质勘察规范》，踏勘—初测—定测—补充定测的勘察程序，是与预可行性研究—可行性研究—初步设计—施工图设计程序相匹配的。

1. 踏勘—预可行性研究阶段

搜集既有地质资料—遥感图像地质解译—针对性工程地质调绘—重点地球物理勘探—重点钻探和原位测试。

2. 初测—可行性研究阶段

遥感图像地质解译—工程地质调绘—地球物理勘探—钻探和地质测试。对重大工程或地质条件特别复杂的地段，往往在初测之前或与初测同时开展加深地质工作。加深地质工作勘察方法的组合模式和勘察程序大致与初测相同，但工作力度则大大强于初测。

3. 定测—初步设计阶段

详细工程地质调绘—重点工程与复杂地质地段物探—钻探和地质测试—地质对象的动态观测。

4. 补充定测—施工图阶段

着重于工点或复杂地段的详细工程地质调绘—重点物探—钻探和地质测试—特殊地质对象的动态观测。

综合地质勘察方法不仅适用于新建铁路各个勘察阶段，也适用于改建铁路、增建第二线铁路，以及铁路病害整治工程的各个勘察阶段。

上述各勘察阶段一般采用的综合勘察方法和程序也不是一成不变的，重要的是要根据不同的勘察阶段、各阶段的地质对象特征、须查明的主要地质条件、不同的工程类型和所采用勘察方法的适宜性，来选用不同的勘察方法组合，并确定合理的勘察程序。

（四）铁路地质综合勘察实例

铁二院在不同的工程项目、不同的勘察阶段，针对各阶段须查明的地质条件，进行了不同勘察方法的组合并采用合理的程序，取得了较好的效果。

1. 内昆铁路天星场至仙水段初测阶段扩大、加深地质工作的地质综合勘察

内昆铁路天星场至仙水段地处四川盆地南缘向云贵高原过渡的斜坡越岭地带，地形困难，地质条件复杂。为稳定线路方案，避免今后因地质问题引起重大方案失误或遗漏，报请铁道部批准，开展了内昆铁路天星场至仙水段初测阶段扩大、加深地质工作。

本次工作范围，北起云南省大关县天星场，南至贵州省威宁县仙水，东起威宁县石门坎，西至昭通坝子，南北长75 km，东西宽10～25 km，面积近1 000 km^2。参加本次加深地质工作的地质、线路专业技术人员达30余人，从1996年3月搜集资料开始，到1997年3月提交正式勘察报告为止，历时约1年时间，其中外业工作用时8～9个月。

该勘察项目曾获中国铁路工程总公司优秀勘察项目一等奖。

本次加深地质工作采用遥感、测绘、物探、钻探、现场测试和室内试验相结合的综合勘察方

法完成。各种勘察方法按照如下程序进行：

(1)充分搜集区域地质资料和既有地质资料，并对所搜集的地质资料进行综合分析。

(2)在对所搜集的地质资料进行综合分析的基础上，进行全区域范围内的卫片、航片判释。

(3)在遥感图像判释的指导下，进行重点工程、重大不良地质地段的区域地质测绘。

(4)对测绘中发现并存在重大地质问题地段布置开展物探工作。

(5)在地质调绘和物探的基础上，布置重点隧道工程的物探和深孔钻探验证。

(6)利用深孔钻探，有针对性地进行瓦斯、地应力测试和水文地质试验，并进行物探综合测井。

(7)在地质调绘和钻探的同时，对测区内的水、土、石进行代表性取样试验。

(8)对上述各种勘察方法所取得地质资料进行综合分析，并做出测区工程地质条件评价，提交正式报告。

内昆铁路天星场至仙水段初测阶段扩大、加深地质工作综合勘察得到了国内专家的高度评价。

专家们认为，内昆线越岭地段的地质复杂程度超过了成昆线和南昆线。本次工作在总面积近 1 000 km^2 范围内开展大量地质测绘，采用航天、航空遥感、物探、钻探等综合勘察方法，基本查明了工作区地质构造特征，对工程地质岩组进行了较为详细的划分，研究了影响和控制线路方案的不良、特殊地质的分布和特征，对众多线路方案进行了评价，对初测方案提出了指导性意见。本次工作思路明确，方法得当，重点突出，效果显著，完成了任务要求，把加深地质和地质综合选线提高到一个新水平，达到了预期目的，为今后在山区铁路勘测中开展加深地质工作提供了一个成功范例，并且积累了宝贵经验。

他们还强调，加深地质工作应力求安排在初测阶段超前进行，以利于指导初测工作（特别是初测的线路方案比选工作），以避免和减少后续阶段不必要的工作和线路方案的反复。

事实证明，即便是在地形困难、地质极其复杂的情况下，合理地选配综合勘察方法和拟定勘察程序，同样能够达到提高地质勘察质量、提高勘察效率、降低勘察成本的目的。

2. 达成铁路积金至金堂初测综合地质勘察

该段线路正线全长约 57 km，比较线长约 10 km。初测地质勘察中，采用地质综合勘察方法进行，参加工作的地质人员仅 8 名，自 1990 年 3 月至 6 月，历时仅 3 个月，就完成了该段线路初测的地质勘察任务。所采用的工程地质综合勘察方法如下：

(1)广泛搜集所有有关达成线该段的既有地质资料，尤其是达成线以前历次勘察的地质资料，进行深入研究，确定本次初测地质工作的重点。

(2)铁二院与铁道部专业设计院合作，在本段开展了航测、遥感试验。首先充分利用遥感图像地质解译的方法，在建立解译标志的基础上，对该段线路通过地区地质构造、地层岩性、水文地质特征、不良地质形态及规模、特殊岩土的分布范围等自然特征作出初判，分析解译成果，确定调查重点，然后在工程地质调绘的同时，实地核对与修改，补充解译，作出复判。

(3)工程地质调绘按两方面开展：一方面，核对既有地质资料，进行补充、完善，并按此次初测方案要求，扩大范围调绘；另一方面，对遥感图像地质解译成果进行实地复核、复判和修正。在对上述两个方面资料进行综合分析的基础上，合理地布置钻探和地质测试工作。

(4)工程地质钻探是在工程地质调绘的基础上布置的，目的是进一步验证工程地质调绘所确定的地质构造、地层岩性、水文地质特征、不良地质形态及规模、特殊岩土的分布情况等；

通过钻探,为地质测试土样、石样、水样;利用钻孔进行水文地质试验,查明水文地质条件。

(5)室内试验是通过对野外勘察所采集的土、石、水样进行分析试验,提供土、石、水的物理、力学、化学指标。

(6)通过对上述勘察方法所取得的地质资料进行综合分析,提出该段线路初测地质勘察成果。

事实证明,在条件具备、勘察阶段适合的情况下,充分利用遥感图像地质解译方法,合理、适当地搭配其他地质勘察方法,并采用合理的勘察程序,最后对所获得的资料进行综合分析、整理,也能提出满足相应勘察阶段地质勘察要求的成果资料。这种以遥感图像地质解译为主的综合勘察组合和程序,不失为一种好的地质综合勘察方法。这种组合和程序具有工效高、成本低、劳动强度小、勘察质量高的优点。

3. 达成铁路扩能改造工程初测、定测地质综合勘察

达成铁路扩能改造工程正线全长463.847 km。扩能改造工程分为三部分:三汇镇至遂宁增建第二线并改建既有线,旅客列车速度目标160 km/h,正线长度188.651 km,桥隧长度占线路长度的综合比例为35.5%;遂宁至石板滩新建双线,运行客车为主,兼顾轻快货物列车和集装箱列车,旅客列车速度目标200 km/h,正线长度119.621 km,桥隧长度占线路长度的46.2%;遂宁至城厢既有线现状电化,运行货物列车为主,正线长132.155 km。

引入成都枢纽包括石板滩至龙潭寺增建第二线、新建成渝疏解线、改建北环线、延长成都北联络线等工程,正线长度23.420 km。

承担达成铁路扩能改造工程地质综合勘察的技术人员15名。初测阶段的地质工作从2003年11月开始,至2004年5月完成;定测及补充定测的地质工作从2004年6月开始,至2005年11月完成。

由于达成铁路扩能改造工程地处四川腹地,历次勘察的既有地质资料相对较丰富,特别是既有达成铁路的地质勘察资料更为充足,且线路所经区域地质条件相对较简单,因此初测阶段在尽量搜集和利用既有地质资料的基础上,以地质调绘为主,辅以重点钻探、地质测试的综合地质勘察方法;定测及补充定测阶段在详细工程地质调绘的基础上,结合工程合理、有效地布置钻探和地质测试工作的综合地质勘察方法。所选配的工程地质综合勘察方法和勘察程序如下:

(1)初测阶段

①尽量搜集和利用既有地质资料,包括区域地质资料、多年来达成铁路历次勘察的地质资料、既有达成铁路的地质勘察资料,充分利用这些资料,减少不必要的重复工作,确定本次初测地质工作的重点。

②以地质调绘为主,在全线地质调绘的基础上,结合初测阶段为稳定线路方案的实际,结合重点工程,布置重点钻探和地质测试,其中包括深孔勘探3孔650.28 m(含水文地质试验及综合测井)、浅孔勘探368孔5 986.38 m、原位测试806孔6 182.75 m及部分水、土、石试验。

③利用调绘、钻探、原位测试和水、土、石试验等资料进行综合分析,提供全套初测工程地质资料。

(2)定测及补充定测阶段

①定测是在认真综合分析初测阶段地质勘察资料,充分理解可行性研究批复意见的基础上进行,而补充定测是在认真综合分析定测阶段地质勘察资料,充分理解初步设计鉴定意见的基础上进行。

②定测及补充定测阶段都要进行全线详细工程地质调绘,并在调绘的基础上布置钻探、原

位测试、水文地质试验及水、土、石取样试验工作。达成铁路扩能改造工程在定测及补充定测段共完成浅孔勘探 4 339 孔 69 934. 49 m、原位测试 4 374 孔 26 703. 04 m 及水文地质试验和水、土、石取样试验等勘察工作。

③利用地质调绘、钻探、原位测试及水、土、石试验等资料进行综合分析，提供全套分别满足初步设计和施工图设计所需要的工程地质资料。

达成铁路扩能改造工程的地质综合勘察，提供了在既有地质资料比较充足的情况下，采用以地质调绘为主，辅以钻探、原位测试和室内试验等较为简便的地质综合勘察方法组合模式，同样可以达到勘察效果好、勘察效率高、勘察成本低的目的。

4. 南昆铁路师宗站供水水源地质综合勘察

师宗车站位于师宗—大同溶蚀盆地边缘一环状溶蚀槽谷附近，该处地形平缓，地表溶丘、溶槽等岩溶地貌发育，泉、井分布较多，但地表水及浅层水污染较严重，地方工、农业争水激烈，为保证铁路车站生产、生活用水，只好另寻水源。

在师宗站供水水源地质勘察中采用搜集区域地质资料（特别是区域水文地质资料），确定遥感图像地质解译和地质调绘范围，通过地质调绘修正遥感图像地质解译，并初步划出富水区域，圈定进行物探的范围，在圈定的范围采用综合物探的方法，进而确定富水地段，推荐水源勘探孔位置及深度，再进行水文地质钻探和水文地质试验，最后对各种勘察方法所取得的资料进行综合分析，提出供水水源地质勘察报告。具体选配模式和勘察程序如下：

（1）搜集该地区区域地质资料，尤其是该地区的水文地质普查报告及 1∶5 万的水文地质图，进行综合分析，确定遥感图像地质解译范围和地质调绘范围。

（2）利用遥感图像，尤其是大比例尺的航片图像，针对地形地貌、地层岩性、地质构造和富水区域进行地质解译，确定调查重点，在地质调绘时，经实地核对、修改、复判后，作出补充解译。

（3）在圈定范围内进行详细地质调绘，尤其是水文地质调绘，查明范围内岩性、构造特征，尤其是岩性、构造与地下水富集的关系，划分出富水地段。

（4）根据地质调绘所划出地段的地形以及所推测的地下水埋深条件，选择布置适宜的物探方法进行物探。本工点因条件较好，只采用对称四极电测深法进行物探，物探探明了本工点地层结构、隐伏断层（破碎带）的宽度、位置，以及富水地段的平面位置和富水层位的深度和厚度等，并推荐了最佳孔位及孔深。

（5）根据物探推荐，在 DK633 + 660 左侧 610 m 布置了孔深约 65 m 的水文地质钻孔，进行了井中测流和抽水试验及采集水样进行水质测试。

（6）对上述各种勘察方法所取得的资料进行了综合分析，提供了南昆铁路师宗站供水水源地质综合勘察报告。其主要结论：该勘探孔地下水主要来自 44 m 以下，具承压性；含水层为不均匀岩溶裂隙含水层；当降深为 11. 78 m 时，该勘探孔稳定流量为 1238 m^3/d，水质达到饮用水标准；若采用本报告建议孔位及孔深实施水源生产井，完全可以满足车站需水量 500 m^3/d 的要求。

本地质综合勘察模式和勘察程序适用于供水水源地质勘察。当地形及地下水埋藏条件较复杂时，宜选配适宜的多种物探方法组合，进行综合物探，确定水源勘探孔位，从而使这种地质综合勘察模式和勘察程序更加完善。

5. 南昆铁路威舍车站站场及路基地质综合勘察

南昆铁路威舍车站地处岩溶发育的峰丛槽谷区之溶蚀谷地中，谷地宽阔平坦，谷底大部被具膨胀性的残、坡积红黏土覆盖，下伏三叠系中统厚层状白云岩、角砾状白云岩及中厚层灰岩，横向张节理和小断层发育，地表和地下岩溶均发育，主要表现为溶洞、漏斗、暗河等形态，地下水埋深较浅，地质条件相对较复杂，其主要地质问题是膨胀土和隐伏岩溶。

为查明本工点的地质条件和主要地质问题，在分析搜集到的区域地质资料和既有地质资料的基础上，开展了遥感图像地质解译和地质调绘，通过地质调绘和遥感图像地质解译，提出尚待查明的主要地质问题，并据此安排了适应于本工点的综合物探，再根据物探结果，合理、有效地布置钻探和地质测试工作。最后，在对上述组合的各种勘察方法所取得的资料进行综合分析的基础上，提出南昆铁路威舍车站站场及路基地质综合勘察报告。具体选配模式和勘察程序如下：

(1)搜集该地区区域地质资料，在综合分析区域地质资料的基础上圈定遥感图像地质解译和地质调绘范围，确定其工作内容和重点。

(2)利用遥感图像和1:2万航片进行地质解译，侧重地层和地质构造及各类岩溶。

(3)在测区内进行详细地质调绘，并对遥感图像地质解译进行实地核对、修改、复判。

(4)在详细地质调绘的基础上，针对本工点的主要地质问题，合理、有效地安排综合物探。本工点采用的物探方法包括对称四极电测深法、甚低频电磁法、电磁频率测深法、联合剖面法、地质雷达探测及双孔无线电波透视等方法。通过各种方法的相互印证，从定性的角度，查明隐伏岩溶、隐伏断层、地层结构、地下水情况等地质条件。上述综合物探取得了较为明显的效果。根据综合物探所确定的覆土厚度、异常分布范围和发育程度以及地下水埋深等条件，划分出10段岩溶易塌陷地段，验证了航判所解译的断层，确定了暗河的具体位置。

(5)在物探成果资料的指导下，结合车站建筑物的布置、岩溶地区路基工程、房建工程的要求，有针对性地布置了钻孔，既大大减少了钻探工作量(减少验证钻孔30孔，约700 m)，也验证并修正了物探的定性分析(钻探验证物探准确率达50%)，从定量的角度查明了测区主要地质条件；同时布置原位测试，采集水、土、石样进行室内试验。

(6)对上述各种勘察方法所得到的资料进行分类汇总，并进行综合分析，从而作出车站工程地质条件评价，并为设计提供所需地质参数。

实践证明，采用上述地质勘察方法选配模式和勘察程序，尤其是综合物探的选配模式，在岩溶地区对路基工程和房建工程进行地质综合勘察，取得了提高勘察质量的明显效果，并已为施工、运营所证实，同样也取得了减少验证钻孔、缩短勘察周期、降低勘察成本的明显效果。

6. 襄渝铁路赵家塘滑坡地质综合勘察

该滑坡位于襄渝铁路石庙沟车站襄端汉江左岸，铁路于K328 +490 ~ +720通过该滑坡。该滑坡长约500 m，前后缘高差达187 m，宽约200 m，厚度10余米至50 m，是一个巨型深层的岩层古滑坡，同时又是一个其上套有新滑坡的复式滑坡。1972年8月20日，为拉开路堑，一次使用26 t炸药进行爆破，造成整个古滑坡复活，并逐步发展。至1974年，滑坡左侧隧道开裂、滑体内路堑挡墙开裂、滑体上方赵家塘村民房开裂并发生不均匀下沉，严重影响已通车铁路的安全。因滑坡及滑坡两侧桥、涵、路、隧工程已建成并通车，无法再改线避绕，经国内专家会审研究，决定进行一次性整治，不留后患。1974年底，地质勘察人员进入现场，采用地质综合勘察方法，在不到1年的时间内，对整个滑坡地区作出了工程地质评价，并为整治工程设计提供了可靠的地质资料。所采用的工程地质综合勘察方法如下：

(1)广泛搜集赵家塘滑坡地区已有地质资料，包括铁路勘测、设计、施工、运营的资料，病害发生后建筑物的变形资料，观测网的布置及观测记录资料以及历次专题会议的记录资料。

(2)进行详细的工程地质调绘，在约0.3 km^2的滑坡地区，利用1/500地形图，对滑坡地区地形地貌、地质构造、地层岩性、地下水露头、古滑坡及其上的新滑坡特征等地质条件进行详细调绘,并作详细记录。

(3)开展工程地质钻探,通过对所收集的既有资料和详细调绘成果资料的综合分析,合理地布置了26个钻孔,以查明滑坡地区的工程地质、水文地质条件。钻探采用了风压干钻工艺,尽量提高岩芯采取率,力求准确判别滑动带及其组成物质、断层及其破碎带、岩性变化、地下水位等,并采取土、石、水样进行室内试验和分析。

(4)对锚固桩基坑坑壁进行地质编录、描述,绘制了20余根锚固桩长达500余米的展示图,并据此对钻探作出的判别进行验证和修改。

(4)地质测试主要是利用钻孔取出的土、石、水样做室内试验,获取物理、力学、化学参数,同时利用钻孔做水文地质试验,取得水文地质参数。

(5)对整个赵家塘滑坡地区进行动态观测,建立完整的观测网,并定期进行观测,绘制各观测点的位移曲线,同时在主要钻孔中安装测管定期进行观测,以取得滑动面深度、位移数据。

(6)对上述五种勘察方法所取得的成果资料进行综合分析、相互验证、去伪存真,为赵家塘滑坡地区的工程地质评价和整治工程设计提供了真实、准确的地质资料。

实践证明,用地质综合勘察方法,特别是对滑坡采用地面、孔内动态观测的方法,来验证其他勘察方法所确定的滑坡范围和滑面深度以及滑坡变形、位移情况,是十分有效的。这一合理的勘察方法选配模式和勘察程序,在赵家塘滑坡整治工程地质勘察中取得了时间短、成本低、地质勘察质量高的明显效果,为整治工程设计提供了可靠地质资料,使整治工程效果良好,达到根治、不留后患的目的。

(五)结 束 语

铁路地质综合勘察方法在提高地质勘察质量、缩短勘察周期、降低勘察成本等方面,都具有突出的优越性,已成为广大地质工作者的共识。

地质综合勘察方法不是地质勘察方法简单的叠加,更不是运用地质勘察方法越多越好。采用地质综合勘察:一要符合认识自然的规律,也就是要根据勘察阶段、区域及工程场地地质条件和工程类型;二要熟练掌握各种勘察方法的功能、适用条件和使用原则,也就是要根据勘察方法的适宜性;三要有机选用、合理地搭配、有序地安排各种勘察方法的先后顺序,也就是要统筹考虑勘察方法的选配和拟定程序。

用好铁路地质综合勘察方法的关键:一是要熟练掌握《铁路工程地质勘察规范》,明确地质勘察目的;二是要熟悉各种地质勘察方法的适宜性,做到有的放矢;三是要经常运用,不断积累经验,在合理选配、有效运用上下工夫。

十三、对水均衡法预测岩溶区坑道涌水量的见解

张江华　陈国亮

岩溶水赋存于裂隙、管道中,以非均质和紊流为其主要特征。水均衡法是在考虑了这些特征的基础上建立起来的。它回避了以松散介质中的孔隙水为均质和层流的理论为基础建立起来的解析法和数值解。因此,用水均衡法预测坑道岩溶水量比用解析法和数值解更符合实际。但是在水均衡法的应用中,无论在理解上和参数的选用上都存在着很大的差别,其计算结果也显然不同。本文根据多年的实践和近期的研究,提出了有关水均衡法预测坑道岩溶水量的一些新见解。

(一)集水面积与汇水面积

众所周知,水均衡法计算入渗量的表达式为

$$Q_s = 1\,000F_1 \cdot X \cdot a \tag{1}$$

式中 F_1——汇水面积(km^2);

X——降雨量(mm);

a——入渗系数。

按传统概念,汇水面积 F_1 是根据地形分水脊线所圈定的汇水范围。但是在岩溶地区,由于溶蚀通道裂隙等纵横交错,各岩溶洼地所连接的地下水系互相沟通,以及岩体的渗透性差异和构造差异等因素的影响,使岩溶地区的汇水范围变得格外复杂,与地形汇水面积有质的区别。为此,定义根据地形、地质圈定的汇水范围叫集水面积。汇水面积只能用于计算入渗系数,集水面积才能用于计算入渗量。如图 8—13—1 所示,贵昆线三丈水隧道群穿过 A、B、C、D 岩溶洼地,洼地间为隧道。勘测时按汇水面积分别单独进行各洼地的排水设计处理。但因洼地间有溶蚀通道使上游各洼地的部分汇水量能流入下游各洼地,因而使洼地 C 和 D 的实际汇水量远远超过按其本身汇水面积计算的水量,导致积水淹没农田,威胁铁路隧道及路基。又如图 8—13—2 所示平关隧道,长 5.4 km,通过一背斜构造,两侧冲断层使第三系的黏土岩与二叠系灰岩接触,东侧为玄武岩与灰岩接触,可采用汇水面积 F_1,也可采用集水面积 F_2,两者相差 1.2 km^2。传统做法是 F_1 的入渗量即为 AD 段的涌水量。用集水面积 F_2 则把入渗量分为 AB、CD 两段,而认为 BC 段无入渗量,因其位于隔水层 P_1^1 之上的入渗量向两侧径流,不进入隧道。设计中采用集水面积 F_2,施工、运营都证实了 BC 段干燥无水。

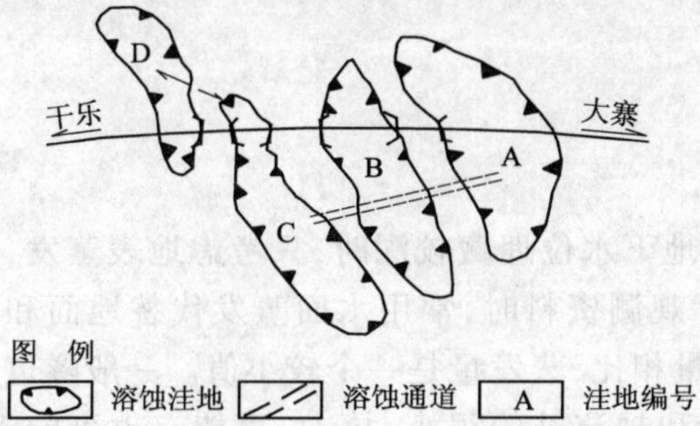

图 8—13—1　三丈水隧道群

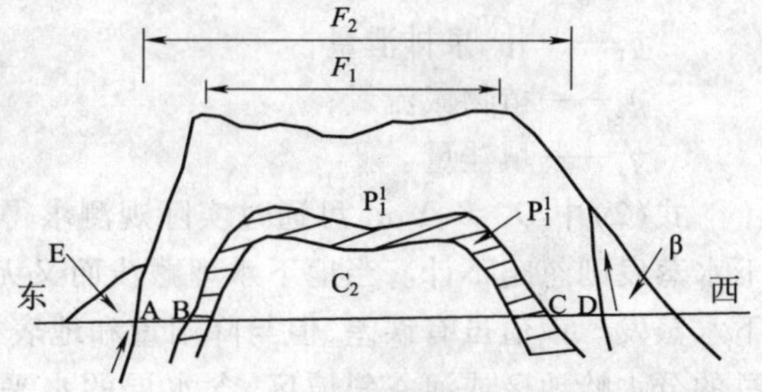

图 8—13—2　平关隧道剖面与坑道涌水段

E—黏性土;β—玄武岩;P_1^1—石灰岩;

P_1^1—石英砂岩夹页岩(带阴影线者);C_2—石灰岩

(二)降雨量与入渗量并非线性关系,应通过观测求得

式(1)中降雨量 X 的传统取法:为求得坑道最大涌水量,取用多年一遇的最大降雨量或多年最大降雨量平均值。实践证明,当降雨量达到一定值后,土、石含水量达到饱和,此时降雨量愈大,地面径流量愈大,而入渗量增加很少。这在京广复线南岭隧道一溶蚀深裂隙的水位和降雨量的观测中得到证实,如图 8—13—3 所示。当降雨量在一定范围内时,降雨量与降雨入渗补给引起的水位上升曲线呈线性趋势。当降雨量达到一定值后,水位上升曲线趋势明显减缓。取曲线趋向由陡到缓的变化点 X 值,作为计算坑道最大涌水量时的临界降雨量。此处的临界

降雨量为 57 mm，该地区在施工的前 5 年中每年一遇的最大日降雨量为 70 ~ 108 mm。如果用传统的作法，则计算的入渗量将大 23% ~ 90%。

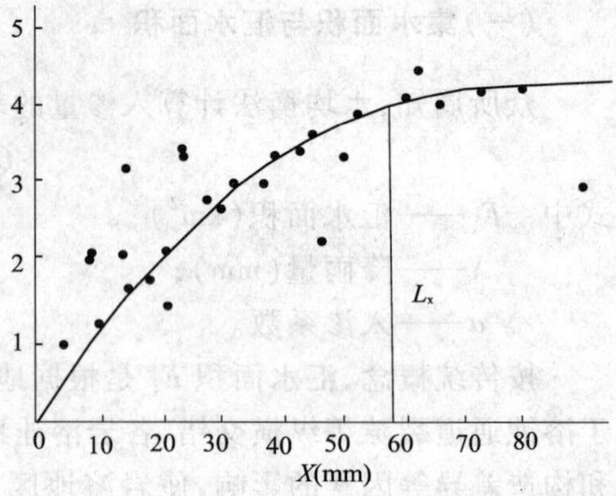

图 8—13—3　溶缝中水位与降雨量关系曲线

（三）入渗系数并非常数，不宜用经验数据

式(1)中入渗系数 a，传统的作法是根据地形、地质条件取经验值，a 值 0.1 ~ 1.0。同一地区，不同的设计者可取 $a = 0.3$ 或 0.6，相差 1 倍，取 0.4 或 0.6，则相差 0.5 倍，可见随意性很大。由于岩溶区地下水的补给主要是大气降雨，因此可在水文地质单元内进行地表径流量、降雨量及蒸发量的观测，然后用最小二乘法求 a 值。为此先讨论下列水均衡表达式：

$$Q_s = (X + Q_1 + Q_2) - (Z + Y + W + q_1 + q_2 + q_3) \tag{2}$$

式中　Q_s——入渗量；

X——降雨量；

Q_1——地表水(河、塘)渗入补给量；

Q_2——相邻含水层的侧向补给量；

Z——蒸发量(含地表水及地下水)；

Y——地表径流量；

W——土石含水量；

q_1——井、泉排泄量；

q_2——植物截流量；

q_3——填洼量。

式(2)中 Q_1、Z、Y、q_1 可通过实际观测求得。当地下水位埋藏较深时，只考虑地表蒸发，地下水蒸发则忽略不计。当地下水埋藏浅而又无实际观测资料时，常用水面蒸发代替地面和地下水蒸发。该值虽有误差，但与降雨量和地表径流量相比，蒸发量是一个较小值。一般隧道通过的分水岭地区或河谷斜坡区，含水层的水平补给和越流补给很小，故 Q_2 可能有也可能无。在前期若干时段的降雨不参与计算的情况下，W、q_2、q_3 也可忽略不计，故式(2)可简化为

$$Q_s = (X + Q_1) - (Z + Y + q_1) \tag{3}$$

如果把泉水排泄量 q_1 纳入地表径流量 Y 内，则公式可进一步简化为

$$Q_s = (X + Q_1) - (Z + Y) \tag{4}$$

当采用的地表径流量 Y 已经是岩土饱和后的数值时，则 Q_1 消失，因而入渗量的最后表达式为

$$Q_s = X - Y - Z \tag{5}$$

式(1)中的入渗系数 a 是入渗量与降雨量之比，其值随地形、植被、地下水位埋深、降雨状况、岩溶发育情况及土石前期含水量而变化。在已给定的水文地质单元内，地形、岩溶、植被等条件是相同的，对入渗系数的影响也大体相同。当降雨量在一定范围内时，降雨量与入渗量呈线性关系，应在线性段取入渗量 M，并把蒸发量 Z 视为变量，利用观测资料以最小二乘法求入

渗系数，即

$$a = (\sum M_i \cdot X_i)/(\sum X_i^2) \quad (6)$$

式中　$M_i = X_i - Y_i - Z_i$；

X_i——各次日降雨量(mm)；

Y_i——各次日径流量(换算成径流深，mm)；

Z_i——各次日蒸发量(mm)。

为检验变量 M、X 之间的线性相关程度，在计算 a 之前应先求相关系数 r。

$$r = \frac{\sum (M_i - \overline{M}) \cdot (X_i - \overline{X})}{\sqrt{\sum (M_i - \overline{M})^2 \cdot (X_i - \overline{X})^2}} \quad (7)$$

一般认为，$r > 0.7$ 时精度符合要求，否则不宜采用。

入渗系数还可根据钻孔水位与降雨曲线的上升段计算。

(四)入渗量并非坑道涌水量

传统作法是将式(1)的入渗量视为坑道涌水量，但是大量的现象却被人们忽视：一场降雨后坑道的涌水要么一涌而过，短时间内即恢复常态；要么洪峰前后有持续时间较长的流量增值。离坑道近、溶蚀通道良好、水力坡度较大的集水单元内的水将首先涌入坑道，反之则延迟进入坑道，这些都是容易看到的事实。因此，将入渗量转化为坑道涌水量时，应考虑一个与时间因素有关的系数(可称为涌水系数 η)，其表达式为

$$Q_y = 1\,000\,F_2 \cdot X \cdot a \cdot \eta \quad (8)$$

式中　Q_y——坑道涌水量(m^3/d)；

F_2——集水面积(km^2)；

η——$1/t$。

t 可根据坑道中线附近的钻孔水位与降雨量同步观测求得，如图 8—13—4 中 X_1 与洪峰 D、X_2 与洪峰 E 的时间差。当 $t \leqslant 1$ 时，表示 1 d 的降雨入渗量能在 1 d 内到达坑道(因坑道涌水量以 d 计)，故取 $t = 1$。当 $t > 1$ 时，说明日入渗量大于日涌水量，需要以系数 η 进行修正，故 $0 \leqslant \eta \leqslant 1$。$\eta$ 也可根据连通试验求得的岩溶水流速来定。

(五)不同岩溶垂直分带的计算方法

岩溶地下水的垂直剖面一般分为垂直渗流带、季节变动带、水平流动带及深部缓流带。各带的划分除根据地层、构造和排泄面高程外，还应根据钻孔水位与降雨量的观测曲线确定(图 8—13—4)。

由于岩溶发育有继承性，使同一岩溶地块中的溶蚀管道与裂隙互相连通，因而汇集的地表水总是流经或赋存在各岩溶带的溶蚀管道或裂隙中。坑道是否涌水和涌水量的大小，与坑道在岩溶地块中的具体位置和它所揭露的管道有关。如图 8—13—5 所示，坑道 a 与垂直渗流带的管道相交，需考虑的集水面积为 F_2；坑道 b 在垂直管道间的岩体中通过时，则无须考虑涌水问题。因此，若坑道位于垂直带和季节变动带中如 a 的情况，本文提出用洼地入渗量法。该法的要点是洼地入渗量(Q_w)等于坑道涌水量。洼地入渗量根据坑道中线附近顶部洼地的集水

面积或洼地内的积水面积、积水时间和水位观测值等参数求得。

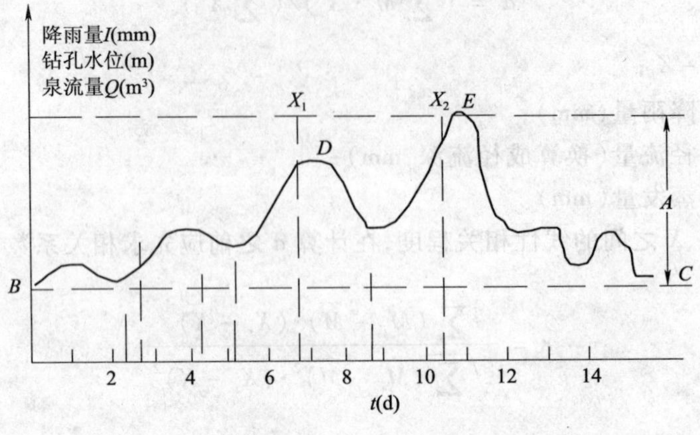

图 8—13—4　降雨量、钻孔水位或泉流量与时间关系曲线

A—垂直渗流带，其下为水平流动带；B、C—枯水位或枯流量；D、E—降雨后的峰值

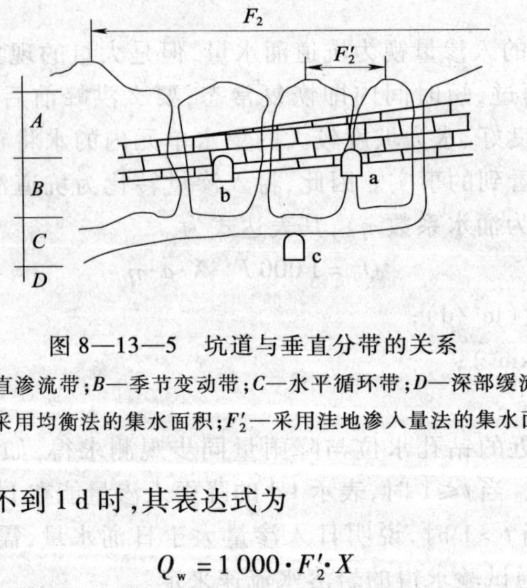

图 8—13—5　坑道与垂直分带的关系

A—垂直渗流带；B—季节变动带；C—水平循环带；D—深部缓流带；

F_2—采用均衡法的集水面积；F'_2—采用洼地渗入量法的集水面积

当洼地不积水或积水不到 1 d 时，其表达式为

$$Q_w = 1\,000 \cdot F'_2 \cdot X \tag{9}$$

式中　Q_w——洼地入渗量（m^3/d）；

F'_2——洼地集水面积（km^2）；

X——日最大降雨量与蒸发量之差。

当洼地积水超过 1 d 时，其表达式为

$$Q_w = F_3 \cdot H \tag{10}$$

式中　F_3——洼地内积水面积（m^2）；

H——洼地内最大日消水位值（m）。

在水平流动带和深部缓流带中的坑道（如图 8—13—5 中的 c），因垂直带中的地下水最终聚集于水平流动带中，故用水均衡法预测涌水量。

（六）坑道分段涌水量和总涌水量的意义

由于坑道涌水量与揭露含水层的多少、降雨量大小及坑道是否衬砌等有关（这些因素是互相影响并随时变化的），所以笼统地提坑道涌水量或坑道总涌水量会造成误解。根据多座隧道的总结，应计算分段涌水量。涌水段可划分为岩溶较发育地段、地面有洼地等负地形地段、断层破碎带以及可溶岩与非可溶岩接触带。

（七）结　　语

本文提到的见解是在平关、胜境关、南岭、羊寨及观音山等隧道的实践基础上提出的，并取得了一定的效果，它使传统的计算坑道涌水量的水均衡法得到了改善。

十四、解泰斯公式的优选法初探

谭鸿增

优选法区别于解泰斯公式的其他方法，就其实质来说，是解逆问题的间接法，其实现手段就是数学上的优选方法。

任意假设一组水文地质参数 a、T 值代入泰斯公式右端，会计算得出一个与实测降深 S 值存在 ΔS 的 S_i 值来。显然，ΔS 是 a、T 的函数，但可正可负，不能直接用来表示其大小，故用 σ（$=\Delta S^2$）来表示。σ 函数曲面仅分布于 a、T 坐标的Ⅰ象限内，与 a、T 值点一一对应，只有唯一的 $\sigma_{\min}$ 点，且对应于该地层的水文地质参数 a^*、T^* 值。求解 a^*、T^* 的问题完全可以转化为求 $\sigma_{\min}$ 的问题。

通过以下三方面的计算实践，说明采用“模矢法”进行优选求解，所计算的 S 值从整体上最接近于实测数据：

一是利用模拟资料进行优选检验；

二是从 8 个不同方向上足够远的初始点出发对实测资料进行优选比较；

三是对前人在文献中提出的用其他方法计算过的资料进行优选比较。

优选法具有自己的特点，亦有不足之处。

（一）问题的提出

利用抽水试验的观测资料计算一个小块地区的水文地质参数，是一种经常使用的、行之有效的方法。

在一个均质、等厚、各向同性、平面上无限延伸、无越流补给的水平承压含水层中，一口完整井以固定流量抽取地下水时，地下水运动符合泰斯公式，即

$$S=\frac{Q}{4\pi T}\cdot W(u) \tag{1}$$

$$u=r^2/4at \tag{2}$$

为了计算方便，通常把 $W(u)$ 展开为级数形式，即

$$W(u) = C - \ln u + u - \sum_{n=2}^{\infty}(-1)^n\frac{u^n}{n\cdot n!} \tag{3}$$

式中 $W(u)$——井函数；

S——观测孔水位降深(m)；

Q——抽水井出水量(m^3/d)；

T——导水系数(m^2/d)；

r——观测孔至抽水井中心距离(m)；

a——导压系数(m^2/d)；

t——抽水延续时间(min)；

C——尤拉常数，$C=0.5772156649\cdots$。

泰斯公式精确地描述了在上述理想的情况下，导水系数 T 和导压系数 a 仅作为该地层的特征值（水文地质参数）而为常数时，距离以定流量 Q 抽水的抽水井为 r 处，降升 S 和时间 t 的函数关系。目前，较常采用的求解 T、a 的方法有配线法、直线法、周文德法等。它们都是直接利用观测的 S 值代入泰斯公式，再通过某种手段转换成一对简单的方程直接解得 T、a 值。这一类方法就其实质来说，是解逆（求解水文地质参数）问题的直接法。

与直接法不同，本文提出的方法是用假设的 T、a 值代入泰斯公式预报 S 值，并认为，预报的 S 值与实测的 S 值基本吻合时的 T、a 值，就是该地层的水文地质参数。这种方法就其实质来说，是解逆问题的间接法。显然，间接法必须对大量的计算结果进行比较，然后择优录用，其实现手段是数学上的优选方法，故本方法直呼为“优选法”。

（二）优选法的原理

1. 差方函数

当在前述理想条件下进行了抽水试验之后，可以取得一系列实测资料 Q、r、t、S 值，设该地层的水文地质参数为 a^*、T^*，显然，它们能使等式(1)成立。若任意假设一组 a、T 值，代入式(1)的右端，会计算得出一个新的、与实测 S 值存在 ΔS 差值的 S_i 值来。一般说来，a、T 发生变化，则 ΔS 亦会变化，或者说 ΔS 是 a、T 的函数。如图 8—14—1（数据见表 8—14—3）所示，曲线Ⅰ表示 $a^*=4.667\times10^7$、$T^*=2.1\times10^4$ 时模拟的 S^* 值，即由式(1)右端计算的 S^* 值；曲线Ⅱ表示 $a=7.0\times10^7$、$T=1.4\times10^4$ 时计算的 S 值；曲线Ⅲ表示 $a=3.5\times10^7$、$T=2.1\times10^4$ 时计算的 S 值。

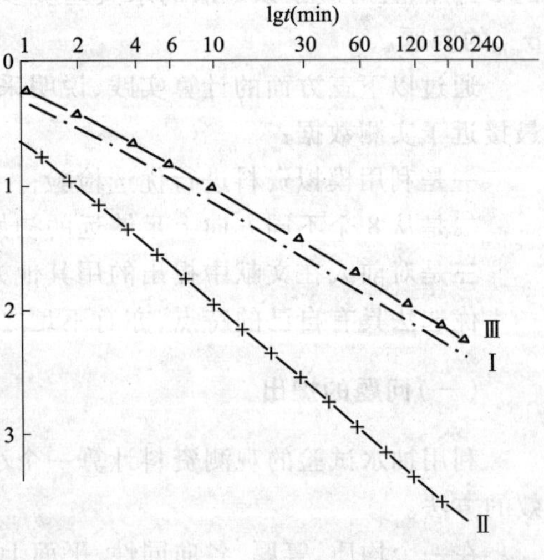

图 8—14—1 不同 a、T 时的 S—t 曲线

简单的差值 ΔS 可正可负，往往不能直接用来表示其大小，常常利用它的平方值来表示，令这个函数为 $\sigma(a,T)$，则

$$\sigma=\Delta S^2=(S-S_i)^2 \tag{4}$$

σ 函数表述了实测 S 值与由假设的 a、T 值计算的 S_i 值残差的平方，故称差方函数。为了确切地了解 σ 函数的变化规律，特模拟一组数据（表 8—14—1）当作实测资料，σ 值随 a、T 的变化情况见表 8—14—2。

表 8—14—1　计算 σ 函数曲面的模拟数据

流量 Q		$96\,000\ m^3/d$		导压系数 a		$7.0\times10^7\ m^2/d$	
距离 r		200 m		导水系数 T		$14\,000\ m^2/d$	
t(min)	S(m)	t(min)	S(m)	t(min)	S(m)	t(min)	S(m)
1	0.655	6	1.544	30	2.408	150	3.283
1.5	0.842	8	1.697	40	2.564	180	3.382
2	0.931	10	1.816	50	2.685	210	3.466
2.5	1.092	12	1.913	60	2.784	240	3.539
3	1.184	14	1.996	80	2.940		
4	1.332	18	2.131	100	3.062		
5	1.448	24	2.287	120	3.161		

表 8—14—2　σ 函数值变化表

a(m^2/d) / T(m^2/d)	3.500×10^6	2.450×10^7	3.850×10^7	5.250×10^7	6.650×10^7	7.350×10^7	8.750×10^7	1.015×10^8	1.155×10^8	1.365×10^8
1.400×10^2	5.504×10^5	1.413×10^6	1.689×10^6	1.895×10^6	2.062×10^6	2.135×10^6	2.267×10^6	2.382×10^6	2.485×10^6	2.622×10^6
4.340×10^3	1.162×10^2	5.876×10^2	7.713×10^2	9.150×10^2	1.034×10^3	1.087×10^3	1.183×10^3	1.269×10^3	1.346×10^3	1.450×10^3
7.140×10^3	1.286×10^1	8.202×10^1	1.245×10^2	1.600×10^2	1.907×10^2	2.406×10^2	2.302×10^2	2.534×10^2	2.746×10^2	3.033×10^2
9.940×10^3	2.511×10^1	6.611	1.540×10^1	2.469×10^1	3.360×10^1	3.785×10^1	4.594×10^1	5.353×10^1	6.066×10^1	7.059×10^1
1.274×10^4	4.722×10^1	2.983	0.3533	0.498	1.706	2.508	4.321	6.284	8.308	1.136×10^1
1.526×10^4	6.528×10^1	1.316×10^1	6.919	3.564	1.763	1.202	0.518	0.2131	0.1726	0.4239
1.806×10^4	8.207×10^1	2.887×10^1	2.002×10^1	2.488×10^1	2.150×10^1	1.023×10^1	8.964	6.630	5.450	4.140
2.086×10^4	9.582×10^1	4.364×10^1	3.403×10^1	2.812×10^1	2.401×10^1	2.238×10^1	1.969×10^1	1.755×10^1	1.580×10^1	1.370×10^1
2.366×10^4	1.071×10^2	5.702×10^1	4.723×10^1	4.105×10^1	3.663×10^1	3.484×10^1	3.185×10^1	2.941×10^1	2.738×10^1	2.488×10^1
2.786×10^4	1.207×10^2	7.423×10^1	6.467×10^1	5.848×10^1	5.397×10^1	5.212×10^1	4.898×10^1	4.639×10^1	4.421×10^1	4.146×10^1

σ 函数曲面的分布规律如下：

(1)σ 函数曲面存在一条低值的沟谷线，该线通过 a^*、T^* 点，方向大致与 a、T 按一定规律同时减小或增大的方向相一致。

(2)σ 函数的等值线既不对称，也不规则，在 a 值变大的方向很难封闭。

(3)σ 函数曲面仅分布于 a、T 坐标的Ⅰ象限内，与 a、T 值点一一对应，只有唯一的一个最小值点，且对应于 a^*、T^* 点。对于极端理想化的模拟资料来说，$\sigma_{min}=0$。

由此可见，求解水文地质参数的问题，完全可以转化为在 a、T 坐标的Ⅰ象限内求 σ_{min} 的问题。这是一个普通的二元函数的优选问题，很容易用多种优选方法来实现。需要指出的是，由于 σ 曲面具有一条低值的沟谷线，因此，采用固定一个因素，对另一个因素进行单因素优选的“逐个修正法”在这里是完全行不通的。事实上，找到某固定因素线上的沟谷点后，优选过程即会停止，即任何一个沟谷点都会被当作最小值点，或者固定 T 值有时根本找不到最小值点。

2. 模 矢 法

模矢法是一种具有追循 σ 曲面沟谷线特性的加速下降法。它的基本思路是：当独立变量 a、T 都分别以一定步长进行过摄动，从而找出 σ 函数随 a、T 值变化而变小的方向和规律（即建成一个模矢）之后，在它的临近区域，σ 亦按同样的方向和规律变小，那么，就可以越过局部探索的步骤，直接把建成的模矢长度扩大 2 倍，即可找到一个新的 σ 值的变小点；随着继续建立的模矢与旧有的模矢方向的一致，模矢会变得越来越长，使寻找 $\sigma_{\min}$ 的工作加速进行；如果扩大模矢后 σ 值反而变大，说明 σ 变小的方向有所改变，那就需要缩短独立变量的摄动步长，重新开始建立模矢。

以一次模拟资料进行优选的过程为例，如图 8—14—2 和表 8—14—3 所示。优选从初始基点 b_1 开始，分别选定两个变量的摄动步长 $\Delta a = 7.0 \times 10^6$、$\Delta T = 1.4 \times 10^3$。首先摄动第一个变量 a，由下式确定临时矢点 t_{11}：

$$t_{11} = \begin{cases} b_1 + \Delta a, 若\ \sigma(b_1 + \Delta a) < \sigma b_1 & (5a) \\ b_1 - \Delta a, 若\ \sigma(b_1 - \Delta a) < \sigma b_1 < \sigma(b_1 + \Delta a) & (5b) \\ b_1, 若\ \sigma b_1 < \min[\sigma(b_1 + \Delta a), \sigma(b_1 - \Delta a)] & (5c) \end{cases}$$

这里适合式(5b)的情况。然后，从临时矢点 t_{11}（而不是 b_1）出发，摄动第二个变量 T，临时矢点 t_{12} 由下式确定：

$$t_{12} = \begin{cases} t_{11} + \Delta T, 若\ \sigma(t_{11} + \Delta T) < \sigma_{t_{11}} & (6a) \\ t_{11} - \Delta T, 若\ \sigma(t_{11} - \Delta T) < \sigma t_{11} < \sigma(t_{11} + \Delta T) & (6b) \\ t_{11}, 若\ \sigma_{t_{11}} < \min[\sigma(t_{11} + \Delta T), \sigma(t_{11} - \Delta T)] & (6c) \end{cases}$$

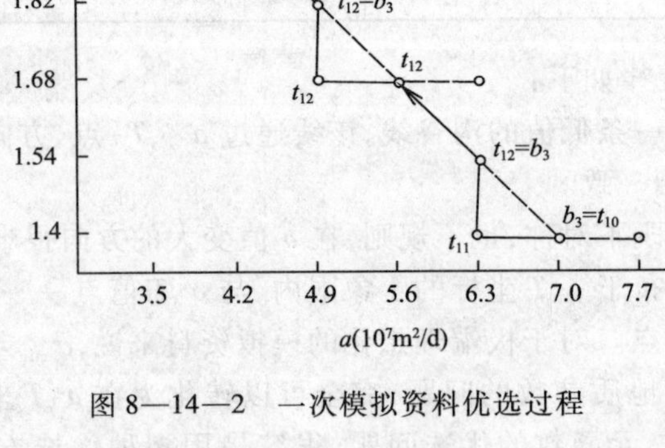

图 8—14—2　一次模拟资料优选过程

表 8—14—3　一次模拟资料优选过程

点　名	b_1	t_{11}	b_2	t_{20}	t_{21}	b_3	t_{30}	…	结　果	模拟点
$a(m^2/d)$	7.000×10^7	6.300×10^7	6.300×10^7	5.600×10^7	4.900×10^7	4.900×10^7	3.500×10^7	…	4.667×10^7	4.667×10^7
$T(m^2/d)$	1.400×10^4	1.400×10^4	1.540×10^4	1.680×10^4	1.680×10^4	1.820×10^4	2.100×10^4	…	2.100×10^4	2.100×10^4
σ	8.5337	7.5976	4.3661	1.9065	1.4633	0.5829	0.0963	…	0	
t(min)	S_{b_1}(m)	$S_{t_{11}}$(m)	S_{b_2}(m)	$S_{t_{20}}$(m)	$S_{t_{21}}$(m)	S_{b_3}(m)	S_{t30}(m)		S结果(m)	S^*(m)
1	0.655	0.608	0.553	0.465	0.419	0.387	0.249		0.322	0.322
2	0.981	0.929	0.845	0.727	0.674	0.622	0.436		0.524	0.524
4	1.332	1.278	1.162	1.014	0.958	0.884	0.654		0.750	0.750
6	1.541	1.489	1.353	1.189	1.131	1.044	0.789		0.888	0.888
10	1.816	1.759	1.599	1.414	1.355	1.251	0.966		1.067	1.067
30	2.408	2.351	2.137	1.906	1.845	1.704	1.355		1.459	1.459
60	2.784	2.727	2.479	2.219	2.158	1.922	1.605		1.709	1.709
120	3.161	3.104	2.822	2.533	2.473	2.282	1.856		1.960	1.960
180	3.382	3.325	3.023	2.717	2.657	2.452	2.003		2.108	2.108
240	3.539	3.482	3.165	2.848	2.787	2.573	2.108		2.212	2.212

注：模拟 S 用 S^* 表示，$Q=96\,000\ m^3/d$，$r=200$ m。

这里适合式(6a)的情况。这时，两个变量都经过摄动，最后得到的临时矢点 t_{12} 被指定为第二个基点 b_2。从初始基点 b_1 到第二个基点 b_2 建成了第二个模矢。直接把第一个模矢伸长 2 倍，到达一个新的临时矢点 t_{20}，则

$$t_{20}=b_1+2(b_2-b_1)=2b_2-b_1 \tag{7}$$

这里的双下标指出，正在建立第二个模矢且还没有开始对变量摄动。为统一概念起见，特约定 $b_1\equiv t_{10}$。

现在，从 t_{20} 开始重复以上从 t_{10} 开始的过程，唯一的差别是第一个下标以 2 取代 1。结果 t_{22} 被定为基点 b_3，新的临时矢点 t_{30} 应由 b_2 至 b_3 外推。新、旧模矢方向相同，模矢显著增长。

$$b_3-b_2=2(t_{20}-b_2)=2(b_2-b_1) \tag{8}$$

从 t_{30} 进行局部探索，结果类似于式(5a)和(6c)，使模矢方向改变，扩大模矢后 σ 值反而变大，未能建立 t_{40}，模矢退化为零。于是，把 b_4 改记为 b_5，以示从零开始。这里：

$$t_{31}=t_{32}=b_4=b_5=t_{50} \tag{9}$$

这时，缩短摄动步长重复以上步骤，直到步长缩小到希望达到的精度要求为止，优选即告结束。这里省略了这一过程而直接列出了优选结果，它是与模拟资料完全一致的。

模矢法优选程序见图 8—14—3。

（三）实　　例

1. 利用模拟资料易得出最优点和容易检验优选效果的特点，模拟了三个不同 r 值共 24 组资料进行优选。其中有 23 组数据的最优点 a、T 与模拟点 a^*、T^* 重合，故 σ 值为零，仅第 11

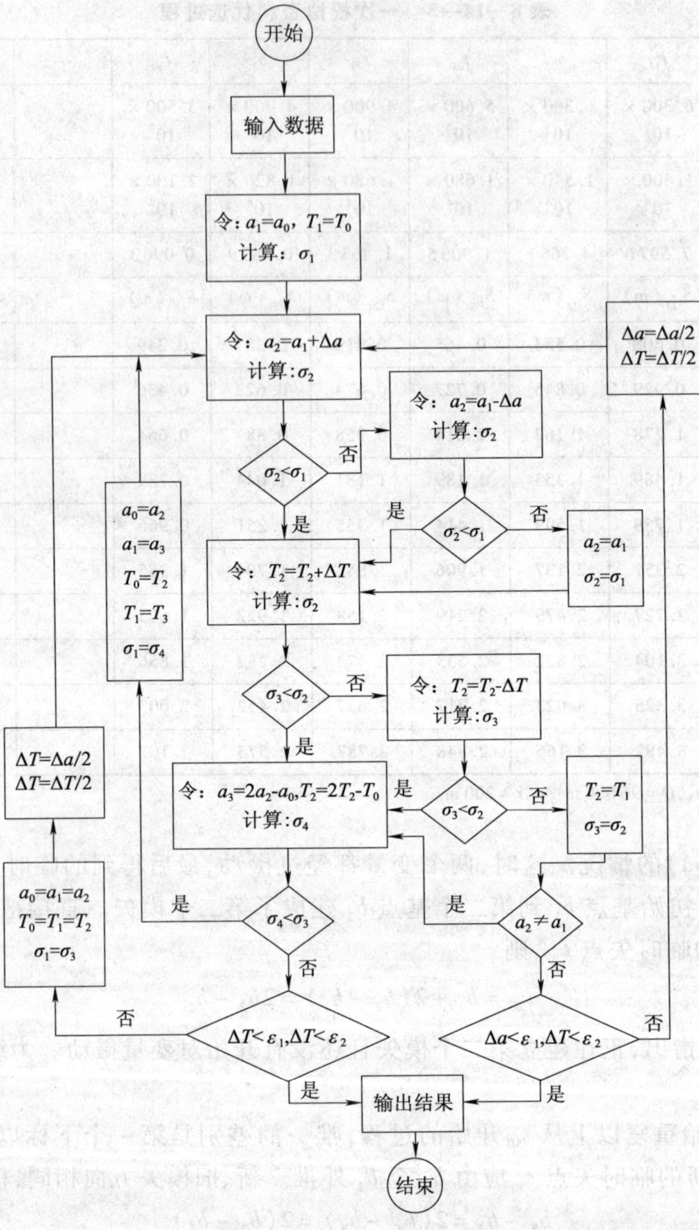

图 8—14—3　模矢法优选程序框图

a_0,a_1,a_2,a_3—各点的 a 坐标值；T_0,T_1,T_2,T_3—各点的 T 坐标值；$\sigma_1,\sigma_2,\sigma_3,\sigma_4$—各点的 σ 值；

$\Delta a,\Delta T$——a、T 的摄动步长；$\varepsilon_1,\varepsilon_2$—对摄动步长的精度要求

组的最优 a 与模拟 a^* 值在第 4 位有效数字上略有差异，相对误差在 10^{-4} 以下，σ 值亦很小。可以说，结果精度很高，完全令人满意。

2. 从 8 个不同方向上足够远的初始点出发，对实测资料（表 8—14—4）进行优选，如表 8—14—5 及图 8—14—4 所示。

(1) 尽管初始点位于 8 个不同的位置，前半段优选路线各异，最后均汇入 σ 曲面的低值沟谷线，结果殊途同归，最优的 a、T 值仅第 4 位有效数字有差异，但相对误差亦均在 10^{-4} 以下。可以认为，最终结果与初始点的选择无关。

表 8—14—4　某水压含水层 $Q = 96\,000\ m^3/d$ 的实测资料表

S(m) r(m) / t(min)	200	400	800	S(m) r(m) / t(min)	200	400	800
1	0.66	0.16	0.00	24	2.36	4.58	0.87
1.5	0.87	0.27	0.02	30	2.49	1.70	0.95
2	0.99	0.33	0.04	40	2.65	1.88	1.12
2.5	1.11	0.46	0.07	50	2.78	2.00	1.23
3	1.21	0.53	0.09	60	2.88	2.11	1.32
4	1.36	0.67	0.16	80	3.04	2.24	1.49
5	1.49	0.77	0.22	100	3.16	2.38	1.62
6	1.59	0.87	0.27	120	3.28	2.49	1.70
8	1.75	0.99	0.37	150	3.42	2.62	1.83
10	1.86	1.12	0.46	180	3.51	2.72	1.94
12	1.97	1.21	0.53	210	3.61	2.81	2.03
14	2.08	1.26	0.59	240	3.67	2.88	2.11
18	2.20	1.43	0.72				

注：本表引自张宏仁等著《地下水非稳定流理论的发展和应用》一文。

表 8—14—5　8 个方向优选实测资料

组　序	1	2	3	4	5	6	7	8
初始 a_0	2.362×10^8	2.362×10^8	2.362×10^8	2.074×10^7	2.074×10^7	2.074×10^7	7.000×10^7	7.000×10^7
初始 T_0	1.400×10^4	4.148×10^3	1.863×10^4	1.400×10^4	4.725×10^4	1.021×10^4	4.725×10^4	4.148×10^3
最优 a	6.637×10^7	6.638×10^7	6.638×10^7	6.638×10^7	6.637×10^7	6.633×10^7	6.637×10^7	6.637×10^7
最优 T	1.338×10^4	1.338×10^4	1.338×10^4	1.338×10^4	1.338×10^4	1.337×10^4	1.338×10^4	1.338×10^4
模矢数	10	78	15	136	187	34	115	19
最优 σ	5.590×10^{-3}	5.573×10^{-3}	5.590×10^{-3}	5.573×10^{-3}	5.590×10^{-3}	5.592×10^{-3}	5.590×10^{-3}	5.590×10^{-3}

(2)第 2、4 两组规定的摄动步长精度 $\varepsilon_1 = a\times10^{-6}$、$\varepsilon_2 = T\times10^{-6}$，远较其余各组 $\varepsilon_1 = a\times10^{-4}$、$\varepsilon_2 = T\times10^{-4}$ 为高，但仅使 σ 值有改进，却陡然增加了计算工作量。

(3)一般来说，接近 σ 曲面低值沟谷线的 a 值较大的点建立的模矢数较少。

3. 对前人在文献中提出的用其他方法计算过的资料，从前人提供的成果点出发进行优选，见表 8—14—6 和表 8—14—7。

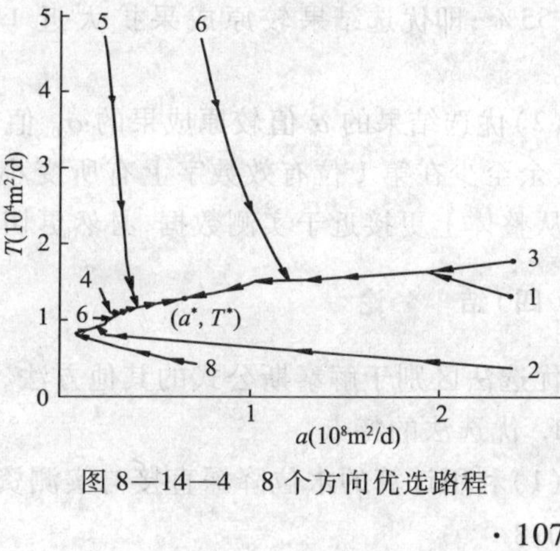

图 8—14—4　8 个方向优选路程

表 8—14—6 前人提供的成果与优选结果比较表

	资料来源	[1]	[2]	[3]	[4]	[4]	[4]	[5]	[5]	[6]	[6]	[6]
	数据个数	39	14	25 × 3	10	8	18	18	18	34	35	9
原有成果	方 法	配线法	配线法	配线法	直线法	配线法	周文德法	配线法	直线法	直线法	直线法	直线法
	a_0(m^2/d)	52052	135475	6.875×10^7	13824	9.18×10^5	5.9723×10^6	8.301×10^5	8.2×10^5	2.36×10^6	2.667×10^6	1.655×10^6
	T_0(m^2/d)	80.16	2195	1.364×10^4	60.74	56.4	270	197.6	193.8	401	480	960
	σ_0	5.200×10^{-2}	3.541×10^{-4}	3.882×10^{-2}	0.1418	0.2064	1.2942	1.733×10^{-2}	2.700×10^{-2}	0.1863	4.611×10^{-2}	4.470×10^{-4}
优选结果	a_0(m^2/d)	58285	128796	6.638×10^7	11517	1.039×10^6	1.065×10^7	8.011×10^5	8.011×10^5	4.271×10^6	2.462×10^6	1.753×10^6
	T(m^2/d)	84.82	2189	1.338×10^4	58.10	59.72	308.5	195.2	195.2	480.5	501.2	955.6
	σ	3.939×10^{-2}	2.885×10^{-4}	5.573×10^{-3}	4.080×10^{-3}	0.1582	0.7×10^5	1.662×10^{-2}	1.662×10^{-2}	3.408×10^{-2}	1.1810×10^{-2}	2.687×10^4
相对误差	$\frac{a_0-a}{a}$	−10.69%	5.19%	3.57%	20.03%	−11.65%	−43.92%	3.62%	2.36%	−44.74%	8.33%	−5.59%
	$\frac{T_0-T}{T}$	−5.49%	0.27%	1.94%	4.54%	−5.56%	−12.48%	1.23%	−0.72%	−16.55	−4.23%	0.46%

注:带[ ]号 a_0、T_0 值引自薛禹群等著《地下水动力学》。

表 8—14—7 表 8—14—6 中 10 个数据点组详细结果表

	a (m^2/d)	T (m^2/d)	σ	t(min)	30	50	70	90	120	150	200	400	600	900
原始资料				S(m)	1.98	2.74	3.34	3.77	4.29	4.68	5.17	6.45	7.18	7.90
直线法	13824	60.74	0.1418	$S_直$(m)	2.166	2.945	3.487	3.902	4.387	4.767	5.263	6.474	7.189	7.907
优选法	11517	58.10	4.080×10^{-3}	$S_优$(m)	1.991	2.780	3.335	3.763	4.264	4.658	5.173	6.433	7.179	7.928

(1)由 6 个文献提供的全部 10 个例子,11 个计算结果经优选都有所改进。a 值最大相对误差达 −44.74%,即优选结果较原成果扩大近 1 倍,最小相对误差也达 2.36%,第 2 位有效数字有一定改变,相对误差达 ±10% 以上者竟有 5 组,约占一半。T 值最大相对误差达 −16.55%,即优选结果较原成果扩大近 1/5,最小相对误差 0.27%,第 3 位有效数字有所改变。

(2)优选结果的 σ 值较原成果的 σ_0 值有很大改进,最大者相差近两个数量级,除一个点外,其余至少在第 1 位有效数字上有所变小。优选结果计算的降深 $S_优$ 值比其他方法结果计算的从整体上更接近于实测数据,必然更切合实际,令人可信。

(四)结 论

优选法区别于解泰斯公式的其他方法,具有自己的特点,同时亦存在不足之处。

1. 优选法的特点

(1)利用计算的水位降深直接与实测资料比较,结果一目了然,容易发现问题。

(2)利用所有的实测资料参加计算,充分发挥了抽水试验设备的效益。

(3)从实践看,对同一组数据计算的结果只会在第 4 位有效数字之后发生差异,相对误差亦在 10^{-4}以下,故提供的成果能达到很高精度。

(4)使用简单,只需按程序要求的顺序组织试验数据,输入计算机内很快就会得到结果。

2. 存在的问题

(1)优选的方法很多,还有待于作进一步的比较和改进。

(2)泰斯公式是建立在高度简单化和典型化的水文地质条件上的,由此而造成的与实际情况的差异是其固有缺点,与其他所有解泰斯公式的方法一样,本法亦一脉相承。

需要指出的是,精确的计算和正确的理论必须依赖于正确的试验数据才会得出正确的结论。因此,对试验数据正确、精度高、数量足够等要求,本方法也不能例外。

十五、孔内水柱压水法

谭鸿增

(一)压水原理

铁路系统在隧道勘测设计中,为提供隧道排水系统设计所需,应预测隧道的涌水量。预测涌水量时,常采用在钻孔中进行水文地质试验的方法,以测定隧道通过地层的水文地质参数。当钻孔中无水或水量很少,无法进行抽水试验时,只能进行压水试验。

压水试验是在钻孔内指定的试段上,保持一定高度的压力水头,测定该状态下岩层的稳定吸水量,从而计算出该试段内岩层的平均水文地质参数的试验方法。

据地下水动力学的原理,压水和抽水是原理相同但作用力方向相反的两种形式。因此,压水条件下水文地质参数的计算公式完全可以套用相应抽水条件下的计算公式。

1. 单位压力流量值

当 $Q—P$ 曲线呈直线线形时,

$$q = \sum_{i=1}^{3} Q_i / \sum_{i=1}^{3} P_i \tag{1}$$

式中 q——单位压力流量值〔L/(min·m)〕;

Q_i——第 i 压水段稳定吸水量(L/min);

P_i——第 i 压水段压力水头值(m)。

压力水头值起算零点的方式有三种:

(1)地下水位在试段以下,按试段中点起算;

(2)地下水位在试段之中,按试段中无水段中点起算;

(3)地下水位在试段以上,按地下水位起算。

当岩层的吸水量垂直通过工作管注入试段时,压力水头会有如下损失:

$$\Delta P = \lambda \cdot \frac{B}{D} \cdot \frac{Q^2}{(6A)^2} \cdot \frac{1}{2g} \tag{2}$$

式中 ΔP——压力水头损失值(m);

λ——摩擦系数(0.2~0.3);

B——压水工作管长度(m);

D——压水工作管内径(m);

A——压水工作管截面积(cm^2);

g——重力加速度(9.81 m/s^2);

其余符号意义同前。

2. 单位吸水量

$$\omega = q/l \tag{3}$$

式中 ω——单位吸水量〔$L/(min \cdot m^2)$〕;

l——试验段长度(m);

其余符号意义同前。

3. 渗透系数

常见的水文地质条件为半无限承压含水层非完整井,或有限含水层。当 $l<0.3$ m(含水层厚度),影响半径 $R \leqslant 5 \sim 8$ m 时,

(1)压水段远离隔水顶板

$$k = \frac{0.72}{\pi \cdot \omega \cdot \ln(0.8l/r)} \tag{4}$$

式中 k——渗透系数(m/d);

r——压水段孔半径(m);

其余符号意义同前。

(2)压水段紧靠隔水顶板

$$k = \frac{0.72}{\pi \cdot \omega \cdot \ln(1.6l/r)} \tag{5}$$

式中符号意义同前。

(二)压水方法

1. 纯压式水泵供水法

采用双层压水管相对运动挤压胶球上水,水泵与内管(或外管)构成封闭系统供水,压力表测定附加压力水头,家用水表测定供水量〔图8—15—1(a)〕。

这一方法全部压水设备均需特备,使用中,提升和放下双层压水管既费事又费时,封闭系统也会造成一系列问题。此法常用于水工部门,较高的附加压力值可以模拟库容水头,解决水库的渗漏问题较合乎实际。

2. 顶压式水泵供水法

采用钻杆从地面加压,花管等由孔底抵抗挤压胶球止水,水泵与钻杆构成封闭系统供水,测量数据方法同前法〔图8—15—1(b)〕。

与前法相比,此方法充分利用现有钻具,设备简单、使用方便,但小型钻杆过水断面较小,水头损失较大。另外,亦存在封闭系统的问题。

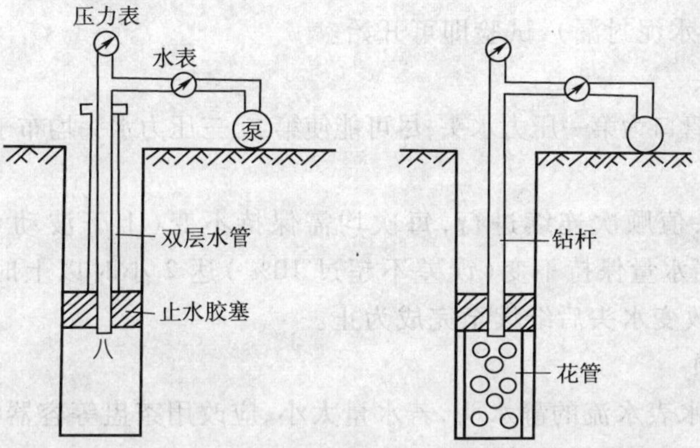

(a) 纯压式水泵供水法　　(b) 顶压式水泵供水法

图 8—15—1　常用压水方法

（三）水泵供水压水试验存在的问题

通过多年的压水实践发现，封闭系统内利用水泵供水尚存在如下问题：

1. 封闭系统的耐压能力有限，多压力阶段试验所能产生的压力差值与压力水头相比，比值较小（特别是深孔），测点往往远离 $Q—P$ 坐标原点而挤在一起，使计算结果精度降低。

2. 常用的往复泵使压力表指针摆动太大，很难确定准确读数，而压力表读数精度常为 0.05 MPa，对于常见的 0.1 MPa 的压力差值来说，误差太大。

3. 家用水表在高压下工作，误差很难预料，当岩层吸水量很小时，水表会不动或倒退，无法得出压水结果。

4. 当压力表未安装在钻孔顶上时，水头损失理论复杂，计算困难。

1985 年 6 月，在三峡水利枢纽工程铁路专用线的勘测中，采用顶压式水泵供水法压水，尽管封闭系统内瞬时压力值已达 0.8 MPa 以上，孔口少量翻水，然而水表却随着往复泵的节奏缓慢地倒退，试验遭受失败。改进压水试验方法已势在必行。

（四）孔内水柱法

经分析研究认为，只要取消封闭系统，问题即可迎刃而解。就隧道排水而言，最大可能地下水水头不超过地面。因此，在钻孔内用水柱法压水，完全符合实际情况，理论上也是成立的。孔内水柱法的供水设备并不作特殊要求，保留了孔内下部顶压胶塞止水部分，上部进水管改为较大口径的孔壁管（图 8—15—2），取消压力表，改用电表或测钟直接测量压力水头，直接往孔壁管内灌水，整个设备较顶压式水泵供水法更为简单。

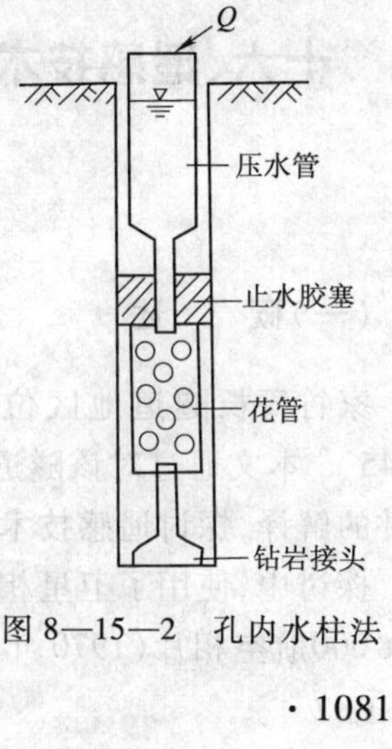

图 8—15—2　孔内水柱法

通过三峡铁路专用线连续两孔的压水，初步总结了一套切实可行的试验方法。

1. 检查压水设备

压水孔管壁内外均注满水，持续灌水保持压水管内水头，观察压水管外水面，无变化或正常持续下降，则证明压水设备安装正确（当钻孔孔壁漏水时，应下孔壁管或用快干水泥封漏），试验即可开始。

2. 设计压力水头

一般以压水孔壁管口为第一压力水头，尽可能使第二、三压力水头均布于压力水头坐标轴上。

3. 正式试验

按设计压力水头值顺次连续进行，每次均需保持不变（上下波动 0.1 m 以内），记录每10分钟注入水量。当水量保持不变（误差不超过 10%）达 2 小时以上时，则认为该次压力水头值的试验已稳定，改变水头后继续至完成为止。

4. 试验注意事项

(1)宜保持通过水表水流的静水头，若水量太小，应改用茶盅等容器注水。

(2)用测钟测量水深，效果甚佳。

(3)当改变压力水头时，若水头自然降低太慢，宜用小一级岩芯管提水至新的压力水头附近，再开始试验。

(五)体　　会

孔内水柱法压水显示了很大的优越性。

1. 压水设备简单：除钻具外，仅需顶压式胶塞和花管。

2. 压水孔深较大：本次压水最深达 350 m，已超过一般认为的极限 300 m。

3. 压力水头精度高：实测水头误差小于 0.1 m，较压力表精度提高 50 倍。

4. 流量精度高：开口管测注入水量时，用量杯注水，精度高，最小流量为零，较采用家用水表所测流量的精度更高。

5. 压力水头损失较小：工作管直径大、长度短、水流速度低，水头损失则小。

6. 结果精度高：由于测点在 $Q—P$ 坐标上分布均匀，计算结果精度较高。

7. 试验方法简单，过程容易控制，试验时间较短。三峡专用铁路勘测时，在两个钻孔进行的压水试验中，采用三个压力值连续试验，每个压力值注入水量稳定 2 小时以上后再改变为另一个压力值，两孔分别选择 5 个、8 个试段进行试验，试验持续时间最短的试段仅用时 8 小时 20 分钟。

总之，孔内水柱法压水由于影响成果的诸因素均容易控制，总的误差小，成果精度高。当试验最高水头能满足需要的最高水头时，此压水法不失为一种好方法。

十六、遥感技术在家竹箐长隧道地区工程地质工作中的应用

严璧玉

(一)概　　述

家竹箐长隧道地区位于贵州省盘县特区境内，东经 104°26′～104°33′，北纬 25°35′～25°45′。本文通过对该隧道地区的地层岩性、地质构造、水文地质、不良地质现象等工程地质条件的解译，探讨遥感技术在长隧道地区工程地质测绘中应用的效果。

探讨中，使用了卫星相片、数字图像处理后的卫片、1:50 000 黑白航空相片（1958 年摄）、1:18 000航空相片（1970 年摄）。解译时先用卫片，后用航片，两种片种互相印证，使解译逐渐深

入。将室内解译成果编成“家竹箐长隧道地区工程地质解译草图”，再到现场进行验证。验证后，根据修改、补充后的解译标志，对航片、卫片再次进行室内解译，分析、研究各种工程地质现象。最后编制了 1∶10 000 和 1∶50 000“家竹箐长隧道地区工程地质解译成果图”等图件(图 8—16—1)。

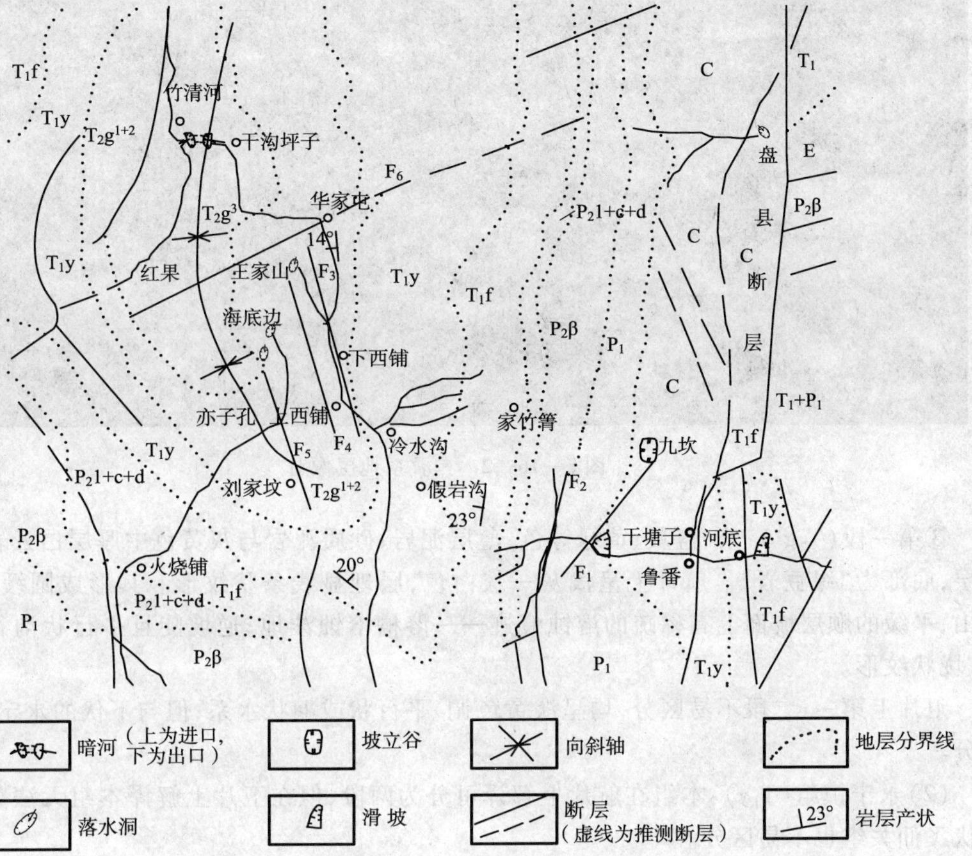

图 8—16—1　家竹箐长隧道地区工程地质解译成果图

(二)长隧道地区的地层岩性解译

家竹箐长隧道地区位于盘关向斜东翼和核部，连续出露三叠系、二叠系、石炭系地层，第四系地层仅零星堆积于沟床、谷底、坡脚和溶蚀洼地内。

1. 三叠系地层岩性解译

盘关向斜仅出露三叠系中下统关岭组、永宁镇组、飞仙关组地层。由于各组地层岩性的不同和地貌形态的差异，形成了不同的解译标志。

(1)关岭组(T_2g)：因岩溶地貌形态组合有明显差异，本组可解译到段。

①第三段(T_2g^3)：浅灰、灰白色薄至中厚层细晶白云岩。航片上呈浅灰—灰色，层理清晰，因产状平缓，显环状色圈、隐格状纹形。溶蚀洼地—丘峰型岩溶地貌。丘峰极发育，成贝壳状或蛤壳状影像。丘峰上发育有漏斗，丘峰间溶蚀洼地发育。卫片上本段丘峰呈麻点状纹形区别于第一、二段。

②第二段(T_2g^2)：灰、深灰色薄至中厚层灰岩、泥质灰岩与蠕虫状灰岩互层。航片上，呈宽的深色带或椭圆形色圈影像。岩溶地貌以溶蚀洼地、漏斗、落水洞为主，显深灰、灰白白色斑

状、豆点状细腻纹形。溶蚀洼地间为浑圆、低缓的岩丘(图 8—16—2)。

图 8—16—2　三叠系地层像对

③第一段(T_2g^1):紫、蓝灰、黄绿等色,薄层泥岩、砂质泥岩与灰黄色中厚层白云岩、泥灰岩互层,底部为“绿豆岩”。航片上呈浅灰—灰白色,层理显线条状纹形。其形成圆缓山岭的单面山,平缓的顺层坡面上有稀疏的溶蚀痕迹——溶槽溶蚀洼地;逆坡陡且平行状沟谷发育,呈栅、垅状纹形。

卫片上第一、二段不易区分,均呈淡黄色调,平行状或羽状水系,但与下伏的永宁镇组尚可区分。

(2)永宁镇组(T_1y):本组在航片上解译可分为两段,但在卫片上解译本组无法分段,且与下伏飞仙关组也不易区分。

①第二段(T_1y^2):下部为浅灰色薄至中厚层白云岩,夹薄层灰岩、泥岩;上部为浅灰色中厚层白云岩、盐溶角砾岩等。航片上呈灰—深灰色,单面山顺坡较平缓,有小型溶沟和长条状石芽发育,溶蚀洼地和漏斗一般规模较小。其影像特征呈细点线状纹形(图 8—16—3)。

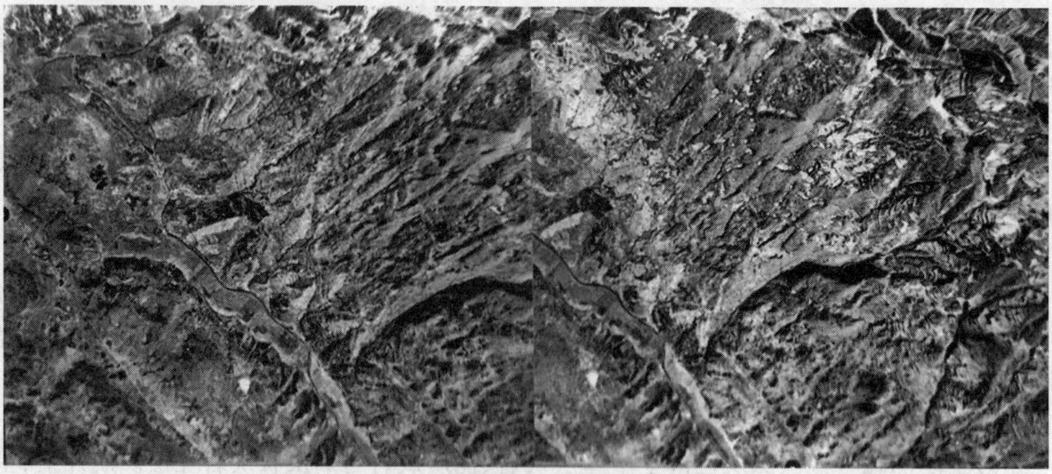

图 8—16—3　三叠系地层溶蚀地貌影像像对

②第一段(T_1y^1):浅灰色中厚层灰岩、蠕虫状泥质灰岩,近底部和中部为灰黄绿紫色砂岩、粉砂岩、泥岩。航片上呈灰—深灰色。砂岩夹层可见隐层理线状纹形。本段在航片上可见少量溶蚀洼地和漏斗,呈灰白色,较细腻的点、豆状纹形,是与下伏飞仙关组区别的标志。

(3)飞仙关组(T_1f):黄、灰绿、紫等色砂岩、粉砂岩、泥岩。航片上呈灰—深灰色。条状山体,山顶尖棱,山脊呈尖薄的波状纹形,延伸较远。树枝状水系发育,山坡被沟谷切割后显肋状纹形。卫片上显淡黄、棕色,密集的短而平行状水系,成带状展布。

2. 二叠系地层岩性解译

(1)龙潭—长兴—大隆组(P_2l+c+d):灰黄色砂岩、泥岩夹十数层煤。由于本组岩性抗风化能力弱,易受侵蚀成沟谷。在航、卫片上都显一条带状凹地,而砂岩形成低缓丘陵或山脊圆缓的山地。龙潭—长兴—大隆组出露处为主要的人文活动区,故大量村落分布成为本组的一个间接解译标志。

(2)栖霞、茅口组(P_1m+q):灰、深灰色中厚层灰岩,含白云质条带灰岩,有燧石结核夹层或燧石结核团块。此两层岩性差异小,在航、卫片上难以区分。航片上显浅灰—灰色调,中夹深灰色细线条或黑色细格状纹形的条带。这些深灰色细线条或黑色细格状纹形条带为燧石结核夹层。其形成溶蚀的棱角状、块状单面山。单面山沿走向展布,山体间发育溶蚀洼地、漏斗,且地表沟谷也发育。此两层在卫片上呈绿黄色,密集平行状线条与石炭系灰岩的块状影像相区别(图 8—16—4)。

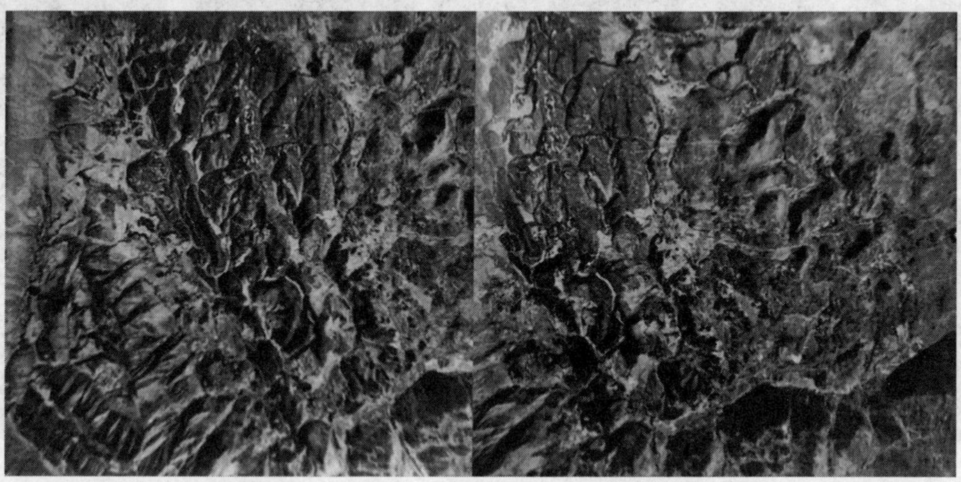

图 8—16—4　二叠系地层的影像特征像对

(3)梁山组(P_1l):灰黑色泥岩、炭质页岩、砂岩,下部夹灰岩。航片上显纹形细腻的缓丘、缓坡,且无溶蚀现象与上、下接触的灰岩相区别。卫片上不易识别。

3. 石炭系地层岩性解译

石炭系摆佐组(C_1b)、黄龙群(C_2hn)、马平群(C_3mp)均为浅灰厚层块状灰岩、白云质灰岩。在航片和卫片上分组较难,故解译只划到系。航片上显浅灰色的溶蚀台地。台地上有零星的石芽、残丘,而溶蚀洼地和漏斗比比皆是,还有坡立谷。卫片上呈黄、绿色,点状纹形,块状形态。

（三）地质构造解译

遥感图像上，鲁番断层以西为褶皱轴长约30余千米的盘关向斜构造，而鲁番断层以东断层多，且构造复杂。

1. 褶皱解译

褶皱解译以卫片为主。卫片上以不同色调、不同纹形相间，岩层倾角西陡东缓对称展布而显现了盘关向斜。向斜东翼受盘县断层所限制，西翼为老黑山断层带；南转折端明显，而北转折端因受北部构造制约显得隐晦（图8—16—5）。

图8—16—5　家竹箐所在区卫星图像

2. 断层解译

在盘县子区图像内断层发育。共解译大小不等的断层近百条，线形影像清晰，岩体或地貌被错断位移影像明显且规模较大的断层有盘县断层、鲁番断层（图8—16—6）、火烧铺断层、老黑山断层带，其余则为规模不大的断层。现将长隧道地区内1:20万区域地质图上所未反映的断层解译如下：

图8—16—6　盘县断层、鲁番断层影像像对

（1）下把弯断层（F_1）：在卫片上为一北东向的线性信息，长约4 km，横穿塔木桥—九坎坡立谷。航片上断层为灰色和灰白色的分界线，地形上呈断层陡坎或断层崖，并见有溶蚀洼地，漏斗沿线成串。

（2）田埂坝断层（F_2）：卫片上显横跨鲁番宽谷的线形信息。航片上为一对口沟，并见有断层崖，现场为一压性断层。

（3）下西铺断层（F_3）：卫片为北东向的线形影像，长约3.5 km。航片可见此断层将长把山嘴切断错位约100 m，并形成断层槽。槽地内溶蚀洼地成串分布。现场验证为压性断层（图8—16—7）。

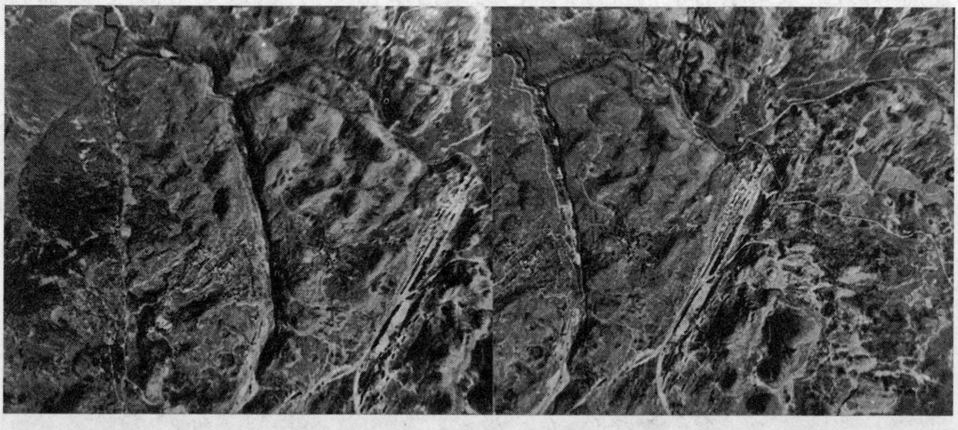

图 8—16—7　下西铺、红果等断层的航片像对

(4)上西铺断层(F_4):卫片上显北东向的长约4 km 的线形信息。航片上为一沟谷。验证在上西铺、王家山两处,均见到岩层受挤压后产状变陡接近直立现象,为一压性断层(图 8—16—8)。

(5)刘家坟断层(F_5):卫片上呈北东向的长约4 km 的线形信息。航片上为一沟槽,其北端海底边见有沿断层带发育的两个落水洞。火烧铺、亦资孔一带沟谷水注入落水洞而成伏流。现场验证为一压性断层。

图 8—16—8　上西铺断层的岩层走向相抵

(6)红果断层(F_6):为一近东西向断层。卫片上沿东西向的线形信息断续延伸达 20 余千米。红果断层是其中一段。在航片上此断层为一直线槽谷,谷底岩溶漏斗沿断层线成定向分布。现场验证为一张扭性断层(图 8—16—7)。

3. 构造节理的解译

卫片上有东西向、北东向、北西向很细的色线,有的呈隐晦的细色线。其中以北东向和北西向线形信息为主。盘关向斜东翼的下西铺至鲁番段,走向北 70°西的节理线形信息比较醒目,其断续延伸达 2 ~ 4 km,其次北北东向也较发育。现场验证所见其切割也较深,如鲁番宽谷两岸可见节理面深达 100 m。下西铺至鲁番宽谷,岩层被节理切割后,崩塌剥蚀形成陡崖地貌。平面两组共轭节理呈棋盘格式展布。

(四)不良地质现象的解译

由于卫星相片比例尺小,对不良地质现象解译困难。因此,主要用航片进行不良地质现象的解译。

1. 岩　溶

本区出露大面积石炭系至三叠系碳酸盐岩地层,溶蚀洼地、漏斗、落水洞、盲谷、暗河、石芽、岩丘、岩峰比比皆是。各种岩溶形态以盘关向斜核部最发育。亦资孔盲谷的北端海底边,可见深色粗线形的沟水,消失在两个圆点状的落水洞内,此处为沟水潜入地下,形成暗河(图

8—16—7)。另外红果站东的干沟坪子,深色的细沟水在此消失,这是暗河进口;而竹清河为此暗河的出口。这条暗河是排泄家竹箐分水岭以西地区的段家庄至下西铺和华家屯一带地表水的主要通道(图 8—16—2)。

漏斗、落水洞呈圆形或点影像,受构造格局控制时,则定向排列。岩丘、岩峰呈馒头状、贝壳状、蛤壳状影像,纹形较粗。溶蚀洼地显不规则形态,色调异于周围,纹形细腻。航片上搭木桥至九坎呈长方形的坡立谷,长 2.0 km,宽 1.0 km。坡立谷四周高而封闭;内有漏斗,溶蚀洼地,盲谷发育。北、西两侧山地的大面积表水均宣泄于谷内。坡立谷内均被开辟为农田(图 8—16—9)。

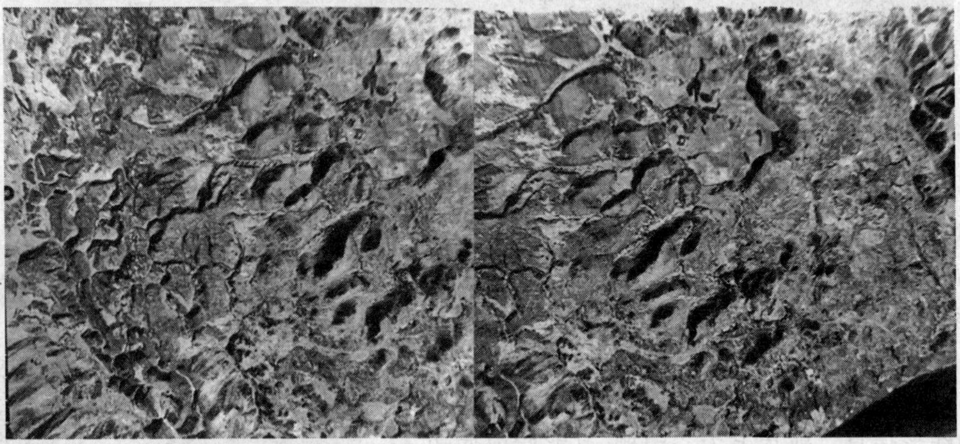

图 8—16—9　搭木桥—九坎坡立谷和岩溶地貌影像像对

2. 滑坡解译

较大的滑坡是分布在鲁番谷地北岸的河底滑坡和下把弯滑坡。

(1)河底滑坡:滑坡宽 120 m,长 300 m,呈狭长形。航片上四周浅灰色上显狭长形的灰色调。滑坡上、下游鲁番谷为较宽的谷地,惟滑坡处谷地狭窄,沟床被逼向南岸。航片上滑坡围椅状周界明显,且见有三级错台的滑体,上、中错台西侧见有两个积水洼地,滑舌部分错台较完整。现被辟为农田(图 8—16—4)。

(2)下把弯滑坡:滑坡在航片上为灰白色调显浅灰色的扇形,宽 300 m,长 400 m。滑坡有明显围椅状后缘,滑体西缘为下把弯断层的断层崖。滑舌伸入鲁番宽谷,使鲁番宽谷在此 300 m突然变窄。航片上滑体下部呈一缓坡,被辟为耕地,滑体上部有溶蚀。断层崖侧滑体内有崩积的块石,显较粗糙纹形。

除上述滑坡外,段家庄、冷水沟左岸从航片上分别见有面积小于 0.01 km^2 的小滑坡。

3. 岩堆解译

大锅椒附近沟侧,在灰岩断层崖脚见有岩堆影像。但因航片被黑色阴影遮挡,仅局部见极粗糙纹形,且色调较深。经现场验证,岩堆的面积为 200 m × 350 m。

4. 泥石流沟解译

泥石流沟主要分布在搭木桥至九坎、冷水沟至下西铺一带。搭木桥至九坎坡立谷内有 3 条泥石流沟形成的洪积扇,沟口都有新堆积的洪积物,在航片上显较粗糙的纹形(图 8—16—4)。

冷水沟泥石流在沟口形成两级泥石流扇:老泥石流扇呈灰白色,已被改造成农田;而新洪积扇呈灰色,面积较小。现沟上游山坡尚有约 10 万 m^3 的滑坡体,滑坡前缘常年受山洪冲刷,为泥石流提供了大量的固体物质,从而对家竹箐隧道出洞后的沿线工程构成直接的危害。

下西铺泥石流沟规模较小。在航片上,沟口泥石流扇不明显,而沟上游见有两个小坍体和沟源两个小堆积平台,其前缘都受山洪侵蚀,将有 5 000 ~ 10 000 m^3 固体物质补给泥石流。经现场验证,下西铺沟口房屋有被泥石流冲毁的痕迹。

(五)遥感技术在铁路工程地质中应用的体会

1. 经过对航片、卫片的解释和野外验证,获得了家竹箐长隧道地区较为齐全的工程地质资料。将遥感图像解译的成果资料与有关区域资料比较后,证明解译的成果图质量是较好的,且内容较区域资料更充实。

2. 这次应用遥感技术于长隧道地区工程地质测绘,对加快工程地质测绘进度,缩短野外工作时间等方面都有较好的效果。如按用常规测绘方法,一座长 5 ~ 10 km、地质条件复杂的越岭隧道,进行大面积的区域工程地质测绘,一般需较长野外工作时间,而应用遥感技术后,可缩短一半野外工作时间。

3. 遥感图像视域广,地质信息丰富,室内可进行较大面积的解译,故解译后的成果资料能较好地满足大范围、多方案线路比选的要求。

十七、大地电磁勘探在隧道工程中的应用

李　坚

(一)引　　言

近 20 年来,随着物探技术的进步和发展,可控源音频大地电磁法(以下简称 CSAMT)在铁路长大深埋隧道地质勘探中得到了广泛应用。自 1999 年开始,铁二院在渝怀、遂渝、襄渝、黔桂、大丽、大瑞、六沾等铁路的长大深埋隧道地质勘探中,开展了大量的 CSAMT 勘探工作,取得了较好的效果,在宏观地探测岩溶、断层及地层界线和指导深孔钻探孔位布置等方面,起到了其他物探方法不可替代的作用,与此同时,也节约了一定数量的深孔钻探,缩短了隧道的勘探工期。现介绍近年来铁二院在开展 CSAMT 勘探工作中所取的一些技术成果。

(二)地球物理特征

在 CSAMT 探测中,主要根据电阻率值的大小和其在地下的展布形态来划分地下地质体及其空间分布。根据在多条铁路所作隧道的地球物理反演结果并结合地质资料统计分析,得出各地层岩性、地质体所对应的电阻率值。统计结果表明,各地层之间,特别是岩溶与较完整灰岩之间、断层或破碎岩体与较完整岩体之间、软质岩体与硬质岩体之间、富水岩体与较干燥岩体之间存在较大的电阻率差异,因此具备开展 CSAMT 法勘探岩溶、断层等不良地质的地球物理前提条件。

(三)野外工作

1. 仪　　器

20 世纪 80 年代末,加拿大凤凰公司(PHOENIX)公司研制了 CSAMT 测量仪器系统,编制了相应软件,建立了一套较为完备的野外工作方法。自 20 世纪 90 年代中期以来,铁二院先后

购置了该公司研制的能够采集和处理 CSAMT 资料的 V5、V6 及 V8 型大地电磁勘探仪器。

V5、V6 及 V8 型仪器包括一套发射系统、一套接收系统和相应的数据处理软件。发射系统包括发电机和发射机，发射频率为 9600 ~ 1 Hz；接收系统包括由微机控制的智能化数字接收机、磁探头和不极化电极。接收机一次可同时接收不同频率系列的 7 道电场（E_x）和 1 道磁场（H_y）分量，即一次发射可同时完成 7 个物理点的频率测深。接收机将从野外采集的数据存储在计算机中，对其数据进行处理后，获得原始测深曲线和反演断面图，为后续的物探资料推断解释使用。在正式开展数据采集工作前，必须对仪器进行标定，以确保仪器处于良好的工作状态。实际测量时，根据信噪比的情况，选择最佳信噪比的增益。

2. 测线布置及工作装置

一般在隧道上方地面的中线位置布置 1 条 CSAMT 纵测线；若地质专业有特殊要求时，可在适当位置布置一定数量和长度的横测线和旁测线；测点点距均为 20 m。

在 CSAMT 勘探工作中，采用赤道偶极装置、标量观测方式，供电电极距 $AB = 2\,000$ m，接收电偶极 MN 与测线方向一致，$MN = 20$ m，磁探头方向与 MN 垂直。发射机与接收机之间距离（r）的选择与探测深度有关。为在远区场接收电磁信号，原则上讲，r 距离越大越好，但 r 过大，接收信号弱小，测量误差增大，因此，要根据目的要求和发射机的功率进行选择。一般来说，只要保证 $r > 6H$（H 为探测深度）即可。CSAMT 勘探野外工作布置见图 8—17—1。

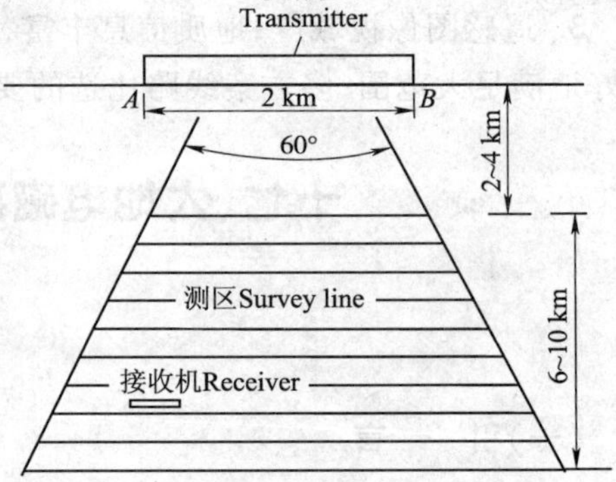

图 8—17—1　CSAMT 法野外工作布置示意图

3. 质量保证措施

（1）收发距通过试验确定，确保能在远区场采集数据，一般收发距大于勘探深度的 10 倍；

（2）准确定位发射电偶极子 AB 位置，每次布极采用手持式 GPS 仪定点，保证接收区域严格控制在发射电偶极于 AB 所张开的 60°梯形面积内；

（3）AB 长度大于 2 km，并与测线基本平行，最大夹角小于 15°；

（4）为使 AB 两电极的埋置条件基本相同并且接地电阻小于 60 Ω，采用挖坑浇盐水埋设等措施，同时加大供电电流，保证数据采集的可靠性；

（5）在一条测线上移动观测排列时，前后排列至少一个测点重合，水平磁棒的方向偏差小于 5°；

（6）选择干扰背景比较平静的时间段记录，采集低频段资料时，采取适当延长观测时间、增加叠加次数等措施，叠加测量的电阻率相对均方误差不大于 ±10%。

由于采取了以上措施，保证了 CSAMT 法野外资料的质量。

（四）资料处理

使用 CSAMT Soft-2D1.0Version 软件对所采集的 CSAMT 资料进行处理。该软件由铁二院与成都理工大学共同开发，它是集数据去噪、平滑、静态校正、二维多方法多模式反演解释、二维有限元屏幕建模正演为一体的大地电磁资料处理平台，界面友好，反演信息丰富，计算精度较高。

由于山区（隧道）近地表电性结构的横向不均匀性较强，在 CSAMT 的野外资料采集过程中会产生静态效应。目前，减小静态效应比较有效的方法是对不同测点资料采用汉宁窗空间滤波器进行滤波，消除近地表电性结构的横向不均匀性。CSAMT Soft-2D1.0Version 软件在降低静态效应和二维反演等方面有其独到之处，能最大限度地消除由静态效应引起的大地电磁测深曲线位移现象，提高资料的可信度。

在资料处理中，首先对数据进行剔除非值、去噪、静态校正及近场校正等处理，然后进行一维和二维反演成像处理。对 CSAMT 资料进行处理后，得到各测线的电阻率断面图，以此作为资料分析和解释的基本图件。

（五）资料分析及解释原则

CSAMT 属于电磁类的物探方法。在不同地层之间或同一地层中的不同赋存结构，电阻率一般存在差异，按电阻率值的高低及分布形态可判释地层界线或岩溶、断层等不良地质体。在资料解释过程中，对工区各地层界线以及岩溶、断层、褶皱等不良地质体进行系统分析，可得到它们在电阻率断面图上所对应的异常分布形态及电阻率特征值。因此，根据异常分布形态及电阻率特征值，以 CSAMT 法的电阻率断面图为主，以单支电测深曲线为辅，并结合地质调绘及钻探资料，将工区地下电性断面划分为断层、Ⅰ类（异常）、Ⅱ类（异常）、Ⅲ类（异常）和Ⅳ类等五个电性区域，它们分别所对应的推测地质体见表 8—17—1。

表 8—17—1　电性区域与推测地质体对应关系表

电性区域	断　层	Ⅰ类（异常）	Ⅱ类（异常）	Ⅲ类（异常）	Ⅳ类
推测地质体	断层破碎带	岩溶强烈发育、岩体极破碎、极软弱或富水岩体	岩溶中等发育、岩体破碎、软弱或含水岩体	岩溶弱发育、岩体较破碎、较软弱	较完整岩体

1. 资料分析

(1)地层界线

对地层界线的认识是进行资料分析解释的基础，其界线划分的主要依据是电测深曲线和电阻率断面图。地层界线一般对应于相邻测点电测深曲线形态突变位置和电阻率断面图中等值线梯度变化最大处位置。图 8—17—2 为某线一测线的电阻率断面图。图的左半部分电阻率明显低于右半部分，在中间位置等值线梯度变化较大，表明该处存在一地层岩性界线。根据地质资料，中间位置对应于寒武系绢云板岩、千枚岩夹变质砂岩（左侧）和二叠系片麻岩、变粒岩、片岩、板岩（右侧）之间的界线。

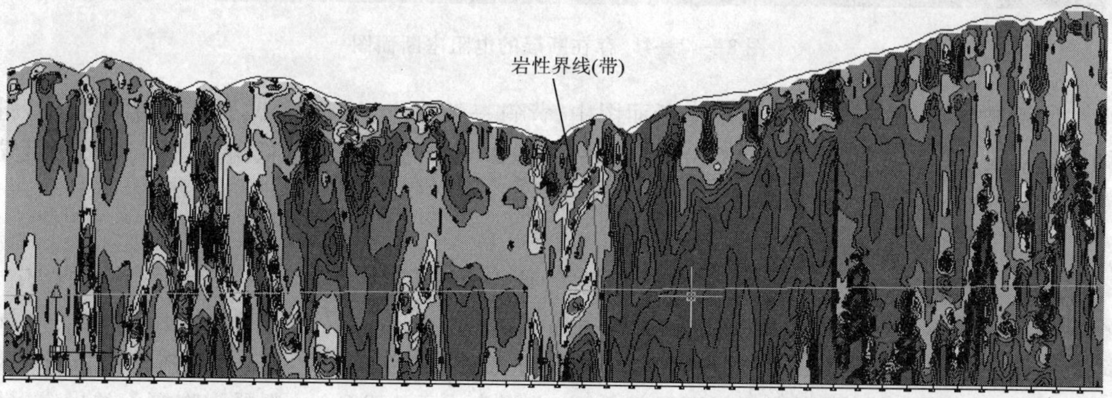

图 8—17—2　地层界线的电阻率断面图

(2)地质构造

①断层:断层所对应的特征,一是电测深曲线表现为较明显的下降或整体电阻率较低,二是电阻率断面图中呈条带状或串珠状低阻异常。一般地,其低阻异常的宽度和倾向对应于断层破碎带的宽度和倾向,等值线梯度变化最大处对应于破碎带的边界。图 8—17—3 所示的三个近于直立并且上下贯通的条带状低阻异常,电阻率值极低,低阻异常特征非常明显,它们分别对应于三条断层破碎带。图 8—17—4 中,从上至下、向图左侧延伸的串珠状低阻异常,则以另一种形态对应于一条断层破碎带,物探资料和地质资料均显示该断层倾向图左侧(小里程)方向。

图 8—17—3　存在断层的电阻率断面图

图 8—17—4　存在断层的电阻率断面图

②褶皱(背斜和向斜):在电阻率断面图中,背斜一般对应于"∩"字形低阻异常特征,向斜则一般对应于"∪"字形低阻异常特征。图 8—17—5 所示的"∩"字形低阻和"∪"字形低阻异常分别对应于一系列典型的背斜和向斜构造。

(3)不良地质

本文所判释的不良地质体定义为岩溶发育、破碎、软弱或含水岩体。在电阻率断面图中,不良地质体显示为团块、闭合圈或片区低阻异常等特征。图 8—17—6 中所示的隧道洞身高程附近的团块低阻,电阻率为 150 ~ 630 Ω·m,判释为物探Ⅱ类异常,即对应于岩溶中等发育(破碎、软弱或含水)岩体;洞身高程以下局部低阻,电阻率小于 150 Ω·m,判释为物探Ⅰ类异常,即对应于岩溶强烈发育(极破碎、极软弱或富水)岩体。

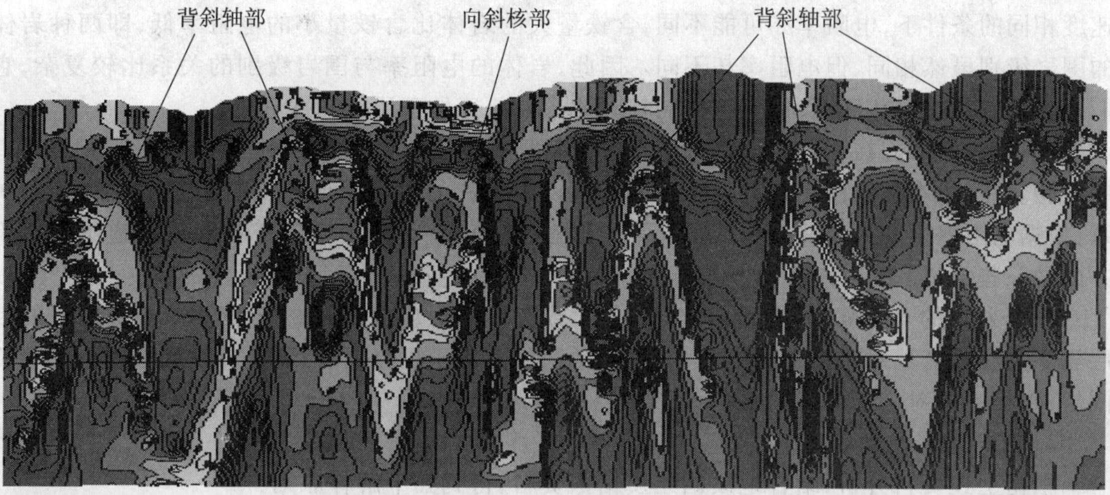

图 8—17—5 存在背斜和向斜构造的电阻率断面图

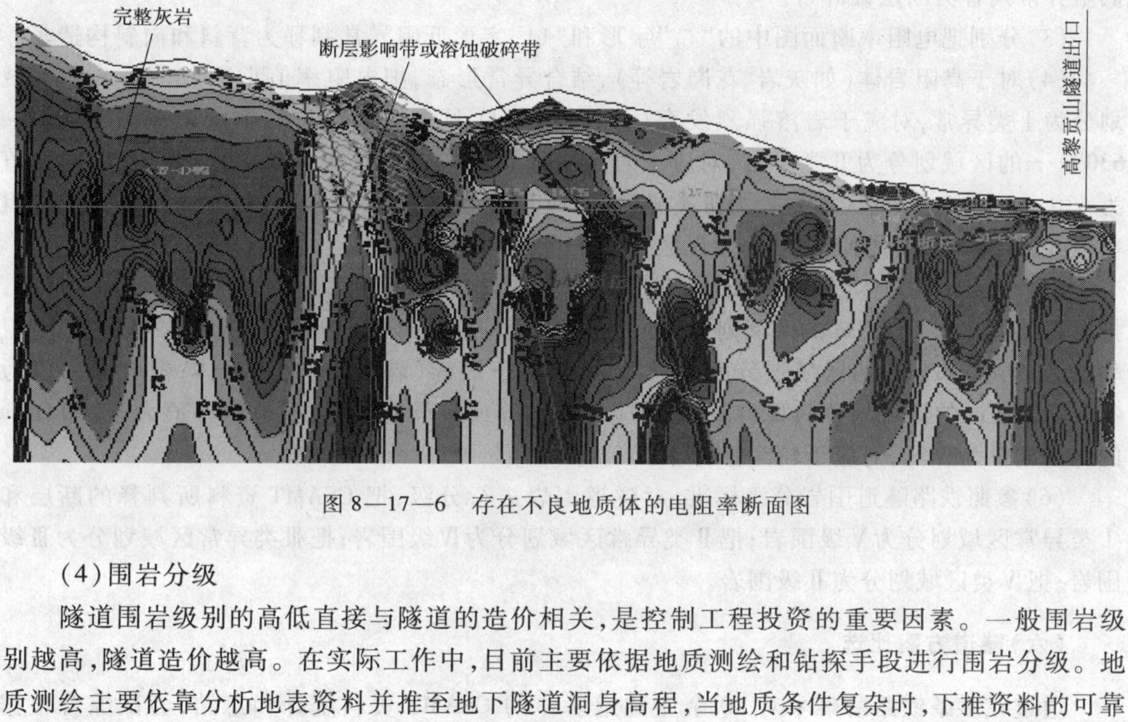

图 8—17—6 存在不良地质体的电阻率断面图

(4)围岩分级

隧道围岩级别的高低直接与隧道的造价相关,是控制工程投资的重要因素。一般围岩级别越高,隧道造价越高。在实际工作中,目前主要依据地质测绘和钻探手段进行围岩分级。地质测绘主要依靠分析地表资料并推至地下隧道洞身高程,当地质条件复杂时,下推资料的可靠性差,钻探虽然直观可靠,但因孔间距大,其资料的代表性差。因此,在地质条件复杂的情况下,隧道围岩分级与实际施工开挖结果出入较大。由于围岩分级直接控制隧道的工程投资,它也是隧道方案评价和比选的重要依据,所以现在迫切需要研究一种比较准确实用的围岩分级方法。

岩体的坚硬程度、完整程度、地下水、地应力及地震纵波速度等是划分铁路隧道围岩级别的主要依据。一方面,岩体软弱、破碎、富水,其电阻率低,即围岩级别高,反之,围岩级别则低;另一方面,岩体导电矿物的含量直接影响其电阻率,而导电矿物的含量却一般与岩体的围岩级别没有直接的关系。例如，两种不同的岩体在坚硬程度、完整程度、地下水、地应力及地震纵波速度相同的条件下，电阻率亦可能不同，含铁量大的岩体比含铁量小的电阻率低，即两种岩体的围岩级别虽然相同，但电阻率却不同。因此，岩体的电阻率与围岩级别的关系比较复杂，它们之间虽然存在一些联系，但其直接的相关关系目前还处于研究和探索中。

近年来，铁二院在积极探索依据电阻率资料划分围岩级别方面取得了一定进展，积累了一些经验。在此，本文试图总结近年来在铁路建设中统计的电阻率值与围岩级别的对应经验关系，根据电阻率值的大小并结合低阻异常的形态，在直接利用 CSAMT 资料划分隧道围岩级别方面做一些尝试。

根据大量的 CSAMT 资料统计，宏观上大致有以下对应关系：由 CSAMT 资料所判释的断层和Ⅰ类异常区域对应于Ⅴ级围岩；Ⅱ类异常区域对应于Ⅳ级围岩；Ⅲ类异常区域对应于Ⅲ级围岩；Ⅳ类区域对应于Ⅱ级围岩。

2. 资料解释原则

根据上述资料分析，结合地质调绘及钻探资料，得到如下解释原则：

(1)把电阻率断面图上等值线梯度变化最大位置判释为岩层界线；

(2)结合电测深曲线的形态及其电阻率值的大小，把电阻率断面图上的条带状或串珠状低阻异常判释为断层破碎带。

(3)分别把电阻率断面图中的"∩"字形和"∪"字形低阻异常判释为背斜和向斜构造。

(4)对于高阻岩体(如灰岩、花岗岩等)，结合异常形态，把电阻率值小于 150 Ω·m 的区域划分为Ⅰ类异常，对应于岩溶强烈发育(极破碎、极软弱或富水)岩体；把电阻率值为 150～630 Ω·m的区域划分为Ⅱ类异常，对应于岩溶中等发育(破碎、软弱或含水)岩体；把电阻率值为 630～1 600 Ω·m 的区域划分为Ⅲ类异常，对应于岩溶弱发育(较破碎、较软弱)岩体；把电阻率值大于 1 600 Ω·m 的区域划分为Ⅳ区，对应于较完整岩体。

(5)对于低阻岩体(如泥岩、砂岩、玄武岩等)，其电阻率背景值较低，因此，结合异常形态，把电阻率值小于 10 Ω·m 的区域划分为Ⅰ类异常，对应于极破碎(极软弱)或富水岩体；把电阻率值为 10～40 Ω·m 的区域划分为Ⅱ类异常，对应于破碎(软弱)或含水岩体；把电阻率值为 40～200 Ω·m 的区域划分为Ⅲ类异常，对应于较破碎或较软弱岩体；把电阻率值大于200 Ω·m 的区域划分为Ⅳ区，对应于较完整岩体。

(6)参照铁路隧道围岩分级标准，对隧道围岩进行分级，把 CSAMT 资料所判释的断层和Ⅰ类异常区域划分为Ⅴ级围岩；把Ⅱ类异常区域划分为Ⅳ级围岩；把Ⅲ类异常区域划分为Ⅲ级围岩；把Ⅳ类区域划分为Ⅱ级围岩。

(六)隧道方案比选

通过在多条铁路勘察中对 40 余座隧道所作的 CSAMT 资料统计和总结，尝试综合根据 CSAMT 资料所划分的断层、不同级别围岩，特别是其中Ⅴ级围岩和Ⅳ级围岩段落的总长度(绝对长度)、百分比例(相对长度)以及围岩坚硬程度的分布范围等因素，对隧道方案进行评价并对不同的隧道方案进行比选。

下面为某线一座越岭特长隧道方案评价的实例。该隧道分 A、B、C 三个主要线路方案，三个方案隧道长度分别为 39 km、21 km 和 17 km。根据 CSAMT 资料解释结果，对 A、B 和 C 三个线路方案隧道洞身高程穿越断层破碎带、物探Ⅰ类和物探Ⅱ类异常的长度进行了统计，结果见表 8—17—2。

表 8—17—2　某隧道各线路方案物探解释结果统计对比表

线路的越岭隧道方案	断层破碎带		Ⅰ类异常		Ⅱ类异常		累　计
	断层数(条)/总长(m)	百分比(%)	总　长(m)	百分比(%)	总　长(m)	百分比(%)	总长(m)/百分比(%)
A 方案	29/4832	12.2	1585	4.0	7936	20.0	14353/36.2
B 方案	21/5297	15.3	3586	10.3	8431	24.3	17314/49.9
C 方案	19/5616	15.4	4266	11.7	10248	28.1	20130/55.2

1. 不良地质

电阻率值的分布特征反映了地下岩性及构造的赋存情况。一般电阻率值变化不大、背景值较高,即电阻率断面图低阻异常分布较少,说明断层及不良地质不发育,反之,则发育。比较表 8—17—2 统计结果及 A、B 和 C 三个方案的电阻率断面图,虽然 A 方案隧道最长、断层条数最多,但该方案隧道高程范围的低阻异常段落长度却最短,即隧道所穿越的断层、Ⅰ类异常和Ⅱ类异常段落的总长度(绝对长度)最短、百分比例(相对长度)亦最小,或者说 A 方案隧道所穿越的Ⅴ级围岩和Ⅳ级围岩段落的总长度(绝对长度)最短、百分比例(相对长度)最小,B 方案次之,C 方案最长。因此,A 方案隧道所穿越断层及不良地质的段落或围岩级别较高的段落分布最短,B 方案次之,C 方案最长,故 A 方案的工程地质条件总体上明显优于 B 和 C 方案;同理比较,B 方案又明显优于 C 方案。

2. 围岩坚硬程度

电阻率值的大小,在一定程度上反映了围岩的坚硬程度。电阻率值较高,则说明围岩较坚硬,反之,则说明围岩较软弱。对比 A、B 和 C 三个方案的电阻率断面图,A 方案电阻率值宏观上明显大于 B 方案,B 方案电阻率值宏观上又明显大于 C 方案。因此,认为 A 方案的硬质岩分布范围明显大于 B 方案,B 方案的硬质岩分布范围又明显大于 C 方案。

综上所述,虽然 A 方案隧道最长,B 方案隧道次之,C 方案隧道最短,但综合考虑各方案不良地质段落,即Ⅴ级围岩和Ⅳ级围岩段落的总长度(绝对长度)、百分比例(相对长度)以及围岩坚硬程度的分布范围等因素,根据物探资料评价,A 方案的工程地质条件较好,B 方案的工程地质条件次之,C 方案的工程地质条件最差。

(七)成果及存在的问题

1. 成　果

(1)异常分区:根据 CSAMT 资料,把地下断面划分为五种电性区域,即断层、Ⅰ类(异常)、Ⅱ类(异常)、Ⅲ类(异常)和Ⅳ类五个区域,它们分别对应于以下几类围岩状况:断层破碎带;岩溶强烈发育或极破碎、极软弱、富水岩体;岩溶中等发育或破碎、软弱、含水岩体;岩溶弱发育或较破碎、较软弱岩体;较完整岩体。根据对隧道所作的 CSAMT 资料统计,经钻探和施工开挖,大都揭示了断层或不良地质体,表明物探资料基本可靠。通过 CSAMT 勘探,大大提高了对隧道工程地质条件的宏观认识水平。

(2)隧道围岩分级:依据 CSAMT 资料所划分的五种电性区域,把断层和Ⅰ类异常区域划分为Ⅴ级围岩;把Ⅱ类异常区域划分为Ⅳ级围岩;把Ⅲ类异常区域划分为Ⅲ级围岩;把Ⅳ类区域划分为Ⅱ级围岩。

(3)隧道方案地质条件评价及比选:综合 CSAMT 资料所划分的Ⅴ级围岩和Ⅳ级围岩段

落的总长度(绝对长度)、百分比例(相对长度)以及围岩坚硬程度的分布范围等因素,评价和比选隧道各方案的工程地质条件,提出推荐方案,使物探工作直接参与隧道的工程地质选线。

2. 存在的问题

(1)地热探测:采用 CSAMT 方法探测埋深及规模较大的隐伏地质构造效果较好,而地下水的赋存位置及连通性与地质构造有一定的关联,故使用 CSAMT 等物探方法寻找可能赋存地下水的地质构造是可行的。地下热水为地下水的一种特殊赋存形式之一,但是地下水水温的变化并不会明显改变其本身的电性特征,因此根据 CSAMT 资料不能确定地下水温的高低,即 CSAMT 法不能直接探测地下热水。但首先借助 CSAMT 等物探方法寻找可能赋存地下水的地质构造,再通过遥感、地质调绘、钻探、物探及测试资料,进行综合分析,可判断地质构造是否为储水构造,并进一步判断储水构造是否为热储构造,从而达到间接探测地下热水的目的。因此,尽管根据 CSAMT 资料还不能直接解决隧道的地热探测问题,但它仍是间接探测地下热水分布的重要手段之一。

(2)干扰:CSAMT 方法自身存在静态、近场、场源、地形和日变磁场等干扰,虽然采取了一些处理措施,但不可能完全消除这些干扰,因此 CSAMT 资料的精度受到一定影响,可能漏判或误判部分目标地质体。

十八、综合物探在南昆铁路岩溶复查工作中的应用

李　坚

(一)前　　言

南(宁)—昆(明)铁路线路总长 898 km,跨越桂、黔、滇三省(区),其中可溶岩地段的线路长度为 387.6 km,占总长度的 43%。在该线的初测和定测阶段,针对岩溶问题,曾作过专门的物探工作,取得了一定的效果。但是线路穿越深山峡谷,地形起伏大,勘探深度大,许多地段的岩溶发育情况仍然远未查清。

自 20 世纪 90 年代初起,南昆铁路分段陆续开展施工,路基面逐渐平整成形,且大多未上砟铺轨,这为物探在路基面上探测岩溶提供了优越的施测条件。为确保铁路建成通车后不留岩溶塌陷隐患,经铁道部同意,铁二院在此期间紧随施工之后开展了南昆铁路施工阶段的专项岩溶复查工作。为此,从 1993 年 7 月至 1996 年 12 月,在地面地质测绘的基础上,以综合物探为主,并辅以钻探,对全线可溶岩分布地段的路基进行了贯通性勘探,重点是查明路基面下 30 m深度范围内的岩溶发育情况。该项物探工作共作四极对称直流电测深点近 9 万个,地质雷达剖面长 367 438 m,地震反射剖面长 5 929 m,跨孔电磁波层析成像(CT)剖面 6 371 m。通过历时三年多、工作量巨大的物探工作,我们总结、形成了一套比较完整、实用的以综合物探为主的岩溶地面塌陷勘察的系统方法。

(二)岩溶地貌和岩溶发育特征

岩溶的发育必须具备两个基本条件:第一是可溶岩,第二是溶蚀可溶岩的水。岩溶发育的结果是形成不同的岩溶地貌。以下四种岩溶地貌反映了不同的岩溶发育规律:

1. 溶丘谷地

地面以溶丘和谷地为主,地下溶洞、溶隙较发育,但以充填为主。

2. 峰丛(峰林)洼地

地面以峰丛、峰林和封闭洼地为主,洼地中同时发育众多的漏斗、竖井和落水洞。

3. 峡　　谷

河谷深切,岸坡陡峭,岸坡上常有悬挂溶洞、暗河出口或岩溶大泉分布,岸坡以上地面发育有众多的洼地、漏斗、竖井和落水洞,常呈串珠状分布。

4. 高原残丘—溶原

地面以溶蚀平原为主,偶见残丘、孤峰,局部地区可见石林地貌,地面既有裸露型岩溶,又多覆盖型岩溶,洼地、漏斗、竖井、落水洞、石牙、溶槽遍布,地下溶洞、溶隙、暗河发育,但溶洞、溶隙以充填或半充填为主。

总体上,岩溶发育还受地下水、构造和岩性等因素的控制。一般说来,在断层破碎带和方解石成分含量较重的可溶岩地段以及可溶岩与非可溶岩接触带,特别是泥页岩等致密、隔水的岩层接触带处,岩溶往往十分发育。

(三)野外工作方法

1. 方法的选择

在铁路施工过程中,路基已大体平整成型,所以物探工作地段处于狭长的地形平缓地带。根据实际观测和统计分析,路基面至以下 30 m 深度范围内的岩溶(特别是溶洞)对路基的稳定及行车安全构成的威胁最大,因此要求物探的勘探深度为 30 m。此外,虽然岩溶与围岩有一定的电阻率、介电常数、地震波阻抗的差异,但因其为不规则三维形体,空间组合十分复杂,要查清这样深度范围内岩溶的位置、形态及埋深,对物探方法的勘探精度提出了较高的要求。据此,选用直流电测深法和地质雷达探测法为主进行勘探,个别地段辅以联合剖面法、充电法和四极对称剖面法,在具备网格状布置钻孔的条件下,采用跨孔电磁波层析成像(CT)法。由于工作区岩溶的三维不规则形态及其规模有限(一般溶洞的直径为 1 ~ 5 m),实际激发的地震波有效频率为 25 ~ 300 Hz,分辨率低,用常规的二维地震反射波法难以取得良好的效果。以下主要介绍电测深法和地质雷达探测法。

2. 测网布置

由于岩溶勘探要求精度高,所以需布置高密度测网。一般在单股轨道地段,沿线路方向布置 3 ~ 4 条测线,线距 2 ~ 5 m;在车站地段,视轨道数量而定,一般至少布置 5 条以上测线;电测深法点距为 5 m,异常地段加密至 2.5 m。地质雷达探测法采用连续追踪剖面观测;跨孔电磁波层析成像(CT)法采用定发、定接及同步等多种方式观测,接收点距为 0.5 ~ 1 m。

3. 观测参数

电测深法:$AB/2$ 从 1.5 m 变至 50 m,$MN/2 = 0.5$ m。

地质雷达探测法:为兼顾勘探深度和精度,采用 100 MHz 和 300 MHz(有时为 500 MHz)两种对空屏蔽天线进行施测,采样点为 512 点/扫描,记录长度为 $300 \times 10^{-9} \sim 650 \times 10^{-9}$ s。

(四)资料处理整理

1. 电测深法

把各测线观测值绘制在模数为 6.25 cm 双对数坐标纸上,用微机绘制各测线的视电阻率等值线断面图和各极距($AB/2=1.5\sim50$ m)的视电阻率等值线平面图(以下分别简称等 ρ_s 断面图和等 ρ_s 平面图),作为电测深资料定性解释的主要依据。采用 $\rho_s=10,15,20,30,50,70,100,150,200,300,\cdots,5000,7000,10000$ Ω·m 间隔值勾绘等值线图,以突出岩溶异常的形态及细节,当图中等值线仍显得稀疏时,再加密勾绘等值线。

2. 地质雷达探测法

为提高资料的信噪比和分辨率,对野外原始资料用 RADANⅢ系统软件作以下流程的处理:

磁带原始数据读入微机→数字滤波→能量均衡→输出时间剖面图

(五)资料解释

1. 剔除非可溶岩地层

对一般岩溶工点而言,除可溶岩地层以外,还有人工填土、第四系覆土、砂岩、泥岩、页岩甚至火成岩等地层,有的岩层亦与可溶岩互层,而这些岩层与可溶岩中岩溶的电阻率和介电常数差异不大,其物性容易混淆,因此要正确判释岩溶异常,首先应根据物探资料把这些地层与可溶岩区分开。

(1)人工填土及第四系覆土:由于结构及湿度不均匀,造成人工填土及第四系覆土电性的不均匀性。在电测深曲线前支,曲线类型多变,等 ρ_s 断面图上部等值线形态复杂,高低阻闭合圈或半闭合圈较多,ρ_s 值变化大,从几十至上万欧姆米不等。潮湿黏土的 ρ_s 值极低,一般为几十欧姆米,而干燥或土夹块石土层的 ρ_s 值极高,一般均达上千欧姆米。当地面为潮湿覆土时,地质雷达勘探深度会大大降低,一般在时间剖面图上看不到较深地层的反射信号,因此可以利用这一特征并结合电测深资料来判释覆土的电性特征。而可溶岩的 ρ_s 值在 300 至几千欧姆米,反映在测深曲线中段及尾支,并且土石分界线在电测深曲线的特征点,如 H、K、A、Q 点,比较稳定,有规律,通常可根据辅助量板解释法、最优化反演计算或经验系数法求出覆土厚度,即土石分界线埋深。

(2)砂岩、泥岩及页岩:砂岩、泥岩及页岩的电性与可溶岩相比,差异较大。砂岩 ρ_s 值在 $100\sim300$ Ω·m,泥岩及页岩的 ρ_s 值在 $20\sim100$ Ω·m,相邻测点的电测深曲线形态变化不大,等 ρ_s 断面及平面图的等值线平缓而又稀疏。与之相反,可溶岩的 ρ_s 值在 300 至几千欧姆米,相邻测点的电测深曲线形态变化大,高低阻圈相间,岩溶发育时,此特征尤为明显。此外,由于砂岩、泥岩及页岩的电阻率低,对电磁波吸收大,所以在雷达时间剖面图上反射信号弱,而可溶岩(特别是岩溶)发育地段雷达时间剖面图上反射信号较强。应特别注意的是,当可溶岩夹薄层砂泥岩或可溶岩含泥质或碳质成分较高时,其电性与砂泥岩相差不大,容易混淆,所以在解释资料时,要注意排除这种干扰。当砂岩、泥岩及页岩与可溶岩呈水平接触时,可用前述定量确定土石分界线的方法划分这些岩层的界线。

2. 确定岩溶发育规律

在剔除非可溶岩地层后,根据等 ρ_s 断面图、平面图、电测深曲线和雷达时间剖面图,结合地貌、岩性、构造和地下水等地质测绘资料,可从宏观上来判定测区可溶岩中的岩溶发育规律及其分区。一般来说,当岩溶发育时,在物探资料中所显示的特征有:受岩溶三维不规则形体的影响,等 ρ_s 断面图、平面图的等值线变化凌乱,高低阻圈交错,并且其峰值高于或低于背景值的 3~5 倍;相邻测点的电测深曲线类型变化较大,有时曲线的上升段或下降段与横坐标轴的交角分别大于 45°或 62.5°;有时曲线中出现上凸或下凹的平台;雷达时间剖面图上存在较强的条带状或反"U"字形反射信号或小范围的极弱信号区。另外,根据等 ρ_s 断面图高低阻圈异常的长轴方向是近于垂直或近于水平，可确定岩溶是以垂直方向或水平方向发育为主；根据等 ρ_s 平面图的高低阻圈异常的长轴方向，也可大致确定岩溶在平面上的发育方向。

3. 定性判释单个岩溶

在大致确定测区的岩溶发育规律后，就可根据物探资料来进一步判释可溶岩中所赋存的单个岩溶。

对路基形成直接危害的地下隐伏岩溶可划分为三种类型，即溶洞（包括充填及半充填洞、空洞和暗河）、溶隙（包括溶槽和溶沟）和溶蚀破碎带。岩溶地面塌陷物探的目的，就是要准确划分并判定它们的埋深、大小、形态及性状。

（1）充填溶洞、半充填溶洞（充填潮湿土）和暗河：电测深曲线反映为 H 形或下凹平台，等 ρ_s 断面图和平面图为低阻圈，其 ρ_s 值一般小于 100 Ω·m 或小于背景值3倍以上，雷达时间剖面图为反“U”字异常或反射信号能量特低。

（2）空洞和半充填溶洞（充填干土和块石）：电测深曲线为 K 形或上凸平台，等 ρ_s 断面图和平面图为高阻圈，其值一般大于 5 000 Ω·m 或大于背景值5倍以上，雷达时间剖面图为反“U”字异常。

（3）小溶洞群：相邻测点电测深曲线类型变化大，等 ρ_s 断面图、平面图形态变化特别凌乱，等值线密集，高低阻圈多，雷达时间剖面图有杂乱的强反射信号。

（4）溶隙：在等 ρ_s 断面图上反映为垂直或近于垂直的低阻带，在等 ρ_s 平面图上则反映为向某一方向延伸的低阻带，其 ρ_s 值一般比背景值小 2 倍以上。

（5）溶蚀破碎带：在等 ρ_s 断面图、平面图上都反映为低阻异常，其 ρ_s 值仅比背景值小 2 倍，雷达时间剖面图上反映为条带状强反射信号。

需注意的是，在可溶岩中，若泥质或碳质成分含量较重时，如泥质或碳质灰岩，这时在等 ρ_s 断面图和平面图上整个 ρ_s 背景值都较低，一般只有 50 ~ 200 Ω·m，因此岩溶异常与背景值混淆，极难区分。另外，由于电阻率低，雷达时间剖面图上反射信号弱，很难辨别异常。在这种情况下，使用电测深和地质雷达资料判释岩溶显得很困难。

4. 准定量判释单个岩溶

由于岩溶具有三维不规则的复杂形体，使用常规的定量解释方法误差大，因此只能算作是“准定量解释”。下面介绍通过大量实践总结的“准定量解释”方法。

（1）确定岩溶顶底板埋深：在等 ρ_s 断面图上，以低（高）阻圈异常的顶部或底部的等值线梯度变化最大处所对应的极距（$AB/2$）乘以系数 E，即是岩溶顶板或底板的埋深。E 为经验系数，其值取为

$$E=\begin{cases}0.6\sim0.9 & (AB/2\leqslant 15\ \text{m})\\ 0.4\sim0.5 & (AB/2>15\ \text{m})\end{cases}$$

对于雷达时间剖面图，利用 $h=tc/(2\varepsilon^{1/2})$ 即可算出岩溶的顶板埋深 h。其中 t 为反“U”字异常顶部所对应的双程走时，ε（介电常数）为 7 ~ 11，c 为电磁波在空气中的传播速度。

（2）确定岩溶边界：高低阻圈异常或垂直梯度带的四周（对等 ρ_s 平面图）或两侧（对等 ρ_s 断面图）的等值线梯度变化最大处，即是岩溶在平面上的边界或在断面上的侧边界。

此外，当地下溶洞近似为球体时，可根据雷达资料双曲线的渐进线方法来计算溶洞半径。其原理如下（图 8—18—1）：

设溶洞的埋深为 H，半径为 R，地面任意记录点 Q 至洞心的距离为 $D+R$（其中 D 为雷达波从 Q 至球面的转播路径，并且 $D=y$，它与时间剖面图上反“U”字异常顶部所对应时间的关

系为 $D = tc/(2\varepsilon^{1/2})$，介电常数 ε 取 9~11，c 为电磁波在空气中的传播速度)。

由 8—18—1 的 $\triangle QOO'$，得关系式 $(y+R)^2/(H+R)^2 - x^2/(H+R)^2 = 1$，该式 x 和 y 的关系为一双曲线方程，其渐进线方程为 $y = \pm x - R$。因此，把时间剖面图的"U"字异常进行时深转换，再作斜率为 ±1 的两条渐进线，其线与 y 轴的交点 y 为所求的溶洞半径。

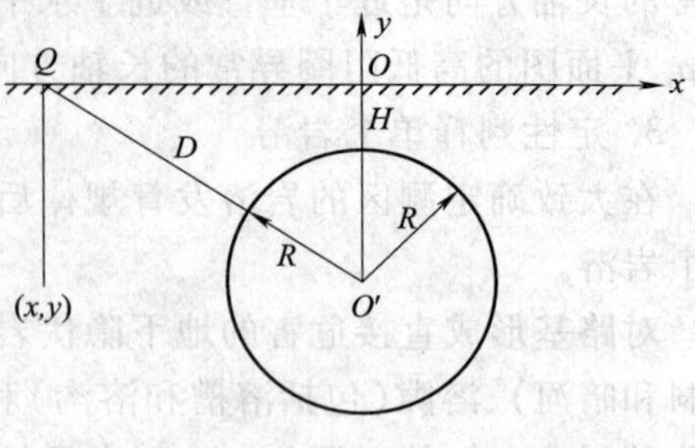

图 8—18—1　利用雷达资料双曲线的渐近线求解溶洞半径原理图

5. 实　例

下面以南昆铁路捏龙路基岩溶勘探工点为例说明综合物探资料的解释步骤和方法原理。

该工点位于云南省师宗县境内，线路里程为 DK644 + 320 ~ DK646 + 380，地层主要为三叠系中统法郎组下段(T_2f^a)灰岩和个旧组第三段(T_2g^c)灰岩及砂质泥岩。地面地质调查表明，工区内岩溶发育并有 3 条断层穿过。为查清地下隐伏岩溶，采用电测深法和地质雷达探测法进行综合勘探。

对所作电测深曲线和雷达速度资料进行统计分析，得到工区的电性参数见表 8—18—1。

表 8—18—1　工点电性参数表

名　　称	视电阻率 ρ_s (Ω·m)	介电常数
完整灰岩	500 ~ 2 500	7 ~ 8
砂质泥岩	500 ~ 2 500	6 ~ 7
充填溶洞及溶隙	2 ~ 200	9 ~ 12
空洞及半充填溶洞	3 000 ~ 10 000	1 ~ 2

由表 8—18—1 可见，砂质泥岩与灰岩、灰岩与岩溶间，都存在较大的电性差异，有利于物探资料判释和划分。下面即按前述方法步骤对资料进行解释。

(1)剔除砂质泥岩地层的干扰：由于地表为 1 m 左右的第四系覆土层所覆盖，砂质泥岩与灰岩的界线及其产状情况不详，但从图 8—18—2 可知，左侧等值线稀疏，变化平缓(ρ_s 在 60 ~ 120 Ω·m)，而右侧等值线则密集且变化大(ρ_s 在 500 ~ 2 500 Ω·m)，按等值线的变化形态，可大致确定砂质泥岩与灰岩的分界线及其产状(图 8—18—2 下部)。剔除砂质泥岩后，资料解释的重点即可放在灰岩部分。

(2)确定岩溶发育规律：工区内灰岩与砂质泥岩(隔水层)接触，有 3 条断层通过。在 DK644 + 370 ~ + 420、DK645 + 190 ~ + 530 和 DK645 + 650 ~ DK646 + 200 等三个地段，等 ρ_s 断面图、平面图的等值线变化凌乱，高低阻圈交错，并且其峰值高于或低于背景值的 3 ~ 5 倍。相邻测点的电测深曲线类型变化较大，有时曲线的上升段或下降段与横坐标轴的交角分别大于 45°或 62.5°，有时曲线中出现上凸或下凹的平台。雷达时间剖面图上存在较强的条带状或反"U"字形反射信号或小范围的极弱信号区。上述依据表明工区内的岩溶在这三个地段非常发育。

(3)定性和准定量判释单个岩溶：图 8—18—3 为测线 2 的一段实测断面。图 8—18—3 上图和中图的两侧分别有反"U"字形异常和高阻圈，两图的中间则分别有极弱反射信号区和低阻异常。按前述方法原理判释单个岩溶，图的两侧分别对应于两个较小空洞，中间则对应于一

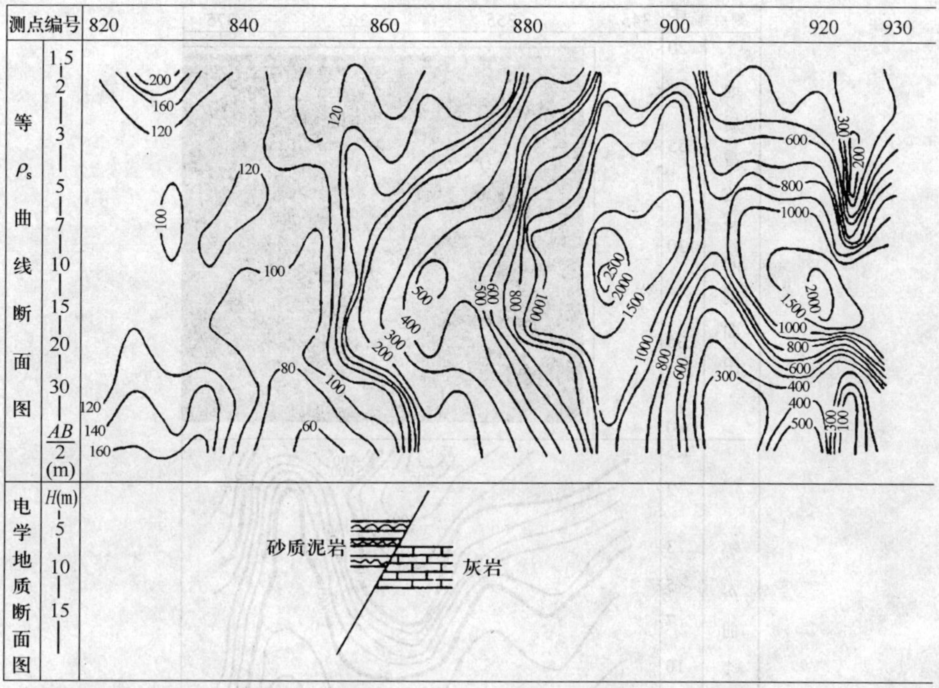

图 8—18—2　砂质泥岩与灰岩接触的等 ρ_s 曲线断面（上部）和电学地质断面图（下部）

个较大充填溶洞，且洞顶埋深极浅或者基本出露。为确定两侧空洞顶板埋深，取 $\varepsilon=7$，两空洞反"U"字形异常顶部所对应的双程走时（t）分别为 145×10^{-9} s 和 100×10^{-9} s，两空洞高阻圈异常的顶部等值线梯度变化最大处所对应的极距（$AB/2$）分别为 15 m 和 10 m，解释结果见图 8—18—3 下图。

对于本工点的物探解释成果，随后布置钻孔进行了抽样验证。全工点按物探异常位置共布钻孔 11 个，验证结果为 8 个钻孔见溶洞，2 个孔见溶蚀破碎带，仅 1 个孔见到较完整灰岩。

（六）物探成果

南昆铁路施工阶段的岩溶复查工作，是在勘测阶段对长约 300 km 可溶岩路基地段所作的岩溶地面塌陷专项测绘、调查和常规勘探的基础上开展的。在岩溶复查工作中，对已确定为具有岩溶塌陷条件的 123 km 可溶岩路基地段，采用以综合物探为主，辅以验证钻孔的方法，进行贯通性的勘探，查明溶蚀破碎带、溶隙和溶洞等三类隐伏岩溶形态共 2 817 处（段），沿线路方向累计分布长度达 23 km 以上。

贯通性勘探地段共布置验证钻孔 882 个，根据验证钻孔揭示的岩溶情况，逐段计算物探准判率，平均准判率可达 60% 左右。

考虑到岩溶地面塌陷的发生具有时效性特点，即尽管具有塌陷的条件，但塌陷发生的时间却因致塌因素的差异而各有所别，这就为岩溶塌陷的分批、分期整治提供了可能。为控制南昆铁路建设投资，以物探探测成果资料为基础，结合地貌、构造、排水等条件，经分析，选择出具有最有利于岩溶塌陷形成的地段共 62 大段，累计总长 12 000 余米，作为先期整治对象。

根据前述方法和步骤，对全线可溶岩分布地区中的 237.93 km 线路长度的地下岩溶发育情况进行了勘探，并从其中划分出累计 19 km 以上线路长度的岩溶特别发育地段。在这些地

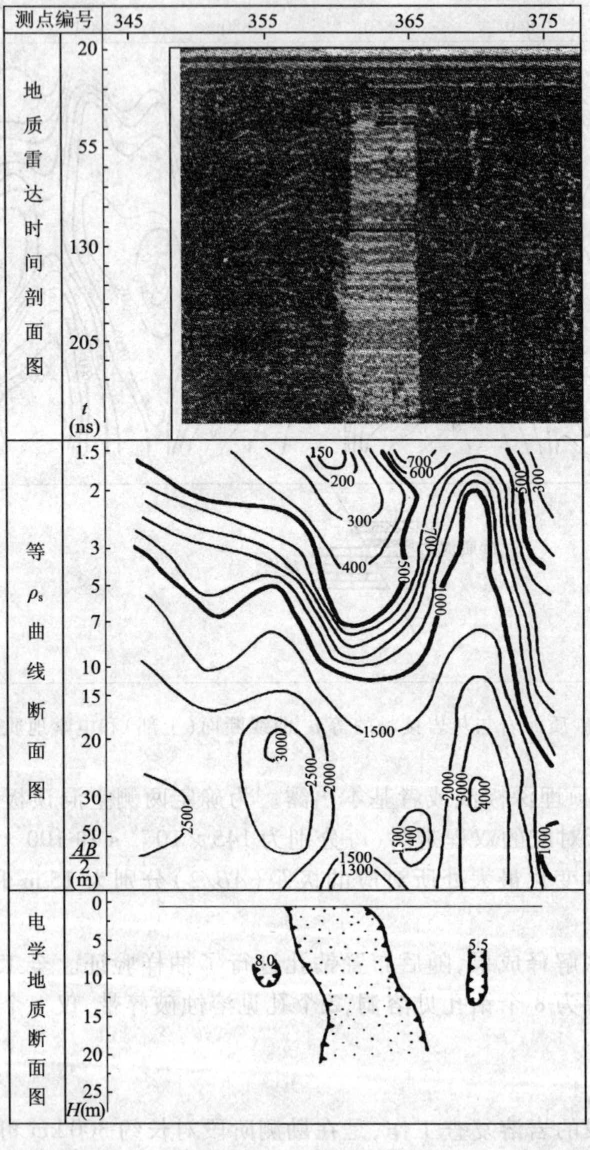

图 8—18—3　空洞和充填溶洞所对应的雷达时间剖面图

段下面，隐伏岩溶埋深浅，以垂直方向发育为主，分布的溶洞、溶隙和溶蚀破碎带多，对行车安全构成极大的隐患。物探为岩溶整治工作提供了必需的基础资料。物探资料判释分别有溶隙、溶洞以及溶隙与溶洞、溶隙与破碎带相互穿插等异常，后经各岩溶整治施工单位开挖换填或注浆处理，实际情况与物探判释基本一致。通过近 10 年的运营，在南昆铁路，主要依据物探资料设计并经岩溶整治的地段，至今未发生地面岩溶塌陷。

七、小　　结

物探在南昆线岩溶复查中之所以能取得良好的勘探效果，其原因主要有以下几点：

1. 施测场地地形平整，不存在物探资料地形校正问题；

2. 在实际工作中采用了多种物探方法，并以直流电测深法和地质雷达探测法为主，其中地质雷达又采用了两种或两种以上频率的天线施测，几种物探方法资料相互对比印证，取长补短；

3. 布置高密度测网和勾绘高密度等值线定性解释图件，不漏掉单个小的岩溶异常，提高了资料的分辨率；

4. 正确地剔除与岩溶异常物性相近的非可溶岩地层的干扰影响，提高了资料的准判率；

5. 总结出一套简单实用的物探资料定性及准定量判释岩溶的系统方法。

十九、综合物探在内昆铁路越岭复杂地质地段选线中的应用

雷旭友　魏栋华　王光权

（一）前　言

内昆铁路天星场至仙水段全长近130 km，为四川盆地向云贵高原过渡的越岭地段，地处中山峡谷区，地质情况十分复杂，断裂发育，滑坡、岩堆和煤层瓦斯等不良地质不仅数量多，而且分布广，对线路的影响特别突出。因此，查清并评价地质构造和不良地质，对线路方案的选择尤为重要。由于该段线路长、比选方案多，地质勘察工作量巨大，工期紧，仅仅依靠钻探手段难以对地质构造和不良地质作出全面、正确的评价。为此，在该段加深地质工作和初测阶段，大量采用物探方法，针对对线路方案有较大影响的断层和岩堆、滑坡及煤系地层等不良地质工点进行控制性勘探。物探工作有以下主要目的：

查明岩堆体的基岩面和堆积体厚度；

查明滑坡体的滑动面和滑体厚度；

查明断层破碎带的位置、宽度和产状；

探测穿越隧道的煤系地层分布位置。

本阶段物探工作历时5个月，共完成了天星场和上下坝两个岩堆工点的勘察，油榨房、新店子2号、3号和花苗地四处滑坡的勘察，新寨、盘河、石头寨和小羊塘四条断层的勘探，新寨和摸洛河等隧道煤系地层勘探。

在物探方法的选择上，根据本次物探工作具有范围大、勘探深度深、地形地质条件复杂、物性差异小、线路比选方案多、工期短、任务重和交通不便等特点，通过对地震、直流电法、交流电法、瑞利波法、磁法和地质雷达等多种成熟的物探方法的野外参数测试和方法的有效性评价对比，最终确定选择对称四极直流电测深法（以下简称电测深法）和浅层地震反射波法（以下简称地震浅反）对岩堆进行综合物探，采用浅反对滑坡、断层和隧道煤系地层进行勘探。

（二）岩堆勘察

1. 地质概况

天星场和上下坝两个岩堆位于云南省大关县天星乡附近，属崩塌堆积地貌，地表相对高差达100 ~ 180 m，自然坡度20° ~ 40°。根据钻孔揭示，覆盖层为砂黏土、块石土，松散，潮湿；基岩为砂岩、页岩及泥质灰岩，砂岩、页岩呈薄—中厚层状，节理裂隙发育，泥质灰岩呈中厚层状，泥质、隐晶质结构，钙质胶结。

2. 参数测试

（1）电测深法：分别对天星场岩堆工点已有的Z_1-03-97、98和99等3个钻孔和上下坝岩

堆工点之 Z_1-03-12、14 和 15 等 3 个钻孔进行了参数测试。综合分析上述 6 个钻孔位置的电测深曲线,可分为两种基本类型,即 HAA 型和 HKH 型。第三个特征点为土石分界点,特征点极距与深度的关系系数为 0.81 左右。以特征点为界,首支内的变化反映了岩堆内的物性不均匀,如块石含量变化和地下水位变化等,曲线尾支均呈上升趋势,为下伏基岩的反映。

(2)地震浅反:在天星场岩堆工点 Z_1-02-98、99 两钻孔和上下坝岩堆工点 Z_1-03-14 钻孔上进行参数试验工作,针对岩堆最大厚度 30 ~ 45 m、场地地形高差大和剖面长度受到地形条件限制,选择道间距 1 m 和 2 m,偏移距 8、10、12、16、20 m 进行组合试验。对比分析试验结果认为,场地较小时采用 1 m 道间距、10 m 偏移距,场地较开阔时采用 2 m 道间距、20 m 偏移距,双边放炮、12 次覆盖两种模式为最佳数据采集模式。

在资料处理中,由于组成岩堆物质的不均匀性(如岩块大小、含量、地下水等因素),地形高差大,地表激发和采集条件较差,故采用了叠前脉冲反褶积、FX 信噪分离等非常规的特殊处理方法。处理结果在各试验时间剖面图上均存在一组明显的强能量波组。该波组之上弹性波速度较低,v_p = 800 ~ 1 150 m/s;该波组之下速度较高,v_p = 1 200 ~ 1 350 m/s。结合钻孔资料分析,该波组即为岩堆体与下伏基岩的分界面反映。

3. 物探成果分析及解释

天星场和上下坝两个岩堆勘探中,分别布置了 4 条和 2 条电探剖面、42 条和 6 条浅反剖面。

(1)电测深法:由天星场等 ρ_s 断面图不难看出,浅至中部($AB/2 \leqslant 20 \sim 30$ m)由低阻(ρ_s = 20 ~ 30 Ω·m)和中高阻(ρ_s = 50 ~ 80 Ω·m)闭合、半闭合圈或 ρ_s 等值线稀疏带组成,表现得十分零乱,无规律性,反映出岩堆物质不均匀、块石含量变化大、块石含量高处视电阻率增高。中部($AB/2 = 15 \sim 30$ m)存在一水平连续波状起伏、向下 ρ_s 值增大、电阻率梯度变化大的等值线密集带,为土石分界线的反映。据前述参数分析结果,定量解释出岩堆前沿至中部厚度在 5 ~ 29 m范围变化,岩堆中部较厚,前缘变薄至消失。深部岩性较均匀,电性变化小,为砂页岩的反映,其他剖面电性特征与该剖面相同。

(2)地震浅反:综合分析各浅反时间剖面图发现,在岩堆中部至中前部地段(图 8—19—1 和图 8—19—2),t = 30 ~ 60 ms 间存在一强能量分射波组。从速度资料来看,该波组之上速度较低,v = 800 ~ 1100 m/s;其下速度较高,v = 1200 ~ 1350 m/s。结合参数分析,该波组为岩堆与基岩的分界面的反映。同样特征的波组在前缘地带反映在 t = 10 ~ 20 m/s 之间,时间变短,厚度变薄,反映了岩堆中部较厚、前缘变薄的特点。通过时深转换,中部厚度变化小,约 20 ~ 30 m,前缘较薄,厚度约 0 ~ 8 m。

线路 CK290 + 670 ~ CK291 + 930 段,横向穿越天星场岩堆中前缘地带,宽带达 1 260 m,土

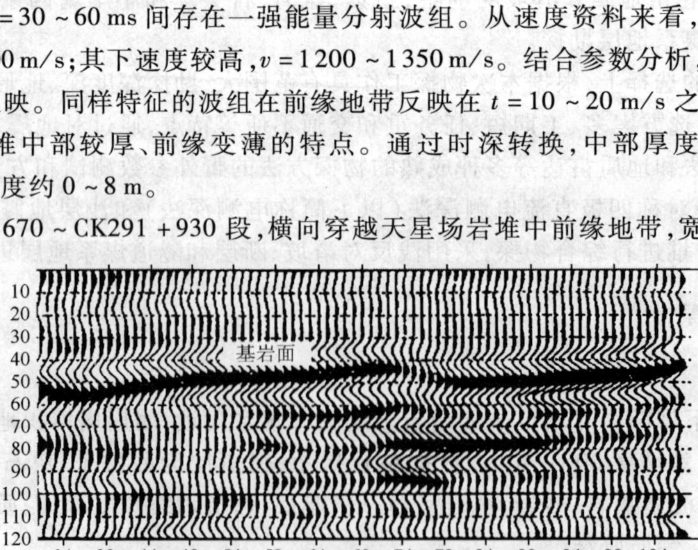

图 8—19—1　天星场岩堆 DP-1 时间剖面图

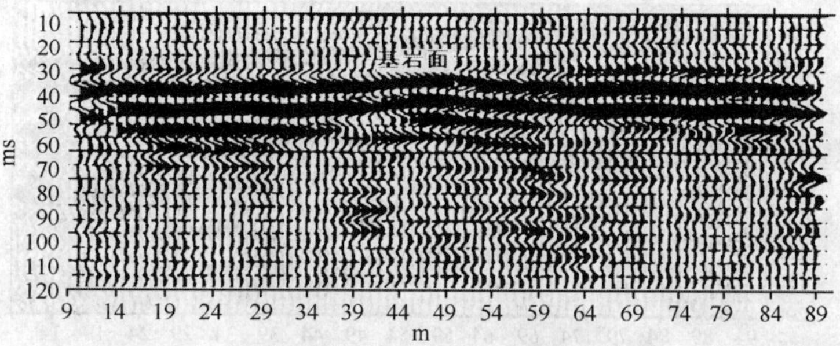

图 8—19—2 上下坝岩堆 DP-1 时间剖面图

石厚度为 17.5 ~24.5 m。后缘位于线路左侧 800 m 处,因较远,对后缘未作勘探;前缘位于线路右侧洛泽河边,距线路约 80 ~150 m。上下坝岩堆分布范围为顺线路方向 CK295 +870 ~ CK296 +970,宽约 1 100 m,向线路右侧延伸约 200 ~300 m,向左侧延伸约 500 m。岩堆厚度变化大,其中部厚约 20 ~43 m,前缘和后缘较薄,约 0 ~12 m。

(三)滑坡勘察

本次勘探采用地震反射波法对花苗地、油榨房、新店子 2 号和 3 号滑坡进行了勘探。盘河右岸的油榨房、新店子 2 号、3 号三个古滑坡工点地形地貌相似,为基岩滑坡。

由于滑体风化严重,地下水埋藏较深(>10 m),地震波衰减快,经采取挖坑、加水等措施,大大地改善了激发和接受条件。经试验,采用道间距 1、2、4 m,炮间距 1、2、4 m,偏移距 0、4、8、…、40、56 m 不等,双边放炮,12 次覆盖,观测系统采集到效果较好原始资料。

1. 花苗地滑坡勘探

花苗地滑坡为堆积层滑坡。图 8—19—3(a)为花苗地滑坡通过 Z_1-03-158-1 钻孔的浅反时间剖面。从该图分析,第一个强能量反射波组呈倾斜状,其上地层弹性纵波速度为 1100 ~1250 m/s,其下速度为 1 300 ~1 400 m/s。通过时深转换,钻孔处反射波组埋深 23 m,钻孔揭露该处滑动面埋深 23.2 m,二者深度完全吻合,说明该波组为滑动面的反映。

该滑坡平面形态呈等腰三角形,滑坡周界清晰,其主滑方向为 N60°W,长约 350 m,宽约 400 m,发育两级滑坡平台,滑动面为一单斜面,较平滑,滑床为砂页岩。受构造影响,岩石破碎,加之后缘断层泉水的长期浸泡而软化,弹性纵波速度仅 1 300 ~1 400 m/s。力学指标低,滑体厚度大,一般为 20 ~30 m。前缘临空面大,一遇雨季,滑体即为降水所饱和,将加大滑体重量,下滑力增加,加之水的浮力,滑体产生蠕动变形,导致地面开裂。该滑坡虽目前处于蠕变阶段,但一旦遇长时间暴雨,可能导致滑坡整体大规模滑动。结合物探结果综合分析后认为,线路不宜从该滑体上通过。

2. 油榨房、新店子 2 号和 3 号滑坡勘探

三个滑坡均位于盘河右岸,相距较近,均属玄武岩柱状节理长期饱水软化,最终沿柱状节理面剪切滑出的基岩滑坡。滑坡已滑至盘河河谷中,现处于稳定状态。

图 8—19—3(b)为油榨房滑坡通过 Z_1-03-124-2 钻孔的浅反时间剖面图,该剖面穿越滑坡前缘边界。从该图上可以看出,从左至右时间 63 ms 变化到 9 ms 有一强反射波组,该波组以上纵波速度为 1 300 ~1 400 m/s,之下纵波速度为 1 600 ~1 700 m/s。在钻孔处,该界面埋深为 23 m,钻孔终孔深度 20.3 m,钻探记录资料反映该孔尚未钻到滑动面。左厚右薄的现象点反映

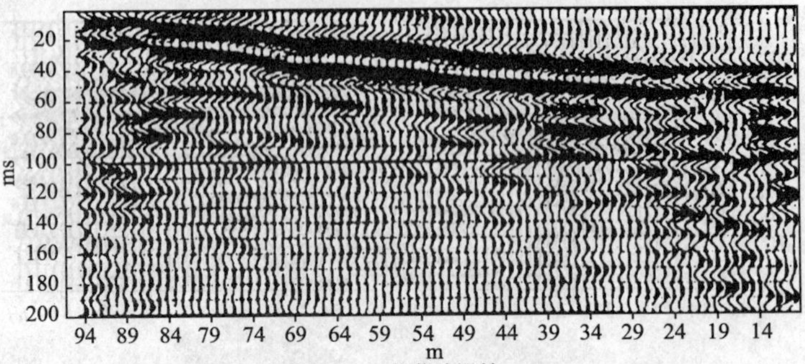

(a) 花苗地滑坡

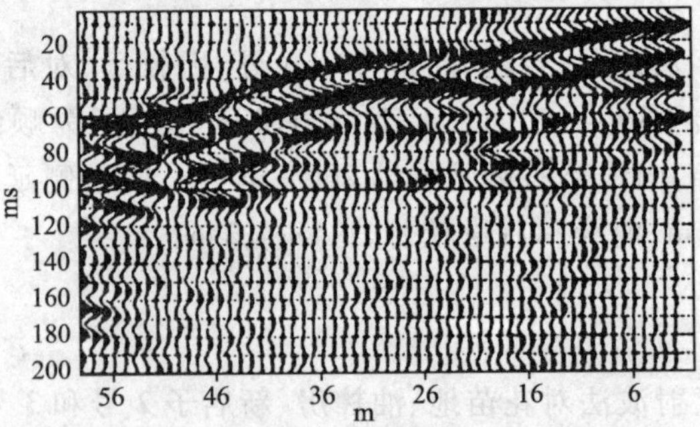

(b) 油榨房滑坡

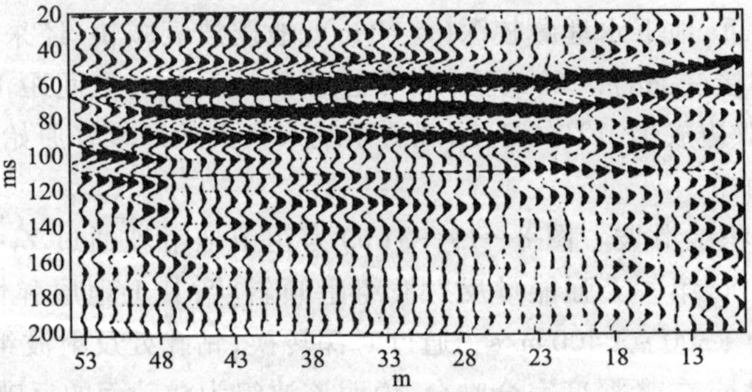

(c) 新店子3号滑坡

图 8—19—3　滑坡浅反时间剖面图

了滑坡前缘滑体厚度的变化特点，结合速度资料分析，该强反射波组为滑动界面的反映。

图 8—19—3(c)为新店子 3 号滑坡 Z_1-03-126-1 钻孔的浅反试验剖面。从该图可以看出，$t = 30 \sim 40$ ms间存在一强信号波组，该界面以上纵波速度为 1 050 ~ 1 250 m/s，之下纵波速度为 1 400 ~ 1 500 m/s。通过时深转换，该界面在钻孔处埋深为 24 m，钻孔揭露滑动界面埋深 24. 3 m，二者完全吻合，说明该强信号波组为滑动面的反映。

油榨房、新店子 2 号和 3 号滑坡其他剖面都具有相似特征。油榨房滑坡滑体弹性纵波速度 $v = 1\,200 \sim 1\,400$ m/s，基岩强风化层弹性纵波速度 $v = 1\,600 \sim 1\,700$ m/s；新店子 2 号、3 号滑坡工点滑体弹性纵波速度 $v = 1\,000 \sim 1\,300$ m/s，而基岩强风化弹性纵波速 $v = 1\,300 \sim 1\,500$ m/s。油榨房及新店子 2 号滑体厚度为 0 ~ 70 m，而新店子 3 号滑坡工点滑体厚度为 0 ~ 50 m。

物探结果证明，这三个古滑坡规模较大，滑坡外形似圈椅状，两侧有浅沟分布，且双沟同源，滑体物质为整体岩块状玄武岩，表层风化颇重至轻微，其主轴长度分别为 300、240、200 m，滑体厚度为 20 ~ 40 m，滑坡前缘均已伸至盘河河谷岸坡坡脚的河谷中，属巨型深层滑坡。由于滑体富水，前缘临空面较陡，稳定性均较差，线路在滑坡中通过，将破坏本已不够稳定的平衡条件，从而导致滑坡局部甚至整体复活。

越岭线路方案中的官寨方案所通过的盘河河谷，在10 km范围内即分布有滑坡17处，特别是在河谷右岸，多属规模巨大的巨型滑坡，其中发生于1991年的头寨滑坡（亦有将其定性为“滑坡碎屑流”者），体积达$1\,800\times10^4\ m^3$，油榨房、新店2号、3号滑坡仅属其中几处规模相对较小者。通过物探对这几处滑坡的探测、了解，也举一反三地加深了对盘河河谷滑坡的认识。由此分析，盘河河谷不宜于线路方案通过。

（四）断层勘察

1. 新寨断层

新寨断层在线路方案所经范围内新华至放马洞一线，延伸约13 km，于CK318+038附近通过青山隧道。为查明该断层在青山隧道分布的具体位置和性状，共布置了三条浅反剖面。图8—19—4(a)为该隧道新寨断层的浅反时间剖面图。从图可以看出，CDP23~30之间存在波组不连续，无明显反射层位的异常，结合地质资料分析，即为新寨断层的反映；同时，CDP40~45间存在反射波同相轴错位的痕迹，推测为一次生断层或裂隙，在深部与新寨断层相交。本次物探结果认为，新寨断层通过线路处产状为N74°E/70°E，破碎带宽度16~20 m，考虑到次生断层（或裂隙），其影响范围宽约60 m。

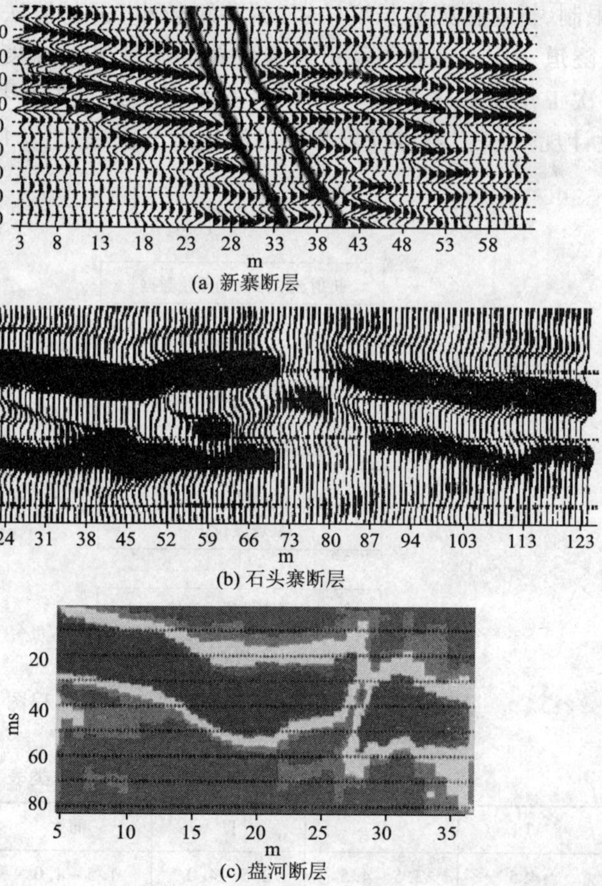

(a) 新寨断层

(b) 石头寨断层

(c) 盘河断层

图8—19—4　断层时间剖面图

2. 石头寨断层(F_1)

为查明石头寨断层,布置了两条浅反剖面。图 8—19—4(b)为石头寨断层的浅反时间剖面图。在 CDP70 ~ 80 间,强反射波组明显错断,为石头寨断层的反映。勘探结果认为,破碎带宽约 10 m,倾角 75° ~ 80°,平面位置与地质测绘资料吻合。

3. 盘河断层

为查明盘河断层,布置了五条浅反剖面。图 8—19—4(c)为油榨房工点 ZF-2-1 浅反剖面瞬时振幅包络图。从图上可以看出,反射能量集中在 t = 10 ~ 55 ms 之间,其中在 CDP29 ~ 30 间强能量同相轴错断,结合地质测绘资料分析,该处即为盘河断层的反映,破碎带宽度约 5 ~ 10 m,倾角 80°左右。

(五)隧道围岩弹性波速测试及分类

根据勘探目的,一般沿地形等高线即大致垂直线路方向布置一条测线,测线线距 50 ~ 100 m,岩性分界线附近加密布置测线,以控制岩性变化,测试各类岩性的弹性纵波速度。对煤系地层和断层勘探,以大角度斜交于岩性分界线或断层布置测线,线距 10 ~ 40 m 不等。

1. 围岩速度提取

围岩速度提取方法以表层剥去法为主,采用 t_0 法和 R24 地震仪上的 SIPQC V4.0 软件包进行补充解释和验证,得出各排列的基岩纵波速度值。

受地形条件限制,折射排列的长度较短,偏移距较小,折射波法仅能提取深度较浅围岩的速度,对长大深埋隧道一般不能获得隧道洞身位置的弹性纵波速度。为了提取更深部位的隧道围岩速度值,本次工作还采取了图 8—19—5 所示资料处理方法提取围岩弹性纵波速度,并依据《铁路隧道设计规范》之"隧道围岩弹性纵波速度分类表"(表 8—19—1)对各隧道进行了围岩类别划分。

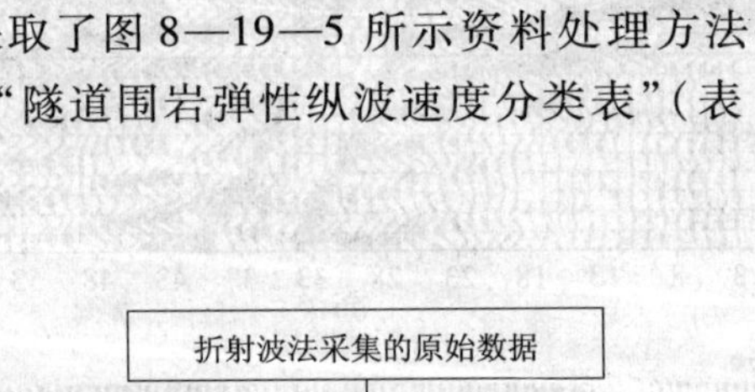

图 8—19—5　围岩弹性纵波速度提取流程图

表 8—19—1　隧道围岩弹性纵波速度分类表

围岩类别	Ⅵ	Ⅴ	Ⅳ	Ⅲ	Ⅱ	Ⅰ
v_p(km/s)	>4.5	3.5 ~ 4.5	2.5 ~ 4.0	1.5 ~ 4.0	1.0 ~ 2.0	<1.0

2. 隧道围岩弹性纵波分类

(1)闸上隧道(CK367 +977 ~ CK369 +370)

①地形地质概况:隧道穿越高原中山斜坡区,地表植被发育,表层风化严重。测区出露地层主要为:第四系坡残积砂黏土,三叠系砂岩夹泥岩、页岩,二叠系砂岩、页岩、砾岩夹泥岩、煤层,二叠系密块状玄武岩。

②隧道围岩类别划分:根据勘探目的,共布置了16条折射波法勘探剖面,资料解释采用表层剥去法和SIPQC V4.0软件包,提取各剖面的围岩速度值。由于隧道洞身埋藏较深,受地形条件限制,大部分测线勘探深度地段未达到洞身深度,只能综合所在地段岩性、产状、构造等因素,把震探测量的较完整基岩速度下推至隧道洞身高程,代替洞身围岩纵波速度,并参照邻近条件类似隧道的围岩分类,进行了围岩类别划分。本次物探结果,将隧道进口段围岩弹性纵波速度 v_p = 900 ~ 2 000 m/s 地段划为Ⅰ~Ⅱ类围岩,开挖时应防止坍方;煤系地层围岩弹性纵波速度 v_p = 1 600 ~ 1 700 m/s 地段划为Ⅱ类跨Ⅲ类围岩,岩层较软弱,开挖时易坍方掉顶,同时要防止瓦斯危害;其他 v_p = 2 000 ~ 3 100 m/s 地段划为Ⅲ~Ⅳ类围岩,且玄武岩裂隙较发育,应注意排水。

(2)青山隧道(CK317 +500 ~ CK318 +500)

①地形地质概况:青山隧道位于高中山峡谷区,地形较陡,地表植被发育。据区域地质资料,新寨断层通过隧道。测区出露地层为第四系坡残积黏土,泥盆系石英砂岩、页岩夹灰岩、白云岩。

②隧道围岩类别划分:该工点工布置了8条折射剖面以测量围岩纵波速度,速度提取方法与闸上隧道相同。物探认为,CK318 +100 ~ +160段为新寨断裂破碎带及其影响范围,v_p = 1 300 m/s,划为Ⅱ类围岩,开挖时应防止坍方和注意排水;其他地段 v_p = 2 200 ~ 3 400 m/s,为Ⅲ~Ⅳ类围岩,岩层相对较完整。

(3)摸洛河隧道(CB_1K371 +000 ~ CB_1K380 +750)

①地形地质概况:摸洛河隧道位于高原低中山区,地表相对高差约520 m,自然坡度20°~50°,植被较差,基岩多裸露。隧道穿越大雄块向斜,石头寨断层、小羊塘断层先后与隧道斜交。地层为泥盆系、石炭系、二叠系灰岩、白云岩、砂页岩夹煤层。隧道大部分通过可溶岩地段,岩溶十分发育。

②隧道围岩分类:由于该隧道地表地形起伏大,测线都沿地形等高线布置,共完成37条折射剖面的勘探。该隧道最大埋深480 m,按常规折射波法资料解释,难以提取隧道洞身范围的围岩弹性纵波速度,故采用图8—19—5所列流程提取围岩弹性纵波速度。根据纵波速度对围岩进行类别划分,结果见表8—19—2。

摸洛河隧道为一长大深埋隧道,工程地质条件较复杂,主要不良地质现象为煤层瓦斯、岩溶、断层破碎带。隧道进出口地段及煤系地层围岩弹性纵波速度较低(v_p = 1 600 ~ 1 900 m/s),岩层较软弱,划为Ⅱ类围岩,开挖时应注意坍方,煤系地层还应防止瓦斯灾害;其他地段围岩弹性纵波速度大于2 100 m/s,围岩类别划为Ⅲ~Ⅳ类,相对较完整。隧道穿越石头寨断层。该断层破碎带宽度约10 m,倾角75°~80°,设计时应加宽考虑其影响宽度。该断层破碎带内地震反射信号较弱,应注意可能涌水。小羊塘断层为灰岩与煤系地层的接触界线,除可能塌顶和涌水外,还应防止瓦斯灾害,灰岩玄武岩地段可能涌水。综上所述,该隧道工程地质条件较差,可能存在灾害性地质现象,应引起高度重视。

表 8—19—2　摸洛河隧道围岩类别表

里　　程	v_p(m/s)	围岩分类	备　注
$CB_1K370+900 \sim CB_1K371+050$	1 950	Ⅱ	
$CB_1K371+050 \sim +580$	2 370	Ⅲ	
$CB_1K371+580 \sim +870$	3100	Ⅳ	
$CB_1K371+870 \sim CB_1K372+070$	1 840	Ⅱ	煤系地层
$CB_1K372+070 \sim +630$	2 800	Ⅳ	
$CB_1K372+630 \sim +875$	2 350	Ⅲ	
$CB_1K372+875 \sim CB_1K373+350$	2 200	Ⅲ	含石头寨断层
$CB_1K373+350 \sim CB_1K375+040$	2 600 ~ 3 200	Ⅳ	
$CB_1K375+040 \sim +600$	1 900 ~ 2 000	Ⅲ	含煤地层
$CB_1K375+600 \sim +750$	2 530	Ⅳ	
$CB_1K375+750 \sim CB_1K378+530$	2 100 ~ 2 300	Ⅲ	
$CB_1K378+530 \sim CB_1K379+470$	1 700 ~ 1 900	Ⅱ	煤系地层
$CB_1K379+470 \sim CB_1K380+635$	2 100 ~ 2 300	Ⅲ	含小羊塘断层
$CB_1K380+635 \sim +750$	1 600 ~ 1 700	Ⅱ	

注:经大量统计计算,该工点的层速度校正系数为 1.046。

(4)新寨隧道(CK363 +400 ~ CK367 +600)

①地形地质概况:新寨隧道位于高原北缘的中山区,相对高差 200 ~ 700 m,自然坡度 30° ~ 55°,植被较发育,基岩出露良好。隧道穿越箐门倒转背斜及新寨断层。地层为泥盆系、石炭系、二叠系灰岩、白云岩、砂页岩夹煤层、玄武岩。岩溶发育,地表溶蚀洼地、落水洞、漏斗、石芽、岩溶泉、暗河等均有出露。

②隧道围岩类别划分:根据任务要求,共完成了 24 条折射剖面勘探。该隧道埋深一般大于 100 m,最大达 360 m,地表起伏大。速度提取方法与摸洛河隧道相同,其流程见图 8—19—5,由此提取各剖面的速度并进行围岩类别划分,结果见表 8—19—3。

表 8—19—3　新寨隧道围岩类别表

里　　程	v_p(m/s)	围岩类别	备　注
进口 ~ CK363 +950	1 300 ~ 1 650	Ⅱ	
CK363 +950 ~ CK365 +880	2 400 ~ 2 600	Ⅳ	
CK365 +880 ~ CK366 +005	2 275	Ⅲ	
CK366 +0050 ~ +100	1 690	Ⅱ	煤系地层
CK366 +100 ~ +165	2 320	Ⅲ	
CK366 +165 ~ +230	2 724	Ⅳ	
CK366 +230 ~ +255	1 326	Ⅱ	煤系地层
CK366 +255 ~ +690	2 664	Ⅳ	穿越新寨断层
CK366 +690 ~ CK367 +200	2 200 ~ 2 300	Ⅲ	
CK367 +200 ~ 出口	1 725	Ⅱ	

注:经计算统计,速度校正系数为 1.078。

该隧道进出口地段及煤系地层围岩弹性纵波速度为1 300 ~ 1 700 m/s，围岩类别划为Ⅱ类跨Ⅲ类，岩层较软弱，开挖时易坍方掉顶；其他地段弹性纵波速度为2 200 ~ 2 700 m/s，围岩类别划为Ⅲ类跨Ⅳ类，相对较完整。隧道穿越新寨断层时，应适当降低围岩类别，防止塌顶和涌水。该隧道的主要不良地质现象为岩溶和煤系地层，由于隧道埋深较大，特别要防止岩溶涌水、突泥和瓦斯危害。

（六）结　论

本阶段地球物理勘探作为线路方案比选的控制性勘探手段，充分发挥其轻便、快速、准确的特点，在较短时间内完成了2处岩堆、4处滑坡、4座长大隧道的控制性勘探工作。基本查明了岩堆和滑坡体的厚度、下伏基岩面起伏形态，为地质专业对其进行稳定性评价提供了较为可靠的基础资料。通过对4座隧道进行勘探和测试，利用反射波组获得了隧道洞身附近围岩弹性波速度，为隧道围岩级别划分提供了支撑资料。同时查清了隧道穿越煤系地层及断层破碎带的位置和分布范围，修正了部分地质分界线的位置，对各工点勘探结果进行了逐点评述，为地质工作提供了可靠的勘察资料，达到了勘探目的。对于本次物探工作，专家评审会给予了“本次物探工作取得了突破性技术进展，对复杂山区地质勘探具有重要的指导意义”的评价。

物探为本次越岭地段的地质选线工作的重要组成部分，地质选线彻底否定了铁二院历次方案研究中推荐的巨型高速高位滑坡和滑坡群集中发育的盘河河谷方案及地质条件很差的龙井方案，并在地形地质艰险复杂的高山峡谷区选定地形相对平缓、地质条件相对较好的玄武岩台地作为集中多层展线场地。这些地质选线成果确定了内昆铁路越岭段的线路方案，经施工验证，表明该越岭段线路方案选择经济合理，产生的地质病害较少，建设单位、设计单位等对此也给予了高度评价。

二十、CAPO-TEST后装式拔出法在工程检测中的应用

雷旭友

（一）前　言

随着人们对工程质量的关注，无损检测技术迅速发展，在建设工程中的作用也日益明显，它不仅已成为工程事故的检测分析手段之一，而且正在成为工程质量控制和构筑物使用过程可靠性监控的一种工具。所谓无损检测，就是在不影响结构物性能的前提下，通过原位检测某些物理量，推算出结构物的工程质量指标。我国在混凝土内部缺陷检测方面主要采用地质雷达法或超声波法，而在其强度检测方面则主要采用回弹法、超声回弹综合法、取芯法和拔出法。回弹法和超声回弹综合法推定强度时受许多干扰因素影响，其准确度和可靠性较差；取芯法会对结构物造成一定的破坏；拔出法则具有直接对结构物检测而基本不破坏结构物和精确度高等优点。欧美国家将拔出法广泛应用于混凝土实体结构上，测定其抗压强度，进行结构整体性评价，监测由于疲劳、破坏、塑性变形导致的材料性能退化过程中积聚的结构破坏，并用于长期监测以及拆模前混凝土强度测试等方面。

我国在这方面也做了大量的工作。通过对比试验，证明该方法具有检测精度高、破损程度小、使用方便、适用范围广等特点。其主要应用范围如下：

评价抗压强度;

确定构件的实际强度;

检测已竣工结构,作质量控制(评价混凝土运输、泵送、浇筑、压实及养护对覆盖层强度的影响);

在结构加载前,检测其残余强度。

(二)拔出法的方法原理

混凝土受反力装置的压力作用导致受压破坏,根据拔出力和抗压强度的相关关系,由拔出力即可换算出抗压强度。具体做法为:在混凝土中取出一个直径 18.4 mm 的芯样,在 25 mm 深处扩径,产生一个直径为 25 mm 的槽,将膨胀环放入槽内,膨胀后嵌入槽中,在混凝土表面放一个直径为 55 mm 的连接膨胀环的反压装置,施加作用力直到混凝土破坏,记录下拔出力 F(图 8—20—1)。拔出力与混凝土强度呈线性关系(图 8—20—2)。

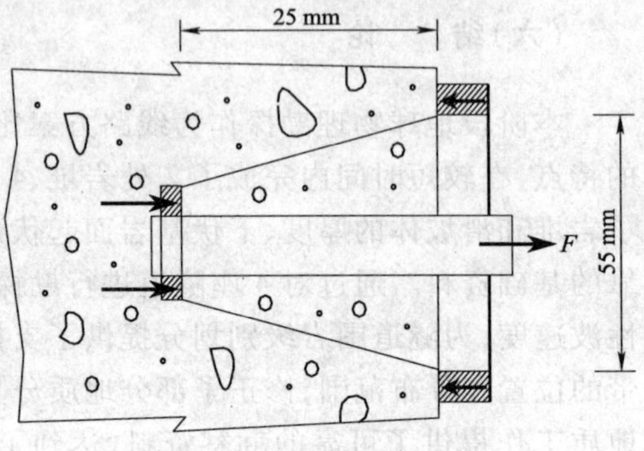

图 8—20—1　拔出法原理示意图

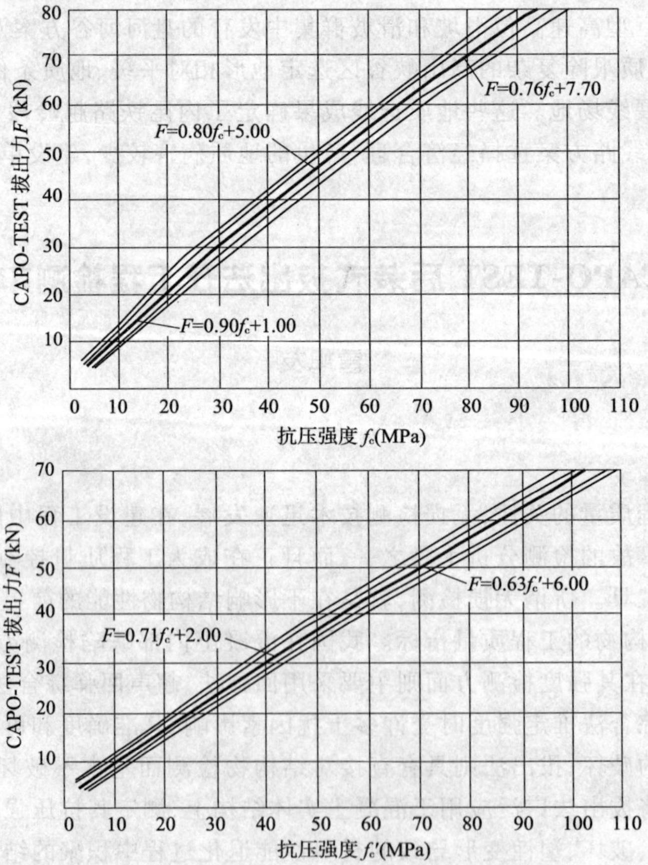

图 8—20—2　拔出力与抗压强度关系曲线图

注:CAPO-TEST 拔出力与 150 mm × 300 mm 的标准圆柱体抗压强度之间的关系见上图;与 150 mm 标准立方体抗压强度之间的关系见下图。

（三）混凝土强度计算

在结构或构件上测得拔出力 F，按公式(1)计算混凝土强度。

$$f_{cu}^{e} = A \cdot F + B \tag{1}$$

式中 f_{cu}^{e}——混凝土强度换算值(MPa)，精确至 0.1 MPa；

F——拔出力(kN)，精确至 0.1 MPa；

A，B——测强公式回归系数，当采用 CAPO-TEST 后装式拉拔强度仪对隧道衬砌层混凝土或路面混凝土检测时，回归系数的选取如下：

当 $F = 0 \sim 25$ kN 时，$A = 0.96$，$B = 1.00$；

当 $25 < F \leqslant 61$ kN 时，$A = 0.80$，$B = 5.00$；

当 $F > 61$ kN 时，$A = 0.76$，$B = 7.70$。

（四）工程实例

1. 工程概况

陈家湾隧道为成南高速公路上的双线隧道，左线里程为 LK138 +456.09 ~ +750，长度为 293.91 m；右线里程为 RK138 +453.5 ~ +740，长度为 286.5 m。该隧道衬砌设计类型分别为 RⅡ、Ⅱa 和Ⅲ类。隧道衬砌水泥采用川东水泥厂生产的普硅 42.5R 或 P.O32.5R 水泥。设计抗压强度见表 8—20—1。

表 8—20—1　隧道设计混凝土抗压强度

位　置	里　程	混凝土强度等级	抗压强度(MPa)
左　线	LK138 +456 ~ +530	C20	20
	LK138 +530 ~ +630	C25	25
	LK138 +630 ~ +726	C20	20
	LK138 +726 ~ +750	C25	25
右　线	RK138 +453.5 ~ +540	C20	20
	RK138 +540 ~ +630	C25	25
	RK138 +630 ~ +716	C20	20
	RK138 +716 ~ +740	C25	25

2. 检测资料整理分析

按照高速公路有限责任公司的要求，于 2002 年 4 月对该隧道的左线和右线进行了 CAPO-TEST 后装式拉拔强度测试，左线测试了 25 个点，右线测试了 27 个点，共计 52 个点。依据中国工程建设标准化协会标准《后装拔出检测混凝土强度技术规程》(CECS69:94)，批抽检构件的混凝土强度的推定值 $f_{cu,el}^{e}$ 按下列公式计算：

$$f_{cu,el}^{e} = m_{f_{cu}^{e}} - 1.645 S_{f_{cu}^{e}} \tag{2}$$

式中 $m_{f_{cu}^{e}} = \dfrac{1}{n} \sum_{i=1}^{n} f_{cu,el}^{e}$

$$S_{f^{e}_{cu}} = \sqrt{\frac{\sum_{i=1}^{n}(f^{e}_{cu,el})^2 - n(m_{f^{e}_{cu}})^2}{n-1}}$$

$m_{f^{e}_{cu}}$——批抽检构件的混凝土强度的平均值；

$S_{f^{e}_{cu}}$——批抽检构件的混凝土强度换算值的标准值；

n——批抽检构件的测点总数；

m——批抽检的构件数。

由此计算出陈家湾隧道批抽检构件的混凝土强度的平均值、标准值和推定值，见表 8—20—2。根据计算结果，推定陈家湾隧道的混凝土强度达到了设计规定的强度指标。

表 8—20—2　陈家湾隧道批抽检构件的混凝土强度统计

位　置	混凝土强度等级	$m_{f^{e}_{cu}}$(MPa)	$S_{f^{e}_{cu}}$(MPa)	$f^{e}_{cu,el}$(MPa)
左　线	C20	25.8	2.3	22
	C25	27.6	0.9	26.1
右　线	C20	26.4	1.2	24.4
	C25	27.3	0.9	25.8

3. 检测结果验证情况

按照高速公路有限责任公司的要求，在进行拉拔强度测试后，另一单位又进行了钻探取芯做抗压试验，试验结果见表 8—20—3。从拉拔测试和取芯抗压试验结果分析，二者相对误差最小为 2.29%，最大为 10.45%。与取芯抗压试验结果比较，拉拔测试抗压强度值偏小，其偏差范围一般在 ±10% 内，基本吻合。

表 8—20—3　陈家湾隧道衬砌混凝土强度对比表

序　号	里　程	拔出力(kN)	计算抗压强度(MPa)	实压抗压强度(MPa)	相对误差(%)
1	LK138 +447	26.5	26.87	27.50	2.29
2	LK138 +570	27.5	28.12	30.10	6.58
3	LK138 +745	29.00	30.00	33.50	10.45
4	RK138 +463.8	26.20	26.50	27.80	4.68
5	RK138 +670	29.00	30.00	28.5	-5.26
6	RK138 +734	32.00	33.75	35.80	5.73

(五)结 束 语

拉拔法测试混凝土强度具有检测精度高、微损、使用快捷、方便等特点，在欧美各国得到广泛应用。在大型在建工程中采用该方法测试凝固中的混凝土强度，确定提前拆模的时间，可大大缩短建设工期；竣工验收时采用该方法，可以准确地测试建筑物混凝土强度而不对建筑物结构造成破坏；使用中的建筑物采用养护件测试强度不能准确反映建筑物的实际情况，利用拉拔法直接对建筑物进行测试，则可以真实地反映建筑物的情况，因而具有广泛的应用价值。

二十一、高次趋势面分析在岩溶勘探中的算法与应用

魏栋华　王仁全

电阻率测深法为岩溶整治设计和整治效果的检测、评价提供了较准确的基础资料，是岩溶探测的主要物探方法。视电阻率值 ρ_s 包括电性背景场和局部异常，利用等 ρ_s 断面图和电测深曲线判释岩溶异常较困难，而趋势面分析运用拟合曲面的方法，把视电阻率值 ρ_s 所包含的两类变量分离出来，有助于资料解释。为便于资料对比，常作 2 ~ 9 次趋势面分析。当勘探区范围较大、观测点多，高次趋势面分析的解往往不稳定，即高次解的拟合优度反而低于低次解的拟合优度。

为了得到次数高又稳定的解，我们分析了趋势面系数矩阵的结构特点，提出了提高趋势面分析次数的方法，对铁路路基电测深资料进行应用计算，其结果与地质资料对比吻合度较好，故认为该方法是有效的。

（一）趋势面分析解不稳定的原因

设某勘探区观测点坐标为 (x_i, y_i)，相应的观测值为 $b_i(i = 1,2,3\cdots m)$，用多项式作为趋势函数，拟求解趋势面次数为 p，若记

$$A = \begin{bmatrix} 1 & x_1 & y_1 & x_1^2 & x_1y_1 & y_1^2 & \cdots & y_1^p \\ 1 & x_2 & y_2 & x_2^2 & x_2y_2 & y_2^2 & \cdots & y_2^p \\ \vdots & \vdots & \vdots & \vdots & \vdots & \vdots & \cdots & \vdots \\ 1 & x_m & y_m & x_m^2 & x_my_m & y_m^2 & \cdots & y_m^p \end{bmatrix}_{m \times n} \tag{1}$$

$$B = \begin{bmatrix} b_1 \\ b_2 \\ \vdots \\ b_m \end{bmatrix}_{m \times 1} \tag{2}$$

式中　m——观测点个数；

　　　n——p 次趋势面函数系数个数，$n = (p+1)(p+2)/2$。

则趋势面的数学模型可表为

$$B = AX + E \tag{3}$$

式中　$X = (x_1, x_2, x_3, \cdots, x_n)^{\mathrm{T}}$ 为趋势面系数，$E = (\varepsilon_1, \varepsilon_2, \varepsilon_3, \cdots, \varepsilon_n)^{\mathrm{T}}$ 为观测随机误差（残差）。

方程式(3)为超定方程组（或矛盾方程组），根据最小二乘法的原则，趋势面系数 X 的最佳估计值 $\widehat{X}$ 满足正则方程组：

$$A^{\mathrm{T}}AX = A^{\mathrm{T}}B = GX \tag{4}$$

解出 X，则得观测值 B 的最佳拟合值 $\widehat{B}$ 为

$$\widehat{B} = \widehat{AX} \tag{5}$$

正则方程(4)是否有解，取决于矩阵 $G(A^{\mathrm{T}}A)$ 的性质。G 的条件数 $\tau(G) = [\tau(A)]^2$。矩阵

$G(A^TA)$的条件数与A相比成平方倍增加，多数情况下$G(A^TA)$接近奇异，全主元法、LU分解法、Householder法在求解过程中常常会出现解的误差很大，导致反演不收敛，解的结果不稳定。

我们利用实例数据计算了拟合次数$p=1\sim7$系数矩阵A、A^TA的条件数，计算中数据采用双精度算法，见表8—21—1。

表8—21—1　趋势面系数矩阵A、A^TA条件数

拟合次数p	1	2	3	4	5	6	7
A条件数	17	7.0E4	2.9E8	1.2E12	5.5E15	2.1E17	7.9E19
A^TA条件数	311	4.9E9	8.3E16	3.9E21	1.0E27	5.2E29	9.8E31

从表8—21—1可以看出，随着拟合次数p增大，矩阵A条件数迅速增大，病态程度急剧加大。分析矩阵A中元素x_i^p、y_i^p可以看出，一般x_i、$y_i>1$，随着p增大，x_i^p、y_i^p的值迅速增大，矩阵A元素极差增大，这是矩阵A条件数增大的原因之一。

以上说明，高次趋势面方程组是病态的，正则方程组的系数矩阵接近奇异，用一般解方程组的方法（如全主元法、LU分解法、Householder法等）不能取得稳定的合理的解。

（二）提高趋势面分析次数的方法

对于病态的线性方程组，数值求解必须小心进行，否则就得不到所要求的准确度。通常应对原方程作一些预处理，降低系数矩阵的条件数，采用克服病态能力强的方法求解方程，并采用高精度运算以减少舍入误差等。

1. 改善方程组的病态结构

通过坐标变换减小坐标值x_i、y_i，即减小x_i^p、y_i^p的值，从而减小系数矩阵A元素间的极差，降低方程组病态程度，达到提高趋势面分析次数的目的。

系数矩阵A中的x_i为测点位置，做变换$x_i'=(x_i-\alpha)/\beta$，其中α和β为常数。y_i为观测极距（$AB/2$），可选用三种方式做变换：

（1）对数坐标变换：$y_i'=M\cdot\lg y_i$，式中M为对数模数，常用6.25。

（2）算术坐标变换：$y_i'=c\cdot y_i$，式中系数$c=1/10\sim1/40$，c的大小视y_{max}而定。

（3）平方根坐标变换：$y_i'=s\cdot\sqrt{y_i}$，式中$s=0.05\sim1.0$，s的大小视y_{max}而定。

对实例中数据坐标(x_i,y_i)进行坐标变换，采用双精度算法计算A的条件数，结果见表8—21—2。

表8—21—2　趋势面系数矩阵A、A^TA条件数

拟合次数	1	2	3	4	5	6	7	8	9
A条件数	20	54	95	710	734	1.8E4	1.7E5	9.9E5	1.2E7
A^TA条件数	4E2	3E3	9E3	5.0E5	5.4E5	3.4E8	2.9E10	9.7E11	1.6E14

由表8—21—2与表8—21—1对比可以看出，坐标变换后，相同拟合次数的系数矩阵A的条件数大大减小，从而改善了病态方程组的结构。

2. 双精度算法

方程组(3)理论上是有解的，但是进入计算机后，由于计算机的数字表达精度有限（单精度实数提供 7 位有效数字,双精度实数提供 15 ~ 16 位有效数),造成系数、右端项的舍入误差以及计算中的累积误差而可能无解。因此,利用双精度算法来提高数字的表达精度,使由于误差的放大损失若干有效数位之后,还能保留一些有效位,是提高方程解的方法之一。

3. 计算方法上寻求病态方程组的解法

解方程组方法的优劣直接影响到反演解释的效果。奇异值分解法(Singular Value Decomposition Method)属于广义逆方法中的一种,具有克服病态能力强、运算中不放大误差的优点,用这种方法求解趋势面系数方程组,能取得良好的结果。

(1)奇异值分解:奇异值分解方法在地球物理反演中是一种有重要意义的方法,尤其是在求解病态线性方程组方面,是目前已经知道的最好的一种方法。

设任意 $m \times n$ 矩阵秩为 $\mathrm{Rank}(A) = r$,则必存在 1 个 $m \times m$ 正交矩阵 U、1 个 $n \times n$ 正交矩阵 V 和 1 个 $m \times n$ 对角矩阵 S,使

$$U^{\mathrm{T}} A V = S \tag{6}$$

及

$$A = USV^{\mathrm{T}} \tag{7}$$

应当指出,对角矩阵 S 的主对角线元素恰有 r 个非零,且为正的非增序列,称这些对角元素 $S_1, S_2, \cdots, S_r$ 为 $m \times n$ 矩阵 A 的奇异值。

正交矩阵 U 的列向量 u_j,V 的列向量 v_j,它们与奇异值 S_i 的关系为

$$A^{\mathrm{T}} A v_j = S_j^2 v_j \qquad j = 1, 2, \cdots, n \tag{8}$$

$$A A^{\mathrm{T}} u_j = S_i^3 u_i \qquad i = 1, 2, \cdots, m \tag{9}$$

且有关系 $S_i = S_j \quad i = j (i \leqslant r)$

$S_i = 0$ 当 $i > r$

$S_j = 0$ 当 $j > r$

将式(7)写得更具体些,即是:

$$A_{m \times n} = U_{m \times m} \begin{bmatrix} S_{n \times n} \\ 0_{m-m \times n} \end{bmatrix}_{m \times n} V_{n \times n}^{\mathrm{T}} \tag{10}$$

$$S_{n \times n} = \begin{bmatrix} S_1 & & & & & \\ & S_2 & & & & \\ & & \ddots & & & \\ & & & S_r & & \\ & & & & 0 & \\ & & & & & \ddots \\ & & & & & & 0 \end{bmatrix} = \begin{bmatrix} \Sigma & 0 \\ 0 & 0 \end{bmatrix} \tag{11}$$

其中对任意矩阵进行奇异值分解,是因为奇异值有稳定的性质。可以证明,当矩阵 A 有一个扰动 E 时,奇异值的变化不会超过 E 的谱范数 $\| E \|$,即 $E^{\mathrm{T}} E$ 的最大本征值。

由式(7)容易求得任意矩阵 A 的广义逆 A^+ 为

$$A^+ = VS^+ U^{\mathrm{T}} \tag{12}$$

式中 S^+ 为对角元素 $S_i^{-1} (i = 1, 2, \cdots, r)$ 的对角矩阵。

$$S^+_{n\times m}=[S^{-1}_{n\times n}\ \vdots\ 0_{n\times m-n}]=\begin{bmatrix} S_1^{-1} & & & & 0 & \vdots & \\ & S_2^{-1} & & & & & \\ & & \ddots & & & \vdots & \\ & & & S_r^{-1} & & 0 & \\ & & 0 & & & \vdots & \\ & & & \ddots & & & \\ 0 & & & & 0 & \vdots & \end{bmatrix}=\begin{bmatrix}\Sigma^{-1} & 0\\ 0 & 0\end{bmatrix} \quad (13)$$

对任意矩阵 $A_{m\times n}$ 进行奇异值分解得到的逆是 Mooer-Penrose 广义逆 A^+，此逆不但必然存在，而且唯一。

(2)用奇异值分解法解线性方程组：设线性方程组为

$$AX=B \quad (14)$$

对系数矩阵 A 进行奇异值分解，有：

$$A=USV^{\mathrm{T}} \quad (15)$$

则广义逆为

$$A^+=VS^+U^{\mathrm{T}} \quad (16)$$

将式(15)代入式(14)有：

$$USV^{\mathrm{T}}X=B$$

而解向量 $X=A^+B=VS^+U^{\mathrm{T}}B$ (17)

据广义逆 A^+ 的性质，A^+ 是最小二乘 g 逆，$X=A^+B$ 是矛盾方程组 $AX=B$ 的最小二乘解。

(3)奇异值分解的算法：奇异值分解的计算过程分为两大步，即

第一步：用豪斯荷尔德(Householder)变换将 A 约化为双对角线矩阵，即

$$B=\overline{U}^{\mathrm{T}}A\overline{V}=\begin{bmatrix} S_1 & e_1 & & & 0\\ & S_2 & e_2 & & \\ & & \ddots & \ddots & \\ & & & S_{p-1} & e_{p-1}\\ 0 & & & & S_p\end{bmatrix}$$

其中 $\overline{U}=U_1,U_2,\cdots,U_R,R=\min(n,m-1)$

$\overline{V}=V_1,V_2,\cdots,V_e,e=\min(m,n-2)$

$\overline{U}$中的每一步变换 $U_j(j=1,2,\cdots,R)$ 将 A 中的第 j 列主对角线以下的元素变为零，而$\overline{V}$中的每一向量 $V_j(j=1,2,\cdots,e)$ 将 A 中第 j 行中与主对角线紧邻的右次对角线元素右边的元素变为零。

对于每一变换 V_j，具有如下形式：

$$I-\rho V_jV_j^T$$

ρ 为一比例因子，用以避免计算过程中的溢出现象与误差的累计。

V_j 是一列向量，即 $V_j=(V_1,V_2,\cdots,V_n)^{\mathrm{T}}$，则

$$AV_j=A-\rho AV_jV_j^{\mathrm{T}}=A-WV_j^{\mathrm{T}}$$

其中

$$W = \rho A V_j = \rho\left(\sum_{i=1}^{n} v_i a_{1i}, \sum_{i=1}^{n} v_i a_{2i}, \cdots, \sum_{i=1}^{n} v_i a_{ni}\right)^{\mathrm{T}}$$

第二步:用变形的 QR 算法进行迭代,计算所有的奇异值,即用一系列的平面旋转将双对角线 B 逐步变成对角矩阵。

在每一步迭代中,用变换下式的方法:

$$B' = U_{p-1}^{\mathrm{T}} \cdots U_{23}^{\mathrm{T}} U_{12}^{\mathrm{T}} B V_{12} V_{23} \cdots V_{m-1,m}$$

其中变换 $U_{j,j+1}^{\mathrm{T}}$ 将 B 中第 j 列主对角线下的一个非零元素变为零,同时在第 j 行的次对角线元素的右边出现一个非零元素;而变换 $V_{j,j+i}$ 将第 $j-1$ 行的次对角线元素右边的非零元素变为零,同时在第 j 列的主对角线元素的下方出现一个非零元素。由此可知,经过一次迭代($j=1,2,\cdots,p-1$)后,B' 仍为双对角线矩阵。但随着迭代的进行,最后收敛为对角矩阵,其对角线上元素即为奇异值。

在每次迭代时,其初始变换 V_{12} 后,将在一列的主对角线下方出现一个非零元素。在变换 V_{12} 中,选择位移值 μ 的计算公式如下:

$$b = [(S_{p-1} + S_p)(S_{p-1} - S_p) + e_{p-1}^2]/2$$

$$c = (S_p e_{p-1})^2$$

$$d = \mathrm{sign}(b)\sqrt{b^2 + c}$$

$$\mu = S_p^2 - c/(b+d)$$

最后还需对奇异值按非递增次序进行排序。

在上述变换过程中,若对于某个次对角线元素满足 $|e_j| \leqslant \varepsilon(|S_{j+1}| + |S_j|)$,则认为 e_j 为零。

若对角线元素 S_j 满足 $|S_j| = \varepsilon(|e_{j-1}| + |e_j|)$,则认为 S_j 为零(即为零奇异值)。其中 ε 为预先给定的精度要求。

(三)趋势面的拟合精度评价

用趋势值 $\hat{b}$ 来预测观测值 b 是有误差的,因此必须对误差 $|b-\hat{b}|$ 作区间估计,以弄清 b 的可能取值范围,从而借以控制 b。

$$S^2 = \sum (b_i - \bar{b})^2 \tag{18}$$

$$\bar{b} = \frac{1}{n}\sum b_i \tag{19}$$

S^2 的大小反映了观测值 b_i 关于 $\bar{b}$ 总的离散程度。

$$S^2 = \sum (b_i - \bar{b})^2 = \sum [(\hat{b}_i - \bar{b}) + (b_i - \hat{b}_i)]^2 = (\hat{b}_i - \bar{b})^2 + \sum (b_i - \hat{b}_i)^2 = S_{\mathrm{T}}^2 + S_{\mathrm{e}}^2 \tag{20}$$

式中 S_{T}^2——趋势平方和;

S_{e}^2——剩余平方和。

S_{T}^2 反映了由于 $x, y, \cdots, y^p$ 的改变所引起趋势面上 $\hat{b}$ 的变化。S_{e}^2 是观测值 b_i 与趋势值 $\hat{b}_i$ 两组数据之差的平方和,其大小反映了观测值偏离趋势面的波动剧烈与否。

趋势多项式对 b 拟合得"好"与"不好"，将取决于 S_T^2 在 S^2 中所占的分量，采用

$$C = S_T^2 / S^2 \times 100\% \tag{21}$$

来表示趋势面的拟合优度。

我们采用 Delphi 语言编制了计算程序，可以灵活地选择参数进行坐标变换，采用双精度算法并用奇异值分解法求解方程组。实例中为了便于制作插图，观测点数不多，对上千个观测点数据进行计算，也取得了满意的结果。

（四）在岩溶勘探中的应用效果

1. 数据简述

分析数据选自渝怀铁路某路基工点对称四极电测深数据，测点 25 个，极距（$AB/2$）为 1.5、2、3、5、7、10、15、20、25、30、50、70 共 12 个，分析数据共 294 个。

2. 计算结果

计算采用了双精度算法、坐标变换和奇异值分解法求解趋势面方程组（$AX = B$），而不是求解正则方程组（$A^TAX = A^TB$），各次趋势面拟合度见表 8—21—3。从表 8—21—3 可见，1 ~ 9 次解的结果都很稳定，其中 9 次解的拟合优度达到 73.1%。

表 8—21—3　各次趋势面拟合优度（%）

拟合次数	1	2	3	4	5	6	7	8	9
拟合优度	40.1	49.3	59.5	63.2	64.5	65.1	67.8	70.9	73.1

3. 实例分析

采用实测数据、9 次趋势数据和 9 次趋势剩余异常数据绘制了等值线图，分别见图 8—21—1、图 8—21—2 和图 8—21—3。

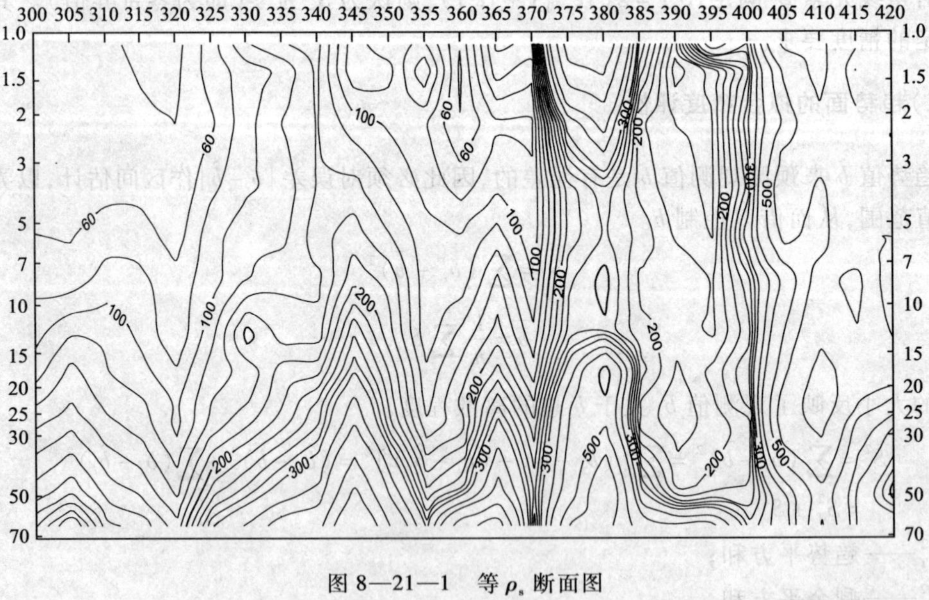

图 8—21—1　等 ρ_s 断面图

图 8—21—1 中，300 ~ 335、335 ~ 370 段，等值线呈"V"字形分布，ρ_s 值为 100 ~ 300 Ω·m；370 ~ 400 段，等值线呈带状直立、"U"字形半闭合状分布，ρ_s 值为 100 ~ 600 Ω·m；400 ~ 420 段，等值线

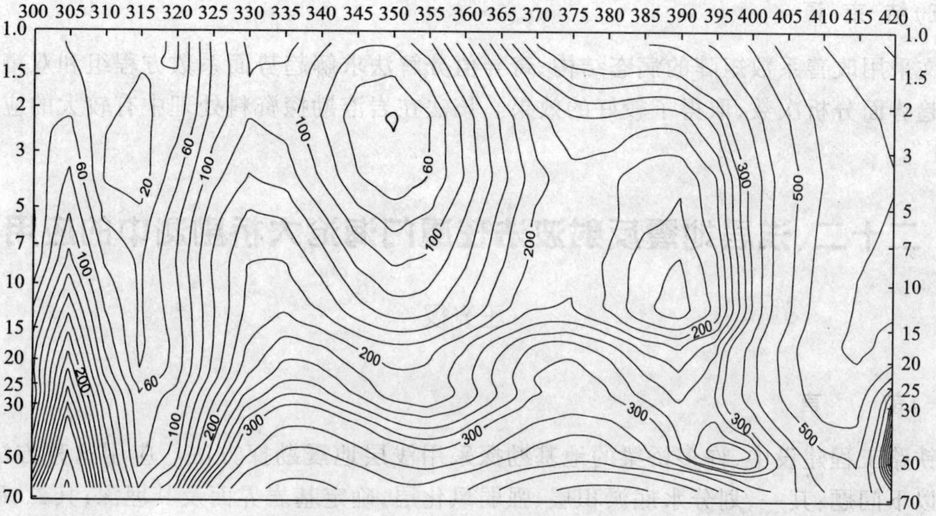

图 8—21—2　9 次趋势面图

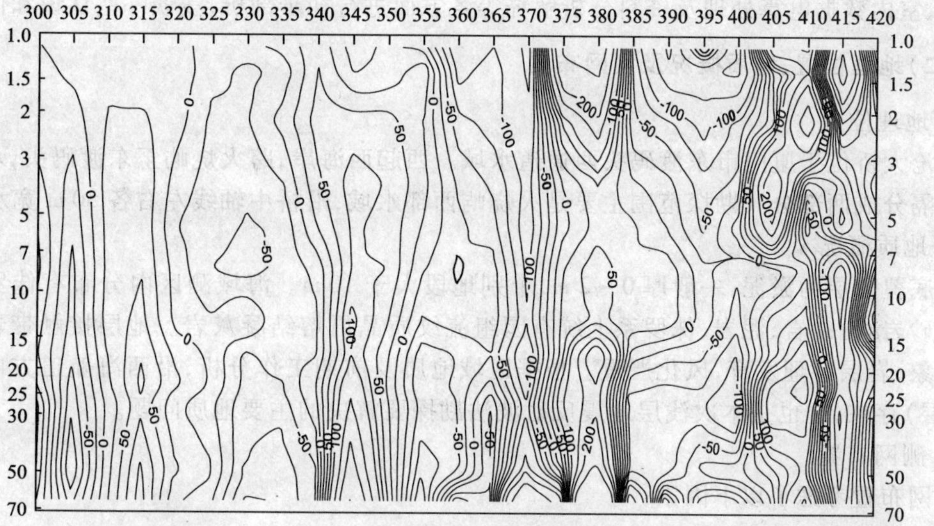

图 8—21—3　9 次剩余异常图

较稀疏，呈条带直立状、闭合状分布，ρ_s 值为 350～1 000 Ω·m。总体来看，300～420 段等 ρ_s 曲线分布凌乱，呈 V 字形、U 字形、带状直立、团块状分布，说明该段路基岩溶较为发育。

图 8—21—2 中，ρ_s 值左侧低右侧高、上部低下部高，与图 8—21—1 中电阻率值分布特征吻合；300～330、400～420 段和图形底部等值线形状与图 8—21—1 非常相似。图 8—21—2 中，等值线分布均匀，左侧电阻率低、右侧电阻率高，反映了左侧地表有覆盖层、右侧基岩出露的电性特征；图两侧带状直立等值线反映了溶沟、溶槽等发育；图中段下部的平行波状等值线反映深部基岩完整。图 8—21—2 较清楚地反映了该段地层的电场背景特征。

图 8—21—3 中，375～390 段上部与下部为 U 字形等值线且较密集，中部分布值为 25～50 的半封闭圈，等值线稀疏，为溶洞的电性反映，与钻孔资料基本吻合。与该特征相类似的 325～330段值为 −50 的封闭圈、360 处值为 25 的封闭圈，推测为岩溶的电性反映。

(五)结 束 语

本文采用改善系数矩阵的病态结构、奇异值分解法求解趋势面系数方程组和双精度算法，提高了趋势面分析次数，取得了较好的效果。该法在岩溶勘探资料处理中有较大的应用价值，值得推广。

二十二、浅层地震反射波法在厦门海沧大桥勘测中的应用

王光权

(一)前 言

在铁路工程建设中，许多桥梁的地基勘探采用浅层地震勘探方法。应用这种方法能较好地解决以下问题：其一，划分水底淤积层、强弱风化层，确定基岩界面及其埋深；其二，确定区域稳定性，了解水底岩层有无断层及其他地质构造，并确定它们的展布规律。本文根据厦门海沧大桥地质勘察中所采用的浅层地震反射波法勘探，对在水域中应用该方法的测网布置、野外数据采集、室内数据电算处理及资料分析解释等各方面进行初步剖析，浅谈一些认识和体会。

(二)地理位置、地质概况及测网布置

1. 地理位置

海沧大桥位于厦门市东渡码头西通道水域。西起西海岸，跨火烧屿至东渡码头，水域由火烧屿阻隔分成两部分。勘探范围主要是火烧屿西部水域，沿桥中轴线左右各50 m宽水域。

2. 地质概况

海底覆盖层为淤泥，一般厚0～2 m，个别地段大于10 m。海域测区内分布有侏罗系下统黎山组砂岩、粉砂岩、泥岩，侏罗系上统有园组流纹质晶屑熔结凝灰岩。地层接触带岩石多有变质现象，岩层节理发育，风化严重。根据区域地质及前期工作分析，沿西海航道方向可能有断裂(层)存在，这也是本次浅层地震反射波法勘探要解决的主要地质问题。

3. 测网布置

测网布置考虑了以下因素：

任务书要求；

测区内可能存在沿西航道方向发育的断裂(层)构造；

测区西段(西海岸—火烧屿)水面较狭窄，东段(火烧屿—东渡码头)来往船只又较多，再加上施测时潮汐、刮风等影响，工作难度较大；

用浅层地震反射波法对各种构造进行勘探时，测线应垂直于构造走向或与构造走向成大角度斜交。

在以上几点的基础上，再结合工期考虑，最后设计了如下测网：

(1)沿桥中轴南北在火烧屿以西水域布置有 $ZF_{1\text{-}1}$、$ZF_{1\text{-}3}$ 剖面，在火烧屿以东水域布置有 $ZF_{1\text{-}5}$、$ZF_{1\text{-}6}$ 剖面。这4条剖面垂直于航道，对于勘探沿航道方向展布的断裂(层)十分有利。

(2)在西海岸—火烧屿水域布置有 $ZF_{2\text{-}10}$、$ZF_{2\text{-}11}$、$ZF_{2\text{-}12}$、$ZF_{2\text{-}13}$、$ZF_{2\text{-}14}$ 和 $ZF_{2\text{-}15}$ 剖面，火烧屿—东渡码头水域布置有 ZF_{19}、ZF_{20}、ZF_{21}、ZF_{22}、ZF_{23}、ZF_{24}、ZF_{25}、ZF_{26} 和 ZF_{27} 剖面，这些剖面大致平行于航道方向，主要用于对地层的划分。图8—22—1为西海岸—火烧屿水域的测网布置。

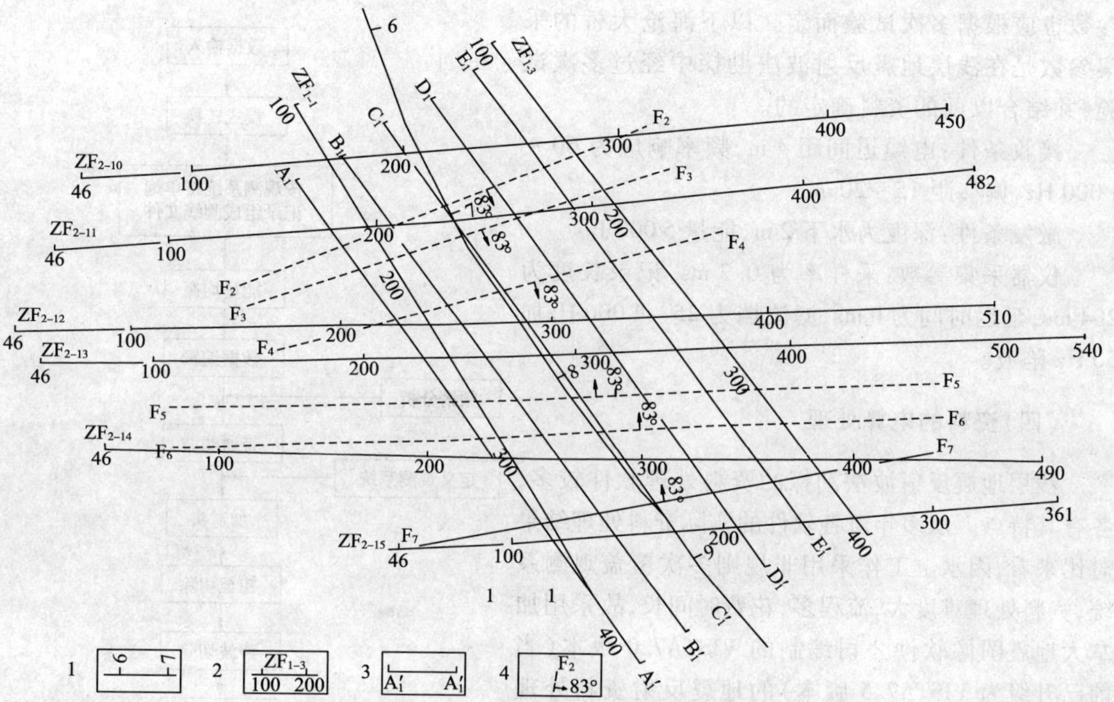

图 8—22—1　西海岸—火烧屿测线布置

1—桥梁中线；2—剖面编号与测点编号；3—提交成果断面；4—浅反推断断层

（三）野外数据采集

1. 施测方式

水上浅层地震反射波法勘探的野外数据采集方式分固定和运动两种，但由于海上勘探有其特殊性，即海水受潮汐影响，其水位稳定时间较短，船身和电缆固定均较困难，故实测时一般采用运动方式。其具体方法是：将电火花震源（或气枪震源）、接收仪器置于一条大动力船上，将接收电缆拖在船后（接收电缆尾端可根据具体情况增加一条带小动力的小船），以较慢的均匀速度沿设计剖面航行，电火花震源（或气枪震源）以等时间、等间隔激发，接收仪器同时采集数据。

2. 测量定位别

海上浅层地震反射波法勘探的测量定位是整个勘探工作的重要环节，它直接影响剖面位置和勘探精度。由于精度要求高，船身移动快，一般采用 GPS 定位系统定位。在无 GPS 定位系统时，可采用 3 台经纬仪作前方交会法定位。

3. 观测系统

根据测区条件和施测方式，一般采用单边激发多次覆盖观测系统。通过提高采样数据的信噪比和分辨率，再结合测区的复杂地质及水上勘探的实际情况，对覆盖次数低于 3 次的测线，采用多次重复施测等措施来保证勘探资料的精度。

4. 技术参数选择

水上浅层地震反射波法勘探的有利方面是激发条件好、能量损失小、水的波速稳定、对下伏地层构造解释有利；其不利方面是干扰多，主要有来往船只、水底（顶）界面多次反射及水流及其携带物等干扰。因此，在外业数据采集时，需对这些干扰予以识别和压制，以获得较高信噪比的外业数据。各工点的情况不一致，各种干扰的大小、主次也不一致，因此各工点的采集参数也应根据多次试验而定。以下海沧大桥的采集参数是在浅层地震反射波法勘探中经过多次试验,并结合以前的资料确定的。

接收条件:电缆道间距 4 m,频率响应为 60 ~ 1 000 Hz,偏移距 15 ~ 20 m。

激发条件:深度为水下 2 m,能量 5 000 J。

仪器采集参数:采样率为 0.2 ms,记录长度为 204 ms,延迟时间为 0 ms,滤波档为 25 ~ 1 000 Hz 加 50 Hz 陷波。

(四)资料的电算处理

浅层地震反射波法勘探的资料处理软件较多,各有其特点。从多年对各软件的实际资料处理结果对比来看,因水上工作采用非规则多次覆盖观测系统,资料处理难度大,流程多,花费时间长,故采用加拿大地震图像软件公司编制的 VISTA7.0 版本(当前已升级为 VISTA7.5 版本)的地震反射资料处理软件包,比较适合海沧大桥工点的浅层地震反射波法勘探资料的电算处理。

其常规处理处理流程如图 8—22—2。各工点因资料信噪比、地质情况等有差异,可对常规处理流程图作适当调整,也可增加一些其他有用功能模块。

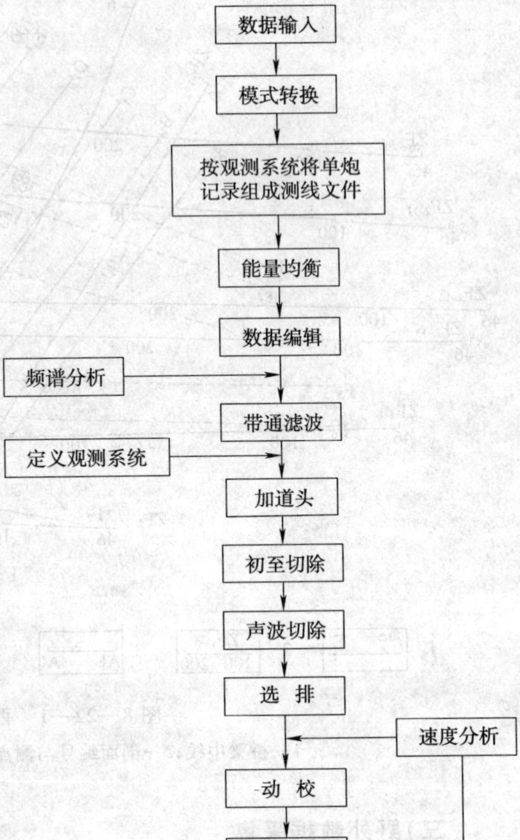

图 8—22—2 VISTA 7.0 软件包浅反资料处理常规流程

(五)资料分析解释

对测区各条测线的速度资料进行统计,结合地质资料进行分类,得出各物性层的速度资料。海沧大桥各物性层的速度资料为:海水 $v_p \approx 1\,500$ m/s;海底淤泥层 $v_p = 700$ m/s;强风化层 $v_p = 900 \sim 1\,100$ m/s;中风化层及微风化层 $v_p > 1\,600$ m/s。以上速度参数表明,海水速度稳定,海底淤泥层(Q)速度低,和上、下层有明显速度差异,基岩强风化层(W_3)与中风化层(W_2)也有明显速度差异。故该浅层地震反射波法资料能有效地划分它们之间的界线。

根据以上速度资料分析结果,再结合各测线的时间剖面图和已有的地质资料,对各测线浅层地震反射波法时间剖面图进行地质解释。无断层和有断层在时间剖面上的反映特征不同。无断层的测线资料反映特征和资料解释以 $ZF_{2\text{-}13}$ 测线为例,说明如下:从该测线上部的时间剖面图(图 8—22—3)可以看出,从上到下(即从 0 ~ 100 ms)分别出现了两个大波组。这两个波组能量强,连续性好,反映了两个不同的反射界面。综合速度资料、时间剖面图和地质资料得出以下解释原则:0 ms 到第一个大波组之间为海水(包含一薄层即海底淤泥层）；第一个大波组至第二个大波组之间为基岩强风化层；第二个大波组以下为基岩中（弱）风化层。在以上定性分析的基础上，对时间剖面图依据速度资料进行时深转换，绘制成该测线的浅反地质断面图（图 8—22—3）。

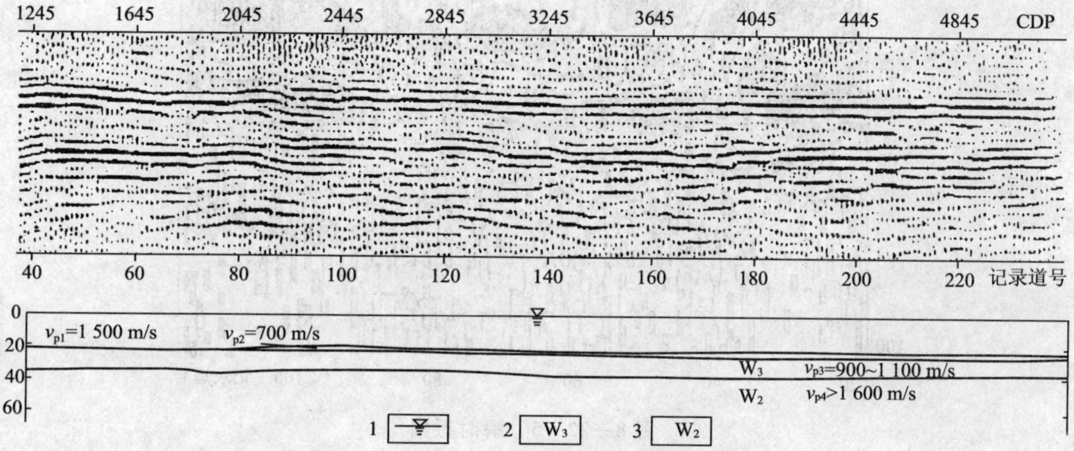

图 8—22—3　$ZF_{2\text{-}13}$ 测线浅反资料剖面成果

1—水面；2—基岩强风化层；3—基岩中风化层

有断层反映的测线资料反映特征和资料解释以 $ZF_{1\text{-}1}$ 测线为例：从图 8—22—4 上部的时间剖面图可以看出，从上到下出现两个大波组，反映了两个不同的反射界面，其对应的地质层位与 $ZF_{2\text{-}13}$ 测线相同。另外在 1740、1840、2200、2700、2910 号 CDP 处，分别出现了波组明显错动的畸变特征（图 8—22—4），同时在瞬时振幅图（图 8—22—5）上也对应出现了波动明显错动，其特征比图 8—22—4 中的时间剖面图上的特征更加直观，说明有断裂（层）存在。在定性分析的基础上，对时间剖面图依据速度资料进行时深转换，绘制成该测线的浅反地质断面图。

图 8—22—4　$ZF_{1\text{-}1}$ 测线时间剖面

1—水面；2—基岩强风化层；3—基岩中风化层；4—断层破碎带及断层编号

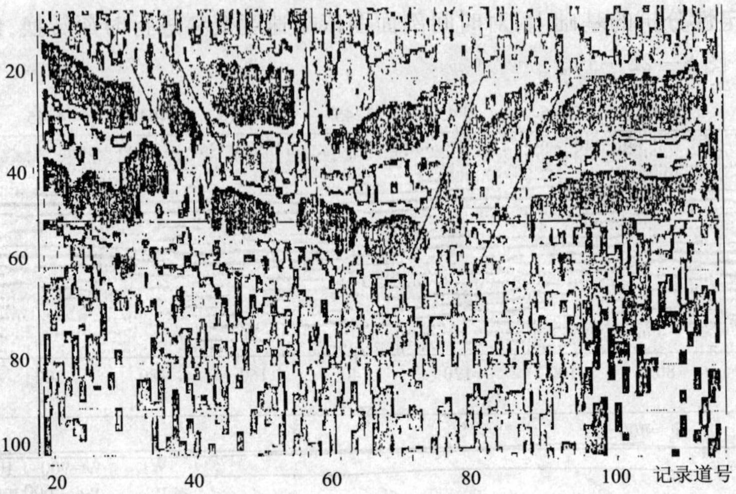

图 8—22—5　瞬时振幅

(六)结　　论

1. 本次海沧大桥勘探中使用的浅反地震反射波法,实为高分辨率的地震勘探方法。工作中采用电火花震源激发出丰富的高频信号(主频在 300 Hz 左右),又用高分辨率的漂浮电缆接收;使用了先进的高分辨工程地震仪(ES-2401)记录和功能较强的 VISTA 7.0 软件包进行数据处理,从而得出了具有高分辨率的地震时间剖面,该剖面上反映出高于 250 Hz 的同相轴波组,其分辨率达 2 m 以下。

2. 比较准确地查明了断裂(层)的平面、空间分布位置及其规模、产状、倾斜方向等性质,为工程设计、施工提供了有用的资料,并且所查明的断裂(层)均为钻探所验证。

3. 有效地划分出水底界面、淤泥层与中风化层的分界面。各层速度资料显示,工程基础应放在中风化层这层持力层上较佳。

4. 本次工作由于时间短,施工期间正值高潮和台风常发季节,在野外数据采集和资料处理过程中都还有不能令人满意之处,有待后续工作中进一步探索和总结。

二十三、地质雷达技术在隧道衬砌检测中的应用

王　亮

(一)电磁波在隧道衬砌体内的反射与波相特征

1. 电磁波在界面上的反射

电磁波在传播过程中位移方向与传播方向是垂直的,因此电磁波是横波。电磁波在衬砌界面上要产生反射、透射和折射,由于在隧道衬砌质量检测中采用的是自发自收天线,其 $T—R$ 距离非常小,电磁波的入射角趋于零,因此接收到的电磁波主要是反射波。

2. 雷达波在衬砌界面上的反射波相特征

反射波相特征是识别雷达图像的重要标志,研究雷达波在衬砌界面上的反射波相特征是

正确判识雷达异常的基础。下面从反射系数着手,研究反射波在衬砌界面上的波相特征。当电磁波垂直入射时,其反射系数表示为

$$R=\frac{\sqrt{\varepsilon_1}-\sqrt{\varepsilon_2}}{\sqrt{\varepsilon_1}+\sqrt{\varepsilon_2}}$$

式中 R——反射系数;

ε_1——均匀半空间的介电常数;

ε_2——空洞的介电常数。

分析上式可知:

(1)从空气到二次衬砌表面:R为负,反射波振幅也为负,介电常数差异大,反射能力强。

(2)从二次衬砌到初期支护表面:R值的正负取决两层介质介电常数大小。在界面处的反射能力要看二次衬砌与初期支护之间介电常数的差异。如果差异较小,且接触致密,反射能力就弱;若两者间接触疏松,局部有空洞或不密实带存在,则反射能力增强。

(3)从初期支护到围岩表面:反射波振幅的正负也由二者介电常数大小而定。在界面处的反射能力要看初期支护与围岩之间介电常数的差异。同样,如果差异较小,且接触致密,反射能力就弱;若两者间接触疏松,局部有空洞或不密实带存在,则反射能力增强。

(二)常见隧道断面设计模型与检测目标

目前,各项工程建设项目中的隧道一般为圆拱型隧道和直墙型隧道。下面分别讨论该两类隧道特征。

1. 圆拱型隧道模型

这类隧道的结构特点是:上部由拱顶、拱脚和拱腰组成,其结构由外向内分别有二次衬砌层、初期支护层和围岩,有些地段的二次衬砌层和初期支护层是喷射混凝土或素混凝土浇筑,而有些地段的二次衬砌层和初期支护层中还有钢筋、钢筋网或钢拱架等;下部由路面混凝土层、片石混凝土回填层、仰拱层和围岩组成,路面混凝土层一般又由不同标号的两层混凝土构成,仰拱层中有些地段加有钢筋网或其他钢结构,排水管常设计在1/2仰拱正下方的片石混凝土回填层中。这类型隧道的拱顶、1/2拱腰、拱脚、1/2仰拱和1/4仰拱一般作为被检测部位,但在检测1/2仰拱部位时特别要注意区分排水管异常。

2. 直墙型隧道模型

与圆拱型隧道相比,直墙型隧道1/2拱腰和拱脚位置发生了变化,路基下的排水管常常设计在两侧。检测时,除了拱顶、1/2拱腰、拱脚、1/2仰拱和1/4仰拱作为必须被检测部位外,由于边墙较高,应该适当增加测线,以有利于全面评价工程质量。

3. 常见检测技术项目

采用地质雷达方法检测隧道工程的施工质量,主要需要解决下面几个方面的技术问题:

(1)查明二次衬砌层和初期支护层的厚度,评价是否达到设计厚度标准。

(2)查明混凝土衬砌体内、二次衬砌与初期支护间、二次衬砌(或初期支护)与围岩间是否有空洞和不密实带存在,并查明其存在的位置、深度和规模等。

(3)查明衬砌和仰拱内钢筋、钢筋网或钢拱架的位置和锈蚀情况,确定钢筋和钢拱架的数量和间距,评定是否满足设计要求。

(4)查明衬砌和路基混凝土内是否有裂缝存在,并查明其存在的位置。

(5)查明衬砌和路基内的渗水区域和结构变形部位。

随着对工程质量的严格控制,对地质雷达无损检测也提出了更高要求。要求其检测精度要高,误差要小,定位要准确。检测项目已逐渐扩大,如有的隧道要求查明钢筋的直径和长度,有的隧道要求查明衬砌背后围岩中锚杆的分布,有的隧道要求查明二次衬砌与初期支护(或围岩)间的空洞是在防水布前还是在其后,有的隧道要求对存在的空洞和不密实带是否充填有水进行判识。

(三)常见各类异常的雷达图像特征

1. 衬砌界面

隧道工程中的二次衬砌与初期支护间、初期支护与围岩间均存在界面,通过各种界面可确定不同目标层的厚度是否达到设计厚度要求,因此,测定目标层的厚度是隧道工程质量检测中的基本内容之一。

在雷达时间剖面图上,主要根据波组确定各界面。一般情况下,第一个波组反映二次衬砌与初期支护的分界面,第二个波组反映初期支护与围岩的分界面。图 8—23—1 所示为四川省西岭雪山隧道 K23 +640 ~ +675 段左拱腰部位雷达图像,设计初期支护厚度 15 cm,二次衬砌厚度 25 cm,二次衬砌与初期支护均为素混凝土。从雷达图像特征看,各界面接触比较紧密,因此,若能合理选用雷达天线和正确设置采集参数,就可以分辨出各层衬砌界面。

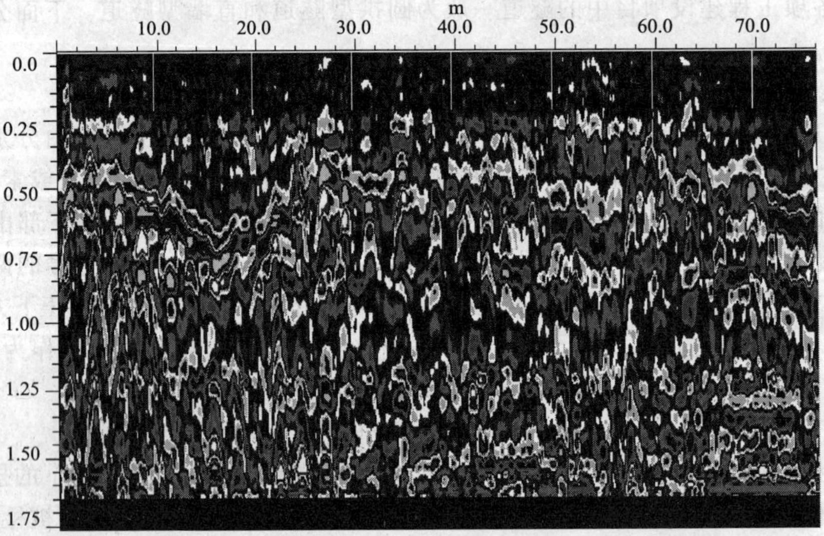

图 8—23—1　素水泥混凝土各界面雷达图像

在分析有钢筋和钢拱架的衬砌界面雷达图像特征时,由于电磁波对钢筋和钢拱架的反射能量强,且存在多次反射,使得雷达图像中的界面特征复杂化,必须结合隧道衬砌设计施工资料,才能正确认识各衬砌层的分界面。

图 8—23—2 所示为甘肃省泉沟线隧道衬砌检测雷达图像。从设计资料看,K2277 +035 ~ +050 段初期支护的格栅和二次衬砌中有钢筋;K2277 +050 ~ +070 段只是初期支护中才有格栅,初期支护厚度 50 cm,二次衬砌厚度 35 cm,围岩为黄土。这与雷达图像反映的特征是吻合的。

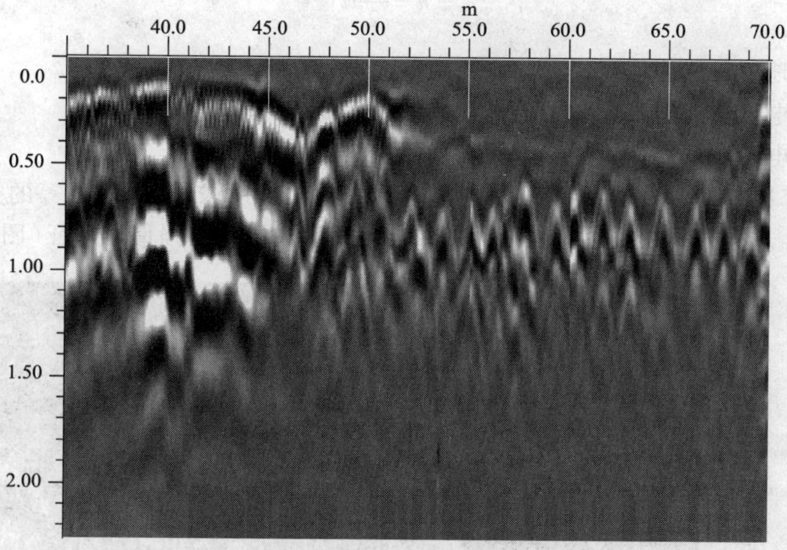

图 8—23—2　有钢筋和钢拱架的衬砌界面雷达图像

据许多工程实例可知，在雷达时间剖面图上的能量强弱差异，也是判定界面的一个重要标志。图 8—23—3 所示为有空洞和欠密实区域的衬砌界面雷达图像。在分析这类雷达图像中的衬砌界面时，一定要根据雷达图像中的能量强弱差异判断衬砌界面。二次衬砌与初期支护（或与围岩）的分界面常常从空洞和欠密实区域的顶端位置通过。

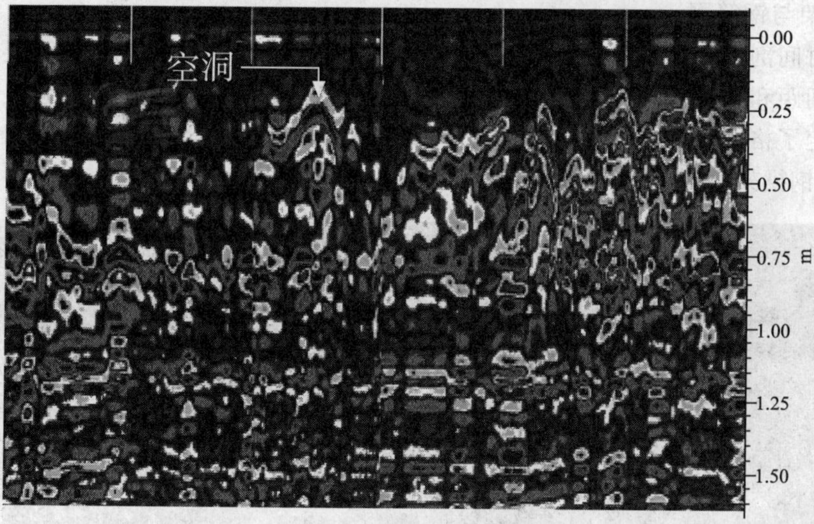

图 8—23—3　有空洞和欠密实区域的衬砌界面雷达图像

2. 空洞与不密实带

孤立的小型空洞一般为不规则的圆形体，可模拟成球状体异常。这种空洞异常在地质雷达图像上表现为双曲线特征（图 8—23—3），双曲线顶点一般对应空洞中心位置，双曲线张开弧度大小与空洞宽度有关，可按下式计算空洞顶部埋藏深度：

$$h = \frac{1}{2}vt$$

式中　h——地下目标体埋深；

v——电磁波在地下介质中的传播速度(m/ns,1 ns = 10^{-9} s)；

t——电磁波从表面传播至空洞反射回表面的双程时间。

在隧道二次衬砌背后，常常有一种沿雷达测线方向长度较长、厚度不等的空洞，可模拟成板状体异常。这类空洞在雷达时间剖面图像上表现为成层状的强信号特征(图 8—23—4)。

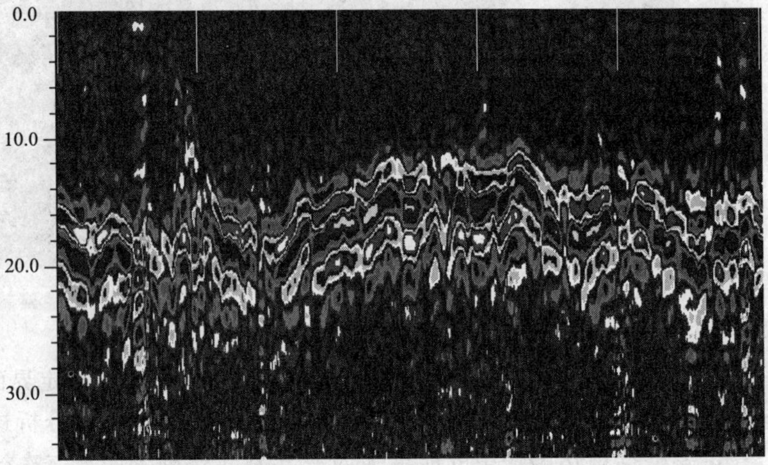

图 8—23—4　层状空洞的雷达图像

3. 钢拱架与钢筋网

在雷达时间剖面图上，钢筋网的特征主要表现为沿垂直方向成密集型的强反射异常，很难区分钢筋的间距和数量；而钢拱架的特征主要表现为沿垂直方向成离散型的强反射异常，其异常的间隔决定了格栅钢架布置的间距(图 8—23—5)，既可清楚判识钢筋网与格栅钢架的位置，也可判识钢拱架的间距、根数和埋深。

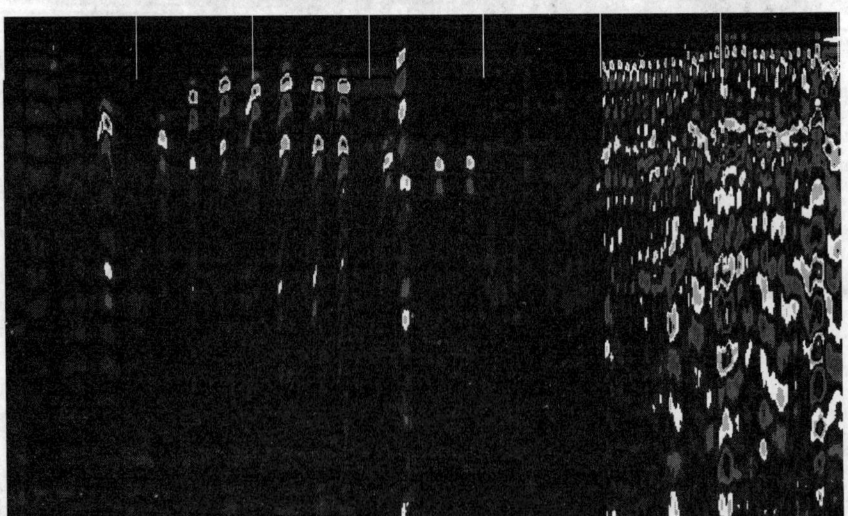

图 8—23—5　钢拱架与钢筋网的雷达图像

4. 隧道路基检测

图 8—23—6 是一座既有铁路路基检测的雷达图像。在垂直方向上,反映了三层结构,上部能量较弱的一层为道砟,其下能量较强的一层为隧底混凝土,再下能量较弱一层为围岩。雷达图像中圈划区域为隧底路基变形区(已有泥浆渗出),可清楚看出地下水渗出通道。

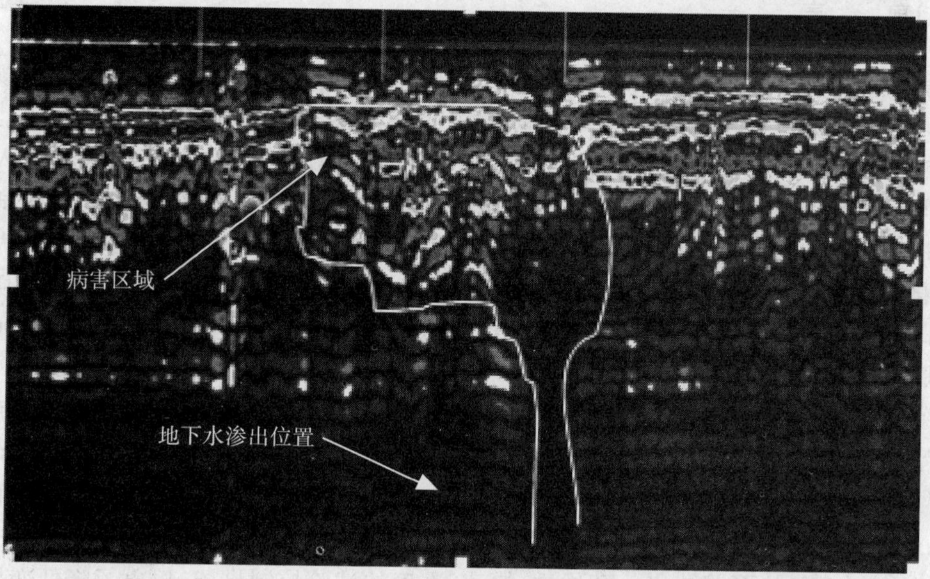

图 8—23—6　隧道路基检测的雷达图像

(四)结　　论

1. 采用地质雷达方法检测隧道衬砌质量具有数据采集快速、雷达图像直观和探测精度高等突出优点。目前,该方法已广泛应用于隧道等工程质量检测中。

2. 在检测前,应该收集隧道设计资料和施工资料(包括初期支护、二次衬砌设计厚度、钢筋和钢拱架分布、开挖地质情况等),以有利于数据采集时正确选用天线频率和设置时窗,并指导资料分析解释。

3. 电磁波在介质中的传播速度是定量解释的重要参数,由于电磁波的传播速度是因介质的不同而变化的,即使是同一混凝土介质,也因其内部结构(如砂石成分不同、钢筋数量不同、混凝土干湿程度不同等)的变化而不相同。大量试验表明,混凝土的相对介电常数一般在 4 ~ 12 之间。因此,在隧道检测时,利用已知衬砌厚度测定电磁波在混凝土介质中的速度是非常必要的。如果是多层介质,应该用层速度计算各目标层的深度。

4. 在采集数据时,应尽可能避免干扰异常。在雷达图像分析时,要正确区分干扰异常和有效异常。干扰异常在雷达图像上常常表现为三类:第一类是垂向干扰异常,一般从雷达图像的表面就开始出现了,且能量较强,天线突然抖动、翻越障碍物和经过衬砌表面铁制品等都会出现这种现象;第二类是水平层状干扰异常,主要是多次反射干扰和侧面直达波干扰所致;第三类是绕射干扰,常常出现在隧道进出口端点绕射和隧道内其他绕射,一般双曲线弧较宽。

二十四、提高承载比(CBR)试验质量的探讨

何建蓉　刘祖富

(一)前　言

承载比试验是由美国加州公路局首先提出的,简称为 CBR 试验。它是通过在规定尺寸的探头贯入土中的过程中测定其特定的荷载强度,以此来判断土体承载力的大小。试验结果是用材料抵抗局部荷载压入变形的能力来表示的(即 CBR 值),它是指试料贯入量达到2.5 mm 时,单位压力对标准碎石压入相同贯入量时标准荷载强度的比值。CBR 试验指标是公路路基和路面材料的强度指标,是柔性路面设计的主要参数之一。当今世界大多数国家均已采用了 CBR 的试验方法,已成为公路和机场跑道的路面设计及路基填土的质量控制指标。我国交通部也已将 CBR 试验方法纳入《公路土工试验规程》(JTG E40—2007,以下简称"试验规程")。

但在试验过程中发现,该试验操作的时间长,劳动强度大,并且试验结果的变异系数常常超过规程规定的标准($C_v>12\%$),造成返工率较高,耽误了人力、物力和工期,因此有必要对承载比(CBR)试验质量控制进行研究,减少返工,提高试验工作的质量和效率。我们结合生产实际,通过大量室内试验,对试验结果变异系数超标的原因进行了分析,并对试验过程进行了严格的质量控制,从而总结出一套优质、快速、准确的试验控制措施,提出了降低变异系数的对策,并对"试验规程"中有关 CBR 试验提出了一些建议。

(二)实际试验过程和试验结果的变异系数超标原因分析

1. 实际试验过程

(1)试验采用风干试料,按四分法备料,在预定做击实试验的前一天取代表性试料测风干含水率。

(2)做击实试验,求试料的最大干密度和最佳含水率,并按最佳含水率制备所需试件。

(3)在试件顶面加荷载板泡水 4 天。

(4)做贯入试验,加荷使贯入杆以 1 ~ 1.25 mm/min 的速度压入试件,记录不同贯入量及相应荷载,总贯入量应超过 7 mm。

(5)绘制单位压力与贯入量关系曲线,必要时进行原点修正。

(6)从 $P—\tau$ 关系曲线上读取贯入量分别为 2.5 mm 和 5.0 mm 所对应的单位压力 $P_{2.5}$(MPa)和 $P_{5.0}$(MPa),则

$$CBR_{2.5}=P_{2.5}\times 100/7\,000$$

$$CBR_{5.0}=P_{5.0}\times 100/10\,500$$

式中　$CBR_{2.5}$,$CBR_{5.0}$——贯入量分别为 2.5 mm 和 5.0 mm 时的承载比(%);

$P_{2.5}$,$P_{5.0}$——贯入量分别为 2.5 mm 和 5.0 mm 时的单位压力(kPa)。

一般采用 $CBR_{2.5}$的值,如 $CBR_{5.0}>CBR_{2.5}$,则试验要重做。如果结果仍然如此,则采用 $CBR_{5.0}$的值。

2. 试验结果变异系数超标原因分析

以上步骤看似十分简单，操作几乎人人都会，可是试验结果却往往达不到规程规定的要求，试验结果变异系数常常超标，造成返工，耽误了人力、物力和工期。经过长时间的试验总结，发现是在试验过程控制方面的一些环节重视程度不够，影响了整个试验。问题主要出现在如下几个环节：

(1)击实试验的最大干密度与最佳含水率不够准确；

(2)制样时，3个试件存在密度差异，以及泡水等细节；

(3)贯入试验时，贯入杆的安装以及预压和读数是否精确；

(4)作图求值，适当的原点校正。

(三)降低 CBR 变异系数的对策

1. 取土及击实

取土的部位和均匀程度是整个试验的重要内容，尤其是土样是否具有真正的代表性至为重要。取样时在除去表层土后，应在同一垂直断面(1个或2个挖掘机的工作深度)的上、中、下三层取相同数量的土，或保持同一厚度、宽度，以保证所取土样属同一完整断面。同时，应尽量使所取土样保持均匀性，并有足够的试验数量(每次试验的用土要一次性取足)，一般为130 kg。取完样后，先根据其自然含水率大小，风干或加水到估计最佳含水率，也可根据液塑限联合测定(最佳含水率一般小于塑性指数的10%)确定加水或风干。选用与 CBR 试模一致的大击实筒，可减小仪器间的误差，击实筒用游标卡尺精确测量其直径与高度，计算其体积并称量其质量。根据预计的干密度、含水率，确定每个土样的质量和加水量。在拌制试样时，在将试样拌均匀后用塑料袋密封，然后再依照“试验规程”要求，保证有足够的焖料时间。击实前，先将焖好的土样过筛，将成团的大颗粒再次捣碎，然后均匀拌和到试样中，以消除含水率对击实效果的影响，也可减小含水率平行测量的误差。定期对锤重(4.5 kg)和落距(45 cm)进行校正(最好使用电动击实仪)，按照预计的干密度和含水率计算每个试样每一层的用量(大击实筒按12.5 cm 高计算湿土质量)，称重加土，这样每层击实功将会更加均匀，可准确地得到本层的最大密实度，并且具有良好的重现性。在击实过程中，土样应用塑料袋密封，尽量减少其水分蒸发损失而影响击实；应随时观察锤头是否粘土，如有粘土应及时将其刮掉，以免影响击实功；尽可能采用同一击实筒、底板、垫块。击实成形后，用三棱刀刮平，脱模后的土样还应用游标卡尺测量其高度(精确到0.5 mm)，检查是否与理论高度相符。在取样测含水率时，应从脱模后的试样中间取土，取样后立即加盖称重，并使两个土样的质量大致相等；对粗粒土，也可直接将脱模后的整个土样烘干。不管是粗粒土还是细粒土，都要根据其物理性质和化学成分，确定适宜的烘干温度，并保证有足够的烘干时间和干燥、冷却时间。在作图时，应根据实测的干密度和相应的含水率，选择适当的比例作图，最好采用图表中允许的最大比例，以便准确、直观地找出峰值和对应的最佳含水率。

最大干密度和最佳含水率的确定与 CBR 试验的精度直接相关，是做好 CBR 试验的关键与基础，即使是均匀的试样，由于试验误差的原因，一组试验很难如实反映试样的实际。因此，确定标准击实时，最好是做平行试验，以平均最大干密度和平均最佳含水率作为制备 CBR 试件的标准。这样做将使结果更为准确，既为后续工作打好了坚实的基础，也是降低返工率的好方法。

2. 制件泡水

CBR 试样成形是整个试验的关键。同一击实次数的密度之间的差异，直接影响整个 CBR 试验结果(密度小的，膨胀量大、吸水量多，则 CBR 值小，如果差距太大，变异系数则会增大，导致整个成形试验作废)。为了减少这些误差,首先应将所有的土捣碎(不破坏天然颗粒的最小形状),搅拌均匀,并烘干使其含水率为0(这样击实加水和CBR焖料更加方便),然后过筛求粒径超过40 mm颗粒的百分率,用以校正超尺寸粗粒土的最大干密度和最佳含水率,并根据击实求得最大干密度和最佳含水率。为弥补在拌制过程中的水分损失,以免影响试件成形密度,以最佳含水率+0.5%进行加水,按10个试样的质量备料,一个试样用作复核击实,其余试样用作CBR试验。将试筒依次编号,并称试筒质量,标定每个试筒的体积,在试验前用小刷子在内壁涂一薄层脱模油,便于以后脱模和减小试样对试模的磨损。同时,测定含水率供成形前参考。CBR焖料的时间与击实的焖料时间相同。焖料成功以后,过筛,将成团的粗颗粒捣碎,再拌制均匀,用燃烧法再测一次含水率,如符合要求,则打一击实(98次),复验击实的最大干密度是否与现测的结果相同,或是否在规定的偏差±0.03 g/cm^3 内;如不符合要求,应在图上修正或重做击实。条件具备时,最好用静压法来制取不同密实程度的试件,这样能准确地控制试件的密度,使三个试件均匀一致。用击实法时,根据设计或施工要求制备不同压实度的CBR试件(98击按100%最大干密度、50击按94.5%~95.5%最大干密度、30击按91.5%~92%最大干密度,高度按12.5 cm),计算每个试样每层土样的质量,并按计算质量称重加料。有时在制作过程中会发生试样粘在垫块上,从而造成试件顶面凹凸不平的现象,这样的试件将无法准确地测定CBR值,只能作废。为防止这种现象的发生,可在垫块上放两层滤纸,以减少试样被粘的可能。在成形过程中,应将试模的底部边缘擦干净,并检查试模底部与底板是否吻合。成形后,用钢直尺测量是否达到规定的成形高度。同一种密实程度的试件应连续制作,并计算其湿密度的偏差。如差异较大,应及时查找原因并纠正。在成形过程中,也应避免水分损失,并随成形试样同时取土,按照击实的烘干时间和温度测定含水率。成形后的试件应立即装入膨胀装置,并检查多孔板和底板孔有无堵塞。底板上的滤纸应与试模重合,同时换掉上面残破的滤纸,切不可用其他的纸代替滤纸使用。每个试样的荷载质量应相等,且标定每组荷载板质量。荷载板的结合缝应不在同一断面上,并呈十字叠放。泡水槽的底板水平,进水口设在水槽的底部。开始加水的速度不宜超过0.05 t/min,在注满水后,减小注水速度连续注水至泡水时间结束,防止水分蒸发。水槽还应在试模顶部以上2.5 cm处设一出水口,防止水位上升。水槽不宜加盖,以免因湿度过大锈蚀百分表。泡水时间不能短于96小时,泡水后准确测定、记录膨胀量、吸水量,以备参考。试件脱水静置时间应大致相同,尤其是夏秋季气候干燥、表面蒸发快,如操作时间长,应将试模拆除膨胀装置后用塑料袋密封,以免因表面蒸发影响实测值。在测定校正后最大干密度的粗粒土CBR时,应先复核计算后的最大干密度和最佳含水率是否和现场对应。每个试样应分开焖料,超尺寸颗粒含量的百分率须一致,单个试样分别通过筛分调整级配,使每个试样的级配一样,其他与细粒土试验相同。

3. 贯　入

贯入同样是CBR试验中的一个比较重要的环节。先根据试验室的电力情况(电压、电流是否正常、停电是否频繁等),采取相应措施,以避免中途中断承载比试验操作。贯入中,每个试样应使用同一组干燥、干净的荷载板。为保证试样在CBR仪上顶面位置水平,可用水平尺检测,同时还应观察测量贯入深度的两个仪表的移动速度是否一致。试验前的预压力必须为45 N,在预压时宜用慢速,切不可超过预压值后再下降。记数的仪器有电子应力计和量力环两种。在使用电子应力计时,如不采用电脑打印,试验者应根据自己的反应能力或经验,确定最佳读数深度,以免因读数误差而影响作图,尤其是在CBR值较大时更要注意,一般以相应的贯入深度减0.02 mm作为最佳读数深度。先记录仪器面上显示的2.5 mm和5.0 mm相应的CBR

值,再与实测记录的值比较,以检测读数是否准确。用量力环试验时,首先应选择适当量程的量力环。选择量力环时,可根据对泡水后试样表面软硬程度的手感或根据其膨胀量来选择。在手感较软或膨胀量大于10%或吸水量大于500 g时,宜选用5 kN以下的量力环。量力环除事先须经计量部门标定外,试验前还应在压力机上预压3次,并观测其读数是否与压力机读数成系数正比。试验中室内温度应保持在15 ℃ ~25 ℃之间。如为一人记录,可先在记录贯入深度的百分表上标记所有应记录的读数,并根据自己的视野确定最佳读数深度(最好在相应的锥入深度减0.03 mm至加0.06 mm之间),同时尽量保持视线与仪表面垂直。试验前应将预压数调零(电子应力计可自动清零)。不论是使用电子应力计还是使用测力环,试验时,每次贯入前,都应将贯入杆上的泥土擦净,但不可在贯入杆上抹油,以免影响贯入值。

4. 作图求值

作图时,应根据实测数据的大小确定适当的比例,杜绝人为误差。在作 $p—l$ 关系图时,如果试件开始段出现凹曲线,可先将其单独修正。修正方法为:作切线,将锥入深度的“0”下移至切线与纵轴的交点,并根据锥入深度位移的比例,将单位压力向右移动相同的比例再求值。所得值和实际值有差异时,以修正值为准。然后再将三条曲线移到一起比较,即得出此密实程度的CBR值。如果某密实程度的 $p—l$ 关系曲线三条重合,则试验是最成功的;若 $CBR_{5.0} > CBR_{2.5}$,则采用 $CBR_{5.0}$ 为实测值,因为此时如再重做试验,结果还是 $CBR_{5.0} > CBR_{2.5}$。完成绘图后,再根据要求计算试验结果的变异系数 C_v 值,即可对试验结果进行评定。

(四)对“试验规程”的几点建议

1. CBR试验要测定试样泡水后的膨胀量,但仅有膨胀量并不能全面分析、评价土的膨胀性,因此,当测定试样的膨胀量较大时,一般应加做自由膨胀率(必要时再加做蒙脱石含量与阳离子代换量),并据以判断试样是否属膨胀土,从而进一步确认试样能否作为填料。

2. 贯入试验时,测定贯入量的左右两个百分表的读数有时会相差很大,有时又会出现一侧百分表停止甚至倒转的情况,而“试验规程”并没有对两个百分表之间的误差作出限制,使试验操作者在执行时没有依据。我们在试验中,如发生前一种情况,则认为是贯入杆发生了偏移;如出现后一种情况,则该试件应作废,试验应该重做。因此,建议“试验规程”对这方面应有所规定。

3. 虽然我们为提高CBR试验的质量控制做了大量的努力,但试验的返工率并没有完全消除,$CBR_{5.0} > CBR_{2.5}$ 的情况仍时有出现,故建议当试验结果的 C_v 不超标时,就可不再重做试验,而直接采用 $CBR_{5.0}$。

(五)结　　论

经过对以上几个环节的质量控制和63组试验结果的分析,试验成果质量明显提高,返工率显著下降。在整个CBR试验的操作中,每个步骤的准确与否直接影响到下一个步骤的成败,所以每一个步骤都要认真操作,仔细留意每个试验操作细节,对所测的结果及时复验、评定、比较。当出现不能确定的试验结果时,决不进入下一道试验工序,以杜绝人为误差,这样才能大大降低返工率,提高试验效率,以便在有限的时间内能迅速得出真实可靠的试验数据。通过对填料进行CBR试验,总结了不少经验,特别是将它运用在成都至雅安高速公路的路基填料上,获得了满意的效果。我们还将继续探索、研究,争取使CBR试验能满足铁路路基填料和高速铁路路基填料的要求。

二十五、工程地质信息管理系统的开发与应用

朱泳标

(一)概　述

计算机辅助设计(CAD)是20世纪的重大技术成就之一,它正在深刻地影响着当今工业和各个工程领域,已经为各行各业带来巨大的经济效益和社会效益。数据库技术的发展同样为我们管理纷繁复杂的信息提供了方法。工程地质一直是铁路勘察设计一体化的弱项。目前国内外对"工程地质信息管理系统"综合性的软件开发几乎是一片空白,大部分只是为满足CAD制图的需要而编制。在当前减员增效的市场环境下,亟待一种综合信息处理系统来加快铁路工程地质勘察进度,提高勘察水平。本文利用计算机辅助设计和数据库两大技术来开发"工程地质信息管理系统",集中解决目前工程地质勘探过程中的数据管理、制图、分析、表格汇总等问题。

AutoCAD作为业界最为通用的CAD平台,有着广泛的应用基础,广大工程技术人员几乎都能利用AutoCAD完成工程设计工作。ObjectARX正是由Autodesk公司提供的AutoCAD二次开发技术。

(二)软件的开发与主要功能

1. 软件的开发

任何软件的开发都是建立在对业务的充分了解之上的,开发"工程地质信息管理系统"也不例外。下面就目前工程地质勘察中最常用的手段、方法以及勘察成果作进一步的分析。

(1)工程地质勘察特征分析:工程地质勘察主要包括水文地质勘察和工程地质勘察两大部分。经过几十年的发展,主要形成了以下一些常用的勘察手段和方法:

①地质测绘:主要查明地形地貌、地层层序、产状、含水特性、不良地质的内容;

②工程勘探:包括钻探和简易勘探,主要揭示地面以下工程地质条件,在需要时要进行取样分析、抽水试验、物探等;

③原位测试:最常用的是动力触探、静力触探、十字板剪切试验、标准贯入试验、现场直剪试验等,主要任务是获取岩(土)体力学参数;

④室内试验:主要包括水质分析、土工试验、岩石试验,主要任务是获取岩样、土样的物理、力学和水理参数;

⑤水文地质勘察:在工程地质勘察中,水文地质勘察主要是抽水试验,主要任务是获取渗透系数等。

具体工程地质勘察内容可以用图8—25—1来表示。

(2)工程地质勘察成果分析:根据前述对勘察流程的分析,结合目前的各类工程地质勘察规范,把勘察成果归纳为两个大类。

①外业勘察原始成果:这类成果主要包括外业调查卡片、钻探日志、各种原位测试记录表、抽水试验数据记录表以及它们初步形成的一些成果,如地质卡片、钻孔柱状图、各种原位测试

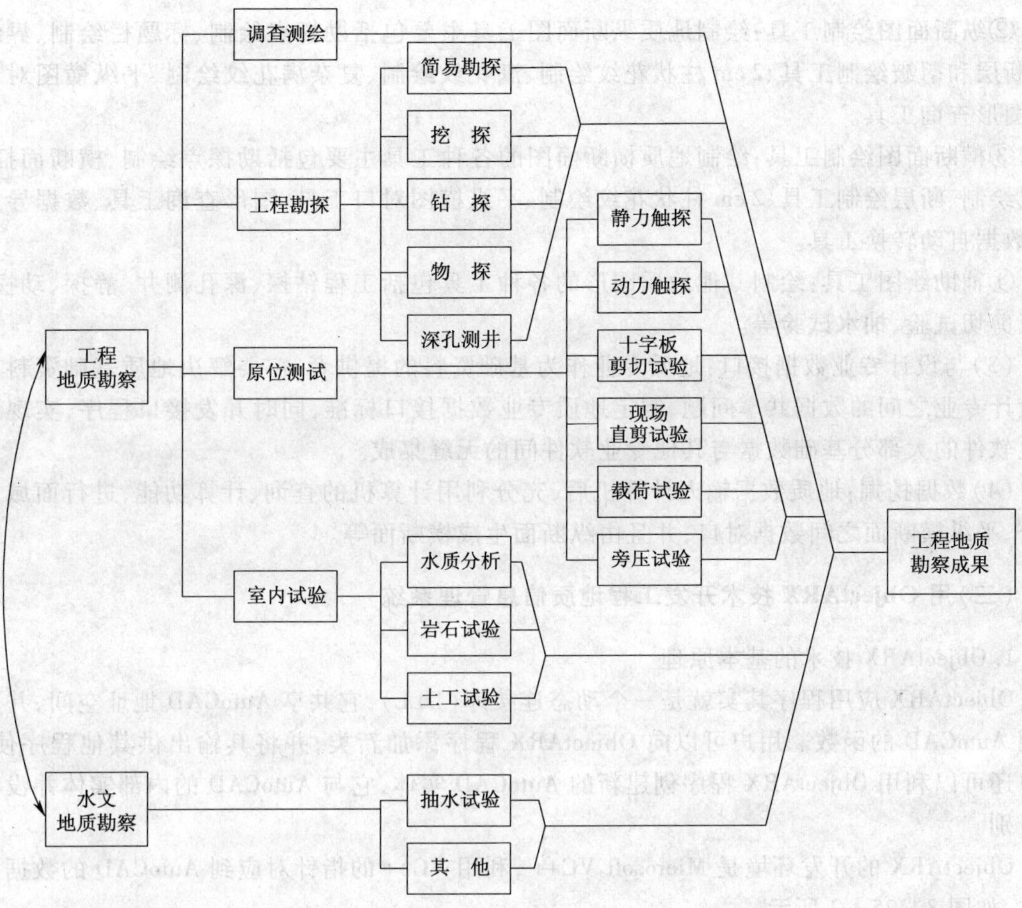

图 8—25—1 铁路工程地质勘察主要内容

成果图、抽水试验成果图等。

②综合分析成果:综合分析成果主要是指经过专业人员综合分析,并在工程地质规范的基础上经过合理的取舍之后形成的成果,包括工程地质平面图、纵横断面图、提供给设计专业用的各类岩土力学参数、工程地质说明书等。

软件开发主要是指在这个勘察流程中可以用计算机代替手工的部分工作,例如部分野外成果、工程地质平面图、纵横断面图的绘制、专业接口数据转换等。

2. 软件的主要功能

(1)数据管理:在数据管理中,软件主要实现数据采集、数据查询、数据分析汇总三大功能。

①数据采集:提供多种方法的数据录入功能、部分仪器数据的导入功能、专业数据的转换处理输入。

②数据查询:软件提供普通查询和高级查询功能。

③数据分析汇总:系统可以根据用户设定的条件自动汇总各类数据,包括工作量、室内试验成果,对某些地区可以进行场地判定、液化判定等。

(2)绘图工具:根据对工程勘察成果的分析,在软件中设置了绘图功能。

①平面图绘制工具:平面图绘制工具主要包括交互符号绘制、批量符号绘制、界线绘制、断层和褶皱绘制工具、实用文本编辑工具、线形和线宽编辑工具、平纵横图对口工具、图

形查询工具。

②纵断面图绘制工具:绘制地质纵断面图工具主要包括勘探点绘制、标题栏绘制、界线绘制、断层和褶皱绘制工具、2 cm 柱状花纹绘制、满花纹绘制、复杂满花纹绘制、平纵横图对口工具、图形查询工具。

③横断面图绘制工具:绘制地质横断面图的各种工具主要包括勘探点绘制、横断面插值、界线绘制、断层绘制工具、2 cm 柱状花纹绘制、平纵横图对口工具、图形查询工具、数据导入工具、数据自动转换工具。

④辅助绘图工具:绘制其他地质图形的各种工具包括工程钻探、深孔测井、静探、动探、十字板剪切试验、抽水试验等。

(3)与设计专业数据接口:地质专业作为基础资料的提供者,需要解决地质基础资料与其他设计专业之间的数据共享问题,制定地质专业数据接口标准,同时开发接口程序,实现地质专业软件的大部分基础数据与其他专业软件间的无缝集成。

(4)数据挖掘:地质数据输入计算机后,充分利用计算机的查询、计算功能,进行面域自动剖分、平纵横断面之间数据对口,并且由纵断面生成横断面等。

(三)用 ObjectARX 技术开发工程地质信息管理系统

1. ObjectARX 技术的基本原理

ObjectARX 应用程序其实就是一个动态连接库(DLL),它共享 AutoCAD 地址空间,并直接调用 AutoCAD 的函数。用户可以向 ObjectARX 程序添加新类,并将其输出供其他程序使用。用户还可以利用 ObjectARX 程序创建新的 AutoCAD 实体,它与 AutoCAD 的内部实体并没有什么区别。

ObjectARX 的开发环境是 Microsoft VC++,利用 VC++ 的指针对应到 AutoCAD 的数据库或实体,如图 8—25—2 所示。

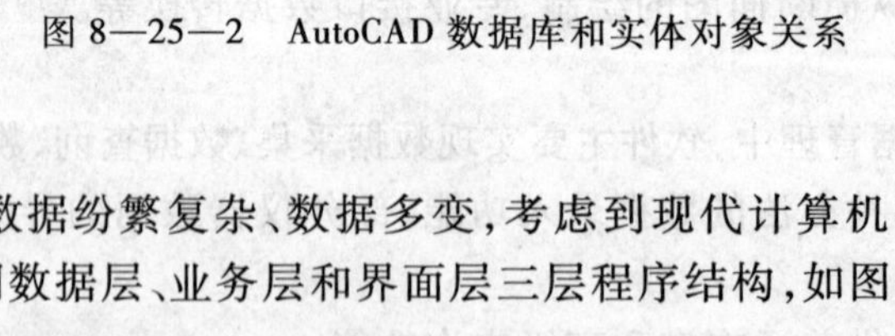

图 8—25—2　AutoCAD 数据库和实体对象关系

2. 软件架构

由于工程地质勘察数据纷繁复杂、数据多变,考虑到现代计算机的发展,将对整个“工程地质信息管理系统”采用数据层、业务层和界面层三层程序结构,如图 8—25—3 所示。

3. 软件开发方法

(1)开发工具和运行环境:开发工具采用 Microsoft Visual Studio 2002/2003;运行环境选定为 Windows XP 和 AutoCAD2004/2005。

(2)用 ObjectARX 开发绘图模块:本次软件开发中,所有绘图程序全部采用 ObjectARX 技术,充分利用 Microsoft VC++ 的 MFC 基础类库。图 8—25—4 为钻孔程序的界面(限于篇幅,略去详细设计和其他功能)。

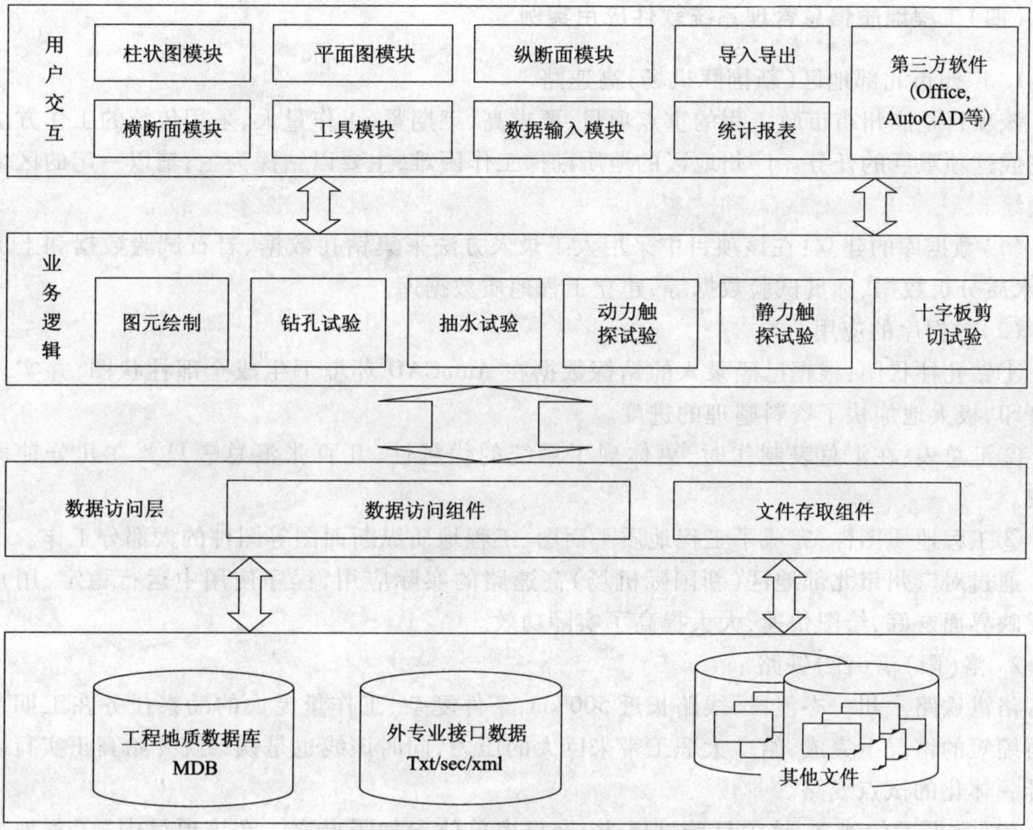

图 8—25—3　系统架构模型图

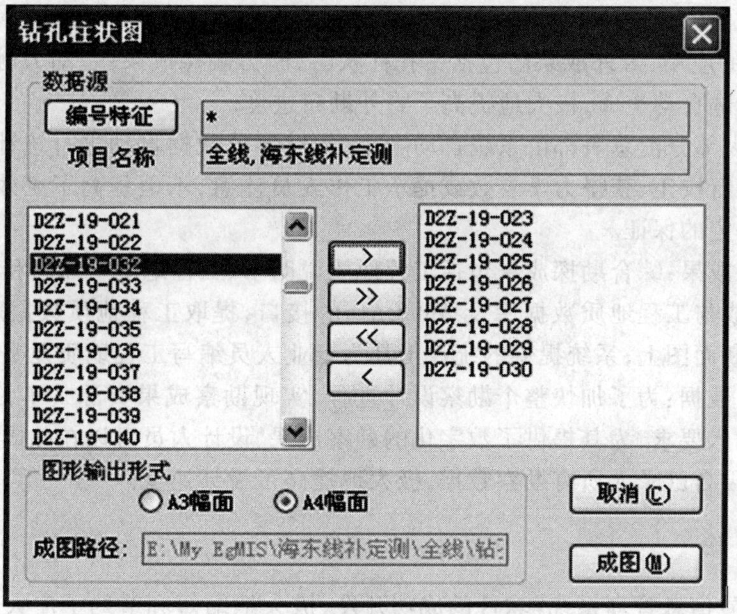

图 8—25—4　钻孔程序界面设计

（四）工程地质信息管理系统软件应用实例

1. 广州市北部地区（新国际机场）高速路

该项目是广州市市政工程的重点项目，要求高、工期紧、工作量大，采用传统的工作方法难以完成这项艰巨的任务。广州地区的地质勘探工作困难，主要以钻探为主，辅以一定的区域地质调绘。

（1）数据库的建立：在该项目中采用人工录入方法采集钻孔数据、岩石试验数据和土工数据、水质分析数据、标贯试验数据等，建立工程地质数据库。

（2）数据库的应用：

①钻孔柱状图：根据已经录入的钻探数据在 AutoCAD 环境下生成全部柱状图，并实现批量打印，极大地加快了资料整理的进度。

②汇总表：在汇总表制作时，更体现了系统的优越性，几百张汇总表只要在几分钟即可完成。

③工程地质图件：完成了工程地质平面图、工程地质纵断面图等图件的大部分工作。

通过对广州市北部地区（新国际机场）高速路的实际应用，程序使用中运行稳定，用户普遍反映界面友好，绘图快速，大大提高了实际功效。

2. 洛（阳）湛（江）铁路

洛湛铁路永州—岑溪段，线路长近 500 km，条件复杂、工作量庞大的勘察任务在工期要求一再缩短的情况下完成，给广大职工带来巨大的压力，同时该线也是铁二院开始真正实行勘察设计一体化的试点线路。

（1）数据库的建立：该项目跨度巨大，有很多单位参加了勘察。在该项目中“工程地质信息管理系统”充分发挥了项目管理的概念，各个队、组都可以建立自己的工程地质数据库。通过人工录入、自动导入等方法，建立了包括钻孔、观测点、静力触探、动力触探、部分物探、岩石试验和土工试验的工程地质数据库。

（2）数据库的应用：野外成果图包括钻孔柱状图、静力触探成果图、动力触探成果图，在数据库的基础上全部自动生成，极大地提高了野外勘察进度。

①汇总表：大部分汇总表都由系统自动生成，并对部分数据自动进行统计；某些数据还能根据规范要求进行校正、获得力学参数或提示工作人员注意，不但提高了工效，而且为数据的正确性提供了一定的保证。

②综合勘探成果：综合勘探成果包括工程地质说明书、工程地质平面图和工程地质断面图等；系统自动完成与工程地质数据库及 AutoCAD 的接口，提取工程地质数据库中的数据自动标注到平面图、断面图上；系统提供的统计工具为专业人员编写工程地质说明书提供了便利。

③专业接口数据：为了加快整个勘察设计进程，实现勘察成果资源共享，系统根据后续设计专业的设计输入要求，为其提供了数字化的勘察成果，设计人员可以在此成果的基础上直接进行设计，无须再自己录入所有勘察数据，极大地提高了设计速度。

（五）结　论

1.“工程地质信息管理系统”软件的成功开发，极大地缩短和节约了广大工程技术人员整理地勘成果资料的时间，减轻了劳动强度，同时也大大推进了计算机技术在工程地质勘察领域的应用。

2. 在软件实际应用中，应结合生产实践，不断对该软件进行补充、修改、完善，以期达到最佳效果。

3. 该软件虽然是基于铁路工程地质勘察技术方法开发的，但它还适用于公路、地铁、轻轨等不同行业的工程地质勘察。

4. 该软件的开发采用了全新技术和方法，获得了较高的速度和稳定性。

本章结束语

本章收录了地质专业的科研成果、技术总结和技术方法有关著述共25篇，其中科研成果5篇、技术总结5篇、技术方法15篇。

科研成果著述是从铁二院地质专业在不同时期完成的专题科技研究或结合工程试验研究项目中，选录了5项研究成果加以介绍，其内容包括新生代地层的鉴定划分及建组研究、岩溶隧水文地质条件分类研究、岩土工程地质特性研究和一些特殊土特性及工程处理防治技术研究。

通过对胶济铁路黄土状土和黄土的研究，不仅解决了沿线与铁路建设有关的黄土堆积地层的工程特性和晚新生代地层层序及其划分，而且通过对上新世地层剖面的研究，建立了上新世“八漏河组”地层。该组地层的确立，对山东新生代地质、地层和地貌发育史的研究，具有重要意义。南昆铁路七甸泥炭土、绵阳南郊机场高填方地基的山间软土以及郑西客运专线黄土岸坡等特殊土的研究，则密切与工程建设相结合，在研究这些特殊土的工程特性的基础上，通过计算分析，进一步开展了有针对性处理防治技术研究，其研究成果直接应用于相应的工程建设，均取得了较好的效果。在西南地区岩溶地貌和岩溶隧道水文地质条件分类的研究中，对西南地区高原岩溶地貌和岩溶构造地貌进行了类型的归纳，并根据地貌与地质构造条件对西南地区岩溶隧道进行了类型划分，分别归纳分析了不同类型岩溶隧道的水文地质特征，这对铁二院后来岩溶隧道的地质勘察及水文地质条件的分析、计算，起到了一定的指导作用。

本章选录的5篇技术总结，包括河谷地貌、深大断裂、水库坍岸以及采空区、岩溶地面塌陷勘察及处理技术等有关内容，这些都是对铁二院实际工作成果和经验的较系统总结。西藏迫龙藏布河谷地貌特征和对嘉黎—易贡深大断裂的认识，是铁二院当年对迫龙藏布河谷进行科研考察的专题性总结，总结中提出的河谷分段特征、河谷地貌类型及其工程地质意义和嘉黎—易贡深大断裂的展布、断层标志、断层性质、活动性等，对今后川藏、滇藏铁路的勘察具有重要的参考意义。成昆铁路龚嘴水库地段和外福铁路水口水库地段均因水库蓄水影响铁路安全而开展了水库坍岸的观测和预测。通过对龚嘴水库库岸变形、库床淤积及沿岸铁路各类工程岸坡变形的调查和长期观测，总结了一套适合于峡谷型山区水库坍岸预测的方法，即根据水下岸坡稳定线和水上岸坡稳定线确定水库预测坍岸线的“两段法”。水口水库的坍岸预测，则是在对蓄水后库岸变化的调查和长期观测的基础上，对“两段法”进行了进一步的验证。根据观测，分别在两水库对采用的卡秋金法和“两段法”预测坍岸进行了检查、对比，结果证明，采用“两段法”预测水库坍岸更符合山区水库的实际。自20世纪90年代以来，“两段法”预测水库坍岸已普遍推广应用于铁二院承担的山区水库地区铁路的勘察设计中，取得了较好的效果。铁二院自南昆铁路开始，即将岩溶地面塌陷的预测、预防纳入铁路勘察和设计工作之中，亦即在铁路建设期间即进行岩溶地面塌陷的整治。10余年来，在铁二院承担的所有铁路建设项目中，均开展了此项工作，并发挥技术优势，承担了部分铁路岩溶地面塌陷的整治施工。在《岩溶地面塌陷处理技术与注浆》一文中，对岩溶地面塌陷的原因、勘察及预报、防治措施和整治工艺等均有较全面的总结，可供今后工作借鉴。

本章选录了有关技术方法的著述15篇，其内容包括不良地质的防治处理技术、地质勘察、钻探方法、物探方法、水文地质计算方法、遥感技术、室内试验方法和电子计算机应用技术等。它们都是作者本人根据自己的实际工作经验，针对相关的问题加以介绍，并提出自己的体会、看法，或对问题进行探讨，这些著述对与之有关的工作都有一定的借鉴和参考作用。